투자의 진화

투자의 진화

The Power Law

벤처투자가 만든
파괴와 혁신의
신세계

세바스찬 말라비 지음
안세민 옮김

Venture Capital
and the Making of
the New Future

위즈덤하우스

투자의 진화

초판 1쇄 발행 2023년 11월 1일
초판 2쇄 발행 2024년 3월 22일

지은이 세바스찬 말라비
옮긴이 안세민
펴낸이 이승현

출판2 본부장 박태근
W&G 팀장 류혜정
디자인 신나은
교정교열 배영하

펴낸곳 ㈜위즈덤하우스   **출판등록** 2000년 5월 23일 제13-1071호
주소 서울특별시 마포구 양화로 19 합정오피스빌딩 17층
전화 02) 2179-5600   **홈페이지** www.wisdomhouse.co.kr

ISBN 979-11-6812-780-7 03320

쟈니에게

사람들 대부분은
실현될 것 같지 않은 아이디어를 중요하게 생각하지 않는다.
그러나 오로지 중요한 것은
실현될 것 같지 않은 아이디어뿐이다.

비노드 코슬라

실리콘밸리는 개인숭배에 사로잡혀 있다.
그러나 숭배의 대상이 되는 이러한 개인들이
네트워크의 승리를 구현한다.

맷 클리퍼드

벤처 파트너십에서 가장 커다란 과제는
그것을 주도하는 자들이
서로 죽이기를 자제해야 한다는 것이다.

마이클 모리츠

당신 손에 있는 투자자의 돈이
언제라도 그들 손에 다시 넘어갈 수 있기 때문에
가능한 한 적게 지출하라.

폴 그레이엄

존, 벤처투자자는 진정한 직업이라 할 수 없어.
그것은 부동산 중개인과도 같은 거야.

인텔의 앤드루 그로브가 존 도어에게 전하는 말

차례

The Power Law

비이성적인 사람

패트릭 브라운Patrick Brown이 스탠퍼드대학교 연구동을 향해 힘차게 걸어갔다. 그곳은 팰로앨토 샌드힐로드에 있는 실리콘밸리 벤처캐피털 단지에서 그다지 멀지 않은 곳에 있다. 텁수룩한 머리에 티셔츠 차림을 한 이 50대 중반의 교수는 연구동 뒤편의 작은 언덕에 쪼그리고 앉아서는 둥근 테 안경 너머로 풀들을 유심히 바라보았다. 잠시 뒤 그는 중요한 단서가 될 만한 샘플을 수집하는 탐정과도 같이 조심스럽게 다가가서는 야생 클로버 식물의 뿌리를 파헤치기 시작했다.[1] 이 '평범한 정원사'는 그 뿌리들이 곧 300만 달러를 안겨다 줄 것이라는 사실을 알고 있는 것만 같았다.

브라운은 세계적인 유전학자다. 1995년 그의 연구실은 정상 조직과 암 조직의 식별에 기여하는 DNA 미세 배열에 대한 선구적인 연구 결과를 발표했다. 이후로 그는 미국과학아카데미와 미국의학아카데미 회원 자격을 얻었고, 아무런 조건 없이 연구비를 지원하는 하워드휴스Howard Hughes상도 수상했다. 하지만 그가 이 언덕 위에서 추진하는 작업의 목표는 유전학과는 아무런 상관이 없었다. 때는 2010년이었고, 브라운은 안식년을 활용하여 몰래 육류산업의 몰락을 계획하고 있었다.

브라운이 이 길로 들어선 것은 한 친구의 뜬금없는 이야기에서 비롯되었다. 평소 브라운은 축산업이 전 세계 토지의 3분의 1을 차지하면서 온실가스 배출, 수질오염, 생물다양성의 상실을 초래하는 것을 걱정했다. 분명히 지구는 21세기의 자라나는 세대를 위해 더 나은 종류의 음식이 필요했다. 그때 브라운의 친구가 이렇게 말했다. "쇠고기버거보다 맛있는 채식버거를 만들 수 있다면, 자유시장이 마법처럼 그 문제를 해결할 걸세. 용기 있는 레스토랑이 채식버거를 제공하고, 그 다음에는 맥도날드가 제공하고, 얼마 지나지 않아서는 푸드시스템에서 육류가 완전히 사라질 수도 있지."[2]

브라운은 그 문제에 대해 곰곰이 생각하면 할수록 더욱 이끌렸다. '맛있는 채식버거를 만든다고? 당연히 맛있게 만들 수 있다! 그러면 왜 아무도 이것을 해결 가능한 문제로 여기지 않았는가?' 그는 화가 치밀어서 이렇게 말했다. "사람들은 우리가 미친 듯이 파괴적이고 결코 사라지지 않는 푸드시스템을 가지고 있다고 생각했을 뿐이야. 그들은 이렇게 생각했을 거야. '실망스러운 일이지만 어쩔 수 없지, 뭐.'"

인류 역사상 대부분의 장소와 시기에서 브라운의 깨달음은 중요하지 않게 여겨졌을 것이다. 그러나 브라운이 나중에 되돌아보았듯이, 그에게는 벤처캐피털의 진원지에서 지내는 행운이 따랐다.[3] 스탠퍼드대학교가 실리콘밸리의 중심부에 있고, 샌드힐로드의 가장자리를 따라 스탠퍼드대학교 골프장이 펼쳐져 있었다. 브라운은 분명한 목적을 가지고 언덕을 파헤쳤다. 클로버 뿌리에는 혈액이 붉은색을 띠게 하는 헤모글로빈에서 발견되는 철분 함유 분자, 환원 헤마틴heme이 함유되어 있다. 브라운이 이 식물의 분자가 어떻게 피 묻은 육류의 성질을 모방할 수 있는지 입증할 수 있다면, 벤처투자자들이 채식버거 회사에 자금을 투자할 가능성은 충분히 있었다.

브라운은 면도날로 클로버 뿌리를 절단하고는 액즙을 추출하고 배양하기 위해 혼합했다. 그는 곧 A등급 쇠고기 냄새가 나는 지글거리고 액즙이 흐르며 씹는 맛이 있는 채식버거를 만드는 데 필요한 것들을 얻었다. 그는 생각했다. '지금 데이터가 많지는 않지만, 벤처캐피털을 찾아가서 자금을 투자하라고 이야기할 정도까지는 왔어. 실리콘밸리에는 벤처캐피털이 엄청나게 많지.'

어느 과학자 친구가 벤처투자자 비노드 코슬라Vinod Khosla라는 사람이 친환경기술 프로젝트에 관심이 있다고 전했다. 그 사람은 자기 이름을 딴 코슬라벤처스Khosla Ventures라는 회사를 운영하고 있었다. 그러나 그 친구는 코슬라가 실리콘밸리를 지탱하는 신조, 즉 발명가들이 야망을 갖도록 자극받는다면, 대부분의 사회 문제는 기술적 해법에 의해 개선될 수 있다는 믿음의 설교자이기도 하다는 말은 전하지 않았다. 코슬라는 조지 버나드 쇼George Bernard Shaw와 마틴 루서 킹 주니어Martin Luther King Jr.를 함께 인용하여 이런 말을 했다. "모든 발전은 비이성적인 사람, 즉 창조적 부적응자에게서 나옵니다."[4] 또한 그는 이런 말도 덧붙이고 싶어 했다. "사람들 대부분은 실현될 것 같지 않은 아이디어를 중요하게 생각하지 않습니다. 그러나 오로지 중요한 것은 실현될 것 같지 않은 아이디어뿐입니다." 그러므로 코슬라에게 발명품을

투자의 진화

선전하려면, 그것이 그가 '종이 한 장 차이'라고 부르는 점진적인 발전의 범주에 속하지 않아야 한다.[5] 코슬라는 원대한 꿈을 원했다. 대담하고 실현될 것 같지 않을수록 더욱 좋은 것이었다.

브라운은 자전거를 타고 유리와 나무로 지은 세련된 건물에 자리 잡은 코슬라 사무실로 달려갔다. 그는 프레젠테이션 슬라이드를 준비했는데, 지나고 나서 보면 우스꽝스러웠다는 점을 솔직하게 인정했다.[6] 첫 번째 슬라이드에는 육류산업을 몰락시킨다는 목표가 명시되어 있었다. 존 레넌John Lennon, 스티브 잡스Steve Jobs가 즐겨 착용하던 몽상적인 둥근 테 안경이 분위기에 아주 적절해 보였다.

눈이 크고 이목구비가 뚜렷하며 숱이 많은 흰머리를 짧게 단장한 코슬라는 장난기 어린 눈으로 방문객을 주시하면서, 즐겁게 웃으며 이렇게 말했다.

"그것은 불가능합니다!"

하지만 코슬라는 조용히 이런 생각을 해보았다.

'1퍼센트의 가능성이 있다면, 이것은 해볼 만한 일이다.'[7]

브라운은 자신이 왜 쇠고기산업을 몰락시키려는지 설명했다. 그는 이 과제를 몇 가지로 나누어서 해결하고자 했다. 즉 냄새, 지속성, 맛, 진짜 쇠고기버거의 외관을 복제하는 방법을 나누어서 생각했다. 이렇게 각각의 문제를 개별적으로 분석하니 처음에는 불가능하게 보였던 야망이 해결 가능한 문제로 보이기 시작했다. 예를 들어 클로버 뿌리 액즙이 숯불에 피처럼 떨어질 것이다. 그리고 불판 위에서 지글거리며 붉은색에서 갈색으로 변해갈 것이다. 프랑켄슈타인 박사가 맥도널드 창업자 레이 크록Ray Kroc을 만난 것이다. 이제 더 이상 잘게 다진 소의 살은 아무도 먹지 않을 것이다.

코슬라는 브라운에게도 지금까지 자신을 찾아왔던 이들을 상대로 했던 테스트를 해보았다. 이 아이디어가 확실히 효과가 있을 것이라는 사실을 입증해야 할 책임이 브라운에게 있는 것은 아니다. 오히려 문제는 코슬라가 이 아이디어가 분명히 효과가 없을 것이라는 사실을 뒷받침하는 이유를 제시할 수 있는가에 있다. 코슬라는 이 방문객이 하는 말에 귀 기울일수록 그가 대단한 것을 이루어낼 가능성이 있다는 생각을 떨쳐버릴 수가 없었다.

그다음에는 브라운의 사람 됨됨이를 평가하기 시작했다. 그는 투자에 대한 요다Yoda(스타워즈에서 제다이들을 올바른 길로 이끌고 미래를 예견하는 현자—옮긴이)의 접근법, 즉 능력 있는 사람에게 힘을 실어주고 그들이 마법을 부리도록 하는 것을 좋아한다.[8] 브라운은 유전학자로서의 업적이 말해주듯이, 분명히 뛰어난 능력을 가진 사람이다. 그는 새로운 분야를 개척하고 있었는데, 이것은 브라운이 일반 통념이 가능하다고 여기는 것에 대한 편견을 부담스러워하지 않는다는 의미다. 게다가 똑똑한 만큼이나 결단력 또한 대단하다. 그는 스탠퍼드대학교 교수 자리, 하워드 휴스 재단이 준 '백지수표'와 같은 것들을 버릴 준비가 되어 있었다. 전체적으로 보면 브라운은 코슬라가 생각하는 이상적인 기업가의 전형에 꼭 부합되었다. 그는 뛰어난 지성, 자신의 모든 것을 걸겠다는 의지, 대단한 자기 과신, 우직한 면모를 지녔다.[9]

코슬라가 고심하는 최종 테스트가 하나 더 있었다. 브라운이 맛있는 채식버거를 생산한다면 그에 걸맞은 수익을 창출할 수 있을까? 코슬라는 일반적으로 90퍼센트는 실패할 것이라는 전제하에 대담하고도 야심 찬 프로젝트에 자금을 투자했다. 그러나 이러한 프로젝트들은 성공할 확률이 낮기에, 성공할 경우에는 투자비를 많이 회수해야 한다.

이 회사가 성공한다면, 코슬라는 투자비의 열 배가 넘는 금액(아니, 그 보다 훨씬 더 많은 금액)을 회수하기를 바랐다. 성공이 그만한 가치를 창출하지 않는다면, 성공을 위한 도박은 의미가 없었다.

브라운은 프레젠테이션 마지막 슬라이드에 도달했고, 거기에는 과학자들의 흥미를 끌지 못하는 세속적인 시장 데이터가 첨부되어 있었다. 그는 사무적으로 이렇게 말했다. "선사시대의 기술이 제공하는 1조 5000억 달러에 달하는 글로벌 시장이 있습니다."[10]

코슬라는 그 말의 의미를 이해했다. 식물패티가 쇠고기의 성질, 즉 맛, 점성, 붉은색에서 갈색으로 변화하는 것, 그릴 위에서 버거를 뒤집을 때 피가 뚝뚝 떨어지는 것을 구현할 수 있을까? 잠재력은 무궁무진했다.

브라운이 코슬라의 눈을 주시하면서 말했다. "나는 당신이 지금보다 훨씬 더 큰 부자가 되게 할 것을 약속합니다. 당신이 나한테 투자한다면 말입니다."[11]

당시 코슬라는 브라운이 임파서블푸즈Impossible Foods라고 어울리게 이름 붙인 회사에 300만 달러를 투자했다.[12] 2018년 코슬라는 2010년 이후로 임파서블푸즈가 이룩한 발전들을 즐거운 마음으로 이야기했다. 임파서블푸즈는 곧 연 매출 1억 달러가 넘는 회사가 될 것이고, 버거킹에서 임파서블 와퍼를 판매할 것이다(2019년 임파서블 와퍼를 출시해 현재 미국 전역 매장에서 판매하고 있다—편집자). 그러나 코슬라가 강조하는 주요 메시지는 돈과 푸드시스템을 뛰어넘는 것이었다. 그는 이렇게 말했다. "만약 이 패티가 실패한다면, 많은 사람들이 축산업의 몰락을 가져올 것이라고 말했던 그의 오만함을 조롱할 겁니다. 하지만 이런 조롱은 잘못된 것입니다. 시도하고 실패하는 것과 시도하지도 않는 것

중 어느 것이 더 낫습니까?"[13] 이성적인 사람, 즉 잘 적응하고, 오만하지도 우직하지도 않은 사람은 인생에서 중요한 시기에 시도조차 하지 않아서 실패할 때가 많다. 코슬라가 생각하기에 브라운은 자기 회사에 어떤 일이 일어나더라도 영웅 대접을 받아야 한다. 진정으로 중요한 변화는 구세주와도 같은 발명가들이 그것을 처음 떠올렸을 때 터무니없게 보일 수밖에 없다. 그러나 성공할 것으로 보이는 프로젝트에는 영광이 따르지 않는다. 이러한 프로젝트는 당연히 인간이 처한 곤경을 해결하지는 않을 것이기 때문이다.

• • •

코슬라는 그 자신이 비이성적인 사람이었고, 창조적인 부적응자였다. 인도에서 지내던 소년 시절에 그는 부모님의 종교에 반항했고, 군대에 입대하라는 아버지의 뜻을 거역했으며, 중매결혼을 거부했다. 결혼식 날에는 알람시계를 맞추고는 종교의식을 30분 이내에 끝내도록 했다. 그는 공학학위를 받자마자 미국으로 떠났고, 카네기멜런대학교에서 공학을 계속 공부했다. 그다음에는 스탠퍼드대학교 경영대학원에 입학하려고 했는데, 입학자격을 얻기 위해서는 2년의 경력이 필요하다는 사실을 알고는 당장 1년에 두 가지 일을 하여 입학요건을 충족시켰다. 1982년 경영대학원을 졸업하고는 컴퓨터과학자 세 명과 팀을 이루어 선마이크로시스템스Sun Microsystems를 설립했는데, 이 회사의 강력한 워크스테이션이 컴퓨팅의 발전에 크게 기여했다. 하지만 잘난 척하고 밉살스러운 코슬라는 곧 해고되었고, 벤처투자자가 되었다.

코슬라는 클라이너퍼킨스코필드앤드바이어스Kleiner Perkins Caufield & Byers(이하 클라이너퍼킨스)라는 유명 벤처캐피털에 들어가서는 자신의 진정한 장점을 발견했다. 어떤 일이든 가능하고 모든 것이 자기 뜻대로 움직여야 한다는 그의 결단력과 비이성적인 조바심이 한편으로는 폭군, 다른 한편으로는 몽상가가 되게 했다. 나중에 그는 캘리포니아 해안에 별장이 47채가 있는 마을 하나를 통째로 사들였고, 그곳에서 단 하룻밤을 보낸 적도 없으면서 일반인들이 해변으로 접근하지 못하게 하는 소송을 제기했다가 패소하기도 했다. 그러나 그는 인습적 사고에 대한 경멸을 일련의 눈부신 투자를 통하여 표현했고, 때로는 돈을 잃고 때로는 큰돈을 벌었다. 브라운을 만났을 때 코슬라의 모든 것들, 즉 위험을 기꺼이 받아들이는 자세, 대단한 자기 과신, 실현될 것 같지 않은 아이디어에 대한 탐구 등이 그를 벤처캐피털 업계에서 가장 널리 퍼져 있는 법칙이라 할 멱법칙the power law('거듭제곱법칙'으로도 불린다—편집자)의 살아 있는 화신이 되게 했다.[14]

우리 삶의 많은 현상들은 정규분포를 하고 있다. 데이터에서 거의 모든 관찰값들이 평균치 주변에 모여 있다. 예를 들어 미국 남성의 평균 신장은 177.8센티미터인데, 약 3분의 2가 평균치에서 7.6센티미터 이내에 있다. 신장을 x축에 표시하고, y축에 어떤 남성이 그 신장에 해당할 확률을 표시하면 종 모양의 곡선이 나온다. 어떤 남성의 신장이 평균치에 해당할 확률이 가장 높고, 이러한 확률은 중간점에서 멀어질수록 낮아진다. 평균치에서 25센티미터나 벗어나는 사람, 즉 키가 152센티미터 이하 또는 203센티미터 이상인 남성을 만날 확률은 매우 낮다. 평균치에서 멀어질수록 곡선의 꼬리가 점점 가늘어져서 확률이 0에 가까워진다.

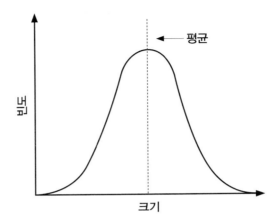

그러나 모든 현상이 이러한 패턴을 따르는 것은 아니다. 미국인의 신장이 아니라 부를 보여주는 곡선은 이와는 상당히 다른 모습을 띤다. 중간에 있는 사람보다 더 부유한 사람들은 때로는 엄청나게 부유하여, 도표의 맨 오른쪽에는 곡선과 x축 사이에서 굵은 꼬리가 길게 뻗쳐 있는 모습을 보여준다. 부자들이 다수가 있고 이들이 전국 평균에 영향을 미칠 정도로 엄청나게 부유하기 때문에, 평균값을 오른쪽으로 끌어당기게 된다. 이때에는 정규분포와는 다르게 평균값이 중앙값보다 더 높다. 게다가 표본이 정규분포를 할 경우에는 평균값에 영향을 미치지 않고도 가장 큰 값의 아웃라이어를 표본에서 제외할 수도 있다. 예를 들어 신장이 213센티미터인 NBA 스타가 영화관에서 나오면, 영화를 보고 있던 나머지 남성 99명의 평균 신장이 177.8센티미터에서 177.5센티미터로 줄어들 뿐이다. 이와는 대조적으로 정규분포가 아닌 비대칭분포를 하는 상황에서는 아웃라이어가 평균값에 커다란

영향을 미칠 수 있다. 제프 베이조스Jeff Bezos가 영화관에서 나오면, 남아 있는 사람들의 평균 부가 엄청나게 하락할 것이다.

멱법칙분포

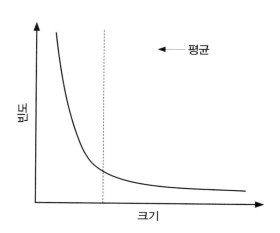

이러한 종류의 비대칭분포는 인구의 20퍼센트가 부의 80퍼센트를 보유하거나 20퍼센트의 도시에 인구의 80퍼센트가 거주하거나 과학논문의 20퍼센트가 인용횟수의 80퍼센트를 차지하는 것에 착안하여, '80/20 법칙'이라고 불리기도 한다. 그렇다고 80이나 20과 같은 숫자에 반드시 얽매일 필요는 없다. 인구의 10퍼센트만이 부의 80퍼센트 혹은 90퍼센트를 보유할 수도 있다. 그러나 정확한 숫자가 무엇이 되었든 이 모든 분포가 멱법칙의 사례들이다. 승자가 선형이 아니라 기하급수적으로 빠르게 발전하기 때문에 이렇게 불리는 것이다. 베이조스가 엄청난 재산을 모으면 더욱 부유해질 기회가 몇 배나 많아진다. 과학논문이 많이 인용될수록 더욱 알려져서 훨씬 더 많이 인용된다.

성공할 기회가 몇 배나 더 많아지는 아웃라이어라면, 정규분포의 영역을 멱법칙이 지배하는 영역, 즉 사물이 조금 변하는 세상에서 크게 변하는 세상으로 전환시킬 수 있다. 그리고 이처럼 모험으로 가득한 미개척 영역으로 넘어오면 예전과는 다르게 생각하는 것이 바람직하다.

특히 금융 부문에서 사고의 전환이 두드러지게 요구된다. 화폐, 채권, 주식시장에서 눈을 떼지 못하는 투자자들은 대체로 가격변화가 정규분포를 한다고 가정한다. 가격이 오르락내리락하지만 극단적인 움직임은 특이한 현상에 해당한다. 물론 금융위기에서 알 수 있듯이, 극단적인 변화가 일어날 수도 있다. 그러나 1985년부터 2015년 사이에 S&P500 지수는 7817일 중 7663일에 걸쳐 출발점의 3퍼센트 이내에서 벗어나지 않았다. 다시 말하자면, 98퍼센트에 해당하는 날에는 시장이 상당히 안정적이었다.[15] 이처럼 널리 거래되는 시장에서 가격변화가 정규분포에 가까웠기 때문에 투자자들은 일상적으로 발생하는 그리 심하지 않은 시장변동으로부터 이익을 얻는 데 집중한다.[16] 신장이 213센티미터에 달하는 영화관의 NBA 스타처럼 예기치 못한 커다란 가격변화가 드물게 발생하기는 하지만, 이것이 평균에 영향을 미칠 정도로 위력적이지는 않다.

이제 벤처캐피털의 수익을 살펴보자. 호슬리브리지파트너스Horsley Bridge Partners는 1985년부터 2014년 사이에 7000개에 달하는 스타트업을 지원하는 벤처펀드에 지분을 가진 투자회사다. 이 기간에 전체 자본투자에서 5퍼센트밖에 안 되는 투자에서 이 회사가 벌어들인 총수익의 60퍼센트를 벌어들였다.[17] (이것을 또 다른 상황과 비교하자면, 2018년에 S&P500의 하위분류에 해당하는 하위 산업들 중 상위 5퍼센트 기업들이 이 지수의 총실적에서 불과 9퍼센트를 차지했다.)[18] 다른 벤처투자자들은 한쪽으로

투자의 진화

훨씬 더 쏠린 수익을 보고한다. 기술 스타트업을 지원하는 와이콤비네이터Y Combinator의 경우에는 2012년에 280건의 투자 중 불과 2퍼센트에서 총수익의 4분의 3이 발생했다.[19] 벤처투자자 피터 틸Peter Thiel은 이렇게 적었다. "벤처캐피털의 가장 큰 비밀은 하나의 성공한 펀드에서 나오는 최선의 투자수익이 나머지 펀드 전체의 수익과 같거나 이를 능가한다는 것이다."[20] 언젠가 벤치마크Benchmark의 빌 걸리Bill Gurley는 이렇게 말했다. "벤처캐피털은 1점짜리 홈런을 노리는 사업이 아닙니다. 그것은 그랜드슬램을 노리는 사업입니다."[21]

이 말은 벤처투자자들이 야심을 가져야 한다는 것을 의미한다. 유명 헤지펀드 매니저인 줄리언 로버트슨Julian Robertson은 자신이 3년 안에 가치가 두 배가 될 만한 주식을 찾아낼 수 있다는 말을 하고는 했다. 이것은 그가 보기에는 대단한 결과다.[22] 그러나 벤처투자자들이 그와 똑같은 목표를 추구한다면 거의 대다수가 실패할 것이다. 멱법칙에 따르면, 기업가치가 단지 두 배로만 커지는 스타트업들은 비교적 소수가 될 것이기 때문이다. 대다수의 기업들이 완전히 파산하여 주식가치가 제로가 된다면, 주식시장 투자자에게는 엄청난 재앙이다. 그러나 해마다 소문난 그랜드슬램을 낳는 소수의 아웃라이어들이 나온다. 그리고 벤처투자자에게 유일하게 중요한 일은 그들을 잡는 것이다.[23]

오늘날 벤처투자자들이 하늘을 나는 자동차 개발, 우주관광 사업, 영화 대본을 쓰는 인공지능 시스템을 지원하면서 이러한 멱법칙의 논리를 따르고 있다. 그들은 지평선 너머를 바라보면서 많은 사람들이 실현될 것 같지 않다고 믿는 고위험·고수익의 기회를 좇는다. 틸은 열정과 함께 점진주의에 대한 경멸을 드러내면서 이렇게 말한다. "우리는 암, 치매, 노화에 따른 모든 질병, 신진대사 기능의 쇠퇴를 치료할 수 있습니다. 지구상의 어느 곳으로도 훨씬 더 빠르게 이동하기 위한 수단을 개발할 수 있습니다. 심지어는 지구를 떠나 새로운 곳에서 정착하기 위한 기술도 개발할 수 있습니다."[24] 물론 절대적으로 불가능한 대상에 투자하는 것은 자원을 낭비하는 일이다. 그러나 우리 인간이 흔히 저지르는 실수는 너무 소심하게 투자하는 것, 즉 다른 사람들이 쉽게 모방할 수 있고, 결과적으로 수익을 올리기가 어려운 빤한 아이디어에 투자하는 것이다.

●●●

바로 이러한 사실이 코슬라를 떠올리게 한다. 코슬라는 클라이너퍼킨스에서 20년을 보내고는 자신의 벤처사업을 시작했다. 그는 투자금을 날리는 것을 신경 쓰지 않아도 된다는 사실을 배웠다. 그가 잃는 것은 한 차례의 투자금뿐이다.[25] 코슬라가 신경 쓰는 것은 수익을 낳는 투자였고, 1990년대 중반에 그는 대담하고도 역발상적인 생각에만 매달렸다. 예를 들어 인터넷이 등장하면서 소비자들은 전통적인 통신선의 용량을 단지 두 배 혹은 세 배로 확장하는 데 만족하지 않을 것이다. 오히려 그들은 1000배나 더 많은 데이터의 흐름을 처리하는 라우터를 포함하여 대역폭에서의 커다란 변화를 강렬하게 요구할 것이다. 기존 통신회사들이 이처럼 공상과학소설과도 같은 이야기를 비웃을 때, 코슬라는 커다란 변화를 가능하게 해줄 회사를 발굴하기 시작했다.

코슬라가 지원한 스타트업들은 주니퍼Juniper, 시아라Siara, 세렌트Cerent와 같이 대체로 사람들의 기억에서 사라졌다. 하지만 이 기업들은 벤처투자자들이 무엇을 가장 잘하는지, 어떻게 부를 창출하고 발전을 이루어내는지 보여주었다. 기존 통신회사들이 점진적인 개선을 계획할 때, 코슬라는 사람들이 여분의 대역폭을 가지고 무엇을 할 것인가에 대하여 정확한 비전을 갖고 있지는 않았지만, 어쨌든 커다란 도약을 하는 쪽에 내기를 걸었다. 아직은 누구도 소셜 미디어 혹은 유튜브Youtube를 상상하지 못했다. 디지털 사진은 하나의 개념에 지나지 않았다. 그러나 코슬라는 다른 첨단기술 분야에서 무엇이 일어나고 있는지 목격했다. 반도체 혹은 개인용 컴퓨터를 연결하는 이더넷 케이블의 발명 이후로, 그 사용량이 처음에는 점진적으로 증가하다가 지수곡선을 따라 폭발적으로 증가했다. 이것은 벤처투자자의 포트폴리오 기업에서 관찰되는 금융의 멱법칙을 뒷받침하는 혁신의 멱법칙이었다. 코슬라는 인터넷이 이와 비슷한 패턴을 따를 것이라는 데 기꺼이 내기를 걸었다. 인터넷은 1990년대 전반에는 점진적으로 도입되었다가 이후로는 거의 수직으로 상승하는 멱법칙 곡선에서 볼 수 있듯이 대단한 가속력을 가지고 도입되었다.

결과적으로 코슬라가 투자한 기업들은 엄청나게 성공했다. 이 기업들은 대역폭을 확장하는 신세대 하드웨어와 소프트웨어를 개발하여 폭발적으로 확대하는 시장을 한순간에 장악했다. 주니퍼네트워크스는 인터넷 라우터를 개발하여 코슬라에게 첫 번째 성공을 안겨주었다. 그는 이 회사에 500만 달러를 투자하여 클라이너퍼킨스 펀드에 70억 달러라는 거금을 안겨주었다. 이것은 초기 투자금액의 1400배에 달하는 것으로, 당시 벤처투자에서는 최대 규모의 성공이라 할 수 있었다.[26] 또한 그는 네트워크 장비 회사인 시아라시스템스에 수백만 달러를 투자하여 15억 달러를 수확했다.[27] 세렌트의 경우에는 코슬라가 라우터 기술을 지배하는 시스코Cisco를 끌어들여 공동 투자를 하려고 했다. 무엇보다도 세렌트는 음성데이터 처리를 용이하게 했다. 시스코가 세렌트의 성공 가능성을 낮게 보고 거절하자, 코슬라는 혼자서 800만 달러를 투자하고 엔지니어들을 모집하여 스스로 최고경영자CEO가 되었다.[28] 그리고는 달콤한 복수를 했다. 세렌트 기술의 수익성이 입증되자 시스코는 두 차례에 걸쳐 인수 제안을 해왔다. 1998년 12월에는 3억 달러를 제시했고, 이듬해 4월에는 7억 달러를 제시했다. 그러나 멱법칙을 믿은 코슬라는 때로는 승리가 계속된 승리를 가져온다는 것을 알고 있었다. 그는 시스코의 제안을 거듭 거절하면서, 세렌트의 매출이 폭발적으로 증가하는 것을 지켜보았다. 4개월이 지난 1999년 8월에 코슬라는 시스코가 또다시 인수 제안을 할 것이라는 소식을 들었다. 이번에는 70억 달러였다. 이 소식은 그가 페루 안데스산맥의 2500미터에 달하는 고지 마추픽추에서 휴가를 즐길 때 들려왔다. 그는 당장 헬리콥터에 몸을 실었고, 그다음에는 비행기로 갈아타고, 다음 날에 산호세에 도착하여 아침식사를 겸해 거래를 성사시켰다.

코슬라는 실리콘밸리에서 최고의 벤처투자자였고, 막대한 부를 축적했다.[29] 그는 스탠퍼드대학교 근처에 있는 자신의 집을 설계할 건축가를 찾아 전 세계를 뒤졌고, 그 집을 둘러싼 포도밭에 돈을 아낌없이 쏟아부었다.[30] 그러나 코슬라에게 정말로 활력을 불어넣은 것은 그가 젊은 시절에 보여준 기존 체제에 반대하는 모습이었다. 왜 부모님은 사원에 가실까? 왜 직업과 배우자를 스스로 선택할 수 없을까? 왜 모든 것이 달라지지 않을까? 그리고 브라운이 육류산업을 몰락시키려고 했던 것처럼 코슬라도 자신이 하는 일에 대하여 놀라운 주장을 했다. "벤처캐피털은 단순한 사업이 아니라 사고방식, 철학, 미래 발전을 위한 이론이다. 70억 인구가 원하는 삶을 7억 명이 누리고 있다. 대담한

투자의 진화

혁신가들은 그들보다 더 대담한 벤처투자자들의 부추김을 받으며 인류욕망을 충족시키기 위해 최선의 노력을 기울이고 있다."[31]

•••

이제 곧 보게 되겠지만, 때때로 벤처투자자들은 이처럼 멋진 기대에 부응하지 못한다. 하지만 코슬라의 주장이 중요하다는 사실을 인정하려고 그의 말을 곧이곧대로 들을 필요는 없다. 고위험, 고수익이라는 벤처투자자의 접근방식은 제품이 세상에 나오기 위한 독특한 방식을 구현한다. 그리고 실리콘밸리 밖에 있는 사람들도 이것을 배울 수 있다. 예를 들어 정부, 금융기관, 기업은 주로 과거의 패턴을 통계 분석하여 미래를 예측하기 위해 엄청난 노력을 기울인다. 분명한 예측치 없이 자원을 충당하는 일이 무책임하게 보이기 때문일 것이다. 그러나 벤처투자자들은 전통적인 사회과학자의 훈련받은 측정이 망원경이 아니라 눈가리개가 될 수 있다고 본다. 예측할 것이 그다지 많지 않을 때에만 과거 데이터를 토대로 미래를 예측할 수 있다. 그런데 미래가 현재의 단순한 연장이라면, 왜 힘들게 예측하려고 하는가? 앞으로 중요하게 작용할 대변혁들, 즉 발명가들이 부를 창출하고, 노동자들을 불안하게 만들며, 지정학적 균형을 흔들고, 인간관계를 변화시키는 대붕괴와 같은 대변혁들은 과거 데이터를 토대로 예측할 수 없다. 이러한 것들은 철저히 파괴적이기 때문이다. 오히려 이 대변혁들은 너무 복잡해서 예견할 수 없는 힘의 결과로서 팅커러tinkerer(땜장이에서 온 말로 마블 코믹스의 악당인 천재 과학자이자 기술자—편집자), 해커, 오만한 몽상가들에 의해 나타나게 될 것이다. 우리는 그저 10년 뒤 세상이 지금과는 크게 달라질 것이라는 사실만 알 수 있을 뿐이다. 모든 가능성을 분석하고 모든 위험을 관리하는 사람들이 지배하는 성숙하고 편안한 사회는 예측할 수 없는 미래를 받아들이는 법을 배워야 한다. 미래는 벤처투자자가 지원하는 반복적인 실험을 통해 발견될 수 있다.[32] 미래는 예측할 수가 없는 성질의 것이다.

그러면 어떤 유형의 실험이 결실을 맺을 것인가? 여기서도 혁신의 중심 외곽에 있는 사람들이 코슬라에게 무언가를 배울 수 있다. 사람들 대부분은 각 분야의 전문가들이 지식의 변경을 밀어낼 것이라고 생각한다. 코슬라가 브라운에게 내기를 건 것에서 알 수 있듯이, 그것은 누구라도 쉽게 알 수 있다. 그러나 전문가들은 점진적인 발전의 원천일 수는 있지만, 혁신적인 아이디어는 문외한에게서 나올 수 있다. 코슬라는 이렇게 말한다. "내가 헬스케어 기업을 설립한다면, 헬스케어 전문가를 CEO로 영입하지는 않을 것입니다. 또한 내가 제조업 기업을 설립한다면, 제조업 전문가를 CEO로 영입하지도 않을 것입니다. 나는 맨땅에서 시작하여 기존의 가정을 뒤집어서 생각하려는 정말 똑똑한 사람을 원합니다." 결국 소매업의 혁신은 월마트가 아니라 아마존Amazon에서 나왔다. 미디어 혁신은 〈타임Time〉 혹은 CBS가 아니라 유튜브, 트위터Twitter, 페이스북Facebook에서 나왔다. 우주산업의 혁신은 보잉 혹은 록히드가 아니라 일론 머스크Elon Musk의 스페이스XSpaceX에서 나왔다. 차세대 자동차는 GM 혹은 폴크스바겐이 아니라 머스크가 설립한 또 다른 기업 테슬라Tesla에서 나왔다. 코슬라는 흥분한 목소리로 말한다. "나는 지난 30~40년 동안에 전문가에게서 혁신이 나온 경우를 단 한 번도 보지 못했습니다. 한번 생각해보세요. 놀랍지 않습니까?"

이단아의 대담한 혁신 프로젝트가 미래를 가장 잘 설명한다면, 여기서 또 다른 통찰이 나온다. 노벨경제학상 수상자 로널드 코스Ronald Coase의 연구 덕분에, 경제학계는 현대 자본주의가 만든 두 개의 위대한 제도를 오랫동안 인정해왔다. 하나는 가격신호와 대등한 입장에서의 계약을 통하여 행위를 조정하는 시장이고, 다른 하나는 관리자가 이끌어가는 팀으로 구성되어 행위를 하는 기업이다. 그러나 경제학자들은 코슬라가 활동하는 중간지대, 즉 시장과 기업 사이의 어딘가에 놓여 있는 벤처캐피털 네트워크에는 관심을 덜 가졌다. 그럼에도 벤처투자자들은 주목받을 가치가 있다. 그들은 코슬라와 같은 이단아가 진행하는 실험을 통하여 응용과학 분야의 모든 경쟁자, 중앙집권화된 연구개발 부서, 고립된 차고에서 물건을 땜질하는 사람, 기술의 승자를 선별하려는 정부와 비교하여 더 많은 발전을 이끌었다. 벤처투자자들이 지원하는 스타트업들은 대단한 성과를 내면서 사람들이 일하고, 사교활동을 하고, 쇼핑을 하고, 스스로 즐거운 시간을 갖고, 정보에 접근하여 그것을 다루고, 사물의 본질에 대한 통찰을 얻고 생각하는 방법을 바꾸어놓았다.

벤처투자자들이 이처럼 대단한 영향력을 발휘한 것은 그들이 기업의 장점과 시장의 장점을 결합했기 때문이다. 그들은 유망 스타트업들이 자본, 유능한 인재, 많은 고객을 확보할 수 있도록 지원을 아끼지 않았다. 그들은 이런 방식으로 기업에서 찾아볼 수 있는 팀의 구성, 자원, 전략 비전을 재현했다.[33] 그러나 이와 동시에 그들의 네트워크가 변화 가능하고 일정한 형태를 지니지 않기 때문에, 그들은 시장의 유연성을 지녔다. 샌드힐로드의 뛰어난 활동가들은 신선한 사업 아이디어 혹은 과학적으로 획기적인 해결책을 내놓은 스타트업을 후원할 수 있다.

그들은 그것을 구체화하고, 확장하고, 소문이 나게 할 수 있다. 그러나 모집한 벤처자금이 바닥날 때가 되면, 스타트업에 대한 시장의 반응을 살펴야 한다. 스타트업의 그다음 발행주식에 대한 열렬한 구매자가 없다면, 가격신호가 제 역할을 하게 될 것이다. 이제 벤처투자자는 그 일에서 손을 떼고, 성공이 불가능하게 여겨지는 지점을 뛰어넘어 투기적인 연구개발을 지원함으로 비롯되는 자원 낭비를 하지 말아야 한다. 벤처투자자들은 이렇게 가격신호의 규율에 정기적으로 복종하기 때문에 실패를 인정하고 성공을 알리는 조기 지표를 배가하는 데 능숙하다. 그들이 기업의 전략을 재현하고 시장을 존중하는 자세를 지닌 것이 코스가 강조한 두 개의 제도에 더하여 현대 자본주의의 세 번째 위대한 제도를 구현하는 데 기여했다.

　비교적 인정을 덜 받은 벤처캐피털 네트워크의 중요성은 벤처캐피털 산업이 세 개의 차원에서 확장되던 지난 몇 년 동안에 특히 뚜렷하게 나타났다. 첫째, 이 산업은 실리콘밸리라는 역사적 거점을 뛰어넘어 미국의 주요 도시뿐만 아니라 아시아, 이스라엘, 유럽에서 번성하는 전초기지를 형성하면서 퍼져갔다.[34] 둘째, 이 산업은 벤처투자자가 지원하는 기술이 그 어느 때보다도 더 널리 퍼짐에 따라 새로운 산업으로 파고들면서, 자동차에서 호텔산업에 이르기까지 모든 부문을 건드리며 다양한 부문으로 퍼져갔다. 셋째, 실리콘밸리에서 기업가치가 수십억 달러에 이르지만 주식공모를 뒤로 미룬 기업들이 등장하면서, 이 산업이 스타트업 단계를 뛰어넘는 기업으로도 퍼져가고 있다. 아마존은 설립 이후로 3년이 지난 1997년에 기업가치가 4억 3800만 달러에 달하면서 공개회사로 전환했다. 지금 이 글을 쓰고 있는 2020년에는 480개가 넘는 유니콘unicorn(기업가치가 10억 달러가 넘는 스타트업—옮긴이)들이 여전히 주식공모를 크게 서두르지 않는 상황이다.[35] 지금은 벤처투자자와 그 밖의 사적 기술투자자들이 세계에서 가장 역동적이고 혁신적인 기업들을 소유하고 있다(따라서 그들이 제대로 지배하기도 하고 잘못 지배하기도 한다).

이 책은 크게 두 가지 목표를 가지고 있다. 첫 번째 목표는 벤처투자자의 사고방식을 설명하는 것이다. 실리콘밸리의 역사를 발명가와 기업가에 집중해서 다룬 책들은 상당히 많이 있다. 하지만 이런 책들은 자금을 조달하고 기업을 만들어가는 사람들의 마음을 속속들이 이해하려는 측면에서는 아쉬운 점이 많았다. 이 책에서는 애플Apple에서 시스코, 왓츠앱WhatsApp, 우버Uber에 이르기까지 세상에 널리 알려진 기업에 대한 투자를 면밀하게 살펴보면서, 벤처투자자와 스타트업이 관계를 맺으면 어떤 일이 발생하는지, 벤처자본이 다른 형태의 자본과 어떻게 다른지 보여줄 것이다. 금융업자들은 수량 분석에 근거하여 희소한 자본을 할당한다. 벤처투자자들은 사람들을 만나고, 그들을 매료시키고, 스프레드시트에는 관심을 갖지 않는다.[36] 금융업자들은 현금흐름을 보면서 기업의 가치를 평가한다. 벤처투자자들은 현금흐름을 분석하기도 전에 스타트업을 지원하기도 한다. 금융업자들은 눈 깜짝할 사이에 수백만 달러의 금융자산을 거래한다. 벤처투자자들은 기업에 대해 비교적 적은 지분을 가지고서 소유한다. 가장 본질적으로 금융업자들은 일어날 가능성이 거의 없는 이례적인 사건이 발생할 위험을 무시하면서 과거의 데이터를 바탕으로 미래의 추세를 예측한다. 벤처투자자들은 과거로부터 철저한 이탈을 모색한다. 그들은 오직 이례적인 사건에만 관심을 쏟을 뿐이다.

이 책의 두 번째 목표는 벤처투자자들의 사회적 영향력을 평가하는 것이다. 벤처투자자들은 자신이 세상을 더 나은 곳으로 만든다고 주장한다. 이것은 때로는 확실히 맞는 말이다. 임파서블푸즈가 그 사례다. 하지만 한편으로는 비디오게임과 소셜 미디어가 오락거리와 정보를 제공하고 할머니에게는 멀리 떨어진 손주들을 볼 수 있게 해주지만, 스크린 중독과 가짜 뉴스를 조장한다. 벤처투자자들의 과장된 주장과 실제 현실 간의 격차는 손쉬운 조롱거리가 되었다. 2020년 4월 코로나 위기가 한창일 때 벤처투자자 마크 앤드리슨Marc Andreessen은 "이제는 만들 때가 되었다"라고 선언했다. 그는 이렇게 물었다. "이제는 더 빠른 고속전철, 공중을 달리는 모노레일, 하이퍼루프hyperloop(저압의 튜브 안에서 공기압의 압력 차를 이용해 빠르게 움직이는 초고속열차—옮긴이), 하늘을 나는 자동차가 나올 때가 되지 않았는가?"[37] 하지만 그다음 달에 앤드리슨의 파트너십은 초대장을 가진 사람들만 받아주는 소셜 미디어 앱 클럽하우스Clubhouse에 투자했다.

또 한편으로는 벤처캐피털 업계의 단일 문화의 편협한 분위기가 벤처 업계의 개방적인 분위기와 대조를 이룬다. 여성의 비율이 상당히 낮아서, 2020년 현재 전체 투자 파트너의 16퍼센트만을 차지한다. 인종 구성을 보면 훨씬 더 편협하여, 전체 투자 파트너 중 흑인이 겨우 3퍼센트만을 차지한다.[38] 벤처캐피털이 사회를 형성하는 데 상당히 큰 역할을 하기 때문에, 그들이 모집하는 투자 파트너나 자금을 지원하는 스타트업의 측면에서 더 많은 다양성을 띠어야 할 것이다.

마지막으로 (벤처캐피털 업계가 자신의 핵심 역할이라고 주장하는 것의 중심이기에) 가장 힘주어 말하고 싶은 것은 벤처투자자들이 기술기업의 스튜어드steward(집사, 관리자. 투자 분야에서는 기업의 의사결정에 적극적으로 참여해 주주로서의 권리를 행사하고, 투자한 기업의 지속가능한 성장을 위해 노력하는 투자자를 뜻한다—편집자)로서 자신의 이력을 중요하게 생각해야 한다는 점이다. 그들은 갓 태어난 스타트업을 키워낸 자랑스러운 이력을 가지고 있다. 그러나 그들이 사무실 임대업체 위워크WeWork나 차량 호출 서비스업체 우버와 같이 기업가치가 수십억 달러에 달하는 유니콘을 성공적으로 지배한 것은 아니었다.

간단히 말하자면 벤처투자자는 완벽함과는 거리가 먼 사람들이다. 일반 대중들이 기술 기반 산업단지를 외면하고 있는데도 벤처캐피털에 대한 옹호론이 더욱 설득력을 얻고 있다. 경제학자들은 비교적 최근까지도 국가 수준에서 나타나는 차이를 조사하면서, 왜 일부 국가들이 다른 국가들에 비해 더욱 부유해지는가를 설명했다. 그들에 따르면 건전한 법치, 안정된 물가, 교육받은 국민이 국가가 성공하는 데 도움이 되었다고 한다. 그러나 최근에는 국가 내에서 왜 일부 지역이 다른 지역과 비교하여 혁신의 중심축이자 번영의 촉진자로서 훨씬 앞서가고 있는가가 더욱 중요한 문제가 되었다. 실리콘밸리가 그랬듯이 한 지역이 다른 지역을 훨씬 앞서갈 수 있다. 그러나 건전한 법치, 안정된 물가가 왜 실리콘밸리가 몬태나주 혹은 미시간주보다 더 혁신적인가를 설명할 수는 없다.[39] 실리콘밸리의 비결을 이해하려면 코스의 논리 체계를 업데이트해야 한다. 우리는 벤처캐피털 네트워크를 시장과 기업만큼이나 깊이 연구해야 한다. 지경학적地經學的 경쟁이 심해지고 있는 세상에서 가장 창의적인 혁신의 중심축을 가진 국가들이 가장 번영하고 결국에는 가장 강력해질 가능성이 있다. 소득 불평등이 깊어지는 세상에서, 이러한 혁신의 중심축에서 지역적 다양성을 장려하는 국가들이 더욱 행복하고 안정될 것이다. 정부는 거대 기술기업을 규제하더라도 기술 스타트업을 장려하기 위하여 가능한 모든 수단을 동원해야 한다(이것은 앞으로 살펴보게 될 정책 과제다).

지금으로서는 이 과제에 대하여 한 가지만 말하는 것으로도 충분하다. 벤처투자자들이 실패하더라도 그들은 역동적인 스타트업 클러스터에서 꼭 필요한 존재다. 실리콘밸리에서는 수백 명의 벤처투자자들이 항상 티셔츠를 입은 젊은이들을 찾고 있다. 그들은 사람들과 잡담을 나누고, 관계를 맺고, 어느 한 스타트업이 신중한 프로그래머를 고용하려고 할 때 그 회사를 보증하고, 또 다른 스타트업의 제품이 신뢰할 만한 것인지 의심하는 고객에게 믿음을 준다. 이 책에서는 이러한 광란의 활동이 지역 간 창의성의 차이에서 많은 부분을 설명한다고 주장한다. 벤처투자자들은 기업가, 아이디어, 고객, 자본 사이의 연결을 촉진하여 똑똑한 사람들의 단순한 모임을 창의적인 네트워크로 전환한다. 경제 성장에 관한 전통적인 설명에서는 이러한 현상을 반영하기 위한 공간을 확보해야 한다. 또한 이러한 현상은 중국이 최고의 기술 강국으로 부상하는 것을 설명한다. 실제로 미국이 오늘날의 기술경쟁에서 중국에 뒤처질 가능성이 있다면, 이것은 실리콘밸리에서 영감을 얻은 벤처투자자들이 중국의 디지털경제에 시동을 걸었기 때문이다. 게다가 중국의 벤처캐피털 업계는 미국보다 더 나은 강점이 있다. 중국의 벤처캐피털 업계는 여성에게 더욱 개방적이다.

그러나 이것은 우리가 하는 이야기의 끝부분에 해당한다. 벤처투자자들을 이해하려면, 그러니까 그들이 어떻게 생각하는지, 그들이 왜 중요한지 이해하려면, 우리는 처음부터 시작해야 한다. 이처럼 이상한 금융업자 종족이 없었더라면 산타클라라밸리의 과수원은 결코 실리콘과 연결되지 않았을 것이고, 엄청난 부는 결코 창출되지 않았을 것이다.

투자의 진화

1장

아서 록과
해방자본

The Power Law

성공은 많은 창시자를 요구한다. 이것은 실리콘밸리도 예외가 아니다. 어떤 이들은 기적이라 할 만큼 혁신적인 이 지역의 기원을 찾으면서, 스탠퍼드대학교 공과대학 학장 프레드 터먼Fred Terman이 이 대학에 유명한 연구단지를 조성했던 1951년에 주목한다. 또 다른 이들은 성공스토리의 기원을 그보다 5년 뒤에 반도체의 아버지라 할 윌리엄 쇼클리William Shockley가 동부해안을 떠나 터먼의 캠퍼스에 회사를 차리고 실리콘을 처음으로 밸리에 들여왔던 것에서 찾는다. 그러나 그 기원에 관한 가장 흥미로운 스토리는 실리콘밸리를 특별나게 만드는 힘을 정면으로 주시하는 것으로서, 1957년 여름에 쇼클리를 위해 일하던 여덟 명의 젊은 박사 연구자들이 반란을 일으키고 연구실을 떠나버린 사건에서 출발한다. 쇼클리가 연장자라는 사실, 그의 명성, 심지어는 노벨상 수상자라는 경력도 그들의 반란을 저지하는 데는 아무런 도움이 되지 않았다. 8인의 반란자들은 쇼클리의 고압적인 리더십에 넌더리가 나서 다른 길을 찾기로 결심했다. 위계문화와 권위에 대한 전통적인 관념을 깨뜨리고 황금시계를 차고 퇴직할 때까지 수십 년 동안 성실하게 일하며 실리콘밸리의 매력적인 문화를 창조한 것은 바로 그들의 반란행위에서 비롯되었다.

1957년의 반란은 처음에는 모험자본adventure capital이라고 불리던 새로운 형태의 금융 덕분에 가능했다. 이 자본은 기존의 은행 대출을 받기에는 너무 위험하고 가난하지만, 대담한 발명을 좋아하는 투자자들에게 엄청난 수익을 제공할 가능성을 약속하는 기술자들을 후원하기 위한 것이었다. 아마도 8인의 반란자들이 설립한 페어차일드반도체Fairchild Semiconductor에 대한 자금 지원은 서부해안에서 일어난 이러한 모험의 첫 번째 사례가 될 것이고, 이것이 이 지역의 역사를 바꾸어놓았다. 페어차일드반도체가 140만 달러에 이르는 자금을 조달한 이후로, 실리콘밸리에서 원대한 아이디어와 강력한 포부를 가진 어떠한 팀들도 따로 떨어져 나와서 새로운 기업을 설립하여 자신들에게 가장 어울리는 조직 형태를 만들 수 있었다. 이러한 새로운 자본 덕분에 엔지니어, 발명가, 활동가, 예술적 몽상가 들이 만나고, 결합하고, 분리하고, 경쟁하고, 협력할 수 있었다. 때로는 모험자본이 변절자본이 되기도 하고, 팀을 구성하는 자본이 되기도 했으며, 단지 실험자본이 되기도 했다.[1] 그러나 그것을 어떤 시각에서 바라보든 인재들이 해방되고, 혁명이 일어났다.

이처럼 새로운 해방자본의 등장은 많은 사람들이 실감하는 것보다 더 많은 것을 설명한다. 무엇이 실리콘밸리가 우위를 갖게 했는가에 대한 경쟁이론, 즉 그곳에 스탠퍼드대학교가 있고, 군납을 통해 혜

투자의 진화

택을 얻었으며, 서부해안의 대항문화가 존재한다는 이론은 전혀 설득력이 없다. 스탠퍼드대학교는 MIT와 별반 다르지 않다. MIT는 하버드대학교와 가까운 곳에 있고, 실리콘밸리가 초기에 조성했던 것보다 더 강력한 연구 클러스터를 조성했다.[2] 스탠퍼드대학교가 국방 연구비를 받아서 혜택을 본 것은 사실이다. 근처에 있는 나사에임스연구센터NASA Ames Research Center에서 U-2 정찰기용 필름을 개발했고, 록히드의 미사일 및 우주 사업본부가 실리콘밸리 캠퍼스에서 잠수함 발사 무기를 개발했던 것도 사실이다.[3] 그러나 1950년대 유명한 군산복합체는 주로 동부해안의 펜타곤과 매사추세츠-케임브리지 간의 협력에 기반을 두었다. 이러한 축을 구현한 사람이 바로 MIT 공과대학 학장이자 케임브리지에 기반을 둔 방위산업체 레이시언Raytheon의 창업자이자 제2차 세계대전 당시에 프랭클린 루스벨트Franklin Roosevelt 행정부의 수석 과학행정가이기도 한 버니바 부시Vannevar Bush였다. 보스턴 주변에는 펜타곤이 지원하는 연구센터로 수백만 달러의 연방정부 연구기금이 흘러들어 왔고, 1960년대 말에는 이러한 연구센터에서 수백 개가 넘은 기술 스타트업을 설립했다.[4] 펜타곤과의 관계가 응용과학의 입지를 결정했다면, 케임브리지가 우주의 중심이 되어야 했다.[5]

실리콘밸리가 우위를 갖게 된 것이 스탠퍼드대학교도 아니고 방위산업 수요도 아니라면, 이 지역이 아직 태어나지 않은 기술을 자유롭게 상상할 수 있게 해준 서부해안의 대항문화에 의해 특징지어진다는 이론은 어떤가? 팰로앨토에 위치한 증강인간지능연구센터Augmented Human Intellect Research Center의 더그 엥겔바트Doug Engelbart는 컴퓨터 마우스와 그래픽 사용자 인터페이스의 초기 버전을 고안한 사람으로, LSD 실험에 참여했고, EST Erhard Seminars Training라고 알려진 개인 발달 훈련

프로그램을 개발하기 위해 펜타곤에 연구비를 강요하기도 했다. 젊은 시절의 스티브 잡스도 동양의 신비주의에 매료되었다. 그는 맨발로 돌아다녔고, 회사 화장실에서 발을 씻었으며, 과일 다이어트를 하면 샤워를 자주 하지 않아도 된다고 주장했다. 록 뮤지션이자 잡스의 친구였던 보노Bono는 이렇게 말한다. "21세기를 만든 사람들은 스티브처럼 마리화나를 피우고 샌들을 신은 서부해안의 히피들이었다. 그들은 사물을 남들과는 다르게 보았다." 그리고 이러한 스토리의 일부 버전은 실리콘밸리에서 널리 인정받았다. 그곳에 사는 사람들은 자신을 부유하고 강력할 뿐만 아니라 멋진 사람이라고 생각한다. 이러한 스토리에 따르면, 히피문화의 반기업적 정서가 그들이 가까운 변리사를 찾아서 달려가기보다는 아이디어를 공유하도록 했다는 것이다. 그들의 평등주의 사상이 모든 것을 바꾸게 할 잠재력을 지닌 무엇인가를 보고 느낄 수 있는, 세련되지 못하고 무례한 사람을 포용할 수 있게 했다.

우리는 실리콘밸리에서 이러한 대항문화의 흔적을 여전히 볼 수 있다. 그들은 차세대 나일론이 낡은 가죽을 대체했는데도 가죽 샌들을 신고, 좌파 진보주의 성향을 띠고, 때로는 정치적으로 자유지상주의를 신봉하며, LSD를 소량 투여하면 생산성이 증진한다는 믿음을 갖는다. 그러나 서부해안이 예외에 해당한다는 문화적 설명에는 실리콘밸리의 열광적 지지자들이 생각하는 것처럼 다른 지역이 조용하지는 않았다는 데 문제가 있다. 코드에만 사로잡혀서 그것을 가지고 돈을 벌기 위한 원리를 거부했던 멍청이 공동체주의자들이 옹호하는 해커정신은 실제로 MIT에서 나왔다. 테크모델철도클럽Tech Model Railroad Club에 소속된 MIT 학부생들은 TX-0 컴퓨터에 빠져들기 전에, 모형 기차 이면에 있는 기술에 이미 매료되어 있었다.[6] TX-0가 학생들의 마음을

투자의 진화

사로잡자 MIT 당국은 그것을 없애는 것도 고려했다. 누군가가 전하는 말에 따르면 학생들이 머리를 감지도 않았고, 밥을 먹지도 않았으며, 사교활동도 중단했고, 심지어는 공부도 중단했다고 한다.[7] 영국 태생으로 제네바에서 활동하던 월드와이드웹World Wide Web 발명가 팀 버너스리Tim Berners-Lee도 창조적 상상력과 함께 돈벌이에는 무심한 반물질주의 정신을 지녔다. 그는 자신의 발명품으로 돈을 버는 것에 반대하면서 공식 발표문에 이렇게 적었다. "당신이 이 코드를 사용하고 싶다면, 나에게 편지를 쓰면 됩니다." 보노가 주로 공연하는 곳이 아니지만 핀란드에서는 리누스 토르발스Linus Torvalds가 리눅스 운영체제의 핵심을 개발하여 무료로 제공했다. 지금까지 이야기를 요약하자면, 실리콘밸리를 벗어난 곳이라고 해서 창의성이 모자라지 않았고, 대항문화적이고 반기업적인 정서를 찾아볼 수 없는 것도 아니었다.

실리콘밸리를 특징짓는 것이 창의적 역량, 대항문화에 있지는 않다.[8] 1947년에 트랜지스터를 처음 발명한 곳은 실리콘밸리가 아니라 뉴저지주에 있는 벨연구소였다. 최초의 개인용 컴퓨터는 뉴멕시코주에서 개발한 알테어Altair였다. 월드와이드웹의 효시라 할 네트워크 관리 소프트웨어 고퍼Gopher는 미네소타주에서 나왔다. 최초의 웹브라우저는 일리노이주립대학교의 마크 앤드리슨이 개발했다. 최초의 검색엔진 아키Archie는 몬트리올에 위치한 맥길대학교의 앨런 엠티지Alan Emtage가 개발했다. 최초의 인터넷 기반 소셜 네트워킹 사이트 식스디그리스닷컴SixDegrees.com을 개설한 사람은 뉴욕에 거주하는 앤드루 와인리치Andrew Weinreich였다. 최초의 스마트폰은 플로리다주 보카러톤에 위치한 IBM연구소의 프랭크 캐노버Frank Canova가 개발한 사이먼퍼스널커뮤니케이터Simon Personal Communicator였다.[9] 단 하나의 지역이(심지어 실리콘밸리라도) 발명을 주도하지는 않는다. 그런데도 이처럼 획기적인 발명품들에는 한 가지 공통점이 있다. 아이디어를 막대한 수익을 창출하는 제품으로 전환하는 데에서는 실리콘밸리가 마법을 일으켰다.

무엇이 이러한 마법을 설명하는가? 1995년에 〈타임〉에 실린 기사의 제목 '우리 모두가 히피에게 빚을 지고 있다'가 보노의 대답과 뜻을 같이한다.[10] 그러나 실리콘밸리를 특징짓는 것은 대항문화의 멋이 부에 대한 솔직한 갈망과 결합한 데 있었다. 보노와도 친하게 지내고 마리화나를 피우고 샌들을 신은 발명가들은 큰돈을 번 것을 전혀 부끄러워하지 않았다. 그리고 실리콘밸리에서는 자유분방한 사람들이 직속상관들을 속물이라고 경멸했고, 뛰어난 성과를 내는 이들은 이 직속상관들을 가련할 정도로 일 처리가 느린 사람으로 여기고 그보다 훨씬 더 경멸했다. 잡스는 이처럼 모순된 문화의 양면을 구체적으로 보여주었다. 그는 평등주의 정신이 투철하여 회사 주차장에 CEO 자리를 요구하지 않았지만, 장애인 주차구역에 자기 차를 자주 세워둘 정도로 오만한 모습을 보이기도 했다.[11] 그는 자신의 지적 자산을 표면상의 경쟁자와 공유할 정도로 공동체 정신에 입각한 협력자였지만, 자본주의 정신에 입각한 경쟁자, 편집증 환자, 통제자이기도 했다. 실리콘밸리를 사실대로 정의하는 것은 여유로운 창의력과 금전적 야망의 결합이었다. 바로 이것이 실리콘밸리가 자유로운 상상력이 나래를 펴서 사회와 문화를 형성하는 기업을 창출하는 곳이 되게 했다.

이처럼 모순된 문화가 어디에서 비롯되었는지 정확하게 지적하기란 당연히 어려운 일이다. 어떤 사람들은 이것이 19세기 서부개척시대에 금을 얻기 위해 샌프란시스코로 몰려들던 시절의 광적인 물질주의에서 비롯된 것이라고도 했다. 이 물질주의가 과거에는 지배계층에

투자의 진화

서 소외된 개인주의적인 활동가들을 부자가 되게 했고, 최초의 리바이스트라우스Levi Strauss 청바지를 만드는 등 기업가정신을 꽃피우게 했다는 것이다. 또 다른 사람들은 진보적이고도 개방적인 자세로 일에만 집중하게 하는 캘리포니아의 교육과 번영을 강조한다.

그러나 해방자본이라는 강장제가 지금까지 가져왔던 것보다 더 많은 관심을 기울이게 하는 또 다른 설명을 제공한다. 이처럼 독특한 형태의 금융이 아이디어를 제품으로 전환하기 위해 인재들을 자유롭게 풀어주고, 달성하기 어려운 상업적 목표와 비전통적인 실험을 결합함으로써 실리콘밸리를 매우 비옥하게 만드는 기업문화를 창달했다. 예전에는 JP모건JPMorgan이라는 금융기관이 미국 업계를 강력한 과점으로 몰아갔다. 1980년대에 마이클 밀켄Michael Milken의 정크본드junk bond(수익률이 아주 높지만 위험률도 큰 채권—옮긴이)가 기업 인수와 화전농법 방식의 비용 절감을 부채질했다. 이와 비슷하게 벤처캐피털은 제조업 문화에 커다란 흔적을 남기면서, 실리콘밸리가 응용과학의 가장 영속적이고도 생산적인 용광로가 되게 했다. 8인의 반란자들은 벤처캐피털 덕분에 쇼클리를 버리고 페어차일드반도체를 출범시켜 기적을 이루어낼 수 있었다. 2014년까지 실리콘밸리에서 상장된 기술기업의 계보를 추적하면 이들의 70퍼센트가 페어차일드반도체에 이른다.[12]

● ● ●

쇼클리반도체 연구실의 젊은 연구자들은 해방자본에 의지하기 이전 해까지만 하더라도 자신들의 상사가 천재 과학자이자 미친 전제군주라고 생각했다. 그들은 쇼클리가 자신을 뽑았을 때 상당히 영예롭게 여겼다. 위대한 과학자에게 전화가 왔을 때 그들은 전화기에 대고 신에게 말하는 것과 같은 기분이 들었다.[13] 잘생긴 얼굴에 안경을 끼고 여느 교수들과 마찬가지로 앞머리가 벗어진 쇼클리는 반도체의 아버지일 뿐만 아니라 훌륭한 쇼맨이었다. 그는 뜨거운 주제에 들어가겠다고 약속하면서 강의를 시작하곤 했다. 그다음에 책을 펴고 책장에 담배 연기를 뿜었다.[14] 그러나 젊은 연구자들이 이러한 신을 접하자마자 그의 약점이 뚜렷하게 드러났다. 쇼클리는 공개적인 장소에서 해고통지를 하고, 회사 게시판에 직원들의 보수 일람표를 붙여놓고, 어떤 연구자가 보수를 아주 적게 받고도 일하기로 했다면서 비웃었다.[15] 그는 자기가 찾을 수 있는 가장 똑똑한 연구자들을 고용했지만 금방 그들을 업신여기기 시작했고, 때로는 "당신이 정말 박사학위를 받았는가?"라는 말로 그들을 조롱했다. 몇몇 연구자들이 감히 논문을 발표하고 싶다고 했을 때 쇼클리는 그들을 모욕하면서 자기중심적으로 행동했다. 그는 자기 이론을 간단히 메모해서 건네고는 이렇게 말했다. "여기에 살을 붙여서 발표하게."[16]

나중에 젊은 연구자 중 한 사람은 이렇게 말했다. "전제군주라는 단어가 쇼클리의 성품을 잘 요약해줄 것이라고는 전혀 생각하지 못했습니다."[17]

쇼클리가 자기 사업을 시작한 지 15개월이 지난 1957년 5월에 재정 후원자가 그를 찾아왔다. 이전 해에 이미 벤처자금이 거의 바닥나서 쇼클리는 또 다른 자금이 필요했다.[18] 따라서 쇼클리는 창업자 이름이 들어간 캘리포니아주 남부 기업 베크만인스트루먼츠Beckman Instruments의 창업자 아널드 베크만Arnold Beckman에게 도움을 받았다. 베크만은 쇼클리에게 자기 회사의 한 부문을 맡기고는 신속하게 수익을 올리기를 원했다. 이제 그가 사업 실적을 독려하고 관리상의 문제를 일으키지 않을 것을 요구하기 위해 쇼클리를 찾아왔다.

쇼클리의 반응은 사뭇 도전적이었다. 그는 이렇게 쏘아붙였다. "우리가 여기서 하는 일이 당신 마음에 들지 않으면, 나는 이 사람들과 함께 다른 곳에서 지원받을 수도 있습니다."[19] 그러고는 방을 나가버렸다.

젊은 연구자들은 쇼클리가 베크만에게 화내는 모습을 보면서 이제는 선택해야 할 때가 왔다고 생각했다. 이것이 바로 대기업, 대형 노동조합, 대규모의 화이트칼라가 지배하던 1950년대에 벌어진 일이다. 1956년에 발간된 어느 베스트셀러의 제목 얌전한 '조직 인간organization man'은 새로운 종류의 미국인을 선언하는 것이었다. 심지어는 연구와 개발까지도 점점 무의미하게 여겨졌다. 《조직 인간》의 1장 제목은 '과학자의 관료화'다.[20] 쇼클리의 보좌관들은 시대정신에 굴복하여 억압적인 관리자 밑에서 무기력하게 지낼 수도 있었고, 그의 분노가 만들어준 새로운 기회를 붙잡을 수도 있었다. 그들은 격렬한 토론 끝에 점심을 급하게 해치우고는 베크만에게 자신들의 불만을 이야기하고, 쇼클리를 엄격하게 단속할 것을 요구하기로 결정했다. 그런데 누군가 이렇게 말했다. "여보게, 빌어먹을! 이번 일은 우리가 직접 해결해야 해. 그렇지 않으면 그런 말을 할 필요가 없어!"[21]

나중에 페어차일드반도체에서 연구개발 부서장을 맡은 고든 무어Gordon Moore가 대변인 역할을 맡았다. 1950년대 유행을 앞서가던 안경 너머로 텁수룩한 눈썹이 도사리고, 머리가 벗어지기 시작한 무어는 차분하면서도 자신감에 차 있었다. 반란자들의 점심모임이 끝난 뒤 어느 동료의 집에서 무어는 베크만에게 전화를 걸었다.[22]

무어는 쇼클리의 분노를 언급하면서 이렇게 말했다. "위협하려고 제가 이런 말을 하는 것은 아닙니다. 이제는 쇼클리가 자기 사람들과 함께 갈 수가 없습니다."

베크만이 초조한 마음으로 물었다. "일이 잘 안 풀리고 있습니까?"

"아닙니다. 그렇지는 않습니다."[23]

베크만은 무어와 그의 동료들을 만나기로 했고, 몇 차례에 걸친 논의 끝에 쇼클리에 맞서는 그들의 편을 들기로 약속했다. 쇼클리는 천재 과학자였지만 발전을 억누르고 있었다. 자본주의가 발전하기 위해서 때로는 그런 사람을 버리는 것이 필요하다. 쇼클리는 관리자 역할에서 서서히 배제될 것이고, 베크만은 반란자들을 신뢰했다. 이제 쇼클리의 역할은 자문역으로 제한될 것이다.

그러나 며칠이 지나자 베크만은 불안해지기 시작했다. 그는 자기 소유의 회사를 경영하고 있었고, 자기가 원하는 대로 결정할 수 있었다. 오늘날의 벤처투자자들과는 다르게 주변에는 그에게 수익에 대한 책임을 묻는 투자자들이 없었다.[24] 따라서 그는 달갑지 않은 결정을 하지 않을 자유가 있었고, 쇼클리가 축출되었다는 소식을 들은 동부해안의 과학자들에게 항의전화라도 받게 되면 마음을 바꿀 수도 있었다. 쇼클리가 전제군주이기는 하지만 결국에는 노벨상을 받은 전제군주였다. 이제 베크만은 결론에 도달했다. 그는 젊은 반란자들에게 쇼클리와 화해할 것을 요구했다.

반란자들은 회사를 내부로부터 변화시키기는 어렵다는 것을 깨달았고, 앞으로 어떻게 할 것인지 고민했다. 그들 모두가 최고의 자격을 갖추었고, 다른 직장을 쉽게 얻을 수도 있었다. 그러나 그들은 하나의 팀을 이루어 협력하면 엄청난 실적을 이루어낼 것이라는 사실도 잘 알고 있었다. 그렇다고 이대로 팀을 계속 유지하면 쇼클리 치하에서 고

생만 할 것이고, 이것은 즐거운 선택이 아니었다. 최근에 그들의 전제 군주는 직원들에게 거짓말탐지기 검사를 요구하기도 했다.[25]

어느 날 밤에 이 반란자들은 자신의 처지를 고민하다가 좋은 해결 방안을 떠올렸다. 그들 중 유일하게 30세가 넘은 유진 클라이너Eugene Kleiner가 자기 아버지를 통해서 뉴욕의 어느 투자회사와 연줄이 닿았다. 클라이너는 아버지가 거래하는 증권 중개인에게 도움을 요청하는 편지를 썼다. 이제 그들은 회사를 떠날 준비가 되었고, 클라이너는 편지에 이러한 상황을 설명했다. 그런데 아버지가 거래하는 금융회사가 그들 모두를 고용하려는 고용주를 찾을 수 있을까?

●●●

이 단계에서는 반란자들 중 어느 누구도 새로운 회사를 설립할 생각은 하지 않았다. 그들은 이런 아이디어를 전혀 떠올리지 못했고, 젊은 무명의 과학자들을 기꺼이 후원하려는 벤처캐피털에 대해서는 사실상 들어본 적도 없었다. 게다가 벤처캐피털은 전후의 금융정신에 반하는 것이었다. 1929년 경제위기와 이후의 대공황은 한 세대에 걸쳐서 투자자들이 위험을 기피하게 만들었고, 피델리티Fidelity와 푸르덴셜Prudential과 같은 이름 있는 대형 금융기관들은 가능성에 투자하기보다는 원금을 보존하는 데 더 많은 관심을 가졌다. 금융기관들이 기업 지분을 사들일 때는 가능하다면 유동자산을 충분히 보유하여 회사가 망하더라도 주주들은 돈을 벌 수 있게 해주는 안전하고도 확실한 기업을 선호했다. 전설적인 투자자 벤저민 그레이엄Benjamin Graham은 당시 신입직원이던 워런 버핏Warren Buffett에게 도움을 받아서 현금, 재고, 받을어음의 가치보다 최소한 3분의 1이 낮은 가치에 주식을 거래할 기업을 찾으려고 했다. 그러면 이런 기업들은 주주들에게 이익을 제공하면서 청산 절차를 밟을 수 있었다. 버핏이 투자에 크게 성공한 경우를 보면, 매사추세츠주 뉴베드퍼드에 위치한 유니언스트리트레일웨이Union Street Railway 주식을 한 주당 45달러에 구매했는데, 이 회사는 주식 한 주당 120달러의 현금을 은행에 예치한 상태였다.[26] 이처럼 대단히 안정적인 주식을 찾아서 구매해야 한다면, 위험한 기술 벤처 기업들은 좋은 평가를 받지 못할 것이다. 1952년 〈포춘Fortune〉에는 다음과 같은 내용의 기사가 실렸다. "존핸콕생명보험회사John Hancock Life Insurance Company와 같이 상당히 믿을 만한 보험사가 발행한 보험증권을 소지한 사람이 자기 돈이 기계장치를 개발하는 회사를 지원하는 자금으로 쓰인다는 사실을 알고 나면 크게 충격받을 것이다."[27]

물론 이러한 경고에도 예외는 있다. 그러나 그 예외는 드물게 발생하고 확인하기도 어렵다. 1949년에 한때 낭만적인 마르크스주의자였던 앨프리드 존스Alfred W. Jones라는 사람이 처음으로 헤지펀드를 조성했지만, 다수의 위험을 두려워하지 않는 투자자들이 그의 방법을 모방하기 시작했던 1960년대까지는 남의 눈에 띄지 않게 펀드를 운용했다. 존스가 헤지펀드를 조성하기 3년 전에 동부해안의 양대 부호 가문(휘트니 가문과 록펠러 가문)이 위험한 풋내기 기업들에 잠시 미숙하게나마 관심을 가졌던 적이 있었다. 그러나 그들의 동기는 영리 추구가 아니라 애국심과 박애정신에 있었다. 서부해안에서는 샌프란시스코의 금융업자들이 비공식적인 점심모임에 스타트업 기업가들을 불러서 제품을 발표하는 자리를 마련했다. 그러나 8인의 반란자들이 쇼클리에게 반기를 들던 시절에는 이 모임이 시작 단계에 불과했다. 현대

투자의 진화

적인 벤처캐피털의 효시라 할 수 있는 가장 진지했던 초기 실험은 아메리칸리서치앤드디벨로프먼트American Research and Development, ARD에서 찾아볼 수 있다. 그러나 이 회사는 보스턴을 중심으로 활동하고 있어서 8인의 반란자들은 들어본 적이 없었다. 또한 휘트니 가문과 록펠러 가문이 그랬던 것처럼 이 회사도 공공의 이익에 목적의식이 있었다. 그리고 뒤에서 살펴보겠지만 이후로 벤처투자자들을 위한 모범이 되지도 않았다.

이러한 모험금융의 초기 실험에서 모범이 되는 인물로는 존 휘트니John H. Whitney가 있다.[28] 1951년 〈뉴요커New Yorker〉에 실린 인물 소개 기사에 따르면, 그는 제2차 세계대전에 참전한 경험이 말해주듯이 사회적 양심이 투철한 사람이라고 한다.[29] 전쟁포로가 된 휘트니는 포로수용소 장교에게 자신이 자유를 위해 싸운다고 주장했다. 그런데 독일군 장교가 미국이 히틀러가 지배하는 독일보다 더 자유롭지 않다고 대꾸했을 때, 미군 포로들 중 몇몇이 고개를 끄덕이며 동의하는 모습을 보고는 커다란 충격을 받았다. 전쟁이 끝나고 미국으로 돌아온 그는 〈사회명사록Social Register〉에서 자기 이름을 삭제하게 하고는 사회 문제를 다루기 위한 재단을 설립했다. 이러한 노력의 일환으로 자유 기업의 정신을 수호하고 기업가에게 투자 자금을 제공하고자 500만 달러짜리 펀드를 출범했다.[30] 그러나 활동을 시작한 지 5년이 지났는데도 J.H.휘트니앤드컴퍼니 J. H. Whitney & Company는 불과 18개의 벤처 기업만을 지원했을 뿐이다. 그가 성공시킨 기업에는 건축자재 펄라이트를 조기에 제조한 기업과 미닛메이드Minute Maid 오렌지주스를 판매하는 배큐엄푸즈Vacuum Foods가 있었다. 게다가 처음 5년 동안 휘트니의 실적은 그보다 훨씬 더 안전하다고 여겨지는 S&P500 지수와 비교하여 그리 크지 않은 차이로 앞질렀다.[31] 실제로 금융기관들이 투자실적을 평가하기 위해 사용하는 위험조정 지표에 따르면, 이 펀드가 자신의 존재가치를 알리기에는 실적이 못 미치는 것으로 나타났다.[32]

휘트니의 사회적 양심은 두말할 것도 없고, 그의 자존심이 자신을 보통의 은행업자와 같은 부류로 취급하는 비평가들을 용납하기가 힘들었다. 〈뉴욕타임스New York Times〉는 그의 펀드를 "뉴욕의 투자은행회사"라고 언급했고, 이에 분개한 휘트니가 주변 사람들에게 더 나은 표현을 내놓게 했다.

누군가 이렇게 말했다. "우리 펀드명에 위험을 내포한 단어가 들어가야 한다고 생각합니다."

또 다른 누군가는 이렇게 말했다. "우리 사업에서 가장 흥미로운 측면은 모험에 있다고 생각합니다."

그다음 누군가가 이렇게 말했다. "업계에서 이미 사용하고 있는 '모험자본adventure capital'을 줄여서 프라이빗 '벤처캐피털venture capital' 투자회사라고 부르면 어떻겠습니까?"[33]

"바로 그거야!" 휘트니는 흔쾌히 동의했다. 〈뉴욕타임스〉 편집자들은 이 박애주의자의 생각을 충분히 반영하여 1947년에는 벤처캐피털이라는 표현을 자주 사용했다.[34] 그러나 휘트니의 노력에도 불구하고 그의 언어 혁신은 널리 주목받지 못했다. 1962년까지도 '벤처투자자Venture capitalist'라고 자신을 소개하는 선구적인 기술투자자들은 멍한 시선과 마주해야 했다.[35]

1946년 4월에 록펠러 가문도 스타트업이 일반적으로 겪는 자금 부족 문제를 해결하기 위하여 휘트니와 비슷한 사업을 시작했다. 이 사업을 주도한 로렌스 록펠러Laurance Rockefeller는 이렇게 말했다. "우리

투자의 진화

가 하는 일은 어떠한 분야 혹은 아이디어가 충분히 안전하다는 사실이 입증될 때까지 자본투자를 뒤로 미루던 과거의 관행을 거스르는 것입니다. 지금 우리는 저개발의 영역에 자금을 투자하고 있습니다."[36] 그의 펀드는 아프리카의 면직 공장, 남태평양의 어업 회사, 펜실베이니아주의 헬리콥터 회사, 롱아일랜드섬의 영화제작사를 지원하는 데 사용되었다. 록펠러는 기쁜 표정으로 말했다. "이제 자본은 단지 수익을 내기 위한 것만이 아닙니다. 자본은 가장 좋은 일을 할 수 있는 곳으로 갑니다."[37] 결과적으로 수익률은 그다지 높지 않았다. 1961년 〈배런스Barron's〉는 록펠러브라더스Rockefeller Brothers가 사업을 시작한 이후로 15년 동안 900만 달러를 투자하여 4000만 달러의 수익을 올린 것으로 보도했다.[38] 한편 S&P500 지수는 이 기간에 600퍼센트 상승한 것으로 나타났다.[39]

서부해안의 초기 아마추어들은 적어도 대단한 수익률을 주장할 수 있었다. 샌프란시스코에서 열리던 투자를 위한 점심모임에 참석한 금융업자들 중 한 사람인 리드 데니스Reid Dennis는 녹음기 개발을 선도하던 제조사 앰펙스Ampex에 초기 투자해서 성공을 거두었다. 앰펙스는 일요일 오후에 라디오 생방송에 출연하기보다는 골프를 즐기고 싶던 가수 빙 크로스비Bing Crosby의 관심을 사로잡았다. 나중에 데니스는 이렇게 기억한다. "나는 녹음기에 대해서는 아무것도 몰랐습니다. 하지만 이 기술이 단지 크로스비의 목소리를 녹음하는 것보다 훨씬 더 많은 일에 쓰일 것으로 생각했습니다."[40] 1952년에 경영대학원을 갓 졸업한 데니스는 저축한 돈 1만 5000달러를 모두 이 회사에 투자하면서 아내에게는 이렇게 말했다. "당신이 나를 만날 정도로 괜찮은 사람이라면, 앞으로 어떤 일이 생겼을 때 당신을 부양해줄 다른 남자를 만날 수 있을 거야."[41] 앰펙스는 크게 성공하여 1958년에 주식공모에 들어갔다. 그리고 데니스는 (벤처투자자들이 나중에 표현했듯이) 처음 투자한 금액의 67배에 달하는 수익을 올리고, 100만 달러를 챙겼다.[42] 그는 지난날을 즐거운 마음으로 떠올리면서 이렇게 말했다. "이것이 돈을 벌기 위한 아주 좋은 방법이라는 것을 깨달았습니다. 따라서 이때부터 다른 첨단기술기업들을 살펴보기 시작했습니다."[43]

앰펙스의 성공은 데니스가 샌프란시스코 금융업자들 사이에서 명성을 얻게 했다. 결국 그들은 비공식적인 점심모임을 열기로 결정하고, 이 모임을 '더그룹the Group'이라고 불렀다. 1957년부터 대여섯 명의 단골 회원들이 금융가에 있는 서대기라는 생선이 믿을 만하고 발효빵이 신선한 샘앤드잭스델리Sam & Jack's Deli 레스토랑에 모이기 시작했다.[44] 이곳에는 두께가 겨우 0.3센티미터에 불과한 합판이었지만 어쨌든 칸막이를 한 작은 공간이 있어서 사적인 모임을 하기에 좋아 보였다.[45] 기업가들은 자신의 이야기를 하고, 금융업자들은 발효빵을 씹곤 했다. 그다음에는 자금을 원하는 기업가들이 레스토랑 밖으로 나가서 판결을 기다려야 했다. 만일 모든 것이 순조롭게 진행된다면 악수를 하고 8만 달러 혹은 10만 달러를 보장받을 수 있었고, '더그룹'의 지지자들로부터 더 많은 자금을 받을 가능성도 있었다.[46] 데니스는 이렇게 기억한다. "우리는 업계에서 명성을 얻었습니다. 그다음에는 '더그룹'을 벤처투자자 그룹이라고 부르기로 했습니다."[47] 그러나 샌프란시스코의 점심모임이 어느 정도 성공을 거두기는 했지만, 1950년대 후반과 1960년대 초반에 이들이 자금 지원을 한 사례는 겨우 20여 건에 불과했다. 이 모임은 나중에 서부벤처캐피털협회Western Association of Venture Capitalists로 발전하면서 완전한 조직 형태를 갖추게 되었다.[48]

투자의 진화

초기의 모든 실험 중에서 보스턴이 제2차 세계대전 직후 분위기를 주도한 것은 당연한 일이다. 군산복합체 중심에 자리 잡은 MIT의 위상을 생각하면, 누구라도 이곳 실험실에서 개발한 기술에 자금을 지원하여 이 지역 경제발전의 속도를 높일 수 있다는 쪽에 내기를 걸려고 했을 것이다. 이러한 분위기를 주도하기 위하여 뉴잉글랜드 지역의 엘리트들(그들 중에는 MIT 총장과 보스턴 연방준비은행 총재도 있었다)은 프랑스 출신의 이민자로 하버드대학교 경영대학원에서 학생들을 가르치며, 군인처럼 콧수염을 기르고 단정하게 행동하는 조르주 도리오Georges Doriot에게 의지했다. 보스턴 유지들의 은총을 받은 도리오는 1946년에 ARD에서 지휘봉을 잡았다.

도리오는 군산복합체를 최종적으로 구체화한 사람이다. 제2차 세계대전 당시 펜타곤 병참부대에 기술 조달 임무를 책임진 그는 방한화, 방수 직물 그리고 자기 이름을 딴 도론Doron이라는 경량 플라스틱 소재 방탄복에 적용되는 기술 혁신을 지원한 경험이 있었다. 따라서 도리오는 펜타곤이 지원하는 실험실에서 설립한 보스턴 주변의 첨단기술기업에 대한 투자업무에 가장 적합한 사람이었다.[49] 그는 자신의 투자팀에 이런 실험실을 정기적으로 방문하도록 닦달했고, 때로는 팀원들의 책상 위에 지하철 승차권을 놓아두기도 했다. 그리고 이것을 보고도 평화롭게 앉아 있는 젊은 직원들에게는 훈계를 하기도 했다. "지하철을 타면 MIT에 금방 갈 수 있다네."[50] 도리오에게 초기 성공을 가져다준 것은 MIT 실험실에서 빠져나와 제너럴일렉트릭General Electric company, GE과 같은 기존 업체에 도전장을 던지면서 발전기와 입자가속기를 만든 하이볼티지엔지니어링High Voltage Engineering Corporation이었다.[51]

'더그룹'이 점심모임을 시작하고 8인의 젊은 연구자들이 쇼클리를 상대로 반란을 일으키던 1957년에 도리오는 ARD의 운명을 바꾸는 모험을 감행했다. 바로 MIT 교수 두 명이 창업한 디지털이퀴프먼트Digital Equipment Corporation에 자금을 지원하기로 한 것이다. 이들은 펜타곤이 지원하는 링컨연구소Lincoln Laboratory에 근무하면서 TX-0 컴퓨터 개발에 기여한 경험이 있었다. TX-0의 성과는 군사용 장비로서 트랜지스터가 진공관보다 성능이 우수하다는 사실을 입증한 것에 있다. 디지털이퀴프먼트는 트랜지스터가 민수용 컴퓨터에서도 혁신을 일으킬 것이라고 선전했다. 지금의 벤처투자자들이라면 이러한 선전이 당장에 매력적으로 다가왔을 것이다. 창업자들이 첨단기술연구소 출신이고, 그들이 이미 입증된 기술의 상품화를 제안했으니 말이다.

그러나 1950년대 금융 분위기에서는 가장 앞서가는 과학자들조차 자금 모집에 어려움을 겪었다. 도리오는 이러한 상황을 최대한 활용하여 디지털이퀴프먼트 창업자들이 (나중의 기준으로 보면) 모욕적으로 여길 만한 제안을 했다. ARD는 7만 달러를 투자하고, 3만 달러의 대출을 제공하는 대가로 회사 지분의 70퍼센트를 요구했다. 이것은 협상의 여지가 없는 제안이었다. MIT 교수들은 다른 대안이 없는 상황에서 그 제안을 받아들였다. 심지어 도리오가 회사 지분의 77퍼센트까지 요구했을 때에도 아무런 저항을 하지 않았다.[52] 엄청난 지분을 차지한 도리오는 교수들이 성공할 경우에 막대한 수익을 거둘 수 있는 지위에 있었다. 1972년 ARD가 문을 닫을 때 디지털이퀴프먼트에 투자하여 3억 8000만 달러의 수익을 올린 것으로 확인되었다(현재 가치로 환산하면 23억 달러에 이른다).[53] 이것은 ARD가 사반세기에 걸쳐서 벌어들인 수익의 약 80퍼센트에 달하는 금액으로, 한마디로 횡재라 할 수 있다.[54] 또한 이것은 멱법칙을 보여주는 초기 사례이기도 하다.

때로는 도리오가 그의 전기작가 스펜서 앤트Spencer Ante의 주장대로 벤처캐피털의 아버지로 불리기도 한다.[55] 존 휘트니와 마찬가지로 도리오도 자신을 보통의 금융업자와는 다르게 보이려고 애를 많이 썼다. 그러나 경영대학원 교수가 되고 나서는 벤처캐피털의 사명을 정의하는 작업에 훌륭한 통찰력과 설득력을 보여주었다. 그는 강한 프랑스 억양으로 강의하면서, 가장 야심 차면서도 가장 불확실한 프로젝트에 가장 많은 보상이 주어져야 하고, 투자자들은 장기간에 걸쳐 수익이 무르익을 때까지 인내심을 갖고 기다려야 하며, 최선의 전망은 오렌지 주스 혹은 아시아의 어업이 아니라 첨단기술에 있다고 주장했다.[56] 그는 나중에 벤처투자자가 등장할 것으로 예상하고는 자신의 역할이 자금을 지원하는 것뿐만 아니라 경영 상담과 고용에 대한 조언을 하고, 마케팅에서 재무에 이르기까지 모든 분야에서 정보를 제공하는 것이라고 생각했다.

그는 자신이 투자한 기업의 제품을 선전하기 위해 기술 전시회를 개최하고, 보석상이 브로치를 전시하는 것처럼 자주색 벨벳에 견본 회로기판을 전시할 것을 디지털이퀴프먼트에 조언했다. ARD 네트워크에 자기 사람들을 심어놓는 것도 당연히 해야 하는 일이었다. ARD 창업자들 중 한 사람은 해마다 성황리에 개최되고 기업가들이 투자자들과 뒤섞이는 ARD 행사에 대하여 이렇게 말했다. "당신 회사를 알릴 수 있습니다. 이번 기회에 네트워크를 구축하고 제품 소개를 할 수 있어요. 이것은 아주 중요합니다. 당신이 자신감을 가질 만한 이유를 찾지 못했을 때 자신감을 갖게 해준다면 상당히 소중한 것입니다."[57]

도리오가 기업 창업자들과의 파트너십에 관하여 하는 말은 무시무시할 정도로 현대적이다. 창업자들은 젊고, 자기주장이 강하고, 용감하다. 벤처투자자의 역할은 지혜와 경험을 제공하는 것이다. 창업자들은 지능이 뛰어나고 별나며, 때로는 감정적으로 쉽게 흔들린다. "벤처투자자는 항상 조언하고, 설득하고, 때로는 단념시키고, 용기를 주고 발전을 도울 준비가 되어 있어야 한다."[58] 도리오는 이후로 등장한 벤처투자자들과 마찬가지로, 기업 창업자는 기업가가 등장하는 드라마의 스타라고 힘주어 말했다. 그는 이렇게 조언한다. "자신이 하는 일에 비전을 가진 창의적인 사람을 찾아라. 아이디어와 그것의 제안자, 창의적인 사람을 소중하게 생각하는 모습을 보여라."[59] 말할 필요도 없이, 도리오가 '비전을 가진 창의적인 사람'을 존중한 것이 기업 창업자가 이루어낸 성과에서 77퍼센트를 챙겨 가는 것을 막지는 못했다. 또한 도리오는 이러한 과정에서 때로는 미래의 벤처 업계를 낙인찍게 될 위선을 예감했다.

하지만 도리오는 다른 의미에서 보면 창시자가 아니라 실패한 예언가에 가까웠다. 그는 잘못된 영역에 우연히 들어와서 자신을 따르는 사람들이 길을 잃게 한 개척자였다. ARD는 기관투자자들로부터 자금을 모집하던 최초의 벤처금융이었지만, 도리오는 ARD를 미래의 벤처투자자들이 그랬던 것처럼 하나의 파트너십 형태로 가져가기보다는 공개회사 형태로 가져가려고 했다. 이러한 결정은 그를 규제의 올가미에 묶여 헤어나기 어렵게 만들었다.[60] ARD는 직원들에게 스톡옵션을 제공하거나 포트폴리오 기업들에 신규 자본을 투자하거나 투자의 가치를 산정하는 데 제약을 받았다.[61] 1964년에는 증권거래위원회Securities and Exchange Commission, SEC가 보스턴 존핸콕 빌딩에 있는 ARD 사무실을 급습했다. 도리오는 화를 내면서 이렇게 말했다. "우리는 그 사람들과 이틀을 함께 보내면서 다른 일은 전혀 하지 못했습니다."[62] SEC는 ARD 사무실을 수색하고 나서 (인수비용의 100배에 달하는) 디지털이퀴프먼트의 가치를 다시 평가해야 한다고 주장했다. 도리오는 "가치가 지나치게 높다는 말입니까? 아니면 지나치게 낮다는 말입니까? 도대체 무엇이 잘못되었습니까?"라며 격렬하게 이의를 제기했다.[63] 도리오는 SEC에 항의 편지를 계속해서 보내며 이렇게 적었다. "이 일에 20년 넘게 종사했던 나는 두 사람이 여기에 와서 이틀을 보내고는 우리가 무엇을 하고 있는지 우리 자신이 알지 못하고 있다고 주장하는 상황에 분개합니다." 도리오는 SEC에 보낸 편지들을 보관했고, 어느 서류철에는 "변호사의 조언에 따라 발송되지 않음"이라고 표시되어 있었다.

법적 구조에 대한 잘못된 선택은 별도로 하고라도 도리오는 재정적 인센티브를 무시함으로써 자신의 사례가 갖는 매력을 손상시켰다. 그는 ARD가 처음부터 갖고 있던 지역 개발 임무에 딸린 공공서비스 기능을 결코 버리려고 하지 않았다. 그는 당당한 태도로 이렇게 말한다. "자본이득은 목표가 아니라 보상입니다."[64] 도리오는 젊은 직원들의 임금을 후하게 지급하는 데 반대하면서, 그들에게는 돈을 벌기 위해서가 아니라 국가에 봉사하기 위해서 사업을 해야 한다고 말했다.[65] 또한 성과가 낮은 포트폴리오 기업들을 저버리지 않기로 약속했다. 이런 기업들이 다른 곳에 더욱 생산적으로 투자할 수 있는 자본을 독차지하더라도 말이다. 그에게 자신이 챙기는 기업에서 손을 떼는 일은 전쟁터에서 부상당한 동료를 저버리는 행위와도 같은 것이었다. 그러나 직원들과 투자자들은 성공과 돈을 한데 묶는 것을 거부하는 도리오에게 진절머리를 냈다. 그들은 정신적 보상뿐만 아니라 금전적인 보상도 원했다. ARD에 근무하면서 포트폴리오 기업 중 하나를 상장기업으로 만들기 위해 열심히 노력했던 찰스 웨이트Charles P. Waite는 이렇게 기억한다. "나는 회사 성장에 엄청나게 많은 기여를 했습니다. CEO의 수입은 제로에서 1000만 달러가 되었지만, 나는 겨우 2000달러가 올랐습니다."[66] 월스트리트의 투자가들은 ARD를 괴상한 자선 사업체로 여겼고, 포트폴리오 기업의 가치를 지속적으로 저평가하여 ARD의 주식 가치를 평가했다.[67]

ARD가 월스트리트에 깊은 인상을 주지 못하고 자신을 모방하는 기업들로 이루어진 산업을 창출하지 못하면서 많은 사람들이 빈정대기 시작했다. 하지만 도리오가 오류를 여러 번 범하기는 했지만, 어쨌든 사반세기에 걸친 투자활동으로 엄청나게 성장하는 기업들에서 지분을 키워갔다. 디지털이퀴프먼트와 먹법칙 덕분에 그는 자신의 원래 투자 지분을 30배나 키웠고, 이것은 S&P500 지수를 크게 능가하는 것이었다.[68] 그런데도 ARD가 영업을 하는 동안에 이 회사의 주식은 벤저민 그레이엄과 워런 버핏의 사랑을 받는, 가엾을 정도로 저평가되고 답답한 성숙 기업의 것처럼 보였다. 월스트리트가 ARD를 무시했기 때문에, 이 회사는 문을 닫거나 다른 기업에 인수될 때 소유자들에게 더 많은 가치가 있을 것이었다. 결국 ARD는 1972년에 청산 절차를 밟게 되었다.

• • •

쇼클리 치하의 젊은 연구자들이 반란을 계획하던 1957년 6월에는 금융 여건이 우호적이지 않았다. 아직 ARD가 디지털이퀴프먼트에 자금을 지원하지 않았을 때다. 샌프란시스코의 점심모임은 시작에 불과

투자의 진화

했다. 박애정신을 가진 두 명의 부자들이 해외에서 혹은 동부해안에서 진행되는 이상한 프로젝트에 자금을 지원하고 있었다. 따라서 8인의 반란자들이 회사를 설립하기 위하여 자금 모집에 나선다는 것은 상상조차 할 수 없는 일이었다. 클라이너가 아버지의 증권 중개인에게 쓴 편지에는 다른 소망이 담겨 있었다. 그것은 쇼클리에게 불만을 품은 젊은 과학자들이 훌륭한 관리자가 경영하는 회사에서 일하고 싶다는 것이었다.[69] 클라이너의 부인 로즈Rose가 타자를 쳤고, 발신일은 1957년 6월 14일자로 찍혀 있었다. 그들은 뉴욕에 있는 증권회사 헤이든스톤Hayden Stone으로 편지를 보냈다.

그런데 아버지의 증권 중개인은 헤이든스톤에서 곧 퇴직할 예정이었다. 그는 이 편지를 아서 록Arthur Rock이라는 젊은 MBA에게 전달했다.[70] 가냘픈 몸매에 말수가 적고, 때로는 안경 너머로 멍한 눈빛을 하고는 사물을 바라보던 록은 사람들의 이목을 끄는 창시자의 모습도, 허세를 부리는 금융맨의 모습도 아니었다. 휘트니 가문과 록펠러 가문 사람과는 다르게 그는 뉴욕주 로체스터에서 이디시어Yiddish(고지 독일어에 히브리어, 슬라브어 등이 섞여서 된 언어로, 유럽 내륙 지방과 그곳에서 미국으로 이주한 유대인들이 사용한다―옮긴이)를 사용하는 가난한 유대인 이민자 집안에서 자랐다. 어린 시절에는 아버지가 운영하는 작은 식료품점에서 탄산음료 판매원으로 일했다. 도리오와는 다르게 군사기술에 대한 경험이 없었고, 심지어는 군대 경험도 많지 않았다. 군대에 징집되어 힘들게 복무하던 시절에는 자기가 그다지 똑똑하지 않다고 생각하는 상관들에게 보고해야 하는 현실에 분개하기도 했다. 아마도 어린 시절을 힘들게 보냈기 때문에(소아마비를 앓았고, 운동을 잘하지 못했으며, 유대인을 비하하는 동급생들에게 심한 따돌림을 받았다) 말수가 적고 상당히 까칠한 편이었다.[71] 거래를 성사시켜야 할 금융인이라면 성품이 부드러워야 한다. 그러나 록은 멍청한 사람들을 보면 조바심을 느끼면서 참으려고 했고, 그들은 항상 이것을 눈치챘다.

하지만 운 좋게도 록은 클라이너의 편지를 긍정적으로 받아들이기에 가장 이상적인 사람이었다. 이보다 2년 전에 그는 보청기에 쓰이는 게르마늄 반도체를 생산하는 최초의 독립 제조업체 제너럴트랜지스터General Transistor를 위한 자금 모집을 추진한 적이 있다. 그는 이렇게 떠오르는 산업에 깊이 빠져들면서 쇼클리가 과학자들 사이에서 신과 같은 존재로 여겨진다는 사실을 알았다. 이러한 신은 누구든지 고용할 수 있다. 따라서 클라이너와 그의 동료들은 자기 분야에서 최고의 인재들일 것이었다. 한편으로는 클라이너의 동료들이 반란을 일으키려 한다는 사실이 또 하나의 차원을 더해준다. 과학자들은 자격증뿐만 아니라 인격을 가진 존재다.[72] 엘리트로 구성된 팀과 앞으로 이들에게서 나오게 될 새로운 기술과의 조합은 상업적으로 확실한 기회를 제공한다. 이것은 도리오가 그해 여름에 자금을 지원했던 디지털이퀴프먼트와도 비슷한 가능성을 지녔다.

1957년 6월 20일, 록은 클라이너에게 장거리 전화를 걸어 관심을 보였다. 그다음 날 클라이너에게 보내는 편지에는 직접 만날 때까지 팀원들을 결속시켜줄 것을 부탁했다.[73] 그다음 주에 록은 반갑게 손을 내미는 헤이든스톤의 파트너 앨프리드 코일Alfred B. Coyle과 함께 샌프란시스코로 날아갔다.

록과 코일은 클라이너와 그의 동료들을 샌프란시스코의 어느 레스토랑에서 저녁 시간에 만났다. 월스트리트에서 날아온 방문객들은 이 반란자들이 쇼클리의 억압적인 감시를 받지 않고 팀으로 일하고 싶어하는 바람을 충분히 이해했다. 또한 그들은 이 연구자들이 가족이 있는 산타클라라밸리에 남아 있기를 원한다는 것도 이해했다. 그러나 이러한 소망을 달성하기 위해(반란자들이 전혀 생각하지 못했던) 기발한 방법을 제안했다.

록이 간단하게 말했다. "당신들이 이 문제를 해결하는 방법은 회사를 설립하는 것입니다."[74] 그들이 독립하면 자신들이 원하는 곳에서 독자적으로 일할 수 있을 것이다. 그런데 이보다 한술 더 떠서 회사 창업자가 되는 것이다. 그들은 창의적인 기술의 결실을 소유할 것이다. 기득권층 밖에서 혼자 힘으로 살아왔던 록은 이 마지막 장면에서 강렬한 감정이 치솟았다. 어떤 종류의 정의가 구현될 것이다.[75]

록의 제안은 생각할 시간이 필요했다. 연구원 제이 라스트Jay Last는 이렇게 회고했다. "총 맞은 기분이었어요. 록은 우리가 회사를 차릴 수 있다고 말했습니다. 우리는 그런 생각을 전혀 하지 않았습니다."[76]

베크만에게 호소했다가 아무런 소득도 없이 물러나야만 했던 무어도 비슷한 기분을 느꼈던 것으로 기억했다. 몇 년이 지나 실리콘밸리를 대표할 만한 기업의 공동 창업자로 명성을 얻었을 때에도 무어는 자신을 여전히 "어쩌다가 기업가가 된 사람"이라고 소개했다. 그는 이렇게 회상했다. "나는 '회사를 창업할 것이다'라고 말할 수 있는 부류의 사람은 아닙니다. 나와 같이 어쩌다가 기업가가 된 사람은 생각지도 않았던 기회로 떠밀려 온 사람입니다."[77] 1957년 6월 말 샌프란시스코의 레스토랑에서 록이 그를 강하게 떠밀었다.

록 자신은 조금은 다르게 기억한다. 그날 저녁식사를 하면서 자기가 회사 창업을 언급한 것이 연구자들의 태도를 바꾸게 한 것으로 생각했다. 나중에 그는 이렇게 말했다. "그들에게 어느 정도 생기가 도는 것 같았습니다."[78] 도리오가 가졌던 우국충정에도, 부자들의 마음을 흔드는 사회적 양심에도 얽매이지 않았던 록은 그날 느꼈던 감정을 차분하게 설명했다. 그가 사물을 보는 방식, 과학자들이 재정적 인센티브에 반응한다는 사실은 무조건 환영받을 만한 것이었다.[79]

이제 토론은 현실적인 문제로 넘어갔다. 연구자들은 사업을 시작하려면 75만 달러가 필요하다고 했다. 록과 코일은 최소 100만 달러는 가지고 있어야 한다고 했다. 월스트리트에서 온 사람들은 상당한 자신감을 보였다. 사실 검증되지 않은 집단을 위해 100만 달러가 넘는 금액을 준비하기란 쉽지 않은 일이었을 것이다.[80] 그러나 이 금융맨들이 보여준 허세는 의심하는 자들을 진정시키는 데 도움이 되었다. 연구자들은 일곱 자리 숫자의 자금 지원을 약속받자 의구심이 차츰 사라지기 시작했다.

그다음에는 누가 반란을 이끌 것인가를 결정해야 했다. 헤이든스톤에 보내는 편지에서 클라이너는 당시에는 7인이던 반란자들 가운데 가장 높은 자리에서 관리자가 되고 싶은 야심가는 아무도 없다고 솔직하게 적었다. 이것은 그들이 다른 기업에서 관리를 받는 동안에는 나쁘지 않았다. 그러나 새로운 목표가 회사를 창업하는 것이라면, 이 과학자들은 팀을 단결시킬 수 있는 리더를 결정해야 했다. 투자자들에게 언변이 좋은 CEO가 없는 엉성한 집단에 자금을 지원하라고 설득하는 것은 불가능한 일이었다.

쇼클리 연구실의 젊은 과학자들 중에서 로버트 노이스Robert Noyce가 확실한 리더로서 두드러졌다. 매력적인 성품에 다소 장난기가 있고 체격도 좋은 그는 연구소로 출근하라는 쇼클리의 전화를 받고는 신의 목소리에 비유했던 적이 있었다. 그러나 노이스는 반란에 참여할 것인가

투자의 진화

를 두고 몹시 고민했고, 이때까지는 반란자들과 거리를 두고 있었다. 아이오와주의 작은 마을에서 조합교회 목사로 일하는 할아버지와 아버지 슬하에서 자란 그는 쇼클리를 배신하는 데 따르는 도덕적 문제를 걱정했다. 어느 반란자에 따르면 노이스는 스스로 이런 질문을 했다고 한다. "신은 어떻게 생각할까?"[81]

록과 코일은 7인의 반란자들에게 노이스를 설득하라고 했다. 이 금융맨들은 해방의 비전을 펼쳐 보였다. 연구자들은 리더를 데려오는 것으로 보답해야 했다. 반란자들 중에서 셸던 로버츠Sheldon Roberts가 노이스에게 전화하기로 했다. 이 통화는 노이스가 열정과 신중 사이에서 오락가락하면서 밤늦게까지 이어졌다. 100만 달러가 넘는 자금이 노이스의 눈앞에서 아른거렸고, 마침내 그는 코일, 록과의 만남에 참석하기로 결정했다.[82]

그다음 날에 로버츠가 노이스를 스테이션왜건에 태우고는 로스앨터스, 팰로앨토, 마운틴뷰에 있는 동료들 집에 들러 반란의 공모자들을 태웠다. 그러고는 샌프란시스코 중심가에 있는 크리프트 호텔로 달려가 우아한 아르데코 양식(1920~1930년대에 유행한 장식미술 양식 중 하나로 기하학적 무늬와 강렬한 색채를 특징으로 한다―옮긴이)의 레드우드룸에서 기다리고 있던 록과 코일을 만났다.

회의가 진행되면서 록은 이번 거래의 약점이 해결된 것으로 생각했다. 새로운 얼굴 노이스는 타고난 리더였다. 그의 두 눈은 맹렬하게 이글거렸다.[83] 동료들은 그의 합류에 무척 만족했다.[84] 이제는 앞으로 나아가지 말아야 할 어떠한 이유도 없었다. 이윽고 코일이 빳빳한 지폐 열 장을 꺼내고는 그 자리에 있는 모두에게 각각의 지폐에 서명할 것을 제안하면서 말했다. "이것은 우리들의 약속을 의미합니다."[85] 그렇다. 이것은 (얼핏 보기에는 비공식적이지만, 실제로는 돈에 기초한) 신뢰에 기반을 두고서 미래의 실리콘밸리에 커다란 흔적을 남기게 될 약속의 증표였다.

● ● ●

도리오의 ARD와는 다르게 헤이든스톤의 금융맨들에게는 스타트업에 자금을 지원할 만한 큰돈이 준비되어 있지는 않았다. 대신에 그들은 그때그때 필요에 따라 전체에서 헤이든스톤 파트너의 자본이 차지하는 비중이 얼마 되지 않게 하면서, 적극적인 투자자들의 연합체를 결성하여 기업을 지원하기로 했다. 록은 8인의 반란자들에게 약속했던 금액을 모집하기 위해 투자할 가능성이 있는 대략 35개사의 목록을 작성했다. ARD와 록펠러브라더스도 그 목록에 있었다.[86] 또한 반도체 투자에 관심을 가질 만한 기술기업들도 거기에 있었다.

곧이어 록은 자신의 비전이 상당히 급진적이라는 것을 깨달았다. ARD나 록펠러브라더스와 같은 투자회사는 이런저런 변명을 늘어놓았다. 반란자들은 경영 경험이 전혀 없었다. 따라서 그처럼 많은 금액을 선뜻 내놓기에는 마음이 내키지 않았다. 록이 연락했던 기술기업들은 다른 이유에서 반대의견을 제시했다. 그들은 베크만이 쇼클리에게 했던 것처럼 새로운 자회사를 설립하는 데는 자금을 지원할 수 있지만, 지배권을 갖지 않은 상태에서 8인의 과학자들을 지원하는 것이 영 내키지 않았다.[87] 또한 쇼클리를 배신한 이들을 지원하고 새로운 회사의 지분을 갖게 하는 것이 좋지 않은 선례를 남길 수도 있었다. 기술기업들의 직원들도 회사주식을 요구한다면 어떻게 할 것인가?[88] 록은 자

　　　　　　　　　　　　　　　　　　　　　　　　투자의 진화

기 회사의 결실을 가져가는 젊은 과학자들에게서 정의를 보았지만, 다른 사람들은 문제를 보았다. 조직 인간의 요체는 본능적으로 순종하는 것이었다. 1950년대 문화가 공짜로 충성하는 것이라면, 무엇 때문에 스톡옵션을 가지고 직원들의 충성을 얻으려고 하겠는가?

록은 투자할 가능성이 있는 35개사에 연락했지만 단 1센트도 모집하지 못했다. 그때 코일이 막대한 재산을 물려받고 스스로 한량이자 과학 애호가라고 일컫는 셔먼 페어차일드Sherman Fairchild에게 연락해보자고 했다.[89] 휘트니, 록펠러 가문과 마찬가지로 페어차일드도 더 많아지기를 기대하면서 눈덩이처럼 불릴 만한 재산이 있었다. 하지만 휘트니나 록펠레와는 다르게 새로운 반도체 사업이라면 그의 관심을 자극할 수 있었다.

1957년 8월 말에 노이스와 클라이너가 뉴욕으로 날아가서 맨해튼에 위치한 페어차일드의 집을 방문했다. 유리벽으로 치장한 그의 집은 최신 전자 개폐식 블라인드를 갖추고 있었다.[90] 노이스는 처음에는 가벼운 농담을 하다가 록이 그에게서 보았던 재능을 발휘하기 시작했다. 그는 이글거리는 두 눈을 페어차일드에게 고정하고는 미래는 비용이 거의 들지 않는 간단한 모래와 금속을 재료로 하는 실리콘과 전선으로 만든 장치에 달려 있다고 설명했다. 이처럼 기본적인 원소를 가지고 트랜지스터를 만드는 회사는 엄청난 수익을 올릴 것이고, 이러한 승자를 지원하는 페어차일드는 선각자가 될 것이다.[91] 이것은 카리스마 넘치는 기업가가 실리콘밸리에서 몇 번이고 전하는 탁월한 연설의 한 부분이었다. 페어차일드는 설득당하지 않을 수 없었다.

남은 것은 거래 조건을 정하는 것이었다. 록은 반란자들에게 회사를 소유할 기회를 약속했고, 이것을 지키기 위해 최선을 다했다. 8인의 창업자들은 스타트업 주식 100주를 갖는 대가로 각각 500달러씩을 투자하기로 했다. 그들은 어떻게든 이 돈을 마련했지만, 그 과정이 쉽지는 않았다. 당시 500달러는 2주 혹은 3주에 해당하는 임금이었고, 노이스는 할머니가 그 돈을 빌려줄 수 있는지 묻기 위해 부모님에게 전화를 해야 했다.[92] 헤이든스톤은 창업자들에게 적용한 것과 똑같은 가격으로 주식 225주를 구매했고, 또 다른 300주를 경험 있는 관리자의 충원을 지원하기 위한 적립금으로 비축해놓았다. 페어차일드가 노이스의 카리스마에도 그를 단순히 임시 대표로만 간주했기 때문이다. 따라서 각각의 창업자들은 10퍼센트 미만의 지분을 가졌고, 이러한 지분율은 새로운 관리자를 충원할 경우에 7.5퍼센트로 감소하게 되어 있었다. 한편, 페어차일드의 기업인 페어차일드카메라앤드인스트루먼트Fairchild Camera and Instrument는 초기 자금 140만 달러의 대부분을 내놓아서 과학자들과 헤이든스톤이 투자한 5125달러가 보잘것없어 보이게 했다. 그러나 페어차일드가 내놓은 자금은 주식이 아니라 대출금의 형태로 들어왔기 때문에 창업자들의 소유권이 약화된 것은 아니었다.[93]

언뜻 보면 8인의 과학자 출신 창업자들이 좋은 조건의 거래를 한 것처럼 보였다. 그러나 이후의 벤처자금 조달의 불확실성을 예상하면, 이러한 수치들 중 일부는 겉으로 보이는 것과는 달랐다. 결국 페어차일드가 강력한 패를 쥐고 있었다. 35명의 다른 투자자들은 록의 제안을 즉각 거절했다. ARD의 도리오가 10만 달러를 걸고서 디지털이퀴프먼트 지분의 77퍼센트를 차지할 수 있었다면, 페어차일드가 얻는 것도 없이 140만 달러를 거는 것은 멍청한 짓이라 할 수 있었다. 결과적으로 8인의 과학자들에게 표면적으로는 경영권을 주었지만, 상당한 권한을 준 것은 아니었다. 페어차일드가 제공한 대출은 실제로는 대출이라 할 수 없는 것이었다. 여기에는 스타트업의 모든 주식을 300만 달러에 사들일 수 있는 옵션이 딸려 있었다.[94] 또한 8인의 반란자들이 가진 소유권도 실제로는 소유권이라 할 수 없는 것이었다. 페어차일드 카메라앤드인스트루먼트는 의결권 신탁을 통하여 반도체 사업을 통제할 수 있었다. 록은 자신의 약속을 지키기 위해 최선을 다했지만, 기적을 이루어낼 수는 없었다.

• • •

록의 목표가 인재들을 억압적인 관리자에게서 해방시키는 것이었다면, 결과는 자기가 생각했던 것보다 더 시끌벅적했고, 영광스러웠다. 8인의 과학자들은 처음 2개월을 차고에서 일했다. 그다음에는 전기가 들어오지 않는 가건물로 이사를 갔다. 이제 자유를 얻은 사람들이 근처 전신주에 전선을 연결하여 전기톱을 설치할 수 있었다. 때는 겨울이었고, 바깥에서는 마른 몸에 곱슬머리를 한 팅커러 빅터 그리니치Victor Grinich가 장갑, 모자, 목도리를 하고 담배를 물고는 추운 날씨에 맞서 싸우면서 히터를 송전선에서 연결하고 있었다.[95] 페어차일드반도체의 기업전략은 자유롭게 토론하면서 철저하게 검토하는 것이었다. 영업 회의에는 초코케이크와 위스키가 제공되었고, 대학원을 갓 졸업한 신입직원에게는 주요 구매결정을 할 권한이 부여되었다. 날씨가 따뜻해지면서 CEO 역할을 대행하던 노이스가 반바지를 입고 출근했다.[96]

회사를 설립한 지 6개월이 지나서 록이 진행 상황을 점검하려고 캘리포니아로 왔다. 그가 온 데는 다른 목적도 있었다. 헤이든스톤이 아직은 페어차일드와의 불리한 계약조건을 감안하지 않은 상태에서 이 신생 스타트업을 상대로 20퍼센트가 겨우 넘는 지분을 갖고 있었고, 록은 서부해안에서 거래할 또 다른 기술기업을 찾고 있었다. 또한 록은 8인의 과학자들과 사적으로도 친밀감을 느꼈다. 당시 서른한 살이던 그는 이들과 같은 세대에 속했다. 특히 록은 주말 등산을 즐기는 미혼 남자들과 강한 유대를 형성했다.[97] 그는 어린 시절에 소아마비를 앓던 아픈 상처가 있지만, 숙달된 스키어와 등산가로 변신했다. 산을 찾는 것이 그가 서부해안으로 오게 된 또 다른 훌륭한 이유가 되었다.

1958년 3월 26일 수요일에 록은 노이스와 저녁식사를 함께 했다. 그다음 날에는 코일에게 다음과 같은 내용의 흥미진진한 메모를 전했다. "이제 나는 내부사정을 상당히 많이 알게 되었습니다. 일이 생각보다 잘 진행되고 있습니다. 누구에게든 믿음을 주기에 충분합니다." 페어차일드반도체는 IBM에 한 대당 150달러를 받고 트랜지스터 100대를 배송하는 것으로 판매를 개시했다. 한 대당 재료비는 2~3센트였고, 인건비는 기껏해야 10센트에 불과했다. 따라서 영업이익은 엄청났다. 그동안에 노이스와 동료들은 쇼클리가 절대 허락하지 않았던 속도로 과학의 경계를 밀어내고 있었다. 그들은 반도체에서 재료의 새로운 조합을 시도하고 있었고, 노이스가 혁신적인 스위치와 스캐너에 대한 아이디어를 냈다. 게다가 이 모든 시도가 영리를 목적으로 했다. 노이스가 나중에 회고했듯이, 페어차일드반도체가 설립되기 전에 연구자들은 흰색 작업복을 입고 실험실에 갇혀 있었다. 그러나 페어차일드반도체가 설립되고 나서는 고객을 만나기 위해 밖으로 돌아다녔다. 그들은 첫 번째 트랜지스터를 개발하기 전에도 군용 항공전자공학 분야의 잠재 고객들을 만나서 어떤 장치가 팔릴 수 있는지 알아내려고 했다. 벨연구소, 텍사스인스트루먼츠와 같은 다른 기업의 연구팀들이 과학적

투자의 진화

우수성 측면에서는 페어차일드반도체에 필적한다고 주장할 수 있다. 그러나 페어차일드반도체의 창업자들은 시장에 더 많이 집중했다. 그들은 어떤 제품이 유용하고 자신들의 주식가치를 높여주는지 알아내려고 했다.[98]

페어차일드반도체는 좋은 출발을 했고, 노이스는 회사가 커가고 있다고 생각했다. 록은 코일에게 전하는 메모를 이런 농담으로 마무리했다. "당신은 내가 어제 저녁 식사비를 내려다가 팔을 다쳐서 그렇게 하지 못했다는 소식을 듣고서 기뻐할 것입니다."[99]

페어차일드반도체는 설립 이후 2년이 되기까지 발전을 거듭했다. 노이스와 동료들은 하나의 작은 집적회로에 다수의 트랜지스터를 결합하는 혁신적인 공정을 개발했고, 1959년에는 기업 매출이 650만 달러에 달하여 전년 대비 13배가 넘었다. 이 젊은 기업의 세후 수익이 벌써 200만 달러에 달했다. 그리고 영업이익이 엄청나게 발생한 것을 감안하면, 매출이 급증하면서 우발이익windfall profit을 기대할 만한 충분한 이유가 있었다.[100] 페어차일드카메라앤드인스트루먼트는 이처럼 좋은 소식을 접하면서 옵션을 행사하여 페어차일드반도체의 모든 주식을 약속한 300만 달러에 사들이기로 결정했다.[101]

노이스와 동료들로서는 즐겁고도 괴로운 순간이었다. 8인의 반란자들은 각각 2년 전에 투자한 금액의 정확하게 600배가 되는 30만 달러를 손에 쥐었다. 이 돈은 30년치 임금에 해당했다. 그러나 페어차일드카메라앤드인스트루먼트는 훨씬 더 많은 것을 챙겼다. 눈부시게 성장하는 기업에 약 1.5배의 주가수익률을 적용했던 것이다. 이것이 얼마나 잘못되었는지 설명하자면, 1959년 IBM 주식의 주가수익률은 34~51배에 달했다.[102] 1959년 초부터 1960년 초까지 페어차일드반도체가 한창 성장하는 과정에 있었고, 직원 수가 180명에서 1400명으로 증가한 사실을 고려하면 이에 대한 합당한 주가수익률은 IBM의 주가 수익률이 가장 높을 때와 같은 50배 정도가 되어야 할 것이다. 이렇게 개략적으로 얻은 수치는 페어차일드반도체의 수익이 약 200만 달러에 달하기 때문에 이 회사가 공개시장에서 1억 달러의 가치가 있다는 것을 의미한다. 다시 말하자면, 동부해안의 투자자들은 처음 140만 달러를 가지고 모험을 건 대가로 오랫동안 기억에 남을 만한 대성공을 거두었다. 노이스와 동료들은 몹시 고달프게 일하고는 합쳐서 240만 달러를 벌었다. 그들보다는 훨씬 적게 일했던 금융업자들은 그보다 40배가 넘는 돈을 챙겼다.[103]

록으로서는 다음 일을 도모할 때가 되었다. 그의 회사는 8인의 반란자들과 마찬가지로 투자금의 600배에 해당하는 약 70만 달러의 괜찮은 수익을 올렸다. 그러나 록은 이보다 더 나은 실적을 낼 수 있는 여지가 있다는 생각이 들었다. 그가 거래를 성사시키기는 했지만, 수익 대부분이 페어차일드카메라앤드인스트루먼트에 흘러가게 했다. 록은 8인의 과학자들을 지켜주려고 했지만, 부분적으로만 그랬다. 그러나 그가 했던 일은 해방자본이 8인의 반란자들이 자기 회사를 창업하여 계속 팀을 이루게 하는 것보다 훨씬 더 많은 역할을 한다는 사실을 입증한 것이었다. 해방자본은 인간의 재능을 풀어주는 것이었다. 그것은 인센티브를 강화하는 것이었다. 그것은 새로운 종류의 응용과학과 상업문화를 만들어가는 것이었다.

2장

금융이 없는
금융

The Power Law

해방자본이 8인의 반란자들의 페어차일드반도체 설립을 지원했다면, 이후 10년은 현대 벤처캐피털 업계를 특징짓는 두 가지 발전을 초래했다. 첫째, 기술투자자들은 다양한 경쟁적 형태의 펀드를 거부하면서 주식만으로 구성되고 시한이 정해진 펀드에 관심을 가졌다. 둘째, 기술투자자들은 벤처 포트폴리오의 특징에 적합한 새로운 종류의 위험관리기법을 개발했다. 다른 투자자들과는 다르게 벤처투자자들은 주식, 채권, 부동산에 걸쳐서 위험을 다변화할 수는 없다. 그들은 소수의 기술 스타트업에 집중하여 승부를 건다. 역설적이게도 1960년대 금융을 가르치는 교수들이 분산투자를 중심으로 현대 포트폴리오 이론의 토대를 구축하던 때에 아서 록과 그를 모방하던 이들은 금융이 없는 금융이라는 것을 고안하여 위험 수용에 대한 완전히 다른 접근방식을 내놓았다.

이러한 최초의 혁신, 즉 새로운 종류의 금융활동 자금의 등장이 수년에 걸쳐서 정책 사상가들의 마음을 사로잡았다. 1955년에는 경영학의 떠오르는 권위자이자 이후로 당대의 가장 뛰어난 경영 사상가로 불리던 피터 드러커Peter Drucker가 20세기 중반 자본주의의 역설을 지적했다. 빠른 속도로 덩치를 키워가는 연금펀드가 '작은 사람small man'의 자금을 관리하면서 규모가 큰 상장기업의 소유자로 등장하고 있었지만, 작은 사람의 자금이 규모가 작은 기업으로 흘러가지는 않았다. 다시 말하자면 자본의 원천은 민주화되고 있었지만, 자본에 대한 접근은 민주화되지 않았다. 작은 사람을 위한 대리인 역할을 하는 규모가 큰 연금펀드가 스타트업을 살펴보기 위한 실질적인 방법이 없었기 때문이다. 따라서 기업가들은 자금을 조달하는 데 애를 먹었다. 그들에게 가장 가능성이 있는 자금원은 이미 자리를 잡은 기업의 이익잉여금이 될 것이다. 따라서 베크만인스트루먼츠가 쇼클리에게, 페어차일드카메라앤드인스트루먼트가 8인의 반란자들에게 자금을 지원했다. 그러나 이런 형태의 자금 지원은 편향성을 낳는다. 자리를 잡은 기업들은 당연히 익숙한 분야에 투자한다. 드러커는 한탄한다. "결과적으로 유망한 분야에서 경제성이 있는 기업이 자금 지원을 받지 못할 수가 있다." 그는 다음과 같이 결론 내린다. "경제성이 있는 기업에 벤처자금이 충분히 제공되지 않는 것을 보여주는 뚜렷한 징후가 있다."[1]

드러커는 이 문제를 확인했지만, 그 역시 다른 정책 사상가들과 마찬가지로 해결책을 제시하지는 못했다. 그는 조르주 도리오의 ARD를 유망 사례로 인용하면서 이렇게 제안했다. "궁극적으로는 어느 한 지역 혹은 어느 한 산업에서 다수의 ARD를 확보할 수 있다." 그러나 앞에서 살펴보았듯이 ARD가 공개회사가 된 것이 소모적인 규제의 부담

투자의 진화

을 지게 했다. 그리고 ARD가 시한이 정해진 펀드가 아니라 기업이었기 때문에 일처리에서 긴박감이 부족했다. 도리오는 다른 투자자들로부터 자금을 추가로 모집하여 성공한 벤처사업을 더욱 확장하기보다는 수익을 재투자하는 방식으로 벤처사업을 성장시키는 데 만족하고 있었다. 드러커의 공개적인 지지 덕분에 ARD를 모방하려는 기업들이 많아졌다. 하지만 드러커의 지지에도 불구하고 그 어떤 기업도 좋은 실적을 올리지 못했다.

다른 개혁가들도 드러커의 진단을 수용했지만, 그와는 다른 해결책을 지지했다. 1958년에 소련이 최초로 인공위성 스푸트니크Sputnik를 발사한 것에 자극받은 미국 연방정부는 새로운 종류의 벤처 지원 기관인 중소기업투자회사Small Business Investment Company, SBIC(미국 중소기업청SBA의 인가를 받은 민간 벤처투자 펀드 회사—옮긴이)에 지원금을 약속했다. 저금리 대출, 세금 감면 등을 특징으로 하는 이 지원금은 까다롭지 않게 지급되는 편이었다. 그러나 세계 각국 정부가 이후로 제공하는 대부분의 벤처 지원금과 마찬가지로 여기에는 조건이 붙었다. 이 지원금을 받으려면 펀드 규모가 45만 달러를 넘기지 말아야 했다. 이것은 SBIC가 유능한 전문가를 유치하는 데 필요한 규모를 확보하지 못하게 했다. SBIC는 투자 담당 직원들에게 스톡옵션을 제공할 수도 없었고, 어느 한 포트폴리오 기업에 6만 달러 이상을 투자할 수 없었기 때문에 스타트업을 상대로 충분한 자금을 지원하기도 어려웠다.[2] SBIC 프로그램의 책임자조차도 크게 화를 낼 정도였다. 그는 이렇게 불만을 토로했다. "이런 규정은 법을 기초로 만들어진 것이기는 했지만, 사업 효과에 대하여 깊이 고민한 것은 아니었다."[3]

하지만 이것이 열렬한 투자자들의 지갑을 열지 못하게 한 것은 아니었다. 1962년에 하버드대학교 경영대학원 출신으로 도리오에게 경영학 강의를 들었던 빌 드레이퍼Bill Draper와 피치 존슨Pitch Johnson은 전국에서 열두 번째로 SBIC 지원금을 받고서 팰로앨토에서 사업을 시작했다. 두 사람은 외모만으로는 닮은 데가 전혀 없었다. 드레이퍼는 키가 크고 마른 체격에 눈썹이 애벌레처럼 생겼고, 존슨은 다부진 체격에 대학 시절에는 육상선수로도 활약했다. 그러나 이들 모두 부유한 집안 출신이었기 때문에 사업자금으로 15만 달러를 마련할 수 있었다. 따라서 SBIC에 낮은 금리로 30만 달러의 지원금을 신청할 수 있었다. 그들은 규정에서 최대한도로 정한 펀드 45만 달러를 확보하고는 폰티악 두 대를 빌려 산타클라라밸리의 자두와 살구 과수원으로 달려갔다.[4]

드레이퍼와 존슨의 투자방법이 특별히 정교한 것은 아니었다. 그들은 특히 두 종류의 회사를 뒤졌는데, 하나는 이름에 '커머셜Commercial'이라는 단어가 들어가는 곳이고, 다른 하나는 '인더스트리얼Industrial'이라는 단어가 들어간 곳이었다.[5] 그들이 회사 이름에 '일렉트로electro' 혹은 '오닉스onics'가 들어간 곳을 찾아갈 때는 비포장 주차구역에 주차하기도 했고, 문을 밀어서 열기도 했으며, 프런트 여직원에게 인사를 하기도 했다. 그들은 사장이 어디 있는지 물었다. 여직원은 이렇게 대답했다. "지금 계신지 확인해보겠습니다. 무슨 일로 오셨다고 했죠? 벤처캐피털이라고요?"[6]

드레이퍼와 존슨은 부지런했고, 두 사람 모두 이후 수십 년 동안 벤처투자자로서 크게 성장했다. 그러나 그들이 SBIC 프로그램에 따라 진행했던 초기 실험이 크게 성공한 것은 아니었다. 그들은 규제기관이 부과한 제약 때문에 한 기업을 대상으로 자신들에게 허용된 6만 달러를 투자하여 최대한의 지분을 확보할 기회를 찾고 있었다. 첫 번째 거래에서는 조립라인에 설치하는 전자저울 제조업체 일루미트로닉시스템스Illumitronic Systems 지분의 25퍼센트를 확보했다. 그러나 이러한 조건을 받아들인 기업들이 대단한 성과를 낼 것 같지는 않았다. 나중에 드레이퍼는 일루미트로닉시스템스에 대하여 이렇게 평가했다. "이 회사가 크게 성공할 것 같지는 않았습니다. 기업가로서는 풍족한 삶을 누릴 수 있겠지만, 벤처투자자로서는 나쁜 투자가 될 것 같았어요."[7] 그들이 투자했던 또 다른 스타트업으로는 일렉트로글라스Electroglas가 있었는데, 이 투자도 SBIC 프로그램이 갖는 결함을 여실히 보여주었다. 일렉트로글라스가 어려움을 겪게 되자, 드레이퍼와 존슨은 새로운 전략과 자본으로 이 회사를 지원하고 싶었다. 그러나 규제기관이 정해 놓은 투자 한도 때문에 그들이 회사 전략에 미칠 수 있는 영향력이 제한되었고, 현금을 추가로 주입할 수도 없었다.[8] 드레이퍼와 존슨은 3년이 지나서 그간에 가졌던 금전적인 기대를 접고 포트폴리오 기업의 지분을 적당한 수익을 남기고 매각하며 파트너십 관계를 정리했다.[9]

대부분의 SBIC는 이보다 실적이 더 나빴다. 그런데 SBIC의 투자 제약보다 더 심각한 문제는 따로 있었다. 언뜻 보기에 까다롭지 않게 보이는 지원 조건이 치명적인 결함으로 드러났다. 대규모의 정부 지원금을 대출받는 것은 매력적으로 들릴 수 있지만, 결국에는 이자를 지급해야 한다. 지원금의 금리가 5퍼센트라고 하더라도 이러한 의무는 심각한 결과를 낳았다. 이것은 SBIC가 배당금을 지급하는 스타트업에 투자하게 만들었다. 이는 기술투자가 갖는 일반적인 개념과는 상반된다. 새로운 벤처기업은 대체로 제품을 판매하기 전에 연구개발에만 최소한 1년이 소요된다. 그다음에 제품이 성공한 것으로 입증되면 경쟁업체가 모방하기 전에 판매량을 확대하는 데 모든 수익을 재투자하고

자 한다. 따라서 SBIC가 배당금을 요구하면, 그들이 지원하는 성장 지향 기업을 상대로 목적에 어긋나는 결과를 낳는다. 정부는 혁신을 증진하기 위하여 벤처 지원 기관을 설립했지만, 이 기관이 혁신기업과 양립하지 못했다.[10]

대부분의 SBIC는 이러한 설계상의 결함 때문에 기술벤처기업에 투자하는 것을 포기했다. 1966년에는 SBIC 포트폴리오 기업의 3.5퍼센트만이 응용과학 분야에 해당되었는데, 이것은 SBIC 프로그램의 원래 목적과는 어긋나는 것이었다.[11] SBIC는 공공정책으로서 미흡했을 뿐만 아니라 수익 측면에서도 좋은 실적을 보여주지 못했다. SBIC가 위험하지만 유망한 기술벤처기업을 꺼렸기 때문에 투자실적은 보잘것없었고, 얼마 지나지 않아서는 자금을 모집하기가 어렵다는 것을 깨달았다.[12] SBIC가 최고조에 달했던 1960년대 초에는 모든 벤처캐피털 투자에서 4분의 3 이상을 차지했다. 그러나 1968년이 되어서는 정부도 드러커도 예상하지 못했던 새로운 경쟁자라 할 민간의 유한책임 파트너십limited partnership에 의해 그 빛을 잃었다.[13]

•••

이 새로운 경쟁자는 아서 록이 뉴욕에서 증권 중개 업무를 그만두던 1961년에 그 모습을 드러냈다. 록은 특히 1950년대 말 주식시장이 강세를 보이면서 매력적인 가격의 성장주를 찾기가 어렵게 되면서 상장기업의 주식을 다루던 업무에 신물이 나 있었다. 따라서 그는 여전히 주식 거래를 할 수 있는 새로운 사업을 시작하기로 결심했다. 이제 록은 캘리포니아에서 모험적이고도 경험이 전혀 없는 기업을 찾을 계획이었다.[14] 그는 샌프란시스코에 도착하여 남부 출신의 늠름한 전쟁 영웅이자 기술에 대한 열정을 공유한 토미 데이비스Tommy Davis와 힘을 합치기로 했다. 데이비스는 이렇게 말했다. "지난날의 행운은 전국에 철도를 깔아놓음으로써 이루어졌습니다. 우리 세대의 행운은 사람들의 아이디어에서 나온다고 믿습니다."[15]

데이비스와 록은 기술에 자금을 조달하는 방식을 바꾸려고 했다. 데이비스는 1961년 이전까지 캘리포니아주 센트럴밸리에서 석유, 목우, 부동산 사업을 하는 컨카운티랜드컴퍼니Kern County Land Company에서 기술투자를 실험했다.[16] 이때 자금 조달 방식은 혁신을 위한 주요 자금원은 이미 자리를 잡은 기업의 이익잉여금이 될 것이라는 드러커의 생각에 부합했다. 안타깝게도 드러커가 예상한 대로 컨카운티랜드컴퍼니는 곧 데이비스에게 그들의 안전지대 밖에 있는 위험한 전자 부문을 피해 갈 것을 지시했다.[17] 록도 헤이든스톤에서 어려움을 겪고 있었다. 그곳에서는 먼저 투자할 거래처를 확인하고, 그다음에 자발적인 자금원을 찾기 위해 닥치는 대로 전화를 하는 식으로 일이 진행되었다. 스타트업을 지원하려는 자금 풀이 거의 존재하지 않았기 때문에 이러한 자금은 희소성을 띠었고, 교섭력은 투자자에게 있었다. 드러커가 예상한 대로 혁신가들은 어려움을 겪었다.

데이비스와 록은 자금시장에서 이러한 격차를 해소하기 위하여 드레이퍼게이더앤드앤더슨Draper, Gaither & Anderson이라는 단명했던 경쟁자가 사용했던 것과 똑같은 법적 구조를 갖는 유한책임 파트너십을 설립했다.[18] 그들은 스타트업을 발굴하고 기업투자자들을 찾기보다는 기업투자자들이 불필요해지는 펀드를 조성하는 것부터 시작했다. 데이비스와 록은 능동적인 혹은 무한책임 파트너로서 펀드의 초기 자본으로 각각 10만 달러씩을 내놓았다. 그다음에는 당시 유행하던 SBIC 프로그램을 통하여 손쉬운 대출을 받지 않는 대신에, 수동적인 투자자의 역할을 하는 부유한 개인들로 구성된 약 30인의 '유한책임' 파트너들을 통하여 320만 달러에 가까운 펀드를 조성했다.[19] 이러한 규모와 구조가 갖는 장점은 데이비스앤드록Davis & Rock 파트너십이 이제는 SBIC 프로그램과 비교하여 7.5배에 달하는 활동 자금을 확보했고, 이를 통하여 성장 잠재력이 높은 기업에 충분한 자금을 지원하기 위한 실탄을 확보했다는 데 있었다. 또한 이 파트너십은 수동적인 투자자의 수를 법률에서 정한 100명 이내로 유지함으로써 규제기관의 감시를 받지 않았다. 때문에 SBIC 프로그램과 도리오의 ARD를 옭아매던 각종 제약에서 벗어나서 활동할 수 있었다.[20] 이와 같이 데이비스와 록은 경쟁자들에게서 찾아볼 수 있는 약점을 회피하면서 처음부터 7년이 지나면 그들의 펀드를 청산할 것이라고 약속했다. 무한책임 파트너들은 이 펀드에 자기 소유의 자금을 투자했고, 따라서 신중하게 투자하려는 건전한 동기를 갖고 있었다. 또한 그들은 외부 파트너들의 자금을 일정한 시한에만 투자할 수 있었다. 그들의 신중함은 의도된 공격성과 조화를 이룰 것이다.

실제로 펀드를 설계할 때 현명하면서도 공격적인 성장정신을 지원하기 위하여 모든 측면이 고려되었다. 데이비스앤드록은 SBIC와는 다르게 부채가 아니라 순수하게 주식의 형태로 자금을 조성했다. 주식을 보유한 사람들(외부의 유한책임 파트너들)은 배당금을 지급하지 않는다는 사실을 알고 있었고, 따라서 데이비스와 록은 사업을 확장하기 위해 자금을 모두 투입하려는 야심 찬 스타트업에 자유롭게 투자할 수 있었다.[21] 데이비스와 록은 무한책임 파트너로서 개인적으로 확장을 우선시하려는 동기를 지녔다. 그들은 펀드의 자본가치 상승에서 20퍼센트의 몫을 가져가는 형태로 보상받았다. 한편으로 록은 포트폴리오 기업의 직원들에게도 이와 같은 보상을 제공하기 위하여 애를 썼다. 그는 페어차일드반도체의 초기 문화에서 종업원지주제의 효과를 직접 목격하고는 관리자, 과학자, 영업사원에게 주식과 스톡옵션을 제공해야 한다고 생각했다. 결국에는 데이비스앤드록 주변의 모든 이들(유한책임 파트너, 무한책임 파트너, 기업가, 기업의 주요 임직원)이 주식의 형태로 보상받았다. 이것은 투자 전문가들이 포트폴리오 기업의 확장에는 재정적 관심을 거의 두지 않은 ARD와는 다른 세상이었다.

데이비스와 록은 이처럼 공격적인 주식문화를 만들어가면서도, 새로운 방식의 성과 배당 정책을 추진했다. ARD에서 도리오는 겨우 10만 달러를 내놓고는 디지털이퀴프먼트 주식의 77퍼센트를 차지하고, 23퍼센트만을 창업자들의 몫으로 남겼다. 데이비스앤드록이 생각하는 새로운 정책은 이와는 상당히 달랐다. 이에 따르면 창업자들이 (기업 전체에 걸쳐서 불가피하게 발생하는 차이를 감안하면서) 스타트업 주식의 약 45퍼센트를 가져가고, 종업원들이 약 10퍼센트를 가져가고, 벤처투자자 파트너가 나머지 45퍼센트를 가져가게 된다.[22] 그리고 이 45퍼센트는 유한책임 파트너와 무한책임 파트너에게 분배된다. 수동적인 투자자가 벤처펀드의 수익에서 5분의 4를 가져가면, 포트폴리오 기업이 창출한 자본이득에서 36퍼센트를 가져가는 셈이다. 데이비스와 록이 나머지 9퍼센트를 가져가게 되는데, 이것은 창업자에게 돌아가는 몫의 5분의 1에 해당한다. 간단히 말하자면, 자본투자자들이 좋은 실적을 올릴 수 있지만 터무니없을 정도로 좋은 실적을 올릴 수는 없다. 나중에 록은 이렇게 말했다. "나는 공동묘지에서 돈이 가장 많은 시체가 되고 싶지는 않았습니다."[23]

• • •

1961년 10월 10일, 데이비스앤드록은 파트너십 증명서를 제출했다. 여기에 나오는 외부 투자자 명단에는 페어차일드반도체 창업자 여덟 명 중 여섯 명이 포함되어 있었는데, 이들 중 일부는 록과 함께 스키와 등산을 즐기던 사람들이다.[24] 록이 기술정보를 제공하여 돈을 벌게 해 준 몇몇 고객들과 헤이든스톤도 외부 투자자에 포함되었다. 이 두 무한책임 파트너들(한 사람은 소심하며 말수가 적고, 다른 사람은 쾌활하고 수다스럽다)은 샌프란시스코 몽고메리가에 있는 벽돌 치장을 한 웅장한 건물 러스빌딩Russ Building 16층에 익명의 사무실을 차렸다. 길게 이어진 복도 끝에 있는 문에는 "1635"라고 적힌 작은 간판이 있었다. 주목받지 못하는 스타트업을 지원하는 일도 마찬가지로 주목받지 못하는 활동이었다.

록과 데이비스는 미래의 벤처투자자들이 공감하게 될 위험관리에 대한 접근방식을 분명하게 정립했다. 현대의 포트폴리오 이론 혹은 금융학계를 지배하는 개념은 다변화를 강조한다. 투자자들은 서로 상관관계가 없는 다양한 종류의 위험에 노출된 다양한 종류의 자산을 보유함으로써 보유 자산의 전체적인 변동성을 줄이고, 위험수익률Risk-Return Ratio을 개선할 수 있다. 데이비스와 록은 이러한 가르침을 무시했다. 그들은 10여 개의 기업에만 집중하여 내기를 걸었다. 이러한 접근방식은 명백하게 위험을 동반하지만, 두 가지 이유로 용인되었다. 첫째, 데이비스앤드록은 포트폴리오 기업 지분의 절반에 가까운 주식

투자의 진화

을 구매함으로써, 이사회 의석을 차지하여 기업전략에 대한 발언권을 가질 수 있었다. 이에 따라 벤처투자자들은 다변화를 통하지 않고도 자신이 보유한 자산에 대하여 일정 정도의 지배권을 행사하여 위험을 관리할 수 있었다. 둘째, 데이비스앤드록은 야심 차고 빠르게 성장할 기업, 즉 5~7년이 지나서 기업가치가 최소 열 배가 상승할 기업에만 투자하기로 했다. 데이비스는 이러한 기준이 지나치게 엄격하다고 비판하는 사람들에게 이보다 덜 엄격한 기준을 받아들이는 것은 현명하지 않다고 반박했다. 그는 벤처투자에는 필연적으로 위험이 따르고, 대부분의 스타트업들은 실패할 것이라고 말했다. 따라서 전체 포트폴리오의 성공을 위해서 승자는 크게 성공해야 한다.[25] 그는 이렇게 주장했다. "작은 기업을 대상으로 안전하게 가는 것은 자멸에 이르는 길입니다."[26] 비록 데이비스와 록이 멱법칙이라는 단어를 사용하지는 않았지만, 그것이 갖는 논리를 정확하게 이해하고 있었다. 위험을 관리하기 위한 최선의 방법은 위험을 대담하게 수용하는 것이다.

1960년대 초 데이비스와 록이 이러한 비전을 펼쳐 보일 때 학계에서는 금융을 수량 분석하는 과학으로 변모시키고 있었다. 그러나 데이비스와 록은 벤처투자가 필연적으로 주관적인 기법이 될 것이라고 보았다. 언젠가 록이 데이비스에게 말했듯이 "기술 스타트업에 대한 판단은 육감과 경험에서 나온다."[27] 주가수익률과 같은 정량적 투자지표는 가장 유망한 벤처기업들도 자금을 구하는 시점에서는 수익이 발생하지 않을 것이기 때문에 적절하지 않았다. 마찬가지로 이 기업들은 성숙 기업의 장부가치를 구성하는 건물, 기계, 재고, 수송수단과 같은 물리적 자산도 부족할 것이다. 따라서 공개시장에서 사용하는 표준적인 지표는 의미가 없을 것이다. 결국 벤처투자자는 다른 금융업자들이 사용하는 지표 없이 스타트업에 내기를 걸어야 한다. 그들은 금융이 없는 금융을 실행해야 한다.

데이비스와 록은 전통적인 투자지표를 버리고 다른 판단기준을 찾으려고 했다. 그들은 이것을 사람에 대한 판단에서 찾았다. 이것이 자본을 투입하기에는 약한 근거처럼 들릴 수도 있다는 사실에 신경 쓸 필요는 없다. 언젠가 데이비스가 대담하게 설명했듯이, 벤처사업에서 중요한 원칙은 이렇게 요약할 수 있다. "적절한 사람에게 지원한다."[28] 록은 사업계획서를 검토하면서 재무 부분을 넘기고 그다음에 나오는 창업자의 이력서를 살펴보는 습관이 있었다.[29] 1962년에 그는 하버드 대학교 경영대학원 동창회 샌프란시스코 지부에 참석하여 이렇게 말했다. "기업에서 장기적으로 가장 중요한 단 한 가지 요소는 물론 창업자입니다. 하지만 나는 응용과학 분야의 산업에서는 이 말이 특별히 옳다고 생각합니다." 기술 스타트업들의 유일한 자산이고, 그들에 투자해야 하는 유일한 근거는 사람의 재능 혹은 록이 즐겨 표현하는 "지적 장부가치"에 있다. 록은 이렇게 역설했다. "당신이 지적 장부가치를 인정하면 (당신이 원하는) 그들의 지적 능력에 투자할 사람을 모집하는 데 중점을 두어야 할 것입니다."[30]

데이비스와 록은 이후에 주로 등장하는 엔지니어 출신의 벤처투자자들과는 다르게 창업자가 가진 기술 아이디어를 평가하기 위한 훈련이 부족했다.[31] 그들은 함께 일하는 유한책임 파트너들에게 조언을 얻는 방식으로 이러한 결핍을 해소하려고 했고, 이 파트너들 중 일부는 기술 분야의 스타트업을 경영하고 있었다. 그러나 그들은 감성지능에도 의존했다. 특히 록은 사람에 대한 자신의 직관이 투자자로서 강점으로 작용할 것이라고 생각했다. 그의 소심한 아웃사이더 기질이 숙달된 경청자가 되게 했다. 그리고 유망한 기업 창업자에게 지원을 약속하기 전에 그 사람을 여러 번에 걸쳐 만나려고 했다. 그는 누구를 가장 존경하는가, 어떤 실수를 통하여 많은 것을 배울 수 있었는가와 같은 개방형 질문을 했다. 그러고는 창업자가 자신의 침묵이 만들어낸 공백을 채워주기를 인내심을 갖고 기다렸다.[32] 자기모순에 빠져들고, 막연한 희망만을 늘어놓고, 환심을 사기 위해 정직하지 않은 모습을 보이는 것은 록이 투자를 거르는 단서가 되었다. 이에 반하여 지적 일관성을 유지하고, 힘든 현실을 솔직하게 보여주고, 맹렬한 결단력을 지닌 모습은 록이 기회를 잡게 하는 단서가 되었다.[33] 록은 스스로 이런 질문을 해보았다. "그들은 사물을 자기가 원하는 방식이 아니라 있는 그대로 바라보는가?[34] 그들은 창업을 위해 지금 자기가 하고 있는 일을 당장 그만둘 용의가 있는가? 아니면 그 일을 계속하려고 하는가?[35]" 록은 이렇게 기억한다. "기업가들과 대화할 때에는 그들의 동기뿐만 아니라 성격이나 기질도 봅니다. 나는 사람을 강하게 믿기 때문에, 그들이 하고 싶은 일이 무엇인지에 대하여 많은 것을 알아내려고 하기보다는 그들과 그냥 대화를 나누는 것이 훨씬 더 중요하다고 생각합니다."[36]

사람에 대한 이러한 믿음(그리고 그들이 만드는 제품 혹은 진입하려는 시장에 그보다 낮은 우선순위를 부여하는 것)이 데이비스앤드록의 초기 투자에서 중요한 특징을 이루었다. 데이비스와 록은 사업을 시작하기 전에 컴퓨터 스타트업은 피하기로 했다. 컴퓨터 산업에서는 IBM의 우위가 워낙 강해서 스타트업이 살아남기가 힘들었다. 그러나 데이비스가 신고딕 양식의 러스빌딩에서 사무실을 얻던 바로 그날에 컨카운티랜드 컴퍼니에서 근무하던 시절에 알던 컨설턴트에게 전화가 왔다.

컨설턴트는 들떠 있었다. 그는 수학자 맥스 팔레브스키 Max Palevsky를 예찬하면서 팔레브스키가 설립한 벤처기업이 지금까지 본 곳 중 가장 흥미롭다고 치켜세웠다.

데이비스는 가구가 없는 텅 빈 사무실 바닥에 앉아서 듣기만 했다. 그는 컨설턴트가 하는 말을 믿으려고 했다. 바로 이처럼 흥겨운 전화를 받으려고 컨카운티랜드컴퍼니에 사직서를 낸 것이 아닌가. 그리고 새로운 사무실로 처음 출근하여 자신이 꿈꿔왔던 전화를 받고 있다. 데이비스는 점점 흥분되었다. 나중에 그는 당시를 기억하면서 이렇게 말했다. "내 목소리는 한껏 올라가 있었습니다."

그다음에는 이런 질문을 했다. "잠깐, 그런데 그 사람이 무엇을 하려고 하지?"

컨설턴트가 대답했다. "컴퓨터를 만들려고 해."

데이비스는 몇 년이 지나 이 마법 같은 대화를 떠올리면서 놀라 쓰러지는 척했다. 기업가는 훌륭한 사람으로 들렸다. 그러나 IBM에 도전하는 것은 바보나 하는 짓이었다.[37]

데이비스는 그 컨설턴트를 존중하는 마음에서 어쨌든 이 수학자를 만나기로 했다. 그리고 팔레브스키를 만나자마자 그가 확실히 특별한 사람이라는 생각이 들었다. 이디시어를 사용하는 러시아 출신 가옥 도장업자의 아들로 태어난 그는 시카고의 빈민가에서 자랐다. 그다음에는 시카고에서 아주 훌륭한 대학에 입학하여 논리학을 공부했다. 이것은 컴퓨터를 전공하기 위한 출발점이었고, 팔레브스키는 이 산업에서 몇 년에 걸쳐 성공을 거듭하면서 이제는 30대 후반에 이르러 열정과 함께 컴퓨터 시장에 대한 참신한 비전을 드러내 보였다. 반도체가 등장하면서 컴퓨터는 거대하고도 비용이 많이 드는 진공관이 더 이상 필요 없게 되었다. 따라서 팔레브스키는 IBM을 능가할 컴퓨터를 만들

투자의 진화

수 있었다. 그런데 팔레브스키의 이력과 시장 비전보다 더 중요한 것은 그에게서 느낄 수 있는 활력이었다. 나중에 데이비스는 자신은 경마장에 가면 승리하고 싶어 하는 말을 응원한다고 말했다. 그렇다. 자기가 하는 사업에 엄청난 애착을 가진 팔레브스키는 비행공포증이 있는데도 불구하고 열정 하나로 버티면서 자금을 찾아 전국을 누비고 다녔다.[38]

데이비스는 뉴욕에서 날아오기 위해 준비하고 있던 록에게 전화를 걸었다. 록은 아직 자기 짐도 싸지 않은 상황이었다. 데이비스는 흥분된 목소리로 좋은 투자처를 찾았다고 말했다. 앞으로 IBM에 도전장을 내밀 이 새로운 컴퓨터 회사를 지원해야 한다고 말이다.

수화기 너머에서 침묵이 흘렀다. 마침내 록이 말했다. "제기랄, 내가 바보 멍청이하고 파트너가 되었군."[39]

하지만 록도 팔레브스키를 만나고 나서는 마음이 변했다. 록을 특별히 감동시킨 것은 팔레브스키의 열정과 격의 없는 행동이었다.[40] 그는 농담도 잘하고, 상대방을 부추기면서 최대한 활용할 줄 알았다. 그는 쇼클리와는 정반대 인물이었다. 나중에 록은 이렇게 기억했다. "경영능력을 갖춘 기업가는 실패할 수가 없습니다. 그들의 전략이 제대로 작동하지 않을 때에는 다른 전략을 개발할 수 있습니다."[41]

데이비스앤드록은 팔레브스키가 설립한 사이언티픽데이터시스템스Scientific Data Systems, SDS에 25만 7000달러를 투자했다. 이 투자는 그들이 생각했던 것보다 훨씬 더 나은 결과를 낳았다. SDS는 1960년대에 가장 빠르게 성장하는 컴퓨터 제조기업이었다. 1968년 데이비스와 록이 파트너십을 청산했을 때 그들이 보유한 SDS 주식가치는 6000만 달러에 달했다. 이것은 한 차례의 대담한 내기가 전체 포트폴리오의

성공을 이끌 수 있다는 주장을 정당화하고도 남았다.[42]

데이비스와 록은 창업자의 자질을 중요하게 여겼기 때문에 투자한 이후로도 자신의 권한을 정중하게 행사했다. 그들은 창업자들이 자금을 낭비하지 않게 하고, 긴박감을 조성하고, 때로는 "그렇게 하면 무엇이 좋아집니까?"라는 갑작스러운 질문으로 깊이 검토하지 않고 내놓은 제안을 압박하기도 하면서, 어리석은 실수를 범할 위험에 대비하여 자신의 펀드를 지키려는 목적으로 이사회 의석을 활용했다.[43] SDS의 경우에는 록이 의장직을 맡아서 회사에 도움이 되는 것이라면 자기가 할 수 있는 모든 것을 했다. 특히 그는 유능한 지원자들을 면밀하게 검토하고, 회계 계정이 회사의 재무 상황을 있는 그대로 나타내도록 했다.[44] 팔레브스키는 록의 기여를 항상 고마워했고, 나중에는 그를 가리켜 "키를 잡고 있는 매우 안정된 손"이라고 치켜세웠다. 두 사람은 판촉활동을 위해 러시아로 함께 출장을 가기도 했다. 이디시어를 사용하는 러시아 출신의 이민자 집안에서 자란 그들은 조상이 살던 곳을 방문했지만, 매 순간이 마음에 들지 않았다(록은 나중에 러시아에 가서 가장 좋았던 경험은 그곳을 떠나는 것이었다고 회상했다).[45] 1969년 제록스Xerox가 SDS를 인수하려고 했을 때 팔레브스키는 기업 재무에 밝은 록에게 협상을 부탁했다. 그 결과 제록스가 10억 달러에 조금 못 미치는 금액을 지불하기로 합의했다. 이것은 1960년대 최대 규모의 기업 인수로 기록되었다.[46]

●●●

1968년 6월 30일 데이비스와 록은 그들의 파트너십을 청산했다. 주

투자의 진화

로 SDS 덕분이기는 했지만, 텔레다인Teledyne이라는 방위산업체 덕분에도 그들이 초기에 조성한 펀드 340만 달러가 이제는 거의 7700만 달러로 불어났다. 22.6배라는 놀라운 수익률이었다. 이것은 헤지펀드의 창시자 앨프리드 존스뿐만 아니라 당시 워런 버핏을 훨씬 능가하는 실적이었다. 데이비스와 록은 펀드의 가치상승에서 얻는 수익과 10만 달러의 개인 지분에서 얻은 수익을 합쳐서 각각 거의 1000만 달러(오늘날 화폐가치로 7400만 달러)를 챙겼다. 유한책임 파트너들에게서 감사의 편지가 쇄도했는데, 그들 중 한 사람은 이렇게 적었다. "존경하는 토미와 아서에게. 지난 7년 동안 데이비스앤드록이 이룩한 놀라운 실적 덕분에 당신과 함께했던 파트너로서 어떻게 감사의 말을 전해야 할지 모르겠습니다."[47]

그보다 2년 전인 1966년 〈포춘〉에는 존스가 짭짤한 수익을 제공했고, 헤지펀드 산업이 새롭게 등장하고 있다는 내용의 기사가 실렸다. 이제는 데이비스앤드록이 벤처캐피털에 그와 비슷한 영향을 미치면서 주목받았다. 〈로스앤젤레스타임스Los Angeles Times〉는 인물소개 기사에서 정장을 입은 두 사람의 사진을 실었는데, 데이비스가 입은 옷의 가슴 호주머니에는 깔끔한 무늬의 손수건이 살짝 드러났다.[48] 〈포브스Forbes〉는 수많은 독자들의 입장에서 실존적인 질문을 했다. "당신은 어떻게 해서 지금의 아서 록과 같은 사람이 되었습니까?"[49] 록은 이 질문에 대답하면서 사람을 중요하게 생각하는 투자에 대한 자신의 철학을 펼쳐 보였고, 더불어 새로운 펀드를 조성하는 데 참여할 젊은 파트너를 찾고 있다고 했다. 곧 전국 각지에서 이력서가 도착했다. 그중에는 보스턴에 사는 딕 크램릭Dick Kramlich이라는 젊은 지원자의 것도 포함되어 있었다. 록은 그를 고용하기로 했다.

한편, 데이비스는 메이필드Mayfield라는 새로운 파트너십을 결성했는데, 이제는 경쟁 펀드들이 넘쳐나기 시작했다. 빌 함브레히트Bill Hambrecht와 조지 키스트George Quist라는 두 명의 젊은 도전자들이 나중에 실리콘밸리에서 중요한 역할을 하게 될 자기 이름이 들어간 벤처펀드 겸 기술투자은행을 설립했다. 텍사스 출신의 엔지니어 버트 맥머트리Burt McMurtry가 벤처투자자의 길을 가기 위해 전자업종을 떠났다. 그는 선마이크로시스템스와 마이크로소프트를 지원하는 파트너십을 결성하면서 벤처투자자로서 전성기를 누렸다. 뉴욕에서는 록펠러 가문이 데이비스앤드록을 모델로 한 벤처 전용 펀드 벤록Venrock을 조성하면서 벤처투자에 뛰어들었고, 월스트리트의 대형 은행들도 파티에 등장하여 벤처투자사업부를 설치하고 MBA 출신을 고용했다. 샌프란시스코에서는 '더그룹'이라고 알려진 비공식적 투자 모임이 서부벤처캐피털협회로 발전했다. 벤처캐피털이 호황을 누리던 1969년에는 1억 7100만 달러에 달하는 민간자본이 이 부문으로 몰려들었는데, 이것은 새로운 데이비스앤드록 50개에 해당하는 금액이다.[50]

데이비스앤드록 모델의 성공은 다른 대안의 벤처캐피털 모델이 실패하면서 더욱 부각되었다. 보스턴에서는 도리오의 보좌관 빌 엘퍼스Bill Elfers가, ARD가 데이비스앤드록 스타일의 파트너십 그레이록Greylock을 설립하려는 계획을 뒤집고서 공개회사로 전환한 것을 두고 엄청난 분노를 표출했다. 결국 ARD는 1972년에 청산 절차에 들어갔다. 자금은 더 이상 SBIC로 흘러들지 않았고, 드레이퍼와 존슨의 포트폴리오를 매입한 서터힐벤처스Sutter Hill Ventures를 포함하여 더 나은 기업들은 데이비스앤드록의 주식문화를 수용하면서 정부 대출금을 상환하고 민간의 유한책임 파트너를 모집했다. 한편, 기업형 벤처투자가 갖는 함정에 관한 드러커의 견해는 페어차일드반도체의 운명에서 잘 드러났다. 마치 운명의 신들이 완전한 종말을 즐기는 것과도 같았다.

•••

스토리텔링의 대가 톰 울프는 〈에스콰이어 Esquire〉에 기고한 유명한 글에서 페어차일드 8인의 반란자들 중에서 카리스마 넘치는 리더 로버트 노이스를 실리콘밸리의 아버지라고 소개했다.[51] 노이스는 사회구조와 마찬가지로 땅이 평평한 미국 중서부에서도 중간에 위치한 아이오와주 그리넬이라는 작은 마을의 조합교회 목사 집안에서 자랐다. 노이스가 캘리포니아로 갈 때에는 '마치 자기 코트 안감에 꿰매놓은 것처럼' 그리넬도 함께 가져왔다. 그가 상사와 부하 사이의 경계를 허물면서 페어차일드반도체를 경영한 것은 본능과 같았다. 관리자 전용 주차장이나 식당을 따로 두지 않았고, 회의를 할 때에도 발언 기회에 제한을 두지 않았다. 오히려 경기장은 평평해야 하고, 누구든지 치열하게 일해야 하며, 모든 종업원들이 주식 지분을 가져야 한다는 믿음이 있었다.

울프는 이러한 이야기를 전하면서, 동부해안에서 페어차일드반도체를 좌지우지하는 사람들이 이러한 평등주의 윤리를 전혀 헤아리지 못하는 문제를 지적했다. 동부해안에서는 기업조직에 봉건적인 접근 방식을 따랐다. 여기에는 군주와 영주, 가신과 군인이 있었고, 이들의 경계는 의전과 특권에서 분명하게 드러났다. 노이스를 비롯하여 서부해안에서 일하는 반도체 일꾼들은 사회적 가식에 치를 떨었지만, 동부해안에서 일하는 관리자들은 리무진에 차양 달린 모자를 쓴 운전사를 두었다. 반도체 일꾼들은 울프가 창고와도 별반 차이가 없다고 표현한 실용을 중시하는 칸막이 사무실에서 근무했다. 동부해안의 관리자들은 조각 장식 판자를 달고 모형 벽난로, 에스크리트와Escritoire(서류 분류함과 서랍이 달린 접는 책상), 베르제르bergere(18세기 프랑스풍의 안락의자), 가죽 제본 책으로 장식하고, 옷방이 딸린 호화로운 사무실에서 근무했다. 이처럼 다채로운 부조화를 뛰어넘어 현실적인 문제에서도 충돌이 발생했다. 서부해안의 엔지니어들은 회사를 만들어가는 사람들에게 주식으로 보상을 제공해야 한다고 믿었다. 동부해안의 욕심 많고 근시안적인 관리자들은 수익을 나누고 싶은 생각이 전혀 없었다.

울프의 뛰어난 스토리텔링에도 불구하고, 이러한 충돌을 노이스보다 먼저 직감적으로 예견하고는 서부해안의 평등주의자들에게 승리를 보장하려고 했던 사람이 바로 록이었다. 그는 8인의 반란자들과 처음 만난 이후로 회사의 주식 지분을 제공하는 것이 이 과학자들에게 강력한 동기 부여가 된다고 생각했다. 바로 이런 이유로 록은 페어차일드반도체가 그들 모두가 주식 지분을 갖는 소유 형태가 되도록 했다. 노이스는 페어차일드반도체의 동부해안에서 일하는 관리자들이 옵션을 행사하여 완전한 소유권을 차지한 이후로도 그들을 위해 계속 봉사했다. 하지만 록은 이 회사의 마법이 손상된 것을 금방 알아차렸다. 8인의 반란자들 중에서 그와 친하게 지내면서 스키와 등산을 자주 갔던 제이 라스트와 장 회르니 Jean Hoerni는 페어차일드반도체에서 나타난 일련의 변화와 그에 따라 더 이상 주식을 소유하지 않게 된 사실에 불만을 토로했다. 라스트는 또다시 다른 누군가를 위해 연구실에서 일하는 직원이 된 것과 같은 기분이라고 말했다.[52]

록은 친구의 불만에 귀를 기울이고는 자기 운명을 스스로 만들어가

투자의 진화

라고 설득했다. 기다리는 것은 소용 없었다. 그들은 연구의 결실에서 금전적인 몫을 챙길 자격이 있다. 록이 그들을 한 번 해방시켰다면 두 번째 해방도 쉬울 수 있다. 그는 라스트와 회르니에게 데이비스앤드록 포트폴리오 기업에서 두 번째로 큰 성공을 거둔 기업 텔레다인을 찾아가 보라고 말했다.

시간이 흘렀고, 아무 일도 일어나지 않았다. 라스트와 회르니는 성격이 소심한 편이었다. 록은 텔레다인 대표 헨리 싱글턴Henry Singleton을 만나 자기 친구들이 텔레다인에 크게 도움이 될 인재들이라고 설명했다. 그다음에는 페어차일드반도체에서 산타클로스 복장으로 크리스마스 선물을 나눠 주고 있던 라스트에게 전화를 했다. 록은 헤드헌터들이 좋아하는 용감한 사람이 될지 소심한 사람이 될지 결정하는 과제를 주고는 이번 기회를 잡아야 한다면서 망설이는 산타를 재촉했다. 록의 옆에는 싱글턴이 있었고, 록은 그에게 기다려보라고 했다. 싱글턴은 그 자리에 앉아서 라스트의 전화를 기다렸다.[53]

라스트는 지체 없이 싱글턴에게 전화했고, 로스앤젤레스 서부에 있는 텔레다인 본사에서 만나기로 했다.[54] 그는 회르니와 함께 가기로 약속했다.

회르니는 비행공포증이 있었다. 이들은 협상을 위해 정장 차림을 하고는 차를 몰고 남쪽으로 달려갔다. 라스트와 회르니는 몇 시간에 걸친 협상 끝에 주식을 후하게 쳐줄 것이라는 약속을 받았다. 거래는 끝난 것이나 다름없었다.[55] 그들은 의기양양하게 차로 돌아와서는 모하비 사막 동부의 올드우먼마운틴으로 달려갔다. 정장 차림의 이 과학자들은 자동차 트렁크에서 뿔피리와 축하나팔을 꺼내고는 사막 한가운데 앉아 나팔을 불면서 새해와 록이 가져다준 새로운 출발을 기념했다.[56]

록이 이 과학자들에게 억압적인 기업 지배자로부터 해방될 수 있다는 것을 여러 번에 걸쳐 보여준 덕분에 페어차일드의 기업형 벤처투자는 그 운명이 결정되었다. 라스트와 회르니는 곧 8인의 반란자들 중에서 셸던 로버츠와 유진 클라이너를 설득하여 텔레다인으로 데려왔다. 텔레다인은 그들에게도 주식을 후하게 쳐주기로 했다.[57] 이후로 이탈자가 줄을 이었다. 1965년 말 페어차일드반도체를 떠나는 직원들을 상대로 한 6쪽짜리 설문조사에서 특별히 활력이 넘치던 어느 엔지니어가 "나는 부자가 되고 싶다I-WANT-TO-GET-RICH"라는 표현을 대문자로 휘갈겨 써서 제출했다.[58] 1967년 봄에는 노이스의 직속 부하가 다른 직원 35명과 함께 주요 경쟁사인 내셔널반도체National Semiconductor로 떠났다.[59] 남아 있는 사람들은 사기가 땅에 떨어졌고, 주말이 되면 워커스왜건휠Walker's Wagon Wheel이라는 술집을 찾았다. "자, 오늘이 금요일이야. 이번 주에는 내셔널이 누구를 데려갈까? 이런 개 같은!"[60]

1967년이 지나갈 무렵 페어차일드반도체의 동부해안 관리자들은 마침내 잠에서 깨어났다. 록이 일으킨 문화적 변화 덕분에 유능한 연구자들에게 주식을 제공하는 것을 더 이상 거부하기가 어렵게 되었다. 페어차일드반도체가 종업원들에게 스톡옵션을 제공하기는 했지만, 너무 적었을 뿐만 아니라 너무 늦었다. 이 회사는 인재를 잃고서 돈도 잃고 있었다. 그리고 노이스조차도 9년에 걸쳐 동부해안의 관리자들을 위해 애를 쓰고 나서는 게임이 끝난 것으로 생각했다. 1968년 4월, 노이스는 8인의 반란자들 중 한 사람이자 그와 함께 페어차일드반도체에 계속 남아 있던 무어에게 이렇게 말했다. "나는 지금 떠나려고 해."[61]

노이스가 쇼클리와의 군신관계를 깨뜨릴 때는 많은 걱정을 했다. 새로운 회사를 설립하는 것은 전혀 생각지 못했다. 그러나 그 이후로 10년이 지난 지금, 서부해안은 많이 변했다. 순순히 다른 회사로 옮길 필요가 없었다. 기업 지배자에게서 투자를 유치할 필요도 없었다. 데이비스앤드록의 파트너십이 성공한 덕분에, 자산 혹은 수익이 없지만 인재와 야심이 있는 스타트업이라면 자금을 지원받을 수 있게 되었다. 드러커가 확인했던 자금시장에서의 간극은 메워지고 있었다.

노이스는 록에게 전화를 했다. 선택할 수 있는 벤처투자자들은 많이 있었지만, 페어차일드반도체에 자금을 지원한 사람은 록이었다. SDS와 텔레다인 덕분에 그는 업계에서 대단한 명성을 얻고 있었다.

노이스는 페어차일드반도체를 떠나서 새로운 회사를 설립할 계획이라고 말했다.

"왜 이렇게 오래 걸렸어?" 록이 했던 말은 이것이 전부였다.[62]

노이스는 250만 달러가 필요하다고 말했는데, 이것은 페어차일드반도체 혹은 SDS가 처음 시작할 때 모집했던 자금보다 훨씬 더 많은 금액이었다.

록이 약속했다. "알았어, 그렇게 할게."[63]

몇 주가 지나서 로버트 노이스와 고든 무어는 페어차일드반도체를 떠났다. 벤처캐피털은 그들을 또다시 해방시켜주었다.

• • •

그다음에 일어난 일들은 인재들이 보상을 받는 방식에서 혁명을 일으켰고, 자본가들이 자신의 처지를 알게 했다. 록은 노이스와 무어가 새로 설립한 인텔Intel이라는 회사의 자금을 모집하기 위해 페어차일드 모델을 뒤집는 사업계획서를 생각해냈다. 인텔의 자금조달 계획은 페어차일드 모델처럼 투자자에게 회사의 모든 것을 가져갈 수 있는 옵션과 같은 특권을 부여하기보다는 기업가에게 특권을 부여하도록 설계되었다. 노이스와 무어가 각각 24만 5000달러를 투자하여 24만 5000주를 사들였고, 록이 같은 조건으로 1만 주를 사들였다. 외부 투자자들이 250만 달러어치를 사들였지만, 그들에게는 1주당 1달러가 아니라 5달러라는 다른 가격이 적용되었다. 이것은 그들이 창업자의 다섯 배가 되는 현금을 내놓았지만, 같은 수의 주식을 보유하는 것을 의미했다. 지금까지 록의 거래가 그랬던 것처럼 종업원들에게 돌아갈 주식이 따로 있었다. 하지만 이번에는 이 원칙이 더욱 강하게 적용되었다. 록의 다른 포트폴리오 기업에서는 엔지니어, 관리자, 영업사원 들에게 주식과 스톡옵션을 제공했지만 인텔의 경우에는 그것을 모든 직원들에게 제공했다.

1968년 10월 16일, 록은 외부 자금을 모집하기 시작했다. 그즈음 데이비스앤드록의 펀드를 청산하여 자금원이 될 만한 투자 매개체가 부족했다. 그러나 이제는 열성적인 후원자를 찾는 것이 어렵지 않았다. 록이 원래 가지고 있던 32개사의 목록 중에서 오직 한 회사만이 투자를 거절했다. 나머지 31개사는 록의 전화를 받은 것을 행운으로 생각했다. 록펠러 가문이 벤처투자의 불안한 시작 단계에서 이제 막 빠져나와 참여한 것처럼 맥스 팔레브스키도 참여했다. 8인의 반란자들 중에서 다른 6인이 주식을 사들였고, 노이스는 자신의 모교 그린넬대학Grinnell College도 참여할 수 있도록 조치를 취했다.[64] 한편, 셔먼 페어차일드는 깊은 고민 끝에 투자자 명단에서 제외하기로 결정했다. 투자를 원하던 많은 사람들이 실망한 나머지 투자기회를 달라고 요청했다. 특히 어느 해군제독이 무어의 부인에게 끈질기게 전화를 해왔다.[65] 이

투자의 진화

제 투자자들이 투자 대상을 선택하는 시대가 아니라 기업가들이 투자자를 선택하는 시대가 되었다. 데이비스앤드록이 일으킨 변화가 최고의 결실을 맺게 되었다.

물론 이러한 발전에서 록 자신이 얼마나 많이 기여했는가는 논란의 여지가 있다. 그러나 확실히 그는 자기가 받았던 것보다 더 많은 인정을 받을 자격이 있다. 실리콘밸리 문화에 관한 많은 이야기들이 주로 창업자를 치켜세우고 있고, 특히 울프의 뛰어난 스토리텔링에서는 서부해안의 평등주의와 모두에게 주식을 제공하는 기업문화의 기원으로 노이스가 아이오와주의 작은 마을 출신이라는 점을 강조한다.[66] 그러나 지금까지 살펴보았듯이 페어차일드반도체 설립의 동력을 제공하고 창업자들이 연구의 결실을 가져가도록 눈을 뜨게 한 사람은 바로 아서 록이었다. 실리콘밸리의 주식문화를 개척한 유한책임 파트너십의 가능성을 입증하고, 제이 라스트와 장 회르니의 마음을 헤아리고는 페어차일드반도체의 기업형 벤처투자 모델의 실패를 촉진시켰던 사람도 바로 록이었다. 또한 인텔이 종업원지주제를 설계할 때 모든 이들이 주식을 가질 수 있도록 했던 사람이자 이 계획의 구체적인 내용을 입안했던 사람도 바로 록이었다.[67] 록은 1968년 8월 자신의 생각을 정리한 글에서 투자자와 노동자의 이해관계 균형을 이루기 위한 방법을 제시했다. '인텔은 단기 노동자에게는 주식을 제공하지 않지만, 장기 노동자 모두에게는 주식을 제공해야 한다.' 그는 지혜롭게 말했다. "짧은 기간을 일하고 떠나는 것 외에는 회사를 위해 아무것도 하지 않은 백만장자들이 너무 많습니다."[68] 록의 현명한 조언이 없었더라면 인텔의 종업원지주제는 지속 가능하지 않았을 것이고, 따라서 실리콘밸리의 표준이 되지도 않았을 것이다.

노이스는 울프가 정확하게 지적한 대로 조합교회 목사로 일하는 할아버지와 아버지 슬하에서 자랐다. 그러나 록도 노이스만큼이나 위계 문화를 싫어했다. 어린 시절에 그는 어느 작은 마을에서 유대인이라고 따돌림을 받았고, 신체적으로도 허약했다. 젊은 시절에는 군대라는 엄격한 계급사회를 경멸했다. 그는 동부해안의 기업체제로부터 기회가 닿자마자 자신을 해방시킨 사람이었다. 간결하고도 사실에 입각하여 솔직하고도 명료한 화법을 구사하는 록은 가식과 허세를 노이스만큼이나 싫어했다. 울프가 노이스가 아니라 록을 대상으로 글을 썼더라면, 실리콘밸리의 평등주의 문화의 기원을 기업가가 아니라 금융업자에게서 찾으려고 했을 것이다. 틀림없이 진실은 이들 사이의 어딘가에 숨어 있을 것이다.

3장

세쿼이아캐피털, 클라이너퍼킨스 그리고 행동주의 투자

The Power Law

1972년 여름 서부해안에서 세 명의 엔지니어들이 세계 최초의 비디오게임 중 하나인 퐁Pong을 개발했다. 분별력이 있는 사람이라면 퐁을 정교하게 만들 것을 요구하지는 않을 것이다. 플레이어는 가상의 패들을 아래위로 움직이면서 가상의 볼을 막아야 한다. 그리고 볼과 패들이 충돌하면 뇌가 위험을 감지하다가 "퐁" 하는 즐거운 소리와 함께 보상을 받는다. 플레이어는 한 가지 원칙만 숙달하면 된다. "고득점을 하려면 볼을 놓치지 말아야 한다."[1] 술에 취한 사람도 용감하게 참여하면서 퐁은 샌프란시스코 베이 지역 주변의 술집에도 설치되었고, 고객들의 동전을 잔뜩 긁어모아서 일주일에 1000달러까지도 벌게 해주었다.

2년 정도가 지나서 퐁을 개발한 팀이 벤처투자자의 관심을 끌었다. 이제는 그들이 소속된 기업 아타리Atari가 만든 제품이 전국 술집으로 스며들었다.[2] 아타리는 롤러스케이트장이 있던 자리에 공장을 짓고, 고객들을 위한 참신한 게임 개발을 꿈꾸는 나팔바지 차림의 엔지니어들을 고용했다. 그러나 아타리에 대한 투자는 새로운 종류의 벤처투자자들을 끌어들일 것을 요구했다. 아타리가 새로운 종류의 기술기업이기 때문이었다.

아서 록이 페어차일드반도체(혹은 SDS, 텔레다인, 인텔)를 지원할 때에는 기술에 내기를 걸었다. '연구와 개발을 통해 성공할 제품을 만들어낼 것인가?' 그러나 아타리의 경우에는 기술이 비교적 평범했다. 최초의 퐁 게임은 캘리포니아대학교 버클리 학사 출신의 영감이 뛰어난 팅커러가 급조하여 내놓은 것이었다. 아타리는 기술 위험 대신에 사업 위험, 마케팅 위험 혹은 과격주의자라 할 수 있는 사람의 위험을 수반했다. 소심한 사람은 이런 위험을 받아들이지 않았다.

20대의 아타리 창업자 놀란 부쉬널Nolan Bushnell은 경영의 기초도 배워본 적이 없었다. 190센티미터가 넘는 키에 텁수룩한 머리를 한 그는 마치 첨단기술 분야의 휴 헤프너Hugh Hefner(미국 플레이보이엔터프라이즈의 창업자로 1953년 남성용 성인 잡지 〈플레이보이〉를 창간했다—옮긴이)처럼 회사를 이끌었다.[3] 그는 사무실 밖에서는 맥주통 꼭지에서 손을 떼지 않았고, (자기 집이나 아타리의 엔지니어링 건물에 새로 설치해둔) 온수욕조에서 업무회의를 열었다.[4] 온수욕조 회의와 파티(때로는 회의와 파티 차이를 구분하기가 힘들었다)는 아타리 문화의 한 부분이었고, 이 문화의 지속 여부는 아름다운 여성 비서를 고용해 회의에 참석시킴으로써 남성 게임 설계자들을 행복하게 해줄 수 있는가에 달려 있었다.[5] 기업전략에 대한 부쉬널의 접근방식은 직관을 자기 호주머니에서 나온 종잇조각에 휘갈겨 쓰는 것이었다. 직원들은 출장비를 미리 받았고, 때로는 그 돈을 가지고 사라져서 다시는 나타나지 않기도 했다. 고객 주문을 기록하지 않아서 값비싼 논쟁을 벌이는 일도 많았다. 퐁이 수익을 창출하고는 있었지만 자금 사정이 넉넉하지 않아서 급여가 지급되는 날이면 직원들이 아타리 계좌가 바닥나기 전에 수표를 현금으로 교환하려고 앞다투어 나가서 회사 주차장이 텅 비고는 했다.[6] 1950년대 이후로 조직 인간이 미국 기업을 지배했다면, 부쉬넬은 비조직 인간의 전형이었다. 텁수룩한 외모에 술이 덜 깬 듯한 모습을 한 그는 독창적이고도 강렬한 면이 있었다.

우연히도 1970년대에는, 과거에는 자금 지원을 받을 수 없었던 아타리와 같은 유형의 스타트업을 내기를 걸 만한 곳으로 변모시키는 확장된 도구를 갖춘 새로운 종류의 벤처투자자가 등장한다. 이처럼 새로운 벤처투자자들은 록처럼 단순히 기업가들을 확인하고 감독하기보다는 그들을 적극적으로 만들어갔다. 그들은 기업 창업자들에게 누구를 고용하고, 어떻게 판매하고, 연구를 어떻게 구성할 것인가에 대하여 자신의 생각을 말했다. 그리고 자신의 지시가 실행될 수 있도록 제2의 혁신안을 제안했다. 그들은 대규모의 자금을 한꺼번에 모집해서 지급하기보다는 자금을 여러 번에 걸쳐서 조금씩 나누어서 지급했다. 그리고 기업이 합의된 이정표에 도달할 때까지 목표를 정하여 매번 신중하게 자금을 지급했다.

1950년대가 해방자본의 위력을 보여주고 1960년대에 주식만으로 구성되고 시한이 정해진 벤처펀드가 등장했다면, 1970년대의 발전은 실제로 참여하는 행동주의와 단계적 자금 지원이라는 두 가지 측면에서 나타났다.

●●●

　새로운 벤처 스타일의 주요 개척자는 실리콘밸리의 주요 경쟁사들인 세쿼이아캐피털Sequoia Capital과 클라이너퍼킨스를 각각 이끌어가던 돈 발렌타인Don Valentine과 톰 퍼킨스Tom Perkins였다. 그들은 강인하고 전투적인 행동주의에 적합한 기질을 지녔다. 발렌타인은 성과가 별로 없는 기업 창업자들은 찰스 맨슨Charles Manson(미국의 범죄집단 맨슨 패밀리의 두목—옮긴이)과 함께 감방에 처넣어야 한다는 말을 했고, 어떤 부하직원을 너무 호되게 꾸짖어서 기절하게 만든 적도 있었다.[7] 페라리를 몰고 다니며 요트를 소유한 자기중심적인 멋쟁이 퍼킨스의 경우에도 공손한 모습을 찾아보기는 힘들었다. 노년에 그는 샌프란시스코의 아파트를 구입하는 데 1800만 달러를 쏟아붓고는 도전적인 태도로 이렇게 선언했다. "사람들은 나를 실리콘밸리의 황제라고 부른다. 그런 내가 펜트하우스를 가지지 말라는 법이 어디에 있는가?"[8]

　발렌타인의 공격성은 유년 시절의 경험에서 비롯되었다. 그의 아버지는 뉴욕주 용커스에서 트럭운전사이자 트럭운전사노동조합의 말단 실무자였다. 그는 고등학교를 중퇴했고, 은행계좌를 열어본 적도 없다. 소년 시절에 발렌타인은 담임 수녀들이 학생들을 두들겨 패기도 하는 엄격한 가톨릭계 학교를 다녔는데, 특히 어린 발렌타인처럼 학생들이 왼손으로 글씨를 쓰려고 하면 더욱 그랬다. 아서 록이 소아마비를 앓은 뒤 신체적으로 허약해져 어린 시절을 힘들게 보냈던 것이 무심하고도 혼자 있기를 좋아하는 성품을 갖게 했다면, 발렌타인은 권투선수로 상을 휩쓸고 엄격한 교육을 받고 자란 것이 금방 화를 내고 싸우고 싶어 안달하는 사람이 되게 했다.

　　　　　　　　　　　　　　　　　　　　　　투자의 진화

발렌타인은 예수회가 설립한 포드햄대학교를 다녔는데, 그곳 교수들을 아주 싫어했다. 이후로 군대에 징집되어서는 획일적인 통제에 분개했지만, 한편으로는 자신의 '반항적인 태도가 전적으로 예의에 어긋난다'는 것도 알게 되었다.[9] 체격이 좋았던 그는 운 좋게도 얼마 지나지 않아 남부 캘리포니아주 해군기지에서 수구선수로 복무할 수 있었다. 그는 이곳 기후를 좋아했고, 수구선수로 군복무를 마치고는 반도체 회사에 취직하여 서부해안에 거주하기로 결심했다. 그는 페어차일드반도체와 그 경쟁사인 내셔널반도체에서 승진을 거듭하면서, 부업으로 록과 팔레브스키가 대성공을 거둔 SDS를 포함하여 투자에도 손을 댔다. 1972년에 그의 명성이 널리 알려지면서 로스앤젤레스에서 유명한 투자회사 캐피털리서치앤드매니지먼트Capital Research and Management에서 새롭게 시작하는 벤처투자 업무를 맡아달라는 제안을 받았다.[10] 이 회사의 기업문화는 보수적이었고, 발렌타인이 좋아하는 기술투자는 전혀 보수적이지 않았다. 그럼에도 발렌타인은 그곳으로 가기로 결정했다. 새로운 직속상관 밥 커비Bob Kirby는 그를 가리켜 "로켓맨"이라고 불렀다.[11]

발렌타인의 첫 번째 임무는 새로운 펀드를 위한 자금을 모집하는 것이었다.[12] 열렬한 자유주의 소설가 아인 랜드Ayn Rand를 추종하던 발렌타인은 SBIC 프로그램을 통한 정부 대출을 반대했다.[13] 그는 정부 대출이 성장을 지향하는 스타트업에 짐이 될 것이라고 생각했다. 더욱이 그는 빚을 지지 말라는 가르침 속에서 자랐다. "아버지는 빚지는 것을 아주 싫어하셨습니다. 그래서 우리는 항상 월세를 내면서 살았고, 나는 빚은 사악하고 삶을 제한하고 나쁜 것이라는 사실을 마음속 깊이 새겨두었습니다."[14] 또한 그는 연금펀드에서 자금을 빌리지도 않았다.

노동부의 '신중한 사람의 원칙Prudent Man Rule'(피신탁인이나 포트폴리오 관리자는 금융 의사 결정 시 지적이고 분별력 있게 행동해야 한다는 연방 및 주정부의 법규―옮긴이)에 따르면, 연금펀드가 벤처자본과 같은 위험한 자산에 투자하는 것을 금지하기 때문이었다. 정부로부터 통제를 받지 않는 실체를 찾던 발렌타인은 데이비스앤드록 모델을 따라 부유한 개인에게서 자금을 모집했다. 그러나 한 친구는 개인이 사망 혹은 이혼할 경우에는 그들의 재산이 분할되어야 하기 때문에 가격을 매겨야 한다고 지적했다. 그래서 개인에게서 자금을 모집한 벤처펀드는 새롭게 시작한 포트폴리오 기업의 가치에 대한 끝없는 논쟁에 빠져들 위험이 따랐다.[15] 발렌타인의 생각에 따르면, 변호사와 얽히는 것이 정부와 얽히는 것보다 더 피하고 싶은 일이었다.

또한 발렌타인은 월스트리트에서 자금을 모집하는 것도 생각했다. 그러나 그는 부유한 사립학교 출신의 뉴욕 사람들이 기대하는 교육과 세련미를 갖추지 못했다. 그는 아이비리그 혹은 명문 경영대학원 출신도 아니었다. 그리고 무엇이든 아는 척하면서 우쭐대는 사람들을 싫어했다. 그의 성공한 보좌관이 쓴 글에 따르면, '하이픈이 들어간 이름 혹은 성 다음에 로마 숫자가 나오는 이름을 가진 사람, 메이플라워호를 타고 온 이민자의 직계 후손, 동부해안에서의 삶을 즐기는 사람, 에르메스 넥타이와 멜빵바지, 커프스단추, 도장이 새겨진 반지, 이니셜을 새겨 넣은 셔츠를 몸에 걸친 사람'이 이런 범주에 속했다.[16]

언젠가 발렌타인이 뉴욕의 투자은행 살로먼브라더스Salomon Brothers에서 자금을 모집하려고 했다. 살로먼브라더스 직원이 물었다. "경영대학원은 어디를 나왔죠?"

발렌타인은 으르렁거리는 목소리로 이렇게 말했다. "나는 페어차일

투자의 진화

드반도체 경영대학원을 나왔습니다."

나중에 발렌타인은 웃으면서 당시를 이렇게 기억했다. "그 사람들은 내가 정신이 반쯤이 아니라 완전히 나간 사람 취급을 했습니다."[17]

발렌타인은 첫 번째 펀드를 조성하기 위한 500만 달러를 모집하는 데 1년 반이 걸렸다.[18] 그러나 결국에는 규제를 피해 갈 뿐만 아니라 자본이득세도 면제받는 대학의 기부금 같은 자선단체의 지위를 누리는 자금 풀의 문을 두드리는 데 성공했다. 포드재단이 처음으로 자금을 내놓았고, 그다음에는 예일대학교, 밴더빌트대학교, 그리고 결국에는 하버드대학교도 그 뒤를 이었다. 역설적이게도 아이비리그의 투자 담당자들은 같은 학교 출신보다 포드햄대학교 출신의 거친 사람에게 더 마음을 열었다. 기부금은 이렇게 하여 미국 경제의 선순환을 일으키는 데 일조했다. 벤처투자자들은 지식 집약형 스타트업을 지원했고, 수익금의 일부가 더 많은 지식을 창출하는 연구기관으로 흘러들어 갔다.[19] 오늘날까지도 발렌타인의 예전 회사에서는 회의실 명칭을 주요 유한책임 파트너들의 이름을 따서 하버드, MIT, 스탠퍼드 등으로 부르고 있다.[20]

●●●

발렌타인이 500만 달러를 모집하고 나서 얼마 지나지 않은 1974년 여름에 그는 아타리가 임시 공장으로 사용하던 롤러스케이트장에 모습을 드러냈다. 발렌타인은 40대 초반으로 건장했지만, 공장 전체를 둘러볼 때에는 몹시 힘들어했다. 불편하게 기침을 했고, 숨을 한 번에 들이켜고는 천천히 내쉬려고 했다. 그는 나중에 그때 일을 설명하면서 공장

건물이 마리화나 연기에 휩싸여서 걷기가 힘들 정도였다고 말했다.[21]

부쉬넬이 물었다. "어디 불편하세요?"

발렌타인이 대답했다. "사람들이 어떤 제품을 피우는지는 모르겠습니다만, 내가 피우던 브랜드는 아닙니다."[22]

예전에도 벤처투자자들이 아타리 공장을 방문한 적이 있었지만, 그들은 금방 떠났다. 록이 성공한 것을 계기로 이 사업에 뛰어든 새로운 벤처투자자 중 한 사람인 버트 맥머트리는 이 회사를 혼란스럽다는 뜻의 엔지니어들 은어 '개방 루프open-loop'로 규정하고는 곧장 무시했다.[23] 그러나 발렌타인의 전투적인 성품은 다른 생각을 갖게 했다. 그는 변덕스러운 창업자들에게 불만의 소리를 질러야 한다는 생각에 동요하지 않았고, 그들이 돈벌이가 되는 일을 하고 있다면 이런 미개인들을 지원할 수 있다고 생각했다. 게다가 아타리와 같은 회사를 지원하는 것은 매력적으로 다가왔다. 동부해안의 점잔 빼는 명문대학 출신들은 아타리와는 전혀 관계를 맺고 싶지 않을 것이고, 발렌타인은 바로 이러한 이유 때문에 아타리에 손을 내밀고 싶어 했다. 몇 년이 지나 그는 아타리 온수욕조에서 열렸던 회의를 즐겁게 설명했다. 부쉬넬의 초대에 발렌타인은 자신 있게 옷을 벗고서 욕조에 몸을 담갔다. 한편, 보스턴에서 온 소심한 투자자는 하얀 셔츠 차림에 넥타이를 매고 불편한 표정으로 떨어져 앉아 있었다.[24]

물론 아타리의 형식에 얽매이지 않는 문화가 발렌타인이 거래를 결정짓는 요소는 아니었다. 핵심은 이 회사가 퐁의 인기를 기반으로 성장할 수 있는가 하는 것이었다. 한 가지 다행스러운 것은 이것이 발렌타인의 강점을 활용할 수 있는 요소라는 것이었다. 록과는 다르게 그는 기질 자체가 직접 발로 뛰는 사업가였고, 반도체 영업사원으로 일하면서 제품을 통해 수익을 낳는 방법을 배웠다. 즉 '수익을 가장 많이 낼 수 있는 형태로 발명품을 만들고, 제품이 가능한 한 많은 고객에게 다가갈 수 있도록 판매망을 짜야 한다'는 것이다. 아타리의 경우에는 이것이 부쉬넬의 반쯤 형성된 직관을 활용하는 것을 의미했다. 퐁이 술집이 아니라 일반 가정에 판매될 수 있다면 시장은 엄청나게 확대될 것이다.[25] 발렌타인은 퐁이 일반 가정으로 침투하려면 아타리가 두 가지 일을 해야 한다고 생각했다. 첫째, 엔지니어들이 게임을 일반 가정용으로 개조해야 한다. 둘째, 아타리가 퐁을 미국 쇼핑객들의 의식 속으로 밀어 넣을 수 있는 영향력 있는 대형 소매업체와 협력해야 한다.

발렌타인은 아타리 공장을 방문한 이후로 몇 주가 지난 1974년 연말에 한 가지를 결심했다. 그는 당장 투자하지는 않기로 했다. 아타리가 너무나도 혼란스러웠기 때문이다. 그러나 손을 떼지도 않을 예정이었다. 아타리의 잠재력이 너무나도 컸기 때문이다. 그 대신에 신중하게 단계적으로 아타리와 관계를 맺을 것이고, 소매를 걷어붙이고 아타리 사업계획서를 작성하면서 시작할 것이다. 모든 것들이 순조롭게 진행된 뒤에(부쉬넬이 그의 전략을 수용하고 사업계획이 다른 벤처투자자들의 관심을 끌게 된 뒤에), 발렌타인은 투자를 할 예정이었다. 다시 말하자면, 그는 아타리가 갖는 위험이 최소한 부분적으로라도 제거될 때에만 자금을 투자할 것이다. 따라서 온수욕조 문화를 가진 기업에 지원하기 위해서는 행동주의와 점진주의를 결합해야 했다.

•••

발렌타인은 시장 분위기 때문에 점진적으로 참여할 수 있었다.

1960년대에는 군비와 민생을 양립하는 확장 정책이 어려운 시기를 맞이하여 그 효력을 다했다. 국방예산의 삭감으로 일자리가 수천 개나 사라졌고, 1973년 중동국가들이 취한 석유수출 금지 조치로 경제가 저성장과 고물가의 늪에 빠져들었다. 공개회사로 전환한 기업들이 1969년에는 1000개가 넘었지만, 1974년에는 15개에 불과했다. 그리고 이 시기에 S&P500 기업들은 수익을 거의 내지 못했다.[26] 이러한 침체는 갓 출범한 헤지펀드를 괴멸시키는 결과를 가져왔다. 그리고 〈포브스〉는 다음과 같은 헤드라인을 달면서 우려를 표했다. "이번 하락장이 벤처캐피털의 몰락을 초래할 것인가?"[27] 벤처투자자들은 1969년 새로운 펀드에 1억 7100만 달러를 모집했지만, 1974년에는 5700만 달러를 모집했고, 그다음 해에는 겨우 1000만 달러를 모집했다.[28] 〈뉴요커〉에 실린 시사만평에서는 두 사람이 킬킬거리면서 이렇게 말한다. "벤처캐피털이라고! 그런 게 있었나?"[29]

그러나 이러한 역경이 몇 가지 장점을 낳았다. 발렌타인은 아타리를 끈질기게 추적할 수 있었다. 또한 경쟁사가 자신의 목표물을 낚아채는 것을 걱정할 필요가 없었다. 그는 홈퐁Home Pong의 개발에 집중하면서 아타리에 대한 전략을 충분히 숙고했다. 그는 이 작업을 기본적인 회계지식이 없는 아타리의 리더에게 맡기려고 하지 않았다. 1975년이 시작되고 발렌타인이 사업계획을 밀어붙이면서, 아타리는 회사 여직원의 이름을 딴 암호명 다런Darlene이라는 퐁의 가정용 버전을 개발했다.[30] 이제 아타리가 유력 유통업자와 손을 잡을 수 있다면, 발렌타인이 요구하는 투자의 두 가지 조건을 충족시킬 수 있다.

유통계약을 체결하기 위한 아타리의 첫 번째 시도는 실패로 끝났다. 아타리 직원이 뉴욕에서 열린 장난감 전시회에 홈퐁 시제품을 출품했지만 빈손으로 돌아왔다. 토이저러스Toys"R"Us에 접근했지만 퇴짜를 맞았고, 라디오섀크Radio Shack와의 협상은 삐걱거리기만 했다.[31] 발렌타인이 또다시 소매를 걷어붙여야 했다. 그는 캐피털리서치앤드매니지먼트의 포트폴리오 관리자를 찾아가서 부탁했다. 그 사람은 유력한 소매업체 중 하나인 시어스Sears에서 중요한 위치에 있었다.[32] 그는 부쉬넬이 시카고의 시어스타워에서 바이어를 만날 수 있도록 소개장을 써 주었다.

발렌타인은 소개장을 받고는 부쉬넬에게 시골뜨기 복장을 하지 말고 우스꽝스러운 행동도 하지 말라는 지시와 함께 여행가방을 챙겨서 시어스로 가게 했다.[33] 부쉬넬은 발렌타인이 시키는 대로 했고, 시어스 측 바이어가 이 방문에 곧이어 보답했다.[34] 3월 중순에 시어스가 홈퐁 7만 5000대를 주문한 것이다.[35] 이제 아타리는 발렌타인이 기대하던 것, 즉 유망한 신제품과 유력한 유통업체를 확보했다.

1975년 6월 초 발렌타인이 정식으로 투자했다. 그는 6만 2500주의 주식을 6만 2500달러에 구매하여 아타리에 초기 투자를 했다.[36] 그러나 이것은 시작에 불과했다. 시어스와의 파트너십이 자리를 잡아가고 아타리의 위험요인이 해소되면서 더 많은 자금을 조달할 때가 되었다. 아타리가 홈퐁 생산을 확대하려면 6만 2500달러보다 훨씬 더 많은 자금이 필요했다.

발렌타인은 여름이 되면서 아타리와 시어스의 협력관계가 잘 진행되고 있다고 판단했다. 시어스가 아타리를 지원하기 위해 제조 전문가를 파견했고, 양측은 그들을 갈라놓던 문화 차이를 좁히기 위해 노력했다. 한번은 시어스 관리자들이 정장 차림으로 아타리 공장을 방문했는데, 장발에 청바지와 티셔츠 차림을 한 20대 엔지니어들과 마주친 적이 있었다. 부쉬넬은 컨베이어벨트에 거대한 상자를 올려놓고 시어스 사람들을 초대하여 긴장을 풀었고, 그들은 공장 투어를 즐겁게 시작했다. 그날 저녁에는 아타리 직원들이 정장 차림으로 나타났다. 반면에 시어스 사람들은 티셔츠로 바꾸어 입고서 나타났다.[37]

1975년 8월 말 발렌타인은 이제는 (오늘날 용어로 시리즈 A에 해당하는) 투자 라운드를 진행할 때가 되었다고 생각했다. 그는 자금규모가 100만 달러가 조금 넘는 신디케이트syndicate(금융 분야에서 다수의 금융기관이 연합한 차관단을 뜻하는 말―옮긴이)를 구성했다. 이것은 전국적으로 벤처캐피털 업계 전체의 연간 자금조달 규모가 1000만 달러로 떨어진 것을 감안하면 대단한 금액이었다. 아타리는 이것을 홈퐁 대량생산에 사용했고, 시어스는 그것을 받는 즉시 판매했다. 행동주의와 끈기 있는 단계적 자금 지원이 훌륭하게 결실을 맺었다.

이로부터 1년이 지난 1976년 여름, 발렌타인은 그다음 과제에 직면했다. 아타리의 나팔바지 차림의 엔지니어들이 새로운 아이디어를 내놓았는데, 그것은 퐁뿐만 아니라 소비자가 선택하는 다양한 게임에서 사용할 수 있는 콘솔이었다. 아타리가 이러한 획기적인 제품을 생산하려면 훨씬 더 많은 자금, 어쩌면 5000만 달러에 달하는 자금을 투입해야 했다. 당시에는 벤처투자자들이 이만한 현금을 조달할 방법이 없었고, 주식시장은 폐쇄되었다고 해도 과언이 아니었다. 1976년에는 공개회사로 전환한 기업이 34개에 불과했다.[38] 아타리가 멀티 게임콘솔을 개발하려면 발렌타인이 자금을 모집하기 위한 다른 방법을 찾아야 했다.

발렌타인은 아타리를 자금력이 있는 모회사에 매각해야 한다고 생각했다. 그러나 이것이 하나의 옵션이 되려면 커다란 난관을 돌파해야 했다. 바로 부쉬넬의 반대였다. 발렌타인은 나중에 이렇게 기억했다.

　　　　　　　　　　　　　　　　　　　　투자의 진화

"아타리는 그의 첫 번째 회사였고, 자식과도 같은 존재였습니다. 그는 절대로 포기하지 않는다고 했습니다."[39]

강압적인 성품을 지닌 발렌타인은 부쉬넬에게 그의 자식이 새로운 부모가 필요하다고 말했다. 그는 엔터테인먼트 기업 워너커뮤니케이션스Warner Communications를 제안하고, 캐피털리서치앤드매니지먼트에 근무하는 친구에게 두 번째로 소개장을 써달라고 부탁했다.[40] 얼마 지나지 않아서 워너 창업자이자 이사회 의장 스티브 로스Steve Ross가 부쉬넬을 뉴욕으로 초대하여 협상을 시작했다. 발렌타인도 그 자리에 참석하기로 했다.

1976년 연말에 워너커뮤니케이션스 직원이 부쉬넬과 발렌타인을 비행기로 데려가기 위해 캘리포니아로 왔다. 그들은 비행기에 탑승하여 클린트 이스트우드Clint Eastwood와 그의 여자 친구 손드라 록Sondra Locke과도 인사를 나누었다. 이스트우드는 부쉬넬에게 샌드위치를 정중하게 만들어주었다.[41] 비행기가 테터보로 공항에 착륙하자 리무진이 아타리 일행을 태우고 월도프타워스 호텔로 달려갔다. 워너커뮤니케이션스 직원이 그들을 스위트룸으로 안내했다. 그날 밤에는 로스의 화려한 아파트에서 저녁식사가 있었고, 그 자리에 모인 사람들은 이스트우드가 출연하는 아직 개봉되지 않은 영화를 감상했다. 그날 모임이 끝날 무렵 스타에 매료된 부쉬넬이 아타리를 2800만 달러에 매각하기로 합의했다.

발렌타인과 그의 갓 출범한 펀드를 위해서는 만족스러운 출구였다. 세쿼이아캐피털은 300퍼센트에 달하는 뛰어난 수익률을 기록하여 새로운 투자방법의 가치를 입증했다. 발렌타인의 강인한 행동주의와 단계적 접근방식 덕분에 처음에는 자금 지원을 받기가 힘들었던 기업이 나중에는 승자가 되었다. 또한 똑같은 공식이 또 다른 성공을 가져왔다. 1980년까지 발렌타인의 첫 번째 펀드는 데이비스앤드록의 실적과 비슷하게 거의 60퍼센트에 달하는 연간 수익률을 기록했고, S&P500 지수의 9퍼센트를 훨씬 능가했다.[42]

• • •

발렌타인의 행동주의 투자방식은 1970년대에 커다란 반향을 일으켰다. 1973년에 빌 드레이퍼의 서터힐벤처스는 전자식 데이지 휠 프린터를 발명한 쿼메Qume와 획기적인 계약을 체결했다. 이 계약이 획기적인 이유는 서터힐벤처스가 한 가지 조건, 즉 쿼메의 창업 엔지니어가 무기력한 CEO와 결별하고 하버드대학교 경영대학원의 스타 졸업생을 CEO로 초빙하는 것을 받아들여야 한다는 조건을 부과했기 때문이다. 회사가 도약하면서 새로운 CEO는 스톡옵션으로 엄청난 보상을 받았고, 이러한 소식은 〈포춘〉 500대 기업에서 그리 나쁘지 않은 연봉을 받던 그의 동창들에게 전해졌다. 서터힐벤처스는 계속해서 쿼메 공식을 적용하여 정력적인 대기업 임원을 초빙해 서부해안의 벤처캐피털과 동부해안의 길들여진 벤처캐피털을 차별화했다. 보스턴의 벤처투자자들은 확실한 CEO가 없는 스타트업 지원을 꺼렸다. 서부해안의 벤처투자자들은 CEO를 직접 초빙하는 행동주의를 통하여 위험을 관리함으로써 더욱 대담해질 수 있었다.[43]

그들 중 가장 대담한 사람이 발렌타인과 함께 록 세대 이후의 벤처투자자를 규정했던 개척가적인 투자자 톰 퍼킨스였다. 대공황 시기에 어린 시절을 보낸 퍼킨스는 스팸 햄, 마가린, 원더브레드, 라임 젤로를 먹고 자랐다. 그러나 그는 운동선수 출신인 아버지에게는 실망스럽게 도 전자기기에 광적으로 매료되었다.[44] 10대 시절에는 텔레비전 수리 공이 되고 싶었지만, 물리 선생님이 MIT에 진학할 것을 강력하게 권했다. MIT에서는 전자공학을 전공하고 수영부와 남학생 사교클럽에 가입하여, 자신의 회고록에 따르면 운동선수들이 다니는 학교의 공붓 벌레에서 공붓벌레들이 다니는 학교의 운동선수로 변신했다.[45] MIT 를 졸업하고 방위산업체에서 잠깐 근무했던 퍼킨스는 하버드대학교 경영대학원에 입학하여 도리오의 강의를 들었다. 이후로 몇 년이 지 난 1969년 도리오가 퍼킨스에게 휼렛패커드Hewlett Packard를 그만두고 ARD로 오라고 설득했다. 퍼킨스는 보수가 많지 않아서 거절했다.[46]

1972년 여름 어느 금요일에 퍼킨스는 팰로앨토에 있는 리키즈하얏 트하우스에서 아침식사를 하고 있었다. 이곳은 8인의 반란자들이 쇼 클리의 노벨상 수상을 축하하던 자리이고, 이후에는 그들의 해방을 기 념하던 자리이기도 했다. 그랬던 상황에 어울리게 이번 아침식사의 목 적은 8인의 반란자들 중 한 사람으로 헤이든스톤에 해방을 소망하는 편지를 썼던 유진 클라이너를 만나기 위한 자리였다.[47] 벤처캐피털의 등장을 도왔던 클라이너가 이제는 직접 기여하는 것을 생각하고 있었 다. 그는 벤처펀드를 조성할 계획이었고, 도리오와 마찬가지로 퍼킨스 를 데려오고 싶어 했다. 퍼킨스는 지금까지 서부해안에 기반을 잡고 살았던 사람이다. 그는 휼렛패커드 컴퓨터 사업부에서 총괄 관리자로 일하고 있었다. 또한 새로운 레이저 기술을 개발하는 스타트업을 설립 하기도 했다.

이날 아침식사를 하면서 클라이너와 퍼킨스는 늦게까지 대화를 나 누었다. 결국 12시가 가까워질 무렵 식당 직원이 점심 손님을 맞이하기 위해 자리를 비워달라고 했다. 이들은 퍼킨스 집으로 가서 대화를 계속했다.[48] 퍼킨스는 자기 생각을 당당하게 피력했다. 클라이너는 오스트리아 빈 출신의 강한 독일 억양으로 조용히 응답했다. 퍼킨스는 지그문트 프로이트Sigmund Freud가 환자와 상담하는 듯한 생각이 들었다.[49]

그다음 날은 토요일이었고 이 두 사람은 벤처펀드의 구조를 설계하기 시작했다. 그들은 벤처펀드에 자신의 이름을 붙이기로 했다. 자신의 창작물에 믿음을 갖고 있다면, 거기에 이름을 붙이는 것을 꺼려야 할 이유가 없었다.[50] 또한 그들은 이 펀드가 시한이 정해진 것이어야 하고, 각자가 일정 금액을 충당하기로 결정했다. 그들은 클라이너가 유한책임 파트너로 참여한 적이 있어서 잘 알고 있는 데이비스앤드록의 사례를 따랐다. 무엇보다도 클라이너와 퍼킨스는 행동주의 접근방식을 강력하게 실천하기로 합의했다. 그들은 서부해안의 유명 기업에서 관리자로 일한 경험이 있고, 자기 회사를 설립한 경험도 있다. 나중에 퍼킨스는 이렇게 말했다. "우리는 아예 처음부터 이런 말을 하면서 우리 자신을 차별화했습니다. '우리는 투자자가 아니다. 우리는 월스트리트 사람도 아니고, 증권 컨설턴트도 아니고, 투자 업무를 보는 사람도 아니다. 우리는 우리 자신이 기업가다. 우리는 기업가의 방식으로 기업가와 함께 일할 것이다. (…) 우리는 아주 바쁘게 이 일에 매달릴 것이다."[51]

노동절(9월 첫째 주 월요일—옮긴이)이 얼마 지나지 않아서 클라이너와 퍼킨스는 자금 모집을 위해 자동차 여행을 떠났다. 클라이너가 대화에 열중할 때에는 자기도 모르게 차선을 이탈하는 습관이 있기 때문에 퍼킨스가 운전을 했다.[52] 그들이 첫 번째로 만날 사람은 데이비스앤드록의 성공에 매료되었고, 데이비스에게 자기 재산의 관리를 맡기려다 뜻을 이루지 못한 피츠버그의 유력 자산가 헨리 힐먼Henry Hillman이었다. 힐먼은 클라이너와 퍼킨스에게서 서부해안에서 한몫을 톡톡히 챙길 기회를 보았고, 이들이 다른 사람들에게서 일정한 금액을 모집할 수 있다면 최대 500만 달러까지 내놓기로 했다. 클라이너와 퍼킨스는 록펠러대학교에서 100만 달러를 모집했고, 두 개의 보험회사에서 이와 비슷한 금액을 모집했으며, 부유한 개인들과 신탁사들에서 이보다 조금 더 많은 금액을 모집했다. 1972년 12월 첫째 주에 그들은 발렌타인이 생각해낼 수 있는 것보다 훨씬 더 많은 840만 달러에 달하는 펀드를 조성했다.

클라이너와 퍼킨스는 샌드힐로드 3000번지에 나지막하게 조성된 상업지구에 사무실을 차렸다. 그들은 나중에 벤처산업의 진원지가 되는 곳을 차지한 최초의 파트너십으로 기록되었다.[53] 타이밍이 좋은 것은 아니었다. 그들은 첫 번째 오일쇼크가 일어나기 직전에 펀드를 출시했고, 첫 번째 투자는 경제만큼이나 결과가 좋지 않았다. 언뜻 보기에는 성공 가능성이 커 보이는 반도체 스타트업을 지원했지만, 미숙한 관리자 때문에 엄청나게 고생했다. 그들은 스노잡Snow-Job(그럴듯한 거짓말을 의미한다―옮긴이)이라는 불길한 이름을 가진 기계에 매료되었다. 이것은 오토바이를 눈 위를 달리는 자동차로 개조한 것이었다. 퍼킨스는 설원을 휘젓고 다니는 헬스엔젤스Hells Angels(미국의 모터사이클 클럽으로 1948년에 캘리포니아주 폰태나에서 결성되었다―옮긴이) 단원들과 그들의 여자 친구들을 떠올렸다. 불행하게도 당시 정부가 오일쇼크에 대응하여 스포츠 자동차에 대한 휘발유 판매를 금지하여 스노잡의 파산을 예고했다.[54] 1974년 말까지 클라이너와 퍼킨스는 아홉 개 회사를 대상으로 250만 달러를 투자했다. 이들 중 네 개가 최종적으로는 전체 포트폴리오를 살릴 정도로 좋은 실적을 냈지만, 당시에는 이러한 행복한 결말이 전혀 일어날 것 같지 않았다. 클라이너와 퍼킨스는 그들의 전략을 다시 생각해야 할 정도로 많이 침울했다.

클라이너와 퍼킨스의 새로운 전략은 행동주의를 배가하는 것이었다. 그들은 외부 기업가들에게 자금을 지원하기보다는, 사내에서 스타트업을 육성하여 젊은 직원들과 함께 아이디어를 개발하려고 했다. 그들은 이미 곱슬머리가 인상적이고 텍사스 출신으로 말투가 느리지만 기업가로 성장할 잠재력이 있는 지미 트레이빅 Jimmy Treybig을 뽑아놓았다. 퍼킨스 밑에서 일했던 휼렛패커드의 관리자 트레이빅은 단정치 못한 정신없는 스타일로 옷을 입었다. 한번은 동료 직원들이 그에게 허리띠를 매지 않았다고 말하자 그는 말쑥하게 단장을 하려고 그 자리를 떠나서는 허리띠를 두 개씩이나 매고서 돌아왔다.[55] 그러나 남부 출신의 시골뜨기와도 같은 분위기가 경쟁욕구를 숨기고 있었다. 트레이빅은 클라이너퍼킨스와의 파트너십을 통해 사업자금을 조달할 수 있다는 것을 알고는 그들과 함께 가기로 했다.[56] 트레이빅은 나중에 뿌리를 내린 용어로 일종의 '사내 창업가Entrepreneur In Residence'였다.

클라이너퍼킨스와 함께 길을 간 지 1년 정도가 지난 1974년에 트레이빅은 창업을 위한 아이디어를 떠올렸다. 그는 항공기 설계에서 아이디어를 가져와서 백업 프로세서가 내장된 컴퓨터시스템을 제작할 계획이었다. 그러면 하나의 엔진이 작동을 멈추더라도 시스템 전체가 작동을 멈추지는 않을 것이다. 휼렛패커드에서 트레이빅은 은행과 같은 고객을 관리하고 주식시장에 대응하는 업무를 맡았는데, 이러한 시스템이 중요한 가치를 지닐 것이라는 사실을 잘 알고 있었다. 컴퓨터시스템이 갑자기 작동을 멈추면 데이터가 파괴되고 사업 전체가 중단되면서 엄청난 손실이 발생한다. 트레이빅은 이에 대한 안전장치를 개발할 수 있다면, 분명히 잘 팔릴 것이라고 확신했다. 아타리의 경우와는 정반대로 기술 위험은 엄청나게 컸지만, 시장 위험은 무시해도 되는 것이었다.

이렇게 아타리와는 정반대의 상황인데도 퍼킨스는 발렌타인이 사용했던 것과 같은 방법으로 트레이빅의 아이디어에 접근했다. 먼저 그는 소매를 걷어붙이고 오후 시간에 트레이빅과 함께 첫 번째 프로세서가 작동을 멈추면 그다음 프로세서가 작동을 시작하는 운영체제의 실행 가능성에 대해 오랫동안 자유롭게 이야기를 나누었다. 퍼킨스는 당시를 회상하며 이렇게 말했다. "지미와 나는 논리가 어떻게 작동하는가에 대한 도표를 만들어보았습니다. 그러고는 그것이 실행 가능하다는 확신을 갖게 되었습니다."[57] 실행 가능성이라는 장애물이 제거되자 퍼킨스는 이 프로젝트에 5만 달러를 투자했다. 이것은 발렌타인이 아타리에 초기 투자할 때의 금액과 비슷한, 얼마 되지 않은 금액이었다. 이번 프로젝트가 벽에 부딪히더라도 클라이너퍼킨스 펀드에서 1퍼센트도 안 되는 금액을 잃게 될 것이다.

퍼킨스는 트레이빅과 브레인스토밍한 것을 그다음 단계로 이끌어갈 컨설턴트를 고용하는 데 5만 달러의 종잣돈을 쓰기로 했다. 그는 실리콘밸리에서 최고의 전문가를 최소의 비용으로 데려오기 위해 자기 네트워크를 가동했다. 우선 휼렛패커드에서 알고 지내던 컴퓨터과학자에게 안전장치가 내장된 컴퓨터시스템의 실행 가능한 아키텍처의 개요를 작성하게 했다.[58] 하드웨어 설계를 맡을 또 다른 휼렛패커드 출신의 컴퓨터과학자를 데려왔고, 그다음에는 소프트웨어 개발자를 데려왔다.[59] 다른 모든 지출은 거의 발생하지 않았다. 트레이빅은 여전히 클라이너퍼킨스 사무실에서 근무하고 있었고, 벤처 업무에 따른 비용이 소요되지 않았다. 이번 프로젝트와 관련하여 재무적인 조언이 필요할 때에는 사내에서 재무 업무를 맡은 잭 로스타우노Jack Loustaunou 가 무료로 조언했다. 이후로 몇 년이 지나서 젊은 파트너로 클라이너 퍼킨스에 합류한 브룩 바이어스Brook Byers는 그들이 이러한 경험에서 얻은 교훈에 대해 이렇게 기억했다. "우리는 프로젝트에서 굉장히 뜨거운 위험에만 집중함으로써, 가능한 한 적은 자본을 위험에 빠뜨리며 벤처사업의 실행 가능성을 확인해볼 수 있었습니다."[60]

　1974년 11월, 컨설턴트들은 굉장히 뜨거운 위험과 씨름하고는 실행 가능하다는 결과를 내놓았다. 그들은 컴퓨팅 역사상 처음으로 동일한 시스템 내 두 개의 프로세서가 동시에 통신회로에 접근을 요구할 때에 발생하는 문제, 즉 '회선 경합contention'의 문제를 해결했다.[61] 드디어 퍼킨스가 트레이빅에게 탠덤컴퓨터스Tandem Computers라는 새로운 기업의 설립을 승인할 수 있었다. 로스타우노가 재무이사를 맡았고, 퍼킨스가 이사회 의장을 맡았다. 탠덤컴퓨터스 창업자 다섯 명 중 세 명(트레이빅, 로스타우노, 퍼킨스)이 클라이너퍼킨스 소속이었고, 다른 두 명은 퍼킨스가 데려온 하드웨어와 소프트웨어 컨설턴트들이었다. 1970년대는 이처럼 행동주의 접근방식의 정수精髓를 빼내던 시절이었다.

　퍼킨스에게 그다음 목표는 탠덤컴퓨터스가 시리즈 A 단계에 진입하는 것이었다. 그는 트레이빅에게 기술을 선전하는 방법을 가르쳤다. 벤처투자자들은 결국 한 가지를 알고 싶어 했다. "이 기술의 시장규모가 정말 큰가? 탠덤컴퓨터스가 어떻게 하면 시장에서 유리한 위치를 점하게 될 것인가?"[62] 그는 트레이빅을 브룩스브라더스로 데리고 가서 신발, 양말, 셔츠, 넥타이, 재킷, 바지를 사 주었다. 나중에 그는 이렇게 적었다. "아마도 그곳 매장 직원들이 트레이빅을 내 남자친구라고 생각했을 것이다."

이 두 사람은 말끔하게 차려입고 뉴욕으로 날아갔다. 퍼킨스는 예전에 인텔을 지원했던 록펠러 가문의 벤처캐피털 벤록을 통해 자금을 유치할 계획이었다. 곱슬머리를 한 트레이빅은 벤록 회의실로 천천히 걸어 들어갔다.

그는 이렇게 말을 건넸다. "제 모습이 어떠세요? 톰이 사 준 옷이에요."[63]

트레이빅은 편안하게 다가갔지만 탠덤컴퓨터스는 자금을 얻지 못했다. 벤록도 거절했고, 아서 록도 거절했고, 그 밖의 벤처캐피털도 거절했다. 터무니없는 결과였다. 탠덤컴퓨터스의 기술이 벤처투자자들의 마음을 얻지 못했던 것이다. 어쨌든 퍼킨스가 기술 위험의 대부분을 제거했고, 남아 있는 시장 위험은 그다지 크지 않았다. 그러나 탠덤컴퓨터스로 자금이 거의 들어오지 않았고, 투자 설명회를 하면서 상당히 힘든 시간을 보내야 했다. 〈비즈니스위크Business Week〉는 "스타트업이 IBM에 도전장을 내밀어서는 안 된다"라는 옛말을 다시 부활시켰다. 1970년대 중반은 이러한 비관론이 판을 쳤다.[64]

이 시점에서 퍼킨스가 사업을 접을 수도 있었다. 탠덤컴퓨터스에 투자한 돈은 얼마 되지 않아서 쉽게 빠져나올 수 있었다. 그러나 그가 아무것도 없는 데서 사업을 시작했기에 록, 벤록, 〈비즈니스위크〉가 틀렸다는 것을 알고 있었다. 탠덤컴퓨터스는 특별한 기술을 보유하고 있었고, 그것이 획기적이기 때문에 특허를 신청했다. 그리고 진정으로 혁신적이기 때문에 IBM에 과감히 맞설 수 있었다. 특히 공학 지식이 부족한 다른 벤처투자자들은 탠덤컴퓨터스의 기술 우위를 제대로 인식하지 못했다. 퍼킨스는 한심하다는 표정으로 이렇게 말했다. "그들은 재무에만 능통했습니다."[65]

퍼킨스는 다른 파트너십들과 위험을 공유하지 않고 탠덤컴퓨터스의 시리즈 A 단계에서 자금을 투자하기로 결심했다.[66] 1975년 초에 그는 탠덤컴퓨터스 지분의 40퍼센트에 해당하는 100만 달러를 투자했다. 이 금액은 1970년대에 클라이너퍼킨스가 걸었던 가장 큰 규모의 내기였다. 퍼킨스 자신이 말했듯이, 탠덤컴퓨터스가 실적을 내지 못했더라면 클라이너퍼킨스는 두 번째 펀드를 조성하지 못했을 것이다.[67]

그러나 탠덤컴퓨터스는 실적을 냈다. 탠덤컴퓨터스는 기본 설계를 완전한 세부 설계를 담은 청사진으로 전환하는 데에만 1975년을 보내고, 12월에 시리즈 B 단계로 넘어가기에 충분한 진전을 보였다. 클라이너퍼킨스는 다시 한 번 45만 달러를 투자했다. 그리고 이번에는 다른 투자자들도 참여하기를 원하여 총 200만 달러를 모집했다. 몇 달이 지나서 탠덤컴퓨터스 제품이 처음으로 판매되었다. 그다음에는 수익이 증가하기 시작하여 1977년부터 1980년까지 14배가 증가했다.[68] 얼마 지나지 않아서 탠덤컴퓨터스는 퍼킨스의 법칙이 무엇을 의미하는지를 눈부시게 보여주었다. "시장 위험은 기술 위험에 반비례한다. 당신이 정말 어려운 기술 문제를 해결하면 최소한의 경쟁에 직면할 것이기 때문이다."[69] 높은 진입장벽 덕분에 탠덤컴퓨터스는 매출이 급증했는데도 수익률이 여전히 높았다. 1984년까지 탠덤컴퓨터스는 클라이너퍼킨스가 투자한 145만 달러의 100배가 조금 넘는 수익을 창출했다. 1억 5000만 달러의 수익은 클라이너퍼킨스가 앞서 아홉 번의 투자에서 창출한 총 1000만 달러의 수익을 엄청나게 작아 보이게 했다.

그러나 탠덤컴퓨터스가 도약하면서 퍼킨스는 이보다 훨씬 더 환상

투자의 진화

적인 또 다른 프로젝트를 구상하고 있었다.

● ● ●

클라이너퍼킨스는 트레이빅을 대체하기 위해 밥 스완슨Bob Swanson 이라는 26세의 젊은 직원을 고용했다. 그는 유행을 따르지 않는 단정한 옷차림에 겉멋을 부리는 편이었다.[70] MIT 학부를 졸업한 스완슨은 고급스러운 모자를 쓰고 자기 이름을 화려하게 새겨 넣은 가방을 들고서 나타났다. 그는 징병을 피하기 위해 시간이 걸리는 화학과 경영학을 복수 전공했다.[71] 클라이너퍼킨스에 입사하기 전에는 당시에 몇몇 성공한 벤처투자자들을 양성했던 시티코프Citicorp 벤처캐피털팀에서 근무했다. 그러나 그는 클라이너퍼킨스에서 좋은 인상을 주지 못했고, 얼마 지나지 않아 그곳을 떠나고 말았다.[72]

이 일은 스완슨이 자기 진로에 대해 새롭게 생각하게 했다. 그는 실리콘밸리에서 규모가 큰 전자회사의 문을 두드렸지만, 공학기술 분야의 업무 경험이 부족하여 여의치 않았다.[73] 그러나 한 가지 좋은 아이디어가 있었다. 스완슨이 클라이너퍼킨스에서 근무할 때 재조합 DNA라는 기술을 들먹이던 점심 대화에 낀 적이 있었다. 그것은 지나가는 이야기였고, 다른 자리에서 거론되지는 않았다. 일자리가 없던 스완슨은 그것에 대해 더 많은 것을 알아보기로 결심했다.[74]

스완슨은 몇 주에 걸쳐서 생물학의 새로운 영역에 나오는 주제에 관한 자료라면 모두 찾아서 읽었다. 클라이너퍼킨스가 그에게 더 이상 임금을 지급하지는 않았지만, 사무실에 계속 나오는 것은 허락했다. 어느 날 그는 퍼킨스를 만나서 자기가 새롭게 관심을 가진 것에 대해 이야기했다. 과학자들은 인위적인 유전물질을 만들기 위해 DNA 가닥을 자르고 이어맞추고 다시 결합하여 의약품에서 고무에 이르기까지 실제로 자연에 존재하는 모든 것을 복제할 수 있게 되었다. 그는 퍼킨스에게 이렇게 말했다. "이 아이디어는 정말 환상적이고, 혁신적입니다! 세상을 바꾸어놓을 것입니다. 지금까지 내가 들어왔던 것 중에서 가장 중요한 아이디어입니다."[75]

퍼킨스가 확신을 갖지는 않았지만, 스완슨은 이 기술에 전문성을 가진 과학자들의 명단을 작성했다. 그는 그들 모두에게 무작정 전화를 해보았다. 전화를 할 때마다 똑같은 이야기를 들었다. 재조합 DNA 기술은 미래에는 분명히 시장성이 있겠지만, 먼 미래에 아마도 수십 년 이후에나 그럴 것이라는 대답이었다. 그다음에는 캘리포니아대학교 샌프란시스코의 허버트 보이어 Herbert Boyer에게 전화했다. 그 당시 스완슨은 보이어가 재조합 DNA 기술을 공동으로 발명한 사람이라는 사실을 제대로 알지 못했다. 스완슨은 재조합 DNA 기술은 전망 있고, 가까운 미래에 상품화할 수 있다면서 다른 사람들에게 했던 말을 똑같이 반복했다. 놀랍게도 보이어는 아마도 그럴 것이라고 대답했다.[76]

스완슨은 당장에 들러도 되는지 물었다. 그는 보이어를 만나 가능성에 대해서 이야기 나누고 싶었다.

보이어는 바쁘다고 대답했다.

스완슨은 물러서지 않았다. "저는 꼭 교수님과 만나서 이야기를 나누고 싶습니다."

보이어는 금요일 오후에 10분 동안 만날 수 있고, 그 이상은 안 된다고 대답했다.[77]

1976년 1월 16일 오후 5시쯤 스완슨이 캘리포니아대학교 샌프란시스코의 보이어 연구실로 찾아왔다. 정장 호주머니에는 손수건이 살짝 드러나 있었다.

평상복 차림의 보이어가 그를 맞았다. 덥수룩한 곱슬머리에 굵은 콧수염을 기르고 고등학교 축구선수와도 같은 체격을 한 그는 상당히 여유로워 보였다.

스완슨은 보이어가 아픈 아들에게 성장호르몬이 필요할지도 모른다는 생각을 한 이후로 재조합 DNA 기술의 상품화에 대해 몇 달 동안 고민하고 있었다는 사실을 전혀 알지 못했다.[78] 그러나 스완슨에게는 만족스럽게도, 보이어는 상품화가 수십 년이 아니라 수년 이내에 가능하다는 말을 되풀이했다. 그들(반듯한 1950년대의 젊은이와 유능한 1970년대의 멋쟁이)은 실험실에서 대화를 나누었다. 얼마 지나지 않아 세계를 바꾸어놓을 잠재력을 지닌 재조합 DNA 기술에 대한 스완슨의 열정이 그들 사이에 예상치도 않았던 결속을 낳았다. 보이어는 스완슨을 근처 술집으로 데리고 갔다. 그들은 세 시간이 지난 후 함께 일할 수 있다는 결론을 내렸다.[79] 보이어는 과학을 알았고, 스완슨은 사업을 알았다. 보이어는 대학 실험실 연구의 위풍당당한 걸음을 이해했고, 스완슨은 거기에 수천 볼트의 전압을 가하고 싶었다.

보이어가 이렇게 설명했다. "당신은 연구비 신청서를 작성하고, 연구비를 받아와야 합니다."

스완슨이 이의를 제기했다. "글쎄요, 자금만 있으면 어떨까요? 연구비 신청서를 작성할 필요 없이 그냥 자금만 있다면 말입니다."[80]

이윽고 보이어는 다른 방향에서 생각하고 있는 자신을 발견했다. 벤처자본을 통하여 족쇄에서 벗어나면 재조합 DNA 기술이 생각보다 훨씬 더 빨리 상품화될 수 있었다.[81] 이런 돈은 과학자들이 예전에는 못했던 것을 자유롭게 할 수 있도록 해주었다. 이것은 새로운 형태의 해방자본이었다.

보이어와 스완슨은 파트너십을 결성하고 설립에 따른 법무 수수료를 마련하기 위해 각각 500달러씩을 내놓았다.[82] 또한 그들은 여섯 쪽짜리 투자안내서도 작성했다. 그다음에 퍼킨스를 만나기로 했다.

1976년 4월 1일 스완슨은 보이어와 함께 클라이너퍼킨스 회의실에 나타났다.[83] 스완슨이 사업계획의 개요를 간단히 설명했다. 지금은 제넨텍Genentech이라고 불리는 그들이 설립한 회사가 캘리포니아대학교와 스탠퍼드대학교가 보유한 유전자 이어맞추기 기술에 대한 관리 허가를 협상하는 데 6개월이 소요되었다. 그다음에 미생물학자 한 명과 유기화학자 두 명을 모집하여 연구를 시작할 예정이었다. 스완슨은 첫 번째 제품을 생산하기까지 18개월 동안에 50만 달러가 소요될 것으로 생각했다. 이 돈은 실험실 임차, 기자재 구매, 과학자 인건비, 실험 진행에 쓰일 것이다. 사업 기간은 기존 생물학계가 가능하다고 보던 것보다 더 짧았다. 당연히 실험이 성공할 것이라는 보장은 없었다.

퍼킨스는 이 기술에 매료되었다. 그가 명명한 '미생물 영역의 프랑켄슈타인'을 창조하는 것은 위험하게도 신의 영역을 침범하는 것에 가까웠다.[84] 또한 그는 보이어에게 깊은 인상을 받았다. 이번 실험이 성공하든 그렇지 않든 곱슬머리에 콧수염을 기른 사람은 최소한 실험을 진행하는 방법을 알고 있었다.[85] 그리고 이번 실험이 성공한다면 그 가능성은 무한할 것이다. 제넨텍이 만들려는 첫 번째 제품은 시장규모가 엄청나게 클 뿐만 아니라 앞으로도 계속 커지게 될 인슐린이었다. 인슐린을 채취하기 위한 기존의 방법은 중세시대에 마법을 부리는 것과도 같았다. 그것은 돼지나 소의 췌장 분비샘을 압착하여 호르몬을

투자의 진화

짜내는 것이었다. 퍼킨스는 제넨텍이 성공한 제품을 만들어낼 경우에 절반에 조금 못 미치는 몫을 가져가는 것을 한번 생각해보았다.[86] 그러나 기술 문제는 해결하기가 상당히 힘들기 때문에 진입장벽이 높고, 제넨텍이 성공할 경우에 상당히 많은 몫을 챙겨갈 자격이 된다. 이것은 퍼킨스 법칙의 또 다른 사례다.

그다음 날 퍼킨스는 스완슨을 다시 만나 한 가지 제안을 했다. 이 기술은 상당히 매력적이지만 불확실성을 감안하면 그것을 입증하는 데 소요되는 비용 50만 달러는 엄청나게 부담이었다. 따라서 퍼킨스는 탠덤컴퓨터스에서 개발한 공식을 그대로 적용하려고 했다. 굉장히 뜨거운 위험을 확인하고, 그것을 받아들이기 위한 비용이 가장 적게 드는 방법을 찾는 것이었다. 스완슨은 과학자를 고용하지 않거나 실험실을 임차하지 않는 방식으로 실험에 들어가는 비용을 줄여야 했다.[87] 스완슨은 기존 실험실에서 초기 실험을 진행하기로 했다.

퍼킨스는 일종의 가상 기업에 해당하는 것을 제안했다. 전후 미국 경제는 대기업과 대규모 노동조합이 지배하는 구조였다. 제넨텍은 새로운 형태의 기업, 즉 더욱 네트워크화되고 날렵한 형태의 기업이 등장할 것을 알렸다.[88] 미래에는 거대 기업의 중앙 연구부서가, 벤처캐피털의 지원을 받고 그들이 원하는 지식을 소개하는 스타트업에 의해 대체될 것이다. 퍼킨스는 이미 휼렛패커드를 통해 단기 컨설턴트를 모집하여 탠덤컴퓨터스를 설립한 적이 있었다. 이제 그는 제넨텍이 그보다 더욱 어려운 생명공학 분야에서 똑같은 일을 해줄 것을 제안하고 있었다.

스완슨과 보이어는 그 제안을 받아들였다. 그들은 초기 예산을 사용하여 보이어의 팀이 유전자 이어맞추기에서 전문성을 보유한 캘리포니아대학교 샌프란시스코, 유전자 합성에서 전문성을 보유한 시티오브호프City of Hope라고 불리는 연구 중심 병원, 최고의 시험 설비를 갖춘 캘리포니아 공과대학교와 계약을 체결했다. 그들은 이런 식으로 해당 분야에서 최고의 팀을 통하여 혜택을 얻을 뿐만 아니라 비용도 절감할 것이다. 제넨텍이 여전히 실패할 수도 있지만, 그렇더라도 아주 적은 비용이 소요될 것이다.

퍼킨스는 스완슨이 원하던 자금을 투자했지만, 겨우 10만 달러에 불과했다. 이것은 탠덤컴퓨터스 초기에 컨설턴트를 고용하는 데 내놓 았던 5만 달러를 겨우 넘는 것이었다. 그는 클라이너퍼킨스 펀드에서 1퍼센트가 조금 넘는 얼마 안 되는 금액의 대가로 제넨텍 주식의 4분의 1을 차지했다. 이것을 두고 불공정하다고 볼 수는 없었다. 스완슨은 다른 곳에서 거래를 성사시켜보려고 했지만, 어느 누구도 관심을 보이지 않았다.[89] 그러나 이 벤처투자자는 제넨텍 주식의 4분의 1을 싼값에 구매하여 엄청나게 높은 수익률로 보상받을 수 있는 지위를 차지했다. 퍼킨스가 애초에 스완슨이 제안한 50만 달러를 투자하고 20배의 수익을 기대했다면, 이제는 10만 달러를 투자하고 100배의 수익을 기대했다. 예상 수익률이 100배라면, 제넨텍이 제품을 개발할 가능성이 1퍼센트가 넘는 한 퍼킨스가 훌륭한 거래를 한 셈이다. 퍼킨스 자신은 제넨텍의 가능성이 1퍼센트는 훨씬 넘고 50퍼센트에는 조금 못 미치는 것으로 보았다. 그는 굉장히 뜨거운 위험을 따로 떼어놓고 이를 상쇄시키기 위한 전략을 수립하고서, 주눅 들던 벤처투자를 매혹적인 투자로 전환시켰다.

1976년 5월, 캘리포니아주 증권감독원 관계자가 클라이너퍼킨스에 제넨텍 투자의 위험을 우려하는 내용의 공문을 보냈다.

유진 클라이너는 다음과 같이 차분한 내용을 담은 답장을 보냈다.

"클라이너퍼킨스는 제넨텍 투자에는 커다란 위험이 따른다는 사실을 정확히 인식하고 있습니다. 그러나 우리가 하는 사업 자체가 상당히 위험한 투자를 하는 것입니다."[90]

•••

제넨텍이 첫 번째 제품을 생산하는 데는 스완슨이 예상했던 것보다 더 많은 시간과 자금이 소요되었다. 퍼킨스는 회사가 계속 굴러갈 수 있도록 1977년 2월에 새로운 투자 설명회를 개최했고, 1978년 3월에도 개최했다. 투자 설명회를 개최할 때마다 향후 획기적인 연구결과를 내놓을 것을 약속하면서 다른 투자자들에게서 자금을 유치했다. 단계적 자금조달의 장점은 더욱 분명하게 드러났다. 위험이 계속 제거되면서 투자 설명회를 할 때마다 제넨텍의 가치가 이전보다 높아졌다. 따라서 창업자들은 지분을 덜 제공하고도 많은 금액을 유치할 수 있었다. 보이어와 스완슨은 1976년에 겨우 10만 달러를 받고 제넨텍 지분의 4분의 1을 내놓았지만, 그다음 해에는 85만 달러를 받고 26퍼센트의 지분을 내놓았다. 그리고 1978년에는 95만 달러를 받고 8.9퍼센트의 지분을 내놓았다.[91] 보이어와 스완슨이 (위험이 가장 컸던) 처음부터 필요한 모든 자본금을 모집했더라면 지분을 더 많이 내놓고 소유권은 덜 행사했을 것이다.

단계적 자금조달은 창업자가 지분을 덜 내놓게 하면서 DNA 기술 개발에 착수하는 연구자들을 위한 인센티브를 강화했다. 연구자들은 제넨텍의 자본금이 잠식되기 전에 약속했던 획기적인 연구결과를 내놓아야만 자신들의 실험을 지속할 수 있다는 것을 알고 있었다.[92] 또한 그들이 목표를 달성하면서 결과적으로 기업가치가 높아진 회사의 지분을 가졌다. 아서 록이 인텔을 상대로 그랬던 것처럼 퍼킨스는 주요 하청업자를 포함하여 제넨텍 직원들에게 스톡옵션을 제공했다.[93] 처음부터 모든 과학자들이 스톡옵션을 알고 있거나 관심을 가진 것은 아니었다. 어떤 이는 이렇게 말했다. "나는 포니테일ponytail(긴 머리를 뒷머리 위쪽에서 하나로 묶고 머리끝을 망아지 꼬리처럼 늘어뜨린 형태—옮긴이)을 하고서 매일 마리화나를 피워요. 돈이나 주식에는 아예 관심이 없어요." 그러나 처음 2년 동안에 제넨텍의 기업가치가 26배나 높아지면서 주식문화가 자리를 잡았다.[94] 회사 수위에서 CEO에 이르기까지 모든 이들이 회사가 잘되기를 바랐다. 포니테일을 한 과학자도 자기 주식의 가치가 100만 달러가 넘자 마음이 바뀌었다.[95]

또한 퍼킨스는 제넨텍 문화에도 눈에 보이지 않게 기여했다. 그는 과학자들에게 이미 학계를 떠나서 이제는 매력적인 분야의 일원이 되었다는 사실을 알리면서, 흥행주와 얼굴마담의 역할을 스스럼없이 즐겼던 최초의 벤처투자자였다. 그는 빨간 페라리를 타고서 굉음을 내며 회사에 출근해 마감 시간과 함께 지시를 내리고, 연구자들에게는 그들이 특별한 임무를 수행하고 있다는 생각을 심어주었다.[96] 1978년 7월의 어느 아름다운 밤에 퍼킨스는 스완슨과 핵심 과학자 두 명과 그들의 부인을 저녁식사에 초대했다. 방문객들은 샌프란시스코 금문교가 내려다보이는 언덕에 자리 잡은 퍼킨스의 저택으로 무리 지어 들어갔다. 그리고 퍼킨스는 텀블링을 할 수 있는 정원, 태피스트리tapestry(여러 가지 색실로 그림을 짜 넣은 직물—옮긴이), 빈티지 자동차를 과시했고, 제복을 입은 집사가 일행에게 저녁식사 시중을 들었다. 스완슨은 저택을 나오면서 들뜬 기분으로 손을 흔들고는 연구자들에게 이렇게 외쳤

투자의 진화

다. "우리 모두가 열심히 일해서 저렇게 살아야 합니다!" 당시 손님들 중 한 사람이 나중에 이렇게 기억했다. "퍼킨스가 우리처럼 보잘것없는 과학자들을 자기 집에 초대한 것이, 우리에게는 크나큰 자극이 되었습니다."[97]

며칠이 지나서 이러한 동기 부여의 효과가 입증되었다. 퍼킨스는 저녁 손님들 중 한 사람이던 젊은 박사 데이브 괴델Dave Goeddel을 시티오브호프 연구실로 파견했다. 이 연구실의 계약직 연구원들이 인슐린 프로젝트의 마지막 단계를 완료할 수 있도록 독려하기 위해서였다. 퍼킨스는 금빛의 카리스마를 발휘하며 이렇게 지시했다. "인슐린을 얻기 전에는 돌아오지 마."

괴델이 곧장 차렷 자세를 취했다. 그는 이번 임무에 차출된 것을 영광으로 생각했고, 퍼킨스에게 직접 지시를 받아서 기뻤다.[98] 그는 로스앤젤레스로 날아가서 밤새도록 연구에 매진했다. 1978년 9월, 텔레비전 기자회견에서 눈부신 조명을 받으며 인슐린을 인위적으로 생산하게 된 사실을 발표해 국민들을 깜짝 놀라게 했다.

이로부터 2년이 지난 1980년에 제넨텍은 1990년대에나 가능할 것으로 예상되던 주식공모를 시작했다. 관례적인 기준에 따르면 이 회사는 상장기업이 될 준비가 전혀 되어 있지 않았다. 연구에 너무나도 많은 금액을 지출하여 아직은 수익이 거의 없었다. 그러나 퍼킨스는 대단한 벤처정신을 가진 사람이었다. 투자자들에게 미래의 기술에 투자하라고 설득하려면 먼저 그들이 과거의 재무제표에서 빠져나오게 해야 한다고 생각했다. 벤처캐피털의 초기에 록은 지적 장부가치의 개념을 제시하면서 투자자들이 표준적인 가치투자의 기준을 충족시키지 못한 기업을 지원하도록 설득했다. 그로부터 20년이 지나서 퍼킨스는 그다음 논리적 단계의 대변자로 등장했다. 즉 '수익이 없는 기업이 벤처자금을 유치할 수 있을 뿐만 아니라 상장기업도 될 수 있다'는 것이다. 퍼킨스는 이처럼 중대한 분기점을 지나 월스트리트로 진출하기 위해 과학에 조예가 깊은 유망 투자자들의 마음을 사로잡으려고 보이어 교수를 보냈다. 그는 밝은 색상의 구슬로 만든 DNA 모형을 사용하여 하나의 유기체를 구성하는 DNA가 어떻게 다른 유기체에 삽입될 수 있는지 설명했다. 투자처를 찾고 있던 청중들은 입을 벌리고 감탄했다. 클라이너퍼킨스는 헤이든스톤에서 록의 직속상관이었고 퇴직해서 쉬고 있던 앨프리드 코일을 불러내어 제넨텍의 주식공모 업무를 맡겼다. 코일은 반도체기업을 찾아내는 데 일정한 역할을 하여 월스트리트에서 유명세를 떨친 적이 있었다. 투자자들은 당시 코일이 엄청난 수익을 올린 것을 기억하고 있었다.

1980년 10월 14일 제넨텍이 나스닥거래소에 상장되었다. 상장을 시작한 지 1분도 안 되어서 제넨텍 주식가격이 공모가격 35달러에서 80달러로 급상승했고, 20분이 지나서는 89달러로 상승하여 상장 첫날을 기준으로 월스트리트 역사상 가장 가파른 상승을 기록했다. 그날을 위해 뉴욕에 있던 퍼킨스는 캘리포니아의 스완슨에게 전화해 잠을 깨웠다. 그는 예전에 해고했던 직원에게 이렇게 말했다. "밥, 내가 아는 사람 중에서 자네가 제일 부자야."[99]

클라이너퍼킨스도 엄청나게 많은 돈을 벌었다. 상장 첫날이 끝날 무렵에 한 주당 평균 1.85달러를 들여 구매했던 주식이 한 주당 71달러가 되었다.[100] 이후로도 주식가격이 계속 상승하면서 클라이너퍼킨스는 200배가 넘는 수익률을 기록했다.[101] 탠덤컴퓨터스와 함께 제넨텍의 대성공은 클라이너퍼킨스의 첫 번째 펀드를 하나의 전설이 되게 했

투자의 진화

고, 멱법칙을 극적으로 보여주는 사례가 되었다. 1984년까지 클라이너퍼킨스는 첫 번째 펀드에서 14회에 걸친 투자를 통하여 총 2억 800만 달러의 수익을 올렸다. 그중에서 95퍼센트가 탠덤컴퓨터스와 제넨텍에서 나온 것이었다. 이 두 개의 홈런이 없었더라도 첫 번째 펀드는 4.5배의 수익률을 기록하여, 지난 11년에 걸쳐서 S&P500 지수의 수익률을 여전히 손쉽게 능가했을 것이다. 그런데 이 두 개의 홈런 덕분에 첫 번째 펀드가 기록한 수익률은 42배가 되었다. 이후로 클라이너퍼킨스의 실적은 돈 발렌타인, 데이비스앤드록의 것에 가까워지면서 주식시장 수익률의 다섯 배에 이르렀다.[102]

단지 운이 좋았을 뿐인가? 아니면 그 이상의 무엇이 작용했을까? 벤처투자에서는 능력을 입증하는 것이 어렵다. 지금까지 살펴보았듯이 능력이 객관적 혹은 양적 지표가 아니라 주관적인 판단에 달려 있기 때문이다. 부실채권을 거래하는 헤지펀드가 파산한 기업을 면밀히 조사하기 위하여 애널리스트와 변호사를 고용하면, 어떠한 채권이 담보물에 의해 보장받는지를 정확히 알 수 있고, 파산법원 판사가 어떠한 판결을 내릴 것인지를 예측할 수 있다. 그러면 이 헤지펀드의 수익은 운과는 무관하다. 마찬가지로 알고리듬에 입각하여 거래하는 헤지펀드가 시장 패턴을 예측하기 위하여 천체물리학자를 고용하면, 수익성이 있을 것이라는 믿을 만한 통계적 신호를 확인할 수 있다. 그러나 퍼킨스가 탠덤컴퓨터스와 제넨텍을 지원할 때 또는 발렌타인이 아타리를 지원할 때에는 이와 똑같은 수준의 확실성을 발휘할 수가 없었다. 그들은 인간의 탁월성과 취약성을 함께 지닌 창업자를 보고 투자를 했다. 그들은 실제로 입증되지 않고 복잡하기만 한 제품과 제조 과정을 다루었고, 행동을 예측할 수 없는 경쟁자들과 직면했다. 그들은 멀리 내다보면서 투자했다. 결과적으로 양으로 표시할 수 있는 위험에 양으로 표시할 수 없는 불확실성이 곱해졌다. 여기에는 기지의 미지수와 미지의 미지수가 있었다. 몸을 잔뜩 긴장시키는 삶의 예측 불가능성이 깔끔한 금융 모델에 의해 가려질 수는 없었다. 물론 이러한 상황에서는 운이 일정한 역할을 한다. 클라이너퍼킨스는 첫 번째 펀드에서 열네 번에 걸친 투자 중 여섯 번은 손해를 봤다. 그들의 방법은 탠덤의 컴퓨터처럼 안전장치가 내장되어 있는 것이 아니었다.

그러나 퍼킨스와 발렌타인이 단순히 운이 좋았던 것은 아니다. 1960년대에 록이 자신이 ARD와 SBIC를 앞서가게 했던 방법과 사고방식을 수용했던 것처럼, 1970년대를 선도하던 사람들도 경쟁자들을 앞서가는 방법과 사고방식을 수용했다. 퍼킨스와 발렌타인은 실리콘밸리를 주도하던 기업의 관리자 출신이었다. 그들은 실제로 참여하는 방법을 알고 있었다. 그들이 자신의 포트폴리오 기업의 성공에 기여한 것은 분명한 사실이다. 탠덤컴퓨터스에서 굉장히 뜨거운 위험을 제거하기 위하여 초기에 컨설턴트를 고용하고, 스완슨에게 제넨텍의 연구를 기존의 실험실에서 진행하도록 압박했던 사람이 바로 퍼킨스였다. 마찬가지로 아타리가 홈퐁에 집중하고 시어스와 협력하게 하고, 워너커뮤니케이션스에 매각하게 했던 사람이 바로 발렌타인이다. 단계적 자금 조달과 위험의 조기 제거는 이 세 기업들이 놀라운 성공을 거두게 했다. 회의적인 사람들은 때때로 벤처투자자들이 실제로 혁신을 일으키는지 혹은 단순히 혁신을 말하기 위해 등장하는지 묻는다. 발렌타인과 퍼킨스는 소극적으로 등장할 때가 거의 없었다. 그들은 자신의 인품과 지성을 바탕으로 포트폴리오 기업에 자신의 의지를 뚜렷이 각인시켰다.

4장

애플의
속삭임

The Power Law

클라이너퍼킨스가 제넨텍을 지원하던 1970년대 후반에는 서부해안의 벤처캐피털 업계가 현대의 도구들을 대부분 개발했다. 주식만으로 구성되고 시한이 정해진 펀드가 자기자본에 비해 차입금의 비중이 높은 SBIC 모델과 시한이 정해지지 않은 ARD 모델을 대체했다. 벤처투자자들은 단타 혹은 2루타가 아니라 홈런을 치기 위해 스윙을 해야 한다는 사실을 이해했다. 행동주의와 단계적 자금 조달이 위험한 스타트업을 관리하기 위한 널리 인정받는 방법이 되었다. 실리콘밸리의 벤처투자자들은 인재를 해방시키고 그들이 새로운 산업을 일으키도록 하는 기회를 찾아 헤맸다.

벤처캐피털의 그다음 단계는 이러한 도구의 확장이 아니라 벤처 네트워크의 등장과 관련되었다. 초기의 벤처투자에서 먹법칙을 따르는 수익, 연금펀드의 투자에 대한 규제 완화, 자본이득세 인하에 힘입어 자금은 벤처펀드로 흘러들어 왔고, 여기저기 흩어져 있던 선구적인 투자자들이 이전과는 질적으로 다른 모습으로 변해갔다. 소수의 똑똑한 사람들을 대신하여 이제는 다수의 스타트업 감식가들이 참여하는 네트워크가 형성되었다. 이것은 그들의 행동에서 나오는 단합된 힘이 개별적인 시도를 단순히 합쳐놓은 힘보다 더 크기 때문에 의미가 있었다. 또한 이것은 천재가 이끌어가는 시스템에서 진화가 이끌어가는 시스템으로 넘어가는 것과도 같다. 똑똑한 사람이 위대한 것을 할 수가 있다. 규모가 큰 집단은 많은 것을 시도할 수가 있다. 시도, 실패, 가끔 발생하는 획기적인 발전의 진화 과정을 통하여 집단이 개인보다 더 빠르게 발전할 수 있다.

네트워크의 번식력은 1976년에 스티브 잡스와 스티브 워즈니악Steve Wozniak이 설립한 애플의 사례에서 잘 나타났다. 애플은 언뜻 보기에도 벤처투자를 위한 확실한 대상이었다. 다수의 내부자들이 개인용 컴퓨터가 대단히 중요한 차세대 기술이 될 것이라는 사실을 이미 인식하고 있었기 때문이다. 제록스의 팰로앨토연구소Palo Alto Research Center는 개인용 컴퓨터를 시기가 무르익은 아이디어로 인식하고는 마우스와 그래픽 사용자 인터페이스Graphic User Interface를 갖춘 시제품을 생산했다. 인텔과 내셔널반도체도 개인용 컴퓨터 생산을 고려했고, 워즈니악도 자신의 고용주 휼렛패커드에 애플 I의 설계를 두 차례나 제안했다.[1] 그러나 이 네 개의 기업들은 경영사상가 클레이튼 크리스텐슨Clayton Christensen이 "혁신가의 딜레마innovator's dilemma"라고 했던 것에 압도되어 개인용 컴퓨터를 생산하지 않기로 결정했다. 제록스는 전산화된 종이가 없는 사무실이 자사의 핵심 사업이라 할 복사기 사업에 해롭게 작용할 것을 걱정했다. 인텔과 내셔널반도체는 컴퓨터를 생산하면 자사의 최고 고객들인 기존의 컴퓨터 제조사들과 갈등관계에 빠져들 것을 걱정했다. 휼렛패커드는 저가의 가정용 컴퓨터를 생산하면 15만 달러에 팔리는 고가 제품을 싸게 팔아야 할 것을 걱정했다. 이 기업들 모두가 현재 상황을 무너뜨리는 위험을 받아들이기보다는 이를 유지해야 하는 뚜렷한 이유가 있었다. 벤처투자자들에게는 이러한 공백을 채워 넣을 스타트업이 확실한 투자처로 보였다.

그런데도 애플이 자금을 모집할 때에는 벤처캐피털 업계의 스타들이 기회를 포착하지 못했다. 이것은 가장 뛰어난 벤처투자자조차도 큰 실수를 할 수 있다는 것을 보여준다. 톰 퍼킨스와 유진 클라이너는 잡스를 만나는 것조차 거절했다. 서터힐벤처스의 빌 드레이퍼는 애플에 직원을 보냈는데, 잡스와 워즈니악이 자기 직원을 기다리게 했다는 보고를 듣고는 몹시 불쾌하게 생각하며 관심을 끊었다.[2] 한편, 예전에 드레이퍼와 SBIC 파트너로 협력했던 피치 존슨은 이런 말까지 했다. "어떻게 집에서 컴퓨터를 사용할 수 있습니까? 거기에 요리책을 얹어놓으려고요?"[3] 잡스는 계속 거절만 당하다가 멀리 떨어진 뉴욕에서 최초의 컴퓨터 소매점을 운영하던 스탠 바이트Stan Veit에게도 손을 벌렸다. 잡스는 바이트에게 1만 달러만 투자하면 애플 지분의 10퍼센트를 가질 수 있다고 제안했다. 바이트는 아쉬워하며 이렇게 회상했다. "긴 머리를 한 히피 청년과 그 친구들을 보면서 나는 이렇게 생각했습니다. '네가 이 세상에 남은 마지막 한 사람이라면 나는 1만 달러를 맡길 수 있을 거야.'"[4] 잡스는 아타리에서 자기를 고용했던 놀란 부쉬넬에게는 5만 달러를 투자하여 애플 지분의 3분의 1을 가져가라고 제안했다. 부쉬넬은 이렇게 기억한다. "내가 너무나도 똑똑해서 '아니요'라고 말했습니다. 그때 그 일을 생각하면 우습기도 합니다. 내가 울지 않을 때는 말입니다."[5]

잡스와 워즈니악에게는 다행스럽게도 1976년 실리콘밸리에는 이미 벤처캐피털 네트워크가 대규모로 형성되어 있어서 다수가 거절하더라도 절망하지 않아도 되었다. 얼마 지나지 않아 두 사람은 세쿼이아캐피털의 돈 발렌타인에게서 길을 찾았다.

이런 일이 어떻게 일어났는가를 살펴보면 네트워크가 가진 힘을 알수 있다. 부쉬넬은 애플에 지원하기를 거부하고는 잡스를 예전에 아타리를 지원했던 벤처투자자 발렌타인에게 소개하며 마음의 짐을 덜었다. 당시에 잡스는 실리콘밸리에서 마케팅 최고 권위자로 불리던 레지스 맥켄나Regis McKenna를 찾아가서 그의 회사가 애플 주식의 20퍼센트라는 상당히 많은 지분을 갖는 대가로 애플 광고를 기획해줄 것을 제안했다. 맥켄나는 아무것도 없는 것의 20퍼센트는 아무것도 없는 것과 마찬가지라는 반응을 보였다. 그러나 그는 부쉬넬이 그랬던 것처럼 잡스를 다른 사람에게 소개하며 마음의 짐을 덜었다. 이렇게 소개받은 사람이 바로 발렌타인이었다.

실리콘밸리의 네트워크가 잡스가 발렌타인을 찾아가게 한 것은 당연한 일이다. 아타리를 지원한 적이 있는 발렌타인은 자유분방한 젊은 창업자와 가장 격렬하게 논쟁하는 사람으로 알려져 있었다. 반도체 부문에서 잔뼈가 굵은 발렌타인은 칩 기술을 활용한 제품에 투자한 것을 자랑스럽게 생각했다. 결정적으로는 발렌타인의 마케팅 경험이 그가 애플에 가장 이상적인 투자자가 되게 했다. 클라이너와 퍼킨스는 사업 위험보다는 기술 위험을 선호하기 때문에 잡스를 만나려고 하지 않았다.[6] 페어차일드반도체와 내셔널반도체에서 영업을 담당했던 적이 있는 발렌타인은 고객들에게 부엌에 컴퓨터를 두어도 된다고 설득해야

투자의 진화

하는 가장 커다란 과제에 직면한 스타트업에 적합한 인물이었다.[7]

그러나 발렌타인이 애플의 최초 투자자가 되기에 가장 적합한 인물이기는 했지만, 그가 잡스와 워즈니악을 처음 만났을 때에는 회의적인 반응을 보였다. 나중에 발렌타인은 이렇게 말했다. "잡스는 대항문화를 구현하려고 했습니다. 듬성듬성하게 자란 턱수염에 홀쭉한 체격의 그는 호치민胡志明을 연상케 했습니다."[8] 그럼에도 부쉬넬과 맥켄나는 발렌타인에게 그들이 하는 말을 들어볼 가치는 있다고 전했다. 네트워크를 소중하게 생각하는 발렌타인은 애플이 무엇을 할 계획인지 묻는 것으로 대화를 시작했다.

그는 워즈니악에게 물었다. "시장규모는 얼마나 된다고 봅니까?"

"100만 대는 된다고 생각합니다."

"왜 그렇게 생각합니까?"

"네, 아마추어 무선사가 100만 명이라고 합니다. 컴퓨터가 아마추어 무선보다 더 인기가 있습니다."[9]

워즈니악의 대답은 애플이 기술을 취미로 즐기는 사람들로 이루어진 한정된 집단을 크게 뛰어넘지는 않으려고 한다는 것을 의미했다. 그리고 발렌타인이 아타리를 방문했을 때에는 아타리 게임이 여러 도시에서 애용되고 있었지만, 1976년의 애플은 매출이 거의 없는 상태였다. 따라서 발렌타인은 확신할 수가 없었다.

잡스가 이렇게 말했다. "당신한테서 자금 지원을 받으려면 무엇을 해야 하는지 말씀해주십시오."

발렌타인이 응수했다. "우리가 경영, 마케팅, 유통경로에 전문적인 감각이 있는 사람을 당신 회사에 데려다 놓아야 합니다."

잡스가 대답했다. "좋습니다. 세 명을 보내주십시오."

그날 만남이 있고 나서 발렌타인은 그런 사람을 만나게 한 것을 두고 맥켄나를 질책했다. 그는 이렇게 항의했다. "왜 나한테 속세를 떠난 사람을 보냈습니까?"[10] 발렌타인이 네트워크에서 애플을 지원할 만한 유일한 벤처투자자일 수도 있었지만, 그럼에도 그는 애플에 자금을 내놓을 준비가 되어 있지 않았다. 그러나 부쉬넬과 맥켄나가 잡스에게 퇴짜를 놓으면서도 발렌타인을 소개했듯이, 발렌타인도 개방적인 자세로 잡스가 외부 마케팅 전문가를 고용하도록 도움을 주었다. 이것은 거의 반사적인 행동이었다. 발렌타인이 하는 일의 대부분이 결국에는 사람을 소개하고, 소개받은 사람을 만나는 것이었다.

발렌타인은 연줄이 닿는 사람들을 훑어보고는 애플의 발전에 도움이 될 만한 경험 많은 관리자 세 명을 추천했다. 한 사람은 잡스가 거부했고, 또 다른 사람은 잡스를 만나기는 했지만 함께 일하고 싶은 마음이 없었다. 세 번째 사람이 엔지니어 겸 영업 관리자로 발렌타인이 페어차일드반도체 시절부터 알고 지내던 마이크 마쿨라Mike Markkula였다. 마쿨라는 페어차일드반도체를 나와 인텔의 스톡옵션으로 큰돈을 벌었고, 서른세 살에 은퇴하여 테니스나 치고 가구 제작을 할 계획이었다.

은퇴한 지 18개월이 조금 지난 1976년 초가을의 어느 월요일에 마쿨라는 황금색 코르벳을 몰고 교외에 위치한 잡스의 차고로 달려갔다. 이곳은 기술 스타트업을 꿈꾸던 많은 사람들에게 의욕을 불어넣기에 적절한 장소였다. 구레나룻이 길게 난 마쿨라는 화려한 레저수트leisure suit(1970년대 유행하던 같은 천으로 만든 바지와 셔츠로 된 캐주얼 복장—옮긴이)를 몸에 걸치고 있었다. 잡스와 워즈니악을 만났을 때 당장 떠오른 생각은 그들이 머리를 좀 깎아야겠다는 것이었다.[11]

그러나 그는 그들에게서 차고를 방문했던 다른 사람들이 보지 못했던 다른 무엇인가도 보았다. 워즈니악의 기술은 정말 인상적이었다. 그의 작업대에 놓여 있는 애플 II 시제품은 회로판들이 다루기 힘든 연결장치에 묶여서 지저분하게 놓여 있는 상태가 전혀 아니었다. 기계 전체가 하나의 보드에서 작동하고 있었고, 프린터와 그 밖의 장치들을 연결할 수 있도록 구멍이 있었다. 또한 램덤액세스메모리Randomn Access Memory, RAM 칩도 장착할 수 있도록 설계되었다. 마쿨라가 알기로 그것은 이러한 시도를 한 세계 최초의 컴퓨터였다. 마쿨라는 이렇게 기억했다. "워즈니악은 그것을 우아하고도 아름답게 설계했습니다. 내가 회로 설계자이기 때문에 잘 압니다."[12]

그날을 계기로 마쿨라는 애플을 지원하기로 결심했다. 그는 잡스의 조언자가 되어 사업계획서를 작성하고, 마케팅 총괄과 이사회 의장을 맡았으며, 은행 신용한도를 조정했다. 결정적으로 그는 애플 지분의 26퍼센트를 갖는 조건으로 9만 1000달러를 투자했다.[13] 실리콘밸리 네트워크는 우회하고 반복하는 과정을 거치고는 결국 옳은 해법에 도달했다. 잡스와 워즈니악은 여러 투자자들에게 계속 거절당했다. 그러나 소개가 또 다른 소개를 낳았고, 애플이 결국에는 그렇게도 원하던 생명줄을 얻었다.

마쿨라는 벤처투자자는 아니었다. 그는 실리콘밸리 최초의 '엔젤투자자', 즉 하나의 스타트업이 성공하면서 부자가 되었고 또 다른 스타트업을 위하여 자신의 부와 경험을 재활용하는 사람이었다. 그러나 마쿨라에게 가장 중요한 것은 네트워크였다. 페어차일드반도체와 인텔에서 경험을 쌓은 마쿨라는 실리콘밸리 중추부에 자리를 잡은 사람이었다. 그가 잡스와 워즈니악과 함께 가기로 했기 때문에 애플도 그곳의 일원이 되었다.

애플은 회사를 홍보하는 데 여전히 도움이 필요했다. 따라서 마쿨라는 맥켄나에게 잡스를 한 번 더 만나보라고 부탁했다. 그는 맥켄나에게 이렇게 말했다. "레지스, 내가 투자하기로 결정했습니다. 당신도 함께 했으면 합니다."[14] 얼마 전까지만 하더라도 잡스가 애플 지분의 20퍼센트를 제안하고도 맥켄나의 관심을 끌지 못했다. 그러나 맥켄나는 자신의 네트워크에 있는 사람에게서 부탁을 받고는 기꺼이 함께 가기로 했다. 그의 회사는 한 번 베어 문 자국이 있는 무지개 줄무늬의 사과 모양을 한 애플 로고를 정식으로 제작했다.[15]

그다음에 마쿨라는 회사 경영을 맡을 사람을 찾았다. 그때까지는 경험 많은 기술 관리자 중에서 어느 누구도 애플에서 일하는 위험을 기꺼이 받아들이려고 하지 않았다. 이제 마쿨라가 자신의 페어차일드반도체 동문 네트워크에 속해 있는 마이크 스콧Mike Scott을 설득하여 안정된 직장을 그만두고 애플의 초대 CEO를 맡게 했다. 마쿨라는 스콧과 그 밖의 경험 많은 관리자를 데려오기 위해 인텔의 스톡옵션 제도를 그대로 가져왔다. 이제 애플은 아서 록 주식문화의 일원이 되었다.

또한 마쿨라는 벤처캐피털 업계를 살펴보기 시작했다. 발렌타인이 여전히 투자하기를 꺼렸지만, 굳이 어느 한 벤처투자자한테만 의존할 필요는 없었다. 그의 네트워크에는 다른 사람들도 있었다. 페어차일드반도체 시절에 그는 록펠러 가문의 벤처캐피털 벤록으로 떠난 행크 스미스Hank Smith와도 친하게 지냈다. 마쿨라는 스미스에게 전화해서 애플에 투자하라고 권했다. 그다음에는 대어를 낚을 준비를 했다. 마쿨라는 인텔 시절에 이사회 의장 아서 록과도 잘 알고 지냈다. 그는 자신의 네트워크를 최대한 활용하여 록에게 잡스와 워즈니악을 만나보라

　　　　　　　　　　　　　　　　　　　　투자의 진화

고 설득했다.

1977년에 록은 실리콘밸리 벤처 업계에서 존경받는 실력자가 되어 있었다. 그는 샌프란시스코 발레단을 지원했고, 현대 미술품을 수집했다. 저녁 파티를 할 때에는 웨이터를 호출하려고 실버벨을 울리기도 했다.[16] 록은 마쿨라와의 관계를 소중하게 생각했기 때문에 잡스를 만나기로 했다. 그러나 그의 반응은 예상했던 대로였다. 록은 나중에 이렇게 기억했다. "그때 잡스는 인도에서 돌아온 지 얼마 되지 않았고, 그의 스승 또는 그 비슷한 사람과 함께 지냈지요.[17] 잘은 모르겠지만, 잡스가 목욕을 한 지가 꽤 오래된 것 같았어요.[18]"

록이 코를 찡그리자 마쿨라는 뒤돌아서 오랜 친구였던 스미스가 근무하는 벤록을 찾아가기로 했다. 1977년 가을 마쿨라와 잡스는 1년 전에 퍼킨스와 트레이빅이 그랬던 것처럼 야간 비행기를 타고 뉴욕으로 날아갔다.[19] 그들은 록펠러플라자 30번지에 도착해서 스미스가 근무하는 56층에 가기 위해 엘리베이터를 탔다. 그리고 56층에 도착하자마자 비행기에서 입었던 옷을 갈아입으려고 남자 화장실을 향해 도망치듯이 달려갔다.

새로 마련한 파란색 정장으로 갈아입은 마쿨라와 잡스는 누군가의 안내에 따라 창문이 없는 회의실로 들어갔다. 거기서 그들은 스미스와 그 밖의 파트너들을 포함하여 벤록의 고위급 투자자 피터 크리스프Peter Crisp에게 인사했다.[20] 벤록 측 사람들이 무엇을 경청하고 있는지는 확실하지가 않았다. 잡스와 마쿨라는 개인용 컴퓨터 시장의 잠재적인 규모를 이야기했다. 발렌타인이 그곳 차고를 방문한 이후로 그들은 선전을 세련되게 했고, 이제는 컴퓨터가 모든 거실을 우아하게 장식하는 미래를 호기롭게 이야기했다. 그러나 파트너들은 이러한 메시지를 멍한 표정으로 듣고 있었다. 스미스는 당시를 이렇게 기억했다. "잡스가 말하는 구체적인 내용은 중요하지 않았습니다. 전체적인 내용이 상당히 불확실해서 사실상 그 물건을 받아들일 수가 없었습니다."[21]

크리스프가 이렇게 덧붙였다. "우리는 안개 속에서 계기비행을 하고 있었습니다."[22]

한 시간 반 정도 지나서 더 이상 질문이 없자 잡스와 마쿨라는 이야기하는 것을 멈추었다. 벤록 파트너들은 그들에게 기다리라고 말했다. 그러고는 마음을 정하기 위해 복도로 나갔다. 스미스가 인텔에서 일한 적이 있기 때문에 벤록 측 사람들은 반도체 기술이 발전하면 개인용 컴퓨터가 수익성이 있을 것으로 생각했다. 스미스는 마쿨라를 잘 알고 존중했기 때문에 애플의 가능성을 어느 정도 믿었다. 한편으로는 동부 해안에서 활동하는 대부분의 벤처투자자들과 마찬가지로 벤록도 비교적 위험을 기피하는 성향이 있었다. 벤록은 대체로 초기 스타트업을 지원하지 않았고, 그들이 상당한 수익을 발생시켰을 때에만 투자하려고 했다.[23] 전반적으로 보면 그들이 이번 거래를 할 수도 있고, 손을 뗄 수도 있었다. 어느 쪽이 옳은 결정인지 누가 알겠는가? 크리스프는 당시를 기억하면서 이렇게 말했다. "우리는(네 명 혹은 다섯 명) 복도로 나가서 서로 쳐다보기만 했습니다. 모두가 고개를 갸우뚱거리며 이렇게 말했습니다. 도대체 어떻게 해야 하지?[24] 나중에 사람들은 우리가 현명한 결정을 한 것에 대하여 너무나도 많은 명예를 부여했습니다.[25]"

그리하여 벤록은 거의 일시적인 기분으로 애플 주식의 10퍼센트 지분을 갖기로 하고 30만 달러를 내놓기로 약속했다.[26] 이번 거래에서 애플의 기업가치는 300만 달러로 평가되었다. 이것은 1년 전 바이트가 애플 주식의 10퍼센트 지분에 1만 달러를 내놓기를 거부한 이후로 애플의 가치가 30배 정도 증가한 것을 의미했다.

마쿨라는 벤록에서 30만 달러를 약속받고 서부해안으로 돌아와서 자신의 네트워크를 계속 가동했다. 그는 당장 인텔에서 함께 근무했던 또 다른 동료이자 곧 인텔 사장이 될 앤드루 그로브Andrew Grove와도 거래를 성사시켰다. 그로브는 마쿨라가 자기 직원들을 계속 데려가려고 했기 때문에 애플에 대하여 잘 알고 있었다. 이제 그는 이 새로운 기업에서 적은 지분을 사들이는 데 동의했고, 마쿨라는 후원자 명단에 거물급 인사 한 명을 보탰다.

벤록과 그로브가 이사회 명단에 이름을 올리면서 애플은 추진력을 얻었다. 이제 곳곳에서 애플에 대해 속삭이는 소리가 들렸다. 실리콘 밸리에서 소문을 전하는 사람들이 애플에 대해 쉬지 않고 속삭이는 것만 같았다.[27] 한때 냉담했던 발렌타인도 먹이를 찾아서 마쿨라에게 끈질기게 접근하기 시작했다. 그는 애플 사무실에 약속도 없이 계속 나타났다. 한번은 레스토랑에서 마쿨라를 발견하고는 "내가 애플에 투자하려고 한다는 사실을 잊지 말아주시오"라고 적힌 쪽지와 함께 와인 한 병을 보낸 적도 있다.[28] 마쿨라는 그때 일을 기억하면서 이렇게 말했다. "우리는 그의 돈이 필요하지 않았습니다." 그러나 결국 마쿨라는 발렌타인이 애플 이사회 이사직을 받아들인다는 조건으로 그의 투자를 받아들이기로 했다.[29] 최고의 벤처투자자를 이사회 이사로 영입하면 추진력이 한층 더 강화될 것이었다.

거의 비슷한 시기에 맥켄나가 록의 사무실을 찾았다. 록도 속삭이는 소리를 듣고 있었는가? 바로 지금이 애플에 투자할 기회였다. 또 다른 거물급 인사가 이사회 명단에 이름을 올렸다. 이제 기차가 떠날 때가 되었다.

떠나는 기차의 이미지는 단계적 투자에 새로운 주석을 달게 했다. 아타리 혹은 제넨텍의 경우에는 뒤따라오는 벤처투자자들이 굉장히 뜨거운 위험이 사라지고 나서 투자하기로 결정했다. 애플의 경우에는 그들이 단순히 다른 사람들이 투자하기 때문에 그들도 투자해야 한다는 소리를 들었다. 이런 논리가 순환적이기는 하지만 정신 나간 소리는 결코 아니었다. 소문을 전하는 사람들이 속삭이며 애플이 승자가 될 것이라는 메시지를 전하고 있었다. 이러한 사회적 증거social proof(주변 사람들의 행동이나 태도가 우리 자신의 행동에 끼치는 영향—옮긴이)에 직면하면, 애플 관리자의 능력 혹은 제품의 품질에 관한 객관적 진실은 부차적이 된다. 애플이 자금을 유치하고, 네트워크를 통해 잘 연결된 후원자들 덕분에 평판이 급상승하면서 가장 유능한 사람을 고용하고 최고의 유통경로를 확보할 가능성도 커졌다. 순환논리가 탄탄한 논리가 될 수 있었다.[30]

록은 맥켄나가 하는 말을 듣고 나서는 잡스와 그의 위생 상태에 대한 의혹을 해소했다. 이제 투자할 때가 되었다. 문제는 어떻게 할 것인가에 있었다. 벤록이 30만 달러를 투자하기로 약속하고 발렌타인도 투자를 결심하면서 이제는 애플에 자금이 필요한 상황은 확실히 아니었다.

록은 토미 데이비스 다음에 합류한 젊은 파트너 딕 크램릭에게 도움을 청했다. 록-크램릭 벤처캐피털은 최근에 해산되고 유한책임 파트너들에게 자금을 반환했다. 그런 두 사람이 여전히 같은 사무실을 쓰고 있었는데, 록이 크램릭에게 벤록의 크리스프를 소개해줄 수 있는지 물어봤다. 이것은 네트워크를 활용하는 또 다른 방법이었다. 크램릭과 크리스프는 하버드대학교 경영대학원 시절부터 잘 아는 사이였다.

크램릭이 때로는 록의 오만한 태도를 불쾌하게 여겼지만, 하버드대

투자의 진화

학교 동창에게 즐거운 마음으로 전화했다. 그는 크리스프에게 이렇게 물었다. "피터, 우리도 거기에 동참할 수 있을까?"[31]

크리스프는 친구의 부탁을 들어주고 싶었다. 게다가 록이 1968년에 인텔의 자금을 모집하면서 벤록이 참여할 수 있도록 힘써줬던 적도 있었다. 따라서 크리스프는 록에게 신세를 진 셈이었다. 그리고 크리스프는 벤록에 할당된 30만 달러의 일부를 크램릭과 록에게 떼어 주게 되어서 위험의 일부를 내려놓을 수 있었다. 또한 전설적인 투자자 아서 록을 애플에 연결시켜주는 것도 나쁘지 않았다.[32] 크리스프는 크램릭에게 벤록에 할당된 금액 중 5만 달러를 떼어 줄 수 있다고 말했다.

크램릭은 즐거운 마음으로 감사하다는 말을 전하고 록에게 다가가서 의기양양하게 말했다. "아서, 5만 달러를 떼어 준답니다!" 크램릭은 자기가 1만 달러를 가져가고, 록이 나머지 4만 달러를 가져가면 된다고 생각했다.

록이 자기 방에 혼자 남아 문을 닫고 몇 군데에 전화를 했다. 그러고는 크램릭 방에 다시 가서 안 좋은 소식을 전했다. "내가 신세를 갚아야 할 사람이 많네. 열 명을 추려봤는데, 자네는 열한 번째네." 록은 예전의 파트너에게 애플 주식을 갖게 해줄 마음이 없었던 것이다. 크램릭은 화가 치밀었지만 실리콘밸리에서 록의 위상을 생각하면 참아야만 했다.[33]

얼마 지나지 않아서 크램릭의 유쾌한 영국 친구가 실리콘밸리를 방문했다. 그의 이름은 앤서니 몬터규Anthony Montagu였다. 그는 런던에서 애빙워스Abingworth라는 투자회사를 설립했는데, 실리콘밸리에서는 외부인이라 할 수 있었다.

몬터규가 물었다. "딕, 지금 떠오르고 있는 종목이 뭐야?"[34]

크램릭은 애플이 떠오르고 있지만 투자기회는 없다고 말했다. 얼마 전에 자금 모집이 끝났고, 크램릭 자신은 투자기회를 얻지 못했다고 말이다.

몬터규는 여전히 열의를 보였다. 그는 태동 단계에 있는 개인용 컴퓨터 산업을 둘러보려는 분명한 목적을 가지고 캘리포니아에 왔고, 애플이 이 산업을 선도하고 있다는 사실을 알고 있었다. 크램릭이 애플 CEO 마이크 스콧에게 전화하여 영국에서 온 자기 친구가 그곳을 방문해도 되는지 물었다. 크램릭은 몬터규가 부유한 집안의 둘째 아들이라서 생계를 위해 일을 해야 한다고 놀렸다.[35] 스콧이 그에게 호의를 베풀 수 있는가?

스콧은 그렇게 하겠다고 말했다. 하지만 그는 크램릭에게 그 친구가 투자할 기회는 없다는 사실을 분명히 했다. 애플은 더 이상 자금이 필요한 상황은 아니었다.

몬터규는 애플 사무실을 향해 출발했다. 몇 시간이 지나서 크램릭에게 전화를 했다. "딕, 지금 나는 몹시 흥분한 상태야. 애플은 지금까지 내가 봤던 곳 중에서 가장 멋진 회사야." 그는 어떤 일이 있더라도 애플에 투자할 생각이었다.

몬터규는 뚜렷한 영국식 억양으로 사무실 주인에게 이렇게 말했다. "그러니까 나는 외투도 가지고 왔고, 칫솔도 가지고 왔습니다. 그냥 로비에 앉아 있겠습니다. 당신 회사 주식을 갖지 못하면 떠나지 않겠습니다." 그가 괴팍한 광대인지 아니면 고집이 대단한 골칫거리인지 분간하기가 어려웠다.

스콧은 이 방문객에게 원한다면 로비에 앉아 있을 수는 있지만, 주식을 얻을 가능성은 제로라고 대답했다.

투자의 진화

몬터규는 기다리겠다고 대답했다. 그러고는 다른 사람의 사무실에서 잠을 자면서 걱정해야 하는 유일한 문제는 치아 위생이라는 듯이 이렇게 말했다. "저 칫솔도 있어요. 여기 그냥 드러누워 있겠습니다."

그날 저녁 7시 15분 전에 스콧이 다시 나타나서 말했다. "몬터규 씨, 당신은 정말 운이 좋은 사람입니다." 워즈니악이 집을 사기로 했는데, 현금을 마련하기 위해 자기 주식의 일부를 팔겠다는 것이다.

몬터규는 워즈니악이 주식을 얼마나 팔겠는지 물었다.

돌아온 대답은 이러했다. "45만 달러어치입니다." 그것은 벤록 혹은 발렌타인이 손에 쥔 주식보다 훨씬 더 많은 것이었다.

몬터규는 현기증이 나서 크램릭에게 다시 전화했다. 그는 할당량을 나눌 것을 제안하면서 이렇게 말했다. "딕, 여기 빨리 와야겠어!"

크램릭은 록에게는 이렇게 길을 돌아서 애플 지분을 엄청나게 많이 얻은 사실을 전혀 말하지 않았고, 이후로도 몇 년 동안 입을 다물었다. 그는 주먹을 아래로 흔들고 승리의 비명을 조용히 지르면서 축하 의식을 단 한 번만 신중하게 거행했다. 샌프란시스코에 위치한 크램릭의 집 정문에는 사과 모양을 한 철제 손잡이가 달려 있었다.

●●●

애플의 자금 조달 과정은 네트워크의 힘이 개인의 힘보다 어떻게 더 강할 수 있는지 보여주었다. 이번 이야기에서 어떤 벤처투자자도 혼자 힘으로 영광을 차지하지는 않았다. 혁신가의 딜레마가 선사하는 상당히 명백한 기회에도 애플을 완전히 놓친 이들이 더러 있었다. 벤록은 주로 스미스와 마쿨라 사이의 우연한 관계 때문에 고개를 갸우뚱거리며 투자를 결정했다. 발렌타인과 록은 마지막 순간에 들어왔고, 특히 록의 경우에는 투자금액이 얼마 되지 않았다. 발렌타인은 1979년에 일찌감치 주식을 팔아치우고 13배에 달하는 수익을 신속하게 실현하여 자신의 첫 번째 펀드에 활력을 불어넣었지만, 나중에 애플이 확장되던 시기에 아무것도 얻지 못했다.[36] 이번 무용담에서 최대의 승자 중 두 명은 몬터규와 크램릭이라는 의외의 인물들이었는데, 이것은 때로는 순전한 운이 다른 무엇보다도 더 중요할 수 있다는 것을 보여주었다.[37]

그러나 이러한 혼란이 애플의 성과를 바꾸지는 않았다. 애플은 자금을 모집하고 인맥을 모았고, 그 성공은 실리콘밸리의 네트워크가 갖는 힘을 입증했다. 일단 벤록, 발렌타인, 록이 승선하고 나면 그들이 주저하면서 들어온 것은 아무런 문제가 되지 않았다. 그들은 새로운 포트폴리오 기업을 돕기 위해 자신의 네트워크를 가동하기 시작했다. 애플은 발렌타인의 소개로 페어차일드반도체 출신의 경험 많은 베테랑 진 카터Gene Carter를 고용했다. 크리스프의 전화 한 통이 애플이 휼렛패커드에서 생산관리를 담당하던 경력자를 초빙하는 데 도움이 되었다.[38] 록도 애플이 자신의 후광을 입도록 각별하게 신경 썼다. 한번은 모건 스탠리Morgan Stanley의 두 거물급 인사들이 서부해안으로 와서 록과 점심을 한 적이 있다. 이때 록은 애플에 대해 자신 있게 설명했다. 그들은 이후 보고서에서 "록을 벤처캐피털 업계의 진정한 레전드"라고 칭하고는 애플을 바라보는 록의 생각을 전했다. 록이 하는 말은 이기적인 광고가 아니라 신의 계시라는 것이었다. 록은 그들에게 이런 말로 확신을 심어주었다. "애플을 경영하는 사람들은… 상당히 똑똑하고, 창의적이고, 저돌적이다."[39]

투자의 진화

제넨텍이 주식공모를 시작한 지 2개월 지난 1980년 12월, 모건스탠리는 애플의 주식공모를 지원했다. 그해 주식공모를 한 237개 기업 중에서 애플이 단연 가장 규모가 컸고, 24년 전에 포드 자동차가 주식공모를 한 이후로 가장 많은 자금을 모집했다.[40] 12월 말 애플의 시장가치는 18억 달러에 이르렀다. 이제는 애플의 시장가치가 포드 자동차보다 더 높았다.[41] 발렌타인이 1979년에 애플 주식을 일찌감치 팔고서 13배의 수익을 올렸지만, 록이 보유한 애플 주식은 그 가치가 378배로 상승했다. 그리고 인텔 이사회 의장이기도 한 록은 애플 이사회 이사도 겸직했다. 분명히 록은 실리콘밸리에서 존경받는 실력자였다. 그런데도 애플에 투자한 것이 그의 마지막 홈런이었고 이후로는 시들해졌다. 빌 함브레히트는 이렇게 생각했다. "그는 지배했어야 했다. 그는 모든 수표를 작성하는 사람이어야 했다. 그는 그만한 지위에 있었다. 그의 뒤에는 돈이 있었다. 반론의 여지 없이 바로 그 사람이어야 했다."[42] 그러나 지위와 돈이 중요한 유일한 지표는 아니었다. 새로운 기술과 산업이 전면에 떠오르고 있었고, 재무적 판단을 뛰어넘는 역량이 더욱 필요해졌다. 록은 서부해안 벤처캐피털의 아버지였지만, 이 업계를 이끌어 가는 사람은 아니었다.

　　그러나 이것은 거의 문제가 되지 않았다. 이제는 벤처캐피털이 탈출속도escape velocity(물체에 더 이상 가속을 주지 않더라도 중력을 일으키는 인력 중심으로부터 벗어날 수 있게 되는 속도—옮긴이)에 도달했기 때문이다. 1978년 의회는 자본이득세율을 49퍼센트에서 28퍼센트로 인하하여, 벤처펀드에 대한 투자 동기를 크게 높였다. 이듬해 정부는 '신중한 사람의 원칙'을 완화하여, 연금 관리자들이 고위험 자산에 투자할 수 있는 길을 열어주었다.[43] 1980년에는 할리우드의 음모극에서 직접 튀어나왔을 것만 같은 장면이 펼쳐졌다. 벤처투자자 드레이퍼가 보헤미안 그로브Bohemian Grove(미국 정계, 재계 최고위층과 언론계, 예술계 유력인사들의 사교모임인 보헤미안 클럽의 집결 장소로, 캘리포니아주에 있다—옮긴이)에서 비밀리에 개최된 권력자 모임에 나타나서는 반나체로 앉아 레이건의 측근 보좌관을 상대로 자본이득세의 추가적인 인하를 위한 로비활동을 진행하고 있던 것이다. 과연, 레이건이 취임하자마자 이번에는 자본이득세율이 20퍼센트로 또다시 인하되었다.[44] 자본이득세 인하와 '신중한 사람의 원칙' 완화로 벤처투자자들에게 상당히 유리한 정책 조합이 완성되었다. 벤처캐피털의 지원을 받은 기업들은 수익을 발생시키지 않고도 주식공모를 할 수 있었다. 종업원 스톡옵션에 대해서는 처음 부여되었을 때가 아니라 마지막으로 행사되었을 때에만 과세 대상이 되었다. 유한책임 파트너십은 면세 대상이 되었고, 투자 파트너들을 법적 소송으로부터 보호했다. 이처럼 벤처 산업에 친화적인 환경이 조성된 국가는 없었다.

제넨텍과 애플과 같은 출구에서 발생하는 군침 돌게 하는 수익에 힘입어, 1970년대 말에는 많은 자금이 벤처펀드로 유입되었다. 1973년부터 1977년까지 5년 동안 벤처 업계는 매년 평균적으로 4200만 달러를 모집했다. 그다음 5년 동안에는 매년 평균적으로 이보다 20배가 넘는 9억 4000만 달러를 모집했다.[45] 애플이 등장한 이후로 주식공모 시장이 다시 뜨거워지면서 기존의 벤처투자자들은 엄청난 수익을 올리기 시작했고, 이제는 30~50퍼센트의 연간 수익률은 다반사가 되었다.[46] 따라서 일류 벤처캐피털 파트너십이 사상 초유의 규모로 자금을 모집하기 시작한 것은 전혀 놀랍지 않았다. 발렌타인은 자신의 첫 번째 펀드에서 500만 달러를 모집했지만, 1979년에 조성한 두 번째 편드에서는 2100만 달러를 모집했고, 1981년에 조성한 그다음 펀드에서는 4400만 달러를 모집했다.[47] 퍼킨스가 거의 같은 시기에 모집한 금액은 800만 달러에서 1500만 달러를 거쳐 5500만 달러에 이르렀다.[48] 1977년에 크램릭과 동부해안의 파트너 두 명이 공동으로 설립한 뉴엔터프라이즈어소시에이츠New Enterprise Associates, NEA도 1981년에 조성한 펀드에서 4500만 달러를 모집할 수 있었다.[49] 전체적으로 보면, 벤처펀드가 관리하는 자금 규모가 1977년 30억 달러에서 1983년에는 네 배가 증가한 120억 달러에 이르렀고, 같은 시기에 독립 벤처 파트너십의 수도 두 배가 넘게 증가했다.[50]

록이 시들해질 수도 있었다. 그러나 그의 유산은 호황을 누리고 있었다.

5장

시스코,
쓰리콤,
실라콘밸리의
도약

The Power Law

1970년대 후반과 1980년대 초반의 벤처 붐이 갖는 완전한 의미가 모든 사람들에게 분명하게 다가온 것은 아니었다. 혁신가의 딜레마가 갖는 논리, 즉 새로운 산업은 새로운 기업에 의해 시작되고, 따라서 벤처캐피털 열풍이 경제의 활력에 커다란 영향을 미칠 수 있다는 논리에도 대부분의 시사 해설자들은 기존 제조업의 승자가 미국의 운명을 결정할 것으로 생각했다. 1978년 메릴린치Merrill Lynch는 미래의 유망 기술, 신제품, 새로운 서비스의 개발자는 주요 기업에서 자금력이 있는 사업부가 될 것이라고 자신 있게 예언했다.[1] 미국이 여전히 IBM과 서면 페어차일드의 세계에 갇혀 있는 것만 같았다. 그러나 이제 실리콘밸리의 벤처캐피털 업계는 완비된 도구와 참여자들의 촘촘한 네트워크를 갖추고서 다음 두 가지 교훈을 동시에 전달하려 했다. 첫째, 일본의 강력한 반도체 제조업체들이 미국의 핵심 산업을 위협하려고 하는데, 실리콘밸리가 일본의 도전을 물리칠 수 있다는 것이었다. 둘째, 실리콘밸리가 보스턴을 중심으로 한 기술 허브와 같은 미국의 오랜 경쟁자를 마침내 능가할 수 있다는 것이었다.

실리콘밸리의 성공이 정부 개입의 관점에서 설명되지는 않는다. 연방정부가 갑자기 매사추세츠주보다 캘리포니아주를 선호하는 정책을 수립한 것은 아니었다. 또한 미국이 매우 효율적으로 움직이는 일본 반도체 제조업체들과의 경쟁에 직면하여 마법과도 같은 산업정책으로 대응한 것도 아니었다. 국가 행동주의state activism의 위력을 믿는 사람들은 정부가 주도하는 세마테크Sematech라는 컨소시엄을 자주 인용한다. 연방정부는 1987년에 출범한 이 컨소시엄에 매년 1억 달러를 지원하여 민간 반도체 제조업체 사이의 협력을 도모하고 제조 품질의 향상을 촉진하려고 했다. 그러나 세마테크가 제품의 불량률을 줄이고 소형화의 속도를 높이는 데는 도움이 되었지만, 일본 제조업체들이 여전히 우위를 유지했고, 미국은 제조 품질이 차별화의 주요 요인이 되는 메모리 장치 부문에서 일본과의 경쟁을 포기하기에 이르렀다.[2] 그 대신에 실리콘밸리가 특화된 마이크로프로세서 설계, 디스크와 디스크 장치, 모든 새로운 장비를 연결하는 네트워킹 장치와 같은 새로운 분야에 역량을 결집함으로써 의기양양하게 등장했다. 이러한 새로운 산업은 정부가 지원하는 실험실에서 나오는 물리학과 공학의 획기적인 업적을 활용했다. 이러한 의미에서 보면, 공공 부문의 지원이 확실히 중요하게 작용했다. 그러나 기초연구를 상품으로 전환하는 데서 실리콘밸리가 이룬 성공은 덜 유행하는 과학인 사회학의 승리를 반영했다.

기술의 역사에서 이러한 국면에 대하여 예리한 통찰을 보여준 캘리포니아대학교 버클리의 사회학자 애너리 색스니언AnnaLee Saxenian은

투자의 진화

실리콘밸리와 그 경쟁 집단들의 주요 차이를 지적한다.[3] 보스턴과 일본에서는 디지털이퀴프먼트, 데이터제너럴Data General, 도시바Toshiba, 소니Sony와 같은 수직 통합되고 비밀스럽고 규모가 큰 기업이 전자산업을 지배한다. 이에 반하여 실리콘밸리는 소기업들이 모여 끓어오르는 냄비와도 같고, 그들 간의 치열한 경쟁으로 활력이 넘치고, 그들 간의 협력으로 무서운 힘을 발휘한다. 색스니언은 실리콘밸리 소기업들의 특별한 장점은 그들 간의 경계가 분명하지 않다는 데 있다고 주장한다. 디스크드라이브 회사의 창업자가 개인용 컴퓨터 제조사의 생산라인에 들러서 자기 회사의 디스크 장치를 끼워 넣는 방법에 대하여 거리낌 없이 설명해줄 수 있다. 그곳에서 일하는 사람들은 기술 표준과 설계에 관한 정보를 끊임없이 주고받는다. 엔지니어는 다른 스타트업에서 근무하는 친구에게 문제 해결을 위한 조언을 얻는다. 협력을 방해하는 비밀주의 문화가 존재하지 않는다. 영업 관리자는 금요일에 스타트업을 퇴사하고 월요일에 다른 스타트업에서 근무할 수 있다. 때로는 같은 건물에 있는 스타트업으로 이직하기 때문에 같은 주차장을 사용할 수도 있다. 목표가 분명할 때에는 계층적 조직구조가 직원들을 통합하는 데 도움이 될 수 있다. 군대조직을 생각해보라. 그러나 응용과학을 상품화할 때에는 실리콘밸리의 협력과 경쟁이 공존하는 문화가 보스턴 혹은 일본의 수직 통합되고 마음을 터놓지 않는 문화보다 더 창조적이다. 대기업들은 아이디어를 억누르고 때로는 버리기도 한다. 작은 것들의 연합체가 계속 변한다는 것은 그들이 앞으로 나아가기 위한 최선의 길을 찾을 때까지 무수한 실험을 한다는 것을 의미한다.

왜 실리콘밸리의 장점을 찾기 위해 사회학자를 데려왔을까? 경제학자들은 뉴욕의 금융, 할리우드의 영화, 실리콘밸리의 기술과 같이 항상 산업 클러스터가 지닌 활력을 이야기한다. 그들은 이러한 클러스터가 특정 분야에서 깊은 노동시장deep labor market(상당한 물량의 노동 공급과 수요가 상존하는 시장─옮긴이)을 형성하여, 예를 들어 특정 분야의 데이터베이스 소프트웨어 전문가가 필요한 기업이 그들이 찾고 있는 적확한 역량을 갖춘 사람을 고용할 수 있다고 주장한다.[4] 그러나 색스니언은 경제학자들이 관심을 갖는 노동자와 고용주 사이의 생산적인 결합을 뛰어넘으려고 했다. 그녀는 실리콘밸리 스타트업들 간의 경계가 분명하지 않다는 점을 강조하면서, 클러스터 내 관계의 질을 면밀히 살펴보고 일부 클러스터들이 다른 클러스터들을 앞서가는 이유를 설명했다. 규모가 크고 마음을 터놓지 않는 비밀스러운 기업들이 지배하는 클러스터는 어느 한 기업의 전문가와 다른 기업의 비슷한 전문가 사이의 관계가 아니라 기업 내의 직원들 사이의 *끈끈한 관계*에 의해 규정될 것이다. 이에 반하여 일시적인 스타트업들로 구성된 클러스터는 동료들 사이의 깊은 유대가 별로 없고, 외부와의 수많은 *느슨한 관계*에 의해 규정될 것이다. 색스니언은 소수의 끈끈한 관계와 비교하여 다수의 느슨한 관계가 아이디어를 공유하고 혁신을 실현하는 데 도움이 된다고 주장했다. 이 주장은 사회과학 논문에서 시대를 초월하여 널리 인용되는 통찰에 바탕을 두었다. 사회학자 마크 그라노베터Mark Granovetter는 1973년에 발표한 유명한 논문에서 소수의 끈끈한 관계와 비교하여 다수의 느슨한 관계가 정보가 더 많이 유통되게 한다고 주장했다.[5]

　적어도 최근까지는 경제학자들이 이에 상응하는 통찰을 제시하지 않았다. 이와 관련하여 경제지리학의 선구적인 저작 덕분에 노벨 경제학상을 수상한 폴 크루그먼Paul Krugman은 다음과 같이 아쉬워한다. "내가 모델에서 강조했던 것은, 정보와 소셜 네트워크의 파급 효과와 같이 내가 모델에 반영할 수 없었기 때문에 빠뜨렸던 것보다는 덜 중요한 이야기다."[6] 그러나 색스니언과 그녀의 동료 사회학자들은 정보와 소셜 네트워크의 파급 효과를 그들의 분석에서 중심에 두었고, 그렇게 하는 것이 확실히 옳았다. 톰 퍼킨스와 그가 휼렛패커드 시절에 알고 지내던 사람들과의 느슨한 유대가 없었더라면, 탠덤컴퓨터스는 결코 존재하지 않았을 것이다. 놀란 부쉬넬과 돈 발렌타인, 돈 발렌타인과 마이크 마쿨라와의 느슨한 유대가 없었더라면, 애플도 결코 존재하지 않았을 것이다. 워커스왜건휠과 같이 IBM과 제록스 팰로앨토연구소의 엔지니어들이 자유롭게 잡담을 나누는 술집이 있었던 덕분에 실리콘밸리에서 아이디어가 순식간에 전파되었다. 다른 산업 클러스터에서는 사회적 관계가 신속한 전파를 위해 조성되어 있지 않았기 때문에 아이디어가 거의 퍼지지 않았다.[7]

물론 색스니언의 논문은 한 가지 문제를 제기한다. 스타트업 간의 분명하지 않은 경계, 구성원들 간의 다수의 느슨한 유대가 생산적인 산업 클러스터에 도움이 된다면, 실리콘밸리에서는 무엇이 이러한 조건을 생성하는가? 여기에는 익히 알려진 두 개의 대답이 있다. 첫째, 캘리포니아주 법이 고용주가 종업원에게 경쟁금지 조항noncompete agreement을 부과하는 것을 허용하지 않는다. 따라서 매사추세츠주를 포함한 대부분의 주와는 다르게 캘리포니아주에서는 인재들이 자기가 원하는 곳으로 자유롭게 떠날 수 있다. 둘째, 스탠퍼드대학교는 안식년을 맞이한 교수들이 스타트업에서 일하는 것을 쉽게 허가해주고, 이것이 학계와 산업계의 유대 강화에 도움이 된다. 반면에 MIT 교수들은 부업에 시간을 많이 쓰면 종신 재직권을 잃을 위험에 처할 수도 있다. 경쟁금지 조항을 부과하지 않고, 스탠퍼드대학교 교수들의 스타트업 근무를 허용한 것이 실리콘밸리의 창조적 유연성에 기여했지만, 이것이 이야기의 전부는 아니다. 한편으로는 일부 법학자들이 경쟁금지 조항의 의의를 제한적으로 바라보려고 했다.[8] 다른 한편으로는 캘리포니아주의 기술 스타트업들은 스탠퍼드대학교 교수보다는 대학원생들과 훨씬 더 많이 관계를 맺는 경향이 있었다.[9] 색스니언이 제기한 문제, 즉 실리콘밸리에서는 왜 다수의 느슨한 유대가 형성되는가에 대한 주요 대답은 다른 곳에서도 찾을 수 있다. 그것은 전문가들로 이루어진 하나의 종족이 이러한 유대를 형성하는 것에 끊임없이 관심을 갖는다는 데 있었다. 이러한 종족이 바로 벤처투자자들이다.

이것이 1970년대 후반과 1980년대 초반의 벤처 붐을 되돌아보게 한다. 자금이 벤처캐피털 파트너십으로 유입되면서 실리콘밸리가 일본과 보스턴의 경쟁자들을 곧 능가할 것이라는 전망을 낳은 것은 우연이 아니었다. 벤처자금의 급증은 더욱 열성적인 참여자들이 실리콘밸리에서 사업을 하고, 선전을 듣고, 유능한 지원자를 면담하고, 아이디어와 사람과 자금을 연결하는 것을 의미했다. 이러한 벤처 초보자들에게는 네트워크를 구축하는 것이 그들이 하는 일 중의 단지 하나로만 볼 수는 없었다. 오히려 그것은 사업이 자리 잡기 위한 가장 중요한 것이었다. 1981년에 서터힐벤처스에 합류한 빌 영거Bill Younger는 롤로덱스Rolodex(주소록, 전화번호부 등으로 쓰이는 회전식 카드 파일—옮긴이)에서 가장 똑똑한 사람과 함께 점심식사를 하는 것을 자신의 과업으로 생각했다. 그는 점심식사를 끝내고는 이렇게 질문했다. "지금까지 함께 일해본 사람 중에 가장 똑똑한 사람은 누구입니까?" 그다음에 영거는 그 사람을 만났다(그 사람이 여자였던 적은 거의 없었다). 그러고는 그 사람

투자의 진화

과의 만남이 끝날 무렵에 똑같은 질문을 했다. "그들 중에 가장 똑똑한 사람은 누구입니까?"[10] 영거는 이렇게 가장 똑똑한 사람들을 계속 만나기 시작한 지 1년이 지나서 80명에 달하는 슈퍼스타의 명단을 확보하고는 이들을 체계적으로 육성했다. 그는 어느 한 분야의 전문가에게 그 사람이 하는 연구와 관련이 있을 만한 기술 논문을 보내기도 했다. 누군가에게는 그 사람의 옛 동료가 안부를 묻는 말을 전해주기도 했다. 영거는 이런 방식으로 적절한 기회가 생길 때마다 생산적인 스타트업들을 위한 기반이 될 느슨한 관계의 네트워크를 구축했다. 색스니언이 강조하던 사회적 자본social capital(인간관계와 같은 사회적 연결망을 통해서 발생되어 사람들의 상호작용과 협력방식에 영향을 미침으로써 개인 혹은 집단에 이익을 주는 무형의 자산—옮긴이)이 우연히 형성되지는 않았다.[11]

내부자들은 벤처캐피털 네트워크의 확대가 실리콘밸리의 신진대사를 어떻게 변화시켰는지 느낄 수 있다. 1981년 어느 금요일에 페어차일드반도체에서 CEO를 지낸 윌프레드 코리건Wilfred Corrigan이 신생 반도체 기업 LSI로직LSI Logic의 사업계획서를 배포했다. 그다음 주 화요일에 클라이너퍼킨스와 두 명의 공동 투자자들이 230만 달러를 내놓았다. 이를 두고 나중에 누군가가 이렇게 말했다. "이처럼 오랜 시간이 걸린 이유는 월요일이 공휴일이었기 때문입니다."[12] 마찬가지로 윌리엄 담브라카스William Dambrackas라는 엔지니어가 시제품, 재무계획도 없는 상태에서 자기가 말을 걸었던 첫 번째 벤처투자자에게서 투자를 유치했다. 담브라카스는 놀라워하면서 이렇게 말했다. "벤처투자자들은 경주마가 아니라 기수를 보면서 내기를 건다고 들었습니다. 아직 존재하지도 않는 회사에 투자하는 사람도 있다는 사실이 무척 놀랍기만 합니다."[13] 벤처투자자들이 대기업의 유능한 인재들을 너무나도 신속하게 빨아들인 나머지, 실리콘밸리의 충성당원조차도 화를 냈다. 인텔 CEO 앤드루 그로브는 벤처투자자들이 젊고 순진한 엔지니어와 관리자를 기업가적 자본주의의 어두운 곳으로 끌어들이는 다스 베이더Darth Vader 역할을 하고 있다면서 넋두리를 늘어놓았다. 돈 발렌타인은 이렇게 반박한다. "그러니까 우리가 그 사람들의 머리에 봉지를 씌워 회사 밖으로 끌어내지는 않았습니다."¹⁴ 강제력이 있는 경쟁금지 조항을 부과하지 않은 것이 맞서고 있는 벤처투자자들을 도왔다. 그러나 계약법은 그 자체로 힘이 되기보다는 해방자본을 증폭시키는 역할을 했다.

실리콘밸리의 신진대사 변화는 시대에 뒤진 사람들을 당황하게 했다. 벤처투자자들이 스타트업에 대한 지원을 결정하기 전에 심층 실사를 할 수 있던 시대는 지났다. 유진 클라이너는 아쉬워하면서 이렇게 말한다. "예전에는 2~3개월 정도 걸렸습니다. 이제는 몇 주 혹은 심지어는 며칠 내에 끝내야 합니다. 우리가 투자하지 않으면 다른 누군가가 투자할 것이기 때문입니다."¹⁵ 그러나 이러한 광란의 쟁탈전에서 어떠한 위험이 따르든 간에 새로운 분위기가 일종의 강장제가 되었다. 서터힐벤처스의 빌 드레이퍼가 말했듯이 "벤처자금이 몰려든 것이 유능한 기업가들이 대기업의 안전한 보금자리에서 나와 대담하고 창의적인 새로운 벤처로 가게 하는 데 기여했다."¹⁶ 실리콘밸리라는 물에서 일종의 마법의 약으로 여겨지는 위험을 감수하고 실패를 용인하는 태도는 이러한 자극과도 관련이 있다. 찰스 게슈케Charles Geschke라는 엔지니어는 소프트웨어 회사인 어도비를 설립하기 위해 안정적인 직장을 나오면서 실패 가능성에 대해 걱정하지 않는다고 말했다. 그는 다른 기업가들이 벤처자금을 지원받는 스타트업들의 세계를 항해하

는 모습을 보면서 때로는 실패가 다음 번 벤처자금을 더 많이 모집하는 것을 의미한다고 생각했다.[17]

벤처자금의 지원으로 위험이 사라진다는 생각이 들고, 이러한 자금으로 혁신적인 실험을 진행할 수 있게 되면서 일부 스타트업들은 대박을 터뜨렸다. 실리콘밸리가 세계를 주도하는 기술 중심지로서의 위상을 확고히 하기 위해서는 벤처자금을 지원받은 소수의 뛰어난 승자만이 필요할 것이다.

●●●

보스턴과 그 주변에서는 실리콘밸리에 버금가는 벤처 붐이 일어나지는 않았다. 조르주 도리오의 ARD가 흔들리기 시작하던 1960년대 중반부터 데이비스앤드록 스타일의 파트너십 트리오인 그레이록파트너스Greylock Partners, 찰스리버벤처스Charles River Ventures, 그다음에는 매트릭스파트너스Matrix Partners가 그늘 속에서 하나씩 등장했다. 이 트리오 모두 실적이 좋았지만, 서부해안의 경쟁자와 비교하여 작고 빈약한 네트워크의 한 부분이었고, 훨씬 덜 적극적이었다. 톰 퍼킨스가 탠덤컴퓨터스와 제넨텍에 그랬던 것과는 다르게 스타트업을 설계하는 데 소매를 걷어붙이고 지원하는 전통은 없었다. 서터힐벤처스가 퀴메와의 계약에서 그랬던 것과는 다르게 유능한 기술자를 지원하고, CEO를 찾아주는 관행도 없었다. 오히려 동부해안의 벤처투자자들은 그들에게 자금을 유치하려는 기업들이 이미 활동 중인 상태에 있기를 기대했다. 서부해안의 어느 경험 많은 벤처투자자는 이렇게 기억한다. "이것은 무원죄 잉태설과도 같습니다."[18] 보스턴의 어느 선임 기술 관리자도 이에 동의한다. "매사추세츠에는 진정한 벤처투자자가 없습니다. 백 번도 넘게 자신을 입증하지 않는 한 결코 자금을 유치하지 못할 것입니다."[19] 자기 회사를 설립하려고 거대 기술기업에서 나온 보스턴의 한 기업가는 이렇게 말했다. "뉴잉글랜드 사람들은 첨단기술보다는 테니스 코트에 투자합니다." 그는 짐을 싸서 실리콘밸리로 떠나 컨버전트Convergent라는 컴퓨터 회사를 설립하여 성공을 거두었다. 나중에 그는 이렇게 말했다. "내가 점심을 먹으면서 냅킨 뒷면에 사업계획서를 쓰는 것을 본 벤처투자자 세 명이 250만 달러를 지원하겠다고 약속했습니다. 20분 만에 이루어낸 성과였습니다."[20]

동부해안 벤처 종족의 신중한 면모는 지원해야 할 창업자를 선발하는 것에서 투자 이후로 지도하는 방식에 이르기까지, 그들이 하는 모든 일에 스며들어 있었다. 보스턴의 벤처투자자들이 위험을 줄이기 위한 일환으로 이미 검증된 제품으로 초기 판매를 한 기업에 '개발자본developmental capital'이라는 것을 제공했다. 이것은 갓 태어난 스타트업에 돈을 거는 것보다 훨씬 더 안전했다. 1971년에 그레이록파트너스에서 직장생활을 시작한 하워드 콕스Howard Cox는 40건의 투자 중 두 건에서만 손실을 기록한 것을 두고 자랑스럽게 말했다. "나는 제품이 실패할 만한 곳에는 투자하지 않습니다."[21] 이 말은 서부해안의 벤처투자자들에게는 그들이 한심할 정도로 소심하다는 것을 뚜렷하게 보여주는 증표다. 벤처투자자와 스타트업 간의 계약도 동부해안과 서부해안을 뚜렷하게 갈라놓았다. 동부해안 사람들은 주택을 담보로 자금을 차입한 사람이 차입금을 제대로 갚지 못하면 대출기관이 주택을 압류할 권리를 주장하는 것과 마찬가지로, 스타트업의 실적이 나쁘면 자산을 압류할 권리를 주장했다. 서부해안 사람들은 스타트업이 파산하

투자의 진화

면 압류할 만한 자산이 거의 없기에 그런 조건을 강하게 주장하지 않았다. 이처럼 신중한 면모를 결정적으로 보여주는 것으로서 동부해안 사람들은 위험에서 일찍 빠져나오려고 했다. 때로는 포트폴리오 기업을 다섯 배 정도로 키우고 나면, 규모가 큰 경쟁자에 매각하려고 했다. 그들은 0으로 가는 내기를 적게 걸었기 때문에 승자를 열 배 혹은 그 이상으로 키워야 할 필요성을 느끼지 않았다.

• • •

동부해안과 서부해안의 대비는 밥 멧칼프Bob Metcalfe가 전하는 이야기에서도 구체화된다.[22] 오슬로, 베르겐, 리즈, 더블린 출신의 조부모들과 함께 스스로 '바이킹 아메리칸'이라고 칭하는 멧칼프는 텁수룩하고도 불그레한 금발머리에 윙팁 로퍼(코끝이 날개 모양으로 되어 있고 끈으로 묶지 않고 편하게 신을 수 있는 낮은 가죽신—옮긴이)를 뽐내며 자신을 '우익 히피'라고 불렀다.[23] 그는 MIT와 하버드대학교에서 공부하고는 제록스의 팰로앨토연구소에서 근무하기 위해 서부로 왔다. 알람시계를 거의 사용하지 않고 실험실에서 밤을 새울 때가 많았던 멧칼프는 이더넷이라는 컴퓨터 네트워킹 기술을 발명했다. 그는 테니스를 칠 때에도 대단한 승부욕을 보였고, 활력이 넘치고 개성이 강한 사람이었다. 그는 스티브 잡스의 판촉 능력과 스티브 워즈니악의 공학적 탁월성을 겸비했다. 그러나 멧칼프에게는 대단히 실망스럽게도 제록스는 그가 발명한 이더넷으로 사업을 추진할 것 같지도 않았고, 그처럼 자유로운 정신을 가진 사람을 높은 자리에 앉힐 것 같지도 않았다.[24] 이윽고 멧칼프는 제록스를 그만두고 쓰리콤3Com이라는 스타트업을 창업하고는

이더넷이 미국 전역에서 회사 사무실과 집 거실에 있는 개인용 컴퓨터를 연결해줄 것이라고 약속했다.[25]

15년 전에는 멧칼프처럼 야심 찬 엔지니어들이 먼저 재정적 후원자를 확보하려고 했을 것이고, 그런 다음에 나중에 용기를 내어 경영에서 손을 떼려고 했을 것이다. 그러나 지금은 해방자본이 도처에 널려 있기 때문에 멧칼프는 그 순서를 뒤집을 수 있었다. 하지만 그는 이것이 얼마나 신기한 힘이 있는지 예상하지 못했다. 물론 뛰어난 젊은 과학자가 자신의 재능을 최대한 활용하지 못하게 하는 관료주의 앞에서 약해져서는 안 된다. 또한 과학자는 (만약 그렇게 하기로 결심했다면) 자기 회사를 설립할 수 있는 거의 권리와도 같은 선택권을 가지고 있다. 경제학자들은 시장과 기업의 관점에서 생각한다. 그러나 멧칼프는 중개 역할을 하는 네트워킹 기술에 승부를 걸었다.

1980년 9월 멧칼프는 쓰리콤을 위한 자금 모집에 나섰다. 순식간에 제안이 들어왔다. 예전에 록과 파트너십을 결성했던 토미 데이비스가 설립한 메이필드가 쓰리콤의 가치를 200만 달러로 또는 한 주당 7달러로 평가할 것을 제안했다. 록의 또 다른 파트너였던 NEA의 딕 크램릭이 신디케이트를 구성하고는 쓰리콤의 가치를 370만 달러로 혹은 한 주당 13달러로 평가했다. 이것은 쓰리콤이 무엇인가를 하기 전의 일이었다. 하지만 멧칼프는 더 많이 받으려고 했다. 그는 쓰리콤의 가치가 600만 달러에 달하고 한 주당 20달러는 받아야 한다고 선언하고는 벤처투자자들과의 게임에서 그들을 물리치려고 했다. 그는 이렇게 털어놓았다. "나는 MBA 출신을 보면 항상 화가 납니다. 그들은 항상 나보다 더 많이 받습니다. 그리고 나보다 똑똑하지 않습니다."[26]

멧칼프는 벤처투자자들과 점심을 하면서 그들에게서 지침을 얻으

투자의 진화

려고 했다. 그는 다음과 같이 기민하게 단어의 위치를 바꾸어놓았다. "당신이 자금을 원하면, 조언을 청하라. 당신이 조언을 원하면, 자금을 청하라."[27] 그의 목표는 벤처투자자들의 사고방식을 흡수하는 것이었고, 머지않아 일정한 패턴에 주목했다. 벤처투자자들은 대화를 하다가 어느 순간부터 스타트업이 실패하는 세 가지 원인에 대하여 강의하기 시작했다. 그것은 창업자의 자존심이 너무 강한 것, 가장 유망한 제품에 너무 적게 집중하는 것, 자본이 너무 적은 것을 말한다. 멧칼프는 이러한 주문呪文을 외우면서 재빠르게 대처하기 시작했다. 그는 의심하지 않는 벤처투자자가 표준적인 경고를 하기 전에 먼저 이런 말을 하곤 했다. "나는 그런 세 가지 실수를 저지르지 않으려고 합니다. 첫째, 내가 이 회사를 경영하는 것보다 이 회사가 성공하는 것을 더 중요하게 생각하기로 결심했습니다. 둘째, 사업계획서에는 수많은 제품이 나오지만, 이들 중 몇 개에만 집중할 것입니다. 셋째, 나는 자금을 모집하기 위하여 이 자리에 있습니다. 자금이 부족해지는 상황을 원치 않기 때문입니다."[28]

멧칼프의 첫 번째 약속은 특히 흥미를 자아냈다. 그는 한 주당 20달러를 받는 데 자존심을 걸었기 때문에 누가 회사를 경영할 것인가에 대해서는 기꺼이 자존심을 버리려고 했다. 그는 쿼메 공식을 이해하고서 벤처투자자들의 사고방식을 꿰뚫고 있었다. 즉 자신이 벤처투자자들에게 자금을 받으면, 그들이 외부에서 경영자를 데려오려고 할 것이라는 사실을 잘 알고 있었다. 멧칼프는 이것이 필연적인 사실이라면 순서를 쉽게 뒤집을 수 있다고 생각했다. 즉 자금을 모집하기 전에 외부에서 경영자를 데려오면 자신의 회사는 더 강해 보이고, 주식은 더 높은 가격에 팔릴 것이다.

소수로 구성된 쓰리콤 창업팀은 이런 전망을 좋아하지 않았다. 그들은 멧칼프를 리더로 내세우면서 회사를 스스로 키워갈 수 있다고 생각했다. 그들 중 한 사람은 멧칼프에게 자신의 영토를 바라보는 왕과 여왕의 모습을 그린 만화를 보여주기도 했다.

왕이 자신 없는 표정으로 말한다. "내가 통치를 잘할 수 있는지 확신이 서지 않아."

여왕이 단호한 표정으로 이렇게 말한다. "입 닥치고 통치나 해."[29]

멧칼프는 주변 사람들이 귀찮게 구는데도 외부에서 경영자를 데려오려는 계획을 고수했다. 1980년이 지나갈 무렵 그는 새로운 종류의 벤처자금 경매를 알리려고 스탠퍼드대학교에서 연설을 했다. 그는 자신에게 관리 경험이 풍부한 CEO를 소개하는 투자자가 내놓는 자금이라면 기꺼이 받을 것이라고 선언했다.[30] 멧칼프는 벤처투자자들에게 투자하기 전에 먼저 CEO를 찾아줄 것을 요구함으로써 그들이 쓰리콤의 가능성을 높이 평가하고, 그다음에 그들이 끌어올린 가치를 자신에게 지급하게 만들려고 했다.

동부해안의 벤처투자자들이라면 그냥 무시했을 것이다. '이 발명가는 미치지 않고서야 어떻게 저런 말을 할 수 있는가?' 하면서 말이다. 그러나 서부해안의 벤처투자자들은 홈런을 칠 가능성이 있는 창업자라면 무슨 일이 있더라도 함께 가려고 했다. 개인용 컴퓨터가 더욱 널리 보급되면서 컴퓨터 네트워킹은 뜨거운 사업이 되고 있었다.

메이필드의 선임 파트너 월리 데이비스Wally Davis는 멧칼프가 스탠퍼드대학교에서 하는 연설을 들었다. 그는 사무실로 돌아와서 자기가 들은 이야기를 전했다. 이더넷의 발명가가 서터힐벤처스의 쿼메 공식을 스스로 부과한다는 것이었다. 메이필드는 투자하기 위해 인적 네트워

투자의 진화

크를 가동하여 쓰리콤을 이끌어갈 경험 많은 관리자를 찾아야 했다.

메이필드의 깁 마이어스Gib Myers라는 신참 파트너가 말했다. "제가 적임자가 될 만한 사람을 알고 있습니다." 마이어스는 예전에 휼렛패커드에서 빌 크라우제Bill Krause라는 관리자와 함께 일한 적이 있다. 크라우제는 사우스캐롤라이나 주립 사관학교 시타델Citadel 출신으로 규율과 프로세스를 중시하는 사람이었다. 사실 그는 사람들에게 지나칠 정도로 규율 준수를 요구했다. 그가 "모스트MOST(임무Mission, 목표Objectives, 전략Strategy, 전술Tactics)"라는 메모를 작성할 때에는 물 만난 물고기와도 같았다. 그는 제품 마케팅 관리자와 제품 마케팅 감독자의 업무 영역을 정확히 설정했다. 경솔한 행동은 용납되지 않았다. 그러나 그 옆에 윙팁 로퍼를 신은 히피가 함께 있으면, 그의 완고한 스타일이 이상적인 균형을 이루어낼 것이다.

마이어스는 크라우제에게 전화해서 로스앨터스에 있는 맥스티룸에서 멧칼프를 만나보라고 했다. 그는 멧칼프가 새로운 회사를 설립한다고만 설명했다. 멧칼프와 크라우제는 스타일이 전혀 다른 사람이었지만, 어쩌면 서로 보완이 될 수도 있었다.

크라우제는 기꺼이 멧칼프를 만나보겠다고 했다. 그는 항상 스타트업을 경영하고 싶어 했다. 휼렛패커드에서 개인용 컴퓨터 사업부를 담당했던 그는 이더넷을 이미 알고 있었고, 이것을 발명한 엔지니어에게는 합당한 존경심을 가졌다. 또한 휼렛패커드에서 친하게 지냈던 지미 트레이빅도 벤처기업 탠덤컴퓨터스를 설립하기 위해 안정된 직장을 떠났다. 이러한 사실도 그에게는 상당히 잘 먹혀들었다.[31]

로스앨터스에서의 만남은 좋게 진행되었다. 멧칼프와 마찬가지로 크라우제도 테니스라면 남에게 지기 싫어했고, 이 두 사람은 컴퓨팅의 미래에 대하여 의견 일치를 보았다. 그것은 개인용 컴퓨터가 네트워크에 접속되면 그 효용이 폭발적으로 증가할 것이라는 사실이었다. 실제로 이러한 통찰은 멧칼프의 법칙으로 알려지게 된다. 즉 네트워크의 가치는 그것에 접속된 장치 수의 제곱만큼 증가한다는 것이다.

며칠이 지나 크라우제는 멧칼프의 수석 보좌관 하워드 차니Howard Charney와 그 밖의 직원들도 만났다. 쓰리콤에 대해 더 많이 알게 될수록 열정도 더 많이 생겼다. 그가 휼렛패커드를 그만두면 안정적인 직장을 떠나 이전보다 적은 임금을 받아야 했다. 그러나 무에서 유를 창조하고 많은 주식 지분을 소유할 기회를 가질 것이다.

크라우제가 그다음에 해야 할 일은 아내 게이Gay에게 말을 꺼내는 것이었다. 그는 아내와 함께 조깅하는 날을 택했다. 그날 아침은 무척 아름다웠고, 게이는 즐거운 기분으로 달렸다. 크라우제는 아내에게 자신이 스타트업으로 가게 될지도 모른다는 말을 했다. 자신이 활력 넘치는 팀을 이끌어갈 것이고, 자기는 항상 이런 일을 갈망했다고 말이다!

게이는 아무 말도 하지 않고 달리기만 했다. 잠시 뒤 크라우제가 게이를 바라보았는데 아내의 눈에서 눈물이 흘렀다.

게이와의 대화는 순조롭게 진행되지 않았다. 크라우제는 멧칼프에게 전화해서 도움을 청했다. 멧칼프와 차니가 자기 부부와 저녁식사를 함께 하는 것이 어떨까 하고 말이다.

크라우제 부부는 적당한 때에 멧칼프, 차니와 함께 저녁식사 자리를 마련했다. 식사가 끝나고 게이가 말했다. "하워드 차니는 내가 봤던 사람들 중에서 가장 똑똑해요."

그러고는 이렇게 덧붙였다. "밥 멧칼프는 내가 봤던 사람들 중에서 가장 카리스마가 넘치고요."

그다음에는 이렇게 질문했다. "그런데 그런 사람들이 왜 당신과 함께 일하려고 하죠?"

크라우제가 물었다. "동의한다는 뜻인가요?"

게이가 대답했다. "열심히 해보세요."[32]

●●●

크라우제의 승선이 확정되면서 멧칼프는 주식 한 주당 20달러를 요구하는 데 필요한 것을 확보했다고 생각했다.[33] 그러나 경험 많은 관리자를 영입했는데도 벤처투자자들은 꿈쩍도 하지 않았다. 지금까지 그들은 퀴메 공식을 관례적으로 적용했다. 그들은 쓰리콤의 경영진에 어떻게든 손을 댈 것이다. 따라서 멧칼프가 선수를 친 것이 판을 뒤집어놓을 수는 없었다. NEA의 크램릭은 한 주당 13달러를 고수했다. 1970년대에 성공한 컴퓨터 제조사 롬ROLM을 지원했던 것으로 유명한 잭 멜코Jack Melchor도 13달러를 제시했다. 메이필드는 7달러에서 상향 조정했지만, 13달러라는 마법에 걸린 듯한 숫자를 넘기려고 하지는 않았다. 멧칼프는 공모를 의심했다. 실리콘밸리의 네트워크는 풍성하게 보였지만 카르텔 같은 느낌을 주기도 했다. 이런 네트워크가 그를 떼지어 공격했다.

멧칼프는 그물을 넓게 펼치기로 결심했다. 그는 실리콘밸리의 유명 상표가 붙은 벤처캐피털에서 자금을 지원받는 데 따르는 특혜를 얻으려고 그 대가를 지급하지 않기로 했다. 보스턴의 금융업자들에게도 벤처자금을 지원받을 수 있었다. 자본은 일종의 상품이었다.

보스턴의 벤처투자자들이 쓰리콤이 크라우제를 영입한 것에 좋은 인상을 받았다는 반가운 소식이 들려왔다. 그들은 이미 만들어진 팀에 투자하기를 원했다. 쓰리콤은 일류 투자자와 일류 경영자를 보유하게 되었다. 곧 보스턴의 유명 투자회사의 벤처사업부 피델리티벤처스Fidelity Ventures가 쓰리콤에 한 주당 21달러로 자금을 지원할 것이라고 발표했다. 드디어 멧칼프가 목표했던 한 주당 20달러를 초과하는 결과를 얻었다.[34]

의기양양해진 멧칼프가 크램릭에게 전화를 걸었다. "딕, 드디어 우리가 생각하는 가치를 인정해주는 사람을 찾았습니다. 기업 실사에 한 달만 필요하다고 합니다. 당신이 우리의 가치를 인정하고 한 달 이내에 투자하지 않는다면 우리는 떠날 것입니다."[35]

멧칼프는 크램릭이 금액을 올릴 것을 기대했다. 이런 금융업자들이 경쟁을 통한 가격 결정을 존중하지 않았던가? 이제는 그들의 카르텔이 무너졌으니 굴복하지 않을까?

크램릭은 미끼를 물지 않았다. 그는 멧칼프에게 행운을 빌었다. 그러나 피델리티벤처스가 제시한 21달러와는 경쟁하지 않으려고 했다. 그는 자신의 판단을 뒷받침할 객관적이고 정량적인 지표가 거의 없을 때에도 스타트업의 가치를 판단할 수 있다고 믿었다.

멧칼프는 피델리티벤처스로 돌아와서 가격과 투자 조건을 명기한 문서에 서명할 준비가 되었다고 말했다. 이번만은 보스턴의 벤처캐피털이 샌드힐로드 동종 업계 사람의 면전에서 서부해안의 거래를 빼 오려고 하는 것으로 보였다. 그러나 멧칼프는 곧 자기가 "오 그런데 신드롬Oh-by-the-Way Syndrome"이라고 부르게 된 것을 발견했다. "오 그런데 거래 조건에 나온 바와 같이 우리는 다른 투자자들이 포함되기를 원합니다."

투자의 진화

멧칼프는 이러한 요구를 처음에는 대수롭지 않게 여겼다. 보스턴 사람들은 공동 투자자를 원했지만 준비된 투자자들의 자체 네트워크는 없는 것 같았다. 멧칼프는 이러한 조항을 대수롭지 않게 생각하고는 한 주당 21달러를 기꺼이 내놓으려는 또 다른 파트너십을 찾기 시작했고, 마침내 투자 의지가 분명한 뉴욕의 벤처캐피털이 나타났다. 그런데 멧칼프는 두 번째 조건에 직면했다. 피델리티벤처스는 이렇게 주장했다. "사실 우리는 서부해안의 벤처캐피털을 원합니다." 분명히 보스턴 사람들은 실리콘밸리에서의 평가를 간절히 원했다. 멧칼프는 마치 싸움닭처럼 바쁘게 움직이고는 마침내 서부해안에서 21달러에 투자하려는 소규모 벤처캐피털을 찾았다. 그러자 보스턴 사람들이 거부하면서 서부해안의 주요 벤처캐피털이어야 한다고 주장했다. 멧칼프가 찾아낸 벤처캐피털은 그런 조건을 충족하지 못했다.

한 주당 20달러라는 기준을 통과하려는 의지가 뚜렷했던 멧칼프는 투자 설명회를 다시 한 번 개최하고는 드디어 10만 달러를 투자하려는 서부해안의 주요 벤처캐피털을 찾아냈다.

그러자 피델리티벤처스가 이렇게 통보했다. "우리가 진정으로 원하는 것은 서부해안의 주요 벤처캐피털의 의미 있는 참여입니다. 그렇지 않으면 이번 거래를 매듭짓기가 곤란합니다."

멧칼프는 짜증나는 장애물들을 닥치는 대로 뛰어넘었지만, 또 다른 문제에 직면했다. 보스턴 사람들이 작은 글씨로 새겨 넣은 새로운 조건들이 끊임없이 나타났다. 여기에는 투자자들이 이사회 이사 전원을 임명할 권한을 갖는 '이사회 장악 조항'도 있었고, 나중에 쓰리콤이 주식을 저가에 분할 발행하여 판매할 경우에 자신의 지분이 감소하는 상황에 대비한 '단계적 감소 조항'도 있었다. 피델리티벤처스는 스타트업이 갖는 본질적인 위험을 변호사를 통하여 관리하려고 했다. 그들은 이사회 장악과 단계적 감소 조항이 아무런 의미가 없어지는, 스타트업이 실패할 수 있는 상황을 인정하지 않으려고 했다.

결국 멧칼프는 한 달에 걸쳐서 좌절만 경험하고는 피델리티벤처스가 약속한 한 주당 21달러는 신기루에 불과하다는 결론을 내렸다. 그것은 가까이 다가갈 때마다 사라지곤 했다. 스타트업에 가장 부족한 자산은 시간이다. 보스턴의 벤처투자자들은 시간을 낭비하는 데 둘째가라면 서러운 사람들이었다.

크램릭 앞에서 꼬리 내리기가 싫었던 멧칼프는 주당 13달러를 제시했던 실리콘밸리의 또 다른 벤처투자자 멜코를 찾아가서 이렇게 말했다. "이번 거래를 매듭짓고 싶습니다." 쓰리콤은 자금을 신속하게 주입하지 않으면 직원들에게 임금을 지급할 현금이 바닥날 것이다. 멧칼프는 이렇게 하여 주당 13달러를 기꺼이 받아들이면서 자금 조달 과정을 마쳤다.

멧칼프는 이렇게 덧붙였다. "나는 단 한 가지 조항만을 받아들였습니다." 피델리티벤처스는 처음부터 자금 조달 과정에서 제외되었어야 했다.[36]

그리하여 실리콘밸리의 네트워크가 불과 몇 분 만에 거래를 성사시켰다. 멜코는 메이필드와 크램릭에게 전화했고, 곧 멜코가 45만 달러, 메이필드와 크램릭이 각각 30만 달러씩 투자하기로 약속했다. 그리고 쓰리콤과 연줄이 있는 소액 투자자들로부터 5만 달러가 들어왔다. 작은 글씨로 새겨 넣은 쓸데없는 보호 조항은 없었고, 최후의 요구 사항도 없었으며, 멧칼프가 예전처럼 자금을 얻으려고 동료들과 함께 시간을 낭비할 필요도 없었다. 1981년 2월 27일 금요일, 쓰리콤은 총지분의 3분의 1에 해당하는 110만 달러짜리 수표를 받았다. 그날 현금이 들어오지 않았더라면 직원들의 임금을 지급하지 못했을 것이다.[37]

멧칼프는 자기가 원했던 한 주당 20달러라는 목표를 달성하지 못했다. 그러나 자기를 힘들게 했던 보스턴 사람들에게 마지막으로 전화하는 기쁨을 맛보았다. 그는 그들에게 애초에 쓰리콤에 투자할 마음이 없었던 것이라고 말했다.

불만스러운 반응이 나왔다. "왜 그렇게 생각하시죠? 우리는 투자하려는 사람이 없을 때 당신을 지지했습니다."

멧칼프가 이렇게 맞받아쳤다. "그렇지 않습니다. 당신은 투자하려는 사람이 없을 때 나에게 거짓말을 했습니다."[38]

●●●

1984년에 쓰리콤은 초기 투자자들에게 15배의 수익을 제공하고 주식공모에 들어갔다. 그러나 이러한 성공은 대단한 성과에서 작은 부분에 불과했다. 개인용 컴퓨터 혁명이 속도를 높이고 있었고, 개인용 컴퓨터를 네트워크에 연결하는 데서 벤처투자자의 역할이 특히 중요해졌다. 애플과 컴팩Compaq과 같은 스타트업들이 만든 개인용 컴퓨터는 디스크드라이브, 메모리 디스크, 소프트웨어 프로그램 그리고 이더넷과 같은 네트워킹 기술 등 보완적인 발명품과 연결될 때에만 쓸모가 있었다. 이러한 주변 장치들은 별도의 기업에서 생산되었고, 시스템의 중심에 있는 개인용 컴퓨터와 호환성이 있어야 했다. 따라서 벤처투자자들은 실리콘밸리를 돌아다니면서 워커스왜건휠과 같은 술집에서 엔지니어들과 어울리며 기술적인 잡담을 들었다. 그다음에 어떤 프로토콜이 인정받고 있는지에 대한 정보를 수집하고, 그것을 받아들이는 기업을 지원했다. 매주 수요일과 금요일에 워커스왜건휠을 찾은 세쿼이아캐피털의 돈 발렌타인은 이를 두고 "항공모함 모델"이라고 불렀다.[39] 이것은 벤처자금이 대규모 함대의 중심에 있는 개인용 컴퓨터를 지원하기 위해 스타트업들로 이루어진 소규모 함대를 진수시키는 것을 의미했다.

벤처투자자들은 개인용 컴퓨터를 둘러싼 공간에서 활동하면서 때로는 기업 간의 기술 제휴를 알선했다. 예를 들어 세쿼이아캐피털은 쓰리콤의 두 번째 투자 설명회에서 투자를 결정하고, 쓰리콤과 반도체 회사 시큐Seeq가 협력하면 공학적 문제를 해결하는 데 도움이 될 것이라고 조언했다. 이 두 기업은 원원 파트너십을 정식으로 체결하고 자신들이 가진 노하우를 내놓고는 실리콘밸리 사람들이 말했듯이 "일부 비밀은 공유했을 때 더욱 가치가 있다"라는 것을 입증했다.[40] 또 다른 예를 들자면, 클라이너퍼킨스가 선마이크로시스템스와 함께 앞서가는 반도체 회사 사이프러스Cypress에 투자했는데, 존 도어 John Doerr라는 클라이너퍼킨스 측의 젊은 교섭 대표가 두 회사가 협력하여 선마이크로시스템스가 제작한 워크스테이션의 성능을 개선하기 위한 새로운 장치, 스파크 마이크로프로세서SPARC microprocessor를 생산하게 했다. 활력이 넘치고 여기저기에 관여하던 복음 전도사 도어는 이와 같은 협력에 관심이 많아서, 앞으로 자주 듣게 될 "기업 계열 모델keiretsu model"에 대하여 자주 설명했다. 즉 클라이너퍼킨스는 일본의 강력한 산업 네트워크를 모방하여 포트폴리오 기업들을 풍성한 협력관계로 이루어진 네트워크가 되게 했다. 창업자들은 힘들게 일하면서 판매를 걱정하고 공학적 결함을 해결하는 데 몰입한다. 그러나 벤처투자자들은 지도와 지형을 보고 그들에게 어떻게 항해할 것인가를 말해줄 수 있다.

스타트업 간의 협력을 증진하는 데는 어느 정도의 세심함이 요구된다. 실리콘밸리의 협력과 경쟁이 공존하는 문화는 어떤 날에는 협력하고 다른 날에는 경쟁할 것을 요구한다. 비밀을 공유하면서 신뢰를 깨뜨리지 않도록 조화를 이루게 하는 것은 벤처투자자가 해야 할 일이다. 1981년에 도어는 실리콘컴파일러스Silicon Compilers라는 반도체 회사를 웅거만-바스Ungermann-Bass라는 네트워킹 회사에 소개해준 적이 있다. 두 회사는 쓰리콤과 시큐와의 협력관계처럼 시너지 효과를 낼 기회를 가질 수 있었다. 클라이너퍼킨스가 실리콘컴파일러스와 웅거만-바스의 지분을 갖고 있었기 때문에 두 회사는 신뢰에 기반을 두고 자신들이 가진 노하우를 내놓았다. 나중에 웅거만-바스의 엔지니어가 이렇게 회상했다. "우리는 클라이너퍼킨스가 주선했기 때문에 신뢰와 윤리를 빠르게 받아들였습니다."[41] 그러나 두 회사는 처음에는 서로 협력했지만 웅거만-바스에 실망스러운 상황이 벌어졌다. 실리콘컴파일러스가 개발한 맞춤형 칩이 인텔이 만든 가격이 훨씬 더 저렴한 표준형 칩보다 더 좋아 보이지 않았다. 웅거만-바스는 당장 파트너십을 철회하고 실리콘컴파일러스와는 더 이상 거래하지 않기로 했다.

그다음에는 이 기업들뿐만 아니라 클라이너퍼킨스에도 상황이 복잡하게 흘러갔다. 웅거만-바스로부터 퇴짜를 맞은 실리콘컴파일러스는 웅거만-바스의 경쟁사 쓰리콤과 새로운 협력관계를 맺었다. 도어가 주선했던 아무런 결실이 없는 협력관계 때문에 웅거만-바스의 지식재산이 이제는 가장 치열하게 경쟁하는 기업의 손에 들어갈 듯했다. 웅거만-바스 경영진이 클라이너퍼킨스에 전화해서 격렬하게 항의했다. "그러면 안 됩니다! 우리는 우리가 가진 모든 것을 내놓았습니다!"[42]

그다음에 일어난 일이 실리콘밸리의 비밀스러운 마법을 보여준다. 웅거만-바스 창업자 중 나이가 많은 랄프 웅거만Ralph Ungermann이 다른 직원들과 함께 샌프란시스코 엠바카데로센터Embarcadero Center 고층에 자리 잡은, 아름다운 바다가 내려다보이고 화려하게 꾸며놓은 클라이너퍼킨스 사무실로 출두했다. 그 자리에서 웅거만은 클라이너퍼킨스의 공동 창업자 톰 퍼킨스에게 무엇이 불만인지 자세히 이야기했다. 그 자리에는 도어와 실리콘컴파일러스에서 온 사람들도 있었다. 퍼킨스가 현대의 솔로몬이 되어 재판을 진행했다. 웅거만과 함께 왔던 어느 직원은 훗날 이렇게 기억했다. "우리는 그들에게 이것이 옳지 않다고만 말했습니다."

퍼킨스는 곧 이렇게 질문했다. "그러면 당신은 무엇을 원합니까?" 퍼킨스의 사무실은 그동안 그가 수집해온 과급기 장착 부가티 모델로 장식되어 있었다.

웅거만이 용기를 내어 자기가 생각해도 터무니없는 보상금을 요구했다. 그는 50만 달러를 불렀다.

도어는 하얗게 질린 얼굴을 했다. 웅거만과 함께 왔던 직원들 중 한 사람은 도어가 곧 기절할지도 모른다고 생각했다.[43]

퍼킨스는 이렇게 말했다. "밖에서 잠깐 기다려주시겠습니까?"

웅거만 일행은 로비로 걸어 나왔다. 직원들 중 한 사람이 말했다. "상당히 세게 부르신 것 같습니다."

잠시 뒤에 누군가가 다시 들어오라는 말을 전했다.

퍼킨스는 간단하게 말했다. "좋습니다. 우리가 50만 달러를 드리겠

투자의 진화

습니다." 이것은 통 큰 양보였다. 웅거만은 단 하나의 주식도 넘겨주지 않고서 쓰리콤이 시리즈 A 단계에서 모집했던 금액의 거의 절반을 손에 쥐게 될 것이었다.

웅거만이 대답했다. "좋습니다. 그렇게 알겠습니다."[44]

웅거만과 함께 왔던 직원들 중 한 사람은 후에 이렇게 기억했다. "벤처캐피털은 경쟁과 협력 사이에서 항상 아슬아슬한 곡예를 벌이고 있습니다. 벤처캐피털 파트너십의 완전한 정체성은 그들의 포트폴리오 기업 사이의 관계를 관리하는 것에서 나타납니다. 다시 말하자면 관계가 적절한 때에는 그것을 활용하고, 적절하지 않은 때에는 문제가 일어나지 않도록 하는 것을 말합니다."[45] 클라이너퍼킨스의 사업은 공정한 게임을 보장한다는 평판에 달려 있었다. 클라이너퍼킨스와 관계를 맺은 기업들이 갖는 깊은 신뢰를 유지하는 것이라면, 50만 달러는 큰 금액이 아니었다.[46]

그리고 그것은 실리콘밸리를 위한 혜택이기도 했다. 벤처투자자들이 기업 간의 경쟁과 협력의 공존을 관리하는 데 성공한 것이 1980년대 실리콘밸리가 거둔 업적에 대단히 중요한 역할을 했다. 평판과 신뢰는 지루한 소송이 발생하지 않을 것을 보장했다. 새로운 벤처기업들은 사업을 위해 열심히 일했다. 그런데도 실리콘밸리의 서로 협력하는 분위기는 그대로 남아 있었다. 예를 들어 반도체 부문에서는 벤처자금을 지원받은 LSI로직과 사이프러스와 같은 스타트업들이 실리콘밸리가 세계 반도체 시장을 선도하던 시절로 되돌아갈 수 있도록 특수 회로 시장을 개척하기 위해 서로 협력했다.[47] 디스크드라이브 부문에서도 서부해안의 벤처투자자들이 1980년대의 처음 몇 년 동안에 50개가 넘는 스타트업들을 지원했다. 그리고 스타트업들이 넘쳐나면서 이들 중 상당수가 파산했지만, 살아남은 자들이 실리콘밸리가 동부해안의 수직 통합된 컴퓨터 거대 기업으로부터 이 부문을 가져올 수 있게 했다.[48] 전체로 보면, 1980년대에 캘리포니아주 북부에 자리 잡은 기술기업들이 6만 5000개가 넘는 새로운 일자리를 창출했는데, 이는 보스턴과 비교하여 세 배가 넘었다. 1980년대가 끝날 무렵에는 미국에서 가장 빠르게 성장하는 100대 전자기업 중 39개가 실리콘밸리에 본사를 두었다. 보스턴에 본사를 둔 기업은 네 개에 불과했다.[49]

●●●

1980년대 실리콘밸리의 모든 스타 기업들 중 가장 유망한 곳으로 시스코라는 의외의 기업을 꼽을 수 있다. 시스코를 이끌어가는 두 사람은 레오나드 보삭Leonard Bosack과 샌디 러너Sandy Lerner였는데, 이들은 부부였다. 이들은 벤처자금을 손쉽게 모집할 수 있는 부류의 사람들이 아니었다. 보삭은 강력하고 적대적인 성품에 사고방식에서는 로봇과도 같았다. 러너는 이렇게 말했다. "레오나드는 외계인처럼 보여요. 사람들에게 두려움을 줄 수 있어요."[50] 러너도 이에 뒤지지 않았다. 그녀는 어린 시절을 힘들게 보냈고, 엉뚱한 성향을 지녔다. 언젠가 〈포브스〉에 알몸을 하고서 말 위에 누워 있는 사진을 보낸 적도 있었다.

어린 시절에 러너는 아버지가 없는 가정에서 술에 찌든 어머니와 함께 살았다. 많은 시간을 캘리포니아의 목장에서 이모와 함께 보냈다. 열여섯 살에 고등학교를 졸업할 때까지 국기에 대한 충성 맹세를 거부했고, 반전시위에 참여해서는 경찰과 싸웠으며, 미래의 기술자로서는 의외의 일(소떼 돌보기)을 했다. 은행 직원으로 잠깐 일하고 나서는 캘

투자의 진화

리포니아주립대학교 치코에 등록했다. 이곳은 캘리포니아주 대학 시스템에서 주변부에 있으며, 주로 "치코를 찬양하라. (…) 모두가 평등한 대학교/그 어느 곳보다 더 평등한 남녀공학대학교"라는 가사가 나오는 대단한 응원가로 유명하다. 러너는 정치학을 전공하며 비교공산주의 이론에 관심을 가졌다. 나중에 그녀의 대학 친구가 말했듯이 "러너의 정치관은 좌파에 치우쳐서 국방 예산은 사업을 중단하라는 메시지를 보내기 위한 우푯값이면 충분하다고 생각했습니다."[51]

러너는 치코에서 학부를 2년 만에 마치고, 클레어몬트매케나대학의 계량경제학 석사과정에 등록했다. 학자가 될 생각을 잠깐 했지만, 부자가 되고 싶어서 컴퓨팅으로 관심을 돌리고는 스탠퍼드대학교에서 전산수학을 공부했다. 그녀는 수학 학부 과정으로 되돌아와서 대학원 과정까지 엄청난 속도로 올라왔고, 스탠퍼드대학교 전산수학 프로그램에서 유일한 여학생이었다. 러너의 동료 학생 중에 씻고 다니기 때문에 두드러졌던 보삭이 있었다. 러너는 이렇게 기억했다. "스탠퍼드에는 괴짜 문화가 아주 심해요.[52] 레오나드는 씻을 줄도 알고 은수저를 사용해서 먹을 줄 압니다.[53]" 이 두 사람은 아주 빠른 속도로 사랑에 빠지고는 1980년에 결혼했다.[54]

러너는 1981년에 스탠퍼드대학교에서 석사과정을 마치고, 스탠퍼드대학교 경영대학원의 전산실 실장으로 근무했다. 보삭은 컴퓨터과학과에서 같은 일을 맡았다. 두 사람의 사무실은 불과 460미터 정도 떨어져 있었지만, 그곳에 설치된 기계들은 서로 통신할 수 없었다. 멧칼프의 이더넷 기술 덕분에 보삭의 연구실에 설치된 컴퓨터는 근거리 통신망으로 서로 통신할 수 있었다. 그러나 러너의 경영대학원 연구실에 설치된 컴퓨터는 서로 다른 프로토콜로 작동했다. 어느 누구도 두 네트워크 사이에 다리를 놓는 데 성공하지 못했다.

러너와 보삭이 대학 당국의 승인을 받지 않고서 이 문제를 해결하려고 했다. 이후로 시스코에서 떠도는 전설에 따르면, 그들은 서로 연애편지를 주고받고 싶어 했다. 우선 그들은 서로 다른 프로토콜을 사용하는 네트워크를 연결해야 하는 공학적 문제를 해결했다. 그다음에는 보삭이 서로 다른 프로토콜을 통해 작동하는 네트워크를 연결할 수 있는 멀티 프로토콜 라우터라는 첨단장치를 개발하기 시작했다. 또한 라우터는 규모가 큰 네트워크를 괴롭히던 골칫거리, 즉 브로드캐스트 패킷들이 수천 대의 컴퓨터에 의해 무한히 돌아가게 되면서 네트워크가 과부하로 인해 동작 불능 상태에 이르게 되는 브로드캐스트 스톰Broadcast Storm 문제를 해결했다. 보삭은 스탠퍼드대학교 동료들의 도움을 받아 이러한 문제를 회피하는 하드웨어와 소프트웨어를 집결시켜, 자신과 러너가 블루박스Blue Box라고 부르는 것을 만들었다. 그다음에 이 두 사람은 맨홀과 하수관을 통해 동축 케이블을 연결하여 스탠퍼드대학교의 불규칙하게 뻗어 있는 캠퍼스에 설치된 5000여 대의 컴퓨터를 모두 연결하기 시작했다. 대학 측은 여전히 이러한 노력을 승인하지 않았다. 러너는 나중에 이렇게 말했다. "그것은 마치 게릴라 작전과도 같았습니다."[55] 그러나 승인을 받는 것과는 무관하게 새로운 네트워크의 네트워크는 강건했다. 그리고 러너는 여기서 기회를 보았다. 이제 러너와 보삭은 자신들을 부자로 만들어줄 중요한 기술을 가졌다. 이러한 기술이 그들의 회사를 설립하게 했다.

러너와 보삭은 자신들이 개발한 인터네트워킹 기술을 다른 대학에 판매할 수 있도록 대학 당국의 승인을 받으려고 했다. 스탠퍼드대학교가 기업가를 장려한다는 평판이 있었지만, 이번 경우에는 대학 당국이 거절했다. 스탠퍼드대학교는 종신 재직권을 가진 교수에게는 관대했지만, 기술직 직원에게는 그렇지 않았다. 이들은 스탠퍼드대학교가 합리적으로 처신하지 않는다면 규정을 무시하는 것이 합리적이라고 생각했다. 러너는 나중에 이렇게 설명했다. "그래서 우리는 눈물을 머금고 5달러를 들고 샌프란시스코에 있는 주무관청으로 가서 시스코시스템스를 설립했습니다."[56]

1986년 러너와 보삭은 시스코에만 전념하려고 스탠퍼드대학교를 그만두었다. 다른 스탠퍼드대학교 직원 세 명이 그들과 동참하여 손으로 직접 만든 멀티 프로토콜 라우터를 판매하기 시작했다. 자금이 부족해서 창업자들이 벤처자금을 얻기 위해 네트워킹 이벤트에 모습을 드러내기도 하고 투자 설명회를 개최하기도 했다. 그러나 이러한 노력에도 아무런 성과가 없었다. 우선 벤처 붐이 식고 있었다. 벤처자본이 넘치면서 수익률이 하락했다. 그리고 이전 해에는 민간 벤처 파트너십들이 24억 달러를 모집했는데, 2년 전과 3년 전에 30억 달러를 넘게 모집했던 것에 비해 감소했다.[57] 또한 멀티 프로토콜 라우터가 특허권을 통해 보호받을 수가 없었다. 스탠퍼드대학교는 시스코가 개발한 인터네트워킹 기술에 대한 소유권을 주장했다. 그다음으로는 창업자들에게도 문제가 있었다. 보삭은 조용히 있다가도 논리와 관련된 독백을 집요하게 하는 습관이 있었다. 러너는 그의 알고리듬과 관련된 독백이 짜증 나면 "콘트롤-D Control-D"라고 말하는 습관이 있었다. 또한 러너는 다양한 이유로 벤처투자자들을 당혹스럽게 했다. 타고난 천성에서 비롯되었든, 불우했던 어린 시절에서 비롯되었든, 남자들만의 세계에서 일하는 여성에 대한 편견에서 비롯되었든, 그녀는 상당히 거친 인상을 주었다.

시스코 팀은 투자자들에게 퇴짜를 맞고도 불굴의 의지로 버텨나갔다. 그들은 임금이 밀려서 신용카드 한도액을 넘기면서까지 사업을 유지했다. 러너는 사업비를 충당하기 위해 부업을 했고, 공동 창업자들 중 한 사람은 회사를 위해 개인 대출까지 받았다.[58] 보삭의 치열한 근로 윤리는 자신을 혹사하기에 이르렀다. 그는 이렇게 말했다. "성실함은 일주일에 100시간 넘게 일하는 데서 출발한다. 제대로 된 삶을 살려면 식사는 하루에 한 번만 하고, 샤워는 이틀에 한 번만 해야 한다."[59] 고객들이 제품을 주문하기 시작했을 때 시스코 팀의 결의는 더욱 굳건해졌다. 러너가 남편, 시부모님과 함께 사는 교외 지역의 집 앞에는 택배 차량이 정기적으로 찾아오기 시작했다.[60]

1987년이 시작되면서 시스코는 직원 두 명을 모집할 정도로 성장했다. 그러나 벤처자금 지원 없이는 시스코가 탈출속도에 도달할 수 없었다. 러너와 보삭은 경험 많은 사람의 조언을 받지 않고 비용을 적게 들여 이상한 사람들을 뽑았다. 해군 장교 출신에 스타트업 경험이 전혀 없는 사람이 재무 담당 부사장으로 들어왔다. 새로 부임한 또 다른 임원은 국방 관련 연구실에 라우터를 판매하는 것을 거부했다. 시스코의 장치가 오작동을 일으키면 제3차 세계대전이 일어날 것이고, 이에 대해서는 자신이 책임질 수 없다고 했다.[61] (그다음 날에 이러한 거부가 철회되었다. 예전에 시스코에서 근무했던 사람은 이렇게 기억한다. "누군가가 병을 가지고 와서 그 사람 머리통을 내리쳤다고 들었습니다.")[62] 그리고 시스코가 부진한 모습을 보일 때 경쟁자들이 등장했다. 1987년 중반에 보스턴의 엔지니어이자 연쇄 창업가인 폴 세베리노Paul Severino가 웰플리트커뮤니케이션스Wellfleet Communications라는 경쟁사를 창업하고 600만 달러라는 엄청나게 많은 자금을 모집했다. 그는 인터네트워킹 기술 시장에서 경쟁에 승리할 것으로 보였다.

그러나 이후로 (실리콘밸리의 전통적인 방식으로) 시스코에 행운이 따랐다. 군사적 이유로 판매를 거부했던 임원이 어느 변호사를 알고 있었고, 그 변호사가 에드 레오나드Ed Leonard라는 파트너 변호사와 함께 일한 적이 있었으며, 레오나드가 벤처캐피털 업계 사람들과 함께 일한 적이 있었다. 세계경제의 다른 곳에서는 이런 일이 거의 일어나지 않을 것이다. 다시 말하자면 레오나드와 같은 변호사가 어쩌다가 조금 알게 된 사람을 위하여 벤처캐피털 업계에서 경험이 많은 사람들을 굳이 성가시게 하지는 않을 것이다. 그러나 실리콘밸리의 활동가들은 다른 지역의 활동가들과는 달랐다. 그들은 성가시게 하는 일을 굳이 나서서 하려고 했다. 그들에게는 소개를 주고받는 것이 늘 하는 일이었다. 설사 레오나드가 그들에게 성공 가능성이 낮은 기업가를 소개하더라도 자신의 입지를 높일 수 있었다.

레오나드는 소개를 하기 전에 먼저 시스코의 가능성을 타진하려고 보삭과 러너를 만났다. 이 두 사람은 전투적인 문구가 적힌 티셔츠를 입고 나왔다. 보삭은 레오나드의 입에서 나오는 모든 단어의 의미를 조목조목 따지려고 했다.[63]

레오나드는 우려가 되기도 했지만 세쿼이아캐피털에 근무하는 친구에게 전화했고, 얼마 후에 돈 발렌타인과도 이야기를 나누었다. 그는 이렇게 속내를 털어놓았다. "당신께 도움이 될지는 잘 모르겠습니다만, 남들과는 아주 다른 독특한 회사를 소개하려고 합니다."

놀란 부쉬넬과 스티브 잡스에게도 투자했던 적이 있는 발렌타인은 단지 창업자들이 유별나다는 이유로 시스코를 거절할 사람은 아니었다. 그의 관심은 시스코가 개발한 라우터가 그들이 주장하는 기능을 하고 있는가에 있었다. 그렇다면, 무한한 관심을 보낸다. 네트워크의 네트워크를 가능하게 하는 기술은 엄청난 가치를 지닐 것이다.

발렌타인은 쓰리콤과 오랜 경쟁관계에 있던 웅거만-바스의 창업자들 중 나이가 어린 찰리 바스Charlie Bass에게 조언을 구했다. 당시 바스는 세쿼이아캐피털에서 파트너로 일하는 것을 생각하고 있었다.[64] 한편으로는 그가 이번 거래에서 컨설턴트 역할을 했다. 그는 시스코의 기술이 보삭이 말하는 것처럼 유효하게 작동하는지 알아보겠다고 했다.

얼마 후에 그가 답을 가져왔다. 휼렛패커드가 시스코의 초기 고객이었고, 바스가 거기서 일하는 친구에게 물어봤다. 그 친구는 좋은 소식과 안 좋은 소식을 함께 전했다. 휼렛패커드가 생각하기로는 시스코의 라우터가 생각보다 좋았다. 사실은 대단히 뛰어나서 휼렛패커드가 그들이 원하는 대로 값을 쳐주려고 했다. 그러나 시스코에 투자한 사람은 어려운 상황을 맞이해야 할 것이다. 휼렛패커드 엔지니어들 사이에서는 보삭이 함께 일하기가 거의 불가능한 사람이라는 말이 떠돌고 있었다.

바스는 인격 문제가 기술의 우수성보다 더 크게 작용할 것으로 판단했다. 그는 보삭에게 투자하는 것에 대하여 회의적이었다.[65]

발렌타인은 바스가 하는 말을 듣고는 정반대의 결론에 도달했다. 그는 이미 보삭을 만난 적이 있었고, 그의 약점을 잘 알고 있었다. 그가 기억하기로는 보삭이 로봇과도 같은 태도를 벗어던진 유일한 순간은 그가 열정적으로 관심을 쏟는 닥터페퍼라는 음료수에 관하여 이야기할 때였다. 또한 발렌타인은 러너에 대해서도 판단을 내렸다. 러너는 똑똑하고 자기주장이 분명하지만, 주변 사람들과 자주 부딪히고 언성을 높일 때가 많았다. 이것은 앞으로 그녀가 팀을 이끌어가는 데 좋지 않게 작용할 것이다.[66] 그러나 발렌타인의 사고방식에 따르면 이러한 것들은 전혀 중요하지 않았다. 시스코 엔지니어들이 라우터 기술을 확보한 것을 휴렛패커드가 확인해주었다.[67] 러너와 보삭이 함께 일하기가 힘든 사람이라고? 그래서 어떻다는 것인가? 발렌타인은 그들과 함께 갈 것이다.

세쿼이아캐피털이 기업 실사를 한창 진행하던 1987년 10월 19일, 다우존스 주가지수가 23퍼센트나 폭락했다. 그다음 주 월요일, 어느 유력한 기술금융업자가 세쿼이아캐피털 사무실을 찾아와서 점심을 함께 하자고 했다. 그는 단호한 표정으로 이렇게 말했다. "시스코 주식을 그만 사세요. 다 끝났습니다."[68] 그러나 발렌타인은 꿈쩍도 하지 않았다. 7인으로 구성된 기업이 영업 인력의 도움 없이 매출을 발생시킨 적이 얼마나 있었는가?

1987년이 지나갈 무렵 세쿼이아캐피털은 시스코 지분의 3분의 1에 해당하는 250만 달러를 정식으로 투자했다.[69] 언뜻 보기에는 투자 조건이 상당히 관대하게 여겨졌다. 6년 전에는 쓰리콤이 성장의 초기 단계에 있기는 했지만, 총지분의 3분의 1을 불과 110만 달러에 내놓았다. 그러나 발렌타인은 시스코의 약점을 알고 있었고, 이에 따라 거래를 진행했다. 시스코 지분의 또 다른 3분의 1은 기존 관리자와 미래의 관리자를 위해 떼어놓았는데, 그중 일부가 발렌타인이 창업자들에게서 경영권을 넘겨받을 만한 훌륭한 경력을 가진 임원을 초빙하는 데쓰일 것이다.[70] 러너와 보삭이 나머지 3분을 1을 가졌다. 그러나 그들이 가진 주식의 대부분은 의결권이 없는 것이기에 발렌타인이 이사회 결정을 좌우할 수 있었다. 보삭에게는 이사회 이사직이 돌아갔지만, 러너는 배제되었다. 아마도 다루기가 힘든 사람이거나 여자이기 때문이었을 것이다. 러너가 불만을 제기했을 때 발렌타인은 그녀의 지위를 재검토할 것이라고 분명히 말했지만, 추후라는 단서를 붙였다.[71]

얼마 후에 발렌타인이 시스코의 리더십 구조를 재검토했는데, 이번에는 다른 목적으로 그랬다. CEO가 러너와 보삭에게 신뢰를 잃었고 발렌타인도 결국 그 사람이 마음에 들지 않았다. 따라서 그를 해고하고 자기가 직접 임시 CEO 역할을 맡았다. 게다가 그는 시스코 이사회 의장도 맡았고, 세쿼이아캐피털의 강인한 파트너 피에르 라몬드Pierre Lamond를 기술 부서장에 앉혔다. 이제는 시스코를 누가 이끌어가는가에 대한 문제가 사라졌고, 이것이 잘된 일인가 혹은 그렇지 않은가에 대한 의문도 사라졌다. 시스코를 설립하기 위해 직장을 그만둔 공동 창업자 중 한 사람인 커크 로히드Kirk Lougheed는 발렌타인이 경영권을 장악한 것을 두고 속으로 기뻐했다. 그는 이렇게 기억했다. "나는 여기에 전문 경영인이 오기를 바랐습니다. 시스코를 위해 열심히 일했고, 이제는 성공을 눈앞에 두고 있습니다. 러너와 보삭이 시스코를 망치지 않았으면 하고 생각했습니다."[72]

기술 부서를 설립해야 할 임무를 맡은 라몬드는 세쿼이아캐피털의 네트워크를 가동하여 신입직원을 고용하기 시작했다. 러너는 경영권이 사라진 것을 깨닫고는 맹렬하게 반발했다.

그녀는 라몬드가 새로 뽑은 기술자들 중 한 사람이 시스코에 출근하자 이렇게 말했다. "이 사람은 머리가 텅 비어 있어!"

또 다른 사람이 출근했을 때도 같은 말을 큰소리로 되풀이했다. "머리가 텅 비어 있어!"

라몬드는 그 말이 러너가 즐겨 쓰는 표현이라고만 생각했다.[73]

한편, 발렌타인이 CEO를 맡을 외부 인사를 찾기 시작했다. 그는 지원자들에게 지금까지 자신들이 해왔던 행동 중에서 가장 터무니없는 것을 말해보라고 했다. 그는 시스코가 미친 회사이기 때문에 미친 짓을 하는 것을 두려워하지 않는 관리자를 원했다.

지원자들 중에는 이렇게 대답하는 사람도 있었다. "나는 터무니없는 행동을 해본 적이 없습니다."

발렌타인은 속으로 이렇게 말했다. "좋아, 당신은 탈락이야."[74]

1988년 가을에 발렌타인은 하니웰Honeywell에서 관리자 경험을 풍부하게 쌓고 스타트업을 설립하여 실패한 적도 있는 존 모그리지John Morgridge를 CEO로 영입하기로 결정했다. 모그리지는 즐거운 표정으로 하니웰의 경험이 무엇을 하지 말아야 할 것인지에 대한 훌륭한 교육이 되었다고 실토했다. 이 말이 발렌타인에게는 좋은 음악으로 들렸다. 그는 오만한 사람을 아주 싫어하는 만큼 겸손한 사람을 아주 좋아했다. 큰 기업에서 다양한 실패를 경험한 것이 시스코를 위한 완벽한 준비로 보였다.[75]

발렌타인이 외부에서 CEO를 영입했지만, 이러한 전략에는 위험이 따른다는 사실을 잘 알고 있었다. 이럴수록 재능 있는 창업자들을 품어야 했다. 그들은 회사의 소유주이자 창업자로서 위대함을 추구하려는 금전적, 정서적 동기를 지녔다. 서터힐벤처스의 퀴메 공식은 창업 엔지니어에게 짝이 되어줄 CEO를 외부에서 영입하는 것이었다. 그러나 그것이 창업자들을 보완하자는 것이었지 그들을 대체하자는 것은 아니었다.

발렌타인은 모그리지를 통해 성공을 이끌어내기 위하여, 그에게 창업자의 동기를 부여하려고 했다. 그는 모그리지에게 스톡옵션을 제공해 시스코의 실적에서 약 6퍼센트를 가져갈 수 있게 했다. 이것은 몇몇

CEO 겸 창업자보다 승부의 책임skin in the game을 더 많이 지우는 것이었다.[76] 또한 발렌타인은 창업자들에게 정서적 동기를 되살리기 위해 최선을 다했다. 기업가들은 자신의 모든 것을 걸고 회사를 창업한다. 그들은 힘들이지 않고 적당히 좋은 결과를 얻는 것에만 만족하지는 않는다. 발렌타인은 모그리지에게 힘들이지 않고 적당히 일하면 퇴출될 것이라는 점을 분명히 했다. 그는 큰소리로 이렇게 말했다. "나는 사람을 뽑는 일은 아주 잘하지 않습니다. 그렇지만 잘못을 바로잡는 일은 아주 신속하게 합니다."[77]

러너는 모그리지를 CEO에 앉혔다는 소식을 듣고는 몹시 화가 났다. 그녀는 모그리지가 머리가 텅 비어 있는 사람이라고 했다. 그러고는 발렌타인의 사무실로 찾아와서는 언성을 높이며 맞섰다. 한편, 시스코 관리팀 사람들은 자기들끼리 심하게 다투었다. 심지어는 서로 경쟁관계에 있는 부사장들끼리 주먹다짐을 벌이기도 했다. 직장에서 직원들 사이에 벌어지는 일을 전문적으로 상담하는 심리학자를 불러들인 적도 있었다. 모그리지는 당시 상황을 떠올리며 이렇게 말했다. "그 사람의 역할은 우리가 반드시 서로 사랑하게 하는 것이 아니라, 서로에게 신체적 위해를 가하지 않게 하는 것이었습니다."[78]

바스가 왜 시스코에 투자하는 것을 회의적으로 생각했는지 쉽게 알 수 있었다. 그러나 발렌타인과 모그리지는 이처럼 문제가 있는 집단을 훌륭한 기업으로 바꾸는 과정을 차근차근 밟아나갔다. 그들은 재무이사, 마케팅 관리자, 법인 영업 인력을 새로 충원했다. 그리고 이전에는 없던 제조시설을 건설했다.[79] 그들은 무시무시한 비용 통제 문화를 주입했고, 그들이 정한 규율이 회사 전체에 스며들었다. 모그리지는 출장을 떠나서는 숙박비를 절약하려고 먼 친척 집에서 잠을 잤고, 이것

투자의 진화

이 시스코 관리자들에게 자신이 그랬던 것처럼 비행기로 갈 때에는 이코노미석에 앉아서 가라고 정당하게 말할 수 있는 근거가 되었다. 몇몇 사람들이 저항하자 모그리지는 "가상의 일등석"에 앉아서 갈 수 있다고 대답했다. 그들은 눈을 감고 캐비어를 상상하면서 비좁은 이코노미석에서 자신을 정신적으로 고양해야 했다.

세쿼이아캐피털이 투자한 지 2년이 지난 1989년 말에 시스코는 직원이 174명이나 되는 기업으로 성장했다.[80] 발렌타인이 예상했던 대로 영업이익이 폭발적으로 증가했다.[81] 그러나 안타깝게도 러너가 또다시 분노했다. 그녀는 시스코에 새로 입사한 사람들은 모두가 하나같이 고객을 무시한다고 생각했다. 나중에 그녀는 이렇게 실토했다. "내가 옳든 그르든 고객들을 그들에게서 보호한다고 생각했습니다."[82] 그녀는 화를 낼 때가 점점 더 많아졌고 결국 보삭과의 결혼생활도 파탄에 이르렀다. 그녀가 화를 내는 것을 참아주던 동료들도 이제는 인내심이 한계에 이르렀다.

1990년 늦여름의 어느 날, 발렌타인이 샌드힐로드에 있는 사무실에 도착하여 비서에게 인사를 받았는데 왠지 불길한 예감이 들었다. 존 볼저John Bolger 최고재무책임자CFO가 이끄는 시스코 임원진 일곱 명이 회의실에서 기다리고 있었다. 발렌타인은 나중에 이렇게 말했다. "나는 그 사람들이 내 생일이나 다른 어떤 일을 축하하려고 그 자리에 있는 것은 아니라는 생각이 들었습니다."

그들은 단도직입적으로 이야기했다. 러너가 떠나야만 한다는 것이었다. 그렇지 않으면 8인의 반란자들이 그랬던 것처럼 시스코의 임원들이 떠날 것이다.[83]

그날 회의는 한 시간도 안 되어 끝났다. 임원들이 가고 나서 발렌타인이 모그리지에게 전화했다.

그는 이렇게 물었다. "임원들이 반란을 일으켰습니다. 어떻게 해야할까요?" 모그리지의 대답은 이러했다. "내가 그들에게 의장님께 가서말씀드리라고 했습니다. 의장님이 허락한다면 러너를 떠나보내야겠습니다."[84]

모그리지는 발렌타인에게 허락을 받고는 러너를 자기 사무실로 불렀다. 처음에는 러너에게 그녀 자신을 위해 떠나는 것이 좋을 것 같다고 완곡하게 말했다. 시스코가 성공한 덕분에 그녀가 단지 돈을 벌기위해 일을 해야 하는 상황은 아니었다. 그리고 그녀의 행동으로 판단하건대 모그리지가 하는 말을 불쾌하게 받아들이고 있었다. 모그리지는 이렇게 애원한 것으로 기억한다. "나는 당신이 인생을 왜 그렇게 살려고 하는지 모르겠습니다."[85] 러너는 그의 간청을 거부했다. 그녀는떠날 생각이 없었다. 그러자 모그리지는 본론으로 들어갔다. 그는 러너에게 이렇게 통보했다. "바로 오늘이 당신이 마지막으로 출근하는날입니다."[86]

러너가 해고되었다는 소식을 들은 보삭도 그녀와 함께 시스코를 떠났다. 이후로 두 사람은 자신이 설립한 회사에 다시는 발을 들여놓지않았다. 러너가 한때 외계인이라고 불렀던 보삭은 외계 정보를 발견하기 위한 노력에 자금을 지원하기 시작했다.[87] 러너는 어반디케이Urban Decay라는 성공한 화장품 브랜드에 열정을 쏟아부었다. 이 브랜드는 화장품 업계의 바비Barbie 미학에 도전한 것으로 유명하다. 어반디케이가내놓은 제품 중에는 브루즈Bruise(멍, 타박상)라는 이름의 매니큐어가있었다. 그것은 싸움꾼에게 어울리는 종결부였다.

•••

시스코 창업자들이 해고된 것은 실리콘밸리 신화의 한 부분을 차지했다. 아마도 그때 그 일은 벤처캐피털이 무자비한 자신의 본모습을 드러내는 사건이었을 것이다. 발렌타인 자신은 사람들을 해고하는 강인한 사람이라는 이미지를 심어주면서 이러한 신화에 톡톡히 기여했다. 하지만 시스코에서 그리고 다른 곳에서 회사 창업자들을 쫓아낸 사건에 대한 진실은 좀 더 미묘한 데가 있다. 벤처투자자들이 창업자들을 쫓아내는 일을 항상 주도하는 것은 아니다. 때로는 관리자들이 창업자에게 등을 돌리고 떠날 것을 요구하기도 한다.[88] 발렌타인이 러너의 해고를 승인했지만, 시스코 임원진의 단합을 유지하기 위해 그렇게 했던 것이다. 실제로는 러너의 해고가 벤처투자자들의 비정함이라기보다는 기술기업에서의 성차별에서 비롯되었다고 보는 것이 더 타당할 것이다. 1990년만 하더라도 미국 엔지니어 중 여성이 차지하는 비중은 9퍼센트에 불과했고, 실리콘밸리의 스타트업에서는 이보다 훨씬 더 적었다.[89] 남자들의 세계에서 여자가 고립되어 지내기란 쉽지 않았을 것이다.

세쿼이아캐피털의 투자 조건도 논란의 여지가 있었다. 몇 년이 지나 러너는 금융 경험이 없는 자신을 발렌타인이 이용한 것이라고 주장했다.[90] 시스코의 거래 조건에는 4년이 지나면 창업자 지분의 3분의 2가 그들에게 귀속되는 것으로 규정되어 있었다. 러너와 보삭이 1990년 8월에 시스코를 떠났을 때 이러한 조건부 지분의 3분의 1 혹은 그들이 보유한 지분에서 4분의 1에 조금 못 미치는 지분이 그들에게 귀속되지 않았다. 법적 분쟁이 뒤따랐고, 자신이 순진해서 당했다고 주장하는 창업자들은 흰색 리무진을 타고 다니는 로스앤젤레스의 공격적인 변호사를 고용했다.[91] 그러나 법적으로 어떻게 해결될지가 여전히 불투명했지만, 러너와 보삭은 각각 최소한 4600만 달러를 받고서 (혹은 이보다 조금 더 받고서) 시스코를 떠났다. 그들이 세쿼이아캐피털의 투자를 거부했더라면, 시스코에 대한 경영권은 가졌을 것이다. 그러나 그들이 훨씬 더 작은 파이에서 더 큰 조각을 소유했다면 돈은 훨씬 덜 벌었을 것이다.[92]

그러나 시스코가 전하는 더 중요한 교훈은 실리콘밸리의 부상과 관련된다. 물론, 실리콘밸리에서 잘 알려진 기업을 창업한 사람들은 대부분 의지가 강한 자들이고, 그들이 투자자들에게 공을 돌리는 경우는 찾아보기가 힘들다. 그러나 시스코의 경우 벤처캐피털이 크게 기여한 것은 분명하다. 발렌타인은 창업자들을 밀어내고 자기 사람을 심으면서 시스코를 장악했다. 서부해안 방식의 실제로 참여하는 벤처투자가 이후의 성공을 잘 설명해준다는 데는 의심의 여지가 없다. 이와는 대조적으로 시스코의 동부해안 경쟁업체 웰플리트커뮤니케이션스는 동부해안에서 특징적으로 나타나는 이유로 인터네트워킹 기술 시장에서 주도권을 빼앗겼다. 웰플리트커뮤니케이션스는 뛰어난 엔지니어들을 보유했고, 창업자인 세베리노는 존경받는 발명가였다. 그러나 세베리노가 존경받는 인물이라는 바로 그 사실 때문에, 그의 벤처기업을 지원하는 사람들이 그에게 많은 결정을 맡겼다. 그들은 그가 시간을 두고서 완벽한 제품을 만들도록 내버려두었고, 결과적으로 시장에 늦게 진입했다.[93] 보스턴의 어느 기술 임원은 침울한 표정으로 이렇게 말했다. "웰플리트는 기술의 세세한 부분을 가지고 여러 날 동안 토론했습니다. 그럴 때에 시스코가 제품을 판매하기 시작했습니다."[94]

투자의 진화

실리콘밸리가 최종적으로 얻은 것은 단지 성공한 기업만이 아니었다. 실리콘밸리는 산업 전체를 장악했다. 1990년대와 2000년대에 걸쳐 시스코가 네트워킹 사업을 주도했고, 10년 전에 개인용 컴퓨터를 지원하는 기업들로 이루어진 소규모 함대를 진수시켰던 발렌타인이 이제는 자신이 지원한 보잘것없던 스타트업이 항공모함이 된 것을 보았다. 라우팅 및 스위칭 기업들이 시스코 주변을 항해했다. 그리고 발렌타인은 주식공모로 거의 40배에 달하는 투자수익을 올린 이후로도 오랫동안 이사회 의장 자리를 유지하며 기함 갑판에 서 있었다. 발렌타인은 이처럼 전망이 좋은 지점을 차지하고서, 시스코가 어떤 종류의 혁신적인 네트워킹 기술을 확보하고 싶어 하는지 알 수 있었다. 그 결과 세쿼이아캐피털은 모선을 상대로 제품을 판매하여 수익을 남길 일련의 스타트업들을 지원했다. 세쿼이아캐피털의 명성이 높아졌고, 실리콘밸리는 번창했다.

6장

계획자와
즉흥 연주자

The Power Law

1987년 어느 날 미치 케이퍼Mitch Kapor라는 기업가가 개인 제트기를 타고 보스턴에서 샌프란시스코로 날아왔다. 그는 소프트웨어 엔지니어이자 자기 손님이기도 한 제리 캐플런Jerry Kaplan에게 이렇게 말했다. "이제부터 내가 하는 말을 조금만 참고 들어주세요." 그는 가방에서 휴대용 컴팩 286을 꺼냈다. 그것은 작은 재봉틀만 한 크기였다.

케이퍼는 호주머니에서 노란색 접착메모지와 공책에서 찢은 종이를 한 움큼 꺼내서 들여다보며 말했다. "메모를 업데이트해야겠어요." 그는 숱이 많은 검은 머리에 바닷가에 온 듯한 복장을 하고 있었다. 소프트웨어 기업을 설립하기 전에는 디스크자키, 심리상담사, 무대에서 단독 연기하는 코미디언, 초월 명상을 가르치는 교사로도 일했다. 〈에스콰이어〉에 실린 인물 기사에서는 그를 가리켜 록키 발보아Rocky Balboa와 요가 마스터 사이에서나 태어날 수 있는 사람이라고 묘사했다.[1]

케이퍼가 계속 이야기했다. "이 모든 것들을 종이를 사용하지 않고 컴퓨터에 직접 입력하는 방법이 있으면 좋겠습니다."

캐플런은 아마도 그런 방법이 있을 수 있다고 말했다. 만약 컴퓨터가 아주 가볍고 작아서 어디든 가지고 다닐 수 있으면, 어떻게 될까?

캐플런과 케이퍼는 이러한 상상의 실현 가능성을 두고 의논했다. 컴퓨터 디스크드라이버 무게가 각각 1킬로그램에 달한다. 여기에 배터리 중량 몇 킬로그램을 보태야 한다. 디스플레이를 감싸고 있는 유리도 상당히 무겁다. 각각의 범주에서 발전이 이루어지면 미래의 컴퓨터가 가벼워지겠지만, 가장 까다로운 과제는 키보드에 있었다. 60개가 넘는 버튼이 필요하다는 점을 고려하면, 키보드의 크기를 줄이는 데는 일정한 한계가 있었다. 두 사람이 점심을 먹고 난 뒤, 캐플런이 잠시 눈을 감고 낮잠을 잤다.

캐플런이 잠에서 깨어날 때까지 케이퍼는 여전히 컴팩에 타이핑을 하고 있었다. 잠시 뒤 낮잠을 자고 난 캐플런의 머릿속에서 불현듯 영감이 불쑥 떠올랐다. 그는 떠오르는 영감을 주저하지 않고 말했다. "문자를 타이핑하는 대신에 철필을 가지고 스크린에 직접 쓰는 것은 어떨까요?"

케이퍼가 대답했다. "그런 장치는 오히려 공책이나 종이 패드처럼 생겼겠네요."

캐플런은 그 비유에 잠시 빠져들었다. 그것이 차세대 컴퓨터가 될 수 있는지 궁금했다.

갑자기 캐플런은 자신이 훗날 종교적 깨달음의 현대 과학적 버전이라고 묘사했던 것을 경험했다. 케이퍼도 분명히 같은 기분을 느끼고 있었다. 그의 두 눈이 촉촉해졌다. 나중에 캐플런은 실리콘밸리의 기

투자의 진화

업가정신에 대한 생생한 기억을 이렇게 적었다. "우리는 잠시 말을 잇지 못했습니다."[2]

케이퍼는 평정심을 되찾고 나서 펜컴퓨터에 대한 깨달음을 사업화하기로 결심했다. 그가 예전에 경험했던 일이 이것이 가능하다는 믿음을 갖게 했다. 그는 1981년에 로터스디벨로프먼트Lotus Development라는 소프트웨어 회사를 창업했다. 그 이름은 불교도의 깨달음을 연상케 했다. 2년이 지나서 로터스디벨로프먼트가 주식공모에 들어갔을 때 그 이름은 자본가의 수익을 연상시켰다. 한동안은 로터스디벨로프먼트의 스프레드시트 프로그램이 이 회사가 세계에서 가장 규모가 큰 소프트웨어 기업이 되게 했다. 그리고 케이퍼는 클라이너퍼킨스를 포함한 벤처투자자들에게 순식간에 약 35배에 달하는 수익을 안겨주었다. 케이퍼는 아마도 펜컴퓨터를 만드는 기업이 예전의 꿈을 다시 한 번 이루게 할 것으로 생각했다.

케이퍼는 2주 정도 이 개념을 요모조모 따져보고는 캐플런에게 한 가지 제안을 했다. "이 프로젝트를 추진하는 게 어떨까요?"

캐플런은 이렇게 말하며 거절했다. "나는 아무것도 없는 상태에서 일해본 적이 없어요."

케이퍼가 빙그레 웃으며 말했다. "내가 로터스를 설립할 때 더 많은 경험이 있었을 거 같아요? 자, 내가 벤처투자자들을 한번 찾아보겠습니다."

• • •

그다음에 나오는 이야기는 1980년대 말 실리콘밸리에서 엿볼 수 있는 벤처 분위기의 절반을 포착한다. 벤처자금이 몰려들면서 벤처투자를 위한 새로운 파트너십들이 결성되었는데, 이들은 자의식이 강하고 신중한 경향이 있었다. 새로운 진입자는 지금까지 자리를 잡은 업계를 뚫고 나아가기 위해 몇 가지 질문을 해야 했다. 지금 가장 잘 나가고 있는 업체는 어떻게 운영되었는가? 그들의 방법을 어떻게 개선할 수 있는가? 가장 신중한 진입자는 액셀Accel이었다. 액셀은 특정 기술에 전문성을 가진 최초의 벤처 파트너십으로 자리 잡았다. 이 회사는 소프트웨어와 텔레콤에서 깊은 전문성을 쌓고서 어느 기업가를 지원해야 하는가, 그들을 건전한 출구를 향하여 어떻게 안내해야 하는가에서 우위를 점하려고 했다. 또한 스스로 "준비된 마인드"라고 부르는 접근방식을 채택했다. 액셀은 미래의 대박을 터뜨리기 위해 주변을 기웃거리기보다는 유망하게 여기는 기술과 사업 모델에 대한 경영 컨설팅 방식의 연구를 수행했다. 그러나 이처럼 신중한 문화와는 대조적으로 획기적인 아이디어가 말 그대로 너무나도 충격적이어서 아무리 '준비된 마인드'를 갖추더라도 예상할 수는 없는 성질의 것이라 믿고, 직감으로 투자를 결정하는 벤처투자자들도 여전히 많이 있었다. 계획자들과 즉흥 연주자들 사이의 이러한 긴장은 앞으로 살펴보겠지만 벤처 산업의 정체성을 보여준다.

케이퍼는 펜컴퓨터를 만들기 위한 자금을 유치하려고 캐플런과 함께 실리콘밸리에서 즉흥 연주자로 이름을 떨치고 있는 존 도어를 찾아갔다. 도어와 그의 친구 비노드 코슬라는 유진 클라이너와 톰 퍼킨스가 퇴직한 이후로 클라이너퍼킨스를 이끌어가고 있었다. 그들은 완전히 새로운 산업을 창출할 수 있는 진정으로 혁신적인 스타트업을 지원하려고 했다. 특히 매력적이고도 세상을 다 바꾸려는 듯한 성격의 도어는 겁이 없는 창업자들을 직접 찾아가는 투자자가 되었다. 창업자들은 자신의 비전을 자신보다 훨씬 더 열정적으로 지지하는 도어를 좋아하지 않을 수가 없었다. 어느 기업가는 놀라워하면서 이렇게 말했다. "그는 성직자의 정서적 헌신과 경주마의 활력을 지니고 있었습니다." 어느 경쟁업체의 투자자는 존경과 냉소의 감정을 담아 이렇게 말했다. "존 도어가 지금까지 가장 위대한 것이라고 말한 것들은 다양하고도 많이 있습니다."[3] 금욕주의자로 깡마른 체격에 쉽게 흥분하는 도어는 잠을 적게 자고, 운전을 위험하게 하고, 하루에도 여러 곳을 열심히 찾아갔다. 한번은 금요일 오후에 퍼킨스가 다음 날 자기 요트에서 시간을 보내자고 초대한 적이 있었다. 도어는 이렇게 대답했다. "잘 모르겠습니다. 아마 내일은 도쿄에 있어야 할 것 같습니다."[4]

도어는 너무 바빠서 물욕이 없는 사람처럼 보였다. 이것이 요가 마스터라 불리는 케이퍼의 마음을 끄는 데 일조했다. 그는 실용적인 밴을 타고, 구겨진 카키색 바지와 평범한 버튼다운 셔츠를 입고 다녔다. 넥타이는 총 두 개가 있다고 한다. 그러나 로터스디벨로프먼트뿐만 아니라 컴팩과 선마이크로시스템스에 투자하여 성공한 것을 포함하여 초기에 뜻밖의 횡재를 한 도어는 수익금으로 샌프란시스코 퍼시픽하이츠에 있는 멋진 집을 구매하고는 다른 집이 자기 집의 조망을 가린다는 이유로 그 집마저 구매했다. 그 집은 눈에 거슬리던 건물 길이는 짧아지고, 튀어나온 발코니는 잘려나간 뒤 게스트 하우스가 되었다. 보스턴에 사는 케이퍼는 샌프란시스코를 방문할 때마다 그곳에서 머물곤 했다.

도어와 케이퍼의 막역한 관계를 생각하면 케이퍼가 자금 모집에 나서면서 클라이너퍼킨스를 가장 먼저 찾아간 것은 전혀 놀랍지가 않았다. 그렇더라도 자금 모집 방식은 특별한 데가 있었다. 캐플런이 전하는 말에 따르면, 자신과 케이퍼가 사전에 대화를 할 작정으로 사업계획서나 재무계획서도 준비하지 않고서 클라이너퍼킨스 사무실을 찾아갔다. 놀랍게도 누군가가 회의실로 안내하여 그곳에 모인 모든 파트너들이 보는 앞에서 사업계획을 설명하게 했다. 캐플런은 잃을 것이 없다고 생각하고는 세부적인 준비가 부족한 것을 원대한 비전을 펼쳐보이는 것으로 보완하며 열정을 담아 즉흥적으로 발표했다. 그는 미래의 컴퓨터는 종이 패드처럼 가볍고도 날렵한 모습을 하게 될 것이라고 주장했다. 그는 자신의 주장을 충분히 납득시키기 위해 가죽제본을 한 서류철을 허공으로 던졌다. 그것이 클라이너퍼킨스 파트너들 앞에서 '픽' 소리를 내며 떨어졌다.

조금 지나서 도어가 캐플런이 머무는 호텔로 찾아왔다. 캐플런은 다시 한 번 놀랐다. 그는 도어가 자기가 있는 곳을 어떻게 알았는지 궁금했다. 도어는 캐플런이 당혹스러워하는 것에는 신경도 쓰지 않고 클라이너퍼킨스가 캐플런 회사에 투자할 의향이 있다고 했다.

캐플런은 말을 더듬기 시작했다. 사실 그에게는 자기 회사가 없었다(어쨌든, 아직은 그랬다). 클라이너퍼킨스가 적어도 재무계획은 살펴봐야 하지 않는가?

"우리는 당신과 당신의 아이디어에 투자할 계획입니다." 도어가 단호하게 말했다. 캐플런의 원대한 비전에서 세세한 내용은 중요하지 않았다.

두 사람은 그다음 며칠 동안에 따로 출장을 떠났지만, 세인트루이스 공항에 잠시 머물기로 하고 스케줄을 최대한 조정했다. 도어와 캐플런은 약속한 탑승구에서 만나 곧장 거래를 종결지었다. 그 내용은 다음

투자의 진화

과 같았다. 클라이너퍼킨스, 미치 케이퍼, 비노드 코슬라가 캐플런의 150만 달러짜리 프로젝트에 각각 3분의 1씩 투자한다. 도어가 이사회 의장이 된다. 케이퍼와 코슬라가 이사회 이사직을 맡는다.

도어가 캐플런에게 물었다. "회사 이름은 뭐라고 할까요?"

"대문자를 써서 고GO라고 할까요? 고포스GO forth, 고포잇GO for it, 고포더골드GO for the gold처럼 말이죠."

도어도 이렇게 거들었다. "고퍼블릭GO public('주식을 공개하다'는 의미)처럼 말입니다."

●●●

고GO는 출범한 지 1년이 지났지만 아무것도 내놓지 못했다. 투자자들에게 비전을 선전했지만, 그것을 실행하는 것은 또 다른 차원의 문제였다. 캐플런과 두 명의 공동 창업자들은 아직 컴퓨터 기능을 하는 종이 패드를 만들지 못했다. 이제 그들은 자금이 바닥났다.

1988년에 열린 이사회 회의에서 도어는 걱정할 것 없다면서 캐플런을 안심시켰다. 캐플런은 분명히 현금이 부족했다. 그러나 자금 모집이 어렵지 않을 것으로 보였다. 도어는 자신 있게 말했다. "모두가 투자하기를 원할 것입니다."

코슬라가 이런 말을 하면서 주의를 촉구했다. "적절한 가격에 말입니다." 고가 처음 150만 달러를 모집했을 때에는 한 주당 가격이 40센트였다. 그리고 그때 투자했던 사람들이 이번에는 한 주당 60센트에 50만 달러를 또다시 투자하기로 했다. 캐플런은 아직 제품을 만들지 못한 회사로서 터무니없는 가격이라면서 걱정했고, 코슬라는 이에 동의하는 듯했다. 두 번째 자금 모집에서 고의 가치를 600만 달러로 하자는 것이었다.

누군가가 코슬라의 생각을 지지하기 전에 케이퍼가 끼어들었다. 그는 고의 가치를 두 배로 올리고 싶었다. 그는 큰소리로 이렇게 외쳤다. "1200만 달러로 합시다!"

캐플런은 도어를 바라보았다. 도어라면 케이퍼의 객기를 눌러줄 것 같았다. 이사회 의장은 두 손으로 머리를 감쌌다. 캐플런은 나중에 이렇게 적었다. "나는 의장이 케이퍼에게 '그건 말도 안 돼'라는 말을 정중하게 표현하는 방법을 찾고 있는 것으로만 생각했습니다."

도어는 잠시 잠자코 앉아 있었다. 그는 왼쪽 다리로 바닥을 때리고는 벌떡 일어나면서 이렇게 말했다. "1600만 달러로 하면 어떨까요?"

도어와 케이퍼가 눈싸움을 시작했다. 도어가 기억하기로는 자신과 케이퍼는 단지 자기 일을 하려고 했을 뿐이었다. 그것은 자금난에 처한 회사의 완전하고도 공정한 가격을 정하는 것이었다.[5] 그러나 캐플런은 어느 한 사람이 다른 사람이 건 돈보다 더 많은 돈을 걸고 있는 포커게임을 지켜보는 듯한 느낌을 지울 수가 없었다. 캐플런의 공동 창업자들 중 한 사람은 이 투자자들 사이에 끼어들지 않으려고 의자에서 몸을 낮췄다.

코슬라는 다시 한 번 자기 의견을 분명히 말했다. "호가를 제시한다고 해서 나쁠 거는 없습니다. 하지만 이것은 위험한 게임입니다. 자금 모집에서 지금과 같은 중간 단계에서 정한 가격은 상당히 불안정합니다. 투자자들이 고GO의 현금이 거의 바닥났다고 생각하면, 계속 기다리려고 할 것입니다. 가격이 무너지기 시작하면 모두가 겁을 먹게 됩니다."

도어가 이렇게 대꾸했다. "올바른 가격이란 존재하지 않습니다. 구매자와 판매자가 만나서 정하는 것입니다!"

회의가 끝나고 캐플런은 공동 창업자들과 함께 모였다. 그는 긴장하면서 말했다. "잘된 일이지, 뭐."

공동 창업자들 중 한 사람이 말했다. "너무 잘된 일입니다. 가치를 너무 높게 잡아서 코피를 쏟아가며 일해야겠습니다."

다른 사람이 반박했다. "그 사람들은 전문가입니다. 우리가 그 사람들을 어떻게 판단하겠습니까? 그들은 계속 투자만 생각하는 사람들입니다."

며칠이 지나서 캐플런은 도어에게 연락하여 누구를 대상으로 자금 모집 활동을 진행해야 하는지 물었다. 도어는 아주 빠른 속도로 나열하기 시작했다. 보통의 벤처투자자, 벤처캐피털을 자회사로 둔 법인, 클라이너퍼킨스 유한책임 파트너들 일부, 몇몇 투자은행에다 덤으로 스티브 잡스까지 거론했다.

캐플런은 손이 아플 정도로 빠르게 받아 적어야 했다. 그는 "이제 그만!"이라고 외쳤다. 클라이너퍼킨스 파트너에게 전화하는 것은 소방서에 전화하는 것이 될 수도 있었다. 나중에 그는 이렇게 적었다. "그들은 한꺼번에 나타나 프로젝트를 겉으로는 호의적이지만 하나같이 맹렬하게 공격하는 경향이 있다. 그들이 떠날 때에 불은 확실히 꺼지겠지만, 가구들은 물에 잠기고 창문이 깨질 수도 있다."

캐플런은 도어가 불러준 투자자들을 찾아가서 자기 회사를 알리기 시작했다. 하나같이 관심은 있었지만 어정쩡한 태도를 취했다. 캐플런은 실망하여 도어에게 돌아와 이렇게 말했다. "이제 4주가 지나면 현금이 바닥납니다. 그다음에는 손가락을 빨아야 합니다. 그 가격에 투자하려는 사람은 아무도 없었습니다."

도어가 대답했다. "알겠습니다. 그러면 가격을 낮추어서 1200만 달러로 합시다. 다른 사람들에게도 그렇게 알리세요." 이제야 그는 케이퍼가 처음 제안했던 고의 기업가치 1200만 달러를 받아들였다.

캐플런은 투자할 생각이 있어 보이는 21명에게 전화해서 월요일 오후 5시까지 답을 달라고 했는데 아무도 답을 주지 않았다.

캐플런은 다음 날 아침에 도어에게 또다시 전화했다. 이번 전화는 음성메시지로 바로 넘어갔다. 그는 이를 악물고 이렇게 말했다. "존, 화요일 모닝콜입니다. 투자하려는 사람이 아무도 없어요. 우리 이제 망했어요. 어떡하죠?"

정오가 되어 도어에게 전화가 왔다. 그는 뉴욕 베세머Bessemer에 근무하는 사람과 이야기를 나누었는데, 그 사람이 자기 파트너들이 관심을 가질 수도 있다고 보았다. 당장 캐플런이 비행기를 타고 날아가서 그들의 마음을 얻어야 했다.

캐플런은 도어가 시키는 대로 했고, 더 많은 굴욕을 당했다. 베세머 측 사람들은 전혀 관심이 없는 것 같았다. 그들은 캐플런이 비행기를 타고 대륙을 횡단해서 왔다는 사실을 무시하면서 활기차게 말했다. "지금 우리는 공항에 가봐야 합니다."

캐플런은 이제는 끝장이라고 생각했다. 그러고는 도어에게 다시 전화했다.

그러나 도어는 포기하지 않았다. 그는 나중에 이렇게 말하곤 했다. "우리는 이런 기술을 신념을 가지고 밀어붙여야 합니다." 그리고 실리콘밸리에서 어느 누구도 그가 하는 것처럼 회사의 비전을 널리 알리지는 못했다.[6] 그는 직원들에게 지급해야 할 퇴직수당 문제는 신경 쓰지 말고, 다음 주 월요일 오후 5시에 클라이너퍼킨스 회의실에서 기다리라고 캐플런과 그의 공동 창업자들에게 말했다.

약속 시간이 되어 도어는 인사도 없이 회의실로 들어와서는 사무실 전화기를 테이블 한가운데에 놓았다.

그는 하버드대학교 기부금펀드에 참여한 벤처 파트너를 언급하면서 이렇게 물었다. "스콧 스펄링Scott Sperling은 뭐라고 하죠?"

캐플런이 대답했다. "오래전에 만났는데, 가격이 너무 비싸다고 했습니다."

"얼마면 너무 비싸지 않다고 생각할까요?"

"잘 모르겠습니다."

"지금 전화해서 물어보죠."

캐플런이 보스턴 시각으로 저녁 8시가 넘었다고 했지만, 도어는 무시하고서 전화를 걸었다. 스펄링의 아내가 전화를 받았다. 수화기 너머로 아기 소리가 들렸다.

"여보세요. 죄송하지만 스콧 좀 바꿔주시겠습니까?"

스펄링의 아내가 대답했다. "잠깐만요. 애를 무릎에 앉혀놓고 있어서요."

스펄링이 전화를 받자 도어는 곧장 용건을 말했다. "스콧, 이제 자금 모집을 끝내야 하는데, 아직 투자자가 나서지 않고 있습니다. 어떻게 하겠습니까?"

스펄링이 대답했다. "당신이 해낼 수 있다면 큰 시장이 열릴 것입니다. 그렇지만 1200만 달러는 너무 비싸다고 생각합니다."

"그럼 얼마로 하면 투자할 겁니까?"

"800만 달러요."

"그렇게 하면 얼마나 투자할 생각입니까?"

"최대한 200만 달러까지는 투자할 생각입니다."

도어는 음소거 버튼을 누르고는 이미 계산기를 열심히 돌리고 있던 캐플런에게 물었다. "한 주당 얼마가 되는 거죠?"

"대략 75센트가 됩니다." 캐플런이 대답했다. 이것은 케이퍼와 도어가 제시했던 숫자보다 훨씬 낮았다. 그러나 스펄링은 두 번째 자금 모집에서 고의 가치가 600만 달러가 넘는다는 의견을 존중하면서, 투자할 의향이 있음을 밝혔다.

도어는 고 팀을 바라보았다. "여러분들은 어떻게 생각하십니까?"

캐플런이 대답했다. "네, 좋습니다."

도어는 음소거 버튼에서 손을 떼고는 말했다. "스콧, 그렇게 합시다. 캐플런이 서류 작업을 하려고 내일 오전에 전화할 겁니다."

도어는 수화기를 내려놓고서 고 팀을 바라보고는 말했다. "축하합니다. 이제 투자자를 찾았습니다." 그러고는 방에서 나와 각이 진 안경을 쓴 강인한 소방관이 되어 그다음 긴급 사태를 향해 돌진했다.

도어 덕분에 캐플런은 며칠 만에 600만 달러를 모집했다. 목표했던 500만 달러를 상회하는 금액이었다. 그는 도어의 도움으로 주기적으로 자금 모집을 하면서 1993년까지는 버텨나갔다. 하지만 펜으로 작동하는 컴퓨터를 만들겠다는 비전을 실현하지는 못했다. 결국 고를 AT&T의 어느 사업부에 싼값에 매각하기로 했고, 그의 후원자들은 거의 아무것도 받지 못했다.

벤처캐피털 업계에서는 고의 스토리가 도어의 객기를 보여주는 하나의 전설이 되었다. 그는 사업계획서가 없는 즉흥적인 발표에 근거하여 투자했다. 엄청난 기술적 도약을 이루어낼 수 있을 것으로 믿었기

　　　　　　　　　　　　　　　　　　　투자의 진화

때문에 그렇게 했던 것이다. 그가 엄청난 야망을 품은 것이 캐플런의 비전에 해를 입혔을 것이고, 캐플런이 성취할 수 있었던 점진적인 발전으로부터 멀어지게 했을 것이다. 케이퍼는 그때 일을 되돌아보면서 이렇게 말했다. "그들은 택배원처럼 작은 지역에서 할 수 있는 것을 했어야 했습니다. 고는 클라이너퍼킨스의 접근방식이 기업가들에게 안 좋게 작용하는 모습을 보여주었습니다. 클라이너퍼킨스는 홈런을 치지 못한 기업이 스트라이크아웃을 당하는 데는 신경 쓰지 않았습니다. '크게 성공하라. 그렇지 않으면 떠나라'는 식이었습니다. (…) 클라이너퍼킨스의 접근방식에는 오만한 데가 있었습니다. 세상을 바꾸는 것에 자존심의 전부를 걸려고 했습니다."[7]

도어의 방식이 문제를 일으킨다는 케이퍼의 주장은 옳았다. 고가 실패한 것과 거의 비슷한 시기에 도어와 코슬라는 다이너북테크놀로지스Dynabook Technologies라는 차세대 노트북 회사를 출범하고는 문을 닫기 전까지 투자자들한테 모집한 3700만 달러를 완전히 날려버렸다.[8] 또한 도어는 인간 유전자 스크리닝, 노화방지약, 법률에 저촉되지 않고 규제 약물과 동일한 효과를 가진 약물과도 같이 결국은 파산하게 된 일련의 기술적 비전을 떠벌렸다.[9] 그는 노년의 퍼킨스가 전한 다음과 같은 가르침을 완전히 잊어버린 것처럼 보였다. 즉 '기술적 난제에 직면한 기업에 투자할 때 가장 먼저 해야 할 일은 굉장히 뜨거운 위험을 제거하는 것이다.'

•••

클라이너퍼킨스가 실리콘밸리의 객기를 구현했다면, 새롭게 등장한 도전자 액셀은 이와는 다르게 상당히 신중했다. 창업자들인 아서 패터슨Arthur Patterson과 짐 슈워츠Jim Swartz는 이미 해당 산업에서 베테랑이었고, 즉흥 연주자라기보다는 계획자였으며, 복음 전도사라기보다는 전략가였다. 특히 패터슨은 자의식이 강한 지성인이었다. 월스트리트 유력 활동가의 자손이자 하버드대학교 학부와 경영대학원 출신이기도 한 그는 엔지니어 출신의 경쟁자들과 비교하여 차세대 기술에만 집중하지는 않았고, 금융 시장, 사업 모델, 심지어는 정부 정책에도 폭넓은 관심을 가졌다. 그는 다양한 분야의 책을 읽었고, 이론을 능숙하게 정립했으며, 액셀의 접근방식을 체계적으로 정리한 일련의 논문을 써서 사내에 유포했다. 19세기 미생물학의 아버지라 할 루이 파스퇴르Louis Pasteur에게서 차용한 "준비된 마인드"라는 액셀의 슬로건을 만든 사람도 바로 패터슨이었다. 파스퇴르는 현자답게 "기회는 준비된 사람에게만 온다"라고 했다.

키가 크고 호리호리한 체격의 패터슨은 귀족스러운 별난 행동을 하기도 했다. 한번은 액셀의 신입직원에게 저녁식사로 구운 옥수수 12개와 와인 저장고에서 특별히 꺼낸 보르도 와인을 대접해 그를 놀라게 한 적도 있었다.[10] 슈워츠도 클라이너퍼킨스 사람들과는 패터슨 못지않게 대비되지만, 그와는 다른 이유로 그랬다. 펜실베이니아주의 작은 마을에서 버스 운전도 하고 농장에서도 일하던 아버지에게서 태어난 그는 인품과 규율을 중요하게 생각했다.[11] 클라이너퍼킨스의 즉흥 연주자들은 세상을 다 바꾸려는 듯한 비전에 투자했지만, 슈워츠는 견실한 창업자를 지원했고, 재무 통제를 강화했으며, 절제와 성실과 현실을 중요하게 생각했다. 한번은 어느 기업가가 그에게 명함을 찍어주며 자신의 스타트업 이사회 이사로 들어온 것을 환영한 적이 있었다. 슈

투자의 진화

워츠는 명백한 예산 낭비라면서 맹렬히 비난하는 내용의 편지와 함께 명함을 돌려주었다. 그 기업가는 편지를 읽고는 슈워츠의 공격성에 숨이 막힐 지경이었지만, 그가 옳다고 생각했다. 그는 이 편지를 책상 위에 두었는데, 이것이 지출에 대한 규율을 매일 상기시켜주었다.[12]

액셀은 정부가 자본이득세율을 인하하고 '신중한 사람의 원칙'을 철회한 이후로 벤처펀드로 몰려드는 자금이 최고조에 이르렀던 1983년에 설립되었다. 기존의 파트너십들은 사상 유례가 없는 액수의 자금을 투자하여 좋은 거래를 독차지했다. 인텔이나 애플이 자금을 모집하던 때에 그랬던 것처럼 주요 투자자들이 공동 투자자들을 영입하여 위험을 관리하던 시절은 이미 지나갔다. 따라서 새로운 벤처 경쟁자들은 투자기회를 찾아야 했고, 기업가들에게 매력적으로 다가가기 위한 확실한 방법은 그들의 기술에 특화하여 투자하는 것이었다. 게다가 벤처기업이 많아진 것은 이러한 특화가 예전보다 더 실현 가능하다는 것을 의미했다. 그들은 관심의 범위를 좁혀서 집중할 수 있었고, 그럼에도 선택할 수 있는 거래가 충분히 있었다. 선구적인 네트워킹 회사 웅거만-바스에 인상적인 투자를 해서 유명해진 슈워츠는 뉴저지주 머레이힐에 있는 벨연구소와 자동차로 아주 가까운 프린스턴에 본사를 두고 텔레콤에 특화하기로 했다. 한편 패터슨은 실리콘밸리를 근거지로 하여 소프트웨어에 특화하기로 했다. 서부해안이 승리한 것은 어쩌면 당연한 일이었다. 시간이 지나면서 슈워츠가 캘리포니아주 북부를 방문하는 일이 점점 더 잦아졌고, 결국 그곳으로 옮겨 가기로 했다.[13]

1985년에 출시한 액셀의 두 번째 펀드는 특화전략을 강조하기라도 하듯이 오직 텔레콤에만 집중했다. 이 펀드는 "정보 기반 경제에서는 거의 모든 전자 시스템이 다른 전자 시스템과 통신하게 될 것"이라고 선언했다. 따라서 모뎀, 네트워킹, 영상 공유와 그 밖의 텔레콤 앱 시장은 엄청나게 커질 것이었다.[14] 패터슨과 슈워츠는 이러한 전략에 대한 헌신을 보여주기 위해 텔레콤 전문가들을 대거 모집하고, 스탠퍼드대학교에서 콘퍼런스를 야심 차게 개최하며 텔레콤 지도에 자신들의 깃발을 꽂았다. 텔레콤 업계의 거물들이 준정장 차림으로 참여하는 연례만찬을 개최했고, 그다음 날에는 업계 선각자들의 연설을 듣기 위해 약 300명이 참석했다.[15] 이 프로그램에서는 쉬는 시간에 기업가들이 프레젠테이션 슬라이드를 준비하여 투자자들에게 기술을 설명했다. 슈워츠는 훗날 이렇게 말했다. "우리의 전략은 펀드를 알리고, 언론에서 텔레콤을 보도하고, 콘퍼런스를 개최하는 식으로 널리 요란하게 떠드는 것이었습니다."[16] 기존의 벤처캐피털 경쟁업체들도 깊은 인상을 받았고, 특히 클라이너퍼킨스는 액셀의 텔레콤 펀드에 200만 달러를 투자했다.

액셀은 이러한 특화전략이 일시적인 유행을 좇다가 혼란에 빠져들지 않도록 하는 데 도움이 되었다고 주장한다. 석유산업에 비유하자면, 액셀의 파트너들은 거의 무작위로 유정을 파는 무모한 사람이 되지는 않을 것이다. 그들은 해당 지역의 지질학적 특성을 연구하는 체계적인 시추자가 될 것이다. 펜컴퓨터가 적절한 사례가 되었다. 1990년대 초까지 수십 개의 스타트업들이 고$_{GO}$를 모방했고, 이렇게 황금알을 좇는 행위를 기념하기 위한 콘퍼런스도 개최되었다. 슈워츠는 이러한 과대광고에서 무슨 말을 하는지 살펴보려고 그 떠들썩한 모임에 거의 의무적으로 참석했다. 그러나 펜 기술도 이와 관련된 사업계획도 액셀 스타일의 조사를 받으면 전망이 그리 좋아 보이지 않았고, 슈워츠는 거기에 자금을 낭비할 생각이 전혀 없었다. 아마도 이처럼 유행에 무관심했기 때문에 액셀의 투자가 실패하는 경우가 상대적으로 많지 않았을 것이다. 파트너십이 탄생한 지 10년이 되었을 무렵 액셀이 투자한 45건 중에서 7건만이 손실을 본 것으로 나타났다.[17]

특화전략은 액셀이 공격적인 투자를 할 때에도 도움이 되었다. 파트너들은 자신이 투자하는 분야의 전문가들이기 때문에 기업가의 제품 설명에서 핵심을 금방 알아차리고 신속하게 판단할 수 있었다. 그들이 투자를 결정하면 그다음 과제는 해당 기업가에게 다른 벤처캐피털이 아니라 액셀을 선택하도록 설득하는 것이었다. 이 단계에서도 특화전략이 도움이 되었다. 창업은 고독한 경험이다. 창업자들은 적어도 처음에는 대다수 사람들에게 비현실적이라는 인상을 주는 틈새 프로젝트에 자신의 인생과 영혼을 투자한다. 따라서 자신의 계획을 인정하고 이해하는 투자자들을 반기게 마련이다. 액셀의 파트너들은 기업가들을 철저하게 이해하는 데 역점을 두었기에, 제품 설명에서 그들의 문장을 완성하고 그다음 슬라이드의 내용을 예상할 수 있었다. 그들은 "90퍼센트의 원칙"을 강조했다. 즉 창업자들이 입을 열기 전에 그들이 앞으로 하게 될 말의 90퍼센트를 미리 알고 있어야 했다.[18]

액셀의 특화전략은 벤처투자자들이 "인접 가능성adjacent possibilities"이라고 부르는 것을 손쉽게 인식할 수 있게 했다. 파트너들은 각자의 분야에서 전문성을 갖고는 포트폴리오 기업의 이사회 이사직을 맡고서 자신이 직접 관찰한 현상과 경영 컨설팅 방식의 분석을 혼합하여 해당 기술에서 향후 논리적 발전을 예측할 수 있었다. 액셀에는 이런 슬로건도 있었다. "모든 거래는 그다음 거래로 이어져야 한다."[19] 특히 슈워츠는 단일 제품군에 반복해서 투자했다. 그는 1986년에 화상회의 시스템을 개발하는 어느 스타트업에 투자했고, 1988년에 그 영역의 또 다른 스타트업에 투자했으며, 1992년에도 같은 영역의 세 번째 스타트업에 투자했다. 이 세 차례의 투자 중 두 곳에서 14배의 수익을 올렸다.[20] 하지만 이러한 점진주의가 잠재적인 비용을 발생시킨다는 점도 인정해야 한다. 액셀은 인접하지 않고 오히려 두 단계를 도약하는 클라이너퍼킨스 방식의 패러다임 파괴자가 되기를 꺼렸다. 이것은 거대한 승리를 놓치는 것을 의미할 수도 있었다. 마찬가지로 액셀의 파트너들은 자기 분야에서 지적 리더로 자리 잡고서, 훌륭한 자격을 갖추지는 않았지만 돈 발렌타인이 좋아할 만한 도전자를 무시하는 경향이 있었다. 따라서 액셀은 1980년대에 텔레콤과 관련된 모든 거래를 낳았던 시스코를 무시하는 우를 범했다. 액셀이 이 회사를 알고 있었고, 헌신적인 텔레콤 펀드를 조성했는데도 그랬던 것이다. 그럼에도 액셀은 계속 신중한 선택을 하고 있었다. 이것이 가치를 창출하기 위해 공학기술의 경계를 밀어낼 것이지만, 도를 넘는 죄를 범하게 하지는 않을 것이다. 이것이 표방하는 바는 다음과 같았다. "단타를 노리면 자연스럽게 홈런을 치게 될 것이다." 즉 단타를 노리기는 했지만, 때로는 공이 배트를 떠나 예상하던 것보다 더 멀리 날아갈 수도 있을 것이라는 말이다.

액셀이 초기 몇 개의 펀드에서 보여준 실적은 이 회사가 틀림없이 대단한 일을 해낼 것이라는 믿음을 갖게 했다.[21] 텔레콤 특화 펀드는 연간 수익률이 같은 해에 조성된 자사 벤처펀드의 연간 수익률의 중앙값과 비교하여 두 배가 넘는 실적을 기록하면서, 그 가치가 3.7배로 상승했다.[22] 초기 다섯 개의 펀드를 종합하면 이 펀드의 가치가 평균 여덟 배나 상승하여 훨씬 더 나은 실적을 보여주었다. 그럼에도 액셀의 인상적인 점은 파트너들이 오만하게 그랜드슬램을 좇지 않겠다는 확고한 의지를 지녔지만, 바로 그랜드슬램이 실적을 지배했다는 사실이다. 액셀 텔레콤 펀드는 80/20 법칙을 그 이상으로 따랐다. 투자수익의 95퍼센트가 포트폴리오 기업 중 상위 20퍼센트에서 나왔기 때문이다.[23] 액셀의 다른 초기 펀드들도 이와 비슷하게 멱법칙을 따랐다. 이 회사의 초기 다섯 개 펀드에서는 포트폴리오 기업 중 상위 20퍼센트가 투자수익의 85퍼센트 이상을 차지했고, 평균으로 보면 92퍼센트를 차지했다.

간단히 말하자면 멱법칙은 피할 수 없는 것이었다. 체계적이고, 클라이너퍼킨스와는 대조적으로 '준비된 마인드'를 갖춘 파트너십조차도 그것을 피할 수는 없었다.

• • •

멱법칙은 액셀이 사업을 시작한 이후로 처음 10여 년 동안에 발생했던 예상하지 못한 몇몇 그랜드슬램 중 하나인 유유넷UUNET에서도 잘 나타났다. 유유넷은 이제는 버라이즌Verizon이라는 거대한 텔레콤 제국의 일원이 되어 사람들의 뇌리에서 잊혀 다른 시대로 거슬러 올라가는 것처럼 들린다. 이처럼 생소하게 들리기도 하고, 엔지니어에게만 사랑받는 소프트웨어 프로토콜이라는 막연한 추측을 하게 만들고, 머리글자도 아닌 것이 나중에 등장한 스타트업들의 이름에서 느낄 수 있는 브랜드를 의식한 생기발랄함과는 분명히 거리가 멀다. 줌Zoom, 스냅Snap, 스트라이프Stripe, 스포티파이Spotify를 생각해보라.[24] 그런데도 유유넷은 멱법칙뿐만 아니라 벤처투자가 갖는 또 다른 두 가지 특징을 보여주기 때문에 기억할 만한 가치가 있다. 첫째, 유유넷은 기술 진보에서 정부의 지원을 받는 과학자와 벤처캐피털의 지원을 받는 기업가의 역할이 분명히 다르다는 사실을 뚜렷이 보여주었다. 둘째, 유유넷은 벤처캐피털이 사회에 미치는 영향에서 그 중심에 있는 역설을 보여주었다. 개인으로서 벤처캐피털은 우연히 행운을 맞이할 수 있다. 우연한 기회, 뜻밖의 발견, 벤처 게임에 참여했다는 단순한 사실이 부지런함, 예지력보다 더 중요할 수가 있다. 반면에 하나의 시스템으로서 벤처캐피털은 발전을 위한 (흔히 알려진 것보다 더) 강력한 엔진이다.

유유넷은 1987년에 사람들의 이목을 끌지 않는 버지니아주 북부의 비영리기관으로 활동을 시작했다. 유유넷이 하는 일은 당시에 존재하던 인터넷의 주요 한계를 해결하는 것이었다. 그 당시에는 대략 10만 대의 컴퓨터만이 인터넷에 접속되어 있었다.[25] 펜타곤의 자금을 지원받아 군사 통신 시스템으로 시작한 인터넷은 정부의 지원을 받는 대학 부설 연구소를 포함하여 정부 출연 연구소의 과학자들을 위하여 이메일 전송, 전자 게시판, 파일 공유 플랫폼의 기능을 제공했다. 민간 기업과 개인은 이런 네트워크에 접근할 수가 없었고, 이것을 이용한 영리 행위는 금지되었다. 그러나 1980년대가 지나갈 무렵에 이러한 서비스를 원하는 민간 부문의 과학자들이 점점 더 많아졌다. 프로그래머들의 결속력이 약한 협회로부터 25만 달러의 대출 보증을 받은 유유넷은 인터넷 서비스 제공업체로 출발했다.[26]

유유넷의 창업자는 정부 출연 연구소인 지진연구센터 Center for Seismic Studies에서 근무하던 온화한 성품을 지닌 30대의 엔지니어 릭 애덤스Rick Adams였다. 헝클어진 갈색 머리에 덥수룩한 수염을 기른 그는 흰색 진바지에 폴로셔츠를 즐겨 입었다. 애덤스는 여전히 정부 출연 연구소에 근무하면서, 일과 후에는 타 기관의 네트워크에 접근하기가 어려운 민간 부문의 과학자들을 위해 병렬 인터넷의 기반을 닦는 작업을

투자의 진화

했다.[27] 일반적으로 주요 민간 기업들은 근거리 네트워크를 통해 직원들을 연결했지만, 어느 한 기업에서 다른 기업으로 메시지를 보내는 데는 엄청난 비용이 소요되었다. 애덤스는 시스코의 라우터와 네트워킹 소프트웨어를 결합하여 저렴한 가격대의 접속 시스템을 구축했다. 그는 이 서비스에 요금을 부과했지만, 비용을 회수할 수 있을 만큼만 부과했다. 이것은 샌드힐로드의 사고방식과는 상당히 거리가 멀었다.

처음에는 거의 아무도 알아채지 못했다. 인터넷은 항상 정부 프로젝트였다.[28] 대부분의 사람들은 대중에게 온라인 접속을 제공하는 자가 있다면 그것은 정부가 될 것이라고 생각했다. 그리고 1990년 7월에는 앨 고어Al Gore라는 테네시주의 젊은 상원의원이 '초고속 정보 통신망'에 대한 공공 부문의 비전을 제시했다. 고어의 정보 통신망은 인터넷처럼 기존 전화선으로 작동하기보다는 가정용 텔레비전을 대화형 단말기로 전환할 수 있는 새로운 광섬유 케이블을 구상한 것이었다. 광섬유로의 도약은 정보와 오락이 인터넷의 단조로운 게시판을 대체하면서 눈부신 테크니컬러Technicolor(총천연색 영화 제작의 한 가지 방식으로, 색채를 가장 아름답고 풍부하게 재현하는 것으로 알려져 있다―옮긴이)로 미국 가정에 도달할 수 있게 해줄 것이다.

처음에는 화려한 초고속 정보 통신망 계획이 많은 사람들을 흥분시켰다. 1991년에 고어는 자신의 비전을 뒷받침하기 위해 17억 5000만 달러의 정부지출안을 지지했다. 1992년 빌 클린턴이 그를 부통령 후보로 지명했을 때 그의 인지도는 훨씬 더 높아졌다. 1993년이 되자 한 무리의 활력 넘치는 기술기업들이 정부의 지원을 받아 초고속 정보 통신망을 구축하기 위한 준비를 했다.[29] 그러나 이 모든 일이 벌어지고 있을 때, 무엇인가 다른 일이 은밀하게 진행되고 있었다. 기업 연구소의 과학자들이, 수익이 넘쳐나고 비영리기관의 지위를 포기한 유유넷에 몰려들기 시작했다. 그다음에 국립과학재단National Science Foundation이 유유넷과 이보다 규모가 작은 한두 개의 경쟁업체의 성장을 인정하면서 정책의 반전을 선언했다. 이것은 민간 부문의 사용자들이 정부 네트워크에 접근하지 못하게 하는 것보다는 민간 인터넷 서비스 공급자들이 텐트로 들어오게 하는 것이었다. 실제로 이것은 그들에게 정부 네트워크의 관리를 맡기는 게 될 것이었다.[30] 정부는 확실히 인터넷을 발명했다. 그러나 국립과학재단이 판단하기에는 정보를 민주적으로 관리하고 사람들의 삶을 변화시키는 대중매체로 인터넷을 전환하는 작업은 민간 부문에 맡기는 것이 최선이었다.

유유넷 이야기의 이 단계에서 다름 아닌 미치 케이퍼가 등장한다. 펜컴퓨터를 만들려는 케이퍼의 벤처기업이 자금을 조달하기 위해 분투하는 동안에 그는 또 다른 깨달음을 얻었다. 고어의 정부 주도형 초고속 정보 통신망은 여전히 헤드라인을 장악하고 있었다. 그러나 케이퍼가 생각하기에 그것은 엄청난 지장을 초래하고, 비용도 많이 들 것이었다. 광섬유 케이블을 깔기 위해 땅을 파는 것보다 구리선 기반의 인터넷을 구축하는 것이 훨씬 더 저렴할 것이다. 유유넷은 정치적 명령이 아닌 만족할 줄 모르는 고객의 요구에 부응하기 위해 이미 기존 전화 네트워크에 라우터와 서버를 접목하여 음성 회선을 데이터 회선으로 전환하고 있었고, 이제는 국립과학재단의 민영화 선언이 훨씬 더 빠른 발전을 위한 길을 열어주었다.[31] 수백만 명의 사용자들을 온라인에 접속시키기 위한 방법으로서 이러한 시장 주도형으로의 정책 반전은 고어의 웅장한 프로젝트를 무색하게 할 것이었다.

케이퍼는 혼잣말로 중얼거렸다. "좋아, 앞으로 그렇게 될 거야. 앞으로 여기에 투자해야 할 거야."[32]

1992년 8월 케이퍼는 워싱턴을 방문하여 애덤스를 만나기로 했다. 그는 솔직하게 말했다. "포커게임이 진행되고 있는데, 나한테는 칩이 하나도 없습니다. 나는 투자를 하고 싶습니다." 만약 애덤스가 그에게 유유넷의 적당한 지분을 사게 한다면, 자본을 투자할 수 있는 벤처투자자들을 위한 가교 역할을 할 것이다.

애덤스는 이중적인 생각을 하고 있었다. 한편으로 그는 대체로 금융업자들을 의심했고, 벤처캐피털 업계에 종사하는 감시자들과는 대화를 나누고 싶지 않았다. 그는 온라인을 통한 개방적 의사소통을 촉진하는 역할에 관심이 있었다. 그는 목적의 순수성을 훼손하고 싶지 않았다. 그러나 다른 한편으로는 자금이 필요했다. 실제로 그는 많은 자금이 필요했다. 유유넷이 확장될수록 수요는 더욱 빠르게 증가했다. 사용자가 증가하면서 네트워크가 이후의 잠재적인 사용자들에게 더욱 매력적으로 다가왔기 때문이다. 유유넷의 수석 연구원 마이크 오델Mike O'Dell은 이렇게 기억한다. "우리의 프로젝트는 빠른 속도로 현금을 삼키고 있었습니다. 우리는 곳곳에 하드웨어를 설치해야 했습니다. 커다란 바지가 있었고 그것에 몸을 맞추려면 빨리 자라야 했습니다."[33]

케이퍼는 자신의 경험을 말하면서 애덤스가 벤처캐피털에 갖는 불안을 떨쳐버리게 만들려고 했다.[34] 그 역시 벤처캐피털을 혐오하는 단계를 거쳤다. 젊은 시절에 그는 아서 록이 후원하는 회사에서 제품 관리자로 일한 적이 있었다. 케이퍼는 이렇게 말했다. "어느 날 내가 이사회에 참석했는데, 록이 누군가에 대해 혹은 어떤 프로젝트에 대해 내가 팔에서 벼룩을 튕겨내듯이 아무렇지도 않게 처형 명령을 내리는 것을 지켜보았습니다. (…) 영화 〈대부〉에서나 볼 수 있는 장면이었습니다."[35] 그 결과 로터스디벨로프먼트를 위한 자금을 모집할 때 케이퍼는 미래의 투자자들에게 자신은 수익보다 사람을 먼저 생각할 것이라는 말을 하면서도, 그런 말을 하는 것이 부담스러웠다.[36] 그러나 이후로 케이퍼는 이런 부담을 떨쳐버렸다. 그는 스타트업이 번창하는 한 벤처 투자자들은 창업자를 존중할 것임을 깨달았다. 케이퍼는 애덤스에게 이렇게 주장했다. "당신이 벤처캐피털한테 휘둘릴 필요는 없습니다."[37]

애덤스는 자신의 이중적인 생각에 고심했다. 케이퍼가 보통의 투자자였더라면 그를 외면했을 것이다. 그러나 케이퍼의 이상주의와 정치적 견해를 보면 그는 애덤스와 비슷한 생각을 가진 사람이었다.[38] 애덤스는 좀 더 생각해보고는 케이퍼의 제안을 받아들이기로 했다.[39]

케이퍼는 일정 지분을 확보하면서 후속조치를 신속하게 진행했다. 경쟁자들이 시장에 뛰어들기 전에 커다란 바지에 몸을 맞추려면 유유넷은 빠르게 성장해야 했다. 애덤스가 투자자들에게 갖는 불안이 어떤 것이든 동부해안에서 우연히 등장한 스타트업은 서부해안의 진지한 벤처자본을 조달할 필요가 있었다.

케이퍼가 첫 번째로 만난 사람은 클라이너퍼킨스의 존 도어였다. 케이퍼는 초고속 정보 통신망에 대한 흥분은 신경 쓰지 말라고 했다. 앞으로 몇 년만 지나면 인터넷이 고어의 비전을 압도할 것이었다.

고Go의 경우와 다르게 도어는 설득되지 않았다. 유유넷은 클라이너퍼킨스가 후원하고 싶을 만한 회사가 아니었다. 유유넷은 지식재산권이 없었기 때문에 그보다 규모가 큰 경쟁자의 침입에 무방비 상태로 놓여 있었다.[40] 또한 많은 자본을 요구하기 때문에 클라이너퍼킨스가 홈런을 칠 것 같지도 않았다.[41] 심지어 도어는 애덤스를 만나는 것조차 거부했다.

투자의 진화

케이퍼는 클라이너퍼킨스에서 퇴짜 맞고는 액셀을 찾아갔다. 누구를 먼저 찾아갈 것인가는 순서가 정해져 있지 않았고, 액셀이 텔레콤에 전문성을 갖춘 것과도 아무런 상관이 없었다. 우연하게도 케이퍼가 최근에 액셀의 펀드에 투자했다. 그는 그곳 담당자에게 전화해서는 유유넷에 관하여 설명했다. 그는 인터넷이 커다란 성공을 가져다줄 것이라고 주장했다. 모두가 인터넷에 관하여 이야기하는 때가 곧 올 것이라고 말이다.[42]

케이퍼의 전화가 뜻밖의 행운이었다면, 액셀의 신중하고도 준비된 마인드의 과정이 드러나지 않게 작동하고 있었다. 액셀의 프린스턴 사무실에서는 돈 구딩Don Gooding이라는 텔레콤 연구원이 인터넷을 조사하기 시작했다. 한편 서부해안에서는 짐 맥린Jim McLean이라는 또 다른 텔레콤 전문가가 상황이 급변하고 있음을 확인했다. 마운틴뷰에서 국립과학재단 인터넷 인프라를 관리하는 사무실을 방문한 맥린은 값비싼 서버와 라우터가 선반에 쌓여 있는 것을 보고는 깜짝 놀랐다.

"정부 출연 기관이 어떻게 이처럼 비싼 장비를 구매할 수 있습니까?" 맥린이 천진하게 물었다.

"모두 공짜로 얻었습니다." 엔지니어들이 대답했다. 라우터 제조업체들이 아마도 정부만 접속할 수 있는 국립과학재단 네트워크에 불법으로 접속하기 위해 그들의 하드웨어를 갖다 바치고 있었다. 그들은 접속을 간절히 원했고, 이를 위해 법을 어기곤 했다.[43]

그때까지 액셀은 세 개의 서로 다른 채널을 통해 인터넷의 잠재력을 알게 되었다. 케이퍼가 전화를 했고, 구딩이 그 냄새를 따라 추적하고 있었으며, 맥린이 온라인 접속에 대한 열렬한 수요를 엿보았다. 문제는 액셀이 이러한 징후에 따라 투자를 할 것인가에 있었다.

처음에는 아무 일도 일어나지 않았다. 액셀은 투자의 단서를 가지고 만지작거리기만 하다가 흥미를 잃었다. 1993년 1월이 지나갈 무렵 케이퍼는 액셀의 샌프란시스코 사무실을 방문하여 액셀 레이더에 유유넷이 다시 포착되기를 바랐다. 유감스럽게도 투자 파트너들 중 어느 누구도 회의에 모습을 드러내지 않았다. 케이퍼는 애덤스에게 이렇게 털어놓았다. "액셀은 긍정적인 결정에 가까워지고 있다는 것을 몸으로 보여주지 않았습니다."[44]

그러나 수석 파트너급에 이르지는 못했지만 맥린은 여전히 열의를 갖고 있었다. 그는 국립과학재단이 인터넷을 민영화하려고 한다는 소식을 듣고는 이러한 기회를 잡을 만한 회사를 찾고 있었다. 그러다가 유유넷을 알게 되었고, 이 회사가 다가오는 황금알을 좇는 기회에서 유력한 승자로 보였다.

맥린은 회사 투자팀에 인터넷에 관하여 설명할 기회가 왔을 때, 최근 회의에서 수집한 여러 장의 명함을 펼쳐 보였다.

그는 이렇게 질문했다. "이 명함에서 알 수 있는 새로운 사실은 무엇입니까?"

모두 아무 말도 하지 않고 무표정한 얼굴로 바라보기만 했다.

그때 맥린이 한 가지 사실을 지적했다. "그들 모두가 이메일 주소를 가지고 있습니다." 파트너들이 이보다 더 나은 증거를 요구할 수 있는가? 인터넷이 빠르게 전파되고 있었다. 이제는 거기에 투자할 때가 되었다.

파트너들이 반격을 가했다. '사람들이 이메일을 사용하는 데 유유넷이 필요하지 않다. 컴퓨서브CompuServe나 프로디지Prodigy에 가입한 사람들이 300만 명에 이르렀고, 그들은 다른 계정을 가진 가입자들에

투자의 진화

게 이메일을 보낼 수 있다'고 말이다.[45] 행운과 훌륭한 텔레콤 연구원들이 유유넷에서 분명한 기회를 보게 했다. 하지만 파트너들은 여전히 그것을 보지 못했다.

벤처 업계에서 흔히 발생하는 일이지만, 액셀의 태도를 바꾸기 위해서는 경쟁자의 자극이 필요했다. 1993년 2월 메트로폴리탄파이버시스템스Metropolitan Fiber Systems라는 텔레콤 기업이 유유넷에 관심을 보였다.

애덤스는 케이퍼에게 조언을 구하고자 했다. 어쩌면 메트로폴리탄파이버시스템스와 같은 기업투자자가 벤처투자자보다 더 낫지 않을까?

케이퍼는 다른 관점에서 보았다. '기업투자자면 어떻고 벤처투자자면 어떤가? 중요한 것은 그들이 당신의 관심을 끌기 위해 경쟁하는 것'이라고 말이다. 케이퍼는 액셀의 파트너들이 메트로폴리탄파이버시스템스가 입찰한 사실에 대해 알고 있는지 확인했다. 그는 애덤스에게 이렇게 말했다. "그 사실을 알고 나면 그들이 활기를 띠게 될 것입니다."[46]

애덤스는 유유넷 사무실 근처의 리츠칼튼 호텔에서 메트로폴리탄파이버시스템스 대표를 만났다. 그는 리츠칼튼이 제공한 메모지에 숫자를 적고는 그것을 극적으로 떼어내어 뒤집은 다음에 애덤스를 향해 미끄러뜨리듯이 밀었다. 이 회사는 유유넷의 가치를 800만 달러로 평가하고 50만 달러를 투자할 생각이었다.[47]

애덤스의 그다음 목적지는 액셀의 서부해안 사무실이었다. 드디어 그는 투자위원회에 출석해서 45분 동안 인터넷에 관하여 설명할 기회를 얻었다. 액셀의 파트너들은 그가 발표한 이후로도 세 시간 동안 이야기를 더 들었다. 케이퍼가 예상했던 대로 분위기는 극적으로 변했다.

그러나 액셀은 여전히 금액을 제시하지 않았다. 메트로폴리탄파이버시스템스가 평가한 800만 달러에 달하는 가치를 인정하려면, 유유넷이 크게 성공할 것이라는 확신이 있어야 했다. 그렇지 않으면 위험을 받아들일 필요가 없었다. 애덤스는 케이퍼에게 이렇게 소식을 전했다. "그들은 지금 시장규모를 판단하면서 망설이고 있습니다. (…) 유유넷의 가치가 3000만 달러가 될 수 있다고 확신하지만, 1억 달러가 될 수 있다고는 (아직은) 확신하지 않습니다."[48]

시장규모에 대한 의구심 외에도 애덤스의 경영 능력에 대한 의문이 제기되었다. 유유넷이 성장하려면 경험이 풍부한 경영진이 필요했다. 그리고 벤처캐피털이 일단 그들과 한배를 타면 그들과 하나가 되고, 그들을 설득하고, 그들의 노력에 힘을 보태야 했다. 애덤스가 반발할 위험도 있었다. 그의 자존심은 관리의 대상이 될 것이고, 유유넷이 버지니아주 북부에 있는 관계로 이러한 관리가 쉽지만은 않을 것이다.

액셀의 경험 많은 소프트웨어 투자자 패터슨은 적절한 파트너를 찾을 수 있다면 유유넷에 함께 투자하기로 결심했다. 자신의 영감에 따라 주변 사람들을 살펴보고는 예전에 쓰리콤을 지원했던 벤처캐피털 중 하나인 NEA에 전화했다. 이 회사는 볼티모어에 사무실이 있기 때문에 버지니아주에 있는 유유넷과 그리 멀지 않았다. 게다가 얼마 전에 피터 배리스Peter Barris라는 임원이 NEA의 볼티모어 사무실에 합류했다. 몇 년 전에 패터슨이 특별히 배리스를 만나기 위해 텍사스주로 날아간 적이 있었다. 당시 배리스는 댈러스의 어느 회사에서 유능한 소프트웨어 임원이자 이인자라는 소리를 들었고, 패터슨은 사업상 그와 알고 지내야 한다고 생각했다.[49] 이제 텍사스주로 날아갔던 출장이 결실을 맺을 때가 되었다. 패터슨은 배리스에게 유유넷을 한번 살펴볼 것을 부탁했다.

패터슨의 전화가 있고 나서 며칠 뒤 배리스가 애덤스를 찾아갔다. 이 두 사람은 서로 어울리지 않는 한 쌍이었다. 애덤스는 곰 같은 체격에 소탈한 성격이었지만, 배리스는 날씬한 몸매에 부잣집 도련님과도 같았다. 그러나 패터슨이 예상했던 대로 배리스의 경험만으로도 그가 애덤스와 완벽한 파트너가 되기에 충분했다. 그는 기업 고객들에게 디지털 비즈니스 도구를 판매하는 GE의 정보 서비스 부문에서 일한 경험이 있었다.

배리스는 애덤스에게 재무회계 원장, 고객 추적 프로그램, 인적 자원 시스템 등 GE가 제공하는 소프트웨어에 대해 이야기했다. 그는 인터넷을 통해 이와 같은 서비스를 제공하는 것이 가능한지 궁금했다.

애덤스는 배리스에게 가능하다고 장담했다. 실제로 인터넷은 비용이 많이 드는 다이얼업 접속을 통해 접근할 수 있는 고가의 대형 컴퓨터에 의존하는 GE보다 훨씬 저렴한 가격으로 이러한 프로그램을 제공할 수 있었다.

배리스는 자신이 대단한 무엇인가를 이루어낼 가능성을 보았다. 그는 GE에서 쌓은 경험 덕분에 대형 고객들이 어떤 종류의 온라인 서비스를 원하는지 알고 있었다. 애덤스는 인터넷에 관한 지식 덕분에 이러한 서비스를 효율적으로 제공하는 방법을 알고 있었다. 이 두 사람이 각자의 지식을 결합하면 큰돈을 벌 수 있었다.[50]

1993년 7월 액셀과 NEA는 거래 조건을 담은 네 쪽짜리 문서를 공동으로 작성하여 애덤스에게 전달했다. 케이퍼가 액셀을 처음 찾아가고 나서 6개월이 흐른 뒤였다. 액셀은 기회를 거의 놓칠 뻔하고 나서 올바른 결정을 향하여 굽이굽이 흘러가고 있었다. 그러나 그 과정이 끝난 것은 아니었다. 액셀과 NEA가 제시한 거래 조건에 따르면 유유넷의 가치가 메트로폴리탄파이버시스템스가 평가한 800만 달러에서 200만 달러가 못 미치는 600만 달러에 불과했다. 당연히 애덤스는 분노했다.[51]

다시 한 번 투자자들이 애덤스를 향하게 할 경쟁자의 자극이 필요했다. 이번 자극은 또 다른 우연한 연줄을 통하여 유유넷에 대해 들어본 적이 있는 멘로벤처스Menlo Ventures라는 실리콘밸리의 파트너십에서 나왔다. 유유넷의 수석 연구원 오델이 예전에 멘로벤처스가 후원하는 회사에 근무한 적이 있었다.

멘로벤처스의 새로운 파트너인 엔지니어 출신 존 자브John Jarve는 오델과의 연줄을 통하여 애덤스와 만날 기회를 얻었다. 이 두 사람은 잘 어울렸다. 그들은 엔지니어라는 공통점이 있었다.

애덤스는 자브에게 600만 달러짜리 제안은 거부할 생각이고, 이보다 더 높은 금액을 제안할 수 있는지 물었다.

자브는 이렇게 대답하면서 열의를 보였다. "나는 당신 회사가 그보다는 훨씬 더 가치가 있다고 생각하기 때문에 거래 조건을 제시해보겠습니다."[52]

자브는 유유넷의 가치를 800만 달러가 조금 넘게 평가한 거래 조건을 제시했다. 이것은 액셀과 NEA, 메트로폴리탄파이버시스템스가 제시한 조건보다 더 나은 것이었다. NEA의 배리스는 그때까지 애덤스와 함께 가고 싶어 했다. 따라서 그는 당장 자브가 제시한 조건에 맞추기로 했다. 애덤스는 아주 기뻐하면서 배리스에게 NEA하고만 거래할 것이라고 말했다. 결과적으로 배리스는 유유넷에 가장 도움이 되는 투자자였다. 그러나 배리스는 벤처투자자가 자신의 평판과 인맥을 지키려는 행동의 모범이라도 되듯이, 경쟁자를 밀어내기 위한 기회를 거

　　　　　　　　　　　　　　　　　투자의 진화

부했다. 그를 무도회에 데려온 사람은 패터슨이었고, 그는 패터슨을 배반하지 않았다. 최종적으로 액셀은 새로운 금액에 합의를 보았다. 1993년 10월, 세 개의 벤처캐피털이 총 150만 달러를 투자했다.[53]

●●●

벤처캐피털의 투자 과정이 이어달리기처럼 느껴질 수 있다. 유유넷을 지원하기로 했던 최초의 투자자 케이퍼가 액셀의 패터슨에게 배턴을 넘겼다. 그다음에 패터슨이 세 명의 벤처투자자들 중에서 동부해안에서 기반을 잡고 있기에 유유넷에 가장 쉽게 닿을 수 있는 배리스에게 배턴을 넘겼다. 그다음에 배리스가 유유넷을 위하여 유능한 관리자를 소개하고는 전면에서 사라지려고 했다.

배리스가 GE의 정보 서비스 부문에서 잔뼈가 굵은 조 스쿼어지니Joe Squarzini에게 연락했다. 나이가 52세인 스쿼어지니는 유유넷의 젊은 엔지니어들과 잘 지낼 수 있을 것 같지는 않았다.

스쿼어지니가 면접장에 나타났을 때 애덤스는 GE 문화를 심어놓으려는 사람은 원하지 않는다고 분명하게 말했다.

스쿼어지니가 이의를 제기했다. 그가 GE의 진부하고도 경직된 분위기를 자아낼 것처럼 보일 수도 있겠지만, 아마추어 무선사이기도 했다.

애덤스는 설득되지 않았다.

스쿼어지니는 물러나지 않았다. "나는 이 회사의 어느 누구와도 친하게 지낼 수 있습니다." 이 지원자는 믿음을 주기 위해 뜨거운 다리미로 전선을 연결할 준비가 되어 있었다.

그제야 애덤스가 감명을 받았다. 나중에 그는 이렇게 말했다. "더 이상 따져볼 필요가 없다는 생각이 들었습니다. 그래서 그를 고용하기로 결정했습니다."[54]

스퀘어지니는 부사장 직위를 부여받고서 유유넷의 자유분방한 활동을 체계화하는 작업을 시작했다. 곧 이러한 작업의 긴급성이 명백하게 드러났다. 유유넷의 회계 계정을 바로잡는 과정에서 회계 담당자가 미지급 송장을 모아둔 서류철을 우연히 발견했다. 유유넷은 75만 달러에 달하는 라우터와 그 밖의 각종 장비에 대한 부채를 놓치고 있었다. 그 금액은 유유넷이 지금 막 모집한 자금의 절반을 상쇄했다. 시리즈 A 단계에서 150만 달러를 모집한 몇 주 후, 자금이 거의 바닥나고 있었다.

누군가가 유유넷 투자자들에게 이런 소식을 전해야 했다. 그들은 현재 거짓으로 판명된 재무제표를 근거로 자본을 투자했다. 그들은 전혀 즐겁지가 않을 것이다. 결국 유유넷이 상장기업이었더라면 현금 잔고의 급격한 수정이 주식가격의 하락으로 이어졌을 것이다. 마찬가지로 유유넷이 은행 대출을 받았다면, 이처럼 난처한 상황이 발생한 이후로는 신규 대출을 기대할 수가 없었을 것이다. 이제 유유넷의 미래는 벤처투자자들이 어떻게 반응하는가에 달려 있었다. 그들은 즐겁지 않은 상황을 조용히 받아들이고 어쩔 수 없이 새로운 자금을 내놓아야 할 것이다. 그렇지 않으면 유유넷의 운전자금이 바닥날 것이다.

그 이후로 몇 년이 지나서 배리스는 애덤스가 75만 달러가 빠져나간 소식을 직접 전했더라면 유유넷의 미래가 상당히 위험했을 것이라고 말했다. 벤처투자자들은 이미 애덤스의 관리 능력을 의심하고 있었다. 따라서 75만 달러를 제대로 기재하지 않은 것이 그들이 재빨리 손을 떼게 했을 수도 있었다. 그러나 벤처투자자들이 실제로 움직이는 방식에 따르면, 애덤스가 직접 그런 소식을 전할 필요가 없었다. 배리

투자의 진화

스가 이미 스퀘어지니를 유유넷에 심어놓았다. 그리고 스퀘어지니는 투자자들의 신뢰를 듬뿍 받는 경험 많은 어른이었다. 나이 든 스퀘어지니가 이사회에서 이런 실수를 자진해서 설명함으로써 젊은 회사를 구할 수 있었다.

이사회가 열리던 날 스퀘어지니는 GE 점퍼와 셔츠를 입고, 자칭 '장갑판을 댄 윙팁 구두'를 신고 나타났다. 애덤스가 면접장에서 그에게 했던 말은 신경 쓰지 말아야 했다. 지금은 최대한 뻣뻣하고 딱딱한 인상을 주어야 한다. 스퀘어지니는 투자자들에게 솔직하게 터놓고 말하면서, 그들의 눈을 바라보며 앞으로 이런 실수는 없을 것이라고 다짐했다. 새로운 재무 통제가 이미 시행되고 있었다. 아마추어의 시간은 지나갔다.

배리스와 자브에게는 아주 끔찍한 순간이었다. 그들은 벤처투자가 처음이었고, 유유넷에 투자하면서 선임 파트너의 승인을 어렵게 받았다. 자브는 멘로벤처스의 창업자인 듀보스 몽고메리 DuBose Montgomery 가 두 팔로 자기 어깨를 감싸며 했던 말을 뚜렷이 기억했다. "존, 잘되어야 할 텐데." 지금은 일이 잘되어가고 있지 않았고, 자브는 회사에서 쫓겨날 걱정을 하고 있었다. 배리스는 스퀘어지니가 하는 말을 듣고서 상당히 공허한 기분을 느꼈다. 그의 NEA 파트너들은 유유넷의 전망에 매료되지 않았다. 이제 그는 "내가 그렇게 말했잖아"라는 소리를 듣게 되었다. 볼티모어 사무실로 가는 길에 배리스의 머릿속은 복잡했다. 파트너들에게 이런 소식을 어떻게 전해야 하는가? 무슨 말을 해야 하는가?

사실 무슨 말을 해야 하는가는 중요하지 않았다. 중요한 것은 벤처투자자들이 은행 혹은 주식시장 투자자와는 다르다는 것이었다. 그들은 이런저런 위기로 무너지는 스타트업들을 상대하면서 살아간다. 그들은 위기를 암시하는 최초의 징후를 맞이하여 손을 뗄 정도로 어리석지는 않다. 몇 년이 지나서 패터슨은 유유넷이 저지른 실수를 기억조차 하지 못했다. 세 명 중에서 가장 경험 많은 투자자였던 그는 이와 비슷한 사건들을 셀 수도 없이 많이 겪었다. 그리고 배리스는 파트너들이 어떤 반응을 보일 것인가를 걱정하면서도, 그다음 조치에 대해서는 현실적으로 생각했다. "돈은 이미 송금되었고, 이제 우리는 이런 상황을 맞이했다. 이제 우리는 어떻게 해야 할 것인가?"[55]

벤처투자자들은 유유넷에서 손을 떼기보다는 보상을 이끌어내려고 했다. 그들은 유유넷에 100만 달러를 더 투자하겠다고 약속하면서 그 대가로 지분을 후하게 쳐줄 것을 요구했다. 애덤스는 케이퍼에게 보내는 '무서운 벤처캐피털'이라는 제목의 이메일에 이렇게 적었다. "내 머리에 총을 겨누고 있는 기분이 들었습니다." 케이퍼가 전하는 말의 이면에는 다음과 같은 가르침이 있었다. "스타트업이 잘나가지 않으면, 벤처캐피털이 당신을 처벌할 것이다."[56]

그런데 애덤스가 마지못해 인정했듯이 파산보다는 처벌이 더 나았다. 1993년 12월에 그는 벤처투자자들이 던져주는 생명줄을 붙잡았다.

●●●

나중에 알고 보니 75만 달러가 준 충격은 유유넷이 궁극적으로 승리할 것이라는 조짐과 동시에 일어났다. 그해 12월에 〈뉴욕타임스〉 비즈니스 섹션 전면에 혁신적인 웹브라우저 모자이크Mosaic에 관한 특집기사가 실렸는데, 이에 따르면 모자이크는 정보시대에 매장된 보물지도였다.[57] 이 기사를 쓴 존 마코프John Markoff가 거의 1년 전에는 고어의 초고속 정보 통신망의 비전이 주는 흥분을 포착했던 적이 있었다. 물론 당시의 흥분에 비해서는 보잘것없을 수도 있지만 포인트앤드클릭Point-and-Click 탐색 덕분에 갑자기 매력적으로 등장한 모자이크는 그에 필적할 만했다. 예전에는 인터넷으로 정보를 찾으려면 "Telnet 192.100.81.100"과 같은 명령어를 입력해야 했다. 이제 사용자들은 단어나 이미지를 클릭하여 웹페이지를 불러낼 수 있게 되었다. 케이퍼의 깨달음이 옳았던 것으로 입증되었다. 정보기술의 미래를 향한 유유넷의 비전은 미국 부통령의 것을 능가했다.

유유넷에 투자한 벤처투자자들에게는 오직 한 가지 과제만 남았다. 바로 애덤스와 그의 팀원들이 이 기회를 확실히 활용할 수 있도록 거듭 확인하는 것이었다. 1994년을 맞이하여 처음 몇 주 동안에 배리스는 버지니아주 북부에 있는 집에서 볼티모어에 있는 NEA 사무실로 가는 도중에 푹스힐의 메리어트 호텔에서 애덤스를 정기적으로 만나 아침식사를 함께 했다. 배리스와 애덤스는 커피와 달걀을 먹으며, 외부에서 CEO를 영입하는 민감한 문제를 포함하여 인사와 전략에 관하여 논의하곤 했다. 배리스는 스타 CEO 후보를 찾기 위해 자신의 네트워크를 샅샅이 뒤지면서 나날을 보내고는 봄이 되어 두 가지 성과를 이루어냈다. 애덤스는 이제 외부 CEO에게 기회를 줄 만큼 배리스를 신뢰했고, 배리스가 이에 적합한 사람을 찾았던 것이다.

문제는 배리스가 그 사람을 유유넷에 합류하도록 설득할 수 있는가에 있었다. 그 사람은 바로 존 시지모어John Sidgmore였는데, GE의 정보 서비스 부문 출신의 또 다른 베테랑이었다. 배리스는 그가 가진 기업가에게 필요한 대담성을 높이 평가했다. GE 시절에 시지모어의 전화기는 계속 울렸고, 그를 찾는 사람들이 줄을 이었다. 시지모어는 입에 담배를 물고, 손에 커피를 들고는 배리스가 경탄할 수밖에 없는 자신감을 가지고 대화를 이어가곤 했다. 문제는 10여 년이 지나 시지모어가 이미 45만 달러를 계약금으로 받고서 다른 회사를 경영하기로 했다는 것이다. 배리스가 시지모어에게 유유넷을 위하여 계약을 철회해달라고 부탁했을 때 그는 예상대로 거절했다. "내가 무엇 때문에 요요넷 혹은 위위넷이라고 하는 작은 회사에 가고 싶겠어요?"[58]

배리스는 자기가 애덤스를 처음 만났을 때 받았던 계시를 설명했다. GE 시절에 자신들이 기업 고객에게 판매했던 프로그램을 그보다 훨씬 적은 비용을 들여 인터넷을 통해서 판매할 수 있다고 말이다. 배리스는 이렇게 유혹했다. "판매 수익을 한번 생각해보세요. 그리고 그것이 당신의 지분 가치에 얼마나 영향을 미칠 것인가도 말이지요." 유유넷은 시지모어가 GE의 정보 서비스 부문의 전략을 떼어 와서 현대화하기 위한 기회를 제시했다.[59] 요요넷 혹은 위위넷은 단지 작은 회사로만 치부해서는 안 되었다.

배리스가 하는 말이 시지모어의 가슴에 와닿았다. 이제 문제는 시지모어가 얼마나 많은 지분을 요구할 것인가에 있었다. 1994년 6월 그는 총지분의 6퍼센트를 갖기로 합의했다. 이것은 존 모그리지가 시스코에 합류하면서 받기로 했던 것과 거의 같았다. 또한 이것은 유유넷에 투자한 벤처캐피털들이 각각 50만 달러를 내고서 그 대가로 받은 지분과도 거의 비슷했다.

시지모어를 영입한 이후로 배리스가 해야 할 일은 거의 없었다. 스타 CEO가 운전석에 앉은 상태에서 유유넷은 당장 벤처투자 설명회를 세 차례 개최하여 자금을 모집했고, 무서운 속도로 사업을 확장했으며, 배리스가 GE에서 얻은 경험을 바탕으로 행동했다. 1995년 1월

　　　　　　　　　　　　　　　　　　投資의 진화

유유넷은 마이크로소프트가 최초로 인터넷을 중심으로 설계한 운영 체제라 할 윈도우 95를 지원하는 네트워크 인프라 구축 계약을 체결했다. 그다음 달에 시지모어는 온라인 서비스 부문에서 마이크로소프트의 주요 라이벌이라 할 AOL과도 비슷한 계약을 체결하는 놀라운 실적을 이루어냈다. 코카콜라와 펩시를 함께 고객으로 확보하는 것과도 같은 일을 해낸 유유넷은 폭발적으로 성장했다. 이후로 3개월이 지난 1995년 5월 유유넷은 주식공모에 들어갔다.

1993년이라면 메트로폴리탄파이버시스템스와 같은 기업투자자 혹은 액셀과 같은 벤처투자자 중에서 누가 유유넷을 지원할 것인가를 동전을 던져서 결정했는지도 모른다. 그러나 지금은 액셀이 엄청난 수익을 챙기게 되었다. 유유넷은 주식공모를 하면서 기업가치가 9억 달러에 달했다. 이처럼 멋진 1회전이 끝나고, 메트로폴리탄파이버시스템스가 두 번째로 모습을 드러내서는 유유넷을 20억 달러에 인수했다. 액셀은 탁월함보다는 행운을 통하여 투자금의 54배인 1억 8800만 달러의 수익을 챙겼다. 멘로벤처스도 비슷한 금액을 챙겼다. NEA는 투자자의 지위를 더 오래 유지했기 때문에 더 많은 수익을 올렸다.[60] 개인으로서 벤처캐피털은 많은 실수를 저질렀다. 그러나 시스템으로서 벤처캐피털은 유유넷이 많은 사람들에게 인터넷을 보급하는 작업을 지원했다.

애덤스는 투자자들에게 많은 불안을 느꼈지만 정당한 보상을 얻었다. 그는 주식공모를 마치고 케이퍼에게 이렇게 말했다. "지난 몇 년 동안 올바른 방향으로 이끌어주신 것에 대하여 다시 한 번 감사드립니다."

그리고 이렇게 덧붙였다. "저는 1억 3800만 달러를 벌었습니다. 정말 꿈만 같습니다."[61]

···

유유넷 이야기에는 마침표가 있고, 그것은 벤처캐피털이 주는 교훈을 강조하는 것이었다. 1993년 12월 〈뉴욕타임스〉에 실린 모자이크라는 마법의 웹브라우저는 일리노이주립대학교의 납세자가 지원하는 연구소에서 나왔다. 이것은 정부가 지원하는 과학이 온라인 혁명을 촉진하는 또 다른 사례였다. 그러나 모자이크를 개발한 마크 앤드리슨은 일리노이주립대학교에 오래 머물지 않았다. 정부는 기초과학에 능숙했다. 하지만 기초과학의 업적을 사회를 변화시키는 제품으로 전환하는 데는 미숙했다.

대학이 범하는 오류는 인재를 당연하게 여기는 것이었다. 앤드리슨은 대학의 전미 슈퍼컴퓨터 응용연구소National Center for Supercomputing Applications에서 비정규직으로 시간당 6.85달러를 받고 일하면서 웹브라우저를 개발했다.[62] 그 덕분에 유명인사가 되면서 정규직을 제안받았지만, 거기에는 모자이크에 관여해서는 안 된다는 조건이 붙었다. 이것은 관료주의적 조치의 전형이었다. 연구소는 성공한 프로젝트의 공을 젊은 천재가 아니라 조직이 차지하고 싶었다.[63] 앤드리슨은 공공 부문을 떠나 실리콘밸리로 가버렸다. 그는 어떤 재능이 가치가 있고 그것을 어떻게 최대한 활용할 수 있는지 잘 알고 있는 짐 클라크Jim Clark라는 발명가와 협력하기로 했다.

일리노이주립대학교는 모자이크를 범용으로 출시하여 돈을 벌려고 했다. 앤드리슨은 그것이 실패할 것이고, 그보다 더 나은 버전이 거대한 시장을 장악할 것으로 확신했다. 그는 재정 지원을 하는 클라크와 함께 예전에 근무하던 일리노이주립대학교 어바나샴페인을 다시 찾아갔다.

투자의 진화

두 사람은 앤드리슨과 함께 모자이크 프로젝트를 진행했던 7인의 엔지니어들을 만났다. 특히 클라크는 시간을 내어 호텔 스위트룸(그는 나중에 이렇게 적었다. "그곳에서는 투숙객들에게 베개 위의 초콜릿을 기본으로 제공했다")에서 그들을 한 사람씩 따로 만나서 시간당 6.85달러라는 말도 안 되는 임금을 받는 엔지니어들에게 연봉 6만 5000달러와 주식 10만 주를 제안했다. 그는 그들에게 이렇게 말했다. "나는 주식 10만 주의 가치가 100만 달러가 넘을 것으로 확신합니다. 그러나 5년 이내에 상황이 원하는 대로 전개된다면, 내 목표는 당신이 1000만 달러를 넘게 벌도록 하는 것입니다."[64] 당연하게도 7인의 엔지니어들 모두가 그 기회에 뛰어들었다. 클라크는 앤드리슨을 포함해서 8인의 반란자들을 해방시켰다.

처음에는 클라크가 3D 이미지를 처리하는 고성능 컴퓨터 시장을 개척한 실리콘그래픽스Silicon Graphics에서 번 돈으로 벤처기업에 자금을 지원했다. 그는 이 스타트업 주식의 거의 모두를 챙겨 가고 자신의 몫으로는 겨우 3퍼센트만을 남기면서 자신을 허울뿐인 사람으로 대우하는 (혹은 그가 그렇게 생각하는) 벤처투자자들을 좋지 않은 시선으로 바라보았다.[65] 실리콘그래픽스 이사회가 열릴 때면 클라크는 얼굴을 붉히며 메이필드의 파트너로 처음에 자신을 지원했던 글렌 뮬러Glenn Mueller를 향해 큰소리로 화를 내곤 했다. 뮬러는 가만히 앉아서 참기만 했다.[66]

1994년에 클라크가 8인의 반란자들을 데려왔을 때, 그가 비난하던 벤처투자자들이 클라크가 하는 새로운 사업을 지원하고 싶어 했다. 그들은 일리노이주립대학교가 보여준 것과는 정반대의 태도를 보였다. 인재를 무시하고 떠나게 내버려 두기보다는 멀어지지 않기 위하여 힘든 일도 마다하지 않았다. 실리콘그래픽스에 투자했던 NEA의 딕 크램릭은 젊은 직원에게 클라크가 하는 일을 유심히 관찰하라고 지시했다. 크램릭은 클라크가 무슨 일을 하든 자신이 그 일의 한 부분이 되기를 원했다. 뮬러도 마찬가지였다. 클라크가 새로운 웹브라우저를 개발하고 있다는 소문을 듣고는 계속 전화해서 투자기회를 달라고 했다. 하지만 클라크는 퇴짜를 놓았다.

뮬러는 자기 차 안에서 또다시 전화했다. 클라크가 자신의 간청을 거절하자 이렇게 말했다. "짐, 우리가 투자하지 못하면 내 파트너들이 날 죽일 거야."

일주일이 지난 1994년 4월 4일, 클라크는 모자이크커뮤니케이션스Mosaic Communications를 공식적으로 설립했다. 그때 클라크의 아내가 안 좋은 소식을 듣고 전화를 했다. 뮬러가 멕시코 연안의 카보산루카스에서 보트에 탄 채 엽총을 입에 물고 방아쇠를 당겼다는 것이다.[67]

클라크는 이런 비극적인 소식은 잊어버리고 회사를 키우는 데에만 집중했다. 그는 모자이크커뮤니케이션스가 시리즈 A 단계에서 300만 달러어치의 주식을 발행하도록 조치를 취하고는 전부를 사들여서 전체 지분의 절반을 차지했다.[68] (다음 해에 모자이크커뮤니케이션스가 넷스케이프Netscape로 이름을 바꾸고는 주식공모에 들어갔을 때, 젊은 마크 앤드리슨은 클라크가 실리콘그래픽스에서 가졌던 지분과 똑같은 겨우 3퍼센트의 지분만을 가져갔다.)[69] 그러나 클라크가 아무리 벤처투자자들을 경멸하더라도 그들의 지원이 필요했다. 그의 회사는 성장을 원했다. 그리고 은행이 그의 회사를 지원할 것 같지는 않았다.

1994년 가을에 클라크는 벤처투자자들에게 투자를 권했지만, 모자이크커뮤니케이션스의 가치를 불과 몇 달 전에 자신이 주식을 사들였을 때와 비교하여 세 배나 높게 평가했다. 이처럼 급격한 상승을 정당화할 만한 커다란 사건은 일어나지 않았다. 가격 규율을 염두에 둔 냉

투자의 진화

철한 벤처투자자라면 클라크의 가치평가를 이상하게 여길 것이다. 벤처캐피털의 지원을 받는 어떠한 스타트업도 제품을 출시하기 전에 기업가치가 1800만 달러에 달했던 적은 없었다.

클라크는 먼저 뮬러가 파트너로 일했던 메이필드에 접근했다. 아마도 당연한 일이겠지만, 이제 와서 메이필드가 클라크에게 투자할 마음이 내키지는 않았다. 그다음에는 실리콘그래픽스 시절에 관계를 맺은 또 다른 투자자 크램릭을 찾아갔다. 크램릭과 그의 파트너들은 기업가치가 세 배로 증가한 데 주저했다. 그다음에 클라크는 값의 차이에 놀란 소심한 투자자들을 뛰어넘어 비전을 가진, 어쩌면 미친 짓도 할 수 있는 벤처투자자를 찾아 나섰다. 당연히 그는 클라이너퍼킨스의 존 도어에게서 길을 찾았다.

클라크가 올바른 목표물을 선택했다는 사실은 금방 분명해졌다. 도어는 세상을 변화시키는 즉흥 연주자로서의 기질 때문에 고GO와 다이너북테크놀로지스에 투자하여 어려움을 겪은 적이 있었다. 그러나 이처럼 흥분을 잘하는 기질이 모자이크커뮤니케이션스와, 그리고 더욱 중요하게는 역사의 이 순간과도 완벽하게 맞아떨어졌다. 예전에 도어가 자신의 목표는 단지 기업이 아니라 새로운 산업을 창출하는 것이라고 자랑하면서 과대광고를 한다는 비난을 받았다. 하지만 모자이크커뮤니케이션스는 정말 혁명적인 제품을 내놓았다. 이 회사가 내놓은 웹브라우저는 사람들이 정보에 접근하고, 대화하고, 협력하는 방식을 바꾸어놓을 것이었다.

또한 모자이크커뮤니케이션스는 멱법칙의 전개에서 새로운 단계를 정립했다. 벤처캐피털 수익은 어느 정도는 스타트업 고유의 역학 때문에 그랜드슬램의 발생 여부에 따라 결정된다. 대부분의 스타트업들은 실패하지만, 견인력을 얻는 스타트업들은 폭발적으로 성장할 수 있다. 기술기업뿐만 아니라 패션 브랜드나 호텔 체인에서도 마찬가지다. 그러나 기술 중심의 벤처 포트폴리오 기업들은 또 다른 이유로 먹법칙의 지배를 받는다. 기술 스타트업들이 그 자체가 폭발적으로 발전할 수 있는 기술에 기반을 두기 때문이다. 도어는 자신의 경험과 기질덕분에 이러한 현상에 대단히 잘 적응했다. 그는 인텔에서 젊은 엔지니어로 근무하면서 무어의 법칙이 반도체를 사용하는 기업의 가치를어떻게 변화시켰는지 알 수 있었다. 칩의 위력은 2년마다 두 배씩 커지고 있었기 때문에 칩을 유용하게 사용하는 스타트업들은 더 좋고 저렴한 제품을 만들 수 있었다. 특정 모뎀, 디지털시계, 개인용 컴퓨터의 경우 기계 내부에 들어가는 반도체 비용은 2년 후 50퍼센트, 4년 후 75퍼센트, 8년 후 87.5퍼센트 하락할 것이다. 기술 스타트업에도 이와 같은바람이 뒤에서 불면 수익이 당연히 폭발적으로 증가할 것이다.

모자이크커뮤니케이션스, 더욱 일반적으로는 인터넷이 이러한 현상에 속도를 높였다. 도어는 다시 한 번 다른 사람들보다 이것을 더 잘파악했다. 그는 인텔에서 일했고 밥 멧칼프를 알고 있었기 때문에, 멧칼프의 법칙이 무어의 법칙보다 훨씬 더 폭발적이라는 사실을 이해했다. 네트워크의 가치는 칩의 위력처럼 2년마다 두 배로 증가하는 것이아니라 사용자 수의 제곱으로 증가할 것이다.[70] 따라서 발전은 단순히두 배가 아니라 사용자 수의 제곱만큼 이루어질 것이다(사용자 수를 계속 제곱하면, 계속 두 배로 증가하는 것보다 훨씬 더 빠르게 증가한다). 또한 발전은 시간의 흐름이 아니라 사용자 수에 따라 결정된다. 도어가 클라크를 만났을 때 인터넷 사용자 수가 앞으로 2년 동안 세 배 정도 증가할 것으로 보였다. 이것은 네트워크의 가치가 아홉 배나 증가할 것이고, 같은 기간 동안 칩의 위력이 두 배로 증가하는 것보다 훨씬 더 강력한 효과가 있다는 것을 의미한다. 게다가 무어의 법칙은 그것만으로도 충분히 극적인데, 멧칼프의 법칙은 그것을 단순히 대체하는 것만이 아니었다. 멧칼프의 법칙은 오히려 그것을 심화시켰다. 인터넷 트래픽의 폭발적인 증가는 유용성의 급격한 증가(멧칼프의 법칙)와 함께 모뎀과 컴퓨터의 가격 하락(무어의 법칙)에서 비롯된 것이었다.[71]

도어는 클라크의 설명을 듣고는 투자하기로 결심했다. 많은 사람들을 인터넷으로 끌어들인 마법의 웹브라우저는 거의 무한한 잠재력을 지녔다. 도어가 얼마를 투자해야 하는가는 부차적인 문제였다.

도어는 클라크가 떠난 직후 파트너인 비노드 코슬라에게 전화했다. 코슬라는 다음 날인 토요일에 클라크와 앤드리슨을 만나자고 재촉했다. NEA와 메이필드는 모자이크커뮤니케이션스에 관심을 보이지 않았지만, 도어는 이 기업의 가치가 급격하게 증가했더라도 당연히 투자해야 한다고 생각했다.

코슬라는 마운틴뷰의 엘카미노와 카스트로 모퉁이에 있는 모자이크커뮤니케이션스 사무실에서 창업자들을 정식으로 만났다. 그는 벤처투자를 재무적인 선택으로 생각했다. 처음에 투자한 돈보다 더 많은 금액을 잃지는 않지만, 성공할 때에 얻는 금액은 끝이 없었다. 멱법칙이 스타트업에 무엇을 의미하는지, 무어의 법칙이 연산 능력에 무엇을 의미하는지, 멧칼프의 법칙이 네트워크에 무엇을 의미하는지, 각각의 법칙이 다른 법칙들의 효과를 어떻게 심화시켰는지를 고려할 때, 모자이크커뮤니케이션스는 반드시 가지고 있어야만 하는 옵션이었다. 회의가 끝난 후 코슬라가 도어에게 전화해서 이렇게 말했다. "우리가 반드시 투자해야 합니다."[72]

며칠 후 클라크와 앤드리슨은 클라이너퍼킨스의 위원들이 전원 참석한 투자위원회에서 투자 설명을 시작했다. 액셀 스타일의 '준비된 마인드'라는 것은 없었지만, 이것이 중요하지는 않았다. 클라이너퍼킨스의 파트너들이 투자를 승인하는 데는 45분이 걸렸다. 어떤 파트너는 이렇게 말했다. "우리는 높은 대가를 지급한다는 사실을 잘 압니다. 특히 그 이면에 있는 기술 전문가가 어린 소년처럼 보이는 대상에 말입니다"라고 말했다.[73] 그러나 그 자리에 모인 모든 이들이 톰 퍼킨스의 또 다른 가르침을 기억했다. '벤처투자에서 성공하려면 가치평가를 두고 흥정하지 말고, 올바른 거래를 지원해야 한다.'

1995년 8월에 (지금은 넷스케이프로 이름을 바꾼) 모자이크커뮤니케이션스가 주식공모에 들어갔다. 거래 첫날이 끝날 무렵 클라이너퍼킨스가 처음 투자했던 500만 달러가 2억 9300만 달러가 되었다.[74] 이후로도 넷스케이프의 주식가격이 계속 오르면서, 클라이너퍼킨스는 가만히 앉아서 금방 5억 달러의 수익을 올렸다. 다시 말하자면 액셀이 유유넷에 투자한 것과 비교하여 거의 두 배에 달하는 100배의 수익률을 기록한 것이다. 이런 종류의 그랜드슬램을 맞이했을 때 클라이너퍼킨스의 투자금이 제로가 된 적이 얼마나 많이 있었는지는 전혀 중요하지 않았다. 인터넷시대에 엄청난 멱법칙을 보여주는 기업의 지분을 갖는 것은 대단한 가치가 있는 일이었다.

7장

벤치마크, 소프트뱅크 그리고 "모두가 1억 달러를 필요로 한다"

The Power Law

1995년 초 누군가 유유넷 이사회에서 이상한 이름을 거론했다. 바로 액셀의 텔레콤 연구원 돈 구딩이었다. 그는 회사의 웹사이트, 즉 벤처기업이 만든 최초의 인터넷 프레즌스internet presense라 할 웹사이트를 구축하고 있었다. 그런데 그가 웹에서 시간을 보내면서 최고의 상품을 편리하게 안내하는 가이드로 계속 되돌아가는 경험을 했다. 이 가이드는 야후Yahoo라고 불렸다.

"야후라고?" 그 자리에 모인 사람들은 낄낄대며 웃었다. 이것은 진지하게 받아들여지지 않았다.

액셀의 투자 대상으로 야후를 제안하려던 구딩은 상당히 위축되었다. 대수롭지 않은 장난으로 여겨질 아이디어를 내봐야 아무런 소용이 없을 것이다.[1]

몇 주가 지나서 흔히 그랬듯이 일단의 벤처투자자들이 저지른 오류가 다른 사람들에 의해 수정되었다. 실리콘밸리의 베테랑 투자자 빌 드레이퍼는 스탠퍼드대학교 캠퍼스의 소박한 트레일러에서 일하는 야후 창업자들을 철저히 조사하기 시작했다.

드레이퍼가 몸을 숙여 트레일러 안으로 들어갔다. 키가 큰 그는 자전거와 스키 주변을 간신히 통과하여 코니시키Konishiki라는 컴퓨터로 다가갔다. 컴퓨터의 주인이자 얌전한 대학원생인 데이비드 필로David Filo는 이처럼 엉뚱한 이름을 좋아했다. 코니시키는 그가 가장 좋아하는 스모 선수였다.

필로는 드레이퍼에게 알고 싶은 게 있으면 질문해보라고 했다.

드레이퍼는 자기가 이사회 이사직을 맡은 예일대학교의 등록금이 얼마인지를 물어봤다.

필로가 키워드 몇 개를 입력하자 코니시키 화면에 두꺼운 책 몇 권의 이미지가 나타났다. 이것은 예일대학교 홈페이지의 초기 화면이었다. 그다음 키워드 몇 개를 입력하자 답이 튀어나왔다. 예일대학교의 1년 등록금은 2만 1000달러.

드레이퍼는 깜짝 놀랐다. 새로 나온 넷스케이프 웹브라우저는 웹서핑을 지원했지만, 목록이나 검색 서비스는 제공하지 않았다. 온라인으로 거의 모든 것을 찾아볼 수 있다는 아이디어는 디지털시대의 마법처럼 느껴졌다. 그는 드레이퍼 가문의 사무실을 운영하는 아들 팀에게 야후에 투자할 것을 권하기로 결심했다.[2]

거의 비슷한 시기에 단정한 차림에 안경을 쓴 사람도 트레일러로 들어왔다. 드레이퍼는 실리콘밸리의 왕족이었지만, 샌드힐로드가 아들 팀이 변형 핸들을 잡고서 오토바이를 타던 시절에는 비포장도로였던 것을 기억했다. 반면에 이 단정한 차림의 방문객은 마이클 모리츠Michael Moritz라는 웨일스 출신의 벼락출세한 사람이었다. 그는 대학 원생으로 미국에 왔고, 실리콘밸리를 취재하여 〈타임〉에 실었고, 그 과정에서 이 잡지를 기술 분야의 유명인사들에게 접근하기 위한 방법 으로 이용했다. 1980년대 중반에 모리츠는 기술 뉴스레터 및 콘퍼런 스 정보를 제공하는 벤처기업이자 스타트업을 설립하여 잠시 경영했 다. 이후로 1986년에 보기 드문 경력 전환을 감행하여 세쿼이아캐피 털에 취업했다.

모리츠는 트레일러로 들어가 컴퓨터 장비가 내뿜는 뜨거운 열기에 움찔했다. 바닥에는 세탁하지 않은 옷과 피자상자들이 널려 있었고, 스크린에서 나오는 환한 빛을 차단하기 위해 가리개가 튀어나와 있었 다. 골프채는 벽에 기대어 세워져 있었다.[3] 트레일러의 상태로 볼 때 '재소자'들은 이곳에서 빠져나와야 할 때가 되었다.

구딩, 드레이퍼와 마찬가지로 모리츠도 야후가 매력적이라고 생각 했다. 웹은 수많은 사용자들에게 빠른 속도로 문을 열고 있었다. 야후 는 인터넷을 위하여 〈TV가이드〉와도 같은 역할을 할 수 있었다. 그것 은 이처럼 새로운 매체에서 소비자들에게 그들이 원하는 정보로 안내 하는 서비스를 제공하는 것을 의미한다. 문제는 인터넷 가이드가 어떻 게 돈을 벌 것인가에 있었다.

모리츠는 필로와 그의 동료 제리 양Jerry Yang에게 물었다. "그러면 구 독자에게 얼마를 받을 것입니까?"[4]

필로와 양은 서로 눈빛을 교환했다. 서로 상대방이 무슨 생각을 하 는지 알고 있었다. 이 사람은 이해를 못 하고 있다는 사실을 말이다.[5]

그들은 모리츠에게 야후는 무료로 제공된다고 설명했다. 그들은 박 사학위 논문을 쓰다가 기분을 전환하려고 사이트 목록을 모으기 시작했다. 이것은 원반던지기 클럽에 가입하거나 공포영화에 빠져드는 것처럼 일종의 취미였다. 그들에게 목표는 따분하게 수익에만 집착하는 것이 아니라 즐기는 것이었다. 그들은 브라이언Brian의 라바램프Lava Lamp, 쿼드라레이Quadralay의 아르마딜로Armadillo 홈페이지와 같이 자신의 공상을 사로잡은 엉뚱한 사이트들을 열거했다.[6] 그들은 괴상한 명칭을 붙이는 것을 좋아했지만, 모리츠에게는 그것이 무엇을 의미하는지 알려주어야 했다. 코니시키의 동료 워크스테이션의 이름은 이종격투기 선수 아케보노Akebono였다. 야후는 "계층적으로 잇달아 나오는 친절한 제시Yet Another Hierarchical Officious Oracle"를 의미했다. 고객에게 요금을 부과하는 것은 기업 고유의 기발한 정신에 반하는 것이었다.

모리츠가 세쿼이아캐피털에 첫 출근할 때 동료 직원들은 상당히 회의적인 반응을 보였다. 그는 옥스퍼드대학교에서 역사를 공부했고, 잡지사 기자였고, 두 권의 비즈니스 서적을 저술했다. 그는 엔지니어 혹은 기업 관리자로 근무한 경력이 없었다. 모리츠가 면접을 보고 나서 세쿼이아캐피털의 한 파트너가 이렇게 외쳤다. "이 사람은 아무것도 몰라요." 돈 발렌타인은 모리츠에게서 다재다능한 학습자의 모습을 보았기 때문에 이러한 반대를 일축했고, 경험을 바탕으로 고생하지 않으려는 사람보다는 배고프고 당돌한 사람을 고용하고자 했다.[7] 그런데 우연하게도 모리츠의 파격적인 경력이 곧 그 가치를 입증할 상황이었다.

모리츠가 야후가 의도하던 계획, 즉 고객에게 자사의 서비스를 공짜로 제공하면서 벤처투자자들에게 자금을 모집하려는 계획을 철회하게 만들 수는 없었다.[8] 그러나 잠시만 수평적 사고lateral thinking(상상력을 발휘하여 새로운 방식으로 사고함으로써 문제 해결을 시도하는 것―옮긴이)를 하면, 야후의 계획이 효과가 있을 수 있다는 사실을 깨닫게 된다. 모리츠 자신이 야후가 제안한 것을 정확하게 수행한 미디어 부문의 주요 성숙 기업에서 일한 경험이 있었다. 라디오 방송국과 텔레비전 네트워크는 뉴스와 쇼를 무료로 방송하고는 광고비를 청구하여 수익을 올린다. 게다가 언론인들은 건방진 험담과 함께 기발한 줄거리를 제공했다. 불손한 언행과 수익은 서로 모순되지 않았다. 모리츠는 이러한 유사성을 발견하고는 야후의 사례를 드레이퍼보다 더욱 분명하게 이해했다. 그는 단순히 제품에만 감명받은 것이 아니라 미래의 비즈니스 모델을 이해하고 있었다.

모리츠는 양과 필로와 계속 잡담을 나누다가 이것저것 캐묻는 사람에서 아첨꾼으로 미묘하게 태세를 전환했다. 그는 자신이 이번 거래에 뛰어들기 위한 경쟁에 직면할 것으로 생각했다. 또한 야후는 규모가 큰 인터넷 기업인 AOL과 넷스케이프에서 인수 제안을 받고서 고심하고 있었다. 이러한 경쟁자들을 물리치기 위해 모리츠는 감성적인 질문을 하고, 대답을 열심히 듣고, 젊은 대학원생들의 머릿속으로 들어가려고 했다. 몇 년이 지나 왜 다른 인수 제안자가 아니라 모리츠를 선택했는지 묻는 질문에 양은 모리츠가 영혼을 가지고 있다면서 알쏭달쏭한 대답을 했다.[9] 처음에는 모리츠가 경쟁에서 승리할 가능성이 없어 보였지만, 양과 이미 깊은 교감을 나누고 있었다.

그들의 교감이 무르익어가는 시점에 양은 모리츠에게 회사 이름을 좀 더 진지한 것으로 바꾸어야 하는지 물었다. 모리츠는 양이 그렇게 한다면 세쿼이아캐피털은 지원하지 않을 것이라고 말했다.[10] 게다가 모리츠는 자신의 주장에 대한 논리적 근거, 즉 양 자신이 전혀 생각해 본 적 없는 것을 제시했다. 모리츠는 저널리스트로 활동하면서 스티브 잡스에 대한 통찰력이 뛰어난 책을 썼다. 그는 이제 야후가 상당히 소

중한 이름, 영감을 주고 기억하기 쉬운 회사 이름이라고 주장했다. 애플처럼 말이다.[11]

본능에서 나왔든 교활함에서 나왔든 모리츠는 반론의 여지가 없는 완벽한 답을 주었다. 그는 잡스뿐만 아니라 실리콘밸리의 어느 누구라도 잘 이해했기 때문에, 두 명의 알려지지 않은 대학원생들과 실리콘밸리의 전설적 인물을 연결하면서 믿음을 줄 수 있었다. 모든 위대한 벤처투자자들과 마찬가지로 그는 가장 믿을 만한 창업자의 운명에 대한 직감을 자세히 진술하는 방법을 알고 있었다. 그것은 궁극적으로 유혹이었다.

1995년 4월, 세쿼이아캐피털은 야후에 97만 5000달러를 정식으로 투자하여 야후 지분의 32퍼센트를 차지했다. 필로와 양이 각각 25퍼센트를 차지했고, 나머지 주식은 모리츠가 외부에서 영입한 최고경영자를 포함하여 야후 직원을 위해 따로 떼어놓았다. 빌 드레이퍼의 아들 팀도 이번 거래에 참여하고 싶어 했다. 그는 모리츠보다 더 늦게 뛰어들었지만, 이제는 전향자로서 열의를 가지고 있었다. 그러나 세쿼이아캐피털은 그를 단호하게 몰아냈다. 이번 게임에서는 투자자들이 승부의 책임을 가능한 한 많이 지는 것을 원했기 때문이다.

• • •

세쿼이아캐피털의 야후 투자는 닷컴버블로 인터넷 기반 사업이 절정에 달했던 1990년대 후반을 위한 무대를 마련했다. 벤처캐피털이 제품에 대하여 거의 혹은 전혀 대금을 청구하지 않는 회사를 지원하는 새로운 현상이 들불처럼 확산되었다. 스타트업은 올해의 매출이나 심

투자의 진화

지어 내년의 매출에 따라 평가되지 않고, 적어도 이론적으로는 미래의 수익을 창출하게 하는 추진력, 매력, 청중, 브랜드에 따라 평가되었다.

모리츠는 야후의 기세를 떨치기 위해 양 자신은 비교를 거부했지만, 그를 잡스의 재림이라고 선전하며 실리콘밸리의 얼굴로 자리매김하려고 했다.[12] 1970년대 대항문화의 기수로서 맨발의 잡스는 개인용 컴퓨터 사업을 시작했다. 이민자들, 특히 아시아 출신의 이민자들이 실리콘밸리에서 이름을 떨치기 시작했을 때 타이완계 미국인 양은 새로운 스타일의 스타트업을 위한 복음 전도사로 부상했다. 이를 드러내고 활짝 웃는 얼굴, 숱이 많은 검은 머리, 대학생들이 즐겨 입는 카키색 바지 차림을 한 그의 사진은 잡지에 자주 실렸다. 그는 기술 콘퍼런스에서 청중을 확보하기 위한 야후의 전략을 주제로 온라인 강연도 했다. 그는 절반은 괴짜이고, 나머지 절반은 마케팅 전문가였다. 1995년 6월, 양이 어느 모임에서 박수갈채를 받고 나서 다름 아닌 밥 멧칼프가 관심을 보이기 시작했다. 그는 이렇게 자신 있게 말했다. "야후는 최초의 위대한 인터넷 브랜드가 될 것이다."[13]

한 가지 숨기고 싶은 비밀은 야후가 대단한 기술기업이 아니었기 때문에 브랜드를 구축할 수밖에 없었다는 것이다. 야후는 내세울 만한 특허도 전혀 없었고, 기술 우위도 거의 없었다. 야후의 목록은 웹 서핑과 사이트 분류를 통해 작성되었고, 이를 위한 작업의 상당 부분이 수동으로 진행되었다. 따라서 야후는 퍼킨스의 법칙을 고스란히 보여주었다. 다시 말하자면, 야후에는 기술 위험이 따르지 않았기에 엄청나게 큰 시장 위험이 따랐다. 이는 경쟁자들로부터 자신을 보호해줄 기술적 해자가 없기 때문이었다. 게다가 야후가 추진하는 사업에는 승자 독식의 논리가 따랐기 때문에 경쟁이 매우 치열할 수밖에 없었다. 인터넷 사용자들은 웹에서 정보를 검색하는 단 한 가지 방법에만 의존할 가능성이 크다. 이때 승자가 온라인 광고에서 가장 많은 몫을 차지할 것이다. 낙오자들에게 돌아가는 몫은 몇 푼 되지 않을 것이다.

야후는 이러한 극단적인 먹법칙에 직면하여 전통적인 기술기업처럼 행동해서는 안 되었다. 단순히 제품을 발명하고 판매하려고만 해서도 안 되었고, 판매와 수익을 발생시키는 기술적 참신성에만 의존해서도 안 되었다. 오히려 경쟁자들보다 더 떠들썩하게 남아 있어야 했고, 이는 기세를 떨쳐야 한다는 것을 의미했다. 미래의 인터넷 기업의 역학을 생각하면, 위험한 순환논리가 자리를 잡게 된다. 야후가 성장하기 위한 열쇠는 야후가 계속 성장해야 한다는 것이었다. 따라서 야후가 초기에 수입을 발생시키는 데 성공하더라도 이것이 수익으로 이어지지는 않았다. 광고 수입을 마케팅 지출로 재투자해야만 사업을 계속 확장할 수 있었다.[14] 실제로 광고 수입을 재투자하는 것만으로는 충분하지 않은 것으로 드러났다. 세쿼이아캐피털로부터 100만 달러를 확보한 지 8개월이 지나서 야후는 또다시 자금을 모집하기 시작했다.

전통적인 벤처투자자라면 기술적 해자도 없고, 브랜드 외에는 아무것도 없이 현금만 축내는 사업을 보면서 야후의 생명줄을 끊어버렸을지도 모른다. 그러나 1995년 말에는 전통이 사라졌다. 넷스케이프가 여름에 주식공모에 들어간 것은 인터넷의 등장이 게임을 어떻게 변화시켰는지 보여주었다. 엄청난 먹법칙을 보여주는 기업들로부터 천문학적인 수익을 얻을 수 있다는 사실을 고려하면, 그들에게 투자하지 않는 것은 미친 짓이었다. 게다가 넷스케이프와 유유넷이 대박을 터뜨린 것이 대학 기부금펀드와 연금펀드의 눈에 띄었고, 이들은 여분의 자금을 벤처기업에 쏟아부었다. 1995년 미국의 벤처 파트너십들은

　　　　　　　　　　　　　　　　　　투자의 진화

5년 전의 30억 달러보다 훨씬 더 많은 100억 달러를 모금했다.[15] 실리콘밸리에는 자금이 넘쳤고, 멱법칙의 논리에 대한 믿음이 너무 강해서 야후는 자금을 지원받는 데 전혀 어려움이 없었다.

● ● ●

당시 등장한 자금 제공자는 이 순간에 더할 나위 없이 적합한 사람이었다. 손정의Masayoshi Son이라는 키가 작고 가냘픈 체구의 기업가였는데, 소프트뱅크SoftBank라는 소프트웨어 유통업체를 크게 성공시켜 일본의 빌 게이츠Bill Gates라는 명성을 얻었다. 금수저 출신인 게이츠와 다르게 손정의는 자수성가한 인물의 극단적인 사례였다. 그는 일본에서 소외받는 한국인 소수민족 가정에서 태어나서 철도 주변의 무허가 판잣집에서 여섯 명의 형제자매와 함께 자랐다. 이런 불우했던 어린 시절은 그의 전설에 기여했지만, 정신적으로 커다란 짐이 되기도 했다. 그의 아버지는 야수모토라는 일본인 성으로 개명하여 민족적 정체성을 숨기려고 했고, 이러한 굴욕으로 손정의는 열여섯 살에 집을 나와 캘리포니아로 떠났다. 그는 떠날 때 이렇게 다짐했다. "나는 모든 인간이 평등하다는 것을 증명하기 위해 나의 성을 그대로 간직할 것이다."[16] 세월이 지나 손정의의 동료들은 뿌리 깊은 아웃사이더 콤플렉스가 그의 비범한 투자 스타일을 이해하기 위한 열쇠라고 말했다. 그는 재산이 수십억 달러나 되는 상황에서도 마치 아무것도 잃을 것이 없는 무법자처럼 내기를 걸었다.

1995년 가을에 손정의는 캘리포니아로 두 번째 방랑여행을 떠났다. 첫 번째 여행 이후로 그는 캘리포니아대학교 버클리 경제학과를 졸업하고 일본으로 돌아와서는 소프트뱅크를 설립하여 큰돈을 벌었다. 이제 그는 인터넷이 큰돈을 벌게 해줄 것으로 생각하고는 일본에서 미국으로 사업을 옮기고 있었다. 이것은 아시아의 기업가에게는 찾아보기 힘든 급격한 변화였다. 외부인이 실리콘밸리의 촘촘한 네트워크를 파고들기가 어려울 수 있었다. 그러나 손정의는 미국의 기술 부문 출판사와 대표적인 컴퓨터 콘퍼런스 기획사를 인수하여 앞으로 펼쳐지게 될 흥미로운 영역을 발견하는 데 도움이 될 정보 흐름과 인맥을 확보했다.

1995년 11월에 손정의는 스탠퍼드대학교 캠퍼스에서 몇 킬로미터 떨어진 마운틴뷰에 있는 야후의 새 사무실을 방문했다. 양과 필로는 벽에 페인트를 칠했고, 필로의 작업공간에는 롤러블레이드, CD 케이스, 구겨진 음료수 캔, 〈마이크로타임스Micro Times〉의 지난호, 파란색 격자무늬를 한 폴리에스테르 담요가 흩어져 있었다. 그런데 얄궂게도 필로가 하는 일은 사이버공간에서 질서를 잡는 것이었다.[17]

양과 필로는 사무실 상태에 당황하며 손님에게 근처 프랑스 레스토랑으로 가자고 했다. 손정의는 그럴 필요가 없다고 했다. 그는 당장 사업 이야기를 하고 싶어 했다.

세월이 지나서는 손정의가 자금을 엄청나게 빨리 조달하여 투자하는 것으로 명성을 얻었다. 그는 2016년에 비전펀드Vision Fund라고 불리는 투자 펀드를 조성하면서 사우디아라비아의 왕세자와 만난 자리에서 불과 45분 만에 450억 달러를 약속받은 적이 있었다.[18] 지금 야후 사무실을 방문한 자리에서도 그의 접근방식은 상당히 단도직입적이었다. 그는 야후의 한 부분을 원했다. 그를 맞이했던 사람들은 그의 자금을 원했다. 대화를 복잡하게 할 필요가 없었다.

투자의 진화

손정의는 필로와 양에게 야후의 가치를 얼마로 보는지 물었다.

이 창업자들은 8개월 전에 세쿼이아캐피털이 투자했을 때 불과 300만 달러였던 것에서 엄청나게 많이 오른 4000만 달러를 잠정적으로 제안했다.

손정의는 전혀 주저하지 않고 당장 동의를 표했다. 그는 클라이너퍼킨스의 존 도어보다 훨씬 더 기꺼이 지급할 준비가 되어 있었다.

양은 속으로 이렇게 생각했다. '빌어먹을, 좀 더 많이 부를걸.'[19]

손정의는 야후가 시리즈 B 단계에서 모집한 500만 달러 중 절반이 넘는 금액을 투자했다. 따라서 세쿼이아캐피털과 로이터통신보다 더 많은 금액을 투자하여 이 단계를 사실상 주도한 셈이었다.[20] 하지만 손정의는 이제 막 시작하는 상황이었다. 1996년 3월에 그는 야후 사무실을 다시 찾아왔다.

넉 달이 지나도 야후가 현금을 낭비하는 습성은 고쳐지지 않았다. 야후의 경쟁자들, 특히 익사이트Excite와 라이코스Lycos라는 두 개의 검색엔진도 자신의 브랜드를 구축하기 위해 노력하고 있었고, 야후는 이들보다 앞서야 했다. 결과적으로 필로와 양은 마케팅에 시리즈 B 단계에서 조달한 500만 달러의 상당 부분을 지출했다. 게다가 최근 들어 익사이트와 라이코스는 더욱 세게 나왔다. 그들은 마케팅을 위한 자금력을 강화할 목적으로 주식공모 계획을 발표했다. 선두 자리를 빼앗기지 않기 위해 필사적이던 야후는 주식공모를 준비하기 위해 골드만삭스Goldman Sachs와 협의를 시작했다.

손정의는 여느 때처럼 대수롭지 않은 듯한 모습으로 야후 사무실에 도착했다. 그러나 그는 바주카포를 가져왔다. 실리콘밸리 역사상 전례 없는 입찰에서 그는 야후에 1억 달러 투자를 제안했다. 그 대가로 회사 지분에서 30퍼센트를 더 갖기를 원했다.

손정의가 제시한 금액은 그가 4개월 전에 야후에 투자한 이후로 야후의 가치가 여덟 배나 증가한 것을 의미했다. 하지만 그의 제안에서 놀라운 점은 바로 투자하기로 한 금액이었다. 실리콘밸리에서는 이 정도 규모의 벤처투자가 발생한 적이 없었다.[21] 최고의 벤처 파트너십을 통하여 조성한 대표적인 펀드의 규모가 약 2억 5000만 달러였고, 이 펀드가 자원의 40퍼센트를 단 하나의 1억 달러짜리 내기에 투자하는 일은 결코 없었다.[22] 사모펀드 투자자들과 기업 인수자들이 때로는 1억 달러 규모로 투자하기도 했지만, 그 대가로 기업을 완전히 지배하는 것을 원했다.[23] 이와는 대조적으로 손정의는 지배주주가 아닌데도 엄청난 금액을 투자하기로 했다. 그는 소프트뱅크의 대차대조표를 뒤에 두고 있었기 때문에 야후가 출범했을 때 세쿼이아캐피털이 투자했던 것보다 100배나 더 많은 자금을 투입할 수 있었다.

손정의가 폭탄선언을 하고 나서 양, 필로, 모리츠는 아무 말 없이 앉아 있었다. 당황한 양은 말씀은 감사하지만 그만한 자금이 필요하지는 않다고 말했다.[24]

손정의가 이렇게 맞받아쳤다. "제리, 모두가 1억 달러를 필요로 합니다."[25]

적어도 온라인 브랜드들이 관심을 끌기 위해 치열하게 경쟁하는 새로운 시대에 손정의가 하는 말이 옳다는 데는 의심의 여지가 거의 없었다. 야후는 정확하게 말하면 자금이 필요했기 때문에 주식공모를 준비하고 있었다.

손정의는 계속해서 이렇게 말했다. "넷스케이프가 당신들을 추천하려면 얼마를 내야 합니까?" 그는 선도적인 웹브라우저 넷스케이프가

투자의 진화

자사 사이트의 추천 검색엔진이 될 권리를 경매에 부치고 있는 사실을 언급했다. 만약 익사이트나 라이코스가 야후보다 자금이 더 많다면 그들 중 하나가 우위를 점할 것이다.

양은 넷스케이프가 많은 금액을 청구한 사실을 인정했다. 결국에는 그가 인정했듯이 1억 달러가 실제로 유용하게 쓰일 것이다. 승자독식의 브랜드가 되기 위한 새로운 경쟁 세계에서 야후의 미래 성장은 지금 당장의 성장에 달려 있었다. 따라서 성장자본이 필요했다.

문제는 누가 그것을 제공할 것인가에 있었다. 젊은 회사가 수천만 달러의 자금을 모집하기 위한 정상적인 방법은 야후가 당장 추진하려는 것으로서 주식공모에 들어가는 것이었다. 그러나 지금 이 자리에 한국계 일본인 아웃사이더인 손정의가 나타났는데, 그는 혈관에 일종의 마법의 냉각수가 흐르는 사람처럼 보였다. 그는 정중하고도 으스대지 않으면서 사적인 거래의 단순함과 함께, 공개시장에서 조달할 수 있는 규모의 자금을 제공하고 있었다. 그는 당장 대담한 입찰을 시도하면서 손을 잡을 준비가 되어 있었다.

모리츠와 야후 창업자들이 분명한 답을 내는 데는 시간이 좀 걸렸다. 손정의의 제안이 확실하다는 점은 매력적이었다. 주식공모가 실패할 위험은 항상 존재했다. 반면에 골드만삭스는 야후의 가치를 손정의가 제안한 금액의 두 배에 달하는 금액으로 평가하는 상장가격을 제시하고 있었다. 골드만삭스가 이것을 이행할 수 있다면 세쿼이아캐피털, 양, 필로가 주식공모를 통하여 훨씬 더 나은 결과를 맞이하게 된다.

야후 팀이 결론을 내리기 전에 손정의는 두 번째로 파격적인 수를 두었다. 그는 모리츠와 창업자들에게 야후의 주요 경쟁자들이 누구인지 물었다.

그들은 이렇게 대답했다. "익사이트와 라이코스입니다."

손정의는 비서 중 한 사람에게 이렇게 지시했다. "받아 적게."

그러고는 모리츠와 창업자들에게 이렇게 말했다. "내가 야후에 투자하지 않으면 익사이트와 라이코스에 투자해서 야후를 망하게 할 것입니다."

양과 필로에게, 특히 모리츠에게 손정의의 위협은 일종의 신의 계시였다. 주로 찾게 되는 인터넷 가이드가 되기 위한 경쟁에서 승자는 단하나일 것이고, 1억 달러 수표를 쓸 수 있는 투자자가 누가 경쟁에서 승리할 것인지 선택할 수 있을 것이다. 손정의는 디지털세계의 돈 콜레오네Don Corleone처럼 모리츠에게 거절할 수 없는 제안을 했다. 모리츠는 나중에 다시는 그런 자리에 있지 않겠다고 결심했다.[26]

야후 팀은 손정의에게 양해를 구하고는 자기들끼리 따로 이야기를 나누기 위해 그 자리를 떠났다. 모리츠는 그들끼리만 있는 자리에서 경쟁자를 지원하겠다는 손정의의 위협을 심각하게 받아들여야 한다고 말했다. 실리콘밸리의 베테랑이라면 자신이 이미 투자한 스타트업에 등을 돌리지 않을 것이다. 벤처투자는 앞으로도 계속해야 하는 게임이고, 신뢰를 얻기 위해서는 인간관계를 중요하게 생각해야 했다. 그러나 손정의는 불문율에 무지한 침입자였다. 실리콘밸리의 관례가 그의 행동에 제약을 가하지는 않을 것이다.[27]

30분이 지나서 세 사람은 결론을 가지고 왔다. 그들은 손정의의 투자를 받기로 했다. 하지만 그들은 그것과는 상관없이 주식공모를 진행할 것이다.

협상을 조금 더 진행하고는 손정의가 결국 야후에 1억 달러가 조금 넘는 금액을 투자하기로 했다.[28] 손정의는 여기에 시리즈 B 단계에서

투자의 진화

매입했던 주식을 더하여 야후 지분의 41퍼센트를 보유하게 되었다. 세쿼이아캐피털의 지분은 19퍼센트로 감소했고, 필로와 양의 지분도 각각 17퍼센트로 감소했다.

　1996년 4월 12일 야후가 주식공모에 들어갔다. 주식이 엄청나게 많이 팔렸고, 첫날 주식시장이 폐장하면서 손정의가 보유한 주식 가치는 2.5배로 상승했다.[29] 대단한 성공이었다. 손정의는 당장 1억 5000만 달러가 넘는 수익을 올렸다. 모리츠는 당시에 받았던 심리적 충격을 몇 년이 지나서도 잊지 못했다. 야후가 주식공모를 하기 전까지는 돈 발렌타인이 시스코에 투자하여 1억 달러를 벌어들인 이후로 세쿼이아캐피털이 그보다 더 많이 벌어본 적이 단 한 번도 없었다. 모리츠는 지난 일을 회상하면서 이렇게 말했다. "어떻게 한 달을 살면서, 몇 년을 살면서, 수십 년을 살면서, 단 한 번의 투자로 1억 달러를 넘게 벌 수 있을까요?"[30] 그런데 손정의는 야후가 주식공모에 들어가기 직전에 야후 주식을 매입하여 몇 주 만에 1억 달러를 넘게 벌었고, 그 과정에서 경영진을 처음부터 구성해야 하는 골치 아픈 일도 없었다. 이제는 벤처캐피털 사업이 영원히 변했다.

●●●

　이러한 변화는 두 가지 형태를 띠었는데, 첫 번째 것은 금방 타오르면서도 명백했고, 두 번째 것은 천천히 타오르면서도 미묘했다. 명백한 변화는 손정의 자신에게서 나타났다. 그는 이제 일본에서뿐만 아니라 모든 곳에서 유명해졌다. 그는 야후에 현기증이 날 정도로 전격적으로 투자하여 대성공을 거두고는 디지털 미다스라는 새롭게 얻은 명성을 활용하여 모래밭에서 보석을 캐내는 작업을 멈추지 않았다. 헤지펀드의 용어를 빌리자면, 그는 숙련된 투자자가 적절한 주식을 선별하여 얻는 수익을 의미하는 알파에는 관심이 없었다. 단지 시장에 있는 것만으로 얻는 수익을 의미하는 베타에만 관심을 두었다. 손정의 펀드를 관리했던 어느 젊은 투자자는 1996년부터 2000년까지 최소한 250개의 인터넷 스타트업에 투자하던 시절을 떠올렸다. 이것은 그가 일주일에 한 번이라는 미친 비율로, 보통의 벤처투자자보다 열 배, 심지어는 20배나 더 많이 투자활동을 했다는 뜻이다.[31] 한편 이 독불장군은 30개가 넘는 이사회에 자기 이름을 올려놓았다. 손정의 측근 중 한 사람은 훗날 이렇게 기억했다. "나에게는 그렇게 하는 것이 미친 짓이라고 생각할 만한 경험이 없었습니다."[32]

손정의는 야후에 했던 각본을 그대로 적용하여 그보다 더 나중 단계에 있는 기업을 대상으로도 대규모의 투자를 했다. 1997년이 지나갈 무렵 소프트뱅크와 야후의 대차대조표를 활용하여 선구적인 웹호스팅 기업인 지오시티Geocities에 1억 달러를 투자하고, 이듬해 8월에 지오시티가 주식공모에 들어갔을 때에 이를 두 배로 늘리고, 최종적으로는 10억 달러가 훨씬 넘는 천문학적인 수익을 올렸다. 1998년 손정의는 자신의 공식을 변형하여 온라인 금융서비스 회사인 이트레이드E*Trade를 대상으로 총지분의 27퍼센트에 해당하는 주식을 주식공모 이후에 매입했다. 그는 이를 위해 4억 달러를 지출했고, 1년이 지나서 지분 가치가 24억 달러에 달했다. 손정의는 소프트뱅크의 대차대조표에 대한 의존도를 줄이기 위해 새로운 종류의 벤처펀드를 조성했다. 10억 달러 규모의 이 펀드는 오직 나중 단계에 있는 기업을 대상으로 지분을 확보하기 위한 혹은 '성장투자growth investing'를 위한 것이었

투자의 진화

다.[33] 한편으로 손정의는 야후재팬, 이트레이드재팬과 같은 미국 우승자의 일본 지사를 설립하기 위하여 일본 인맥을 활용했다.[34] 손정의는 세계 각지를 무대로 활동했다. 그는 한국, 일본, 홍콩에서 벤처펀드를 조성했고, 오스트레일리아, 뉴질랜드, 인도에 투자하기 위하여 루퍼트 머독Rupert Murdoch의 뉴스코프News Corp와 협력했다. 유럽에서는 프랑스 미디어그룹 비방디Vivendi와 협력했고, 라틴아메리카에서는 멕시코 시티, 상파울루, 부에노스아이레스에 벤처 사무소를 설치했다.

손정의는 이렇게 강풍을 몰고 다니면서 10년 뒤에는 더욱 뚜렷하게 나타나게 될 벤처 업계의 변화를 예상했다. 앞으로 살펴보겠지만 성장투자는 2009년을 전후로 실리콘밸리의 주요 품목이 되었고, 벤처 파트너십은 지역을 초월하는 사업에서 더욱 세계적인 마인드를 가진 사업으로 변모했다. 이 모든 것들이 논리적으로는 야후가 일으킨 변화에서 비롯되었다.

브랜드가 있는 인터넷 기업들은 성장해야 할 절박한 상황에 직면하여 투자자들이 성장자본을 제공할 기회를 만들었다. 이들은 최첨단기술에 기반을 두지 않았기 때문에 실리콘밸리의 기술 중심지에서 멀리 떨어져서도 번창할 수 있었다. 금융 부문에서 흔히 발생하듯이 상황 변화를 먼저 인식하고, 새로운 요구에 부응할 자본을 갖춘 자가 경쟁자들이 깨어나기 전에 엄청난 수익을 올릴 수 있었다. 손정의는 1996년부터 2000년 사이에 개인 자산을 150억 달러나 증식시켰다.[35] 당시 〈포브스〉가 발표하는 10억 달러 이상의 자산가 명단에는 손정의를 제외하고는 다른 벤처투자자는 아무도 없었다. 존 도어도 돈 발렌타인도 그 누구도 등장하지 않았다.

···

　두 번째 형태인 더욱 미묘한 변화가 세쿼이아캐피털 내부에서 발생했다. 야후가 주식시장에 극적으로 데뷔한 이후로 발렌타인과 그의 동료들은 동요하기 시작했다. 야후의 가치가 1년 만에 무에서 6억 달러로 급등했고, 나이 든 파트너들은 수익을 당장 실현하고 싶어 했다. 모리츠는 나중에 이렇게 기억했다. "매주 모든 사람들이 야후 주가가 어떻게 될 것인지, 얼마나 터무니없는지, 폭락하면 어떻게 될 것인지에 대해 동요하고 있었습니다."[36] 그러나 모리츠 자신은 정반대로 생각했다. 그는 손정의가 어느 정도는 세쿼이아캐피털의 희생으로 상당히 많은 수익을 챙긴 것으로 보고는 야후 지분을 계속 보유하기로 결심했다. 승자의 등에 올라타면 장점이 엄청나게 많았다. 전체적으로 보면 야후의 시리즈 A 단계와 시리즈 B 단계 자금 모집에서 세쿼이아캐피털이 투자한 지분의 가치가 거래일 첫날이 지나 약 60배 상승한 사실을 기념하는 것은 매우 좋은 일이었다. 그러나 은행 예금 잔고를 수십 배로 늘려서는 안 된다. 실제로 실현된 수익으로 보면 세쿼이아캐피털이 야후를 통해 번 돈은 손정의가 번 것보다 적었다.

　모리츠는 야후와의 만남이 세쿼이아캐피털에 티핑포인트tipping point(예상하지 못한 일이 한꺼번에 몰아닥치는 극적인 변화의 순간—옮긴이)가 될 것으로 보았다. 발렌타인이 은퇴하고 더그 레온Doug Leone이라는 활력이 넘치는 리더와 함께 모리츠가 등장한 것은 거의 동시에 일어난 일이었다. 발렌타인은 대공황 시기에 태어나 제2차 세계대전 중에 성장했고, 가족들은 모든 것을 잃는 것을 두려워하며 살아왔다. 모리츠는 이렇게 기억한다. "모든 것을 잃는 것을 두려워하면, 테이블에서 칩

　　　　　　　　　　　　　　　　　　　　　투자의 진화

을 일찍 거두는 경향이 있습니다."[37] 예를 들어 발렌타인은 애플이 주식공모에 들어가기 전에 지분을 매각하여 수익을 빠르게 실현했지만, 그의 유한책임 파트너들이 애플의 주식공모로 수익을 챙길 기회를 박탈했다. 이와는 대조적으로 모리츠는 전후 호황기에 어린 시절을 보냈고, 자신의 삶에서 주로 성공을 경험했다. 웨일스에서 태어난 그는 옥스퍼드대학교와 펜실베이니아대학교 와튼스쿨을 거쳐 세쿼이아캐피털에 입사했고, 마흔 번째 생일을 맞은 지 얼마 되지 않아 야후에 황금알을 낳는 내기를 걸었다. 그와 그의 동시대 사람들은 이전 세대 사람들보다 잘못될 수 있는 것들에 대해 걱정하는 경향이 훨씬 덜 했다. 모리츠는 이렇게 기억한다. "세쿼이아에서 일어난 커다란 변화들 중 하나는 우리가 들뜬 기분을 갖지 않고서, 이 회사들 중 일부에 대하여 '모든 것이 잘되면 어떤 일이 일어날 것인가?'를 상상하려고 한다는 것입니다."[38]

야후에 대한 투자가 세쿼이아캐피털 내부에서 이러한 문화충돌이 구체적으로 드러나게 했고, 나이 든 신중한 감시인과 낙관적인 후계자가 대립하게 했다. 모리츠는 이러한 기회를 포착하여 파트너들에게 야후 주식을 서서히 매각하도록 압박을 가하면서 멀리 내다볼 것을 주장했다. 그는 시스코의 경우 몇 년이 지나서 가장 많은 수익이 발생했다는 사실을 상기시켰다. 시스코는 1990년 주식공모에 들어가면서 그 가치가 2억 2400만 달러에 이르렀고, 1994년에는 100억 달러까지 치솟았다. 모리츠는 이러한 논쟁에서 승리하여 세쿼이아캐피털 내부에서 자신의 입지를 확고히 함으로써, 야후 주식의 최종적인 매각을 1999년 11월까지 미루게 했다. 당시 야후 주식은 한 주당 182달러에 거래되고 있었는데, 이는 주식공모 시 가격보다 14배나 더 높은 금액이었다. 모리츠가 훌륭한 솜씨를 발휘하여 야후 주식을 서서히 매각한 덕분에 세쿼이아캐피털은 야후를 통하여 이전의 모든 투자를 합친 것보다 더 많은 수익을 얻었고, 실제로 시스코에 투자하여 얻은 것보다 열 배가 넘는 수익을 얻었다. 모리츠는 간결하게 말했다. "비결은 단지 약간의 인내심을 배우는 데 있습니다."[39]

그러나 진짜 비결은 더 깊은 곳에 있다. 야후를 경험한 것과 손정의 사례 덕분에 모리츠는 벤처 파트너십이 끊임없이 변해야 한다는 사실을 알게 되었다. 그는 대규모의 성장투자가 승자를 지정할 권한을 부여하고, 이제는 실리콘밸리의 벤처 업계 사람들보다 더 크게 생각해야 한다는 사실을 알게 되었다. 나중에 세쿼이아캐피털은 이러한 교훈을 객관적이고도 효율적으로 적용하여 기술기업에 대한 투자에서 타의 추종을 불허하는 입지를 차지했다.

●●●

손정의가 실리콘밸리에서 명성을 떨치고 있는 동안에, 그와는 대비되는 경쟁자인 벤치마크라고 불리는 벤처 파트너십이 등장했다. 벤치마크의 공동 창업자들 가운데 세 명(브루스 던레비Bruce Dunlevie, 밥 케이글Bob Kagle, 앤드루 라클레프Andrew Rachlef)은 실리콘밸리의 다른 벤처캐피털에서 일했고, 또 다른 공동 창업자 케빈 하비Kevin Harvey는 실리콘밸리에서 소프트웨어 회사를 설립하여 로터스디벨로프먼트에 매각했다. 벤치마크의 벤처투자가 워낙 지리적으로 집중되어 있었기 때문에, 벤치마크의 강점은 세계적이라기보다는 지역적인 것이었다. 이것은 소프트뱅크와는 크게 대비되었다.[40] 게다가 벤치마크 모델은 규모가

　　　　　　　　　　　　　　　　투자의 진화

크기보다는 날렵했다. 이 파트너십은 첫 번째 펀드를 의도적으로 작은 규모로 조성하면서 이를 강점으로 받아들였다. 이 펀드의 규모는 8500만 달러였는데, 손정의가 한 회사에 쓸 수 있는 한 장의 수표에도 미치지 못했다. 벤치마크의 설립 취지문에는 이런 내용이 나온다. "신은 큰 무기가 많은 자가 아니라 그것을 가장 잘 사용하는 자의 편이다."[41]

벤치마크의 창업 파트너들은 날렵하게 움직이고 지리적으로 집중하여 "근본적으로 더 나은 구조"를 만들었다고 생각했다. 펀드의 규모가 작은 것은 각각의 거래를 신중하게 평가한다는 것을 의미했다. 그들은 베타가 아닌 알파를 목표로 했다. 규모가 작은 것은 각 파트너들이 단지 소수의 기업에서 이사회 이사로 활동하게 만들 것이고, 따라서 각각의 포트폴리오 기업에 가치를 더해줄 것이다. 또한 규모가 작은 것은 네 명의 파트너들 사이에 동료의식을 강화하는 데 도움이 되었다. 벤처 업계는 남성 중심의 단일 문화가 두드러지지만, 벤치마크는 이처럼 우스꽝스러운 남성 중심의 문화가 더욱 강렬했다. 마지막으로 규모가 작은 것이 약점을 드러내는 징후는 절대로 아니었다. 벤치마크는 원한다면 자금을 더 많이 조달할 수 있었다. 그리고 자신의 강점을 강조하기 위해 펀드 수익에서 공격적인 투자가 차지하는 비중이 업계 표준인 20퍼센트를 계속 초과할 것이라고 선언했다.[42] 또한 벤치마크는 고객의 자금을 관리하면서 상대적으로 낮은 수수료를 부과했다. 파트너들은 단지 자금을 쌓아두는 것이 아니라 실적에 대한 대가를 받는 것을 원했다.

일부 벤처투자자들은 올바른 거래를 선택하는 것이 그들이 하는 일의 거의 전부라고 생각했다. 기업가들을 지도하는 것은 나중에 생각한 일이었다. 벤치마크의 파트너들은 거래의 절반 이상이 성공할 것으로 생각했다. 어떤 거래가 성공할 것인지는 거의 알 수가 없다. 벤처 게임의 특성상 투자금을 잃는 경우가 상당히 많이 있다.[43] 따라서 벤치마크는 알파를 달성하는 것을 확실히 하기 위해, 기업가들과 함께 참호 속으로 들어가야 했다. 벤치마크의 어느 파트너는 빙그레 웃으면서 이렇게 말했다. "나는 너무 아래로 내려가서 하늘이 보이지 않았습니다."[44] 반대론자들은 최고의 기업가들, 즉 펀드의 실적을 이끌어가는 홈런을 친 기업가들은 투자자들의 조언을 거의 필요로 하지 않으며, 소규모 창업자들에게 시간을 아낌없이 쓴다고 해서 그것이 펀드의 실적에는 영향을 미치지 않을 것이라고 주장할 수도 있다. 그러나 벤치마크는 이러한 패배주의를 거부했다. 그들은 자신들이 열의를 갖고서 도와준다면 겉보기에는 정체된 창업자들이 승자가 될 수도 있다고 생각했다. 벤치마크의 어느 파트너는 이렇게 주장한다. "때로는 마법과도 같은 일이 일어납니다."[45] 게다가 만약 어려운 상황에 처한 창업자들을 외면하지 않는다는 평판을 얻게 되면, 이러한 헌신적인 모습에는 언젠가는 보상이 따를 것이었다. 좋은 평판이 생기면 주변에는 기업가들이 몰려들 것이기 때문이다.

참호 속으로 들어가면 창업자들과 공감할 수 있다. 자신이 틀릴 수도 있다는 것을 알면서도 조언을 해야 하고, 의사소통을 요령 있게 해야 한다.[46] 적절한 순간을 선택하는 것도 이러한 요령의 한 부분이다. 상대방이 들을 준비가 되어 있지 않을 때 조언하는 것은 아무런 의미가 없다. 따라서 상대방이 정말 조언을 원하는 순간을 잘 포착해야 한다. 벤치마크의 공동 창업자 던레비는 이런 질문을 해보았다. "벤처투자자란 무엇인가?" "벤처투자자가 금요일 오후 6시 15분에 책상에 앉아서 퇴근 준비를 한다. 그런데 전화벨이 울리고 CEO가 이렇게 말한

투자의 진화

다. '잠깐 시간 있으세요? 우리 회사 인사 담당 부사장이 비서랑 사귀고 있어요. 엔지니어링 담당 부사장은 그만두고 노스캐롤라이나로 돌아가고 싶어 합니다. 아내가 여기 사는 것을 싫어한다고 하네요. 매출을 허위 보고한 영업사원을 해고할 작정입니다. 내가 조금 전에 병원에 다녀왔는데 건강에 문제가 있다고 하네요. 그리고 제품 리콜을 해야 할 것 같습니다.' 벤처투자자인 당신은 이렇게 말한다. '지금 찾아뵐까요? 아니면 내일 조찬을 함께 할까요?'"[47]

벤치마크를 상징하는 호감도는 미시건주 플린트에서 자란 케이글에게서 잘 나타났다. 그는 6주는 교실에서 강의를 듣고, 그다음 6주는 GM 공장에서 근무하는 식으로 사내 대학과정을 제공하는 제너럴모터스인스티튜트General Motors Institute를 다녔다. 공학을 공부했고, 스탠퍼드대학교 경영대학원을 졸업한 케이글은 길쭉한 후드에 미국을 상징하는 독수리를 장식한 황금색 폰티악 트랜스앰을 타고 다녔다. 그의 곧은 눈썹, 잘 다듬은 콧수염, 뭉툭한 염소수염이 세 개의 평행선을 이루었다. 그는 주변 사람들과 함께 공감하면서 잘 웃었다. 또한 그는 기업가들과 함께 인류애를 이끌어내는 거래를 하고 싶어 했다.[48]

케이글은 공학교육을 받았고 중서부 자동차 공장에서 근무했지만, 이들 중 어느 쪽과도 관련이 없는 회사들을 즐거운 마음으로 지원했다. 그는 벤치마크를 공동으로 창업하기 전에 이전의 파트너에게 시애틀에 본사를 둔 커피 체인 스타벅스Starbucks에 투자하도록 설득한 적도 있었다. 또 한 번은 잠바주스Jamba Juice라는 가게 앞에 긴 줄이 늘어선 것을 보고는 그날 아침 직원들과 고객들을 인터뷰하려는 약속을 취소했다.[49] 벤치마크가 출범한 이후로 그는 기술 벤처에 투자할 것인가, 소비자 벤처에 투자할 것인가를 두고 갈등했다. 액셀 유형의 전문가와는 다르게 그는 단일 제조업에 머무르기를 거부했다. 그의 접근방식에 한 가지 주제가 있다면, 그것은 인류애에 관한 것이었다. 1997년에 케이글은 자신의 모든 관심사를 결합한 일종의 하이브리드를 우연히 발견했다. 그것은 소비자 벤처이면서 동시에 기술 벤처였다. 그것은 인간적인 요소를 엄청나게 많이 포함하고 있었다. 또한 그것은 벤처캐피털들이 나중에 자기 것으로 만들고 싶어 하는 것, 즉 네트워크 효과라고 불리는 것을 보여주는 첫 번째 사례였다.

이러한 하이브리드를 최초로 개발한 사람은 피에르 오미디아Pierre Omidyar라는 소프트웨어 엔지니어였다. 파리에서 이란계 부모에게 태어난 오미디아는 실리콘밸리에서 명성을 떨치게 될 또 다른 이민자였다. 지금까지 이민자들이 이 지역 과학 및 공학기술 인력에서 약 3분의 1을 차지하고 있었다.[50] 그는 초기 인터넷의 위계를 허무는 공동체에 푹 빠져 있었다. 그는 말총머리를 하고서 반다이크 스타일의 턱수염을 기르고 안경을 썼다.[51] 그는 유감스럽게도 기존 기업들이 온라인 판매를 확장하는 데 기여한 스타트업에서 일한 적이 있었다. 이것은 권력을 민주화하기보다는 확고히 하는 일이었다. 따라서 그는 자신이 미치는 사회적 영향력의 균형을 맞추기 위해, 중고품 구매자와 판매자를 위한 온라인 경매 도구를 개발했다. 그 도구는 누구든지 무료로 사용할 수 있었다. 그것은 속죄의 한 가지 형태였다.

초기 인터넷에 뿌리를 둔 자신에 충실하게 오미디아는 구매자와 판매자를 이기적인 거래자가 아니라 하나의 공동체로 규정하려고 했다. 그는 경매 사용자가 서로를 평가할 수 있도록 피드백 시스템을 구축하고, 이것이 사려 깊은 행동을 장려할 것으로 생각했다. 그리고 사진을 올리는 방법과 같은 정보를 공유하는 게시판도 추가했다. 공동체의 신입회원들은 궁금한 점을 게시판에 올렸고, 사용 경험이 있는 사람들은 기꺼이 시간을 내어 응답했다. 1996년 2월에 이 경매 사이트의 트래픽이 인터넷 계정의 한도를 초과했을 때, 오미디아는 업그레이드에 소요되는 비용을 충당하기 위해 공동체에 구독료 지원을 호소했다. 이것은 호의를 전제로 했다. 오미디아는 판매자들에게 수입의 일부를 보내줄 것을 호소했지만, 그것을 강요하지는 않았다. 얼마 지나지 않아서 인간 본성에 대한 오미디아의 낙관적인 견해가 옳다는 사실이 입증되었다. 수표가 조금씩 도착하다가 쇄도하기 시작했다. 그해 말까지 오미디아에게 매달 40만 달러가 넘는 금액이 들어왔다.

오미디아는 본업을 그만두고 두 사람을 고용하여 자기가 하는 일을 돕게 했다. 그는 자신의 웹사이트에서 불필요한 것들을 삭제하고 경매 플랫폼에 이베이 eBay라는 이름을 붙였다. 이베이는 매달 40퍼센트의 속도로 성장하고 있었지만, 더욱 인상적인 것은 이베이를 이끌어가고 있는 동력이었다. 마케팅에 현금을 쏟아붓던 야후와 다르게 이베이의 마케팅 예산은 제로였다. 그런데도 멧칼프의 법칙을 따라 정신없이 확장되었다. 경매 네트워크의 규모가 커지면서 그 가치가 엄청나게 빠른 속도로 상승했던 것이다. 이베이에 제품을 게시한 판매자가 많을수록 싼 제품을 찾는 사람들이 더 많이 몰려들었다. 그리고 구매자가 많을수록 판매자가 더 많이 몰려들었다. 게다가 다양한 회사에서 만든 라우터와 스위치에 연결해야 하는 텔레콤 네트워크와는 다르게 이베이가 벌어들이는 수입은 경매에서 발생하는 수수료가 전부였다. 이베이는 네트워크 효과로 수익을 올리고 있었다. 게다가 이베이는 네트워크를 소유했다.

이베이는 이러한 자기강화적 성장 덕분에 벤처캐피털에 재정 지원을 요구할 필요가 없었다. 이베이는 자체적으로 자본을 축적하고 있었다. 매달 매출 수입의 약 절반이 순이익으로 계상되었다. 그러나 이베이는 역량이 부족했다. 오미디아와 두 직원들은 이처럼 자신들의 의지와는 전혀 무관하게 아주 빠른 속도로 성장하는 사업을 이끌어갈 준비가 되어 있지 않았다. 오미디아는 경영상의 조언을 얻기 위해, 자신의 온라인 판매 스타트업이 성공하는 데 도움을 주던 조언자이자 벤치마크의 공동 창업자인 던레비를 찾아갔다.

우람한 체격이지만 주변 사람들을 편하게 하는 성품인 던레비는 고군분투하는 창업자를 도우면 결국에는 보상을 받게 된다는 벤치마크의 정신을 보여주는 살아 있는 화신이었다. 그는 직접 만나서 하는 상담을 너무나도 진지하게 받아들여서 이사회에 가는 것을 아이를 갖는 것에 비유하기도 했다(그러면 앞으로 몇 년 동안 당신의 삶이 지금과는 크게 달라질 것이다). 언젠가 기억나는 이야기를 들려달라는 꼬드김에 던레비는 어느 회사가 CEO가 감당하기 힘들 정도로 성장하여 어쩔 수 없이 자기가 그 사람을 해고해야 하는 상황에 처한 이야기를 들려주었다. 몇 년이 지나서 그때 그 CEO는 던레비가 자기를 공정하게 대해준 것에 항상 고맙게 생각한다고 말하면서, 벤치마크의 또 다른 스타트업을 맡아달라는 권유를 흔쾌히 수락했다고 한다.[52] 던레비가 회사를 밝은 곳으로 안내하기 전까지 어두운 터널을 지나온 오미디아는 예전보다 훨씬 더 긍정적인 감정을 갖게 되었다. 그는 던레비와 정기적으로 상황을 점검했다.

오미디아가 이렇게 말했다. "이베이라는 전자상거래 사이트를 운영하고 있어요. 성장에 속도가 붙고 있어요."

던레비가 대답했다. "대단하군요. 사업계획서를 한번 보내주시겠습니까?"

오미디아는 사업계획서를 가지고 있지 않았지만 몇 달이 지난 1997년 초에 다시 점검했다.

던레비가 이렇게 시작했다. "지난번에 얘기했던…."

그러나 이번에는 오미디아가 말을 끊었다.

"언제 다시 만날까요? 옛정을 생각해서."

던레비는 그렇게 하겠다고 약속하고, 일정표에 그의 이름을 적어 넣었다.[53]

만남이 계속 이어지면서 던레비는 벤치마크에서 케이글이 소매업 투자를 좋아한다고 생각하고는 그를 설득하여 함께 나왔다. 오미디아는 프레젠테이션 슬라이드를 준비하지 않았지만, 그 대신에 경매 사이트를 시연할 생각이었다. 결국 이 사이트는 돈벌이가 되는 보기 드문 인터넷 자산이었다. 그러나 이베이 서버가 폭발하는 트래픽에 짓눌려 삐걱거리는 소리를 내며 다운되었다. 던레비는 당황해하는 오미디아를 배려하여 이렇게 말했다. "우리 회사의 인터넷 접속이 자주 끊어집니다. 죄송합니다."[54]

케이글은 회의적인 생각을 하고서 회의실을 나왔다. 나중에 그는 이베이 웹사이트에 들어가서는 상당히 조잡하게 만들어진 것을 확인했다. 쿠리어 서체, 무색, 단조로운 목록의 나열. 그러나 좀 더 자세히 살펴보자 생각이 바뀌었다. 케이글은 손으로 조각한 낚시 미끼의 수집가였는데, 이 사이트에는 자기 고향인 미시간주의 조각가가 만든 작품을 포함해서 훌륭한 작품이 다수 있었다. 케이글은 상당히 매료되어 입찰을 했지만, 성공하지 못했다. 하지만 그는 어떤 제품이 머릿속에 있는 무엇인가와 연결될 때의 기분을 알게 되었다. 미끼에 걸려든 것이다.

케이글은 벤치마크 사무실 밖에서 오미디아를 다시 만났다. 작가 랜달 스트로스Randall E. Stross는 벤치마크의 초기 스토리를 훌륭하고도 섬세한 필치로 재구성하면서, 케이글이 공동체에 푹 빠져든 오미디아를 어떻게 이해하게 되었는지 포착했다. 다른 모든 문장도 공동체를 형성하고, 공동체로부터 배우고, 공동체를 보호하는 것처럼 오미디아가 이베이 공동체에 관하여 전하는 이야기였다. 다른 벤처투자자들은 이 같은 반복 악절을 보고는 당장 책을 덮어버렸다. 그들 중 누군가는 이렇게 기억했다. "그는 온라인 공동체라는 아이디어를 선전했다. 이것이 무엇에 대한 공동체인가?"[55] 또 다른 이들은 10달러짜리 트로피를 벼룩시장 경매를 통하여 판매한다는 사업 아이디어를 조롱했다. 누군가는 그것을 '비니 베이비 거래 사이트'라고 불렀다.[56] 그러나 케이글은 인류애를 이끌어내는 거래에 대한 열정을 가지고 정반대의 반응을 보였다. 그는 이렇게 생각했다.'이 사람은 참 좋은 사람이다.'[57] 그뿐만 아니라 케이글은 소매업자와 소프트웨어 전문가를 모두 지원하는 벤처투자자로서 강점이 있었다. 소매업은 고객과의 연결이 가장 중요하고, 이를 위해서는 고객을 공동체로 취급하는 것이 좋은 방법이다. 소프트웨어 기업들은 오랫동안 네트워크 효과의 위력을 이해해왔고, 오미디아의 공동체는 소프트웨어 전문가가 네트워크라고 부르는 것에 대하여 친밀하게 와닿는 용어에 불과한 것일 수도 있었다. 네트워크 효과는 존 도어가 넷스케이프로 큰돈을 벌게 된 이유를 말해준다. 또한 네트워크 효과는 이베이가 폭발적으로 성장하는 이유를 말해준다.

이베이의 성장 속도는 벤치마크의 다른 파트너들에게도 깊은 인상을 남겼다. 나중에 라클레프는 "기업이 폭발적으로 성장하면 갑자기 성장을 멈추지 않는다"라고 하면서, 벤처투자자들에게 그 기업을 지원해야 할지 확실히 알려주는 것은 2차 도함수(기업의 매출 증가율의 변화)라고 덧붙였다.[58] 따라서 케이글은 이베이의 가치를 약 2000만 달러로 평가하고서 동료들의 지원을 받아 이베이에 670만 달러를 투자할 것이라고 제안했다.

오미디아의 목표가 단지 부자가 되는 것이라면 케이글의 제안을 거부했을 것이다. 그는 어느 언론사로부터 이베이를 5000만 달러에 인수하고 싶다는 제안을 받은 상태였다. 그러나 오미디아는 던레비만큼이나 케이글을 좋아하게 되었고, 야후 창업자들처럼 자신을 이해하는 벤처투자자와 함께 가려고 했다. 투자가 마무리되고 벤치마크가 자금을 송금하자 오미디아는 그것을 손대지 않고 은행에 예치했다. 그는 케이글의 인맥과 조언을 원했을 뿐 그의 자금이 필요하지는 않았다.

●●●

케이글이 첫 번째로 취한 조치는 이베이를 위하여 외부 CEO를 찾는 것이었다. 그는 벤치마크가 최근에 영입한 다섯 번째 파트너 데이비드 베언David Beirne에게 조언을 구했다. 베언은 예전에 헤드헌팅 회사를 공동으로 창업한 적이 있었다. 이제 벤처투자자들에게는 외부 인사를 영입하는 것이 경영학이나 공학 학위 못지않게 점점 더 중요한 역량으로 인식되었다. 베언은 장난감 회사 해즈브로Hasbro의 총괄 관리자 멕 휘트먼Meg Whitman을 높이 평가했다. 그리고 우연하게도 케이글의 경영대학원 동창도 그녀를 추천했다. 케이글이 이 장난감 회사 임원에 대해 알면 알수록 그녀가 적임자라고 생각했다. 휘트먼은 소매 브랜드를 최대한으로 활용하는 방법을 알고 있었다. 케이글의 표현을 빌리자면, 그

녀는 고객 경험의 감성적 요소에 대한 직감을 갖고 있었다.[59]

피터 배리스가 존 시지모어를 영입했을 때와 마찬가지로 문제는 불확실한 스타트업을 도약시키기 위해 화려한 경력을 지닌 경영자를 어떻게 설득할 것인가에 있었다. 벤치마크가 투자하기 전에 오미디아는 유능한 외부 관리자들을 이베이로 영입하려고 했지만, 벼룩시장에서 위험을 감수하려는 사람은 아무도 없었다. 그러나 이제 오미디아는 벤치마크와 손을 잡았고, 벤치마크는 베언의 예전 헤드헌팅 회사의 램지베언Ramsey Beirne에게 계속 서비스를 의뢰했다. 휘트먼은 이 두 사람의 명성에 이끌려서 그들을 만나기로 했다. 그녀가 앞으로 새로운 일을 원한다면 헤드헌터와의 관계가 필요했을 것이다.

휘트먼은 하루를 잡아 서부로 날아가서 케이글과 오미디아를 만났다. 그녀는 흥미를 갖고 있었다. 케이글이 강조했듯이 이베이는 엄청난 속도로 성장했다. 두 번째 방문에서는 또 다른 사실도 알게 되었다. 이베이는 다른 소매업체들과는 다르게 재고를 보유하지 않았다. 운반비도 운송비도 없었고, 보관에 따르는 번거로움도 없었다. 결과적으로 이베이의 이익률이 엄청나게 높았다.

휘트먼은 세 번째 방문을 위해 날아갔다. 이번에는 가족들과 함께 갔다. 케이글은 휘트먼을 영입하는 데 도움이 되도록 저녁 시간에 그녀의 가족을 집으로 초대했다. 휘트먼의 남편은 유능한 외과의사였는데 이베이의 전망에 대해 회의적으로 생각했다. 케이글은 그에게 믿음을 주기 위해 최선을 다했다. 이 부부에게는 아들이 두 명 있었다. 케이글은 가족이 머무는 호텔에 선물을 담은 가방을 보냈는데, 거기에는 아들을 위한 스탠퍼드대학교 모자도 들어 있었다. 휘트먼 가족이 서부 해안에서의 삶을 궁금하게 여겼기 때문에, 케이글은 나중에 그들이 서부의 매력적인 지역을 둘러볼 수 있도록 부동산 중개인과 함께 배웅했다. 그다음 날에 열린 벤치마크 파트너 회의에서 케이글은 휘트먼의 방문에 대해 보고하면서 생각지도 않은 좋은 일이 있었다는 말도 덧붙였다. 휘트먼에 따르면, 그녀의 아들 중 한 명이 케이글의 열세 살짜리 딸을 귀엽게 생각한다는 것이었다.

케이글은 동료 파트너들에게 이렇게 털어놓았다. "느낌이 상당히 좋습니다."[60]

얼마 안 되어 휘트먼은 이베이가 다시는 맞이할 수 없는 기회라고 결론을 내렸다. 동료들과 윗사람들의 반대가 있었지만, 그녀는 자기 주변 사람들이 전혀 들어보지 못한 회사에 합류하기 위해 가족들과 함께 서부로 떠났다.[61]

• • •

이베이는 역량 있는 CEO를 고용하고는 주식공모를 준비했다. 이 회사는 100만 번째 아이템으로 빅버드 잭인더박스jack-in-the-box(뚜껑을 열면 용수철에 달린 인형 등이 튀어나오게 되어 있다―옮긴이)를 팔았고, 계속 성장했다. 케이글은 여느 때처럼 이베이에 계속 관심을 가졌지만, 전면에 나서지는 않았다. 휘트먼과 오미디아가 잘 협력하고 있는 한 상황을 복잡하게 만들고 싶지는 않았다.

1998년 9월에 이베이는 정식으로 주식공모에 들어갔고, 한 주당 18달러에서 시작했다. 거래 첫날이 끝날 무렵 한 주당 가격이 47달러로 상승했다. 그다음 몇 차례에 걸친 불안한 부침을 거듭하고는 10월 말에 73달러까지 상승했다. 야후보다 더욱 극적인 상승이었다. 실현되지 않은 막대한 수익이 세대 간의 깊은 분열을 낳았던 세쿼이아캐피털과는 다르게, 벤치마크에서는 화기애애한 분위기가 흘렀다.

베언이 이렇게 말한다. "이런 세상에."

던레비가 이런 전망을 내놓는다. "계속 올라갈 겁니다."

베언이 묻는다. "지금 팔 수 있을까요?"

던레비가 대답한다. "돈을 벌 기회를 놓치고 싶다면, 그렇게 하세요."

베언이 빙그레 웃으며 말한다. "네, 제가 풋내기라서요."

누군가가 케이글은 이베이 주식가치가 GM과 맞먹기 전에는 절대 팔지 않을 거라고 큰소리쳤다. 테이블 주위에서 웃음소리가 넘쳤다.[62]

이베이 주식가격은 하늘 높은 줄 모르고 치솟았다. 11월 9일에는 103달러에 마감했다. 그다음 날에는 131달러를 기록했다. 주식 평론가들은 이런 현상을 어떻게 설명할 것인가를 고심했다. 어떤 이는 이렇게 말했다. "마치 마크 맥과이어 Mark McGwire가 눈을 가린 채 타석에 자리를 잡고 400홈런을 연달아 치는 것처럼, 당신이 상상할 수 있는 모든 매혹적이고도 혼란스러운 부조리가 모여서 하나의 엄청난 사건으로 전개되는 것을 보는 것만 같았습니다." 18달러에 주식공모를 준비했다가 나중에 애널리스트들이 강세를 예상한다는 소식을 접한 은행업자들은 자신의 치부를 완전히 드러내면서 주식 광고를 하고 있었다. 그들은 이렇게 말하는 것 말고는 달리 표현할 방법이 없었다. "우리가 6주 전에는 이베이 주식의 가치가 한 주당 18달러라고 평가했는데, 결과적으로 우리가 실수했습니다. 지금은 이베이 주식이 한 주당 정말 130달러의 가치가 있습니다."[63]

과장이든 그렇지 않든 벤치마크는 벤처 역사를 만들어가고 있었다. 그때까지는 세쿼이아캐피털의 야후에 대한 투자와 유진 클라이너의

투자의 진화

앳홈@Home이라는 케이블 스타트업에 대한 투자가 벤처 역사상 가장 큰 홈런이었고, 벤처투자자들에게 각각 6억 달러에서 7억 달러 사이의 수익을 가져다주었다.[64] 그러나 벤치마크는 이베이 주가가 어디에서 결정되는가에 따라 10억 달러가 훨씬 넘는 수익을 올릴 수도 있었다. 11월 말이 되어 이베이 주가는 200달러까지 치솟았다.

이제는 벤치마크 파트너들조차도 현기증이 났다. 케이글은 이렇게 앓는 소리를 냈다. "다들 미쳤어. 말도 안 돼." 아마존과 같은 사랑받는 온라인 소매업체와는 다르지만, 이베이는 최소한 수익성이 있다고 주장할 수 있었다. 그러나 주가수익률로 보면 이베이의 주식가격은 도무지 종잡을 수가 없었다.

케이글은 스타벅스 창업자이자 이베이 이사로 영입했던 하워드 슐츠Howard Schultz와 의논했다. 두 사람은 주가가 문제를 일으키고 있다는 데 동의했다. 앞으로 주가가 폭락하면 최근에 스톡옵션을 받고 들어온 이베이 직원들이 그것을 쓸모없게 여길 것이고, 그들이 이베이를 떠나려고 하지는 않을까?[65] 그러나 시장은 이베이 직원들의 사기 따위에는 관심이 없는 법이다. 1999년 4월 이베이 주식가격은 600달러를 넘길 정도로 급등했다.[66]

그달 하순에 벤치마크는 드디어 실적의 일부를 배당했다. 이베이 주가는 시장가치로 210억 달러에 달했고, 벤치마크의 지분 가치는 무려 51억 달러에 달했다. 이러한 대성공은 세쿼이아캐피털과 클라이너가 거둔 성공을 보잘것없게 만들었고, 손정의가 거둔 가장 큰 성공을 훨씬 능가했으며, 겨우 670만 달러의 자금을 위험에 빠뜨리면서 거둔 것이었다. 벤치마크의 가내공업식 벤처투자가 갑자기 영감을 받은 것처럼 보였다. 누가 특대형 성장자본 수표를 써야 했는가? 누가 아시아 전략에 굳이 신경을 써야 했는가?

놀라운 사실은 벤치마크가 투자에 성공한 기업이 이베이만이 아니라는 것이다. 레드햇Red Hat이라는 소프트웨어 유통업체에 투자하여 5억 달러가 훨씬 넘는 수익을 올렸다. 또한 아리바Ariba라는 온라인 사무용품 판매 회사에 투자하여 10억 달러가 넘는 수익을 올렸다. 1999년 중반까지 벤치마크는 세 개의 펀드를 조성하여 총 2억 6700만 달러를 투자했다. 그리고 그해 여름에 포트폴리오 기업의 가치가 주식공모를 한 이후로 60억 달러를 넘겼다. 이는 투자금의 약 25배에 달하는 금액이었다.[67] 손정의 사례가 전하는 메시지가 무엇이든 간에 벤처캐피털의 기본으로 돌아가려는 전망은 뚜렷한 성과를 보여주고 있었다.

•••

이 두 가지 모델 간의 경쟁은 앞으로도 계속될 것이다. 벤치마크 파트너들은 스타트업을 현명하게 평가하고, 창업자들과 공감하고, 똑똑한 조언자의 역할을 하면서 전통주의자들이 좋아하는 방식으로 벤처 투자를 실천했다. 손정의는 이보다는 덜 세련되지만, 여전히 강력한 접근방식을 유지했다. 그는 신속하게 반응했고, 위험에는 무심했으며, 기업을 감시하는 세부적인 작업을 다른 사람에게 위임했다.[68] 이에 반하여 벤치마크는 자금을 더욱 신중하게 투자하면서도 수익을 덜 창출했다. 그리고 2000년 닷컴버블이 붕괴되어 손정의의 포트폴리오가 크게 손상되었지만, 이것은 일시적인 현상에 불과했다.[69] 게다가 손정의의 접근방식은 다른 사람에게 그것을 따르도록 강요하는 측면이 있었다. 모리츠가 깨달았듯이 손정의의 기법을 따라야만 했다. 그렇지 않

투자의 진화

다면 손정의가 돈 콜레오네를 보낼 것이다.

벤치마크 파트너들도 손정의의 위협을 느낄 수 있었다. 그들은 의도적으로 세 개의 작은 펀드(가장 큰 것이 1억 7500만 달러였다)를 조성하고 나서는 전통적인 방식과의 급진적인 결별을 고심하고 있었다.

1999년 여름에 베언이 파트너 회의에서 이러한 쟁점을 거론했다. "이제는 우리가 10억 달러 규모의 펀드를 조성하는 것을 진지하게 고민해야 한다고 생각합니다."

라클레프가 이에 공감했다. "소프트뱅크는 그보다 규모가 큰 펀드를 조성했습니다. 우리가 싸울 준비가 되어 있지 않으면, 아주 험한 꼴을 당할 것입니다."

베언이 말을 이어갔다. "스틱 없이 라크로스 경기장에 들어갈 수는 없습니다. 그러다가 다 죽습니다."

케이글은 확신이 서지 않았다. 펀드 규모가 커지면 문제가 발생할 수 있다. 만약 창업자들에게 자금을 너무 많이 지원한다면, 그들은 집중력을 잃고 너무 많은 것을 시도할 것이고, 따라서 자원이 낭비될 것이다. 그는 이렇게 말했다. "우리가 기업들에 자금을 아주 많이 지원할 수도 있습니다. 나는 다른 사람들을 따라 수표에 큰 숫자를 적는 집단에 들어가고 싶지 않습니다."

라클레프가 같은 말을 반복했다. "게임에 참여하려면 돈이 필요합니다." 소프트뱅크와 더 일반적으로는 강세 시장이 스타트업들이 조달하려는 자금의 규모를 키우고 있었다. "내가 거래하는 텔레콤 업종에서는 판돈이 1000만 달러가 기본입니다."[70]

던레비는 개별 거래가격이 오를 때 펀드 규모가 작으면 소수의 기업에만 투자할 수 있다는 사실을 지적했다. 다변화를 꾀하지 않으면 위험해질 수 있다. 그는 10억 달러 규모의 펀드를 조성하는 데 찬성하는 쪽으로 기울었다. "규모가 중요하지 않다는 것은 알고 있지만, 그것을 우위로 여기는 사람들이 많기 때문입니다."[71]

마침내 벤치마크는 1999년에 10억 달러 규모의 펀드를 조성했다. 이것은 4년 전에 조성한 첫 번째 펀드와 비교하여 열 배도 더 큰 규모였다. 벤치마크는 런던과 이스라엘 사무소를 개설했지만 실패를 맛보았다. 손정의가 그랬던 것처럼, 1-800-팔로워스닷컴1-800-Flowers.com 이라는 온라인 소매업체를 상대로 주식공모 이전에 1900만 달러를 걸었으나 금방 투자금을 날리고 말았다.[72] 결국 벤치마크가 해외 사무소를 폐쇄하고 주식공모 이전 단계의 투자를 중단하기로 했지만, 규모의 딜레마는 여전히 남아 있었다. 이후로 몇 년 동안 벤치마크는 저돌적인 투자자들이 나중 단계에 있는 기업을 상대로 수천만 달러를 내놓고서 포트폴리오 기업에 대한 경영권을 장악하는 모습을 여러 번에 걸쳐서 확인했다. 벤치마크는 그만한 금액의 자금을 동원할 수 없었고, 스타트업들이 풍부한 자금에서 비롯되는 자만에서 벗어나도록 압박할 힘도 없었다. 또한 벤치마크는 두 개의 악명 높았던 사례, 즉 차량 호출 서비스를 제공하는 우버와 사무실 대여 서비스를 제공하는 위워크와 같이 지원한 기업들이 몰락하는 광경을 보게 되는 고통스러운 경험을 했다.[73] 이것이 가내공업식 모델의 한계였다.

8장

구글을 위한 돈, 어느 정도는 공짜 돈

The Power Law

1998년 8월 어느 날, 스탠퍼드대학교 박사과정 학생 두 명이 팰로앨토의 어느 집 현관에 앉아 있었다. 그들은 웹서핑을 위한 새로운 방법을 찾기 위해 모금활동에 기대를 걸었다. 이것은 3년 전에 야후가 했던 일의 반복처럼 여겨졌다. 그러나 야후 창업자들은 세쿼이아캐피털로부터 100만 달러를 받고서 회사 지분의 3분의 1을 내주었던 반면, 이 박사과정 학생들에게 일어난 일은 야후가 경험했던 것과는 엄청나게 달랐다.

세르게이 브린Sergey Brin과 래리 페이지Larry Page라는 이 두 명의 박사과정 학생들은 이제 갓 태어난 회사의 이름을 구글Google로 정했다. 이것은 언뜻 보기에는 헛된 모험이었다. 인터넷 검색 서비스를 제공하고 있는 기업들이 이미 17개나 있었다. 그러나 브린과 페이지는 당당하게 자신들의 기술이 다른 기업들을 날려버릴 것이라고 확신했다. 따라서 그들은 실리콘밸리에서 이름을 떨치고 있는 엔지니어 앤디 벡톨샤임Andy Bechtolsheim을 기다리고 있었다.

드디어 벡톨샤임이 은색 포르셰를 타고 도착했다. 그는 앞머리를 늘어뜨린 잘생긴 외모에 독일 억양이 살짝 남아 있었다. 브린과 페이지가 검색엔진을 시연하자 벡톨샤임은 엄청난 관심을 보였다. 구글은 얼마나 많은 사이트가 링크되어 있는가에 따라 웹사이트의 순위를 매기는 시스템 덕분에 경쟁사의 것보다 훨씬 더 연관성이 있는 검색결과를 생성했다. 당장 벡톨샤임은 명성이 인용횟수에 근거하는 학계를 떠올렸다.[1]

벡톨샤임은 벤처투자자는 아니었지만, 두 개의 기업을 설립했고 투자할 돈이 있었다. 1982년에 그는 선마이크로시스템스를 공동으로 설립하고 대성공을 거두었다. 그다음 벤처기업인 그래닛시스템스Granite Systems라는 네트워킹 기업에서는 벡톨샤임 자신이 주요 주주가 되었고, 시스코에 2억 2000만 달러를 받고서 매각했다. 벡톨샤임은 자신의 재산으로 동료 엔지니어들을 지원하는 것을 좋아했다. 이곳저곳에 뿌려놓은 10만 달러짜리 수표가 그의 은행 잔고에 크게 영향을 미치지는 않았다.

1980년대 후반 어느 날, 존 리틀John Little이라는 초기 인터넷 기업가가 벡톨샤임의 사무실에 잠시 들른 적이 있었다. 리틀은 동료 컴퓨터 과학자였다. 두 사람은 선마이크로시스템스 맥주 파티에서 서로 알게 되었다.

벡톨샤임이 물었다. "요즘 어떻게 지내?"

리틀이 대답했다. "별로 좋지 않아." 그와 함께 스타트업을 공동으로 창업한 사람이 발을 빼고 있었고, 그 사람과의 관계를 정리하려면 현

투자의 진화

금이 필요한 상황이었다. 리틀에게는 그럴 만한 현금이 없었다.

백톨샤임이 재촉했다. "얼마나 필요하지?"

리틀이 대답했다. "잘 모르겠어. 아마 9만 달러 정도."

백톨샤임은 수표책을 가져와서 9만 달러라고 적고 서명했다. 그가 일을 하도 빨리 처리하는 바람에 리틀은 무슨 일이 벌어지는지 미처 깨닫지 못할 정도였다. 리틀은 나중에 이렇게 말했다. "백톨샤임이 수표책을 가져왔을 때 무슨 일을 할 것인지 몰랐습니다. 누군가가 나한테 그런 돈, 어느 정도는 공짜 돈을 주는 상황을 접해본 적이 없었습니다." 백톨샤임은 그 돈에 대한 대가로 리틀의 회사에서 지분을 얼마나 갖기를 원하는지 밝히지 않았다. 리틀은 이렇게 기억했다. "백톨샤임은 그다지 신경 쓰지 않았습니다. 나중에, 아마도 1년에 한 번 정도 우리는 바비큐 파티와 같은 행사에서 우연히 마주쳤습니다. 그리고 우리 중 한 사람이 다른 사람에게 지난번 투자에 대한 서류 작업을 해야 한다고 말했습니다. 하지만 우리는 늘 바빴습니다."[2]

1996년에 리틀은 마침내 이 분야에 전문성을 지닌 벤처투자자라 할 액셀의 아서 패터슨에게 600만 달러를 지원받았고, 이제는 누가 얼마나 소유하는가의 문제를 공식화해야 했다. 백톨샤임이 순간의 감정에 이끌려서 관대한 행동을 한 덕분에 리틀의 회사에서 1퍼센트의 지분을 그제야 갖게 되었다. 리틀이 설립한 포털소프트웨어Portal Software는 인터넷 호황기에 놀라울 정도로 잘나갔고, 아마도 백톨샤임은 그렇게 9만 달러를 내놓고는 예전에 선마이크로시스템스를 공동 설립했을 때보다 더 많은 돈을 벌었을 것이다.[3]

이제 팰로앨토의 자기 집 현관에 앉아서 구글 창업자들과 잡담을 나누던 백톨샤임이 예전과 똑같은 행동을 했다. 그는 구글 창업자들이 아직 사업계획서를 작성하지 않은 것을 알았다. 그들은 웹사이트들이 돈을 버는 표준적인 방법이라 할 배너광고나 팝업광고를 배제했다. 그러나 그는 브린과 페이지가 자기들의 검색엔진을 시연하는 모습을 보고는 그들의 소프트웨어가 갖는 우위를 확인했다. 그뿐만 아니라 그들에게 호감을 가졌다. 그들은 호기심이 많고 고집스럽고 침착한 데가 있었다. 그런 모습은 벡톨샤임 자신이 스탠퍼드대학교에서 젊은 컴퓨터과학자로 있을 때와 크게 다르지 않았다.

벡톨샤임은 포르셰로 달려가서 무엇인가를 가지고 왔다. 그러고는 우렁찬 목소리로 이렇게 말했다. "우리가 몇 가지 쟁점을 논의할 수 있겠지만, 내가 그냥 수표를 써주면 어떨까요?"[4] 그는 이 말과 함께 브린과 페이지에게 구글이라는 법인을 수취인으로 지정한 10만 달러짜리 수표를 건넸다.[5]

브린과 페이지는 구글이라는 법인이 아직 존재하지 않는다고 설명했다. 수표를 입금할 은행계좌가 없었던 것이다.[6]

벡톨샤임은 웃으면서 말했다. "은행계좌가 생기면 거기에 입금하면 됩니다."[7] 그러고는 자기가 사들인 구글 지분에 대해서는 한마디 말도 하지 않은 채 포르셰를 타고 떠났다. 그는 나중에 이렇게 말했다. "내가 구글의 일원이 된 것만으로도 너무 기뻤습니다."[8]

●●●

벡톨샤임의 즉흥적인 투자는 새로운 종류의 기술금융이 등장하는 것을 알리는 신호였고, 2년 전에 손정의가 1억 달러짜리 수표를 건넨 것만큼이나 중요한 의미가 있었다. 1990년대 중반 이전에는 은퇴를 앞둔 기술 임원들이 가끔씩 투자에 손을 댔다. 마이크 마쿨라는 갓 태어난 애플에 투자하여 발전을 이끌었다. 미치 케이퍼는 고GO와 유유넷에 투자하며 조언을 제공했다.[9] 그러나 1990년대 중후반 기술시장이 호황을 누리면서 그들과 같은 엔젤투자자가 강력한 힘을 발휘할 수 있었다. 주식공모에 크게 성공한 덕분에 실리콘밸리 전역에서 억만장자들이 등장했고, 엔젤투자는 할리우드에서의 성형수술처럼 새로운 엘리트 집단의 소일거리가 되었다. 벡톨샤임이 구글을 지원하던 1998년에 론 콘웨이Ron Conway라는 왕성하게 활동하는 엔젤투자자가 사적 투자를 확대하기 위해 3000만 달러에 달하는 펀드를 조성했고, '기관 엔젤' 혹은 '슈퍼 엔젤'이 실리콘밸리의 스타트업 엔진에 최신의 실린더가 되었다.[10] 손정의의 성장자본 수표가 주식공모에 대한 부분적인 대안을 제공했을 때와 마찬가지로, 기업 창업자들이 불현듯 전통적인 벤처캐피털에 대한 대안이 되었다.[11] 이제는 기업가 지망생들이 초기 자금을 마련할 때에는 기존의 기업가들을 소개받는 것으로도 충분했다. 벡톨샤임의 비범한 투자 스타일은 거의 평범해지고 있었다.

브린과 페이지는 이처럼 새로운 시스템을 매우 능숙하게 활용했다. 그들은 람 슈리람Ram Shriram이라는 인도 태생의 기술 임원에게 구애작전을 펼치는 것으로 출발했다. 당시 슈리람은 곧 자신의 스타트업을 아마존에 매각하여 큰돈을 손에 쥘 예정이었다. 처음에 슈리람은 구글의 기술을 사들일 만한 기존 검색회사들을 소개했다. 그러나 괜찮은 제안이 들어오지 않자 다른 엔젤투자자들이 함께 들어올 수 있다면 두 명의 대학원생들을 지원할 것을 제안했다. 얼마 지나지 않아서 브린과 페이지는 벡톨샤임과 그와 함께 그래닛시스템스를 공동으로 창업한 스탠퍼드대학교 교수 데이비드 체리턴David Cheriton을 영입했다. 몇 달

후에 아마존 창업자 제프 베이조스가 캠핑 여행을 위해 샌프란시스코 베이 지역을 방문했고, 슈리람의 집에서 브린과 페이지를 만났다. 그 후로 베이조스도 참여하기를 원했다. 나중에 그는 이렇게 말했다. "나는 브린, 페이지와 사랑에 빠졌습니다."[12]

1998년 말에 브린과 페이지는 네 명의 엔젤투자자들에게서 100만 달러를 조금 넘게 모집했다. 이것은 세쿼이아캐피털이 야후에 투자한 것보다 조금 더 많은 금액이었다.[13] 하지만 그들은 벤처캐피털과 이야기를 나누지 않고, 지분의 10분의 1 이상을 내놓지도 않고, 벤처캐피털이 주장하는 성과 목표와 감독권에 서명하지 않고서 그렇게 했다.[14] 베이조스, 벡톨샤임과 같은 엔젤투자자들은 자기 사업에 집중해야 했기 때문에 그들이 사업을 어떻게 하는지에 대해 신경 쓸 여유가 없었다. 따라서 리틀이 하는 말처럼 구글 창업자들은 그런 식으로, 어느 정도는 공짜 돈을 받는 식으로 자금을 모집할 수 있었다. 이제 과거의 해방자본은 다음 단계에 자리를 내주었다. 인간의 발전을 위한 시도의 역사에서 젊은 발명가들이 그처럼 특권을 누려본 적은 없었다.

●●●

구글 창업자들이 벤처투자자들을 기피할 때 벤처사업은 호황을 누리고 있었다. 1998년에 벤처투자자들은 손정의가 야후를 만난 1995년에 모집한 자금의 세 배인 300억 달러라는 엄청난 액수의 자금을 모집했다. 1999년에는 호황이 최고조에 이르렀다. 벤처 파트너십은 560억 달러를 모집했다.[15] 미국에서 벤처 파트너십의 수는 10년 전의 400개에서 750개로 증가했다.[16] 실리콘밸리에서는 누구보다도 벤처투자자

투자의 진화

들을 통해 부자가 되려는 욕구가 솟구치고 있었다.

전통적인 벤처투자자들에게는 이런 호황이 당혹스러웠다. 어느 나이 든 벤처투자자는 이렇게 회상했다. "버블 속에 있는 것이 분명했습니다. 우리가 근본적인 가치를 창출한다고 생각하던 모든 것들에 처벌이 가해지고 있었습니다. 그리고 우리가 안 좋은 행위라고 생각하던 모든 것들에 보상이 제공되고 있었습니다." 야후에서 시작된 (추진력을 가진 선점자에게 자금을 지원하는) 추세가 분명히 멀리까지 갈 수 있었다. 많은 경우에 자금 조달 그 자체가 추진력을 창출하고 있었고, 다수의 닷컴기업들이 실제로는 수익을 전혀 창출하지 못할 것이었다. 하지만 시장이 아무리 거세게 소용돌이치더라도 경험 많은 노련한 투자자들이 이번 호황에 거스르는 행위를 할 수는 없었다. 파생상품이나 그 밖의 기법을 사용하여 버블의 반대편에 내기를 걸 수 있는 헤지펀드와는 다르게, 벤처투자자들은 가치가 상승하는 것에만 내기를 걸 수 있다. 그들은 한 가지 단순한 사업을 하고 있는데, 그것은 스타트업의 지분을 사는 것이고, 이에 대한 시장가격을 지급해야 한다. 게다가 헤지펀드와 벤처투자자의 이러한 기계적 차이는 심리적 차이에 의해 더욱 커진다. 헤지펀드는 원래 독자적으로 행동하는 경향이 있다. 트레이더로 일하는 루이 베이컨Louis Bacon이 1990년대에 개인 섬을 사들였을 때, 사람들은 아무런 의미가 없다면서 비웃었다. 그는 이미 스크린 뒤에 숨어서 마법의 나라에 사는 사람처럼 고립된 인물이었다. 그러나 벤처투자자들은 정반대의 극단에 있다. 그들은 서로 가까운 곳에 있는 사무실에서 일한다. 그들은 상대방 스타트업의 이사회 이사로 활동한다. 그들은 이후의 자금 조달에 대해 의논한다. 지리적으로나 정신적으로 그들은 모여 있다. 무엇보다도 그들은 네트워킹을 추구하는 사람들이기 때문에 버블에 대해서는 말하는 것조차 부담스럽다. 열광하는 사람을 공개적으로 의심하는 투자자는 다른 사람들을 위한 파티를 망치고 있는 것이다.

평상시에는 벤처집단의 버블 편향이 주식시장에 의해 균형을 이룬다. 벤처투자자들은 스타트업들이 주식공모에 들어가면서, 꿈을 위해 기꺼이 돈을 내놓으려고 하지 않고 자유롭게 회사를 비난하거나 주식 가격이 폭락할 것이라고 주장하는 엄격한 대중을 만나게 될 것이라는 사실을 잘 알고 있다. 이러한 전망은 벤처행위를 규율한다. 이것은 벤처투자자들이 스타트업의 가치를 너무 높게 평가하여 주식공모 시 수익성이 감소하는 것을 방지한다.

그러나 1990년대 후반에 주식시장이 이러한 규율 기능의 수행을 중단했다. 새로운 유형의 아마추어 트레이더들이 1990년대 후반에 시청률이 세 배나 증가한 CNBC와 같은 텔레비전 채널의 주식광고에 이끌려서 인터넷 기업 주식을 대거 사들였다. 광기의 반대편에 내기를 걸었던 정교한 헤지펀드들이 자신의 포지션을 뒤집을 때까지 극심한 손실을 입었고, 이후로는 시장에 상승 압력을 보탰다.[17] 월스트리트 사람들은 기술주에 대한 대중의 그칠 줄 모르는 욕구를 설명하기 위해 멱법칙적 사고의 확산을 지적했다. 모건스탠리의 주요 투자은행가 조지프 페렐라Joseph Perella는 이러한 현상에 놀라움을 금치 못하면서 이렇게 말했다. "미국 자본주의에 근본적인 변화가 발생했다. 기본적으로 대중은 이렇게 말한다. '나는 이 모든 회사를 갖고 싶다. 이들 중 19개가 잘못되었고 스무 번째가 야후라면 아무런 문제가 되지 않는다.'"[18]

주식시장이 멱법칙의 논리를 받아들이자 벤처투자자들을 견제할 만한 것은 전혀 없었다. 사적인 자금 조달은 그 어느 때보다 높은 평가를 바탕으로 진행되었고, 스타트업들은 훨씬 더 많은 양의 자금을 조달했다. 1997년에 웹밴Webvan이라는 온라인 식료품업체는 회사라기보다는 하나의 개념에 불과했는데도 벤치마크와 세쿼이아캐피털을 통하여 700만 달러를 조달했다. 1998년에 웹밴은 이번에는 소프트뱅크를 통해서 제1호 유통센터를 건설하기 위하여 3500만 달러를 조달했다. 1999년에는 유통센터가 아직은 거의 가동되지 않은 상태에서도 벤처투자자들은 3억 4800만 달러라는 엄청난 금액을 내놓았다. 벤처투자자들은 이때까지 웹밴이 손실만 보고 있었는데도 웹밴에 40억 달러가 넘는 액면가치를 부여했다. 결국 웹밴은 더 강력한 고GO, 즉 벤처자본의 환상적인 자아도취 여행으로 보였다. 그럼에도 자아도취에 빠진 주식시장을 고려하면, 벤처투자자만이 이러한 이야기의 유일한 범죄자는 아니었다. 웹밴은 1999년 가을에 주식공모를 성공적으로 마쳤고, 기업가치가 110억 달러까지 치솟았다. 공개시장의 투자자들이 기업을 이런 식으로 평가하는 상황에서 벤처자본의 광란은 최소한 어느 정도는 합리적이라 할 수 있었다.

●●●

벤처금융 시장이 호황을 누리는 것을 감안하면, 구글이 자금을 모집하기 위해 벤처금융 시장에 다가가는 것은 당연한 일이었다. 특히 브린과 페이지가 수익을 창출하는 것보다 고객층을 형성하는 데 관심이 더 많았기 때문에 엔젤투자자들에게 받은 100만 달러는 불과 몇 달 만에 소진될 것이다. 1999년 초에 구글에 가장 적극적으로 자기 생각을 표현하던 엔젤투자자 슈리람은 이 창업자들에게 최종적으로 수익을 어떻게 창출할 것인가에 대한 분명한 이야기가 필요하다고 말했다. 이제는 사업계획서를 작성할 때가 된 것이다.

브린이 이렇게 되물었다. "사업계획서가 뭐죠?"[19]

슈리람은 인내심을 갖고서 구글 사무실에 출근하는 스탠퍼드대학교 대학원생들에게 사업계획서를 작성하라는 요구를 계속해왔다. 그다음에 그는 자기 인맥을 동원하여 구글에서 일할 의지가 있는 경험 있는 경영자를 찾아냈다.[20] 그는 유유넷이 투자 설명회를 준비할 때 케이퍼가 했던 바로 그 역할을 수행하고 있었다.

1999년 5월 구글 창업자들은 벤처투자자들과의 만남을 정식으로 시작했다. 그러나 엔젤투자자들에게 호의적인 조건으로 자금을 모집했던 브린과 페이지는 그다음 자금 모집에서는 우위를 확보해야 한다고 생각했다. 벤처펀드가 풍부한 점을 감안하면 그 한계를 시험할 수 있는 좋은 기회가 되었다. 자금이 풍부하다는 사실은 논리적으로 자금 조달에 소요되는 비용이 저렴하다는 것을 의미한다. 자신감이 대단했던 이 창업자들은 벤처투자자들이 어느 정도까지 양보할 수 있는가를 실제로 보여줄 수 있었다.

첫 번째 과제는 가장 바람직한 투자자를 선택하는 것이었다. 자연스럽게 세쿼이아캐피털이 후보로 등장했다. 세쿼이아캐피털은 야후를 지원한 적이 있었다. 그러나 브린과 페이지는 클라이너퍼킨스의 활력 넘치는 존 도어를 만나고 싶었다. 이제는 그가 고에 투자하여 실패한 것이 먼 옛날의 이야기가 되었다. 이후로 도어는 인터넷 부문에서 가장 열정적인 흥행주로 떠올랐고, 포트폴리오 기업들이 인재를 유치하는 데 그보다 더 도움이 되는 사람은 없었다. 그는 넷스케이프에 투자하고 나서, 기존의 전화회사 임원으로 남부 출신의 차분한 성품을 지닌 짐 박스데일Jim Barksdale이 이처럼 갓 태어난 불안정한 회사에 합류하게 만드는 데 성공했다. 어느 내부 관계자는 나중에 이렇게 설명했다. "박스데일은 존 도어가 풍기는 기운에 푹 빠져들었지요."[21] 그다음에 도어는 넷스케이프를 일련의 웹 기반 벤처사업을 위한 발판으로 만들었다. 예를 들어 케이블 브로드밴드를 통해 고속 인터넷 접속을 제공하는 대담한 프로젝트인 앳홈이 있었고, 의약품을 온라인으로 판매하는 드러그스토어닷컴drugstore.com도 있었고, 심지어는 가정 살림의 대모代母라 할 마사 스튜어트Martha Stewart를 인터넷 프랜차이즈로 전환하는 프로젝트도 있었다. 실리콘밸리 전역에서 기업가들은 도어 팀에 합류하기 위해 경쟁했다. 도어를 숭배하는 어떤 사람은 〈뉴요커〉와의 인터뷰에서 이렇게 말했다. "존과 클라이너퍼킨스를 투자자로 영입하면, 지금 당장 페라리를 구매해도 된다는 생각이 널리 퍼져 있습니다."[22]

도어의 탁월성을 보여주는 가장 두드러진 흔적은 아마존에 투자한 데 있었다. 1996년에 도어는 베이조스의 스타트업에 800만 달러를 투자하여 13퍼센트의 지분을 가져갔다. 1999년 봄에 아마존은 200억 달러가 넘는 가치를 지닌 상장기업이 되었다. 그러나 가장 놀라운 점은 이런 일이 어떻게 일어나게 되었는가, 이것이 도어의 위상에 대하여 무엇을 말하는가에 있었다. 1994년에 설립된 아마존은 벤처자금을 모집할 때 이미 대성공을 거두고 있었다. 아마존에 투자하기를 원하는 사람들의 전화가 너무 많이 와서 사내에서는 음성메일을 다음과 같이 재설정하자는 농담도 떠돌았다. "고객이시면 1번을, 벤처투자자이시면 2번을 누르세요."[23] 특히 뉴욕에서 유명한 기술투자회사인 제너럴 애틀랜틱General Atlantic은 아마존을 열심히 쫓아다니면서 베이조스에게 거래 조건을 공식적으로 제시했다. 그러나 대단한 명성을 지닌 도어 자신은 결코 아마존을 쫓아다니지 않았고, 아마존이 쫓는 대상이 되었다. 처음에는 도어가 너무 바빠서 이런 사실을 알지 못했다. 그의 벨트에 달린 무선호출기와 휴대폰 벨소리가 끊임없이 울렸다. 결국 클라이너퍼킨스 포트폴리오 기업의 어느 CEO가 아마존 마케팅 담당자와 저녁식사를 하라고 설득하고 나서, 마침내 그런 사실을 알게 되었다. 도어는 시애틀로 날아가 베이조스와 즉시 유대관계를 맺고는 제너럴애틀랜틱이 보는 앞에서 더 나쁜 조건을 제시하면서도 거래를 낚아채 갔다. 베이조스는 왜 낮은 입찰가를 받아들였느냐는 질문에 이렇게 설명했다. "클라이너퍼킨스와 존은 거대한 인터넷 업계의 중심에 있습니다. 존과 함께 있는 것은 가장 좋은 부동산을 갖는 것과도 같습니다."[24]

도어가 아마존에 투자하고 베이조스가 구글에 투자한 것을 감안하면, 브린과 페이지가 클라이너퍼킨스의 유력인사와 만나는 것은 시간문제였다. 그들은 이러한 성취를 거의 당연하게 여겼다. 페라리를 떠올리는 다른 기업가들은 프레젠테이션 슬라이드를 준비하면서 밤을 새웠는지도 모른다. 그러나 구글 창업자들은 그렇게까지 자신을 혹사하지는 않았다. 그들은 겨우 17쪽짜리 파워포인트 자료를 가지고 도어를 찾아왔다. 그중에서 세 쪽은 만화를 담았고, 두 쪽에만 실제 숫자를 담았다.[25] 그러나 그들은 프레젠테이션 형식에서 부족했던 측면을 아주 침착하게 보완했다. 그들은 슈리람이 미리 가르쳐준 대로 자신의 사명을 다음과 같이 여덟 단어로 요약했다. "우리는 단 한 번의 클릭으로 세상의 정보를 전한다We deliver the world's information in one click."

도어는 대담하고 호소력이 있는 발표를 좋아했다. 그는 엔지니어 출신이었다. 그는 타고난 몽상가였다. 게다가 구글은 엔젤자금이 제공하는 시간을 견인력을 키우는 데 사용했다. 지금은 매일 50만 건의 검색

　　　　　　　　　　　　　　　　　　　投資의 진화

을 처리하고 있었다. 도어는 개인적으로 구글이 검색회사의 최상위급이 되면 시가총액이 10억 달러에 달할 수 있을 것으로 추정했다.

도어는 창업자의 포부를 알고 싶은 마음에 이렇게 질문했다.

"구글이 얼마나 성장할 수 있다고 봅니까?"

페이지가 대답했다. "100억 달러는 될 수 있을 겁니다."

"시가총액을 의미합니까?"

페이지가 자신 있게 선언했다. "아닙니다. 시가총액이 아니라 매출을 의미합니다." 그는 노트북을 꺼내 구글의 검색결과가 경쟁사와 비교하여 어느 정도로 신속하고도 적절한지 보여주었다.

도어는 깜짝 놀라며 기뻐했다. 매출이 100억 달러라면, 시가총액은 적어도 1000억 달러가 된다는 것을 의미한다. 이것은 구글의 잠재력에 대하여 도어가 추정한 것보다 100배가 더 많은 금액이었다. 이는 구글이 마이크로소프트만큼 그리고 아마존보다는 훨씬 더 큰 회사가 된다는 것을 의미했다. 이 목표가 그럴듯하든 그렇지 않든 확실히 포부가 대단하다는 사실을 보여주었다. 도어는 자기보다 더 큰 꿈을 가진 기업가를 거의 만나보지 못했다.

구글 창업자들은 도어의 마음을 얻기 위해 애쓰면서 그들의 두 번째 사냥감으로 눈을 돌렸다. 그들은 최근에 "슈퍼 엔젤"이라고 불리는 콘웨이를 만나서, 콘웨이가 그들을 세쿼이아캐피털에 연결해줄 수 있다면 구글에 투자할 수 있다고 거래를 제안했다. 콘웨이는 이러한 조건을 기꺼이 받아들였다. 실리콘밸리의 높은 기준을 따르더라도 그는 네트워킹의 거장이었다.

콘웨이는 마이클 모리츠와 함께 세쿼이아캐피털을 경영하던 무뚝뚝한 파트너 더그 레온과도 특별히 가까운 사이였다. 모리츠가 치열한 경쟁을 펼치면서 친구뿐만 아니라 적도 만들었던 곳에서, 레온은 내심으로는 집단을 중요하게 생각하는 이탈리아인이었다.[26]

레온은 금요일 점심을 하고 나서 콘웨이의 전화를 받았다. 그는 구글에 대해 들어본 적이 없었지만, 당장 브린과 페이지에게 전화를 걸었다. 오후 4시가 되어 그는 구글 창업자들이 검색엔진을 시연하는 것을 보며 놀라움을 금치 못했다. 구글이 내놓은 검색결과는 야후의 것보다 훨씬 더 유용했다.[27]

레온은 그들을 만난 자리에서 나와 모리츠에게 전화하여 한번 와보라고 부탁했다. 오후 6시에 모리츠가 나타났고, 구글 창업자들은 또다시 검색엔진을 시연했다. 그들은 알아차리지 못했지만, 열려 있는 문을 밀고 있었다. 모리츠는 이미 야후의 공동 창업자인 제리 양이 그들의 기술에 대하여 좋게 말하는 것을 들었다. 야후는 자사 웹사이트 검색창을 작동하는 데 구글을 사용할 생각을 하고 있었다.[28]

이제는 모리츠와 도어 모두가 구글에 투자하려는 생각에 빠져들었다. 그러나 그들이 갖는 논리에는 미묘한 차이가 있었다. 비과학적인 벤처 업계에서 두 명의 투자자들이 같은 투자에 대한 열정을 공유한다고 해서, 그 이유가 반드시 같은 것은 아니었다.

엔지니어들을 지원하는 엔지니어인 도어에게는 구글의 기술 우위가 가장 중요한 매력이었다. 다수의 회의론자들은 17개의 경쟁사들이 경쟁을 벌이고 있는 상황에서 검색 서비스는 수익성이 낮은 사업이 될 것이라고 주장했다. 그러나 기술 우위를 중요하게 생각하는 도어는 더 나은 알고리듬을 가진 후발 기업이 경쟁사를 능가할 수 있을 것으로 믿었다. 그의 파트너 비노드 코슬라는 이것을 이렇게 설명했다. "기존의 검색기술이 최상의 가능한 버전의 90퍼센트를 달성하고 있다고 생각한다면, 성능을 95퍼센트까지 끌어올리더라도 고객을 확보할 수가 없을 것입니다. 그러나 기존 검색기술이 예를 들어 최상의 가능한 버전의 20퍼센트만을 달성하여 성능이 더 나아질 여지가 충분히 있다고 생각한다면, 구글은 경쟁사들보다 서너 배는 더 우수해질 수 있고, 이러한 경우에 구글의 공학적 탁월성이 수많은 사용자를 끌어들일 수 있습니다."[29] 코슬라 자신도 1990년대에 이전 세대의 것보다 몇 배는 더 우수한 차세대 인터넷 라우터에 투자하여 큰돈을 벌었다. 여기서 교훈은 공학기술 제품의 성능이 엔지니어가 아닌 사람들이 생각하는 것보다 더 나아질 수 있다는 것이다.

저널리스트 출신인 모리츠에게는 구글의 사례가 도어와는 다르게 여겨졌다. 물론 그도 구글의 검색엔진이 더 우월하다는 것을 알 수 있었다. 그러나 그는 이러한 우월성이 변혁적이라는 것을 전혀 상상하지 못했다. 이것은 부분적으로 인터넷의 미래에 대한 그의 생각에서 비롯되었다. 모리츠는 야후에서의 경험과 1999년에 보여준 인터넷의 발전 방향에 비추어, 브랜드가 인터넷을 지배할 것이라고 생각했다.[30] 검색엔진과 같은 기술적 기능은 충성 고객을 끌어들이는 인기 웹사이트에서 중요하지 않은 기능으로 존재할 것이다. 이미 워싱턴포스트 Washington Post는 구글에 사용료를 지급하면서 자사 홈페이지 검색창을 작동하고 있었다. 그리고 페이지와 브린은 곧 넷스케이프와도 비슷한 거래를 할 계획이었다. 야후와 제휴하려는 것도 이러한 계획에 부합했다. 구글은 평범하게도 야후라는 인기 포털에서 검색 서비스를 제공하는 확실한 미래를 생각할 수도 있었다.[31] 모리츠의 오해는 기술 우위의 예측 불가능성을 보여주는 증거였다. 1999년에는 구글이 야후를 능가하거나 아마존이 다른 모든 전자상거래 경쟁사들을 능가할 것으로 보는 사람은 거의 없었다.

클라이너퍼킨스와 세쿼이아캐피털을 따로 만나서 구애 작전을 펼친 페이지와 브린은 그들의 옵션을 펼쳐봤다. 벤치마크, 액셀과 같은 다른 벤처 파트너십들은 구글을 더 낮게 평가했다. 뉴욕의 어느 은행은 더 높은 대가를 지급할 생각이 있었지만, 슈리람은 그들에게 회사를 키워가는 방법을 아는 서부해안의 벤처캐피털에 붙으라고 조언했다.[32] 이것은 구글 창업자들에게 세쿼이아캐피털과 클라이너퍼킨스 중에서 하나를 선택하라는 뜻이었다. 여느 때와 마찬가지로 그들은 자기들만의 방식으로 일을 처리하면서, 세쿼이아캐피털과 클라이너퍼킨스 모두와 함께 가기로 결심했다.

벡톨샤임은 이처럼 자존심이 강한 벤처캐피털들이 공동 투자에 찬성할 가능성은 제로라면서 반대했다. 그들은 거래를 분할하는 것이 아니라 선도하는 것에 익숙했다. 그러나 브린과 페이지는 단념하지 않았다. 1999년의 호황 국면에서는 불가능하게 보이던 것도 가능했다.

그들은 엔젤투자자들을 중개자로 활용하여 클라이너퍼킨스에 전체 지분의 12.5퍼센트를, 세쿼이아캐피털에도 동일한 비율을 제공할 것이라고 알렸다. 만약 그들 중 누구라도 거부하면 구글은 어느 누구에게도 지분을 매각하지 않을 것이다. 클라이너퍼킨스와 세쿼이아캐피털은 몹시 짜증이 났다. 아마존도 야후도 자신들을 그런 식으로 대하지는 않았다. 그러나 모두가 상승 시장에 도취된 상황에서 자신들이 그런 조건을 거부하면 다른 누군가가 구글에 자금을 제공할 것이 분명했다.

구글 창업자들은 협상 과정에서 자신들에게 우위가 있는 사실을 감지하고는 세쿼이아캐피털에 콘웨이를 보내고, 클라이너퍼킨스에 슈

리람을 보내 최후통첩을 알리며 단호하게 나왔다.[33]

며칠이 지나 콘웨이가 스타벅스 주차장에서 슈리람에게서 온 전화를 받았다.

슈리람은 이렇게 말했다. "이제 전투가 끝났어. 그들 모두가 투자하기로 했고, 50대 50이 될 거야."

1999년 6월 7일 세 당사자들이 모여 계약을 체결했다. 도어에게 1200만 달러는 자신의 투자 이력에서 가장 큰 금액에 해당되었다. 그는 쓴웃음을 지으며 이렇게 말했다. "스타트업에 그처럼 적은 지분을 얻으려고 그렇게 많은 돈을 투자했던 적이 한 번도 없었습니다."[34] 엔젤투자자들이 등장한 덕분에, 벤처사업에 엄청난 돈이 흘러들어 간 덕분에 기업가와 벤처투자자 사이에 힘의 균형이 변했다.

• • •

슈리람이 무슨 말을 했든, 구글 창업자들과 투자자들의 전투는 실제로 끝나지 않았다. 벤처투자자들은 구글 창업자들이 제시한 조건을 거의 모두 받아들였지만, 구글이 외부에서 CEO를 영입해야 한다는 데는 확고했다. 현재 상황은 상당히 우스꽝스러웠다. 페이지가 구글의 CEO 겸 CFO였다. 브린은 사장과 회장의 직함을 모두 자기 것으로 했다. 그들 스스로가 경영자 직함을 여러 개 부여한 것이 관리 경험이 부족하다는 사실을 역설적으로 보여주는 꼴이 되고 말았다. 구글이 마이크로소프트에 필적할 만한 기업이 되려면, 노련한 CEO가 필요할 것이다.

벤처자금을 조달할 당시에는 브린과 페이지가 미래의 불특정한 시기에 CEO를 영입해야 한다는 데 동의했다.[35] 이후로 몇 달이 지나 그들은 도어에게 이렇게 말했다. "이제는 생각이 변했습니다. 우리는 우리 두 사람이 회사를 경영할 수 있다고 생각합니다."[36] 서터힐벤처스가 퀘메 공식을 확립한 1973년부터 야후와 이베이 같은 스타트업들이 외부에서 영입한 CEO를 열렬히 환영했던 1990년대 중반까지, 벤처캐피털들이 새로운 리더를 데려오는 것은 거의 기정사실이었다. 그러나 이제 구글 창업자들은 마이클 델Michael Dell, 빌 게이츠, 그들 자신의 엔젤투자자 제프 베이조스 등 경영권을 유지하면서 성공한 소수의 창업자들의 예를 들었다. 도어의 부하직원 중 한 사람은 신랄한 어조로 이렇게 말했다. "그들은 다른 실패한 사람들을 본 적이 없었습니다. 그들의 눈에는 그런 사람들이 전혀 들어오지 않았습니다."[37]

모리츠와 도어는 그들의 반란을 상당히 불쾌하게 받아들였다. 모리츠는 나중에 이렇게 저격했다. "브린과 페이지는 신적 존재에게 지시를 받더라도 여전히 의문을 품을 것입니다."[38] 특히 열띤 논쟁을 벌이던 과정에서 두 벤처투자자들은 구글 창업자들이 회사의 전망을 해치고 있으며, 페이지와 브린이 외부 CEO를 위한 자리를 마련하지 않으면 투자를 철회할 것이라고 위협했다. 모리츠는 나중에 이렇게 말했다. "나는 큰 소리로 협박했습니다."[39]

이제 금융 환경이 벤처캐피털에 안 좋게 흘러갔다. 2000년 봄, 기술주의 오랜 호황은 갑자기 종말을 고했다. 호황은 지나갔고, 이듬해에는 웹밴과 같이 거품이 잔뜩 낀 회사들이 파산했다. 예전에는 벤처투자자들이 주식공모를 준비하고 수익을 집계하느라고 바빴다. 이제는 주식공모 창구가 사실상 폐쇄되면서 그들의 포트폴리오 기업들도 폐쇄되었다. 당연히 그들의 실적도 급격히 하락했다. 1996년 또는 1997년

　　　　　　　　　　　　　　　　투자의 진화

에 출범한 벤처펀드의 연간 수익률의 중앙값은 40퍼센트를 초과하여 공모주 수익률의 중앙값을 훨씬 상회했다. 이와는 대조적으로 1999년 또는 2000년에 출범한 벤처펀드의 연간 수익률의 중앙값은 공모주 수익률의 중앙값에 못 미쳤고, 실제로는 이 펀드들이 손실을 기록했다.[40] 평소에 차분하던 더그 레온이 당시 충격을 이렇게 떠올렸다. "2000년 어느 날, 잠에서 깨어나니 모든 것이 변해 있었습니다. 나는 12개 회사에서 이사회 이사직을 맡았습니다. 어느 한 회사가 다른 회사들보다 문제가 더 많았습니다. 이런 세상에, 이제 나는 어떻게 해야 하는가?"[41] 액셀의 짐 슈워츠도 마찬가지로 이러한 붕괴에 대하여 아픈 기억을 갖고 있다. "이사회에 출석하여 내 생애 처음으로 이런 말을 했습니다. '보세요, 우리가 은행에 엄청나게 많은 돈을 예치하고 있지만, 새로운 세계에서는 이 모델이 작동하지 않을 것으로 보입니다. 그냥 이 회사를 청산합시다.'"[42] 또 다른 벤처투자자는 이렇게 기억했다. "너무 암울하여 새롭게 들어오는 거래에 대해서도 좋은 기분을 가질 수가 없었습니다."[43]

도어라고 해서 이 불황을 피해 갈 수는 없었다. 그가 투자한 벤처기업 마사스튜어트의 기업가치는 2000년 처음 4개월 동안 60퍼센트나 하락했다. 1999년 초에 시가총액이 350억 달러에 달했던 케이블 스타트업 앳홈은 2001년에 파산신청을 했다. 심지어는 아마존 주가도 폭락했고, 월스트리트 리먼브라더스Lehman Brothers의 어느 저명한 애널리스트는 채권 소유자들에게 채무불이행이 발생할 수도 있다고 경고했다. 도어는 리먼브라더스 CEO 딕 폴드Dick Fuld에게 전화를 걸어 그 애널리스트가 제시한 수치가 잘못되었다고 주장하면서 이 회사의 그다음 비판기사를 지연시키고 희석시켰다. 나중에 도어는 이렇게 말했다. "딕이 전화해줘서 고맙다고 했습니다."[44]

도어는 이러한 흐름에 맞서 싸우면서 구글 창업자들에게 가진 불쾌한 감정을 기발한 전략으로 풀었다. 2000년 여름에 그는 브린과 페이지에게 그들의 허영심을 채워줄 제안을 했다. 그와 모리츠는 구글 창업자들에게 그들이 존경할 만한 유명 창업자들을 소개하고는 경험 많은 외부 관리자의 가치에 대한 논의를 그들 자신에게 맡겼다. 도어는 브린과 페이지가 외부 인재 영입의 필요성에 대하여 벤처투자자들이 하는 말을 듣기를 거부한다면, 동료 기업가들이 하는 말은 듣기를 바랐다. 그는 힘의 우위가 기업 창업자들에게 유리하게 바뀌었다는 사실을 인식하고는 엔젤투자자들의 가볍게 건드리는 방식을 흉내 내고 있었다.

도어는 브린과 페이지에게 다른 창업자들을 만나서 이야기하면 어떤 일이 일어날 수도 있는지에 대해 설명하면서 이렇게 말했다. "당신들이 우리에게 찾아보라고 한다면, 그렇게 하겠습니다."

그다음에는 이렇게 덧붙였다. "그리고 당신들이 원하지 않는다면, 제가 결정을 내리겠습니다."[45]

브린과 페이지는 이후로 몇 주에 걸쳐 애플의 스티브 잡스, 인텔의 앤드루 그로브, 선마이크로시스템스의 스콧 맥닐리Scott McNealy 그리고 물론 아마존의 제프 베이조스와 같은 실리콘밸리의 여러 조언자들을 만나 충분히 상의했다.[46] 도어는 이러한 만남이 있을 때마다 업계의 실력자들에게 구글 창업자들과 외부의 도움 없이 회사를 경영하려는 그들의 결심에 대해 어떻게 생각하는지 물으면서 신중하게 지켜보았다. 도어는 베이조스가 말한 것을 떠올렸다. "어떤 사람들은 고무 뗏목을 타고 노를 저어 대서양을 건너고 싶어 합니다. 그건 그 사람에게

투자의 진화

는 좋은 일입니다. 문제는 당신이 그걸 참을 수 있는가에 있습니다."[47]

여름이 지나갈 무렵, 브린과 페이지는 노를 저어 도어에게로 돌아갔다. 그들은 도어에게 이렇게 말했다. "놀랄 만한 소식을 가져왔습니다. 우리가 당신 생각을 받아들이기로 했습니다."[48] 이제 그들은 외부에서 CEO를 영입하기를 원했고, 심지어는 그들이 원하는 사람을 지목하기까지 했다. 그들의 기준에 부합하는 사람은 단 한 명이었다.

브린과 페이지는 이렇게 말했다. "우리는 스티브 잡스를 원합니다."[49]

잡스를 영입하는 것은 불가능했다. 도어는 서둘러서 대안을 찾았다. 그는 때로는 자신을 "소문과는 다르게 평범한 스카우터"라고 표현했다. 아서 록과 토미 데이비스 시절 이후로 벤처사업의 본질이 변하지 않았다고 말하면서 이렇게 주장했다. "우리는 사업계획을 보고 투자하지 않습니다. 현금흐름을 보고 투자하지도 않습니다. 우리는 사람을 보고 투자합니다."[50] 도어는 자신의 네트워크를 가동하여 컴퓨터과학자 출신의 임원을 찾으려고 했지만, 그가 첫 번째로 선택한 사람은 가장 나중에 나온 검색엔진에 자신의 미래를 맡기려고 하지 않았다. 이후로 2000년 10월에 도어는 경영자로 변신한 또 다른 컴퓨터과학자에게 시선을 고정했다. 그 사람이 바로 에릭 슈미트Eric Schmidt였고, 노벨Novell이라는 소프트웨어 회사를 운영하고 있었다.[51]

도어는 시스코 CEO 자택에서 열린 정치자금 모금 행사에서 슈미트를 발견하고는 이야기를 나누기 위해 다가갔다. 이 두 사람은 선마이크로시스템스에 관여하던 1980년대부터 친하게 지냈다. 슈미트는 선마이크로시스템스에서 승진을 거듭했고, 거친 엔지니어들을 즐겁게 하는 재능을 지녔다. 어느 해 그의 팀은 사무실에서 폴크스바겐 비틀을 분해하고 다시 조립하여 완전하게 작동하게 만드는 작업을 했다.

한 동영상에서는 젊은 슈미트가 놀란 표정을 하며 누구 못지않게 이런 장난을 즐기는 장면이 나온다.[52]

도어는 슈미트가 노벨을 매각하고 곧 새로운 일을 할 계획이라는 것을 알고 있었다.[53] 그는 슈미트에게 다급한 목소리로 그다음에 해야 할 일은 구글이어야 한다고 말했다.

슈미트는 관심 없다는 듯이 이렇게 말했다. "구글이 그만한 가치가 있다고 생각하지 않아. 검색에는 아무도 관심이 없어."

도어는 하던 말을 되풀이했다. "브린과 페이지를 한번 만나보는 게 어때? 구글은 네가 다듬고 키워야 할 작은 보석이야."[54]

슈미트는 도어를 믿기에 그의 간청을 뿌리칠 수가 없었다. 나중에 그는 이렇게 말했다. "도어는 나를 잘 압니다. 그는 내가 무엇에 관심이 있는지를 잘 압니다. 그리고 내가 믿는 누군가가 나한테 어떤 일을 해보라고 한다면, 나는 그 일을 할 것입니다."[55]

슈미트는 우연하게도 선마이크로시스템스의 옛 건물에 자리 잡은 구글 사무실을 곧장 방문했다. 슈미트는 1980년대에 그곳에 있던 용암 램프를 알아보았다. 그는 자신의 약력이 벽에 붙어 있는 것을 보았다. 그는 속으로 이렇게 생각했다. '정말 이상한 일이야.'

브린과 페이지는 노벨에서 슈미트가 이루어낸 성과에 대해 이것저것 질문하기 시작했다. 구글 창업자들에 따르면, 애초에 프록시 캐시라는 방법을 사용하여 인터넷 응답 시간을 단축하려는 노벨의 노력은 잘못된 것이었다. 이후로 한 시간 반 동안 슈미트는 나중에 자기가 철저하게 자극적인 논쟁으로 기억하는 것에 빠져들었다. 그는 단지 상업적 목표만을 달성하기로 결심한 사업가가 아니라 지적인 사람, 즉 엔지니어 중의 엔지니어였다.[56] 그러나 슈미트가 아무리 논쟁을 즐겼어도 한 가지 분명한 경고가 있었다. 새로 들어오는 CEO는 이 젊은이들과의 관계를 관리하는 데에도 신경을 써야 할 것이다. 특히 그들이 나중에 가서는 회사의 수익을 여전히 고려하기 때문이었다.[57] 브린과 페이지는 벤처투자자들에게 전체 지분의 4분의 1만을 넘겼기 때문에 최종적인 경영권을 유지했다. 만약 그들이 CEO를 고용했다가 이를 후회한다면, 그를 해고할 수 있는 권한을 가질 것이다.

슈미트는 구글에 합류할 생각에 흥분하기도 했고, 한편으로는 자신의 미래를 두 명의 변덕스러운 20대에게 맡기는 것이 걱정스럽기도 했다. 결국 그 균형은 실리콘밸리 네트워크의 믿을 만한 조언자들에게서 나왔다. 슈미트는 이렇게 말했다. "나는 브린과 페이지가 나를 쫓아낸다면, 벤처투자자들이 내 편을 들 것이라는 확신을 가지고 있었습니다."[58] 구글이 잘되지 않는다면, 도어와 모리츠가 그에게 다른 좋은 자리를 찾아줄 것이다. 밑에는 벤처투자자들이 펼쳐놓은 안전망이 있는 상태에서 슈미트는 도약을 했다. 드디어 구글은 세계적인 기업으로 발전하는 데 요구되는 경험 많은 사람의 관리를 받게 되었다.

●●●

구글 창업자들은 2001년에 슈미트를 영입하면서 벤처캐피털 종족에게 세 가지 교훈을 가르쳤다. 첫 번째 교훈은 거래 조건의 설정에 관한 것이었다. 도어가 말했듯이, 거래 조건은 클라이너퍼킨스가 스타트업의 그다지 많지 않은 지분에 대하여 가장 많은 금액을 지불하는 것이었다. 두 번째 교훈은 쿼메 공식에 대한 반발에 관한 것이었다. 슈미트는 오랜 시간을 지체하고 나서야 고용되었고, 이후로도 회사를 이끌어가는 3인조에서 단 한 사람의 목소리로만 인정받았다. 세 번째 교훈은 구글이 주식공모를 준비하던 2004년에 나왔다. 브린과 페이지는 실리콘밸리의 전통에 도전하고, 도어와 모리츠의 반대를 무시하면서 주식공모를 하고 나서도 지배권을 유지해야 한다고 주장했다. 주로 가족 소유의 미디어 기업이 정해놓은 선례에 따라 그들은 구글이 두 종류의 주식을 발행할 것이라고 선언했다. 창업자와 초기 투자자가 보유한 첫 번째 종류의 주식에 대해서는 구글의 중요한 의사 결정에서 10표의 의결권을 부여했다. 외부의 주식시장 투자자들이 보유한 두 번째 종류의 주식에 대해서는 1표의 의결권만을 부여했다. 전체적으로는 외부 투자자들이 전체 의결권의 5분의 1에만 해당하는 주식을 보유하게 될 것이다. 따라서 내부 투자자들, 그중에서도 브린과 페이지는 회사에 대한 지배권을 유지할 것이다.[59]

구글 창업자들이 이러한 주식구조를 제안하자 도어와 모리츠가 두 가지 반론을 제기했다. 첫째, 외부 투자자들은 자신이 이등 시민이라는 생각을 하고서 반발할 수도 있다. 결과적으로 일부는 주식 구매를 거부하여 주가가 하락하고, 벤처캐피털의 수익이 감소할 것이다. 둘째, 창업자들이 지배권을 무기한으로 갖는 것은 바람직하지 않다. 브린과 페이지는 젊다. 따라서 그들은 변할 것이고, 그들의 회사도 변할 것이다. 구글이 성장함에 따라 회사를 경영하기가 더욱 어려워질 것이다. 만약 창업자들이 그들의 부를 카리브해 섬에서 인생을 즐기는 데사용하기로 결정했다면 어떻게 될까?[60]

이에 대하여 구글 창업자들은 두 가지 반론을 제기했다. 첫째, 그들은 구글이 공공의 소임을 다할 것을 강조했다. 워싱턴포스트, 뉴욕타임스 같은 미디어 그룹은 언론인들이 수익에 굶주린 주주들로부터 보호받는 경우에만 사건에 대해 정직하게 보도할 수 있다고 믿었다. 시민으로서의 의무감을 갖는 계몽된 미디어 그룹은 두려움이나 편향됨 없이 오직 진실만을 추구할 것이다. 자신에 대한 평판이 보도의 질과는 무관한 주주들은 강력한 힘을 가진 정부나 광고주들을 배제할 것이라는 생각에 움찔할 것이다. 브린과 페이지는 비슷한 시각에서 구글을 생각했다. 그들의 주식공모 안내서에는 구글의 '세상에 대한 책임', 즉 자유롭고 편향되지 않은 대량의 정보를 전달해야 할 책임을 강조했다. 이후로 10여 년이 지나서 기술 거물들이 고객 데이터를 축적하고 진짜 뉴스와 가짜 뉴스를 구별할 수 없게 한다는 비난을 받을 때, 창업자가 공익을 위해 권한을 내려놓아야 한다는 근거 없는 주장이 제기되었다. 그러나 2004년에 구글 창업자들은 젊은 창업자들이 주주의 이익보다 공익을 더 잘 수호할 것이라고 주장했다. 주주 민주주의는 정치 민주주의에 악영향을 미칠 것이다.

구글 창업자들의 두 번째 반론은 장기적인 수익을 강조하는 것이었다. 그들은 주주 자본주의에 대한 익숙한 비판에 공감하면서, 주식시장 투자자들이 너무나도 근시안적이어서 미래 성장에 투자하기 위해 현재의 수익을 포기하는 관리자들에게 지지를 보내지 않는다고 주장했다. 이러한 의미에서 주식시장 투자자들은 그들 자신의 이익을 위해 권리를 박탈당해야 한다. 그들의 영향력이 최소화된다면, 그들의 이익이 가장 잘 실현될 것이다. 물론 정치 민주주의에 대한 이와 비슷한 주장, 즉 대중이 자신의 이익을 위해 투표권을 박탈당해야 한다는 주장은 조롱받게 될 것이다. 게다가 주식시장 투자자들이 자신의 장기 수익을 정말 제대로 이해하지 못하는지도 분명하지 않다. 오히려 그들이 아마존, 넷플릭스, 테슬라와 같은 투자 집약적인 기업의 가치를 끌어올리는 것은 미래에 가치를 두기 때문이다.[61] 그러나 구글 창업자들은 주식시장의 단기 성과주의를 보여주는 논문을 신나게 인용했다. 주식 공모 안내서에서 그들은 미래의 투자자들에게 다음과 같이 도전적인 선언을 했다. "우리가 단기 수익에 대한 압박으로 고위험, 고수익 프로젝트를 회피하는 일은 없을 것이다."[62]

2004년 8월 19일 구글이 주식공모를 시작했다. 많은 사람들의 관심이 주식 판매 메커니즘에 집중되었다. 구글 창업자들은 기존 금융기관에 대한 또 다른 반발로서 투자은행에 주식 취급에 대한 수수료를 지급하던 과거의 관행을 거부하고, 경매를 통한 주식 판매를 원했다. 그러나 구글의 실험적인 가격 책정 메커니즘이 이후 실리콘밸리의 주식 공모 모델이 되지는 않았다. 하지만 페이스북과 같은 기업들은 10표 대 1표라는 이중적인 의결권을 지닌 주식구조를 모방했다.[63] 구글이 주식공모 이후로 3년에 걸쳐서 주식가격이 다섯 배로 상승하며 놀라운 성장을 보인 것은 이중적인 주식구조에 대한 벤처캐피털의 반대를 무의미하게 했다. 분명히 투자자들은 이른바 2등급 주식을 사면서도 기뻐했다. 그리고 창업자들이 회사를 성공적으로 이끌어감에 따라, 그들이 너무 많은 지배권을 갖고 있다는 주장은 설득력을 잃었다.

구글은 당대의 가장 유명한 실리콘밸리 스타가 되어 스타트업들이 자금을 모집하는 방식에 커다란 영향을 미쳤다. 다른 기업가들은 자신들의 초기 자본을 조달하기 위해 엔젤투자자들에게 점점 더 많이 의존했다. 그들은 시리즈 A 투자자들에게 터무니없이 많은 돈을 요구했다. 그들은 자기 의지대로 기업을 이끌어가기 위해 쿼메 공식을 거부했다. 그들은 주주 민주주의를 배제했다.

요약하자면, 기업가들은 더 많은 부와 결정적으로는 지배권을 확보

투자의 진화

하기 위해 그들이 가진 모든 수단을 동원했다. 벤처캐피털은 새로운 도전에 직면하게 되었다.

●●●

21세기를 맞이하여 처음 몇 해 동안에는 구글의 가치가 아직은 분명하게 나타나지 않았다. 오히려 벤처 업계는 투자 실적이 파탄지경에 이른 데에만 시선을 집중했다. 2003년 현재, 세쿼이아캐피털은 가치의 약 50퍼센트가 증발한 벤처펀드를 지탱하기 위해 분투하고 있었다. 파트너들은 자신의 명예를 지키기 위해 1.3배의 수익률을 어떻게든 채우려고 수수료를 펀드에 재투자했다.[64] 클라이너퍼킨스의 펀드는 실적이 훨씬 더 나빠서 결코 흑자를 내지 못했다. 잠시나마 세계에서 가장 부유한 사람이 되었던 손정의는 재산의 90퍼센트 이상을 잃었다. 호황기에 자금이 넘쳤던 많은 벤처 파트너십들이 이제는 자금을 투자할 데가 없었다. 일부는 투자하지 않은 자금을 외부 파트너들에게 반환했고, 또 다른 일부는 신규 펀드 조성을 중단했으며, 소수이기는 하지만 자금을 조달하려다가 거절당한 이들도 있었다.[65] 2000년 정점에 다다랐을 때에는 벤처캐피털이 유치한 자금이 1040억 달러에 달했다. 2002년에는 이 금액이 약 90억 달러로 급락했다.[66]

벤처자금이 풍부하게 공급되지 않는다면 기업가정신 자체가 위축되는 것처럼 보였다. "어느 정도는 공짜 돈을 받는 식"으로 자금을 모집하던 모습이나 위험한 신규 프로젝트에 자금을 지원하는 모습은 찾아볼 수가 없었다. 스타트업보다는 문을 닫는 기업이 더 흔해졌고, 젊은 기업에서 열심히 일할 의지가 있는 사람은 거의 없었으며, 일을 열심히 해도 금전적인 보상을 받을 가망이 거의 없었다. 2001년에서 2004년 초까지 실리콘밸리에서 일자리가 20만 개나 사라졌다. 고속 도로 광고판에는 광고가 사라졌고, 물리학 박사는 식당에서 서빙을 했다. 어느 한 기업가의 표현을 빌리자면 "실리콘밸리에 있으면 바퀴 벌레만이 살아남고, 당신은 바퀴벌레 중 하나라는 사실을 깨닫게 된 다."[67]

2004년 여름 구글의 주식공모는 이러한 암흑기의 종말을 의미했다. 이것은 소프트웨어 기업들이 닷컴버블이 붕괴한 여건에서도 번창할 수 있다는 것을 입증했다. 또한 이것은 다른 국가들이 2001년 테러 공 격의 충격과 이에 따른 경기침체에 허덕이는 상황에서도, 디지털의 발 전이 눈부신 속도로 계속 전개될 수 있다는 것도 보여주었다. 구글이 주식시장에 데뷔할 무렵에 세일즈포스닷컴 Salesforce.com이라는 또 다 른 소프트웨어 스타가 주식공모에 들어갔고, 2005년에는 이베이가 인 터넷 전화 스타트업 스카이프 Skype를 31억 달러에 인수하면서 이 회사 의 벤처투자자들을 부자가 되게 했다. 그러나 야성적 충동 Animal Spirit 이 되살아나면서 벤처 업계는 브린과 페이지의 도전에 공감하고, 자신 이 그 연장선에 있음을 간파했다. 이제 젊은 기업가들은 더 이상 경험 많은 투자자들의 의견을 따르려고 하지 않았다. 사실, 때로는 그러한 투자자들을 경멸했다.

젊은 스타트업 창업자들 사이에서 영향력 있는 구루가 된 자칭 해 커 출신의 폴 그레이엄 Paul Graham이 이와 같은 분위기의 변화를 주도 했다. 1995년에 그레이엄은 하버드대학교 대학원생 동료와 함께 비아 웹Viaweb이라는 소프트웨어 회사를 설립하고, 1998년에 4500만 달러 의 주식가치를 인정받고서 야후에 매각했다. 이것은 해커가 좋은 일을

투자의 진화

한다는 전형적인 사례가 되었다. 이후로 그레이엄은 프로그래밍 언어 리스프LISP의 장점에서부터 고등학교의 인지도, 기업가의 도전에 이르기까지 거의 모든 주제를 상세히 설명하는 글쓰기에 관심을 돌렸다. 프로그래머를 예찬하고 경영 형태를 비판하는 그의 글은 처음에는 자신의 블로그에 게시되다가 2004년에 책으로 출간되었다. 그레이엄이 매사추세츠주 케임브리지에서 환영받았다는 사실은 그의 가르침이 중요한 의미가 있다는 것을 분명히 보여주었다. 구글 창업자들의 반항은 전국적인 현상의 한 부분에 해당되었다.

그레이엄이 젊은 해커들에게 전하는 첫 번째 충고는 벤처투자자들을 조심하라는 것이었다. 그는 독자들에게 이렇게 말했다. "당신 손에 있는 투자자의 돈이 언제라도 그들 손에 다시 넘어갈 수 있기 때문에 가능한 한 적게 지출하라." 그레이엄의 회사에서는 엔젤투자자들 중 한 사람이 무시무시한 귀금속 트레이더였는데, 아침에 일어나서 식사로 돌을 먹는 사람처럼 보였다고 한다. 그레이엄의 스타트업이 난관에 부딪혔을 때, 그에게 투자한 사람들 중 또 다른 사람이 자신의 지분을 회수하려고 했다. 그레이엄은 이런 일들을 겪고서 돈이 많은 투자자들에게 맞서는 방법을 찾아냈다. 그는 추종자들에게 이렇게 말했다. "당신은 그들이 투자하게 함으로써 그들에게 호의를 베풀고 있는 것이다." 브린과 페이지가 등장한 덕분에 전주錢主들은 항상 이런 생각을 하게 될 것이다. "이 사람들이 그다음 구글인가?"[68]

그레이엄은 노련한 관리자를 바라보는 구글 창업자들의 의견에도 공감했다. 그는 단호히 이렇게 선언했다. "사업 경험이 풍부한 사람들은 과대평가될 수 있다." 그러고는 이렇게 덧붙였다. "우리는 이런 사람들을 뉴스 진행자라고 부르곤 했는데, 머리는 단정했고, 목소리는 굵고 자신감에 차 있었으며, 대체로 텔레프롬프터를 읽기만 했고, 그보다 더 많이 알지는 못했다." 그레이엄은 자신의 스타트업을 경영할 때 경험 많은 CEO를 영입하라는 무시무시한 귀금속 트레이더의 압력에 저항하고는, 해커들이 회사를 경영하는 것을 좋아하는 겸손한 관리자를 고용했다. 그레이엄은 이렇게 적었다. "내가 발견한 것은 사업이 커다란 미스터리가 아니라는 사실이었다." 그는 이렇게 요구했다. "사용자들이 좋아하는 것을 만들고, 당신이 버는 것보다 적게 지출하라. 그게 그렇게 어려운가?"

어쩌면 가장 중요한 것은 그레이엄이 소프트웨어가 벤처사업을 어떻게 변화시키고 있는지 확실히 지적한 것이었다. 야후, 이베이 그리고 실제로 그레이엄의 비아웹과 마찬가지로 구글도 중요한 변화를 예고했다. 인터넷이 등장하면서 가장 인기 있는 기업은 코드 이상의 것을 만들어내지 않았다. 이런 기업들은 생산시설을 설치하기 위한 많은 자본이 필요하지 않았다. 한편 오픈소스 운동이 소프트웨어를 무료로 이용할 수 있게 만들었고, 인터넷 자체는 신제품에 대한 마케팅과 유통 비용을 절감하게 했다.[69] 이런 이유로 신세대 스타트업들은 상대적으로 현금이 적게 필요했지만, 벤처투자자들은 이러한 변화에 보조를 맞추지 못했다.[70] 1990년대 후반의 닷컴버블 덕분에 그들은 규모가 큰 펀드를 관리하고 이에 상응하는 비싼 수수료를 부과하는 데 익숙해졌다. 그 결과 그들은 푸아그라를 만들기 위해 거위 배를 채우는 농부들처럼 스타트업들에 필요 이상으로 많은 자금을 강제로 먹이려고 했다.

그레이엄이 사물을 보는 방식에 따르면 벤처캐피털에 의한 강제 급식은 적어도 세 가지 문제를 일으켰다. 첫째, 대규모 투자는 스타트업

투자의 진화

의 가치를 높게 평가한다는 것을 의미했고, 이것은 수익 창출의 가능성을 낮게 만들었다. 예를 들어 많은 창업자들이 자기 회사를 1500만 달러에 매각하는 것을 기뻐할 수 있겠지만, 이미 가치평가액을 700만 달러 또는 800만 달러로 산정한 벤처캐피털은 단지 두 배의 수익에 만족하지 않을 것이다. 둘째, 대규모 투자는 벤처캐피털들이 마음을 정하는 데 고통스러울 정도로 오랜 시간이 걸리게 했다. 따라서 그들의 우유부단한 태도가 창업자들이 코드를 작성하고 제품을 만드는 가장 중요한 천직에 집중하는 것을 방해했다. 마지막으로, 대규모 투자는 초조해진 벤처캐피털이 스타트업의 경이롭고 기발한 특성을 신속하게 제거하게 만들었다. 그들은 볼셰비키가 붉은 군대의 요직에 정치위원들을 슬그머니 앉혀놓은 것처럼 따분한 MBA를 앉혀놓고는 기발한 프로그래머들을 감독했다.

그레이엄은 이러한 비판들을 종합하여 자신이 "벤처캐피털의 착취에 관한 일관된 이론"이라고 부르는 것을 제시했다. 그는 이렇게 결론지었다. "벤처캐피털의 행위에 대한 모든 증거를 취합하면, 그로 인한 결과가 매력적이지 않은 것으로 나온다. 실제로 그들은 악당의 전형이다. 비열하고 탐욕스럽고 교활하고 오만하다."[71] 그러나 악당들이 이제 막 겸손해지려고 한다고, 그레이엄은 이어 적었다. "스타트업이 자금을 덜 요구할 때 투자자들은 힘을 덜 갖게 된다. (…) 벤처캐피털은 발길질을 하고 비명을 지르면서 이 길을 따라 끌려갈 것이다. 그러나 많은 경우에서처럼 그렇게 끌려가는 것이 실제로 그들에게 좋은 일인지도 모른다."[72]

그레이엄의 예언은 그가 생각했던 것보다 훨씬 더 선견지명이 있었다. 그레이엄이 분명히 말하고 구글 창업자들이 예고한 소프트웨어 회사 창업자들 사이에서 나타난 젊은이들의 반란이 곧 벤처투자자들을 새로운 방식으로 시험할 것이다. 그리고 (그레이엄에게 놀랍게도) 그레이엄 자신도 이러한 시험에서 중요한 역할을 맡게 될 것이다.

9장

피터 틸,
와이콤비네이터
그리고 실리콘밸리
젊은이들의 반란

The Power Law

2004년이 지나갈 무렵에 세쿼이아캐피털 투자팀이 흥미로운 회의를 위해 모였다. 서른한 살의 파트너 로엘로프 보타Roelof Botha가 하버드대학교 2학년 학생으로 자기보다 훨씬 더 젊은 마크 저커버그Mark Zuckerberg라는 사업가와의 만남을 주선했다. 당시 세쿼이아캐피털은 스타트업 창업자들이 상당히 젊어도 된다는 사실을 깨달았다. 저커버그는 겨우 스무 살이었다. 소프트웨어 벤처의 새로운 시대에 기업가들에게는 단지 숙련된 코딩 역량, 제품에 대한 아이디어, 열광적인 집중력만이 요구되었다.

회의는 오전 8시로 예정되었다. 오전 8시 5분, 저커버그는 아직 나타나지 않았다. 이것이 바로 부를 창출하는 사람이 실제로 청소년일 때 벤처캐피털이 직면하는 위험요소였다. 보타는 중요한 손님이 오고는 있는지 확인하려고 전화기를 들었다.

드디어 저커버그와 그의 친구 앤드루 매콜럼Andrew McCollum이 세쿼 이아캐피털 본사에 모습을 드러냈다. 그들은 단지 늦기만 한 것이 아 니었다. 그들은 잠옷 바지와 티셔츠를 입고 있었다.

당시에는 퇴직한 돈 발렌타인이 그날 사무실로 들어와 로비에 있는 소년들을 면밀히 관찰했다. 발렌타인은 아타리의 놀란 부쉬넬과 같은 엉뚱한 인물들을 다루던 1970년대를 떠올리면서 하나의 계시를 받았 다. 잠옷은 도발이자 도전이었다. 세쿼이아캐피털이 저커버그의 회사 에 투자할 기회를 얻으려면 발렌타인이 부쉬넬에게 했던 것과 동일한 것을 2004년에도 해야 할 것이다. 마음을 가라앉히고, 옷을 벗고, 온수 욕조에 들어가야 했다.

발렌타인은 동료들이 시각적 충격에 마음의 준비를 하도록 급히 회 의실로 갔다. 그러고는 큰소리로 이렇게 말했다. "그가 뭘 입고 있든 상 관하지 말아야 합니다. 이것은 그냥 시험입니다. 그가 왜 잠옷을 입고 왔는지는 묻지 말아야 합니다." 그런 다음에 발렌타인은 70대 퇴직자 가 대화에 도움이 되지 않는다는 사실을 알고는 그 자리를 떠났다.[1]

회의실에 도착한 저커버그와 매콜럼은 (잠옷을 의식하고는) 늦잠을 잤 다고 말했다. 그들이 전하는 메시지는 "세쿼이아라고? 그게 무슨 상관 이야?"라는 것이었다. 이 유명한 회사와의 만남 때문에 알람시계를 맞 출 필요는 없었다.

모두가 늦잠을 잤다는 변명을 믿는 것은 아니었다. 저커버그는 방 금 샤워를 하고 나온 사람처럼 보였다. 머리가 아직 마르지 않았던 것 이다.[2] 그러나 늦게 도착한 것에 대한 또 다른 설명은 그다지 유쾌하지 않았다. 저커버그는 잠자리에서 일어나 샤워를 하고는 무례하게도 잠 옷을 입고 늦게 나타나기로 결심했다. 의도적인 무례는 의도하지 않은

　　　　　　　　　　　　　　　　　　　　　투자의 진화

것보다 더 나빴다.

저커버그는 세쿼이아캐피털 회의실에서 앉은 채로 프레젠테이션 슬라이드를 화면에 띄웠다. 그는 당시 대학가에서 들불처럼 퍼지고 있는 소셜 네트워킹 웹사이트인 더페이스북Thefacebook에 대해서는 전혀 언급하지 않았다. 대신에 그는 입증되지 않은 파일 공유 서비스인 와이어호그Wirehog에 대해 설명했다. 실리콘밸리에서 거래를 선택하는 데 익숙한 세쿼이아캐피털은 곁다리 프로젝트에 대한 발표를 들어야 했다.

저커버그가 가져온 프레젠테이션 슬라이드의 제목은 훨씬 더 무례하고도 조롱에 가까웠다. "와이어호그에 투자하지 말아야 할 열 가지 이유."

슬라이드는 이렇게 시작했다.

"와이어호그에 투자하지 말아야 할 열 번째 이유: 우리는 수익이 없다."

"아홉 번째 이유: 아마도 음반 업계가 우리를 고소할 것이다."

조금 지나서,

"세 번째 이유: 우리가 잠옷 차림으로 당신 사무실에 늦게 나타났다."

"두 번째 이유: 숀 파커Sean Parker가 참여하고 있다."

"첫 번째 이유: 우리는 로엘로프가 오라고 해서 이 자리에 온 것뿐이다."

세쿼이아캐피털 파트너들은 까다로운 창업자들과 함께 일하는 데 이미 익숙한 사람들이었다. 그들은 다른 벤처캐피털보다 여기에 더 단련되기를 바랐다. 그들의 자존심과 편견은 잘 통제되고 있었다. 그들은 발렌타인의 기민한 대처에 힘입어 잠옷 도발에 대응하지 않았다. 그러나 이후로 그들이 저커버그와의 만남을 위해 많은 노력을 기울였지만, 쉽게 성사되지 않았다. 이 젊은 방문객은 분명히 보타를 존경했다. 나중에 그는 보타를 페이스북에 영입하려고 했다. 그러나 대체로 자신이 세쿼이아캐피털에 매료되는 것을 용납하지 않을 것이며, 특히 이 파트너십의 리더라 할 마이클 모리츠에 대해서는 더욱 그럴 것이다. 마치 저커버그는 원치 않는 일을 위해 면접을 보면서 어른들을 조롱하는 즐거움을 만끽하는 2학년 학생의 기행을 몸소 실천하고 있는 것만 같았다.

저커버그의 잠옷 도발이 벤처캐피털에는 분수령으로 작용했다. 그가 도발할 무렵인 2004년 말에 구글이 주식공모에 들어갔고, 다른 젊은 기업가들도 브린과 페이지의 각본을 따라 열심히 뛰고 있었다. 그러나 구글 창업자들이 그랬던 것처럼 기업가들이 벤처캐피털과 힘든 흥정을 하고서 어쨌든 그들에게서 자금 지원을 받는 것과 저커버그의 자세를 취하는 것은 별개의 것이었다. 그는 진심으로 세쿼이아캐피털이 자신을 지원하는 것을 원하지 않았다.

●●●

와이어호그에 대한 발표 직후에 세쿼이아캐피털 파트너들은 저커버그가 결코 자신들에게서 자금 지원을 받지는 않을 것이라는 사실을 제대로 이해하지 못했다. 하지만 마지막에서 두 번째 슬라이드, 즉 파커의 이름을 언급한 슬라이드가 그들에게 현실을 보여주는 단서가 되어야 했다. 스물다섯 살의 나이에 이미 악명을 떨치고 있던 파커는 실리콘밸리의 반항적인 젊은이 문화를 대표하는 인물이 되었다. 열여섯 살 나이에 프로그래머로 활동하던 그는 기업과 정부의 컴퓨터 네트워크를 해킹한 혐의로 FBI에 체포되어 사회봉사 명령을 받은 적이 있

　　　　　　　　　　　　　　　　　　　투자의 진화

다.[3] 스무 살이 되던 해에 또다시 법에 저촉되는 활동을 했는데, 이번에는 냅스터Napster를 창업하여 음반 저작권을 침해했다. 이후로 그는 세 번째 활동을 위해 플락소Plaxo라는 소프트웨어 스타트업을 창업했다. 이것은 곧 승리이자 굴욕이기도 했다.

플락소는 자동으로 온라인 주소록을 업데이트했다. 이 프로그램을 설치하면, 플락소가 연락을 주고받는 사람들을 자동으로 채굴해서 그들 모두에게 다음과 같은 메시지를 이메일로 보낸다. "안녕하세요. 제 주소록을 업데이트하고 있습니다. 잠시 시간을 내서 최근의 연락처 정보를 업데이트해주시기 바랍니다."[4] 수신자들이 그렇게 하면, 이 프로그램이 그들 주소록에 있는 모든 이들에게도 비슷한 내용의 이메일을 보내면서 새로운 사용자를 모집할 것이다. 플락소가 전하는 메시지가 순식간에 수백만 개의 이메일 계정에 도달하여, 파커는 이후로 등장한 거대 기술기업의 성장을 이끌었던 이메일을 통한 온라인 바이럴 마케팅viral marketing(네티즌들이 이메일이나 다른 전파 가능한 매체를 통해 자발적으로 어떤 기업이나 기업의 제품을 홍보할 수 있도록 제작하여 널리 퍼지는 마케팅 기법으로, 컴퓨터바이러스처럼 확산된다고 해서 이러한 이름이 붙었다—옮긴이)의 모범을 창출했다.[5] 비평가들은 플락소가 웹에서 가장 참기 힘든 서비스라고 불평했다. 무고한 구경꾼들이 매일 여러 개의 스팸메일을 받는다는 것이다. 그러나 파커는 기죽지 않았다. 그는 당당하게 이렇게 말했다. "플락소는 일반인들에게 알려지지 않았지만, 다른 뮤지션들에게는 커다란 영향을 미치고 있는 인디밴드와도 같습니다."[6]

2004년 초에 플락소 사용자가 거의 200만 명에 달했다. 또한 플락소는 세쿼이아캐피털의 모리츠가 주도하는 투자를 두 차례에 걸쳐 유치했다. 그러나 당시 파커는 늘 그렇듯 승리의 문턱에서 패배를 자초했다. 파커는 때로 출근을 안 하기도 했다.[7] 출근했을 때에도 항상 건설적이지는 않았다. 그와 플락소를 공동으로 창업한 두 사람 중 한 사람이 이렇게 투덜거렸다. "자기가 스타트업 창업자라는 것을 과시하고 싶어서 여자들을 사무실로 데려오는 겁니다."[8] 2004년 4월 세쿼이아캐피털과 그 밖의 플락소 투자자들이 개입하기 시작했다. 공동 창업자들에게는 다행스럽게도 그들은 파커를 그의 회사에서 쫓아냈다.[9]

세쿼이아캐피털이 칼을 휘두른 이후로 파커가 네 번째 활동을 시작했다. 이런 회복력이 없다면 그가 아니었다. 그는 페이스북이 대학가를 점령했다는 소식을 듣고는 저커버그에게 투자자들을 소개하겠다는 제안을 담은 이메일을 보냈다. 이 두 사람은 뉴욕에서 저녁식사를 함께 하고는 서로 닮은 점이 많다는 사실을 알게 되었다. 그들은 온라인 소셜 네트워킹에서 실험을 시작한 야심 찬 젊은 창업자들이었다. 저커버그가 2004년 6월에 친구 몇몇과 함께 팰로앨토로 이사했을 때 그들은 파커가 사는 곳에서 한 구역 떨어진 단층집에 세 들어 살았다.

어느 날 밤에 파커는 저커버그, 그의 페이스북 팀과 저녁식사를 함께 했다. 식사 도중에 그는 변호사에게 온 전화를 받았는데, 이미 그를 해고한 플락소 이사회 측에서 그의 스톡옵션 주식의 절반에 대하여 권리를 인정하지 않기로 결정했다는 소식을 전했다. 파커가 발끈 화를 내자 페이스북 팀은 두려운 눈빛으로 그를 바라보았다. 저커버그는 속으로 생각했다. '벤처캐피털은 두려운 존재야.'[10]

저커버그는 파커를 자기 집으로 들어오라고 했다. 파커의 집에는 매트리스를 제외하고는 아무것도 없었지만, 부유한 시절에 장만한 흰색 BMW를 겨우 유지하고 있었다. 이제는 그 차를 페이스북 팀과 함께 사용하기로 했다. 그들은 서로 협력하기 시작했다. 파커는 페이스북

팀의 법인 설립 작업을 지원하려고 자신의 플락소 사건 담당 변호사를 고용했다. 그는 페이스북의 업무팀장을 영입했고, 투자자들과의 관계를 관리했다. 구글이 페이스북 주식을 구매하려고 했고, 벤치마크도 그랬다.

2004년 9월에 저커버그가 파커를 페이스북 사장이라고 불렀고, 파커는 저커버그에게 전통적인 벤처캐피털을 가까이하지 말라고 했다. 파커는 벤치마크와 구글의 제안에 대해서는 구글 자신의 선례를 따르기 위해 무시하라고 했다. 그도 엔젤투자자들에게서 자금을 조달하고 싶었던 것이다. 첫 번째로 연락을 취한 사람이 바로 플락소 사건을 매듭짓는 과정에서 조언을 해줬던 리드 호프먼Reid Hoffman이라는 기업가였다. 그러나 호프먼은 페이스북에 대한 투자 주도를 거절했다. 그 자신이 링크드인LinkedIn이라는 소셜 네트워크를 창업했고, 페이스북과는 어느 정도 경쟁이 발생할 수도 있었다. 호프먼은 파커에게 페이팔PayPal이라는 온라인 결제회사의 공동 창업자인 스탠퍼드대학교 출신의 피터 틸을 소개했다. 얼마 지나지 않아서 틸이 회사 지분의 10.2퍼센트를 갖는 조건으로 50만 달러를 투자하기로 합의했고, 호프먼이 3만 8000달러를 투자하기로 했다.[11] 또 다른 소셜 네트워킹 기업가 마크 핑커스Mark Pincus도 3만 8000달러를 투자하기로 했다.

벤처투자자들의 감시망을 피해서 반란의 기운이 감돌고 있었다. 구글과 마찬가지로 페이스북도 엔젤투자자들에게서 자금을 모집했다. 하지만 구글과는 다르게 자금 제공자들이 하나같이 온라인 소셜 네트워크라는 페이스북의 틈새 사업에 관심이 있는 기업가들이었다.[12] 그들은 특정한 순간에 특정한 종류의 소프트웨어 스타트업을 창업했던 경험을 공유하면서 하나의 긴밀한 집단을 형성했다. 핑커스는 당시의 분위기를 회상하며 이렇게 말했다. "내가 알기로는 소비자 인터넷 부문에서 사업을 하는 데 관심이 있는 사람들이 고작 여섯 명 정도였는데, 여섯 명 모두가 두 개의 커피숍에 자주 들렀습니다."[13]

시대의 흐름을 감안하면 이처럼 기업가 겸 엔젤이라는 새로운 집단이 전통적인 벤처 공동체를 회의적으로 생각하는 것은 어쩌면 당연한 일이었다. 구글 창업자들은 벤처캐피털에 맞서는 방법을 보여주었고, 폴 그레이엄은 벤처펀드의 규모가 점점 커지는 것과 소프트웨어 스타트업이 자금을 적게 요구하는 것 사이의 긴장 관계를 강조했다. 또한 세대 간 요인도 작용하고 있었다. 1990년대에는 벤처캐피털의 수익이 엄청나게 많이 발생한 덕분에 나이 든 벤처 파트너들이 자리를 계속 유지할 수 있었다. 호황 덕분에 모두가 좋은 평가를 받았고, 어느 누구도 퇴직을 강요당하지 않았다. 벤처캐피털 파트너의 평균 연령은 높아지고 있는데, 회사 창업자들의 평균 연령은 낮아지고 있었다. 따라서 문화 차이가 나타나는 것은 당연한 일이었다. 구글의 엔젤 후원자들, 특히 람 슈리람과 론 콘웨이는 벤처투자자들과 구글을 연결하는 역할을 했다. 그러나 새로운 기업가 겸 엔젤 집단은 전통적인 벤처투자자들과 이러한 유대를 갖지 않았다. 그들은 그레이엄의 '벤처캐피털의 착취에 관한 일관된 이론'에 대한 조금은 변화된 형태를 제시했다.

어느 정도는 우연의 일치 때문에 그리고 어느 정도는 성공에는 대가가 따르기 때문에, 벤처자본에 대한 이러한 일반적인 적대감이 세쿼이아캐피털에 집중되었다. 앞에서 보았듯이 파커는 모리츠에게 특별한 원한을 품고 있었다. 저커버그의 잠옷 도발도 사실은 파커가 플락소에서 쫓겨난 일에 대한 앙갚음으로 연출한 것이었다. 그러나 모리츠에게 원한을 품은 사람이 파커 말고도 또 있었다. 저커버그를 후원했던 엔젤투자자 틸도 그에게 원한을 품었다.

●●●

　변호사이자 철학자이자 헤지펀드 트레이더이기도 한 틸은 여러모로 보아 실리콘밸리의 이단아였다. 그는 스탠퍼드대학교에서 두 개의 졸업장을 받았고 실리콘밸리의 표준적인 기질에 적합한 사람이었지만, 공학이나 경영학을 전공하지 않았다. 대신에 자유지상주의적 사고에 빠져들었고, 로스쿨에서 성적이 뛰어났으며, 캘리포니아를 버리고 뉴욕으로 떠났다. 그곳에서 그는 증권 전문 변호사로 일했고, 이후로 은행에서 파생상품을 거래하고는 단조로운 조직생활에 환멸을 느꼈다. 1995년에는 트레이더를 그만두고 서부해안으로 돌아왔지만, 기술 붐에 뛰어들지는 않았다. 대신에 캠퍼스의 다문화주의를 공격하는 도발적인 저작을 출간했고, 북부 캘리포니아주에서는 거의 반문화적 행위로 인식되는 소규모 헤지펀드를 조성했다. 자신을 철학자이자 투자자인 조지 소로스George Soros의 젊은 우파 버전으로 자리매김한 그는 고위험 거래와 야심 찬 추상적 개념을 결합했다. 그는 학생 시절 공동 창간한 자유지상주의적 신문 〈스탠퍼드리뷰Stanford Review〉에 기고하기도 했다.

　1998년 중반 구글 창업자들이 벡톨샤임을 만났을 무렵에 틸은 통화 거래에 관한 강연을 하려고 스탠퍼드대학교로 갔다. 여름이 한창일 때에는 냉방시설을 잘 갖춘 대학 강당이 뜨거운 열기를 피하기 위한 쾌적한 공간이 되어주었다. 강연이 끝날 무렵에 동유럽 억양이 살짝 남아 있는 진지하게 보이는 젊은 사람이 다가와서 자기소개를 했다.

"저는 맥스라고 합니다. 루크 노섹Luke Nosek 친구입니다."

"그래요? 루크 알지요. 반갑습니다."[14]

틸은 사람들의 관계를 정확히 기억했다. 노섹은 마크 앤드리슨의 후배로 일리노이주립대학교에서 공부한 후 실리콘밸리에 도착한 활력이 넘치는 컴퓨터과학자였다. 맥스(정식 이름은 맥스 레브친Max Levchin이다)는 노섹과 컴퓨터과학 수업을 함께 들은 친구였다. 그들은 모두가 자유지상주의자들이었다.

레브친은 틸에게 보안업체를 창업할 생각이 있다고 말했다. 이것은 그가 대학에서 배운 암호학에 기반을 둘 것이다.

틸은 똑똑한 사람들을 좋아했고 레브친의 계획에 관심이 갔다. 고등학교 시절에 틸은 수학경시대회에 참여하여 캘리포니아주 전역에서 수석을 차지한 수학 천재였다. 그는 암호 퍼즐의 우아함을 감상할 줄 알았다. 게다가 실리콘밸리에서는 금전적인 위험을 감수하는 사람이라면 당연히 스타트업에 돈을 걸려고 했다. 그는 이미 레브친의 친구 노섹이 창업한 회사에 10만 달러를 걸었다가 실패한 적도 있었다.

틸이 물었다. "내일 아침에 시간이 됩니까?"

레브친이 대답했다. "네, 됩니다."

"좋습니다. 아침식사를 함께 할까요?"

두 사람은 스탠퍼드대학교 캠퍼스 주변에 있는 호비스에서 만났다. 레브친은 자기 아파트와의 거리를 잘못 판단하고는 헐떡거리며 15분 늦게 도착했다. 틸은 이미 빨간색, 하얀색, 파란색 스무디를 비우고 있었다.

틸이 그를 반갑게 맞이하면서 이렇게 말했다. "이쪽입니다." 그는 스무디 한 잔을 더 주문했다. 레브친은 계란 흰자를 시켰다.

투자의 진화

레브친은 자기가 생각하는 스타트업에 대하여 더듬더듬 설명했다. 그는 타원곡선암호화 기법을 사용하여 1990년대 후반에 유행하던 손바닥 크기만 한 장치인 팜파일럿Palm Pilot을 비즈니스 정보에 대한 디지털 보안장치로 만들었다. 기업들은 회사 기밀이 빠져나가는 것을 원치 않기 때문에 직원용 암호화 도구를 구매할 것이다.

잠시 후에 틸이 대답했다. 그는 이제 겨우 서른 살밖에 되지 않았지만 진지하고 신중했다. 그가 마침내 이렇게 말했다. "좋습니다. 내가 투자하겠습니다."

틸은 레브친에게 30만 달러를 투자하기로 약속했다. 이것은 벡톨샤임이 구글 창업자들에게 투자했던 것보다 세 배나 많은 금액이었다. 그러고는 레브친에게 새로운 기업을 설립하기 위해 다른 곳에서 자금을 더 많이 모집하라고 말했다.

당시가 1990년대 후반 호황의 절정기였지만, 또 다른 투자자를 찾기가 쉽지는 않았다. 레브친은 코딩 역량을 완벽하게 갖추고 있었다. 그러나 사업 전망에서 설득력이 부족했다. 기업들이 데이터를 암호화하기 위해 지출할 것이라는 데 모두가 동의하는 것은 아니었다. 만약 기업들이 디지털 보안의 필요성을 인식하지 않는다면 어떻게 될 것인가? 레브친의 부족한 점을 채우려고 틸은 당시 헤지펀드 트레이더로 일하고 있었는데도 이 스타트업의 사업 책임자 행세를 하며 레브친이 투자 설명을 하는 자리에 동참하기 시작했다. 또한 틸은 레브친에게 계획을 다시 검토할 것을 조언했다. 기업들이 아직 데이터 암호화의 필요성을 인식하지 못하고 있다면, 보안의 필요성이 명백하게 드러난 다른 대상을 암호화하는 것은 어떠한가? 틸은 일례로 현금 결제 부문을 제안했다. 레브친이 코딩 역량을 이 부문에 적용하면, 사람들이 현금을 안전하게 이메일로 보낼 수 있을 것이다.

틸과 레브친은 이러한 방침을 정하고서 현금 결제 서비스를 페이팔이라고 불렀고, 회사명을 콘피니티Confinity로 정했다. 그들은 또다시 자금 조달에 나섰고, 또다시 여러 차례에 걸쳐서 거절당했다. 유명 벤처캐피털은 거의 모두가 거절했지만, 드디어 1999년 중반에 핀란드의 휴대폰 제조업체 노키아가 신설한 벤처사업부에게서 450만 달러를 확보했다. 틸은 유명 벤처캐피털로부터 무시당하고는 원한을 품기 시작했다. 페이팔 서비스가 즉시 제공되면서 그는 기존 벤처캐피털의 분별력에 대하여 마음속으로 더 많은 의문을 제기했다.

틸과 레브친이 성공 가도를 달렸다면 실리콘밸리의 역사가 달라졌을지도 모른다. 콘피니티는 의기양양하게 주식공모를 시작했을 것이고, 창업자들은 실리콘밸리의 왕족이 되어 벤처캐피털에 대하여 이전에 품었던 원한을 잊어버렸을 것이다. 그러나 1999년 말에 콘피니티는 일론 머스크라는 기업가가 이끄는 엑스닷컴X.com과 경쟁을 벌이고 있는 사실을 알게 되었다. 이 두 기업은 여러모로 닮은 데가 많았다. 종업원 수가 약 50명이고, 사용자 수는 약 30만 명에 이르렀다. 이들 모두가 빠르게 성장하고 있었고, 처음에는 팰로앨토의 유니버시티애비뉴에 위치한 같은 건물에서 사무실을 쓰고 있었다. 그러나 엑스닷컴이 한 가지 뚜렷한 장점을 갖고 있었다. 콘피니티는 실리콘밸리에서 벗어난 곳에 있는 노키아로부터 자금을 제공받았지만, 엑스닷컴은 세쿼이아캐피털로부터 자금을 제공받았다. 다름 아닌 모리츠가 엑스닷컴에 2500만 달러를 쏟아부었는데, 이는 콘피니티가 노키아로부터 확보한 금액보다 다섯 배나 더 많았다. 또한 모리츠는 빌 해리스Bill Harris라는 경험 많은 CEO를 영입하여 엑스닷컴에 힘을 실어주었다.

투자의 진화

콘피니티와 엑스닷컴은 고객을 유치하기 위해 수수료를 할인하고 커다란 손실을 감수하면서 정면으로 맞섰다. 얼마 지나지 않아서 양측은 죽을 때까지 싸우거나 그렇지 않으면 합병을 통해 유혈 사태를 종식할 수 있다는 사실을 알게 되었다.

모리츠는 세쿼이아캐피털의 파트너들에게 합병이 더 나은 선택이라고 설득했다. 양측은 마치 중세 이탈리아의 마을에서 길 건너편에 대고 서로 화살을 쏘며 싸움을 벌이는 가문과도 같았다. 합병은 새로운 회사에서 세쿼이아캐피털이 차지하는 지분이 줄어드는 것을 의미했다. 그러나 세쿼이아캐피털로서는 그럴 만한 가치가 있을 것이다.[15]

틸과 레브친은 팰로앨토의 그리스 식당 에비아에서 머스크와 해리스를 만나 모리츠의 제안을 논의했다. 머스크는 두 회사의 합병에 적극 찬성했지만, 엑스닷컴이 세쿼이아캐피털의 지원을 받고 있기에 자신이 협상에서 단연 유리한 지위에 있다고 생각했다. 엑스닷컴은 은행에 현금을 더 많이 예치하고 있었고, 유명 벤처캐피털의 지원을 받으면 필요한 현금을 계속 조달할 수 있었다. 콘피니티 엔지니어링 팀이 더 낫다고 주장하는 사람도 있었다.[16] 그러나 이처럼 지루한 싸움에서 자금이 먼저 바닥나는 쪽은 콘피니티가 될 것이다.[17]

머스크는 콘피니티 창업자들과 저녁을 함께 하면서 합병이 성사되려면 엑스닷컴 주주들이 합병된 회사 지분의 92퍼센트는 가져야 한다고 말했다.[18]

레브친이 혼자서 이렇게 으르렁거렸다. "너무 지나치게 요구하는군. 전쟁터에서 보자."

틸은 레브친보다는 침착했다. 그는 머스크와 해리스에게 차분한 어조로 말했다. "좀 더 생각해보겠습니다."

이후로 며칠 동안 틸이 흥정을 시작했다. 그는 머스크가 엑스닷컴 주주들에게 돌아가는 지분을 92퍼센트에서 60퍼센트로 줄이기로 합의할 때까지 밀어붙였다. 이런 조건이라면 틸은 합의하고 싶은 생각이 들었다. 그는 사업을 정리하고, 부자가 되어 헤지펀드 트레이더로 다시 돌아갈 수 있었다.

틸에게는 유감스럽게도 레브친이 이러한 협상 결과에 만족하지 않았다. 코딩팀을 이끌었던 레브친은 자신의 창조물이 적어도 경쟁자의 것만큼은 훌륭하다는 사실을 모두가 인정해주기를 바랐다. 그것은 자존심이 걸린 문제였다. 그는 이렇게 주장했다. "6대 4는 받아들일 수 없습니다."[19]

틸은 어쩔 수 없이 합병 논의는 중단되어야 한다는 데 동의했다. 협상은 중단되었다. 치열한 경쟁만이 계속될 것이다.

이 시점에서 모리츠가 전면으로 나섰다. 벤처투자자들은 톰 퍼킨스가 클라이너퍼킨스의 두 포트폴리오 기업인 웅거만-바스와 실리콘컴파일러스의 분쟁을 솔로몬의 지혜를 발휘하여 해결하던 1980년대 이후로, 실리콘밸리에서 경쟁과 협력 사이의 균형을 관리했다. 이번 경우에는 모리츠가 20년이 지나면 협력이 승리한다고 판단했다. 그가 파트너들에게 말했듯이, 세쿼이아캐피털은 그랜드슬램 기업에서 적은 지분을 갖는 것이 실패한 기업에서 많은 지분을 갖는 것보다 더 나을 것이다.

2000년 2월의 어느 주말에 모리츠는 팰로앨토로 가서 엑스닷컴과 콘피니티 사무실이 있는 거리에 모습을 드러냈다. 그는 레브친을 발견하고는 앞에 가서 앉았다. 그는 몸을 앞으로 숙이고 팔꿈치를 무릎에 대고 손깍지를 끼고 그 위에 턱을 얹었다. 몇 년 후에 레브친은 모리츠

투자의 진화

가 어두운 코트를 일부러 벗지 않았다는 사실을 뚜렷이 기억했다. 두 사람의 얼굴은 겨우 1미터 정도 떨어져 있었다.[20]

모리츠는 레브친에게 이렇게 말했다. "당신이 이번 합병을 추진한다면, 나는 주식을 한 주도 팔지 않을 겁니다." 이 말은 합병된 회사가 영원히 성장할 것이라는 의미였다. 이것은 위대함에 도전하는 벤처캐피털의 전형적인 구호에 해당한다. 이 노련한 벤처 업계의 실력자는 젊은 기업가에게 이렇게 물었다. 앞으로 몇 년 후에 널리 기억될 만한 일류 기업을 만들고 싶은가? 아니면 세상에 흔적을 남길 만한 인품이 부족한 사람으로 기억될 것인가?

레브친은 충분히 감명을 받았다. 그는 모리츠가 제시한 원대한 비전 앞에서 자신의 코딩 역량에 대한 자존심을 내려놓고는 6대 4의 비율을 받아들이기로 했다. 이제는 합병으로 가는 길이 분명하게 펼쳐졌다. 유혈 사태는 끝이 났다.

하루쯤 지나서 레브친이 머스크를 만났다. 머스크는 조롱하듯이 이렇게 말했다. "6대 4로 결정한 것은 우리가 당신을 많이 배려했기 때문입니다. 아시다시피 당신이 엄청난 거래를 한 겁니다. 이처럼 불공평한 합병은 당신한테는 횡재나 다름없습니다."

레브친은 엷은 미소를 지으며 돌아서고는 틸에게 전화로 불만을 토로했다. "다 끝난 일입니다. 이런 거래는 안 할 겁니다. 엄청난 모욕을 느낍니다. 참을 수가 없습니다." 그는 힘차게 사무실을 나와 집으로 걸어갔다.

해리스가 레브친이 자리를 박차고 나갔다는 소식을 들었다. 모리츠의 부탁으로 엑스닷컴에 자리를 잡은 해리스는 경쟁보다 협력을 중요하게 여기는 주주들을 특별히 의식했다. 그는 급하게 사무실을 나와 레브친을 만나러 갔다.

레브친은 아파트 세탁실로 몸을 피했다. 거기에는 웹WEB이라는 재미난 이름을 가진 회사에서 만든 오래된 세탁기가 있었다. 이 고물 세탁기는 25센트짜리 동전을 넣어야 작동한다.

해리스는 레브친이 옷을 접는 작업을 도와주면서 결정을 재고할 것을 호소했다. 그는 얼마 전에 머스크가 6대 4를 가지고 모욕을 준 것은 잊어버리라고 간청했다. 그와 엑스닷컴 이사회는 오직 레브친을 존중할 뿐이었다. 실제로 그는 이것이 진심이라는 것을 보여주기 위해 레브친을 달랠 만한 제안을 가지고 왔다. 그것은 5대 5로 하자는 것이었다.

드디어 레브친이 마음을 돌렸고, 합병이 진행되었다. 머스크는 상대방을 쓸데없이 조롱하다가 많은 돈을 잃었다.

● ● ●

합병이 진행되면서 틸은 모리츠에게 마지못해 감사한 생각이 들었을 것이다. 모리츠는 틸 자신이 원하던 합병을 하도록 레브친을 압박했다. 그리고 자신이 협상했던 6대 4의 거래와 비교하여 틸이 더 부자가 되게 해준 5대 5라는 놀라운 결정적 제안을 분명히 지지했을 것이다. 그러나 그다음에 일어난 일들은 감사의 감정을 완전히 사라지게 했다. 합병된 회사는 엑스닷컴이라는 이름을 그대로 유지하면서 내전에 빠져들었다. 틸은 계속되는 내전에서 모리츠와 번번이 충돌했다.

첫 번째 충돌은 누가 합병된 회사를 경영할 것인가를 두고 발생했다. 모리츠가 틸이 머리가 좋은 사람이기는 하지만, 관리자는 아니라고 생각한 것은 전혀 근거가 없지는 않았다. 결국 그는 헤지펀드 트레

투자의 진화

이더였지, 회사를 키워본 경험은 없었다.[21] 따라서 모리츠는 해리스가 반드시 CEO가 되어야 한다고 생각했다. 그리고 해리스가 떠나자 그의 후임으로 머스크를 선택했다. 최고의 자리를 얻지 못한 틸은 엑스닷컴의 재무 담당 부사장직을 그만두었다. 하지만 그는 여전히 대주주로 남아 있었고, 비상근 의장직을 계속 유지했다.

이후로 몇 달이 지난 2000년 9월에 머스크가 오스트레일리아로 신혼여행을 떠났다. 그의 밑에서 일하는 고위급 임원들 중 상당수가 콘피니티 출신이었는데, 이번에 반란의 기회를 잡았다. 머스크는 레브친의 소프트웨어를 다시 만들어야 한다고 주장했고, 페이팔 서비스에 장애가 되는 사기행위를 단속하지 못하여 두 회사의 통합을 제대로 관리하지 못했다. 따라서 엑스닷컴의 부사장들이 시스코에서 샌디 러너를 축출했던 반란을 떠올리면서, 세쿼이아캐피털 사무실로 쳐들어가 머스크를 축출하지 않으면 사표를 내겠다고 위협했다.

모리츠는 속으로 생각했다. '친위 쿠데타야!' 그는 시스코에서 있었던 일을 기억하고 있었고, 그것의 결말이 어떠했는지 알고 있었다. 어떤 벤처캐피털도 팀의 신뢰를 잃은 CEO를 보호할 수는 없다. 그는 조용히 혼자서 이렇게 말했다. "우리는 예전에 이런 일을 본 적이 있었다."[22]

모리츠는 머스크가 떠나야 한다고 생각했지만, 틸이 그 자리를 넘겨받아야 한다는 반란군의 두 번째 요구를 받아들일 준비가 되어 있지는 않았다. 모리츠가 의심하는 것과는 다르게 틸은 분명히 동료들의 충성을 얻고 있었다. 그는 겉으로 보이는 것과는 다르게 타고난 리더였다.

모리츠는 이러한 모습을 보면서 반성할 기분이 아니었다. 그는 구글 창업자들이 CEO를 외부에서 영입하도록 한창 싸우고 있었다. 그는 건방진 젊은 관리자들에게 밀리고 싶지 않았다. 벤처투자자들에게는 스타트업의 경영을 감독하고 CEO를 선택할 권리(실제로는 의무)가 있었다. 이것은 그가 지켜야 할 하나의 원칙이었다. 게다가 기술주의 붕괴로 세쿼이아캐피털의 실적이 타격을 입었다. 모리츠는 부사장들이 틸에게 충성하는 모습을 보고 나서도, 자신의 몇 안 되는 유망한 투자 중 하나를 헤지펀드에도 동시에 집중하고 있는 독특한 관리자에게 맡기고 싶지는 않았다.

엑스닷컴 이사회 이사 여섯 명(창업자 세 명과 투자자 세 명으로 구성)이 이사회에 출석하여 이 문제를 두고 열띤 논쟁을 벌였다. 아이러니하게도 틸의 헤지펀드로부터 창업자인 틸과 레브친에게 전화가 왔는데, 레브친이 팩스기를 조작하여 스피커폰 역할을 하게 했다. 이 두 사람은 원래 그들을 지원했던 노키아 벤처사업부 소속으로 세 번째 이사 존 말로이John Malloy의 지지를 기대할 수 있었다. 그들이 모리츠나 머스크를 자기편으로 끌어들일 가망은 없었다. 결과는 나중에 열린 벤처투자 설명회를 통해 들어온 투자자로 여섯 번째 이사가 된 사람에게 달려 있었다.[23]

결국 이사들은 CEO를 머스크에서 틸로 교체하기로 합의했다. 그러나 모리츠는 틸의 승리가 불완전한 것이 되게 했다. CEO 임명은 잠정적인 것이고, 머스크를 영구적으로 대체할 외부 인사를 영입하기 위해 헤드헌터를 고용했다. 결국에는 헤드헌터가 아무도 찾지 못했고, 틸이 CEO 자리를 유지하기는 했지만, 모리츠에 대한 그의 반감은 더욱 커지기만 했다. 틸은 독일 사람의 진지함의 갑옷을 입었지만, 모리츠는 칼날과도 같은 재치를 번뜩였다. 틸의 동료 중 한 사람은 이렇게 기억했다. "틸은 개인적으로 모리츠에게 아주 심한 모욕을 느꼈습니다."[24]

이후로 5개월이 지난 2001년 2월에 쓰라린 심정은 더욱 깊어만 갔

투자의 진화

다. 기술주 시장이 바닥을 치는데도(나스닥 지수가 전년도 최고치의 약 절반 수준으로 하락했다), 엑스닷컴은 시리즈 D 투자 라운드에서 9000만 달러의 자금을 조달했다. 틸은 경제가 하락세에 있다고 판단하고는 엑스닷컴이 새로 조달한 자금의 일부를 자신의 헤지펀드에 맡김으로써 스스로를 보호할 것을 제안했다. 엑스닷컴은 나스닥 지수가 하락할 경우에 일정한 금액을 제공하는 헤지펀드에 가입하여, 미래의 자금 조달 능력을 위태롭게 할 장기적인 시장침체에 대비할 수 있었다.[25] 시장의 방향에 대해서는 틸의 판단이 옳았고, 엑스닷컴의 위험을 회피하려는 그의 제안도 논리적으로 타당했지만, 이것이 회사 자금을 사적으로 이용한다는 인상을 주었다. 그가 다른 회사의 펀드 규모를 확대하기 위하여 한 회사에서 자신의 지위를 이용한다는 것이었다. 모리츠는 이런 틸을 두고 기업 지배구조에 대한 이해가 매우 부족한 사람이라고 비난하면서 조롱까지도 마다하지 않았다. 이사회 이사 중 누군가는 이렇게 말했다. "전쟁과도 같은 상황이었습니다."[26]

이후로 1년 반에 걸쳐서 두 사람의 관계는 훨씬 더 안 좋게 흘러갔다. 모리츠와 틸은 기업 매각을 두고도 충돌했다. 어느 한 시점에 이베이가 엑스닷컴을 3억 달러에 넘길 것을 제안했다. 야후를 통해 교훈을 얻은 모리츠는 조기 매각에 반대했다. 그는 이메일로 타인에게 현금을 지급하는 마법이 궁극적으로 훨씬 더 높은 가치를 창출할 것으로 보았다. 이에 반하여 틸은 트레이더의 사고방식을 전혀 버리지 않았다. 항상 그가 매각하려고 하는 가격이 있었다. 나중에 모리츠는 이렇게 말했다. "그는 어쩔 수 없이 헤지펀드 트레이더였습니다. 자기 돈을 다 빼내고 싶어 했습니다. 오, 맙소사."[27]

언젠가 모리츠가 레브친을 찾아가 설득하며 예전에 합병의 장점에 대해 눈을 뜨게 한 것처럼 매각에 대한 반대 입장을 강화하려고 했다. 페이팔이 계속 잘나가고 있는데 왜 매각하려고 하는가? 레브친이 자기 재능을 더 잘 활용할 수 있는 방법을 어떻게 찾을 것인가?

모리츠가 레브친에게 물었다. "맥스, 그다음에는 어떤 일을 할 생각입니까?"

레브친이 대답했다. "페이팔과 같은 또 다른 회사를 창업할 겁니다."

모리츠는 15년에 걸친 사업 경험과 그 영향력을 동원하여 이렇게 맞받아쳤다. "이런 기회가 얼마나 드물게 찾아오는지 당신은 모를 겁니다. 당신이 150살까지 산다고 해도, 페이팔만큼 크고 무한한 기회는 다시는 찾아오지 않을 겁니다."[28]

이 말에 레브친이 모리츠의 편을 들었고, 3억 달러에 넘기라는 이베이의 제안은 거절당했다. 그러나 2002년 7월에 이베이는, 이제는 페이팔이라는 이름으로 주식공모를 한 회사에 또 다른 제안을 가지고 찾아왔다. 이번에는 15억 달러짜리 제안이었다. 모리츠의 인내의 원칙이 레브친의 재산을 다섯 배나 증식시켰고, 틸의 재산도 마찬가지였다.

이런 일들을 돌이켜보면, 젊은 세대가 보기에 모리츠가 어느 지점에서 잘못했는지 찾기가 어려웠다. 그는 파커를 플락소에서 해고했지만, 파커와 공동으로 창업한 사람들의 지지를 바탕으로 회사의 이익을 위해 그렇게 했다. 그는 틸과도 계속 충돌했지만, 적어도 처음에는 틸이 타고난 스타트업 CEO가 아니라고 보는 점에서 타당했고, 자금의 일부를 헤지펀드에 맡기자는 틸의 제안을 거부한 것도 타당했으며, 이베이의 3억 달러라는 지나치게 낮은 가격대의 제안을 거부한 것도 극적으로 옳았다.[29] 한편 모리츠는 콘피니티와 엑스닷컴의 합병 과정에서도 자기 역할을 충실히 했는데, 그것이 없었더라면 페이팔은 헛된 꿈

투자의 진화

이었을지도 모른다. 이후로 10년이 지나서 틸은 실리콘밸리에서 배웠던 스타트업에 관한 교훈에 대하여 곰곰이 생각하고는 경쟁을 피하는 것이 가장 중요하다는 결론에 도달했다.[30] 그는 이렇게 생각했다. "실패한 기업은 모두가 공통점을 지닌다. 그것은 경쟁을 피하는 데 실패했다는 것이다."[31]

그런데도 모리츠가 파커와 틸을 멀리했던 것은 사실이었고, 그 대가는 저커버그의 잠옷 도발에서 분명하게 드러났다.[32] 당시 가장 인기 있는 스타트업이었던 페이스북 이사회에는 모리츠에게 적의를 갖는 이사 두 명과 저커버그가 있었다. 세쿼이아캐피털로서는 투자기회가 없었다. 게다가 젊은이들의 반란은 전체 범위가 더욱 넓어졌기 때문에 세쿼이아캐피털에 대한 처벌이 한 번의 거래를 넘어 확대될 것이라는 우려가 있었다. 와이어호그 에피소드가 있고 나서 몇 달 만에 두 개의 벤처캐피털이 새롭게 등장했다. 이들은 전통적인 벤처투자에 도전장을 던지기 시작했다.

●●●

그중 첫 번째 벤처캐피털이 바로 틸이 창업한 것인데, 콘피니티의 창업 과정을 되풀이하기라도 하듯이 아주 특별한 방식으로 우회적으로 진행되었다. 틸이 레브친을 우연히 만났고, 그다음에 투자를 했고, 그다음에 분명히 빈자리가 생겼기 때문에 CEO가 된 것처럼 틸은 자신의 벤처캐피털을 우회적으로 창업했다.

이베이가 2002년 페이팔을 인수했을 때 틸은 자신이 회사를 떠날 수 있게 해주는 비밀 조건을 협상했다. 인수 조건에 따르면 페이팔 경영진에 포함된 다른 사람들은 그 자리를 계속 유지했지만, 틸은 정작 자신에게는 이러한 조건을 풀고 무려 5500만 달러를 챙겨서 회사를 떠났다.[33] 이제 30대 중반이 된 그는 팰로앨토를 떠나 샌프란시스코에 정착하여 고급 나이트클럽에 자금을 투자하고 은색 페라리를 구매했다. 그는 자기 재산 1000만 달러를 가지고 헤지펀드를 재출범하여 클라리움캐피털Clarium Capital이라고 이름 붙이고는 그 규모를 키웠다. 그리고 세계적으로 석유가 부족하여 에너지 가격이 더 오를 것이라는 명제를 따랐다.[34]

한편으로 틸은 스탠퍼드대학교와 페이팔에서 형성한 인간관계를 바탕으로 일련의 프로젝트를 구상했다. 2004년에 틸은 국가정보 소프트웨어를 개발하기 위해 페이팔 엔지니어들을 데려왔다. 그리고 스탠퍼드대학교 로스쿨을 졸업한 친구를 데려와서는 이 사업을 추진하는 회사 팔란티어Palantir를 맡겼다. 페이팔에서 함께 일했던 또 다른 스탠퍼드대학교 출신인 호프먼 덕분에 틸은 페이스북에 엔젤투자를 했고, 호프먼의 소셜 네트워킹 스타트업 링크드인에도 투자했다. 이러한 결정들은 하나같이 틸의 재산 증식에 크게 기여했을 것이다. 틸의 헤지펀드는 절정기에 약 70억 달러에 달하는 자금을 관리했지만, 이후로는 손실을 보았고 투자자들이 투자금을 회수하기 위해 몰려오는 상황을 겪기도 했다. 링크드인과 팔란티어의 기업가치는 200억 달러를 넘었고, 페이스북은 그 가치가 수천억 달러에 달하는 기업으로 성장했다. 반면에 틸은 나중에 생각이 난 또 다른 스탠퍼드대학교와 페이팔 출신의 켄 하워리Ken Howery와 벤처캐피털의 설립에 관하여 이야기를 나누었다.

2005년에 출범한 틸의 새로운 벤처캐피털은 파운더스펀드Founders

Fund라고 불렸다. 이 이름은 그 정신을 나타냈다. 페이팔과 같은 기업을 창업한 사람들이 차세대 기업가 집단을 지원하려고 나섰고, 그들은 예전에 자신이 바랐던 대로 이러한 새로운 세대를 존중할 것을 약속했다. 창업 파트너로는 레브친의 오랜 친구이자 또 다른 페이팔 출신인 노섹이 있었다. 얼마 지나지 않아서 파커도 그들에게 합류했다. 파커는 이렇게 주장했다. "우리 모두가 창업자였기 때문에 우리는 본질적으로 부자가 되는 것보다 새로운 기업가들이 성공한 리더로 발전하도록 지원하는 데 더 관심이 있습니다."[35]

틸과 파커가 모리츠와 서로 사이가 좋지 않은 것을 감안하면, 파운더스펀드가 외부에서 CEO를 데려오는 쿼메 공식을 명시적으로 배제한 것은 당연한 일이었다. 기업가들은 그들 자신의 회사를 직접 관리해야 한다. 이에 대해서는 이러쿵저러쿵 따지지 말아야 한다. 구글 창업자들은 에릭 슈미트를 확실한 상관이 아니라 3인조의 일원으로 받아들이면서 이러한 길을 개척했다. 페이스북은 여기서 더 나아갔다. 저커버그는 확고하게 군림했다. 이제 파운더스펀드는 이러한 제왕적 모델을 그들이 지원하는 모든 스타트업에 전파하기 시작했다. 틸은 그의 비서들 중 한 사람이 말했던 것처럼, 모든 위대한 스타트업들이 제왕적인 측면을 가지고 있다고 생각했다. "지금의 파운더스펀드를 만든 것은 틸의 자유지상주의적 측면이 아니라 제왕적인 측면이었습니다."

파운더스펀드의 일부 파트너들에게는 기업가들을 제왕의 지위에 올려놓은 것이 일종의 윤리적 책무였다. 파운더스펀드라는 이름을 제안했던 노섹은 페이팔 시절에 모리츠를 아주 싫어했고, 전통적인 벤처캐피털을 매우 불쾌하게 여겼다.[36] 그는 이렇게 맹렬히 외쳤다. "이 사람들은 세계에서 가장 가치 있는 발명가들의 창조물을 파괴할 것입니다."[37] 파운더스펀드의 또 다른 파트너들에게는 브랜드의 요소가 있었다. 벤처 업계에 새로 들어온 자들이 기존의 거대한 벤처캐피털과는 다르게 자신을 차별화해야 한다는 것이었다. 이것은 하워리가 미국의 기관투자자들에게서 파운더스펀드의 자금을 조달하려다가 실패했을 때 직면했던 사실이었다.[38] 그러나 틸 자신이 생각하기에는 제왕적 기업의 사례는 더욱 미묘했다. 그것은 벤처캐피털이 어떻게 작동했는가에 대한 상당히 분명한 견해와 관련되었다.

틸은 멱법칙에 대해 명시적으로 거론한 최초의 벤처투자자였다. 아서 록으로 거슬러 올라가는 과거의 벤처투자자들은 소수의 성공한 투자가 그들의 실적을 지배할 것이라는 사실을 충분히 이해했다. 그러나 틸은 한 걸음 더 나아가 이것을 더욱 광범위한 현상의 한 부분으로 인식했다. 그는 파레토 법칙으로도 불리는 80/20 법칙의 창시자인 빌프레도 파레토Vilfredo Pareto를 인용하면서, 자연현상과 사회현상에서 철저하게 불평등한 결과가 흔하게 나타난다고 주장했다. 파레토가 저작 활동을 하던 20세기 초에는 파레토의 정원에 있는 완두콩 꼬투리의 20퍼센트가 전체 완두콩의 80퍼센트를 생산하는 것처럼, 이탈리아 사람들의 20퍼센트가 이탈리아 전체 땅의 80퍼센트를 소유했다. 마찬가지로 가장 파괴적인 지진은 그보다 규모가 작은 지진들을 모두 합친 것보다 몇 배나 더 강력하며, 대도시들은 모든 작은 도시들을 합친 것보다 인구가 몇 배나 더 많다. 따라서 벤처캐피털이 투자한 기업들 중 단하나가 전체 포트폴리오를 지배할 수 있다는 것은 단순한 호기심으로만 볼 수는 없었다. 그것은 일종의 자연법칙이었다. 사실 그것은 벤처투자자들을 지배하는 법칙이었다. 과거, 현재 그리고 확실히 미래에도 가치 있는 틈새시장을 독점하는 스타트업은 수백만 개의 자신을 차별

화하지 않은 경쟁업체보다 더 많은 가치를 지닐 것이다.[39]

틸은 이러한 통찰을 바탕으로 체계적으로 생각했다. 과거의 벤처투자자들은 사업에서 홈런을 치는 것으로 위험을 정당화했다. 유한책임 파트너들은 펀드가 수익을 창출하는 데에는 한두 번의 홈런만으로도 충분했기 때문에 투자에서 여러 번 실패하고도 이를 만회할 수 있었다. 그러나 틸은 멱법칙에서 또 다른 교훈을 보았다. 그는 벤처투자자들이 창업자들을 지도하는 전통이 이제는 사라져야 한다고 주장했다. 록 이후로 벤처투자자들은 스타트업을 지도하고 조언하는 데 대단한 자부심을 가졌다. 벤치마크의 경우에는 이것이 사업에서 핵심이었다. 2000년에 실시한 어느 설문 조사에 따르면, 지도와 조언이 점점 더 중요해지고 있는 것으로 나타났다. 모데이비도벤처스Mohr Davidow Ventures 라는 벤처 파트너십은 다섯 명의 정규직 운영 파트너를 보유했는데, 그들이 하는 일은 포트폴리오 기업으로 들어가서 경영 지원을 하는 것이었다. 보스턴의 찰스리버벤처스는 스타트업에 경영자 스카우트, 장비 임차, 각종 계약 및 그 밖의 업무를 지원하기 위해 10여 명의 직원을 확보했다. 하버드대학교 경영대학원의 폴 곰퍼스Paul Gompers는 이것을 두고 발전이라고 표현했다. 그는 이렇게 말했다. "이것은 벤처캐피털이 기법에서 사업으로 진화한 것이다."[40]

틸이 생각하기에 이러한 진화는 잘못된 것이었다. 멱법칙을 따르면, 중요한 기업들은 예외적인 아웃라이어가 되어야 한다. 특정한 해에 실리콘밸리 전역에서는 정말 지원할 가치가 있는 벤처기업이 몇 개밖에 없었다.[41] 이처럼 걸출한 스타트업을 창업한 사람들은 반드시 뛰어난 재능을 가진 자들이기 때문에 벤처캐피털이 약간 지도하는 것으로 그들의 실적에 영향을 미치지는 못한다.[42] 파운더스펀드의 어느 파트너는 이렇게 직설적으로 말했다. "우리 포트폴리오 기업들 중 성과가 가장 뛰어난 기업을 보면, 대체로 우리가 가장 덜 개입하는 곳입니다."[43] 점잔 빼며 조언을 해주면 그들의 자존심을 채울 수는 있다. 그러나 벤처캐피털이 해야 할 일은 거친 보석을 찾는 것이지, 그것을 닦으며 시간을 보내는 것은 아니다.[44]

틸은 이것만으로는 충분히 도발적이지 않다는 듯이, 여기서 한 걸음 더 나아갔다. 그는 벤처캐피털의 지도가 부정적인 변화를 가져올 수도 있다고 주장했다. 벤처투자자들이 창업자들에게 그들의 방법을 강요했을 때, 그들은 시도되고 검증된 공식들이 새로운 실험을 능가한다는 쪽에 암묵적으로 내기를 걸고 있었다. 그들은 액셀과 클라이너퍼킨스 사이의 오랜 차이를 인용하여, 준비된 마인드가 열린 마인드보다 더 낫다는 말을 하고 있었다. 그러나 멱법칙이 진정으로 독창적이고 반골기질이 강한 소수의 스타트업들만이 성공하게 되어 있다는 것을 뒷받침한다면, 특이성을 억압하는 것은 잘못되었다. 오히려 벤처투자자들은 반골기질이 강하고 평범하지 않은 창업자들을 품어야 하고, 이들이 괴짜일수록 더 낫다. 괴짜가 아닌 기업가들은 그냥 평범한 기업을 창업할 것이다. 그들은 합리적인 계획을 세울 것이고, 이처럼 합리적인 계획은 다른 사람도 가지고 있을 것이다. 따라서 그들은 경쟁자들이 넘쳐나서 많은 수익을 기대할 수 없는 곳에 놓여 있는 자신을 발견할 것이다.[45]

틸은 최고의 스타트업 창업자들이 때로는 오만하거나, 사람을 싫어하거나, 미친 사람에 가까운 것은 분명히 우연이 아니라고 말했다. 초기 페이팔 직원 여섯 명 중 네 명은 고등학교 시절에 폭탄을 제조했다고 한다.[46] 일론 머스크는 첫 번째 스타트업에서 번 돈의 절반을 경주용 자동차를 구매하는 데 썼다. 틸을 조수석에 앉혀놓고 사고를 냈을 때, 그가 할 수 있는 것이라고는 보험에 들지 않은 사실에 웃음을 짓는 것뿐이었다. 틸은 그러한 극단과 기행은 실제로는 좋은 조짐이라고 주장했다. 벤처투자자들은 이러한 부적응자를 찬양해야지, 그들에게 순응을 가르쳐서는 안 된다. 파운더스펀드는 설립한 지 몇 년이 지나, 차량 호출 스타트업 우버에 투자하기를 거부하면서 값비싼 실수를 저질렀다. 우버를 창업한 반항적인 트래비스 캘러닉Travis Kalanick은 하워리와 노섹 모두를 멀리했다. 우버가 그랜드슬램을 달성했을 때 틸은 이렇게 적었다. "우리는 이상하거나 극단적으로 보이는 창업자들에게 지금보다 더 관대했어야 했다."[47] 노섹은 지난 일을 깊이 뉘우치면서 이렇게 말했다. "우리는 싫은 사람에게 기회를 두 번이고 세 번이고 주어야 한다."[48]

틸이 별난 천재들을 억압하지 않으려고 벤처투자자들이 창업자들을 지도하는 데 반대한 것이라면, 또 다른 이유로도 그것에 반대했다. 투자자들의 관점에서 보자면, 그것은 엄청난 기회비용을 발생시켰다. 포트폴리오 기업들을 지도하면서 많은 시간을 보낸 벤처투자자들은 그렇게 하느라고 그다음 투자기회를 찾지 못할 것이다. 어느 시점에서 노섹은 파워셋Powerset이라는 포트폴리오 기업이 겪는 문제에 빠져 들어갔다. CEO가 회사를 떠났고, 회사는 인수자를 찾는 데 필사적이었다. 노섹은 안타까운 표정으로 이렇게 말했다. "나는 여기에 엄청난 노력을 기울이고는 약 10만 달러를 벌었습니다." 그리고 노섹은 파워셋에 정신이 팔려 있었기 때문에 페이스북과 트위터를 포함하여 다른 스타트업에 투자할 기회를 얻지 못했다. 그는 이렇게 말했다. "너무나도 바쁘게 지내다 보니 사람들을 만날 시간이 없었습니다."[49]

진지하고도 묵직한 태도를 지닌 틸은 초연하게 탁상공론을 하는 철학자라는 인상을 주었다. 그는 숨이 막힐 정도로 포괄적인 진술을 했고, 그것을 혼란스러운 현실을 거의 용납하지 않는 진지한 표정과 확신을 담은 어조로 전했다. 그는 기이한 대의에 박애주의 정신을 담아 잠깐 관여하는 것을 좋아했다. 예를 들어 그가 이렇게 관여한 것들 중에는 정부의 영향력이 미치지 않는 해상에 자유지상주의적 유토피아를 건설하는 시스테딩seasteading 프로젝트, 노화를 방지하거나 재능 있는 아이들이 대학을 중퇴하도록 장려하는 프로젝트도 있었다. 그러나 조지 소로스와 마찬가지로 틸도 자신의 철학적 신념을 투자행위에 투영할 용기가 있었다. 소로스는 런던정치경제대학교 학생 시절에 인간의 인지능력에 가해지는 제한 때문에 사람들이 진실을 제대로 파악할 수 없게 된다는 견해를 받아들였다. 따라서 소로스는 불완전한 인지능력이 만들어내는 자기강화적인 호황과 불황에 대하여 적극적으로 추측해야 했다.[50] 마찬가지로 틸은 멱법칙의 의미를 이해하고는 그것을 자신의 벤처캐피털에 체계적으로 각인시켰다. 파운더스펀드는 창업자가 아무리 이상한 행동을 하더라도 그를 자신의 스타트업에서 퇴출하지 않을 것을 결의했다. 파운더스펀드는 이후로 15년이 지나서도 이 원칙을 충실하게 고수하고 있었다.[51] 실제로 파운더스펀드는 이사회 표결에서 창업자의 반대편을 든 적이 단 한 번도 없었고, 이사회 의석을 차지하지 않고도 대체로 만족했다. 이것은 돈 발렌타인과 톰 퍼킨스가 확립했던 실제로 참여하는 전통을 대담하게 뒤집는 것이었다.

틸은 전통에 문제를 제기하는 투자 파트너들을 모집하면서 이단아를 바라보는 자신의 신념을 실천했다. 그가 노섹과 처음 나누었던 대화는 노섹이 어떻게 의학적 소생을 바라며 냉동 상태에서 죽음을 맞이할 것인가에 관한 내용이었다. 이것은 틸이 노섹을 파트너로 맞이할 수밖에 없게 만들었다. 마찬가지로 파커는 모리츠와 같은 유력인사와의 관계는 말할 것도 없고, 법적으로도 문제가 있는 인물이었다. 그럼에도 틸은 그를 받아들였다. 파운더스펀드는 합의에 입각한 사고에서 벗어나기 위해 월요일에 파트너십 회의를 개최하는 업계 관행을 깨고, 연대책임이라는 샌드힐로드의 전통을 급진적인 분권화로 대체했다. 파운더스펀드의 파트너들은 서로 협의하지 않고 금액이 작은 수표를 쓰기도 하면서 독립적으로 거래를 했다. 투자 규모가 클수록 협의가 필요했지만(금액이 큰 수표를 쓸 때에는 다수의 파트너들에게 동의를 받아야 했다), 투자 규모가 아무리 크더라도 과반수의 동의를 요구하지는 않았다. 어느 파트너는 이렇게 요약하여 설명했다. "보통은 한 사람이 확신을 품고서 주먹을 쥐며 이렇게 말해야 합니다. '여기에 투자해야 합니다.'"[52]

소로스와 마찬가지로 틸의 철학적 관심이 그가 위험을 감수하며 대단히 공격적으로 투자하는 것에 대하여 확신을 갖게 했다. 소로스의 오랜 파트너이자 분신이라 할 스탠리 드러켄밀러Stanley Druckenmiller는 대규모의 시기적절한 도박이 소로스가 지닌 천재성의 핵심이라고 주장했다. 소로스가 다른 트레이더들과 비교하여 시장의 방향을 더 잘 예측한 것은 아니었다. 그를 돋보이게 한 것은 그가 진정으로 강한 확신을 가졌을 때 남들보다 더욱 공격적으로 행동했다는 것이었다.[53] 마찬가지로 틸도 적절한 순간에 대규모의 도박을 함으로써 멱법칙에 대한 이해를 바탕으로 행동할 용기가 있었다. 소수의 스타트업만이 엄청난 속도로 성장할 것이기 때문에 단지 좋게 보이는 기회에 흥분하는 것은 아무런 의미가 없었다. 벤처 업계에서는 중앙값에 해당하는 실적은 실패한 것이다. 그러나 그랜드슬램의 가능성이 있는 스타트업을 만났을 때 틸은 테이블 위에 칩을 쌓아둘 태세가 되어 있었다. 1998년에 레브친에게 걸었던 30만 달러는 벡톨샤임이 브린과 페이지에게 걸었던 돈의 세 배였다. 당시 벡톨샤임에게는 투자할 돈이 더 많았는데도 말이다. 2004년에 틸이 페이스북에 보낸 엔젤 수표에는 호프먼과 핑커스가 보낸 수표보다 13배나 더 많은 금액이 적혀 있었다. 다른 투자자들은 다변화를 통해 위험을 관리하려고 했고, 이처럼 한 곳에 몰아서 투자할 용기가 없었다. 그러나 틸은 멱법칙을 따르는 분야에서는 소수의 규모가 크고 확신에 찬 투자가 여러 곳으로 분산되고 열의가 없는 투자보다는 더 낫다고 믿었다.[54]

틸은 뒤에서 살펴보게 될 또 다른 떠오르는 벤처캐피털 앤드리슨호로위츠Andreessen Horowitz에 관하여 이야기하기를 좋아했다. 흔히 a16z라고 약칭되는 앤드리슨호로위츠는 2010년 소셜 네트워킹 앱 인스타그램Instagram에 25만 달러를 투자했다. 어떤 지표에 의하면, 이것은 엄청난 그랜드슬램이었다. 2년이 지나서 페이스북이 인스타그램에 10억 달러를 지급했고, 앤드리슨호로위츠는 투자수익률이 312배에 달하는 7800만 달러의 순수익을 올렸다. 그러나 다른 지표에 의하면, 이것은 커다란 실패였다. 앤드리슨호로위츠가 15억 달러 규모의 펀드를 가지고 인스타그램에 투자했기 때문에 단지 본전치기만 하려 해도 7800만 달러짜리 지급금이 19개 필요했다. 승리한 회사를 지원하여 기분은 좋았다. 그러나 잔인한 진실은 인스타그램이 헛된 기회였다는 것이다. 이와는 대조적으로 2007년에 파운더스펀드가 페이스북에 투자할 수 있는 후속 기회를 맞이하여, 노섹은 모든 것을 다 걸었다. 그는 파운더스펀드의 유한책임 파트너들에게 연락하여 남은 자금을 모두 페이스북 전용 특수목적기구special purpose vehicle, SPV에 쏟아붓도록 설득했다.

투자의 진화

그다음에 그는 부모님의 퇴직금 펀드 전액도 페이스북에 투자했다.[55]

　시간이 지나면서 틸은 또 다른 위험요소를 받아들였다. 그는 금액이 큰 수표를 썼을 뿐만 아니라 더욱 대담한 프로젝트를 지원했다. 그는 벤처펀드를 출범한 이후로 2년이 지나, 더욱 위험하지만 세상을 바꿀 잠재력을 가지고 전통을 타파하려는 기업에 투자할 계획이라고 밝혔다.[56] 그는 유행하는 소프트웨어에만 관심을 두기보다는 더욱 중요하고 수익성이 높지만 불확실한 분야에서 야심 차고도 혁신적인 프로젝트에 투자할 것이었다. 2008년에 틸은 이러한 약속을 실천할 기회를 맞이했다.

　틸은 친구 결혼식에서 페이팔 시절부터 오랜 경쟁자이던 머스크를 우연히 만났다. 틸의 동지들이 머스크를 페이팔에서 쫓아낸 사실을 감안하면, 두 사람 사이의 관계가 항상 좋았던 것은 아니었다. 그러나 머스크는 페이팔이 벌어들인 수익에서 자신의 몫을 전기자동차를 만드는 테슬라와 화성에 새로운 정착지를 개척할 수 있을 정도로 우주 운송비를 획기적으로 절감하려는 점잖은 야망을 자랑하던 스페이스X라는 두 개의 새로운 스타트업에 투자하면서 페이팔 시절의 안 좋았던 기억에서 벗어나고 있었다. 결혼식장에서 머스크는 틸에게 스페이스X에 대한 투자를 권했다.

　틸이 이렇게 말했다. "물론이지요. 이제 지난 일은 잊읍시다."[57]

　틸은 파트너들에게 이메일을 보내 500만 달러라는 비교적 많지 않은 금액의 투자를 제안했다. 파커는 우주여행은 먼 미래의 일이라고 생각하면서 투자할 마음이 없다고 했다. 그러나 노섹은 정반대의 반응을 보였다. 만약 파운더스펀드가 달을 촬영하려는 계획을 지원하고 있다면, 화성을 촬영하려는 계획도 지원해야 하는 것이었다.

노섹은 스페이스X에 대한 실사를 시작했다. 하워리는 이렇게 기억했다. "누가 보더라도 성공할 것 같지가 않았습니다." 그러고는 이렇게 덧붙였다. "모든 로켓이 폭발했습니다."[58] 노섹이 실사를 하는 동안에 스페이스X에 대한 투자를 고민하던 또 다른 벤처투자자가 발을 뺐고, 세 번째 후원자는 파운더스펀드에 보낸 이메일에 실수로 틸과 그의 파트너들이 제정신은 아니라는 내용을 복사해 넣었다.[59] 그러나 노섹은 스페이스X를 믿었다. 우주여행은 1960년대에 뚜렷한 진전을 이룬 기술이었지만, 이후로는 더 이상 진전을 이루지 못했다. 2000년에 우주로 1킬로그램짜리 물체를 발사하는 데 드는 비용은 1970년과 비교하여 줄어들지 않았다. 스페이스X가 이러한 답보 상태에서 벗어나기 위해 과학의 발전을 활용할 수 있을까? 게다가 머스크의 로켓은 폭발했지만, 머스크의 엔지니어들은 그것이 왜 폭발했는지를 이해했다. 우리가 실패를 통해 배울 수 있다면, 실패는 좋은 것이다. 마지막으로 머스크는 오만한 천재의 전형이었다. 만약 파운더스펀드가 자신의 이론을 믿는다면, 머스크가 보험에 들지 않은 경주용 자동차를 몰다가 사고를 내고는 웃음을 지었다는 사실이 그를 지원할 만한 이유로 충분했다.

2008년 7월에 스페이스X의 세 번째 로켓 발사 시도가 실패로 돌아간 직후, 노섹은 틸을 설득하여 이 회사 지분의 4퍼센트를 갖는다는 조건으로 2000만 달러를 머스크에게 투자하게 했다. 10년이 지나 스페이스X의 기업가치는 엄청나게 증가하여 260억 달러에 달했다. 파운더스펀드는 이런저런 위험한 투자를 통하여 최고의 실적을 올리는 벤처캐피털로 자리를 잡았다. 이것은 스타트업 투자에 대한 불간섭주의에 입각한 철저하게 역발상적인 고위험 접근방식의 타당성을 입증하는 것이었다.[60] 전통적인 벤처캐피털 업계를 상대로 분명한 경고가 내려졌다. 구글 창업자들에 의해 시작되고 저커버그의 잠옷 도발로 극적으로 표현된 젊은이들의 반란이 이제는 틸과 그의 펀드에 의해 제도로 자리를 잡아가고 있었다. 그리고 틸의 영향력은 파운더스펀드와 거의 동시에 등장한 기존 벤처캐피털에 대한 또 다른 열광적인 비평가이자 제2의 떠오르는 벤처투자자에 의해 더욱 커지고 있었다.

●●●

이러한 제2의 떠오르는 벤처투자자가 바로 해커이자 블로거로서 '벤처캐피털의 착취에 관한 일관된 이론'을 제시한 폴 그레이엄이었다. 그는 틸과 마찬가지로 벤처투자자들이 무언가 잘못하고 있다는 강한 믿음을 가지고 있었다. 그러나 틸보다 더 나아가서 내친김에 그들의 오류를 바로잡는 일에 착수했다.

저커버그의 잠옷 도발이 있고 나서 몇 달이 지난 2005년 3월에 그레이엄은 컴퓨터에 관심이 많은 대학생을 상대로 강연하기 위해 하버드대학교 에머슨홀 305호에 나타났다. 그날 강연 제목은 '스타트업을 어떻게 창업할 것인가?'였는데, 홀은 초만원이었다. 100여 명의 학생들이 코딩과 삶에 대한 그레이엄의 생각을 읽었고, 그가 그랬던 것처럼 회사 창업을 원했다.[61] 그레이엄이 줄이 있는 노란 종이에 적은 메모를 정리하는 동안에 홀은 쥐 죽은 듯이 고요했다.[62]

그레이엄은 자신이 가장 좋아하는 주제에 관한 이야기를 시작했다. 좋은 아이디어를 가진 해커라면 누구든 창업할 자격이 있다. 어떤 해커도 벤처투자자의 뜻을 따르려고 해서는 안 된다. 창업자들은 임차료를 내고 식료품을 구매할 정도의 얼마 안 되는 현금만이 필요하다. 그레이엄은 이 현금이 스타트업을 창업한 경험이 있는 엔젤투자자에게서 나오는 것이 좋다고 했다. 그런 사람이라면 창업자에게 조언도 하고 동료 의식을 갖기 때문이다.

청중들은 '바로 당신이야'라고 생각했을 것이다. 그레이엄이 갑자기 모든 이들이 자기를 쳐다보고 있다는 기분을 강하게 느꼈기 때문이다. 그는 나중에 이렇게 기억했다. "그들 모두가 나한테 사업계획서를 이메일로 보낼 것이라는 끔찍한 생각이 들었습니다." 그레이엄은 투자에 따르는 법적, 행정적 번거로움에 몸서리를 치며 당장 그 자리에서 청중들을 차단했다. "나는 아닙니다. 절대로 아닙니다." 그는 젊은 컴퓨터과학자들이 자신을 우러러보는 것을 즐겼지만, 벤처투자자가 될 생각은 없었다.[63] 청중들 가운데 한 학생은 나중에 이렇게 썼다. "그 말을 듣고서 실망한 100여 명의 공붓벌레들의 웅성거리는 소리가 홀 전체에 퍼졌다."[64]

강연이 끝나고 그레이엄은 자신이 숭배자들에게 둘러싸여 있는 것을 확인했다. 버지니아대학교 학생 두 명은 그의 강연을 듣기 위해 14시간 동안 기차를 타고 왔다. 그들 중 한 사람은 타원형 안경을 쓰고 금발에 마른 체형의 남학생으로 그레이엄에게 사인을 부탁했지만, 그에게 경외감을 느낀 나머지 말을 제대로 잇지 못했다. 또 다른 남학생도 조심스레 다가와서는 프로그래밍 언어 리스프에 관한 그레이엄의 저작을 내밀고는 이렇게 말했다. "저자 사인 좀 해주시겠습니까?"

그레이엄이 큰소리로 웃었다. 그가 프로그래밍 언어에 관한 자신의 저작에 사인을 해달라는 부탁을 받은 것이 이번이 처음은 아니었다.

키가 큰 남학생에게는 한 가지 부탁이 더 있었다. 그와 그의 친구는 그레이엄 박사에게 음료수를 대접하면서 자신들의 스타트업 아이디

투자의 진화

어에 관해 이야기를 나누고 싶었다.

그는 의기양양해져 순간적으로 무대에서의 결심을 잊어버리고는 그날 밤 만나기로 약속했다. 그는 이렇게 말했다. "여러분이 버지니아에서 먼 길을 왔다고 하니까 거절할 수 없네요."[65]

그레이엄은 헐렁한 폴로셔츠와 카키색 반바지를 입고 조금 늦게 도착했다. 그들은 알제라는 카페에 자리를 잡고는 후무스hummus(병아리콩을 삶아 곱게 간 것을 참깨 소스로 조미한 중동 지방의 요리—옮긴이)가 나오자 키가 큰 남학생이 말을 시작했다. 그는 자신을 알렉시스 오하니언Alexis Ohanian이라고 소개했고, 그의 친구는 스티브 허프먼Steve Huffman이었다. 그들은 식당들이 일하는 방식을 바꾸려는 아이디어를 갖고 있었다. 그들은 사람들이 음식을 문자메시지로 주문할 수 있는 프로그램을 만들 계획이었다.

오하니언이 이야기를 시작한 지 5분 정도가 지났을 때 그레이엄이 이 작은 계획에서 원대한 아이디어를 포착하고는 이렇게 외쳤다. "이제는 줄을 설 필요가 없겠습니다. 앞으로 어느 누구도 줄을 서서 기다릴 필요가 없게 될 것입니다." 갑자기 그레이엄은 식당에서의 주문을 이동통신이 발전해온 역사와 관련짓고는 대학생들에게 원대하게 생각할 것을 촉구했다. 그의 지식을 공유하는 것은 가슴 설레는 일이었다.

나흘 뒤 그레이엄과 그의 여자친구 제시카 리빙스턴Jessica Livingston이 하버드스퀘어에서 금요일 저녁식사를 마치고 집으로 걸어가고 있었다. 명색이 봄이기는 했지만, 케임브리지 기온은 영하권을 겨우 벗어났다. 두 사람은 평소와 다름없이 수다를 떨었다. 리빙스턴은 어느 벤처캐피털의 마케팅 부서에 지원하고는 결과를 기다리고 있었다. 그레이엄에게는 카페 알제에서의 만남이 신선하게 다가왔고, 엔젤투자자가 되라는 계시를 느끼고 있었다. 그는 벤처투자자가 되는 것을 주저했지만, 젊은 창업자들의 멘토가 되는 것이 사회에 보답하기 위한 방법이 될 수도 있다고 생각했다. 그는 나중에 이렇게 회상했다. "나는 항상 스타트업을 창업한 사람들이 최소한 어느 정도는 엔젤투자를 해야 한다고 생각했습니다. 어느 누구도 그들에게 투자하지 않았더라면, 그들이 어떻게 사업을 시작했겠습니까?"[66]

두 사람이 얼룩무늬 벽돌 보도를 따라 걸을 때 한 가지 아이디어가 떠올랐다. 두 사람이 함께 작은 엔젤투자회사를 차리면 어떨까? 리빙스턴은 결과를 주기까지 오랜 시간이 걸리는 벤처캐피털에서 일하는 대신에 그곳에서 일할 수 있었다. 그녀는 그레이엄에게 매력적이지 않게 다가오는 행정적, 법적 문제들을 처리할 수 있었다. 그레이엄은 창업자로서의 경험을 바탕으로 차세대 승자를 가려낼 것이다. 그들은 완벽한 동반자가 될 것이다.[67]

며칠이 지나서 그레이엄과 리빙스턴은 새로운 형태의 초기 투자계획을 생각해냈다. 그것은 그레이엄이 주류 벤처캐피털에서 보았던 빈틈을 채우는 것이었다. 새로운 유형의 소프트웨어 창업자들에게는 식료품을 구매할 정도의 얼마 안 되는 현금과 함께, 때로는 코딩이라는 외로운 작업에서 생기는 무료함을 달래주기 위한 조언과 동료애가 필요했다. 또한 이들의 계획은 일시적인 충동에 따라 산만하게 전개되는 엔젤투자보다 더욱 체계적으로 자리를 잡을 것이다. 이 계획에 따르면 사무실과 직원을 확보해야 하고, 표준화된 절차를 마련해야 한다. 그레이엄은 자기 돈 10만 달러를 내놓았고, 그의 오래된 소프트웨어 스타트업 비아웹의 공동 창업자 두 명은 각각 5만 달러씩을 내놓기로 약속했다. 그다음에 그는 자기 블로그에 이 계획을 기본적인 요소만 있는 10포인트 크기의 버다나 서체로 발표했다. 빨간색 볼드체로 된 제목은 다음과 같았다. "여름 창업자 프로그램."

그레이엄은 이 프로그램을 대학생들의 평범한 여름 아르바이트를 실험적으로 대체하는 것이라고 홍보했다. 참가자들은 임금 대신 3개월에 걸친 프로그래밍을 통해 장학금으로 6000달러를 받는다. 또한 그들은 실질적이고 정서적인 도움을 받을 것이다. 그레이엄과 리빙스턴의 계획에 따라 설립된 와이콤비네이터는 참가자들의 스타트업들을 상대로 법인 설립 작업을 지원하고, 회사 은행계좌를 개설하고, 특허에 대한 조언을 제공한다. 그레이엄과 그의 똑똑한 친구 몇 사람이 젊은 해커들의 프로젝트에 대한 피드백을 제공할 것이고, 이 프로그램 참가자들이 서로 친한 관계를 형성할 수 있도록 일주일에 한 번씩 저녁식사를 하는 자리를 마련할 것이다. 와이콤비네이터는 그 대가로 자신의 지원을 받은 스타트업의 주식에서 대체로 6퍼센트의 지분을 갖게 된다.[68]

처음에 그레이엄은 이 프로그램을 일시적으로만 운영할 생각이었다. 와이콤비네이터는 한 번에 여러 팀에 투자하여 무엇이 효과가 있고 무엇이 효과가 없는지를 확인할 수 있었다. 그러나 얼마 지나지 않아서 그는 이렇게 하나의 집단으로 처리하는 것이 놀랍도록 효율적이라는 것을 깨달았다.[69] 집단에 속한 팀들은 서로 도움을 주면서 그레이엄과 리빙스턴의 일 처리에 대한 부담을 덜어줄 것이다. 그리고 와이콤비네이터는 하나의 집단으로서 스타트업들을 지원할 수 있다. 예를 들어 저녁식사 자리에 연사를 초대하여 모든 스타트업들이 들을 수 있게 한다. 또한 모든 스타트업들이 후속 투자자들을 상대로 제품을 시연하는 행사를 같은 날에 개최할 수도 있다. 지금까지 엔젤투자를

이렇게 조직적으로 전개할 생각을 한 사람은 아무도 없었다.[70]

2005년 4월에 리빙스턴, 그레이엄, 비아웹 공동 창업자 두 명이 그레이엄이 최근에 사들인 옛 사탕 공장에 모였다. 거기에는 채광창이 다섯 개 있었고, 벽은 밝은 흰색으로 칠해져 있었으며, 미드센추리모던Mid-Century Modern(제2차 세계대전 이후로 미국에서 유행하던 실용적이고 간결한 디자인—옮긴이) 가구들이 드문드문 놓여 있었다. 현관문에는 감나무가 그려져 있었다.

그레이엄과 동료들은 지원자들을 상대로 면접을 시작했다. 이 프로그램에 지원한 총 227개 팀 중에서 20개 팀이 면접에 선발되었다. 45분 동안 진행된 면접에서 지원자들은 이런저런 질문을 받아넘기느라 고생했는데, 비아웹 공동 창업자 로버트 모리스Robert Morris가 가장 까다로운 질문을 던졌다. 그레이엄이 화이트보드에 모리스의 얼굴을 그렸는데, 눈썹이 일그러지고 아랫입술이 튀어나와 있었다. 그림 제목은 '그것은 결코 작동하지 않을 것이다'였다. 그렇지만 몇몇 팀들의 발표를 듣고 있으면 실제로 잘 작동할 것 같았다. 스탠퍼드대학교에 다니는 19세의 침착한 학생이 나이에 비해 훨씬 더 지혜롭게 보였다. 그가 바로 샘 올트먼Sam Altman이었는데, 나중에 그레이엄의 뒤를 이어 와이콤비네이터의 기업정신을 계승했다. 그리고 버지니아대학교 출신의 허프먼과 오하니언도 있었는데, 나중에 그들은 와이콤비네이터에 최초의 수익을 제공한 레딧Reddit이라는 뉴스 사이트를 구축하기 위해 레스토랑 예약 프로그램을 포기했다. 그날 총 여덟 개 팀이 선발되었다. 와이콤비네이터의 합격률은 3.5퍼센트로, 하버드대학교 의과대학의 합격률과 비슷했다.

선발된 팀들은 임차료를 내고 피자를 살 돈만으로도 충분했고 다른 것들은 별로 필요하지 않은 상태에서, 그레이엄이 비아웹을 창업하면서 채택했던 24시간 프로그래밍 생활방식을 그대로 따라가며 미친 듯이 일했다. 프로그래머들은 화요일에 저녁식사를 함께 하면서 잠깐 쉴수 있었다. 그레이엄은 장난감 공장을 개조하여 식당을 차리고 그곳에 사람들을 모아놓고는 깡통을 비워 냄비를 만들고서 '글롭glop'(질척하여 맛없게 생긴 음식―옮긴이)이라고 친근하게 이름 붙인 것을 휘젓곤 했다. 여름 창업자 프로그램 참가자들은 이리저리 돌아다니며 코딩 프로젝트의 진행 과정을 비교하고, 리빙스턴의 장기인 레모네이드와 민트 아이스티를 마시기도 했다.[71] 그들은 곧 채광창 아래 긴 포마이카 테이블 양쪽에 놓여 있는 흔들거리는 벤치에 앉았다.[72] 그들은 감사하게도 글롭으로 배를 채우고, 그레이엄이 초대한 외부 연사가 하는 말을 들었다. 당연히 연사들은 그레이엄의 생각을 자세히 전달했다. 어떤 이는 슬라이드에 모두가 함께 토론할 질문을 제시했다. "벤처캐피털, 그들은 사탄의 영혼 없는 대리인인가? 아니면 어설픈 강간범에 불과한 자들인가?"[73]

2년이 지나 와이콤비네이터가 팰로앨토에 자리 잡았을 때, 그레이엄은 스탠퍼드대학교에서 열린 행사에 다름 아닌 마크 저커버그를 연사로 초청했다. 와이어호그 프레젠테이션의 전력이 있는 그는 그 자리에서 떠오르는 세대가 공유하는 확신을 이렇게 외쳤다. "젊은 사람들이 더 똑똑합니다."[74]

●●●

손정의의 성장자본 수표, 벡톨샤임 유형의 엔젤투자의 확산, 틸의 불간섭주의에 입각한 투자에 뒤이어 와이콤비네이터는 전통적인 벤처캐피털에 대한 또 다른 도전을 상징했다. 그레이엄은 기존 벤처캐피털의 약점을 진단하고는 거액의 수표가 신생 소프트웨어 스타트업들에 해롭게 작용한다는 논리에 바탕을 두고 소액 투자를 제안했다. 그는 스타트업들을 하나의 집단으로 지원하는 아이디어와 함께, 해커들을 창업자로 전환하는 소박하고도 사악하지 않은 방법을 제시했다. 그레이엄이 세상을 보는 방식, 그의 새로운 투자 원칙은 전통적인 벤처캐피털의 것과는 크게 달랐다. 그는 단지 기업가들을 만나 그들의 재능에 올라타려고만 하지는 않았다. 그는 10대 프로그래머들을 모집하여 기업가정신을 창출하고 있었다.

그레이엄은 프로그래밍의 전문용어를 써서 이러한 비법을 설명했다. 그것은 세계경제에 대한 해킹이었다. 그는 코드의 연장선에서 영감을 받아 지름길을 보는 해커처럼 인간사회를 연구했고, 적당한 미세조정으로 그것이 더 효율적으로 작동하게 할 수 있다는 것을 깨달았다. 그는 와이콤비네이터를 창업하고 1년이 지난 2006년에 이렇게 썼다. "수천 명의 똑똑한 사람들이 창업을 할 수 있고, 그렇지 않을 수도 있다. 그리고 우리가 적당한 곳에 비교적 적은 힘을 가하면, 세계에 새로운 스타트업들의 흐름을 일으킬 수 있다." 새로운 스타트업들의 흐름은 이들이 특별한 부를 창출할 뿐만 아니라 젊은 해커들에게 더 많은 자유를 상징하기 때문에 바람직할 것이다. 그레이엄은 이렇게 썼다. "1986년 내가 대학을 졸업했을 때는 두 가지 선택이 있었다. 취직하거나 대학원에 가는 것이다. 이제는 제3의 선택도 있다. 그것은 창업하는 것이다. 그런 변화, 즉 두 개의 선택에서 세 개의 선택으로의 변화는 몇 세대에 걸쳐 한 번만 일어나는 커다란 사회적 변동이다. 이것이

투자의 진화

얼마나 큰 변화가 될 것인지는 예측하기 어렵다. 어쩌면 산업혁명만큼 큰 변화가 될 수도 있다."[75]

물론 해커들의 자유에 대한 이러한 사상이 완전히 새로운 것은 아니었다. 오히려 이것은 벤처캐피털의 원래 약속을 확장한 것이다. 록은 그렇지 않았더라면 기업 내의 위계문화로 숨이 막혔을 인재들을 해방시켰다. 그레이엄은 '당신이 기업에 들어가기도 전에 당신 자신을 해방시킬 수 있다'는 말을 하고 있었다. 그는 다음과 같은 몇 개의 감동적인 문구로 자신의 메시지를 전했다. "당신 자신을 위해 일하라. 당신 자신의 아이디어가 갖는 가치를 실현하라. 사다리를 오르려 하기보다는 당신 아래에 있는 사다리를 튼튼히 하라." 그레이엄은 애너리 색스니언이 확인한 혁신적인 우위를 지닌 스타트업 클러스터가 등장하는 모습을 보면서 이렇게 환호했다.[76] "20세기 중반의 획일적이고 계층적인 기업들은 그들보다 규모가 작은 기업들의 네트워크에 의해 대체되고 있다." 그레이엄이 깨달았듯이 소프트웨어 부문의 발전은 그 어느 때보다도 작은 기업들이 많아지는 것을 의미했다. 기업과 시장 사이의 어딘가에 자리 잡은 스타트업 네트워크는 자본주의 조직에서 제3의 범주를 구성한다. 아마도 이것은 정말로 산업혁명만큼 큰 변화였을 것이다.

그레이엄의 관점의 확장은 그의 투자 모델의 확장과도 맞아떨어졌다. 그레이엄과 리빙스턴은 처음 열린 여름 창업자 프로그램이 성공한 이후로 그것을 서부해안으로 가져갔다. 그들은 지원 대상 팀의 수를 늘리고, 스타트업들에 활력을 불어넣기 위한 특별자금 지원, 비영리기관을 대상으로 한 스타트업 지원, 스탠퍼드대학교에서 콘퍼런스 개최 등 새로운 실험을 추가했다. 그들의 프로그램이 입소문을 타면서 그것을 모방하려는 자들이 대거 등장하여 때로는 그레이엄의 모델을 교묘하게 미세 조정하기도 했다. 2006년에는 테크스타스Techstars라는 경쟁사가 콜로라도주 볼더에서 영업을 시작하고는 수년 내에 보스턴, 시애틀, 뉴욕으로 영업을 확장했다. 이듬해에는 그레이엄의 아이디어를 유럽식으로 구현한 시드캠프Seedcamp가 런던에서 영업을 시작했다. 2018년에는 와이콤비네이터의 지원을 받았다가 나중에 와이콤비네이터의 파트너가 된 대니얼 그로스Daniel Gross가 파이어니어Pioneer라는 온라인 스타트업 액셀러레이터accelerator(스타트업을 발굴하여 지원하는 기업이나 기관—옮긴이)를 출범시켰다. 파이어니어의 목표는 와이콤비네이터의 경험을 기술 중심지에서 멀리 떨어진 곳에 거주하는 개발도상국 기업가들에게 전파하는 데 있었다. 한편 안트러프러너퍼스트Entrepreneur First는 고립되어 지내는 프로그래머들이 비슷한 생각을 가진 파트너를 찾는 데 어려움을 겪고 있는 것이 기업가정신에 대한 한 가지 장애요인이라고 판단하고는 일종의 데이트 서비스를 제공했다. 그들은 기존의 창업을 계획하는 팀들이 아니라 개별 프로그래머들을 모집하고 와이콤비네이터 방식의 프로그램에 등록하여 서로 협력하도록 권장했다. 두 명의 카리스마 넘치는 젊은 영국인 앨리스 벤팅크Alice Bentinck와 맷 클리퍼드Matt Clifford가 이끄는 안트러프러너퍼스트는 곧 런던, 베를린, 파리, 싱가포르, 홍콩, 벵갈루루에 사무소를 설립했다.

지금까지의 이야기를 요약하자면, 와이콤비네이터의 사례와 젊은이들의 더욱 광범위한 반란은 벤처캐피털에 새로운 국면을 예고했다. 처음에는 일반 투자자로 구성되어 있었고, 나중에는 액셀 스타일의 전문가가 등장했던 벤처 업계가 이제는 종잣돈 투자자, 초기 단계 투자

　　　　　　　　　　　　　　　　　　　　　투자의 진화

자, 성장투자자로 구분되었다. 한편으로는 벤처캐피털이 창업자들의 의견을 따르는 방법을 배우고 있었다. 벤처캐피털은 발렌타인과 퍼킨스 스타일의 실제로 참여하는 투자가 아니라 록 스타일의 해방에 관한 것이 되었다. 그러나 새로운 아이디어에는 한계가 있었다. 틸의 먹법칙에 근거한 이론이 과도하게 적용될 수도 있었다. 제넨텍에서부터 시스코에 이르기까지 실제로 참여하는 벤처캐피털이 포트폴리오 기업의 성공을 이끌었던 사례는 수없이 많다. 마찬가지로 그레이엄이 고압적이고 거액의 수표를 내놓는 벤처투자자들을 비판한 것도 관리하기가 쉽고 자금이 많이 필요하지 않은 규모가 작은 소프트웨어 기업에 대한 투자를 거론할 때에는 타당한 측면이 있다. 그러나 규모가 커진 기업들은 여전히 조언과 자금이 필요할 것이다.

이후로 몇 년이 지나서 이 마지막 경고가 특별히 의미가 있는 것으로 드러났다. 실리콘밸리의 일부 기업들은 엄청난 규모로 성장할 것이다. 그들은 수십억 달러를 지출하고, 수천만 명의 소비자들에게 서비스를 제공하고, 수시로 투자자들의 엄격한 감시를 받아야 할 것이다. 그들은 어느 정도는 젊은이들의 반란에서 비롯되는 문화적 변화 덕분에 이러한 감시를 항상 받아들이려고 하지는 않을 것이다.

10장

중국으로 가서 자금을 휘젓기만 하라

The Power Law

마크 저커버그와 숀 파커가 세쿼이아캐피털을 조롱하던 2004년 말에, 게리 리셜Gary Rieschel이라는 건장한 체격의 벤처투자자가 상하이 황푸강가의 고층건물에 있는 사무실로 출근했다. 리셜은 대부분의 미국인 기술자들보다 국제적인 안목이 더 뛰어났고, 호황이 어떤 냄새를 풍기는지 알고 있었다. 그는 1980년대의 호황 시기에 일본에서 일했다. 광란의 1990년대에는 손정의의 실리콘밸리 벤처펀드를 운영했다. 실리콘밸리의 호황이 불황으로 돌아서자 빠르게 성장하는 아시아로 다시 관심을 돌렸다. 이제 그는 이 호화로운 건물 47층에서 밖을 내다보며 잠시 숨을 멈추었다. 그의 눈앞에는 온통 타워크레인뿐이었다. 강철과 유리로 된 고층건물이 상하이를 가로질러 수 킬로미터에 걸쳐 대나무처럼 뻗어 나가고 있었다. 리셜은 세상 여러 곳을 돌아다녔지만, 이러한 모습을 본 적은 없었다. 갑자기 그는 황푸강에는 돈이 녹아

서 흐르고, 이 도시에는 부가 넘쳐흐르고 있다는 생각이 들었다.[1]

리셜은 6개월을 계획하고 가족여행을 위해 상하이로 떠났지만, 곧 그곳에 정착하기로 결심했다. 그는 어느 노점상에게서 만든 공증받지 않은 한자로 된 도장을 찍고서 임대차 계약을 체결하여 황푸강가의 바로 그 고층건물에 있는 사무실을 얻었다. 그러고는 시스코에서 함께 일하면서 알고 지냈던 쾅즈핑Duane Kuang이라는 스탠퍼드대학교 출신의 엔지니어를 포함하여 예전에 인연을 맺었던 사람들과 다시 만나기 시작했다. 이후로 쾅즈핑은 자기 모국인 중국으로 돌아와서 인텔의 투자 펀드를 운영하다가 이제는 리셜과 함께 치밍Qiming이라는 중국 중심의 새로운 벤처캐피털을 창업하기로 약속했다. 2005년 말에 그들은 미국인 유한책임 파트너들에게서 자금을 모집하기 위해 나섰다.

리셜은 실리콘밸리의 표준적인 방식으로 지역 기술 커뮤니티의 사람들과 친구가 될 수 있는 기회를 포착했다. 사교적이고 유쾌한 성격의 그는 아시아 지역에서 자신의 자리를 잘 알고 있었다. 그는 결코 현지인의 감각을 개발하지는 않았지만, 50세가 가까워지는 베테랑 기술자로서 지역에 기여할 수 있는 경험이 있었다.[2] 상하이의 스타트업 창업자들은 그에게 배우고 싶어 했고, 놀라울 정도의 강한 활력을 지녔다. 리셜이 저녁식사를 마치고 나면, 그의 전화기가 밤늦게도 울리고는 했다. 사람들로 붐비는 도시 어딘가에서 누군가가 전화로 만남을 요구하고 있었다.

리셜이 전화를 건 사람에게 물었다. "언제가 좋을까요?"

상대방은 아주 당연하다는 듯이 이렇게 말했다. "지금이요!"

리셜은 차에 올라타고는 고층건물을 짓거나 지하철을 확장하는 등 끝없이 펼쳐지는 건설현장을 지나갔다. 그의 만남은 밤 10시에 시작되

투자의 진화

어 그다음 날 새벽 1시까지 이어지기도 했다. 만날 상대는 하드웨어 스타트업, 소프트웨어 스타트업, 의료기기 스타트업 그리고 온갖 종류의 전자상거래 스타트업 창업자들이었다. 중국 경제가 매년 10퍼센트씩 성장하고, 인터넷 사용자가 매년 두 배 정도 증가하면서 기회는 어디에나 있었다.[3] 평범한 중국인들은 컴퓨터, 모뎀, 휴대폰을 보유하고, 부모들이 생각하는 것보다 더 많은 가처분소득이 있었다. 나중에 리셜은 이렇게 말했다. "거기에 자금을 쏟아붓고 휘젓기만 하면 되었습니다."[4]

그것은 특별한 순간이었고, 다른 곳의 기술 클러스터들의 다양한 실적에 비추어 볼 때 훨씬 더 특별한 순간이었다. 실리콘밸리가 일본과 보스턴의 경쟁자들을 따돌린 1980년대 이후로 그곳을 모방하려는 시도가 끊임없이 이어졌는데, 대부분은 지역 혹은 중앙 정부의 후원을 받아 진행되었다. 1990년대 후반까지 이러한 시도로는 미국에서만 실리콘데저트(피닉스), 실리콘앨리(뉴욕), 실리콘힐스(오스틴), 실리콘포리스트(시애틀과 오리건주 포틀랜드)가 있었다. 이스라엘, 타이완, 인도, 영국에서도 비슷한 시도가 있었고, 이집트에서는 피라미드테크놀로지파크Pyramid Technology Park가 등장했다.[5] 그러나 가장 성공한 실리콘밸리 모방자조차도 원작자에 필적할 만한 수준에는 이르지 못했다. 이스라엘은 공학적으로 우수한 전통과 벤처펀드에 대한 정부의 현명한 지원 덕분에 인스턴트 메시징에서 자동차 내비게이션 소프트웨어에 이르기까지 획기적인 혁신을 통해, 미국을 벗어난 지역에서 뛰어난 혁신 센터가 되었다. 그러나 이스라엘의 경제 규모가 작은 관계로 이 나라의 스타트업 클러스터는 실리콘밸리의 경쟁자라기보다는 부속물에 가까웠다. 이스라엘 기업가들이 자신의 발명품이 전망 있다고 생각할 때 맨 먼저 취한 조치는 미국 벤처캐피털의 지원을 모색하고, 미국 시장을 공략하는 것이었다. 이러한 과정에서 많은 이들이 본사를 미국의 서부해안으로 옮겼다. 이것은 실리콘밸리의 우위에 도전하기는커녕 오히려 그것을 강화하는 결과를 낳았다.

리셜이 중국에서 감지한 호황은 그 규모가 확실히 달랐다. 그와 쾅즈펑이 치밍을 창업하기로 한 2005년에 중국을 겨냥하여 조성된 벤처펀드는 미국에서 조성된 벤처펀드 240억 달러에 비해 얼마 안 되는 40억 달러에 불과했다. 10년이 지나서는 이러한 격차가 완전히 사라지게 될 것이다.[6] 그때까지 치밍은 약 10억 달러에 달하는 벤처투자를 할 것이고, 결국 40억 달러를 투자자들에게 돌려줄 것이다. 그리고 중국인 벤처투자자들은 미국의 유명인사들과 함께 〈포브스〉가 선정한 글로벌 벤처투자자 미다스의 손 명단의 맨 위에 등장할 것이다.[7] 구글, 아마존, 페이스북, 애플과 같은 미국의 거대 기술기업들은 바이두, 알리바바Alibaba, 텐센트Tencent, 샤오미Xiaomi와 같은 중국의 경쟁사들과 맞붙게 될 것이다. 샤오미는 중국의 대표적인 스마트폰 제조업체이자 치밍의 지원을 받아 성공한 다수의 기업들 중 하나다. 미국 벤처캐피털의 지원을 받은 스타트업들은 1980년대 일본의 도전을 받은 이후로 처음으로 더 이상 그들이 세계를 지배하고 있다는 확신을 가질 수가 없게 되었다.[8]

어떤 면에서는 그렇지 않게 생각할 수도 있었다. 리셜이라는 인물이 암시하듯이 중국의 기술 호황은 미국인 투자자들에 의해 두드러지게 형성되었고, 그들과 함께 등장한 중국인 벤처투자자들은 교육, 전문적 경험, 벤처캐피털에 대한 접근방식에서 스스로 미국인에 준하는 사람들이었기 때문이다. 그들은 미국의 명문대학에서 공부했고, 미국 회사에서 근무했으며, 주식 전용 펀드 개설, 단계적 자금 조달, 적극적인 개입, 스타트업 직원을 대상으로 스톡옵션 제공 등 미국 벤처기업의 전술을 신중하게 채택했다. 〈포브스〉가 3년 동안 중국뿐만 아니라 세계 최고의 벤처투자자로 선정한 선난핑 Neil Shen은 혁신을 육성하는 미국식 방식이나 세쿼이아캐피털과 같은 실리콘밸리 벤처 파트너십에 도전할 생각이 전혀 없었다.[9] 오히려 그는 컬럼비아대학교와 예일대학교를 다녔고, 리먼브라더스와 씨티은행에서 근무했으며, 나중에는 세쿼이아캐피털의 중국 지사 책임자가 되었다. 〈포브스〉가 선정한 세계 10대 벤처투자자에 포함된 중국 출신의 또 다른 벤처투자자인 간지안핑 JP Gan과 통스하오 Hans Tung도 마찬가지였다. 이들 모두가 미국 대학에서 교육을 받았고, 미국 금융회사에서 근무했다. 모두가 치밍에서 리셜과 함께 일하며 스타로 떠올랐다. 세계적인 중국인 벤처투자자들 중 단 한 사람만이 예외적인 인물이었다. 중국 본토에서 성장하고 교육받은 쉬신 Kathy Xu은 20대 중반에 홍콩의 영국 회계법인에 입사하면서 서구의 금융 업무를 경험했다.

중국 공산당의 영향력 때문에 중국과 세계의 비평가들이 중국의 기술 성공을 아마도 장기적인 안목을 가진 정치지도자 덕분이라고 평가하는 경향이 있다. 그러나 진실은 더욱 놀랍기만 하다. 중국의 기술 성공은 공산당의 산업 전략을 옹호하기보다는 아서 록이 만든 금융 모델의 승리를 보여주는 것이었다.

●●●

록이 페어차일드반도체의 8인의 반란자들에게 자금을 지원한 것과 맞먹는 중국 최초의 마법과도 같은 벤처 거래는 리셜이 상하이에 도착하기 5년 전인 1999년에 이루어졌다. 록이 하버드대학교에서 월스트리트의 증권회사 헤이든스톤으로 갔듯이, 그의 정신적 후계자로 말을 빠르게 하는 셜리 린Shirley Lin이라는 천재가 하버드대학교에서 모건스탠리로, 그다음에는 골드만삭스로 옮겨 갔다. 록은 헤이든스톤이 스타트업에 집중하려는 욕구가 부족하다는 것을 알고서 회사와 결별했다. 마찬가지로 린도 양면적인 태도를 지닌 월스트리트 고용주와 자주 다투었고, 이러한 대립은 골드만삭스 역사상 가장 당혹스러웠던 잘못된 판단에서 극에 달했다.

열여섯 살에 하버드대학교에 입학하고 1학년을 건너뛰었던 타이완계 미국인 린은 활력이 넘치는 여성이었다. 그녀는 골드만삭스에서 최연소 여성 파트너가 되었고, 그녀의 활력과 매력이 거래를 자연스럽게 성사시키는 데 기여했다. 이중 문화 환경에서 자라 이중 언어를 구사하는 그녀는 동양과 서양의 가교 역할도 했다. 1990년대 초에 골드만삭스가 모건스탠리에서 근무하는 그녀를 데려온 이후로 린은 골드만삭스가 중국의 디젤 회사 지분을 인수하는 업무를 맡았고, 중국 정부에 항공산업의 구조조정과 민영화에 관한 조언도 했다. 이후로 골드만삭스는 아시아 최대 규모의 민영화라 할 싱가포르 텔레콤의 민영화 작업에도 그녀를 투입했다. 그녀에게는 여자라는 사실이 장애가 되지 않았다. 실리콘밸리와 비교하면 중국의 빠르게 발전하는 비즈니스 문화는 유연하고도 유동적이었고, 남성 중심의 문화가 강하게 자리 잡고 있지는 않았다.[10]

1999년에 린은 골드만삭스의 떠오르는 스타로서의 지위를 활용하여 새로운 방향으로 나아가기 시작했다. 미국 대학원을 졸업한 중국 엔지니어들은 실리콘밸리의 주식공모 열풍에 도취되어 기술 스타트업을 창업하고 싶어서 안달이 나 있었다. 그들은 사업 아이디어를 가지고 있었고, 기술 훈련도 받았으며, 식지 않는 열정도 있었다. 그러나 반세기 전에 캘리포니아에서 등장한 8인의 반란자들과 마찬가지로 그들도 확실한 자금원이 없는 상태였다. 그들이 중국 은행에서 자금을 빌릴 수는 없었다. 중국 은행들이 스타트업을 너무 위험하다고 판단했기 때문이다.[11] 그들은 샌드힐로드의 파트너십을 통해 자금을 빌릴 수도 없었다. 대부분의 미국 벤처투자자들이 중국을 너무 위험하다고 판단했기 때문이다. 린은 기회를 포착하고는 중국에 집중하는 벤처펀드를 조성하기 시작했다.[12] 얼마 지나지 않아서 홍콩의 골드만삭스 사무소에 사업계획서들이 상자에 담긴 채로 도착했다.

린은 미국과 중국의 장점을 혼합한 거래를 찾기 시작했다. 거래는 실리콘밸리 변호사들이 모든 서류를 작성하여 미국식으로 구성될 것이다. 그러나 이 거래에는 미국에서 훈련받은 중국인들이 창업한 스타트업들이 관여할 것이고, 이들이 제공하는 서비스가 중국의 광대한 시장으로 퍼져 나갈 것이다. 중국의 초기 인터넷 포털 시나Sina가 적절한 사례가 될 것이다. 시나는 중국 소비자들을 대상으로 했지만, 이사회는 실리콘밸리에서 개최되었다. 린은 또 다른 두 개의 유망 포털인 소후Sohu와 넷이즈NetEase를 지원했다.

어느 날 린은 항저우에서 마윈Jack Ma이라는 영어 교사가 창업한 스타트업에 관한 이야기를 들었다. 이것은 린이 하버드대학교를 다닐 때 예일대학교와 예일대학교 로스쿨을 다녔던 또 다른 타이완계 미국인 조 차이Joe Tsai가 전해준 이야기였다. 이 두 사람은 학생 시절에 각자 여름 아르바이트를 하기 위해 타이베이로 가는 비행기에서 만났다. 차이는 그 여행에서 주로 미국 헌법에 관한 교과서를 읽었고, 린은

〈월스트리트저널The Wall Street Journal〉에 빠져들었다.[13] 이후로 두 사람은 뉴욕의 유명한 회사에서 일했다. 린은 투자은행 업무를 맡았고, 차이는 유명 로펌 설리번앤드크롬웰Sullivan & Cromwell에서 일했다. 그러다가 1990년대 중반에 차이가 린을 따라 홍콩에서 투자와 관련된 일을 시작했다. 이제 그는 항저우에 있는 그 스타트업을 지원하기로 결심했다. 그는 린이 자신과 함께 공동으로 투자하기를 원했다.

처음에 린은 주저했다. 그녀는 웃으면서 이렇게 말했다. "절대로 안 돼요."[14] 그녀의 사무실로 몰려오는 광고전단은 미국의 명문대학을 졸업한 사람들이 보낸 것이었다. 지방의 영어 교사에게 뭔가 특별한 것을 기대할 수 있을까? 게다가 마윈은 서구 기업들이 중국에서 물건을 싸게 조달할 수 있도록 지원하는 웹사이트를 운영하고 있었는데, 이것이 그녀가 예전에 보았던 광고전단에 나오는 것과도 상당히 비슷해 보였다. 그리고 비록 약간 다르다고 하더라도 무엇을 기대할 수 있을까? 린은 자신에게 접근한 기업가 지망생들이 기꺼이 그들의 사업계획을 수정할 용의가 있다는 것을 확인했다. 린은 그들 중 누구에게도 마윈의 계획을 실행하게 만들 수도 있었다.

린은 이렇게 기억했다. "기업가 지망생들이 나한테 와서 '내가 어느 부문에 들어가기를 바라십니까?'라고 말했습니다. 그리고 내가 그들에게 어떤 콘텐츠를 원하는지 이야기하면, 그들은 그것을 하겠다고 말했습니다."

린이 그들에게 반문했다. "하지만 당신은 그것에 대해서 아무것도 모르지 않습니까?"

그들은 이렇게 대답했다. "시간을 좀 주십시오." 며칠 후에 그들은 스탠퍼드대학교 출신 열 명으로 구성된 바로 그 콘텐츠 팀을 만들어서

투자의 진화

돌아왔다.[15]

린이 차이의 제안을 거절한 다음 얼마 지나지 않아서 아시안소시스Asian Sources라는 성공한 기업으로부터 투자 제안을 받았다. 그들은 이른바 옐로페이지yellow page(업종별 기업 혹은 제품 안내서—옮긴이) 사업을 하고 있었다. 미국의 대규모 소매업체들이 중국으로부터 상품을 조달하기 위해 아시안소시스를 활용했는데, 이제 아시안소시스는 이 사업을 온라인 형태로 추진할 생각이었다. 그런데 사업을 제안하면서 뻔뻔스럽게도 이 일을 처음 맡아서 할 직원을 고용하기도 전에 그 가치가 17억 달러라고 주장했다. 골드만삭스는 이처럼 천문학적인 가격에도 이를 지원할 생각을 하고 있었다.

린은 정신이 번쩍 들었다. 그것은 차이가 소개한 항저우의 영어 교사가 가졌던 비전과도 같은 것이었다. 린은 오프라인 사업체가 온라인 사업을 전개하면서 기존 사업을 떼어내려고 할 때, 회사의 기득권을 가진 수구 세력이 때로는 진보를 좌절시켜왔다는 사실을 잘 알고 있었다. 어쩌면 미개발 버전을 지원하는 것이 더 나은지도 모른다. 그것도 아주 저렴한 가격으로? 차이가 다시 린에게 항저우에 가서 그 사람의 프로젝트를 살펴보자고 설득했을 때 그녀는 그와 함께 가기로 했다.

며칠이 지나 아이비리그 출신 두 명이 마윈의 아파트를 방문했다. 마윈의 아내를 포함한 직원 10여 명이 그곳에서 라면을 주식으로 하여 밤낮으로 함께 일하며 거주하고 있었다. 마윈과 그의 팀원들은 분명히 일에 너무 집착해서 위생에 대해서는 거의 신경을 쓰지 않았다. 아파트에서는 매캐한 냄새가 났다. 그러나 마윈은 활짝 웃는 동안의 외모로 귀여운 매력을 발산했고, 사업에 대해 열의를 가지고 끊임없이 선전하면서 린에게 즐거운 변화를 일으켰다. 스탠퍼드대학교 출신들은 골드만삭스와 같은 권위 있는 투자은행으로부터 자금을 받기 위한 것이라면 무엇이든 하려고 할 것이다. 이와는 대조적으로 마윈은 자신의 사업계획에만 전념했다. 그는 투자자의 제안으로 그것을 바꿀 사람은 아니었다. 그에게 미국 교육을 받은 중국인들에게서 볼 수 있는 세련미가 부족하다면, 린이 이를 보완하기 위해 공동 투자자를 찾아볼 수도 있을 것이다. 차이는 마윈의 프로젝트를 지원하기로 마음을 정했을 뿐만 아니라 적극적으로 도울 준비가 되어 있었다.

린은 마윈과 함께 차를 마시면서 골드만삭스가 투자할 준비가 되어 있다고 말했지만, 이 은행이 지분의 절반 이상을 갖는다는 단서를 달았다.

마윈은 이를 거부했다. 회사는 그의 자식과도 같았다.

이번 만남은 마윈이 린의 제안을 고려해보는 것으로 마무리되었다. 린은 이 스타트업의 자금 수요가 커지면서 자신의 영향력도 커질 것으로 생각했다. 과연 마윈이 정기적으로 린에게 전화하기 시작했다. 그는 여전히 주식의 대부분을 원했지만, 자금이 절실히 필요하기도 했다.

어느 주말 린이 가족과 함께 홍콩의 남부에서 수영을 즐기고 있을 때, 마윈이 그녀에게 다시 전화를 걸고는 이렇게 간청했다. "이 회사는 내 생명과도 같습니다! 골드만삭스가 내가 회사 지분의 절반 이상을 갖게 해줄 수는 없을까요?"[16]

린이 단호하게 말했다. "무슨 말씀이세요. 회사가 당신의 생명이라고요? 당신은 지금 시작한 것에 불과해요!" 린은 골드만삭스가 마윈 회사 지분의 절반 이상을 소유해야 한다는 점을 다시 한 번 강조했다.

마윈은 전화를 끊었다. 그러고는 바로 다시 전화를 걸었다. 그는 불안해서 어쩔 줄 몰랐다.

이제 린이 유리한 고지를 차지했다. 그녀는 이렇게 강압적으로 말했다. "이번 주말이 지나면, 이번 일을 더 이상 생각하지 않을 겁니다. 이건 시간 낭비예요. 나는 다른 프로젝트를 살펴볼 겁니다." 린에게는 '나는 당신이 원하는 것이라면 무엇이든 할 생각입니다'라는 자세를 취하고 있는 사업계획서가 쌓여 있었다. 만약 골드만삭스가 중국에서의 상품 조달을 하나의 유망 아이디어로 본다면, 그 사업을 추진하기를 열망하는 자격을 갖춘 다수의 기업들을 찾을 수 있을 것이다.

이제 마윈의 목소리가 부드러워졌다. 그는 타협안을 제시했다. 지분을 50대 50으로 하자는 것이었다.

결국 마윈과 린은 록이 1960년대에 창업자들에게 제시한 조건을 대체로 반영하여 균등 분배에 합의했다. 골드만삭스는 마윈이 알리바바라고 부르는 회사 지분의 절반을 갖는 대가로 500만 달러를 투자하기로 했다. 소유권을 두고 온갖 언쟁을 벌였지만, 골드만삭스가 제공한 수표 금액에 대해서는 이상하리만큼 뒷말이 없었다. 린은 나중에 이렇게 말했다. "나는 그냥 임의의 숫자를 끄집어냈어요."

자세한 이야기를 나누기도 전에 린의 빨간 노키아 휴대폰이 손에서 미끄러져 나와 바다에 떨어졌다. 대화는 그렇게 끝이 났다.

다음 주 화요일에 린은 뉴욕에 있는 골드만삭스 투자위원회에 전화를 걸어 자신이 제안한 내용을 설명했다.

그곳 반응은 차가웠다. 린은 나중에 그때의 반응을 이렇게 설명했다. "아무것도 없는 곳에 500만 달러를 내놓는다고?"

린이 이렇게 맞받아쳤다. "하지만 우리가 회사를 경영합니다."

뉴욕 사람들은 린에게 지분에서 3분의 1을 덜어내지 않는다면 거래를 승인하지 않겠다고 했다. 그들은 내일 당장 170만 달러를 덜어내라

고 명령했다.[17]

악취를 풍기던 스티브 잡스에게 시리즈 A 투자를 결정한 뒤에 록에게 지분의 일부를 떼어 준 벤록처럼, 골드만삭스는 알리바바 지분의 17퍼센트를 정식으로 포기하여 다른 네 개 투자기관에 떼어 주었다. 이후로 15년이 지나서 골드만삭스는 자기들이 무엇을 포기했는지 알게 되었다. 알리바바는 의기양양하게 주식공모에 들어갔고, 170만 달러의 지분 가치가 놀랍게도 45억 달러에 달했다.

골드만삭스의 투자 이후로 두 달이 지난 1999년 12월에 마윈과 그의 팀원들은 더 많은 자금이 절실히 필요했다. 지난 5월에 주식공모에 들어간 이후로 익숙하지 않은 실사를 하던 골드만삭스는 미래가 불투명한 중국 스타트업에 더 많은 돈을 쏟아붓는 것을 원하지 않았다. 뉴욕 사람들은 린에게 다른 투자자를 찾으라고 지시했다. 누군가를 대상으로 골드만삭스가 지불한 가격에 프리미엄을 얹어 투자하도록 설득할 수만 있다면 골드만삭스 지분의 장부상 가치를 끌어올릴 것이다. 뉴욕의 투자위원회는 또다시 이런 제안을 했다. "장부상 가치를 끌어올리는 게 어떨까?"

린이 한숨을 쉬며 이렇게 말했다. "처음에는 170만 달러를 덜어내라고 했다가 그다음에는 장부상 가치를 끌어올리라고?" 그러고는 이렇게 혼자서 씁쓸하게 말했다. "그들은 내가 매일같이 마법을 부리기를 원해!"[18]

2000년 1월에 린은 골드만삭스에서 아시아태평양 지역을 담당하는 마크 슈워츠Mark Schwartz와 이야기를 나누었다. 슈워츠는 손정의와 친했고, 소프트뱅크 이사회 이사로도 참여했다. 린은 자신이 처한 딜레마를 설명했다. 그녀는 중국 스타트업들을 중심으로 포트폴리오를 구성

투자의 진화

하고 있었지만, 뉴욕의 투자위원회가 이들을 좋아하지 않았다. 린은 희망을 품고서 이렇게 질문했다. "내가 일곱 개 기업을 담당하고 있습니다. 당신과 친하게 지내는 손정의가 이들 모두에 투자할 수 있을까요?"

슈워츠가 이렇게 물었다. "어느 곳이 가장 절실합니까?"

린이 대답했다. "알리바바가 아주, 아주 절실하게 원합니다."[19]

슈워츠가 손정의에게 이런 이야기를 전했다. 당시 중국 시장은 뜨거웠다. 골드만삭스가 손정의가 여분으로 보유한 자금을 활용할 수 있는 스타트업들의 포트폴리오를 가지고 있었다.

얼마 지나지 않아서 소프트뱅크가 베이징에서 손정의와 중국의 몇몇 기술기업가들과의 만남을 주선했다. 그들은 줄을 서서 순서를 기다리며 손정의와 잠깐 만나서 투자에 관한 이야기를 할 기회를 얻었다. 마윈도 명단에 있었는데 손정의는 그에게 좋은 인상을 받았다. 나중에 손정의는 이렇게 말했다. "마윈의 눈동자는 강렬하면서도 빛이 났습니다."[20] 손정의는 마윈에게 투자를 약속했고, 자금을 신속하게 지출하여 사업을 빠르게 확장하라는 조언도 했다.[21]

손정의와 마윈은 거래를 마무리 짓기 위해 이번에는 도쿄에 있는 손정의 사무실에서 다시 만났다. 그곳에 있는 전통적인 다다미 바닥, 볏짚을 재료로 만든 종이로 도배한 벽, 장식용 사무라이 칼이 눈에 띄었다. 현재 주요 주주인 린도 그 자리에 참석했다. 린이 알리바바와 당초 맺었던 계약에 따르면, 알리바바가 새롭게 자금을 모집하는 것에 대하여 그녀가 거부권을 행사할 수 있기 때문에 손정의는 그녀와도 협상을 해야 했다.

린은 소프트뱅크가 알리바바 지분 5분의 1을 갖는 조건으로 2000만 달러를 투자할 것을 제안했다. 1억 달러라는 암묵적인 기업가치는 린과 그녀의 공동 투자자들이 3개월 전에 투자했을 때와 비교하여 열 배나 상승한 금액이었다.

5년 전 야후에 투자했을 때 그랬던 것처럼 손정의는 전혀 머뭇거리지 않고 당장 린의 제안을 받아들였다.

린은 속으로 깜짝 놀랐다. 그녀는 나중에 이렇게 말했다. "그는 내가 말한 숫자를 주저하지 않고 받아들였어요. 나는 속으로 이렇게 생각했습니다. '이 사람이 미쳤구나!' 마치 누군가가 가장 믿어지지 않는 방식으로 동의하는 것만 같았죠. 엄청난 흥분을 느꼈습니다."[22]

손정의는 얼마 지나지 않아서 린의 중국 스타트업 몇 곳에도 투자했다. 하지만 손정의의 광기에는 린이 인식하는 것과는 다르게 일정한 체계가 있었다. 손정의가 거의 무심코 알리바바에 투자하는 것처럼 보였지만, 골드만삭스의 이기심에 입각한 정보 제공과 마윈과의 두 차례에 걸친 만남에 힘입어, 그가 확신을 가질 만한 이유가 있었다. 그는 시스코 이사회 이사직을 맡은 덕분에 중국에서 라우터 판매가 확대되기 시작했다는 사실을 알고 있었다. 인터넷 사용자 수가 폭발적으로 증가하고 있었기 때문에 수익이 되는 모든 지점에 자금을 쏟아붓는 것이 타당했다.[23] 린의 스타트업은 손정의가 이 지점에 발을 담그기 위한 유용한 수단이었고, 그에게 2000만 달러는 푼돈에 불과했다.[24] 나스닥 지수가 2개월 동안 계속 하락함에 따라 그는 자신이 세계 최고의 부자가 되는 모습을 상상하고 있었다.[25]

손정의가 이처럼 신속하게 투자하면 나스닥 지수가 급락하는 동안에 잃은 자산을 금방 만회할 수 있을 것이다. 2014년 알리바바가 주식 공모를 진행했을 때 손정의의 지분 가치가 무려 580억 달러에 이르렀다.[26] 이것은 벤처 역사상 가장 성공한 단일 투자였다.[27]

···

이제 두 가지 사실에 주목할 필요가 있다. 첫째, 중국 정부는 앞으로 국가 디지털경제의 기둥이 될 알리바바가 출범하는 데 직접적인 역할을 하지 않았다. 둘째, 그와 대조적으로 미국 금융기관이 중요한 변화를 이끌었다. 그러나 미국이 마윈과 알리바바에 미친 영향력은 그들이 받은 자금을 뛰어넘어 크게 확대되었다. 록의 지적 후계자들은 마윈과 공모하여 스톡옵션을 마법의 무기로 활용했다.

실리콘밸리의 주식문화를 중국에 이식하는 데는 대담한 작전이 요구되었다. 거래 가능한 주식이라는 개념 자체가 중국에서는 새로운 것이었다. 상하이와 선전에 있는 구식 증권거래소는 최근 1990년에 개장되었다. 종업원 스톡옵션은 중국 법에서 인정되지 않았고, 실리콘밸리 투자자들이 스타트업에서 자신의 권리를 확고히 하기 위해 사용하는 다양한 종류의 우선주도 마찬가지로 인정되지 않았다.[28] 더욱 복잡하게는 중국 정부가 웹사이트를 운영하는 기업을 포함하여 광범위한 중국 기업에 대하여 외국인 소유를 금지했다. 이것은 중국 인터넷 주식을 미국 나스닥 시장에 상장하는 것과 마찬가지로, 알리바바와 같은 중국 기업에 대한 미국의 벤처투자가 불법이라는 것을 의미했다. 중국의 미숙한 주식시장에서 젊은 기술기업들에 대한 상장 업무를 처리할 수 없기 때문에, 이러한 법적 장애물이 요람 속의 중국 디지털경제를 짓밟을 수도 있었다. 중국의 기술 정책이 기술 부문의 발전을 촉진하기는커녕 그것을 질식시킬 수도 있었다.

중국의 기술 부문에 생명을 불어넣기 위해 미국의 벤처캐피털과 그들의 변호사들은 몇 가지 차선책을 내놓았다.[29] 우선, 그들이 지원하는 중국 인터넷 기업들에 케이맨제도에서 법인 설립 신고를 하게 했다. 케이맨 법에 따르면, 스타트업 창업자를 위한 보통주, 종업원을 위한 스톡옵션, 투자자를 위한 우선주 등 모든 종류의 주식이 허용되었다. 또한 케이맨 기업들은 중국 이외의 벤처캐피털로부터 투자 자금을 받을 수 있었다. 골드만삭스는 항저우의 인터넷 스타트업에 투자하는 것이 금지되지만, 그 회사의 케이맨 모기업 주식을 구매할 수 있었다. 결국 케이맨이라는 껍데기는 중국 인터넷 기업들이 나스닥과 같은 중국 이외의 증권거래소에 쉽게 상장될 수 있도록 했고, 중국의 원시적인 시장에서 발생하는 장애물을 피해 가기 위한 수단이 되었다.

일단 케이맨제도에 회사가 설립되면, 그다음 과제는 중국에서 사업을 구축하기 위해 벤처자금을 사용하는 것이었다. 외국인이 중국 인터넷 벤처기업의 주식을 보유하는 것을 금지하는 법을 피해 가기 위해 케이맨 달러는 이에 상응하는 중국인 소유의 운영 회사에 대출의 형태로 투입되었다.[30] 그다음에는 외국인 투자자들에게 벤처 거래에서 기대되는 종류의 권리를 부여하기 위해 실리콘밸리의 변호사들이 합성 주식에 해당하는 것을 발명했다. 그들은 케이맨 기업의 중국에 기반을 둔 자회사와 중국인 소유의 인터넷 운영 회사 사이에서 일련의 부수적인 계약을 체결했다. 이 중국인 소유의 인터넷 운영 회사는 지분에 따르는 영향력을 모방하여 외국인 채권자들에게 지배권을 부여했다. 또한 이 중국인 소유의 회사는 외국인에게 받은 대출금에 대한 이자를 사업의 성공 정도에 따라 변동되는 금액으로 지급하기로 합의했다. 따라서 외국인은 법을 피해서 사실상의 배당금을 받았다. 이러한 계약을 체결하기 위한 마지막 단계에서 모든 당사자들은 분쟁이 발생할 경우에 뉴욕주 법에 따라 해결한다는 데 합의했다. 중국 관리들은 이처럼

투자의 진화

실리콘밸리가 공들여서 만든 것을 인정하지는 않았다. 그러나 공정하게 말하자면 그들은 그것을 묵인했다.[31]

중국의 인터넷 스타트업들은 미국의 주식문화와 그것의 법적 받침대를 접목하고는 중국 법이 인정하지 않는 기회를 누렸다.[32] 그들은 미국 벤처투자자들로부터 자금을 모집할 수 있었다. 그들은 나스닥에서 주식을 상장할 수도 있었다. 또한 그들은 스톡옵션을 제공함으로써 뛰어난 직원을 데려올 수도 있었다. 1999년 전반부만 하더라도 중국에서는 스톡옵션이 너무나도 생소한 제도여서, 중국계 미국인 기업가들이 이것을 중국어로 번역하고 이 제도가 어떻게 작동하는지 설명하는 데 상당히 애를 먹었다고 한다.[33] 마윈은 골드만삭스의 투자를 유치하기 직전에 실리콘밸리를 방문하여 야후의 수석 엔지니어이자 미국에서 코딩 훈련을 받은 중국 태생의 프로그래머 존 우John Wu와 식사를 함께 했다. 우는 마윈이 실리콘밸리 스타트업들이 직원 모집을 어떻게 하는지에 대해 질문하면서 주식 기반의 보상제도에 대한 지침을 얻고 싶어 했던 것으로 기억했다.[34]

마윈은 일단 골드만삭스의 투자를 유치하고 케이맨식 체계를 받아들이면서 이러한 지침을 실행에 옮길 수 있었다. 그의 첫 번째 성과는 예일대학교 출신으로 설리번앤드크롬웰에서 근무한 경력이 있는 차이를 데려온 것이었다. 차이는 홍콩에서 투자 업무를 담당하면서 연봉 70만 달러를 받던 직장을 버리고 온 사람이었다. 차이는 마윈의 작은 회사가 전망이 밝다고 생각하여 연봉 600달러를 현금으로 받기로 했다. 이에 따르는 옵션들이 더 많은 보상을 제공하리라 예상한 것이다. 그다음에는 마윈이 야후의 존 우 외에는 누구에게도 관심을 기울이지 않아서, 그의 엔지니어링 팀을 개선하기 시작했다. 처음에는 우가 마윈의 구애를 무시했다. 그가 무엇 때문에 실리콘밸리에서 가장 인기 있는 회사를 떠나려고 할까? 그러나 마윈은 새로운 방식의 푸짐한 옵션을 제시했다. 그는 우에게 캘리포니아에 남아서 자신의 팀을 만들고 유능한 사람들을 유치하기 위해 종업원 스톡옵션을 추가로 사용할 수 있다고 말했다. 우가 이러한 제안을 받아들이고 팰로앨토 건너편 프리몬트에서 30명으로 구성된 강력한 알리바바 전초기지를 구축했다. 나중에 우는 프리몬트에서의 운영방식은 "완전히 미국식"이라고 말했다. 그러면서 이렇게 덧붙였다. "스톡옵션이 없었더라면 야후를 떠나지 않았을 것입니다."[35]

차이와 우 같은 세계적인 인재들 덕분에 마윈은 알리바바를 세계적인 기업으로 만들었다. 그것은 바로 페어차일드반도체가 실리콘밸리를 위해 했던 것이었다. 알리바바는 그 자체로 엄청난 기업이었을 뿐만 아니라, 새로운 기회를 맞이하여 자기만의 스타트업을 만들어낸 활동가들을 위한 훈련장이 되었다. 그리고 알리바바만이 미국의 투자로 형성된 중국 디지털경제의 유일한 기둥은 아니었다. 알리바바의 미래 경쟁자인 텐센트도 1998년 IDG라는 미국 벤처캐피털로부터 110만 달러의 투자금을 지원받아 창업했다. 때때로 중국에서 세 번째 규모의 인터넷 거대 기업의 지위에 오르는 바이두는 실리콘밸리의 투자자 팀 드레이퍼Tim Draper가 이끄는 펀드로부터 자금을 지원받았다. 시나, 소후, 넷이즈 등 중국 인터넷 초기 3대 포털 모두가 외국으로부터 자금을 지원받았다. 온라인 여행예약과 온라인 경매에서 개척자들인 시트립Ctrip과 이치넷EachNet도 마찬가지였다. 2004년에는 알리바바가 차이를 영입한 것과 마찬가지로 텐센트도 주식 기반의 보상제도를 활용하여 골드만삭스의 은행가 리우츠핑Martin Lau을 최고위 임원으로 영입했

　　　　　　　　　　　　　　　　　　投资의 진화

다.[36] 간단히 말하자면 미국의 자본, 법률, 인재가 중국 디지털경제 발전의 중심에 있었다. 이러한 미국의 지원이 없었더라면 알리바바와 같은 기업들이 성장할 수 없었을 것이다. 그리고 오늘날 중국이 모바일 결제와 같은 기술을 지배하고 있는 상황도 발생하지 않았을 것이다.

20년이 지나서 린이 지난날을 되돌아보면서 유일하게 가졌던 유감은 그녀의 회사가 중국 인터넷 포트폴리오를 전혀 인정하지 않았다는 것이다. 골드만삭스는 엄밀한 의미에서 벤처캐피털이 아니었기 때문에 명확한 규정이 없는 전문 투자 분야를 경계했다. 골드만삭스는 경쟁 우위가 뚜렷한 기업, 즉 가격 결정력이 입증된 기존 기업 혹은 독점 기술을 가진 젊은 기업을 지원하려고 했다. 린은 이렇게 기억했다. "벤처투자자로서 내가 하려는 방법을 공식적으로 설명할 수 없기 때문에 나는 그곳에 적합하지 않은 사람이었습니다." 한번은 린이 이스라엘에서 기술 부문에 종사했던 적이 있는 골드만삭스 여성 선임 파트너를 찾아간 적이 있었다. 이 파트너는 린의 스타트업들에 대한 한 쪽짜리 보고서들을 넘겨보고는 이들 전체에 대하여 경멸의 발언을 쏟아냈다. 기본적으로 기술 우위가 없기 때문에 결코 아무것도 이루어내지 못할 것이라는 말이었다. 그녀는 린에게 자신의 메시지를 확실하게 전달하기 위해 린이 가져온 서류더미를 바닥에 내동댕이쳤다. 린은 당시를 기억하면서 이렇게 말했다. "아주 극적이었어요! 텔레비전 쇼에 나오는 것처럼 말이죠."[37]

이 일이 있고 나서 얼마 지나지 않은 2001년에 골드만삭스는 린에게 알리바바 이사직을 사퇴하도록 권고했다. 이제 인터넷 거품이 꺼졌고, 골드만삭스는 파트너들이 승산 없는 모험이 아니라 대형 투자에 집중하기를 원했다. 린은 맹렬히 거부했지만 알리바바에서의 그녀의 자리는 부하직원 앨런 추Allen Chu에게 넘어갔다. 추는 골드만삭스가 알리바바에 투자해서는 안 된다는 뉴욕의 견해를 따라야 했다. 어느 시점에서 추는 알리바바와의 관계를 정리하고 투자금을 회수할 것을 제안했다. 골드만삭스와 같은 권위 있는 기업이 알리바바와 같은 회사에 에너지를 낭비할 필요가 없다는 것이었다.[38] 린은 결국 골드만삭스를 떠났고, 골드만삭스는 알리바바 지분을 그녀의 원래 포지션에서 6.8배라는 잊을 만한 수익을 남기고 매각했다.[39]

골드만삭스의 조바심이 벤처 역사상 최악의 출구를 찾는 결과를 낳았다. 게리 리셜이 곧 상하이에 도착할 것이고, 중국에서는 인터넷의 두 번째 물결이 이제 막 몰려오고 있었다.

●●●

중국 벤처 거래의 첫 번째 물결은 투자자들의 놀라운 조합에 의해 주도되었지만(그들 중 대다수가 해외에 있었다), 두 번째 물결은 주로 중국에 기반을 둔 주요 벤처캐피털에 의해 주도되었다. 상하이에 기반을 둔 미국식 벤처 파트너십을 구축하겠다는 리셜의 공약은 이러한 변화를 알리는 하나의 신호였지만, 치밍은 광범위한 현상의 한 부분이었다. 2000년대 중반부터 미국의 몇몇 벤처캐피털들이 현지 팀을 구성하기 위해 중국으로 들어왔다. 실제로 유능한 중국인 투자자들은 이러한 요구에 따라 미국의 이곳 파트너십에서 저곳 파트너십으로 자주 옮겨 다녔다. 한편 서구 기업에서 근무했던 중국인 투자자들은 자기 회사를 설립하기 시작했다. 그들의 목표는 미국에서의 벤처 방법론과 중국에서의 실행을 결합하는 데 있었다.

　　　　　　　　　　　　　　　투자의 진화

당장 주목할 만한 사람으로는 중국의 벤처산업에서 활약했던 또 다른 여성 쉬신을 들 수 있다. 쉬신은 미국에서 공부하지 않고 난징대학교에서 영어를 전공하며 미국식 교육을 경험했다. 특히 돈다 웨스트Donda West라는 흑인 여성 교수가 기억에 많이 남았는데, 그녀는 학생들에게 미국식 사고를 주입했다. 그녀는 이렇게 가르쳤다. "당신은 유일한 존재, 경이로운 존재입니다. 지난 500년 동안에 당신 같은 사람은 없었고, 앞으로 500년 동안에도 당신 같은 사람은 없을 것입니다." 쉬신이 생생하게 기억하는 바와 같이 개인주의에 대한 이러한 찬가는 쓰촨성 출신의 중국인 10대 청소년의 눈을 뜨게 하는 경험이었다.[40] 또한 웨스트는 캠퍼스에서 자주 곡예묘기를 하던 그녀의 아들 때문에도 쉬신의 기억 속에 뚜렷이 남아 있었다. 이후로 몇 년이 지나서 쉬신은 카네이Kanye라는 이름의 이 소년이 유명해진 것을 알고는 관심을 가졌다.

쉬신은 난징대학교를 졸업하고 국가 소유의 중국은행Bank of China 직원으로 근무했다. 그녀는 매달 78위안을 받았는데, 미국 달러화로 환산하면 약 10달러였다. 열정적이고 부지런한 그녀는 공산당 청년동맹 지도자가 되었고, 휴식 시간에는 동료들의 영어 학습을 도왔다. 그녀는 열심히 노력한 결과 인증서와 침대 시트가 함께 제공되는 '여성 영웅'이라는 영광스러운 칭호를 받았다.[41] 스물다섯 살이 되던 1992년에는 영국령 홍콩에 있는 프라이스워터하우스PriceWaterhouse의 경쟁이 치열한 감사직에 지원하고는 며칠 밤을 새워 회계학 교과서를 벼락치기로 공부하여 합격했다. 이후로 10여 년 동안 그녀는 프라이스워터하우스에서 투자은행으로, 그다음에는 사모펀드로 옮겨 가면서 홍콩판 영미 금융 부문에서 경험을 쌓았다.[42] 그 과정에서 초기 포털 넷이즈와 온라인 취업정보 사이트인 차이나에이치알ChinaHR을 비롯한 중국 인터넷 스타트업에 투자했다. 이러한 경험들이 그녀가 젊은 창업자들과 연대하고, CEO를 고용하고 해고하고, 팀을 결성하는 방법을 정립하는 데 도움이 되었다. 미국의 어느 경쟁업체가 차이나에이치알을 인수했을 때 이 쓰촨성 출신의 영어 전공자는 5000만 달러를 벌었다.

2005년에 쉬신은 홍콩을 떠나 상하이에 기반을 둔 벤처펀드 캐피털투데이Capital Today를 설립했다. 그녀는 2억 8000만 달러의 자금을 모집하고는 유망 스타트업을 찾아 나섰다. 그녀의 계획은 매년 5~6건 정도 투자하고, 가능한 한 오랫동안 승자의 등에 올라타는 것이었다. 같은 해에 파운더스펀드를 출범시킨 피터 틸의 중국 버전과도 같은 그녀는 이렇게 기억했다. "세상에는 위대한 기업이 많지 않습니다. 운이 좋아서 하나를 찾을 수만 있다면 그것을 꽉 잡아야 합니다. 돈은 그렇게 버는 것입니다."[43]

2006년이 지나갈 무렵 쉬신은 밤 10시에 베이징의 샹그릴라 호텔에서 누군가를 만나기로 했다. 정신없이 바쁘게 돌아가는 중국의 비즈니스 문화를 생각하면, 그 시각에 벤처투자 설명을 듣는 것이 그다지 이상하지는 않았다. 쉬신은 젊은 나이에 징둥닷컴JD.com이라는 전자상거래 사이트를 창업한 리우창둥Richard Liu을 만나기로 했다.[44]

중국 기준으로도 이 젊은이는 대단한 열정이 있어 보였다. 그는 혼자서 코딩을 공부했다. 토요일 아침마다 경영진 회의를 열었고, 2분마다 사용자들의 댓글에 답글을 달며 자신의 웹사이트를 매의 눈으로 주시했다. 공격적인 할인과 빠른 배송으로 그는 자신이 취급하는 모든 제품 부문을 신속하게 지배하기 시작했다. 징둥닷컴의 매출은 매달 10퍼센트씩 증가하고 있었다. 이런 속도라면 3년 안에 징둥닷컴의 규모가

투자의 진화

거의 30배로 커질 것이다.

샹그릴라 호텔에서 새벽 2시가 되어 쉬신은 이번 투자기회를 놓치지 않기로 결심했다. 그녀는 리우창둥에게 자금이 얼마나 필요한지 물었다.

리우창둥이 대답했다. "200만 달러가 필요합니다."

쉬신은 이렇게 받아쳤다. "그것으로는 충분하지 않을 겁니다." 그처럼 빠른 속도의 성장을 유지하려면 리우창둥에게는 그 이상의 자금이 필요했다. 세계 최대 규모의 온라인 소매시장이 들어오라고 손짓을 하고 있었다. 징둥닷컴은 경쟁자들이 몰려들기 전에 그곳을 신속하게 장악해야 했다.

쉬신이 말했다. "내가 1000만 달러를 지원하겠습니다."[45]

리우창둥은 흥분한 것 같았고 어쩌면 어안이 벙벙할 수도 있었는데, 이것이 바로 쉬신이 바라던 것이었다. 미국에서는 젊은이들의 반란이 너무 많은 현금을 쏟아부은 벤처투자자들에 대한 반발을 불러일으켰다. 그러나 중국의 스타트업 창업자들은 거대한 시장 기회와 상대적으로 부족한 자금 사정에 직면했다.

쉬신은 거래를 확실히 해두기 위해 리우창둥에게 상하이에 있는 자신의 사무실에 가서 거래 조건을 매듭지어야 한다고 말했다. 그녀는 몇 시간 만에 오전 9시에 출발하는 비행기 표를 구매했다. 그렇게 하여 나중에 그녀가 말한 대로 "리우창둥이 다른 사람을 만날 시간이 없었다."[46] 그녀는 잠시 머뭇거리다가 평소와는 다르게 이코노미석을 예약했다. 그녀는 리우창둥 옆에 앉아서 가기를 원했고, 또한 그가 앞으로도 계속 검소하게 지내기를 원했다.

쉬신이 설립한 캐피털투데이는 징둥닷컴 지분의 40퍼센트를 갖는 대가로 1000만 달러를 정식으로 투자했다. 리우창둥은 신속하게 제품 범위를 확장하고 징둥닷컴의 유통구조를 개선했다. 쉬신은 투자자 입장에서 리우창둥에게 최고의 인재를 고용하기 위한 전략을 가르쳤다. 징둥닷컴이 성장함에 따라 창업자는 회사 일의 많은 부분을 위임해야 했다. 처음에 리우창둥은 신입직원이 기존 직원보다 연봉을 더 많이 받아서는 안 된다는 생각을 했다. 회사에서 오랫동안 일한 사람이 존중받아야 한다는 것이었다. 그러나 쉬신은 이러한 임금 상한을 깨뜨리며 재무 담당 이사를 영입하도록 설득했고, 리우창둥은 금방 생각을 바꾸었다. 그는 이렇게 말하면서 놀라워했다. "2만 위안을 받는 사람이 5000위안을 받는 사람보다 일을 훨씬 더 잘합니다. 그런 사람을 또 찾아주실 수 있습니까?"[47] 쉬신은 정식으로 새로운 소매 책임자와 물류 책임자를 추천했다. 얼마 지나지 않아 징둥닷컴은 중국의 명문대학 캠퍼스에서 회사 설명회를 하기 시작했다.

록이 인텔에서 했던 것처럼 쉬신도 징둥닷컴의 종업원지주제를 설계했다. 그녀는 징둥닷컴이 사업 목표를 달성하는 것을 조건으로, 4년이라는 표준적인 귀속 기간을 설정했다. 그러나 불과 2년 만에 징둥닷컴이 목표치를 초과 달성했고, 쉬신은 기꺼이 약속했던 금액을 조기에 지급했다. 리우창둥은 좋은 소식을 알리기 위해 직원들을 소집했다. 그는 자신의 목표가 모든 직원들이 부자가 되는 것이라고 말했다. 그는 1억 위안(약 1500만 달러) 이상의 자산을 지닌 직원 100명과 1000만 위안(약 150만 달러) 이상의 자산을 지닌 직원 1000명을 두는 것을 목표로 삼았다. 그는 마치 일리노이주립대학교에서 코딩을 하던 마크 앤드리슨과 그의 동료들을 해방시켰던 넷스케이프의 짐 클라크처럼 보였다.

물론 회사 지분의 40퍼센트를 쥐고 있는 쉬신에게로도 징둥닷컴의 수익이 흘러갔다. 징둥닷컴과 그 밖의 성공한 투자 덕분에 캐피털투데이의 첫 번째 펀드는 수수료 수입을 제하고도 연간 40퍼센트라는 놀라운 수익률을 기록했다. 그녀에게 투자한 사람들은 1달러당 10달러 이상을 돌려받았다. 이러한 도약을 감안하면 쉬신이 2010년에 4억 달러의 기금을 조성하고, 그다음에 7억 5000만 달러의 장기 기금을 조성한 것은 전혀 놀라운 일이 아니었다. 이제 중국의 벤처캐피털이 탄력을 받고 있었다.

● ● ●

파운더스펀드, 와이콤비네이터, 치밍, 캐피털투데이와 같은 기업들이 출범한 2005년이라는 중요한 해에, 선난펑이라는 강단 있는 기업가가 캘리포니아주 라구나비치로 날아갔다. 중국에서 성장한 그는 미국에서 대학원을 다녔고, 투자은행가로 근무했다. 이런 그가 어느 금융 콘퍼런스에서 자신이 공동으로 창업한 두 개의 스타트업들 중 하나로 나스닥에 상장된 온라인 여행사 시트립에 대해 발표하려고 캘리포니아에 온 것이었다. 이 콘퍼런스에 참석한 기간에 그는 친구에게 메시지를 받았다. 세쿼이아캐피털의 마이클 모리츠와 더그 레온이 그를 만나고 싶어 한다는 것이었다.[48]

선난펑은 그 이유를 짐작할 수 있었다. 미국과 중국 문화에 익숙하고, 투자은행에서 근무했고, 기업가로 성공한 그는 중국의 벤처 열풍에 합류하기에 이상적인 위치에 있었다. 이미 중국에 기반을 둔 벤처 캐피털 세 곳이 그를 영입하려고 했었다. 세쿼이아캐피털은 이들의 자연스러운 후속편이었다.

선난펑은 샌프란시스코에 들르기 위해 캘리포니아 체류를 연장하기로 했다. 그는 실리콘밸리의 촉수가 북쪽으로 뻗어 가면서 기술 클러스터로 부상하고 있던 마켓가에 위치한 포시즌스 호텔에서 모리츠와 레온을 만났다. 또한 그들은 자신의 현재 펀드를 폐쇄할 준비가 되어 있는 장판Zhang Fan이라는 중국을 기반으로 활동하는 벤처투자자도 불러들였다. 장판은 선난펑과 마찬가지로 이중 문화에 완전히 익숙했다. 그는 골드만삭스, 스탠퍼드대학교, 베이징의 명문 칭화대학교 출신이었다.

이 네 사람은 한 시간 반 동안 함께 이야기를 나누었다. 그들은 놀라운 팀을 이루었다. 영국계 미국인으로 마른 체격에 단정한 옷차림의 모리츠, 이탈리아계 미국인으로 가슴이 떡 벌어진 레온, 미국에서 교육받고 중국 국적의 여권을 소지한 활력이 넘치는 두 명의 미래 파트너들.

대화가 무르익어 가면서 세쿼이아캐피털에서 온 두 사람은 방문객들을 따뜻하게 대했다. 현지 팀을 결성하기 위해 중국을 7~8차례 방문했던 레온은 선난펑과 장판이 지금까지 만났던 후보들보다 더 낫다는 인상을 받았다.[49] 두 사람 모두 벤처와 스타트업에 관여하기 위해 투자은행이라는 안정된 직장을 박차고 나왔다. 그들은 기업가로서의 모험을 걸고 있었다. 선난펑은 나스닥에 상장된 시트립을 공동으로 창업했을 뿐만 아니라 저가 호텔로서 미국에서 상장 준비 중인 홈인스앤드호텔스매니지먼트Home Inns & Hotels Management의 창업을 지원했다. 한편 장판은 중국에서 구글에 상응하는 바이두에 대한 초기 지원에서 일정한 역할을 했다.

선난펑과 장판도 세쿼이아캐피털에서 온 사람들에게 마찬가지로

　　　　　　　　　　　　　　　　　　　투자의 진화

깊은 인상을 받았다. 기업가로서 선난펑은 멀리 떨어져서 중국의 상황을 전혀 모르는 미국의 투자위원회에 보고하는 중국계 투자자들 때문에 직원들이 좌절하는 모습을 보아왔다. 그러나 선난펑이 멀리 떨어진 곳에 있는 사람들의 간섭에 대한 불만을 말하기도 전에, 모리츠와 레온이 먼저 나서서 중국 파트너들이 독자적으로 결정을 내릴 것이라고 힘주어 말했다. 그들은 이미 이스라엘에 세쿼이아캐피털 지사를 설립하고는 평범한 실적을 올린 적이 있었다. 그들은 멀리 떨어져서 세세한 부분까지 관리하는 캘리포니아의 투자위원회와 같은 것이 있어서는 안 된다는 중요한 교훈을 얻었다. 모리츠는 이렇게 말했다. "세계적으로 생각하고, 지역적으로 행동해야 합니다." 직원 채용과 투자 선택은 현지에 있는 사람들이 해야 한다. 선난펑은 나중에 이렇게 기억했다. "내가 농담 삼아 이렇게 말했습니다. '나 자신을 반드시 닐션앤드어소시에이츠Neil Shen & Associates라고 불러야 하는 것이 아니라면, 왜 이런 제안을 거절하겠습니까?'"[50]

2005년 말 선난펑과 장판은 세쿼이아차이나의 공동대표가 되었다. 레온은 세쿼이아캐피털의 몇몇 유한책임 파트너들이 보는 앞에서 그들을 열렬히 소개했고, 그들은 1억 8000만 달러의 자금을 모집했다. 이것은 쉬신이 모집한 활동 자금보다 더 적은 금액이었다. 세쿼이아캐피털이 당장 사업을 확장하여 자신의 명성을 위태롭게 하고 싶지는 않았기 때문이다.[51] 그다음에 선난펑은 홍콩에서 시트립이 위치한 구역에 이에 맞는 간소한 사무실을 얻었다. 세쿼이아차이나는 그 자체로 초라한 스타트업이었다. 미국 금융가의 투자은행과 사모펀드처럼 화려한 거리에 자리를 잡으려고 하지 않았다.[52]

모리츠와 레온은 중국 팀에 독자적인 결정권을 약속하기는 했지만,

세쿼이아캐피털의 지원을 받은 다른 창업자들을 대하듯이 선난펑과 장판을 대했다. 그들은 확실히 선난펑과 장판을 존중했다. 그리고 그들은 문화와 거리의 차이에서 어떠한 문제가 발생하든 선난펑과 장판의 멘토가 되기로 결심했다. 이것은 다른 벤처 파트너십에서 나타나는 과도한 간섭과 해외 위성의 이탈 사이에서 균형을 잡는 것을 의미했다. 예를 들어 벤치마크의 파트너들은 2000년에 런던 영업소를 설치하고 현지인들에게 독자적인 결정권을 부여했다. 그러나 그들은 해외 위성을 모선과 결합하기에 충분한 항공마일을 축적하지 않았다. 결과적으로 2007년에 런던 영업소가 사실상의 독립을 공식화하고, 캘리포니아 사람들과의 수익 공유를 중단함으로써 벤치마크의 런던 영업소는 사라지게 되었다. 클라이너퍼킨스도 중국에서 비슷한 좌절을 경험했다. 2007년에 존 도어는 중국인 투자자 네 명을 모집하는 데 기여했지만, 새로운 영업소의 문화를 정립하기 위해 평판이 부족한 사람에게 경영상의 후속조치 대부분을 위임하는 치명적인 오류를 범했다. 클라이너퍼킨스차이나의 한 관계자는 이렇게 기억했다. "존이 왔을 때에는 그의 명성, 능력 자체가 도움이 되었습니다. 하지만 그보다 못한 사람이 오면… 솔직히 말해서, 그 사람이 자기가 무엇을 하고 있는지 제대로 알기나 할까요?"[53] 클라이너퍼킨스의 중국 영업소는 1년도 안 되어 해체되었고 다시 설치해야 했다.[54]

모리츠와 레온이 선난펑과 장판을 대하는 방식은 일관되고도 단호했다. 그들은 중국에서의 문제를 위임하기보다는 두 달에 한 번씩 중국을 드나들면서 스스로 해결하려고 했다.[55] 나중에 모리츠는 이렇게 말했다. "우리는 우리의 이름을 가지고 영업할 권리를 준 것이 아니라 세쿼이아를 운영하고 있었습니다."[56] 중국 파트너들은 모범 사례를 관찰하기 위해 캘리포니아를 방문하여 월요일 투자 회의를 진행하는 방법, 스타트업들의 투자 설명을 듣는 방법, 유망 투자에 대한 실사를 진행하는 방법 등을 배웠다. 특히 선난펑이 배우는 데 열의가 있었다. 그는 이렇게 털어놓았다 "예전에 내가 벤처투자자였다고 볼 수는 없을 것 같습니다."[57]

실리콘밸리에서 중국으로 모범 사례를 이전하는 것은 결코 간단한 일이 아니었다. 외국에서 작동되는 미국식 법적 구조를 빌려 와서 직원들에게 스톡옵션을 적용하는 것과 미국식 투자 방법론과 실제로는 투자윤리를 중국 개척시대 경제의 벤처캐피털의 현실에 접목하는 것은 별개의 일이었다. 중국 본토의 비즈니스 문화는 악명 높을 정도로 살벌했다. 기업가들은 때때로 경쟁자들을 괴롭히거나 저지하기 위해 정치적 연줄을 이용하는 것으로 알려져 있었다. 따라서 미국의 지원을 받는 중국인 벤처투자자들은 자신이 두 개의 세계에 걸쳐 있는 것을 알게 되었다. 중국에서 펼쳐지는 비즈니스 전쟁의 베테랑으로서 그들은 본능적으로 자기 지역의 편을 들어주려고 했다. 그러나 실리콘밸리 브랜드의 전달자로서 그들이 이러한 본능에서 벗어나지 않으면 곤경에 처할 것이다.

과연 2008년 말에 선난펑이 난처한 소송에 직면하게 되었다. 사모펀드 칼라일이 중국 의료연구기관에 대한 투자에서 선난펑이 자기들을 속였다고 주장하며, 2억 600만 달러를 요구하는 소송을 벌였던 것이다. 소장에 따르면 칼라일이 그 기관과의 독점계약에 서명했지만, 선난펑이 경쟁 입찰 신청일을 이전 날짜로 조작하여 칼라일에 앞서 신청한 것으로 만들고는 칼라일을 밀어냈다는 것이다.[58] 이 사건은 선난펑이 과실을 인정하지 않고서 사적으로 해결되었다. 한편 선난펑은 예일대학교 기부금펀드로 설립된 힐하우스Hillhouse라는 경쟁업체와도 충돌했다. 당시 이 사건과 관련되었던 사람이 나중에 이렇게 말했다. "캘리포니아에 있는 세쿼이아 사람들은 당황하여 '나는 이 일에 관여하지 않을 거야'라는 생각을 할 수도 있었습니다." 모리츠와 레온은 오히려 선난평의 편을 들었다. 다른 벤처투자와 마찬가지로 세쿼이아차이나는 위험했다. 그러나 모리츠와 레온은 위험을 감수하고 있었다.

소송이 진행되던 거의 같은 시기에 세쿼이아캐피털은 자신의 결정에 따른 훨씬 더 큰 시련에 직면했다. 어느 토요일 저녁 시간에 모리츠가 샌프란시스코 북쪽에 위치한 주말 주택에서 평화로운 시간을 보내다가 중국에서 걸려온 전화를 받았다.

모리츠는 전화를 건 사람에게서 평화와는 정반대인 이야기를 들었다. 선난평과 장판이 서로 다투고 있다는 것이었다. 한 사람은 어떤 직원을 해고하려고 했고, 다른 사람은 거기에 단호하게 반대했다.

모리츠는 두 사람 사이의 갈등에 신경이 쓰였다. 이것이 빙산의 일각에 불과하다면 세쿼이아캐피털의 중국 영업소는 곧 파탄에 이를 것이다. 다음 날 아침에 모리츠는 남은 주말을 반납하고 공항으로 향했다.

홍콩에 도착한 모리츠는 세쿼이아 영업소에서 팀원들과 대화를 하며 시간을 보냈다. 그는 곧 장판의 첫 번째 투자가 성공하지 못한 것을 알게 되었다.[59] 한편 선난평은 전망이 있어 보이는 스타트업들 최소 두 곳을 지원했다. 그는 두 사람의 창업자들이 서로 다투고 있다면 어느 쪽에 내기를 걸어야 할 것인지 알고 있었다.

2008년 말이 되어 장판이 회사를 떠나고 두 사람의 갈등이 종식되었다. 이제 세쿼이아캐피털은 중국 투자를 계속 밀어붙일 준비가 되었다.

세쿼이아캐피털이 지원했던 많은 창업자들처럼 선난펑은 발전을 보여주는 데 5년이 걸렸다. 그러나 2010년에 세쿼이아차이나가 지원한 중국 기업 네 곳이 뉴욕증권거래소에 상장되었다. 이에 세쿼이아캐피털은 격년제로 열리는 투자자 콘퍼런스를 베이징에서 개최했는데, 미국 국경 밖에서 유한책임 파트너들을 소집한 것은 그것이 처음이었다.[60] 베이징 그랜드하얏트 호텔의 난방과 냉방 장치가 제대로 작동하지 않아서 그 자리에 참석한 사람들이 불편함을 겪었다. 그러나 세쿼이아캐피털은 실리콘밸리의 기업에서 세계의 기업으로 도약했다.

이제는 광대한 중국의 기술 현장이 성숙해지고 있었다. 2010년에는 중국에 집중하던 벤처투자자들이 5년 만에 거의 세 배 증가한 112억 달러의 자금을 모집했고, 미국에 본사를 둔 벤처캐피털들이 중국에 처음으로 100건이 넘는 투자를 완료했다.[61] 중국 기업가들은 자금을 쉽게 모집할 수 있게 되면서 꿈을 더 크게 꾸기 시작했다. 알리바바와 같은 개척자들은 규모가 얼마나 커질 수 있는지를 보여주었고, 이후로 이를 모방하던 자들은 세계에서 가장 빠르게 성장하는 경제가 무한한 기회를 제공한다는 사실을 확인시켜주었다. 벤처캐피털과 창업자들의 네트워크가 더욱 촘촘해지면서, 중국의 혁신 시스템은 1980년 무렵에 실리콘밸리가 도달한 분수령과 같은 그다음 중요한 변곡점에 도달했다.

실리콘밸리의 초기 개발은 세 단계로 나누어볼 수 있다. 처음에는 자금이 부족하고 투자자가 거의 없었고, 따라서 기업가는 자금을 조달하는 데 어려움을 겪었다. 린이 알리바바에 투자하던 1990년대 후반의 중국도 그러했다. 그다음에는 자금이 흘러들어 왔고, 벤처투자자들의 수가 급증했으며, 스타트업들의 수도 급증했고, 그들의 야망도 커졌다. 2010년 무렵의 중국도 그러했다. 마지막에는 스타트업들 간의 경쟁이 치열해지고 희생이 많이 따르면서 실리콘밸리의 벤처투자자들이 조정 기능을 수행했다. 그들은 인수를 중개하고, 합병을 장려하고, 기업가들을 아직 몰려들지 않은 영역으로 안내했다. 그들은 네트워크의 강력한 연결자super-connector로서 분산된 생산 시스템을 형성했다. 이것이 중국이 넘어야 할 마지막 관문이었다. 2015년까지 중국이 이 관문을 통과할 것이었다.

중국의 두 번째 단계에서 세 번째 단계로의 발전은 메이투안Meituan이라는 엄청난 성공을 거둔 중국 음식 배달 전문기업의 창업자 왕싱Wang Xing에 관한 이야기에서 구체화되었다. 내성적이고 분석적이며 자신의 판단을 확신하는 왕싱은 여러모로 보아 저커버그의 중국 버전이었다. 칭화대학교를 졸업하고 미국에서 컴퓨터공학 박사과정을 수학했지만, 스타트업으로 돈을 벌기로 결심하고는 중간에 그만두었다. 그는 신속하게 일련의 모방 벤처를 추진했고, 초기 소셜 네트워킹 웹사이트인 프렌드스터Friendster의 중국 버전을 만들어냈고, 그 후 페이스북과 트위터를 모방했다. 2010년에는 미국 할인 예약 웹사이트 그루폰Groupon의 폭발적인 성장을 알아차리고는 또다시 방향을 전환했다. 그가 창업한 새로운 기업은 레스토랑 테이블, 영화관 좌석, 각종 소매상품을 할인가격에 공동으로 구매하여 저렴한 제품을 찾는 사람들에게 판매하는 것이었다. 이것이 바로 그가 메이투안이라고 부르는 벤처사업이었다.

이러한 공동구매의 기회를 추구하는 기업가가 왕싱만 있는 것은 아니었다. 우보Wu Bo라는 세련된 쇼맨이 비슷한 벤처사업을 시작했고, 그루폰을 모방한 또 다른 기업들이 쇄도할 것만 같았다. 그러나 스타트업을 세 번이나 창업한 적이 있는 왕싱은 이미 산전수전을 다 겪었다고 볼 수 있으며, 사용자들을 비용 효율적으로 끌어들이기 위해 무엇을 해야 하는가에 대하여 확실한 감각이 있었다. 따라서 세쿼이아차이나가 누구를 지원할 것인가 고민할 때에 왕싱이 첫 번째 선택지로 떠올랐다. 이제 선난펑이 가장 신뢰하는 부하직원인 글렌 선Glen Sun이라는 조용한 성품의 파트너가 왕싱의 마음을 얻는 임무를 맡았다.[62]

선은 새로운 세대의 기업가들은 다루기가 힘든 사람들이라는 사실을 곧 알게 되었다. 이러한 점에서 왕싱은 저커버그와 많이 닮았다. 4년 전 쉬신은 징둥닷컴의 창업자를 만나서 그를 상하이에 있는 그녀의 사무실로 능숙하게 안내했다. 왕싱은 그렇게 하기가 어려운 사람이었다. 그를 만나는 것조차 쉽지가 않았다.

선은 하버드대학교에서 법학 박사학위를 받고서 미국의 사모펀드 제너럴애틀랜틱에서 실적을 쌓았다. 이러한 이력에서 알 수 있듯이 그는 겸손과는 거리가 먼 사람이었다. 그러나 그랬던 그가 지금은 베이징 메이투안 사무실 옆에 있는 낡아빠진 커피숍을 어슬렁거리며 서른한 살 젊은이의 마음을 얻는 역할을 맡았다. 그가 왕싱을 발견한다면 쭈뼛거리며 다가가서 말을 걸어야 하고, 때로는 몇 음절만의 대답만이라도 보상을 받아야 했다. 선은 의연하게 메이투안의 재무를 담당하는 왕싱의 아내에게 접근하여 그에게 다가가려고 했다. 그는 왕싱의 공동창업자들과도 친하게 지내며 그들에게 자신에 대해 좋게 말해달라고 부탁했다. 이러한 접근방식은 미묘한 심리적 과제를 제시했다. 선은 이렇게 기억했다. "나는 그 사람이 무슨 생각을 하는지 알아내야 했고,

그다음에 나와 대화를 나누는 데 관심을 갖게 만들어야 했습니다. 내가 그 사람이 잘 알지 못하는 주제에 대해 이야기하면, 효과를 볼 수가 있습니다."[63] 안타깝게도 왕싱은 백과사전과도 같이 다양한 주제에 대해 많이 알고 있었다. 그가 잘 알지 못하는 주제를 이야기하며 효과를 보기가 상당히 어려웠다.[64]

선은 왕싱의 아내에게 간청했다. "우리는 당신 회사에 관심이 많습니다. 언제라도 서명할 수 있어요. 지금 당장이라도 송금할 수 있습니다."

그리고 이런 말도 보탰다. "우리는 좋은 사람들입니다."[65]

결국 왕싱은 마음이 풀려서 300만 달러의 투자금을 받는 대가로 메이투안 지분의 4분의 1을 제공하기로 했다. 그러나 케이맨 법에 따라 투자를 진행하는 데 3개월이 걸렸고, 그동안에 메이투안이 급격하게 성장했다. 이제 왕싱이 서면 합의를 무시하고, 메이투안의 기업가치를 네 배나 올려줄 것을 요구했다. 이제 세쿼이아캐피털은 메이투안 지분의 4분의 1을 얻기 위해 1200만 달러를 지급해야 했다.

이렇게 되면 서구의 일반적인 벤처투자자들은 손을 떼려고 했을 것이다. 그러나 선난펑은 시트립 시절에 어느 투자자에게 이와 비슷한 수법을 썼던 적이 있다.[66] 중국의 무자비한 문화를 편하게 받아들이는 선난펑과 선은 왕싱의 새로운 조건을 받아들이기로 했고, 이로써 거래가 성사되었다.

지분을 위해 많은 금액을 지급한 세쿼이아캐피털은 엑스닷컴과 페이팔 사이의 분쟁의 극단적인 버전에 휘말렸다. 2011년 중국에서는 5000개에 달하는 엄청나게 많은 공동구매 웹사이트가 등장했다. 때로는 풍부한 벤처캐피털이 너무나도 많은 창업자들을 해방시킬 수 있었다. "1000개의 그루폰들의 전쟁"이라는 것이 잇따라 발생했는데, 여기

투자의 진화

서 전투원들은 사용자들을 유치하기 위해 점점 더 공격적인 할인에 자금을 쏟아부었다. 중국 소비자들은 이 순간을 포착하고 떼를 지어 외식을 했다. 투자자이자 작가인 리카이푸Lee Kai-Fu가 말했듯이, 이런 모습은 마치 벤처캐피털 업계가 온 나라 사람들에게 저녁식사를 대접하는 것만 같았다.[67]

메이투안은 이 전쟁의 첫 단계에서 쉽게 살아남았다. 대부분의 경쟁자들은 자금이 부족했고 순진했다. 그들은 금방 망했다. 2013년까지 메이투안의 남아 있는 최대 경쟁자는 와튼스쿨 출신의 장타오Zhang Tao가 창업한 디앤핑Dianping이었는데, 그 역시 세쿼이아차이나를 통해 자금을 조달했다. 디앤핑은 처음에는 온라인 리뷰 사이트 옐프Yelp를 모방하여 출발했다. 그러나 디앤핑은 공동 할인 구매로 방향을 전환해서 세쿼이아캐피털이 적대적인 관계에 있는 두 개의 기업을 지원하는 불편한 상황에 놓이게 했다.

이 부문에 남아 있는 기업들이 한정되어 있었지만, 경쟁은 여전히 치열하게 전개되었다. 세쿼이아캐피털이 선택할 수 있는 자연스러운 방법은 두 개의 포트폴리오 기업을 합병하는 것이었다. 그러나 중국의 무자비한 비즈니스 문화가 경쟁을 부추겼다. 합병은 이러한 문화에 어울리지 않는 미국식 전략이었다.

선난펑은 일을 세심하게 처리해야 한다고 생각하고는 왕싱에게 디앤핑의 장타오와 만나서 이야기할 것을 제안했다. 이제는 유혈사태를 합병으로 끝내는 것이 타당해 보였다.

왕싱은 그렇게 하기로 했지만, 그에게 바람직한 합병은 자신이 합병된 회사에 대한 지배권을 갖는 것이었다. 장타오는 나이가 많고 온화한 성품을 지녔다. 그러나 그는 이인자의 역할을 할 준비가 되어 있지 않았다.

2015년 초 양측은 전쟁을 다시 시작했다. 메이투안은 투자자들을 찾아가서 7억 달러를 모금하고는 경쟁자에게 치명타를 가하려고 했다. 디앤핑은 8억 5000만 달러의 전쟁비용을 마련하여 반격을 가했다. 경쟁적이고도 기습적인 지출이 잇따라 발생했다. 여름이 되어 현금이 부족해지면서 양측은 더 많은 실탄을 얻기 위해 투자자들을 다시 찾았다.

그러나 이번에는 투자자들이 주저했다. 그들이 자금을 지원해야 할 레스토랑 음식이 너무 많이 있는 것처럼 보였다. 게다가 그루폰 모방 기업들이 치열한 경쟁을 벌이는 동안에 중국의 벤처 시스템 내부를 휘젓는 변화가 일어나고 있었다.

●●●

세쿼이아캐피털이 베이징 콘퍼런스를 성공리에 개최하고 왕싱이 메이투안을 창업한 이후로 5년이 지나 중국에서 조성된 벤처펀드가 다시 세 배 증가하여 320억 달러를 기록했다.[68] 벤처 업계가 확대되면서 확실한 선도자들이 등장했고, 그들 중에서 선난펑이 가장 두드러졌다.[69] 게다가 인맥이 두터운 중국인 투자자들은 서로를 잘 아는 사이가 되었다. 그들은 상대방의 회사를 위해 후속 자금을 제공했다. 그들은 똑같은 조건에서 생각했다. 그들은 신뢰와 협력을 가능하게 하는 전문적인 규범을 개발했다.[70] 2015년 2월에 이러한 분위기가 무르익으면서 세간의 이목을 끄는 기술기업들의 합병이 최초로 발생했다. 차량 호출 서비스업체인 디디Didi와 쿠아이디Kuaidi가 오랜 혈투를 끝내고 힘을 합치기로 했던 것이다.

투자의 진화

메이투안과 디앤핑이 그들의 전쟁을 지속하기 위한 추가 자금을 조달하지 못한 2015년의 여름, 두 가지 사건이 거의 동시에 발생했다. 메이투안의 왕싱이 선난펑을 방문하여 합병 협상을 다시 시작할 것을 요청했다. 디앤핑 쪽에서는 벤처투자자들이 공모하여 창업자가 왕싱의 제안을 수용할 것을 촉구했다.

디앤핑 투자자들 중에는 쉬신도 있었다. 치열한 경쟁을 벌이고 있는 그루폰 모방 기업들에 대한 벤처자금 지원이 바닥나고 있을 때, 그녀의 적들로 추정되는 메이투안 사람들이 그녀에게 전화를 걸어 자금 지원을 요구했다.

쉬신은 깜짝 놀라서 이렇게 소리쳤다. "정말입니까? 나는 당신의 경쟁사에 투자한 사람입니다!"

쉬신은 전화기를 내려놓고 도대체 무슨 일이 일어났는지 곰곰이 생각해보았다. 메이투안이 왜 전화를 했을까? 메이투안은 분명히 절박한 상황에 있었다.

쉬신은 골드만삭스 출신인 텐센트의 리우츠핑에게 전화를 걸었다. 리우츠핑은 텐센트가 주식 기반 보상제도를 활용하여 영입한 사람이었다. 당시 리우츠핑은 디앤핑 지분 20퍼센트를 포함하여 텐센트의 광범위한 스타트업 포트폴리오를 담당하고 있었다.

쉬신은 리우츠핑에게 전화로 이렇게 재촉했다. "당신이 백마 탄 기사가 되어야겠습니다. 내 생각에 아마 그들은 자금을 조달하지 못할 것입니다. 그리고 우리도 자금을 조달할 수가 없습니다. (…) 이제 합병을 하거나 죽거나 둘 중 하나를 선택해야 합니다."[71]

리우츠핑에게는 설득이 필요하지 않았다. 사실 그는 이미 그런 생각을 하고 있었다. 골드만삭스 출신인 리우츠핑은 합병이 기업에 도움이 될 수 있다는 생각을 이미 가지고 있었다. 그는 디앤핑이 이런 생각을 수용할 수 있도록 메이투안과 합병한다는 조건으로 텐센트가 디앤핑에 10억 달러를 투자하기로 약속했다.

투자자들이 경쟁을 위한 자금 조달을 거부하고 경쟁의 부재를 위한 자금 조달을 약속하는 상황은 결국은 합병을 위한 것이었다. 이제 중국의 벤처투자자들은 실리콘밸리의 벤처투자자들이 오랫동안 해왔던 조정자의 역할을 하고 있었다.[72]

2015년 9월 19일 선난펑과 리우츠핑은 홍콩의 둑길 건너편에 위치하여 사람들의 눈에 띄지 않는 W 호텔에 왕싱과 장타오를 불러들였다. 이날의 주인공들은 사람들의 관심을 끌지 않기 위해 따로 도착했다. 그들은 두 시간 반 동안 점심식사를 하며 합병 문제를 제외하고는 거의 모든 주제에 관하여 이야기를 나누었다. 왕싱은 옅은 회색 스웨터에 색이 바랜 청바지를 입었고, 장타오는 빨간색과 파란색 줄무늬가 있는 티셔츠를 입었다.[73]

그들은 점심식사를 마치고는 선난펑이 협상을 위해 예약한 2층 스위트룸으로 자리를 옮겼다. 선난펑과 리우츠핑이 먼저 합병의 논리와 두 회사 간의 시너지 효과를 강조하는 발언을 했다. 그들은 두 회사를 하나로 묶는 것이 고통스러운 결정이기는 하지만, 합병된 회사로 보면 이러한 고통이 가치가 있을 것이라고 확신시켰다. 그들은 중국 디지털 경제의 신뢰할 만한 실력자로서 합병이 양 당사자들을 위해 공정하게 진행될 수 있도록 자신들의 역할을 다할 것을 약속했다.

그들은 앞으로의 방향을 설정하고는 옆으로 비켜서서 기업가들이 세부사항을 논의하게 했다. 이 기업가들은 기업구조, 브랜드 이름, 합병된 회사에서 누가 무엇을 맡을 것인가와 같은 합병과 관련된 주요

투자의 진화

사항들을 화이트보드에 적어나갔다. 그러나 텐센트와 세쿼이아캐피
털의 권위가 그 절차에 영향력을 발휘하는 상황에서 그 결과에 대해서
는 의심할 필요가 없었다. 양 당사자들은 오후 7시 7분이 되어 합병을
위한 개략적인 틀에 합의했다.

선난펑은 그 자리를 벗어날 수 있게 되자 둑길 건너편 상업지구의 랜
드마크 쇼핑몰에 있는 피자 레스토랑을 향해 서둘러 떠났다. 선난펑의
아내는 시외에 있었고, 선난펑은 두 딸과 함께 늦은 저녁식사를 했다.

그는 그곳에 도착하자 두 딸에게 사과했다. "일이 늦게 끝나서 이렇
게 늦었네."[74]

일주일 정도 지나 선난펑은 어느 유명인사의 결혼식 참석차 오스트
레일리아 연안의 호화로운 휴양지인 헤이먼섬으로 날아갔다. 징둥닷
컴 창업자인 리우창둥이 중국 소셜 미디어에서 청순한 미인으로 유명
한 자기보다 훨씬 더 젊은 신부와 결혼할 예정이었다. 이 화려한 행사
는 중국의 기술기업이 어디에 이르렀는지를 보여주었다. 중국에 새로
등장한 억만장자들은 미국의 억만장자들처럼 호사스럽게 살 수 있었
다. 그러나 이것은 중국의 등장을 다른 방식으로 알리는 신호이기도 했
다. 초청자 명단에는 중국의 디지털 겸 금융 엘리트로 가득했다. 실리
콘밸리와 마찬가지로 중국의 혁신 엔진은 하나의 사회적 클러스터가
되었다.

선난펑은 검정색 나비넥타이를 우아하게 매고 결혼식에 참석했다
가 금방 자리를 떴다. W 호텔에서 합병 협상이 있던 날 그는 사업과 관
련된 약속 장소에서 개인적 약속 장소로 급히 달려갔다. 지금은 정반
대였다.

선난펑은 결혼식 파티장을 떠나면서 리우츠핑과 함께 메이투안과

디앤핑의 합병을 위한 개략적인 틀을 완료된 합병으로 전환하기 위해 고용한 모건스탠리 출신의 은행가 바오판Bao Fan을 찾았다.

여전히 나비넥타이를 매고 있던 세 사람은 방으로 사라져서 사업에 관한 이야기를 시작했다. 메이투안과 디앤핑의 협상가들은 합병을 향해 천천히 나아가고 있었다. 그들이 결승선에 도달하려면 투자자들의 조정 능력이 요구될 것이다. 메이투안과 디앤핑에는 서로 중복되는 업무를 맡은 임원들이 있었다. 그들 각자가 음식 테이크아웃 서비스, 레스토랑 예약 서비스 등을 담당하고 있었다. 경쟁에는 참기 힘든 대량 학살이 뒤따랐다. 이제 합병에도 또 다른 학살이 뒤따를 것 같았다.

선난펑과 그와 함께 결혼식에 참석한 사람들은 각자가 생각하는 합병 과정에서 발생할 문제점들을 하나씩 살펴보았다. 세 사람 모두 이번 일을 성사시키는 데 관심이 있었다. 메이투안과 디앤핑이 필요한 타협점을 찾지 못한다면, 결혼식 파티장을 빠져나온 이 세 사람이 그들을 해답으로 안내할 것이다.

마침내 선난펑은 오스트레일리아 해변에서 장거리 지시를 내린 뒤에 자기가 원하던 일을 마쳤다. 10월 11일에 메이투안과 디앤핑은 합병을 발표하면서 테이크아웃 서비스, 영화 티켓 예약 서비스 및 그 밖의 지역 서비스를 제공하는 하나의 거대 기업으로 통합되었다. 선난펑과 리우츠핑이 예언한 것처럼 합병된 회사는 두 회사가 현금을 쏟아부으면서 치열한 경쟁을 벌일 때와 비교하여 기업가치가 훨씬 더 커졌다. 2016년 1월에 메이투안-디앤핑이 그다음 자금 모집을 추진할 때에는 훨씬 더 많은 자금이 몰려들었다. 결론적으로 두 회사의 가치가 각자가 경쟁을 벌일 때와 비교하여 50억 달러가 더 커졌다.[75] W 호텔에서 시작된 합병의 과정은 샌드힐로드조차 부러워할 대박을 터뜨렸다.

투자의 진화

$\bullet$ $\bullet$ $\bullet$

이로써 중국의 벤처캐피털 업계는 하나의 여정을 마쳤다. 투자자, 기업가, 은행가 들로 이루어진 오직 중국인들로만 구성된 네트워크가 극적인 합병을 성사시켜, 페이팔이 이베이에 매각될 당시보다 열 배나 더 큰 기업을 탄생시켰다. 이제는 선난펑이 단 한 번이 아니라 3년 연속으로 세계 최고의 벤처투자자로 손꼽히는 시대에 접어들었다. 왕싱은 억만장자에서 10억만장자가 되었고, 그의 회사는 구글을 훨씬 능가하여 세쿼이아캐피털에 가장 수익성이 높은 투자처가 되었다.[76] 2019년이 되면서 메이투안-디앤펑이 쇠퇴의 길로 접어들었다. 그러나 세쿼이아캐피털의 새로운 최고 투자처는 또 다른 중국 벤처기업으로 틱톡TikTok이라는 선풍적인 인기를 끌고 있는 짧은 동영상 앱을 개발한 바이트댄스ByteDance였다.

2016년 여름 리셜이 상하이에서 짐을 꾸렸다. 그는 언제 들어와야 할지 알았고, 이제 떠날 때가 되었다는 것도 알았다. 미국에서 온 외부인이 이제는 중국의 벤처 업계에 많은 것을 보태줄 수가 없었다.

11장

액셀, 페이스북,
쇠퇴하는
클라이너퍼킨스

The Power Law

21세기 초 기술주의 붕괴 속에서 케빈 에프러시Kevin Efrusy라는 기업가가 액셀에 합류했다. 그런 결정을 하기에는 여건이 상당히 안 좋았다. 벤처캐피털 업계가 고전하고 있었고, 액셀도 예외는 아니었다. 그러나 액셀의 선임 파트너들은 설득력 있는 주장을 펼쳤다. 스탠퍼드대학교에서 공학과 경영학을 전공한 에프러시는 스타트업을 설립하고, 이후로 또다시 스타트업을 설립했다. 그러나 에프러시가 벤처투자자로 자리를 잡으려면 5년은 걸릴 것이다. 그가 지금 벤처투자자가 되기 위한 훈련을 시작한다면, 기술주 시장이 회복되면서 벤처투자자로 성공 가도를 달릴 수 있을 것이다.

에프러시는 이러한 주장을 받아들였다. 나중에 그는 이렇게 말했다. "어떻게 보면, 선택의 여지가 없었습니다. 당시 나는 서른 살이었고, 아내는 임신 중이었습니다."[1] 그리고 비록 액셀이 침체에 빠졌지만, 그는 곧 놀라울 정도로 즐거운 경험을 하기 시작했다. 백발의 창업자인 아서 패터슨과 짐 슈워츠를 비롯한 회사의 임원들은 투자를 장기적인 관점에서 진지하게 바라보았고, 이것은 그들의 포트폴리오 기업들에 그랬던 것처럼 신입직원들에게도 적용되었다. 그들은 에프러시의 주요 역할을 선임 파트너들을 지원하는 것으로만 규정하지 않았다. 에프러시가 해야 할 일은 스타트업에 수백만 달러를 걸 수 있는 역량을 개발하는 것이었다.

에프러시가 액셀 파트너 회의에 처음 참석한 날부터 의사 결정에 참여할 것으로 기대되었다. 그는 이 파트너십에 투자를 제안할 수 있었고, 만약 그가 동료들에게 자신의 주장에 대하여 확신을 줄 수 있다면 투자가 진행될 것이다. 그는 다른 사람들의 제안에 반대 의견을 제시할 수도 있었다. 비록 다른 사람의 프로젝트가 그의 조타실에 있지는 않더라도 그것에 대하여 뚜렷한 견해를 가져야 했다. 유용한 논평을 하는 것만으로는 충분하지 않았다. 그는 "예" 또는 "아니오"라는 식으로 결정을 해야 하고, 이에 대해서는 책임을 져야 했다. 에프러시는 나중에 이렇게 설명했다. "우리 업계에는 이런 말이 있습니다. '당신이 분석가처럼 대우받는다면, 분석가처럼 행동할 것이다.'"[2] 어떤 분석가는 쟁점의 양쪽에 있는 주장을 모두 지적할 수 있겠지만, 그것은 어떤 입장을 취하는 것과는 차이가 있고, 이러한 차이가 벤처투자자가 되는 것과 그렇지 않은 것 사이의 심리 차이를 정의했다. 결국 벤처투자는 혼란스러운 정보에서 "예" 또는 "아니오" 둘 중 하나로 답하는 무시무시한 도약으로 귀결된다. 벤처투자는 본인이 자주 틀릴 것이라는 현실과 함께 살아가는 것으로 귀결된다. 벤처투자는 다음 파트너 회의에 출석하여 상처받은 자존심을 극복하고, 혼란스러운 미래에 새로운 내기를 걸기 위한 낙관론을 결집하는 것이다.

에프러시가 입사한 지 몇 달이 지난 2003년 10월에 액셀은 '준비된 마인드' 훈련을 실시했다. 투자팀은 샌프란시스코 금문교 건너편의 소살리토라는 예쁜 마을에 자리 잡은 고급 호텔 카사마드로나에 모였다. 오후에는 산악자전거를 탔고, 가장 열렬한 두 명의 젊은 사이클리스트의 자전거를 보관하기 위한 방도 마련되어 있었다.[3] 그러나 이번 회의는 액셀이 그해 10월까지 대부분의 경쟁자들과 비교하여 훨씬 더 적은 단 네 건의 거래만을 성사시켰기 때문에 상당히 엄숙하게 진행되었다. 회의 슬라이드에는 다른 일류 벤처캐피털들이 성사시킨 62건의 소프트웨어 또는 인터넷 투자가 나열되어 있었다. 그중 어떤 것들에는 "인식했지만 놓쳤는가?" 또는 "인식했지만 평가하지 않았는가?"라는 내용의 메모가 옆에 적혀 있었다. 이것은 액셀이 기회를 인식했지만 결과적으로 투자하지 않은 것을 의미한다. 또한 이번 회의에서는 새로운 종류의 온라인 사업이 가능성이 있는지에 특별히 주목했다. 인터넷 1.0이 아마존이나 이베이처럼 물건을 파는 것이었다면, 인터넷 2.0은 웹을 통신의 매개체로 사용하는 것이었다. 어느 한 슬라이더에는 이런 내용이 적혀 있었다. "소셜 네트워킹을 둘러싼 인터넷 2.0의 열기 속에서 액셀이 기회를 놓쳤을 수도 있다."[4]

이제 액셀 경영진은 인터넷 2.0을 뜨거운 분야로 인식하고는 에프러시를 비롯한 젊은 직원들에게 인터넷 2.0을 공격 목표로 삼을 것을 권고했다. 액셀 창업자들이 생각하기에는 의도적으로 유망한 투자처를 선택하여 위험을 줄이는 것과 초보자들에게 권한을 부여하여 위험을 수용하는 것 사이에는 일정한 연결고리가 있었다. 슈워츠는 훗날 이렇게 말했다. "젊은 투자자들이 비옥한 땅에서 일하고 있다는 사실을 안다면, 그들을 풀어주는 것이 훨씬 더 낫습니다."⁵ 에프러시는 자신의 권한이 명확해지자 주변을 둘러보기 시작했다. 그를 흥분시킬 첫 번째 유망 기업은 인터넷 전화 스타트업 스카이프였다. 거기에 장거리 전화 비용을 대폭 줄여 사람들에게 통신비를 절약할 수 있게 해주는 제품이 있었다.

액셀의 런던 지사도 스카이프를 주시하고 있었고, 에프러시는 런던을 기반으로 활동하는 브루스 골든Bruce Golden이라는 파트너에게 스웨덴 출신의 스카이프 창업자들을 소개하기 위해 영상통화를 했다. 이제 골든이 지리적으로 가깝다는 이유로 액셀이 투자 가능성을 평가하는 데 핵심 인물이 되었다. 에프러시는 캘리포니아에서 거래를 응원하며 주요 일원으로 남았다. 액셀의 캘리포니아 팀과 런던 팀이 문화적으로 잘 융합하게 할 책임을 맡은 슈워츠는 모두가 같은 뜻을 갖도록 지원을 아끼지 않았다. 그는 매달 캘리포니아와 런던을 오가면서 두 팀이 생산적으로 협력할 수 있도록 자극하고 격려했다.

골든은 스카이프의 혁신과 폭발적인 인기에 깊은 인상을 받았다. 그러나 그는 곧 스카이프가 힘든 투자가 될 것으로 생각했다. 그가 투자 메모에 쓴 것처럼 거래에는 이전에 보였던 것보다 더 많은 문제가 보였다.⁶ 액셀은 견실하고 올곧은 기업가를 지원하는 데 익숙했지만, 스카이프의 창업자들은 온라인 음악 절도 혐의로 엔터테인먼트 업계로부터 고소를 당했다. 액셀은 시장 선도자의 지위를 확고하게 해줄 지식재산권을 개발한 스타트업을 원했지만, 안타깝게도 스카이프는 별도의 회사로부터 지식재산권에 대한 라이선스를 취득했으며 그것을 실제로 보유하지는 않았다. 마지막으로, 스카이프 창업자들은 거래 조건에 대한 협상에서 무자비하고 일관성이 없었다. 골든은 나중에 이렇게 말했다. "그들이 일부터 나를 애먹이려고 한다는 생각이 들었습니다. 그들이 우리와 함께 일하기로 했던 약속은 그들에게는 별 의미가 없는 것 같았습니다."[7] 에프러시는 이렇게 기억했다. "우리가 보기에는 스카이프가 너무 수상했습니다. 결국 우리는 스카이프에 투자하지 않기로 했습니다. 이후로 스카이프는 계속 도약하기 시작했습니다."[8]

스카이프의 가치가 급상승하면서 액셀의 파트너들은 그들이 얼마나 큰 오류를 범했는지 인식했다. 벤처투자에서 아무런 성과가 없는 프로젝트를 지원하는 것은 자금을 한 번만 지출하게 한다. 그러나 100배의 수익을 제공하는 프로젝트를 놓치는 것은 이보다 훨씬 더 고통스럽다. 골든은 아마도 에프러시를 염두에 두고 이렇게 말했다. "스카이프 직원들을 방에 가두고 서명할 때까지 내보내지 말았어야 했다고 말한 동료들도 있었습니다. 액셀 내부에서는 많은 좌절이 있었습니다."[9] 그러나 한 가지 좋은 소식은 액셀의 독특한 문화가 오류를 처리하는 방법을 제공한다는 것이었다. 그것은 소살리토에서 시작된 '준비된 마인드' 훈련을 기반으로 했다.

또한 그것은 인터넷 2.0 영역에서 거래를 성사시키기 위해서는 무엇을 준비해야 하는가에 대한 판단과 함께 시작되었다. 스카이프만이 액셀이 소셜 미디어 부문에서 경험한 유일하게 고통스러운 오류가 아니었다. 액셀은 티클Tickle이라는 퀴즈 회사와 플리커Flickr라는 사진 공유 사이트에 거래 조건을 제시한 적이 있었다. 그러나 스카이프에 그랬던 것처럼 이 회사들을 우려했고 결국에는 경쟁 입찰자들에게 밀리고 말았다.[10] 이제 에프러시와 그의 동료들은 '준비된 마인드' 훈련을 연장하면서 이러한 경험을 교훈으로 승화했다. 첫째, 액셀은 그들이 지원하는 데 익숙했던 안심할 수 있는 엔지니어들에게만 지원을 한정해서는 안 된다. 경험에 따르면 소비자 인터넷 기업이 때로는 엔지니어가 아닌 사람들에 의해 설립되었다. 예를 들어 야후와 이베이는 이 분야를 취미로 즐기는 사람들에 의해 설립되었다. 둘째, 소비자 인터넷 기업에 대한 한 가지 좋은 소식은 우리가 이들의 가능성을 다른 방식으로 평가할 수 있다는 것이다. 우리는 창업자를 등한시하고 이들의 진행 상황에 관한 데이터를 분석할 수 있다. 셋째, 액셀이 고객들이 하루에도 여러 번 사용하는 인터넷 속성을 발견했을 때에는 어떤 일이 있더라도 거래를 성사시켜야 한다. 수익이 멱법칙의 지배를 받는 영역에서는 자금을 한 번 잃는 위험보다 기회를 놓치는 비용이 훨씬 더 크다.[11]

스카이프와의 거래를 가장 열렬히 제안했던 에프러시는 액셀의 사고방식이 서서히 변해가는 것을 알 수 있었다. 다음번에는 액셀이 스카이프와 같은 기회를 멍하니 바라보고만 있지는 않을 것이다. 에프러시는 나중에 이렇게 말했다. "내가 액셀에 처음 왔을 때에는 '준비된 마인드'라는 것이 헛소리에 불과한 것으로 생각했습니다. 지금은 그렇지 않습니다."[12]

●●●

2004년 여름 에프러시는 7월 4일 미국 독립기념일 휴가를 처가 식구들과 함께 시카고에서 보냈다. 그가 시카고에 있는 동안 한 친구가 전화로 마이스페이스Myspace라는 스타트업에 관해 이야기했다. 마이스페이스는 새로운 종류의 커뮤니케이션 플랫폼으로, 소위 소셜 네트워크였다. 클라이너퍼킨스와 벤치마크의 지원을 받은 마이스페이스는 이 분야의 개척자라 할 프렌드스터와 경쟁하고 있었다. 에프러시의

투자의 진화

관심을 자극한 것은 두 경쟁기업 간의 차이였다. 마이스페이스는 가장 인기 있는 클럽을 괴롭히는 문제에서 벗어났다. 그것은 회원들이 많아지면 원래의 분위기가 희석되고 초기의 충성 회원들이 냉담해진다는 것이었다. 특히 프렌드스터는 아시아의 성 노동자들에게 인기가 있다는 평판을 얻었다. 프렌드스터의 원래 고객들이 때로는 야한 유혹에 시달리면서 떠나고 있었다.

에프러시의 친구가 말했다. "마이스페이스를 한번 들여다봐. 창녀들이 거의 없는 프렌드스터라 할 수 있지."

에프러시는 노트북을 열고 두 웹사이트에서 선정적인 게시물이 몇 개나 있는지 헤아렸다. 에프러시가 여전히 바쁘게 헤아리는 동안 또 다른 누군가에게 전화가 왔고, 에프러시는 하던 일을 멈추었다.

에프러시의 장모가 지나가다 노트북을 보았다. 장모는 걱정이 되어 딸에게 말했고, 그 딸은 남편인 에프러시에게 설명을 요구했다. '왜 성 노동자를 찾기 위해 인터넷을 뒤졌는가?'

에프러시는 순전히 사업 때문이라면서 아내를 안심시켰다.

실제로 그것은 사업이었고, 유용한 작업이었다. '준비된 마인드' 훈련이 액셀이 입소문을 일으키는 인터넷 스타트업에 뛰어들 태세를 취하게 했던 것처럼, 에프러시가 노트북을 뒤져본 것이 좀 더 구체적인 기회를 일깨워 주었다. 프렌드스터가 소셜 네트워크의 대표적인 사례가 되는 한 이것이 겪는 문제는 그 설계 개념이 한계에 부딪힌 것을 시사했다. 나이트클럽과 마찬가지로 서비스에 대한 평판을 손상하지 않고서는 해당 서비스를 확장할 수가 없었다. 에프러시는 나중에 이렇게 기억했다. "마이스페이스는 나에게 이렇게 말했습니다. '기다려라, 여기에 중요한 것이 있을지도 모른다.'"[13]

●●●

2004년 12월에 에프러시는 스탠퍼드대학교 대학원생인 치후아 치엔Chi-Hua Chien을 만났다. 그는 액셀에서 시간제로 일하면서 캠퍼스에서 인기 있는 스타트업들을 알려주는 역할을 했다. 치엔은 더페이스북이라는 것을 알려주었다.

에프러시는 어느 스탠퍼드대학교 졸업생의 이메일 주소를 빌려 치엔이 알려준 것에 접근할 수가 있었다. 그가 이렇게 해야 한다는 단순한 사실만으로도 희망적인 신호였다. 더페이스북은 스탠퍼드대학교 이메일을 가진 사람에게만 입장을 허용하여, 프렌드스터가 겪는 원치 않는 손님의 문제를 관리하고 있었다. 또한 더페이스북은 나이트클럽 외부에서 볼 수 있는 벨벳 밧줄과도 같은 것을 설치해놓았다.

에프러시는 로그인을 하자 더페이스북 사이트에 "페이스북 스탠퍼드"라는 표시가 등장하는 것을 보며 깊은 인상을 받았다. 그것은 단지 페이스북 혹은 페이스북 월드와이드가 아니라, 맞춤형 커뮤니티를 약속하는 것이었다. 스탠퍼드대학교 출신들은 그들 자신의 집단에 가입하고 있다는 기분을 느낄 것이다. 그것은 그들이 속한 클럽이었다.[14]

에프러시는 이처럼 똑똑한 사업을 기획한 사람들을 만나고 싶었다. 그러나 시기가 좋지 않았다. 더페이스북의 리더인 마크 저커버그와 숀 파커가 얼마 전에 세쿼이아캐피털을 조롱했다. 와이어호그 프레젠테이션에서 알 수 있듯이 저커버그와 파커는 유명한 벤처캐피털을 조롱하기를 즐기고 있었다.

에프러시는 이런 장애물을 둘러 가려고 모든 수단을 동원했다. 그는 더페이스북에서 일하기 위해 면접을 본 친구를 통해 파커와 전화 상담을 위한 약속을 받아냈다. 이후로 파커가 약속을 취소했다. 그다음에 에프러시는 또 다른 친구인 맷 콜러Matt Cohler가 최근에 파커와 함께 일하기 시작한 사실을 알게 되었다. 그는 그 친구에게 전화를 걸어 또다시 소개를 부탁했다. 콜러는 이렇게 전했다. "미안하지만 파커는 관심이 없어."

2005년 초에 에프러시는 어느 동료에게서 더페이스북이 다른 투자자들과 이야기하기 시작했다는 소식을 들었다. 그는 한숨을 쉬고는 파커에게 자기 연락처를 이메일로 보냈다. 답장이 없자 그는 아주 오래된 기술인 전화기에 의지했다. 파커는 음성메시지를 보내지 않았다.

이제 에프러시는 세 번째 방법에 의지했다. 그는 링크드인의 창업자 리드 호프먼이 더페이스북에 투자한 사실을 알게 되었다. 피터 펜턴Peter Fenton이라는 액셀의 파트너가 호프먼과 가까운 사이였다. 에프러시는 펜턴에게 도움을 요청했다.

펜턴이 호프먼에게 전화했지만 결과는 마찬가지였다. 더페이스북은 에프러시를 만날 생각이 없었다. 그러나 이번에는 거절 사유를 제시했다. 호프먼이 설명했듯이 파커와 저커버그는 벤처투자자들이 결코 자신들의 회사를 이해하지 못할 것이라고 믿었다. 그들은 더페이스북에 대해 정당한 가치를 지급하지 않을 것이라고 말이다.

또한 호프먼은 더페이스북이 어느 기업투자자로부터 높은 가격에 제안을 받았다고 언급했다. 그는 더페이스북을 만나지 않는 것이 액셀에 가장 바람직하다는 듯이 이렇게 말했다. "당신은 그곳에 그렇게 많이 투자하지 않을 것입니다. 괜히 아까운 시간만 낭비하지 마시길 바랍니다."

펜턴이 에프러시에게 이런 메시지를 전했다.

에프러시는 이렇게 주장했다. "시간 낭비가 아니에요. 당신이 당신 시간을 소중히 여기는 만큼 나도 내 시간을 소중히 여겨요."

펜턴은 호프먼에게 다시 전화를 걸고는 이렇게 말했다. "대화 시간을 가질 필요가 있다고 생각해요."[15]

거절 사유를 제시한 호프먼은 그것이 타당하지 않다면 도움을 줄 의무가 있다고 생각했다. 액셀이 더페이스북을 진지하게 받아들이겠다고 약속한다면, 즉 모욕적인 싼 가격을 제안하지 않겠다고 약속한다면 호프먼이 파커와의 만남을 주선할 것이다.

이런 말이 있고 나서도 만남은 성사되지 않았다. 호프먼이 최선을 다했지만 파커는 피하기만 했다.

2005년 만우절에 에프러시는 기다림에 지쳤다. 이메일은 효과가 없었다. 전화를 해도 받지 않았다. 지금까지 그는 세 명의 중개자들을 동원했다. 그가 시도할 수 있는 마지막 방법이 없지는 않았다. 그는 약속을 했든 아니든 직접 더페이스북을 찾아가기로 결심했다.

그날은 금요일 오후였다. 에프러시는 같은 또래의 동료에게 함께 갈수 있는지 물어봤다. 액셀의 투자자들이 두 사람 방문하면 한 사람이 방문하는 것보다 더 강한 인상을 줄 것이다. 그리고 에프러시가 동료들에게 이번 거래를 납득시킬 수 있다면 항상 그들을 활용할 수 있었다. 당시 에프러시의 젊은 동료들은 바쁘게 지내고 있었다.[16]

하지만 액셀의 서로 협력하는 문화를 보여주는 사례로 에프러시는 당시 그 건물에 있던 또 다른 투자자, 즉 그 회사의 공동 창업자인 패터슨을 끌어들일 수 있다고 생각했다.

에프러시와 패터슨은 팰로앨토의 유니버시티애비뉴를 따라 네 블록을 걸어갔다. 에프러시는 서른세 살에 덩치가 크며 볼이 통통하고

투자의 진화

머리가 벗어졌다. 예순 살의 패터슨은 호리호리한 체격에 강철 같은 뻣뻣한 머리를 깔끔하게 빗어 넘겼다.

두 사람은 에머슨가에 있는 더페이스북 사무실에 도착하여 스프레이 물감을 갓 칠한 낙서투성이의 긴 계단을 올라갔다. 꼭대기에는 커다란 개에 올라탄 여자가 등장하는 대형 그림이 그려져 있었다. 복층 공간에는 이케아 가구가 주인을 지치게 한 초대형 퍼즐처럼 반쯤 조립되어 있었다. 바닥에는 반쯤 빈 술병들이 나뒹굴고 있었는데, 이는 콜러가 최근 스물여덟 번째 생일을 맞은 것을 말해주었다.[17]

콜러는 컨디션이 썩 좋지는 않았다. 그는 가구와의 한바탕 싸움에서 청바지가 찢어졌다. 왼쪽 바짓가랑이가 열려 있었고, 안으로는 사각팬티가 보였다.

콜러가 에프러시에게 소리쳤다. "안녕, 케빈."

에프러시는 파커와 저커버그를 만나고 싶었다. 두 사람 모두가 시간이 없거나 아프다고 했다. 그래서 에프러시와 패터슨은 옷차림이 단정치 못한 콜러와 함께 앉았다.

콜러는 속옷을 보여주면서도 인상적인 면모를 보였다. 그는 더페이스북의 성장, 사이트의 1일 활성 사용자 수 및 그들이 사이트에서 보낸 시간에 대한 통계를 줄줄 꿰고 있었다. 패터슨은 투자자로서 활동하던 초창기에는 주로 미디어 기업을 살펴보았다. 그 당시부터 그가 기억하던 전통적인 사용자 수의 기준에 비해 더페이스북이 주장하는 사용자 수의 통계는 놀랍기만 했다. 더욱이 이번 만남과 관련된 모든 것들이 지난 2년에 걸친 '준비된 마인드' 훈련에서 제시한 각본을 따랐다. 더페이스북 창업자들은 이단아들이자 규정하기 힘든 사람들이었고, 사무실 벽화는 성희롱 소송감이었다. 그러나 그들의 행위를 무시하고 대

신에 그들의 데이터에 집중한다면 더페이스북은 놓쳐서는 안 되는 기회였다.[18]

드디어 파커와 저커버그가 계단 꼭대기에서 모습을 드러냈다. 그들은 아픈 사람들이 아니었다. 그들은 브리또를 먹고 있었다.

에프러시는 그들이 벤처캐피털의 질문에 짜증을 낸다는 것을 알고는 아무런 질문도 하지 않았다. 처음부터 그는 파커와 저커버그가 의혹에서 벗어나도록 이렇게 장담했다. "나는 이 회사가 어느 정도로 가치가 있는지 알고 있습니다. 다음 주 월요일에 열리는 우리 파트너 회의에 오십시오. 그리고 월요일까지 거래 조건을 제시할 것을 약속합니다. 그렇지 않으면 다시는 연락하지 않겠습니다."

파커는 다음 날 저녁에 에프러시를 만나 맥주를 마시기로 했다. 하지만 에프러시와 패터슨이 떠나기 전에 여자 화장실에 있는 벽화를 보여주고 싶었다. 그것은 한 벌거벗은 여자가 다른 여자의 다리를 껴안은 모습을 그린 것이었다.

패터슨은 액셀 사무실로 돌아오는 길에 에프러시의 등을 두드리며 이렇게 외쳤다. "'준비된 마인드' 훈련이 제 역할을 톡톡히 했어. 우리는 이걸 꼭 잡아야 해."[19]

●●●

다음 날 점심 무렵, 에프러시는 스탠퍼드대학교 캠퍼스로 달려갔다. 그는 아무 학생이나 붙잡고 더페이스북을 아는지 물었다.

어느 한 학생이 이렇게 대답했다. "그것 때문에 공부를 할 수가 없어요. 완전히 중독되었어요."

투자의 진화

다른 학생은 이렇게 말했다. "내 삶의 구심점이 되었어요."[20]

에프러시는 피츠버그에 있는 듀케인대학교 2학년 여학생을 소개받고서 전화를 했다.

그 여학생이 이렇게 말했다. "아하, 더페이스북. 10월 23일에 가입했어요."

에프러시가 물었다. "정확한 날짜까지 기억합니까?"

"물론이죠." 듀케인대학교 여학생은 몇 달 전부터 더페이스북이 출시되기를 기다리고 있었다. 그녀의 친구들도 빨리 더페이스북에 가입하고 싶어 했다.

에프러시는 아내에게도 더페이스북 이야기를 전했다. 그는 이처럼 폭발적인 수요를 본 적이 없었다. 에프러시는 이렇게 말했다. "나는 이 회사에 투자해야겠어."

그날 저녁에 에프러시는 스탠퍼드대학교 근처의 꾀죄죄한 맥주집에서 약속대로 파커를 만났다. 파커는 액셀이 더페이스북이 가진 가치만큼 투자하지 않을 것이라는 믿음을 또다시 반복해서 이야기했다. 그가 정말 그렇게 믿고 있을까? 아니면 그냥 액셀이 높은 금액을 제시하게 하려는 목적에서 나온 말일까? 어쨌든 한 가지 분명한 것은 그가 벤처캐피털을 조롱할 기회를 즐기고 있었다는 것이다.

에프러시는 액셀이 얼마나 투자할 수 있는가를 제안할 기회를 달라고 했다. 파커에게 원하는 것은 저커버그와 함께 월요일에 열리는 파트너 회의에 참석해달라는 것뿐이었다.

월요일 오전에 액셀 팀이 회의실에 모였다. 그들 중 한 사람이 이런 말을 했다. "그들이 정말 올까요?"[21] 오전 10시에 드디어 그들이 나타났다.

액셀이 여전히 과거의 직관에 사로잡혀 있었다면 그 회의는 아무런 성과 없이 끝났을 것이다. 가장 중요한 방문객인 저커버그는 반바지 차림에 아디다스 샌들을 신고 왔다. 그는 그 자리에 모인 사람들에게 '내가 CEO다… 어쩔래!'라고 적힌 명함을 돌렸다.[22] 저커버그는 발표 내내 거의 아무 말도 하지 않았다. 자신의 이력과 회사에 대한 비전에 대해 말해줄 것을 구슬리자 2분 정도로만 대답했다.[23] 액셀의 파트너들은 거의 말을 하지 않는 스무 살짜리 젊은이에게 투자하기를 원하고 있었다. 그들은 '준비된 마인드' 훈련 덕분에 단념하지 않았다. 에프러시는 나중에 이렇게 말했다. "우리는 이미 저커버그와 같은 독특한 인물이 나올 법하다고 생각하고 있었습니다. 그리고 실제로 바로 그 자리에 그런 인물이 나왔습니다."[24]

티셔츠에 스포츠 재킷을 걸쳐서 직장인에 좀 더 가까운 차림을 한 파커와 콜러는 저커버그의 태도에 대한 의구심을 해소할 만한 이야기를 전개했다. 그들은 더페이스북이 군대와도 같은 효율성을 발휘하여 전국의 캠퍼스를 차례대로 장악해가는 방법을 설명했다. 다수의 대학에서 더페이스북의 서비스를 요청했다. 대학들은 이러한 대열의 앞줄에 서기 위해 학생들의 이메일, 스포츠 팀과 클럽에 관한 정보, 강의 목록과 그 밖의 정보를 제공해야 했다. 이렇게 해서 더페이스북은 출시와 동시에 전국의 캠퍼스에서 수많은 학생들이 가입하여 금방 필요한 인원을 모집했다. 이에 따라 또 다른 학생들이 공동체에 가입하면서 더페이스북은 프렌드스터가 겪은 문제와는 정반대가 되는 상황을 경험했다. 대부분의 학생들에게는 다른 대학에 다니는 고등학교 친구들이 있기 때문에 그 친구들이 가입하면서 초기의 충성 회원들은 이 플랫폼에 훨씬 더 몰두하게 되었다. 더페이스북은 사용자 수의 증가와

투자의 진화

사용자 참여도의 감소라는 상충관계에 직면하지 않았다.

　회의가 끝나자 액셀의 파트너들은 만장일치로 합의를 보았다. 말이 없는 저커버그의 태도에 신경 쓰는 사람은 아무도 없었다. 더페이스북 사무실을 장식하는 성적 표현물을 거론하는 사람은 아무도 없었다. 세쿼이아캐피털을 경영하던 마이클 모리츠와 더그 레온이 액셀에 파커를 경계하라고 경고한 것에 대해서도 아무도 걱정하지 않았다. 오직 중요한 것은 제품의 폭발적인 인기였다. 저커버그에게 맥주를 대접하기에는 나이가 너무 어리다는 사실은 그에 대한 믿음을 더해줄 뿐이었다.[25]

　문제는 어떻게 하면 더페이스북이 액셀의 자금을 받아들이게 할 것인가에 있었다. 액셀은 자신이 아마도 미디어 부문의 기업투자자와 경쟁하고 있는 것을 알고 있었다. 파커는 경쟁자가 제시하는 조건을 밝혔는데, 프리머니 가치 Pre-Money Valuation(새롭게 들어오는 자본을 계산하지 않은 상태에서의 기업가치―옮긴이)로 6000만 달러였다. 액셀은 약간의 심의를 마치고는 더페이스북의 가치를 똑같은 6000만 달러로 평가하면서 다른 입찰자보다 더 많은 금액을 투자할 것이라고 제안했다.

　그날 밤 콜러가 이메일로 답장을 보냈다. 고맙지만 사양하겠다는 것이었다. 분명히 경쟁 입찰자가 실제로 있었다. 그때쯤 인맥이 두텁기로 소문난 액셀의 경영 파트너 짐 브레이어 Jim Breyer가 상대방이 거의 틀림없이 워싱턴포스트라는 사실을 알아냈다.[26]

　다음 날 액셀 팀은 투자금액을 어느 정도로 증액할 것인지를 결정하기 위해 다시 모였다. 그날 오후에 에프러시는 회의 도중에 동료 두 명과 함께 더페이스북 관계자들을 붙잡으려고 유니버시티애비뉴를 달렸다. 그는 새로운 제안을 내놓았다. 이제 액셀이 더페이스북의 가치를 새로운 자본이 들어오기 전을 기준으로 7000만 달러로 평가했다.

이것은 액셀이 더페이스북에 1000만 달러를 투자하고, 포스트머니 가치 Post-Money Valuation(새롭게 들어오는 자본을 계산한 상태에서의 기업가치―옮긴이)를 8000만 달러로 하자는 것이었다.

이번만큼은 파커가 감명을 받았다. "좋습니다. 고려해볼 만한 가치가 있네요."

이제 액셀이 경쟁자보다 더 비싼 값을 제시하게 되었다. 그러나 액셀 앞에는 여전히 장애물이 놓여 있었다. 저커버그는 워싱턴포스트와 구두로 합의를 보았고, CEO인 도널드 그레이엄 Donald Graham이 자신이 더페이스북을 이끌어가는 데 간섭하지 않을 것이라고 믿었다. 파커는 저커버그에게 실리콘밸리 벤처투자자들이 나쁜 사람들이라고 생각하도록 가르쳤다. 아마도 저커버그는 워싱턴포스트와의 관계를 유지하고 낮은 평가액을 받아들이는 것이 더 낫다고 여길 것이다.

그날 밤에 액셀 사람들은 저커버그와 그의 동료들과 함께 미슐랭 레스토랑인 빌리지펍 Village Pub에서 저녁식사 시간을 가졌다. 레스토랑 이름이 거짓 겸손에 대한 하나의 연구 대상이었다. 그 자리에 모인 사람들은 더페이스북의 성장전략에 대해 논의했으며, 손님을 접대하는 액셀 측의 에프러시와 경영 파트너 브레이어가 저커버그의 입을 열기 위해 무던히도 애를 썼다. 특히 브레이어는 상당한 성과를 내고 있었다. 그는 월요일 회의 이후로 저커버그에게 개인적인 통로를 열어놓았고, 이 젊은 창업자가 그의 황금색 롤로렉스와 은근한 자신감에 깊은 인상을 받은 것 같았다. 그러나 브레이어가 손을 내미는 것처럼 보일 때 저커버그가 이를 뿌리쳤다. 그는 마치 내적 대화에 몰입한 것처럼 입을 다물고 자기만의 세계에 빠져들었다. 그러더니 곧 일어나서 화장실로 갔다. 그는 오랫동안 나타나지 않았다.

투자의 진화

콜러는 혹시 저커버그에게 무슨 일이 있는지 확인하려고 자리에서 일어났다. 그는 남자 화장실 바닥에서 다리를 꼬고 앉아 울고 있는 저커버그를 발견했다.

저커버그는 흐느끼면서 이렇게 말했다. "그렇게 할 수는 없어요. 약속을 했거든요." 그는 브레이어를 좋아했지만, 그에게서 돈을 받고 싶지는 않았다. 그는 워싱턴포스트의 그레이엄과의 약속을 도저히 깰 수가 없었다.

콜러가 이렇게 제안했다. "그냥 돈에게 전화해서 어떻게 생각하는지 물어보는 게 어떨까?"[27]

저커버그는 마음을 가라앉히고는 테이블로 다시 돌아왔다. 그다음 날 아침에 그는 그레이엄에게 연락하여 더 높은 금액을 제안하는 데가 있다는 소식을 전했다. 저커버그는 그레이엄을 존경했지만, 브레이어가 스타트업을 스타로 이끌어가는 데 경험이 더 많다는 사실을 알고 있었다. 그리고 파커가 갖는 벤처캐피털에 대한 적대감을 받아들이기는 했지만, 액셀이 더 많은 금액을 제안하면서 자신의 신념을 뒷받침해주었기 때문에 고마운 마음도 생겼다.

그레이엄은 입찰 전쟁에 뛰어들 준비가 되어 있지 않았다. 그의 친구이자 멘토인 워런 버핏은 그에게 가치투자의 규율을 가르쳤고, 그는 실리콘밸리의 떡법칙에 입각한 사고방식을 회의적으로 바라보았다. 그는 저커버그에게 더 나은 금전적인 거래를 약속하기보다는 더 나은 심리적인 거래를 제안했다.

그레이엄은 이렇게 말했다. "그 사람들에게 돈을 받는 것은 우리한테서 받는 것과는 다를 것입니다. 그렇지 않습니까? 우리는 당신이 회사를 어떻게 경영할 것인가에 대해 아무런 말도 하지 않을 것입니다."[28]

젊은이들의 반란이라는 관점에서 보면, 그레이엄의 호소가 성공할 수도 있었다. 불과 한 달 전에 와이콤비네이터의 창업자 폴 그레이엄이 벤처투자자들이 젊은 기업가들에게 너무 많은 자금을 강제로 먹이려고 한다고 비판하면서 '벤처캐피털의 착취에 관한 일관된 이론'을 제시했다. 엔젤투자자로서 더페이스북을 지원하면서 이사회 이사로도 활동한 피터 틸은 창업자가 벤처투자자와 지배권을 공유하지 말고 자신의 회사에 대한 경영권을 유지해야 한다고 강조했다. 그러나 이런 분위기에서도 도널드 그레이엄의 입찰은 실패했다. 와이어호그 프레젠테이션, 도발적인 명함, 아디다스 슬리퍼 샌들에 대해서는 신경 쓸 필요가 없었다. 저커버그는 벤처캐피털과 거래한 이후의 결과를 곰곰이 생각해보았고, 그것을 기꺼이 받아들이기로 했다.

이제 그레이엄이 고맙게도 저커버그가 자신을 괴롭히던 도덕적 딜레마에서 빠져나오게 해주었다.[29] 그는 저커버그에게 액셀과 함께 좋은 일이 생기기를 빌었다. 이제 더페이스북이 앞으로 가야 할 길이 정해졌다.

파커에게는 액셀과 더페이스북의 거래가 두 가지 결과를 가져왔다. 긍정적인 측면에서 보자면, 그것이 자신이 뛰어난 협상가라는 명성을 굳히게 했다. 그는 벤처투자를 절실히 원하던 자들을 능숙하게 다루면서 회담의 마지막 단계에서 일련의 추가적인 승리를 확보하여 저커버그가 부와 자신의 회사에 대한 통제권을 더 많이 갖게 했다. 그러나 몇 달이 지나서 반전이 일어났다. 더페이스북이 그냥 페이스북이 된 직후인 2005년 9월에 액셀이 파커를 회사에서 축출하기로 했다. 파커는 플락소에서의 행위를 재연이라도 하듯이 엉뚱한 짓을 하기 시작했다. 그가 페이스북에서 아르바이트를 하는 미성년 여성을 포함한 몇몇 사람

투자의 진화

들과 파티를 하던 해변 별장에서 코카인을 소지한 혐의로 체포되었다(그러나 기소되지는 않았다).[30] 예전에 페이스북 본사의 선정적인 벽화를 무시했던 액셀이 이제는 파커가 넘지 말아야 할 선을 넘었다고 판단했다. 페이스북 이사회 이사로 활동하던 액셀의 경영 파트너 브레이어는 파커를 축출하기 위해 이번 사건을 이용했다. 저커버그가 친구를 용서하려고 했지만, 브레이어는 페이스북을 위해 회사를 좀먹는 세력을 제거하려는 목적에서 자기 뜻을 굽히지 않았다. 플락소에서의 결말을 되풀이하기라도 하듯이 파커는 자신의 스톡옵션 중 절반을 몰수당해야 했다. 5년 후 그 스톡옵션의 가치가 약 5억 달러에 달했다.[31]

벤처캐피털 업계를 위해서는 페이스북의 거래가 전통적인 벤처 파트너십이 젊은이들의 반란을 어떻게 헤쳐 나갈 수 있는지 보여주었다. 그들은 어느 스탠퍼드대학교 대학원생에게서 정보를 얻을 수 있었다. 또한 30대 초반의 투자자에게 훈련을 제공하고 힘을 실어줄 수 있었고, 40대 경영 파트너의 현실적인 감각과 인맥을 활용할 수 있었으며, 심지어 60세 창업자의 투자 감각을 활용할 수도 있었다. 2012년 페이스북이 주식공모를 했을 때 액셀은 120억 달러가 넘는 엄청난 수익을 올렸다.[32] 액셀은 오만한 젊은이들의 비난과 조롱을 무시하는 대가로 충분한 보상을 받았다.

그러나 페이스북의 사례가 적어도 그 당시로서는 투자자들의 인내심에는 한계가 있다는 사실을 여실히 보여주었다. 벤처캐피털은 자신을 악당으로 묘사하고 스스로 경찰과 마찰을 일으킨 유해한 반란자에 대해서는 자신의 힘을 발휘했다. 그들은 파커를 축출했다. 10년이 지나서, 앞으로 보게 되는 것처럼 이러한 규율의 기능은 사라져가고 있었다.

액셀이 21세기에 성공으로 가기 위한 것들을 가지고 있었다면, 클라이너퍼킨스의 이야기는 성공이 필연적이지는 않다는 사실을 보여준다. 1980년대와 1990년대에 걸쳐 클라이너퍼킨스는 선도적인 벤처캐피털이었고, 그들의 포트폴리오 기업들은 인터넷에서 창출된 시장가치의 3분의 1을 차지하는 것으로 알려졌다.[33] 2015년 무렵에 일련의 평범한 투자를 한 이후로 클라이너퍼킨스는 정상권에서 모습을 감추었다.[34]

클라이너퍼킨스의 쇠퇴가 특별히 두드러지게 된 것은 벤처투자 실적의 경로 의존성 때문이었다. 성공한 스타트업을 지원하는 벤처캐피털은 이러한 성공을 통해 명성을 얻으며, 이는 미래의 승자가 되려는 집단에서 맨 앞에 서게 해준다. 때로는 그들이 할인된 가격으로 지분을 가질 수 있게 된다. 이는 기업가들이 유명한 투자자들의 공식적인 승인에 가치를 두기 때문이다. 이러한 자기강화적 우위, 즉 명성은 성과를 증진하고, 성과가 명성을 높이는 현상이 미묘한 문제를 제기한다. 벤처캐피털이 정말 역량이 있는 것인가, 아니면 최고의 성과를 내는 자들이 단지 그들의 평판에 올라타기만 한 것인가? 클라이너퍼킨스의 이야기는 학문적 연구를 통해 확인된 사실을 잘 보여준다.[35] 평판이 중요하지만, 이것이 결과를 보장해주지는 않는다. 성공은 다음 세대가 새롭게 얻는 것이다.

클라이너퍼킨스가 쇠퇴하게 된 것은 대체로 엄청나게 실패한 투자 때문이라고 한다. 이 회사는 2004년부터 태양열 발전에서 바이오 연료, 전기자동차에 이르기까지 기후변화에 대처하는 데 도움이 되는 친환경기술에 승부를 거는 스타트업을 지원했다. 2008년에 클라이너퍼킨스는 이 부문에만 집중하는 새로운 성장형 펀드의 규모를 두 배로 늘려 10억 달러를 투입했다. 이러한 결정은 이상주의와 소망적 사고가 혼합되어 나온 것이었다. 클라이너퍼킨스의 실세 파트너인 존 도어는 지구를 구하는 데 헌신하겠다는 자신의 공약에 지나칠 정도로 감성적이었다. 그는 10대가 된 자기 딸 메리가 하는 말을 즐겨 인용했다. "아빠, 아빠 세대가 이 문제를 일으켰어요. 이제 아빠가 해결해야 해요."[36] 이와 함께 도어는 청중들에게 에너지 부문의 시장규모가 6조 달러나 된다는 사실을 상기시키면서, 돈을 벌려면 친환경기술로 가야 한다고 주장했다. 2007년에 그는 이렇게 힘주어서 말했다. "인터넷 기억하세요? 제가 말씀드리죠. 친환경기술의 시장규모가 인터넷보다 더 큽니다."[37]

실존적 중요성이야 어떠하든, 벤처투자자들에게는 친환경기술이 다루기 힘든 분야였고, 도어는 규모가 큰 시장이 바로 수익성이 있는 시장이라는 주장을 하지 말았어야 했다. 풍력, 바이오 연료 또는 태양 전지판 부문은 자본집약적이어서 해당 스타트업들은 많은 자본을 잃을 위험이 컸다. 이들의 프로젝트는 성숙 단계에 접어들기까지 수년이 걸렸으며, 이는 성공한 소수의 스타트업들의 연간 수익률이 낮아지도록 했다. 친환경기술 투자자들은 자본 소요액이 많고 시간도 오래 걸리는 점을 보완하기 위해 이론적으로 낮은 가치로 투자하고 추가 지분을 요구할 수 있었다. 하지만 젊은이들의 반란으로 자리를 잡은 '창업자 친화적' 풍조 때문에 도어는 그렇게 하고 싶지가 않았다. 설상가상으로 도어의 초기 친환경기술 부문으로의 진출이 확실한 해자가 없는 기업을 중심으로 진행되었다. 태양열 발전과 바이오 연료 프로젝트는 에너지 생산과 관련이 있는데, 에너지는 가격이 주기적으로 크게 변동하는 획일적인 상품이다. 2008년 여름에 원유 가격이 폭락하면서 도어의 대체에너지 투자는 실패했다. 이후로 보조금을 받는 태양 전지판이 중국으로부터 몰려오고 셰일가스 시추 기술이 발전하여 에너지 가격은 더욱 하락했다. 한편으로는 이러한 가격 하락의 흐름은 정치적 판단 착오와 함께 나타났다. 도어는 탄소 배출에 세금을 부과하거나 이를 규제하려는 약속에 대한 연방정부의 이행 의지를 과대평가했다.[38]

클라이너퍼킨스의 유한책임 파트너들은 결과를 받아들이기가 힘들었다. 첫 번째 친환경기술 투자의 결과가 특히 저조했으며, 이에 따라 2004년, 2006년, 2008년에 모금한 벤처펀드의 실적도 저조했다. 어느 유한책임 파트너는 2006년 펀드에 투자한 이후로 10여 년이 지나서 투자금이 거의 반 토막이 났다면서 한숨을 쉬었다.[39] 2008년에 모금한 친환경 성장형 펀드로 시작한 두 번째 친환경기술 투자의 결과는 더 나아졌다. 클라이너퍼킨스는 해자가 있는 기업을 중심으로 몇 개의 극적인 성공작을 만들었다. 2021년 현재 식물 기반 육류회사인 비욘드 미트Beyond Meat의 수익률은 107배에 이르렀고, 배터리 제조업체인 퀀텀스케이프QuantumScape의 수익률은 65배, 스마트 태양광업체인 엔페이즈Enphase의 수익률을 25배에 이르렀다. 이 정도 실적이라면 업계 상위 25퍼센트에 해당하는 벤처펀드를 적어도 하나는 만들어낼 수 있었다.[40] 그러나 클라이너퍼킨스의 전반적인 실적은 여전히 부진했다.[41] 클라이너퍼킨스의 전성기라 할 2001년에 비노드 코슬라와 존 도어는 〈포브스〉가 선정한 미다스의 손 명단에서 각각 1위와 3위를 차지했다. 2021년에 도어가 77위를 차지했으며, 그를 제외하고는 상위 100위 안에 드는 인물 중 클라이너퍼킨스 출신은 아무도 없었다.[42]

클라이너퍼킨스가 부진의 늪에 빠지기 시작했을 때에도 대부분의 클라이너퍼킨스 유한책임 파트너들은 이곳에 계속 머물면서 경로 의존성이 갖는 위력을 입증했다. 처음에 그들은 과거의 마법이 되돌아오기를 바랐다. 무엇보다도 구글과 아마존을 대상으로 했던 도어의 성공작은 그를 역사상 가장 성공한 벤처투자자 중 한 사람이 되게 했고, 그는 여전히 사람들을 끄는 힘이 있었다. 나중에 몇몇 유한책임 파트너들은 다른 이유로 투자를 계속했다. 그들은 내부자들이 클라이너퍼킨스라는 브랜드가 갖는 의미가 퇴색되었다는 사실을 알게 되었을 때에도 실리콘밸리의 유명 브랜드와의 연관성을 중요하게 생각했다. 예를 들어 어느 모태펀드Fund-of-Funds(기업에 직접 투자하기보다는 개별 펀드에 출자하여 위험을 감소시키면서 수익을 목적으로 운영하는 펀드—옮긴이) 운용사가 자신의 후원자들(규모가 작고 정교하게 설계되지 않은 연금펀드)이 유명한 클라이너퍼킨스가 자신들의 자금을 관리하고 있다는 소식을 듣고는 깊은 감명을 받았다고 털어놓았다. 이것은 모태펀드라는 중개자 없이는 가질 수 없는 일종의 특권이었다. 그러나 2016년이 되어 이처럼 브랜드를 의식하는 투자자들도 떠나기 시작했다. 이제 클라이너퍼킨스라는 브랜드가 더 이상 선망의 대상이 아니었고, 권위가 크게 떨어진 도어는 투자 파트너의 자리에서 내려왔다.

물론 클라이너퍼킨스의 쇠퇴에 대해 이처럼 친환경기술에 입각한 일반적인 설명은 부분적으로는 옳다. 놀랍게도 무어의 법칙과 멧칼프의 법칙이 갖는 위력을 설파하며 인터넷의 초기 물결에서 큰돈을 번 클라이너퍼킨스가 이러한 마법과도 같은 위력이 없는 부문에 뛰어들었다. 그런데도 이 이야기에는 또 다른 측면이 있다. 이것은 벤처사업에 대한 더욱 미묘한 진실을 드러낸다. 액셀의 페이스북 투자가 시사하듯이 그리고 다른 많은 사례 연구에서 알 수 있듯이 벤처캐피털은 일종의 팀 스포츠다. 때로는 여러 파트너들이 홈런을 낳는 거래를 결정해야 하며, 사냥을 이끌어가는 투자자가 계약이 체결된 다음에 포트폴리오 기업을 지도하는 스튜어드와 항상 같은 인물인 것은 아니다. 벤처캐피털이 일을 생산적으로 하기 위해서는 파트너십의 문화가 올바른 것이 되어야 한다. 바로 이것을 클라이너퍼킨스는 대단히 잘못 관리했다.[43]

●●●

클라이너퍼킨스의 초창기에는 파트너십이 한쪽으로 치우쳐 보였다. 톰 퍼킨스는 대담하고도 유력한 활동가로서 탠덤컴퓨터스와 제넨텍을 후원하면서 창조적인 천재성을 발휘하여 다른 세 명의 유명한 파트너들을 무색하게 했다. 그러나 내면을 들여다보면 다른 파트너들이 중요한 역할을 했다. 이는 꼭 그들이 했던 투자 때문이 아니라 그들이 퍼킨스에게 미쳤던 영향 때문이었다. 그들은 퍼킨스라는 거물이 미친 생각을 하고 있을 때 그를 설득했다. 그가 화를 내며 계약을 파기하겠다고 위협할 때 그들은 상황을 수습하는 방법을 알고 있었다.

1983년에 미치 케이퍼가 클라이너퍼킨스 사무실을 찾아가 자기가 창업한 로터스디벨로프먼트라는 회사를 소개한 적이 있었다. 그날 퍼킨스는 뚜렷한 이유도 없이 크게 화를 냈다. 그는 이렇게 소리치며 자리를 박차고 나갔다. "왜 우리가 투자하지 않을 회사 이야기를 들으며 시간을 낭비해야 하는지 모르겠어."[44] 클라이너퍼킨스에서 일을 한 지 3년이 된 도어가 바람 빠진 풍선 인형처럼 축 늘어졌다. 그는 케이퍼와 함께 투자 설명회를 준비하기 위해 열심히 일했다. 이제 투자 설명회

투자의 진화

는 배달도 되기 전에 식어버린 음식처럼 보였다. 그러나 이 시점에서 팀워크의 가치가 발현되었다. 파트너들 중에서 별로 알려지지 않은 프랭크 코필드Frank Caufield가 자기가 나서서 퍼킨스를 설득할 것이라고 말하면서 도어를 안심시켰다. 그는 퍼킨스를 웃게 만들고 성질을 죽이게 하는 방법을 알고 있었다. 이제 도어가 자신감을 되찾은 상태에서 로터스디벨로프먼트에 대한 투자 설명회가 재개되었고, 모두가 회의실 유리벽을 통해 볼 수 있는 퍼킨스의 언짢은 표정을 무시했다. 코필드가 개입한 덕분에 퍼킨스가 화를 낸 것이 큰 문제가 되지 않았고 거래는 성사되었다. 파트너십에 수백만 달러의 손실을 낳을 수도 있었던 퍼킨스의 변덕스러운 성격이 이렇게 우아하게 관리되었다.

1980년대 후반부터 2000년대 초반까지 클라이너퍼킨스는 파트너십에 훨씬 더 바람직한 균형을 달성했다. 도어와 코슬라는 퍼킨스의 두 후계자로 부상했다. 그들은 고압적이었고, 성미가 까다로웠으며, 크게 성공했다. 최고의 자리에 두 명의 슈퍼스타를 앉히는 것이 한 명을 앉히는 것보다 훨씬 더 좋았다. 각자가 상대방에 대하여 건전한 지적 견제를 할 수 있었던 것이다.

그러나 클라이너퍼킨스의 초창기와 마찬가지로 파트너십에 꼭 필요한 역할을 하지만 별로 알려지지 않은 파트너들이 있었다. 더그 매켄지Doug Mackenzie라는 파트너는 어려운 질문을 하는 것으로 유명했다. 벤처투자에서는 낙관론자들이 영광을 차지하지만, 비관론자들은 투자자들이 현실에 기반을 두게 한다.[45] 케빈 콤프턴Kevin Compton이라는 또 다른 파트너는 클라이너퍼킨스가 윤리적으로 어긋나지 않게 하는 사람이었다. 클라이너퍼킨스의 어느 젊은 투자자는 이렇게 회상한다. "케빈은 도덕적 나침반이었습니다." 또 다른 투자자는 이렇게 말한다.

"그분을 존경합니다. 그분은 자기주장만을 내세우지 않는 훌륭한 멘토였습니다."[46]

그러나 21세기를 맞이하여 처음 10년 동안 클라이너퍼킨스는 이러한 균형을 잃었다. 문제의 한 부분은 회사가 성장했다는 데 있었다. 벤치마크와 같은 전통적인 파트너십에는 여전히 무한책임 파트너들이 대여섯 명밖에 없었지만, 클라이너퍼킨스에는 열 명이 넘는 다양한 수석 고문들과 함께 젊은 투자자들도 많이 있었다. 2004년에 코슬라는 이처럼 다루기 힘든 구조에 지친 나머지 자기 회사를 설립하려고 클라이너퍼킨스를 떠났다. 이로써 도어는 지적 균형추가 없는 상태에 놓이게 되었다. 같은 해에 매켄지와 콤프턴도 클라이너퍼킨스를 떠나 레이더파트너스Radar Partners라는 회사를 창업했다. 도어는 이 노련한 동료들을 일련의 유명인사들로 대체했다. 2000년에 그는 오라클Oracle의 성공을 이끈 실리콘밸리 최고의 소프트웨어 영업 전문가인 레이 레인Ray Lane을 영입했다. 2005년에는 전략 고문으로 선마이크로시스템스의 공동 창업자 빌 조이Bill Joy와 콜린 포웰Colin Powell 전 국무장관을 영입했다. 2007년에는 앨 고어 전 부통령을 일종의 겸임 선임 파트너로 영입하여 팀 구성을 마무리했다. 새로 온 사람들은 투자 경험이 없었고, 나이가 50대 혹은 60대였다. 클라이너퍼킨스는 성공을 갈망하는 유망한 젊은이들을 모집하여 그들을 훈련시키려고 했던 액셀의 투자 철학과는 사실상 정반대가 되는 철학을 받아들였다.[47]

클라이너퍼킨스의 문화가 이렇게 변한 것이 친환경기술 투자에서 커다란 실패를 맞이하는 계기가 되었다. 도어가 도전적인 부문에 클라이너퍼킨스라는 이름을 걸기로 했을 때 그를 견제할 만한 사람은 아무도 없었다. 매켄지와 콤프턴은 떠나고 없었다. 그들은 친환경기술이 지

투자의 진화

나치게 자본집약적이고, 성숙 단계에 접어들기까지 시간이 너무 오래 걸리고, 변덕스러운 정부 규제로 휘둘릴 수 있기에 이에 대한 회의적인 생각을 공공연히 드러냈다. 소 잃고 외양간 고치는 격이지만, 콤프턴은 친환경기술 투자가 톰 퍼킨스가 물려준 교훈을 위반한 것이라는 주장까지도 펼쳤다. 퍼킨스는 이판사판식의 투자에 모든 것을 걸려고 하지 않았고, 소액의 자금을 투자하여 벤처사업에서의 주요 위험을 제거하려고 했다. 그는 이러한 위험을 "굉장히 뜨거운 위험"이라고 불렀다. 게다가 퍼킨스는 새로운 기술에 정신을 빼앗기지 않았고, 혁신이 중요한 것이 되려면 이전보다는 근본적으로 더 나아져야 한다고 경고했다. 그는 늘 이런 말을 했다. "열 배만큼 달라지지 않으면, 그것은 달라진 것이 아니다."[48] 클라이너퍼킨스가 두뇌 유출을 겪지 않았더라면, 콤프턴과 매켄지가 곁에서 이와 같은 주장을 했을 것이다. 어느 클라이너퍼킨스 내부자는 이렇게 기억했다. "그들이 없는 상황에서 어느 누구도 존에게 도전하려고 하지 않았습니다." 아마도 이 말은 약간만 과장해서 하는 표현일 것이다. 클라이너퍼킨스는 굉장히 뜨거운 위험을 제거하는 곳에서 이판사판식으로 위험을 받아들이는 곳으로 변했다.

도어는 이 시기를 돌이켜보며 클라이너퍼킨스를 완전히 자기 손아귀에 쥐고 있었다는 주장에 반론을 제기한다. 그는 이렇게 말했다. "여태껏 우리는 경영 파트너 혹은 CEO를 둔 적이 없어요. 따라서 내가 그런 역할을 해본 적이 없습니다. 존 도어라는 개인이 투자하고 싶어 했다고 해서 회사가 투자할 수 있는 게 아닙니다."[49] 그러나 그의 이전 동료들은 이런 주장에 동의하지 않았다. 그리고 벤처 업계에서의 그의 엄청난 위상과 함께 빠르게 몰아치는 카리스마를 감안하면, 그가 하는 말에 의문을 제기하게 된다. 게다가 클라이너퍼킨스가 갖는 근본적인 문제는 기업 내부의 편향된 권력구조에서 비롯되는 문화적인 것이고, 이것이 친환경기술 투자에서의 손실을 만회할 수도 있는 새로운 계획을 포함하여 다른 모든 것에 영향을 미쳤다. 앞서 살펴본 것처럼 클라이너퍼킨스의 중국 진출은 난관에 부딪혔다. 도어에게는 현지 팀을 성공적으로 이끌어갈 관리자가 부족했다. 도어의 미국 파트너들은 그의 결점을 보완할 만한 위상에 있지 않았다. 마찬가지로 클라이너퍼킨스는 전통적인 IT 벤처투자를 통하여 친환경기술 투자에서의 손실을 만회하지 못했다. 어쩌면 성숙한 스타들에게는 젊은 창업자들과 관계를 맺는 것이 힘에 부쳤기 때문에, 클라이너퍼킨스의 벤처 팀은 우버, 드롭박스Dropbox, 링크드인, 왓츠앱, 스트라이프 등을 통해 당대의 홈런을 칠 기회를 놓치고 말았다. 이 시기에 클라이너퍼킨스가 거둔 한 가지 눈에 띄는 성공으로는 디지털 비즈니스 평가 분야를 개척한 모건스탠리 출신의 애널리스트 메리 미커Mary Meeker를 영입한 것을 꼽을 수 있다. 그 당시에 클라이너퍼킨스에 들어온 다른 저명한 50대 인사들과는 다르게 미커는 투자업계에서 잔뼈가 굵은 사람이었다. 그녀는 일련의 성장형 펀드를 운영하면서, 벤처 팀이 놓친 회사에 대한 나중 단계 투자에서 수익을 창출하여 클라이너퍼킨스의 실적을 어느 정도는 만회했다.

●●●

당시 클라이너퍼킨스에 가장 고통스러운 실패는 이상주의와 잘못된 경영이 비극적으로 혼합된 모습을 여실히 보여주었다. 1990년대 말부터 도어는 또 하나의 고귀한 십자군운동에 착수했다. 그는 벤처

투자의 진화

업계의 성 불균형을 조금씩 해소하기 시작했다. 그는 서부해안에서 활동하는 자기 세대의 남성 엔지니어보다는 똑똑한 여성을 더 신뢰했다. 그의 아내는 인텔 엔지니어였고, 그는 두 딸을 애지중지했다. 게다가 1990년대 말에 이르러서는 뒤늦게 변화의 바람이 불고 있는 것이 분명해졌다. 1970년대에는 기술 부문에서 고위직 여성이 부족한 현상이 당혹스러울 정도로 두드러졌지만, 그 당시에는 거의 모든 산업에서 여성이 부족했다. 이후로 여성들이 새로운 분야로 진출함에 따라, 기술 부문에서 여성이 부족한 현상이 두드러지게 되었다. 1990년대 말 투자은행과 경영컨설팅 부문에서 여성이 차지하는 비중은 벤처캐피털 부문에 비해 5~7배나 더 높았다. 벤처캐피털 부문에서 신입직원 중 여성이 차지하는 비중은 9퍼센트에 불과했고, 이러한 모습은 앞으로도 계속될 것으로 보였다. 벤처캐피털 부문에서 경력을 쌓은 여성들도 초청자 명단에서 제외되는 경우가 많았다. 이곳은 남자들만 모이는 회식 클럽과도 같이 구시대의 기이한 유물처럼 여겨졌다.[50] 당시에 MIT 슬론 경영대학원을 졸업한 젊은 아시아계 미국인 은행가 에일린 리Aileen Lee는 벤처캐피털 업계를 코네티컷주에서 사업가 아버지 슬하에서 자란 백인 남성들의 영역으로 치부했다.[51]

모건스탠리에서 잠시 근무하다가 하버드대학교에서 경영학 학위를 받은 리는 1999년에 자신을 채용 담당자라고 소개하는 한 여성의 전화를 받았다.

그녀는 앞으로 리가 클라이너퍼킨스에서 존 도어를 위해 일할 것인지 물었다. 리가 말했다. "거기에는 남자들만 있잖아요. 친구로 지낼 사람이 없을 거 같네요."

채용 담당자가 이렇게 되받았다. "당신이 이번 면접에 오지 않으면,

세상은 절대로 변하지 않을 겁니다." 그러고는 충고의 말도 잊지 않았다. "남자라면 어느 누구도 방금 당신이 나한테 했던 말을 하지 않을 것입니다."

리는 나중에 웃으며 이렇게 말했다. "그 여자는 정말 나를 화나게 하는 방법을 알고 있었습니다."[52]

리는 도어를 만나러 가서 그를 시험하기로 했다. 그녀는 자기 삶에 대한 계획을 이야기했다. 스물여덟 살에 결혼하고, 첫째는 서른 살에, 둘째는 서른두 살에 갖는 것이었다. 그녀는 이미 서른을 넘겼기 때문에 계획보다 늦어지고 있었다. 그녀는 벤처캐피털이 자신에게 안 맞는 곳이라는 두려운 확신이 들지 않을까 걱정하며 이렇게 말했다. "나는 당신이 내 계획이 밀린 계획을 따라잡는 것이라는 사실을 이해하셨으면 합니다."

도어가 이렇게 대답했다. "나와 함께 간다면, 모든 일이 다 잘될 것입니다."[53]

리는 여전히 불안을 떨쳐버리지 못한 채로 클라이너퍼킨스에서 일하기로 했다. 그녀는 클라이너퍼킨스 투자팀에서 최연소 전문가이자 유일한 여성이었다. 사실 그녀는 몇 년 동안 그곳에서 근무하고 나서도, 심지어는 파트너가 되고 그다음에는 선임 파트너로 승진한 몇 안 되는 클라이너퍼킨스 직원들 중 한 사람이 되고 나서도, 자신이 여전히 평가의 대상이 되고 있다고 느꼈다. 그녀는 이처럼 떨쳐버리기 힘든 적대감을 설명할 방법을 찾고는 남자가 클라이너퍼킨스에 합류하면 클럽회원이 된다는 결론에 도달했다. 그가 멍청한 말을 하면 등짝 스매싱을 당할 것이다. 그러면 불쾌해하지 않고 재미있어할 것이다. 그러나 클럽회원이 아닌 여성은 결코 동지애와 관용에 의존할 수 없었다. 그녀가 멍청한 말을 하면, 그것이 당장 그녀의 입지에 영향을 미칠 것이다.

리는 말을 조심스럽게 하면서 이 문제를 관리했다.

동료들이 궁금해하면서 이렇게 말했다. "조금 더 크게 말씀해주시겠습니까?"

리는 이런 피드백을 받아들였고, 더 큰 소리로 말했다.

같은 동료들이 이렇게 충고했다. "너무 단정적으로 이야기하지는 마세요."

언젠가 한번은 리가 출산휴가를 떠났다. 그녀는 밀린 계획을 따라잡고 있었다. 리가 자리를 비운 동안 어느 한 파트너가 그녀의 이사회 이사 자리를 차지했다. 놀랍게도 아무도 리에게 이런 일을 말하지 않았다.

리는 나중에 이렇게 말했다. "그들이 내가 존재한다는 사실조차 기억하지 못하는 것처럼 느껴졌습니다."[54]

클라이너퍼킨스는 왜 여성을 승진시키는 데 앞장섰지만, 크게 활약할 수 있는 환경을 조성하지 못했을까? 리는 이제는 성공한 벤처투자자가 되고 자기 회사의 경영자가 되어 지난날을 되돌아보며, 나쁜 의지나 편견보다는 잘못된 경영을 탓했다. 여성을 파트너십에 참여시키려면 중국 팀을 설립할 때 모선과 해외 위성 사이의 관계를 관리하기 위한 계획을 필요로 하는 것처럼, 일부 관행과 규정을 바꾸려는 의식적인 노력이 반드시 요구되었다. 그러나 도어는 이런 종류의 조직 개편을 실행하기에는 신경 써야 할 일이 너무 많았고, 주변 사람들은 그를 위해 그것을 할 권한이 없었다. 리는 나중에 이렇게 말했다. "회사를 어떻게 경영할 것인가에 대해서는 아무도 신경 쓰지 않았습니다."[55]

●●●

도어의 리더십에서 좋은 면과 나쁜 면을 경험한 여성은 리 말고도 또 있었다. 2000년에 스탠퍼드대학교 MBA 학생인 트라에 바살로Trae Vassallo는 스탠퍼드대학교 캠퍼스에서 하는 도어의 인상적인 강연을 들으러 갔다. 강연이 끝나고 바살로는 도어에게 다가가서 몇 가지 조언을 부탁했다. 그녀는 경영학을 공부하기 전에 공학 학위가 두 개나 있었고, 이력서에 13개의 특허를 가지고 있었다. 바살로의 능력을 알아보고 기꺼이 도움을 주려고 했던 도어는 그녀에게 공동 창업자로 초빙하려는 스타트업을 소개했다. 바살로는 나중에 이렇게 말했다. "존이 없었더라면 이런 일이 일어나지 않았을 겁니다. 그는 주변에 다양한 사람들을 두는 것을 중요하게 생각했어요. 그는 젊은 여성들이 기회를 얻을 수 있도록 적극적으로 도우려고 했습니다."[56]

1년 정도 지나서 바살로가 그 스타트업을 떠난 이후로도 도어에게 계속 도움을 받았다. 바살로는 도어의 권유로 클라이너퍼킨스에 급여를 받지 않는 초빙기업가로 참여했다. 2002년에 바살로가 수입이 필요했을 때(그녀에게는 9개월 된 아기가 있었고, 남편은 경영대학원을 다니고 있었다) 도어는 그녀가 정식 직원으로 일하게 했다. 2006년에 그녀는 첫 번째 투자를 했다. 바살로는 예전에 했던 말을 이렇게 반복했다. "나는 존이 내 경력에 신경을 많이 쓰는 것을 확실히 느낄 수 있었습니다."[57]

그러나 바살로가 클라이너퍼킨스에서 계속 지내면서 좌절감이 커지기 시작했다. 도어는 지금까지 다수의 여성을 고용했다. 그들은 모두가 똑똑하고 뛰어난 이력의 소유자들이었다. 도어는 인재를 보는 눈이 있었다. 그러나 그들은 몇몇 예외적인 사례가 있기는 했지만, 승진

투자의 진화

을 못 했다. 더욱 나쁘게는 클라이너퍼킨스의 나이 든 사람들이 그들을 위한 자리를 만들고 싶어 하지 않았기 때문에 그들은 경력을 쌓을 기회조차 얻지 못했다. 2008년에 바살로의 젊은 동료 중 한 사람인 엘렌 파오Ellen Pao라는 여성 투자자가 RPX라는 스타트업과 거래를 했다. 하지만 거래가 끝나고 랜디 코미사Randy Komisar라는 선임 파트너가 RPX 이사회 이사 자리를 차지했다. 2010년에 바살로 자신이 IT 지원 온도조절기와 연기감지기 제조업체인 네스트랩스Nest Labs라는 스타트업과의 계약을 지원했다. 그런데 이번에도 코미사가 네스트랩스 이사회 이사 자리를 차지하고는 2014년에 네스트랩스가 22배의 수익을 올리면서 구글에 매각되었을 때 실적의 대부분을 챙겼다. 당시에는 파오도 바살로도 이러한 결정에 불평하지 않았다. 코미사는 기술 분야의 베테랑이었고, 네스트랩스의 창업자와는 개인적으로 친밀한 사이였다.[58] 그러나 바살로는 클라이너퍼킨스가 훌륭한 경영을 하기 위해서는 젊은 직원들의 능력을 개발하는 액셀 모델에 관심을 가져야 한다고 생각했다. 어느 누구도 부조리한 상황을 맞이해서는 안 된다. 스타트업 이사회 이사가 되려면 그곳과 직접 거래를 해야 한다.[59]

2012년 5월 클라이너퍼킨스가 성차별 소송에 휘말리면서 긴장이 더욱 고조되었다. 원고는 RPX와의 거래를 담당했던 파오였다. 그녀는 프린스턴대학교와 하버드대학교 로스쿨을 졸업했다. 리, 바살로와 마찬가지로 파오는 도어 덕분에 클라이너퍼킨스에서 근무했다. 2005년에 도어는 클라이너퍼킨스가 여성의 능력 개발에 관심이 있는 실리콘밸리의 몇 안 되는 벤처캐피털 중 하나라고 강조하며 그녀를 자신의 수석 비서로 영입했다. 그러나 리, 바살로와 마찬가지로 파오도 도어가 이끄는 회사의 문화가 그의 품격을 뒷받침하지 않는다고 믿게 되었다.

그녀가 하는 말에 따르면, 클라이너퍼킨스는 형식적인 동료애를 보여주기 위한 캘리포니아의 기법으로 가득 차 있었다. 그곳은 겉으로는 모든 것들이 햇볕에 그을려서 반짝이는 것처럼 보이지만, 실제로는 사람들이 밀실에서 투자를 망치거나, 방해하거나, 무의미한 시간을 보내게(즉 포기할 때까지 궁지에 빠뜨리려고 시간을 낭비하고 비생산적인 일을 하게)할 것이다.[60]

파오가 소송에서 주장하는 내용은 조금은 모호한 데가 있었다. 무엇보다도 그녀는 성차별 때문에 승진을 거부당했다고 주장했다. 이에 대하여 클라이너퍼킨스는 파오가 다루기 힘든 직원이었고, 실적이 부족하여 승진하지 못한 증거를 제시했다. 클라이너퍼킨스는 파오의 실적 평가서를 제출하여 자신들의 주장을 뒷받침했고, 배심원단은 모든 혐의에 대해 무죄를 선고했다. 그러나 파오가 소송을 제기한 것 자체가 클라이너퍼킨스의 평판에 악영향을 끼쳤다. 그녀는 아지트 나즈레Ajit Nazre라는 파트너와 잠깐 사귀기는 했지만, 지난 5년 동안에 그가 계속해서 자신을 괴롭히고 자신이 하는 일을 방해했다고 주장했다(나즈레는 자신이 이번 사건의 피고가 아니며 클라이너퍼킨스가 파오의 이런 주장을 부인했다는 성명을 발표했다).[61] 또한 파오는 어느 선임 파트너가 성적인 요구를 암시하는 선물을 보냈고, 어느 날 토요일 저녁에는 아내가 다른 데가 있을 것이라고 말하면서 자신을 초대했다고 주장했다. 그녀는 경영진에 지속적으로 불만을 제기했지만, 회사 측에서는 여성이 능력을 발휘하기 위한 여건을 개선하려는 조치를 마련하지 않았다고 주장했다.[62] 한편 바살로는 재판에서 나즈레가 언젠가 뉴욕에서 열리는 비즈니스 만찬에 오라고 했던 적이 있다고 증언했다. 두 사람이 뉴욕에 도착했을 때 일정에는 비즈니스 만찬이 없었고, 바살로가 나즈레를 밀쳐서 자기 방에 들어오지 못하게 했던 적이 있다고 증언했다. 최악의 부분은 바살로가 클라이너퍼킨스의 무한책임 파트너 중 한 사람에게 이 사건을 보고했을 때였다. 그는 바살로에게 이렇게 말했다. "당신이 기분 좋았겠네요."[63] 이런 일이 있고 나서야 나즈레가 클라이너퍼킨스에서 쫓겨났다.

클라이너퍼킨스만이 성 문제를 잘못 관리한 것은 아니었다. 액셀 사람들이 페이스북의 벽화를 보면서도 움찔하지 않았다는 사실은 기술계에서 여성 혐오가 일상적으로 받아들여진다는 것을 말해준다. 파오의 재판이 끝나고 나서 바살로가 실리콘밸리에서 활동하는 200명이 넘는 여성을 대상으로 하는 설문 조사를 지원했다. 조사 대상자들 중 성적 괴롭힘을 당한 이들이 60퍼센트에 이르렀고, 자신의 안전을 두려워하는 이들이 33퍼센트에 달했다. 또한 성적 괴롭힘에 대한 불만을 처리하는 방식에 불만을 갖는 이들도 60퍼센트에 달했다.[64] 한편 하버드대학교 경영대학원의 폴 곰퍼스가 이끄는 연구에서는 왜 남성 벤처투자자들이 여성 동료들과 생산적으로 협력하지 못하는지를 보여주었다. 남성 벤처투자자들은 다른 파트너들이 뛰어난 성과를 보여주면 자신도 더 나은 성과를 기록하여 팀워크의 장점을 보여주었다. 여성 벤처투자자들은 이러한 동반 상승을 보여주지 않았는데, 아마도 남성 파트너들이 자신의 네트워크나 아이디어를 그들과 공유하지 않았기 때문일 것이다. 확실히 여성들이 갖는 이러한 불이익은 여성 파트너들이 다수 근무하고 공식적인 인적 자원 관리 시스템을 가진 기업에서는 나타나지 않았다. 리, 바살로, 파오가 알아차렸듯이 비공식적인 클럽에 의존하는 벤처캐피털은 여성에게 안 좋게 작용했다.[65]

도어의 이상주의는 진심에서 나온 것이었고 대단히 훌륭했다. 그는 벤처투자자가 지원하는 혁신이 선을 향한 힘이라고 열렬히 믿었고, 이 것이 친환경기술을 거부할 수 없게 만들었다. 도어가 실리콘밸리에서 여성을 배제하는 것은 인재를 낭비하는 것이며, 사회적으로 바람직하지 않다고 주장한 것은 옳았다. 그는 친환경기술과 여성의 능력 개발에 힘을 쏟으면서 역사를 진전시켰다. 예를 들어 네스트랩스의 스마트 온도조절기를 포함하여 몇몇 친환경기술 투자는 성공을 거두었고, 초기의 실패는 더 나은 성공을 위한 제2의 물결을 일으키는 길을 여는 데 도움이 되었다. 마찬가지로 비록 클라이너퍼킨스가 여성의 능력을 활용하여 성과를 얻지는 못했더라도 도어가 여성을 고용한 것이 궁극적으로는 그들의 이력에 도움이 되었다. 2020년까지 클라이너퍼킨스에서 근무했던 네 명의 여성이 자신의 벤처캐피털을 운영하고 있었고, 이들 중 세 명은 세계 100대 벤처투자자로 선정되었다.[66] 그러나 도어는 세부적인 실행 계획을 통하여 변화를 꾸준히 추진하지 않고 그냥 수용하기만 하면서, 클라이너퍼킨스를 쇠퇴시키기만 했다. 벤처캐피털은 일종의 팀 스포츠이고, 기능 장애를 일으키는 팀은 패배한다.[67]

액셀은 페이스북에 투자한 이후로 몇 년 동안 계속 번창했다. 액셀은 팀워크의 위력을 보여주기라도 하듯이, 한두 명의 천재적인 투자자에 의존하지 않고서 일련의 그랜드슬램을 이루어냈다. 일곱 명의 파트너가 5억 달러가 넘는 수익을 창출한 가장 성공한 투자 일곱 건을 주도했다(이것들 중 한 건은 두 명이 주도한 것이었기 때문에 실제로는 여덟 명이었다).[68] 액셀은 클라이너퍼킨스와 비교하여 여성을 적게 고용했지만, 그들에게 더 많은 권한을 부여했다. 이들 중 두 명은 파트너십의 최고위직에 올랐다.[69] 바로 젊은 투자자들을 훈련시키고 신뢰하는 액셀의 문화가 성공의 비결이었다. 슈워츠는 지난날을 회상하며 이렇게 말했다.

"나는 페이스북 혹은 다른 어떤 기업에 투자한 것보다도 이러한 액셀의 문화와 여기서 성장한 직원들이 더 자랑스럽습니다."[70]

•••

액셀의 성공과 클라이너퍼킨스의 실패는 벤처 업계의 혼란을 잘 보여주었다. 기술주의 붕괴, 젊은이들의 반란, 모바일 인터넷 플랫폼의 등장, 친환경기술의 잘못된 신호, 벤처 업계에 만연한 성차별, 중국의 전망과 위험 모두가 벤처캐피털을 강한 업체와 약한 업체로 갈라놓고는 경로 의존만으로는 성과를 보장하지 않는다는 사실을 확실히 보여주었다.[71] 유명 벤처캐피털은 파운더스펀드와 같은 새로운 벤처캐피털의 도전에 직면했다. 이것은 금융의 혼란을 전문적으로 취급하는 기업이 스스로 이러한 혼란에 빠져들 수 있다는 뜻이다. 2008년에는 벤처캐피털 업계가 여전히 이러한 혼란에서 헤어 나오지 못하고 있었고, 세계의 금융 시스템은 1930년대 이후로 가장 극심한 붕괴를 겪었다. 벤처캐피털 업계는 또다시 변할 것이지만, 사람들이 기대했던 방식으로 변하지는 않을 것이다.

12장

러시아인,
타이거글로벌
그리고
성장주의 등장

The Power Law

2009년 초 페이스북의 CFO 기디언 유Gideon Yu는 모스크바에서 온 한 통의 전화를 받았다. 이 러시아인은 부드러운 목소리로 페이스북에 투자하고 싶다고 했다. 페이스북은 그동안 피터 틸, 액셀 그리고 가장 최근에는 마이크로소프트로부터 자금을 받았고, 다른 누구로부터도 자금을 받지 않았다. 유는 이 러시아인에게 시간을 낭비하지 말라고 말했다. 그는 이렇게 물었다. "당신이 진심으로 그런 말을 한다는 걸 내가 어떻게 알겠습니까?"

전화를 한 사람도 물러나지 않았다. 그는 점잖았지만 집요한 데가 있었다. 그는 유를 직접 만나고 싶어 했다.

유는 무뚝뚝한 어조로 이렇게 대답했다. "굳이 나를 만나러 올 필요는 없습니다."[1]

지구 반대편에서 전화를 한 사람은 수화기를 내려놓고 바닥에서 천장까지 이어진 창문 밖을 바라보았다. 그는 마른 체격에 오른쪽으로 구부러진 코, 매끄러운 돔 모양의 머리에 타원형의 얼굴을 하고 있었다. 그의 이름은 유리 밀너Yuri Milner였고, 여태껏 실리콘밸리에 가본 적이 없었다.

그러나 이제는 곧 바뀔 것이다. 밀너는 유의 경고를 무시하고 비행기표를 끊어서 샌프란시스코로 날아갔다.

캘리포니아에 도착한 밀너와 유에게 다시 전화를 걸었다. 이제 그는 모스크바에 있지 않았다. 그러면 유가 그를 만나려고 할까?

유는 놀랍기도 하고, 궁금하기도 하고, 심지어는 조금 감명을 받기도 하여 밀너와 팰로앨토에 있는 스타벅스에서 만나기로 했다. 결국 유가 하는 일이 페이스북을 위해 자금을 조달하는 것이고, 최근에는 신뢰할 수 없는 투자자들조차 만나볼 만한 가치가 있었다. 리먼브라더스 파산으로 촉발된 금융위기 여파로 미국의 연금펀드와 기부금펀드들은 두려움에 떨고 있었다. 이제까지 자금을 투자했던 벤처캐피털들은 새로운 투자를 주저했다.

스타벅스에 도착한 유는 런던에서 비행기를 타고 온 사업 파트너와 함께 있는 밀너를 발견했다.[2] 이 러시아인은 홍차를 주문하고 자기 생각을 설명하기 시작했다. 그는 골드만삭스의 한 관계자로부터 페이스북이 기업가치를 이전 투자 라운드에서 평가한 150억 달러보다 낮게 매겨 자금을 조달해야 할 것이라는 이야기를 들었고, 기꺼이 열의를 가지고 입찰했다. 그가 처음 제안한 페이스북의 기업가치는 50억 달러였다.

그의 입찰은 유의 관심을 끌기에 충분할 정도로 설득력이 있었다. 그러나 그 숫자 이면에 있는 논리는 훨씬 더 설득력이 있었다. 최근 페이스북 사용자 수는 1억 명을 초과했고, 다수의 실리콘밸리 투자자들이 그 수가 포화점에 이르렀다고 생각했다. 그러나 밀너는 그들과는 다르게 생각했고, 자기 생각을 뒷받침할 증거를 가지고 있었다. 그의 팀은 다양한 국가의 소비자 인터넷 사업에 관한 방대한 스프레드시트를 작성했는데, 각 셀에는 1일 사용자, 월간 사용자, 사이트에서 보낸 시간 등이 기록되어 있었다.[3] 밀너 자신은 러시아의 대표적인 페이스북 모방 기업 브콘탁테VKontakte에 투자했고, 이 기업이 성장하고 있는 모습을 직접 목격했다. 다양한 국가들의 경험은 포화점 이론이 명백히 틀렸다는 사실을 보여주었다. 미국에서는 페이스북이 여전히 상위 5대 웹사이트에 포함되어 있지는 않지만, 다른 국가에서는 주요 소셜 미디어 기업이 대체로 상위 3대 웹사이트에 포함되어 있었다. 미국이 전형적인 패턴을 따른다면, 페이스북이 여전히 성장할 여지가 있었다.

게다가 밀너는 페이스북이 외국의 소셜 미디어 사이트들보다 사용자들을 수익의 원천으로 활용한 실적이 부진하다고 생각했다. 저커버그는 실리콘밸리에서 활동하기 때문에 투자자들로부터 자금을 모집하는 것이 어렵지 않다는 사실을 알게 되었고, 따라서 고객들에게서 돈을 짜내야 한다는 압박을 덜 받고 있었다. 이와는 대조적으로 외국의 소셜 미디어 기업들은 처음부터 수익을 극대화해야 했다. 밀너는 다양한 국가들에 대한 스프레드시트를 통하여 이러한 현상을 도표로 확인할 수 있었고, 유에게 이 지점에서는 페이스북이 특별한 데가 있다고 지적할 수 있었다. 중국에서는 소셜 미디어 기업들의 수익이 주로 페이스북이 시도조차 하지 않았던 가상의 선물을 판매하는 것에서 나왔다. 러시아에서는 브콘탁테의 사용자당 수익이 페이스북과 비교하여 다섯 배에 달했다.[4] 다양한 국가들의 경험은 저커버그에게 소비자의 인지도를 수익으로 전환할 여지가 엄청나게 많다는 사실을 보여주었다. 여태껏 실리콘밸리에 가본 적이 없던 이 러시아인은 세계적인 안목을 지녔기 때문에 팰로앨토의 마피아보다 페이스북을 더 잘 이해했다.[5]

유는 이 러시아인에게 매료되었다. 그는 저커버그를 만나는 자리에 밀너를 초대했다.

밀너는 검은 스웨터 속에 빳빳하게 다린 흰색 셔츠가 살짝 드러나게 입고서 저커버그의 회의실에 도착했다. 그의 평범한 옷차림, 조용한 목소리, 매끄러운 돔 모양의 머리를 보면, 허세라는 것을 찾아볼 수가 없었다. 그는 많은 페이스북 사용자들이 미국 밖에 있다는 사실을 지적하면서 단순히 자기주장을 되풀이하기만 했다. 그는 전 세계의 소셜 미디어를 사용해본 경험이 있었고, 인식과 현실의 차이를 잘 알고 있었다.[6]

그 후로 몇 주 동안 밀너는 두 가지 혁신으로 자신의 입찰이 매력적으로 보이게 했다. 그는 저커버그가 페이스북에 대한 자신의 경영권을 빈틈없이 보호하고 있고, 최근에는 이사회에서 두 자리를 갖게 해달라는 어느 투자자의 요구를 거절한 사실도 잘 알고 있었다.[7] 따라서 그는 이사회에서 한 자리도 차지하지 않을 것이고, 저커버그가 밀너의 지분에 근거한 의결권을 자기가 원하는 대로 행사할 수 있게 해줄 것이라고 선언했다. 저커버그는 자금 모집에 따르는 불안을 단번에 해소할 수 있었다. 밀너를 통하여 자금을 주입하면 회사에 대한 창업자의 경영권이 약화되지 않고 오히려 강화될 것이다.

밀너는 두 번째 혁신을 통하여 창업자가 갖는 또 다른 걱정을 덜어주었다. 2008년 8월에 저커버그는 당시 성공한 스타트업들이 주식공

투자의 진화

모를 뒤로 미루려고 할 때 이들을 괴롭히는 문제에 직면했다. 페이스북의 초기 직원들은 스톡옵션을 통해 백만장자가 되었지만, 이러한 종이 자산을 자동차나 아파트로 전환할 수가 없었다. 저커버그는 이들의 사기를 북돋우기 위해 그들이 스톡옵션을 행사한 주식의 5분의 1을 매도할 수 있게 하겠다고 약속했다. 이것은 페이스북의 그다음 자금 조달을 주도할 투자자가 직원들에게서 주식을 기꺼이 사들일 것이라고 생각했기 때문에 나온 것이었다. 그러나 글로벌 금융위기가 시작되면서 저커버그의 계획은 물거품이 되었다. 당분간은 새로운 자금 조달이 없을 것이고, 따라서 새 차나 아파트도 없을 것이다.

밀너는 이 문제를 해결하겠다고 약속했다. 그는 회사가 새로 발행할 주식뿐만 아니라 직원들이 보유한 주식도 기꺼이 매입할 것이었다. 게다가 그는 회사가 발행하는 (또는 1차) 주식에 대해 일정한 가격을 지급하고 페이스북 직원들이 매도하는 2차 주식에 대해서는 이보다 낮은 가격을 지급한다는 교묘한 반전을 제시했다. 어느 정도까지는 1차 주식의 가치가 더 높아야 한다는 사실은 분명했다. 그것은 손실에 대해 어느 정도 보호를 제공해야 한다는 의미에서 우선주로 취급되었다. 그러나 밀너는 협상을 위한 무기고에 비밀무기를 추가하기 위해 이러한 이중 가격 정책을 적용했다. 그는 저커버그에게 페이스북의 1차 주식에 대해서는 만족스러운 가격을 제시하는 한편, 직원들이 보유한 주식에 대해서는 이보다 더 낮은 가격을 제시하여 주식 매수 비용을 절감할 수 있었다.

밀너와 페이스북이 2009년 처음 몇 달 동안 협상했을 때 이러한 이중 가격 정책이 유용한 것으로 드러났다. 주식시장이 회복되면서 용기를 얻은 경쟁 투자자들이 저커버그에게 접근했지만, 밀너는 그들보다 비싼 가격을 제시할 수 있었다. 우선, 그가 보유한 다양한 국가들에 대한 스프레드시트가 더 높은 가격을 지급해도 된다는 자신감을 심어주었다. 또한 그는 이중 가격 정책을 통하여 주식 매수 비용을 관리하면서 입찰 가격을 주도적으로 끌어올릴 수 있었다.

넷스케이프를 공동 설립한 1990년대 소프트웨어 천재 마크 앤드리슨은 입찰 전쟁이 벌어지는 모습을 링 밖에서 지켜보고 있었다. 그는 페이스북 이사회 이사였다. 그는 미국의 기술투자자들이 그들이 합당한 조건이라고 생각하는 50억 달러, 60억 달러, 심지어 80억 달러를 제시하는 모습을 가만히 지켜보았다. 그러나 이때까지 저커버그는 100억 달러를 가치평가액의 목표로 삼았다. 오직 밀너만이 그 값을 받아들일 것이다.

앤드리슨은 미국의 투자자들에게 전화로 이렇게 경고했다. "당신들은 기회를 놓치게 될 것입니다. 유리가 100억 달러에 입찰할 거예요. 당신들에게는 기회가 돌아가지 않을 것입니다."

그는 매번 똑같은 이야기를 들었다. "미친 러시아인. 멍청한 돈… 이건 미친 짓이야."[8]

앤드리슨은 그렇게 생각하지 않았다. 밀너는 미치지도 멍청하지도 않았고, 손정의처럼 충동적이지도 않았다. 오히려 밀너를 돋보이게 한 것은 그의 데이터에 입각한 접근방식이었다. 그는 다양한 국가의 소셜미디어 기업들의 주요 지표를 꼼꼼하게 정리했고, 그가 수익을 예측한 것에 따르면 100억 달러의 가치평가액은 합당했다.

2009년 5월 말 선난펑이 세쿼이아차이나에서 리더십을 확고히 하고, 클라이너퍼킨스가 친환경기술 투자로 씨름하는 동안에 밀너와 저커버그는 협상을 마쳤다. 밀너의 투자회사인 디지털스카이테크놀로

투자의 진화

지Digital Sky Technologies, DST는 1.96퍼센트의 지분을 갖는 대가로 2억 달러어치의 회사 발행 주식을 매입하여 저커버그가 바라던 100억 달러의 프리머니 가치평가액을 받아들였다. 이와 동시에 DST는 직원들이 매도하는 2차 주식을 이보다 낮은 65억 달러의 가치평가액으로 매입하기로 결정했다. 직원들의 현금에 대한 열망이 밀너가 제시한 가격에 대해 그들이 느끼는 불만보다 더 중요하게 작용했다. 따라서 DST는 낮은 가격의 주식을 1억 달러어치보다 훨씬 더 많이 매입했고, 이에 따라 혼합된 가치평가액이 86억 달러가 되었다.[9]

밀너가 대성공을 거둔 것은 당연한 일이었다. 그가 예상했던 대로 페이스북의 사용자 수와 수익이 폭발적으로 증가했다. 이후로 1년 반이 지난 2010년 말에 페이스북의 기업가치가 500억 달러에 달했다. DST는 15억 달러가 넘는 수익을 올렸고, 페이스북의 기업가치는 계속 하늘 높은 줄 모르고 치솟았다.[10]

실리콘밸리에서는 이것이 하나의 분수령이 되었다. 13년 전에 손정의가 야후에 1억 달러를 투자함으로써 전통적인 벤처캐피털을 놀라게 했다. 이와는 대조적으로 밀너는 애초에 페이스북 주식을 3억 달러어치가 넘게 매입했다.[11] 한편으로 손정의는 야후의 주식시장 데뷔를 앞두고 일종의 브리지 파이낸싱bridge financing(좀 더 유리한 조건의 장기 차입이 가능할 때까지 또는 중장기의 자금 조달이 필요한 기간 내에 불가능할 때 잠정적으로 행해지는 자금 조달—옮긴이)에 해당하는 것을 제공했다. 밀너는 너무 많은 자금을 투입했기 때문에 저커버그가 당장은 주식공모에 들어갈 필요가 없게 했다. DST의 투자금은 페이스북의 성장자본 요건과 직원들의 유동성 요건을 모두 충족시켰다. 그것은 비상장 기술기업들이 주식공모를 3년 정도는 미룰 수 있다는 것을 알리는 신호였다.[12] 결과적으로 사적 투자자들이 주식시장을 떠나서 막대한 부를 창출하고 독점적 이익을 챙길 수 있었다.

이와 함께 밀너의 페이스북 투자는 기업가의 권한이 이전보다 강화되는 단계를 예고했다. 피터 틸은 샌드힐로드에서 창업자 친화적인 대안으로서 자신의 벤처캐피털을 이끌어갔지만, 밀너는 이러한 개념을 완전히 새로운 수준으로 가져갔다. 그는 나중 단계에 투자하고 훨씬 더 많은 자금을 투입했다. 그가 회사에 대한 발언권을 포기하면서 수억 달러를 기꺼이 위험에 빠뜨린 것은 놀라운 일이었다. 그리고 틸이 창업자들을 존중하는 태도는 멱법칙에 대한 이해에 바탕을 둔 것이지만, 밀너의 이러한 태도는 간단히 말하여 양보에 바탕을 두었다. 그는 규모와 정교함에서 주식공모를 할 자격을 갖춘 기업에 투자했다. 따라서 그는 주식시장 투자자처럼 행동할 것이다. 그것도 수동적인 자세로 말이다.[13]

1995년에 넷스케이프가 주식공모에 들어갔는데, 이는 떠오르는 인터넷 스타트업이 수익을 발생시키지 않고도 주식공모를 할 수 있다는 사실을 보여주었다. 또한 이러한 사실은 1990년대 후반의 닷컴버블을 일으키는 계기가 되기도 했다.[14] 2009년에 밀너가 페이스북에 자금을 지원한 것은 정반대의 메시지를 전했다. 그것은 성숙하고 수익성이 높은 기업이 주식공모를 하지 않고 지낼 수 있는 선택권이 있다는 것이었다.[15] 기술기업 창업자들은 밀너에게 자금을 지원받음으로써, 대체로 이사회 이사 자리를 요구했던 전통적인 사적 투자자들의 감시에서 벗어날 수 있었다. 이와 함께 그들은 월스트리트 애널리스트들의 분기별 자료 요구, 규제에 근거한 정보공개 요구, 자사 주식과는 반대방향으로 투자하려는 헤지펀드 트레이더들의 행위처럼 주식공모에 따

　　　　　　　　　　　　　　　　　　　　　　　투자의 진화

른 규율을 피해 갈 수 있었다. 정확하게 말하면, 기술기업이 탈출속도에 도달하고 창업자가 자신에 대하여 지나친 확신을 가질 만한 시점에서 일반적인 형태의 사적 혹은 공적 지배가 중단될 것이다. 1970년대에 실제로 참여하는 벤처투자자들이 스타트업 창업자 주변에서 그들을 지배하는 구조를 만들어냈다. 이제 밀너가 이 모델을 뒤집고 있었다. 그는 창업자들을 이러한 지배로부터 보호하고 있었다.

넷스케이프가 주식공모에 들어간 것과 마찬가지로 밀너의 투자도 호황을 일으켰고, 이러한 호황이 결국에는 거품을 일으켰다. 이번에는 1990년대에 주식공모가 과열되어 거품을 일으킨 것과는 다르게, 기술기업 창업자들의 자부심에서 거품을 일으켰다.

●●●

밀너가 페이스북에 투자하여 대성공을 거둔 과정은 맨해튼 중심가의 어느 사무실에서 시작되었다. 그곳에는 타이거글로벌Tiger Global이라는 작은 헤지펀드사가 있었다. 이 회사의 젊은 창업자 체이스 콜먼Chase Coleman은 줄리언 로버트슨이 창업한 월스트리트의 전설적인 헤지펀드사 타이거 매니지먼트Tiger Management에서 일했다. 이후로 그는 로버트슨의 지원을 받아 자신의 헤지펀드를 출범했다. 콜먼이 2001년에 독립했으니까 밀너가 실리콘밸리에 등장하기까지는 아직 8년이라는 세월이 남아 있었다. 그러나 일련의 기이한 사건들이 콜먼의 신생 펀드와 부드러운 목소리의 러시아인을 연결해준 것이다.

콜먼이 헤지펀드를 출범했을 때 아직 20대 중반이었고, 나이 많은 부하직원들을 관리해야 한다는 생각에 위축되어 있었다.[16] 따라서 그는 자기보다 나이가 어린 인재를 찾으려고 했다. 마침 스콧 슐라이퍼Scott Shleifer라는 목소리가 크고 잘 웃으며 활기찬 애널리스트가 눈에 떠었다. 그는 블랙스톤Blackstone이라는 사모펀드에서 3년 동안 매주 80시간을 일했다. 신기하게도 그는 여전히 웃고 있었다.

슐라이퍼가 입사한 지 몇 달이 지난 2002년 여름에 친구에게 전화가 왔다. "잘 지내고 있니?"

슐라이퍼는 빈정대듯이 이렇게 대답했다. "아니, 잘 못 지내고 있어."[17] 그가 하는 일은 반도체와 하드웨어에 대한 투자를 검토하는 것이었다. 나스닥 기술주의 붕괴 이후로, 그는 흥미로운 투자 대상을 찾을 수 없었다.

슐라이퍼의 친구는 상황이 더 안 좋았다. 그의 기술 중심 투자 펀드는 가치가 폭락했다. 그러나 그는 슐라이퍼에게 자기가 관심을 가지고 지켜본 회사의 목록을 보내주기로 했다.

이메일이 도착했고, 슐라이퍼는 친구가 보낸 스프레드시트를 클릭했다. 거기에는 인터넷 인프라, 닷컴 소비자 기업, 검색엔진이나 구인 광고와 같은 온라인 서비스를 제공하는 기업들이 망라되어 있었다.

슐라이퍼는 버블이 붕괴되기 직전에 주식공모를 진행했던 중국의 인터넷 포털 시나, 소후, 넷이즈가 나오는 스프레드시트로 곧장 들어갔다. 이 세 개의 포털 모두가 창업자의 능력과 시장의 잠재력에 내기를 걸었던 셜리 린, 쉬신과 같은 벤처투자자의 지원을 받아 성장했다. 이제 슐라이퍼는 다른 종류의 투자 기법을 적용할 것이다. 이 포털들은 고객, 수익, 비용에서 충분히 성장한 것으로 보였다. 그러나 블랙스톤에서 1만 2000시간의 훈련을 받은 분석가는 이들의 적정 가치를 모델로 나타낼 수 있었다.

슐라이퍼는 블랙스톤에서는 잘 알려져 있었지만, 실리콘밸리의 투자자들 대부분에게는 낯설게 느껴지는 기법을 적용하기 시작했다. 그는 마진율(매출액에서 비용을 뺀 값이 매출액에 대하여 차지하는 비중)보다는 서서히 증가하는 마진을 보았는데, 이러한 마진은 매출액에서 매출액 증가가 차지하는 비중을 의미하며, 이익으로서 최종 결과에 해당한다. 전문가가 아니라면 세 개의 중국 포털이 모두 마이너스 마진을 기록하고 있는 것을 볼 수 있었다. 간단히 말하자면 이들은 적자를 내고 있었다. 그러나 전문가라면 서서히 증가하는 그림에 집중해야 한다는 사실을 알 것이고, 이것은 대단히 긍정적으로 보였다. 매출액이 증가할 때에 비용이 훨씬 덜 증가했고, 따라서 추가적인 수입의 대부분이 이익으로 나타났다. 이것은 이 포털들이 성장하면 흑자를 기록할 것이라는 전망을 낳게 했다. 슐라이퍼는 서서히 증가하는 마진을 생각함으로써 미래를 볼 수 있었다.

슐라이퍼는 용기를 얻고서 이 포털들에 대해 더 많은 것을 발견하기 시작했다. 이것은 일종의 도전이었다. 기술주의 붕괴 이후로 월스트리트의 투자회사들은 이 포털들에 대한 보고서 작성을 중단했다. 때로는 그들이 소송에 연루되면서 예전의 보고서를 공개하지 않으려고도 했다. 그러나 슐라이퍼에게는 다행스럽게도 그가 투자 대상으로 삼고 있는 세 개의 중국 포털의 CEO와 재무 담당자들 모두가 영어를 잘 구사했다. 그는 먼저 중국 근무 시간에 맞춰 전화 예약을 하고는 통화를 하려고 밤새도록 사무실에 있었다.

슐라이퍼는 전화를 할 때마다 경쾌한 어조로 포털의 급속한 성장이 분명히 둔화할 것으로 예상한다고 말했다. 그는 대화 상대가 약점을 고백하도록 유도하고 있었다.

그렇지 않다는 대답이 나왔다. 중국 온라인 광고 부문의 성장은 이제 막 시작에 불과하다는 것이었다.

슐라이퍼는 이렇게 캐물었다. "비용은 어떻습니까? 매출이 증가하면 비용도 증가하지 않습니까?"

물론 그들은 비용이 증가할 것이라고 대답했다. 그러나 매출보다 훨씬 더 느리게 증가한다.

슐라이퍼는 이 좋은 소식을 받아 적었다. 서서히 증가하는 마진이 계속 이익을 낳을 것이다. 그러나 또한 그는 예상하지 못한 말에 이끌렸다. 전화 속 목소리의 주인공들은 한결같이 슐라이퍼가 그들이 오랫동안 대화를 나눈 첫 번째 서양 금융업자라고 말했다.

실리콘밸리의 투자자들은 다른 투자자들이 투자를 추진하기 때문에 자신도 투자를 추진한다. 앞서 보았듯이 이러한 군중심리에는 일정한 논리가 있다. 다수의 유명 벤처투자자들이 어떤 스타트업에 관심을 가질 때, 이러한 열광이 유능한 직원과 중요한 고객을 유치하게 해줄 가능성이 높다. 그러나 슐라이퍼가 동부해안에서 받은 훈련에서는 그에게 정반대의 본능을 가르쳐주었다. 최근에 그는 피델리티의 펀드매니저 피터 린치Peter Lynch의 투자 바이블을 읽었는데, 이 책에서는 열 배의 잠재적인 수익률을 낳는 투자를 식별하는 방법을 설명했다. 린치는 이러한 과정을 "열 배의 수익을 올리게 될 종목 찾기"라고 불렀다.[18] 린치의 설명에 따르면, 만약 당신이 어떤 주식을 소유했는데 다른 전문 투자자들이 그 주식을 소유하고 있지 않다면 이것은 좋은 신호였다. 다른 사람들이 깨어났을 때 그들의 열광이 당신이 소유한 주식의 가격을 상승시킬 것이기 때문이다. 같은 논리로, 만약 당신이 어떤 주식을 소유하고 월스트리트의 애널리스트들이 그것을 다루지 않는다

투자의 진화

면, 이것 역시 좋은 신호였다. 아무도 그 주식을 자세히 살펴보지 않을 때 주식가격이 잘못 결정될 가능성이 상당히 높았다. 마지막으로 슐라이퍼가 중국에 전화를 하고 들었던 예상하지 못한 말에서 린치는 중요한 세 번째 구매 신호를 제시했다. CFO들이 당신에게 오랫동안 투자자와 이야기를 나눈 적이 없었다고 말할 때, 당신이 정말로 대단한 것을 발견하고 있는지도 모른다.

슐라이퍼는 흥분해서 전화 메모를 꺼내 수익 모델에 입력했다. 물론 지금은 포털들이 적자를 보고 있었다. 그러나 매출이 비용보다 훨씬 더 빠르게 증가하고 있었기 때문에 2003년에는 이익이 급증하여 기업 시가총액의 약 3분의 1에 이를 것이다. 슐라이퍼는 2004년에는 이익이 시가총액의 3분의 2에 이를 것이고, 2005년에는 시가총액에 이를 것으로 계산했다. 다시 말하자면, 투자자는 이러한 포털의 주식을 거의 무료로 구매할 수 있다. 예를 들어 타이거글로벌이 1000만 달러를 투자하면 첫 번째 해에는 330만 달러의 이익에 대하여, 두 번째 해에는 670만 달러의 이익에 대하여 청구권을 가지고서 인수비용을 회수할 수 있다. 세 번째 해에는 또 다른 1000만 달러의 이익에 대하여 청구권을 갖게 될 것이며, 그다음 해에도 엄청난 성공이 기다리고 있을 것이다.

밤새 깨어 있던 슐라이퍼는 콜먼의 사무실로 들어가서 이렇게 말했다. "시나, 소후, 넷이즈, 다 좋아요."

그는 이런 말도 덧붙였다. "이제 함께 춤을 춥시다."

조용하고 차분했던 콜먼은 슐라이퍼의 이성적 과열rational exuberance을 확실하게 억제해주는 사람이었다. 그러나 이번 경우에는 슐라이퍼가 그에게 숫자를 보여주고는 금방 설득했다. 콜먼은 슐라이퍼가 자신이 가본 적 없는 나라에 내기를 걸자고 제안한 사실이 전혀 마음에 걸리지 않았다. 타이거매니지먼트의 창업자 로버트슨은 때로는 월스트리트인들을 거의 찾아볼 수 없고 현지 투자자들이 정교한 투자를 하지 않는 외국에서 최고의 투자처를 찾을 수 있다고 가르쳤다. 콜먼은 로버트슨이 이런 말을 한 것을 기억했다. "내가 일본이나 한국에 가서 마이너리그 투수의 공을 칠 수 있다면, 왜 여기서 메이저리그 투수의 공을 치려고 하겠는가?"[19] 이것은 실리콘밸리 투자자들에게서 흔히 볼 수 있는 편협한 생각과는 배치되는 것이었다.

2002년 9월과 10월 사이에 타이거글로벌은 시나, 소후, 넷이즈 주식을 2000만 달러어치 사들이면서 펀드 총액 2억 5000만 달러에서 10분의 1에 조금 못 미치는 금액을 투자했다. 이제는 뉴욕 사람들로 구성된 작은 팀이 중국의 디지털경제에서 가장 규모가 큰 공개 주주가 되었다.

●●●

2003년 여름까지 타이거글로벌이 중국 투자에서 기록한 수익률은 5~10배 사이였다.[20] 2억 5000만 달러 규모의 헤지펀드가 1년도 안 되어 3억 5000만 달러 규모의 헤지펀드가 되었다. 콜먼은 슐라이퍼를 파트너로 승진시키고는 그가 칸막이를 한 작은 방에서 나와 개인 사무실에서 근무하게 했다. 이제 두 사람은 유리 밀너로 이어지는 길을 따라 함께 가고 있었다.

슐라이퍼는 중국 투자에 대하여 새롭게 바라보아야 할 때가 된 것으로 생각했다. 자산을 현금화하기 어려운 포지션에 갇혀 있는 벤처캐피털과는 다르게 헤지펀드는 언제든지 자유롭게 매도할 수 있다. 포털의

투자의 진화

주식가격이 너무 많이 올라서 타이거가 여전히 붙잡고 있어야 하는지가 분명하지 않았다.

슐라이퍼는 당시를 회상하면서 이렇게 말했다. "우리는 더 깊이 파고들어야 합니다. 언제까지 성장이 지속될 것인가? 투자는 당신이 다른 가격에서 다른 질문을 할 것을 요구합니다."[21]

이제 슐라이퍼는 로버트슨의 또 다른 가르침을 따랐다. 그것은 기업의 전망을 평가하려면 그 기업의 고객과 이야기하라는 것이었다. 그는 중국 포털에서 누가 광고를 구매하고 있는지 알아내고는 그들에게 연락하여 그들이 광고비 지출을 늘릴 것인지 조사했다. 슐라이퍼가 알아낸 좋은 소식은 광고 구매의 대부분을 차지하는 전자상거래 회사들이 결과에 대단히 만족한다는 것이었다. 광고를 많이 할수록 매출이 증가했다는 것이다. 게다가 그들의 사업이 호황을 누리고 있었고, 이는 앞으로 광고를 훨씬 더 많이 구매할 것을 의미했다. 따라서 시나, 소후, 넷이즈의 주식은 여전히 보유할 가치가 있었다. 그러나 전자상거래 회사들의 급성장은 그들이 자금을 조달할 필요가 있다는 것을 의미하기도 했다. 슐라이퍼는 또 다른 열 배의 수익을 올리게 될 종목을 감지하고는 중국으로 날아가기로 했다.

슐라이퍼의 어머니는 아들의 계획을 듣고 기뻐하지 않았다. 당시 중국에는 사스SARS가 유행하고 있었다. 슐라이퍼는 어머니의 걱정, 어쩌면 자신에 대한 걱정을 존중하여 중국으로 떠나기 전에 마스크를 챙겼다.

2003년 6월에 슐라이퍼는 베이징에 도착하여 마스크를 착용한 채택시를 타고 그랜드하얏트 호텔로 달려갔다. 이 대형 호텔에는 사람들이 거의 없었고, 슐라이퍼는 만족스러운 할인 가격에 귀빈실을 이용할 수 있었다. 분명히 다른 서양인들은 그가 착용한 세 겹의 섬유에 대한 믿음이 덜했다.

다음 날 슐라이퍼는 여전히 마스크를 착용하고서 첫 번째 약속 장소로 갔다. 온라인 여행업계의 이인자라 할 이롱_eLong_ 창업자와의 만남이었다.

이롱 창업자가 이렇게 말했다. "만나서 반갑습니다. 중국에서 사업을 하고 싶다면 마스크를 벗도록 하십시오."

슐라이퍼는 한쪽 귀에서는 어머니가 하시는 말씀이 들렸다. "몸조심하고, 늘 마스크를 쓰고 있어."

다른 쪽 귀에서는 다른 목소리가 들렸다. "이건 일생일대의 기회야! 놓쳐서는 안 돼!"

나중에 슐라이퍼가 껄껄 웃으며 이렇게 말했다. "나는 어차피 세상은 위험한 곳이라고 생각했습니다. 마스크를 벗고 여행 내내 다시 쓰지 않았죠."[22]

슐라이퍼는 중국에서 2주를 보내면서 투자해야 할 기업 다섯 곳을 찾았다. 사스 덕분에 그는 그들 각각에 대하여 할인가격의 거래 조건으로 협상할 수 있었다. 그러나 한 가지 예상하지 못했던 문제가 있었다. 이 회사들이 상장기업이 아니었기 때문에 타이거글로벌은 자산을 현금화하기 어려운 포지션에 갇혀 있어야 했다. 헤지펀드의 경우 이것은 관리하기 어려운 상황이었다. 유한책임 파트너들은 1개월 또는 2개월 전에 예고하고서 자금을 회수할 권리가 있었다. 장기간 보유해야 하는 비유동성 자산과 단기에 빠져나갈 수 있는 유동성 자산과의 결합은 불안정한 혼합에 해당한다. 만약 유한책임 파트너들이 자신의 자금을 회수하기로 결정한다면 타이거글로벌은 곤경에 처할 것이다.

대부분의 전통적인 헤지펀드의 경우, 슐라이퍼가 제안한 중국 투자는 자산을 현금화하기가 어렵기 때문에 고려할 만한 가치가 없다. 포지션에서 급히 빠져나올 수 있는 자유는 헤지펀드에 가장 중요한 것이다. 조지 소로스는 회의에서 뜻밖의 발언에 호응하여 자리에서 벌떡 일어나 투자 대상을 바꾸는 것으로 유명했다. 시장을 길게 볼 뿐만 아니라 짧게도 볼 수 있다는 것, 즉 주식시장이 상승할 것으로 보고 내기를 걸 수 있을 뿐만 아니라 하락할 것으로 보고 내기를 걸 수 있다는 것은 헤지펀드의 또 다른 소중한 자유다. 만약 타이거글로벌이 비상장기업에 투자한다면, 시장을 짧게 보면서 내기를 걸어서는 안 된다. 그러나 슐라이퍼에게는 다행스럽게도 그의 직장상사 콜먼은 표준 공식을 재고할 자세가 되어 있었다. 콜먼이 로버트슨 밑에서 일하던 시절에 그가 맡은 일은 1990년대 말 닷컴버블 속에서 짧게 보거나 길게 보는 투자계획을 수립하는 것이었고, 길게 보는 투자가 왜 우월한지 직접 확인했다. 앞으로 투자 대상 기업의 가치가 제로가 된다면 짧게 보는 투자는 최대 100퍼센트를 가져갈 수 있게 해준다. 길게 보는 투자는 다섯 배 혹은 열 배를 가져갈 수 있게 해준다. 콜먼은 마침내 이런 생각을 했다. '왜 절반의 수익을 얻으려고 두 배나 많은 일을 하는가?' 게다가 상장기업과 비상장기업 모두에 투자하는 데서 얻을 수 있는 시너지 효과도 혜택이 될 것이다. 슐라이퍼가 중국에서 보여준 것처럼 상장기업을 이해하면 타이거글로벌이 훌륭한 비상장기업을 확인하는 데 도움이 될 것이다.

콜먼은 슐라이퍼가 제안한 내기를 생각하면 할수록 그것을 더욱 하고 싶어졌다. 그러나 그는 여전히 유동성 위험을 관리해야 했다. 이것은 단기에 인출할 수 있는 자금을 이용하여 매도할 수 없는 포지션으로 들어갈 때의 위험을 의미했다. 2003년 7월, 그는 이에 대한 해결 방안을 내놓았다. 그것은 비상장기업에 투자하기 위해 별도의 자금 풀을 조성하는 것이었다. 헤지펀드 투자의 분석적 기법은 벤처 스타일 펀드의 구조와 결합할 것이며, 유한책임 파트너는 길게 보는 투자를 할 것이다. 타이거글로벌은 헤지펀드 전통에 충실하게 수익 모델을 가지고 자사의 역량에 의존할 것이다. 기업가의 인품이나 비전에 근거한 주관적인 벤처캐피털 방식의 투자는 하지 않을 것이다. 또한 자사의 헤지펀드 전통에 충실하게 글로벌 관점을 취할 것이다. 이것은 벤처캐피털들과는 다르게 밀집된 지역 네트워크에 자신을 심어 넣는 데는 관심이 없다는 것을 의미한다. 그러나 타이거글로벌은 벤처캐피털의 전통을 이어받아서 비상장 기술기업에 투자하기 위해 단기간에 현금화하기 어려운 장기 자금을 활용할 것이다. 타이거글로벌은 스타트업 여정의 초기 단계를 그냥 지켜보기만 할 것이다. 그러면 누가 투자 설명회에서 좋은 말만 하는 기업가가 아니라 정말 훌륭한 기업가인지 알 수 있을 것이다.

콜먼은 타이거글로벌의 투자자들에게 보내는 편지에서 비상장기업 투자 파트너스 펀드Private Investment Partners fund의 새로운 출범을 알렸다. 그는 자신과 슐라이퍼가 어떻게 디지털 세계를 몇 개의 영역으로 구분했는지 설명했다. 이러한 영역에는 인터넷 포털, 온라인 여행사, 전자상거래 사이트가 있었고, 국가별로 각각의 영역에서 승자로 떠오르고 있는 기업을 확인하여 투자하는 것이 좋은 방법이었다. 타이거글로벌은 벤처캐피털과는 다르게 독창적인 아이디어에 투자하기를 원하지 않았다. 오히려 특정 시장에서 검증된 비즈니스 모델을 실행한 기업을 원했다. 한국의 이베이 혹은 중국의 익스피디아에 투자하는 것이 목표였다. 콜먼과 슐라이퍼는 이를 두고 "저것에 대한 이것"이라고

투자의 진화

말했다.

콜먼은 계속해서 타이거글로벌의 하향식 분석이 중국을 세계에서 가장 유망한 디지털 시장으로 지목했다고 설명했다. 인터넷에 접속하는 중국인의 비중은 앞으로 5년 안에 세 배로 증가할 것이며, 여러 요인들이 이러한 현상을 더욱 심화시킬 것이다. 대역폭을 개선하면 온라인에서 보내는 시간이 증가할 것이다. 중국 경제는 놀라울 정도로 빠르게 성장했다. 이미 콜먼은 투자자들에게 이렇게 말했다. "타이거가 중국을 방문하여 중국의 상위 두 개 온라인 여행 사이트, 상위 두 개 전자상거래 사이트, 알리바바라는 전자상거래 사이트 등 유망 투자 대상 다섯 곳을 확인했습니다."

콜먼은 타이거글로벌의 7500만 달러 규모의 새로운 비상장기업 투자 펀드를 조성하고 싶었지만 저항에 부딪혔다. 그는 나중에 이렇게 말했다. "20대 백인 남자들이 중국에서 발견한 정말 흥미로운 투자에 대하여 이야기하고 있었습니다. (⋯) 우리가 하는 말은 완전히 바보 같은 소리로 들렸습니다."[23] 모두가 중국에 가서 돈을 뜯긴 미국인들에 대한 무용담을 가지고 있었다. 많은 사람들이 여전히 기술주의 붕괴로 상처를 받았고 닷컴 투자를 경계하고 있었다. 그러나 이런 회의적인 반응에도 콜먼은 어떻게든 5000만 달러를 모금했다. 그것은 몇 개의 투자를 끝내기에 충분한 금액이었다.

그러나 중국에서 다섯 곳의 유망 투자를 마무리 짓기에는 충분하지 않았다. 벤처캐피털과 헤지펀드의 사고방식의 차이를 입증하는 증거로서 타이거글로벌이 포기하기로 선택한 곳이 바로 알리바바였다. 슐라이퍼는 회사 지분의 6.7퍼센트를 2000만 달러에 사들이는 조건으로 협상했다. 이것은 파트너들이 수십억 달러를 벌 수 있는 기회였다. 그러나 타이거글로벌은 마윈이 분류하기가 어려운 인물이라는 점 때문에 투자할 마음이 사라졌다. 그는 서구 기업이 중국 공급업체를 찾는데 도움이 되는 사이트를 가지고 있었지만, 이베이 스타일 경매라는 다른 분야로 전환할 계획을 가지고 있었다. 알리바바에 대한 투자는 단순히 "저것에 대한 이것"에 대한 내기가 아니었다. 그것은 새로운 시장을 정복하자고 제안한 기업가에 대한 내기였다. 마윈의 성격과 팀원들의 자질을 살펴보면, 벤처투자자들이 이러한 도박을 편하게 받아들일 수도 있었다. 그러나 많은 경우에 영광을 가져다준 타이거글로벌의 방법이 이번에는 잘못된 길을 가게 했다. 서서히 증가하는 마진과 같은 지표에 초점을 맞추다 보면, 기업가적 천재성이 지닌 가치를 제대로 보지 못할 수가 있었다.[24]

중국에서 거의 놓칠 뻔했던 또 다른 투자가 있었지만, 그것을 놓치지 않았다는 사실이 타이거글로벌의 강점을 드러내는 계기가 되었다. 슐라이퍼는 그랜드하얏트에 머무는 동안에 당시 온라인 여행사 시트립의 재무 책임자이자 나중에 세쿼이아차이나 대표가 된 선난펑과 투자에 대해 논의했다. 두 사람은 시트립의 기업가치에 대해 합의했고, 선난펑은 나중에 이것이 잠정적인 것이었다고 말했지만, 슐라이퍼는 마음속으로 확정적인 것으로 생각했다.[25] 그가 중국을 떠난 지 몇 주가 지나 선난펑이 뉴욕에서 그에게 연락했다. 사스는 종식되었고, 시트립의 매출이 급증했으며, 선난펑은 이제 시트립의 가치를 50퍼센트 인상할 것을 요구하고 있었다.

슐라이퍼는 맨해튼에 있는 자기 책상에서 수화기에 대고 온갖 욕설을 퍼부었고, 많은 이들의 눈길이 그의 사무실을 향했다. 그는 자신이 기대했던 사스 할인을 놓친 것에 분노했고, 이것이 타이거글로벌을 당혹스럽게 할 것이기 때문에 훨씬 더 분노했다. 콜먼은 비상장기업 투자 파트너스 펀드를 조성하는 과정에서 유한책임 파트너들에게 중국 거래에서 슐라이퍼가 협상한 가격을 말했다. 유한책임 파트너들은 이제는 공허한 것으로 판명된 약속에 근거하여 그들의 자금을 준비해놓았다.

슐라이퍼는 수화기를 내려놓고 잠시 생각에 잠겼다. 그 상황에 놓인 벤처투자자라면 거래를 취소했을 수도 있었다. 투자의 초기 단계에서는 개인적인 공감대가 매우 중요하기 때문에, 자금을 송금하기 전에 신뢰를 위반하는 것으로 인식되면 안 좋은 결과로 이어질 수 있다. 따라서 액셀과 스카이프와의 협상이 결렬되었던 것이다(물론 벤처투자자가 자금을 송금하고 나면 그것을 회수할 수가 없고 계속 힘을 실어주어야 한다. 따라서 액셀은 유유넷의 회계 계정이 부정확한 것으로 드러난 후에도 관계를 계속 유지하려고 했다). 그러나 슐라이퍼의 관심은 개인적인 공감대가 아니라 현금흐름에 있었다. 일단 마음을 가라앉히고 나서는 아무리 화가 나더라도 선난평의 주장에 일리가 있다는 생각이 들었다. 사스가 종식되었으니 시트립의 매출이 엄청나게 증가할 것이다.

슐라이퍼는 콜먼의 사무실로 가서 수화기에 대고 소리를 지른 이후의 최종 결론을 알렸다. 타이거글로벌은 자존심을 버리고 시트립의 숫자에 집중해야 한다. 매출 증가와 이에 따른 기업가치의 상승으로 주가수익률Price Earnings Ratio은 변하지 않았다. 슐라이퍼는 이렇게 결론 내렸다. "함께 춤을 춥시다."

이런 일이 있고 나서 71일이 지나 시트립은 주식공모에 들어갔고, 타이거는 4000만 달러의 수익을 올렸다. 어려운 환경에서 자란 슐라이퍼는 16년이 지나서도 이 이야기를 하며 목이 메었다. 그는 걸쭉한 목소리로 이렇게 말했다. "나의 아버지는 생활비가 없어서 소파를 팔았습니다. 그리고 이제 우리는 4000만 달러 넘게 벌었습니다."[26]

●●●

타이거글로벌의 비상장기업 투자 파트너스 펀드가 조성되면서 새로운 종류의 기술주 투자 수단이 등장했다. 이것은 많은 혁신과 마찬가지로 계획적이라기보다는 즉흥적으로 진행되었다. 콜먼은 나중에 이렇게 말했다. "칠판에 내용을 적어가면서 하는 토론은 없었습니다. 우리는 그냥 '이봐, 사모펀드 투자자가 되자고'라고만 말했습니다."[27] 그러나 타이거글로벌은 헤지펀드 방식의 주식 선별에서 비상장기업 기술주 투자로 옮겨 가면서, 밀너가 나중에 페이스북에 투자하기 위한 실례를 제시했다. 타이거글로벌의 투자 도구는 세계 기술기업의 도표와 수익과 적정 가치에 관한 모델에 바탕을 두고 충격(타이거글로벌의 경우에는 사스이고 밀너의 경우에는 리먼브라더스의 붕괴)에 반응하여 대륙을 뛰어넘어 기회를 신속하게 포착하는 것을 특징으로 했다. 그러나 밀너가 타이거글로벌의 실례에서 교훈을 얻기 위해서는 타이거글로벌의 존재를 알아야 했다.

시트립이 주식공모에 들어갈 즈음인 2003년 말에 슐라이퍼가 모스크바로 날아갔다. 그는 또다시 "저것에 대한 이것"을 찾고 있었다. 그는 러시아에는 야후 모방 기업 두 개와 구글 모방 기업 한 개가 있다는 소식을 들었다. 그의 첫 만남은 호텔 옥상에 있는 술집에서 이루어졌다. 그를 초대한 사람은 조용하고 겸손한 성품을 지녔다. 그가 바로 밀너였다.

투자의 진화

슐라이퍼로서는 놀랍게도 밀너가 자신과 같은 생각을 하고 있었다. 소련 시절에 미국 비즈니스를 전공한 경영학 교수의 아들로 태어난 그는 와튼스쿨에서 공부한 최초의 러시아인이었고, 낭만적인 친자본주의자였다. 1980년대의 기업인수합병 전문가 헨리 크래비스Henry Kravis, 로널드 페럴만Ronald Perelman, 마이클 밀켄Michael Milken 등이 그의 영웅이었다.[28] 밀너는 러시아로 돌아와서 1998년 금융위기로 은행 일자리를 잃고는 투자은행에 관한 연구 보고서를 읽으면서 앞으로 해야 할 일에 대한 영감을 얻었다. 이 보고서들 중에는 당시 모건스탠리의 뛰어난 기술 애널리스트였던 메리 미커가 작성한 인터넷에 관한 것도 있었다. 그 시절에 러시아에서는 아무도 인터넷에 관하여 이야기하지 않았고, 밀너 자신도 이메일조차 사용하지 않았다. 그러나 미커는 인터넷이 어떻게 모든 곳으로 널리 퍼져 나가고 있는지, 온라인 비즈니스 모델이 어떻게 정교하게 설계된 서핑보드처럼 파도를 따라잡게 될 것인지 설명했다. 나중에 밀너가 말했듯이 이것은 일종의 계시였다.

미커가 좋아하는 회사는 아마존, 야후, 이베이였다. 따라서 밀너는 이들 중 하나를 선택하여 러시아의 모방 제품을 출시하려고 했다. 그러고는 이렇게 결심했다. "이봐, 무슨 말을 하는 거야? 세 가지 모두 시작하자!"[29]

2003년에 밀너가 슐라이퍼를 만났을 때에는 아마존을 모방하려는 시도를 포기했으며, 그의 이베이 프로젝트는 실패로 끝났다. 그러나 메일Mail이라고 불리는 그의 야후 버전은 번창하고 있었고, 그는 그 밖의 인터넷 사업에서 다양한 투자 지분을 확보했다. 이제 그는 슐라이퍼에게 러시아의 실태를 알려주었다. 야후 모방 기업들이 다른 곳에서 어떻게 수익을 창출했는가에 대한 분석에 근거하면, 메일은 금방 10억 달러의 가치가 있을 것이다. 램블러Rambler라는 또 다른 경쟁자도 10억 달러의 가치가 있을 것이다. 얀덱스Yandex라고 불리는 러시아의 구글은 20억 달러의 가치가 있을 것이다.

2004년 상반기에 타이거글로벌은 메일, 램블러, 얀덱스에 정식으로 투자했다. 이듬해 슐라이퍼는 라틴아메리카에서 "저것에 대한 이것"을 추구하기 시작했지만, 밀너와의 관계는 더욱 깊어졌다. 타이거글로벌은 밀너의 투자회사인 DST에 대한 최초의 기관 후원자가 되었다. 타이거글로벌은 밀너를 통하여 페이스북 모방 기업 브콘탁테를 포함한 러시아의 인터넷 주식들을 보유할 수 있었다.[30] 반대급부로 밀너는 타이거글로벌을 통하여 세계를 대상으로 투자할 수 있는 안목이 생겼다. 밀너는 나중에 이렇게 말했다. "갑자기 세계를 보는 눈이 생겼습니다. 타이거는 나에게 영감을 주었습니다."[31]

미국의 벤처캐피털이 중국의 인터넷 부문에 시동을 걸 때에는 미국의 영향력이 아시아를 향하여 일방적으로 전해졌다. 나중 단계 투자 혹은 성장투자를 하면 영향력의 흐름이 더욱 복잡해졌다. 1996년에 한국계 일본인 출신의 이단아는 1억 달러를 투자하여 실력자로서 영향력을 과시했다. 세쿼이아캐피털과 같이 소수의 빠르게 배우는 자들이 이러한 사례를 발견하고는 성장형 펀드를 조성했지만, 2000년 나스닥의 폭락으로 이러한 움직임은 시들해졌다.[32] 이후로 2003년에는 뉴욕의 어느 헤지펀드가 중국 전자상거래 부문에 이끌려서 비상장기업 투자에 뛰어들었고, 2004년과 2005년에는 뉴욕 사람들이 러시아 사람과 협력하여 그들이 "글로벌 차익거래global arbitrage"라고 부르는 하향식 비교 접근방식을 공유했다. 2009년에는 이 러시아 사람이 뉴욕 사람들의 투자 도구를 빌려 팰로앨토 스타벅스에서 한국계 미국인

CFO를 깜짝 놀라게 했다. 이제 한 가지 아이디어가 전 세계를 떠돌았다. 이제부터는 기술주 투자가 달라질 것이다.

●●●

2009년에 밀너가 페이스북에 투자하여 대성공을 거두면서 당장 이를 따라가려는 자들의 관심을 끌었고, 그 첫 번째 주자가 바로 타이거글로벌이었다. 러시아인 협력자가 자신의 세력권을 침범한 것에 대해 잠깐 화가 났던 타이거글로벌은 실리콘밸리에서 자체적으로 성장 투자를 추진하기 시작했다. 밀너가 페이스북에 투자한 이후로 몇 달이 지나서 콜먼과 그의 팀은 페이스북에 2억 달러를 투자하면서 미국 기업에 첫 번째로 내기를 걸었다. 그들의 투자 논리는 밀너의 것과 같아서 "저것에 대한 이것"으로 요약되었다. 그러나 지금은 외국 기술기업의 경험이 미국의 미래를 조명하는 데 사용되었다. 페이스북은 예상 수익과 관련하여 그리고 중국의 텐센트와 같은 외국 인터넷 기업들의 가치에 근거하여 살펴볼 때 비록 타이거글로벌이 밀너보다 더 많은 가치평가액에 근거한 거래를 하더라도, 확실히 괜찮은 투자 대상이었다.[33] 콜먼은 나중에 마치 길을 가다가 당첨 복권을 발견한 사실을 말해주는 사람처럼 이렇게 기억했다. "우리는 기본적으로 중국을 제외하고는 전 세계에서 우위를 차지하던 페이스북의 주식을 공개시장에서 텐센트 주식을 구매할 때와 비교하여 더 낮은 가치평가액으로 구매할 수 있었습니다. 페이스북은 국내총생산을 모두 합치면 중국의 11배에 달하는 국가들에서 우위를 차지했고, 사용자 수는 세 배에 달했습니다."[34] 타이거글로벌은 페이스북 주식을 사들이고는 소셜 네트워크 링크드인과 게임업체 징가Zynga 주식도 사들였다.

밀너는 모범을 보이는 것 이상의 일을 했다. 그는 거래를 확인하고 다른 이들이 그 거래를 하게 만들었다. 예를 들어 타이거글로벌이 징가의 주식을 사들일 때에는 밀너의 DST가 주도하는 투자 라운드에 참여하고 있었다. 밀너는 이미 해외에서 네 개의 게임업체를 지원했다. 다른 이들이 징가의 미래에 대해서 그의 견해를 따르려고 하는 것은 당연한 일이었다. 2010년 4월과 2011년 1월에 밀너는 할인 예약 웹사이트 그루폰을 위하여 투자 라운드를 두 차례나 더 주도했다. 티로웨프라이스그룹T. Rowe Price Group, 피델리티, 캐피털그룹Capital Group과 같은 전통적인 펀드관리회사가 그의 신디케이트에 합류했다. 실버레이크Silver Lake라는 사모펀드, 매버릭캐피털Maverick Capital이라는 헤지펀드, 모건스탠리도 마찬가지였다. 클라이너퍼킨스와 같은 실리콘밸리의 벤처캐피털도 여기에 합류했다. 클라이너퍼킨스는 최근에 메리 미커를 영입하여 성장투자에 대한 열의를 보여주었다. 밀너는 세계의 억만장자들을 수록한 〈포브스〉 연례판 표지 모델로 등장한 직후인 2011년 6월에 음악 스트리밍 서비스 스포티파이를 위한 투자 라운드를 주도했다. 그와 함께 투자한 회사 중에는 최근에 8억 7500만 달러의 성장형 펀드를 조성한 액셀도 있었다.[35]

밀너는 놀라울 정도로 짧은 시간에 새로운 형태의 기술주 투자가 자리를 잡도록 힘을 실어주었다. 2005년에 와이콤비네이터가 설립된 이후로 기술 인큐베이터tech incubator(미숙한 신생아를 키우듯이 갓 창업한 소기업의 성장을 돕는 업체—옮긴이)가 등장했던 것처럼, 밀너가 자신의 지분에 대한 의결권을 창업자들에게 양보하고 종업원들에게 주식의 일부를 매도할 수 있도록 하여 그들을 유혹함으로써 조숙한 스타트업에 자

투자의 진화

금을 지원하는 방법을 보여준 이후로 성장투자가 꽃을 피웠다. 밀너가 페이스북에 투자하던 해인 2009년에 미국 비상장 기술기업들에 투자된 자금이 총 110억 달러에 이르렀다. 2015년에는 이러한 투자금이 750억 달러로 급증했고, 증가액의 대부분은 나중 단계의 성장투자의 형태를 띠었다.[36] 클라이너퍼킨스를 떠나 자신의 벤처캐피털을 설립한 선구적인 여성 벤처투자자 에일린 리는 51개 기업이 사적 투자 라운드를 6회 이상 실시하여 기업당 평균 5억 1600만 달러의 자금을 유치했다고 밝혔다.[37] 이러한 자금의 물결에 분위기가 한껏 달아오른 비상장 기술기업들은 종종 10억 달러 이상의 가치를 실현했다. 리는 이러한 기업들을 "유니콘"이라고 불렀다.

성공으로 마음이 들뜬 밀너는 어머니와 아버지를 포함하여 가족들과 함께 팰로앨토의 언덕에 있는 저택으로 거처를 옮겼다. 그곳은 그가 젊은 시절을 보냈던 소련과는 거리가 먼 세계였는데도 그에게는 자연스러운 장소였다. 러시아에서 소년 시절을 보낸 밀너는 미국에 매료되었다. 그는 미국을 보기 전에 미국의 향기를 먼저 맡았다. 그 향기가 그의 가족이 살던 모스크바 아파트 현관 주변을 맴돌았고, 잠시 후 경영학 교수였던 아버지가 거실로 들어서서는 딸각 소리를 내며 여행 가방을 열었다. 뉴욕, 보스턴, 필라델피아의 호텔에서 제공하는 기념품들과 함께 깨끗하게 포장된 비누가 바닥에 쏟아졌다. 밀너는 와튼스쿨의 졸업 연설에서 이렇게 말했다. "그것은 새로운 세계의 향기였습니다. 우리가 살던 작은 아파트에 갑자기 미국이 들어왔습니다."[38] 반세기가 지난 지금 밀너는 캘리포니아에 있는 호화 저택을 소유했고, 그곳에는 그가 원하는 만큼의 비누가 있었다. 그는 젊은 시절에 미국의 정신으로 존경하던 크래비스나 벤더빌트 같은 영웅적인 자본가들 중

한 사람이 되어 있었다.

● ● ●

밀너의 영향력을 보여주는 가장 두드러진 신호는 놀라운 곳에서 나왔다. 2009년 초에 넷스케이프의 창업자이자 페이스북 이사회 이사인 앤드리슨은 예전에 넷스케이프에서 함께 일했던 벤 호로위츠Ben Horowitz와 함께 벤처캐피털을 출범했다. 1980년대의 액셀, 1990년대의 벤치마크, 2005년의 파운더스펀드처럼 다른 화려했던 진입자들과 마찬가지로 앤드리슨호로위츠도 새로운 종류의 벤처캐피털을 출범했다고 주장하며 차별화를 꾀했다. 비록 마케팅 연설에서는 밀너에 대한 언급이 없었지만, 밀너 효과는 명백했다.

앤드리슨호로위츠의 홍보전략은 젊은이들의 반란의 연장선에 있었다. 넷스케이프를 떠난 후 앤드리슨과 함께 라우드클라우드Loudcloud라는 스타트업을 창업한 젊은 CEO 호로위츠는 벤치마크의 어느 파트너에게 몹시 화가 나 있었다. 그는 호로위츠에게 언제 '진정한 CEO'에게 그 자리를 물려줄 계획인지 물었다. 이에 호로위츠는 도전적으로 대응했다. 그는 구글의 세르게이 브린과 래리 페이지의 예를 들면서 기술기업이 크게 성공하려면 원래의 창업자가 경영해야 한다고 주장했다.[39] 발명가들을 외부에서 영입한 CEO에게 종속시키는 서터힐벤처스의 퀴메 공식은 상황을 퇴보시켰다. 벤처캐피털은 기술기업 창업자들을 '진정한 CEO'로 대체하기보다는 그들이 경영자로서 성장하도록 지도해야 한다.

젊은이들의 반란 시기에 출범한 그 밖의 벤처 파트너십들은 이러한 지도의 필요성을 적당히 얼버무리려는 경향이 있었다. 피터 틸은 슈퍼스타 창업자들이 마치 마법의 거미가 그들을 물어뜯은 것처럼 이미 완전히 형성된 초능력을 가지고 기업가정신에 도달했다고 믿었다. 와이콤비네이터의 폴 그레이엄은 창업자들이 지도받을 것이 별로 없다고 말했다. 그는 이렇게 요구했다. "사용자들이 좋아하는 것을 만들고, 당신이 버는 것보다 적게 지출하라. 그게 그렇게 어려운가?" 그러나 호로위츠는 재능 있는 창업자들조차도 고된 학습 기간을 거쳐야 한다는 사실을 인정하고 있었다. 그는 2000년 이후로 기술주 붕괴의 여파가 여전히 가시지 않은 시기에 라우드클라우드를 이끌어가면서 이러한 사실을 스스로 깨달았다. 그의 흥미진진한 회고록 제목 '어려운 것들에 대한 어려운 것The Hard Thing About Hard Things'은 기업가정신의 외상을 잘 포착했다.

2007년에 호로위츠는 이제는 옵스웨어Opsware가 된 자기 회사를 성공적으로 매각한 이후로 앤드리슨과 팀을 이루어 엔젤투자를 시작했다. 그들은 36개의 소규모 투자로 이루어진 포트폴리오를 구성했고, 논리적으로 그다음 단계는 벤처캐피털이 되는 것이었다. 앤드리슨과 호로위츠는 최고의 기업가들이 최고의 벤처캐피털만을 상대하는 경향이 있다는 것을 의식하고는 최고의 단계로 바로 도약하는 방법을 찾아야 했다. 벤처투자에서 수익의 대부분은 소수의 엘리트 파트너십에 의해 창출되기 때문에, 단순히 평균이 되는 것은 실패를 의미했다.[40]

앤드리슨과 호로위츠는 자신들을 돋보이게 하려고 기술기업 창업자들에게 다가가기 위한 새로운 방법을 시도했다. 그들은 전통적인 벤처캐피털이 흔히 그랬던 것과는 다르게 창업자들을 대체하지 않을 것을 약속했다. 또한 그들은 새로운 벤처캐피털과는 다르게 창업자들을 버리지 않을 것을 약속했다. 경영진에게 어떻게 동기를 부여할 것인가, 영업팀에 어떻게 활력을 불어넣을 것인가, 회사에 모든 에너지를 쏟아붓고 있는 충성스러운 직원을 어떻게 별도로 취급할 것인가와 같은 어려운 문제들이 제기될 때 그들은 기술기업 창업자들을 지도할 것이다. 이와 동시에 앤드리슨과 호로위츠는 기술기업 창업자들에게 노련한 CEO가 보유한 일종의 롤로덱스(고객, 공급업체, 투자자, 언론인의 연락처)를 제공할 것이다. 액셀은 특정 분야에 전문성을 두면서 차별화를 꾀했고, 벤치마크는 소규모의 펀드를 가지고 낮은 수수료를 부과하면서 '더 나은 구조'를 제시했으며, 파운더스펀드는 가장 독창적이고 역발상을 하는 기업을 지원하겠다고 약속했다. 앤드리슨과 호로위츠는 CEO가 되고자 하는 과학자들을 위해 학습곡선을 부드럽게 하겠다고 약속했다.

앤드리슨과 호로위츠가 흔쾌히 인정했듯이 대담한 홍보가 그들의 전략에서 많은 부분을 차지했다. 호로위츠는 폴 그레이엄과 비슷한 인물이었지만 그보다는 선이 굵은 사람이었다. 그레이엄은 컴퓨터과학자 출신으로 기업가가 되어 블로그에 사업과 삶에 관한 글을 작성하여 추종자를 끌어들였다. 앤드리슨은 그보다 훨씬 더 강한 브랜드를 가지고 있었고, 그와 호로위츠는 그것을 활용하고 싶어 했다. 넷스케이프의 배후에 있는 천재로 알려지고, 키가 195센티미터에 달하고 우뚝 솟은 대머리가 인상적인 앤드리슨은 넋을 잃게 만드는 속도로 아이디어들을 한꺼번에 다루면서 일련의 이야기, 사실, 숫자가 뒷받침하는 결론을 이끌어냈다. 그는 자신의 새로운 벤처캐피털이 출범할 무렵 〈포춘〉 표지에 등장했고, 텔레비전 인터뷰도 한 시간 동안이나 했다. 그는 자신감을 가지고 이렇게 선언했다. "명성에 대한 우리의 주장은 '기업가를 위한, 기업가에 의한'에 있습니다."[41]

물론 앤드리슨의 주장은 자신이 생각하는 것보다는 그다지 독창적이지 않았다. 벤처투자자들(틸, 그레이엄, 밀너 등은 두말할 것도 없고, 초기 클라이너퍼킨스의 거의 모든 파트너들)의 대다수가 기업가의 경험을 가지고 있었다. 창업자들을 지도한다는 생각도 독창적이지 않았다. 제리 양을 도와 유명인사가 되게 했을 때, 혹은 페이팔의 맥스 레브친을 설득하여 그의 회사를 이베이에 조기에 매각하지 않도록 했을 때, 마이클 모리츠는 기술기업 창업자가 비즈니스 리더가 되도록 지도했다. 기업가정신이 벤처투자자에게 가장 좋은 배경이라는 것도 분명하지가 않았다. 기업가는 대체로 한두 개의 기업에서 일하지만, 젊은 시절에 투자 사업에 뛰어든 벤처투자자는 수십 개의 스타트업의 속을 들여다볼 수 있는 위치에 있었다. 다름 아닌 바로 앤드리슨 자신도 벤처캐피털을 출범하기 2년 전인 2007년에는 이렇게 생각했다. '상상할 수 있는 것보다 더 이상한 스타트업의 상황을 바로 가까이에서 그리고 개인적으로 목격하면서 20년을 보낸 벤처투자자를 대체할 수 있는 사람은 아마도 아직은 없을 것이다.'[42]

밀너가 페이스북과의 거래를 마무리 지은 2009년 6월에 앤드리슨호로위츠는 투자자로부터 3억 달러를 모집했다고 발표했다. 이 벤처캐피털은 창업자를 지도하겠다는 약속을 지키기 위해 다른 벤처캐피털보다 훨씬 더 많은 인원을 모집할 것을 약속했다. 과거에는 다른 벤처캐피털들이 투자보다는 포트폴리오 기업을 지원하는 데 집중하는 운영 파트너를 고용했지만, 앤드리슨호로위츠는 한 지붕 아래에서 광범위한 컨설팅 업무팀을 구성하려고 했다. 스타트업이 사무공간을 찾을 수 있도록 지원하는 팀도 있었고, 홍보에 관한 조언을 제공하는 팀도 있었고, 주요 인재를 찾아주거나 잠재적인 고객을 소개해주는 팀도 있었다.

어느 정도까지는 창업자를 지도하겠다는 약속이 현실에 부합했다. 앤드리슨호로위츠는 일련의 기술기업 창업자들을 지원하고 비즈니스의 원칙을 배우는 데 도움을 주었다. 때로는 직원들을 세심하게 투입한 컨설팅 서비스를 통해서가 아닌 앤드리슨과 호로위츠가 직접 개입하기도 했다. 예를 들어 니시라Nicira라는 차세대 네트워킹 스타트업의 경우, 호로위츠는 이 회사가 비용이 매우 많이 소요되는 두 가지 오류를 범하지 않도록 했다.

니시라의 첫 번째 오류는 호로위츠가 여전히 엔젤투자자였을 때, 앤드리슨호로위츠를 설립하기 전에 발생했다. 그는 니시라의 창업자이자 최근에 스탠퍼드대학교에서 컴퓨터공학 박사학위를 받은 마틴 카사도Martin Casado를 지원했다. 어느 날 그는 팰로앨토에 있는 치과병원을 개조한 니시라 사무실을 방문했다. 이전까지 그곳은 안토니오스넛하우스Antonio's Nut House라는 작은 술집 뒤편에 있는 일종의 쓰레기 처리장이었다.

카사도는 자신이 개발한 네트워킹 소프트웨어의 가격을 어떻게 책정할 것인가에 대하여 질문했다. 그는 기술적 과제, 즉 물리적 라우터를 클라우드에서 작동하는 소프트웨어 전용 제품으로 대체하는 계획에만 집중한 나머지 기준 소매가격의 책정을 사소한 문제로만 여겼다. 그는 거의 무작위로 숫자를 고를 것이다. 만약 그것이 잘못된 것으로 나타나면 그는 그것을 바꿀 수 있다고 생각했다.

호로위츠는 양손 손가락 끝을 모으면서 깊이 생각하는 모습을 보였다. 앤드리슨은 생각을 손쉽게 표현했지만, 호로위츠는 생각을 말

투자의 진화

로 표현하는 데 시간이 좀 걸렸다. 그는 스타트업의 여러 해에 걸친 소모적인 참호전이 여전히 자신을 짓누르는 것처럼 무겁고 신중한 태도를 보였다. 호로위츠가 창밖을 응시하는 동안 카사도는 기다리고만 있었다. 카사도는 나중에 이렇게 말했다. "그는 위대한 생각을 하고 있을 때, 그런 모습을 보이곤 했습니다."[43]

호로위츠는 예언자가 결론을 말하듯이 이렇게 말했다. "마틴, 가격 결정보다 기업가치에 더 커다란 영향을 미치는 것은 아무것도 없습니다." 소프트웨어 기업이 신제품(지금까지 아무도 본 적이 없는 독창적인 제품)을 출시할 때에는 가격을 결정할 기회가 단 한 번만 있다. 어떤 숫자를 선택하든 그것이 고객의 뇌리에 박혀 나중에 가격을 올리기가 어렵게 된다. 게다가 일정한 가격 차이는 회사의 이윤에 더 큰 차이를 일으킬 것이다. 영업사원이 20만 달러의 연봉을 받고 연간 여섯 명의 기업고객을 확보할 경우에 제품 가격을 5만 달러로 책정하면 매출액이 30만 달러가 되고, 여기서 영업사원의 연봉을 빼면 이윤이 10만 달러가 된다. 그러나 가격을 이전 수준의 두 배인 10만 달러로 책정하면 이윤이 이전 수준의 네 배가 되어 40만 달러가 된다. 기업가들이 초창기에는 이러한 차이를 거의 깨닫지 못하기 때문에 이것이 기업가치에 커다란 영향을 미칠 수 있다.

카사도는 고마운 마음을 이렇게 전했다. "호로위츠가 아니었더라면, 나는 새로운 제품을 발명하면서 가격을 낮게 책정하고 나중에 더 많은 수익을 올릴 수 있다고 생각했을 것입니다. 이것은 기술기업 창업자들이 갖는 편견입니다."[44]

2010년 1월 앤드리슨호로위츠는 니시라의 시리즈 A 투자 라운드를 이끌었다. 호로위츠는 니시라 이사회에 합류하여 앤드리슨호로위츠

직원들과 함께 니시라의 사업 확장을 지원했다. 니시라 엔지니어 중 약 20명이 앤드리슨호로위츠의 네트워크를 통하여 충원되었고, 니시라의 첫 번째 고객(AT&T와 같은 주요 기업)도 앤드리슨호로위츠의 소개로 탄생했다. 니시라의 클라우드 기반 네트워크 인프라에 대한 약속은 변환을 이루어내는 것이었다. 따라서 네트워크는 스마트폰을 통해 작동되는 일련의 코드로 구성된 알람시계와 마찬가지로, 순전히 소프트웨어로만 구성되었다.

2011년 여름 니시라의 성공은 놀라운 제안을 낳았다. 시스코는 그 회사를 6억 달러에 인수할 것을 제안했는데, 이것은 300배의 수익을 낳는 것이었다. 카사도는 매우 기뻐하며 이 제안을 받아들이려고 했지만, 이제 호로위츠가 두 번째로 개입을 했다. 입찰 가격이 엄청나게 높다는 것은 카사도가 자신이 생각하는 것보다 훨씬 더 우월한 지위에 있다는 사실을 입증했다. 나중에 호로위츠는 이렇게 말했다. "나는 내가 지원하는 스타트업에서 이러한 사실을 보았습니다. 높은 입찰 가격은 주변 여건에서 무엇인가가 바뀌었다는 신호입니다. 인수자가 높은 금액을 제안한 것은 당신이 그것을 받아서는 안 된다는 것을 의미합니다!"

호로위츠는 이렇게 조언했다. "마틴, 시스코가 이 가격을 제시하는 것은 그들의 고객들이 당신이 네트워킹에서 가장 놀라운 일을 벌이고 있다고 말하기 때문입니다." 유력한 고객들이 그런 메시지를 퍼뜨리기 시작하면, 다른 인수자들이 곧 나타나서 니시라의 문을 두드릴 것이다. 호로위츠는 단호하게 말했다. "시스코에 팔려고 하지 말고, 정해진 절차를 따르도록 하세요."[45]

앤드리슨은 특유의 달변으로 호로위츠가 전하는 메시지를 강조했다. 그는 카사도에게 이렇게 말했다. "팔지 마세요, 팔면 안 됩니다. 니시라는 이제 겨우 자리를 잡아가고 있습니다."[46]

호로위츠가 니시라 매각에 반대하기 위해 이사회 의결권을 활용할 뜻을 비쳤을 때, 카사도는 그와 대화하기를 거부했다. 그러나 2주 동안 격분한 끝에 카사도는 겨우 마음을 진정시켰다. 호로위츠가 옳았다. 카사도는 자신에게 온 첫 번째 제안에 만족해서는 안 되었다. 니시라는 다수의 입찰을 끌어들이기 위해 투자은행가와의 관계를 계속 유지했다. 최종 결론은 니시라가 시스코의 경쟁사에 6억 달러가 아니라 12억 6000만 달러에 팔렸다는 것이다.

호로위츠는 과장하지 않고 이렇게 말했다. "나는 회사의 가치를 두 배가 되게 했습니다!"[47]

호로위츠가 니시라 이사회의 유력한 구성원이라는 데는 의심의 여지가 없었다. 2010년 2월, 니시라의 시리즈 A 투자 라운드 직후에 그는 옥타Okta라는 스타트업을 상대로 앤드리슨호로위츠의 또 다른 클라우드 소프트웨어 투자를 주도했다. 니시라가 클라우드에서 네트워킹 기능을 만든 곳에서 옥타는 기업의 클라우드 기반 소프트웨어 도구와 그 직원 간의 인터페이스를 구축했다. 아이디어는 보안 로그인으로 보호되는 단일 게이트웨이가 회사 데이터를 보호한다는 데서 나왔다. 그러나 2011년 가을이 되면서 옥타는 몹시 흔들리고 있었다. 옥타는 판매 목표를 달성하지 못했고, 현금이 바닥나고 있었다. 그리고 어느 유능한 엔지니어가 회사를 떠나려고 했다.

호로위츠는 그 사람이 왜 떠나려고 하는지 알고 싶어서 그를 만났다. 그러고는 엔지니어링팀 전체가 의욕을 잃었다는 사실을 알게 되었다. 옥타의 CEO 토드 매키넌Todd McKinnon은 판매 실적이 나쁜 것을 그들 탓으로 돌렸다.

호로위츠는 매키넌을 찾아가서는 이렇게 말했다. "엔지니어들에게 책임을 물으려고 하지 마세요."

"그 사람들에게 책임을 묻지 말라고요? 도대체 무슨 말씀을 하시는 겁니까?"

호로위츠가 이렇게 대답했다. "너무 강경하게 나오면 이탈자가 더 많이 나올 겁니다." 당시로서는 옥타가 진정한 문제라 할 판매전략을 수정하는 동안에 엔지니어들을 붙잡아두는 것이 중요했다. 그때까지 이 스타트업은 소기업에 보안 대시보드를 판매하려고 했다. 그러나 규모가 작은 기업들은 대체로 네트워크 보안에 신경 쓰지 않는다.

옥타는 호로위츠의 조언에 따라 영업팀을 개편했다. 그리고 업계에서 폭넓은 인맥을 가지고 대기업 고객들을 유치할 능력이 있는 새로운 마케팅 담당자를 찾는 작업이 진행되었다. 매키넌은 후보자 면접을 마치고, 자신의 선택에 관해 이야기하려고 호로위츠에게 전화했다.

그 전화가 왔을 때 호로위츠는 다른 스타트업에서 열리는 회의에 참석하려고 운전을 하고 있었다. 그날따라 비가 많이 와서 앞이 잘 보이지 않았다. 그는 매키넌이 어떤 후보를 선택했는지 말하는 것을 유심히 듣고 있었다.

호로위츠는 차를 길가에 세웠다. 그가 생각하기로는 매키넌이 엉뚱한 사람을 선택하고 있었다. 이 전화는 호로위츠가 온 정신을 집중하게 만들었다.

매키넌이 이야기를 멈추자 호로위츠가 독설을 날렸다. 그는 이렇게 말했다. "만약 당신이 이번 일을 잘못 처리한다면, 이것이 당신이 하게 될 최후의 고용이 될 것입니다."[48]

호로위츠는 이렇게 매키넌에게 정신이 바짝 들게 하고는 자신의 논

투자의 진화

리를 설명했다. 앤드리슨호로위츠 인사부서에서는 호로위츠가 잘 알고 있는 또 다른 후보를 확인했다. 그가 그 일을 잘할 수 있다는 데는 의심의 여지가 없었다. 매키넌이 후보자 면접을 진행하면서 아무리 다른 사람에게 마음이 가더라도 그 사람에게 기회를 주는 것은 무책임한 짓이 될 것이다. 스타트업과 벤처캐피털은 위험을 기꺼이 받아들이려고 해야 한다. 그러나 이미 위험한 상황에 있을 때에는 위험을 쓸데없이 가중시켜서는 안 된다.[49]

호로위츠가 매키넌을 질책한 것은 앤드리슨호로위츠가 갖는 특별한 강점을 보여주었다. 비록 앤드리슨호로위츠가 젊은이들의 반란의 산물이지만, 반드시 창업자 친화적인 것은 아니었다. 앤드리슨호로위츠가 기술기업 창업자들의 성공을 지원하는 데 목표를 두고 있지만, 그들이 잘못된 길로 가고 있다면 기꺼이 그들을 질책하려고 했다.[50] 피터 틸의 펀드는 이사회 투표에서 창업자에게 반대표를 던진 적이 없었고, 밀너는 이사회 의결권조차 양보했다. 그러나 호로위츠는 직접적으로 개입했다. 그는 폴 그레이엄이 가진 기술기업 창업자에 대한 믿음과 돈 발렌타인이 가진 강인함을 모두 지녔다. 이제 옥타의 마케팅 담당자를 뽑는 과정에서 호로위츠가 매키넌을 눌렀다. 위험하지 않은 후보를 선택하면서 회사의 미래가 바뀌었다. 2015년에는 옥타가 유니콘으로 등극했다.

그러나 호로위츠의 행동이 아무리 인상적이라고 하더라도 그가 이렇게 직접적으로 개입하는 것이 벤처 역사상 새로운 일도 아니었고, 앤드리슨호로위츠의 뛰어난 성과를 완전히 설명하는 것도 아니었다. 고용, 고객 모집, 전략, 동기 부여에 대한 지원은 벤처투자의 표준 유형이 되었다. 게다가 이러한 유형의 지원은 아마도 앤드리슨호로위츠가 투자를 선택하는 역량과 비교하여 덜 중요하게 작용했을 것이다. 니시라와 옥타의 경우, 클라우드 컴퓨팅의 추세를 정확하게 파악하고 있는 벤처투자자만이 기회를 포착할 수 있었다. 분명히 말하지만, 앤드리슨과 호로위츠가 가진 주요 차별화 요소는 기업가적 경험이 아니라 컴퓨터과학 지식에 있었다.[51] 마찬가지로 앤드리슨호로위츠의 성공은 우연한 타이밍과도 많은 관련이 있었다. 앤드리슨호로위츠는 특히 소프트웨어 기업 주식이 10년에 걸친 호황을 누리기 시작할 무렵에 설립되었다. 스마트폰, 클라우드 컴퓨팅 및 유비쿼터스 브로드밴드의 등장은 소프트웨어 개발자의 황금시대가 도래하게 했다. 컴퓨터과학 훈련을 받은 두 명의 유력한 파트너들이 이러한 시대에 두각을 나타내기 위한 이상적인 조합을 이루었고, 그들은 이러한 사실을 기쁜 마음으로 널리 알렸다. 앤드리슨은 〈월스트리트저널〉에 기고한 글에서 이렇게 선언했다. "소프트웨어가 세상을 집어삼키고 있다." 그 구절은 시대를 훌륭하게 요약했다. 이것은 확실히 앤드리슨호로위츠의 성공에 대하여 기술기업 창업자에 대한 새로운 접근방식을 홍보하는 것보다도 더 많은 것들을 설명했다.

그러나 앤드리슨호로위츠의 초창기에는 잠행 혁신Stealth innovation이라는 것이 있었다. 이것은 전격적인 홍보에서는 주로 배제되었다. 앤드리슨호로위츠는 과거의 야심 찬 벤처캐피털과는 다르게, 전통적인 초기 단계의 투자와 밀너 스타일의 성장투자를 결합했다.

●●●

앤드리슨호로위츠는 창업한 지 얼마 지나지 않은 2009년 9월에 이

　　　　　　　　　　　　　　　　　투자의 진화

베이가 소유하던 인터넷 전화 회사인 스카이프의 지분을 얻기 위해 5000만 달러를 쏟아부었다. 이번 투자 금액은 앤드리슨호로위츠가 조성한 첫 번째 펀드에서 6분의 1에 달하지만, 친환경기술 기업 창업자를 지도할 것이라는 약속과는 거의 관련이 없었다. 스카이프는 설립된 지 이미 6년이 되는 기업이었다. 그들은 이미 많은 경험을 축적한 상태였다. 오히려 앤드리슨호로위츠가 스카이프에 투자한 것은 앤드리슨이 최근에 밀너를 알게 된 사실과 실리콘밸리 네트워크의 중심에 있는 자신의 특권적 지위와 밀접한 관련이 있었다.

앤드리슨호로위츠가 스카이프에 투자하게 된 계기는 앤드리슨이 이베이 이사회 이사로 활동한 데서 비롯되었다. 이 경매업계의 거대 기업은 4년 전인 2005년에 스카이프를 인수하고는 인터넷 전화 사업 부문을 통합하기 위해 고심하고 있었다. 이 회사는 일련의 경영권 분쟁 속에서 스카이프의 스웨덴 출신 창업자들을 해고했고, 이 스웨덴인들은 스카이프의 핵심 기술에 대한 소유권을 두고 이베이를 고소하는 것으로 대응했다. 또한 실버레이크라는 사모펀드가 이베이로부터 스카이프 사업 부문을 인수할 것을 제안했을 때, 스카이프 창업자들은 실버레이크를 추가로 고소했다.

이베이 이사회 이사인 앤드리슨은 이런 드라마의 각 단계에서 최전선에 있었다. 밀너가 페이스북에 투자하여 대성공을 거둔 사실을 알고 있던 그는 기회를 보았다. 그는 소프트웨어 전문가로서의 명성을 이용하여 스카이프 창업자들과 접촉했다. 그는 그들의 비전과 기술적 역량을 충분히 이해했다. 사실 스카이프는 앤드리슨호로위츠가 찾는 바로 그 유형의 제품, 즉 하드웨어를 대체할 소프트웨어를 가지고 있었다. 앤드리슨은 그들의 제품을 클라우드로 옮길 수 있는 그들의 역량에 대한 믿음을 강조하면서, 창업자들을 자신들의 기업으로 다시 데려오기 위한 거래를 제안했다. 실버레이크 컨소시엄은 스카이프 주식의 절반을 조금 넘게 매입할 것이다. 스카이프 창업자들은 소송을 취하하는 대가로 14퍼센트의 지분을 받게 될 것이다. 한편, 앤드리슨은 5000만 달러를 투자할 권리를 얻을 것이다.

거래는 성사되었고, 앤드리슨은 새로운 소유권자들이 스카이프의 경영상의 기능 장애를 해결하는 데 도움을 주었다. 30명의 최고위 관리자들 중 29명이 완전히 교체되었고, 이후로 앤드리슨은 또다시 이사회 이사직을 활용하여 스카이프와 페이스북의 제휴를 중개하는 역할도 했다. 따라서 페이스북 사용자들은 스카이프 영상통화에 연결하여 서로 대화를 나눌 수 있을 것이다. 앤드리슨호로위츠가 예상했던 대로 스카이프 기술팀은 클라우드로의 전환을 관리할 정도로 매우 뛰어났다. 스카이프 사용자 수는 페이스북과의 거래 전 4억 명에서 이듬해 6억 명으로 급증했다. 스마트폰이 널리 보급되면서 인터넷을 통한 통화는 전통적인 전화선을 통한 통화만큼이나 간단해졌다. 스카이프는 갑자기 메리 미커가 은유적으로 표현한 것으로, 최신 기술의 흐름을 따라잡기 위해 정교하게 설계된 일종의 플랫폼이라 할 서핑보드를 닮았다. 마이크로소프트는 스카이프의 전망을 높이 평가하고는 실버레이크 컨소시엄이 스카이프 주식을 매입할 때의 가치평가액보다 세 배가 더 많은 85억 달러에 회사를 인수하기 위해 달려들었다. 결과적으로 앤드리슨호로위츠는 불과 18개월 만에 1억 달러의 수익을 챙겼다.

앤드리슨이 스카이프에 투자하여 대성공을 거둔 이후로 밀너 방식의 또 다른 성장투자들이 이어졌다. 앤드리슨호로위츠는 첫 번째 펀드의 자금을 사용하여 DST와 함께 게임업체 징가에 투자했고, 모바

투자의 진화

일 앱 포스퀘어Foursquare에 2000만 달러를 투자했다.[52] 6억 5000만 달러의 자금을 조성한 두 번째 펀드를 가지고는 페이스북과 트위터에 각각 8000만 달러씩 투자했다. 그리고 그루폰에 4000만 달러를 투자했고, 사진 공유 앱 핀터레스트Pinterest와 부동산 임대 플랫폼 에어비앤비Airbnb에 각각 3000만 달러씩을 투자했다. 초기 단계의 스타트업 닥터라고 자신을 선전하던 벤처 파트너십이 벤처펀드의 3분의 1 이상을 성장투자에 투입하면서 방향을 전환하고 있었다. 그러나 이처럼 놀라운 방향 전환은 어느 한 사람이 지닌 영향력을 잘 입증했다. 앤드리슨은 나중에 이렇게 말했다. "우리는 이러한 확장 단계에서 기회가 발생한다는 데 내기를 걸었습니다. 여기서 많은 것들이 유리 밀너와 관련이 있습니다."[53]

•••

앤드리슨과 호로위츠는 목표로 했던 것들을 달성했다. 그들은 벤처 업계에서 최상위급에 진입했다. 그들의 첫 번째 펀드는 2009년에 출시된 벤처펀드 중 상위 5퍼센트에 들었고, 수수료를 제외하고서 연간 44퍼센트의 수익률을 기록했다. 이것은 같은 기간에 S&P500 지수보다 세 배나 높은 수익률이었다.[54] 특히 밀너에게 영감을 받아서 스카이프에 투자한 덕분에 앤드리슨호로위츠가 초기에 성공할 수 있었고, 파트너들은 후속 펀드를 대규모로 조성했고, 투자 파트너를 추가로 모집했으며, 사내의 컨설팅 업무팀을 확대했다. 이제 클라이너퍼킨스가 실리콘밸리에서 최고의 투자회사라는 자리에서 물러나고, 앤드리슨호로위츠가 그 자리를 채웠다.

처음에는 앤드리슨호로위츠의 업적이 아마도 혁신적인 모델을 정당화하는 것으로서 환영받았다. 다른 파트너십들도 포트폴리오 기업을 상대로 지도 및 지원 서비스를 제공하고 "기업가를 위한, 기업가에 의한"이라는 원칙을 채택하기 시작했다. 그러나 이후로 흥미로운 일이 일어났다. 2018년 말의 평가에 따르면, 그다음 두 개의 앤드리슨호로위츠 펀드가 S&P500 지수를 능가하기 위해 분투하고 있었는데, 이렇게 되려면 아직 실현되지 않은 잠정적인 이익이 벤처캐피털 중에서 각각 3사분위수와 2사분위수에 해당하는 자리에 있어야 했다.[55] 앤드리슨호로위츠는 빠르게 한 번이 아니라 두 번이나 연속해서 경로 의존성의 법칙을 거슬렀다. 처음에는 벤처 업계의 최상위급에 진입했고, 그다음에는 전체 순위에서 중간 정도로 떨어졌다.

왜 이런 일이 일어났는가? 이에 대하여 가장 분명한 설명은 앤드리슨과 호로위츠가 사업을 확장하면서 자신의 강점을 약화시켰다는 것이다. 그들은 "기업가를 위한, 기업가에 의한"이라는 원칙과 기술기업 창업자에 대한 지도 및 지원 서비스가 벤처캐피털에 대한 새로운 접근방식에 해당하고 이것이 크게 성공할 것으로 생각했다. 그들이 확인한 것은 성공이 이러한 비전보다는 실리콘밸리에서의 자신들의 지위와 더 많은 관련이 있다는 것이었다. 앤드리슨호로위츠가 모두가 기업가의 이력을 가져야 한다는 자랑스러운 원칙에 따라 투자 파트너를 추가 모집하면서, 이들 중 일부는 좋은 실적을 내지 못한다는 사실을 알게 되었다. 창업자가 되는 것은 어떤 창업자에게 투자할 것인가를 결정할 수 있는 것과는 같지가 않았다. 2018년 앤드리슨호로위츠는 처음으로 기업가가 아닌 사람을 무한책임 파트너로 승진시켰다. 호로위츠는 〈포브스〉와의 인터뷰에서 이렇게 인정했다. "특히 어쩔 수 없이 실패를 인정해야 하는 것은 나한테는 커다란 사건입니다. 때늦은 감이 있지만, 어쨌든 우리는 그러한 원칙을 버렸습니다."[56]

　세상의 이목을 끌면서 출범하는 벤처캐피털들은 두 가지 공통점을 갖는 경향이 있다. 이들은 자신의 특별한 접근방식에 대한 스토리를 가지고 있고, 강력한 네트워크를 가진 널리 알려진 파트너들을 보유하고 있다. 몇 가지 비범한 사례에서는 이러한 특별한 접근방식이 성공의 대부분을 설명할 정도로 강력했다. 아무런 인맥도 없이 실리콘밸리에 들어와서는 정상을 향해 곧장 달려간 밀너가 바로 그랬다. 헤지펀드/벤처 하이브리드 모델을 즉흥적으로 만들어낸 타이거글로벌도 그랬다. 그리고 일괄처리 방식의 초기 자본 투자가 진정으로 새로웠던 와이콤비네이터의 경우도 어느 정도 그랬다. 그러나 대부분의 사례에서는 새로운 벤처캐피털이 창업자의 경험과 지위 때문에 성공하는 것이지, 그들이 독창적이라고 주장하는 접근방식 때문에 성공하는 것은 아니다. 학계에서도 벤처캐피털의 성공은 주로 인맥에 달려 있다는 직관적으로 분명한 사실을 확인해준다.[57] 영국의 벤처투자자 맷 클리퍼드는 언젠가 이렇게 말했다. "실리콘밸리는 개인숭배에 사로잡혀 있다. 하지만 숭배의 대상이 되는 이러한 개인들이 네트워크의 승리를 구현한다."

13장

세쿼이아캐피털: 다수의 힘

The Power Law

앤드리슨호로위츠가 출범한 지 1년이 지난 2010년 여름에 조 레이콥Joe Lacob이라는 클라이너퍼킨스의 파트너가 독특한 투자를 했다. 그는 클라이너퍼킨스에서 23년을 근무하면서 생명과학, 에너지, 전자상거래 부문 등에서 활동하는 70여 개의 벤처기업을 지원했다. 그러나 이번 투자는 이전의 것과는 달랐다. 이번에 투자한 곳은 설립한 지 64년이 지난 기업으로, 정확히 말하자면 스타트업이 아니었다. 또한 사기가 저하된 기업으로, 혁신적인 기업도 아니었다. 그럼에도 레이콥은 잠재력을 발견했다. 그는 뜻을 같이하는 몇몇 협력자들과 함께 북부 캘리포니아주의 낙후된 농구 구단인 골든스테이트 워리어스Golden State Warriors에 4억 5000만 달러를 투자했다.

그다음에는 실리콘밸리를 사로잡은 광범위한 붐이 일어났다. 레이콥은 기술 인력과 할리우드 스타일이 어우러진 창의적인 네트워크를 가져왔고, 골든스테이트 워리어스는 마치 뜨겁게 달아오른 소셜 미디어 플랫폼처럼 맹렬하게 질주했다. 레이콥이 인수하기 이전 해까지만 하더라도 경기의 3분의 2를 패배했던 그들이 2015년에 NBA 결승전에 진출했고, 이후로 4년 동안 세 차례나 우승했으며, 역사상 단일 시즌 최고 승률을 기록하기도 했다. 그들은 장거리 3점 슛을 중심으로 한 데이터 기반 플레이 스타일로 유명해졌고, 이러한 혁신이 금방 모방자들을 끌어들였다. 경기장의 모든 좌석이 매진되었고, 티켓 가격이 폭등했다. 레이콥은 구단 홈경기장을 이스트오클랜드의 낡은 체육관에서 샌프란시스코의 고급 콜로세움으로 옮겼다. 10년이 지나서 골든스테이트 워리어스의 가치는 레이콥과 그의 신디케이트가 지급한 금액보다 거의 여덟 배나 더 많은 35억 달러가 되었다고 한다. 이것은 농구 팀에 벤처투자를 한 데서 얻은 대가였다.[1]

위대한 농구 구단에는 로스앤젤레스 레이커스의 잭 니콜슨Jack Nicholson, 뉴욕 닉스의 스파이크 리Spike Lee와 같이 경기 전에 카메라맨들이 열렬히 찾는 유명한 열혈 팬들이 있다. 당연히 골든스테이트 워리어스에도 황금알을 낳는 투자자들이 생겼다. 이 투자자들 중에는 이베이에 투자했던 벤치마크의 파트너 밥 케이글과 세쿼이아캐피털에서 오랫동안 충실히 일해온 마크 스티븐스Mark Stevens도 있었다. 그리고 농구 경기장을 정기적으로 찾는 팬들 중에는 앤드리슨호로위츠의 공동 창업자인 벤 호로위츠와 구글에 투자하고 슈퍼 엔젤이라고 불리는 론 콘웨이도 있었다. 그리고 이러한 스포츠와 기술금융의 융합은 두 가지 방식으로 진행되었다. 벤처투자자들이 골든스테이트 워리어스에 뿌리를 두기도 했고, 골든스테이트 워리어스 선수가 벤처투자자가 되기도 했다. 팀의 스타 포워드인 케빈 듀란트Kevin Durant는 자전거

투자의 진화

공유업체 라임바이크Lime Bike부터 음식 배달 앱 포스트메이츠Postmates
에 이르기까지 40여 개의 스타트업 포트폴리오를 구성했다. 신장이
198센티미터로 수비 전문 선수인 안드레 이궈달라Andre Iguodala도 이
와 비슷한 제국을 건설했고, 은퇴한 데이비드 리David Lee는 어느 벤처
캐피털의 파트너로 영입되었다. 골든스테이트 워리어스의 탁월한 스
타 스티븐 커리Stephen Curry는 사진 공유 앱 핀터레스트의 일부를 소유
했다. 이궈달라와 함께 커리는 다른 선수들을 이처럼 새로운 사업으로
끌어들이기 위한 행사로서 플레이어스테크놀로지서밋Players Technology
Summit(세계적인 운동선수, 투자자, 기업가가 참여하는 행사─옮긴이)을 공동으
로 기획하기도 했다. 그리고 실제로 많은 선수들이 참여했다.

   2010년 이후로 몇 년 동안 실리콘밸리에서 활동하는 거의 모든 사
람들이 기술 열풍에 감동하고 있었다. 산호세에서 샌프란시스코까지
이어지는 작은 곳에는 세계에서 가장 높은 가치를 지닌 다섯 개의 기
업 중 세 개, 즉 애플, 구글, 페이스북이 자리를 잡고 있다. 또한 이곳에
는 에어비앤비, 테슬라, 우버 등 가장 활기찬 개척자도 있다. 이곳은 르
네상스시대의 피렌체와도 자주 비교되었다. 확실히 돈을 끌어들이는
자석이기도 했지만, 다국적의 용광로이기도 했고, 창의성의 허브이기
도 했다.[2] 클라우드 소프트웨어 부문의 거대 기업인 세일즈포스닷컴은
샌프란시스코 시내에 구름이 비치는 거대한 유리 건물을 세웠다. 그리
고 부동산 가격이 급등하면서 스타트업들은 차고에 사무실을 겨우 마
련할 수 있었다. 결과적으로 불평등이 만연했고, 특히 샌프란시스코에
서 팰로앨토 근처의 기술 캠퍼스까지 프로그래머들을 실어 나르는 거
대한 2층 버스 덕분에 교통은 방콕을 떠올리게 했다. 2015년에 시진핑
중국 국가주석이 미국을 방문하면서 이처럼 새로운 피렌체의 위상을

직접 확인시켜주었다. 그가 첫 번째로 만난 사람들은 워싱턴 DC와 뉴욕의 정치인과 은행가가 아니라 실리콘밸리와 시애틀의 기술 임원들이었다.[3]

이전의 호황 시기와 마찬가지로 벤처캐피털이 활동의 중심에 있었다. 금융위기 이후로 2009년부터 2019년까지 10년 동안 미국 벤처투자자의 수가 두 배가 넘게 증가했고, 그들이 자금을 지원한 스타트업의 수도 두 배가 넘게 증가했다.[4] 이제는 그 어느 때보다도 벤처캐피털 업계의 진용이 완성되어 스타트업들에 규모나 종류에 맞게 맞춤형 투자를 제공했다. 자애로운 엔젤투자자들, 공장형 일괄처리 방식의 인큐베이터들, 기업가 중심의 초기 단계 투자자들, 데이터 중심의 성장투자자들이 있었다. IT 기술과 농업을 접목한 애그테크AgTech, 빅데이터, 클라우드 소프트웨어는 말할 것도 없고, 인공지능에서부터 생명공학, 암호화폐에 이르기까지 모든 부문에서 전문성을 지닌 벤처투자자들이 있었다. 월스트리트는 2008년 위기에서 고통스럽게 회복되었지만, 납세자들의 호주머니에서 나오는 구제금융이 또다시 반복되지 않게 하려는 규제 당국에 의해 날개가 꺾였다. 반면에 서부해안의 다양한 금융 부문은 새로운 산업, 새로운 지역, 스타트업들의 라이프사이클이라는 세 개의 축을 따라 활기차게 확장되었다. 2013년 에일린 리가 유니콘이라는 용어를 만들면서는 이 마법의 생명체를 단지 39개만 확인했다. 2년도 채 지나지 않아서 이들이 84개에 달했다.

이러한 호황을 가장 잘 구현한 벤처 파트너십이 바로 세쿼이아캐피털이었다. 1980년대와 1990년대에 세쿼이아캐피털과 클라이너퍼킨스가 실리콘밸리에서 양대 벤처캐피털이었고, 어떤 면에서는 서로 비슷한 데가 있었다. 이들은 엄청난 먹법칙을 구현한 활동가를 보유하고

투자의 진화

네트워킹, 소프트웨어 및 인터넷에 집중하던 파트너십이었다. 존 도어가 한창 유명세를 떨치고, 세쿼이아캐피털이 젊은이들의 반란으로 피해를 보던 21세기의 처음 몇 년 동안에는 클라이너퍼킨스가 더 앞서가는 것으로 보였다. 그러나 2005년 정도가 되어 판세가 바뀌었고, 클라이너퍼킨스와 세쿼이아캐피털이 반대의 길을 가는 것으로 보였다. 클라이너퍼킨스가 친환경기술로 뛰어드는 곳에서 세쿼이아캐피털은 조심스럽게 접근했다. 클라이너퍼킨스가 여성들을 모집하는 일을 주도했을 때 안타깝게도 세쿼이아캐피털은 뒤늦게 그렇게 했지만, 이러한 변화를 어설프지 않게 실행했다.[5] 도어가 비노드 코슬라와 그의 팀원들과 결별했을 때 마이클 모리츠는 더그 레온과의 관계를 계속 유지했다. 레온은 모리츠에게 공학적 통찰을 제공하고 모리츠의 원대한 전략을 보완할 사람을 보는 능력이 있었다. 그리고 도어는 50대의 유명인사들을 영입했지만, 세쿼이아캐피털은 편하게 지내는 임원들을 영입하는 데는 관심이 없었다. 모리츠의 표현대로 "그들은 충분히 성공했고, 발걸음이 느리고, 충분히 굶주리지도 않았고, 외부인들과의 약속도 너무 많았고, 무엇보다도 또다시 신인이 될 준비가 되어 있지 않은 사람들이었다."[6]

이처럼 대조적인 접근방식은 실적에서도 놀라운 대조를 보여주었다. 클라이너퍼킨스의 파트너들이 〈포브스〉가 선정한 미다스의 손 명단에서 거의 사라진 2021년에 세쿼이아캐피털의 파트너들은 1위와 2위를 차지했고, 상위 열 명 중 세 명이 등장하여 세쿼이아캐피털이 업계 단연 최고의 벤처캐피털이 되었다. 세쿼이아캐피털은 미국과 중국 모두에서 벤처투자 사업을 지배했다. 에어비앤비와 왓츠앱에서 바이트댄스와 메이투안에 이르는 유니콘들을 지원했다. 벤처투자에서부터 성장형 펀드, 심지어는 실험적인 헤지펀드에 이르기까지 세쿼이아캐피털이 손을 대는 모든 것에서 성공할 것 같았다. 실리콘밸리 전역에서 경쟁자들은 무엇이 세쿼이아캐피털이 승자가 되게 했는가에 대한 이론을 공유했다. 세쿼이아캐피털과 같은 실적을 계속 유지한 벤처캐피털은 존재하지 않았다.

● ● ●

세쿼이아캐피털의 성공 비결은 모리츠와 레온이 손을 잡고 벤처캐피털 역사상 가장 성공한 동료가 된 것에서 시작되었다. 모리츠는 전략에 밝았고, 레온은 전술에 밝았다. 모리츠는 규율을 지킬 것을 요구했고, 레온은 휴게실에서 대화를 즐겼다. 모리츠는 이탈리아인에게 강의를 듣는 영국 사람이었다. 레온은 모리츠와 함께 일하는 것이 영국인에게 강의를 듣는 것과 같다고 농담을 한 이탈리아 사람이었다. 그러나 속으로는 묘한 긴장이 흘렀다. 모리츠는 레온과의 동맹을 유지하는 것과 최고의 인물로 인정받는 것 사이에서 무엇을 선택해야 할지 갈피를 잡지 못했고, 레온도 가끔은 고집을 부렸다. 그러나 그들은 서로 의지해야 했다. 1990년대 중반 돈 발렌타인이 은퇴했을 때 두 사람은 세쿼이아캐피털의 방향에 관한 모든 주요 결정에서 일심동체가 되었다. 그들은 샌드힐로드에서 가장 엄격한 규율을 지키는 문화를 만들었지만, 가장 실험적인 문화도 만들었다.

세쿼이아캐피털의 엄격한 규율은 레온과 모리츠가 어떻게 서로 다르면서도 단결할 수 있었는지 보여준다. 자기 인생을 혼자 힘으로 개척한 이탈리아 출신의 강인한 이민자 레온은 힘든 일을 마다하지 않

투자의 진화

으며 살아왔다. 그는 사업, 가족, 건강을 가장 중요하게 생각했다. 그는 유명인사들과 어울리거나 화려한 자선단체에 가입하거나 회의 시간에 말을 장황하게 하면서 시간을 낭비하는 파트너들과는 어울리지 않으려고 했다. 한번은 자신의 용기를 시험하려고 마취도 하지 않고 충치 치료를 받았다. 그는 자기 일에 몰입하지 않는 동료들을 보면 참을 수가 없었다. 옥스퍼드대학교에서 교육을 받은 작가 출신의 모리츠는 경쟁에서 승리하려는 의지가 다른 형태로 나타났지만, 레온 못지않게 강렬했다. 모리츠는 젊은 시절에 비즈니스 저널리스트로 활동한 이후로, 혹독한 훈련을 받은 생도들의 행진과 결의에 찬 동작, 즉 체력과 의지력을 가지고 한 걸음씩 나아가며 성공을 꾸준히 쌓아가는 모습을 예찬했다.[7] 모리츠는 평범함을 뛰어넘는 것은 정신적인 과제라고 말했다. 완벽주의가 선택의 대상이 아니라고 했던 스티브 잡스처럼 또는 모리츠가 리더십에 관한 책을 쓸 때 공저자이자 영감을 주는 사람으로 선택한 영국의 전설적인 축구감독 알렉스 퍼거슨Alex Ferguson처럼 집착해야 했다. 수많은 벤처캐피털의 속을 들여다본 기업가 제이슨 칼라카니스Jason Calacanis는 모리츠와 레온이 그들의 파트너십을 돋보이게 하는 문화를 어떻게 주입했는지에 대해 이렇게 기억했다. "나는 오전 8시 30분에 약속한 대로 세쿼이아를 찾아가서는 회의실에서 최고의 파트너들이 스타트업들과 회의를 하는 모습을 보았습니다. 오후 4시에도 커피를 마시려고 세쿼이아에 잠시 들러서는 여전히 같은 장소에서 같은 파트너들이 스타트업들과 회의를 하는 모습을 보았습니다."[8]

체력은 세쿼이아캐피털의 성공 공식에서 시작에 불과했다. 모리츠와 레온은 단호하게 회사의 문화에 주력했다. 외부에서 투자에 성공하는 것은 내부에서 강점을 탐구하는 것에서 나온다. 언젠가 모리츠는 채용, 팀워크의 확립, 기준 설정, 동기 부여에 관한 문제, 안일한 태도 지양, 새로운 경쟁자의 등장, 자신을 새롭게 하고 저성과자들을 제거해야 할 거듭되는 필요성 등 이것이 수반하는 과제들을 열거했던 적이 있었다.[9] 이처럼 긴 목록에서 특별히 우선순위를 두는 것은 팀워크를 확립하고 젊은 인재들의 능력을 개발하는 것이었다. 모리츠가 말했듯이 세쿼이아캐피털은 "새로운 인물, 자체적으로 키운 인물, 다음 세대를 구성하는 인물"을 양성하는 데 가치를 두었다. 물론 이것은 액셀이 케빈 에프러시를 훈련시키면서 했던 일에 대한 공정한 설명이다. 그러나 세쿼이아캐피털은 신입직원들을 훨씬 더 많은 목적의식을 가지고 훈련시켰다.

로엘로프 보타에 관한 이야기는 인재 개발에 대한 모리츠와 레온의 생각을 잘 보여준다. 세쿼이아캐피털은 2003년에 페이팔의 CFO로 있던 보타를 영입했다. 이것은 여태껏 세쿼이아캐피털에 호의를 갖지 않던 유능한 페이팔 출신들과의 연결고리를 만들기 위한 기발한 방법이었다. 남아공에서 태어난 보타는 페이팔과의 연결고리 역할을 뛰어넘어 타고난 세쿼이아캐피털 사람이었다. 그는 스탠퍼드대학교 경영대학원에서 최고의 성적을 기록했고, 이민자에게 볼 수 있는 억척스러운 기질을 지녔다. 그러나 그는 아직 서른 살도 안 되었고 투자 경험도 없었기 때문에, 세쿼이아캐피털의 선임 파트너들은 그를 키우는 일을 자신의 사명으로 여겼다. 물론 그가 실패한다면, 그들이 취약한 스타트업을 냉정하게 버리는 것처럼 그를 버릴 것이다. 그는 빈틈없이 작성된 기밀유지협약서를 가지고 자신의 길을 가게 될 것이다. 그러나 그들은 보타가 성과를 낼 수 있도록 열의를 가지고 도우려고 했다. 다시 말하자면 그를 세쿼이아캐피털의 전사로 만들려고 했다.

세쿼이아캐피털의 모든 신입직원들과 마찬가지로 보타는 경험 많은 동료들의 뒤를 그림자처럼 따라다니는 것부터 시작했다. 그는 다양한 선임 파트너들과 함께 다양한 유형의 기업에서 열리는 이사회에 참석해서 다양하게 대비되는 스타트업 문화를 학습했다. 그는 선임 파트너들이 전하는 중요한 정보를 자기 것으로 만들었다. 발렌타인은 당장 그에게 최고의 창업자는 가장 힘든 일을 추진하는 사람이라고 말했다. 보타는 세쿼이아캐피털에서 근무한 지 몇 달이 지나서 자신의 첫 번째 투자 대상 기업들 중 하나인 숨Xoom이라는 해외 송금 서비스업체를 소개했고, 어느 선임 파트너가 일종의 원원 협정을 제안했다. 우선 이 선임 파트너가 숨의 이사회에 참석하고 보타를 참관인으로 데려가는 것이었다. 그다음에 숨이 성공하면, 두 사람이 역할을 바꾸어 보타가 번창하는 스타트업의 이사회 이사로 전문적인 지위를 얻게 된다. 이 선임 파트너는 이렇게 말했다. "여보게, 회사가 잘 안 되면 오점은 자네가 아니라 나한테 남는 게 되지." 보타는 이에 동의했다. 마침내 숨이 번창했고, 보타가 견습 과정을 마치고 정식으로 이사회 이사 자리에 올랐다.[10] 이것은 선임 파트너들이 젊은 투자자들의 접시에서 가장 맛있는 음식을 가져갔던 클라이너퍼킨스에서의 경험과는 정반대되는 것이었다. 또한 이것은 경영 파트너인 짐 브레이어가 페이스북 이사회 이사 자리를 차지한 액셀에서의 경험보다도 우월했다.

숨이 번창하기까지는 몇 년이 걸렸고, 그동안 보타의 선임 파트너들은 필연적인 암흑기에도 그를 도왔다. 실패한 스타트업들은 대체로 유망 스타트업들이 성공하는 것보다 빨리 실패하기 때문에, 사기를 꺾는 손실이 승자보다 먼저 실현된다. 보타가 파트너 회의에서 처음으로 자기가 맡은 기업 중 하나가 실패했다는 보고를 해야 했을 때 눈물을 글썽였다. 그는 평상시에는 침착했고 자신의 판단을 확신했다. 그러나 실패는 눈물이 날 정도로 고통스러웠다. 이후로 세쿼이아캐피털에서 근무한 지 3년 만에 보타의 표정은 고뇌하는 모습에서 의기양양한 모습으로 바뀌었다. 2005년에 그는 비디오 플랫폼 유튜브를 대상으로 세쿼이아캐피털의 시리즈 A 투자를 주도했다. 그리고 2006년에는 유튜브가 기이할 정도로 짧은 생을 마치고 구글에 인수되었고, 이 과정에서 세쿼이아캐피털은 약 45배의 투자수익률을 기록했다. 그다음 3년이 지나서 보타가 또다시 고뇌에 빠졌다. 그는 잘못된 투자가 아니라 자신이 놓쳤던 탁월한 투자를 보면서 자학하기 시작했다. 그는 트위터를 조잡한 메시징 기술로만 여기고 그냥 흘려보냈다. 그는 페이스북을 쫓다가 이상한 잠옷 도발 때문에 고통을 받았다. 심지어 유튜브에 투자하여 성공한 것도 그다지 즐겁지가 않았다. 돌이켜보면 세쿼이아캐피털은 주식을 너무 빨리 매도했다. 벤처투자자에게는 이러한 부침이 판단에 커다란 혼란을 일으킬 수 있다. 암흑기에는 다음 거래를 판단할 때 과도한 주의를 기울이게 한다. 그 반대로는 기쁨이 자만심에 이르게 할 수 있다. 보타는 지난 시절을 되돌아보면서 파트너들이 계속 자신을 주시하고 있다고 생각했다. 그가 위축되었을 때에는 그들이 힘을 내라고 격려했다. 그가 의기양양했을 때에는 그들이 스타트업의 전망에 대해 비현실적인 생각에서 벗어나게 했다.[11]

세쿼이아캐피털은 지적이고도 규율을 중시하는 문화에도 불구하고, 팀워크를 확립하는 데는 놀라울 정도로 부드러운 측면이 있었다. 회사 사무실을 벗어나면 대화가 동료 직원들의 개인생활을 확인하는 것으로 시작되었다. 그들은 부부간의 긴장 관계, 직장에서의 불안감, 가족의 질병 등에 대해 서로 마음을 열고 이야기했다. 레온은 이렇

투자의 진화

게 회상했다. "기꺼이 자신을 드러내고 아무도 그것을 나쁘게 이용하지 않는다면, 서로 신뢰하는 분위기가 조성됩니다."[12] 사무실 밖에서는 포커게임도 벌어졌다. 파트너들은 빨간색, 노란색, 검은색이 어우러진 화려한 체크무늬 재킷을 의미하는 "돈 발렌타인 타탄tartan(일정한 폭의 줄무늬가 반복되는 체크무늬 모직물—옮긴이)"을 놓고 경쟁했다. 보타는 어느 휴양지에서 진흙을 흠뻑 뒤집어써 가며 하는 플래그풋볼flag football(공을 가진 선수가 허리에 매달려 있는 가늘고 긴 깃발 또는 수건을 빼앗기지 않으면서 상대 진영에 공을 들고 들어가 점수를 내는 게임으로 미식축구의 변형된 형태—옮긴이) 경기에서, 남아공에서 보낸 어린 시절에 품었던 끼를 맘껏 발산했다. 그는 근육질의 상대 선수를 향해 돌진하고는 럭비 스타일의 태클로 그를 넘어뜨렸다. 보타는 나중에 이렇게 기억했다. "그것은 우정을 가로막는 빗장을 푸는 순간이었습니다."[13]

팀워크는 세쿼이아캐피털이 성공을 축하하는 자리에서도 잘 드러났다. 포트폴리오 기업이 수익을 창출하는 출구를 찾았을 때, 언론에서는 벤처캐피털이 외로운 늑대라도 된 것처럼 이사회에 포진한 유명 파트너들의 이력을 소개한다. 그러나 세쿼이아캐피털은 성공의 공을 집단 전체로 돌리려고 했다. 성공한 투자는 거의 항상 공동의 노력에서 나왔다. 예를 들어 세쿼이아캐피털이 메시징 앱 왓츠앱의 매각으로 역사상 두 번째로 큰 성공을 맞이하여 축배의 잔을 들었을 때, 세쿼이아캐피털의 사내 '획기적인 사건 메모'는 이번 투자를 주도했고 플래그풋볼에서 보타의 희생자였던 짐 고츠Jim Goetz라는 파트너에게 경의를 표하는 글로 시작되었다. 그러나 이 메모는 빠르게 다른 메시지로 전환되었다. 왓츠앱은 세쿼이아캐피털의 전형적인 집단 과제의 대상이었다. 수십 명의 파트너들이 이번 승리에 기여했던 것이다. 또한 세쿼이아캐피털의 사내 인재 스카우터들도 왓츠앱이 엔지니어링 팀의 규모를 다섯 배로 늘리도록 지원했다. 보타와 모리츠는 왓츠앱의 유통과 글로벌 전략에 대하여 조언했다. 세쿼이아캐피털의 인도, 싱가포르, 중국 팀은 현지 정보를 제공했다. 세쿼이아캐피털의 커뮤니케이션 담당자는 왓츠앱의 내성적인 CEO 얀 쿰Jan Koum을 공인으로 만들었다. 또한 '획기적인 사건 메모'에서는 태냐 실라지Tanya Schillage라는 사무보조원에게도 찬사의 말을 아끼지 않았다. 전날 새벽 3시 쿰의 차가 매각 서류를 마무리하던 중에 고장이 났고, 실라지가 신속하게 행동하여 새로운 차를 대기시켰다. 그녀는 이른 새벽에 대단한 성과를 올린 것에 의기양양한 모습을 하면서 쿰이 운전하던 포르셰와 거의 같은 모델을 가져왔다.[14]

• • •

세쿼이아캐피털은 팀워크를 강화하고 모리츠가 강조한 직원들의 자기계발을 증진하기 위해, 떠오르는 파트너에게 회사에 대한 관리 책임을 부여했다. 그리하여 2009년에 세쿼이아캐피털은 리더십에서 조용한 변화를 일으켰다.[15] 모리츠와 레온은 '스튜어드'라는 직함을 달고서 계속 책임을 맡았다. 그러나 미국 벤처투자의 최전선에서의 관리는 고츠와 보타에게 비공식적으로 넘어갔다. 이 젊은 2인조의 등장은 세쿼이아캐피털의 투자 과정의 엄격함을 강화하면서 새로운 아이디어의 물결을 불러일으켰다.

고츠가 추진한 주요 혁신은 진취적 사고를 강조하는 것이었다. 그는 액셀에서 투자 업무를 시작했고, 그곳에서 '준비된 마인드'에 대한 아

투자의 진화

이디어를 받아들이면서 이러한 하향식 선행적 접근방식이 세쿼이아캐피털에 특히 유용할 것으로 보았다. 실리콘밸리 최고의 벤처캐피털이라는 세쿼이아캐피털의 위상 때문에 대부분의 스타트업 창업자들은 세쿼이아캐피털을 상대로 자사 제품을 알리는 데 열을 올렸다. 세쿼이아캐피털이 집계한 바에 따르면, 상위 20여 개 벤처캐피털로부터 자금을 지원받은 스타트업 창업자들 중 약 3분의 2가 세쿼이아캐피털을 생각했다고 한다. 그러나 이러한 특권적 지위는 축복이자 저주였다. 파트너들의 근무 시간은 방문자들의 요청으로 잡힌 회의로 가득 차 있었다. 이러한 요청은 쉽게 받아들여졌다.[16]

고츠는 이러한 위험을 관리하기 위해 액셀의 '준비된 마인드' 접근방식을 세쿼이아캐피털에 도입하여 파트너들이 기술 동향을 파악하고 어떤 종류의 스타트업들이 번창할 것인지 예상하게 했다. 처음부터 그는 휴대폰 사업자들이 구축해야 할 기지국, 스마트폰에 들어갈 칩과 거기서 실행되는 소프트웨어를 제시하면서 모바일 인터넷 환경의 상세한 그림을 개략적으로 나타냈다. '준비된 마인드'를 위한 또 다른 모바일 인터넷 환경에서는 새로운 하드웨어 구성, 소프트웨어 비즈니스 모델 그리고 이로부터 발생할 보안 취약성을 예상하면서, 데이터가 고객들이 보유한 장치에서 클라우드로 이동하는 모습을 보여주었다. 세 번째 모바일 인터넷 환경에서는 개발자의 등장에 초점을 맞추었다. 세계 인구의 0.3퍼센트에 해당하는 2500만 명에 불과한 프로그래머들이 현대인의 삶을 변화시키는 모든 소프트웨어를 개발하고 있었다. 이 작은 집단의 생산성을 높이는 것이라면 무엇이든 엄청난 가치가 있을 것이다. 마크 앤드리슨이 "소프트웨어가 세상을 집어삼키고 있다"라고 선언하기 전에, 이러한 '준비된 마인드' 훈련의 종착지가 세쿼이아캐피털이 일련의 투자를 하기 위한 새로운 출발점이 되었다. 이에 따라 세쿼이아캐피털이 투자한 기업으로는 3D 영화와 게임을 위한 소프트웨어 개발 플랫폼 유니티Unity, 데이터베이스 기업 몽고DB MongoDB, 오픈소스 코드의 주요 저장소 깃허브GitHub가 있다. 2020년 말까지 이 세 기업에서 세쿼이아캐피털이 보유한 지분 가치는 총 90억 달러에 달했다.

고츠가 '준비된 마인드' 훈련을 이끌었을 때, 보타는 세쿼이아캐피털에 행동과학의 원리를 적용하기 시작했다. 이것은 급진적인 아이디어였고, 보타의 동료들은 이것이 세쿼이아캐피털에 변혁을 일으킬 것으로 생각했다.[17] 다른 벤처캐피털에서는 때로는 투자자들이 본능에 의존하는 것에 자부심을 가졌다. 그들은 패턴인식 능력, 투자에 대한 직감을 가지고 있다고 주장했다. 어느 성공한 벤처투자자는 즐거운 마음으로 이렇게 말했다. "나는 이것을 투자하는 동안 계속 가지고 있었는데, 왜 그런지는 모르겠습니다."[18] 그러나 보타는 1970년대로 거슬러 올라가는 잘 알려진 실험에서 심리학자들이 인간의 반사적인 반응이 합리적인 결정을 어떻게 왜곡하는지 보여준 사실을 지적하면서, 이러한 통찰을 세쿼이아캐피털에서 매주 월요일에 열리는 파트너 회의에 적용하기 시작했다. 최소한의 목표는 투자 과정을 이번 주에서 다음 주까지 일관되게 만드는 것이었다. 보타는 이렇게 설명했다. "때로는 특정 기업이 이전 월요일이나 그다음 월요일에 그 자리에서 거론되었다면, 우리의 결정이 달라졌을 것이라는 생각이 들었습니다." 그리고 이렇게 덧붙였다. "이것이 지속 가능한 성공을 위한 비법처럼 여겨지지는 않았습니다."[19]

보타가 행동과학에 집중하게 된 것은 어느 정도는 유튜브를 조기에 매각하게 된 데서 비롯되었다. 유튜브 창업자들은 구글의 인수 제안을 받아들이면서 정확히 행동실험에서 예상한 대로 행동했다. 사람들은 때로는 손실을 피하기 위해 기꺼이 도박을 하지만, 상승 국면에 도달해서는 비이성적으로 위험을 회피한다. 보타는 세쿼이아캐피털의 출구 패턴을 조사하고는 모리츠가 예전부터 투자 지분의 보유 기간을 연장하려는 노력을 기울였는데도, 조기에 수익을 챙기는 현상이 반복적으로 발생한 것으로 판단했다. 또한 보타는 행동과학 문헌에서 주목하는 또 다른 경향도 확인했다. 벤처투자자들은 자신이 취하는 포지션에 문제를 제기할 만한 정보를 걸러내려고 하는 확증편향을 가지고 있었다. 세쿼이아캐피털에서는 파트너들이 때로는 자기만족을 위해 매력적인 시리즈 B 단계의 투자를 무시했다. 그들은 같은 스타트업의 시리즈 A 단계에서 투자를 거절한 것이 잘못되었다는 사실을 인정하고 싶지가 않았다.[20]

인지편향을 극복하기 위한 첫 번째 단계는 그것을 인식하는 것이다. 보타는 외부 심리학자들이 세쿼이아캐피털에서 열리는 회의에 참석하는 기회를 마련했다. 그는 동료들이 비이성적으로 증거를 판단하던 모습을 보면서, 과거의 결정에 대한 고통스러운 사후 분석을 바탕으로 그들의 생각을 바로잡으려고 했다. 예전에는 파트너들이 실패한 포트폴리오 기업들을 통해 교훈을 얻으려고 했다. 이제는 보타가 세쿼이아캐피털이 처음에는 투자를 거절했지만, 결국 성공했던 스타트업들을 통해서도 동등하게 교훈을 얻으려고 했다. 파트너들은 과학적인 사후분석이 가능하도록 투자 회의에서의 표결에 관한 모든 기록을 보관하기로 했다. 보타는 이렇게 설명했다. "이것은 속죄양을 찾으려는 것이 아닙니다. 하나의 팀으로서 우리가 무엇인가를 배우려고 하는 데 그 목적이 있습니다. 우리가 결정을 더 잘할 수 있다면, 이것이 강점의 원천이 될 것입니다."[21]

보타는 사후 분석을 실행할 뿐만 아니라, 실시간 의사 결정에서도 새로운 관행을 만들어가기 시작했다. 파트너들은 의사 결정 과학에 의해 확인된 위험 기피 성향을 극복하기 위해 각각의 투자 메모에 모든 것이 완벽하게 나아간다고 가정할 때 회사가 어떻게 되는가에 대하여 설명한 것으로 일종의 '프리퍼레이드pre-parade' 섹션을 포함시켰다. 파트너들은 이것을 자신의 투자 과정에 적용함으로써 거래에 대한 흥분을 표현했고, 그렇게 하지 않았더라면 불편하게 여겼을 포만감을 느낄 수 있었다. 고츠는 이렇게 기억했다. "우리 모두가 부끄럽지 않으려는 욕구 때문에 고통받고 있습니다. 그러나 우리에게는 항상 부끄러운 일이 따르고, 그냥 무엇이 가능한지를 기분 좋게 큰소리로 말할 수 있어야 합니다."[22]

또한 세쿼이아캐피털은 닻 내리기Anchoring의 문제, 즉 증거와 씨름하고 독립적인 입장을 취하지 않고서 다른 사람의 견해에 근거하여 판단하는 문제를 살펴보기 시작했다. 대부분의 벤처캐피털에서 파트너들은 월요일 회의에서의 표결을 앞두고는 조언을 구하고 동지를 규합하기 위해 그들이 검토하고 있는 스타트업에 대하여 서로 대화를 나눈다. 세쿼이아캐피털에서는 파트너들이 가능한 한 가장 합리적인 결정에 도달하기 위하여 이러한 표결 전 조사를 중단할 것을 결의했다. 파트너들은 표결을 앞두고 오염되지 않은 마음으로 투자 메모를 읽게 될 것이다. 그들은 집단사고를 하지 않기 위해 최선을 다해야 한다. 그다음에 그들은 자신의 입장을 정하고 월요일 회의에 참석했다. 레온은 이렇게 말했다. "우리는 수동적인 자세를 원하지 않습니다. 당신이 원하면 하십시오. 먼저 나서서 주장하는 사람은 도움을 원합니다. 투자를 주도하는 것은 매우 외로운 일입니다."[23]

2010년에 보타는 모리츠의 아이디어에 바탕을 두고 엔젤투자의 아이디어를 탁월하게 변형한 것으로 세쿼이아캐피털의 '스카우트 프로그램'을 기획하기 시작했다. 대부분의 엔젤투자자들은 어제의 선도자들이었다. 그들은 스타트업을 통해 돈을 벌었고, 투자할 돈은 있지만 사업 환경에 대한 그들의 생각은 구식이었다. 한편 활동적인 기업가들은 자산을 자신들의 회사에 묶어놓았기 때문에 엔젤투자를 하기 위한 현금이 부족했다. 이것은 성장투자가 유행하면서 기업가들이 회사로부터 수익을 가져오는 타이밍을 늦추고 있었기 때문에 더욱 문제가 되었다. 보타는 드롭박스의 두 창업자들 중 한 사람의 예를 들어 이렇게 설명했다. "2012년에 당신이 드루 휴스턴Drew Houston이고, 1억 달러의 자산이 있다고 하더라도 다른 회사에 투자하는 사치는 고사하고 집세조차도 낼 수 없습니다." 따라서 보타와 그의 파트너들은 한 가지 해결책을 내놓았다. "우리가 당신에게 투자금으로 10만 달러를 줍니다. 우리가 수익의 절반을 가져가지만, 당신은 스카우터로서 나머지를 가져갈 수 있습니다."[24] 물론 이러한 협정이 갖는 효과는 세쿼이아캐피털에 투자의 단서를 제공하는 것이었다. 오늘날 최고의 기업가들은 차세대 인구 집단에서 가장 빛나는 스타들을 확인하고 있었다.

파트너들은 엔젤투자에 대한 그들만의 변형을 제시함으로써, 앤드리슨호로위츠의 출범에 대처했다. 앤드리슨호로위츠가 스타트업에 대한 다양한 지원을 과시하자, 세쿼이아캐피털은 포트폴리오 기업에 전문적인 조언을 제공하는 사내 운영파트너 팀을 확대했다. 2010년 말 세쿼이아캐피털은 기업가를 위한 워크숍을 개최하기 시작했다. 베이스캠프Base Camp라고 불리는 행사에서는 기술에서 아키텍처에 이르기까지 모든 분야의 전문가들과 창업자들이 주말에 산에서 캠프파이어를 하고 야영하기 위해 모였다. 컴퍼니디자인프로그램Company Design Program이라는 또 다른 프로그램은 세쿼이아캐피털 파트너가 직접 강사가 되어 가르치는 과정이었다. 2020년에 코로나19가 확산되면서 세쿼이아캐피털은 앰퍼샌드Ampersand라는 창업자 앱을 내놓았다. 세쿼이아캐피털의 지원을 받는 기업가들은 서로 연락을 주고받고 경영 아이디어를 시험하기 위해 이 앱을 사용했다. '창업자들은 직원들이 재택근무를 할 때 급여를 조정해야 하는가?' '정신 건강이 나빠진 팀원들을 어떻게 지원할 것인가?'[25]

고츠와 보타가 비공식적으로 승진한 지 3년이 지난 2012년 초에 레온은 모리츠에게 이상한 메시지를 받았다. 자신의 파트너가 다음 주 토요일에 자기 집을 방문하기를 원한다는 내용이었다. 모리츠는 레온의 집에 와서 자기가 쉴 때가 되었다고 말했다. 그들은 지난 16년 동안 쉬지 않고 함께 일했지만, 이제는 모리츠가 구체적으로 언급하지 않은 건강상의 문제로 스튜어드의 지위에서 내려와야 했다.[26] 모리츠는 주요 회의를 주재하고 회사의 방향을 설정하는 등 세쿼이아캐피털을 지배하던 인물이었다. 이제 레온은 세쿼이아캐피털의 진용에서 빈자리를 채워야 할 것이다.

벤처캐피털이 많은 수익을 올렸고 파트너들이 은퇴를 결정할 만큼 많은 재산을 가지고 있을 때 지배권을 넘겨주는 것은 상당히 위험하다. 레온은 골든스테이트 워리어스의 티셔츠에 등장하는 슬로건 "다수의 힘strength in numbers"을 가져와서 이러한 과도기를 관리했다. 그는 모리츠를 어느 한 사람으로 대체하기보다는 세쿼이아캐피털의 팀 문화

투자의 진화

를 강화했다. 그는 홍콩으로 날아가 선난평에게 스튜어드 역할을 맡기고는 즉시 미국으로 돌아왔다. 고츠에게도 스튜어드 역할을 맡기고는 자신을 정점으로 하는 트로이카 체제를 만들었다. 그는 동료들이 강력한 동기를 갖도록 자신의 급여를 3분의 1만큼 줄이고, 자신에게 보장된 미래의 보상에서 많은 부분을 동료들과 나누었다. 그것은 마찰 없이 전개되는 변화였고, 5년이 지나 세쿼이아캐피털은 똑같은 위업을 또다시 달성했다. 2017년 이제 겨우 51세가 된 고츠는 43세의 보타가 스튜어드로 올라갈 준비가 되어 있기 때문에 내려오기로 결심했고, 이러한 개편이 계층 사다리 아래에서 인재들을 위한 자리를 만들었다.[27] 앨프리드 린Alfred Lin이라는 44세의 스타가 미국 벤처사업팀의 공동 리더가 되었다. 따라서 다수의 힘은 회춘에 대한 믿음과 결부되었다.[28]

•••

세쿼이아캐피털의 엄격한 팀과 느슨한 실험은 불가사의한 역량을 보여주었다. 개별적으로 보면, 모든 모험적인 투자에 관한 이야기는 뜻밖의 발견에서 나오는 것처럼 보일 수 있다. 투자자는 무작위로 소개를 받는다. 투자자는 영감을 지닌 젊은 부적응자들을 만난다. 투자자는 알 수 없는 마법을 통해 젊은이와 연결된다. 야후의 제리 양은 이런 유대의 형성 과정을 설명하면서 모리츠는 고귀한 영혼을 가진 사람이라고 신비롭게 말했고, 세쿼이아캐피털의 지원을 받은 또 다른 기업가 토니 징게일Tony Zingale은 레온이 열정적인 이탈리아인이기 때문에 그와 친하게 지낸다고 말했다.[29] 그러나 이런 대수롭지 않은 설명에도 불구하고, 세쿼이아캐피털은 겉으로 나타나는 임의성과 우연성 뒤에 숨어 있는 그들만의 방법을 보여준다. 최고의 벤처투자자들은 의식적으로 자신의 운을 창조한다. 그들은 뜻밖의 발견이 반복적으로 일어날 가능성을 높이기 위해 일을 체계적으로 한다.

오늘날 세쿼이아캐피털이 성공한 벤처투자의 대부분은 새로운 세기를 맞이하여 시행된 이런 종류의 체계적인 노력에서 나온 것이었다. 세쿼이아캐피털은 젊은 보타를 데려오고 그에게 업적을 쌓을 기회를 제공하여 수십억 달러의 수익을 창출하기 위한 토대를 마련했다. 유튜브와 숨에 투자하여 성공한 보타는 핀테크fintech(금융을 뜻하는 파이낸셜Financial과 기술Technique의 합성어. 모바일을 통한 결제·송금·자산관리·크라우드 펀딩 등 금융과 IT가 융합된 산업을 의미한다―옮긴이) 기업 스퀘어Square, 유전자 검사 기업 나테라Natera와 23앤드미23andMe, 소셜 미디어 기업 인스타그램, 데이터베이스 혁신 기업 몽고DB 등에 투자하여 일련의 그랜드슬램을 달성했다. 〈포브스〉가 2020년 4월에 미다스의 손 명단을 발표했을 때 보타는 3위에 올랐다. 이후로 5개월이 지나서 그는 3D 소프트웨어 개발 플랫폼 유니티의 주식시장 데뷔를 기념하듯 세쿼이아캐피털에 60억 달러가 넘는 수익을 안겼다.

회의론자들은 이런 이야기가 너무 단순하게 들린다면서 이의를 제기할지도 모른다. 세쿼이아캐피털이 보타를 키운 것이 정말로 큰 성공을 낳은 것일까, 아니면 보타 자신이 탁월한 재능을 가진 것일까, 아니면 단지 운이 좋은 것일까? 보타 이야기를 따로 떼어놓고 생각하면, 무슨 말을 해야 할지 잘 모를 것이다. 그러나 세쿼이아캐피털이 신입직원 하나하나를 키우려고 애를 쓴 것을 생각하면, 이러한 체계적인 노력이 기여한 사실은 분명해진다. 보타만 성공한 스타트업의 이사회에 참석할 기회를 처음부터 얻은 것은 아니었다. 이것은 세쿼이아캐

투자의 진화

피털에서는 흔한 일이었다.[30] 보타만 경험 많은 멘토와 짝을 이룬 것도 아니었다. 이것 역시 세쿼이아캐피털에서는 일반적인 일이었다. 레온은 교육에 우선순위를 부여하고, 수시로 신입직원과의 일대일 면담을 정례적으로 했다. 그는 신입직원에게 최근 파트너들과의 만남에서 무엇을 배웠는지, 그것이 갖는 숨은 의미는 무엇인지 물었다.[31] 액셀로 이직하기 전에 세쿼이아캐피털에서 신참 파트너로 일한 사미어 간디Sameer Gandhi는 모리츠가 자신에게 시간 관리에 관한 가르침을 주려고 애를 많이 쓴 것으로 기억한다. 모리츠가 이렇게 말했다. "당신의 작년 일정표를 함께 봅시다. 어디로 갔는지 보겠습니다. 어디서 시간을 보냈죠? 꼭 그렇게 해야 했습니까? 그렇게 하는 것이 유용했습니까?"[32] 요컨대, 보타의 성공은 틀림없이 그의 재능과 행운에서 나온 것이었다. 그러나 그는 재능을 북돋우고 더 많은 행운을 만들어내는 문화에서 일했다. 그의 팀 동료들 중 상당수가 성공한 것은 놀랄 일이 아니다.

2010년대 전반기에 세쿼이아캐피털이 미국에서 가장 성공한 투자로는 나중에 페이스북에 매각된 메시징 서비스 왓츠앱을 꼽을 수 있다. 이 투자에 대한 대부분의 설명에서는 고츠가 기업가의 등을 떠밀며 했던 일을 강조한다. 왓츠앱 창업자인 얀 쿰은 마운틴뷰의 어느 건물에서 문에 표지판도 달지 않고 숨어 지내고 있었고, 처음에는 고츠의 이메일에 답하기를 거부했다. 고츠가 마침내 약속 장소에 도착했을 때, 쿰은 비니beanie(머리에 딱 맞는 동그란 모자—옮긴이)를 쓰고서 무표정한 얼굴로 소심하게 빤히 쳐다보기만 했다. 고츠는 이렇게 생각한 것으로 기억한다. "앞으로 정말 힘들겠구나."[33] 고츠가 쿰을 설득하여 세쿼이아캐피털을 방문하게 하는 데는 두 달이 걸렸고, 그때에도 조심스럽게 대했다. 내성적인 쿰에게 자리에서 일어나서 파트너들에게 회사를 소개하도록 요청하기보다는 파트너들 중 일부와의 격의 없는 질의 응답을 통하여 그와의 관계를 이끌었다. 결국 고츠는 쿰의 소심한 성격을 이겨내고 신뢰를 얻었다. 그것은 벤처캐피털 업계의 전설과도 같은 이야기였다.

그러나 이러한 사냥과 유혹의 전설 이면에는 또 다른 이야기가 도사리고 있었다. 고츠는 사전 준비를 위한 역량을 강화하기 위하여 자신이 얼리버드early bird(재빨리 무언가를 시작하거나 특히 그렇게 함으로써 유리한 위치를 점하는 사람―옮긴이)라고 부르는 시스템을 구상했다. 세쿼이아캐피털은 애플 앱스토어가 등장하면서 투자를 위한 유용한 단서를 보았고, 60개국 소비자들의 다운로드를 추적하는 코드를 작성했다. 고츠는 이처럼 디지털 흔적을 추적하면서 왓츠앱을 예의주시했다. 왓츠앱은 60개 시장 중 약 35개 시장에서 첫 번째 또는 두 번째로 다운로드가 많이 된 메시징 서비스였다. 미국에서는 이 서비스가 아직은 알려지지 않았지만, 조만간 널리 보급될 것으로 보였다. 따라서 고츠는 경쟁자들이 이 사실을 알기 전에 자기가 먼저 왓츠앱에 투자해야 한다고 생각했다. 물론 얼리버드 시스템이 고츠가 왓츠앱에 투자하게 된 직접적인 원인으로 작용한 것은 아니었고, 그럴 가능성을 높였을 뿐이다. 예를 들어 얼리버드 시스템이 이러한 가능성을 10퍼센트 정도 높였다면, 이 시스템의 가치는 수억 달러에 달할 것이다. 세쿼이아캐피털이 왓츠앱에 투자하여 얻은 수익이 35억 달러에 달하기 때문이다.[34] 고츠는 왓츠앱에서 크게 성공하고 다른 투자에서도 여러 번 성공한 덕분에 2018년 세쿼이아차이나 동료 선난펑에게 1위 자리를 넘겨줄 때까지, 미다스의 손 명단에서 4년 연속으로 1위를 차지했다.

세쿼이아캐피털의 다른 승리자들에 대해서도 똑같은 이야기(겉으로는 뜻밖의 발견으로 보이지만, 깊이 들여다보면 체계적인 노력으로 보인다는 이야기)를 할 수 있다. 예를 들어 2009년 봄에 세쿼이아캐피털의 파트너 그레그 매카두Greg McAdoo가 와이콤비네이터 건물에 들러 폴 그레이엄과 대화를 시작했다. 그는 이런 질문을 했다. "어떤 스타트업이 금융위기 이후 침체 국면에서 살아남을 수 있다고 생각합니까?" 그레이엄은 '지적 강인함'을 갖춘 스타트업에 대해 이야기하고는 와이콤비네이터의 긴 테이블 중 하나에 놓여 있는 노트북 주위에 모인 젊은 직원들을 향해 고개를 끄덕였다. 매카두는 그들에게 접근하여 비즈니스 모델에 대한 해박한 지식으로 그들을 놀라게 했고, 그 결과 부동산 임대 플랫폼 에어비앤비에 투자하여 세쿼이아캐피털을 위해 수십억 달러의 수익을 창출했다.[35] 에어비앤비에 관한 이야기를 이런 식으로 하면, 벤처사업의 성공이 역량과는 크게 동떨어지고 터무니없을 정도로 우연한 결과로 여기게 만든다. 그러나 깊이 들여다보면, 진실은 매카두가 와이콤비네이터 건물에 들른 것이 전혀 우연이 아니었다는 것이다. 세쿼이아캐피털이 와이콤비네이터가 키우는 다수의 스타트업에 투자하고 와이콤비네이터의 초기 펀드에도 투자하면서 의도적으로 와이콤비네이터의 주요 협력자가 되었기 때문에, 매카두가 그 자리에 있었다. 매카두는 부동산 임대업계가 디지털 혁신으로 큰 변화를 맞이할 것을 예상했기 때문에 에어비앤비 창업자들을 놀라게 할 수 있었다. 그리고 그는 기존 임대업자들에게 도전장을 던지는 방법을 연구하는 데 많은 시간을 보냈다. 다른 벤처캐피털들은 에어비앤비를 바라보다가 눈길을 돌렸다. 집주인들이 낯선 사람들을 받아들인다는 발상 자체가 엉뚱하게 보였다.[36] 매카두는 사전 준비를 하고서 그곳에 들렀다. 이제는 고츠가 장려한 관행이 수익이 되어 돌아왔다.

세쿼이아캐피털은 와이콤비네이터가 키우는 또 다른 스타트업으로 파일 공유 플랫폼인 드롭박스도 지원했다. 여기서 뜻밖의 발견과 역량에 대한 이야기는 훨씬 더 흥미를 자아낸다. 세쿼이아캐피털의 행운은 드롭박스 창업자 드루 휴스턴과 아라시 페르도시Arash Ferdowsi가 와이콤비네이터 데모데이demo day(기업에서 시판할 물건이나 서비스 따위를 투자자나 소비자에게 먼저 공개하는 날—옮긴이)에 방을 가득 채운 투자자들이 지켜보는 가운데 자신들의 사업을 홍보하는 것에서 시작되었다. 그들이 발표를 마쳤을 때 희끗희끗한 머리에 씩씩해 보이는 남자가 자신을 페즈먼 노자드Pejman Nozad라고 소개하면서 다가왔다. 그들의 새로운 친구는 가장 우연한 이유로 그들에게 곧장 다가오는 것 같았다. 그는 페르도시의 부모처럼 이란 출신의 이민자였다. 노자드는 페르도시에게 이란어로 말을 걸고, 디아스포라 카드게임도 하면서 드롭박스가 자금을 모집하는 것을 돕겠다고 약속했다. 그는 창업자들을 자기 가게로 초대하면서 주소를 말해주었다. 그곳은 페르시아 카펫을 파는 가게였다.

휴스턴과 페르도시는 이 제안을 받아들였다. 그들은 잃을 것이 별로 없었다. 하지만 휴스턴은 카펫 가게에 도착하고 나서는 바보 같은 짓을 한 기분이 서서히 들었다. 그 카펫 가게 주인은 페르시아 음악으로 그들을 즐겁게 하고, 유리잔에 차를 대접하고, 정중하게 각설탕을 건네주었다. 이것은 할리우드 코미디에나 나올 법한 장면이었다. 노자드가 페르도시에게 부모님의 고향이 어디인지, 가장 좋아하는 페르시아 요리가 무엇인지 물었을 때, 휴스턴은 이 모든 것들이 미리 짜놓은 계략이라는 생각까지도 들었다. 아마도 그는 어떤 앙심을 품은 리얼리티

투자의 진화

TV 쇼에서 웃음거리가 된 것 같은 기분이 들었을 것이다.

그러나 겉으로 나타나는 이 모든 상황에도 노자드는 아주 진지했다. 그는 카펫 상인일 뿐만 아니라 세쿼이아캐피털의 비공식 스카우터였다. 1년 전에 레온은 노자드의 카펫 가게에서 사업가들을 대상으로 강연을 했고, 노자드에게는 흥미로운 거래를 찾아보라는 격려도 했다.[37] 이런 만남이 있고 나서 노자드는 이베이의 창업자 피에르 오미디아와 나중에 우버 CEO가 된 다라 코즈로샤히Dara Khosrowshahi를 포함하여 실리콘밸리에서 활동하는 이란 출신 이민자에 대한 세쿼이아캐피털의 사절이 되었다.[38] 세쿼이아캐피털은 이민자가 갖는 불굴의 정신을 높이 평가하고, 노자드의 인맥에도 가치를 두었다. 모리츠, 레온, 보타는 각각 웨일스, 이탈리아, 남아공에서 태어났고, 세쿼이아캐피털의 지원을 받아서 성공한 기업 다섯 개 중 세 개에는 이민자 출신의 창업자가 최소한 한 명씩 있었다.[39] 뜻밖의 발견처럼 보이는 것은 실제로는 그 반대였다. 노자드는 최선의 가능한 투자 흐름을 낳기 위하여 세쿼이아캐피털이 마련한 전략의 한 부분을 맡은 사람이었다.

노자드가 드롭박스에 깃발을 꽂은 지 3년이 지나 세쿼이아캐피털은 공식적인 스카우트 프로그램을 시작했고, 이런 종류의 이야기는 더욱 흔해졌다. 엔젤투자가 때로는 벤처캐피털의 힘에 맞서는 균형추가 되기도 했지만, 이제는 세쿼이아캐피털이 차세대 창업자들과 연결고리를 강화하기 위한 메커니즘으로 변모했다. 한 가지 예를 들면, 세쿼이아캐피털은 암 검사 스타트업인 가던트헬스Guardant Health를 상대로 스카우트 프로그램을 통하여 시리즈 A 투자에 참여하여 5억 달러가 넘는 수익을 올렸다. 또 다른 예를 들면, 스카우트 프로그램을 통하여 배관공이나 가정교사와 같이 이웃에게 서비스를 제공하는 사람들과 소비자를 연결하는 앱 섬택Thumbtack에 투자하여 성공을 거두었다.[40] 그러나 세쿼이아캐피털이 스카우트 프로그램을 통하여 가장 크게 성공한 것은 대금 결제 스타트업 스트라이프에 투자한 것이었다. 이것은 세쿼이아캐피털이 행운이 닥칠지도 모르는 상황을 의도적으로 만들어낸 궁극의 사례였다. "만들어낸 뜻밖의 발견"이 존재한다고 말할 수 있다면, 세쿼이아캐피털은 이것을 능숙하게 했다.

●●●

아일랜드 출신의 패트릭 콜리슨Patrick Collison과 존 콜리슨John Collison 형제는 실리콘밸리의 기준으로 보더라도 아주 젊은 나이에 스트라이프를 창업했다. 나이가 조금 더 많은 뻣뻣한 빨간 머리의 패트릭은 열여섯 살 때 아일랜드에서 전국 과학상을 수상했다. 그는 와이콤비네이터의 그레이엄이 좋아할 만한 컴퓨터 언어 리스프의 변형을 만들었다. 이후로 패트릭은 고등학교 마지막 2년 과정을 몇 달 만에 끝내고, 이를 기념하기 위해 마라톤에 출전했고, 장학금을 받고서 MIT에 진학했다.[41] 검은 머리의 동생 존도 형에 못지않았다. 열여섯 살이던 2007년에 그는 아일랜드 서부에 있는 집을 떠나 미국에 있는 형에게 갔다. 이들 형제는 미국에서 그들이 처음으로 설립한 소프트웨어 스타트업에서 함께 일했다. 이듬해 그들은 이 벤처기업을 매각하여 백만장자가 되었다. 그리고는 패트릭은 MIT에 복학했고, 존은 하버드대학교에 입학했다.

2009년 현재 20세와 18세인 패트릭과 존은 팰로앨토에서 여름을 보냈다. 그들은 전자상거래 사이트에서 대금 결제 시스템에 변화를 일으킬 새로운 사업 아이디어를 구상하고 있었다. 패트릭은 MIT에서 사이드 프로젝트로서 위키피디아의 다운로드가 가능한 버전을 만들었고, 이에 대해 요금을 징수하는 것이 얼마나 어려운지 알게 되었다. 신용카드 결제를 처리하는 데는 비용이 많이 들었고 어려움이 따랐다. 페이팔의 초기 전망에도 불구하고 온라인 결제는 여전히 암흑기에 머물렀다. 콜리슨 형제는 현금 흐름을 관리하고, 지급인의 신원을 확인하고, 사기행위를 포착하기 위해 회계 플랫폼을 설치하여 이러한 난제를 해결하기 시작했다. 전자상거래 상인들은 그들의 웹사이트 구동용 소프트웨어에 몇 줄의 코드를 붙여넣기만 하면 콜리슨 형제의 서비스에 접속할 수 있었다.

다수의 벤처금융업자들이 콜리슨 형제의 이러한 아이디어에 관심을 보였다. 콜리슨 형제는 이미 스타트업을 설립하고 매각했으며, 디지털경제에서 전략적 틈새시장을 발견했다. 일단 온라인 사업자들이 웹사이트 구동용 소프트웨어에 콜리슨 코드를 붙여 넣고, 그들이 받은 결제 금액의 일부를 제공하기로 합의하면, 콜리슨 형제는 폭발적으로 증가하는 세계 전자상거래 시장의 한 부분을 실질적으로 장악하게 된다. 그리고 일단 콜리슨 코드가 널리 보급되면, 그것을 제거하기도 어려울 것이다. 결제 플랫폼은 수천 명의 공급자와 수백만 명의 소비자를 연결한다. 이것은 쉽게 바꿀 수 있는 것이 아니다. 간단히 말하자면, 콜리슨 형제의 프로젝트는 수익성 있는 표적 시장, 경쟁자의 침입에 대비한 자연 해자, 실적이 있는 팀 등 벤처투자자들이 원하는 모든 것들을 가지고 있었다. 문제는 어떤 투자자가 두 명의 천재들과 연결되기 위한 경쟁에서 승리할 것인가에 있었다.[42]

패트릭이 팰로앨토에 도착해서 처음 전화를 한 사람이 와이콤비네이터의 그레이엄이었다. 이것은 무엇이 그레이엄을 특별하게 만들었는지 보여주는 일종의 증거다. 와이콤비네이터가 설립된 지 4년이 지난 지금, 그레이엄은 젊은 해커들 사이에서 숭배의 대상이 되었고, 이를 활용하여 엄청난 힘을 지닌 네트워크를 구축했다. 그는 고등학생이던 패트릭이 아일랜드에서 코딩 문제로 이메일을 보내면서 콜리슨 형제를 처음 알게 되었다. 그레이엄은 나중에 이렇게 기억했다. "그가 아주 수준 높은 질문을 했기 때문에 고등학생이라고는 전혀 생각하지 못했습니다." 패트릭이 대학 면접을 보러 미국에 왔을 때는 그레이엄의 집에 머물렀다. 그리고 그레이엄이 그를 와이콤비네이터의 동료 창업자들에게 소개하여 콜리슨 형제의 첫 번째 스타트업이 출범하는 결과를 낳았다.[43] 또한 그레이엄은 패트릭을 와이콤비네이터 네트워크의 다른 젊은 회원들에게도 소개했다. 그들 중에는 와이콤비네이터의 최초의 일괄 지원 프로그램의 수혜자 샘 올트먼도 있었다. 그는 그레이엄이 은퇴한 뒤에도 계속해서 와이콤비네이터를 이끌었다.[44]

세쿼이아캐피털은 콜리슨 형제 이야기를 듣기 전에 이미 그들을 만나기 위한 다가오는 경주에서 우위를 점했다. 우선 세쿼이아캐피털은 와이콤비네이터, 그레이엄과 긴밀한 관계를 맺고 있었다. 그리고 이 긴밀한 관계에는 세쿼이아캐피털이 올트먼의 첫 번째 스타트업에 투자한 것도 포함되었다. 게다가 올트먼은 세쿼이아캐피털의 지원을 받는 창업자로서 곧 세쿼이아캐피털의 초기 스카우터 중 한 사람이 될 것이다.

그레이엄이 패트릭 콜리슨을 사무실 주방 회의에 초대했다. 그는 이 자리에 올트먼도 초대했다. 이 세 사람이 모였을 때 패트릭은 여전히 아이디어 단계에 머물러 있었다. 그중에서 디지털은행을 창업하는 것

투자의 진화

이 있었는데, 이것이 올트먼에게는 너무 멀게 느껴졌다. 올트먼은 나중에 이렇게 기억했다. "그때에는 그것이 훌륭한 아이디어라고 생각하지 않았지만, 어쨌든 패트릭은 정말 대단한 사람이라고 생각했습니다."[45] 그리하여 그레이엄과 올트먼은 이 주방 회의에서 콜리슨에게 아직은 모험을 하지 않는 엔젤 수표를 써서 주었다. 이들 각자가 회사의 2퍼센트 지분을 갖는 조건으로 1만 5000달러에 서명했다.[46]

이듬해 여름에 콜리슨 형제는 대학을 그만두고 팰로앨토로 이사했다. 그들은 결제 플랫폼에서 진전을 이루었고, 더 많은 자금을 모집할 준비가 되었다. 그레이엄은 세쿼이아캐피털의 모리츠, 매카두에게 이메일로 이 사실을 알렸다. 한편, 이제는 세쿼이아캐피털의 스카우터가 된 올트먼이 보타에게 콜리슨 형제 이야기를 전했다. 이제 콜리슨 형제는 실리콘밸리에서 가장 끈질긴 인재 스카우터의 감시망에 단단히 걸려들었다.[47]

그다음에는 세쿼이아캐피털이 콜리슨 형제와 얼핏 보기에는 뜻밖의 인연을 맺었다는 매력적인 이야기들이 이어졌다. 몇 년이 지나 존 콜리슨은 검정색 차를 탄 사람들이 형 패트릭과 친구 두 명이 함께 살던 팰로앨토의 비좁은 아파트를 찾아온 2010년의 여름날을 이렇게 기억했다. "어느 거룩하고도 지체 높은 억만장자가 차에서 내려 우리가 사는 아파트로 들어와서는 투자의 단서를 찾으려고 했습니다." 이 억만장자가 바로 모리츠였다.

존이 말했다. "마실 거 좀 드릴까요?"

모리츠가 대답했다. "네, 감사합니다. 뭐가 있죠?"

존이 대답했다. "물도 있고, 우유도 있습니다."

존은 겸손하게 웃으며 이렇게 말했다. "나는 그분이 아주 초기 단계에서 무엇을 보았는지 잘 모르겠습니다. 우리는 창업자를 가장한 미치광이였을 뿐입니다." 그러고는 날카로운 어조로 이렇게 말했다. "나는 마이클에게는 좋아하는 유형의 사람이 있다고 생각합니다. 기본적으로 젊은 이민자 출신의 용기 있는 창업자들 말입니다."[48]

세쿼이아캐피털이 한창 구애활동을 펼치던 도중에 패트릭이 샌드힐로드에 위치한 세쿼이아캐피털 사무실을 찾아가 모리츠와 보타를 만났다. 그는 어디를 가나 애용하는 통통한 튜브에 붉은 줄무늬가 있는 암회색의 매끈한 서벨로 도로주행용 자전거를 타고 그곳에 갔다. 아일랜드 티퍼레리주의 에메랄드빛이 감도는 시골 마을에서 자란 소년이 어떻게 팰로앨토에서 세쿼이아캐피털의 마음을 얻게 되었을까? 패트릭은 자기가 자란 마을 드로미니어에 대해 설명했다. 그곳에는 술집이 두 개 있었고, 가게가 서너 개, 11세기에 지어진 성이 있었다. 그리고 자신을 과학자로 키워주신 부모님도 계셨다. 모리츠는 미래 계획을 물었다. 모든 것이 패트릭이 생각한 대로 된다면, 그가 그려보는 회사는 어떤 모습을 할 것인가? 두 사람은 더 많은 유대감을 갖게 되었고, 모리츠는 패트릭을 현관 로비까지 배웅했다. 그들은 현관 입구에서도 잡담을 나누었다.

모리츠는 밖을 내다보다가 평소에 없던 것을 보았다. 패트릭의 서벨로 자전거가 세쿼이아캐피털 부지를 둘러싼 울타리에 묶여 있었다. 당장 그는 자전거 이야기를 시작했다. 자전거를 타고 어디로든 가는가? 자전거 레이서로도 활동하는가? 그리고 포톨라밸리의 돌다리에서 스카이라인 대로까지 이어지는 고되기로 소문난 코스인 올드라혼다 오르막길을 몇 분 만에 주파했는가? 패트릭은 20분도 안 되어 그 길을 올랐다고 말하면서 자신이 시험에 합격할 것 같다는 생각이 들었다.

그가 불굴의 정신을 요구하는 스포츠에서 경쟁력이 있다는 사실은 그의 내면에는 기업가정신이 흐르고 있다는 것을 말해주었다.[49]

물론 세쿼이아캐피털이 스트라이프(콜리슨 형제가 정한 회사 이름)의 주요 투자자가 된 데는 여러 가지 이유가 있었다. 모리츠는 예리한 판단을 하는 사람이었고, 그가 패트릭에게 던진 질문은 활력과 야망을 감지하기 위한 것이었다. 모리츠는 디지털 결제의 가능성을 이해했다. 결국에는 페이팔을 지원하기도 했다. 그리고 그는 도전장을 던지는 스타트업의 가능성을 믿었다. 그는 구글이 야후를 능가하는 모습을 보면서, 스트라이프가 페이팔을 능가할 것이라는 데 내기를 걸었다. 그러나 세쿼이아캐피털은 이러한 우위 외에도 스카우터 네트워크와 와이콤비네이터와의 관계에서 얻은 초기 정보 덕분에도 도움을 받았다. 따라서 이 모든 요소들을 결합해서 보면, 스트라이프의 초기 지원자들 중에서 가장 확신에 찬 투자자는 모리츠라 할 수 있었다.[50] 세쿼이아캐피털은 스트라이프의 초기 자본 투자 라운드에서 가장 규모가 큰 투자자였고, 시리즈 A 투자 라운드에서는 거의 모든 자금을 제공했다. 투자자들 중에서 오직 모리츠만이 스트라이프 이사회 이사를 맡았다. 2021년까지 스트라이프의 기업가치는 950억 달러에 달했고, 세쿼이아캐피털의 지분 가치는 150억 달러에 달했다. 그리고 계속 상승하고 있었다.

벤처투자 현장이 더욱 혼잡해지는 가운데, 세쿼이아캐피털은 스트라이프를 비롯하여 다른 여러 기업에 투자한 덕분에 벤처 업계를 지배했다. 2000년에서 2014년 사이에 미국 벤처투자를 종합하면, 세쿼이아캐피털은 관리 수수료와 투자수익에 따른 자기 지분을 제외하고서 11.5배라는 엄청난 순수익률을 창출했다. 이와는 대조적으로 이 시기 벤처펀드 순수익률의 가중평균은 두 배에도 못 미쳤다.[51] 세쿼이아캐피털의 실적이 두어 번에 걸친 뜻밖의 발견에서 비롯된 것은 아니었다. 전체 투자에서 실적이 뛰어난 상위 세 개의 투자를 제외해도, 세쿼이아캐피털의 미국 벤처투자는 여전히 6.1배라는 엄청난 순수익률을 기록했다. 세쿼이아캐피털은 2003년, 2007년, 2010년에 모집한 자금으로 총 155건의 미국 벤처투자를 진행했다. 그중에서도 주목할 만한 20건이 열 배가 넘는 순수익률을 기록하며 최소한 1억 달러 이상의 수익을 창출했다.[52] 타이밍, 부문, 투자 파트너 간의 일관성은 놀라웠다. 주요 대학에서 기부금 투자를 담당하는 사람은 놀라움을 금치 못하면서 이렇게 말했다. "1989년 내가 이곳에 온 이후로 우리는 200개가 넘는 투자회사에 자금 관리를 맡겼습니다. 세쿼이아캐피털은 지금까지 가장 뛰어난 실적을 보여주었습니다."[53]

• • •

세쿼이아캐피털의 미국 벤처투자 실적이 인상적이기는 하지만, 가장 큰 실적은 안전지대를 뛰어넘는 투자에서 나왔다. 2005년에 세쿼이아캐피털은 중국으로 건너가서 모리츠와 레온 공식의 중심에 있는 실험에 대한 욕구를 보여주었다. 이듬해에는 인도로 건너갔고, 그동안 새로운 종류의 투자를 추진했다. 세쿼이아캐피털은 성장형 펀드, 헤지펀드 그리고 헤리티지Heritage라고 불리는 기부금 형식의 펀드를 운영했다. 모리츠는 경탄하며 이렇게 말했다. "내가 세쿼이아에 처음 입사했을 때 벤처펀드는 겨우 4500만 달러가 있었습니다. 지금은 80억 달러 규모의 글로벌 성장형 펀드를 조성했습니다. 어디 상상이나 했겠습

투자의 진화

니까?"[54]

　세쿼이아캐피털의 성공은 쉽게 다가오지 않았기 때문에 더욱 주목할 만했다. 예를 들어 인도에서 세쿼이아캐피털은 현지 파트너들을 신뢰하는 중국에서의 공식을 똑같이 적용하려고 했다. 모리츠와 레온은 인도·동남아시아 전용 기금으로 7억 달러를 모금하여 웨스트브리지캐피털WestBridge Capital에서 근무하던 인도인 네 명으로 구성된 팀에 운용을 맡겼다.[55] 그러나 5년이 지나서 이들과의 관계에 금이 갔다. 웨스트브리지 4인방은 인도가 초기 단계의 벤처투자를 하기에는 아직은 시기가 무르익지 않았다고 판단하고, 공모주 투자로 전환할 것을 제안했다. 세쿼이아캐피털이 반대하자 그들은 세쿼이아캐피털의 유한책임 파트너 중 한 사람의 도움을 받아 독자적인 회사를 설립하는 식으로 대응했다. 세쿼이아캐피털은 2011년에 이러한 좌절을 겪고 나서 남아시아를 포기할 수도 있었다. 실제로 일부 파트너들은 그렇게 하기를 원했다. 그러나 모리츠와 레온은 인도 팀에 남기로 한 젊은 직원을 승진시키면서 인도에서의 활동을 재개했다. 모리츠의 표현을 빌리자면 그들은 미지의 인물, 자체적으로 키운 인물을 지원하고 있었다. 하버드대학교 경영대학원 출신으로 세쿼이아인디아의 새로운 리더로 부상한 사교적인 성품의 샤일렌드라 싱Shailendra Singh은 지난 5년의 대부분을 캘리포니아 본사에서 멀리 떨어진 곳에서 일하며 보냈다. 그는 인도 문화가 몸에 배어 있었다.

　싱은 세쿼이아캐피털의 실험적인 아시아 투자를 더 많은 하위 실험을 통하여 지원하기 시작했다. 그는 이 지역에 기업가정신의 전통이 거의 없다는 사실을 인정하면서, 스타트업 창업자들에게는 더 많은 지원이 요구된다는 것을 인식했다. 앤드리슨호로위츠 모델을 따라 운영

컨설턴트를 고용하여 스타트업들에 영업, 마케팅, 고용에 관한 조언을 제공하고, 이를 위해 점차적으로 30명이 넘는 팀을 구성했다. 세쿼이아캐피털의 샌드힐로드 본사에서 근무하는 투자 인원이 20여 명이고 총인원이 75명인 점을 고려하면 엄청난 규모의 확장이었다. 또한 그는 2019년에 와이콤비네이터 모델을 개작하여 초기 단계 투자와 기업가 정신에 관한 집중적인 강좌를 결합한 서지Surge 프로그램이라는 것을 내놓았다. 이 훈련에서는 일주일짜리 세션이 5회에 걸쳐 진행되고, 참가자들은 이 세션을 진행하는 동안에 집중적으로 몰입해야 한다. 이것은 와이콤비네이터의 느슨한 화요일 저녁식사 모임과 비교하여 의도적으로 더욱 철저하게 진행되었다. 싱은 서지 프로그램에 참가하는 창업자들이 뛰어난 실적을 거둔 스타트업 창업자들과 수십 차례에 걸쳐 교류하게 함으로써, 와이콤비네이터의 지원을 받은 창업자들이 단순히 실리콘밸리에 있다는 이유만으로 거의 자동적으로 얻은 자신감을 그들에게 심어주려고 했다. 싱은 이렇게 말했다. "젊은 기업가가 성공한 사람들과 자주 만난다면, 이것이 피가 되고 살이 된다는 것을 깨닫습니다. 그다음에 이 젊은 기업가는 '나도 할 수 있다'라고 말합니다."[56]

싱은 인도 시장에 활력을 불어넣기 위해 열과 성을 다했다. 그가 만난 창업자들은 자기들이 하고 있는 일을 제대로 이해하지 못했고, 싱이 그들을 교육해야 했다. 예를 들어 그는 초기에 인도 사람들이 휴대폰에 사용료를 충전하기 위해 사용했던 플랫폼인 프리차지Freecharge의 전망을 살펴보기 시작했다. 30대인 프리차지 창업자 쿠날 샤Kunal Shah는 다른 투자자들을 잠시 주저하게 만들고는 했다. 그는 명문대학인 인도공과대학Indian Institutes of Technology을 졸업하지 않았고, 경영학이 아니라 철학을 공부했다. 그러나 싱은 편견을 극복하고 링크드인을 통하여 샤에게 메시지를 보냈다. 투자업계에서 세계적으로 유명한 세쿼이아캐피털이 디지털경제가 활성화되어 있지 않은 곳의 보잘것없는 창업자에게 손을 내민 것이다.

싱이 메시지의 보내기 버튼을 눌렀다. 그에게 돌아온 것은 철저한 침묵이었다.

샤는 이렇게 생각했다. '이 사람은 도대체 누구이기에 나를 귀찮게 하지?'[57] 그는 세쿼이아캐피털에 대해 들어본 적이 없었다. 그는 벤처캐피털에 대해 들어본 적도 결코 없었다.

싱은 샤의 오랜 무관심을 깨려고 그들 두 사람을 모두 아는 사람을 통해 그에게 전화를 걸었다.

그 사람은 이렇게 도움이 되게 설명했다. "그들은 애플과 구글에 자금을 지원한 사람들이야!"

얼마 지나지 않아서 샤가 세쿼이아캐피털의 뭄바이 사무실에 정식으로 나타났다. 그는 별다른 준비 없이 왔다. 프레젠테이션 슬라이드를 준비하지도 않았고, 싱의 몇 가지 질문에는 당황하는 빛을 보였다.

싱이 이렇게 물었다. "CAC customer acquisition cost가 얼마나 되죠?"

샤는 CAC가 무엇을 의미하는지 추측하려고 애를 썼다. 그러나 제대로 추측하지 못한 상태에서 몇 가지 대답을 하고는 아는 척하기를 포기했다.

결국에는 이렇게 되물었다. "CAC가 무슨 뜻이죠?"

"고객 확보 비용"이라는 대답이 돌아왔다. 마케팅 예산을 웹사이트에 등장하는 신규 사용자 수로 나눈 값이라는 뜻이었다.

샤는 잠시 생각했다. 그의 마케팅 예산은 0이었다. 따라서 그의 CAC도 0이었다. '왜 저 사람은 사업과는 아무런 관련이 없는 머리글

자에 관심을 가질까?'

싱이 재촉하며 물었다. "사용자 수는 얼마나 됩니까?"

샤가 이렇게 대답했다. "하루에 1만 5000건의 거래가 발생합니다."

싱은 샤의 실언을 친절하게 바로잡아 주려는 듯이 이렇게 말했다. "한 달에요?" 인도의 인터넷 시장은 그 규모가 작았다. 프리차지에는 소수의 직원들만 있었다. 하루에 1만 5000건의 거래가 이루어진다는 것은 믿기 힘든 일이었다.

샤는 자신이 정말로 숫자를 잘못 알고 있는 것이 틀림없다고 생각했다. 그는 노트를 확인하고는 고개를 들어서 이렇게 말했다. "아닙니다. 하루에 그렇습니다."

싱은 자기가 들은 말을 믿을 수가 없었다. 그러고는 기쁜 마음에 이렇게 말했다. "투자하겠습니다!"

하지만 세쿼이아캐피털의 도전은 이제 막 시작에 불과했다. 싱은 기업 실사의 한 부분으로 프리차지의 사용자 재방문율을 알고 싶었다. 샤가 그런 계산을 해본 적이 없었기 때문에 싱의 팀이 직접 계산해야 했다. 세쿼이아캐피털이 초기 투자를 시작한 이후로 프리차지는 트래픽 증가에 대처하기 위해 인프라를 확장할 필요가 있었다. 기술자 출신이 아닌 샤는 이것을 어떻게 시작해야 할지 확신이 서지 않았다. 따라서 싱의 인사부서가 샤를 대신하여 프로그래머들을 고용했다. 얼마 지나지 않아서 세쿼이아캐피털이 구글 출신을 사장으로 고용하여 엔지니어링 부문을 맡겼고, 샤는 회장 직함을 가지고 사업의 다른 부문을 이끌었다. 이러한 과정에서 모든 것들이 예상보다 오래 걸렸다. 하지만 샤가 의욕을 잃을 때마다 싱이 용기를 북돋고는 했다. 싱은 이렇게 약속했다. "100만 달러를 더 내놓겠습니다. 우리는 이걸 해내고야말 겁니다."

한번은 유난히도 힘든 시기에 샤가 의욕을 잃었다. 신규 사용자 수
는 바닥을 기었고, 프리차지의 현금 또한 바닥이 나고 있었다. 하지만
평소처럼 싱은 흔들리지 않았다. 프리차지 제품은 시장에 적합했고,
결국에는 성공할 것이다. 새로운 자금을 조달하는 것은 문제가 되지
않을 것이다.

샤는 자신의 벤처 후원자에게 이렇게 물었다. "도대체 왜 그럽니까?
왜 이렇게 마냥 즐거워만 합니까?"

싱이 유쾌하게 대답했다. "연료를 걱정하지 마세요. 비행기를 이륙
시키는 데만 집중하십시오."

세쿼이아캐피털을 만나기 전에 샤는 막연하게 수백만 달러 정도의
가치를 지닌 기업을 창업하는 꿈을 꾸었다. 결국 프리차지는 2015년
에 4억 4000만 달러에 매각되었다. 이것은 인도 기술 스타트업의 길지
않은 역사에서 가장 높은 인수 가격이었다. 샤는 나중에 이렇게 말했
다. "그들은 나한테 모든 것들을 가르쳐야 했습니다."

인도와 동남아시아에서 세쿼이아캐피털이 거둔 수익은 실리콘밸리
나 중국에서의 수익과 비교하면 뒤처졌다. 그러나 2020년까지 그들은
올바른 방향으로 가고 있었다. 싱의 펀드는 인도의 에듀테크edutech(교
육Education과 기술Technology의 합성어—옮긴이) 부문의 선구자인 바이주
스BYJU's부터 동남아시아의 차량 호출 거대 기업 고젝Gojek, 전자상거
래 장터 토코피디아Tokopedia에 이르기까지 12개의 유니콘을 지원했다.
싱 자신은 〈포브스〉가 선정한 미다스의 손 명단에 이 지역 출신으로
유일하게 등장하는 벤처투자자였다. 2020년 여름 세쿼이아캐피털은
인도와 동남아시아 지역에서 각각 8라운드와 9라운드에 해당하는 자

금 모집을 통하여 13억 5000만 달러를 유치했다. 이는 이 지역에서 가장 근접한 경쟁자인 액셀인디아와 비교하여 두 배가 훌쩍 넘는 금액이었다.[58] 한편 샤는 전자상거래와 신용 평가의 영역을 독창적으로 교배한 크레드CRED라는 그다음 스타트업을 창업하는 데 여념이 없었다. 물론 그는 세쿼이아캐피털의 지원을 받았지만, 이번에는 자신이 무엇을 하고 있는지 알고 있었다.

● ● ●

세쿼이아캐피털은 본국의 전통적인 시장에서 새로운 종류의 투자를 실험했다. 야후가 손정의를 만난 이후로, 모리츠와 레온은 큰돈을 거는 실력자에 의해 압도당하는 상황을 피하려고 성장투자로 눈길을 돌렸다. 1999년에 그들은 3억 5000만 달러의 활동 자금을 모집했고, 당대의 인터넷 기대주에 일련의 큰 내기를 걸었다. 2000년에 나스닥 지수가 폭락하면서 세쿼이아캐피털 펀드의 가치도 그해 8000만 달러가 하락했고, 그다음 해에는 6500만 달러가 하락했으며, 어느 시점에는 그 가치가 예전의 3분의 1 수준으로 하락했다.[59] 이러한 재앙은 세쿼이아캐피털이 성장투자를 평가한 경험이 별로 없는 관계로 더욱 커져만 갔다. 현재 재직 중인 벤처 파트너들이 펀드를 관리했고, 성장투자 전문가로 이루어진 팀을 만들 계획은 없었다. 결국 세쿼이아캐피털은 몇 안 되는 성공한 투자에서 얻은 수익 중 파트너의 지분을 재투자함으로써 투자 실적을 적자에서 다시 흑자로 끌어올렸다.[60] 인도 펀드와 마찬가지로, 세쿼이아캐피털의 실험도 힘들게 시작되었다.

2005년에 모리츠와 레온은 또 다른 성장형 펀드를 끈질기게 모집했다. 이번에는 기존의 성장 기업에 투자하던 투자자 다섯 명을 영입하는 등 전략을 정교하게 다듬었다.[61] 이들 중 대다수는 보스턴의 서밋파트너스Summit Partners라는 유명한 투자회사에서 근무하던 사람들로서, 유리 밀너나 손정의와는 확연히 다른 투자 스타일을 가지고 있었다. 그들은 벤처자금을 받아본 적이 없고, 혼자 힘으로 커가는 별로 알려지지 않은 기업에 투자하도록 교육받았다. 이렇게 자수성가하려는 기업들은 주로 실리콘밸리 외곽에 있었고, 일부는 기술 교류를 전혀 하지 않았다. 서밋파트너스는 화려한 거래를 하기보다는 사람들의 눈길을 끌지 못하는 거래를 하려고 했다. 서밋파트너스 사람들이 투자 대상을 찾는 방식은 그들의 기계적인 투자 스타일에 대하여 많은 것을 말해주었다. 그들은 사무실에 앉아서 자신들의 기준에 적합한 기업을 상대로 전화를 했다. 그다음에 수익률을 예측하기 위해 매출액과 비용을 추정하고, 최종적으로 회사의 적정 가치를 파악하기 위해 일정한 배수를 곱했다. 그들은 투자를 진행하기 전에 자신들이 원하는 대가를 말했다. 각각의 포지션에 대하여 수익률 목표는 세 배였다. 투자금을 너무 많이 지급하면 확실한 투자를 무의미한 투자로 만들 수도 있었다.

새로 온 사람들은 세쿼이아캐피털에서 처음 2년을 보내는 동안에 부족 모임에서 낯선 사람들처럼 보였다. 그들은 서밋파트너스의 방법론을 대대적으로 도입했지만, 세쿼이아캐피털에서 훈련받은 동료들은 벤처 마인드를 성장투자에 계속 적용했다. 서밋파트너스 출신의 투자자들은 아래층의 책상에 앉아서 전화를 하고 스프레드시트에 숫자를 입력했다. 그들은 현실을 살펴보고 있었다. 세쿼이아캐피털 부족은 한 층 위에서 밝은 채광창이 있는 피라미드 모양의 천장 아래에 놓인 책상에 앉아 있었다. 그들은 가능성을 살펴보고 있었다. 서밋파트너스 출신의 누군가가 이렇게 기억했다. "상당히 혼란스러웠습니다. 우리는 세쿼이아에서 투자자가 되는 것이 무엇을 의미하는지 생각하고 있었습니다. 그리고 세쿼이아 부족은 성장투자자가 되는 것이 무엇을 의미하는지 생각하고 있었습니다." 두 집단은 완전히 다른 유형의 기업을 선택했다. 서밋파트너스 출신의 또 다른 누군가는 이렇게 말했다. "우리는 분명히 효과가 있지만 그다지 흥미진진하지 않은 투자를 제안했습니다. 세쿼이아에서 벤처 훈련을 받은 사람들은 매우 흥미진진하지만 효과가 없을 수도 있는 투자를 제안했습니다."[62] 서밋파트너스 스타일의 한도를 넘지 않는 투자와 벤처 스타일의 한도를 넘는 투자는 전체로 보면 평범한 실적을 낳았고, 세쿼이아캐피털의 유한책임 파트너들은 불안해지기 시작했다. 그들은 세쿼이아캐피털의 주력이라 할 벤처펀드를 계속 유지할 것을 주장하면서, 성장투자와 해외 실험을 후퇴시키기 위해 강압적으로 나왔다. 일부는 세쿼이아 인디아를 처음에는 저조한 실적 때문에 "형벌 기금"이라고도 불렀다. 세쿼이아캐피털의 부진했던 성장투자는 그 규모 때문에 파트너십의 전체 실적에 무거운 짐이 되었다.

때로는 투자 혁신이 두 가지 유형의 전통을 혼합하는 데서 나온다. 타이거글로벌이 헤지펀드 사고방식과 벤처 사고방식을 혼합한 것을 생각해보라.[63] 과연, 2009년 무렵에 세쿼이아캐피털에서는 양립하기 힘든 성장투자 스타일이 혼합되면서 실적에서 반전이 이루어졌다. 서밋파트너스에서 온 사람들은 꿈을 꾸는 법을 배웠고, 세쿼이아캐피털의 벤처투자자들은 서밋파트너스의 원칙을 자기 것으로 만들었다. 이것은 다양한 투자에 대한 힘든 토론을 통하여 점진적으로 발생하던 일종의 수렴이었다. 그러나 한 가지 특별한 에피소드가 세쿼이아캐피털

투자의 진화

이 성장투자에 다가가게 하는 도가니 역할을 했다.

　　이 에피소드는 팻 그래디Pat Grady라는 청년에게서 시작되었다. 그는 2년 전에 24세의 나이에 세쿼이아캐피털에 입사했는데, 이전에는 서밋파트너스에서 뛰어난 전화 영업맨으로 등장했다. 누구라도 그가 특별한 추진력을 가지고 있다고 생각했다. 레온은 만족스러운 듯이 이렇게 말했다. "그 친구는 일을 열심히 하다가 손바닥에 구멍이 났습니다."[64] 하지만 젊은 신입직원들에게서 당연히 볼 수 있듯이 그래디도 긴장할 수 있었다. 실제로 그는 파트너 회의에서 너무 긴장하여 말을 제대로 하지 못했다. 한번은 보타가 그가 사람들 앞에서 발표하는 데 어려움을 겪고 있다는 생각이 들어서, 그를 한쪽으로 데리고 가서 연설 지도를 제안한 적도 있었다. 그래디는 자기 의견을 제시할 때에는 신중해야 한다는 서밋파트너스의 전통을 보여주었다. '닥터 노Dr. No' 는 그의 별명이 되었다. 그러나 처음에는 천천히 이후로는 빠르게 그래디는 변해갔다. 고츠가 그에게 동료들을 앞에 두고 '준비된 마인드' 의 상태로 발표하게 하면서 무대 공포증을 극복하도록 도왔다. 그래디가 말했다. "나는 준비되지 않았습니다." 그러자 고츠가 이렇게 주장했다. "아니야, 자네는 준비가 되었어." 한편, 보타는 그래디에게 앞으로의 거래에 대하여 부정적인 생각을 덜 가질 것을 주문했다. 보타는 그래디를 이렇게 일깨웠다. "이보게, 똑똑한 사람이라면 누구나 투자를 떠넘길 만한 온갖 이유를 내놓을 수 있겠지. 하지만 우리가 해야 하는 일은 투자를 하는 것이라네."[65]

　　2009년 7월 그래디의 전화 영업은 샌디에이고의 어느 기업을 대상으로 투자를 선도하는 결과를 낳았다. 그곳은 다른 기업들의 작업 흐름의 관리를 지원하는 클라우드 소프트웨어 개발업체로 서비스나우 ServiceNow라는 기업이었다. 우연하게도 프로그램을 클라우드로 이전하는 것이 그래디가 최근에 발표한 '준비된 마인드' 상태의 주제였다. 그래디는 이 시장을 지배하는 기업들의 시가총액이 총 1조 달러에 이를 것이라고 주장했다. 서비스나우는 이번 게임에서 승리하기 위한 준비가 되어 있는 것으로 보였다. 창업자인 프레드 러디 Fred Luddy는 강력한 팀을 구성할 역량이 있는 코딩 부문의 실력자였다. 그가 개발한 소프트웨어는 너무나도 훌륭해서 이미 다수의 기업 고객들을 확보해 놓고 있었다.

그래디는 레온과 함께 샌디에이고로 날아갔다. 세쿼이아캐피털에서는 신입직원과 베테랑이 함께 팀을 이룰 때가 자주 있었다. 그들은 돌아와서 파트너십 회의에 제안서를 제출했다. 세쿼이아캐피털은 러디의 회사를 상대로 5분의 1에 해당하는 지분을 갖는 대가로 5200만 달러를 투자할 수 있고, 이것은 포스트머니 가치가 2억 6000만 달러에 달하는 것을 의미했다.

그래디가 서밋파트너스에서 일하던 시절에 알고 지내던 동료 중 한 사람이 미친 가격이라면서 강력하게 반발했다. 소프트웨어를 개발하는 상장기업의 경우에는 기업가치가 대체로 매출의 세 배 정도가 되지만, 그래디와 레온은 열 배로 보고 투자금을 지급할 것을 제안했다. 그들은 앞으로 서비스나우의 가치가 이처럼 높은 기준보다 더 높아질 것이라고 정말 믿었을까? 서비스나우에 투자하여 평범한 소프트웨어 회사에 투자한 만큼의 실적을 얻으려면 매출이 세 배로 증가해야 한다. 그다음에 성장형 펀드가 투자에서 원하는 세 배의 수익률을 달성하려면 매출이 또다시 세 배로 증가해야 한다.[66]

레온과 그래디는 흔들리지 않았다. 그래디는 서밋파트너스 방식으

투자의 진화

로 기준에 적합한 기업을 상대로 전화를 해서 기회를 확인했다. 그러나 이제는 이 기회를 세쿼이아캐피털 방식으로 평가하고 전망을 확인할 때가 되었다. 서비스나우의 경우에는 유력한 창업자, 입증된 제품, 해당 업계의 호황이라는 세 가지 요소가 훌륭하게 결합되었다. 서비스나우의 매출은 한 차례 그리고 또 한 차례, 그다음에도 몇 차례에 걸쳐 세 배로 증가했다. 뿐만 아니라 서비스나우 투자에 대한 회의적인 인식은 세쿼이아캐피털의 활동가들을 투입한 데서 나오는 가치를 과소평가한 데서 비롯된 것이었다. 러디와 그의 팀은 뛰어난 소프트웨어를 개발했지만, 그 밖의 사업 영역에서는 뒤떨어졌다. 레온과 그래디가 금융과 영업과 같은 영역을 개선할 수 있다면, 서비스나우의 잠재력은 무한할 것이다. 그래디는 서비스나우의 전망에 대해 자신감이 넘친 나머지, 서비스나우의 수익을 추정하는 서밋파트너스의 신성한 절차를 거의 생략했다. 투자 절차가 거의 끝나갈 단계에서 그는 스프레드시트를 대충 꿰맞추었다. 그러나 그것은 거의 나중에 생각한 일이었다.[67]

2009년 11월 세쿼이아캐피털은 서비스나우에 정식으로 투자했다. 레온은 자신의 대역이자 협력자인 그래디와 함께 서비스나우 이사회 이사 자리에 앉았다. 처음 두 번의 만남을 위한 때를 기다리고 난 후에, 그래디는 러디에게 신입직원을 모집할 것을 권하고 훌륭한 지원자들을 데려오기 위해 자신의 네트워크를 가동했다. 1년도 채 안 되어 그는 뛰어난 솜씨를 발휘할 준비가 되어 있었다.

2010년 가을 러디는 레온과 그래디와 함께 탄 차 안에서 이렇게 말했다. "나는 내가 정말 CEO가 되고 싶은지 잘 모르겠습니다."[68]

레온과 그래디는 러디가 이런 말을 할 것이라는 예상을 하고 있었다. 분명히 러디는 코딩에 집중할 때가 가장 행복한 사람이었다. 서비스나우가 확장될수록 CEO의 역할은 더욱 힘들어졌고, 러디는 이에 적합한 사람이 아니었다.

레온과 그래디가 이렇게 말했다. "당신이 좋은 결정을 할 수 있도록 돕겠습니다. 우리가 괜찮은 사람들을 소개하는 것이 어떻겠습니까?" 이것은 존 도어가 구글의 젊은 창업자들에게 사용했던 접근방식을 그대로 따른 것이었다.

2010년 10월 7일 러디는 실리콘밸리에서 바쁜 하루를 보냈다. 그는 최근에 주식공모를 마친 기업의 CEO와 함께 아침식사를 하고, 세쿼이아캐피털과 관계를 맺은 뛰어난 투자자들을 모아놓은 팀과 여섯 번에 걸친 만남을 가졌다. 러디가 만난 사람들은 그가 두려워하는 관리상의 복잡한 문제를 해결하려고 함께 고민했다. 게다가 그들은 그 일을 즐기는 것 같았다.

그날 밤 러디는 엑스닷컴과 페이팔의 경영자들이 합병을 논의했던 장소인 팰로앨토의 그리스 레스토랑 에비아에서 레온과 그래디와 함께 저녁식사를 했다. 러디의 얼굴이 환하게 빛났다.

그는 이렇게 선언했다. "아주 좋은 하루였습니다. 이제 내가 무엇을 원하는지 알았습니다. 우리 함께 CEO를 찾아봅시다."

레온은 러디가 외부에서 CEO를 영입하는 일을 정식으로 도왔고, 서비스나우의 발전에는 속도가 붙었다. 서비스나우는 감당하기 힘들 정도로 커진 스타트업에서 순조롭게 돌아가는 기업으로 변신했고, 〈포춘〉 500대 기업들은 서비스나우의 고객이 되기 위해 줄을 섰다. 인수 제안이 들어오기 시작했다. 4억 달러에서 15억 달러로, 결국에는 25억 달러까지 올랐다. 분명히 말하지만, 창업자 겸 CEO의 우월성에 대한 실리콘밸리의 믿음이 항상 정당한 것은 아니었다. 2011년 말에 마

투자의 진화

지막 제안이 들어왔을 때 러디는 의기양양했다. 그러나 레온은 클라우드 소프트웨어의 가치에 대한 그래디의 분석 결과에 기초하여 25억 달러조차도 너무 낮다고 확신했다. 이제는 의사 결정 과학에서 얻은 교훈에 따라 행동할 때가 되었다. 현금을 손에 쥐고 싶은 본능을 억제하라. 적극적으로 달려들고, 긴장을 늦추지 말고, 상승세에 올라타라.

문제는 서비스나우 이사회가 25억 달러의 인수 제안을 거절하도록 어떻게 설득할 것인가에 있었다. 대다수는 이 제안을 기쁜 마음으로 받아들이기를 원했고, 세쿼이아캐피털로서는 그들을 막을 힘이 없었다. 따라서 레온은 서밋파트너스에서는 상상도 할 수 없었을 또 다른 작전의 일환으로 법적 전술을 고안해냈다. 서비스나우는 대부분의 미국 기업들과 마찬가지로 델라웨어주에 등록되어 있었다. 레온은 델라웨어주 법에 근거하여, 이사회가 다른 이들의 입찰을 받지 않고서 매각을 추진할 수는 없다고 주장했다. 그는 서비스나우 이사회가 열리는 날에 자기편을 들어줄 사람을 매복시키고서 성급한 매각은 불법이라고 주장했다.

레온은 실리콘밸리 로펌 윌슨손시니Wilson Sonsini의 CEO 스티브 보크너Steve Bochner에게 조언을 구했다. 그러나 레온의 주장은 실리콘밸리에서의 일반적인 이해와는 상충했고, 서비스나우의 사내 변호사가 그의 주장을 기각했다. 그 변호사는 경쟁 입찰의 요건은 상장기업에만 적용된다고 주장했다.[69]

레온은 크리스마스 휴가를 맞이하여 가족과 함께 하와이에 있었다. 그의 가족들은 수영장에 있었지만, 레온은 전화기를 붙들고 있었다. 수억 달러가 오락가락하는 상황에서 그는 윌슨손시니의 보크너에게 또다시 전화를 걸었다.

레온은 이렇게 말했다. "스티브, 그것은 상장기업에만 해당된다고 하네요."

보크너가 대답했다. "더그, 얼마 전에 델라웨어주 대법원 대법관을 지낸 빌 챈들러Bill Chandler를 영입했어요. 그 사람이 그 법을 만든 장본인이죠. 상장기업이 아닌 경우에도 경쟁 입찰을 해야 합니다."

레온의 몸에서 전율이 흐르는 것 같았다. 윌슨손시니에는 그가 원하던 바로 그 변호사가 있었다.

레온이 이렇게 물었다. "챈들러와 통화할 수 있을까요?"

보크너가 대답했다. "물론입니다."

레온은 챈들러와 통화하여 그의 견해를 확인하고는 다음 날에 시간을 내줄 것을 부탁했다. 그다음에 전화기를 붙들고 서비스나우 이사회 이사에게 개별적으로 통화하다가 그들과의 전화 회담에 들어갔다. 수영장 주변 의자에 앉아 있던 레온의 가족들이 그의 얼굴이 붉게 변하는 모습을 지켜봤다.

다음 날에 서비스나우 이사회가 정식으로 다시 소집되었다. 레온은 자기주장을 되풀이했다. 법에 따르면 선택의 여지가 없었다. 서비스나우 이사회는 경매를 진행해야 했다.

사내 변호사는 이렇게 똑같은 주장을 되풀이했다. "아닙니다. 그것은 상장기업에만 해당됩니다."

레온이 극적으로 이렇게 말했다. "내가 델라웨어주 대법원 대법관을 지낸 빌 챈들러와 통화하기로 약속했습니다. 바로 그분이 이 법을 만들었고, 지금 그분께 전화하겠습니다."

그 자리에 모인 사람들은 놀라움에 할 말을 잃었다. 레온의 눈앞에는 영화 〈애니 홀Annie Hall〉에서의 장면이 잠시 떠올랐다. 그것은 우디

투자의 진화

앨런Woody Allen이 광고판 뒤에 있던 마샬 맥루한Marshall McLuhan을 불러들여 그의 철학에 대한 논쟁을 해결하는 장면이었다.

레온이 챈들러에게 전화했고, 챈들러는 서비스나우 이사들에게 자신이 만든 법이 정확히 무엇을 의미하는지 설명했다. 사내 변호사는 순순히 물러섰다. 달갑지 않은 이에게 회사가 넘어갈 수도 있기 때문에 회사의 어느 누구도 경매를 추진하는 것을 원하지 않았다. 매각은 일단 보류되었다. 레온은 서비스나우가 상승세를 계속 이어가도록 하는 데 성공했다.[70]

6개월이 지난 2012년 6월, 서비스나우는 주식공모에 들어가서 30억 달러의 평가를 받으며 첫날을 마감했다. 레온과 그래디가 약속했듯이 매출이 세 배로, 그다음에 또 세 배로, 그다음에 또 엄청나게 증가했다. 서비스나우는 주식가격이 계속 상승하여 세쿼이아캐피털의 성장투자 포지션에서 처음으로 10억 달러에 달하는 수익을 제공했다.

젊은 그래디는 이것으로 자신의 능력을 충분히 입증했다. 2015년에 그는 세쿼이아캐피털이 추진하는 성장투자의 공동 리더가 되었다. 이렇게 익숙해진 패턴 속에서 미지의 인물, 자체적으로 키운 인물이 승진했다. 서밋파트너스 출신의 나머지 사람들은 그 반대의 결과를 맞이했다. 모리츠가 말했듯이, 벤처캐피털의 리더가 해야 할 일 중 하나가 바로 실적이 저조한 사람들을 쫓아내는 것이었다. 서밋파트너스 출신의 나머지 사람들은 한 사람씩 세쿼이아캐피털을 떠났다. 한편으로 세쿼이아캐피털은 서비스나우에 투자한 경험을 통하여 서밋파트너스의 양적 방식과, 벤처투자자에게 자연스럽게 자리를 잡은 위험 선호 성향과 행동주의를 결합하여 성장투자의 독특한 방식을 성공적으로 확립했다. 세쿼이아캐피털이 2009년, 2011년, 2014년에 조성한 성장형 펀드는 2021년 초 기준으로 연간 약 30퍼센트의 수익률을 기록하며 상장 기술주의 수익률을 훌쩍 뛰어넘었고, 2016년에 조성한 성장형 펀드는 음식 배달업체 도어대시DoorDash, 화상회의 서비스 제공업체 줌, 클라우드 소프트웨어 플랫폼 스노플레이크Snowflake에 투자하여 그랜드슬램을 기록하면서 연간 70퍼센트라는 엄청난 수익률을 기록했다.[71] 세쿼이아캐피털의 인내심은 인도 펀드에서 발휘했던 것과 비교하여 훨씬 더 많은 보상을 받았다.

• • •

2008년 세쿼이아캐피털은 타이거글로벌과는 반대 방향으로의 전환을 추진했다. 세쿼이아캐피털이 기업 역사 전반을 통해 비상장기업 투자에 집중하다가 헤지펀드 부문으로 진출했던 것이다. 이것은 고츠의 머릿속에서 나온 것으로, 그 실천 계획은 기업공개 여부와는 무관하게 최고의 기술 스타트업을 대상에 포함하여 투자의 범위를 확대하는 것이었다. 왜 다른 투자자들이 이런 기업이 성숙 단계에서 얻는 수익을 가져가도록 그냥 내버려두는가? 어쨌든, 기술주 중심의 헤지펀드들이 세쿼이아캐피털에 슬그머니 다가와서 조언을 구하는 일이 잦아졌다. 분명히 말하지만, 세쿼이아캐피털의 통찰력은 공개시장에서 수익을 창출하는 데 커다란 역할을 할 수 있었다.[72] 게다가 세쿼이아캐피털은 헤지펀드를 조성함으로써 또 하나의 도구를 확보할 수 있었다. 단순히 디지털 혁신의 승자에만 후원하는 것이 아니라 패자에 내기를 걸면서, 즉 주가 하락에 내기를 걸면서 수익을 챙길 수 있었다. 예를 들어 아이폰이 등장하며 이전 기기인 블랙베리의 판매량이 급격히

투자의 진화

감소했다. 따라서 세쿼이아캐피털은 블랙베리를 만든 기업 리서치인 모션Research in Motion의 주가 하락에 내기를 걸 뿐만 아니라 다가오는 모바일 인터넷 부문에서 수익을 창출하게 될 기업의 주가 상승에도 내기를 걸었다.

세쿼이아캐피털의 다른 실험들과 마찬가지로 헤지펀드 사업에 뛰어드는 것도 만만치 않은 일이었다. 2008년 금융위기는 자금 조달을 거의 불가능하게 만들었다. 세쿼이아캐피털의 유한책임 파트너들은 이미 중국, 인도, 성장형 펀드를 후원했지만, 그중에 어느 것도 본궤도에 오르지 않았고, 이 헤지펀드의 정식 명칭인 세쿼이아캐피털 글로벌 에쿼티스Sequoia Capital Global Equities는 50명의 외부 투자자들로부터 100퍼센트의 거부율을 기록했다. 게다가 세쿼이아캐피털의 헤지펀드 신입직원 중 한 명이 재빨리 회사를 떠났다.

이 파트너들은 2009년에 5000만 달러의 개인 저축을 가지고 헤지펀드를 결연한 자세로 시작했는데, 자금의 대부분이 모리츠와 레온에게서 나왔다. 하지만 문제는 계속해서 발생했다. 서밋파트너스 출신의 신입직원들과 마찬가지로, 세쿼이아캐피털이 외부에서 영입한 펀드매니저들은 적응하는 데 어려움을 겪었다. 그들은 기술과 관련이 없는 일부 기업을 포함하여 비교적 성숙한 기업의 주식을 매입했다. 결과적으로 그들은 세쿼이아캐피털의 타고난 강점을 활용하지 못했다. 2016년이 되어 헤지펀드 팀의 젊은 직원 세 명이 7년에 걸쳐서 그저 그런 실적을 내고는 회사를 떠나기로 했다.

그들이 떠난다는 소식이 그렇지 않아도 매우 힘든 시기를 보내고 있던 세쿼이아캐피털에 커다란 타격을 가했다. 이 시기에 세쿼이아캐피털은 끔찍하고도 공개적인 굴욕으로 흔들리고 있었다. 어느 매혹적인 댄서가 마이클 고겐Michael Goguen이라는 세쿼이아캐피털 파트너가 자신을 폭행하고 강간했다고 주장하면서 고소장을 제출했다(그는 이를 강력히 부인했다). 세쿼이아캐피털은 당장 고겐과의 관계를 끊기로 했고, 그는 사임했다. 4년이 지나서 고겐은 소송에서 이겼지만, 세쿼이아캐피털로서는 악몽과도 같은 순간이었다.[73]

중국, 인도 또는 성장형 펀드와 마찬가지로 세쿼이아캐피털의 파트너들은 헤지펀드 프로젝트를 중단함으로써 그들이 처한 역경에 대처할 수도 있었다. 몇몇 파트너들은 그냥 중단하고 싶어 했다. 이처럼 부진한 펀드는 세쿼이아캐피털이라는 브랜드에 좋지 않은 영향을 미치고, 경영상 골치 아픈 문제만 일으켰다. 그러나 모리츠가 개입하면서 부정적인 분위기가 사라졌다. 그는 세쿼이아캐피털 스튜어드의 지위에서 내려왔지만, 스트라이프와 같은 엄청나게 성공한 기업의 후원자로서 계속 활약했다. 또한 그는 헤지펀드에 가장 많이 투자한 개인 투자자였기 때문에 인내를 주장할 수 있는 지위에 있었다.

모리츠는 세쿼이아캐피털이 헤지펀드 팀 직원 세 명이 사표를 내고, 고겐 스캔들이 터지는 이중의 타격을 입고는 활력을 잃고 정서적으로 위축되는 시기에 있다는 사실을 인정했다. 그는 "가장 손쉽고도 편리한 선택은 사업을 접는 것"이라고 했다.[74] 그러나 그는 헤지펀드의 원래 전제가 유효하다고 주장했다. 세쿼이아캐피털은 디지털 혁신에 대한 특권적인 창구를 가지고 있었다. 더 나은 관리자로 구성된 팀이 최고의 사업을 이끌어갈 최고의 기회를 가질 것이다. 모리츠는 특히 헤지펀드에서 주가 하락에 내기를 걸며 수익을 창출해낸 제프 왕Jeff Wang이라는 투자자를 크게 칭찬했다. 미지의 인물, 자체적으로 키운 인물은 위대함에 도전할 수 있어야 한다.

투자의 진화

세쿼이아캐피털은 모리츠의 조언을 받아들였다. 그리고 인내가 눈부신 성과를 낳았다. 파트너들은 이전의 헤지펀드 책임자를 해고하고 원래의 비전을 실행에 옮겼던 왕을 그 자리에 앉혔다. 세쿼이아캐피털은 격동기의 기술에 대한 그들의 통찰이 투자 우위investment edge로 이어지게 했다. 헤지펀드는 에지펀드edge fund가 되었다. 예를 들어 세쿼이아캐피털의 벤처팀은 스킨케어와 메이크업 분야의 스타트업 글로시에Glossier와 샬롯틸버리Charlotte Tilbury와 같은 신생 브랜드들이 디지털 플랫폼을 통해 고객들에게 직접 다가가는 방법을 고안해낸 사실에 주목하면서 이들을 지원했다. 이제 헤지펀드 팀이 이런 스타트업들이 이용했던 도구들을 살펴보았다. 고객 유치를 위해서는 페이스북이나 인스타그램을 이용했고, 대금 결제를 위해서는 스트라이프를 이용했으며, 디지털 상점으로는 쇼피파이Shopify를 이용했다. 벤처 팀은 이미 인스타그램과 스트라이프에 투자하여 상황을 이해하는 데 우위를 점했다. 그러나 세쿼이아캐피털은 번거로움이 최소화된 상태에서 소매상인들이 온라인에서 영업할 수 있게 해주는 쇼피파이를 후원하지는 않았다. 이제 헤지펀드 팀이 쇼피파이 주식 지분에서 중요한 포지션을 차지했다. 헤지펀드 팀은 여기에 투자하여 2020년까지 35배라는 놀라운 투자수익률을 기록했다.[75]

왕과 그의 팀은 언제든지 다섯 개의 기업으로 이루어진 '테마'(카드를 뒤섞기 위한 새로운 방식으로, 이에 따라 승자와 패자가 결정된다)에 집중했다. 바로 클라우드 소프트웨어의 호황이 유익한 사례가 되었다. 그래디가 파트너들에게 소프트웨어를 클라우드로 이전하는 것에 관하여 처음 언급한 지 9년이 지난 2018년에 헤지펀드 팀이 이상한 점을 발견했다. 대부분의 코드 유형이 예상했던 이전을 완료했지만, 통신 소프트웨어의 이전이 지체되고 있었던 것이다. 이러한 예외적인 현상은 끝이 날 것으로 보였다. 재택근무가 널리 받아들여지면서, 화상 통화와 메시징 시스템이 일상생활의 한 부분으로 자리 잡을 것이다. 최근 하드웨어 기반 통신 소프트웨어 회사인 어바이어Avaya가 파산한 것은 클라우드 시대가 도래하고 있음을 시사했다. 헤지펀드 팀은 트윌리오Twilio, 링센트럴RingCentral 및 화상회의 서비스 제공업체 줌으로 구성된 세 개의 클라우드 기반 통신 서비스업체에 정식으로 투자했다. 처음 두 개는 향후 2년 동안 각각 네 배와 다섯 배의 수익률을 기록했다. 줌은 코로나19 확산으로 2020년 엄청나게 성공한 기술기업 중 하나로 부상하여 아홉 배의 수익률을 기록했다. 한편, 세쿼이아캐피털의 헤지펀드는 클라우드로 이전함에 따라 손해를 보게 되는 전통적인 통신회사들을 상대로 주가 하락에 내기를 걸었다. 이처럼 테마에 입각한 통찰이 다수의 승리를 낳는 포지션을 만들어냈다.

2021년 초까지 세쿼이아캐피털 글로벌 에쿼티스는 총 100억 달러에 달하는 펀드를 관리하고 있었다. 이것은 엄청나게 증가한 것이었다. 불과 10년 만에 펀드 규모가 200배나 증가한 것이다. 책임자가 바뀌고 나서 4년 동안에 이 펀드의 수익률은 연평균 34.5퍼센트로 S&P500 지수 수익률의 두 배에 달했고, 헤지펀드 업계에서 최고를 기록했다.[76] 이 실험은 매우 성공적이어서 세쿼이아차이나도 자체적으로 헤지펀드를 출범시켰다. 모리츠는 이 무용담을 되돌아보며 마치 절망이라도 한 것처럼 한숨을 내쉬었다. "자금을 모집할 수 없더라도, 처음 선택한 것이 허우적거리더라도 어쨌든 인내심을 가지고 버텨야 합니다."[77]

●●●

아시아 펀드, 성장형 펀드, 헤지펀드를 출범하는 것만으로는 충분히 모험적이지 않기라도 하듯이, 세쿼이아캐피털은 헤리티지 사업이라는 것을 시작했다. 이 아이디어는 우선 세쿼이아캐피털 파트너들의 재산을 관리하고, 그다음에는 세쿼이아캐피털이 후원하는 회사 창업자의 재산을 관리함으로써 이러한 필요성을 사업으로 전환하는 것이었다. 2008년에 세쿼이아캐피털은 실험을 시작하기 위해 스탠퍼드대학교 기부금 관리자 두 명을 고용했다. 돈 발렌타인이 대학 투자사무소로부터 자금을 처음 모집한 이후로, 이 기관들이 자산관리에 앞장서고 있었다. 특히 예일대학교의 기부금은 매우 잘 관리되고 있었고, 모든 이들이 자신의 개인 재산이 '예일 모델'을 모방하여 관리되기를 원했다. 당연히 모리츠와 레온도 자신들의 상당히 많은 재산이 같은 방식으로 관리되기를 원했지만, 더 나은 방식으로 관리되기를 원했다.

스탠퍼드대학교에서 데려온 신입직원 중 중요한 역할을 한 사람은 31세의 키스 존슨Keith Johnson이었다. 그는 새로운 사고를 하는 사람으로, 세쿼이아캐피털에 잘 적응하면서 지냈다. 사실 그는 세쿼이아캐피털에서 처음 몇 달은 스탠퍼드대학교에서 배운 틀에 박힌 사고를 깨뜨리면서 보냈다. 대학 기부금 관리의 관행은 투자를 주식, 채권, 부동산, 상품, 헤지펀드 등 몇 개의 카테고리로 나누고, 각각의 카테고리를 담당하는 전문가를 두는 것이었다. 존슨이 보기에 이것은 타당하지 않았다.[78] 이렇게 카테고리로 나누는 것의 이면에 있는 이론은 각각의 카테고리의 수익률이 서로 상관관계가 없는 방식으로 변동하여, 전체 포트폴리오의 실적이 잔잔하게 움직인다는 것이었다. 실제로 존슨은 이처럼 상관관계가 없다는 것을 뒷받침하는 통계 증거는 거의 찾아볼 수가 없다고 단호하게 주장했다. 각각의 카테고리의 투자가 서로 희미하게나마 연관되기 때문에 이러한 주장은 놀랍지가 않았다. 예를 들어 일본의 주가지수에 투자하면 소프트뱅크의 일부를 소유하게 되며, 이것은 일본의 기업도 아니고 상장기업도 아닌 글로벌 기술기업에 대한 투자를 나타낸다. 게다가 안전한 다각화라는 신기루를 쫓는 과정에서 대학 기부금 관리자들은 높은 대가를 치르고 있었다. 그들은 투자 세계를 별도의 카테고리로 나누면서, 조직 내에서 논쟁의 문화를 죽이고 있었다. 예를 들어 상품 투자를 담당하는 전문가가 니켈에 대한 투자를 제안했을 때, 다른 전문가들은 이를 저지할 준비가 되어 있지 않았다. 그들은 자기만의 카테고리에 집중했다.

전통적인 카테고리를 무너뜨리기로 결심한 존슨은 지적으로 엄청난 작업을 요구하는 백지상태에 직면했다. 예를 들어 부동산에 대한 할당량을 결정하고 그것을 채우기 위해 몇 가지 투자를 선택하는 것만으로는 더 이상 충분하지 않을 것이다. 이제부터는 그의 팀이 위대한 투자를 찾으려고 할 것이고, 이것은 어디에서나 올 수 있다. 도전의 범위는 무한했다. 헤리티지 펀드는 지금이 브라질 땅을 매입할 때인지, 중국의 기술기업 주식을 사들일 때인지, 아니면 아르헨티나에서 소송에 휘말린 헤지펀드의 지분을 사들일 때인지 결정해야 할 것이다. 가능한 모든 투자는 다른 모든 투자와 비교하여 평가될 것이기 때문에, 존슨은 특별히 다재다능한 직원을 모집해야 할 것이다. 그리하여 사과와 오렌지를 매우 사려 깊고 토론 지향적인 방법으로 비교할 역량이 있는 팀을 구성해야 한다. 세쿼이아캐피털은 과거의 전문가들 대신에 모든 것을 배우려는 욕구를 가진 사람들이 필요할 것이다. 혹은 존슨의 표현을 빌리자면, "당신은 여덟 개의 언어 중 하나를 구사하는 사람들을 데려와서, 나머지 일곱 개의 언어를 능숙하게 구사할 것을 요구해야 합니다."[79]

존슨은 모리츠에게 가서 자기 생각을 설명했다. 그는 대학 기부금 모델을 실행하기 위해 고용되었다. 이제 이런 그가 이 모델을 급진적으로 변경해야 한다는 주장을 펼치고 있었다. 모리츠가 이것을 이해하는 데는 3주 혹은 4주에 걸친 대화가 필요했다. 그러나 결국 그는 존슨을 바라보면서 이렇게 선언했다. "나는 어떤 일을 하든 2등이 되는 데는 관심이 없네."[80]

모리츠와 레온은 존슨의 계획에 따라 각자가 1억 5000만 달러를 마련하기로 약속했고, 외부 투자자들에게서 더 많은 자금을 모집하기 시작했다. 그러나 헤지펀드를 조성할 때 그랬던 것처럼, 세쿼이아캐피털은 거절당하기만 했다. 그들은 전 세계에서 투자할 가능성이 있는 사람들을 만나고는 기대에 훨씬 못 미치는 결과를 가지고 돌아왔다. 그들은 외부 투자자들에게서 약 2억 5000만 달러의 자금을 모집했다.[81]

2010년이 되어 헤리티지 펀드는 투자를 시작했다. 그것은 사모펀드와 헤지펀드처럼 확실한 영역을 선택했지만, 동물 응급병원 체인에 대한 지분 투자처럼 소수만 알고 있는 틈새 영역도 선택했다. 각각의 카테고리에 자금을 퍼뜨리기보다는 투자 대상을 적극적으로 선택하려고 했기 때문에 다른 기부금펀드보다 훨씬 더 집중적인 투자를 했고, 따라서 기부금 관리자들의 수도 다른 기부금펀드와 비교하여 3분의 1 수준에 머물렀다. 마찬가지로 헤리티지 펀드는 카테고리라는 벽을 무너뜨렸기 때문에 전략 간에 자금을 민첩하게 옮길 수 있었다. 상품 혹은 아시아 지역 혹은 그 밖의 다른 카테고리에 배치해야 한다는 할당액이 존재하지 않았다. 2013년부터 2015년까지 이 펀드의 수익이 주로 공개 시장과 부동산 시장에서 나왔다. 그다음 3년 동안 가장 큰 기여자는 에너지와 헤지펀드였다. 이후로 2018년부터는 나중 단계에 있는 기술기업을 상대로 한 투자가 실적을 견인했다. 2020년까지 헤리티지 펀드가 관리하는 자산은 약 80억 달러까지 증가했고, 미국에서 다른 어떠한 기부금펀드보다 더 높은 1년, 3년, 5년 수익률을 자랑했다.

레온은 그 시절을 되돌아보면서 이렇게 말했다. "의심이 들더라도 그냥 내기를 걸었습니다."

그는 계속해서 이렇게 말했다. "나는 가끔은 우리 회사와 아마존을 비교해봅니다. 아마존은 고객, 창고, 인프라 등 많은 것들을 가지고 있습니다. 하지만 세쿼이아캐피털에는 소수의 투자자들만 있습니다. 그 밖에는 아무것도 없습니다. 그러니 그냥 내기를 거는 게 좋습니다. 내 생각에는 살아남기 위한 유일한 방법은 세쿼이아캐피털을 계속 위험에 빠뜨리는 것입니다."[82]

모리츠는 찾아오는 기자들에게 해줄 또 다른 재미난 이야기를 생각해두고 있었다. 그는 기자가 반드시 해야 할 질문을 하는 순간을 기다린다. "당신의 마음을 끄는 투자는 무엇입니까?" 그는 당장 야후, 구글, 페이팔, 스트라이프가 아니라 그냥 "세쿼이아입니다"라고 대답하고는 했다. 그는 이렇게 덧붙였다. "사람들이 벤처사업에 대한 글을 쓸 때, 그들은 항상 우리가 지원하는 스타트업에 대해 씁니다. 그들은 결코 우리가 했던 가장 중요한 투자에 대해서는 쓰려고 하지 않습니다. 세쿼이아에 투자하세요."

의사 결정 과학에 주의를 집중하지 않았거나 젊은 신입직원들의 멘토가 없었더라면 또는 얼리버드 시스템, 와이콤비네이터와의 관계, 스카우트 프로그램 등이 없었더라면, 세쿼이아캐피털이 열 배 이상의 수익률을 기록한 일련의 투자도 없었을 것이다. 중국과 인도에서 인내심을 발휘하지 않았더라면, 성장형 펀드와 헤지펀드, 그다음에 헤리티지 펀드를 추진하면서 보여준 불굴의 정신이 없었더라면, 세쿼이아캐피털은 훌륭했지만 특별하지는 않았을 것이다.

•••

세쿼이아캐피털의 성공은 이 시기에 동부해안에서 서부해안으로, 공적 자본 시장에서 사적 자본 시장으로, 금융 공학에서 기술로 금융의 광범위한 변화를 상징했다. 2008년 금융위기 이후로 규제 당국은 월스트리트의 유명한 은행들이 위험을 덜 수용할 것을 요구했다. 이러한 은행들의 수익을 창출하는 독점 거래 창구는 대부분 폐쇄되었다. 연방준비제도의 양적완화 정책은 은행에 또 다른 고민거리를 안겼다. 값싼 단기자금을 빌려 장기 대출하는 은행의 핵심 사업 부문에서는 중앙은행이 장기금리를 통제하기 때문에 예대마진이 축소되었다. 동부해안의 다른 금융기관들도 이와 비슷한 제약을 받았다. 재무 위험을 평가하면서 번창하던 헤지펀드는 침체기에 접어들었다. 중앙은행이 위험을 축소시켰기 때문에 위험 분석은 수익성이 떨어졌다. 부채 더미 위에 이상한 파생상품의 탑을 쌓았던 신용 펀드 업계 전체가 치욕을 겪으면서 제약을 받았고, 때로는 월스트리트에서 유일하게 잘나가는 직업이 특별감사관으로 여겨졌다. 지금까지 이야기를 종합하면, 전통적인 금융 부문은 예전과는 다르게 더 이상 번창하지 않았다. 2020년 1월 1일까지 10년 동안 모건스탠리와 골드만삭스의 주가는 각각 77퍼센트, 36퍼센트 상승했다. 반면에 S&P500 지수는 189퍼센트 상승했고, 거대 기술 기업의 주가는 급등하여 애플은 928퍼센트 상승했다.

세쿼이아캐피털과 그 밖의 벤처캐피털들이 이번 개편의 승자들이었다. 21세기를 맞이하여 처음 10년 동안에 투자자들은 월스트리트 방식으로 수익을 올리면서 저금리에 대응했다. 그들은 정상 금리보다 몇 퍼센트를 더 많이 지급하는 서브프라임 모기지 채권을 사들였다. 2007년부터 2008년 사이에 이러한 전략이 재앙으로 끝났을 때, 투자자들은 실리콘밸리 방식으로 수익을 올렸다. 비상장 기술기업에 투자한 것이다. 이것은 서브프라임 모기지 채권에 투자하는 것과 마찬가지로, 추가적인 보상을 얻기 위해 추가적인 위험을 수용하는 것이었다. 그러나 서브프라임 모기지 채권에 투자하는 것과는 다르게, 이것은 지속적인 수익을 창출할 수 있는 기회를 제공했다. 우연하게도 금융위기는 스마트폰, 클라우드 컴퓨팅, 모바일 인터넷이 등장하여 새로운 플랫폼에서 훌륭한 사업을 추진할 기회를 제공하던 시기에 발생했다. 이것은 자본을 금융 공학에서 기술로 옮길 수 있는 완벽한 순간이었다. 2011년에 출범한 벤처펀드의 평균 수익률이 S&P500 지수를 연간 7퍼센트나 웃돌았고, 세쿼이아캐피털에서 확인할 수 있듯이 최고의 벤처펀드들의 수익률은 이보다 훨씬 더 높았다.[83] 연방준비제도가 저금리 정책을 오랫동안 지속할수록 수익률이 높은 기술주도형 벤처펀드에 대한 투자가 더욱 탄력을 받았다. 유리 밀너의 뒤를 이어 은행, 사모펀드, 헤지펀드가 이 게임에 뛰어들었다. 2020년이 되어 타이거글로벌은 400억 달러에 달하는 엄청난 규모의 자산을 관리하고 있었고, 줄리언 로버트슨의 타이거 매니지먼트에서 떨어져 나온 론파인Lone Pine과 코아투Coatue가 타이거글로벌과 우열을 다투었다.

투자의 진화

세쿼이아캐피털에서는 기술투자로의 전환이 전략적인 문제를 제기했다. 세쿼이아캐피털은 지금까지 최고의 보상을 약속하던(이것은 세쿼이아캐피털이 원하는 자금의 대부분을 조달할 수 있었기에 가능한 일이었다) 투자 지형을 거스르고 있었다. 세 개 대륙에 걸쳐 지사를 설립한 세쿼이아캐피털은 2020년에 런던에 유럽 지사를 설립하여 명실공히 글로벌 기업으로 자리 잡았다. 세쿼이아캐피털이 설립된 1972년에는 정보기술 자체가 틈새에 자리 잡고 있었기 때문에 벤처캐피털이 틈새 사업이었다. 그러나 21세기에 이르러서는 기술이 경제 성장의 주요 원동력이었고, 세쿼이아캐피털은 이것을 보여줄 금융 부문의 거장이었다. 세쿼이아캐피털이 창업 50주년을 맞이하여 원하기만 한다면 월스트리트에 도전할 기회가 있었다. 세쿼이아캐피털의 쉬지 않고 움직이는 문화를 고려하면, 이미 성취한 것에 안주하려고 하지는 않을 것이다.[84]

한편, 그 밖의 벤처캐피털에서는 어두운 그림자가 드리우고 있었다. 연방준비제도가 자금을 풍부하게 풀어놓고, 이에 따라 미숙한 자본가가 실리콘밸리로 몰려들수록 이 바닥에 오래 있던 사람들이 거품을 걱정했다. 한정된 수의 위대한 기업을 쫓는 자금이 넘쳐났다. 어느 순간에 음악이 그치면 실리콘밸리는 심판에 직면할 것이다.

14장

유니콘과의
포커게임

The Power Law

2014년 여름, 〈포춘〉은 새로운 기술 스타의 등장을 알렸다. 30세의 대학 중퇴자가 자기 힘으로 억만장자가 되었다. 그 사람은 인간의 운명을 개선할 확실한 비전의 소유자로 신선하게도 여성이었다. 그녀의 얼굴이 〈포춘〉 표지에 등장했다. 강렬한 푸른 눈을 둘러싼 검은 마스카라, 스티브 잡스를 연상케 하는 검정색 터틀넥 스웨터, 금발에 밝은 립스틱이 돋보였다. 본문 기사에서는 새로운 혈액 검사 장치로 헬스케어 혁명을 일으킬 유니콘 스타트업을 소개했다. 얼마 후에 〈타임〉은 이 젊은 창업자를 세계에서 가장 영향력 있는 인물로 선정했다. 하버드대학교 의과대학은 그녀를 펠로위원회 특별위원으로 초청했다. 오바마 대통령은 그녀를 기업가정신 홍보 사절로 임명했다.[1]

불과 1년이 지난 2015년 10월, 이야기가 안 좋게 흘러갔다. 〈월스트리트저널〉이 조사한 결과에 따르면, 테라노스Theranos라고 불리는 유니콘이 사기 업체였던 것으로 밝혀졌다. 테라노스가 혁신 기술이라고 주장하던 혈액 검사 장치는 사기였다. 저렴한 비용으로 정확한 결과를 알려준다던 약속이 환자들을 기만하는 결과를 낳았다. 또 다른 폭로가 계속 이어지자 테라노스는 소송에 휘말렸고, 그 가치는 90억 달러에서 0달러로 폭락했다. 테라노스의 창업자인 엘리자베스 홈스Elizabeth Holmes는 재판을 기다리고 있었다. 한때 잡스를 떠올리게 했던 아이콘이 감옥에 갈 처지가 되었다.

테라노스와 홈스의 몰락은 결국 실리콘밸리에 대한 고발로 여겨졌다. 여사제뿐만 아니라 광신적 교단도 신뢰를 잃었다. 홈스는 실리콘밸리의 중심에 있는 스탠퍼드대학교를 다녔고, 다름 아닌 공과대학 학장을 설득해 자신을 보증하게 했다. 또한 스탠퍼드대학교 후버연구소의 원로 정치인들을 테라노스 이사로 초빙했고, 이것이 껍데기뿐인 회사에 권위를 부여했다. 그녀는 구글과 페이스북이 설정한 선례를 활용하여 테라노스를 최대한 창업자 친화적으로 만들었다. 그녀가 보유한 주식에 대해서 한 주당 100표의 의결권을 부여하여 어느 누구도 그녀의 행동을 견제하지 못하게 한 것이다. 홈스의 정직하지 못한 행동도 실리콘밸리의 문화를 반영했다. 고Go 컴퓨터가 대실패로 끝난 것을 전후로 기업가들은 자신들이 주장하는 기술과 기능을 실현해야 할 과제를 가볍게 다루고 있었다. 그들은 그것을 실현할 수 있을 때까지 사람들을 속였다. 홈스는 분명히 자신의 혈액 검사 장치가 언젠가는 자기가 주장한 모든 것을 실현할 것으로 믿었다. 그녀는 실리콘밸리의 화법이 그랬듯이 거짓말을 하기보다는 때 이른 진실을 말하고 있었다.

대중의 마음속에서는 홈스의 몰락이 새로운 피렌체에 대한 더욱 광범위한 비판으로 이어졌다. 지금까지는 부자들에 대한 일반적인 분노

투자의 진화

가 검색엔진과 아이폰을 만든 친근한 괴짜들에게는 미치지 않았다. 그러나 정확히 말해서 실리콘밸리가 호황을 누리고 있었기 때문에 그곳에서 빚어지는 월권행위가 분노를 일으켰다. 그곳은 운 좋게도 엄청나게 많은 재산을 모은 엄청나게 젊은 사람들로 가득 차 있는 것 같았고, 그들은 자신이 해를 끼칠 수 있는 시민들, 즉 디지털 정보가 새로운 석유(석유가 처음 등장했을 때에도 석유의 가치를 알아보는 사람만이 이를 캐내고 이익을 취했다—옮긴이)가 되면서 사생활 침해를 당한 사람들, 소프트웨어가 사람의 일을 대체하면서 일자리를 잃게 된 사람들, 테라노스에 의존해 질병을 진단하려고 했던 사람들에 대해서는 거의 관심을 갖지 않았다. 그곳 피렌체는 계몽의 중심지라기보다는 사악한 음모의 중심지였다. 그곳에서는 사회에 대한 비전이 다수가 견뎌내기 힘들 정도로 빠르게 창조와 파괴를 수반했지만, 소수의 엘리트 집단이 사회를 형성하는 것으로 여겨졌다.[2] 이러한 사건들의 장점이 무엇이든 간에 테라노스의 충격이 필연적으로 실리콘밸리의 벤처집단을 전율케 했다. 첫째, 기술 부문의 기업가정신에 대한 전국적인 열정이 어떻게 급격하게 달라질 수 있는지 보여주었다. 둘째, 벤처산업 자체에 대한 미묘하고도 양면적인 메시지를 전했다. 그것은 변명과 경고 모두를 포함하고 있었다.

우선 홈스가 모집한 자금의 대부분이 샌드힐로드의 벤처캐피털이 아닌 곳에서 나왔다는 사실이 벤처투자자들에게는 변명거리가 되었다. 그녀는 의료장비에 전문으로 투자하는 메드벤처 MedVenture라는 벤처캐피털을 상대로 제품 설명회를 개최했다. 당시 제품 설명회는 홈스가 투자자들의 질문에 제대로 대답하지 못하고 돌연히 떠나는 것으로 끝이 났다.[3] 홈스는 야후에 투자하려고 했지만 뜻을 이루지 못한 벤처투자자 팀 드레이퍼에게도 접근했다. 드레이퍼는 홈스와 친척이기에 엔젤투자를 했지만, 투자금은 얼마 되지 않았다. 홈스는 회의적인 전문 투자자들에게 지쳐서, 실리콘밸리 밖의 억만장자들에게서 막대한 금액의 자금을 모집했다. 월마트로 유명한 월턴 가문은 1억 5000만 달러를 투자했다. 미디어 재벌 루퍼트 머독은 1억 2100만 달러를 투자했다. 소매업 재벌 디보스 가문과 미디어 재벌 콕스 가문은 각각 1억 달러씩을 투자했다. 멕시코의 카를로스 슬림Carlos Slim, 그리스계 미국인 상속자 안드레아스 드라코풀로스Andreas Dracopoulos, 남아공의 오펜하이머 가문은 모두 합쳐서 8500만 달러를 투자했다. 이 투자자들 중 어느 누구도 홈스에게 자세히 따져 묻거나 그녀의 혈액 검사 장치가 실제로 효과가 있다는 사실을 입증하는 증거를 요구하지 않았다. 샌드힐 로드의 관점에서 보자면, 아마추어들이 실패했다는 사실이 위안이 되었다. 전문 투자자들은 테라노스에 관여하지 않았다.

그러나 테라노스는 경고의 메시지도 보냈다. 비록 벤처 업계가 총탄을 피하기는 했지만, 이번 스캔들은 유니콘이 날뛰면서 수십억 달러의 종이 자산이 어떻게 휴지 조각이 될 수 있는지 보여주었다. 노련한 벤처투자자들은 비슷한 재앙을 피하기를 바랄 수도 있겠지만, 반드시 그렇게 된다고 장담할 수는 없었다. 2014년 앤드리슨호로위츠는 제네피츠Zenefits라는 온라인 보험 스타트업을 대상으로 두 차례의 투자 라운드를 이끌었다. 이 스타트업은 앤드리슨호로위츠의 가장 규모가 큰 포지션 중 하나가 되었고, 앤드리슨호로위츠는 제네피츠의 성장을 독려했다. 나중에 제네피츠 창업자는 앤드리슨호로위츠 이사회 이사가 이렇게 소리쳤다고 말했다. "당신들은 지금 하고 있는 일에 총력을 기울여서 반드시 성공을 이루어내야 합니다."[4] 가능한 모든 방법을 동원해

투자의 진화

확장시키라는 자극을 받은 제네피츠의 기업가치는 1년이 조금 넘는 매우 짧은 기간에 45억 달러에 달했다. 그러나 제네피츠가 휘청거리기 시작하면서 2016년까지 목표했던 수익에 훨씬 못 미쳤고, 적어도 일곱 개 주에서 보험법을 위반한 것으로 알려졌다.[5] 당혹감과 스캔들 속에서 회사의 가치는 절반 넘게 떨어져서 45억 달러에서 20억 달러가 되었다.

제네피츠의 사례에는 결점을 메울 만한 한 가지 장점이 있었다. 진정한 벤처캐피털인 앤드리슨호로위츠는 법적 문제가 드러났을 때 제네피츠 창업자를 신속하게 퇴출시켰다. 새로운 CEO가 임명되었고, 기업의 좌우명은 "준비, 격정, 목표"에서 "윤리경영"으로 바뀌었다.[6] 그러나 실제로 참여하는 벤처캐피털이 수동적인 금융업자들과 함께 투자하는 제네피츠와 테라노스 사례를 혼합한 일종의 하이브리드 모델을 쉽게 상상할 수 있었다. 수동적인 금융업자들은 테라노스의 사례처럼 아마추어 외부인일 수도 있고 또는 창업가들에게 결정을 맡기는 전문가일 수도 있다.

어느 쪽이 되었든 행동주의 벤처캐피털은 어떤 회사에 투자하여 그 회사가 정도에서 벗어나고 있는 것을 알 수도 있지만, 수동적인 투자자들이 그것을 바로잡을 의지가 없다는 것을 확인하게 된다. 초기 단계의 투자자는 현명하게 잘 판단할 수 있지만, 후발 투자자가 수동적인 자세를 취하며 회사를 책임 있게 감독하지 않기 때문에 나중 단계에서 안 좋은 결과를 낳을 수 있다.

이듬해에는 이러한 위험이 단순한 이론에 불과하지는 않은 것으로 드러났다.

···

테라노스와 제네피츠가 잘못된 길을 갈 무렵에 벤치마크의 브루스 던레비는 위워크라는 유니콘에 빠져들었다. 벤치마크는 2012년 위워크에 처음 투자했는데, 주로 키가 195센티미터에 타잔과 같은 헤어스타일을 한 이스라엘 해군 장교 출신의 공동 창업자 애덤 노이만Adam Neumann에게 빠져들었기 때문이다. 위워크는 단기 사무실 공간을 임대하는 상당히 평범한 사업이었는데, 과일주스, 무료 에스프레소, (가끔은) 아이스크림 파티를 통한 부수입으로 활기를 띠었다. 그러나 노이만은 자신이 하는 일에 활력을 불어넣는 방법을 알고 있었다. 그는 자신이 "일의 미래" 혹은 가능하다면 "자본주의적 키부츠"나 "물리적 소셜 네트워크"를 널리 선전하고 있다고 주장했다. 벤치마크가 위워크에 투자할 무렵에는 영감을 받은 노이만의 마케팅이 유리로 칸막이를 한 좁은 방을 떠들썩한 고객들로 채우고 있었고, 그의 원대한 야망이 멱법칙을 구현하려는 투자자들의 마음을 사로잡았다.

노이만은 벤치마크와 협상하던 어느 시점에 터무니없이 높은 기업 가치를 제시했다.

던레비가 이의를 제기했다. "당신은 이제 겨우 빌딩 세 채만 가지고 있습니다."

노이만이 이렇게 쏘아붙였다. "그게 무슨 말씀입니까? 건물이 수백 채나 있습니다. 아직 지어지지 않았을 뿐입니다."[7]

벤치마크의 파트너들은 노이만의 때 이른 진실을 사랑했고, 그에 대한 투자는 곧 타당한 것으로 드러났다.[8] 2012년에 그들은 위워크의 가치를 1억 달러에 조금 못 미치게 평가하고 1700만 달러를 투자했다. 1년

투자의 진화

도 채 지나지 않아 위워크의 가치는 4억 4000만 달러로 증가했다. 이후로 2015년 여름 절정에 달했던 세 차례에 걸친 투자 라운드를 거치면서 위워크는 유니콘으로 그러고는 데카콘으로 변신했다. 위워크의 기업가치는 15억 달러에서 50억 달러로, 그다음에는 100억 달러로 급증했다. 노이만의 도시의 노출된 벽돌 사원은 시대정신에서 강력한 것, 즉 기업가적이고, 진보적이고, 창조적이고, 일시적인 것을 좇는 떠오르는 노동자 세대의 미학을 구현하고 있었다. 테라노스와 제네피츠가 붕괴될 무렵인 2016년에 벤치마크의 위워크 지분은 수억 달러의 장부상 이익을 기록했다.

그러나 이 과정에서 근본적인 변화가 일어나고 있었다. 벤치마크가 위워크의 시리즈 A 투자를 이끌고, DAG벤처스DAG Ventures라는 파트너십이 시리즈 B 투자를 이끈 이후로, 다음 세 번의 투자 라운드에서는 뮤추얼펀드와 투자은행을 끌어들였다. 특히 은행가들은 벤처캐피털과 긴장 관계에 있었다. 그들에게 목표는 단지 가치가 증가하는 투자를 하는 것이 아니라 수익을 낳는 관계를 형성하는 것이었다. JP모건의 회장 제이미 다이먼Jamie Dimon은 자신의 기술투자자들을 네이비실Navy SEAL(미 해군에 소속된 특수부대. 실SEAL이란 Sea, Air, Landing의 합성어로, 바다와 하늘과 땅에서 싸우는 부대라는 의미를 담고 있다—옮긴이)에 비유했다. 그들이 하는 일은 기업가와의 관계를 형성하여 상륙 거점과도 같은 재정적 거점을 확보하는 것이었다. 일단 그것이 이루어지면 JP모건은 은행계좌, 자산 관리 서비스, 주식공모에 관한 조언을 제공하기 위해 부대를 파견할 것이다. 주식공모 업무를 맡는 것이 궁극적인 목표가 될 것이다. 그 업무를 위임받은 행운을 누리는 은행이 막대한 수수료를 챙길 수 있기 때문이다.[9]

JP모건과 위워크의 관계는 다이먼의 전략을 잘 보여주었다. 이 은행은 2013년 말에 종료된 노이만의 투자 라운드에 참여했다. 그러고는 2015년에 위워크에 대해 6억 5000만 달러의 신용 한도를 책정했다. 2016년에는 노이만이 뉴욕 근처의 24헥타르(약 7만 평) 규모의 부동산을 매입할 수 있도록 1160만 달러의 개인 신용 대출을 제공했다. 2017년에는 그가 맨해튼의 부동산을 매입할 수 있도록 2100만 달러의 개인 신용 대출을 또다시 제공했고, 위워크가 맨해튼에 있는 로드앤드테일러Lord & Taylor 플래그십 스토어flagship store(시장에서 성공을 거둔 특정 상품 브랜드를 중심으로 해서 브랜드의 성격과 이미지를 극대화한 매장—옮긴이)를 매입하는 데 자금을 지원하는 신디케이트를 결성했다.[10] JP모건이 제공한 대출이 급증하면서 위워크가 앞으로 필연적으로 추진해야 할 주식공모 업무를 맡는 데 유리한 위치에 있었다. JP모건은 위워크와 좋은 관계를 유지하는 것이 중요했기 때문에 노이만이 자신의 개인 계좌 처리에 대해 불만을 제기했을 때, 다름 아닌 부회장이 직접 나서서 이 문제를 원만하게 처리하게 했다.[11]

벤처투자자들과 관련 은행 사이의 긴장은 2014년 10월에 위워크가 투자 라운드를 추진할 때 표면적으로 드러났다. 이 투자 라운드를 승인하기 위한 이사회가 열리던 날에 위워크의 기존 투자자들은 노이만이 보유한 주식이 슈퍼 의결권을 획득할 것이라는 통지를 받았다. 이제 각각의 창업자들의 주식은 한 주당 10표의 권리를 부여받았고, 이에 따라 노이만은 자신을 감독하는 것으로 추정되는 투자자들을 압도하는 권한을 부여받았다. 던레비는 책임 있는 벤처투자자가 되어 이러한 움직임에 반대했다. 창업자가 궤도를 벗어나면 벤치마크는 앤드리슨호로위츠가 제네피츠에 했던 것처럼 이를 바로잡기 위해 의결권을 요구할 것이다. 그러나 던레비는 이와 동시에 자금 조달을 방해하고 싶지는 않았다. 어쨌든 위워크는 자금이 필요한 상황이었다. 던레비는 이러한 고려 사항들의 균형을 맞추기 위해 자신에게 반대하는 이들에게 자기 생각을 정중하게 표현하면서 슈퍼 의결권이 투자자뿐만 아니라 노이만 자신에게도 잘못된 것이라고 주장했다. 그는 이사회 이사들에게 이런 점을 상기시켰다. "절대 권력은 반드시 부패하게 되어 있습니다."[12]

이사회 이사들 중 어느 누구도 던레비의 우려에 지지하는 목소리를 내지 않았다. 은행, 헤지펀드, 사모펀드 투자자들이 잘나가는 비상장 기업을 대상으로 수익을 얻으려고 하면서 기업가들은 자신이 원하는 것을 요구할 수 있는 권한을 가지게 되었다. 위워크처럼 역동적인 스타트업에 슈퍼 의결권은 당연시되었다.[13] 게다가 JP모건과 같은 은행들은 지배구조를 부차적인 문제로 보았다. 그들은 창업자와의 아주 친밀한 관계 형성을 원했기 때문에 창업자에게 슈퍼 의결권을 기꺼이 부여하려고 했다.[14] 이사회는 10분도 안 되어 던레비의 우려를 무시했다. 노이만은 자기가 창업한 회사에 대하여 절대적인 권력을 부여받았다.

던레비가 우려했던 대로 위워크는 빠르게 부패해갔다. 지배구조가 변하기 1년 전인 2013년에 노이만은 위워크와 임대차계약을 협의 중이던 시카고의 어느 건물에 대하여 5퍼센트의 지분을 매입할 계획이었다. 이것은 자기거래의 명백한 사례였다. 노이만이 이 건물의 지분을 매입하면, 회사가 지급하는 임차료로 사적인 이익을 챙길 수 있었다.[15] 위워크 이사회는 감독자로서 본연의 역할을 수행하기 위하여 노이만이 지분을 매입하려는 계획에 반대했다. 그러나 이제는 지배구조가 변하여 노이만이 이사회를 지배할 권한을 갖게 되었다. 그는 다른 곳에서 시카고 계획을 부활시켰고, 이제는 어느 누구도 그를 저지하지 못했다.[16] 그는 위워크가 임차한 건물 다섯 채에 대하여 사적인 이익을 챙겼고, 때로는 자신의 위워크 지분을 조금씩 팔아서 이 지분을 사들였다.[17] 노이만은 이러한 거래를 통하여 자신의 사적인 이익을 회사가 지급하는 임차료와 연결하면서, 그것을 회사의 이익과 효과적으로 분리시켰다. 이렇게 하여 노이만의 이익과 주주들의 이익 사이에 격차가 벌어지고 있었다.

어쩌면 당연하게도 위워크의 재무 상황은 지배구조의 변화와 함께 나빠졌다. 벤치마크가 초기 투자할 당시에 위워크는 그럴듯한 사업 모델을 가지고 있었다. 위워크는 저렴한 비용으로 장기 임대차계약을 체결하여 일정한 마진을 적용하여 단기 사무실 공간을 임대했고, 2012년부터 수익을 내기 시작했다. 그러나 나중에 투자한 은행과 뮤추얼펀드가 위워크의 기업가치를 엄청나게 높게 평가하면서 위워크는 이를 정당화하기 위해 맹렬한 속도로 성장해야 했고, 이를 위하여 세입자들에게 부과하는 임대료를 인하했다. 그 결과, 타이거글로벌이 소중하게 여겼던 서서히 굳건하게 증가하는 마진과는 정반대가 되는 결과가 벌어졌다. 매출이 100만 달러 증가할 때마다 위워크의 손실은 100만 달러가 넘게 증가했다. 예를 들어 2015년에는 위워크의 매출이 두 배가넘게 증가했지만, 손실은 세 배나 증가했다.[18]

노이만은 투자자들의 신뢰를 유지하기 위해 실리콘밸리의 판에 박힌 표현들을 무수히 쏟아냈다. "위워크는 기업이 아니라 플랫폼이다. 위워크는 네트워크 효과를 통하여 수익을 얻을 것이다. 위워크는 선도자이고 번창하는 생태계이며, 디지털 방식으로 강화되고 확장성이 있

투자의 진화

다."[19] 아마도 상당히 비판적인 성향을 갖지 않은 관찰자들에게는 이것이 설득력 있게 다가왔을 것이다. 결국 구글에서 페이스북에 이르기까지 실리콘밸리의 거물들은 수익을 걱정하기 전에 몸집을 부풀려서 위풍당당한 모습을 보여주려고 했다. 그러나 진실은 사무실 임대 회사에 특별히 디지털적인 요소는 없었고, 네트워크 효과라는 것도 기껏 있어봤자 미약했다는 것이다.[20] 뉴욕 파크애비뉴에 위워크 임차인을 추가한다고 해서 인근 5번가에 있는 위워크 임차인의 경험이 향상되지는 않을 것이다.

2016년 초, 벤치마크는 난관에 직면했다. 이 회사는 수익을 내기 시작한 카리스마 넘치는 창업자가 이끄는 뛰어난 스타트업에 내기를 걸었다. 위워크의 가치는 1억 달러에서 100억 달러로 급격하게 상승했다. 그러나 이후로는 무분별한 나중 단계 투자자들이 등장하면서 창업자는 손실을 기록했고, 이해충돌을 일으켰으며, 유일한 위안거리라고는 가짜 기술을 장황하게 늘어놓는 것뿐이었다. 위워크의 높은 장부상 가치가 실제 가치로 폭락할 위험은 벤치마크뿐만 아니라 2014년에 투자한 펀드관리회사 티로웨프라이스그룹에도 분명하게 여겨졌다. 티로웨프라이스그룹의 어느 임원은 이렇게 기억했다. "나는 기업가치가 상승하고 기업 지배구조가 손상되는 것을 보았습니다."[21] 수백만 달러의 장부상 이익이 증발할 위기에 처했다.

10여 년 전만 하더라도 이런 위험에 직면한 투자자에게는 분명한 해결책이 있었을 것이다. 만약 과대평가된 회사가 공개회사라면 투자자는 주식을 팔아버리면 된다. 또 과대평가된 회사가 공개회사가 아니라면 투자자는 그만한 기업가치에 도달할 수 있도록 사업전략의 변화를 강요하기 위해 영향력을 행사했을 것이다. 그러나 지금은 풍부한 성장자본이 유니콘들이 사적인 형태로 계속 유지할 수 있게 해주었기 때문에 어떠한 해결책도 가능하지 않다. 위워크가 공개회사가 아니기 때문에 주식을 팔기가 어려웠다. 위워크의 창업자가 슈퍼 의결권을 보유하고 있기 때문에 주주들에게는 사업전략의 변화를 강요할 만한 영향력이 부족했다. 2015년 말 노이만은 예비 투자자들에게 소화기를 발사하여 흰 거품을 뿌리며 금융업자들에 대한 존경심을 보여주었다. 투자자들은 걷어 차이고 나서도 꼬리를 열심히 흔드는 강아지처럼, 이듬해에 위워크에 자금을 쏟아부으며 가치평가액을 160억 달러로 끌어올렸다.[22]

위워크의 겉으로 나타나는 가치와 창업자의 무모한 행동 사이의 괴리가 커지면서 벤치마크는 허망하게도 노이만의 태도를 바꾸려고 애썼다. 2017년에는 다섯 명의 파트너로 구성된 벤치마크 대표단이 맨해튼으로 날아가 현지의 포트폴리오 기업을 방문했다. 이 대표단은 노이만과 만난 자리에서 회사의 손실과 창업자의 사적인 주식 매각에 대해 항의했다. 그러나 파트너들은 그들이 승산이 없는 게임을 하고 있다는 것을 알고 있었다. 당시의 거품이 낀 금융 환경을 고려하면, 노이만은 다른 고분고분한 벤처캐피털을 통해 자금을 조달할 수 있었다. 그는 높은 기준을 요구하는 벤처캐피털이 하는 말을 들을 의무가 없었다. 사실, 벤치마크에 머리를 조아릴 필요가 없는 노이만은 자신이 무엇이든 할 수 있게 해주는 이들과 손을 잡으려고 했다.

• • •

이러한 이들 중에 손정의도 있었다. 당시 그는 미국 기술주 강세장에 두 번째로 뛰어들며 바쁜 나날을 보내고 있었다. 2016년에 손정의는 탁월한 수완을 발휘하여 사우디아라비아와 아부다비에서 600억 달러의 자금을 끌어들이기로 했다. 이듬해에 그는 비전펀드를 출범하고, 유니콘을 사냥하기 위해 나갔다. 이제 986억 달러에 달하는 손정의의 활동 자금은 지금까지 가장 규모가 컸던 벤처펀드보다 30배 이상의 규모를 지녔고, 손정의는 이처럼 엄청난 규모가 자신에게 유리하게 작용할 것이라고 생각했다.[23] 1990년대에는 1억 달러짜리 수표를 쓸 수 있는 그의 능력이 야후에 대한 투자를 우격다짐으로 밀어붙일 수 있게 했다. 오늘날에는 경쟁자들에게 놀라움과 두려움을 주려면 금액이 이보다 더 커야 하지만, 원리는 변하지 않았다. 게다가 강세장이 계속되는 한, 손정의는 단순히 자금을 더욱 신속하게 배치하는 것만으로 오래된 벤처투자자들보다 더 많은 돈을 벌게 될 것이다. 그는 자신의 목표에 대해 아무런 걱정을 하지 않고 유니콘에 자금을 뿌릴 수 있었다. 이것은 그가 이제는 더 큰 호스를 사용하고 있다는 사실을 제외하고는 처음부터 다시 과거의 대본을 따르는 것을 의미했다.

손정의가 거액의 펀드를 조성한 소식이 벤처 업계에 충격을 일으켰다. 세쿼이아캐피털에서는 마이클 모리츠가 2012년에 권좌에서 물러난 이후 두 번째로 회사의 전략에 강력하게 개입했다. 예전에 그는 세쿼이아캐피털이 헤지펀드를 인내심을 가지고 지켜봐야 한다고 주장했고, 이제는 그의 파트너들에게 초대형 성장형 펀드를 조성할 것을 촉구했다. 세쿼이아캐피털은 모리츠가 야후에서 경험했던 소프트뱅크 방식의 괴롭힘 전술에 맞서서 스스로 힘을 강화해야 했다. 모리츠는 미사일을 쏘면서 도발을 일삼는 북한의 독재자를 언급하며 임원들에게 이렇게 말했다. "김정은과 손정의 사이에는 적어도 한 가지 차이점이 있습니다. 김정은은 대륙간탄도탄을 허공에 대고 쐈지만, 손정의는 벤처캐피털과 성장투자를 한 기업이 어렵게 얻은 수익을 없애기 위해 자신이 가진 새로운 무기를 사용하는 것을 주저하지 않습니다." 거의 1000억 달러로 무장한 손정의는 일부 기업의 가치를 나중에 폭락할 정도로 끌어올리고 자신의 자본과 경쟁할 수밖에 없는 다른 기업의 가치를 파괴하면서 기술투자 시장을 왜곡할 것이다. 세쿼이아캐피털은 손정의가 규정을 무너뜨리고 있기 때문에, 행동 계획을 변경해야 했다. 모리츠는 이렇게 말했다. "언젠가 마이크 타이슨이 말했듯이 모두가 얼굴을 처맞을 때까지 그럴듯한 계획이 있습니다." 그러고는 이렇게 덧붙였다. "이제 귀를 물어뜯을 시간이 되었습니다."[24]

세쿼이아캐피털은 모리츠의 조치에 따라 80억 달러 규모의 성장형 펀드를 조성하기 시작했다. 시리즈 A 단계에 있는 포트폴리오 기업이 많은 자본이 필요한 지점까지 성장한 경우에, 세쿼이아캐피털은 자신이 보살피는 기업이 소프트뱅크의 침범을 받지 않도록 수표를 쓸 수가 있었다. 그러나 다른 전통적인 벤처캐피털들은 모리츠의 조치에 필적할 만한 위치에 있지 못했다. 그들은 성장 기업을 가까이하지 않았고, 그들만의 가내공업식 모델에 충실하게 머물러 있었다. 그들은 유한책임 파트너에게 수십억 달러의 활동 자금을 요구할 위치에 있지 않았다. 이제 벤치마크가 작은 것이 아름답다는 원칙을 가장 열렬히 지지하는 벤처캐피털로서 주목받는 사례가 되었다. 벤치마크의 접근방식이 당장 시험을 받게 되었다.

2017년에 손정의는 자신의 맨해튼 건물 중 한 곳에 있는 노이만을 만났다. 그는 한 시간 30분 늦게 도착하여 시계를 흘끗 보고는 노이만에게 최대 12분을 함께 보낼 수 있다고 알렸다. 두 사람은 위워크 구내

투자의 진화

의 여러 곳을 잠깐씩 둘러보기 시작했다. 노이만은 램프와 문을 작동시키는 터치스크린과 ID 카드를 긁으면 사용자의 키에 맞게 조정되는 스마트 데스크를 갖춘 연구개발 센터를 보여주고 싶어 했다.[25] 이러한 장치들이 정말 유용한지는 분명하지 않았다. 그러나 손정의는 12분이라는 시간이 지났을 때, 노이만을 자기 차에 함께 타자고 권유할 만큼 감명을 받았다.

두 사람은 리무진 뒷좌석에 올라탔고, 손정의는 아이패드에 무엇인가를 입력하기 시작했다. 그는 곧 노이만에게 그 결과물을 건넸다. 거기에는 소프트뱅크가 위워크에 44억 달러를 투자할 의향이 있다는 내용이 적혀 있었다. 이것은 벤치마크가 22년의 역사에 걸쳐서 모집한 자금보다도 더 많은 엄청난 금액이었다.

노이만은 손정의의 붉은색 서명 옆에 파란색 잉크로 서명했다. 30분이 지나서 손정의는 그에게 거래 조건에 관한 내용을 이메일로 보냈다. 소프트뱅크는 28분에 걸친 만남에 기초하여 위워크의 가치를 200억 달러로 평가했다.[26] 금융 분야의 많은 혁신과 마찬가지로 유리 밀너의 성장투자 공식은 위험한 극단으로 치닫고 있었다. 그런데도 위워크에 대한 손정의의 직감이 옳다면, 그는 야후에 투자하여 대성공을 거둔 것보다 몇 배나 더 큰 규모의 성공을 거둘 것이다.

초기에 위워크에 투자한 사람들이 보기에는 손정의의 투자가 위워크가 지닌 문제를 분명히 드러나게 했다. 이제는 그 어느 때보다도 창업자를 통제할 희망이 보이지 않았다. 손정의의 자금은 노이만에게 과대망상을 배가하라는 노골적인 지시와 함께 왔다. 위워크의 어느 임원은 놀라움을 금치 못하면서 이렇게 말했다. "노이만은 손정의에게서 '당신이 이 자금에 대한 가장 세심한 스튜어드가 되어야 한다'는 말을 듣지 못했습니다. 그는 손정의에게서 마치 '당신이 더 미쳐야 하고, 더 신속해야 하고, 더 커져야 한다'는 말을 듣는 것만 같았습니다."[27] 노이만은 뉴욕에서 가장 규모가 큰 임차인이 되었고, 법인 제트기에 6300만 달러를 쏟아부었으며, 유망한 위라이브WeLive(아파트), 위그로WeGrow(학교), 위뱅크스WeBanks, 위세일WeSail, 위슬립WeSleep(항공사) 등에 투자하면서 빠른 속도로 글로벌 확장에 착수했다. 그러나 손정의가 노이만에게 드러내놓고 규율을 부과하지는 않았지만, 다른 주주들이 탈출할 기회, 즉 위워크 지분을 매각할 기회를 열어주었다. 2017년과 그다음 투자 라운드에서 손정의는 이전 투자자들의 지분 일부를 기꺼이 사들여 비유동성 지분을 유동화하게 했다. 티로웨프라이스그룹은 이번 기회를 잘 활용했다. 어느 임원은 이렇게 기억했다. "우리는 가능한 한 많이 팔려고 했습니다."[28] 벤치마크는 위워크 주식의 약 5분의 1을 매각했다. 내부자들에 따르면, 벤치마크는 원래 투자한 금액에 대하여 15배에 달하는 수익이 묶여 있었다고 한다.

이것은 부분적인 탈출일 뿐이었다. 벤치마크는 위워크 주식 중 약 80퍼센트를 여전히 보유하고 있었다. 그러나 이것은 괜찮은 보험이었다. 손정의가 유동성을 공급해준 덕분에 벤치마크는 최소한 여러 배의 수익을 챙기면서 빠져나올 수 있다는 것을 알게 되었다.[29] 이를 지켜보던 벤처투자자들은 이러한 탈출이 일반적인 표준이 될 것인지가 궁금했다. 만약 그들이 유망한 시리즈 A 단계의 기업에 투자하고, 도약을 축하하고, 그다음에는 그곳의 지배구조가 나중 단계 투자자들에 의해 파괴되는 것을 지켜본다면, 어떤 생각을 할 것인가? 그들은 심판의 날이 다가오기 전에 현금을 인출할 수 있을까?

•••

벤치마크는 위워크에 투자하기 1년 전인 2011년 2월에 우버라는 차량 호출 스타트업에 대한 시리즈 A 투자를 이끌었다. 테라노스의 경우와는 다르게 우버가 말하는 마법은 현실성이 있었다. 버튼을 누르면 차가 오는데 속일 수 있는 여지가 없었다. 위워크와 다르게 우버는 벤치마크가 생각하는 최적의 투자 대상이었다. 우버는 막강한 전투력을 지닌 기업가가 이끄는 서부해안의 스타트업으로, 뛰어난 기술력을 보유하여 밝은 미래를 약속했다. 위워크가 네트워크 효과를 지닌 플랫폼이라고 주장하면서 연기를 내뿜었지만, 우버의 서비스는 실제로 실현되었다. 우버가 성장함에 따라 여러 도시에서 우버 자동차가 더 많아지고, 대기 시간이 더 짧아지고, 많은 사람들이 우버의 차량 호출 서비스를 통해 편리함을 만끽할 것이다.

벤치마크가 우버에 투자하는 과정에서 중요한 역할을 한 사람이 빌 걸리다. 빌 걸리는 벤치마크가 출범한 지 3년이 지난 1998년에 합류했다. 그는 확실히 벤치마크 문화에 잘 맞는 사람이었다. 당시 벤치마크 임원들은 걸리를 고용할 때, 그들과 많이 닮은 사람을 뽑으려고 했다. 원래 벤치마크 사람들은 키가 모두 183센티미터가 넘었다. 걸리는 문틀에 닿을 만큼 커서 205센티미터에 달했다. 또한 벤치마크 사람들은 자신들을 시카고 불스라고 생각했다. 걸리는 디비전 1 농구 장학금(미국 대학농구 1부 리그에 속한 팀의 우수 선수에게 주는 장학금—옮긴이)을 받았다. 그들은 지적으로나 신체적으로 경쟁력이 있었고, 걸리에게서 이러한 자질을 보았다. 누군가 이렇게 말했다. "청중들의 마음을 끄는 능력이 있습니다." 다른 누군가는 이렇게 말했다. "지적인 호기심이 충만합니다." 또 다른 누군가가 이렇게 말했다. "그와 함께 농구대회에 나가도 되겠습니다."[30] 얼마 후 벤치마크의 파트너 중 한 사람이 걸리를 데리고 사냥 여행을 떠났는데, 걸리는 가파른 비탈길을 따라 야생 멧돼지를 쫓아갔다. 그 파트너는 이렇게 알렸다. "그는 짐승과도 같았습니다." 그러자 듣고 있던 사람이 경건한 자세로 이렇게 말했다. "나는 그 점이 마음에 듭니다."[31]

걸리가 우버에 투자한 것은 현명한 시리즈 A 투자의 완벽한 모델이 되었다. 그는 벤치마크에 합류하기 전에 네트워크 비즈니스를 연구한 스탠퍼드대학교 교수 브라이언 아서Brian Arthur의 저작을 읽고서 깊은 감명을 받았다. 네트워크 효과를 누리는 기업들은 미시경제학의 기본 법칙을 뒤집었다. 다시 말하자면, 한계수익이 체감하지 않고 체증하는 현상에 직면했던 것이다. 대부분의 정상적인 부문에서는 생산자들이 더 많이 공급하면 가격이 하락할 것이다. 공급이 많다는 것은 가격이 저렴해지는 것을 의미했다. 반대로 네트워크 비즈니스에서는 네트워크가 확장됨에 따라 소비자 경험이 향상되어, 생산자가 제품에 대해 추가 요금을 부과할 수 있었다. 게다가 소비자 경험의 향상은 네트워크의 구축에서 규모의 경제가 발생하기 때문에 생산 비용의 감소와도 부합되었다.[32] 벤치마크가 이베이를 지원하면서 확인했듯이 엄청난 수익이 발생할 수 있었다.

걸리는 벤치마크에 합류하고 나서 이베이 개념을 제품에서 서비스로 확장했다. 그의 첫 번째 히트작은 고객과 레스토랑을 연결하는 오픈테이블OpenTable이라는 스타트업이었다. 오픈테이블은 이베이와 마찬가지로 구매자와 판매자의 짝짓기 과정을 개선했다. 고객은 가격, 위치, 음식 종류에 따라 레스토랑을 둘러볼 수 있어서 예약 경험을 크

투자의 진화

게 개선할 수 있었다. 걸리가 오픈테이블을 보면서 흥분하게 된 이유는 네트워크 효과가 이론이 예측한 것만큼이나 강력하다는 데 있었다. 가입한 레스토랑이 많아지면 더 많은 고객이 사이트를 방문하고, 이에 따라 더 많은 레스토랑을 끌어들였다. 어느 날 걸리는 오픈테이블의 진행 상황을 검토하면서 특이한 영업사원이 새로운 레스토랑을 엄청나게 많이 끌어들이고 있는 사실을 알게 되었다. 그 이유는 그 사람이 오픈테이블이 이미 강력한 네트워크를 갖추고 있는 샌프란시스코 지역을 담당하기 때문이었다. 당시에 걸리는 이렇게 생각했다. "네트워크 효과가 정말 존재하고 있구나."[33]

   오픈테이블이 성공하고 나서 걸리는 다른 부문에서 네트워크 효과를 누리는 기업을 찾기 시작했다. 그는 이렇게 기억했다. "우리는 내부적으로 이것을 논의하기 시작했습니다. 다른 부문에서 완벽한 정보를 제공할 수 있다면, 그 부문이 어떻게 변모할 것인가?" 고객이 오픈테이블을 사용하면, 다음 주 월요일 오후 7시에 샌프란시스코 남부에서 특정 가격대의 아시아 음식을 제공하는 레스토랑을 찾을 수 있다. 이것은 새로운 위력을 지녔다. 예전에는 답을 얻기 위해 한 시간 동안 전화를 했을 것이다. 걸리와 그의 파트너들이 이와 비슷하게 다룰 만한 다른 부문을 곰곰이 생각하고는 택시를 떠올렸다. 하지만 택시 승객과 운전자를 짝짓기하는 데는 비효율성이 상당히 컸다. 더 나은 짝짓기가 확실히 가능한가? 걸리는 시애틀의 한 고층건물에서 열린 이사회 회의실을 나와서는 자기가 예약한 운전자를 찾지 못한 기억이 있었다. "공항에 늦게 도착할 것 같은데. 내가 이 블록을 달리고 있어. 그리고 물론 시애틀의 한 블록이 약간 기울어질 수도 있어."[34]

   이러한 일련의 생각을 따라 걸리는 자동차 서비스를 위한 오픈테이블이라는 새로운 스타트업을 생각했다. 그다음 단계는 개념을 현실로 바꿀 기업가를 찾는 것이었다. 걸리는 오픈테이블에서 그랬던 것처럼, 이번 단계에도 많은 열정을 쏟았다. 그는 버지니아주에 택시매직Taxi Magic이라는 스타트업이 있다는 소식을 듣고는 미국 대륙을 여러 번 횡단하여 투자에 관한 논의를 했다. 그러나 그는 이 사업을 신중하게 검토하고는 어떻게 접근할 것인가를 정확히 알게 되었다. 택시매직의 공식에는 오픈테이블과는 다른 측면이 있었다. 창업자들은 승객이 노란색 택시를 호출하고 스마트폰을 통해 요금을 납부하는 앱을 출시했다. 그러나 걸리가 생각하기에는 택시 요금이 규제의 적용을 받기 때문에 더 이상의 진전이 없을 것으로 보였다. 네트워크의 플라이휠이 돌아가게 하려면 새로운 진입자가 나타나서 가격을 인하하고, 규모를 키워야 했다. 이 동부해안의 기업은 애초에 교통수단을 떠올리게 하는 네트워크 효과에 눈이 멀어, 규제의 적용을 받는 택시 사업에 빠져들었다. 걸리는 몇 달간의 회의 끝에 버지니아인들과의 사업을 포기하기로 했다.

2009년에 걸리는 우버가 엔젤투자자를 찾고 있다는 소식을 들었다. 반갑게도 우버의 전략은 규제의 적용을 받지 않는 검정색 택시를 겨냥하는 것이었다. 걸리는 이렇게 생각했다. "당장 이 사람들을 만나야겠다."[35] 그러나 그는 흥분을 다스릴 줄 아는 성품을 또다시 보여주었다. 그는 우버의 창업자들인 가렛 캠프Garrett Camp와 트래비스 캘러닉을 처음 만났을 때, 두 사람 중 어느 누구도 이 사업에만 전념하지는 않을 것이라는 인상을 받았다. 대신에 그들은 라이언 그레이브스Ryan Graves라는 사업을 이끌어가기에는 경험이 부족하고 나이도 어린 CEO를 영입했다. 걸리는 네트워크 효과가 교통수단에 적용되는 것을 확인하고 싶은 마음이 간절했지만, 우버에 투자하지 않기로 했다. 그는 B급 선

　　　　　　　　　　　　　　　투자의 진화

수에게 돈을 거는 위험한 내기를 하고 싶지 않았다.

1년 정도가 지나서 우버가 걸리의 레이더에 또다시 포착되었다. 이번에는 우버가 시리즈 A 단계에서 투자자를 찾고 있었고, 그동안 변화를 겪었다. 젊은 그레이브스에게는 덜 중요한 일이 주어졌고, 캘러닉이 전담 CEO가 되었다. 이로써 우버는 완전히 새로운 빛을 발했다. 캘러닉은 이전에 두 개의 스타트업들을 창업한 경험이 있는데, 대단히 전투적이고 위협적인 장애물에도 아랑곳하지 않는 단호한 성격의 소유자였다. 캘러닉은 대도시 규제 당국과 현재의 리무진 함대에 맞서 도시 교통을 뒤흔들 만한 배짱이 있는 사람이었다.

또한 걸리는 자기가 캘러닉과 통하는 데가 있다고 생각했다. 우선 캘러닉은 다른 사람의 장난을 받아들이지 않을 정도로 자기 일에만 몰두하는 사람은 아니었다. 캘러닉이 벤치마크 사무실에서 사업 설명을 하기로 되어 있던 날에, 어느 한 파트너가 우버 앱을 열고는 근처에 있는 세쿼이아캐피털 본사 밖에서 검정색 택시가 기다리고 있는 것을 보았다. 우버 초창기에는 검정색 택시가 드물었는데, 이 파트너는 캘러닉이 세쿼이아캐피털에서 사업 설명을 하기 위해 이 택시를 탔고, 세쿼이아캐피털에서 벤치마크까지 이동할 때 같은 택시를 탈 계획이었던 것으로 생각했다. 이 파트너는 캘러닉에게 장난을 치고도 싶었고, 자신이 우버가 제공하는 서비스를 제대로 이해했다는 것을 보여주고도 싶어서 스마트폰을 두드리며 바로 그 택시를 호출했다. 곧 화면에는 작고 검은 아이콘이 세쿼이아캐피털 주차장을 빠져나오고 있었다. 과연 캘러닉이 벤치마크 사무실에 땀을 흘리며 늦게 도착했다. 그날 밤, 벤치마크는 캘러닉에게 운동화 한 켤레를 선물로 보냈다.

두 사람이 서로 친분을 쌓아가던 중 일요일 밤늦게 캘러닉이 걸리에게 전화를 걸어 샌프란시스코의 어느 호텔 라운지 바에서 만나자고 했다. 그곳은 우드사이드에 있는 걸리의 집에서 약 50킬로미터 정도 떨어져 있었지만, 벤처투자자들에게는 이런 만남이 늘 있는 일이었다. 걸리는 가족들이 잠든 시간에 북쪽으로 차를 몰고 가서 이른 아침 시간까지 캘러닉과 이야기를 나누었다. 마침내 그가 찾던 사람이 자기 눈앞에 나타났다. 그는 자기가 상상했던 기회를 현실로 만들 수 있는 스타트업을 찾았다. 그 기업은 올바른 CEO와 함께 올바른 방식으로 이런 기회를 활용할 것이다.

다음 날 벤치마크는 캘러닉에게 거래 조건을 제시했고, 약간의 실랑이 끝에 파트너들은 우버의 시리즈 A 투자 라운드를 주도하고, 지분의 5분의 1을 갖는 조건으로 1200만 달러를 투자하기로 했다.[36] 걸리는 검정색 택시를 위한 자신의 오픈테이블을 출범시켰다. 우버를 향한 그의 야심은 오픈테이블에 못지않은 성과를 올리는 것이었다. 그것은 적절한 시기에 주식공모에 들어가서 그 가치가 20억 달러에 달하는 기업이 되는 것이었다.[37]

●●●

여기까지는 우버에 관한 그 어떤 것도 문제의 소지가 없었다. 캘러닉은 홈스와는 다르게 전투 경험이 많았고, 걸리는 캘러닉의 이전 회사 중 한 곳을 후원했던 친구에게 전화를 걸어 그를 주의 깊게 확인했다.[38] 벤치마크가 부동산에 대한 파트너들의 회의적인 시각에도 불구하고 투자를 했던 위워크와는 다르게, 우버는 걸리가 깊이 이해하고 있는 사업 유형에 해당되었다. 게다가 캘러닉은 벤치마크의 자금을 등

투자의 진화

에 업고 행동에 나섰기 때문에 걸리가 기대했던 것 이상으로 부응했다. 벤치마크는 캘러닉이 뉴욕의 검정색 택시 시장을 감시하는 복잡하게 얽힌 제한 규정들을 헤치고 나아가는 모습을 지켜보았다. 캘러닉이 이런 규정을 어기지는 않았다. 하지만 뉴욕 시장에게 우버가 사업 허가를 받을 자격이 있다고 설득할 때까지 그것을 무자비하게 피했다. 한편, 걸리는 캘러닉이 훌륭하지만 인기가 없는 아이디어인 가변적 가격 책정dynamic pricing을 실행에 옮기는 모습을 보고는 박수를 보냈다. 우버는 예측 가능하고 일률적인 요금을 부과하기보다는 고객의 수요에 따라 가격을 다르게 책정했다. 피크 시간대에 수요가 급증하면 공급 부족을 방지하기 위해 운전자들을 거리로 끌어들이려고 요금을 인상했다. 이것을 두고 바가지요금이라고 비난하는 이들도 있었다. 그러나 캘러닉은 이 정책을 고수했다.

아마존의 제프 베이조스는 이를 치켜세우면서 걸리에게 이렇게 말했다. "캘러닉이 진정한 기업가입니다."

걸리가 물었다. "그게 무슨 뜻이죠?"

"왜냐하면 그가 굴복하지 않았기 때문입니다."[39]

2011년 말이 되어 캘러닉은 시리즈 B 단계의 투자 라운드를 준비했다. 베이조스가 그의 끈기를 칭찬하면서 그에게 투자하려는 이들이 넘쳤다. 베이조스 자신도 300만 달러를 투자하기로 약속했고, 골드만삭스도 투자하기로 약속했다. 그가 이번 투자 라운드를 이끌어갈 벤처캐피털을 찾고 있을 때, 앤드리슨호로위츠가 제일 먼저 눈에 들어왔다. 특히 그는 오픈테이블의 전 CEO이자 또 다른 디지털 장터인 에어비앤비의 이사로 활동하던 제프 조던Jeff Jordan이라는 앤드리슨호로위츠 파트너를 존경했다. 조던은 예전부터 있던 제품과 새로운 정보 사이의 결합을 정확히 이해했고, 한때 페이팔의 사장으로서 스타트업을 확장하는 방법을 알고 있었다. 만약 우버가 조던과 걸리를 모두 자기편으로 끌어올 수 있다면, 실리콘밸리에서 최고의 벤처캐피털로부터 조언을 받게 될 것이다.

캘러닉은 앤드리슨호로위츠와 협상하는 동안에도 투자에 관심이 있는 다른 이들과 좋게 지낸다고 해서 나쁠 것이 전혀 없다고 생각했다. 가장 집요하게 접근했던 사람이 유유넷에 투자했던 멘로벤처스가 새롭게 영입한 셔빈 피셔버Shervin Pishevar였다. 피셔버는 업계에서 조던이나 걸리만큼 널리 알려진 인물은 아니었다. 덩치가 크고 자기 홍보에 재능이 있고 상대방을 지나칠 정도로 과장되게 칭찬하던 그는 3년 전에 기이한 에세이를 써서 주목받은 적이 있었다. 이 에세이는 "기업가주의에 관하여 두서가 없고, 시차로 인한 피로감을 느끼게 하고, 반쯤 명료하고, 그럼에도 멋진 이메일"이라고 칭송받았다.[40] 피셔버는 한 구절에서 이렇게 적었다. "페이스북 내부에 있는 사람들은 높은 사명과 대의를 이해하고, 이에 따라 일을 추진해야 한다. 그들은 혁신을 일으키고 저커버그의 천재성을 확장하고 이것을 더욱 우아하고, 적절하고, 개인을 위한 것이 되게 하고, 영감을 주는 것이 되게 하는 임무를 수행하고 있고, 앞으로도 수행해야 한다"[41] 이처럼 비굴한 허튼소리를 들은 업계 거물들은 피셔버가 통찰력 있고, 심지어 현명하다고 보는 경향이 있었고, 캘러닉도 그의 아첨을 즐기는 이들 중 한 사람이었다. 그러나 곧 마크 앤드리슨이 앤드리슨호로위츠가 우버의 가치를 약 3억 달러로 평가할 수도 있다고 알려왔다. 이것은 벤치마크가 평가한 것과 비교하여 1년도 채 되지 않아서 다섯 배나 많은 금액이었다.[42]

캘러닉은 앤드리슨호로위츠가 제안한 금액에 만족하여 피셔버에게

투자의 진화

전화를 걸어 멘로벤처스의 돈을 받지 않겠다고 말했다.

피셔버는 캘러닉이 이렇게 말한 것으로 기억했다. "이봐, 친구, 난 정말 자네와 거래를 하고 싶었지만, 회사를 위해 다른 곳과 거래를 해야 해."

피셔버는 나중에 이렇게 말했다. "나는 그 순간을 똑똑히 기억합니다. 내가 감정적으로 반응하면서 '제발 그렇게는 하지 말아줘'라고 말할 수도 있었습니다." 대신에 피셔버는 다른 방식으로 반응하기로 했다. 그는 캘러닉에게 이렇게 씩씩하게 말했다. "좋아, 축하하네. 잘 되기를 비네. 실사 과정에서 뭔가 잘못되면, 내가 언제든지 자네를 도울 준비가 되어 있는 것만 알아두게. 그러니 협상에 자신 있게 임하게. 자네 뒤에는 지원군이 있으니까."

캘러닉이 대답했다. "정말 고마워."[43]

캘러닉은 앤드리슨호로위츠와 함께 가면서 실리콘밸리의 성공 스토리에 나오는 길을 따라가고 있었다. 어느 한 강력한 투자자를 통하여 시리즈 A 투자 라운드를 진행했고, 이제 그와 비슷한 강력한 투자자를 통하여 시리즈 B 투자 라운드를 진행할 계획이었다. 만약 그가 이런 방식으로 계속 간다면, 위워크에 피해를 일으켰던 지배구조의 공백이 우버를 괴롭히지는 않을 것이다.

그러나 이후로 역사는 예상치 못한 방향으로 흘러갔다. 앤드리슨은 캘러닉이 그가 약속했다고 생각했던 3억 달러의 가치평가를 철회했다. 앤드리슨은 캘러닉과 저녁식사를 하면서 우버의 고객수와 매출액이 가치평가액을 너무 높게 잡히게 만들었다고 주장했다. 그는 자신이 제안한 가치평가액을 4분의 1만큼 낮추려고 했다.

캘러닉은 앤드리슨을 설득하여 중간에서 타협하려고 했지만, 앤드리슨은 꿈쩍도 하지 않았다.

며칠 후 캘러닉은 인하된 가치평가액을 받아들이고 아일랜드에서 열린 기술 회의에 참석하기 위해 떠났다. 그는 가치평가액 때문에 여전히 괴로웠다. 그는 앤드리슨에게 다시 이메일을 보내 더 높은 금액, 즉 원래 3억 달러에서 지금 앤드리슨호로위츠가 제시한 2억 2000만 달러 사이의 금액을 요구했다. 그러나 앤드리슨은 입장을 바꾸지 않았다.

캘러닉은 화가 나서 피셔버에게 전화를 했다.

전화는 알제리에 있는 피셔버에게 도달했고, 그는 그곳에서 열리는 회의에 참석하고 있었다. 피셔버는 스마트폰 화면을 흘끗 보았다. 짜증스럽게도 자기가 알제리에 있기 때문에 발신자 표시가 제대로 작동하지 않았다.

피셔버는 잠시 머뭇거리다가 어쨌든 전화를 받기로 했다.

"여보게, 친구." 귀에 익은 목소리였다.

피셔버는 아드레날린이 샘솟는 것을 느꼈다. "그래, 요즘 어떻게 지내?"

"이봐, 예전에 자네가 했던 말이 지금도 여전히 유효한가?"

"물론이지."

캘러닉이 물었다. "더블린에서 만날 수 있겠나?"

피셔버가 약속했다. "다음 비행기를 타겠네."[44]

피셔버는 유럽을 가로질러 북쪽으로 날아가 아일랜드의 수도에서 캘러닉을 만났다. 두 사람은 자갈이 깔린 거리를 걷다가 기네스를 마시려고 맥주집에 들렀다. 캘러닉은 우버의 무한한 잠재력을 재미나게 말하면서 카리스마를 발산했다. 피셔버는 나중에 이렇게 말했다. "그때가 바로 내가 우버에 대해 확실히 알게 되는 순간이었습니다. 그는 수조 달러에 대해 이야기하고 있었습니다."[45]

투자의 진화

피셔버는 호텔로 돌아와서 캘러닉에게 우버의 가치를 2억 9000만 달러로 본다는 내용의 문자를 보냈다. 그것은 앤드리슨호로위츠가 낮추어서 제안했던 것보다 거의 30퍼센트가 더 많았다.

피셔버는 캘러닉에게서 답장이 오기를 기다렸다. 그다음에는 초조해지기 시작했다. 그는 지금까지 캘러닉과 좋은 인연을 맺었지만, 그가 좀 더 권위 있는 벤처캐피털과의 거래를 먼저 생각했다는 사실도 알고 있었다.

그러나 이번에는 캘러닉이 또 다른 벤처캐피털과 이야기를 나누고 있지는 않았다. 대신에 그는 두 개의 벤처캐피털에 대해 이야기 나누고 있었다. 그는 오랜 친구에게 전화로 자신이 처한 딜레마에 대해 설명했다. 그와 그의 회사는 별로 알려지지 않은 투자자의 관대한 지원과 유명 투자자의 인색한 지원 사이에서 힘든 선택을 해야 했다. 그는 어느 쪽을 선택해야 하는가? 멘로벤처스의 피셔버인가? 아니면 앤드리슨호로위츠의 조던인가? 높은 가치의 평가액을 제시하는 벤처캐피털인가? 아니면 높은 가치의 조언을 제공하는 벤처캐피털인가?

오랜 친구가 이렇게 말했다. "유명 벤처캐피털의 평가를 받을 필요는 없어. 그냥 지나쳐 버리게." 그 친구는 우버가 전국적으로 서비스를 제공하려면 엄청나게 많은 자금이 필요할 것으로 보았다. 친구는 캘러닉에게 이렇게 다그쳤다. "가장 싼 값으로 자금을 얻어야 할 거야. 자금이 곧 힘이야. 자금이 많을수록 선택의 폭이 넓어질 걸세."[46]

기다리다가 초조해진 피셔버가 캘러닉에게 다시 2억 9500만 달러로 금액을 늘려서 문자를 보냈다.

이번에는 캘러닉에게서 금방 답장이 왔다. 2억 9000만 달러는 괜찮은 금액이었다. 그는 이것을 기꺼이 받아들였다. 캘러닉은 이렇게 알려주었다. "그렇게 하지. 2억 9000만 달러를 보내주게."[47]

피셔버는 거래 조건을 출력하여 캘러닉이 머문 호텔 방으로 가져왔고, 두 사람은 서명했다. 실사가 완료되면 멘로벤처스가 우버의 가치를 2억 9000만 달러로 보고, 2500만 달러를 정식으로 투자하여 8퍼센트의 지분을 갖기로 했다. 그리고 베이조스, 골드만삭스를 비롯하여 몇몇 투자자들이 1200만 달러를 내놓았다.

• • •

피셔버의 투자가 캘러닉이 뒤늦게 깨달은 부당한 혜택과 함께 앞으로 우버에 닥칠 문제를 예감하게 했다. 캘러닉은 자금이 동력이며, 벤처캐피털의 전문적인 지도는 필요하지 않다고 생각했다. 적절하게도 피셔버가 상당한 금액을 투자했지만, 우버 이사회의 본격적인 이사가 되기보다는 의결권이 없는 관찰자가 되었다. 그는 지도와 감독을 할 수 있는 능력으로 선택되지는 않았기 때문에 관찰자의 지위가 적절하게 보였다. 오히려 우버에서 피셔버의 주요 역할은 치어리더와도 같은 것이었다. 그는 머리를 빡빡 밀고는 회사 로고를 새겨 넣었다. 래퍼 제이지Jay-Z가 투자할 수 있도록 주선했고, 캘러닉의 여자친구가 된 음악가가 출연하는 파티를 열었다. 구글, 페이스북의 등장과 젊은이들의 반란 덕분에 벤처캐피털에는 창업자 친화적인 분위기가 반드시 요구되었지만, 피셔버는 이러한 분위기가 최대한 무르익게 하면서 절친한 친구이자 심지어는 시종의 역할까지 도맡았다. 언젠가 캘러닉이 비행기로 로스앤젤레스를 방문할 때였다. 피셔버가 차를 몰고 공항으로 마중 나왔는데, 뒷좌석에는 캘러닉이 갈아입을 새 양복이 놓여 있었다.[48]

투자의 진화

시대정신을 반영한 것은 창업자를 치켜세우는 것만이 아니었다. 가장 싼 값으로 자금을 얻는 것을 중요하게 생각했던 캘러닉의 결정은 네트워크 사업에서 더욱 커다란 문제가 되는 측면을 보여주기 때문에, 시대정신을 알리는 것이기도 했다. 네트워크가 갖는 흥미로운 점은 승자가 크게 이긴다는 것이다. 단점은 낙오자에게는 아무것도 돌아가지 않는다는 것이다. 게다가 네트워크 산업에서 승자가 반드시 최고의 제품을 만드는 것은 아니다. 오히려 승자는 네트워크의 플라이휠이 돌아가게 하여, 규모를 먼저 달성한 기업일 수도 있다. 우버는 경쟁자들이 도전하기 전에 규모를 먼저 달성하기 위하여 승객에게 보조금을 지급하려고 돈을 쏟아부어야 할 것이다. 우버는 얼마 후에 실리콘밸리에서 크게 유행했던 용어를 사용하자면 블리츠스케일링Blitzscaling(기습 공격을 의미하는 독일어 '블리츠크리그Blitzkrieg'와 규모 확장을 의미하는 '스케일 업scale up'의 합성어로, 사업 처음부터 규모를 공격적으로 확장하여 후발 주자와의 격차를 벌리는 전략—옮긴이)을 실행해야 했다. 2005년에 폴 그레이엄은 벤처캐피털들이 푸아그라를 만들기 위해 거위의 배를 채우는 농부들처럼 스타트업들에 필요 이상으로 많은 자금을 강제로 먹이려고 했다고 불평했다. 그러나 네트워크 사업에서는 자본이 진정한 권력이 될수 있다. 페이팔과 엑스닷컴의 경쟁, 메이투안과 디앤핑의 경쟁을 보라. 기술 전쟁에서는 거액의 상금이 걸려 있기 때문에 엄청난 자본이 요구된다.

과연 시리즈 B 투자 라운드가 끝나고 1년이 지나서, 우버에 도전하는 두 개의 경쟁업체들이 등장했다. 2012년이 지나갈 무렵에 액셀의 지원을 받은 하일로Hailo가 보스턴과 시카고에서 택시 호출 앱을 출시하여, 값비싼 검정색 택시 부문보다 훨씬 더 큰 시장에서 기선을 제압할 것이라고 위협했다. 우버는 하일로가 앞서 나가지 못하게 하려고 자체 택시 서비스를 출시했다. 한편으로는 짐라이드Zimride라는 스타트업이 리프트Lyft라는 저렴한 가격대의 서비스를 실험하기 시작했다. 리프트는 아마추어 운전자가 승객을 태울 수 있게 하는 것이었다. 처음에 캘러닉은 규제 당국이 리프트를 금지할 것으로 예상했다. 자격증이 없는 무보험 아마추어 운전자들은 공공안전 기준에 저촉될 것이다. 우버는 규제 당국을 피해 가기 위한 통상적인 관행을 제쳐두고, 자사의 전문적인 검정색 택시 운전자들이 적법하게 면허를 취득한 사실을 지적하면서 캘리포니아주 공공시설위원회를 상대로 경쟁사를 폐쇄하기 위한 로비활동을 벌였다.[49] 그러나 캘리포니아주 규제 당국이 리프트를 허가하자, 캘러닉은 가만히 있지 않았다. 그는 아마추어 운전자가 제공하는 서비스인 우버엑스UberX를 통해 반격을 가했다.

거리에서의 경쟁이 어쩔 수 없이 자금을 얻기 위한 경쟁이 되었다. 2013년 상반기에 하일로는 시리즈 B 투자 라운드를 통해 3100만 달러를 모금했고, 뉴욕에서 택시 호출 앱을 출시하기로 했다.[50] 리프트는 피터 틸의 파운더스펀드가 이끄는 투자 라운드를 통해 1500만 달러를 모금했고, 그다음에는 지금쯤 우버를 놓친 것을 후회하고 있을 앤드리슨호로위츠가 이끄는 투자 라운드를 통해 6000만 달러를 모금했다. 하지만 벤치마크의 관점에서 볼 때, 한 가지 좋은 소식은 우버가 여전히 충분히 앞서 있다는 것이었다. 만약 이것이 승자독식 경쟁이라면, 우버가 승리할 가능성이 높기 때문에 한번 덤벼보라는 것이었다. 2013년 8월, 캘러닉은 구글의 유명 벤처사업부가 주도하는 시리즈 C 투자 라운드를 통해 2억 5800만 달러라는 엄청난 금액을 모금하면서 자신의 위력을 과시했다. 캘러닉은 자신이 선두주자라는 사실을 과시라도 하

투자의 진화

듯이, 거대 사모펀드인 TPG가 투자에 참여할 기회도 열어놓았다. 마지막 조항에서는 TPG에 향후 6개월 이내 어느 시점에 8800만 달러를 추가로 투자할 수 있는 선택권을 부여했다. 이것은 경쟁자들에게 전하는 일종의 경고였다. 우버는 블리츠스케일링에서 누구보다 앞서 나갈 수 있었다.

지금쯤 빌 걸리는 검정색 택시 때문에 오픈테이블보다 우버를 훨씬 더 많이 주시하게 될 것이다. 저렴한 가격대의 우버엑스 서비스는 우버가 지하철과 버스에서 고객을 데려오고, 자가용 자동차에 도전하여 훨씬 더 큰 시장을 장악할 수 있다는 것을 보여주었다. 게다가 피셔버의 투자가 있고 나서 걸리가 우버의 지배구조에 대하여 우려한 것도 진정되었다. 구글벤처스GoogleVentures는 존경받는 기업이었고, 걸리는 우버 이사회에 합류할 예정이었던 TPG 창업 파트너 데이비드 본더먼David Bonderman을 대단히 존경했다.[51] 걸리와 그의 파트너들은 우버에 대해 매우 낙관적이었기 때문에 시리즈 C 투자 라운드에서 1500만 달러를 또다시 투자했다. 이것은 벤치마크의 전체 펀드가 4억 5000만 달러밖에 안 된다는 사실을 감안하면, 중요한 의미를 갖는 투자였다. 여기서 우버의 가치를 새롭게 높이 평가하여 35억 달러에 달한다는 데서 출발하여 우버가 벤치마크가 항상 목표로 삼았던 열 배가 넘는 수익을 창출할 수 있는 규모를 가지게 되었다는 주장은 상당히 의도된 것이었다.[52]

이후로 1년 반 동안에 걸리는 여전히 자신감에 차 있었다. 하일로의 도전은 이 회사가 네트워크의 플라이휠에 시동을 걸지 못하면서 흐지부지되었다. 사이드카Sidecar라는 또 다른 도전자도 거품처럼 사라졌다. 오직 리프트만이 싸우려는 의지를 갖고 있었고, 우버는 여전히 충분히 앞서고 있었다. 2014년 봄 리프트는 시리즈 C 투자 라운드를 통하여 2억 5000만 달러를 모금했다. 몇 주 후에 캘러닉은 시리즈 D 투자 라운드를 통하여 12억 달러라는 압도적인 금액을 모금하는 것으로 맞섰다. 리프트와 우버는 모두 그 돈을 승객에게 보조금을 지급하는 데 썼지만 걸리는 동요하지 않았다. 온갖 종류의 투자자들의 자금이 실리콘밸리로 몰려들면서, 벤치마크는 포트폴리오 기업 전반에 걸쳐 이와 비슷한 모금 경쟁에 직면했다. 걸리는 이렇게 기억했다. "스타트업들의 경비 지출 속도가 하늘 높은 줄 모르고 치솟기만 했습니다. 그냥 단순히 자동차를 호출하기만 하지는 않았습니다. 사방에서 지구가 들썩거리기 시작했습니다."[53]

게다가 우버의 경비 지출 속도야 어찌 되었든, 우버는 주주가치를 엄청나게 창출하고 있었다. 2014년 6월 시리즈 D 투자 라운드에서 우버의 가치가 170억 달러로 평가된 직후에 뉴욕대학교의 애스워드 다모다란Aswath Damodaran 교수는 비평의 내용을 담은 글에서, 우버의 진정한 가치가 그보다 훨씬 낮다고 주장했다.[54] 그는 세계 택시 시장의 규모를 1000억 달러 정도로 추정했고, 우버의 적정 가치는 시리즈 D 투자 라운드에서 평가한 가치의 절반에도 못 미치는 59억 달러일 것이라고 주장했다. 걸리는 자신의 블로그에서 우버의 저가 정책으로 택시 시장이 확대될 것이라고 주장하며 반격을 가했다. 그는 캘러닉의 말을 인용하여 이렇게 적었다. "그것은 존재하는 시장에 관한 것이 아니라 우리가 만들고 있는 시장에 관한 것이다." 그러나 이러한 주장을 비난 하더라도 주목할 만한 사실은 주요 비평가조차도 우버의 가치를 무려 59억 달러로 추정했다는 것이다. 이것은 아직 1년도 되지 않은 시리즈 C 투자 라운드에서 평가한 가치보다 24억 달러가 더 많은 금액이었다.

그러나 우버는 기업가치가 높아지고 있는데도 같은 시기에 위워크

투자의 진화

에서 일어난 것과도 비슷한 걱정스러운 변화의 과정을 겪고 있었다. 캘러닉은 천천히 그리고 꾸준하게 투자자들을 희생시키면서 자신의 권력을 공고히 하고 있었다. 그는 피셔버에게 이사회 의결권을 주지 않은 것 외에도 자신의 뜻을 거역하는 엔젤투자자에게서 이사회에 참여할 권리를 빼앗기 위해 시리즈 B 투자 라운드를 활용했다.[55] 2013년에 열린 시리즈 C 투자 라운드에서는 캘러닉이 자신과 공동 창업자, 초기 투자자들에게 슈퍼 의결권을 부여했고, 결과적으로 시리즈 C와 D 투자자들의 막대한 자금이 커다란 영향력으로 이어지지는 않게 되었다. 원칙적으로 벤치마크는 위워크가 1년이 지나서 슈퍼 의결권을 갖는 것을 원하지 않았던 것처럼 이번에도 마찬가지였다. 그러나 어쨌든 벤치마크는 시리즈 A 주식에 대한 슈퍼 의결권을 얻었고, 우버가 벤치마크 역사상 가장 큰 승리를 거둘 전망이기에 걸리가 나중 단계의 투자자들을 대신하여 분쟁을 일으키지는 않을 것이었다. 게다가 걸리는 캘러닉과 좋은 관계에 있었고, 그가 하는 조언도 캘러닉이 귀담아듣는 것 같았다. 그는 샌프란시스코 마켓가에 위치한 우버 본사에 들어갈 수 있는 출입 카드도 가지고 있었다. 그는 자신이 갖는 공식적인 의결권이야 어떠하든지 자신이 우버에 영향을 미칠 수 있다고 생각했다.

그러나 2014년이 지나갈 무렵이 되어 걸리는 자신의 영향력이 사라지고 있는 것을 깨닫기 시작했다. 우버에 수억 달러가 유입되면서 캘러닉이 갑자기 유명인사가 되었다. 결국에는 권위 있는 시리즈 A 투자자로서 벤치마크의 위상이 희석되었다. 게다가 캘러닉이 걸리의 조언에 더 이상 귀를 기울이지 않았다. 특히 그것이 우버의 공격적인 스타트업 문화를 유지하려는 캘러닉의 의지와 상충될 때에는 더욱 그랬다. 걸리는 캘러닉의 방만한 회사 운영을 적절하게 통제할 수 있는 경험 많은 CFO의 고용을 원했다. 특히 우버의 리더들이 주요 대기업에 요구되는 기준에 미치지 못하는 행동을 한 이후로, 걸리는 캘러닉에게 강력한 권한을 지닌 사내 변호사를 고용하도록 압박을 가했다. 2014년 10월에 실리콘밸리를 중심으로 활동하는 과학저널리스트 사라 레이시Sarah Lacy가 캘러닉을 여성 혐오적인 남성 중심 문화를 조장한다면서 비난했다. 이에 캘러닉은 자기 회사가 여성과 함께 성장했기 때문에 부버Boober(여성의 가슴을 의미하는 Boob과 Uber의 합성어―옮긴이)라고 불러야 한다면서 농담으로 응수했다.[56] 레이시가 캘러닉을 맹렬히 비난하고 나서 얼마 지나지 않아서 캘러닉의 부하직원이 레이시의 사생활을 파헤쳐 위협할 계획을 제안하면서 일을 키우고 말았다.[57] 걸리는 기업가로서 캘러닉의 공격적인 면모를 좋아했지만 그가 넘어서는 안 되는 선이 있었고, 우버는 그 경계를 구분하는 시스템을 갖추고 있지 않았다. 그런데도 걸리가 캘러닉에게 이러한 점을 지적할 때마다 캘러닉은 그를 무시했다. 캘러닉은 이처럼 위대한 벤처투자자에게 줄 별명을 생각해냈다. 그것은 '치킨 리틀Chicken Little'(괜한 걱정을 많이 하는 사람을 일컫는 말로, 영국의 전래동화 〈치킨 리틀〉에 나오는 캐릭터에서 유래했다―옮긴이)이었다.[58]

걸리는 던레비가 위워크의 덫에 걸렸다는 것을 깨닫게 된 것처럼, 자신도 우버의 덫에 걸렸다는 생각이 들기 시작했다. 그는 현명한 투자를 구상했고, 적절한 투자 대상이 등장하기를 끈기 있게 기다렸으며, 자신의 파트너들을 위해 10억 달러가 넘는 수익을 올렸다. 그러나 그 모든 이익이 장부상으로만 존재했다. 우버가 공개회사가 아니기 때문에 걸리는 자신의 주식을 매각할 수가 없었다. 우버가 캘러닉에게 슈퍼 의결권을 부여했기 때문에 걸리가 그에게 자기 생각을 강요할 수

투자의 진화

가 없었다.[59] 만약 우버가 강력한 힘을 지닌 시리즈 B 투자자와 동행하기로 했더라면, 걸리에게 마음에 맞는 동맹자가 있을 수도 있었다. 그러나 캘러닉은 치어리더와도 같은 피셔버를 선택했다. 시리즈 C 투자라운드의 주요 투자자들도 거의 도움이 되지 않았다. 캘러닉은 우버와 경쟁할 수 있는 무인 자동차를 개발하려는 구글의 계획 때문에, 구글 사람이 우버 이사회에 참석하지 못하게 했다. 결과적으로 TPG의 본더 먼만이 걸리와 같은 편으로 남게 되었다. 그러나 두 사람의 의결권만으로 이사회를 지배할 수는 없었다. 따라서 CEO에 대한 효과적인 견제 장치는 존재하지 않았다.

$$\bullet\bullet\bullet$$

2015년 초에 걸리는 자신의 좌절감을 표출하기 시작했다. 그는 자신의 블로그에 올린 길고도 세심하게 작성한 글에서 유니콘이 기업공개를 늦추는 데 따르는 문제들을 알렸다. 걸리가 우버를 직접 거명하지는 않았지만, 독자들은 그가 우버에 대해 이야기한다는 사실을 쉽게 알 수 있었다.[60]

걸리는 이 글에서 세 가지 문제를 지적했다. 첫째, 유니콘은 과대평가되었고, 걸리는 다른 실리콘밸리 투자자들과 다르게 그렇게 말할 준비가 되어 있었다. 그는 나중 단계의 기술투자 라운드는 가장 경쟁이 치열하고, 붐비고, 거품이 많은 것이 되었다고 직설적으로 말했다.[61] 실리콘밸리로 몰려드는 새로운 자금은 그것이 왜 그렇게 되었는지를 말해주었다. 은행, 뮤추얼펀드, 사모펀드, 헤지펀드와 같이 기술을 모르는 기관들이 스타트업에 1000만 달러를 투자하는 데는 거의 관심이 없었다. 오히려 그들은 기업가치가 수십억 달러에 이르는 포트폴리오 기업들에 영향을 미칠 수 있도록 1억 달러짜리 수표를 쓰고 싶어 했다. 따라서 경험이 없는 기관들이 나중 단계의 고액이 오가는 투자 라운드에 몰려들었고, 이에 따라 가치평가액이 하늘 높은 줄 모르고 치솟았다.

두 번째 문제는 금융 공학과 관련되었다. 실리콘밸리 밖의 투자자들은 보호 조항을 요구할 때가 많았고, 이것이 유니콘의 헤드라인 가치평가액을 더욱 왜곡시켰다. 예를 들어 투자자들이 청산우선권liquidation preference을 요구할 수 있다. 이러한 권리를 가진 투자자들은 회사가 청산될 때, 다른 주주들에 우선하여 명시된 보상을 받을 자격을 얻는다. 물론 이러한 권리를 가진 투자자들은 주식에 대해 추가 비용을 지급할 것이고, 이 프리미엄은 회사의 표면상의 가치평가액을 끌어올릴 것이다. 초기 투자자들이 청산우선권을 갖지 못했기 때문에 그들의 주식은 당연히 가치가 낮았다. 예를 들어 나중 단계에서 어느 펀드가 스타트업의 가치평가액을 100억 달러에 두고 투자했다는 사실이 이 유니콘의 가치를 정말 그렇게 평가했다는 것을 의미하지는 않는다. 실제로 유니콘 주식이 슈퍼 의결권을 가진 시리즈 A 투자자에게 특정 금액의 가치를 갖는다고 하면, 발언권이 없는 시리즈 C 투자자에게는 이보다 적은 금액의 가치를 갖고, 청산우선권을 가진 시리즈 E 투자자에게는 이보다 많은 금액의 가치를 갖는다. 이처럼 복잡한 상황에서는 유니콘의 진정한 가치를 결정하는 것이 거의 불가능했다.

유니콘이 갖는 세 번째 문제는 처음 두 개의 문제에서 비롯되었다. 나중 단계의 헤드라인 가치평가액이 부당하게 부풀려지면서, 기술기업 창업자들이 자만심을 갖게 되었고, 이것이 슈퍼 의결권 주식과 창업자 친화적 풍조와 결합하여 통제 불능 상태가 될 것으로 보였다. 결과

투자의 진화

적으로 기업가들은 무엇이든 자기가 하고 싶은 대로 행동했다. 그들은 기업의 진정한 상태에 대해 거의 알리지 않았고, 때로는 투자자들을 의도적으로 잘못된 방향으로 이끌었다. 회계상의 교묘한 속임수가 만연했다.[62] 경험이 없는 투자자들이 실리콘밸리로 몰려들면서, 그들의 눈을 속이는 것이 너무나도 쉬웠다. 유니콘의 지배구조가 손상되었다.

걸리가 이 글을 블로그에 올리면서 우버에 대해 가장 크게 우려한 것은 중국과 관련된 일이었다. 캘러닉은 아마존, 구글 그리고 미국의 거의 모든 거대 기술기업들이 실패한 곳에서 성공하기로 결심하고는 중국 시장 개척에 열과 성을 다했다. 2014년부터 그는 중국 최고의 차량 호출 서비스업체 디디쿠아이디Didi Kuaidi(나중에 디디추싱 Didi Chuxing이 된다)를 상대로 한 위험한 도박에 수백만 달러를 쏟아부었다. 이처럼 대담한 도박은 우버가 거품이 많은 가치평가액에 근거하여 수억 달러를 모금할 수 있었고, 캘러닉의 고분고분한 이사회가 그의 결정에 반기를 들지 않았기 때문에 가능한 일이었다. 걸리가 할 수 있는 것이라고는 화를 내는 것뿐이었다. 그가 캘러닉에게 여러 번에 걸쳐서 말했듯이, 중국에 자금을 쏟아붓는 것은 리프트와의 전투에 자금을 쏟아붓는 것과는 근본적으로 달랐다. 네트워크 산업에서는 승산이 크다면 돈이 많이 드는 경쟁이 정당하게 여겨진다. 그렇지 않다면 그것은 무모한 짓이다.

걸리는 본더먼의 지지를 받고는 캘러닉에게 우버차이나와 디디쿠아이디(이하 디디)의 합병을 추진하도록 압박을 가했다. 이것은 파멸을 초래하는 가격 전쟁에 대하여 전통적인 벤처캐피털이 대응하는 방식이었다.[63] 2015년 1월 캘러닉은 디디 소유권의 일정 지분을 갖는 조건으로 중국 시장에서 떠날 의향이 있다면서, 디디 경영진과의 협상을 제안했다. 그러나 그는 엄청나게 높은 대가를 원했다. 캘러닉이 중국 경쟁업체에 40퍼센트의 지분을 요구했던 것이다. 디디는 캘러닉의 제안을 무시하고 중국뿐만 아니라 전 세계를 대상으로 공세를 취하는 식으로 대응했다. 디디는 우버와 경쟁하는 리프트에 1억 달러를 쏟아부었다. 인도와 동남아시아를 포함한 다른 지역에서는 우버의 경쟁업체들과 기술 제휴를 할 것이라고 발표했다. 이제 블리츠스케일링 전쟁이 전 세계적으로 확대되었다.

걸리와 본더먼은 화가 치밀었다. 캘러닉이 해야 할 일은 적대적인 지역에서 자금을 낭비하는 것이 아니라 핵심 시장에서 우위를 다지는 것이었다. 나폴레옹 같은 CEO가 욕심을 부려 중국 정벌에 나서는 상황에서는 보통의 이사회라면 이에 반대하지만, 우버의 이사회는 그럴 만한 힘이 없었다. 걸리가 자신의 글에서 예견했듯이, 우버는 캘러닉이 이기지 못할 싸움에 자금을 쏟아부었는데도 그 가치가 계속 상승할 정도로 풍부한 재정 여건에서 운영되고 있었다. 2015년 말 우버는 기업가치가 625억 달러라는 엄청난 조건으로 시리즈 G 투자 라운드를 추진했다. 이것은 벤치마크가 우버의 기업가치를 두 배로 늘렸던 시리즈 C 투자 라운드에서의 기업가치와 비교하여 거의 18배나 더 많은 금액이었다.

2016년 4월 걸리는 유니콘에 대하여 커다란 영향력을 지닌 두 번째 글을 올렸다. 그는 이번에는 특정한 위협 요인을 향해 곧장 나아갔다. 청산우선권 덕분에 나중 단계의 유니콘 투자자들은 파멸적인 인센티브를 갖게 되었다.[64] 그들은 하락 국면을 맞이하더라도 이에 대하여 보호받기 때문에 유니콘이 무모하게 성장하도록 압박을 가하지 말아야 할 이유가 없었다. 예를 들어 나중 단계 투자자들은 중국에서 자금

투자의 진화

을 쏟아부을 것인가에 대한 선택에 직면하여, 청산우선권 덕분에 유니콘에 그렇게 하라고 부추길 수 있었다. 그들은 어떤 일이 일어나더라도 자금을 회수할 수 있을 것이고, 따라서 상승 국면에 도박을 걸 이유가 충분히 있었다. 걸리는 자기가 즐겨 하는 게임에 비유하여 위험을 이렇게 요약했다. 나중 단계 투자자는 대체로 포커게임에서 느슨하면서 공격적인 선수Loose-Aggressive Player(좋지 않은 패를 가지고도 자주 플레이하는 공격적인 스타일을 의미한다—옮긴이)처럼 행동했다.[65]

다음 달에 캘러닉은 걸리에게 악몽과도 같은 상황을 선사했다. 그는 사우디아라비아에 기금 모금 팀장을 파견하여 어느 누구보다도 더 느슨한 선수라 할 3000억 달러 규모의 사우디아라비아 국부펀드를 상대로 투자 설명을 하게 했다. 걸리가 할 수 있는 것이라고는 신음소리를 내는 것뿐이었다. 사우디아라비아에서 대규모의 자금을 모집하면 벤치마크의 지분율을 낮추고, 거기서 나온 자금은 디디와의 경쟁 속에서 사라질 것이다.[66] 이제는 디디와의 경쟁이 그 어느 때보다도 더 나쁜 내기처럼 보였다. 2016년 5월까지 디디는 중국 시장에서 압도적인 우세를 보였고, 실리콘밸리로도 진출하여 애플로부터 10억 달러를 모금했다. 우버는 뉴욕에서 뭄바이에 이르기까지 모든 곳에서 보조금 전쟁에 미친 듯이 빠져들어 자금을 쏟아붓고 있었다. 이제 필요한 것은 자금이 아니라 절제였다.

걸리가 암울한 예상을 했지만, 앞으로 다가올 상황에 대비하지는 못했다. 사우디아라비아의 국부펀드인 공공투자기금Public Investment Fund은 우버에 35억 달러에 달하는 투자를 제안했다. 그리고 이러한 제안의 한 부분으로 사우디아라비아는 캘러닉에게 이사회 의석을 8석에서 11석으로 늘릴 것을 요구하고, 이렇게 추가되는 3석에 대한 지명권을 캘러닉이 갖는다는 조건을 달았다. 이런 요구를 하게 만든 이들이 아마도 캘러닉과 그의 팀원들이었을 것이다. 분명히 그들은 걸리가 우버에 대해 여전히 가지고 있는 작은 영향력을 제거하기를 원했을 것이다.

위워크에 발을 담근 던레비와 마찬가지로, 이제는 걸리도 난감한 딜레마에 직면했다. 그가 캘러닉이 이사회 의석을 늘리는 데 반대하면, 35억 달러의 자금 투입이 백지화될 수도 있었다. 그리고 그가 35억 달러가 효율적으로 사용될 것인가에 대해서도 의문을 품기는 했지만, 물론 그의 생각이 틀릴 수도 있었다. 이 거액의 새로운 활동 자금이 우버가 시장 점유율을 확대할 수 있도록 힘을 실어줄 수도 있을 것이고, 세계를 무대로 하는 블리츠스케일링 전쟁에서 자금을 가장 많이 지출하는 자가 엄청난 가치를 실현하며 승리를 거머쥘 수 있을 것이다. 걸리는 기업 지배구조에 대한 자신의 생각과 네트워크 효과에 대한 존중 사이에서 망설임의 시간을 보냈다. 어쩌면 캘러닉이 자신을 치킨 리틀이라고 부르는 것이 옳았을까? 걸리는 이런 생각을 해보았다. '우리 모두가 네트워크 효과를 믿지만, 어느 누구라도 게임을 계속하기 위해 20억 달러에서 30억 달러를 기꺼이 지출하려고 할 것인가? 워런 버핏이나 잭 웰치Jack Welch를 포함하여 어느 누구라도 우버 이사회에 초대할 수 있겠지만, 그들도 어찌할 바를 몰랐을 것이다.'[67]

걸리는 캘러닉의 계획이 틀어지게 할 방법이 없다고 생각하고는 이사회 의석을 8석에서 11석으로 늘리는 독약을 삼키며 사우디아라비아의 투자에 동의했다. 그러나 나중에 그는 우버와 자신 사이에 있었던 일들을 돌이켜보며, 당시 자신이 했던 결정을 후회한다고 말했다. "돌이켜보면 무엇보다도 그때 그 일만큼은 그렇게 하지 말았어야 했다는 생각이 듭니다. 그 거래에 반대할 수도 있었습니다. 그들에게 그렇게 해서는 안 된다고 말했어야 했습니다."[68]

•••

그해 여름에 한 가지 좋은 소식이 들려왔다. 캘러닉은 재앙의 조짐을 알아차리고는 중국에 화의를 요청했다. 사우디아라비아 국부펀드가 자금을 투자한 지 2개월이 지난 2016년 8월에 그는 중국 시장을 디디에 넘겨주는 대가로 디디 지분 18퍼센트를 받았다. 이것은 캘러닉이 18개월 전에 요구했던 40퍼센트와 비교하면 적절한 해결 방안이었고, 그동안 우버는 중국에서 약 20억 달러의 손실을 보았다. 그럼에도 디디 지분 18퍼센트는 60억 달러에 가까운 가치가 있었다.[69] 우버가 수익성이 있는 출구를 협상하는 데 성공한 것은 사우디아라비아에서 들여온 자금이 디디에 상당히 위협적으로 작용했기 때문이었다.

이처럼 위안이 되는 소식에도 걸리는 여전히 주식을 팔 수도 없고 창업자가 자신이 하는 말을 거의 듣지 않는 회사의 덫에 걸려 있다고 느꼈다.[70] 그가 할 수 있는 일이라고는 캘러닉에게 성숙한 모습을 보이라고 혹은 공격적인 스타트업 문화에서 탈피하라고 권고하는 것이 전부였다. 걸리는 캘러닉에게 사업을 하다가 때로는 따분한 것이 바람직하다고 했다. 그는 이런 말도 했다. "더욱 혁신적인 재정 프로그램을 확보한다고 해서 승리하는 것도 아니고, 더욱 혁신적인 법률 프로그램을 확보한다고 해서 승리할 수 있는 것도 아니고, 인사 업무를 개혁한다고 해서 승리할 수 있는 것도 아닙니다. 사업에는 경험이 중요하게 작용하는 영역이 있습니다."[71] 캘러닉이 이런 말에 관심을 보이지 않자, 걸리는 MBA 수업에서 강연 초대를 받아들이고는 자신이 처한 상황에 관한 논쟁을 일으키기 위해 이런 기회를 활용하려고 했다. 순진한 경영학과 학생들이 고집스러운 유니콘 이사회에서 활동한다면 어떻게 할 것인가? 걸리는 그들 중 자기 생각을 말하는 사람이 아무도 없는 것을 확인했다. 그는 슬픈 표정을 하며 이렇게 말했다. "우리가 생각할 수 있는 유일한 대답은 공개시장이 기업들에 책임을 묻는 일을 더 잘한다는 것입니다."[72]

2017년 2월 캘러닉의 행동에 대한 대가가 세상에 알려졌다. 수잔 파울러Susan Fowler라는 전직 직원이 우버에서 반복적으로 발생하는 성희롱 사건을 자세히 설명했고, 그녀의 고발이 세간에 널리 퍼졌다. 캘러닉은 사과와 함께 조직을 재편성하려고 했고, 사건을 조사하기 위해 유명 로펌 두 곳에 의뢰했다. 그러나 한 달이 채 지나기도 전에 새로운 위기가 두 차례에 걸쳐 발생했다. 구글이 우버가 자사의 핵심 기술자 중 한 사람을 데려간 사실에 격분하고는 무인 자동차 기술을 훔친 혐의로 우버를 고소했다. 그다음에는 캘러닉이 등장하는 꼼짝할 수 없는 증거라 할 동영상이 퍼졌고, 이것이 많은 사람들이 의심하던 사실을 확인시켜주었다. CEO는 얼간이였고, 우버는 얼간이가 움직이는 회사였다.

우버 자동차의 계기판에 설치된 카메라로 녹화된 이 동영상에는 캘러닉이 뒷좌석에서 여자 두 명을 옆에 끼고 앉아 음악에 맞춰 몸을 어색하게 꿈틀거리는 장면이 나온다.

운전자가 승객을 알아보고는 우버가 승객수를 늘리기 위해 요금을 인하하려는 정책에 대해 불만을 늘어놓기 시작한다.

그는 이렇게 말한다. "당신 때문에 9만 7000달러를 잃었어요. 바로 당신 때문에 파산했어요."

캘러닉이 이렇게 대꾸한다. "헛소리하지 마세요. 여보세요? 자기가

투자의 진화

한 일에 책임을 지려고 하지 않는 사람이 있어요. 그런 사람은 모든 걸 다른 사람 탓으로 돌립니다."

성희롱 사건에 이어, 캘러닉의 동영상이 우버의 명성을 급격하게 악화시켰다. 구글, 에어비앤비, 페이스북, 심지어 리프트까지 사기가 떨어진 우버 직원을 데려가기 시작했고, 2017년 3월에 또 다른 악재가 이어졌다. 〈뉴욕타임스〉는 '그레이볼Greyball'이라고 불리는 규제를 피해 가기 위한 대단히 과격한 전술에 관한 기사를 썼다. 차량 호출 서비스를 허가하지 않는 도시에서는 우버 엔지니어들이 비밀리에 앱의 그림자 버전을 만들어서 규제 집행관들에게 제공했다. 그다음에는 규제 집행관들이 우버 자동차를 호출하여 압수하려고 하자 그들에게 다가가는 자동차는 찾아볼 수가 없었다.[73] 한편, 실리콘밸리의 뉴스 사이트 〈더인포메이션The Information〉에는 캘러닉의 한국 방문에 관한 기사가 실렸다. 캘러닉과 한국 지사의 우버 관리자들이 룸살롱을 방문했는데, 캘러닉이 성접대를 받지는 않았지만, 그와 함께 술을 마신 사람들 중에는 여성 종업원과 잠자리를 같이한 사람도 있었다고 한다. 이런 혐오감을 일으키는 폭로 속에서 걸리는 우버의 자동차 리스 사업부가 막대한 손실을 입은 사실을 알게 되었다. 그가 틈만 나면 말했듯이, 우버의 재무 통제의 결여는 일종의 재앙이었다.

걸리가 이런 일이 자주 일어날 것으로 보았다는 사실이 위안이 되지는 않았다. 그는 나중에 이렇게 말했다. "벤처사업에서 옳고 비효율적인 것은 그다지 가치가 없습니다."[74] 오히려 스트레스가 심해지기 시작했다. 비탈길에서 야생 멧돼지를 쫓던 사람이 체중이 늘어나고, 우울하고, 잠을 제대로 잘 수가 없었다. 그는 깊은 밤에 잠 못 이루고 누워 있으면서, 벤처 역사상 실현되지 않은 가장 커다란 성공, 즉 당시 우버에 대한 지분 13퍼센트의 가치가 85억 달러에 달한다는 사실에 대한 책임과 부담을 느꼈다. 이러한 장부상 이익과 실제 이익이라고 할 수 있는 것의 차이가 그를 산 채로 잡아먹고 있었다. 만약 우버가 제네피츠나 테라노스의 길을 간다면 어떻게 되는가? 벤치마크의 유한책임 파트너들 중 다수가 이미 그가 당연히 그랜드슬램을 달성할 것으로 여기고, 장부에 수익을 기재해두었다. 기부금 투자 담당자들은 보너스를 받고 자동차와 집을 샀다. 그들은 수익금을 대학과 재단에 분배했다. 걸리의 우버 투자가 성공에서 실패로 바뀌면, 그 결과는 벤치마크의 실적에 의존하는 강의실과 실험실로 파급될 것이다. 그러면 사람들은 걸리에 대해 무슨 말을 할까? 그들은 걸리가 캘러닉의 공격성에 탐닉했고, 서서히 다가오는 지배구조의 변화에 맞서 싸우지 못했고, 완벽한 재앙으로 치닫는 투자를 허용했다는 말을 할 것이다.

걸리에게 탈출구를 제공하려면 우버에 마지막 충격이 가해져야 했다. 2017년 6월, 로펌 두 곳이 우버의 해로운 문화에 대한 조사를 마쳤다. 성폭행과 그 밖의 폭행 사건들을 수백 쪽에 걸쳐 자세히 기록한 보고서에는 이사회가 상상하던 것보다 훨씬 더 충격적인 내용이 담겨 있었다. 로펌들은 캘러닉의 주요 측근들을 해고할 것을 권고했다. 또한 이사회에 독립 이사를 선임하고, 캘러닉이 일정 기간 휴직할 것을 제안했다.

걸리와 그의 편에 있는 본더먼은 이제 비집고 들어갈 틈을 보았다. 이때까지는 캘러닉이 너무나도 강력해서 비집고 들어갈 틈이 없었다. 이제 로펌 보고서는 그들의 영향력을 바꾸어놓았다. 캘러닉이 휴직해야 할 수도 있었다. 운이 좋으면, 그는 다시 돌아오지 못할 수도 있었다.

본더먼은 캘러닉에게 이렇게 말했다. "트래비스, 솔직히 말해서 당

투자의 진화

신이 없는 우버는 상상할 수가 없고, 당신이 있는 우버도 상상할 수가 없네."[75]

캘러닉은 후퇴를 전진을 위한 최선의 준비로 판단하고, 로펌이 제안하는 휴직을 받아들이기로 했다. 그는 이번 휴직이 자신이 자발적으로 선택한 것이라고 발표했다. 최근 그의 어머니가 선박 사고로 세상을 떠났고, 자신이 잠시 쉬기 위해 휴직하기로 했다는 것이었다. 그동안에 그는 직원들에게 보내는 편지에서 회사가 가장 전략적인 결정을 내리는 순간에는 여전히 함께 있을 것이라고 말했다. 그는 기분 좋게 "곧 봅시다"라는 말로 편지를 끝맺음했다.

걸리도 편지를 받았다. 걸리가 캘러닉을 제거하기 위해 무엇인가를 하지 않는 한 캘러닉은 곧 우버로 돌아올 것이다. 로펌의 권고 사항이 전 직원이 참석하는 회의에서 공개되었을 때, 걸리는 일어나서 청중들에게 이렇게 말했다.

그는 좋은 분위기로 시작했다. "우버는 분명히 실리콘밸리 역사상 가장 성공한 스타트업입니다." 그러나 그다음에는 우버가 직면한 문제들, 즉 우버의 어두운 면을 상징하게 된 문제가 있는 우두머리가 사라져야만 해결될 수 있는 문제들로 넘어갔다. 그는 이렇게 말했다. "이제 우리는 세계에서 가장 규모가 크고 중요한 기업이 되었습니다. 우리의 행동, 우리의 기업활동은 이러한 위상에 걸맞은 기대에 부응해야 합니다. 그렇지 않으면 계속 문제가 발생하게 될 것입니다."

그는 이렇게 주장했다. "지금 우리는 평판이 안 좋습니다. 당신이 무엇인가를 읽고서 공정하지 않다고 말할 수는 있겠지만, 그것으로 그쳐서는 안 됩니다."[76]

캘러닉은 기분 좋게 "곧 봅시다"라고 말하면서 경영권을 내줄 생각이 없다는 신호를 이미 보냈다. 한편, 걸리는 우버의 평판 위기에 대한 강연을 통해 자신이 최후의 결전을 준비하고 있다는 신호를 보내고 있었다.

•••

캘러닉을 향한 걸리의 공격은 세 가지 전략으로 이루어졌다. 각각의 전략은 그 자체로도 주목받을 만했다. 전체적으로 이 드라마는 놀라웠다. 한 세대 전에 시스코와 같은 회사의 창업자들을 쫓아낸 것은 논란의 여지가 있었다. 지금 걸리는 실리콘밸리의 숭배의 대상, 즉 창업자들의 숭배의 대상과 맞서고 있었다.

걸리는 동조 세력을 규합하는 것으로 시작했다. 우버의 엔젤투자자 중 두 명이 캘러닉이 자신들이 보유한 주식의 가치를 위협한다고 믿게 되었다. 그들은 캘러닉이 돌아오는 것을 막기 위해 기꺼이 걸리와 힘을 합치려고 했다. 멘로벤처스도 걸리 팀에 합류했다. 이제는 피셔버가 다른 곳으로 이직했고, 그보다는 아첨을 덜하는 투자자가 그의 자리를 차지했다. 그다음에 걸리는 전문가들도 영입했다. 그는 기업 지배구조와 화이트칼라 범죄를 전공한 교수들에게도 의견을 들었다. 그는 변호사를 고용하고, 위기관리 전문기업의 조언도 받았다.

얼마 지나지 않아 걸리는 작전 계획을 수립했다. 그를 따르는 주주들의 연합은 캘러닉에게 사임을 강요하기에는 표가 부족했다. 그러나 캘러닉이 조용히 떠나기를 거부하면 언론에 최후통첩을 흘리겠다는 위협과 함께, 그들의 요구를 전달할 것이다. 대부분의 벤처캐피털은 인사와 관련된 추악한 싸움을 대중들의 눈에 띄지 않게 하려고 한다.

　　　　　　　　　　　　　　　　　　　투자의 진화

하지만 벤치마크는 언론에 흘리면 우버 투자자들 중 캘러닉에 대한 지지를 철회하는 이들이 나타날 것으로 판단하고는 이번 최후의 결전을 널리 알리겠다고 위협할 것이다.

걸리는 실리콘밸리의 규범을 위반하면서도 자신을 따르는 이들을 결집했다. 그는 그들에게 이렇게 말했다. "나는 지금 우리가 역사의 옳은 편에 서 있다고 생각합니다."

2017년 6월 20일, 드디어 걸리가 공격을 개시했다. 그를 따르는 이들 중 두 명이 캘러닉이 우버로 돌아왔을 때 우버의 이인자가 될 후보와 면접을 하기로 했던 장소인 시카고로 날아갔다. 한편 걸리는 벤치마크 회의실에 있으면서 전화 회의를 통해 동조자들을 모았다. 이번에는 역사의 평결이 아니라 할리우드를 거론했다.

〈뉴욕타임스〉 기자 마이크 아이작Mike Isaac의 뛰어난 서술에 따르면, 걸리가 동조자들에게 이런 질문을 했다고 한다. "영화 〈라이프Life〉를 봤습니까? 라이언 레이놀즈Ryan Reynolds가 우주인으로 등장하고, 끈적끈적한 검은 외계 생명체가 나오는 영화 말입니다.

이 외계 생명체가 탈출을 합니다. 인큐베이터에서 빠져나와 우주선에 있는 모든 이들을 죽이려고 합니다. 그다음에는 지구에 있는 모든 이들을 죽이려고 지구로 향해 갑니다. 이 모든 것이 그가 인큐베이터에서 빠져나왔기 때문에 발생한 일입니다."

스피커폰에서 웃음소리가 몇 차례 흘러나왔다.

걸리가 이렇게 말했다. "트래비스는 바로 외계 생명체와도 같은 사람입니다. 하루 중 어느 때고 인큐베이터 밖으로 나오면, 전 세계를 파괴할 것입니다."[77]

시카고에서는 걸리의 파트너인 맷 콜러와 피터 펜턴이 리츠칼튼 호텔에 도착하여 황금색 엘리베이터를 탔다. 꼭대기 층에서 캘러닉이 그들을 기다리고 있었다.

콜러와 펜턴은 곧 자신들의 메시지를 전했다. 그들은 캘러닉에게 떠나주기를 원한다고 말하면서 걸리 팀의 편지를 건넸다.

그 편지에는 최근의 성희롱 사건, 구글과의 법적 분쟁, 그레이볼과 같은 기만행위를 비롯하여 재앙과도 같은 상황이 적혀 있었다. "대중은 우버에는 윤리적, 도덕적 가치관이 근본적으로 결여되어 있는 것으로 판단한다. 이제 우버는 그 중심에서 변화를 일으켜야 하고, 이를 위해서는 CEO의 교체가 필요하다."

캘러닉이 방 안을 서성거리기 시작했다. 그는 방문객들에게 이렇게 소리쳤다. "이것이 당신들이 원하는 것이라면, 지금 아주 추악한 일을 벌이고 있는 것입니다."

콜러와 펜턴은 캘러닉에게 오후 6시까지 결정해야 한다고 통보했다. 6시가 지나면 그들은 언론에 알릴 것이다. 이번 이야기는 〈뉴욕타임스〉 1면에 실릴 것이다. 다른 투자자들도 벤치마크 편을 들 것이다. 캘러닉은 품위 있게 떠날 수도 있고, 그렇지 않게 떠날 수도 있었다.

캘러닉이 혼자 있겠다고 했다. 콜러와 펜턴은 그 자리를 나와서 걸리에게 보고했다. 벤치마크 본사에 있던 걸리는 동조자들에게 캘러닉이 즉답을 피하고 있다는 내용의 문자를 보냈다.

캘러닉은 걸리와 그의 동조 세력을 분열시키기 위해 이사회 이사들과 투자자들에게 전화를 걸기 시작했다. 걸리의 편지에 서명한 사람들은 우버의 의결권 지분에서 약 40퍼센트를 차지했다. 캘러닉이 이들 중 한두 명을 포섭하고 걸리에게 넘어가는 이들이 더 이상 발생하지 않는다면, 자기 회사를 계속 손에 쥘 수 있었다.

캘러닉은 어느 한 투자자에게 필사적으로 매달렸다. "이렇게 된 것을 믿을 수가 없어요! 나는 변할 수 있어요. 제발 변하게 해주세요."

아무리 애원해도 소용이 없었다. 이제는 우버의 통치체제가 무너졌고, 이사회 이사들 중 다수가 그동안 수동적이고 방관적인 태도로 지낸 것에 대해 유감의 뜻을 표했다. 그날 밤에 캘러닉이 사퇴를 선언하고, 사직서를 제출했다.

이제 걸리의 세 가지 전략 중 첫 번째 전략이 완벽하게 진행되었다.

●●●

이 드라마는 아직 끝나지 않았다. 캘러닉이 완전히 사라지지 않았기 때문이다. 그는 여전히 이사회 이사이자 주요 주주였으며, 의결권 지분의 16퍼센트를 차지하고 있었다. 스티브 잡스가 애플에서 퇴출된 다음에 그랬던 것처럼, 캘러닉도 자기 회사로 돌아갈 음모를 꾸밀 수도 있었다. 실제로 캘러닉은 잠시 휴직을 할 때에도 전혀 그렇지 않은 사람처럼 우버 직원들과 접촉했던 적이 있었다. 우버의 14명으로 구성된 리더십위원회는 캘러닉이 복귀하면 일제히 그만두겠다고 위협했다. 따라서 걸리는 그의 복귀를 막아야 했다.

2017년 7월, 벤치마크는 두 번째 전략을 준비하기 시작했다. 몇 달 전에 손정의가 벤치마크의 또 다른 골치 아픈 유니콘인 위워크를 지원했다. 이제 벤치마크의 파트너들은 손정의가 우버에 자기만의 특별한 방식으로 지원할 수도 있다고 생각했다. 그는 확실히 돌출 행동을 자주 하는 인물이었지만, 위워크에서는 벤치마크의 지분 일부를 사들임으로써 그들을 도왔다. 어쩌면 손정의가 우버에 투자하는 것이 지배구조를 재설정하기 위한 기회가 될 수도 있을 것이다. 대체로 손정의를 비롯한 나중 단계 투자자들은 창업자 친화적인 면이 강했다. 그러나 우버의 경우에는 창업자가 쫓겨났다. 손정의가 창업자의 후계자에게 우호적일 수도 있었다. 콜러와 펜턴은 손정의의 생각을 알아보기 위해 아이다호주 선밸리로 날아갔다. 그들은 낙관적인 느낌을 받고 돌아왔다.[78]

다음 달에 벤치마크는 세 번째 전략이자 가장 공격적인 도박을 감행했다. 창업자의 잔재를 청산하고 우버 이사회에서 그의 영향력이 더 이상 작용하지 않도록 캘러닉을 고소한 것이다. 고소장에 따르면, 구글로부터 영업 비밀을 훔치는 등의 악습을 알았더라면 벤치마크는 캘러닉에게 이사회 이사 세 명을 지명할 권리를 부여하는 데 동의하지 않았을 것이다. 따라서 캘러닉은 이사회 이사 세 명을 지명할 권리를 기만행위를 통해 얻었다.[79] 이번 소송의 목표는 이사회 이사 지명을 무효로 하고, 캘러닉이 이사회 이사로 활동하지 못하게 하는 데 있었다.[80]

이후로 몇 주 동안 벤치마크는 손정의의 투자와 캘러닉을 상대로 한 소송을 병행하여 추진했다. 손정의는 기존 주주들의 주식을 400억~450억 달러의 기업가치로 기꺼이 사들이려고 했다. 이러한 결정은 얼마 전의 기업가치에서 약 3분의 1을 할인한 금액이지만, 그럼에도 반가운 탈출구가 되었다. 손정의는 밀너가 했던 방식에 따라, 우버의 최근 가치평가액인 680억 달러를 기준으로 약간의 금액을 투자하여 회사의 체면을 세워주겠다는 제안도 했다. 한편, 벤치마크는 우버 경영진과 이사회의 비난에도 소송을 계속 진행했다. 벤치마크가 보기에는 이번 소송이 망치와도 같았다. 이것이 캘러닉에게 두려움을 주는 데는 효과가 있었다.

투자의 진화

9월 말이 되어 캘러닉의 후임으로 발탁된 다라 코즈로샤히는 손정의의 투자 제안을 받아들였다. 벤치마크가 의도한 대로 이것은 신규 자본을 조달하는 것이 아니라 지배구조를 재설정하려는 목적으로 진행되었다. 이번 거래의 일환으로 슈퍼 의결권이 폐지되어 캘러닉의 의결권 지분이 16퍼센트에서 10퍼센트로 감소했다. 코즈로샤히는 캘러닉의 영향력을 상쇄하면서, 새로운 이사회 이사를 임명할 권리를 갖게 될 것이다. 실제로 코즈로샤히와 벤치마크는 사우디아라비아가 투자할 당시에 캘러닉이 벤치마크에 했던 것을 되돌리기 위해 손정의를 활용하고 있었다.[81]

캘러닉은 최선을 다해 저항했다. 슈퍼 의결권을 폐지하려면 실제로 입증되지 않은 법적 절차가 요구되었고, 캘러닉은 이에 맞서 싸우려 했다.[82] 그러나 벤치마크는 이원화 전략을 펼치면서 그를 궁지에 몰아넣었다. 손정의가 제공하는 유동성이라는 당근이 더 많은 주주들이 걸리 편을 들게 했다. 소송이라는 채찍이 캘러닉에게 상대방과 합의해야 하는 동기를 부여했다. 결국 캘러닉은 벤치마크가 소송을 취하하는 조건으로 손정의의 투자와 지배구조의 변화에 동의했다. 2018년 1월 손정의는 정식으로 투자를 완료했다. 캘러닉은 이사회에서 슈퍼 의결권을 잃었고, 벤치마크는 소송을 취하했다.

벤치마크와 걸리에게는 이것이 괴로운 경험이었다. 그들은 캘러닉을 내쫓고 회사를 구했지만, 표준적인 벤처캐피털 규정을 파기해야 했다. 시카고에서 최후통첩을 날린 것이나 손정의를 공성 망치로 활용한 것이나 소송을 진행한 것은 유니콘 이전 시대에는 전혀 필요하지 않았기 때문에, 이 모든 작전이 즉석에서 기획되었다.

•••

위워크와 우버에서 일어난 도를 넘는 행위를 돌이켜보면, 벤처투자 자들을 주범으로 묘사하고 싶은 생각이 들 수도 있다. 〈뉴요커〉에는 '벤처투자자들이 자본주의를 어떻게 망쳐놓고 있는가?'라는 제목의 회고 기사가 실리기도 했다.[83] 그러나 테라노스 스캔들 이후의 비판 에서 그랬던 것처럼, 이러한 비판은 상당히 포괄적이었다. 그리고 다 른 유형의 기술투자자에 대해서는 대충 둘러대기만 했다. 위워크의 자 금은 은행, 뮤추얼펀드, 아랍 걸프 지역 자금의 통로 역할을 하는 손정 의 등 표준이 아닌 투자자들에게서 압도적으로 많이 나왔다.[84] 위워크 에 관한 이야기에서 유일하게 인정받는 벤처투자자인 벤치마크의 던 레비는 2017년에 손정의가 거액의 수표를 쓰기 전에 위워크가 모금한 17억 달러 중 약 1퍼센트만을 제공했다. 따라서 그를 중요한 후원자로 간주하는 데는 무리가 따른다. 게다가 던레비는 자신의 영향력의 범위 에서 절대 권력은 반드시 부패하게 되어 있다고 경고하며, 노이만의 슈퍼 의결권 요구를 저지하기 위해 그것을 행사했다. 우버의 경우에서 도 마찬가지로, 2016년에 사우디아라비아의 국부펀드가 엄청난 금액 을 투자하기 전에 벤치마크는 우버가 모금한 금액의 0.3퍼센트만을 제 공했고, 걸리는 캘러닉의 도를 넘는 행위를 어쨌든 저지하려고 했기 때문에 그를 쫓아낼 수 있었다. 걸리 이후로 투자한 치어리더들 중에 는 아첨을 일삼은 벤처투자자가 한 사람 포함되어 있었다. 그러나 우 버의 가장 중요한 후원자들은 실리콘밸리의 외부에서 왔다.

진실은 표준적인 벤처투자자들이 주범이 아니라는 것이다. 위워크 에서도 우버에서도 더욱 일반적으로는 대단히 강력한 유니콘에서도 그들은 주범이 아니었다. 2014년부터 2016년 사이에 미국에서는 나중 단계 벤처자금의 4분의 3 이상이 뮤추얼펀드, 헤지펀드, 국부펀드와 같은 비전통적인 투자자들에게서 나왔다.[85] 그러나 이것이 벤처산업이 도전에 직면했다는 사실, 즉 유니콘의 지배구조가 무너졌다는 사실을 뒤집지는 않는다. 걸리는 2015년 자신의 고뇌에 찬 글에서 유니콘이 기업공개를 해야 한다는 가장 확실한 해결 방안을 제시했다. 기업공개는 유니콘의 무모함을 조장하는 왜곡된 청산우선권이 사라지게 할 것이다. 이것은 오만한 창업자들이 감사관, 은행가, 규제 담당자, 변호사 들이 하는 말에 귀를 기울이게 할 것이고, 그들이 벤처투자자들이 하는 말에 귀 기울이기를 거부한 것을 보완하게 될 것이다.

2019년에는 걸리의 글에 나오는 주장을 뒷받침이라도 하듯이 우버와 위워크가 기업공개를 준비한 것이 건전한 생각을 하게 만들었다. 우버에서는 코즈로샤히가 걸리의 요구 사항을 받아들이기로 했다. CFO 자리가 채워졌고 새로 부임한 최고법률책임자는 우버가 윤리경영을 진지하게 받아들일 것이라는 신호를 보냈다. 이러한 정화 작업 덕분에 우버의 기업공개는 비교적 순탄하게 진행되었다. 2019년 5월 우버는 기업가치가 690억 달러인 상태에서 거래 첫날을 마감했다. 이것은 기업공개 이전 기업가치의 최고액인 760억 달러에는 못 미쳤지만, 그럼에도 벤치마크에 270배에 달하는 투자수익을 안겨준 대단한 금액이었다.[86]

이와는 대조적으로 위워크에서는 과대망상에 사로잡힌 노이만이 코즈로샤히 방식의 개혁을 거부했다. 따라서 기업공개 과정이 그를 적절하게 응징하는 결과를 낳았다. 위워크는 순회 홍보 행사를 준비하면서 재무 상황을 공개하라는 요구를 받고는 신비하게도 일종의 컬트와도 같은 분위기를 자아내는 문서를 작성하여 배포했다. 이 문서에는 다음과 같은 주문(呪文)이 나온다. "애덤은 확실한 비전의 소유자, 경영자, 혁신가일 뿐만 아니라, 공동체와 문화의 창조자로서 성공할 수 있다는 것을 입증한 유일한 지도자다." 노이만은 사적 자금 시장에서 이름을 떨친 기업가로서 그의 다음 투자 라운드에 참여하기를 간절히 원하는 나중 단계의 아첨꾼들로 이루어진 청중들 앞에서, 이처럼 자만심에 들뜬 허튼소리를 아무런 응징을 받지 않고도 할 수 있었다. 그러나 이제 그는 공적 투자자들에게 주식을 판매하기를 원하기 때문에, 이전과는 전혀 다른 까다로운 청중들을 맞이했다. 금융 저널리스트들은 위워크의 공시를 조롱했고, 주식 애널리스트들은 그가 발표한 숫자가 갖는 오류를 지적했으며, 노리 제라르도 리츠Nori Gerardo Lietz 하버드대학교 경영대학원 교수는 위워크의 "마구 뒤엉킨 기업구조, 계속되는 기대 손실, 지나친 갈등, 실질적인 기업 지배구조의 완전한 부재, 흔치 않은 '뉴에이지New Age'식 말투"를 비난했다. 공개시장 투자자들이 위워크 주식 매입을 거부하면서 이사회는 기업공개를 취소하고 뒤늦게 노이만을 해고했다.

결국 걸리가 옳았다. 기업공개 과정은 잘못된 사적 지배구조가 하지 못했던 것을 했다. 그것은 두 유니콘들에 필요한 냉수마찰을 처방하는 것이었다. 그러나 문제는 더 큰 교훈을 얻을 수 있을 것인가, 기술 업계가 고비를 넘길 수 있을 것인가에 있었다. 유니콘의 지배구조에서 유일하고도 최대의 부패 유발자인 손정의는 위워크 투자에서 굴욕을 당한 이후로, 자신의 투자방식이 갖는 오류를 인정하면서 이렇게 말했다. "나는 잘못된 판단을 하고 투자했습니다."[87] 손정의는 속죄의 의미로 기업들이 "더 미치고, 더 신속하고, 더 커져야 한다"라고 압박하기

투자의 진화

보다는 수익을 창출하도록 압박할 것을 약속했다. 또한 그는 이후로는 창업자들이 그처럼 사악했던 슈퍼 의결권을 가진 주식을 보유하는 것을 허용하지 않을 것이며, 이사회 의결권의 과반수를 확보하는 것도 허용하지 않을 것이며, 소프트뱅크 자신이 이사회 의석을 차지하지 않는 수동적 관행을 포기할 것이라고 약속했다.[88] 한편, 걸리의 비판이 더욱 널리 수용된 것을 보여주기라도 하듯이 주식공모를 오랫동안 미루었던 유니콘들이 어둠 속에서 모습을 드러내기 시작했다. 2020년에 벤처캐피털이 지원하는 기업공개에서는 380억 달러를 모금했는데, 이것은 지금까지 가장 많은 금액이었다.[89]

그러나 이러한 사건들은 단지 변화를 암시했을 뿐이고, 테라노스와 제네피츠와도 같은 위험이 여전히 벤처 업계를 괴롭혔다. 손정의가 자신이 말한 새로운 기준을 준수할 것인지는 아무도 알 수가 없고, 밀너의 DST를 포함한 성장투자 전문기업들은 여전히 이사회 의석을 차지하기를 거부했다. 기업공개의 쇄도는 바람직한 현상이지만, 전통적인 기업공개 과정에서 반드시 거쳐야 하는 실사와 공시를 회피하기 위한 수단으로서 SPAC Special Purpose Acquisition Company(기업인수목적회사)라는 장치가 등장하여 그 의미가 훼손되었다. 한편 금융 환경은 무책임을 조장했다. 연방준비제도가 저금리 정책을 유지하는 한 값싼 자금이 넘쳐나고, 이에 따라 기업이 자금을 부주의하게 사용하는 사례가 많아질 것이다. 다량의 자금이 소수의 투자 대상을 쫓고 있었고, 자금 공급자들은 인기 있는 기업에 투자하기 위해 감시와 감독 따위는 저버려야했다. 벤처캐피털은 혁신적인 젊은 기업을 위한 최고의 금융 형태로자리를 잡았다. 그러나 벤처 업계가 무분별한 나중 단계 투자자들이 유니콘과의 포커게임을 하는 것을 막을 수는 없었다.

맺음말 **행운, 역량, 국가 간 경쟁**

영화, 도서, 팟캐스트, 노래를 만드는 사람이라면 〈서칭 포 슈가 맨Searching for Sugar Man〉이라는 다큐멘터리를 보았을 것이다. 이 영화는 디트로이트 출신의 재능 있는 싱어송라이터 식스토 로드리게스Sixto Rodriguez에 대해 이야기한다. 그는 밥 딜런Bob Dylan, 캣 스티븐스Cat Stevens와도 비교되는 인물이다. 하지만 이 젊은 아티스트는 1970년대 초 두 장의 앨범을 발표하고는 흔적도 없이 사라졌다. 판매 실적이 형편없었고, 음반사는 더 이상 제작을 거부했기 때문이다. 그는 건물 철거 작업을 하는 노동자로 전락했다. 창조하는 일이 아니라 파괴하는 일을 한 것이다. 이후로 30년 동안 로드리게스는 정부 경매에서 50달러에 구매한 폐가에서 늙어갔다.

한편 지구 반대편에서는 엄청난 일이 벌어졌다. 오스트레일리아와 남아공 사람들이 그의 앨범을 발견하고는 그의 노래에 열광했다. 오스

투자의 진화

트레일리아의 어느 음반사는 그의 노래를 모아놓은 음반을 발매했고, 남아공에서는 해적판 음반이 100만 장 넘게 팔렸다. 그가 부른 곡들 중 하나는 인종차별에 저항하는 이들에게 일종의 성가가 되었다. 하지만 정작 로드리게스는 자신이 스타가 된 사실을 전혀 알지 못했다. 필자는 이 가수가 세상에 알려지지 않은 시절과 널리 알려지는 시절을 동시에 담은 〈서칭 포 슈가맨〉을 처음 보고는 남아공에서 온 친구에게 로드리게스에 대해 들어본 적이 있는지 전화로 물었다. 그 친구는 즉각 대답했다. 로드리게스의 모든 노래에 나오는 모든 단어를 알고 있다고 말이다. 그 노래들은 그가 성년이 되면서 자연스럽게 알게 된 곡이었다.

2005년 컬럼비아대학교 사회학과 박사과정에 재학 중이던 매튜 살가닉Matthew Salganik은 슈가맨 현상을 자세히 살펴보았다. 결국 창조적인 분야에서는 로드리게스 스토리의 다양한 버전이 반복적으로 나타난다. 《해리포터Harry Potter》는 처음에는 출판사로부터 출간을 거절당했지만, 초대형 베스트셀러가 되었다. 다수의 도서, 노래, 영화가 명성을 얻는 데 충분한 품질을 갖추고 있지만, 이들 중 소수만이 성공작으로 남는다. 살가닉은 무엇이 이처럼 편향된 결과를 낳는지 궁금했다. 그는 몇몇 동료 연구자들과 한 가지 실험을 설계했다. 그 결과는 벤처캐피털을 평가하기 위한 훌륭한 출발점이 되었다.

살가닉은 사람들이 무명 아티스트들의 곡을 듣고, 마음에 드는 곡을 선택하여 자신들의 라이브러리에 다운로드할 수 있는 웹사이트를 제작했다. 참가자들은 서로 다른 가상의 세계(1970년대 미국과 남아공과 같이 서로 대비되는 세계)에 무작위로 배정되었다. 당연히 참가자들은 다른 사람들이 이미 다운로드한 곡을 선택할 가능성이 좀 더 많았다. 그들은 사회적 영향력에 반응했다. 초기의 인기가 눈덩이처럼 커지면서 각각의 가상의 세계에서는 다른 곡보다 훨씬 더 인기 있는 자체 대히트곡을 탄생시켰다. 그 곡의 성공은 필연적으로 보였다. 그러나 이처럼 당연하게 보이는 우월성이 오해를 일으키고 있었다. 살가닉의 다른 실험 세계에서는 다른 곡들이 맨 위에 등장했다. 예를 들어 〈록다운Lockdown〉이라는 곡이 어느 한 세계에서는 맨 위에 등장했고, 다른 세계에서는 48개 곡 중에 마흔 번째에 등장했다. 정확히 같은 곡이 정확히 같은 경쟁곡들과 경합을 벌였는데도 말이다. 놀랍게도 살가닉은 초대형 히트작은 무작위로 나온다고 결론지었다.[1]

물론 이러한 결과는 스타 벤처투자자들에게 겸손을 장려한다. 멱법칙이 지배하는 영역에서는 피드백 효과가 작용하여 소수의 벤처투자자들이 이 영역을 장악하고는 자금의 대부분을 모집하고, 인기 있는 투자에 가장 잘 접근하고, 최고의 성과를 창출할 것이다. 이 영역에서 나머지 투자자들은 어려움을 겪을 것이다. 1979년부터 2018년 사이에 조성된 벤처펀드를 살펴보면, 실적 기준으로 중앙값에 해당하는 펀드가 주가지수와 비교하여 약간 낮은 실적을 기록했지만, 상위 5퍼센트 펀드는 이를 훨씬 능가했다.[2] 그러나 적어도 이론적으로는 이번 경기에서 승리한 자들은 단순히 운이 좋았을 뿐이다. 아마도 무작위적으로 나타난 초기의 성공이 네트워크의 플라이휠이 돌아가게 할 수 있었다. 우리가 역사를 몇 번 되돌려서 살가닉의 실험을 재연할 수 있다면, 《해리포터》가 과거의 어떤 버전에서는 세상에 알려지지 않았을 것이고, 클라이너퍼킨스가 프렌드스터가 아니라 페이스북에 투자했을 것이며, 골드만삭스 경영진이 알리바바 지분을 고수하기로 결정하여 손정의의 재림을 위한 발판을 제거했을 것이다. 그러나 멱법칙은 역사의

투자의 진화

어떤 버전에서도 소수의 승자가 특별한 스타가 되도록 보장할 것이다. 하지만 누가 스타가 될 것인가에는 행운이 작용한다.[3]

2018년에 미국경제연구소National Bureau of Economic Research, NBER가 발표한 조사보고서에서는 벤처 산업을 대상으로 이러한 논리를 직접 검정했다.[4] 물론 저자들은 피드백 효과의 존재를 확인했다. 벤처캐피털이 초기에 성공하면 이후에도 성공할 확률이 높아졌다. 벤처캐피털의 초기 투자 열 건 중 주식공모로 이어지는 기업이 한 개 더 많아지면, 이후의 투자에 대하여 주식공모로 이어지는 기업 비율이 1.6퍼센트 더 상승하는 것으로 나타났다. 저자들은 다양한 가설들을 검정하고는 평판 효과 때문에 성공이 성공을 낳는다는 결론을 제시했다. 그들의 주장에 따르면, 벤처캐피털의 브랜드가 초기에 한두 차례 성공한 덕분에 매력적인 거래, 특히 스타트업이 이미 잘나가고 있고, 이에 대한 투자가 덜 위험한 나중 단계의 거래에 쉽게 접근할 수 있을 정도로 유력해졌다고 한다. 게다가 이러한 한두 차례의 성공이 벤처캐피털의 역량을 반영하지는 않은 것으로 보였다. 오히려 이러한 성공은 '적절한 때에 적절한 장소에 있는 것', 즉 행운에서 비롯되었다. 살가닉의 곡 실험에서와 마찬가지로, 행운과 경로 의존성이 벤처캐피털 업계에서 누가 승자가 될 것인가를 설명하는 것으로 보였다.

이 책에서는 벤처캐피털의 역량을 강조하면서 무작위성 이론에 반박을 해왔다. 여기에는 네 가지 이유가 있다. 첫째, 경로 의존성의 존재가 실제로 역량이 존재하지 않는다는 것을 입증하지는 않는다. 벤처투자자들이 게임에 참여하려면 역량이 있어야 한다. NBER 조사보고서의 저자들이 말했듯이, 경로 의존성은 다수의 역량 있는 참여자들 중 누가 승자가 될 것인가에만 영향을 미칠 수 있다. 또한 경로 의존성이 왜 일부 역량 있는 경영자가 다른 경영자를 이길 수 있는가를 설명하지는 않는다. 또한 주식공모로 이어지는 기업의 비율이 1.6퍼센트 더 상승한다는 사실이 벤처캐피털에 특별히 강력하게 와닿지도 않고, 지난 역사는 경로 의존성이 자주 중단된다는 것을 보여준다.[5] 아서 록은 자신의 뛰어난 명성에도 불구하고 애플에 투자한 이후로는 그다지 성공하지 못했다. 메이필드는 1980년대를 주도하던 파트너십이지만, 지금은 사람들의 뇌리에서 사라졌다. 클라이너퍼킨스는 사반세기 동안 실리콘밸리를 지배하던 벤처캐피털이 급격히 쇠퇴할 수 있다는 것을 보여주었다. 액셀은 초기에 성공했다가 이후로 안 좋은 상황을 맞이하기도 했다가 그다음에 다시 회복했다. 세쿼이아캐피털은 의심과 경계심을 유지하기 위하여, 성공했다가 실패한 수많은 벤처 파트너십을 나열한 슬라이드를 제작한 적이 있다. 그들은 이들을 "떠나는 자들"이라고 불렀다.

역량을 강조하는 두 번째 이유는 일부 벤처 파트너십들의 기원에 관한 이야기에서 비롯된다. 때로는 새로운 벤처 파트너십이 뛰어난 역량을 발휘하여 벤처 엘리트에게 도전을 걸어온다. 클라이너퍼킨스는 탠덤컴퓨터스와 제넨텍 덕분에 업계의 선두주자가 되었다. 이 두 기업 모두 클라이너퍼킨스 사무소에서 부화하여, 톰 퍼킨스의 적극적인 지원을 받아 성장했다. 여기서는 운이 전혀 작용하지 않았다. 타이거글로벌과 유리 밀너는 나중 단계 벤처캐피털의 기법을 개발했다. 그들은 기술투자에 대한 진정으로 새로운 접근법을 가지고 있었다. 즉 그들은 다른 벤처캐피털을 상대로 경쟁하기 위한 또 다른 기억하기 쉬운 멜로디에 해당하는 것보다 훨씬 더 많은 것들을 제공했다. 와이콤비네이터에서는 폴 그레이엄의 일괄처리 방식이 초기 단계 투자에 대한 독창적

투자의 진화

인 접근법을 제공했다. 벤처의 역사에서 그레이엄이 차지하는 지위는 무작위적인 행운이 아니라 똑똑한 혁신에서 비롯된 것이었다.

셋째, 벤처투자자들이 자신의 브랜드가 갖는 강점을 바탕으로 거래를 한다는 생각이 과장된 것일 수도 있다. 세쿼이아캐피털의 파트너가 보는 거래는 다른 회사의 경쟁자들도 볼 수 있다. 군소업체들이 난립한 곳에서는 경쟁이 치열하다. 때로는 거래에서의 성공이 브랜드만큼이나 역량에 달려 있다. 또한 그것은 기업가에게 깊은 인상을 주기 위해 사업 모델을 충분히 이해하는 것, 가치평가액이 과연 타당한가를 판단하는 것에 달려 있다. 한 가지 주의 깊게 집계한 결과에 따르면, 신규 또는 신흥 벤처캐피털이 최고의 거래에서 발생하는 수익의 약 절반을 차지하고 있으며, 유명 벤처캐피털들이 투자기회를 얻고도 실패한 것을 보여주는 사례는 무수히 많은 것으로 나타난다.[6] 앤드리슨호로위츠는 우버를 무시했다. 이 브랜드는 우버를 챙겨두지 못했다. 피터 틸은 스트라이프의 초기 투자자였다. 하지만 그는 세쿼이아캐피털만큼 투자하려는 확신이 부족했다. 브랜드가 있는 벤처 파트너십들이 위험이 낮은 나중 단계 투자 라운드에 참여하는 '특권'을 가지고 있다는 생각이 널리 퍼져 있는데, 실제로는 그들이 어떤 거래를 하는가에 따라 결과가 다르게 나타난다. 유니콘의 탄력은 대체로 주식가격이 엄청나게 높은 것으로 나타난다. 우버와 특히 위워크의 사례에서 보듯이, 나중 단계 투자자 중 일부가 수백만 달러의 손실을 보았다.

넷째, 역량을 강조하지 않는 조사보고서에서는 벤처투자자들이 포트폴리오 기업에 기여한 사실을 중요하지 않게 취급한다. 틀림없이 이러한 기여는 정확히 밝혀내기가 어려울 수 있다. 33년 동안 인텔 이사회 의장을 지낸 록을 시작으로 대부분의 벤처투자자들은 주목받는 것을 기피했다. 그들은 운동선수들이 아니라 코치들이다. 그러나 이 책에서는 벤처투자자의 지도가 중요한 영향을 미쳤던 다수의 사례들을 발굴했다. 돈 발렌타인은 아타리와 시스코를 혼돈에서 구해냈다. NEA의 피터 배리스는 유유넷이 어떻게 하면 GE의 새로운 정보 서비스 부문처럼 될 수 있는지 보았다. 존 도어는 구글 창업자들을 설득하여 에릭 슈미트와 함께 일하게 했다. 벤 호로위츠는 니시라와 옥타가 자리를 잡아가도록 지도했다. 물론, 포트폴리오 기업을 지도하는 벤처투자자들에 관한 이야기는 그들의 중요성을 과장한 것일 수도 있다. 이러한 사례들 중 최소한 일부에서는 창업자들이 투자자들의 조언 없이도 그들 자신의 문제를 스스로 해결할 수도 있었다. 하지만 양적 연구 문헌에 따르면, 벤처투자자들은 긍정적인 영향을 미친다. 역량이 뛰어난 벤처투자자가 지원하는 스타트업들이 그렇지 않은 스타트업들보다 성공할 가능성이 더 많다는 사실이 거듭 확인되었다.[7] 이러한 문헌에 기발한 기여를 한 연구에서는 항공노선이 벤처투자자들이 스타트업을 방문하기 쉽게 되어 있는 경우에, 어떤 일이 발생하는지 살펴보았다. 벤처투자자들이 이동하기가 편하면 스타트업은 더 나은 성과를 낸다.[8]

로드리게스의 이야기가 말해주듯이 초기의 행운과 경로 의존성은 멱법칙이 지배하는 산업에서 중요한 역할을 하고 있다. 물론 벤처캐피털 업계도 예외는 아니며, 때로는 영리한 것보다 운이 좋은 것이 더 낫다. 칫솔을 휘두르며 애플의 한 조각을 재빨리 낚아챈 영국인 앤서니 몬터규를 생각해보라. 그러나 영리함은 벤처투자자들이 지녀야 할 또 다른 자질들, 즉 냉담한 창업자들을 움직이게 하는 활력, 투자가 실패로 돌아가는 필연적인 암흑기를 견뎌내기 위한 인내력, 재능은 있지만

투자의 진화

제멋대로인 창업자를 격려하고 지도하기 위한 감성 지능과 마찬가지로 여전히 성과를 내기 위한 주요 요소다. 위대한 벤처투자자들은 자신이 기업가적 감정 변화를 조절하기 위한 도구가 될 수 있다. 포트폴리오 기업이 좋은 성과를 내고 있으면, 그들은 자기만족이 자리를 잡지 못하도록 날카로운 질문을 한다. 좋은 성과를 내지 못하고 있으면, 그들은 팀에 활력을 불어넣고, 목표를 향해 새롭게 헌신하도록 한다.

● ● ●

또한 이 책에서는 두 번째 주장도 펼쳤다. 특정 벤처 파트너십이나 개별 벤처투자자의 역량이야 어찌되었든, 하나의 집단으로서 벤처투자자들은 경제와 사회에 긍정적인 영향을 미친다. 예를 들어 애플의 자금 조달은 분명히 개별 벤처투자자의 역량에 대한 사례 연구가 아니다. 몇몇 벤처투자자들은 애플이 독립형 개인용 컴퓨터 제조업체가 되기 위한 시기가 무르익었는데도 투자하기를 거부했다. 그러나 개인의 오류야 어찌되었든, 집단으로서 벤처투자자들은 결국 스티브 잡스에게 자금을 지원했다. 결과적으로 애플은 수많은 소비자들에게 기쁨을 주고, 직원들을 위한 일자리와 투자자들을 위한 부를 창출하는 기업이 되었다.

개별 벤처투자자의 역량에 대해 이 책에서 주장하는 것과 마찬가지로, 벤처투자자의 집단적 영향력에 대해 주장하는 것에도 타당한 반대 의견이 있다. 이러한 불만은 다음과 같이 세 가지 주제로 분류될 수 있다. 벤처캐피털 업계는 사회적으로 유용한 사업을 개발하는 것보다 자신을 풍요롭게 하는 것을 더 잘한다. 벤처캐피털 업계는 백인으로 구성된 한정된 집단에 의해 좌우된다. 벤처캐피털 업계는 혼란에 시달리는 사람들을 배려하지 않고, 통제 불능의 혼란을 일으키는 사람들을 장려한다.

이러한 불만들 중 가장 설득력이 떨어지는 것은 벤처 지원 사업이 사회적으로 유용하지 않다는 것이다. 물론 거대 기술기업에는 어두운 측면이 있다. 아마존, 애플, 페이스북, 구글과 같은 거대 기업은 온갖 종류의 사회적 영향을 미치는데, 일부는 좋은 영향을 또 다른 일부는 나쁜 영향을 미친다. 그리고 정부는 나쁜 영향을 미치는 것들을 엄하게 단속해야 한다. 사생활 침해, 가짜 뉴스의 전파, 누가 언제 누구와 소통할지 결정할 수 있는 민간 행위자의 막강한 권한과 같은 것들은 규제 당국이 정당하게 단속해야 할 대상들이다. 그러나 이러한 것들이 벤처캐피털에 대한 비난으로 이어져서는 안 된다. 벤처캐피털은 애초에 거대 기술기업을 지원하면서 소비자들에게 유용한 제품을 만드는 일을 돕고 있었다. 어느 누구도 전자상거래, 개인용 컴퓨터, 소셜 미디어, 웹 검색이 없는 세상으로 되돌아가고 싶어 하지는 않는다. 이러한 거대 기술기업들이 이후로 위협적으로 와닿았다면, 이것은 그들의 규모가 너무 커졌기 때문이다. 그들의 궤적에 있는 벤처캐피털/스타트업 단계가 이제는 먼 과거의 일이 되었다. 또한 이러한 기업들이 요람에 있을 때 벤처캐피털들이 이들에게 무책임을 내장했다고 주장할 수도 없는 것이다. 오히려 반대의 경우가 맞다. 대부분의 벤처캐피털들은 창업자들에게 법과 사회의 제약에 주의를 더 많이 기울일 것을 요구한다. 액셀은 기업문화를 정화하기 위해 페이스북에서 숀 파커를 퇴출시켰다. 우버에서도 벤치마크가 캘러닉을 결국 퇴출시켰다. 한편 벤처캐피털들은 디지털 지도, 온라인 교육, 생명공학 등 소비자들에게

투자의 진화

확실히 도움이 되는 다수의 기술을 후원해왔다. 벤처캐피털들이 후원하는 회사들은 퇴보의 원천이 되기보다는 발전을 위한 힘이 될 때가 훨씬 더 많았다.

벤처캐피털들은 특정 부분의 기업을 후원하지 않은 것에 대해서도 업무 태만의 죄로 비난받는다. 이러한 불만의 가장 흔한 형태는 벤처자금이 기후변화에 대처하기 위한 기술과 같이 사회적으로 중요하고도 유용한 프로젝트보다는 경박한 앱으로 더 많이 흘러갔다는 주장으로 나타난다. 그러나 앞에서 보았듯이, 이것은 벤처투자자의 열정이 부족해서 나타나는 것이 아니다. 2006년에서 2008년 사이에 벤처투자자들은 풍력, 태양전지판, 바이오 연료 부문에 수십억 달러를 쏟아부었고, 이에 따라 친환경기술로 유입되는 자금이 세 배로 증가했다. 이러한 녹색펀드는 성과는 저조했지만, 벤처투자자의 환경에 대한 열정을 분명히 보여주었다. 아마도 틀림없이 이러한 녹색펀드가 유한책임 파트너들에 대한 책임을 초월하여 사회적 소명의식을 고양했고, 이들 중 다수가 대학과 자선단체가 참여하는 펀드였다. 게다가 2018년 이후로 벤처투자자들은 전기자동차 프로젝트, 작물의 지속 가능성을 증진하기 위한 기술, 재활용에서 수송에 이르기까지 모든 부문에서 에너지 효율성을 증진하기 위한 소프트웨어에 자금을 쏟아부으면서 친환경기술에 대한 열정을 다시 한 번 보여주었다.

어쩌면 벤처투자자들이 올바른 부문에 관심을 갖고 있지만, 그들의 재무관리 방식이 친환경기술과 같이 자본집약적인 부문에 적합하지 않을 수도 있지 않을까? 이러한 의혹은 부분적으로는 옳지만 동시에 과장된 것이기도 하다. 연구개발 비용이 많이 소요되는 기술은 벤처투자자들에게 추가적인 위험 부담을 지우고, 개발에 수년이 걸리는 제품은 벤처자본의 연간 수익률을 떨어뜨리는 것도 사실이다. 어느 한 연구에 따르면, 1991년부터 2019년까지 벤처자본의 소프트웨어 투자에 대한 연간 수익률이 24퍼센트인데 비해, 친환경기술 투자에 대한 연간 수익률은 2퍼센트에 불과한 것으로 나타났다.[9] 그러나 친환경 프로젝트에 대해서는 벤처 지원이 불가능하다는 판단은 너무나도 포괄적이다. 우선, 일부 프로젝트는 많은 자본이나 오랜 시간을 요구하지 않는다. 가전제품이 그리드에서 전기를 끌어오는 시점을 결정하는 소프트웨어가 이러한 예에 해당한다. 한편으로는 2010년 이전 친환경기술 투자의 실패는 벤처투자자의 실패이기도 했지만, 정부의 실패이기도 했다. 정치인들은 탄소 배출을 규제해야 한다는 주장을 소리 높여 외쳤고, 벤처투자자들은 이러한 신호에 따라 행동했다. 정치인들이 이러한 주장을 행동으로 옮기지 못하면서, 벤처투자자들이 당연히 손실을 떠안아야 했다. 2010년 이후로는 이와 같은 정책 충격은 없었고, 친환경기술 투자의 성적은 더 좋아졌다. 2014년에서 2018년 사이에 벤처자본의 친환경기술 투자에 대한 연간 수익률이 21퍼센트를 조금 넘겼고, 스마트 그리드와 에너지 저장 스타트업은 약 30퍼센트에 이르렀다.[10]

마지막으로, 벤처투자자들이 상당한 정도의 자본집약도를 관리할 수 없다는 생각은 역사적으로 뒷받침되지 않는다. 이 책의 앞부분에서는 예전에 벤처투자자들이 자금이 많이 소요되는 하드웨어 프로젝트에서 어떻게 성공했는지 보여준다. 페어차일드반도체, 인텔, 탠덤컴퓨터스, 쓰리콤, 시스코, 유유넷 등을 한번 떠올려보라.

벤처캐피털 업계 초기의 몇십 년 동안에, 벤처투자자들은 적절한 거래 조건을 제시하여 자본집약적인 프로젝트에 자금을 지원했다. 그들은 인내심과 풍부한 현금에 대한 대가로 포트폴리오 기업에 많은 지분

투자의 진화

을 요구했다. 1960년대에 데이비스앤드록은 그들이 지원하는 스타트업에 약 45퍼센트의 지분을 요구했다. 1970년대와 1980년대에 시리즈 A 투자자들은 대체로 약 3분의 1의 지분을 요구했다. 이후로 1990년대 후반에는 이러한 지분율이 더욱 떨어졌다. 세쿼이아캐피털과 클라이너퍼킨스는 구글에 거액의 자금을 쏟아부었지만, 모두 합하여 4분의 1의 지분만을 챙겼다. 마지막으로 액셀은 2005년에 저커버그를 지원하면서 페이스북을 상대로 8분의 1의 지분을 챙겼는데, 록에게는 이것이 정말 하찮게 여겨졌을 것이다.[11] 이러한 변화는 앞에서 살펴본 바와 같이 젊은 스타트업 창업자들의 요구에서 비롯되었다. 그러나 이것은 구글과 페이스북 같은 소프트웨어 스타트업들이 한정된 자본을 요구하면서 신속하고도 엄청난 보상을 약속한 사실도 반영했다. 따라서 벤처투자자들이 많지 않은 지분을 소유하는 데 만족한 것은 전혀 놀랄 일이 아니다. 오늘날 벤처투자자들이 자본집약적인 프로젝트에 자금을 지원하려면, 지난 시절을 기억할 필요가 있다. 그들이 기업을 상대로 많은 지분을 챙길 수 있다면, 거액의 자금을 제공할 수 있을 것이다.[12]

지난 25년에 걸쳐서 인터넷, 스마트폰, 클라우드 컴퓨팅이 널리 확산되면서, 벤처캐피털은 소프트웨어에만 관심을 갖는다는 잘못된 믿음이 생겼다. 이러한 믿음은 그 결과로 등장한 기업들이 널리 알려지게 되었고, 이들이 대중의 의식 속에 크게 자리를 잡으면서 이보다는 보잘것없게 여겨지는 기술들이 눈에 띄지 않았기 때문에 더욱 커져만 갔다. 그러나 벤처캐피털이 오직 소프트웨어만을 지원한다는 믿음은 두 가지 측면에서 잘못되었다. 우선, 소프트웨어만을 지원한다는 믿음이 잘못되지 않았다고 하더라도 소프트웨어는 거의 모든 산업에서 작용하고, 벤처캐피털이 하나의 좁은 영역만을 국한하여 지원한다는 사실을 입증하기는 어렵다. 그러나 이보다 더 중요한 사실은 인터넷 이전 시대의 자본집약적인 프로젝트가 일반적인 인식과는 다르게 여전히 성공할 가능성이 있다는 것이다.

2007년에 럭스캐피털Lux Capital이라는 벤처캐피털은 확실한 투자 대상에는 투자하지 않는다는 명시적인 요구에 따라 첫 번째 펀드를 조성했다. 공동 창업자인 조시 울프Josh Wolfe는 이렇게 설명했다. "모두가 투자하는 인터넷, 소셜 미디어, 모바일, 비디오게임은 우리의 투자 대상이 아닙니다."[13] 그 대신에 럭스캐피털은 의료용 로봇, 인공위성, 핵폐기물 처리와 같은 부문에 투자했고, 그 결과는 이러한 자본집약적인 과제가 벤처캐피털의 범위 밖에 있는 것은 아니라는 사실을 입증했다. 2020년 럭스캐피털은 대단한 수익을 자랑하며, 25억 달러에 달하는 투자를 관리했다.[14] 2021년 상반기에는 럭스캐피털의 포트폴리오 기업 9개사가 성공적인 출구를 찾았고, 추가로 15억 달러를 모금했다.

자본집약적인 기술에 대한 벤처 지원이 어떻게 가능한지 보여주는 또 다른 사례로는 플래그십파이어니어링Flagship Pioneering을 들 수 있다. 보스턴에 본사를 두고 생명공학 부문 벤처기업 육성에 집중하는 플래그십파이어니어링은 벤처캐피털이 충분한 강점을 가지고 있다면 고위험, 고비용의 야심 차고도 대담한 혁신 프로젝트에서 성과를 낼 수 있다는 사실을 입증했다. 이 기업은 클라이너퍼킨스가 제넨텍에서 했던 일을 그대로 따라 하면서, 스타트업들이 다른 회사로부터 자금을 조달하기 전에 내부적으로 이들을 배양하고 굉장히 뜨거운 위험을 제거하도록 했다. 결과적으로 플래그십파이어니어링은 성공적인 프로젝트가 주식공모에 들어갔을 때 대체로 전체 지분의 절반 정도를 보유하게 되었고, 유한책임 파트너들은 엄청난 수익을 올렸다.[15] 플래그십

파이어니어링이 지원하는 생명공학 기업 모더나는 코로나19 백신을 개발했다. 벤처캐피털의 유용성에 대하여 이보다 더 강력한 증거는 거의 없을 것이다.

벤처캐피털은 물론 업무 태만의 죄를 범한다. 재무에 관한 어떠한 전문지식도 모든 문제에 대한 답을 제공하지는 않는다. 기초과학에 관한 한 정부가 지원하는 실험실은 꼭 필요하다. 기업가치가 50억 달러가 넘는 기업에 관한 한 주식시장이 더 나은 기업 지배구조를 제공할 수 있다. 극단적인 예로 첨단 반도체 공장과 같이 대단히 자본집약적인 투자에 관한 한 재력이 있는 기업이 더 적합할 것이다. 그러나 훨씬 더 놀라운 사실은 벤처캐피털이 광범위한 영역에서 활동한다는 것이다. 초기 단계의 투자와 성장투자를 포함하면, 벤처캐피털은 기업가치가 수백만 달러에서 수십억 달러에 이르는 혁신적이고 야심 찬 스타트업이 기댈 수 있는 자금원이 된다. 스타트업이 수익성이 높은 시장을 목표로 하고 있고, 투자자들에게 열 배 이상의 수익을 제공하기 위해 최선의 노력을 기울이는 한, 그것이 어떤 부문에서 활동하는지는 전혀 중요하지 않다. 스타트업이 새로운 종류의 버거를 개발할 수도 있고(임파서블푸즈), 안경 판매를 위한 새로운 시도를 할 수도 있으며(와비파커Warby Parker), 패션 콘셉트를 개발할 수도 있다(스티치픽스Stitch Fix, 렌트더런웨이Rent the Runway). 물론 가상현실 헤드셋(오큘러스Oculus), 손목에 차는 피트니스 트래커(핏빗Fitbit), 저가의 스마트폰(샤오미)을 개발할 수도 있다. 또한 의료용 로봇을 제작할 수도(오리스헬스Auris Health), 스쿠터 및 자전거 대여 서비스(라임Lime), 유전자 검사 서비스(23앤드미), 정신건강 서비스(라이라헬스Lyra Health), 전자상거래를 위한 결제 서비스(스트라이프, 스퀘어), 소매 금융 서비스(레볼루트Revolut, 몬조Monzo)를 제공할 수도 있다. 필연적으로 벤처투자자들이 사회의 자원을 더 나은 방법으로 할당할 수 있다는 데 반대하는 비판가들이 항상 있을 것이다. 그러나 비판가들의 주관적인 우선순위에 대해서도 의문이 제기될 수 있고, 벤처캐피털의 지원을 받지 않는 모든 기업이 반드시 더 낫다고 볼 수도 없다. 벤처캐피털은 수익을 내면서 판매할 수 있는 제품을 지원하기 위해 자금을 제공하면서, 적어도 수백만 명의 소비자들의 선택을 존중하고 있다.

• • •

두 번째로 널리 퍼져 있는 불만은 명문대학 출신의 백인 남성이라는 한정된 집단이 벤처캐피털 업계를 지배하고 있다는 것이다. 이 주장은 훨씬 더 설득력이 있다. 2020년 2월 기준으로 벤처캐피털의 투자 파트너 중 여성의 비율은 놀라울 정도로 낮아서 16퍼센트로 나타났는데, 2016년의 11퍼센트에 비해서는 높아졌다.[16] 이에 반하여 변호사는 38퍼센트, 의사는 35퍼센트가 여성이다.[17] 물론 벤처캐피털 업계는 개선을 위한 노력을 기울이고 있다고 한다. 2019년 한 해 동안 미국 벤처캐피털에 새로 임명된 투자 파트너 중 42퍼센트가 여성이었고, 업계의 성차별은 다소 완화되는 모습을 보였다.[18] 몇몇 벤처투자자들은 성희롱으로 망신을 당했고, 남성들은 성적 불쾌감을 자극하는 발언을 하다가는 소환 조사를 받을 가능성이 커졌다. 2020년에 발표된 어느 논문에서는 연구자들이 벤처투자자 2만 8000명에게 유망하게 보이는 가상의 스타트업을 소개하는 이메일 8만 건을 보내 여성 혐오를 테스트한 결과를 제시했다. 표면적으로는 여성 기업가들이 보낸 소개 이메일

　　　　　　　　　　　　　　　　　　　　투자의 진화

이 남성 기업가들이 보낸 동일한 이메일보다 답장을 9퍼센트 더 많이 받았다.[19] 그러나 여성에 대한 이러한 바람직한 태도 변화가 궁극적으로 자금이 흘러가는 방향에는 실망스러울 정도로 얼마 안 되는 영향을 미쳤다. 2020년에 여성 창업자만 있는 스타트업을 대상으로 했던 벤처투자는 전체의 6.5퍼센트에 지나지 않았다. 그리고 창업자들 중에서 여성이 적어도 한 명이 있는 스타트업을 대상으로 했던 벤처투자는 이보다 조금 더 많아서 전체의 17.3퍼센트인 것으로 나타났다.[20]

인종적 측면을 살펴보면 변화의 속도가 훨씬 더 느렸다. 공정하게 말하자면, 벤처캐피털 업계는 아시아계 투자자에게는 개방되어 있다. 벤처캐피털 파트너의 약 15퍼센트가 아시아계이며, 이는 노동인구 중 아시아계가 차지하는 비율과 비교하면 두 배가 넘는다.[21] 그러나 부정적인 측면을 보면, 미국에서 노동인구 중 흑인이 13퍼센트를 차지하는데도 벤처캐피털 파트너의 3퍼센트만이 흑인이고, 전체 벤처자금 중 흑인 기업가들에게 돌아가는 자금은 1퍼센트에도 미치지 못한다.[22] 이러한 흑인의 과소 대표성은 다른 엘리트 직업에서도 그대로 나타나지만, 벤처캐피털 업계에서는 더 심하게 나타난다. 한 가지 그럴듯한 기준을 제시하자면 재무 관리자 중 흑인이 차지하는 비중이 8.5퍼센트로, 이것은 벤처캐피털 파트너와 비교하여 거의 세 배나 높다.[23] 한편, 라틴아메리카계 미국인들도 과소 대표성을 보여준다. 이들은 전체 노동인구의 17퍼센트, 재무 관리자의 11.4퍼센트를 차지하는데도 벤처캐피털 파트너의 4퍼센트만을 차지한다.[24] 이것은 공정하지 못할 뿐만 아니라 경제 발전을 저해한다. 재능 있는 사람들이 혁신에 기여할 기회를 빼앗기고 있다. 어느 연구 결과에 따르면, 이러한 문제가 해결되면 미국 GDP가 2퍼센트 이상 증가할 것이라고 한다.[25]

2020년 '흑인의 목숨도 소중하다Black Lives Matter' 시위를 계기로, 일부 벤처투자자들이 개선을 약속했다. 앤드리슨호로위츠는 백인 남성이 아닌 창업자를 양성하고 자금을 제공하는 프로그램을 마련했다. 이 파트너십은 단호한 어조로 말했다. "법 앞에서는 평등하지만, 법의 시행 앞에서는 평등하지 않다는 것은 끔찍한 일이다."[26] 우버를 지원했던 종잣돈 투자자의 일원인 퍼스트라운드캐피털First Round Capital은 다음 파트너로는 흑인을 모집할 것을 약속했다. 구글벤처스는 예전에 트위터에서 근무한 흑인 파트너 테리 번스Terri Burns를 임명한다고 발표했다. 그러나 이러한 조치들은 아직 시작에 불과하며, 지금 당장은 벤처캐피털 업계가 두 번째 불만을 인정해야 한다. 이곳은 소수의 명문대학을 나온 백인 남성들의 영역이다. MBA를 받은 벤처투자자들 중 3분의 1이 스탠퍼드대학교나 하버드대학교 출신이다.[27] 벤처업계에서 어느 정도까지는 능력주의가 지배한다. 또한 이곳은 거울주의mirrortocracy(거울Mirror과 능력주의Meritocracy의 합성어로, 조직이 그 구성원과 비슷한 사람을 채용하는 경향을 일컫는다—옮긴이)가 지배하는 곳이기도 하다.

• • •

마지막으로 세 번째 광범위한 불만이 있는데, 그것은 벤처캐피털 업계가 통제 불능의 혼란을 일으키는 사람들을 장려한다는 것이다. 이러한 불만은 때로는 우버와 같은 회사에서 시도하는 블리츠스케일링에 대한 반응이기도 하다. 그레이록파트너스의 벤처 파트너이자 링크드인 창업자이기도 했던 리드 호프먼이 만든 이 용어는 애초에는 선택이 아닌 의무를 의미했다. 네트워크 산업에서는 승자독식의 논리가 스타트업들에 경쟁자들보다 먼저 규모를 달성해야 하는 의무를 갖게 했다.[28] 그러나 사려 깊지 못한 투자자들에게는 '블리츠스케일링'이 손정의의 "더 미치고, 더 신속하고, 더 커져야 한다"라는 지령에서부터 마크 저커버그의 "빠르게 움직이고 낡은 것을 파괴하라move fast and break things"는 요구에 이르기까지, 다른 유명한 외침과 함께 나오는 것으로 "단기간에 부자가 되라"를 의미하는 것에 지나지 않았다. 심지어는 블리츠스케일링 활동 자금을 받는 이들조차도 이것이 나쁜 것이라고 말하기 시작했다. 2019년에 기업가 제이슨 프라이드Jason Fried는 벤처캐피털이 "기업에 도움이 되기보다는 기업을 죽이는 경우가 더 많다"라고 주장했다. 벤처캐피털이 지원하는 거액의 활동 자금이 관리자들이 현명하게 지출하는 방법을 깨닫기 전에 우선 지출하고 보자는 압박으로 작용하기 때문이다. 프라이드는 노골적으로 이렇게 말했다. "씨앗을 심으면 물을 쥐야 하지만, 물 한 양동이를 다 쏟아부으면 씨앗이 죽는다."[29] 기업가 팀 오라일리Tim O'Reilly는 벤처캐피털의 지원을 받은 기업들 중 다수가 파산하는 것을 보고는 이렇게 도발적인 아이디어를 내놓았다. "블리츠스케일링은 실제로 성공의 비결이 아니라 전략을 가장한 생존자 편향의 오류survivorship bias(어떤 문제에 대해 진단할 때, 특정 데이터만으로 판단하여 잘못된 결론을 얻게 되는 오류─옮긴이)에 해당한다."[30]

그러나 오라일리의 비판은 벤처캐피털을 고발하기보다는 창업자에게 경고하는 것이다. 기업가정신의 목표가 개인의 자율성에 있다면, 창업자는 벤처캐피털이 조건과 함께 온다는 사실을 이해해야 한다. 기업가들이 자신들의 회사를 균형 잡힌 속도로 성장시키기를 원한다면, 벤처캐피털이 자신들이 원하지 않는 압박을 가할 수도 있다. 그러나 경험이 부족한 창업자들은 이러한 현실을 배워야 할 수도 있지만, 벤처투자자들은 그것을 너무나도 잘 알고 있다. 그들은 신중한 창업자라면 다른 곳에서 자금을 조달해야 한다고 처음으로 선언한다. 빌 걸리는 2019년 1월에 다음과 같은 내용의 트윗을 날렸다. "대부분의 기업가들은 벤처자금을 받아서는 안 된다." 퍼스트라운드캐피털의 조시 코펠먼Josh Kopelman도 이에 동의하며 다음과 같이 말한다. "나는 제트기 연료를 판매한다. 어떤 사람들은 제트기를 만들고 싶어 하지 않는다."[31] 이러한 발언에서 알 수 있듯이, 벤처캐피털은 광범위한 분야에서 기업을 지원할 수 있지만, 다른 한편으로는 그들의 역량은 제한되어 있다. 벤처캐피털은 위험을 감수하면서 빠르게 성장하려는 야심 찬 소수에게만 적합하며, 모든 이들을 위한 벤처캐피털이라면 이런 사실을 널리 알리는 데 관심을 가져야 한다. 그들이 적절하지 않은 기업에 자금을 강제로 먹이려고 한다면, 결국 그것을 잃게 될 것이다.

그러나 오라일리의 비판은 미묘한 방식으로 벤처캐피털에 대하여 대답하기 까다로운 문제를 제기하게 만든다. 그것은 빠르게 성장하려다가 실패하는 창업자들에 관한 문제가 아니다. 아마도 그들은 이러한 위험을 알고 자발적으로 벤처자금을 받아들였을 것이다. 오히려 그것은 빠르게 성장하고 성공한 창업자들에 관한 문제다. 이러한 창업자들이 현존하는 기업에 종사하는 사람들의 삶을 완전히 바꾸어놓을 것이기 때문이다. 물론 이러한 혼란은 대체로 기술 발전을 위해 치러야 하는 공정한 대가다. 파괴는 창조적일 수 있다. 그러나 이러한 혼란이 기술이 아니라 기술금융에서 비롯된 것이라면, 판단이 달라질 수 있다. 벤처투자자들이 블리츠스케일링에 자금을 쏟아부을 때, 유니콘 무리들이 기술적으로 우월하기 때문이 아니라 벤처자금을 지원받기 때문

투자의 진화

에 자신의 제품을 원가 이하로 팔 수 있고, 이에 따라 현존하는 기업이 파산하게 되는 결과를 낳는다. 예를 들어 차량 호출 서비스 부문에서는 벤처투자자들이 승객을 끌기 위해 인위적으로 저렴한 요금을 설정하게 했고, 이에 따라 현존하는 택시 사업자들이 왜곡된 경기장에서 경쟁해야 했다. 치열한 시장 경쟁에 대한 도덕적, 정치적 정당성은 공정성에 있다. 시장이 공정하지 못하면 정당성을 잃는다.

어떠한 경제 시스템도 왜곡으로부터 완전히 자유롭지는 않다. 따라서 문제는 블리츠스케일링으로 인하여 왜곡이 파괴적인 수준에 이르렀는가에 있다. 벤처자금을 지원받는 유니콘들이 현존하는 더욱 효율적인 기업을 밀어내고 있다면, 블리츠스케일링이 경제의 전반적인 효율성을 해칠 수도 있다. 블리츠스케일링 광풍이 한창이던 2018년에 두 명의 학자들이 다음과 같은 주장을 펼쳤다. "자금을 까먹은 기업들은 예전보다 훨씬 더 오랫동안 영업을 하면서 제품을 현존하는 기업들보다 더 싸게 판매할 수 있다. 아마도 틀림없이, 이러한 기업들은 경제적 가치를 파괴하고 있다."[32] 그러나 이러한 주장이 어떤 때에는 그리고 일부 산업에서는 옳을 수도 있겠지만, 많은 경우에는 거의 틀림없이 옳지 않을 것이다.

그 이유는 시장 경쟁의 본질에서 시작된다. 다시 말하자면, 어떠한 경제 시스템도 왜곡으로부터 완전히 자유롭지 않으며, 현존하는 기업들은 대체로 강력한 우위를 가지고 있다. 그들은 규모의 경제, 강력한 브랜드, 그들이 자리를 잡는 데 도움이 되었던 정부 규제, 유통업체 및 공급업체와의 이미 확립된 관계에서 우위를 누린다. 이러한 현존하는 우위를 감안하면, 반란자들을 돕는 블리츠스케일링이 왜곡을 일으키는 것이 아니라 차별을 없애는 기능을 할 수도 있다. 차량 호출 서비스의 경우에 현존하는 택시 사업자들이 때로는 지역 규제기관을 자기 손아귀에 쥐기도 했다. 따라서 풍부한 벤처자금이 이런 부당한 우위를 없애는 역할을 했다.[33] 오라일리 자신은 이렇게 말했다. "우버, 리프트, 에어비앤비가 블리츠스케일링을 추진하지 않았더라면 번거로운 행정 규제에 묶여 있었을 것이고, 그들이 만들어가려는 미래가 일어나지는 않았을 것이다. 그런 미래는 결코 일어나지 않았을 것이다." 이론적으로 말하자면, 정말 엄청난 양의 벤처자금이 과잉 교정을 낳을 수도 있다. 손정의와 같은 노회한 사업가가 블리츠스케일링을 이끌어갈 때, 이에 대한 비판이 설득력을 지닐 수도 있다. 하지만 노회한 사업가의 블리츠스케일링은 대체로 벤처캐피털의 잘못이 아니다. 빌 걸리가 우버의 경비 지출 속도에 충격을 받은 사실을 떠올려보라. 손정의조차도 위워크에서 굴욕을 당한 이후로, 이에 대한 책임을 면하기가 어려웠다.

블리츠스케일링에 대한 마지막 논점은 주목할 가치가 있다. 블리츠스케일링을 추진하는 자들의 목표는 독점에 가까운 시장 지배력을 확립하는 데 있다. 이것은 세 가지 측면에서 사회에 해를 끼칠 수 있다. 강력한 힘을 지닌 기업은 공급업체와 노동자에게 과소하게 지급하고, 소비자에게 가격을 과다하게 요구하고, 혁신을 억누를 수 있다. 그러나 이 문제에 대한 올바른 대처 방식은 벤처캐피털을 응징하는 것이 아니라 독점이 발생했을 때 이를 규제하는 것이다. 결국 벤처캐피털의 역할은 이미 확립된 기업 권력을 무너뜨리는 것이다. 벤처캐피털은 독점 기업의 적이다. 아마존에 대한 도전은 벤처캐피털이 지원하는 이보다 젊은 기업에서 비롯된다. 예를 들어 스트라이프와 같은 다른 신흥 스타트업의 도움을 받아 대금을 징수하는 글로시에와 같은 신흥 소비자 브랜드가 여기에 해당한다. 마찬가지로 페이스북에 대한 도전은 세쿼이아캐피털이 지원하는 틱톡이나 앤드리슨호로위츠가 지원하는 클럽하우스와 같은 차세대 소셜 미디어 플랫폼에서 비롯된다. 페이스북이 인스타그램과 왓츠앱이라는 두 개의 널리 알려진 도전자를 집어삼켰다는 사실이 이러한 주장을 약화시키지는 않는다. 우선, 규제 당국은 거대 기술기업에 대한 회의론이 커가는 상황에서 페이스북이 미래의 도전자를 인수하는 것을 차단할 수 있다. 그다음으로는 페이스북이 인스타그램과 왓츠앱을 인수하면서 높은 가격을 지급한 사실이 벤처캐피털이 미래의 경쟁자들에게 자금을 지원하려는 강력한 동기를 낳았다.

샌드힐로드에서 활동하는 이들처럼 부유하고 강력한 집단이 파벌을 조성한다면, 당연히 비난받아야 한다. 그러나 여기서 살펴본 세 가지 불만 중 오직 한 가지만이 타당한 측면이 있다. 벤처캐피털 업계에서는 정말 파벌이 강력하게 작용한다. 백인, 남성, 하버드대학교와 스탠퍼드대학교 출신이 다수를 이루고 있다. 미래의 모습에 커다란 영향을 미치는 부문이라면 다양성을 더욱 심각하게 받아들여야 한다. 그러나 벤처캐피털이 친환경기술과 같은 사회적으로 유용한 산업에 적합하지 않다는 주장은 정말 옳지 않다. '크게 성공하라. 그렇지 않으면 떠나라'는 식의 블리츠스케일링 사고방식도 경제의 효율성에 해롭게 작용할 정도로 극단적이지는 않다. 기술이 삶의 구석구석에 스며들어 있기 때문에 민주주의 사회에서는 그 구성원들이 독점의 등장에서부터 가짜 뉴스의 전파, 사생활 침해에 이르기까지, 그것이 지닌 안 좋은 측면을 고민해야 한다. 그러나 이러한 위협은 성숙한 거대 기술기업에서 비롯된다. 벤처캐피털은 그들의 플랫폼을 견고히 만들기보다 방해할 수도 있다.

다른 한편에서 벤처투자자들을 하나의 집단으로 평가할 때에는 그들에게 유리한 강점을 인정해야 한다.

●●●

경영학과 금융을 가르치는 교수들은 벤처캐피털의 지원을 받은 기업들이 부의 창출과 혁신에 균형에 맞지 않게 영향을 미친다는 사실을 확실히 입증했다. 미국 기업의 1퍼센트만이 벤처캐피털의 지원을 받는다.[34] 그러나 조시 러너Josh Lerner와 라마나 난다Ramana Nanda는 1995년부터 2019년까지 25년을 다룬 연구에서, 벤처캐피털이 지원하는 기업이 미국 비금융 부문 주식공모에서 47퍼센트를 차지한다는 사실을 확인했다. 다시 말하자면, 벤처캐피털이 지원하는 기업이 그렇지 않은 기업과 비교하여 주식공모에 들어갈 가능성이 수십 배나 더 많다는 것이다. 또한 벤처캐피털의 지원을 받고 주식공모에 들어간 기업이 벤처캐피털의 지원을 받지 않은 기업보다 실적도 더 뛰어났고, 혁신을 훨씬 더 많이 일으키는 경향이 관찰되었다. 따라서 벤처캐피털이 지원하는 기업이 주식공모에서 47퍼센트를 차지했지만, 이들이 연구가 끝나는 시점에서 시장가치의 76퍼센트를 차지했다. 또한 이들은 연구개발 지출에서도 89퍼센트를 차지했다.[35] 다른 연구에서는 벤처투자가 증가할수록 특허 출원이 증가한다는 사실을 확인했고, 벤처캐피털이 지원하는 특허가 다른 특허보다 더 가치가 있다는 사실도 확인했다. 예를 들어 벤처캐피털이 지원하는 특허의 22퍼센트가 인용횟수 기준으로 상위 10퍼센트에 속하는 것으로 나타났다.[36] 이러한 지적 성과는 경제 전반에 유익한 파급 효과를 일으킨다. 어느 한 기업에서 개발한

투자의 진화

기술이 다른 기업에 유용하게 쓰일 수 있다. 혁신 제품은 세계적으로 개인과 기업의 효율성을 증진할 수 있다.

벤처캐피털이 지원하는 기업의 확실한 성공이 때로는 한 가지 질문을 하게 만든다. 벤처캐피털이 성공을 창출했는가, 아니면 단순히 성공한 곳에 나타나기만 했는가? 그러나 이미 살펴본 바와 같이 벤처캐피털의 지도를 받은 스타트업의 실적이 다른 스타트업의 것보다 더 낫다는 사실을 보여주는 또 다른 연구가 있고, 이 책에서는 이와 관련하여 벤처캐피털이 포트폴리오 기업에 긍정적인 영향을 미치는 다수의 사례를 설명했다. 또한 벤처캐피털의 역량이 스타트업에 대한 지도가 아니라 투자 대상 기업의 선택에 전적으로 달려 있다고 하더라도, 이러한 역량은 여전히 가치가 있다. 투자 대상 기업에 대한 현명한 선택이 가장 유망한 스타트업들이 그들에 필요한 자금을 조달할 가능성을 끌어올린다. 그것은 사회의 저축이 생산적으로 할당되는 것을 보장한다.

게다가 벤처캐피털에 대한 이러한 금융 중심의 사례는 사회학적인 사례로 보완되어야 한다. 애너리 색스니언의 연구 덕분에 1990년대 이후로 혁신의 중심지로서 실리콘밸리가 보스턴을 추월한 것은 그것이 지닌 네트워크의 특징 때문이라는 사실을 알 수 있었다. 인재와 아이디어는 매사추세츠주의 밀폐된 기업들보다 캘리포니아주의 규모가 작은 스타트업들 사이에서 더 자유롭게 이동했다. 이 책에서는 여기서 한 걸음 더 나아가서 색스니언이 강조한 비옥한 네트워크가 그 누구보다도 벤처투자자들에 의해 조성된다는 사실을 강조했다. 록은 캘리포니아의 혁신 플라이휠이 돌아가게 하는 데 스탠퍼드대학교의 존재나 방위산업 수요의 흐름만큼이나 중요한 역할을 했다. 실리콘밸리가 보스턴을 추월할 때에는 이더넷 기업 쓰리콤을 지원한 팀과 같은 벤처캐피털들에 의존했다. 당시 쓰리콤은 동부해안에서 자금 조달을 모색했지만, 결국에는 서부해안의 벤처캐피털에 대한 대안이 없다는 결론을 내렸다. 놀랍게도 실리콘밸리의 주요 도전자라 할 중국의 등장은 벤처캐피털에서도 찾아볼 수 있다. 중국의 인터넷 기업들은 실리콘밸리의 발전을 재현하는 과정에서 미국인 또는 미국에서 훈련받은 벤처투자자들의 지원에 힘입어 출범했다. 다시 말하지만 응용과학의 상품화에 벤처캐피털이 기여했다는 데는 의심의 여지가 없다.

　이러한 기여는 지금까지 계속 확대되었고, 앞으로도 그럴 것이다. 1980년에서 2000년 사이에 벤처캐피털의 지원을 받은 기업들이 미국 주식공모에서 이미 상당히 많은 35퍼센트를 차지했다. 이후로 20년 동안 이 비중은 49퍼센트로 증가했다.[37] 앞으로는 경제에서 근본적인 변화가 발생하여 벤처캐피털이 훨씬 더 많은 기여를 할 것이다. 과거에는 대부분의 기업 투자가 유형자산을 대상으로 했다. 자금은 물리적 재화, 기계, 건물, 도구 등을 구매하는 데 사용되었다. 이제는 대부분의 기업 투자가 무형자산을 대상으로 한다. 자금은 연구개발, 디자인, 시장조사, 비즈니스 프로세스 개발, 소프트웨어 개발에 사용된다.[38] 이처럼 새로운 무형자산에 대한 투자는 벤처캐피털의 입맛에 정확하게 맞아떨어진다. 1962년에 록은 벤처캐피털을 설명하면서 자신은 지적 장부 가치에 자금을 지원하고 있다고 말했다. 이에 반하여, 무형자산은 다른 종류의 금융업자들에게 어려운 문제를 제기한다. 은행과 채권투자기관은 차용자가 채무 이행을 하지 않을 경우에 압류해서 팔 수 있는 담보물(차용자의 자산에 대한 청구권)을 확보함으로써 손실로부터 자신을 보호하려고 한다. 그러나 무형자산은 매몰성을 띤다. 투자가 이루어지면 투자금을 회수하기 위해 팔 수 있는 물리적인 대상이 없다.[39]

　　　　　　　　　　　　　　　　　　　　　　　投資의 進化

마찬가지로, 전통적인 주식 투자자들은 재무제표에 분명하게 기록되어 있는 물리적 자산을 집계함으로써 기업을 어느 정도 평가한다. 그러나 무형자산은 측정하기가 더 어렵다. 이들은 표준 회계 규칙으로는 측정이 안 되고, 그 가치가 분명하지 않다. 예를 들어 소프트웨어 개발 프로젝트를 평가하려면, 관련 기술을 정확히 알아야 한다. 실제로 참여하는 벤처투자자들은 이처럼 당혹스러운 세계, 즉 유형자산이 무형자산으로 대체되는 세계에서 자금을 할당하기 위한 준비가 잘되어 있다.

벤처캐피털이 특히 무형자산을 얻기 위한 자금 조달에 적합하기 때문에 지리적으로 널리 확산되는 것이 전혀 놀랍지가 않다. 실리콘밸리는 여전히 이 산업의 중심이다. 미국에서는 벤처 파트너의 약 3분의 2가 실리콘밸리에서 활동하고 있으며, 2004년부터 2019년 사이에 조성된 벤처자금 중 캘리포니아에서 조성된 자금이 차지하는 비중이 44퍼센트에서 62퍼센트로 급증했다.[40] 그러나 이와 동시에 캘리포니아에 기반을 둔 투자자들이 다른 주에 있는 기업들을 지원하려는 의지가 점점 더 강해지고 있으며, 벤처캐피털로 폭발적으로 유입된 자금 중 실리콘밸리를 벗어난 곳으로 흘러가는 자금도 많았다. 가장 큰 수혜자는 전통적인 금융 중심지인 보스턴과 뉴욕의 벤처캐피털이었다. 그러나 자금은 로스앤젤레스와 시애틀과 같은 강력한 산업도시와 심지어는 이보다 더 놀라운 곳으로도 흘러갔다. 오하이오주에 본사가 있고 두 명의 세쿼이아캐피털 출신이 이끄는 드라이브캐피털Drive Capital은 12억 달러 규모의 벤처펀드를 관리한다. 2020~2021년에 코로나19가 널리 퍼지고 이에 따라 재택근무가 유행하면서, 기술기업들은 교통 체증이 심한 실리콘밸리를 떠나 세금과 임대료가 낮고 활력이 넘치는 곳으로 부상한 텍사스주 오스틴과 플로리다주 마이애미로 향했다. 8VC라는 벤처캐피털의 창업 파트너인 조 론즈데일Joe Lonsdale은 혁신이 어느 곳에서든 일어날 수 있다고 장담하면서 본사를 오스틴으로 옮길 것을 결심했다. 그는 이렇게 말한다. "재능 있는 사람들이 전국 각지에서 최고의 기술기업을 만들어가고 있습니다. 우리는 미국의 미래가 미국의 중앙에서, 즉 착한 주정부가 있고, 생활비가 비싸지 않은 곳에서 만들어질 것이라는 데 내기를 걸었습니다."[41]

미래의 산업에 자금을 지원하는 데 벤처캐피털이 갖는 우위를 강조하기라도 하듯이 벤처 허브는 미국 밖에서도 발달했다. 2009년에서 2018년 사이에 벤처캐피털 투자 상위 열 개 도시 중 베이징, 상하이, 선전, 런던 등 네 개 도시가 미국 밖에 있었다.[42] 이스라엘, 동남아시아, 인도에서는 유망 벤처캐피털 클러스터가 등장했다. 대체로 디지털시대에 뒤처진 것으로 평가받는 유럽에서조차 벤처투자액이 2014년부터 2019년까지 5년 동안에 두 배가 증가했다.[43] 2021년에는 라틴아메리카 지역 출신 세 명이 〈포브스〉가 선정한 미다스의 손 명단에 이름을 올렸는데, 이 지역 출신이 여기에 등장한 것은 처음 있는 일이었다. 세계 전체로 보면, 벤처자금 조달에서 미국이 차지하는 비중이 2006~2007년에는 약 80퍼센트였지만, 2016~2019년에는 50퍼센트 미만으로 감소했다.[44] 한 세대 전만 하더라도 과학자와 엔지니어 들에게 미국은 기업을 설립할 수 있는 유일한 곳이었다. 그러나 오늘날 그들은 모든 곳에서 기회를 찾는다.

벤처캐피털이 전 세계로 널리 퍼져 가는 것은 이 책에서 주장하는 내용을 확인해준다. 벤처캐피털 산업의 매력은 근거 없이 알려진 단점을 훨씬 능가한다. 개인으로서 벤처캐피털은 역량을 발휘한다. 하나의 집단으로서 벤처캐피털은 가장 역동적인 기업에 자금을 지원하고,

투자의 진화

엄청난 부를 창출하고 연구개발을 수행하게 하며, 지식경제를 주도하는 비옥한 네트워크를 구축한다. 미래에는 무형자산이 유형자산보다 훨씬 더 중요해지면서, 벤처캐피털의 실제로 참여하는 투자방식이 우리의 번영에 훨씬 더 많이 기여할 것이다. 물론 벤처캐피털 산업이 해결하지 못할 수많은 사회 문제들이 있고, 어떤 문제들(예를 들어 불평등과 같은 문제)은 악화시킬 수도 있다.[45] 그러나 불평등에 대한 올바른 대처 방안은 벤처캐피털의 중요성을 의심하거나 벤처투자자의 활동을 방해하는 것이 아니다. 그것은 지난 세대에 걸쳐 벤처투자자로서 부를 쌓은 사람들을 포함하여 엄청나게 성공한 운 좋은 사람들에게 세금을 부과하는 것이다.

그런데도 역설적으로 말하자면, 벤처캐피털 산업의 성공이 새로운 시련을 안겨주었다. 벤처캐피털이 전 세계로 퍼져 나가면서 강대국 사이의 경쟁에 휘말리게 될 것이다.

• • •

지금까지 벤처캐피털의 지정학은 두 개의 단계를 거쳤다. 페어차일드반도체에 대한 자금 지원에서 알리바바에 대한 자금 지원에 이르는 첫 번째 단계에서는 미국을 벗어난 지역에서 벤처캐피털이 거의 존재하지 않았기 때문에, 국가 간 경쟁의 문제는 무의미했다. 새로운 세기를 맞이할 무렵에 시작된 두 번째 단계에서는 벤처캐피털이 전 세계로 퍼져 나가기 시작했지만, 세계화의 대부분 측면과 마찬가지로 이것은 대체로 윈윈 프로세스로만 여겨졌다. 미국의 벤처투자자들이 중국의 디지털경제에 산파 역할을 했을 때 중국이 승자였지만, 중국 투자에서 엄청난 수익을 올린 미국도 분명히 승자였다. 소수의 전문가들만이 중국의 기술력이 강화되면서 이것이 미국의 국익에 위협이 될 것을 걱정했다. 결국 실리콘밸리가 크게 앞서 있기 때문에 중국이 미국을 조금 따라잡는다고 해도 상황이 거의 변하지는 않을 것으로 보였다.

2017년 무렵이 되어 벤처캐피털의 지정학이 세 번째 단계에 접어들었다. 미국과 중국 모두에서 지도자들은 세계화를 윈윈 프로세스로만 바라보려고 하지 않았고, 세계를 경쟁 측면에서 바라보려고 했다. 한편으로는 강대국 간의 경쟁이 치열해지면서 디지털경제에서 미국의 우위가 사라졌다. 중국에서는 유니콘들이 미국만큼 많아졌고, 드론, 모바일 결제, 차세대 5G 네트워킹 장비와 같은 일부 기술 부문에서는 미국을 앞서 있었다. 스마트폰으로 삶의 모든 측면을 실행하려는 중국 소비자들의 생활습관 덕분에 엄청난 양의 데이터가 생성되었고, 중국의 값싼 노동력 덕분에 데이터에 꼬리표를 붙이는 노동집약적인 작업이 가능했다. 중국은 이 두 가지 요소들을 결합하여 인공지능 시스템을 개선하기 위한 경쟁에서 우위를 점했다. 2017년에 실리콘밸리는 아직 입증되지 않은 유용성에도 불구하고 암호화폐에 대한 흥분으로 들떠 있었다. 그사이에 중국 스타트업들은 스마트폰을 사용한 즉석 대출에서부터 추천 알고리듬, 안면 인식에 이르기까지 각종 앱을 개발하면서 인공지능 부문에서 앞서 나가기 시작했다.[46] 같은 해에 중국은 미국을 추월하여 벤처 수익의 최고 원천이 되었다.[47] 이것은 전혀 우연이라고 여겨지지 않았다.

미국과 중국의 경쟁이 치열해지고 기술 격차가 좁혀지면서, 예전의 윈윈 프로세스는 다시 검토할 때가 되었다. 벤처캐피털이 경제 성장과 혁신에 엄청나게 기여했기 때문에 국력의 근간이 되었다. 따라서 벤처

투자의 진화

캐피털은 지정학적 계산에서 제외될 수가 없다. 나중에 와서 돌이켜보면, 중국의 기술 부문을 구축하는 데 미국 벤처투자자들이 했던 역할이 미국보다는 중국에 더 많은 혜택을 주었다. 미국의 투자자들은 돈을 벌었지만, 중국은 전략산업을 확보했다. 중국이 얻은 이러한 혜택은 미국 벤처캐피털이 군사적 잠재력을 지닌 중국 기술을 개발하는 데 기여한 영역에서 가장 분명하게 나타났다. 예를 들어 세계적인 상업용 드론 제조업체로 선전에 본사를 둔 DJI는 주로 액셀과 세쿼이아차이나를 통해 자금 지원을 받았다.[48] 미군은 안보를 이유로 DJI 하드웨어의 미국 내 사용을 금지했으며, 2020년 미국 법무부는 DJI 제품을 구매하기 위해 연방기금을 사용하는 것을 금지했다. 마찬가지로 세계적인 인공지능 기업인 센스타임SenseTime은 타이거글로벌을 통해 자금 지원을 받았다. 센스타임은 이슬람교도가 다수를 이루는 신장지구에서 중국의 감시기관에 협력한 혐의로 미국 상무부의 제재를 받는 기업 명단에 올라 있다.

이처럼 미국이 중국의 기술 우위에 기여한 것이, 미래의 전쟁 양상이 변하기 때문에 훨씬 더 중요한 의미를 갖게 된다. 최근까지 미국은 스텔스 항공기, 항공모함 및 정밀 유도 병기와 같은 영역에서의 기술 덕분에 중국에 대하여 군사적 우위를 갖고 있다. 그러나 중국의 군사 지도자들은 인공지능 무기에서 우위를 확보하여, 그와 같은 기술을 뛰어넘는 것을 목표로 하고 있다. 가격이 저렴하고 소모성을 갖고 자율적으로 움직이는 드론 떼가 항공모함을 무용지물로 만들 수 있다.[49] 미군 지휘관들은 인공지능의 잠재력을 중국 지휘관들만큼 잘 이해하고 있지만, 과거에 그들에게 우위를 갖게 해주던 무기 구매 습관에 여전히 사로잡혀 있었다. 이것은 혁신가의 딜레마에 대한 일종의 군사 버전에 해당한다. 미국 해군은 2030년대의 어느 시점에 차세대 함재 전투기 F/A-XX를 실전 배치할 계획이다. 이것은 유인 전투기가 될 것이다. 한편, 미래의 전쟁터는 지능형 무인 전투기가 지배할 것이다. 소프트웨어가 전쟁을 집어삼킬 것이다.

중국 국방부는 인공지능 무기 경쟁에서 승리하기 위해 국방기술대학교에 200명이 넘는 인공지능 연구자들을 모아놓고 세계 최대 규모의 정부 주도형 인공지능 기술 개발에 착수했다. 그러나 이와 같은 일종의 맨해튼 프로젝트가 중국이 추진하는 전략의 핵심이 아니다. 알리바바, 텐센트와 같은 세계적인 기업을 키우는 데 미국식 벤처캐피털의 위력을 실감한 중국은 인공지능 무기에서 우위를 차지하면 민간 부문의 인공지능 사업에서도 우위를 차지할 것으로 생각하고 있다. 인공지능 사업은 규모의 경연장이다. 빅데이터, 대규모의 컴퓨팅 역량, 알고리듬을 완벽하게 하는 과학자 집단에 대한 대규모의 투자가 필요하다. 오직 세계적인 기업만이 이 세 가지 투자를 해낼 수 있을 것이다. 이미 센스타임은 국방기술대학교보다 세 배가 많은 인공지능 연구자들을 확보했고, 테네시주 오크리지 국립연구소Oak Ridge National Laboratory 가 보유한 세계 최대 규모의 슈퍼컴퓨터가 가진 연산 능력을 능가하는 컴퓨팅 인프라를 구축했다. 센스타임 과학자들은 서구 세계의 인공지능 연구자들과도 깊이 교류하고 있다. 2018년 현재, 인공지능에 관한 MIT-센스타임 연합MIT-SenseTime Alliance on Artificial Intelligence은 MIT의 다양한 학과에 걸쳐 27개의 프로젝트에 자금을 지원하고 있다.[50] 지금은 구글과 같은 미국 기업의 인공지능팀 규모가 예전보다 훨씬 더 커졌다. 그러나 구글은 미국의 힘에 회의적인 시각을 갖고 있다. 따라서 구글의 기술력을 군사적 우위로 전환하기는 쉽지 않을 것이다. 2018년에는 구글이 여러 국가 출신의 진보적인 자사 과학자들의 압력에 직면하여 펜타곤이 주도하는 인공지능 파일럿 프로그램인 프로젝트메이븐Project Maven에 대한 참여를 중단했다. 한편으로는 미국의 전통적인 주요 방위산업체인 보잉, 레이테온테크놀로지스, 록히드마틴은 소프트웨어 거대 기업에 비해 연구비 예산이 부족한 실정이다.[51] 이들은 획기적인 인공지능 무기를 제공할 수 있는 상황에 있지 않다.

지금까지 이야기를 요약하자면, 중국 벤처 생태계에서 등장한 센스타임, DJI와 같은 기업들이 미국에 도전장을 내밀고 있다. 벤처자본은 민간과 국방 부문 모두에서 힘의 균형을 바꾸고 있다. 문제는 정부가 이러한 변화를 맞이하여 무엇을 해야 하는가에 있다. 정부는 어떻게 하면 기업가들이 왕성하게 성장하는 부문을 가질 기회와 이것이 가져다주는 모든 지정학적 혜택을 극대화할 수 있는가? 그리고 미국은 특히 중국의 등장에 어떻게 대처해야 하는가?

● ● ●

벤처캐피털이 지원하는 혁신을 장려하려는 정부의 노력이 바람직하지 않은 양극화된 논쟁을 일으킬 수가 있다. 한편으로는 기술 자유지상주의자들이 국가의 개입이 아무런 도움이 되지 않는다고 주장하는 것은 잘못되었다. 앞에서 살펴보았듯이 인터넷은 펜타곤 프로젝트로 시작되었고, 마크 앤드리슨은 정부가 지원하는 대학 실험실에서 일하면서 최초의 웹브라우저를 만들었다. 1980년 무렵에 연금펀드의 벤처캐피털에 대한 투자 제한의 철폐와 자본이득세율의 인하라는 정부 정책의 두 가지 변화가 자금이 미국의 벤처펀드로 유입되는 데 커다란 기여를 했다. 다른 한편으로는 정부의 산업 정책을 신봉하는 사람들이 정부 개입의 반복되는 실패를 대충 얼버무리는 것도 똑같이 잘못되었다. 1960년대에 미국 정부의 SBIC 지원은 주로 자원 낭비라 할 수 있었다. SBIC는 민간 벤처 파트너십과 비교하면 효율성이 크게 떨어졌다. 1980년대에 미국 반도체 산업에 대한 정부 보조금 지원은 회복과는 거의 관계가 없었다. 오히려 민간 부문에서 칩 제조에서 혁신적인 칩 설계로 전환한 것이 더 큰 의미가 있었다. 마찬가지로 중국에서도 과학 교육과 연구에 대한 정부의 투자가 중국이 성공하는 데 기여했다. 그러나 그 밖의 정부 개입은 실패로 끝났다. 2014년 시진핑 국가주석이 자국 기술자들에게 "추월하기 위해 노력하라"고 촉구한 이후로, 중국은 현기증을 일으킬 정도로 다양한 정부의 "지도 자금"에 돈을 쏟아부었다. 이러한 자금은 2016년에만 566개가 조성되었는데, 대부분이 낭비된 것으로 보였다.[52]

다른 국가들은 정부 개입이 저절로 좋은 결과 또는 나쁜 결과를 낳는 것은 아니라는 사실을 확연히 보여준다. 정부 개입의 성공 여부는 정책 설계의 세부 내용에 달려 있다. 1993년에 이스라엘의 정부 지도자들은 역사상 가장 성공적인 벤처 개입 중 하나로, 요즈마그룹Yozma Group이라는 1억 달러 규모의 정부 기금을 출범시켰다. 이 기금은 이스라엘에서 창업하려는 외국 벤처기업에 보조금을 지급하는 데 사용되었다. 민간 투자자들이 약 1200만 달러 규모의 펀드를 조성했고, 요즈마그룹이 선행 투자의 위험을 공유하고 미래의 수익에 대한 청구권에 상한을 설정하는 관대한 조건으로 800만 달러를 추가로 내놓았다. 이러한 양허성 자금 지원은 규제의 변경과 함께 진행되어, 외국인 투자자들은 그들에게 친숙한 미국식 유한책임 파트너십 구조를 활용할 수 있었고, 이에 따라 자유를 극대화하고 세금을 최소화할 수 있었다. 이스라엘은 대부분이 미국인으로 구성된 숙련된 벤처사업자들을 '끌어들임'으로써, 과학 인재의 깊은 저장소를 스타트업들이 번성하는 현장으로 만들었다. 요즈마그룹이 출범하기 전까지는 이스라엘에 적극적으로 활동하는 벤처펀드가 단 하나만 있었다. 이후로 10년이 지나서 이스라엘 정부는 이 부문에 대한 보조금 지급을 중단했고, 60개의 민간 그룹들이 약 100억 달러에 달하는 자산을 관리했다. 2007년에는 이스라엘의 GDP 대비 벤처캐피털 비율이 다른 어느 나라보다 높았다.[53]

이제 이와는 대비되는 현상으로 유럽연합의 벤처 개입을 살펴보기로 하자. 2001년 유럽집행위원회 European Commission는 벤처 보조금으로 20억 유로(19억 달러)가 넘는 금액을 할당했다. 그러나 유럽집행위원회는 이스라엘의 성공을 뒷받침하던 세부적인 정책을 설계하지 않았기 때문에 이 자금을 가지고 성공적으로 개입하지 못했다. 유럽은 유한책임 파트너십을 인정하지 않았고, 까다로운 노동시장 규제 문제도 해결하지 않았다. 또한 벤처캐피털의 출구가 되어줄 스타트업 친화적인 주식시장을 형성하는 데에도 실패했다. 따라서 유럽의 벤처 개입은 민간 벤처투자자들을 끌어들이기보다는 밀어내는 결과를 초래했다. 유럽에서는 기업가의 기회가 제한되어 있기 때문에, 민간 벤처투자자들은 보조금을 받는 공공 투자자들과 경쟁하는 데 관심이 없었다.[54] 더 나쁘게는 정부가 지원하는 공공 투자자들이 민간 투자자들과 비교하여 덜 숙련되고 동기 부여도 덜 되어 있기 때문에, 이것이 유럽 벤처캐피털의 전체적인 역량을 떨어뜨리는 결과를 낳았다. 결국 투자 대상의 선택과 투자 이후의 지도에서 뛰어난 역량을 보여주지 못했다. 벤처캐피털 업계가 등장하던 시기부터 2007년 말까지 유럽 벤처펀드의 평균

수익률은 마이너스 4퍼센트였다.[55]

　이러한 정책 실험들을 종합하면, 벤처캐피털을 장려하는 것에서 한 가지 경고와 함께 네 가지 교훈을 얻을 수 있다. 경고는 이스라엘이 특이하다는 것이다. 싱가포르와 뉴질랜드는 이스라엘 모델을 모방할 수 있는 몇 안 되는 나라들 중 하나였다. 안타깝게도 대부분의 경우에 벤처펀드에 납세자의 돈을 쏟아붓는 것은 효과가 없는 것으로 입증되었고, 특히 공공 자금이 민간 벤처투자자들을 밀어낼 때에는 더욱 그러했다.[56] 원칙적으로 자본비용을 보조함으로써 기업가정신을 고양한다는 생각은 옳다. 이것은 정부가 민간 투자자들이 스타트업을 더 잘 선별하고, 중요하게는 지원을 더 잘 중단한다는 사실을 인식하면서 기업가들을 도울 수 있게 해준다. 그러나 정부가 벤처사업에 보조금을 지급하면, 이것이 때로는 관료주의, 잘못된 동기 부여, 정실주의와 같은 정부의 안 좋은 측면을 드러내기도 한다. 2009년 하버드대학교 경영대학원의 조시 러너는 벤처캐피털을 장려하려는 정부의 시도에 대하여 이 분야에서 권위자의 생각을 담은 저작을 발표하면서, 이 저작의 제목을 '부서진 꿈의 대로Boulevard of broken dreams'라고 지었다.[57]

　벤처캐피털을 장려하는 것에서 얻는 첫 번째 교훈은 보조금보다 세금우대 조치가 더 효과가 있다는 것이다. 보조금은 벤처투자자들이 정부 기금에 투자하도록 유인함으로써 엉성한 내기를 조장한다. 그 이유는 투자 손실의 일부를 납세자들이 부담할 것이기 때문이다. 이와는 대조적으로 세금우대 조치는 스타트업의 자본비용을 줄이는 것과 똑같은 목표를 달성하지만, 더욱 건전한 인센티브를 창출한다. 투자자들이 처음에 내기를 건 투자금은 모두가 자신들의 호주머니에서 나온 것이어야 한다. 따라서 그들은 위험을 신중하게 감수하게 된다. 이와 동

투자의 진화

시에 세금우대 조치는 투자 실적이 좋은 경우에 벤처투자자들이 수익을 더 많이 챙겨 갈 수 있게 한다. 이것은 벤처캐피털에 최대한 현명하게 투자하고 포트폴리오 기업을 돕기 위해 한층 더 노력하려는 동기를 부여한다.

벤처캐피털에 세금우대를 제공하기 위한 가장 성공적인 메커니즘이 바로 유한책임 파트너십이다. 이 메커니즘은 다른 장점도 있지만, 기업에 이중과세를 부과하지 않도록 한다. 일반 기업의 이익은 법인 차원에서 먼저 과세되고, 그다음에 이익이 배당금으로 지급되면 주주 차원에서 과세된다. 이와는 대조적으로 유한책임 파트너십은 '통과 법인pass-through entity'으로 분류된다. 이에 따라 법인은 투자에 성공하여 얻은 이익에 대하여 비과세 적용을 받는다. 그다음에 파트너들이 배당금을 받을 때 단 한 번 세금을 낸다. 유한책임 파트너십은 데이비스 앤드록이 활동하던 시대부터 미국의 벤처투자를 지배해왔으며, 이후로 영국, 중국 및 이스라엘과 같은 다른 국가들이 이것을 받아들였다. 그럼에도 일부 국가들은 부유한 투자자들이 세금을 회피하는 것을 원하지 않았기 때문에, 유한책임 파트너십과 같은 통과 법인을 허용하지 않는다. 이것은 이해할 수는 있지만, 잘못된 것이기도 하다. 기업가의 동기를 해치지 않으면서 부자들이 자신의 공정한 몫을 납부하게 만드는 방법이 없지는 않다. 예를 들어 벤처투자자에 대한 세금우대와 상속세 인상을 함께 추진할 수도 있다.

두 번째 정책적 교훈은 벤처투자자를 위한 세금우대와 스타트업 직원을 위한 인센티브 제공이 함께 추진되어야 한다는 것이다. 스타트업에서 일하는 것이 끔찍한 경험일 수도 있다. 어느 한 연구에 따르면, 벤처 지원을 받는 기업가의 거의 4분의 3이 회사가 문 닫을 때 자기 몫으

로 챙겨 가는 것이 전혀 없다고 한다.[58] 이런 벤처사업에 열정을 쏟아
붓는 재능 있는 사람들에게 다른 선택지가 없지는 않다. 그들은 안정
된 대기업에서 일하면서 월급을 받을 수도 있었다. 인재들을 쾌적하고
도 안정된 곳에서 데려오려면 많은 보상을 제공해야 한다. 그리고 활
기찬 스타트업에서 흘러나오는 긍정적인 파급 효과를 생각하면, 사회
가 그들에게 많은 보상을 제공할 수 있도록 해야 한다. 따라서 정부는
현금이 부족한 스타트업들이 세계적인 인재들을 끌어들이기 위한 최
고의 장치로 여겨지는 종업원 스톡옵션을 장려해야 한다. 영국, 캐나
다, 중국, 이스라엘, 발트해 연안 국가들이 종업원 스톡옵션을 실시하
기 위하여 법률과 조세 규정을 제정했지만, 다른 국가들은 이에 저항
했다. 일부 유럽 국가에서는 의결권이 없는 주식의 제공은 법으로 허
용되지 않는다. 따라서 스타트업의 지배구조를 불안에 빠뜨리지 않고
서 종업원 스톡옵션을 도입하는 것은 불가능한 일이다. 다른 국가에서
는 스톡옵션을 받을 때 세금이 부과된다. 예를 들어 벨기에에서는 종
업원들에게 스톡옵션이 아무런 가치가 없는 것으로 드러나더라도, 그
것을 받는 시점에 18퍼센트의 세금이 부과된다. 2020년 프랑스에서는
종업원 스톡옵션이 실행 가능한 제도가 되도록 뒤늦게 규정을 변경했
으며, 독일 재무장관은 독일도 프랑스의 사례를 따를 것이라고 약속했
다. 그러나 유럽의 종업원 스톡옵션 제도는 미국과 비교하여 많이 뒤
처져 있다. 미국 스타트업 직원들은 유럽 스타트업 직원들과 비교하여
그들이 일하는 회사 주식을 두 배나 더 많이 소유하고 있다.[59]

정부는 자본비용을 낮추고 종업원 스톡옵션 제도를 장려하는 것 외
에도 발명의 펌프에 마중물을 쏟아부음으로써, 기술 스타트업에 힘을
실어줄 수 있다. 따라서 세 번째 정책적 교훈은 다음과 같다. 정부는 과

학에 투자해야 한다. 여기에는 젊은 과학자를 훈련하는 것과, 상품화와는 너무나도 동떨어져서 벤처캐피털 자금을 유치할 수가 없는 기초과학에 투자하는 것도 포함된다. 또한 대학 실험실에 대한 투자는 그 결과로 나온 성과물을 상품화할 수 있다는 법률 조항과 함께 진행되어야 한다. 미국에서는 1980년에 제정된 바이돌법Bayh-Dole Act에 근거하여, 대학이 연방연구보조금을 지원받아 이루어낸 발명품에 대한 특허권을 보유하고, 스타트업에 이에 대한 사용 허가를 할 수 있다. 그 결과, 미국의 많은 대학들이 발명가와 벤처투자자를 연결하기 위한 기술이전 사무소를 설립했다. 산업 클러스터가 자본과 사람들의 신속한 이동에 의존하는 것처럼, 지식재산권도 가장 생산적으로 사용될 수 있도록 자유롭게 풀어주어야 한다.

마지막으로 광범위한 정책적 교훈은 정부가 세계를 무대로 생각해야 한다는 것이다. 정부는 외국 과학자들과 기업가들을 끌어들이기 위한 경쟁을 위해 비자를 관대하게 발급해야 한다. 또한 외국 벤처투자자들이 편하게 투자할 수 있도록 세계적으로 인정받는 조세와 법률 조항을 받아들여야 한다. 국내 주식시장이 활성화되어 있지 않으면, 스타트업들이 해외 주식시장에 상장할 수 있도록 장려해야 한다. 개방적인 글로벌 경쟁을 희생시켜가면서 자국 기업에 특혜를 주어서는 안 된다. 한 국가의 경제가 다른 국가의 경제와 더 많이 연결될수록 벤처투자자들이 유망 스타트업을 찾아내려는 동기가 커진다. 잠재적인 소비자 시장이 커질수록 투자기회가 더 많아진다. 이스라엘에서는 부분적으로는 스타트업들이 창업 초기부터 미국인들에게 매각할 것을 목표로 했기 때문에 번성할 수 있었다. 유럽에서는 스카이프와 스포티파이와 같은 뛰어난 스타트업들이 미국 벤처캐피털로부터 자금을 조달하고 미국 소비자들에게 서비스를 판매했기 때문에 크게 성공할 수 있었다.

기술의 지정학적 영향력을 우려하는 정치인들은 벤처캐피털에 대한 보조금 지급을 통하여 정부가 직접 개입하는 것에 마음이 끌린다. 그러나 이것은 잘못된 생각이다. 많은 경우에 다음과 같은 네 가지 간단한 조치가 더 나은 성과를 낳을 것이다. 유한책임 파트너십을 장려한다. 스톡옵션을 장려한다. 과학 교육과 연구에 투자한다. 세계를 무대로 생각한다.

● ● ●

미국은 특히 중국의 도전에 어떻게 대처해야 하는가? 이에 대해서는 세 가지 정책 수단을 고려해야 한다. 미국은 중국에 대한 자국의 기술투자를 더욱 제한할 수 있다. 미국은 자국으로 들어오는 중국의 투자를 제한할 수 있다. 미국은 산업스파이로 활동하는 중국 정부 요원들의 압박에 쉽게 휘둘릴 수 있는 중국 과학자들의 미국 내 유입을 제한함으로써, 자국의 지식재산권을 보호할 수 있다. 그러나 이 세 가지 조치들은 모두 미국의 전통적인 경제적, 지적 개방성을 위배하고, 방금 언급한 '세계를 무대로 생각하라'는 권고를 무시하는 것이다. 그런데도 중국의 광범위한 도전을 생각하면, 이러한 조치들을 심각하게 고려해야 한다.

중국에 대한 미국의 벤처투자를 제한하는 것은 이러한 선택지 중에서 가장 매력적이지 않다. 미국의 대외 투자의 흐름이 처음에는 중국에 유리하게 작용했지만, 이후로는 그렇지 않았다. 나중에는 중국의 벤처산업이 중국 고유의 것이 되었다. 치밍과 같은 파트너십은 실리콘

투자의 진화

밸리 벤처투자자들에게 배울 것이 거의 없었다. 따라서 이러한 벤처투자자들이 중국에 들어가지 못하게 하는 데는 전략적 이점이 거의 없다. 앞으로는 미국 벤처투자자들이 중국에 가져다주는 노하우는 미국이 얻는 수익과 통찰력에 의해 어느 정도 균형을 이룰 것이다. 역설적이게도 세계화의 이러한 측면에 대한 윈윈 스토리는 대부분의 사람들이 그것을 믿지 않을 때에만 진실이 되었다.

미국에 대한 중국의 벤처투자를 제한하는 것은 미국의 관점에서 보면 더욱 타당하다. 이러한 투자 흐름은 이미 상당한 규모로 진행되었다. 2017년부터 2019년까지 3년 동안, 이러한 벤처투자액이 92억 달러에 달했다.[60] 그러나 미국은 기술 부문에서 중국의 벤처펀드로부터 얻을 것이 별로 없다. 미국의 기술 부문은 이러한 자금이 필요하지 않고, 이와 함께 들어올 수도 있는 사업적 통찰력도 필요하지 않다. 외국 벤처캐피털을 선호하는 일반적인 관점은 중국의 경우에는 대체로 적용되지 않는다. 중국 시장은 미국의 광범위한 기술기업들에는 사실상 폐쇄되어 있으므로, 중국 벤처캐피털과의 연줄은 아무런 의미가 없을 수 있다. 한편, 미국에 대한 중국의 벤처투자를 허용하는 데서 제한적인 이익을 얻더라도 이에 따른 위험에는 대비해야 한다. 중국 투자자들을 벤처캐피털의 영역에 수용하는 것은 그들이 새로운 기술에 대한 정보를 얻는 것을 의미하기 때문이다. 확실히 다수의 미국 스타트업들은 안보관이 없으며, 따라서 중국과 연루되는 것이 무해하게 여겨질 수 있다. 그러나 센스타임의 사례에서 보았듯이 기술이 때로는 이중적인 용도를 갖는다. 민간 기술처럼 보이는 것이 언제든지 군사 기술로 바뀔 수 있다.

미국 대학이나 기업에서 근무하고 싶어 하는 중국 과학자들에게 기회를 제한하는 세 번째 반중 정책 수단은 어떠한가? 이것은 가장 첨예한 딜레마를 제기한다. 미국의 경우에는 중국 이민자에 대한 개방성에서 얻는 혜택이 상당히 크다. 미국은 중국 벤처캐피털보다 중국 과학자들에게서 훨씬 더 많은 혜택을 얻는다. 그러나 개방성에서 비롯되는 위험도 상당히 크다. 중국의 광범위한 민간 스파이 프로그램에는 미국에서 활동하는 중국인 과학자들을 정보원으로 활용하려는 체계적인 계획이 포함되어 있다. 미국은 개방성과 폐쇄성에 대한 이러한 상충되는 주장에 균형을 맞추기 위해 개방성에 대한 대비책을 세워야 한다. 중국의 과학 인재에 여전히 문호를 개방하면서, 중국의 민간 스파이에 대한 방첩활동을 활발히 전개해야 한다. 미국에서 활동하는 과학자들이 외국에 각종 비밀을 넘겨준다면, 그들을 체포해서 처벌해야 한다. 정보기관은 그들의 행동을 포착할 수 있도록 충분한 자원을 갖추어야 한다.

중국은 다른 선진국들로부터 지식재산을 빼돌리기에 여념이 없는 군사 경쟁국이다. 따라서 미국은 자국의 경제 및 전략적 이익을 방어해야 한다. 이를 위해서는 미국으로 들어오는 중국 벤처캐피털을 제한하고, 미국의 지식재산권을 적극적으로 보호하는 것이 적절한 방법이다. 그러나 미국은 중국의 속도를 늦추는 것뿐만 아니라 중국보다 빠른 속도로 나아가기 위해 더욱 분발해야 한다.[61] 정부는 과학 교육과 연구에 훨씬 더 많은 투자를 해야 하며, 벤처캐피털이 지원하는 혁신을 위한 기반을 조성해야 한다. 또한 벤처캐피털이 세금을 더 많이 내야 한다고 주장하는 포퓰리스트들의 압력에도 저항해야 하고, 벤처캐피털이 지원하는 기업들이 주요 방위산업 계약을 따낼 수 있도록 실리콘밸리와 펜타곤 사이에 더 나은 협력 관계를 구축해야 한다. 혁신 경

　　　　　　　　　　　　　　　　　　　　투자의 진화

쟁은 주로 아웃라이어에 의해 결정되기 때문에, 이러한 조치들이 미국이 기술 우위를 유지하는 것을 보장하지는 않는다. 오늘날 네트워킹 부문의 거대 기업인 화웨이가 존재하지 않는다면 중국의 파워가 다르게 보일 것처럼, 아마존이나 인텔이 존재하지 않는다면 미국의 파워도 다르게 보일 것이다. 그러나 미국이 벤처캐피털 시스템을 계속 보호하고 힘을 실어준다면 미국에 승산이 있다.

이러한 주장은 중국의 강압적인 국가 시스템이 강점보다는 약점이 더 많이 있을 것이라는 판단에 기초한다. 물론 이러한 시스템에는 강점도 있다. 중국 정부는 2000년에서 2018년 사이에 GDP가 빠르게 성장하는 동안에 GDP 대비 연구개발 지출을 0.9퍼센트에서 2.1퍼센트로 늘리면서, 과학에 열렬히 헌신하는 모습을 보여주었다. 이와는 대조적으로 미국 정부는 GDP 대비 연구개발 지출이 2.5~2.8퍼센트 사이에서 머물게 했다.[62] 그러나 부정적인 측면을 보자면, 중국의 권위주의적 정치문화가 궁극적으로는 자유분방한 기업가정신과 대립했다. 현재의 상황에 대한 기득권을 가진 정부는 파괴적인 혁신을 일으키면서 이 상황을 뒤집는 모험을 하지는 않을 것이다. 이러한 긴장의 생생한 사례가 2020년 가을에 나타났다. 그해 9월 알리바바는 서구 세계의 경쟁사들을 능가하는 머신러닝 칩인 한광800 Hanguang 800을 발표하여 중국의 놀라운 기술 발전을 알렸다. 그때까지 반도체 설계가 중국의 약점이었던 점을 감안하면, 이번 발표는 미국 반도체 산업에 경종을 울린 것이었다. 그러나 이러한 승리의 순간에도 알리바바의 창업자 마윈은 자신이 중국 정부의 심기를 건드린 것을 깨달았다. 마윈이 중국의 금융 규제를 비판하자 중국 정부는 마윈의 결제회사인 앤트그룹Ant Group의 주식공모를 방해했다. 또한 알리바바를 상대로 독점금지 소송을 진행하여 28억 달러의 벌금을 물게 했다. 이러한 정치적 탄압 속에서 마윈은 몇 달 동안 세상 사람들의 눈에서 사라졌고, 알리바바의 주식가격은 4분의 1이나 떨어졌다. 이듬해 봄에는 알리바바의 경쟁업체 핀듀오듀오Pinduoduo의 창업자가 자신이 조만간 다음 목표물이 될지도 모른다는 두려움을 느끼고는 자리에서 물러났다. 그의 동료는 엄숙한 표정을 지으면서 이렇게 말했다. "정상에 있으면 안전하지 않습니다."[63] 2021년 여름이 되면서 이 말이 예지력이 있는 것으로 보였다. 텐센트, 디디를 포함하여 온라인 교육산업 전체가 정치적 탄압의 대상이 되었고, 공산당의 규제기구는 검사, 판사, 배심원의 역할을 했다.

미국 시스템에는 이런저런 결함이 있기는 하지만, 기업가들을 그처럼 가혹하게 대하지는 않는다. 마윈과 가장 비슷한 사람이 아마존의 제프 베이조스가 될 수 있다. 그는 도널드 트럼프Donald Trump를 상대로 가장 비판적인 기사를 쓰는 〈워싱턴포스트〉를 소유하여 트럼프와는 대립 관계에 있었다. 그러나 이런 사실이 양국 간의 유사성이 아니라 차이점을 강조한다. 중국에서는 인터넷 재벌이 정부를 비판하는 글을 매일 올리는 것은 상상조차 할 수 없는 일이다. 중국에서 벤처투자자들과 함께 시간을 보내면 그들이 느끼는 압박을 감지할 수 있다. 셜리 린이 정치적으로 주목받지 않으면서 알리바바에 자금을 지원할 수 있는 시대는 이제 지나갔다. 이제 디지털 기술이 권력이 되었기 때문에 벤처투자자들은 정부의 뜻을 따르고 정부가 정한 우선순위에 따라 투자할 것으로 예상된다. 2019년에 필자는 중국을 방문하여 베이징을 기반으로 활동하는 벤처투자자와 인터뷰를 한 적이 있다. 그는 주로 정부의 건설적인 리더십에 대해 정중하게 설명했다. 인터뷰가 끝나고 녹음기를 끄자, 바로 그 벤처투자자가 국가의 간섭을 두고 격렬하게

투자의 진화

비난하기 시작했다. 확신할 수는 없었지만, 그날 이후로 탄압이 고조되면서 인재들이 중국을 떠날 것만 같았다. 한편으로는 록이 한창 활동하던 시절 이후로 반세기가 지난 지금도 실리콘밸리의 자유분방한 기업가정신은 여전히 경이적이다.

이러한 정신을 되새기고 이것의 지정학적 의미를 이해하기 위하여 피터 틸의 파운더스펀드를 떠올려보자. 틸은 주로 페이팔의 창업자이자 페이스북의 종잣돈 투자자이며, 트럼프 대통령 후보를 지원한 것을 포함하여 보수적인 대의를 좇는 기부자로도 알려져 있다. 여기서 마지막 행위는 그가 실리콘밸리의 악당이라 불리는 계기가 되었다. 그러나 사람들이 이 세 가지 행위를 어떻게 생각하든 틸의 가장 놀라운 업적은 다른 곳에 있다. 그의 파운더스펀드는 펜타곤의 지시를 받아 인공위성을 발사하는 스페이스X와 전장정보시스템을 포함한 다양한 소프트웨어를 제공하는 팔란티어와 같은 냉전 이후로 설립된 주요 방위산업체 두 곳을 지원했다. 이것만으로도 상당히 놀라운 업적이 될 것이다. 군사 기관에 깊은 인상을 줄 수 있는 규모와 신뢰성을 갖춘 회사를 만드는 것은 대단한 위업이다. 사실 이것은 벤처자본으로는 불가능하게 여겨지는 자본집약적이고 장기간에 걸친 과제에 해당한다. 그러나 2017년에 파운더스펀드는 현재의 영예에 만족하지 않고 트레이 스티븐스Trae Stephens라는 파트너에게 메이저리그에 진출할 수 있는 제3의 방위산업 부문 스타트업을 발굴하는 과제를 맡겼다. 스티븐스가 실리콘밸리를 샅샅이 뒤지고는 아무런 성과를 내지 못하자, 그의 동료들은 간단한 실마리를 제공했다. 그런 회사가 존재하지 않으면 그것을 창업하라.[64]

4년 후 그 결과로 나온 유니콘인 앤듀릴Anduril은 일련의 차세대 방위시스템을 구축하고 있다. 앤듀릴의 래티스Lattice 플랫폼은 컴퓨터비전computer vision(비디오카메라로 포착한 정보를 컴퓨터로 처리하는 작업—옮긴이), 머신러닝, 메시네트워킹mesh networking(스스로 네트워크 환경을 인지, 통신하는 자가 통제 네트워크로, 다른 국을 향하는 모든 호출이 중계에 의하지 않고 직접 접속되는 그물mesh 모양의 네트워크—옮긴이)을 결합하여 전장의 화면을 생성한다. 앤듀릴이 제작한 고스트 4 sUAS Ghost 4 sUAS는 군사용 정찰 드론이며, 태양열로 작동하는 센트리타워Sentry Towers는 미국과 멕시코 사이의 국경에 배치되었다. 인공지능이 과거의 군수기계를 압도하게 될 시대에 앤듀릴의 목표는 구글의 코딩 역량과 록히드마틴의 국가 안보 역량을 결합하는 것이다.

미국의 국가 안보를 위해 앤듀릴이 변화를 일으킬 수 있다. 그러나 이 회사는 이보다 훨씬 더 중요한 것을 상기시켜주는 역할을 한다. 앤듀릴은 실리콘밸리의 대담성, 벤처캐피털에 활력을 불어넣기 위한 특별한 방법을 구현한다. 다른 사람들이 어떤 문제로 위축되어 있으면, 그들에게 가라. 시도하고 실패하라. 이것이 시도하지 않는 것보다 더 낫다. 무엇보다도 멱법칙이 갖는 논리를 기억하라. 성공에 따르는 보상은 명예로운 좌절에 따르는 비용보다 훨씬 더 클 것이다. 이처럼 활력을 불어넣는 일련의 공리들이 미국의 벤처캐피털이 미국의 국력을 영원히 떠받치는 기둥이 되게 했다. 데이비스앤드록이 설립된 지 60년이 지난 지금도, 그것의 반대편에 내기를 거는 것은 현명하지 못하다.

감사의 글

　　예전의 책과 마찬가지로 이번 책이 세상에 나온 것도 필자가 10년 넘게 일해온 미국외교협회Council on Foreign Relations 덕분이다. 협회 회장인 리처드 하스Richard Haass, 연구 프로그램의 리더인 제임스 린지 James Lindsay, 섀넌 오닐Shannon O'Neil 덕분에 필자는 이번 프로젝트에 장장 4년을 헌신하고, 약 300건의 인터뷰를 진행하고, 증언 자료·이메일·유튜브 클립·재무 자료에 이르기까지 다양한 출처를 활용할 수 있었다. 하스, 린지, 오닐은 미국외교협회가 지정한 최초이자 뛰어난 익명의 독자다. 그들의 강력한 조언에 힘입어 필자는 분노, 피로, 감사로 점철된 교정본 검토라는 익숙한 단계를 밀어붙일 수 있었다.

　　벤처투자자와 마찬가지로 논픽션 작가에게도 네트워크가 필요하다. 협의회 회원인 닉 바임Nick Beim, 스티브 데닝Steve Denning, 오런 호프먼Auren Hoffman은 도입부에서 초기 실리콘밸리의 역사를 서술하는 데

많은 도움을 주었다. 협의회를 넘어서는 클록타워그룹Clocktower Group
의 설립자이자 필자의 친구인 스티브 드롭니Steve Drobny가 실리콘밸
리와 중국의 벤처투자자들을 연결해주었다. 클록타워그룹의 카이웬
왕Kaiwen Wang은 베이징과 상하이에서 인터뷰를 진행하는 데 도움을 주
었고, 그의 뛰어난 번역 능력과 분석적인 조언은 소중한 가치를 발현
했다. 홍콩에서는 찰리 쉬Charlie Shi가 중국에 정통한 전문가들을 연결
해주었다. 클록타워테크놀로지벤처스Clocktower Technology Ventures의 관
리자인 벤 새비지Ben Savage는 필자를 자신의 펀드자문위원회에 초청
하여, 벤처투자 과정을 직접 들여다볼 기회를 마련해주었다. 물론, 클
록타워테크놀로지벤처스나 그 포트폴리오 기업 중 어느 것도 이 책에
등장하지는 않는다. 그렇더라도 클록타워테크놀로지벤처스에서 열리
는 투자 설명회에 참석하여 유한책임 파트너들과 함께 포트폴리오 기
업을 검토하고 기업가들을 만날 기회를 가진 것이 투자에 대한 시야를
넓히는 데 분명히 도움이 되었다.

학계 전문가들도 아낌없는 조언을 해주었다. 시카고대학교의 스티
븐 캐플런Steven Kaplan은 벤처캐피털의 실적 데이터가 갖는 모호한 의
미를 이해하는 데 도움을 주었고, 저명한 파트너십이 수익을 제시하는
방식은 한마디로 터무니없는 것이라고 주장했다. 하버드대학교 경영
대학원의 조시 러너와 스탠퍼드대학교의 레슬리 벌린Leslie Berlin은 이
책의 여러 장에서 훌륭한 의견을 제시했다. 와튼스쿨의 피터 콘티브라
운Peter Conti-Brown은 네트워크 이론과 필자가 다루는 주제의 관련성에
대해 처음으로 눈을 뜨게 해줬으며, 스탠퍼드대학교 후버연구소의 니
얼 퍼거슨Niall Ferguson은 네트워크가 역사적 분석 결과를 어떻게 알려
줄 수 있는지 보여주었다. 마운틴뷰에 있는 컴퓨터 역사박물관의 마

거리트 행콕Marguerite Hancock은 이 책의 앞부분을 검토하기 위한 전문가 스터디그룹을 조직했다. 하버드대학교 경영대학원 베이커도서관의 로라 리너드Laura Linard와 그녀의 동료들은 동부해안의 초기 벤처투자자들에 관한 논문을 찾는 데 도움을 주었다. 또한 협의회 회원인 조허드Joe Hurd, 스티븐 타난바움Steven Tananbaum, 이번 원고를 자세히 검토해준 필자의 친구 말라 가온카Mala Gaonkar, 에릭 번트센Erik Berntsen에게도 감사의 마음을 전한다. 한편으로는 다수의 벤처투자자, 기업가, 기술 임원, 스타트업 변호사 및 기부금펀드 관리자 들도 장시간에 걸친 인터뷰에 여러 번 응해주었다. 그들은 필자가 사내 문서, 투자 메모, 실적 데이터에 접근할 수 있도록 도왔다. 어떤 때에는 항공기를 조종하면서 자전거 여행, 도보 여행에 관한 이야기도 해주었다. 필자는 주석에서 이러한 출처를 가능한 한 제시하려고 했다. 부득이하게도 그들 중 일부는 익명이기를 원했다.

지난 4년 동안에 가장 가까웠던 조언자들은 미국외교협회에서 함께 일한 유능한 연구원들이다. 마이야 몬시노Maiya Moncino는 여러 사건의 구체적인 내용을 파악하는 데 도움을 주었고, 페어차일드반도체의 자금 조달에서 애플의 주식공모에 이르기까지 벤처투자의 초기 역사에 관한 출처를 찾는 데 2년을 필자와 함께 보냈다. 시벨레 그린버그Cybèle Greenberg는 실리콘밸리와 중국 기업가의 상호 작용과 중국 기술 업계의 이면에서 작용하던 미국의 기원에 관한 모든 자료를 탐독하면서, 중국 디지털경제의 부상을 이해하는 데 도움을 주었다. 이스마엘 파루키Ismael Farooqui는 나중에 실리콘밸리를 취재하면서 특히 와이콤비네이터에 관한 이야기, 유유넷의 자금 조달, 유니콘의 지배구조에서 비롯된 외상을 탐구했다. 제임스 괴벨James Goebel, 앨런 리우Alan Liu, 아론

페줄로Aaron Pezzullo, 사브리야 페이트Sabriyya Pate, 자이브 라술Zaib Rasool, 제니 새뮤얼스Jenny Samuels, 에즈라 슈워츠바움Ezra Schwarzbaum, 조 스타브달Jo Stavdal, 로버트 위커스Robert Wickers, 알렉스 예르긴Alex Yergin 등 뛰어난 인턴과 프리랜서들이 여러 빈자리를 채웠다. 이번 프로젝트의 막바지에 합류한 아리프 하리아나왈라Arif Harianawala는 부록의 도표를 작성하는 일을 도왔다. 또한 그림을 제작한 토비 그린버그Toby Greenberg, 제작 과정에서 원고를 정리해준 펭귄출판사의 미아위원회, 매의 눈을 가진 펭귄의 편집진에게도 감사의 마음을 전한다.

물론 감사의 마음을 전해야 할 사람들이 이들 말고도 더 있다. 에이전트인 크리스 패리스램Chris Parris-Lamb, 뉴욕의 펭귄 편집자인 스콧 모이어스Scott Moyers, 런던의 로라 스틱니Laura Stickney에게도 깊은 감사의 마음을 전한다. 벤처캐피털을 다루어야 한다는 것은 스콧의 생각이었다. 어쩌면 필자가 지금까지 인정하지는 않았지만, 스콧은 필자가 쓴 다섯 권의 책 중 세 권의 주제를 제안했다. 다른 두 권에 대해서는 그 당시에 우리가 만난 적이 없기 때문에 필자에게 자극을 가하지 못했을 뿐이다. 유망 프로젝트에 대한 안목과 이를 순조롭게 진행하는 육감을 가진 그는 최고의 벤처투자자에 비견되는 출판업자다. 한편 크리스는 먹법칙의 개념이 필자가 진행하는 프로젝트의 중심이 된다는 것을 처음으로 보았고, 이를 토대로 이 책의 제목과 구성 개념을 제시했다. 로라는 문장을 자르는 데 뛰어난 안목을 지녔다. 그녀는 몇 번이고 필자가 정해진 선을 밟지 않도록 했다. 이런 드림팀과 함께 일한 것은 커다란 행운이 아닐 수 없다.

도표 · 연표

The Power Law

도표

승자가 거의 대부분을 차지한다

미국 벤처캐피털의 실적 95, 75, 50, 25백분위수

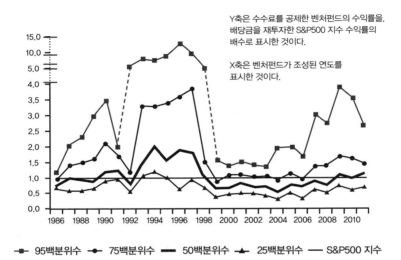

Y축은 수수료를 공제한 벤처펀드의 수익률을, 배당금을 재투자한 S&P500 지수 수익률의 배수로 표시한 것이다.

X축은 벤처펀드가 조성된 연도를 표시한 것이다.

— ■ — 95백분위수　— ● — 75백분위수　— 50백분위수　— ▲ — 25백분위수　— S&P500 지수

출처: 스티븐 캐플런; 버기스 데이터
2011년 이후에 조성된 펀드는 아직 성숙되지 않았기 때문에 제외했다.

승자가 더 많은 부분을 차지한다

투자 전략에 대한 내부 수익률, 2004~2016년에 조성된 벤처펀드

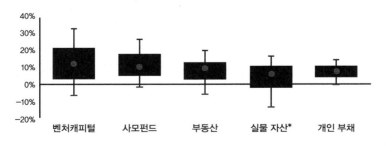

— 상위 10퍼센트　■ 중간 50퍼센트　● 중앙값　— 하위 10퍼센트

출처: 피치북 *실물 자산에는 천연자원, 인프라, 목재, 금속 등이 포함된다.

미국 주별 벤처펀드 조성 비율
2004년 총조성액: 170억 달러

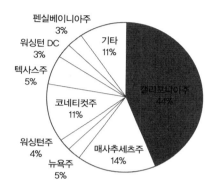

미국 주별 벤처펀드 조성 비율
2019년 총조성액: 505억 달러

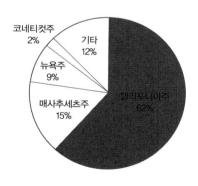

출처: 전국벤처캐피털협회NVCA 연감; 피치북이 제공한 데이터
미국 주는 벤처펀드 혹은 벤처 파트너십의 소재지를 기준으로 했다.

인종별로 본
벤처캐피털 투자 파트너

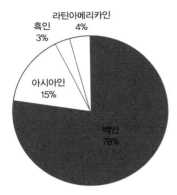

라틴아메리카인
4%
흑인
3%
아시아인
15%
백인
78%

성별로 본
벤처캐피털 투자 파트너

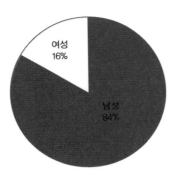

여성
16%
남성
84%

MBA 학위를 소지한
벤처캐피털 투자 파트너의 출신 학교

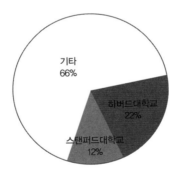

기타
66%
하버드대학교
22%
스탠퍼드대학교
12%

출차: 벤처캐피털 인적 자본 조사, 델로이트,
NVCA 벤처퍼워드Venture Forward, 2021; 곰퍼스 & 왕,
"혁신의 다양성Diversity in Innovation", 2017

벤처캐피털의 흥망성쇠

시기별 상위 벤처 파트너십

1970년

서터힐벤처스,
벤록,
찰스리버벤처스,
메이필드,
애셋매니지먼트

1980년

클라이너퍼킨스,
세쿼이아캐피털,
TA어소시에이츠,
패트리코프컴퍼니,
서터힐벤처스,
벤록

1990년

클라이너퍼킨스,
세쿼이아캐피털,
TVI,
세빈로젠펀즈,
메이필드,
멘로벤처스,
OAK

1995년

클라이너퍼킨스,
세쿼이아캐피털,
매트릭스파트너스,
찰스리버벤처스,
메이필드,
NEA,
액셀

2000년

클라이너퍼킨스,
세쿼이아캐피털,
매트릭스파트너스,
벤치마크,
찰스리버벤처스,
노스브리지,
메이필드

2005년

클라이너퍼킨스,
세쿼이아캐피털,
매트릭스 파트너스,
벤치마크,
파운데이션,
오거스트캐피털,
노스브리지 III

2010~2013년

액셀,
세쿼이아캐피털,
유니온스퀘어벤처스,
그레이록파트너스,
벤치마크,
로어케이스,
베이스라인벤처스,
퍼스트라운드캐피털

2014년

세쿼이아캐피털,
벤치마크,
액셀,
그레이록파트너스,
유니온스퀘어벤처스,
앤드리슨호로위츠,
퍼스트라운드캐피털,
베이스라인벤처스

출처: 조 다우링Joe Dowling, 브라운대학교 투자사무소; 트러스티드 인사이트Trusted Insight

도표

지역별 벤처펀드 조성 비율
2006~2009년 총조성액: 1667억 달러

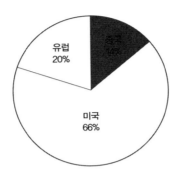

유럽
20%

중국
14%

미국
66%

지역별 벤처펀드 조성 비율
2016~2019년 총조성액: 4306억 달러

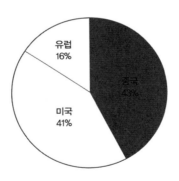

유럽
16%

중국
43%

미국
41%

출처: 미국, NVCA 통계; 중국, Zero2IPO; 유럽, 피치북
유럽 데이터는 연평균 환율을 사용하여 미국 달러화로 전환한 것이다.

투자의 진화

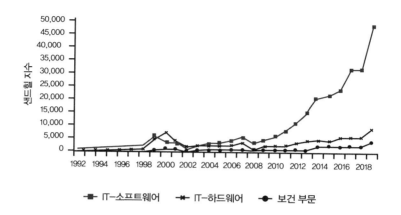

소프트웨어가 벤처캐피털을 집어삼키고 있다

벤처캐피털의 지원을 받은 기업의 가치

샌드힐 지수

-■- IT-소프트웨어   -✕- IT-하드웨어   -●- 보건 부문

출처: 샌드힐 이코노메트릭스
샌드힐 지수는 벤처캐피털의 지원을 받은 3만 3000개의 기업이
실시한 투자 라운드를 통해 계산한 것이다.

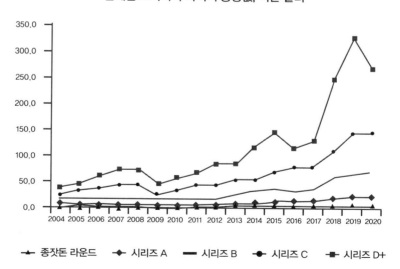

유니콘 버블

단계별 프리머니 가치의 중앙값, 백만 달러

-▲- 종잣돈 라운드   -◆- 시리즈 A   -■- 시리즈 B   -●- 시리즈 C   -■- 시리즈 D+

출처: 케임브리지 어소시에이츠; 피치북 데이터

연표

1946년 록펠러와 휘트니 가문이 벤처캐피털을 대상으로 실험을 시작했다.

1946년 조르주 도리오가 상장된 벤처 기구인 아메리칸 리서치앤드디벨로프먼트ARD를 설립했다.

1957년 리드 데니스가 기술 스타트업을 지원하는 샌프란시스코 금융업자 모임인 '더그룹'을 결성했다.

1957년 아서 록이 8인의 반란자들에게 자금을 지원하여, 페어차일드반도체를 설립하고 서부해안에서 반도체 산업을 일으키는 데 일조했다.

1958년 미국 연방정부가 중소기업투자회사SBIC로 알려진 벤처펀드에 보조금을 지급하기 시작했다.

1961년 아서 록이 뉴욕을 떠나 주식만으로 구성되고 시한이 정해진 최초로 성공한 벤처 파트너십인 데이비스앤드록을 설립했다.

1962년 아서 록이 샌프란시스코에서 한 연설에서 벤처 포트폴리오가 실패를 만회하고도 여전히 상당한 수익을 올릴 수 있도록 그랜드슬램이 필요하다고 설명했다.

1968년 데이비스앤드록이 워런 버핏과 헤지펀드의 선구자 앨프리드 존스를 능가하는 22배가 넘는 수익률로 투자자들에게 보상을 제공했다.

1968년 아서 록이 인텔에 자금을 지원하여 8의 반란자들 중 두 명이 1957년의 반란을 되풀이하도록 도왔다.

1972년 ARD가 문을 닫았고, 이것은 아서 록이 개발한 서부해안 벤처 모델의 승리를 의미했다.

1972년 페어차일드반도체의 베테랑 돈 발렌타인이 세쿼이아캐피털을 설립했다.

1972년 8인의 반란자들 중 한 사람인 유진 클라이너가 휼렛패커드 임원 톰 퍼킨스와 팀을 이루어 클라이너퍼킨스를 설립했다.

1973년 서터힐벤처스가 전자식 데이지 휠 프린터의 발명가와 유능한 외부 CEO를 연결하여 쿼메 공식을 확립했다.

1974년 돈 발렌타인이 아타리를 지원하며 실제로 참여하는 벤처투자자가 혼돈에 빠진 기업을 승자로 만들 수 있는 방법을 보여주었다.

1974년 클라이너퍼킨스가 탠덤컴퓨터스를 스타트업으로 분사시키기 전에 사내에서 보육했다.

1976년 클라이너퍼킨스가 제넨텍을 지원하여 단계적 자금 지원을 통한 성공을 이끌어냈다.

1977년 애플이 여러 번 거절당한 끝에 자금을 확보하며 벤처캐피털 네트워크가 소수의 개인보다 우월하다는 사실을 입증했다.

1977년 딕 크램릭과 동부해안의 파트너 두 명이 뉴엔터프라이즈어소시에이츠NEA를 설립했다.

1980년 애플과 제넨텍이 주식공모에 극적으로 성공하며 이후의 기술에 대한 도취감을 예견케 했다.

1981년 밥 멧칼프가 동부해안에서 벤처자금을 조달하기 위해 노력했지만, 결국에는 서부해안에서 자금을 조달하게 되면서 실리콘밸리 벤처투자자의 강점을 입증했다.

1983년 아서 패터슨과 짐 슈워츠가 최초의 특정 산업을 전문으로 하는 벤처캐피털 펀드인 액셀을 설립했다.

1983년 미국 벤처캐피털 관계자가 자신들에게 유리한 조세 및 규제 개혁 이후로, 자신들이 관리 중인 자산이 6년 전의 네 배에 해당하는 120억 달러에 달한다고 보고했다.

1987년 세쿼이아캐피털이 시스코를 지원하고 경영진을 개편하여 단일 투자 기준으로 1억 달러에 달하는 수익을 최초로 창출했다.

1993년 존 도어의 뛰어난 카리스마에도 고GO는 실패했다. 하지만 이것이 도어의 '크게 성공하라. 그렇지 않으면 떠나라' 식의 대단히 야심 차고도 혁신적인 태도를 꺾지는 못했다.

1993년 이스라엘이 벤처캐피털을 장려하기 위한 성공적인 정부 프로그램으로 요즈마그룹을 설립했다.

1993년 액셀, NEA 및 멘로벤처스가 유유넷을 지원하여 정부가 운영하는 인터넷을 대중매체로 전환했다.

1994년 클라이너퍼킨스가 넷스케이프를 지원하여 대중들의 온라인 경험을 변화시켰다.

1995년 세쿼이아캐피털의 마이클 모리츠가 야후를 지원하며 세쿼이아캐피털의 리더이자 나중에는 벤처 산업의 리더로 부상했다.

1996년 소프트뱅크의 손정의가 야후에 1억 달러를 투자하여 성장투자의 등장을 예고하고, 마이클 모리츠의 반감을 얻었다.

1996년 존 도어가 아마존을 지원하여 실리콘밸리 최고의 인터넷 투자자로서의 위상을 과시했다.

1997년 벤치마크의 밥 케이글이 이베이를 지원하여 최종적으로 50억 달러의 수익을 창출했다. 이로써 벤치마크의 작은 것이 아름답다는 모델의 위력을 보여주었다.

1998년 세르게이 브린과 래리 페이지가 벤처투자자를 만나지 않고도 100만 달러를 모금하여 엔젤투자의 부상을 예고했다.

1999년 구글이 클라이너퍼킨스와 세쿼이아캐피털에 자금 투자에 대한 조건을 따르게 하며, 소프트웨어 기업 창업자의 영향력을 보여주었다.

1999년 골드만삭스의 셜리 린이 알리바바에 자금을 지원하며 알리바바의 도약을 가능하게 하는 스톡옵션을 도입할 수 있도록 했다.

2000년 미국 벤처캐피털 펀드에 대한 신규 자본 약정액이 1040억 달러에 달하여 역대 최고치를 기록했다.

2000년 손정의가 골드만삭스를 따라 알리바바에 투자하여 미국의 기술 불황으로 발생한 막대한 손실을 최종적으로는 만회했다.

2003년 타이거글로벌이 사적 기술투자를 위한 자금 풀을 조성한 최초의 헤지펀드가 되었다.

2004년 구글이 이중적인 주식구조를 활용하여 주식공모에 들어갔다. 이것은 창업자의 지배권을 유지하고 주주의 영향력을 배제하기 위한 주식공모의 선례가 되었다.

2004년 클라이너퍼킨스가 친환경기술을 대상으로 어려운 실험을 시작했다.

2005년 피터 틸이 파운더스펀드를 창업하여 창업자를 존중함으로써 자신을 전통적인 벤처투자자와 차별화했다.

2005년 폴 그레이엄과 제시카 리빙스턴이 와이콤비네이터를 창업하여 스타트업 인큐베이터를 위한 새로운 모델을 만들었다.

2005년 쉬신이 캐피털투데이를 창업했다. 이 투자사는 중국인이 경영하는 최초의 서구식 벤처캐피털로서 성공한 기업이 되었다.

2005년 액셀이 페이스북에 자금을 지원하여 벤처 파트너십 내에서 팀워크의 위력을 입증했다.

2005년 세쿼이아캐피털이 선난펑을 영입하여 세쿼이아차이나를 출범시켰다.

2009년 유리 밀너가 페이스북에 성장투자를 하여 기술기업 창업자에게 주식공모를 연기하는 방법을 제시했다.

2009년 마크 앤드리슨과 벤 호로위츠가 벤처 파트너십을 형성하고는 빠른 속도로 업계 리더로 부상했다.

2010년 세쿼이아차이나가 메이투안에 자금을 지원했는데, 이에 따른 수익률이 구글에 자금

투자의 진화

을 지원한 데에 따른 수익률을 능가하여 세쿼이아캐피털 역사상 수익성이 가장 높은 투자가 되었다.

2010년 비노드 코슬라가 임파서블푸즈에 자금을 지원하여 새롭고도 성공적인 친환경기술 투자의 물결을 예고했다.

2012년 엘렌 파오가 클라이너퍼킨스를 성차별 혐의로 고소했다.

2013년 비상장 상태에 있는 거대 기술기업들이 점점 더 많아지면서 에일린 리가 '유니콘'이라는 용어를 사용했다.

2017년 손정의가 990억 달러 규모의 비전펀드를 출범시켰다.

2017년 마이클 모리츠가 손정의를 북한의 독재자에 비유하면서, 세쿼이아캐피털이 80억 달러 규모의 성장형 펀드를 출범시켰다.

2017년 중국이 미국보다 더 많은 벤처 수익을 창출했다.

2017년 파운더스펀드가 팔란티어와 스페이스X의 성공을 바탕으로 세 번째 방위산업체로서 앤듀릴을 지원했다.

2018년 벤치마크와 그 동맹자들이 우버의 창업자인 트래비스 캘러닉을 축출하며 창업자 친화적인 측면의 한계를 보여주었다.

2019년 위워크가 주식공모에 실패하며 기업 지배구조를 무시하는 벤처투자자들의 불간섭주의가 갖는 위험을 고스란히 보여주었다.

2020년 코로나19 바이러스의 전파가 벤처캐피털이 지원하는 기업의 가치를 높였다.

2021년 중국이 기술 부문을 엄하게 단속하기 시작했다.

주석

머리말 × 비이성적인 사람

1. 2019년 2월 15일 패트릭 브라운과의 인터뷰에서 인용.
2. Nick Rufford and Jeremy Clarkson, "Can the Impossible Burger Save the World?," *Sunday Times* (London), April 16, 2017.
3. Rufford and Clarkson, "Can the Impossible Burger Save the World?"
4. Vinod Khosla, "The Innovator's Ecosystem," Khosla Ventures, Dec. 1, 2011, khoslaventures.com/wp-content/uploads/The-Innovator%E2%80%99s-Ecosystem.pdf.
5. 이 장의 내용은 비노드 코슬라와의 여러 차례에 걸친 인터뷰를 참조해 구성했다. 특히 2017년 7월 31일과 2018년 7월 30일에 진행한 두 차례의 긴 인터뷰 참조.
6. Patrick Brown, "Food Fight to Turn Back Climate Change," interview by Tina Seelig, Stanford eCorner, Dec. 6, 2017, YouTube, youtu.be/cDiNC89Tqbg.
7. 코슬라와의 인터뷰에서 인용.
8. Khosla, "Innovator's Ecosystem."
9. "오만, 자만, 이 모든 것들은 지금과는 아주 다른 미래를 상상하는 데 필요한 부분일 뿐입니다." 코슬라와의 인터뷰에서 인용.
10. Patrick Brown, "Impossible Foods CEO Pat Brown Speaks to Harvard Students," Green Harvard, Nov. 14, 2017, YouTube, www.youtube.com/watch?v=Fi1GMTwSZns.
11. Brown, "Food Fight to Turn Back Climate Change."
12. 투자금액은 700만 달러와 900만 달러로 보고되었지만, 코슬라벤처스의 기록에 따르면 초기 투자금액은 300만 달러였다.
13. 코슬라와의 인터뷰에서 인용.
14. 코슬라는 자신이 멱법칙을 어느 정도로 의식하고 있었는가를 묻는 질문에 "나는 항상 의식하고 있었습니다"라고 대답했다. 그는 멱법칙이 지배하는 복잡한 시스템을 연구하기 위해 산타페연구소에서 휴가를 보냈다는 말도 덧붙였다. 코슬라와의 인터뷰에서 인용.
15. S&P500 지수의 안정성을 보여주는 또 다른 증거로서, 1985년에서 2015년에 걸친 7817일 중 6퍼센트 이상 움직인 날이 겨우 19일에 불과했다는 것이다.
16. 캐리 트레이드, 변동성 매도, 모멘텀 추종 등은 극단적인 사건의 가능성을 낮추는 인기 있는 거래전략의 사례들이다. 극단적인 사건이 발생하면 이러한 전략이 큰 손실을 초래할 위험이 있지만, 가격변화의 분포가 멱법칙보다는 정규분포에 훨씬 더 가깝기 때문에 인기가 있다.
17. Benedict Evans, "In Praise of Failure," Aug. 10, 2016, ben-evans.com/benedictevans/2016/4/28/winning-and-losing.
18. 블룸버그 데이터에 기초하여 계산. S&P500의 하위분류에 해당하는 하위 산업들은 보통 5~10개 회사로 구성된다.
19. Tren Griffin, *A Dozen Lessons for Entrepreneurs* (New York: Columbia University

투자의 진화

Press, 2017), 125.

20. Peter Thiel, *Zero to One: Notes on Startups, or How to Build the Future*, with Blake Masters (London: Virgin Books, 2014), 86. 피터 틸은 과장법을 섞어 다음과 같이 말했다. "멱법칙은 (…) 우주의 법칙이다." Ibid., 83.

21. Griffin, *Dozen Lessons for Entrepreneurs*, 146.

22. Sebastian Mallaby, *More Money Than God: Hedge Funds and the Making of a New Elite* (New York: Penguin Press, 2010), 119.

23. 이전에 벤치마크의 파트너였던 앤디 라클레프는 1990년대 후반의 연구에 근거하여, 미국에서는 매년 대략 12~18개의 스타트업만이 언젠가는 1억 달러 이상의 매출을 기록할 것으로 추정한다. 대체로 이러한 기업들은 1억 달러가 훨씬 넘는 매출, 40배의 수익률을 기록한다. Andy Rachleff, "Demystifying Venture Capital Economics, Part 1," *Wealthfront* (blog), June 19, 2014, blog.wealthfront.com/venture-capital-economics.

24. Thiel, *Zero to One*, 102.

25. 호슬리브리지 데이터는 0의 수익률이 가장 많이 발생하는 벤처펀드가 그럼에도 전체적으로는 최고의 실적을 나타낸다는 사실을 보여준다. Evans, "In Praise of Failure."

26. 코슬라와의 인터뷰에서 인용. 클라이너퍼킨스의 수익은 주식공모 이후의 실적 덕분에 엄청난 규모에 이르렀다. 주니퍼네트워크스가 가장 많은 실적을 올린 것과 함께 뛰어난 실적을 올린 벤처캐피털 목록은 다음 문헌 참조. Rolfe Winkler, "Bet on Snap Shows Luck's Role in Venture Business," *Wall Street Journal*, March 2, 2017.

27. 경쟁기업으로는 매출액이 43억 달러에 달한 레드백네트워크스Redback Networks가 있었다. 코슬라와의 인터뷰에서 인용.

28. Scott Thurm, "A Quiet Man Puts Some Sizzle in Latest Deal Involving Cisco," *Wall Street Journal*, Aug. 27, 1999.

29. 21세기 초 주요 대학 기부금펀드가 어느 벤처투자자가 가장 많은 누적 수익을 창출했는지 계산했다. 이 펀드는 1994년부터 1998년까지 실적이 좋았던 해의 펀드들을 고려했고, 일반적인 관행처럼 분산되어 있는 주식을 단기간에 현금화한 것으로 가정했다. 이에 따라 코슬라가 1위를 차지했다. 두 번째로 많은 수익을 올린 사람은 클라이너퍼킨스의 존 도어였다.

30. Laura M. Holson, "A Capitalist Venturing in the Worlds of Computers and Religion," *New York Times*, Jan. 3, 2000.

31. Vinod Khosla, "Black Swan Thesis of Energy Transformation," Khosla Ventures, Aug. 28, 2011, khoslaventures.com/black-swans-thesis-of-energy-transformation.

32. "나는 항상 CEO들에게 계획을 세우지 말고, 계속 가정을 시험하고 반복하라고 말합니다." 코슬라와의 인터뷰에서 인용.

33. 와이콤비네이터의 공동 창업자인 폴 그레이엄은 기업가를 지원할 때 기업의 강점을 어떻게 재현하는지 의식했다. "우리가 처음 와이콤비네이터를 창업했을 때 나는 분명히 원격근무를 하는 기업을 생각했습니다. 특히 와이콤비네이터가 기업들을 통해 재현하는 또 다른 요소는 그들이 단순히 함께 일하는 사람이 아니라 공동 창업자라는 사실은 별도로하고, 동료들이라는 사실입니다." 2021년 5월 31일에 그레이엄이 필자에게 보낸 이메일에서 인용.

34. 2017년에 처음으로 조성된 벤처펀드 중 상위 네 개 펀드는 모두 중국에 기반을 두고 있

었다.

35. CB Insights, "The Global Unicorn Club." 2020년 8월 이 클럽의 회원사는 483개에 달했다.

36. 학계에서 조사한 바에 따르면, 벤처투자자 다섯 명 중 한 명은 투자 결정을 내릴 때 현금 흐름을 예측하려는 시도조차 하지 않는 것으로 나타났다. Paul A. Gompers et al., "How Do Venture Capitalists Make Decisions?," *Journal of Financial Economics* 135, no. 1 (Jan. 2020): 169-90.

37. Marc Andreessen, "It's Time to Build," Andreessen Horowitz website, April 18, 2020, a16z.com/2020/04/18/its-time-to-build.

38. NVCA-Deloitte Human Capital Survey, 3rd ed., March 2021, figs. 1 and 2.

39. 성장 이론을 갱신하는 작업은 콜레주드프랑스Collège de France의 필리프 아기옹 Philippe Aghion과 같은 경제학자들이 주도하고 있다.

1장 × 아서 록과 해방자본

1. 다음의 고전적인 에세이에서 '변절자본'이라는 용어를 처음 사용한 사람은 톰 울프다. Tom Wolfe in his classic essay "The Tinkerings of Robert Noyce," *Esquire*, Dec. 1983, web.stanford.edu/class/e145/2007_fall/materials/noyce.html.

2. 우수한 연구 중심 대학의 존재는 지역의 성장에 대한 적절하지 못한 설명이다. 피츠버그는 카네기멜런대학교의 공학적 우수성에도 불구하고 기술 허브로 떠오르지 않았다. 마찬가지로 연구단지의 존재도 적절한 설명이 되지 않는다. 오늘날 이러한 단지들의 사례는 이들이 첨단기술 부문의 일자리 창출에 커다란 영향을 미치지 않는다는 사실을 시사한다. Josh Lerner, *Boulevard of Broken Dreams: Why Public Efforts to Boost Entrepreneurship and Venture Capital Have Failed—and What to Do About It* (Princeton, N.J.: Princeton University Press, 2009), 115.

3. Walter Isaacson, *The Innovators: How a Group of Hackers, Geniuses, and Geeks Created the Digital Revolution* (New York: Simon & Schuster, 2014), 155.

4. Margaret O'Mara, *The Code: Silicon Valley and the Remaking of America* (New York: Penguin Press, 2019), 110.

5. 1950년대에 북부 캘리포니아주에서 국방비 지출이 급격히 증가한 것을 관찰한 비평가들은 이것이 다른 지역에서도 발생했다는 사실을 놓치고 있었다. 어느 한 연구에 따르면, 주요 군사 계약에서 캘리포니아주가 차지하는 비율은 한국전쟁이 끝날 때까지 전국 총계 약 건수의 26퍼센트로 증가했다. 그러나 이와 관련된 자금의 4분의 3은 다른 주로 흘러갔고, 캘리포니아주 내에서는 막대한 자금이 로스앤젤레스와 샌디에이고의 항공우주 부문 방위사업체로 흘러갔다. 이와 관련해서는 다음 문헌 참조. Stuart W. Leslie, "How the West Was Won: The Military and the Making of Silicon Valley," in *Technological Competitiveness: Contemporary and Historical Perspectives on Electrical, Electronics, and Computer Industries*, ed. William Aspray (Piscataway, N.J.: IEEE Press, 1993), 78. 1950년대 중반 MIT는 연방기금을 가장 많이 유치했고, 하버드대학교가 2위를 차지했다. 다음 문헌 참조. O'Mara, *Code*. 요약하자면, 국방비 지출이 대학 연구와 (조달 지출을 통해) 민간 기업의 성장을 뒷받침한 것은 사실이지만, 이러한 요인이 실리콘밸리가 미국의 선도적인 혁신 허브로 부상한 원인이 되는지는 분명하지 않다. 실제로 실리콘밸리는 1970

년대 후반과 1980년대가 되어서야 보스턴을 추월했다. 이 시기에는 연방기금과 군사 조달이 덜 중요해졌다.

6. Steven Levy, *Hackers: Heroes of the Computer Revolution* (Sebastopol, Calif.: O'Reilly Media, 2010), 14.

7. Spencer E. Ante, *Creative Capital: Georges Doriot and the Birth of Venture Capital* (Boston: Harvard Business Press, 2008), 167.

8. 실리콘밸리의 장점에 대한 또 다른 설득력 없는 이론에서는 날씨를 강조한다. 산타바바라와 로스앤젤레스의 날씨가 좋다는 사실은 별도로 하더라도, 펜타곤의 ARPANET을 위한 네 개의 허브에 포함되었던 두 개의 대학 도시의 경우에, 날씨가 공학 인재들을 끌어들인다는 것은 분명하지 않다. 스티븐 레비Steven Levy는 초기 프로그래머에 관한 고전적인 저작에서 MIT에서 샌프란시스코로 엔지니어를 유혹하는 것은 해커들이 캘리포니아에서 생활하는 데 필요한 것들, 특히 운전을 하는 것과 햇볕을 쬐는 것을 대체로 싫어하기 때문에 간단한 일이 아니라고 주장했다. Levy, *Hackers*, 134.

9. 물론 마이크로프로세서(인텔), 컴퓨터 마우스(제록스 팰로앨토연구소) 등 일부 발명품은 실리콘밸리에서 시작되었다. 그러나 중요한 사실은 북부 캘리포니아주의 기술기업가정신의 우위가 기술 발명의 우위보다 훨씬 더 두드러진다는 것이다. ChongMoon Lee et al., eds., *The Silicon Valley Edge: A Habit for Innovation and Entrepreneurship* (Stanford, Calif.: Stanford University Press, 2000), 3.

10. "We Owe It All to the Hippies," *Time*, March 1, 1995.

11. Walter Isaacson, *Steve Jobs* (New York: Simon & Schuster, 2011), 364.

12. David Laws, "Fairchild, Fairchildren, and the Family Tree of Silicon Valley," *CHM Blog*, Computer History Museum, Dec. 20, 2016, computerhistory.org/blog/fairchild—and—the—fairchildren.

13. 나중에 8인의 반란자의 리더가 된 로버트 노이스에게서 인용. 다음 문헌 참조. T. R. Reid, *The Chip: How Two Americans Invented the Microchip and Launched a Revolution* (New York: Random House Trade Paperbacks, 200), 87.

14. 울프가 윌리엄 쇼클리의 얼굴을 둥글게 묘사한 것은 사진으로는 믿기지 않는다. Wolfe, "Tinkerings of Robert Noyce."

15. Leslie Berlin, *The Man Behind the Microchip: Robert Noyce and the Invention of Silicon Valley* (New York: Oxford University Press, 2006), 69 – 70; Wolfe, "Tinkerings of Robert Noyce."

16. Joel N. Shurkin, *Broken Genius: The Rise and Fall of William Shockley, Creator of the Electronic Age* (New York: Palgrave Macmillan, 2006), 174 – 75.

17. Isaacson, *Innovators*, 164.

18. AnnaLee Saxenian, *Regional Advantage: Culture and Competition in Silicon Valley and Route 128* (Cambridge, Mass.: Harvard University Press, 1996), 79.

19. Shurkin, *Broken Genius*, 177.

20. William H. Whyte, *The Organization Man* (New York: Simon & Schuster, 1956), 217.

21. 이 말을 한 사람은 빅터 그리니치다. Berlin, *Man Behind the Microchip*, 74.

22. Jerry Borrell, "They Would Be Gods," *Upside*, Oct. 2001.

23. Shurkin, *Broken Genius*, 177.

24. 아널드 베크만의 회사는 공개기업이었지만, 그가 전체 지분의 40퍼센트를 소유하고 있

었기 때문에 사실상의 지배권을 가질 수 있었다. Robert E. Bedingfield, "Along the Highways and Byways of Finance," *New York Times*, Nov. 27, 1955.

25. 로버트 워커가 고든 무어를 상대로 진행했던 인터뷰에서 인용. Robert Walker, *Silicon Genesis: Oral Histories of Semiconductor Industry Pioneers*, March 3, 1995, land-ley.net/history/mirror/interviews/Moore.html.

26. Roger Lowenstein, *Buffett: The Making of an American Capitalist* (New York: Random House, 2008), 53-54.

27. Francis Bello, "The Prudent Boston Gamble," *Fortune*, Nov. 1952. 기술투자은행가인 빌 함브레히트는 1950년대의 투자 환경을 돌이켜보면서 이렇게 말한다. "당신이 1950년대 후반에 사업을 한다면 그레이엄과 도드Dodd에게서 커다란 영향을 받을 것입니다. 그들이 하는 말은 성경구절과도 같았죠. 그리고 당신은 투자자에게 갈 때마다 그들이 하는 말을 인용할 것입니다." 2018년 2월 7일 함브레히트와의 인터뷰에서 인용.

28. 1938년 뒤퐁사E. I. du Pont de Nemours & Company의 회장 라모 뒤퐁Lammot du Pont이 미국 상원의 실업과 구제에 관한 조사위원회에 출석하여 증언하던 때 '벤처캐피털'이라는 표현이 등장했다. 뒤퐁은 이렇게 분명히 말했다. "벤처캐피털은 기업에 당장 수익을 창출하지는 않지만, 궁극적으로는 수익을 얻을 기회를 가져다주는 자본을 의미합니다." 다음 문헌 참조. Hearings Before a Special Committee to Investigate Unemployment and Relief (Washington, D.C.: U.S. Government Printing Office, 1938). 마찬가지로 샌프란시스코의 투자은행 딘위터앤드컴퍼니Dean Witter & Company의 진 위터Jean Witter도 1939년 미국투자은행가협회Investment Bankers Association of America 연설에서 '벤처캐피털'이라는 용어를 사용했다. 다음 문헌 참조. Martha L. Reiner, "Innovation and the Creation of Venture Capital Organizations," *Business and Economic History* 20, no. 2 (1991). 그러나 이 표현은 사람들의 입에 착 달라붙지 않았고, 벤처캐피털이라는 용어는 적어도 1960년대까지는 널리 인정되지 않았다.

29. Martha Louise Reiner, "The Transformation of Venture Capital: A History of Venture Capital Organizations in the United States" (PhD diss., University of California, Berkeley, 1989), 141-42.

30. Udayan Gupta, ed., *Done Deals: Venture Capitalists Tell Their Stories* (Boston: Harvard Business School Press, 2000), 96.

31. 존 휘트니의 펀드는 1946년 2월부터 1951년 8월 사이에 가치가 두 배로 상승한 것으로 나타났다. 이 기간에는 물가가 43퍼센트 상승했고, S&P500 지수는 배당금을 재투자한 투자자에게 투자금의 75퍼센트에 달하는 수익금을 제공했다.

32. 휘트니의 펀드는 저조한 실적을 인식하고, 좀 더 안전하고도 성숙한 기업을 대상으로 투자했다. Tom Nicholas, *VC: An American History* (Cambridge, Mass.: Harvard University Press, 2019), 308.

33. 이 말을 한 사람은 베노 슈미트Benno Schmidt다. 다음 문헌 참조. Gupta, *Done Deals*, 98. 앞서 언급했듯이 벤처캐피털이라는 용어는 다른 사람들에 의해 사용되었다. 때문에 휘트니가 이 부문의 아버지라는 주장은 그 근거가 취약해졌다.

34. "Made General Partner in J. H. Whitney & Co.," *New York Times*, Oct. 3, 1947, nytimes.com/1947/10/13/archives/made-general-partner-in-jh-whit-ney-co.html.

35. 피치 존슨은 1962년 벤처 파트너십을 결성한 후 산타클라라밸리에 위치한 기업들을 방문하던 시절을 회상했다. "우리는 그들에게 벤처투자자라고 소개했습니다. 그들은 우리가 무슨 말을 하는지 잘 몰랐습니다." 존슨의 사업 파트너인 빌 드레이퍼도 이렇게 기억

했다. "아내는 친구들에게 내가 은행에서 근무한다고 말하곤 했습니다. 모두가 벤처투자자가 무엇을 의미하는지 몰랐기 때문입니다." 다음 문헌 참조. "Franklin P. 'Pitch' Johnson Jr., MBA 1952—Alumni—Harvard Business School," Harvard University website, alumni.hbs.edu/stories/Pages/story-bulletin.aspx-?num=11; John Sterlicchi, "Six Pioneers in Venture Capital Mix Sound Advice and a Few Reminiscences," *Upside*, 2001, ivp.com/Articles/dennis_up_2_2001.html.

36. John W. Wilson, *The New Venturers: Inside the High-Stakes World of Venture Capital* (Reading, Mass.: Addison-Wesley, 1985), 15; George Tucker, "A Great Many Irons in Rockefeller Fire," *Washington Post*, Jan. 2, 1949.

37. Tucker, "Great Many Irons in Rockefeller Fire." 로렌스 록펠러는 또한 이런 말도 했다. "나는 단지 돈을 벌기 위해 노력하기보다 그렇게 번 돈으로 건설적인 일을 하려고 합니다." 다음 문헌 참조. Nicholas, *VC*, 309.

38. Wilson, *New Venturers*, 17.

39. 수익률은 1946년 1월부터 1961년 1월까지 계산되며 배당금은 재투자되는 것으로 가정한다.

40. Reid Dennis, "Reid Dennis: Early Bay Area Venture Capitalists: Shaping the Economic and Business Landscape," interview by Sally Smith Hughes, Regional Oral History Office, Bancroft Library, University of California, Berkeley, 2009, 13, digitalassets.lib.berkeley.edu/roho/ucb/text/dennis_reid.pdf.

41. 2018년 3월 8일 리드 데니스가 필자에게 보낸 이메일에서 인용; Reid Dennis, "Institutional Venture Partners," in Gupta, *Done Deals*, 181.

42. Timothy Hay, "Five Questions with Reid Dennis, a VC Investor Since 1952," *WSJ* (blog), June 24, 2009, blogs.wsj.com/venturecapital/2009/06/24/five-questions-with-reid-dennis-a-vc-investor-since-1952.

43. Dennis, "Institutional Venture Partners," 181.

44. Wilson, *New Venturers*, 49.

45. 이 그룹은 일반적으로 금융계와의 접촉을 통해 추가로 20만 달러에서 30만 달러를 모집할 수 있었다. Dennis, "Reid Dennis: Early Bay Area Venture Capitalists."

46. 2018년 3월 6일 데니스가 필자에게 보낸 이메일에서 인용. 다음 문헌도 참조. Dennis, "Reid Dennis: Early Bay Area Venture Capitalists."

47. Dennis, "Institutional Venture Partners," 183.

48. 데니스에 따르면 이 그룹은 연간 약 5~6건의 거래를 했고, 총 22~24건의 거래를 통해 자금을 지원했다. 2018년 3월 6일 데니스가 필자에게 보낸 이메일에서 인용. 이 그룹은 1962년 서부소기업투자회사협회Western Association of Small Business Investment Corporations와 1969년 서부벤처캐피털협회로 발전했다. 또한 이 그룹은 데니스가 1974년에 인스티튜서널벤처어소시에이츠Institutional Venture Associates를 설립하기 위한 발판이 되었다.

49. Ante, *Creative Capital*, xv-xvi.

50. "Venture Capital, American Research Development Corporation, 1946 | The MIT 150 Exhibition," accessed Oct. 13, 2017, museum.mit.edu/150/78.

51. 미국연구개발부를 설립하는 데 MIT가 했던 역할은 스탠퍼드대학교가 민간 기술 벤처

를 장려한 것이 이례적이지 않았다는 사실을 강조한다. 그러나 1950년대 중반 칼 콤프턴 Karl Compton 총장 시절에 ARD의 설립에 중요한 역할을 했던 MIT가 정책을 변경하면 서 ARD는 어려움을 겪었다. 1953년에 MIT가 모든 ARD 보고서와 출판물에서 학교 이름을 삭제할 것을 요구했는데, 이것은 1953년 11월 ARD의 연례회의에서 도리오가 내뱉은 다음과 같은 탄식 이면에 있었던 것으로 보이는 일종의 방향 전환이라 할 수 있다. "벤처캐피털은 더 이상 유행하지 않는다." 이듬해 콤프턴이 사망했고 이로써 도리오는 협력자를 잃었다. 그리고 ARD에 대한 MIT의 입장은 도리오와 사이가 좋지 않았던 재정 담당자 호레이스 포드Horace Ford에 의해 결정되었다. 1955년에 MIT는 ARD 주식을 모두 매각하여 ARD와의 관계를 끊는 작업을 완료했다. MIT는 이렇게 결론 내렸다. "스타트업에 투자하는 것은 신중함, 분별력, 지성을 갖춘 사람들이 자기 일을 관리하는 방식과는 부합하지 않는다." 그럼에도 이 모든 과정이 ARD가 MIT 교수진이 창업한 디지털이퀴프먼트와 같은 회사를 지원하는 데 방해가 되지는 않았다. Ante, *Creative Capital*, 138; Saxenian, *Regional Advantage*, 15.

52. ARD는 아직 등장하지 않은 새로운 관리자에게 보상을 제공하기 위해 별도로 마련된 주식을 추가로 인수했다. Ante, *Creative Capital*, 151.

53. ARD는 1968년 디지털이퀴프먼트 주식을 매각하여 2640만 달러를 벌어들였다. 또한 1971년 말 문 닫을 시점에(1972년 텍스트론에 매각되기 전에) 그 가치가 3억 5500만 달러에 달하던 디지털이퀴프먼트 주식을 보유하고 있었다. 다음 문헌 참조. Patrick Liles, "Sustaining the Venture Capital Firm" (PhD diss., Harvard Business School, 1977), 83. 초기에 7만 달러를 투자한 것에 기초하면 수익률이 5442배에 달한 것이다. 그러나 출처마다 ARD가 최종적으로 디지털이퀴프먼트에 투자한 금액이 다르게 나온다. 어떤 출처에 따르면, ARD가 디지털이퀴프먼트에 투자한 금액이 20만 달러에 달하여 수익률이 1907배라는 것을 시사한다. 다음 문헌 참조. Tom Nicholas and David Chen, "Georges Doriot and American Venture Capital Case Study," Harvard Business School Case 812-110, Jan. 2012 (revised Aug. 2015). 한편 스펜서 앤트에 따르면, ARD는 디지털이퀴프먼트에 투자하여 700배의 수익률을 기록했다. 다음 문헌 참조. Ante, *Creative Capital*, xviii. 수익률 추정치의 범위가 이처럼 당혹스러운 것은 잘 연구된 벤처기업조차도 수익률이 명료하지 않다는 것을 말해준다.

54. ARD는 디지털이퀴프먼트 이외의 기업을 통해서도 2000만 달러가 넘는 수익을 실현했다. 또한 1971년 말 문 닫을 시점에 아직 실현하지 못한 수익이 7700만 달러에 달했다. 다음 문헌 참조. Liles, "Sustaining the Venture Capital Firm," 83.

55. 톰 니컬러스Tom Nicholas는 앤트의 주장에 동의하면서 이렇게 적었다. "ARD는 현대 벤처캐피털의 진화에서 핵심적인 주체로 널리 인정받고 있다." Nicholas, *VC*, 108.

56. Ante, *Creative Capital*, 172–73.

57. Ante, *Creative Capital*, 133.

58. Ante, *Creative Capital*, 172–73.

59. Doriot, *ARD Annual Report*, 1971. George F. Doriot papers, Baker Library, Harvard Business School.

60. Ante, *Creative Capital*, xix.

61. 또한 공개회사 구조는 파트너십 구조에 비해 세금 측면에서도 그다지 유리하지 않았다. ARD가 회사의 10퍼센트 이상을 소유한 경우, 보유 지분에 대한 자본이득세를 납부해야 했고, 수익금이 배당금 형태로 지급되면 ARD의 투자자들은 2차 과세에 직면하게 되었다. 이에 반하여 파트너십 구조는 통과 법인에 해당하며 수익에 대해 한 차례만 과세된다. Nicholas, *VC*, 120.

투자의 진화

62. Ante, *Creative Capital*, 185.

63. Ante, *Creative Capital*, 191–92.

64. Wilson, *New Venturers*, 20.

65. Ante, *Creative Capital*, 167.

66. Ante, *Creative Capital*, 201. 규제기관이 ARD 직원들에게 주식이나 스톡옵션 제공을 금지하면서 도리오의 직관이 힘을 얻었다. Nicholas, *VC*, 131.

67. 예를 들어 1955년 ARD의 주식은 그것이 지닌 순자산 가치의 65퍼센트에 거래되었다. Nicholas, *VC*, 126; Ante, *Creative Capital*, 137.

68. ARD의 주당 순자산 가치는 1946년 2.11달러에서 1971년 69.67달러로 35배 가까이 증가했다. 이 기간에 ARD의 주당 시장가격은 2.08달러에서 54.88달러로 상승하여 26배가 조금 넘는 수익률을 보였다(ARD는 얼마 안 되는 배당금을 지급했으므로, 이것이 계산 결과에 거의 영향을 미치지 않았다). ARD가 활동하던 1947년 2월부터 1971년 12월까지 S&P500 지수는 배당금을 재투자할 경우에 18배가 조금 안 되는 수익률을 보였다. ARD 데이터는 다음 문헌 참조. Georges Doriot to stockholders, Feb. 4, 1972; Liles, "Sustaining the Venture Capital Firm," 83.

69. Peter Meyer, "Eugene Kleiner: Engineer, Venture Capitalist, Founding Father of Silicon Valley," Office of University Relations, Polytechnic University, Brooklyn, Feb. 2006, 17, engineering.nyu.edu/news/_doc/article_69/giantsofpoly-kleiner.pdf.

70. 필자는 2017년과 2018년에 여러 차례에 걸쳐 대화의 시간을 허락한 아서 록과 그의 개인 아카이브를 이용할 수 있도록 도와준 웬디 다우닝Wendy Downing에게 감사의 마음을 전한다.

71. 록은 한때 너무 심하게 괴롭힘을 당해 그의 부모가 괴롭히는 아이들을 상대로 소송을 제기하기도 했다. 그는 필자와의 여러 차례에 걸친 인터뷰에서 어린 시절을 회상했다.

72. "베크만에서 전폭적인 지원을 받고 쇼클리가 노벨상 수상자라는 사실을 자랑하는 회사를 떠나는 것은 그가 올바르게 행동하지 않았기 때문입니다. 이것은 그들이 인격을 가진 존재라는 사실을 말해줍니다." 2018년 2월 7일 록과의 인터뷰에서 인용.

73. Rock to Kleiner, June 21, 1957, Arthur Rock personal archive.

74. 2017년 9월 20일 제이 라스트와의 인터뷰에서 인용. 다음 문헌 참조. Michael Malone, *The Intel Trinity: How Robert Noyce, Gordon Moore, and Andy Grove Built the World's Most Important Company* (New York: HarperBusiness, 2014), 14. 다른 출처에서는 이러한 방식에 대해 조금 다르게 설명한다. Gordon Moore, "The Accidental Entrepreneur," *Engineering and Science* (Summer 1994): 24, calteches.library.caltech.edu/3777/1/Moore.pdf.

75. 카를 마르크스는 종업원들이 회사 소유주들에게 착취를 당하고 소외라고 불리는 일종의 사기 저하를 겪을 것이라고 예언했다. 역설적이게도 쇼클리반도체에서 사기가 저하된 8인의 종업원들을 해방시키기 위해서는 초자본주의자(벤처투자자)가 필요했다.

76. 라스트와의 인터뷰에서 인용. 다음 문헌도 참조. "Fairchild 50th Anniversary Panel," silicongenesis.stanford.edu/transcripts/Fairchild%2050th.htm.

77. Arnold Thackray, David Brock, and Rachel Jones, *Moore's Law: The Life of Gordon Moore, Silicon Valley's Quiet Revolutionary* (New York: Basic Books, 2015).

78. 2018년 2월 7일 록과의 인터뷰에서 인용.

79. 2018년 2월 7일 록과의 인터뷰에서 인용.

80. 헤이든스톤이 하는 전형적인 거래는 이미 시작된 사업을 위해 자본을 조성하는 것이었다. 존재하지 않는 벤처기업을 위해 자본을 조성하는 것은 급진적인 출발이었다. 게다가 100만 달러가 넘는 목표액은 거의 전례가 없었다. 1956년 제너럴트랜지스터의 기업공개에서는 겨우 30만 달러를 모집했다. 마찬가지로 1957년에 ARD는 디지털이퀴프먼트에 겨우 10만 달러를 내놓았다.

81. Berlin, *Man Behind the Microchip*, 78.

82. Berlin, *Man Behind the Microchip*, 81.

83. 울프는 8인의 반란자에 대한 고전적인 에세이에서 노이스의 눈에는 100암페어의 전류가 흐르고 있다고 했다. Wolfe, "Tinkerings of Robert Noyce."

84. 록과의 인터뷰에서 인용. 다음 자료도 참조. Berlin, *Man Behind the Microchip*, 81.

85. Berlin, *Man Behind the Microchip*, 81.

86. Michael S. Malone, *The Big Score: The Billion-Dollar Story of Silicon Valley* (Garden City, N.Y.: Doubleday, 1985), 70.

87. Wilson, *New Venturers*, 33; Arthur Rock, "Arthur Rock: Early Bay Area Venture Capitalists: Shaping the Economic and Business Landscape," interview by Sally Smith Hughes, 2008, Regional Oral History Office, Bancroft Library, University of California, Berkeley, 2009, 21, digitalassets.lib.berkeley.edu/roho/ucb/text/rock_arthur.pdf.

88. Felda Hardymon, Tom Nicholas, and Liz Kind, "Arthur Rock Case Study," Harvard Business School, Jan. 18, 2013, 3.

89. 〈포춘〉에 따르면 셔먼 페어차일드는 60대의 꼼꼼한 성품을 지닌 쾌락주의자로, 뉴욕의 고급 클럽인 21클럽을 자주 드나들면서 젊고 예쁜 여자들을 새로운 부토니에르처럼 며칠에 한 번씩 바꾸어가며 재미난 시간을 가졌다고 한다. "Multifarious Sherman Fairchild," *Fortune*, May 1960, 170; "Sherman Fairchild—Man of Few Miscalculations," *Electronic News*, Sept. 13, 1965. 페어차일드는 IBM의 최초 투자자들 중 한 사람인 아버지에게 많은 재산을 물려받았다.

90. Berlin, *Man Behind the Microchip*, 85.

91. Malone, *Intel Trinity*, 14 – 15.

92. 8인의 반란자들은 쇼클리반도체에서 연봉 8100~1만 2000달러를 받았다. Berlin, *Man Behind the Microchip*, 86.

93. 페어차일드카메라앤드인스트루먼트는 때로는 150만 달러를 제공한 것으로 알려져 있다 (Rock, "Arthur Rock: Early Bay Area Venture Capitalists," 25). 그러나 벌린의 보고서에 따르면 이 회사는 138만 달러를 빌려주고, 18개월에 걸쳐 매월 3000달러를 지원한 것으로 나온다(Berlin, "Robert Noyce and Fairchild Semiconductor," 76). 페어차일드반도체의 설립 보고서는 벌린의 보고서에 나오는 숫자를 확인시켜준다. Bo Lojek, *History of Semiconductor Engineering* (New York: Springer, 2007), 105.

94. 페어차일드카메라앤드인스트루먼트의 옵션은 페어차일드반도체가 연간 30만 달러 이상의 순이익을 3년 연속으로 달성하면 만료되었다. 그 후로는 페어차일드카메라앤드인스트루먼트가 페어차일드반도체를 500만 달러에 인수할 수 있는 추가 기간이 있었다. Berlin, *Man Behind the Microchip*, 89.

95. Malone, *Big Score*, 89.

96. Wolfe, "Tinkerings of Robert Noyce"; Meyer, "Eugene Kleiner," 18; Berlin, "Robert Noyce and Fairchild Semiconductor, 1957 – 1968."

97. 제이 라스트와 장 회르니가 록의 등산 파트너였다.

98. Wilson, *New Venturers*, 34; Christophe Lécuyer, "Fairchild Semiconductor and Its Influence," in Lee et al., *Silicon Valley Edge*, 167.

99. Memorandum from Rock to Coyle, March 27, 1958, Rock personal archive. 영업 마진은 이 시기에 록이 작성한 별도의 메모에 나오고, 이것은 그의 아카이브에 보관되어 있다.

100. 이 수입을 나타내는 숫자는 필자의 추정치이며 근사치에 불과하다. 1959년 페어차일드 반도체는 연봉 기준으로 평균 1만 2000달러를 받는 과학자 40명을 고용했는데, 이것은 그들의 인건비가 48만 달러라는 것을 의미한다. 다른 직원들이 140명 있었고, 이들의 평균 연봉은 과학자의 절반 정도였으며, 인건비는 약 130만 달러였다(1959년과 1960년의 직원 수 자료는 다음 문헌 참조. Lécuyer, *Fairchild Semiconductor and Its Influence*, 180). 설비, 기계, 원자재 비용으로 100만 달러가 추가되었을 것이다. 따라서 세전 수익은 420만 달러에 달한다. 법인세율이 52퍼센트였기 때문에 세후 수익은 약 200만 달러였을 것이다. 이러한 추정을 위한 조언을 해준 록에게 감사의 마음을 전한다.

101. Berlin, "Robert Noyce and Fairchild Semiconductor, 1957 – 1968," 81.

102. 코닥의 주가수익률은 IBM보다 낮았고, 1959년에는 21배에서 35배 사이였다. 페어차일드반도체가 빠르게 성장하고 있었기 때문에 IBM의 1959년 주가수익률의 최고점을 기준으로 삼는 것이 타당해 보인다. "Changing Times," *Kiplinger Magazine*, Nov. 1967, 23.

103. 앞에서 살펴보았듯이 ARD가 디지털이퀴프먼트에 투자하여 벌어들인 수익은 이보다 더 많았지만, 이것은 2년이 아니라 14년에 걸쳐 실현되었다.

2장 × 금융이 없는 금융

1. Peter F. Drucker, "The New Tycoons: America's Next Twenty Years, Part III," *Harper's Magazine*, May 1955, harpers.org/archive/1955/05/americas-next-twenty-years-3.

2. Charles M. Noone and Stanley M. Rubel, *SBICs: Pioneers in Organized Venture Capital* (Chicago: Capital, 1970), 30.

3. 1963년 SBIC 프로그램의 책임자는 리처드 켈리Richard Kelley였다. Leonard Sloane, "U.S. Is Changing S.B.I.C. Approach: Regulatory Stand Shifted on Investment Units," *New York Times*, Aug. 1, 1965.

4. "Franklin P. 'Pitch' Johnson Jr., MBA 1952—Alumni—Harvard Business School," Harvard Business School (website), alumni.hbs.edu/stories/Pages/story-bulletin.aspx?num=11.

5. 2017년 4월 26일 피치 존슨과 프랭크 코필드와의 인터뷰에서 인용.

6. William H. Draper III, *The Startup Game: Inside the Partnership Between Venture Capitalists and Entrepreneurs* (New York: Palgrave Macmillan, 2011), 31 – 2.

7. Draper, *Startup Game*, 33.

8. William H. Draper III, "William H. Draper III: Early Bay Area Venture Capitalists: Shaping the Economic and Business Landscape," interview by Sally Smith Hughes, 2008, Regional Oral History Office, University of California, Berkeley, 2009, 86, digitalassets.lib.berkeley.edu/roho/ucb/text/draper_william.pdf.

9. 드레이퍼와 존슨은 2018년 5월 15일 필자와의 인터뷰에서 기업이 매각되었을 때 각각 20만 달러를 받았으며, 각자의 초기 투자금 7만 5000달러에 대하여 2.7배의 수익을 올렸다고 말했다. 같은 3년이라는 기간에 S&P500 지수 수익률은 약 1.7배에 달했다.

10. ARD는 SBIC의 배당금에 대한 요구를 변형하여 투자자들에게 수수료를 받지 않고 포트폴리오 기업에 관리 수수료를 부과했으며, 부분적으로는 전환사채 또는 이자를 징수하는 우선주의 형태로 기업에 자금을 지원했다. 다시 말하지만, 잘못된 효과는 성장을 위해 자금이 필요한 포트폴리오 기업들의 자금을 고갈시키는 것이었다. Tom Nicholas, *VC: An American History* (Cambridge, Mass.: Harvard University Press, 2019), 125.

11. SBIC 프로그램의 단점을 보여주는 또 다른 신호로서, SBIC의 열에 아홉이 규제에 좌절하여 이를 피해 가고 있었다. Martha Louise Reiner, "The Transformation of Venture Capital: A History of Venture Capital Organizations in the United States" (PhD diss., University of California, Berkeley, 1989), 282; Josh Lerner, *Boulevard of Broken Dreams: Why Public Efforts to Boost Entrepreneurship and Venture Capital Have Failed—and What to Do About It* (repr., Princeton, N.J.: Princeton University Press, 2012), 38. 러너는 SBIC 프로그램의 가장 유용한 결과는 간접적인 데 있다고 보았다. 이것은 전문 변호사 및 데이터 서비스와 같이 스타트업을 지원하는 다른 부문의 발전을 일으켰다. 마찬가지로 SBIC 프로그램은 나중에 민간 벤처캐피털 파트너십에서 성장하던 다수의 투자자들을 훈련시키는 데 도움이 되었다. Nicholas, *VC*, 109, 141. 그럼에도 이것은 1960년대와 1970년대의 가장 영향력 있는 3인의 벤처투자인 아서 록, 톰 퍼킨스, 돈 발렌타인이 SBIC 프로그램과는 아무런 관련이 없다는 사실을 보여준다.

12. 1961년에서 1969년 사이에 SBIC는 연평균 5퍼센트의 수익률을 기록했으며, 이것은 투자자가 다우존스 주가지수에서 얻을 수 있는 수익률인 8퍼센트에 못 미쳤다. Noone and Rubel, *SBICs*, 108.

13. William D. Bygrave and Jeffry A. Timmons, *Venture Capital at the Crossroads* (Boston: Harvard Business School Press, 1992), 22; Paul Gompers, "The Rise and Fall of Venture Capital," *Business and Economic History* 23, no. 2 (Winter 1994): 7–8.

14. 록은 1962년 1월 31일 하버드대학교 경영대학원 동창회 샌프란시스코 지부에서 했던 연설에서 증권 중개 업무에 대한 불만과 자신이 서부로 오게 된 이유를 설명했다. Arthur Rock personal archive. Copy also available at the Baker Library, Harvard Business School.

15. Thomas P. Murphy, "What Makes Tommy Davis Run?," *Forbes*, April 25, 1983.

16. Arthur Rock, "Arthur Rock & Co," in *Done Deals: Venture Capitalists Tell Their Stories*, ed. Udayan Gupta (Boston: Harvard Business School Press, 2000), 142.

17. John W. Wilson, *The New Venturers: Inside the High-Stakes World of Venture Capital* (Reading, Mass.: Addison—Wesley, 1985), 35.

18. 1959년 SBIC 개척자의 아버지인 윌리엄 드레이퍼William Draper 장군은 최초의 벤처 캐피털 유한책임 파트너십인 드레이퍼게이더앤드앤더슨DG & A의 설립에 기여했다. 그

러나 파트너십 이름에서 두 번째로 등장하는 로언 게이더가 곧 말기 암 진단을 받으면서 DG & A는 문을 닫았다. 주요 유한책임 파트너들은 철수했고, 앤더슨의 건강은 악화되었으며, 드레이퍼도 떠났다. 이제 DG & A 체제의 강점을 입증하는 작업이 토미 데이비스와 록의 몫이 되었다. 데이비스앤드록이 의식적으로 DG & A 체제를 모방했는지는 분명하지 않다. 록은 자신은 DG & A의 전례를 알지 못했지만, 데이비스는 알았을 수도 있다고 말했다. Leslie Berlin, "The First Venture Capital Firm in Silicon Valley: Draper, Gaither & Anderson," in *Making the American Century: Essays on the Political Culture of Twentieth Century America*, ed. Bruce J. Schulman (Oxford: Oxford University Press, 2014), 158; Nicholas, *VC*, 158–59.

19. 록은 인터뷰에서 이 파트너십이 언제라도 동원할 수 있는 자본금 500만 달러를 확보했지만, 기존 포트폴리오 기업에만 집중한 나머지 추가적인 투자를 하지 않았기 때문에 자본금을 모두 동원하지는 않았다고 말했다. 그러나 파트너십 증명서에는 총자본금이 339만 달러라고 적혀 있었다. 이러한 사실을 지적하자 록은 웃으면서 "59년 전의 일이라서 기억이 희미해졌습니다"라고 인정했다. 2019년 3월 4일 록이 필자에게 보낸 이메일에서 인용. Rock to the Limited Partners, 1961, and Certificate of Partnership, Oct. 10, 1961, Rock personal archive. 유한책임 파트너 수는 다음 문헌 참조. Rock to Jeffrey O. Henley, Feb. 7, 1967, Rock personal archive.

20. 1940년 투자회사법Investment Company Act of 1940에 따라 파트너십은 100명 미만의 '인가받은 투자자'를 보유함으로써, 포트폴리오의 세부 내용을 공개해야 하는 규제를 피해 갈 수 있었다. 또한 이 법은 무한책임 파트너가 스타트업 이사회에 참여하는 것을 금지하고 벤처기업을 대상으로 하는 지분 투자를 10퍼센트 이내로 제한했다. Paul A. Gompers and Joshua Lerner, *The Money of Invention: How Venture Capital Creates New Wealth* (Boston: Harvard Business School Press, 2001), 89, 97.

21. 록은 부채 상환에 난색을 표명했을 뿐만 아니라 배당금 지급에도 똑같이 격렬하게 반대했다. 베세머의 피트 뱅크로프트Pete Bancroft가 스키 활강 코스 꼭대기에서 주주들에게 현금을 지급하기 위해 포트폴리오 기업을 압박했다고 고백하자, 록은 그가 들었던 이야기 중 가장 멍청하다면서 산 아래로 최고 속도로 달려갔다. 2017년 11월 18일 뱅크로프트와의 인터뷰에서 인용.

22. 이러한 경험 법칙은 기업가와 벤처펀드 사이에 50대 50의 소유권 분할을 의미했고, 종업원을 위한 주식은 양측에 할당되는 주식에서 공제한다는 것이었다(2017년 11월 16일 록과의 인터뷰에서 인용). 종업원에 대한 할당은 경우에 따라 다르지만 10퍼센트가 일반적이었다. Rock to Davis, Dec. 30, 1960, Rock personal archive.

23. 2018년 1월 30일 록과의 인터뷰에서 인용.

24. 페어차일드반도체를 창업한 8인의 반란자들 중 로버트 노이스와 고든 무어만이 투자하지 않았다. 이들은 페어차일드반도체의 고위 임원으로서 회사 경쟁자들을 지원할 수 있는 벤처펀드에 자금을 투자하는 것이 금지되었다. Rock personal archive; Leslie Berlin, *The Man Behind the Microchip: Robert Noyce and the Invention of Silicon Valley* (New York: Oxford University Press, 2006), 123.

25. 록은 데이비스와 같은 주장을 하면서, 포트폴리오에는 실패를 만회하고도 여전히 상당한 수익을 올릴 수 있도록 한두 개의 그랜드슬램이 필요하다고 말했다. Speech delivered to Harvard Business School Club of San Francisco, Jan. 31, 1962, Rock personal archive.

26. 이 문단에 나오는 데이비스가 하는 말과 데이비스앤드록의 목표 수익률은 다음 문헌에서 인용. Thomas J. Davis Jr., "How to Pick a Winner in the Electronics Industry" (speech to the Western Electronic Manufacturers' Association, Palo Alto, Sept. 19,

1966), Baker Library Special Collections, Harvard Business School.

27. Rock to Davis, Dec. 30, 1960, Rock personal archive.

28. Davis, "How to Pick a Winner in the Electronics Industry."

29. Arthur Rock, "Strategy vs. Tactics from a Venture Capitalist," *Harvard Business Review*, Nov.—Dec. 1987, 63.

30. Rock, speech to Harvard Business School Club of San Francisco, Jan. 31, 1962.

31. 록은 이렇게 고백했다. "나는 실험실에 들어가서 거기서 하는 일이 수익성이 있는 판매로 이어질 것인가를 평가할 준비가 되어 있지 않았습니다." Rock, speech to Harvard Business School Club of San Francisco, Jan. 31, 1962.

32. Rock, "Strategy vs. Tactics."; Rock, interview by Amy Blitz, March 2001, 9, hbs.edu/entrepreneurs/pdf/arthurrock.pdf.

33. Wilson, *New Venturers*, 36.

34. John Markoff, "An Evening with Legendary Venture Capitalist Arthur Rock in Conversation with John Markoff," Computer History Museum, May 1, 2007, 16, archive.computerhistory.org/resources/access/text/2012/05/102658253—05—01—acc.pdf.

35. 2017년 2월 7일 록과의 인터뷰에서 인용.

36. Rock, "Strategy vs. Tactics," 64. 맥스 팔레브스키는 이렇게 말한다. "록은 사람들이 말하는 것(이것은 인위적인 것일 수도 있습니다)이 아니라 자기 자신에 대해 표현하는 것을 듣는 능력이 있습니다. 그는 뛰어난 직감을 가지고 있어요." 다음 문헌에서 인용. Felda Hardymon, Tom Nicholas, and Liz Kind, "Arthur Rock," Harvard Business School Case Study, 9–813–138, Jan. 18, 2013.

37. 데이비스와 팔레브스키가 했던 대화는 주로 다음 문헌에서 인용. Wilson, *New Venturers*, 36.

38. James Detar, "A Chip Charger to the Max; Persevere: Max Palevsky Rose from Poverty to Help Spark the Computer/Space Age," *Investor's Business Daily*, Aug. 19, 2010. 데이비스와 팔레브스키의 긴 대화는 다음 문헌에서 인용. Wilson, *New Venturers*, 36.

39. Wilson, *New Venturers*, 36.

40. Rock, "Strategy vs. Tactics," 66.

41. Rock, "Strategy vs. Tactics," 67.

42. 초기 투자 규모는 록의 아카이브에서 인용했다. 수익률에 관해서는 존 윌슨John W. Wilson이 SDS 주식가치가 6000만 달러에 달한다는 것을 근거로 제시한 수익 자료를 통해 알 수 있다(Wilson, *New Venturers*, 37). 한편 록은 필자와의 몇 차례에 걸친 인터뷰에서 이것이 1억 달러라고 말했다. 윌슨이 제시한 수치는 데이비스앤드록이 문 닫았을 때의 SDS의 가치를 반영하지만, 록이 제시하는 수치는 1969년 SDS가 제록스에 매각되었을 때의 가치를 반영한다. 데이비스앤드록의 모든 파트너들이 SDS가 제록스에 매각될 때까지 주식을 보유했다면, SDS에 대한 투자수익률은 389배가 되었을 것이다.

43. Michael Moritz, "Arthur Rock: The Best Long—Ball Hitter Around," *Time*, Jan. 23, 1984, 64.

44. 록이 SDS를 상대로 가장 크게 기여한 것은 팔레브스키의 영업팀이 1만 8000달러의 비

투자의 진화

용을 들여 제작한 첫 번째 SDS 컴퓨터를 10만 달러라는 공격적인 가격으로 판매하도록 설득한 것이다. 페어차일드가 막대한 이윤을 남기고 반도체를 판매하는 것을 본 록은 SDS의 기술이 충분히 혁신적이어서 웃돈을 받을 수 있고, 이것으로 연구에 더 많이 투자할 수 있게 되어 결국 가격을 이처럼 공격적으로 책정할 수 있는 능력을 더욱 강화할 수 있을 것으로 생각했다(Wilson, *New Venturers*, 39). 록은 1962년 하버드대학교 경영대학원 동창회 연설에서 이렇게 말했다. "기업들이 저지르는 가장 큰 실수 중 하나는 제품의 가격을 너무 낮게 책정한다는 것입니다."

45. 2018년 2월 8일 록과의 인터뷰에서 인용.

46. Wilson, *New Venturers*, 39. SDS를 기업가치의 관점에서 보면, 소형컴퓨터 제조업체인 왕연구소Wang Laboratories는 1967년 주식공모 당일 시장이 마감되었을 때 7000만 달러로 평가되었다. 당시에는 왕연구소의 기업가치가 대단하게 여겨졌지만, 이것은 SDS의 10분의 1에도 미치지 못했다. Margaret O'Mara, *The Code: Silicon Valley and the Remaking of America* (New York: Penguin Press, 2019), 86.

47. Foster Parker(a limited partner in Houston) to Rock and Davis, Aug. 23, 1968, Rock personal archive.

48. Richard L. Vanderveld, "S.F. Investor Team Bankrolls High-Flying Firms of Future," *Los Angeles Times*, Aug. 28, 1967.

49. "The Money Men," *Forbes*, Nov. 1, 1968, 74.

50. Data from Venture Economics Inc.

51. Tom Wolfe, "The Tinkerings of Robert Noyce," *Esquire*, Dec. 1983, web.stanford.edu/class/e145/2007_fall/materials/noyce.html.

52. Berlin, *Man Behind the Microchip*, 120. 페어차일드반도체 이전에 서부해안에서는 배리언어소시에이츠Varian Associates와 같은 기술기업이 엔지니어에게 주식을 제공했다. Nicholas, *VC*, 192.

53. 2017년 9월 20일 라스트와의 인터뷰에서 인용.

54. Berlin, *Man Behind the Microchip*, 123.

55. 2017년 11월 8일 록과의 인터뷰에서 인용.

56. George A Roberts, *Distant Force: A Memoir of the Teledyne Corporation and the Man Who Created It* (Teledyne Corporation, 2007), 14. 이와는 조금 다르게 서술한 것으로는 다음 문헌 참조. Berlin, *Man Behind the Microchip*, 123.

57. "Companies | The Silicon Engine | Computer History Museum," website, accessed Sept. 13, 2017, www.computerhistory.org/siliconengine/companies.

58. 그 엔지니어는 칩 설계자 밥 위들러Bob Widlar였다. Michael Malone, *The Intel Trinity: How Robert Noyce, Gordon Moore, and Andy Grove Built the World's Most Important Company* (New York: HarperBusiness, 2014), 31.

59. Berlin, *Man Behind the Microchip*, 150.

60. Malone, *Intel Trinity*, 34.

61. Berlin, *Man Behind the Microchip*, 151.

62. Walter Isaacson, *The Innovators: How a Group of Hackers, Geniuses, and Geeks Created the Digital Revolution* (New York: Simon & Schuster, 2014), 185.

63. Arthur Rock, "Early Bay Area Venture Capitalists: Shaping the Economic

and Business Landscape," interview by Sally Smith Hughes, Regional Oral History Office, Bancroft Library, University of California, Berkeley, 2009.

64. 록 자신은 주당 5달러에 30만 달러를 내놓았다. 그가 주당 1달러에 1만 달러까지 투자할 수 있었던 것은 이러한 자금 조달에 대한 보상을 의미했다. 2018년 1월 30일 록과의 인터뷰에서 인용.

65. John Hollar and Douglas Fairbairn, "Gordon Moore and Arthur Rock Oral History Panel," Computer History Museum, July 9, 2014, 23, archive.computerhistory.org/resources/access/text/2015/09/102739934-05-01-acc.pdf.

66. Wolfe, "Tinkerings of Robert Noyce."

67. 록은 이렇게 기억한다. "거의 모든 직원들이 이미 안정된 회사가 주는 임금보다 더 낮은 임금을 받기로 했습니다. 그래서 나는 회사(인텔)가 성공하면 그들에게 보상해야 한다고 생각했습니다."(2019년 3월 1일 록이 필자에게 보낸 이메일에서 인용) 이전 인터뷰에서는 록이 이렇게 설명했다. "노이스와 무어와 내가 실행위원회 위원이었습니다. 우리는 스톡옵션을 제공하기로 했고, 문제는 누구에게 줄 것인가였죠. 나는 모든 직원들에게 줄 것을 제안했습니다. 그다음 문제는 고용의 어느 단계에서 줄 것인가 하는 것이었습니다. 우리는 입사 후 1년이 지나서 주기로 했습니다. 나는 스톡옵션을 제공하는 다른 회사의 이사회 이사로 있었기 때문에 이것이 어떻게 작동하는지 잘 알고 있었습니다." 2017년 11월 8일 록과의 인터뷰에서 인용. 여기서 한 가지 주의해야 할 점은 다른 인터뷰에서 록이 모든 직원들에게 스톡옵션을 제공하는 것이 노이스가 아니라 자신의 생각이라고 말하는 모습이 덜 분명하게 비쳐진다는 것이다. 비록 그가 결코 그 반대로 말하지는 않았지만 말이다.

68. Berlin, *Man Behind the Microchip*, 165.

3장 × 세쿼이아캐피털, 클라이너퍼킨스 그리고 행동주의 투자

1. Walter Isaacson, *The Innovators: How a Group of Inventors, Hackers, Geniuses, and Geeks Created the Digital Revolution* (New York: Simon & Schuster, 2014), 212.

2. Leslie Berlin, *Troublemakers: Silicon Valley's Coming of Age* (New York: Simon & Schuster, 2017), 120.

3. Steve Coll, "When the Magic Goes," *Inc.*, Oct. 1, 1984.

4. Berlin, *Troublemakers*, 123.

5. Luke Dormehl, *The Apple Revolution: The Real Story of How Steve Jobs and the Crazy Ones Took Over the World* (London: Virgin Books, 2013), 56.

6. Berlin, *Troublemakers*, 124.

7. Randall E. Stross, *eBoys: The First Inside Account of Venture Capitalists at Work* (New York: Ballantine Books, 2001); "Peaks and Valleys," *Inc.*, May 1, 1985, inc.com/magazine/19850501/7289.html.

8. Nancy Keates, "A Penthouse Fit for a King," *Wall Street Journal*, July 27, 2012, www.wsj.com/news/articles/SB10000872396390444025204577545980352957576. 또한 톰 퍼킨스는 하버드대학교 강연 초청을 거절하면서 이렇게 말했다. "미안하지만 이번 주말에 타히티섬으로 떠나 4월 말까지 돌아오지 않을 예정입니다. 내 소유의 잠

수함을 타고 바다 깊숙한 곳에서 대형 상어들의 영상을 찍으려고 합니다. 지난 9월에는 통가에서 흑등고래의 영상을 처음으로 찍었죠." Tom Nicholas, *VC: An American History* (Cambridge, Mass.: Harvard University Press, 2019), 222.

9. Donald T. Valentine, "Donald T. Valentine: Early Bay Area Venture Capitalists: Shaping the Economic and Business Landscape," interview by Sally Smith Hughes, 2009, Regional Oral History Office, Bancroft Library, University of California, Berkeley, 2010, 8, digitalassets.lib.berkeley.edu/roho/ucb/text/valentine_donald.pdf.

10. 캐피털리서치앤드매니지먼트는 여전히 존재하며, 지금은 캐피털그룹으로 알려져 있다. Valentine, "Donald T. Valentine: Early Bay Area Venture Capitalists," 22.

11. Berlin, *Troublemakers*, 127.

12. 캐피털리서치의 고참 포트폴리오 매니저인 고든 크로퍼드Gordon Crawford에 따르면, 발렌타인이 자신이 외부 고객으로부터 조성한 자금을 투자하기 위해 캐피털매니지먼트펀드를 설립했다. 캐피털그룹 지도부 내의 회의론자들은 발렌타인이 그룹 고객으로부터 조성한 자금을 투자하는 데 반대했다. 한편 발렌타인은 캐피털매니지먼트 직원들을 위해 자신이 투자한 세쿼이아캐피털펀드라는 별도의 기관도 운영했다. 캐피털 매니지먼트의 고위 임원들은 통상적인 벤처캐피털 수수료를 납부하지 않고도 세쿼이아캐피털펀드에 투자할 수 있었다. 발렌타인은 그 대가로 캐피털매니지먼트가 제공하는 의료 및 연금 혜택을 이용할 수 있었고, 이 회사의 애널리스트들에게 조언을 얻을 수 있었다. 2018년 5월 15일 크로퍼드와의 인터뷰에서 인용.

13. 발렌타인은 딸에게 아인이라는 미들네임을 지어주었다. 그는 자기 부하인 마이클 모리츠에게 연방정부에 대한 생각을 이렇게 말했다. "우리가 워싱턴 DC의 주요 거리에서 지진을 일으킬 수 있다면, 앞날을 낙관해도 될 걸세." Michael Moritz, *DTV* (self-published, 2020), 31.

14. 2018년 4월 7일 발렌타인과의 인터뷰에서 인용.

15. 발렌타인과의 인터뷰에서 인용.

16. Moritz, *DTV*, 36.

17. 발렌타인과의 인터뷰에서 인용.

18. 세쿼이아캐피털의 첫 번째 펀드 규모는 때로는 700만 달러라고 알려져 있지만, 세쿼이아캐피털에 따르면 500만 달러가 정확한 숫자라고 한다.

19. 향후 10년 동안 하버드대학교 기부금펀드는 벤처캐피털에 1억 3000만 달러 이상을 투자하거나 위탁했다.

20. 1990년 예일대학교는 헤지펀드인 파라론캐피털Farallon Capital에 대학으로서는 최초로 투자하여 대학 기부금펀드의 역할을 최첨단 투자 기법의 육성으로 확대했다.

21. Valentine, "Donald T. Valentine: Early Bay Area Venture Capitalists," 33.

22. Daniel Geller, Dayna Goldfine, and Po Bronson, *Something Ventured: Risk, Reward, and the Original Venture Capitalists*, video recording (Zeitgeist Films, 2011).

23. Wilson, *New Venturers*, 53.

24. Donald T. Valentine, "Atari," Sequoia, accessed Sept. 29, 2016, sequoiacap.com/company-story/atari-story.

25. 아타리의 엔지니어링 책임자인 알 알콘Al Alcorn은 부쉬넬에게 1973년에 퐁의 홈 버전을 개발하라는 지시를 받은 것으로 기억한다. 그러나 이것은 부쉬넬에게서 엔지니어링

부서로 흘러가는 일련의 아이디어들 중 하나에 불과했다. Allan Alcorn, "First-Hand: The Development of Pong: Early Days of Atari and the Video Game Industry," *Engineering and Technology History Wiki*, Jan. 12, 2015, ethw.org/First-Hand:The_Development_of_Pong:_Early_Days_of_Atari_and_the_Video_Game_Industry. 한편 발렌타인은 이렇게 기억했다. "우리는 이 회사가 가정용 제품을 개발해야 한다는 방향을 정한 다음에 투자하기로 결정했습니다." Steve L. Kent, *The Ultimate History of Video Games* (New York: Three Rivers Press, 2001).

26. 주식공모에 들어간 기업들의 수는 1985년 모건스탠리의 보고서에서 나온 것이다.

27. 벤처캐피털에 대한 내용은 다음 문헌에서 인용. Margaret O'Mara, *The Code: Silicon Valley and the Remaking of America* (New York: Penguin Press, 2019), 158. 헤지펀드의 괴멸에 대해서는 다음 문헌 참조. Sebastian Mallaby, *More Money Than God: Hedge Funds and the Making of a New Elite* (New York: Penguin Press, 2010), 41.

28. Data from Venture Economics Inc.

29. O'Mara, *Code*, 168. 서터힐벤처스의 렌 베이커Len Baker는 1975년을 회상하면서 이렇게 말한다. "이 사업을 하면서 생계를 유지할 수 있는가에 대한 진정한 의문이 있었습니다." 2017년 9월 20일 베이커와의 인터뷰에서 인용.

30. Preliminary IPO prospectus for Atari, Al Alcorn Papers (M1758), Department of Special Collections and University Archives, Stanford University Libraries; Curt Vendel and Marty Goldberg, *Atari Inc.: Business Is Fun* (Carmel, N.Y.: Syzygy Press, 2012), 152.

31. Vendel and Goldberg, *Atari Inc.*, 155.

32. 발렌타인과의 인터뷰에서 인용. 시어스 카탈로그는 대부분의 미국 가정에 도달했고, 전체 가구의 57퍼센트가 시어스 카드를 소유하고 있었다. Berlin, *Troublemakers*, 129.

33. Berlin, *Troublemakers*, 129.

34. 이후로 발렌타인을 언급하지 않고서 시어스-아타리 동맹을 설명하는 아타리의 일부 직원들에게는 발렌타인의 소개와 시어스 구매자의 방문 사이의 연관성이 분명하게 와닿지 않았다. 그러나 시어스를 상대로 많은 지분을 확보한 캐피털리서치의 투자자들인 발렌타인과 크로퍼드는 시어스와 아타리를 연결하는 것을 두고 상의했던 것으로 기억한다. 크로퍼드와의 인터뷰에서 인용.

35. Vendel and Goldberg, *Atari Inc.*, 158.

36. Preliminary IPO prospectus for Atari, Alcorn Papers (M1758).

37. Scott Cohen, *Zap! The Rise and Fall of Atari* (Philadelphia: Xlibris, 1984), 50.

38. 1976년에는 34개사가 주식공모에 들어가서 총 2억 3400만 달러의 자금을 모집했다. 이에 반하여 1969년에는 1026개사가 주식공모에 들어가서 총 26억 달러의 자금을 모집했다. 모건스탠리 자료에서 인용.

39. Wilson, *New Venturers*, 63.

40. 1975년 발렌타인은 캐피털그룹을 떠나 세쿼이아캐피털을 독자적으로 운영했지만, 캐피털그룹 직원들을 위해 투자한 펀드는 계속 관리했다. 크로퍼드와의 인터뷰에서 인용; 발렌타인과의 인터뷰에서 인용.

41. 크로퍼드와의 인터뷰에서 인용. 레슬리 벌린에 따르면, 클린트 이스트우드가 서부해안으로 돌아오는 비행기에서 부쉬넬을 위해 샌드위치를 만들어주었다고 한다. 그러나 동부로 가던 크로퍼드가 자신이 이 장면을 목격한 것으로 확신하고 있다. Berlin, *Troublemakers*, 173. 한편 발렌타인은 이렇게 기억한다. "바로 이것이 놀란의 여행에서 압권에 해당

합니다. 이스트우드가 놀란에게 샌드위치를 만들어준 것은 우연이 아니었습니다. 그는 내가 아니라 바로 놀란에게 샌드위치를 만들어줬습니다."

42. 이것은 다음 문헌에 나오는 정보에 근거하여 필자가 계산한 것이다. Wilson, *New Venturers*, 60. 1974년 6월부터 1980년 6월까지 배당금을 재투자할 경우의 S&P500 지수 수익률은 9.1퍼센트였다.

43. 퀴메의 CEO는 밥 슈로이더Bob Schroeder였다. 베이커와의 인터뷰에서 인용. 서부해안의 벤처캐피털이 지닌 대담성은 언뜻 보기에는 다른 뛰어난 기술 허브에 비해 이 지역이 갖는 강점을 설명하는 데 도움이 된다. 1970년대 중반 보스턴 지역은 소형컴퓨터 사업을 지배했고, 뉴욕주의 IBM은 대형컴퓨터 사업을 지배했으며, 텍사스주는 마이크로프로세서를 캘리포니아주보다 더 많이 생산했다. 그러나 다른 지역에서는 벤처투자자들의 촘촘한 네트워크와 직원들에게 보상으로 주식을 제공하는 관행이 결여되었다. 1970년대 후반 보스턴에서는 벤처투자액이 실리콘밸리의 절반 정도에 불과했다(O'Mara, *Code*, 101, 111). 게다가 보스턴의 벤처투자자들은 위험을 기피했다. 예를 들어 1965년에 설립된 그레이록파트너스는 스타트업을 지원하는 것보다 기존 기업에 '개발자본'을 제공하는 것을 선호했다. 설립 이후 처음 12년 동안에는 더욱 안전한 개발자본 투자가 수익의 대부분을 창출했다. Nicholas, *VC*, 163, 165 – 66.

44. Tom Perkins, *Valley Boy: The Education of Tom Perkins* (New York: Gotham Books, 2008), 45.

45. Perkins, *Valley Boy*, 47

46. "Tom Perkins: Early Bay Area Venture Capitalists: Shaping the Economic and Business Landscape," interview by Sally Smith Hughes, 2009, Regional Oral History Office, Bancroft Library, University of California, Berkeley, 2010, 4, digitalassets.lib.berkeley.edu/roho/ucb/text/perkins_tom.pdf, 28.

47. 이날 아침식사를 주관한 사람은 퍼킨스와 클라이너가 모두 투자했던 기술 은행가 샌디 로버트슨Sandy Robertson이었다.

48. Sanford R. Robertson, "Sanford R. Robinson: Early Bay Area Venture Capitalists: Shaping the Economic and Business Landscape," interview by Sally Smith Hughes, Regional Oral History Office, Bancroft Library, University of California, Berkeley, 2011; Matt Marshall, "San Jose, Calif.— Area High-Tech Icon Dies at Age 80," *Knight-Ridder/Tribune Business News*, Nov. 25, 2003.

49. Perkins, *Valley Boy*, 103.

50. Perkins, "Tom Perkins: Early Bay Area Venture Capitalists," 31 – 32.

51. Perkins, "Tom Perkins: Early Bay Area Venture Capitalists," 33. 클라이너는 이에 동의하면서 이보다는 조금 덜 화려하게 말했다. "다른 벤처투자자들은 그 돈을 기업가에게 전달하고는 관람석에서 구경만 할 것입니다. (⋯) 우리는 그냥 자금만 투자하는 사람이 되지는 않을 것입니다." Peter Meyer, "Eugene Kleiner: Engineer, Venture Capitalist, Founding Father of Silicon Valley," Office of University Relations, Polytechnic University, Brooklyn, Feb. 2006, engineering.nyu.edu/news/_doc/article_69/giantsofpoly-kleiner.pdf.

52. Perkins, *Valley Boy*, 101.

53. David A. Kaplan, *The Silicon Boys and Their Valley of Dreams* (New York: Perennial, 2000), 172.

54. Perkins, *Valley Boy*, 109 – 10.

55. Gaye I. Clemson, *Tandem Computers Unplugged: A People's History* (Campbell, Calif.: FastPencil, 2012), 19.

56. 2018년 4월 트레이빅과의 인터뷰에서 인용.

57. Perkins, *Valley Boy*, 110 – 11.

58. 이 컴퓨터과학자가 빌 데이비도Bill Davidow다. 2018년 4월 트레이빅과의 인터뷰에서 인용.

59. 하드웨어 엔지니어는 짐 카츠만Jim Katzman이었고, 소프트웨어 엔지니어는 마이크 그린Mike Green이었다.

60. 2018년 5월 16일 바이어스와의 인터뷰에서 인용.

61. Perkins, *Valley Boy*, 110 – 11.

62. 트레이빅과의 인터뷰에서 인용.

63. Perkins, "Tom Perkins: Early Bay Area Venture Capitalists," 39.

64. 서터힐벤처스는 1974년부터 1975년까지 벤처투자를 하지 않았으며 저평가된 공모 주식을 구매하려고 했다. 이것은 좋은 내기로 판명되었지만, 탠덤컴퓨터스와 같은 스타트업들을 더욱 어렵게 만들었다. 2018년 5월 16일 빌 영거와의 인터뷰에서 인용.

65. Perkins, *Valley Boy*, 112.

66. 이번 거래에 참여한 다른 유일한 벤처투자자는 10년 6개월 전에 빌 드레이퍼와 함께 폰티악을 임차한 피치 존슨이었다. 하지만 존슨이 탠덤컴퓨터스에 걸었던 돈은 총 5만 달러였다.

67. 클라이너퍼킨스의 첫 번째 펀드에서 탠덤컴퓨터스가 유일한 홈런은 아니었지만, 다른 홈런이라 할 제넨텍은 1977년에 클라이너퍼킨스가 두 번째 펀드를 조성했을 때 아직은 좋은 실적을 보이지 않았다. 이것은 퍼킨스가 클렘슨에게 고백한 것이다. Clemson, *Tandem Computers Unplugged*, 13.

68. Susan Benner, "Tandem Has a Fail-Safe Plan for Growth," *Inc.*, June 1, 1981.

69. Kaplan, *Silicon Boys*, 176.

70. 데이비드 아스콧David Arscott은 스완슨에 대해 이렇게 말했다. "그는 자만심이 가득한 청년이었습니다." Berlin, *Troublemakers*, 193; Perkins, "Tom Perkins: Early Bay Area Venture Capitalists," 43.

71. Swanson, interview by Sally Smith Hughes, Regional Oral History Office, University of California, Berkeley, 1996 – 1997, content.cdlib.org/view?do-cId=kt9c6006s1&&doc.view=entire_text.

72. Berlin, *Troublemakers*, 193.

73. Sally Smith Hughes, *Genentech: The Beginnings of Biotech* (Chicago: University of Chicago Press, 2011), 33 – 34.

74. Perkins, *Valley Boy*, 119.

75. Hughes, *Genentech*, 32.

76. Hughes, *Genentech*, 34.

77. Berlin, *Troublemakers*, 194 – 95.

투자의 진화

78. Berlin, *Troublemakers*, 195.

79. 현재 제넨텍 캠퍼스 연구동 밖에는 샌프란시스코 선술집에서 스완슨과 보이어의 첫 만남을 묘사한 청동상이 있다.

80. Swanson, interview by Hughes.

81. Perkins, "Tom Perkins: Early Bay Area Venture Capitalists," 46.

82. Hughes, *Genentech*, 37.

83. 이 날은 잡스와 워즈니악이 애플을 결성한 바로 그날이었는데, 이런 사실은 그 방에 있는 누구에게도 알려지지 않았다.

84. Perkins, *Valley Boy*, 120.

85. Perkins, interview by Glenn E. Bugos, Regional Oral History Office, University of California, Berkeley, 2001, content.cdlib.org/view?docId=kt1p-3010dc&brand=calisphere.

86. Edward J. Sylvester and Lynn C. Klotz, *The Gene Age: Genetic Engineering and the Next Industrial Revolution* (New York: Scribner, 1983), 87.

87. Perkins, Bancroft Library Oral History Collection, quoted in Berlin, *Troublemakers*, 200.

88. John F. Padgett and Walter W. Powell, *The Emergence of Organizations and Markets* (Princeton, N.J.: Princeton University Press, 2012), 419.

89. 당대의 다른 성공한 스타트업들도 퍼킨스가 제안한 것만큼이나 받아들이기 힘든 조건으로 출범했다. 1977년 11월 마이크 마쿨라는 애플에 26퍼센트의 지분을 갖는 조건으로 9만 1000달러를 투자했다. Walter Isaacson, *Steve Jobs* (New York: Simon & Schuster, 2015), 75.

90. Kleiner to Nathaniel I. Weiner, May 7, 1976, box 342652, folder "Genentech," Chiron Corporation, quoted in Hughes, *Genentech*, 41.

91. 이러한 지분은 제넨텍이 공개한 자료를 토대로 계산한 것이다. "Form S-1 Registration Statement: Genentech, Inc.," Securities and Exchange Commission, Oct. 14, 1980.

92. 제넨텍 과학자인 데이브 괴델은 이렇게 기억한다. "우리는 제넨텍이 휴먼 인슐린 합성을 위한 경쟁에서 승리해야만 사업을 지속할 수 있다는 사실을 이해했으며, 이것이 동기 부여가 되었습니다." 2018년 6월 11일 괴델과의 인터뷰에서 인용.

93. Perkins, "Tom Perkins: Early Bay Area Venture Capitalists," 53.

94. 괴델은 어느 연구원과 스완슨 사이에 오갔던 대화를 다음과 같이 기억한다. "그 사람이 스완슨에게 이렇게 말했습니다. '밥, 만약 내가 돈을 저축하기만 하고 주식을 사지 않기를 원한다면 어떻게 될까?' 그러자 스완슨이 이렇게 쏘아붙였습니다. '돈을 모아서 뇌파 검사를 받으러 가면 돼.'" 괴델과의 인터뷰에서 인용.

95. 이 과학자가 바로 리처드 셸러Richard Scheller다. Felda Hardymon and Tom Nicholas, "Kleiner-Perkins and Genentech: When Venture Capital Met Science" (Harvard Business School, Oct. 27, 2012), 6; Judith Michaelson, "Genentech Soars: $300 in Stock Turns Buyer into Millionaire," *Los Angeles Times*, Oct. 16, 1980.

96. 제넨텍의 재무 담당인 프레드 미들턴Fred Middleton은 스완슨에 대해 이렇게 말했다. "밥과 나는 뛰어난 흥행주, 마케터, 전략가, 금융가로서 톰 퍼킨스를 매우 존경했습니다. (…)

밥은 산에 올라가야 한다면, 나가서 새로운 곳에 교두보를 설치해야 한다면 톰이 지휘봉을 잡아야 한다고 생각했습니다." Middleton, interview by Glenn E. Bugos, Regional Oral History Office, University of California, Berkeley, 2001, content.cdlib. org/view?docId=kt8k40159r&brand=calisphere&doc.view=entire_text.

97. 괴델과의 인터뷰에서 인용. 다음 문헌 참조. Stephen Hall, *Invisible Frontiers: The Race to Synthesize a Human Gene* (Oxford: Oxford University Press, 1987), 244–45.

98. "나는 퍼킨스라는 대단한 인물에게 이런 지시를 받게 되어 기뻤습니다." 괴델과의 인터뷰에서 인용.

99. Perkins, Bancroft Library oral history, quoted in Berlin, *Troublemakers*, 263.

100. John March, "The Fascination of the New," *HBS Bulletin*, Oct. 1982, 55–62.

101. 1984년 이 파트너십의 내부 보고서에 따르면, 1976년과 1977년에 투자한 금액이 236배가 되어 돌아왔다. Wilson, *New Venturers*, 70. 윌슨이 제시한 숫자는 1976년에 20만 달러를 투자한 것으로 나오지만, 이것은 1976년과 1977년에 발생한 두 차례의 투자를 나타낸 것이다.

102. 다음 문헌에 나오는 데이터를 토대로 필자가 직접 계산한 것이다. Wilson, *New Venturers*, 70.

4장 × 애플의 속삭임

1. Leslie Berlin, *Troublemakers: Silicon Valley's Coming of Age* (New York: Simon & Schuster, 2017), 213.

2. Robert Finkel and David Greising, *The Masters of Private Equity and Venture Capital: Management Lessons from the Pioneers of Private Investing* (New York: McGraw-Hill Education, 2009), 160.

3. 고든 무어도 인텔 직원이 가정용 컴퓨터를 만들자고 제안했을 때 비슷한 반응을 보였다. 그는 이렇게 반문했다. "도대체 어느 누가 자기 집에 컴퓨터를 두고 싶어 하겠는가?" 그가 생각해낼 수 있는 유일한 사용 사례는 가정주부들이 그곳에 요리책을 올려놓는 것이었다. Gordon Moore, "The Accidental Entrepreneur," *Engineering and Science* (Summer 1994): 3, calteches.library.caltech.edu/3777/1/Moore.pdf.

4. Berlin, *Troublemakers*, 230.

5. Walter Isaacson, *Steve Jobs* (New York: Simon & Schuster, 2015), 75.

6. Tom Perkins, "Tom Perkins: Early Bay Area Venture Capitalists: Shaping the Economic and Business Landscape," interview by Sally Smith Hughes, 2009, Regional Oral History Office, Bancroft Library, University of California, Berkeley, 2010, 61, digitalassets.lib.berkeley.edu/roho/ucb/text/perkins_tom.pdf.

7. 애플 투자자로서 돈 발렌타인의 적합성은 그가 자신의 투자방식에 대하여 다음과 같이 설명한 것에서 알 수 있다. "우리는 어떤 사람이 어느 학교를 졸업했는지, 성적이 얼마나 뛰어난지를 비롯하여 그 밖의 모든 것들을 알아내는 데 시간을 허비하지 않습니다. 우리는 그 사람이 추구하는 시장, 해결하려는 문제의 규모에 관심이 있습니다." Felda Hardymon, Tom Nicholas, and Liz Kind, "Don Valentine and Sequoia Capital," Harvard

Business School Case Study, April 13, 2014, 49.

8. Isaacson, *Steve Jobs*, 57.

9. Jessica Livingston, *Founders at Work: Stories of Startups' Early Days* (Berkeley, Calif.: Apress, 2008), 44.

10. Brent Schlender and Rick Tetzeli, *Becoming Steve Jobs: The Evolution of a Reckless Upstart into a Visionary Leader* (New York: Crown Business, 2016), 46.

11. Isaacson, *Steve Jobs*, 76.

12. Mike Markkula, "Oral History of Armas Clifford (Mike) Markkula, Jr.," interview by John Hollar, Computer History Museum, May 1, 2012, 24, archive.computerhistory.org/resources/access/text/2012/08/102746385–05–01–acc.pdf; "Interview with Mike Markkula," *Silicon Genesis: Oral Histories of Semiconductor Industry Pioneers*, June 3, 2014, silicongenesis.stanford.edu/transcripts/markkula.htm.

13. "Apple Computer, Inc.: IPO Prospectus," Dec. 12, 1980, 25, www.swtpc.com/mholley/Apple/Apple_IPO.pdf.

14. 2018년 5월 16일 마이크 마쿨라와의 인터뷰에서 인용.

15. Berlin, *Troublemakers*, 239.

16. 2017년 12월 6일 마이클 필립스Michael Phillips와의 인터뷰에서 인용. Michael Phillips, "Rock," *Pro Commerce* (blog), Aug. 3, 2005, phillips.blogs.com/goc/2005/08/rock.html. 이 시기에 록을 만난 미래의 투자자 마이크 모리츠는 그의 스타일에 대해 이렇게 설명했다. "그는 텔레비전이 현대사회의 저주이며, 마리화나가 정신을 더럽히고, 지난 20년 동안 문학이나 예술에서는 중요한 발전이 없었다고 믿는 시대에 뒤떨어진 인물이었습니다." Michael Moritz, *Return to the Little Kingdom: Steve Jobs, the Creation of Apple, and How It Changed the World* (New York: Overlook Press, 2009), 227.

17. 2018년 1월 30일 록과의 인터뷰에서 인용.

18. Arthur Rock, "Arthur Rock: Early Bay Area Venture Capitalists: Shaping the Economic and Business Landscape," interview by Sally Smith Hughes, 2008, Regional Oral History Office, Bancroft Library, University of California, Berkeley, 2009, 56.

19. 2018년 4월 26일 피터 크리스프와의 인터뷰에서 인용; 2018년 4월 26일 행크 스미스와의 인터뷰에서 인용.

20. Peter Crisp, "Oral History of Peter Crisp," interview by Marguerite Gong Hancock, Computer History Museum, Aug. 30, 2018, archive.computerhistory.org/resources/access/text/2019/04/102717367–05–01–acc.pdf.

21. 스미스와의 인터뷰에서 인용.

22. 크리스프와의 인터뷰에서 인용.

23. "우리에게 그런 투자는 상당히 이례적인 것이었습니다. 그 당시 우리는 초기 단계의 스타트업에는 투자하지 않았습니다." 스미스와의 인터뷰에서 인용. 상대적으로 보수적인 동부해안의 벤처캐피털 문화는 보스턴에 본사를 둔 매트릭스파트너스의 설립자 폴 페리Paul Ferri가 하는 다음과 같은 말에 잘 나타나 있다. "우리는 서부해안 사람들과는 다르게 공상가가 아닙니다. 우리는 공연한 짓을 하여 말썽을 일으키는 사람들이 아닙니다." Karen Southwick, *The Kingmakers: Venture Capital and the Money Behind the Net*

(New York: Wiley, 2001), 84. 앞에서 언급했듯이 보스턴에 본사를 둔 그레이록파트너스 또한 스타트업보다는 개발자본에 더 많이 집중했다.

24. Crisp, interview by Carole Kolker, National Venture Capital Association Oral History Project, Oct. 2008, 47, digitalassets.lib.berkeley.edu/roho/ucb/text/vcg-crisp.pdf.

25. 크리스프와의 인터뷰에서 인용.

26. 대부분의 벤처자금 조달에서 그랬던 것처럼 정확한 숫자를 파악하기는 어렵다. 애플 지분 10퍼센트에 30만 달러를 투자하려는 초기 계획은 크리스프의 기억에 바탕을 둔다. 캐럴 콜커가 크리스프를 상대로 진행했던 인터뷰에서 인용. 1997년 12월 31일자 주식공모 제안서에 따르면, 애플은 최종적으로 총 552만 주의 보통주를 주당 0.09달러에 판매하여 총 51만 7500달러를 유치한 것으로 나온다. "Apple Computer, Inc.: IPO Prospectus," Dec. 31, 1980, II-2. 록과 할당량을 공유한 벤록은 총액 중에서 28만 8000달러를 내놓았다.

27. 이런 비유는 모리츠에게서 처음 나왔다. Moritz, *Return to the Little Kingdom*, 223.

28. Moritz, *Return to the Little Kingdom*, 227.

29. 마쿨라와의 인터뷰에서 인용. S-1 파일에는 발렌타인이 얼마나 투자했는지 나와 있지 않다. 다음 문헌에서는 15만 달러를 투자한 것으로 나온다. Moritz, *Return to the Little Kingdom*, 227. 윌슨은 20만 달러를 투자한 것으로 보고한다. Wilson, *New Venturers*, 64.

30. 모멘텀 투자는 기업에 대한 뉴스가 투자자들에게 점진적으로 전달되면서 이러한 정보가 흡수되는 것과 같은 방향으로 주가가 움직이기 때문에 공개 주식시장에서 작동하는 것으로 나타났다. 그러나 실리콘밸리에서는 모멘텀 투자에 대한 훨씬 더 강력한 근거가 있는데, 이곳에서는 기업 주변에서 떠도는 소문이 거의 자기충족적인 예언이 될 수 있다.

31. 이 전화 내용은 애플의 자금 조달에 대한 다른 설명이 없는 상태에서 딕 크램릭이 기억하는 것이며, 크리스프에 의해서도 확인되었다. 크리스프와의 인터뷰에서 인용; 2017년 11월 17일 크램릭과의 인터뷰에서 인용.

32. 크리스프와의 인터뷰에서 인용.

33. 크램릭과의 인터뷰에서 인용.

34. 앤서니 몬터규와 애플에 관한 이야기는 크램릭과의 인터뷰와 애빙워스에서 근무하는 몬터규의 파트너 피터 딕스Peter Dicks가 필자에게 보낸 이메일에 근거한다. 크램릭과의 인터뷰와 2019년 1월 25일 필자에게 보낸 이메일에서 인용.

35. 몬터규의 집안은 런던의 머천트뱅크인 사무엘몬터규를 설립했다. 그의 형인 데이비드가 회장이 되었고, 동생인 앤서니는 자기 회사를 설립했다.

36. 당시 포드재단의 임원이었던 앤서니 호버먼Anthony Hoberman은 발렌타인이 애플의 주식공모 이전에 주식을 일찍 매각하는 것에 대해 의견을 구했던 것으로 기억한다. 유한책임 파트너로서 포드의 자금을 세쿼이아캐피털에 투자한 호버먼은 발렌타인이 적절한 위험 기피 성향을 지닌 것을 보고는 만족스럽게 생각했다. 2019년 12월 4일 호버먼과의 인터뷰와 필자에게 보낸 이메일에서 인용. 이것은 발렌타인의 기억, 즉 자신이 출장 중이었고 사무실과 연락이 닿지 않았을 때 주식을 매각했다는 발언과는 모순된다. 2018년 4월 7일 발렌타인과의 인터뷰에서 인용. 애플 투자를 통한 수익률 자료는 세쿼이아캐피털이 제공한 것이다.

37. 벤록의 경우에는 애플이 1970년대의 실적을 충실한 것에서 뛰어난 것으로 바꾸어놓은 멱법칙에 해당하는 투자였다. Tom Nicholas, *VC: An American History* (Cambridge, Mass.: Harvard University Press, 2019), 171-72.

투자의 진화

38. 크리스프와의 인터뷰에서 인용.

39. Moritz, *Return to the Little Kingdom*, 230.

40. Moritz, *Return to the Little Kingdom*, 286.

41. Moritz, *Return to the Little Kingdom*, 276.

42. 2018년 2월 7일 빌 함브레히트와의 인터뷰에서 인용.

43. Paul Gompers and Josh Lerner, "Money Chasing Deals? The Impact of Fund Inflows on Private Equity Valuations" (Jan. 1998), 6 – 7, ssrn.com/abstract=57964. 1978년에는 연금펀드가 벤처자금의 15퍼센트를 차지했다. 1988년까지 연금펀드는 벤처자금으로 유입된 총 30억 달러 중 46퍼센트를 차지하는 가장 규모가 큰 자금원이 되었다. Paul Gompers, "The Rise and Fall of Venture Capital," *Business and Economic History* 23, no. 2 (Winter 1994): 13.

44. 자본이득세율의 인하는 과세 대상 투자자(부자)가 벤처 파트너십에 투자하거나 엔젤투자자로 활동하도록 장려할 수 있었다(이러한 효과는 신중한 사람의 원칙의 완화와 연금펀드의 유입으로 인해 모호해졌다). 이와 동시에 자본이득세율의 인하는 창업을 하고 위험을 기꺼이 받아들이려는 발명가들이 많아지게 할 수도 있었다. 이 점에 대해서는 니컬러스가 제임스 포터바(James Poterba)의 연구를 인용한다. Nicholas, *VC*, 181.

45. Data from Venture Economics Inc.

46. William D. Bygrave and Jeffry A. Timmons, *Venture Capital at the Crossroads* (Boston: Harvard Business School Press, 1992), 149.

47. Wilson, *New Venturers*, 60.

48. Thomas K. Perkins, "Kleiner Perkins, Venture Capital, and the Chairmanship of Genentech, 1976 – 1995," interview by Glenn E. Bugos, 2001, Regional Oral History Office, Bancroft Library, University of California, Berkeley, 2002.

49. 1984년 뉴엔터프라이즈어소시에이츠는 1억 2500만 달러의 기금을 조성했다. Udayan Gupta, ed., *Done Deals: Venture Capitalists Tell Their Stories* (Boston: Harvard Business School Press, 2000), 195.

50. 1980년대 초 당시, 최소 150개의 대학원에서 스타트업 창업이라는 새로운 과학 분야에 관한 코스를 제공하거나 연구센터를 운영하고 있었다. Wilson, *New Venturers*, 211.

5장 × 시스코, 쓰리콤, 실리콘밸리의 도약

1. 메릴린치 보고서는 자금이 벤처캐피털로 몰려들기 시작한 1978년에 처음 발간되었다. Margaret O'Mara, *The Code: Silicon Valley and the Remaking of America* (New York: Penguin Press, 2019), 177. 주요 공개기업의 연구개발 투자가 벤처캐피털 투자의 거의 열 배에 달한다는 사실을 감안하면 메릴린치의 견해는 타당해 보였다. Charles Newhall, "Financing Technical Change" (presentation to the OECD Committee for Scientific and Technological Policy, circa 1984), 6. 딕 크램릭이 이 복사본을 필자에게 제공했다.

2. 1987년에는 일본의 반도체 제조업체들이 생산량에서 미국의 경쟁업체들보다 19퍼센트나 앞서 있었고, 1991년에는 여전히 9퍼센트 차이로 앞서 있었다. Jeffery T. Macher, David C. Mowery, and David A. Hodges, "Reversal of Fortune? The Recovery

of the U.S. Semiconductor Industry," *California Management Review* [Fall 1998]: 116, table 2. 세마테크는 미국의 반도체 제조장비 생산업체가 1993년까지 세계 시장 점 유율을 53퍼센트로 끌어올리는 데에도 기여했다. U.S. Congress, Office of Technology Assessment, *Contributions of DOE Weapons Labs and NIST to Semiconductor Technology, OTA-ITE-585* [Washington, D.C.: U.S. Government Printing Office, 1993], 67. 그러나 미국 반도체 업계가 다시 등장하게 된 주요 요인은 메모리칩에서 마진 율이 높은 마이크로프로세서로 전환한 데 있었다. 이것은 세마테크 덕분이 아니었다. 실제 로 인텔은 세마테크가 결성되기 전에 이러한 변화를 결정했고, 새로운 칩 설계에 집중하 는 것은 세마테크가 결성되기 전에 창업한 반도체 스타트업들, 특히 사이프러스반도체, 알 테라, 마이크론에 의해 장려되었다. 세마테크의 비용 효율성에 대한 측정하기 어려운 지표 에 대해서는 다음 문헌 참조. Douglas A. Irwin and Peter J. Klenow, "High-Tech R&D Subsidies: Estimating the Effects of Sematech," in "Symposium on Growth and International Trade: Empirical Studies," special issue, *Journal of International Economics* 40, no. 3 (May 1996): 323–44, doi.org/10.1016/0022–1996(95)01408-X.

3. AnnaLee Saxenian, *Regional Advantage: Culture and Competition in Silicon Valley and Route 128* (Cambridge, Mass.: Harvard University Press, 1994).

4. 같은 논리에 따르면, 클러스터에는 상호 보완적인 기업들로 이루어진 깊은 풀이 있다. 심 오한 마이크로칩을 찾는 라우터 제조업체는 반경 80킬로미터 이내에서 자신에게 정확하 게 맞아떨어지는 반도체 설계 회사를 찾을 수 있다. Enrico Moretti, *The New Geography of Jobs* (New York: Mariner Books, 2013), 126–27, 134.

5. LSE의 엘리엇 그린Elliott Green이 구글 학술 검색Google Scholar을 분석한 바에 따르면, 1973년에 발간된 그라노베터의 논문(The American Journal of Sociology, "The Strength of Weak Ties")이 일곱 번째로 널리 인용되는 사회과학 논문이라고 한다.

6. Larissa MacFarquhar, "The Deflationist: How Paul Krugman Found Politics," *New Yorker*, March 1, 2010.

7. Niall Ferguson, *The Square and the Tower: Networks, Hierarchies, and the Struggle for Global Power* (New York: Penguin Press, 2017), 15.

8. Jonathan M. Barnett and Ted Sichelman, "The Case for Noncompetes," *University of Chicago Law Review* 86 (Jan. 2020). 이 논문에서는 경쟁금지 조항이 일부 조건 하에서는 캘리포니아주에서 시행이 가능하고, 다른 조건하에서는 매사추세츠주에서 시행 이 가능하지 않다는 점을 지적한다. 따라서 이들 주 간의 대비는 일반적으로 주장하는 것 과는 다르게 뚜렷하지가 않다. 또한 캘리포니아주의 고용주는 직원의 이동을 제한하기 위 해 다른 메커니즘을 사용한다. 여기에는 비공개 계약, 특허 침해 소송 및 지연 보상 메커니 즘이 포함된다. 이러한 논의의 또 다른 측면에 대해서는 다음 문헌을 참조. Matt Marx, Jasjit Singh, and Lee Fleming, "Regional Disadvantage? Non-Compete Agreements and Brain Drain" (July 21, 2010). Available at SSRN: ssrn.com/abstract=1654719 or dx.doi.org/10.2139/ssrn.1654719; Evan Starr, "The Use, Abuse, and Enforceability of Non-compete and No-Poach Agreements," Feb. 2019 Issue Brief, Economic Innovation Group. 에반 스타는 이러 한 문헌들을 조사하면서, 2015년에 기술직 노동자들을 상대로 경쟁금지 조항의 시행을 금지한 하와이의 유력한 사례를 인용한다. 결과적으로 주 내 노동자의 이동성이 증가하여 평균 재직 기간이 11퍼센트 감소하고, 아이디어의 교류가 확대되고, 기술직 노동자의 역량 과 새로운 기회 사이의 역동적인 조화가 증진되었다. 공정하게 말하자면, 경쟁금지 조항의 시행 금지가 벤처 중심의 시행착오를 특징으로 하는 스타트업 생태계에서는 유익하지만,

투자의 진화

이것이 성공을 결정하는 결정적인 변수는 아니라는 것이다. 이것이 지닌 효력은 주로 벤처 캐피털의 기업 형성을 위한 노력을 확대하는 데에서만 나타날 것이다.

9. 이 책에서 주요 인물로 등장하는 다수의 기업가들 중에서 비록 데이비드 체리턴을 지나가는 말로 언급하기는 했지만, 오직 한 사람(패트릭 브라운)만이 스탠퍼드대학교 교수였다. 한편, 이 책에서는 스탠퍼드대학교 시절을 즐겁지 않게 보냈던 다수의 인물이 등장하여 MIT와의 차이를 무색하게 했다. 이러한 사람들로는 시스코, 야후, 구글 창업자가 있다. 스탠퍼드대학교의 기업가적 기질을 내세우는 주장이 창업자들이 그곳에서 젊은 시절을 보냈기 때문이 아니라 스탠퍼드대학교가 스타트업에 우호적인 분위기를 가지고 있기 때문이라는 모호한 진술에 기초한 것이라면, 여기에는 닭이 먼저냐 달걀이 먼저냐는 문제가 있다. 브라운의 이야기가 보여주는 것처럼(머리말을 보라), 스탠퍼드대학교 주변에 샌드힐로드가 존재한다는 사실은 적어도 학계가 기업가정신에 영향을 미친 것만큼이나 학계의 문화에 영향을 미쳤을 것이다.

10. 2018년 5월 16일 빌 영거와의 인터뷰에서 인용.

11. 이후의 분석에서는 마크 그라노베터와 애너리 색스니언의 연구를 바탕으로 기술 클러스터 내의 벤처캐피털의 연결을 도표로 나타내었다. 이러한 네트워크 도표를 통하여 클러스터 내의 행위자들이 서로 적극적으로 연결될수록 클러스터의 생산성이 증진된다는 통찰을 얻을 수 있었다. 이러한 연결을 증진하는 데에 벤처투자자들의 역할은 스탠퍼드대학교의 우디 포웰Woody Powell과 그의 동료 연구자들의 생명과학 클러스터에 대한 연구에서 잘 설명되어 있다. Walter W. Powell, Kelly A. Packalan, and Kjersten Bunker Whittington, "Organizational and Institutional Genesis: The Emergence of High-Tech Clusters in the Life Sciences," Queen's School of Business Research Paper no. 03–10. 벤처투자자들의 네트워킹 역할에 대한 추가적인 설명으로는 다음 문헌 참조. Michel Ferrary, "Silicon Valley: A Cluster of Venture Capitalists?," Paris Innovation Review blog, Oct. 26, 2017, parisinnovationreview.cn/en/2017/10/26/silicon-valley-a-cluster-of-venture-capitalists/; Mark Granovetter and Michel Ferrary, "The Role of Venture Capital Firms in Silicon Valley's Complex Innovation Network," *Economy and Society* 18, no. 2 (2009): 326–59.

12. Dennis Taylor, "Cradle of Venture Capital," *Silicon Valley Business Journal*, April 18, 1999, bizjournals.com/sanjose/stories/1999/04/19/focus1.html.

13. Richard A. Shaffer, "To Increase Profits, Venture Capital Firms Are Investing Earlier in Fledgling Concerns," *Wall Street Journal*, Oct. 31, 1983.

14. Joel Kotkin, "The Third Wave: U.S. Entrepreneurs Are Filling New Niches in the Semiconductor Industry," *Inc.*, Feb. 1984.

15. Marilyn Chase, "Venture Capitalists Rush in to Back Emerging High-Technology Firms," *Wall Street Journal*, March 18, 1981.

16. Chase, "Venture Capitalists Rush in to Back Emerging High-Technology Firms." 또한 매릴린 체이스는 투자자와 기업가의 완벽한 결합이 끊임없이 이어지는 흐름을 "꿈의 나라"라고 묘사했던 L. F. 로스차일드의 로버트 토빈A. Robert Towbin의 말을 인용했다.

17. Jessica Livingston, *Founders at Work: Stories of Startups' Early Days* (Berkeley, Calif.: Apress, 2008), 284.

18. 2017년 9월 20일 렌 베이커와의 인터뷰에서 인용.

19. 이 기술 관리자는 DEC의 엔지니어링 담당 부사장인 고든 벨Gordon Bell이었다. Saxe-

nian, *Regional Advantage*, 65.

20. Allen Michels, quoted in Saxenian, *Regional Advantage*, 65. 마찬가지로 보스턴에 본사를 둔 찰스리버벤처스의 릭 번스Rick Burnes는 이렇게 기억한다. "애플이 설립되었을 때 그것은 대학을 졸업하지 않은 청바지를 입은 사람에게 꿈과 희망이었습니다. 여기 뉴잉글랜드에서는 그런 일이 일어나지 않았습니다. 우리는 경험을 원했습니다. 우리는 그들이 무슨 말을 하는지 아는 사람을 원했습니다." 2017년 10월 11일 번스와의 인터뷰에서 인용.

21. 2017년 10월 12일 하워드 콕스와의 인터뷰에서 인용. 그레이록파트너스의 설립자 빌엘퍼스는 일찍이 개발자본, 기업 매수, 알려지지 않은 기업의 공모주가 투기적인 새로운 기업보다 더 안전한 투자를 위한 것이라고 결론지었다. Tom Nicholas, *VC: An American History* (Cambridge, Mass.: Harvard University Press, 2019), 163.

22. 다음에 나오는 쓰리콤 이야기는 다수의 소식통을 통해 구성되었고, 밥 멧칼프와의 이메일 교환에서 확인되었다. 2019년 4월 2일 멧칼프가 필자에게 보낸 이메일에서 인용.

23. Robert Metcalfe, "Oral History of Robert Metcalfe," interview by Len Shustek, Computer History Museum, Nov. 29, 2006, archive.computer-history.org/resources/text/Oral_History/Metcalfe_Robert_1/Metcalfe_Robert_1_2.oral_history.2006.7.102657995.pdf.

24. John W. Wilson, *The New Venturers: Inside the High-Stakes World of Venture Capital* (Reading, Mass.: Addison−Wesley, 1985), 177.

25. 동부해안 사람들이 발명품을 상품화하지 못한 또 다른 사례로서 초기 네트워킹 회사 웅거만−바스가 질로그라는 회사에서 떨어져 나왔다. 질로그는 제록스와 마찬가지로 동부해안의 DNA를 가지고 있었다. 뉴욕에 본사를 둔 석유회사 엑손의 기업 개발팀으로부터 자금 지원을 받았던 것이다. 질로그는 제록스와 마찬가지로 제품을 시장에 내놓는 데 미숙했던 것으로 판명되었다. 2018년 6월 12일 찰리 바스와의 인터뷰에서 인용.

26. Metcalfe, Shustek interview.

27. Metcalfe, Shustek interview.

28. Metcalfe, Shustek interview.

29. 2019년 3월 19일 하워드 차니가 필자에게 보낸 이메일에서 인용. Tom Richman, "Who's in Charge Here? Travel Tips Article," *Inc.*, June 1, 1989, www.inc.com/magazine/19890601/5674.html.

30. 2018년 5월 15일 빌 크라우제와의 인터뷰에서 인용.

31. 크라우제는 트레이빅에 대해 이렇게 말했다. "그와 톰 퍼킨스는 많은 사람들이 따라야 할 역할 모델이었습니다. 그는 내가 밥과 손을 잡는 모험을 하도록 힘을 실어주었습니다." 크라우제와의 인터뷰에서 인용.

32. 38년이 지나서도 크라우제는 아내가 여전히 그런 조건을 부과하고 있다는 농담을 했다. 크라우제와의 인터뷰에서 인용. 차니는 자신이 그날 저녁식사에 참석한 사실을 확인해주었다. 2019년 3월 19일 차니가 필자에게 보낸 이메일에서 인용.

33. 크라우제는 자신이 자금 조달 협상이 타결되기 거의 한 달 전인 1월 초에 휼렛패커드를 떠나기로 결정한 것으로 기억했다. 2019년 3월 11일 크라우제가 필자에게 보낸 이메일에서 인용.

34. 피델리티벤처스의 투자자는 톰 스티븐슨Tom Stephenson이었다. 그는 나중에 동부해안을 떠나 세쿼이아캐피털에 합류했다. 2019년 4월 2일 멧칼프가 필자에게 보낸 이메일에서 인용.

투자의 진화

35. 이 인용문과 이후에 나오는 설명은 주로 다음에 나오는 뛰어난 저술에서 가져온 것이다. Wilson, *New Venturers*, 178 – 79.

36. Wilson, *New Venturers*, 178 – 79; Metcalfe, "Oral History of Robert Metcalfe."

37. 2018년 7월 18일 차니와의 인터뷰에서 인용.

38. Wilson, *New Venturers*, 178 – 79.

39. 돈 발렌타인은 워커스왜건휠을 두고 이렇게 말했다. "나에게 그곳은 대학원입니다." 2018년 4월 7일 발렌타인과의 인터뷰에서 인용.

40. 크라우제와의 인터뷰에서 인용. 비밀 공유에 대한 이러한 경우는 실리콘그래픽스의 CEO를 지낸 에드 매크래컨Ed McCracken에게서 나온 것이다. Chong-Moon Lee et al., eds., *The Silicon Valley Edge: A Habitat for Innovation and Entrepreneurship* (Stanford, Calif.: Stanford Business Books, 2000), 10.

41. 2018년 6월 11일 조 케네디Joe Kennedy와의 인터뷰에서 인용.

42. Charles Bass, interview by James L. Pelkey, Computer History Museum, Aug. 16, 1994, archive.computerhistory.org/resources/access/text/2018/03/102738753-05-01-acc.pdf.

43. Bass, interview by Pelkey. 찰리 바스는 이렇게 덧붙였다. "바로 그 자리에서 그에게 심장마비가 올 줄 알았습니다." 존 도어는 이 사건에 대한 기억이 없으며, 자신이 어떤 모임에서도 실신할 뻔한 적이 없다고 말했다. 2021년 3월 5일 도어와의 인터뷰에서 인용.

44. Bass, interview by Pelkey.

45. 케네디와의 인터뷰에서 인용.

46. 웅거만-바스를 상대로 보상을 제공하기로 했던 클라이너퍼킨스의 결정은 벤처캐피털의 네트워크 중심성과 수익 간의 정의 상관관계를 보여주는 연구를 통해 그 정당성을 입증받았다. Yael V. Hochberg, Alexander Ljungqvist, and Yang Lu, "Whom You Know Matters: Venture Capital Networks and Investment Performance," *Journal of Finance* 62, no. 1 (Feb. 2007). 저자들은 실리콘밸리에서 이러한 관계가 다른 지역과 비교하여 두 배나 더 강하다는 점에 주목한다. 또한 6장에 등장하는 액셀의 창업자인 아서 패터슨은 벤처업계에서는 평판이 다양한 방식으로 행동을 규율한다고 지적한다. 기업가들은 비공개 계약을 체결하지 않은 상황에서도 벤처캐피털과 자기들의 계획을 공유했다. 벤처캐피털은 기밀 유지를 준수하고, 그렇게 하지 않으면 업계에서 응분의 대가를 치를 것이라는 사실을 잘 알고 있었다.

47. 1997년까지 미국 기업들은 반도체 시장의 50퍼센트를 점유했고, 일본 기업들은 29퍼센트를 점유했다. Jeffery T. Macher, David C. Mowery, and David A. Hodges, "Reversal of Fortune? The Recovery of the U.S. Semiconductor Industry," *California Management Review* (Fall 1998): 41.

48. 벤처캐피털이 지원하는 디스크드라이브 기업들은 투자자들의 수익을 창출하는 측면보다 실리콘밸리의 제조업 리더십을 구축하는 측면에서 더 분명한 성공을 거두었다. 즉 공적 수익이 사적 수익을 초과했다는 것이다. 벤처캐피털이 다수의 디스크드라이브 제조업체를 지원했기 때문에 대부분이 필연적으로 실패했다. Jerry Neumann, "Heat Death: Venture Capital in the 1980s," *Reaction Wheel* blog, Jan. 8, 2015, reactionwheel.net/2015/01/80s-vc.html; Udayan Gupta, "Recent Venture Funds Perform Poorly as Unrealistic Expectations Wear Off," *Wall Street Journal*, Nov. 8, 1988; Jeff Moax, "When Your Investors Are Entrepreneurs," *Venture*, Oct. 1980; Clayton M. Christensen, "The Rigid Disk Drive Industry,"

Business History Review 67, no. 4 (Winter 1993): 542.

49. 색스니언은 1980년대에 실리콘밸리가 보스턴의 루트128Route 128을 추월했다는 것을 보여주는 다수의 데이터를 인용한다. Saxenian, *Regional Advantage*, 106-8.

50. Joseph Nocera and Anne Faircloth, "Cooking with CISCO," *Fortune*, Dec. 25, 1995. 레오나드 보삭과 같은 시기를 보냈던 사람은 그의 로봇 같은 태도에 대해 이렇게 말했다. "그에게 어떠한 주제가 제시될 때마다 그는 그것을 완전히 이해하기 위해 그것의 모든 조각을 반복해서 들여다보고 싶어 했습니다." Edward Leonard, interview by Charles H. House, Computer History Museum, Sept. 11, 2015, 19. 샌디 러너와 보삭을 세쿼이아캐피털에 소개한 에드 레오나드는 실리콘밸리에서 변호사로 활동하는 사람이었다.

51. 2018년 7월 20일 커크 로히드Kirk Lougheed와의 인터뷰에서 인용. 로히드는 시스코가 최초로 뽑은 직원들 중 한 사람이었다. 러너에 대해서는 다음 문헌 참조. "Women in Computing: The Management Option, Panel Discussion," Computer History Museum, YouTube, Aug. 30, 2016, youtube.com/watch?v=QmckAhX-4U5w.

52. Dana Wechsler Linden, "Does Pink Make You Puke?," *Forbes*, Aug. 25, 1997.

53. "Nerds 2.0.1: A Brief History of the Internet, Part 3," PBS, 1998, archive.org/details/Nerds_2.0.1_-_A_Brief_History_of_the_Internet_-_Part3.

54. Linton Weeks, "Network of One," *Washington Post*, March 25, 1998.

55. "Nerds 2.0.1: A Brief History of the Internet, Part 3."

56. "Nerds 2.0.1: A Brief History of the Internet, Part 3." 보삭은 규정을 무시하려는 러너의 성향을 분명히 공유했다. 로히드는 이렇게 기억한다. "레오나드는 규정은 다른 사람들을 위한 것이라고 생각했습니다." 로히드와의 인터뷰에서 인용.

57. 민간 벤처 파트너십은 1982년에 14억 달러, 1983년에 34억 달러, 1984년에 32억 달러를 모집했다. *Venture Capital Journal*, Jan. 1986, 8.

58. Pete Carey, "A Start-Up's True Tale," *San Jose Mercury News*, Dec. 1, 2001, pdp10.nocrew.org/docs/cisco.html.

59. "Nerds 2.0.1: A Brief History of the Internet, Part 3."

60. 발렌타인과의 인터뷰에서 인용.

61. 이 임원이 빌 그레이브스Bill Graves였고, 군과 관련된 시스코 고객은 당시 SRI 인터내셔널에서 근무하던 에드 코젤Ed Kozel이었다. 2018년 7월 19일 코젤과의 인터뷰에서 인용. 코젤은 나중에 시스코에서 근무했다.

62. 코젤과의 인터뷰에서 인용.

63. Leonard, House interview.

64. 바스와의 인터뷰에서 인용.

65. 바스는 몇 년 후 세쿼이아캐피털이 시스코와 맺은 계약을 돌이켜보면서 그런 계약을 하게 된 용기에 무척 놀라워했다. 그는 이렇게 말했다. "나라면 그런 투자를 하지 않았을 겁니다. 돈의 접근방식은 어른들이 창업자 주변을 둘러싸는 것이었습니다. 나는 그 정도로 자원을 동원하고 헌신할 생각이 없었습니다." 바스와의 인터뷰에서 인용.

66. John Morgridge and Don Valentine, "Cisco Oral History Panel Part One," interview by John Hollar, Computer History Museum, Nov. 19, 2014, 11.

67. David Bunnell and Adam Brate, *Making the Cisco Connection: The Story Behind the Real Internet Superpower* (New York: John Wiley & Sons, 2000), 11.

68. 이 은행가는 바로 몽고메리증권 대표 톰 바이젤Thom Weisel이다. Michael Moritz, *DTV* (selfpublished, 2020), 61.

69. 시스코는 시리즈 A 우선주 236만 5000주를 세쿼이아캐피털이 관리하는 세 개의 벤처캐피털 펀드와 세쿼이아캐피털이 공동으로 관리하는 수에즈테크놀로지펀드Suez Technology Fund에 주당 1달러에 판매했다. 또 다른 두 개의 세쿼이아 계열사가 13만 5000달러를 투자했다. Cisco S–1 filing.

70. 발렌타인과의 인터뷰에서 인용.

71. 레오나드와의 인터뷰에서 인용; 2018년 7월 23일 존 볼저와의 인터뷰에서 인용; 2018년 7월 23일 존 모그리지와의 인터뷰에서 인용.

72. 로히드와의 인터뷰에서 인용.

73. 2018년 5월 17일 피에르 라몬드와의 인터뷰에서 인용.

74. Valentine and Morgridge, Hollar interview.

75. Nocera and Faircloth, "Cooking with Cisco."

76. 시스코의 S–1 파일에 따르면, 모그리지에게는 회사의 5.9퍼센트 지분에 해당하는 74만 5812주의 보통주를 매입할 수 있는 옵션이 제공되었다. 또한 S–1 파일에서는 모그리지의 총지분을 6.1퍼센트라고 서술했다. 이것은 아마도 그가 주식 옵션 외에도 주식을 사들였거나 받았기 때문일 것이다. 그가 보유한 지분은 실리콘밸리의 일부 창업자들이 주식공모를 시작했을 때에 보유한 것보다 더 많았다. 예를 들어 사이프러스 반도체가 1986년에 주식공모를 시작했을 때 T. J. 로저스T. J. Rodgers가 보유한 지분이 3.1퍼센트에 불과했다. "Amendment No. 2 to Form S–1 Registration Statement: Cypress Semiconductor Corporation," Securities and Exchange Commission, May 30, 1986.

77. Morgridge, interview by Dayna Goldfine, Stanford University Libraries, Department of Special Collections and University Archives, July 17, 2009, purl.stanford.edu/ws284fg2355.

78. 로히드와의 인터뷰에서 인용. Robert Slater, *The Eye of the Storm: How John Chambers Steered Cisco Through the Technology Collapse* (New York: HarperBusiness, 2003), 81.

79. 로히드는 발렌타인이 투자하기 전의 제조 과정을 회상하며 이렇게 말했다. "내가 제조 부서에 있었는데, 이런 기계들을 나 혼자서 조립했습니다. 샌디가 나를 도와줄 사람들을 데려왔지만, 그 사람들은 제조 기술이 없었습니다. 샌디가 도대체 어디서 그런 사람들을 데려왔는지 모르겠습니다." 로히드와의 인터뷰에서 인용.

80. Slater, *Eye of the Storm*, 86.

81. 시스코는 1989년 7월까지 2800만 달러어치의 장비를 판매했는데, 이것은 2년 전의 150만 달러와 비교하면 엄청나게 증가한 것이다. 순이익은 거의 없는 것에서 420만 달러로 급증했다. Cisco S–1A, as filed to the SEC on Feb. 16, 1990, 6.

82. *Something Ventured*, directed by Dayna Goldfine and Daniel Geller (Miralan Productions, 2011).

83. 볼저와의 인터뷰에서 인용.

84. 발렌타인과의 인터뷰에서 인용.

85. Valentine and Morgridge, Hollar interview, 8.

86. Lerner, interview by Dayna Goldfine, June 21, 2010, purl.stanford.edu/mb-678nw9491.

87. Laura Lambert, *The Internet: A Historical Encyclopedia* (Santa Barbara, Calif.: ABC-CLIO, 2005), 37.

88. 이후로 25년이 지나서 벤처투자자 마크 앤드리슨은 당시 실리콘밸리를 되돌아보며 이렇게 말했다. "따라서 실리콘밸리의 신화는 벤처캐피털이 창업자에게 등을 돌리고 CEO를 데려온다는 것입니다. 우리가 보는 더욱 일반적인 패턴은 회사의 팀이 창업자에게 등을 돌린다는 것입니다." 2019년 5월 14일 앤드리슨과의 인터뷰에서 인용.

89. Christianne Corbett and Catherine Hill, "Solving the Equation: The Variables for Women in Engineering and Computing," AAUW report, 2015, 9, files.eric.ed.gov/fulltext/ED580805.pdf.

90. Jeremy Quittner, "Sandy Lerner: The Investor Is Not Your Friend," *Inc.*, Feb. 27, 2013, www.inc.com/magazine/201303/how-i-got-started/sandy-lerner.html.

91. Leonard, House interview.

92. 시스코의 S-1 파일에 따르면, 각각의 창업자들이 회사 지분의 17.6퍼센트에 해당하는 178만 1786주를 소유했다. 그중에 3분의 2는 1987년 12월부터 4년 동안 매월 발생하는 귀속권의 대상이 되었다. 창업자들은 32개월 후에 회사를 떠났기 때문에 옵션의 3분의 1, 즉 전체 주식의 9분의 2를 잃게 되었다. 그러나 시스코는 해지 합의 내용을 공개하지 않는다는 조건으로 귀속되지 않은 옵션에 대해 가격을 지급했을 수도 있다.

93. 폴 세베리노의 후원자들이 그의 초기 스타트업인 인터란Interlan을 통해 돈을 많이 벌었고, 그와는 친구라는 사실 때문에 그에 대한 투자자들의 압박은 별로 없었다. James Pelkey, "Internetworking: LANs and WANs, 1985–1988," in Entrepreneurial Capitalism and Innovation: A History of Computer Communications, 1968–1988 (website), 2007, historyofcomputercommunications.info/Book/12/12.27_Wellfleet.html. 웰플리트커뮤니케이션스 이사회 의장 러스 플래니처Russ Planitzer는 세베리노가 어느 한 고객을 위한 맞춤형 엔지니어링 프로젝트를 수락하기로 결정하고서 핵심 시장을 추구하지 않은 것에 대해 이의를 제기하지 않은 것을 두고 후회했다. 2020년 4월 30일 플래니처와의 인터뷰에서 인용.

94. "15 Years, a Lifetime," *Network World*, March 26, 2001, 87. 두 지역 사이의 또 다른 차이를 보면, 시스코가 다른 스타트업들을 인수해 시장 점유율을 확대했는데, 이는 발렌타인이 전폭적으로 지지했던 위험하고도 비용이 많이 드는 전략이었다. 세베리노는 놀라워하면서 이렇게 말했다. "만약 내가 이사회에 출석하여 이 회사를 10일 이내에 1억 5000만 달러에 인수하고 싶다고 말하면 (…) 그들은 내가 미쳤다는 듯한 표정으로 나를 쳐다봤을 것입니다."

6장 × 계획자와 즉흥 연주자

1. Frank Rose, "Mitch Kapor and the Lotus Factor," *Esquire*, Dec. 1984, 358, frankrose.com/Mitch_Kapor_and_the_Lotus_Factor.pdf.

2. 고GO에 대한 이 이야기는 제리 캐플런의 회고록에 나온 것이다. 달리 언급되지 않는다면, 여기에 나오는 모든 사실과 인용문은 캐플런의 진술에서 나온 것이다. Jerry Kaplan,

Startup: A Silicon Valley Adventure (repr., New York: Penguin Books, 1996).

3. 경주마에 비유한 것은 캐플런의 진술에서 나온 것이다. John Swartz, "Tech's Star Capitalist," *San Francisco Chronicle*, Nov. 13, 1997. 경쟁 벤처캐피털에 관한 진술은 서터힐벤처스의 렌 베이커에게서 나온 것이다. 2017년 9월 20일 베이커와의 인터뷰에서 인용.

4. David A. Kaplan, *The Silicon Boys and Their Valley of Dreams* (New York: Perennial, 2000), 188.

5. 2021년 3월 5일 존 도어와의 인터뷰에서 인용.

6. 도어와의 인터뷰에서 인용.

7. 2018년 6월 21일 미치 케이퍼와의 인터뷰에서 인용. 도어는 고 에피소드에 대하여 스타트업은 복음주의적 지원이 요구되고, 이것이 오만함과는 같지 않다고 주장했다. 도어와의 인터뷰에서 인용.

8. G. Pascal Zachary, "Computer Glitch: Venture-Capital Star, Kleiner Perkins, Flops as a Maker of Laptops," *Wall Street Journal*, July 26, 1990.

9. 도어는 1990년 전국벤처캐피털협회 연설에서 이러한 기술적 비전을 떠벌렸다. William Bygrave and Jeffry Timmons, *Venture Capital at the Crossroads* (Boston: Harvard Business School Press, 1992), 149; Jerry Neumann, "Heat Death: Venture Capital in the 1980s," *Reaction Wheel* (blog), Jan. 8, 2015.

10. 2018년 6월 12일 돈 구딩과의 인터뷰에서 인용.

11. 액셀의 애널리스트 구딩은 이렇게 기억한다. "짐은 원칙으로 알려지지 않은 업계에서 대단히 원칙적인 사람이었습니다. 지금 내가 가진 근성의 상당 부분은 그를 모방하려는 데서 나왔습니다." 구딩과의 인터뷰에서 인용; Jim Swartz, "Oral History of Jim Swartz," interview by John Hollar, Computer History Museum, Oct. 11, 2013, 2, archive.computerhistory.org/resources/access/text/2015/05/102746860-05-01-acc.pdf.

12. 이 회사가 바로 픽처텔PictureTel이다. 2018년 7월 11일 브라이언 힌먼Brian Hinman과의 인터뷰에서 인용.

13. 액셀은 1997년에 프린스턴 사무소를 폐쇄했다.

14. Accel Telecom Fund offering document, 1985, Jim Swartz personal files. 자신이 보관한 문서를 제공하고, 여러 차례에 걸쳐 인터뷰에 응해준 짐 슈워츠에게 감사의 마음을 전한다.

15. 어느 해에는 조지 길더George Gilder가 전화통신이 유선 인프라를 포기하고 무선 연결을 선호하는 반면, 텔레비전은 그 반대로 무선 방송에서 인터넷 케이블로 전환할 것이라고 예언하여 액셀이 주관하는 행사를 찾아온 사람들을 열광시켰다. 2017년 11월 8일 슈워츠와의 인터뷰에서 인용.

16. 슈워츠와의 인터뷰에서 인용.

17. 처음 10년 동안 액셀은 45개사에 투자했다. 이들 중 7개사에서는 손을 뗐고, 24개사는 주식공모에 들어갔으며, 14개사는 합병되었다. Jim Swartz presentation delivered at Carnegie Mellon University, Sept. 27, 1994, Swartz personal files.

18. 아서 패터슨과의 인터뷰에서 인용. 여러 차례에 걸쳐 인터뷰에 응하고, 동료 투자자들을 소개해준 패터슨에게 감사의 마음을 전한다.

19. 패터슨은 베인컨설팅Bain Consulting을 본받으려고 했다. 베인컨설팅은 기업이 틈새시장

을 전문화하고 지배함으로써 지식재산권을 축적하고, 이를 막대한 수익으로 전환할 것이라는 견해를 제시했다.

20. 이 회사들은 픽처텔, 비보Vivo, 폴리콤Polycom이다. 픽처텔과 폴리콤은 14배의 수익을 올렸다. 슈워츠와 액셀 측에 초기 다섯 개 펀드에 대한 광범위한 실적 데이터를 제공한 것에 감사의 마음을 전한다.

21. 액셀은 자기만의 독특한 접근방식뿐만 아니라 좀 더 일반적인 방식에서도 강했다. 기업가들은 패터슨과 슈워츠를 존경했고, 주요 직원들을 모집할 때 그들에게서 도움을 받았다. 액셀의 초기 다섯 개 펀드에서 가장 큰 성공을 거둔 포털소프트웨어Portal Software의 창업자 존 리틀은 패터슨에 대해 이렇게 말했다. "우리가 핵심 엔지니어와 계약을 체결하고 싶을 때, 그 사람을 아서와 통화하게 했습니다. 그 사람은 아서와 이야기를 나눈 후에 자신이 앞으로 실리콘밸리를 강타하게 될 아주 대단한 인물이라는 확신을 가질 것입니다. 그러고는 계약서에 서명합니다. 물론 우리는 선택의 여지가 많은 사람을 고용하기 위해 경쟁하고 있었습니다. 그리고 그 사람이 다른 선택을 언급한다면, 아서는 그런 선택에 대해 약간의 의심을 품게 하는 방법을 알고 있었습니다." 2018년 5월 22일 리틀과의 인터뷰에서 인용.

22. 액셀텔레콤은 수수료를 제외하고 18.7퍼센트의 내부 수익률을 달성했다. 1985년에 출범한 벤처펀드의 수수료를 제외한 내부 수익률의 중앙값은 8퍼센트를 기록했다. 액셀의 초기 다섯 개 펀드에 대한 데이터는 슈워츠가 제공한 것이다. 필자가 업계 전반의 데이터를 이해하는 데 시카고대학교의 스티븐 캐플런에게 많은 도움을 받았다. 경쟁 벤처캐피털의 데이터 세트에 대해서는 캐플런의 조언에 따라 상대적으로 왜곡이 별로 없는 버기스Burgiss의 데이터를 사용했다.

23. 정확하게 말하자면, 액셀텔레콤 수익의 95퍼센트는 24개의 포트폴리오 기업 중 상위 5개사에서 나왔다.

24. 유유넷 창업자 릭 애덤스는 이렇게 기억한다. "이름을 짓기가 정말 어려웠습니다. 사업계획서는 5시에 나가야 했는데, 회사명에는 그냥 뉴코New Co라고만 적혀 있었습니다. 모뎀이 작동하는 프로토콜은 UUCP NXTX라고 불렸습니다. 어느 순간에 이것이 UU 부분이 되었습니다. 그리고 유럽 유닉스 사용자 네트워크Europe Unix Users Network인 이유넷EUnet이 있었죠. 우리는 또 다른 UU 부분으로 미국 유닉스 사용자 네트워크U.S. Unix Users Network에 대해서도 이야기했습니다. 나는 공식적으로 UUNET이 머리글자가 아니며 아무 의미도 없다고 주장할 것입니다. 그러나 여기에는 여러 가지 버전이 있는데, 그 중에는 나를 인용한 것도 있습니다. 나와는 한 번도 이야기를 해본 적이 없는 사람이 나를 인용합니다." 2018년 6월 12일 애덤스와의 인터뷰에서 인용.

25. 1983년에는 약 200대의 컴퓨터가 인터넷에 접속되었다. 1989년에는 그 수가 여전히 15만 9000대에 불과했다. Mary Meeker and Chris DePuy, "The Internet Report," Morgan Stanley Research, Feb. 1996, 18; Janet Abbate, *Inventing the Internet* (Cambridge, Mass.: MIT Press, 2000), 186.

26. 컴퓨터과학자들의 느슨한 모임으로는 유닉스 컴퓨터를 사용하는 프로그래머들을 모아놓은 USENIX 소사이어티가 있었다.

27. 유유넷은 유즈넷Usenet이라고 불리는 유닉스 컴퓨터의 비공식 네트워크에 연결하는 프로세스를 현저하게 단순화했다. 이전에는 초대받은 경우에만 유즈넷에 가입할 수 있었다. 유유넷을 사용하면 모든 고객이 이메일을 주고받고, 뉴스 피드에 접근하고, 배치파일을 전송할 수 있었다.

28. 인터넷의 등장에서 공공 부문의 역할을 강조하는 설명은 다음 문헌 참조. Mariana Mazzucato, *The Entrepreneurial State: Debunking Public vs. Private Sector Myths*

(New York: Anthem Press, 2013), 76.

29. 앨 고어의 비전이 주는 흥분에 대한 설명은 다음 문헌 참조. John Markoff, "Building the Electronic Superhighway," *New York Times*, Jan. 24, 1993.

30. 이 과정에서 핵심적인 역할을 했던 사람이 국립과학재단의 컴퓨터 네트워킹 프로그램 디렉터 스티븐 울프Stephen S. Wolff다. 1991년 11월 울프는 NSFNET을 서로 경쟁하는 민간 네트워크로 대체할 계획을 발표했다. 1992년부터 1995년까지 국립과학재단은 인터넷 인프라를 민간 사업자에 이전하기 위해 인터넷 서비스 제공업체와 협력했다. 1995년 4월 30일 NSFNET 회선의 사용이 중단되었고, 서로 경쟁하는 민간 사업자에 의해 완전히 대체되었다. John Cassidy, *Dot.Con: The Greatest Story Ever Sold* (New York: HarperCollins, 2003), 22 – 23.

31. 1992년까지 유유넷은 기업 가입자 2400개사를 확보했다. "Offering Memorandum UUNET Technologies, Inc.," Aug. 1992, 3.

32. 케이퍼와의 인터뷰에서 인용.

33. 2018년 6월 2일 마이크 오델과의 인터뷰에서 인용.

34. 케이퍼와의 인터뷰에서 인용.

35. Mitch Kapor, "Oral History of Mitch Kapor," interview by Bill Aspray, Computer History Museum, Nov. 19, 2004, 12.

36. Kapor to Ben Rosen, reproduced in full in William A. Sahlman, "Lotus Development Corporation," Harvard Business School case study, 1985, 13 – 14.

37. 케이퍼와의 인터뷰에서 인용.

38. 케이퍼는 웹에 대한 공개적인 접근을 옹호하는 비영리단체 일렉트로닉프런티어재단 Electronic Frontier Foundation을 설립했다. 이 재단의 역할은 민간 사용자를 연결하는 유유넷의 설립 목적을 보완하는 것이었다. 케이퍼와 애덤스는 필자와의 인터뷰에서 비즈니스 파트너십을 구축하는 데 비영리 이상주의의 중요성을 이야기했다.

39. 케이퍼는 처음에 유유넷에 자금을 빌려주고, 유유넷의 미래 성장에 대한 지분을 보장한다는 약속을 받았다. 그는 1992년 11월까지 20만 달러에 달하는 지분 투자를 했다.

40. 2018년 9월 13일 도어와의 인터뷰에서 인용.

41. 2019년 2월 12일 케빈 콤프턴과의 인터뷰에서 인용. 2019년 2월 13일 플로이드 크뱀 Floyd Kvamme과의 인터뷰에서 인용.

42. 이번 인용은 케이퍼의 전화를 받은 액셀의 임원 조 쉔도프Joe Schoendorf의 기억에 근거한다. 2018년 7월 19일 쉔도프와의 인터뷰에서 인용.

43. 2018년 7월 12일 짐 맥린과의 인터뷰에서 인용.

44. 1993년 1월 29일 케이퍼가 애덤스에게 보낸 이메일에서 인용.

45. 맥린과의 인터뷰에서 인용.

46. 1993년 2월 23일 케이퍼가 애덤스에게 보낸 이메일에서 인용.

47. 애덤스와의 인터뷰에서 인용. 1993년 3월 26일 애덤스가 케이퍼에게 보낸 이메일에서 인용.

48. 1993년 3월 26일 애덤스가 케이퍼에게 보낸 이메일에서 인용.

49. 피터 배리스는 이렇게 기억했다. "아서 패터슨이 나를 만나러 댈러스까지 왔다는 사실이 너무나도 놀라웠습니다. 이것은 나중에 내가 벤처캐피털 업계로 진출했을 때 네트워크

구축의 중요성에 대한 하나의 지침이 되었습니다." 2021년 1월 3일 배리스가 필자에게 보낸 이메일에서 인용.

50. 2018년 5월 30일, 6월 2일 배리스와의 인터뷰에서 인용.

51. 1993년 7월 9일 케이퍼가 애덤스에게 보낸 이메일에서 인용.

52. 2018년 7월 18일 존 자브와의 인터뷰에서 인용.

53. 시리즈 A 투자 계약은 1993년 10월 4일에 체결되었다. 유유넷은 포스트머니 가치를 830만 달러로 하여 (케이퍼가 11월 전에 투자하기로 했던 20만 달러를 포함하여) 170만 달러를 조성했다.

54. 애덤스와의 인터뷰에서 인용.

55. 배리스와의 인터뷰에서 인용.

56. 1993년 12월 6일 애덤스가 케이퍼에게 보낸 이메일에서 인용. 결국 벤처캐피털 세 곳이 각각 29만 4000달러를 추가로 투자했으며, 케이퍼는 이보다 적은 금액을 추가로 투자했다. 가치평가액과 주당 가격은 이전에 자금을 조성할 때보다 더 낮았다.

57. John Markoff, "A Free and Simple Computer Link," *New York Times*, Dec. 8, 1993.

58. Peter Barris, Eulogy to John Sidgmore, 2004.

59. 또한 배리스는 GE가 시간 공유 서비스를 위해 고안한 방법으로, 낮에는 기업을 대상으로 밤에는 가정을 대상으로 네트워크에 대한 사용권을 판매하기 위한 기회를 강조했다. 배리스와의 인터뷰에서 인용.

60. NEA는 유유넷 주식을 더 오래 보유함으로써 3억 달러를 벌어들였다. 배리스와의 인터뷰에서 인용.

61. 1995년 5월 26일 애덤스가 케이퍼에게 보낸 이메일에서 인용. 애덤스의 자산은 유유넷 주가가 오르면서 더욱 늘어났다.

62. Jared Sandberg, "The Rumpled Genius Behind Netscape," *Globe and Mail*, Aug. 14, 1995.

63. Jim Clark, *Netscape Time: The Making of the Billion-Dollar Start-Up That Took On Microsoft*, with Owen Edwards (New York: St. Martin's Griffin, 2000), 40–42; George Gilder, "The Coming Software Shift," *Forbes*, Aug. 28, 1995.

64. Clark, *Netscape Time*, 58.

65. 실제로 짐 클라크는 조금은 나쁜 대우를 받았지만, 그가 생각한 것만큼 나쁘지는 않았다. 사이프러스반도체의 슈퍼스타 창업자인 T. J. 로저스T. J. Rodgers는 1986년에 주식공모에 들어갔을 때 마찬가지로 자기 회사 지분의 3.1퍼센트만을 소유했다. 반도체 회사가 궤도에 오르려면 엄청난 자본이 필요하기 때문이다.

66. Michael Lewis, *The New New Thing: A Silicon Valley Story* (New York: W. W. Norton, 2014), 39–41.

67. Clark, *Netscape Time*, 75–77.

68. Clark, *Netscape Time*, 7.

69. "Amendment No. 6 to Form S−1 Registration Statement: Netscape Communications Corporation," Securities and Exchange Commission, June 23, 1995, 48.

70. 도어는 이렇게 말했다. "멧칼프는 나에게 멧칼프의 법칙을 가르쳐주었고, 나는 네트워크

투자의 진화

의 가치가 사용자 수의 제곱으로 증가한다는 것을 알 수 있었습니다. 따라서 넷스케이프는 엄청난 가치를 지녔습니다." 그는 이렇게도 덧붙였다. "이처럼 쓰나미와 같은 혁신의 물결은 13년에 한 번꼴로 발생하며 멱법칙을 따릅니다. PC는 1980~1981년에 등장했고, 인터넷은 1994년에 등장했고, 모바일과 클라우드는 2007년에 등장했습니다. 그다음에 나오는 것이 바로 인공지능입니다." 2018년 9월 13일 도어와의 인터뷰에서 인용.

71. 멧칼프의 법칙과 무어의 법칙 사이의 관계에 대한 명료한 분석은 다음 문헌 참조. Bob Metcalfe, "Metcalfe's Law Recurses Down the Long Tail of Social Networks," VC Mike's Blog, Aug. 18, 2006, vcmike.wordpress.com/2006/08/18/metcalfe-social-networks.

72. 2018년 7월 30일 비노드 코슬라와의 인터뷰에서 인용. 도어와 코슬라의 뛰어난 점은 그들이 브라우저에 투자할 준비가 되어 있다는 것이 아니었다. 1994년에 액셀의 슈워츠는 이렇게 말했다. "우리 모두에게 브라우저 세계에서 어떤 일이 일어나고 있는지 분명하게 다가왔습니다."(2020년 5월 11일 슈워츠가 필자에게 보낸 이메일에서 인용) 오히려 클라이너퍼킨스의 뛰어난 점은 멱법칙의 대단한 위력에 열광하여 가격에 민감하게 반응하지 않았다는 데 있었다.

73. 이 파트너가 바로 프랭크 코필드다. Kaplan, *Silicon Boys*, 243.

74. "Amendment No. 6 to Form S-1 Registration Statement: Netscape Communications Corporation," Securities and Exchange Commission, Aug. 8, 1995, 1.

7장 × 벤치마크, 소프트뱅크 그리고 "모두가 1억 달러를 필요로 한다"

1. 2018년 6월 12일 돈 구딩과의 인터뷰에서 인용.

2. William H. Draper III, *The Startup Game: Inside the Partnership Between Venture Capitalists and Entrepreneurs* (New York: Palgrave Macmillan, 2011), 4 – 9.

3. Robert H. Reid, *Architects of the Web: 1,000 Days That Built the Future of Business* (New York: Wiley, 1997), 254.

4. Karen Angel, *Inside Yahoo! Reinvention and the Road Ahead* (New York: John Wiley & Sons, 2002), 18.

5. Brian McCullough, "On the 20th Anniversary—the History of Yahoo's Founding," *Internet History Podcast* (blog), March 1, 2015, www.internethistorypodcast.com/2015/03/on-the-20th-anniversary-the-history-of-yahoos-founding.

6. "David Filo & Jerry Yang," *Entrepreneur*, Oct. 9, 2008, www.entrepreneur.com/article/197564.

7. 2018년 4월 7일 돈 발렌타인과의 인터뷰에서 인용. 세쿼이아캐피털의 더그 레온은 이렇게 말했다. "정말 웃기는 일입니다. 출판 경력이 기술투자에 특별히 유용하지 않아요. 그런데 말입니다. 인터넷이 유행하면서 그것이 가장 중요하게 작용했습니다. 갑자기 마이크가 도메인 전문가가 되었어요. 내가 어떻게 알았겠습니까?" 2019년 5월 14일 레온과의 인터뷰에서 인용. 마이클 모리츠는 발렌타인에 대한 헌사에서 경험 많은 벤처 파트너를 고용하는 데 따르는 함정을 강조했다. Michael Moritz, *DTV* (self-published, 2020), 40.

8. 2019년 5월 14일, 10월 5일, 2020년 5월 21일, 11월 23일 모리츠와의 인터뷰에서 인용;

Reid, *Architects of the Web*, 254–55.

9. 2019년 2월 13일 제리 양과의 인터뷰에서 인용.

10. Michael Krantz, "Click till You Drop," *Time*, June 24, 2001, content.time. com/time/magazine/article/0,9171,139582,00.html?iid=sr-link1.

11. 또한 모리츠와 양은 서로 다른 자리에서 Atari(아타리), Apple(애플), Cisco(시스코)와 같이 세쿼이아캐피털의 최고 투자처가 다섯 글자로 된 회사들이라는 사실을 농담 삼아 이야기했다. 모리츠와의 인터뷰와 2019년 12월 18일 양이 필자에게 보낸 이메일에서 인용.

12. "저널리스트로서 나는 훌륭한 성품을 지닌 두 사람의 젊은 창업자들이 언론에 풍성한 이야기거리를 제공할 것으로 생각했습니다." 모리츠와의 인터뷰에서 인용. 모리츠는 양에게 대중 앞에 나서는 것에 대해 조언했을 뿐만 아니라 애플을 통해 얻을 수 있는 다른 교훈에 대해서도 조언했다. '제품은 사용하기 쉬워야 한다는 점을 명심하라. 일반 통념을 거부하기를 두려워하지 마라.' 2019년 12월 18일 양이 필자에게 보낸 이메일에서 인용.

13. Angel, *Inside Yahoo!*, 32.

14. 야후의 영업 및 마케팅 비용은 1995년에 81만 5000달러, 1996년에 1500만 달러, 1997년에 4400만 달러로 증가하여 제품 개발 비용을 크게 능가했다. 예를 들어 1997년에는 그 비율이 거의 4대 1이었다. Yahoo Annual Report, 1997, 24.

15. *National Venture Capital Association 2010 Yearbook*, 20, fig. 2.02

16. 손정의는 소프트뱅크 창립 30주년 기념 주주총회 연설에서 자신의 어린 시절에 대해 이야기했다. Masayoshi Son, "SoftBank's Next 30-Year Vision," SoftBank Group, June 25, 2010, group.softbank/en/philosophy/vision/next30.

17. Amy Virshup, "Yahoo! How Two Stanford Students Created the Little Search Engine That Could," *Rolling Stone*, Nov. 30, 1995.

18. Mayumi Negishi, "Ties to Saudi Prince Weigh on SoftBank Fund's Future," *Wall Street Journal*, Oct. 17, 2019.

19. Reid, *Architects of the Web*, 259.

20. 야후의 SB-2 파일에 따르면, 야후가 시리즈 B 투자 라운드를 통해 500만 달러를 모집했다. 이 중 100만 달러는 세쿼이아캐피털에서, 200만 달러는 소프트뱅크에서, 공개되지 않은 추가 금액은 손정의의 또 다른 별도 기관인 지프데이비스Ziff Davis에서 나왔다. 가치평가액은 프리머니 가치로 3500만 달러, 즉 포스트머니 가치로 4000만 달러였다. 양의 반응에 대해서는 다음 문헌 참조. Reid, *Architects of the Web*, 259.

21. 다른 투자와 비교를 하자면, 액셀의 공동 창업자인 아서 패터슨은 이 시기에 액셀이 1억 1000만 달러 규모의 투자 라운드를 이끌면서 관심을 끈 것으로 기억한다. 이것은 엄청나게 많은 금액으로 여겨졌지만, 이 자금은 다수의 벤처캐피털 펀드로부터 조성한 것이었다.

22. 이보다 규모가 작은 벤처캐피털을 살펴보면 평균적인 펀드 규모는 훨씬 작았다. 전국벤처캐피털협회에 따르면, 1995년에 5700만 달러라고 한다. National Venture Capital Association Yearbook 2010, 17, fig. 1.04.

23. 1990년대 중반 보스턴에 본사를 둔 3대 성장형 펀드는 1500만 달러에서 2000만 달러 범위에서 비교적 소규모의 전문적인 투자를 했다. 이 기업들은 1968년에 설립된 TA어소시에이츠TA Associates, 1984년에 설립된 서밋파트너스Summit Partners, 1994년에 설립된 스펙트럼에쿼티Spectrum Equity였다. 보스턴의 성장투자자들은 상대적으로 투자 규모가 작다는 것 외에도 이들이 지원하는 기업 유형에서 손정의와는 근본적으로 달랐다. 이들은 입증되지 않았거나 손실을 기록하는 기업, 벤처 지원을 받는 기업을 피했으며, 세 배 혹은 다섯 배의 수익을 원했다. 간단히 말하자면 이들은 멱법칙에 입각한 투자

투자의 진화

자가 아니었다.

24. 다음에 나오는 장면은 모리츠와 손정의의 비서로 그 자리에 참석했던 론 피셔Ron Fisher, 게리 리셜과의 인터뷰를 토대로 재구성되었다. 모리츠와의 인터뷰에서 인용; 2019년 3월 19일 피셔와의 인터뷰에서 인용; 2019년 3월 18일 리셜과의 인터뷰에서 인용.

25. 리셜과의 인터뷰에서 인용; Daisuke Wakabayashi and Anton Troianovsky, "Japan's Masayoshi Son Picks a Fight with U.S. Phone Giants," *Wall Street Journal*, Nov. 23, 2012. 이 신문의 다른 훌륭한 기사에서는 손정의의 시리즈 B와 시리즈 C 투자를 하나로 통합했다.

26. 모리츠는 이렇게 기억했다. "그때 만남에서 한 가지 배운 것이 있다면, 다시는 돈이 많은 투자자에게 시달리지 않는다는 것이었습니다. 내가 딱 한 번 실수했을 뿐입니다."(2020년 10월 20일 모리츠가 필자에게 보낸 이메일에서 인용) 세쿼이아캐피털이 손정의에게 휘둘리지 않기로 결심한 것이 이후로 일련의 대규모 성장형 펀드를 모집하기로 한 결정에 영향을 미쳤다. 모리츠와의 인터뷰에서 인용. 모리츠의 파트너 레온도 같은 주장을 했다. "세쿼이아에 성장형 펀드가 있으면, '내 자금을 가져가지 않으면 당신의 가장 큰 경쟁자에게 투자하겠다'라는 말이 나오지 않게 했을 것입니다." 레온과의 인터뷰에서 인용; Alfred Lee, "SoftBank Exerts More Control over Startups," *Information*, Oct. 1, 2018.

27. 양이 이번 대화의 본질을 재구성했다. 2019년 2월 13일 양과의 인터뷰에서 인용; 모리츠와의 인터뷰에서 인용.

28. 이 돈은 두 차례에 걸쳐 지급되었는데, 1996년 3월에 약 6400만 달러, 4월 초에 4200만 달러가 지급되었다. "Amendment No. 4 to Form SB-2 IPO Registration Statement: Yahoo! Inc.," Securities and Exchange Commission, April 11, 1996.

29. 야후는 주식공모를 진행하면서 한 주당 25달러로 가격을 책정하라는 골드만삭스의 권고를 거부하고, 훨씬 더 조심스럽게 13달러로 책정했다. 거래 첫날에 가격이 급등한 것은 골드만삭스의 권고가 옳았다는 것을 입증했지만, 이것이 주식공모를 통하여 언론의 관심을 최대한으로 끌려고 했던 야후의 의도에 도움이 되었다.

30. 모리츠와의 인터뷰에서 인용.

31. 이 투자자가 바로 브래드 펠드Brad Feld다. 2019년 3월 14일 펠드와의 인터뷰에서 인용.

32. 리셜과의 인터뷰에서 인용. 당시 분위기는 제리 콜로나Jerry Colonna의 기억에 근거한 것이다. 2019년 4월 4일 콜로나와의 인터뷰에서 인용.

33. 앞에서 언급했듯이, 예전에 보스턴에 기반을 둔 성장형 펀드는 다른 유형의 거래를 추구했다. 손정의는 벤처캐피털의 지원을 받으면서 빠르게 성장하는 기업에서 후속 지분을 인수하는 성장형 펀드를 제일 먼저 출시했다.

34. 몇몇 경우에서는 손정의가 지원하는 일본의 모방 기업들이 미국의 원래 기업보다 더 잘 운영되고 더 성공했다. 일본에서 미국식 기술기업을 출범시키는 그의 역량은 그가 캘리포니아에서 거래를 성사시키는 데 도움이 되었다.

35. 2000년 초 〈포브스〉는 손정의의 개인 자산을 194억 달러로 추정했는데, 이는 그가 야후에 엄청난 돈을 걸었던 1996년 봄의 46억 달러에서 증가한 것이다. 손정의가 자신의 금고에 추가된 150억 달러 중 상당 부분을 가지고 미국 기술투자에 나섰던 것으로 볼 수 있다.

36. 모리츠와의 인터뷰에서 인용.

37. 모리츠와의 인터뷰에서 인용.

38. 모리츠와의 인터뷰에서 인용.

39. 모리츠와의 인터뷰에서 인용.

40. 벤치마크는 런던과 이스라엘에 사무소를 설치하고 실험을 했지만, 얼마 지나지 않아 두 곳 모두에서 영업을 중단했다.

41. 벤치마크와 이베이에 대한 서술은 초기에 이 파트너십에 대한 특별한 접근 권한을 부여받은 랜들 스트로스의 뛰어난 작품에서 나온 것이다. Randall E. Stross, *eBoys: The First Inside Account of Venture Capitalists at Work* (New York: Ballantine Books, 2001). 필자는 벤치마크의 공동 창업자 네 명 중 세 명(브루스 던레비, 밥 케이글, 앤드루 라클레프)이 이 부분의 초고를 읽고 피드백을 준 것에 대해 감사의 마음을 전한다.

42. 벤치마크의 파트너들은 그들의 첫 번째 펀드에서 투자자들이 자금을 회수할 때까지 수익의 20퍼센트를 예치해두었다. 그 후의 펀드에서는 수익의 30퍼센트를 예치해두었다. 2020년 1월 19일 라클레프가 필자에게 보낸 이메일에서 인용.

43. 라클레프는 이렇게 말했다. "모든 성공한 기술기업들이 창업 당시에 무엇을 하려고 했는지 들려준다면, 당신은 '아마도 내가 들은 것 중 가장 어리석은 생각'이라고 말할 것입니다." 2017년 11월 9일 라클레프와의 인터뷰에서 인용.

44. 2017년 2월 10일 던레비와의 인터뷰에서 인용.

45. 라클레프는 비록 나중에는 동의하지 않았지만, 이러한 생각을 품고 있었다. 나중에 그는 뛰어난 이사회 이사가 세 배의 수익을 개선하여 여섯 배로 바꿀 수 있다고 믿었다. 그러나 이것은 초기 단계의 벤처펀드에 커다란 영향을 미치기에는 충분하지 않았다. 이와는 대조적으로, 펀드에 막대한 영향을 미치는 20배의 수익은 이사회 이사의 역량과는 무관한 대단한 성과가 될 것이다. 그러나 뛰어난 이사회 이사로 인식되면, 20배의 수익을 올릴 수 있는 다른 회사에 투자할 기회를 얻을 가능성이 커진다. 2020년 1월 19일 라클레프가 필자에게 보낸 이메일에서 인용.

46. 던레비는 이렇게 기억한다. "공감을 가지고 조언해야 합니다. 나는 이렇게 말하곤 합니다. '내가 당신에게 무엇을 해야 한다는 말을 하려는 것은 아닙니다. 당신이 내놓은 계획에 더 나은 접근법이 될 수 있다고 생각하는 것을 말하고 있을 뿐입니다.' 이것이 때로는 무시되는데, 아마도 절반은 그렇게 되는 것 같습니다. 나는 바로 이런 이유로 이렇게 하는 것이 흥미로운 작업이 된다고 생각합니다." 던레비와의 인터뷰에서 인용.

47. 던레비와의 인터뷰에서 인용.

48. Stross, *eBoys*, 28.

49. Stross, *eBoys*, 21 – 22.

50. AnnaLee Saxenian, *Silicon Valley's New Immigrant Entrepreneurs* (San Francisco: Public Policy Institute of California, 1999).

51. Stross, *eBoys*, 26.

52. 던레비와의 인터뷰에서 인용.

53. Stross, *eBoys*, 24.

54. Stross, *eBoys*, 27.

55. 2018년 5월 29일 알렉스 로즌Alex Rosen과의 인터뷰에서 인용.

56. 라클레프와의 인터뷰에서 인용.

57. Stross, *eBoys*, 28.

58. 라클레프와의 인터뷰에서 인용.

59. Laura Holson, "Defining the On-Line; Ebay's Meg Whitman Explores Man-

agement, Web Style," *New York Times*, May 10, 1999.

60. Stross, *eBoys*, 59.

61. Stross, *eBoys*, 60.

62. Stross, *eBoys*, 209–10.

63. 이런 글을 쓴 사람이 바로 MSNBC닷컴MSNBC.com의 크리스토퍼 바이런Christopher Byron이다. Stross, *eBoys*, 211.

64. 세쿼이아캐피털이 야후에 투자한 것이 최종적으로는 이보다 더 많은 수익을 올렸다. 그 이유는 세쿼이아캐피털이 1999년까지 야후 주식의 일부를 보유했기 때문이다. 한편, 클라이너퍼킨스가 주니퍼네트워크스에 투자한 것이 벤치마크가 이베이에 투자하여 얻은 수익을 무색하게 만들었다. 주니퍼네트워크스는 1999년 4월 주식공모 이후로 주식가격이 급등했다.

65. Stross, *eBoys*, 213.

66. 이베이의 주식은 분할되었다. 따라서 각각의 주식 액면가격은 이보다 더 낮았다.

67. 이러한 수익률은 성숙 단계에 접어드는 포트폴리오 기업들이 더 많아지면서 증가할 것이다. 2000년 1월 당시, 벤치마크의 가장 성숙한 펀드는 92배라는 놀라운 수익률을 기록했다.

68. 1999년부터 2002년까지 소프트뱅크의 투자 파트너였던 잰 보이어Jan Boyer를 포함하여 손정의와 함께 일했던 사람들은 손정의가 경영의 세부사항을 위임하는 습관을 강조했다. 2020년 3월 7일 보이어와의 인터뷰에서 인용.

69. 알리바바가 주식공모를 진행했던 2014년과 위워크가 주식공모에 실패했던 2019년 사이에 손정의는 세계에서 가장 영향력이 있는 기술투자자였다.

70. 벤처캐피털의 평균 거래액은 1996년 530만 달러에서 1999년 1500만 달러로 증가했다. Stross, *eBoys*, 294–97.

71. Stross, *eBoys*, 296.

72. Stross, *eBoys*, 294–95.

73. 그런데도 이러한 두 번의 투자에서 특히 우버에 대한 투자에서 엄청난 수익을 창출했다. 2020년 초 우버에 대한 투자는 벤치마크의 25년에 걸친 역사상 두 번째로 많은 수익을 창출하는 투자가 되었다(2020년 2월 4일 던레비가 필자에게 보낸 이메일에서 인용). 위워크의 경우에는 벤치마크가 위워크의 가치가 붕괴되기 전에 주식의 일부를 매각할 수 있었고, 약 15배의 수익을 창출한 것으로 알려졌다.

8장 × 구글을 위한 돈, 어느 정도는 공짜 돈

1. 2018년 11월 30일 앤디 벡톨샤임과의 인터뷰에서 인용.

2. 2018년 5월 22일 존 리틀과의 인터뷰에서 인용.

3. 리틀의 회사인 포털소프트웨어는 초기 인터넷 서비스 제공자들을 위한 결제 시스템을 판매했다. (액셀의 데이터에 따르면) 이것은 액셀의 초기 다섯 개 펀드에서 가장 큰 성공에 해당되었고, 293배의 수익률을 기록하여 17억 달러에 달하는 수익을 창출했다. 리틀은 어림잡아 계산하고는 벡톨샤임이 선마이크로시스템스를 공동 창업한 것보다 포털소프트웨어에 투자한 것에서 더 많은 수익을 올렸을 것이라고 결론지었다. 리틀과의 인터뷰에서 인용.

4. Richard Brandt, *The Google Guys: Inside the Brilliant Minds of Google Founders Larry Page and Sergey Brin*, 2nd ed. (New York: Portfolio/Penguin, 2011), 48.

5. David Vise and Mark Malseed, *The Google Story: Inside the Hottest Business, Media, and Technology Success of Our Time*, 2nd ed. (New York: Bantam Dell, 2008), 48.

6. Vise and Malseed, *Google Story*, 48.

7. Jacob Jolis, "Frugal After Google," *Stanford Daily*, April 16, 2010.

8. 벡톨샤임과의 인터뷰에서 인용. 2013년에는 세이프 노트SAFE note라고 불리는 일종의 혁신에서 엔젤투자자들이 자신이 투자하는 스타트업을 상대로 지분에 관한 이야기를 하지 않고서 투자하는 습관을 엿볼 수 있었다. 이를 통해 엔젤투자자들은 스타트업에 자금을 투입하면서, 이후로 공식적인 투자 라운드를 진행할 때까지 기업에 대한 가치평가를 미룰 수 있게 했다.

9. 그 밖의 초기 엔젤투자자로는 로스 페로Ross Perot가 있다. Udayan Gupta, "Venture Capital Dims for Start-Ups, but Not to Worry," *Wall Street Journal*, Jan. 4, 1990, B2.

10. 론 콘웨이는 1999년에 1억 5000만 달러에 달하는 규모가 훨씬 더 큰 두 번째 엔젤 기금을 모집했다.

11. 일부 집계에 따르면 엔젤투자자들이 벤처투자자들보다 스타트업에 더 많은 자금을 제공했다. Andrew Wong, "Angel Finance: The Other Venture Capital," Graduate School of Business at the University of Chicago, Aug. 2001, ssrn.com/abstract=941228.

12. Ken Auletta, *Googled: The End of the World as We Know It*, 2nd ed. (New York: Penguin Books, 2010), 44.

13. 2020년 12월 2일 람 슈리람과의 인터뷰에서 인용.

14. 슈리람은 당시 구글의 가치평가액이 1000만 달러였고, 거래 조건에는 통제 메커니즘이 나와 있지 않은 것으로 기억했다. 슈리람과의 인터뷰에서 인용. 통제 메커니즘의 부재는 벤처투자자들이 초기 단계 투자에서 나타나는 유동성 위험을 경감하기 위해 흔히 사용하는 안전장치에는 대체로 관심이 없는 엔젤투자자들에게 전형적으로 나타났다. Wong, "Angel Finance," 2-3.

15. National Venture Capital Association Yearbook 2010, 20, fig. 2.02.

16. National Venture Capital Association Yearbook 2010, 9, fig. 1.0.

17. 기술주에 내기를 거는 것으로 유명한 두 명의 헤지펀드 트레이더로 스탠리 드러켄밀러와 줄리언 로버트슨이 있다. 1999년에 드러켄밀러는 자신의 포지션을 뒤집고 기술주 투자에 합류했다.

18. John Cassidy, *Dot.Con: The Greatest Story Ever Sold* (New York: HarperCollins, 2002), 213.

19. Auletta, *Googled*, 48.

20. 구글 사업계획서를 작성한 대학원생은 살라 카만가Salar Kamangar였고, 사업개발 담당 임원은 오미드 코데스타니Omid Kordestani였다. 슈리람과의 인터뷰에서 인용.

21. 여기에 나오는 내부 관계자는 넷스케이프의 공동 창업자 짐 클라크다. John Heilemann, "The Networker," *New Yorker*, Aug. 11, 1997.

22. Heilemann, "Networker."

23. Heilemann, "Networker."

투자의 진화

24. Heilemann, "Networker."

25. 존 도어와 구글 창업자들과의 만남에 관한 설명은 주로 다음 문헌에서 인용. John Do-err, *Measure What Matters* (New York: Portfolio/Penguin, 2017), 4 – 5; Auletta, *Goo-gled*, 57 – 58, in iBook.

26. 세쿼이아캐피털의 어느 파트너는 이렇게 말했다. "더그는 우리가 그런 생태계에 존재할 수 있게 해주는 관계를 형성했습니다."

27. 사미어 간디는 그날 더그 레온과 함께 있었던 상황을 회상한다. 그는 레온과 함께 차 안에서 구글에 대하여 논의했다고 전한다. "우리 두 사람은 이런 생각을 했습니다. '무엇이 있는지는 잘 모르겠지만, 틀림없이 무언가 있어. 그 사람들을 다시 불러들여야겠어.'" 또한 간디는 마이클 모리츠와 이야기하면서, 자기가 구글을 금도금을 한 검색엔진이라고 말한 것을 떠올렸다. 2019년 5월 17일 간디와의 인터뷰에서 인용.

28. 모리츠와의 인터뷰에서 인용.

29. 2018년 7월 31일 코슬라와의 인터뷰에서 인용.

30. 브랜드가 인터넷을 지배할 것이라는 인식은 콘텐츠와 서비스를 통합한 포털인 아메리카온라인America Online 주가의 상승으로 잘 드러났다. 모리츠와의 인터뷰에서 인용.

31. 나중에 모리츠는 자신이 적어도 부분적으로는 야후에 도움이 될 수 있도록 하려는 생각에서 구글에 투자했다고 말했다. Vise and Malseed, *Google Story*, 65.

32. 슈리람과의 인터뷰에서 인용.

33. Vise and Malseed, *Google Story*, 67.

34. Om Malik, "How Google Is That?," *Forbes*, Oct. 4, 1999, forbes com/1999/10/04/feat.html#10cf995a1652.

35. 모리츠는 이렇게 기억했다. "우리가 투자했을 때에는 누구보다도 CEO가 시간이 지나면서 영입될 것으로 생각했습니다." 모리츠와의 인터뷰에서 인용.

36. Steven Levy, *In the Plex: How Google Thinks, Works, and Shapes Our Lives* (New York: Simon & Schuster, 2011), 79 – 80.

37. 여기에 나오는 부하직원이 데이브 워튼Dave Whorton이다. John Heilemann, "Journey to the (Revolutionary, Evil-Hating, Cash-Crazy, and Possibly Self-Destructive) Center of Google," *GQ*, Feb. 14, 2005.

38. Vise and Malseed, *Google Story*, 106.

39. Heilemann, "Journey to the (Revolutionary, Evil-Hating, Cash-Crazy, and Possibly Self-Destructive) Center of Google."

40. 벤처 실적에 대한 이러한 요약은 시카고대학교의 스티븐 캐플런이 수행한 추가적인 집계와 함께 데이터 기업 버기스가 제공한 데이터를 근거로 한다.

41. 레온과의 인터뷰에서 인용.

42. Jim Swartz, "Oral History of Jim Swartz," interview by John Hollar, Computer History Museum, Oct. 11, 2013, archive.computerhistory.org/resources/access/text/2015/05/102746860—05—01—acc.pdf.

43. 2018년 5월 29알 알렉스 로즌Alex Rosen과의 인터뷰에서 인용.

44. 2021년 3월 12일 도어와의 인터뷰에서 인용.

45. Levy, *In the Plex*, 80.

46. Heilemann, "Journey to the (Revolutionary, Evil-Hating, Cash-Crazy, and Possibly

주석

Self-Destructive) Center of Google."

47. Heilemann, "Journey to the (Revolutionary, Evil-Hating, Cash-Crazy, and Possibly Self-Destructive) Center of Google."

48. Levy, *In the Plex*, 80.

49. Auletta, *Googled*, 64.

50. 2021년 3월 5일 도어와의 인터뷰에서 인용.

51. Auletta, *Googled*, 67.

52. "Schmidt April Fool Cars 1986 & 2008," May 16, 2008, YouTube, youtube.com/watch?v=cs9FjfSv6Ss.

53. Auletta, *Googled*, 67; Heilemann, "Journey to the (Revolutionary, Evil-Hating, Cash-Crazy, and Possibly Self-Destructive) Center of Google."

54. Auletta, *Googled*, 67. 재구성은 2018년 3월 8일 슈미트와의 인터뷰에 근거한다.

55. 슈미트와의 인터뷰에서 인용.

56. 모리츠는 슈미트의 관리자와 철저하게 뿌리 내린 기술자로서의 경력이 결정적인 요인이었던 것으로 기억하면서, 도어가 그를 채용한 공로는 인정받을 만한 것이었다고 덧붙였다. 2020년 10월 29일 모리츠가 필자에게 보낸 이메일에서 인용. 또 다른 기회에 그는 이렇게 기억했다. "에릭은 교수와도 같은 풍모를 지녔습니다. 이것이 모든 일에 도움이 되었습니다." 모리츠와의 인터뷰에서 인용.

57. 2001년 무렵 엔젤투자자 데이비드 체리턴은 농담 삼아 자신이 구글에 투자하여 얻은 것이라고는 세계에서 가장 비싼 티셔츠뿐이라고 말했다. Levy, *In the Plex*, 79.

58. 슈미트와의 인터뷰에서 인용.

59. 다른 출처도 있지만 구글 S-1 파일에 따르면, 고위 관리자들과 주식공모 이전 투자자들은 주식공모 이후로 의결권의 82.1퍼센트를 보유할 예정이었다. 세르게이 브린과 래리 페이지는 각각 15.8퍼센트를 보유할 것이다. Google's Form S-1 Registration Statement, Aug. 18, 2004, 103.

60. 또한 모리츠는 이러한 주식구조가 구글이 구현한 이상과는 모순된다고 생각했다. 즉 의사 결정이 확고하게 뿌리 내린 지배자에 의해서가 아니라 공개 토론에서 이루어질 수 있도록 정보가 널리 퍼져야 한다는 것이었다. 모리츠와의 인터뷰에서 인용.

61. 주식시장 투자자들이 미래의 수익을 과소평가한다고 주장하는 사람들은 정의상 주식에 대한 과대평가가 발생하지 않을 것이라고 주장한다. 주식시장 거품의 역사를 감안하면 이러한 주장은 설득력이 없다.

62. Google IPO Prospectus, Aug. 18, 2004, www.sec.gov/Archives/edgar/data/1288776/000119312504143377/d424b4.htm. 또한 우리가 주목해야 할 것은 넷플릭스, 아마존, 세일즈포스닷컴, 테슬라를 포함한 상장된 기술기업들이 이와 비슷한 선언을 했고, 주가 상승으로 보상을 받았다는 점이다. 상장되지 않은 것이 멀리 내다본다는 것에 대한 믿을 만한 전제 조건이라는 증거는 거의 없다. 상장되지 않은 것의 장점은 다른 데 있다. 그것은 규제 비용을 낮추고, 관리자를 더욱 확실하게 감독하고, (이사회가 경계하고 있다면) 비밀리에 진행한 혁신으로 경쟁업체를 놀라게 할 수 있는 역량을 더욱 키운다.

63. 1999년부터 2019년 사이에는 주식공모가 경매로 진행되는 경우는 연간 평균 두 건에 불과했다. 이 데이터는 다음 문헌 참조. Jay Ritter of the University of Florida, table 13, site.warrington.ufl.edu/ritter/files/IPOs2019Statistics.pdf. 구글이 네덜란드식 경매를 시도한 이후로, 기술 스타트업들은 전통적인 주식공모를 하려는 경향이

투자의 진화

있었다. 예를 들면 페이스북, 링크드인, 트위터가 그랬다. 나중에는 다른 방식의 주식공모가 시도되었다. 스포티파이와 슬랙은 경매가 아닌 직접적인 상장을 선택했다. 벤치마크의 파트너인 빌 걸리는 2019년 10월 이러한 주제에 관한 콘퍼런스를 지원하면서 주식공모 개혁의 주창자로 떠올랐다. 걸리의 주장에 관해서는 다음 문헌 참조. Shawn Tully, "Why Famed VC Bill Gurley Thinks IPOs Are Such a Rip-Off," *Fortune*, June 16, 2020, fortune.com/2020/06/16/vc-bill-gurley-ipo-rip-off-venture-capital.

64. 이것은 세쿼이아캐피털이 구글에 투자하여 크게 성공한 이후에 모집한 펀드였다.

65. 유한책임 파트너에게 자금을 반환한 벤처캐피털 파트너십으로는 액셀, 클라이너퍼킨스, 벤치마크의 유럽 사무소가 있다. 2002년 상반기에 유한책임 파트너에게 반환된 자금은 약 40억 달러에 달했다. Lisa Bransten, "A Slowing Environment, High Fees Prompt Return of Uninvested Capital," *Wall Street Journal*, July 1, 2002, wsj.com/articles/SB1025209176769923200.

66. 전국벤처캐피털협회 자료. 2004년 말에는 액셀처럼 잘나가는 파트너십조차 여전히 어려움을 겪고 있었다. 프린스턴대학교와 하버드대학교는 기부금이 끊겼고, 예일대학교와 MIT는 기부금이 감소했다. 2019년 2월 9일 짐 브레이어와의 인터뷰에서 인용. 브레이어는 당시 액셀의 경영 파트너였다.

67. 이런 말을 한 기업가가 9장에서 자세히 살펴볼 숀 파커다. Adam Fisher, *Valley of Genius: The Uncensored History of Silicon Valley* (New York: Hachette, 2018), 318.

68. 이것은 폴 그레이엄의 다음 문헌에서 인용한 것이다. Paul Graham, "How to Start a Startup," paulgraham.com (blog), March 2005, paulgraham.com/start.html.

69. Paul Graham, "The Venture Capital Squeeze," paulgraham.com blog, Nov. 2005, paulgraham.com/vcsqueeze.html.

70. 그레이엄은 이렇게 설명했다. "페어차일드반도체는 처음부터 많은 자금이 필요했습니다. 그들은 현실의 공장을 건설해야 했으니까요. 지금 웹 기반 스타트업을 지원하기 위해서 초기에 모집한 벤처자금은 어디에 쓰이겠습니까? 더 많은 자금으로 소프트웨어를 더 빨리 만들게 할 수는 없습니다. 장비를 위한 자금도 필요하지 않습니다. 이제는 장비 가격이 상당히 저렴하기 때문입니다. 실제로 자금으로 살 수 있는 것은 영업과 마케팅뿐입니다. 영업은 중요합니다. 나는 이 점을 인정합니다. 그러나 마케팅은 점점 더 중요해지지 않고 있습니다. 정말 좋은 것은 인터넷에서 입소문으로 퍼질 것입니다." Paul Graham, "Hiring Is Obsolete," paulgraham.com (blog), May 2005, paulgraham.com/hiring.html.

71. Paul Graham, "A Unified Theory of VC Suckage," paulgraham.com blog, March 2005, paulgraham.com/venturecapital.html.

72. Graham, "Hiring Is Obsolete."

9장 × 피터 틸, 와이콤비네이터 그리고 실리콘밸리 젊은이들의 반란

1. 2018년 4월 7일 돈 발렌타인과의 인터뷰에서 인용.

2. 2019년 5월 14일, 9월 24일, 2020년 11월 4일 로엘로프 보타와의 인터뷰에서 인용.

3. David Kirkpatrick, "With a Little Help from His Friends," *Vanity Fair*, Sept. 6,

2010.

4. Mylene Mangalindan, "Spam, or Not? Plaxo's Service Stirs Debate," *Wall Street Journal*, Feb. 27, 2004.

5. Steve Bertoni, "Sean Parker: Agent of Disruption," *Forbes*, Sept. 21, 2011.

6. Bertoni, "Sean Parker."

7. Kirkpatrick, "With a Little Help from His Friends."

8. Bertoni, "Sean Parker."

9. Bertoni, "Sean Parker."

10. David Kirkpatrick, *The Facebook Effect: The Inside Story of the Company That Is Connecting the World* (New York: Simon & Schuster, 2010), 48.

11. 이전에 마이클 모리츠는 피터 틸에게 숀 파커를 소개하고, 틸이 플락소에 투자할 것을 권유했다. 따라서 파커는 리드 호프먼이 틸을 소개하기 전에 이미 그를 알고 있었다. 2020년 10월 29일 모리츠가 필자에게 보낸 이메일에서 인용.

12. 마크 핑커스는 소셜 게임 기업인 징가를 설립했다. 틸의 기업 페이팔은 바이럴 마케팅 기법을 실험했고, 틸은 링크드인과 페이스북의 라이벌인 프렌드스터를 포함하여 그 밖의 소셜 네트워킹 기업에 투자했다.

13. Adam Fisher, *Valley of Genius: The Uncensored History of Silicon Valley* (New York: Twelve, 2018), 318.

14. 이 대화와 이후에 나오는 장면은 맥스 레브친의 기억에 근거한다. 2017년 9월 18일, 20일 레브친과의 인터뷰에서 인용.

15. 모리츠는 세쿼이아캐피털의 일부 파트너들이 처음에는 세쿼이아캐피털의 지분이 줄어드는 것에 반대했던 것으로 기억했다. 2020년 5월 28일 모리츠와의 인터뷰에서 인용.

16. 2017년 11월 15일 제러미 스토플먼Jeremy Stoppelman과의 인터뷰에서 인용.

17. 보타와의 인터뷰에서 인용.

18. 2019년 5월 12일 루크 노섹과의 인터뷰에서 인용.

19. 레브친과의 인터뷰에서 인용.

20. 레브친이 이 장면을 자세히 기억하고 있었다. 모리츠는 자세한 내용은 기억하지 못했지만, 레브친이 말하려는 요점은 인정했다. 레브친과의 인터뷰에서 인용; 모리츠와의 인터뷰에서 인용.

21. 틸의 친구로 콘피니티에서 일했던 데이비드 삭스David Sacks는 〈포춘〉과의 인터뷰에서 이렇게 말했다. "피터는 경영에 뛰어난 사람은 절대로 아니었어요. 그러나 그는 모든 중대한 전략적 문제를 파악하고 그것을 해결하는 재주가 있었습니다." Roger Parloff, "Peter Thiel Disagrees with You," *Fortune*, Sept. 22, 2014.

22. "당신이 투자자라면 회사 내부에서 일상적으로 벌어지는 일에 대해 잘 모릅니다. CEO가 부사장들을 어떻게 관리하는지도 모릅니다. 따라서 부사장들이 한계점에 도달했다고 선언하면 그것을 존중해야 합니다." 모리츠와의 인터뷰에서 인용.

23. 이 사람이 바로 매디슨디어본Madison Dearborn의 팀 허드Tim Hurd다.

24. 노섹과의 인터뷰에서 인용.

25. 틸의 계획은 노섹, 존 말로이, 보타를 포함하여 여러 사람이 전하는 이야기를 통해 알 수 있었다.

26. 2019년 2월 12일 말로이와의 인터뷰에서 인용.

27. 2019년 9월 24일, 2020년 5월 21일 모리츠와의 인터뷰에서 인용.

28. 2020년 5월 28일 모리츠와의 인터뷰에서 인용; 2020년 6월 7일 레브친이 필자에게 보낸 이메일에서 인용.

29. 보타는 이렇게 기억했다. "솔직히 말하자면, 피터가 회사 경영을 정말 원했던 것은 아니었습니다. 그는 그것을 열망하지는 않았습니다." 보타와의 인터뷰에서 인용.

30. 틸은 2012년 스탠퍼드대학교에서 했던 일련의 강연에서 기업가정신에 대해 자세히 설명했다. 이것이 나중에 책으로 출간되었다. Peter Thiel, *Zero to One: Notes on Start-ups, or How to Build the Future*, with Blake Masters (London: Virgin Books, 2014).

31. Thiel, *Zero to One*, 34.

32. 보타는 세쿼이아캐피털에서 마크 저커버그를 만난 상황을 떠올리면서 이렇게 말했다. "내가 이 업계에서 깨달은 것 중 하나는 우리가 감정을 스스로 조절해야 한다는 것입니다. 스탠퍼드대학교에서는 권력의 역학에 관한 수업이 있었는데, 여기서 나는 강하게 나올 때와 약하게 나올 때를 알아야 한다는 것을 배웠습니다. 당신이 투자에 성공하여 돈을 많이 번 사람이어서, 특히 자본이 권력의 원천이던 시대에 자란 사람이어서 항상 강하게 나온다면, 나는 그것이 위험하다고 생각합니다. 이 업계에서 그렇게 하는 것이 성공을 위한 비결이라고는 생각하지 않습니다." 보타와의 인터뷰에서 인용.

33. "보도자료가 나왔을 때 우리는 CEO가 사라진 것을 알고 깜짝 놀랐습니다. 기분이 그다지 좋지는 않았습니다." 보타와의 인터뷰에서 인용.

34. Jessica Guynn, "The Founders Fund Emerges as Venture 2.0," *San Francisco Chronicle*, Dec. 13, 2006.

35. Guynn, "Founders Fund Emerges as Venture 2.0."

36. 켄 하워리는 노섹이 파운더스펀드라는 이름을 제안하기 전에는 이것을 '클라리움벤처스'라고 부를 계획이었다. 노섹과의 인터뷰에서 인용.

37. 노섹과의 인터뷰에서 인용.

38. 첫 번째 펀드의 5000만 달러 가운데 3500만 달러는 틸과 하워리에게서 나왔다. 기관투자자는 오직 하나(영국)만 있었다. 노섹과의 인터뷰에서 인용.

39. Thiel, *Zero to One*, 83.

40. Lynnley Browning, "Venture Capitalists, Venturing Beyond Capital," *New York Times*, Oct. 15, 2000.

41. 1974년부터 2019년까지 45년 동안 최고의 벤처캐피털이라 할 세쿼이아캐피털조차도 20배 이상의 수익률을 기록한 투자가 42건에 불과했다. Michael Moritz, *DTV* (self-published, 2020), 51.

42. 또한 노섹은 창업자들에게 자유주의적인 태도를 보이면 최고의 창업자들이 틸의 벤처펀드에 몰려들 것으로 생각했다. "이런 회사들을 경영하는 데 정말로 헌신하는 기업가들은 그들이 그것을 할 수 있고, 다른 누구도 할 수 없다고 생각합니다. (…) 자신을 해고할지도 모르는 벤처투자자를 스스로 선택하는 것은 취약한 기업가들입니다." 노섹과의 인터뷰에서 인용.

43. 2019년 3월 29일 트레이 스티븐스와의 인터뷰에서 인용. 스티븐스는 2014년 파운더스펀드의 파트너가 되었다.

44. 다이아몬드에 비유한 것은 린리 브라우닝Lynnley Browning에게서 나온 것이다. Browning, "Venture Capitalists."

45. 틸은 이렇게 적었다. "모방 경쟁의 위험은 아스퍼거 증후군을 지닌 사회 부적응자가 오늘

날 실리콘밸리에서 유리한 것처럼 보이는 이유를 어느 정도 설명할 수 있다." Thiel, *Zero to One*, 40.

46. Thiel, *Zero to One*, 173.

47. Thiel, *Zero to One*, 34, 188.

48. 노섹과의 인터뷰에서 인용.

49. 노섹과의 인터뷰에서 인용.

50. Sebastian Mallaby, *More Money Than God: Hedge Funds and the Making of a New Elite* (New York: Penguin Press, 2010), 84－86.

51. 2019년에 파운더스펀드가 우버의 트래비스 캘러닉과 같이 분명히 문제가 있는 경영자를 해고하지 않을 정도로 창업자 친화적인 원칙을 강요할 것인가를 묻는 질문에, 스티븐스는 파운더스펀드가 캘러닉을 제거하지는 않았을 것이라고 대답했다. 스티븐스와의 인터뷰에서 인용.

52. 시안 배니스터Cyan Banister는 2016년부터 2020년까지 파운더스펀드의 파트너였다. 2019년 5월 16일 배니스터와의 인터뷰에서 인용.

53. 조지 소로스는 1992년의 유명한 사례에서 드러켄밀러에게 급소를 찌를 것을, 즉 영국 파운드화에 대한 악명 높은 베팅의 규모를 열 배로 늘릴 것을 촉구했는데, 이것이 영국이 유럽 환율 메커니즘에서 탈퇴하는 계기가 되었다. Mallaby, *More Money Than God*, 161.

54. 10억 달러 규모의 펀드를 가지면 파운더스펀드는 최소 다섯 개의 기업에 현금의 절반을 걸 수도 있다. 스티븐스와의 인터뷰에서 인용.

55. 노섹과의 인터뷰에서 인용.

56. Guynn, "Founders Fund Emerges as Venture 2.0."

57. 노섹과의 인터뷰에서 인용.

58. Alex Konrad, "Move Over, Peter Thiel—How Brian Singerman Became Founders Fund's Top VC," *Forbes*, April 25, 2017.

59. 또 다른 잠재적인 투자자는 항공우주산업의 대표적인 기업 노스롭그루먼Northrop Grumman이었다. Konrad, "Move Over, Peter Thiel."

60. 2005년에 출범한 틸의 첫 번째 벤처펀드는 수수료를 제외하고서 여섯 배에 달하는 수익률을 기록했다. 2007년에 출범한 두 번째 펀드는 여덟 배가 넘는 수익률을 올렸다. 2010년에 출범한 세 번째 펀드는 2019년 현재 3.8배의 수익을 기록 중이다. Katie Roof, "Founders Fund, a Premier Venture Firm in Transition, Has Outsize Returns," *Wall Street Journal*, Feb. 26, 2019.

61. 에머슨홀 305호의 공식 수용 인원은 85명이다. 알렉시스 오하니언은 폴 그레이엄의 강연을 듣기 위해 약 100명이 몰려들었다고 전한다. Alexis Ohanian, *Without Their Permission: The Story of Reddit and a Blueprint for How to Change the World* (New York: Grand Central Publishing, 2013), 47.

62. Christine Lagorio-Chafkin, *We Are the Nerds: The Birth and Tumultuous Life of Reddit, the Internet's Culture Laboratory* (New York: Hachette, 2018), 20.

63. Paul Graham, "Paul Graham on Doing Things Right by Accident," interview by Aaron Harris and Kat Manalac, *Startup School Radio, Y Combinator* blog, Feb. 17, 2016, blog.ycombinator.com/paul-graham-startup-school-radio-interview/.

64. Ohanian, *Without Their Permission*, 47－54.

65. Lagorio—Chafkin, *We Are the Nerds*, 4.

66. Graham, "Paul Graham on Doing Things Right by Accident."

67. 2019년 6월 6일 제시카 리빙스턴과의 인터뷰에서 인용.

68. 그레이엄이 필자에게 보낸 이메일에서 인용.

69. 그레이엄이 필자에게 보낸 이메일에서 인용. 리빙스턴은 이렇게 기억했다. "폴과 같은 프로그래머에게 투자에 관한 모든 것을 표준화한다는 아이디어는 현명하고도 효율적이었습니다. 우리는 즉흥적으로 투자하지 않았고, 사람들을 하나의 집단으로 다루었습니다." 리빙스턴과의 인터뷰에서 인용.

70. 와이콤비네이터가 등장하기 전에는 스타트업 '인큐베이터'라는 것이 있었다. 첫 번째 인큐베이터는 1996년 캘리포니아주 패서디나에 기반을 둔 아이디어랩Idealab이었다. 이곳은 스타트업을 대상으로 사무실 공간, 행정 지원 및 기타 서비스를 제공했다. Laura M. Holson, "Hard Times in the Hatchery," *New York Times*, Oct. 30, 2000.

71. Ohanian, *Without Their Permission*, 138.

72. Ryan Singel, "Stars Rise at Startup Summer Camp," *Wired*, Sept. 13, 2005, wired.com/2005/09/stars-rise-at-startup-summer-camp.

73. 이런 말을 한 외부 연사는 노스이스턴대학교의 올린 시버스Olin Shivers다. Lagorio—Chafkin, *We Are the Nerds*, 48.

74. Margaret Kane, "Say What? Young People Are Just Smarter," *CNET*, March 28, 2007, cnet.com/news/say-what-young-people-are-just-smarter.

75. Paul Graham, "Startup Investing Trends," paulgraham.com blog, June 2013, paulgraham.com/invtrend.html.

76. Graham, "Startup Investing Trends." 또한 그레이엄은 다음 문헌에서 스타트업 네트워크에 의한 기업 계층의 이동을 살펴보았다. Paul Graham, "The High-Res Society," paulgraham.com blog, Dec. 2008, paulgraham.com/highres.html.

10장 × 중국으로 가서 자금을 휘젓기만 하라

1. 2019년 3월 18일, 11월 7일 게리 리셜과의 인터뷰에서 인용.

2. 일본에서 리셜의 멘토가 이런 충고의 말을 전했다. "게리, 아주 중요한 말을 전해드릴까 합니다. 일본인이 되려고 하지 마세요. 우리가 당신보다 더 낫습니다." 리셜과의 인터뷰에서 인용.

3. 세인트루이스 연방준비은행이 관리하는 FRED 데이터베이스에서 인용.

4. 리셜과의 인터뷰에서 인용.

5. "The Valley of Money's Delight," *Economist*, March 27, 1997, economist.com/special-report/1997/03/27/the-valley-of-moneys-delight.

6. 중국을 겨냥하여 조성된 벤처펀드는 2015년부터 5년간 총 2160억 달러를 모집했고, 미국에서 조성된 벤처펀드는 2150억 달러를 모집했다. 중국을 겨냥하여 조성된 벤처펀드 데이터는 중국의 Zero2IPO 연구센터가 제공한 것이고, 미국에서 조성된 벤처펀드 데이터는 전국벤처캐피털협회가 제공한 것이다.

7. 2006년과 2011년 사이에 조성된 치밍의 초기 세 개 펀드는 투자자들에게 각각 1.8배,

7.1배, 3.4배의 순수익을 제공했고, 총자본금은 9억 6100만 달러였다. 투자자들에게 제공된 순배당금 총액은 41억 달러였다. 헬스케어 부문에서 홈런을 친 기업으로는 간앤드리Gan & Lee, 비너스Venus, 자이Zai, 타이거메드Tigermed, 칸시노CanSino가 있다.

8. 2018년 중국의 유니콘은 206개에 달했는데, 미국은 203개였다. 한편 〈포브스〉가 선정한 미다스의 손 명단에는 상위 열 명 중 중국인 투자자들이 다수 포함되었다. 선난펑(1위), 간지안핑(5위), 쉬신(6위), 통스하오(7위). Peter Elstrom, "China's Venture Capital Boom Shows Signs of Turning into a Bust," *Bloomberg*, July 9, 2019, bloomberg.com/news/articles/2019-07-09/china-s-venture-capital-boom-shows-signs-of-turning-into-a-bust.

9. 선난펑은 2018년, 2019년, 2020년 〈포브스〉가 선정한 미다스의 손 명단에서 1위를 차지했다.

10. 2016년 당시 중국인 벤처투자자의 17퍼센트가 여성이었고, 실리콘밸리의 벤처투자자의 10퍼센트가 여성이었다. Shai Oster and Selina Wang, "How Women Won a Leading Role in China's Venture Capital Industry," *Bloomberg*, Sept. 19, 2016.

11. 중국 은행들은 일반적으로 현금흐름에 근거하여 민간의 대기업을 상대로도 자금 대여를 꺼렸다. 스타트업들은 그들의 관심 범위에서 멀리 떨어져 있었다.

12. 셜리 린 이전에 아시아 지역에서는 벤처투자자들이 소수였고, 이들 중에서 H&Q아시아퍼시픽H&Q Asia Pacific의 타린 수Ta-lin Hsu와 월든인터내셔널Walden International의 립부 탄Lip-Bu Tan이 유명하다. 이 개척자들은 1990년대 초에 미국에서 교육받았고, 중국 본토의 벤처기업에 자금을 지원했다. 그러나 이들은 1950년대와 1960년대 뉴잉글랜드의 도리오 장군처럼 자신들이 자금을 지원한 프로젝트에서 상당히 많은 지분을 차지했고, 자기 직원들과의 수익 공유를 거부했다. 따라서 도리오 장군과 마찬가지로 그들은 얼마 지나지 않아서 수익을 공유할 준비가 되어 있는 경쟁자들에 의해 밀려났다.

13. Duncan Clark, *Alibaba: The House That Jack Ma Built* (New York: HarperCollins, 2016), 112.

14. 2019년 10월 9일 린과의 인터뷰에서 인용. 필자는 린에게 하루 종일 진행되는 인터뷰에 응해주고 이후로도 여러 차례에서 걸쳐 이메일을 보내준 것에 대해 감사의 마음을 전한다.

15. 린과의 인터뷰에서 인용.

16. 린과의 인터뷰에서 인용; Clark, *Alibaba*, 114.

17. 린과의 인터뷰에서 인용.

18. 린과의 인터뷰에서 인용.

19. 린과의 인터뷰에서 인용.

20. Son, interview by David Rubenstein, *The David Rubenstein Show*, Oct. 11, 2017.

21. 당시 소프트뱅크에서 손정의를 위해 일했던 리셜은 베이징에서의 악수가 알리바바 투자의 구체적인 조건, 즉 2000만 달러를 투자하고 지분 20퍼센트를 보유한다는 조건에 대한 약속을 의미한다고 말했다. 그러나 린은 손정의의 겉으로 보이는 약속은 여전히 확고한 거래로 전환되어야 한다고 기억했다. 특히 골드만삭스가 알리바바에서 새로운 지분 투입에 거부권을 행사할 수 있기 때문이었다. 따라서 손정의는 린과 협상해야 했고, 도쿄에서의 만남에서는 이러한 과정을 진행해야 했다. 린의 설명은 골드만삭스에서 아시아 지역 투자와 관련하여 법률 검토를 담당하던 마크 슈워츠와 에드 선Ed Sun에 의해서도

투자의 진화

확인된다. 리셜과의 인터뷰에서 인용; 린과의 인터뷰에서 인용; 2020년 7월 29일 선과의 인터뷰에서 인용.

22. 린과의 인터뷰에서 인용.

23. 리셜과의 인터뷰에서 인용.

24. 손정의는 후속 협상에서 자신이 알리바바에 4000만 달러를 투자할 수 있도록 골드만삭스를 설득하려 했다. 야후에서와 마찬가지로 그는 자신이 좋아하는 먹잇감을 보았을 때 가능한 한 많은 지분을 차지하려고 했다. 결국 골드만삭스는 손정의에게 2000만 달러만 투자할 수 있도록 했지만, 손정의가 생각했던 것보다 더 많은 지분(20퍼센트가 아니라 30퍼센트)을 갖게 했다. 린과의 인터뷰에서 인용; Clark, *Alibaba*, 127.

25. 손정의는 2000년 초 사흘 동안 자신이 빌 게이츠보다 더 부자였다고 말한다. Son, Rubenstein interview.

26. 손정의가 최초로 투자한 2000만 달러는 알리바바의 전자상거래 사업 부문에서 발생한 손실을 흡수한다는 약속으로 충당된 것이기 때문에, 손정의가 알리바바에서 벌어들인 정확한 수익은 분명하지 않다. 소프트뱅크 내부자들은 그 약속을 실행하는 데 얼마가 소요되었는지 정확히 알고 있지 않은 것 같다. 그러나 580억 달러에 달하는 지급금은 손정의의 투자가 벤처 역사상 가장 성공한 투자라는 말을 자신 있게 할 수 있도록 해준다.

27. 손정의가 알리바바에 투자하여 크게 성공한 것이 2019~2020년에 자신의 비전펀드를 통해 진행한 거대하고도 성급하고도 실패한 투자에서 비롯된 불명예에서 벗어나게 해주지는 않았다.

28. 기업이 파산할 경우에 우선주 보유자의 청구권은 보통주 보유자의 것보다 우선하며, 우선주 보유자는 회사가 더 많은 자본을 조달할 때 소유 지분 감소에 대한 보호를 제공받을 수 있다.

29. 골드만삭스의 셜리 린은 이처럼 기발한 법적 구조를 추진한 서구 세계의 투자자들 중 한 사람이었다. 그녀는 이렇게 기억한다. "나는 골드만삭스 투자위원회가 동의할 높은 기준의 법적 구조에 준하는 것을 마련하기 위해 변호사들과 많은 시간을 보냈습니다." 로펌 데이비스폴크Davis Polk와 설리번앤드크롬웰이 청구한 금액은 가히 '천문학적'이었다. 린과의 인터뷰에서 인용.

30. 때로는 중국인 소유의 운영 회사가 아닌 중국 시민이 인터넷 사업권을 소유하기도 했다. Kaitlyn Johnson, "Variable Interest Entities: Alibaba's Regulatory Work-Around to China's Foreign Investment Restrictions," *Loyola University Chicago International Law Review* 12, no. 2 (2015): 249–66, lawecommons.luc.edu/cgi/viewcontent.cgi?article=1181&context=lucilr.

31. 외국인이 지원하는 인터넷 스타트업의 법적 지위에 대한 중국 당국의 입장이 모호하여 21세기 초에 서구 세계의 투자자들에게 불확실성을 초래했다.

32. 중국의 초기 스타트업의 성공 사례는 개발도상국이 법률기관을 설치하는 것보다 이것을 외주로 주는 것이 더 쉽다는 사실을 잘 보여주었다. 이것은 노벨상 수상자이자 세계은행의 수석 이코노미스트로서 헌장 도시charter city라는 논란이 많은 아이디어를 제안했던 폴 로머Paul Romer의 통찰이었다. Sebastian Mallaby, "The Politically Incorrect Guide to Ending Poverty," *Atlantic*, July/Aug. 2010.

33. 저명한 기업가인 보 샤오Bo Shao는 1999년 상하이의 분위기에 대해 이렇게 기억했다. "스톡옵션이 무엇인지 아무도 몰랐습니다. 나는 이 개념을 어떻게 번역할 것인가를 두고 몇 달 동안 고민했습니다." 2019년 2월 14일 샤오와의 인터뷰에서 인용.

34. 2019년 11월 12일 존 우와의 인터뷰에서 인용.

35. 우와의 인터뷰에서 인용.

36. 2019년 7월 31일 리우츠핑과의 인터뷰에서 인용.

37. 린은 지난날을 돌이켜보면서 이 파트너가 골드만삭스에서 경력에 아무런 도움이 되지 않는 투자를 하려는 자기한테 경고하려는 의미에서 그렇게 했을 수도 있다고 생각했다. 린과의 인터뷰에서 인용.

38. 우와의 인터뷰에서 인용. 아시아 지역에서 골드만삭스의 지분 투자를 담당하는 변호사에드 선은 뉴욕의 투자위원회가 린의 벤처 포지션을 '0'으로 청산하려고 했다는 사실을 확인해주었다. 선과의 인터뷰에서 인용.

39. 골드만삭스의 알리바바 주식 매각은 두 차례(2003년 12월, 2004년 3월)에 걸쳐 완료되었다. 이와 비슷한 사건으로는 미국 벤처캐피털 그룹 IDG가 텐센트 주식을 남아공 출판사인 나스퍼스Naspers에 10~20배 사이의 수익을 남기고 매각한 것을 들 수 있다. 이 주식을 2020년까지 보유했더라면 세계 7위의 거대 기업을 상대로 많은 지분을 소유했을 것이다.

40. 2019년 11월 8일 쉬신과의 인터뷰에서 인용; Stephen Glain, "Rainmaker," *Forbes*, March 28, 2008.

41. Glain, "Rainmaker."

42. 쉬신은 회계법인에서 투자은행으로 옮기고, 그다음에는 사모펀드인 베어링PEABaring Private Equity Asia로 옮겼다. 쉬신과의 인터뷰에서 인용; Glain, "Rainmaker."

43. 쉬신과의 인터뷰에서 인용.

44. 징둥닷컴은 초창기에 360바이닷컴360buy.com을 비롯하여 다양한 이름을 사용했다.

45. 쉬신과의 인터뷰에서 인용.

46. 쉬신과의 인터뷰에서 인용.

47. 쉬신과의 인터뷰에서 인용.

48. 2019년 6월 20일, 11월 10일, 2020년 11월 6일 선난펑과의 인터뷰에서 인용.

49. 2019년 5월 14일 더그 레온과의 인터뷰에서 인용.

50. 선난펑과의 인터뷰에서 인용.

51. 세쿼이아차이나의 첫 번째 펀드 규모는 치밍의 1억 9200만 달러보다 약간 적었다.

52. 세쿼이아차이나의 설립 직후에 합류한 글렌 선은 협소한 사무실에서 근무해야 했다. 그는 이전에 미국의 사모펀드인 제너럴애틀랜틱에서 근무했다. 2019년 11월 10일 글렌선과의 인터뷰에서 인용.

53. 2019년 11월 8일 데이비드 수David Su와의 인터뷰에서 인용. 당시 수는 클라이너퍼킨스의 중국 파트너였다.

54. 클라이너퍼킨스는 2011년에 두 번째 중국 펀드를 조성했다. 이 펀드는 첫 번째 펀드보다더 나은 성과를 거두었다. 2021년 3월 5일 존 도어와의 인터뷰에서 인용.

55. 처음에는 레온이 중국 사업을 감독하는 책임을 맡았다. 2008년 무렵 그는 세쿼이아캐피털의 성장형 펀드에 관심을 집중하기 시작했고, 모리츠는 중국과 인도 사업을 감독하는 책임을 맡았다. 이후로 몇 년이 지나서 리셜은 모리츠와 레온이 중국에 상당히 많은 시간을 투자했고, 이것이 선난펑과 그의 팀이 세쿼이아캐피털과 하나가 될 수 있게 했던 것으로 평가했다. 리셜과의 인터뷰에서 인용.

56. 모리츠와의 인터뷰에서 인용.

57. 선난펑과의 인터뷰에서 인용.

58. 여기에 나오는 의료연구기관이 그린빌라홀딩스Green Villa Holdings다. Amy Orr, "Carlyle Suing Rival over a Deal in China," *Wall Street Journal*, Dec. 10, 2008.

59. 장판이 회사를 떠날 당시에 세쿼이아차이나의 공식 발표문에 그가 주도했던 거래가 적혀 있었다. 이것들 중에서 가장 눈에 띄는 것은 아시아미디어Asia Media였지만, CEO가 자금을 횡령했다는 의혹을 받고서 2008년 9월 도쿄증권거래소에서 상장 폐지되었다. Sequoia China press release, Jan. 25, 2009, it.sohu.com/20090125/n261946976.shtml; Lindsay Whipp, "Audit Problems Hit Asia Media," *Financial Times*, July 25, 2008.

60. 세쿼이아차이나가 진행한 주식공모에는 자산 관리 회사와 패스트푸드 체인도 포함되었다. 이러한 벤처 사업자들이 실리콘밸리의 일반적인 스타트업보다 기술집약적이지 않다는 사실은 모리츠가 선난펑이 중국의 여건에 맞게 행동하도록 허락했다는 것을 보여준다. 선난펑과의 인터뷰에서 인용.

61. 자금 모집에 대한 데이터는 Zero2IPO에서 인용. 중국에서 미국 거래에 관한 데이터는 다음 문헌에서 인용. Thilo Hanemann et al., "Two-Way Street: 2019 Update US-China Direct Investment Trends," Rhodium Group, May 2019, wita.org/atp-research/china-us-fdi-trends/.

62. 선난펑과의 인터뷰에서 인용.

63. 글렌 선과의 인터뷰에서 인용.

64. 2019년 9월 어느 도보여행에서 왕싱이 자기가 만난 저자에게 예전에 썼던 책에 대하여 질문했지만, 확실히 그는 대답의 대부분을 이미 알고 있었다.

65. 글렌 선과의 인터뷰에서 인용.

66. 선난펑은 시트립에서 근무하던 시절에 뉴욕의 성장투자자인 타이거글로벌과의 거래를 마무리 짓기 전에 이 회사의 가치평가액을 높였다. 그 이유는 사스 전염병의 종식으로 회사의 사업 전망이 변했기 때문이다. 2019년 9월 16일 스콧 슐라이퍼와의 인터뷰에서 인용.

67. Kai-Fu Lee, *AI Superpowers: China, Silicon Valley, and the New World Order* (Boston: Houghton Mifflin Harcourt, 2018), 24.

68. 또한 2015년에는 미국의 벤처캐피털들이 중국에서 350건의 거래를 완료했다. Hanemann et al., "Two-Way Street," 38. Data also found in Zero2IPO.

69. 세쿼이아차이나의 스티븐 지Steven Ji는 디앤핑에서 얻은 수익 덕분에 2015년 〈포브스〉가 선정한 미다스의 손 명단 22위에 올랐다. 세쿼이아차이나의 저우쿠이Zhou Kui는 61위에 올랐다.

70. 중국의 벤처 업계는 지리적으로 더 많이 분산되어 있고, 베이징, 상하이, 홍콩에 집중되어 있다는 점에서 미국과는 달랐다. 그러나 실리콘밸리가 형성된 이후로 교통과 통신에서 혁신이 일어난 사실을 고려하면, 중국의 지리적 확산은 놀라운 일이 아니다. 이제는 클러스터가 어느 한 곳에만 집중될 필요가 없다.

71. 쉬신과의 인터뷰에서 인용.

72. 이전의 디디-쿠아이디 합병에서는 벤처캐피털이 주도적인 역할을 한 것으로 보이지 않는다. 그 대신에 투자은행가 바오판과 골드만삭스의 류칭Jean Liu이 그 역할을 담당했다.

73. 필자는 이 모습을 담은 사진을 제공한 선난펑에게 감사의 마음을 전한다.

74. 선난펑과의 인터뷰에서 인용.

75. 2016년 1월, 메이투안-디앤핑은 프리머니 가치를 162억 달러로 하여 자금을 조달했는데, 이것은 이전 자금 조달에서 두 회사의 가치평가액을 합친 것보다 50억 달러가 더 많

은 금액이었다.

76. 2020년 말까지 세쿼이아캐피털이 메이투안에 투자한 1200만 달러는 50억 달러가 넘는 가치를 실현했고, 이것은 세쿼이아캐피털이 구글에 1250만 달러를 투자하여 벌어들인 수익을 능가했다.

11장 × 액셀, 페이스북, 쇠퇴하는 클라이너퍼킨스

1. 2018년 6월 7일, 2020년 8월 18일 케빈 에프러시와의 인터뷰에서 인용.

2. 에프러시와의 인터뷰에서 인용.

3. 이 두 명의 열렬한 사이클리스트는 피터 펜턴과 짐 고츠다. 이 둘 모두는 앞으로 10년 이내에 벤처업계의 슈퍼스타로 떠오를 예정이다.

4. 짐 슈워츠가 필자에게 액셀의 내부 자료를 제공했다.

5. 2020년 8월 19일 슈워츠가 필자에게 보낸 이메일에서 인용.

6. 2018년 7월 25일 브루스 골든과의 인터뷰에서 인용.

7. 골든과의 인터뷰에서 인용.

8. 에프러시와의 인터뷰에서 인용. 2005년 이베이는 스카이프를 26억 달러에 인수했다.

9. 골든과의 인터뷰에서 인용.

10. 필자는 이 지점에서, 또한 그 밖의 많은 지점에서 데이비드 커크패트릭의 뛰어난 저작에 많은 신세를 졌다. 그의 정확한 서술은 필자가 보유한 출처의 정확성을 확인시켜주었다. David Kirkpatrick, *The Facebook Effect* (New York: Simon & Schuster, 2010), 115.

11. 골든은 이렇게 기억했다. "사람들은 때로는 모든 소음을 차단해야 한다고 생각하고는 거기서 벗어나려고 했습니다. 창업자들의 성격에 대해서는 신경 쓰지 말고, 단지 사용량과 채택에만 집중하고 그것을 놓쳐서는 안 된다는 것입니다." 골든과의 인터뷰에서 인용.

12. 에프러시와의 인터뷰에서 인용.

13. 에프러시와의 인터뷰에서 인용.

14. Kirkpatrick, *Facebook Effect*, 116.

15. 2019년 5월 14일 펜턴과의 인터뷰에서 인용.

16. 액셀의 젊은 동료가 바로 핑 리Ping Li다. 2019년 3월 27일 리와의 인터뷰에서 인용.

17. 페이스북 사무실에서의 만남에 관한 이야기는 주로 다음 문헌에서 인용. Kirkpatrick, *Facebook Effect*.

18. 아서 패터슨은 이렇게 기억한다. "나는 이것이 놓쳐서는 안 되는 프로젝트라는 케빈의 훌륭하고도 분석적인 판단에 힘을 실어주었고, 주말에 그들과 가까이 지내면서 월요일 파트너십 회의에 참석하게 만들어야 한다고 말했습니다. 그는 이 작업을 완벽하게 실행에 옮겼습니다." 2019년 5월 2일 패터슨이 필자에게 보낸 이메일에서 인용.

19. 에프러시는 이렇게 기억한다. "우리의 준비된 마인드 훈련 덕분에 아서는 금요일 저녁 페이스북과의 만남에서 우리가 이 프로젝트를 당장 밀어붙여야 한다고 말했습니다." 에프러시와의 인터뷰에서 인용. 짐 슈워츠도 이렇게 말했다. "사람들은 페이스북이 우리에게 나타났다고 말하지만, 실제로는 그렇지 않습니다. 그것은 준비된 마인드 훈련의 결과입니다." 2017년 11월 8일 슈워츠와의 인터뷰에서 인용.

투자의 진화

20. Kirkpatrick, *Facebook Effect*, 118.

21. 2019년 3월 29일 테레지아 고우Theresia Gouw와의 인터뷰에서 인용.

22. 고우와의 인터뷰에서 인용.

23. Kirkpatrick, *Facebook Effect*, 120.

24. 에프러시와의 인터뷰에서 인용.

25. 고우와의 인터뷰에서 인용; 펜턴과의 인터뷰에서 인용; 2019년 2월 9일 짐 브레이어와의 인터뷰에서 인용.

26. 브레이어와의 인터뷰에서 인용.

27. Kirkpatrick, *Facebook Effect*, 123.

28. Kirkpatrick, *Facebook Effect*, 123.

29. 2008년 마크 저커버그는 도널드 그레이엄을 페이스북 이사회 이사로 초빙했다.

30. Kirkpatrick, *Facebook Effect*, 146.

31. Kirkpatrick, *Facebook Effect*, 148.

32. Pui-Wing Tam and Shayndi Rayce, "A $9 Billion Jackpot for Facebook Investor," *Wall Street Journal*, Jan. 28, 2012.

33. John Heilemann, "The Networker," *New Yorker*, Aug. 11, 1997

34. 존 도어는 필자와의 인터뷰에서 이에 대해 격렬하게 반박했다(2021년 3월 5일 도어와의 인터뷰에서 인용). 그러나 브라운대학교 투자사무소에서 2017년에 발표한 시기별 최고 벤처캐피털 파트너십에 대한 인식의 변화를 추적하는 자료에서는 클라이너퍼킨스가 1980년부터 2005년까지 1위를 차지했지만, 이후로는 상위 8개사 명단에서 제외되었다(브라운대학교가 발표한 자료는 이 책의 부록에 나와 있다). 또 다른 전형적인 지표로는 2013년 〈로이터〉가 클라이너퍼킨스가 상위 10개 벤처캐피털 파트너십 명단에 포함되어 있지 않다고 보도한 것을 들 수 있다. 이 명단은 모건스탠리와 451그룹의 연구원이 작성한 것이며, 성공한 벤처투자에 대한 연구를 기반으로 한 것이다. Sarah McBride and Nichola Groom, "How CleanTech Tarnished Kleiner and VC Star John Doerr," *Reuters*, Jan. 16, 2013. 〈포브스〉가 매년 발표하는 미다스의 손 명단이 세 번째 지표를 제시하지만, (다른 벤처투자자 순위와 마찬가지로) 과거 회고적인 특징을 갖는다. 이에 따르면 2001년에는 클라이너퍼킨스의 최고 파트너들인 비노드 코슬라와 존 도어가 각각 1위와 3위를 차지했다. 2005년부터 2009년까지 도어는 미다스의 손 명단에서 1위 혹은 2위를 차지했다. 그러나 2015년에 그는 30위에 모습을 드러냈고, 클라이너퍼킨스의 다른 파트너 중 상위 50위에 들어간 사람은 메리 미커뿐이었다. 클라이너퍼킨스의 다른 두 명의 파트너들인 베스 세이덴버그Beth Seidenberg와 테드 슐레인Ted Schlein은 각각 91위와 99위를 기록했다. 2020년 미다스의 손 명단에서는 더욱 부진한 모습을 보여주었다. 도어는 44위를 기록했으며, 명단에 나오는 클라이너퍼킨스의 다른 유일한 인물은 93위를 기록한 마문 해미드Mamoon Hamid였다.

35. 2005년에 발표된 연구에서는 어느 벤처캐피털의 벤처펀드 수익률과 그다음 벤처펀드 수익률 사이에는 거의 0.7의 상관관계가 있는 것을 보여준다. Steven N. Kaplan and Antoinette Schoar, "Private Equity Performance: Returns, Persistence, and Capital Flows," *Journal of Finance* 60, no. 4 (Aug. 2005): 1791–823. 또 다른 연구에서는 어느 벤처캐피털의 초기 열 건의 투자 중 주식공모 비율이 10퍼센트가 높으면(다시 말하자면, 주식공모에 들어가는 건수가 한 건이 더 많다), 이후의 모든 투자에 대해 주식공모 비율이 1.6퍼센트가 더 높은 것으로 나타났다. Ramana Nanda, Sampsa Samila, and Olav Sorenson, "The Persistent Effect of Initial Success: Evidence

from Venture Capital" Harvard Business School Entrepreneurial Management working paper 17–065, July 25, 2018. 이 두 연구의 결론에서 언급했듯이, 경로 의존성이 절대적이지 않다는 것이다. 벤처캐피털은 자신의 영예에 안주해서는 안 된다.

36. John Doerr, "Salvation (and Profit) in Greentech," TED2007, March 2007.

37. Doerr, "Salvation (and Profit) in Greentech."

38. 클라이너퍼킨스가 친환경기술에 내기를 걸 때, 액셀은 준비된 마인드 훈련을 실시하고는 이를 피하기로 결정했다.

39. 클라이너퍼킨스의 2006년도 펀드는 주로 아레스토Arresto, 인스파이어메디컬시스템스 Inspire Medical Systems와 같은 헬스케어 투자와 카본블랙Carbon Black, 라이프록Life-Lock과 같은 사이버 보안 투자 덕분에 원금을 돌려줄 수 있었다. 2021년 3월 14일 도어와 어맨다 더크워스Amanda Duckworth가 제공한 데이터에서 인용. 벤처 업계의 2006년도 펀드의 가중(또는 전체) 평균 총수익률은 약 두 배였고, 따라서 단지 원금만을 돌려주었던 클라이너퍼킨스의 2006년도 펀드의 실적은 상대적으로 저조했다. 이와는 별개로 도어는 단지 클라이너퍼킨스 펀드 중 단 하나만이 손실을 기록했다는 점을 강조했다. 이것은 2000년 나스닥 붕괴로 타격을 입은 펀드였다. 도어와의 인터뷰에서 인용.

40. 클라이너퍼킨스는 2010년도 펀드인 KPCB XIV의 수익률이 2021년 3월 현재 수수료를 공제하기 전의 기준으로 일곱 배로 증가했다고 보고했다. 그러나 클라이너퍼킨스가 보고한 실적은 주식을 계속 보유한다는 가정에 근거한 것으로, 유한책임 파트너들에게 배당금을 지급한 이후의 주식가치 상승분을 포함한 것이다.

41. 클라이너퍼킨스는 2021년 1분기 현재 19억 달러를 투자한 친환경기술 포트폴리오가 수수료를 공제하기 전의 기준으로 57억 달러의 수익을 창출했다고 주장하면서 필자에게 깊은 인상을 주었다. 그러나 클라이너퍼킨스가 제공하지 않은 더욱 자세하고도 분할된 데이터가 없으면, 이런 수치를 평가하기가 어렵다. 첫째, 클라이너퍼킨스가 주장하는 실적은 주식을 계속 보유한다는 표준적이지 않은 가정에 기초하여 엄청나게 부풀려져 있다. 둘째, 이러한 실적을 어느 연도의 실적과 비교해야 하는지가 분명하지 않다. 클라이너퍼킨스가 주장하는 세 배의 수익률은 벤처 업계의 2008년도 펀드의 평균 2.8배의 수익률과 비교하면 좋은 평가를 받을 수 있지만, 2010년도 펀드의 평균 3.6배의 수익률과 비교하면 좋지 않은 평가를 받을 수 있다. 셋째, 여기서 사용하는 모든 벤치마크 데이터는 2020년 3분기를 종점으로 한다. 클라이너퍼킨스는 2021년 1분기 말의 실적을 보고하기 때문에, 그동안에 나타난 주식시장의 상승은 클라이너퍼킨스의 실적을 돋보이게 만든다. 벤치마크 데이터는 시카고대학교의 스티븐 캐플런에게 얻은 것이다.

42. 34번 주석에서 언급했듯이 미다스의 손 명단은 과거 회고적인 특징을 갖는다. 따라서 도어는 클라이너퍼킨스의 투자 파트너 지위에서 물러났음에도 명단에 등장할 수 있었다.

43. 클라이너퍼킨스의 내부 문화에 대한 설명은 브룩 바이어스, 프랭크 코필드, 케빈 콤프턴, 존 도어, 비노드 코슬라, 에일린 리, 메리 미커, 테드 슐레인, 트라에 바살로를 포함한 여러 파트너들과의 인터뷰에서 인용한 것이다.

44. 2018년 5월 15일 코필드와의 인터뷰에서 인용.

45. 코슬라는 더그 매켄지가 항상 어려운 질문을 했기 때문에 다른 모든 이들을 잘 견제했던 것으로 기억한다. 코슬라와의 인터뷰에서 인용.

46. 2019년 6월 20일 리와의 인터뷰에서 인용; 2019년 6월 24일 바살로와의 인터뷰에서 인용.

47. 클라이너퍼킨스의 전직 파트너는 이렇게 기억한다. "유명인사들을 영입하는 데에는 위험이 따랐습니다. 그들은 자신의 이력에서 바로 그 시점에 사람들을 지배하는 데 익숙했습

투자의 진화

니다. 그러나 포트폴리오 기업의 이사회에서는 벤처투자자가 단지 하나의 목소리일 뿐입니다. 영향력을 행사해야 하지만 지배하려고 해서는 안 됩니다. 그리고 성공한 관리자라고 해서 훌륭한 투자자가 되는 것은 아닙니다. 투자자로서 레이 레인의 실적은 저조했습니다. 그는 어떤 기업에서 상승세가 어느 정도 지속될 것인지 전혀 알지 못했습니다. 언제 완강하게 밀어붙여야 하는지도 몰랐습니다."

48. 콤프턴은 나중에 이렇게 말했다. "나는 친환경기술에서 열 배만큼 달라진 것을 보지 못했습니다." 2019년 2월 12일 콤프턴과의 인터뷰에서 인용.

49. 도어와의 인터뷰에서 인용.

50. Paul A. Gompers and Sophie Q. Wang, "Diversity in Innovation" (working paper 17-067, Harvard Business School, 2017), hbs.edu/faculty/Publication%20Files/17-067_b5578676-e44c-40aa-a9d8-9e72c287afe8.pdf. 저자들은 이학 및 공학박사 학위를 받는 여성의 비율이 벤처 업계로 진입하는 여성의 비율보다 적어도 세 배 이상 높았으며, 이러한 비율이 1990년에서 2012년 사이에 30퍼센트에서 40퍼센트 이상으로 증가했다고 말한다. 마찬가지로 같은 기간에 MBA를 받는 여성의 비율은 35퍼센트에서 47퍼센트로 증가했다.

51. 2019년 6월 20일 리와의 인터뷰에서 인용.

52. 리와의 인터뷰에서 인용.

53. 리와의 인터뷰에서 인용.

54. 리와의 인터뷰에서 인용.

55. 리와의 인터뷰에서 인용.

56. 2019년 6월 25일 바살로와의 인터뷰에서 인용.

57. 바살로와의 인터뷰에서 인용.

58. 나중에 엘렌 파오 재판은 파오가 도어에게 보낸 이메일을 통해 널리 알려졌다. 그녀는 이렇게 적었다. "나는 랜디가 이사회 이사직을 맡는 데 전혀 문제가 없다고 생각합니다. (…) 나는 이 결과에 만족하고, 문제 삼을 생각이 전혀 없습니다."

59. "나이 든 사람들은 젊은 파트너들에게 시간을 투자해서 그들을 육성해야 합니다. 자신의 브랜드를 강화하기 위해 젊은 사람들을 이용하려고 해서는 안 됩니다." 바살로와의 인터뷰에서 인용. 도어는 이 점에 대해 언급하면서, 고위급 파트너가 이사회 이사 자리를 차지해야 하는가는 개인적 견해에 관한 문제라고 설명했다. 도어와의 인터뷰에서 인용.

60. Ellen Pao, "This Is How Sexism Works in Silicon Valley," *New York*, Aug. 21, 2017, https://www.thecut.com/2017/08/ellen-pao-silicon-valley-sexism-reset-excerpt.html.

61. Deborah Gage, "Former Kleiner Partner Trae Vassallo Testifies of Unwanted Advances," *Wall Street Journal*, Feb. 25, 2015.

62. 파오의 불만은 2013년 10월 16일에 작성한 다음 문헌에 잘 나와 있다. s3.documentcloud.org/documents/1672582/pao-complaint.pdf.

63. 여기에 나오는 자세한 진술은 파오 재판에서 바살로가 증언한 것이다. Gage, "Former Kleiner Partner Trae Vassallo Testifies of Unwanted Advances."

64. Trae Vassallo et al., "Elephant in the Valley," www.elephantinthevalley.com.

65. Paul A. Gompers et al., "Gender Effects in Venture Capital," SSRN, May 2014, ssrn.com/abstract=2445497.

66. 클라이너퍼킨스 출신으로 자신의 벤처캐피털을 운영하는 네 명의 여성은 메리 미커, 에일린 리, 베스 세이덴버그, 트라에 바살로였다. 앞의 세 명은 2018년, 2019년, 2020년에 미다스의 손 명단에 올랐으며, 미커는 세계 10대 벤처투자자 중 한 사람으로 선정되었다. 도어는 자신의 개인 재산을 이들 모두에게 투자했다.

67. 도어는 이러한 주장에 대하여 공식적인 관리의 결여는 벤처 파트너십에서 전형적으로 나타나며 실제로는 건전한 것이고, 클라이너퍼킨스가 집단 리더십에 기초하기 때문에 자신이 개인적으로 파트너십에 대한 책임을 지는 것은 아니라고 반박했다. 도어와의 인터뷰에서 인용.

68. 2006년 이후로 액셀의 가장 성공한 투자 일곱 건은 다음과 같다. 크라우드스트라이크(사미어 간디), 퀼트릭스(라이언 스위니), 슬랙(앤드루 브라치아), 아틀라시안(리치 웡), 플립카트(수브라타 미트라), 슈퍼셀(케빈 코몰리), 테너블(존 로크, 핑 리). 이 일곱 건의 투자에는 미국, 유럽, 인도 등 세 개 지역에 걸쳐 세 건의 스타트업 투자와 네 건의 성장투자가 포함되어 있다.

69. 테레지아 고우는 액셀의 경영 파트너가 되었고, 소날리 드 라이커Sonali De Rycker는 런던 지사의 공동대표가 되었다.

70. 슈워츠와의 인터뷰에서 인용.

71. 2015년에 발표된 어느 연구에서는 2000년 이후로 뛰어난 실적을 기록한 벤처캐피털 투자의 절반 이상이 새롭게 떠오르는 파트너십에 의해 수행되었다는 사실을 보여주었다. 이것은 유명 벤처캐피털들이 자신의 우위를 당연시할 수 없다는 사실을 뒷받침한다. Cambridge Associates, "Venture Capital Disrupts Itself: Breaking the Concentration Curse" (2015).

12장 × 러시아인, 타이거글로벌 그리고 성장주의 등장

1. 2019년 5월 13일, 7월 27일, 2020년 11월 24일 유리 밀너와의 인터뷰에서 인용; Jessi Hempel, "Facebook's Friend in Russia," *Fortune*, Oct. 4, 2010, fortune.com/2010/10/04/facebooks-friend-in-russia/.

2. 이 파트너가 나중에 바이캐피털Vy Capital을 창업한 알렉산더 타마스Alexander Tamas다.

3. 밀너와의 인터뷰에서 인용.

4. David Kirkpatrick, *The Facebook Effect: The Inside Story of the Company That Is Connecting the World* (New York: Simon & Schuster, 2010), 285.

5. 밀너와의 인터뷰에서 인용.

6. 밀너와의 인터뷰에서 인용.

7. Julia Boorstin, "Facebook Scores $200 Million Investment, $10 Billion Valuation," CNBC, May 26, 2009, cnbc.com/id/30945987.

8. Dan Primack, "Marc Andreessen Talks About That Time Facebook Almost Lost 80% of Its Value," *Fortune*, June 18, 2015, fortune.com/2015/06/18/marc-andreessen-talks-about-that-time-facebook-almost-lost-80-of-its-value.

9. 밀너와의 인터뷰에서 인용.

10. 밀너와의 인터뷰에서 인용.

11. 밀너는 페이스북에 대한 초기 투자 이후로, 전직 직원 및 초기 투자자로부터 주식을 사들여서 2010년 말까지 8억 달러 상당의 주식을 보유하게 되었다. 밀너와의 인터뷰에서 인용.

12. 페이스북은 밀너의 2009년 투자 덕분에 주식공모를 2012년까지 미룰 수 있었다. 3년이라는 기간 연장은 일반적으로 보였다. 1990년대 주식공모에 들어간 미국 기술기업들의 평균 연차는 7년 반이었다. 밀너의 페이스북 투자 이후로 2000년대 이들의 평균 연차는 10년 반으로 높아졌다. 다음 문헌의 데이터 참조. Jay Ritter of the University of Florida, table 4a, site.warrington.ufl.edu/ritter/files/IPO-Statistics.pdf.

13. 밀너의 불간섭주의 방식은 차분한 용기를 요구했다. 주식시장 투자자들은 지배구조에 무관심할 수 있는데, 그 이유는 그들이 유동적 포지션을 취하고 있기 때문이다. 그들은 주식을 쉽게 매각할 수 있으므로 의결권에 연연할 필요도 없다. 이와는 대조적으로 밀너는 비유동적인 포지션을 취하고 있었다. 밀너와의 인터뷰에서 인용.

14. 1980년대에는 주로 수익을 창출한 기술기업만이 주식공모를 진행할 수 있었다. 1999년에는 주식공모를 진행한 기술기업 중 14퍼센트만이 수익을 창출했다. Ritter data, table 4a.

15. Sarah Lacy, "How We All Missed Web 2.0's 'Netscape Moment,'" *TechCrunch*, April 3, 2011, techcrunch.com/2011/04/03/how-we-all-missed-web-2-0s-netscape-moment.

16. 2019년 6월 18일, 9월 17일 체이스 콜먼과의 인터뷰에서 인용.

17. 2019년 9월 16일, 17일 스콧 슐라이퍼와의 인터뷰에서 인용. 슐라이퍼의 친구가 제이컵애셋매니지먼트Jacob Asset Management의 앤드루 앨버트Andrew Albert다.

18. Peter Lynch, "Stalking the Tenbagger," in *One Up on Wall Street: How to Use What You Already Know to Make Money in the Market*, with John Rothchild (New York: Simon & Schuster, 1989), 95 – 106.

19. 콜먼과의 인터뷰에서 인용.

20. 2003년 7월 콜먼의 투자 레터.

21. 슐라이퍼와의 인터뷰에서 인용.

22. 슐라이퍼와의 인터뷰에서 인용.

23. 콜먼과의 인터뷰에서 인용.

24. 콜먼은 이렇게 기억한다. "그들이 하려는 것과 상당히 비슷한 대상이 없었습니다." 마찬가지로 타이거글로벌은 중국의 검색엔진 바이두에 초기 투자할 기회를 놓쳤다. 구글의 엄청난 수익성이 아직은 미국에서 입증되지 않았기 때문이었다. 타이거글로벌은 상당히 비슷한 대상이 없는 상황에서 자본투자를 경계했다. 타이거글로벌은 이미 중국에 뛰어들어 검증되지 않은 변동지분실체Variable Interest Entity, VIE 구조를 신뢰하고 공적 자본 시장에서 사적 자본 시장으로 옮겨 가면서 위험을 충분히 감수하고 있었다. 콜먼이 말했듯이 "제도적으로, 투자회사가 감수하게 될 위험은 이것이 전부였다." 콜먼과의 인터뷰에서 인용.

25. 2020년 11월 6일 선난펑과의 인터뷰에서 인용.

26. 슐라이퍼와의 인터뷰에서 인용.

27. 콜먼과의 인터뷰에서 인용.

28. Michael Wolff, "How Russian Tycoon Yuri Milner Bought His Way into Silicon Valley," *Wired*, Oct. 21, 2011.

29. Alexandra Wolfe, "Weekend Confidential: Yuri Milner," *Wall Street Jour-*

nal, Nov. 22, 2013, wsj.com/articles/weekend-confidential-yuri-milner-1385166742.

30. 2005년부터 타이거글로벌의 일련의 사적 투자 파트너십들이 DST를 지원했다. 2010년 DST가 런던에 상장되었을 때, 타이거글로벌은 DST 지분의 5분의 2를 소유였다. 이 시점에서 밀너와의 관계를 주도한 타이거글로벌의 파트너는 리 픽셀Lee Fixel이었다. 슐라이퍼와의 인터뷰에서 인용; 2019년 12월 4일 픽셀과의 인터뷰에서 인용.

31. 2019년 5월 13일 밀너와의 인터뷰에서 인용.

32. 세쿼이아캐피털은 거품이 절정에 달했던 1999년에 성장형 펀드를 모집했다. 이 펀드의 가치는 2000년 폭락 이후로 초기 자본금의 30퍼센트까지 떨어졌다. 이 펀드는 최종적으로 약 두 배의 수익률을 기록했지만, 이것은 세쿼이아캐피털의 파트너들이 이 펀드가 성공한 포지션에서 자신의 지분을 재투자했기 때문에 가능한 일이었다. 실제로 외부 투자자들이 이러한 포지션을 채울 때까지 세쿼이아캐피털의 파트너들은 무료로 일한 셈이었다. 더그 레온, 마이클 모리츠, 로엘로프 보타와의 인터뷰에서 인용.

33. 타이거글로벌은 몇 차례에 걸친 매입 과정을 통하여 페이스북이 주식공모에 들어가기 전에 평균 200억 달러의 가치평가액을 기준으로 약 2퍼센트의 지분을 사들였다.

34. 콜먼과의 인터뷰에서 인용.

35. 2011년 8월, 밀너는 소셜 네트워크 트위터를 대상으로 4억 달러어치의 회사 발행 주식을 매입하고 직원들에게서 4억 달러어치의 주식을 추가로 매입하면서, 투자 라운드를 이끌었다. 밀너의 거래구조는 페이스북과의 거래 이후로 2년 동안 변하지 않았다. 그러나 달러로 표시된 숫자는 두 배가 되었다.

36. 기술투자금 총액에 대해서는 다음 문헌 참조. Begum Erdogan et al., "Grow Fast or Die Slow: Why Unicorns Are Staying Private," McKinsey & Company, May 11, 2016. 다른 출처에서는 2018년까지 이 금액이 거의 1200억 달러에 달하는 것으로 나온다.

37. Aileen Lee, "Welcome to the Unicorn Club, 2015: Learning from Billion-Dollar Companies," *TechCrunch*, July 18, 2015, techcrunch.com/2015/07/18/welcome-to-the-unicorn-club-2015-learning-from-billion-dollar-companies.

38. Yuri Milner, "Looking Beyond the Horizon" (MBA graduation speech, Wharton School of the University of Pennsylvania, Philadelphia, May 14, 2017).

39. 벤 호로위츠는 자신의 블로그에 창업자가 오랫동안 여전히 경영하던 24개의 기술기업을 나열했다. Ben Horowitz, "Why We Prefer Founding CEOs," Andreessen Horowitz, April 28, 2010, a16z.com/2010/04/28/why-we-prefer-founding-ceos.

40. 데이터 제공업체인 CB인사이츠는 2009년과 2014년 사이에 벤처캐피털의 지원을 받아 성공한 상위 100대 기업 중 세쿼이아캐피털의 포트폴리오 기업이 총 22개에 달한다는 것을 보여주었다. NEA와 액셀의 포트폴리오 기업은 각각 13개에 달했다. "The Venture Capital Power Law—Analyzing the Largest 100 U.S. VC-Backed Tech Exits," CB Insights Research, March 8, 2014, cbinsights.com/research/venture-capital-power-law-exits.

41. 마크 앤드리슨은 2009년 2월 19일 찰리 로즈Charlie Rose가 진행하는 인터뷰에 출연했다.

42. 앤드리슨의 블로그에서 인용한 것이다. Marc Andreessen, "The Truth About Ven-

ture Capitalists," *pmarca* (blog), June 8, 2007. 또한 학계 연구자들도 벤처캐피털의 가장 중요한 역량이 거래의 선택이라고 주장한다. Paul A. Gompers et al., "How Do Venture Capitalists Make Decisions?," *Journal of Financial Economics* 135, no. 1 (Jan. 2020): 169 – 90.

43. 2019년 8월 7일 마틴 카사도와의 인터뷰에서 인용.

44. 카사도와의 인터뷰에서 인용.

45. 호로위츠와의 인터뷰에서 인용.

46. 앤드리슨과의 인터뷰에서 인용.

47. 호로위츠와의 인터뷰에서 인용.

48. 호로위츠와의 인터뷰에서 인용.

49. 호로위츠와의 인터뷰에서 인용.

50. 앤드리슨은 이렇게 말한다. "창업자 친화적이라는 것은 외부에서 들여온 것입니다. 그것은 우리가 가져온 것이 아니에요. 이것은 완전히 잘못된 믿음입니다. 우리는 창업자가 아니라 그들의 실적을 중요하게 여기는 사람들입니다." 앤드리슨과의 인터뷰에서 인용.

51. 호로위츠는 네트워크 엔지니어 출신이었다. 그가 니시라에 투자한 것은 이후로 네트워킹 산업이 별로 변하지 않았기 때문이다. 호로위츠와의 인터뷰에서 인용.

52. 징가 투자는 수익성이 있었고, 포스퀘어 투자는 실망스러웠다.

53. Dan Primack and Marc Andreessen, "Taking the Pulse of VC and Tech," June 18, 2015, in *The a16z Podcast*, produced by Andreessen Horowitz, you-tu.be/_zbZ9ja19RU. 또한 앤드리슨은 밀너의 국가 간 비교와 2차 주식에 대한 매입 의지를 인용하여 유력한 혁신을 설명했다. 앤드리슨과의 인터뷰에서 인용.

54. Zoë Bernard, "Andreessen Horowitz Returns Slip, According to Internal Data," *Information*, Sept. 16, 2019, theinformation.com/articles/andreessen-horowitz-returns-slip-according-to-internal-data.

55. Bernard, "Andreessen Horowitz Returns Slip." 여기서 언급하는 펀드는 2010년과 2012년에 출시된 펀드 II와 III이며, 2011년과 2012년에 출시된 부속 혹은 평행 펀드는 아니다. 이 펀드들은 아직 만기가 되지 않았기 때문에 이에 대한 성과 측정치는 확정되지 않았다.

56. Alex Konrad, "Andreessen Horowitz Is Blowing Up the Venture Capital Model (Again)," *Forbes*, April 30, 2019. 이 창업자들은 알렉스 콘라트에게 그들의 원래 마케팅 문구가 과장되었다는 점을 인정했다. 앤드리슨은 이렇게 말했다. "벤처캐피털은 위기에 처한 산업이 아니었습니다." 호로위츠는 이렇게 말했다. "내가 너무 나갔습니다." 기업가 출신이 아니면서 무한책임 파트너로 승진한 사람은 코니 챈Connie Chan이었다.

57. Yael V. Hochberg, Alexander Ljungqvist, and Yang Lu, "Whom You Know Matters: Venture Capital Networks and Investment Performance," *Journal of Finance* 62, no. 1 (Feb. 2007): 253. 또한 벤처투자자를 대상으로 한 대규모 설문조사에 따르면, 벤처투자 열 건 중 한 건만이 기존 벤처 네트워크와는 아무런 연관이 없는 포트폴리오 기업을 대상으로 한 것이었다. Gompers et al., "How Do Venture Capitalists Make Decisions?" 액셀, 벤치마크, 파운더스펀드는 새로운 접근방식에 대한 시도로서 출발했지만, 이들의 성공은 창업 파트너의 기존 네트워크에 힘입은 바가 컸다.

1. Bruce Schoenfeld, "What Happened When Venture Capitalists Took Over the Golden State Warriors," *New York Times*, March 30, 2016. 농구 관련 데이터는 다음 문헌 참조. Ben Cohen, "The Golden State Warriors Have Revolutionized Basketball," *Wall Street Journal*, April 6, 2016; Chris Smith, "Team of the Decade: Golden State Warriors' Value Up 1,000% Since 2009," *Forbes*, Dec. 23, 2019.

2. "Why Startups Are Leaving Silicon Valley," *Economist*, Aug. 20, 2018.

3. Christopher Mims, "China Seeks Out Unlikely Ally: U.S. Tech Firms," *Wall Street Journal*, Sept. 21, 2015; Gardiner Harris, "State Dinner for Xi Jinping Has High—Tech Flavor," *New York Times*, Sept. 25, 2015.

4. 2009년에는 미국에서 1400개의 벤처캐피털이 투자 대상을 찾고 있었다. 10년이 지나서는 이러한 벤처캐피털이 3500개에 이르렀다. 2009년 이전에는 연간 5000개가 안 되는 스타트업들이 자금을 지원받았다. 2019년에는 이러한 스타트업이 약 1만 개에 이르렀다. "NVCA 2020 Yearbook," National Venture Capital Association, March 2020, nvca.org/wp—content/uploads/2020/04/NVCA—2020—Yearbook.pdf.

5. 세쿼이아캐피털은 1980년대 후반과 1990년대에 두 명의 여성을 고용하여 생명과학 부문에 대한 투자를 맡겼다. 이들은 1990년대 후반에 떠났다. 그다음에 세쿼이아캐피털이 미국에서 고용한 여성 투자 파트너는 2016년에 들어온 제스 리Jess Lee다. 2017년 애널리스트 출신이 파트너로 승진했다. 2018년에는 여성 두 명이 투자 파트너가 되었다. 2020년까지 미국 투자 팀에서 여성이 5분의 1을 약간 넘게 차지했다. 이 장의 뒷부분에서 설명하겠지만, 세쿼이아캐피털은 새로운 투자 파트너를 지원하는 데 집중했고, 이 덕분에 세쿼이아캐피털에서 근무하는 여성들은 클라이너퍼킨스에서 근무하는 여성들이 경험하는 좌절을 겪지 않아도 되었다. 세쿼이아캐피털이 성 문제로 시달렸던 시기는 2016년 마이클 고겐이라는 파트너가 어느 이국적인 댄서를 강간한 혐의로 기소당했을 때였다. 고겐은 세쿼이아캐피털을 떠났지만, 나중에 소송에서 이겼다.

6. 채용 선호도에 대해 마이클 모리츠는 자신의 멘토인 돈 발렌타인의 접근방식을 설명했지만, 이것도 자신의 접근방식이기도 했다. Michael Moritz, *DTV* (self—published, 2020), 40.

7. Alex Ferguson, *Leading: Learning from Life and My Years at Manchester United*, with Michael Moritz (London: Hodder & Stoughton, 2015), 377. 모리츠가 했던 맞음말에서 인용.

8. 2019년 10월 3일 제이슨 칼라카니스가 필자에게 보낸 이메일에서 인용. 마찬가지로 세쿼이아캐피털에서 몇 년을 보냈지만 계속 남기에는 실적이 그다지 훌륭하지 않았던 어느 투자자는 필자에게 같은 점을 지적했다. "세쿼이아의 비결은 그들이 일을 더 열심히 할 것이라는 점에 있습니다."

9. Ferguson, *Leading*, 353.

10. 여기에 나오는 선임 파트너가 바로 피에르 라몬드다. 2019년 5월 14일, 9월 24일, 2020년 11월 4일 로엘로프 보타와의 인터뷰에서 인용.

11. 보타와의 인터뷰에서 인용.

12. 더그 레온과의 인터뷰에서 인용.

13. 보타와의 인터뷰에서 인용. 근육질의 상대 선수가 바로 짐 고츠다.

투자의 진화

14. 메모에는 이렇게 적혀 있었다. "이것은 맡은 임무를 뛰어넘는 작은 사례에 불과하다." Sequoia Capital, "WhatsApp Milestone Note," Feb. 19, 2014.

15. 공식적으로는 이러한 변화가 2009년에 시작되었지만, 1년 정도 전에 비공식적으로 시작되었다. 고츠와의 인터뷰에서 인용.

16. 창업자들이 세쿼이아캐피털에 늦게 찾아와서 자사 제품을 알리는 경향이 있었기 때문에, 반응성 문제는 더욱 심각해졌다. 즉 그들은 브로드웨이에서 공연하기 전에 덜 까다로운 관객을 상대로 대사를 연습하는 것 같았다. 결국에는 세쿼이아캐피털이 그들의 요청에 쉽게 응했을 뿐만 아니라 짧은 마감 시간의 압박 속에서 그렇게 했다.

17. 고츠는 보타의 이러한 노력에 대해 다음과 같이 말했다. "그가 행동심리학에 근거하여 했던 일은 우리가 벤처 업계에서 일으켰던 가장 중요한 변화였을 것입니다." 고츠와의 인터뷰에서 인용.

18. 여기에서 인용한 벤처투자자는 CRV의 조지 재커리George Zachary다. 인용문은 다음 문헌 참조. October 12, 2020, edition of the impressive podcast series 20VC, produced by Harry Stebbings.

19. 보타와의 인터뷰에서 인용.

20. 또한 보타는 닻 내림에 관한 행동과학 문헌을 강조했다. 세쿼이아캐피털의 파트너들은 스타트업에 가치를 매기는 과정에서 다른 투자자들이 자신보다 아는 것이 적은데도 가치가 있다고 믿는 것에서 영향을 받는 경우가 있었다. 예를 들어 2015년 1월, 세쿼이아캐피털은 3D 소프트웨어 개발 플랫폼 유니티에 대한 인수 제안에서 이 회사에 매겨진 가치에 닻을 내리고 있었기 때문에, 이 회사를 통해 두 배의 수익률을 기록할 기회를 놓쳐버렸다. 7개월이 지나서 세쿼이아캐피털은 자신의 오류를 인정하고 투자했지만, 유니티의 가치는 거의 두 배가 되어 있었다. Sequoia Capital, "Unity Milestone Note," Sept. 18, 2020.

21. 보타와의 인터뷰에서 인용.

22. 고츠와의 인터뷰에서 인용.

23. 레온과의 인터뷰에서 인용.

24. 보타와의 인터뷰에서 인용.

25. 2020년 11월 11일 아미라 야히오이Amira Yahyaoui와의 인터뷰에서 인용. 야히오이는 세쿼이아캐피털이 지원하는 창업자였다.

26. 당시 모리츠가 건강상의 문제를 구체적으로 언급하지 않았지만, 그는 여전히 건강을 유지했다. 2019년에 그는 예순다섯 번째 생일을 기념하며 자전거를 타고 젊은이들로 구성된 편대를 이끌었다.

27. 고츠는 유한책임 파트너들에게 보내는 작별의 편지에서 젊음에 내기를 거는 세쿼이아캐피털의 전통을 상기시키며 이렇게 적었다. "경험이 적은 사람에게 힘을 실어줌으로써 젊음을 불어넣고 개혁을 하려는 우리의 의지가 성공을 위한 토대가 되었습니다." Michael J. de la Merced, "Sequoia Capital Reshuffles Leadership," *New York Times*, Jan. 31, 2017.

28. 탄탄한 인맥을 가진 어느 기부금 투자자는 세쿼이아캐피털의 승리 문화를 떠올리며 이렇게 말했다. "세쿼이아에는 최고 팀의 일원으로 남기를 원하는 세계 최고의 인재들이 있습니다. 그들은 더 이상 일하지 않아도 될 정도로 재산이 많습니다. 그들 중 누구라도 세쿼이아캐피털을 떠나서 혼자 힘으로 수십억 달러를 모집할 수 있습니다. 하지만 그들은 모두가 최고의 팀에 남기를 원합니다."

29. 제리 양과의 인터뷰에서 인용. 토니 징게일이 하는 말에 대해서는 다음 문헌 참조.

George Anders, "Inside Sequoia Capital: Silicon Valley's Innovation Factory," *Forbes*, March 26, 2014.

30. 드롭박스와 에어비앤비의 이사회에서 세쿼이아캐피털을 대표하는 이사 자리는 브라이언 슈라이어Bryan Schreier와 앨프리드 린에게 돌아갔다. 이들이 해당 거래를 직접 성사시키지는 않았지만, 모두가 떠오르는 인재들이었다.

31. 레온이 신입직원들을 직접 가르치겠다고 나선 것은 벤처캐피털이 공통적으로 갖는 편견, 즉 몇 년이 지나서 그들의 실적을 평가할 수 있을 때까지 누가 훌륭한 신입직원인지 알 수 없다는 잘못된 생각에 대한 반발에서 나온 것이었다. 레온이 보기에 오직 주의가 산만한 관리자만이 그런 편견을 가졌다. 유능한 관리자들은 주의를 집중하기 때문에 누가 훌륭한 신입직원인지 훨씬 더 빨리 알게 된다. 그는 이렇게 말했다. "누가 좋은 학생인지 알아보기 위해 기말시험을 칠 때까지 기다릴 필요는 없습니다." 레온과의 인터뷰에서 인용.

32. 2019년 5월 17일 사미어 간디와의 인터뷰에서 인용.

33. Y Combinator, "Jim Goetz and Jan Koum at Startup School SV 2014," YouTube, youtube.com/watch?v=8-pJa11YvCs.

34. 나중에 실리콘밸리의 모든 밴처캐피털이 앱스토어 다운로드를 추적하는 아이디어를 받아들였고, 이러한 정보는 제3의 공급자에 의해 판매되었다. 그러나 세쿼이아캐피털이 왓츠앱에 투자할 당시에는 자사만의 추적 장치를 통해 우위를 점했다. 고츠와의 인터뷰에서 인용.

35. Brad Stone, *The Upstarts: How Uber, Airbnb, and the Killer Companies of the New Silicon Valley Are Changing the World* (New York: Little, Brown, 2017), 89.

36. 폴 그레이엄은 에어비앤비를 떠올리면서 이렇게 말했다. "세쿼이아에서 우리와 연락하던 그레그 매카두가 지난 2년 동안 많은 시간을 들여 휴가철 임대사업을 조사하고는 이를 제대로 이해하던 몇 안 되는 벤처투자자 중 한 사람이라는 우연이 따르지 않았더라면, 그들이 지금을 전혀 모집하지 못했을 수도 있었습니다." Paul Graham, "Black Swan Farming," Sept. 2012, paulgraham.com/swan.html.

37. Sequoia Capital, "Dropbox Milestone Note," March 23, 2018.

38. 기술 부문의 다른 이란계 미국인으로는 소프트웨어 기업가와 엔젤투자가인 알리 파르토비Ali Partovi와 하디 파르토비Hadi Partovi, 우버를 지원한 벤처투자자 셔빈 피셔버, 구글의 초기 임원인 오미드 코데스타니가 있다. 그 밖의 50명이 넘는 사람들에 대해서는 다음 문헌 참조. Ali Tamaseb, "Iranian-Americans in Silicon Valley Are Getting More Powerful," Medium, Aug. 28, 2017.

39. Anders, "Inside Sequoia Capital."

40. 또한 스카우트 프로그램은 세쿼이아캐피털에 앨프리드 린, 마이크 버널Mike Vernal, 제스 리를 포함하여 고용 가능성이 있는 인재들의 투자 통찰력을 시험할 기회를 제공했다.

41. Stephen Armstrong, "The Untold Story of Stripe, the Secretive $20 Billion Startup Driving Apple, Amazon, and Facebook," *Wired*, Oct. 5, 2018.

42. 콜리슨 형제의 프로젝트에는 다른 장점 외에도 프로그래머들(전자상거래 사이트를 실제로 만든 사람들)을 대상으로 하는 서비스가 포함되어 있었다. 이들 공동체는 콜리슨 형제의 솔루션이 왜 신용카드 시스템, 즉 이론적으로는 믿음이 가지만 온라인 플랫폼을 구축하기에는 시대에 뒤떨어지고 비용이 많이 드는 시스템보다 더 잘 작동하는지 이해할 것이다.

43. 2021년 5월 31일 그레이엄이 필자에게 보낸 이메일에서 인용. 이 두 명의 와이콤비네이터 창업자들이 바로 하즈 타가Harj Taggar와 쿨비어 타가Kulveer Taggar다.

44. 샘 올트먼과 패트릭 콜리슨은 계속 연락을 주고받으면서 소프트웨어와 스타트업에 대한

아이디어를 공유했다. 나중에 올트먼은 이렇게 말했다. "우리는 서로 잘 맞았습니다. 나는 이렇게 될 줄은 정말 몰랐습니다." 2017년 9월 20일 올트먼과의 인터뷰에서 인용.

45. 올트먼과의 인터뷰에서 인용.

46. "패트릭은 3만 달러에 4퍼센트의 지분을 주겠다고 했습니다. 그것은 그때 내가 생각했던 것보다 더 관대한 조건이었고, 나는 그것을 샘과 나누겠다고 말했습니다." 2020년 12월 8일 그레이엄이 필자에게 보낸 이메일에서 인용.

47. 보타와의 인터뷰에서 인용.

48. 2019년 9월 21일 존 콜리슨과의 인터뷰에서 인용.

49. 2017년 9월 19일 패트릭 콜리슨과의 인터뷰에서 인용.

50. 스트라이프의 다른 초기 투자자로는 그레이엄, 올트먼뿐만 아니라 피터 틸, 앤드리슨호로위츠, 일론 머스크, 제너럴카탈리스트General Catalyst가 있었다.

51. 버기스 데이터 사용.

52. 세쿼이아캐피털은 위험을 두려워하지 않는다는 것을 입증이라도 하듯이, 이 155건의 벤처투자 중 거의 절반에서 손실을 기록했다.

53. Shahed Fakhari Larson, "Silicon Valley's Quiet Giant," *Brunswick Review*, Sept. 18, 2019, brunswickgroup.com/sequoia-capital-doug-leone-silicon-valley-i11786.

54. 세쿼이아인디아는 2006년에 4억 달러 규모의 성장형 펀드를 조성했고, 2007년에는 3억 달러 규모의 초기 단계 펀드를 조성했다.

55. 2019년 6월 20일 샤일렌드라 싱과의 인터뷰에서 인용.

56. 싱과의 인터뷰에서 인용.

57. 2020년 11월 4일 쿠날 샤와의 인터뷰에서 인용.

58. Manish Singh, "Sequoia Announces $1.35 Billion Venture and Growth Funds for India and Southeast Asia," *TechCrunch*, July 6, 2020, techcrunch.com/2020/07/06/sequoia-announces-1-35-billion-venture-and-growth-funds-for-india-and-southeast-asia.

59. 보타와의 인터뷰에서 인용; 레온과의 인터뷰에서 인용.

60. 최초의 모리츠-레온 성장형 펀드는 최종적으로 두 배의 수익률을 기록했다. 혼란스럽게도 이 펀드는 1980년대 후반 세쿼이아캐피털이 발렌타인의 주도로 하나의 성장형 펀드를 실험했기 때문에 성장형 펀드 III라고 불렸다. 이 초기 펀드는 투자자에게 4.5배의 수익을 제공하면서 훌륭한 실적을 보였지만, 평균적인 규모는 200만 달러였다. 따라서 이것은 벤처펀드처럼 투자되었다는 것을 의미했다. 레온과의 인터뷰에서 인용.

61. 2006년 세쿼이아캐피털은 서밋파트너스의 스콧 카터Scott Carter와 알렉산더 해리슨Alexander Harrison을 영입했으며, 2007년에는 팻 그레디와 미키 아라벨로빅Mickey Arabelovic을 영입했다. 다섯 번째로 영입한 성장투자 전문가는 테크놀로지크로스오버 벤처스Technology Crossover Ventures, TCV의 크리스 올센Chris Olsen이었다. 2015년까지 그래디를 제외하고는 모두가 세쿼이아캐피털을 떠났다.

62. 2020년 10월 28일 그래디와의 인터뷰에서 인용.

63. 헤지펀드의 역사는 이러한 혁신적인 혼합으로 가득하다. 예를 들어 스탠리 드러켄밀러와 같은 1980년대 인물은 증권 컨설턴트의 기업 분석과 상품 투자자의 차트 분석의 전통을 혼합했다.

64. 레온과의 인터뷰에서 인용.

65. 그래디와의 인터뷰에서 인용.

66. 그래디와의 인터뷰에서 인용.

67. 그래디는 이렇게 기억했다. "우리가 세쿼이아에서 성장투자를 시작했을 때, 우리가 했던 많은 것들이 스프레드시트에 의해 추진되었습니다. 2009년에 서비스나우에 투자했을 때, 나는 최종 결정을 내리기 직전에 스프레드시트를 대충 꿰맞추어 한 시간 만에 모델을 만들었습니다. 그것은 모델에 관한 작업이 아니었습니다. 그것은 팀에 관한 작업이었고, 제품에 관한 작업이었으며, 시장에 관한 작업이었습니다." 그래디와의 인터뷰에서 인용.

68. 다음에 나오는 프레드 러디가 실리콘밸리에서 일정을 보낸 이야기는 주로 그래디에게서 인용한 것이다. 2020년 11월 11일 그래디가 필자에게 보낸 이메일에서 인용.

69. 때로는 벤처투자자가 회사 매각에 반대할 권리를 갖는 우선주를 보유하고 있기 때문에, 이 법의 요점이 쉽게 이해되지 않았다. 세쿼이아캐피털은 서비스나우에서 2차 주식을 매입했으므로 이러한 이점이 없었다.

70. 레온과의 인터뷰에서 인용.

71. 세쿼이아캐피털의 성장형 펀드가 이룩한 이러한 실적은 펀드매니저에게 돌아가는 수수료를 제한 것이다. 이것은 기술주 중심의 나스닥100 지수를 추종하는 상장지수펀드인 QQQ와 비교될 수 있다. 2009년부터 2021년까지 QQQ 수익률은 연간 21.5퍼센트였고, 2011년부터 2021년까지의 수익률은 연간 20.3퍼센트였다.

72. 고츠와의 인터뷰에서 인용.

73. Lizette Chapman, "'Psychological Torture': The Alleged Extortion of a Venture Capitalist," *Bloomberg*, March 14, 2020, bloomberg.com/news/features/2020-03-14/the-story-behind-the-alleged-extortion-of-michael-goguen?sref=C3NLmz0P.

74. Moritz, memo to the Stewards' Council, April 14, 2016.

75. 2020년 11월 3일 제프 왕이 필자에게 보낸 이메일에서 인용.

76. 2009년 9월부터 2020년 12월까지 이 펀드의 연간 순수익률은 19퍼센트였고, 2016년 6월 1일부터 2020년 12월까지 34.5퍼센트였다. 이 두 기간에 MSCI 월드지수의 연간 증가율은 약 11.5퍼센트였다.

77. 모리츠와의 인터뷰에서 인용.

78. 2019년 9월 24일 키스 존슨과의 인터뷰에서 인용.

79. 존슨과의 인터뷰에서 인용.

80. 존슨과의 인터뷰에서 인용.

81. 존슨과의 인터뷰에서 인용.

82. 레온과의 인터뷰에서 인용.

83. 이 수치는 2020년 9월 현재 수수료를 제한 수익률을 의미한다. 이것은 버기스가 관리하는 고품질 데이터베이스에 포착된 53개 벤처펀드의 가중평균치를 기준으로 한다. 또한 이것은 배당금을 재투자한 S&P500 지수 수익률과 비교된다. 상위 5퍼센트의 펀드는 시장지수보다 연간 23퍼센트나 높은 수익률을 기록했다. 시카고대학교의 스티븐 캐플런이 제공한 데이터에서 인용.

84. 2019년 여름 모리츠는 월스트리트에 주식 상장 수수료 수입이 사라질 수도 있음을 알렸다. 그는 기술기업들이 월스트리트에서 서비스를 구하지 않고 곧 그들 자신의 주

투자의 진화

식 상장 방식을 준비할 것이라고 예언했다. Michael Moritz, "Investment Banks Are Losing Their Grip on IPOs," *Financial Times*, Aug. 18, 2019, ft.com/content/7985bb78-bdbf-11e9-9381-78bab8a70848.

14장 × 유니콘과의 포커게임

1. John Carreyrou, *Bad Blood: Secrets and Lies in a Silicon Valley Startup* (New York: Knopf, 2018), 208 – 9.

2. 벤처캐피털의 지원을 받는 스타트업에 대한 대중의 생각을 크게 바꾼 사례들은 다음 문헌을 참조. Erin Griffith, "The Ugly Unethical Underside of Silicon Valley," *Fortune*, Dec. 28, 2016. 기술 부문의 거물들은 자기주장이 특별히 강한 일부 비평가들의 관점을 따르면서, 개인적이고도 자율적인 성찰을 떨쳐버렸다. Franklin Foer, *World Without Mind: The Existential Threat of Big Tech* (New York: Penguin Press, 2017).

3. Carreyrou, *Bad Blood*, 16.

4. William Alden, "How Zenefits Crashed Back Down to Earth," *BuzzFeed*, Feb. 18, 2016.

5. William Alden, "Startup Zenefits Under Scrutiny For Flouting Insurance Laws," *BuzzFeed*, Sept. 25, 2015.

6. Rolfe Winkler, "Zenefits Touts New Software in Turnaround Effort," *Wall Street Journal*, Oct. 18, 2016.

7. Wondery, "WeCrashed: The Rise and Fall of WeWork | Episode 1: In the Beginning There Was Adam," Jan. 30, 2020, YouTube, youtube.com/watch?v=pJSgJpcx1JE.

8. 브루스 던레비는 이렇게 기억했다. "우리는 부동산업자들이 아니지만, 그 사업가가 아주 특별하다고 생각해서 위워크에 투자했습니다." 2019년 5월 15일, 2020년 10월 12일 던레비와의 인터뷰에서 인용.

9. David Benoit, Maureen Farrell, and Eliot Brown, "WeWork Is a Mess for JPMorgan. Jamie Dimon Is Cleaning It Up," *Wall Street Journal*, Sept. 24, 2019.

10. Benoit, Farrell, and Brown, "WeWork Is a Mess for JPMorgan. Jamie Dimon Is Cleaning It Up."

11. Eric Platt et al., "WeWork Turmoil Puts Spotlight on JPMorgan Chase and Goldman Sachs," *Financial Times*, Sept. 24, 2019.

12. 던레비와의 인터뷰에서 인용.

13. 2015년 10월까지 미국에서 벤처캐피털이 지원하는 가장 가치 있는 기술기업 열 곳 중 아홉 곳이 차등 의결권 주식을 발행했다. Alfred Lee, "Inside Private Tech Voting Structures," *Information*, Oct. 29, 2015.

14. JP모건은 다른 투자은행들보다 위워크 지분을 더 많이 소유하고 있었다. 벤치마크는 JP모건보다 거의 두 배나 많은 주식을 소유하고 있었다. 그러나 애덤 노이만 자신이 최대 주주인 상황에서 벤치마크가 JP모건과 그 밖의 투자은행들을 자기편으로 끌어들이지 않는 한, 그를 억누를 수는 없었다. 노이만이 슈퍼 의결권 주식을 취득하고 나서 그의 지위는 확고해졌다. 주식공모를 앞두고 그의 의결권은 한 주당 10표에서 20표로 또다시 강화되

었다.

15. Eliot Brown, "WeWork's CEO Makes Millions as Landlord to WeWork," *Wall Street Journal*, Jan. 16, 2019.

16. 이사회는 그의 자기거래 제안에 거부권을 행사하기보다는 이를 심사하고 최종적으로는 승인하는 절차를 마련했다.

17. Brown, "WeWork's CEO Makes Millions as Landlord to WeWork."

18. Brown, "WeWork's CEO Makes Millions as Landlord to WeWork."

19. Nitasha Tiku, "WeWork Used These Documents to Convince Investors It's Worth Billions," *BuzzFeed*, Oct. 9, 2015.

20. 위워크는 고객들이 출장을 떠날 때 위워크 사이트를 이용할 수 있게 하여 새로운 고객 유치를 원했다. 그러나 이러한 형태의 네트워크 효과는 충성 고객 프로그램이 있는 글로벌 호텔 체인의 네트워크 효과와 비슷했다. 이것은 기술에 기반을 둔 네트워크 효과는 아니었다.

21. Maureen Farrell and Eliot Brown, "The Money Men Who Enabled Adam Neumann and the WeWork Debacle," *Wall Street Journal*, Dec. 14, 2019.

22. Farrell and Brown, "Money Men Who Enabled Adam Neumann and the WeWork Debacle."

23. 비전펀드가 출시되기 전에 NEA가 2015년에 최대 규모의 벤처펀드를 조성했다.

24. 2017년 9월 17일 마이클 모리츠가 세쿼이아캐피털의 리더들에게 보낸 이메일에서 인용.

25. Steven Bertoni, "WeWork's $20 Billion Office Party: The Crazy Bet That Could Change How the World Does Business," *Forbes*, Oct. 24, 2017.

26. Bertoni, "WeWork's $20 Billion Office Party."

27. Amy Chozick, "Adam Neumann and the Art of Failing Up," *New York Times*, Nov. 2, 2019.

28. Farrell and Brown, "Money Men Who Enabled Adam Neumann and the WeWork Debacle."

29. 이러한 하방 국면에 대한 보호장치의 유용성은 곧 분명하게 드러났다. 2020년 봄에 작성된 소프트뱅크의 수익 보고서에 따르면, 위워크의 가치는 470억 달러에서 29억 달러로 급락했다.

30. Randall Stross, *eBoys: The First Inside Account of Venture Capitalists at Work* (New York: Ballantine Books, 2001), 233–34.

31. Stross, *eBoys*, 239.

32. 브라이언 아서는 고객의 타성에 대해서도 언급했다. 고객은 일단 서비스에 숙달되고 나면 그것을 고수하려는 경향이 있다. W. Brian Arthur, "Increasing Returns and the New World of Business," *Harvard Business Review*, July–Aug. 1996.

33. 물론 침투율이 90퍼센트라는 사실은 샌프란시스코의 영업사원이 소수의 잔존 목표물을 쫓고 있다는 것을 의미했다. 그러나 이러한 단점은 강력한 지역 네트워크 효과에 의해 무색해졌다. 2019년 5월 16일 빌 걸리와의 인터뷰에서 인용.

34. 걸리와의 인터뷰에서 인용.

35. 걸리와의 인터뷰에서 인용. 또한 걸리는 카뷸러스Cabulous라는 택시 호출 스타트업에

투자하는 것도 고려했다.

36. 벤치마크는 1차 주식 1100만 달러를 매입했지만, 트래비스 캘러닉과 함께 우버를 공동 창업한 가렛 캠프가 매각한 2차 주식에 대해서도 100만 달러를 지급했다. 투자 총액은 포스트머니 가치를 6000만 달러로 하여 1200만 달러에 달했다. 걸리와의 인터뷰에서 인용.

37. 걸리와의 인터뷰에서 인용.

38. 이 친구가 바로 마크 큐번Mark Cuban이다. 걸리와의 인터뷰에서 인용.

39. 걸리와의 인터뷰에서 인용.

40. Michael Arrington, "SGN Founder's Rambling, Jetlagged, Semi-lucid, and Beautiful Email on Entrepreneurism," *TechCrunch*, Sept. 27, 2008.

41. Arrington, "SGN Founder's Rambling."

42. 캘러닉은 앤드리슨호로위츠가 프리머니 가치 기준으로 3억 달러를 제시하고 있다고 생각했다. 벤치마크는 포스트머니 가치를 6000만 달러로 하여 투자했다. 시리즈 A 투자 이후의 포스트머니 가치와 시리즈 B 투자 당시의 프리머니 가치를 비교하는 것은 그동안 회사가 이룩한 수익률을 평가하기 위한 좋은 방법이다.

43. 2019년 4월 13일 셔빈 피셔버와의 인터뷰에서 인용.

44. 피셔버와의 인터뷰에서 인용.

45. 피셔버와의 인터뷰에서 인용.

46. 캘러닉의 친구는 마이클 로버트슨Michael Robertson이다. 두 사람은 이전 스타트업 시절부터 서로 잘 알고 지냈다. Brad Stone, *The Upstarts: How Uber, Airbnb, and the Killer Companies of the New Silicon Valley Are Changing the World* (New York: Little, Brown, 2017), 173-74.

47. 피셔버와의 인터뷰에서 인용.

48. Mike Isaac, *Super Pumped: The Battle for Uber* (New York: W. W. Norton, 2019), 193.

49. Stone, *Upstarts*, 200-4.

50. Matthew Lynley, "Hailo Raises $30.6 Million, Looks to Digitize New York's Cabs," *Wall Street Journal*, Feb. 5, 2013.

51. 걸리와의 인터뷰에서 인용.

52. 걸리와의 인터뷰에서 인용.

53. 걸리와의 인터뷰에서 인용.

54. Aswath Damodaran, "Uber Isn't Worth $17 Billion," *FiveThirtyEight*, June 18, 2014.

55. 이 엔젤투자자가 롭 헤이스Rob Hayes다. 또한 엔젤투자자인 크리스 사카Chris Sacca는 입회인으로서 이사회에 참석하는 것을 중단하라는 말을 들었다.

56. Sarah Lacy, "The Horrific Trickle Down of Asshole Culture: Why I've Just Deleted Uber from my Phone," *Pando*, Oct. 22, 2014.

57. Ben Smith, "Uber Executive Suggests Digging Up Dirt on Journalists," *BuzzFeed*, Nov. 17, 2014.

58. Isaac, *Super Pumped*, 122-25.

59. 이러한 슈퍼 의결권이 캘러닉에게 약 16퍼센트의 의결권 지분을 갖게 했다. 그의 공동 창

업자, 초기 투자자, 소수의 직원, 벤치마크를 제외한 시리즈 A와 B 투자자들이 59퍼센트의 의결권 지분을 가졌다. Alfred Lee, "Uber Voting Change Proposal Could Face More Hurdles," *Information*, Oct. 2, 2017.

60. Bill Gurley, "Investors Beware: Today's $100M+ Late-Stage Private Rounds Are Very Different from an IPO," *Above the Crowd*, Feb. 25, 2015.

61. 걸리가 구체적인 수치들을 직접 언급하지는 않았지만, 다음의 수치들이 그의 주장을 뒷받침한다. 2015년에 이르기까지 10년 동안 모든 투자 단계에서 가치평가액이 증가했다. 시리즈 A, B, C 투자에서 가치평가액의 중앙값은 대략 두 배가 되었다. 그러나 걸리가 말했듯이, 나중 단계의 투자에서 거품이 가장 많이 끼었다. 이러한 투자에서 가치평가액의 중앙값은 세 배 이상 증가했다. 2015년에 걸리가 거품을 경고한 이후로, 2016년과 2017년에는 시리즈 D 투자 혹은 이후의 투자에서 가치평가액의 중앙값이 하락하여 유니콘이 과대평가되었다는 그의 주장을 뒷받침했다. 이후로 2018년과 2019년에는 손정의 대단하고도 저돌적인 영향에 힘입어, 나중 단계의 가치평가액이 그 어느 때보다 더 많이 증가했다. 여기에 제시된 비율은 투자컨설팅업체 케임브리지어소시에이츠 Cambridge Associates가 필자에게 제공한 데이터에 근거하여 계산한 것이다.

62. 예를 들어 온라인 쇼핑몰이 자사 플랫폼을 통해 들어오는 총지급액을 강조하면서, 이 현금의 80퍼센트 이상이 제품이나 서비스를 공급한 외부업체로 나간다는 사실을 지적하지 않는다.

63. 아이러니하게도 디디는 그 자체가 소프트뱅크와 유리 밀너를 포함한 주주들에 의해 고안된 실리콘밸리 방식의 합병에서 나온 것이기에 만만찮은 경쟁업체였다.

64. 나중 단계 투자자들은 청산우선권뿐만 아니라 주식 보조금(소위 PIK 배당금)이나 주식공모 시 지급 보장을 요구할 수도 있다. 다시 말하지만 이것은 그들이 짊어진 위험을 줄이고 더욱 커다란 야망을 갖도록 자극하기 위한 것이었다.

65. Bill Gurley, "On the Road to Recap: Why the Unicorn Financing Market Just Became Dangerous … for All Involved," *Above the Crowd*, April 21, 2016.

66. "대차대조표에 수십억 달러가 더 있다는 사실은 우리가 앞으로 계속 지출할 것임을 의미할 뿐입니다." 걸리와의 인터뷰에서 인용.

67. 걸리와의 인터뷰에서 인용.

68. 걸리와의 인터뷰에서 인용.

69. 크런치베이스Crunchbase에 따르면, 디디가 우버차이나를 인수한 이후로 2016년 6월에 프리머니 가치를 235억 달러로 하고, 같은 해 9월에 프리머니 가치를 336억 달러로 하여 자금을 모집했다. 우버의 지분 18퍼센트는 60억 달러에 가까운 가치가 있었을 것이다. 우버는 지분 가치가 63억 달러에 달하던 2020년 9월에 지분의 일부를 매각했다.

70. 소프트뱅크가 벤치마크가 보유한 위워크 지분 일부를 기꺼이 사들이면서 벤치마크에 행운이 따랐지만, 걸리에게는 우버 지분을 단 한 주도 매각할 기회가 없었다.

71. Sheelah Kolhatkar, "At Uber, a New C.E.O. Shifts Gears," *New Yorker*, March 30, 2018.

72. 걸리와의 인터뷰에서 인용.

73. Mike Isaac, "How Uber Deceives the Authorities Worldwide," *New York Times*, March 3, 2017. 우버의 법률 고문은 그레이볼을 처음 실행한 필라델피아에는 차량 호출 서비스를 금지하는 법률이 없기 때문에 이것을 추진할 수 있다고 판단했다. 그러나 그레이볼이 공개적으로 알려지면서 우버는 이를 더 이상 추진하지 않았고, 법무부는 이에 대한 수사를 시작했다.

투자의 진화

74. 걸리와의 인터뷰에서 인용.

75. Kolhatkar, "At Uber, A New C.E.O. Shifts Gears."

76. Isaac, *Super Pumped*, 279.

77. Isaac, *Super Pumped*, 290–91.

78. Jessica E. Lessin, Serena Saitto, and Amir Efrati, "At $45 Billion Price, SoftBank Talks Enflame Uber Tensions," *Information*, Aug. 4, 2017.

79. 캘러닉의 대변인은 "고소 내용은 일고의 가치가 없으며, 거짓으로 가득 차 있다"면서 원고의 주장을 부인했다. Mike Isaac, "Uber Investor Sues Travis Kalanick for Fraud," *New York Times*, August 10, 2017.

80. Benchmark Capital Partners VII, L.P., v. Travis Kalanick and Uber Technologies, *Inc.* (2017), online.wsj.com/public/resources/documents/BenchmarkUberComplaint08102017.PDF.

81. 언론은 다라 코즈로샤히와 골드만삭스를 이번 개편의 주도자로 지목했다. 그러나 슈퍼 의결권을 폐지하자는 아이디어는 코즈로샤히를 영입하기 전에 시카고 최후통첩을 준비하는 과정에서 벤치마크의 변호사들에게서 나온 것이었다. Isaac, *Super Pumped*, 289.

82. Alfred Lee, "Uber Voting Change Proposals Could Face More Hurdles," *Information*, Oct. 2, 2017.

83. Charles Duhigg, "How Venture Capitalists Are Deforming Capitalism," *New Yorker*, Nov. 30, 2020.

84. 소프트뱅크는 비전펀드에 331억 달러를 제공했다. 사우디아라비아가 450억 달러, 아부다비가 150억 달러를 제공했다. 소수의 기술기업들이 총 55억 달러를 제공했지만, 그중에서 34억 달러는 부채와도 같은 우선주 형태로 제공된 것이었다.

85. Michael Ewens and Joan Farre-Mensa, "The Deregulation of the Private Equity Markets and the Decline in IPOs," *Review of Financial Studies* 33, no. 12 (Dec. 2020): 5463–509.

86. Heather Somerville, "Toyota to Invest $500 Million in Uber for Self-Driving Cars," *Reuters*, Aug. 27, 2018.

87. Sam Nussey, "SoftBank's Son Admits Mistakes After Vision Fund's $8.9 Billion Loss," *Reuters*, Nov. 6, 2019.

88. Arash Massoudi and Kana Inagaki, "SoftBank Imposes New Standards to Rein In Start-Up Founders," *Financial Times*, Nov. 4, 2019.

89. 이러한 수치는 미국에 본사가 있는 기업들의 벤처캐피털 지원 기업공개를 포함한다. 종전 기록은 2019년에 세워졌는데 240억 달러였다. 2016년에는 이것이 50억 달러에 불과했다. Jay Ritter, "Initial Public Offerings," Feb. 1, 2020, table 4d updated, site.warrington.ufl.edu/ritter/files/IPO-Statistics.pdf.

맺음말 × 행운, 역량, 국가 간 경쟁

1. Tim Sullivan, "That Hit Song You Love Was a Total Fluke," *Harvard Business Review*, Nov. 1, 2013, hbr.org/2013/11/was-gangnam-style-a-fluke.

2. 상위 5퍼센트에 해당하는 벤처펀드는 배당금을 재투자한 S&P500 지수의 수익률을 의미하는 공개시장 수익률의 2.9배에 달하는 수익률을 기록했다. 상위 25퍼센트에 해당하는 벤처펀드는 1.3배, 중앙값에 해당하는 벤처펀드는 0.95배를 기록했다. 이것은 유한책임 파트너에게는 최종적인 수익률을 의미한다. 부록에서 이를 도표로 제시했다. 시카고대학교 스티븐 캐플런이 제공한 데이터.

3. 스타트업에서 볼 수 있는 피드백 루프에 대한 뛰어난 설명은 다음 문헌 참조. David Easley and Jon Kleinberg, *Networks, Crowds, and Markets: Reasoning About a Highly Connected World* (New York: Cambridge University Press, 2010), 549–50.

4. Ramana Nanda, Sampsa Samila, and Olav Sorenson, "The Persistent Effect of Initial Success: Evidence from Venture Capital" (working paper 24887, National Bureau of Economic Research, 2018), nber.org/papers/w24887.pdf.

5. 또한 NBER 조사보고서의 저자들은 1.6퍼센트 증가에서 절반은 경로 의존성이 아닌 요인으로 설명할 수 있다고 주장한다. 벤처캐피털 파트너십은 특정 기술이나 산업 및 특정 투자 단계에 전문성을 갖는 경향이 있다. 벤처캐피털 파트너십이 출범할 때 특정 부문이나 단계가 수익성이 있다면, 이 부문이나 단계가 몇 년에 걸쳐서 수익성을 유지할 수 있으며, 이것은 벤처캐피털이 거둔 성과 중 일부가 계열 상관관계에서 비롯된 것임을 설명한다. 이것은 경로 의존성과 관련된 브랜드 및 거래 접근성의 우위와는 구별된다. Paul A. Gompers et al., "How Do Venture Capitalists Make Decisions?," *Journal of Financial Economics* 135, no. 1 (Jan. 2020): 169–90.

6. 이 연구에서는 1995년부터 2012년까지 매년 100대 거래를 조사했다. 평균적인 해에서는 새롭게 떠오르는 벤처 파트너십이 최고의 거래에서 발생하는 수익의 약 절반을 차지했다. Cambridge Associates, "Venture Capital Disrupts Itself: Breaking the Concentration Curse," 2015.

7. 벤처투자자의 지도가 갖는 가치는 다음 문헌에서 확인되었다. Morten Sørensen, "How Smart Is Smart Money? A Two-Sided Matching Model of Venture Capital," *Journal of Finance* 62, no. 6 (Dec. 2007): 2725–62; Yael V. Hochberg, Alexander Ljungqvist, and Yang Lu, "Whom You Know Matters: Venture Capital Networks and Investment Performance," *Journal of Finance* 62, no. 1 (Feb. 2007): 251–301. 창업 경험이 없는 창업자 혹은 과거에 실패한 적이 있는 창업자의 사례만을 대상으로 벤처투자자의 지도가 갖는 가치는 다음 문헌에서 확인되었다. Paul Gompers et al., "Skill vs. Luck in Entrepreneurship and Venture Capital: Evidence from Serial Entrepreneurs" (working paper 12592, National Bureau of Economic Research, 2006), nber.org/papers/w12592.

8. Shai Bernstein, Xavier Giroud, and Richard R. Townsend, "The Impact of Venture Capital Monitoring," *Journal of Finance* 71, no. 4 (Aug. 2016): 1591–622.

9. 이 데이터는 수수료를 공제하기 전의 총수익률을 의미하며, 샌드힐이코노메트릭스Sand Hill Econometrics에서 가져온 것이며 다음 문헌에서 인용되었다. Josh Lerner and Ramana Nanda, "Venture Capital's Role in Financing Innovation: What We Know and How Much We Still Need to Learn," *Journal of Economic Perspectives* 34, no. 3 (Summer 2020): 246, pubs.aeaweb.org/doi/pdfplus/10.1257/jep.34.3.237.

10. 2014년에서 2018년까지 미국 내외에서 이루어진 친환경기술 투자의 연간 총수익률은 21퍼센트를 약간 상회했다. 이와는 대조적으로 2005년부터 2009년까지 연간 총수익률은 마이너스 1.2퍼센트였다. 다음 데이터 참조. Liqian Ma of Cambridge Associates.

11. 샌드힐이코노메트릭스 데이터는 이것이 전형적인 사례라는 사실을 뒷받침한다. 1992년에는 최초 라운드 투자자들이 평균 3분의 1의 지분을 가졌지만, 2017년부터 2019년에는 이러한 지분율이 5분의 1에 조금 못 미쳤다.

12. 벤처캐피털이 친환경 프로젝트에 적합하지 않은 것으로 여겨지는데도 많은 똑똑한 자금은 정반대의 이론에 내기를 걸고 있었다. 기업과 억만장자 자선가들은 친환경기술에 대한 지분을 갖기 위해 벤처펀드를 조성했다. 그들은 어떤 형태로든 친환경 연구에 자금을 지원할 수 있었지만, 벤처캐피털 모델의 차용을 선택했다. 가장 대표적인 사례가 빌 게이츠가 설립한 브레이크스루에너지벤처스Breakthrough Energy Ventures인데, 존 도어가 이사회 이사로 참여하고 있다.

13. 2017년 10월 3일 조시 울프와의 인터뷰에서 인용.

14. 럭스캐피털은 자사의 수익률이 벤처캐피털의 수익률 중 상위 4분위 안에 들었다고 보고했다. 특히 그들은 의료용 로봇 회사인 오리스헬스의 놀라운 판매 실적 덕분에 자신감에 들떠 있었다.

15. 플래그십파이어니어링과 그 포트폴리오 기업들은 2000년부터 2018년 초까지 새로운 치료법에 대한 임상실험을 50회 이상 실시했고, 보유한 발명특허만도 500건이 넘었다. 2007년에서 2015년 사이에 플래그십 파이어니어링이 모집한 자금에 대한 내부 수익률은 35퍼센트에 달했다. Hong Luo, Gary P. Pisano, Huafeng Yu, "Institutional Entrepreneurship: Flagship Pioneering," Harvard Business School case study, 9-718-484, April 26, 2018.

16. NVCA-Deloitte Human Capital Survey, 3rd ed., March 2021, fig. 1.

17. 여성 변호사가 차지하는 비율은 미국 인구조사국 데이터에서 인용. Jennifer Cheeseman Day, "More Than 1 in 3 Lawyers Are Women," U.S. Census Bureau, May 8, 2018, census.gov/library/stories/2018/05/women-lawyers.html. 여성 의사가 차지하는 비율은 다음 문헌에서 인용. "Active Physicians by Sex and Specialty, 2017," Association of American Medical Colleges, aamc.org/data-reports/workforce/interactive-data/active-physicians-sex-and-specialty-2017. 투자은행 고위직에서 여성이 차지하는 비율은 17퍼센트에 불과하여 벤처캐피털에서 여성 투자 파트너가 차지하는 비율과 거의 같다고 볼 수 있다. 은행 부문에서 여성의 비율에 대해서는 다음 문헌 참조. Julia Boorstin, "Survey: It's Still Tough to Be a Woman on Wall Street—but Men Don't Always Notice," CNBC, June 26, 2018, cnbc.com/2018/06/25/surveyon-wall-street-workplace-biases-persist——but-men-dont-see-t.html.

18. Pam Kostka, "More Women Became VC Partners Than Ever Before in 2019 but 65% of Venture Firms Still Have Zero Female Partners," Medium, Feb. 7, 2020, link.medium.com/RLcsLvmNxbb.

19. Will Gornall and Ilya A. Strebulaev, "Gender, Race, and Entrepreneurship: A Randomized Field Experiment on Venture Capitalists and Angels" (working paper, 2020), 1.

20. "The US VC Female Founders Dashboard," PitchBook, Feb. 28, 2019, pitchbook.com/news/articles/the-vc-female-founders-dashboard.

21. 미국 노동통계조사국이 2018년에 발표한 보고서에 따르면, 아시아인이 전체 노동력의 6퍼센트를 차지한다. "Labor Force Characteristics by Race and Ethnicity, 2018," BLS Reports, Oct. 2019. 아시아계 투자자에 대한 데이터는 다음에서 인용. NVCA-Deloitte, fig. 2.

22. NVCA—Deloitte Human Capital Survey, 3rd ed., March 2021, fig. 2; Richard Kerby, "Where Did You Go to School?," *The Journal Blog*, July 30, 2018. 흑인 기업들에게 돌아가는 자금은 2020년도 데이터이며, 크런치베이스 데이터에서 인용.

23. '재무 관리자'는 인구조사국이 사용하는 용어로서 재무보고서를 작성하고, 직접 투자 활동을 하며, 조직의 장기적인 재무 목표에 대한 계획을 수립하는 노동자를 가리킨다. 미국에는 69만 7000명이 재무 관리자로 근무하고 있으며, 이들이 받은 연봉의 중간값은 13만 달러다. "Labor Force Statistics from the Current Population Survey," U.S. Bureau of Labor Statistics, last modified Jan. 22, 2020, bls.gov/cps/cpsaat11.htm.

24. 라틴아메리카계 투자자 데이터는 다음에서 인용. NVCA—Deloitte, fig. 3. 노동시장에서 라틴아메리카계 미국인에 관한 데이터는 다음 문헌 참조. U.S. Bureau of Labor Statistics, "Labor Force Statistics from the Current Population Survey."

25. Lisa Cook and Jan Gerson, "The Implications of U.S. Gender and Racial Disparities in Income and Wealth Inequality at Each Stage of the Innovation Process," Washington Center for Equitable Growth, July 24, 2019.

26. "Introducing the Talent x Opportunity Fund," Andreessen Horowitz, June 3, 2020, a16z.com/2020/06/03/talent—x—opportunity.

27. Paul A. Gompers and Sophie Calder—Wang, "Diversity in Innovation" (working paper 17—067, Harvard Business School, 2017), 67. 일부 문헌에서는 벤처캐피털 업계에 만연한 엘리트주의를 훨씬 더 두드러지게 보여준다. 누군가가 집계한 결과에 따르면, 벤처투자자의 40퍼센트가 하버드대학교나 스탠퍼드대학교 출신으로 나타나는데, 이것은 아마도 대학원 혹은 학부 출신을 집계한 데서 비롯된 결과로 여겨진다. Kerby, "Where Did You Go to School?"

28. Tim Sullivan, "Blitzscaling," *Harvard Business Review*, April 2016, hbr.org/2016/04/blitzscaling.

29. Eric Johnson, "'Venture Capital Money Kills More Businesses Than It Helps,' Says Basecamp CEO Jason Fried," *Vox*, Jan. 23, 2019.

30. Tim O'Reilly, "The Fundamental Problem with Silicon Valley's Favorite Growth Strategy," *Quartz*, Feb. 5, 2019. 팀 오라일리는 최소 1990년대까지 거슬러 올라가서 벤처캐피털에 대한 비판을 반영하고 있었다. 존 도어가 기술이 없는 개념만의 휴대용 컴퓨터 벤처 기업인 고GO에 자금을 지원했을 때, 그를 비판하는 사람들은 '크게 성공하라, 그렇지 않으면 떠나라'는 식의 태도를 지적했다. 야심을 덜 갖고 인내심을 더 가졌더라면, 고가 그것을 만들 수도 있었을 것이다.

31. Erin Griffith, "More Start—Ups Have an Unfamiliar Message for Venture Capitalists: Get Lost," *New York Times*, Jan. 11, 2019.

32. Martin Kenney and John Zysman, "Unicorns, Cheshire Cats, and the New Dilemmas of Entrepreneurial Finance," *Venture Capital: An International Journal of Entrepreneurial Finance* 21, no. 1 (2019): 39.

33. O'Reilly, "The Fundamental Problem with Silicon Valley's Favorite Growth Strategy."

34. Manju Puri and Rebecca Zarutskie, "On the Life Cycle Dynamics of Venture—Capital—and Non—Venture—Capital—Financed Firms," *Journal of Finance* 67, no. 6 (Dec. 2012): 2248.

35. Lerner and Nanda, "Venture Capital's Role in Financing Innovation," 240.

36. 벤처투자와 특허 출원 사이의 인과관계에 대해서는 다음 문헌 참조. Samuel Kortum and Josh Lerner, "Assessing the Impact of Venture Capital on Innovation," *Rand Journal of Economics* 31, no 4 (2000): 674 – 92. 벤처캐피털의 지원을 받은 특허의 가치에 대해서는 다음 문헌 참조. Sabrina Howell et al., "Financial Distancing: How Venture Capital Follows the Economy Down and Curtails Innovation" (working paper 20–115, Harvard Business School, 2020), 4, ssrn.com/abstract=3594239. 저자들은 벤처캐피털의 지원을 받은 기업들이 더욱 독창적이고 널리 적용되고 기초과학과 더욱 밀접한 관련이 있는 특허를 가질 가능성이 상당히 많다는 점에 주목한다.

37. 필자의 계산은 다음 문헌에 나오는 표 4에 근거한 것이다. Jay Ritter, "Initial Public Offerings: Updated Statistics," site.warrington.ufl.edu/ritter/files/IPO–Statistics.pdf. 게다가 벤처캐피털의 지원을 받은 기업들이 미국의 일자리에서 차지하는 비중도 증가했다. 1981년에서 1985년까지 이들이 차지하는 비중은 2.7~2.8퍼센트였다. 1996년부터 2000년까지는 이러한 비중이 4.2~6.8퍼센트로 증가했고, 2001년부터 2005년까지는 5.3~7.3퍼센트로 증가했다. Puri and Zarutskie, "On the Life Cycle Dynamics of Venture–Capital–and Non–Venture–Capital–Financed Firms," 2256. 또한 샌드힐이코노메트릭스 데이터에 따르면, 미국 상장기업의 가치 대비 미국 벤처캐피털 지원 기업의 가치는 1992년 0.5퍼센트에서 2000년 초 6퍼센트로 증가했다.

38. 1995년부터 2018년까지 무형자산의 가치는 S&P500 기업의 가치 68퍼센트에서 84퍼센트로 증가했다. Jason Thomas, Global Insights: When the Future Arrives Early, Carlyle Group, Sept. 2020, carlyle.com/sites/default/files/Global%20Insights_When%20The%20Future%20Arrives_Sept_2020.pdf.

39. Jonathan Haskel and Stian Westlake, *Capitalism Without Capital: The Rise of the Intangible Economy* (Princeton, N.J.: Princeton University Press, 2017), 68

40. 50대 기업에서 스타트업 이사회 이사직을 한 개 이상 가진 미국 벤처 파트너를 살펴보면, 이들 중 69퍼센트가 샌프란시스코 베이 지역에 기반을 두었고, 11퍼센트만이 뉴욕에 기반을 두었으며, 또 다른 11퍼센트는 보스턴에 기반을 두었다. Lerner and Nanda, "Venture Capital's Role in Financing Innovation." 마찬가지로 실리콘밸리에서는 22개 미국 기업 중 100억 달러가 넘는 사적 가치평가액에 도달한 기업이 17개에 달했다. Kyle Stanford, "The Bay Area Still Holds the Keys to VC," PitchBook Analyst Note, Feb. 26, 2021. 벤처자금 조달의 지역분포에 대해서는 부록 참조.

41. Joe Lonsdale, "California, Love It and Leave It," *Wall Street Journal*, Nov. 15, 2020.

42. William R. Kerr and Frederic Robert–Nicoud, "Tech Clusters," *Journal of Economic Perspectives* 34, no. 3 (Summer 2020): 57.

43. 유럽의 벤처캐피털에 관한 자료는 다음 문헌 참조. Gené Teare and Sophia Kunthara, "European Venture Report: VC Dollars Rise in 2019," *Crunchbase*, Jan. 14, 2020.

44. Lerner and Nanda, "Venture Capital's Role in Financing Innovation."

45. 또한 비평가들은 스타트업들이 납세자들이 자금을 지원하는 기초과학을 활용하기 때문에 창업자들이 커다란 성공을 거둔 것이 공정성에 대한 의문을 제기하게 만든다고 주장한다. 그러나 정부는 경제발전을 촉진하기 위해 민간 부문이 R&D의 결과를 활용하기를

바라면서 R&D를 지원한다. 벤처투자자들이 성장과 혁신에 기여한 사실을 감안하면, 그들은 정부 지원 R&D에서 얻는 것을 상쇄할 만큼 미래의 납세를 창출하고 있다.

46. 2018년 칭화대학교가 실시한 글로벌 평가 결과에 따르면, 중국이 인공지능과 관련된 연구, 특허, 벤처캐피털 투자에서 세계를 선도하는 것으로 나타났다. 게다가 중국 정부는 중국의 스타트업들이 인공지능 부문에 뛰어드는 것을 장려한다. 2017년 7월 중국 국무원은 차세대 인공지능 개발 계획을 발표하면서 다음과 같이 선언했다. "인공지능은 국가 경쟁력을 높이고 국가 안보를 확립하기 위한 주요 전략이다." Gregory C. Allen, "Understanding China's AI Strategy," Center for a New American Security, Feb. 6, 2019.

47. "Life Is Getting Harder for Foreign VCs in China," *Economist*, Jan. 9, 2020.

48. DJI의 소프트웨어 개발은 주로 미국 시민으로 구성된 직원들에 의해 팰로앨토에서 부분적으로 추진되었다.

49. Allen, "Understanding China's AI Strategy."

50. Meg Murphy, "MIT—SenseTime Alliance Funds Projects from All Five Schools," *MIT News*, Aug. 24, 2018.

51. 2015년 4대 방위산업체의 R&D 지출을 합친 금액은 구글의 R&D 지출의 27퍼센트에 불과했다. *Innovation and National Security: Keeping Our Edge, Independent Task Force Reports* (New York: Council on Foreign Relations, 2019), cfr.org/report/keeping-our-edge/pdf/TFR_Innovation_Strat egy.pdf.

52. Lance Noble, "Paying for Industrial Policy," GavekalDragonomics, Dec. 4, 2018; Josh Lerner, *Boulevard of Broken Dreams: Why Public Efforts to Boost Entrepreneurship and Venture Capital Have Failed—and What to Do About It* (repr., Princeton, N.J.: Princeton University Press, 2012), 32.

53. Lerner, *Boulevard of Broken Dreams*, 123, 155–57. 필자는 이스라엘 벤처그룹 JVP의 피오나 다몬Fiona Darmon이 이스라엘 벤처 현장을 설명해준 것에 대해서도 감사한 마음을 전한다. 2017년 4월 17일 다몬과의 인터뷰에서 인용.

54. Lerner, *Boulevard of Broken Dreams*, 124.

55. Lerner, *Boulevard of Broken Dreams*, 123.

56. 2010년에 25개국을 대상으로 조사한 결과에 따르면, 규모가 작은 보조금이 스타트업에 도움이 될 수 있지만, 규모가 큰 보조금은 그들의 미래에 도움이 되지 않는 것으로 나타났다. James Brander, Qianqian Du, and Thomas F. Hellman, "The Effects of Government—Sponsored Venture Capital: International Evidence" (NBER Working Paper Series, working paper 16521). 유럽 14개국을 통해 얻은 더 많은 증거에 대해서는 다음 문헌 참조. Marco Da Rin, Giovanna Nicodano, and Alessandro Sembenelli, "Public Policy and the Creation of Active Capital Markets," *Journal of Public Economics* 80, no. 8–9 (2006): 1699–723.

57. 1990년대 캐나다에서는 일반인들의 벤처투자에 보조금을 지급하려는 시도가 노동조합과 그들의 동맹자들이 비자금을 조성하는 결과를 낳았다(Lerner, *Boulevard of Broken Dreams*, 119–22). 오스트레일리아에서는 정부가 11개의 스타트업 인큐베이터를 지원했지만, 인큐베이터 관리자들이 많은 돈을 착복한 사실을 알게 되었다(Ibid., 11). 독일의 공공 벤처펀드 WFG의 실패에 관해서는 다음 문헌 참조. Noble, "Paying for Industrial Policy." 그 밖의 여러 사례를 보면, 벤처 보조금을 상용화 이전 프로젝트 혹은 어려운 지역을 중심으로 지원해야 한다는 조건처럼 벤처 보조금에 부과되는 조건은 그렇지 않아도 수혜자를 선정하는 작업이 어려운 일인데, 이를 훨씬 더 복잡하게 만들었다.

58. Robert E. Hall and Susan E. Woodward, "The Burden of the Non-diversifiable Risk of Entrepreneurship," *American Economic Review* 100 (June 2010): 1163-94.

59. 이러한 세부사항은 벤처캐피털 파트너십인 인덱스벤처스Index Ventures가 발간한 온라인 가이드에서 가져온 것이다. Index Ventures, "Rewarding Talent: The Guide to Stock Options."

60. Data from the Rhodium Group.

61. 이러한 내용은 미국외교협회의 동료들에게서 많은 도움을 받은 것이다. *Innovation and National Security*.

62. 이 데이터는 OECD가 발표하는 것이고, (정부뿐만 아니라) 국가의 지출을 의미한다. OECD, "Gross Domestic Spending on R&D (Indicator)" (2021), doi:10.1787/d8b068b4-en.

63. "China's Rulers Want More Control of Big Tech," *Economist*, April 10, 2021.

64. 2019년 3월 29일 트레이 스티븐스와의 인터뷰에서 인용.

찾아보기

아서 록은 페어차일드반도체와 인텔과 같은 초기 히트작을 지원하고, 금융의 표준적인 원칙을 무시한 투자 스타일을 즉흥적으로 제시하면서, 현대의 벤처 캐피털 산업의 시작을 알렸다. 1968년에 〈포브스〉는 많은 독자들이 궁금해하는 질문을 던졌다. "당신은 어떻게 해서 지금의 아서 록과 같은 사람이 되었습니까?"

돈 발렌타인은 1972년에 세쿼이아캐피털을 설립하여 벤처캐피털의 각본에
강력하고도 실제로 참여하는 행동주의를 보탰다. 그는 훌륭하면서도 고집 센
기업가들을 지원했다. 초기 비디오게임의 흥행주 놀란 부쉬넬은 온수욕조에
서 이사회를 열었다.

클라이너퍼킨스는 주요 라이벌인 세쿼이아캐피털과 같은 해에 설립되었다. 왼쪽에서 두 번째가 클라이너퍼킨스의 초기 성공의 이면에서 대담한 기백을 떨쳤던 톰 퍼킨스다. 맨 왼쪽에 나오는 인물이 그의 젊은 파트너 존 도어다. 맨 오른쪽에 있는 프랭크 코필드는 도어를 가리켜 "작은 모차르트"라고 불렀다.

초월 명상을 가르치는 교사로도 일했던 미치 케이퍼(오른쪽)는 소프트웨어 부문을 개척한 로터스디벨로프먼트를 설립했다. 그는 로터스디벨로프먼트가 주식공모에 들어가면서 클라이너퍼킨스와 존 도어(아래)에게 엄청난 수익을 안겨주었다. 나중에 도어와 케이퍼는 고GO라고 불리는 재앙과도 같은 휴대용 컴퓨터 프로젝트에 협력하여 벤처캐피털 업계에서는 앞서가는 것이 잘못된 것일 수도 있다는 사실을 보여주었다. 1990년대에 도어는 성직자의 정서적 헌신과 경주마의 활력을 지닌 사람으로 알려졌다.

액셀의 공동 창업자 짐 슈워츠(왼쪽)와 아서 패터슨(오른쪽)은 도어의 야심차고도 혁신적인 방식과는 대비되는 투자 스타일을 개발했다. 패터슨은 "준비된 마인드"라고 불리는 신중한 접근방식을 지지했고, 액셀은 특정 기술 분야에서 전문성을 지닌 최초의 파트너십이 되었다.

데이비드 필로(왼쪽)와 제리 양(오른쪽)이 의도적으로 우스꽝스러운 이름을 붙인 최초의 인터넷 브랜드 야후를 설립했다. 야후가 하는 일이 사이버공간에 질서를 부여하는 것이었지만, 필로의 작업공간에는 롤러블레이드, CD 케이스, 구겨진 음료수 캔, 〈마이크로타임스〉의 지난 호, 파란색 격자무늬의 폴리에스테르 담요가 어지럽게 놓여 있었다.

손정의 회장은 야후 창업자들에게 사상 유례가 없는 1억 달러의 투자를 받아들이도록 설득했다. 그러고는 그들이 자신의 제안을 거절하면 경쟁자들에게 그만한 금액을 투자  할 것이라고 말했다. 엄청난 금액의 수표를 써서 판돈을 올리려는 손정의 회장의 행동은 경쟁자들이 그를 무모한 도박사 혹은 북한의 독재자에 비유하게 했다.

피에르 오미디아(왼쪽)가 벤치마크의 도움을 받아 이베이를 크게 성공시켰다. 벤처팀은 멕 휘트먼(오른쪽)을 설득하여 안정적인 회사를 그만두고 불확실한 스타트업을 도약시키도록 설득했다. 한때 '비니 베이비 거래 사이트'라는 조롱을 받기도 했던 이베이는 벤치마크가 50억 달러의 수익을 창출하게 했다.

세쿼이아캐피털에서 자극을 받은 피터 틸(왼쪽)과 일론 머스크(오른쪽)가 그들의 스타트업을 합병하여 오늘날 핀테크 기업의 선구자라 할 페이팔을 창업했다. 나중에 틸에게 충성하는 사람들이 머스크가 해외로 신혼여행을 떠났을 때 그를 축출했다. 틸은 페이스북과 머스크가 창업한 스페이스X를 포함하여 일련의 성공한 벤처기업들을 후원했다. 그는 멱법칙의 중요성에 대해 설명하면서 다른 벤처투자자들보다 더 멀리 나아갔다.

골드만삭스에서 최연소 여성 파트너가 된 셜리 린은 알리바바를 포함하여 다수의 인터넷 스타트업들을 지원하면서 미국 벤처캐피털의 각본을 중국으로 가져왔다. 나중에 골드만삭스는 알리바바에 대한 지분을 조기에 매각하여 자기들이 수십억 달러에 달하는 수익을 포기한 사실을 알게 되었다.

쉬신은 기업가 리우창둥을 만나네 시간을 함께 보냈고, 그의 스타트업에 전체 지분의 40퍼센트를 갖는 대가로 1000만 달러를 제공하기로 약속했다. 그리고 리우창둥이 다른 투자자를 만나기전에 자기 사무실로 안내하여 계약서에 서명하게 했다. 리우창둥은 그녀의 도움에 힘입어 징둥닷컴을 최고의 전자상거래 업체이자 〈포춘〉 500대 기업으로 키웠다. 중국에서 태어나 교육받은 쉬신의 성공은 중국 벤처캐피털의현지화를 의미했다.

페이팔 출신들은 '페이팔 마피아'라고 알려질 정도로 강력한 힘을 발휘했다. 페이팔 출신들을 마피아처럼 꾸민 모의 사진 속에는 왼쪽에서 오른쪽으로, 위에서 아래로 다음과 같은 인물이 등장한다. 유튜브 공동 창업자 자베드 카림Jawed Karim, 옐프 공동 창업자 제러미 스토플먼Jeremy Stoppelman, 피터 틸의 헤지펀드 클라리움캐피털 창업팀의 일원이던 앤드루 매코맥Andrew McCormack, 키바Kiva 공동 창업자 프레말 샤Premal Shah, 틸의 벤처캐피털 파운더스펀드의 초기 파트너였던 루크 노섹과 켄 하워리, 야머Yammer 창업자 데이비드 삭스, 피터 틸, 링크드인과 스퀘어의 고위 간부 출신으로 나중에 벤처투자자가 된 키스 라보이스Keith Rabois, 링크드인 공동 창업자 리드 호프먼, 어펌Affirm 공동 창업자 맥스 레브친, 세쿼이아캐피털의 최고 투자자 로엘로프 보타, 스토플먼과 함께 옐프를 공동 창업한 러셀 시몬스Russel Simmons. 여기에 일론 머스크가 등장하지 않는 것이 이채롭다.

세쿼이아캐피털이 실리콘밸리의 스타트업들에 투자하여 많은 성공을 거두었지만, 가장 성공한 것은 세쿼이아차이나를 설립하여 유력한 벤처캐피털로 키운 선난펑을 영입한 것이다. 선난펑은 3년 연속으로 세계 최고의 벤처투자자로 손꼽혔다.

폴 그레이엄(오른쪽)과 제시카 리빙스턴(가운데)이 와이콤비네이터를 설립하여 엔젤투자에 일대 혁신을 일으켰다. 개발자들 사이에서 우상과도 같은 존재인 그레이엄은 소프트웨어 스타트업들이 최소한의 자본과 적절한 동료애만으로도 사업을 시작할 수 있다는 것을 보여주었다. 그는 매주 화요일 저녁에 와이콤비네이터 사무실에서 개발자들을 위해 글룹을 요리했고, 리빙스턴은 그녀의 장기라 할 레모네이드와 민트아이스티를 대접했다. 왼쪽에 있는 사람은 트위터 공동 창업자인 에브 윌리엄스Ev Williams다.

체이스 콜먼(오른쪽)과 스콧 슐라이퍼(왼쪽)는 신흥시장의 기술기업에 헤지펀드와 사모펀드의 사고방식을 적용했다. 그들은 중국의 아마존, 러시아의 구글처럼 '저것에 대한 이것'을 찾기 위해 세계를 샅샅이 뒤졌다. 콜먼과 슐라이퍼는 도약 단계에 진입한 기업을 대상으로 거액의 내기를 걸면서 타이거글로벌을 세계에서 가장 수익성이 높은 기술투자 프랜차이즈로 만들었다.

유리 밀너(오른쪽)는 타이거글로벌 모델을 미국에 가져왔다. 실리콘밸리에는
한 번도 가본 적 없던 이 러시아인이 글로벌 소셜 미디어 업체를 분석한 결과
를 가지고 마크 저커버그(왼쪽)의 사무실을 찾아왔다. 그 결과 밀너는 페이스북
에 3억 달러를 투자하여 실리콘밸리의 유명인사가 되었고, 자신을 모방하려
는 사람들에게 즉각적인 영감을 주었다.

마크 앤드리슨(왼쪽)과 벤 호로위츠(오른쪽)가 2009년 새로운 벤처 파트너십을
결성하고, 곧바로 최고의 자리에 올려놓았다. 개발자와 기업가로서 대단한 명
성을 얻은 이들은 클라우드 소프트웨어 붐을 타고 벤처사업을 새롭게 창조했
다. 또한 이들은 밀너를 통하여 기업이 스타트업 단계에서 떠오를 때 거액의
성장자본 수표를 써 주는 것을 배웠다.

세쿼이아캐피털의 리더 마이클 모리츠(위, 왼쪽)와 더그 레온(아래)은 여러모로 대조적인 인물이다. 이탈리아인에게 강의를 듣는 영국인 모리츠는 강인한 지구력을 지닌 사이클리스트였다. 모리츠와 함께 일하는 것이 영국인에게 강의를 듣는 것과 같다고 농담을 한 이탈리아인 레온은 열성적인 역도 선수였다. 그들은 서로 대조되는 점이 많았지만, 벤처 역사상 가장 성공한 단짝으로 지냈다. 위의 사진에서 파란 옷을 입은 모리츠 옆에 있는 사람은 웨일스 출신으로 모리츠의 친구이자 투르 드 프랑스 Tour de France에서 우승한 게라인트 토머스Geraint Thomas다.

짐 고츠(위, 오른쪽)와 로엘로프 보타(아래)는 모리츠가 경영 일선에서 물러난 이후로 세쿼이아캐피털을 이끌어 갔다. 고츠는 세쿼이아캐피털에 액셀의 '준비된 마인드'라는 접근방식을 도입하고, 세쿼이아캐피털의 가장 수익성이 높은 투자 중 하나인 왓츠앱을 지원했다. 페이팔 마피아의 일원인 보타는 세쿼이아

캐피털의 의사 결정 과정에 행동과학 원리를 적용했다. 왓츠앱을 창업한 얀 쿰(가운데)이 고츠와 브라이언 액튼Brian Acton(왼쪽)과 함께 한때 푸드 스탬프를 받으려고 줄 섰던 복지관 앞에서 포즈를 취하고 있다.

기술기업들이 주식공모를 뒤로 미루면서 기업가치가 10억 달러가 넘고 여전히 사적인 형태를 유지하는 유니콘의 지위를 얻었다. 위워크의 애덤 노이만(왼쪽)과 우버의 트래비스 캘러닉(오른쪽)은 이러한 상황에서 나타나는 위험을 알리는 대표적인 인물이 되었다. 수동적인 성장투자자가 유니콘에 자금을 쏟아부었기 때문에, 벤처투자자도 주식시장도 유니콘 창업자에게 어떠한 규율도 부과하지 않았다. 벤치마크가 우버에 투자하는 과정에서 중요한 역할을 한 벤처투자자 빌 걸리(아래)는 우버 창업자 캘러닉이 계속 스캔들을 일으키자 그에 대한 인내력이 한계에 이르렀다. 결국 걸리는 캘러닉을 축출했다.

조지프 앤턴

JOSEPH ANTON
by Salman Rushdie

Copyright ⓒ Salman Rushdie, 2012
Korean Translation Copyright ⓒ MUNHAKDONGNE Publishing Corp., 2015
All Rights Reserved.

This Korean edition is published by arrangement with
The Candide Corporation c/o The Wylie Agency(UK) through Milkwood Agency.

이 책의 한국어판 저작권은 밀크우드 에이전시를 통해
The Wylie Agency(UK)와 독점 계약한 (주)문학동네에 있습니다.
저작권법에 의해 한국 내에서 보호를 받는 저작물이므로
무단 전재 및 무단 복제를 금합니다.

이 도서의 국립중앙도서관 출판예정도서목록(CIP)은
서지정보유통지원시스템 홈페이지(http://seoji.nl.go.kr)와
국가자료공동목록시스템(http://www.nl.go.kr/kolisnet)에서 이용하실 수 있습니다.
(CIP제어번호: CIP2015002241)

조지프 앤턴

Joseph Anton

살만 루슈디 자서전

김진준 • 김한영 옮김

문학동네

일러두기

1. 이 책의 프롤로그~6장, 10장, '감사의 말'은 김진준이, 7~9장은 김한영이 번역했다.

2. 주석은 모두 옮긴이주이다.

3. 본문 중 고딕체는 원서에서 대문자나 이탤릭체로 강조한 부분이다.

4. 인명, 지명 등 외래어는 국립국어원의 외래어표기법을 따랐으나 일부는 관습 표기를 존중했다.

5. 장편소설이나 희곡, 기타 단행본은 『 』, 단편소설과 시는 「 」, 연속간행물과 연극, 텔레비전 프로그램은 〈 〉로 구분했다.

내 아들 자파르와 밀란에게
아이들의 엄마 클래리사와 엘리자베스에게
그리고 도움을 주신 모든 분에게

운명에 따라 연극을 하였으나
지난 일은 서막일 뿐
앞일은 그대와 나의 몫이오.

― 윌리엄 셰익스피어, 『템페스트』

JOSEPH
ANTON
차례

프롤로그

최초의 까마귀

The First Blackbird

나중에, 즉 주변세계가 대폭발을 일으키고 학교 운동장 정글짐에 죽음의 까마귀떼가 모여들었을 때, 루슈디는 그 BBC 리포터의 이름을 잊어버렸다는 사실이 불쾌했다. 그에게 예전의 삶은 이미 끝났다고, 이제부터 암담한 삶이 시작된다고 말했던 여자 리포터. 그녀가 그의 집에 전화를 걸었을 때였다. 집 전화번호를 어떻게 알아냈는지 밝히지도 않고 다짜고짜 이렇게 물었다. "아야톨라* 호메이니가 방금 선생님께 사형선고를 내렸는데 기분이 어떠세요?" 런던은 화창한 화요일이었지만 그 질문을 받는 순간 모든 빛이 일시에 사라져버렸다. 그는 자기가 무슨 말을 하고 있는지 제대로 의식하지도 못한 채 이렇게 대답했다. "기쁘진 않소." 그러나 속마음은 이랬다. 이젠 죽었구나. 앞으로 며칠이나 더 살 수 있을까? 아마도 한 자릿수가 고작이겠지. 그는 수화기를 내려놓고 이즐링턴**에 위치한 옹색한 테

　＊ 이란 이슬람 시아파 지도자의 칭호.
　＊＊ 영국 그레이터런던 중부. 런던 위에 위치한 자치구(district)로 주거 지역이다.

라스하우스 꼭대기층에 있는 서재를 나서서 계단을 뛰어내려갔다. 거실 창문마다 나무 덧문이 달렸는데, 터무니없는 짓인 줄 알면서도 덧문을 모두 닫고 빗장까지 걸었다. 그리고 현관문을 잠갔다.

그날은 밸런타인데이였지만 당시 그는 미국 소설가인 아내 메리앤 위긴스와 금실이 그리 좋지 않았다. 결혼한 지 1년이 조금 넘었을 뿐인데 엿새 전에 그녀는 결혼생활이 행복하지 않다고 말했다. "이젠 당신 곁에 있을 때 즐겁지가 않아." 그 역시 이 결혼은 실수였음을 이미 알고 있었다. 지금 아내는, 방금 들은 소식 때문에 마치 감전된 사람처럼 안절부절못하고 집안 곳곳을 갈팡질팡 돌아다니며 커튼을 치고 창문 빗장을 확인하는 그를 멍하니 바라보고 있었다. 무슨 일이 벌어졌는지 설명해줄 수밖에 없었다. 그녀는 침착하게 앞으로 어떻게 대응할지 이야기했다. 그러면서 "우리"라는 말을 사용하여 용기를 보여주었다.

CBS 방송에서 보낸 차가 집 앞에 도착했다. 루슈디는 나이츠브리지의 보워터 하우스에 있는 이 미국 방송국 스튜디오에서 인공위성으로 생중계하는 아침 방송에 출연할 예정이었다. 그는 아내에게 말했다. "가야겠어. 생방송인데 안 갈 수도 없잖아." 그날 오전에는 베이스워터 지역의 모스코 로드에 있는 동방정교회에서 친구 브루스 채트윈*의 장례식도 열릴 예정이었다. 옥스퍼드셔에 있는 브루스의 집 호머 엔드에서 루슈디가 자신의 마흔번째 생일을 자축한 후 채 2년도 지나지 않았는데, 이제 브루스는 에이즈로 세상을 떠나버렸고 루슈디의 집에도 죽음이 찾아왔다. 아내가 물었다. "장례식은 어떻게 할래?" 그는 대답할 수 없었다. 현관문을 열고 바깥으로 나가서 차를 타고 곧 출발했다. 그때는 몰랐지만, 그래서 집을 떠나는 그 순간을 특별히 의미심장하게 여기지도 않았지만, 그가 5년 동안 살았던 그 집에 돌아오기까지 그로부터 3년이 걸렸고 그때는 이미 그의 집

---

* 영국의 소설가이자 여행작가(1940~1989).

이 아니었다.

　캘리포니아의 보데가 만에 있는 교실에서 아이들이 무슨 뜻인지 알 수 없는 구슬픈 노래를 부른다. 그녀는 해마다 단 한 번 머리를 빗었네. 리슬티, 로슬티, 모, 모, 모. 학교 바깥에는 찬바람이 분다. 하늘에서 까마귀 한 마리가 날아와 운동장 정글짐에 내려앉는다. 아이들의 노래는 돌림노래다. 시작은 있지만 끝은 없다. 노래는 한없이 되풀이된다. 빗질을 할 때마다 눈물 한 방울 흘렸네. 리슬티, 로슬티, 어처구니가 없구나. 니키티내키티, 레트로쿼퀼리티, 윌로비왈라비, 모, 모, 모. 정글짐에 까마귀 네 마리가 앉았는데 곧 다섯번째 까마귀가 날아온다. 교내에서 아이들이 노래를 부른다. 이제 정글짐에는 까마귀 수백 마리가 앉아 있고 공중에도 수천 마리가 하늘 가득히 날아다녀 옛 이집트의 재앙을 연상시킨다. 끝없는 노래가 이미 시작되었다.*

　첫번째 까마귀가 정글짐에 내려앉을 때는 유일하고 색다르고 특별해 보인다. 그 모습을 일반화하여 거창한 이론을 세울 필요는 없다. 사후에, 즉 재앙이 시작된 후, 사람들은 흔히 첫번째 까마귀를 어떤 전조로 여기기 마련이다. 그러나 그 까마귀가 정글짐에 처음 내려앉을 때는 한낱 새 한 마리에 지나지 않는다.

　그후 여러 해 동안 루슈디는 꿈속에서 이 장면을 자주 보게 되고, 자신이 겪은 일도 일종의 서막이었다는 사실, 바로 그때가 최초의 까마귀가 내려앉는 순간이었다는 사실을 깨닫는다. 처음에는 다만 루슈디 한 사람에 대한 이야기였다. 유일하고 색다르고 특별해 보였다. 그 사건을 바탕으로 어떤 결론을 내리려 한 사람은 아무도 없었다. 그러나 10여 년 세월이 흐르는 동안 이야기는 점점 더 크게 자라나서 마침내 하늘을 가득 채운다. 마치 지평선에 우뚝 선 대천사 가브리엘처럼, 혹은 고층 빌딩에 날아든 비행기 한 쌍처럼, 혹은 앨프리드 히치콕 감독의 걸작 영화에 등장하는 흉악한 재앙의 새떼처럼.

　그날 CBS 구내에서 그는 중요한 이야깃거리였다. 보도실에서도, 그리

---

　* 앨프리드 히치콕 감독의 영화 〈새〉의 한 장면.

고 수많은 방송 화면에서도, 사람들은 벌써 그 낱말을 썼다. 머지않아 이 말은 그의 목에 맷돌처럼 무겁게 걸릴 터였다. 사람들은 이 말을 "사형선고"의 동의어로 여겼다. 그는 그런 뜻이 아니라고 입바른 소리를 하고 싶었다. 그러나 그날부터 그 말은 전 세계 대부분의 사람들에게 그런 뜻이 되었다. 그에게도 마찬가지였다.

파트와.

"자랑스러운 전 세계 무슬림에게 공포합니다. 이슬람교와 예언자 무함마드와 쿠란을 모독한 '악마의 시'의 작가에게, 그리고 이 책의 내용을 알면서도 출판에 관여한 모든 자에게 사형을 선고합니다. 어디서든 그자들을 발견하는 즉시 처단하기를 모든 무슬림에게 촉구합니다." 루슈디가 인터뷰를 위해 스튜디오로 이동할 때 누군가가 이런 내용이 적힌 인쇄물을 건네주었다. 예전의 자아가 또 반론을 제기하고 싶어했다. 이번에는 "선고"라는 말이 못마땅했다. 이 판결을 내린 곳은 그가 인정하는 법정도 아니고 그를 처벌할 사법권도 없기 때문이었다. 다 죽어가는 잔인한 늙은이가 내린 칙령에 불과했다. 그러나 예전의 자아가 가졌던 습관은 이미 쓸모가 없다는 사실도 알고 있었다. 그는 이제 다른 사람이었다. 태풍의 눈이 되어버린 그는 친구들이 알던 살만Salman이 아니라 '악마의 시'를 쓴 루슈디Rushdie였다. 이 제목은 정관사 'The'를 생략함으로써 교묘하게 왜곡되었다. 『악마의 시The Satanic Verses』는 소설이다. 그러나 '악마의 시Satanic Verses'는 악마처럼 흉악한 시였고, 그는 그런 시를 쓴 흉악한 저자, "사탄 루슈디Satan Rushdy"*, 어느 머나먼 도시의 시위대가 팻말에 그려놓은 뿔 달린 괴물, 그 유치한 만화 속에서 교수형을 당하여 붉은 혀를 빼물고 있는 남자였다. 사탄 루슈디를 처단하자! 이렇게 한 사람의 과거를 지워버리고 새로운 모습으로, 감히 대항할 엄두가 안 날 만큼 압도적인 모습으로 바꿔버

---

* 시위대 팻말의 오기를 그대로 인용.

리기란 얼마나 쉬운 일인가.

찰스 1세는 자신에게 내려진 판결의 합법성을 인정하지 않았다. 그러나 올리버 크롬웰은 아랑곳하지 않고 왕의 목을 베어버렸다.

루슈디는 왕이 아니었다. 책을 쓴 저자였다.

자신을 쳐다보는 기자들을 둘러보면서 그는 교수대나 단두대나 전기의자로 끌려가는 자를 지켜보는 사람들의 표정이 저렇지 않을까 생각했다. 어느 외국 통신원이 다가와 호의를 표시했다. 루슈디는 그 남자에게 호메이니의 발언을 어떻게 받아들여야 하느냐고 물었다. 얼마나 심각하게 생각해야 합니까? 그냥 좀 과장된 표현입니까, 아니면 정말 위험한 상황입니까?

통신원이 말했다. "아, 너무 걱정하지 마세요. 호메이니는 미국 대통령에게도 금요일 오후마다 사형선고를 내리거든요."

방송이 시작되고 호메이니의 위협에 대한 질문을 받았을 때 루슈디는 이렇게 대답했다. "더 비판적으로 쓸 걸 그랬어요." 그 순간에도 그 이후에도 그는 그렇게 말한 것을 늘 자랑스럽게 여겼다. 그 말은 진담이었다. 그는 자신의 책이 이슬람교에 특별히 비판적이었다고 생각하지 않았다. 그러나 지도자라는 인물이 이런 식으로 행동하는 종교라면 비판을 받아도 싸다고 믿었으며, 그날 아침 미국 방송에 출연했을 때도 그렇게 말했다.

인터뷰 방송이 끝났을 때 아내로부터 연락이 왔었다는 말을 들었다. 집에 전화를 걸자 아내가 말했다. "이리 오지 마. 집 앞에 기자들이 2백 명이나 몰려왔어."

그가 말했다. "에이전시로 갈게. 가방 하나 꾸려서 그리로 가져다줘."

그의 저작권 에이전시 '와일리, 에이킨 앤드 스톤'의 사무실은 첼시의 편쇼 로드에 있었다. 하얀 회반죽을 바른 건물인데 그 앞에는 기자들이 진을 치고 있지 않았고—설마 이런 날 에이전트를 만나러 올 줄은 세계 언론도 미처 생각하지 못한 모양이었다—그가 들어갔을 때는 건물 안의 모든 전화기가 쉴새없이 울려대고 있었는데 모두 그에 대한 문의 전화였다. 그의 영국 에이전트 길런 에이킨이 놀란 눈으로 쳐다보았다. 길런은 레스터 동부의 인도계 하원의원 키스 바즈와 통화중이었다. 길런이 송화구를 막으며 속삭였다. "이 사람과 한번 통화해보시겠나?"

이 통화에서 바즈는 그날 벌어진 일이 "어처구니없어요, 정말 어처구니없습니다"라고 말하면서 "전폭적인 지지"를 약속했다. 그러나 몇 주 뒤에는 무슬림 3천여 명이 모인 『악마의 시』 규탄 시위에 주요 연설자로 참석했고, 이 행사를 가리켜 "이슬람과 영국의 역사에서 위대한 하루"라고 말했다.

루슈디는 앞날을 예측할 수 없었다. 이제부터 자신의 삶이 어떻게 달라질지, 어떤 계획을 세워야 좋을지, 아무것도 생각나지 않았다. 그저 그때그때 눈앞에 닥친 일을 처리하는 정도가 고작이었는데, 지금 당면한 일은 브루스 채트윈의 장례식이었다. 길런이 말했다. "여보게, 정말 꼭 가셔야겠나?" 루슈디는 결단을 내렸다. 브루스는 절친한 친구였다. "젠장, 갑시다."

메리앤이 도착했다. 세인트피터스 스트리트 41번지에 있는 집을 나설 때 사진기자들에게 얼마나 시달렸는지 몹시 심란한 눈빛이었다. 그 표정은 다음날 전국 모든 신문의 1면을 장식할 터였다. 한 신문은 그 표정에 이름까지 지어주었는데, 2인치 크기의 대형 활자로 이렇게 썼다. '공포의 얼굴.' 그녀는 말을 별로 하지 않았다. 둘 다 마찬가지였다. 그들은 자가용으로 사용하는 검은색 사브 승용차에 올랐고, 루슈디가 운전대를 잡고 공원을 가로질러 베이스워터 지역으로 향했다. 길런 에이킨도 한차에 탔는데, 기다란 몸을 뒷좌석에 욱여넣고 축 늘어진 그의 얼굴에 근심이 가득했다.

루슈디의 어머니와 막내 여동생은 파키스탄의 카라치에 살았다. 그들에게 무슨 일이 생기지나 않을까? 오래전에 가족과 멀어진 둘째 여동생은 캘리포니아 주 버클리에 살았다. 그곳은 안전할까? 그와 연년생인 첫째 여동생 사민은 가족과 함께 런던 북쪽 근교의 웸블리에 살았는데, 거대한 웸블리 스타디움에서 그리 멀지 않은 곳이었다. 그들을 보호할 방법이 없을까? 그의 아들 자파르는 이제 겨우 아홉 살 8개월인데, 제 엄마 클래리사와 함께 클리솔드 공원 근처에 살았다. 그린 레인스에서 갈라져나간 버마 로드 60번지였다. 그날 그 순간은 자파르의 열번째 생일이 까마득히 멀게만 느껴졌다. 자파르가 이런 말을 한 적이 있었다. "아빠는 왜 내가 읽을 수 있는 책은 하나도 안 써?" 그 말을 듣고 그는 폴 사이먼이 어린 아들을 위해 만든 자장가 〈St Judy's Comet〉의 가사 한 줄을 떠올렸다. 내 노래로 아들조차 재우지 못하면 유명한 아빠 체면이 뭐가 되겠니. 그는 아들에게 이렇게 대답했다. "좋은 질문이구나. 지금 쓰는 책만 다 끝나면 널 위한 책을 한 권 써줄게. 그럼 됐지?" "응." 그래서 쓰던 책을 마저 써서 출판까지 했건만 이제는 과연 다음 책을 쓸 시간이 있을지 미지수였다. 아이한테 한 약속은 절대 어기지 말아야지. 내심 그렇게 다짐해보는데 혼란스러운 마음이 쓸데없는 훈수를 두었다. 그래도 작가가 죽어버린 경우엔 변명의 여지가 있지 않을까?

그의 마음이 살인이라는 주제로 넘어갔다.

5년 전에 그는 브루스 채트윈과 함께 오스트레일리아 오지를 여행했다. 앨리스 스프링스에서는 벽면을 긁어 '항복해라, 백인들아, 너희 마을은 포위됐다'라고 새긴 낙서를 보고 공책에 적어두었고, 에어즈 록*에도 올라가보고(최근에 에베레스트 베이스캠프까지 등반했던 일을 자랑스러워하던 브루스는 마치 아주 완만한 비탈길을 달리듯 앞장서서 깡충깡충 올라갔지만 그는 죽도록 힘들어 낑낑거리며 간신히 올라갔다), 현지인들에게 이른바 "딩고 베이비" 사건**에 대한 이야기도 들었다. 두 사람은 인랜드 모텔이라는 거지 소굴 같은 건물에 묵었다. 한 해 전에 바

---

* 오스트레일리아 노던 주 남서쪽의 거대한 바위.
** 1980년 에어즈 록 부근에서 야영하던 체임벌린 부부의 신생아 아자리아가 들개 딩고에게 물려간 사건.

로 이 모텔 바에서 서른여섯 살 먹은 더글러스 크랩이라는 장거리 트럭 운전사가 술을 주문했는데 종업원은 이미 취하셨으니 더는 못 드린다며 거절했고, 욕설을 퍼붓다가 결국 쫓겨난 운전사가 전속력으로 트럭을 몰고 바 안으로 난입하는 바람에 다섯 명이 사망했었다.

크랩이 앨리스 스프링스 법정에서 증언하던 날, 두 사람도 그 자리에 방청객으로 참석했다. 운전사는 수수한 차림새를 하고 시선을 내리깐 채 나지막하고 단조로운 목소리로 진술했다. 자기는 결코 그런 짓을 할 사람이 아니라고 주장했는데, 어떻게 확신하느냐는 질문에 그는 지금까지 오랫동안 트럭을 몰았지만 "언제나 내…… 트럭처럼 극진히 보살폈다"고 답변하면서(여기서 중간에 말이 한 박자 늦게 나왔는데, 원래 하려던 말은 "자식처럼"이었는지도 모른다) 트럭을 반파시키다니 자신의 성격에 어긋난다고 말했다. 그 말을 들은 배심원들의 표정이 확연히 굳어졌고, 그들은 크랩의 주장을 묵살할 것이 분명했다. 그러나 브루스는 이렇게 중얼거렸다. "그래, 저 말은 에누리 없는 진담이야."

한 살인자는 사람보다 트럭을 더 소중히 여겼다. 그로부터 5년 후 어떤 사람들은 한 작가가 써놓은 불경스러운 말 때문에 그를 처형하려 했는데, 그들에게는 자기들의 교리가, 혹은 교리에 대한 특정 해석이 인간의 목숨보다 중요한 트럭이었다. 그는 생각했다. 내가 신성모독을 저지른 건 이번이 처음도 아니었는데. 왜냐하면 그가 브루스와 함께 올라갔던 에어즈 록도 지금은 출입 금지 구역이 되었기 때문이다. 원주민에게 소유권이 반환되면서 '울루루'라는 옛 이름을 되찾은 이 바위는 신성한 곳이므로 이제 등반이 허락되지 않는다.

그가 『악마의 시』를 어떻게 써야 좋을지 깨닫기 시작한 것은 바로 1984년 오스트레일리아 여행을 마치고 집으로 돌아오는 비행기 안에서였다.

동방정교회의 '다이아테라 및 그레이트브리튼 대주교 관구'에 속하는 세인트소피아 성당은 110년 전에 옛 비잔티움의 대성당을 본떠 지은 휘황찬란한 건물인데, 이곳에서 열린 장례식은 줄곧 낭랑하고 신비로운 그리스어로 진행되었다. 모든 의식이 화려한 비잔틴식이었다. 사제들이 읊

조리듯이 말했다. 어쩌고저쩌고 브루스 채트윈. 브루스가 이러쿵, 채트윈이 저러쿵. 다들 일어섰다가, 앉았다가, 무릎을 꿇었다가, 일어섰다가, 다시 앉았다. 성연聖燃 냄새가 진동했다. 봄베이에 살던 어린 시절, 이드 울피트르* 때마다 아버지를 따라 예배를 보러 갔던 일이 떠올랐다. '이드가'라고 부르는 기도마당에 가면 모든 것이 아랍식이었고, 저마다 고개를 들었다 내렸다 하며 바닥에 무수히 이마를 찧었고, 일어날 때는 책을 보듯이 두 손을 좌우로 펼쳤고, 그가 알지도 못하는 언어로 중얼거리는 소리가 사방에서 들려왔다. 아버지가 말했다. "아빠가 하는 대로 따라하면 돼." 신앙심 깊은 가정이 아니라서 그런 예배에 참석하는 일은 드물었다. 그는 기도문을 외우지도 못하고 무슨 뜻인지도 몰랐다. 이렇게 이따금씩 기도하는 흉내를 내면서 기계적으로 중얼거리는 정도가 고작이었다. 그런 경험 때문에 모스코 로드의 성당에서 열린 뜻 모를 예배도 익숙하게 느껴졌다. 메리앤과 그는 마틴 에이미스** 와 그 아내 앤토니아 필립스 옆에 앉았다. 마틴이 그를 포옹하면서 말했다. "자네 때문에 걱정했어." 그는 이렇게 대꾸했다. "나도 나 때문에 걱정이 많다네." 채트윈이 이러쿵, 브루스가 저러쿵. 뒷줄에는 소설가 폴 서루가 앉아 있었다. "다음주쯤엔 살만 자네 때문에 또 모이겠군."

아까 루슈디가 도착했을 때 보도에 사진기자 몇 명이 있었다. 글쟁이 때문에 파파라치가 꼬이는 일은 흔치 않다. 그런데 장례식이 진행되는 동안 기자들이 하나둘씩 성당 안으로 들어오기 시작했다. 이해할 수 없는 한 종교가 역시 이해할 수 없는 다른 종교의 맹렬한 비난 때문에 생긴 기삿거리를 품어주고 있었기 때문이다. 나중에 그는 이렇게 썼다. 이번 일에서 최악의 측면은, 도저히 이해할 수 없는 일도 충분히 이해할 수 있는 일이 되고 도저히

---

* 람잔(라마단)을 마감하고 이슬람력 10월 첫날부터 시작되는 사흘간의 무슬림 축제.

** 영국 소설가(1949~).

상상할 수 없는 일도 충분히 상상할 수 있는 일이 되었다는 사실이다.

　장례식이 끝나자 기자들이 그를 향해 몰려들었다. 길런, 메리앤, 마틴이 그들을 막아보려 했다. 유난히 끈덕지고 우중충한 사내가(양복도 우중충, 머리도 우중충, 얼굴도 우중충, 목소리마저 우중충했다) 군중을 뚫고 나오더니 녹음기를 들이대면서 몇 가지 뻔한 질문을 던졌다. 루슈디는 이렇게 대꾸했다. "죄송하지만 저는 지금 친구 장례식에 왔습니다. 인터뷰를 할 만한 자리가 아닙니다."

　우중충한 사내가 어리둥절한 듯이 말했다. "뭘 모르시는군요. 저는 〈데일리 텔레그래프〉에서 나왔어요. 특별히 저를 파견했단 말입니다."

　루슈디는 말했다. "길런, 저 좀 도와주세요."

　키가 어마어마한 길런이 기자를 내려다보며 기세등등한 목소리로 단호하게 말했다. "꺼져."

　〈텔레그래프〉 기자는 이렇게 말했다. "저한테 그런 식으로 말씀하시면 안 되죠. 이래 봬도 사립학교를 나온 몸이라고요."

　희극적인 장면은 거기까지였다. 작가가 모스코 로드로 나가자 마치 여왕벌을 뒤쫓는 수벌떼처럼 기자들이 우르르 달려오고 기우뚱거리는 작은 언덕처럼 빽빽이 몰려든 사진기자들이 서로 남의 등에 올라타며 플래시를 터뜨렸다. 작가는 어찌할 바를 몰라 눈만 껌벅거리며 잠시 우두커니 서 있었다.

　도무지 빠져나갈 구멍이 보이지 않았다. 100야드쯤 떨어진 길가에 세워둔 차까지 걸어가면서 수많은 카메라와 마이크를, 그리고 이런저런 학교를 졸업하고 특별히 파견된 사람들을 따돌리기는 불가능했다. 그를 구해준 사람은 BBC 프로듀서 겸 중역으로 근무하는 친구 앨런 옌토브였다. 작가는 8년 전 앨런이 다큐멘터리 프로그램 〈아레나〉를 제작할 때 그를 처음 만났다. 프로그램 소재는 당시 『한밤의 아이들』이라는 소설을 막 출간하고 호평을 받던 젊은 작가였다. 앨런에게는 쌍둥이 형제가 있었지만 사람들은 종종 이렇게 말했다. "살만이 자네 쌍둥이 같아." 둘 다 동의하지 않았지만 그런 말을 계속 들어야 했다. 그런데 오늘은 앨런이 작가의 사이비 형제로 오인되면 좀 곤란한 날이었다.

앨런의 BBC 차량이 성당 앞으로 다가왔다. "어서 타." 그들은 곧 아우성치는 기자들로부터 벗어났다. 한동안 노팅 힐 주변을 빙빙 돌다가 성당 앞에 모인 사람들이 흩어진 후 사브를 주차한 곳으로 돌아갔다.

그는 메리앤과 함께 자기 차로 갈아탔다. 갑자기 단둘이 남게 되자 무거운 침묵이 두 사람을 짓눌렀다. 그들은 라디오를 켜지 않았다. 뉴스마다 증오가 가득할 것이 뻔했다. 그가 말했다. "어디로 갈까?" 그러나 이 질문에 대한 답은 둘 다 이미 알고 있었다. 메리앤은 최근에 이즐링턴의 론즈데일 스퀘어 남서쪽 귀퉁이에 있는 작은 아파트의 지하층을 빌렸는데, 세인트피터스 스트리트에 있는 집에서도 그리 멀지 않았다. 이 아파트를 빌린 표면상의 이유는 작업실로 쓰겠다는 것이었지만 사실은 둘 사이에 점점 긴장이 고조되고 있기 때문이었다. 그 집을 아는 사람은 별로 없었다. 그곳에 가면 두 사람이 지금의 상황을 차분히 돌이켜보고 이런저런 결단을 내리는 데 필요한 시간과 공간이 생길 터였다. 그들은 묵묵히 이즐링턴으로 달려갔다. 서로 할말이 아무것도 없는 듯했다.

메리앤은 훌륭한 소설가인데다 아름다운 여자였지만 마음에 안 드는 점이 자꾸 눈에 띄었다.

루슈디의 집에서 함께 살게 되었을 때 메리앤은 그의 친구이며 〈그랜타〉* 편집장인 빌 뷰퍼드의 자동응답기에 메시지를 남겨 전화번호가 바뀐 사실을 알렸다. "이 번호는 편집장님도 아시겠네요." 그러고 나서 빌이 어리둥절해할 만큼 한참 동안 잠잠하더니 다시 그녀의 목소리가 들렸다. "내가 그 사람을 낚았어요." 작가는 1987년 11월 아버지가 돌아가신 후 한창 감

* 영국의 문예 계간지.

정의 기복이 심할 때 그녀에게 청혼했는데, 둘 사이가 화기애애했던 기간은 그리 길지 않았다. 빌 뷰퍼드, 길런 에이킨, 길런의 미국인 동업자 앤드루 와일리, 그리고 가이아나 태생의 배우 겸 소설가 폴린 멜빌처럼 절친한 친구들은 물론이고, 한평생 누구보다 가까웠던 여동생 사민까지 메리앤이 싫다고 그에게 고백했다. 물론 당사자들 사이가 벌어지기 시작하면 친구들이 으레 그런 말을 꺼내기 마련이니 더러는 에누리해서 듣기로 마음먹었다. 그러나 작가 자신도 벌써 몇 번이나 그녀의 거짓말을 알아차리고 충격을 받은 터였다. 나를 뭐로 보고 저럴까? 그녀는 화난 표정일 때가 많았고, 그에게 말할 때도 마치 유령에게 말하듯이 그의 어깨 너머를 쳐다보는 버릇이 있었다. 그는 처음부터 그녀의 지성과 재치에 반했는데, 그 부분은 아직도 여전하고 육체적 매력도 그대로였다. 물결치며 흘러내리는 다갈색 머리, 도톰한 입술로 활짝 웃는 미국식 미소. 그러나 이제는 수수께끼 같은 존재가 되어버렸고 때로는 낯선 여자와 결혼했다는 생각까지 들었다. 가면을 쓴 여자.

오후가 반쯤 지나갔다. 두 사람의 사사로운 다툼 따위는 사소한 문제로 여겨지는 하루였다. 그날 테헤란에서 시가행진이 벌어졌다. 군중은 두 눈을 파낸 작가의 얼굴 포스터를 들고 있었다. 영화 〈새〉에서 새들에게 눈알을 파먹혀 시꺼먼 구멍만 남은 피투성이 시체의 얼굴을 연상시켰다. 그것이 오늘의 주제였다. 수염을 기른 남자들, 가리개를 뒤집어쓴 여자들, 그리고 방 안에 틀어박혀 죽어가는 잔학무도한 노인이 마지막으로 자신의 영광을 드높이려고 보내준 재미없는 밸런타인데이 선물. 일단 권력을 거머쥔 그 이맘*은 자신을 그 자리까지 데려다준 사람들을 포함하여 자기 마음에 안 드는 사람들을 모조리 학살했다. 노동조합원, 페미니스트, 사회주의자, 공산주의자, 동성애자, 매춘부, 심지어 자신의 옛 부관들까지 죽였

---

* 이슬람 사회의 지도자.

다. 『악마의 시』에도 그와 비슷한 이맘에 대한 묘사가 있었다. 괴물이 되어버린 이맘, 거대한 입을 벌려 스스로 이룩한 혁명을 잡아먹는 이맘. 현실 속의 이맘은 자기 조국을 이웃나라와의 백해무익한 전쟁의 구렁텅이로 몰아넣어 젊은 세대가 헛되이 죽어가게 만들었다. 노인이 그만하자고 말할 때까지 수십만 명의 젊은이가 목숨을 잃었다. 노인은 이라크와의 정전 협정은 독약과 같다고 말했지만 결국 그 독약을 삼킬 수밖에 없었다. 그때부터 죽은 자들이 이맘을 소리 높여 규탄하기 시작했고 그의 혁명도 인기를 잃고 말았다. 그래서 지지자들을 결집시킬 방법이 절실했는데, 때마침 등장한 책 한 권과 그 저자가 해답을 주었다. 책은 악마의 소행, 저자는 악마. 그리하여 이맘은 원하던 적을 얻었다. 지금 이즐링턴의 아파트 지하에서 반쯤은 남남이 되어버린 아내와 웅크리고 있는 바로 이 작가였다. 죽어가는 이맘에게는 고마운 악마가 아닐 수 없었다.

학교 수업이 끝날 무렵이 되자 자파르를 꼭 만나고 싶어졌다. 작가는 폴린 멜빌에게 연락하여 자파르를 만나고 올 때까지 메리앤의 말벗이 되어달라고 부탁했다. 폴린은 그가 하이버리 힐에 살던 1980년대 초에 그의 이웃이었는데, 눈빛이 초롱초롱하고 몸짓은 현란하고 마음씨는 따뜻한 이 혼혈 여배우는 이야깃거리가 아주 많았다. 예컨대 가이아나에 살던 멜빌 집안의 선대 어르신 한 분이 에벌린 워*를 만나 이곳저곳을 구경시켜주었는데, 『한줌의 먼지』에 나오는 열대우림에서 토니 라스트를 붙잡아놓고 디킨스의 책을 소리 내어 읽어달라고 무한정 강요하는 미친 늙은이 토드 씨의 모델이 바로 그 어르신일 거라는 이야기, 외인부대의 요새 앞에 버티고 서서 남편 앵거스를 풀어달라고 고래고래 소리쳐 결국 구출했다는 이야기, 그리고 인기 텔레비전 코미디 〈영 원스The Young Ones〉에서 에이드리언 에드먼슨의 엄마 역할을 연기했던 이야기 등등. 그녀는 스탠드업 코

---
* 영국 소설가(1903~1966).

미디도 했는데, 한번은 남성 등장인물 하나를 창조했다가 "너무 위험하고 무서운 인물로 발전하는 바람에 그 연기를 그만둘 수밖에 없었다"고 했다. 가이아나 이야기 몇 편을 써서 보여주기도 했다. 하나하나가 정말 훌륭한 작품이었고, 그것을 묶어 출판한 첫 책 『변신술사 *Shape-Shifter*』는 널리 칭송을 받았다. 강인하고 영민하고 의리 있는 여자였고, 루슈디도 그녀를 완전히 신뢰했다. 폴린은 일말의 망설임도 없이 곧바로 와주었다. 그날은 자신의 생일이었는데도, 그리고 메리앤을 별로 좋아하지 않으면서도. 메리앤을 론즈데일 스퀘어의 아파트 지하층에 남겨두고 혼자서 차를 몰고 버마 로드로 달려가면서 그는 비로소 안도감을 느꼈다. 아름답고 화창했던 하루, 놀랄 만큼 찬란한 겨울 햇빛이 그리 아름답지 못한 사건을 꾸짖는 듯했던 하루가 저물었다. 아이들이 집으로 돌아갈 무렵, 2월의 런던은 벌써 캄캄했다. 클래리사와 자파르가 사는 집에 도착했을 때는 벌써 경찰이 기다리고 있었다. 한 경찰관이 말했다. "드디어 오셨군요. 어디로 가셨는지 궁금했습니다."

"이게 무슨 일이야, 아빠?" 아들이 아홉 살 소년의 얼굴에 떠오르지 말아야 할 표정을 지었다. 클래리사가 명랑하게 말했다. "이번 일이 지나갈 때까지 철통같은 보호를 받을 테니까 당신에겐 아무 일도 없을 거라고 설명해주던 참이야." 그러더니 두 사람의 결혼이 파경에 이른 지 5년 만에 처음으로 그를 따뜻하게 안아주었다. 작가가 생애 처음 사랑한 여자였다. 그는 1969년 12월 26일, 그러니까 1960년대가 끝나기 닷새 전에 그녀를 만났다. 그는 스물두 살, 그녀는 스물한 살이었다. 클래리사 메리 루어드. 다리가 길고 눈동자는 녹색이었다. 그날 그녀는 히피족이 즐겨 입는 양가죽 외투를 걸치고 곱슬곱슬한 황갈색 머리에 머리띠를 두른 모습으로, 보는 사람의 마음까지 환하게 밝혀주는 광채를 뿜어냈다. 대중음악계에 친구가 많았는데, 그들은 그녀를 "해피"라고 불렀다(그런 별명을 탄생시킨 자유분방한 시대가 끝나면서 그 별명도 더불어 사라졌으니 다행스러운 일이었다). 그녀의 어머니는 술을 너무 많이 마셨고, 아버지는 선도기 조종사로 참전했다가 전쟁 노이로제에 걸려 돌아왔는데 클래리사가 열다섯 살이었을 때 빌딩 꼭대기에서 투신자살했다. 그리고 그녀의 침대에 오줌을 싸는 보블이라는 이름의 비글 한 마리가 있었다.

클래리사의 밝은 겉모습 이면에는 감춰진 비밀이 많았다. 자신의 내면에 있는 그늘을 남에게 보여주기 싫어서 우울해지면 자기 방에 들어가 문을 닫아버렸다. 아버지의 슬픔을 공감하고 아버지처럼 빌딩에서 뛰어내릴까봐 두려워 충동이 사라질 때까지 자신을 가둬두려 했는지도 모른다. 이름까지 새뮤얼 리처드슨의 소설에 나오는 비운의 여주인공과 같은데다 할로 공과 전문대에서 공부한 적도 있었다. 할로 출신의 클래리사라니, 신기할 정도로 클래리사 할로와 일치했다. 비록 소설이지만 또하나의 자살이 추가된 셈인데, 그녀는 그 영향까지 두려워하며 눈부신 미소로 감춰야 했다. 어머니 라비니아 루어드에게도 "래비 루"*라는 당혹스러운 별명이 있었는데, 그녀는 집안의 비극을 술잔에 타서 마셔버리고 명랑한 과부 노릇을 하면서 남자들에게 이용만 당했다. 처음에는 근위사단 출신의 켄 스위팅 대령이라는 유부남을 만났는데, 그는 맨 섬에 살면서 그녀를 찾아와 구애했지만 끝내 아내와 헤어지지 않았고 애당초 그럴 생각도 없었다. 그 이후 라비니아는 안달루시아의 미하스 시로 이주했는데, 맨입으로 빌붙어 살려는 유럽 놈팡이들이 줄줄이 나타나 그녀의 돈을 흥청망청 탕진했다. 딸이 하필 집안 내력도 불확실한데다 재산도 변변찮아 보이는 장발의 인도 소설가 나부랭이와 동거한다고 했을 때, 그리고 나중에는 결혼까지 하겠다고 했을 때 라비니아는 극구 반대했다. 켄트 주 웨스터럼에 사는 리워디 부부와 친했던 그녀는 그들의 아들이며 회계사인 리처드에게—창백하고 앙상한 친구인데 앤디 워홀처럼 머리가 허옜다—아름다운 따님을 시

* Lavvy-Loo. 이름과 성을 축약한 별명으로, 둘 다 '화장실'을 뜻한다.

집보낼 속셈이었다. 클래리사는 리처드와 데이트를 하면서 장발의 인도 소설가도 몰래 만났고, 두 남자 사이에서 결단을 내리기까지 2년이나 걸렸다. 그러나 1972년 1월 어느 날 밤, 래드브로크 그로브의 케임브리지 가든스에 있는 아파트에 새로 입주한 소설가의 집들이에 참석할 때는 이미 결심을 굳힌 뒤였고 그때부터 두 사람은 떼어놓을 수 없는 사이가 되었다. 선택은 언제나 여자들의 몫이고, 남자들은 선택받은 행운아가 되었다는 사실에 감사할 따름이다.

그날 밤의 그 포옹 속에는 두 사람이 함께 보낸 세월이—욕망, 사랑, 결혼, 출산, 불륜(주로 남자 쪽의), 이혼, 우정이—고스란히 담겨 있었다. 그날의 사건이 둘 사이의 아픔을 깨끗이 씻어냈고, 아픔 속에서도 파괴되지 않고 남아 있던 깊고 오래된 무엇이 비로소 드러났다. 물론 그들은 귀여운 한 소년의 부모이기도 했고 어버이로서는 언제나 일심동체였다. 자파르는 1979년 6월생이었다. 마침 『한밤의 아이들』의 탈고를 앞두고 있을 때였다. 작가는 클래리사에게 말했다. "다리를 잘 오므리고 있어봐. 최대한 빨리 쓰는 중이니까." 어느 날 오후에 그녀가 가진통을 느꼈고, 그는 생각했다. 이 아이는 자정에 태어나겠구나. 그러나 자파르가 태어난 것은 6월 17일 일요일 오후 2시 15분이었다. 그래서 작가는 소설의 헌사를 이렇게 썼다. 모두의 예상을 뒤엎고 오후에 태어난 자파르 루슈디에게. 그 아이가 어느새 아홉 살 반이 되어 걱정스러운 표정으로 묻고 있었다. 이게 무슨 일이야, 아빠?

경찰관이 말을 이었다. "선생님 일정을 저희도 알아야 합니다." 작가는 잠시 생각해보았다. "우선 집으로 갈까 하는데요." 마침내 그렇게 대답했을 때 그의 짐작대로 제복 경찰관들의 자세가 일제히 굳어졌다. "안 됩니다. 거긴 피하시는 게 좋습니다." 그래서 애당초 생각했던 대로 메리앤이 기다리는 론즈데일 스퀘어의 아파트 지하층에 대해 말해주었다. "선생님이 자주 들르는 집으로 널리 알려진 곳은 아닙니까?" 아니, 그렇진 않아요. "다행이군요. 일단 그 집에 도착하면 오늘밤은 웬만하면 다시 외출하지 마십시오. 곧 회의가 열리는데, 결과는 내일 최대한 빨리 알려드리겠습니다. 그때까지는 집 안에만 계셔야 합니다."

작가는 아들을 힘껏 부둥켜안고 대화를 나누었다. 그 순간부터 그는 아들에게 최대한 많은 것을 말해주되 그때그때 벌어지는 일을 최대한 긍정적인 색채로 전달하기로 마음먹었다. 자파르가 이번 일에 잘 대처하도록 도와주려면 자신도 속사정을 다 안다고 믿게 해줄 필요가 있었다. 신뢰할 수 있는 부모가 먼저 이야기를 해주면 학교 운동장이나 텔레비전에서 온갖 이야기가 범람하더라도 흔들리지 않을 테니까. 클래리사는 학교측도 대단히 협조적이라고 말했다. 위기에 처한 남자의 아들을 촬영하고 싶어하는 사진기자들과 텔레비전 취재진을 막아주었다고 했다. 아이들도 훌륭했다. 마치 의논이라도 한 듯 일제히 자파르를 감싸주면서 정상적인(혹은 거의 정상적인) 학교생활을 할 수 있도록 도와주었다. 학부모들도 거의 다 우호적이었다. 한두 명은 자파르가 계속 등교하면 다른 아이들이 위험할 수도 있으니 내보내라고 요구했지만 교장에게 한바탕 호통을 듣고 겸연쩍은 표정으로 물러났다. 그날 그렇게 용기, 결속, 신념을 지켜낸 사람들 덕분에 그의 마음도 한결 가벼워졌다. 거세어지는 어둠의 물결에 대항하기가 너무 힘겨울 것만 같았던 바로 그 순간, 가장 숭고한 인간적 가치들이 인류의 어두운 측면인 폭력과 아집에 맞서 싸우는 장면을 그들은 몸소 보여주었다. 그날 이전에는 터무니없다고 생각했던 일이 이제 충분히 있을 법한 일이 되었다. 그러나 햄프스테드의 홀 초등학교에서는 벌써 저항운동이 시작되고 있었다.

"내일도 만날 수 있을까, 아빠?" 작가는 고개를 가로저었다. "그 대신 전화할게. 날마다 저녁 7시에 전화할게." 그는 클래리사에게 말했다. "집을 비울 때는 내가 언제 다시 연락하면 되는지 자동응답기에 메시지를 남겨줘." 그때는 1989년이었다. PC, 노트북, 휴대폰, 이동전화, 인터넷, 와이파이, 문자메시지, 이메일 같은 용어는 아직 존재하지 않거나 몹시 낯설었다. 그에게는 컴퓨터도 휴대폰도 없었다. 그래도 집은 있었다. 비록 거기서 잠을 잘 수는 없지만 자동응답기가 있으니 그리로 연락해서 수신interrogate(기존 용어를 새로운 의미로 재활용한 말이었다*)을 선택하면 메시지를 들을, 아니, 재생retrieve할 수 있다. 그는 다시 말했다. "7시다. 매일 저녁. 알았지?" 자파르가 시무룩하게 고개를 끄덕였다. "알았어, 아빠."

혼자서 차를 몰고 돌아가는데 라디오에서는 나쁜 소식만 흘러나왔다. 이틀 전에는 파키스탄 이슬라마바드의 미국문화원 앞에서 "루슈디 폭동"이 일어났다. (『악마의 시』 문제로 미국을 비난하는 이유는 불분명했다.) 경찰이 군중에게 발포하는 바람에 5명이 죽고 60명이 다쳤다. 시위대는 루슈디는 죽은 목숨이라고 적힌 팻말을 들었다. 이제 이란의 살인 명령 때문에 사태가 몇 배로 험악해졌다. 아야톨라 호메이니는 단순히 유력한 성직자가 아니었다. 국가수반이기도 했다. 그런데 자신의 관할도 아닌 나라의 시민을 살해하라고 명령했다. 그가 거느린 암살단은 예전에도 이란혁명의 "적"을 처단했는데, 이란 바깥에 거주하는 적도 예외가 아니었다. 작가는 새로운 낱말을 하나 더 배웠다. 라디오에서 들은 말이었다. 치외법권. 바꿔 말하자면 국가주도형 테러. 볼테르는 글쟁이들에게 국경선 부근에 사는 것이 현명하다고 말했다. 혹시 권력자의 비위를 건드리더라도 재빨리 국경을 넘어가면 안전하니까. 볼테르 자신도 슈발리에 드 로앙이라는 귀족의 노여움을 산 후 프랑스를 떠나 영국으로 건너가서 7년 동안 망명생활을 했다. 그러나 지금은 박해자들과 다른 나라에 살아도 안전하지 않은 시대가 되었다. 이제 치외법권 활동이라는 것이 있다. 다시 말하자면, 남의 나라까지 쫓아온다.

론즈데일 스퀘어의 밤은 어둡고 맑고 싸늘했다. 경찰관 두 명이 있었다. 그들은 차에서 내리는 작가를 못 본 체했다. 두 경찰관은 단거리 순찰

---

* 원래는 '질문' '심문'을 뜻한다.

을 돌면서 작가의 아파트를 중심으로 반경 100야드 이내의 도로 주변을 감시했다. 집 안으로 들어간 뒤에도 그들이 걸어다니는 소리가 계속 들렸다. 그렇게 발소리가 울려퍼지는 적막 속에서 그는 자신의 삶을 더는 이해하지 못하고 앞날이 어떻게 될지도 알 수 없다는 사실을 깨달았다. 그리고 그날 들어 두번째로, 이제는 이해하건 말건 삶 자체가 얼마 안 남았는지도 모른다고 생각했다. 폴린은 집으로 돌아가고 메리앤은 일찌감치 잠자리에 들었다. 잊고 싶은 하루였다. 잊지 못할 하루였다. 그가 아내 곁에 눕자 그녀가 그를 향해 돌아누웠고, 두 사람은 불행한 결혼생활을 이어가는 부부답게 어색한 포옹을 나눴다. 이윽고 떨어져 누운 그들은 각기 생각에 빠져 쉽게 잠들지 못했다.

발소리. 겨울. 정글짐 위에서 퍼덕거리는 검은 날개. 자랑스러운 전 세계 무슬림에게 공포합니다. 리슬티, 로슬티, 모, 모, 모. 어디서든 그자들을 발견하는 즉시 처단하기를. 리슬티, 로슬티, 어처구니가 없구나. 니키티내키티, 레트로쿼퀄리티, 윌로비왈라비, 모, 모, 모.

1

파우스트의 계약

A Faustian Contract in Reverse

1947
-
1988

루슈디가 어렸을 때 아버지가 취침시간에 동양의 신기한 이야기를 들려주셨는데, 이야기를 하고 또 하면서 마음대로 새로 지어내고 새로 꾸며내셨다. 『천일야화』에 나오는 셰에라자드의 이야기는 죽음과 맞서 싸우며 제아무리 잔학한 폭군이라도 능히 깨우치고 이겨내는 이야기의 힘을 보여주었다. 『판차탄트라』의 동물 우화도 있고, '이야기가 흐르는 바다'를 뜻하는 『카타사리트사가라』, 그의 조상들이 태어난 땅 카슈미르에서 편찬한 이야기의 호수에서 폭포수처럼 쏟아지는 온갖 기기묘묘한 이야기도 있고, 『함자나마』와 『하팀 타이의 모험』에 나오는 위대한 영웅들의 이야기도 있었다. (마지막 책은 영화화되기도 했는데, 원래의 이야기를 화려하게 윤색한데다 취침시간에 다시 이야기하는 과정에서 더욱더 현란해졌다.) 그렇게 이야기에 푹 빠진 채 성장한 사람은 결코 잊을 수 없는 두 가지 교훈을 얻기 마련이다. 첫째, 이야기는 진실이 아니지만(병에 갇힌 마귀나 날아다니는 양탄자나 마술램프 따위는 '존재'하지 않으므로) 진실이 아니기 때문에 오히려 진실이 말해줄 수 없는 진실을 느끼고 깨닫게 해준다는 사실,

그리고 둘째, 그 모든 이야기는 아버지 아니스의 것이면서 다른 모든 사람의 것이었듯이 이제는 그의 것이기도 하다는 사실, 밝은 이야기든 어두운 이야기든, 거룩한 이야기든 저속한 이야기든, 그 모두가 아버지의 것인 동시에 아들의 것이며, 따라서 언제든지 마음대로 바꾸고 고치고 취사선택할 수 있다는 사실, 마음껏 웃고 즐기며 이야기 속에서, 혹은 이야기와 더불어, 혹은 이야기를 따라 살아갈 수도 있고, 이야기를 사랑함으로써 이야기에 생명을 불어넣고 그 대가로 이야기로부터 생명을 얻을 수도 있다는 사실이다. 인간은 이야기하는 동물이다. 지구상에서 유일하게 자신이 어떤 존재인지 이해하려고 이야기를 하는 생물이다. 이야기는 인간의 생득권이다. 아무도 그 권리를 빼앗을 수 없다.

어머니 네긴도 아들에게 이야기를 들려주셨다. 네긴 루슈디의 원래 이름은 조흐라 부트였다. 아니스와 결혼하면서 성뿐만 아니라 이름까지 바꾸고 남편을 위해 자신을 재창조했다. 조흐라는 한때 다른 남자를 깊이 사랑한 적이 있어 남편이 생각하기도 싫어하는 이름을 미련 없이 포기했다. 어머니가 마음속으로 생각하는 이름이 조흐라인지 네긴인지는 아들도 끝내 알아내지 못했다. 어머니는 과거의 남자에 대해 아들에게 한마디도 안 하는 대신 남의 비밀을 들춰내는 데 몰두했다. 어머니는 세계일류급 수다쟁이였고, 맏자식이며 외아들인 그는 어머니의 침대에 걸터앉아 어머니가 좋아하는 방식대로 발을 주물러주면서 동네 안팎에서 벌어지는 온갖 흥미진진한, 때로는 아주 추잡한 일에 대한 이야기를 들었다. 어머니의 마음속에는 여러 가문의 족보가 모여 이리저리 가지를 치고 서로 뒤얽히며 속닥거리는 거대한 숲을 이루었고, 나무마다 추문이라는 매혹적인 금단의 열매가 주렁주렁 열렸다. 그리고 그는 이런 비밀도 자신의 것이라고 생각하게 되었다. 왜냐하면 비밀이란 일단 입 밖에 나오면 말한 사람의 것이 아니라 들은 사람의 것이 되기 때문이다. 비밀이 새어나가길 바라지 않는다면 규칙은 하나뿐이다. 아무에게도 말하지 마라. 이 규칙도 나중에 그에게 유익했다. 나중에, 즉 그가 글쟁이가 되었을 때, 어머니는 이렇게 말씀하셨다. "이젠 너한테 그런 얘기는 하지 말아야겠더라. 책에다 써버리니까 내 입장이 곤란해져." 그 말은 사실이었고, 어머니는 마땅히 이야기를 그만뒀어야 옳았다. 그러나 어머니는 수다 중독자였고, 그녀의 남편, 즉 아들의 아버지가 술을 끊지 못했듯이 어머니도 수다를 멈추지 못했다.

봄베이의 워든 로드 26번지 윈저 빌라라는 언덕 위에 있는 집이었다. 언덕과 바다 사이에 펼쳐진 도시와 그 너머의 바다가 한눈에 내려다보였다. 그렇다, 그의 아버지는 부자였다. 그러나 살아가면서 그 많던 돈을 다 잃어버리고 빈털터리가 되어 빚도 갚지 못한 채 세상을 떠났다. 아버지가 이승에 남긴 현금은 책상 왼쪽 윗서랍에 감춰둔 루피화 한 다발이 전부였다. 외아들이었던 아니스 아흐메드 루슈디는(윈저 빌라의 대문 옆에는 "케임브리지 문학사文學士, 변호사"라고 적힌 황동 문패를 자랑스럽게 내걸었다) 섬유업계의 거물이었던 아버지로부터 막대한 재산을 물려받았지만 결국 다 쓰거나 잃고 나서 숨을 거두었다. 나름대로 행복한 인생이었다고 생각할 수도 있겠지만 실상은 그렇지 않았다. 자식들은 아버지에 대해 몇 가지 사실을 알고 있었다. 예를 들면 아침에 일어나서 면도를 할 때까지는 명랑했지만 필리셰이브 면도기를 사용한 다음부터는 걸핏하면 짜증을 내서 다들 아버지와 마주치지 않도록 조심했다. 주말에 자식들을 해변으로 데려갈 때는 팔팔하고 익살맞은 사람이었지만 집으로 돌아올 때는 화를 내기 일쑤였다. 골프 실력은 어머니가 더 좋았지만 이겨봤자 손해였으니 어머니는 윌링던 클럽에서 골프를 칠 때마다 일부러 져주었다. 그리고 아버지는 술에 취하면 자식들 앞에서 오만상을 찡그리며 얼굴 이곳저곳을 잡아당겨 아주 괴상하고 무시무시한 모습을 보여주었는데, 자식들은 몹시 무서워했지만 아버지가 "오만상을 찡그린다"고 말해도 그런 모습을 본 적이 없는 외부 사람들은 무슨 뜻인지 알아듣지 못했다. 그러나 어린 시절에는 아버지의 이야기를 들으며 잠들었고, 혹시 다른 방에서 말다툼을 하는 소리나 어머니의 울음소리가 들리더라도 아이들이 할 수 있는 일은 아무것도 없었다. 그저 이불을 뒤집어쓰고 꿈을 꿀 뿐이었다.

1961년 1월, 아니스는 열세 살 먹은 아들을 영국으로 데려갔다. 아들이 럭비 중등학교*에 입학하기 전에 두 사람은 런던의 마블 아치** 근처에 있는 컴벌랜드 호텔에서 일주일 남짓 한방을 썼다. 낮에는 학교에서 지정한 물품을 사러 다녔는데, 트위드 재킷, 회색 플란넬 바지, 반 호이젠 셔츠 따위였다. 이 셔츠는 좀 뻣뻣한 분리형 목깃이 달렸는데, 목깃을 고정시키는 단추가 목을 짓눌러 숨쉬기도 힘들었다. 그들은 코번트리 스트리트의 라이언스 코너 하우스에서 초콜릿 밀크셰이크를 사 먹기도 하고 오데온 마블 아치 극장에서 〈세인트트리니언 여학교의 생지옥 소동〉을 보기도 했는데, 소년은 자기가 다닐 기숙학교에도 여학생이 있었으면 좋겠다고 생각했다. 저녁이 되면 아버지는 에지웨어 로드의 카도마 테이크아웃에서 통닭구이를 사서 아들에게 파란색 서지로 지은 새 더블브레스트 방수외투 속에 감춰 호텔방으로 몰래 들여가라고 시켰다. 그리고 밤이 되면 아니스는 술을 마셨고, 한밤중에 아들을 흔들어 깨워서는 겁에 질린 소년에게 고래고래 욕설을 퍼부었다. 소년은 아버지가 그렇게 더러운 말을 알고 있을 줄은 상상도 못했다. 이윽고 두 사람은 럭비 시로 향했고, 그곳에서 빨간색 안락의자를 샀고, 작별인사를 나눴다. 이때 아니스는 기숙사 앞에서 파란색과 흰색 줄무늬가 있는 기숙사 모자를 쓰고 통닭구이 냄새가 밴 방수외투를 입은 아들의 사진을 찍었는데, 남들이 그 사진 속 소년의 서글픈 눈빛을 보았다면 집에서 너무 먼 학교에 다니게 되어 슬퍼한다고 생각했을 것이다. 그러나 사실은 아버지가 빨리 떠나주기를 바랐을 뿐이었다. 그래야 야밤의 지독한 욕지거리를, 아버지의 충혈된 눈과 이유 없는 분노를

---

* 영국 잉글랜드 워릭셔 주의 명문 사립학교.
** 1827년 영국이 나폴레옹과 벌인 전투에서 승리한 기념으로 제작한 대리석 문.

빨리 잊을 수 있을 테니까. 소년은 슬픔을 과거 속에 묻어버리고 미래를 향해 달려가고 싶었다. 그 이후로 그가 늘 아버지로부터 최대한 멀리 떨어진 곳에서, 언제나 바다를 사이에 두고 살게 된 것은 어쩌면 당연한 일인지도 모른다. 그가 케임브리지 대학을 졸업한 후 아버지에게 작가가 되겠다고 말했을 때 아니스의 입에서는 고통스러운 호통이 걷잡을 수 없이 터져나왔다. "아니, 그럼 내 친구들한테는 뭐라고 하란 말이냐?"

그러나 그로부터 19년이 흘러 아들의 마흔번째 생일날 아니스 루슈디는 아들에게 친필로 쓴 편지 한 통을 보냈고, 이 편지는 그날 이전과 이후를 통틀어 작가가 받은 편지 중 가장 소중한 편지가 되었다. 아니스가 급속히 진행되는 다발성골수종, 즉 골수암에 걸려 77세를 일기로 세상을 떠나기 불과 5개월 전의 일이었다. 이 편지에서 아니스는 그때까지 아들이 지은 책을 얼마나 꼼꼼하고 치밀하게 읽고 또 이해했는지, 그리고 얼마나 간절하게 아들의 새로운 책을 기다렸는지, 그리고 비록 반평생 동안 표현하지는 않았지만 가슴에 품은 부성애가 얼마나 깊은지 여실히 보여주었다. 그는 살아생전에 『한밤의 아이들』과 『수치』의 성공을 목격하고 기뻐했지만 정작 그에게 가장 큰 빚을 진 책이 출간되었을 때는 이미 이 세상 사람이 아니었다. 어쩌면 차라리 다행인지도 모른다. 왜냐하면 그 이후 벌어진 대소동을 못 보게 되었기 때문이다. 그러나 그의 아들이 철저히 확신하는 몇 가지 가운데 하나는, 『악마의 시』를 둘러싼 싸움이 시작되었을 때 만약 아버지가 살아 계셨다면 단호하고 절대적인 지지를 아끼지 않았으리라는 점이다. 사실 아버지의 아이디어와 본보기에서 영감을 얻지 못했다면 그 소설은 아예 쓰지도 않았을 것이다. 그러니 네 인생이 그렇게 망가진 것도 모두 엄마 아빠 탓이다? 아니, 그런 뜻은 아니다. 글쎄, 어느 정도는 사실인지도 모르지만, 두 분은 그가 자신의 내면에 이미 깃들어 있던 그 사람으로, 즉 한 명의 작가로 성장하도록 도와주셨다.

그가 아버지에게 받은 첫번째 선물은 마치 타임캡슐에 담긴 메시지처럼 어른이 되기 전에는 미처 깨닫지 못한 선물인데, 바로 그들 가족의 성이었다. "루슈디"라는 성은 아니스가 만들었기 때문이다. 아니스의 아버지는 이름이 아주 길었다. 콰자 무함마드 딘 칼리키 델라비. 남아 있는 유일한 사진 속에서 매서운 눈으로 노려보는 고풍스러운 신사에게 썩 잘 어울리는 근사한 올드델리식 이름이었다. 성공한 사업가이며 때때로 수필가이기도 했던 그는 유명하고 유서 깊은 발리마란이라는 무할라(동네)에서 무너져가는 어느 하벨리*에 살았다. 페르시아어와 우르두어로 시를 쓴 위대한 시인 갈리브가 살았던 이 동네는 찬드니 초크** 부근인데, 좁고 구불구불한 골목길이 미로처럼 뒤엉킨 곳이었다. 무함마드 딘 칼리키는 한창나이에 세상을 떠나면서 아들에게 막대한(그러나 결국 탕진해버릴) 유산과 더불어 현대세계에서 달고 다니기에는 너무 거창한 이름을 물려주었다. 그래서 아니스는 "루슈디"라는 성을 스스로 지어 가졌는데, 12세기 스페인의 코르도바에서 태어난 아랍인 철학자 이븐루시드를 존경했기 때문이었다. 서양에서는 "아베로에스"라고 불리는 이 철학자는 세비야 시의 카디(재판관)가 되었는데, 아리스토텔레스의 여러 작품을 번역하고 주석을 붙여 많은 찬사를 받았다. 아니스의 아들은 20년이 넘도록 루슈디라는 성을 달고 산 뒤에야 비로소 아버지가 그런 성을 선택한 까닭을 이해했다. 진정한 이슬람학자이면서도 신앙심은 전혀 없었던 아버지는 이븐루시드가 당대의 이슬람 문자주의literalism***에 반기를 든 합리주의적 논증의 선봉에 섰기 때문에 그를 존경했다. 그리고 다시 20년의 세월이 흐른 후 『악마의 시』를 둘러싼 싸움이 벌어지면서 800년 묵은 논쟁이 20세기에 재현되었다.

　머리 위에서 폭풍우가 휘몰아치기 시작했을 때 루슈디는 이런 생각을 했다. "어쨌든 성 하나는 제대로 달고 싸움터에 뛰어드는구나." 무덤에 계

---

* 인도와 파키스탄에서 오래된 저택을 이르는 말.
** 인도 델리의 유명한 시장. '달빛의 거리'라는 뜻.
*** 문헌을 글자 그대로 해석하는 방식.

신 아버지가 물려준 깃발, 이븐루시드의 깃발 아래서 그는 기꺼이 싸울 각
오를 다졌다. 이 깃발은 지성과 논증과 분석과 진보를, 신학의 굴레를 벗
어난 철학과 배움의 자유를, 인간의 이성을, 그리고 맹목적 신앙이나 순종
이나 수용이나 정체停滯에 대한 저항을 상징했다. 전쟁터에 나가길 원하는
사람은 아무도 없겠지만 이렇게 전쟁이 우리를 찾아오는 경우도 있는데,
기왕이면 바람직한 전쟁, 세상에서 가장 중요한 것들에 대한 전쟁이 좋지
않을까. 그리고 어차피 싸워야 한다면 "루슈디"라는 성을 달고, 아버지가
데려다준 바로 그 자리에서, 즉 위대한 아리스토텔레스 연구자, 아베로에
스, 아불 왈리드 무함마드 이븐 아흐마드 이븐루시드의 전통 속에서 싸우
는 것도 좋지 않을까.

아버지와 그는 목소리가 똑같았다. 집에서 아들이 전화를 받으면 아니
스의 친구들도 아버지인 줄 알고 다짜고짜 말문을 열기 일쑤여서, 자칫 난
처한 이야기라도 나오기 전에 황급히 말려야 했다. 두 사람은 생김새도 빼
닮았고, 부자지간의 험난한 여정이 비교적 순탄할 때는 부겐빌레아 덩굴
의 꽃향기가 코끝에 감도는 무더운 저녁 무렵 베란다에 나란히 앉아 세상
사에 대해 열띤 토론을 벌였는데, 비록 많은 주제에서 의견이 엇갈렸지만
성격은 비슷하다는 사실을 둘 다 알고 있었다. 무엇보다 중요한 공통점은
불신앙이었다.

아니스는 무신론자였다. 미국에서는 여전히 충격적인 발언이고 유럽에
서는 이미 대수롭지 않은 일이지만, 나머지 대부분의 지역에서는 도저히
이해할 수 없는 발상이다. 신을 믿지 않는다는 생각을 떠올리기조차 힘들기
때문이다. 그러나 아니스는 그런 사람이었다. 비록 무신론자였지만 하느
님에 대해 많이 알고 많이 생각했다. 특히 이슬람교의 탄생에 매료되었는
데, 세계적인 종교 중에서 유일하게 탄생 과정이 역사에 기록된 종교이기
때문이었다. 이슬람교의 예언자는 실존 인물이 살다 죽은 후 백여 년이 지
났을 때 "전도사들"이 미화해가며 그려낸 전설의 주인공도 아니고, 총명한

개종자 사도 바울이 세계 전역에서 잘 먹게끔 다시 요리한 음식도 아니고, 오히려 생애 대부분이 엄연한 기록으로 남아 있는 사람, 사회적, 경제적 사정까지 잘 알려진 사람, 엄청난 사회적 격동기를 살았던 사람이다. 비록 고아였으나 신비주의 성향을 가진 상인으로 자수성가했는데, 어느 날 메카 근처의 히라 산에 올랐을 때 대천사 가브리엘을 보았다. 대천사는 저멀리 지평선을 밟고 우뚝 서서 하늘을 가득 메운 채 그에게 "암송하라" 명령했고, 그리하여 '암송'을 뜻하는 '쿠란'이라는 책이 서서히 만들어졌다.

아버지가 아들에게 전해준 것은: 이슬람교의 탄생에 얽힌 이야기가 매혹적인 까닭은 그것이 역사시대에 일어난 사건이기 때문이라는 신념, 따라서 이 종교가 형성될 당시의 여러 사건과 탄압과 사상의 영향을 틀림없이 받았으리라는 신념, 그러므로 그 이야기의 역사적 근거를 밝혀내고 이 위대한 사상이 온갖 영향력 속에서 성장한 과정을 제대로 이해하는 것이야말로 이 문제에 접근하는 유일한 방법이라는 신념, 그리고 무함마드를 진짜 예언자로 믿을 수는 있지만—예컨대 잔 다르크가 정말 이런저런 음성을 들었다고 믿듯이, 혹은 사도 요한의 계시록이 그 번민하는 영혼의 "실제" 경험을 기록했다고 믿듯이—그렇다고 이슬람의 예언자가 히라 산에 올랐던 바로 그날 그 옆에 다른 사람이 함께 서 있었다면 그 역시 대천사를 보았으리라 믿을 필요는 없다는 신념이었다. 계시는 객관적 진실이 아니라 내면적, 주관적 사건으로 이해해야 하며, 계시를 기록한 문헌도 여느 문헌과 마찬가지로 문학, 역사학, 심리학, 언어학, 사회학 등을 총동원하여 비판적으로 검토해야 한다. 간단히 말하자면 이 문헌도 인간의 산물로 간주해야 하고, 따라서 여느 유물처럼 인간적 오류와 결함이 있을 가능성도 감안해야 한다. 미국 평론가 랜들 재럴은 소설이란 "어딘가에 문제가 있는 긴 산문"이라는 멋진 정의를 내렸다. 아니스 루슈디는 쿠란의 문제가 무엇인지 안다고 믿었다. 몇 군데가 뒤죽박죽이라는 점이었다.

전통적 믿음에 의하면 무함마드는 산에서 내려올 때마다 암송을 시작했고—아마 문맹이었을 것이다—그의 친지 중에서 제일 가까이 있는 사람이 무엇이든(양피지, 돌, 가죽, 나뭇잎, 때로는 뼛조각까지) 닥치는 대로 집어들고 그의 말을 받아썼다고 한다. 그 기록들은 무함마드의 집에 있는 궤짝 속에 보관했는데, 그가 사망한 후 친지들이 한자리에 모여 계시의 올바른 순서를 정했고, 그때의 결정에서 지금의 쿠란 정전이 탄생했다. 그러나 이 경전을 "완벽"하다고 인정하려면 읽는 사람에게 몇 가지 믿음이 필요하다. (a) 대천사가 하느님의 말씀을 전할 때 실수하지 않았다는 믿음인데, 대천사는 원래 조금도 실수하지 않는 존재라니까 이 문제는 그냥 넘어가도 되겠고, (b) 예언자가, 본인의 표현에 의하면, 하느님의 심부름꾼이 대천사의 말을 모두 정확히 기억했다는 믿음, (c) 예언자의 친지들이 장장 23년에 걸쳐 계시를 바삐 받아쓰는 과정에서도 마찬가지로 실수가 전혀 없었다는 믿음, 그리고 마지막으로 (d) 그들이 한자리에 모여 이 자료를 최종 형태로 배열할 때 정확한 순서에 대한 그들의 집단적 기억도 역시 완벽했다는 믿음이다.

아니스 루슈디는 명제 (a) (b) (c)에 대해서는 굳이 따지려 들지 않았다. 그러나 명제 (d)만은 그대로 받아들이기 힘들었다. 왜냐하면 쿠란을 읽어본 사람이라면 누구나 쉽게 알 수 있듯이 몇몇 수라(장章)에는 갑작스러운 단절 현상이 존재하기 때문이다. 느닷없이 주제가 바뀌기도 하고, 때로는 이미 지나가버린 주제가 나중에 전혀 다른 주제를 다룬 장에서 뜬금없이 불쑥 튀어나오기도 한다. 그런 불연속성을 정리하여 더 명료하고 더 읽기 편한 경전을 만드는 것이 아니스의 오랜 소망이었다. 이 계획은 비밀도 음모도 아니었다는 사실을 밝혀두겠다. 그는 친구들과 식사를 하면서 공개적으로 이 문제를 논의했다. 이 사업이 수정주의자revisionist 본인에게 위기를 초래할지도 모른다는 생각도 없었고, 위험에 따르는 전율도 없었다. 어쩌면 그 시대는 지금과 달라서 그런 생각을 품은 사람도 보복을 두려워할 필요는 없었는지도 모른다. 어쩌면 정말 믿을 만한 친구들이기 때문이었는지도 모른다. 어쩌면 그저 아니스가 순진한 바보였는지도 모른다. 어쨌든 그는 이렇게 공공연한 탐구 분위기 속에서 자식들을 키웠다. 어떤 주제도 막지 않았다. 금기 따위는 전혀 없었다. 무엇이든, 심지어 신성한 경전까지 샅샅이 파헤칠 수 있었고, 가능하다면 얼마든지 개선할 수 있었다.

그러나 아니스는 결국 그 일을 하지 못했다. 아니스가 세상을 떠난 후 그의 서류 속에서 그런 자료는 하나도 발견되지 않았다. 그의 말년을 지배한 것은 술과 사업 실패였고, 심오한 쿠란 연구처럼 길고 고된 일에 매달릴 만한 시간도 의지도 없었다. 어쩌면 처음부터 한낱 몽상이었거나 술기운에서 비롯된 무의미한 허풍이었는지도 모른다. 그러나 이 발상은 그의 아들에게 흔적을 남겼다. 바로 그것이 아니스가 자식들에게 준 두번째 큰 선물이었다. 두려움을 모르는 회의주의, 그리고 종교로부터의 완벽에 가까운 자유라는 선물이었다. 그래도 몇 가지 명목적인 제약은 있었다. 루슈디 집안에서는 "돼지의 살"을 먹지 않았고, 마찬가지로 율법이 금하는 "육지와 바다에서 시체를 뜯어먹는 것들"은 식탁에 올리지 않았으니 고아 주의 새우카레를 맛볼 기회도 없었다. 아주 드물게나마 이드가에 가서 굽실굽실 절을 하며 기도를 드리기도 했다. 아랍어보다 우르두어를 주로 사용하는 인도 무슬림이 '라마단'이 아니라 '람잔'이라고 부르는 기간이 돌아오면 해마다 한두 번쯤은 금식을 했다. 그리고 비록 잠시 동안이었지만 한번은 네긴이 신앙심 없는 아들과 딸들에게 기본적인 교리를 가르치려고 몰비(율법학자)를 초빙한 적도 있었다. 그러나 신앙심 없는 아이들은 호찌민을 닮은 이 왜소한 몰비에게 반항하거나 무자비하게 그를 놀려먹었고, 몰비는 부모에게 가서 아이들이 신성한 율법을 무시한다며 통렬한 한탄을 늘어놓았다. 그러나 아니스와 네긴은 오히려 웃으면서 자식들 편을 들었다. 몰비는 불신자들에 대한 저주를 내뱉으며 뛰쳐나가 영영 돌아오지 않았고, 그 이후 종교교육이 다시 시도된 일은 없었다. 신앙심 없는 아

이들은 결국 불신자로 성장했는데, 적어도 윈저 빌라에서는 대수로운 일
도 아니었다.

　브래들리 기숙사의 파란색과 흰색 줄무늬 모자를 쓰고 서지 방수외투
를 걸친 소년이 아버지 앞에서 돌아서서 영국 생활을 시작했을 때 제일 먼
저 분명히 깨달은 것은 외국인은 죄인이라는 현실이었다. 그 순간까지 그
는 자신이 누군가의 '타자'라고 생각해본 적이 한 번도 없었다. 그러나 럭
비를 나온 후로는 그곳에서 얻은 교훈을 결코 잊지 않았다. 이유도 없이
우리를 싫어하는 사람은 어디에나 있기 마련이고, 그런 사람들에게는 우
리가 녹색 외계인이나 우주 괴물처럼 낯설기 짝이 없고, 그들의 생각을 바
꾸려고 해봤자 소용없다. 따돌림. 나중에 그는 더욱더 극적인 상황 속에서
거듭거듭 이 교훈을 복습했다.
　1960년대 초의 영국 기숙학교에서 그는, 학생들이 저지를 수 있는 세
가지 심각한 잘못이 있지만 그중 두 가지만 저지르면 용서받을 수도 있다
는 사실을 금방 알아차렸다. 세 가지 잘못이란: 외국인인 것, 똑똑한 것,
게임을 잘하지 못하는 것. 럭비에서는 똑똑한 외국인 학생도 크리켓을 남
달리 잘하면 얼마든지 즐겁게 지낼 수 있었다. 나중에 세계일류급 브리지
플레이어로 성장한 파키스탄 출신의 동급생 지아 마흐무드처럼 카드놀이
에 탁월한 재능을 가진 경우도 마찬가지였다. 운동에 소질이 없는 아이들
은 너무 똑똑해지지 않도록 조심하고, 가능하면 지나치게 외국인 티를 내
지도 말아야 했다. 세 가지 가운데 가장 큰 잘못이 바로 그것이기 때문이
었다.
　그는 세 가지 잘못을 모두 저질렀다. 외국인인데다 똑똑한데다 '몸치'였
다. 결과적으로 그의 학교생활은 대체로 불행했다. 다만 공부는 썩 잘해서
럭비를 떠날 무렵에는 정말 많이 배웠다는 뿌듯한 만족감을 만끽했다. 운

좋은 학생이라면 남은 한평생 소중히 간직할 만큼, 훌륭한 선생님에 대한 추억도 많았다. 예를 들자면 P. G. 루이스 선생님은 "꿀꿀이Pig"라는 뻔한 별명으로 불렸는데, 이분이 프랑스어에 대한 사랑을 심어주신 덕분에 소년은 불과 한 학기 사이에 학년 바닥권에서 상위권으로 단숨에 올라섰다. 그리고 J. B. 호프심프슨Hope-Simpson, 일명 "희망돌이", J. W. 헬, 일명 "똥배짱", 이 두 분 역사 선생님의 노련한 가르침 덕분에 그는 아버지의 모교인 케임브리지 대학의 킹스 칼리지에서 약간의 장학금을 받으며 역사학 공부를 할 수 있게 되었고, 그곳에서 E. M. 포스터*를 만나고 섹스를 경험할 수 있었다. 물론 두 가지 사건이 동시에 일어나지는 않았지만. (어쩌면 비교적 덜 중요한 일인지도 모르겠으나 "희망돌이" 선생님은 소년에게 톨킨의 『반지의 제왕』을 소개해준 분이기도 했다. 이 책은 무슨 전염병처럼 소년의 의식 속으로 파고들어 끝끝내 털어버릴 수 없었다.) 영어를 가르치던 제프리 헬리웰 선생님은 파트와가 공포된 다음날 영국 방송에 출연하셨는데, 안타깝다는 듯 고개를 절레절레 흔들며 감미롭고 몽롱하고 어리바리한 어조로 이렇게 반문했다. "그렇게 착하고 조용했던 아이가 이렇게 큰 말썽을 일으킬 줄이야 누가 알았겠어요?"

소년에게 영국 기숙학교에 가라고 강요한 사람은 없었다. 네긴은 하나뿐인 아들을 바다 건너, 대륙 너머로 멀리 보낸다는 계획에 반대했다. 아니스는 아들에게 그런 기회를 주겠다며 공통입학시험을 보라고 권했지만, 소년이 제법 뛰어난 성적을 거두고 럭비 중등학교 입학 자격을 얻은 뒤에도 영국에 가느냐 마느냐 최종 결정은 전적으로 소년의 몫이었다. 나중에도 그는 당시 겨우 열세 살이었던 자신의 선택을 새삼 놀라워했다. 자기가 살던 도시에 이미 뿌리를 내렸고, 친구들 곁에서 행복했고, 학교생활도(마라티어 때문에 조금 어려움을 겪기는 했지만) 즐거웠고, 부모에게는 눈에

---

* 영국 소설가(1879~1970). 말년을 킹스 칼리지에서 보냈다.

넣어도 아프지 않을 아들이었던 소년이 어떻게 그런 결정을 내렸을까? 어째서 소년은 그 모든 것을 포기하고, 자신을 사랑하는 모든 사람과 자신이 아는 모든 것을 등지고, 지구의 절반을 돌아 머나먼 미지의 땅으로 떠날 결심을 했을까? 문학 때문이었을까? (확실히 책벌레였으니까.) 그렇다면 원인 제공자는 소년이 사랑했던 지브스와 버티, 혹은 엠즈워스 백작과 그의 거대한 암퇘지 '블랜딩스의 여제'*였는지도 모른다. 아니면 애거사 크리스티가 창조한 세계의 아슬아슬한 매력이—미스 마플이 사는 세인트 메리 미드는 영국에서 가장 무시무시하고 살인적인 마을인데도—소년을 설득했던 걸까? 그 밖에 아이들이 배를 타고 레이크 지방**을 누비며 온갖 장난을 치는 아서 랜섬의 『제비호와 아마존호』 연작도 있고, 그것보다 훨씬 더 심한 작품으로는 우스꽝스러운 그레이프라이어스 중등학교의 뚱보 소년 빌리 번터, 일명 "올빼미"의 한심한 행각을 그린 프랭크 리처즈의 소설도 있었다. 번터의 반 친구들 가운데 적어도 한 명은 인도인인데, 후리 잠세트 람 싱, 일명 "바니푸르의 벼락부자 검둥이"는 아주 괴상하고 거만한데다 구문이 엉망인 영어로 말했다. (벼락부자 검둥이의 말투를 빌리면, "엉망 구문이다".) 바꿔 말하자면, 소년의 결정은 책 속에만 존재하는 상상의 영국에 들어가고 싶어서 내린 어린애 같은 판단이었을까? 아니면 그 반대로, "착하고 조용한 아이"의 마음속에는 더 특이한 존재, 남달리 모험심이 강한 남자, 요컨대 미지의 세계로 뛰어드는 일이기 때문에 어둠을 향해 당당히 몸을 던질 만큼 진취적인 사나이가 숨어 있었고, 그래서 이 소년은 이 세상 어디를 가더라도 장차 어른이 된 미래의 자신은 거뜬히 살아남을 뿐만 아니라 남다른 성공까지 거머쥘 능력이 있다고 직감했으며, 혼자서도 전혀 어렵지 않게, 오히려 조금은 냉혹해 보일 정도로 온갖 유혹

---

* 모두 영국 소설가 P. G. 우드하우스(1881~1975)가 창조한 등장인물 또는 동물.
** 영국 잉글랜드 서북부에 있는 산악 지대로, 크고 작은 빙하호들이 많다.

을 뿌리치며 "바깥세상"의 꿈을 키워나갈 자신이 있다고, 따분한 "고향"의 유혹도 물론 예외가 아니라고, 슬퍼하는 어머니와 누이들도 별다른 미련 없이 훌쩍 떠날 수 있다고 확신했던 걸까? 어쩌면 모두 조금씩은 영향을 미쳤는지도 모른다. 어쨌든 그는 과감한 결단을 내렸고, 그의 발밑에서 시간의 길이 두 갈래로 갈라졌다. 그는 서쪽으로 가는 길을 선택했고, 그리하여 고향에 머물렀을 때의 미래와는 전혀 다른 미래를 만나게 되었다.

'클로스'라는 다층식 운동장이 내려다보이는 벽이 있었다. 전설적인 교장 아널드 박사를 기려 '박사의 벽'이라고 불리는 이 벽에는 인습을 뒤엎은 혁명적 행동을 칭송하는 분홍색 석판이 붙어 있었다. "당대의 축구 규칙을 과감하게 무시하고 사상 처음으로 공을 집어들고 달려 럭비의 뚜렷한 특징을 창시한 윌리엄 웹 엘리스의 공로를 기념하여." 그러나 웹 엘리스에 대한 이야기는 진위가 의심스러웠다. 럭비 중등학교는 인습 타파와는 거리가 먼 학교였다. 증권 중개인이나 사무 변호사 등의 아들을 가르치는 이곳에서 "규칙을 과감하게 무시"하는 행동 따위는 교육과정에 포함되지 않았다. 양손을 주머니에 넣는 것조차 규칙 위반이었다. "복도에서 뛰는 행위"도 마찬가지였다. 그러나 종살이—하급생이 상급생의 무보수 하인 노릇을 하는 일—와 매질은 여전히 허용되었다. 사감은 물론이고 기숙사 학생장까지 체벌을 줄 수 있었다. 첫 학기 때 소년이 머물던 기숙사의 학생장은 R. A. C. 윌리엄슨이라는 아이였는데, 자기 공부방 문짝 위에 여봐란듯이 회초리를 걸어놓았다. 윌리엄슨은 매를 때릴 때마다 회초리에 눈금을 하나씩 새겼다.

소년은 한 번도 맞지 않았다. "착하고 조용한 아이"였기 때문이다. 그는 교칙을 외워두고 철저히 준수했다. 교내 은어도 배웠는데, '딕dic'은 기숙사에서 취침시간에 하는 기도(라틴어로 '말하다'라는 뜻인 '디케레dicere'를 줄인 말이었다), '토포스topos'는 화장실(그리스어로 '장소'라는 뜻), '오이크oik'는 시멘트 제조업으로 제일 유명한 이 도시의 주민들 중에서 럭비에 다니지 않는 사람들을 가리키는 무례한 말이었다. '세 가지 잘못' 은 끝내 용서받지 못했지만 그는 학교에 적응하려고 최선을 다했다. 제6과 정* 때는 나폴레옹의 외무대신이었고 냉소적이고 부도덕한 난봉꾼이었으 며 절름발이였던 탈레랑을 열렬히 옹호하는 역사학 작문으로 여왕 표창을 받았다. 교내 토론 동아리의 서기가 되어 종살이를 지지하는 감동적인 연 설을 하기도 했다. 그러나 이 관행은 그가 졸업하고 얼마 안 되어 폐지되 었다. 그는 인도의 보수적인 집안 출신이었고, 어떤 면에서도 급진파는 아 니었다. 그러나 인종차별이 무엇인지는 금방 이해할 수 있었다. 작은 공부 방으로 돌아왔을 때, 이미 써놓은 작문 숙제가 갈기갈기 찢긴 채 빨간색 안락의자에 흩뿌려진 꼴을 발견한 적이 한두 번이 아니었다. 공부방 벽에 누군가 유색인종 꺼져 하고 써놓은 적도 있었다. 그는 이를 악물고 그런 모 욕을 참아가며 공부했다. 학교를 떠나기 전에는 부모에게 학교생활에 대 해 말하지 않았다(나중에 실상을 털어놓았을 때 그들은 아들이 그토록 깊 은 아픔을 혼자 간직했다는 사실에 경악했다). 어머니는 아들이 곁에 없어 괴로워하고 아버지는 아들을 유학시키느라 거금을 들이는 마당에 그들에 게 우는소리를 하는 것은 옳지 않다고 생각했다. 그래서 집으로 보낸 편지 들은 그의 첫 창작물이었다. 햇빛과 크리켓을 즐기는 목가적인 학교생활. 그러나 사실 그는 크리켓을 잘하지도 못했고 럭비의 겨울은 혹독하게 추 웠다. 무거운 담요 여러 장을 덮고 잔 적이 없는 열대지방 출신에게는 이 중으로 견디기 힘든 추위였다. 그렇게 짓눌린 상태에서는 잠이 잘 오지 않 았다. 그렇다고 담요를 걷어차면 몸이 덜덜 떨렸다. 어떻게든 그 무게에 적응하는 수밖에 없었고 결국 적응했다. 기숙사에 밤이 찾아오고 불이 꺼 지면 학생들이 청춘의 충동을 해소하느라 여기저기서 철제 침대가 흔들리 기 시작했고, 벽면에 설치된 난방 파이프와 침대가 텅텅 부딪치는 소리와

---

* 영국 학제에서 16~18세 학생들이 다니는 2년간의 대학 입시 준비 과정.

형언할 수 없는 욕망이 어우러져 빚어내는 밤의 음악이 넓고 어두운 방 안을 가득 채웠다. 다른 일에서도 그랬듯이 이 문제에서도 그는 남들과 똑같이 행동하려고 기꺼이 동참했다. 역시 그는 천성적으로 반항아가 아니었다. 그 어린 나이에도 비틀스보다 롤링 스톤스를 더 좋아했고, 비교적 우호적인 기숙사 동료가—리처드 시어러라는 이름의 진지하고 통통한 아이였다—그를 앉혀놓고 'The Freewheelin' Bob Dylan' 앨범을 들려준 다음에는 딜런을 열렬히 숭배하기도 했다. 그러나 본심은 늘 순응주의자였다.

그렇지만: 럭비에 도착하기가 무섭게 반항하기 시작했다. 이 학교는 모든 학생에게 합동사관후보단*에 입단하기를 강요했다. 학생들은 수요일 오후마다 카키색 군복으로 갈아입고 진흙탕을 뒹굴며 전쟁놀이를 했다. 그러나 그런 짓을 재미로 여기지 않는—아니, 오히려 일종의 고문으로 여기는—소년은 입학 첫 주에 사감을 만나러 갔다. 조지 데이즐리 박사는 온화한 성품을 가진 미치광이 과학자 같은 인물이었는데 눈부신 미소가 쓸쓸해 보였다. 소년이 입단하기 싫다는 뜻을 밝히자 데이즐리 박사는 표정이 굳어진 채 학생에게는 선택권이 없다고 조금 냉랭한 목소리로 눈부시게 말했다. 그 순간 봄베이에서 온 소년은 갑자기 허리를 꼿꼿이 펴고 평소와 달리 고집을 부렸다. "선생님, 우리 부모님 세대는 얼마 전까지 '대영제국'에 대항하는 독립전쟁을 치르셨어요. 그러니 영국군에 들어가는 것만은 도저히 받아들일 수 없어요." 독립한 식민지의 소년이 뜻밖의 울분을 토하자 난처해진 데이즐리 박사는 맥없이 굴복하고 이렇게 말했다. "아, 그래, 알았다. 그 대신 너는 그 시간에 공부방에서 나오지 말고 책을 읽는 게 좋겠구나." 어린 양심적 병역거부자가 집무실을 떠날 때 데이즐리 박사가 벽에 걸린 초상화를 가리켰다. "윌리엄 호드슨 소령이다. 호드슨 기병대의 그 호드슨. 저 사람도 브래들리 기숙사 출신이지." 윌리엄 호드

* 영국 국방부가 지원하는 학생 조직.

슨은 영국 기병대 장교였는데, 1857년 인도항쟁(럭비에서는 '인도반란'이라고 불렀다)이 진압된 후 무굴제국의 마지막 황제이며 시인이었던 바하두르 샤 자파르를 사로잡았고, 그의 세 아들을 벌거벗긴 채 사살하고 장신구를 빼앗은 후 시신을 델리의 한 성문 앞 흙바닥에 내동댕이쳤다. 그때부터 이 성문은 쿠니 다르바자, 즉 유혈의 문이라고 불렸다. 호드슨이 브래들리 기숙사 출신이라는 말을 듣고 반항적인 인도 소년은 무굴제국의 황자들을 살해한 자가 복무한 군대에 들어가기를 거부했다는 사실을 더욱더 자랑스럽게 생각했다. 데이즐리 박사는 분명치 않은 어조로 다른 말도 덧붙였는데―어쩌면 사실이 아닐지도 모르지만―토머스 휴스가 럭비를 묘사한 소설 『톰 브라운의 학창 시절』에 등장하는 불량학생 플래시먼의 모델이 호드슨이었으리라 믿는다고 했다. 학교 도서관 앞의 잔디밭에는 휴스의 석상도 있지만 이곳 브래들리 기숙사에서 떠받드는 선배는 영국 문학사에서 가장 유명한 불량학생의 실존 모델이라는 이야기였다. 어쩐지 잘 어울리는 조합이라는 생각이 들었다.

학교에서 가르치는 내용과 학생들이 배우는 내용이 반드시 일치하지는 않는 법이다.

그때부터 4년 동안 소년은 수요일 오후마다 달걀 샐러드 샌드위치와 포테이토칩을 먹고 코카콜라를 마시며 시내 도서관에서 빌려온 노란색 표지의 과학소설을 읽고 트랜지스터라디오에서 흘러나오는 〈투웨이 가족 애청곡〉을 들었다. 그는 이른바 '과학소설의 황금기'에 대한 전문가가 되어 수많은 걸작을 게걸스럽게 독파했다. 예를 들면 로봇공학 3원칙을 수립한 아이작 아시모프의 『아이, 로봇』, 필립 K. 딕의 『파머 엘드리치의 세 개의 성흔』, 제나 헨더슨의 『순례 *Pilgrimage*』 연작, L. 스프레이그 드 캠프의 흥미진진한 환상소설 등이었다. 무엇보다 아서 C. 클라크의 잊을 수 없는 단편 「90억 개의 이름을 가진 신」은 정말 최고였다. 우주의 은밀한 존재 이유는 하느님의 이름을 모두 목록으로 정리하기 위해서였는데, 불교의 승려들이 슈퍼컴퓨터로 그 일을 완수하는 순간 우주가 조용히 소멸한다는 이야기였다. (아버지처럼 소년도 종교에는 관심이 별로 없었지만 하느님에게는 매력을 느꼈다.) 그렇게 4년 반 동안 매점에서 산 간식으로 연료를 보충해가며 환상의 세계로 빠져들던 경험이 비록 역사상 가장 위대한 혁명은 아니었겠지만, 전쟁놀이를 마치고 기진맥진한 학우들이 진흙투성이에 멍투성이가 되어 비틀거리며 들어올 때마다 그는 자신의 의사를 내세우는 일도 때로는 매우 보람 있다는 사실을 상기했다.

하느님에 대하여: 소년의 마음속에서 신앙심의 마지막 흔적마저 깨끗이 지워진 이유는 럭비 채플의 건축 양식에 대한 극도의 혐오감 때문이었다. 여러 해가 지난 후 우연히 이 도시를 지나게 되었을 때 그는 윌리엄 버터필드가 세운 이 네오고딕 건물이 지극히 아름답다는 사실을 확인하고 놀랐다. 학창 시절에는 끔찍하다고 생각했기 때문이다. 과학소설에 심취하던 그 시기에는 그야말로 출발을 앞둔 벽돌 우주선처럼 생겼다고 보았는데, 어느 날 라틴어 수업 시간에 뉴빅스쿨관館의 한 교실에서 창밖을 내다볼 때 문득 의문이 떠올랐다. "도대체 어떤 신이 저렇게 꼴사나운 집에 살까?" 잠시 후 답이 떠올랐다. 자존심 있는 신이라면 절대로 저런 집에 살 리가 없다. 아니, 신은 존재하지 않는 게 분명하다. 건축 취향이 형편없는 신은 더더욱 존재하지 않는다. 라틴어 수업이 끝날 무렵 그는 이미 강경파 무신론자가 되어 있었고, 그 사실을 입증하려고 휴식시간에 단호하게 학교 매점으로 달려가 햄 샌드위치를 샀다. 바로 그날 난생처음으로 돼지고기가 소년의 입속에 들어갔는데, 전지전능한 신이 벼락을 내리쳐 그를 죽이지 않았다는 사실이 소년이 오래도록 품어온 의혹을 증명해주었다. 천상에는 벼락을 내리칠 자가 아무도 없다.

어느 학기에 그는 전교생과 함께 럭비 채플에서 '할렐루야 코러스'를 연습했다. 프로 솔로이스트들과 함께한 〈메시아〉 전곡 공연의 일부였다. 아침예배와 저녁예배에는 억지로 참석했지만—봄베이에서 대성당 부속학교를 다녔으니, 기도문을 중얼거리는 일을 피하고 싶어도 논리적 근거가 마땅치 않았다—찬송가를 좋아한다는 사실은 부인할 수 없었다. 마음을 고양시키는 음악이었다. 모든 찬송가가 마음에 들지는 않았다. 예를 들자면 주 예수 못박혀 돌아가신/ 놀라운 십자가를 보고* 싶지는 않았다. 그러나 외로운 소년으로서는 밤은 어둡고 집은 멀리 있으니/ 이 몸을 이끌어주시옵소서** 하고 노래할 때는 감동할 수밖에 없었다. 〈O Come, All Ye Faithful〉을 라틴어로 부르면 어쩐지 종교적 이질감이 줄어드는 듯했다. 베니테, 베니테 인 베들레헴. 〈Abide with Me〉는 FA컵 결승전을 시작하기 전에 웸블리 스타디움에 모인 10만 군중이 함께 불렀기 때문에 좋아했고, 그가 "지리학 찬송가"라고 부르는 〈The Day Thou Gavest, Lord, Is Ended〉는 감미로운 향수를 느끼게 했다. 우리에게 휴식을 명한 태양이/ 서녁(이 말은 "동녘"으로 바꿔 불렀다) 하늘 밑에서 형제들을 깨우나니. 불신앙의 언어는 신앙의 언어보다 확실히 초라했다. 그러나 적어도 불신앙의 음악만은 신자들의 노래에 뒤지지 않을 만큼 훌륭했고, 십대 시절을 보내는 동안 록음악의 황금기가 '만족할 수 없어'와 '큰비'와 '내 입장에서 생각해봐'와 '다 두 론 론'***처럼 멋진 사운드로 그의 귀를 채워주면서 찬송가조차도 그를 감동시키는 힘을 잃고 말았다. 그러나 럭비 채플에는 아직도 책벌레 무신론자의 마음을 움직이는 것들이 있었다. 매슈 아널드와 '야간전투를 벌이는 무지몽매한 군대들'****, 바로 그런 군대와 싸우다가 모기 한 마리에게 물려 목숨을 잃고 지금은 '영원히 영국의 일부가 된 이국의 들판 한 구석'*****

---

* 찬송가 〈When I Survey the Wondrous Cross〉의 노랫말.

** 〈Lead, Kindly Light〉의 노랫말.

*** 각각 롤링 스톤스의 〈(I Can't Get No) Satisfaction〉, 밥 딜런의 〈A Hard Rain's A-Gonna Fall〉, 비틀스의 〈We Can Work It Out〉, 크리스털스의 〈Da Doo Ron Ron〉의 노랫말.

**** 럭비 출신인 영국 시인 매슈 아널드의 시 「도버 해변 *Dover Beach*」의 한 구절.

***** 마찬가지로 럭비 출신 영국 시인 루퍼트 브룩의 시 「병사 *The Soldier*」의 한 구절.

에 누운 루퍼트 브룩 등을 기리는 기념물, 그리고 무엇보다 루이스 캐럴을 기리는 석판이 제일 돋보였는데, 이 흑백 대리석판의 가장자리에 실루엣으로 넣은 테니얼의 그림이 마치—뭐랄까, 이를테면—그래!—카드리유*를 추는 듯했다. 소년은 나지막이 노래했다. "안 할래, 못해, 안 할래, 못해, 춤추지 않겠네. 안 할래, 못해, 안 할래, 못해, 춤추지 못하네."** 그것은 소년만의 비밀 찬송가였다.

럭비를 떠나기 전에 그는 못된 짓을 저질렀다. 학교를 떠날 학생들은 "공부방 경매장"을 열 수 있었다. 자기가 쓰던 책상, 램프, 기타 잡동사니를 후배들에게 물려주고 약간의 현금을 받는 방식이었다. 이제 청년이 된 루슈디도 필요 없는 물건에 적당한 시작 가격을 매긴 매물 목록을 만들어 공부방 문짝에 붙여놓고 손님을 기다렸다. 공부방 경매장의 매물은 대부분 낡아빠진 물건이었다. 그러나 그의 빨간색 안락의자는 아버지가 사주실 때만 해도 새것이었다. 한 사람만 사용해서 상태가 좋은 안락의자는 공부방 경매장에 드물어 인기가 좋았고, 빨간색 의자도 만만찮은 입찰가를 형성했다. 결국 적극적인 입찰자 두 명만 남았다. 한 명은 그의 밑에서 종살이를 하던 P. A. F. 리드허버트, 일명 "위드*** 허버트"라는 아이였는데, 조그맣고 한심스럽고 안경을 낀 이 꼬마는 청년을 조금 영웅시했고, 또 한 명은 나이가 더 많은 존 탤런이라는 아이였는데, 집이 런던 북부의 갑부 동네 비숍스 애비뉴라니 높은 입찰가를 부를 여유가 있을 듯싶었다.

입찰이 뜸해졌을 때쯤—최고가는 리드허버트가 제시한 5파운드 정도였다—청년은 못된 흉계를 꾸몄다. 우선 존 탤런에게 아주 높은 금액, 예컨대 8파운드 정도를 불러보라고 몰래 부탁해놓았다. 혹시 이 금액이 최고가로 끝나더라도 그 돈을 다 요구하지는 않겠다고 약속했다. 그다음에는 취

---

* 네 쌍이 한 조가 되어 네모꼴로 서로 마주보고 추는 프랑스 춤.

** 역시나 럭비 출신인 영국 소설가 루이스 캐럴의 『이상한 나라의 앨리스』에 나오는 노래.

*** 잡초, 담배, 대마초 등을 뜻한다.

침기도 시간에 위드 허버트에게, 돈 많은 경쟁자 탤런이 곧 훨씬 더 높은 금액을 부르려 한다는 사실을 알게 되었는데 어쩌면 12파운드까지 올라갈지도 모른다고 귀띔했다. 위드 허버트의 얼굴이 침울해졌고, 청년은 그 낙심한 표정을 바라보며 결정타를 날렸다. "자, 그러니까 네가 지금 당장 나한테, 글쎄, 한 10파운드만 주겠다고 하면 여기서 경매를 끝내고 의자가 팔렸다고 할게." 위드 허버트는 겁먹은 표정이었다. "그건 좀 비싸다, 루슈디 선배." 루슈디는 너그럽게 대답했다. "기도하는 동안 생각해봐."

이윽고 취침기도가 끝났을 때 위드 허버트가 미끼를 덥석 물었다. 권모술수에 능한 루슈디는 믿음직스러운 미소를 지었다. "잘 생각했어, 리드허버트." 이렇게 그는 냉혈한처럼 그 아이를 꼬드겨 결국 아이가 제시했던 최고가를 두 배로 올리게 만들었다. 빨간색 안락의자의 주인이 바뀌었다. 역시 기도의 힘은 대단했다.

그때가 1965년 봄이었다. 그로부터 9년 반이 지나 1974년 10월, 영국에서 총선 유세가 한창일 때 텔레비전을 켜보니 인종차별주의, 국수주의, 열렬한 이민 반대 정책 등으로 유명한 극우정당 국민전선의 후보자가 막 연설을 끝내려는 참이었다. 화면에 후보자 이름이 떠 있었다. 앤서니 리드허버트. 그는 경악하여 큰 소리로 외쳤다. "위드 허버트잖아! 맙소사, 나 때문에 나치가 돼버렸구나!" 순식간에 모든 정황이 명백해졌다. 교활하고 사악한 유색인종에게 속아 너무 많은 돈을 써버린 위드 허버트는 쓰라린 원한을 품은 채 한심스러운 청소년기를 보내고 더욱 한심스러운 성년기로 접어든 후, 빨간색 안락의자를 너무 비싸게 팔아먹는 놈이건 아니건 모든 유색인종에게 앙갚음을 하려고 인종차별주의 정치가가 되었던 것이었다. (그런데 정말 그 위드 허버트일까? 혹시 동명이인은 아닐까? 그럴 리 없었다. 틀림없이 꼬마 P. A. F.였다. 이젠 꼬마도 아니지만.) 1974년 총선에서 위드 허버트는 레스터 동부 선거구의 투표수 중 6퍼센트에 해당하는 2967표를 얻었다. 1977년 8월에는 버밍엄 레이디우드 선거구의 보궐선거에 출마하여 자유당 후보를 누르고 3위를 차지했다. 다행히 그가 전국적인 무대에 당당히 나타난 것은 그때가 마지막이었다.

내 죄로다Mea culpa. 빨간색 안락의자를 팔아치운 악덕 장사꾼은 생각했다. 내 죄가 크도다Mea maxima culpa. 학창 시절에 대한 그의 솔직한 이야기 속에는 늘 깊은 외로움과 약간의 슬픔이 빠지지 않았다. 그러나 그의 성품에는 오점도 있었다. 기록되지도 않고 속죄하지도 않은 이 범죄행위 때문이었다.

케임브리지에 도착한 다음날 그는 킹스 칼리지 식당에서 열리는 신입생 환영회에 참석하여 브루넬레스키의 거대한 돔 지붕*을 연상시키는 노엘 애넌의 대머리를 처음 보았다. 그런 돔 지붕의 소유자답게 대성당처럼 위풍당당한 킹스 칼리지 학장 애넌 경은 차가운 눈빛과 두툼한 입술을 선보이며 우뚝 서 있었다. 애넌이 그 자리에 모인 신입생들에게 말했다. "여러분이 이곳에 온 이유는 세 가지입니다. 지성! 지성! 지성!" 그렇게 세 가지 이유를 밝히면서 손가락 하나, 둘, 세 개로 허공을 찔렀다. 연설의 본론은 그 서론마저 능가했다. "여기서 여러분이 가장 중요한 교육을 받을 곳은 강의실도 도서관도 교수실도 아닙니다. 밤늦도록 서로의 정신을 살찌우는 곳, 바로 친구의 방입니다."

1965년 9월 청년이 집을 나설 무렵에는 인도와 파키스탄의 무의미한 전쟁이 한창이었다. 영원한 분쟁의 씨앗 카슈미르가 촉발시킨 5주간의 전쟁으로 7천 명 가까운 군인이 목숨을 잃었는데, 이 싸움이 끝났을 때 인도는 파키스탄 영토에서 700제곱마일을 빼앗고 파키스탄은 인도 땅 200제

---

* 이탈리아 피렌체에 있는 산타마리아델피오레 성당의 유명한 팔각 돔. 르네상스 건축의 선구자 필리포 브루넬레스키(1377~1446)의 작품.

곱마일을 차지했지만 사실상 얻은 것은 아무것도 없었다. 아니, 오히려 양쪽 다 손해였다. (『한밤의 아이들』에서는 이 전쟁중의 폭격으로 살림의 가족이 거의 다 죽고 만다.) 청년은 며칠 동안 런던에 사는 먼 친척의 집에서 창문도 없는 방에 묵었다. 가족에게 전화 연락을 하기는 불가능했고, 집에서 전보를 보내더라도 도착하기까지 3주나 걸린다는 말을 들었다. 다들 무사한지 확인할 길이 없었다. 결국 열차를 타고 케임브리지에 와서 행운을 빌어보는 수밖에 없었다. 킹스 칼리지의 기숙사인 마켓 호스텔에 도착했을 때는 몸 상태가 엉망이었고, 이제부터 시작될 대학생활도 럭비에서처럼 비참할지도 모른다는 걱정 때문에 더욱 힘들었다. 이곳에 오기 전에 그는 아버지에게 케임브리지로 보내지 말아달라고 애원했다. 이미 입학 자격까지 받아놓았지만 영국에 돌아가서 냉혈동물처럼 몰인정한 사람들 틈에서 몇 년을 더 보내기는 싫다고 했다. 그냥 집에 남아서 온혈동물이 많은 대학에 다니면 안 될까요? 그러나 아니스는 꼭 가야 한다고 그를 설득했다. 그러더니 전공을 바꾸라고 강요했다. 역사학처럼 쓸모없는 학문에 3년을 낭비하지 말라고 했다. 경제학으로 바꾸겠다고 해라. 아니스는 으름장까지 놓았다. 시키는 대로 안 하면 등록금 안 준다.

　몰인정한 영국 젊은이들, 경제학, 전쟁—이 세 가지 걱정 때문에 그는 킹스 칼리지에서 자고 일어난 첫날 아침부터 침대를 벗어나지 못했다. 몸이 평소보다 무거워 마치 중력이 마구 끌어내리는 듯했다. 스칸디나비아 풍의 현대식 방에서 일어났다기보다 널브러져 있던 그는 몇 차례 노크 소리를 듣고도 무시해버렸다. (그해에 비틀스의 'Rubber Soul' 앨범이 발표되었을 때 그는 〈Norwegian Wood〉를 흥얼거리며 많은 시간을 보냈다.) 그러나 초저녁에는 남달리 집요하게 탕탕거리며 문을 두드리는 소리 때문에 결국 침대에서 내려올 수밖에 없었다. 문 앞에는 이튼 출신 특유의 환한 미소와 루퍼트 브룩처럼 곱슬곱슬한 금발을 자랑하는 훤칠한 청년이 서 있었다. "얀 필킹턴믹사라고 한다. 절반은 폴란드 혈통이지." 무서우리

만큼 붙임성이 좋은 이 친구는 마치 미래로 가는 문을 지키는 천사처럼 그를 반갑게 맞이하고 떠들썩하게 친밀감을 표시하며 새로운 삶으로 이끌어주었다.

얀 필킹턴믹사는 영국 사립학교 학생들의 이상적 본보기였다. 비록 생김새는 럭비에서 그의 삶을 그토록 불쾌하게 만들었던 그 짐승들과 똑같았지만 성격은 한없이 상냥해서 이제부터는 모든 상황이 전과는 달라질 거라는 계시로 보일 정도였다. 그리고 정말 모든 것이 달라졌다. 케임브리지는 럭비가 입힌 상처를 거의 다 치유해주었고, 그는 이 땅에 또다른 영국, 더 매력적인 영국이 있으며 이곳에서는 고향처럼 편안한 마음으로 살아갈 수 있다는 사실을 알게 되었다.

그리하여 첫번째 걱정이 해결되었다. 경제학 문제에 대해서는 두번째 천사가 나타나 구원의 손길을 내밀었다. 영문과 교수이기도 한 교무처장 존 브로드벤트 박사는 정말 대단한 멋쟁이라서 맬컴 브래드버리의 소설 『역사적 인간 *The History Man*』에 나오는 엄청나게 시원시원하고 엄청나게 너글너글한 주인공 하워드 커크의 모델일지도 모른다는(사실은 아니지만) 생각이 들 정도였다. 루슈디가 아버지 때문에 전공을 바꿔야 한다고 말했을 때 브로드벤트 박사는 이렇게 물었다. "그런데 자네가 원하는 건 뭐지?" 글쎄요, 물론 경제학 공부는 하기 싫죠. 역사학으로 장학금을 받았으니 역사학을 공부하고 싶습니다. "그럼 나한테 맡겨두게." 브로드벤트 박사는 아니스 루슈디에게 점잖으면서도 매몰찬 편지를 보냈다. 대학측은 아니스의 아들 살만이 경제학을 전공할 만한 조건을 갖추지 못했다고 보는데, 그래도 꼭 전공을 바꿔야겠다고 고집을 부린다면 차라리 대학에서 내보내고 다른 학생에게 기회를 주는 편이 낫겠다는 내용이었다. 그후 아니스 루슈디는 경제학에 대한 말을 두 번 다시 꺼내지 않았다.

세번째 걱정도 금방 사라졌다. 인도 아대륙에서 일어난 전쟁이 끝났고 그가 사랑하는 사람들은 모두 무사했다. 대학생활이 시작되었다.

그 역시 남들이 다 하는 일을 하면서 지냈다. 친구들을 사귀고, 동정을 버리고, 〈지난해 마리앙바드에서〉*에 나왔던 신비로운 성냥개비 게임도 배우고, 에벌린 워가 죽은 날 E. M. 포스터와 함께 우울한 크로케 시합도 하고, "베트남"이라는 말의 의미를 서서히 이해하고, 예전보다 덜 보수적인 사람으로 변해가고, 풋라이츠**의 일원으로 선발되고, 클라이브 제임스***, 롭 벅먼****, 저메인 그리어***** 등 눈부신 천재들의 집단에 끼어 꼬마전구 노릇을 하고, 페티 큐리 거리의 작은 클럽 무대에서—위층에는 『마오쩌둥 어록』을 파는 중국 홍위병 사무실이 있었다—저메인이 선보이는 수녀 스트립쇼를 구경하기도 했는데, 그녀가 허리를 이리저리 꼬고 튕기다가 수녀복을 벗어젖히면 그 속에 입은 잠수복이 드러났다. 대마초도 피워보았는데, 복도 건너편에 사는 친구가 저질 환각제 때문에 목숨을 잃는 것도 보고 다른 친구가 마약 때문에 생긴 뇌손상으로 죽어가는 것도 보았다. 캡틴 비프하트와 벨벳 언더그라운드******를 소개해준 또다른 친구는 졸업 직후에 세상을 떠났다. 루슈디는 미니스커트와 시스루 블라우스를 즐겁게 감상하고, 더는 필요 없다고 할 때까지 잠시나마 대학 신문 〈바시티〉에 원고를 싣기도 하고, 브레히트, 이오네스코, 벤 존슨 등이 쓴 연극에 출연하기도 하고, 장차 〈타임스〉의 미술평론가가 될 친구와 함께 트리니티 메이볼*******에 초대장도 없이 쳐들어가서 연인 없는 청춘의 고뇌를 노래한 〈Tous les garçons et les filles〉를 프랑수아즈 아르디의 육성으로 듣기도 했다.

---

* 프랑스 감독 알랭 레네의 영화(1961).

** 케임브리지 대학의 학생 연극클럽.

*** 영국에서 주로 활동하는 오스트레일리아 시인, 소설가, 비평가, 번역가(1939~).

**** 영국 태생의 캐나다 의사, 작가, 코미디언(1948~2011).

***** 오스트레일리아 영문학자, 문필가, 페미니즘 사상가(1939~).

****** 각각 1960년대에 데뷔한 미국 가수와 록 밴드.

******* 케임브리지 대학의 트리니티 칼리지에서 열리는 학년말 파티.

나중에 그는 케임브리지 시절이 행복했다고 자주 말했는데, 방 안에 홀로 앉아 눈물을 흘리며 지독한 외로움을 견뎌야 했던 시간에 대해서는 잊어버리기로 마음먹었다. 바로 창밖에선 킹스 채플이 그토록 아름답게 빛났건만. (그때는 졸업반이라 대학 구내의 S-스테어케이스 1층에 살았는데, 방에서 보이는 전망이 정말 기가 막혔다. 채플, 잔디밭, 강, 너벅선 몇 척…… 그야말로 진부하리만큼 멋들어진 풍경이었다.) 이 마지막 해에 개강을 맞아 학교에 돌아왔을 때는 몹시 우울했다. 1967년 여름, 이른바 '사랑의 여름'*이 끝나갈 무렵이었다. 당시 샌프란시스코에 갈 때는 반드시 머리에 꽃을 꽂아야 했다.** 아쉽게도 그는 런던에서 여름을 보냈고 사랑을 나눌 사람도 없었다. 그런데 우연찮게 그가 묵은 곳이야말로 그 시절의 표현을 빌리자면 "태풍의 눈"이었다. 세상에서 제일 근사한 부티크, 바로 월즈 엔드 쪽의 킹스 로드에 있던 '그래니 테익스 어 트립Granny Takes a Trip'의 위층 셋방을 구했기 때문이었다. 존 레넌의 아내 신시아가 이 부티크 원피스를 입었다. 믹 재거도 여기 원피스를 입는다는 소문이 돌았다.

그곳은 교육의 장이기도 했다. 그는 "짱이다fab"나 "와따다groovy" 같은 말은 쓰지 말아야 한다는 것을 배웠다. 그래니 부티크에서 가벼운 호의를 표시할 때는 "아름답다beautiful"고 해야 했고, 아름다운 것을 보면 "정말 좋다really nice"고 말해야 했다. 그는 무엇이든 잘 안다는 듯이 걸핏하면 고개를 끄덕이는 데 익숙해졌다. 그렇게 겉멋을 부릴 때는 인도인이라는 사실도 보탬이 되었다. 사람들이 말했다. "인도 있잖아. 아주 끝내주지." 그는 고개를 끄덕였다. "그래. 그렇고말고." 사람들이 말했다. "그 마하리시***

---

* 미국 샌프란시스코 헤이트애시버리 지역에 10만 인파가 모여 히피 문화를 즐겼던 1967년 여름을 가리키는 표현.
** 스콧 매켄지의 1967년 히트곡 〈San Francisco〉의 노랫말에 대한 언급.
*** 비틀스의 정신적 스승으로 유명한 인도의 명상가 마하리시 마헤시 요기(1918~2008)를 가리킨다.

있잖아. 아주 아름답지." 그는 이렇게 대꾸했다. "라비 샹카르*도 있잖아." 그쯤 되면 다들 인도인에 대한 화제도 동이 나서 그저 행복하다는 듯이 고개를 끄덕일 뿐이었다. "그래, 그렇지. 맞아."

부티크를 운영하는 아가씨에게 더욱더 뜻깊은 교훈을 얻었다. 그녀는 파출리 향유 냄새와 나른한 시타르 음악이 가득한 공간에 천상의 여인처럼 다소곳이 앉아 있었다. 유행대로 실내를 어둡게 해놓았는데, 시간이 조금 지나면 은은한 자주색 불빛이 눈에 띄고 그 속에서 움직이지 않는 몇몇 형체를 알아볼 수 있었다. 어쩌면 팔려고 내놓은 옷가지였는지도 모른다. 굳이 물어보고 싶진 않았다. 그러니 부티크는 무시무시한 곳이었다. 그러나 어느 날 애써 용기를 내고 아래층으로 내려가 자기소개를 했다. 안녕하세요, 요 위층에 사는데, 살만이라고 합니다. 점원 아가씨가 가까이 다가오자 그녀의 얼굴에 떠오른 경멸의 표정을 볼 수 있었다. 이윽고 그녀가 유행대로 천천히 어깨를 으쓱거렸다.

"대화는 한물갔어요, 아저씨."

킹스 로드 일대에는 세상에서 가장 아름다운 여자들이 우스꽝스러울 만큼 빈약한 옷차림을 하고 깔깔거리며 돌아다녔다. 반면에 그들을 따라다니는 남자들은 하이칼라를 단 프록코트에 주름 장식이 달린 셔츠, 장식 주름을 넣은 벨벳 나팔바지, 인조 뱀가죽 부츠 등으로 우스꽝스러울 만큼 화려한 치장을 하고 역시 껄껄 웃어대며 우쭐거렸다. 행복이 무엇인지 모르는 사람은 그 혼자뿐인 듯했다.

케임브리지로 돌아왔을 때 그는 한창 무르익은 스무 살이었지만 인생이 헛되이 지나간다고 생각했다. (다른 학생들도 졸업반 우울증에 시달렸다. 언제나 명랑하던 얀 필킹턴믹사마저 몹시 풀죽은 모습이었다. 다행히 곧 활기를 되찾은 얀은 영화감독이 되기로 결심했다면서 케임브리지를 졸

---

* 세계적인 시타르 연주자로 비틀스 멤버 조지 해리슨을 가르쳤다.

업하자마자 프랑스 남부로 떠날 계획이라고 밝혔다. 그리고 들뜬 목소리로 말했다. "거긴 영화감독이 많이 필요할 테니까.") 루슈디는 럭비에서처럼 이번에도 공부에서 위안을 찾으려 했다. 예이츠는 이렇게 말했다. 인간의 지력으로는 선택할 수밖에 없나니/ 인생의 완성이냐, 직업의 완성이냐. 완벽한 인생을 누리기는 글러먹었으니 직업 쪽에 기대를 걸어보는 편이 나을 듯싶었다.

바로 그해에 악마의 시에 대해 알게 되었다. 역사학 트라이포스* 제2부를 준비하려면 폭넓은 "특별과목" 가운데 세 가지를 골라야 했다. 그가 선택한 과목은 인도사에서 영국의 식민 통치에 저항했던 독립투쟁기, 즉 1857년 항쟁에서부터 1947년 8월 독립까지의 역사, 그리고 미국사에서 특별했던 첫 세기, 즉 독립선언에서부터 남북전쟁 이후의 재건기까지를 포함한 1776~1877년의 역사였다. 세번째는 그해에 처음 개설된 과목인데, "무함마드 이슬람의 기원, 초기 칼리프 체제"라는 제목이었다. 1967년 당시 케임브리지 역사학과에는 이슬람교의 예언자에게 관심을 갖는 학생이 별로 없었다. 수강생이 너무 적어 담당 교수가 강좌 개설을 철회하고 그나마 수강 신청을 한 몇몇 학생마저 지도하지 않겠다고 할 정도였다. 과목 자체가 취소되었으니 다른 과목을 선택하라는 이야기였다. 다른 학생들은 순순히 무함마드에 대한 과목을 포기하고 다른 강의실로 가버렸다. 그런데 이때 그의 고집이 되살아났다. 일단 개설된 과목은 수강생이 단 한 명만 있어도 취소할 수 없다. 그것이 학칙이었다. 아무튼 그는 이 과목을 꼭 공부하고 싶었다. 부전자전이랄까, 무신론자이면서도 신이나 예언자들에게 관심이 많았다. 게다가 그 자신이 적어도 부분적으로는 남아시아에 깊이 뿌리를 내린 무슬림 문화의 산물이기도 했다. 그는 무굴제국과 그 이전 시대의 풍요로운 예술적, 문학적, 건축학적 유산을 물려받은 상속자였다.

---

* 케임브리지 대학의 졸업시험.

그래서 이 과목을 반드시 공부하기로 마음먹었다. 지도교수만 구하면 가능한 일이었다.

당시 킹스 칼리지의 위대한 역사학자 세 명 중에서 저서도 제일 많고 명망도 제일 높은 사람은 튜더왕조의 정치사상, 교회사, 계몽기 등을 연구한 크리스토퍼 모리스였다. 어수선한 백발, 텁수룩한 구레나룻, 바짓단 밑으로 삐져나온 내복, 맨발에 샌들만 신는 버릇 등으로 교내에서 대단한 괴짜로 통하는 존 솔트마시는 킹스 칼리지와 채플의 역사를 비롯하여 그 일대의 향토사에 대해서는 따를 자가 없는 전문가였는데, 배낭을 짊어지고 케임브리지 주변의 시골길을 거니는 모습이 자주 목격되었다. 모리스와 솔트마시는 둘 다 경제사를 중요한 연구 분야로 정립시킨 존 클래펌 경의 제자였고, 둘 다 킹스 칼리지 역사학과 3인방의 세번째 인물인 중세사학자 아서 히버트를 셋 중에서 가장 명석한 학자로 인정했다. 교내에 떠도는 전설에 의하면 이 천재는 재학 시절 역사학 최종시험을 치를 때 주어진 시간에 맞춰 답을 완성하려고 일부러 자기가 잘 모르는 문제들을 선택했다고 한다. 아무튼 이번 일을 해결해줄 최고 적임자는 히버트라고 판단했다. 히버트는 한순간도 머뭇거리지 않고 선뜻 지도를 맡아주겠다면서 겸손하게 말했다. "그 분야를 전공하진 않았지만 조금 아는 편이지. 자네가 원한다면 기꺼이 지도교수가 돼주겠네."

젊고 고집 센 학부생은 히버트 교수의 연구실에 서서 셰리주 한 잔을 홀짝거리며 이 제안을 감사히 받아들였다. 그리하여 야릇한 상황이 벌어졌다. "무함마드, 이슬람의 기원, 초기 칼리프 체제"라는 특별과목은 일찍이 개설된 적이 없었고, 1967~1968학년도의 수강생은 이 고집스러운 학생 한 명뿐이었다. 그리고 관심 부족을 이유로 이듬해부터는 다시 개설되지 않았다. 유일한 수강생에게는 아버지의 소망을 현실 속에서 다시 만나게 해준 과목이었다. 역사 속의 사건인 예언자의 생애와 종교의 탄생을 분석적으로, 논리적으로, 제대로 연구해볼 기회였다. 마치 그를 위해 특별히 개설된 과목 같았다.

공동 연구를 시작할 때 아서 히버트는 루슈디에게 영원히 잊지 못할 조언을 해주었다. "사람들이 하는 말을 들을 수 있게 되기 전에는 역사를 쓰지 말아야 해." 루슈디는 오랫동안 이 말을 곰곰이 생각해보았는데, 나중에는 소설에도 적용할 수 있는 귀중한 지침이라는 생각이 들었다. 사람들이 어떻게 말하는지 모른다는 것은 그들을 충분히 이해하지 못한다는 뜻이고, 따라서 그들에 대한 이야기를 쓸 수도 없다. 아니, 쓰면 안 된다. 짧고 간략하든, 길고 장황하든, 사람들이 말하는 방식은 그들에 대해 많은 사실을 알려준다. 출신 지역, 사회계층, 성격은 온화한지 사나운지, 따뜻한지 냉정한지, 입버릇은 점잖은지 고약한지, 예의바른지 무례한지, 그리고 이런 성격의 저변에 감춰진 본성은 이지적인지 천박한지, 솔직한지 교활한지, 심지어 좋은 사람인지 나쁜 사람인지까지 알 수 있다. 히버트 교수 밑에서 배운 것이 그것뿐이라 해도 아쉽지 않을 정도였다. 그러나 그는 훨씬 더 많은 것을 얻었다. 한 세상을 배웠기 때문이다. 세계적인 종교 하나를 탄생시킨 세상이었다.

그들은 정착하기 시작한 지 얼마 안 된 유목민이었다. 그들은 신흥도시에 살았다. 메카가 생긴 것도 겨우 몇 세대 전이었다. 나중에 메디나로 개명될 야트리브는 변변한 성벽도 없이 오아시스 주변에 옹기종기 모인 천막촌에 불과했다. 사람들은 도시에서의 새로운 삶을 아직도 거북스러워했다. 변화는 많은 이들을 불행하게 만들었다.

유목사회는 각종 규칙도 많고 개인의 자유보다 집단의 안위를 더 중요시하며 보수적인 반면에 포용력도 컸다. 유목민의 세계는 모계사회였다. 고아가 된 아이들도 대가족의 품속에서 보호받고 정체성과 소속감을 가질 수 있었다. 그런데 이제 모든 것이 달라지고 있었다. 부계사회로 바뀐 도시는 핵가족 형태를 선호했다. 권리를 잃어버린 사람들이 점점 더 늘어나고 날이 갈수록 난폭해졌다. 그러나 메카는 날로 번창했고 그곳을 다스리는 원로들은 그런 상황을 반겼다. 이제 유산 상속도 아들을 중심으로 이루어졌다. 이 또한 지배층이 선호하는 방식이었다.

도시로 들어가는 세 개의 성문 앞에는 각각 한 명의 여신을 섬기는 신전이 있었다. 알라트, 알마나트, 알우자.* 날개 달린 여신들이었다. 거룩한 새처럼. 혹은 천사처럼. 이 도시에 풍요를 가져다주던 대상隊商 행렬은 성문을 나서거나 들어설 때마다 신전에 들러 제물을 바쳤다. 현대식으로 표현하자면 세금 납부였다. 각각의 신전은 메카에서 가장 부유한 가문들이 관리했다. 그들은 재산의 상당 부분을 그런 "제물"로 축적했다. 날개 달린 여신들은 이 신흥도시의 경제력을 지탱하고 차츰 발달해가는 도시문명을 뒷받침하는 원동력이었다.

도시 한복판에는 육면체를 뜻하는 '카바'라는 건물이 있고 그 속에 수백 개의 신상이 있었다. 그중에 인기가 별로 없는 알라라는 신도 있었는데, 그 이름 자체가 신이라는 뜻이었다. 알라트가 여신을 뜻하듯이 말이다. 알라의 특징은 전문 분야가 없다는 점이었다. 비의 신도 아니고, 부의 신도 아니고, 전쟁의 신도 아니고, 사랑의 신도 아니고, 그냥 막연하게 모든 것의 신이었다. 이렇게 전문화되지 못했기 때문에 비교적 인기가 없었는지도 모른다. 사람들이 신에게 제물을 바칠 때는 저마다 특별한 이유가 있기 마련이었다. 자식의 건강, 사업 전망, 가뭄, 분쟁, 연애 등등. 그래서 사람들은 두루뭉술한 만능선수 같은 이 신보다 각 분야의 전문가인 신들을 더 좋아했다. 그러나 알라는 곧 다신교의 어느 신보다 큰 인기를 누리게 된다.

무명에 가까운 알라를 높이 끌어올리고 그의 예언자가 된 사나이, 알라

---

* 이슬람교 이전에 아랍인들이 섬기던 사막의 세 여신. 말 그대로 '여신'이라는 뜻의 알라트는 고대 모신이며 다산의 여신, 알마나트는 시간과 운명의 여신, 알우자는 샛별의 여신이며 메카의 수호신이다.

를 구약의 하느님 '스스로 있는 자'와 신약의 하느님 '삼위일체'의 동격이나 적어도 맞수의 위치까지 격상시킨 사나이는 (그의 어린 시절에는 이미 몰락한 처지였던) 바누 하심 가문의 무함마드 이븐 압둘라였다. 고아였던 무함마드는 숙부 댁에서 더부살이를 했다. 십대 시절부터는 시리아를 오가며 교역을 하는 숙부 아부 탈리브의 여행에 따라나섰다. 바로 이 여행길에서 처음으로 기독교인, 특히 네스토리우스파 신자들을 만나 이야기를 들은 것이 거의 확실한데, 그중에는 구약과 신약의 내용을 현지 상황에 맞게 각색한 이야기도 많았다. 예컨대 네스토리우스파는 예수그리스도가 어느 오아시스의 야자수 밑에서 탄생했다고 믿었다. 쿠란을 보면 나중에 대천사 가브리엘이 무함마드에게 쿠란의 '마리암' 즉 마리아의 장에 해당하는 계시를 들려줄 때도 예수가 오아시스 야자수 밑에서 태어났다고 했다는 말이 나온다.

무함마드 이븐 압둘라는 유능한 상인이고 정직한 사람이라는 평판을 들으며 성장한 덕분에 스물다섯 살 때 부유한 연상의 여인 카디자의 청혼을 받았고, 그때부터 15년 동안은 사업도 순조롭고 결혼생활도 행복했다. 그러나 그에게는 혼자만의 시간도 필요했다. 여러 해 동안 한 번에 몇 주씩 히라 산의 한 동굴에서 은둔자처럼 지냈다. 마흔 살이 되었을 때 그곳에 천사 가브리엘이 나타나 무함마드의 고독을 방해하고 암송을 명령했다. 자기가 미쳐버렸다고 생각한 무함마드가 허둥지둥 도망친 것도 무리가 아니다. 그러나 가까운 벗들과 그의 아내는 만에 하나 정말 하느님의 전갈일 수도 있으니 다시 산에 올라가 확인해보는 게 좋겠다며 무함마드를 설득했고, 그는 일단 천사의 말을 들어보려고 동굴로 되돌아갔다.

그때부터 이 상인이 하느님의 사자로 변신해가는 과정에서 겪은 일은 누구나 경탄할 만하고, 박해에 시달리던 그가 결국 메디나로 피신한 사건은 누구나 동정할 만하고, 오아시스에 건설된 야트리브 사회에서 존경받는 입법자, 유능한 통치자, 노련한 지휘관으로 빠르게 발전해간 과정은 누구나 존경할 만하다. 쿠란이 등장했던 그 세계의 상황과 예언자가 살면서 겪은 일들이 계시의 내용에 직접적인 영향을 미쳤다는 사실도 누구나 짐작할 만하다. 무슬림 남자들이 전사했을 때 천사는 재빨리 그 형제들에게 전사자의 아내와 결혼하기를 권장했다. 남편을 잃은 여자들이 외부인과 재혼하여 신앙심을 버리지 않도록 하기 위해서였다. 예언자의 애처 아이샤가 사프완 이븐 마르완이라는 자와 함께 사막에서 길을 잃었을 때 부적절한 처신을 했다는 소문이 나돌던 당시에도 하느님의 천사가 좀 다급하게 내려와서 말했다. 천만에, 하느님이 보시기에 이 정숙한 여인은 허튼짓을 하지 않았도다. 대체로 쿠란이 내세우는 윤리관과 가치체계는 본질적으로 아랍인들이 유목생활을 하던 시절의 규범, 고아들을 내버려두지 않을 만큼 다정다감했던 모계사회의 규범, 그러나 이미 사라져가는 규범이었다. 무함마드 자신도 고아였지만 이제 상인으로 성공했으니 이 도시의 지도층에서 한자리를 차지할 자격이 충분하다고 믿었는데, 그를 위해 싸워줄 만큼 막강한 집안 배경이 없어서 그런 특권을 누리지 못했다.

바로 이 부분이 매력적인 역설이었다. 본래 이슬람교는 사라져가는 문화를 애틋하게 회상하는 보수적인 종교였지만, 오히려 도시화로 몰락해버린 사람들, 즉 소외된 집단이나 빈민들에게 가장 큰 호소력을 가졌기에 차츰 혁명적인 사상으로 변모했다. 메카의 지배층이 이슬람교라는 새로운 사상에 그토록 큰 위협을 느끼고 그토록 혹독하게 박해한 이유도 어쩌면 바로 그 점 때문이었을 것이다. 그래서 어쩌면—짐작이지만—이 종교의 창시자를 매수하려고 솔깃한 제안을 했을지도 모른다.

역사적 기록은 불완전하지만 이븐이스하크, 와키디, 이븐사드, 부하리, 타바리 등이 예언자의 생애에 얽힌 이야기 하디스를 집대성한 주요 언행록 대부분은 장차 '악마의 시 사건'이라고 불리게 될 일화를 수록했다. 어느 날 산에서 내려온 예언자가 '안나짐' 즉 별의 장(제53장)에 해당하는 부분을 암송했다. 거기 이런 말이 있었다. "너희는 알라트와 알우자, 그리고 세번째이자 마지막인 알마나트에 대하여 들어보았느냐? 그들은 거룩한 여신들이니 행하는 바가 참으로 바르도다." 그러나 나중에—며칠 후였을까? 몇 주, 아니면 몇 달 후였을까?—다시 산에 올랐다가 당황한 표정으로 내려오더니 지난번에 입산했을 때 속았다고 말했다. 그때 나타난 것은 대천사의 모습으로 둔갑한 사탄이었고, 그때 받아온 것은 거룩한 말씀이 아니라 사악한 요언이니 당장 쿠란에서 삭제해야 한다는 것이었다. 악마의 시 대신 이번에 천사가 새로 전해준 하느님의 말씀으로 바꿔야 했다. "너희는 알라트와 알우자, 그리고 세번째이자 마지막인 알마나트에 대하여 들어보았느냐? 그들은 너희 조상이 지어낸 이름에 불과하나니 일말의 진실도 없느니라. 너희에게 아들이 있거늘 하느님은 딸만 낳으셨으랴? 이 얼마나 불공평한 일이겠느냐." 그리하여 암송문 쿠란에서 악마의 흔적이 제거되었다. 그러나 몇 가지 의문이 남는다. 어째서 무함마드는 먼저 들었던 "가짜" 계시를 처음에는 진짜로 받아들였을까? 그리고 악마의 시와 천사의 시, 이 두 가지 계시 사이의 기간 동안 메카에서는 어떤 일이 벌어졌을까?

지금까지 알려진 사실은 다음과 같다. 무함마드는 메카 사람들이 받아들여주길 바랐다. 이븐이스하크는 이렇게 썼다. "선지자는 사람들의 마음을 끌고자 하셨다." 그러던 참에 무함마드가 날개 달린 세 여신을 인정했다는 소식이 알려져 호평을 받았다. 이븐이스하크는 이렇게 썼다. "선지자께서 여신들에 대해 말씀하신 바를 듣고 그들은 크게 흡족하여 기뻐하며 무함마드가 우리 여신들을 높이 칭송했다고 말하였다." 부하리도 이렇게 기록했다. "선지자께서 (…) 땅에 엎드려 '안나짐'을 암송하시매 무슬림과 이교도, 마귀와 뭇사람이 일제히 더불어 엎드렸더라."

그런데 왜 예언자는 나중에 말을 번복했을까? 스코틀랜드의 이슬람학자 W. 몽고메리 와트와 프랑스의 마르크스주의자 막심 로댕송 같은 서양 역사가들은 이 일화를 정치적 동기로 풀이했다. 날개 달린 세 여신을 모신

신전들은 이 도시의 지배층에게 경제적으로 중요했고, 무함마드는 그 지배층이 자신을 부당하게 배척한다고 생각했다. 그래서 어쩌면 다음과 같은 "거래"를 했는지도 모른다. 만약 무함마드가, 혹은 대천사 가브리엘이, 혹은 알라가 이슬람교도에게 새를 닮은 세 여신을 함께 섬겨도 좋다고 허락한다면—물론 알라와 동급은 아니고 한 등급 낮은 존재, 예컨대 천사와 비슷한 존재로 인정해주면 되는데, 어차피 이슬람교에는 이미 천사들이 있으니 세 명쯤 보탠다고 크게 달라질 것도 없고, 게다가 그 셋은 이미 메카에서 인기가 많아 돈벌이도 쏠쏠하지 않은가?—무슬림에 대한 박해를 중지하고 무함마드에게는 이 도시의 지배집단에 한자리를 내어주기로. 예언자는 그런 유혹에 잠시 넘어갔는지도 모른다.

그다음엔 어떤 일이 벌어졌을까? 도시를 다스리는 대공들이 약속을 어겼을까? 무함마드가 다신교에 손을 댔으니 신자들 앞에서 제 무덤을 판 셈이라고 판단해서? 혹은 신자들이 여신들에 대한 계시를 거부했을까? 혹은 무함마드 자신이 잠시 유혹에 빠져 이상을 저버리고 여신들을 인정하기로 타협한 일을 후회했을까? 확실한 답은 없었다. 기록의 빈틈을 상상력으로 채워야 했다. 어쨌든 쿠란은 모든 예언자가 유혹의 시험을 받았다고 말한다. 제22장에 이런 말이 있다. "그대 이전에도 하느님이 선지자나 사자를 보내실 때마다 사탄이 틈입하여 그들의 소망을 미끼로 삼아 유혹하였느니라." 악마의 시 사건이 무함마드에게 주어진 시험이었다면 그럭저럭 무사히 넘겼다고 말할 수 있다. 유혹에 빠졌던 일을 고백했을 뿐 아니라 결국 그 유혹을 뿌리쳤기 때문이다. 타바리는 무함마드의 말을 인용한다. "나는 하느님의 뜻에 어긋나는 말을 날조하고 하느님께서 하지 아니하신 말씀을 전하였다." 그렇게 가혹한 시험을 이겨낸 후 이슬람교의 유일신 사상은 더욱 확고해졌고, 온갖 박해와 유랑과 전쟁에도 흔들리지 않았다. 머지않아 예언자는 적을 물리치고 승리를 거두었으며 새로운 신앙은 들불처럼 세계로 퍼져나갔다.

"너희에게 아들이 있거늘 하느님은 딸만 낳으셨으랴? 이 얼마나 불공평한 일이겠느냐."

천사의 말이든 하느님의 말씀이든 간에 "진짜" 계시의 취지는 명료하다. 날개 달린 여신들, 이 "거룩한 새들"은 여성이기 때문에 열등하고 기만적인 존재이며, 따라서 천사들과 달리 하느님의 자식이 될 수 없다는 것이다. 때때로 위대한 사상의 탄생 과정은 그 사상의 미래에 대해서도 몇 가지 사실을 말해준다. 새로운 것이 어떤 방식으로 세상에 등장했는지 살펴보면 장차 그것이 낡았을 때 어떻게 변모할지 미리 내다볼 수 있다. 처음 태어날 때부터 이슬람 사상은 여성을 거룩함과는 거리가 먼 존재로 여겼다.

이 이야기를 읽으며 그는 생각했다. 좋은 소재다. 그때 벌써 작가의 꿈을 키워가던 그는 이 좋은 소재를 언젠가는 써먹으려고 마음 한구석에 간직했다. 그로부터 20년 후 그는 이 이야기가 얼마나 좋은 소재인지를 새삼 깨닫게 된다.

나는 마르크스주의자, 성향은 그라우초.* 혁명의 열기로 뜨거웠던 그해 봄 파리에서는 그런 낙서가 눈에 띄었다. 1968년 5월의 파리 사태가 지나가고 다시 몇 주가 흘러 졸업식이 며칠 앞으로 다가왔을 때, 그라우초 마르크스의 추종자일 수도 있는 이름 모를 익살꾼이 부르주아적이며 엘리트주의적인 루슈디의 방을 재단장하기로 마음먹었다. 익살꾼은 주인이 방을

---

* JE SUIS MARXISTE, TENDANCE GROUCHO. 1968년 5월 프랑스에서 일어난 전국적 시위 당시의 표어로, 미국 코미디언 그라우초 마르크스를 빗댄 우스갯소리.

비운 사이에 양파를 넣은 육즙소스를 들통째 퍼부어 전축과 옷가지는 물론이고 사방 벽과 가구까지 온통 떡칠을 해놓았다. 케임브리지 대학이 자랑스럽게 여기는 공명정대와 인과응보의 오랜 전통에 따라 킹스 칼리지는 즉각 방주인에게 이 난장판에 대한 모든 책임을 묻고, 피해배상을 하지 않으면 졸업을 불허하겠다고 통보했다. 자기가 한 짓이 아니라고 아무리 해명해도 소용없었다. 그가 오물을 투기했다는 억울한 누명을 쓴 것은 그때가 처음이었지만, 이를 어쩌랴, 그 일은 시작에 불과했다.

그는 결국 벌금을 냈고, 반발심을 못 이겨 갈색 구두를 신고 졸업식에 참석했다. 그리고 규정대로 검은색 구두를 신은 동기생 행렬 속에서 즉각 적발되어 갈아 신고 오라는 명령을 받았다. 무슨 까닭인지 갈색 구두를 신은 사람들은 복장불량자 취급을 받았는데, 이 조치에 대해서도 항의는 용납되지 않았다. 이번에도 굴복할 수밖에 없었던 그는 허둥지둥 달려가 구두를 갈아 신고 아슬아슬하게 시간에 맞춰 행렬로 돌아왔다. 마침내 자기 차례가 되었을 때 어느 교직원의 새끼손가락을 붙잡고 천천히 걸음을 옮겨 부총장이 앉아 있는 거대한 의자로 다가갔다. 그리고 노인의 발치에 무릎을 꿇고 두 손바닥을 모아 애원하는 자세를 취한 채 학위를 달라고 부탁하는 라틴어 문장을 읊었다. 이 학위 때문에 지난 3년 동안 정말 열심히 공부했고 그의 가족이 꽤 많은 돈을 퍼부었건만. 그는 두 손을 머리 위로 높이 들라는 지시도 받았다. 연로하신 부총장님이 손을 잡으려고 몸을 숙이다가 자칫하면 의자에서 떨어져 졸업생을 덮칠 수도 있기 때문이었다.

이런 일화를 회상할 때마다 그는 자신의 수동적인 태도에 진저리를 쳤다. 물론 그때는 어쩔 도리가 없었다. 그러나 소스로 엉망이 된 방에 대한 벌금 납부를 거부할 수도 있었고, 구두를 갈아 신지 않겠다고 버틸 수도 있었고, 무릎을 꿇은 채 문학사 학위를 달라고 애걸하지 않을 수도 있었다. 그런데 결국 굴복하고 학위를 받는 쪽을 택했다. 이 굴복의 기억 때문에 그는 더 고집스러워졌고, 좀처럼 타협하지 않았고, 불의를 눈감는 일이라면 제아무리 그럴싸한 이유가 있더라도 싫어하게 되었다. 그때부터 불의를 보면 언제나 육즙소스의 추억이 떠올랐다. 불의는 걸쭉하고 뭉글뭉글한 갈색 액체였고 눈물이 날 만큼 자극적인 양파 냄새를 풍겼다.* 부당한 일을 당할 때마다 그날 마지막 순간에 전속력으로 방까지 달려가 금지된 갈색 구두를 벗을 때의 기분이 고스란히 되살아났다. 정당한 몫을 요구하면서도 무릎을 꿇고 이미 사어가 되어버린 언어로 구걸해야 했던 일, 그것이야말로 불의의 상징이었다.

긴 세월이 흐른 후 그는 바드 대학 학위수여식에 참석하여 그때의 이야기를 들려주었다. 어느 화창한 오후, 뉴욕 주 애넌데일온허드슨에서 그는 1996년 졸업반에게 말했다. "이렇게 '얼굴 없는 육즙소스 테러범' '금단의 구두' 그리고 '매가리 없는 부총장과 의자'에 얽힌 경험에서 저는 몇 가지 교훈을 얻었는데, 오늘 여러분에게 말씀드리겠습니다. 첫째, 살아가는 동안 혹시 '악질적 육즙소스 난사 사건'으로 비난을 받게 되었을 때—네, 흔하디흔한 일이죠—사실은 여러분이 쏟은 소스가 아니라면, 순순히 처벌을 받아들이지 마세요. 둘째, 구두를 잘못 신었다는 이유로 여러분을 거부하는 사람들은 굳이 사귀려고 노력할 가치도 없습니다. 그리고 셋째, 누구 앞에서도 무릎을 꿇지 마세요. 우뚝 서서 자신의 권리를 당당히 요구하세요." 1996년 졸업생 일동은 깡충깡충 뛰면서 학위를 받으러 나갔다. 더러는 맨발이었고, 더러는 머리에 꽃을 꽂았다. 저마다 환호성을 지르거나 주먹을 내두르거나 춤을 추는 등 자유분방하게 행동했다. 그는 생각했다. 그래, 저래야지. 격식에 얽매인 케임브리지와는 완전히 딴판이었고, 그래서 더욱더 보기 좋았다.

그의 부모는 졸업식에 참석하지 않았다. 아버지는 항공요금을 낼 만한 여유가 없다고 했지만 사실이 아니었다.

---

* 불의와 양파 냄새의 연상작용은 『한밤의 아이들』 25장에 반영되었다.

그의 동년배 중에는 마틴 에이미스와 이언 매큐언처럼 벌써 탄탄한 경력을 쌓은 소설가도 있었다. 말하자면 알에서 깨어나자마자 하늘 높이 솟구치는 거룩한 새 같았다. 그러나 그가 품은 희망은 그렇게 금방 실현되지 않았다. 한동안은 원즈워스 브리지 로드 부근의 액폴드 로드에 있는 다락방에 살았다. 케임브리지에서 사귄 세 친구와 여동생 사민도 한집에서 지냈다. 그는 사다리를 끌어올리고 출입문을 닫은 채 나무로 만든 이 삼각형 세계 속에 홀로 틀어박혀 글을 쓰는 척했다. 그러나 무엇을 어떻게 써야 좋을지 몰랐다. 오랫동안 책 한 권도 제대로 써내지 못했다. 이 풋내기 시절에 느낀 혼란은—나중에 알고 보니 정체성에 대한 혼란, 즉 봄베이를 떠나온 후 자신이 어떤 사람, 어떤 존재가 되었는지 잘 모르겠다는 당혹감이었다—그의 성격에 악영향을 미쳤다. 걸핏하면 화를 내고 사소한 일에 언성을 높였다. 절박함 때문에 마음이 발톱을 곤두세웠다. 두려움을 감추려고 맹렬히 일에 매달렸다. 그러나 하는 일마다 실패로 끝났다. 다락방의 초라한 일상을 벗어나려고 케닝턴의 오벌 하우스 극장에서 활동하는 변두리 극단—'사이드워크' '재치' 등—에 들어갔다. 당시 케임브리지 동창생 더스티 휴스가 쓴 연극에 출연하여 긴 검은색 드레스와 금빛 가발로 여장을 하고 콧수염은 기른 채 인생 상담을 해주는 연기를 펼쳤다. 뉴욕의 라마마 극단이 제작한 베트남전쟁 반전 선동극 〈비에트 록Viet Rock〉을 영국에서 재상연할 때도 무대에 올랐다. 그러나 이런 공연은 장래성이 별로 없었다. 설상가상으로 그는 빈털터리가 되고 말았다. 케임브리지를 졸업하고 1년쯤 지났을 때 실업수당으로 살아가는 신세가 되었다. 일찍이 그가 문학에 대한 포부를 밝혔을 때 아니스 루슈디는 이렇게 외쳤다. "내 친구들한테는 뭐라고 하란 말이냐?" 아니스의 아들은 실업수당을 받으려고 줄을 서서 기다리면서 비로소 아버지의 말뜻을 알아차렸다. 액폴드 로드의 그 집에는 젊은이들의 불행이 넘쳐났다. 사민은 오빠의 대학 친구 스티븐 브랜던과 잠시 사귀다가 둘 사이가 틀어지자 고향으로 돌아가버렸다. 피오나 아든이라는 아가씨가 입주했는데, 어느 날 밤 그는 계단 아래 쓰러진 그녀를 발견했다. 수면제 한 병을 다 비우고 인사불성이 된 그녀가 그의 손목을 붙잡은 채 놓아주지 않았고, 결국 둘 다 구급차를 타고 병원으로 향했다. 피오나는 위세척으로 목숨을 건졌다. 이 사건 이후 그는 다락방을 떠나 첼시와 얼스 코트 일대의 자취방을 전전했다. 그리고 40년 후 피오나에 대한 소식을 다시 들었다. 그녀는 영국 상원의 여남작이 되어 재계에서 대단한 명성을 떨치고 있었다. 젊음은 비참할 때가 많은 시절이다. 자신의 참모습을 찾으려 노력하는 과정에서 갈가리 찢기기 일쑤다. 그러나 투쟁의 과정이 지나가면 좋은 시절이 오기도 한다.

그가 액폴드 로드를 떠난 후 얼마 안 되었을 때 동네 말썽꾸러기가 그 집에 불을 질렀다.

더스티 휴스가 버클리 스퀘어에 있는 J. 월터 톰프슨 광고사에 취직하여 광고 카피를 쓰게 되었다. 별안간 넉넉한 봉급을 받으면서 아름다운 금발 모델을 데리고 샴푸 광고를 제작했다. 더스티가 말했다. "너도 해봐. 쉬운 일이야." 그는 시험장처럼 바꿔놓은 J. 월터 톰프슨 광고사 사무실에서 "카피 테스트"를 받았다. '애프터 에이트' 초콜릿에 대한 광고문을 쓰고, 척 베리가 부른 〈No Particular Place to Go〉의 가락에 맞춰 자동차 안전벨트 착용을 권장하는 노랫말을 짓고, 화성에서 온 외계인에게 빵이 무엇인지, 토스트는 어떻게 굽는지 100단어 이내로 설명해보라기에 나름대로 노력했는데 떨어지고 말았다. 위대한 J. 월터 톰프슨은 그에게 작가로 성공할 만한 재능이 없다고 판단했다. 결국 더 작고 덜 유명한 샤프 맥매너스라는 광고사에 일자리를 얻어 앨버말 스트리트에서 직장생활을 시작했다. 출근 첫날은 쿠폰 잡지에 게재할 광고문을 쓰라는 지시를 받았는데, 크리스마스를 겨냥하여 빨간 크래커* 속에 시가를 넣어 포장한 상품이었다. 그런데 아무것도 생각나지 않았다. 마침내 상냥한 "제작감독" 올리버 녹스가—나중에 그는 호평받는 소설가가 되었다—등뒤에서 들여다보며 중얼거렸다. "〈플레이어스〉 특선: 크리스마스를 딱 소리 나게 보내는 다섯 가지 방법." 아, 이렇게 하는 거였구나. 바보가 된 기분이었다.

샤프 광고사에서 그는 굉장한 흑발 미녀 페이 코번트리와 한 사무실을 썼다. 당시 그녀는 조너선 케이프 출판사의 발행인 톰 매슐러와 사귀었는데, 월요일마다 "아널드(웨스커)" "해럴드(핀터)" "존(파울스)"** 같은 유쾌한 친구들과 함께 보낸 주말에 대해 말해주었다. 그 이야기가 얼마나 흥미진진했는지 모른다. 그렇게 즐겁게들 사는구나! 젊은 카피라이터의 마음속에 부러움, 질투심, 동경, 절망감이 마구 들끓었다. 문학의 세계가 이토록 가까이 있다니, 그런데 이토록 까마득히 멀다니. 페이는 매슐러와 결혼하면서 퇴사했고 이후 존경받는 음식평론가가 되었다. 페이가 그토록 감질나게 보여주던 문학의 세계가 멀어지자 오히려 마음이 놓였다.

대학을 졸업한 게 1968년 6월이었다. 『한밤의 아이들』은 1981년 4월에 출간되었다. 시작하는 데만 거의 13년이 걸린 셈이다. 그 기간 동안 그는 참을 수 없을 만큼 많은 허접쓰레기를 써 갈겼다. 그중 '성직자의 서 *The Book of the Peer*'라는 장편소설도 있었는데, 어떻게 써야 하는지만 알았다면 꽤 괜찮은 작품이 될 수도 있었다. 파키스탄과 비슷한 나라에 사는 '피르(성직자)'에 대한 이야기였다. 그는 군사 지도자, 정치 지도자, 자본가에게 이용당해 쿠데타를 이끄는데, 세 사람은 거사 후 그를 허수아비로 세워놓고 자기들이 실권을 장악할 속셈이었다. 그러나 성직자는 세 후원자보다 더 유능하고 무자비한 인물이었고, 그들은 결국 자기들이 통제할 수 없는 괴물을 세상에 풀어놓았다는 사실을 깨달았다. 이 소설은 원래 상징적

---

* 크리스마스 포장의 일종으로 양끝을 잡아당기면 폭죽 소리가 나면서 과자나 장난감이 튀어나오는 통.
** 영국의 극작가와 소설가 들.

인물에 불과했던 아야톨라 호메이니가 혁명을 통째로 삼켜버리기 여러 해 전에 썼다. 차라리 정치스릴러로 평범하게 썼다면 그럭저럭 만족스러웠을 텐데, 몇몇 등장인물의 "의식의 흐름"을 따라가는 방식이라 다소 이해하기 어려운 작품이 되고 말았다. 아무도 이 소설을 좋아하지 않았다. 출판은 꿈도 꾸기 힘들었다. 결국 사산으로 끝나버렸다.

훨씬 더 괴로운 일도 있었다. BBC가 새로운 방송작가를 찾겠다며 공모전을 열었다. 그는 예수그리스도와 함께 십자가에 못박힌 두 죄인을 등장시킨 희곡을 출품했다. 이 위대한 인물이 골고다로 끌려가기 전에 그들은 베케트의 작품에 등장하는 뜨내기 디디와 고고*처럼 대화를 나눈다. 희곡 제목은 (당연히) '크로스토크 *Crosstalk*'**였다. 정말 한심한 작품이었다. 결국 당선되지 못했다. 그다음에는 '적대자 *The Antagonist*'라는 장편소설을 썼는데, 토머스 핀천의 아류 같은 이 작품은 너무 형편없어 아무에게도 보여주지 않았다. 광고 덕분에 먹고살았다. 소설가를 자처할 염치도 없었다. 그는 카피라이터였고, 여느 카피라이터처럼 "진짜" 작가가 되기를 꿈꿀 뿐이었다. 그러나 아직은 사이비 작가에 불과하다는 사실을 스스로 알고 있었다.

공공연히 무신론자를 자처하면서 자꾸 신앙에 대한 글을 쓰다니 별난 일이었다. 믿음은 버렸지만 이 주제는 여전히 상상력을 자극했다. 종교 특유의(이슬람교뿐만 아니라 힌두교와 기독교의) 체계와 은유가 신앙심도 없는 그의 정신세계를 형성했고, 여러 종교가 던지는 거창한 실존적 질문이—우리는 어디서 왔을까? 기왕 태어났는데 어떻게 살아야 좋을까?—그의 마음을 사로잡았다. 그러나 결론을 내릴 때 신성한 중재자의 도움 따위는 필요 없었고, 하물며 지상의 성직자들에게 확인과 설명을 구할 필요

---

*『고도를 기다리며』의 등장인물.

** 원래는 잡담, 논쟁, 입씨름 등을 뜻하지만 여기서는 '십자가 이야기'라는 의미를 내포한 중의적 표현.

는 더더욱 없었다. 그가 처음 발표한 장편소설 『그리머스Grimus』는 당시 빅터 골란츠 출판사에 근무하던 리즈 콜더가 출간해주었다(케이프 출판사로 자리를 옮기기 전이었다). 이 책은 「새들의 회의 Conference of the Birds」라는 제목으로 알려진 신비주의적 대화시 「만티크 웃타이르Mantiq ut-Tair」에 바탕을 둔 작품이었다. 이슬람의 존 버니언이라고 부를 만한 12세기 수피파 무슬림 파리드 우딘 아타르는 오늘날의 이란 땅 네이샤부르에서 태어났는데, 이 도시가 낳은 더 유명한 아들 오마르 하이얌이 죽은 지 4년째 되는 해였다. 무슬림을 위한 『천로역정』 같은 이 시는 이런 내용이다. 후투티 한 마리가 다른 새 서른 마리를 이끌고 온갖 고난과 깨달음이 기다리는 일곱 골짜기를 지나 그들의 신 시무르그가 사는 둥근 산 카프로 향한다. 마침내 산꼭대기에 이르렀지만 신은 보이지 않고, 그들은 "시무르그"라는 이름을 두 음절로 끊으면 "시 무르그" 즉 "서른 마리 새"를 뜻한다는 설명을 듣게 된다. 여행길의 모든 역경을 이겨낸 그들은 결국 자기들이 찾던 신이 되었던 것이다.

　"그리머스Grimus"는 "시무르그Simurg"의 애너그램이었다. 아타르의 이야기를 과학소설 겸 환상소설로 재구성한 이 소설에서는 '퍼덕거리는 독수리'라는 유치한 이름의 "아메리카 인디언"이 신비로운 캐프 섬을 찾아 나선다. 이 소설에 대한 평가는 대체로 부정적이었고 일부는 경멸에 가까운 혹평이었다. 이런 반응은 그에게 큰 충격을 주었다. 그는 절망과 싸우며 짤막한 중편 분량의 풍자소설 한 편을 금방 써냈는데, 인도 총리 인디라 간디 여사의 생애를 봄베이 영화계로 옮겨놓은 내용이었다. (리처드 M. 닉슨에 대한 필립 로스의 풍자소설 『우리들의 갱단 Our Gang』을 간접적인 본보기로 삼았다.) 그러나 워낙 저속한 책이라—인디라를 풍자한 등장인물은 영향력 많은 영화배우인데, 죽은 아버지의 성기를 키우는 장면도 있었다—완성하자마자 퇴짜를 맞았다. 그때가 인생의 밑바닥이었다.

　아타르의 시에서 새 서른 마리가 지나간 여섯번째 골짜기는 미혹의 땅이었다. 그곳에서 새들은 아무것도 이해하거나 알지 못한다는 생각에 사로잡혀 절망과 슬픔에 빠져들었다. 일곱번째는 죽음의 골짜기였다. 1970년대 중반에 젊은 소설가 지망생 겸 카피라이터도 절망에 빠진 한 마리 새였다.

광고계는 재능을 말살하는 지옥 같은 곳으로 유명하지만 그에게는 대체로 유익한 편이었다. 그는 이제 규모가 더 큰 오길비 앤드 매더 광고사에 근무했다. 설립자 데이비드 오길비는 일찍이 "소비자는 팔푼이가 아니라 여러분의 아내"라는 유명한 격언을 남긴 사람이었다. 루슈디는 몇 차례 말썽을 겪었다. 예컨대 어느 미국 항공사는 자기네 광고에 흑인 스튜어디스를 출연시키지 못하게 했다. 문제의 그 여자들은 실제로 그 항공사의 직원이었는데도 말이다. "노동조합에서 이 사실을 알게 되면 뭐라고 하겠습니까?" 그가 묻자 의뢰인은 이렇게 대꾸했다. "뭐 설마 자네가 고자질하진 않겠지?" 그리고 한번은 그가 캠벨 사의 소고기 통조림 광고 작업을 거부했다. 이 제품은 남아프리카공화국에서 생산했는데, 당시 아프리카민족회의가 그런 제품에 대한 불매운동을 벌였기 때문이다. 그때 해고될 수도 있었지만 의뢰인이 고집을 부리지 않아서 무사히 넘어갔다. 1970년대 광고계에서는 반골이나 괴짜도 좀처럼 해고되지 않았다. 쫓겨나는 사람은 오히려 일자리를 지키려고 개미처럼 열심히 일하는 노동자들이었다. 지각을 밥먹듯이 하고 점심때 반주까지 곁들여가며 시간을 끄는 등 언제 잘려도 상관없다는 듯이 행동하는 사람은 오히려 승진하거나 승급하기 일쑤였다. 그럭저럭 괜찮은 결과물만 내놓으면 창의적 인재의 기행쯤은 기꺼이 눈감아주는 분위기였다.

그는 그를 높이 평가하고 지지해주는 사람들, 유능한 사람들과 함께 일할 때가 많았다. 그의 경우처럼 더 나은 일을 위한 디딤돌이나 손쉬운 돈벌이 수단으로 광고를 이용하는 사람도 흔히 만날 수 있었다. 그는 존 클리즈*가 출연하는 스카치 '매직테이프' 광고를 제작했다. 붙여도 표가 나지 않는 접착테이프의 장점을 보여주는 광고였다. ("자, 보시다시피 안 보입니다. 보시다시피 잘 보이는 일반 테이프와는 달라요.") 클레롤 사의 새 치머리 염색약 '러빙케어' 광고는 〈행동Performance〉과 〈지금 보면 안 돼 Don't Look Now〉로 유명한 니콜라스 뢰그가 감독을 맡았다. 1974년 영국에서는 광부들의 파업 때문에 주 3일 근무제**를 시행했는데, 날마다 정전 사고가 발생했고 녹화 및 녹음 스튜디오가 밀집한 워더 스트리트도 엄청난 혼란을 겪었다. 그런 상황에서도 그는 〈데일리 미러〉의 의뢰를 받아 거의 6개월 동안 매주 세 편의 광고를 제작했고, 온갖 어려움 속에서도 한 편도 빠짐없이 제시간에 방송했다. 그때 이후로 영상물 제작에 대한 두려움이 사라졌다. 광고는 미국이라는 나라를 소개해주기도 했다. 미국관광국의 의뢰로 "미국 대모험"이라는 연속광고를 제작하기 위해 미국 횡단 여행을 하게 되었기 때문이다. 전설적인 사진가 엘리엇 어윗이 사진 촬영을 맡았다. 장발과 콧수염을 기른 루슈디가 샌프란시스코 공항에 도착했을 때 대형 표지판 하나가 눈에 띄었다. "마약의 위협으로부터 여러분의 자녀를 지킬 수만 있다면 통관절차가 몇 분 더 걸리는 일쯤은 아무것도 아닙니다." 목덜미가 새빨갛게 익은 미국 신사 한 명이 공감한다는 표정으로 이 표지판을 쳐다보았다. 그러다가 갑자기 생각이 바뀌었는지, 자신의 태도에 본질적 모순이 있다는 사실을 깨닫지도 못하는지, 아무튼 장발과 콧수염을 기른 입국자를 돌아보며—물론 수상쩍은 차림새 때문에 섹스, 마약, 로큰롤 같은 "반문화反文化"의 세계적 중심지인 헤이트애시버리로 곧장 달려갈 듯한 모습이긴 했지만—이렇게 말했다. "형씨가 정말 안쓰럽소. 걸릴 게 전혀 없어도 세관에서 뭐든 기필코 찾아내겠구려." 그러나 마약 따위는 발견되지

---

* 영국 배우, 코미디언(1939~).
** 영국 보수당의 에너지 절약 정책.

않았고 젊은 카피라이터는 무사히 마법의 왕국에 들어갈 수 있었다. 그리고 마침내 뉴욕에 이르러 시내에서 첫 밤을 보낼 때, 친구들이 그에게 몹시 생소한 제복을 입혔다. 정장과 넥타이를 착용하지 않으면 세계무역센터 꼭대기에 있는 '세계의 창'*에서 술을 마실 수 없기 때문이었다. 그에게는 바로 그곳이 이 도시의 첫인상이었고 영원히 잊을 수 없는 이미지였다. 그 거대한 빌딩들은 이렇게 말하는 듯했다. 우리는 영원토록 이 자리에 있으리라.

반면에 그는 자신이 불쌍할 만큼 덧없는 존재라고 느꼈다. 클래리사와 함께하는 개인적 인생은 행복했고 그것이 마음속의 폭풍을 조금은 가라앉혀주었다. 다른 젊은이였다면 직장생활이 순탄하다는 사실을 기뻐했을 것이다. 그러나 내면적으로는 좋은 책을 발표하는 버젓한 소설가가 되지 못하고 실패만 거듭한다는 생각 때문에 번민이 끊이지 않았다. 그는 남들의 숱한 비판을 제쳐두고 자기 작품을 스스로 평가해보기로 마음먹었다. 작품에 문제가 있다면 자신의 어떤 착각이나 오해 때문이라는 사실을 이미 어렴풋하게나마 깨달은 터였다. 자신의 내면에 잠재되었다고 믿는 그런 소설가가 되지 못한 까닭은 자신이 누구인지 모르기 때문이었다. 그리하여 문학 인생의 굴욕적인 밑바닥에서 그는 자신이 어떤 사람인지를 서서히 이해하게 되었다.

그는 이주자였다. 인생을 시작했던 곳과는 다른 곳에서 살게 된 사람이었다. 이주 때문에 자아의 전통적 뿌리가 모두 뽑혀나갔다. 고향에 뿌리를 내린 사람들은 자기가 잘 아는 곳에서, 자기를 잘 아는 사람들 사이에서, 자신과 집단에게 익숙한 관습과 전통을 따르면서, 자신과 같은 언어를

---

* 세계무역센터 북쪽 빌딩 106층과 107층에 있던 식당.

사용하는 사람들과 대화를 나누며 잘 살고 있었다. 이 네 갈래의 뿌리, 즉 지역, 집단, 문화, 언어 중에서 그는 세 갈래를 잃어버렸다. 그가 사랑했던 봄베이는 이미 타향이 되었다. 무슨 까닭인지 늙은 부모는 그가 어린 시절을 보낸 집을 한마디 의논도 없이 팔아버리고 파키스탄의 카라치로 홀홀 떠나버렸다. 그들은 카라치에서 행복하게 살지도 못했다. 당연한 일 아닌가? 봄베이에 비하면 카라치는 두메산골과 다름없었으니까. 이민을 결정한 이유도 설득력이 없었다. 그들은 인도에서 무슬림으로 살아가기가 점점 힘들어지기 때문이라고 했다. 딸들에게 좋은 무슬림 신랑감을 찾아주고 싶다고 했다. 말도 안 되는 소리였다. 한평생 종교와는 거의 무관하게 살아온 분들이 종교를 핑계로 내세우다니. 그는 한순간도 믿지 않았다. 아마도 사업 문제, 혹은 세금 문제, 아무튼 현실세계의 어떤 문제 때문에 어쩔 수 없이 애지중지하던 집을 팔고 사랑하던 도시를 등질 수밖에 없었으리라 확신했다. 뭔가 수상쩍었다. 그에게 말해주지 않는 비밀이 있었다. 가끔 물어보았지만 그들은 대답하지 않았다. 그는 이 수수께끼를 끝내 풀지 못했다. 그의 부모는 숨겨둔 비밀이 있다는 사실을 인정하지 않은 채 세상을 떠났다. 그러나 그들이 카라치에 가서도 봄베이에서보다 더 경건한 신앙생활을 하지는 않았으니 무슬림 운운하는 설명은 여전히 엉뚱하고 불충분하다고 느낄 수밖에 없었다.

삶의 양상이 변해버린 이유를 이해하지 못한다는 것은 불안한 일이었다. 자신의 삶이 무의미하고 심지어 우스꽝스럽기까지 하다는 생각이 자주 들었다. 봄베이 출신으로 런던에 와서 영국인들과 함께 살았지만 어느 쪽에도 소속감을 못 느낄 때가 많았다. 비록 언어의 뿌리는 아직 남아 있었지만 다른 뿌리들을 잃어버린 것이 얼마나 큰 손실인지를 차츰 실감하게 되었다. 그리고 변해버린 자신의 모습 때문에 큰 혼란을 겪었다. 대이동의 시대에 세계 각지로 이주한 수백만 명도 거대한 난관에 부딪혔다. 무주택, 굶주림, 실직, 질병, 박해, 소외감, 두려움 등등. 그는 비교적 운이 좋은 편이었지만 한 가지 중요한 문제가 남아 있었다. 바로 정체성의 문제였다. 이주한 사람은 필연적으로 동질적 존재가 아닌 이질적 존재가 되기 마련이다. 한곳이 아니라 여러 곳에 속하고, 단수가 아니라 복수가 되고, 하나가 아니라 여러 개의 생활방식을 유지하고, 아무튼 평균 이상으로 복잡한 인간이 된다. 뿌리를 뽑힌 게 아니라 여러 곳에 뿌리를 내린 상태로 살아가는 것이―그런 상태로도 잘 사는 것이―과연 가능한 일일까? 뿌리를 잃은 상실감에 괴로워하기보다 오히려 뿌리가 많아졌다는 사실을 유익하게 활용할 수도 있을까? 각각의 뿌리는 서로 동등하거나 거의 비슷한 힘을 발휘해야 할 텐데, 그의 경우는 인도 쪽의 연결고리가 너무 약해진 듯싶어 걱정스러웠다. 이미 잃어버린―혹은 곧 잃어버릴 듯한 위기감이 느껴지는―인도인으로서의 정체성을 되찾을 방법이 필요했다. 자아는 태생과 인생의 산물이다.

인생에서 의미를 찾고 싶다면 출발점에서 다시 출발하여 하나하나 확인하는 수밖에 없다.

거기까지 생각이 미쳤을 때 문득 "살림 시나이"가 떠올랐다. 런던 서부에 사는 이 살림은 원래 폐기해버린 원고 '적대자'의 조연급 등장인물이었다. 의도적으로 그의 분신 같은 존재로 창조했는데, "살림"이라는 이름은 봄베이 동급생 살림 메르찬트를 기리는 뜻으로(그리고 "살만"과 비슷하기도 해서) 선택했고, "시나이"라는 성은 ("루슈디"가 이븐루시드에서 나왔듯이) 11세기 무슬림 박식가 이븐시나("아비센나")의 성을 따서 지었다. '적대자'에 등장하는 살림은 무시해도 될 만한 인물이니 래드브로크 그로브를 배회하다가 망각 속으로 사라져도 아쉬울 게 없었지만 갑자기 한 가지 특징이 매우 중요해 보였다. 그가 1947년 8월 14일과 15일 사이의 자정, 이른바 "자유의 자정", 즉 인도가 영국의 식민 통치로부터 독립한 바로 그 순간에 태어났다는 사실이었다. 어쩌면 이 살림에게, 봄베이의 살림에게, 한밤의 살림에게 책 한 권을 통째로 바쳐도 좋을 듯싶었다.

루슈디 자신은 영국이 물러나기 정확히 8주 전에 태어났다. 그는 아버지의 농담을 기억했다. "살만이 태어나고 8주가 지나니까 영국놈들이 부랴부랴 도망치더라." 살림은 더욱더 인상적인 위업을 이룰 터였다. 그가 태어나는 바로 그 순간에 영국인들이 도망칠 테니까.

루슈디는 닥터 시로드카르—저 유명한 자궁경부 원형결찰법, 이른바 "시로드카르 봉합법"을 개발하신 저명한 산부인과 의사 V. N. 시로드카르—의 병원에서 태어났는데, 바야흐로 그 의사에게 새로운 이름을 붙여지면으로 불러낼 터였다. 워든 로드(지금은 불라바이 데사이 로드로 개명되었다)가 내려다보이는 웨스트필드 주택단지는 인도를 떠나던 한 영국인으로부터 매입한 곳이었는데, 건물마다 영국 왕궁의 이름이 붙어 있었다. 글람즈 빌라, 샌드링엄 빌라, 밸모럴 빌라 그리고 그가 살던 윈저 빌라였다. 이제 그곳은 메솔드 단지로 다시 태어나고 "윈저"는 "버킹엄"이 될 터였다. "앵글로 스코티시 교육협회 후원"으로 설립된 대성당 부속학교는 본래의 이름을 유지할 테고, 어린 시절의 크고 작은 사건도—문이 쾅 닫히는 바람에 손가락 끝이 잘려나간 일, 급우 하나가 수업시간에 사망한 일, 토니 브렌트가 부르는 〈The Clouds Will Soon Roll By〉, 일요일 아침 콜라바*에서 열리던 "즉흥 재즈 연주회", 잘나가던 해군 장교가 아내의 정부를 살해하고 비록 치명상은 아니지만 아내에게도 총상을 입힌 나나바티 사건 등등—곧 소설로 탈바꿈할 터였다. 기억의 문이 활짝 열리고 과거가 왈칵 쏟아져나왔다. 드디어 써야 할 책이 생겼다.

처음에는 어린 시절을 묘사하는 간단한 소설이 될 듯싶었지만 주인공의 생년월일이 갖는 함축적 의미가 금방 분명해졌다. 만약 이번에 새로 구상한 살림 시나이와 갓 태어난 신생국이 쌍둥이라면 이 책은 양쪽 모두에 얽힌 이야기를 들려줘야 할 터였다. 장엄하면서도 내밀한 역사, 창조적이면

---

* 봄베이 남부의 번화가.

서도 파괴적인 역사가 지면으로 흘러넘쳤다. 이런 규모도 자신의 작품에 부족한 요소였다는 사실을 깨달았다. 그는 역사학을 전공했다. 역사를 공부하면서 개개인의 삶, 공동체, 국가, 사회계층 등이 거대한 힘에 의해 형성되지만 때로는 그 힘의 방향을 바꿔놓을 수도 있음을 알게 되었는데, 역사학의 이 핵심을 작품 속에 구현해야 했다. 그는 크게 흥분했다. 개인적 경험과 국가적 경험의 교차점을 발견했으니 이 갈림길을 토대로 책을 써나갈 계획이었다. 이제 정치적 사건과 개인적 사건을 구분할 수 없게 되었다. 제인 오스틴은 나폴레옹전쟁이 한창일 때 모든 작품을 쓰면서도 전쟁에 대해서는 한마디도 언급하지 않았고, 그녀에게 영국군의 주된 역할은 정복을 차려입고 파티에 참석하여 멋진 모습을 보여주는 정도가 고작이었다. 그런 시대는 이미 지나갔다. 그리고 E. M. 포스터처럼 차분한 문체를 구사할 수도 없었다. 인도는 선선한 곳이 아니다. 그곳은 화끈하다. 뜨겁고 혼잡하고 천박하고 시끄럽다. 그런 곳에 어울리는 언어가 필요했다. 그런 언어를 찾아야 했다.

그는 정말 어마어마한 작업, 모든 것을 걸어야 하는 작업에 도전했음을 깨달았다. 성공의 가능성보다 실패의 위험이 훨씬 더 컸다. 그래도 상관없다고 생각했다. 꿈을 이루기 위한 마지막 시도를 하는 마당에 굳이 안전하고 조심스럽고 평범한 책을 쓰고 싶진 않았다. 예술적으로 최고의 야심작을 쓰고 싶었다. 아직 제목도 없는 이 소설이 바로 그런 작품이었다. '시나이'? 형편없는 제목이다. 독자들이 중동분쟁이나 십계명에 대한 소설로 오해하기 십상이다. '자정의 아이Child of Midnight'? 하지만 아이는 한 명이 아닐 텐데, 자정의 그 한 시간 사이에 아이들이 몇 명이나 태어났을까, 수백 명, 혹은 천 명, 아니면, 그래, 안 될 게 뭐냐, 천 명하고도 한 명, 그러니까 '자정의 아이들Children of Midnight'? 아니, 따분한 제목이다. 소아성애증을 가진 악마숭배자들의 모임을 연상시킨다. 그렇다면…… '한밤의 아이들Midnight's Children'? 그래, 바로 그거다!

『그리머스』로 거액의 선인세 750파운드를 받고 프랑스와 이스라엘에 각각 번역판권이 팔려 은행에 약 825파운드가 들어 있었다. 그는 심호흡을 하고 클래리사에게 넌지시 물어보았다. 이번 기회에 오길비 사의 멀쩡한 일자리를 포기하고 둘이서 인도에 가면 어떨까, 인도의 무궁무진한 현실 속에 몸을 던지고 돈이 다 떨어질 때까지 최대한 아껴가며 여행을 하면, 그렇게 이 '풍요의 뿔' 속에 담긴 술을 마음껏 마시고 돌아오면 좋은 작품을 쓸 수 있겠는데. 클래리사는 곧바로 이렇게 대답했다. "그래, 좋아." 그는 그녀의 모험심을 사랑했다. 일찍이 어머니가 권하는 신랑감, 켄트 주 웨스터럼의 리워디를 마다하고 그의 품으로 날아든 것도 바로 그런 마음가짐 때문이었다. 그래, 빈털터리가 될 때까지 돌아다니자. 지금까지 당신을 믿었는데 이제 와서 포기할 생각은 없으니까. 그리하여 그들은 인도 대장정을 시작했다. 싸구려 여인숙에 묵고, 닭들이 발등에 토악질을 해대는 버스를 타고 스무 시간이나 달리기도 하고, 카주라호에서는 유명한 사원군의 밀교密教 조각품들이 너무 음란해서 관광객에게만 보여준다는 마을사람들과 말다툼을 벌이기도 하고, 봄베이와 델리를 재발견하고, 가족의 오랜 친구들에게 며칠씩 신세를 졌는데, 적어도 한 번은 유별나게 쌀쌀맞은 한 숙부의 집에 묵었고(이슬람교로 개종하고 갓 결혼했다는 오스트레일리아인 숙모는 더욱더 쌀쌀맞아서 두 사람을 한시바삐 내쫓으려고 안달하더니 오랜 세월이 흐른 후 그에게 돈을 요구하는 편지를 보내왔다), 바라나시에서는 과부들의 합숙소를 발견했고, 암리차르에서는 1919년 다이어 장군이 저 악명 높은 "대학살"을 저지른 잘리안왈라 바그*에도 가보았고, 그렇게 인도를 실컷 포식하고 돌아와 책을 쓰기 시작했다.

---

* 1919년 4월 3일 이곳에서 영국군이 인도인 비폭력 시위대를 향해 무차별 사격을 퍼부어 수천 명이 사망했다.

5년 후 그와 클래리사는 부부였고, 둘 사이에서 아들 자파르가 태어났고, 소설은 무사히 완성했고, 책을 내줄 출판사도 찾았다. 어느 낭독회 때 한 인도 여성이 일어나서 이렇게 말했다. "고맙습니다, 루슈디 선생님, 저에 대한 이야기를 써주셔서." 그 말을 듣는 순간 목이 메었다. 또다른 낭독회 때는 다른 인도 여성이 이렇게 말했다. "루슈디 선생님, 『한밤의 아이들』을 읽어봤어요. 아주 긴 소설이지만 끝까지 다 읽었죠. 제 질문은 이거예요. 도대체 요점이 뭐죠?" 고아 주의 어느 기자는 "저보다 먼저 책을 완성하셨으니 운이 좋은 줄 아세요" 하고 말하면서 타자기로 작성한 소설 원고 한 장 분량을 보여주었는데, 바로 같은 날 자정에 고아 주에서 태어난 소년에 대한 내용이었다. 〈뉴욕 타임스 북리뷰〉는 루슈디의 소설이 "마치 대륙이 입을 열고 말하는 듯하다"고 썼는데, 남아시아 문단에서도 많은 이들이 아대륙의 무수한 언어로, 쩌렁쩌렁한 목소리로, "어, 그래?" 하고 화답했다. 그리고 그가 감히 꿈도 꾸지 못했던 여러 일이 생겼다. 각종 문학상, 베스트셀러 진입, 아무튼 폭발적인 인기였다. 인도는 이 책을 반갑게 맞이하면서 작가가 인도인이라고 자랑했다. 이 나라를 되찾고 싶어했던 그에게는 심사위원들이 주는 어떤 상보다 더 값진 상이었다. 그는 마침내 인생의 밑바닥에서 눈부신 꼭대기로 향하는 마법의 문을 발견했다. 나중에 호메이니의 파트와 때문에 다시 밑바닥으로 굴러떨어지기는 하겠지만 그곳에서 다시 나아갈 힘을 얻고 더 나은 사람으로 거듭날 터였다.

인도 여행을 다녀온 뒤에는 다시 광고 일을 시작했는데, 처음에는 오길비, 다음에는 에이어 바커 헤게만 광고사를 설득하여 매주 이틀이나 사흘만 일하기로 하고 나머지 나흘이나 닷새 동안은 『한밤의 아이들』을 쓰는 일에 전념했다. 작품을 완성한 후 그는 광고가 아주 짭짤한 일이기는 하지만 이제 영영 그만둘 때가 되었다고 판단했다. 어린 아들도 있고 금전적으로 좀 빡빡하겠지만 그럴 수밖에 없었다. 클래리사에게 의견을 물어보았다. "가난하게 살 각오를 해야 돼." 그녀는 조금도 망설이지 않았다. "알았어. 당연히 그래야지." 그때만 해도 이 소설의 상업적 성공은 둘 다 예상치 못했는데, 정말 그런 일이 벌어지자 두 사람이 기꺼이 안정을 포기하고 경제적 암흑 속으로 뛰어든 데 대한 보상이라는 생각까지 들었다.

그가 사직한다고 했을 때 직장 상사는 임금을 올려달라는 뜻으로 오해했다. "아닙니다. 그냥 전업 작가로 살아보려고요." 그러자 상사가 말했다. 아하, 아주 많이 올려달라고? "정말 아니라니까요. 임금 협상을 하려는 게 아니에요. 규정대로 30일 전에 미리 말씀드리는 겁니다. 오늘부터 31일째 되는 날은 출근하지 않습니다." 그러자 상사가 말했다. 흐음, 그렇게 많이 올려주긴 어려울 텐데.

31일 후, 1981년 여름 어느 날, 그는 드디어 전업 작가가 되었다. 마지막으로 광고사를 나서는 순간 어질어질하면서도 상쾌한 해방감을 느꼈다. 마치 쓸모없는 허물을 벗어던지듯이 광고업을 그만두었지만 그 이후에도 자신이 쓴 가장 유명한 광고문에 대한 자부심은 남몰래 간직했다. "몸매는 나중에 걱정하자"(생크림 케이크 광고), 에어로 초콜릿을 위한 "부드러움" 시리즈(참을 수 없는 부드러움, 황홀한 부드러움, 사랑스러운 부드러움, 광고판은 그렇게 소리치고, 버스 옆면에는 날아갈 듯한 부드러움, 유통업계를 겨냥한 광고는 날개 돋친 부드러움, 판매장 광고는 여기서 파는 부드러움) 등이었다. 그해 『한밤의 아이들』로 부커 상을 받게 되었을 때 그가 맨 처음 받은 전보는—아직 "전보"라는 통신수단이 존재하던 시절이다—일전에 어리둥절해했던 상사가 보낸 것이었다. "축하하네. 우리 중 하나가 드디어 해냈군."

부커 상을 받던 날 밤, 그는 클래리사와 함께 출판조합 쪽으로 걸어가다가 레바논계 오스트레일리아인 출판인으로 페미니즘 임프린트 '비라고'

의 창립자인 카멘 칼릴을 우연히 만났다. "살만!" 카멘이 외쳤다. "틀림없이 당신이 받을 거야!" 그 순간 그는 이 말 때문에 부정을 타서 상 타기는 글렀다고 생각했다. 최종 후보들이 워낙 막강했다. 도리스 레싱, 뮤리엘 스파크, 이언 매큐언…… 도저히 가망이 없었다. 게다가 여러 평론가들이 걸작으로 평가한 D. M. 토머스의 소설 『화이트 호텔 The White Hotel』까지 있었다. (나중 일이지만 이 책은 아나톨리 쿠즈네초프의 『바비야르 Babi Yar』를 지나치게 표절했다는 구설수에 휘말려 작품의 명성에 금이 갔다고 여기는 사람도 더러 생겼다.) 그는 클래리사에게 말했다. 틀렸어. 기대하지도 말자.

여러 해가 지난 후, 부커 상 심사위원이었던 저명한 텔레비전 미술 프로그램 진행자 조앤 베이크웰은 당시 심사위원장 맬컴 브래드버리가 다른 심사위원들에게 압력을 넣어 『화이트 호텔』을 수상작으로 결정할까봐 걱정했다고 털어놓았다. 그래서 최종심을 앞두고 그녀와 문학평론가 허마이어니 리, 프린스턴 대학의 샘 하인즈 교수 등 심사위원 세 명이 따로 만나서 끝까지 흔들리지 말고 『한밤의 아이들』에 표를 던지자고 다짐했다는 이야기였다. 결국 브래드버리와 다섯번째 심사위원 브라이언 올디스는 『화이트 호텔』을 지지했고, 『한밤의 아이들』은 3 대 2의 근소한 차이로 승리를 거두었다.

D. M. 토머스는 시상식에 참석하지 못했는데, 담당 편집자 빅토리아 피트리헤이는 그를 대신하여 상을 받게 될까봐 불안해서 조금 급하게 술을 마셨다. 수상자가 발표된 후 루슈디는 다시 그녀와 마주쳤다. 그때쯤에는 꽤 취한 상태였는데, 토머스의 수상 연설을 대신 읽지 않게 되어 안심했다고 털어놓았다. 빅토리아는 핸드백에서 연설문 봉투를 꺼내 휘적휘적 흔들었다. "이제 이걸 어떻게 해야 좋을지 모르겠네요." 장난기가 발동했다. "이리 주세요. 제가 처리할게요." 과음을 한 그녀가 순순히 연설문을 넘겨주었다. 그때부터 반시간 동안 그의 주머니 속에는 승리를 자축하는 토머

스의 연설문이 들어 있었다. 그러나 양심의 가책 때문에 차마 봉투를 열어보지 못하고 결국 곤드레만드레 취한 편집자를 찾아 돌려주었다. "이거 잘 갖고 계세요."

그는 가죽으로 근사하게 장정한 『한밤의 아이들』 증정본을 펼쳐 '수상작'이라는 말이 찍힌 장서표를 담당 편집자 리즈 콜더에게 보여주었다. 리즈는 기쁨과 흥분을 가누지 못하다가 장서표에 샴페인을 쏟아 "세례"를 베풀고 말았다. 글자가 조금 번졌고, 그는 기겁을 하여 소리쳤다. "이게 뭡니까!" 며칠 후 부커 상 담당자들이 깨끗한 새 장서표를 보내주었다. 그러나 그때쯤에는 세례를 받고 승리의 얼룩이 묻은 장서표가 더 마음에 들었다. 그래서 결국 바꾸지 않았다.

좋은 시절이 시작되었다.

7년 동안 행복했다. 호시절을 그만큼 누리는 작가도 드물다. 그후 역경이 닥쳤을 때 그는 행복했던 그 시절에 늘 감사하며 살았다. 『한밤의 아이들』을 펴낸 후 2년이 지났을 때 『수치』를 발표했다. 전작과 짝을 이루는 이 책에서 그는 자신을 탄생시킨 세계를 살펴보았다. 의도적으로 전작과는 전혀 다르게 구상한 이 작품은 배경도 주로 인도가 아니라 파키스탄이고, 길이도 짧고, 줄거리도 간결하고, 화자도 1인칭이 아니라 3인칭이고, 화자 겸 주인공 한 명이 작품 전체를 지배하기보다 여러 등장인물이 돌아가며 무대 중앙을 차지하는 형식이었다. 게다가 애정을 담아 쓴 책도 아니었다. 파키스탄에 대하여 혹독하고 비판적이고 개인적인 감정이 있었기 때문이다. 파키스탄은 부패한 소수가 무력한 다수를 다스리는 곳, 부도덕한 정치가들과 파렴치한 장군들이 서로 결탁하거나 밀어내거나 처단하는 곳이었고, 그래서 미치광이 폭군이 누이와 동침하고 자기 말을 원로원 의원으로 임명하고 도시가 불타는 동안 바이올린을 켰다는 로마제국을 연상시켰다.

그러나 평범한 로마인들에게 그랬듯이 평범한 파키스탄인들에게도 왕궁 안에서 벌어지는 잔혹하고 광기 어린 참상 때문에 달라질 것은 아무것도 없었다. 왕궁은 여전히 왕궁이었다. 지배층은 변함없이 지배했다.

파키스탄으로 이주한 일은 큰 실수였다. 부모가 저지른 이 잘못 때문에 루슈디는 고향을 잃어버렸다. 그래서 파키스탄이라는 나라 자체를 역사적 실책으로 여기게 되었다. 불충분한 상상력이 낳은* 나라, 종교의 힘으로 여러 민족을(펀자브족, 신드족, 벵골족, 발루치족, 파탄족 등을) 단결시킬 수 있다는 그릇된 발상에서 출발한 나라, 마치 기형의 새처럼 "주적主敵의 땅덩어리로 양분되어 몸뚱이는 없고 두 날개만 있는, 오로지 신 때문에 하나가 된 나라"**. 그나마 나중에는 동쪽 날개마저 떨어져나갔다. 날개 하나로 퍼덕거리면 어떤 소리가 날까? 유명한 선문답을 떠올리게 하는 질문이지만 여기서의 정답은 "파키스탄"이다. 그러므로 파키스탄 소설(사실 이 말은 지나치게 단순화된 표현인데, 『한밤의 아이들』에도 파키스탄에 대한 내용이 많듯이 『수치』에도 인도에 대한 내용이 꽤 많다)『수치』는 희극적 요소도 더욱 신랄하고 정치적 요소도 더욱 살벌한 동시에 우스꽝스럽다. 마치 로마의 황궁이나 셰익스피어의 비극 속에서 벌어지는 온갖 참사를 서커스 어릿광대들이 공연하는 듯하니 서커스 속의 참극처럼 비참하면서도 익살스럽다. 이 책의 작업 속도는 새로운 경험이었다. 『한밤의 아이들』은 5년이나 걸렸는데 『수치』는 겨우 1년 반 남짓한 기간에 완성되었다. 이 소설도 모든 사람에게 호평을 받았다. 아니, 거의 모든 사람이라고 해야겠다. 뜻밖의 일도 아니지만 파키스탄에서는 소설 속의 등장인물 "라자 하이더"의 실존 모델이기도 한 독재자 지아 울하크가 금서로 지정했기 때문

---

* 루슈디 수필집 『가상의 조국 Imaginary Homelands』에서 인용.
** 『수치』에서 인용. 1947년 인도가 영국으로부터 독립할 당시 이슬람교를 믿는 파키스탄이 분리 독립했다. 처음에는 인도를 사이에 두고 국토가 동서로 양분된 형태였으나 1971년 동파키스탄이 다시 분리 독립하여 방글라데시인민공화국이 되었다.

이다. 그러나 이 책은 파키스탄에도 다량 반입되었는데, 파키스탄 친구들에게 들은 바로는 각국 대사관 직원들이 탐독한 후 외교 행낭에 넣어 보낸 경우도 꽤 많았다고 한다.

몇 년 후 그는 『수치』가 이란에서 어떤 상까지 받았다는 사실을 알게 되었다. 당시 이 책은 작가 자신도 모르게 페르시아어로 출간되었고, 국가가 허락한 이 해적판이 그해에 페르시아어로 번역된 소설 중 최우수 작품으로 선정되었던 것이다. 그는 끝내 이 상을 받지 못했고 정식으로 통보를 받은 적도 없다. 어쨌든 이란에서 흘러나온 이야기에 의하면 5년 후 『악마의 시』가 출간되었을 때 영어로 된 책을 취급하던 몇몇 이란 서점에서는 이 책의 작가가 전작 『수치』로 이미 이슬람 교단의 승인을 받은 셈이니 새로 나온 책을 판매해도 별문제가 없으리라 여겼다. 그리하여 1988년 9월 『악마의 시』 초판이 나왔을 때 이란에서도 그 책을 수입하여 판매했는데, 1989년 2월 파트와가 공포되기까지 6개월 동안은 아무런 반대 의견도 없었다. 이 이야기가 사실인지는 확인하지 못했지만 그는 사실이기를 바랐다. 『악마의 시』를 두고 벌어진 소동은 민중이 아니라 집권층이 일으켰다는 그의 믿음을 뒷받침하기 때문이다.

그러나 1980년대 중반까지만 해도 파트와라는 말은 머나먼 지평선 아래 숨은 먹구름처럼 상상도 할 수 없었다. 한편 여러 책으로 성공을 거두면서 그의 성격에도 좋은 변화가 일어났다. 마음속 깊은 곳이 편안해진 기분이었다. 그는 더 행복해지고 더 원만해지고 더 붙임성 있는 사람이 되었다. 그런데 이렇게 즐겁기만 하던 시절에 신기하게도 선배 작가들은 벌써 그에게 닥쳐올 역경에 대해 경고하기 시작했다. 어느 날 앵거스 윌슨이 애시니엄 클럽*에서 점심을 먹자고 했다. 윌슨의 일흔번째 생일이 지나고 얼마 후였는데, 『앵글로색슨의 자세*Anglo-Saxon Attitudes*』와 『동물원의 노인들

---

* 명사들만 출입하는 사교클럽.

The Old Men at the Zoo』을 쓴 이 소설가는 그리움 가득한 목소리로 "왕년에 내가 잘나가는 작가였던 시절"에 대해 말했고 루슈디는 문득 깨달았다. 윌슨의 이야기는 결국 인생이란 끊임없이 흥망성쇠를 겪는다는 자상한 충고였다. 어제는 촉망받는 젊은이였던 사람도 내일은 아무도 관심을 두지 않는 시무룩한 노인이 된다.

『한밤의 아이들』 출간을 앞두고 미국으로 건너갔을 때 루슈디는 사진가 질 크레멘츠를 만나 사진을 찍고 그녀의 남편 커트 보니것도 만나보았다. 그들 부부는 롱아일랜드의 새거포낵에 있는 자택에서 주말을 함께 보내자고 했다. 양지바른 곳에 앉아 맥주를 마실 때 보니것이 뜻밖의 질문을 던졌다. "글쓰기가 자네한테 정말 중요한 일인가?" 그렇다고 대답했더니 『제5도살장』의 작가 보니것은 이렇게 말했다. "그렇다면 더는 쓸 책이 없는데도 써야만 하는 날이 언젠가는 온다는 사실도 알아두게나."

새거포낵으로 가는 길에 루슈디는 미국 크노프 출판사에서 보내준 서평 한 다발을 읽은 터였다. 그중에서도 아니타 데사이*가 〈워싱턴 포스트〉에 발표한 글은 놀랄 만큼 너그러운 호평이었다. 그녀가 『한밤의 아이들』을 그렇게 높이 평가했다면 즐거워해도 좋을 듯싶었다. 정말 근사한 작품을 내놓았다는 뜻이니까. 〈시카고 트리뷴〉에도 긍정적인 서평이 실렸는데 필자가 넬슨 올그런이었다. 『황금 팔을 가진 사나이*The Man with the Golden Arm*』『광란의 거리*A Walk on the Wild Side*』…… 바로 그 넬슨 올그런? 시몬 드 보부아르의 연인이며 헤밍웨이의 친구였던? 마치 문학의 황금시대가 손을 내밀어 그를 축복하는 듯했다. 경이로운 일이었다. 넬슨 올그런이라니. 벌써 죽은 줄 알았는데. 루슈디는 예상보다 일찍 새거포낵에 도착했다. 보니것 내외는 친구이며 이웃인 누군가의 집들이에 가려고 집을 나서는 참이었는데…… 그 사람이 바로 넬슨 올그런이었다. 놀라운 우연이었다. 커트

---

* 인도 소설가(1937~). 부커 상 후보에 세 차례 올랐다.

가 말했다. "자네 책에 대한 서평을 썼다면 보나마나 만나고 싶어할 거야. 우리와 함께 간다고 말해두겠네." 그는 다시 집 안으로 들어갔다. 잠시 후 전화를 걸고 나오는 그의 얼굴이 창백했다. "넬슨 올그런이 방금 죽었다는 군." 올그런은 파티 준비를 하다가 치명적인 심장마비를 일으켰다. 제일 먼저 도착한 손님들이 거실 양탄자 위에 쓰러진 집주인을 발견했다. 그가 생애 마지막으로 쓴 글이 바로 『한밤의 아이들』 서평이었다.

넬슨 올그런이라니. 벌써 죽은 줄 알았는데. 보니것은 올그런의 죽음 때문에 우울해했다. 루슈디도 마음이 편치 않았다. 예고도 없이 별안간 양탄자 위에 쓰러지는 일이 우리 모두를 기다린다.

미국에서 『한밤의 아이들』이 그렇게 호평을 받을 줄은 크노프 출판사도 미처 예상하지 못했다. 루슈디는 책이 출간되는 날 그 자리에 있으려고 자비를 들여 뉴욕에 갔을 뿐, 기자회견 일정은 하나도 없었고 몇몇 멋진 서평이 나온 뒤에도 마찬가지였다. 인쇄 부수는 소량이었고, 역시 소량을 추가로 찍었고, 페이퍼백도 소량이 팔렸을 뿐이었다. 그러나 루슈디는 이스트 50번가 201번지의 출판사 입구에서 전설적인 앨프리드 A. 크노프*와 악수를 나누는 행운을 누렸다. 이 정중한 노신사는 값비싼 외투 차림에 어두운 빛깔의 베레모를 쓰고 있었다. 호리호리하지만 열정적인 로버트 고틀리브 편집장도 만나보았다. 그 역시 전설적인 인물이었다. 밥 고틀리브의 사무실에 들어서자 쉰번째 생일을 축하하는 카드와 장식 천이 눈에 띄었다. 잠시 대화를 나눈 후 고틀리브가 말했다. "이렇게 만나보니 선생이 마음에 들어서 하는 말인데, 사실은 마음에 안 들 줄 알았소." 충격적인 발언이었다. "왜요?" 루슈디는 말까지 더듬었다. "제 책이 마음에 안 들었

---

* 크노프 출판사의 창립자(1892~1984).

습니까? 아니, 제 책을 출판해주시면서 왜……" 밥은 고개를 가로저었다. "책 때문이 아니었소. 최근에 정말 위대한 작가가 쓴 정말 위대한 작품을 읽고 나서 무슬림 출신은 아무도 좋아할 수 없겠다고 생각했을 뿐이오." 더욱더 놀라운 이야기였다. "정말 위대하다는 그 작품은 어떤 책이고 정말 위대하다는 그 작가는 누굽니까?" 그러자 밥 고틀리브가 말했다. "책은 『믿는 자들 사이에서*Among the Believers*』, 작가는 V. S. 나이폴이오." 루슈디는 크노프 출판사 편집장에게 이렇게 말했다. "그렇다면 저도 꼭 읽어봐야겠군요."

밥 고틀리브는 자신의 말이 어떤 의미로 들리는지 모르는 듯했고, 실제로도 자기가 싫어하리라 여겼다는 이 작가를 극진히 대우해주었다. 터틀베이에 있는 자택에 초대하여 식사 대접까지 했는데, 맨해튼의 이 고상한 동네에는 커트 보니것, 스티븐 손드하임*, 캐서린 헵번 등의 집도 있었다. (폭설이 내린 어느 날, 당시 일흔을 훌쩍 넘긴 영화배우 헵번이 삽을 들고 고틀리브 편집장의 집 앞에 나타나 지붕에 쌓인 눈을 치워주겠다고 했단다.) 고틀리브는 게오르게 발란친**이 창설한 뉴욕시티 발레단의 이사이기도 했는데, 처음 만난 젊은 인도인 소설가를 공연에 초대했다. 루슈디는 발란친의 일생일대의 사랑이었던 수잰 패럴이 러시아 태생의 이 위대한 안무가와 결별한 후 런던에서 모리스 베자르 발레단과 함께 공연한 춤을 본 적이 있었다. 그러나 밥은 이렇게 말했다. "조건이 하나 있소. 베자르 따위는 잊어버리고 발란친이야말로 발레의 신이라고 인정해주시오."

밥 고틀리브는 문학적 친절도 베풀었다. 1987년 크노프 출판사를 떠난 그가 윌리엄 숀의 자리를 물려받아 〈뉴요커〉 편집장으로 부임하면서 이 존엄한 잡지사가 드디어 『한밤의 아이들』의 작가에게도 문을 활짝 열어주

---

* 미국 작곡가, 작사가, 뮤지컬 기획자(1930~).
** 러시아 태생의 미국 무용가, 안무가(1904~1983).

었다. 손이 다스리던 시절에는 그곳의 문이 늘 굳게 닫혀 있었다. 그러므로 이 위대한 편집장의 53년에 걸친 통치가 마침내 끝났을 때 루슈디는 그리 슬퍼하지 않았다. 그리하여 밥 고틀리브는 루슈디의 소설과 비소설을 두루 출판해주었고, 〈오즈의 마법사〉에 대한 긴 수필 「캔자스를 떠나다」(1992)를 매우 세심하고 정열적인 손길로 편집해주기도 했다. 고틀리브는 이 영화야말로 영화사를 통틀어 우정을 기리는 가장 아름다운 찬가 가운데 하나라는 말을 강조하라고 권했는데 역시 정확한 조언이었다.

그러나 파트와 시절 동안은 고틀리브를 단 한 번 만났을 뿐이었다. 리즈 콜더와 카멘 칼릴이 소호에 있는 그라우초 클럽*에서 합동 생일 파티를 열었을 때 루슈디도 잠시나마 참석할 수 있었다. 그런데 고틀리브 편집장에게 인사를 건네자 그가 몹시 격한 어조로 말했다. "난 언제나 자네 편일세, 살만. 사람들한테 늘 얘기하지. 책 때문에 사람들이 죽게 될 줄 알았다면 자네가 그 책을 썼을 리가 없다고 말이야." 루슈디는 천천히 열까지 헤아렸다. 노인을 때릴 수도 없는 노릇이었다. 핑계를 대고 자리를 피하는 게 나았다. 그래서 고개를 갸우뚱하며 무의미한 몸짓을 해보이고 발길을 돌렸다. 그후 여러 해 동안 두 사람은 다시 말을 나누지 않았다. 비록 밥 고틀리브에게 큰 빚을 졌지만 마지막으로 들은 그 말을 머릿속에서 지울 수 없었다. 물론 고틀리브는 처음 만났을 때 나이폴의 책에 대한 말이 어떤 충격을 줄지 몰랐듯이 마지막으로 만났을 때도 자신의 실언을 깨닫지 못했다. 오히려 친구로서 당연한 말을 했다고 믿었다.

1984년에 결혼생활이 파경을 맞았다. 그들은 12년 동안 부부로 살았지만 의식하지 못하는 사이에 서로 멀어졌다. 클래리사는 전원생활을 원했

---

* 런던의 회원제 클럽.

는데, 어느 해 여름에는 두 사람이 런던 서쪽에서 집을 보러 다니기도 했지만 결국 루슈디는 교외로 이사하면 미쳐버리고 말겠다는 결론을 내렸다. 그는 도시인이었다. 아내에게 말했더니 그녀도 수긍했지만 그 일로 둘 사이에 불화가 싹텄다. 둘 다 매우 젊었을 때 사랑에 빠졌는데 이제 나이를 먹고 보니 관심사가 어긋날 때가 한두 번이 아니었다. 런던에 사는 동안 클래리사는 남편의 삶에서 어떤 부분에는 별로 관심을 보이지 않았다. 그중 하나가 인종차별 반대운동이었다. 루슈디는 인종차별 관련 단체인 캠던 인종문제위원회에서 오랫동안 활동했는데, 자원봉사로 지역사회사업 팀을 관리하는 이 일이 그에게는 중요한 일과였다. 그 일을 통하여 그는 일찍이 거의 몰랐던 이 도시의 한 모습을 보게 되었다. 빈곤과 편견이 만연한 그곳은 이민자들의 런던, 나중에 그가 보이지만 안 보이는 도시*라고 부르게 될 곳이었다. 이민자들의 도시는 캠던뿐만 아니라 사우설, 웸블리, 브릭스턴 등지에 엄연히 존재했지만 그 시절에는 인종폭력 사태가 벌어졌을 때 잠깐을 제외하면 대체로 온갖 문제가 무시당하는 형편이었다. 다들 애써 외면했다. 그런 도시, 그런 세계가 실제로 존재한다는 현실을 인정하기 싫어서였다. 그는 여가의 많은 부분을 인종 관련 업무에 바쳤고, 인종문제위원회에서의 경험을 살려 「영국 안의 새로운 제국」**이라는 제목으로 논쟁적인 방송 원고를 썼다. 흑인과 갈색인종으로 이루어진 새로운 영국 최하층에 대해 설명한 이 원고는 채널4의 〈오피니언〉 프로그램으로 방송되었는데, 클래리사는 루슈디가 여기서 했던 발언에 대해서도 못마땅한 기색을 역력히 드러냈다.

그러나 제일 큰 문제는 더 사사로운 일이었다. 자파르가 태어난 후 그들은―특히 클래리사가―줄곧 아이를 더 낳고 싶어했지만 좀처럼 아이가

---

* 『악마의 시』에 나오는 말.
** 『가상의 조국』에 수록.

생기지 않았다. 매번 일찌감치 유산으로 끝나버릴 뿐이었다. 자파르를 잉태하고 무사히 낳기 전에도 한 번 그랬고 그 이후에도 두 번 더 그랬다. 유전적인 문제라는 사실이 밝혀졌다. 그가 (아마도 아버지 쪽에서) 물려받은 단순염색체전위라는 형질 때문이었다.

염색체는 유전정보를 간직한 막대 모양의 물질인데, 인간의 모든 세포 속에는 이 막대 스물두 쌍이 들어 있고 별도로 성별을 결정하는 한 쌍이 더 있다. 그런데 드문 일이지만 어느 염색체에서 유전정보 일부가 떨어져 나가 다른 염색체와 결합해버리는 경우가 생긴다. 그렇게 되면 잘못된 염색체 두 개가 만들어지는데, 하나는 유전정보가 너무 많고 또하나는 너무 적다. 임신 과정에서 아버지 쪽의 염색체 중 임의로 선택된 절반이 어머니 쪽의 절반과 결합하여 새로운 염색체 쌍을 구성한다. 이때 아버지에게 단순염색체전위가 있다면, 잘못된 염색체가 둘 다 선택되는 경우 아이는 정상적으로 태어나지만 문제의 유전형질을 물려받게 된다. 잘못된 염색체가 하나도 선택되지 않으면 임신도 정상적으로 진행되고 아이가 그 유전형질을 물려받지도 않는다. 그러나 잘못된 염색체가 하나만 선택되는 경우에는 태아가 제대로 형성되지 못하여 유산되고 만다.

아기를 낳으려는 노력이 일종의 생물학적 도박이 되었다. 두 사람은 운이 별로 안 좋았다. 잇따른 유산의 스트레스, 무너진 희망의 스트레스 때문에 둘 다 지쳐버렸다. 육체관계가 뜸해졌다. 또 한번의 시도가 또 한번의 실패로 끝나리라는 생각을 둘 다 견디지 못했다. 클래리사는 여러 아이가 이리저리 뛰어다니며 인생의 의미가 되어주는 일가족의 모습을 꿈꾸었는데, 이 꿈을 깨뜨린 남편을 원망하지 않기란 아마도 인간적으로 불가능한 일이었을 것이다. 루슈디도 자신을 탓할 수밖에 없었다.

성생활을 배제한 장기적 관계는 파국을 피할 수 없는 것인지도 모른다. 두 사람이 함께 지낸 14년 가운데 13년 동안 그는 아내에게 무조건 충실했지만 14년째 되던 해에는 이런 믿음의 유대가 끊어졌거나 서서히 약해져갔다. 캐나다와 스웨덴으로 문학 여행을 떠났을 때 잠깐씩 바람을 피웠고, 런던에서는 바이올린을 연주하는 케임브리지 시절의 친구와 꽤 오랫동안 불륜 관계를 맺었다. (클래리사도 딱 한 번 남편을 배신했지만 그것은 그가 아직 『그리머스』를 집필하던 1973년의 일이었다. 당시 그녀는 남편을 버리고 정부에게 가고 싶다는 유혹을 잠시나마 느꼈지만 곧 그 남자를 포기했고 부부는 둘 다 그 사건을 잊어버렸다. 아니, 거의 잊었다고 해야겠다. 그는 연적의 이름을 끝내 잊을 수 없었다. 조금 특이한 이름, 에일머 그리블*이었다.)

어리석게도 그는 불륜 관계를 잘 숨겼으니 아내가 알기는커녕 의심하지도 못한다고 굳게 믿었다. 그러나 나중에 돌이켜보니 그때의 자만심이 놀라울 뿐이었다. 아내는 당연히 알고 있었다.

어느 날 그는 혼자 오스트레일리아로 건너가서 애들레이드 예술제에 참가한 후 브루스 채트윈과 함께 오스트레일리아 사막지대로 향했다. 그들이 앨리스 스프링스의 어느 서점에 들렀을 때 그는 로빈 데이비드슨의 『행로 Tracks』 페이퍼백 한 권을 발견했다. 지은이가 손수 사로잡아 훈련시킨 낙타들을 이끌고 깁슨 사막을 단독 횡단한 경험을 기록한 책이었다. 출간 당시 케이프 출판사의 편집자 리즈 콜더가 이 책과 대담무쌍한 지은이를 칭찬한 적이 있었는데, 그때 루슈디는 가소롭다는 듯이 일축해버렸다. "비행기로 가면 간단한데 왜 사막을 걸어서 건너갑니까?" 그런데 이제 그 책에서 이야기한 곳들을 직접 보게 되었으니 책을 구입했고 큰 감명을 받았다. 그러자 브루스가 말했다. "시드니에 가면 로빈을 꼭 만나보게나. 한번 연락해보자고. 나한테 전화번호가 있어." 브루스의 유명한 몰스킨 공책에는 조금이라도 중요한 인물이라면 빠짐없이 전화번호가 적혀 있었다. 전화번호부에 등록되지 않은 영국 여왕의 사적인 전화번호라도 브루스에게

---

* '그리블(gribble)'은 나무좀벌레를 뜻한다.

물어보기만 하면 순식간에 찾아주었을 것이다.

로빈, 금발에 푸른 눈, 번민이 많은 여자. 루슈디가 좋아할 만한 유형은 전혀 아니었지만 그녀가 애넌데일에 있는 작은 집으로 저녁식사 초대를 했을 때 두 사람은 감정의 폭풍을 경험했다. 그녀가 통닭구이를 가지러 가 보니 닭고기는 여전히 차가웠다. 마음이 너무 어지러워 오븐을 켜지도 않은 탓이었다. 이튿날 아침부터 시작된 3년간의 관계는 루슈디와 클래리사 사이의 길고 평온하고 대체로 행복했던 관계와는 정반대였다. 서로에게 강렬한 매력을 느낀다는 사실 말고는 맞는 부분이 하나도 없었다. 거의 날마다 고래고래 아우성을 질렀다.

로빈이 루슈디를 오스트레일리아 오지로 데려갔을 때 한낱 도시쥐인 그는 대자연 속에서도 거뜬히 생존할 수 있는 그녀의 능력에 경외감마저 느꼈다. 그들은 별빛 아래서 잠을 청했지만 전갈에 쏘여 죽지도, 캥거루에게 잡아먹히지도, 거대한 조상신 할머니 댄싱에게 밟혀 납작해지지도 않았다. 살아남았다는 사실 자체가 놀라운 행운이었다. 로빈의 낙타들은 "거주지"에 해당하는 오스트레일리아 북서부 샤크 만(이곳에서 그는 돌고래들과 함께 헤엄을 치고 조개껍데기만 가지고 지은 집을 구경했다) 부근의 한 목장을 떠나 퍼스 남부에 사는 한 친구의 땅에 새로 마련한 거처로 옮겼다. 그는 낙타에 대해 새로운 사실 두 가지를 알게 되었다. 첫째, 낙타는 근친상간을 좋아한다. 이 무리의 막내는 한 수컷과 그 어미의 간단한 결합에서 탄생했다. (근친상간으로 태어난 이 낙타에게는 루슈디의 이름이 붙었다. 오스트레일리아식으로 발음한 이름, "낙타 셸먼"이었다.) 둘째, 낙타 똥은 물기가 별로 없고 조약돌처럼 생겼지만 낙타가 흥분하면 액체 상태로 변해버린다. 성난 낙타는 꽤 멀리까지 물보라를 뿜어낸다. 기분이 언짢은 낙타의 꽁무니 근처에서 어정거리지 말아야 한다. 둘 다 중요한 가르침이었다.

로빈도 영국으로 건너왔지만 두 사람이 한집에 살기는 불가능했다. 마지막 해에는 열두 번도 넘게 갈라섰다. 마지막으로 헤어진 후 두 달이 지난 어느 날, 그는 세인트피터스 스트리트에 있는 새집에서 한밤중에 깨어났다. 침실 안에 누군가 있었다. 그는 벌거벗은 채 벌떡 일어섰다. 로빈이 자기 열쇠로 문을 열고 들어온 것이었다. 자물쇠를 바꾸지 않은 탓이었다. 그녀가 고집을 부렸다. "얘기 좀 해야겠어." 그는 거절하고 방에서 나가려 했지만 그녀가 손으로 붙잡았다. 뒤꿈치로 그의 발등을 호되게 짓밟기도 했다. 그날 이후로 그의 발가락 하나는 완전히 감각을 잃었다. 그는 로빈에게 물었다. "만약 내가 여자고 당신이 남자라면 이런 상황을 어떻게 봐야 할까?" 그녀는 비로소 정신을 차리고 떠났다. 로빈이 발표한 첫 소설인 동시에 유일한 소설 『조상들 Ancestors』에는 여주인공의 애인으로 몹시 불쾌하고 가학적인 미국인 남자가 등장한다. 〈가디언〉과 인터뷰를 할 때 "그 등장인물의 모델이 살만 루슈디입니까?"라는 질문에 로빈은 이렇게 대답했다. "초고에 비하면 많이 완화시킨 편이죠."

루슈디의 머릿속에서 소설 하나가 싹트는 중이었지만 정확한 실체는 미지수였다. 몇몇 단편적 대화와 등장인물이 정해졌고, 이런 요소들은 서로 크게 다른 글감들인데도 모두 같은 책 속에 포함시켜야 한다는 고집스러운 직감을 느꼈을 뿐이었다. 작품의 구체적 형태와 본질은 아직 불확실했다. 광범위한 시간과 공간을 아우르는 대작이라는 것쯤은 예상했다. 여행에 대한 책. 마땅히 그래야 할 것 같았다. 『수치』를 완성함으로써 계획의 첫 단계를 마무리한 터였다. 그때는 자신을 탄생시킨 세계에 대해 다뤘고 나름대로 최선을 다했다. 이제 그 세계를 전혀 다른 세계—그가 지금 살고 있는 세계—와 연결시킬 차례였다. 그것이야말로 그의 진짜 주제가 될 것을 서서히 깨닫고 있었다. 바로 그것이 인도, 파키스탄, 정치, 마술적 사실주의보다 더 중요한 주제, 남은 한평생 파헤쳐야 할 주제였다. 이 세상은 어떻게 만들어졌나. 중대한 주제였다. 단순히 동양이 서양으로 흘러들고 서양이 동양으로 흘러드는 과정만이 아니라 과거가 어떻게 현재를 형성하는지, 현재가 어떻게 과거에 대한 이해를 변화시키는지, 그리고 상상의 세계 (즉 꿈, 예술, 허구, 믿음 등의 세계)가 어떻게 경계선을 넘어 일상의 세계 (즉, 인간들이 실제로 사는 곳이라고 착각하는 "진짜" 세계)로 스며드는지를 탐구할 생각이었다.

자꾸 줄어들기만 하는 이 행성에서 이런 현상이 나타났다. 이제 사람들은—사회도, 문화도—예전처럼 작은 상자 속에 고립된 채 살아가지 않는다. 작은 상자 하나하나가 다른 작은 상자들을 향해 활짝 열렸다. 어떤 나라에 사는 사람이 어느 머나먼 땅에 사는—이름도 모르고 평생 얼굴을 볼 일도 없는—환율투기꾼의 간계 때문에 직장을 잃기도 한다. 카오스라는 새로운 학문의 이론가들이 말하듯 브라질에서 나비 한 마리가 날갯짓을 하면 텍사스 주에 허리케인이 발생한다. 『한밤의 아이들』은 원래 이렇게 시작되었다. "우리 인생에서 가장 중요한 일은 대부분 우리가 없는 곳에서 일어난다." 지나치게 톨스토이 같은 도입부라고 판단하여 결국 다른 곳으로 옮겨놓긴 했지만—『한밤의 아이들』은 『안나 카레니나』와는 전혀 다른 책이니까—이 생각은 줄곧 뇌리를 떠나지 않았다. 그런 세계, 더는 성격이 운명을 결정하지 않는 세계, 자신의 선택이 아니라 남의 선택이, 혹은 경제가, 혹은 폭탄 하나가 운명을 좌우하기도 하는 세계에 대하여 무엇을 이야기해야 할까?

시드니에서 집으로 돌아오는 비행기를 탔을 때 그는 로빈과 함께 보낸 가슴 벅찬 첫 며칠의 여파로 감정이 한껏 고조된 상태였다. 마음을 가라앉히려고 작은 검은색 공책을 꺼내놓고 구상중인 작품에 대해 애써 궁리해보았다. 지금까지 생각해둔 부분은 다음과 같았다. 인도, 파키스탄, 방글라데시 등지에서 건너온 몇몇 이민자들—아니, 영국식 용어로는 "외국인들"—이 겪는 개인적 여정을 통하여 이곳과 그곳, 과거와 현재, 현실과 꿈

등이 만나고 흩어지는 과정을 탐구한다. 살라후딘 참차왈라라는 등장인물에 대해서도 초안을 잡아두었다. 영국식 이름은 살라딘 참차인데, 아버지와 사이가 좋지 않으며 영국인이 되고 싶어하는 인물이다. 특히 "참차"라는 성이 좋았다. 카프카의 소설에서 쇠똥구리로 변해버린 불쌍한 그레고르 잠자를, 그리고 고골의 소설에서 망자들의 혼을 긁어모으는 치치코프를 연상시키기 때문이다.* 힌두스타니어로 원래는 "숟가락"이라는 뜻이지만 구어에서는 "알랑쇠" 즉 "아첨꾼"의 뜻으로 쓰인다는 사실도 마음에 들었다. 참차는 뿌리를 잃은 사람, 아버지와 조국을 떠나 도망친 사람, 인도인의 삶을 버리고 영국인의 삶을 선택한 사람이다. 그러나 영국은 그를 진심으로 받아주지 않는다. 다양한 목소리를 낼 수 있는 배우인데도 모습을 드러내지 못하고 라디오나 텔레비전의 성우로 성공했을 뿐이다. 영국을 그토록 사랑하지만 "컬러텔레비전에는 등장할 수 없는 부적절한 얼굴색"을 타고났기 때문이다.

그리고 참차의 상대는…… 글쎄, 추락한 천사라면 어떨까.

1982년, 봄베이 영화계의 으뜸가는 스타 아미타브 바찬이 방갈로르에서 몸소 스턴트 연기를 하다가 비장에 치명상에 가까운 중상을 입었다. 그때부터 몇 달 동안 그의 병원생활이 날마다 신문 1면을 장식했다. 소식을 기다리는 군중이 병원 앞에 진을 치고 정치가들이 병상으로 몰려들었다. 목숨이 위태로울 때는 온 나라가 숨을 죽였다. 그러다가 다시 회복되었을 때는 마치 그리스도의 부활을 목격한 듯한 분위기였다. 남인도의 몇몇 배우는 "신화영화"라는 장르에 출연하여 신의 역할을 연기하면서 실제로 신에 가까운 지위를 누렸다. 그러나 바찬은 그런 경력도 없으면서 반인반신 같은 존재가 되었다. 그런데 이렇게 신격화된 배우가 어느 날 끔찍한 부상을 당하고 절박한 상황에서 애타게 신을 불렀는데 아무 대답이 없다면 어

---

* 각각 카프카의 『변신』과 고골의 『죽은 혼』에 등장하는 인물.

떻게 될까? 어처구니없는 신의 침묵 때문에 의혹을 품게 된다면, 심지어 자신을 지탱하던 신앙심마저 잃어버린다면? 영혼의 위기 속에서 이성을 잃고 말까? 광기에 사로잡혀 지구 반대편으로 달아날까? 아무리 도망쳐도 자신에게서 벗어날 수는 없다는 사실을 망각한 채?

그렇게 몰락한 스타에게는 어떤 이름이 어울릴까? 그 이름은 금방 떠올랐다. 마치 해발 3만 5천 피트 상공에 줄곧 떠 있으면서 작가가 붙잡아주기만 기다렸다는 듯이. 지브릴. 천사 가브리엘, "지브릴 파리슈타". 지브릴과 참차. 하느님에게 버림받은 천사, 그리고 아버지와 멀어진 가짜 영국인. 집을 잃고 떠도는 두 영혼. 그들이 주인공이었다. 여기까지는 분명했다.

그런데 지브릴이 천사라면 참차는 악마? 천사는 사악해지고 악마에게는 후광이 생길 수도 있을까?

여행은 하나만이 아니었다. 전혀 다른 글감이 추가되었다. 1983년 2월, 사야드 윌라야트 후사인 샤라는 남자가 자신을 따르는 시아파 무슬림 서른여덟 명을 설득했다. 자기가 하느님께 말씀드리면 아라비아 해가 갈라져 이라크의 성도聖都 카르발라까지 걸어갈 수 있다는 요지였다. 순례자들은 지도자를 따라 물속으로 들어갔고 많은 수가 익사했다. 이 사건에서 가장 놀라운 점은 살아남은 사람들 가운데 일부가 명백한 증거를 무시하고 실제로 기적을 목격했다고 주장한다는 사실이었다. 루슈디는 벌써 1년이 넘도록 그 이야기에 대한 생각을 거듭하고 있었다. 그러나 파키스탄이나 시아파에 대한 책은 쓰고 싶지 않았고, 그래서 그의 상상 속에서 신자들은 수니파 인도인으로, 지도자는 여성으로 바뀌었다. 그는 남인도 마이소르 부근에서 보았던 거대한 바니안나무를 떠올렸다. 나무가 어찌나 큰지 그 위에 오두막집 여러 채를 짓고, 우물도 몇 개나 있고, 나비떼가 구름처럼 모여들었다. 그의 마음속에 나비마을 티틀리푸르가 자라났다. 그곳에는 나비떼로 몸을 감싼 신비로운 소녀가 살았다. 수니파인 그들은 카르발라가 아니라 메카로 가고 싶어했지만 이야기의 핵심은 바다가 갈라진다는 발상이었다.

다른 글감들도 앞을 다투어 떠올랐는데, 그중에는 "보이지만 안 보이는 도시", 이민자들의 도시, 즉 마거릿 대처 시대의 런던에 대한 생각도 많았다. 런던 서부의 사우설과 동부의 브릭레인 등 아시아계 이민이 거주하는 실존 지역이 템스 강 남쪽의 브릭스턴과 합쳐져 런던 중심부에 위치한 가공의 행정구 브릭홀이 되었다. 전통을 중시하는 부모와 반항적인 십대 딸들로 이루어진 무슬림 일가족이 그곳에서 산다르 카페를 운영하며 산다. (이 카페의 상호는 사우설에 실존하는 브릴리언트 카페를 우르두어로 슬쩍 바꿔놓았을 뿐이다.) 그런데 이 브릭홀 구에서 인종갈등이 점점 심해진다. 머지않아 거리 전체가 불길에 휩싸일지도 모른다.

클래리사를 모델로 삼아 새뮤얼 리처드슨을 연상시키는 "파멜라 러블레이스"라는 이름을 붙인 인물도 있었고, 로빈의 화신이지만 사막 여행자에서 등산가로, 기독교인에서 유대인으로 변신한 알렐루야 코언 또는 콘도 있었다. 그리고 무슨 까닭인지 클래리사의 할머니 메이 주얼도 등장했다. 서식스의 페븐지 만 해변에 사는 이 기품 있는 노부인은 1066년에 쳐들어온 노르만족의 배들이 자신의 거실이 있는 곳을 지나갔을 거라고 입버릇처럼 말했다. 지금의 해안선은 9세기 전보다 바다 쪽으로 1마일이나 더 나아갔기 때문이다. 메이 할머니는 수많은 이야기를 간직한 분이었는데, 같은 이야기를 몇 번이나 되풀이해도 마치 의식을 치르듯 매번 한결같은 표현을 사용하면서, 한때 영국계 아르헨티나인으로 라스페타카스라는 대목장에 살았던 시절에 대해 들려주었다. 그곳에는 우표 수집을 좋아하고 "돈 카를로스"라고 불리는 멍청한 남편 찰스 주얼, 굉장히 사납고 거만한 목동 수백 명, 그리고 아르헨티나에서도 으뜸가는 소떼가 있었다고 한다.

영국이 전 세계의 4분의 1을 지배할 때 영국인들은 북반구의 작고 추운 섬나라를 떠나 인도와 아프리카 등지의 광활한 하늘 아래 펼쳐진 대초원에 살면서 비좁은 고국에서보다 훨씬 더 매력적이고 진취적이고 대담한―한

마디로 더 호탕한—성격으로 변해갔다. 그러나 제국의 시대가 끝나는 바람에 예전처럼 초라하고 냉담하고 창백한 섬나라 국민의 모습으로 되돌아올 수밖에 없었다. 메이 할머니도 그런 분이었는데, 작은 터릿하우스*에 살면서도 끝없는 대초원을, 그리고 유니콘처럼 다가와 그녀의 무릎에 머리를 내맡기던 위풍당당한 황소들을 꿈꾸었다. 그녀의 이야기는 영국의 영토가 아니라 아르헨티나가 무대라서 더 흥미롭고 덜 진부했다. 루슈디는 공책에 그녀의 이름을 이렇게 적었다. "로사 다이아몬드."

이제 인도 상공을 날아가는 중인데도 그는 아랑곳없이 메모에 열중했다. 텔레비전 대담 프로그램에 출연한 인도 정치가가 영국 총리에 대한 이야기를 하면서 이름을 제대로 발음하지 못했던 일이 떠올랐다. 정치가는 자꾸 이렇게 말했다. "토처 여사. 마거릿 토처 여사." 무슨 까닭인지 그 말이 몹시 우스웠다. 마거릿 대처가 고문 기술자일 리는 없는데 말이다.** (어쩌면 그래서 더 우스웠는지도 모른다.) 아무튼 이번 소설이 T.여사 시대의 런던에 대한 이야기라면 어딘가에 이 변형된 이름을 써먹을—해학적으로 써먹을—자리도 있을 듯싶었다.

그는 이렇게 썼다. "이민이라는 행위는 이민자 개인 및 집단의 정체성, 자아상, 문화, 신념 등 모든 것을 위기에 빠뜨린다. 그러므로 이민자들에 대한 소설이라면 마땅히 의문을 던져야 옳다. 이민자들의 위기를 묘사할 뿐만 아니라 실천해야 한다."

또 이렇게 썼다. "새로움은 어떤 방식으로 세상에 등장하는가?"

그리고 이렇게 썼다. "악마의 시."

---

* 탑이나 망루 모양의 구조물이 있는 주택 형태.
** '토처(torture)'는 고문이라는 뜻.

어쩌면 이 작품은 한 권이 아니라 세 권, 혹은 일곱 권짜리인지도 몰랐다. 한 권도 못 쓸지도 모르지만. "로사 다이아몬드"에 대한 이야기는 이미 시나리오 형태로 써보았는데, 당시 신생 방송국이었던 채널4의 월터 도너휴에게 완성된 초고를 보냈다가 곧 돌려달라고 부탁했다. 소설에 꼭 필요하다는 직감 때문이었다. 어디에 어떻게 써먹어야 좋을지는 전혀 몰랐지만. 그리고 '아라비아 해 갈라지다'*는 별개의 책으로 다루는 편이 나을 듯싶었고, 악마의 시에 얽힌 이야기도 따로 독립시켜야 제일 효과적일 듯싶었다.

그런데 어째서 계란을 모두 한 바구니에 담으려 했을까? 나중에 그는 이 모든 문제에 대한 해답이 봄베이 상공을 날아가던 순간 머릿속에 저절로 떠올랐다고 생각했다. 자신이 태어난 도시 위를 비행할 때 그는 이런 생각을 하고 있었다. 이 장면들은 대천사 가브리엘이 겪은 일이다. 늘 그렇듯이 의식과 무의식이 맞붙어 옥신각신했다. 무의식은 그의 합리적 사고방식에 자꾸 천사들과 온갖 기적을 들이대면서 어떻게든 그것들을 하나로 묶어보라고 재촉했다. 그러니까 천사와 악마에 대한 책이긴 한데, 누가 누구인지는 쉽게 구별할 수 없게 만들면 어떨까. 가령 천사가 신성한 원리를 따른답시고 끔찍한 만행을 저지를 수도 있다. 그리고 루시퍼에게 깊은 연민을 느끼는 일도 충분히 가능하다. 대니얼 디포의 표현을 빌리자면, 이 반역의 천사가 '하느님의 뜻'이라는 어처구니없는 독재정치를 거부한 죄로 받은 형벌은 다음과 같다. "이렇게 유랑하고 배회하며 떠돌아야 하는 처지이기에 사탄에게는 일정한 거처가 없다. (…) 어떤 장소나 공간을 정해두고 지친 발을 쉬게 하는 일은 허락되지 않았기 때문이다."** 이렇게 집을 잃고 쫓겨난 사탄은 모든 추방자, 모든 유랑자, 모든 나그네의 수호천

---

* 『악마의 시』 제8장의 제목.
** 영국 작가 대니얼 디포의 『악마의 역사 *The Political History of the Devil*』(1726)에서 인용.

사인지도 모른다. 고향을 떠나 이리저리 떠도는 사람들, 이도 저도 아닌 사람들, 그래서 뿌리를 내린 자들과 달리 굳은 땅을 디딘 느낌, 그 편안하고 든든한 느낌을 어디서도 얻지 못하는 사람들의 수호천사. 그러므로 대천사와 대악마가 겪은 일을 되새겨보는 동안 그는 악마 쪽에 더 공감했다. 블레이크가 밀턴에 대해 말했듯이 진정한 시인은 악마 편이니까.

소설의 도입부를 알게 된 것은 1년 뒤였다. 1985년 6월, 시크교 테러리스트들이 에어인디아 182편 엠퍼러 카니슈카를 폭파시켰다. 인도 펀자브주에서 한 덩어리를 뚝 떼어 시크교도를 위한 칼리스탄이라는 독립된 주로 만들어달라고 투쟁하던 자들이었다. 비행기는 아일랜드 남쪽의 대서양에 추락했는데, 사망자 329명(주로 인도계 캐나다인 또는 인도 국민) 중에는 어린 시절의 친구 닐람 나트도 있었다. 그녀는 아이들을 데리고 부모를 만나러 가는 길이었다. G. V. 나트('나트 아저씨')와 릴라 부부는 루슈디 부모의 절친한 친구이기도 했다. 이 만행에 대한 소식을 들은 직후 그는 지브릴 파리슈타와 살라딘 참차가 탄 비행기가 봄베이에서 런던으로 날아가다가 시크교 테러리스트들의 손에 폭파되는 장면을 썼다. 지브릴과 살라딘은 닐람보다 운이 좋았다. 두 사람은 페븐지 만 해변에, 즉 로사 다이아몬드의 집 앞에 사뿐히 내려앉았다.

이 책을 쓰는 데는 4년도 넘게 걸렸다. 나중에 사람들이 이 책을 한낱 "모욕 행위"로 격하시키려 할 때 그는 이렇게 반박하고 싶었다. 남을 모욕하는 일이라면 훨씬 더 빨리 할 수 있소. 그러나 상대편은 한 진지한 작가가 모욕 따위의 유치한 글을 쓰느라 생애의 1할을 바쳤다고 주장하면서도 희한한 발상이라고 생각하지 않는 듯했다. 그들은 루슈디를 진지한 작가로 여기지 않았기 때문이다. 작가와 작품을 공격하기 위해서는 우선 작가를 악인으로 낙인찍어야 했다. 배교자, 변절자, 부와 명성을 얻으려고 혈안이 된 파렴치한, 아무 가치도 없는 작품만 쓰는 기회주의자, 사리사욕을 채우려고 "이슬람을 공격하는" 자. 당시 그들이 걸핏하면 들먹이던 말이 바로 그런 의미였다. 의도적으로 한 짓이다.

당연히 의도적으로 한 일이었다. 장장 25만 단어를 그 누가 우발적으로 쓰겠는가? 문제는 빌 클린턴의 말처럼 "그짓"이 무슨 뜻이냐는 점이었다. 이상하게 들리겠지만, 이미 인도 아대륙의 역사와 직결된 두 소설을 펴낸 루슈디는 이번 작품이 훨씬 더 개인적이고 내면적인 성찰이라고 생각했다. 몸소 겪은 이민과 변신의 경험을 바탕으로 집필한 첫 작품. 그래서 그에게는 셋 중에서 제일 덜 정치적인 작품이었다. 그리고 이슬람교의 기원에 대한 이야기에서 소재를 구했으니 본질적으로 이슬람교의 예언자를 향한 찬탄과 심지어 존경의 의미까지 담긴 작품이라고 믿었다. 이 책은 예언자 스스로 늘 원한다고 말했던 방식 그대로 그를 대했을 뿐이다. 즉 기독교인들이 말하는 "하느님의 아들"처럼 거룩한 존재가 아니라 한 인간으로, "하느님의 심부름꾼"으로. 이 작품은 예언자를 당대의 산물로, 시대가 만들어낸 인물로, 그리고 유혹에 빠지기도 하지만 극복할 능력도 있는 지도자로 묘사했다. 소설은 신생 종교를 향해 이런 질문을 던진다. "너는 어떤 사상인가?" 그리고 굽히거나 타협하기를 거부하는 사상은 대부분 파멸하기 마련이라고 암시하는 동시에, 비록 매우 드물지만 그런 사상이 세상을 바꿔놓는 경우도 더러 있다고 인정했다. 루슈디가 그려낸 예언자는 잠시 타협을 고려했지만 결국 거부했고, 그렇게 굽힐 줄 모르는 사상은 역사를 마음대로 구부릴 만큼 막강한 힘을 가진 종교로 성장했다.

불쾌한 소설이라는 비난을 처음 들었을 때 루슈디는 정말 어리둥절했다. 그는 예술적인 방법으로 계시라는 현상에 동참했다고 믿었기 때문이다. 물론 비신자의 관점으로 본 동참이지만 엄연히 동참이라고 말할 수 있었다. 그런데 어떻게 불쾌하다는 생각을 할까? 그후 분노와 '정체성의 정치'*가 지배하는 민감한 시절을 보내면서 다른 사람들처럼 루슈디도 이 의

문에 대한 답을 얻었다.

　어쨌든 그가 묘사한 예언자는 무함마드라는 이름도 아니고, 메카라는 도시에 살지도 않고, (엄밀히 말하자면) 이슬람교라는 종교를 창시하지도 않았다.** 게다가 믿음을 잃고 미쳐가는 사람의 꿈속 장면에만 등장한다. 작가는 이렇게 여러모로 거리를 두는 장치를 마련했으니 이 작품이 본질적으로 허구라는 사실을 충분히 밝혔다고 생각했다. 그러나 반대자들은 속셈이 빤히 들여다뵈는 위장술로 여겼다. "소설 뒤에 숨으려는 수작이다." 마치 소설이 한 장의 베일이나 휘장이라는 듯이, 폴로니어스***처럼 멍청하게 얄팍한 방어물 뒤에 숨었으니 단숨에 찔러죽이면 그만이라는 듯이.

　이 소설을 쓰고 있을 때 카이로의 아메리칸 대학이 학생들을 위한 강연회에 그를 초빙했다. 강연료를 많이 주기는 어렵지만 혹시 관심이 있다면 저명한 이집트학자 한 명과 함께 며칠 동안 배를 타고 나일 강 일대를 돌아보게 해준다고 했다. 고대 이집트의 세계를 구경하는 일은 그가 아직 이루지 못한 큰 꿈이었다. 그래서 재빨리 답장을 썼다. "이번 소설을 완성하고 가도 된다면 좋겠습니다." 이윽고 소설을 완성했는데 그게 하필 『악마의 시』였고 이집트 여행은 불가능한 일이 되고 말았다. 피라미드를, 멤피스를, 룩소르를, 테베를, 아부심벨을 영원히 못 볼지도 모른다는 현실을 받아들일 수밖에 없었다. 그가 잃어버리게 된 수많은 미래 가운데 하나였다.

　1986년 1월은 글쓰기가 순조롭지 않았다. 때마침 작가들의 전설적인 모임이 될 자리에 초대를 받고 책상 앞을 벗어나게 되어 반가웠다. 뉴욕에서 열리는 제48차 국제펜클럽 총회였다. 굉장한 볼거리였다. 당시 펜 아메리

---

* identity politics. 개인의 정체성과 관심사는 인종, 종교, 성 등에 따라 결정된다는 주장.
** 『악마의 시』에서는 각각 마훈드, 자힐리아, 순종교(Submission)라는 명칭을 사용한다.
*** 『햄릿』의 등장인물. 휘장 뒤에 숨었다가 햄릿의 칼에 찔려 죽는다.

칸센터의 회장이었던 노먼 메일러는 매력과 설득력을 총동원하여 행사기금을 마련하고 100명 가까운 빼어난 미국 작가와 전 세계 유명 작가 50여 명을 맨해튼으로 불러모았다. "작가의 상상력과 국가의 상상력"이라는 고상한 주제를 놓고 함께 토론하고 먹고 마시는 자리였는데, 모임 장소도 그레이시 맨션이나 메트로폴리탄 박물관의 덴두르 신전처럼 멋진 곳이 많았다.*

참석자들 가운데 젊은 축이었던 루슈디는 적잖이 주눅이 들었다. 조지프 브로드스키, 귄터 그라스, 아모스 오즈, 월레 소잉카, 마리오 바르가스 요사, 솔 벨로, 레이먼드 카버, E. L. 닥터로, 토니 모리슨, 에드워드 사이드, 윌리엄 스타이런, 존 업다이크, 커트 보니것, 도널드 바셀미, 노먼 메일러 등등, 그야말로 쟁쟁한 작가들이 센트럴파크 사우스의 세인트모리츠 호텔이나 에식스하우스 호텔에 모여 작품을 낭독하고 논쟁을 벌였다. 어느 날 오후에는 사진가 톰 빅터의 요청으로 센트럴파크에서 마차를 타고 사진을 찍게 되었는데, 루슈디가 마차에 오르고 보니 수전 손택과 체스와프 미워시가 동행이었다. 평소에는 말문이 막히는 일이 드문 루슈디였지만 그날 마차를 타는 동안은 몇 번 입을 열어보지도 못했다.

처음부터 아슬아슬한 분위기였다. 공공도서관에서 열린 개막식 때 메일러가 국무장관 조지 슐츠에게 연설을 맡기는 바람에 펜 회원들이 몹시 못마땅하게 생각했다. 나딘 고디머, J. M. 쿳시, 시포 세팜라 같은 남아프리카공화국 작가들은 슐츠가 아파르트헤이트를 지지한다고 비난하며 거세게 항의했다. E. L. 닥터로, 그레이스 페일리, 엘리자베스 하드윅, 존 어빙 등은 작가들이 "레이건 정부를 위한 토론장"(닥터로의 표현이다)에 동원되었다고 성토했다.

---

* 그레이시 맨션은 뉴욕 시장 관저이고, 덴두르 신전은 1978년 메트로폴리탄 박물관으로 옮겨진 이집트 유적.

신시아 오직*은 총회에 참석한 브루노 크라이스키(유대계로 오스트리아 총리를 역임했다)가 아라파트와 카다피를 만났다는 이유로 그를 공격하는 탄원서를 돌렸다. (크라이스키 옹호자들은 그가 총리였던 기간에 러시아의 유대인 난민을 가장 많이 받아준 나라가 오스트리아였다고 지적했다.) 오직은 공개토론회 때도 청중석에서 벌떡 일어나 크라이스키를 비난했는데, 크라이스키가 대단히 노련하게 대처해서 금방 소란이 가라앉았다.

　여성 참석자 여러 명이 나서서 여성 토론자의 수가 적은 이유를 따졌다. 그럴 만한 명분은 충분했다. 토론자였던 손택과 고디머는 이 반란에 가담하지 않았다. 수전이 "문학은 원래 기회평등 고용주가 아니다"라는 견해를 밝혔다. 이 발언은 항의자들의 기분을 조금도 달래주지 못했다. 루슈디의 의견도 마찬가지였다. 여성 토론자는 여러 토론회에 몇 명이나마 끼어 있지만 루슈디 자신은 인류 전체의 6분의 1에 해당하는 남아시아를 대표하는 유일한 참석자 아니냐고 말했기 때문이다.

　뉴욕에서 보낸 그 며칠 동안은 문학이 매우 중요하다는 느낌이 들었다. 작가들의 논쟁이 널리 보도되었고, 출판계라는 좁은 세계뿐만 아니라 그 바깥에서도 꽤나 중대한 일인 듯싶었다. 존 업다이크가 자유로운 사상 교류를 뜻하는 일상적 상징물, 즉 미국의 파란 우체통에 바치는 잔잔한 찬가를 발표하여 전 세계에서 모여든 작가들을 몹시 어리둥절하게 만들었다. 도널드 바셀미는 술에 취했고 에드워드 사이드는 다정했다. 덴두르 신전에서 파티가 열리던 날, 산디니스타민족해방전선 출신인 니카라과 대통령 다니엘 오르테가의 아내이기도 한 시인 로사리오 무리요가 이집트 신전 앞에 서 있을 때, 놀라울 만큼 아름다우면서도 위험해 보이는 산디니스타 경호원들이 저마다 선글라스를 끼고 빈틈없이 그녀를 둘러쌌다. 영국 니카라과연대캠페인의 회원이기도 한 젊은 인도 작가에게 무리요는 콘트

---
　* 유대계 미국 작가(1928~).

라 내전을 직접 와서 보라고 초대했다.

어느 토론장에서 루슈디는 솔 벨로와 귄터 그라스의 헤비급 대결에 휘말리고 말았다. 그는 대단히 존경하는 그 독일 소설가 옆에 앉아 있었는데, 역시 그가 좋아하는 작가인 벨로가 미국에서 득세한 물질만능주의가 미국인들의 정신적 생활에 끼친 해악에 대해 특유의 잘 알려진 견해를 다시 한바탕 되풀이했다. 그러자 그라스가 일어나더니 아메리칸드림이라는 함정에 빠져 고생하는 사람도 많다고 지적하면서 사우스 브롱크스 같은 곳에 가서 미국의 진짜 빈곤이 어떤 것인지 벨로에게 보여주겠다고 말했다. 발끈한 벨로가 매섭게 쏘아붙였다. 자리로 돌아온 그라스는 분을 못이겨 부들부들 떨었다.

"뭐라고 말 좀 해보게." 『양철북』의 작가가 인류 전체의 6분의 1을 대표하는 작가에게 명령했다.

"누구, 저요?"

"그래. 무슨 말이든 해봐."

그래서 루슈디는 마이크 앞으로 나아가 벨로에게 어째서 그렇게 많은 미국 작가들이 세계를 뒤흔들 만큼 막강한 미국의 힘이라는 주제를 파헤칠 임무를 회피하느냐고—아니, 실제로는 한층 더 도발적인 "포기"라는 표현을 썼다—물었다. 벨로는 콧방귀를 뀌고 근엄하게 말했다. "우리한테 임무 따위는 없네. 영감이 있을 뿐이지."

그렇다, 1986년에는 문학이 아직도 중요해 보였다. 냉전이 막바지에 달한 그 몇 년 동안은 다닐로 키슈와 체스와프 미워시, 죄르지 콘라드와 리샤르트 카푸시친스키처럼 아무 비전도 없는 소련체제 속에서 자기만의 비전을 보여준 동유럽 작가들의 발언을 듣는 일이 중요했다. 당시 니카라과 내무차관이었던 오마르 카베사스는 산디니스타 게릴라였던 시절에 대한 회고록을 막 출간한 참이었고, 팔레스타인 시인 마흐무드 다르위시도 미국 강단에서는 자주 듣기 어려운 견해를 피력했다. 미국 작가 중에도 로버트 스톤이나 커트 보니것처럼 미국의 힘을 비판하는 사람이 있는가 하면 벨로와 업다이크처럼 내면으로 눈을 돌려 미국의 영혼을 들여다보는 사람도 있었다. 전체적으로 볼 때 경박스러움보다는 진지함이 돋보이는 행사였다. 그렇다, 1986년에는 아직도 셸리*의 말처럼 작가들이 "세계의 비공인 입법자"를 자처하는 것이 자연스러워 보였다. 문학예술이야말로 권력의 진정한 대항 세력이라고 믿을 수 있었다. 문학이야말로 벨로의 근사한 표현처럼 "우주를 조금 더 열어"**젖히고 국적과 문화를 초월하는 고결한 힘이라고 생각할 수 있었다. 그로부터 20년 후의 세계, 겁에 질려 말문이 막혀버린 세계에서는 한낱 글쟁이들이 그렇게 거창한 주장을 하기가 좀 어려워질 터였다. 어려워졌다고 필요성마저 줄어들지는 않겠지만.

　　런던으로 돌아온 그는 니카라과로 와달라는 초대를 상기했다. 하찮은 문학적 난관 따위는 잠시 덮어두고 정말 심각한 곤경에 빠진 사람들에 대해 이야기하는 것이 유익할지도 모른다는 생각이 들었다. 결국 7월에 마나과로 날아갔다. 니카라과에서 많은 일을 목격하며 큰 감명을 받고 몇 주 만에 돌아온 그는 그곳에 대한 생각과 말을 한시도 그치지 못하여 남들을 따분하게 만들었다. 앞으로 나아가려면 자신의 감정을 글로 표현하는 수밖에 없었다. 광란에 가까운 상태로 책상 앞에 앉아 3주 동안 90쪽을 썼다. 이도 저도 아닌 글이었다. 책으로 내기에는 너무 짧고 기사로 내기에는 너무 길었다. 수정 및 확장 과정을 거쳐 결국 얇은 단행본으로 발전시켰다. 『재규어의 미소 *The Jaguar Smile*』. 이 책을 완성하던 날 로빈 데이비드슨에게 헌정한다는 말을 쓰고(아직은 가까스로 연인 관계를 유지하고 있

---

* 퍼시 셸리(1792~1822). 영국 시인.
** 솔 벨로의 소설 『학장의 12월 *The Dean's December*』(1982)에서 인용.

었다) 읽어보라고 건네주었다. 로빈은 헌사를 보자마자 이렇게 말했다. "그 소설을 나한테 헌정하진 않겠다는 뜻이구나." 그때부터 대화는 내리막길로 치달았다.

루슈디의 에이전트 데버러 로저스는 『재규어의 미소』를 별로 좋아하지 않았지만 영국 피카도르 출판사의 서니 메타가 서둘러 펴냈고, 곧이어 미국 바이킹 출판사의 엘리자베스 시프턴도 출판해주었다. 미국에서 북투어를 할 때 샌프란시스코의 어느 라디오 토크쇼 진행자는 이 책이 미국의 니카라과 경제봉쇄 정책에 반대하고 (산디니스타 정권을 전복시키려는 콘트라 반군을 지지하던) 레이건 정부를 비판한 것이 못마땅해서 이렇게 물었다. "루슈디 선생님, 언제까지 공산주의자들의 꼭두각시 노릇을 하실 겁니까?" 루슈디는 깜짝 놀라 웃음을 터뜨렸고—생방송이었다—그 웃음은 진행자에게 다른 어떤 대답보다 큰 불쾌감을 심어주었다.

루슈디가 좋아하는 순간은 월간 〈인터뷰〉의 비앙카 재거를 만났을 때다. 니카라과 태생인 비앙카는 루슈디가 유명한 니카라과인의 이름을 언급할 때마다 좌익이든 우익이든 가리지 않고 다소 불분명하지만 담담한 목소리로 이렇게 말했다. "아, 그 사람과 데이트를 한 적이 있어요." 니카라과의 진실이 담긴 한마디였다. 워낙 작은 나라인데다 지배층의 규모도 아주 작기 때문이다. 교전중인 전투원들도 한때는 모두 같은 학교에 다녔고, 모두 지배층 출신이고, 집안끼리도 서로 잘 알고, 심지어 분열된 명가 차모로 가문처럼 아예 한 핏줄인 경우도 있고, 모두 서로서로 데이트를 했던 사이였다. 그러니 똑같은 사건에 대해서도 루슈디의 글보다는 비앙카의 (기록되지 않은) 경험담이 더 흥미진진할 터였다. 당연히 더 심층적일 테고.

『재규어의 미소』 출간 후 다시 골칫거리 소설을 꺼내본 그는 어느새 여러 문제점이 대부분 사라졌음을 깨달았다. 평소와 달리 이번 작품은 이야기의 순서대로 쓰지 않았다. 여기저기 삽입할 부분을—즉 바다로 걸어들어간 마을 사람들에 대한 이야기, 혁명을 이끌다가 결국 그 혁명을 잡아먹은 이맘에 대한 이야기, 그리고 자힐리아(이슬람교의 탄생을 앞둔 "무지"의 시대를 가리키는 아랍어에서 딴 이름이다)라는 모래도시를 배경으로 나중에 논쟁을 불러일으킬 꿈 이야기 등을—먼저 써두었는데, 이 책의 기둥줄거리인 살라딘과 지브릴의 이야기 속에 그것들을 어떻게 끼워넣어야 좋을지 몰라 오랫동안 고민했다. 어쨌든 휴식은 유익했고 그는 다시 글을 쓰기 시작했다.

마흔 살은 부담스러운 나이였다. 마흔 살의 장년에 이른 남자는 자신감과 안정감과 활력을 느낀다. 서른번째 생일에는 자신을 실패자로 여겼고 몹시 불행했다. 그러나 마흔번째 생일, 옥스퍼드 근교에 있는 브루스 채트윈의 집에서 6월의 황금빛 오후를 보낼 때는 문학계 친구들과 함께였고—앤절라 카터, 누르딘 파라, 〈그랜타〉 편집장 빌 뷰퍼드, 조너선 케이프(랜덤하우스에 먹히기 전이니까 아직 독립출판사였다)에 근무하는 담당 편집자 리즈 콜더, 그리고 브루스가 있었다—루슈디는 행복했다. 예전에 꿈꾸던 인생이 실현되었다고 생각했다. 형식적 측면에서도 지적 측면에서도 가장 야심적인 작품을 집필하는 중이었고 그동안 애를 먹이던 여러 문제도 드디어 말끔히 해결한 터였다. 밝은 미래가 기다리고 있었다.

머지않아 인도는—"살림의 마흔번째 생일"이기도 한—독립 40주년 기념일을 맞이할 텐데, 루슈디는 생일 파티에 참석한 또 한 명의 친구인 텔레비전 프로듀서 제인 웰슬리의 설득으로 채널4에서 방송할 장편 다큐멘터리 〈인도의 현실〉 원고를 집필하고 진행자 역할까지 맡기로 했다. 유명인이나 정치인을 완전히 또는 거의 완전히 배제하고 마흔 살이 된 인도인들의 눈과 입을 통하여 마흔 살 먹은 인도의 초상을, 요컨대 "인도의 참모습"을 보여줄 계획이었다. 엄밀히 말하자면 한밤의 아이들이 아니더라도 반드시 해방의 해에 태어난 아이들이어야 했다. 그는 10여 년 전에 클래리사와 함께 인도 전역을 여행한 이후 처음으로 인도 장기 여행에 나섰다. 이 두번째 여행에서도 탐욕스럽기는 마찬가지였다. 인도라는 '풍요의 뿔'은 넘치도록 많은 이야기를 한꺼번에 쏟아놓았다. 그는 이렇게 생각했다. 얼마든지 먹여줘. 배터지게 먹고 죽어도 좋아.

촬영 초기 어느 날, 문화적 무신경 때문에 하마터면 기획 자체가 틀어질 뻔했다. 델리의 빈곤 지역에 사는 한 재봉사의 집에서 촬영을 진행할 때였다. 몹시 더운 날이라 두어 시간이 지난 후 촬영팀 전체가 휴식을 취했다. 사람들이 촬영용 승합차에서 얼음처럼 차디찬 탄산음료 몇 상자를 꺼내 모두에게 나눠주었는데 재봉사 일가족만 쏙 빼놓았다. 루슈디는 연출자 제프 던롭에게 단둘이 얘기 좀 하자면서 재봉사의 집 옥상으로 올라갔고, 이런 작태를 당장 바로잡지 않으면 이 프로그램에 출연하지 않겠다고 말했다. 이런 일이 두 번 다시 되풀이되면 끝장인 줄 알라고 했다. 그러다가 문득 생각이 나서 촬영지 사용료는 얼마나 주기로 했느냐고 물어보았다. 제프는 루피화로 금액을 밝혔는데 영국 돈으로 환산하면 보잘것없는 액수였다. "영국에서는 그렇게 조금 주지 않았을 텐데요. 평소에 주던 만큼 주셔야죠." 그러자 제프가 말했다. "인도에서는 그 정도면 꽤 큰돈이오." 루슈디는 이렇게 대답했다. "그건 감독님이 상관하실 일이 아니죠. 여기 사람들도 영국인과 똑같이 존중해주세요." 잠시 동안 두 사람 사이에 긴장감이 감돌았다. 이윽고 제프가 말했다. "알았소." 그들은 아래로 내려갔다. 재봉사 일가족도 시원한 코카콜라를 받아 마셨다. 남은 촬영은 순조롭게 진행되었다.

케랄라 주에서 그는 유명한 이야기꾼이 마법을 부리는 장면을 보았다. 흥미로운 점은 이 공연이 모든 규칙을 깨뜨린다는 사실이었다. 『이상한 나라의 앨리스』에 등장하는 하트 왕은 어쩔 줄 모르는 하얀 토끼에게 이렇게 분부한다. "처음부터 시작해서 끝까지 읽고 마치면 된다." 어느 하트 왕이

정한 규칙인지 모르겠지만 이야기란 마땅히 그런 식으로 해야 하는데 케랄라의 노천극장에서는 상황이 전혀 달랐다. 이야기꾼은 몇 가지 이야기를 뒤죽박죽 들려주었는데, 걸핏하면 기둥줄거리를 벗어나 농담을 던지거나 노래를 부르고, 옛날이야기에 정치 이야기를 연관시키고, 관객과 잡담을 나누기도 하고, 아무튼 제멋대로였다. 그런데도 넌더리를 내거나 나가버리는 사람은 아무도 없었다. 공연자를 야유하는 사람도, 채소나 의자 따위를 집어던지는 사람도 없었다. 다들 조바심이 나서 의자 끄트머리에 걸터앉은 채 폭소를 터뜨리기도 하고 안타까워 눈물을 흘리기도 하면서 끝날 때까지 자리를 떠날 줄 몰랐다. 그들은 이야기꾼의 번잡스러운 이야기 방식을 참아준 걸까, 아니면 오히려 그런 방식이기 때문에 좋아한 걸까? 혹시 하트 왕이 좋아하는 방식보다 이렇게 화려한 이야기 방식이 실제로 더 매혹적인 것은 아닐까? 이야기의 형식 중에서도 가장 오래된 구연口演이라는 형식이 지금껏 살아남은 까닭은 처음부터 끝까지 차례대로 말하기를 거부하고 이처럼 복잡하고 익살스럽게 이야기하기 때문일까? 만약 그렇다면 글쓰기에 대해 그가 생각하던 모든 것이 이곳 케랄라의 무더운 밤하늘 아래서 충분히 확인된 셈이었다.

평범한 사람들에게 말할 기회를 주고 시간을 넉넉히 주면 일상에서 일어난 일들이 감동적인 시가 되어 흘러나온다. 봄베이 보도 위에 늘어선 판잣집 '조파드파티'에 기거하는 한 무슬림 여인은 자식들이 나중에 어미를 돌봐줄지 잘 모르겠다고 말했다. "내가 늙어 지팡이를 짚고 다니는 신세가 되면 저절로 알게 되겠죠." 인도인으로 산다는 것이 어떤 의미냐고 묻자 그녀는 한평생 인도에서만 살았다고 답하면서 이렇게 덧붙였다. "죽어서 땅에 묻히면 아예 인도 속으로 들어가는 거죠." 케랄라 주에서 만난 여성 공산당원은 하루종일 논에 나가 열심히 일하고 돌아왔다며 상냥하게 웃었다. 나이가 훨씬 많은 남편은 베란다에서 비디*를 말아 푼돈을 벌었다. 부인은 남편이 듣거나 말거나 여전히 미소를 머금은 채 이렇게 말했다. "결혼하고 나서 지금까지 즐거운 날은 단 하루도 없었어요."

블랙코미디 같은 일도 있었다. 루슈디가 인터뷰한 사람들 가운데 유일한 정치가인 차간 부즈발은 봄베이 시장으로서는 처음으로 시브세나당黨에 가입한 사람이었다. 전직 정치만화가 발 타커리가 이끄는 이 정당은 마라타 민족주의와 힌두교 자치주의를 표방하지만 사실은 깡패 집단에 가까웠다. 차간 부즈발은 걸어다니는 정치만화였다. 그는 연례 간파티 축제에 참가하면서 텔레비전 촬영팀에게 자신을 따라다니며 촬영해도 좋다고 허락해주었다. 코끼리 머리가 달린 가네샤 신을 기리는 이 행사는 한때 종파를 막론하고 모든 사람이 함께 즐기는 축제였지만 그날은 신나치주의자들처럼 종주먹을 휘두르며 힌두교 세력을 과시하는 자리로 변질되었다. 부즈발은 이렇게 말했다. "우리를 국수주의자라고 불러도 좋습니다. 실제로 국수주의자니까. 인종차별주의자라고 불러도 좋습니다. 실제로 인종차별주의자니까." 그의 사무실 책상 위에는 초록색 개구리 모양의 플라스틱 전화기가 있었다. 노련한 카메라맨 마이크 폭스는 남몰래 이 전화기도 촬영했다. 그러나 편집용 필름을 보고 나서 제작팀은 개구리를 빼버리기로 결정했다. 초록색 개구리에게 열변을 토하는 남자를 보고 있자니 약간의 애정이 느껴졌기 때문이었다. 제작팀은 시청자들의 마음속에 그런 애정을 심어주고 싶지 않았고, 그래서 개구리는 편집실 바닥에 버려졌다. 그러나 영영 사라지는 것은 아무것도 없다. 이 개구리는 결국 멘닥(개구리)이라는 이름으로 『무어의 마지막 한숨』에 다시 등장하게 된다.

올드델리의 웅장한 모스크 '주마 마스지드'에는 메루트 시에서 일어난 무슬림 학살 사건을 애도하는 검은 깃발이 나부꼈다. 루슈디는 이 모스크에서 늙은 이맘 부하리를 필름에 담고 싶었다. 선동가이며 극단적 보수주의자인 부하리가 그를 만나준 까닭은 "살만 루슈디"가 무슬림 이름이기

---

* 필터가 없고 매우 독한 인도산 담배.

때문이었다. 루슈디와 이맘은 이른바 "정원"에서 만났는데, 철저히 차단된 이 공간에는 풀 한 포기도 자라지 않고 온통 흙과 돌뿐이었다. 이맘은 잇새가 벌어지고 몸집이 크고 성격은 고약하고 수염은 헤나로 물들인 사람이었다. 다리를 넓게 벌린 채 안락의자에 앉은 그의 무릎에 구깃구깃한 지폐가 엄청나게 많이 쌓여 있었다. 측근들이 사방을 둘러싸고 이맘을 경호했다. 그의 곁에 빈 등나무 의자가 있었다. 이맘은 대화를 나누는 동안에도 루피 지폐를 하나씩 집어 구김살을 펴고 돌돌 말았다. 케랄라의 베란다에서 비디를 말던 노인을 떠올리게 하는 장면이었다. 잘 말린 지폐는 등나무 의자의 구멍 속에 하나하나 꽂아두었다. 고액권일수록 가까운 곳, 소액권일수록 먼 곳을 골랐다. "그래. 촬영은 허락하겠네." 나중에 호메이니가 파트와를 공포한 후, 주마 마스지드의 설교단에 선 이맘 부하리는 『악마의 시』를 쓴 작가를 호되게 비난했지만 두 사람이 언젠가 그럭저럭 따뜻한 만남을 나눈 사이라는 사실은 아마 몰랐을 것이다. 아무튼 이맘은 작가의 이름을 정확히 기억하지 못하고 애먼 "살만 쿠르시드"를 비난하는 실수를 저질렀다. 살만 쿠르시드는 유명한 무슬림 정치인이었다. 이맘에게도 "엉뚱한 살만"에게도 당혹스러운 사건이었다.

카슈미르 지방에 갔을 때는 카슈미르의 역사와 전설을 다루는 '반드 파테르'(직역하면 "광대 이야기") 순회공연단과 함께 며칠을 보냈다. 얼마 안 남은 공연단 가운데 하나인데도 빈곤의 문턱에서 허덕였는데, 폭력이 난무하는 카슈미르의 가혹한 정치 상황 탓도 있지만 영화와 텔레비전의 영향도 컸다. 단원들은 저마다 삶에 대해 열변을 토하면서 권위주의적인 인도 군부와 보안대를 맹렬히 비판했다. 그러나 카메라를 켜기만 하면 거짓말을 늘어놓았다. 카메라 앞에서 진심을 밝히기에는 후환이 두려웠기 때문이다. "아, 우린 인도군을 사랑해요." 그들의 이야기를 촬영하지 못해 결국 다큐멘터리 최종판에서 모두 삭제할 수밖에 없었지만 루슈디는 필름에 담지 못한 이야기를 잊지 못했다. 숲속 공터에서 공중제비를 돌거나 줄

타기 곡예를 하며 차세대 "광대"가 되기 위해 연습하던 아이들도 잊을 수 없었다. 그들이 자라서 광대가 될 때쯤에는 공연을 봐줄 관객이 전혀 없을지도 모른다. 어쩌면 연극용 가짜 칼은 내던지고 이슬람의 성전聖戰을 위해 진짜 총을 들게 될지도 모른다. 긴 세월이 흐른 후 그들은 루슈디의 "카슈미르 소설"『광대 샬리마르』의 기둥이 되었다.

많은 증언자들 중에서도 가장 감동적이었던 사람은 델리의 한 셋방에 사는 시크교도 R였다. 그녀는 국민회의당 지도부가 선동하거나 아예 지휘하여 불러들인 폭도의 손에 남편과 아이들이 살해당하는 장면을 눈앞에서 목격했다. 1984년 10월 31일 시크교도 경호원 두 명이 인디라 간디를 암살한 일 때문에 시크교도 전체를 대상으로 감행한 "보복공격"이었다. 칼리스탄 분리주의 운동에 가담한 베안트 싱과 사트완트 싱은 시크교 최고의 성지 황금사원을 공격한 데 대한 보복으로 간디를 살해했는데, 당시 황금사원에는 분리주의 운동의 지도자 산트 자르나일 싱 빈드란왈레가 수많은 무장 조직원을 거느리고 은신중이었다. 그로부터 3년 후 R 여사는 드높은 기품과 기상을 보여주었다. "저는 보복도 폭력도 칼리스탄도 원치 않아요. 정의를 원할 뿐이죠. 그뿐이에요."

놀랍게도 인도 당국은 그녀를 포함하여 시크교도 학살 사건에 관련된 모든 촬영을 허락하지 않았다. 그러나 루슈디는 그녀의 증언을 녹음하는 데 성공했다. 완성된 필름에는 같은 일을 당한 수많은 여성의 모습을 담은 몽타주 사진을 넣었는데, 그 속에 그녀의 사진도 들어갔고 그것이 오히려 동영상보다 더 감동적이었다. 런던 주재 인도 고등법무관사무소는 채널4에 압력을 행사하여 다큐멘터리 방영을 취소시키려 했다. 그러나 필름은 예정대로 방영되었다. 인도 정부는 시크교도 수천 명을 학살한 만행에 집권당이 관계했다는 사실을 은폐하려 했겠지만 테러범도 아니고 테러 피해자의 증언까지 가로막으려 하다니 어처구니없는 일이었다. 그런 요구를 거부한 텔레비전 방송사의 용기와 소신은 칭찬할 만했다.

인도를 떠날 때는 잔뜩 포식한 기분이었다. 온갖 관념, 논점, 영상, 소리, 냄새, 얼굴, 이야기, 관능, 격정, 그리고 사랑. 그때는 몰랐지만 바로 그 순간이 기나긴 추방의 시작이었다. 인도는 전 세계에서 처음으로 『악마의 시』를 금서로 지정한 후 루슈디에게 여행비자를 발급해주지 않았다. (영국 시민이 인도를 방문하려면 비자가 필요했다.) 그후 모국에 돌아가기까지 무려 12년 반이 걸렸다.

이제 〈한밤의 수수께끼The Riddle of Midnight〉로 제목이 바뀐 그 필름을 편집하고 있을 때 아버지가 암에 걸렸다는 소식을 들었다. 여동생 나빌라 (가족들이 부르는 애칭은 예쁜이를 뜻하는 "굴줌"이었다)와 결혼한 매부 사프완이 카라치에서 전화를 걸어 아니스에게 다발성골수종, 즉 골수암이 생겼다고 말했다. 치료를 받는 중이지만 손쓸 방법이 별로 없었다. 멜팔란이라는 약이 있는데 반응이 좋으면 몇 달, 어쩌면 한두 해까지도 살 수 있었다. 반응이 어떨지 아직 확실치 않아서 시간이 얼마나 남았는지는 판단하기 어려웠다. 살만은 이렇게 물었다. "내가 할 일이 뭔가? 사민이랑 내가 차례로 건너가는 건 어떻겠나? 그럼 적어도 한 명은 늘 어머니를 모실 수 있을 텐데." (이때 사민은 런던으로 돌아와 인종차별 관련 단체에서 활동하고 있었다.) 사프완은 잠시 침묵을 지키다가 침통하게 말했다. "살만 형님, 그냥 건너와요. 비행기 잡아타고 빨리 오세요." 제인 웰즐리와 제프 던롭에게 사정을 설명했더니 둘 다 당장 허락해주었다. "어서 가봐요." 그는 이틀 후 파키스탄에 도착하여 아버지의 마지막 엿새를 함께할 수 있었다.

사랑이 깃든 며칠이었다. 순수했던 시절로 돌아간 기분이기도 했다. 언짢은 기억은 모두 잊기로 마음먹었다. 어릴 때 엿들었던 부모님의 말다툼, 1961년 1월 런던의 컴벌랜드 호텔에서 아버지가 술에 취해 욕설을 퍼부었던 일, 그리고 아버지의 턱을 후려갈겼던 그날. 당시 스무 살이었던 살만은 갑자기 아니스의 술주정을 견딜 수 없었다. 그날따라 어머니가 표적이었기 때문에 더욱더 참기 힘들었다. 아버지에게 주먹을 휘두른 후 이런 생각을 했다. 맙소사, 이번엔 아버지가 나를 때리겠구나. 아니스는 비록 키는 작지만 정육점 주인처럼 팔뚝이 굵고 힘이 천하장사였다. 한 대만 맞아도 타격이 엄청날 터였다. 그러나 아니스는 아들을 때리지 않고 오히려 부끄러워하며 조용히 그 자리를 떠났다. 이젠 다 지난 일이었다. 카라치에 있는 아가 칸 종합병원에 입원한 아니스는 이미 천하장사가 아니었다. 얼굴이 핼쑥하고 몸도 수척했다. 그러나 마음의 준비를 한 듯 평온한 표정이었다. "내가 처음부터 암일 거라고 했지. 내 피가 다 어디로 갔겠느냐고." 오래전에 아니스는 『한밤의 아이들』을 읽고 등장인물 '아흐메드 시나이' 때문에 노발대발했다. 주인공의 아버지인 아흐메드도 술버릇이 고약했다. 아니스는 아들과 말도 섞지 않으려 했고, 아내에게는 "자식을 부추겼다"면서 이혼하겠다고 으름장을 놓았다. 그러나 그 책이 큰 인기를 끌고 친구들의 축하 전화가 쇄도하자 곧 평정을 되찾았다. 그는 살만에게 이렇게 말했다. "무릎에 앉힌 어린애가 오줌을 싸더라도 용서해야지 어쩌겠니." 아들은 아버지의 말에 모욕감을 느꼈고, 둘 사이의 긴장감은 그대로 남았다. 그러나 이젠 그것도 지난 일이었다. 아니스는 아들의 손을 잡고 이렇게 속삭였다. "네가 쓴 말이 구구절절 옳아서 화가 났던 게다."

그후 며칠에 걸쳐 그들은 차츰 사랑을 되찾았고, 나중에는 한 번도 사랑을 잃어버린 적이 없는 듯했다. 프루스트의 위대한 연작소설은 빛을 굴절시키는 프리즘 같은 기억을 통하지 않고 실제로 겪은 과거를 그대로 재현하려 했다. 두 사람은 사랑의 힘으로 그런 일을 해냈다. '되찾은 사랑L'amour retrouvé.'* 어느 날 오후, 그는 전기면도기를 들고 다정하게 아버지의 수염을 깎아드렸다.

---

*『잃어버린 시간을 찾아서』의 마지막 권 『되찾은 시간 Le Temps retrouvé』에 대한 언급.

아니스는 기운이 없었다. 며칠 후 아버지는 퇴원하고 싶어했다. 카라치에 있는 집은 봄베이의 윈저 빌라와는 딴판이었다. 낡은 저택이 아니라 현대적인 난평면* 주택이었다. 물 빠진 수영장의 깊은 쪽에 고인 조그마한 녹색 물웅덩이 속에서 개구리가 밤새도록 개굴개굴 울었다. 아니스가 건강했던 시절에는 그 시끄러운 소리에 화가 나서 한밤중에 침실에서 뛰어내려가 고무 물갈퀴로 수많은 개구리를 때려잡기도 했다. 더러는 기절했지만 숨이 끊어지진 않았다. 아침이 되자 모두 정신을 차리고 폴짝폴짝 달아났다. 개구리도 고무로 만들어진 모양이었다.

이제 아니스는 위층 침실까지 올라갈 수도 없었다. 그래서 1층 서재에 침대를 마련하고 책에 둘러싸인 채 그곳에 누워 있었다. 알고 보니 그는 완전히 파산한 상태였다. 돈이라고는 책상 왼쪽 윗서랍에 넣어둔 500루피 몇 다발이 전부였다. 은행계좌도 모두 적자였다. 집을 담보로 몇 차례 소액대출을 받은 적도 있었다. 그야말로 인생의 막바지였다.

굴줌의 남편 사프완은 전자공학 기술자로 성공했는데, 저녁식사 때 신기한 이야기를 들려주었다. 그는 세계에서 가장 빠른 컴퓨터를 몸소 파키스탄으로 밀반입했다고 주장했다. 이른바 VAX "접근장치"를 자랑하는 부동 소수점 방식 컴퓨터였다. 연산속도는 초당 7600만 회에 달했다. 인간의 두뇌는 초당 18회에 불과하다. "일반적인 컴퓨터는 최고급 제품도 초당 100만 회 정도가 고작이죠." 그러면서 '이슬람 폭탄'**을 개발할 때 이 컴퓨터가 필수적인 역할을 했다고 설명했다. 이런 컴퓨터는 미국에도 약 20대가 전부였다. 사프완은 흐뭇한 미소를 지었다. "라호르에 있는 우리 창고에 그게 있다는 사실이 알려졌다면 파키스탄에 들어오던 국제원조가 몽땅 끊겼을 겁니다."

---

* 같은 층에서 방바닥의 높낮이에 변화를 주는 건축 설계 방식.
** 1998년 파키스탄이 실험한 핵무기의 별칭.

파키스탄은 그런 곳이었다. 파키스탄을 방문했을 때 살만은 가족이라는 테두리 안에서 생활했다. 몇몇 친구도 있었지만 사실은 그의 친구가 아니라 사민의 옛 친구였다. 가족의 테두리 바깥에는 언제나 낯설기만 한 나라가 있었다. 이따금씩 사프완의 이야기처럼 테두리 바깥의 소식을 들을 때마다 그는 당장 비행기를 잡아타고 영영 떠나버리고 싶어졌다. 그런 이야기를 들려주는 사람들은 한결같이 싹싹한 미소를 지었는데, 그들의 성격과 행동 사이의 모순에서 이 나라를 갈라놓는 정신분열증을 엿볼 수 있었다.

사프완과 굴줌은 결국 헤어졌고, 그때부터 아름다운 누이는 긴 내리막길로 접어들어 충격적일 만큼 뚱뚱해지고 각종 정신 질환과 마약중독에 시달렸다. 그러다가 사십대 중반 어느 날 침대 위에서 시신으로 발견되었다. 4남매 중 막내가 제일 먼저 세상을 떠나버렸다. 당시 살만은 입국이 금지된 처지였기에 여동생의 장례식에 참석하지도 못했다. 그전에 어머니가 돌아가셨을 때도 마찬가지였다. 네긴 루슈디가 숨을 거두었을 때 파키스탄의 한 신문은 장례식에 참석한 조객 모두가 하느님께 용서를 빌어야 마땅하다고 썼다. 신앙을 버린 작가를 낳은 여자이기 때문이란다. 그 일로 살만은 더욱더 파키스탄을 싫어할 수밖에 없었다.

아니스는 1987년 11월 11일 한밤중에 최후를 맞이했다. 병원에서 집으로 돌아온 후 이틀도 채우지 못했다. 아버지가 시꺼먼 설사를 지릴 때마다 살만이 화장실로 데려가 씻겨드렸다. 아버지는 곧 양동이에 엄청난 양의 토사물을 쏟아놓았고, 그들은 아버지를 차에 태웠다. 사민이 바람처럼 차를 몰고 아가 칸 종합병원으로 달려갔다. 당시에는 다들 병원에 모셔가기만 하면 목숨을 건질 수 있으리라 믿었지만, 조금이라도 더 살게 하고 싶었지만, 나중에 살만은 차라리 집에서 조용히 숨을 거두시게 하는 편이 나았겠다고 생각했다. 그랬다면 마지막 순간에 난폭한 전기충격을 당하는 일은 없었을 텐데. 전기충격도 아버지를 살려내지 못했고 아니스 루슈디는 결국 숨을 거두고 말았다. 네긴 루슈디가 길고 힘겨운 결혼생활을 다 잊은 듯이 털썩 주저앉아 울부짖었다. "다시는 내 곁을 떠나지 않겠다더니 이렇게 훌쩍 가버리면 나는 어쩌란 말이오?"

살만은 어머니를 감싸안았다. 이제부터는 그가 보살펴야 했다.

카라치에서 으뜸가는 시설을 갖춘 아가 칸 종합병원은 이스마일파* 신도라면 누구에게나 무료였지만 이스마일파가 아닌 환자에게는 엄청난 치료비를 요구했다. 그래도 살만은 이해할 만한 일이라고 생각했다. 병원측은 치료비를 완불하기 전에는 시신을 양도할 수 없다고 했다. 다행히 살만의 주머니에 아메리칸 익스프레스 카드가 있었고, 그것으로 아버지가 목숨을 잃은 병원에서 시신을 되찾을 수 있었다. 아버지를 모시고 집으로 돌아왔을 때 침대보에는 아버지가 누웠던 자국이 선명했고 방바닥에 놓인 낡은 슬리퍼도 그대로였다. 곧 친척과 친지 들이 찾아왔다. 워낙 더운 고장이라 몇 시간 내로 장례를 치러야 했기 때문이다. 장례 준비는 원래 살만의 몫이었지만 이 낯선 나라에서 그는 아무것도 할 수 없었고 누구에게 연락해야 하는지도 몰랐다. 결국 사민의 친구들이 나서서 장지를 구하고, 영구차를 빌리고, 인근 모스크에서 물라**를 부르는 일까지—의무사항이었다—도맡아 처리해주었다. 이 모스크는 버크민스터 풀러***의 지오데식 돔을 콘크리트로 재현한 듯한 현대식 건물이었다.

아니스의 시신을 깨끗이 씻긴 후—이때 살만은 난생처음으로 아버지의 알몸을 보았다—염장이가 시신에 염포를 두르고 꿰매어 붙였다. 장지는 가까운 곳이었고, 꽃과 백단향 대팻밥의 향기를 뿜어내며 영구차가 도착했을 때는 벌써 묏자리가 입을 벌리고 있었다. 사토장이가 발치에 서고 구덩이로 내려간 살만이 머리맡에 서서 시신을 모셨다. 그렇게 아버지의

---

* 이슬람 시아파의 한 갈래.
** 이슬람교 성직자.
*** 미국 건축가(1895~1983). 삼각형을 이어 구를 만드는 지오데식 돔으로 유명.

무덤 속에서 염포에 싸인 고인의 머리를 받쳐들고 최후의 안식처에 눕혀드리던 그 순간이 그에게는 대단히 강렬한 경험이었다. 깊은 학식과 교양을 겸비한 아버지는 일찍이 갈리브가 살았던 올드델리의 무할라 발리마란에서 태어났고 그후 수십 년 동안 봄베이 사람으로 만족하며 살았건만, 이제 그에게는 별로 친절하지도 않고 편안하지도 않은 땅에 묻히다니 슬픈 일이었다. 아니스 아흐메드 루슈디는 인생에서 실망을 맛보았지만 적어도 마지막 며칠은 사랑을 만끽하며 보냈다. 그날 살만은 무덤 속에서 빠져나오다가 왼쪽 엄지발톱을 부러뜨리는 바람에 가까운 진나 종합병원에서 파상풍 예방주사를 맞아야 했다.

그후 여러 해 동안 아니스는 매달 한 번꼴로 아들의 꿈속에 나타났다. 꿈속에서는 언제나 다정하고 유쾌하고 현명하고 사려 깊고 든든한 아버지, 그야말로 흠잡을 데 없는 아버지였다. 아버지가 살아 계실 때보다 오히려 사후에 부자 관계가 훨씬 좋아졌다는 생각이 들었다.

『악마의 시』에 등장하는 살라딘 참차도 아버지 창게즈 참차왈라와 사이가 그리 좋지 않았다. 이 소설 속에서 창게즈도 죽음을 맞이하는데, 원래는 아들이 때맞춰 봄베이로 돌아가지 못해 임종을 지키지 못하는 바람에 둘 사이의 갈등이 끝내 해결되지 못하고 마음의 짐으로 남게 된다고 처리할 계획이었다. 그러나 카라치에서 런던으로 돌아갈 때 살만은 아버지와 함께 보낸 엿새 동안의 행복과 깊은 감동을 가장 소중한 추억으로 간직했다. 그래서 중대한 결정을 내렸다. 아버지와 함께 겪은 일을 살라딘과 창게즈에게도 경험하게 해주고 싶었다. 아버지가 돌아가신 직후였지만 아버지의 죽음에 대해 쓰기로 했다. 그러나 과연 옳은 일일까 고민했다. 혹시 좀 그릇된 짓, 잔인한 짓, 죽음을 모독하는 짓은 아닐까? 좀처럼 판단이 서지 않았다. 일단 써보다가 올바르지 않은 일이라는 생각이 들면 곧바로 원고를 폐기하고 원래의 계획대로 진행하기로 마음먹었다.

그는 아니스의 마지막 며칠 동안 아버지에게 사용한 각종 약품의 이름까지 구체적으로 언급하면서 실제로 겪은 많은 일을 소설에 반영했다. "날마다 복용하는 멜팔란 정제 말고도 온갖 약품이 처방되었다. 암의 파괴적인 부작용을 물리치기 위해서였다. 빈혈, 심부전, 기타 등등. 질산이소소르비드, 두 알씩 하루 네 번. 푸로세마이드, 한 알씩 세 번. 프레드니솔론, 여섯 알씩 하루 두 번." 기타 등등. 아가롤, 스피로놀락톤, 알로푸리놀. 현실에 존재하는 온갖 기적의 치료제가 무리를 지어 소설 속으로 행진했다.

아버지에게 면도를 해드리는—즉 살라딘이 창게즈에게 면도를 해주는—장면도 쓰고, 죽어가는 사나이가 죽음 앞에서 보여준 인내와 용기에 대해서도 썼다. "처음엔 아버지를 다시 사랑하게 되더니 이번엔 존경하게 되는구나." 시꺼먼 설사와 구토와 전기충격과 침대보와 슬리퍼와 염습과 매장에 대해서도 썼다. 그리고 이렇게 썼다. "살라후딘은 생각했다. 어떻게 죽어야 하는지 가르쳐주시는구나. 눈을 돌리지 말고 죽음을 직시하라고. 창게즈 참차왈라는 죽어가면서도 끝끝내 하느님이라는 말을 입에 담지 않았다."

아니스 아흐메드 루슈디도 그렇게 세상을 떠났다.

아버지의 죽음을 묘사하는 동안 부적절하다는 생각은 들지 않았다. 오히려 존경의 표현이었다. 이 대목을 완성한 후 살만은 결국 그대로 출판하기로 결심했다.

살만이 아버지를 만나려고 런던을 떠나던 날 메리앤이 그의 바지 주머니에서 쪽지 한 장을 발견했다. 살만의 필적으로 로빈이라는 이름과 함께 비틀스의 노랫말이 적혀 있었다. 어느 연인과도 다르게 나를 흥분시키네. 살만은 그런 쪽지를 쓴 기억도 없고 그것이 언제부터 주머니 속에 있었는지도 몰랐지만—로빈을 마지막으로 만난 지 벌써 1년도 훨씬 넘었고 쪽지는 아마도 그보다 더 오래전부터 그곳에 있었겠지만—메리앤은 질투심에 사로잡혔고 작별의 순간은 험악했다. 원래 두 사람은 파리에 가서 그녀의 마흔번째 생일을 기념할 예정이었는데 아니스의 와병으로 무산된 터였다.

아니스의 죽음 때문에 여전히 감정이 고조된 상태에서 살만은—장거리 통화로—메리앤에게 청혼했다. 그녀는 청혼을 받아들였다. 1988년 1월 23일, 두 사람은 핀즈베리 타운 청사에서 결혼식을 올리고, 이즐링턴에 있는 프레더릭 레스토랑에서 피로연을 베풀어 친지들과 함께 점심을 먹고, 리츠 호텔에서 첫날밤을 보냈다. 그로부터 여러 해가 지나서야 비로소 알게 된 일인데, 당시 그의 절친한 벗들과 여동생 사민은 두 사람의 결합을 몹시 우려하면서도 차마 말리지 못했다고 한다.

나흘 후 그는 일기장에 이렇게 썼다. "한 사람을 파멸시키는 일은 얼마나 간단한가! 그대 스스로 만든 적이니 얼마나 손쉽게 쓰러뜨릴 수 있는지, 그가 얼마나 빨리 무너지는지 보라! 불행한 일이건만 너무 쉬워 마음을 빼앗기는구나." 나중에 그는 이 말을 쓴 이유를 기억하지 못했다. 틀림없이 당시 집필하던 작품 어딘가에 써먹을 생각으로 적어두었겠지만 완성된 책에는 결국 들어가지 못했다. 어쨌든 1년이 지난 후 다시 읽어보니, 글쎄, 마치 예언을 보는 듯했다.

그는 이런 말도 썼다. "이렇게 감정의 기복, 이혼, 이사, 니카라과 여행기, 인도 촬영 등등을 겪으면서도 결국 『악마의 시』를 완성할 수만 있다면 나의 '첫 과업', 즉 나 자신의 일부를 설명하는 일이 비로소 끝나리라 예감한다. 그때가 되면 쓸 이야기가 아무것도 남지 않을 것이다. 물론 인류 전체의 삶에 대해 말할 수는 있겠지만."

1988년 2월 16일 화요일 오후 4시 10분, 그는 일기장에 대문자로 이렇게 썼다. "드디어 끝을 보았다." 2월 17일 수요일, 간단한 교정을 보고 나서

"이 책이 완성되었다고 선언"했다. 목요일에는 사본을 만들어 에이전트들에게 넘겼다. 주말에는 사민과 폴린도 『악마의 시』를 읽기 시작했다. 사민은 월요일까지 다 읽고 대체로 마음에 든다고 했다. 그러나 창게즈의 죽음에 대한 서술은 몹시 언짢아했다. "자꾸 이렇게 말하고 싶더라고. '나도 그 자리에 있었어. 아버지의 그 말씀은 오빠가 아니라 나한테 하신 얘기야. 아버지한테 그 일을 해드린 사람은 오빠가 아니라 나였어.' 그런데 오빠가 나를 쏙 빼버렸으니 이젠 다들 이게 모두 사실이라고 생각하겠지." 사민의 핀잔을 들으면서 살만은 변명할 구실을 찾지 못했다. 그러자 그녀가 말했다. "괜찮아. 내가 하고 싶었던 말은 했으니까 됐어. 나도 금방 잊어버릴 거야."

책은 작가의 책상을 떠나면서 변모한다. 아무도 단 한 구절도 읽지 못했을 때부터, 글쓴이 말고는 그 누구의 시선도 스치기 전부터, 책은 돌이킬 수 없는 변화를 일으킨다. 이제 읽을 수 있는 책이 되었으니 더는 작가의 소유물이 아니다. 어떤 의미에서는 책이 자유의지를 갖게 되었다고 말해도 좋다. 책은 제멋대로 세상을 여행할 테고, 작가가 간섭할 방법은 없다. 작가 자신도 문장 하나하나를 새로운 눈으로 바라본다. 이제 남들도 읽을 수 있기 때문이다. 문장 하나하나가 달라 보인다. 책은 이미 세상으로 나아갔고 세상은 책을 바꿔놓는다.

『악마의 시』도 그렇게 집을 떠났다. 그리고 작가의 책상 바깥의 세상에서 이 책은 유난히 극단적인 변형과 탈바꿈의 과정을 겪었다.

이 책을 쓰는 동안 작가는 책상 건너편 벽면에 줄곧 이런 좌우명을 붙여두었다. "책을 쓰는 일은 파우스트의 계약과는 정반대다. 불멸을 얻으려면, 하다못해 유산이라도 남기려면, 일상생활은 아예 포기하거나 지리멸렬을 각오해야 한다."

2

"원고는 불타지 않는다"

"Manuscripts Don't Burn"

1988
–
1989

볼란드가 물었다. "어디 말씀해보시죠. 마르가리타가 선생을 거장이라고 부르는 이유가 뭡니까?"

남자는 웃으며 대답했다. "그녀의 사소한 결점이죠. 제가 쓴 소설을 너무 높이 평가하거든요."

"어떤 소설입니까?"

"본디오 빌라도에 대한 소설이에요."

볼란드가 웃음을 그치고 말했다. "뭐라고요? 누구에 대한? 그것 참 놀랍네요! 이런 시대에? 다른 소재를 고를 수는 없었나요? 어디 좀 보여주세요." 볼란드가 손바닥을 내밀었다.

거장이 대답했다. "아쉽지만 보여드릴 수가 없어요. 그 소설은 난롯불에 태워버렸으니까."

그러자 볼란드가 말했다. "죄송하지만 그 말씀은 못 믿겠습니다. 그럴리가 없거든요. 원고는 불에 타지 않습니다." 그러더니 베헤못을 돌아보며 말했다. "자, 베헤못, 그 소설 좀 가져와라."

그러자 고양이가 의자에서 냉큼 뛰어내리는데 그가 앉았던 곳에 원고 한 무더기가 있었다. 고양이는 맨 위에 놓인 원고를 볼란드에게 공손하게 바쳤다. 마르가리타가 감격에 겨워 눈물을 흘리고 부들부들 떨며 외쳤다. "그 원고예요! 바로 저거예요!"

—미하일 불가코프의 『거장과 마르가리타』에서, 악마 볼란드가 불타 버렸던 원고를 거장에게 돌려주는 대목.

1989년 2월 15일 깊은 밤, 그는 침대 위에 잠든 아내 곁에서 안절부절 못했다. 날이 밝으면 영국 내에서 대인 경호를 전담하는(다만 왕족은 왕실 근위대 소관이다) 런던경찰청 특수부 "A" 부대의 고위 간부가 찾아올 예정이었다. 특수부는 원래 아일랜드공화국형제단을 상대하기 위해 '아일랜드 특수부'라는 이름으로 1883년 창설했는데, 최근까지도 요인들—총리, 국방장관, 외무장관, 북아일랜드 국무장관, 바른말 잘하는 하원의원 등—을 위협하는 주된 세력은 형제단의 후예인 IRA 급진파였다. 그러나 테러리즘이 다양해지면서 대항 세력도 새로운 적들을 상대해야 했다. 가령 유대교 지도자들이 이슬람 집단에게 위협을 당할 경우, 신빙성 있는 위협이라면 이따금씩 경호가 필요할 때도 있었다. 이제 론즈데일 스퀘어에 사는 소설가가 어둠 속에서 잠을 이루지 못했다. 까마득히 먼 곳에서 물라가 기나긴 팔을 뻗어 소설가의 숨을 끊으려 했다. 경찰이 나설 문제였다.

특수부 간부는 어느 정보부 요원과 함께 와서 이번 위협에 대해 어떤 조치가 결정되었는지 알려줄 터였다. 전문용어로 위협이라는 말은 위험과는 다른 뜻이다. 위협수준은 보편적인 의미지만 위험수준은 구체적이다. 어떤 개인에 대한 위협의 수준이 높더라도—그 판단은 정보부 소관이다—당사자의 특정 행동에 따르는 위험의 수준은 훨씬 낮을 수도 있는데, 예컨대 그 사람이 언제 어떤 일을 할 계획인지 아는 사람이 아무도 없을 때가 그런 경우였다. 위험에 대한 평가는 경찰 경호팀의 몫이었다. 루슈디로서는 이런 개념 차이를 확실히 익혀둬야 했다. 이제부터는 위협과 위험에 대한 평가가 일상생활을 좌우하게 되었기 때문이다. 이 무렵 그는 모리셔스 섬을 자주 떠올렸다.

그가 『악마의 시』 원고를 전달한 후 열흘이 지났을 때 메리앤도 신작 소설 『존 달러 *John Dollar*』를 완성했다. 어느 무인도에 표류한 사람들이 식인 행위를 한다는 내용이었는데, 메리앤은 이 소설을 자꾸 "페미니스트를 위한 『파리대왕』"이라고 불렀다. 루슈디가 듣기에는 터무니없는 소리였지만, 『악마의 시』가 피터 케리의 『오스카와 루신다 *Oscar and Lucinda*』와 마지막까지 경합을 벌인 1988년 부커 상 시상식이 열리던 날 밤에도 그녀는 딴사람도 아니고 윌리엄 골딩*에게까지 그런 말을 늘어놓았다. 그거야말로 터무니없는 짓이었다. 그녀가 자기 원고를 전달하고 이틀 후, 두 사람은 메리앤의 딸 라라 포색—당시 다트머스 대학 3학년으로 햇병아리 사진가였다—과 함께 비행기를 타고 모리셔스 섬으로 휴가를 떠났다. 다행히 무인도는 아니라서 "사람고기"는 식단에 포함되지 않았다. "낙원의 섬"에서 휴가를 보내기는 난생처음이라 조금은 게으른 향락에 젖고 싶었다. 그들이 해변에 있을 때 뉴욕의 앤드루 와일리와 런던의 길런 에이킨이 각각 『악마의 시』 사본을 여러 출판사로 발송했고, 그때부터 출판의 톱니바퀴가 회전하기 시작했다. 그는 수중에서도 체온 변화가 없을 만큼 따뜻한 물속에서 헤엄을 치고, 열대의 황혼을 감상하고, 과일을 넣고 우산을 꽂은 술을 마시고, 섬 주변에서 잡히는 '사크레시앵'이라는 맛좋은 생선도 먹고, 크노프 출판사의 서니 메타와 바이킹 출판사의 피터 메이어를 비롯하여 더블데이, 콜린스 등의 편집자들도 지금쯤 그의 두껍고 이상야릇한 소

---

* 『파리대왕』의 작가(1911~1993).

설을 읽고 있겠다는 생각을 했다. 다가오는 판권 입찰을 잊어버린 채 지내려고 새로 읽을 책과 다시 읽을 책을 한 보따리나 챙긴 터였다. 결과가 궁금해서 몹시 초조했지만 인도양의 물결에 몸을 맡긴 채 한가로운 나날을 보내던 그 무렵에는 설마 일이 잘못될 줄은 상상도 못했다.

새들을 눈여겨보았어야 했다. 날지 못하는 새들, 포식자를 피해 하늘로 달아날 수 없어 갈가리 찢겨 죽은 새들. 모리셔스 섬은 날지 못하여 멸종한 새들의 세계적 중심지이며 학살 현장인 동시에 공동묘지였다.

"릴 모리스"*는 꽤 큰 섬이지만 특이하게도 17세기까지 인간이 전혀 살지 않았다. 그러나 그곳에는 조류 45종이 살았고 그중 다수가 붉은뜸부기, 솔리테어, 도도처럼 지상을 떠나지 못하는 새였다. 그런데 네덜란드인이 찾아왔다. 비록 1638년부터 1710년까지 머물렀을 뿐이지만 그들이 떠날 무렵 도도는 이미 다 죽고 없었다. 대부분은 이주민이 데려온 개에게 학살당했다. 예전에는 많았던 거북이나 다른 동물과 더불어 이 섬에 살던 조류 45종 가운데 자그마치 24종이 멸종 위기에 처했다. 포트루이스 박물관에 도도의 뼈대가 있었다. 사람들은 도도의 살코기를 역겨워했지만 개들은 그리 까다롭게 굴지 않았다. 무력한 새들을 보자마자 갈기갈기 찢어버렸다. 원래 사냥개로 훈련을 받았으니 연민 따위를 느낄 리 없었다.

네덜란드 이주민도, 그리고 나중에 찾아온 프랑스 이주민도 사탕수수를 재배하려고 아프리카인 노예들을 이곳에 데려왔다. 노예는 좋은 대우를 받지 못했다. 처벌 방식 중에는 수족 절단이나 처형까지 있었다. 그러다가 1810년 영국인이 모리셔스를 점령했고 1835년 노예제도를 폐지했다. 이 섬에서 가혹한 취급을 받던 노예들은 그 즉시 거의 다 떠나버렸다. 영국인들은 노예를 대신할 인력으로 인도인 노역자들을 데려왔다. 1988년 당시

---

* L'île Maurice. '모리셔스 섬'의 프랑스식 표기. 한때 프랑스의 지배를 받아서 언어에 프랑스어의 흔적이 남아 있다.

모리셔스에 살던 인도인은 대부분 인도에 가본 적도 없지만 여전히 인도 방언 보즈푸리어를 쓰는 사람이 많았는데, 한 세기 반이 흐르는 사이에 혼성어로 변했어도 아직 알아들을 만했다. 게다가 여전히 힌두교나 이슬람교를 믿었다. 그런 사람들에게 인도에서 태어난 인도인을 만나는 일은 기적과 다름없었다. 진짜 인도 거리를 거닐어본 인도인, 모리셔스에서 잡은 사크레시앵이 아니라 인도에서 잡은 진짜 새다래를 먹어본 인도인, 인도의 햇볕에 달궈지고 장맛비에 젖어본 인도인, 인도 연안의 진짜 아라비아해에서 헤엄을 쳐본 인도인. 그래서 사람들은 전설 속의 옛 땅에서 찾아온 이 손님을 거리낌없이 집 안으로 불러들였다. 모리셔스를 대표하는 힌디어 시인 한 명은 최근 난생처음으로 인도에 가서 시인 회담에 참석했는데, 거기서 작품을 낭독했을 때 인도 사람들이 어리둥절해하더라고 말했다. 인도의 힌디어 시인들은 운율에 맞춰 낭송하는 것이 관례인데, 그는 자신에게 "정상적인" 방식대로 의미를 전달하는 데 중점을 두어 읽었기 때문이다. "정상"에 대한 이 사소한 문화적 차이는 노역자였던 조상들이 모리셔스로 이주한 결과로 생긴 작은 부작용에 불과했지만 이 빼어난 시인에게 큰 충격을 안겨주었다. 인도 전역을 통틀어 사용자가 가장 많은 언어에 통달했는데도 진정한 소속감을 느낄 수 없다니. 이 이야기를 듣고 역시 이주자 신세인 인도 작가는 소속감이라는 문제가 두 사람 모두에게 중요하면서도 거북스러운 주제라는 사실을 깨달았다. 한곳에 붙박여 한 문화 속에서 한 언어를 쓰며 살아가는 글쟁이라면 고민할 필요도 없는 여러 문제에 대하여 두 사람은 스스로 납득할 만한 해답을 찾아야 했다. 나는 누구인가? 어디에 속하고 어떤 부류에 속하는가? 혹시 소속이라는 개념 자체가 덫이나 감옥은 아닐까? 이렇게 탈출했으니 오히려 행운이 아닐까? 작가는 이미 질문부터 바꿔야 한다는 결론을 내린 터였다. 그가 대답할 수 있는 질문은 장소나 뿌리가 아니라 사랑에 대한 질문이었다. 나는 어떤 사람들을 사랑하는가? 무엇을 포기하고 무엇을 지켜야 할까? 어디 있을 때 마음이 흡족한가?

첼트넘 문학제 때의 일이다. 그해에는 인도 작가를 많이 초청했는데, 그들을 위한 만찬 석상에서 인도 소설가 기타 하리하란이 뜬금없이 말했다. "물론 인도 문단에서는 루슈디 선생님의 위치가 몹시 불확실하죠." 놀랍기도 하고 조금 속상하기도 했다. 그는 멍하니 되물었다. "그렇습니까?" 그러자 그녀가 단호하게 말했다. "아, 그렇다니까요. 몹시."

모리셔스 호텔 앞의 해변에서 산뜻한 밀짚모자를 쓰고 관광객에게 잡동사니를 파는 사내를 만났는데, 몸집은 왜소하고 가냘프지만 열성이 남달랐다. "안녕하세요, 손님, 아무거나 사주세요, 손님." 사내는 활짝 웃으며 영어로 말을 걸고 이렇게 덧붙였다. "제 이름은 '보디빌딩'이랍니다." 마치 자기가 "아널드 슈워제네거"라고 우기는 미키마우스를 보는 듯했다. 작가는 고개를 저었다. "설마 그럴 리가." 그러면서 힌디어로 바꿨다. "인도 이름이 따로 있겠지." 힌디어를 들은 사내가 극적인 반응을 보였다. "진짜 인도인이세요?" 보디빌딩도 힌디어로 물었다. "진짜 인도에서 오셨어요?" 사흘만 지나면 홀리 축제였다. 이 봄맞이 축제가 열리면 인도 전역이 오색으로 물드는데, 모리셔스에서도 "홀리 놀이"를 즐기는 모양이었다. 이 말은 서로에게 오색 물감을 탄 물과 오색 가루를 뿌리며 논다는 뜻이다. "이번 홀리 놀이는 꼭 우리집에서 하세요." 보디빌딩은 끝까지 고집을 부렸고, 의붓딸과 아내가 자꾸 멀어져 고민하던 작가에게 홀리 참가자들의 흥겨운 웃음소리는 적잖은 해방감을 선물했다. 결혼한 지 5주밖에 안 되었는데 벌써 불화가 싹트기 시작했지만 그날만은 꽤 즐거웠다. 그러나 메리앤과 라라 사이에도, 작가와 라라 사이에도, 작가와 메리앤 사이에도 줄곧 전운이 감돌았다. 인도양의 따뜻한 물도 현실을 씻어내지 못했고 홀리 축제의 밝은 빛깔도 현실을 감춰주지 못했다. "당신 때문에 내가 빛을 못 보잖아." 그렇게 말하는 메리앤의 얼굴에 원망이 가득했다. 앤드루 와일리와 길런 에이킨은 그녀의 에이전트이기도 했다. 그가 소개해준 덕

분이었다. 그런데 『악마의 시』는 금방 팔리게 되었건만 그녀의 소설은 차
례를 기다려야 했다.

축제가 끝나고 흠뻑 젖은 그들이 분홍색과 초록색으로 알록달록 물든
채 돌아왔을 때 앤드루의 전갈이 기다리고 있었다. 그는 호텔 바에 가서
뉴욕으로 전화를 걸었다. 하늘도 축하 인사를 건네는 듯 일몰이 장관이었
다. 입찰이 들어왔다는 소식이었다. 게다가 금액도 상당했다. 아니, 그에
게는 거의 충격적인 거액이었다. 일찍이 선인세로 받아본 최고 액수의 열
배도 넘었다. 그러나 큰돈에는 대가가 따르기 마련이다. 좋은 친구 두 명
과 사이가 크게 벌어지고 말았다.

리즈 콜더는 그의 첫 편집자인 동시에 유일한 편집자였고 15년째 가까
운 친구였는데, 1986년에 조너선 케이프를 떠나 신생 출판사 블룸즈버리
의 창업에 합류한 터였다. 그녀와의 우정 때문에 루슈디도 곧 출판사를
옮긴다는 추측이 나돌았다. 당시 앤드루 와일리는 미국 내에서만 루슈디
의 저작권을 관리했고, 영국에서는 명망 높은 데버러 로저스가 여전히 그
의 에이전트였다. 그녀도 리즈 콜더와 절친한 사이였다. 리즈는 적당한 금
액만 제시하면 "루슈디 신작"을 블룸즈버리가 차지하리라 믿었고 데버러
도 선뜻 동감을 표시했다. 어차피 신생 출판사로서는 거액의 선인세를 감
당하기 힘들기 때문이다. 영국 출판계에서 흔히 볼 수 있는 정실 거래였
다. 그러나 루슈디는 못마땅하게 생각했다. 앤드루 와일리도 이번 책을 영
국에서 헐값으로 계약할 경우 미국에서의 전망까지 어두워진다고 말했다.
오랫동안 망설인 끝에 루슈디는 미국의 앤드루와 영국의 길런 에이킨에게
전 세계 저작권 관리를 모두 맡기기로 했다. 정실 거래는 무산되었고, 리
즈와 데버러는 둘 다 몹시 실망했고, 판권 입찰이 진행되었다. 작가는 리
즈가 케이프에서 블룸즈버리로 이직해버렸으니 오히려 그녀가 그를 배신

한 셈이라고 우겼지만 리즈는 들은 체도 하지 않았다. 데버러에게는 둘러댈 말조차 없었다. 이젠 그의 에이전트도 아니었다. 그 사실만은 변명의 여지가 없었다.

그에게는 늘 우정이 대단히 중요했다. 그는 육체적으로도 정신적으로도 가족과 멀리 떨어진 채 생애 대부분을 보냈다. 친구는 스스로 선택한 가족이다. 괴테는 선택적 친화력이라는 과학 용어를 사용하면서 사람들 사이의 애정 관계, 결혼, 우정 등이 화학반응과 유사하다고 설명했다. 사람들은 화학적으로 서로에게 끌려 안정적 화합물—즉 결혼—을 형성하기도 하고, 다른 영향을 받으면 서로 분리되기도 한다. 화합물의 일부분이 새로운 성분으로 교체되면 새로운 화합물이 만들어진다. 루슈디는 화학적 비유를 그리 좋아하지 않았다. 지나치게 결정론적이라 인간 의지의 기능을 과소평가한다고 생각했다. 선택적이라는 말은 그에게 자발적이라는 의미였다. 무의식적 화학작용이 아니라 의식적 자아의 판단이다. 그가 선택한 친구와 그를 선택해준 친구를 향한 사랑은 늘 그에게 힘과 용기를 주었다. 그런데 이번 일로 친구들에게 상처를 주고 말았다. 실리적인 면에서는 올바른 결정이었지만 인간적인 면에서는 잘못을 저지른 기분이었다.

그는 클래리사와 절친한 로잰 에지파팅턴을 통해 1970년대 초에 리즈를 만났다. 클래리사의 어머니 라비니아가 스페인 남부의 미하스 마을로 이사한 직후였다. 안달루시아 지방의 이 명승지는 프랑코 장군도 즐겨 찾던 곳으로, 마치 자석처럼 유럽 전역의 극우파 망명자들을 끌어들였다. 이 마을은 결국 『무어의 마지막 한숨』의 무대가 되어 베넹헬리라는 가공의 지명으로 바뀌었는데, 사실상 미하스와 그리 다르지 않은 곳이다. 라비니아는 로어 벨그레이브 스트리트 35번지의 넓은 집을 배우 마이클 레드그레이브와 레이첼 켐슨 부부*에게 팔았고, 그들은 나중에 이 집을—희한하게

---

* 두 사람 다 영국의 유명 배우.

도—니카라과 독재자의 아내 호프 소모사에게 팔았다. 라비니아는 37a번지의 작은 집은 팔지 않고 딸에게 맡겼는데, 클래리사와 그는 원래 큰 집의 일부였던 이 집에서 3년 반 동안 살다가 런던 북부의 켄티시타운에 있는 레이블리 스트리트 19번지 집을 샀고, 그는 그곳에서 『한밤의 아이들』을 집필하며 잔뜩 찌푸린 영국 하늘을 내다보고 땡볕이 이글거리는 인도의 지평선을 꿈꾸었다. 아무튼 그 3년 반 중 대부분의 기간 동안 리즈 콜더는 그 집 하숙생이었다. 당시 리즈의 애인이었던 제이슨 스펜더는 맨체스터 대학 박사과정이었고, 리즈는 런던의 빅터 골란츠 출판사 홍보부에 근무했다. 맨체스터와 런던 사이를 오가며 살았는데, 일주일에 사나흘만 출근하고 나머지 며칠은 맨체스터에서 보냈다.

리즈는 매력적인 여자였고 출판계에서 각종 행사가 열리는 날은 남자들이 집까지 태워다주는 일이 잦았는데, 루슈디는 그들이 돌아갈 때까지 잠도 못 자고 즐거운 대화를 나눠야 하는 임무를 맡았다. "한시도 단둘이 있게 하지 마." 리즈는 남자들이 어떤 짓을 시도하든 거뜬히 받아넘길 능력이 있으면서도 그런 명령을 내렸다. 그렇게 밤중에 찾아온 손님 중에는 소설가 로알드 달도 있었는데, 키가 아주 큰데다 교살범처럼 손도 거대하고 불쾌한 남자였다. 루슈디를 바라보는 눈길에 증오가 가득해서 오히려 한 치도 물러서기 싫었다. 달은 마침내 리즈에게조차 제대로 인사도 하지 않고 어둠 속으로 뛰쳐나갔다. 또 한 손님은 〈뉴 스테이츠먼〉의 영화평론가 존 콜먼이었는데, 알코올중독을 다 치료했다더니 가방을 열어 알코올 함량이 매우 높은 술병을 두 개나 꺼내고 이렇게 못을 박았다. "둘 다 내가 마실 거요." 그날 콜먼은 너무 늦게까지 머물렀고, 루슈디는 결국 리즈의 신뢰를 저버리고 자러 갈 수밖에 없었다. 그녀는 매서운 눈으로 노려보았다. 아침이 밝은 후 그녀가 털어놓았다. 간밤에 콜먼이 거실에서 옷을 다 벗어던지고 이렇게 외쳤단다. "나를 받아줘, 나를 가져!" 그녀는 이 저명한 평론가를 살살 구슬려 옷을 입히고 문밖으로 내보냈다.

리즈는 젊은 시절에 결혼하여 남편 리처드와 함께 뉴질랜드에서 브라질로 이주했고, 아들 하나와 딸 하나를 낳고 모델 일을 하며 살다가 남편과 헤어진 후 런던으로 건너왔다. 그러나 브라질에 대한 사랑은 여전했다. 런던에서 "브라질 무도회"가 열릴 때 최우수 카니발 의상에 주는 상품이 리우행 비행기표 두 장이었는데, 당시 그녀는 알몸에 새하얀 콜드크림만 바른 채 작은 손수레에 올라타 포즈를 취했고, 출판계의 성서와 다름없는 주간 〈북셀러〉의 편집장인 새 애인 루이스 바움이 조각가처럼 작업복 차림에 베레모를 쓰고 한 손에는 조각칼을 든 모습으로 손수레를 밀며 무도회장을 한 바퀴 돌았다. 당연히 그녀가 우승했다.

리즈가 골란츠 홍보부에서 편집자로 승진할 무렵 루슈디도 때마침 『그리머스』를 끝마쳤다. 그녀가 밤마다 자는 방은 루슈디가 낮 동안 글을 쓰는 곳이기도 했는데, 당시 루슈디는 몰랐지만 리즈는 점점 불어나는 원고를 몰래 훔쳐보고 있었다. 이윽고 원고가 완성되자 그녀가 출판해주었고, 따라서 루슈디가 작가로서 처음 내놓은 소설이 리즈에게는 편집자로서 처음 펴낸 소설이었다. 자파르가 태어난 후 그들은 루이스의 어린 아들 사이먼까지 데리고 모두 함께 프랑스로 건너가서 휴가를 즐겼다. 그런 관계를 돈 때문에 끊어버리다니. 이 사실은 루슈디에 대해 무엇을 말해주는가?

리즈와의 우정만큼 오래되진 않았지만 데버러 로저스와도 가까운 사이였다. 어머니처럼 자상하고 다정다감하고 너그러운 여자였다. 『한밤의 아이들』 출간 후 부커 상을 받고 세계적인 베스트셀러 작가가 되기 훨씬 전에 그는 아주 검소하게 생활하면 글재주만으로도 먹고살 만하다고 판단했는데, 그런 생각을 한 것도 바로 데버러의 사무실에서였다. 그녀의 격려로 용기를 얻은 덕분에 집에 돌아가 클래리사에게 "가난하게 살 각오"를 하라고 말할 수 있었고, 클래리사의 믿음이 자신감을 북돋워준 덕분에 광고사 일을 그만둘 수 있었다. 루슈디와 클래리사는 데버러와 작곡가인 남편 마이클 버클리가 웨일스에 소유한 미들피츠 목장에서 행복한 시간을 보내기도 했다. 그녀와의 불화도 꺼림칙한 아픔을 남겼다. 그러나 루슈디에게 비난이 빗발칠 때 데버러와 리즈는 둘 다 원망을 접고 놀라운 우정과 너그러움을 보여주었다. 그가 이 시절을 이겨내고 살아남은 것은 친구들의 사랑과 충정, 그리고 용서 덕분이었다.

나중에 리즈는 아슬아슬하게 위험을 모면했다고 생각했다. 만약 『악마의 시』를 그녀가 출판했다면 그 이후 위기가 닥쳤을 때 줄줄이 이어진 폭파 위협, 살해 위협, 보안 비용, 대피 소동, 공포심 때문에 결국 갓 태어난 블룸즈버리 출판사는 금방 무너져버렸을 테고, 만약 그랬다면 당시 책 한 권 발표하지 못한 무명의 동화작가였던 조앤 롤링을 발굴하는 일도 없었을 것이다.

한 가지가 더 있다. 『악마의 시』를 놓고 싸움이 벌어졌을 때 앤드루 와일리와 길런 에이킨은 어떤 작가도 기대할 수 없을 만큼 용감하고 담대하고 단호한 아군이 되어주었다. 그들을 에이전트로 선택할 때만 하더라도 설마 그들과 함께 전쟁을 치르게 될 줄은 몰랐고, 그들도 앞일을 예측하지 못했다. 그러나 전쟁이 시작되자 그들이 전우라서 든든했다.

영어판 『악마의 시』 판권에 최고 입찰가를 제시한 출판사는 바이킹 펭귄이 아니었다. 자그마치 10만 달러를 더 주겠다는 곳이 있었다. 그러나 앤드루와 길런이 둘 다 강력히 반대했다. 루슈디로서는 실감하기도 어려운 액수인데 그걸 포기하라니 더욱더 어려운 일이었다. 그래서 앤드루에게 물었다. "10만 달러나 더 주겠다는데 거절하라는 이유가 뭔지 다시 설명해주겠나?" 앤드루는 강경했다. "자네한테 어울리는 출판사가 아니야." 나중에 소동이 벌어졌을 때 〈뉴요커〉에 실린 인터뷰 기사에서 루퍼트 머독은 이렇게 강조했다. "사람들의 종교적 신념을 모독하지 말아야 한다고 믿습니다. 예를 들자면 살만 루슈디의 그 책도 우리 임직원이라면 아예 출간할 생각도 안 했겠죠." 그가 말한 "우리 임직원" 가운데 적어도 몇 명은 그 소설에 열광하여 경쟁사보다 훨씬 더 많은 입찰가를 제시했지만 루퍼트 머독은 그 사실을 몰랐을지도 모른다. 어쨌든 〈뉴요커〉 인터뷰로 미뤄 보건대 만약 머독이 『악마의 시』 발행인이었다면 말썽이 시작되기가 무섭게 책을 도로 거둬들였을 가능성이 높다. 앤드루 와일리의 조언은 신기하리만큼 선견지명이 돋보였다. 머독은 정말 그 책의 발행인으로 어울리지 않는 사람이었다.

　"평범한 삶" 따위는 존재하지 않는다. 초현실주의자들은 우리가 이 세계를 경이롭게 여기지 않는 까닭은 습관 때문에 무뎌진 탓이라고 믿는데, 그는 옛날부터 그 생각이 마음에 들었다. 우리는 이미 현실에 익숙해지고 일상생활에 익숙해졌다. 그래서 마치 먼지나 막 같은 것이 시야를 가로막은 듯, 지상에서의 삶이, 그 참된 본질이 얼마나 신기한지 깨닫지 못한다. 예술가의 사명은 우리의 눈을 가린 이 장막을 걷어내고 놀라움을 느끼는 능력을 되살려주는 일이다. 그는 그렇게 믿었다. 그러나 문제는 습관만이 아니다. 스스로 선택한 맹목성도 있다. 사람들은 마치 보통이나 정상 따위가 실재한다는 듯이 행동하지만 그것은 집단적 환상에 불과하다. 다들 지극히 현실도피적인 소설보다 훨씬 더 현실도피적인 이 환상 속에 갇혀 지낸다. 사람들은 대문을 닫아걸고 그 속의 사사로운 세계, 즉 가족의 세계에 틀어박힌다. 외부인이 그들에게 어떻게 지내느냐고 물으면 이렇게 대답한다. 아, 만사가 순조로우니까 특별히 할 얘기도 없고 다 정상입니다. 그러나 내심 누구나 알고 있듯이 집 안에서 벌어지는 일치고 평범한 일은 드물다. 오히려 난장판이라는 말이 더 정확할 때가 많다. 사람들은 다혈질 아버지를, 주정뱅이 어머니를, 신경질적인 형제자매를, 정신 나간 이모를, 난봉꾼 삼촌을, 노망난 조부모를 상대해야 한다. 가정은 우리 사회의 든든한 반석이 아니라 오히려 우리를 괴롭히는 온갖 어려움의 원천이며 캄캄한 혼란의 도가니다. 평범하기는커녕 초현실적이고, 순조롭기는커녕 파란만장하고, 예사롭기는커녕 기상천외하다. 그는 스무 살 때 BBC 라디오에서 에드먼드 리치의 '리스 강연'을 듣고 몹시 흥분했던 일을 기억한다. 위대한 인류학자이며 클로드 레비스트로스 해설자인 리치가 노엘 애넌에 이어 킹스 칼리지 학장이 된 후 1년쯤 지났을 때였다. 리치는 이렇게 말했다. "가정이란 좋은 사회의 토대이기는커녕 모든 불만의 근원입니다. 편협한 사생활 중심주의와 천박한 비밀의 온상이니까요." 그 순간 루슈디는 생각했다. 옳거니! 그렇고말고! 나도 잘 아는 사실이지. 그가 나중에 쓴 여러 소설에서도 가정은 늘 소란스럽고 다사다난하고 큰 소리와 삿대질이 난무하는 아수라장이었다. 그의 책을 좋아하지 않는 사람들은 종종 소설 속의 가족이 너무 비현실적이라고―즉 "평범"하지 않다고―비판했다. 그러나 그의 책을 좋아하는 독자들은 이렇게 말했다. "우리집도 똑같아요."

1988년 3월 15일, 『악마의 시』 영어판 판권이 바이킹 펭귄에 넘어갔다. 그리고 9월 26일 런던에서 출간되었다. 그 6개월이 그에게는 "평범한 삶"을 마지막으로 누려본 기간이었다. 그 이후 습관이나 자기기만 같은 군더더기는 난폭하게 제거되었는데, 그 속에서 드러난 것은 이 세계의 초현실적 아름다움이 아니라 지독한 야만성이었다. 그때부터 여러 해 동안 그는 미녀가 그랬듯이 야수의 내면에 숨은 아름다움을 다시 발견하려고 노력해야 했다.

세인트피터스 스트리트에 있는 그의 집으로 이사한 후 메리앤은 근방에 있는 의사를 찾으려 했다. 그가 자신의 주치의를 소개해주겠다고 했다. 그러자 그녀가 말했다. "아니, 여자 의사였으면 좋겠어." 그가 그 주치의도 여자라고 하자 그녀는 이렇게 대답했다. "그것보다 지금까지 내가 받은 치료를 잘 이해하는 사람을 찾고 싶어서 그래." 그녀는 일찍이 대장암에 걸린 적이 있는데 캐나다에서 전위적인 치료법을 사용하여 병을 이겨냈다고 설명했다. (미국에서는 불법이지만 캐나다에서는 합법이란다.) "그래서 암치료 정보망을 뒤져보는 중이야." 며칠 후 자기가 원하는 의사를 찾았다고 말했다.

1988년 봄에 그와 메리앤은 미래를 구상했다. 그 과정에서 뉴욕에 새집을 장만하고 런던에는 아파트 하나만 남겨두는 방안도 잠시나마 고려해보았다. 그러나 자파르가 아직 아홉 살도 안 되었으므로 그 생각은 금방 포기했다. 그래서 햄프스테드의 켐플레이 로드에 있는 집들을 돌아보았고, 한번은 월로 로드에 있는 집에 매입 의사를 밝혀 승낙을 받기도 했지만 루슈디가 이사 때문에 방해를 받기 싫다면서 거래를 취소해버렸다. 그러나 진실은 더 암담했다. 그는 메리앤과 함께 집을 사기가 싫었다. 두 사람의 관계가 지속되리라는 확신이 없었기 때문이다.

그해 봄부터 메리앤이 다시 불편을 호소했다. 그녀는 루슈디가 여전히 로빈에게 "집착"한다고 주장했지만 사실은 메리앤 자신의 집착이었는데, 그 일로 한바탕 격렬한 말다툼을 벌인 후 그녀는 자신의 몸속에 도사린 어둠, 핏속 깊이 깃든 통증이 느껴진다고 말했다. 그래서 병원에 가야겠다고 했다. 자궁경부암인 듯싶다고 했다. 그는 하필 두 사람이 각기 책 한 권을 완성하고 한창 기대감이 고조되었을 때 이런 위기가 닥치다니 모질고 얄궂은 일이라고 생각했다. 끔찍한 불행의 가능성이 기쁨을 짓누르다니. 그러나 그녀는 이렇게 말했다. "당신은 늘 잃어버린 것에 대해서만 이야기하지. 그렇지만 얻은 것도 많잖아."

그러더니 구겐하임 창작지원금을 받지 못하게 되었다는 통보를 받고 낙심했다. 의사의 답변도 비록 불확실하지만 그리 좋은 편은 아니었다. 그로부터 몇 주가 지났을 때, 암에 걸렸을 가능성에 대한 이야기는 처음 나올 때처럼 갑작스럽게 들어가버렸다. 먹구름도 말끔히 사라졌다. 그녀는 건강하다고 말했다. 다시 미래를 기대할 수 있다고 했다.

그런데 그는 무엇 때문에 그녀의 이야기를 좀 미심쩍게 여겼을까? 딱 꼬집어 말하기는 어렵다. 어쩌면 둘 사이의 신뢰가 이미 심하게 무너진 탓이었는지도 모른다. 그녀는 그의 바지 주머니에서 발견한 그 쪽지를 용서할 수 없었다. 그가 윌로 로드 집을 매입하지 않기로 결정한 일도 두 사람의 결혼생활에 대한 그녀의 믿음에 다시 타격을 주었다. 몇 가지 골치 아픈 의문에 시달리기는 루슈디도 마찬가지였다.

클래리사의 아버지는 빌딩 위에서 몸을 던졌다. 로빈 데이비드슨의 어머니는 목을 맸다. 그런데 이번에는 메리앤의 아버지까지 자살했다는 말을 듣게 되었다. 그의 인생에서 중요한 여자들이 모조리 자살자의 딸이었다니, 이 사실은 무엇을 의미하는가? 그는 이 물음에 대답할 수 없었다. 대답하기 싫었는지도 모른다. 아무튼 세번째 아내인 동시에 둘째 아들의 어머니가 될 엘리자베스 웨스트를 만난 직후 그는 그녀의 부모에 대해서도 물어볼 수밖에 없었다. 그리고 엘리자베스의 집안에는 자살자가 없다는 말을 듣고 안도했다. 그러나 그녀의 어머니는 엘리자베스가 아주 어렸을 때 세상을 떠났다. 게다가 아버지마저 딸을 돌보기에는 나이가 너무 많<u>으므로</u> 엘리자베스는 친척 집에서 자랐다. 역시 부모의 자리가 뻥 뚫린 셈이었다.

그는 다시 상상력에 시동을 걸려고 노력했다. 끝없는 질문이 벌써 그를 성가시게 했기 때문이다. 다음은 뭐냐? 그레이엄 그린의 『밀사 *The Confidential Agent*』를 읽고 기법의 단순미에 깊은 감명을 받았다. 여권 사진과는 다르게 생긴 남자가 있다는 사실 하나로 그린은 불안하다 못해 사악하기까지 한 세상을 그려냈다. 『작은 도릿』을 읽을 때는 무생물에도 생기를 불어넣는 디킨스의 변함없는 재능에 탄복했다. 덧문을 닫고 발을 쳐야 할 만큼 강렬한 시선으로 하늘도 쳐다보고 이방인들도 구경하는 등 모든 것을 지켜보는 마르세유 시_市. 『허조그』는 벌써 몇 번이나 읽었는지 모르지만 이번에는 이 책이 여성을 대하는 태도가 정말 못마땅했다. 벨로의 작품 속에는 난폭할수록 성적으로 유리하다고 착각하는 남자가 왜 이렇게 많을까? 모지스 허조그도 그렇지만 『죽음보다 더한 실연』에 등장하는 케네스 트랙튼버그도 똑같은 환상에 빠진 사람이다. 루슈디는 이렇게 썼다. 벨로 선배님, 속마음을 들키셨네. 다니자키 준이치로의 『열쇠』를 읽을 때는 옛 일본의 비밀 일기와 성적 소동에 얽힌 이야기가 흥미진진했다. 메리앤은 흉악한 책이라고 했다. 그는 애욕의 기만적 성격을 파헤친 책이라고 생각했다. 영혼 속에는 어두운 구석도 많은데, 어떤 책은 그런 곳에 조명을 비춘다. 그런데 무신론자인 그가 무슨 의미로 "영혼"이라는 말을 썼을까? 시적 표현일 뿐인가? 혹은 우리의 육체 속에는 피와 살과 뼈 말고도 비물질적인 무엇, 가령 케스틀러*가 기계에 붙은 유령이라고 불렀던 무엇이 있다는 뜻일까? 루슈디는 인간에게 불멸의 영혼이 아니라 때가 되면 죽는 영혼이 있을지도 모른다고 생각했다. 육체에 깃들었다가 육체가 죽을 때 함께 죽는 정신. 우리가 '다스 이히das Ich' 즉 '나'라고 부르는 바로 그 정신.

　독서도 인생이다. 그는 윌리엄 케네디의 『빌리 펠런의 명승부Billy Phelan's Greatest Game』를 읽고 감탄하여 이렇게 썼다. "행동의 목적은 행동 그 자체가 아니라 그 행동의 바탕이 된 깨달음이다." 호킹의 『시간의 역사』를 읽을 때는 머리가 아팠지만 일부분만 간신히 이해했는데도 이 위대한 학자와 논쟁을 벌이고 싶었다. 호킹은 인류가 모든 것을 알게 될 날도 멀지 않다

---

* 아서 케스틀러(1905~1983). 헝가리 태생의 영국 작가, 언론인. 철학서 『기계에 붙은 유령 *The Ghost in the Machine*』을 썼다.

고 주장했기 때문이다. 지식의 완성이라니. 그런 일이 가능하다고 믿을 만큼 원대한—또는 정신 나간—상상력을 가진 사람은 과학자뿐일 것이다.

독재자 지아 울하크가 비행기 추락 사고로 사망했다. 조금도 안타깝지 않았다.

새로운 책이 싹트기 시작했다. 처음에는 『오셀로』를 재구성한 희곡이 아닐까싶었는데, 몇 년 후 막상 쓰기 시작하고 보니 당시로서는 이해할 수도 없는 방식으로 변모해버린 뒤였다. 그는 이 책에 『무어의 마지막 한숨』이라는 제목을 붙였다. 한편, 그가 아는 인도 여자가 꿈속에 나타나더니 『악마의 시』를 읽었다면서 "대가를 치를 각오"를 하라고 경고했다. 그녀는 그 소설에서 런던 부분은 자신에게 아무런 의미도 없고, 아라비아 해가 갈라진다는 이야기는 "당신이 영화에 관심이 많다는 증거일 뿐"이라고 말했다. 이 꿈은 그가 품은 두려움을 말해주었다. 사람들은 소설을 읽으면서도 긍정적으로든 부정적으로든 자신과 관련이 있다고 느끼는 부분에만 반응하고 나머지는 무시해버린다는 생각이었다. 책 한 권을 완성하고 출간을 기다릴 때마다 그랬듯이 이번에도 작품에 대한 의혹이 고개를 들었다. 때로는 좀 거북스러운 작품, 헨리 제임스의 표현을 빌리자면 "느슨하고 헐렁한 괴물"*이 아닐까싶었다. 또 때로는 그럭저럭 잘 다듬어 제법 괜찮은 작품을 만들었다는 생각이 들었다. 다만 몇 군데는 좀 걱정스러웠다. 아르헨티나에 대한 이야기를 곁들인 "로사 다이아몬드" 대목, 등장인물 참차가 경찰 승합차 안에서 그리고 병원에서 점점 악마의 모습으로 변해가는 대목이었다. 중심적인 서술방식도 과연 효과적인지 미심쩍었는데, 특히 변신 장면에 대한 의혹이 강했다. 그러다가 별안간 모든 의혹이 사라졌다. 소설은 이미 완성되었고 그 책이 자랑스러웠다.

---

* loose, baggy monster. 분량이 많은 19세기 소설을 가리키는 말.

5월에 리스본으로 날아가 며칠을 보냈다. 1980년대 후반 몇 년 동안 영국 출판업자 조지 와이든펠트와 미국의 앤 게티—〈뉴욕 타임스〉는 남편 고든 게티*가 그녀에게 "돈을 아끼지 않는다"고 보도했다—가 공동으로 설립한 휘틀랜드 재단이 세계 각지에서 어마어마한 문인 회담을 열었다. 이 사업은 1989년, 〈뉴욕 타임스〉 보도에 따르면 "최소 1500만 달러"에 달한다는 비용 압박을 감당하지 못하고 게티와 와이든펠트의 관계가 깨지면서 결국 중단되고 말았다. 이 거액 중 일부는 1988년 5월 켈루스 궁에서 열린 회담에 사용된 것이 분명하다. 1986년 뉴욕에서 열린 펜클럽 총회 이후 루슈디가 목격한 문인들의 모임 가운데 최대 규모였다. 수전 손택, 데릭 월컷, 안토니오 타부키, 한스 마그누스 엔첸스베르거 등등. 루슈디는 마틴 에이미스 및 이언 매큐언과 동행했는데, 그들의 "영국식" 공개토론회가 끝났을 때 이탈리아 작가들은 문학에서 제일 중요한 요소는 "문장"인데 정치 이야기가 너무 많았다며 투덜거렸고, 와이든펠트 경은 마거릿 대처에게 모두 큰 신세를 졌는데 그녀를 비판하다니 웬일이냐며 투덜거렸다. 루슈디가 무대 위에 있는 동안 몬테네그로 출신의 비범한 소설가 다닐로 키슈가 회담용 메모장에 능숙한 솜씨로 캐리커처를 그려두었다가 토론회가 끝난 후 선물로 주었다. 재능과 재치를 겸비한 작가인 다닐로는 뉴욕 펜클럽 총회 당시 국가도 종종 상상력을 발휘한다고 주장하며 이렇게 말했다. "사실 국가는 유머감각까지 있는데, 제가 국가도 농담을 할 줄 안다는 증거를 말씀드리죠." 파리에 사는 그가 어느 날 유고슬라비아에 사는 친구로부터 편지 한 통을 받았다. 봉투를 뜯어보니 첫 장에 관인이 찍혀 있었다. 이 편지를 검열한 바 없음. 키슈는 닥터 후로 분장한 톰 베이커**처럼

---

* 게티 석유 회사의 소유주이기도 했던 재벌 실업가이자 클래식 음악 작곡가.
** 영국 배우(1934~). 영국 텔레비전 드라마 〈닥터 후〉에서 닥터 역할을 했다.

생겼지만 영어는 전혀 못했다. 그렇다고 세르보크로아트어로 대화할 수도 없어 결국 프랑스어로 친해졌다. 리스본 회담 때 키슈는 이미 병에 걸린 상태였고—결국 1989년 폐암으로 세상을 떠났다—성대가 심하게 손상되어 말을 거의 못했다. 캐리커처는 대화를 대신한 선물이었고 그후 귀중한 보물이 되었다.

"영국 토론단"의 발언에 대한 약간의 논쟁은 애피타이저에 불과했다. 메인 코스는 본인들이 "중유럽" 출신이라고 주장하는 작가들—즉 다닐로 키슈, 헝가리의 죄르지 콘라드와 페테르 에스테르하지, 체코 태생의 캐나다 작가 요제프 슈크보레츠키, 위대한 폴란드 시인 아담 자가예브스키와 체스와프 미워시 등—과 러시아 작가들의 첨예한 대립이었다. 때는 바야흐로 글라스노스트*의 시대였고, 소련이 정말 "작가다운" 작가를, 즉 작가동맹** 소속의 얼간이들이 아니라 타티아나 톨스타야 같은 진짜 작가를 내보내기는 이번이 처음이었다. 게다가 조지프 브로드스키를 비롯하여 러시아 출신의 주요 망명 작가들까지 한자리에 모였으니 이번 행사는 러시아 문단의 재상봉과 다름없었고, 곁에서 목격하기만 해도 감동적이었다. (브로드스키는 러시아인들을 만났으니 러시아인답게 굴겠다면서 영어로 말하기를 거부했다.) 그러나 중유럽 작가들이 문학은 곧 문장이라는 이탈리아 작가들의 의견을 무시하고 러시아의 패권주의를 격렬히 탄핵하기 시작하자 러시아 작가들이 불쾌감을 표시했다. 몇 명은 중유럽 문화가 따로 있다는 말은 들어본 적도 없다고 말했다. 톨스타야는 러시아 군대가 두렵다면 자기처럼 상상력 속으로 도피하여 완전한 자유를 누려보라고 덧붙였다. 그 말은 그리 좋은 반응을 얻지 못했다. 브로드스키는 우스꽝스러우리만큼 제국주의적인 문화관을 밝혔다. 지금 러시아는 여러 문제를 해결하

---

* 소련의 고르바초프 정권이 내세운 시정 방침의 하나. 언론·출판의 검열과 통제를 완화했다.
** 1934년 소련공산당이 설립한 문학 단체. 사회주의리얼리즘을 기본적 창작 방법으로 삼는다는 규약이 있었다.

는 중이지만 그 일만 끝나면 중유럽의 모든 문제도 함께 해결된다는 생각이었다. (파트와 이후 브로드스키도 '루슈디가 일부러 그랬다, 의도적으로 한 짓이다' 파에 가담했다.) 그때 청중석에서 체스와프 미워시가 벌떡 일어나더니 언성을 높여가며 브로드스키를 반박했고, 그 자리에 모인 일흔 명 안팎의 문인들은 두 거인이―둘 다 노벨상 수상자인데다 오랜 친구 사이인 그들이―성난 어조로 티격태격하는 진풍경을 구경하게 되었는데, 이 말다툼을 목격한 사람들은 동유럽에서 중대한 변화가 일어나려 한다는 사실을 추호도 의심할 수 없었다. 동유럽 일대에서 가장 위대한 두 지식인이 전 세계 동료들 앞에서 몸으로 보여주고 대화로 들려주었다. 마치 공산주의의 몰락을 미리 보는 듯하고 역사의 변증법이 살아 숨쉬는 듯했다. 그 자리에 참석한 행운아들에게는 영원히 잊을 수 없는 순간이었다.

만약 헤겔의 주장처럼 역사가 변증법적으로 진행된다면 공산주의의 몰락과 혁명적 이슬람의 등장은 변증법적 유물론이 뿌리부터 잘못되었다는 증거였다. 칼 마르크스가 헤겔과 피히테를 재해석하여 정립한 이 이론은 변증법을 계급투쟁의 관점에서 바라보았다. 그러나 켈루스 궁에 모인 중유럽 지식인들의 판단도, 그리고 급진파 이슬람의 전혀 다른 사상도 마르크스주의를―특히 경제가 근본원리이며 계급투쟁으로 표현되는 경제적 갈등이야말로 세상의 흐름을 설명하는 최선의 방법이라는 주장을―비웃고 있었다. 지금의 새로운 세계에서는, 공산주의와 자본주의의 대립을 넘어선 이 세계의 변증법 속에서는, 문화도 근본원리가 될 수 있다는 사실이 분명해졌다. 중유럽 문화는 러시아 문화에 맞서 독립권을 주장하며 소련을 무너뜨리려 했다. 그리고 아야톨라 호메이니와 그 지지자들이 역설하듯이 이데올로기도 물론 근본원리가 될 수 있었다. 이데올로기와 문화의 전쟁이 무대 중앙으로 이동하는 중이었다. 그리고 루슈디에게는 불행한 일이지만 그의 소설이 곧 전쟁터가 될 터였다.

〈무인도 음반Desert Island Discs〉이라는 라디오 프로그램에서 출연 요청이 들어왔다. 영국에서는 웬만한 문학상보다 명예로운 일이었다. 상상의 무인도에 가져갈 음반으로 그가 선택한 여덟 장 가운데 하나는 파이즈 아흐메드 파이즈의 우르두어 가잘*로 만든 앨범이었다. 가문의 가까운 친구이기도 한 파이즈는 루슈디가 난생처음 만나본 위대한 문인인데, 인도와 파키스탄의 분리 독립에 대해 아무도 따를 수 없는 명작을 남긴 참여시인이지만 다소 엉뚱하게 연애시를 써서 많은 찬사를 받기도 했다. 파이즈에게 루슈디는 모름지기 글쟁이라면 그렇게 공과 사를 모두 존중해야 한다고, 사회의 중재자인 동시에 개개인의 마음까지 어루만지는 중재자가 되어야 한다고 배웠다. 그가 선택한 또 한 곡은 이번에 펴낸 소설의 밑바탕에 흐르는 주제라고 말할 만한 노래였다. 롤링 스톤스의 〈Sympathy for the Devil(악마에게 호감을)〉.

브루스 채트윈이 죽을병에 걸렸다. 루슈디는 여러 번 문병을 갔다. 병은 브루스의 정신적 균형마저 무너뜨렸다. 에이즈나 HIV 같은 말은 한사코 입에 담지 않으려 하더니 이번에는 치료법을 발견했다고 헛소리를 늘어놓았다. 연구비를 마련하려고 "아가 칸** 못지않게" 돈 많은 친구들에게 연락하는 중이라면서 문단 친구들도 좀 도와주기 바란다고 했다. 옥스퍼드의 래드클리프 종합병원 "전문의"들도 "충분히 기대할 만하다"며 "굉장히 흥분"하더란다. 브루스는 자신도 큰 부자가 되었다고 믿었다. 자기 책이 "어마어마하게 잘 팔린다"고 했다. 하루는 전화를 걸더니 샤갈의 유화

---

* 파이즈 아흐메드 파이즈는 파키스탄 시인(1911~1984). '가잘'은 페르시아의 고전적 시 형식.
** 세계적인 갑부로 유명한 이슬람교 이스마일파 교주의 칭호.

한 점을 구입했다고 말했다. 무절제한 "구입품"은 그것만이 아니었다. 아내 엘리자베스는 브루스가 사들인 물건을 조용히 돌려주고 남편이 제정신이 아니라고 설명할 수밖에 없었다. 결국 브루스의 아버지가 법원에 청구하여 아들을 금치산자로 지정했고, 그 일로 집안에 우울한 불화가 생겼다. 브루스의 새 책도 곧 나올 예정이었는데, 그것이 마지막 소설 『우츠 *Utz*』였다. 어느 날은 그가 전화를 걸어 이렇게 말했다. "혹시 우리가 둘 다 부커 상 후보로 올라가면 그냥 둘이서 공유하겠다고 발표하세. 내가 받으면 자네랑 나눠 가질 테니까 자네도 그렇게 말하라고." 그때까지 브루스는 늘 부커 상을 경멸했다.

〈뉴욕 타임스〉가 모리스 센닥의 삽화가 들어간 그림 형제 동화책 『밀리에게 *Dear Mili*』에 서평을 써달라고 요청했다. 루슈디는 센닥의 많은 작품에 감탄을 표시했지만 이번 삽화는 이 위대한 화백이 예전에 그린 작품의 반복인 듯싶다는 말을 빠뜨릴 수 없었다. 그 이후 센닥은 인터뷰를 할 때마다 그 서평이 제일 고통스러웠다면서 필자를 "증오"한다고 털어놓았다. (그 밖에 영국 〈옵서버〉에도 서평 두 편을 실었는데, 두 권 모두 저자의 전작에 못 미친다고 썼다. 『러시아 하우스』의 저자 존 르카레와 『호커스 포커스 *Hocus Pocus*』의 저자 커트 보니것과는 그때까지 사이좋게 지냈지만 그날 이후로 둘 다 루슈디를 원수로 여긴다고 선언했다. 서평이라는 것이 그렇다. 어떤 책이 마음에 쏙 들었다고 쓰면 저자는 정당한 평가를 받았다고 생각한다. 마음에 안 들었다고 쓰면 적이 생긴다. 그는 이제부터 서평은 안 쓰겠다고 다짐했다. 바보들이나 할 짓이니까.)

『악마의 시』 교정본 몇 권을 받던 날, 그가 친구로 여기던 기자 한 명이 세인트피터스 스트리트 집으로 찾아왔다. 〈인디아 투데이〉의 마두 자인이었다. 두툼한 진파랑 표지에 큼직한 빨강 글자로 찍힌 제목을 보고 몹시 흥분한 그녀는 남편과 함께 영국에서 휴가를 보내는 동안 읽겠다며 한 권만 달라고 부탁했다. 그리고 소설을 다 읽은 다음에는 인터뷰를 요청하면서 〈인디아 투데이〉에 발췌문을 싣도록 허락해달라고 했다. 이번에도 부탁을 들어주었다. 그때부터 여러 해 동안 그는 바로 이 주간지가 성냥이 되어 도화선에 불을 붙였다고 생각했다. 아닌 게 아니라 이 잡지가 소설 속에서 "물의를 빚을 만한" 부분들을 강조한 것은 분명한 사실이다. 게다가 이런 제목을 달았다. '종교적 근본주의를 겨냥한 노골적 비난.' 책의 내용을 부정확하게 설명한 글은 그 이후에도 무수히 많았지만 그 제목이 최초였고, 저자의 말을 인용한답시고 붙여놓은 부제―내가 다룬 주제는 광신의 문제점―도 오해를 부추겼다. 기사의 마지막 문장은 이랬다. "『악마의 시』에 대한 항의가 빗발칠 것이 분명한데……" 어서 항의를 시작하라는 공공연한 권유와 다름없었다. 인도 하원의원이며 이슬람 보수파인 사이드 샤하부딘도 이 기사를 읽고 '악독한 흉계를 꾸미셨소, 루슈디 선생'이라는 제목으로 "공개 편지"를 썼다. 그리하여 모든 일이 시작되었다. 책을 공격할 때 가장 효과적인 방법은 저자를 악마로 만드는 것, 비열한 동기와 사악한 의도를 품은 괴물로 둔갑시키는 것이다. 그 이후 세계 각지에서 성난 시위대가 거리를 행진할 때 들고 다니던 그 허수아비, 조잡한 턱시도를 걸치고 새빨간 혀를 빼문 채 교수형을 당하는 "사탄 루시디"가 그렇게 만들어졌다. 그는 진짜 루슈디처럼 인도에서 태어났다. 이런 비난의 첫번째 명제는 다음과 같다. 제목에 "악마"라는 말이 들어간 책을 쓴 작가는 악마 같은 자가 틀림없다. 정보화 시대(혹은 거짓의 시대) 초기에 만연했던 수많은 거짓 명제처럼 이 명제도 반복을 통하여 진실로 탈바꿈했다. 어떤 사람에 대해 한번 거짓말을 해보라. 안 믿는 자도 많을 것이다. 똑같은 거짓말을 백만 번 되풀이해보라. 그 사람을 믿어주는 자는 아무도 없을 것이다.

시간이 흐르면서 용서도 가능해졌다. 여러 해가 지나고 평정을 되찾은 후 〈인디아 투데이〉를 다시 읽어보니 편집기자가 붙인 제목에 비해 기사 내용은 공정한 편이었다. 마지막 문장을 제외하면 전체적으로 균형 잡힌 시각을 보여주었다. 불쾌감을 느낄 사람들은 어차피 불쾌감을 느꼈을 것이다. 분노할 사람들은 어떻게든 핑계를 찾아 분노했을 것이다. 어쩌면 이 잡지가 입힌 최악의 피해는 출판계의 관행을 무시하고 책이 출간되기 9일 전에, 즉 인도 국내에는 아직 단 한 권도 들어가지 않았을 때 기사를 내보냈다는 사실인지도 모른다. 샤하부딘 의원과 그 협력자인 또 한 명의 하원 의원 쿠르시드 알람 칸에게 자유를 주었기 때문이다. 그들이 어떤 비판을 하더라도 정작 책을 읽을 수 없으니 아무도 책을 옹호할 수 없었다. 다만 〈일러스트레이티드 위클리 오브 인디아〉의 쿠시완트 싱 기자는 가제본을 미리 읽어보고 분란을 예방하기 위해 금서 조치를 요구했다. 그리하여 전 세계에서 검열에 찬성한 소수 문인 집단의 선두주자가 되었다. 더 나아가 쿠시완트 싱은 바이킹 펭귄으로부터 조언 요청을 받고 이 책을 출판할 때의 결과에 대해 작가와 출판사에 경고했다고 주장했다. 그러나 작가는 그런 경고를 듣지 못했다. 주었다는 사람은 있는데 받은 사람은 없다.

실망스럽게도 루슈디의 인격을 비판한 사람들은 무슬림만이 아니었다. 영국 신생 신문 〈인디펜던트〉의 마크 로슨 기자는 익명의 케임브리지 동기생이 했다는 말을 인용했다. 이름 없는 제보자는 루슈디가 "거만한 녀석"이라면서 "사립학교 시절"부터 "공부 때문에 위화감을 느꼈다"고 했단다. 그리하여 럭비에서 보낸 비참한 세월이 오히려 피해자를 공격하는 무기가 되었다. 다른 "가까운 친구"도, 역시 익명으로, 루슈디가 "무뚝뚝하고 건방져" 보이는 이유를 "알 만하다"고 말했단다. 공격은 그것으로 끝나지 않았다. 루슈디는 "정신분열증 환자"이며 "진짜 미친놈"이었다. 남들이 자기 이름을 잘못 발음하면 일일이 바로잡아주더라고요! 게다가—이게 최악이다—한번은 로슨 기자가 부른 택시를 가로채 길바닥에서 오도 가도 못하게 만들었다고 한다. 그 정도는 시시하고 쩨쩨한 시비였다. 다른 신문에서는 더 많은 이야기가 나왔다. "친한 친구들도 루슈디는 사실 호감이 안 가는 사람이라고 고백할 때가 많다." 〈선데이 타임스〉에 실린 브라이언 애플야드의 글이다. "루슈디는 엄청나게 이기적이다." ("친한 친구"라면서 어떻게 그런 험담을 했을까? 기자가 발굴한 익명의 친구들이나 할 만한 짓이다.) "평범한 삶"이었다면 그런 일은 다소 괴로울망정 그리 중대한 문제는 아니었을 것이다. 그러나 그 이후 벌어진 크나큰 갈등 속에서 그가 별로 좋은 사람이 아니라는 평판은 정말 심각한 피해를 주었다.

바이런 경은 18세기 계관시인 로버트 사우디의 작품을 몹시 싫어하여 독설이 가득한 혹평을 썼다. 사우디는 바이런이야말로 "악마파"의 일원이며 그의 시는 "악마의 시"라고 응수했다.

영국판 『악마의 시』는 1988년 9월 26일 월요일에 출간되었는데, 그날을 돌이켜볼 때마다 그는 아직 말썽이 강 건너 불처럼 여겨지던 그 순간을 몹시 그리워했다. 그해 가을 『악마의 시』 출간은 잠시나마 문학적 사건이었고 문학적으로 논의되었다. 괜찮은 작품인가? 빅토리아 글렌디닝이 〈타임스〉에 게재한 서평처럼 "『한밤의 아이들』에 비하면 한결 정갈한 편이라―단, 나이아가라 폭포를 가리켜 정갈하다는 표현이 어울린다면―더 훌륭한 작품"일까? 앤절라 카터가 〈가디언〉에 썼듯이 "곳곳에 구멍을 뚫어 환상을 보여주는 대작. (…) 사람도 많고 말도 많고 종종 익살스럽고 어마어마한 신작 소설"일까? 아니면 클레어 토멀린이 〈인디펜던트〉에 썼듯이 "돌지 못하는 수레바퀴"일까? 허마이어니 리가 〈옵서버〉에 내놓은 더 가혹한 의견처럼 "날개가 녹아 추락하는, 도저히 읽을 수 없는" 소설일까?

"15쪽까지도 못 읽었다"고 말하는 독자들이 정말 그렇게 많을까?

그러나 문학적 논의는 금방 사그라졌다. 정치적, 종교적, 사회학적, 탈식민주의적 논쟁의 불협화음 속에서 문학적 가치나 진지한 예술적 의도 따위는 오히려 하찮아 보일 정도였다. 그는 이민과 탈바꿈에 대한 책을 썼건만 그 책은 온데간데없이 사라지고 거의 실재하지도 않는 책이 빈자리를 차지했다. 루슈디가 예언자와 그 벗들을 "인간쓰레기와 개망나니"라고 일컫는 책(그는 그런 말을 한 적이 없고, 다만 몇몇 등장인물이 가공의 예언자를 따르는 무리를 박해하면서 그렇게 욕했을 뿐이다), 루슈디가 예언자의 부인들을 갈보라고 부르는 책(그런 말도 안 했고, 다만 상상의 도시 자힐리아의 매음굴에 사는 창녀들이 손님들을 자극하려고 예언자 부인들의 이름을 별명으로 썼을 뿐, 진짜 부인들은 후궁에서 정숙하게 살아간다고 분명히 밝혔다), 루슈디가 욕지거리를 너무 많이 써놓은 책(그래, 사실 꽤 많이 쓰긴 했다). 이슬람의 분노는 그런 가상의 소설을 표적으로 삼았는데, 그때부터 진짜 책을 거론하는 사람은 별로 없었고, 어쩌다 이야기하는 사람도 허마이어니 리의 부정적 평가에 동의하기 일쑤였다.

친구들이 어떻게 도와주면 좋겠느냐고 물을 때마다 그는 이렇게 부탁했다. "작품을 옹호해주게." 공격은 매우 구체적인데 수비는 표현의 자유라는 대원칙을 강조하는 일반론일 때가 많았다. 그는 더 상세한 변론을 기대했다. 예컨대 『채털리 부인의 연인』이나 『율리시스』나 『롤리타』 같은 작품이 비난을 받을 때처럼 작품 자체의 우수성에 대한 변론이 절실했다. 왜냐하면 지금의 격렬한 비난은 소설 일반이나 언론·출판의 자유가 아니라 특정 낱말군을(켈루스 궁의 이탈리아 작가들이 상기시켰듯이 문학은 문장으로 이루어지므로), 그리고 그 낱말들을 한자리에 모은 작가의 의도와 성실성과 기량을 겨냥했기 때문이다. 돈을 노렸다. 명성을 노렸다. 유대인들이 시킨 짓이다. 이슬람을 비방하지 않았다면 그렇게 읽을 수도 없는 책을 누가 사겠느냐. 그것이 공격의 본질이었고, 그래서 『악마의 시』는 오랫동안 소설로서의 평범한 삶을 살지 못했다. 소설보다 보잘것없고 추악한 무엇이 되었다. '모독 행위.' 이 소설은 등장인물들이 천사와 악마로 변신하는 이야기인데 소설 자체가 그렇게 악마 같은 모습으로 둔갑하다니 초현실적인 동시에 해학적인 일이었다. 몇 가지 블랙유머가 떠오르기도 했다. (머지않아 실제로 그에 대한 농담이 퍼졌다. 루슈디 신작 소설 읽어봤어? 제목이 "부처는 뚱보 새끼"래.) 그러나 이 새로운 세상에서 그는 우스갯소리를 꺼낼 입장이 아니었다. 농담은 어울리지 않고 명랑한 태도는 어처구니없을 테니까. 그의 책이 한낱 모독 행위로 전락하면서 그는 신성모독자가 되었다. 무슬림뿐만 아니라 일반 대중의 의견도 마찬가지였다. "루슈디 사건" 이후 영국인 대다수는 루슈디가 그 "불경스러운" 책에 대해 사과해야 옳다고 생각한다는 여론조사 결과가 나오기 시작했다. 논박하기 까다로운 문제였다.

그러나 1988년 가을의 그 몇 주 동안 그 책은 아직 "소설일 뿐"이었고 루슈디도 아직은 예전 그대로였다. 영국 바이킹 출판사가 개최한 가을철 출판기념회 자리에서 로버트슨 데이비스와 엘모어 레너드를 만났다. 그는 두 멋쟁이 선배와 함께 구석자리에 앉았고, 엘모어 레너드의 이야기를 듣게 되었다. 아내가 세상을 떠난 후 망연자실했던 시절, 디트로이트 변두리의 블룸필드 타운십에 있는 자택에서 인생의 동반자를 또 어디서 찾을까 생각하다가 문득 창밖을 내다보니 한 여자가 서 있더란다. 이름은 크리스틴, 일류 원예가였고, 정기적으로 블룸필드에 들러 레너드의 정원을 돌봐주는 사람이었다. 그들은 그해가 지나기 전에 결혼했다. "어디서 마누라를 얻을까 막막했는데 바로 우리집 창밖에서 정원에 물을 주고 있더라니까."

여느 때처럼 영국 각지에서 낭독회와 사인회가 열렸다. 토론토의 하버프런트에서 열린 세계작가축제에 참가하여 연설을 하기도 했다. 『악마의 시』는 피터 케리, 브루스 채트윈, 마리나 워너, 데이비드 로지, 피넬로피 피츠제럴드 등의 소설과 함께 부커 상 최종 후보에 올랐다. (그러나 브루스에게 연락하여 공동 수상 문제를 다시 거론하지는 않았다.) 당시 유일한 먹구름은 저멀리 인도에서 루슈디의 "신성모독적인" 책에 뭔가 조치를 취해야 한다고 주장하는 하원의원 사이드 샤하부딘이었다. 그는 그 책을 읽지도 않았다면서 "똥물이 뭔지 확인하려고 하수구에서 허우적거릴 필요는 없다"고 말했다. 하수구에 대한 이야기라면 옳은 소리였다. 아무튼 잠시 동안은 그런 먹구름을 무시하고 출간의 기쁨을 만끽할 수 있었다(정말 진실을 밝히자면 책을 출간할 때마다 가구 뒤에 숨어버리고 싶은 마음이 더 컸지만). 그러다가 1988년 10월 6일 목요일, 마침내 먹구름이 태양을 뒤덮었다. 루슈디의 친구인데다 집안끼리도 대대로 가까운 사이였던 살만 하이다르가 당시 하필 런던 주재 인도고등판무관보였던 죄로 고역을 맡게 되었다. 정부를 대신해 루슈디에게 연락하여 인도 국내에서 『악마의 시』 판매를 금지한다는 공식 통보를 전하는 일이었다.

　인도는 정교분리를 부르짖는 나라지만 1970년대 중반부터—즉 인디라 간디와 산자이 간디가 실권을 장악한 이후로 줄곧—인도 정부는 종교적 이익단체, 특히 많은 표를 좌우한다고 주장하는 단체의 압력에 굴복할 때가 많았다. 1988년 11월 선거를 앞두고 라지브 간디의 약소 정부는 두 무슬림 야당 의원의 위협에 비겁하게 무릎을 꿇었다. 사실 그 의원들은 무슬림 유권자들의 표를 국민회의당에 "몰아줄" 재간이 없었는데도 말이다. 공인기관이 『악마의 시』를 검토한 일도 없고 사법절차 비슷한 것도 전혀 없었다. 금서 조치를 내린 곳은 엉뚱하게도 재무부였는데, 관세법 제11조*에 의거하여 이 책의 수입을 금지한다고 했다. 그런데 재무부는 야릇한 말을 덧붙였다. "이 금지령은 해당 서적의 문학적, 예술적 가치를 폄하하지 아니함." 그는 생각했다. 정말 고맙구려.

　기이하게도—순진하게도, 단순하게도, 무지하게도—그는 이런 결과를 전혀 예상하지 못했다. 그후 몇 년 동안 인도에서는 예술적 자유에 대한

---

* 중앙정부의 판단에 따라 상품의 수입 및 수출을 금지할 수 있다는 조항.

공격이 급증했다. 최고의 명성도 소용없었다. 화가 마크불 피다 후사인, 소설가 로힌턴 미스트리, 영화감독 디파 메타 등이 모두 표적이 되었고 그 밖에도 많은 예술가들이 봉변을 당했다. 그러나 1988년 당시의 인도는 아직 예술적 표현을 존중하고 옹호하는 자유국가라고 믿을 만한 나라였다. 루슈디도 그렇게 믿었다. 국경 너머 파키스탄에서는 금서 조치가 흔해빠진 일이었다. 그러나 인도는 그런 나라가 아니었다. 1929년 자와할랄 네루는 이렇게 썼다. "이런 권력이 정부의 손에 들어가면 위험하다. 무엇을 읽고 무엇을 읽지 말라고 명령하는 결정권이라니…… 인도에서는 악용될 가능성이 높은 권력이다." 젊은 네루가 당시 인도를 통치하던 영국인들의 서적 검열을 비판한 글이다. 그런데 거의 60년 세월이 흐른 지금 네루의 그 말을 고스란히 인용하여 인도인들을 비판할 수 있게 되다니 자못 서글픈 일이었다.

자유로운 창작의 전제 조건은 자유롭다는 믿음이다. 또하나의 전제 조건은 자신의 작품을 진정성의 산물로 인정해주리라는 믿음이다. 그는 늘 스스로 쓰고 싶은 말을 쓸 권리가 있다고 믿었으며, 그렇게 쓴 글이 적어도 진지한 작품으로 취급되리라 믿었다. 그리고 작가들이 그런 믿음을 가질 수 없는 국가는 불가피하게 권위주의와 전제정치의 늪으로 빠져드는 중이거나 이미 깊이 빠져버린 상태라는 사실도 알고 있었다. 자유롭지 못한 나라에서 불온 작가로 찍힌 사람은 금서 조치를 당할 뿐만 아니라 중상모략까지 감수해야 했다. 그러나 인도에서는 인디라 간디가 부정선거로 유죄판결을 받은 후 "비상사태"를 선포한 1974년부터 1977년까지의 독재 기간을 제외하면 항상 정신적 자유와 존중이라는 전제 조건이 충족되었다. 루슈디는 그런 개방성에 긍지를 느끼며 서양 사람들에게도 자랑했다. 파키스탄, 중국, 버마 등 자유롭지 못한 나라에 둘러싸인 상태에서도 인도는 열린 민주주의를 유지했다. 물론 결점도 있지만, 어쩌면 심각한 결점이겠지만, 어쨌든 자유국가였다.

『한밤의 아이들』로 열광적인 찬사를 받은 이래 그의 작품에 대한 인도의 반응은 크나큰 자부심의 원천이었다. 그래서 『악마의 시』에 대한 수입금지 조치는 고통스러운 타격이었다. 그 고통 때문에 네루의 외손자이기도 한 라지브 간디 총리에게 보내는 공개 편지를 발표했는데, 지나치게 공격적이라는 논평도 더러 있었다. 이 편지에서 그는 예방 차원의 금서 조치라는 공식 발표에 불만을 표시했다. "무절제한 종교적 광신도 등이 몇몇 대목을 곡해하거나 악용할 가능성이 높다는 지적이 있었습니다. 그렇다면 제 책 자체는 신성모독도 아니고 불쾌하지도 않다는, 오히려 그 책을 보호하려고 금서 조치를 내렸다는 뜻이겠군요! (⋯) 강도나 강간범의 피해자가 될 수도 있다는 이유로 죄 없는 사람을 감옥에 가둬 지켜줘야 한다는 논리와 다름없습니다. 자유국가에서 할 짓이 아닙니다. 간디 총리님." 소설가가 할 짓도 아니었다. 그렇게 총리를 꾸짖다니 좀⋯⋯ 건방졌다. 주제넘은 짓이었다. 당시 인도 언론도 금서 조치를 가리켜 "무식한 결정"이며 "사상 통제"라고 비판했지만 그는 말을 조심했어야 했다.

　그런데 조심하지 않았다. "인도를 어떤 나라로 만들고 싶으십니까? 개방사회입니까, 억압사회입니까? 『악마의 시』 문제에 대한 대응 방식은 전 세계 많은 이들에게 중요한 지표가 될 것입니다." 그러면서 라지브 간디가 가문의 복수를 위해 칼을 뽑았다고 비난한 것은 확실히 어리석은 짓이었다. "제 네번째 소설에 금서 조치를 내리면서 총리님은 제 두번째 소설에서 어머님이 당한 모욕을 드디어 갚는다고 생각하셨는지도 모릅니다. 그러나 인디라 간디의 명망이 『한밤의 아이들』보다 오래가리라 믿으십니까?" 그래, 이 말은 정말 건방졌다. 분노와 상심의 감정도 함께 담겼지만 오만하다는 사실도 부인할 수 없다. 그래, 좋다. 인정한다. 그러나 그는 노골적인 정치적 기회주의에 대항하여 자신이 무엇보다 신성시하는 문학예술을 지키고 싶었다. 그러므로 약간의 정신적 오만이 필요한 상황이었는지도 모른다. 물론 실리적인 변론은 아니었고 상대의 마음을 바꿔놓을 만한 변론도 아니었다. 문화적 우위를 차지하려는 시도였을 뿐이다. 그는 자신도 라지브 간디도 확인할 수 없는 후세의 심판을 호소하며 거창하게 끝을 맺었다. "현재는 총리님의 것이지만 미래는 예술의 몫입니다."

이 편지는 1988년 10월 9일 일요일 언론에 두루 발표되었다. 이튿날 바이킹 펭귄 출판사에 최초의 살해 협박장이 날아들었다. 그다음날은 케임브리지에서 낭독회가 열릴 예정이었지만 역시 협박을 받은 대학측이 취소해버렸다. 먹구름이 더 짙어졌다.

1988년 부커 상 심사위원회는 신속한 결정을 내렸다. 영국 노동당 대표를 역임한 하원의원으로 해즐릿과 스위프트*를 좋아하는 심사위원장 마이클 풋은 『악마의 시』를 열렬히 옹호했다. 그러나 다른 심사위원 네 명은 피터 케리의 빼어난 소설 『오스카와 루신다』가 더 훌륭하다고 굳게 믿었다. 그들은 짧막한 토론 후 표결을 거쳐 심사를 끝내버렸다. 그로부터 3년 전 케리의 놀랍고 익살스러운 악당소설 『사기꾼 Illywhacker』과 도리스 레싱의 탁월한 IRA 소설 『선한 테러리스트 The Good Terrorist』가 동점을 이뤄 교착상태에 빠졌을 때 심사위원들은 타협안으로 마오리족을 다룬 케리 흄의 대작 『본 피플 The Bone People』에 상을 주었다. 결과를 확인한 다음날 피터 케리와 함께 저녁을 먹으면서 그의 책이 상을 탔어야 옳았다고 말해주었다. 피터는 당시 막 쓰기 시작한 소설에 대해 이야기했다. 자기가 영국에 머무는 이유는 자료 조사 때문이라면서 데번의 어느 해변에 가보고 싶다고 했다. 루슈디는 자기 차로 피터를 서부에 데려다주겠다고 했다. 두 사람은 잉글랜드 땅을 횡단하며 즐거운 하루를 보낸 후 "헤너콤"에 도착했다. 피터의 소설에서 등장인물 오스카 홉킨스와 난폭한 아버지 티오필러

---

* 윌리엄 해즐릿(1778~1830)과 조너선 스위프트(1667~1745). 둘 다 영국의 문호.

스가 살게 될 이곳은 그들의 실존 모델인 작가 에드먼드 고스와 아버지(티오필러스처럼 박물학자이며 홀아비이며 플리머스 형제교회* 신자인) 필립이 19세기 중반에 살던 곳이기도 했다. 피터와 루슈디가 찾은 해변은 절벽 위에서 400계단이나 내려가야 했다. 두 사람은 조개껍데기 몇 개와 함께 특이한 분홍색과 회색 조약돌을 많이 주웠다. 어느 주점에 들어가 거무스름한 육즙소스에 익힌 고기와 미지근한 맥주로 느끼한 점심을 먹었다. 그러면서 하루종일 사랑에 대해 이야기했다. 당시 루슈디는 아직 로빈을 만나고 있었는데, 그녀도 피터처럼 오스트레일리아인이었다. 피터는 시드니의 연극감독 앨리슨 서머스와 결혼한 직후라서 열정과 기쁨이 충만한 상태였다. 런던으로 돌아올 무렵에는 친구 사이가 되었다. 얼마 후 루슈디는 로빈과 헤어졌고 피터도 결국 앨리슨과 쓰디쓴 이별을 겪었지만 사랑이 죽었다고 아예 없던 일이 되진 않는다. 부커 상 수상작이 발표된 후 루슈디는 부리나케 길드홀 강당을 가로질렀다. 그리고 피터를 얼싸안고 축하해주면서 그의 귓가에 짐짓 심술궂은 목소리로 속삭였다. 이번 일로 교훈을 얻었는데 작가 A는 절대로 작가 B의 자료 조사를 도와주면 안 된다고, 왜냐하면 작가 B가 그 자료를 가지고 작가 A를 꺾고 부커 상을 차지하니까.

본인이 상을 받았어도 좋았겠지만 피터가 받은 것도 기뻤고, 사실 그때는 책에 대한 논란이 점점 더 심각해져 여념이 없는 상황이었다. 물론 『악마의 시』가 수상작이 되었다면 "작품의 우수성"에 대한 변론이 주목을 받게 되어 유익했을 터였다. 그러나 더 큰 걱정거리가 수두룩했다. 11시쯤 집으로 돌아와보니 자동응답기에 남아프리카공화국 무슬림 성직자의 메시지가 있었다. 아주 늦은 시간이라도 상관없으니 꼭 연락해달라고 했다. 루슈디는 아파르트헤이트에 반대하는 〈위클리 메일〉 신문사의 요청으로 요하네스버그에서 열리는 회담에 참석하여 아파르트헤이트와 검열에 대

---

* 1820년대 아일랜드 더블린에서 발생한 엄격한 개신교 교파.

한 기조연설을 하게 돼 있었고—남아공의 "범국민적 민주화 운동" 세력도 동의한, 다시 말해 아프리카민족회의도 암암리에 지지한 초청이었다—나흘 후 런던을 떠날 예정이었다. 그런데 이런 메시지가 흘러나왔다. "비행기를 타시기 전에 의논할 일이 있습니다." 그날따라 기분이 좀 야릇했는데, 결혼생활에 대한 불만에 그날 겪은 일까지 겹친 탓이었다(바로 그날 메리앤이 윌리엄 골딩에게 "페미니스트를 위한 『파리대왕』"을 썼다고 말했다). 아무튼 결국 전화를 걸기로 마음먹었다. 어두컴컴한 거실에 앉아 머나먼 나라의 목소리를 들었다. 〈위클리 메일〉이 개최하는 회담에 참석하지 말라는 당부였다. 본인은 매우 개방적이며 현대적인 사람이지만 두 가지가 걱정스럽다고 했다. 루슈디의 안전, 그리고 반反아파르트헤이트 운동의 장래. 지금과 같은 상황에서 루슈디가 요하네스버그를 방문한다면 무슬림이 대대적으로 적대감을 표시할 것이다. 개인적으로도 정치적으로도 위험한 일이다. 반아파르트헤이트 연합 세력 내에 분란이 생기면 만사가 끝장이고 백인우월주의 정권에 이로울 뿐이다. 그런 분쟁의 씨앗이 되기 싫다면 오지 마라.

이튿날 아침 나딘 고디머에게 연락했다. 남아공작가회의 홍보대사인 그녀도 그를 초청하는 데 앞장선 사람이었다. 몸집은 조그맣지만 불굴의 정신을 지닌 이 여인은 오랜 친구인데다 그가 가장 존경하고 흠모하는 몇 사람 가운데 하나였다. 그녀는 크게 낙심하여 괴로워했다. 남아공 무슬림은 평소 아파르트헤이트의 각종 규제를 소리 높여 규탄했지만 지금은 신성모독을 저지른 작가와 책을 상대로 성전을 벌이겠다고 으름장을 놓았기 때문이다. 그들은 작가를 죽이고 회담장을 폭파하고 그를 초청한 사람들까지 공격하겠다고 했다. 경찰도 협박을 받은 사람들의 안전을 보장할 능력이 없거나 그럴 의사가 없었다. 작가회의 내부에도 분열의 조짐이 보였다. 무슬림 회원들이 한꺼번에 탈퇴하겠다고 위협했는데, 그런 분란으로 자금 조달에 차질이 생기면 작가회의의 존립도 위태로울 터였다. 임직원 대부분이 유대인인 〈위클리 메일〉을 겨냥하여 무슬림은 지독한 반유대주의를 담은 독설을 퍼부었다. 나딘 고디머는 무슬림 지도자들을 만나 이 문제를 해결하려 했고 반아파르트헤이트 운동으로 명망이 높은 사람들도 여럿 나서서 무슬림 극단주의자들에게 선처를 호소했지만 모두 소용없었다. 저명한 무슬림 지식인 파티마 미어 교수는 이렇게 단언했다. "결국 루슈디는 제3세계를 비판한 셈이다." 한평생 반식민주의를 역설한 루슈디가 "자기 민족의 과거를 악의적으로 비판"하는 박해자로 둔갑하고 말았다. 이런 난국에서도 아프리카민족회의는 신기하게 아무런 입장 표명도 하지 않았다. J. M. 쿳시, 애솔 퓨가드, 앙드레 브링크 등 여러 사람이 무슬림의 폭력성을 규탄했지만 이슬람교도는 날이 갈수록 소란스럽고 험악해졌다. 고디머도 당황한 기색이 역력했고 친구를 보호하고 싶어했다. "이렇게 위험한 상황인데 자네를 불러들일 순 없네."

그주에 남아공 정부도 『악마의 시』 판매를 금지했다. 금지령은 이 소설을 "허울뿐인 문학작품"으로 깎아내리고 "저속한 언사"를 비판하면서 "무슬림뿐만 아니라 품위와 문화를 중시하는 모든 독자에게 혐오감을 준다"고 평가했다. 며칠 전, 그러니까 10월 28일, 영국이슬람행동위원회가 "이슬람 형제들"에게—"이슬람 자매들"은 상대할 가치도 없다고 생각하는 모양이다—발표한 편지도 똑같은 언사를 사용했다는 점이 흥미롭다. 이 문서에는 중상모략이니 허접쓰레기니 하는 온갖 비난과 함께 "허울뿐인 문학작품"이라는 표현도 있었다. 서명자는 무그람 알감디였는데, 남아공의 백인 인종차별주의자들도 이슬람행동위원회의 편지를 베낀 것이 분명했다.

나딘과, 그리고 〈위클리 메일〉의 공동 편집장 앤턴 하버와 여러 차례 통화한 후 그는 정치적으로 급진적인 남아공작가회의조차도 결국 신문사에 초청 철회를 권고했다는 말을 들었다. 게다가 그 일로 남아공에서 가장 위대한 두 작가가 공개적인 언쟁을 벌였다는 소식을 듣고 마음이 아팠다. J. M. 쿳시가 초청 철회에 반대하면서 남아공에 오고 말고는 순전히 루슈디가 결정할 일이라고 말했다. 나딘 고디머는 몹시 안타까워하면서 안전이 최우선이라고 했다. 둘 다 옳은 말이지만 그는 자기 때문에 동료 작가들이 다투는 것이 싫었다. 결국 초청 철회 결정을 받아들였다. 같은 날 바이킹 편집장 토니 레이시의 전화가 왔다. 아직은 비밀이라면서 『악마의 시』가 휫브레드 최우수 소설상을 받게 되었다고 했다. "허울뿐인 문학작품" 치고는 꽤 근사하다는 증거였다.

런던 집에 첫 협박 편지가 날아들었다. 〈이브닝 스탠더드〉가 "펭귄을 끝장내겠다"는 전 세계 이슬람교도의 협박에 대해 보도했다. 유명 변호사 데이비드 네이플리가 루슈디를 공공질서법 위반 혐의로 기소하라고 요구했다. 한편 루슈디와 클래리사는 자파르를 데리고 하이버리 공원에 가서 가이 포크스 기념일* 불꽃놀이를 구경했다. 메리앤이 마흔한 살이 되었고, 점심시간에 그는 휫브레드 시상식에 참석하여 상을 받았다. 오후에 메리앤이 시비를 걸었다. 그의 그늘에 가려진 처지가 지긋지긋하다고 했다. 그날 저녁, 여전히 서로에게 화가 난 상태에서 국립극장에서 공연하는 해럴드 핀터의 연극 〈산골 사투리Mountain Language〉를 보러 갔다. 연극에 나온 사람들처럼 자신도 말할 권리를 빼앗겼다는 생각이 들었다. 그의 언어는 부도덕하다못해 범죄행위란다. 법정에서 재판을 받고 사회에서 쫓겨나고 심지어 죽음을 당해도 싸단다. 그의 언어 때문에 그 모든 일이 옳단다. 문학의 언어가 유죄라니.

아버지의 1주기가 돌아왔다. 아들이 당하는 꼴을 안 보셔도 되니 다행이라고 생각했다. 어머니에게 전화를 걸었다. 네긴 루슈디는 철저히 아들 편이었지만, "그 무서운 사람들"이라고 말했지만, 기이하게도 그들의 신을 옹호했다. "그런 사람들이 하는 말 때문에 하느님을 원망하지 마라."

---

* 화약음모사건(1605)을 기리는 11월 5일.

그는 어머니의 말을 반박했다. 도대체 어떤 신이 신자들의 행동에 아무 책임도 없을까요? 그러나 어머니는 완강했다. "하느님 잘못이 아니잖니." 그러면서 아들을 위해 기도하겠다고 말했다. 그는 경악했다. 예전에는 이런 집안이 아니었다. 아버지가 돌아가신 지 겨우 1년이 지났는데 어머니가 별안간 기도를 시작하셨다? "저 때문에 기도하지 마세요. 모르시겠어요? 우린 그런 족속이 아니잖아요." 어머니는 비위를 맞춰주려고 웃었지만 그의 말뜻을 이해하지 못했다.

남아공 문제에 대한 차선책을 찾았다. 런던과 〈위클리 메일〉 회담장을 전화로 연결하여 기조연설을 하기로 했다. 그의 목소리가 남아공으로 건너갔다. 집에 있는 그에게는 보이지 않았지만 요하네스버그의 한 강당에 모인 사람들이 그의 의견을 들었다. 만족스럽진 않았지만 아무것도 못하는 것보다는 나았다.

알아즈하르의 최고 셰이크The grand sheikh of al-Azhar 가드 엘하크 알리 가드 엘하크. 터무니없이 고리타분한 이름, 비행 양탄자와 마술램프가 등장하는 『아라비안나이트』 시대에나 어울릴 법한 이름이다. 1988년 11월 22일, 카이로의 알아즈하르 대학에서 활동하는 강경보수파 성직자로 이슬람 교단의 저명인사인 이 최고 셰이크가 불경스러운 책에 대해 발언했다. "상상의 산물과 거짓말"을 사실로 위장했다고 규탄했다. 그리고 영국 내 이슬람교도에게 작가를 상대로 법적 조치를 취하라고 촉구했다. 최고 셰이크는 이슬람회의기구의 46개 회원국이 행동에 나서길 바랐다. 그가 못마땅하게 여기는 책은 『악마의 시』만이 아니었다. 위대한 이집트 작가이며 노벨상 수상자인 나기브 마푸즈의 소설 『우리 동네 아이들』에 대한 비판도 재개했다. 이 책은 아브라함에서 무함마드까지 여러 예언자들의 생애를 현대적 기법으로 묘사한 우화소설인데 역시 신성모독이 문제였다.

최고 셰이크는 이렇게 역설했다. "작가가 노벨문학상을 받았다는 이유만으로 소설 판매를 허용할 수는 없다. 그릇된 생각을 전파하는 일을 노벨상이 정당화해주진 않는다."

이 두 권의 책과 저자들에게 불쾌감을 느낀 이집트 셰이크는 가드 엘하크 알리 가드 엘하크만이 아니었다. "눈먼 셰이크"라 불리는 오마르 압델 라만도—나중에 뉴욕 세계무역센터에 대한 첫번째 공격*에 연루되어 구속된 사람이다—만약 마푸즈가 『우리 동네 아이들』을 발표했을 때 제대로 처벌했다면 루슈디가 감히 『악마의 시』를 출판하지는 못했으리라 단언했다. 1994년 압델라만의 추종자 한 명이 그 말을 파트와로 오인하여 나기브 마푸즈의 목을 찔렀다. 늙은 소설가는 다행히 살아남았다. 호메이니가 파트와를 공포한 직후 마푸즈는 호메이니의 이 조치를 "지식인에 대한 테러"로 규정하며 비난했지만 나중에는 슬그머니 반대 진영으로 넘어가버렸다. "루슈디는 아무도 모독하지 말았어야 했다. 특히 예언자처럼 우리가 신성시하는 존재라면 더 말할 나위도 없다."

신화에 등장할 만한 이름들이 잇따라 루슈디를 성토했다. 최고 셰이크, 눈먼 셰이크, 인도 다룰 울룸** 학생들, 역시 『악마의 시』에 금서 조치를 내린 사우디아라비아의 와하브파 율법학자들, 그리고 머지않아 이란의 콤 시에서도 터번을 두른 신학자들이 나설 터였다. 루슈디는 이렇게 존엄하신 분들을 그리 염두에 두지 않았지만 그들은 루슈디에 대해 골똘히 생각하는 것이 분명했다. 종교계는 신속하고 무자비하게 논쟁을 주도했다. 반면에 세속세계는 덜 조직적이고 단결력도 부족한데다 본래 관심도 적은 편이라 한참 뒤처질 수밖에 없었고, 결국 변변한 대항조차 못해보고 밀려나면서 상황이 더욱더 불리해졌다.

---

* 1993년 세계무역센터 지하 주차장에서 일어난 폭탄 테러.
** 이슬람 신학교. 아랍어로 '지식의 집'이라는 뜻.

이슬람교도의 시위가 점점 더 잦아지고 규모도 점점 커지고 격렬해질 때 남아공 문필가 폴 트레웰라가 좌파의 입장에서 루슈디와 그의 소설을 옹호하는 대담한 글을 발표했다. 철저히 세속적인 시각으로 이슬람 세계의 반대운동을 분석하면서 "민중의 무분별이 일으킨 폭발"이라고 썼는데, 꽤나 흥미로운, 그러나 좌파로서는 대답하기가 좀 까다로운 질문을 내포한 발언이었다. 민중이 무분별한 행동을 할 때는 어떻게 대처해야 좋을까? "인민"의 판단이 완전히 빗나가는 경우도 있을까? 트레웰라는 "이 소설의 세속적 성향이 쟁점이지만 (…) (루슈디의 말에 의하면) '무함마드를 한 인간으로 묘사'할 의도였을 뿐"이라고 설명하면서 1830~40년대 독일 청년헤겔학파의 기독교 비판과─마르크스의 말을 빌리자면─"종교가 인간을 만든 게 아니라 인간이 종교를 만들었다"는 신념을 상기시켰다. 그리고 『악마의 시』는 보카치오, 초서, 라블레, 아레티노, 발자크 등의 반종교적 문학 전통을 잇는 작품이라고 변론했다. 트레웰라는 이렇게 덧붙였다. "책은 침묵하지 않는다. 바야흐로 우리는 혁명적 합리주의 시대의 고통스럽고 살벌하고 힘겨운 탄생 과정을 목격하는 중이다."

그러나 좌파 중에는 민중이 잘못 생각할 수도 있다는 발상을 탐탁잖게 여기는 사람도 많았다. 저메인 그리어, 존 버거, 존 르카레 등등. 당황한 자유주의 진영이 우물쭈물하는 사이에 민중의 무분별이 낳은 반대운동은 나날이 점점 더 무분별해졌고, 그럴수록 더 큰 인기를 끌었다.

루슈디는 88헌장*에 서명했다. 일부 깐깐한 사람들은 "오만방자한 작명"이라고 평가하지만 사실 이 명칭은 11년 전 체코의 반체제 지식인들이 공포했던 위대한 자유선언문 77헌장에 바치는 경의의 표시다. 영국의 헌

---

* 1988년 영국 지식인과 활동가 들의 서명으로 시작된 정치개혁 운동이자 그 운동의 선언문.

법 개정을 요구하는 88헌장은 그해 11월 말 영국 하원의 기자회견장에서 발표되었다. 영국의 일선 정치가 중 회견장에 나타난 사람은 미래의 노동당 외무장관 로빈 쿡 한 명뿐이었다. 때는 바야흐로 대처리즘이 맹위를 떨치는 시대였고, 노동당 대표 닐 키녁은 사석에서 88헌장 서명자들을 가리켜 "징징거리고 낑낑거리고 툴툴거리는 놈들"이라고 말했다. 헌법 개정안이 지지를 얻지 못하는 시절이었다. 지방분권화 논란으로 영국의 정치 판도가 급변한 것은 뒷날의 일이다. 쿡이 참석한 이유는 스코틀랜드 분권화를 지지하기 때문이었다.

그날부터 싹트기 시작한 우호 관계는 11년 후 『악마의 시』를 둘러싼 국제적 위기 상황을 해결하는 데 간접적 영향을 미쳤다. 블레어 내각의 외무장관이 된 로빈 쿡이 문제 해결을 위해 발 벗고 나섰기 때문이다. 쿡은 차관 데릭 패치트 하원의원과 합심하여 마침내 돌파구를 열어주었다.

그해 연말은 참혹했다. 12월 2일, 영국에서 무슬림 인구가 제일 많은 도시인 요크셔 주 브래드퍼드에서 『악마의 시』를 규탄하는 시위가 벌어졌다. 12월 3일, 클래리사가 처음으로 협박 전화를 받았다. 그녀가 마흔번째 생일을 맞이한 12월 4일, 다시 협박 전화가 걸려왔다. 상대방은 이렇게 말했다. "살만 루슈디, 오늘밤 버마 로드 60번지에서 네놈을 처단하겠다." 클래리사의 집주소였다. 그녀는 경찰에 신고했고 경찰관들이 밤새 그녀의 집을 지켰다.

아무 일도 없었다. 그러나 긴장감이 한층 더 고조되었다.

12월 28일, 바이킹 펭귄 출판사에서 다시 폭발물 소동이 일어났다. 앤드루 와일리가 루슈디에게 연락했다. "슬슬 공포심도 한몫 거드는군."

이듬해는 1989년, 세상이 발칵 뒤집어지는 해였다.

시위대가 책을 불태우던 날 그는 미국인 아내와 함께 스톤헨지를 보러 갔다. 브래드퍼드에서 그런 짓을 벌일 예정이라는 소문을 들었을 때 왠지 격렬한 반발심이 고개를 들었다. 어떻게 될까 전전긍긍하며 하루종일 기다리기도 싫고 곧이어 빗발칠 것이 뻔한 언론사 질문 공세를 받아주기도 싫었다. 할 일 없는 사람처럼 꼴사나운 일에 휘말려 하루를 헛되이 보내랴. 그래서 잔뜩 찌푸린 하늘을 바라보며 고대의 거석 유적을 향해 달려갔다. 몬머스의 제프리*는 스톤헨지를 마법사 멀린이 만들었다고 했다. 물론 그리 믿음직스러운 저자는 아니지만 스톤헨지가 고대의 무덤이라는 고고학자들의 설명이나 드루이드교의 제단이라는 주장에 비하면 제프리의 말이 더 매력적이다. 어쨌든 고속으로 차를 몰면서 그는 드루이드교 따위를 생각할 기분이 아니었다. 규모가 크든 작든 모든 종교는 역사의 쓰레기통 속으로 사라져야 마땅했다. 제발 누군가 나타나서 그렇게 해주기를, 예컨대 지구가 평평하다거나 달은 치즈 덩어리라는 믿음처럼 인류가 품었던 온갖 유치한 발상과 더불어 종교 또한 쓰레기통에 처박아주기를 간절히 바랐다.

메리앤은 몹시 명랑했다. 얼굴이 눈부시게 빛나서 더럭 겁이 날 정도였다. 극과 극을 오가는 성격대로 그날은 지나치게 밝았다. 그녀는 펜실베이니아 주 랭커스터 출신이지만 아미시교도**와는 전혀 딴판이었다. 화려한 삶을 즐겼다. 한번은 버킹엄궁에서 열리는 왕실 가든파티에 초대되었는데, 메리앤은 드레스 대신 반들반들한 검은색 슬립에 산뜻한 볼레로 재킷을 걸치고 작은 필박스 모자를 썼다. 딸이 열심히 권했는데도 브라는 착용하지 않았다. 그리하여 루슈디는 브라도 없이 속옷만 입은 아내와 함께 궁

---

* 12세기 수도사이자 영국 연대기 작가. 『브리타니아 제왕사 *Historia Regum Britanniae*』를 집필해 아서왕 전설을 널리 알렸다.

** 주로 펜실베이니아, 오하이오, 인디애나 등지에서 현대문명을 거부하며 살아가는 기독교 일파.

전 정원을 거닐었다. 원색 옷을 차려입은 왕족들이 손님들에게 둘러싸인 채 여기저기 서 있었다. 마치 경마장 잔디밭에서 경주마를 선보이는 광경 같았다. 여왕과 찰스-다이애나 부부 주변에 제일 많은 사람들이 모여 있었다. 마거릿 공주 팬클럽은 안쓰러울 만큼 규모가 작았다. 메리앤이 말했다. "여왕님 핸드백엔 뭐가 들었는지 궁금하네." 익살스러운 의문이었다. 두 사람은 내용물을 이것저것 상상해보며 잠시 즐거운 시간을 보냈다. 최루액 분무기. 아니면 탐폰. 보나마나 돈은 없겠지. 자기 얼굴이 그려진 물건은 싫을 테니까.

일단 발동만 걸리면 메리앤도 꽤 재미있는 사람이었다. 똑똑하고 재치 있는 여자라는 사실도 부인할 수 없었다. 그녀는 언제 어디서나 메모를 적었는데 글씨도 주인을 닮아 화려했다. 경험을 소설로 둔갑시키는 속도가 어찌나 빠른지 때로는 경악스러울 정도였다. 음미해보는 시간 따위는 거의 없었다. 어제 겪은 일을 오늘 당장 문장으로 바꾸면서 단편소설을 줄줄이 뽑아냈다. 그리고 얼굴이 환하게 빛날 때는 황홀하리만큼 매력적이거나 미친 여자처럼 보이거나 혹은 둘 다였다. 자기 소설에 등장하는 인물 가운데 이름이 M자로 시작하는 여자는 모두 자신의 분신이라고 털어놓기도 했다. 루슈디는 메리앤이 『존 달러』 이전에 발표한 『각자 계산Separate Checks』이라는 소설을 좋아했는데, 이 작품의 주인공은 엘러리 매퀸이다. 스릴러 작가 엘러리 퀸에서 따온 이름이다. 엘러리 퀸은 브루클린 출신의 사촌 형제 프레더릭 대네이와 맨프리드 베닝턴 리의 공동 필명인데, 사실은 그들의 이름마저 가명이고 본명은 각각 대니얼 네이선과 이매뉴얼 레포프스키다. 그러니까 메리앤이 등장인물에게 붙여준 이름은 서로 분신 같은 관계인 두 작가가 본명을 감추려고 각자 가명을 짓고 또 그 가명을 감추려고 지은 필명을 살짝 고쳤을 뿐이다. 『각자 계산』의 등장인물 엘러리 매퀸은 사설 정신병원 입원자다. 한마디로 정신이 오락가락하는 여자다.

한편 브래드퍼드에서는 이탈리아 양식의 시청과 법원 건물에서 내려다

보이는 틸스 광장 경찰서 앞에 군중이 모여들었다. 광장에는 분수대를 설치한 수조도 있고 무슨 말이든 마음대로 하라고 마련해놓은 "연설 공간"도 있었다. 그러나 무슬림 시위대의 관심사는 가두연설 따위가 아니었다. 1933년 5월 10일의 베를린 오페라 광장*에 비하면 틸스 광장은 소박한 곳이고 브래드퍼드에서 문제가 된 책은 2만 5천 권 이상이 아니라 단 한 권이었다. 그곳에 모인 사람들 가운데 55년 전에 일어났던 사건을 잘 아는 사람은 거의 없을 터였다. 당시 요제프 괴벨스는 이렇게 외쳤다. "퇴폐와 부도덕을 추방합시다! 가정과 국가에서 윤리와 예절을 회복합시다! 저는 오늘 하인리히 만과 에른스트 글레저와 에리히 케스트너의 책을 불길 속에 던집니다!" 그날 베르톨트 브레히트, 칼 마르크스, 토마스 만, 심지어 어니스트 헤밍웨이의 작품까지 불길에 휩싸였다. 그렇다, 브래드퍼드 시위대는 그날의 화톳불에 대해서도, "부패사상"을 "추방"하여 독일 문화를 "정화"하려 했던 나치의 의욕에 대해서도 몰랐을 것이다. 아마 "화형식"이라는 말이나 가톨릭 종교재판소의 활동에 대해서도 잘 몰랐을 것이다. 그러나 역사적 상식이 있건 없건 그들은 이미 역사의 일부였다. 그들도 이 단적인 책을 불태우려고 모였기 때문이다.

　루슈디는 멀린의 작품이라고 믿고 싶은 돌기둥 사이를 거닐었다. 그 한 시간 동안 현재는 멀찌감치 물러났다. 어쩌면 아내의 손을 잡기까지 했는지도 모른다. 집으로 돌아가는 길에 러니미드 초원이 있었다. 템스 강변의 이 풀밭은 774년 전 귀족들이 존 왕을 압박하여 결국 대헌장에 서명을 받아낸 곳으로, 영국인들이 폭군들에게 빼앗겼던 자유를 되찾기 시작한 현장이다. 이곳에는 존 F. 케네디 기념비도 있는데, 흉탄에 쓰러진 대통령의 말을 새긴 이 비석이 그날의 루슈디에게는 매우 의미심장했다. 우리가 잘되기를 바라든 못되기를 바라든 세계만방에 두루 알립시다. 어떤 대가를 치르더라

---

* 나치당원들이 이곳에 모여 '비독일적인 책들'을 불태웠다.

도, 어떤 짐을 지더라도, 어떤 어려움이 닥치더라도, 우리는 모든 우방을 돕고 모든 적과 싸우며 기필코 자유를 지키고 키워내겠다고.

자동차 라디오를 켜보니 브래드퍼드 분서 사건 소식이 톱뉴스였다. 이윽고 집에 도착하자 현재가 그를 삼켜버렸다. 하루종일 피해다니던 장면을 텔레비전에서 보게 되었다. 시위대는 천 명쯤이었는데 모두 남자였다. 다들 성난 표정, 아니, 정확히 말하자면 카메라 앞에서 분노를 연기하는 표정이었다. 세계 언론의 주목을 받는다는 사실에 저마다 들뜬 기색이 역력했다. 유명 인사가 된 듯한 흥분, 일찍이 솔 벨로가 말했던 "소란 속의 영광"에서 비롯된 흥분이었다. 플래시 세례를 받는 이 순간은 흐뭇하다못해 황홀했다. 역사의 레드카펫을 밟는 순간이다. 시위대는 이런 팻말을 들고 있었다. 루슈디는 나쁜 놈. 잘못을 인정해라. 그들은 근접촬영을 원했다.

소설 한 권이 나무토막에 못박혀 타올랐다. 십자가형 겸 화형이었다. 그는 이 장면을 영원히 잊지 못한다. 기꺼이 분노한 얼굴들, 분노를 즐기는 얼굴들, 그 분노 속에서 자신의 정체성이 태어난다고 믿는 얼굴들. 그리고 작은 푸아로* 콧수염을 기르고 중절모를 쓴 모습으로 맨 앞에 나타나 점잔을 빼는 남자. 바로 브래드퍼드 시의원 모하마드 아지브—괴상하게도 "아지브"라는 말은 우르두어로 "괴상하다"는 뜻이다—가 군중을 향해 말했다. "이슬람은 평화입니다."

자신의 책이 불타는 광경을 바라보며 루슈디는 자연스럽게 하이네**를 떠올렸다. (그러나 점잖은 체하든 노발대발하든 브래드퍼드에 모인 남자들과 소년들에게 하인리히 하이네는 아무 의미도 없는 이름이었다.) 책을 불태우는 나라는 결국 사람도 불태우기 마련이다. 나치가 화톳불을 피우기 백여 년 전 『알만조어Almansor』에 실린 이 예언적인 구절은 나중에 나치가 책

---

* 애거사 크리스티의 여러 소설에 등장하는 탐정.
** 독일 작가(1797~1856).

을 불사른 베를린 오페라 광장 바닥에 새겨지기도 했다. 언젠가는 틸스 광장 바닥에도 이 구절을 새겨 이번 사건을 기리게 될까? 규모는 훨씬 작지만 똑같이 부끄러운 소행이 아닌가? 그러나 루슈디는 생각했다. 설마. 그럴 리야 없겠지. 물론 『알만조어』에서 불에 탄 책은 쿠란이었고 분서 주도자는 종교재판소였지만.

하이네는 루터교로 개종한 유대인이었다. 굳이 이런 표현을 원한다면 배교자라고 불러도 좋겠다. 루슈디도 배교자라는 비난을 받았다. 죄명은 그것 말고도 많았다. 불경죄, 신성모독죄, 명예훼손죄. 사람들은 이렇게 말했다. 유대인들이 시킨 짓이다. 출판사 사장이 유대인인데 루슈디에게 돈을 주고 시켰다. 루슈디의 유대인 마누라도 부추겼다. 씁쓸하면서도 우스꽝스러운 일이었다. 메리앤은 유대인이 아니다. 게다가 둘 사이가 늘 삐걱거렸으니 그녀가 빨간불일 때 횡단보도를 건너지 말라고 했어도 루슈디는 듣지 않았을 터였다. 그래도 1989년 1월 14일 그날만은 둘 다 불만을 덮고 손을 잡았다.

이름 모를 애독자가 티셔츠를 보내주었다. 신성모독은 피해자 없는 범죄. 그러나 이제 합리주의의 승리도 일시적 현상으로 보였다. 금방이라도 판도가 뒤바뀔 듯싶었다. 낡은 언어가 되살아나고 패배했던 사상이 시가행진을 벌였다. 요크셔에서 사람들이 루슈디의 책에 불을 질렀다.

이제 루슈디도 화가 났다.

그는 〈옵서버〉에 이렇게 썼다. "문명은 얼마나 연약하며, 책은 또 얼마나 쉽게, 얼마나 신나게 타오르는가! 내 소설의 등장인물들은 오롯한 인간이 되기를 갈망하며 사랑과 죽음, 그리고 (하느님이 있든 없든) 영혼의 삶처럼 중요한 현실을 경험한다. 소설 바깥에서는 인간의 무리가 행진한다. 한 등장인물은 이렇게 말했다. '지금 인도엔 전선이 형성되고 있어요.

세속과 종교의 싸움, 빛과 어둠의 싸움. 어느 편이든 선택할 때란 말예요.' 이제 그 싸움이 영국으로 번졌다. 부디 기권패로 끝나지 않기를 바랄 뿐이다. 선택의 시간이 왔다."

　그러나 모든 사람이 그렇게 생각하진 않았다. 양다리를 걸친 사람도 많았는데, 특히 무슬림 비율이 꽤 높은 하원의원들이 그랬다. 브래드퍼드 지역구의 맥스 매든 의원은 잭 스트로 의원과 더불어 표현의 자유를 강력히 부르짖던 사람인데 이번에는 둘 다 맥없이 무슬림 진영으로 넘어가버렸고, 로이 해터슬리나 브라이언 세지모어처럼 호전적인 노동당 유명 인사도 마찬가지였다. 1988년 9월 스트로는 연극 〈파멸Perdition〉*을 옹호하며 이렇게 썼다. "작품의 주제는 불쾌했으나 (…) 민주주의는 의견이 전혀 다른 사람들에게도 자유로운 표현의 권리를 허락해야 한다." 그런데 이번 일에 대해 스트로는 신성모독에 대한 법률을 모든 종교로 확대하라고(영국의 신성모독법은 영국 국교회만 보호했기 때문이다) 요구하는 사람들을 지지하기로 결정하고, "종교적 감정을 자극하는" 소재를 금지하려 했다. (스트로의 노력은 결국 수포로 돌아가고 신성모독법은 2008년 완전히 폐지되었다.) 맥스 매든은 이렇게 말했다. "루슈디가 무슬림에게 반론의 기회를 주지 않는 바람에(나는 무슬림이 이 책에 불쾌감을 느끼는 이유를 설명하는 짤막한 장면을 〔소설 속에〕 삽입하라고 권한 바 있다)『악마의 시』에 대한 시위가 더욱 격화되어 유감스럽다." 반면에 역시 브래드퍼드 출신인 밥 크라이어 하원의원은 무슬림 시위대를 강경하게 비판했지만 의석을 빼앗기는 일은 없었다.

　맥스 매든은 루슈디가 반대자들과 맞서기를 "회피"한다고 비난했다. 그러나 사실 루슈디는 열차 편으로 버밍엄에 가서 BBC 방송의 낮 프로그램 〈데이타임 라이브〉에 출연하여 무슬림 지도자 헤샴 엘에사위와 논쟁을 벌

---

* 나치에 협력했던 일부 시오니스트들을 그린 연극.

이기도 했다. 할리 스트리트에서 치과를 운영하는 이 말주변 좋은 남자는 온건파를 자처하면서 격렬해진 상황을 진정시키고 싶을 뿐이라고 말했다. 생방송이 진행되는 동안 BBC 건물 앞에 모여든 시위대가 루슈디의 등뒤에 있는 통유리 바깥에서 험악하게 고함을 질렀다. 격렬해진 상황은 진정되지도 완화되지도 않았다.

브래드퍼드 분서 사건 다음날 영국 최대의 서점 체인인 W. H. 스미스가 430개 매장 전체에서 『악마의 시』를 모두 치워버렸다. 맬컴 필드 전무 이사는 이렇게 밝혔다. "검열을 할 의도는 전혀 없었습니다. 국민의 여론을 따랐을 뿐입니다."

작가가 본인이라고 믿는 개인 "살만"과 대중이 생각하는 낯선 "루슈디" 사이의 간극이 나날이 커져갔다. 살만과 루슈디 중 어느 쪽인지는 본인도 확신할 수 없었지만 둘 중 하나 무슬림 세력을 편드는 노동당 의원의 수를 보고 실망하여—한평생 노동당을 지지했기 때문이다—시무룩하게 말했다. "오늘날의 영국에서 진짜 보수파는 노동당에 있고 급진파는 모두 보수파 행세를 한다."

상대 세력의 능률성에는 감탄할 수밖에 없었다. 팩스와 텔렉스가 이 나라에서 저 나라로 날아다니고, 모스크를 비롯한 종교단체에서 느낌표가 난무하는 전단을 뿌리고, 머지않아 모든 사람이 거기 적힌 말을 노래하듯 외쳤다. 현대 정보기술이 퇴행적 사상을 전파했다. 중세가 현대를 이용하여 현대를 공격했다. 합리적, 이성적, 혁신적, 세속적, 회의적, 도전적, 창조적인 현대는 후퇴하고, 현대를 싫어하고 현대와는 정반대인 세계관이, 신비주의적이고 정체되고 편협하고 어리석은 신념이 전진했다. 이슬람 급진주의가 활개를 쳤다. 그들의 논객들조차 "역사에 대한 반란"이라고 말할 정도였다. 그들은 한낱 이교도나 신성모독자 나부랭이가 아니라 역사

그 자체를, 시간이 흐를수록 발전해가는 인류의 행보 그 자체를 적대시했다. 문명의 이기를 역사의 산물로 여겨 경멸하면서도 기꺼이 새것을 이용하여 옛것의 힘을 회복하려 했다.

적군만이 아니라 아군도 나타났다. 그는 아지즈 알아즈메와 점심식사를 했는데, 시리아인으로 엑서터 대학의 이슬람학 교수인 그는 이후 몇 년에 걸쳐 『악마의 시』에 대한 공격을 가장 신랄하게 비판하는 글을 발표했을 뿐만 아니라 이슬람권에서 가장 학문적인 방식으로 이 소설을 옹호한 사람으로 손꼽힌다. 문필가이며 인권운동가, 여성운동가인 기타 사갈도 만났는데, 그녀의 어머니는 유명한 인도 소설가 나얀타라 사갈, 종조부는 바로 자와할랄 네루 총리였다. 기타는 무슬림 시위대와 논쟁을 벌이며 적잖은 용기를 보여준 '근본주의에 반대하는 여자들'이라는 단체의 창립 회원이기도 했다. 1989년 1월 28일 런던에서 8천 명쯤 되는 무슬림이 시가행진을 하고 하이드파크에 집결했다. 그때 기타와 동료들은 반대시위를 하다가 폭행을 당하고 땅바닥에 쓰러지기까지 했다. 그런 일을 당한 뒤에도 결의를 잃지 않았다.

1월 18일, 브루스 채트윈이 니스에 사는 친구 셜리 콘런*의 집에서 숨을 거두었다.

미국에서도 소설 출간을 앞두고 있었지만—곧 완성되어 그의 집으로 배달된 미국판은 정말 아름다웠다—미국 무슬림은 "살인과 폭력"을 각오하라고 협박했다. 5만 달러짜리 살인청부가 이루어져 그의 목숨을 노린다는 소문이 돌았다. 언론에서는 격론이 오갔지만 당시 대부분의 사설은 루슈디를 지지했다. 그는 일기장에 이렇게 썼다. "나는 일생일대의 싸움을

---

* 영국 작가. 언론인(1932~).

하는 중이다. 지난주부터는 내가 우세하다는 느낌이 든다. 그러나 폭력은 여전히 걱정스럽다." 나중에 이 부분을 다시 읽어보니 낙관적인 태도가 놀라웠다. 이란에서 쇠망치가 날아오기 직전이었는데도 전혀 미래를 예견하지 못했던 것이다. 예언자로서는 자격 미달이었다.

당시 그는 이중생활을 했다. 논쟁에 휩싸인 공적 생활, 그리고 흔적만 겨우 남은 사적 생활이었다. 1989년 1월 23일은 첫 결혼기념일이었다. 메리앤과 함께 오페라 〈나비 부인〉을 보러 갔다. 그녀가 특별관람석 앞줄의 명당자리를 예약한 덕분이었다. 조명이 꺼질 때 다이애나 왕세자비가 들어와 그의 옆자리에 앉았다. 그녀가 이 오페라의 줄거리를 어떻게 생각하는지 궁금했다. 한 여자에게 사랑을 약속했던 남자가 그녀를 떠났다가 다른 여자와 결혼한 후 다시 나타나 아픔을 준다는 내용이었기 때문이다.

이튿날 휫브레드 '올해의 책' 시상식 자리에서 최우수 소설상을 받은 그의 소설은 다른 네 부문 수상작과 경합을 벌였는데, 그중에는 A. N. 윌슨의 톨스토이 전기도 있었고 전직 정신병원 간호사였던 폴 세이어의 첫 소설 『광기의 위안 The Comforts of Madness』도 있었다. 그는 남자화장실에서 세이어와 마주쳤고, 신체적 증상으로 나타날 만큼 신경이 곤두선 젊은이를 달래주었다. 한 시간 후 세이어가 상을 받았다. 심사위원단의 협의에 대한 이야기가 흘러나왔는데 심사위원 두 명이―보수당 각료인 더글러스 허드 내무장관과 보수파 언론인 맥스 헤이스팅스였다―문학 외적인 이유로 『악마의 시』를 혹평한 모양이었다. 말하자면 시위대의 소음이 심사장까지 뚫고 들어가 목적을 달성한 셈이었다.

그는 피터 메이어와 피터 카슨을 상대로 처음 말다툼을 했다. 인도가 그의 소설에 금서 조치를 내렸는데도 바이킹 펭귄은 이의를 제기하지 않았기 때문이다.

그레이엄 그린이 점심식사에 초대했다. 그린은 영국 출신이 아닌 작가들 가운데 런던에서 활동하는 사람들을 두루 만나고 싶어했다. 그리하여 루슈디도 메리앤과 함께 리폼 클럽*에 가서 마이클 온다체, 벤 오크리, 하난 알샤이크, 몽가네 월리 세로테 등과 함께 점심을 먹게 되었다. 그가 도착했을 때 위대한 소설가 그린은 그 긴 몸뚱이를 접다시피 하고 깊숙한 안락의자에 앉아 있었지만 곧바로 벌떡 일어나 이렇게 외쳤다. "루슈디! 이리 와 앉아서 어쩌다가 그렇게 큰 사고를 쳤는지 얘기 좀 해줘! 나도 그렇게 큰 말썽을 일으킨 적은 없는데 말이야!" 신기하게도 그 말이 위로가 되었다. 그동안 마음이 얼마나 무거웠는지, 그리고 이렇게 유쾌한 격려의 순간이 얼마나 절실했는지 새삼 깨달았다. 그는 대가의 옆자리에 앉아 모든 사정을 털어놓았고 그린은 대단한 집중력을 보이며 귀를 기울였다. 이윽고 그린이 아무런 의견도 밝히지 않고 손뼉을 치며 외쳤다. "좋아. 점심이나 먹지." 식사 때 그린은 거의 아무것도 먹지 않고 와인만 대량으로 들이켰다. "요만큼이라도 먹는 이유는 그래야 술을 더 마실 수 있기 때문이라네." 점심식사가 끝난 후 클럽 계단에서 사진을 찍었는데, 짧은 갈색 외투를 걸치고 사진 한복판에서 활짝 웃는 그린의 모습은 마치 소인국에 들어온 걸리버 같았다.

몇 주 후 루슈디는 경호팀의 특수부 요원 한 명에게 그 사진을 보여주었다. "위대한 영국 소설가 그레이엄 그린이오." 그러자 경찰관이 반사적으로 말했다. "아, 그렇군요. 옛날엔 우리 같은 요원이었죠."

책은 미국에서 큰 호평을 받았지만 2월 8일 그는 아내에게 희비가 엇갈리는 말을 들었다. 헤어지겠다는 통보였다. 그러면서도 자신의 소설 『존 달러』의 출판기념회에는 참석해달라고 했다. 그로부터 나흘 후, 출판과 파경이 공존했던 기이한 공백기도 지나갔다.

---

* 런던의 회원제 클럽. 그레이엄 그린의 소설에도 등장하는 곳이다.

파키스탄에서는 2천 명이 모인 시위도 규모가 작은 편이었다. 조금이라도 영향력이 있는 정치가라면 손뼉 한 번만 쳐도 훨씬 더 많은 군중을 길거리에 동원할 수 있었다. 그런데도 이슬라마바드 도심에 있는 미국정보센터를 습격한 "근본주의자"가 겨우 2천 명이었다는 사실은 일면 좋은 징조였다. 시위가 본격화되지 않았다는 뜻이기 때문이다. 당시 베나지르 부토 총리는 출국하여 중국을 공식 방문하는 중이었고, 시위대의 진짜 목적은 정부를 뒤흔드는 것이라는 추측이 나돌았다. 종교적 극단주의자들은 오래전부터 총리가 세속주의자*는 아닐까 의심했고 이를 범죄시하여 그녀의 목숨을 노렸다. 『악마의 시』가 아무 상관도 없는—혹은 거의 무관한—정치판에서 축구공 노릇을 한 셈인데, 그런 일은 이때가 마지막도 아니었다.

시위대는 경찰에게 돌멩이와 벽돌을 던지며 고래고래 소리쳤다. 미국인 개새끼들! 살만 루슈디를 목매달자! 여느 때와 다름없는 시위였다. 그런데 경찰은 납득할 만한 이유도 없이 사격을 개시했고, 그러고도 시위대 일부가 정보센터를 습격하는 것을 막지 못했다. 첫번째 총탄이 사람의 몸에 박히는 순간 상황이 돌변했다. 경찰은 반자동소총과 펌프 연사식 산탄총을 사용했다. 이 충돌은 세 시간이나 이어졌는데, 시위대는 무기의 열세를 극복하고 건물 옥상에 올라가 미국 국기를 불태우고 "미국"과 "루슈디"라고 써붙인 허수아비를 화형에 처했다. 다른 날이었다면 그런 장면을 보면서 루슈디는 해마다 세계 각지에서 불태우는 저 미국 국기는 도대체 어느 공장에서 만들었을까 궁금해하는 정도로 그쳤을 것이다. 그러나 그날은 한 가지 사실 때문에 다른 모든 일이 뒷전으로 밀려났다.

다섯 명이 총격으로 사망했다.

루슈디는 죽은 목숨이다! 시위대는 그렇게 외쳤고, 처음으로 그 말이 옳을지도 모른다는 생각이 들었다. 폭력이 폭력을 낳았다. 이튿날 카슈미르

---

* 세속주의는 정치와 종교의 분리를 추구한다.

에서도—그가 사랑하는 카슈미르, 가문의 옛 고향인 그곳에서도—폭동이 일어나 다시 한 남자가 목숨을 잃었다.

루슈디는 생각했다. 피가 피를 부르는구나.

어두운 방에 누워 죽을 날만 기다리는 한 노인이 있었다. 그의 아들이 인도와 파키스탄에서 무슬림이 사살되었다는 소식을 전했다. 원인은 책 한 권, 이슬람교를 모독한 책 한 권이라고 했다. 몇 시간 후 아들은 문서 한 장을 손에 들고 이란 텔레비전 방송국에 도착했다. 파트와, 즉 칙령이라면 일반적으로 증인들이 있는 자리에서 서명하고 직인을 찍은 정식 문서를 가리키는데 이번 문서는 타자기로 작성한 종이 한 장에 불과했다. 정식 문서가 따로 있는지도 모르지만 그것을 본 사람은 아무도 없었다. 어쨌든 죽을병에 걸린 노인의 아들은 아버지의 칙령이라면서 이 글을 읽었고 아무도 감히 반박하지 못했다. 뉴스 진행자가 종이를 넘겨받아 읽기 시작했다.

그날이 바로 밸런타인데이였다.

3

/

첫해

Year Zero

1989

특수부 요원은 윌슨이고 정보부 요원은 윌튼인데 둘 다 윌이라고 불렀다. 윌 윌슨과 윌 윌튼. 우스갯소리 같지만 그날은 어떤 말도 우습게 들리지 않았다. 위협수준이 대단히 심각하다는 평가가 나왔기 때문이다. "2급"이라면 영국 내에서 여왕을 제외한 그 누구보다 위험하다는 뜻인데, 그는 외국 권력자에게 위협을 당하는 상황이니 영국 정부의 보호를 받을 자격이 있었다. 경호해주겠다는 정식 제의가 들어와서 승낙했다. 경호원 두 명, 운전사 두 명, 자동차 두 대가 배정된다는 설명도 들었다. 한 대는 다른 차가 고장날 경우에 대비한 예비 차량이었다. 워낙 전례가 없는 임무인데다 위험을 예측할 수도 없으니 경호팀 전원을 지원자들로 구성했다. 본의 아니게 동원된 사람은 아무도 없었다. 이윽고 첫 "경호팀"을 만났다. 스탠리돌과 벤 윈터스. 스탠리는 경찰청 전체에서도 손꼽히는 테니스 선수였다. 베니는 특수부에 많지 않은 흑인 요원으로, 세련된 황갈색 가죽재킷 차림이었다. 둘 다 눈에 확 띄는 미남이었고 권총을 휴대했다. 특수부는 런던 경찰청의 꽃으로 불리는 최정예 요원들이다. 실제로 살인면허를 가진 사람을 만나보기는 난생처음이었는데, 이제부터 스탠과 베니는 바로 그를 지키기 위해 살인도 마다하지 않을 터였다.

그들은 허리띠에 총집을 장착하여 권총을 등허리에 찼다. 미국 형사들은 재킷 속에 장착하는 총집을 사용하지만 그리 바람직한 방식이 아니었다. 스탠과 베니가 시범을 보여주었다. 어깨총집에서 총을 뽑을 때는 총구가 포물선을 그리며 90도가량 이동해야 표적을 겨누게 된다. 이 과정에서 조금만 일찍 쏘거나 늦게 쏘면 엉뚱한 사람을 맞힐 가능성이 매우 높다. 반면에 등허리에서 총을 뽑을 때는 총구가 표적을 겨눈 채 이동하므로 명중률이 향상된다. 그 대신 다른 위험이 따른다. 방아쇠를 너무 일찍 당기면 자기 엉덩이를 쏴버리기 십상이다.

베니와 스탠은 당면한 문제에 대해 용기를 북돋워주려 했다. 스탠이 말했다. "도저히 용납할 수 없는 일입니다. 영국 국민을 위협하다니. 말도 안 되죠. 금방 해결될 겁니다. 정치가들이 문제를 해결할 때까지 며칠만 숨어 계시면 됩니다." 이번에는 베니가 말했다. "댁으로는 당연히 못 가십니다. 별로 안전하지 않거든요. 혹시 며칠 동안 머물고 싶은 곳은 없습니까?" 그러자 스탠이 말했다. "기왕이면 근사한 곳을 고르시죠. 번개처럼 모셔다드릴 테니까 위험이 지나갈 때까지 거기서 조금만 기다리세요." 루슈디도 그들의 낙관적인 예측을 믿고 싶었다. 코츠월드*가 좋겠다고 했다. 올망졸망한 언덕과 황금빛 돌집이 늘어선 풍경이 마치 그림엽서 같은 곳이다. 코츠월드의 브로드웨이 마을에 가면 리건 암스라는 유명한 시골 여관이 있다. 예전부터 그곳에서 주말을 보내고 싶을 때가 많았지만 결국 한 번도 가보지 못했다. 리건 암스에 묵어도 괜찮겠소? 스탠과 베니가 얼굴을 마주보며 시선을 주고받았다. 스탠이 말했다. "안 될 이유도 없겠네요. 저희가 알아보겠습니다."

---

*잉글랜드 남부의 구릉지.

그날 메리앤과 루슈디는 론즈데일 스퀘어 38번지 아파트 지하층에서 대부분의 시간을 보냈다. 베니는 두 사람 곁을 지키고 스탠이 상황을 알아보았다. 루슈디는 도피생활을 시작하기 전에 아들을 한번 더 보고 싶다고 말했다. 누이동생도 만나고 싶었다. 요원들은 "나쁜 놈들"이 예상할 만한 곳이니 조심해야 한다고 경고하면서도 "준비작업"을 시작하겠다고 대답했다. 날이 저문 후 방탄 재규어를 타고 버마 로드로 달려갔다. 방탄 철판이 너무 두꺼워 천장이 몹시 낮았다. 더글러스 허드처럼 키가 큰 정치가에게는 불편하기 짝이 없을 터였다. 문짝도 몹시 무거워 예기치 않게 닫히는 문에 부딪혔다가는 중상을 면하기 어려울 정도였다. 비탈길에 차를 세울 때는 문을 여닫기가 거의 불가능했다. 방탄 재규어의 연비는 갤런당 6마일가량에 불과했다. 소형 탱크와 맞먹을 만큼 무겁기 때문이다. 이런 정보를 말해준 사람은 그가 처음으로 만나본 특수부 운전사였다. "종마"라는 별명이 붙은 데니스 슈발리에는 몸집 크고 턱살 두둑하고 입술도 두툼하고 유쾌한 사내인데 본인 말로는 "나름대로 고참"이었다. 종마 데니스가 물었다. "특수부에서 저 같은 운전사를 전문용어로 뭐라고 부르는지 아십니까?" 루슈디가 답을 알 리가 만무했다. "OFD라고 하죠. 그렇게 부릅니다." OFD가 무슨 뜻이오? 데니스는 우렁차고 걸걸하면서 쌕쌕거리는 소리가 조금 섞인 폭소를 터뜨렸다. "'뭐 그냥 운전사Only Fucking Driver'라는 뜻이죠." 루슈디는 경찰 특유의 이런 농담에도 곧 익숙해질 터였다. 그가 만나본 운전사 한 명은 특수부에서 "스페인 국왕"으로 통했는데, 언젠가 차문을 열어둔 채 담뱃가게에 다녀와서 보니 누군가 재규어를 훔쳐가버린 뒤였다. 그래서 그런 별명이 붙었다. 스페인 국왕의 이름이—여기서부턴 천천히 발음해야 한다—후안 카를로스*였기 때문이다.

버마 로드에 도착했을 때 루슈디를 기다리는 나쁜 놈들은 없었다. 그는

---

* 카를로스(Carlos)를 'car loss' 즉 '차량 분실'로 풀이한 우스갯소리.

경호팀에게 들은 말을 자파르와 클래리사에게도 전해주었다. "며칠만 참으면 된대." 자파르는 크게 안도한 표정이었다. 그러나 클래리사의 얼굴에는 루슈디 자신도 감추려 애쓰는 의혹이 가득했다. 자파르가 언제 다시 만날 수 있느냐고 물었지만 루슈디가 대답할 수 있는 질문이 아니었다. 클래리사가 이번 주말에 자파르를 데리고 옥스퍼드셔에 사는 친구 호프먼 부부의 집에 가겠다고 말했다. 루슈디는 이렇게 대답했다. "알았어. 가능하면 거기서 만나기로 하지." 아들을 힘껏 안아주고 집을 나섰다.

(경찰이 자파르와 클래리사에게 경호를 제안한 적은 한 번도 없었다. 두 사람까지 위험한 상황은 아니라고 판단했기 때문이다. 그러나 경찰의 말만 믿고 안심할 수는 없었다. 두 사람을 걱정하느라 하루하루가 고통스러웠다. 그러나 클래리사와 루슈디는 자파르가 최대한 정상적으로 살게 해주는 것이 최선이라고 판단했다. 클래리사는 아들의 정상적인 삶을 기필코 지켜내기로 마음먹었다. 용감한 사람이라는 말로는 부족하다.)

문득 하루종일 아무것도 못 먹었다는 사실을 깨달았다. 사민을 만나려고 웸블리로 가는 길에 맥도날드 드라이브스루에 들렀을 때 그는 재규어의 두꺼운 차창이 열리지 않는다는 사실을 알게 되었다. 메르세데스나 BMW처럼 창을 열 수 있도록 주문제작하는 방탄차도 있지만 가격이 워낙 비싼데다 영국제도 아니라서 경찰차로는 사용하지 않는다. 조수석에 탄 스탠이 차에서 내려 주문을 하고 픽업 장소로 가서 음식을 받아 왔다. 그런데 식사를 끝내고 나니 시동이 걸리지 않았다. 고장난 차를 향해 무시무시한 욕설을 퍼붓는 종마 데니스를 남겨두고 예비 차량으로 갈아타는 수밖에 없었다. 그 차는 "고물딱지"라는 별명이 붙은 레인지 로버였고, 운전사 미키 크로커는 역시 상냥하고 싱글벙글하는 거인이며 역시 "고참"이었다. 고물딱지도 몹시 낡고 몹시 무거워 운전하기가 몹시 힘들었다. 걸핏하면 진창에 빠져버리고 비탈진 빙판길에서 끝까지 올라가지 못할 때도 있었다. 때는 2월 중순으로 연중 가장 춥고 빙판이 많은 시기였다. 믹 크로커가 말했다. "이거 죄송하게 됐습니다. 우리 차고에서 제일 좋은 차는 아니거든요." 고물딱지 뒷좌석에 앉은 루슈디는 부디 경호원들은 차보다 성능이 좋기를 빌었다.

사민은 자격증을 가진 변호사였지만 이제 변호 업무는 그만두고 성인교육에 관련된 일을 했다. 옛날부터 정치적 판단력이 탁월해서 이번 일에 대해서도 할말이 많았다. 이란-이라크전쟁으로 이란의 젊은 세대 다수가 죽거나 불구자가 된 후 호메이니는 본인의 표현처럼 "독약을 삼키는 심정으로" 불만스러운 정전협정을 맺을 수밖에 없었고, 그때부터 이란의 혁명정부는 줄곧 위태로운 처지였다. 호메이니가 정치적 영향력을 되찾으려고 선택한 묘책이 바로 파트와였다. 결국 살만 오빠는 재수가 없으려니까 죽어가는 노인의 마지막 몸부림에 이용되었을 뿐이다. 그리고 영국 무슬림의 소위 "지도자"라는 자들은 대체 누구를 지도한단 말인가? 추종자도 없는 지도자가 어디 있을까. 그들은 오빠의 불행을 이용하여 출세하려는 사기꾼들이다. 지난 한 세대에 걸쳐 영국 내 소수민족의 정치적 입장은 세속주의와 사회주의였다. 모스크들은 이번 일을 계기로 그런 움직임을 무너뜨리고 종교를 권좌에 앉히려 한다. 영국에 사는 "아시아인"들은 일찍이 힌두교, 이슬람교, 시크교 등 종교에 따라 분열된 적이 한 번도 없었다 (다른 유형의 분열은 있었는데, 방글라데시 전쟁 당시 파키스탄계 영국인과 방글라데시계 영국인이 크게 반목했던 경우가 그렇다). 물라들과 이른바 "지도자"들은 민족과 종교에 따라 사회를 분열시키려 하는데, 지금이라도 누군가 나서서 그들이 한낱 위선자이며 기회주의자라는 사실을 만천하에 밝혀야 한다. 사민은 스스로 나설 각오였다. 그녀처럼 변론에 능하고 말재간 좋은 사람이 대변인으로 나서준다면 크나큰 도움이 되리라는 것쯤은 루슈디도 잘 알고 있었다.

그러나 그는 그러지 말라고 말렸다. 그녀의 딸 마야가 아직 첫돌도 안 지난 아기였다. 사민이 공공연히 대변인으로 나서면 언론이 그녀의 집 앞에 진을 칠 테고 세상의 주목을 받는 일도 피할 수 없다. 그녀의 사생활과 어린 딸의 인생이 촬영용 조명과 마이크에 포위되고 만다. 게다가 그녀에게 위험이 닥칠지도 모른다. 그는 자기 때문에 여동생이 위험을 무릅쓰기를 원치 않았다. 다른 문제도 있었다. 그녀가 오빠를 "대변"한다는 사실이 널리 알려지면 경호팀이 그를 누이동생의 집에 데려다주기가 훨씬 더 어려워진다는 말을 들었다. 그는 친지들을 "공개" 집단과 "비공개" 집단으로 나눠야 한다는 사실을 깨달았다. 그녀는 공개적 옹호자보다 비공개 지지자로서 더 소중한 사람이다. 사민도 마지못해 동의했다.

이 결정은 예기치 못한 결과를 낳았다. "루슈디 사건"이 확대되면서 루슈디 자신은 거의 은둔생활을 할 수밖에 없었는데, 공연히 입을 열어 상황을 더 악화시키지 말라는 경찰의 조언을 받아들여 도저히 더는 참을 수 없을 때까지 한동안 침묵을 지켰기 때문이다. 그리고 루슈디가 안 보이는 동안 그를 사랑하는 사람들은 아무도 그를 변호하지 않았다. 아내도, 누이동생도, 절친한 벗들도, 아무튼 그가 계속 만나고 싶어하는 사람들은 모두 입을 다물어야 했다. 그리하여 언론에 비친 루슈디는 증오하는 사람은 많지만 사랑하는 사람은 아무도 없는 남자였다. 영국이슬람행동위원회의 이크발 사크라니가 말했다. "루슈디에게 죽음은 너무 쉬운 형벌인지도 모른다. 전능하신 알라께 용서를 빌지 않는다면 남은 한평생 괴로워하며 살아야 마땅하다." 바로 그 사크라니가 2005년 블레어 내각의 추천으로 사회적 화합에 기여한 공로를 치하하는 기사 작위를 받았다.

코츠월드로 가는 길에 연료를 채우려고 차를 세웠다. 그는 화장실에 가려고 차에서 내렸다. 주유소 안에 있던 사람들이 일제히 고개를 돌리고 쳐다보았다. 신문마다 1면에 그의 사진을 실어—마틴 에이미스는 루슈디가 "1면 속으로 사라졌다"는 명언을 남겼다—하룻밤 사이에 전국에서 가장 유명한 얼굴이 되어버린 탓이었다. 사람들의 표정은 우호적이었지만, 한 남자는 손을 흔들고 또 한 남자는 양손 엄지손가락을 번쩍 들었지만, 하필이면 몸을 숨겨야 할 시기에 이렇게 눈에 확 띄는 사람이 되었으니 걱정스러운 일이었다. 브로드웨이 마을에 들어선 뒤에도 반응은 마찬가지였다. 길거리에서 한 여자가 다가와서 말했다. "행운을 빌어요." 교육을 잘 받은 호텔 직원들마저 입을 딱 벌리고 멍하니 쳐다보았다. 그는 구경거리가 되고 말았다. 이윽고 아름다운 유럽식 방에 들어간 뒤에야 루슈디도 메리앤도 겨우 마음을 놓았다. 그는 걱정스러운 일이 있을 때 단추만 누르면 된다는 "비상호출기"를 건네받았다. 비상단추를 눌러보았다. 고장이었다.

두 사람은 아담한 방에서 단둘이 식사를 했다. 호텔측에서 곤란한 일이 생길지도 모른다고 스탠과 베니에게 경고했다. 투숙객 한 명이 〈데일리 미러〉 기자인데, 부인도 아닌 여자를 데려와서 옆방에 며칠 묵는다는 이야기였다. 그러나 그 기자 때문에 문제가 생기지는 않았다. 여자가 굉장한 매력 덩어리였는지 〈미러〉 기자는 며칠 동안 방 안에서 꼼짝도 하지 않았기 때문이다. 그리하여 이 타블로이드 신문사가 『악마의 시』 작가의 은신처를 알아내려고 탐정들까지 동원하던 바로 그 순간 신문기자는 작가의 바로 옆방에 있으면서도 특종을 놓치고 말았다.

리건 암스에 머물던 둘째 날, 스탠과 베니가 종이 한 장을 들고 찾아왔다. 이란의 알리 하메네이 대통령이 지금이라도 루슈디가 사과한다면 "그 한심한 인간을 살려줄 수도 있다"고 넌지시 밝혔단다. 스탠이 말했다. "어떻게든 열기를 좀 식혀야 한다는 분위깁니다." 베니도 거들었다. "예, 그런 분위기죠." 루슈디는 도대체 어디가 그런 분위기냐고 물었다. 누구 생각이오? 스탠은 대답을 얼버무렸다. "상부의 일반적 의견이죠." 경찰 의견이오, 정부 의견이오? 그러자 스탠이 말했다. "아무튼 발표문까지 작성해서 내려보냈더군요. 끝까지 한번 읽어보시죠." 베니도 말했다. "문체가 마음에 안 들면 얼마든지 고치세요. 작가는 선생님이니까요." 그러자 스탠이 덧붙였다. "솔직히 말씀드리는데 이 발표문은 벌써 승인이 떨어졌습니다."

루슈디는 그 문서를 도저히 받아들일 수 없었다. 비겁하고 비굴한 글이었다. 이런 문서에 서명하는 것은 패배를 의미했다. 정말 이런 거래를 해야 할까? 자신의 신념을 저버리고 책에 대한 변론도 포기한 채 무릎을 꿇고 벌벌 기어야만 정부의 지원과 경찰의 보호를 받을 수 있을까? 스탠과 벤은 몹시 불편한 표정이었다. 베니가 말했다. "말씀드렸듯이 마음대로 고치셔도 됩니다." 스탠은 이렇게 말했다. "그러고 나서 상부에서 어떻게 나오는지 보죠." 이 시점에서는 성명을 발표하지 않겠다고 버티면 어떻게 되겠소? 스탠이 대답했다. "이게 좋은 방법이랍니다. 지금 고위층에서 선생님을 위해 협상을 진행하는 중이거든요. 게다가 레바논 인질 문제도 감안해야 하고, 테헤란 감옥에 갇힌 로저 쿠퍼 씨도 생각해야죠. 그분들 상황이 더 심각하니까요. 그래서 선생님도 좀 협조해주십사 하는 겁니다." (1980년대에 이란의 전폭적인 지원을 받던 레바논의 헤즈볼라* 조직은 다양한 익명을 사용하면서 미국인과 영국인 여러 명을 포함하여 21개국의 국민 96명을 인질로 잡았다. 영국 기업인 쿠퍼 씨는 이란에서 납치당해 수감되었다.)

터무니없는 요구였다. 화해의 표시로 받아들일 만한 글을 쓰되 중요한 정보는 아무것도 드러내지 말라니. 결국 루슈디가 내놓은 성명서는 그가 가장 혐오하는 글이 되고 말았다. "저는 『악마의 시』를 쓴 작가로서 세계 각지의 무슬림이 제 소설에 크나큰 불쾌감을 느낀다는 사실을 알았습니다. 이 책을 출판하면서 독실한 이슬람교도 여러분께 심려를 끼쳐 대단히

---

* 레바논의 이슬람 시아파 정당이자 무장단체.

죄송합니다. 다양한 신념이 공존하는 세계에 사는 우리에게 이번 경험은 누구나 타인의 감정을 잊지 말아야 한다는 사실을 일깨워주었습니다." 내심 그는 이 성명서가 심려를 끼친 데 대한 사과일 뿐—애당초 심려를 끼칠 생각도 없었지만—소설 자체에 대한 사과는 아니라고 자기합리화를 했다. 그리고 타인의 감정을 잊지 말아야 한다는 말은 물론 옳지만 타인의 감정에 굴복할 필요는 없다고 생각했다. 비록 말로 표현하지는 않았지만 그것이 성명서의 이면에 감춰진 속마음이었다. 그러나 이 글로 효과를 거두려면 정말 솔직한 사과문처럼 읽어야 한다는 사실도 알고 있었다. 생각만 해도 몸이 편찮아졌다.

노력은 수포로 돌아갔다. 영국 무슬림도 이란 수뇌부도 사과 성명을 거부했고, 반쯤 받아들이는 듯싶더니 다시 거부했다. 편협한 사상과 타협하기를 거부하고 강경한 자세를 고수했어야 옳았다. 그러나 그는 저자세를 취했고 결국 약자 취급을 받게 되었다. 〈옵서버〉는 "영국도 작가도 사과할 이유가 전혀 없다"며 루슈디를 옹호했지만 그는 뭔가 잘못되었다, 큰 실수를 저질렀다고 생각했다. 이 직감은 곧 현실로 드러났다. 죽어가는 이맘이 말했다. "설령 살만 루슈디가 역사상 으뜸가는 신자가 된다 해도 모든 무슬림은 자신의 생명과 재산 등 모든 것을 바쳐 루슈디를 지옥으로 보낼 의무가 있다." 인생의 밑바닥을 본 기분이었다. 그러나 아직 아니었다. 밑바닥은 몇 달 뒤에 보게 될 터였다.

경호요원들은 리건 암스에 이틀 이상 묵지 말아야 한다고 말했다. 아직 언론에 들키지 않아 다행이지만 하루 정도만 더 지나면 틀림없이 발각된다고 했다. 바로 그때 다시 가혹한 진실에 대한 설명을 들었다. 머물 곳을 구하는 일은 루슈디의 몫이었다. 경찰은 그가 집으로 돌아가면 경호가 불가능하니까(즉 비용이 아주 많이 드니까) 가지 말라고 조언—사실상 명령—했다. 그러면서도 "안가"는 마련해주지 않았다. 그런 곳이 정말 있는지 모르겠지만 그는 끝내 한 번도 본 적이 없다. 첩보소설 등을 보고 안전

가옥이 존재한다고 굳게 믿는 대다수 사람들은 루슈디가 그런 요새 같은 집에서 국민의 세금으로 보호받으며 생활하리라 짐작했다. 한 주 한 주가 지날 때마다 그를 경호하는 비용에 대한 비판의 소리가 점점 커졌다. 여론의 향방이 바뀐다는 징후였다. 그러나 리건 암스에서 이틀째 되던 날 그는 24시간 이내에 다른 거처를 구하라는 통보를 받았다.

날마다 그랬듯이 자파르와 통화하려고 전화를 걸었을 때 클래리사가 임시 해결책을 내놓았다. 당시 그녀는 A. P. 와트 에이전시에서 문학 담당 에이전트로 일했는데, 옥스퍼드셔의 테임 마을에 선배 힐러리 루빈스타인의 시골 별장이 있다면서 하루나 이틀쯤 그 집에 묵어도 좋다고 했다. 그때가 처음이었다. 그 이후에도 여러 친구와 친지가 그렇게 도와주었다. 그들이 호의를 베풀지 않았다면 그는 떠돌이 신세를 면하지 못했을 것이다. 힐러리의 별장은 좁은 편인데다 한적하지도 않아서 그리 이상적인 환경은 아니었지만 은신처가 절실한 처지였으니 그저 고마울 따름이었다. 수리를 끝낸 재규어, 고물딱지, 테니스 선수 스탠, 멋쟁이 베니, 종마 데니스, 거인 미키 C, 그리고 메리앤과 투명인간 루슈디의 등장은 이 작은 마을에서 이목을 끌 수밖에 없었다. 그는 루빈스타인의 별장에 무슨 일이 생겼는지 모르는 사람은 아무도 없다고 확신했다. 그러나 아무도 기웃거리지 않았다. 다들 영국인답게 거리를 두고 접근을 삼갔다. 그래서 호프먼 부부의 집에 들러 몇 시간 동안 자파르를 만날 수 있었다. 그러나 그다음에는 어디로 가야 좋을지 막막했다. 생각나는 사람들에게 모두 연락해보았지만 헛일이었다. 그런데 음성사서함을 확인해보니 앤드루 와일리를 에이전트로 맞이하면서 차버렸던 데버러 로저스의 메시지가 있었다. "연락 좀 줘. 우리가 도와줄 방법이 있을 듯싶어."

뎁과 작곡가인 남편 마이클 버클리는 웨일스에 있는 목장을 빌려주겠다고 했다. 그녀의 말은 간단했다. "필요하면 써." 루슈디는 깊이 감동했다. 뎁이 말했다. "자, 이거야말로 완벽하잖아. 다들 우리가 멀어졌다고 생각하는데 설마 당신이 여기 숨을 줄은 아무도 모를 테니까." 이튿날 루슈디의 기이한 일행은 웨일스 변두리의 구릉지에 있는 미들피츠 목장의 소박한 농가로 달려갔다. 낮게 깔린 구름과 비. 끊어졌던 우정이 다시 이어졌다. 긴박한 상황과 길고 다정한 포옹이 모든 불만을 말끔히 씻어냈다. "얼마든지 좋으니까 필요한 만큼 여기서 지내." 뎁은 그렇게 말했지만 그녀와 마이클에게 마냥 폐를 끼칠 수는 없었다. 하루빨리 집을 구해야 했다. 메리앤이 이튿날 그 근방 부동산 중개인을 만나 임대주택을 찾아보기로 했다. 그녀의 얼굴을 한눈에 알아보는 사람들이 루슈디의 경우처럼 많지 않기를 바랄 뿐이었다.

  루슈디는 그 목장에서도 남의 눈에 띄지 말아야 했다. 자칫하면 안전이 "위태롭기" 때문이었다. 마이클과 뎁의 양떼를 돌봐주는 농부가 있었는데, 한번은 이 농부가 마이클에게 용건이 있어 언덕 위에서 내려왔다. 은신이 필수적인 상황에서는 평범한 순간이 위기를 부르기도 한다. 마이클이 말했다. "자네는 숨어 있게." 루슈디는 얼른 부엌 조리대 뒤에 숨었다. 그렇게 쪼그려 앉은 채 그는 농부를 최대한 빨리 내보내려는 마이클의 목소리에 귀를 기울이며 크나큰 수치심을 느꼈다. 이렇게 숨어야 하다니. 자긍심이 한꺼번에 무너져버렸다. 숨으라는 말을 들어야 하는 처지는 굴욕이었다. 이런 삶은 죽음만도 못하다는 생각까지 들었다. 일찍이 소설 『수치』에서 그는 무슬림 "명예 문화"의 양상에 대해 썼다. 무슬림 윤리의 중심축에서 양극에 해당하는 것이 바로 명예와 수치인데, 죄와 구원에 대해 이야기하는 기독교와는 크게 다른 점이다. 그는 비록 신앙인은 아니지만 그런 문화 속에서 성장하여 자존심이 걸린 문제에 몹시 민감했다. 숨고 도망치는 삶은 치욕이었다. 그 시절 그는 굴욕감을 느낄 때가 많았다. 수치스럽고 부끄러웠다.

세계 언론이 한 개인의 행위, 동기, 성격, 이른바 범죄행위 등을 그토록 집요하게 추적하는 일은 드물다. 온갖 사건의 중압감을 견디기 힘들었다. 그는 기자Giza의 대 피라미드가 거꾸로 뒤집혀 꼭짓점으로 목을 짓누르는 장면을 떠올렸다. 마치 인류 전체가 한마디씩 거드는 듯했다. BBC 프로그램에 출연한 "온건파" 치과 의사 헤샴 엘에사위는 루슈디가 "오늘날 에이즈 위기를 낳은" 방탕한 시대 1960년대의 산물이라고 말했다. 파키스탄 하원의원들은 즉시 영국으로 암살단을 파견하라고 촉구했다. 이란에서 가장 유력한 성직자인 하메네이와 라프산자니도 이맘에게 동조했다. 하메네이는 유고슬라비아를 방문했을 때 이렇게 말했다. "징벌의 검은 화살이 그 불경한 놈의 심장을 향해 날아가는 중입니다." 이란의 아야톨라 하산 사네이가 배교자의 목에 현상금 백만 달러를 걸었다. 이 아야톨라가 실제로 백만 달러라는 거금을 쥐고 있는지도 불확실하고 그 현상금을 받아내기가 과연 쉬울지도 불확실했다. 그러나 그때는 논리적인 시절이 아니었다. 텔레비전에는 수염을 기른 (혹은 깨끗이 면도한) 남자들이 잔뜩 등장하여 죽음을 요구하며 함성을 질렀다. 카라치의 영국문화원 도서관이—루슈디도 자주 찾던 그 한적하고 쾌적한 건물이—폭파되었다.

이렇게 소란스럽고 무시무시한 시절이었지만 그의 문학적 평판은 그럭저럭 난타를 이겨내고 살아남았다. 영국, 미국, 인도에서 대부분의 비평은 비난당하는 작품과 루슈디의 문학성을 여전히 강조했다. 그러나 여기서도 변화의 조짐이 보였다. 그는 BBC 방송의 〈레이트 쇼Late Show〉에서 벌이는 끔찍한 논쟁을 보았다. 이언 매큐언, 아지즈 알아즈메, 그리고 루슈디처럼 작품 때문에 여러 차례 살해 위협을 받았던 용감한 요르단 소설가 파디아 파키르가 브래드퍼드에서 책을 불태운 시위자 한 명과 도무지 안 끼는 곳이 없는 치과 의사 에사위 등에 맞서 루슈디를 옹호했다. 어수선한 프로그램이었다. 루슈디를 비난하는 자들의 입에서 무지와 편견과 위협으로 가득한 폭언이 마구 쏟아졌다. 그날의 방송이 유난히 끔찍하게 느껴진 이유는 저명한 지식인 조지 스타이너*마저—앞장서서 무지와 편견을 타파해야 할 사람이—루슈디의 작품에 문학적 맹공격을 퍼부었기 때문이다. 머지않아 오버런 워, 리처드 잉그럼스, 버나드 레빈 등 영국의 다른 유명 언론인도 적대적 논평을 발표했다. 에드워드 사이드와 카를로스 푸엔테스가 다른 신문에서 루슈디를 변호했지만 그는 분위기가 바뀌기 시작했음을 직감했다. 미국 북투어 일정도 물론 취소되었다. 미국 언론 대부분은 긍정적인 비평을 실었지만 앞으로 한동안 그가 대서양을 건너는 일은 없을 터였다.

출판 문제도 겹겹이 쌓였다. 런던의 바이킹 펭귄 출판사에 이어 뉴욕에도 협박 전화가 쇄도했다. 익명의 목소리가 젊은 여자들에게 이런 말을 내뱉었다. "네년이 어디 사는지 안다. 애새끼가 다니는 학교도 알고." 폭발물 소동도 많았다. 다행히 출판사에서 폭탄이 터지는 일은 없었지만 캘리포니아 주 버클리의 코디 서점이 파이프 폭탄 공격을 당했다. (여러 해가 지나 루슈디가 코디 서점을 방문했을 때 앤디 로스 사장과 임직원들은 폭탄을 감춰놓았던 선반이 부서지고 불타버린 부분을 자랑스럽게 보여주었다. 그들은 이 선반을 수리하지 않고 이 서점의 용기를 말해주는 훈장으로 여겼다.) 그리고 런던 패딩턴 역 부근의 서식스 가든스에 있는 싸구려 호텔에서, 아마도 펭귄 출판사를 노린 듯한—이스라엘대사관을 공격할 계획이었다는 소문도 있지만—폭파범이 우발적인 폭발로 산산조각이 나버렸다. 특수부에서 쓰는 표현으로 "자살골"이었다. 그날 이후 펭귄의 우편물 보관실에 폭발물 탐지견을 배치했다.

펭귄 사장 피터 메이어가 런던의 위험제어정보서비스 유한책임회사에 의뢰하여 "자살골" 사건을 비롯하여 출판사를 위협한 여러 사건을 분석하게 했다. 앤드루 와일리와 길런 에이킨도 보고서 사본을 받았다. 아마도

---

* 프랑스 태생의 미국 문학평론가, 작가(1929~).

보안상의 이유 때문이겠지만 이 보고서는 주요 관련자의 이름을 직접 언급하지 않고 새들의 이름을 사용했다. 보고서 제목부터 거창했다. 북극제비갈매기의 비둘기와 도요새를 겨냥한 꼬마물떼새 시위대의 세력 및 잠재력과 검은가슴물떼새에게 미칠 영향에 대한 평가. 여기서 비둘기는 『악마의 시』, 도요새는 "출판사" 또는 "바이킹 펭귄", 꼬마물떼새는 무슬림, 검은가슴물떼새는 펭귄의 모회사인 피어슨 그룹을 의미한다는 사실쯤은 짐작하기가 그리 어렵지 않았다. 비둘기의 작가는 북극제비갈매기였다.

피터 메이어는(보고서에는 그를 지칭하는 조류명이 따로 없었지만 여러 신문사가 붙여준 별명은 킹펭귄이다) "비둘기 관련자" 전원에게 함구령을 내리고 비둘기나 북극제비갈매기에 대한 정보를 언론에 흘리는 자는 즉시 해고하겠다고 으름장을 놓았다. 그리고 앞으로 도요새의 공개 성명은 모두 변호사 마틴 가버스나 공식 대변인 밥 그레고리가 발표하도록 했다. 그렇게 내놓는 성명서 내용은 늘 조심스럽고 방어적이었다. 모두(우스꽝스러운 새 이름만 빼고) 이해할 만한 일이었지만 킹펭귄의 엄명은 엉뚱한 결과를 낳았다. 집중포화에 시달리는 작가에게 출판사의 지원사격이 절실한 바로 그 순간 편집자들이 모두 재갈을 물고 침묵했다. 이 침묵 때문에 출판사와 작가 사이에 불화가 싹텄다. 그러나 이런 관계 악화는 사소한 알력에 불과했고, 당시 이 출판사는 크나큰 용기와 숭고한 원칙을 행동으로 보여주었다. 무슬림은 전 세계의 펭귄 사옥에 무서운 보복을 하겠다며 아우성을 쳤고, 더 나아가 세계적으로 펭귄 출판물의 판매를 금지할 뿐만 아니라 무슬림 세계 전역에 막대한 이권을 소유한 거대 기업 피어슨의 모든 사업을 중단시키겠다고 협박했다. 그러나 피어슨의 경영진은 이런 위협 앞에서도 전혀 움츠러들지 않았다.

출판은 계속되고 엄청나게 많은 책이 해외로 팔려나갔다. 이 책이 〈뉴욕 타임스〉 베스트셀러 1위에 올랐을 때, 익숙한 자리에서 2위로 밀려난 존 어빙이 툴툴거렸다. 정상에 오르는 방법이 그것뿐이라면 차석으로 만족하겠다고. "진정한" 베스트셀러 1위가 아니라는 사실은 어빙도 알고 루슈디도 알았다. 문학적 가치나 인기보다 스캔들 덕분에 판매량이 급증했기 때문이다. 그리고 응원의 의미로 『악마의 시』를 구입한 사람이 많다는 사실도 알기에 정말 고마웠다. 존 어빙은 1980년 리즈 콜더의 소개로 만난 이후 줄곧 가까운 친구였다. 존의 농담은 루슈디에게 보내는 다정한 손짓이었다.

미국판이 출간되던 1989년 2월 22일, 〈뉴욕 타임스〉에 전면광고가 실렸다. 광고주는 미국출판협회, 미국서점협회, 미국도서관협회였다. 광고 내용은 다음과 같았다. "자유인은 책을 씁니다. 자유인은 책을 펴냅니다. 자유인은 책을 팝니다. 자유인은 책을 삽니다. 자유인은 책을 읽습니다. 우리는 표현의 자유를 존중하는 국민정신에 입각하여 독자 여러분이 전국 방방곡곡의 서점과 도서관에서 언제든지 이 책을 읽을 수 있도록 하겠습니다." 소중한 친구 수전 손택이 정열적으로 이끄는 펜 아메리칸센터가 소설 낭독회를 열었다. 손택, 돈 드릴로, 노먼 메일러, 클레어 블룸, 래리 맥머트리 등이 낭독자로 참여했다. 루슈디는 이 행사를 녹화한 테이프를 받았다. 목이 메었다. 긴 세월이 흐른 후 미국의 몇몇 선배 작가가 처음에는 그 일을 기피했다는 말을 들었다. 아서 밀러조차도 핑계를 대며 발뺌을 했는데, 자기가 유대인이라 오히려 역효과를 낼지도 모른다고 했단다. 그러나 수전이 며칠 동안 그들을 다그쳐 결국 협조하게 만들었고, 거의 대부분이 마음을 고쳐먹고 당당히 나섰다.

출판계에 널리 퍼진 두려움은 현실이었다. 위협이 현실이었기 때문이다. 파트와는 출판인들과 번역가들까지 위협했다. 그러나 책의 세계는 자유인들이 자유로운 선택을 하는 곳이고 반드시 지켜야 하는 곳이었다. 이 위기가 강렬한 빛처럼 모든 사람의 선택과 행동을 환하게 비춰 그늘 없는 세상을 만들어낸다는 생각이 자주 들었다. 옳은 행동과 그른 행동, 좋은 선택과 나쁜 선택, 찬성과 반대, 장점과 단점 등이 명료하게 가려졌다.

그렇게 눈부신 빛 속에서 출판인들은 더러 영웅처럼 보이기도 하고 겁쟁이처럼 보이기도 했다. 그중에서도 가장 줏대 없는 겁쟁이는 유럽의 어느 출판사 사장이었다. 불쌍해서 차마 이름까지 밝히진 못하겠지만 그는 2층 사장실 창문을 방탄유리로 바꿨는데, 바깥에서 직원들을 훤히 들여다볼 수 있는 1층 창문은 그대로 두었다. 그러더니 출근할 때 드라이버를 가져와서 사옥 정문에 붙은 출판사 명판을 떼어버렸다. 독일의 유명 출판사 '키펜호이어 운트 비치'는 루슈디와 맺은 계약을 부리나케 취소해버리고 자기들의 보안 비용까지 떠넘기려 했다. (독일어판은 결국 출판인들과 유명 인사들이 대규모 조합을 결성하여 출간했고, 스페인에서도 같은 방법을 활용했다.) 프랑스 출판인 크리스티앙 부르구아도 처음에는 프랑스어판 출간을 꺼려 발행일을 여러 차례 미뤘지만 프랑스 언론의 비난이 점점 더 거세지자 결국 고집을 꺾을 수밖에 없었다. 앤드루 와일리와 길런 에이킨은 실로 놀라웠다. 이 나라 저 나라를 돌아다니며 출판인들을 어르고 달래고 옥박지르고 아양을 떨어 책을 찍게 만들었다. 그들이 겁먹은 편집자들을 단호하게 압박하지 않았다면 끝끝내 책을 펴내지 않았을 나라도 많았다.

그러나 이탈리아에는 이미 영웅들이 있었다. 몬다도리 출판사는 파트와가 공포된 후 이틀밖에 안 지났을 때 이탈리아어판을 출간했다. 그곳 경영진—실비오 베를루스코니가 이끄는 지주회사 피닌베스트, 카를로 데베네데티의 CIR 그룹, 그리고 아르놀도 몬다도리의 상속인들—은 바이킹 펭귄 경영진에 비해 소심해서 과연 이 책을 출간하는 것이 현명한 일인지 모르겠다며 망설였지만 편집부장 잔카를로 보나치나와 부하 직원들이 굳은 결의를 보이며 마침내 승리를 거머쥐었다. 책은 예정대로 출간되었다.

그 밖에도 많은 일이 벌어지는 동안 정작 『악마의 시』를 쓴 작가는 양치기에게 들키지 않으려고 부엌 조리대 뒤에 웅크리고 있었다.

물론 소란스러운 헤드라인뿐만 아니라 개인적인 위기도 있었고, 끊임없이 다음에 묵을 집을 찾아야 했기 때문에 위장이 딱딱하게 뭉쳤고, 가족이 걱정스러웠고(어머니가 아들과 가까워지려고 런던으로 건너와 사민과 함께 지냈지만 어머니를 만나기까지는 좀더 기다려야 했다), 게다가 메리앤 문제도 있었다. 그녀의 딸 라라는 엄마와 몇 차례 전화통화를 할 때 "내 친구들도 전혀 납득을 못한다"면서 도대체 무엇 때문에 그런 위험을 자초하느냐고 언성을 높였다. 일리 있는 말이었다. 딸이라면 누구라도 할 만한 소리였다. 메리앤이 임대주택을 찾아내서 일주일만 지나면 들어갈 수 있게 되었다. 고마운 일이었지만 내심 그는 이 위기가 오래도록 이어진다면 틀림없이 그녀가 떠나리라 짐작했다. 그녀는 이 새로운 생활을 몹시 힘들어했다. 그녀의 북투어도 취소되었다. 같은 입장이었다면 그 역시 그녀와 헤어졌을 터였다. 그 와중에도 메리앤은 다시 평소와 비슷한 작업에 착수했다. 그때그때 머무는 곳에 대해 수많은 메모를 남기고, 공책에 웨일스 말을 이것저것 베껴놓고, 그러기가 무섭게 이런저런 단편소설을 쓰기 시작했다. 사실은 소설이라기보다 두 사람이 실제로 겪은 일을 조금 각색한 내용이었다. 그중 하나가 「웨일스에 잘 오셨습니다 Croeso i Gymru」였는데, 이 소설은 이렇게 시작했다. 우리는 웨일스에서 탈주생활을 했다. 탈주는 법망을 피해 달아난다는 뜻이라 못마땅했다. 우리는 범죄자가 아니라고 말하고 싶었지만 그냥 넘어갔다. 그녀는 비평을 들어줄 기분이 아니었기 때문이다. 이번에는 「우르두어 배우기 Learning Urdu」라는 단편을 쓰는 중이었다.

외무장관이 텔레비전에 출연하여 루슈디에 대해 거짓말을 했다. 제프리 하우 경은 영국 국민이 『악마의 시』를 좋아하지 않는다고 말했다. 영국을 모독했기 때문이란다. 제프리 경은 이 책이 영국을 히틀러 치하의 독일에 비유한다고 말했다. 사랑받지 못하는 책의 저자는 자기도 모르게 화면을 향해 소리쳤다. "내가 언제? 몇 쪽에서? 내가 어디서 그런 말을 했는지 보여줘봐." 텔레비전은 대답하지 않았다. 점잖고 온화하고 묘하게 양순해 보이는 제프리 경은 무덤덤한 표정으로 눈만 껌벅거렸다. 루슈디는 노동당 출신으로 장관을 역임한 데니스 힐리가 언젠가 썼던 표현을 떠올렸다. 하우에게 공격을 당하면 "죽은 양에게 짓밟히는 기분"이라나. 잠깐 동안 루슈디는 이 죽은 양을 명예훼손죄로 고소해버릴까 생각해보았다. 물론 어리석은 발상이었다. 세상 사람들이 보기에는 루슈디야말로 중대한 명예훼손죄를 저질렀고, 따라서 명예를 훼손당해도 무방한 사람이니까.

죽은 양에게는 동료들도 있었다. 몸집 크고 무뚝뚝한 로알드 달이 신문에 이런 말을 썼다. "루슈디는 위험한 기회주의자다." 그보다 며칠 전에는 캔터베리 대주교 로버트 런시가 "무슬림의 심정을 이해한다"고 말했다. 머지않아 교황도, 영국 랍비장長도, 뉴욕 추기경도 그들의 심정을 이해한다고 말했다. 하느님의 군대가 전열을 가다듬는 중이었다. 그러나 나딘 고디머는 루슈디를 변호하는 글을 썼고, 루슈디와 메리앤이 뎁과 마이클의 목장을 떠나 임대주택으로 옮겨가던 바로 그날 이른바 세계작가성명서가 발표되었다. 루슈디를 지지하는 작가 수천 명이 서명했다. 영국과 이란은 외교관계를 단절했다. 기이하게도 먼저 관계를 끊어버린 쪽은 대처 정부가 아니라 이란이었다. 이란 성직자들은 신앙을 버린 배교자를 영국이 보호해줘서 못마땅하고 영국 입장에서는 남의 나라가 영국 국민을 암살하려 한다는 사실이 못마땅했겠지만 아무래도 이란 쪽의 불만이 더 컸던 모양이다. 아니면 이란인들이 먼저 분풀이를 했을 뿐이거나.

벽을 하얗게 칠하고 비스듬한 슬레이트 지붕을 덮은 이 소박한 오두막집은 "티니코이드"라고 불렸는데, 이 말은 '숲속의 집'이라는 뜻으로 그 일대에서는 흔한 택호였다. 브레컨의 펜트레펠린 마을 부근인데 블랙 산맥과 브레컨비컨즈도 그리 멀지 않았다. 비가 많이 내렸다. 그들이 도착했을 때는 몹시 추웠다. 경찰관들이 난로에 불을 지피느라 한참 동안 욕지거리를 내뱉으며 달그락거리다가 간신히 성공했다. 루슈디는 위층에서 작은 방을 발견했다. 문을 닫고 일하는 체하기 좋은 곳이었다. 집 안도 날씨

못지않게 썰렁해 보였다. 마거릿 대처가 텔레비전에 나오더니 이슬람교도가 느끼는 모욕감을 이해한다면서 위로의 뜻을 밝혔다. 길런 에이킨과 빌 뷰퍼드를 만나 이야기를 나눴는데 둘 다 한동안은 여론이 그에게 불리해지겠다고 말했다. 〈뉴욕 타임스 북리뷰〉에 실린 위대한 세계 작가들의 지지 성명을 읽고 조금이나마 위안을 얻었다. 마이클 풋과 전화통화를 할 때는 불쑥불쑥 감탄사를 연발하며 전폭적인 지지를 약속하는 소리에 마음이 한결 가벼워졌다. 마이클의 긴 백발이 격렬하게 흔들리고 옆에서는 그의 아내 질 크레이기*가 조용히 분노를 발산하는 광경을 그려보았다. "어처구니가 없어. 이게 다 무슨 짓인지. 질도 나랑 똑같은 생각일세. 그렇고말고."

경호팀이 근무 교대를 했다. 스탠, 베니, 데니스, 믹은 가정으로 돌아가고 이제 다른 사람들이 루슈디를 지켜주었다. 데브 스톤하우스는 얼굴에 술기운이 가득한 "걸물"이었는데, 지금까지 경호했던 "요인"들에 대해 걸쭉한 입담으로 수다를 떨었다. 아일랜드 정치가 제리 핏이 진토닉 열여섯 잔을 마시던 밤, 도저히 참을 수 없을 만큼 고압적으로 경호팀을 깔보던 톰 킹 장관—"그 새끼 언젠가는 등짝에 총 한 방 맞을 겁니다!"—그리고 킹과는 대조적으로 언제나 깍듯했던 얼스터 출신의 열혈남아 이언 페이즐리**가 요원들의 이름을 일일이 기억해주고 가족의 안부도 물어주고 아침마다 경호원들과 함께 기도했다는 이야기 등등. 데브의 팀에 낀 운전사 앨릭스와 필도 늘 싱글벙글하고 상냥했지만 데브가 "흰소리를 지껄일 때"는 들은 체도 하지 않았다. 두번째 경호요원 피터 허들은 스톤하우스 경사를 싫어하는 내색을 감추지 않았다. 부엌에서 큰 소리로 이렇게 말하기도 했다. "치질 같은 놈이죠. 정말 똥구멍에 열불나게 만든다니까요."

---

* 영국 다큐멘터리 감독이자 각본가(1911~1999).

** 북아일랜드 자치정부의 전직 총리로, 북아일랜드 독립에 반대한 개신교 종교인이자 정치인 (1926~2014).

경호팀과 함께 블랙 산맥에 가서 산책을 했다. 브루스 채트윈이 최고 걸작 『검은 언덕에서 *On the Black Hill*』의 배경으로 삼았던 바로 그곳이다. 집안에 갇혀 벽만 쳐다보다가 모처럼 탁 트인 야외에 나와 전원 풍경과 지평선을 바라보니 속이 다 시원했다. 이번 팀은 말하기를 좋아했다. 스코틀랜드 저지低地 출신이라는 앨릭스가 한탄을 늘어놓았다. "마누라한테 어떤 선물을 줘야 할지 모르겠어요. 뭘 사다줘도 싫어하거든요." 필은 차를 돌보느라 따라오지 못했다. 그러나 앨릭스는 이렇게 말했다. "괜찮습니다. 우리 같은 운전사는 차 안에 앉아 있길 좋아하니까요." 그리고 데브는 뜬금없이 간밤에 오입질을 했다고 털어놓았다. 앨릭스와 피터가 역겹다는 표정을 지었다. 그때 갑자기 날카로운 고통이 루슈디의 아래턱을 찔렀다. 사랑니가 또 말썽이었다. 잠시 후 고통은 가라앉았지만 경고의 의미로 받아들였다. 조만간 치과에 가야 할 터였다.

경호팀은 런던에 너무 자주 가면 좋지 않다고 하면서도 아들을 꼭 만나야 하는 루슈디의 심정도 이해해주었다. 친구들이 집을 빌려주면 그곳에 가서 자파르를 만났다. 아치웨이에 사는 케임브리지 동창 테리사 글레도와 화랑대표인 남편 토니 스토크스의 집에서도(코번트가든에 있는 그 화랑에서 『한밤의 아이들』 출판기념회를 열었던 날이 전생의 기억처럼 까마득했다), 그리고 켄티시타운에 사는 수 모일런과 구르무크 싱의 집에서도 만났다. 두 사람은 루슈디와 클래리사의 결혼식장에서 만나 사랑에 빠졌고 영원히 헤어지지 않을 터였다. 서로 어울리지 않는 듯싶었지만 사실은 천생연분이었다. 수는 판사의 딸로 전형적인 영국 미녀였고, 구르무크는 싱가포르 태생으로 키 크고 잘생긴 시크교도인데 컴퓨터 소프트웨어 분야의 선구자였다. (언젠가 원예를 배우기로 마음먹은 구르무크는 1년 중 어느 날 어떤 일을 해야 하는지 꼭 집어 알려주는 컴퓨터 프로그램을 만들었다. 이 프로그램의 지시에 따라 심고 가꾼 정원은 기가 막히게 화려했다.) 그 밖에도 해럴드 핀터와 앤토니아 프레이저 부부를 비롯하여 많은 친구가 대문을 열어주었다. 빌 뷰퍼드는 이렇게 말했다. "친구들이 철벽처럼 선배를 둘러쌀 테니 그 속에서 안심하고 살아도 되겠구려." 친구들은 정말 그렇게 해주었다. 그들의 묵언서약은 아무도 깨뜨릴 수 없었다. 무심결에라도 루슈디의 동정을 발설한 사람은 끝끝내 단 한 명도 없었다. 그들이 없었다면 그는 채 반년도 살아남지 못했을 것이다. 처음에는 몹시 불신하던 특수부도 결국 그의 친구들을 믿고 의지하게 되었다. 저마다 해야 할 일이 무엇인지 잘 아는 진지한 사람들이라는 사실을 절감했기 때문이다.

루슈디가 아들을 만나기 위해서는 다음과 같은 과정을 밟아야 했다. 우선 런던경찰청에 근무하는 "다섯번째 요원"이 미리 "현장답사"를 하면서 안전점검을 하고 집주인들에게 문을 잠그고 커튼을 치라는 등 각자 할 일을 일러주었다. 그다음에는 루슈디를 차에 태워 현장으로 달려가는데, 언제나 구불구불 우회하는 경로를 선택하고 온갖 교란작전을 총동원했다. 이런 절차를 "드라이클리닝"이라고 하는데 미행을 따돌리기 위한 방법이었다. (교란작전을 쓰면서 운전할 때는 종종 기기묘묘한 수법을 구사했다. 고속도로에서 급가속을 하거나 급감속을 하기 일쑤였는데, 누군가 똑같은 짓을 하면 미행이 붙었다는 뜻이었다. 앨릭스는 가끔 출구 차선으로 건너가 초고속으로 달리기도 했다. 혹시 미행자가 있다면 앨릭스가 고속도로를 빠져나갈지 말지 몰라 역시 초고속으로 따라올 수밖에 없으니 정체를 들키기 마련이었다.) 한편 다른 차는 자파르를 태우고 역시 "드라이클리닝"을 거친 후 만남의 장소로 데려왔다. 복잡한 과정이었지만 오히려 희색이 가득한 아들의 눈빛이 걱정을 덜어주었다.

스토크스 부부의 집에서는 한 시간 동안 자파르를 만났다. 캠던 힐 스퀘어에 있는 핀터 부부의 집에서는 어머니와 사민도 만나 역시 한 시간을 보냈는데, 강철 같은 자제력을 발휘하는 어머니를 보면서 그는 아버지가 돌아가시기 전후 며칠 동안 보았던 어머니의 모습을 다시 발견했다. 그녀는 굳은 얼굴에 다정한 미소를 지으며 걱정 근심을 감추려 했지만 주먹을 자주 움켜쥐었다. 그날은 웨일스까지 돌아가기엔 너무 늦어 글로스터셔 주 체드워스에 있는 이언 매큐언의 별장으로 가서 착하고 다정한 친구들과 함께 하룻밤을 보냈다. 이언뿐만 아니라 앨런 옌토브와 아내 필리파 워커도 있었다. 이언은 나중에 〈뉴요커〉 인터뷰에서 이렇게 말했다. "영원히 잊을 수 없습니다. 다음날 아침엔 다들 일찍 일어났어요. 살만이 또 이동해야 했거든요. 그 친구에겐 끔찍한 시절이었죠. 우린 부엌 조리대 앞에 모여 토스트를 굽고 커피를 끓이면서 BBC 8시 뉴스를 들었어요. 살만이 바로 제 옆에 있었는데 그날의 톱뉴스가 하필 그 친구 얘기였어요. 헤즈볼라가 살만을 죽이려고 총력을 기울인다는 소식이었죠." 이언의 기억에는 사소한 오류가 있다. 그날 뉴스에서 보도한 위협의 장본인은 이란의 자금 지원을 받는 레바논 헤즈볼라 조직이 아니라 팔레스타인해방인민전선총사령부*의 우두머리 아마드 지브릴이었다.

특수부의 존 하울리 총경이 루슈디를 만나려고 웨일스로 찾아왔다. A 부대를 지휘하는 이 야심만만한 경찰관은 나중에 경무관으로 승진하여 런던 경찰청 특수부와 대테러 조직을 모두 책임졌다. 그날은 빌 그린업도 따라왔는데, 메리앤은 어느 웨일스 단편에서 이 경찰관의 이름을 "브라운다운 씨"**로 바꿔놓았다. 그린업 씨는 루슈디에게 적개심을 드러냈다. 말썽꾸러기로 여기는 기색이 역력했다. 생각 없이 일을 벌였다가 된통 걸렸지만 모두 자초한 일인데 저런 자를 지키느라 유능한 경찰관들이 목숨을 걸어야 하다니. 더구나 이 말썽꾸러기는 노동당을 지지하고 걸핏하면 대처 정부를 비판하지 않았던가. 지금 어쩔 수 없이 그를 보호해주는 바로 그 정부를. 그린업 씨는 특수부가 이 경호 임무를 일반 정복 경찰관에게 넘길 생

---

* 팔레스타인 무장단체. 이스라엘인을 겨냥하여 무자비한 테러를 벌였다.
** '그린업'을 '녹색+위(Greenup)'라는 의미로 풀고 살짝 비틀어 '갈색+아래(Browndown)'를 뜻하도록 지은 이름.

각이니 알아서 하라고 귀띔했다. 보아하니 아주 오랫동안 위험에서 벗어나지 못할 듯한데 특수부는 이런 상황을 예상하지도 못했고 바라지도 않은 터였다. 말수도 적은 하울리 총경이 멀리 웨일스까지 내려온 까닭은 그렇게 나쁜 소식을 전하기 위해서였다. 이 사건은 정치가들이 해결해줄 때까지 며칠만 숨어 있으면 끝날 일이 아니다. 가까운 장래에 정상적인 생활이 허락될(허락?) 가능성은 조금도 없다. 그렇다고 만사를 운에 맡기고 집으로 돌아갈 수도 없다. 그랬다가는 이웃들까지 위험해지니 경찰의 부담이 너무 커진다. 골목 전체를, 어쩌면 여러 골목을 통째로 봉쇄하고 지켜야 하기 때문이다. 그러니 "중대한 정치적 변화"가 생길 때까지 기다려야 한다. 루슈디는 그 말이 무슨 뜻이냐고 물었다. 호메이니가 죽을 때까지? 아니면 영원히? 하울리는 대답하지 않았다. 얼마나 오래 걸릴지 짐작도 못했으니까.

루슈디는 벌써 한 달째 죽음의 위협을 안고 살았다. 파리, 뉴욕, 오슬로, 카슈미르, 방글라데시, 터키, 독일, 타이, 네덜란드, 스웨덴, 오스트레일리아, 웨스트 요크셔 등지에서 『악마의 시』 반대시위가 줄을 이었다. 사상자가 속출했다. 소설은 이제 시리아, 레바논, 케냐, 브루나이, 타이, 탄자니아, 인도네시아, 그리고 아랍 세계 전역에서 판매가 금지되었다. 압둘 후사인 초두리라는 무슬림 "지도자"가 런던 치안판사에게 "신성모독죄 및 명예훼손죄" 혐의로 살만 루슈디와 출판사 대표들에 대한 소환장 승인을 요청했다가 기각당했다. 뉴욕의 한 서점에서 폭발물 소동이 벌어져 5번가가 봉쇄되었다. 그 시절만 해도 5번가 일대에 아직 몇몇 서점이 남아 있었다.

문학계의 연합 전선에 균열이 생겼다. 자신이 속한 세계가 일련의 사건을 견디지 못하고 무너져가는 모습은 크나큰 아픔을 남겼다. 먼저 서베를린의 독일예술원이 원내에서 "루슈디 지지대회"를 열게 해달라는 요청을 받았지만 안전 문제를 들먹이며 거절했다. 이 결정에 대한 항의 표시로 독일에서도 으뜸가는 소설가 귄터 그라스와 철학자 귄터 안더스가 예술원을 떠나버렸다. 그다음에는 스톡홀름에서 노벨문학상을 관장하는 스웨덴아카데미가 파트와를 규탄하는 공식 성명을 발표하지 않기로 결정했다. 유명한 소설가 셰슈틴 에크만이 열여덟 명이 앉는 아카데미 의석을 박차고 나왔다. 라슈 윌렌스텐도 회의 참석을 거부했다.*

루슈디는 몹시 슬펐다. 소리치고 싶었다. "그러지 마세요, 귄터, 귄터, 셰슈틴, 라슈! 저 때문에 그러지 마세요!" 스웨덴아카데미를 분열시키고 책의 세계에 상처를 주긴 싫었다. 그가 바라는 일은 정반대였다. 그는 책을 불태우는 자들로부터 책을 지켜내려고 노력하는 중이었다. 책을 사랑하는 사람들의 작은 다툼 하나하나가 문학적 자유마저 맹렬한 공격을 받던 비극적인 시대를 연상시켰다.

3월 15일, 그는 느닷없이 오웰을 연상시키는 지옥의 밑바닥으로 곤두박질쳤다. 오브라이언이 말했다. "언젠가 자네가 101호실엔 뭐가 있느냐고 물었지. 난 자네도 이미 안다고 대답했어. 그게 뭔지는 누구나 안다고. 101호실엔 세상에서 제일 무서운 게 있다네." 세상에서 제일 무서운 것이 무엇인지는 사람마다 다르다. 오웰의 소설 『1984』의 주인공 윈스턴 스미스에게 그것은 쥐였다. 그러나 웨일스의 차디찬 오두막집에 갇힌 루슈디에게 그것은 대답 없는 전화기였다.

클래리사와 그는 날마다 똑같은 일을 되풀이했다. 매일 저녁 7시가 되면 그는 어김없이 자파르에게 안부전화를 걸었다. 아들에게 그날그날의 상황을 최대한 솔직하게 이야기했다. 아들의 상상 속에 도사린 괴물들을 막아내려고 조금 낙관적으로 설명했지만 어쨌든 늘 사실을 말해주었다.

---

* 스웨덴아카데미 회원은 종신직으로, 의결권을 포기해도 평생 불참회원으로 남지만 사실상 사퇴와 다름없는 의사표시다.

어떤 소식이든 아빠에게 제일 먼저 듣고 나면 자파르도 거뜬히 감당한다는 사실을 금방 알게 되었기 때문이다. 어쩌다가 부모가 미리 말해주지 못해 학교 운동장에서 친구들에게 충격적인 소식을 듣게 되는 날이면 자파르는 몹시 걱정했다. 대화가 제일 중요했다. 그래서 루슈디는 날마다 전화를 걸었다. 무슨 이유로든 클래리사와 자파르가 7시까지 집에 돌아오지 못하게 되면 세인트피터스 스트리트에 있는 자동응답기에 메시지를 남겨 루슈디에게 귀가시간을 알려주기로 했다. 그날도 그는 버마 로드 집에 전화를 걸었다. 아무도 받지 않았다. 클래리사의 자동응답기에 메시지를 남기고 자신의 음성사서함을 확인했다. 클래리사의 메시지는 없었다. 그는 생각했다. 그래, 그냥 조금 늦는 모양이지. 15분 후 다시 걸었다. 여전히 안 받았다. 다시 음성사서함을 확인했지만 아무것도 없었다. 다시 10분 후 세 번째 전화를 걸었다. 여전히 묵묵부답이었다. 이제 슬슬 걱정이 되기 시작했다. 7시 45분이 다 되었다. 게다가 내일도 학교에 가는 날이다. 두 사람이 이렇게 늦는 날은 드물다. 그때부터 10분 사이에 두 번 더 걸었다. 여전히 반응이 없었다. 이제 두려움이 밀려왔다.

그날 일어난 일들이 까마득히 멀어졌다. 이슬람회의기구가 루슈디를 배교자라고 불렀지만 이란의 살해 명령을 지지하는 발언은 회피했다. 무슬림은 카디프*에서 시가행진을 벌일 계획이었다. 메리앤은 막 출간된 소설 『존 달러』가 지난주에 정확히 스물네 권밖에 안 팔렸다며 화를 냈다. 그런 일은 조금도 중요하지 않았다. 버마 로드 집에 거듭거듭 전화를 걸었다. 미친듯이 전화번호를 누르고 또 눌렀다. 손이 부들부들 떨렸다. 방바닥에 주저앉아 벽면에 등을 붙이고 전화기를 무릎에 올려놓은 채 번호를 누르고 또 눌렀다. 경호팀이 다시 임무 교대를 한 뒤였다. 스탠과 베니는 돌아왔지만 운전사는 둘 다 바뀌었다. 좀 건방진 편이지만 마음씨는 착한 키

---

* 영국 웨일스 남단에 있는 도시.

스, 일명 "땅딸보", 그리고 웨일스 출신의 빨강머리 앨런 오언이었다. 스탠이 정신없이 전화를 걸어대는 "요인"을 보고 다가와 별일 없느냐고 물었다.

루슈디는 아무래도 무슨 일이 생긴 듯싶다고 대답했다. 통화하기로 약속한 시간이 벌써 1시간 15분이나 지났는데 클래리사와 자파르가 아무런 설명도 없이 안 들어온다고 했다. 스탠의 표정이 심각해졌다. "평소엔 없던 일입니까? 예상치 못한 변화라면 걱정스러운데요." 평소엔 없던 일이라고 대답했다. 그러자 스탠이 말했다. "알겠습니다. 제게 맡기세요. 여기저기 알아보겠습니다." 몇 분 후 돌아온 스탠은 "메트폴"—런던경찰청—에 연락하여 그 주소로 차를 보내 "주행관찰"을 하게 했다고 말했다. 그후 몇 분이 빙하처럼 느릿느릿하고 싸늘하게 지나갔다. 마침내 보고가 들어왔을 때 루슈디의 심장은 얼어붙고 말았다. 스탠이 말했다. "방금 집 앞을 지나쳤답니다. 죄송하지만 대문을 열어놓고 집 안에 불을 다 켜놨다고 합니다." 루슈디는 대꾸도 하지 못했다. 스탠이 말을 이었다. "경찰은 집 앞에 접근하거나 들어갈 수 없었던 모양입니다. 이런 상황에서는 어떤 일이 벌어질지 짐작할 수도 없으니까요."

현관 계단에 쓰러진 시신들이 루슈디의 눈앞에 선명하게 떠올랐다. 밝은 불빛 아래 피투성이가 되어 봉제인형처럼 널브러진 아들과 첫 아내의 시체였다. 루슈디의 인생도 끝나버렸다. 이렇게 놀란 토끼처럼 달아나 숨어 있는 동안 그가 사랑하는 사람들이 대신 대가를 치른 것이다. 스탠이 말했다. "우리가 하게 될 일을 미리 말씀드리죠. 결국 집 안으로 들어가긴 할 텐데, 대충 40분쯤 기다려야 합니다. 대군을 동원해야 하니까요."

둘 다 죽지는 않았을지도 모른다. 아들은 사로잡혀 인질이 되었는지도 모른다. 루슈디는 스탠에게 이렇게 말했다. "하나만 알아두시오. 혹시 그놈들이 내 아들을 잡고 몸값을 요구한다면, 아니면 내 아들과 나를 교환하자고 한다면, 나는 시키는 대로 할 테니까 말릴 생각은 하지 마시오. 그것만 분명히 해둡시다."

스탠은 핀터의 연극에 나오는 등장인물처럼 한동안 침울하게 침묵했다. 이윽고 이렇게 대답했다. "인질 교환 말인데요, 그건 영화 속에서나 일어 나는 일입니다. 현실에서는, 말씀드리기 죄송하지만, 정말 적대 세력이 개 입했다면 둘 다 이미 목숨을 잃었다고 봐야 합니다. 지금 선생님이 자문해 보셔야 할 문제는 이겁니다. 선생님도 같이 죽고 싶으십니까?"

부엌에 있던 경찰관들도 입을 열지 않았다. 마주앉은 메리앤도 위로의 말을 찾지 못하고 그저 쳐다보기만 했다. 루슈디도 더는 할말이 없었다. 30초 간격으로 미친듯이 전화번호를 누르고 또 누를 뿐이었다. 전화번호, 신호음, 그리고 메시지를 남겨달라고 말하는 클래리사의 목소리. 그 아름 다운, 늘씬한, 녹색 눈동자의 아가씨. 상냥하고 활달하고 다정한 아들을 낳아준 엄마. 그녀에게 남길 말은 아무것도 없었다. 미안하다 정도로는 어 림도 없다. 전화를 끊고 다시 번호를 누르면 다시 그녀의 목소리가 들렸 다. 다시 반복.

기나긴 시간이 흐른 후 스탠이 다가와 조용히 말했다. "얼마 안 남았습 니다. 지금쯤 준비가 끝났을 겁니다." 루슈디는 고개를 끄덕였다. 그리고 현실이 안겨줄 치명적 타격을 기다렸다. 눈물이 흐르는 줄도 몰랐는데 어 느새 얼굴이 흠뻑 젖어 있었다. 거듭거듭 자파르의 전화번호를 눌렀다. 마 치 전화기에 점괘판처럼 신비로운 힘이 있다는 듯이, 죽은 사람과 연결해 주기를 바라는 듯이.

그때 문득 뜻밖의 소리가 들렸다. 찰칵. 건너편에서 누군가 수화기를 드 는 소리였다. "여보세요?" 루슈디는 떨리는 목소리로 말했다. "아빠?" 자 파르의 목소리였다. "무슨 일이야, 아빠? 집 앞에 경찰 아저씨가 왔는데 열다섯 명이나 더 오는 중이래." 폭포수처럼 쏟아지는 안도감에 잠시 혀 가 마비되었다. "아빠? 내 말 들려?" "그래, 잘 들려. 엄마도 괜찮니? 도대 체 어디 갔었는데?" 두 사람은 교내 연극을 보러 갔는데 공연이 너무 늦게 끝났다. 클래리사가 수화기를 건네받고 사과부터 했다. "미안해. 당신한테 메시지를 남기는 걸 깜박 잊었어. 미안해."

충격의 여파로 핏줄 속을 질주하는 생화학 물질 때문에 자신이 기뻐하는지 분노하는지조차 판단할 수 없었다. "그럼 대문은 어떻게 된 거야? 대문은 왜 열어놓고 불은 또 왜 전부 켜놨어?" 다시 자파르가 수화기를 넘겨받았다. "그런 적 없어, 아빠. 우리가 막 도착해서 대문을 열고 불을 켰을 때 경찰 아저씨가 찾아온 거야."

스탠 경사가 입을 열었다. "아무래도 한심한 실수를 저지른 모양입니다. 우리가 보낸 차가 엉뚱한 집을 살펴봤겠죠."

엉뚱한 집. 경찰의 실수. 그냥 멍청한 실수. 결국 아무 일도 없었다. 괴물들은 벽장 속이나 마룻장 밑으로 물러났다. 세상도 폭발하지 않았다. 아들은 무사했다. 101호실의 문이 활짝 열렸다. 윈스턴 스미스와 달리 루슈디는 탈출에 성공했다.

그것이 그의 인생에서 최악의 날이었다.

자동응답기에 소설가 마거릿 드래블의 메시지가 있었다. "시간 나면 꼭 연락해줘." 루슈디가 전화를 걸었을 때 그녀는 평소처럼 힘차고 간결하고 능률적인 말투로 한 가지 제안을 했는데, 데버러 로저스의 경우와 마찬가지로 터무니없이 너그러운 제안이었다. 마거릿과 남편 마이클 홀로이드—리턴 스트레이치, 오거스터스 존, 조지 버나드 쇼 등의 전기를 쓴 작가다—는 최근 서머싯 해안의 폴록 위어에 있는 별장을 수리했다고 했다. "이제 공사가 끝나서 우리가 들어가려는 참이었는데, 내가 마이클한테 그랬지. 살만도 이 집을 좋아하겠다고. 그러니까 한 달 정도는 마음대로 써도 돼." 자그마치 한 달 동안이나 한곳에 머물 수 있다니, 도저히 말로 표현할 수 없을 만큼 귀중한 선물이었다. 그 한 달 동안은 '폴록에서 온 사람'*이 되어보리라. "고마워요." 터무니없이 불충분한 인사였다.

폴록 위어는 폴록 마을에서 서쪽으로 조금 떨어진 곳으로, 항구 주변에 생겨난 조그마한 마을이다. 별장은 예쁜 초가집인데 아주 튼튼해 보였다. 그로부터 10년 후 마거릿을 인터뷰한 〈뉴욕 타임스〉 기자는 그 집을 이렇게 묘사했다. "런던의 블룸즈버리 구역처럼 독특함과 세련미를 겸비했다. 방마다 민트그린, 로즈, 라일락, 토스카나옐로 등 각기 다른 빛깔로 꾸몄고, 곳곳에 색 바랜 양탄자와 책과 그림이 즐비하다." 그렇게 책이 쌓인 집에 다시 들어가보니 기분이 삼삼했다. 둘 다 작가인 루슈디와 메리앤은 다른 두 작가의 집을 선물로 받고 정말 크나큰 위안을 얻었다. 경호요원 두 명이 머물 공간도 넉넉했다. 운전사들은 이 일대에서 도보여행을 하는 친구 사이로 행세하면서 마을 민박집에 방을 얻었다. 별장에는 아름다운 정원도 있고, 투명인간이라면 누구나 탐낼 만큼 고즈넉한 곳이었다. 루슈디는 3월 마지막 주에 그곳에 도착하여 행복에 가까운 안도감을 느꼈다.

어느 기자가 귄터 그라스에게 말했다. "합리주의의 불꽃이 시들어갑니다." 그러자 그라스가 말했다. "그게 유일한 빛인데 말이오." 공개적 논쟁이 계속되었다. 개인적으로는 폴록 위어에 도착하기 바로 며칠 전에 아주 색다른 위기를 겪었다. 역시 일종의 불꽃에 관련된 일이었다.

메리앤이 며칠 런던에 다녀오면서(그녀의 행동에는 제약이 없었다) 루슈디도 잘 아는 사람들을 만났다. '와일리, 에이킨 앤드 스톤'에 근무하는 미국 여자 데일, 그리고 루슈디의 오랜 친구 폴린 멜빌이었다. 그가 안부 전화를 걸었을 때 폴린은 충격을 못 이겨 치를 떨었다. "그래, 이건 정말 심각한 일이니까 메리앤이 뭐라고 했는지 꼭 말해줘야겠어. 데일도 같이 들었는데, 어찌나 기가 막히던지. 메리앤 앞에서 다시 말해보라고 해도 얼

---

* 영국 시인 새뮤얼 콜리지가 꿈속에서 영감을 얻어 「쿠블라 칸」을 집필할 때 '폴록에서 온 사람'이 방해하는 바람에 완성하지 못했다는 유명한 일화에서 유래하여 '달갑지 않은 손님'을 뜻하는 말.

마든지 할 수 있어." 그들에게 메리앤은 루슈디와 끊임없이 싸운다고 했는데, 폴린의 말을 빌리자면 그때마다 자기가 루슈디를 "아주 박살내준다"고 하더란다. 그러더니 루슈디가 특수부 요원들에게 "이자벨 아자니를 데려오라"고 부탁했다는 어처구니없는 이야기까지 꺼냈다. 그는 이 프랑스 여배우를 만난 적도 없고 대화를 나눈 적도 없었다. 다만 최근 그녀가 루슈디를 지지한다는 의사표시를 했을 때 크나큰 고마움을 느꼈을 뿐이다. 파리에서 열린 세자르 시상식—"프랑스의 오스카 시상식"—당시, 〈카미유 클로델〉의 주인공으로 열연을 펼친 그녀가 여우주연상을 받게 되어 무대에 올랐을 때였다. 이자벨은 짤막한 인용문을 낭독한 후 "살만 루슈디의 『악마의 시』"라고 밝혔다. 그녀의 아버지가 무슬림 집안에 태어난 알제리인이었으니 그리 쉬운 일은 아니었을 것이다. 그래서 감사 편지를 보냈다. 나머지는—메리앤의 주장은—새빨간 거짓말이었다. 문제는 거기서 끝나지 않았다. 메리앤은 폴린에게 이런 말까지 했다. "그이가 담뱃불로 내 살을 지지면서 자꾸 괴롭혀." 폴린이 그 말을 했을 때 루슈디는 하도 어이가 없어 웃고 말았다. "아니, 나는 담배도 없는데…… 피우지도 않는데!"

메리앤이 런던에서 폴록으로 돌아왔을 때 그는 분홍색 벽지를 바르고 넓은 창으로 브리스틀해협의 반짝이는 물결이 한눈에 내려다보이는 아름다운 거실에서 그녀를 다그쳤다. 처음에 그녀는 그런 말을 한 적이 없다고 딱 잘라 부인했다. 그는 허세를 부려보았다. "그럼 당장 폴린이랑 데일한테 전화해서 뭐라고 하는지 들어보자." 비로소 기가 꺾인 그녀가 사실을 시인했다. 그는 제일 지독한 비난, 즉 담뱃불 고문에 대해 단도직입적으로 따졌다. "사실도 아닌데 왜 그런 말을 했어?" 그녀는 뻔뻔스럽게 루슈디의 눈을 똑바로 마주보았다. "그건 내가 얼마나 불행한지를 표현한 비유였어." 어떤 면에서는 탁월한 변명이었다. 정신 나간 소리지만 어쨌든 탁월했다. 박수를 받을 만했다. 그는 이렇게 말했다. "메리앤, 그건 비유가 아니야. 그냥 거짓말이지. 두 가지를 구별하지 못하면 문제가 아주 심각한 거야." 그녀는 대꾸도 없이 자기 작업실로 들어가 문을 닫아버렸다.

결단을 내려야 했다. 그런 거짓말을 하는 여자와 계속 붙어 있느냐, 아니면 깨끗이 헤어져 앞일을 혼자 감당하느냐.

경찰은 루슈디에게 새 이름이 필요하다고 말했다. 가명을 고르는 일은 "좀 시급"했다. 그리고 은행 지점장에게 그 이름이 찍힌 수표책이나 아예 무기명 수표책을 발행하고 그렇게 가짜 이름으로 서명한 수표를 승인해달라고 요청해야 했다. 그래야 물건값을 치를 때마다 신원이 드러나는 일을 피할 수 있기 때문이었다. 새 이름은 경호원들에게도 유용했다. 그들이 산책이나 달리기를 할 때, 혹은 가까운 헬스클럽이나 슈퍼마켓에 갔을 때 실수로 그의 본명을 발설하여 은신처가 노출되는 일을 방지하려면 루슈디와 함께 있건 말건 언제나 가명으로 부르는 데 익숙해져야 했다.

경호팀에게도 암호명이 있었다. 공작석 작전팀. 하필 그 녹색 돌의 명칭을 따서 경호팀의 암호명으로 삼은 이유는 루슈디도 모르고 경호팀도 몰랐다. 그들은 작가가 아니었다. 이름을 정한 이유 따위는 중요하지 않다. 그냥 이름일 뿐이었다. 이제 루슈디도 개명을 할 차례였다. 본명은 무용지물만도 못했다. 그 당시에는 아직 쓰이지도 않은 해리 포터 연작에 등장할 이름 볼더모트처럼 절대로 말하지 말아야 하는 이름이었다. 본명을 가지고는 집을 빌릴 수도 없었다. 유권자 등록도 할 수 없었다. 투표를 하려면 거주지를 밝혀야 하는데 당연히 불가한 일이었기 때문이다. 민주주의가 보장하는 권리인 표현의 자유를 지키기 위해 역시 민주주의가 보장하는 참정권을, 즉 정부를 선택할 권리를 포기하는 수밖에 없었다. 스탠이 말했다. "어떤 이름이든 상관없지만 하나 정해두면 쓸모가 많습니다. 좀 서둘러주시죠."

자기 이름을 포기하는 일도 그리 간단하지 않았다. 스탠이 말했다. "웬만하면 아시아식 이름은 피하시는 게 좋겠습니다. 사람들이 앞뒤를 맞춰 보고 상황을 알아차리는 경우도 더러 있거든요." 민족마저 포기하라는 소리였다. 결국 백인 가면을 쓴 투명인간이 되는 셈이었다.

루슈디의 공책에는 마물리 씨라는 미완성 등장인물이 있었다. 마물리 씨는 그냥 보통 사람인데 지긋지긋하리만큼 어리석었다. 문학에서는 즈비그니에프 헤르베르트의 코기토 씨나 이탈로 칼비노의 팔로마 씨와 비슷한 부류다. 성명은 아지브 마물리. 이름이 브래드퍼드 시의원의 성과 같은데 이 말은 "괴상하다"는 뜻이다. 그런데 마물리는 반대로 "예사롭다"는 뜻이다. 요컨대 그는 '괴이한 보통' 씨, '이상한 정상' 씨, '야릇한 평범' 씨였다. 이름부터 모순어법이고 자가당착이다. 아무튼 루슈디가 쓴 미완성 소설에서 마물리 씨는 거꾸로 뒤집힌 거대한 피라미드를 머리에 이고 다녀야 했는데, 꼭짓점이 대머리를 쿡쿡 찔러 가려움증이 극심했다.

마물리 씨는 살만 루슈디가 처음으로 이름을—적어도 절반은—도둑맞았다고 생각했을 때 생겨났다. 당시 살만에서 떨어져나간 루슈디는 헤드라인 속으로, 신문지 속으로, 그리고 공중파 영상 속으로 훨훨 날아가 표어가 되고, 시위 구호가 되고, 욕지거리가 되고, 아무튼 남들이 원하는 대로 온갖 무엇이 되었다. 자기 이름에 대한 소유권마저 빼앗겼으니 차라리 마물리 씨의 입장이 더 나아 보였다. 아지브 마물리 씨도 소설가였고 이름부터 소설가의 이름답게 모순적이었다. 마물리 씨는 스스로를 평범한 사람으로 여겼지만 그의 삶은 매우 특이했다. 장난삼아 마물리 씨의 얼굴을 그려보니 만화가 R. K. 락스만이 〈타임스 오브 인디아〉에 연재하는 유명한 만화 주인공 '보통 사람'을 닮은 모습이었다. 순진하고 어리벙벙한 표정, 대머리, 귀 너머로 흩날리는 희끗희끗한 머리카락.

『악마의 시』에는 미미 마물리언이라는 등장인물이 있는데, 부동산 취득에 집착하는 통통한 여배우였다. 마물리 씨는 그녀의 친척이랄까, 안티테제랄까, 반反미미랄까, 아무튼 그의 문제점은 미미와는 정반대였다. 자기 집도 없었기 때문이다. 루슈디는 타락한 루시퍼도 똑같은 신세였다는 사실을 잘 알고 있었다. 그래서 아지브 마물리는 곧 남들이 악마로 만들어놓은 루슈디의 이름이기도 했다. 『악마의 시』에서 뿔 달린 악마로 탈바꿈한 살라딘 참차는 그렇게 변신한 이유에 대해 이런 설명을 듣게 된다. "그놈들에겐 묘사의 능력이 있고 우린 그 힘에 굴복할 뿐."

경호팀은 그 이름을 좋아하지 않았다. 마물리, 아지브. 발음도 좀 어렵고, 기억하기도 나쁘고, 더구나 지나치게 "아시아식"이라고 했다. 그러니 다시 생각해보라는 당부였다. 마물리 씨는 멀찌감치 물러나 점점 희미해지다가 결국 쓸모없는 아이디어들이 세 들어 사는 낡아빠진 하숙집—상상력의 호텔 캘리포니아—에 방을 얻어 사라져버렸다.

루슈디는 자기가 사랑하는 작가들을 떠올리고 그들의 이름을 이것저것 조합해보았다. 블라디미르 조이스. 마르셀 베케트. 프란츠 스턴. 그런 식으로 짝을 지어 목록을 만들어보았는데 모두 우스꽝스럽기만 했다. 그러다가 문득 우스꽝스럽지 않은 조합을 발견했다. 나란히 적어보았다. 콘래드와 체호프의 이름. 바로 그것이 앞으로 11년 동안 쓰게 될 이름이었다.

"조지프 앤턴."

"그거 좋네요." 스탠이 말했다. "그냥 '조'라고 불러도 괜찮겠죠?"

실은 못마땅했다. 무슨 까닭인지 정확히는 모르겠지만 왠지 생략형은 싫었다. 조가 조지프보다 형편없다고 생각하는 이유는 도대체 뭘까? 어차피 둘 다 자기 이름이 아닌데, 둘 다 똑같이 가짜라는 생각이 들거나 둘 다 적당해 보여야 할 텐데. 어쨌든 "조"라는 이름은 거의 처음부터 귀에 거슬렸다. 그러나 경호원들은 이 단음절 이름이 발음도 쉽고 기억하기도 편하고 공공장소에서 실수할 우려도 적어 좋다고 했다. 그래서 결국 그들은 루슈디를 조라고 부르게 되었다.

"조지프 앤턴." 루슈디는 스스로 지어낸 이름에 익숙해지려고 노력했다. 그는 허구적 인물들에게 이름을 붙여주며 한평생을 보냈다. 그런데 이제 자신의 이름을 지어놓고 보니 자신도 허구적 인물이 되어버린 듯한 기분이었다. "콘래드 체호프"는 별로였다. 반면에 "조지프 앤턴"은 실존 인물 같은 이름이었다. 이제 정말 실존 인물이 되었다.

여러 언어를 구사했던 조지프 콘래드가 창조한 인물들은 선인과 악인, 혹은 방랑자, 혹은 어둠의 심연으로 들어가는 나그네, 혹은 살인자와 폭탄이 즐비한 세계에서 살아가는 첩보원이다. 그리고 적어도 한 명은 불명예를 피하려고 숨어버린 불멸의 겁쟁이다. 고독과 우울의 거장 안톤 체호프는 예컨대 『벚꽃 동산』의 나무들처럼 새로운 시대의 야만성 때문에 사라져가는 옛 시대의 아름다움을 보여주었다. 그의 『세 자매』는 진짜 인생은 다른 곳에 있다고 믿으면서 영영 돌아갈 수 없는 모스크바를 끊임없이 그리워한다. 이제 두 작가는 루슈디의 대부가 되었다. 콘래드는 루슈디가 앞으로 오랫동안 구명줄처럼 붙잡고 매달릴 좌우명까지 전해주었다. 지금은 부적절해진 제목이 붙은 『나르시스호의 검둥이』에서 주인공이자 선원인 제임스 웨이트는 긴 항해를 앞두고 결핵으로 앓아눕는데, 몸이 안 좋다는 사실을 알았을 텐데 왜 승선했느냐고 묻는 동료 선원에게 이렇게 대꾸한다. "죽을 때까지는 살아야 하지 않겠소?" 그 책을 읽을 때도 누구나 마찬가지라고 생각했지만 지금의 상황에 비춰보니 이 힘찬 문장은 지상명령과 다름없었다.

그는 이렇게 중얼거렸다. "조지프 앤턴. 죽을 때까지는 살아야 한다."

공격이 시작되기 전에는 글쓰기를 그만두고 다른 일을 하겠다는 생각, 작가 아닌 사람이 되겠다는 생각을 해본 적이 없었다. 작가가 되었다는 사실, 그리고 무엇보다 간절히 원하던 그 일을 해낼 능력도 있다는 사실은 평생을 통틀어 손꼽을 만큼 크나큰 기쁨이었다. 그러다가 『악마의 시』에 대한 반응 때문에 잠시나마 이 기쁨을 빼앗겼는데, 두려움 때문이 아니라 깊은 실망감 때문이었다. 이렇게 거대하고 복잡한 과업과 싸우느라 인생의 5년을 바쳤건만, 어떻게든 땅바닥에 때려눕히려고, 어떻게든 잘 다스려 재능이 허락하는 한 가장 아름다운 작품을 만들어보려고 안간힘을 썼건만, 책이 나오자마자 다들 험악하고 비뚤어진 시선으로 노려보다니. 최선의 노력을 기울인 결과가 고작 이런 대접이라면 차라리 다른 일을 하는 편이 낫지 않을까? 버스 차장이나 사환, 아니면 겨울철에 지하철 터널에서 탭댄스를 추며 푼돈을 버는 뜨내기 배우라도 좋겠다. 어떤 직업이든 작가보다는 나아 보였다.

그런 생각을 몰아내려고 서평을 쓰기 시작했다. 파트와 사태 이전에 〈옵서버〉 서평란을 담당하는 친구 블레이크 모리슨이 필립 로스의 회고록 『진실들 The Facts』에 대한 서평을 청탁한 터였다. 서평을 써서 보내주었다. 가까운 곳에서 보내면 안 되고 팩스도 없어서 경호요원 한 명이 근무 교대를 하고 런던에 갈 때 부쳐주기로 했다. 원고 걸장에 늦게 보내서 미안하다는 메모를 써두었다. 그런데 서평을 싣던 날 신문사는 이 메모를 복사한 사진을 1면에 실었다. 루슈디는 너무 빨리 너무 많은 사람들에게 너무 비현실적인 인물이 되어버렸고, 따라서 그가 실존 인물이라는 이 증거는 충분히 1면에 실릴 만한 사건이었다.

그는 블레이크에게 서평을 계속 써도 되겠느냐고 물어보았다. 그때부터 몇 주마다 한 번씩 800단어 안팎을 써 보냈다. 글은 쉽게 나오지 않았지만—생니를 뽑는 기분이라는 생각이 들 정도였는데, 비록 진부한 표현이지만 이제 걸핏하면 사랑니가 아파 경호팀이 "해결책"을 궁리하는 중이었으므로 더욱더 실감이 났다—어설프나마 그것은 자신을 되찾는, 즉 루슈디를 떠나 살만으로 되돌아가는, 즉 작가 아닌 사람이 되겠다는 서글프고 패배주의적인 생각을 버리고 다시 문학 쪽으로 다가가는 첫걸음이었다.

마침내 그를 예전의 모습으로 온전히 돌려놓은 사람은 자파르였다. 그는 자파르를 보려고 부단히 노력했으며—이 간헐적인 만남이 성사되려면 경찰이 매번 "드라이클리닝"을 거쳐 아빠와 아들을 데려다주고 데려와야 했다—런던 켄티시타운의 패철 로드에 있는 수와 구르무크의 집에서도 만나고, 캠던 힐 스퀘어에 있는 핀터 부부의 집에서도 만나고, 아치웨이에 있는 리즈 콜더의 집에서도 만나고, 한번은 클래리사의 오랜 친구 로잰이 사는 콘월 주에서 환상적인 주말을 보내기도 했다. 그 집은 리스카드 시 근처에 있는 골짜기 깊숙이 자리를 잡은 농가였고 염소와 닭과 거위를 키웠다. 그들은 축구도 하고—자파르는 이리저리 몸을 날리며 골키퍼 소질을 보여주었다—컴퓨터 게임도 했다. 모형 기차 세트와 모형 자동차도 조립했다. 아빠와 아들이 흔히 즐기는 평범하고 일상적인 놀이를 했을 뿐인데 마치 기적처럼 느껴졌다. 한편 로잰의 어린 딸 조지는 경찰관들을 구슬려 변장놀이 상자에서 꺼낸 공주 관을 씌우고 깃털 목도리를 둘러주었다.

그 주말에는 메리앤이 따라오지 않아서 아들과 한방에서 잤다. 그때 자파르가 약속을 상기시켰다. "아빠, 내 책은 어떻게 됐어?"

처음부터 줄거리를 거의 다 정해놓고 쓰기 시작한 경우는 글쟁이로 살아온 세월을 통틀어 그때뿐이었다. 마치 이야기가 하늘에서 뚝 떨어진 듯했다. 예전부터 그는 자파르가 저녁 목욕을 할 때 종종 이야기를 들려주었다. 이를테면 침대맡 이야기가 아니라 욕조맡 이야기인 셈이다. 목욕물에는 백단향나무로 만든 작은 동물인형들과 카슈미르의 거룻배 '시카라'들이 떠 있었고 이야기 바다는 바로 그곳에서 태어났다. 아니, 다시 태어났다고 해야겠다. 원래의 바다는 산스크리트어로 된 옛날 책의 제목에서 나왔기 때문이다. 11세기 카슈미르에서 소마데바라는 시바파* 브라만이 엄청나게 많은 이야기를 수집하여 편찬한 『카타사리트사가라』라는 책이다. '카타'는 이야기, '사리트'는 냇물, '사가라'는 바다를 뜻한다. 그래서 『카타사리

---

* 비슈누파, 샤크티파와 함께 힌두교를 형성하는 주요 교파.

트사가라』는 이야기 냇물의 바다, 흔히 '이야기가 흐르는 바다'라는 제목으로 번역된다. 소마데바의 이 방대한 책 속에 실제로 바다가 나오지는 않는다. 그러나 정말 그런 바다가 있다면 어떨까? 그곳에는 지금까지 지어진 모든 이야기가 서로 뒤엉키며 흘러다닌다면? 자파르가 목욕을 하는 동안 아빠는 머그컵으로 아들의 목욕물을 퍼마시는 시늉을 하며 이야깃거리를 찾아내곤 했다. 이야기 목욕물 속에 흐르는 한줄기 이야기 냇물을.

그리고 이제 자파르의 책 속에서 그는 바로 그 바다를 찾아가려 했다. 그 이야기 속에는 이야기꾼도 등장하는데, 어느 날 아내가 가출하는 바람에 말재간을 잃어버리고 만다. 이야기꾼의 아들은 아버지의 말재간을 되살리려고 모든 이야기의 근원을 찾아나선다. 처음에 구상했던 줄거리에서 쓰는 도중에 변경된 부분은 결말뿐이었다. 원래는 "현대적인" 책을 쓸 생각이었다. 파탄이 나버린 가정은 끝내 회복되지 못하고, 현실세계의 아이들처럼, 그리고 그의 아들 자파르처럼 주인공 소년도 그런 상황에 적응하여 결국 이겨낸다고. 그러나 이야기의 구성이 문제였다. 첫머리에서 망가졌던 것들도 끝에 가서는 다시 온전해져야 했다. 어떻게든 해피엔딩을 찾아야 했고 그는 기꺼이 찾아보기로 마음먹었다. 어차피 최근 들어 해피엔딩에 관심이 부쩍 커진 터였다.

여러 해 전에 이븐바투타의『여행기』를 읽은 후 '카모슈 공주'라는 단편소설을 쓴 적이 있었다. 이븐바투타는 14세기 모로코의 학자인데 방랑벽이 심했다. 사반세기에 걸쳐 아랍 전역은 물론이고 그 너머 인도, 동남아시아, 중국까지 여행하며 남긴 기록을 훑어보면 마르코 폴로 같은 사람도 집 안에만 틀어박혀 빈둥거린 게으름뱅이로 보일 지경이다. '카모슈 공주'는『여행기』의 일부, 즉 바투타의 원고에서 유실된 부분이라고 설정했다. 이 단편에서 모로코인 나그네는 두 부족의 전쟁으로 두 토막이 나버린 나라에 들어선다. 수다족은 떠버리들이고, 잠잠족은 침묵의 종교를 믿으며 혀가 없다는 뜻의 베자반이라는 돌 신상을 숭배한다. 잠잠족이 수다족 공주를 사로잡은 후 신께 드리는 제물로 삼겠다며 입술을 꿰매버리려 하는 바람에 수다 땅과 잠잠 땅 사이에 전쟁이 벌어진다.

그런 이야기였지만 막상 써놓고 보니 별로 마음에 들지 않았다. 유실된 원고라는 설정도 시시했다. 그래서 그냥 치워두고 잊어버렸다. 그런데 이제 언어와 침묵 사이의 전쟁에 대한 이 짤막한 이야기에 단순히 언어에만 국한되지 않는 새로운 의미를 부여할 수도 있겠다는 생각이 들었다. 그 속에는 자유와 압제에 대한 우화가 숨어 있었다. 그는 마침내 이 단편의 잠재력을 깨달았다. 말하자면 이야기가 그의 생각보다 앞서갔다고 할 수 있겠는데, 이제야 비로소 그의 인생이 이야기를 따라잡았다. 그 소설을 끼운 서류철을 어느 책상 서랍에 넣어뒀는지도 기적처럼 생각났다. 폴린에게 세인트피터스 스트리트에 가서 갖다달라고 부탁했다. 그때쯤에는 그 집을 지켜보던 기자들도 모두 떠난 뒤였고, 그녀는 조용히 들어가 원고를 들고 나올 수 있었다. 그는 원고를 다시 읽어보고 흥분을 가누지 못했다. 사족에 불과한 바투타 설정을 걷어내고 잘 다듬으면 새로 쓸 소설의 멋진 심장부가 될 듯싶었다.

처음에는 '자파르와 이야기 바다'라는 제목을 붙였지만 곧 책 속의 소년과 욕조 속의 소년 사이에 약간의 허구적 거리를 둬야 한다고 느꼈다. 자파르의 미들네임은 하룬이다. 그렇게 바꿔놓자마자 잘했다는 생각이 들었다. 자파르는 처음에는 좀 실망했다. 자기 책이니까 자기가 주인공이 되어야 한다고 말했다. 그러나 자파르도 곧 생각을 바꿨다. 하룬이 자파르이기도 하고 아니기도 한 상태가 더 낫다는 사실을 깨달았기 때문이다.

자파르와 함께 콘월에서 즐거운 주말을 보낸 후 일행은 폴록 위어로 돌아갔다. 문 앞으로 다가갈 때 문득 집 안에서 무슨 소리가 들렸다. 경찰관들은 즉각 루슈디를 보호하면서 권총을 뽑아들었다. 한 명이 문을 열었다. 집 안을 건드린 흔적이 역력했다. 흩어진 서류, 쓰러진 꽃병. 그때 다시 소리가 들렸다. 겁에 질려 날개를 파닥거리는 듯한 소리였다. 루슈디가 말했다. "새였네." 안도감 때문에 목소리가 너무 크게 나왔다. "새가 들어왔을 뿐이오." 경호팀도 긴장을 풀었다. 상황 끝. 굴뚝으로 떨어진 새 한 마리가 거실 커튼 봉 위에 앉아 두려움에 떨었다. 루슈디는 생각했다. 까마귀다. 리슬티, 로슬티, 모, 모, 모. 창을 열어주자 새는 자유를 향해 날아갔다. 그는 집 안을 정리하기 시작했다. 머릿속에는 새에 대한 노래가 가득했다. 부러진 날개를 펼치고 날아오르는 법을 배워요.* 그리고 "바나나나무에 높이 올라 앉은" 새에 대한 카리브 해의 옛 노래. 날아가도 돼/ 저 하늘 멀리/ 너는 나보다 운이 좋구나.

줄거리를 다 아는데도 책은 뚝딱 나오지 않았다. 별장 창밖에 휘몰아치는 폭풍우는 너무 소란스럽고, 사랑니는 쿡쿡 쑤시고, 내용에 어울리는 문체는 찾기 힘들었다. 도입부부터 몇 번이나 헛손질을 했고—지나치게 아동용이거나 지나치게 성인용이었다—어떤 말투가 적당한지도 알쏭달쏭했다. 비밀을 푸는 열쇠를 손에 쥔 것은 그로부터 몇 달이 지나서였다. "옛날 알리프바이라는 나라에 슬픈 도시가 있었습니다. 세상에서 가장 슬픈 이 도시는 억장이 무너질 정도로 슬픈 나머지 자기 이름도 잊어버렸습니다. 이 도시는 서글픈 바다 근처에 있었고, 그 바다에는 '우울한 물고기'가 가득했지만……" 언젠가 조지프 헬러는 루슈디에게 자기 책은 모두 문장에서 자라난다고 털어놓았다. 예컨대 "닫힌 문을 보면 소름이 끼친다"라든지 "우리 사무실에는 내가 무서워하는 사람이 다섯 명이다" 같은 문장이 그의 걸작 『무슨 일이 있었지Something Happened』의 출발점이었고 『캐치-22』도 처음 몇 문장에서 생겨났다는 이야기였다. 루슈디는 헬러의 말을 금방 알아들었다. 어떤 문장은 수십 개 또는 수백 개의 문장을 품고 있다. 즉 그렇게 많은 문장을 쓰게 해준다. 그런 문장을 쓰는 순간 작가도 그 사실을 깨닫기 마련이다. 『한밤의 아이들』만 보더라도 오랜 악전고투 끝

---

* 비틀즈의 곡 〈Blackbird〉의 노랫말.

에 어느 날 자리에 앉아 다음과 같은 문장을 썼을 때 비로소 비밀의 문이 활짝 열렸다. 나는 봄베이 시에서 태어났는데…… 옛날옛날 한 옛날이었다. 『하룬과 이야기 바다』도 마찬가지였다. 슬픈 도시와 우울한 물고기를 얻는 순간 그는 이 책이 나아가야 할 길을 알아차렸다. 어쩌면 벌떡 일어나 손뼉을 쳤는지도 모른다. 그러나 그 순간은 몇 달 뒤의 일이었다. 당장은 악전고투와 폭풍우뿐이었다.

영국에서는 "지도자"나 "대변인"을 자처하는 자들이 속속 나타나 루슈디의 등에 칼을 꽂은 후 별다른 고생 없이 단숨에 명성을 거머쥐었다. 그중에서도 가장 거침없고 위험한 자는 은빛 수염을 기른 난쟁이 도깨비처럼 생긴 칼림 시디키였다. 그는 각종 텔레비전 프로그램에 출연하여 단호하게 파트와를 옹호하고 정당화했으며, 이런저런(더러는 하원의원도 참석한) 공개 석상에서 거수투표를 요구하기도 했다. 신성모독을 저지른 배교자는 죽어 마땅하다는 무슬림 사회의 공감대를 과시하기 위해서였다. 모두 일제히 손을 번쩍 들었다. 아무도 기소되지 않았다. 시디키의 무슬림연구소는 유명무실한 곳인데도 이란 아야톨라들은 그를 귀빈으로 맞이했다. 시디키는 원로들을 일일이 찾아다니며 압력을 늦추지 말라고 당부했다. 어느 영국 텔레비전 프로그램에 출연했을 때는 무슬림이 어떤 사람들인지를 이렇게 표현했다. "우리는 반격합니다. 때로는 맞기 전에 먼저 반격합니다."

또 몇몇 서점에서 소이탄이 터졌다. 런던의 콜렛 서점과 딜런 서점, 오스트레일리아 시드니의 애비 서점. 『악마의 시』를 비치하지 않는 도서관이 늘어나고, 판매를 중단하는 서점 체인도 늘어나고, 프랑스에서는 여남은 개 인쇄소가 프랑스어판의 인쇄 주문을 거절했다. 출판사에 대한 위협도 계속되었다. 노르웨이 H. 아스케하우그 출판사의 빌리암 뉘고르 대표는 경찰의 보호를 받게 되었다. 그러나 전 세계에서 루슈디의 책을 발간한 출판사의 임직원 대부분은 아무런 보호도 받지 못했다. 그들이 직장과 가정에서 느끼는 긴장감, 자신과 가족에 대한 근심을 상상하기는 조금도 어렵지 않았다. 그들에게 충분한 관심을 기울이는 사람은 아무도 없었지만 이 "평범한 사람들"은 일을 계속함으로써 자유의 원칙을 수호하고 최전선을 지키며 날마다 비범한 용기를 보여주었다.

살기등등한 분위기에 반대 의견을 밝혔던 무슬림이 다른 무슬림에게 살해당하는 사건도 일어나기 시작했다. 국적은 사우디아라비아지만 벨기에 무슬림의 "정신적 지도자"로 불리는 물라 압둘라 아달과 튀니지 국민인 수행원 살림 바리마저 피살되었다. 호메이니가 이란 국민에게 뭐라고 하든 간에 유럽에는 엄연히 표현의 자유가 있다고 말한 탓이었다.

루슈디는 일기장에 이렇게 썼다. "나는 재갈이 물린 채 감금당했다. 말할 수도 없다. 내 아들과 공원에서 축구공을 차고 싶다. 그렇게 평범하고 일상적인 삶이 내겐 불가능한 꿈이 되어버렸다." 그 시절에 만난 친구들은 그의 추레한 몰골을 보고 경악했다. 체중이 크게 늘고, 길고 텁수룩한 수염은 꼴사납기 짝이 없고, 자세도 구부정했다. 패배자의 모습이었다.

루슈디는 곧 경호원들과 정이 푹 들었지만 자기 공간이 침해당하는 것을 못 견디는 메리앤은 늘 거리를 유지했다. 경호원들은 루슈디와 한자리에 있을 때마다 명랑하고 낙천적인 태도로 기운을 북돋워주려 했다. 가급적 눈에 띄지 않으려 노력하는 모습도 고마웠다. 그들은 경찰이 부엌을 들락거리며 흔적을 남기는 것이 "요인"들에게 부담을 준다는 사실을 잘 알았다. 그래서 루슈디를 조금도 원망하지 않고 최대한 사생활을 보장해주려 정말 열심히 노력했다. 루슈디가 금방 알아차린 사실이 또하나 있다. 대부분의 경호원은 주로 집 안에 갇혀 지내야 하는 이번 임무를 몹시—어떤 면에서는 루슈디 자신보다 더—힘겨워했다. 그들은 활동적인 사람들

이다. 소설가는 앉아서 일하는 데 익숙한데다 지금은 그나마 가능한 내면
적 생활, 정신적 생활을 유지하고 싶어했지만 그들에게 필요한 것은 정반
대였다. 루슈디는 몇 시간이든 방 안에서 꼼짝도 하지 않고 생각에 몰두할
수 있다. 그러나 그들은 장시간 실내에 갇혀 있으면 좀이 쑤셔 미칠 지경
이 된다. 반면에 그들은 2주만 잘 버티면 집에 돌아가 쉴 수 있다. 그래서
경호원 몇 명은 안쓰럽고 존경스럽다는 표정으로 이렇게 말했다. "우린 도
저히 선생님처럼 견뎌낼 자신이 없습니다." 그런 생각 때문에 루슈디에게
연민을 보였다.

경호 방식이 글러먹었다고 말하는 경호원도 많았다. 다른 "요인"들에
게는 그 사람만 보호하는 "전담 팀"을 배정한다. 루슈디에게 전담 팀을 배
정하지 않은 까닭은 이렇게 비밀리에 움직이는 일을 무기한으로 계속할
경우 경호원들이 견디지 못하기 때문이었다. 그래서 여러 팀에서 인원을
뽑아 경호팀을 구성했다. 경호원들은 옳지 않은 방식이라고 입을 모았다.
그들이 맡은 다른 요인들은 모두 자기 일과 일상생활을 유지하고 경호원
들은 그들을 따라다니며 보호한다. 그리고 정복 경관들이 교대로 요인의
집을 지킨다. 밤에는 특수부 요원들이 요인을 집으로 데려다주는데, 그 일
이 끝나면 각자 집으로 돌아가고 정복 경관들만 남아 경계근무를 계속한
다. 경호원들은 이렇게 말했다. "공작석 작전은 올바른 경호 방식이 아니
죠. 사람들을 숨겨주는 훈련은 못 받았어요. 우리가 맡을 일이 아니란 말
입니다." 그러나 정상적인 경호 방식은 비용이 만만치 않다. 정복 경관들
을 교대로 파견하려면 돈이 많이 들기 때문이다. 요인의 집이 한 군데가
아닌 경우에는 비용이 더 늘어난다. 런던경찰청 수뇌부는 공작석 작전에
그렇게 많은 돈을 쏟을 의사가 없었다. 차라리 요인을 숨겨두고 경호팀에
게 24시간 근무를 맡기면서 초과수당을 지급하는 편이 더 싸게 먹히기 때
문이다. 그리하여 루슈디는 경찰 고위층이 공작석 작전의 경호 대상을 어
떻게 생각하는지 알게 되었다. 영국 경찰이 정식으로 보호해줄 "가치"가

없는 사람.

그는 곧 런던경찰청 수뇌부와 현장 요원들 사이에 크나큰 차이가 있다는 사실도 알아차렸다. 경호원들이 존경하는 고위 간부는 많지 않았다. 그 후 여러 해에 걸쳐 수많은 요원들을 만났지만 마찰이 생기는 일은 매우 드물었다. 아예 친구가 되는 경우도 많았다. 그러나 선배 경찰관들은—"상급 경찰관"이라는 말은 아주 잘못된 명칭이라고 들었는데, "선배는 맞지만 실력까지 상급은 아니니까요"—전혀 달랐다. 앞으로 그는 그린업 씨처럼 까탈스러운 경찰 간부를 심심찮게 만날 터였다.

경호팀은 규정을 어기면서까지 그를 도왔다. 공공장소에 가지 말라는 명령을 받아놓고도 영화관에 데려다주었다. 조명이 꺼진 후 들어갔다가 다시 켜지기 전에 무사히 빠져나왔다. 간부들이 런던에 가지 말라고 했는데도 친구들의 집에 데려가 아들을 만나게 해주었다. 아빠 노릇까지 도와주었다. 루슈디와 자파르를 경찰 운동장에 데려가 즉석에서 팀을 짜고 럭비 시합을 했다. 덕분에 그들과 함께 달리며 공을 던졌다. 공휴일에는 놀이공원에 데려다주기도 했다. 하루는 그런 공원에 갔을 때 자파르가 사격연습장에서 상품으로 주는 봉제인형을 갖고 싶어했다. 모두가 "뚱보 잭"이라고 부르는 경호요원이 그 말을 들었다. "저게 마음에 들어?" 그러면서 입술을 삐죽 내밀었다. "흠흠." 그는 계산대로 다가가 돈을 냈다. 흔히 그러듯이 직원이 가늠쇠가 찌그러진 권총을 건네자 뚱보 잭은 근엄하게 고개를 끄덕이며 권총을 살펴보았다. "흠흠. 괜찮네." 사격이 시작되었다. 탕 탕 탕 탕. 표적이 차례차례 쓰러지고, 지켜보던 직원이 금니를 박은 입을 딱 벌렸다. "그래, 역시 쓸 만한 놈이야." 뚱보 잭은 권총을 내려놓고 봉제인형을 가리켰다. "저걸로 주시오." 몇 달 후 자파르는 텔레비전에서 즐거운 축제의 현장을 보았다. 넬슨 만델라의 출감을 축하하는 록 콘서트가 열리는 날, 만델라가 답례 인사를 하려고 웸블리 스타디움에 들어서는 장면이었다. 만델라가 선수 탈의실 쪽에서 경기장으로 나가는 터널을 지날 때 자파르가 말했다. "저기, 아빠, 뚱보 잭 아저씨야." 과연 뚱보 잭이었다. 만델라의 왼쪽 어깨 너머에 바싹 붙어 있었는데, 입술을 삐죽 내민 모습으로 보아 십중팔구 흐흠 하고 중얼거렸을 것이다.

루슈디는 그들에게 안전수칙에 대해 많이 배웠다. 예컨대 실내에 들어갈 때는 어떤 절차를 밟아야 하는지, 어디를 살펴야 하는지, 무엇을 확인해야 하는지. 데브 스톤하우스는 이렇게 말했다. "경찰과 범죄자, 둘 다 한눈에 알아볼 수 있어요. 들어가기 전에 일단 문간에 서서 방 안 전체를 훑어보거든요. 출구는 몇 개인지, 누가 어디 있는지, 샅샅이 살피는 거죠." 경찰도 결국 공무원이라는 사실도 배웠다. 모든 일터에는 정치적 요소가 작용하기 마련이다. 특수부를 시기하고 질투하는 사람도 많고, 아예 폐지하자는 사람도 더러 있었다. 나중에 특수부 요원들이 그에게 도움을 청하는 일도 생겼다. A 부대가 하는 일을 지지하는 편지를 써달라는 부탁이었는데, 그들의 크나큰 은공을 조금이라도 갚을 기회를 얻어 기뻤다. 무엇보다 기쁜 일은 그들이 루슈디를 대신하여 총탄을 맞을 각오로 임했지만 한 번도 그런 불상사가 없었다는 사실이다.

A 부대에 여자는 별로 없었다. 많아봤자 예닐곱 명인데, 그토록 오랫동안 보호를 받았지만 루슈디 경호팀에 배속된 여자는 두 명뿐이었다. 키 크고 인물 좋은 레이철 클루니는 나중에 마거릿 대처 전담 경호팀에 들어갔다. 키는 작지만 야무지고 능률적인 줄리 레믹이라는 금발 여자도 있었는데 사격술이 기준에 못 미쳐 결국 경호팀을 떠났다. 경호 임무를 맡은 사람은 누구나 정기적으로 경찰 사격장에서 사격술 평가를 받는다. 넘어지면서도 쏘고, 움직이는 표적도 쏘고, 시야가 불분명한 상태에서도 쏘는데, 명중률 구십몇 퍼센트 이상만 합격이다. 그 이하는 즉시 무기를 반납하고 사무직으로 빠진다. 그들은 루슈디에게도 사격 훈련을 받게 해주겠다고 제안했다. 최고의 교관들에게 배울 텐데, 일단 익혀두면 유익한 기술이라고 했다. 그는 한참 동안 곰곰이 생각해보고 나서 고맙지만 사양한다고 대

답했다. 총을 지니고 있다가 나쁜 놈들이 쳐들어오면 오히려 빼앗긴 총에 위협을 당할 게 뻔했다. 차라리 총 없이 살면서 나쁜 놈들이 접근하지 않기를 바라는 편이 낫다고 생각했다.

가끔 경호원들이 요리를 해주기도 했지만 평소 집안일은 따로따로 하는 편이었다. 슈퍼마켓에 가서 장을 볼 때는 그의 몫까지 함께 사 왔다. 부엌은 각자 약속한 시간에 사용했다. 저녁때는 경찰관들이 한방에 모여 텔레비전을 보았다. 활동적인 사람들이 게으름뱅이처럼 살아야 했으니 다들 얼마나 따분했을까!

모두 건강하고 잘생긴 남자들이라 여자들이 좋아할 만했다. 루슈디의 소개로 출판계 여자들과 친해지는 경우도 많았다. 특히 한팀이었던 롭과 어니는 크나큰 동경의 대상이었다. 어떤 요원은 한 친구의 아이를 돌봐주던 아가씨와 연애를 하다가 미련 없이 차버려 상처를 주었다. 혼외정사를 벌이는 경우도 많았다. 비밀임무처럼 완벽한 핑계가 어디 있으랴. 새미라는 금발 젊은이는 알고 보니 중혼자였다. 그는 두 아내를 똑같은 애칭으로 부르고 두 집에서 태어난 아이들에게도 똑같은 이름을 지어주었다. 그런데도 들통이 난 이유는 경찰 봉급으로 두 집 살림을 하느라 빚더미에 올라앉은 탓이었다. 아무튼 흥미로운 사람들이었다.

예상대로 데브 스톤하우스는 결국 음주 문제로 말썽을 일으켰다. 어느 술집에서 술에 취해 경솔한 언동을 하는 바람에 경호팀에서 쫓겨난 그는 일명 시베리아로 불리는 히스로 공항에서 근무하게 되었다. 몇몇 경호요원이 단지 논쟁을 위해 무슬림의 입장에 서서 "존중" 운운한 적도 있지만 사려 깊은 동료들이 조용히 데리고 나갔다.

어느 고압적인 요원은 루슈디를 경호 대상이 아니라 죄수처럼 취급해서 결국 항의할 수밖에 없었다. 그리고 딱 한 번이지만 이런 일도 있었다. 독일계 영국인으로 몸집이 탱크 같은 시그프리드라는 요원이 있었는데, 루슈디가 공원에 나가 산책을 하고 싶다고 하자 경호팀을 위험에 빠뜨리지 말라고 대들었다. 시그프리드는 곧 끌려나갔고 다시는 나타나지 않았다. 두려움은 착한 사람도 못된 행동을 하게 만든다.

루슈디가 경호팀과 마찰을 겪은 경우는 그 정도가 전부였다. 다만 여러 해가 지난 후, 횡령죄로 경찰에서 직위해제된 운전사 론 에번스가 불만을 품고 영국 어느 타블로이드 신문에 어처구니없는 거짓말을 했다. 그중하나는 어느 경호팀이 루슈디를 몹시 싫어해서 종종 벽장에 가둬놓고 술집에 놀러갔다는 이야기였다. 기사가 나오자마자 예전의 경호요원 몇 명이 연락했다. 그들은 이 새빨간 거짓말에 분통을 터뜨리고 경찰청 간부들이 루슈디를 옹호하지 않는 데 분개했다. 무엇보다 불쾌하게 여긴 점은 그 쫓겨난 운전사가 시칠리아 마피아의 불문율에 버금가는 특수부 비밀 엄수 규정을 위반했다는 사실인 듯했다. 그들은 특수부에서 그 누구도 언론에 기밀을 누설하거나 험담을 하거나 가짜 정보를 흘리거나 날조한 이야기를 퍼뜨리지 않는다는 사실을 늘 자랑스러워했는데—왕실 경호대(특수부와는 별개의 기관)처럼 비밀을 질질 흘리고 다니는 놈들과는 차원이 다르다고 말하는 요원이 많았다—이번 일로 그런 긍지에 큰 상처를 입었기 때문이다. 여러 요원이 기꺼이 증인으로 나서서 그를 지지해주겠다고 말했다. 운전사는 고등법원에 가서야 거짓말을 시인하고 사죄했다. 옛 경호팀은 승리를 자축하면서 그들이 싫어한다는 바로 그 사람에게 의기양양한 축하이메일을 보내주었다.

거짓말쟁이는 그 운전사만이 아니었다. 루슈디를 겨냥한 비방 중에서도 가장 억울한 거짓말을 꼽는다면 아마도 "배은망덕하다"는 말일 것이다. 이 말은 "거만하다" "불쾌하다" 등과 함께 영국의 여러 타블로이드 신문이 자주 썼던 표현이지만, 사실은 대중 앞에서 루슈디를 깎아내려 신뢰감을 떨어뜨리려고 공들여 만들어낸 가공인물의 성격일 뿐이었다. 루슈디는 당연히 고마워했다. 9년 동안 날이면 날마다 고마워했고, 기회가 있을 때마다 거듭거듭 그렇게 말했다. 그를 지켜주다가 친구가 된 사람들과 이른바

"측근들"은 모두 진실을 알고 있었다.

어느 날 텔레비전에서 로널드 레이건에 대한 다큐멘터리를 방영할 때였다. 루슈디도 경호팀과 함께 앉아 존 힝클리 주니어가 대통령을 저격하는 장면을 보았다. 스탠이 말했다. "경호팀을 잘 보세요. 모두 정확한 위치를 잡았어요. 엉뚱한 데로 빠진 사람은 아무도 없어요. 대응시간도 모두 기가 막혀요. 실수한 사람은 한 명도 없죠. 한결같이 초특급 역량을 발휘한 겁니다. 그런데도 대통령이 저격당했어요." 가장 위험한 구간, 결코 백 프로 완벽하게 차단할 수 없는 구간은 건물 출구에서 자동차 문까지다. 이번엔 베니가 대사를 가리키며 말했다. "저 이스라엘인도 그걸 알아요. 저렇게 고개를 숙인 채 달리잖아요." 힝클리가 대통령을 저격한 곳이 바로 그 구간이었다. 그러나 여기에는 더 보편적인 진실도 있다. 미국에서 가장 탁월한 경호요원들, 모두 고도의 경험을 쌓고 중무장까지 한 그들이 최고의 역량을 발휘했지만 총잡이는 결국 저격에 성공했다. 미국 대통령이 쓰러졌다. 완벽한 안전은 없다. 불안전의 정도가 다를 뿐이다. 그는 이 진실을 안고 살아가는 법을 배워야 했다.

케블라 방탄조끼를 입어보라는 제안도 받았다. 거절했다. 그리고 차문에서 건물 입구로, 혹은 그 반대로 걸어갈 때마다 의식적으로 천천히 걸었다. 종종걸음을 치진 않으리라. 고개를 높이 들고 당당히 걸어가리라.

그는 이렇게 다짐했다. "경호원들이 말하는 이 세상의 현실에 굴복하면 영원히 그 노예가 되고 포로가 된다." 경호팀의 세계관은 이른바 최악의 상황을 기준으로 삼는다. 그러나 길을 건널 때 벌어질 수 있는 최악의 상황은 트럭에 치이는 일이고, 그렇다면 길을 건너지 말아야 한다. 그러나 사람들은 날마다 길을 건너는데도 트럭에 치이는 일은 좀처럼 없다. 이 사실을 잊지 말아야 한다. 불안전의 정도가 다를 뿐이다. 앞으로도 계속 길을 건너야 할 테니까.

"역사는 제가 깨어나려 애쓰는 악몽입니다."* 조이스의 디덜러스는 그렇게 말했지만 작은 영웅 스티븐이 악몽에 대해 알면 얼마나 알겠는가? 스티븐이 겪은 일 가운데 가장 악몽에 가까운 일은 밤의 도시에서 술에 취한 일, 폴디의 집에 따라가 새 블룸 성지를 건설한 일, 혹은 오쟁이 진 블룸의 소개로 색녀 몰리에게 봉사한 정도가 고작 아닌가.** 진짜 악몽은 이런 것이다. 피에 굶주린 성직자들이 복수의 화살을 쏘아대고, 그 화살이 머리에 꽂힌 루슈디 허수아비가 시위에 등장하고. 그런데 루슈디는 생시에 그런 악몽을 꾸었다. 파키스탄에 사는 이모부가 신문광고를 냈는데 간추리자면 이런 뜻이었다. 우리를 탓하지 마세요. 우리도 그 녀석을 좋아하지 않았답니다. 이모는 아직 웸블리에서 사민과 함께 지내는 어머니에게, 파키스탄 국민은 그녀가 귀국하지 않기를 바란다고 말했다. 그 말은 사실이 아니었다. 아마도 이모와 이모부는 조카 때문에 난처해서 그 어머니도 가까이하기 싫었던 모양이다. 그러거나 말거나 어머니는 파키스탄으로 돌아갔지만 아무도 그녀를 공격하지 않았다. 가끔 시장에서 사람들이 아드님은 무사하냐고 물으며 위로할 뿐이었다. 별 한심한 일이 다 있네요. 피에 굶주린 폭동이 한창이지만 예의도 조금은 남아 있었던 모양이다. 한편 그는 통돼지와 땅딸보와 뚱보 잭과 종마라는 별명이 붙은 경찰관들의 보호를 받으면서—그때쯤에는 이런 별명과 인원 교대에도 차츰 익숙해졌다—폴록 위어를 떠날 때가 되면 옮겨갈 집을 구하려 했다. (홀로이드 부부가 호의를 베풀어 6주 더 머물러도 된다고 했지만 그 시간도 얼마 남지 않았다.) 알맞은 집을 찾기도 어려운데 매번 딴사람이 집을 보러 다녀야 했으니 더욱더 힘들었다. 루슈디는 존재하지 않는 사람이었다. 조지프 앤턴만 존재

---

* 제임스 조이스의 소설 『율리시스』에 등장하는 스티븐 디덜러스의 말. 스티븐은 조이스의 『영웅 스티븐』과 『젊은 예술가의 초상』에도 나온다.
** 『율리시스』에 관한 언급.

했다. 그리고 그는 남의 눈에 띄지 말아야 했다.

책의 세계가 끊임없이 메시지를 보냈다. 미국에 있는 바라티 무케르지와 클라크 블레이즈*는 사람들이 응원의 뜻으로 내가 살만 루슈디라는 배지를 만들어 자랑스럽게 달고 다닌다고 썼다. 그 배지를 하나 갖고 싶었다. 자신인 동시에 자신이 아닌 그 사람을 지지한다는 의미로 조지프 앤턴도 그 배지를 달고 싶었다. 기타 메타**는 통화중에 조금 짓궂은 말투로 이렇게 말했다. "『악마의 시』는 『리어 왕』이 아니야. 오히려 『수치』가 『리어 왕』에 가깝지." 블레이크 모리슨은 이런 말을 했다. "이번 사건 때문에 아무것도 못 쓰는 작가가 많아. 글을 쓰면 마치 로마가 불타는 동안 바이올린을 켜는 기분이 든대." 타리크 알리는 루슈디를 가리켜 "휴가를 즐기는 사망자"라는 몰인정한 표현을 썼고, 하워드 브렌턴과 공동 집필하여 로열 코트 극장에서 상연할 예정인 『이란의 밤 Iranian Nights』이라는 희곡을 보내주기도 했다. 이 작품은 서둘러 쓴 티가 나는 천박한 익살극이었는데, 그속에는 이제 진부하다시피 한 표현으로 루슈디의 작품을 조롱하는 말도 있었다. "도저히 읽을 수 없는 책이야." 그 말이 후렴처럼 반복되었다. 이 희곡은 다음과 같은 문제를 간과했다. 정치적 억압으로서의 종교와 국제 테러리즘으로서의 종교, 신성모독의 필요성(프랑스 계몽주의 작가들은 사상을 통제하는 교회권력에 대항하기 위해 의도적인 신성모독을 공격 수단으로 이용했다), 그리고 지식인의 적으로서의 종교. 루슈디라면 그런 주제를 다뤘겠지만 이 희곡은 그의 작품이 아니었다. 그는 그저 희곡의 소재일 뿐, 아무도 읽을 수 없는 책의 저자일 뿐이었다.

사람들을 만날 기회가 생길 때마다 그는 자신과의 만남보다 보안 절차에 더 흥분하는 모습을 보게 되었다. 드라이클리닝, 커튼, 권총을 차고 자

---

* 인도 출신 미국 작가와 캐나다 작가 부부.
** 인도 소설가(1943~).

기 집을 구석구석 탐색하는 잘생긴 사내들. 나중에 친구들이 그 시절을 회상하며 가장 생생히 기억하는 것도 바로 특수부 요원들이었다. 런던 문단과 영국 비밀경찰 사이에 있음직하지 않은 우정이 차츰 무르익었다. 경호원들도 루슈디의 친구들을 좋아했다. 언제나 따뜻하게 맞이하고 편히 쉬도록 보살펴주고 잘 먹여주었기 때문이다. 그들은 이렇게 말했다. "우리가 다른 집에 가면 어떤 대접을 받는지 상상도 못하실 겁니다." 정계 거물들과 마나님들은 이 선량한 사람들을 아랫것처럼 대했다.

때로는 지나치게 흥분하는 사람도 있었다. 에드워드 사이드의 초대를 받고 만나러 갔을 때였다. 당시 에드워드는 런던 메이페어에 있는 쿠웨이트 친구 집에 머물고 있었다. 그 집에 도착했을 때 한눈에 그를 알아본 인도인 가정부가 눈을 휘둥그레 뜨고 안절부절못했다. 그녀는 사이드의 친구가 가 있는 쿠웨이트로 전화를 걸어 소리소리 지르며 횡설수설했다. "루슈디! 여기! 루슈디 여기!" 쿠웨이트에 있는 사람들은 그 투명인간이 왜 자기들의 런던 집에 출현했는지 어리둥절해했다. 어째서 그 사람이 우리 집에 숨었을까? 결국 에드워드가 친구를 저녁식사에 초대했을 뿐이라고 설명했다. 그런 상황에서 장기 숙박은 상상도 할 수 없었다.

그는 경호팀이 실제로 매혹적이라는 사실을 서서히 깨달았다. 그들은 루슈디가 나타나기 전에 도착하여 만반의 준비를 갖추고, 곧이어 매끈한 재규어가 집 앞에 멈춰 서고, 차문에서 대문까지의 최대 위험 구간을 통과하는 동안 잠시 긴장이 감돌고, 재빨리 루슈디를 집 안으로 밀어넣는다. 누가 봐도 귀빈 대접이다. 누가 봐도 좀 과하다. 그래서 누구나 이런 생각을 하게 된다. 엄청 거들먹거리네? 뭘 잘했다고 저렇게 왕처럼 떠받들지? 친구들은 아무 말도 안 했지만 한두 명쯤은 내심 의아했을 것이다. 꼭 저렇게 수선을 떨어야 되나? 기간이 길어질수록, 루슈디가 죽지 않고 버틸수록, 사람들은 아무도 그를 죽이려 하지 않는다고 생각했다. 경호팀을 거느리고 다니는 이유는 그저 허영심 때문이라고, 밉살스러운 자만심 때문이라고. 남들을 설득하기는 쉽지 않았지만 경호팀과 함께 다니는 당사자 입장에서는 스타가 된 기분 따위를 즐길 여유가 없었다. 오히려 감옥에 갇힌 기분이었다.

한편 언론에는 온갖 소문이 나돌았다. 아부 니달 조직*에서 훈련을 받은 암살단이 "서양 옷을 입은 사업가 행색"으로 위장하여 영국에 들어온다고 했다. 중앙아프리카공화국에서 암살단을 보낸다는 말도 있었다. 그렇게 무시무시한 소문으로도 모자랐는지 라디오, 텔레비전, 신문 1면 등은 연일 험악한 소식을 보도했다. 텔레비전 토론에 참가한 보수당의 존 패튼 장관이 친親무슬림 하원의원 키스 바즈와 맞서 열변을 토했다. 이란에서 방금 귀국한 칼림 시디키도 텔레비전에 출연했다. "루슈디는 영국에서 죽지 않습니다." 납치 계획을 암시하는 발언이었다. 최근 무슬림 "지도자" 유수프 이슬람으로 다시 태어난 팝 가수 캣 스티븐스도 텔레비전에 출연하여 루슈디의 죽음을 기원하면서 만약 그 신성모독자의 행방을 알게 된다면 당장 암살단을 부르겠다고 공언했다.

타라 아츠 극단의 자틴더 베르마와 통화할 때, "[시위 주동자들이 영국 무슬림을 부추겨] 민초들에게 겁을 주도록" 했으며 "모스크연합도 정치적 압력을 행사"한다는 말을 들었다. 좌파의 비난도 이슬람의 움직임 못지않게 우울했다. 존 버거가 〈가디언〉에서 루슈디를 규탄했다. 폴 길로이는—『영국 국기에는 검은색이 없다 *There Ain't No Black in the Union Jack*』를 쓴 저명한 지식인으로, 적어도 영국에서는 미국의 코넬 웨스트**와 같은 위상을 지닌 사람이다—루슈디가 "민중을 오판"하여 비극을 자초했다고 꾸짖었다. 그러면서 어처구니없게도 루슈디를 권투 선수 프랭크 브루노에 비유했다. 누가 뭐래도 브루노는 "민중을 오판"하는 일이 없어 늘 사랑받는 선

---

* 아부 니달이 이끈 팔레스타인 무장단체. 1970~80년대에 대형 테러를 많이 저질렀다.
** 미국 사회의 인종, 젠더, 계급 문제를 연구해온 학자(1953~). 사회적 쟁점에 관해 활발히 발언해왔다.

수인데 말이다. 버거나 길로이 같은 사회주의 지식인들의 사고방식에 따르면 민중이 루슈디를 오판했을 가능성은 조금도 없다. 민중은 절대로 실수하지 않으니까.

집 문제가 다급해졌다. 그때 데버러 로저스가 다시 구원의 손길을 내밀고 해결책을 제시했다. 슈롭셔 주의 버크넬 마을에 있는 널찍한 집을 1년 동안 사용할 수 있다고 했다. 경찰이 확인해보았다. 괜찮아 보인다고 했다. 마음이 확 밝아졌다. 한집에 1년이나 머물 수 있다니 상상도 못한 호사였다. 얼른 동의했다. 조지프 앤턴이 그 집을 빌리겠다고.

어느 날 통돼지라고 불리는 경호요원에게 물어보았다. "만약 『악마의 시』가 시나 라디오 극본이었다면, 그래서 그런 집을 빌릴 만큼 수입이 생기지 않았다면 어땠을까? 내가 너무 가난했다면 특수부에선 어떻게 했겠소?" 통돼지는 어깨를 으쓱거렸다. "그렇지 않아서 다행이죠. 그런 문제로 고민할 필요가 없으니 말입니다."

마이클 풋과 아내 질 크레이기가 닐 키넉—마이클의 뒤를 이어 제1야당 대표가 되었다—과 아내 글레니스를 설득하여 햄프스테드의 필그림즈 레인에 있는 자택에서 루슈디와 함께 저녁식사를 하자고 했다. 텔레비전 시리즈 〈베일리 법원의 럼폴Rumpole of the Bailey〉을 집필한 변호사 존 모티머와 아내 페니도 오기로 했다. 그리하여 런던으로 올라갔는데, 하필 리젠트 공원의 모스크 앞에서 교통체증에 걸려 오도 가도 못하게 되었다. 때마침 금요 예배를 마친 신자들이 우르르 몰려나왔다. 방금 루슈디를 욕하는 설교를 들었을 터였다. 부랴부랴 〈데일리 텔레그래프〉를 펼쳐 얼굴을 가렸다. 잠시 후 이렇게 물어보았다. "차문은 잠가놨소?" 그러자 찰칵 소리가 나더니 땅딸보가 헛기침을 하고 대답했다. "방금 잠갔습니다." 이렇게 "동족"과 격리되고 말았다는 생각에 가슴이 아플 수밖에 없었다. 사민에게 그 말을 했다가 핀잔만 들었다.

"성직자들한테 꼼짝도 못하는 어중이떠중이는 오빠 동족이 아니야. 옛날부터 오빠는 그 사람들을 비판했고 그 사람들도 오빠를 비판했잖아. 인도에서도 파키스탄에서도."

풋 부부의 집에서 만난 닐 키녁은 놀라울 정도로 상냥하고 우호적이었으며 격려의 말을 아끼지 않았다. 그러면서도 자기가 이 자리에 동석했다는 사실이 "새어나가면" 정치적으로 곤란해질까봐 걱정했다. 더 바랄 나위 없이 친절한 사람이었지만 그의 친절은 비밀이었다. 그날 키녁은 무슬림만 받는 학교에 국가보조금을 주는 데 반대하지만 노동당의 정책이니 어쩔 수 없다고 한탄했다. 그러나 그의 강적인 보수당 총리 마거릿 대처가 그렇게 맥없이 체념하는 모습은 상상조차 할 수 없었다.

마이클도 예전부터 열렬한 지지자이며 친구였다. 그러나 인디라 간디에 대해서만은 루슈디와 의견이 엇갈렸다. 마이클은 간디 여사와 잘 아는 사이였고, 1970년대 중반의 "비상사태" 기간 몇 년 동안 독재에 가까운 전횡을 휘두른 일마저 용서하려 했다. 마이클은 일단 친구로 삼은 사람은 절대로 잘못을 저지를 리가 없다고 믿어버렸다.

그 자리에는 시인 토니 해리슨도 있었다. 그는 BBC 방송에서 〈신성모독자들의 만찬The Blasphemers' Banquet〉이라는 프로그램을 제작했는데, 브래드퍼드의 어느 식당에서 볼테르, 몰리에르, 오마르 하이얌, 바이런 등과 함께 식사를 한다는 설정이었다. 그곳에 빈자리가 하나 있었다. "저건 살만 루슈디가 앉을 자립니다." 두 사람은 신성모독이 서구 문화의 뿌리를 형성했다는 이야기를 나눴다. 소크라테스, 예수그리스도, 갈릴레이 등은 모두 신성모독죄로 재판을 받았지만 철학, 기독교, 과학 등의 역사는 그들에게 크나큰 빚을 졌기 때문이다. 해리슨이 말했다. "루슈디 선생 자리는 비워두겠소. 출연할 형편이 되면 말씀만 하시구려."

그는 어둠을 뚫고 달려갔다. 사랑니가 터질 듯이 아팠다.

이미 브리스틀 근처에 있는 병원을 선택하고 사전 협의를 마친 뒤였다. 루슈디는 몰래 들어가 진찰을 받고 엑스레이를 찍은 후 그곳에서 밤을 보내고 아침에 수술을 받아야 했다. 아래쪽 좌우 사랑니가 모두 매복치라 전신마취가 필요한 상황이었다. 경찰은 루슈디가 이곳에 있다는 소식이 전해져 병원 앞에 적대 세력이 진을 칠까봐 걱정했다. 그런 사태를 위한 대비책도 마련했다. 영구차를 대기시켜두었다가 병원 출입구 앞에 대고 마취 상태인 루슈디를 시체 운반용 부대에 넣어 빼돌린다는 계획이었다. 이 계책을 실행할 일은 생기지 않았다.

의식을 되찾았을 때 메리앤이 그의 손을 잡고 있었다. 모르핀에 취해 몽롱한 상태였으므로 머리와 아래턱과 목의 통증도 그리 심하지 않았다. 목 뒤에는 따뜻한 베개가 있었고 메리앤은 아주 다정했다. 하이드파크에는 무슬림 2~3만 명이 모여 열심히 뭔가 요구하는 중이었지만 모르핀 덕분에 아무렇지도 않았다. 무슬림은 영국 역사상 최대 규모인 50만 명이 모인다고 예고했던 터라 2만 명 정도는 시시해 보였다. 모르핀의 효과는 정말 대단했다. 줄곧 이 상태로 지낼 수만 있다면 행복할 듯싶었다.

나중에 클래리사와 한바탕 싸웠다. 자파르가 텔레비전에서 시위 보도를 보았기 때문이다. 루슈디는 이렇게 따졌다. "그걸 왜 보게 놔뒀어?" 그녀가 대답했다. "어쩌다 그렇게 됐어." 그러더니 시위 때문에 심란한 줄은 알겠지만 자기한테 화풀이를 하지는 말라고 했다. 자파르가 전화를 바꾸더니 머리에 화살이 박힌 허수아비를 보았다고 말했다. 그는 테헤란도 아니고 자기가 태어난 도시에서 아이들까지 포함한 남자 2만 명이 행진하며 아빠의 죽음을 요구하는 장면을 보고 말았다. 루슈디는 이렇게 말했다. "텔레비전에 나온다니까 다들 괜히 더 그러는 거야. 그래야 똑똑해 보인다고 생각하거든." 그러자 자파르가 말했다. "아니던데. 그냥 멍청해 보이던

데." 가끔 그렇게 사람을 놀라게 하는 아이였다.

컴퓨터 천재인 친구 구르무크 싱과 의논해보았더니 기발한 아이디어를 내놓았다. "휴대폰"을 장만하지그래? 이제 "휴대폰"이라는 물건이 나오는 시대라고. 배터리를 충전해서 들고 다니면 어디서 전화를 걸었는지 아무도 몰라. 그런 신형 전화기만 있으면 가족이나 친구나 거래처에 번호를 알려줘도 위치를 들킬 염려가 없지. 루슈디는 그것 참 기막힌 묘안이라고 말했다. 믿어지지 않을 정도였다. 구르무크가 말했다. "내가 알아볼게."

오래지 않아 마치 안테나 달린 벽돌처럼 터무니없이 커다란 휴대폰이 도착했고 루슈디는 들뜨서 어쩔 줄 몰랐다. 이리저리 전화를 걸어 번호를 가르쳐주었더니 다들 한 번씩 전화를 걸어 확인했다. 사민도 폴린도 그랬고, 마이클 허 같은 친구는 몇 번이나 다시 걸었다. 일찍이 베트남전쟁을 다룬 고전『파병 Dispatches』을 썼던 그는 이 무렵 런던에 살았는데, 루슈디를 누구보다 많이 걱정해주는 사람이었다. 오히려 당사자보다 더 안절부절못하고 전전긍긍한다는 생각이 들 정도였다. 당시『남아 있는 나날』을 발표하여 큰 성공을 거둔 가즈오 이시구로도 연락해서『악마의 시』에 대한 서평을 다시 써야 한다고 말했다. 이번엔 소설가들이 나서서 초점을 문학으로 되돌려야 한다는 의견이었다. 클래리사도 연락해서 화해를 청했다. 그리고 그녀가 일하는 A. P. 와트 에이전시에서 저작권을 관리하는 어느 아일랜드 작가가 했다는 이야기를 전해주었다. 버밍엄에 자기가 아는 아일랜드인 건축업자가 몇 명 있는데, 최근 거대한 신축 모스크의 기초공사를 맡았을 때 시멘트가 굳기 전에 남몰래『악마의 시』한 권을 빠뜨렸다고 하더란다. 클래리사는 이렇게 덧붙였다. "그러니까 그 모스크는 당신 책 위에 지었다는 얘기야."

마이클 홀로이드가 연락해서 자기가 보기에는 지난번의 대규모 시가행진이 여론을 크게 흔들어 오히려 시위대에 반감을 갖게 만드는 역효과를 냈다고 말했다. 그동안 형세를 관망하던 사람들도 이번에 텔레비전을 보고 혐오감을 느껴 반대파로 돌아섰다는 설명이었다. 그날 방송에서는 이런저런 포스터가 등장하고—개를 잡자, 루슈디 개새끼 죽어라, 그놈이 사는 꼴을 보느니 차라리 우리가 죽겠다—열두 살 먹은 소년이 카메라를 바라보며 그 개자식을 자기 손으로 죽일 각오라고 말하기도 했다. 칼림 시디키와 캣 스티븐스가 출현한 점도 유리하게 작용했다. 아닌 게 아니라 그 시위에 대한 언론 보도는 주로 루슈디 편이었다. 〈타임스〉 논설위원은 이렇게 논평했다. "한 사람을 몰아세우는 꼬락서니가 싫다."

지독하게 더웠던 5월, 여기저기서 루슈디를 보았다는 목격담이 꼬리를 물었다. 제네바에서, 콘월에서, 런던 전역에서, 그리고 무슬림이 감시하던 옥스퍼드 만찬회장에서. 남아공 작가 크리스토퍼 호프는 클래리사의 동료 캐러독 킹에게, 자기가 옥스퍼드 리셉션에 참석했을 때 투명인간도 분명히 그 자리에 있었다고 말했다. 타리크 알리는 어느 외딴 곳에서 루슈디를 만나 식사를 했다고 주장했다. 이런 목격담은 모두 사실이 아니다. 실제로 유령 루슈디가 출몰했다면 모를까, 혹은 한스 크리스티안 안데르센의 흥미진진하고 무시무시한 이야기처럼 조지프 앤턴은 집에 있었지만 도망친 그림자가 장난을 치며 돌아다녔다면 또 모를까. 아무튼 로열코트 극장에서 공연한 〈이란의 밤〉 무대 위에 도망친 그림자가 나타났다고 하더니 『내 인생은 나의 것Whose Life Is It Anyway?』을 쓴 브라이언 클라크의 희곡 제목에 다시 등장했다. 새 작품의 제목은 참으로 격조 높았다. '누가 살만 루슈디를 죽였을까?'. 그는 클라크에게 전화를 걸어 그 질문의 답을 일러주었다. "아무도 못 죽였어요. 어쨌든 아직은 살았으니까 계속 무사하길 빌어주시죠." 클라크는 '누가 작가를 죽였을까?'로 제목을 바꾸면 어떻겠느냐고 물었지만 내용은 고칠 수 없다고 했다. 자기가 쓴 책 때문에 이란 암살단에게 살해당하는 작가 이야기. "창작이란 말씀입니까?" 물론이지. 누구에게나 일어날 수 있는 일 아닌가. 클라크는 이 작품을 상연할 곳을 알아보겠다고 했다. 루슈디의 삶에 이어 죽음마저 남의 소유물이 되고 말았다. 동네북 신세였다.

영국에 사는 사람들이 일제히 일광욕을 즐길 때 그는 집 안에만 있었다. 점점 더 창백해지고 텁수룩해졌다. 그때 한 가지 제안이 들어왔다. 이탈리아 중도정당—공화당, 자유당, 그리고 제안 당사자인 마르코 판넬라라는 사람이 이끄는 급진당—이 가진 "공천권"으로 유럽의회에 보내주겠다고 했는데, 이 제안은 영국 자유민주당 대표 패디 애시다운의 집무실을 거쳐 루슈디에게 전달되었다. 길런은 반대했다. "거절하시게. 아무래도 홍보효과를 노리는 듯싶어." 그러나 판넬라는 유럽도 루슈디를 지지한다는 분명한 의사표시를 해야 한다고 믿는다면서, 일단 유럽의회 의원이 되면 그를 겨냥한 모든 공격이 유럽의회 자체에 대한 공격으로 간주되므로 잠재적 공격자들이 단념할 수도 있다고 말했다. 그러나 루슈디를 가둬두기로 단단히 결심한 듯한 런던경찰청 수뇌부는 그런 행동이 일부 무슬림에게는 자극제로 작용하여 오히려 위험이 더 커질 수도 있으며 다른 사람들이 위험해질지도 모른다고 했다. 선생의 결정 때문에 "가령 스트라스부르*에 있는 만만한 표적들"이 박살나면 기분이 어떻겠소? 결국 시뇨르 판넬라의 권유는 거절하기로 했다. 루슈디는 정치가가 아니라 작가였다. 작가로서 보호받고 작가로서 자신을 지키고 싶었다. 주홍글자를 자랑스럽게 달고 다녔던 헤스터 프린이 떠올랐다. 이제 루슈디도 주홍색 A자 낙인이 찍힌 몸이었다. "간통녀Adulteress"가 아니라 "배교자Apostate". 호손의 고귀한 여주인공처럼 아무리 괴로워도 이 주홍글자를 명예로운 훈장으로 여겨

---

* 유럽의회 본부가 위치한 프랑스 도시.

야 했다.

미국 잡지 〈NPQ〉 한 권을 받았는데 그 속에서 어느 이슬람학자의 글을 발견하고 기뻐했다. 『악마의 시』는 예술, 시, 철학 등을 모두 의심하는 오랜 이슬람 전통에서 비롯되었다는 내용이었다. 살기등등한 아이들의 아우성에 묻혀 잘 들리지 않는 조용한 이성의 목소리였다.

하울리 총경을 다시 만났다. 활기 넘치는 유머소설가인 오스트레일리아 친구 캐시 렛과 왕실고문변호사인 남편 제프리 로버트슨의 이즐링턴 집에서였다. 하울리를 보고 루슈디는 아버지가 호두를 깰 때 쓰던 호두까기 인형을 떠올렸다. 남자의 머리와 두 팔만 달린 형태인데, 호두를 입에 물리고 양팔을 꽉 조이면 우두둑 통쾌한 소리를 내며 호두가 부서졌다. 총경의 턱선도 딕 트레이시*가 탐낼 만큼 무시무시했고, 입을 꾹 다물면 얇은 입술이 사뭇 냉혹해 보였다. 어떤 호두라도 하울리 총경만 보면 껍데기가 부서져라 와들와들 떨지 않을까싶었다. 근엄하고 진지한 사람이었다. 그러나 그날은 약간의 희망을 주러 왔다. 총경은 지금처럼 친구 집을 빌리거나 셋집을 얻어가며 끊임없이 방랑하는 생활은 누구에게나 불합리한 일이라고 시인했다. 그래서 결정이 내려졌고―경찰은 수동태를 좋아한다―"대략 내년 중순쯤" 입주해서 아주 눌러살 집을 찾아봐도 좋다는 허락이(또 나왔다, 뜬금없는 허락) 떨어졌다는 이야기였다. 내년 중순이라면 아직도 1년이나 남아서 좀 실망스러웠지만 다시 집이 생기고 다른 "요인"들처럼 자기 집에서 보호받으며 살 수 있다는 생각을 하니 저절로 기운이 샘솟고 자존심도 되살아났다. 이렇게 허둥지둥 옮겨다니는 생활에 비하면 얼마나 고상한 삶인가! 그래서 하울리 총경에게 고맙다고 말했다. 그리고 부디 가족이나 친구들과 멀리 떨어진 어느 촌구석에 틀어박혀 살라고 하지만 않았으면 좋겠다고 덧붙였다. "물론이죠." 하울리는 "DPG 관할구역"

* 미국 만화의 주인공 형사.

에 있는 집을 구해야 모두가 편해진다고 말했다. DPG는 외교관 경호대 Diplomatic Protection Group의 약자로, 유사시에 신속한 대응을 보장하는 기관이다. 루슈디는 당연히 동의했다. 하울리가 말했다. "좋습니다. 그렇게 진행하죠." 호두까기 인형이 입을 꾹 다물었다.

이 소식은 누구에게도, 심지어 그날의 집주인들에게도 말해줄 수 없었다. 캐시 렛은 5년 전 시드니에서 로빈 데이비드슨과 함께 본다이 해변을 거닐다가 처음 만났다. 어느 아파트 4층에서 파티를 벌이는 소리가 들려올려다보니 바다를 등지고 발코니 난간에 걸터앉은 여자 하나가 눈에 띄었다. 그때 로빈이 말했다. "저 엉덩이는 언제 어디서나 한눈에 알아볼 수 있지." 루슈디와 캐시의 우정은 거기서 출발했다. 엉덩이에서. 로빈이 떠난 뒤에도 캐시는 남았다. 그녀는 제프리와 사랑에 빠진 후 영국으로 건너왔다. 당시 제프리는 나이젤라 로슨*을 버리고 캐시를 선택했는데, 이 결단은 나이젤라를 포함하여 관련자 모두의 인생에 바람직한 일이었다. 경찰이 떠나간 이즐링턴 집에서 제프는 『악마의 시』에 대한 법적 공격이 실패할 수밖에 없는 이유를 자세히 설명했다. 확신과 화끈한 감정 표현이 마음 든든했다. 소중한 아군이었다.

메리앤이 시내로 외출했다가 돌아왔다. 지하철 승강장에서 국립극장 예술감독 리처드 에어를 우연히 만났는데 그녀를 보고 눈물을 흘렸다고 한다.

너무 많은 사람들이 너무 많은 의견을 내놓았지만 경찰은 루슈디에게 제발 자극적인 발언은 삼가라고 당부했다. 경찰의 사고방식에 의하면 루슈디의 발언은 그의 입에서 나왔다는 이유만으로도 모조리 자극적인 발언이었다. 그래서 머릿속으로는 편지 수천 통을 썼지만 벨로의 허조그가 그

---

* 영국 방송인이자 음식 전문 저술가(1960~).

랬듯이 모두 허공으로 날리는 수밖에 없었다. 강박관념에 사로잡힌 반미치광이처럼 세상 사람들의 말을 일일이 반박하는 편지, 어차피 부칠 수 없는 편지였다.

〈선데이 텔레그래프〉 귀중

귀사가 제시한 계획에 따르면 저는 마땅히 캐나다쯤에, 혹은 스코틀랜드 어느 산간벽지에 안전한 은신처를 구해야 합니다. 사람들이 낯선 사람을 경계하는, 그래서 나쁜 놈들이 나타나면 금방 눈에 띄는 그런 곳 말입니다. 그렇게 새 거처를 마련한 다음에는 남은 한평생 입을 다물고 살아야 합니다. 귀사가 그런 대안을 내놓은 이유는 제가 아무 잘못도 저지르지 않았다는 사실, 그리고 죄 없는 사람은 스스로 원하는 삶을 살아갈 권리가 있다는 사실을 고려하지 않았기 때문이겠지요. 그런데 당돌하게도 저는 터무니없는 사고방식을 버리지 못합니다. 요컨대 대도시에서 자란 저는 어차피 (잠깐 동안이라면 모르지만) 시골을 그리 좋아하지 않고, 옛날부터 추운 날씨라면 질색이니 스코틀랜드도 캐나다도 적합하지 않다는 생각 말입니다. 게다가 입다물고 조용히 살 자신도 없습니다. 누군가 작가에게 재갈을 물리려 할 때 최선의 대응책은 침묵하기를 거부하는 일입니다. 언론인으로서 여러분도 동의하지 않으십니까? 오히려 전보다 더 시끄럽고 더 뻔뻔스럽게 떠들어야 하지 않겠습니까? 더 아름답고 더 용감하게 (솔직히 저는 잘 못하지만 재주가 있는 사람이라면) 노래해야 하지 않겠습니까? 더욱더 나대야 하지 않겠습니까? 여러분이 그렇게 생각하지 않으신다면 미리 사과의 뜻을 전합니다. 바로 그게 제 계획이니까요.

브라이언 클라크 귀하

내 인생은 나의 것 아닙니까?

랍비장 임마누엘 야코보비츠 귀하

유대인 젊은이들이 공부하는 대학에 적어도 한 번은 가본 적이 있습니다. 현명하고 엄격한 사유의 원칙과 실천을 현명하고 엄격하게 가르치는 곳이더군요. 그곳에서 저는 일찍이 제가 본 학생들 가운데 가장 총명하고 인상적인 젊은이들을 여럿 만났는데, 그들이라면 잘못된 도덕적 절대주의의 위험성과 부당성을 잘 이해하리라 믿습니다. 그런데 그들에게 모범을 보이셔야 할 분이 올바른 사유 과정을 게을리하시다니 실로 안타까운 일입니다. 랍비장님이 이런 말씀을 하셨지요. "루슈디 씨도 아야톨라도 표현의 자유를 남용했다." 적어도 몇몇 비평가와 전문가는 좋고 싫고를 떠나 진지한 예술작품으로 인정하는 소설과 노골적인 살인 명령을 동일시하신 셈입니다. 어리석은 발언이 분명하니 비난받아 마땅하지요. 그런데 랍비장님의 동료인 캔터베리 대주교님과 로마에 계신 교황 성하마저 사실상 똑같은 말씀을 하셨습니다. 세 분 다 종교적 감정을 건드리는 모든 행위를 금지하라고 요구하셨지요. 그런데 외부인 즉 신앙이 없는 사람의 눈으로 보면 유대교, 가톨릭교, 영국국교회 등이 내세우는 권위와 진실성이 서로 모순되고 이슬람교의 주장과도 엇갈리는 듯합니다. 만약 가톨릭교가 "참"이라면 영국국교회는 "거짓"일 테고, 실제로 수많은 사람들이—국왕들도, 교황들도—바로 그런 믿음 때문에 전쟁을 벌였지요. 더구나 이슬람교는 예수그리스도가 하느님의 아들이라는 말을 딱 잘라 부정하고, 무슬림 성직자와 정치가 중에는 반유대주의를 공공연히 드러내는 사람도 많습니다. 그런데 이렇게 서로 화해할 수 없는 여러 종교가 왜 별안간 의기투합했을까요? 랍비장님, 제정로마 시대를 생각해보십시오. 그 위대한 민족의 상황이 곧 위대한 세계종교들의 상황인지도 모릅니다. 그토록 서로 혐오하고 서로 무너뜨리려 애쓰지만 사실은 모두 한집안, 하나뿐인 하느님의 집에 사는 일가족이니까요. 한낱 외부인, 혹은 지옥에 떨어져 마땅한 무신론자의 무리, 혹은 소설가 나부랭이 때문에 집 전체가 위협을 받는다고 느낄 때는 곧 놀라운 기민성과 열정을 과시하며 일치단결하기 마련입니다. 로마 병사들은 귀갑진, 즉 거북이 진형이라는 밀집대형을 이루고 싸움터로 뛰어들었습니다. 바깥쪽 병사들은 방패로 벽을 만들고 안쪽에 있는 병사들은 방패를 머리 위로 올려 지붕을 만들었지요. 야코보비츠 랍비장님과 동료들도 그렇게 신앙의 귀갑진을 치셨습니다. 여러분은 그 꼴이 우습건 말건 아랑곳하지 않습니다. 귀갑진의 벽이 무너지지 않고 버텨주길 바랄 뿐이지요.

로빈슨 크루소 귀하

당신 곁에 하인 프라이데이가 네 명이나 있는데 모두 중무장을 했다고 가정해봅시다. 그럴 때 당신은 더 안전하다고 느낄까요, 덜 안전하다고 느낄까요?

하원의원 버니 그랜트 귀하

파트와가 공포된 후 정확히 하루가 지났을 때 의원님은 하원에서 이렇게 말씀하셨습니다. "책을 불태우는 일쯤이야 흑인들한테는 별로 중요하지 않습니다." 그런 행동에 반대한다는 사실 자체가 "백인들이 자기들의 가치관을 온 세상에 강요하려 한다는 증거"라고 주장하셨지요. 저는 여러 흑인 지도자가—예컨대 마틴 루서 킹 박사처럼—사상 때문에 살해당했던 역사를 기억합니다. 저는 비록 외부인이지만 흑인 의원이라면 사상을 빌미로 사람을 죽이라고 명령했다는 소식에 당연히 경악하리라 믿었는데 그 말씀을 듣고 어리둥절했습니다. 의원님은 그 일을 반대하지 않으셨지요. 다문화주의의 바람직하지 않은 일면, 문화상대주의 이데올로기로 변해버린 일면을 보여주셨습니다. 문화상대주의는 윤리적 사고의 죽음과 다름없습니다. 독재권력을 휘두르는 폭군 같은 성직자들을, 딸의 몸을 망가뜨리는 포악한 부모들을, 혹은 동성애자와 유대인을 증오하는 편협한 인간들을 이른바 "문화"라는 핑계로 옹호하니까요. 융통성 없는 신앙, 편견, 폭력, 그리고 폭력을 행사하겠다는 협박 따위는 결코 인간적 "가치"가 아닙니다. 올바른 가치관이 결여되었다는 증거일 뿐입니다. 그런 것들은 개개인이 습득한 "문화"의 표현도 아닙니다. 문화인이 아니라는 표시일 뿐입니다. 이렇게 중대한 문제에 대해 이야기할 때는 말입니다. 의원님, 위대한 흑백 철학자 마이클 잭슨의 노랫말을 인용하자면, 흑인이든 백인이든 상관없어요.

텐안먼 광장에서 한 남자가 장바구니를 들고 탱크 행렬을 가로막았다. 반시간 전에 그가 슈퍼마켓을 찾을 때만 해도 영웅이 될 생각 따위는 없었을 것이다. 영웅적 기상은 느닷없이 그를 기습했다. 그날은 1989년 6월 5일, 대량학살 세번째 날이었으니 그게 얼마나 위험한 짓인지 몰랐을 리는 없다. 그런데도 다른 시민들이 끌어낼 때까지 우뚝 서서 버텼다. 그런 행동 때문에 결국 잡혀가 총살당했다고 말하는 사람들도 있다. 텐안먼 사태의 사망자 수는 끝내 공개되지 않아서 알 수 없다. 가브리엘 가르시아 마르케스의 『백 년 동안의 고독』에 나오는 바나나 농장은—우두머리 이름이 타란티노 감독의 영화에나 어울릴 법한 브라운 씨다—마콘도 중앙광장에서 파업 노동자 3천 명을 사살한다. 학살이 끝난 뒤에는 완벽하게 청소를 마치고 사건 자체를 단호하게 부정한다. 그런 일은 없었다. 다만 모든 것을 목격한 호세 아르카디오 세군도의 기억 속에 남았을 뿐이다. 그런 만행 앞에서 유일한 방어책은 기억이다. 중국 권력층도 그 사실을 알았다. 기억이야말로 강적이라는 사실을. 시위대를 몰살시킨 것만으로는 부족했다. 자유를 위해 목숨을 바친 용감한 학생들을 한낱 범죄자와 불량배로 기억하게 만들어야 했다. 중국 정부는 그렇게 과거를 조작하는 데 총력을 기울였고 마침내 성공했다. 파트와라는 작은 불상사로 시작된 그해는 전율할 만큼 무시무시한 참극을 불러들였고 해가 갈수록 상황은 더욱더 끔찍해졌다. 시위대의 최후는 개죽음이 되어버리고 기억마저 거짓말에 패배하고 말았다.

이제 폴록 위어를 떠나야 할 때였다. 경찰이 브레컨의 탤리본트 마을에 있는 임대주택을 찾아주었다. 매기 드래블과 마이클 홀로이드가 내려와 집을 돌려받고 매기의 쉰번째 생일 파티를 열었다. 메리앤은 탤리본트에 함께 가지 않고 미국으로 떠나겠다고 했다. 라라가 다트머스 대학을 졸업할 때가 되었으니 가보고 싶어하는 것이 당연했다. 메리앤이 떠나면 서로 안도감을 느낄 터였다. 루슈디는 그녀가 인내의 한계에 도달했다는 사실을 알아차렸다. 눈빛이 평소보다 더 불안하고 마치 마라톤 선수가 땀을 흘리듯 긴장감을 뿜어냈다. 조금이라도 쉬어야겠지만 아주 달아나버릴 가능성도 있었다. 이해할 만한 일이었다. 그녀는 이런 생활을 예상하지 못했고 이 싸움도 그녀의 몫이 아니니까. 의리를 지켜라. 그런 의무감 때문에 떠나지 못했지만 속마음은 목청껏 이렇게 소리쳤다. 도망쳐라! 두 사람의 사랑이 더 깊었다면 상황이 달랐을지도 모른다. 그러나 그녀는 루슈디 곁에서 행복하지 않았다. 그래서 딸의 졸업식에 꼭 참석해야 했다.

네 사람이 함께한 저녁식사는 야릇했다. 반쯤은 매기의 생일을 축하하는 분위기였지만 또 반쯤은 역사의 흐름에 충격을 받아 얼떨떨한 상태였다. 마이클이 남다른 어린 시절을 보내면서 겪었던 우스꽝스러운 일화를 들려주었다. 어머니가 여러 남편과 헤어질 때마다 아들에게 도움을 청했는데, 그중 한 남편은 아내의 마음을 돌리려고 마이클에게 편지를 부탁하더란다. 아빠, 제발 이혼하지 마세요. 그러나 모두 뉴스에 넋이 팔린 상태였다. 다들 입만 열면 톈안먼 이야기를 꺼냈다. 그런데 별안간 아야톨라호메이니가 죽어버리더니 시신이 테헤란 시내를 지나 무덤으로 향하는 장면이 방송되었다. 경찰은 옆방에서 근무 교대 시간을 기다리며 경찰 특유의 농담을 주고받고 있었다. 토요일엔 토할 때까지 마셔야지. 좀더 철학적인 농담도 있었다. 돈으로 행복을 살 수는 없지만, 똑같이 울어도 똥차보다 새 차가 편하지. 그러나 사실은 네 명 모두 멀리서나마 장례식 화면을 지켜보고 있었다. 엄청난 군중이 영구차를 둘러싸고 머리가 여러 개 달린 괴물처럼 밀치락달치락 걷잡을 수 없이 소용돌이쳤다. 마침내 상여가 기우뚱 쓰러지고 수의가 찢어지면서 고인의 연약하고 허연 다리가 백일하에 드러났다. 그 장면을 보면서 루슈디는 도무지 이해할 수 없다고 생각했다. 저 사람들이 버스와 트럭에 실려 동원되었다느니, 애절하게 슬퍼하는 대가로 돈을 받았다느니, 혹은 무아경에 빠져버린 사람이 많았다느니 하는 설명으로는 충분하지 않았다. 물론 해마다 아슈라, 즉 무하람월月 10일이 되면 시아파 신자들도 그렇게 황홀경에 빠져 자기 몸에 채찍질을 하고 상처를 내는데, 그것은 서기 680년 카르발라 전투 당시 전사한 예언자의 손자 후사인 이븐알리를 기리는 행사다. 그러나 죽은 이맘의 명령으로 이라크와 백해무익한 전쟁을 치르느라 수많은 아들을 잃은 국민이 왜 저렇게 울부짖으며 슬퍼하는지 알다가도 모를 일이다. 그렇다고 모두 연극이라고, 워낙 억눌리고 겁에 질린 채 살아온 사람들이라 독재자가 죽은 뒤에도 두려움을 이기지 못한 탓이라고, 공포를 사랑으로 위장했을 뿐이라고 간단히 결론을 내리기도 탐탁지 않다. 그들에게 이맘은 하느님과 인간을 잇는 연결고리였다. 그 고리가 끊어져버렸다. 이제 누가 그들을 대변해줄까?

이튿날 아침에 메리앤이 미국으로 떠났다. 그는 탤리본트로 향했다. 집은 비좁은데다 날씨마저 지독했다. 이 집에서 사생활 따위는 불가능했다. 루슈디와 경호요원들은—말솜씨가 뛰어나 장래가 촉망되는 밥 메이저라는 새 요원과 싹싹한 뚱보 잭이었다—몸을 비비다시피 생활할 수밖에 없었다. 게다가 휴대폰마저 쓸모가 없었다. 신호가 잡히지 않았다. 날마다 한 번씩 차를 타고 몇 마일 떨어진 한적한 시골로 나가 공중전화를 써야 했다. 폐소공포증이 극심했다. 일기장에 이렇게 썼다. "부질없다, 부질없다." 그러나 보스턴에 있는 메리앤에게 전화를 거는 순간 상황이 훨씬 더 악화되었다.

그는 웨일스 산비탈의 빨간 공중전화 부스 안에서 동전 자루를 손에 쥐고 메리앤의 목소리를 들었다. 그녀는 데릭 월컷과 조지프 브로드스키를 만나 저녁식사를 했는데, 두 노벨상 수상자는 루슈디처럼 생활을 포기하지 않겠다고 말하더란다. 브로드스키는 이렇게 단언했다. "저라면 그냥 우리집에서 평소처럼 살았을 겁니다. 그놈들이 뭘 어쩌겠습니까?" 메리앤은 전화로 이렇게 말했다. "그래서 내가 다 설명했어. '불쌍하잖아요, 죽을까봐 무서워서 그러는데.'" 루슈디는 생각했다. 그래, 정말 고마워, 메리앤. 그녀는 조지프 브로드스키가 발 마사지를 해주었다는 이야기도 했다. 그 말은 더욱더 불쾌했다. 마누라라는 여자가 세계 시단을 대표하는 두 수컷과 마주앉아서 자기 남편은 겁이 많아 그들처럼 용감하고 당당하게 살지 못한다고 말했다니. 그녀는 날마다 사리를 입고 다녔다고 말했다. 별로 조심하지 않는다는 소리였다. 그래서 사리는 너무 눈에 띄지 않겠느냐고 말하려는데 그녀가 폭탄선언을 했다. 보스턴의 호텔 로비에서 스탠리 하워드라는 CIA 요원을 만났다는 이야기였다. 할말이 있다고 해서 함께 커피를 마셨다고 한다. 그녀는 조금 높은 음성으로 이렇게 말했다. "우리가 어디 있었는지 다 알더라고. 집 안에도 들어가봤대. 당신 책상이랑 휴지통에서 이런저런 서류를 찾았다고 하더라. 자기들이 집 안을 살펴봤다는 증거로 그 서류를 보여주더라니까. 글꼴이나 페이지 설정 같은 걸 보니 틀림없이 당신 서류였어. 지금 당신 옆에 있는 사람들은 CIA가 다녀간 줄도 몰랐잖아. 그런 사람들을 어떻게 믿어? 당장 떠나야 돼. 미국으로 건너오라고. 하워드 스탠리 씨가 물어보더라. 우리가 정말 결혼했는지, 아니면 당신이 미국에 들어오려고 위장결혼을 했는지 말이야. 그래서 내가 당신 편을 들었더니 잘됐다면서 입국허가를 받을 수 있을 거랬어. 미국에만 오면 자유롭게 살 수 있을 거야."

스탠리 하워드 씨, 하워드 스탠리 씨. 물론 누구나 남의 이름을 잘못 기억할 수도 있고 잠시 헷갈릴 수도 있으니 그것만으로는 아무 의미도 없다. 이 실수는 오히려 그녀의 말이 진실이라는 증거일지도 모른다. 그래서 이렇게 말했다. 확인 좀 해보자. 그러니까 당신 얘기는 CIA 요원이 당신을 찾아와서 자기들이 영국 비밀작전에 대한 정보를 빼내고 안가에 침투해서 물건까지 빼돌렸는데 아무도 알아차리지 못했다고 하더란 말이지? "그렇다니까!" 그녀는 이렇게 말을 이었다. "거기도 안전하지 않으니까 지금 같이 있는 사람들만 믿지 말고 빨리 빠져나와." 그래서 그녀의 계획을 물어보았다. 메리앤은 일단 다트머스에 가서 졸업식에 참석한 후 버지니아에 사는 여동생 조앤의 집으로 간다고 했다. 루슈디는 이렇게 말했다. 알았어, 내일 다시 전화할게. 그러나 이튿날 다시 걸었을 때 메리앤은 전화를 받지 않았다.

밥 메이저와 뚱보 잭에게 메리앤의 이야기를 들려주었다. 그들은 심각한 표정으로 듣고 나서 온갖 질문을 던졌다. 이윽고 밥이 말했다. "저로서는 납득하기 어렵네요." 운전사들은 고도의 훈련을 받은 사람들인데 미행을 당했다고 보고한 적은 한 번도 없다. 폴록 위어 별장 주변이나 집 안 곳곳에 감지기를 설치했지만 한 개도 작동하지 않았다. 누군가 침입했다는 증거는 하나도 없다. "앞뒤가 안 맞아요." 그러더니 이렇게 덧붙였다. "문제는 이 얘기가 부인 입에서 나왔다는 사실입니다. 그러니 진지하게 대처해야죠. 부인이니까요." 그들은 일단 이 사건을 경찰청 상부에 보고하고 결정을 기다려야겠다고 말했다. 그리고 당장 해야 할 일을 설명했다. "아무래도 여기 계시면 안 되겠습니다. 일단 비밀이 누설됐다는 전제하에 움직여야죠. 예전에 갔던 곳이나 가려고 했던 곳도 이젠 못 간다는 뜻입니다. 모든 걸 변경해야죠. 이 집은 틀렸어요."

"난 런던에 가야 해요. 며칠 뒤가 내 아들 열번째 생일이란 말이오."

"그럼 다른 장소를 찾아보세요." 뚱보 잭이 말했다.

나중에 사람들이 가끔 이렇게 물었다. 그 시절에 친구를 잃은 적은 없습니까? 선생과 친하다는 사실이 알려질까봐 걱정하지 않던가요? 그때마다 똑같은 대답을 했다. 아니, 오히려 정반대였소. 친구들은 루슈디가 곤경에 빠졌을 때 더욱더 진실한 우정을 보여주었고, 예전에는 그리 친하지 않았던 사람들마저 가까이 다가와 도와주고 놀라운 아량과 배려와 용기를 선보였다. 인간에게는 이렇게 숭고한 일면도 있다는 사실, 물론 증오도 강렬하지만 인간성은 훨씬 더 강렬하다는 사실을 결코 잊지 않으리라. 그리고 영원히 그들의 은혜에 감사하며 살리라.

루슈디는 1987년 제인 웰즐리와 함께 다큐멘터리 〈한밤의 수수께끼〉를 제작하면서 그녀와 친해졌고 그 이후에도 우정은 점점 더 깊어졌다. 인도에서 그녀의 이름은 굳게 잠긴 문을 차례차례 열어젖히는 열쇠였다. "그 웰즐리?" 사람들은 늘 그렇게 묻고 곧바로 아서 웰즐리와 그 형 리처드 웰즐리의 후손 앞에 엎드리다시피 하기 일쑤였는데─전자는 세링가파탐 전투를 지휘했을 뿐만 아니라 나폴레옹까지 무찔러 초대 웰링턴 공작이 되었고, 후자는 190년 전에 인도총독이 된 인물이기 때문이다─그럴 때마다 제인은 즐거워하기보다 당황해서 어쩔 줄 몰라했다. 대단히 입이 무거워 자기 비밀을 남에게 털어놓는 일도 드물거니와 남의 비밀을 들으면 무덤까지 가져갈 사람이었다. 겉보기에는 영국인 특유의 냉정한 성격 같지만 사실은 매우 다정다감한 여자이기도 했다. 루슈디가 연락했을 때 그녀는 곧바로 노팅 힐의 아파트 꼭대기 층에 있는 자기 집을 비워주겠다고 했다. "괜찮겠다싶으면 얼마든지 써도 돼요." 특수부는 그런 집을 좋아하지 않았다. 단독주택도 아니고 아파트인데다 출입구도 하나뿐이고, 꼭대기 층인데 엘리베이터도 없고 계단도 하나뿐이었기 때문이다. 경찰의 눈에는 함정으로 보일 뿐이었다. 그러나 어디든 머물 곳이 필요한데 그렇게 급히 집을 구하기는 불가능했다. 결국 그 집으로 들어갔다.

그린업 씨가 찾아와서 메리앤의 이야기가 모두 거짓말인 듯하다고 말했다. "이런 작전을 뚫고 들어오기가 얼마나 어려운지 아십니까? 미국인들이라면 그럴 만한 재간이 있을지도 모르지만 그것도 쉬운 일은 아니죠. 우리 운전사들한테 들키지 않고 미행하려면 대충 10마일마다 한 번씩 차를 바꿨을 테니 줄잡아 열 대는 넘게 동원했을 겁니다. 헬기와 인공위성까지 활용했을지도 몰라요. 그리고 각종 보안장치에 한 번도 안 걸리고 집 안에 들어간다는 건 아예 불가능한 일이죠. 설사 그걸 다 해냈다고 치더라도─ 그러니까 선생님 거처를 알아내고 모든 보안장치를 피해가며 집 안에 침투해서 작업실 서류까지 챙겨 무사히 빠져나왔다고 치더라도 말입니다─ 도대체 무엇 때문에 부인께 접근해서 그런 증거를 보여줬을까요? 부인은 선생님께 다 얘기할 게 뻔하고, 선생님은 우리한테 다 얘기할 게 뻔하고, 자기들이 비밀을 알아냈다는 사실을 우리가 알게 되면 보나마나 모든 걸 변경할 테고, 그렇게 되면 자기들이 그렇게 고생하고 비용을 쏟아가며 알아낸 정보가 더 쓸모없으니 다시 원점으로 돌아갈 텐데 말입니다. 더구나 영국이 이렇게 민감한 작전을 추진하는데 CIA가 개입한다면 적대 행위로 간주할 수밖에 없다는 사실쯤은 그쪽도 잘 압니다. 우방국에 선전포고를 하는 셈이란 말입니다. 그런데 왜 부인한테 다 털어놓겠습니까? 이거 전혀 앞뒤가 안 맞는 얘깁니다."

그린업 씨는 이제 휴대폰도 보안상 위험요소이므로 적어도 당분간은 사용할 수 없다고 말했다.

경호팀은 루슈디를 집에서 몰래 빼냈고 그는 햄프스테드의 공중전화 부스에서 메리앤에게 전화를 걸었다. 메리앤은 심란한 목소리였다. 경호요원들을 믿지 말라는 말을 루슈디가 곧이듣지 않아서 당황한 모양이었다. 그녀는 영국으로 돌아와야 할지, 돌아온다면 언제가 좋을지 고민했다.

열번째 생일 전날 자파르는 아빠 곁에서 자게 되었다. 아이에게 기차 세트를 사주라고 부탁해두었는데 클래리사가 깜박 잊고 챙겨 보내지 않았다. 달랑 계산서만 보냈지만 별문제는 아니었다. 몇 달 만에 처음으로 아들과 하룻밤을 보낸다는 사실이 더 중요했다. 경찰이 나가서 케이크를 사왔고, 1989년 6월 17일이 되자 나름대로 최선을 다해 축하해주었다. 아들의 웃는 얼굴이 세상에서 으뜸가는 활력소였다. 그날 저녁 자파르는 엄마 집으로 돌아가고 다음날 아침에는 메리앤이 돌아왔다.

메리앤이 히스로 공항에 도착했을 때 특수부와 영국 정보부의 선임 요원 윌 윌슨과 윌 윌튼 콤비가 돌처럼 굳은 표정으로 그녀를 맞이하고 모처로 데려가 몇 시간 동안 심문했다. 마침내 제인의 아파트에 도착한 그녀는 얼굴이 창백하고 겁먹은 표정이 역력했다. 그날 밤 루슈디와 메리앤은 많은 대화를 나누지 못했다. 그녀에게 무슨 말을 해야 좋을지, 무엇을 믿어야 좋을지 막막하기만 했다.

런던 시내에 더 오래 머무는 것은 허락되지 않았다. 경찰이 다른 거처를 마련해주었다. 포이스 주의 글레이즈트리 마을에 있는 다이크 하우스라는 민박집이었다. 다시 웨일스 변두리로 돌아온 셈이었다. 다이크 하우스는 에드워드 시대에 목사관이었던 곳으로 박공지붕이 있는 소박한 건물이었다. 예쁜 정원이 있고 근처에는 작은 개울이 졸졸 흘렀다. 허게스트 언덕 기슭에 있는 오파의 방벽防壁도 그리 멀지 않은 곳이었다. 주인이 전직 경찰관 제프 터트와 아내 크리스틴이라 안전한 은신처로 분류되었다. 한편 바깥세상에서는 루슈디를 신성모독죄로 기소하라는 무슬림의 요구를 사법 심사에 회부했고, 브래드퍼드에서 다시 루슈디 규탄집회가 열려 44명이 체포되었다. 브래드퍼드 주교가 그런 시위를 중단하라고 요청했다. 그러나 중단할 기미는 보이지 않았다.

윌 윌슨과 윌 윌튼이 글레이즈트리로 찾아와 메리앤에게 자리를 좀 비켜달라고 말했다. 그녀는 화가 나서 발을 쿵쿵 구르며 긴 산책을 나섰다. 두 요원은 메리앤의 거짓말 때문에 상황이 심각하다고 말했다. 이 문제는 영국 총리와 미국 대통령의 책상까지 올라갔고, 수사관들이 철저한 조사를 거쳐 그녀의 진술에 일말의 진실도 없다는 결론을 내렸다. 윌 윌슨이 말했다. "괴로운 심정은 이해합니다. 부인을 믿고 싶으실 텐데 이런 일이 생겼으니 말입니다." 그들은 메리앤을 어떻게 심문했는지도 설명해주었다. 영화에서 즐겨 써먹는 가혹한 고문 따위는 전혀 없었다. 주로 반복 질문과 세부사항에 치중했다. 스탠리 하워드 씨 또는 하워드 스탠리 씨가 CIA 요원인 줄은 어떻게 아셨습니까? 신분증을 보여주던가요? 어떻게 생겼습니까? 증명사진은 있었나요, 없었나요? 서명도 있었습니까? 신용카드 모양입니까, 아니면 접히는 형태입니까? 윌 윌튼이 말했다. "그렇게 꼬치꼬치 따지는 방식이죠. 사소한 요소들이 단서가 되거든요." 수사관들은 메리앤에게 진술을 여러 번 되풀이하라고 요구했다. "그래도 내용이 전혀 달라지지 않으면 다 거짓말이라고 백 프로 확신해도 무방합니다." 인간이 진실을 말할 때는 같은 이야기도 똑같이 되풀이하지 않기 때문이다.

윌 윌슨이 말했다. "모두 사실무근입니다. 확신하고도 남죠."

루슈디에게 그 말은 아내가 CIA의 음모를 날조했다고 믿으라는 뜻이었다. 도대체 왜 그런 짓을 했을까? 도피생활에서 벗어나고 싶은 마음이 간절해서 경호팀에 대한 신뢰를 무너뜨리고 싶었을까? 그래야 루슈디가 영국에서 미국으로 건너갈 테고, 그래야 자신도 떠날 수 있을 테니까? 그러나 CIA가 정말 온갖 어려움을 무릅쓰고 루슈디를 찾아내려 했다면 루슈디 입장에서는 영국 특수부보다 그쪽을 더 불신할 것이 뻔한데, 메리앤은 왜 그런 생각을 하지 못했을까? 아니, 애당초 CIA가 무엇 때문에 그런 일을 벌이겠나? 레바논에 억류된 미국인 인질들과 교환할 속셈으로? 만약 그렇다면 루슈디에게는 영국보다 미국이 더 위험하지 않겠는가? 머리가 핑핑 돌았다. 이 여자가 미쳤구나. 정말 미쳐버렸어.

윌 윌튼이 조용히 말했다. "사실무근입니다. 그런 일은 없었어요."

한참 동안 메리앤은 자기가 아니라 경찰의 말이 거짓말이라고 루슈디를 설득하려 했다. 결코 무시할 수 없는 육체적 매력을 앞세워 자신의 말이 진실이라고 납득시키려 했다. 화를 내다가 울다가 침묵을 지키다가 다시 장광설을 늘어놓았다. 이 놀라운 연기는 최후의 발악이었고 거의 밤새도록 계속되었다. 그러나 루슈디는 이미 결심을 굳힌 터였다. 그녀의 이야기가 진실인지 아닌지 입증할 길은 없지만 거짓이라는 증거가 너무 많았다. 이젠 그녀를 신뢰할 수 없었다. 그녀를 곁에 두기보다 차라리 혼자 지내는 편이 나을 듯했다. 그래서 떠나달라고 말했다.

　폴록 위어에 메리앤의 소지품이 아직 많이 남아 있었다. 운전사 한 명이 그녀를 데리고 짐을 챙기러 갔다. 메리앤은 루슈디의 친구들과 사민에게 연락하여 온갖 거짓말을 했다. 슬슬 그녀가 두려워졌다. 경호팀의 영향권을 벗어난 뒤에는 무슨 짓을 하고 무슨 말을 하고 다닐까 걱정스러웠다. 몇 달 후 그녀가 어느 일요판 신문에 자기가 생각하는 별거 사유를 털어놓았는데, 경찰이 자신을 어느 외딴곳 공중전화 부스 앞에 혼자 내려놓고 가버렸다고 주장했다. 새빨간 거짓말이었다. 사실 그녀는 루슈디의 차를 사용했고 버크넬 집의 열쇠까지 갖고 있었다. 이제 메리앤도 보안상 위험요소로 간주해야 했으므로 그녀가 아는 거처는 일절 사용할 수 없었다. 따라서 별거 때문에 다시 집을 잃은 사람은 메리앤이 아니라 루슈디였다.

　여기저기서 폭발사고가 일어나고—콜렛 서점이 또 당했고, 이후 리버티 백화점 앞길에서, 그다음에는 영국 4개 도시의 펭귄 서점에서 잇따라 폭발물이 터졌다—시위가 벌어지고, 소송이 제기되고, 무슬림은 "불의"를 규탄하고, 이란도 무시무시한 소란을 일으키고(라프산자니 대통령은 살해 명령을 취소할 수 없으며 "무슬림 세계 전체"가 이를 지지한다고 밝했다), 영국에서는 악독한 난쟁이 도깨비 시디키가 행패를 부리고, 영국, 미국, 유럽 등지의 친구들과 지지자들은 감동적인 응원을 보내주었다. 여기서는 낭독회, 저기서는 연극 공연, 그리고 루슈디 수호운동측이 작성하고 자그마치 1만 2천 명이 서명한 "세계 성명서" '살만 루슈디를 지지하는 작가들과 독자들'. 세계인권선언문 중 표현의 자유를 언급한 조항의 번호를 따서 '아티클19Article19'라는 이름이 붙은 명망 높은 인권단체가 수호운동을 주도했다. 선언문 제19조의 내용은 이렇다. "만인은 의사와 표현의 자유를 요구할 권리가 있다. 이 권리는 아무런 간섭 없이 의견을 지닐 자유뿐만 아니라 국경과 매체를 불문하고 모든 정보와 사상을 추구하고 획득하고 전달할 자유를 내포한다." 이 얼마나 간단하고 명료한가. "누군가에게, 특히 폭력도 불사하는 사람들에게 불쾌감을 주지 말아야 한다" 따위의 단서는 없다. "종교 지도자의 판단에 따라 암살 명령을 내린 경우는 예외로 한다"는 말도 없다. 그는 다시 벨로를 떠올렸다. 『오기 마치의 모험』 첫머리의 유명한 문장이었다. "누구나 알다시피 억압은 정밀하지도 정확하지도 않다. 무언가를 억누를 때는 그 옆에 있는 것들까지 함께 억누르기 마련이다." 벨로의 수다스러운 오기 마치와 달리 존 F. 케네디는 똑같은 말을 네 마디로 표현했다. "자유는 쪼갤 수 없다."

의식하는 일은 드물지만 루슈디의 삶을 지배하는 것이 있었다. 예술의 자유는 그가 호흡하는 공기와 같았는데, 이 공기는 늘 넉넉했으므로 굳이 중요하다고 호들갑을 떨 필요도 없었다. 그런데 사람들이 공기 공급을 끊어버리려 하는 순간, 그런 조치의 부당성을 역설하는 일이 무엇보다 시급해졌다.

그러나 지금 당장은 더 기본적인 문제를 해결하느라 하루의 대부분을 소모해야 했다. 다음 일주일은 또 어디서 지내야 할까? 제인 웰즐리가 다시 구원의 손길을 내밀었다. 에어셔 지방에 작은 별장이 있다면서 역시 당장 써도 좋다고 했다. 재규어 두 대가 북쪽으로 달려갔다. 스코틀랜드의 깊은 산골에 들어서자 어디서나 경호팀을 괴롭히던 문제가 다시 등장했다. 투명인간을 감추는 일은 쉬운 편이었다. 제인의 별장 옆에 있는 차고에 재규어 두 대가 주차된 이유를 설명하기는 그리 쉽지 않았다. 별장 근처에서 어슬렁거리는 덩치 큰 남자 네 명은 정체가 뭘까? 마을 사람들은 금방 미심쩍어했고 그런 의혹을 잠재우기란 어려운 일이었다. 더구나 그곳은 스코틀랜드 특수부의 관할구역인데, 그들은 이렇게 민감한 사안을 불청객이나 다름없는 잉글랜드 요원들에게 맡겨두려 하지 않았다. 그래서 그들도 경호팀을 파견했고, 그리하여 제인의 차고 안팎에 대형 승용차 네 대가 늘어서고 몸집이 황소만한 남자 여덟 명이 삿대질을 하며 언쟁을 벌였다. 몇 명은 차 안에서 밤을 보내야 했다. 루슈디가 경호요원들에게 말했다. "이젠 내가 아니라 여러분을 감추는 일이 급선무가 돼버렸구려."

제인이 루슈디를 도와주러 내려오면서 빌 뷰퍼드도 데려왔다. 제인에게 적잖이 반해버린 뷰퍼드는 강아지처럼 그녀를 졸졸 따라다녔고, 제인은 재미있다는 듯이 다정하면서도 당당한 태도로 대해주었다. 뷰퍼드는 집 안 곳곳을 뛰어다니며 바보처럼 실실거렸다. 방울 달린 모자와 알록달록한 옷만 있으면 영락없는 어릿광대였다. 햇빛이 쏟아지는 에어셔 별장은 폭풍우를 뚫고 가다가 잠시 머물게 된 즐거운 섬과 같았다. 빌이 말했다. "좋은 집이 필요해. 선배가 한동안 편안하게 머물 만한 집. 내가 꼭 찾아주리다."

빌은 말 그대로 '걸물'이다. 그를 제대로 표현하려면 그렇게 따옴표를 붙여야 한다. 말할 때는 양손을 마구 휘둘러대고, 걸핏하면 아무나 얼싸안고, 감탄과 강조를 남발하는 사내, 독학으로 요리를 배운 주방장, 미식축구 선수 출신, 엘리자베스 시대에 정통한 고급 독자, 익살꾼, 지식인인 동시에 만담꾼. 빌은 죽어버린 케임브리지 교지 〈그랜타〉를 되살려 자기 세대의 인재들을 위한 동인지로 변모시켰다. 마틴 에이미스, 이언 매큐언, 줄리언 반스, 브루스 채트윈, 가즈오 이시구로, 제임스 펜턴, 앤절라 카터 등이 이 지면에서 활약했고, 조지 스타이너도 히틀러를 다룬 중편 「A. H.의 산크리스토발 행로*The Portage to San Cristobal of A. H.*」 전문을 이 잡지에 실었다. 빌은 미국 소설가 레이먼드 카버, 리처드 포드, 토바이어스 울프, 조이 윌리엄스 등의 작품에 "더티 리얼리즘"*이라는 명칭을 지어주었고, 그가 처음 내놓은 여행 특집호는 여행기에 대한 열광적 관심을 불러일으켰다. 그러나 원고료를 줄 때는 지독히도 인색했고, 작품을 몇 달씩 읽지 않거나 채택 결정을 미뤄 투고자들을 성나게 했고, 과감하다못해 공격적인 편집 방식으로 원성을 살 때가 너무 많아서 자칫 두들겨맞지 않으려면 자신의 전설적인 매력을 총동원해야 했고, 그가 실권을 잡은 후 16년이 지나도록 매년 세 권 이상을 발행한 적이 한 번도 없는 이 허울뿐인 계간지를 구독하라고 강요하다시피 했다. 그런 반면에 가는 곳마다 고급 와인을 들고 다니면서 육류를 듬뿍 넣어 푹 졸인 음식—심장마비를 부르는 음식—으로 푸짐한 잔칫상을 차려냈고, 그가 있는 방은 으레 웃음소리가 끊이지 않았다. 이야기꾼인데다 수다쟁이인 빌은 누가 보아도 조지프 앤턴의 비밀을 절대로 알리지 말아야 할 사람이 분명했다. 그러나 빌은 모든 비밀을 지켜주었다. 겉보기에는 명랑하고 외향적이기만 한 성격이지만 빌 뷰퍼드는 하나뿐인 목숨도 안심하고 맡길 만한 사내였다.

그런 빌이 말했다. "당장 집부터 알아봐야지. 내가 해결할 테니 일단 믿어보셔."

당시에는 알지도 못했던 두 여자가 곧 중요한 등장인물로 떠오를 운명이었다. 프랜시스 더수자와 카멜 베드퍼드. 카멜은 풍채가 늠름하고 소신이 뚜렷한 아일랜드인으로 아티클19에서 루슈디 수호운동—정식 명칭은

---

* dirty realism. 삶의 남루한 현실을 간결하고 꾸밈없는 문체로 묘사하는 경향.

'국제 루슈디 수호위원회'—담당자로 지명한 사람이었고, 프랜시스는 카멜의 상사로 아티클19의 신임 이사장이었다. 이 수호위원회는 수호 대상과는 일절 상의도 없이 "무력검열"에 대항할 목적으로 창설되었고 영국문화예술위원회, 펜클럽, 언론노조, 저작권협회, 문인협회 등 수많은 단체가 이를 후원했다. 루슈디는 설립 과정에 전혀 관여하지 못했지만 시간이 흐를수록 프랜시스, 카멜과 협력하는 일이 늘어나면서 두 사람은 그에게 없어서는 안 될 정치적 협력자가 되었다.

그들은 루슈디의 온갖 모습을—우울함, 호전성, 현명함, 자기연민, 조심스러움, 나약함, 이기주의, 강인함, 쩨쩨함, 단호함 등을—두루 목격하면서도 끝까지 그를 도와주었다. 프랜시스는 뼈대가 가늘고 기품이 넘치는 여자, 일에 몰두할 때는 심각하고 근엄하지만 놀 때는 낄낄거리며 즐거워하는 여자, 그러나 결코 만만찮은 여자였다. 일찍이 보르네오 밀림에서도 활동했고 아프가니스탄 산악지대에서 무자헤딘을 상대한 적도 있었다. 두뇌 회전이 빠르고 명석한 동시에 어머니처럼 자상하고 너그러운 일면도 지녔다. 그런 여성 동지companera들을 얻은 것은 크나큰 행운이었다. 해야 할 일이 산더미였다.

휴대폰을 다시 쓸 수 있게 되자 그동안 걱정하던 사람들이 연락을 취해왔다. 메리앤이 아티클19 사무실에 느닷없이 나타나 루슈디의 아내 자격으로 루슈디 수호운동의 주도권을 잡을 의사를 밝혔다고 했다. 루슈디를 대변할 사람이 필요하다면서 그 역할을 자청했다는 이야기였다. 프랜시스는 평소처럼 조심스럽게 말을 꺼냈다. "먼저 확인하고 싶어서 그래. 당신도 동의했는지, 당신도 바라는 일인지." 아니요! 하마터면 고함을 지를 뻔했다. 그가 바라는 일은 정반대였다. 메리앤은 어떤 상황에서도 수호운동에 개입하지 말아야 할 사람인데 수호운동과 루슈디를 대변하다니 말도안 되는 소리였다. 그러자 프랜시스가 신중하게 말했다. "그래, 나도 짐작했어."

메리앤이 연거푸 분노의 메시지를 남겼다. 평범한 부부간의 위기에 아슬아슬한 현재 상황이 겹쳐지면서 기괴한 신파극으로 돌변해버렸다. 왜 연락을 안 해? 신문에 다 얘기해버릴 테야. 그래서 전화를 걸었더니 그녀도 잠시 누그러졌다. 그러나 곧 〈인디펜던트〉에 이런 말을 흘렸다. "한 사람은 정신 건강에 아무 이상도 없고 한 사람은 편집증에 사로잡힌 정신병자처럼 살죠." 누가 누구인지는 밝히지 않았다.

클래리사도 연락했다. 새집을 사달라고 했다. 아무래도 곧 이사를 해야겠는데 모두 당신 때문이니 새집을 구하는 데 필요한 추가 비용을 부담하라는 요구였다. 전처와 아들에게 그 정도는 해줘야 마땅하다면서.

그 이후에도 전직 경찰관의 숙박업소를 전전하며 시간을 보냈다. (그런 곳이 꽤 많은 모양이었다.) 도싯 주 이스턴에 이어 데번 주 솔컴으로 이동했다. 데번 주는 풍광이 참 아름다웠다. 햇빛 찬란한 솔컴 만과 이리저리 달리는 요트들이 발아래 내려다보이고 머리 위에는 갈매기떼가 맴돌았다. 빌이 에식스 주에 있는 임대주택을 알아보는 중이라고 말했다. "며칠만 더 기다려보셔."

친구 누르딘 파라가 파트와를 둘러싼 교착 국면을 타개할 방안으로 이슬람 지식인 알리 마즈루이와 함께 중재를 맡겠다고 했다. 루슈디는 이렇게 대답했다. "다 좋은데 나는 사과할 생각도 없고 책을 회수할 생각도 없네." 얼마 후 누르딘이 실패를 인정했다. "그쪽에선 자네가 양보할 수 없는 것들을 요구하더군." 파트와 시절 동안 이따금씩 그렇게 "비공식 루트"를 통해 문제를 해결할 수 있다고 주장하는 사람들이 나타나 중재자 역할을 자청했다. 뉴욕에서 앤드루에게 접근했던 셰이크 마틴이라는 파키스탄 신사도 그랬고, 런던의 데이비드 얼라이언스 경이라는 이란계 영국인 기업가도 그랬고, 그 밖에도 여러 명이 있었다. 그런 시도는 매번 막다른 골목에 부딪혔다.

빌이 연락했다. 화를 내면서도 한편으로는 재미있어했다. "선배가 쓴

시 때문이야. 브래드퍼드 모스크연합이 그 시에 금지령을 내리라고 요구했대."〈그랜타〉 최신호가 시를 배제하던 전통을 깨고 루슈디의 시 한 편을 실었는데, 「1989년 3월 6일」이라는 제목으로 당시의 심경을 밝힌 이 시는 다음과 같은 결의를 다짐하며 끝을 맺었다.

> 입을 다물지 않으리라. 온갖 비난을 받아도 쉬지 않고 노래하리니
> (현실이 내 꿈을 하나하나 학살해도) 고통에 시달리는
> 나비들에게 바치는 찬가를 부르고 또 부르리니.

메리앤이 최근에 이런 메시지를 남겼다. "당신은 내가 작가라서 같이 살기 싫어하는 거야. 하지만 천재성은 당신만의 전유물이 아니라고." 그녀는 "웨일스에서의 탈주생활"을 그린 단편 「웨일스에 잘 오셨습니다」를 발표하려 했다. 리버티 백화점 폭발 사건에 대해서도 쓰겠다고 했다.

루슈디는 휴대폰에 의지하며 살았지만 가끔은 섭섭한 소식도 들려오기 마련이었다. 델리에 사는 아니타 데사이는 사람들이 "너무 몸을 사린다"고 한탄했다. 그녀가 친구이며 프로듀서인 샤마 하비불라를 찾아갔던 날, 샤마의 어머니 아티아 호세인 여사도 만나게 되었다. 아티아 여사는 『부서진 기둥에 내리는 햇빛 Sunlight on a Broken Column』을 쓴 저명한 작가로, 한때는 루슈디의 어머니와도 친구였고 당시 이미 일흔여섯 살이었다. 그런데도 『악마의 시』가 빚은 부작용 때문에 몹시 성가시다고 불평하더란다. "이 나이에 이건 좀 억울하잖아."

앤드루와 길런과는 끊임없이 연락을 주고받았다. 바이킹 펭귄 출판사와의 관계가 빠르게 악화되었다. 페이퍼백 출판 문제가 거론되었는데 피터 메이어가 페이퍼백을 찍지 않으려고 자꾸 핑계를 대는 모양새였다. 앤드루와 길런이 한번 만나자고 했다. 메이어는 그런 회의라면 펭귄의 변호사 마틴 가버스도 참석시키겠다고 대답했다. 색다른 경험이었다. 작가와 출

판사 대표의 만남을—다른 사람들도 아니고 이 작가와 이 출판사 대표의 만남을—변호사 입회하에 진행해야 하다니. 둘 사이가 얼마나 멀어졌는지를 한눈에 보여준 사건이었다.

바이킹의 고참 편집자 토니 레이시에게 연락해보았다. 토니는 모든 일이 순조로울 테니 안심하라고 했다. 그러나 피터 메이어에게 연락했을 때는 그런 확답을 듣지 못했다. 특수부와 의논했던 일을 피터에게 설명했다. 특수부는 일반적인 절차를 따르는 것이 가장 안전한—정말 가장 안전한—행동방침이라고 조언했다. 『악마의 시』가 출판계의 관행에서 조금만 벗어나도 반대파는 약점을 잡았다고 여겨 더욱더 맹공격을 퍼부을 터였다. 하드커버 출간 후 9개월 내지 1년 이내에 페이퍼백을 출간하는 것이 일반적 관행이라면 그렇게 해야 유리하다는 이야기였다. 그러나 피터 메이어는 이렇게 말했다. "우리 보안팀 의견은 좀 다르던데."

책을 계속 찍어내려면 페이퍼백 발행이 필수적이라는 사실쯤은 둘 다 잘 알고 있었다. 페이퍼백을 발행하지 않으면 어느 시점부터 하드커버가 더는 팔리지 않아 서점에서도 자취를 감추기 때문이다. 페이퍼백을 내놓지 않는 것은 사실상 소설 판매를 포기하는 일이다. 반대운동을 하는 자들에게 승리를 넘겨주는 꼴이다. 루슈디는 메이어에게 말했다. "우리가 무엇을 위해 싸우는지 아시잖습니까. 장기적 안목으로 봐야죠. 그러니 단도직입적으로 묻겠습니다. 페이퍼백을 냅니까, 안 냅니까? 이거예요, 저거예요?" 메이어가 대답했다. "너무 야만적인 사고방식일세. 그런 식으로 생각하긴 싫은걸."

그런 대화를 나눈 직후 〈옵서버〉에서 출처를 알 수 없는 정보를 입수하고 페이퍼백에 대한 언쟁을 대단히 정확하게 재현한 기사를 실었다. 펭귄의 조심스러운 태도를 노골적으로 편드는 내용이었다. 펭귄 경영진은 신문사와 담합한 사실이 없다고 주장했다. 그러나 이 신문의 문학 담당 편집자 블레이크 모리슨은 루슈디에게 "펭귄 내부에 제보자가 있다"고 털어놓으면서 "페이퍼백을 죽일 목적으로" 쓴 기사 같다고 말했다. 비열한 전쟁이 시작된 모양이었다.

피터 메이어는 기골이 장대하면서도 귀여운 데가 있어 곰을 연상시켰다. 헝클어진 머리, 차분한 음성, 암사슴 같은 눈이 특징인데, 여자들에게 인기가 많기로 유명하고 동료 출판인들에게도 많은 존경을 받는 사람이었다. 그런데 이른바 "루슈디 사건"에 휘말리면서 날이 갈수록 전조등 불빛에 놀란 토끼 같은 모습으로 변해갔다. 역사적 운명이 대형 트럭처럼 달려드는 와중에 마음속에서는 완전히 상반되는 두 가지 생각이 전쟁을 벌이는 바람에 몸이 마비되다시피 한 상태였다. 원칙이냐, 두려움이냐. 피터 메이어의 책임감은 나무랄 데 없었다. 몇 년 후 어느 기자에게 말했다. "우리가 『악마의 시』를 둘러싼 논쟁에 어떻게 대응하느냐에 따라 미래가 달라집니다. 자유로운 탐구정신이 위축되면 출판계의 모습도 문명사회의 모습도 지금과는 딴판일 테니까요." 그리고 위험이 절정으로 치닫고 열기가 하늘을 찌를 때도 굳건히 버텨냈다. 자신과 어린 딸을 겨냥한 협박을 받은 적도 있었다. 혈서까지 날아들었다. 런던과 뉴욕의 출판사 건물은 출판사처럼 보이지 않을 정도였다. 우편물 보관실에 폭발물 탐지기와 탐지견을 배치하고 곳곳에 경비원을 세워두었다. 전쟁터와 다름없었다. 사옥마다 폭발물 소동이 줄을 잇고 직원들이 대피했다. 위협과 욕설이 난무했다. 그러나 그들은 한 걸음도 물러서지 않았다. 출판의 역사는 물론이고 자유 수호의 위대한 역사에도 길이 남을 만한 쾌거였다. 그리고 피터 메이어는 이 용맹스러운 무리의 사령탑으로 길이 기억되리라.
　그러나⋯⋯
　몇 달째 이어진 스트레스가 메이어를 짓누르며 의지력을 갉아먹었다. 자기가 할 수 있는 일은 다 했다고 자위하는 듯했다. 우선 책을 출간했겠다, 계속 찍는 중이겠다. 적어도 하드커버는 무한정 찍어내겠다고 장담까지 했고, 비록 날짜는 아직 미정이지만 언젠가 다시 안전한 상황이 되면 페이퍼백도 얼마든지 발간할 수 있다. 지금 당장은 굳이 새로운 일을 벌여 자신과 가족과 직원 들의 위험을 키울 필요가 없다. 게다가 노조 문제까지 불거졌다. 메이어는 출판사 창고 화장실에서 소변기 앞에 나란히 선 남자가 안쓰럽더라고 말했다. 지금 내 옆에서 오줌을 누는 저 친구가 불행을 당하기라도 하면 가족에게 뭐라고 말해야 할까? 앤드루, 길런, 메이어, 그리고 포위공격을 당하는 책의 저자 사이에 편지가 오락가락했다. 메이어의 편지는 시간이 흐를수록 문법 오류가 많아지면서 내면의 갈등을 드러냈다. 앤드루, 길런, 그리고 조지프 앤턴, 일명 북극제비갈매기는 전화통화를 할 때마다, 그리고 매우 드문 일이지만 직접 만날 때마다 마치 의식을 치르듯이 메이어의 편지를 서로에게 읽어주었다. 블랙코미디 같은 행사였지만 암담한 상황에서도 희극적 요소를 찾아야 하는 시절이었다.

메이어는 변호사이며 친구인 마틴 가버스를 회의에 참석시키려는 까닭을 설명하면서도 변호사의 법률 상담을 원한다는 사실을 인정하지 않으려고 안간힘을 썼다. "이번 회의에서는 이런저런 조건이 따지기보다 자네가 만나는 일이 내겐 더 중요하다네. 이유야 많지만 개인적인 이유도 만만하지. (⋯) 사람들이 가끔 자기 입장만 생각한다는 건 나를 잘 아네. 자네만 그렇다는 얘기는 아니야. 나도 그렇고, 우리 둘 다 마찬가지 아니겠나. 아무튼 (모두가 최선을 다했는데도) 일이 자꾸 꼬일 때는 마음씨 따뜻한 제3자가 나서서 양쪽 의견을 다 들어보면 해결책을 제시할 수도 없지 않을까, 모든 사람에게 유익한 방안이 내놓지 않을까 생각했다네. 물론 꼭 잘된다는 보장은 없지만 그런 기회를 포기하면 너무 아깝지 않지 않겠나. 더구나 그 친구처럼 유능한 중재자가 주변에 있는데 말이야. (⋯) 그러니 마티에게 일단 런던으로 날아오라고 말해두겠네. 여기 있어야 회의에 참석할 수 없을 테니까." 거기까지 읽었을 때는 다들 미친듯이 웃어대느라 낭독의식을 무사히 끝마치기 어려울 정도였다. 메이어가 결정타를 날렸다. "지금까지 쓴 내용으로 충분히 짐작하겠지만 자네를 만날 순간이 학수고대한다네."

피터 메이어가 그토록 간절히 만나고 싶어하는 그 작가는 일찍이 1989년 연말까지는 페이퍼백을 출간해달라고 당부한 터였다. 출판 일정을 완결하기 전에는 이 책에 대한 논란이 끊이지 않을 테니까. 로이 해터슬리와 맥스 매든 같은 노동당 하원의원들은 무슬림 유권자들의 환심을 사려고 페이퍼백 출간을 막는 일에 총력을 기울였다. 그래서 더더욱 예정대로 출판을 진행해야 했다. 평화를 되찾으려면 하루빨리 출간 일정을 매듭짓는 수밖에 없었다. 게다가 출간을 미룰 만한 경제적 이유도 이미 사라졌다. 하드커버는 한동안 꽤 잘 팔렸지만 이제 판매가 지지부진해 영어권 베스트셀러 목록에서 모두 빠져버렸고, 수요가 없으니 책을 갖다놓지 않는 서점도 많았다. 출판계의 관행대로 하자면 지금이 염가판을 내놓을 적기였다.

이유는 또 있었다. 이제 유럽 전역에서 『악마의 시』 번역본을 속속 출간하는 중이었다. 프랑스, 스웨덴, 덴마크, 핀란드, 네덜란드, 포르투갈, 독일 등등. 이럴 때 영국과 미국에서 페이퍼백을 출간해야 "자연스러워" 보일 테고, 경찰도 조언했듯이 그게 실제로 제일 안전한 대응책이었다. 독일에서는 키펜호이어 운트 비치 출판사가 계약을 취소한 후 여러 출판사, 서점, 저명 작가, 유명 인사 등이 '아르티클19Artikel19'라는 조합을 결성하여 이 소설을 출간하기로 했는데, 그 책은 프랑크푸르트 도서전이 끝나면 곧 나올 예정이었다. 피터 메이어가 위험을 분산시키고 싶어한다면 그런 조합을 추진하는 것도 한 가지 해결책이었다. 루슈디가 메이어에게 하고 싶었던 말, 그리고 마침내 회의가 열렸을 때 실제로 했던 말은 대략 다음과 같았다. "제일 어려운 일을 해내셨어요. 바이킹 펭귄 임직원들을 이끌고 위험천만한 길을 달려 이렇게 책을 내셨잖아요. 그러니까 마지막 장애물 앞에서 주저앉지 마세요. 이번 장애물만 잘 넘으면 명예로운 업적으로 길이 남을 거예요. 여기서 쓰러지면 영원히 결점으로 남게 됩니다."

회의가 시작되었다. 루슈디가 노팅 힐에 있는 앨런 옌토브의 집에 남몰래 들어갔을 때는 앤드루, 길런, 피터 메이어, 마틴 가버스가 다 모여 있었다. 합의점을 찾는 데는 실패했다. 메이어는 이렇게 말했다. "1990년 상반기에는 꼭 페이퍼백을 내자고 직원들을 설득해보겠네." 구체적인 날짜는 밝히지 않았다. 그나마 건설적인 발언은 그 정도가 전부였다. "유능한 중재자" 가버스는 눈엣가시였다. 자만심은 하늘 높은 줄 모르지만 아무짝에도 쓸모없는 인간이었다. 회의는 시간 낭비였다.

메이어가 편지에 쓰는 말은 조금도 우습지 않을 때가 많았다. 더러는 모욕적이었다. 앤드루와 길런이 메이어에게 요즘 루슈디가 떠돌이 생활을 하면서도 틈날 때마다 『하룬과 이야기 바다』라는 신작을 쓰는 중이라고 말했다. 열 살 먹은 아들 자파르에게 줄 선물이라고 했다. 그러자 메이어는 완성된 원고를 검토해보기 전에는 자기 출판사에서 루슈디 신작을 출간할 계획이 없다고 대답했다. 또 논쟁이 벌어질까봐 걱정스럽다는 이야기였다. 『악마의 시』 판권을 사들일 때만 해도 출판사 임직원 중 "코란"을 잘 아는 사람은 아무도 없었다고 했다. 그런 소설을 쓴 작가의 작품을 다시 출간했다가 또 말썽이 생기면 원고를 다 읽어보지 않았다고 둘러댈 수도 없지 않느냐고 했다. 그때 루슈디는 깨달았다. 이제 메이어에게 루슈디는 말썽을 일으킨 자, 지금까지 일어난 말썽의 원인 제공자, 앞으로도 말썽을 일으킬 소지가 다분한 자였다.

그런 시각은 메이어에 대한 〈인디펜던트〉 기사에도 반영되었다. 이 인물평 기사를 쓴 익명의 기자는 메이어를 잘 아는 사람이었다. "메이어는 일찍이 '모든 책에는 영혼이 있다'고 말했던 다독가인데 이번에는 책 속에서 째깍거리는 종교적 시한폭탄을 미처 알아차리지 못했다. 펭귄 출판사는 판권을 매입하기 전후 두 차례에 걸쳐 루슈디에게 요즘 악명을 떨치는 마훈드의 장이 무슨 의미냐고 미리 물어보았다. 그때마다 루슈디는 이상하게 설명을 꺼리는 듯했다. 한번은 이렇게 말하기도 했다. '걱정하지 마세요. 줄거리 속에서 크게 중요한 부분도 아니니까요.' 나중에 펭귄 직원 한 명은 이렇게 말했다. '맙소사, 지금 우리를 괴롭히는 부분이 바로 그건데 말입니다.'"

익명의 기자에게

당신에게는 과분한 칭찬이겠지만 당신이 스스로 쓴 말의 의미를 제대로 이해했다고 가정할 경우, 내 소설 속에 숨은 "종교적 시한폭탄"이야말로 피터 메이어가 알아차리지 못한 "영혼"이라는 의미로 받아들여도 무리가 없으리라 믿소. 그리고 그 문단의 나머지 부분은 내가 의도적으로 그 시한폭탄을 감춰놓고 의도적으로 펭귄 출판사를 오도했다는 암시가 분명하구려. 그런데 친애하는 기자 선생, 그런 말은 단순한 거짓말도 아니고 명예훼손죄에 해당하는 거짓말이오. 그렇지만 기자들, 특히 이른바 "고급" 언론사 기자들에 대해서는 나도 알 만큼 아는 사람이오. 당신들은 간혹 정보를 과장하거나 왜곡할망정 아무 근거도 없는 말을 함부로 지면에 싣는 일은 매우 드물지. 순수한 창작은 당신들의 전문 분야가 아니니까. 따라서 나는 당신이 피터 메이어나 "펭귄 직원"들과 대화를 나눌 때 받은 인상을 상당히 정확하게 보도했으리라 짐작하오. 그런데 기자 선생, 책 한 권에 거의 5년을 바친 작가가 무려 40쪽에 달하는 장을 가리켜 "줄거리 속에서 크게 중요한 부분도 아니"라고 했다는 말이 그럴싸하게 들렸소? 공정을 기하기 위해서라도 내 에이전트들을 통해 내게 직접 문의할 생각은 안 해보셨나? 이 "중요하지 않은" 장에 대해 질문을—두 번이나!—받은 적이 있는지, 그리고 그때마다 "이상하게 설명을 꺼"렸는지 말이오. 내게 묻지 않았다는 사실로 미루어 나는 당신이 애당초 이런 기사를 쓰고 싶었다는 결론을 내릴 수밖에 없소. 루슈디는 사람을 속이는 파렴치한으로, 피터 메이어는 시한폭탄이 없다는 작가의 거짓말에 속아 책을 내고도 꿋꿋하게 그 책을 수호하는 기개 높은 영웅으로 묘사하고 싶었겠지. 요컨대 말썽을 일으킨 놈은 루슈디인데 애먼 사람들이 고생한다는 뜻이 아니겠소? 안 그래도 일상적 제약이 많은 나에게 그런 이야기는 정신적 감옥과 다름없소이다. 그러나 기자 선생, 나는 그 감옥에 갇힐 의사가 전혀 없음을 곧 보여드리겠소.

메이어에게 전화를 걸었다. 메이어는 신문 기사에 암시된 내용이 자신과는 무관하며 다른 펭귄 임직원들도 그 기자에게 아무 말도 하지 않았으리라 믿는다고 말했다. "혹시 누가 그런 말을 발설했는지 알게 되면 말씀만 해주시게. 내 당장 잘라버릴 테니까." 그 신문사에는 루슈디의 지인들도 있었는데, 그중 한 명이 익명을 전제로 기자를 만난 임원의 정체를 확인해주었다. 영국 펭귄의 전무이사 트레버 글로버였다. 그 정보를 피터 메이어에게 전했더니 믿지 못하겠다고 했다. 트레버 글로버는 해고되지 않았고, 메이어는 여전히 『하룬과 이야기 바다』에 대한 논의를 회피했다. 우선 그 책을 다 읽고 시한폭탄이 없는지 확인해야 한다는 주장이었다. 작가와 출판사 대표로서의 관계는 사실상 끝난 셈이었다. 출판사가 작가에 대한 험담을 언론사에 흘렸다는 사실을 확인한 마당에 서로 할말도 별로 없었다.

빌 뷰퍼드가 에식스에 있는 집 하나를 골라냈다. 리틀 바드필드라는 마을이었다. 임대료가 비싼 편이었지만 어디든 비싸기는 마찬가지였다. 빌이 말했다. "마음에 들 거요. 선배한테 딱 맞는 집이거든." 빌은 "앞잡이" 노릇을 자청하고 자기 이름으로 그 집을 빌렸다. 기한은 6개월이지만 연장할 가능성도 열어두었다. 주인은 "해외 체류중"이었다. 19세기 초에 지은 목사관으로 앤 여왕 시대 양식에 현대적 요소를 가미하여 2급 문화재로 지정된 건물이었다. 경찰도 좋아했다. 출입구가 한적한 곳에 있어 드나들기 편하고 독립된 땅이라 주변 건물에서 내려다볼 염려도 없기 때문이었다. 잘 가꾼 정원에 커다란 나무들이 넉넉한 그늘을 드리웠다. 비탈진 잔디밭을 내려가면 아름다운 연못이 있고 모형 백로 한 마리가 외발로 서 있었다. 비좁은 오두막집과 답답한 하숙집만 전전하다가 그런 곳을 보니 그야말로 궁전이 따로 없었다. 빌은 자기가 그 집에 "거주"하는 것처럼 보이기 위해서라도 가급적 자주 내려오겠다고 약속했다. 스코틀랜드, 포이스, 데번 등지에 비하면 에식스는 런던에서 훨씬 가깝다는 이점도 있었다. 자파르를 만나기가 쉬워질 터였다. 그러나 경찰은 여전히 자파르를 루슈디의 거처로 데려오기를 거절했다. 아직 열 살이니 학교에서 무심코 발설할지도 모른다는 이유에서였다. 그들은 자파르를 과소평가했다. 비록 어리지만 대단한 자제력을 가진 아이인데다 아빠의 안전이 걸린 일이라는 사실도 잘 알았다. 루슈디가 경찰의 보호를 받는 동안 자파르가 말실수를 한 적은 단 한 번도 없었다.

아무리 편안해도 감옥은 감옥이다. 거실에 오래된 그림 몇 점이 걸려 있었다. 하나는 엘리자베스 1세의 궁녀, 또하나는 배스터드 양이라는 여자의 초상화였는데 보자마자 마음에 쏙 들었다. 이 그림들은 다른 세상을 들여다볼 수 있는 창문이었다. 그러나 그곳으로 탈출할 수는 없었다. 고가구를 모방한 복제품만 즐비한 이 집을 빌리느라 적잖은 돈을 들였건만 주머니 속에는 집 열쇠도 없고 대문을 나서서 마을 길을 거닐지도 못하는 신세였다. 루슈디가 물품 목록을 적어주면 경찰관 한 명이 멀리 떨어진 슈퍼마켓에 가서 장을 보았다. 의심을 사지 않으려면 어쩔 수 없었다. 파출부가 집 안 청소를 하러 올 때마다 루슈디는 화장실에 숨어 문을 잠갔다. 그런 짓을 할 때마다 수치심이 파도처럼 밀려들었다. 그러던 어느 날 파출부가 목사관에 "수상한 남자들"이 있다면서 일을 그만두었다. 당연히 걱정스러운 상황이었다. 루슈디를 감추기보다 경찰관들이 그곳에 있는 이유를 설명하기가 더 어렵다는 사실이 다시 드러났다. 파출부가 없으니 집 안을 쓸고 닦는 일은 당사자들의 몫이 되었다. 경찰이 쓰는 방 몇 개는 경찰이 치우고 루슈디가 사용하는 공간은 루슈디가 치웠다. 담당 구역을 바꾸자고 하지 않아서 천만다행이었다.

그 시절 루슈디는 사람들이 자신에 대해 이런 상상을 한다는 사실을 알게 되었다. 어느 독방이나 거대한 금고 속에 갇혀 지낸다고, 이따금씩 경호원들이 작은 창으로 들여다볼 뿐, 평소에는 루슈디 혼자, 언제나 혼자라고 말이다. 그러면서 사람들은 이런 의문을 던졌다. 루슈디처럼 사람들과 어울리기 좋아하는 작가가 그렇게 혼자 감금생활을 하다보면 결국 현실감각도 잃고 문학적 재능도 잃고 제정신마저 잃어버리지 않을까? 그러나 사실은 오히려 평생을 통틀어 혼자 보낸 시간이 가장 적은 시기였다. 모든 작가가 그렇듯이 루슈디도 고독에 익숙했다. 날마다 몇 시간씩 혼자 있어도 아무렇지 않았다. 한집에 살았던 사람들은 누구나 그에게 조용한 시간이 필요하다는 사실을 받아들였다. 그런데 이제 몸집이 황소만한 무장 경관 네 명과 함께 살아야 했다. 그들은 무료한 생활이 생소한 사람들, 실내에만 머무는 책벌레와는 정반대인 사람들이었다. 그들을 무시하기는 쉽지 않았다. 가까운 곳에서 걸핏하면 덜거덕거리고 탕탕거리고 쿵쿵거리고 우렁찬 폭소를 터뜨리며 인기척을 냈기 때문이다. 루슈디는 집 안에서도 문을 꼭꼭 닫았지만 그들은 자꾸 열어놓았다. 루슈디가 물러나면 그들이 다가왔다. 원망할 일은 아니었다. 그들은 자기들처럼 루슈디도 말동무를 원한다고 생각했다. 그래서 고독한 시간을 얻기가 하늘의 별 따기였다. 조용히 생각할 시간이 있어야 집필 작업에 몰두할 수 있으련만.

경호팀은 계속 바뀌고 요원마다 성격도 제각각이었다. 필 피트라는 친구는 총이라면 물불을 안 가리고 열광하는 거인으로 특수부 내에서도 손꼽히는 명사수였다. 총격전이 벌어지면 쓸모가 많겠지만 목사관에서 함께 생활하기에는 좀 무시무시했다. 특수부에서 붙여준 별명도 "람보"였다. 딕 빌링턴이라는 요원은 필과 정반대였다. 안경을 끼고 수줍은 듯 상냥하게 웃는 사람, 그야말로 시골 목사관에 딱 어울리는 사람이지만 그 역시 권총을 찼다. 그리고 "뭐 그냥 운전사"들도 있었다. 그들도 에식스 집의 일부를 차지한 채 소시지를 굽거나 카드놀이를 하면서 따분해 어쩔 줄 몰라했다. 유난히 분통이 터졌던 어느 날 루슈디는 딕 빌링턴과 필 피트에게 이런 말을 해버렸다. "정말 나를 지켜주는 사람들은 내 친구들이오. 자기 집도 선뜻 내주고, 이렇게 내 대신 집을 빌려주고, 내 비밀을 굳게 지켜주면서 말이오. 그리고 화장실에 숨는 등 지저분한 일은 전부 내 몫이잖소." 그렇게 말했을 때 딕 빌링턴은 쩔쩔맸지만 필 피트는 노발대발했다. 말보다 행동이 빠른 성격인데다 총기에 열광한다는 사실과 몸집까지 감안한다면 필을 화나게 한 것은 어리석은 짓이었다. 경호는 사고를 예방하는 일이다. 노련한 경호원은 따분함마저 임무의 일부로 여긴다. 따분함은 좋은 것이다. 흥미진진한 상황은 피해야 한다. 흥미진진해지면 위험하니까. 만사를 따분하게 만드는 것이 경호의 주목적이니까.

그들은 자신의 일에 자부심을 가졌다. 여러 요원이 글자 하나도 안 틀리고 똑같은 말을 되풀이했다. "우린 경호 대상을 잃은 적이 없습니다." A 부대의 좌우명이 분명했다. 안도감을 주는 이 좌우명은 루슈디도 자주 입에 올렸다. 특수부의 오랜 역사를 통틀어 A 부대가 보호하던 인물이 쓰러진 적은 단 한 번도 없었다니 과연 인상적인 성과였다. "미국놈들도 그런 말은 못해요." 특수부 요원들은 미국식 일처리를 싫어했다. "그놈들은 모든 문제를 쪽수로 해결하려 들죠." 이 말은 미국 경호팀이 큰 편이라 수십 명이 동원되는 경우도 드물지 않다는 뜻이었다. 미국 고관들이 영국을 방문할 때마다 양국 경호팀은 경호 방식을 두고 매번 똑같은 논쟁을 벌였다. "우리가 눈에 안 띄는 포드 코티나로 여왕님을 모시고 나가면 출퇴근 시간에 번화가를 달려도 알아차리는 사람이 없어요. 그런데 양키놈들은 괜히 야단법석을 떨죠. 그래봤자 결국 대통령 한 명이 죽어나가지 않았습니까? 하마터면 한 명 더 죽일 뻔했고 말입니다." 루슈디는 나라마다 일처리 방식도 제각각이고 "경호 문화"도 제각각이라는 사실을 알게 되었다. 그후 몇 년 사이에 병력 규모를 중시하는 미국식 경호뿐만 아니라 프랑스 경찰 특공대 RAID식 경호도 겪어보았기 때문이다. RAID는 '수색 구조 협상 견제Recherche Assistance Intervention Dissuasion'의 약자였다. 여기서 특히 견제가 RAID의 일처리 방식을 설명하는 말이지만 실상에 비하면 엄청나게 축소된 표현이었다. 이탈리아 경호팀은 도심 한복판에서 차창 밖으로 총구를 내밀고 경적을 마구 울려대며 질주하기를 좋아했다. 모든 사정을 감안할 때 필과 딕 같은 경호원들과 늘 조심스러운 경호 방식이 그저 고마울 따름이었다.

그들도 완벽하지는 않았다. 가끔은 실수도 했다. 하니프 쿠레이시의 집에 갔을 때였다. 하니프와 저녁시간을 보내고 막 떠나려는 참인데 그 친구가 부리나케 길가로 달려나왔다. 가죽 총집에 꽂힌 대형 권총을 머리 위로 높이 들고 휘두르는데 만면에 희색이 가득했다. "어이!" 하니프가 기쁨에 들뜬 목소리로 외쳤다. "잠깐만 기다려요. 누가 권총을 두고 가셨어."

글을 쓰기 시작했다. 슬픈 도시가 있었습니다. 세상에서 가장 슬픈 이 도시는 억장이 무너질 정도로 슬픈 나머지 자기 이름도 잊어버렸습니다. 루슈디도 이름을 잃었다. 그래서 슬픈 도시의 심정을 헤아릴 수 있었다. 11월 초 어느 날, 일기장에 이런 말을 썼다. "드디어!" 며칠 뒤에는 이렇게 썼다. "제1장 완성!" 30~40쪽가량 썼을 때 잘하고 있는지 확인하려고 자파르에게 보여주었다. 자파르가 말했다. "고맙습니다. 마음에 쏙 들어, 아빠." 그러나 루슈디는 아들의 목소리에서 열광적 기쁨에는 못 미치는 무언가를 감지했다. 그래서 캐물었다. "정말이니? 확실해?" "응." 그러더니 잠시 멈추었다가, "따분하다는 사람도 있을지 몰라". "따분하다고?" 루슈디가 안타까운 탄성을 지르자 자파르는 아빠를 위로하려 했다. "아니, 아빠, 나야 당연히 끝까지 읽었는데, 어떤 사람들은 혹시 그렇게 말할지도……" 루슈디가 다시 물었다. "왜 따분하지? 어디가 따분하니?" 자파르가 대답했다. "그냥, 별로 화끈하질 않아서 그래." 놀랍도록 정확한 비평이었다. 루슈디는 즉각 알아들었다. "화끈한 거? 화끈한 거라면 아빠도 할 수 있어. 그거도로 줘봐." 그러면서 그는 걱정스러워하는 아들의 손에서 원고를 낚아채다시피 했다. 그러나 곧바로 달래줘야 했다. 아니, 아빠는 화난 게 아니고, 사실은 네 말이 큰 도움이 됐는데, 지금까지 편집자들한테 들은 얘기보다네 말이 더 좋았거든. 몇 주 뒤에 몇 장 분량을 고쳐 써서 자파르에게 다시 보여주었다. "이젠 어때?" 아이가 활짝 웃었다. "이젠 됐어."

허버트 리드(1893~1968)는 영국의 미술평론가이며—헨리 무어, 벤니컬슨, 바버라 헵워스 등을 응원했다—1차대전에 대해 노래한 시인이며 실존주의자이며 아나키스트였다. 런던의 맬 거리에 위치한 현대미술학회 ICA는 오랫동안 리드의 이름을 딴 연례 강연회를 개최했다. 1989년 가을, ICA가 길런의 사무실로 편지를 보냈다. 1990년 강연을 살만 루슈디가 맡아줄 수 있겠느냐는 문의 편지였다.

우편물이 루슈디에게 전달되는 과정은 그리 간단하지 않았다. 우선 경찰이 에이전시나 출판사에서 우편물을 인수하고 폭발물 검사를 거쳐 개봉했다. 경찰은 우편물을 전달하지 않는 경우는 전혀 없다고 늘 단언했지만 루슈디는 욕지거리를 담은 편지가 비교적 소수라는 점으로 미루어 더러는 걸러내는 듯싶다고 생각했다. 루슈디의 정신 상태를 염려한 런던경찰청은—이런 스트레스를 견뎌낼 수 있을까? 혹시 미쳐버리지나 않을까?—

이슬람교도의 폭언을 전하지 않는 편이 낫다고 판단했을 것이다. 아무튼 ICA의 편지는 여과 과정을 무사히 통과했고, 루슈디는 초청을 수락한다는 편지를 보냈다. 강연 주제는 금방 찾았다. 인습 타파에 대해 말하고 싶었다. 열린 사회에서는 어떤 사상이나 믿음도 제약을 받지 않는 대신에 온갖 도전을—철학적이든 풍자적이든, 심층적이든 피상적이든, 유쾌하든 불손하든 건방지든 간에—스스로 이겨내야 한다. 자유를 수호하려면 우선 담론의 장을 수호해야 한다. 논쟁의 해결이 아니라 논쟁 그 자체가 자유다. 남들이 가장 소중히 여기는 신념에 대해서도 비판할 수 있어야 참된 자유다. 그래서 자유로운 사회는 평온하지 않고 항상 소란스럽다. 진실로 자유로운 사회는 온갖 의견이 충돌하는 저잣거리 같은 곳이다. 이 원고는 결국 「신성한 것은 없는가?*Is Nothing Sacred?*」라는 연설문으로 발전했는데, 강연 일정이 정해지고 공표된 후 루슈디는 처음으로 영국 경찰과 심각한 대립을 겪었다. 투명인간이 다시 모습을 드러내려는 이 상황이 런던경찰청의 비위를 건드렸기 때문이다.

샤비르 악타르 씨에게

선생이 가담한 브래드퍼드 모스크연합이 대체 무슨 자격으로 문화적 중재자, 문학평론가, 혹은 검열관을 자처하는지 나로서는 짐작조차 못 하겠소. 그러나 "무책임한 종교재판"이라는 말에—선생은 스스로 만들어낸 이 표현에 터무니없는 자부심을 느끼는 모양이지만—사실상 아무런 의미도 없다는 것쯤은 잘 알고 있소. 기억을 되새겨봅시다. 종교재판소는 원래 1232년경 교황 그레고리우스 9세가 만든 사법기관이었소. 설치 목적은 이탈리아 북부와 프랑스 남부의 이단 세력을 진압하기 위해서였는데 고문을 일삼아 악명을 떨쳤소. 사실 문학세계에는 선생과 동료들이 이교도나 배교자라고 부르는 사람들이 우글거리고, 따라서 이단 세력을 진압하는 일 따위에는 별로 관심이 없소. 그 세계에서 이단적 사고는 장사 밑천이라고 해도 과언이 아니니 말이오. 어쩌면 선생은 그로부터 2세기 반이 흐른 후 1478년에 생긴 스페인 종교재판소를 염두에 두셨는지도 모르겠소. 역시 고문자 집단이지만 반이슬람 성향으로 유명하니 말이오. 그러나 사실 그들은 이슬람교에서 개종한 사람들을 가장 혹독하게 괴롭혔소. 아, 유대교에서 개종한 사람들도 마찬가지였고. 그런데 현대 문단에서 유대교 출신이나 이슬람교 출신을 고문하는 일은 드문 편이오. 나도 손가락 죔틀이나 고문대를 써먹은 지가, 글쎄, 꽤 오래됐구려. 그런데 선생이 속한 무리—여기서는 모스크연합뿐만 아니라 그 단체가 대표한다고 주장하는 신자들, 그리고 영국 안팎에서 당신들을 지지하는 지식인들까지 모두 포괄하는 말인데—가운데 상당수는 작품 때문에 작가를 처벌하는 일이 옳다고 믿느냐는 질문에 선뜻 찬성을 표시했소. (바로 지난 금요일에도 영국 전역의 모스크에 모인 무슬림 30만 명이 그런 의사표시를 했다는 보도가 있었지.) 최근에 진행된 갤럽 여론조사에 따르면 영국 무슬림 다섯 명 가운데 네 명은 그 작가를(즉 나를) 어떤 식으로든 응징해야 한다고 생각했소. 그러나 이단 세력을 근절하는 일, 그러기 위해 폭력까지 불사하는 일은 당신들의 계획일 뿐, 우리와는 무관한 일이오. 선생은 "하느님을 위한 광신"을 부르짖었소. 기독교의 관용이야말로 기독교인들의 "수치"라고 하셨소. "투쟁적 분노"를 설파하셨소. 그러면서 오히려 나를 "문학적 테러리스트"라고 부르다니. 얼핏 보면 우스꽝스럽지만 선생은 남을 웃기려 하지도 않았거니와 곰곰이 생각해보면 결코 웃을 일이 아니오. 〈인디펜던트〉 기사에서 선생은 『악마의 시』나 〈브라이언의 생애 The Life of Brian〉*처럼 사고방식부터 "틀려먹은" 작품은 아예 "대중의 기억에서 지워버려야" 한다고 말씀하셨소. 내 소설이 아무 가치도 없다는 선생의 주장에 동조하는 사람은 더러 있을지도 모르겠소. 그러나 감히 몬

---

* 영국 희극 집단 '몬티 파이선'이 종교적 맹목성을 풍자한 코미디영화(1979).

티 파이선에게 시비를 거신 일은—버티 우스터*의 말을 빌리자면—무지
막지한 실수였소이다. 그 익살꾸러기 집단과 그들의 작품을 사랑하는 사
람들이 수두룩한데, 섣불리 대중의 기억에서 지워버리려 했다가는 막강
한 대군에 포위당하기 십상이니 말이오. 그들은 앵무새 시체로 무장한 채
우스꽝스러운 걸음걸이로 행군하면서 소리 높여 군가를 부를 거요. 언제
나 인생의 밝은 면을 보라는 그 노래 말이외다.** 샤비르 악타르 선생, 내가
보기엔 아무래도 『악마의 시』를 둘러싼 논쟁은 유머감각이 있는(예컨대
〈브라이언의 생애〉를 좋아하는 팬들 같은) 사람들과 유머감각이 없는(예
컨대 선생 같은) 사람들 사이의 논쟁이라는 판단이 정확할 듯싶소.

당시 그는 긴 수필을 하나 더 쓰고 있었다. 벌써 반년이 넘도록 남의 눈
을 피해다니며 발언마저 삼갔다. 보내지도 않을 편지를 머릿속으로 쓰고
또 쓰고 서평 몇 개와 짤막한 시 한 편을 발표했을 뿐이다. 〈그랜타〉에 실
린 그 시를 불쾌하게 여긴 사람들은 브래드퍼드 모스크연합만이 아니었다.
피터 메이어의 말에 의하면 바이킹 펭귄 임직원 중에도 샤비르 악타르처
럼 루슈디를 "대중의 기억에서 지워버려야" 한다고 믿는 사람들이 생긴
모양이었다. 이제 루슈디도 하고 싶은 말을 해야 할 때였다. 앤드루, 길런
과 의논해보았다. 아무래도 긴 수필이 될 듯싶은데 언론사에서 받아주는
최대 분량이 어느 정도인지 확인하고 싶었다. 두 사람은 어떤 언론사든 루
슈디가 쓴 글이라면 뭐든지 실어주리라 믿었다. 그런 글을 발표하기에는
파트와 1주년 무렵이 제일 적당하다는 데 의견이 일치했다. 물론 수필의
입지 조건도 중요하므로 발표 지면을 잘 골라야 했다. 길런과 앤드루가 여
기저기 알아보았다. 루슈디는 수필에 대해 생각해보기 시작했다. 「좋은 뜻

---

* P. G. 우드하우스의 연작소설 '지브스'의 등장인물.
** 〈브라이언의 생애〉에서 주인공이 십자가에 못박혀 부르는 노래. 앵무새 시체는 몬티 파이선
의 작품에 종종 등장하는 소품.

으로_In Good Faith_」라는 제목으로 발표하게 될 7천 단어 분량의 이 수필은 그의 소설에 대한 변론이었다. 그런데 생각하는 과정에서 중대한 실수를 저질렀다.

착각 때문이었다. 자신의 소설이 공격을 받은 이유는 정치적 이득을 노리는 파렴치한 자들이 진실을 왜곡한 탓이며 자신의 인품이 비난을 받은 이유도 마찬가지라고 믿어버렸다. 작가가 윤리적으로 비열한 인간이고 작품도 저질이라면 굳이 이성적으로 대응할 가치도 없을 테니까. 그러나 진지한 작품이라는 사실을 입증하고 제대로 된 변론을 보여주기만 하면 사람들도—무슬림도—작품과 작가에 대한 생각을 바꾸리라 생각했다. 다시 말해서 그는 인기를 얻고 싶었다. 기숙학교에 다닐 때는 인기 없는 아이였지만 지금은 이렇게 말하고 싶었다. "여기 좀 보세요. 다들 내 책과 나를 오해하셨어요. 이건 나쁜 책이 아니에요. 나도 좋은 사람이에요. 이 수필을 읽어보면 금방 아실 거예요." 어리석은 발상이었다. 그러나 당시 고립된 상태였던 그는 충분히 가능한 일이라고 굳게 믿었다. 말 때문에 곤경에 빠졌으니 말로 벗어나고 싶었다.

고대 그리스와 로마의 영웅들은—오디세우스, 이아손, 아이네이아스 등등—언제든 한 번쯤은 배를 타고 바다 괴물 스킬라와 카리브디스 사이를 지나기 마련이었다. 어느 쪽이든 걸리기만 하면 끝장이라는 사실을 잘 알면서도 어쩔 수 없었다. 루슈디는 픽션이든 논픽션이든 글을 쓸 때는 공포와 복수심을 부르는 괴물 스킬라와 카리브디스 사이를 반드시 지나가기로 굳게 다짐했다. 겁에 질려 소심한 글을 쓰거나 분노에 사로잡혀 분풀이를 하려 들면 자신의 문학이 돌이킬 수 없이 무너져버린다고 생각했다. 그때는 한낱 파트와의 노예에 지나지 않으리라. 살아남으려면 아무리 힘들어도 울분과 두려움을 잊고 자신이 늘 원했던 작가의 모습을 지켜내야 한다. 스스로 선택한 길을 꿋꿋이 걸어가야 한다. 그렇게만 하면 성공하리라. 그러지 못하면 비참한 실패를 맛보리라. 그것만은 분명하다.

그런데 세번째 함정을 간과하고 말았다. 공감을 얻으려 했기 때문이다. 외로움을 못 이겨 사랑을 갈망했기 때문이다. 이미 눈이 멀어버린 그는 자신이 구렁텅이를 향해 돌진한다는 사실조차 알아차리지 못했고, 결국 그 함정에 빠져버렸고, 하마터면 영원히 파멸할 뻔했다.

런던 서더크 지역의 주차장 지하에서 글로브 극장의 유적이 발견되었다. 셰익스피어의 영광이 빛나는 '목조 동그라미wooden O'*. 그 소식을 듣는 순간 눈물이 솟구쳤다. 당시 루슈디는 컴퓨터를 상대로 체스를 익혀 5급까지 올라갔지만 글로브 극장을 발견한 그날은 폰 하나도 움직일 수 없었다. 과거가 손을 내밀어 현재를 어루만졌다. 현재가 그만큼 더 풍요로워졌다. 영어의 역사를 통틀어 가장 위대한 문장들이 파크 스트리트—엘리자베스 시대에는 메이든 레인—의 앵커 테라스** 일대에 처음 울려퍼지던 순간을 떠올려보았다. 햄릿과 오셀로와 리어 왕이 태어난 그곳. 목이 메었다. 루슈디를 비판하는 자들에게 문학예술에 대한 사랑을 설명하기는 불가능했다. 그들이 사랑하는 책은 하나뿐이고 그 내용은 감히 고칠 수도 없고 제멋대로 해석할 수도 없다. 거룩하신 하느님의 말씀이니까.

쿠란을 곧이곧대로 믿는 자들은 아주 간단한 질문에도 답변을 회피한다. 예언자가 세상을 떠난 후 상당 기간 동안은 정전正典이 존재하지 않았다는 사실을 아십니까? 우마이야 왕조 때의 바위사원에 새겨진 내용은 오늘날의 쿠란 내용과 일치하지 않는다. 후자는 제3대 칼리프 우스만의 시대에 비로소 정립되었기 때문이다. 이렇게 이슬람교에서 가장 신성시하는 성전의 벽면마저 쿠란의 탄생 과정에 인간의 오류가 개입했음을 증언한

---

* 셰익스피어의 『헨리 5세』 도입부에서 인용.
** 글로브 극장 유적이 발견된 건물.

다. 지상에서 인간이 이룩한 일치고 완벽한 것은 존재하지 않는다. 무슬림 세계에서 이 책의 내용은 입에서 입으로 전해졌고, 10세기 초에는 서로 다른 이본이 일곱 개도 넘었다. 1920년대에 알아즈하르 대학이 편찬하고 공인한 정본 쿠란은 그 일곱 이본 가운데 하나를 따랐을 뿐이다. 이른바 원본, 즉 완벽하고 변경이 불가한 하느님의 말씀이 존재한다는 생각은 헛된 망상에 불과하다. 소설가는 거짓말을 할 수도 있지만 역사와 건축물은 거짓말을 하지 않는다.

수피교 신비주의에 큰 영향을 받은 소설가 도리스 레싱이 전화를 걸어 루슈디를 옹호하는 사람들이 "방향을 잘못 잡았다"고 지적했다. 호메이니야말로 이슬람교의 적, "폴 포트 같은 놈"으로 규정했어야 옳았다는 이야기였다. 그러면서 단도직입적인 성격대로 이런 말을 덧붙였다. "솔직히 난 당신 책도 별로 마음에 안 들었어." 누구나 자기 의견을 내세운다. 누구나 해결책을 안다고 생각한다.

출판계에 공포가 확산되었다. 루슈디가 앞으로 쓸 책들을 두려워하는 피터 메이어의 마음이 다른 출판사까지 물들였는지—펭귄 간부들이 자기들만 겁쟁이로 보이지 않으려고 동조자들을 모은다는 의혹이 짙어졌다—이제 프랑스와 독일 출판사도 같은 입장을 표명했다. 〈퍼블리셔스 위클리〉도 페이퍼백 출간을 반대하고 나섰다. 루슈디는 이번에도 펭귄의 음모가 아닐까 생각했다. 메이어는 여전히 페이퍼백 발행일을 확정하지 않고 자기 집 부근에서 폭발물이 발견되었다는 얘기만 했다. 그 사건은 웨일스 민족주의자들의 소행으로 밝혀졌다. 『악마의 시』와는 무관한 일이었다. 그러나 이 사실도 메이어의 입장을 바꿔놓지는 못했다. 토니 레이시는 길런에게 최근 피터의 집에 살해 협박장이 날아들었다고 말했다. 빌 뷰퍼드가 에식스로 찾아와 오리고기로 저녁식사를 했다. 빌이 말했다. "너무 언짢아하지 마쇼."

길런과 앤드루가 앤서니 치텀, 사이 뉴하우스 등 랜덤하우스 사람들을 만나 『하룬과 이야기 바다』를 출판할 의향이 있는지 물어보았다. 관심은 있다고들 했다. 그러나 그들도 메이어도 구체적인 제안은 내놓지 않았다. 토니 레이시는 펭귄에서 "곧 편지를 보낼 예정"이라고 말했다. 서니 메타가 연락했는데 랜덤하우스를 적극적으로 나서게 하려고 "최선을 다하는 중"이라고 했다.

11월 초에 펭귄의 편지가 도착했다. 『악마의 시』 페이퍼백 발행일에 대한 약속도 없고 새 작품에 대한 제안도 없었다. 메이어는 "적어도 몇 달 동안"은 아무 일도 없이 평화로워야 페이퍼백 발행을 고려해보겠다고 했다. 그주에 BBC 방송은 무슬림의 "분노"가 여전하다는 다큐멘터리를 방영했다. 그런 상황에서 평화는 요원해 보일 뿐이었다. 그러나 랜덤하우스는 앞으로 나올 원고들에 대해 진지하게 의논해보고 싶어했다. 협상이 시작되었다.

루슈디는 1986년 뉴욕에서 열린 펜클럽 총회 때 이저벨 폰세카를 처음 만났다. 똑똑하고 아름다운 여자였다. 두 사람은 곧 친구가 되었다. 연애 감정 따위는 전혀 없었지만 이저벨이 런던으로 이사했을 때 루슈디는 무엇인가를 느꼈다. 그리고 1989년 11월 초, 그녀가 런던에 있는 자기 아파트에서 저녁식사를 하자고 초대했다. 경찰도 동의했다. 여느 때처럼 복잡한 교란작전을 펼친 후 그는 보르도 한 병을 들고 그녀의 아파트 대문 앞에 도착했다. 친구와 함께 식사를 할 때는 마냥 즐거운 저녁이라고 착각할 만했다. 런던 문단에 대한 이야기, 존 말코비치에 대한 이야기를 들으며 맛좋은 레드와인을 마셨다. 밤이 깊어갈 무렵 재앙이 찾아왔다. 경호요원 한 명이—수줍음 많고 목사님 같은 딕 빌링턴이었다—거북스레 문을 두드리고 대화를 청했다. 아파트가 작아서—거실 하나와 방 하나가 전부였다—경호팀에게 방 안으로 들어오라고 했다. 안경을 낀 딕이 빠르게 눈을 껌벅거리며 아무래도 목사관이 노출된 듯싶다고 말했다. 아직 확실한 일은 아니고 자초지종도 알 수 없지만 마을에 소문이 돌기 시작했고 루슈디라는 이름도 거론되었다고 했다. 딕이 말했다. "진상을 알아보기 전에는 그 집에 다시 들어갈 수 없겠는데요." 명치를 얻어맞은 기분이었다. 엄청난 무력감이 밀려왔다. "아니, 당장 오늘밤부터 못 간다는 얘기요? 벌써 10신데." 그러자 딕이 말했다. "저도 알지만 그 집엔 안 가셨으면 좋겠습니다. 만일을 대비해서요." 그러면서 이저벨을 바라보았다. 그녀가 곧바로 대답했다. "그냥 이 집에서 자면 되잖아요." 루슈디는 딕에게 말했다. "그럴 순 없소. 오늘은 그냥 그 집에 가서 자고 내일 아침에 확인해보면 안 되겠소?" 딕은 안절부절못했다. "가지 말라는 지시를 받았습니다."

침대는 대형 더블베드 하나뿐이었다. 두 사람은 서로 최대한 멀리 떨어져 잠을 청했다. 뒤척이다가 실수로 몸이 닿을 때마다 얼른 사과했다. 마치 섹스 문제를 다룬 블랙코미디 같은 상황이었다. 두 친구가 어쩔 수 없는 사정으로 한 침대에 누워 서로 별일 아니라는 듯 시치미를 뗀다. 영화에서라면 결국 연기를 포기하고 정사를 나눌 테고, 날이 밝으면 둘 다 쩔쩔매면서 또 한바탕 코미디를 연출할 테고, 온갖 소동을 겪은 뒤에는 마침내 사랑이 이루어질 수도 있다. 그러나 현실은 달랐다. 루슈디는 방금 집 없는 신세가 되었고, 이저벨은 하룻밤 재워주겠다고 했을 뿐이고, 내일은 또 무슨 일이 벌어질지 알 수 없었다. 그리 관능적인 상황은 아니었다. 고맙기도 하고 비참하기도 했다. 물론 조금은 그녀를 원했고 그녀를 향해 돌아누우면 어떻게 될까 궁금하기도 했으나 이런 상황에서 그런 행동은 이저벨의 친절을 악용하는 야비한 짓이라고 생각했다. 그래서 등을 돌린 채 누워 있었지만 잠은 별로 못 잤다. 아침이 되자 그린업 씨가 이저벨의 거실에 나타났다. "그 집에 가시면 안 됩니다."

사달이 난 이유는 한동안 경호팀에서 빠졌다가 최근 리틀 바드필드에서 다시 합류한 데브 스톤하우스 때문이었다. 어쩌면 필연적인 일이었는지도 모른다. 데브는 마을 술집에서 과음을 하고 권총을 뽑아 다른 술꾼들에게 자랑했다. 이 이야기는 나중에 밥 메이저에게 들었는데, 하도 어처구니가 없어 곧이듣기 어려울 정도였다. 알고 보니 그 술집 주인은 예전에 화이트채플에서 '블라인드 베거'라는 술집을 하던 사람인데, 그곳은 악명 높은 크레이 쌍둥이의 단골 술집이었고 조직폭력배 로니 크레이가 한 남자를 살해한 현장이기도 했다. 밥 메이저는 이렇게 말했다. "그런 술집을 운영해본 놈은 1마일 밖에서도 경찰을 한눈에 알아봅니다." 그런 곳에는 얼씬거리지도 말아야 했건만 데브는 생일을 자축한답시고 하필 그 술집을 찾아갔다. 사람들은 이런저런 일을 바탕으로 상황을 짐작했고, 누군가 살만 루슈디라는 이름을 입에 올린 순간 돌이킬 수 없는 일이 되고 말았다.

그린업 씨에게 항의했다. "도저히 참을 수 없소. 그 집을 빌리느라 큰돈을 썼는데 당신네 요원 하나가 술주정을 하는 바람에 못 들어가게 됐다는 얘기 아니오? 도대체 나더러 뭘 어쩌라는 거요? 여기서 지낼 수도 없고 이젠 다른 대책도 없단 말이오." 그러자 그린업 씨가 말했다. "다른 집을 찾으셔야죠." 루슈디는 손가락을 딱 튕기며 조금 신랄하게 쏘아붙였다. "그게 이렇게 간단한 일이오? 수리수리 마수리! 주문만 외우면 어디서 집이 저절로 생긴답니까?" 그린업 씨는 쌀쌀맞게 대꾸했다. "이게 다 선생이 자초한 일이라고 말하는 사람도 많을 텐데요."

하루종일 미친듯이 전화질을 했다. 사민은 파키스탄 사업가인 친구가 첼시에 강변 아파트 한 채를 갖고 있는데 그 집 열쇠를 빌려보겠다고 했다. 제인 웰즐리는 노팅 힐 아파트를 다시 빌려주겠다고 했다. 길런 에이킨은 레이디 코지마 서머싯에게 도움을 청하겠다고 했다. 그녀는 당시 런던 사무실에 근무했다. 코지마는 대단히 믿음직스럽고 신중한 성격이며 임대주택을 찾고 빌리는 일쯤은 아무것도 아니라고 했다. 모든 절차는 에이전시에서 처리하겠다고 했다. 루슈디는 코지마와 전화통화를 했다. 그녀가 활기차게 말했다. "알았어요. 당장 시작할게요." 루슈디는 금방 알아차렸다. 착하고 지적인 그녀는 그야말로 완벽한 중재자였다. 그렇게 매력적인 귀부인이 루슈디 사건처럼 어두운 일에 연루된 줄은 아무도 짐작하지 못할 테니까.

사민이 친구의 아파트 열쇠를 가지고 이저벨의 집으로 찾아왔다. 적어도 며칠 동안은 머물 곳이 생겼다. 경찰이―베니가 돌아왔다―루슈디를 첼시 아파트에 잠입시켰다. 한밤중에 남몰래 목사관에 들어가 짐을 챙기기로 했다. 이미 지불한 임대료는 어쩔 수 없었다. 묻지도 않았는데 베니가 쓸데없는 말을 꺼냈다. 『악마의 시』 페이퍼백 출간은 아무래도 취소하는 편이 낫겠다는 의견이었다. 현지 경찰이 서점마다 찾아다니며 펭귄 출판사에 출간 보류를 권하라고 부추긴다는 말도 들었다. 특수부 요원들이 했던 말과는 상반되는 이야기였다. 아무것도 확실하지 않았다. 아무것도 믿을 수 없었다.

그린업이 떠나고 이저벨도 출근한 후 루슈디는 한 가지 실수를 저질렀다. 마음이 뒤숭숭해서 아내에게 전화를 걸고 그녀를 만나러 갔다. 그리고 더 큰 실수를 하고 말았다. 그녀와 정사를 나눴다.

인생이 엉망진창이었지만―주거도 일정치 않고, 출판계약도 성사되지 않고, 경찰과의 마찰도 나날이 심해지고, 게다가 이제 메리앤과의 관계는 또 어떻게 될까?―첼시 아파트에서 마음을 가라앉히려고 노력했다. 그러나 텔레비전을 켜는 순간 그가 겪은 일 따위는 하찮아 보일 만큼 엄청난 사건을 보게 되었다. 베를린장벽이 무너지고 젊은이들이 그 폐허에서 춤을 추었다.

비록 불행과 함께―작게는 파트와, 훨씬 더 큰 규모로는 톈안먼 사태와 함께―시작된 한 해였지만 그렇게 경이로운 일도 더러 있었다. 머지않아 세상을 완전히 바꿔놓을 하이퍼텍스트 전송규약(http://)이 발명되었지만 처음에는 그리 중요해 보이지 않았다. 그러나 공산주의의 몰락은 실로 놀라운 사건이었다. 루슈디는 피로 물든 인도 파키스탄 분리 독립의 여파 속에서 성장한 후 십대 시절 영국으로 건너왔는데, 유럽에 도착해서 처음 목격한 정치적 대사건이 바로 1961년 8월 베를린장벽의 건설이었다. 당시 그는 이런 생각을 했다. 아, 저런, 이번엔 유럽이 분열할 차례야? 그리고 세월이 흘러 귄터 그라스와 함께 어느 텔레비전 토론 프로그램에 출연하게 되었는데, 도시고속전철을 타고 베를린 시내로 들어가면서 구경한 장벽은 정말 거대하고 무시무시하고 영원히 존재할 듯싶었었다. 서쪽 벽면은 온통 낙서투성이였지만 동쪽 벽면은 섬뜩하리만큼 깨끗했다. 압제를 상징하는 이 어마어마한 건축물이 쓰러지는 날은 상상도 할 수 없었다. 그런데 그날이 오고 말았다. 공포국가 소련이 속속들이 썩었다는 사실이 드러나더니 거의 하룻밤 사이에 모래성처럼 허물어졌다. 폭군의 최후는 늘 그러하도다Sic semper tyrannis. 춤추며 기뻐하는 젊은이들을 보고 새로운 힘을 얻었다.

때로는 꼬리를 물고 일어나는 사건들을 감당하기 힘들 정도였다. ICA에서 샤비르 악타르와 논쟁을 벌인 하니프 쿠레이시가 전화를 걸었는데, 악타르가 너무 무력하고 무능한 상대였다고 했다. 루슈디의 친구이며 88헌장 창설자인 작가 앤서니 바넷은 하원의원 맥스 매든과 함께 신성모독법에 대해 논쟁했는데, 매든 역시 나약하고 소심한 상대였다. 랜덤하우스의 앤서니 치텀과 크노프 출판사의 서니 메타는 앞으로 나올 책들에 대한 계약서에 서명하기 전에 우선 그린업 씨의 의견을 듣고 싶어했다. 좋은 결과를 기대하기는 어려웠다. 그런데 놀랍게도 그린업은 미래까지 간섭할 생각은 없다면서 치텀과 서니에게도 그렇게 말해주겠다고 했다. 한편 펭귄은 『악마의 시』에 누구보다 열광하던 젊은 편집자 팀 바인딩을 해고해버렸다. 메이어는 앤드루 와일리의 전화를 받지 않았다. 이란 전문가 프레드 할리데이가 연락해서 이란 외무차관 아바스 말리키(그는 1979년 테헤란에서 미국 대사관을 습격한 무리의 일원이기도 했다)를 만나본 이야기를 털어놓았다. 말리키는 프레드에게, 이란에서는 아무도 호메이니에게 맞서지 못하지만 영국 무슬림들이 시위를 그만두면 오히려 이란이 책임을 면할 수도 있다고 말했다. 프레드는 이런 말을 덧붙였다. "그건 그렇고, 혹시 자네도 알고 있나? 요즘 라디오 해적방송국들이 『악마의 시』를 페르시아어로 번역해서 하루종일 이란으로 방송하는데."

메리앤은 여전히 「웨일스에 잘 오셨습니다」와 「우르두어 배우기」를 출판하는 문제에 대해 이야기하더니 별안간 "준비가 덜 됐다"고 했다. 정서 불안이 너무 심해 무서울 정도였다. 제인은 메리앤과 다시 연락을 주고받는 루슈디를 나무랐고 폴린 멜빌과 사민도 마찬가지였다. 도대체 무슨 생각으로 그랬어? 사실은 제대로 생각해보고 저지른 일이 아니었다. 어쩌다 보니 그렇게 되었을 뿐이다.

검찰이 최근 칼림 시디키가 입 밖에 낸 소름끼치는 발언들을 조사했다. 변호사 제프 로버트슨은 검찰이 시디키를 기소할 것이라고 내다보았다. 그러나 결국 "증거 불충분"이라는 이유로 기소하지 않았다. 시디키가 사람을 죽이라고 요구하는 장면이 담긴 비디오테이프까지 있는데도 충분하지 않단다.

런던 북부에 집 한 채가 있었다. 허미티지 레인 15번지. "일체형 차고"가 있어 남몰래 드나들기 편하다면서 경찰도 좋아했다. 존 하울리와 그린업 씨가 첼시 아파트로 찾아왔다. 리틀 바드필드에서 벌어진 "실수" 때문에 부끄러워하면서 다시는 그런 일이 없을 테고 데브 스톤하우스를 다시 보는 일도 없으리라 장담했다. 그리고 부끄러움 때문인지 여러 가지를 양보했다. 우선 루슈디가 목사관 때문에 금전적 손실을 보았으며 이제 다른 임대주택을 구하느라 또 목돈을 써야 한다는 사실을 인정했다. 임대 기간이 끝날 때까지 목사관을 "임시" 거처로 이용하는 방안에도 흔쾌히 동의했다. 지금까지보다 자주 외출하여 친구들을 만나는 것도 기꺼이 "허락"

해주었다. 가장 큰 성과는 자파르를 거처로 데려와 하룻밤을 함께 보내도 좋다고 한 일이었다. 정말 원한다면 메리앤까지 데려와도 좋다고 했다. 어쨌든 아직은 부부 사이니까.

12월 초에 빌과 폴란드인 여자친구 알리시아, 자파르, 메리앤과 함께 리틀 바드필드에서 주말을 보냈다. 자파르는 굉장히 기뻐했고 루슈디도 마찬가지였다. 그러나 메리앤은 정신 상태가 좀 이상했다. 며칠 전에는 "거짓말"을 해서 미안하다고 사과까지 했지만 이젠 눈빛에 광기가 흐르더니 한밤중에 또 폭탄선언을 했다. 그녀와 빌이 연인 사이가 되었다는 이야기였다. 루슈디는 빌에게 단둘이 얘기 좀 하자고 했다. 두 사람은 목사관에서 텔레비전이 있는 작은 방으로 들어갔다. 빌은 딱 한 번 그런 일을 저질렀다고 자백했다. 멍청한 짓을 했다는 생각이 들어 금방 후회했지만 차마 진실을 털어놓지 못했다면서. 그들은 한 시간 반 동안 대화를 나누었다. 우정이 걸린 일이라는 사실을 둘 다 알고 있었다. 서로 해야 할 말을 했다. 때로는 언성을 높이고 때로는 조용조용 이야기했다. 처음에는 분노가 앞섰지만 나중에는 웃음이 터졌다. 결국 그 문제는 덮어버리고 더는 언급하지 않기로 했다. 멍청한 짓을 했다는 생각이 들기는 루슈디도 마찬가지였다. 결혼생활에 대해 다시 결단을 내려야 했다. 이를테면 담배를 끊었다가 다시 피우기 시작한 것과 비슷한 상황이었다. 사실 그것이 또하나의 실수였다. 5년 동안 비흡연자로 살다가 마약과 다름없는 그 물건에 다시 손을 대고 말았다. 너무 한심해서 화가 날 정도였다. 두 가지 나쁜 습관을 하루빨리 버려야 했다.

허미티지 레인 15번지는 별다른 특징이 없는 길모퉁이에 자리를 잡은 조그마한 요새 같은 건물이었다. 생김새도 꼴사나운데다 가구도 거의 없었다. 코지마가 집주인 내외를 들볶아 기본적인 가구들을 받아냈다. 작업대 하나와 의자 하나, 안락의자 두 개, 주방 설비 따위였다. 그래봤자 사람이 살지 않는 집처럼 보이기는 마찬가지였다. 그러나 그 집에서 다시 일을 잡은 덕분에 드디어 『하룬과 이야기 바다』를 순조롭게 진행할 수 있었다.

1989년 12월 15일 맨체스터에서 암살단으로 추정되는 이란 남자 네 명을 체포했다. 그중 메르다드 코카비는 몇몇 서점에 불을 질러 폭파시킬 음모를 꾸민 혐의로 기소되었다. 그런 일이 생긴 뒤에는 『악마의 시』 페이퍼백 발행일을 확정해달라고 피터 메이어를 설득하기가 더욱더 어려워졌다. 앤드루와 길런에게 메이어는 이렇게 말했다. "내년 중순쯤엔 가능할 수도 있겠지." 랜덤하우스는 루슈디가 앞으로 쓸 책을 계약하려다가 별안간 꽁무니를 뺐다. 랜덤하우스 대표 알베르토 비탈레는 "그동안 위험을 과소평가했다"고 밝혔다. 12월 8일 랜덤하우스가 계약을 포기하겠다고 선언했다. 이제 루슈디는 단행본도 못 내고 출판사도 없는 처지였다. 차라리 글쓰기를 포기해버릴까? 작업대 위에 답이 있었다. 『하룬과 이야기 바다』가 빨리 써달라고 독촉했다. 빌이 아주 반가운 이야기를 꺼냈다. 〈그랜타〉 잡지사에서 그랜타 북스라는 이름으로 단행본 출판을 시작한다는 소식이었다. "해봅시다. 대형 출판사보다 우리가 낫다는 걸 보여드리지."

브란덴부르크 문이 활짝 열리고 두 베를린이 하나가 되었다. 루마니아에서는 차우셰스쿠가 몰락했다. 〈뉴욕 타임스〉에서 원고 청탁이 들어왔다. 토머스 핀천이 오랜 침묵을 깨고 발표한 소설 『바인랜드Vineland』에 대한 서평을 쓰기로 했다. 사뮈엘 베케트가 세상을 떠났다. 루슈디는 다시 목사관에서 자파르와 함께 주말을 보냈고, 아들의 사랑은 무엇과도 비교할 수 없을 만큼 큰 위안을 주었다. 이윽고 크리스마스가 다가왔을 때 소설가 그레이엄 스위프트와 아내 캔디스 로드가 런던 남부에 있는 자택에서 크리스마스를 함께 보내자고 했다. 그해 마지막 날도 친구들과 함께 보냈다. 마이클 허와 아내 밸러리였는데, 그들은 서로 "짐"이라고 부르는 재미있는 버릇이 있었다. 여보나 당신이나 자기 같은 말은 성에 안 차는 모양이었다. 마이클은 조용하고 느릿느릿한 미국식 말투로, 밸러리는 명랑하게 재잘거리는 영국식 말투로 묵은해를 보냈다. "어이, 짐?" "왜 그래,

짐?"ㅤ"새해 복 많이 받아, 짐.""그래, 새해 복 많이 받아, 짐.""사랑해, 짐.""나도 사랑해, 짐." 짐과 짐의 대화를 들으며 미소와 더불어 1990년 을 맞이했다.

ㅤ메리앤도 그 자리에 있었다. 그렇다. 메리앤도 있었다.

4

사랑받고 싶은 소망

The Trap of Wanting to Be Loved

1990
-
1991

델리에 사는 날리니 메타라는 여자가 자꾸 편지를 보냈다. 루슈디에게는 생소한 이름이었지만 그 여자는 루슈디를 안다고, 그것도 사교적 의미가 아니라 성서적 의미로biblically, 즉 육체적으로, 외설적으로 안다고 단언했다. 두 사람이 밀회를 즐긴 시간과 장소를 들먹이면서 호텔방 내부는 물론이고 창밖 풍경까지 묘사했다. 문장력도 좋은데다 지성이 돋보이는 편지였고, 선이 가는 파란색 볼펜으로 쓴 글씨도 힘차고 발랄했다. 그런데 사진은 아주 엉망이었다. 옷을 벗는 과정을 차례로 찍었는데, 조명도 부실하고 촬영 솜씨도 형편없어 선정적이기는커녕 우스꽝스러웠다. 그래도 미인이라는 사실만은 분명했다. 루슈디는 답장을 보내지 않았다. 편지를 보내지 말라고 쓰는 것조차 어리석은 짓이었다. 두 사람의 사랑을 열심히 역설하는 글쓴이가 걱정스러웠기 때문이다. 인도인 중에는 아직도 정신병을 치욕으로 여기는 사람이 많다. 그들은 가족이 그런 병에 걸렸다는 사실 자체를 부정한다. 문제를 해결하기보다 감추려 한다. 날리니 메타의 편지가 계속 날아들고 점점 더 잦아진다는 사실은 곧 그녀가 애정 어린 보살핌을 받지 못한다는 증거이기도 했다.

그러나 여자는 오히려 루슈디의 처지를 걱정했다. 그가 애정 어린 보살핌을 받지 못한다는 사실을 "잘 안다"고 했다. 아내마저 떠났다는 소식을 신문에서 보았다면서 그 빈자리를 자신이 채워주겠다고 했다. 당신 곁으로 가서 마음을 달래줄게요. 당신을 위해서라면 뭐든지 하겠어요. 곁에서 지켜주고 돌봐주고 사랑으로 감싸줄게요. 서로에게 얼마나 소중했는데, 지금도 서로 이렇게 애틋한 마음인데, 무엇 때문에 선뜻 승낙하지 않으시나요. "어서 나를 불러줘요. 당장 달려갈게요."

그녀는 델리에 있는 레이디 슈리 람 대학에서 영문학을 전공했다고 밝혔다. 루슈디는 고아 주 출신의 작가이며 친구인 마리아가 그곳 교수라는 사실을 기억하고 전화를 걸어 혹시 그런 여자를 아느냐고 물어보았다. 마리아의 음성은 쓸쓸했다. "날리니라면 잘 알지. 내가 가르친 학생 중에서 제일 똑똑한데 아쉽게도 제정신이 아니야." 루슈디가 짐작한 대로 그녀의 가족은 날리니가 비정상이라는 사실을 인정하지 않고 적절한 치료를 받게 하지도 않았다. 마리아가 말했다. "어쩌면 좋을지 나도 모르겠어."

편지 내용이 달라졌다. 금방 갈게요. 당신이 계신 영국으로 건너갈게요. 델리에서 자기 또래 영국 여자를 만났는데, 은퇴하여 서리 주 어딘가에 사는 그 여자 부모의 집에 머물게 되었다고 했다. 비행기표도 구했어요. 내일 출발해요. 오늘이에요. 도착했어요. 며칠 후 그녀는 런던 에이전시에 불쑥 나타나 길런 에이킨의 사무실로 쳐들어갔다. 나중에 길런이 말했다. "맙소사, 정말 굉장한 미인인데다 차림새도 화려하더군. 자네 친구라고 하기에 당연히 들어오라고 했지." 그러자 그녀는 곧바로 루슈디의 주소와 전화번호를 물었다. 지금 자기를 기다리고 있을 텐데 상황이 매우 다급하니 빨리 가야 한다는 설명이었다. 가능하다면 오늘 당장. 길런은 뭔가 좀 이상하다고 생각했다. 그래서 너무 무례하게 굴지 않으면서도 단호하게 말했다. 그 얘기는 기꺼이 전해주겠소. 아가씨 연락처도 알려주시면 함께 전하리다.

그러자 날리니 메타가 섹스를 제안했다. 길런은 혼비백산했다. "맙소사, 사무실은 고사하고 집에서도 날마다 겪는 일은 아닌데 말이야." 길런은 제안을 거절했다. 그녀가 고집을 부렸다. 여기 쌓인 서류를 치워버리고 이 책상 위에서 지금 당장 해버리죠. 그리고 나서 전화번호와 주소를 알려주세요. 길런은 더욱더 단호하게 거부했다. 아니, 도저히 있을 수 없는 일이오. 제발 옷 좀 벗지 마시오. 날리니는 낙심하여 울음을 터뜨렸다. 돈이 한 푼도 없다고 했다. 서리 주에 있는 친구 부모님 댁에서 에이전시까지 찾아오느라 얼마 안 남은 돈을 모두 써버렸다고 했다. 100파운드 정도만 빌려주면 최대한 빨리 갚겠다고 했다. 나중에 그 이야기를 들은 앤드루 와일리가 말했다. "길런한테 돈 꿔달라고 말하는 순간에 볼장 다 본 거지. 결정적인 실수였어." 길런은 훤칠한 키를 과시하며 그녀를 문밖으로 쫓아냈다.

며칠, 아마도 일주일가량이 지나갔다. 허미티지 레인에서 경찰이 질문을 던졌다. 필 피트였다. 혹시 날리니 메타라는 여자분을 아십니까? 루슈디는 사실대로 이야기했다. "그런데 그 여자한테 무슨 일이 생겼소?" 아닌 게 아니라 일이 생겼다. 그녀가 갑자기 사라지는 바람에 친구의 부모가 몹시 걱정하고 있었다. 그들에게 그녀는 살만 루슈디와 친밀한 사이이며 머지않아 같이 살게 된다는 이야기를 끊임없이 되풀이했다고 한다. 초조하게 기다리던 부부는 날리니가 사라진 후 이틀이 지났을 때 경찰에 신고했다. 부부는 루슈디 씨의 상황과 날리니의 입방정을 감안할 때 누군가 해코지를 했을 가능성도 있다고 했다. 날리니는 그로부터 며칠 후 피커딜리 서커스를 순찰하던 순경에게 발견되었는데, 머리는 산발을 하고 몸에는 대엿새 전에 서리 주를 떠날 때 입었던 사리를 그대로 두른 채 아무나 붙잡고 주절주절 지껄였다. 자기가 "살만 루슈디의 애인"이라는 둥, 두 사람이 "사랑하는 사이"라는 둥, 루슈디가 같이 살자고 해서 머나먼 영국까지 날아왔다는 둥.

날리니가 델리에서 사귄 친구의 부모는 내심 그녀가 돌아오지 않기를 바랐다. 경찰도 그녀를 붙잡아둘 이유가 없었다. 범죄를 저지르지는 않았으니까. 그녀는 갈 곳 없는 처지였다. 루슈디는 날리니에게 영문학을 가르쳤던 마리아에게 연락했다. "혹시 그 아가씨 부모한테 연락할 방법이 없을까?" 다행히 마리아가 연락처를 알고 있었다. 날리니의 아버지 메타 씨는 처음에는 자기 딸에게 아무런 문제도 없다는 취지로 이런저런 변명을 늘어놓았지만 결국 런던에 와서 그녀를 데려가기로 했다. 그 이후에도 편지 몇 통이 더 오다가 마침내 끊겼다. 루슈디는 부디 무소식이 희소식이기를 빌었다. 제정신이 돌아왔다는 뜻이 아닐까. 그녀는 사랑받고 싶은 욕구가 너무 큰 나머지 망상에 사로잡히고 말았다. 부디 뒤늦게나마 가족의 참된 사랑과 보살핌을 받으며 마음의 덫에서 벗어나기를.

당시에는 몰랐지만 그해가 저물기 전에 그 역시 사랑받고 싶은 열망을 이기지 못하고 스스로 놓은 마음의 덫에 빠져 망상과 자멸을 향해 달려갈 운명이었다. 마치 연인의 품속으로 뛰어들듯이.

앙갚음을 하는 꿈을 꾸었다. 아주 상세한 꿈이었다. 루슈디를 비판했던 자들과 죽이려 했던 자들이 부끄러운 표정으로 찾아와 용서를 빌었다. 매번 꿈 내용을 적어놓았는데 그때마다 잠시나마 기분이 좋아졌다. 그는 오랜 침묵을 깨뜨릴 수필과 허버트 리드 강연회 원고를 쓰는 중이었다. 얼마든지 설명할 수 있다는 확신, 사람들을 이해시킬 수 있다는 확신이 점점 더 강해졌다. 〈가디언〉이 휴고 영*의 논평을 예고하는 불쾌한 광고를 실었다. 붕대를 감은 펭귄 그림 옆에 이렇게 썼다. 살만 루슈디도 후회하지 않을까? 이윽고 휴고 영이 쓴 논평이 실렸다. 아니나 다를까, 이번에도 폭력을 휘두르는 자들이 아니라 그들의 공격 목표에게 화살을 돌렸다. "루슈디는

---

* 정치 칼럼으로 유명했던 영국 언론인(1938~2003).

잘못을 뉘우쳐야 마땅하다." 그러나 이 글은 오히려 물러서지 않겠다는 결심을 더욱 굳히게 했다. 올바른 저항의 자세를 보여주겠다고 다짐했다.

브래드퍼드 분서 사건 1주년이 돌아왔다. 어느 신문사가 영국 서점 100곳에서 『악마의 시』 페이퍼백 출간에 대한 여론조사를 했는데, 찬성 57표, 반대 27표, 기권 16표가 나왔다. 브래드퍼드 모스크연합 대변인이 말했다. "루슈디 문제는 절대로 묵과할 수 없습니다. 우리 미래에 중대한 영향을 미칠 테니 말입니다." 칼림 시디키는 〈가디언〉에 보낸 공개 편지에서 이렇게 말했다. "우리는[즉 무슬림은] 루슈디에 대한 사형선고를 지지해야 합니다." 며칠 후 시디키는 테헤란으로 건너가 호메이니의 후계자인 아야톨라 알리 하메네이와 밀담을 나눴다.

루슈디는 밤낮으로 글쓰기에 몰두했다. 자파르를 만날 때만 잠시 손을 멈추었다. 낡은 목사관에서 배스터드 양의 따뜻한 시선을 받으며 마지막으로 즐거운 주말을 보냈다. 대체로 저기압이었던 메리앤도—글이 안 써진다, 내 인생은 어디로 갔느냐, "삶 자체가 가짜" 아니냐, 당신 때문에 내 책까지 일이 꼬였다 등등—그때는 평소에 비해 명랑한 편이었고, 그는 다시 그녀와 붙어 있는 이유를 자문하지 않으려고 노력했다. 이윽고 리틀 바드필드를 마지막으로 떠나 허미티지 레인으로 돌아왔을 때 그린업 씨가 찾아와 허버트 리드 강연을 허용할 수 없다고 말했다. 이번에는 허용이라고 했지만 예전의 허락과 마찬가지로 루슈디를 "경호 대상"이 아니라 수감자로 취급하는 발언이었다. 경찰은 루슈디가 참석할 경우 강연회의 안전을 보장할 수 없다고 현대미술학회에 이미 통보한 뒤였다. 그린업은 이런 상황에서 강연을 고집하는 것은 무책임하고 이기적인 행동이라면서 런던경찰청은 그렇게 어리석은 일에 협력하지 않을 방침이라고 밝혔다.

ICA 사람들은 경찰의 통보를 받고 겁먹은 것이 분명했다. 루슈디는 경찰이 지켜주지 않더라도 강연을 강행할 결심이라고 했지만 ICA 입장에서는 너무 걱정스러운 상황이었다. 결국 루슈디가 단념하는 수밖에 없었다.

연설문을 대신 읽어줄 사람을 찾아보겠다고 했다. ICA는 안도하며 제안을 받아들였다. 제일 먼저 해럴드 핀터에게 연락해보았다. 상황을 설명하고 부탁했다. 해럴드는 한순간도 망설이지 않고 평소처럼 간결하게 대답했다. "알았네." 루슈디는 1월 말에 해럴드와 앤토니아 프레이저 부부의 집에서 그들을 만나보았고, 두 사람의 의욕과 용기와 결의에 힘을 얻어 이튿날 열네 시간 동안 조금도 쉬지 않고 마침내「신성한 것은 없는가?」최종 원고를 완성했다. 길런이 허미티지 레인으로 찾아와—코지마 서머싯이 찾아내고 에이전시 이름으로 빌린 집이니 "표면상"으로는 길런이 "입주자"였고, 따라서 방문이 허락되어 경찰이 평소처럼 드라이클리닝을 거쳐 그곳으로 데려다주었다—그 쓸쓸하고 휑뎅그렁한 베이지색 건물에서 연설문과 수필「좋은 뜻으로」를 모두 읽어보았다. 후자는 『악마의 시』에 대한 해명인 동시에 작품과 작가를 더 잘 이해해달라는 호소문이었고, 새로 창간된 일요판〈인디펜던트〉에 7천 단어 전체를 한꺼번에 게재할 예정이었다. 길런은 그 수필을 챙기고 ICA 연설문은 해럴드에게 전달했다. 이제『하룬』작업을 재개할 때였다.

「좋은 뜻으로」는 1990년 2월 4일 일요판 신문에 실렸다. 윌리엄 월드그레이브 외무차관이 해럴드 핀터에게 전화를 걸어 그 글을 읽고 눈물을 흘렸다고 말했다. 무슬림의 초기 반응은 예상대로 부정적이었으나 루슈디는 (희망사항일지도 모르지만) 샤비르 악타르와 동료 타리크 모두드의 어조에서 약간의 변화를 감지했다. 다만 한 가지 나쁜 소식이 있었다. 레바논에 억류된 영국인 인질들의 가족이 『악마의 시』 페이퍼백 출간을 반대하는 성명서를 발표할 계획이었다. 2월 6일 화요일, 해럴드가 ICA에서「신성한 것은 없는가?」를 낭독했다. 이 강연회는 BBC〈레이트 쇼〉를 통하여 방송되었다. 속이 후련했다. 하고 싶은 말을 다 했으니까. 벌써 1년째 폭풍우에 시달리는 동안 지구상 방방곡곡에서 아우성치는 수많은 목소리, 강풍처럼 울부짖는 편협한 신앙심과 역사의 목소리에 묻혀 자신의 목소리는 들리지도 않는다고 생각했다. 이제야 그 생각이 틀렸음을 입증했다. 일기장에 이렇게 썼다. "「좋은 뜻으로」와 「신성한 것은 없는가?」에 대한 반응에서 크나큰 위안을 얻었다. 중요한 변화가 일어난 듯싶다. 나를 악마처럼 여기던 경향이 차츰 사그라지고 비판자들도 당황한 듯하다." 친구들이 연락해서 ICA 강연회가 시종 "화기애애"하고 "감동적"이고 "흥미진진"했다고 말했다. 메리앤의 의견은 달랐다. "삭막한" 분위기였다는 평가였다. 자신을 향한 "반감"까지 느꼈다고 덧붙였다.

리드 강연회가 끝나고 사흘 후, 아야톨라 하메네이가 금요 예배를 집전하면서 이란 교단의 암살 명령을 되풀이했다. 이런 흐름은 곧 1주년을 맞이하는 "루슈디 사건"에서 자주 보게 될 터였다. 잠시 먹구름이 걷히는 듯하고 희망이 보이다가도 이렇게 지긋지긋한 공격이 다시 시작되기 일쑤였다. 그때마다 사태는 더욱 악화되고 현상금 액수도 늘어났다. 일기장에 도전적인 말을 썼다. "그래. 어디 죽여봐라."

넬슨 만델라가 자유의 몸이 되어 음지에서 양지로 걸어나왔다. 지난 12개월 동안 온갖 역경과 놀라움을 경험한 루슈디도 잠시나마 경탄하고 기뻐했다. 오랫동안 투명인간으로 살다가 다시 모습을 드러낸 만델라를 바라보며 그에 비하면 자신이 겪은 고통쯤은 아무것도 아니라는 사실을 깨달았다. 마음속으로 중얼거렸다. 됐다. 일이나 하자.

그러나 곧 밸런타인데이가 다시 찾아왔다. 클래리사가 전화를 걸어 다정한 목소리로 파트와 1주년에 대한 덕담을 해주었다. 해럴드도 연락했다. 프라하에 갔을 때 극작가이며 인권운동의 영웅인 체코 신임 대통령 바츨라프 하벨을 만났다고 했다. "만나자마자 자네 안부를 묻더군. 뭔가 큰일을 벌일 모양이야." 살해 위협도 계속되었다. 이란 국회 '마즐리스'의 메디 카루비 의장도 나섰고(터무니없게도 20년 뒤에는 역시 파트와를 열렬히 지지했던 미르 호세인 무사비와 함께 야당을 이끌며 아마디네자드 대통령을 성토했다) 이란혁명수비대의 "총사령관 대리"도 나섰다. 이란 대법관 아야톨라 야즈디는 "능력" 있는 무슬림이라면 누구나 살해 위협을 실천에 옮길 의무가 있다고 말했다. 런던에서는 난쟁이 도깨비가 파트와를 "지지"하는 대규모 집회를 주도하며 한바탕 소동을 피웠으면서도 파트와를 실행하는 일은 "영국 무슬림과 무관하다"고 덧붙였다. 그 말이 그들의 공식 입장으로 굳어졌다. 브래드퍼드 모스크연합의 리아콰트 후세인은 「신성한 것은 없는가?」를 한낱 "홍보 수단"으로 격하시켰다. 영국 무슬림을 두려워할 까닭이 없으니 굳이 은둔생활을 할 필요가 없는데도 루슈디가 계속 숨어 지내는 이유는 돈벌이를 위해 논란을 부추기려는 속셈이라고 했다.

〈뉴욕 타임스〉 사설은 출판사와 정치가 들의 변덕과 말장난을 비판하며 루슈디를 편들었다. "모든 작가는 난처한 질문을 던져 마음의 문을 열어주는 책을 출판할 권리가 있고 그는 바로 이 권리를 지키려 한다." 압박이 점점 심해지는 상황에서 그렇게 호의적인 발언은 더욱더 소중할 수밖에 없었다.

루슈디를 신성모독죄와 공공질서법 위반 혐의로 기소하겠다는 영국 무슬림의 요청으로 법정 심리가 시작되었다. 변론을 맡은 제프리 로버트슨은 폭력의 결과에 대해서는 폭력 행위를 저지른 자들이 도의적 책임을 져야 마땅하다는 간단한 사실을 지적했다. 가령 사람이 죽었다면 멀리 있는 소설가의 잘못이 아니라 살인자들의 잘못이다. 사법 심사가 사흘째로 접어들었을 때 무슬림 쪽에 불리한 일이 생겼다. 판사에게 협박 편지가 날아들기 시작했다. 결국 법적 공격은 둘 다 실패로 돌아갔다. 무슬림 지도자들은 일제히 "분노"를 표시했다. 그러나 "영국 이슬람당"은 『악마의 시』를 집필할 당시 작가가 "실성한" 상태였으니 파트와를 철회하라고 요구하면서 정신병 환자들을 돕는 자선단체 '세인'의 이사장이 한 말을 "증거"로 제시했다. 『악마의 시』의 한 대목처럼 정신분열증을 정확하게 묘사한 글은 처음 본다는 진술이었다. 한편 1년 전 무슬림 시위대에 합류하여 그토록 열성적으로 활동했던 키스 바즈가 이번에 〈가디언〉에 쓴 글에서는 암살 위협을 가리켜 "가증스러운 일"이라면서 파트와 철회가 급선무라고 말했다.

제인 웰즐리의 아파트에서 "축하" 만찬을 열었다. 루슈디와 메리앤은 사민, 빌, (그날 생일을 맞은) 폴린, 길런, 마이클과 밸러리 허 부부와 함께 축배를 들었다. 한 해 동안 무사히 살아남았으니까. 루슈디는 하룻밤이나마 허미티지 레인 집을 벗어나서 기뻤다. 그 집을 싫어하게 되었기 때문이다. 벽은 축축하고, 지붕은 비가 새고, 목재는 마감 상태가 형편없고, 무엇보다 가구가 부실해 지긋지긋했다. 게다가 임대료까지 비싸서 이렇게 철저히 바가지를 쓰기는 평생 처음이라는 생각이 들었다. 그런데도 런던 시내라는 이점과 건물 내부의 차고 때문에 어쩔 수 없이 그 집을 빌려야 했다. 이튿날 자파르가 그 썰렁한 집에 와서 하루를 보냈는데, 기하학 숙제를 하느라 끙끙거리는 아들을 보고 있자니 마음이 착잡했다. 아빠 노릇을 제대로 할 수 있다면 얼마나 좋을까. 이렇게 아들의 어린 시절을 놓쳐버리다니. 크나큰 손실이었다.

루슈디가 비디오게임을 하고 있을 때 메리앤이 들어와 잔소리를 했다. 자파르 때문에 루슈디도 배관공 마리오와 동생 루이지를 좋아하게 되었는데, 현실세계에 비하면 슈퍼 마리오 월드가 더 행복한 곳이라는 생각이 들 때가 많았다. 그러나 아내는 한심하다는 듯이 말했다. "쓸데없는 짓 하지 말고 좋은 책이나 읽어." 루슈디는 분통을 터뜨렸다. "내 인생이니까 이래라저래라 하지 마!" 메리앤은 도도하게 나가버렸다.

『하룬과 이야기 바다』는 순조롭게 흘러나왔다. 루슈디의 공책에는 이미 수많은 자료가 있었다. 시, 농담, 아르침볼도*의 그림처럼 튼튼하고 울

---

* 주세페 아르침볼도(1527?~1593). 이탈리아 화가. 동식물을 조합해 사람의 얼굴처럼 보이게 묘사한 그림들로 유명하다.

통불통한 뿌리와 각종 채소를 합친 듯한 모습으로 잡채를 요리할 수도 있어/ 하지만 나를 벨 수는 없어 하고 노래하는 수상 정원사, 후두염에 걸려 카프 카프카! 고고골리! 하고 소설가들의 이름을 닮은 소리로 기침을 하거나 목 청을 가다듬는 전사 등등(그 밖에 고흐! 워! 그리고 이탈로 칼비노 단편집 『우주 만화』의 화자 이름을 따서 발음하기도 어려운 크프우프크! 따위도 있 었지만 결국 삭제되었다). 무시무시한 음치인 바락 공주도 마침내 등장했 고, 그녀가 사랑하는 (그러나 아둔한) 허랑 왕자에 대해 꽥꽥거리며 부르 는 노래도 나왔다. 그이는 폴로 경기를 싫어해. 그이는 혼자서 날 수 없어. 그 렇게 온갖 요소가 이 흥거운 이야기 속에서 저마다 제자리를 찾아갔다. 원 래는 마술램프에 갇힌 "교활하고 건방진" 여자 마귀 '늦둥이'와 언니 '갈색 머리'도 등장했지만 이들 자매는 중간에 잘라버렸다. 즐거운 작업이었다. 인생에서 가장 암담한 시절에 오히려 가장 밝고 유쾌한 작품을 썼다는 사 실, 그리고 난생처음 지극히 당연하고 자연스러운 해피엔딩을 찾아냈다는 사실이 마냥 기뻤다. 당시에도 그랬지만 앞으로도 영원히 그러하리라. 바 다코끼리가 하룬에게 말했듯이 그런 결말을 만들어내기는 쉽지 않으니까.

바츨라프 하벨이 런던을 방문할 예정이었다. 대통령 취임 후 첫번째 공 식 방문이었다. 해럴드 핀터는 하벨이 이번 기회에 『악마의 시』 작가를 공 개적으로 지지할 계획이라고 알려주었다. 때마침 루슈디도 당시 대선 후 보로 출마했다가 고배를 마신 위대한 페루 소설가 마리오 바르가스 요사 나 하벨 같은 세계적 유명 인사의 주도하에 압력단체를 조직하면 어떨까 궁리하던 참이었다. 요컨대 이란인들이 거리낌없이 "알았소" 하고 호응할 만한 모임을 만들어보자는 계획이었다. 그런 거물들에게는 조금 양보해도 체면이 깎이지 않을 테니까.
　사민도 그렇게 창의적인 대안을 마련하라고 다그쳤다. "주도권을 잡으란 말이야. 오빠가 할 수 있는 일을 찾아보라고." 하벨이 곧 런던으로 온다고 한다. 루슈디를 지지하겠다고 한다. 직접 만나 이것저것 의논할 기회가 생길지도 모른다. 해럴드가 말했다. "하벨이 자네와 사진도 찍고 공동 기자회견도 하고 싶다더군. 내가 윌리엄 월드그레이브도 부를 생각일세."

해럴드 핀터를 알고 사랑하는 사람이라면 누구나 알듯이 싸움이 벌어질 때는 해럴드를 아군으로 삼아야 유리하다. 그리고 "핀터 도리깨질"을 당해본 불쌍한 사람이라면 누구나 알듯이 해럴드의 매서운 언변은 가급적 피하는 것이 상책이다. 여러 걸작 희곡 속에서 이글이글 타오르는 격정과 억눌린 폭력성은 작가 자신의 성격을 고스란히 반영했는데, 굳게 다문 입, 강렬한 시선, 위협적으로 번뜩이는 미소에서도 그런 결기를 엿볼 수 있다. 그런 사람이 친구라면 든든하겠지만 적이라면 무서운 일이다. 파트와가 공포된 다음날 해럴드는 여러 작가들을 이끌고 다우닝 스트리트*로 쳐들어가 대책을 요구했다. 리드 강연을 대신 맡아달라는 부탁을 냉큼 들어준 일만 봐도 배짱이 얼마나 두둑한지 충분히 짐작할 만하다. 그런 사람이 부르는데 윌리엄 월드그레이브가 거부할 리 없었다.

아니나 다를까, 이튿날 해럴드가 다시 전화를 걸었다. "성사됐네." 해럴드는 이번 만남이 하벨에게는 "대처를 만나는 일 다음으로 중요한 일정"이며 체코 대통령의 공식 방문을 담당한 경호팀이 책임을 맡았다고 말했다. 획기적 변화의 계기라는 생각이 들었다(예감은 적중했다). 한 정부의 수장이 공개적으로 지지해주기는 이번이 처음이었다. 영국 정부는 혹시라도 "엉뚱한 오해"를 살까봐 일개 장관이 루슈디를 만나는 것조차 꺼릴 정도였다. 하벨은 그렇게 대처도 회피하는 일을 해주겠다고 나선 것이다.

그러나 여전히 운명의 장난감이었던 "조지프 앤턴"은 몹시 언짢은 일주일을 보내야 했다. 허미티지 레인의 한심스러운 집에도 골칫거리가 산더

---

* 영국 총리 관저와 각종 행정부 청사가 있는 곳.

미였다. 중앙난방이 작동하지 않아 배관공을 불러야 했다. 루슈디는 몇 시간 동안이나 화장실에 숨어야 했다. 수치심과 싸우느라 진땀을 흘리는 일은 이제 습관이 되다시피 했다. 그다음에는 부동산 관리인이 집 상태를 점검하러 오는 바람에 다시 화장실에 갇혔다. 마지막으로 건축업자가 나타나 빗물에 크게 손상된 지붕과 축축하게 젖은 벽면을 손보았다. 이번에는 숨을 곳도 없었다. 가엾은 조지프 앤턴은 건축업자가 거실에서 일하는 틈을 타서 허둥지둥 계단을 내려갔고, 고작 문짝 하나로 차단된 차고에서 재규어에 몸을 싣고 황급히 집을 나섰다. 돌아와도 좋다는 연락을 받을 때까지 차는 우주 미아처럼 정처 없이 시내를 돌아다녔고 종마 데니스는 재미도 없는 농담을 주절주절 읊었다.

투명인간의 생활은 그런 것이었다. 한순간은 프랑크푸르트 도서전 조직위원장 페터 바이트하우스와 통화하면서 이란이 파트와를 철회하기 전에는 이란 출판사들의 도서전 참가를 불허하겠다고 통보했다는 소식을 들었다. 그러나 다음 순간에는 지붕 수리공을 피해 부랴부랴 숨어야 했다. 루슈디는 어린이용 소설 한 권을 완성해가는 (그리고 조국을 떠난 작가와 장소의 관계에 대해 썼던 글의 제목을 딴 『가상의 조국』이라는 수필집도 출간을 앞둔) 작가였지만 또한 화장실에 숨어 문을 걸어 잠그고 서인도제도 출신의 배관공에게 들킬까봐 전전긍긍하는 도망자이기도 했다.

건축업자를 아슬아슬하게 피한 다음날 꽤 괜찮은 『하룬과 이야기 바다』 초고를 완성했다. 케임브리지 킹스 칼리지 평의원인 친구 존 포레스터가 전화를 걸어, 명예학위를 받을지도 모른다는 소식을 전해주었다. "오래전에 E. M. 포스터가 받았던 학위"란다. 『인도로 가는 길』을 쓴 작가와 같은 명예를 얻다니 상상만 해도 감격스럽기 그지없었다. 그렇게만 된다면 정말 기쁘겠다고 말했다. 몇 달 후 존이 다시 연락했다. 일이 틀어졌단다. 학교 안에 겁먹은 사람이 너무 많았다고 한다.

세인트피터스 스트리트에도 문제가 생겼다. 예전에 살던 그 집은 문을 걸어 잠근 채 비워두었는데 말썽이 생기기 시작했다. 현지 경찰은 그 집이 "위험하다"고 말했다. 가스가 샌다는 신고가 들어와 가스공사 직원이 대문을 부수고 들어가야 했다. 지하실이 물바다가 되었다는 소식도 들었다. 누군가 내려가서 상황을 확인해봐야 한다는 이야기였다. 메리앤과 루슈디는 마리오 형제 때문에 싸운 이후 서로 말도 거의 안 하고 지냈지만 메리앤은 선뜻 자기가 가보겠다고 했다. 알고 보니 문제는 사소한 편이었다. 대문은 무사했다. 가스공사 직원이 잠기지 않은 위층 창문에 사다리를 걸쳐놓고 들어갔기 때문이다. 가스 누출은 없었다. 직원은 지하실이 물바다라고 했지만 사실은 조금씩 새는 정도라 금방 고쳤다. 세인트피터스 스트리트를 다녀온 메리앤은 몹시 언짢아했고 나중에 전화통화를 할 때도 온갖 트집을 잡았다. 그녀가 소리쳤다. "보나마나 침대 정돈도 안 해놨겠지!"

그날 저녁 루슈디는 스위스 코티지의 이튼 로드에 사는 에드워드 사이드와 마리암 부부의 집을 찾았다. 그때는 에드워드가 만성림프구백혈병 진단을 받기 1년 전이라 여전히 건강하고 잘생긴 모습 그대로였다. 허심탄회한 사람, 몸짓을 많이 하고 잘 웃는 사람, 박학다식하고 장난기가 많으면서도 건강염려증에 시달리는 사람이었다. 그 무렵 에드워드는 기침만 나도 심한 기관지염에 걸릴까봐 걱정했고 복통이 일어나면 금방이라도 맹장이 터질까봐 전전긍긍했다. 그런데 놀랍게도 실제로 병에 걸린 뒤에는 오히려 투사로 돌변했다. 아프다는 말도 거의 안 하고 혼신의 힘을 다해 백혈병과 싸웠으며 탁월한 의사 칸티 라이의 도움으로 발병 후 12년이나 살아남아 모든 기록을 깨뜨렸다. 에드워드는 멋쟁이였고 잘생긴 얼굴에 대한 허영심도 조금 있었다. 여러 해가 지난 후 컬럼비아 대학 근처에서 함께 점심식사를 할 때의 일이다. 그때는 파트와 소동도 지나간 뒤였으므로 가는 곳마다 따라다니며 커튼을 치는 경호원도 없고 "드라이클리닝"도 필요 없었다. 그렇게 공개된 곳에서 친구를 만날 수 있다는 사실이 마냥 행복할 따름이었다. 당시에는 에드워드의 병세도 조금 호전되어 여느 때처럼 수척해 보이지는 않았다. 이제 조지프 앤턴이라는 이름을 떼어버린 루슈디가 말했다. "에드워드, 다시 건강해 보이네요! 살도 좀 찌셨고!" 그러자 에드워드가 발끈했다. "그래도 뚱뚱하진 않잖아!"

에드워드는 조지프 콘래드를 연구한 사람이니 나르시스호에 승선한 선원 제임스 웨이트에 대해서도 당연히 알고 있었다. 에드워드도 죽을 때까지는 살아야 한다는 것을 알았고 그 생각을 실천에 옮겼다.

1990년 3월 그날 밤 이튼 로드에서 에드워드는 루슈디 사건에 대해 아라파트와 나눈 이야기를 들려주었는데—테러를 자행하고 개인적으로도 부패한 야세르 아라파트를 오랫동안 혐오했던 에드워드가 그에게 말을 걸기는 결코 쉽지 않았으련만—아라파트는(테러리스트이며 부패한 정치가일 뿐만 아니라 세속주의자이며 반이슬람주의자이면서도) 이렇게 대답했다. "물론 나도 루슈디를 지지하지만 인티파다* 쪽 무슬림 때문에…… 난들 어쩌겠소?" 에드워드는 루슈디에게 이런 제안을 했다. "자네가 인티파다에 대한 글을 써보면 어떻겠나? 자네 발언은 우리에게도 아주 중요하니까 그 문제에 대한 의견도 듣고 싶은데." 루슈디는 생각해보겠다고 대답했다. 두 사람은 곧 화제를 돌려 둘 다 아는 친구들과 책과 음악에 대해 이야기했다. 쉬지 않고 파트와에 대해서만 떠드는 데는 한계가 있었다. 모처럼 사람들을 만나 잠시나마 해방감을 느낄 때조차 감금생활에 대해 이야기하기는 싫었기 때문이다. 친구들도 그 사실을 알아차리고 사려 깊게 화제를 바꿔주었다.

그는 억지로라도 마음을 가다듬고 매일 몇 시간씩 『하룬』 초고를 다듬고 고쳤다. 그러나 작업은 계획대로 진행되지 않았다. 경찰이 하벨을 만날 수 없게 되었다고 말했다. 체코 쪽에서 대통령의 안전을 우려하여 취소한

---

* 팔레스타인의 반(反)이스라엘 저항운동.

모양이었다. 그 대신 오후 6시에 하벨의 호텔방으로 전화를 걸어달라고 했단다. 루슈디는 몹시 실망했다. 몇 시간 동안 말을 못할 정도였다. 어쨌든 6시 정각에 전화를 걸었다. 오랫동안 신호가 가더니 마침내 한 남자가 전화를 받았다. "살만 루슈디입니다. 하벨 대통령이십니까?" 상대방은 실제로 소리 내어 킥킥 웃었다. "아뇨, 아뇨. 대통령 아닙니다. 비서실장입니다." "그러셨군요. 그런데 이 시간에 통화할 수 있다고 들었는데요." 그러자 비서실장은 잠시 침묵하다가 이렇게 말했다. "맞습니다. 쪼끔 기다리셔야겠습니다. 대통령 화장실 계십니다."

루슈디는 속으로 생각했다. 체코슬로바키아에 혁명이 일어났다는 사실을 이제야 실감하겠구나. 대통령은 밝은 분위기를 원한다면서 업무용 차량을 각기 다른 색으로 바꾸라는 지시를 내리고, 롤링 스톤스를 초청하여 연주를 듣고, 체코의 벨벳혁명은 벨벳 언더그라운드의 이름을 딴 명칭이라면서 (그리하여 벨벳 언더그라운드는 예컨대 비틀스처럼 혁명에 대한 노래를 부르는 데 그치지 않고 혁명을 일으키는 데 일조한 역사상 유일무이한 밴드가 되었다) 미국 언론과의 첫 인터뷰를 루 리드*에게 맡긴 사람이었다. 그런 대통령이라면 화장실에서 조금 시간을 끌어도 기꺼이 기다려줄 만했다.

몇 분 후 발소리가 들리더니 하벨이 전화를 받았다. 대통령은 만남이 취소된 이유를 전혀 다르게 설명했다. 체코대사관에서 만나기가 꺼림칙했기 때문이란다. "구체제 인사도 많고, 수상한 자들도 많이 어슬렁거리고, 무슨무슨 대령은 왜 또 그렇게 많은지." 신임 대사는 하벨 쪽 인물이었지만 부임한 지 이틀밖에 안 되어 미처 '똥무더기'를 치울 겨를이 없었다. "그래서 대사관엔 안 가겠다고 했소." 그러자 영국인들은 대사관 말고는 이번 만남을 추진할 장소가 마땅치 않다고 하더란다. "이게 말이나 되는 소리

---

* 벨벳 언더그라운드의 보컬(1942~2013).

요? 이 넓은 영국 땅에 선생과 내가 안전하게 만날 곳이 한 군데도 없다니 말이오." 루슈디는 영국 정부가 두 사람의 만남이 성사되지 않기를 바란다는 증거라고 말했다. 정작 영국 총리는 루슈디 근처에도 오기 싫어하는데 위대한 바츨라프 하벨이 루슈디를 만나 얼싸안으면 그쪽 입장이 좀 난처하지 않겠는가? 그러자 하벨이 말했다. "안타까운 일이오. 선생을 꼭 만나보고 싶었는데."

하벨은 기자회견 자리에서 이미 많은 발언을 했다고 말했다. "우리가 끊임없이 연락하는 사이라고 했소." 그러면서 웃었다. "어찌 보면 사실이지. 해럴드 같은 사람들을 통해서 말이오. 아무튼 내가 그렇게 말해줬소. 끊임없이 연락하는 사이. 열렬히 지지한다는 말도 했고."

루슈디는 이 저명한 반체제 인사가 옥중에서 아내에게 쓴 편지를 모은 『올가에게 보내는 편지 Letters to Olga』를 아주 감명 깊게 읽었으며 지금의 상황에서 큰 위안을 얻는다고 털어놓았다. 그러자 하벨이 말했다. "그 책 말인데, 사실 우리가 편지를 주고받을 때는 암호문처럼 알쏭달쏭하게 써야 할 때가 많았소. 더러는 무슨 뜻인지 나도 모르겠더군. 어쨌든 그것보다 훨씬 더 나은 책이 곧 나올 거요." 하벨은 「신성한 것은 없는가?」와 「좋은 뜻으로」를 한 부씩 보내달라고 했다. "우린 끊임없이 연락하는 사이니까." 하벨은 웃으면서 다시 그렇게 말하고 작별 인사를 했다.

메리앤은 이튿날도 계속 시비를 걸면서 이렇게 쏘아붙였다. "당신은 자기가 당하는 일에 지나치게 집착해서 탈이야." 틀린 말은 아니었다. "당신에겐 하루하루가 사건의 연속이지." 불행한 일이지만 그 말도 사실일 때가 너무 많았다. 메리앤은 버럭버럭 소리쳤다. 왜 그렇게 자기 생각만 해? "평등"은 안중에도 없어? 그러더니 "꼴사나운 주정뱅이"라고 욕했다. 뜬금없이 그런 말이 왜 나오지? 루슈디가 어리둥절해할 때 메리앤이 회심의 일격을 가했다. "당신은 부모님 결혼생활을 흉내내려는 거라고." 아버지처럼 술만 퍼마신다는 뜻이었다. 부전자전이라나.

한편 브래드퍼드의 무슬림 청년 모임에서 열여섯 살 먹은 소녀가 루슈디를 돌로 때려죽여야 마땅하다고 말했다. "루슈디 사건"에 대한 언론보도는―적어도 그 무렵에는―연민에 가까울 만큼 루슈디에게 호의적이었다. "비운의 작가." "가엾은 살만 루슈디." 루슈디는 연민도 비운도 싫고 가엾다는 말도 싫었다. 한낱 피해자 취급은 원치 않았다. 정신적, 정치적, 윤리적으로 중요한 문제가 걸린 일이었다. 논쟁에 참여하고 싶었다. 논쟁의 주역이 되고 싶었다.

앤드루와 길런이 허미티지 레인으로 찾아왔다. 애거사 크리스티의 저작권을 관리하는 동료 에이전트 브라이언 스톤의 런던 자택에서 펭귄 출판사 간부들을 만나보고 오는 길이었다. 길런과 앤드루는 서로 딴판이었지만 두 사람이 힘을 합치면 막강한 협상 능력을 발휘했다. 영국인인 길런은 키가 아주 크고 성격은 차분하고 목소리는 낭랑했다. 미국인인 앤드루는 두상이 길고 성격은 호전적인데, 과거가 아주 파란만장했고 앤디 워홀 팩토리* 비주류파의 일원이었으며 레이저광선 같은 눈빛이 인상적이었다. 강경파와 온건파로 구성된 전형적인 2인조였다. 그들이 실력 이상의 효과를 거두는 데는 또하나의 이유가 있었다. 협상 상대는 앤드루를 강인한 사람으로, 길런을 온화한 사람으로 착각하기 일쑤였다. 사실 앤드루는 열정과 감상에 휩쓸리는데다 때로는 울음까지 터뜨려 사람을 당황하게 만들었다. 진짜 싸움꾼은 길런이었다.

그러나 길런과 앤드루조차도 펭귄 출판사를 상대하기는 거의 불가능하다는 사실을 알게 되었다. 이번 만남도 결론을 내리지 못한 채 끝나버렸다. 펭귄의 메이어 대표는 6월 말의 페이퍼백 출간 기한을 지키겠다고 하

---

* 앤디 워홀의 스튜디오. 예술가, 지식인들의 모임 장소로 유명했다.

면서도 날짜는 확정해주지 않았다. 일단 모두가 합의한 사항은 만약 펭귄이 6월 30일까지 페이퍼백을 출간하지 못할 경우 7월 1일자로 길런과 앤드루가 판권을 돌려받아 다른 방도를 찾는다는 것이었다. 길런이 말했다. "내가 보기에 메이어는 그렇게 되길 바라는 것 같더군."(나흘 후 길런이 다시 연락했는데, 메이어가 판권 반환에 "반쯤은 동의"하지만 "협상"을 원한다고 하더란다. 다시 말해서 판권 반환의 대가로 돈을 원한다는 뜻이었다. 그러나 메이어의 동료 트레버 글로버는 펭귄이 하드커버를 출간하면서 보안 비용이 급증하는 바람에 오히려 손해를 보았는데 페이퍼백까지 출간하면 "손실이 늘어날 뿐"이라고 말했다. 글로버의 말이 사실이라면 페이퍼백 판권을 포기할 경우 돈을 절약하는 셈이니 메이어가 보상을 요구할 입장은 아니었다. 길런이 말했다. "우린 그 점을 물고 늘어지면 돼. 메이어가 7월 1일 이전에 책을 안 내고 돈을 요구하면 당장 이 사실을 공개해버리겠네.")

앤드루는 펭귄이 인세를 제대로 주지 않아서 상당한 금액이 밀렸다고 믿었다. 펭귄측은 펄펄 뛰며 부인했지만 앤드루가 회계감사관을 보내 실제로 거액이 밀린 사실을 확인했다. 펭귄은 사과하지 않았다.

경찰이 가발을 써보라고 권했다. 가발 제작의 최고 실력자라는 남자가 와서 머리카락 샘플을 가져갔다. 루슈디는 가발에 대해 몹시 회의적이었지만 경호원 몇 명은 정말 효과적이라고 장담했다. "길거리에서 돌아다녀도 알아보는 사람이 없을 겁니다. 일단 믿어보시라니까요." 뜻밖에도 마이클 허까지 가세했다. 마이클은 빠르게 눈을 깜빡거리며 느릿느릿 말했다. "변장을 할 때는 이것저것 많이 바꿀 필요가 없지. 몇몇 특징만 달라져도 충분하니까." 완성된 가발이 도착했다. 갈색 마분지 상자에 담긴 모습이 마치 잠들어 있는 작은 동물 같았다. 머리에 써보니 몹시 우스꽝스러워 보였다. 그러나 경찰은 아주 잘 어울린다고 말했다. 루슈디는 못미더워하면서 말했다. "알았소. 나가서 확인해봅시다." 그들은 슬론 스트리트로 달려가 하비 니콜스 백화점 부근에 차를 세웠다. 루슈디가 차에서 내리자마자 행인들이 일제히 고개를 돌리고 쳐다보았다. 몇 명은 빙그레 웃거나 아예 폭소를 터뜨렸다. 한 남자가 말했다. "저것 좀 봐. 루슈디놈이 가발을 썼네." 루슈디는 다시 재규어에 올라탔다. 가발은 두 번 다시 사용하지 않았다.

모리스 버스비 특사는 공식적으로 존재하지 않는 사람이었다. 미국 대테러 조직의 수뇌인 그의 이름은 라디오나 텔레비전, 신문이나 잡지 등에 언급하지도 말아야 했다. 활동은 보도 금지, 행방은—나중에 딕 체니 부통령 덕분에 유명해진 표현을 빌리자면—비공개였다.* 한마디로 그는 미국 정계의 유령이었다.

당시 "조지프 앤턴"은 허미티지 레인의 임대 기한만 끝나면 몇 주 또는 몇 달쯤 감옥을 벗어나 미국으로 건너갈 궁리를 했다. 그러나 특수부는 처음부터 자기들의 책임은 영국 국경선에서 끝난다고 못을 박았다. 이 방면의 관행에 의하면 경호 대상이 영국 땅을 벗어나 외국을 방문할 경우 그 나라의 보안기관에 미리 알려 대책을 마련할 기회를 줘야 했다. 미국측에 방문 계획을 통보한 후 모리스 버스비 씨가 만남을 청했다. 요컨대 부재인간과 투명인간의 만남이랄까. 말하자면 이탈로 칼비노와 H.G. 웰스의 합작 소설 같은 상황이었다.** 루슈디는 템스 강 남쪽 강변의 평범한 사무실 건물에 도착했고, 딱딱한 의자 두 개 말고는 아무것도 없는 널찍한 방으로 안내되었다. 루슈디와 버스비 특사가 마주앉았다. 미국인은 곧장 본론으

---

* 2001년 9·11 테러 직후 딕 체니는 안전을 이유로 자신의 소재를 밝히지 않고 "비공개 장소 (undisclosed location)"라는 표현을 썼다.
** 각각 칼비노의 『존재하지 않는 기사』와 웰스의 『투명인간』에 대한 언급.

로 들어갔다. 우선 미국 방문은 대환영이니 부디 오해하지 마시라고 했다. 미국은 루슈디를 지지하며 "미국의 대對이란 정책"에 루슈디 사건도 반영한다는 사실을 알아달라고 했다. 루슈디의 미국 방문은 원칙적으로 이미 승인이 떨어진 상태였다. 다만 그 여행을 "서너 달쯤" 미뤄주길 간곡히 부탁한다는 것이 미국 정부의 입장이었다. 버스비 특사는 자신의 권한에 따라 루슈디에게 중대한 비밀을 털어놓았다. 지금 레바논에 억류된 미국인 인질들의 상황에 실질적인 변화가 일어나는 중인데 곧 석방될 가능성이 높다는 이야기였다. 특사는 그렇게 민감한 상황이라는 사실을 루슈디 선생도 이해해주시기 바란다고 했다. 루슈디 선생은 물론 이해한다고 대답했다. 크게 실망했지만 내색하지 않고 부재인간의 부탁을 받아들였다. 그리고 길런에게 허미티지 레인의 임대 기간을 연장해달라고 했다.

메리앤은 자기 책의 북투어를 앞두고 이미 미국으로 떠난 뒤였다. 루슈디는 두 사람이 여전히 서로 사랑한다고 믿으려 노력했다. 일기를 쓸 때마다 둘 사이의 문제점은 덮어두고 대체로 공상에 불과한 행복을 강조했다. 사랑에 대한 갈망은 그런 것이다. 지옥이라는 증거를 눈으로 보고 귀로 들으면서도 무시해버리고 낙원의 환상만 보기 마련이다.

『하룬』을 완성했다. 루슈디는 턱수염을 밀어버리고 콧수염만 남겼다. 4월 4일 수요일에 경찰이 자파르를 허미티지 레인으로 데려다주었다. 아빠는 아들에게 "자파르의 책" 원고를 건넸다. 아들의 행복한 표정을 보는 것만으로도 충분한 보상이었다. 자파르는 원고를 금방 다 읽고 마음에 쏙 든다고 말했다. 미리 읽어본 친구들의 반응도 긍정적이었다. 그런데 누가 이 책을 출판해줄까? 다들 피하려고만 하지 않을까? 바이킹의 토니 레이시가 길런에게 털어놓은 비밀에 의하면 『악마의 시』 페이퍼백은 "아마도" 5월 28일에 발행될 듯싶었다. 루슈디는 생각했다. 드디어. 이 장애물만 무사히 넘으면 루슈디 사건의 해결은 시간문제라고 믿었다. 레이시는 길런에게 『하룬』에 대해서도 언급했다. "페이퍼백이 곧 나올 테니 새 책도 우리가 낼 수 있겠죠. 아시다시피 우린 루슈디 선생 작품을 출간한다는 사실에 자부심을 느낍니다." 토니는 착하고 반듯한 사람이었다. 이렇게 비현실적인 상황에서도 참다운 출판인의 본분을 지키려 했다.

허미티지 레인에서 혼자 있을 때 마침내 슈퍼 마리오 게임의 끝을 보았다. 거대하고 사악한 괴물 바우저를 물리치고 못 견디게 귀여운 토드스톨 공주를 구출했다. 이 승리를 메리앤에게 들키지 않아서 기뻤다. 전화통화를 할 때 그녀는 또 루슈디가 바람을 피운다느니 루슈디의 친구들도 믿을 수 없다느니 고래고래 소리쳤다. 루슈디는 귀담아듣지 않았다. 그날 오후 폴린이 자파르를 데리고 세인트피터스 스트리트에 들러 자파르가 원하는 물건을 챙겼다. 권투장갑, 펀치볼, 다양한 게임 따위였다. 그때 자파르가 폴린에게 쓸쓸히 말했다. "아빠랑 나랑 이 집 옥상에 자주 올라갔죠. 아빠가 그렇게 숨어 지내는 데 적응하기까지 정말 힘들었어요. 빨리 나오셨으면 좋겠어요." 자파르는 폴린이 사준 피자를 먹으며 『하룬』에 나오는 노랫말을 인용했다. "잡채를 요리할 수도 있어. 하지만 나를 벨 수는 없어!"

루슈디도 폴린에게 이런저런 물건을 갖다달라고 부탁했는데 그중 몇 가지가 보이지 않았다. 메리앤을 만나기 이전의 인생 전체가 담긴 오래된 사진앨범 다섯 권이 모두 사라져버렸다. 일일이 번호를 붙이고 작가 서명을 넣은 『악마의 시』 한정판 열두 권 중 루슈디가 자기 몫으로 챙겨두었던 제1호도 없어졌다. (나중의 일이지만 런던에서 고서 판매업을 하는 미국인 릭 게코스키로부터 테드 휴스가 소장했던 한정판 제11호를 구입했다. 본인의 작품을 되사는 데 자그마치 2200파운드가 들었다.) 그 집 열쇠를 가진 사람은 폴린과 사민과 메리앤뿐이었다. 2년 후 언론인 필립 바이스가

〈에스콰이어〉에 인물평 기사를 실었는데, 루슈디는 지독히도 불쾌하게 묘사하고 메리앤에게는 매우 호의적인 내용이었다. 그런데 삽화 하나는 사라진 사진앨범에 들었던 사진을 보고 그린 것이 분명했다. 앤드루가 다그치자 〈에스콰이어〉는 메리앤이 그 사진을 제공했다고 실토했다. 메리앤은 선물로 받은 사진이라고 우겼다. 그 무렵, 역시 세인트피터스 스트리트의 서재에서 사라졌던 『악마의 시』 "최종 타자본"이 매물로 나왔다. 릭 게코스키는 메리앤이 이 원고도 "선물"로 받았다면서 내놓았지만 입찰가가 못마땅해 경매를 취소하더라고 털어놓았다. 그 원고는 별 가치가 없었다. 정말 귀중한 원고, 즉 루슈디가 자필로 주석을 달고 교정을 보았던 '작업본'은 아직 루슈디의 수중에 남아 있었다. 그러나 사진앨범은 영영 되찾지도 돌려받지도 못했다.

4월 23일, 레바논의 미국인 인질 가운데 최초로 베이루트 대학의 로버트 폴힐 교수가 풀려났다. "팔레스타인 해방을 위한 이슬람 지하드"에 납치되어 3년을 보낸 뒤였다. 나흘 뒤에는 레바논 국제학교 교장이었던 프랭크 리드가 "이슬람 여명단"에 붙잡힌 지 4년 만에 석방되었다. 버스비 특사의 말은 사실이었다.

메리앤은 수많은 공책을 간직했는데 그중 하나가 두 사람의 결혼생활에 종지부를 찍었다. 그녀가 이 공책을 일부러 허미티지 레인에 남겨두었는지는 끝내 확인할 수 없었다. 그녀는 헤어지기 싫다고 말했지만 그 공책이 파경의 도화선이 된 것만은 분명한 사실이다. 메리앤이 "흉악한 책"이라고 평가했던 다니자키 준이치로의 빼어난 소설 『열쇠』에서 남편과 아내는 각각 "비밀" 일기를 쓰는데, 사실은 둘 다 상대방이 발견하고 읽어주기를 기대했는지도 모른다. 다니자키의 이 책에서 일기장은 성애의 도구로 이용되었다. 그러나 현실 속에 등장한 공책의 용도는 더 간단했다. 공책은 루슈디가 외면하려 했던 진실을 말해주었다. 미국에서 북투어를 할 때 사용했던 이 공책에서 메리앤은 영국으로 돌아갈 이유가 하나도 없다고 말했다. 남편은 그녀가 원하지 않는다는 사실을 잘 알면서도 돌아오라고 강요했다. 메리앤은 미국에서 임대주택을 구했다. 루슈디가 몰랐던 사실이었다. 메리앤은 남편이 미국으로 건너갈 수 없다고 생각하면서도 그렇게 떠날 계획을 세워두었다. 더는 견딜 수 없었기 때문이다. 루슈디는 그 심정을 충분히 이해할 수 있었다. 그래서 생각했다. 그래, 떠날 사람은 떠나야지. 그렇게 별거하다보면 차츰 결말이 오겠지.

일기의 나머지 부분은 더욱더 우울했다. 그녀는 남편이 여자를 두려워한다고 말했다. 루슈디는 생각했다. 그래, 적어도 당신을 조금 두려워하는 건 사실이지. 메리앤은 남편과 사랑스러운 누이 사민의 관계를 혐오했다. 둘 사이를 비웃는 성적인 표현도 많았다.

메리앤은 런던에 돌아와 있었다. 루슈디는 일기를 읽었다는 사실을 밝히고 결혼생활을 더이상 유지할 수 없다고 말했다. 당황한 메리앤은 그를 정말 사랑한다고 고백하면서 그가 발견한 일기장은 나쁜 생각을 글로 옮겨 떨쳐버리기 위한 "분풀이 일기장"이라고 주장했다. 제법 그럴싸한 해명이었다. 루슈디도 글쓰기를 그런 식으로 이용했다. 온갖 두려움, 나약한 생각, 욕망, 공상 따위를 종이에 적어 쓰레기통에 버렸다. 그러나 메리앤의 일기 내용은 너무 명확하고 너무 폭넓었다. 아무 근거도 없는 아쉬움이나 분노의 표현으로 보기는 어려웠다. 일시적 감정과는 거리가 멀었다. 그녀의 진심이 분명했다. 집을 빌린 일은 왜 감췄느냐고 묻자 메리앤은 그 사실 자체를 부인하려 했다. 그러나 루슈디는 길런과 대화를 나누다가 그녀가 그 집에 대해 이야기했다는 말을 들은 터였다. 루슈디는 이렇게 말했다. "당신하고 싸우기 싫어. 쓸데없는 일이잖아? 전쟁은 끝났어." 메리앤은 나가버렸다.

루슈디는 사민에게 전화를 걸었다. 메리앤은 루슈디가 누이동생을 부적절하게 대한다고 비난했는데, 혹시 그 말에 일말의 진실이라도 담겼느냐고 물어보았다. 사민은 루슈디가 이미 아는 사실을 말해주었다. 두 사람의 무조건적인 사랑에 무슨 문제가 있겠느냐고. 루슈디는 방금 읽은 내용 때문에 심란한 상태였지만 가장 중심적인 감정은 안도감이었다. 악몽의 한 부분이 마침내 지나갔으니까.

이튿날 경찰이 뜻밖의 기쁨을 선사했다. 와핑에 있는 수상경찰 본부에서 루슈디와 자파르를 경찰 쾌속정에 태우고 템스 강을 따라 멀리 배수갑문 너머까지 질주하고 돌아왔다. 자파르도 굉장히 즐거워했다.

랜덤하우스 대표 알베르토 비탈레가 앤드루에게, 「신성한 것은 없는가?」의 마지막 문장—"이 세상 어디서든 문학이라는 작은 방이 닫혀버리면 머지않아 벽이 무너지기 마련이었다"—을 보고 크게 감동했다면서 『하룬과 이야기 바다』를 비롯하여 루슈디가 앞으로 쓸 책들을 출판하는 일에 다시 관심을 보였다. 그러나 비탈레는 혹시 책 속에 "랜덤하우스 임직원을 위태롭게 할 만한" 내용이 있을 경우에 대비하여 출판사는 아무 책임이 없다는 "면책조항"을 계약서에 포함시키려 했다. 앤드루와 길런은 그래도 피터 메이어를 버리고 랜덤하우스로 갈아타는 편이 유리하다고 판단했다. 루슈디는 두 에이전트에게 말했다. "'면책조항'처럼 굴욕적인 내용이 들어간 서류엔 서명할 수 없어요." 그리고 다시 강조했다. "내 눈에 흙이 들어가기 전에는." 앤드루는 랜덤하우스도 그 문제는 기꺼이 양보하리라 믿었다. 서니 메타가 『하룬』을 끝까지 읽어보고 마음에 든다고 말했기 때문이다. 며칠 후 랜덤하우스와 계약을 맺었다. 그러나 비탈레는 그 사실을 발표하길 꺼렸다. 오히려 가급적 오랫동안 감추고 싶어했다. 그러나 서니 메타와 앤드루는 보도자료를 준비하는 데 합의했다.

루슈디는 군대도 없이 여러 전선을 오가며 끊임없이 싸워야 했다. 전선은 그의 마음속에도 있었다. 주춤거리고 움츠러드는 생활, 이리저리 숨거나 도망치는 생활, 배관공과 수리공에 대한 두려움, 은신처를 구하는 힘겨운 과정, 그리고 꼴사나운 가발. 이미 여러 작품을 발표했는데도 출판 현장에서 당연시할 수 있는 것은 아무것도 없었다. 출판 자체도 아직 미지수였다. 과연 그가 선택한 삶을 이어갈 수 있을지도, 작품을 출간하고 보급해줄 사람들을 계속 찾을 수 있을지도 불확실했다. 그리고 정치의 세계는 가혹하고 난폭했다. 이런 생각도 해보았다. 내가 만약 축구공이라면 의식을 지니고 스스로 경기장에 뛰어든 축구공이 아닐까? 축구공이 자신을 이리저리 걷어차는 시합을 이해할 수 있을까? 자신의 이익을 따져보고 발길질을 피해 스스로 경기장을 떠날 수 있을까?

피터 템플모리스라는 하원의원이 있었다. 그의 커다란 얼굴과 머리색을 보면 욕조에 바닐라 아이스크림이 떠 있는 장면이 떠올랐다. 나름대로 고상하고 유명한 사람이지만 의회에서는 이란계 영국인 집단에 속한 보수파 의원으로, 루슈디를 별로 좋아하지 않았다. 레바논의 미국인 인질들이 석방되기 시작하자 그는 『악마의 시』를 쓴 작가에게 영국인 인질들의 운명에 대한 "도의적 책임"을 지라면서 페이퍼백을 출간하지 말라고 요구했다. 그러자 루슈디에 대한 비판이 쏟아졌다. 인질 존 매카시를 염려하는 사람들은 "루슈디가 사과해야 한다"고 주장했다. 〈데일리 메일〉과의 인터뷰에서 매카시의 아버지 패트릭은 존이 풀려나지 못하는 이유가 루슈디 때문이라고 말했다. 인질 테리 웨이트의 동생 데이비드는 루슈디가 곤경을 "자초했다"고 하면서 페이퍼백 출간에 대해 이런 말을 덧붙였다. "원하는 것을 다 가지려고 하면 안 되죠." 데이비드는 루슈디가 페이퍼백 출간을 취소해야 할 뿐만 아니라 신성모독에 대해 사과도 해야 옳다고 말했다. 이런 반감은 새로운 결과를 낳았다. 〈데일리 텔레그래프〉가 갤럽 여론조사 결과를 발표했는데, 응답자 대다수가 "살만 루슈디는 『악마의 시』에 대해 사과해야 한다"는 항목에 찬성했다. 그리고 사실 여부는 확인할 수 없었지만 루슈디가 몇 사람에게 들은 말에 의하면 윌리엄 월드그레이브 외무차관이 사석에서 펭귄 출판사에게 페이퍼백을 출간하지 말라고 요구했다고 한다. 여전히 테헤란의 에빈 교도소에 갇힌 영국 기업인 로저 쿠퍼를 비롯하여 영국인 인질들의 운명이 페이퍼백 출간으로 악영향을 받을 것이라는 우려 때문이었다.

이 모두가 펭귄이 출간을 미루는 바람에 생긴 일이었다. 어쩌면 메이어는 처음부터 이런 상황을 기대했는지도 모른다. 모양새 좋게 출간을 포기할 핑계를.

캔터베리 대주교 로버트 런시와 브래드퍼드 모스크연합의 압둘 쿠두스가 만났다. 대주교에게 쿠두스는 이런 이야기를 털어놓았다. 최근 이란에 갔을 때 이란 국회의원들을 만났는데, 대주교의 지시를 받아 레바논에 갔다가 인질로 붙잡힌 테리 웨이트가 아직 살아 있지만 루슈디를 이란 정부에 인도해야만 풀어주겠다고 하더란다. 레바논의 시아파 집단 '이슬람 아말'의 후세인 무사위도 쿠두스의 증언을 뒷받침했다. 무사위는 "영국이 루슈디를 추방해야만" 영국인 인질을 석방하겠다면서 만약 루슈디에게 아무 조치도 하지 않는다면 테리 웨이트와 존 매카시와 또 한 명의 영국인 인질 재키 맨을 풀어줄 수 없다고 경고했다. 어머니가 카라치의 라디오방송에서 이 소식을 듣고 몹시 놀라는 바람에 사민이 위로하느라 애를 먹었다.

루슈디는 윌리엄 월드그레이브를 만나볼 궁리를 했다. 영국 정부가 이 위기를 어떻게 해결할 계획인지 묻고 싶었다. 그런데 월드그레이브가 해럴드 핀터에게 이런 이야기를 털어놓았다. 루슈디를 만나겠다고 했더니 정부가—즉 마거릿 대처가—"질겁하면서" 이 만남이 언론에 새어나갈지도 모른다고 걱정하더란다. 이때 정부는 대충 다음과 같은 입장인 듯했다. 그래, 루슈디를 지켜주기는 하겠지만 우리가 굳이 만나보거나 대책을 마련할 필요는 없어. 그냥 상자 속에 꼭꼭 가둬두면 돼. 혹시 루슈디가 항의한다고 해도 배은망덕하다고 욕하는 사람이 많을 테니까.

당시 루슈디는 극심한 피로에 시달렸다. 신경쇠약 증상이었다. 담배를 끊은 지 5년 만에 다시 피우기 시작했는데, 자신에게 화를 내고 이런 짓을 오래 끌지 말라고 타이르면서도 계속 피웠다. 그는 이렇게 썼다. "나는 이 마약과 싸우는 중이다. 그런데 이 얼마나 무서운 유혹이냐! 두 팔에도 명치에도 갈망이 꿈틀거린다." 그다음은 대문자로 "기필코 다시 몰아내리라."

스카버러에서 아랍인 다섯 명이 체포되었다. 소문에 의하면 파트와를 실행할 계획을 세웠기 때문이란다. 그날따라 병이 나서 학교에 가지 못한 자파르가 점심시간에 뉴스를 듣고 전화를 걸었다. 애써 걱정을 감추려 하는 목소리였다. 당시 경찰은 "과장 보도"라고 말했는데, 루슈디는 그 말을 믿지 않으면서도 자파르에게는 경찰의 공식 발표를 되풀이했다.

메리앤이 편지를 보냈다. "당신이 나를 의심했기 때문에 문제가 눈에 띈 거야. 그래서 우리 사이가 끝나버렸어."

일찍이 그는 『한밤의 아이들』에 이런 말을 썼다. "우리 인생에서 가장 중요한 일은 대부분 우리가 없는 곳에서 일어난다." 이 문장을 쓸 때만 해도 암살 명령, 살인 음모, 폭파 위협, 시위, 법정 심리, 정치적 간계 따위를 염두에 두지는 않았건만, 소설 속의 화자가 했던 이 말은 이제 작가의 인생에 대입해보아도 진실이었다. 곤경에 빠진 작가가 무사하기를 기원하는 사람도 많다는 사실은 사뭇 감동적이었다. 나중에 루슈디와 절친한 사이가 될 미국 소설가 폴 오스터는 루슈디를 위한 "기도문"을 썼다. 오늘 아침에 글을 쓰려고 자리에 앉았을 때 제일 먼저 떠올린 것은 살만 루슈디였다. (…) 아침마다 똑같은 생각을 하는데…… 마이크 월리스도 루슈디를 도와주고 싶어했다. 당시 〈60분60Minutes〉의 전설적인 보도기자였던 월리스는 어느 펭귄 출판사 중역에게, "루슈디가 「좋은 뜻으로」와 비슷한 글을 다시 쓰거나 '거기서 한두 걸음만 더 나아간다면'"—이 말이 무슨 뜻인지는 모르겠지만—자기가 라프산자니에게 직접 전달하겠다고 하면서 일이 잘 풀리면 파트와가 철회될지도 모른다고 말했다.

루슈디는 앤드루, 길런, 프랜시스 더수자 등에게 그 일을 추진해달라고 당부했다. 그리고 일기장에 이렇게 썼다. "지나치게 흥분하면 안 되는데, 자유의 가능성이 조금만 보여도 흥분을 가누지 못하는구나." 앤드루가 마이크 월리스를 만나본 후 하버드 중동연구센터의 카베 아프라시아비 연구원과 대화를 나눴다. 아프라시아비는 이란의 유엔대사 카말 카라치를 비롯한 "하메네이 연줄 몇 명"을 이미 만나보았다고 밝혔다. 그러면서 월리스가 했던 말을 되풀이했다. 루슈디가 "그런 입장을 재확인하는" 성명서를 발표하면 하메네이도 기뻐할 테고 파트와를 취소해줄 것이라는 이야기였다. 때마침 이란도 당면한 위기를 해결해줄 "돌파구"를 찾는 중이었는데 덤으로 마이크 월리스까지 개입했기 때문이다. 미국 언론으로부터 좋은 평가를 받아 "라프산자니의 영향력을 빼앗고 싶어하는" 하메네이에게는 매우 중요한 변수였다.

세상만사는 결국 텔레비전에서 끝을 맺기 마련이다.

루슈디는 카메라 앞에서 성명서를 낭독해달라는 요청을 받았다. 월리스가 그 필름을 테헤란으로 가져가 현지 텔레비전으로 방송하면 하메네이가 미국 텔레비전에 출연하여 월리스와 대화를 나누다가 예정된 말을 꺼낸다는 계획이었다. 아프라시아비는 만약 이란이 이 계획에 찬성한다면 며칠 안에 답변을 듣게 될 것이라고 말했다. 그리고 "긍정적 반응"을 기대할 만하다고 했다. 나흘 후 아프라시아비가 앤드루에게 전화를 걸어 "청신호가 켜졌다"고 말했다. 다음 단계는 이란이 유엔에 파견한 사절단의 제1서기관 쿠스루 씨라면서 일단 만나보라고 권했다.

앤드루와 프랜시스가 이 문제에 대해 의논한 후 루슈디에게 연락했다. 세 사람은 신중하게 진행해볼 만하다는 결론을 내렸다. 이게 정말 돌파구일까? 믿기 어려운 일이었다. 그러나 당시 그들로서는 믿어보는 수밖에 없었다. 그래서 믿어버렸다.

마이크 월리스와 아프라시아비가 에이전시로 찾아와 앤드루를 만났다. 아프라시아비는 이란측의 요구조건을 전달했다. 페이퍼백 서문에 사죄의 말을 넣어라. (윽! 루슈디는 반감부터 느꼈지만 이란이 페이퍼백 출간을 반대하지 않은 것은 다행스러운 일이었다.) "루슈디 반대시위" 때 죽은 사람들의 유족을 위해 기부금을 모아달라는 요구도 있었다. 프랜시스 더수자가 우려를 표시했다. 한편으로는 이란이 시디키의 무슬림연구소에 대한 자금지원을 중단한 듯하며 어느 온건파 이맘을 영국 무슬림의 수장으로 세우려는 "징후"도 보인다고 했다. 반면에 이란인들의 "무서운 장난"일 가능성도 있다면서 걱정했다. 그들이 파트와를 취소하면 경호팀도 철수할 텐데, 그때 근본주의자들이 루슈디를 공격하더라도 이란 정부에게는 "면책사유"가 충분하기 때문이다. 따라서 언제든 한 번쯤은 영국 정부가 개입하여 이란측으로부터 그런 사태를 미연에 방지한다는 보장을 받아내야 했다. 사민도 루슈디가 "괜히 모습을 드러냈다가" 살해당할까봐 걱정했다. 그러나 달리 대안이 있을까? 영원히 숨어 살아야 하나? 루슈디는 불안하고 얼떨떨했다. 너무 많은 일이 한꺼번에 일어났다. 무엇이 최선의 선택인지 판단하기가 힘들었다.

이윽고 상황이 분명해졌다. 이란인들이 마이크 월리스와 만나기로 했던 약속을 취소해버렸다. 아프라시아비만 따로 만나서 앤드루와 합의한 내용을 들어보겠다고 했다. 그러더니, 펑! 마치 물거품이 터지듯 꿈이 사라져버렸다. 이란이 유엔에 파견한 사절단은 "먼저 테헤란과 협의해야 한다"고 말했다. 그 과정에 최소 2주가 걸린다고 했다. 루슈디는 그제야 깨달았다. 진심이 아니었구나. 장난이었어. 그들은 내가 자기들의 말만 믿고 성명서부터 발표하길 바랐던 거야. 그런 자들을 믿다니. 그래, 이거야말로 웃을 일이지.

담배를 끊었다. 곧 다시 피웠다.

며칠 후 이란은 파트와를 철회할 가능성을 부인했다. 하메네이는 "루슈디를 영국 무슬림에게 넘겨 신성모독죄로 처단하게" 해주기만 하면 영국과 이란 사이의 모든 문제가 깨끗이 해결된다고 말했다. 프랜시스 더수자가 BBC 프로그램 〈뉴스나이트〉에 출연하여 시디키의 "오른팔"과 맞대결을 벌였다. 스코틀랜드 출신의 제임스 디키라는 자였는데, 이슬람교로 개종하면서 야쿠브 자키라는 이름으로 개명한 그는 암살단을 런던으로 초대한다고 말했다. 라프산자니가 기자회견을 열고 열기를 좀 식혀보려 했지만 파트와 사태에 대한 해결책을 제시하지는 못했다. 그리고 영국 정부가 처음으로 루슈디에게 연락책을 파견했다. 외무부 고위직인 듯한 덩컨 슬레이터였다. 주말에 만나기로 했다. 그날을 기다리는 동안 존 불럭을 만났다. 당시 〈인디펜던트〉의 중동 전문가로 호평을 받던 불럭은 최근 테헤란에서 귀국했다면서, 이란인들이 "여러 문제를 해결하느라 필사적이니 (…) 적절한 타협안이 필요할 뿐"이라고 말했다. 슬레이터와의 만남은 실망스러웠다. 슬레이터는 비밀 루트를 통한 교섭이나 정부의 활동에 대해 쓸 만한 소식을 가져오지 못했다. 그러나 이렇게 정부와 접촉하여 정부가 여전히 지지한다는 사실을 확인한 것만으로도 흐뭇했다. 그렇게 부스러기만 던져줘도 감지덕지할 만큼 절박한 상태였다.

아프라시아비를 통한 교섭은 결국 실패로 끝났다. 이 하버드 연구원이 편지를 보냈는데, 그야말로 "쇼핑 목록" 같은 요구사항을 변경한다는 내용이었다. 페이퍼백 출간은 12개월 내지 15개월간 보류할 것. 그리고 "우선 루슈디가 성명서부터 발표할 것. 손해볼 일은 없잖습니까?" 앤드루는 이렇게 말했다. "이 친구, 소설가가 되고 싶어 에이전트를 찾는 모양일세." 일주일 후 이란의 유엔대사 카말 카라치가 마이크 월리스에게 말했다. "지금은 이런 교섭을 추진할 때가 아닙니다." 또하나의 비밀 루트가 닫혀버렸다.

루슈디는 버스비 특사를 다시 만났다. 이번에는 FBI의 빌 베이커와 함께였다. 그들은 미국을 방문하기 전에 몇 달만 더 말미를 달라고 부탁했지만 여전히 따뜻하고 호의적이었다. 버스비가 아프라시아비의 시도에 대해 유익한 의견을 내놓았다. "중재자가 마음에 안 들었는지도 모르죠."

자파르의 열한번째 생일에 전기기타를 선물했다. 그날 오후는 허미티지 레인에서 아들의 연주를 듣고 녹음하면서 보냈다. 인생에서 가장 중요한 한 사람과 더불어 그렇게 평범한 하루가 저물어갔다.

코지마가 윔블던에 있는 넓은 외딴집을 찾아냈다. 허미티지 레인보다 훨씬 안락했다. 남쪽 측변에 팔각형 탑이 있는 넉넉한 3층 벽돌집이었다. 현장에 가본 경찰도 찬성했다. 허미티지 레인은 지긋지긋한 집이었지만 7개월 동안이나 안정된 생활을 누리게 해주었다. 이제 다시 이동할 시간이었다.

『하룬과 이야기 바다』 계약서에 출판사 대표의 서명이 없었다. 앤드루가 서니 메타와 알베르토 비탈레를 만나 이유를 물어보았다. 만나기 전에 서니가 앤드루에게 해준 말이 있었다. "별문제는 없을 겁니다." 문제가 생긴 것이 분명했다. 앤드루를 만난 자리에서 비탈레는 서명을 안 한 이유가 "보험" 때문이라고 말했다. 출판사 사옥을 구입하려고 협상중인데 『하룬』이 걸림돌이 될까봐 걱정스러웠다고 한다. 그들은 이미 합의한 선인세의 3분의 2를 지불하여 일단 "출판 옵션"만 확보해두고 나머지 3분의 1은 작가와 서니 메타가 "편집 문제"를 논의한 다음에 주겠다고 했다. 비탈레는 이렇게 말했다. "일단 작가 서명만 받고 우리는 나중에 하겠소." 앤드루는 루슈디에게 전화를 걸어 자초지종을 설명했다. 루슈디는 노발대발했다. "그럴 순 없어. 거래를 취소해버리고 내가 계약 위반으로 고소한다고 전해주게. 이런 굴욕을 당하느니 차라리 책을 안 내고 말지." 그날 오후 앤드루가 비탈레와 서니를 다시 만났다. 그들이 백기를 들었다. 자기들도 서명하겠다고 했다. 입맛이 좀 씁쓸했지만 적어도 1회전은 루슈디의 승리였다.

루슈디의 마흔세번째 생일날 길런이 서명을 받을 계약서를 가져왔다. "비밀 유지 조항"이 있었다. 나중에 랜덤하우스와 협의하여 발표 날짜를 정할 때까지 아무에게도 계약 사실을 발설하지 말아야 한다는 조건이었다. 수상쩍은 냄새가 물씬 풍겼다. 그래도 그냥 서명했다. 아니나 다를까. 출판사가 곧바로 발톱을 드러냈다. 서니 메타의 요구대로 고쳐주지 않으면 『하룬』을 출간할 수 없다고 했다.

서니 메타와 알고 지낸 세월이 벌써 10년이었다. 서니가 런던의 피카도르 출판사에 있을 때 『한밤의 아이들』 영국 페이퍼백을 출간하면서부터였다. 그 세월 동안 루슈디는 늘 서니를 친구로 여겼다. 사실 서니는 경계심 많기로 유명해서 친근감을 느끼기 힘들었다. 말수가 아주 적은데다 자기가 먼저 전화를 거는 일은 더욱더 드물었다. 염소수염을 기른 입가에 알쏭달쏭한 미소를 머금을 뿐, 대화와 사교는 수다스러운 아내 기타에게 일임하기 일쑤였다. 그렇지만 안목이 뛰어나고 성실하고 작가들에게 매우 헌신적인데다 세련미(날씬한 청바지에 최고급 블레이저)까지 갖춘 사람이었다. 그런데 유독 『하룬과 이야기 바다』에 대해서는 마치 딴사람처럼 행동했다. 1990년 6월 26일, 서니가 앤드루에게 전화를 걸어 『하룬』의 무대를 바꿔야 한다고 주장했다. "K 골짜기"는 카슈미르 지방을 가리키는 것이 분명한데, 카슈미르는 여러 차례 쟁탈전이 벌어지고 이슬람 전사들까지 활동할 만큼 분쟁이 극심한 지역이니 당연히 포기해야 한다면서—소설의 배경을 몽골로 바꾸면 어떨까?—그러지 않으면 "또 시체가 산더미처럼" 쌓이고 "살만은 지금보다 더 큰 곤경에" 빠진다고 했다. 서니는 『하룬』이 『악마의 시』보다 더 위험하고 도발적인 작품이라고 단언했다.

루슈디는 그렇게 왜곡된 시선을 기준으로 이 동화를 다시 살펴보았다. 그러나 아무리 비뚤어진 눈으로 보아도 오히려 "카슈미르를 찬양하는 책" 으로 보일 뿐이었다. 다만 "속물 하지마안"은 인도의 어느 정치가를 풍자한 등장인물인데, 서니가 정말 못마땅하게 여기는 것은 바로 이 부분이 아닐까? 서니는 외교관 집안에서 성장한데다 아내마저 오리사 주 총리의 딸이라서 늘 델리 정계의 엘리트 집단 속에서 생활했으니까. 고작 아이들을 위한 책을 보고 그토록 두려워한다면 앞으로 어른들을 위한 책에는 어떤 반응을 보일까?

문제는 거기서 끝나지 않았다. 서니는 작업 과정이 모두 끝날 때까지 원고 속에 작가 이름을 넣지 않을 계획이었다. 알베르토 비탈레가 유별나게 비밀 엄수를 강조했기 때문이다. 랜덤하우스 건물에 노르웨이영사관도 입주했는데 루슈디의 소설을 출판한다는 사실이 알려지면 노르웨이 사람들이 위험할 수도 있다는 평계였다. 그러니 일단 가명을 사용하다가 마지막 순간에, 즉 책을 인쇄하기 직전에 본명으로 바꾸자고 했다. 한심한 발상이었다. 이렇게 겁먹은 듯한 행동을 하다가 자칫 랜덤하우스가 겁에 질려 작가 이름마저 쉬쉬한다는 소문이라도 나면—아니, 명백히 겁쟁이 같은 짓이고 소문이 퍼질 것도 불을 보듯 뻔한데—이 책은 독자의 손에 들어가기도 전에 "물의를 일으킬 책"이라는 인상을 줄 테고, 루슈디를 비난하는 자들에게는 새로운 싸움을 시작하라는 신호탄이 될 터였다.

서니는 자기가 무엇을 우려하는지를 설명하기 위해 인도 잡지와 신문에서 카슈미르에 대한 기사를 오려내 앤드루의 사무실로 보내주었다. 『하룬』에는 '하지만Butt'이라는 성도 등장하는데, 최근 카슈미르에서 '부트Butt'라는 남자가 교수형을 당한 일이 있었다. "살만도 그 사실을 알았겠지." 그러나 '부트'는 루슈디의 외가 쪽 성이기도 하고, 영문으로는 '부트Butt' 또는 '바트Bhatt'로 표기하는데 카슈미르에서는 아주 흔해빠진 성이다. 더구나 『하룬』에서는 교수형당한 남자가 아니라 친절한 버스 운전사의 성이고 나중에는 거대한 기계 후투티의 이름으로 다시 등장할 뿐인데 어째서 정치적으로 위험하단 말인가? 어처구니없는 생각이지만 서니는 매우 진지했다. 앤드루가 살만의 오랜 친구답지 않게 왜 이러느냐고 묻자 서니가 되물었다. "이 문제와 우정이 무슨 상관인가?" 그리고 이렇게 덧붙였다. "앤드루, 이 책을 나보다 잘 아는 사람은 아무도 없어." 앤드루는 칭찬할 만한 자제력을 발휘하며 이렇게 대답했다. "살만은 자기가 더 잘 안다고 생각할 텐데."

앤드루는 서니의 사무실을 나서자마자 뉴욕 길거리에 선 채로 루슈디에게 두 사람의 대화를 고스란히 들려주었다. 이윽고 루슈디가 앤드루에게 말했다. "당장 도로 올라가서 서니를 바꿔주게." 서니가 전화를 바꾸더니 혹시 의견 차이가 있더라도 자기가 런던으로 날아와 함께 의논해보면 간단히 해결되리라 "확신"한다고 말했다. 그러나 상황은 이미 걷잡을 수 없이 악화된 뒤였다.

"서니, 하나만 대답해주게. 이 소설을 내가 쓴 그대로 출판해주겠나, 못하겠나?"

"내가 그리로 가서 설명한다니까."

"설명하고 자시고 할 것도 없어. 내가 쓴 그대로 출판할 거냐, 말 거냐, 내 질문은 그것뿐이야."

"안 돼. 그렇게는 못해."

루슈디는 오랜 친구에게 말했다. "그럼 지금 자네 책상 위에 있는 계약서를 찢어버려."

그러자 서니가 말했다. "알았어, 살만. 자네가 굳이 원한다면 그렇게 하지."

"내가 원해서가 아니야. 누구든 '내 책'을 출판해주길 바랄 뿐이지. 자네 머릿속에 있는 그 형편없는 책 말고."

"알았다니까. 그럼 찢어버리자고."

나중에 루슈디는 그 얼마 전 랜덤하우스 영국 지사의 중역회의 때 『하룬』 출간 문제도 논의했다는 사실을 알게 되었다. 반대 의견이 지배적이었다.

바깥세상에서는 이탈리아 월드컵이 한창이었다. 당시 축구 훌리건들에 대한 책을 집필하던 빌 뷰퍼드는 잉글랜드 대 네덜란드 경기가 열리는 사르데냐 섬으로 날아갔다. 축구 때문이 아니라 경기가 끝난 후 양국 응원단의 폭력배들이 벌일 싸움을 놓치기 아까워서였다. 그날 밤 영국 텔레비전은 사르데냐 폭력 사태를 주요 뉴스로 보도했다. 영국인 깡패들이 카메라를 향해 다가오는 장면도 있었다. 그들은 주먹이나 몽둥이를 휘두르며 "잉글랜드!"를 연호했다. 맨 앞줄 정중앙에서 고래고래 소리치는 사람이 바로 〈그랜타〉 편집장이었다. 빌은 뉴저널리즘의 밀착취재 기법을 조지 플림턴과 톰 울프*조차 상상하지 못했던 수준까지 끌어올렸다. 그날 밤 이탈리아 경찰이 영국 "축구팬"들을 공격했다. 많은 사람이 실컷 두들겨맞았는데 빌도 예외가 아니었다. 그는 보도 위에 태아처럼 웅크린 채 옆구리에 연거푸 발길질을 당했다. 그렇게 부상을 입었는데도 런던으로 돌아오자마자 선배의 문학 인생을 구하는 일에 총력을 기울였다.

『하룬』은 아직 출판사를 찾지 못한 상태였다. 리즈 콜더는 블룸즈버리가 경쟁입찰에 참여할 뜻이 없다고 밝혔다. 크리스토퍼 싱클레어스티븐슨도 당시 작은 출판사를 차려 독립했지만 사업이 아직 "햇병아리급"이라 그런 책에 손을 댈 형편이 아니라고 했다. 하빌 출판사의 크리스토퍼 매클리호즈는 하빌의 대주주인 머독의 하퍼콜린스 출판사가 말리는 바람에 입찰을 못했다. 그나마 가능성이 있는 곳은 페이버 앤드 페이버였다. 그러나 그 책을 누구보다 간절히 원한 사람은 〈그랜타〉의 임프린트로 그랜타 북스를 새로 차린 빌이었다. "선배한테는 철저히 관례대로 책을 내줄 출판사가 필요하다고. 선배가 쓴 신작에 걸맞게 한바탕 왁자지껄 소란을 피우면

---

* 미국의 유명 언론인들.

서 말이야. 예전처럼 다시 작가로서 독자들 앞에 나서야지. 이 책으로 내가 해주고 싶은 일이 바로 그거라고.”『하룬』을 차지할 가능성이 보이기 전까지 빌은 블레이크 모리슨에게 루슈디 전기 집필을 맡길 테니 허락해 달라고 부탁했다. 독자들에게 스캔들이 아니라 루슈디라는 사람을 이해할 기회를 주자는 의도였다. 블레이크는 훌륭한 작가니까 멋진 작품을 써낼 테지만 루슈디는 사생활을 드러내기 싫었다. 그리고 인생 이야기를 털어놓을 준비가 되면 본인이 직접 쓰고 싶었다. 그래서 빌에게 말했다. 언젠가는 내가 쓰겠네.

빌은 이제 전기에 대한 생각은 깨끗이 접고 『하룬』을 출판하게 해달라고 길런을 조르기 시작했다. 빌의 열성은 흐뭇하기도 하고 설득력도 충분했다. 그랜타 북스는 배본을 펭귄에 일임했다. 길런도 “근사한 해결책”이라고 말했다. 펭귄과 아주 결별해버리면 홍보력이 떨어질 텐데 그런 상황을 피해서 좋고, 이제 펭귄 사람들이 너무 직접적으로 관여하지도 않을 테니 역시 좋은 일이었다. 별안간 바이킹 펭귄 임직원 모두가 열광하기 시작했다. 그들도 체면을 세우게 되어 기뻐했다. 빌은 펭귄 영업사원들의 반응도 “대단히 긍정적”이라고 말했다. 피터 메이어가 이번 일을 계기로 새 출발을 하자는 편지를 보냈고, 루슈디도 동감이라는 답장을 썼다. 펭귄 영국 지사 임직원들은 9월 안에 서둘러 출간하여 크리스마스 대목을 잡아보자고 입을 모았고 미국 본사도 같은 생각이었다. 제안이 오가기가 무섭게 계약이 성사되고 발표되었다. 속도가 중요했다. 만약 서니에게 시간이 넉넉했다면, 그래서 출판계의 수많은 친구들에게 『하룬』 출간을 포기한 이유는 작가가 또 시한폭탄을 심어놓고도 위험을 실토하지 않았기 때문이라는 식으로 설명했다면, 루슈디는 그후 영원히 책 한 권도 출판할 수 없었을 것이다. 빌 뷰퍼드의 용기와 결단력 덕분에 그런 상황을 피할 수 있었다.

기타 메타가 루슈디도 아는 친구에게 말했다. “아무래도 요즘 살만이 우릴 피하는 것 같아.”

메리앤이 그리웠다. 지금까지의 일을 생각하면—CIA에 대한 거짓말, 화풀이 일기장, 기타 등등—그녀와의 재결합은 꿈도 꾸지 말아야 했다. 그래도 자꾸 보고 싶었다. 그런데 전화통화만 하면 싸웠다. "잘 지내지?" 로 시작한 대화가 "차라리 죽어버려!"로 끝났다. 그러나 사랑 때문에…… 루슈디가 이 말을 어떤 의미로 쓰건, 메리앤은 또 어떤 의미로 쓰건, 둘 사이에는 여전히 "사랑"이라는 말이 존재했다. 인생에 실망하여 걸핏하면 화를 내는 주정뱅이 아버지와 결혼하고도 어머니는 수십 년을 견뎌냈는데, 그 비결은 기억력이 아니라 이른바 "망각력"을 발달시킨 덕분이었다. 아침에 깨어나면 어제의 일은 깨끗이 잊어버렸다. 루슈디도 골칫거리에 대한 기억력이 부족한 듯했다. 아침에 눈을 뜨면 그리운 것들만 생각났다. 그러나 원하는 대로 행동하지는 않았다. 그녀는 이미 미국으로 떠나버렸고 그것이 최선이니까.

그는 끊임없이 터지는 사건에 짓눌려 몹시 우울했고, 그래서 세상에 반응하는 방식도 점점 비정상적으로 변해갔다. 제발 놀리지 마시오. 리어 왕이 말했다. 아무래도 내가 제정신이 아닌 듯싶구려. 어쩌면 루슈디에게 메리앤은 예전의 삶이 육화된 화신이었는지도 모른다. 지금의 비범한 삶이 빼앗아간 평범한 삶의 상징이랄까. 어쩌면 두 사람의 사랑이 남긴 흔적인지도 모른다. 사라져버린 어제에 대한 사랑, 지나간 날에 대한 갈망.

그는 내면의 균열이 점점 더 심해지는 것을 느꼈다. "루슈디"가 해야만 하는 일과 "살만"이 원하는 생활 사이의 간극이었다. 경호원들에게 그는 "조"였고 어떻게든 목숨을 살려놔야 하는 존재였다. 친구들을 만날 때마다 불안과 두려움이 가득한 눈빛을 보았다. 현실의 무게에 짓눌려 "살만"이 아주 으스러지지나 않을까? "루슈디"는 전혀 다른 인간이었다. "루슈디"는 개망나니였다. "루슈디"는—여러 유명 인사가 사석에서 평가했듯이, 가령 영국 왕세자도 루슈디의 친구 마틴 에이미스, 클라이브 제임스와 점심식사를 하면서 말했듯이—동정할 가치조차 없는 자였다. "루슈디"는 된통 당해도 싸다. 엄청난 피해를 주었으니 어떻게든 갚아야 한다. 페이퍼백이나 원칙이나 문학 따위를 고집하지도 말고 스스로 올바르다고 주장하지도 말아야 한다. "루슈디"를 증오하는 사람은 수두룩하지만 사랑하는 사람은 별로 없다. 그는 허수아비, 존재하지 않는 인간, 아니, 인간 이하다. 그는—그것은—죗값을 치러야 한다.

런던에 있는 리버 카페의 공동소유자 루시 로저스가 생일 파티를 열어주었다. 제일 가까운 친구 여남은 명이 로열 애비뉴의 로저스 저택에 모였다. 앤디 워홀의 실크스크린 〈마오Mao〉 아홉 점이 걸린 거실은 눈부시게 환하고 새하얀 방이었는데, 높다란 창문에는 커튼조차 없어 특수부 요원들에게는 악몽과 다름없는 곳이었다. 루시와 건축가인 남편 리처드 로저스는 파트와 사태 이전까지만 해도 붙임성 있는 지인에 불과했지만, 어려운 일을 당한 친구들에게 더 가까이 다가가 기대 이상으로 많은 것을 베푸는 다정다감한 성격이었다. 그리고 루슈디야말로 포옹과 위로가 절실했다. 그날 밤 그는 그 두 가지를 넘치도록 많이 받았다. 다들 포옹이나 입맞춤을 좋아하는 친구들이라는 사실이 고마웠다. 그러나 그들의 표정을 볼 때마다 자신의 몰골이 엉망이라는 사실을 짐작할 수 있었다.

그는 언어의 한계를 깨닫는 중이었다. 예전에는 말의 힘이 무한하다고 믿었다. 그러나 이번 일은 언어로 해결할 수 없었다. 「좋은 뜻으로」와 「신성한 것은 없는가?」는 아무것도 바꿔놓지 못했다. 파키스탄 친구 오마르 노만은 "문단 사람들"을 동원하여 "엉뚱한 사람 잡지 마라"고 이란인들을 타이르고 싶어했다. 저명한 변호사인 인도 친구 비자이 샹카다스는 이번 사태를 해결하려면 인도계 무슬림의 역할이 중요하다고 생각했다. 비자이는 몇몇 지도층 인사를 설득하는 일을 자청했다. 예컨대 인도에서 『악마의 시』 금서 조치를 내리게 했던 사이드 샤하부딘, 델리 주마 마스지드의 이맘 부하리가 금요 예배 때 루슈디와 혼동하여 비난을 퍼부었던 살만 쿠르시드("엉뚱한 살만") 등이었다.

루슈디는 글쟁이들의 무기인 지성과 논리만으로는 큰 성과를 거두기 어렵다고 생각했다. 그는 더 거대한―신앙인들의 표현을 빌리자면 더 숭고한―힘과 싸우는 중이었다. 합리주의를 비웃는 존재, 보잘것없는 인간의 언어와는 비교할 수도 없는 언어를 구사하는 존재. 그 신은 사랑의 신이 아니었다.

그는 허미티지 레인을 영원히 뒤로하고 자파르와 함께 포이스 주에 있는 데버러와 마이클의 농장으로 향했다. 그곳에서 소중한 주말을 함께 보내면서 들판에서 축구도 하고 크리켓도 하고 원반던지기도 했다. 클래리사는 새로 사귄 남자와 단둘이 주말을 보내려 했지만 하필 그 주말에 남자가 헤어지자고 했다. 클래리사도 파트와의 간접적 영향을 받았는데, 그 남자는 그런 상황을 함께 감당할 만한 담력이 없었기 때문이다. 클래리사는 이별의 아픔을 꿋꿋이 참아냈다. 루슈디는 그녀가 행복해지길 기원했다.

주말이 지나간 후 남몰래 윔블던 집에 들어갔을 때 문제가 생겼다. 집주인 신디 패서렐 부인이 몇 번이나 전화를 걸어 이것저것 캐물었다. 다행히 여자 경호원 레이철 클루니가 근무중이었다. 남자보다 여자 목소리를 들으니 한결 마음이 놓였는지 패서렐 부인의 호기심도 다소 가라앉았다. 그다음에는 데번 패서렐 씨가 전화해서―부인이 이미 전화했다는 사실을 몰랐던 모양이다―차고 안에 있는 물건들이 필요하다고 했다. 혹시 이 부부도 별거중인가? 이튿날 패서렐 부인의 "동업자"라는 사람이 특별한 이유도 없이 찾아왔다. 그다음엔 다시 신디 패서렐이었는데 이번에는 사뭇 근엄한 목소리였다. 새 입주자들을 직접 만나서 "점잖은" 사람들인지 확인하고 싶단다.

폴린에게 전화를 걸어 도움을 청했다. 그녀는 〈광란의 무리를 떠나서Far from the Madding Crowd〉와 〈영 원스〉 등 수많은 작품에서 온갖 배역을 연기했고 즉흥연기의 달인이다. 이런 역할쯤은 거뜬히 소화하고도 남는다. 우선 그녀가 맡을 역할에 대해 간단히 설명해주었다. 폴린은 하루쯤 그 집에 머물다가 호기심 많은 신디를 만나보기로 했다. 우스꽝스러우면서도 골치 아픈 상황이었다. 루슈디는 밥 메이저에게 이렇게 숨어 다니며 남들을 속여야 하는 생활은 더이상 못하겠다고 말했다. 다른 방도를 마련해달라고 했다. 밥은 입소리로 안타까움을 표시할 뿐, 확실한 대답은 하지 않았다. 어차피 그는 말단 요원에 불과했다. 그런 결정을 내릴 권한은 없었다.

다음 이틀 동안은 패서렐 씨가 예고도 없이 불쑥불쑥 찾아왔다. "차고 안에 있는 물건을 가지러" 왔다는 둥, "차고 열쇠를 대문 너머로 넣어주려고" 왔다는 둥. 레이철 클루니는 키 크고 우아한 금발 여자였고 어렴풋한 스코틀랜드 사투리를 썼다. 그런 여자가 환하게 웃으며 상냥하게 상대해주었는데도 패서렐 씨는 울타리 바깥에 세워놓은 검은색 그라나다 안에서 꽤 오랫동안 동정을 살폈다. 이 상황을 원만하게 풀어보기 위해 결국 폴린이 나섰다. 그녀는 안주인 자격으로 패서렐 부인에게 전화를 걸어 차 한잔 마시자고 말했다. 부인은 초대를 받아들였지만 끝내 나타나지 않았다. 그러더니 부부가 공동 명의로 길런의 사무실에 항의 편지를 보냈다. 불만사항은 "입주자가 너무 많다"였다. 그들에게 들킬까봐 긴장하느라 몸이 마비될 지경이었다. 리틀 바드필드에서 겪은 일이 되풀이되지나 않을까? 당장 이곳을 떠나게 되면 이미 치른 집세와 계약서에 따라 낼 돈을 모두 포기해야 할 텐데. 루슈디는 길런에게 이렇게 말했다. "정말 지긋지긋해요. 어떻게든 끝내야겠어요."

그 문제는 길런이 해결해주었다. 그는 몹시 경멸스럽다는 듯 도도하게 말했다. "그 인간들 정말 터무니없군. 돈도 꽤 많이 받아먹었으면서 말이야. 아무래도 따끔하게 혼내줘야겠어. 나한테 맡겨두게." 그는 팩스로 이른바 "꺼져라 편지"를 보냈다. 잠시 후 길런이 즐거워 못 견디겠다는 목소리로 전화를 걸었다. "효과 만점일세. 방금 팩스로 답장이 왔는데 기꺼이 꺼져주겠다네." 패서렐 부부는 넉넉한 임대료를 받는 대가로 다시는 입주자들을 귀찮게 하지 않겠다고 약속했다. 어쩌면 사과까지 했는지도 모른다. 그때부터 몇 달 동안은 별일 없었다.

나딘 고디머가 "이란 정부에 보내는 탄원서"에 유럽 유명 인사들의 서명을 받았다. 루슈디는 핀터 부부의 집에서 식사를 했다. 카를로스와 실비아 푸엔테스 부부도 왔는데, 이 위대한 멕시코 소설가는 "라틴아메리카 국가수반들을 동원"해보겠다고 했다. 한편 난쟁이 도깨비 시디키는 도깨비답게 기분 나쁜 발언만 연발했고, 콤이나 테헤란 등지의 거물급 도깨비들도 똑같은 말을 더 큰 목소리로 되풀이했다. 라슈트 시 부근에서 대지진이 발생하여 4만 명이 죽고 50만 명이 집을 잃었다. 그래도 중심적인 화제는 바뀌지 않았다. 파트와는 건재했다.

꼬박 3주 동안 자파르를 만날 수 없게 되었다. 우선 학교 친구 두 명과 함께 방학캠프에 참가하고, 그다음에는 클래리사가 자파르를 데리고 리즈 콜더와 루이스 바움, 루이스의 아들 사이먼 등과 함께 프랑스로 건너갈 예정이었기 때문이다. 자파르가 없는 사이에 루슈디는 파키스탄 게릴라들을 상대해야 했다.

사자드 굴이 제작한 파키스탄 영화 〈국제 게릴라International Gorillay〉는 파키스탄의 영웅—현대적인 용어로는 지하드 전사 또는 테러리스트—집단에 대한 이야기였다. 그들은 기필코 "살만 루슈디"라는 작가를 찾아 죽여버리자고 맹세한다. "루슈디"를 찾는 과정이 이 영화의 핵심이었고 여기서는 "루슈디"의 죽음이 해피엔딩이었다.

루슈디는 끊임없이 병나발을 부는 주정뱅이에 사디스트로 묘사된다. 영화의 무대는 필리핀의 어느 섬을 많이도 닮았고, "루슈디"의 집은 어느 궁전을 많이도 닮았고(마치 소설가라면 누구나 그런 별장 하나쯤은 소유하기 마련이라는 듯이), "루슈디"의 경호원들은 이스라엘군을 많이도 닮은 모습이다(마치 이스라엘이 모든 소설가에게 경호원을 붙여준다는 듯이). "루슈디"는 파키스탄 전역에 디스코장과 도박장을 차리는 악독한 방법으로 이 순수하고 고결한 나라를 무너뜨릴 흉계를 꾸민다. 영국 무슬림 "지도자" 이크발 사크라니가 말했듯이 그런 악당에게 죽음은 너무 가벼운 형벌이다. "루슈디"는 줄곧 사파리 복장만 입고 등장하지만 옷 색깔은 계속 바뀌는데, 주홍색 사파리복, 가지색 사파리복, 버찌색 사파리복 등등 온갖 촌스러운 빛깔이 다 나온다. 카메라는 이 비열한 인간을 촬영할 때마다 어김없이 발끝에서 출발하여 천천히 훑어 올라가면서 긴장감을 고조시킨다. 그래서 상영시간 중 사파리 복장이 차지하는 시간이 너무 긴데, 비디오테이프로 이 영화를 보는 동안 무엇보다 가슴이 아팠던 부분이 바로 이 패션을 통한 모욕이었다. 그러나 이 영화가 파키스탄에서 큰 인기를 끄는 바람에 "루슈디" 역할을 맡았던 배우가 관객들의 증오를 피해 몸을 숨겨야 했다는 기사를 읽고 야릇한 만족감을 느끼기도 했다.

영화의 한 장면에서 이스라엘군이 "국제 게릴라" 한 명을 붙잡아 필리핀 궁전의 정원수에 꽁꽁 묶는다. "루슈디"는 온갖 사악한 방법으로 그를 괴롭힌다. 병나발을 불어가며 가엾은 테러리스트에게 채찍질을 퍼부은 후, 그렇게 젊은이의 육체를 유린하며 더러운 폭력성을 마음껏 발산한 후, "루슈디"가 이 착한 살인범 지망자를 이스라엘 군인들에게 넘겨주면서 내뱉은 말은 영화 전체를 통틀어 유일하게 정말 우스운 대사였다. 그는 이렇게 외쳤다. "끌고 가서 밤새도록 『악마의 시』를 읽어줘라!" 물론 불쌍한 젊은이는 혼비백산했고 이스라엘 군인들에게 질질 끌려가며 울부짖었다. 그것만은, 제발 그것만은 안 돼!

영화의 마지막 장면에서 루슈디는 결국 죽음을 맞이하는데, 사인은 국제 게릴라가 아니라 하느님의 말씀이다. 허공을 날아다니는 커다란 쿠란 세 권에서 벼락이 떨어지고 잔인무도한 악당은 잿더미로 변하고 만다. 전능하신 하느님의 말씀을 담은 책이 "루슈디"를 튀겨 죽인다. 실로 장엄한 장면이었다.

1990년 7월 22일, 영국 영상물등급위원회는 〈국제 게릴라〉의 상영을 금지했다. 명예훼손이라는 자명한 이유 때문이었다(그리고 이 영화에 상영 허가를 내렸다가 만약 진짜 루슈디가 고소하기라도 하면 위원회도 명예훼손의 공범이라는 비난을 받고 손해배상 소송에 휘말릴지도 모른다는 걱정 때문이기도 했다). 그리하여 진짜 루슈디는 진퇴양난에 빠지고 말았다. 표현의 자유를 위해 싸우던 그가 뜻하지 않게 검열의 혜택을 누린 셈이었다. 그러나 이 영화는 정말 한심한 작품이었다. 결국 위원회에 편지를 보냈다. 법적 대응의 권리를 공식적으로 포기한다고, 영화제작자도 위원회도 고소하지 않겠다고, "바람직하지 않은 검열의 보호"를 받기는 싫다고, 차라리 이 영화를 사람들에게 보여 "얼마나 비뚤어진 저질 쓰레기인지" 직접 확인하게 해달라고 썼다. 그리고 8월 17일, 순전히 루슈디가 개입한 덕분에 위원회는 만장일치로 상영 허가를 결정했다. 그러자 제작자 측에서 온갖 홍보 수단을 동원했는데도 영화는 순식간에 무너져 흔적도 없이 사라지고 말았다. 형편없는 영화니까. 이 영화가 목표로 삼은 관객층이 등장인물 "루슈디"나 진짜 루슈디를 어떻게 생각하든 간에 그렇게 한심한 작품에 돈을 낭비할 만큼 어리석지는 않다는 뜻이기도 했다.

루슈디에게 이 사건은 표현의 자유에 대한 논쟁에 흔히 등장하는 격언의 중요성을 새삼 일깨워주었다. "감추지 말고 드러내라." 제아무리 터무니없는 주장이라도 억압하기보다 허용하는 편이 낫다. 제아무리 혐오스러운 생각이라도 공연히 금기시하여 매력을 보태주기보다 차라리 공개적인 논쟁을 통해 조롱받게 하는 편이 낫다. 대중도 무엇이 좋고 나쁜지 정도는 대체로 구별할 줄 안다. 만약 〈국제 게릴라〉의 상영을 금지했다면 최고 인기 비디오가 되었을 테고, 브래드퍼드와 화이트채플의 응접실마다 무슬림 젊은이들이 모여 커튼을 쳐놓고 신성모독자가 튀겨지는 장면을 바라보며 즐거워했을 것이다. 그러나 공개하여 시장원리에 맡기는 순간 영화는 마치 햇볕 아래 나온 흡혈귀처럼 쭈그러들어 사라져버렸다.

넓은 세상에서 벌어지는 사건들이 루슈디의 윔블던 요새까지 뒤흔들었다. 1990년 8월 2일, 사담 후세인이 쿠웨이트를 침공하고 이라크와의 전쟁이 임박하면서 영국 외무부는 이란과의 관계 회복을 서두르기 시작했다. 영국과 미국이 신속히 군사력을 집중시켰다. 갑자기 영국측에서도 이란측에서도 "루슈디 사건"에 대한 언급이 뚝 끊겼다. 프랜시스 더수자가 전화를 걸었다. 루슈디가 "묵살"될까봐 몹시 걱정스럽다고 했다. 루슈디의 연락을 받은 마이클 풋은 좀더 알아보겠다고 대답했다. 이튿날 마이클이 "안심하라"는 답변을 들었다고 말했지만 별로 안심이 되지 않았다. 외무부 연락책 덩컨 슬레이터는 "회유용 성명서"를 또 써달라고 했다. 외무부에 보관하다가 "유효적절한 시기"에 발표하겠다고 했다. 이란이 "어디로 튈지" 짐작하기 어렵다고도 했다. 국제 위기를 틈타 영국과의 "문제를 해결"하려 할 수도 있고 자기들은 아무것도 양보하지 않으면서 외교 관계를 회복하자고 밀어붙일 수도 있다는 이야기였다.

랭커셔 주 로치데일의 공공도서관이 소이탄 공격을 당했다.

루슈디는 리즈 콜더가 클래리사, 자파르와 함께 휴가를 즐기는 동안 그녀의 아파트를 빌리기로 했다. 어느 미국인 기자와 몇몇 친구를 만나기 위해서였다. 리즈는 블룸즈버리에서 편집자로 일하는 동료 엘리자베스 웨스트가 앵무새 주주에게 먹이를 주려고 이따금씩 아파트에 들를 거라고 했다.

리즈는 이렇게 말했다. "집에 들어가기 전에 엘리자베스랑 통화부터 해봐. 괜히 서로 놀라지 않게." 엘리자베스에게 전화를 걸어 일정을 알려주었다. 두 사람은 놀랍도록 오랫동안 통화하면서 실컷 웃었다. 결국 그는 기자가 떠난 뒤에도 리즈의 아파트에 머물 테니 앵무새를 돌봐주러 올 때 만나자고 했다. 경호원에게 와인 세 병을 사다달라고 부탁했다. 그중 한 병은 향기로운 토스카나산 레드와인 티냐넬로였다. 이윽고 촛불을 켜고 앵무새가 지켜보는 가운데 양고기와 한련旱蓮 샐러드로 저녁식사를 했다. 와인을 너무 많이 마셔버렸다.

사랑은 어디서 어떻게 찾아올지 예상할 수 없다. 살금살금 다가와 뒤통수를 냅다 후려치기 일쑤다. 메리앤과 헤어진 후 몇 달이 지나는 동안 전화로 여자들과 새롱거리기도 하고 드물게나마 만나보기도 했지만 대부분의 여자들은 매력보다 연민 때문에 만나준다는 생각이 들었다. 최근 자파르를 돌봐주던 귀여운 노르웨이 여자도 이렇게 말했다. 전화하고 싶으면 하세요. 제일 뜻밖이었던 일은 어느 대담한 무슬림 기자가 노골적으로 성적 관심을 표시한 일이었다. 그런 여자들은 그저 물에 빠진 사람이 지푸라기라도 잡는 심정으로 만났을 뿐이다. 그러다가 엘리자베스 웨스트를 만났을 때 전혀 예상치 못한 일이 벌어졌다. 매혹, 불꽃. 인생을 지배하는 것은 운명이 아니라 우연이다. 목마른 앵무새 한 마리가 없었다면 장차 둘째 아들의 엄마가 될 여자를 만나지 못했을 테니까.

처음 만나던 날 헤어질 무렵, 그는 가급적 빨리 그녀를 다시 만나야 한다는 사실을 깨달았다. 내일도 시간이 있느냐고 묻자 그녀는 있다고 대답했다. 오후 8시에 리즈의 아파트에서 만나기로 했다. 그녀를 향한 감정이 벌써 얼마나 깊어졌는지 깨닫고 깜짝 놀랐다. 길고 풍성한 밤색 머리와 밝고 평온한 미소가 돋보이는 그녀가 자전거를 타고 단숨에 그의 인생 속으로 뛰어들었다. 마치 별일도 아니라는 듯이, 공포와 보안과 온갖 제약이 따르는 이 숨막히는 상황이 아무것도 아니라는 듯이. 진정한 용기, 비범한 용기였다. 이토록 비정상적인 상황에서도 정상적으로 행동할 수 있는 능력이라니. 나이는 열네 살 연하였지만 자유분방한 겉모습 뒤에는 경험의 깊이를 말해주는 신중함이 있었고, 시련을 통해서만 얻을 수 있는 어떤 지혜를 엿볼 수 있었다. 그런 여자에게 반하지 않는다면 터무니없는 일이다. 그들은 곧 신기한 우연의 일치를 발견했다. 그가 럭비에 입학하려고 아버지와 함께 영국에 처음 도착했던 날, 바로 그날이 그녀가 태어난 날이었다. 두 사람이 같은 날 영국 땅에 도착한 셈이었다. 전조 따위는 믿지 않았지만 이거야말로 전조라는 생각이 들었다. 루슈디가 엘리자베스에게 말했다. "화창한 날이었소. 쌀쌀했고." 컴벌랜드 호텔에 대해서도, 난생처음 텔레비전을 본 경험에 대해서도 이야기했다. 〈고인돌 가족The Flintstones〉, 그리고 그때는 조금도 이해할 수 없었던 드라마 〈코로네이션 스트리트 Coronation Street〉에서 머리에 헤어네트를 쓰고 매섭게 노려보는 참견쟁이 에나 샤플스. 라이언스 코너 하우스의 초콜릿 밀크셰이크, 카도마 테이크아웃의 통닭구이에 대해서도 설명했다. 광고 이야기도 했다. 바나나를 벗겨보자(파이프스 사*), 토닉워터는 역시 슈우우…… 다들 아시죠?(슈웹스 사). 엘리자베스가 말했다. "월요일에 다시 오시겠어요? 제가 저녁을 차릴게요."

경찰은 같은 집에 나흘 동안 세 번이나 가면 위험하다고 말렸지만 루슈디는 단호하게 밀어붙여 항복을 받아냈다. 그날 밤 엘리자베스도 자신의 인생 이야기를 조금 털어놓았는데, 아직은 조심스러워했지만 어린 시절의 시련을 짐작하기에는 충분했다. 일찍 세상을 떠난 어머니, 이미 노인이었던 아버지, 신데렐라처럼 친척 집을 전전하는 기이한 생활. "그때 나를 돌봐주던 여자"라고만 하고 이름은 밝히지 않았지만 어떤 여자에게 학대를 당하기도 했다. 그러다가 나이 차이가 많이 나는 사촌언니 캐럴 닙을 만나면서 비로소 행복을 찾았다. 캐럴은 제2의 어머니 같은 존재가 되었다. 엘리자베스는 워릭 대학에서 문학을 공부했다. 그리고 루슈디의 책을 좋아했다. 두 사람은 오랫동안 대화를 나눴다. 이윽고 손도 잡고 입맞춤도 했

---

* 아일랜드 식품회사.

다. 루슈디가 문득 시계를 보니 어느새 새벽 3시 반이었다. 신데렐라의 마차가 호박으로 바뀐 지 오래라고 말해주었다. 옆방에서 기다리던 경찰관들은 피로에 지쳐 퉁명스러웠다. 루슈디는 일기장에 이렇게 썼다. "대단히 매력적이다. 똑똑하고 상냥하고 여리고 아름답고 다정다감하다." 그러나 그녀가 보여주는 관심은 알쏭달쏭해서 속내를 짐작하기 어려웠다. 이런 생각이 들었다. 선택은 언제나 여자들의 몫이고 남자들은 행운에 감사할 따름이구나.

엘리자베스는 더비셔에 사는 사촌언니 캐럴을 만난 후 친구와 함께 오래전부터 계획한 휴가 여행을 떠날 예정이었다. 2주 동안 만날 수 없다는 뜻이었다. 엘리자베스가 공항에서 전화를 걸어 작별 인사를 했을 때 루슈디는 그녀가 안 떠났으면 좋겠다고 말했다. 친구들에게—빌 뷰퍼드와 길런 에이킨에게—엘리자베스에 대한 이야기를 털어놓았고, 경호요원 딕 빌링턴에게 엘리자베스를 "명단"에 넣어달라고 말했다. 그래야 그녀가 윔블던으로 찾아올 수 있기 때문이다. 그 말을 하는 순간 그는 엘리자베스에 대해 중요한 결정을 내렸다는 사실을 깨달았다. 딕 빌링턴이 말했다. "그래도 조회는 해봐야죠." 약식조회는 신원조회보다 간단한 절차였다. 과거 경력을 확인해보고 위험신호만 없으면 합격이다. 신원조회는 훨씬 더 오래 걸리는데, 여러 사람을 만나보면서 발품을 팔아야 하는 일이었다. 딕이 말했다. "이번엔 그렇게까지 할 필요는 없을 겁니다." 24시간 후 엘리자베스는 심사를 통과했다. 그녀의 과거에 이란인이나 모사드 요원처럼 수상쩍은 인물은 아무도 없다는 뜻이었다. 그녀에게 전화를 걸어 결과를 말해주었다. "내가 원한 일이오." 엘리자베스가 대답했다. "잘됐네요." 두 사람의 관계는 그렇게 시작되었다. 이틀 후 엘리자베스는 휴가지에서 돌아온 리즈 콜더를 만나 술을 마시면서 지금까지의 일을 이야기했고, 그후 자전거를 타고 윔블던 집까지 단숨에 달려와 그날 밤을 함께 보냈다. 주말에도 이틀 밤을 연속으로 머물렀다. 두 사람은 클래펌에 사는 앤절라 카터와 마크 피어스 부부의 집에서 저녁식사를 했는데, 사람 보는 눈이 까다로운 앤절라도 엘리자베스가 마음에 든다고 했다. 런던에 돌아온 자파르도 하룻밤 자고 갔는데, 아이 역시 엘리자베스와 금방 친해졌다.

둘이서 나눌 이야기는 끝도 없었다. 그녀가 윔블던 집에서 보낸 세번째 밤, 두 사람은 새벽 5시까지 잠도 안 자고 이런저런 이야기를 주고받다가 잠시 쪽잠을 잔 후 사랑을 나눴다. 그런 밤은 난생처음이라는 생각이 들었다. 따뜻한 관계가 시작되었다. 가슴이 벅찼다. 엘리자베스가 빈 곳을 채워주었기 때문이다.

『하룬』을 미리 읽어본 사람들이 좋은 평가를 해주었다. 아들에게 했던 약속을 지키려고 쓴 소품이지만 오히려 독자들에게 가장 많은 사랑을 받는 작품이 될 가능성이 보였다. 정서적으로도 작가로서도 한고비를 넘긴 느낌이었다. 그래서 지금의 어처구니없는 생활이 더욱더 참담했다. 자파르가 스키를 타고 싶어했다. "엄마랑 갈래? 비용은 아빠가 줄게. 같이 가진 못하지만." 그러자 아들이 말했다. "난 아빠랑 가고 싶은데." 가슴이 찢어지게 아팠다.

우편물이 도착했다. 『하룬』 초판이었다. 덕분에 분위기가 밝아졌다. 여남은 권에 자파르의 친구들 이름을 쓰고 서명했다. 엘리자베스에게 줄 책에는 이렇게 썼다. "다시 행복하게 해줘서 고맙소."

"루슈디 사건"은 그 이후의 온갖 말썽을 감수할 만한 가치가 없다는 견해가 점점 더 널리 퍼졌다. 작가 자신이 쓸모없는 인간이라는 주장이었다. 마거릿 대처와 가장 가까운 정치적 동지인 노먼 테비트는 『악마의 시』를 쓴 작가에 대해 〈인디펜던트〉에 이런 발언을 했다. "정말 지독한 인간이다. (…) 루슈디의 공적 생활은 자신의 교육, 종교, 제2의 고향, 국적에 대한 비열한 배신행위의 연속이다." 저명한 역사가이며 보수파 귀족으로, 위작에 불과한 '히틀러 일기'를 "진품"이라고 주장하다가 망신을 당했던 데이커 남작(휴 트레버로퍼)은 벌써 부끄러움을 다 잊었는지 역시 〈인디펜던트〉에 이렇게 말했다. "요즘 살만 루슈디가 어떻게 지내는지 궁금하다. 자기가 그토록 욕하던 영국 법률과 영국 경찰의 보호를 받는 신세가 아닌가. 별로 편하지 않았으면 좋겠다. (…) 루슈디 때문에 화가 난 영국 무슬림들이 어두운 뒷골목에서 버르장머리를 고쳐줘도 나는 눈물 한 방울 흘리지 않겠다. 앞으로는 펜대를 놀릴 때 좀더 조심할 테니 우리 사회에도 이로운 일이고 문학 쪽에도 손해볼 일은 아니다."

소설가 존 르카레는 이렇게 말했다. "위대한 종교를 함부로 모독할 권리는 누구에게도 없다고 믿는다." 어떤 자리에서는 이런 말도 했다. "이번 사태가 좀 가라앉을 때까지 일단 책을 회수해서 출판사 체면도 세워주고 자신도 품위를 지킬 기회가 얼마든지 있었다. 내가 보기에 루슈디는 무책임하다는 사실을 입증했을 뿐이다." 르카레는 "문학적 가치"에 대한 논의마저 못마땅하게 여겼다. "문학적인 작품을 쓰는 작가는 대중소설을 쓰는 작가보다 표현의 자유를 더 많이 누린다고 믿어야 할까? 그런 엘리트 의식은 루슈디의 목적에도 보탬이 되지 않는다. 요즘은 그 목적이 뭔지도 잘 모르겠지만." 그렇다면 제임스 조이스의 『율리시스』나 D.H. 로런스의 『채털리 부인의 연인』 같은 작품을 옹호했던 사람들에게도 "문학적 가치"를 내세우지 말라고 말할 수 있을까?

〈이브닝 스탠더드〉가 영국 외무장관이며 "소설가"인 더글러스 허드에게 물었다. "내각에서 활동하면서 제일 괴로웠던 순간이 언제였습니까?" 허드는 이렇게 대답했다. "『악마의 시』를 읽을 때."

9월 초에 루슈디는 덩컨 슬레이터를 다시 만났다. 나이츠브리지에 있는 슬레이터의 집에서였는데, 수많은 인도 그림과 공예품으로 보아 슬레이터는 인도 애호가가 분명했고, 투명인간을 동정하는 이유도 같은 맥락에서 이해할 수 있었다. 슬레이터가 말했다. "언론 쪽 연줄을 총동원하세요. 긍정적인 기사가 필요합니다." 나딘 고디머가 이란 정부에 보낼 탄원서에 서명한 사람들의 명단이 꽤 인상적이었다. 바츨라프 하벨과 프랑스 문화부 장관을 비롯하여 문인, 학자, 정치가 등이 즐비했다. 슬레이터는 이 탄원서를 이용하여 〈타임스〉 등이 호의적인 사설을 신도록 유도할 수 있다고 말했다. 고디머의 탄원서가 발표되자 작은 소란이 일어났다. 그러나 아무것도 달라지지 않았다. 〈인디펜던트〉는 테비트의 발언을 비난하는 편지를 160통이나 받았다고 보도했다. 찬성한 사람은 둘뿐이었다. 그나마 위안이 되는 소식이었다.

며칠 후 이탈리아 외무장관 잔니 데 미켈리스가 유럽과 이란의 서한 교환이 "임박"했다고 발표했다. "파트와 철회"와 관계 정상화가 가시화되었다는 뜻이었다. 슬레이터는 이 보도가 "조금 성급한 예측"이라고 하면서도 유럽공동체의 외무장관 "3인방"이 며칠 후 이란 외무장관 알리 악바르 벨라야티를 만나 회담할 예정이라고 말했다.

엘리자베스가 몇몇 가까운 친구들에게 새로운 관계에 대해 이야기했다. 루슈디도 이저벨 폰세카에게 엘리자베스에 대한 이야기를 했다. 그때 메리앤이 런던으로 돌아온다는 소식을 들었다.

『하룬과 이야기 바다』가 출간되던 1990년 9월 27일, 이란과 영국이 부분적으로 외교 관계를 회복했다. 덩컨 슬레이터가 뉴욕에서 전화를 걸어 "확답을 받았다"고 말했다. 이란이 파트와를 실행하지 않겠다고 했단다. 그러나 취소한다는 말은 없었고, "이란 정부와는 무관한 일"이라는 핑계로 현상금 100만 달러도 그대로였다(처음에 현상금을 내걸었던 아야톨라 사네이는 자꾸 액수를 높였다). 슬레이터는 그나마 긍정적인 변화라고 했지만 루슈디는 어쩐지 배신을 당한 기분이었다. 겉으로는 루슈디를 위해서라지만 더글러스 허드가 추진하는 일이니 신뢰할 수 없었다.

정보부와 특수부도 루슈디와 비슷한 판단을 내린 듯했다. 위협수준에 대한 평가는 달라지지 않았다. 루슈디는 여전히 여왕보다 한 등급 낮은 2급이었다. 경호 방식도 변함이 없었다. 세인트피터스 스트리트 집은 여전히 문을 잠그고 덧문을 닫은 상태였다. 그 집으로 돌아가는 일은 허락되지 않았다.

그러나 루슈디는 이미 새로운 삶을 시작했다. 당시에는 그 사실이 무엇보다 중요했다. 『하룬』은 잘 팔렸다. 서니 메타가 경고했던 악몽 같은 상황은 끝내 꿈의 세계를 벗어나지 못했다. 말하는 기계 후투티의 이름 때문에 분개한 카슈미르인들이 벌떼처럼 일어나는 일 따위는 벌어지지 않았다. 길거리가 피로 물드는 일도 없었다. 서니는 한낱 그림자에 놀라 도망친 셈이었다. 그가 어둠 속에서 상상했던 괴물은 날이 밝으면 흔적도 없이 사라져버리는 허깨비에 불과했다.

루슈디는 잠시 모습을 드러내도 좋다는 허락을 받고 런던 햄프스테드의 워터스톤 서점에 예고 없이 들러 『하룬과 이야기 바다』에 서명을 해주었다. 자파르도 "도와준다"며 따라와서 서명할 책을 건네주는 일을 맡았고, 빌 뷰퍼드도 싱글벙글 웃으며 바라보았다. 그 한 시간 동안 루슈디는 작가라는 사실을 다시 실감할 수 있었다. 그러나 경호팀의 눈빛은 불안하기 짝이 없었다. 그들도 두려워한다는 사실을 알아차린 것은 그때만이 아니었다.

집에 돌아가보니 엘리자베스가 와 있었다. 두 사람은 날이 갈수록 가까워졌다. 엘리자베스가 말했다. "당신한테 너무 폭 빠져 무서워요." 루슈디는 그녀를 안심시키려고 최선을 다했다. 나도 당신을 미친듯이 사랑하니까 절대로 놓아주지 않겠소. 엘리자베스는 루슈디가 달리 선택의 여지가 없어 자기를 만나는 것은 아닐까 걱정했다. 위기 상황이 지나가면 나를 버리고 미국으로 떠나버리지 않을까? 루슈디가 뉴욕에 대한 사랑을 고백하면서 언젠가 그곳에서 자유롭게 사는 것이 꿈이라고 밝힌 탓이었다. 그의 인생은 늘 뿌리째 이동하는 변화의 연속이었으므로(그는 "다발적 이동"이라고 표현했다) 엘리자베스가 얼마나 속속들이 영국인인지, 그녀의 뿌리가 얼마나 깊은지 이해하지 못했다. 만남의 초기부터 그녀는 뉴욕과 경쟁해야 하는 처지라고 생각했다. 언젠가는 나를 버리고 훌쩍 떠나버리겠죠. 와인 몇 잔을 마신 뒤에는 둘 사이에 그렇게 마찰이 생기기 일쑤였다. 그러나 둘 다 그런 일시적 불화를 대수롭지 않게 여겼다. 함께 있으면 행복한 시간이 대부분이었기 때문이다. 나는 깊은 사랑에 빠졌다. 그렇게 쓰면서 루슈디는 이런 말을 쓸 수 있다니 놀라운 일이라고 생각했다. 그는 철저한 보호 속에서 살았다. 국내에서 망명자처럼 지내는 기이한 신세인데, 사랑이라는 감정이 그 철통같은 방어선을 뚫고 들어올 줄은 루슈디 자신도 예상하지 못했었다. 그러나 사실이었다. 사랑은 거의 날마다 저녁 무렵 자전거를 타고 템스 강을 건너 신나게 달려왔고 주말도 대부분 그의 곁에서 보냈다.

대기 속에는 사랑뿐만 아니라 증오도 가득했다. 무슬림연구소의 떠들썩한 난쟁이 도깨비는 여전히 난리를 피웠다. 기회는 얼마든지 있었다. 어떤 날은 BBC 라디오에 출연하여 이렇게 말했다. "이슬람 세계에서 으뜸가는 법률 권위자들도 살만 루슈디가 중죄를 지었다고 했으니 이제 처벌하는 일만 남았습니다." 시디키는 어느 일요판 신문에서도 자신의 의견을 분명히 밝혔다. "루슈디는 목숨으로 대가를 치러야 한다." 지난 사반세기 동안 영국에서는 사형 집행이 한 건도 없었건만 "이슬람의 분노" 때문에 "합법적 살인"에 대한 논의가 다시 공공연하게 오고갔다. 레바논 헤즈볼라 조직의 우두머리 후세인 무사위도 시디키의 주장을 되풀이했다. 루슈디는 죽어야 한다. 『언론 자유의 대가 The Cost of Free Speech』를 쓴 사이먼 리는 북아일랜드의 보안 상태가 철저하니 루슈디를 그곳으로 보내 여생을 보내게 하자고 말했다. 〈선 Sun〉의 칼럼니스트 개리 부셸은 루슈디야말로 조지 블레이크보다 악질적인 매국노라고 말했다. 소련의 이중간첩이었던 블레이크는 간첩죄로 42년형을 받았지만 탈옥하여 소련으로 도망친 인물이다. 그렇게 진지한 표정으로 반역죄보다 소설 창작이 더 가증스러운 범죄라고 말하는 시대였다.

무슬림과 비무슬림을 막론하고 수많은 적의 공격을 받으며 살았던 지난 2년은 루슈디에게 상상 이상으로 큰 영향을 미쳤다. 그는 사람들이 〈가디언〉 한 부를 가져다주었던 그날을 영원히 잊지 못한다. 소설가이며 미술 평론가인 존 버거가 루슈디에 대해 쓴 글이 있었다. 버거는 루슈디가 만나본 적도 있고, 특히 수필집 『다른 방식으로 보기』와 『본다는 것의 의미』 같은 책을 읽고 감탄한 적도 있고, 게다가 나름대로 우호적인 관계라고 생각했던 사람이었다. 그래서 얼른 특집란을 펼쳐 읽어보았다. 루슈디의 작품과 동기에 대한 버거의 신랄한 공격은 크나큰 충격을 안겨주었다. 88헌장의 앤서니 바넷처럼 두 사람을 모두 아는 친구도 꽤 많았는데, 그후 여러 해 동안 그들이 중재자로 나서서 버거에게 왜 그렇게 적대적인 글을 썼느냐고 물어보았다. 그때마다 버거는 대답을 거부했다.

한 여자의 사랑도 수많은 "검은 화살"이 남긴 고통을 깨끗이 씻어주지는 못한다. 당시의 세상은 루슈디를 치유해줄 만큼 사랑이 넘치는 곳이 아니었기 때문인지도 모른다. 새 책이 출간되던 바로 그날 영국 정부는 루슈디를 암살하려는 자들과 다시 동침하기 시작했다. 서평란은 루슈디에게 찬사를 퍼붓고 뉴스는 욕설을 퍼부었다. 밤에 듣는 말은 사랑해요, 낮에 듣는 말은 뒈져라였다.

엘리자베스는 굳이 경찰의 보호를 받을 필요가 없었지만 안전을 위해서는 대중의 눈에 안 띄는 것이 중요했다. 루슈디의 친구들은 "측근"이 아닌 사람들에게 그녀의 이름을 밝히지 않았다. 아니, 그런 사람이 있다는 사실조차 입 밖에 내지 않았다. 그러나 결국 언론에 알려지고 말았다. 그들은 그녀의 사진을 구하지 못했고 사진을 찍을 기회도 없었지만 타블로이드 신문은 일제히 추측 기사를 내놓았다. 젊고 아름다운 여자가 무엇 때문에 자기보다 열네 살이나 많은데다 이마에는 죽음의 표적이 붙은 소설가를 사귀려 할까? 어떤 신문은 루슈디의 사진 밑에 이런 제목을 붙였다. 루슈디: 못생겼음. 불순한 동기 때문이라는 추측이 나돈 것도 불가피한 일이었다. 루슈디의 돈 때문이라는 말도 있었고, 어떤 "심리학자"는 젊은 아가씨들이 그렇게 위험의 냄새에 이끌리는 경우가 더러 있다고 말했다. 그녀를 만나본 적도 없으면서 무슨 근거로 그런 판단을 했는지 모를 일이다.

아무튼 그렇게 비밀이 새어나가자 경찰은 엘리자베스의 안전은 물론이고 덩달아 루슈디의 안전에도 더욱더 신경을 쓰게 되었다. 그들은 엘리자베스가 자전거를 타고 오다가 미행당하는 일이 생길까봐 걱정스럽다면서 미리 정한 장소에서 자기들을 만나 "드라이클리닝" 절차를 밟으라고 요구했다. 그리고 언론사에 공문을 보내서 엘리자베스를 건드리지 말라고 경고했다. 그녀에 대해 보도하면 범죄행위가 일어날 가능성이 높아지기 때문이다. 그후 여러 해 동안 언론은 그녀를 보호하는 일에 협력해주었다. 그녀의 사진을 찍거나 신문에 싣는 일은 한 번도 없었다. 루슈디가 대중 앞에 나설 일이 생길 때마다 엘리자베스는 현장까지 따로 이동했고 돌아올 때도 다른 차를 탔다. 사진기자들에게 루슈디는 자기 사진은 얼마든지 찍어도 좋지만 엘리자베스는 찍지 말아달라고 부탁했다. 놀랍게도 다들 그 부탁을 들어주었다. 파트와가 심각한 문제라는 사실은 누구나 알았으므로 가볍게 여기는 사람은 아무도 없었다. 심지어 5년 후 루슈디의 소설 『무어의 마지막 한숨』이 부커 상 최종 후보에 올라 엘리자베스와 함께 시상식에 참석했을 때도 그녀의 사진은 어디에도 실리지 않았다. BBC 2 방송에서 부커 상 축하 만찬을 생방송으로 내보냈지만 카메라맨들에게 그녀를 찍지 말라는 지시를 내렸고 그녀의 얼굴은 단 한 번도 화면에 나오지 않았다. 언론이 그렇게 각별히 배려해준 덕분에 엘리자베스는 파트와 시절 내내 보통 사람들처럼 자유롭게 시내를 활보할 수 있었다. 우호적이든 적대적이든 관심을 보이는 사람은 아무도 없었다. 사생활을 매우 중요시하는 엘리자베스에게는 대단히 고마운 일이었다.

10월 중순에 루슈디는 〈60분〉의 인터뷰 요청을 받고 런던 서부의 한 호텔에서 마이크 윌리스를 만났다. 인터뷰가 한창 무르익었을 때 윌리스가 메리앤과의 파경에 대해 언급하더니 대뜸 이런 질문을 던졌다. "이성 교제는 어떻게 하십니까? 금욕생활을 하시나요?" 예상치 못한 질문이었다. 새로운 사랑을 시작했다고 고백할 수는 없었다. 그래서 잠시 허둥대는데 문득 좋은 대답이 기적처럼 떠올랐다. "모처럼 쉬니까 좋던데요." 그러자 마이크 윌리스는 몹시 놀란 표정을 지었고, 루슈디는 얼른 덧붙일 수밖에 없었다. "아니, 이거 진담 아니에요." 농담이었어요, 마이크.

메리앤이 연락했다. 미국에서 돌아온 뒤였다. 루슈디는 변호사들에 대한 이야기를 하고 정식으로 이혼하자는 말을 꺼내고 싶었지만 그녀의 용건은 다른 일이었다. 가슴에 혹이 생겼는데 "전암성前癌性"으로 보인다고 했다. 그녀는 "6개월 전에" 그 사실을 미리 발견하지 못한 주치의를 몹시 원망했다. 어쨌든 현실은 현실이었다. 그녀가 말했다. 당신이 필요해. 여전히 당신을 사랑해. 사흘 후 그녀가 더 나쁜 소식을 전했다. 암이라는 진단이 나왔다. 병명은 버킷림프종으로 비非호지킨림프종에 속하는 암이었다. 담당 의사는 첼시 앤드 웨스트민스터 종합병원에 근무하는 압둘아하드 박사라는 전문의였다. 앞으로 몇 주 동안 방사선치료를 받는다고 했다. 루슈디는 무슨 말을 해야 좋을지 몰랐다.

폴린 멜빌이 『변신술사』로 가디언 소설상을 받았다. 루슈디가 축하 인사를 하려고 전화했을 때 폴린은 메리앤에 대한 이야기부터 꺼냈다. 폴린은 메리앤이 치료를 받으러 가는 날 자기도 같이 병원에 가주겠다고 몇 번이나 말했다고 한다. 메리앤은 매번 사양했다. 며칠 후 폴린이 다시 연락했다. "압둘아하드 박사라는 사람한테 전화해서 직접 얘기해보는 게 좋겠어."

종양학자 압둘아하드 박사는 메리앤이라는 이름은 들어본 적도 없거니와 문제의 그 암은 자기가 치료하지도 않는다고 말했다. 그는 전혀 다른 암, 주로 아이들의 암을 치료하는 전문의였다. 당혹스러운 일이었다. 혹시 압둘아하드 박사라는 사람이 또 있을까? 엉뚱한 사람에게 연락한 것일까?

메리앤이 로열 마스든 종합병원에서 치료를 시작한다는 그날이 왔다. 로열 마스든은 두 곳이었다. 하나는 풀럼 로드, 또하나는 서턴에 있었다. 양쪽 다 전화를 걸어보았다. 양쪽 다 메리앤을 모른다고 했다. 역시 당혹스러웠다. 조지프 앤턴처럼 메리앤도 가명을 썼을까? 그녀를 도와주고 싶었지만 막다른 골목에 부딪히고 말았다.

메리앤의 주치의에게 전화를 걸어 대화를 청했다. 환자에 대한 비밀을 지켜야 하는 줄은 알지만 종양학자가 주치의에게 문의하라고 권했다는 말도 했다. 주치의가 말했다. "전화 주셔서 반갑네요. 메리앤과 연락이 끊겨서요. 주소랑 전화번호 좀 알려주시겠어요? 꼭 해야 할 말이 있거든요." 루슈디는 그녀의 말을 듣고 놀랐다. 주치의는 벌써 1년이 넘도록 메리앤을 만나지 못했고 암에 대해 그녀와 의논한 적도 없다고 했다.

메리앤은 전화를 받지도 않고 걸지도 않았다. 루슈디는 그녀가 의사를 만나는지 안 만나는지, 주치의를 다른 사람으로 바꿨는지, 도대체 아는 것이 아무것도 없었다. 그후 두 사람은 대화를 나눌 일이 거의 없었다. 그녀는 순순히 이혼에 동의했고, 새 출발을 하는 데 필요한 합리적인 금액을 일시불로 달라는 것 말고는 별다른 금전적 요구도 하지 않았다. 그녀는 런던을 떠나 워싱턴 D. C.로 이사했다. 그후에도 병이나 치료에 대한 소식은 전혀 듣지 못했다. 그녀는 죽지 않고 여전히 글을 썼다. 책마다 호평을 받고 퓰리처상과 전미도서상 후보에 오르기도 했다. 루슈디는 옛날부터 그녀를 훌륭한 작가로 생각했으며 부디 잘되길 빌었다. 그들은 서로 다른 인생길을 걸었고 다시는 마주치지 않았다.

아니, 그 말은 정확하지 않다. 딱 한 번 마주치긴 했다. 루슈디가 속수무

책으로 공격을 당할 무렵, 메리앤이 기회를 놓치지 않고 앙갚음을 했다.

칠레 작가 호세 도노소가 자아 파괴에 대해 이야기한 소설 『음란한 밤새 *The Obscene Bird of Night*』를 읽었다. 그렇게 마음이 약해졌을 때 읽기에는 그리 좋은 책이 아니었는지도 모른다. 제목은 헨리 제임스 1세가 아들 헨리와 윌리엄에게 쓴 편지에서 따온 말로, 소설의 제사題詞에도 인용되었다. "정신연령이 십대 정도만 되어도 누구나 조금씩 깨닫기 마련이다. 인생은 익살극이 아니고, 하다못해 점잖은 희극도 아니고, 오히려 자신이 뿌리를 내린 본질적 결핍의 깊디깊은 비극적 심연 속에서 꽃피고 열매 맺는다는 사실을. 정신적 생활을 영위할 수 있는 사람이라면 누구나 지닌 천부의 유산은 늑대가 울부짖고 음란한 밤새가 재잘거리는 원시의 숲과 같다."

엘리자베스 곁에 누웠지만 잠들지 못하고 그녀가 자는 모습을 물끄러미 바라보았다. 방 안에 있는데도 원시의 숲이 점점 더 크게 자라났다. 마치 모리스 센닥의 걸작*에 나오는 숲처럼. 그 숲 너머에는 바다가 있고 그 너머에는 괴물들이 사는 나라가 있으리라. 여기 마련된 배를 타고 저멀리 괴물들이 사는 나라에 도착하면 치과 의사가 기다리고 있으리라. 아무래도 사랑니가 어떤 징조였던 모양이다. 세상에는 징조나 점이나 조짐이나 예언 따위가 정말 존재할지도 모른다. 지금까지 믿지 않았던 모든 것들이 어쩌면 내가 아는 것들보다 더 확실한 현실인지도 모른다. 혹시 박쥐 날개를 가진 괴물이나 사람 잡아먹는 퉁방울눈 악귀가 정말 있다면…… 혹시 악마나 마귀가 정말 있다면…… 신도 있을지 모른다. 그래. 그리고 나는 미쳐가는 중인지도 모른다. 아닌 게 아니라 그는 낚싯바늘을 찾아 헤매는 물고기였다. 미쳐버린, 어리석은, 그래서 마침내 죽음을 당하는.

---

* 센닥의 그림 동화 『괴물들이 사는 나라』.

미친 물고기를 잡은 낚시꾼은, 루슈디가 탄 배를 암초로 유인한 사이렌은, 바로 "전체론"을 주장하는 할리 스트리트의 치과 의사 헤샴 엘에사위였다. (사랑니의 경고를 왜 무시했을까.) 에사위는 피터 셀러스*를 조금 닮았지만 훨씬 더 뚱뚱했고 그 배역에 어울릴 만한 인물도 아니었다. 그러나 2년째 어항 속에 갇혀 지내면서 의기소침해지고 자신감에도 큰 상처를 입은 물고기는 필사적으로 출구를 찾아 헤맸고, 결국 낚시꾼의 바늘 끝에서 꿈틀거리는 미끼를 열쇠로 착각하고 말았다.

나이츠브리지에서 덩컨 슬레이터를 다시 만났는데 이번에는 다른 남자도 함께 있었다. 외무부의 야심가 데이비드 고어부스였다. 고어부스는 뉴욕에서 이란인들과 회담을 할 때 참석했던 인물로, 루슈디에게 직접 설명하러 왔다고 했다. 거만하고 빈틈없고 집요하고 단도직입적인 사람이었는데, 아랍 전문가답게 당면한 문제에 대해서도 루슈디보다는 비판자들의 편이라는 인상을 풍겼다. 아라비아의 로런스** 이후 외무부는 늘 무슬림 세계 쪽으로 "치우치는" 경향을 보였는데(고어부스가 이스라엘에 가면 별로 인기가 없을 터였다), 무슬림 고관들은 영국과의 관계를 악화시킨 장본인이 다른 사람도 아니고 소설가였다는 사실에 진노할 때가 많았다. 그러나 고어부스는 이란측의 약속이 "진심"이라고 말했다. 그들은 암살 명령을 실행하지 않겠다고 했다. 지금 중요한 것은 후끈 달아오른 영국 내의 열기를 식히는 일이었다. 영국 무슬림을 진정시키면 이번 사태는 금방 정상화될 터였다. "그 부분은 선생님 하시기 나름이죠."

프랜시스 더수자에게 전화를 걸어 고어부스를 만난 이야기를 했더니 그

---

* 영국 배우(1925~1980).

** 토머스 에드워드 로런스(1888~1935). 영국 군인이자 고고학자, 저술가. 1차대전 때 아랍의 독립운동에 참여해 '아라비아의 로런스'로 알려졌다.

녀는 흥분을 감추지 못하고 낙관적인 견해를 밝혔다. "드디어 타협을 보겠군!" 그러나 고어부스를 만난 후 루슈디는 몹시 울적했다. 루슈디가 저지른 일에 대해 경멸하는 태도를 굳이 감추려 하지 않았기 때문이다. 그 부분은 선생님 하시기 나름이죠. 가치관이 고집으로 격하되었다. 루슈디 자신은 큰 잘못을 저지른 자가 아니라 피해자라는 주장도, 그리고 물러서지 않겠다는 다짐도 한낱 오만으로 취급당했다. 요컨대, 당신을 위해 이토록 공을 들였는데 사람이 왜 이렇게 융통성이 없소? 당신이 시작한 일이니 당신이 끝내시오.

그런 의견이 세간에 널리 퍼져 그의 마음을 무겁게 짓눌렀다. 자신의 행동이 옳다고 믿기가 점점 어려워졌다. 어떤 형식으로든 영국 무슬림과 대화를 나누는 일이 불가피할 듯싶었다. 프랜시스는 에사위가 아티클19에 연락하여 중재를 자청했다고 말했다. 그녀는 에사위가 그리 똑똑한 사람은 아니지만 의도는 선량하다고 믿었다. 그녀는 결정적인 기회라고 판단했다. 루슈디 수호운동을 위한 자금도 바닥이 났다. 6천 파운드를 급히 마련해야 하는 형편이었다. 이번 일을 추진하는 비용까지 아티클19에서 받아내기는 어려울 듯싶었다. 어떻게든 진전이 있다는 증거를 보여줘야 했다.

루슈디는 에사위에게 전화를 걸었다. 치과 의사는 정중하고 상냥했다. 이번 사태로 불편한 생활을 하시게 되어 안타깝다고 했다. 루슈디는 상대가 자신을 어린애 다루듯 살살 구슬려 어떤 승낙을 받아내려 한다는 것을 알면서도 전화를 끊지 않았다. 에사위는 도와주고 싶다고 했다. "대단히 유력한" 무슬림 지식인들을 만나 의논할 자리를 마련해줄 수 있다고 했다. 그 만남을 계기로 아랍 세계 전역을, 심지어 이란까지 설득할 수 있다고 했다. "선생에겐 절호의 기회요. 가잘리처럼 믿음을 되찾으시길 바랄 뿐이오." 무함마드 알가잘리는 보수파 무슬림 사상가로 저 유명한 『철학자의 부조리 Incoherence of the Philosophers』를 쓴 사람이다. 그 책에서 그는 위대한 그리스 철학자 아리스토텔레스와 소크라테스, 그리고 그들의 지혜를 배우려 했던 이븐시나(아비센나) 같은 무슬림 학자들을 가리켜 진정한 신앙을 비웃는 무신론자들이라고 규탄했다. 그런 가잘리에게 답변을 던진 사람이 바로 이븐루시드(아베로에스), 아니스 루슈디가 가문의 성을 지을 때 자기 성을 빌려준 그 아리스토텔레스 연구자였고, 그의 답변이 바로 저 유명한 『부조리의 부조리 *The Incoherence of the Incoherence*』였다. 루슈디 자신도 옛날부터 가잘리보다는 이븐루시드 편이라고 생각했다. 그러나 에사위가 가잘리의 이름을 언급한 까닭은 가잘리의 철학 때문이 아니라 그가 한때 신앙의 위기를 겪다가 "전능하신 하느님이 내 가슴에 비춰주신 한줄기 빛" 덕분에 극복했다는 일화 때문이었다. 루슈디는 가까운 시일 안에 전능하신 하느님의 빛을 가슴에 받을 가능성은 매우 희박하다고 생각했지만 에사위는 설득을 멈추지 않았다. "선생은 하느님이 남긴 빈자리에 대해 쓰셨지만 난 그 말을 믿지 않소. 선생은 지성인이니까." 마치 지성과 불신앙은 한사람의 마음속에 공존할 수 없다는 듯이. 에사위는 하느님이 남긴 빈자리라는 말에서 중요한 것은 루슈디의 말처럼 예술과 사랑으로 채우는 일이 아니라 그 구멍이 하느님의 흔적이라는 사실이라고 설명했다. 이제 루슈디가 해야 할 일은 그 텅 빈 공간이 아니라 그 둘레의 형태를 바라보는 일이었다.

일반적인 상황이었다면 그런 탁상공론에 시간을 낭비하지 않았겠지만 그때는 결코 일반적인 상황이 아니었다. 사민에게 이야기했더니 수상쩍다는 반응을 보였다. 누이는 이렇게 말했다. "에사위가 바라는 게 뭔지 정확히 파악해야 해." 당시 에사위는 이란의 라프산자니에게 보내는 공개 편지에서 루슈디를 "이 쓸모없는 글쟁이"라고 부른 터였다. (전화통화를 할 때는 "그 말은 용서해주지 않으시겠소?" 하고 간살을 떨며 표리부동한 모습을 보였다.) 그리고 에사위는 장차 크나큰 걸림돌이 될 요구를 했다. "그 책을 변호하시면 안 되오."

에사위에게 연락할 때마다 빠져나오기 어려운 수렁 속으로 점점 더 깊이 빠져드는 기분이었다. 그런데도 거듭거듭 전화를 걸었고, 에사위는 루슈디가 때로는 후퇴하거나 도망치기도 하면서 스스로 낚싯바늘을 향해 서서히 다가가도록 느긋하게 기다려주었다. 치과 의사는 루슈디의 〈사우스 뱅크 쇼South Bank Show〉 인터뷰가 매우 유익했다고 말했다. 예전에 카슈미르와 팔레스타인에 대한 입장을 밝힌 일도 유익하다고 했다. 무슬림의 적이 아니라는 증거란다. 이제 다시 카슈미르와 팔레스타인을 지지한다는 내용으로 비디오를 찍어 런던에 있는 이슬람문화센터에서 상영하면 루슈디에 대한 평판을 바꾸는 데 보탬이 될 거라고 했다. 루슈디는 이렇게 대답했다. 글쎄요. 생각해보겠습니다.

에사위라는 인물에 대한 정보는 많지 않았다. 치과 의사는 결혼생활이 행복하다고 말했다. 아내가 아주 세심하고 다정다감해서 지금 통화를 하는 중에도 발톱을 깎아준다고 했다. 바로 그 장면이 치과 의사의 이미지로 굳어졌다. 전화통화를 하는 남자와 그 발치에 무릎을 꿇은 여자.

마거릿 드래블과 마이클 홀로이드가 주말을 맞이하여 루슈디와 엘리자베스를 폴록 위어로 초대했다. 극작가 줄리언 미첼과 애인 리처드 로젠도 함께였다. 즐거운 만남이었지만 루슈디는 번민에 시달렸다. 반대자들을 포섭할 방법을 찾고 이 난국을 해결해줄―그리고 거리낌없이 말할 수 있는―말을 궁리하느라 머리가 복잡했기 때문이다. 그들은 녹음이 우거진 둔Doone 골짜기로 긴 산책을 나섰다. 걷는 동안 루슈디는 마음속으로 논쟁을 벌였다. 이슬람 신앙이 아니라 이슬람 문화권에 속한다고 말하면 어떨까? 사실 유대인 중에도 비종교적, 세속적인 사람들이 있잖아. 나도 비록 신앙인은 아니지만 무슬림 사회의 전통과 지식을 물려받았다고 하면 될 텐데.

루슈디는 인도 무슬림 가문 출신이다. 엄연한 진실이다. 부모는 독실한 신자가 아니었지만 친척들 대부분은 신자였다. 무슬림 문화의 영향이 클 수밖에 없었다. 그래서 소설 속에서 가공의 종교가 탄생하는 과정을 설명할 때 이슬람교 이야기를 참고했다. 제일 잘 아는 사례였기 때문이다. 그리고 여러 수필과 인터뷰에서 카슈미르 무슬림의 권리를 옹호한 것도 사실이고, 독립국 인도의 탄생 과정을 다룬 『한밤의 아이들』에서 이야기의 중심부에 힌두교도가 아니라 무슬림 가족을 배치한 것도 사실이다. 그런 이력을 가진 사람을 어떻게 이슬람의 적이라고 부를 수 있나? 나는 적이 아니다. 아군이다. 좀 회의적인 아군, 어쩌면 좀 반항적인 아군이라고 할 수도 있겠지만 어쨌든 아군인 것만은 틀림없다.

매기와 마이클 부부의 집에서 에사위와 통화했다. 입질을 감지한 낚시꾼은 이제 낚싯줄을 감을 때가 되었음을 알아차렸다. "기왕이면 명확하게 말씀하시오. 얼버무리지 마시고."

경찰의 동의를 얻어 베르나르도 베르톨루치의 신작 영화 〈마지막 사랑 The Sheltering Sky〉을 상영하는 비공개 시사회에 참석했다. 영화가 끝났을 때 베르나르도에게 뭐라고 말해줘야 좋을지 막막했다. 한순간도 영화를 제대로 즐기지 못했기 때문이다. 이윽고 베르톨루치가 말했다. "아! 살만! 내 영화 어땠나? 나한테는 자네 의견이 아주 중요한데 말이야." 바로 그 순간, 지난번에 마이크 월리스가 섹스에 대해 물었을 때처럼 좋은 말이 퍼뜩 떠올랐다. 한 손을 가슴에 얹고 대답했다. "베르나르도…… 난 아무 말도 못하겠소." 베르톨루치는 이해한다는 듯이 고개를 끄덕였다. "그런 반응을 보이는 사람이 많더군."

돌아가는 길에 루슈디는 세번째 기적을 빌었다. 부디 세번째로 적시에 좋은 말이 떠올라주기를, 영국 무슬림 지도자들이 슬기롭게 고개를 끄덕이며 납득할 만한 말이 생각나기를.

수필집 『가상의 조국』을 마무리하는 중이었다. 머리말을 쓰고 교정쇄를 수정했다. 때마침 BBC 방송 〈레이트 쇼〉에서 인터뷰 요청이 들어왔다. 인터뷰 진행자는 러시아계 캐나다인 작가이며 방송인인 마이클 이그나티에프였다. 루슈디와는 친구 사이였으니 호의적으로 들어줄 터였다. 그 인터뷰에서 루슈디는 남들이 듣고 싶어할 만한 말만 골라서 했다. 무슬림 지도자들과 대화하면서 합의점을 찾는 중입니다. 자유에 대하여, 작가의 절대적 권리, 즉 자기가 바라본 세상의 모습을 소신껏 표현할 권리에 대하여, 혹은 분서 행위와 암살 협박의 비윤리성에 대하여 듣고 싶어하는 사람은 아무도 없다. 그런 주장은 이미 물리도록 들었으니까. 이제 와서 그런 말을 되풀이해봤자 고집스러워 보일 뿐, 조금도 도움이 안 된다. 사람들은 루슈디가 화해를 청하길 바란다. 그래야 이 소동이 가라앉고 루슈디가 꺼져버릴 테니까, 저 인간은 텔레비전이나 신문을 떠나 망각 속으로 사라져야 마땅하니까, 기왕이면 자신의 만행을 돌아보고 사죄하거나 만회할 방법을 궁리하며 여생을 보냈으면 좋겠으니까. 루슈디, 그의 가치관, 그리고 그 형편없는 책 따위에 관심을 가질 사람은 아무도 없다. 사람들은 그가 이 지긋지긋한 사건을 빨리 끝내주길 바랄 뿐이다. 그래서 루슈디는 이렇게 말했다. 합의점은 꽤 많습니다. 그걸 더 확고하게 다지는 노력이 중요하겠죠.

그는 맛좋은 미끼를 덥석 물었고 낚싯바늘이 꽂히는 것을 느끼면서도 멈추지 않았다.

반응은 폭발적이었다. 마치 가을 길을 걷다가 낙엽 한 무더기를 걷어찬 듯한 형국이었다. 사민은 라디오에서 "온건파 무슬림 지도자들"이 이란측에 파트와를 철회하라고 요청했다는 소식을 들었다. 루슈디와 대화를 나뵈본 적이 없는 영국 무슬림 "지도자들"은 협상중이라는 말을 부인했다. 테헤란으로 훌쩍 날아간 난쟁이 도깨비는 그 나라 통치자들에게 루슈디를 용서하지 말라고 촉구했고, 엿새 후 문화부 장관 모하마드 하타미가— 미래의 대통령 하타미가, 이란 자유화의 위대한 희망 하타미가—파트와 는 돌이킬 수 없다고 발표했다. 그 소식을 듣고 덩컨 슬레이터에게 전화를 걸었다. "이란인들이 이번 일을 덮어줄 거라고 하지 않았소?" 슬레이터가 대답했다. "나중에 다시 연락드리죠."

BBC 라디오4의 멜빈 브래그가 진행하는 월요일 아침 방송 〈스타트 더 위크Start the Week〉에 출연하여 에사위를 가리켜 대화의 물꼬를 튼 "무슬림 유력 인사"라고 말했다. 〈나이트라인Nightline〉의 테드 코펠과 대담할 때는 상황이 호전되기를 바란다고 밝혔다. 이란에서 현상금 액수를 다시 올렸 다. 이란인들에게는 여전히 100만 달러지만 외국인이 루슈디를 죽이면 3백 만 달러를 준다고 했다. 슬레이터에게 연락했다. 뉴욕 협약은 속임수가 분 명하다. 영국 정부가 조치를 취해야 한다. 슬레이터는 루슈디의 말을 전해 주겠다고 했다. 정부는 아무 조치도 취하지 않았다. 미국 텔레비전에 출연 했다. 새로운 위협이 잇따르는데 "영국 정부는 아무 반응도 없어 좀 걱정 스럽다"고 말했다.

낚시꾼이 물고기를 뜰채 쪽으로 끌어당겼다. 에사위는 이렇게 말했다. "아무래도 모임을 열어야겠소. 선생도 다시 무슬림의 품에 안기셔야지."

아무에게도 의논하지 않았다. 누구에게도 조언이나 도움을 청하지 않 았다. 그 사실만으로도 스스로 깨달았어야 했다. 아무래도 내가 제정신이 아 닌 듯싶구나. 평소에는 중요한 일이 있을 때마다 반드시 사민, 폴린, 길런, 앤드루, 빌, 프랜시스 등과 자세히 의논해보고 나서 결정을 내렸기 때문이 다. 그러나 이번에는 아무에게도 연락하지 않았다. 엘리자베스에게조차 제대로 설명하지 않았다. "이 문제를 해결해볼 참이오." 그렇게 말했을 뿐이다. 그녀의 의견은 묻지도 않았다.

다른 곳에서 도움을 얻기는 불가능하다. 스스로 해결해야 한다. 내 책을 지키려고 지금까지 싸웠다. 그것만은 포기할 수 없다. 어차피 내 평판은 바닥을 쳤다. 남들이 뭐라고 하든 상관하지 말자. 이미 인간쓰레기라고 생각하니까. 루슈디는 점점 더 끈적끈적하게 구는 에사위에게 말했다. "좋습니다. 자리를 마련해주세요. 참석하겠습니다."

패딩턴 그린 경찰서는 영국 경찰이 보유한 시설 중에서도 가장 철통 같은 곳이었다. 지상은 꼴사나운 사무용 건물처럼 생긴 평범한 경찰서지만 알맹이는 지하에 있었다. IRA 조직원들을 수감하고 심문하는 곳이 바로 여기였다. 1990년 크리스마스이브, 루슈디는 그곳에서 에사위를 비롯한 사람들을 만났다. 다른 장소는 승인해줄 수 없다는 말을 들었다. 다들 그 정도로 초긴장 상태였다. 방탄문, 차단기, 검색대 등을 겹겹이 설치한 패딩턴 그린 경찰서에 들어갈 때부터 루슈디도 긴장하기 시작했다. 그리고 회의실에 들어서는 순간 우뚝 멈춰 서고 말았다. 다들 안락의자에 편안히 앉아 홍차나 커피를 마시며 대화를 나누는 원탁회의 같은 상황을 예상했기 때문이다. 너무 순진한 생각이었다. 이 자리에서 편안함 따위는 기대할 수 없음을 깨달았다. 허울뿐인 토론조차 불가능했다. 그들은 동등한 입장에서 문제점에 대해 이야기하고 점잖게 해결점을 찾기 위해 이 자리에 모인 것이 아니었다. 루슈디는 동등한 대우를 받을 자격이 없었다. 심판을 받는 입장이니까.

무슬림 유지들은 그 방을 법정처럼 꾸며놓았다. 긴 탁자 너머에 여섯 명이 판사들처럼 나란히 앉아 있고 맞은편에는 딱딱한 의자 하나가 놓여 있었다. 루슈디는 첫번째 장애물 앞에서 머뭇거리는 말처럼 문간에 우두커니 서 있었다. 에사위가 다가와 다급하게 속삭였다. 공사다망하신 높은 분들이 어렵게 틈을 내어 와주셨소. 기다리시게 하지 말고 빨리 들어와 앉으시오. 다들 기다리시잖소.

곧바로 발길을 돌려 집으로 돌아왔어야 옳았다. 굴욕을 거부하고 자존심을 지켰어야 옳았다. 앞으로 나아가는 한 걸음 한 걸음이 모두 실수였다. 그러나 그때 그는 에사위의 좀비와 다름없었다. 치과 의사는 루슈디의 팔꿈치를 가볍게 붙잡고 빈 의자 쪽으로 이끌었다.

일일이 소개를 받았지만 이름조차 제대로 알아듣지 못했다. 수염과 터번, 그리고 호기심이 가득하거나 찌르는 듯 날카로운 눈빛을 보았을 뿐이다. 런던 무슬림 대학의 자키 바다위 학장은 한눈에 알아볼 수 있었다. 언젠가 『악마의 시』를 규탄하면서도 기꺼이 자기 집에 그 작가를 숨겨주겠다고 말했던 "자유주의자"도 있었다. 그 밖에 이집트 종교부 장관이라는 마구브 씨, 리젠트 공원에서 황금빛 돔 지붕을 자랑하는 런던중앙모스크의 셰이크 가말 마나 알리 솔라이만, 그리고 셰이크 가말의 친구인 셰이크 하메드 칼리파도 소개되었다. 에사위는 이집트 태생이었고 다른 이집트인들을 이 자리에 불러 모은 장본인이었다.

이제 그들은 루슈디를 손아귀에 넣었다. 그래서 처음에는 농담을 던지며 웃음을 터뜨렸다. 심술궂은 난쟁이 도깨비 칼림 시디키가 이란인들의 애완견이 되어버렸다고 비웃기도 했다. 그들은 파트와 문제를 진정시키기 위해 세계적인 캠페인을 벌이겠다고 약속했다. 루슈디는 자기 소설의 유래를 설명했다. 그들도 이번 논쟁이 "비극적인 오해"에서 비롯되었다는데 동의했다. 루슈디는 이슬람의 적이 아니다. 그들은 루슈디를 무슬림 지식층의 일원으로 인정하고 싶어했다. 한 치의 거짓도 없는 진심이라고 했다. 우린 그저 선생을 되찾고 싶을 따름이오. 루슈디가 해야 할 일은 선의를 표시하는 일뿐이었다.

그들은 소설 속에서 예언자와 이슬람교를 비난하거나 모욕했던 등장인물들의 말을 부정하라고 했다. 루슈디는 이미 여러 번 밝혔듯이 새로운 신앙은 박해를 받기 마련인데 그 상황을 묘사하려면 박해자들의 박해 행위를 보여줄 수밖에 없었다고 설명했다. 등장인물들의 의견을 작가의 의견으로 오해하는 것은 누가 보아도 부당한 일이 아닌가? 그러자 이집트인들이 말했다. 그렇다면 말씀하시기도 어렵지 않겠구려.

그들은 페이퍼백 출간을 보류하라고 했다. 루슈디는 그런 요구는 실수라고 대답했다. 남들이 보면 검열이라고 할 테니까. 그러자 그들은 자기들의 중재 노력이 결실을 맺으려면 시간이 좀 필요하다고 했다. 루슈디가 나서서 그 시간을 벌어줘야 한다고 했다. 오해가 다 풀리면 아무도 그 책을 반대하지 않을 테니 새로 찍어도 문제가 안 된다고 했다.

마침내 루슈디는 진정성을 증명해야 했다. "샤하다"가 뭔지 아시잖소. 인도에서 성장한 루슈디는 "칼마"라고 불렀지만 둘 다 같은 뜻이었다. 하느님은 오직 한 분이고 무함마드는 하느님의 예언자로다. 그날 루슈디가 해야 하는 진술이 바로 그 문장이었다. 그 말만 하면 그들도 기꺼이 우정과 용서와 화해의 손을 내밀 터였다.

루슈디는 세속적 무슬림으로서의 정체성을 표현하는 일이라면 얼마든지 하겠다고 말했다. 그런 전통 속에서 성장했다는 사실도 증언하겠다고 했다. 그러나 그들은 "세속"이라는 말을 듣고 질색을 했다. "세속"은 악마다. 그런 말은 입 밖에 내지도 말아야 한다. 루슈디는 유서 깊은 문장을 또박또박 분명하게 말해야 한다. 무슬림들이 납득할 수 있는 의사표시는 그것뿐이다.

그들은 루슈디의 서명을 받으려고 문서를 미리 준비해놓았다. 에사위가 그 문서를 건넸다. 문법도 엉망이고 문장도 유치했다. 도저히 서명할 수 없다고 했다. 그러자 그들이 말했다. "고치면 되잖소, 고치면! 문장의 대가는 우리가 아니라 선생이니까." 한구석에 책상과 의자가 있었다. 그곳에 앉아 문서를 들여다보았다. 그들이 외쳤다. "천천히 하시오! 마음이 즐거워야 서명을 하지."

루슈디는 즐겁지 않았다. 너무 비참해서 몸이 부들부들 떨렸다. 친구들에게 조언을 청하지 않은 일을 후회했다. 친구들은 뭐라고 했을까? 아버지라면 어떤 조언을 하셨을까?

깊디깊은 심연의 가장자리에서 비틀거리는 자신의 모습이 눈에 선했다. 그러나 희망을 속삭이는 유혹의 소리도 들려왔다. 만약 저들이 약속을 지켜준다면…… 만약 이 싸움이 끝난다면…… 만약, 만약, 만약.

수정한 문서에 서명을 하고 에사위에게 건넸다. "판사" 여섯 명도 서명했다. 포옹을 나누고 축하 인사를 했다. 마침내 끝났다. 루슈디는 회오리바람에 휘말리고 말았다. 방금 저지른 일 때문에 눈앞이 캄캄하고 머리가 어질어질했다. 이 토네이도는 나를 어디로 데려갈까. 아무것도 들리지 않고 보이지 않고 느껴지지도 않았다. 경찰이 그를 데리고 그 방을 나섰다. 지하 복도 저쪽에서 문이 열렸다가 닫히는 소리가 들렸다. 이윽고 차문이 열리고 닫혔다. 그는 차를 타고 달려가는 중이었다. 윔블던에 도착했을 때, 기다리고 있던 엘리자베스가 사랑한다고 말했다. 속이 마구 울렁거렸다. 화장실로 달려가 격렬하게 토했다. 방금 정신이 한 짓을 육체가 알아차리고 항의 표시를 하고 있었다.

그날 오후 기자회견장에 나가서는 긍정적인 태도를 보이려고 노력했다. 라디오와 텔레비전 인터뷰도 있었다. 때로는 에사위도 참석했다. 무슨 말을 했는지는 생각나지 않는다. 다만 자신에게 했던 말은 기억한다. 거짓말쟁이. 넌 거짓말쟁이에다 겁쟁이에다 얼간이야. 사민이 전화했다. 그녀는 버럭버럭 소리쳤다. "정신을 어디다 출장 보냈어? 도대체 그게 무슨 짓이야?" 마음속의 목소리가 말했다. 그래, 넌 미쳤어. 게다가 방금 무슨 짓을 했는지, 무슨 짓을 하고 있는지, 이젠 뭘 어떻게 하면 좋을지, 아무것도 모르잖아. 그가 지금껏 살아남은 이유는 일찍이 글로 쓰거나 입으로 말한 모든 내용에 대하여 가슴에 손을 얹고 당당히 변론할 수 있었기 때문이다. 늘 진지하고 정직한 마음가짐으로 글을 쓰고 진실만 말했기 때문이다. 그런데 이제 스스로 혀를 뽑아버린 셈이다. 자기가 옳다고 믿는 생각을 언어로 표현하는 능력을 스스로 포기해버렸다. 그 순간까지 그는 남들의 신념에 해악을 끼친 죄 때문에 비난받았다. 이제 그는 자신을 고발하고 자신에게 유죄판결을 내렸다. 스스로를 해친 죄.

어느새 크리스마스였다.

하이버리 힐에 있는 폴린의 지하층 아파트로 갔다. 자파르도 와서 크리스마스 아침을 함께 보냈다. 몇 시간 후 자파르는 엄마 곁으로 돌아가고 루슈디와 엘리자베스는 그레이엄 스위프트와 캔디스 로드 부부가 사는 원즈워스로 향했다. 그들 부부와 함께 보내는 두번째 크리스마스였다. 두 사람은 여느 때와 다름없이 다정했고, 크리스마스 분위기를 망칠까봐 어제 일어난 일에 대해서는 조심스럽게 언급을 회피했다. 그러나 루슈디는 그들의 눈에서 걱정스러운 기색을 보았고, 그들 또한 루슈디의 눈에서 당혹스러운 기색을 보았을 터였다. 다음날은 케임브리지에 있는 빌 뷰퍼드의 작은 집에서 보냈다. 빌이 진수성찬을 차려주었다. 폭풍우 속에서 만난 섬처럼 평화로운 순간들이었다. 그 이후에는 기자들을 만나느라 바쁜 나날을 보냈고 온갖 뉴스가 들려와 귀청이 떨어질 정도였다. 영국, 미국, 인도 언론인들을 만났고, BBC 월드 서비스의 페르시아어 방송에도 출연했고, 영국 무슬림 라디오의 전화 인터뷰에도 응했다. 입을 열고 내뱉는 한마디 한마디가 모두 혐오스러웠다. 허겁지겁 삼켰던 낚싯바늘에 걸려 몸부림치는 꼬락서니에 욕지기가 치밀었다. 그는 진실을 알고 있었다. 며칠 전보다 신앙심이 깊어진 것은 아니다. 편의상 흉내만 낼 뿐이다. 그러나 이런 노력조차 효과가 없었다.

처음에는 잘 풀릴 듯싶었다. 알아즈하르의 최고 셰이크가 지지를 선언하고 "루슈디의 죄를 용서한다"고 밝혔다. 왕실고문변호사 시브가트 카드리는 법무장관을 만나 칼림 시디키를 기소하는 문제를 논의했다. 그러나 이란은 여전히 완강했다. 하메네이는 "설령 루슈디가 역사상 가장 독실한 신자로 변모하더라도" 파트와를 철회할 수는 없다고 말했다. 테헤란의 강경파 신문은 루슈디에게 "죽음을 각오하라"고 충고했다. 당연한 일이지만 시디키도 그런 발언을 앵무새처럼 되풀이했다. 그러자 패딩턴 그린의 6인조가 약속을 어기기 시작했다. 셰이크 가말은 『악마의 시』를 전량 회수하라고 요구했다. 그러지 않겠다고 하더니. 가말과 그의 친구 셰이크 하메드 칼리파는 리젠트 공원의 모스크 신도들에게 강력한 비판을 받았고, 그 압력을 못 이겨 결국 사퇴를 선언했다. 사우디아라비아와 이란은 평화를 위한 노력에 동참한 이집트 정부에 "분노"를 표시했고, 장관 자리를 빼앗길 위기에 처한 마구브는 합의사항에 대해 오리발을 내밀었다.

그리고 1991년 1월 9일, 엘리자베스의 서른번째 생일날, 정오 무렵에 그린업 씨가 나타나 냉랭하게 말했다. "이젠 전보다 더 위험해졌다고 생각합니다. 믿을 만한 정보가 들어왔는데 현재 어떤 공작이 진행되는 중이랍니다. 지금 분석중인데 조만간 알려드리겠습니다."

루슈디는 사랑받고 싶은 소망의 덫에 걸려 미련한 짓을 하고 자신을 무력화시켰다. 이제 그 대가를 치러야 했다.

5

/

"너무 오래 우울해서 오히려 즐거운 듯"

"Been Down So Long It Looks Like Up to Me"

1991
–
1992

엘리자베스의 생일날 그녀를 위해 인도 음식을 장만했다. 길런, 빌, 폴린, 제인 웰즐리도 윔블던에 와서 이 조촐한 축하 만찬에 참석하기로 했다. 그녀에게 특별한 저녁을 마련해주고 싶었다. 엘리자베스는 많은 것을 주었다. 그는 줄 것이 별로 없었지만 요리 정도는 해줄 수 있었다. 그린업이 전해준 소식은 아무에게도 말하지 않았다. 그런 이야기는 나중에 해도 되니까. 1월 9일 그날은 사랑하는 여자를 위한 날이었다. 그녀를 만난 지 다섯 달이 넘었다.

엘리자베스의 생일을 치른 후 병이 났다. 며칠 동안 고열에 시달리며 자리보전을 했다. 열이 나서 덜덜 떨며 누워 있는데, 공과 사를 막론하고 들려오는 소식마다 그의 병세를 반영하는 듯했다. 앤드루의 조수 수전이 메리앤과 이야기를 나눴다고 했다. 메리앤은 잘 지낸다고 했고 아마 잘 지내겠지만 지금은 그녀에게 신경쓸 겨를이 없었다. 경찰은 "어떤 공작" 때문에 활동을 더 삼가야 한다고 말했다. 〈워건Wogan〉과 〈질문시간Question Time〉을 비롯한 텔레비전 프로그램의 출연 요청도 허락할 수 없다고 했다. 하원의원 모임에서 강연 요청이 들어왔지만 경찰은 웨스트민스터 국회의사당에 데려다주길 꺼렸다. 몇몇 친구들의 집에서 열리는 사사로운 저녁 모임에 참석하는 정도가 고작이었다. 이런 조치를 거부할 수도 있었지만 몸이 너무 안 좋을 때라 입씨름할 기운도 없었다. 깊은 밤 병석에서 열병에 시달릴 때 텔레비전에서 걸프전이 시작되었다는 뉴스가 나왔다. 이라크에 대규모 공습이 있었다. 이라크는 스커드 미사일로 이스라엘을 공격했지만 기적적으로 아무도 죽지 않았고 다행히 화학무기를 장착하지도 않은 상태였다. 잠과 열과 정밀폭격 장면이 엇갈리는 반半착란상태가 며칠 동안 이어졌다. 전화가 와도 더러는 받고 더러는 못 받았다. 악몽을 많이 꾸었다. 무엇보다 힘든 것은 "무슬림이 되었다"는 선언에 대한 끝없는 번민이었다. 사민도 그 일을 쉽사리 받아들이지 못해 여러 번 전화를 걸었다. 지난 2년 동안 줄곧 어둠의 심연을 향해 걷다가 끝내 지옥에 도달한 기분이었다. 친구들도 모두 어리둥절해했다. 지금까지 그를 비방하고 주변 사람들까지 위협하던 자들과 나란히 서서 웃다니. 이란의 암살 위협을 묵인한 자들이 아닌가. 가령 이크발 사크라니 같은 자는 "천벌"이라고 말하기까지 했는데. 소위 "지식인"이라는 타리크 모두드는 파트와에 대해 더이상 언급하지 말라는 편지를 썼다. "무슬림들이 불쾌감을 느낍니다." 안 그래도 서구 쪽에서 파트와를 들먹이며 무슬림을 악마처럼 여기는 마당에 자꾸 파트와에 이의를 제기하면 "불쾌감"을 준다는 뜻이었다. 모두드는 온건파를 자처했지만 그렇게 위선적인 자가 올바른 판단을 하기는 불가능했다. 그러나 루슈디는 이미 스스로 혀를 뽑아버렸으니 그런 자들을 반박할 수도 없었다. 또 한 명의 "온건파" 악바르 아흐메드가 전화를 걸었다. "강경파"도 서서히 마음을 돌리겠지만 반드시 "지극히 협조적인" 태도를 유지하고 "철저한 무슬림"이 되라고 했다. 루슈디는 사람이 참는 데도 한계가 있다고 대답했다.

하느님께

당신이 정말 존재하신다면, 그리고 사람들이 말하듯 전지전능한 분이라면, 설마 책이나 글쟁이 나부랭이가 무서워 하늘나라에서 벌벌 떨지는 않으시겠죠? 당신이 인류와 그들의 언행에 어떤 식으로 관여하시는지에 대해서는 위대한 무슬림 철학자들도 의견이 제각각이었습니다. 가령 이븐시나(아비센나)는 당신이 까마득히 높은 곳에 계시기 때문에 인류를 매우 개괄적이고 관념적으로 이해하실 뿐이라고 주장했습니다. 가잘리의 생각은 달랐습니다. "이슬람이 인정하는" 하느님은 지구상에서 일어나는 모든 일을 샅샅이 알고 평가하신다고 말했거든요. 이븐루시드는 그 말을 믿지 않았습니다. 물론 가잘리의 말이 옳다면 하느님도 이미 아실 테고 이븐시나와 이븐루시드의 말이 옳다면 아마 모르시겠지만요. 아무튼 이븐루시드는 가잘리의 주장대로라면 당신이 지나치게 인간과 비슷해진다고 했습니다. 어리석은 말다툼을 일삼는 인간, 시시한 문제로 분란을 일으키는 인간, 편협한 생각에 사로잡힌 인간 말입니다. 만약 당신이 이븐시나와 이븐루시드의 하느님이라면 지금 인간들이 당신의 이름을 내세우며 어떤 말과 행동을 하는지도 모르시겠죠. 그렇지만 설령 당신이 가잘리의 하느님이더라도, 그래서 신문을 읽고 텔레비전을 보고 정치 논쟁이나 심지어 문학 논쟁까지 어느 한쪽을 편드신다 하더라도, 저는 당신이 『악마의 시』든 뭐든 책 따위에 신경을 쓰진 않으시리라 믿습니다. 아무리 못마땅한 책이라도 말이죠. 전지전능하신 분이 고작 인간이 저지른 일 때문에 흔들리실 리가 있겠습니까? 그리고 반대로 생각해보면 말입니다, 하느님, 혹시 이븐시나와 가잘리와 이븐루시드가 모두 틀렸다면, 혹시 당신이 아예 존재하지 않는다면, 그런 경우에도 작가나 책 따위에 신경을 쓰실 일은 없겠죠. 그렇다면 지금 제가 겪는 어려움은 하느님과는 무관하니까 결국 지상에서 당신을 섬기는 종이나 신도가 문제라는 결론이 나옵니다. 어느 출중한 소설가가 언젠가 제게 이런 말을 했습니다. 팬들이 마음에 안 들어 한동안 소설을 안 썼다나요. 하느님도 그녀의 입장에 공감하시지 않을까싶네요. 귀담아들어주셔서 고맙습니다(혹시 못 들으셨다면 이 글을 읽어보세요).

루슈디가 "무슬림이 되었다"는 말을 듣고 몇몇 외무부 인사는 테러리스트를 변호해달라고 요청했다. 코카비 재판에 중재자로 나서주면 도움이 되겠다는 메시지를 받았다. 메르다드 코카비는 『악마의 시』를 판매하는 서점에 불을 지르고 폭발 사건을 일으킨 "학생"이었다. 검찰은 파이프 폭탄 두 개를 쌌던 종이에서 코카비의 지문을 발견했으며 공격에 사용된 자동차도 그의 신용카드로 빌린 것이었다고 밝혔다. 루슈디는 그런 사건에 『악마의 시』 작가가 선처를 호소하면 모양새가 좋지 않겠느냐는 귀뜸에 격분하여 덩컨 슬레이터와 데이비드 고어부스에게 그 사실을 알렸다. 둘 다 바람직하지 않은 일이라고 했다. 그래서 조금 안심했다. 그러나 두 달 후 별안간 코카비에 대한 기소를 모두 취하하고 이란으로 추방하라는 명령이 떨어졌다. 정부는 사법절차에 압력을 행사하지 않았다고 주장했다. 슬레이터와 고어부스도 전혀 모르는 일이라고 했다. 코카비는 이란으로 돌아가 영웅처럼 환영받고 새 일자리까지 얻었다. 해외에 배치할 "학생"들을 선발하는 일이었다.

수필집 『가상의 조국』의 조판 교정쇄가 도착했다. 빌이 말했다. "지난번 일도 있으니 그 수필도 넣읍시다." 패딩턴 그린에서 타협했던 일을 정당화하려고 〈타임스〉에 발표한 글에 대한 이야기였다. 루슈디는 그 수필을 혐오했고 지난번 일에 대해서도 다시 생각하는 중이었다. 그러나 스스로 궁지에 뛰어들었으니 당분간은 벗어나기 어려울 터였다. 결국 빌의 말에 동의하고 수필 제목은 「내가 무슬림인 이유Why I Am a Muslim」로 정했다. 남은 한평생 『가상의 조국』 하드커버를 볼 때마다 뼈아픈 부끄러움과 회한을 느끼리라.

전쟁 때문에 다들 여념이 없었다. 루슈디에게 "모욕을 철회하라"는(즉 『악마의 시』 간행을 중단하라는) 말을 되풀이하던 영국 무슬림 "지도자"들마저—시디키, 사크라니, 브래드퍼드 성직자 등등—틈틈이 사담 후세인에 대한 지지를 표명했다. 파트와 2주년이 다가왔다. 겨울 날씨는 모질고 혹독했다. 페이 웰던*이 존 스튜어트 밀의 『자유론』을 보내주었다. 아마도 질책의 의미였겠지만 밀의 명료하고 힘찬 문장은 여전히 감동적이었다. 반대자들 중에서도 유난히 완고한 자들—예컨대 "무책임한 종교재판" 운운하며 억지를 쓰고 이슬람교의 "투쟁적 분노"에 자부심을 느낀다는 샤비르 악타르 같은 자들—에 대한 경멸이 되살아났다. 아울러 루슈디 지지자를 자처하던 사람들 가운데 일부, 즉 이제 루슈디는 지지해줄 가치도 없다고 생각하는 자들에 대한 혐오감도 고개를 들었다. 제임스 펜턴이 〈뉴욕 리뷰 오브 북스〉에 발표한 글에서 "실망한 친구들" 현상을 질타하며 루슈디를 옹호했다. 사람들의 마음속에 깃든 "환상의 루슈디"가 진짜 루슈디의 행동을 보고 실망했기 때문에 일어난 현상인데, 그렇게 실망한 사람들은 이제 이런 생각까지 한다. 흥, 그까짓 놈, 우리가 알 게 뭐냐. 우정이 아깝다. 암살자에게 당해도 싸지.

루슈디는 언젠가 귄터 그라스가 패배에 대해 들려준 말을 떠올렸다. 승리보다 패배가 더 뜻깊은 교훈을 준다는 이야기였다. 승자는 자신과 자신의 세계관이 옳다는 사실이 입증되었다고 믿기 때문에 아무것도 배우지 못한다. 반면에 패자는 그때까지 옳다고 믿었던 모든 것, 싸워서라도 지킬 가치가 있다고 믿었던 모든 것을 재평가해야 하므로 고통을 통하여 인생에서 가장 심오한 깨달음을 얻을 기회를 갖는다. 루슈디가 제일 먼저 깨달

---

* 영국 작가(1931~).

은 것은 다음과 같다. 이제야 인생의 밑바닥을 보았구나. 그렇게 바닥을 쳐야 비로소 수심이 얼마나 깊은지 알 수 있다. 그리고 두 번 다시 내려가기 싫다는 것도 알게 된다.

그는 자신을 자유롭게 해줄 교훈을 배우는 중이었다. 사랑받고 싶다는 욕망에 사로잡힌 사람은 마치 독방에 갇힌 듯 끝없는 고뇌에 시달리기 마련이다. 이 세상에는 영원히 그를 사랑하지 않을 사람들도 존재한다는 사실을 깨달아야 했다. 아무리 공들여 작품을 설명하고 창작 의도를 이야기해도 그들은 끝내 루슈디를 사랑하지 않을 것이다. 일말의 의혹도 없는 절대적 신앙을 가진 사람들은 사고방식 자체가 비논리적이므로 이성으로 설득하기는 불가능하다. 루슈디를 마귀로 여기는 사람들이 언젠가 "어라, 이제 보니 마귀가 아니었네?" 하고 생각할 가능성은 조금도 없다. 그래도 괜찮다는 사실을 깨달아야 했다. 어차피 루슈디도 그런 사람들을 좋아하지 않으니까. 자기가 했던 말이나 썼던 글을 확신할 수만 있다면, 그리고 자신의 작품과 사회적 위치에 만족감을 느낄 수만 있다면 미움받는 일쯤이야 얼마든지 참을 수 있다. 지난번에 그는 몹시 후회스러운 일을 저질렀다. 어떻게든 바로잡아야 했다.

이런 싸움에서 이기려면 적을 아는 것만으로는 부족하다는 교훈도 얻었다. 적을 알기는 쉽다. 그는 사상 때문에 사람을 죽여도 된다는 사고방식과 싸우는 중이었다. 어떤 종교든 간에, 남의 생각을 제한하려 드는 태도와 싸우는 중이었다. 그러나 이제부터는 무엇을 위해 싸우는지도 분명히 알아야 했다. 표현의 자유, 상상의 자유, 두려움으로부터의 자유, 그리고 그가 자랑스러워하는 아름답고 유서 깊은 예술. 그리고 무신론, 불경, 불신, 풍자, 희극, 불손한 농담. 그런 것들을 지켜야 할 때 다시는 움츠리지 않으리라. 그는 자신에게 물어보았다. 이 싸움에서 목숨을 잃을지도 모른다. 네가 지키려 하는 것들이 정말 목숨을 걸 만큼 소중한가? 그는 단호하게 대답할 수 있었다. 그렇다. 카멘 칼릴이 "그 망할 놈의 책"이라고 불렀던 것을 위해 꼭 필요하다면 죽을 각오까지 했다.

진정한 벗들은 실망한 지지자들과는 다른 반응을 보였다. 오히려 전보다 더 가까이 다가와 도와주려 했다. 그들은 루슈디가 정신과 기백에 깊은 상처를 입었다는 사실을 꿰뚫어보았다. 실존적 위기였다. 앤서니 바넷이 몹시 걱정스러워하며 전화를 걸었다. "자넬 도와줄 친구들과 조언자들을 모아야겠어. 혼자 감당하기는 벅찬 일이야." 신앙심에 대한 발언은 거짓말이었다고 앤서니에게 솔직히 털어놓았다. "내가 『악마의 시』를 쓸 때 이런 말을 했소. 우리는 종교에 대해 이렇게 말할 수 있어야 한다고, 역사적 사건으로 보고 자유롭게 비판할 수 있어야 한다고." 그런데 이제 그 "우리"가 "우리 무슬림끼리"라는 뜻이었다고 둘러대야 했다. 당분간은 어쩔 수 없었다. 잘못을 저질렀으니 대가를 치르는 수밖에.

앤서니가 말했다. "바로 그런 허위 진술을 하지 않도록 친구들이 조언해줘야 한다는 얘길세."

생각할 시간이 필요해서 어디로든 떠나야 했다. 조용히 프랑스로 건너가 잠시 휴가를 보내려고 요청을 넣어봤지만 프랑스인들은 루슈디가 국내로 들어오는 것을 달가워하지 않았다. 미국인들도 아직은 그의 입국을 꺼리는 형편이었다. 답답한 상자 속에서 벗어날 길이 없었다. 그나마 한 가지 희소식이 있었다. 루슈디를 노린다던 "어떤 공작"이 속임수인 듯싶다는 기별이었다. 그러나 그린업 씨는 여전히 매우 위험한 상태라고 경고하면서—"이란의 지원을 받는 놈들이 여전히 선생님을 열심히 찾는 중입니다"—뼈다귀 하나를 던져주었다. 이제 눌러살 집을 찾아보라는 이야기였다. "몇 달만 지나면 위협수준을 하향 조정하게 될 겁니다." 그 말을 듣고 마음이 한결 가벼워졌다.

2월 15일에 길런이 연락했다. 파트와를 재확인하는 발표가 있었다고 했다. 영국 정부는 계속 침묵했다.

빌 뷰퍼드와 알리시아가 결혼을 결심했다. 빌이 루슈디에게 신랑 들러리를 서달라고 했다. 피로연 장소는 케임브리지 미드서머 공원에 있는 미드서머 하우스 레스토랑으로 잡았다. 필 피트가 "사전 답사"를 하러 가더니 빌이나 레스토랑 주인 한스와 의논하지도 않고 제멋대로 장소가 부적절하다는 결론을 내렸다. 루슈디는 경찰 앞에서 처음으로 이성을 잃었다. 친구 결혼식에 들러리를 서든 말든 경찰이 왈가왈부할 문제가 아니라고 쏘아붙였다. 필은 그제야 빌과 의논해본 후 잘못된 정보─다른 시간, 다른 방─를 들었다는 사실을 깨닫고 아무 문제도 없다고 했다. "우리가 전문가예요, 조. 우리만 믿으세요."

나이젤라의 동생 토머시나가 유방암에 걸렸다. 곧바로 수술을 받았다. 한쪽 유방에서 4분의 1을 잘라냈다. 방사선치료도 받기로 했다. 메리앤이 BBC 라디오4에 출연했다. 루슈디를 사랑하지만 "그 사태" 때문에 남을 생각할 겨를이 없는 사람이라 헤어질 수밖에 없었다고 주장했다. 자신을 가리켜 "이렇게 똑똑한 여자"라고 했다. 어떻게 지내느냐는 질문에는 이렇게 대답했다. "인생은 살면서 차근차근 만들어가는 거죠."

파트와는 한 사람의 인생만 망가뜨린 것이 아니었다. 자파르가 다니는 홀 초등학교의 패디 히즐 교장이 자파르에 대한 걱정을 털어놓았다. "마치 주위에 벽을 쌓은 듯합니다. 아무도 못 들어오게." 교장은 그레이트 오먼드 스트리트 아동병원의 정신과 의사를 만나보라고 권했다. 자파르는 똑똑하고 귀여운 아이지만 어떤 부분은 잠들어버린 듯하다고 했다. 마음을 닫아걸고 자신을 "낙오자"로 여긴다고 했다. 그래서 매주 한 번씩 방과 후에 어느 여자 아동심리학자에게 보내기로 했다. 히즐 교장은 그래도 자파르가 원하는 하이게이트 중등학교에 들어가는 데는 별문제가 없겠다고 말했다. 하이게이트는 공통입학시험 성적만 보지 않고 지원자 면접을 중요시하기 때문이다. "면접이라면 보나마나 합격이죠." 다만 지금 틀어박힌 어둠 속에서 끌어내야 한다고 강조했다. 히즐 교장은 클래리사에게 이런 말도 했다. "상자 속에서 나오려고 하질 않습니다." 그 주말에 클래리사가 자파르에게 개 한 마리를 구해주었다. 보더콜리와 레드세터 사이에서 태어난 잡종으로 이름은 브루노였다. 이 개가 큰 도움이 되었다. 자파르가 좋아서 어쩔 줄 몰라했다.

다시 담배를 끊었지만 곧 결심을 흔드는 일이 생겼다. 새로운 보안 조치에 대한 소식이었다. 한동안은 경호팀 가운데 한 명이 길런의 사무실에 가서 우편물을 받아 왔는데, 이제 에이전시에서 곧바로 윔블던으로 가져오는 것은 너무 위험하다면서 예전처럼 런던경찰청을 경유하는 방식으로 바꿔버렸다. 그리고 통화 추적이 더 어려워지도록 루슈디의 휴대폰에 "이중 우회" 기능을 넣었다. 경계를 강화한다는 느낌이 들었지만 무엇 때문인지는 알 수 없었다. 나중에 그린업 씨가 와서 이유를 말해주었다. "전문가들"이 살인청부를 받아들였다고 했다. 사조직이 벌인 일인지 공권력도 개입했는지는 영국 경찰도 확인하지 못했지만 암살단의 자신감이 대단해서 걱정스럽다는 이야기였다. 4개월 내지 6개월 이내에 암살을 성공시키겠다고 장담했기 때문이다. "사실은 100일 이내에 선생님을 죽일 수 있다고 믿는다더군요." 특수부는 윔블던 집이 발각되지는 않았다고 믿지만 이런 상황에서는 즉시 이동하는 것이 바람직하다고 했다. 자파르도 "문제"라면서 경찰관을 붙여야 한다고 했다. 엘리자베스도 "문제"였다. 루슈디는 군부대로 들어가야 할 수도 있었다. 앞으로 반년 동안은 병영에서 지내야 한다는 뜻이었다. 안보국 안가를 선택하는 경우에는 바깥세상과의 접촉을 완전히 차단해야 했다. 그러나 눌러살 집을 찾아보는 일까지 중단하라는 말은 아니었다. 몇 달만 무사히 넘기면 그 집에 들어갈 수도 있을 테니까.
　루슈디는 군부대와 안가에 대한 제안을 거절했다. 윔블던 집이 발각되지 않았다면 그곳에 머물지 못할 이유가 없다. 그 집이 "노출"되지 않았다면 어째서 몇 달치 임대료를 포기하고 다시 돌아다녀야 한단 말인가? 그린업 씨의 얼굴은 여느 때처럼 가면을 쓴 듯 무표정했다. "살고 싶으면 움직이셔야 합니다."

자파르가 전화로 물었다. "아빠, 우린 언제쯤 한집에서 오래오래 살게 될까?"

이런 생각을 했다. 무사히 살아남아 지난 이야기를 하게 된다면 아마 사랑과 우정에 대한 이야기가 되리라. 친구들이 없었다면 그는 어느 군부대에 갇혀 연락도 못하고 세상에서 잊힌 사람이 되어 서서히 미쳐버렸을 것이다. 혹은 집 없는 방랑자가 되어 암살자의 흉탄이 날아오기만 기다리는 신세였을 것이다. 이번에 그를 구해준 친구는 제임스 펜턴이었다. 대책을 묻자마자 제임스가 말했다. "우리집을 써도 돼. 적어도 한 달은 가능하니까."

제임스는 다채로운 인생을 살았다. 베트남전쟁이 끝났을 때 처음 만난 베트콩 탱크에 뛰어올라 사이공 시내로 들어가기도 하고, 페르디난드 마르코스와 '구두광狂' 이멜다*의 몰락을 자축하며 말라카냥 궁을 약탈하는 무리에 끼어들기도 하고(그는 모노그램을 넣은 수건 몇 장을 챙겼다), 결국 사용되지 않았지만 신작 뮤지컬 〈레 미제라블〉의 노랫말을 지어주고 그 대가로 받은 돈을 필리핀 새우 양식장에 투자하기도 하고, 자기보다도

---

* 페르디난드 마르코스(1917~1989)는 필리핀 정치인으로, 1965년 대통령에 취임해 1986년 민주화운동으로 실각했다. 아내 이멜다는 사치로 유명했다.

모험심 많은 레드먼드 오핸런*과 함께 보르네오 오지를 여행하느라 조금 고생하기도 하고(나중에 오핸런이 아마존에 같이 가자고 했을 때 제임스는 "자네하고는 동네 산책도 같이하기 싫어" 하고 대꾸했다)…… 아, 그리고 사랑과 전쟁에 대하여 당대는 물론이고 모든 시대를 통틀어 손꼽힐 만큼 빼어난 시를 발표하기도 했다. 시인인 펜턴과 미국 소설가인 애인 대릴 핑크니는 결국 옥스퍼드 변두리 컴노어 마을의 롱 리스 농장에 둥지를 틀었다. 이 쾌적한 시골 농장에서 제임스는 거대한 고압선 철탑의 그늘 아래 지극히 아름답고 기하학적인 정원을 가꾸는 일에 몰두했다. 그런 집을 도망자 친구에게 내주겠다는 이야기였다. 제임스는 '엄청난 실수'를 저지른 친구에 대해 사뭇 따뜻하고 상냥한 글을 썼는데, 그 '실수'에 대한 소식이 보도될 당시의 상황을 이렇게 묘사했다. "전 세계 6백만 내지 6천만 신문 독자가 일제히 커피잔을 내려놓고 말했다. '오.' 그러나 이 '오'는 저마다 느낌도 다르고 수식어도 다르고 의미도 달랐다. (…) 오, 결국 루슈디를 굴복시켰구나! 오, 그것 참 묘책일세! 오, 세속주의의 참패로다! 오, 이게 웬 망신이냐! 오, 하느님을 찬양할지어다! 내 입에서 힘차게 터져나온 '오'는 놀라움에서 비롯된 선홍빛 구름 같았다. 이 구름이 잠시 허공에 머무는 동안 나는 그 속에서 갈릴레이의 낙심한 얼굴을 얼핏 보았다. 다시 보니 어느새 패티 허스트**의 얼굴로 바뀌었다. 나는 오슬로…… 아니, 오슬로가 아니고, 스톡홀름 증후군을 떠올렸다." 『하룬과 이야기 바다』에 대한 서평을 빙자하여 〈뉴욕 리뷰 오브 북스〉에 실린 이 긴 수필은 작가를 좋은 사람으로―적어도 유쾌한 대화 상대로―묘사했다. 노골적인 언급은 피하고 은근한 표현을 썼지만 제임스의 의도는 "실망한 친구들"에게 작가의 선한 성품을 다시 각인시키는 일이었다. 이 글만 보더라도 제임스의 넓은

---

* 영국의 작가이자 영문학자(1947~).

** 미국 언론 재벌 허스트 가문의 상속녀. 1974년 미국 좌익단체 SLA에 납치된 후 은행털이 등에 동참하여 스톡홀름 증후군의 대표적 사례로 손꼽힌다.

마음을 헤아리기에는 충분했다. 그런데 이제 자기 집까지 내주겠다니, 전쟁을 치르는 사람에게 응원이 얼마나 절실한지 잘 안다는 뜻이 아닌가. 총격을 당하는 친구를 혼자 내버려두면 안 되니까.

그린업 씨는 롱 리스 농장으로 옮기는 일에 마지못해 동의했다. 루슈디는 이 경찰관이 "앤턴 씨"를 군부대에 가둬놓고 지금까지 그가 일으킨 온갖 말썽과 그에게 들어간 나랏돈의 대가로 실컷 괴롭히고 싶었으리라 짐작했다. 그런데 이제 공작석 작전팀 전원이 짐을 꾸려 런던 SW19* 지역을 벗어나 거대한 수호천사 같은 철탑이 지켜주는 컴노어 마을의 정원으로 떠나려 하니 내심 안타까울 수밖에.

루슈디는 엘리자베스가 고민하는 모습을 보았다. 최근에 여러 일을 겪으면서 그녀의 미소마저 빛을 잃었다. 암살단이 목표물을 잡을 수 있으리라 확신하여 미리 기한까지 정했다는 말을 들었으면 웬만한 여자는 당장 도망쳐버렸을 것이다. "미안하지만 이건 내 싸움이 아니야!" 그러나 엘리자베스는 씩씩하게 참아냈다. 블룸즈버리 출판사 일을 계속하면서 주말마다 루슈디를 찾아왔다. 사실 그녀는 직장을 그만둘까 생각중이었다. 그러면 두 사람이 떨어져 지낼 필요가 없어서이기도 했지만 글을 쓰고 싶기 때문이기도 했다. 그녀는 시인이었다. 그러나 작품을 보여주길 꺼렸다. 언젠가 시 한 편을 보여준 적이 있었는데 루슈디가 보기에는 아주 훌륭한 작품이었다.

컴노어로 이사한 후 한동안은 자파르를 만나거나 런던에 사는 친구들을 찾아갈 수 없었다. 루슈디는 『무어의 마지막 한숨』이라는 가제를 붙인 신작 소설을 쓰려고 궁리하는 중이었지만 생각이 자꾸 흐트러지고 막다른 골목에 부딪히기 일쑤였다. 다만 이 소설은 어느 인도 가문의 이야기와, 안달루시아 지방에 있던 옛 그라나다왕국의 함락에 얽힌 이야기를 결합시

---

* 윔블던 지역의 우편번호.

킨 내용이 되리라 직감했다. 몇몇 장면이 떠올랐지만—예컨대 마지막 술
탄 보압딜이 알람브라궁전을 떠나는 장면, 스페인 아랍 왕국의 마지막 날
이 저물고 술탄이 기울어가는 태양을 바라볼 때 술탄의 모후가 "사내답게
지켜내지 못했으니 계집처럼 울어야지" 하고 비웃는 장면 등—좀처럼 연
결고리를 찾지 못했다. 그러다가 문득 클래리사의 어머니 라비니아가 이
민을 간 미하스 시를 떠올렸다. 그곳에서 로널드 프레이저*의 저서를 발견
했던 일도 생각났다. 스페인 내전 발발 당시 미하스 시장이었던 마누엘 코
르테스에 대한 책이었다. 내전이 끝난 후 코르테스는 자기 집으로 돌아갔
지만 프랑코 정권의 박해를 피해 자그마치 '30년' 동안이나 숨어 살았다.
마침내 그가 립 밴 윙클**처럼 다시 나타났을 때는 코스타델솔 해안의 관광
지 개발이 한창이었다. 책 제목은 『은신 *In Hiding*』이었다.

　문득 피카소가 생각나서 이 위대한 화가가 태어났던 말라가 시내에 대
해 괴상한 문단을 쓰기도 했다. 아이들이 광장에서 뛰논다. 두 눈이 모두 얼굴
한쪽으로 몰린 아이들이다. 그들의 놀이는 '할리퀸과 피에로'. 전구처럼 생긴 폭
탄이 울부짖는 말 한 마리를 찢어발긴다. 검은색 기타에 신문지가 달라붙는다. 여
자들이 꽃으로 둔갑한다. 과일도 있다. 뜨거운 오후다. 화가가 숨을 거둔다. 사람
들이 삐뚤빼뚤한 관을 만들어 화가를 눕힌다. 하늘과 인쇄물로 콜라주를 만든다.
화가도 자기 장례식에 참석하여 술을 마신다. 화가의 여인들이 웃으며 침을 뱉고
그의 돈을 받아간다.

　이 화가는 결국 소설의 등장인물이 되지는 못했지만 한 가지 깨달음을
선사했다. 이번 작품은 화가들에 대한 소설이다. 한 인도 여인이 봄베이의
말라바르 언덕 꼭대기에서 안달루시아의 알람브라궁전을 그린다. 예술을
통하여 두 세계가 만난다.

루슈디는 1인칭 시점으로 베케트나 카프카를 연상시키는 글을 써서 공책 한 권을 가득 채웠다. 화자는 매일 두들겨맞는 남자다. 정체를 알 수 없는 자들이 그를 붙잡아 캄캄한 방에 가둬놓고 날마다 어둠 속에서 매질을 한다. 그런 이야기는 쓰고 싶지 않았지만 왠지 이 매질 장면이 자꾸 되살아났다. 그러던 어느 날 어렴풋한 서광이 비쳤다. 루슈디는 화자가 부모의 첫 성관계에 대해 이야기하다가 너무 쑥스러워 동사를 모두 생략해버리는 익살스러운 대목을 썼다. 그러니 그날의 일을 내 입으로 자세히 설명해주길 기대하지 마라. 그때 그녀가, 그러자 그가, 그래서 두 사람은, 그후 그녀가, 그러자 그는, 이번에는 그녀도, 그러면서, 그러다가, 그리고 잠시, 그러더니 한참 동안, 그리고 조용히, 이윽고 소란스럽게, 결국 체력도 바닥나고, 그때 드디어, 그다음에는…… 이 대목은 완성된 책에도 포함시켰다. 그러나 나머지는 대부분 허섭스레기였다.

밸러리 허가 암에 걸린 줄 알고 질겁했지만 조직검사 결과 악성은 아니었다. 루슈디는 생각했다. 천만다행이야, 짐. 앤절라 카터는 운이 나빴다. 암이었다. 그녀는 힘껏 싸웠지만 결국 이겨내지 못했다. 전 세계에서 위대한 작가들이 너무 일찍 죽어버렸다. 이탈로 칼비노와 레이먼드 카버에 이어 앤절라마저 죽음의 신과 싸워야 했다. 죽음에 이르는 길은 파트와만이 아니었다. 더 오랜 역사를 가진 사형선고도 여전히 효과 만점이었다.

네덜란드, 덴마크, 독일에서 『악마의 시』 페이퍼백을 출간했다. 이란에서 무슬림 학자들이 회의를 열고 호메이니의 암살 명령을 가급적 빨리 실행하라고 촉구했다. 현상금을 제시한 아야톨라 하산 사네이의 배후에는 그가 이끄는 사이비 비정부기구 '15 호르다드 재단'이 있었는데, 그들은 작가의 친구나 친척이나 이웃이 암살 명령을 실행할 경우 2백만 달러를 주겠다고 발표했다. (재단을 뜻하는 '보냐드bonyads'는 원래 자선단체였지만 호메이니의 혁명 이후에는 왕을 비롯한 국적國賊으로부터 빼앗은 재산을 밑천으로 고위 성직자들이 운영하는 거대 기업으로 변질되었다.) 루슈디는 앤드루에게 이렇게 말했다. "돈에 쪼들리는 작가도 수두룩하지. 웃을 일이 아닐지도 몰라."

암살단의 행방에 대한 소식은 없었다. 영국 정부는 파트와에 대해 벌써 5개월째 침묵만 지켰다.

오래 눌러살 집을 구하는 일에 대해 빌 뷰퍼드와 의논했다. 빌이 묘안을 내놓았다. 〈뉴욕 리뷰 오브 북스〉 발행인 레이 헤더먼이 일종의 전속 해결사를 고용했는데, 성이 피츠제럴드였지만 다들 "피츠"라고 불렀다. 매우 유능한데다 백발이 성성하고 믿음직스러워 대리인으로 내세우기엔 이상적인 인물이었다. 피츠 같은 사람이 루슈디 사건처럼 수상쩍은 일에 관여하리라 의심할 사람은 아무도 없을 테니까. 레이에게 피츠를 이 일에 끌어들여도 괜찮겠느냐고 물어보았다. 레이는 즉시 허락했다. 이번에도 친구들이 나서서 해결책을 찾아주었다. 관계 당국은 문제를 해결할 능력이 없거나 의지가 없었다. 피츠가 탐색을 시작하더니 이내 런던 북부의 하이게이트에 있는 집을 찾아냈다. 대문을 들어서면 앞마당이 있고, 일체형 차고도 있고, 경호원 두 명과 운전사 두 명이 묵을 공간도 넉넉하고, 게다가 외부와 차단된 널찍한 정원까지 있으니 굴속에 숨은 두더지 같은 기분도 한결 덜할 터였다. 집밖으로 나갈 수 있다는 게 어디냐. 햇볕을 쬘 수 있다니. 아니, 비도 좋고 눈도 좋다. 햄프스테드 레인에 있는 이 집은 당장이라도 빌릴 수 있었는데, 집주인 불사라 내외는 아예 집을 매도할 의사도 있다고 했다. 경찰이 집을 살펴보고 이상적인 은신처라고 판단했다. 레이 헤더먼 명의로 당장 임대계약을 체결했다. 당분간은 조지프 앤턴이라는 이름도 감춰야 했다.

어쨌든 갈 곳이 생겼다는 사실이 중요했다. 그때가 3월 말이었다. 그는 제임스와 대릴을 얼싸안으며 그들에게 집을 돌려주고 롱 리스 농장을 떠났다. 루슈디와 엘리자베스는 데버러 로저스와 마이클 버클리의 웨일스 목장에 가서 주말을 보냈다. 몇 주 만에 처음으로 친구들과 함께한 시간이었다. 뎁과 마이클은 변함없이 반갑게 맞아주었고, 이언 매큐언은 어린 두 아들을 데려왔다. 모두 언덕에 올라가 산책을 하고 맛있는 비프 라자냐를 먹었다. 월요일에는 새집으로 이사할 터였다. 그러나 그전에 일요일부터 겪어야 했다. 마이클이 아침에 신문을 사러 나갔다. 돌아올 때는 표정이 어두웠다. 마이클이 말했다. "안타깝네. 안 좋은 소식이야."

메리앤이 〈선데이 타임스〉와 인터뷰를 했다. 신문사는 이 기사를 1면에 실었다. 루슈디 부인, 남편이 이기적이고 허영심 많다고 증언. 팀 레이먼트 기자. "어제 살만 루슈디의 아내가 루슈디는 역사가 맡긴 사명을 감당할 수 없는 나약하고 이기적인 사람이라고 비난했다. (…) '그이를 아끼고 사랑하는 헌신적인 친구들은 다들 그이가 이 사건에 걸맞게 위대한 인물이길 바라죠. 다들 감추려 하는 비밀이 바로 그거예요. 그이는 그런 사람이 아니거든요. 세상에서 가장 용감한 사람이 아니라 자기 목숨을 구하기 위해서라면 무슨 짓이든 하는 사람이에요.'" 메리앤의 이야기는 끝없이 이어졌다. 그녀는 루슈디가 카다피*를 만날 계획이라고 했다면서 바로 그 순간 "도저히 결혼생활을 계속할 수 없다는 걸 깨달았다"고 말했다. 흥미로운 것은 루슈디와 헤어질 때 특수부가 그녀를 잉글랜드 촌구석 공중전화 앞에 내려주고 가버렸다는 진술을 번복했다는 점이었다. 그런 일은 없었지만 실제로 무슨 일이 있었는지는 말할 수 없다고 했다. 그녀는 루슈디가 전화로 메시지를 남기면서 "고래고래" 소리쳤으며, 언론을 조종하려 했으며, 표현의 자유처럼 중요한 일에는 관심도 없다고 말했다. 루슈디의 관심사는 오직 자기뿐이니까. "그이는 큰 착각을 하고 있어요. 자기가 이번 사태

---

* 무아마르 알카다피(1942~2011). 리비아 군인이자 정치인. 1969년부터 42년간 장기 집권하며 철권통치를 했다.

의 핵심이라고 믿는 거죠. 그건 절대 아니죠. 핵심은 표현의 자유와 영국 사회의 인종차별인데 그이는 앞에 나서서 발언하지 않았어요. 지난 2년 동안 줄곧 자기 경력을 과시하기만 했잖아요."

역시 말솜씨가 뛰어난 여자였고 고통스러운 비난이었다. 루슈디는 그녀의 속셈을 알아차렸다. 사람들은 이미 루슈디 쪽에서 결혼생활을 끝냈다는 사실을 안다. 그래서 그녀는 루슈디를 나약하고 비겁하고 카다피를 좋아하고 경력만 중시하는 사람으로 묘사했고, 오래전부터 영국 펜클럽을 비롯한 여러 단체와 함께 표현의 자유를 부르짖었던 사실을 삭제하려 했고, 젊은 시절 부커 상의 영예를 거머쥐고 다음날 아침 곧바로 팻말을 들고 총리 관저 앞에 서서 위대한 인도네시아 작가 프라무댜 아난타 투르가 체포된 데 항의했던 루슈디의 모습마저 지우려 했다. 그렇게만 된다면 이미 편견에 사로잡힌 대중의 눈에 루슈디는 도저히 한집에 살 수 없는 남자, 멀쩡한 여자라면 당연히 헤어져야 할 남자로 보일 테니까. 그것이 그녀의 고별사였다.

루슈디는 생각했다. 메리앤에게 나를 공격할 무기를 쥐여주었구나. 그녀 잘못이 아니다. 내 잘못이다.

친구들이—마이클 허, 앨런 옌토브, 해럴드 핀터 등—전화나 편지로 메리앤에게 분노와 실망을 표시했다. 그녀는 인터뷰의 효과가 기대에 어긋난다는 사실을 깨닫고 뻔한 변명을 늘어놓았다. 자신의 말이 왜곡되었다고 했다. 신문사에 "배신"을 당했다고 했다. 자신의 새 단편집에 대해 홍보했을 뿐이라고 했다. 국제앰네스티에 대해 이야기하고 싶었다고 했다. 그리고 남편이 "내 문학 인생을 망쳐놓았다"고 덧붙였다. 그러나 이런 주장도 좋은 반응을 얻지 못했다.

『가상의 조국』이 출간되었다. 대체로 이 책에 관심을 보이거나 더 나아가 감탄하는 분위기였지만 이른바 "개종"에 대해 이야기한 마지막 수필에 대해서는 대부분 유감을 표시했다. 당연한 일이었다. 루슈디는 생각했다.

이 '엄청난 실수'를 반드시 바로잡아야 한다. 내가 했던 말을 주워담아야 한다. 그러기 전에는 면목이 안 선다. 신앙심도 없는 주제에 신앙인 흉내를 냈다. 메리앤은 이렇게 말했다. "자기 목숨을 구하기 위해서라면 무슨 짓이든 하는 사람." 지금은 그 말이 옳다. 그 말을 거짓말로 만들어야 한다.

한평생 그의 마음 한복판에는 아무도 들어올 수 없는 작은 울타리가 존재했다. 그리고 자신도 제대로 이해하지 못하는 어떤 과정을 통하여 그의 모든 작품과 최상의 판단이 바로 이 비밀 장소에서 흘러나왔다. 그런데 이제 파트와의 강렬한 빛이 이 작은 공간까지 뚫고 들어왔고, 그 눈부신 빛 속에서 비밀 자아의 알몸이 드러나고 말았다. 나약하고 이기적인 사람. 세상에서 가장 용감한 사람이 아니다. 그래서 그는 생각했다. 그래, 좋다. 알몸으로, 잔재주 없이, 순전히 내 힘으로 명예를 되찾으리라. 다시금 예술이라는 마법을 펼쳐보리라. 그것만이 진정한 구원의 길이니까.

넓은 집이었다. 꼴사나운 가구가 즐비했지만 아주 튼튼한 집이라는 인상을 받았다. 이제 미래를 상상하는 일도 가능했다. 자파르가 하이게이트 중등학교에 입학한다면 날마다 근처까지 오게 될 터였다. 햄프스테드 히스 공원을 아주 좋아하는 엘리자베스도 공원 북쪽 언저리에 살게 되었다며 기뻐했다. 루슈디는 한동안 순조롭게 작업에 전념했고, 그해 4월에는 「크리스토퍼 콜럼버스와 스페인의 이사벨라 여왕, 관계를 맺다」라는 단편을 완성했다. 단편소설은 아주 오랜만이었는데, 그때부터 『무어의 마지막 한숨』을 둘러싼 의문의 안개도 차츰 흩어졌다. 우선 이름부터 정했다. 모라이스 조고이비, 일명 무어. 그의 어머니 오로라 조고이비는 화가다. 이 가문은 인도 코친 항 출신이다. 서양이 동양을 처음 만났던 곳이다. 당시 서양 배들은 정복이 아니라 교역을 위해 그곳을 찾았다. 바스쿠 다가마는 '말라바르의 검은 황금' 즉 후추를 구하러 왔다. 유럽과 인도의 복잡한 관계가 한낱 후추알에서 싹텄다는 발상이 마음에 쏙 들었다. 조고이비 일가는 향신료 상인들의 가문이다. 절반은 천주교인, 절반은 유대교인, 그래서 "천대교인 나부랭이"*인 무어는 외톨이 신세다. 그러나 이 책은 인도의 현실이 작디작은 후추알에서 비롯되었다는 사실을 보여주려 할 터였다. 힌두교도가 대대수인 인도 정치판에서 요즘 흔히들 주장하듯이 "진실"은 다수의 전유물이 아니다. 인도인 한 명 한 명, 인도 이야기 하나하나가 모두 진실이다.

그러나 루슈디 자신도 진실 문제를 안고 있었다. 그는 인도에 갈 수 없다. 그런데 어떻게 인도에 대해 진실한 책을 쓸 수 있을까? 친구 누르딘 파라가 했던 말이 떠올랐다. 누르딘은 독재자 무함마드 시아드 바레가 죽이려 하는 바람에 소말리아를 탈출하여 22년 동안이나 망명생활을 했다. 그러나 망명 기간 동안 그가 쓴 책은 모두 소말리아를 충실히 묘사했다. 누르딘은 자기 가슴을 가리키며 이렇게 말했다. "이 속에 조국을 간직했으니까."

5월, 지난번 패딩턴 그린 회담에 참석했던 리젠트 공원의 두 이맘이 루슈디는 진정한 무슬림이 아니라고 단언했다. 책을 회수하지 않은 탓이었다. 다른 "지도자"들도 "실망"을 표시하면서 "모두 원점으로 돌아갔다"고 말했다. 루슈디는 〈인디펜던트〉에 신랄한 답변을 실었다. 마음이 자못 흡족했다. 이제야 인생의 밑바닥에서 조금 떠올라 자신의 참모습으로 돌아가는 긴 여정을 시작했다는 생각이 들었다.

당시 아티클19는 국제 루슈디 수호위원회의 활동에 계속 자금을 댈 가

---

* 원문은 '천주교인(Catholic)'과 '유대교인(Jew)'의 합성어 '캐스주너트(cathjew nut)'로 견과류 '캐슈너트(cashew nut)'를 연상시키는 우스갯소리.

치가 있을까 고민중이었다. 그러나 프랜시스와 카멜이 워낙 단호했다. 그들은 오히려 루슈디 수호운동을 더욱더 공개적으로 진행하려 했다. 영국 정부가 이 문제에 점점 무관심한 태도를 보이면서 유럽 내의 우방국들마저 영국의 선례를 따르는 판국이니 루슈디 수호운동이 모든 싸움을 떠맡는 수밖에 없었다. 프랜시스는 해럴드 핀터, 앤토니아 프레이저, 로니 하우드와 함께 외무부로 찾아가 더글러스 허드 장관을 만났다. 허드는 보수당 각료 린다 초커가 4월에 이란을 방문했지만 파트와 문제는 전혀 거론하지 않았다고 밝혔다. 그 문제를 들먹여봤자 "루슈디 씨에게 꼭 유리하다는 보장이 없기 때문"이라는 설명이었다. "암살단"이 루슈디를 찾으려고 영국에 들어왔다는 소문이 언론에 보도되기 시작했지만 허드는 루슈디를 돕는답시고 완강하게 입을 다물었다. 윌리엄 월드그레이브에 이어 외무차관이 된 더글러스 호그도 영국 정부가 파트와에 대해 소란을 피우면 역효과를 낳을 뿐이라고 말했다. 레바논에 남은 영국인 인질들을 석방시키기가 더 어려워진다는 뜻이었다.

한 달 후, 그런 수동적 태도가 실책이었다는 증거가 확연해졌다. 이탈리아어판 『악마의 시』를 번역한 에토레 카프리올로의 집에 "이란인" 사내가 찾아왔다. 길런의 말에 의하면 "문학 문제"를 논의하기 위한 만남이었다. 그러나 집 안에 들어온 사내는 다짜고짜 "살만 루슈디의 주소"를 대라고 요구했다. 주소를 알아내지 못하자 번역가에게 달려들어 발길질을 하고 몇 번이나 칼로 찌른 후 피투성이가 되어 쓰러진 카프리올로를 버려두고 달아났다. 번역가가 죽지 않은 것은 크나큰 행운이었다.

길런이 그 소식을 알려주었을 때 루슈디는 이 공격에 대한 책임감을 피할 수 없었다. 적들이 교묘하게 모든 잘못을 루슈디에게 덮어씌우는 바람에 이젠 본인마저 그렇게 믿게 되었기 때문이다. 그는 카프리올로 씨에게 편지를 보내 비통한 마음을 전하고 하루빨리 완쾌되기 바란다고 말했다. 답장은 받지 못했다. 나중에 이탈리아 출판사로부터 뒷이야기를 들었는데, 카프리올로가 루슈디를 싫어한다면서 앞으로 나오는 책은 맡지 않겠다고 했단다.

파트와가 그렇게 표적 가까이 접근하기는 처음이었다. 에토레 카프리올로를 명중시킨 검은 화살은 곧 일본으로 날아갔다. 여드레 후, 도쿄 북동부의 쓰쿠바 대학에서 일본어판 『악마의 시』의 번역자 이가라시 히토시가 연구실 부근 엘리베이터 안에서 시신으로 발견되었다. 아랍어와 페르시아어 문학을 연구한 이가라시 교수는 이슬람교로 개종한 사람인데도 죽음을 면하지 못했다. 그는 얼굴과 두 팔을 마구 난자당했다. 범인은 잡히지 않았다. 살인자에 대한 여러 소문이 영국까지 들려왔다. 최근 일본에 입국한 이란인이라고 했다. 꽃밭에서 발자국을 발견했는데 중국 본토에서만 볼 수 있는 신을 신었다고 했다. 중국에서 일본으로 건너온 입국자들의 이름과 이슬람 테러리스트의 이름을 대조하는 작업을 통하여 일치하는 인물을 찾았다는 말까지 들었지만 신원은 공개되지 않았다. 산유국이 아닌 일본은 이란에서 많은 양의 원유를 수입했다. 실제로 일본 정부는 『악마의 시』 출간을 막으려고 주요 출판사들에게 일본어판을 내지 말라고 당부한 일도 있었다. 그들은 이가라시 살인 사건 때문에 이란과의 관계가 복잡해지는 것을 원치 않았다. 그래서 곧 사건을 덮어버렸다. 아무도 기소하지 않았다. 좋은 사람이 목숨을 잃었건만 그의 죽음이 골칫거리가 될까봐 서둘러 은폐했다.

그러나 일본의 파키스탄협회는 침묵하지 않았다. 일제히 환호했다. 그들이 성명서를 발표했다. "오늘 우리는 축하 인사를 주고받았습니다. 드디어 하느님이 이가라시에게 응분의 벌을 내리셨습니다. 모두 진심으로 기뻐합니다."

루슈디는 이가라시 히토시의 부인에게 고통스럽고 죄송스럽다는 편지를 보냈다. 답장은 없었다.

세계 전역에서 암살자들이 표적을 공격했다. 인도에서는 재선을 위해 유세중이던 라지브 간디가 남부의 스리페룸부두르 시에서 암살당했다. 간디는 1989년 총선에서 패배한 이유 가운데 철저한 경호 때문에 냉담하고 서먹서먹한 인상을 준 탓도 있다고 믿었다. 그래서 이번에는 국민에게 더 가까이 다가가기로 결심했다. 그 결과로 타밀 반군의 자살 폭탄 테러에 당하고 말았다. 다누라는 여자가 바싹 접근하여 허리에 두른 폭탄을 터뜨렸다. 그때 라지브 근처에 있던 사진기자 한 명도 함께 죽었지만 카메라는 무사했고 그 속에 암살 장면을 담은 필름이 있었다. 화장을 하기로 했지만 전직 총리의 시신을 찾아 모으는 일은 쉽지 않았다. 한편 루슈디는 런던에서 그럭저럭 견딜 만한 삶을 되찾으려고 노력했다. 이가라시 히토시의 죽음을 애도하고, 날마다 에토레 카프리올로의 건강 상태에 대한 소식을 묻고, 만약 자기 차례가 오더라도 너무 가까이 있었던 죄로 딴사람까지 데려가는 일은 없길 빌었다.

조지프 앤턴, 죽을 때까지는 살아야 한다.

학교에서 추천해준 상담사 클레어 채플이 자파르에게 큰 도움을 주었다. 학교생활도 나아졌고, 그런 모습을 본 선생님들이 기뻐하신다면서 자파르도 자랑스러워했다. 그러나 이제 엘리자베스의 안전이 걱정거리였다. 두 사람의 관계를 감추려 최선을 다했고 비밀을 아는 사람은 가까운 친구 몇 명뿐이었건만 결국 소문이 퍼지고 말았다. 엘리자베스가 말했다. "회사 사람들이 다 알더라고요. 너무 놀라 하루종일 부들부들 떨었어요." 블룸즈버리 출판사에는 이슬람 테러리스트로 의심할 만한 사람이 적은 편이었지만 엘리자베스는 결국 퇴사를 결심했다. 그러면 두 사람이 줄곧 함께 지낼 수 있고 시도 쓰고 남들의 입방정을 걱정할 필요도 없어 좋다고 했다. 그녀는 자신을 희생한다는 인상을 안 주려고 노력했지만 루슈디는 크나큰 희생이라는 사실을 잘 알았다. 내가 원해서 내린 결정이니 부담 갖지 마세요.

그녀의 너그러운 마음씨를 다시 엿볼 수 있었다. 엘리자베스는 망설임도 없이 블룸즈버리를 그만두었고 원망이나 미련 따위는 단 한 번도 입에 담지 않았다. 영국 타블로이드 신문이 얼토당토않은 기사를 내보내기 시작했다. "루슈디의 새 연인" 때문에 국고 낭비가 심하다면서 엘리자베스의 등장으로 경호 비용이 수십만 파운드나 치솟았다고 암시했다. 정부가 루슈디에 대한 언급을 회피하자 언론은 그렇게 경호 비용 문제에 초점을 맞추기 시작했다. 루슈디에게 막대한 나랏돈이 들어간다고 했다. 물론 교만하고 배은망덕한 자라는 말도 빠지지 않았다. 이젠 루슈디의 애인마저 나랏돈을 축낸다고 했다.

자신에게 사용되는 나랏돈은 한 푼도 없다는 사실을 잘 아는 엘리자베스는 그렇게 날조된 기사가 실릴 때마다 엄청난 경멸을 드러냈다.

햄프스테드 레인 집에 대해서는 대체로 걱정할 일이 없어 마음이 편했다. 비로소 우리집이라는 느낌이 들었다. 언제 이 집이 "발각"되어 또 부리나케 떠나게 될까 전전긍긍하며 한나절을 허비할 필요도 없었다. 이런저런 일로 사람들이 찾아와도 태연할 수 있었다. 집이 워낙 넓어서 정원사가 잔디를 깎을 때도, 부엌살림이 고장나서 수리할 때도 아랑곳없이 작업에 전념하면 그만이었다. 집주인 불사라 내외는 호기심이 적은 편이었다. 피츠는 설득력이 대단했다. 자신을 고용한 사람은 잘나가는 출판사 사장인데 전 세계를 무대로 활동하느라 집을 비우는 날이 대부분이라고 둘러댔다. 레이 헤더먼의 실제 상황과 비슷한 설명이었지만 진짜 레이는 햄프스테드 레인에 방 여덟 개짜리 주택을 빌릴 사람이 아니었다. 아무튼 피츠가 집주인 내외에게 이 집을 아주 사버릴 가능성을 내비치자 불사라 부인은 터무니없는 가격을 제시했다. 나중에 피츠가 말했다. "값을 좀 내리려고 해봤지만 잔뜩 돈독이 오른 눈이더라고요."

얼마 후 새로운 집이 매물로 나왔는데 햄프스테드 레인에서 아주 가까우면서도 훨씬 저렴한 비숍스 애비뉴 북부였다. 수리를 해야 하는 상태였지만 가격이 합리적인 편이었다. 주인이 빨리 팔고 싶어했기 때문이다. 엘리자베스와 피츠와 경호원 한 명이 집을 보러 갔는데 다들 마음에 든다고 했다. 엘리자베스는 이렇게 말했다. "그 집이라면 문제없을 거예요." 경찰도 대찬성이었다. 이제 눌러살 집을 마련할 때가 되었다고 했다. 이미 고위층도 동의한 일이라고 했다. 루슈디는 차에 탄 채로 그 집 앞을 두 차례 지나가며 살펴보았지만 집 안에는 들어갈 수 없었다. 쌍여닫이 대문이 있는 앞마당 너머에 깊숙이 들어앉은 저택이었다. 높직한 박공지붕을 덮고 정면에는 회반죽을 바른 평범한 집이지만 아닌 게 아니라 꽤 매력적이었다. 결국 엘리자베스의 말을 믿기로 마음먹고 최대한 신속하게 일을 진행시켰다. 엘리자베스가 비숍스 애비뉴 9번지를 처음 구경한 지 겨우 열흘 만에 계약을 맺으면서 마침내 그는 그 집의 주인이 되었다. 믿기지 않는 일이었다. 다시 집을 갖게 되다니. 루슈디는 새로 온 경호원에게—콜린 힐톰프슨이라는 멋쟁이 청년이었는데 동료들은 "CHT"라고 불렀다—이렇게 말했다. "일단 그 집에 들어가면 두 번 다시 떠날 생각이 없다는 것만 알아주게나." 콜린은 그때까지 경호팀에 배속된 요원들 중에서도 가장 호의적이었던 요원으로 손꼽을 만하다. 그는 이렇게 대답했다. "당연히 그러셔야죠. 끝까지 물러서지 마세요. 상부에서도 찬성했으니 이미 끝난 일입니다."

새집은 손볼 곳이 많았다. 건축가 친구 데이비드 애슈턴 힐을 불러 비밀의 중심부로 끌어들였다. 그때부터 데이비드도 '그 친구가 없었다면 내 인생도 없었다'고 말할 만한 친구들의 긴 대열에 합류하여 즉시 작업에 착수했다. 인부들에게는 비밀을 털어놓지 않고 "구라"를 풀었다. 비숍스 애비뉴 9번지는 미국 태생의 국제적인 출판업자 조지프 앤턴 씨가 런던 본거지로 마련한 집이다. 집수리에 대한 문제는 앤턴 씨의 영국인 애인 엘리자베스가 관리하고 모든 결정을 내린다. 그러나 건축업자 닉 노든은 희극작가 데니스 노든의 아들로, 그렇게 간단히 속아넘어갈 사람이 아니었다. 앤턴 씨가 1층 창문마다 방탄유리를 설치하고 위층에는 안전실까지 만들려 하는 이유를 닉에게 설명하기는 까다로운 일이었다. 게다가 앤턴 씨는 단한 번도 회의에 참석하지 않았다. 물론 엘리자베스가 영국 숙녀답게 싹싹한 태도로 믿음을 심어주기도 했고, 앤턴 씨가 안전 문제에 민감한 까닭은 미국인다운 조심성 때문이라고 이해했을 가능성도 있다. 영국인이라면 누구나 알듯이 미국인들은 매사에 겁이 많으니까. 파리에서 자동차 한 대가 방귀를 뀌면 미국인 전체가 프랑스 휴가 계획을 취소해버린다나. 그러나 앤턴 씨는 닉 노든과 인부들이 이 집을 수리하는 동안 주인이 누구인지 충분히 알아차렸으리라 짐작했다. 그런데도 그들은 아무 말 없이 구라를 다 믿는 척했고 아무도 언론에 비밀을 누설하지 않았다. 집수리에는 9개월이 걸렸고 앤턴 씨는 그때부터 7년 동안 그 집에 살았지만 비밀은 끝까지 지켜졌다. 모든 일이 끝난 후 A 부대의 고위 간부 한 명이 고백했다. 경찰은 그 집이 몇 달 안에 널리 알려지리라 예상했는데 장장 8년이 넘도록 기밀이 유지되었다는 사실에 경찰청 사람들이 모두 놀랐다고 한다. 이 또한 곤경에 빠진 루슈디를 여러 사람이 진지하게 배려해준 덕분이니 고마운 일이 아닐 수 없었다. 그들은 이 일이 매우 중요하다는 사실을 깨닫고 끝까지 비밀을 지켜주었다.

루슈디는 피츠에게 햄프스테드 레인의 임대 기간을 연장해달라고 부탁했다. 피츠는 불사라 부인과 협상하여 임대료를 내리는 데 성공했다. "알고 보니 바가지를 왕창 씌웠더라고요." 그날 불사라 부인은 오히려 이렇게 부탁하더란다. "피츠 씨, 헤더먼 씨께 말씀드려 임대료 좀 올려주세요." 피츠가 그 집의 문제점을 지적하면서 주방에 있는 오븐 두 개가 모두 고장이라고 말했을 때 부인은 마치 당연한 일이라는 듯이 이렇게 대답했다. "우린 인도인이라서 오븐이 아니라 가스레인지를 쓰는걸요." 불사라 부인은 수입이 줄어 아쉬워하면서도 그 집의 가치에 대한 터무니없는 망상을 버리지 않았다. 어쨌든 결국 임대료를 내려주기로 했다. 그런데 별안간 집행관들이 들이닥쳤다. "불사라 부부의 재산을 압류"하러 온 고등법원 집행관들이었다.

그렇게 예기치 않은 일이 터지면 경호팀은 목 잘린 닭처럼 갈팡질팡하기 일쑤였다. 저기요, 조, 이번엔 뭐라고 둘러대기로 했죠? 이 집을 누구 명의로 빌렸나요? 조지프 앤턴 맞죠? 아, 조지프 앤턴이 아니었어요? 아, 그랬지, 참, 레이 누구라고요? 철자 좀 불러주실래요? 뭐 하는 사람이라고 얘기하죠? 아, 정말 출판업자였어요? 네, 알았어요. 그런데, 조, 피츠는 정확한 성명이 뭐죠? 자, 그럼 됐고, 이제 누가 가서 문 좀 열어줘. 루슈디는 이렇게 말했다. "다들 이대로는 안 되겠소." 나중에 그날의 대화 내용을 일일이 적어 거실 문에 걸어놓았다.

집행관들이 찾아온 이유는 불사라 내외가 다달이 낼 돈을 안 냈기 때문이었다. 액수는 겨우 5백 파운드였다. 피츠가 그 일을 떠맡아 불사라 내외의 변호사에게 연락했고, 변호사는 집행관들 앞으로 팩스를 보내서 이미 수표를 부쳤다고 설명했다. 그렇다면 이론상으로는 매달 집행관들이 들이닥칠 수도 있다는 말인가? 수표가 도착하지 않으면 내일 또 올지도 모르는데? 불사라 내외의 재정 상태가 어떻기에 이런 일이 벌어졌을까? 암담한 상황이었다. 겉보기엔 튼튼한 집이지만 집주인 내외의 돈 문제 때문에 언제 사라져버릴지 모르는 일이 아닌가. 그렇게 되면 새집 수리가 끝날 때까지 몇 달 동안은 다시 집 없는 신세가 돼버릴 텐데. 피츠는 조금도 당황하지 않았다. "제가 가서 얘기해보죠." 집행관들은 두 번 다시 나타나지 않았다.

건강 문제와 더불어 두려움에 대해서도 생각해볼 기회가 생겼다. 루슈디가 의사를 만나보았는데―세인트존스우드의 닥터 베번은 특수부 사람들도 잘 알고 예전부터 경호 대상자들을 종종 치료해준 의사였다―심장과 혈압을 비롯하여 모든 활력징후가 대단히 양호해서 의사마저 놀랄 정도였다. 이렇게 스트레스가 극심한 상황인데도 생리적 기능이 다 멀쩡하다니. 몸에 아무 이상이 없으니 스트레스에 시달리는 사람들에게 수호천사 노릇을 하는 암비엔, 발리움, 졸로프트, 자낙스 같은 약물도 불필요했다. 그렇게 건강 상태가 좋고 잠도 잘 자는 이유가 무엇인지는 루슈디 자신도 설명할 수 없었다. 다만 연약한 기계 같은 육체가 어떤 식으로든 현재 상황에 적응했으리라 짐작할 뿐이었다. 그가 쓰기 시작한 『무어의 마지막 한숨』의 주인공은 노화 속도가 정상인보다 두 배나 빠르다. 그래서 "무어" 조고이비의 인생은 너무 빨리 지나가버리고 죽음도 더 빨리 다가온다. 이 등장인물이 한평생 경험하는 두려움은 곧 작가 자신이 겪는 두려움이기도 했다. 무어는 이렇게 말한다. 공포에 대한 비밀을 말해보겠다. 두려움은 극단주의자다. 전부 아니면 무, 언제나 양자택일이다. 두려움은 폭군과 같아서 어리석고 맹목적인 절대권력을 휘두르며 인간의 삶을 지배하기도 하지만, 인간이 그것을 극복하면 모든 힘을 잃고 연기처럼 사라져버린다. 그리고 또하나의 비밀: 두려움에 맞서 혁명을 일으켜 그 천박한 독재자를 무너뜨리는 방법은 이른바 "용기"와는 별 상관이 없다. 비결은 훨씬 더 간단하다: 살아야 한다는 단순한 욕구. 내가 두려움을 버린 까닭은 지상에서 살아갈 시간도 부족한 마당에 한순간도 겁에 질려 낭비할 수 없기 때문이었다.

방구석에 웅크리고 벌벌 떨 시간 따위는 없다. 물론 두려워할 일은 많았다. 두려움이라는 마귀는 언제나 루슈디를 따라다녔다. 박쥐 날개가 달린 괴물의 모습으로 그의 어깨 위에 올라타고 탐욕스럽게 목덜미를 물어뜯기도 했다. 그러나 정상적으로 활동하기 위해서는 어떻게든 이 짐승들을 떨쳐내야 한다는 사실을 일찌감치 깨달았다. 그래서 괴물들을 작은 상자 속에 가두고 자물쇠를 채워 방구석에 밀어놓는 상상을 했다. 같은 일을 몇번씩 되풀이해야 하는 날도 있었지만 일단 그렇게 하고 나면 다른 일에 집중할 수 있었다.

엘리자베스가 두려움을 극복하는 방법은 더 간단했다. 특수부가 곁에 있기만 해도 안전하다고 생각했다. 그래서 경호팀이 떠나버리기 전에는 단 한 번도 두려운 기색을 내비치지 않았다. 그녀는 오히려 자유를 두려워 했다. 경호팀이 보호해줄 때는 대체로 안심하는 편이었다.

경찰이 제공한 낡아빠진 재규어와 레인지 로버 대신에 더 깨끗하고 더 편한 차를 구입할 기회가 생겼다. BMW 방탄 세단이었는데, 이전 소유자는 톱숍의 창립자이며 의류업계의 백만장자인—그러나 젊은 애인이 타블로 이드 신문에 기삿거리를 팔아넘긴 후 "하룻밤에-다섯-탕 랠프"라는 별명 으로 더 유명해진—랠프 핼펀 경이었다. "뒷좌석에서 대체 무슨 일이 벌어 졌을까." 종마 데니스가 중얼거렸다. "아무튼 이거 큰 횡재예요. 랠프 경이 타던 꽃마차라니." 시가는 14만 파운드쯤이지만 3만 5천 파운드에 준다고 했다. 종마 데니스는 "거저나 마찬가지"라고 말했다. 경찰은 런던을 벗어 나 시골길을 달릴 때 루슈디에게 운전을 맡길 수도 있다는 뜻을 넌지시 비 치기도 했다. 게다가 경찰 재규어와 달리 이 차는 방탄유리창을 열 수 있 었다. 안전한 상황일 때는 신선한 바깥공기를 마실 수 있다는 뜻이다.

결국 사버렸다.

그 차를 처음 타고 나갔을 때는 첩보본부에 가던 날이었다. 제임스 본 드 영화 팬들이 잘 아는 영국 정보국SIS 본부는 마치 좋은 출판사가 필요 한 작가처럼 템스 강을 사이에 두고 랜덤하우스를 바라본다. 존 르카레는 스마일리가 등장하는 여러 책에서 SIS를 '서커스'라고 불렀는데, 본부의 위치를 케임브리지 서커스로 설정했기 때문이었다. 정말 그렇다면 비밀 요원들은 그곳에서 앤드루 로이드 웨버*의 팰리스 극장을 내다보았을 것

---

* 여러 극장들을 소유한 영국 작곡가(1948~).

이다. 공무원들은 MI6*가 예전에 사용했던 사서함 번호를 따서 SIS를 "박스 850"이라고 부르기도 한다. 이 첩보원 나라의 꼭대기에 앉은 사람은 암호명 M이 아니다. MI6 국장은—이젠 비밀도 아니다—C라고 불린다. 햄프스테드 레인에 살다가 나중에 비숍스 애비뉴 9번지로 이사한 앤턴 씨도 경비가 삼엄한 이 건물에 드물게나마 들어가보았지만 C를 만난 적은 한 번도 없다. 다른 알파벳이 붙은 요원들이 상대해주었을 뿐이다. 굳이 말하자면 소문자 요원들이라고나 할까. 단 한 번이지만 MI6 대문자 요원들이 잔뜩 모인 자리에서 연설한 적은 있다. 그리고 MI5 국장 일라이자 매닝엄불러와 스티븐 랜더는 두 번씩 만나보았다.

그곳에 처음 갔던 그날, 마치 런던 어느 호텔의 회의실처럼 생긴 방에서 기쁜 소식을 들었다. 루슈디를 노린다던 "어떤 공작"이 "하향 평가"되었다는 이야기였다. 그렇다면 암살 계획이 취소됐다는 뜻이오? 그렇습니다. 공작이 "차질"을 빚었다는 말도 들었다. 야릇하고 흥미로운 표현이었다. 그 "차질"에 대해 묻고 싶었다. 그러나 곧 마음을 고쳐먹었다. 묻지 말자. 그러다가 결국 물어보았다. "내 목숨이 걸린 일이니까 하는 말인데, 이제 상황이 나아졌다는 이유가 뭔지 좀더 자세히 설명해주면 좋겠소." 그러자 젊은 간부는 따뜻한 표정을 지으며 반질반질한 탁자 위로 몸을 숙였다. "불가합니다." 대화는 그것으로 끝났다. 불가합니다. 어쨌든 명쾌한 대답이라는 생각이 들면서 왠지 즐거웠다. SIS에서는 보안이 절대 최우선이다. 담당 요원은 루슈디에게 꼭 필요한 정보만 알려주었다. 나머지는 모두 "불가합니다"의 세계였다.

적들의 "차질" 덕분에 잠시 황홀한 기쁨을 느꼈지만 햄프스테드 레인으로 돌아온 후 그린업 씨 때문에 금방 김이 새버렸다. 그린업은 위협수준이 여전히 높다고 했다. 계속 이런저런 제한을 둬야 한다고 했다. 예컨대 자

---

*1차대전 당시 SIS의 명칭. 지금도 별칭으로 쓰인다.

파르를 그 집에 데려오는 것도 허락할 수 없다고 했다.

　미국 컬럼비아 대학의 로 메모리얼 도서관에서 열리는 권리장전* 200주년 기념행사에 참석하여 연설을 해달라는 요청을 받았다. 이제 그런 초청을 받아들일 때가 되었다고 생각했다. 어떻게든 은둔 상태에서 벗어나 목소리를 되찾아야 했다. 바츨라프 하벨 대통령의 초청으로 프라하에 가는 방안에 대해 프랜시스 더수자와 의논해보았다. 런던에서 영국인들 때문에 무산되었던 만남을 하벨의 나라에서 실현시키고 싶었다. 영국 정부가 사건 자체를 포기해버렸으니 루슈디 수호운동을 국제무대로 옮겨 대처와 허드를 난처하게 만들어야 그들이 노력이라도 해볼 듯싶었다. 기회만 있으면 어떤 자리든 마다하지 않고 루슈디 사건이 전부가 아니라는 사실을 지적할 작정이었다. 이슬람 세계 전역에서 여러 작가와 지식인이 루슈디와 똑같이 사상범 취급을 받았다. 신성모독죄, 이단죄, 배교죄, 명예훼손죄, 불경죄 등등. 무슬림 세계에서 가장 창의적이고 자유분방한 사람들이 모두 범죄자라면 또 모를까, 그런 죄목은 그들에게 죄를 씌운 자들이 진짜 속셈을 감추려고 내세운 핑계일 뿐이다. 그자들의 목적은 이견과 반론을 억압하는 일이다. 이렇게 말하면 어떤 이들은 루슈디의 동기가 이기적이라고, 즉 자신을 변호하고 "잘못"을 정당화하여 동정표를 얻으려는 수작이라고 주장했지만 사실은 그렇지 않았다. 루슈디는 현실을 말했을 뿐이다. 프랜시스에게 그는 이런 생각을 효과적으로 공론화하기 위해서는 지난번에 했던 말을 취소하여 "대실수"를 만회해야 한다고 말했다. 그리고 기왕이면 눈에 잘 띄는 자리에서, 즉 언론의 시선이 집중된 곳에서 떠들썩

---

* 1791년 미국 의회가 개인의 기본적 인권을 보장하려고 합중국 헌법에 덧붙여 통과시킨 헌법 수정안.

하게 취소 선언을 해야 한다고 말했다. 루슈디를 보호하려는 마음이 남달랐던 프랜시스는 그런 일을 벌였다가 상황이 악화될까봐 걱정했다. 그러나 루슈디는 스스로 불러들인 이 그릇된 상황을 그대로 유지하는 것이 더나쁘다고 대답했다. 이 세상이 그리 자비로운 곳은 아니라는 사실을 고통스럽게 절감했지만 따지고 보면 애당초 자비를 기대하지 말았어야 했다. 어차피 인생은 대부분의 사람들에게 가혹하고 두번째 기회를 얻기는 쉽지 않다. 1960년대의 고전적 시사풍자극 〈변두리 너머Beyond the Fringe〉에서 코미디언 피터 쿡은 핵 공격이 시작되면 "공격을 받는 지역은 피하는게 급선무"라고 관객들에게 조언했다. "폭탄이 떨어지는 곳은 위험하니까 웬만하면 들어가지 마세요." 세상의 가혹한 비판을 피하는 방법은 애당초 실수를 저지르지 않는 것뿐이다. 그러나 그는 이미 실수를 저질렀다. 무슨 일이 있더라도 바로잡아야 했다.

브래드퍼드 모스크연합의 대변인 난쟁이 도깨비가 말했다. "곧 죽음을 무릅쓴 반격이 시작되겠죠. 『악마의 시』 작가에게 사형선고를 내린 이맘의 판결은 정당했습니다." 한편 아야톨라들의 정권에 반기를 들었다가 파리에 망명중인 전직 이란 총리 샤푸르 바흐티아르*의 집에 암살단이 침입하여 바흐티아르와 측근 한 명을 칼로 찔러 살해했다. 이른바 "제의적 살인"이었다고 한다.

한편 모스크바에서 쿠데타가 일어나 미하일 고르바초프가 가택연금을 당했다. 이윽고 풀려난 고르바초프가 모스크바로 날아갔을 때 비행기 앞에서 기다리던 기자들이 이제 공산당을 해체할 예정이냐고 물었다. 그 말을 들은 고르바초프가 경악한 표정을 짓는 순간, 정확히 그 순간, 역사가(보리스 옐친의 모습으로) 스쳐지나가면서 고르바초프를 낚아챘다. 그러

---

* 이란 정치학자(1914~1991). 호메이니가 이란혁명(1979년)을 일으키기 직전까지, 팔레비왕조의 마지막 총리였다.

나 라이프치히 등지의 소련군에게 시위대를 향해 발포하지 말라는 명령을 내려 세상을 바꿔놓은 사람은 옐친도 레이건도 대처도 아니고 바로 고르바초프였다.* 그로부터 여러 해가 지난 후, 한때 투명인간이었던 루슈디는 런던에서 열린 자선 파티 자리에서 미하일 고르바초프를 만나게 된다. 그날 고르바초프는 이렇게 외쳤다. "루슈디 선생! 난 선생의 모든 주장을 전폭적으로 지지하는 사람이오." 이마에 남극대륙 지도가 그려진** 남자에게 루슈디가 물었다. 설마, 모든 주장을? 고르바초프는 통역의 입을 빌려 이렇게 대답했다. "그렇소. 전폭적으로 지지한다니까."

　루슈디는 영국영화협회에서 일하는 친구 콜린 매케이브의 부탁으로 영화 〈오즈의 마법사〉에 대한 글을 쓰는 중이었다. 이 영화에서 가장 중요한 주제는 집과 우정인데, 당시 그에게 무엇보다 소중한 것이 바로 그 두 가지였다. 그의 친구들은 어느 모로 보나 도로시와 함께 '노란 벽돌 길'을 걷던 친구들 못지않은 우정을 보여주었고, 방방곡곡을 헤맨 지 3년 만에 드디어 오래 눌러살 집도 생긴 터였다. 그는 이 수필의 자매편 격으로 「루비 구두 경매에서」라는 디스토피아 단편을 썼다. 원하기만 하면 언제든 집으로 데려다주는 구두. 모든 것을 돈으로 사고파는 미래, 집이라는 개념마저 "해체되고 손상돼버린" 미래, 한마디로 과학소설처럼 극단적인 미래가 닥쳤을 때 그런 구두의 가치는 얼마나 될까? 〈뉴요커〉의 밥 고틀리브 편집장이 수필을 보고 마음에 쏙 들었다면서 영화협회 소책자가 나오기 전에 많은 부분을 실어주었다. 먼치킨*** 검시관 역을 맡았던 배우 마인하트 라베가 포트로더데일의 양로원에서 그 기사를 읽고 팬레터를 보내면서 선물까지 동봉했다. 자신이 등장했던 자랑스러운 장면을 찍은 컬러사진이었다. 라

---

* 1989년 동독 정부가 반정부 시위를 무력 진압하려 하자 고르바초프는 동독 주둔 소련군에게 이에 개입하지 말라고 지시했다. 시위는 점점 발전했고 그해 말에 베를린장벽이 무너졌다.

** 고르바초프의 이마에 있는 반점에 대한 언급.

*** 〈오즈의 마법사〉에 등장하는 동쪽나라의 난쟁이족.

베가 긴 두루마리를 펼쳐든 채 먼치킨 공회당 계단에 서 있었다. 두루마리 윗부분에 큼직한 고딕체로 사망진단서라는 말이 있는데 라베는 그 밑에 파란색 볼펜으로 정성껏 이렇게 적어놓았다. 살만 루슈디. 먼치킨의 사망진단서에 적힌 이름을 보는 순간 제일 먼저 떠오른 생각은 이랬다. 아니, 뭐 이 따위 장난을 쳐? 그러나 곧 생각을 바꿨다. 그래, 이해할 만하다. 라베 씨는 양로원에서 미국 전역으로, 아니, 전 세계로 편지를 보내며 소일하겠구나. 허공으로 편지를 날리는 허조그처럼. 다만 이 노인네는 침대 옆에 이 사진을 산더미처럼 쌓아두고 편지마다 한 장씩 동봉하겠지. 명함과 다름없는 사진이니까. 그래서 미처 생각을 못 했겠지. 참, 이 친구는 정말 사형선고를 받았으니 내가 좀 배려해야겠구나, 그런 생각도 못 한 채 쓰고 서명하고 부쳐버렸겠지. 그저 습관적으로.

소책자가 출판된 후 콜린 매케이브는 영화협회 사람들 가운데 그 책 때문에 악명 높은 루슈디 씨와 한패로 오인될까봐 겁먹은 사람도 꽤 많았다고 말해주었다. 콜린이 나서서 그럭저럭 진정시킨 모양이었다. 아무튼 그 책이 나온 뒤에도 피가 강물처럼 흐르지는 않았다. 오래된 영화에 대한 짤막한 책일 뿐이니까. 그러나 루슈디는 자유를 되찾으려면 자신뿐만 아니라 남들의 두려움까지 극복해야 한다는 사실을 깨달았다.

레바논의 영국인 인질 존 매카시가 풀려났다.

A 부대 고위층은 자파르에게 햄프스테드 레인에서 아빠를 만나도록 허락할 때가 되었다고 판단했다. 처음에 그린업 씨는 그 집의 위치가 누설되는 일이 없도록 아이에게 눈가리개를 씌우자고 했다. 말도 안 되는 소리였고 그린업도 끝까지 고집을 부리진 않았다. 그날 오후 자파르가 도착했을 때 루슈디는 날아갈 듯이 행복했다. 꼴사나운 집 안 풍경마저 아름다워 보였다.

프랜시스가 들뜬 목소리로 연락했다. 아직 비밀이지만 영국 문인협회가 『하룬과 이야기 바다』를 최우수 아동문학상 수상작으로 선정했다는 소식이었다. "그쪽에선 당신이 직접 수상했으면 좋겠다고 하던데." 루슈디는 자기도 그러고 싶은 마음이 굴뚝같다고 대답했다. 마이클 풋을 찾아갔다. 마이클은 이렇게 말했다. "잘됐네. 분위기가 달라진 거야. 허드를 다시만나보세. 이번엔 더 세게 밀어붙여야지." 고령에도 끄떡없는 마이클의 호전성이 어찌나 사랑스럽던지. 크리스토퍼 히친스* 말고는 대적할 자가 없는 주량도 여전했다. 마이클과 술을 마시다가 아까운 스카치위스키를 몰래 화분에 쏟아버린 날도 하루이틀이 아니었다.

경찰에게 문인협회상에 대한 이야기를 했다. 시상식은 9월 15일 도체스터 호텔에서 열릴 예정이었다. 경호팀은 탐탁잖다는 듯이 잇새로 숨을들이마셨다. 베니 윈터스가 말했다. "본부에서 뭐라고 할지 모르겠네요." 머리는 짧게 깎았지만 멋진 황갈색 가죽재킷을 입은 모습이 레니 크래비츠를 조금 닮았다. "아무튼 상부에 얘기해보겠습니다." 그들이 상부에 보고한 결과, 그린업 씨가 평소보다도 냉혹한 표정으로 나타났다. 이번엔 헬렌 해밍턴이라는 여자 간부도 함께 왔지만 처음에는 말을 아끼는 모습이었다.

그린업 씨가 말했다. "죄송합니다, 조. 그건 도저히 허락할 수 없습니다."

루슈디는 천천히 이렇게 말했다. "내 발로 파크 레인에 가서 내가 받을문학상을 받겠다는데 허락을 못하시겠다? 도대체 어떤 상황인지 알기나하면서 허락을 못한다는 겁니까? 내가 참석한다는 사실을 미리 알 사람은딱 한 명, 조직위원장뿐이고, 우린 사람들이 식탁에 둘러앉은 다음에 들어가도 되고, 시상식이 시작되면 아마 10분 이내에 상을 받을 테고, 시상식이 끝나기도 전에 빠져나오면 된단 말입니다. 그런데도 허락할 수 없습니까?"

---

* 영국 태생의 미국 문필가, 문학비평가(1949~2001).

그린업은 막무가내였다. "안전 때문이죠. 이건 정말 어리석은 짓입니다."

루슈디는 심호흡을 했다. (담배도 끊었건만 보상을 받기는커녕 후기발병 천식에 걸려 종종 숨이 가빴다.) 이윽고 이렇게 말했다. "이것 보세요. 난 지금까지 내가 자유국가에 사는 자유시민이라고 믿었습니다. 내가 뭘하든 남이 허락을 하네 마네 간섭할 일은 아니라고 말이죠."

그러자 그린업 씨는 냉정을 잃고 말았다. "제가 보기에 지금 선생님은 한낱 명예욕 때문에 런던 시민들을 위험에 빠뜨리려 하십니다." 놀라우리만큼 정연한 문장이었다. 한낱 명예욕, 런던 시민, 위험에 빠뜨리다. 영원히 잊지 못할 문장이었다. 그때가 인생의 전환점이었다. 앙리 카르티에브레송의 표현을 빌리자면 결정적 순간*이었다.

"자, 이렇게 합시다. 도체스터 호텔이 어디쯤에 있는지는 나도 알고, 마침 택시비 정도는 내게도 있습니다. 그러니 문제는 내가 시상식장에 가느냐, 못 가느냐가 아닙니다. 난 기필코 시상식장에 갈 테니까. 진짜 문제는 따로 있죠. 여러분도 같이 가시겠습니까, 안 가시겠습니까?"

그때 헬렌 해밍턴이 대화에 끼어들었다. 앞으로 이 사건 담당자는 그린업 씨가 아니라 자신이라고 했다. 정말 반가운 소식이었다. 그녀가 그린업 씨에게 말했다. "웬만하면 가능하겠는데 왜 그러시나." 그린업은 새빨갛게 얼굴을 붉혔지만 아무 말도 하지 않았다. 해밍턴이 말을 이었다. "우린 선생님께 외출을 좀더 허락하기로 결정했습니다."

이틀 후 루슈디는 도체스터 호텔에서 출판계의 품에 안겨 상을 받았다. 부상은 목각 받침대가 딸린 유리 잉크병이었다. 그 자리에 모인 사람들의 성원에 감사 표시를 하고 식사 도중에 불쑥 나타났다 사라지게 되어 죄송하다고 말했다. "이렇게 자유국가에 살지만 저는 자유인이 아니더군요."

---

* 프랑스 사진작가 앙리 카르티에브레송(1908~2004)의 사진 미학을 함축한 말로, 사진집의 제목으로 쓰여 유명해졌다.

기립박수를 받는 순간 실제로 눈물이 솟구쳤다. 눈물이 흔한 사람도 아니건만. 객석을 향해 손을 흔들고 시상식장을 떠나는 순간 마이크를 이어받은 존 클리즈의 목소리가 들렸다. "하아, 이런. 저 친구 다음이 왜 하필 제 차례죠?" 명예욕에 눈이 멀어 감행한 모험은 그렇게 아무 일도 없이 끝났다. 런던 시민들은 무사했다. 턱시도를 입은 사람도, 집 안에 있는 사람도, 잠든 사람도. 그후 그린업 씨는 다시 나타나지 않았다.

참 이상한 시절이었다. 죽음의 천사가 한시도 멀리 떠나지 않는 듯했다. 리즈가 연락했다. 앤절라 카터가 6개월도 못 산다는 진단을 받았단다. 자파르도 울면서 전화를 걸었다. "해티 할머니가 돌아가셨대." 해티는 클래리사의 할머니 메이 주얼의 애칭이다. 옛날 아르헨티나에 살았던 그녀, 챙 넓은 모자를 좋아했던 그녀는 『악마의 시』에 등장하는 로사 다이아몬드의 모델이기도 했다. 메이 주얼은 서식스의 페븐지 만 해변에 살았는데, 점보제트기가 폭발하는 바람에 추락한 지브릴 파리슈타와 살라딘 참차가 무사히 내려앉은 곳이 바로 그녀의 집 앞이었다. 그녀가 즐겨 들려주던 이야기도 더러 소설 속에 들어갔다. 가령 런던의 체스터 스퀘어 뮤즈에서 한 마부 소년의 유령을 보았는데 처음에는 무릎걸음으로 지나가는 듯했지만 알고 보니 길바닥이 지금보다 낮았던 시절에 살았던 아이니까 무릎 위쪽만 보인 탓이었다는 이야기, 노르만족이 쳐들어왔던 1066년 당시에는 페븐지 만의 해안선 위치가 지금과는 달라서 침략자들의 배가 바로 그녀의 집 거실을 지나갔을 거라는 이야기, 그리고 아르헨티나의 라스페타카스 목장에 살 때는 황소들이(유니콘도 아니면서) 어슬렁어슬렁 다가와 그녀의 무릎에 머리를 얹었다는(그녀도 처녀는 아니었건만)* 이야기 등등. 루슈디는

---

* 순수의 상징인 유니콘을 길들일 수 있는 사람은 숫처녀뿐이라는 민담이 있다.

그녀의 이야기도, 그녀의 모자도, 그리고 그녀도 많이 좋아했다.

　헬렌 해밍턴이 다시 찾아와서 한결 유연해진 새 규칙을 설명해주었다. 미리 말씀만 하시면 런던을 멀리 벗어나 몇 시간 동안 책이나 옷을 사러 나가셔도 됩니다. 예를 들자면 바스 같은 데까지 가서 장을 보셔도 되는데, 이젠 영업시간에 가셔도 무방합니다. 사인회도 가능한데, 역시 런던만 벗어나면 됩니다. 크리스 빅스비 교수라는 친구분이 이스트앵글리아 대학 낭독회에 초빙하셨다던데, 그런 행사에도 더러 참석하게 해드리죠. 가끔은 로열 오페라 하우스나 국립오페라단이나 국립극장 공연을 관람하는 일도 가능합니다. 루시 로저스도 친구분이라고 들었으니까 리버 카페에서 식사를 하시는 것도 좋겠죠. 제러미 킹과 크리스 코빈이 하는 아이비 식당도 괜찮습니다. 참, 자파르는 이제 방문을 허락하는 정도가 아니라 아예 햄프스테드 레인에서 자고 가도 됩니다. 그린업 씨가 손을 떼면서 상황이 많이도 달라졌다.

　(그러나 여전히 허락되지 않는 일도 많았다. 공개적인 활동, 자유로운 이동, 사십대로 접어든 작가로서 혹은 자유인으로서의 평범한 생활 등등. 그의 삶은 엄격한 다이어트와 같았다. 구체적으로 허락을 받지 못한 일은 모두 금지사항이었다.)

　11월 11일은 브루스 채트윈의 장례식과 파트와 발표가 있던 그날로부터 천 일째 되는 날이다. 그날을 정치적으로 잘 이용할 방법에 대해 프랜시스, 카멜과 의논해보았다. 센트럴 홀 웨스트민스터에서 24시간 "철야 집회"를 열기로 했다. 이 소식이 보도되자 덩컨 슬레이터가 연락했다. 더글러스 허드가 이번 집회를 취소하라고 요구했단다. 그러지 않으면 루슈디 수호운동이 영국인 인질 테리 웨이트의 석방을 지연시켰다는 비난을 받게 된다는―어쩌면 정부까지 가세할지도 모른다는―으름장이었다. 마이클 풋이 그 말을 전해 듣고 노발대발했다. "그렇게 협박에 굴복하면 인질극을 부추길 뿐인데 말이야." 그러나 파트와 피해자의 요청에 따라 집회는 결국 취소되었다. 자신보다 테리 웨이트의 인권을 우선할 수밖에 없었다.

프랑크푸르트 도서전 조직위원장 페터 바이트하우스가 이란 출판사들을 다시 초청하려 했지만 독일 내부에서 소동이 일어나자 단념했다.

천 일째 되는 날이 밝았다. 루슈디는 그날을 기념하는 수필 「기구 위에서 보낸 천 일 *One Thousand Days in a Balloon*」을 완성했다. 펜 아메리칸센터가 집회를 열고 유엔에 항의서를 전달했다. 영국인 친구들은 철야 집회를 취소한 대신 채링크로스 로드의 한 서점에서 루슈디를 응원하는 편지를 낭독했다. 날이 갈수록 영국 이슬람의 기관지처럼 변해가는 〈인디펜던트〉가 소위 "작가"라는 지아우딘 사르다르의 글을 실었다. "루슈디 선생과 지지자들의 최선책은 입을 다무는 일뿐이다. 거미줄에 걸린 파리는 이목을 끌지 말아야 한다." 문제의 그 파리는 신문사 편집장에게 연락하여 앞으로는 서평을 써주지 않겠다고 말했다.

11월 18일, 인질범들이 테리 웨이트를 석방했다. 그리하여 레바논에 억류되었던 영국인 인질이 모두 풀려났다. 루슈디는 이런 생각을 했다. 이제 관계 당국은 무슨 핑계로 내 입을 막으려 할까? 궁금증은 금방 해결되었다. 11월 22일, 캔터베리 대주교 조지 케리가 『악마의 시』와 작가를 비난했다. 케리는 이 소설이 예언자 무함마드에 대한 "터무니없는 비방"이라고 말했다. 그리고 이렇게 단언했다. "무슬림의 분노를 더 너그럽게 이해해야 합니다."

루슈디는 라디오 인터뷰를 통해 반격을 가했다. 영국 언론도 대주교에게 맹공격을 퍼부었다. 그러자 케리는 곧 꼬리를 내리고 사과하면서 자기가 비난한 작품의 저자에게 차를 대접하겠다고 밝혔다. 투명인간은 램버스 궁전으로 달려갔다. 새침스러운 대주교, 난롯불 앞에 잠든 개 한 마리, 그리고 차 한 잔이 있었다. 차는 한 잔뿐이었고 실망스럽게도 오이 샌드위치 한 쪼가리 나오지 않았다. 케리는 어설프게 몇 마디 더듬거렸지만 대체로 말을 아꼈다. 성직자 대 성직자로 하메네이에게 파트와를 취소해달라고 부탁해볼 의향은 없느냐고 물어보았지만 대답은 시큰둥했다. "말해봤자 귀담아듣지도 않을 거요." 차를 마시자더니 결국 실수를 무마하려는 속셈에 불과했다. 만남은 금방 끝나버렸다.

영국과 이란이 곧 대사를 교환하고 외교 관계를 완전히 정상화할 예정이라는 소문이 돌았다. 루슈디에게는 공개적인 발언대가 시급한 상황이었다. 컬럼비아 대학의 행사 날짜가 빠르게 다가왔다. 그쪽에서는 루슈디의 참석 여부를 매우 중요시하고 그의 연설을 꼭 듣고 싶어하는 듯했다. 그러나 레바논에 아직도 미국인 인질 두 명이 남았는데 과연 미국으로 건너갈 수 있을지 불확실했다. 게다가 미국까지는 어떻게 간단 말인가? 민간 항공사가 루슈디 같은 승객을 선뜻 받아줄 리 없는데. 그때 경찰이 영국과 미국 사이를 거의 매주 오가는 군용수송기가 있다고 귀띔해주었다. 그 비행기를 이용하면 어떨까. 이리저리 문의해본 후 결국 군용기에 자리를 마련해준다는 답변을 받아냈다. 그러나 정말 갈 수 있을지는 아직 불투명했다.

덩컨 슬레이터가 연락했다. 천 일 기념 철야 집회에 "어깃장"을 놓아 죄송하다면서 대사 교환은 "급한 일"이 아니라고 말했다. 그리고 자기는 곧 해외로 파견되고 외무부 연락책 노릇은 데이비드 고어부스에게 넘어갔다고 밝혔다. 루슈디는 슬레이터를 좋아했다. 지지자라는 느낌이 들어 든든했었다. 고어부스는 전혀 다른 상대였다. 음흉하고 퉁명스럽고 불쾌했다.

12월 1일 조지프 치치피오가 석방되고 마지막 남은 미국인 인질 테리 앤더슨도 일주일 후 풀려났다. 미국인들은 약속대로 입국 금지령을 풀어주었다. 드디어 로 도서관에 가게 되었다.

바다를 건널 때는 워싱턴 D. C.의 덜레스 국제공항으로 가는 영국 공군기를 타기로 했다. 거기서 뉴욕으로 갈 때와 돌아올 때는 타임 워너 회장의 전용기로 이동한다는 말을 들었다. 뉴욕에 도착하면 뉴욕시경NYPD 경호대가 마중을 나온다고 한다. 그러나 출발 날짜가 코앞인데도 계획이 자꾸 변경되었다. 워싱턴에서 맨해튼까지의 이동수단도 전용기에서 자동차로 바뀌었다가 헬리콥터를 거쳐 다시 비행기로 탈바꿈했다. 앤드루가 뉴욕 유력 인사들과의 만찬을 추진하고 이른바 "예술인의 점심식사"도 마련하기로 했다. 앨런 긴즈버그, 마틴 스코세이지, 밥 딜런, 마돈나, 로버트 드니로 등을 부른다는 계획이었다. 어쩐지 좀 황당하다싶더니 아니나 다를까, 컬럼비아 대학에서 연설할 때 말고는 줄곧 호텔을 벗어날 수 없다는 통지를 받았다. 로 도서관에 가서도 다른 손님들과 함께 식사를 하기는커녕 연설이 끝나자마자 떠나야 한다고 했다. 그날 밤 당장 워싱턴으로 날아가 영국 공군기를 타고 영국으로 돌아오는 일정이었다. 세계 각국의 미국 대사관은 이미 비상경계 태세에 돌입하여 보안을 강화했다. 루슈디의 입국을 허가한 미국에 이슬람측이 보복공격을 시도할 경우에 대비한 조치였다. 루슈디와 앤드루가 대화를 나눠본 사람들은 한결같이 초긴장 상태였다. 영국 공군도, 국방부도, 미국대사관도, 미국 국무부도, 영국 외무부도, NYPD도 마찬가지였다. 루슈디는 미국대사관의 래리 로빈슨과 통화하면서 이렇게 말했다. "미국보다 에덴동산에 들어가기가 더 쉽겠소. 낙원은 착하게 살기만 하면 들어갈 수 있으니까."

날짜가 임박하자 미국측이 출발시각을 자꾸 미뤘다. 이윽고 12월 10일 화요일, 세계인권선언기념일, 그리고 컬럼비아 대학 연설을 하루 앞둔 날, 그는 마침내 영국 공군기의 역방향 좌석에 앉아 3년 만에 처음으로 영국 땅을 벗어났다.

뉴저지 티터보로 공항 활주로에 내리자 차량 아홉 대와 선도를 위한 모터사이클 행렬이 기다리고 있었다. 중간에 흰색 방탄 스트레치 리무진 한 대가 있었다. 루슈디가 탈 차였다. NYPD가 동원한 대규모 병력의 지휘관은 밥 케네디 경위, 그날의 암호명은 "허드슨 커맨더"였다. 밥 경위가 자기소개를 하고 "각본"을 설명했는데, 걸핏하면 말을 끊고 자기 손목을 향해 중얼거리기 일쑤였다. 알았다, 허드슨 룩아웃. 여기는 허드슨 커맨더, 오버. 알았다. 이상, 교신 끝. 요즘은 그렇게 진짜 경찰이 텔레비전에서 본 경찰의 말투를 흉내낸다. 밥 경위는 대작 영화에 출연중이라고 착각하는 듯했다. 차량 행렬이 출발할 때도 불필요한 대사를 읊었다. "시내를 통과해서 호텔까지는 이 차로 모시겠습니다."

"밥 경위님, 이건 좀 과하지 않습니까? 차량 아홉 대에, 모터사이클에, 사이렌, 경광등, 게다가 경찰관도 너무 많고. 차라리 낡은 뷰익을 타고 조용히 뒷길로 지나가는 편이 더 안전하지 않을까요?"

그렇게 묻자 밥 경위는 대책 없는 바보나 미치광이를 보는 듯한 눈으로 쳐다보았다. "선생님, 그럴 리가 있겠습니까."

"밥 경위님, 저 말고 또 어떤 사람들이 이렇게 거창한 대우를 받습니까?"

"아라파트 정도는 돼야겠죠." 팔레스타인해방기구 의장과 동등한 예우라니 좀 놀라웠다.

"밥 경위님, 만약 제가 대통령이라면 지금보다 뭘 더 하는 겁니까?"

"선생님이 미국 대통령이라면 이 길 전체를 봉쇄하고 건물 지붕마다 저격수를 배치했겠죠. 오늘은 그렇게까지 소란을 피울 필요는 없다고 판단했습니다."

그리하여 조금도 소란스럽지 않은 이 행렬은 맨해튼을 향해 달려갔다. 남의 이목을 끌지 않으려고 차량 아홉 대가 한 줄로 늘어서고 모터사이클은 사이렌을 울려대고 경광등은 마구 번쩍거렸다.

호텔에 도착하자 앤드루가 기다리고 있었다. 호텔 귀빈실은 꼭대기 층인데도 방탄 매트리스로 창을 모조리 가려놓았고 20~30명쯤 되는 남자들이 SF 영화에서나 볼 수 있는 어마어마한 무기를 들고 곳곳에 서 있었다. 앤드루가 약속을 잡아놓은 손님 두 명이 찾아왔다. 수전 손택이 먼저

와서 루슈디를 얼싸안더니 펜 아메리칸센터가 루슈디를 위해 지금까지 한 일과 앞으로 할 일을 낱낱이 설명해주었다. 이윽고 앨런 긴즈버그가 나타나자 수전을 다른 문으로 내보내야 했다. 미국의 두 거인이 마주치지 않도록 하기 위해서였다. 왜 굳이 그래야 하는지 모를 일이지만 앤드루는 문학적 자존심의 충돌은 일단 피하는 게 상책이라고 말했다. 긴즈버그는 샌들을 신고 작은 배낭을 메고 들어와 방 안을 둘러보더니 단호하게 말했다. "자, 그럼 명상을 시작하세." 그는 소파에 놓인 방석을 주섬주섬 챙겨 방바닥에 깔았다. 인도 작가는 속으로 생각했다. 살다 살다 별일 다 보네. 미국 양반이 나한테 명상법을 가르치시겠다? 장난기가 발동해서 이렇게 말했다. "앤드루 와일리도 같이 하지 않으면 저도 안 합니다." 그리하여 12월의 차가운 햇빛마저 방탄 매트리스로 차단해버린 방에서 세 사람은 결가부좌를 틀고 평화를 기원하는 주문을 외웠다. 옴 샨티 옴. SF 영화 소품 같은 무기를 소지한 남자들이 그 광경을 지켜보았다. 이윽고 명상의 시간이 끝난 후 긴즈버그는 불교에 대한 소책자 몇 권을 건네고 나가버렸다.

잠시 후 엘리자베스가 예고 없이 나타나자 밥 경위와 무장 경관들이 그녀를 둘러싼 채 루슈디 앞으로 데려왔다. "괜찮습니다, 밥 경위님. 엘리자베스는 위험하지 않습니다. 내 사람이니까요."

그러자 밥 케네디가 눈을 가늘게 뜨더니 '미치광이 잭 니컬슨' 같은 표정으로 터무니없는 말을 지껄였다. "제가 선생님을 죽이려 했다면 바로 이 여자분을 보냈을 겁니다."

"그건 또 무슨 소립니까, 밥 경위님?"

케네디는 각종 과일, 치즈, 식기, 접시 따위가 놓인 식탁을 가리켰다. "이분이 저 포크를 집어들고 선생님 목을 찔러버리면 저는 졸지에 실업자가 됩니다."

앤드루 와일리는 웃음을 참느라 오만상을 찡그렸고, 여행이 끝날 때까지 '미치광이 포크 살인마'라는 별명이 엘리자베스를 따라다녔다.

그날 저녁, 일행은 다시 흰색 방탄 스트레치 리무진에 올라탔다. 차량 아홉 대와 모터사이클 선도 행렬이 사이렌을 울리고 경광등을 번쩍거리며 125번가를 시속 60마일로 질주했다. 컬럼비아 대학 캠퍼스로 가는 길이었다. 이 '은밀한' 행렬이 할렘 일대를 유령처럼 지나가자 행인들이 일제히 걸음을 멈추고 구경했다. 그렇게 어처구니없는 상황에서 앤드루는 오히려 환호성을 질렀다. "오늘은 내 인생 최고의 날이야!"

블랙코미디처럼 조금은 불안하지만 나름대로 재미있는 시간이었다. 이윽고 로 도서관에 도착하여 커튼 뒤에 몸을 숨긴 채 기다렸다. 루슈디라는 이름이 언급되자 사람들이 놀라는 소리가 들렸고 투명인간은 마침내 빛 속으로 나아갔다. 반가움과 애정이 담긴 박수갈채가 터졌다. 눈부신 불빛 때문에 실내가 잘 보이지 않아서 어떤 사람들이 모였는지도 모르는 상태에서 연설을 시작해야 했다. 기구 위에서 보낸 천 일에 대해 이야기할 시간이었다. 청중에게 우선 종교적 박해에 대해, 그리고 한 사람의 목숨이 지닌 가치에 대해 생각해보라고 말했다. 그때부터 '실수'를 만회하기 위한 긴 설명을 시작했다. 지난번에 내뱉은 말을 도로 삼켜야 했다. 하느님을 버리고 자유주의자들의 대열로 돌아가야 했다. 그 이후에도 여러 해 동안 그 '실수'를 거듭거듭 취소해야 할 테지만, 그날 밤 컬럼비아 대학에 모인 저명인사들에게 자신의 실책을 인정하고 지극히 확고한 신념을—표현의 자유가 무엇보다 중요합니다, 표현의 자유는 목숨처럼 소중합니다—다시 밝히는 순간 몸과 마음이 깨끗이 정화되는 기분이 들었다. 청중도 따뜻한 호응으로 공감을 표시했다. 신앙인이었다면 고해성사를 하고 죄를 용서받은 기분이라고 표현했을 것이다. 그러나 루슈디는 신앙인이 아니고 두 번 다시 신앙심을 가장하지도 않을 터였다. 무신론자라는 사실을 당당히 밝혔다. 일찍이 어머니에게 말했듯이. 저 때문에 기도하지 마세요. 모르시겠어요? 우린 그런 족속이 아니잖아요.

연설이 끝나자마자 미국은 부랴부랴 루슈디를 쫓아냈다. 앤드루와 엘리자베스에게 작별 인사를 건넬 겨를도 없었다. 앞좌석에 앉은 밤 경위와 함께 흰색 리무진에 몸을 싣고 어둠 속을 달려 롱아일랜드 아이슬립의 맥아더 공항으로 향했고, 그곳에는 덜레스로 가는 비행기가 대기중이었고, 덜레스에서 여러 군인들과 함께 영국 공군 수송기에 올랐고, 그리하여 다시 새장 속으로 돌아왔다. 어쨌든 소원대로 여행도 하고 발언도 했다. 처음이 제일 힘들었지만 결국 온갖 난관을 극복했고, 곧 두번째, 세번째, 네번째 기회가 생길 터였다. 긴 터널 끝에는 아직도 빛이 보이지 않았지만 적어도 이젠 터널 안으로 들어선 셈이었다.

『가상의 조국』 페이퍼백에서는 "개종"에 대한 글을 빼버리고 "기구"에 대한 수필을 넣었다. 이젠 그 책을 볼 때마다 움츠러들 필요가 없었다. 페이퍼백이 도착했을 때 이런 생각을 했다. 드디어! 이게 진본이다. 이 책의 저자가 진짜 나다. 마음이 부쩍 가벼워졌다. 마침내 치과 의사 에사위를 뿌리치고 그의 잘 깎인 발톱에서 영원히 벗어났으니까.

종교에게

우선 제1원리에 대해 말해볼까? 왜냐하면 이상하게도, 어쩌면 그리 이상한 일도 아니겠지만, 신앙인과 비신앙인은 제1원리에 대해서조차 의견이 엇갈리니까. 진리라는 문제에 도전했던 합리주의적인 그리스인에게 제1원리는 곧 출발점(아르케arche)이었는데, 그는 인간이 정신 또는 지성(누스nous)의 힘으로 진리를 인식한다고 여겼다. 데카르트와 스피노자도 세계에 대한 지각 능력과 이성을 바탕으로 우리가 옳다고 인식하는 진리에 도달할 수 있다고 믿었다. 반면에 종교사상가들은—아퀴나스와 이븐 루시드처럼—이성이란 인간의 의식 너머에 존재한다고 주장했다. 마치 북극광이나 소행성대처럼 우주 공간에 머물면서 우리에게 발견되기를 기다린다는 뜻이다. 그렇게 발견된 이성은 곧 확고부동한 진리가 되어버린다. 인간이 없어도 존재하는 선험적 진리이기 때문이다. 이렇게 비현실적인 이성, 즉 절대이성에 대한 개념은 선뜻 받아들이기 어려운데, 특히, 종교여, 네가 계시라는 개념까지 들먹일 때는 더욱더 그렇다. 그때부터 인간의 사고력 따위는 개입할 여지가 없기 때문이다. 계시를 통해 모든 것이 주어졌으니 아무것도 생각할 필요가 없고, 우리는 항의할 기회조차 얻지 못한 채 영원하고 절대적인 진리를 믿어야만 한다. 하느님께 도움을 청하고 싶은 심정이다. 왜냐하면 나는 전혀 다른 족속이니까, 나 같은 족속은 그런 제1원리조차도 다른 제1원리를 가지고—즉 새로운 출발점을 찾고, 현실에 대한 지각 능력과 지성을 그 출발점에 적용해보고, 그리하여 새로운 결론을 내림으로써—비판할 수 있다고 믿었으니까. 그러나 이젠 다 끝났다. 우리의 두뇌는 썩어문드러지겠지. 터번을 두르고 긴 수염을 기른 사람들이(혹은 사제복을 입고 금욕생활을 하는 체하면서 남몰래 어린 소년들을 추행하는 사람들이) 온 세상을 차지하겠지. 그러나 너는 좀 어리둥절하겠지만, 문화에 대해서는 나도 상대주의자가 아니다. 보편적 진실이 있다고 믿기 때문이다. 이를테면 인권, 자유, 인간의 본성, 그리고 인간이라면 누구나 원하고 마땅히 누려야 할 것들이 분명히 존재한다고 믿는다. 따라서 서양은 이성의 산물이고 동양은 무지의 산물이라는 새뮤얼 헌팅턴 교수의 주장에는 동의할 수 없다. 중요한 것은 마음이고 인간의 마음은 동서남북과 무관하다. 사람은 누구나 죽는다는 사실처럼 자유를 향한 욕구도 보편적이다. 본질적 인간성에서 비롯되었으니 선험적 진리는 아니지만 결코 포기할 수 없는 권리이기도 하다. 종교여, 네가 어리둥절해하는 것도 이해하지만 내 생각은 분명하다. 내 이성에게 물어보니 역시 내 말이 옳다고 하더라. 설명해다오. 부디 설명해다오. 참, 추신: 파키스탄에서는 공문서에(종류를 막론하고 모든 공문서에) 반드시 종교를 명시해야 하고 "없음"은 답변으로 인정하지 않는 이유가 뭐냐? "없음"

이라고 쓰면 서류를 "훼손"하는 행위로 간주되므로 처음부터 다시 쓰거나 응분의 대가를 치러야 한다. 가혹한 처벌을 받을지도 모른다. 무슬림 국가는 모두 그런 식인지 확신할 수는 없지만 내 짐작엔 아무래도 그럴 듯싶다. 종교여, 이건 좀 심하다고 생각하지 않느냐? 파시즘에 가까운 처사가 아니더냐? 무슨 클럽이 그렇게 강제로 회원을 뽑나? 좋은 클럽은 으레 배타적이라 오히려 어중이떠중이는 못 들어오게 하려고 안간힘을 쓰던데.

이 문제도 좀 설명해다오. 부탁이다.

독자 여러분께

제 작품에 대해 친절한 말씀을 해주셔서 감사합니다. 그런데 아주 기초적인 논점 하나를 말씀드려도 되겠습니까? 책을 쓸 자유는 책을 읽을 자유와도 밀접한 관계가 있습니다. 여러분이 읽을 책을 성직자나 '분개한 공동체' 등이 선택하거나 심사하거나 검열하는 일은 없어야겠지요. 도대체 언제부터 예술작품을 싫어하는 사람들이 작품의 가치를 결정하게 되었습니까? 예술은 그것이 불러일으키는 증오가 아니라 사랑에 따라 진가가 정해지기 마련입니다. 사랑받는 책이 오래갑니다. 계속 읽어주십시오.

새해를 맞이하면서 결심했다. 살을 빼고, 이혼 문제를 매듭짓고, 소설을 쓰고, 『악마의 시』 페이퍼백을 출간하고, 파트와를 철회하게 만들겠다고. 자신과의 약속이지만 모두 지키기는 불가능할지도 모른다고 생각했다. 그러나 다섯 가지 가운데 서너 가지만 이뤄져도 고마운 일이었다. 6주만에 15파운드를 줄였다. 괜찮은 출발이었다. 난생처음 컴퓨터를 구입했다. 신기술을 잘 모르는 사람들이 흔히 그렇듯이 루슈디도 문체가 달라질까봐 걱정했다. 여러 해 전에 페이 웰던과 공동으로 켄티시 타운에서 낭독회를 할 때였는데, 질의응답 시간에 어떤 여자가 이렇게 물었다. "타이핑을 하다가 어떤 문장을 지울 일이 생기면 그 부분만 지우고 계속 쓰시나요, 아니면 타자기에서 그 종이를 뽑아내고 새 종이에 처음부터 다시 쓰시나요?" 루슈디와 페이는 둘 다 처음부터 다시 쓴다고 대답했다. 당연한 일이 아닌가. 많은 작가가 그러듯이 루슈디도 깨끗한 원고에 집착했는데, 이 놀라운 기계를 사용하면 원고를 "정서"하기가 간단해서 매우 요긴하겠다는 확신이 들었다. 원고를 다시 타이핑하는 시간을 줄이면 실제로 글쓰기를 하는 시간이 늘어날 테니까. 그 컴퓨터로 처음 쓴 소설이 바로 『무어의 마지막 한숨』이다.

세인트피터스 스트리트에 있는 집을 팔아야 했다. 지출이 어마어마해서 돈이 필요했다. 영국 타블로이드 신문은 여전히 루슈디 때문에 국고 낭비가 심하다고 불평했지만 사실은 나라가 아니라 루슈디가 경제적 한계에 근접한 형편이었다. 경호팀과 함께 영원히 행복하게 살겠다고 큰 집을 사서 수리중인데다 방탄 꽃마차까지 구입했기 때문이다. 이번에는 엘리자베스에게 "공개용" 주소가 필요해서 햄프스테드에 있는 방 두 개짜리 아파트를 그녀의 명의로 구입하여 선물할 생각이었다. 다행히 페이버 앤드 페이버 출판사의 로버트 매크럼이 세인트피터스 스트리트의 집을 사고 싶어 했고 매매 조건에도 금방 합의했다. 그러나 로버트가 살던 집이 팔리지 않는 바람에 계약이 지연되었다. 로버트는 자기 집에 관심을 보인 사람이 여럿이라면서 머지않아 매매가 성사되길 기대했다.

덩컨 슬레이터를 마지막으로 만났다. 슬레이터는 말레이시아 주재 영국 대사로 부임할 예정이었다. 두 사람은 세 시간 동안 대화를 나눴는데, 결론은 루슈디의 이런저런 발언이 영국 정부에 영향을 미쳤다는 이야기였다. 특히 컬럼비아 대학에서의 연설이 중요하게 작용했다. 슬레이터가 말했다. "선생님을 지지하는 사람이 꽤 많다는 사실을 허드도 알게 된 겁니다. 그렇다고 그 사람들이 꼭 자기를 지지해준다는 보장은 없지만 워낙 많으니 무시해버릴 수도 없죠." 허드 외무장관은 루슈디 사건을 간단히 덮어버리긴 불가능하다는 사실을 깨달았다. 슬레이터가 말했다. "잘하면 현상금을 취소하게 만들 수도 있습니다." 루슈디는 그렇게만 된다면 괜찮은 출발이라고 대답했다. "그런데 외무부는 페이퍼백 출간 계획을 달가워하지 않는 분위기예요."

며칠 후, 엘리자베스의 생일날, 앤절라 카터의 양쪽 폐에 암이 퍼졌다는 소식을 들었다. 숨을 쉬기도 힘들어 몇 주를 넘기지 못한다고 했다. 어리고 귀여운 아들 앨릭스에게도 말해줄 수밖에 없었다. 앤절라를 잃다니 상상하기도 싫었지만 예전에 어머니가 자주 말했듯이, 고칠 수 없는 병이라면 참는 수밖에 없다. 2주 뒤에 앤절라가 차를 마시자고 불렀다. 그날 그녀를 마지막으로 보았다. 오래전부터 익숙한 클래펌 집에 도착했을 때 앤절라는 병상을 떠나 정장 차림으로 루슈디를 맞이하고 안락의자에 똑바로 앉아 차를 따라주는 등 안주인으로서의 품격을 지켰다. 몹시 힘들어 보였지만 그녀에게는 그만큼 중요한 일이었다. 그래서 여느 오후처럼 함께 차를 마시면서 둘 다 가급적 많이 웃으려고 노력했다. 앤절라가 깔깔거리며 말했다. "보험회사 사람들이 펄펄 뛰겠지. 정말 어마어마한 보험계약을 맺었는데 겨우 3년 만에 보험금을 토해내게 생겼으니 말이야. 덕분에 우리 사나이들은 잘 지내겠지만." 여기서 우리 사나이들이란 늘 그랬듯 말없이 그녀 곁을 지키는 남편 마크와 그 자리에 없는 아들 앨릭스를 가리키는 말이었다. 잠시 후 앤절라는 녹초가 돼버렸고 루슈디는 곧 자리에서 일어나 작별의 입맞춤을 했다. 그녀가 말했다. "그럼 잘 지내." 그 말이 마지막이었다. 앤절라는 루슈디와 함께 차를 마신 후 불과 4주 만에 세상을 떠났다.

제일 가까운 친구들이—캐럴라인 미셸, 리처드와 루시 로저스, 앨런 옌토브와 필리파 워커, 멜빈 브래그 등등—파트와 3주년에 맞춰 공개 행사를 준비했다. 중요한 작가들이 많이 참석하기로 했다. 귄터 그라스도 온다고 했고, 마리오 바르가스 요사와 톰 스토파드도 그랬고, 못 오는 작가들은—나딘 고디머, 에드워드 사이드 등—영상 메시지를 보내주겠다고 약속했다. 공개적으로 발표하진 않았지만 루슈디도 "깜짝 출현"할 예정이었다. 장소는 전생처럼 까마득한 옛날 그가 부커 상을 수상했던 출판조합이었다.

젊은 작가였던 그 시절, 출판사가 페이퍼백을 안 내겠다고 버티는 일 따위는 없었다. 그러나 황금기는 지나가버렸다. 길런의 집에서 피터 메이어를 만났다. 메이어가 드디어 의사를 분명히 밝혔다. 『악마의 시』 하드커버는 계속 찍겠다고 약속할 수 있지만 펭귄에서 페이퍼백을 내는 날은 올 성싶지 않다고 했다. 페이퍼백 판권을 저자에게 반납할 테니 조합을 만들어 출간하라는 이야기였다. 충격적인 순간이었지만 다들 예의와 품위를 잃지 않으려고 노력했다. 그날도 메이어의 변호사 마틴 가버스가 동석했는데, 미국에서는 미국서점협회, 펜 아메리칸센터, 작가협회 등이 주도하는 조합을 구상할 만하다고 했다. 가버스는 이튿날 프랜시스 더수자에게 연락하여 자기가 조합 결성을 추진하고 있다면서 영국 페이퍼백 발행에 아티클19도 동참하겠느냐고 물었다. 터무니없는 월권행위였다. (나중에 〈뉴욕 타임스〉 기사에서 가버스는 『악마의 시』 페이퍼백을 출간하기 위해 조합을 결성할 때 자신이 주도했다고 말했다. 사실과는 전혀 다른 주장이라 신속히 이의를 제기할 수밖에 없었다.)

마치 강풍이 불어 먹구름이 쏜살같이 해를 가로지르는 듯한 나날이었다. 잠시 어두웠다가 갑자기 밝아졌다가 다시 컴컴해지기 일쑤였다. 펭귄 측과 만난 다음날, 해로에 있는 노스윅 파크 종합병원 플로렌스 병동에서 사민이 둘째를 낳았다. 둘째 딸 미슈카였다. 이 아이는 장차 뛰어난 피아니스트로 성장하여 음악을 가문의 자랑거리로 만들 터였다. 그전에는 우스꽝스러울 정도로 음악과는 거리가 먼 집안이었건만.

특수부에서 최신 정보를 알려주었다. 헤즈볼라 조직원들이 루슈디를 찾아 죽이려고 여전히 활발하게 움직인다는 소식이었다. 위협수준에 대한 평가도 변함없이 '엄청나게 높음'이었다.

뉴욕에서 앤드루가 유엔의 잔도메니코 피코를 만났다. 피코는 레바논 인질 협상을 맡아 존 매카시 등 여러 명을 석방시킨 장본인인데, 루슈디 사건에 대해 이런 말을 했다. "전부터 그 사건에 매달렸고 지금도 진행중이오." 몇 달 후 투명인간은 워싱턴 D. C.에서 이 비밀협상 전문가를 만나보았다. 피코는 영원히 잊지 못할 조언을 해주었다. "이런 협상을 진행할 때 골칫거리가 하나 있소. 말하자면 열차가 들어오길 기다리면서 많은 시간을 보내야 하는데 정작 그 열차가 어느 역으로 들어올지는 알 수 없는 상황이거든. 그래서 가급적 많은 역에서 기다리는 게 협상의 요령이오. 그래야 열차가 들어왔을 때 냉큼 올라탈 수 있으니까."

베를린 신문 〈디 타게스차이퉁〉이 "살만 루슈디에게 보내는 편지"라는 캠페인을 벌였다. 각각의 편지는 유럽과 남북 아메리카 전역의 20여 개 신문에 다시 실렸다. 피터 케리, 귄터 그라스, 나딘 고디머, 마리오 바르가스 요사, 노먼 메일러, 조제 사라마구, 윌리엄 스타이런 등 쟁쟁한 작가들이 동참하기로 했다. 카멜 베드퍼드가 마거릿 애트우드에게 연락하여 편지를 써달라고 부탁했을 때 위대한 페기*는 이렇게 말했다. "아, 이런, 뭐라고 써야 좋을지 모르겠는데?" 그러자 카멜은 아일랜드인답게 엄격하고 대담한 일면을 보여주었다. "상상력을 좀 발휘하세요." 그리고 어느 위대한 소설가가 루슈디에게 전화를 걸었다. 비록 편지 캠페인에 동참하진 않았지만 그의 연락을 받다니 무엇보다 짜릿한 일이었다. 또 한 명의 투명인간**으로 유명한 토머스 핀천이었다. 그는 루슈디가 〈뉴욕 타임스 북리뷰〉에 발

---

* 마거릿의 애칭.
** 토머스 핀천의 은둔생활에 대한 언급.

표한 『바인랜드』 서평을 고맙게 읽었다면서 요즘은 어떻게 지내느냐고 걱정스럽게 물었다. 루슈디는 핀천이 『중력의 무지개』를 헌정할 만큼 가까운 사이였던 리처드 파리나의 고전급 컬트 소설의 제목으로 대답을 대신했다. "'너무 오래 우울해서 오히려 즐거운 듯Been down so long it looks like up to me'합니다." 핀천은 두 사람이 동시에 뉴욕을 찾게 되면 만나서 저녁이나 먹자고 했다. 루슈디는 짝사랑에 빠진 사춘기 소년처럼 더듬거렸다. "아이고, 감사합니다, 예, 그럼요, 물론이죠."

　독일과 스페인에서는 출판인, 서점, 기업, 유명 문인 등을 모아 조합을 결성하기가 그리 어렵지 않았다. 표현의 자유를 지키는 데 중요한 일이라고 여겨 너도나도 동참하려 했기 때문이다. 그런데 기이하게도 미국에서는 몹시 까다로운 문제였다. 앤드루가 미국 연방 대법관 윌리엄 브레넌, 저명한 헌법 전문 변호사 플로이드 에이브럼스, 전 법무부 장관 엘리엇 리처드슨 등에게 조언을 청했는데, 『악마의 시』 페이퍼백 출간이 수정 제1조*에 관련되는 중대한 사안이라는 데 모두 의견이 일치했다. 그러나 미국의 주요 출판사 여덟 곳은 생각이 달랐다. 미국 출판계의 거물들이 차례로 난색을 표시했다. 이 문제는 표현의 자유와 무관하다고 본다면서, 조합에 가입하면 피터 메이어와 펭귄을 "넌지시 비판하는 셈"이라고 귀띔했다. 서니 메타는 이런 말까지 했다. "살만, 혹시 다들 그 책을 내기 싫은 게 아닐까? 그냥 조용히 넘어가길 바라는 게 아닐까?" 앤드루는 미국출판협회가 실제로 페이퍼백 출간을 막으려고 담합했다는 이야기를 들었다. 자기들이 좋아하는 피터 메이어 편에 서서 루슈디의 계획을 방해하려는 움직임이었다. 어차피 그들은 악명 높은 앤드루 와일리를 별로 좋아하지 않았고, 앤

_____
* 미국 헌법에서 종교, 언론, 출판, 집회의 자유를 정한 조항.

드루의 고객 루슈디도 꽤나 불쾌한 인물이라는 평판이 자자했다. 그래서 그들은 루슈디의 연락을 기피했다. 면전에서 문을 닫아버리는 형국이었다. 〈뉴욕 타임스〉는 조합을 결성하려는 시도가 "난항"을 겪고 있다고 보도했다. 그러나 앤드루는 집요하고 단호했다. 런던에 있는 길런도 마찬가지였다. 두 사람은 이렇게 말했다. "페이퍼백 그거, 출간할 수 있어. 기필코 출간할 테니 두고 보라고."

출판인 한 명이 반기를 들었다. 하퍼콜린스 출판사의 조지 크레이그가 앤드루에게 은밀히 도와주겠다는 뜻을 밝혔다. 하퍼콜린스 명의로 조합에 가입할 수는 없지만 첫 10만 부를 찍는 비용을 대고 디자이너를 시켜 표지도 만들어주겠다는 제안이었다. 그리고 인쇄, 보관, 유통 방법 등을 설계하는 요령도 가르쳐주겠다고 했다. 이 조합이 페이퍼백 출간을 계속하려면 꼭 필요한 일이었다. 그러나 크레이그조차도 불안을 감추지 못했다. 자기가 관여했다는 사실이 알려질까봐 걱정했다. 그래서 남몰래 비밀리에 출간 계획을 짰다. 마치 중절모를 쓰고 긴 외투를 걸친 사내들이 지하실 나무 탁자에 둘러앉아 알전구 불빛 아래서 범죄를 모의하듯이. 델라웨어에 '컨소시엄'이라는 이름의 출판사를 설립했다. 조합원은 세 명뿐이었다. 길런 에이킨, 살만 루슈디, 앤드루 와일리. 미국은 물론이고 영국 출판인들 중에서도 조합원 명단에 정식으로 이름을 올리거나 재력으로든 인력으로든 이 프로젝트를 지원해준 사람은 아무도 없었다. 유일한 예외가 조지 크레이그였다. 앤드루와 길런도 사재를 털어 페이퍼백 프로젝트에 투자했다. 이익금 배분에 대해서는 저자와 협의하여 결정했다. 앤드루가 말했다. "드디어 하는 거야. 이제 준비는 다 끝났어."

엘리자베스에게 줄 아파트를 구입했다. 세인트피터스 스트리트 집을 사기로 했던 로버트 매크럼은 아직도 감감무소식이었다. 비숍스 애비뉴 9번지를 고치는 데 적잖은 공사비가 들어 돈이 궁했다. 어떤 이유로든 햄프스테드 레인 집이 "발각"된다면 다시 값비싼 임대주택을 빌릴 만한 여력이 없다고 판단했다. 결국 군부대로 들어가는 수밖에 없었다.

밸런타인데이가 다가오면서 다시 탐탁잖은 소란이 시작되었다. 물론 파트와를 재확인하는 발표도 빠지지 않았다. 어느 이란 신문은 이 포고령을 가리켜 "악마를 돌로 쳐 죽이라는 신성한 명령"이라고 말했다. 이란의 하수인이 된 영국인 칼림 시디키도 어김없이 꽥꽥거렸다. "루슈디는 이슬람의 공적 제1호입니다." 그러나 이번에는 동조자가 별로 없었다. 유럽의회 의원 115명이 성명서를 발표하여 "여전히 고난을 겪는 작가에게 심심한 위로의 뜻을" 전하고 이란이 살해 협박을 철회하도록 모든 가맹국이 압력을 행사하자고 촉구했다. 데이비드 고어부스는 더글러스 호그와 외무부도 "대단히 긍정적인" 입장이지만 이란의 4월 총선이 끝날 때까지 기다릴 예정이라고 말했다. 그때는 이란 정부에 요청하여 현상금을 취소하고 공식적으로 파트와를 "제한"하도록—즉 완전히 철회하기 전에 일단 이란 국내에서만 유효한 명령이라고 발표하도록—한다는 방침이었다.

조금은 위안을 얻었다. 루슈디 수호운동의 압력 때문일망정 영국 정부가 이 사건에 대해 새로운 대책을 세우기 시작했다는 뜻이니까.

그때 매우 놀라운 일이 생겼다. 프랜시스가 아티클19의 중동문제 전문가 사이드 에술라미와 함께 이란 대리공사에게 루슈디 사건에 대해 논의해보자는 편지를 보냈는데 뜻밖에도 이란측이 그 요청을 수락했다. 그리하여 1992년 2월 14일, 프랜시스와 사이드는 이란 공무원들을 만나 파트와와 현상금에 대해 이야기했다. 프랜시스는 이란인들이 속내를 거의 드러내지 않았지만 루슈디를 지지하는 여론에 당황한 기색이 역력하더라고 말했다. 이란인들은 영국 정부가 이 사건에 무관심하다고 강조했다. (이 만남에 대한 소식이 언론에 보도되자 이란인들은 만남 자체를 부인하다가 나중에는 외교사절이 아니라 "현지 고용인"이 참석했을 뿐이라고 주장했다.)

그날 세계 각지에서 루슈디를 지지하는 시위와 발언이 이어졌다. 프랑스에서는 1700만 명이 루슈디 인터뷰를 시청했다. 저녁 뉴스를 제외한 프로그램으로서는 사상 최고의 시청률이었다. 그날 저녁 루슈디는 런던의 출판조합에 모인 작가들과 친구들 앞에서 연설을 했다. "과거의 인물이 되길 거부합니다. 작품을 출판할 권리를 포기하길 거부합니다." 영국의 모든 신문이 이 행사를 호의적으로 보도했지만 〈인디펜던트〉는 한마디도 언급하지 않았다.

1992년 2월 16일, 앤절라 카터가 숨을 거두었다. 전화 연락을 받고 거실에 우두커니 서서 울었다. 〈레이트 쇼〉에 출연하여 앤절라에 대해 말해달라는 요청을 받았다. 방송에 출연할 기분이 전혀 아니었는데 앨런 옌토브가 이런 말을 했다. "앤절라도 기왕이면 자네가 해주길 바랄 텐데." 그래서 할말을 적어 방송국으로 향했다. 그곳에 도착했을 때 이렇게 말했다. "이번 촬영은 한 번으로 끝내야겠소. 다시 찍을 여력이 없소." 그럭저럭 촬영을 마치고 집으로 돌아왔다. 〈뉴욕 타임스〉에도 추도문을 발표했다. 당시 〈오즈의 마법사〉에 대한 수필을 완성한 직후였는데, 먼치킨들이 할리우드에서 벌인 몰상식한 행태에 대해 처음 말해준 사람이 앤절라였다는 사실도 생각났다. 술주정, 문란한 성행위 등등. 앤절라는 만취한 먼치킨 한 명이 변기에 끼어버렸다는 이야기를 유난히 좋아했다. 소책자 『오즈의 마법사』를 그녀에게 헌정했다. 위대하고 무서운 마법사라던 오즈는 늙은 사기꾼에 불과했고, 추도문에도 썼듯이 앤절라 카터야말로 정말 착한 마법사, 정말 소중한 친구였다.

그녀는 자신의 장례 절차에 대해 미리 구체적인 계획을 세워두었다. 루슈디도 그 자리에 참석하여 분부대로 앤드루 마벌의 시 「이슬 한 방울 *On a Drop of Dew*」을 낭송했다.

영원한 하루의 맑은 샘에서 떨어진
영혼, 물방울, 한줄기 빛
(…)
순수한 생각만 자꾸 맴돌아
작은 하늘 속에 큰 하늘을 담아보네.

장례식 전날, 몇몇 타블로이드 신문이 다시 엘리자베스에 대해, 그리고 그녀가 빚은 "국가적 손실"에 대해 불쾌한 기사를 실었다. 그러나 사진은 확보하지 못한 모양이었다. 경찰은 두 사람이 장례식에 참석하면 파파라치가 따라붙어 사진을 찍을 테고 엘리자베스가 더욱 위험해진다고 경고했다. 루슈디는 두 사람이 따로따로 가면 되지 않겠느냐고 했다. 그러자 호의적인 체하던 헬렌 해밍턴이 가면을 벗었다. 그녀는 루슈디가 온갖 공개 석상에 참석하느라 특수부에 부담을 준다고 쏘아붙였다. 루슈디는 이렇게 대답했다. "다른 경호 대상도 모두 이런저런 일정이 있을 텐데, 그 사람들에 대해서는 이렇게 불평하지 않잖습니까. 친구 장례식에 참석하겠다는 게 무리한 요굽니까?" 그러자 그녀가 말했다. "맞는 말씀이지만 다른 경호 대상은 모두 국가를 위해 일하는 분이거나 예전에 그랬던 분이죠. 제가 보기에 선생님은 둘 다 아니거든요."

결국 엘리자베스는 퍼트니베일 공동묘지에서 열린 장례식에 참석하지 못했다. 사진기자는 한 명도 오지 않았다. 경찰의 예상이 빗나갔다. 물론 경찰은 그런 식으로 말하지 않았다. 자기들은 여느 때처럼 최악의 상황을 고려하여 대책을 세웠을 뿐이라고 했다. 그러나 루슈디는 최악의 상황을 기준으로 살긴 싫었다. 그렇게 살면 경찰의 죄수와 다름없다. 죄수 노릇을 하긴 싫었다. 죄 없는 루슈디는 자유인답게 살고 싶었다.

나중에 마이클 버클리가 이런 이야기를 들려주었다. 장례식 날 화장장에서 먼저 화장을 마치고 나오던 사람들이 수많은 경찰을 보고 대화를 나눴다. "다음 차례가 굉장히 중요한 인물인가봐." 그래서 마이클이 끼어들어 말해주려 했다. 그렇다, 정말 굉장히 중요한 인물, 바로 앤절라 카터다. 그런데 그때 다른 사람이 말했다. "아닐 거야. 아마 교도소에 갇힌 죄수가 어머니 장례식 때문에 잠깐 외출했겠지."

경호원들은 여전히 상냥하고 호의적이었으며 어떻게든 도와주려고 노력했다. 자파르가 럭비 실력을 뽐내고 싶어했을 때, 새로 온 토니 던블레인이이―트위드 재킷 차림에 멋진 콧수염을 길러 도시 출신 해적을 연상시키는 친구였다―루슈디 부자를 하트퍼드셔 주 부시에 있는 경찰 운동장으로 데려갔다. 요원들이 수비진을 형성했고 자파르는 마음껏 달리며 럭비공을 던졌다. (당시 자파르는 하이게이트 중등학교 입학시험과 면접을 치른 후 무사히 합격하여 부모에게 크나큰 기쁨과 안도감을 안겨주었다. 큰일을 해냈다는 성취감과 더불어 자파르의 자신감도 훌쩍 자라났다. 엄마 아빠가 간절히 바라던 일이었다.) 엘리자베스는 새집에 들여놓을 가구와 벽지를 고르는 일을 착착 진행시켰다. 마치 신혼살림을 장만하는 평범한 부부 같다는 생각이 들었다. 토니가 최신식 사운드 시스템과 텔레비전을 찍은 사진을 보여주면서 뭐든 고르기만 하면 이사하자마자 자기가 다 설치해주겠다고 했다. 마침내 로버트 매크럼과 매매계약을 맺고 세인트피터스 스트리트 41번지를 넘겨주었다. 경찰은 이제 그의 소유가 아닌 집에 그를 데려다주고 이삿짐을 상자에 담아 대기중인 승합차로 옮기는 일까지 거들었다. 짐은 새집에 들어갈 때까지 경찰이 보관해주기로 했다. 토니 던블레인의 말처럼 "무지막지한 궁지"에 몰린 한 인간에게 다른 인간들이 베푸는 예사로운 친절에 루슈디는 매번 감동할 수밖에 없었다.

엘리자베스가 도와주었는데도 메리앤의 물건을 꾸리는 데만 다섯 시간 가까이 걸렸다. 그 짐 속에서 루슈디는 일찍이 르포르타주 형식의 짧은 책 『재규어의 미소』에서 이야기했던 1986년 니카라과 여행 당시의 사진 전부를 발견했다. 필름도 모두 찾았다. (나중에 길런의 동료 샐리 라일리가 메리앤의 심부름으로 그녀의 짐을 가지러 오면서 몇 가지 물건을 돌려주었다. 어머니가 주신 간다라 시대의 골동품 석조 두상, 사진이 담긴 가방 등이었다. 사라진 앨범에 들었던 사진은 아니고, 별로 마음에 안 드는 사진이나 중복되는 사진 따위를 모아둔 가방이었다. 어쨌든 메리앤을 만나기 이전의 인생을 돌이켜보게 해주는 몇몇 사진을 되찾았으니 그나마 다행이었다. 특히 자파르가 태어나던 날과 아기 때의 모습을 찍은 사진이 제일 반가웠다. 그러나 사라진 앨범에 붙여놓았던 정말 소중한 사진들은 영영 돌려받지 못했다.)

일상적인 난관들이—즉 그에게는 이미 "일상"이 되어버린 하루하루의 비참하고 기이한 생활이—침입자처럼 그를 사로잡고 놓아주지 않았다. 당시 앤드루 와일리가 새 아파트를 구입하려고 했는데, 『악마의 시』를 쓴 작가의 출판 에이전트라는 사실을 알게 된 조합 이사회에서 거부권을 행사했다. 앤드루는 대수롭지 않다는 듯이 말했지만 그토록 풀죽은 목소리는 처음이었다. 그때까지 작가를 위해 온갖 고생을 감수한 대가로 그런 대접을 받아야 하다니. 어쨌든 그 일은 해피엔딩으로 끝났다. 입주를 거절당한 후 얼마 지나지 않아 더 좋은 아파트를 찾아냈고 이번에는 조합 이사회도 앤드루를 거부하지 않았다.

그런데 곧 날벼락이 떨어졌다. 헬렌 해밍턴이 찾아와 감춰두었던 비수를 던졌다. 엘리자베스와 루슈디가 새집으로 이사하면 경찰 경호팀이 철수한다는 통보였다. 그때부터는 어쩔 수 없이 공개적인 경호를 해야 하는데 존 하울리 경무관이 부하들을 위험에 빠뜨릴 수 없다고 했기 때문이다.

신뢰를 저버리는 놀라운 배신이었다. 경호가 시작되는 첫날부터 그는 정보기관이 판단한 위협수준이 일정 수준으로 떨어질 때까지 계속 경호를 받게 되리라 믿었다. 아직은 그렇게 안전한 상황이 아니었다. 더구나 애당초 집을 살 때가 되었다고 권한 사람이 바로 하울리와 그 심복 그린업이었다. 그들은 적절한 보안시설을 갖추기만 하면 설령 루슈디의 집이라는 사실이 알려지더라도 경호팀이 계속 상주할 테니 걱정하지 말라고 분명히 말했다. 그러면서 앞마당이 있는 독립주택을 구입하게 했다. 대문은 두 개가 필요한데, 하나는 전기로 작동하고 또하나는 (정전에 대비하여) 수동으로 여닫을 수 있어야 하며, 건물과 일체형으로 지은 차고에 방탄 철판을 숨긴 나무 자동문까지 설치하라고 요구했다. 값비싼 방탄유리창과 경보장치도 달았다. 그러나 무엇보다 중요한 것은 자신과 엘리자베스에게 필요한 면적보다 두 배나 넓은 집을 사야 했다는 사실이었다. 경찰관 네 명—경호원 두 명과 운전사 두 명—이 묵을 침실과 별도의 거실을 마련하기 위해서였다. 이 모든 조건을 충족시키느라 막대한 돈과 노력을 퍼부었건만 이제 와서 말을 바꾸다니. "자, 그럼 우린 이만 철수합니다." 하도 어처구니가 없어 오히려 감탄이 나올 정도의 만행이었다.

진짜 이유는 경호 비용 때문이었다. 그리고 타블로이드 신문이 주장하듯 루슈디는 제대로, 공개적으로 보호하는 데 필요한 비용을 감수할 가치가 없는 사람이라는 생각 때문이었다.

그 무렵 파트와에 대해 몇몇 정보를 확보했다. 대중에게까지 알려지지는 않았지만 알 만한 사람은 다 알았다. 루슈디도 알고 하울리 경무관도 알았다. 이번에는 가상적인 위협이 아니었다. 이란 정보부 내부에는 호메이니의 명령에 따라 계획을 세우고 실행에 옮기는 임무를 띤 별동대가 존재했다. 이 별동대에는 암호명도 있고 미리 정해진 승인 절차도 있었다. 일단 계획이 세워지면 여러 단계를 거쳐 대통령에 이르기까지 차례차례 승인을 받은 후 마지막으로 종단宗團 수뇌부의 승인을 받는 형태였다. 이란에서는 일반적인 진행 방식이었다. 일전에 샤푸르 바흐티아르를 살해한 별동대도 보나마나 그렇게 동원되었을 것이다. 그런 상황을 잘 알면서도―더구나 바흐티아르 암살 사건이 터진 지 얼마 지나지도 않았건만―
경호팀을 철수시키려 하다니 하울리의 속마음을 짐작하고도 남았다. 경
호팀은 늘 이렇게 자랑했다. 우린 사람을 잃은 적이 없습니다. 그러나 하울
리의 생각은 전혀 달랐다. 당신이 죽든 말든 관심도 없소. 그것을 깨달았을
때…… 참담했다.

엘리자베스에게 자신의 안전을 먼저 생각하라고 말했다. 경찰이 철수하
고 나면 얼마나 위험한 상황이 될지 짐작할 수도 없으니까. 그녀는 이렇게
대답했다. "그래도 당신 곁을 떠나지 않아요."

그럭저럭 일도 좀 했다. 『무어의 마지막 한숨』의 줄거리를 다듬어 드디
어 웬만큼 의미가 통하게 만들었다. 제대로 해내기까지 꽤 오랜 시간이 걸
렸다. 이제 마음의 평화만 되찾으면 그 책을 쓸 수 있었다.

스콧 암스트롱 기자가 3월 말 워싱턴 D. C.에서 열리는 프리덤 포럼*에
참석하여 연설을 해달라고 초청했다. 루슈디도 그러고 싶었다. 워싱턴에
머무는 동안 미국 원로 정치가들과 언론인들을 만나볼 수도 있을 것 같았
다. 그런 기회가 생기면 영국 정부가 진심으로 자신을 지켜주려 하는지 미
심쩍다는 말을 하기로 마음먹었다. 기왕이면 언론이 호의적으로 들어줄
만한 곳에서 반격을 시작하는 편이 나을 테니까. 앤드루도 영향력을 총동
원하여 포럼이 시작되기 전에 『악마의 시』 페이퍼백을 손에 쥐여주겠다고
약속했다. 페이퍼백 출간 소식은 곧 검열에 대한 항변이므로 포럼 참석자
들도 크게 반길 터였다. 마침내 원고가 인쇄소로 넘어갔다. 출간이 늦어진
이유는 펭귄 때문이었다. 처음에는 무슨 까닭인지 막판까지 판권 반환 서
류에 서명을 안 하고 버티더니 그다음에는 이미 널리 알려진 표지 그림에

---

* 언론 출판의 자유를 지킬 목적으로 설립된 비영리단체.

대해 소유권을 주장했다. 그러나 두 인물이—왕자와 마귀가—엎치락뒤치락 드잡이질을 하는 장면을 묘사한 이 그림은 사실 『샤나메』* 즉 '열왕전列王傳'을 바탕으로 그린 옛 인도의 세밀화 〈하얀 마귀를 죽이는 루스탐〉에서 따온 것으로, 원본은 현재 빅토리아 앤드 앨버트 박물관의 클라이브 화첩에 들어 있다. 아무튼 그렇게 훼방을 놓던 펭귄도 결국 단념하고 순순히 서류에 서명했다. 그때부터 인쇄기와 제본기에 불이 켜졌고, 몇 년 만에 드디어 페이퍼백을 제작하기 시작했다.

영국 공군은 한참 망설인 끝에 덜레스 공항까지 왕복하는 정기 수송기를 태워주기로 했다. 그러나 이번이 마지막이라는 단서를 달았다. 앞으로는 이런 편의를 제공하지 않겠다는 이야기였다. 게다가 이번에는 루슈디 본인뿐만 아니라 미국을 다녀올 때까지 동행할 공군 보안요원 두 명의 요금까지 부담하라고 요구했다. 대안이 없으니 공손히 돈을 바칠 수밖에 없었다. 당시 존 프라인의 노랫말이 자주 떠올랐다. 아빠 팔뚝에 돈 잡아먹는 구멍이 있네.** 루슈디에게는 파트와가 헤로인과 다름없었다. 벌어들이는 돈을 모조리 쏟아붓게 만들고 결국 목숨마저 빼앗을지도 모르니까. 물론 황홀감 따위는 없었지만.

루슈디가 미국으로 떠나기 전에 뚱보 잭이 "의논 좀" 하자고 청했다. 곧 A 부대의 입지가 달라진다는 소식 때문에 다들 걱정이 많다고 했다. 안건이 통과되면 요원들은 특수부에서 쫓겨나고 수사관 신분마저 빼앗길 처지였다. 보수당 소속의 몇몇 경호 대상이 그런 변화를 막겠다고 나섰지만 이제 총선이 임박했는데 혹시 노동당이 집권하면 어떻게 해야 할까? 최근 여론조사에서도 노동당이 보수당을 3퍼센트 앞질렀다는데. 요컨대 루슈디가 닐 키녁과 친한 사이니까 만약 키녁이 총리가 되면 자기들 입장을 잘

---

* 페르시아제국의 역사와 전설을 다룬 장편 서사시.
** 모르핀에 중독된 참전 군인의 죽음을 그린 노래 〈Sam Stone〉의 한 소절.

말해달라는 부탁이었다. "솔직히 말해서 노동당을 상대하는 일이라면 선생님 말고는 기댈 구석이 없습니다."

　새벽 5시 30분에 알람이 울리자 다들 부스스 잠자리에서 일어났다. 경호팀은 엘리자베스를 스위스 코티지에 내려주었다. 그녀는 거기서 열차를 타고 히스로 공항으로 가야 했다. 루슈디는 아침안개에 묻혀 더욱 아름다운 코츠월드를 지나 브라이즈 노턴 공군기지로 향했고, 그곳에서 파트와 이후 두번째 해외여행을 시작했다.

　덜레스 공항에 도착해보니 프리덤 포럼측이 고용한 사설 경호원들이 기다리고 있었다. 나중에 들은 얘기지만 자그마치 8만 달러라는 터무니없는 금액을 지불했다고 한다. 넉살 좋은 경호팀장이 자신과 팀원들에게 페이퍼백 한 권씩 줄 수 없느냐고 물었다. 그가 원하는 숫자는 50권도 넘었다. 놀라운 일이었다. 도대체 경호팀 규모가 얼마나 크단 말인가? "그럽시다. 구해주겠소."

　덜레스에서 6마일쯤 떨어진 웨스트필드라는 회담장에서 엘리자베스와 앤드루를 만났다. 윈저 회의실에서 기자회견이 열릴 예정이었다. 루슈디가 봄베이에서 어린 시절을 보낸 집이 바로 웨스트필드 단지의 윈저 빌라였다. 미소를 머금게 하는 우연의 일치였다. 그때부터 며칠 동안은 인터뷰 때문에 숨 돌릴 틈도 없이 바빴다. 첩보영화 같은 경험을 한 기자들은 한결같이 흥분을 감추지 못했다. 환각 상태라고 해도 과언이 아닐 정도였다. 그들을 데려온 보안회사 직원들은 회담장에 도착할 때까지 목적지를 말해주지 않았다. 아주 짜릿한 경험이었을 것이다. 기자들 대부분의 관심사는 오로지 파트와였다. 집필 활동에 대한 이야기를 듣고 싶어하고 이토록 황당한 상황에서 어떻게 글을 쓰느냐고 물어본 기자는 〈뉴욕 타임스〉의 에스터 B. 파인뿐이었다.

빈틈없는 워싱턴 소식통답게 무뚝뚝하고 사무적인 스콧 암스트롱이 나쁜 소식을 가져왔다. 다음날로 예정된 국회의원들과의 만남이 취소되었다고 했다. 스콧이 얻은 정보에 따르면 국무장관 제임스 베이커가 직접 개입한 모양이었다. 베이커가 왜 그랬을까? 그 의문은 며칠 뒤에 풀렸다. 조지 H. W. 부시 정부가 루슈디의 회견 요청을 모두 거절하고 루슈디 사건에 대한 입장 표명마저 거부했다. 백악관 대변인 말린 피츠워터는 이렇게 말했다. "북투어중인 작가일 뿐입니다."

발끈한 앤드루가 스콧에게 속았다며 펄펄 뛰었다. 고성이 오갔다. 스콧도 앤드루 때문에 노발대발했지만 분노는 잠시 접어두고 대책을 궁리해보자는 현명한 제안을 내놓았다. 마이크 월리스를 비롯한 몇 사람을 만나 저녁식사를 했다. 그 자리에 모인 저명 언론인들의 공감을 얻고 싶었다. 당분간 비밀을 지켜준다는 다짐을 받은 후 조합의 실상을 밝히고 미국 정부의 적대적 반응과 더불어 영국 정부가 경호를 중단할 가능성에 대해서도 털어놓았다.

연설 시간이 다가왔다. 그날 루슈디는 버건디색 리넨 양복을 입었는데, 그때쯤에는 형편없이 구겨진 상태였지만 갈아입을 겨를도 없었다. 미치광이 과학자 같은 꼬락서니였지만 아무래도 좋았다. 당장은 옷차림보다 연설이 더 걱정스러웠다. 루슈디는 정치적 발언에 필요한 언어를 알지 못했다. 그는 늘 언어의 한계를 넓히고 싶었다. 말의 의미를 최대한 확장하고, 말뿐만 아니라 그 속에 숨은 음악성까지 *끄집어내고* 싶었다. 그러나 지금은 명료하게 말해야 했다. 이런 조언을 들었다. 진심 그대로 말씀하시오. 소설 뒤에 숨지 말고 당당히 선생 입장을 설명하고 정당성을 밝히시오. 작가라는 사람이 그렇게 풍요로운 언어를 빼앗기고 알몸뚱이가 되어버렸다. 그게 왜 중요하냐고? 당연히 중요할 수밖에. 아름다움은 사람의 심금을 울리니까, 아름다움은 마음의 문을 열어주니까. 아름다움이 중요한 까닭은 아름다움이 곧 즐거움이고 바로 그 즐거움이 작가로서 살아가는 이유이기 때문이다. 말에서 느끼는 즐거움. 말을 가지고 이야기를 만들어내고 새로운 세계를 창조하고 마음껏 노래하는 즐거움. 그러나 지금의 그에게 아름다움은 포기해야 마땅한 사치에 불과했다. 사치인 동시에 거짓이었다. 왜냐하면 진실은 추악하니까.

나름대로 최선을 다했다. 미국인들에게 지지와 도움을 호소했다. "자유의 수호자" 미국의 참모습을 보여달라고 했다. 글을 쓰고 출판할 자유뿐만 아니라 책을 읽을 자유에 대해서도 이야기했다. 영국 정부가 그의 생명을 운명에 맡길지도 모른다는 두려움에 대해서도 이야기했다. 이윽고 수많은 역경을 이겨내고 드디어 『악마의 시』 페이퍼백을 출간했다고 말하면서 페이퍼백 한 권을 들어 보였다. 그리 매력적인 표지는 아니었다. 꼴사나운 금색 바탕에 크고 굵은 검은색과 빨간색 글자를 찍어 그야말로 나치가 좋아할 만한 표지였다. 그래도 책이 나왔다는 사실 자체가 크나큰 기쁨이었다. 소설 초판을 출간한 후 3년 반이 지나서야 비로소 출판의 모든 과정을 끝마쳤으니까.

객석에 앉은 기자들 중에는 친구들도 있었다. 〈타임스 오브 인디아〉의 프라풀 비드바이, 1988년 남아공으로 와달라고 했던 〈위클리 메일〉의 앤턴 하버 등이었다. 그러나 친구들과 정담을 나눌 여유도 없었다. 경호팀이 "저격수가 걱정"이라고 했다. 도로 건너편 건물에 "리비아계 연고자"가 있단다. 루슈디는 속으로 생각했다. 아, 그래, 내 친구 카다피. 루슈디는 곧 끌려가다시피 그곳을 떠났다.

스콧의 아내 바버라가 엘리자베스를 "보살펴주었다". 엘리자베스는 경호원들이 회견장에 못 들어가게 해서 주차장에 앉아 있었다고 말했다. 그녀는 너그럽게 이해하려 했지만 이번에는 루슈디가 노발대발할 차례였다. 두 사람은 굉장히 수다스러운 일흔다섯 살 노인의 집에 머물게 되었다. 그들을 따뜻하게 맞이한 노신사는 일찍이 상원의원 조지프 매카시를 무너뜨리는 데 중요한 역할을 담당했던 유력한 자유주의 로비스트 모리스 로젠블랫이었다. 로젠블랫이 독백을 늘어놓는 동안 앤드루는 여전히 국회 모임이 취소된 일에 대한 울분을 삭이지 못해 씩씩거렸다. 하필 그때 스콧이 전화를 걸었고 앤드루는 곧바로 공격에 돌입했다. 그러자 스콧이 말했다. "당신이 얼마나 지긋지긋한 인간인지는 나중에 자세히 말해줄 테니 일단 루슈디 선생이나 바꿔봐." 그러더니 이렇게 말문을 열었다. "앤드루한테는 굳이 해명할 필요를 못 느끼지만 아무래도 선생한테는 설명을 해드려야겠소." 두 사람이 통화하는 사이에 미국 상원 외교위원회의 상임위원 피터 갤브레이스가 다른 회선으로 전화를 걸었다. 루슈디는 그를 만난 적이 없지만 경제학자 존 케네스 갤브레이스의 아들이라는 사실, 그리고 조금 저속한 얘기지만 대학 시절 베나지르 부토의 애인이었다는 사실 정도는 알고 있었다. 갤브레이스는 모임이 다시 정해졌다고 말했다. 상원의원 대니얼 패트릭 모이니핸과 패트릭 레이히 주최로 상원의원 전용 식당에서 점심식사를 하자는 초대였다. 그들 말고도 여러 상원의원이 참석할 예정이었다. 실내 온도가 급격히 내려갔다. 앤드루는 냉정을 되찾아 스콧에게 사과했고, 스콧도 난처한 상황을 모면했고, 아무튼 모두가 안도하는 분위기였다. 다들 기진맥진했지만 한결 가벼운 마음으로 잠자리에 들었다.

　루슈디도 엘리자베스도 워싱턴 방문은 처음이었다. 이튿날 두 사람은 미국의 힘을 과시하는 성채들과 요새들을 처음으로 구경했다. 이윽고 엘리자베스는 스미스소니언 박물관과 식물원을 보러 가고 루슈디는 국회의사당으로 향했다. 상원의원 레이히가 다가왔다. 몸집이 크고 자상하고 손바닥이 솥뚜껑만했다. 상원의원 사이먼, 루거, 크랜스턴, 워포드, 펠, 그리고 위대한 대니얼 패트릭 모이니핸이 있었다. 뉴욕 출신 상원의원답게 고층 빌딩을 연상시키는 키, 나비넥타이, 장난기가 가득한 미소. 루슈디가 상황을 설명하는 동안 의원들은 열심히 경청했다. 이윽고 사이먼 의원이 제일 먼저 나서서 상원이 루슈디 지지 결의안을 채택해야 한다고 주장했다. 곧 다른 의원들도 이런저런 제안을 내놓았다. 그런 거물들이 응원해주니 마음이 설렐 수밖에 없었다. 식사가 끝날 무렵—치킨 샐러드를 먹었는데 주류는 제공되지 않았다—모이니핸이 주도권을 잡고 자신과 레이히가 결의안을 작성하여 상원에 상정하겠다고 했다. 크나큰 성과였다.

앤드루가 모임에 참석한 상원의원들에게 나눠주려고 『악마의 시』 페이퍼백을 준비해두었는데, 놀랍게도 의원들이 예전에 나온 책을 몇 권씩 내놓더니 자신과 가족의 이름을 대며 서명을 부탁했다. 책에 서명하면서 감명을 받는 일은 드물지만 그날의 경험은 좀 놀라웠다.

놀랄 일은 또 있었다. 상원의원들이 루슈디를 하원 외무위원회 대기실로 데려갔다. 엄청나게 많은 기자들과 사진기자들이 기다리고 있었다. 스콧이 "똥줄 빠지게" 고생한 덕분이었다. 앤드루가 정식으로 사과해야 마땅했다. 앤드루는 그날이 지나가기 전에 사과했다. 스콧이 말했다. "나도 홍보 담당자가 아니라 글쟁이란 말이오. 평소에는 기삿거리가 있으면 보안을 지키기보다 어떻게든 뚫어보려고 애쓰는 사람이지." 그러면서도 이내 기분을 풀었다.

그리하여 "북투어중인 작가일 뿐"이었던 루슈디는 미국 권력의 심장부에서 기자회견을 하게 되었다. 그의 뒤에는 여러 상원의원이 저마다 『악마의 시』 페이퍼백을 들고 합창단처럼 늘어섰다. 워낙 놀라운 하루였기 때문에 그 자리에서 의원들이 별안간 왓뚜와리와리 하고 합창을 시작했어도 별로 놀라지 않았으리라.

루슈디는 이 싸움은 더 큰 전쟁의 일부일 뿐이라고 말했다. 무슬림 세계 전역에서 창의적, 정신적 자유가 탄압을 당하는 현실에 대해 이야기했다. 그 자리에 모여 지지를 표명해준 상원의원들에게 고마움을 표시했다. 모이니핸이 마이크를 잡더니 루슈디 곁에 서게 되어 영광이라고 말했다. 여기가 영국이 아니라는 사실이 실감났다. 영국 정치가들은 그런 식으로 말한 적이 없었다.

스콧과 바버라 암스트롱 부부, 크리스토퍼와 캐럴 히친스 부부와 함께 저녁식사를—레스토랑에서!—했다. 크리스토퍼는 메리앤도 워싱턴에 살지만 적대적인 발언을 할 리가 없다고 말했다. 그런 짓을 했다가는 "자기가 사귀고 싶어하는 사람들한테 미움만 살 테니까". 아니나 다를까, 메리앤은 침묵을 지켰다. 정말 다행스러운 일이었다. 이튿날 찰리 로즈*를 만나 한 시간짜리 특집 방송을 녹화하고 오후에는 존 호큰베리와 함께 청취자들의 전화를 받는 한 시간짜리 NPR 라디오 프로그램에 출연했다. 에린이라는 아홉 살 소녀가 전화로 물었다. "루슈디 선생님, 책을 쓸 때 재미있어요?" 그는 『하룬』을 쓰면서 굉장히 즐거웠다고 대답했다. 그러자 에린이 말했다. "당연히 그랬겠죠. 저도 그 책 읽었어요. 정말 좋은 책이에요." 나중에 연결된 수전이라는 무슬림 여자는 한참 동안 펑펑 울더니 루슈디씨가 죽어 마땅하다고 생각하느냐는 호큰베리의 질문을 받고 이렇게 대답했다. "그 문제에 대해서는 공부 좀 해야겠어요."

스콧이 친구 밥 우드워드**에게 도움을 청했는데 "밥이 어찌나 열성적인지" 오히려 감동을 받았다고 했다. 우드워드는 아주 특별한 자리를 마련해주었다. 〈워싱턴 포스트〉의 전설적인 사주 캐서린 그레이엄***과의 다과회였다.

그레이엄 여사의 집으로 가는 길에 루슈디는 너무 피곤해 곯아떨어질 뻔했다. 그럴 때는 아드레날린이라는 생화학 물질이 꽤 유익하다. 위대한 여인을 만나자마자 정신이 번쩍 들었다. 그 자리에는 기명 칼럼니스트 에

---

* 미국 텔레비전 토크쇼 진행자(1942~).

** 〈워싱턴 포스트〉 기자(1943~). 닉슨 대통령의 사임으로 이어진 워터게이트사건을 특종 보도했다.

*** 워터게이트사건 당시 백악관으로부터 큰 압력을 받았지만 기자들의 보도를 지지해 명성을 얻은 인물(1917~2001).

이미 슈워츠도 있었다. 그녀가 루슈디에 대한 논평을 여러 차례 썼다는 말을 들었다. 호의적인 내용만은 아니었다고 한다. 외신부 편집장 데이비드 이그네이셔스도 있었는데 다가오는 이란 총선에 대한 이야기를 꺼냈다. 스콧은 그레이엄 여사의 아들 돈 그레이엄도 "전폭적인 지지자"라고 말했다.

말은 주로 루슈디가 도맡아 했다. 〈포스트〉 기자들이 질문을 던지면 루슈디가 대답하는 형식이었다. 그레이엄 여사는 좀처럼 입을 열지 않았고, 다만 미국 정부가 냉담한 태도를 보인 까닭을 묻는 루슈디의 질문에 이렇게 대답했다. "이번 정부는 참 이상해요. 권력의 중심인물이 별로 없거든요. 그중 하나가 베이커 장관이죠. 별난 사람이에요. 언제나 진짜 속셈은 따로 있는 것 같아요." 그러자 이그네이셔스가 끼어들어 우드워드도 했던 말을 되풀이했다. "정부를 움직이려면 바버라 부시 여사를 통하는 게 지름길이죠." 만남이 끝난 후 스콧에게, 이제부터라도 〈포스트〉가 적극적으로 지지해주길 바랄 뿐이라고 말했다. 스콧은 이렇게 대답했다. "벌써 지지하기로 결정하지 않았다면 케이 그레이엄이 선생을 만나주지도 않았을 거요." 그렇다면 정말 잘된 일이었다. 이미 〈뉴욕 타임스〉도 다른 신문사들이 함께 나서준다면 루슈디를 지지하겠다는 뜻을 밝혔다. 그레이엄 여사가 밀어주면 설즈버거* 회장도 그럴 터였다. 앤드루는 다우존스**를 끌어들이겠다고 했다. 스콧은 개닛 그룹***을 설득할 자신이 있다고 했다. 두 부분으로 된 성명서를 작성하여 모두의 서명을 받기로 했다. 페이퍼백 출간을 지지하며 파트와가 아니라 작가를 지지한다는 내용을 쓰고 마지막으로 미국 정부도 동참하여 지지해주기를 요구할 계획이었다.

그러나 〈뉴욕 타임스〉는 지지 성명서에 서명할 때까지 기다리지도 않았

---

* 〈뉴욕 타임스〉 발행인.
** 〈월 스트리트 저널〉 등을 발행하는, 경제 관련 언론 및 정보를 서비스하는 회사.
*** 미국의 미디어 그룹. 〈USA 투데이〉 등을 발행한다.

다. 루슈디가 워싱턴의 경쟁사 사람들을 만났다는 사실에 자극이라도 받았는지, 루슈디와 케이 여왕의 다과회 다음날 아침 〈타임스〉는 사설에서 백악관과 국무부의 방관적 태도를 비판했다. "아야톨라 호메이니가 『악마의 시』를 신성모독으로 매도하고 작가와 출판인들의 죽음을 요구한 후 3년이 넘도록 우리 정부는 유감스럽게도 미온적 태도로 일관했다. 루슈디 씨는 그때부터 줄곧 숨어 살았다. 일본 번역가는 칼에 찔려 목숨을 잃고 이탈리아 번역가도 중상을 입었다. 한편 프랑스와 스위스에서는 이란 정권을 비판했던 망명자들이 암살당했다. 정권이 주도한 테러가 아니고 무엇인가? 그런데도 서구 사회는 계속 나 몰라라 했으니 실로 부끄러운 일이다. (…) 지금 서구 세계가 뜻을 모아 이란 정부에 항의하지 않으면 위험에 처하는 것은 루슈디 씨의 목숨만이 아니다. 테러를 수출하고 부추기는 작태를 당장 그만두지 않으면 그들이 원하는 무역도 성사될 수 없다고 경고해야 한다." 국가도 자국의 이익을 중심으로 움직이기 마련이다. 이란이 파트와를 철회하게 만들려면 그러는 편이 유익하다는 사실을 깨닫게 해야 한다. 루슈디가 그레이엄 여사에게, 그전에 마이크 월리스에게도 했던 말 그대로였다. 이제 〈뉴욕 타임스〉도 그 말을 되풀이하고 있었다.

엘리자베스가 먼저 출발하고 몇 시간 후 루슈디도 영국 공군기를 타고 미국 영공을 벗어났다. 황홀했던 며칠도 그것으로 끝이었다. 런던에 돌아왔을 때 경찰은 브릭스턴의 리치 극장에서 열리는 앤절라 카터 추모 행사에 데려다주지 않으려 했다. 고공비행을 하다가 별안간 땅에 떨어진 기분이었다. 한참 동안 언쟁을 벌인 끝에 결국 참석해도 좋다는 대답을 받아냈다. 이번에도 엘리자베스는 따로 갔다. 화려하면서도 소박한 리치 극장은 앤절라에게 잘 어울리는 곳이었다. 무대 위의 대형 스크린에 코리나 사구드*가 아주 선명한 빛깔로 앵무새 몇 마리를 그려놓았다. 꽃도 많았다. 벽마다 영화 장면을 담은 액자를 걸었다. 누르딘 파라가 루슈디를 얼싸안으

---

* 영국 일러스트레이터(1941~). 앤절라 카터의 책에 삽화를 그렸다.

며 말했다. "내가 정말 좋아하는 여자가 생겼는데 자네한테 소개해줄게."
루슈디는 이렇게 대답했다. "나도 정말 좋아하는 여자가 생겼는데 자네한
테 소개해줄게." 에바 파이지스*도 안아주었다. "텔레비전에서만 보다가
이렇게 실물을 만나보니 정말 반갑네." 로나 세이지**가 추도사를 하면서
앤절라의 웃음을 기막히게 흉내냈다. 입을 크게 벌린 채 몇 분 동안 소리
도 없이 부들부들 떨다가 마침내 터뜨리는 폭소. 로나는 앤절라의 『영웅과
악당Heroes and Villains』 낭독회가 끝난 후 그녀를 만나 뜨거운 찬사를 보냈
다고 한다. "그런데 그때 내 말이 좀 이상하게 들렸나봐요. 조금 있다가 앤
절라가 허리를 꼿꼿이 펴더니 대뜸 이러더라고요. '저는 동성애자가 아닌
데요.'" 행사가 끝나자마자 경찰이 또 황급히 루슈디를 데리고 나왔다. 클
래리사와 자파르도 그곳에 있었는데 인사를 나눌 겨를도 없었다. 나중에
자파르가 말했다. "아빠를 만나려고 했는데 금방 가버리더라." 옆문으로
빠져나가 부리나케 멀어져가는 뒷모습만 겨우 보았다고 한다.

　세인트피터스 스트리트 집을 비웠다. 가구는 대부분 창고에 보관하거나
사민과 폴린에게 넘겨주거나 햄프스테드 히스 근처에 있는 엘리자베스의
새 아파트에 들여놓았다. 로버트 매크럼에게 열쇠를 보내주면서 매매를
매듭지었다. 인생의 한 장이 그렇게 끝났다.
　4월 9일, 멜빈 브래그와 마이클 풋이 멜빈의 햄프스테드 집에서 공동으
로 총선 기념 파티를 열었다. 그날 밤은 "무능한 보수당"의 장기 집권도
곧 막을 내린다는 기대감에 부풀어 축제 분위기로 시작되었다. 그러나 밤
이 깊어갈수록 키넉의 패색이 짙어졌다. 그렇게 빨리 김이 새버린 파티는

---

* 영국 작가(1932~2012).
** 영국의 문학비평가이자 작가(1943~2001).

난생처음이었다. 루슈디는 일찌감치 자리를 떴다. 산산이 부서져버린 희망의 폐허 속에 머물자니 가슴이 아파 견딜 수 없었다.

일주일 후 헬렌 해밍턴이 다시 만나자고 했다. 루슈디는 변호사도 참석시키겠다고 했다. 변호사 버니 사이먼스를 햄프스테드 레인으로 불렀다. 헬렌 해밍턴은 몹시 불안하고 당혹스러운 표정으로 루슈디 경호 계획이 다시 "변경"되었다고 설명했다. 그녀의 말을 듣는 동안 그녀와 그 배후에 있는 하울리가 완전히 항복했다는 사실이 점점 분명해졌다. 경호는 위협 수준이 내려갈 때까지 계속한다고 했다. 이사할 집이 "공개"되더라도 어떻게든 대처하겠다고 했다.

지금도 그는 이 작은 승리가 미국—즉 상원의원들과 신문—덕분이라고 믿는다. 미국 때문에 영국도 루슈디를 지키는 일을 그만둘 수 없었으니까.

6

팜파스는 사진에 담지 못한다

Why It's Impossible to Photograph the Pampas

1992
-
1993

오래전 미하스를 방문했을 때─미하스, 일찍이 마누엘 코르테스가 프랑코 정권의 박해를 피해 30년 동안이나 숨어 살았던 그곳, 낮에는 벽장 뒤의 골방에 틀어박혀 시간을 보내야 했던 그곳, 온 가족이 이사하던 날 자기가 시장까지 지냈던 이 도시의 거리를 지나기 위해 늙은 여자로 변장해야 했던 그곳에서─루슈디는 독일 태생의 구스타보 토를리첸이라는 사진가를 만났다. 독수리 같은 인상에 빛나는 은발을 뽐내는 이 키 크고 잘생긴 남자가 세 가지 흥미진진한 이야기를 들려주었다. 미하스의 이주민 사회는 구스타보가 남아메리카까지 흘러들어갔던 일로 미루어 나치 출신이 분명하다고 수군거렸다. 그러나 사실은 바로 그 나치를 피하려고 1930년대에 독일을 탈출하여 아르헨티나로 건너간 사람이었다. 그가 부에노스아이레스에 머물던 어느 날 에바 페론*의 사진을 찍어달라는 요청이 들어왔

---

* 아르헨티나에서 1940~50년대에 집권한 후안 페론 대통령의 영부인으로, '에비타'라는 애칭으로 불리며 국민적인 인기를 누렸다.

다. 전화통화를 할 때 페론의 측근은 "사진가 네 명한테만 주어진 영광"이라고 말했다. 구스타보는 심호흡을 하고 나서 이렇게 대답했다. "영광스럽긴 한데, 나한테 사진을 찍어달라고 할 때는 나만 부르셨어야지, 그런 상황이라면 정중히 사양하겠습니다." 그러자 측근은 잠시 침묵하다가 다시 입을 열었다. "방금 그 말씀 때문에 아르헨티나에서 추방당할 수도 있습니다." 구스타보는 이렇게 대답했다. "그런 말을 했다고 추방하는 나라라면 내가 머물 만한 나라가 아닙니다." 그는 수화기를 내려놓고 침실로 가서 아내에게 말했다. "짐 싸요." 20분 후 다시 전화벨이 울리더니 아까 그 측근이 말했다. "에비타께서 내일 아침 11시에 뵙자고 하십니다. 작가님 한 분만." 그후 그는 에바 페론과 후안 페론의 전속 사진사가 되었고, 에비타의 시신을 찍은 저 유명한 사진도 자기 작품이라고 했다.

그것이 첫번째 재미있는 이야기였다. 두번째는 볼리비아 라파스에서 젊은 체 게바라와 친하게 지냈으며 체가 『모터사이클 다이어리』에서 "위대한 사진 예술가"라고 부른 사람이 바로 자기라는 이야기였다. 세번째는 젊은 사진가로 첫발을 내디딜 무렵 부에노스아이레스의 서점에 들렀을 때 느릿느릿 들어오는 늙수그레한 남자를 보고 호르헤 루이스 보르헤스라는 사실을 알아차렸다는 이야기였다. 구스타보는 용기를 내어 이 위대한 작가에게 다가갔고, 아르헨티나의 초상이라고 부를 만한 사진집 작업을 하는 중이라고 밝히면서 보르헤스가 서문을 써주면 정말 자랑스럽겠다고 말했다. 앞을 못 보는 사람에게 사진집 서문을 청하다니 어처구니없는 짓이라는 사실을 잘 알면서도 일단 그렇게 부탁해보았다. 그러자 보르헤스가 대답했다. "나가서 좀 걸읍시다." 부에노스아이레스의 거리를 거닐면서 보르헤스는 주변 건물의 모습을 사진처럼 정확하게 묘사했다. 그런데 이따금씩 낡은 건물을 헐어내고 새 건물을 지은 경우도 더러 있었다. 그럴 때마다 보르헤스는 걸음을 멈추고 이렇게 말했다. "어떤 모습인지 설명해주시오. 1층부터 차례대로." 설명하는 동안 구스타보는 보르헤스가 머릿속에 새 건물을 지어 각각 제자리에 배치하는 중이라는 사실을 깨달았다. 산책이 끝날 무렵 보르헤스가 서문을 써주겠다고 했다.

구스타보는 루슈디에게 사진집 『아르헨티나』한 권을 선물했다. 지금은 대부분의 소유물처럼 그 책도 상자에 넣어 다른 곳에 보관했지만 루슈디는 보르헤스가 사진의 한계에 대해 썼던 말을 아직도 기억했다. 사진은 앞에 있는 것만 보기 때문에 광활한 아르헨티나 팜파스의 참모습을 담아낼 수 없다. 보르헤스는 이렇게 말했다. "이 대초원은 전 세계 초원 중에서도 유명하지만 일찍이 다윈이 진술했고 허드슨*도 확인했듯이 지상이나 마상에서 바라보면 그 엄청난 넓이를 미처 깨닫지 못한다. 눈높이에서 볼 수 있는 한계는 지평선까지 고작 3마일에 불과하기 때문이다. 다시 말해서 대초원의 광활함을 실감하려면 사진에 담을 수 있는 각각의 풍경이 아니라 그때까지의 기나긴 여정을 돌이켜보고 앞으로 남은 여정을 헤아리는 나그네의 심정을 상상해봐야 한다." 팜파스의 끝없는 넓이를 드러내는 것은 시간의 흐름뿐인데 사진은 그런 시간을 담아내지 못한다. 팜파스를 찍은 사진은 널찍한 들판을 보여줄 뿐이다. 변화도 없고 끝도 없는 공간을 가로질러 터벅터벅 하염없이 걸어야 하는 길, 미치도록 단조로운 그 길은 보여주지 못한다.

새로운 삶이 4년째로 접어들면서 루슈디는 보르헤스가 말한 나그네처럼 시간과 공간 속에 홀로 고립되었다고 느낄 때가 많았다. 그때는 영화 〈사랑의 블랙홀〉이 개봉되기 전이었지만 나중에 그 영화를 보면서 주인공 빌 머리에게 깊은 동질감을 느꼈다.** 루슈디의 삶도 일진일퇴의 반복이었다. 뭔가 변화가 생겼다고 착각했다가도 아무것도 변하지 않았다는 사실을 깨닫기 일쑤였다. 희망은 실망을 부르고 좋은 소식 뒤에는 나쁜 소식이 따라

---

* 아르헨티나 태생의 영국 박물학자이자 소설가 윌리엄 헨리 허드슨(1841~1922).
** 영화 〈사랑의 블랙홀〉은 똑같은 하루가 무한 반복되는 상황에 빠진 남자의 이야기다.

왔다. 그런 순환 과정을 끊임없이 되밟았다. 지평선 너머에도 가야 할 길이 까마득하다는 사실, 이 은둔생활이 앞으로도 6년이나 계속된다는 사실을 미리 알았다면 정말 미쳐버렸을 것이다. 그러나 당시 그는 지평선까지만 볼 수 있었고 그 너머는 아직 미지수였다. 그래서 눈앞에 닥친 일만 생각했다. 먼 훗날을 걱정해봤자 부질없는 일이니까.

　나중에 친구들은 당시 루슈디가 절망의 무게에 짓눌려 나이보다 훨씬 늙어 보였다고 말했다. 마침내 그 짐이 사라졌을 때 일종의 회춘 현상이 나타났다. 끝없는 고난이 끝나면서 시간을 되돌려 소용돌이에 휘말리기 이전의 모습으로 돌아간 듯했다. 그래서 오십대의 나이에 오히려 사십대 때보다 더 젊어 보였다. 그러나 오십대가 되려면 아직도 5년이나 기다려야 했다. 벌써 많은 사람들이 루슈디에 대한 이야기가 나올 때마다 짜증을 내거나 귀찮아하거나 따분해하기 일쑤였다. 워낙 참을성 없는 시대였다. 급격한 변화의 시대, 그래서 어떤 화제도 오래 주목받지 못하는 시대였다. 루슈디는 이란 시장을 개척하고 싶어하는 사업가들에게도 골칫거리였고, 두 나라 사이에 다리를 놓으려 하는 외교관들에게도 골칫거리였고, 새로운 사건이 터지지 않으면 기사를 쓸 수 없는 기자들에게도 골칫거리였다. 그렇게 아무런 변화도 없다는 사실, 참을 수 없는 불변의 상황 자체가 기삿거리였지만 그런 소식은 아무도 귀담아듣지 않았다. 루슈디가 날마다 무장한 낯선 이들 틈에서 눈을 뜬다는 이야기, 문밖에 나가 신문이나 커피 한 잔을 살 수도 없다는 이야기, 대부분의 친구들은 물론이고 가족조차도 그의 거처를 모른다는 이야기, 낯선 이들의 동의를 얻기 전에는 아무것도 할 수 없고 어디에도 갈 수 없다는 이야기, 예컨대 비행기 여행처럼 남들이 당연시하는 일을 할 때도 끊임없이 협상을 벌여야 한다는 이야기, 비명횡사의 위협이 늘 가까이 따라다닌다는 이야기, 그런 일을 평가하는 직업을 가진 사람들의 판단에 따르면 위협은 조금도 줄어들지 않았다는 이야기 등등…… 재미없다. 루슈디가 여전히 팜파스를 여행하는 중이고 모든 상황이 그대로라고? 글쎄, 그 이야기라면 모르는 사람이 없으니까 이젠 듣기도 싫다. 그것이 일반적인 생각이었다. 새로운 이야기가 없으면 저리 꺼져라.

잘못된 생각이지만 세상 사람들에게 말해봤자 소용없는 일이다. 그런 방법은 안 통한다. 그렇다면 좋다. 새로운 이야기를 하자. 사람들이 원하는 대로 해주자. 은둔생활, 침묵, 두려움, 조심성, 죄의식 따위, 이젠 다 지긋지긋하다! 얼굴도 안 보이고 목소리도 안 들리는 사람은 텅 빈 공간과 다름없으니 남들이 온갖 편견과 속셈과 분노를 다 퍼붓기 마련이다. 광신과 싸우려면 보이는 얼굴과 들리는 목소리가 필요하다. 더는 조용히 지내지 않으리라. 시끄럽고 눈에 잘 띄는 사람이 되어보리라.

공개 무대로 나서는 일도 쉽지 않다. 눈부신 조명을 받으면 누구나 당황하기 마련이다. 제대로 대처하려면 시간이 필요하다. 루슈디도 걸핏하면 말을 더듬거나 실언을 하거나 깜짝 놀라 말문이 막히거나 엉뚱한 말을 내뱉기 일쑤였다. 그러나 지금은 더 현명해졌다. 출판조합에서 그는 과거의 인물이 되길 거부한다고 밝혔다. 미국 덕분에 정상인으로 돌아가는 여행이 시작되었다. 컬럼비아 대학도 다녀오고 워싱턴도 다녀왔다. 희생자로 살기보다 투사로 사는 편이 낫다. 그래, 싸워보자. 앞으로는 이 싸움이 기삿거리가 되리라.

만약 이 시절에 대한 책을 쓴다면 어떻게 써야 할까? 사람들 이름은 당연히 바꿔야겠지만―예컨대 "헬렌 해밍턴" "랩 코널리" "폴 토퍼" "딕 우드" "오전 씨"와 "오후 씨" 등등으로―이 시절의 실상은 어떻게 전달해야 좋을까? 그 무렵 구상을 시작한 이 프로젝트에 그는 '지옥편Inferno'이라는 임시 제목을 붙였다. 자신의 경험담을 쓰되 단순한 자서전 이상으로 발전시킬 계획이었다. 세계상이 송두리째 무너져버린 한 남자를 그린 환상적 소설. 누구에게나 그렇듯이 한때는 그의 머릿속에도 그럭저럭 납득할 만한 세계상이 있었다. 그는 그 세계상 속에서 살았고, 세상만사의 이유를 이해했고, 그 속에서 살아가는 요령도 나름대로 터득했다. 그런데 그때 파트와가 거대한 망치처럼 세계상을 산산이 부숴버리고, 그는 별안간 모든 것이 불확실하고 부조리하여 선악마저 분간할 수 없는 세계로 떨어지고 만다. 사방에 위험이 도사린 세계, 도무지 아무것도 이해할 수 없는 세계다. 소설 속의 남자는 세계상을 복원하려고 필사적으로 노력하지만 깨진 거울 같은 파편에 찔려 양손이 피투성이가 될 뿐이다. 루슈디의 일면이기도 한 남자는 결국 착란상태에 빠진 채 캄캄한 숲속에서 빛을 찾아 헤맨다. 그리고 이 지옥에서 무수한 고난을 겪으면서 크고 작은 싸움을 치르고 남모르는 온갖 공포를 경험한 끝에 마침내 위대한 금단의 깨달음을 얻는다.

그러나 이 구상은 오래잖아 포기했다. 루슈디 이야기가 흥미로운 이유는 오로지 실제로 일어난 일이기 때문이니까. 실화가 아니라면 흥미롭지도 않을 테니까.

물론 고통스러운 시절이었지만 친구들의 걱정과 달리 그는 절망하지 않았다. 오히려 반격의 기술을 익혔다. 불멸의 작가들이 길잡이가 되어주었다. 따지고 보면 작품 때문에 위험에 처하거나 추방당하거나 은둔생활을 했던 작가는 루슈디만이 아니었다. 총살형 현장에서 마지막 순간에 감형명령을 받고 유형지에서 4년을 보낸 위대한 도스토옙스키도 있고, 수감생활을 하면서도 걷잡을 수 없는 기세로 파격적인 동성애를 다룬 걸작 『꽃의 노트르담』을 써내려갔던 장 주네도 있다. 『악마의 시』를 프랑스어로 옮긴 번역가는 본명을 감추려고 'A. 나지에'라는 가명을 썼다. 첫 책 『팡타그뤼엘』을 출간할 때 본명의 철자 순서를 바꿔 알코프리바 나지에라는 필명을 사용했던 위대한 프랑수아 라블레를 기리는 의미였다. 라블레도 종교당국의 유죄판결을 받았다. 가톨릭교회가 참아주기에는 풍자가 너무 심한 탓이었다. 그러나 국왕 프랑수아 1세가 라블레의 천재적 재능을 억압할 수 없다면서 보호해주었다. 그렇게 기량이 뛰어나다는 이유 하나만으로 국왕이 예술가를 지켜주던 시절도 있었다. 지금은 옛날만도 못하다.

아무튼 그는 '실수' 덕분에 비로소 눈을 뜨고 생각을 정리하고 위선을 벗어던졌다. 위험이 다가오고 있었다. 가슴속의 두려움이 자라날수록 용기는 점점 오그라들었다. 한동안은 강요에 못 이겨 자신의 언어를 버리고 남의 언어로 더듬더듬 거짓말을 늘어놓기도 했다. 타협은 타협하는 자를 파멸시킬 뿐이다. 타협을 모르는 적을 타협으로 회유하기는 불가능하다. 날개를 검은색으로 칠한다고 까마귀가 될 수는 없다. 기름을 뒤집어쓴 갈매기처럼 비행 능력을 잃어버릴 뿐이다. 위험이 다가올 때 가장 위험한 것은 멀쩡한 사람이 정신적 자살행위를 저질러놓고 상대와 화해했다고 착각하는 상황이다. 멀쩡한 사람이 두려움에 굴복해놓고 상대를 존중하기 때문이라고 둘러대는 상황이다.

남들이 새들의 예지능력에 관심을 갖기 전부터 루슈디는 모여드는 새들을 눈여겨보았다. 그는 당대의 카산드라가 될 운명이었다. 아무도 그의 말을 귀담아듣지 않고, 설령 듣더라도 오히려 그의 경고를 비난할 터였다. 뱀이 그의 귀를 핥아 미래를 듣는 능력을 주었다. 아니, 카산드라는 적절한 비유가 아니다. 그는 예언자가 아니었다. 때마침 그쪽을 돌아보다가 다가오는 폭풍을 발견했을 뿐이다. 그러나 남들의 시선을 돌리기는 쉽지 않았다. 그가 무엇을 보았는지 알고 싶어하는 사람은 아무도 없었다.

밀턴의 『아레오파지티카』*는 울부짖는 까마귀들을 꾸짖었다. 좋은 책을 파괴하는 자는 이성 그 자체를 파괴하나니. (…) 내가 원하는 자유는 무엇이든 아는 대로 말하고 양심에 따라 마음껏 주장하는 자유. 오래전에 루슈디는 자유에 대한 옛 문헌들을 읽어보았는데, 그때는 다 좋은 말이지만 좀 추상적이라고 생각했다. 실제로 자유를 누릴 때 자유에 대한 이론 따위는 필요하지 않으니까. 그러나 지금은 추상적이라는 생각이 들지 않았다.

옛날부터 루슈디에게 가장 뚜렷한 목소리로 말을 걸어온 작가들은 일

---

* 영국의 검열법을 비판하고 언론의 자유를 주장하기 위해 1644년에 발간된 팸플릿.

찍이 리비스*가 정전으로 꼽은 작품들과는 상반되는 또하나의 "위대한 전통"을 세운 사람들이었다. 그들은 "현실" 속의 비현실성을 알아차렸다. 이 세상의 현실은 생시에 보는 악몽과 같다. 일상이 끔찍하게 돌변할 수도 있다. 평범하고 따분한 나날 속에서 갑자기 터무니없고 극단적인 일이 벌어지기도 한다. 라블레, 고골, 카프카 같은 작가들은 늘 루슈디의 스승이었다. 그런데 이제 그들이 창조한 세계가 더는 공상의 산물로 보이지 않았다. 그는 고골과 라블레와 카프카의 세계 속에 갇혀 있었다.

엘리자베스가 큼직큼직한 앨범을 마련하여 부지런히 모아둔 덕분에 그 시절을 견뎌내고 살아남은 사진들을 보면 조지프 앤턴 씨의 옷차림은 대개 허름한 편이다. 평소에는 운동복을 입었다. 상의는 갈색 계통, 하의는 녹색 계통일 때가 많았다. 머리는 너무 길고 수염도 덥수룩했다. 이런 차림새는 남들에게 이렇게 말한다. 나는 자포자기에 빠진 사람이오. 그러니 진지하게 상대할 필요도 없소. 후줄근한 게으름뱅이에 불과하니까. 차라리 날마다 면도를 하고 잘 다린 깨끗한 옷을 입었어야 옳았다. 새빌 거리에서 구입한 최고급 정장까지는 아니더라도 말쑥한 셔츠와 양복바지 정도는 챙겼어야 옳았다. 스콧 피츠제럴드처럼 브룩스 브라더스 맞춤복 차림으로 책상 앞에 앉고, 보르헤스처럼 빳빳한 목깃과 커프스단추가 달린 셔츠를 단정하게 차려입고 외출했어야 옳았다. 외모에 조금만 더 신경을 썼다면 문장까지 더 좋아졌을지도 모른다. 하다못해 헤밍웨이처럼 수수한 면 셔츠를 입고 샌들을 신었어도 이토록 꼴사납진 않았을 텐데. 사진을 볼 때마다 고급 구두를 신은 모습을 보고 싶었다. 이를테면 투톤 옥스퍼드화나 흰색 가죽 구두라면 어떨까. 그런데 온갖 신발 중에서도 하필 크록스 다음으로 멋대가리 없는 버켄스탁을 신고 어슬렁어슬렁 집안을 배회하다니. 거울에 비

---

* 영국 문학평론가 프랭크 레이먼드 리비스(1895~1978). 대표작『위대한 전통The Great Tradition』(1948)에서 작가의 도덕성을 중시하여 영국 소설을 재평가했다.

친 자신을 볼 때마다 혐오스러웠다. 결국 수염을 다듬고, 엘리자베스에게 머리를 잘라달라고 부탁했다. (엘리자베스는 세련미 넘치는 여자였다. 처음 만날 무렵에는 "만학 여대생" 스타일이었는데, 마치 뭍에 갇혔다가 바다를 발견한 인어처럼 디자이너 의류를 열광적으로 좋아했다.) 이윽고 경찰에게 부탁하여 새 옷을 사러 나갔다. 이제 자신을 다잡을 때가 되었다. 곧 전투가 시작될 테니 빛나는 갑옷이 필요하리라.

일찍이 겪어보지 못한 일이 생기면 누구나 당황하기 쉽다. 아무리 똑똑한 사람도 안갯속을 헤매듯 갈팡질팡한다. 그렇게 허둥대다가 결국 남의 분노를 사거나 거부반응을 일으키기 십상이다. 늪에 살던 물고기 한 마리가 마른 땅으로 올라갔을 때 다른 물고기들은 어리둥절했을 것이다. 금지된 선을 넘었다는 사실에 불쾌감마저 느꼈을지도 모른다. 지구상에 운석이 떨어져 먼지가 태양을 가렸을 때도 공룡들은 멸종의 순간이 닥쳤음을 깨닫지 못하고 여느 때처럼 서로 싸우고 잡아먹었다. 언어의 탄생은 말 못하는 자들을 성나게 했다. 페르시아 왕은 오스만제국의 대포를 뻔히 보면서도 칼의 시대가 끝났음을 인정하지 않았다. 돌격 명령을 받은 기마대가 달려갔지만 불을 뿜는 대포 앞으로 뛰어드는 자살행위에 불과했다. 어떤 과학자가 거북과 앵무새를 관찰한 후 이른바 돌연변이와 자연선택에 대한 책을 썼을 때 창세기를 신봉하는 사람들은 욕설을 퍼부었다. 미술 분야에서도 혁명적 변화는 한낱 인상주의에 불과하다는 조롱을 받았다. 어느 포크 가수가 기타를 앰프에 연결했을 때 객석에서 누군가 소리쳤다. "배신자!"

루슈디의 소설이 던진 질문도 바로 그것이었다. 새로움은 어떤 방식으로 세상에 등장하는가?

새로운 것이 나타났다고 반드시 발전으로 이어지지는 않았다. 인류는 늘 서로를 억압하는 새로운 방법을 찾아냈다. 마치 태초의 흙탕물 속으로 돌아가려는 듯, 자기들이 이룩한 최고의 업적을 스스로 무너뜨리기 일쑤였다. 그리고 가장 찬란한 혁신이 그랬듯이 가장 암담한 혁신도 동료 인간들을 혼란에 빠뜨렸다. 마녀들을 불태우기 시작했을 때는 화형의 정당성을 따지기보다 마녀들을 탓하는 편이 더 쉬운 일이었다. 가스오븐의 악취가 이웃 마을까지 퍼져나가고 하늘에서 검은 눈이 내릴 때는 차라리 아무것도 모르는 편이 나았다. 중국인 대부분은 톈안먼에서 쓰러져가는 영웅들을 이해하지 못했다. 학살의 주범들에게 속았기 때문이다. 무슬림 세계 전역에서 독재자들이 권력을 잡았을 때도 기꺼이 그 정권의 정통성을 인정하고 오히려 반체제 세력을 가리켜 서양 물이 들었다는 등 뿌리를 잃었다는 등 비난하는 사람이 많았다. 어느 파키스탄 정치가가 신성모독죄를 저질렀다는 누명을 쓴 여자를 옹호하다가 자기 경호원에게 살해당했을 때도 파키스탄 국민은 오히려 살인자에게 갈채를 보냈고 범인이 법정에 들어설 때 꽃잎을 뿌려주었다. 이렇게 암담한 새로움이 등장할 때는 대개 전체주의적 이데올로기, 혹은 절대권력자, 혹은 의문을 용납하지 않는 교리, 혹은 신의 이름을 앞세우기 마련이었다.

『악마의 시』를 겨냥한 공격은 번번이 대서특필로 보도되었지만 실제로는 작은 사건에 불과했고, 따라서 각별한 관심을 기울일 만큼 중요한 사건이라는 사실을 사람들에게 납득시키기는 쉽지 않았다. 세계 각국 고위층을 만나보는 대장정을 시작한 뒤에도 사건을 다시 설명해야 할 때가 많았다. 진지한 작가가 진지한 책을 썼습니다. 폭력이나 위협은 테러리스트나 하는 짓이니 반드시 막아야 합니다. 아, 그런데 그 책 때문에 불쾌감을 느낀 사람도 많았잖아요? 그건 그렇지만 그 책이나 작가, 출판사, 번역자, 서점 등을 공격한 일이 더 큰 범죄니까요. 아, 그러니까 스스로 말썽을 일으켜놓고 그 결과로 생긴 말썽에는 반대하신다. 그래서 말썽꾸러기로 살아갈 권리를 세계 지도자들이 옹호해주길 바라신다는 말씀이군요.

17세기 영국의 "마녀사냥꾼" 매슈 홉킨스는 마녀를 확인하는 방법을 개발했다. 마녀로 고발당한 여자를 의자에 묶거나 돌을 매달아 강이나 호수에 빠뜨린다. 떠오르면 마녀가 분명하므로 화형에 처한다. 가라앉아 익사하면 결백하다.

결국 마녀라는 고발 자체가 "유죄판결"과 다름없었다. 지금 루슈디도 똑같은 시련을 겪는 중이었다. 진짜 범죄자는 그가 아니라 마녀사냥꾼들이라는 사실을 널리 납득시켜야 했다.

지금 새로운 일이 벌어지려 한다. 새로운 아집이 자라나 세계 전역으로 퍼져간다. 그런데도 모두 무관심하다. 끝까지 맹인으로 살겠다는 맹인들을 도와주려고 새로운 낱말이 생겨났다. 이슬람혐오증. 누가 이슬람교의 호전성이나 신격화된 지도자를 비판하면 편견이라고 한다. 이른바 혐오증을 가진 사람들은 사고방식이 극단적이고 불합리하기 마련이니 잘못은 그쪽에 있다. 전 세계 신도의 수가 10억을 헤아리는 신앙체계에 문제가 있을 리 없다. 10억 신도의 판단이 틀렸을 리 없으니 비판자는 미치광이가 분명하다. 그러나 루슈디는 묻고 싶었다. 어떤 종교이든 간에 종교를 싫어하는 것이 언제부터 불합리한 일이 되었나? 누군가는 맹렬히 싫어할 수도 있지 않을까? 언제부터 이성이 부조리로 탈바꿈했나? 언제부터 미신과 전설에 대한 비판이나 풍자가 금지되었나? 종교는 인종의 경우와 다르다. 종교는 사상이다. 비판을 이겨낼 만큼 강한 사상은 흥하기 마련이고 약한 사상은 망하기 마련이다. 비판을 금지하면서 애지중지한다고 해결될 일이 아니다. 강한 사상은 오히려 반론을 반긴다. 에드먼드 버크*는 이렇게 말했다. "우리는 적과 싸우는 동안 체력을 단련하고 기술을 연마한다. 적이 우리를 돕는다." 반대파를 외면하거나 욕하거나 해치려는 자는 나약한 자들과 독재자뿐이다.

---

* 영국 정치가, 사상가(1729~1797).

달라진 것은 루슈디 같은 사람이 아니라 이슬람교 쪽이었다. 이슬람교는 온갖 생각, 행동, 사물을 혐오하게 되었다. 루슈디의 은둔 시절은 물론이고 그 이후에도 이슬람교는 알제리, 파키스탄, 아프가니스탄 등 세계 각지에서 이런저런 연극, 영화, 음악에 금지처분을 내렸다. 음악가들과 배우들의 손발을 자르거나 살해했다. 탈레반은 구상미술을 사악하다고 여겨 바미안유적의 고대 석불을 파괴해버렸다. 이슬람교도가 사회주의자와 노동조합원, 만화가와 기자, 매춘부와 동성애자, 서양식 치마를 입은 여자와 수염을 깎은 남자 등을 공격하는 사건이 줄을 이었다. 심지어 냉동 닭고기나 사모사*마저 악으로 규정하고 공격하는 초현실적인 일까지 벌어졌다.

서구 열강이 "석유를 다스리는 왕위"에 사우드 가문을 앉혀놓은 일은 20세기 역사를 통틀어 가장 중대한 외교적 실책으로 손꼽을 만하다. 사우드 가문은 석유로 벌어들인 막대한 재산으로 마드라사(학교)를 짓고 자기들이 우상처럼 섬기는 무함마드 이븐 아브드 알와하브의 금욕적인 극단주의 사상을 전파했다. 이를 계기로 소수파에 불과했던 와하브파가 급성장을 거듭하여 아랍 세계 전역을 뒤덮었다. 와하브파의 성장은 다른 이슬람 극단주의자들에게도 자신감과 활력을 심어주었다. 인도에는 다룰 울룸 신학교에서 출발한 데오반드파가 널리 퍼지고, 시아파인 이란의 콤에도 과격파 성직자들이 나타나고, 수니파인 이집트의 알아즈하르 대학에도 막강한 보수주의자들이 등장했다. 극단주의 사상이—와하브파, 살라프파, 호메이니파, 데오반드파 등등—저마다 세력을 키우고 사우드 가문의 석유로 재정 지원을 받는 학교마다 턱수염을 길게 기른 남자들, 속 좁고 성미 급한 남자들을 속속 배출했다. 이슬람교는 그런 사상이야말로 근원으로 돌아가는 길이라고 주장했지만 실제로는 오히려 제 뿌리에서 까마득히 멀어지고 말았다. 일찍이 미국 유머 작가 H. L. 멩켄은 금욕주의에 대해 인

---

* 인도식 만두 튀김.

상적인 정의를 내렸다. "어딘가의 누군가는 행복할지도 모른다는 끈질긴 두려움." 아닌 게 아니라 새로운 이슬람은 종종 행복 그 자체를 진정한 적으로 여기는 듯했다. 그런 종교에 대한 비판이 편견이라고? 이상한 나라의 앨리스에게 험프티 덤프티는 말했다. "내 말은 더도 말고 덜도 말고 내가 생각한 의미 그대로 받아들여야 해." 오웰의 『1984』에서 "새말"을 만든 자들도 험프티 덤프티의 말뜻을 정확히 간파했다. 그래서 선전 담당기관을 진실부로 개명하고 나라 전체를 통틀어 가장 억압적인 기관에 사랑부라는 이름을 붙였다. 이제 험프티 덤프티의 새말 목록에는 "이슬람혐오증"이라는 단어도 추가되었다. 언어의 분석력, 판단력, 논쟁력을 빼앗고 물구나무를 세운 꼴이다.

루슈디는 확신한다. 이 광신이라는 암세포가 무슬림 공동체를 모두 잠식하고 나면 틀림없이 이슬람권을 벗어나 더 넓은 세계로 터져나갈 것이다. 만약 우리가 이성적 대결에서 패배한다면—그래서 이 새로운 이슬람을 "존중"해야 한다면, 그래서 비판자들은 맹렬한 비난과 인간 이하의 대우를 받고 심지어 죽음까지 당하는 세상이 온다면—그다음은 정치적 패배일 것이다.

그는 이미 정치의 세계에 발을 들였지만 늘 원칙에 따른 주장을 하려고 노력했다. 그러나 정작 결정이 이루어지는 곳은 닫힌 문 너머였고 그곳에서 원칙이 정책에 반영되는 일은 매우 드물었다. 힘겨운 싸움이었다. 개인으로서도 작가로서도 더 자유로운 삶을 되찾기 위해 안간힘을 써야 했으니 더욱더 힘겨울 수밖에 없었다. 그렇게 두 전선에서 동시에 치러야 하는 싸움이었다.

헤이온와이 문학제를 주관하는 피터 플로렌스가 연락했다. 이번 행사에 참가할 수 있느냐는 문의 전화였다. 이스라엘의 위대한 소설가 데이비드 그로스먼이 마틴 에이미스와 대담을 나눌 예정이었는데 못 오게 되었다고 했다. "선생님이 대신 와주시면 정말 좋겠습니다. 아무한테도 미리 알릴 필요는 없어요. 선생님이 나타나시면 관객도 열광할 테고 책의 세계로 돌아오셨다고 다들 반가워할 겁니다." 승낙하고 싶었다. 그러나 피터의 초대를 받아들이기 전에 경호팀과 의논해야 했고, 경호팀은 런던경찰청 고위층과 의논해야 했고, 행사 장소가 런던경찰청 관할구역이 아니므로 헤이온와이가 있는 포이스 주 경찰국장에게도 알려야 했고, 현장 일대의 제복 경찰까지 끌어들여야 했다. 고위층 간부들의 못마땅한 표정이 눈에 선했다. 또 시작이네. 요구사항도 많다니까. 그들은 루슈디가 입을 다물고 조용히 숨어 지내기를 바라겠지만 그는 굴복하지 않겠다고 결심했다. 결국 동의를 얻어냈다. 사전에 소문이 새어나가지만 않는다면 헤이온와이 근처에 있는 데버러 로저스와 마이클 버클리의 목장에 가서 머물다가 대담에 참석해도 된단다. 계획대로 진행했다. 헤이온와이에 도착하여 단상으로 나가보니 마틴도 똑같은 리넨 양복을 입고 있었다. 다시 작가로서 독자들과 함께 즐겁게 한 시간 반을 보냈다. 헤이온와이는 물론이고 영국 전역의 서점이 미국에서 들여온 『악마의 시』 페이퍼백을 판매했다. 많은 어려움을 겪었지만 결국 아무 일도 일어나지 않았다. 상황이 좋아지지도 않았지만 나빠지지도 않았다. 펭귄 출판사가 판권을 포기할 만큼 두려워했던 순간이 아무런 불상사 없이 지나갔다. 피터 메이어도 그 사실을 아는지 궁금했다.

캠페인 여행을 할 때마다 준비하는 데만 며칠씩 —때로는 몇 주씩— 걸렸다. 행선지 경찰과 말다툼을 벌이기도 하고 항공사와 마찰을 빚기도 했다. 정치인들은 약속을 깨기 일쑤였고 정치조직은 된다느니 안 된다느니 끝없이 오락가락하기 일쑤였다. 프랜시스, 카멜과 끊임없이 의견을 주고

받았다. 마치 캠페인이 루슈디의 직업이 되어버린 듯했다. 세월이 흐른 후 그는 파트와만 없었다면 장편소설 한두 권쯤은 더 쓸 수 있었다고 말했다. 그래서 암흑기가 지나간 뒤에는 더욱더 부지런히 글쓰기에 전념했다. 머릿속에 쌓인 책들이 빨리 낳아달라고 아우성쳤다.

첫 캠페인은 스칸디나비아에서였다. 그때부터 북유럽 사람들을 사랑하게 되었다. 자유에 대한 신념이 확고한 사람들이었다. 항공사들까지 윤리의식이 투철해서 두말없이 루슈디를 태워주었다. 세상일이란 참 신기하다. 열대지방에서 태어난 그가 가장 큰 곤경에 빠졌을 때 하필 얼어붙은 북유럽에서 소중한 동지들을 만나게 될 줄이야. 사실 덴마크 사람들은 치즈 때문에 좀 고민하기는 했다. 덴마크는 막대한 양의 페타 치즈를 이란에 수출했는데, 신성모독자이며 배교자이며 이교도인 루슈디를 비호한다는 오해를 받으면 치즈 무역에 지장이 생길 수도 있었기 때문이다. 덴마크 정부는 치즈와 인권 사이에서 선택할 수밖에 없었고 처음에는 치즈를 선택했다. (영국 정부가 덴마크인들에게 루슈디를 만나지 말라고 했다는 소문도 있었다. 네덜란드에서 이언 매큐언의 책을 출판하는 야코 흐로트는 영국인들로부터 "너무 공공연하게 루슈디를 싸고돌면 입장이 난처해질 수도 있다"는 말을 들었다고 한다.)

어쨌든 루슈디는 덴마크 펜클럽의 초청을 받고 그곳으로 건너갔다. 엘리자베스는 카멜과 함께 하루 먼저 출발했고, 루슈디는 차를 탄 채 히스로 공항의 보안요원 출입구를 지난 후 활주로에서 마지막 승객으로 탑승했다. 다른 승객들이 자신을 보고 두려워할까봐 몹시 걱정했다. 그러나 승객들은 거의 다 덴마크인이었고 두려워하기는커녕 웃으며 악수를 청하고 진심으로 반겨주었다. 비행기가 활주로에서 떠오르는 순간 그는 생각했다. 잘하면 다시 마음껏 날아다닐 수도 있겠구나. 그래도 되겠구나.

코펜하겐 공항에 도착했을 때 어찌된 영문인지 마중나온 사람들이 루슈디를 발견하지 못했다. 본인의 생각처럼 눈에 잘 띄는 얼굴은 아니었던 모양이다. 그는 공항 내부를 지나 검색대를 통과한 후 누구든 상황을 아는 사람이 나타나기를 기다리며 입국장 로비에서 거의 반시간을 보냈다. 30분 동안이나 안전망 바깥에 있었던 것이다. 그냥 혼자 택시를 타고 가버릴까 생각했다. 바로 그때 경찰이 부랴부랴 달려왔고 덴마크 펜클럽의 닐스 바포드가 헐레벌떡 뛰어오더니 혼선을 빚어 죄송하다고 사과했다. 그들은 대기중인 차로 향했고 경호팀이 그물처럼 루슈디를 둘러쌌다.

루슈디가 참석한다는 사실은 미리 공지하지 않았다. 한동안은 오히려 그게 "정상"이었다. 루이시아나 현대미술관에 모인 펜클럽 회원들은 귄터 그라스를 그날의 주빈으로 믿었고 실제로 그라스도 그 자리에 있었다. 그 시절 루슈디의 "바람잡이" 노릇을 허락해준 여러 위대한 문인 가운데 한 명이었다. 그라스가 소개말을 했다. "살만 루슈디가 인질이라면 우리도 인질입니다." 이제 루슈디가 말할 차례였다. 몇 주 전에 이란 지식인 50명이 발표했던 루슈디 지지 선언문을 인용했다. "루슈디를 지키는 일이 곧 우리를 지키는 일이다." 그리고 이렇게 덧붙였다. 모두가 파트와에 굴복하면 독재정권은 더욱더 과격해집니다. 지금 이 자리에 선을 긋고 한 걸음도 물러서지 말아야 합니다. 이 싸움은 저뿐만 아니라 우리 모두의 싸움입니다. 이윽고 루이시아나 현대미술관에 모인 덴마크 지식인 65명은 그 싸움에 동참하기로 약속하고 자국 정부에 올바른 대책을 촉구하자고 다짐했다. 프랜시스 더수자가 말했다. "이란이 저렇게 민주적인 절차를 무시하고 도저히 용납할 수 없는 위협을 하는데, 영국 정부가 제대로 대처하지 못하면 수호위원회라도 나서서 유럽 각국에 응원을 청해야죠."

그날 루슈디는 미술관 창밖을 지나가는 군함 한 척을 보았다. "혹시 저 때문에 출동했나요?" 농담으로 한 말인데 알고 보니 정말 루슈디 때문이었다. 해상 공격에 대비하여 루슈디를 지키려고 군함까지 출동했다. 이슬람 잠수부대가 칼을 물고 헤엄쳐 미술관으로 침투할지도 모르니까. 정말 빈틈없는 준비 태세였다. 덴마크 사람들은 그렇게 철저했다.

노르웨이 H. 아스케하우그 출판사의 빌리암 뉘고르 대표가 덴마크 일정이 끝나면 노르웨이에도 꼭 오라고 했다. "덴마크 사람들보다 우리가 더 잘해줄 테니까." 장관들이 그를 만날 예정이라고 했다. 아스케하우그 출판사는 뉘고르 가문이 19세기 말까지 살았던 드람멘스베이엔 99번지의 아름다운 고택에서 매년 여름 대규모 가든파티를 열었다. 이 파티는 오슬로 사교계에서도 손꼽히는 행사로, 내로라하는 노르웨이 작가들은 물론이고 정계와 재계의 거물들까지 참석한다. 빌리암이 말했다. "그날 파티에 꼭 오셔야 하네. 정원에서 한다니까! 천 명도 넘게 모인다고! 굉장할 거야. 자유를 부르짖는 자리가 될 테니까." 노르웨이에서 빌리암은 카리스마적 존재였다. 유서 깊은 가문의 후손이고 유력한 출판사의 대표인데다 스키도 잘 타고 기막히게 잘생겼으니까. 빌리암의 말은 허풍이 아니었다. 노르웨이 방문은 대성공이었다. 드람멘스베이엔에서 가든파티가 열리던 날 루슈디는 빌리암 뉘고르에게 이끌려 군중 속을 돌아다녔다. 오슬로 시민들은 모조리 만난 듯싶다. 나중에 빌리암은 루슈디의 방문에 대한 반응이 어마어마했다고 말했다.

이 여행 때문에 빌리암은 루슈디의 책을 출간한 유럽 출판인들 중에서도 "눈에 띄는" 인물이 되고 말았다. 그때는 아무도 몰랐지만 빌리암은 작가에게 호의를 베푼 죄로 크나큰 위험에 처했다. 14개월 후 공포가 빌리암의 대문을 두드렸다.

런던에서는 노동당의 예술 담당 대변인 마크 피셔 의원이 하원의사당에 기자회견 자리를 마련해주었다. 노동당과 보수당 하원의원들이 대거 참석했다. 루슈디가 웨스트민스터 궁전에서 호의적인 청중을 만나기는 처음이었다. 조금 불쾌한 일도 있었다. 보수당의 극우파 의원 루퍼트 앨러슨이 일어나서 말했다. "이 자리에 참석했다고 나를 지지자로 오해하지 마시오.

출판사 사람들은 선생이 속셈을 감추고 그 책에 대해 자기들을 속였다고 했소. 그런 사람을 보호하느라 공금을 쓰다니 정말 잘못된 일이오." 신랄한 공격이었지만 예전처럼 당혹스럽진 않았다. 이젠 모든 사람의 사랑을 기대하지 않기 때문이었다. 세상 어디를 가든 친구도 있고 적도 있기 마련이다. 적은 우파만이 아니었다. 노동당 의원 제럴드 코프먼도 루슈디 씨의 작품을 싫어한다고 떠벌리면서 작가를 하원에 초청한 동료 당원 마크 피셔를 공개적으로 비난했다. (이란 국회도 코프먼과 마찬가지로 "불미스러운" 초청이었다고 논평했다.) 코프먼이나 앨러슨 같은 자들은 앞으로도 계속 만나게 될 터였다. 그래도 계속 밀어붙여야 했다.

외무부의 데이비드 고어부스를 만났다. 요즘 루슈디가 활발한 캠페인을 벌이는 것을 영국 정부가 못마땅하게 여겨 막후에서 방해 공작을 편다는 소문이 돌던데 사실이냐고 단도직입적으로 물어보았다. 표정 관리를 잘하는 고어부스는 조금도 감정을 드러내지 않고 딱 잘라 부정했다. "영국 정부는 선생님이 다른 나라 정부와 접촉하는 데 찬성하는데요." 고어부스는 경찰 연락책과 협력하여 루슈디가 방문하는 나라에서 "과잉경호"를 받지 않도록 해주겠다고 말했다. 그 말은 어떻게 해석해야 좋을지 판단하기 힘들었다. 정부가 루슈디의 계획대로 끌려오기 시작했다는 의미일 수도 있었다.

마드리드 콤플루텐세 대학의 초청으로 스페인의 에스코리알 궁전에서 마리오 바르가스 요사와 대담을 나누게 되었다. 엘리자베스와 자파르도 데려가서 행사가 열릴 때까지 사흘 동안 세고비아에서 평온한 시간을 보냈다. 스페인 경찰은 대단히 사려 깊게 행동했고, 덕분에 그 작고 아름다운 도시를 거닐고 식당에서 식사도 하면서 자유인이 된 듯한 기분을 만끽했다. 아빌라에서 마리오와 파트리시아 부부를 만나 점심을 먹기도 했다.

소중한 시간들이었다. 이윽고 에스코리알 궁전에 갔을 때 콤플루텐세 대학의 구스타보 비야팔로스 총장이 이란 쪽에 인맥이 많다면서 중재를 자청했다. 호메이니가 자신을 가리켜 "아주 경건한 사람"이라고 말한 적도 있다고 했다. 그러나 다른 때처럼 이번 중재 제안도 결실을 맺지 못했다. 스페인 언론에 비야팔로스의 증언이 실렸는데, 루슈디가 화해를 청하는 뜻으로 『악마의 시』에서 "불쾌감을 주는" 대목을 변경하거나 삭제하기로 했다는 이야기였다. 루슈디는 깜짝 놀라 강하게 부인했고, 비야팔로스는 그 일에서 손을 떼고 연락마저 끊어버렸다.

언젠가 잔도메니코 피코가 말했다. 가급적 많은 역에서 기다리는 게 협상의 요령이오. 그래야 열차가 들어왔을 때 냉큼 올라탈 수 있으니까. 그러나 열차가 서지 않는 역도 있다. 아무리 기다려도 소용없다.

덴버에 착륙한 순간, 일이 크게 잘못됐음을 한눈에 알아차렸다. 현지 경찰이 마치 제3차세계대전이라도 터진 듯 소란을 떨었다. 루슈디와 엘리자베스가 공항 안을 걸어가는 동안 엄청난 기관총을 든 남자들이 사방으로 뛰어다니고 경찰관들은 걸리적거리는 사람들을 거칠게 밀쳐대며 길을 뚫었다. 여기저기서 사람들이 고함을 지르고, 손가락질을 하고, 아무튼 재앙이 임박한 듯한 분위기였다. 루슈디도 놀라고, 구경꾼들도 무서워하고, 그래서 분개한 항공사는 두 번 다시 루슈디를 태워주지 않겠다고 했다. 루슈디의 행실 때문이란다. 경찰이 저지른 일을 그가 뒤집어썼다.

차를 타고 볼더로 달려갔다. 그곳에서 열리는 남북아메리카 문학회의에 참석하여 오스카르 아리아스, 로버트 쿠버, 윌리엄 스타이런, 피터 매티센, 윌리엄 개스와 함께 발표를 했다. 그는 이렇게 말했다. "라틴아메리카 작가들에게 문학은 오래전부터 생사가 걸린 문제였습니다. 이젠 제게도 그렇습니다." 이 시대에는 문학의 중요성이 점점 희미해지는 듯하다.

그러나 그는 책의 결정적 중요성을 역설하고 책을 만드는 데 필요한 자유를 수호하는 일을 사명으로 여기며 살고 싶었다. 이탈로 칼비노는 걸작 소설 『어느 겨울밤 한 여행자가』에서 등장인물 아르카디안 포르피리크의 입을 빌려 이렇게 말했다. "요즘 세상에 경찰국가만큼 문학을 높이 평가하는 곳은 없다. 진실로 문학을 중시하는 나라를 통계자료를 통하여 찾으려 한다면 문학을 통제하고 억누르는 데 사용한 비용을 확인하는 것이 제일 좋은 방법이 아닐까?" 틀림없는 사실이다. 예컨대 쿠바 같은 나라가 그렇다. 필립 로스는 소련체제의 억압에 대해 이야기하면서 이런 말을 했다. "체코슬로바키아에 처음 갔을 때 이런 생각이 들었어요. 내가 활동하는 사회는 작가에게 모든 것을 허용하지만 아무것도 중요시하지 않는 곳이었구나. 프라하에서 체코 작가들을 만나보니 그 사회는 작가에게 아무것도 허용하지 않지만 모든 것을 중요시하더군요." 경찰국가와 소련의 압제 속에서 작가들이 겪은 현실은 라틴아메리카 독재정권 치하의 현실이기도 했다. 그리고 새로 등장한 신권정치의 파시즘 때문에 루슈디를 비롯하여 수많은 작가들이 시달리는 것도 엄연한 현실이었다. "그러나 미국에서, 비록 공기는 좀 희박하지만 한없이 자유로운 이곳 콜로라도 주 볼더에서, 이 세상에 그런 억압이 존재한다는 사실을 실감하기란 쉬운 일이 아닙니다. 이렇게 '모든 것을 허용하지만 아무것도 중요시하지 않는' 세계를 향해 또다른 세계를 설명하는 일이 제 과업입니다. '아무것도 허용하지 않지만 모든 것을 중요시하는' 세계 말입니다."

콜로라도 주립대학 볼더 캠퍼스의 총장이 직접 나서서 다른 항공사를 설득해준 덕분에 영국으로 돌아갈 수 있게 되었다. 발표를 끝내자마자 루슈디는 엘리자베스와 함께 덴버 공항으로 달려가야 했고 떠밀리다시피 런던행 비행기에 몸을 실었다. 경찰의 이번 작전은 두 사람이 도착했을 때처럼 엉망진창은 아니었지만 구경꾼들을 놀라게 하기에는 충분한 규모였다. 미국 땅을 떠나면서 루슈디는 이번에 얻은 것보다 잃은 것이 많다고 생각했다.

　공포가 세계 곳곳을 휩쓸었다. 이집트의 대표적인 세속주의자 파라그 푸다가 암살당했다. 인도 델리에서는 자미아 밀리아 이슬라미아 국립대학의 부총장이며 저명한 역사학자인 무시룰 하산 교수가 『악마의 시』 금서 조치를 반대했다는 이유로 "성난 무슬림 군중"에게 협박을 받았다. 그는 어쩔 수 없이 잘못을 인정하고 그 책을 비판했지만 폭도들은 파트와에 대해서도 찬성 의사를 밝히라고 요구했다. 하산 교수는 거부했고, 그래서 5년 동안이나 대학으로 돌아갈 수 없었다. 베를린에서는 사회주의인터내셔널* 행사에 참석중이던 이란 야당의 쿠르드족 정치인 네 명이 미코노스 식당에서 살해되었다. 이란 정권이 배후에서 조종했다는 의심을 받았다. 그리고 런던에서는 엘리자베스와 루슈디가 자고 있을 때 엄청난 폭음이 들리고 집이 마구 흔들렸다. 경찰관들이 권총을 뽑아들고 침실로 뛰어들어 두 사람을 방바닥으로 끌어내렸다. 그들은 무장 경호원들에게 둘러싸인 채 납작 엎드렸다. 몇 분인지 몇 시간인지 모를 시간이 흐른 후 사실이 밝혀졌다. 폭발이 일어난 곳은 집에서 조금 떨어진 스테이플스 코너 환상교차로에서 북부순환도로로 이어지는 고가도로 밑이었다. IRA의 소행이었다. 두 사람과는 아무 상관도 없었다. 이슬람 폭탄이 아니었다. 경찰이 침실을 비워주었고 두 사람은 다시 잠을 청했다.

　이슬람의 공포가 한시도 떠나지 않았다. 15 호르다드 재단의 아야톨라 사네이가 "실행 경비" 명목으로 현상금 액수를 더 올렸다. (암살자들이여, 영수증을 챙겨라. 일을 진행하다가 먹은 점심값까지 돌려받을 수 있을 테니까.) 이란인 세 명이 루슈디 암살을 공모한 죄로 영국에서 추방되었다.

---

* 사회민주주의 정당들의 국제조직.

대사관 직원 메디 사예스 사데기와 마무드 메디 솔타니, 그리고 "학생" 가셈 바흐시테였다. 이란 국내에서는 최근 총선에서 유권자들이 뽑은 국회가—이른바 "온건파 국회"가!—라프산자니 대통령에게 파트와를 계속 유지하라는 "탄원서"를 제출했다. 라프산자니 계열의 아야톨라 자나티가 답변을 내놓았다. "추악한 루슈디를 죽이기엔 지금이 딱 좋습니다."

루슈디는 런던 남부에 있는 화가 톰 필립스의 작업실에서 탁구를 쳤다. 왠지 그러고 싶었다. 당시 톰은 루슈디 초상화를 그리는 중이었는데, 그림 속의 표정이 너무 우울해 보인다고 했더니 이렇게 대답했다. "우울해 보이다니? 그게 무슨 소리야? 내가 붙인 제목은 〈명랑한 루슈디Mr Chirpy〉라고." 두 시간 동안 모델 노릇을 하고 나서 탁구 시합에 지고 말았다. 탁구만은 누구에게도 지기 싫었건만.

바로 그날 15 호르다드 재단이 곧 영국으로 암살단을 파견하여 파트와를 실행할 예정이라고 발표했다. 탁구를 지는 바람에 속이 상했지만 이성을 잃지 않으려고 노력했다.

자파르가 홀 초등학교를 졸업했다. 홀 초등학교는 자파르가 아빠에게 닥친 일 때문에 모진 일을 겪지 않도록 많은 노력을 기울였다. 교사들도 학생들도 두려움을 결코 입 밖에 내지 않았고, 그런 광란의 시기에도 정상적인 어린 시절을 보낼 수 있도록 도와주었다. 자파르의 부모는 그 학교가 정말 고마웠다. 자파르가 새로 들어갈 학교에서도 그렇게 정성껏 보살펴주기를 바랄 뿐이었다.

하이게이트 중등학교는 정식 기숙학교는 아니지만 학생들이 평일에 묵을 수 있는 기숙사를 운영했다. 자파르도 기숙사 생활을 원했지만 불과 며칠 만에 넌더리를 냈다. 이제 열세 살이 된 자파르에게는 개인적 공간이 필요한데 남학생 기숙사에서는 사생활이 아예 불가능했다. 그래서 자파르는 금방 실망했다. 부모는 기숙사 생활을 그만두게 하기로 결정했고 학교 측도 동의했다. 자파르는 좋아서 어쩔 줄 몰랐고 그때부터 그 학교를 좋아 하게 되었다. 그리고 이제 학교 근처에 아빠 집이 있으니 주중에는 그 집 에서 잘 수도 있었다. 지난 4년 동안 빼앗겼던 것들을 되찾을 기회였다. 이를테면 부자지간의 정, 친밀감, 그리고 편안함. 새집에는 자파르의 방도 따로 있었는데 본인의 요청에 따라 가구는 모두 흑백으로 장만했다. 그러 나 친구들을 데려올 수는 없었다. 자파르는 왜 안 되는지 안다면서 괜찮다 고 했다. 비록 친구들을 부를 수는 없지만 기숙사 생활에 비하면 천국이라 고 했다. 게다가 다시 아빠와 한집에 살게 되었으니까.

인도 아요디아에서 힌두 극단주의자들이 무굴제국의 초대 황제가 건 설한 인도 최고最古의 모스크 바브리 마스지드를 파괴했다. 모스크를 부 순 자들은 그 자리에 원래는 힌두교 사원이 있었고 바로 그곳이 람잔마부 미—비슈누 신의 일곱번째 화신인 라마 왕의 출생지—라고 주장했다. 폭 력은 이슬람만의 특권이 아니었다. 바브리 마스지드가 무너졌다는 소식 을 듣던 날은 착잡하기 그지없었다. 종교는 선행보다 악행을 훨씬 더 많이 저지른다는 증거가 또다시 드러나 슬펐고, 입증할 수도 없는 추측 때문에 실제로 존재했던 아름다운 건물이 무너져버려 슬펐다. 『라마야나』를 보면 연대조차 알 수 없는 까마득한 옛날 라마 왕이 아요디아를 다스렸다는 말 이 나오지만 과연 오늘날의 아요디아가 바로 그곳인지, 라마 왕의 출생지 라는 곳이 진짜 출생지인지, 신이나 화신이 정말 존재하는지는 확인할 길 이 없다. 모스크가 무너진 이유는 간단했다. 강력한 문화재보호법을 만들 지 않은 나라니까, 머릿수만 충분하고 신을 위한 일이라고 주장하기만 하 면 법률 따위는 얼마든지 무시할 수 있는 나라니까. 루슈디가 슬퍼한 이유 는 또 있었다. 인도의 무슬림 문화는 무시룰 하산 교수를 강단에 서지 못하게 하고 루슈디에게 비자 발급을 거부하여 자기가 태어난 나라에 들어가지도 못하게 했지만 그는 아직도 그 문화를 사랑했기 때문이다. 인도 무슬림의 역사가 곧 루슈디 자신의 역사였다. 언젠가는 바부르*의 손자 아크바르 대제에 대한 소설을 쓰고 싶었다. 아크바르는 인도의 수많은 신과 신도가 모두 평화롭게 사는 세상을 만들려 했고 한때나마 성공했다.

인도가 준 상처가 제일 깊었다. 인도는 루슈디가 태어난 곳이고 무엇보다 소중한 영감의 원천이지만 그에게 입국비자를 발급해줄 가능성은 조금도 없다는 말을 들었다. 런던에 있는 인도문화원조차 루슈디를 달가워하지 않았다. 마하트마 간디의 손자인 고팔 간디 원장은 루슈디가 그곳에 오기만 해도 무슬림에 대한 반감 표시로 보일 테니 문화원의 종교적 중립성을 의심받기 십상이라고 했다. 루슈디는 이를 악물고 다시 작업에 몰두했다. 『무어의 마지막 한숨』은 종교와는 별 상관도 없는 소설이지만 작품의 무대로 삼은 나라에서는 작가가 공연한 분열을 부추긴다고 생각했다. 마음이 무거웠다. 그러나 이런 괴로움쯤은 오기로 이겨낼 수 있었다. 그래도 글은 쓸 수 있으니까, 그래도 상상력은 발휘할 수 있으니까. 고작 거부반응 따위에 예술이 무너져서야 되겠는가.

대안이 없으니 당사자인 그가 나서는 수밖에 없었다. 그러나 정치적 활동은 쉬운 일이 아니었다. 연설을 하고 신념을 밝히고 세계 각국의 고관들에게 단호한 대책을 촉구했다. 새로 등장한 "원격조종 테러"는 멀리서 손가락질만으로 사람을 죽인다. 저놈 보이지? 책 들고 있는 저 대머리, 없애버려. 파트와에 따른 테러를 분쇄하지 못하면 똑같은 일이 되풀이될 것이다. 그러나 루슈디 스스로가 듣기에도 너무 진부한 주장이었다. 핀란드에서

---

* 인도 무굴제국의 1대 황제(1483~1530).

북구이사회 회담이 열렸을 때 연설을 했다. 참석자들은 결의안을 채택하고 분과위원회를 구성하고 지지를 약속했지만 루슈디는 실질적인 성과를 거두지는 못했다고 생각했다. 오히려 창밖으로 보이는 아름다운 가을 풍경이 더 큰 기쁨을 주었다. 엘리자베스와 함께 숲속을 거닐며 상쾌한 공기를 마음껏 들이마시고 잠시나마 평화를 만끽했다. 그에게는 온갖 결의안보다 그 순간이 더 소중했다.

엘리자베스의 상냥한 격려 덕분에 환멸도 차츰 사라졌다. 그녀는 루슈디가 다시 목소리를 내기 시작한 후 그의 '실수'는 이미 과거사가 되었다고 말했다. 물론 앞으로도 여러 해 동안 취소 발언을 되풀이해야겠지만. 어쨌든 이제 사람들이 그의 말을 귀담아들어주었다. 그것만은 분명히 기분좋은 일이었다. 예전에는 수많은 사람들이 그의 인격과 작품을 혹독하게 헐뜯지 않았던가. 자신의 정당성을 설파하는 일에도 점점 익숙해졌다. 소련 공산주의의 만행이 극에 달했을 때 서구의 마르크스주의자들은 "현실에 존재하는 사회주의"와 '참된 신념'—즉 평등하고 정의로운 세상을 꿈꾸었던 칼 마르크스의 사상—을 구분하려 했다. 그러나 소련이 무너질 당시 독재자들을 타도하는 데 일조했던 사람들은 "현실에 존재하는 사회주의"가 마르크스주의를 이미 돌이킬 수 없이 오염시켰다는 사실을 확실히 깨달았고, 그때부터 현실세계의 죄악에 물들지 않은 '참된 신념'을 간직하기는 아예 불가능했다. 그런데 이제 이슬람 국가들이 새로운 폭정을 시작하고 하느님의 이름으로 수많은 만행을 저지르자 무슬림들도 두 가지를 구분하려 한다. 무자비한 신권정치도 엄연히 "현실에 존재하는 이슬람"의 한 모습이건만 그들은 평화와 사랑이 넘치는 '참된 신앙'이 따로 있다고 주장한다.

루슈디는 그런 말을 받아들이기 힘들었고 그 이유를 제대로 설명하고 싶었다. 무슬림 문화를 옹호하는 사람들을 이해하기는 어렵지 않았다. 바브리 마스지드가 무너졌을 때 루슈디도 그들 못지않게 괴로워했다. 무슬림 사회의 친절과 자비심, 아름다운 건축물, 그림과 시, 철학과 과학 분야의 업적, 아라베스크 무늬, 신비주의, 너그럽고 점잖은 무슬림의 지혜 등을 보고 감동한 적도 많았다. 루슈디의 외할아버지 아타울라 부트 박사도 그런 분이었다. 부트 박사는 알리가르 시에서 가정의로 활동하면서 알리가르 무슬림 대학의 티비아 칼리지에서 인도의 전통적인 약초 치료법과 서양의학을 함께 연구하는 일에도 관여했고, 메카 순례도 다녀왔고, 한평생 날마다 다섯 번씩 기도를 드렸다. 손자 루슈디는 외할아버지보다 너그러운 사람을 지금껏 본 적이 없다. 무뚝뚝하지만 자상한 분이었다. 사춘기 소년의 유치하고 반항적인 사고방식도 얼마든지 받아주었다. 심지어 하느님이 없다는 말까지 했지만 외할아버지는 멍청한 생각이라고 하면서도 자세히 토론해볼 가치가 있다고 여겼다. 이슬람교가 부트 박사의 신앙과 같다면 흠잡을 구석이 하나도 없다.

그러나 외할아버지도 믿었던 이 종교가 무엇 때문인지 타락하고 부패하여 한낱 편협하고 옹졸한 이데올로기로 변해버렸다. 책을 금지하고, 사상가를 박해하고, 독재정권을 세우고, 교리를 무기 삼아 교리에 얽매이지 않는 사람들을 핍박했다. 이슬람교를 변질시킨 그 무엇과는 마땅히 싸워야 하고 싸우려면 이름부터 붙여야 하는데 어울리는 이름은 하나뿐이었다. 이슬람. 현실에 존재하는 이슬람은 스스로를 죽이고 무슬림들을 죽이는 독이 되었다. 핀란드, 스페인, 미국, 덴마크, 노르웨이 등 세계 각국에 이 사실을 알려야 했다. 아무도 말하지 않으면 내가 하리라. 자유는 만인의 권리라는 생각을 밝히고 싶었다. 새뮤얼 헌팅턴의 주장과 달리 자유는 서양의 전유물도 아니고 동양 문화에 맞지 않는 개념도 아니다. "이슬람을 존중하자"라는 말은 위선의 탈을 쓴 이슬람의 폭력에 대한 두려움에서 나왔는데, 이 말이 서구사회에 널리 퍼지면서 문화상대주의라는 암세포가 현대세계의 풍요롭고 다채로운 문화를 갉아먹기 시작했다. 그 미끄러운 비탈길 끝에는 일찍이 존 버니언이 묘사했던 '절망의 늪'*이 기다리고 있을 것이다.

루슈디는 이 나라 저 나라를 떠돌며 권력자들의 문을 두드렸다. 늘 이런 저런 경호팀의 손아귀를 벗어나지 못하는 신세였지만 잠깐씩이나마 자유의 순간을 얻으려 노력했고, 자신만을 위한 발언이 아니라 자신이 추구하는—혹은 이제부터라도 추구하고 싶은—어떤 대의를 위한 발언을 하려고 노력했다.

"자유의 순간" 중 하나는 얼스 코트에서 열린 U2 공연에 초대되었을 때였다. 당시 U2는 현란한 트라반트를 몰고 'Achtung Baby' 발매 기념 순회공연을 하는 중이었다. 경찰은 의견을 묻기가 무섭게 찬성했다. 드디어 마음에 쏙 드는 일도 해보는구나! 알고 보니 보노가 『재규어의 미소』를 읽어보았는데, 자기도 비슷한 시기에 니카라과를 방문한 적이 있어 작가를 만나고 싶었던 모양이었다. (니카라과에서 보노와 마주친 적은 없지만 제인 맨스필드**를 닮은 금발의 통역사 마르가리타가 어느 날 초롱초롱 눈을 빛내며 들뜬 목소리로 외친 적은 있었다. "보노가 온대요! 보노가 니카라과에 들어왔대요!" 그러더니 그 눈빛 그대로, 그 목소리 그대로 이렇게 물었다. "그런데 보노가 누구죠?") 그리하여 루슈디는 얼스 코트에 갔고 그 늘진 곳에서 음악을 들었다. 공연이 끝난 후 안내를 받아 무대 뒤에 있는 트레일러에 들어가보니 온통 샌드위치와 아이들이 가득했다. U2 공연을 따라다니는 여성 팬은 없고 트레일러 안은 놀이방과 다름없었다. 보노가 나타나자 딸들이 대롱대롱 매달렸다. 보노는 정치 이야기를 좋아했다. 니카라과 이야기, 잉글랜드 북부의 셀라필드에서 위험천만한 방법으로 핵폐

---

* 『천로역정』에 나오는 늪으로, 저지른 죄와 죄책감의 무게 때문에 빨려들어가게 되는 곳.
** 성적인 매력으로 인기를 끈 미국 배우(1933~1967).

기물을 처리하는 데 항의할 예정이라는 시위 이야기, 『악마의 시』를 지지한다는 이야기 등등. 두 사람이 함께 보낸 시간은 그리 길지 않았지만 어느새 우정이 싹텄다.

나이젤라 로슨과 존 다이아몬드가 베네치아에서 결혼식을 올렸다. 나이젤라의 친구라면 누구나 그랬듯이 루슈디도 그 소식을 듣고 대단히 기뻐했다. 존이 있는 곳에는 언제나 웃음꽃이 만발했다. 피로연은 그라우초 클럽에서 열렸고 웨딩케이크는 루시 로저스가 만들었는데, 루시가 그 케이크를 디자인한 사람이 바로 자기 남편, 즉 위대한 건축가 리처드 로저스라는 사실을 밝혔을 때 존은 짐짓 시치미를 떼면서 말했다. "설마? 리처드 로저스가 설계했다면 재료를 전부 바깥에 붙여야 되잖아?"*

독일은 이란의 최대 교역국이었다. 그래서 꼭 가야 했다. 몸집은 작지만 정열적인 테아 보크라는 독일 하원의원이 "모든 사람"을 만나게 해주겠다고 약속했다. 그러려면 우선 루슈디가 본으로 날아가야 하는데 그는 루프트한자도 영국항공도 이용할 수 없는 처지였다. 테아 보크가 작은 개인 비행기 한 대를 마련해주었다. 1차대전에 대한 이야기 속에 등장할 만한 선홍색 비행기였다. "비글스**와 파트와." 비행기가 어찌나 작고 구닥다리인지 창문을 열어놓을 수도 있었다. 게다가 너무 낮게 날아서 언덕이나 뾰족탑에 부딪칠까봐 조마조마했다. 인도의 스쿠터릭샤를 타고 날아가는 기분이었다. 다행히 날씨는 화창하고 바람도 잠잠해서 조종사는 이 조그마

---

* 리처드 로저스는 철골과 도관 등을 외부에 노출시키는 설계로 유명하다.
** 영국 소설가 W. E. 존스(1893~1968)의 소설 시리즈에 등장하는 전투기 조종사.

한 고물 비행기를 독일의 수도에 무사히 착륙시켰고, 테아 보크가 애써준 덕분에 그곳에서 열린 모임도 모두 순조롭게 끝났다. 이란인들은 몹시 당황했다. 사회민주당 대표 비외른 엥홀름, 하원의장 리타 쥐스무트, 그리고 독일에서 가장 유명한 하원의원 여러 명이 별안간 루슈디를 열렬히 환영했기 때문이다. 외유중인 외무장관 클라우스 킨켈을 대신하여 문화국장 시르머 박사가 외무부를 찾은 작가를 접견했다. 그러자 독일 텔레비전에 출연한 이란 대사는 독일이 루슈디 같은 자 때문에 이란과의 관계를 위태롭게 하지는 않으리라 믿는다고 성난 어조로 말했다. 미국이나 이스라엘이 이란의 입장을 난처하게 만들려고 무슬림으로 가장한 암살자들을 파견하여 배교자를 죽일지도 모른다는 말도 덧붙였다.

호세인 무사비안 대사는 이튿날 독일 외무부로 불려갔다. 외무차관이 말했다. "루슈디 선생은 우리가 지킵니다. 이렇게 솔직히 말씀드렸으니 대사님도 이제 상황을 아시겠지요." 그리고 미국이나 이스라엘 정보부의 암살 작전에 대한 언급은 "어처구니없는" 발상이라고 일축했다. 무사비안 대사는 언론의 "왜곡 보도"라고 주장했다.

그리하여 프랜시스의 표현대로 일에 가속도가 붙었다. 그러나 과연 임계질량*(그녀가 즐겨 쓰는 말이다)에 도달했을까? 아직은 아니었다. 브래드퍼드 모스크연합이 또다시 불쾌한 성명서를 발표했다. 그들은 루슈디의 캠페인이 사태를 악화시킬 뿐이라고 주장하면서 무슬림 공동체의 "용서"를 기대하지 말라고 충고했다. 모스크연합의 리아콰트 후세인 회장은 자신이 중요한 인물이고 자기 발언도 중요하다고 믿는 듯했다. 그러나 그의 발언은 이미 지나가버린 과거의 목소리처럼 공허하게 들렸다. 그의 인기는 15분 만에 끝나버렸다.

---

* 핵분열 연쇄반응을 일으키는 데 필요한 최소 질량.

박해에 저항한 작가들에게 주는 쿠르트 투홀스키 상을 받게 되어 스톡홀름으로 건너갔다. 스웨덴아카데미 회원들도 만났다. 물론 이란측은 이 시상을 규탄했다. 이란 대법관이 언성을 높였고 현상금을 잔뜩 걸어놓은 아야톨라 사네이도 조용히 있지 않았다. 루슈디는 대법관님께로 시작하는 상상의 편지를 쓰다가 그만두었다. 그런 자들에게는 상상의 편지조차 아까우니까. 현상금을 내거신 사네이님께. 폭동이 일어날 가능성도 있으니 부디 조심하십시오. 당신과 친구분들이 블라이 함장 일행과 같은 신세가 될지도 모릅니다. 작은 배를 타고 티모르 섬이 나타나길 학수고대하며 하염없이 표류하는 신세 말입니다.*

스웨덴아카데미 회원들이 모이는 곳은 유서 깊은 스톡홀름 증권거래소 건물 위층에 있는 로코코양식의 아름다운 방이었다. 긴 탁자를 둘러싸고 연푸른 비단 천을 씌운 의자 열아홉 개가 놓여 있었다. 그중 하나는 국왕이 찾아올 경우를 대비한 의자였다. 국왕이 오지 않아도 비워놓아야 하므로 그 자리는 늘 공석이었다. 나머지 의자는 등받이에 로마숫자로 I부터 XVIII까지 일련번호를 붙여놓았다. 아카데미 회원이 사망하면 새로운 사람을 선출하여 빈자리를 채우는데, 회원들은 하늘에 있는 더 위대한 예술원으로 올라갈 때까지 그 자리에 앉는다. 방에 들어가자마자 루슈디는 G. K. 체스터턴의 유쾌한 스릴러 소설 『목요일의 남자*The Man Who Was Thursday*』를 떠올렸다. 그 책에서는 아나키스트 조직의 지도자 일곱 명이 각각 요일의 이름을 딴 암호명을 사용한다. 그러나 그날 만난 사람들은 아나키스트가 아니었다. 루슈디가 들어간 방은 한마디로 문학의 지성소였다. 노벨상 수상자를 결정하는 그곳에서 근엄하면서도 상냥한 노대가들에게

---

* 현상금(Bounty)이라는 말에서 유명한 바운티호 반란 사건으로 쫓겨난 함장 일행을 연상한 농담.

발언할 기회를 얻은 것이다. 라슈 월렌스텐(XIV)과 셰슈틴 에크만(XV)은 그 자리에 없었다. 일찍이 동료 회원들이 파트와에 소극적으로 대응하는 데 반발하여 아카데미 활동을 중지했기 때문이다. 그들의 빈 의자는 소리 없는 질책이었다. 루슈디는 슬펐다. 그날을 계기로 그들이 화해하기를 기대했건만. 스웨덴아카데미의 이번 초청은 예전에 침묵을 지킨 데 대한 사과의 의미였다. 루슈디를 불렀으니 지지 의사를 밝힌 셈이다. 그는 국왕의 빈자리 옆에 마련한 번호 없는 스무번째 의자에 앉아 이야기를 하고 아카데미 회원들이 만족할 때까지 질문에 답변했다. 엘리자베스, 프랜시스, 카멜도 출입 허가를 받고 벽면에 붙여놓은 의자에 나란히 앉아 지켜보았다.

『악마의 시』를 둘러싼 논쟁의 중심에는, 그리고 온갖 비난과 욕설의 이면에는 매우 중대한 질문 하나가 있다고 말했다. 이야기에 대한 통제권을 누가 가져야 옳은가? 우리 모두는 이야기와 더불어 살고 이야기 속에서 삶을 영위한다. 그런데 이야기를 들려줄 권리는, 그리고 그 이야기의 방식을 결정할 권리는 과연 누구의 것이며 마땅히 누구의 것이어야 하는가? 누구나 이야기와 함께, 이른바 거대서사 속에서 살아간다. 국가도 하나의 이야기, 가족도 이야기, 종교도 이야기이기 때문이다. 창의적 예술가인 그는 이 질문의 유일한 답이 무엇인지 잘 안다. 그 권리는 만인의 것이며 마땅히 만인의 것이어야 한다. 누구나 자유롭게 거대서사를 비판하고 논쟁하고 풍자할 수 있어야 한다. 시대적 변화에 따라 거대서사도 변화하기를 요구할 수 있어야 한다. 거대서사에 대해 말하는 방식도 자유로워야 한다. 경건하든 불경스럽든, 열광적이든 냉소적이든. 그것은 열린 사회의 구성원인 우리 모두의 권리다. 우리 문화에 대한 이야기를 되풀이할 수 있을 때, 그렇게 새로운 이야기를 만들 수 있을 때, 비로소 우리 사회가 정말 자유롭다고 말할 수 있다. 자유로운 사회에서는 거대서사에 대한 논쟁이 끊이지 않는다. 논쟁 그 자체가 중요하다. 논쟁이 곧 자유이기 때문이다. 그러나 닫힌 사회에서는 정치적 또는 이데올로기적 권력을 가진 사람들이 어떻게든 그런 논쟁을 막으려 한다. 그들은 이렇게 말한다. 이야기는 우리 몫이다. 설명도 우리 몫이다. 어떤 이야기를 해야 하는지는 우리가 결정한다. 다른 이야기는 일절 금지한다. 우리가 들려주는 이야기가 마음에 안 든다면 너는 국가의 적이거나 신앙을 저버린 자다. 그러므로 아무 권리도 없다. 각오해라! 기필코 너를 찾아 감히 우리를 거역한 대가를 치르게 하리니.

이야기하는 동물이 이야기를 하려면 먼저 자유로워야 한다.

모임이 끝날 무렵 선물을 받았다. 도로 건너편에 스웨덴아카데미가 소유한 덴 윌레네 프레덴(황금빛 평화)이라는 유명한 식당이 있다. 매주 모임이 끝나면 회원 열여덟 명 가운데 그날 참석한 사람들은 모두 '황금빛 평화'의 조용한 방에서 식사를 한다. 식당에 들어갈 때는 아카데미의 좌우명이 새겨진 은화를 낸다. 스닐레 오 스마크Snille och smak. '재능과 안목.' 은화는 식당을 떠날 때 돌려받는다. 그날 아카데미를 떠나는 루슈디의 주머니 속에도 일반인에게는 절대로 안 준다는 그 은화 한 닢이 들어 있었다.

뉴욕에 다시 갔다. (스칸디나비아항공을 이용하느라 오슬로를 경유하여 멀리 돌아가야 했다.) 이번에는 자동차 행렬도 없고, 엘리자베스가 포크로 무슨 짓을 저지를까봐 걱정하던 밥 경위도 없었다. 공항을 벗어날 때까지 안내해줄 경호원 몇 명이 전부였다. 공개 석상에 참석할 계획은 없었으므로 미국 경찰도 본인이 알아서 하라고 내버려두는 편이었다. 덕분에 며칠 동안 자유에 가까운 시간을 누렸다. 거의 4년을 통틀어 가장 자유로운 시간이었다. 루슈디는 앤드루 와일리의 아파트에서 머물고 뉴욕시경은 아파트 앞길에 세워둔 차 안에 머물렀다. 그 며칠 사이에 서니 메타와 화해했다. 그리고 토머스 핀천을 만나 저녁식사를 했다.

앤드루의 최대 장점은 좀처럼 앙심을 품지 않는다는 점이다. "웬만하면 서니랑 화해하지그래? 자네들은 오랜 친구잖아. 이렇게 끝내버릴 사이는 아니지." 일 때문에라도 화해의 손을 내밀 이유는 충분했다. 장기적으로 볼 때『악마의 시』페이퍼백을 계속 출간해줄 가능성이 제일 높은 출판사는 랜덤하우스였다. 펭귄은 절대로 나서지 않을 테고, 그랜타 북스는 펭귄에 배본을 맡긴 터였다. 빌의 우정과 용기가 아무리 대단해도 그랜타 북스와의 관계가 오래가리라 기대하기는 힘들었다. 앤드루는 이렇게 말했다. "목표가 뭔지 잊지 말자고. 우리 목표는 자네 책을 모두 정상적으로 출판하는 일이야.『악마의 시』도 포함해서." 조합을 설립해서 페이퍼백 출간이라는 장애물을 넘었으니 이제 서니도 예전처럼 두려워하지는 않을 테고, 앞으로 나올 책도 예전에 나온 책도 모두 서니에게 넘기자는 이야기였다. "당장은 아니더라도 다음 소설을 출간할 때쯤에는 예전 작품도 자기들이 내겠다고 할 거야. 우리한테도 바람직한 일이고." 앤드루와 길런은 이미 서니와 크노프 출판사를 상대로『무어의 마지막 한숨』계약 조건에 대한 협상을 벌인 터였다. 두 사람은 빌도 잘 달래놓았다. 그들이 계획을 밝혔을 때는 몹시 화를 냈지만 빌은 출판인이기 이전에 친구인데다 워낙 너그러운 성격이라 앤드루의 입장을 이해해주었다. 지난번에는 서니의 손에서『하룬』을 구해주더니 이번에는 별다른 악감정도 없이『무어』를 양보하기로 했다.

　계약을 하려면 우선 루슈디와 서니가 화해해야 했다. 그것이 이번 뉴욕 여행의 진짜 목적이었다. 앤드루는 핀천의 아내인 동시에 에이전트인 멜러니 잭슨에게 연락했고,『중력의 무지개』를 쓴 은둔형 작가 핀천도 만남에 동의했다. 결국 두 만남이 하나로 합쳐졌다. 루슈디와 핀천은 서니 메타 부부가 사는 시내 아파트에서 서니와 함께 식사를 하게 되었다. 서니와의 불화는 포옹 한 번으로 해결되었고『하룬』에 대해서는 아무 말도 나오지 않았다. 서니는 그렇게 말하기 곤란한 일은 그냥 조용히 넘어간다. 아마도 그게 최선책이었을 것이다. 이윽고 핀천이 도착했는데 정말 토머스 핀천다운 모습이었다. 키가 크고, 빨간색과 흰색 격자무늬의 럼버잭 셔츠에 청바지를 입고, 머리는 알베르트 아인슈타인처럼 새하얗고, 벅스 버니처럼 앞니가 길었다. 처음 반시간 동안은 대화가 좀 서먹서먹했지만 핀천도 곧 긴장이 풀렸는지 미국 노동사에 대해 길게 이야기했다. 핀천 자신도 젊은 시절 보잉 사의 기술 관련 문서 작성자로 일했고 기술 관련 문서 담당자들이 모인 노동조합에도 가입했다고 한다. 사용설명서를 쓰는 사람들과 위대한 미국 소설가 핀천이 이야기를 나누는 장면을 떠올려보니 신기하기만 했다. 그들은 핀천을 만나면서도 초음속 CIM-10 보마크 미사일에 대한 안전지침을 작성한 사람이라고만 생각했을 것이다. 그들은 까맣게 몰랐겠지만 핀천은 그렇게 미사일을 잘 아는 덕분에 2차대전 당시 런던에 떨어진 V-2 로켓을 탁월하게 묘사했다. 대화는 자정을 훌쩍 넘길 때까지 이어졌다. 중간에 핀천이 물었다. "다들 피곤하시겠소." 물론 피곤했지만 내심 이런 생각을 했다. 토머스 핀천을 만났는데 잠을 잘 수는 없지.

마침내 핀천이 떠난 후 루슈디는 생각했다. 그래, 이젠 친구가 됐으니까 가끔 뉴욕에 들를 때는 만나서 한잔하거나 식사라도 하면서 천천히 더 친해져야지.

그러나 핀천을 다시 만나는 일은 없었다.

며칠 동안 즐거웠다. 기타 메타와 함께 공원에서 마차를 탔는데 한 노파가 "어, 저기!" 하고 소리쳤지만 아무도 아랑곳하지 않았다. 잔도메니코 피코와 아침식사를 하면서 이런 말을 들었다. "해결책은 미국뿐이오." 배터리 공원을 지나 링컨 센터까지 걸어갔다. 앤드루의 사무실에서 마이클 허와 감동적인 재회를 했다. 당시 마이클은 미국으로 돌아와 뉴욕 주 북부에 있는 고향 캐저노비아에 살고 있었다. 『오즈의 마법사』를 쓴 L. 프랭크 바움의 출생지 치터냉고에서 가까운 곳이었다. 서니 메타가 파티를 열어주었다. 폴 오스터와 시리 후스트베트 부부, 돈 드릴로, 토니 모리슨, 수전 손택, 애니 리버비츠, 폴 사이먼 등이 참석했다. 그날 저녁 루슈디는 다시 자기가 살고 싶은 유일한 세계의 일원이 된 기분으로 모처럼 해방감을 맛보았다. 특히 좋았던 순간은 벳 바오 로드*가 수전 손택에게 이렇게 물었을 때다. "수전, 혹시 괴상한 버릇 같은 건 없나요?" 정말 궁금했는지 사뭇 진지한 표정이었다.

　루슈디와 엘리자베스는 앤드루와 캐미 와일리 부부와 함께 롱아일랜드의 워터밀에 있는 그들의 집으로 갔다. 그곳에서 이언 매큐언, 마틴 에이미스, 데이비드 리프**, 빌 뷰퍼드, 크리스토퍼와 캐럴 히친스 부부를 만났다. 앤드루가 파티를 열었을 때 수전 손택이 괴상한 버릇 하나를 보여주었다. 사실 수전은 두 사람이다. 착한 수전과 못된 수전이 있는데, 착한 수전은 똑똑하고 익살스럽고 성실하고 꽤 점잖은 편이지만 못된 수전은 사나운 괴물이다. 와일리 에이전시의 젊은 직원이 보스니아 분쟁에 대한 발언으로 수전의 비위를 건드렸다. 그 순간 못된 수전이 괴성을 지르며 튀어나왔고 젊은 직원은 곧 잡아먹힐 위기에 처했다. 애당초 공정한 싸움이 아니었다. 젊은 여직원은 와일리 에이전시의 중요한 고객인 수전 손택에게 감히 맞설 처지가 아니었기 때문이다. 어떻게든 젊은 에이전트의 목숨을 구해야 했다. 루슈디와 빌 뷰퍼드는 무시무시한 손택의 입을 막으려고 온갖 헛소리를 늘어놓았다. "저기요, 수전, 양키스 투수진에 대해선 어떻게 생각해요?" "뭐? 갑자기 무슨 소리야? 양키스 투수진 따위엔 아무 관심도 없어. 난 지금 이 아가씨한테……" "그래도 엘 두케가 대단한 투수라는 사실은 인정하셔야죠." "아니, 이건 중요한 얘긴데, 방금 이 아가씨가 보스니아에 대해서……" "와인은 어때요, 수전? 레드와인에서 코르크 냄새가 조금 나는 것 같은데." 결국 손택은 시시한 잡담에 못 이겨 입을 다물었고 젊은 에이전트는 목숨을 부지할 수 있었다.

---

* 중국계 미국인 작가(1938~).
** 미국 논픽션 작가(1952~). 수전 손택의 아들.

11월의 쌀쌀한 날씨였지만 다들 해변에서 이리저리 뛰어다니며 럭비공을 던지고 물수제비를 뜨고 우스꽝스러운 말장난을 했다. '안 어울리는 제목'을 대는 놀이였다. "미스터 지바고" "홍기여 잘 있거라" "누구를 위하여 종을 흔드냐" "이반 데니소비치의 이틀" "보바리 처녀" "포사이트 괴담" "거대한 개츠비" "택시기사" "인플루엔자 시대의 사랑" "토비딕" "백치-22" "라즈베리 핀" 등등. 경호원들은 보이지 않았다. 우정이 넘치는 며칠을 보내면서 루슈디는 미래에 대한 희망을 보았다. 미국 정부가 허락만 해준다면 만사를 운명에 맡기고 미국에서 조용히 살고 싶었다. 단시일 안에 일부나마 자유를 되찾으려면 그것이 최선의 방법일 터였다. 적어도 한시적인 자유는 가능할 듯싶었다. 한 달, 1년, 2년, 3년. 그렇게만 된다면 이 위협을 끝내기 위해 싸우면서도 한동안은 자유를 누릴 수 있지 않을까. 비록 숨어 지내는 신세일망정 자유를 꿈꾸지도 못한다면 어찌 살아 있다고 말할 수 있으랴? 항구 쪽에서 여신상의 노랫소리가 들렸다. 루슈디에게 불러주는 노래인 듯했다.

캐나다에서 루슈디의 책을 출간하던 루이즈 데니스는 캐나다 펜클럽 회장이고 그레이엄 그린의 조카딸인데다 토론토 최고의 편집자였다. 금실 좋은 루이즈 내외는 루슈디가 아는 사람들 가운데 키도 제일 크고 외모도 출중한 부부였다. 남편 릭 영도 루이즈 못지않게 잘생기고 키는 더 컸다. 루이즈는 캐나다 펜클럽의 연례 자선 행사에 깜짝손님으로 와달라고 부탁했다. 그 자리에서 유력한 정치가들을 만나보면 결국 캐나다 정부도 적극적으로 루슈디를 "밀어주리라" 확신한다고 했다. 누군가의 전용기도 마련해주었다. 굉장한 비행기였다. 인테리어 디자인을 랄프 로렌이 맡았다는데 한평생 그토록 편안하게 대서양을 건너기는 처음이었다. 그러나 그는 다른 승객들처럼 히스로 공항에서 줄지어 기다리다가 비행기를 타고 싶었다. 삶이 온통 위기와 임기응변의 연속일 때는 오히려 평범한 것들을 부러워하기 마련이다. 간절히 원하지만 가질 수 없으니까.

토론토에 도착해보니 펜클럽에서 소설가 존 랠스턴 솔과 릭 영이 마중을 나와 있었다. 마이클 온다체와 린다 스폴딩 부부의 집으로 갔다. 이튿날부터 일을 시작했다. 인터뷰가 많았는데, 캐나다의 유력한 언론인 피터 그조스키가 진행하는 라디오 프로그램은 성생활에 대한 질문을 던졌다. "할 얘기가 없는데요." 그러자 그조스키가 다그쳤다. "섹스를 안 하신다는 뜻은 아니죠?" 점심때는 비행기를 구하는 데 결정적 도움을 준 온타리오 주지사 밥 레이를 만났다. 레이는 젊고 싹싹했다. 머리는 금발이고 운동화를 신고 있었다. 자선 행사 때 무대에 오르기로 했는데 그 일로 살해당할까봐 아내가 걱정하더란다. 아마도 캐나다 안보기관이 모든 정치인에게 루슈디를 만나지 말라고 충고한 모양이었다. 어쩌면 그저 써먹기 좋은 핑계였는지도 모른다. 어느 쪽이든 간에 정치인들을 만나기는 쉽지 않았다. 그날 저녁 루슈디와 엘리자베스는 존 솔과 에이드리엔 클라크슨 부부의 집에서 식사를 했다. 에이드리엔은 텔레비전 언론인으로 장차 캐나다 총독이 될 사람이었는데, 식사 후 자리에서 일어나 〈Hello, Young Lovers〉를 불러주기도 했다. 힘차고 듣기 좋은 목소리였다.

다음날 저녁에는 다들 윈터가든 극장의 무대 뒤에 모였다. 루슈디는 릭이 가져다준 펜클럽 티셔츠를 입었다. 존 어빙이 빙그레 웃으며 나타났다. 마거릿 애트우드가 카우보이모자와 술 달린 재킷 차림으로 달려와 입맞춤을 해주었다. 이윽고 "루슈디 등장 대목"이 시작되었다. 문인으로서 최고의 영예를 누리는 기분이었다. 작가들이 차례로 등장하여 파트와에 얽힌 참담한 사건들을 하나씩 설명한 후 무대 위에 마련된 자리에 앉았다. 존 어빙은 오래전 루슈디를 처음 만났던 날에 대해 다정하게 이야기하고 『한밤의 아이들』 도입부와 결말 부분을 낭독했다. 이윽고 애트우드가 루슈디의 등장을 알렸다. 그가 무대 위에 나타나자 그곳에 모인 1200명은 깜짝 놀라 숨을 죽이다가 곧 함성을 지르며 지지와 사랑을 표현했다. 그렇게 상징적 존재가 되어버리다니 몹시 야릇한 일이라는 생각이 들었다. 상징적 인물 따위는 되고 싶지 않았다. 그냥…… 실존 인물이 되고 싶었다. 그러나 지금으로서는 그것이 최고의 무기일지도 모른다. 지지자들이 생각하는 상징적 인물 살만은 이상화된 살만이다. 자유의 표상, 드높은 가치를 지키기 위해 싸우는 사람, 완벽하고 의연한 사람. 적들이 만들어낸 마귀 루슈디의 이미지에 대항하고 언젠가는 이겨내려면 그런 이미지도 요긴하다. 그가 손을 흔들자 함성이 가라앉았다. 마녀사냥에 대해, 그리고 희극의 무시무시한 힘에 대해 가벼운 농담을 하고 나서 자신의 단편소설 「크리스토퍼 콜럼버스와 스페인의 이사벨라 여왕, 관계를 맺다」를 낭독했다. 루이즈가 원한 일이었다. 그녀는 루슈디가 작가로서 문인들 앞에 서서 작품을 들려주길 바랐다. 낭독이 끝나자 루이즈가 캐나다 외무장관 바버라 맥두걸의 지지 메시지를 읽어주었다. 밥 레이가 다가와 루슈디를 부둥켜안자 다시 환호성이 터졌다. 한 정부의 수장에게 그런 대우를 받기는 처음이었다. 영원히 잊지 못할 밤이었다.

오타와 주재 이란대사관은 루슈디가 온다는 사실을 왜 미리 알려주지 않았느냐고 캐나다 정부에 항의했다. 정말 웃기는 일이었다.

그렇게 여행하는 틈틈이 엘리자베스와 함께 이사 준비를 하느라 바빴다. 여느 때였다면 그런 집을 고르지도 않았을 테고 그런 지역에 살고 싶지도 않았을 것이다. 경호원들과 함께 살 집이라 너무 넓고 너무 비싸고 너무 평범했다. 그래도 데이비드 애슈턴 힐이 멋지게 고쳐놓았고, 엘리자베스가 아름다운 가구를 장만했고, 루슈디에게는 훌륭한 작업실이 생겼고, 무엇보다 중요한 것은 그의 집이라는 사실이었다. 남의 명의로 임대한 집도 아니고, 경찰이 구해준 집도 아니고, 마음씨 고운 친구가 빌려준 집도 아니었다. 그래서 마음에 쏙 들었고 이삿날은 황홀감마저 느꼈다. 우리집이 최고야.* 방탄 "꽃마차"가 전동식 대문을 들어서고 방탄 차고의 문이 열렸다 닫혔다. 벌써 건물 내부였다. 이제 경찰이 뭐라고 해도 이 집을 떠나지 않으리라. 왕정복고 이후 찰스 2세가 이런 말을 했다. 아우님, 이젠 나도 늙었는지 다시 방랑생활을 하긴 싫다네. 루슈디도 왕과 똑같은 심정이었다. 마르틴 루터가 했던 말도 생각났다. 제가 여기 섰나이다. 이럴 수밖에 없었나이다.** 물론 부동산에 대한 이야기는 아니었지만 루슈디의 심정도 마르틴 루터와 마찬가지였다. 루슈디는 생각했다. 제가 여기 섰나이다. 이 집에서 앉기도 하고, 일도 하고, 실내자전거도 타고, 텔레비전도 보고, 씻고 먹고 자겠나이다. 저도 이럴 수밖에 없었나이다.

빌 뷰퍼드가 1993년 젊은 영국작가상의 심사위원으로 루슈디를 위촉했다. 이 상을 처음 제정한 1983년의 수상자 명단에는 이언 매큐언, 마틴 에이미스, 가즈오 이시구로, 그레이엄 스위프트, 줄리언 반스 등과 함께 루슈디의 이름도 있었다. 이제 후배 작가들의 작품을 읽어볼 차례였다. 재닛 윈터슨, 윌 셀프, 루이 드 베르니에르, A. L. 케네디, 벤 오크리, 하니프 쿠레이시 등등. 동료 심사위원은 A. S. 바이엇, 워터스톤 서점의 존 미친슨, 그리고 빌 뷰퍼드였다. 즐거운 발견도 있었고(이언 뱅크스) 실망스러운 일도 있었다(수네트라 굽타가 영국 시민권이 없어 심사 대상에서 제외되었기 때문이다). 심사위원단은 최종 명단에 들어갈 스무 명 가운데 절반이상을 금방 추려냈지만 나머지에 대해서는 흥미진진한 논쟁을 벌였다. 루슈디는 로버트 매클리엄 윌슨을 뽑자고 주장하며 앤토니아 바이엇과 논

---

* 『오즈의 마법사』의 주인공 도로시의 대사.
** 종교재판 당시 루터의 기도문.

쟁을 벌였지만 지고 말았다. 앤토니아는 D. J. 테일러를 좋아했지만 이 싸움은 그녀의 패배로 끝났다. 루시언 프로이드*의 두 딸 중 누구를 뽑을지에 대해서도 의견이 엇갈렸다. 에스터 프로이드냐, 로즈 보이트냐? (결국 에스터가 붙고 로즈는 떨어졌다.) A. L. 케네디의 작품을 보고 크게 감탄한 루슈디는 동조자들을 확보하여 앤토니아의 반대를 꺾었다. 그렇게 진지하고 열정적인 토론을 거듭한 끝에 만장일치로 작가 열여섯 명을 확정했지만 마지막 네 명에 대한 평가는 심사위원마다 크게 달랐다. 이윽고 명단이 발표되자 런던 문단이라는 작은 연못에 피라니아떼가 몰려들었다.

독점 취재권을 얻은 〈선데이 타임스〉의 해리 리치는 이번에 선정된 작가 스무 명의 이름을 처음 공개하면서 적절히 홍보해주겠다고 하더니 오히려 앞장서서 명단을 쓰레기 취급했다. 루슈디는 리치에게 전화를 걸었다. "그 작가들 작품을 다 읽어봤소? 나도 이번 일을 맡기 전엔 읽어본 적이 없어서 물어보는 거요." 리치는 명단에 포함된 작가들 중 절반쯤의 작품만 읽었다고 시인했다. 자기가 알지도 못하는 작가들까지 싸잡아 헐뜯었다는 뜻이다. 젊은 작가들에게 일말의 아량도 베풀지 않는 세상이 되어버린 모양이다. 알에서 나오자마자 뒤통수를 호되게 얻어맞는 꼴이다. 사흘 후, 제임스 우드가 〈가디언〉에서 스무 명의 작가들을 다뤘다. 우드는 한마디로 문학비평계의 악독한 프로크루스테스다. 희생자들을 좁은 침대―즉 자신의 완고한 문학적 이데올로기―에 묶어놓고 잡아당겨 늘이거나 무릎을 잘라 길이를 맞춘다. 젊은 작가들이여, 영국 문단은 이런 곳이다.

크리스마스 날 루슈디와 엘리자베스는 그레이엄 스위프트와 캔디스 로

---

* 독일 태생의 영국 화가(1922~2011). 심리학자 지크문트 프로이트의 손자.

드 부부를 초대하여 하루를 함께 보냈다. 다음날은 나이젤라 로슨과 존 다이아몬드 부부, 빌과 알리시아 뷰퍼드 부부가 와서 함께 식사를 했다. 이런 명절의 온갖 전통을 애지중지하는 엘리자베스는—루슈디가 "크리스마스 근본주의자"라는 애칭을 지어줄 정도였다—모든 사람을 위해 "크리스마스다운 크리스마스"를 준비하면서 진심으로 즐거워했다. 루슈디는 거의 4년 만에 자기 집에 크리스마스트리를 마련하고 친구들과 함께 휴일을 보내면서 그동안의 환대와 친절에 보답할 수 있었다.

그러나 죽음의 천사는 여전히 그리 멀지 않은 곳에서 날개를 퍼덕였다. 나이젤라의 동생 토머시나가 유방암과의 싸움에서 밀리는 형국이었다. 앤토니아 프레이저의 아들 올랜도는 보스니아에서 심각한 교통사고를 당하여 뼈가 여러 개 부러지고 한쪽 폐에 구멍이 뚫렸다. 그래도 살아남았다. 이언 매큐언의 의붓딸 폴리의 애인이 베를린에서 불길에 휩싸였다. 그는 살아남지 못했다.

클래리사가 울먹이며 전화를 걸었다. A. P. 와트 에이전시에서 6개월 후 퇴직하라는 통보를 받았단다. 루슈디는 길런 에이킨, 리즈 콜더와 의논했다. 어떻게든 이 문제를 해결해야 했다.

런던 〈선데이 타임스 매거진〉의 테리 오닐이 루슈디를 철창 같은 곳에 데려다놓고 사진을 찍었다. 그 일요판 잡지에 "마지막 인질"이라는 기사를 실을 때 표지 사진으로 쓰겠단다. 오닐이 찾아낸 녹슨 철창을 움켜쥐면서 루슈디는 이런 생각을 했다. 언젠가는 기자들과 사진가들이 다시 소설가로서의 루슈디에게 관심을 갖게 될까? 그런 날은 영영 안 올 듯싶었다. 당시 앤드루에게 들은 소식에 의하면 에이전시측에서 최선을 다했는데도 랜덤하우스 출판사는 결국 『악마의 시』 페이퍼백 출간을 거절했다. 아직은 조합을 해산할 때가 아니었다. 그러나 앤드루는 이런 말도 덧붙였다. 랜덤하우스 간부들 중에는 고위층의 이번 결정에 "몹시 분개한" 사람도 많은데—런던 지사의 프랜시스 코디와 사이먼 매스터, 뉴욕 본사의 서니 메타 등등—다들 어떻게든 결정을 "뒤집어보겠다"고 했단다. (문제의 고위층은 일찍이 페이퍼백 출간 조합에 참여하길 거부하면서 "한낱 에이전트 따위에 휘둘리진 않겠다"고 말하기도 했다.)

정치적 활동을 위해 더블린에 갔다. 엘리자베스와 루슈디는 킬라이니에 있는 보노의 집에 머물게 되었다. 보노 부부의 정원 아래쪽에 있는 아름다운 게스트하우스에서는 킬라이니 만의 전경이 한눈에 내려다보였다. 집주인은 손님들에게 화장실 벽에 서명을 하고 메시지나 그림을 남겨달라고 청했다. 첫날 저녁에는 〈아이리시 타임스〉 기자 패디 스미스의 집에 가서 아일랜드 작가들을 만났다. 패디의 어머니이며 뛰어난 소설가인 제니퍼 존스턴이 조너선 케이프 출판사의 톰 매슐러에게 들은 말을 털어놓았다. 제니퍼의 첫 소설을 읽고 나서 매슐러는 그녀가 작가도 아니고 다시는 소설을 쓰지 못할 테니 이미 쓴 작품도 출간해줄 수 없다고 했단다. 그렇게 문단에 대한 뒷이야기도 들었지만 정치적인 작업도 병행했다. 그 자리에는 아일랜드 총리를 역임한 개럿 피츠제럴드 등 몇몇 정치인도 참석했는데 다들 루슈디를 지지하겠다고 약속했다.

피닉스 공원에 있는 대통령 관저에서 메리 로빈슨 대통령을 만났다. (국가원수를 만나기는 난생처음이었다!) 루슈디가 상황을 설명하는 동안 대통령은 초롱초롱한 눈빛으로 조용히 귀를 기울였다. 말수는 적었지만 한번은 이렇게 중얼거리기도 했다. "들어준다고 손해볼 일은 없죠." 트리니티 칼리지에서 언론의 자유를 위한 '렛 인 더 라이트Let in the Light' 회담이 열렸다. 루슈디도 참석하여 강연을 했는데, 강연자들을 위한 뒤풀이 때 키는 작지만 다부져 보이는 여자가 다가왔다. 그녀는 루슈디가 신페인

당*에 대한 보도를 금지한 31조 법령을 반대하는 바람에 "우리 대신 위험을 뒤집어쓰셨다"고 말했다. 루슈디는 이렇게 대답했다. "그건 그렇고, 여기서 '우리'가 누구죠?" 그러자 여자는 루슈디의 눈을 똑바로 쳐다보았다. "우리가 누군지는 잘 아실 텐데." 그렇게 IRA의 전폭적인 지지를 얻은 후 전설적인 토크쇼 진행자 게이 번의 〈레이트 레이트 쇼Late Late Show〉에 출연했다. 게이는 『악마의 시』를 읽어보았는데 마음에 쏙 들었다고 말했고, 덕분에 아일랜드 사람들 대부분이 책도 작가도 꽤 괜찮은 모양이라고 믿게 되었다.

아침에는 마텔로 탑을 찾아갔다. 조이스의 소설에 등장하는 "당당하고 통통한 벅 멀리건"**과 스티븐 디덜러스가 함께 살던 곳이다. 포상砲床이 있는 꼭대기까지 계단을 오를 때는 예전에 그곳을 찾은 수많은 사람들처럼 그 역시 소설 속으로 들어가는 기분이었다. 그는 조용히 속삭였다. 하느님의 제단으로 나아가리니.*** 애비 극장****에서 당시 문화부 장관으로 갓 부임한 시인 마이클 D. 히긴스를 비롯한 문인들을 만나 점심식사를 했다. 다들 내가 살만 루슈디 배지를 달고 있었다. 식사가 끝난 후 다른 살만 루슈디 두 명―더멋 볼저, 콜럼 토빈―과 함께 호스헤드 반도의 등대까지 걸어갔다. (아일랜드 경찰이 적당한 거리를 두고 따라왔다.) 등대수 존의 허락을 받아 등댓불을 켜보기도 했다. 일요일에는 보노가 경찰에게 알리지도 않고 킬라이니의 한 술집에 데려다주었다. 겨우 반시간 동안이었지만 무방비 상태로 즐기는 자유와 기네스 맥주 덕분에 제법 알딸딸했다. 이윽고 집으로 돌아갔을 때 경찰은 원망이 가득한 애처로운 눈으로 보노를 바라보았지만 온 국민의 사랑을 받는 그에게 차마 폭언을 퍼붓지는 못했다.

---

* 아일랜드의 완전한 독립을 목적으로 1919년에 결성된 정치조직. IRA와 관계가 깊다.

**『율리시스』의 첫 구절.

***『율리시스』에서 벅 멀리건의 첫 대사.

**** 아일랜드의 국립극장.

일요판 〈인디펜던트〉에서 좌익과 우익이 한꺼번에 루슈디를 비난했다. 영국 왕세자는 형편없는 작가를 보호하느라 비용이 너무 많이 든다고 했다. 좌파 언론인 리처드 고트는—친소련파로서 이른바 "붉은 황금"을 받은 사실이 뒤늦게 드러나 결국 〈가디언〉 신문사를 떠나게 되는 바로 그 사람이다—루슈디의 정치적 견해와 "세상 물정 모르는" 글쓰기를 비판했다. 루슈디는 문득 계시에 가까운 깨달음을 얻었다. 수필 「좋은 뜻으로」에 썼던 말이 역시 옳았구나. 자유는 주어지는 것이 아니므로 스스로 쟁취해야 한다. 차라리 보호를 거부하고 자력으로 살아남는 편이 나을지도 모른다. 그러나 그렇게 위험한 미래 속에 엘리자베스와 자파르까지 끌어들여도 괜찮을까? 너무 무책임한 짓이 아닐까? 엘리자베스는 물론이고 클래리사와도 의논해봐야 할 문제였다.

워싱턴에 새 대통령이 취임했다. 히친스가 연락했다. "클린턴은 보나마나 자네 편이야. 틀림없다니까." 〈네이션〉에 존 레너드*의 글이 실렸다. 신임 대통령은 애서가로 알려진 사람이고 일찍이 가르시아 마르케스의 『백년 동안의 고독』을 좋아한다고 밝힌 적도 있는데, 레너드는 이제 『악마의 시』도 꼭 읽어보라고 권했다.

'비밀경찰 무도회'라는 말은 1980년대부터 국제앰네스티를 위해 개최한 모금 행사를 흔히 가리키는데, 이 행사에 참여한 코미디언이나 뮤지션들은 까맣게 몰랐겠지만 진짜 비밀경찰 무도회는 따로 있었다. 정식 무도회는 아니지만 꽤 큰 파티였다. 매년 2월경 열리는 A 부대 연례행사로, 장

---

* 미국의 문학평론가이자 문화비평가(1939~2008).

소는 런던경찰청 위층에 있는 식당 겸 주점 필러스였다. 이 행사의 손님 명단은 런던에서 열리는 여느 파티와는 전혀 달랐다. 현재 경찰의 보호를 받거나 예전에 받은 적이 있는 사람들을 모두 초청하는 자리였기 때문이다. "경호 대상"들은 어떻게든 이 행사에 참석하여 자신을 지켜준 경찰관들에게 감사 표시를 했다. 전현직 총리, 북아일랜드 국무장관, 국방부 장관, 양대 정당 출신의 외무부 장관 등이 두루 참석하여 경호요원이나 운전수와 술을 마시며 한담을 나눴다. 경호팀은 경호 대상의 친구와 동료 중에서 특별한 도움을 준 사람들도 함께 초대했다. 그러자니 꽤 넓은 공간이 필요했다.

그 시절 그는 만약 자신의 인생 이야기를 책으로 쓴다면 '세계의 뒷문들'이라는 제목을 붙이겠다고 말했다. 평범한 사람들은 앞문으로 드나든다. 반면에 정말 특별한 사람들은 부엌문이나 종업원 출입구, 뒤창, 혹은 쓰레기 배출구로 드나든다. 런던경찰청에서 열리는 비밀경찰 무도회에 참석하던 날도 루슈디는 지하 주차장 엘리베이터를 이용했다. 그가 타고 있는 동안 다른 사람들은 그 엘리베이터를 쓸 수 없었다. 다른 손님들은 정문을 사용했지만 그는 뒷문 사용자였다. 그러나 필러스에 들어서는 순간부터 그는 흥겨운 군중의 일원이 되었고—마실 것이라고는 어마어마한 잔에 담긴 스카치위스키나 진뿐이었으니 다들 흥겨워하는 것도 무리가 아니었다—그날까지 그를 경호해준 경찰관들이 일제히 몰려와 명랑하게 인사를 건넸다. "조!"

경호팀은 평상시라면 서로 마주칠 일도 없는 경호 대상들을 대면시킨 후 반응을 지켜보길 유난히 좋아했다. 그들이 사람들 사이를 헤치고 루슈디를 데려간 곳에는 힘없는 노인 한 명이 있었다. 한때는 유명했던 콧수염도 흔적만 남고, 허리도 조금 구부정하고, 그 옆에는 자상한 아내가 붙어 있었다. 1970년대에 우연히 마주친 적이 있는 이녁 파월이었다. 루슈디가 클래리사와 함께 로어 벨그레이브 스트리트에 살 때였다. 어느 날 신문을 사려고 동네 신문 가게 퀸런 상점에 들어갔는데 맞은편에서 파월이 걸어왔다. 파월이 "피의 강"이라는 연설로 자신의 정치 인생에 종지부를 찍은 후 불과 몇 해가 지났을 무렵이니 악귀로서의 명성은 여전했다. 일찍이 저로마인에게 그랬듯이 지금 제게도 엄청난 피로 물든 티베르 강이 눈에 선합니다. 파월의 연설은 가무잡잡한 외국인들에 대한 영국 인종차별주의자들의 혐오감을 고스란히 드러냈다. 당시 젊은 이민자였던 루슈디는 폭력과는 거리가 멀었지만 그날 퀸런의 신문 가게에서 악명 높은 이넉을 본 순간만은 콧잔등을 냅다 후려갈기고 싶어 진지하게 고민했는데, 결국 그러지 못해서 아직도 그때의 자신을 좀 한심스럽게 생각했다. 그러나 당시 로어 벨그레이브 스트리트에는 한바탕 코피를 쏟아 마땅한 자들이 수두룩했다. 옆집 35번지에는 니카라과 독재자 소모사의 아내가 살고, 46번지에는 점잖은 루컨 일가가 살았다. (루컨 경이 아내를 죽이려다가 애꿎은 유모를 살해한 것은 나중의 일이지만 사건의 발단은 그 무렵부터였다.*) 한번 사람을 때리기 시작하면 그만두기가 쉽지 않은 법이다. 히틀러 콧수염을 기르고 눈빛이 형형한 이넉을 내버려두고 발길을 돌린 것이 오히려 잘한 일이었는지도 모른다.

그런데 20년 세월이 흐른 후 이렇게 파월을 다시 보게 되었다. 루슈디는 경호팀에게 말했다. "싫소. 저런 인간은 만나고 싶지 않소." 그러자 경호팀이 아우성을 쳤다. "조, 그러지 말고 만나보세요. 이젠 늙다리 영감이잖아요." 그다음에 이어진 말이 루슈디의 반감을 무너뜨렸다. 스탠리 돌이 말했다. "조, 파월 부인은 저 늙은이를 돌보느라 고생스럽게 살았어요. 부인이 간절하게 선생님을 만나고 싶어해요. 소중한 추억으로 간직하겠다고 하시더군요." 결국 엘리자베스와 함께 마거릿 파월을 만나보기로 했다. 부

---

* '루컨 경'으로 알려진 귀족 리처드 존 빙엄이 양육권 소송에서 아내에게 패한 후 아이들의 유모를 살해한 사건.

인은 젊은 시절 카라치에서 루슈디 일가와 한동네에 살았다면서 지난 이 야기를 늘어놓았다. 이닉 노인은 아내 곁에 구부정하게 서서 말없이 고개 만 끄덕거렸다. 그렇게 늙어빠진 모습을 보니 별로 때리고 싶지도 않았다. 실례가 안 될 만큼 들어주다가 부인에게 양해를 구하고 엘리자베스의 팔 꿈치를 붙잡으며 돌아서는 순간 어떤 여자와 눈이 딱 마주쳤다. 헤어스프 레이를 뿌리고 핸드백을 들고 일그러진 미소를 머금은 마거릿 대처였다.

이 '철의 여인'이 신체 접촉을 좋아하는 사람일 줄이야 누가 알았으랴. 잠시 대화를 나누는 동안에도 전직 총리는 루슈디의 몸에서 손을 떼지 않 았다. 안녕하세요, 하면서 루슈디의 손등을 가볍게 만지고, 어떻게 지내세요, 팔뚝을 쓰다듬고, 우리 경찰 여러분이 잘 지켜드리겠죠? 하고 물어볼 때쯤에 는 그 손이 어깨까지 올라왔다. 그녀가 뺨을 어루만지기 전에 무슨 말이든 해야겠다고 생각했다. "예, 감사합니다." 그러자 그녀는 고개를 까딱까딱 움직이는 그 유명한 동작을 선보였다. 좋아요, 좋아요, 하면서 다시 팔을 쓰 다듬고, 그럼 잘 지내세요, 하면서 만남을 끝내려 할 때 엘리자베스가 끼어 들었다. 그녀는 영국 정부가 파트와의 위협을 끝내기 위해 어떤 대책을 세 웠느냐고 사뭇 험악하게 따져 물었다. 예쁜 아가씨의 입에서 거친 말이 튀 어나오자 천하의 대처 여사도 조금은 놀랐는지 몸이 살짝 굳어졌다. 오, 저 런, 그러면서 이번에는 엘리자베스를 더듬기 시작하고, 그래요, 아가씨도 걱 정이 많겠네요, 나도 참 안타깝지만 이란에서 정권 교체가 이뤄지기 전엔 달라질 게 없어요. 그러자 엘리자베스가 다그쳤다. "그게 대책이에요? 그냥 기다 리는 거?" 대처 여사가 손을 거뒀다. 날카로운 시선을 돌려 허공을 응시했 다. 막연하게 고개를 끄덕이더니 흐음 하고 말꼬리를 흐리며 자리를 떴다.

엘리자베스는 그날 밤 줄곧 씩씩거렸다. 이게 뭐예요? 대책도 없다는 게 말이나 돼요? 그러나 루슈디는 마거릿 대처가 팔을 어루만지던 순간을 떠 올리며 빙그레 웃었다.

파트와 4주년도 어김없이 뜨겁게 달아올랐다. 테헤란에서 또 한바탕 소름끼치는 발언이 이어졌다. 아야톨라 하메네이, 대통령 라프산자니, 국회 대변인 나테크누리 등등. 그러나 루슈디 암살 계획에 반대하는 공식적 입장 표명이 거듭되는 상황이라 다들 당황한 기색이 역력했다. 미국 국회, 유엔 인권위원회, 심지어 영국 정부까지 그들의 위협에 반발했다. 외무부 장관 더글러스 허드는 스트라스부르에서, 차관 더글러스 호그는 제네바에서, 루슈디 사건을 "대단히 중요한 인권 문제"로 생각한다는 성명서를 각각 발표했다. 노르웨이는 이란과의 석유 계약을 무산시켰다. 캐나다가 이란에 빌려주기로 했던 10억 달러 차관도 보류되었다. 게다가 루슈디마저 뜻밖의 장소에 나타났다. 그날 그는 킹스 칼리지 채플에서 설교를, 아니, 성직자가 아니니까, 강연을 했다.

강연 전에 킹스 칼리지 학장이 메아리를 조심하라고 귀띔했다. "몇 마디 할 때마다 잠깐씩 말을 끊으세요. 안 그러면 목소리가 뭉개져 도저히 알아들을 수가 없어요." 드디어 오랜 의문이 풀렸다. 그래서 다들 설교를 그런 식으로 했구나. "이렇게 이 자리에—서보니 문득—종교적 믿음의—가장 큰 미덕이—무엇인지를—되새겨보게 되는군요." 그렇게 말문을 열면서 내심 생각했다. 이거 대주교 같은 말투가 돼버리네. 하느님의 집에서 그는 비종교인들의 선행에 대해 이야기하고 선을 위해 싸우다 희생된 사람들을 애도했다. 이집트의 파라그 푸다. 그리고 터키 언론인으로 최고의 인기를 누리다가 최근 암살자들이 승용차에 설치한 폭탄에 목숨을 잃은 우르 뭄주. 종교인들이 제아무리 미덕을 강조한들 행실이 그렇게 잔인하면 다 무슨 소용인가? 루슈디는 성직자처럼 한껏 경건한 목소리로 말을 이었다. "킹스 채플이—종교가 가진—최선의 일면을 상징하듯이—오늘날 파트와는—최악의 일면을 상징합니다. 파트와야말로—현대판—'악마의 시'라고 해도—과언이 아닙니다. 파트와를 통하여—또다시 악이―선의 탈을 쓰고―신앙인들을―기만하고 있습니다."

1993년 2월 26일, 쿠웨이트인 람지 유세프 일당이 뉴욕 세계무역센터에 폭탄 테러를 자행했다. 여섯 명이 죽고 천여 명이 다쳤지만 쌍둥이 빌딩은 무너지지 않았다.

친구들은 캠페인이 효과 만점이라면서 잘한다고 칭찬했지만 정작 루슈디 자신은 일찍이 윈스턴 처칠이 "검둥개"와 같다고 표현했던 우울증에 시달릴 때가 많았다. 물론 바깥세상에 나가면 잘 싸웠다. 해야 할 일을 하는 요령도 스스로 터득했다. 그러나 집에 돌아오면 절망하기 일쑤였고 그 결과를 감당하는 일은 고스란히 엘리자베스의 몫이었다. 데이비드 고어부스는 외무부측에서 영국항공과 교섭해보았지만 한사코 루슈디를 태워주지 않으려 한다고 말했다. 톰 필립스가 〈명랑한 루슈디〉를 완성하여 영국 국립초상화미술관에 넘겨주려 했지만 미술관측은 "당분간" 구입을 보류하기로 결정했다. 그런 소식을 들을 때마다 그는 과음을 했고―파트와 사태 이전에는 그렇게 많이 마신 적이 없었건만―술에 취하면 마귀들을 이겨내지 못하고 신경질을 부리기 일쑤였다. 톰 필립스가 선물로 준 〈명랑한 루슈디〉를 벽에 걸려고 했는데 공구상자가 보이지 않았다. 그는 벌컥 화를 냈고 엘리자베스는 견디다못해 울음을 터뜨렸다. 보호를 거부하겠다는 발상은 터무니없다면서 자기는 무방비 상태인 집에 살기 싫다고 말했다. 기어이 경호팀을 포기할 작정이라면 혼자 살 각오를 하란다.

그날부터는 엘리자베스의 감정을 좀더 배려했다. 그렇게 용감하고 다정한 여자를 얻은 것은 크나큰 행운인데 이제 와서 일을 그르칠 수는 없었다. 술을 끊기로 결심했다. 완전히 끊지는 못했지만 밤마다 과음하던 버릇

을 버리고 적당히 절제했다. 메리앤의 악담대로 아버지 같은 주정뱅이가
되긴 싫었다. 오랫동안 어머니의 고통을 지켜본 그가 엘리자베스에게 똑
같은 짓을 저지를 수는 없었다.

　도리스 레싱이 전화를 걸어 집필중인 자서전에 대해 이야기했다. 그녀
는 루소의 집필 방식을 따를 수밖에 없다고 했다. 진실을 말해야 한다. 가
급적 많은 진실을 밝혀야 한다. 그러나 고민과 망설임도 피할 수 없다. "살
만, 그 시절엔 나도 꽤 예쁘장한 아가씨였다네. 자네는 잘 모르겠지만 난
그때 복잡한 상황에 얽혀들기 십상이었지. 나와 사귄 사람들이나 사귈 뻔
했던 사람들······ 그중에는 아주 유명한 사람도 많고 몇 명은 아직 살아
있어. 물론 루소를 생각하면 나도 감정 표현에 솔직한 책을 쓰고 싶은데,
남들의 감정까지 솔직하게 드러내도 괜찮을까?" 아무튼 진짜 문제는 하권
이었다. 아직은 상권을 쓰는 중인데, 그 속에 등장하는 사람들은 이미 고
인이거나 "세상만사에 초연한 상태"가 돼버렸으니까. 그녀는 한참 동안
킥킥거리다가 다시 글을 쓰러 가면서 루슈디에게도 열심히 쓰라고 했다.
그는 속마음을 털어놓고 싶었지만 입을 다물었다. 당시 그는 다시 작가가
아닌 인생을 상상했다. 그런 인생은 얼마나 평화롭고 조용할까. 얼마나 즐
거울까. 그러나 집필중인 책만은 꼭 완성하고 싶었다. 마치 "마지막 한숨"
을 쉬듯이.
　『무어의 마지막 한숨』은 진도가 느렸다. 아브라함 조고이비와 오로라
다가마가 코친에서 "후추맛 사랑"에 빠져드는 대목이었다.

　3월 중순에 마침내 파리로 날아갈 수 있었다. 루슈디가 비행기에서 내
리자 무시무시한 RAID 특공대원들이 우르르 몰려오더니 자기들의 지시

를 철저히, 정말 철저히 따르라고 말했다. 라데팡스 신개선문*까지 신속하게 이동했다. 문화부 장관이며 프랑스 정부의 서열 2위인 자크 랑이 베르나르앙리 레비와 함께 기다리다가 루슈디를 맞이하여 강당으로 데려갔다. 루슈디는 신개선문 주변의 어마어마한 경호 작전을 애써 무시하고 강당에 모인 특별한 청중에게 주의를 집중하려고 노력했다. 좌우를 막론하고 프랑스 정계의 핵심 인물들과 지식인들이 모두 한자리에 모인 듯했다. (미테랑은 없었다. 당시 프랑스 대통령은 늘 "해외순방중"이었다.) 베르나르 쿠슈네르, 니콜라 사르코지, 알랭 팽키엘크로, 호르헤 셈프룬, 필리프 솔레르스, 엘리 위젤 등이 어깨를 맞대고 화기애애한 분위기를 유지했다. 파트리스 셰로, 프랑수아즈 지루, 미셸 로카르, 이스마일 카다레, 시몬 베유…… 정말 굉장한 청중이었다.

자크 랑이 진행 절차를 설명하다가 농담을 던졌다. "오늘 우리는 살만 루슈디 선생에게 감사해야 합니다. 덕분에 프랑스 문화계가 단결했으니까요." 폭소가 터졌다. 그때부터 두 시간에 걸쳐 격렬한 질문 공세가 이어졌다. 좋은 인상을 남기고 싶었지만 성공했는지 확인할 기회조차 얻지 못했다. 모임이 끝나자마자 RAID 팀이 부랴부랴 차에 태우고 쏜살같이 달렸기 때문이다. 그들이 데려간 곳은 사실상 영국 영토와 다름없는 영국대사관이었다. 파리에서 루슈디가 묵을 곳은 거기밖에 없었다. 그나마도 하룻밤뿐이었다. 크리스토퍼 맬러비 대사는 루슈디의 소설을 더러 읽었다면서 대단한 호의와 친절을 베풀었다. 그러면서도 이번 초대는 하룻밤만 유효하다고 못을 박았다. 대사관을 호텔로 여기면 곤란하단다. 이튿날 아침 루슈디는 공항으로 향했고 곧바로 프랑스에서 쫓겨났다.

대사관에 들어갈 때와 나올 때 놀라운 장면을 목격했다. 콩코르드 광장의 교통이 전면 통제되었다. 광장을 드나드는 모든 도로를 경찰이 차단했다.

---

* 프랑스혁명 200주년을 기념하여 세운 건축물로 정부 부처 일부가 이곳에 입주해 있다.

루슈디를 호송하는 RAID의 차량 행렬이 멈추지 않고 광장을 빠져나가게 하기 위해서였다. 루슈디는 슬펐다. 나 때문에 콩코르드 광장을 봉쇄하다니. 그런 상황이 싫었다. 차량 행렬이 작은 카페 앞을 지나갔다. 차양 밑에서 커피를 마시던 사람들이 일제히 돌아보았다. 호기심과 약간의 반감이 섞인 표정이었다. 루슈디는 생각했다. 언젠가는 나도 저렇게 길가에서 커피를 마시며 한가롭게 세상 구경을 할 수 있을까.

아름다운 집에 살았지만 도금한 새장 속에 갇힌 기분이었다. 그는 이슬람의 공격을 견뎌내는 법을 배웠다. 광신자들이 광신자답게 행동하고 속 좁은 사람들이 속 좁은 사람답게 행동하는 것은 별로 놀라운 일이 아니다. 그러나 무슬림도 아닌 영국인들의 비판을 참아내기는 쉽지 않았다. 비판은 점점 더 심해졌다. 외무부와 존 메이저 정부도 이중성을 드러냈다. 말과 행동이 전혀 달랐다. 그는 이 모든 실망과 분노를 담아 과격한 글을 썼다. 냉정을 잃지 않은 사람들이―엘리자베스도, 프랜시스도, 길런도―그런 글을 발표하면 안 된다고 말렸다. 그러나 나중에 생각해보니 그때 친구들의 충고를 받아들인 것은 실수였다. 그 시절에는 매번 침묵을 선택했지만―예컨대 파트와가 공포된 후「좋은 뜻으로」를 발표할 때까지의 기간에도 그랬다―나중에 생각해보니 모두 실수였다.

2월 22일 월요일, 총리실은 메이저 총리가 나를 만나는 데 원칙적으로 합의했다고 발표했다. 영국 정부의 의사표시였다. 표현의 자유와 인권을 수호하겠다는, 외국 권력의 사주를 받은 살인자들에게 영국 국민이 암살당하도록 내버려두지 않겠다는. 그리고 최근에 회견 날짜가 정해졌다. 그러자 말 많은 보수당 의원들이 들고일어나 회견을 취소하라고 요구했다.

영국과 무자비한 테헤란 성직자들의 "협력 관계"에 방해가 된다는 주장이었다. 그리고 오늘 총리실은 "확고부동"하다고 단언했던 회견 날짜를 아무 설명도 없이 연기해버렸다. 우연의 일치일까, 5월 초에 이란을 방문할 예정인 영국 무역대표단에 대하여 순조롭게 합의가 이뤄졌다. 이란은 호메이니 혁명 후 14년 만에 성사된 이번 방문이 양국 관계에 "획기적인 돌파구"가 되리라 보고 환호하는 분위기다. 이란 통신사는 영국 정부가 차관 통로를 다시 열어주기로 약속했다고 보도했다.

외무부는 악명 높은 파트와에 대해 앞으로는 "적극적으로" 나서서 세계 여론을 선도하기로 결정했다지만 그 말을 곧이듣기는 점점 더 어려워지는 상황이다. 지금 우리는 미국 정부가 "국제 불량배"라 부르며 주도적인 테러 후원국으로 낙인찍은 독재국가와 거래를 트느라 급급할 뿐만 아니라 그들에게 우리와 거래하는 데 필요한 돈까지 빌려주려 한다. 총리와 나의 만남에 대해서는 다시 날을 잡을 예정이라고 들었다. 그러나 총리실 쪽에서는 아직 아무런 연락도 없다.

보수당의 "반反루슈디" 압력집단에는—이 명칭만 보아도 지금의 상황을 원칙이 아니라 개인의 문제로 국한시키려는 속셈을 짐작할 만하다—에드워드 히스 경, 에마 니컬슨, 그리고 이란의 이익을 대변하는 자로 유명한 피터 템플모리스 등이 있다. 에마 니컬슨은 이란 정권을(자국민을 죽이거나 불구로 만들거나 고문하여 최근 유엔에서도 세계 최악이라고 규탄했던 그 정권을) "좋아하고 존중하게" 되었다고 말했다. 한편 에드워드 경은—20년 전 총리로 재직할 때 무능한 정치로 국민을 괴롭힌 덕분에 여전히 특수부의 보호를 받는 처지이면서도—지금 자기보다 더 큰 위험에 처한 영국인을 보호하려는 정부측 결정을 비판하고 나섰다. 그들은 한결같이 루슈디의 위기는 자업자득이라고 생각한다. 반면에 망명중인 이란 저명인사 2백여 명은 루슈디를 무조건 지지한다는 성명서를 발표했다. 무슬림 세계 전역에서 독재정권을 비판하고 개혁을 부르짖고 무엇보다 정교분리를 요구하는 사람들이 나날이 늘어나고 작가, 사상가, 언론인, 학자 등이 영국 언론을 통하여 "루슈디를 지키는 일이 곧 우리를 지키는 일"이라는 견해를 밝혔다. 『악마의 시』를 자유로운 상상력이 낳은 떳떳한 작품으로 인정하고 지지하는 사람도 많다(서로 다른 의견이 공존하는 세상이라면 책을 불태우는 자들의 의견만 존중해줄 필요가 있을까?). 반대하는 사람들은 굳이 그 책을 이해하려 하지도 않는다.

이란 관료들은 호메이니가 그 소설의 표지조차 본 적이 없다고 털어놓았다. 이슬람 법학자들은 파트와가 국제법은 물론이고 이슬람 율법에도 어긋난다고 진술했다. 한편 이란 언론은 금화 열여섯 개와 메카 순례를 상품으로 내걸고 만화 원고를 모집했다. 『악마의 시』는 소설이 아니라 서양에서 이슬람을 헐뜯으려고 공들여 조작한 음모의 산물이라는 사실을 "증명"하는 것이 주제였다. 이 모든 일이 때로는 우울하기 짝이 없는 블랙 코미디처럼 보이지 않는가? 흉악한 어릿광대들이 벌이는 한바탕 촌극 같지 않은가?

지난 4년 동안 많은 사람이 나를 비방했다. 이젠 나도 당하기만 하진 않겠다. 공산주의자들을 편들었던 좌파를 비난하거나 나치의 환심을 사려 했던 우파를 비난하는 것이 정당한 일이라면, 혁명 이후의 이란을 옹호하는 사람들도—사업가든 정치인이든 영국 내의 근본주의자든—똑같이 경멸해야 마땅하다.

나는 우리가 지금 전환점에 이르렀다고 믿는다. 자유를 수호하겠다는 말은 진심인가, 아닌가? 진심이라면 메이저 총리가 일전의 약속대로 조속히 지지 의사를 밝혀주기 바란다. 이란을 더욱더 압박하는 방법에 대해 총리와 의논하고 싶은 마음이 간절하다. 유럽공동체도, 영국뿐만 아니라 영연방 전체도, 국제사법재판소도 나서야 한다. 우리보다 이란 쪽이 더 절박한 입장이다. 이슬람 성직자들이 교역을 중단하겠다고 위협할 때마다 벌벌 떨기보다 오히려 우리 쪽에서 경제라는 고삐를 더 힘껏 틀어쥐어야 한다. 유럽과 북미 지역에서 나눈 대화를 통하여 나는 이란을 규제하는 첫 단계로 돈줄부터 끊자는 초당적 견해가 일반적이라는 사실을 알게 되었다. 다들 영국 정부가 앞장서길 기다리고 있을 뿐이다. 그러나 오늘자 신문에 실린 버나드 레빈의 글에 의하면 내가 이란 암살단의 손에 목숨을 잃을 경우 보수당 의원들 가운데 3분의 2 이상은 오히려 기뻐할 것이 분명하단다. 이 나라를 대표한다는 선량들의 생각이 정말 그렇다면―이 나라 국민이 그토록 자유를 지키는 데 무관심하다면―어쩔 수 없는 일이다. 경호팀을 철수시키고 내 소재를 폭로하여 나를 흉탄의 제물로 바쳐도 좋다. 어느 쪽이든 상관없다. 이제 결단을 내리자.

오랫동안 미뤄졌던 존 메이저와의 만남이 드디어 이뤄졌다. 5월 11일 하원 집무실에서였다. 그곳으로 출발하기 전에 나이젤라 로슨과 대화를 나누면서 그녀의 통찰력에 큰 도움을 받았다. "총리는 선배를 지지할 수밖에 없어요. 지금 경제 상황이 안 좋은 것도 선배한테 유리하죠. 경제적 성과를 자랑할 수 없으니 윤리적 장점이라도 인정받으려 할 테니까요." 그날 그녀는 한 가지 희소식을 말해주었다. 임신했다는 이야기였다. 엘리자베스에게 그 소식을 전하면서 그녀도 간절히 임신을 원한다는 사실을 의식했다. 그러나 이런 악몽 속에서, 창살 없는 감옥에서, 어떻게 아이를 낳겠는가? 게다가 단순염색체전위 문제 때문에 임신은 생물학적 도박과 다름없었다. 더구나 이제 곧 총리에게 살려달라고 부탁하러 가야 했다. 그런 상황에서 아이를 낳는 것은 현명한 선택이 아니라고 생각할 수밖에 없었다.
　메이저 총리는 평소와 달리 싹싹하게 웃지도 않고 크리켓 이야기를 늘어놓지도 않았다. 오히려 좀 폐쇄적이고 방어적인 분위기였다. 들어주기 싫은 부탁이 나오리라 예상한 듯한 표정이었다. 그리고 "이란은 물론이고 우리 쪽 의원들의 반응도 최소화하고 싶다"면서 이번 만남에서는 사진 촬영을 하지 말자고 퉁명스럽게 말했다. 시작부터 불길했다.

　루슈디는 이렇게 말했다. "지난 4년 동안 보호해주셨으니 우선 감사 인사부터 하겠습니다. 목숨을 걸고 저를 지켜준 경찰관들에 대한 고마움은 형언할 수도 없습니다만." 그러자 메이저가 놀란 표정을 지었다. 루슈디의 이런 모습은 뜻밖이었기 때문이다. 〈데일리 메일〉의 설명에 의하면 루슈디는 "무례하고 음침하고 천박하고 어리석고 심술궂고 볼품없고 편협하고 교만하고 이기적인 인물"이니까. 한편 루슈디는 총리의 머릿속에 〈데일리 메일〉의 그 기사가 고스란히 담겨 있다는 사실을 한눈에 알아차렸다. (이 신문은 이번 만남에 반대하는 사설을 싣기도 했다.) 총리가 입을 열었다. "선생에 대한 선입견을 지우려면 공개 석상에서 그런 말씀을 더 많이 하셔야겠습니다." 루슈디는 이렇게 대답했다. "총리님, 그건 제가 기자들을 만날 때마다 하는 얘깁니다." 총리는 막연하게 고개만 끄덕였지만 조금 전에 비하면 경계심을 풀고 우호적인 태도를 보였다. 그때부터는 대화가 한결 순조로웠다. 이런 경험은 비일비재했다. 루슈디를 오해했던 사람들도 막상 그를 만나보면 꽤 사교적인 성격이라는 사실을 알게 되기 마련이었다. 다만 타블로이드 신문의 만평이 남겨놓은 편견을 씻어내는 것이 관건이었다. 메이저 총리가 불쑥 말했다. "살이 좀 찌셨네요." "그렇게 말씀해주시니 고맙습니다. 총리님." "제가 하는 일을 해보시면 금방 빠질 겁니다." "좋습니다. 총리님 일은 제가 할 테니 총리님은 제 일을 대신 해주시죠." 그때부터는 친구 사이와 다름없었다.

　총리는 적극적인 대응책에 찬성을 표시했다. "선생이 일본에 가서서 그 사람들이 부끄러워서라도 행동을 취하게 만드세요." 두 사람은 이란측이 이 문제를 동서양의 시각 차이로 규정하지 못하도록 영연방의 결의안을 이끌어내는 방안에 대해 의논했다. 국제사법재판소에 대해서도 이야기했다. 그러나 메이저 총리는 이란을 "벼랑 끝까지" 몰아붙이긴 싫다면서 루슈디 사건에 대한 제소만은 피하려 했다. 클린턴 대통령을 만나보면 유익하겠다는 데는 의견이 일치했다. 루슈디는 유엔의 인질 협상 전문가 피코가 했던 말을 총리에게 들려주었다. 해결책은 미국뿐이오. 총리는 고개를 끄덕이며 측근들을 돌아보았다. "선생을 도와드릴 방법을 찾아보세."

이 만남에 대한 보도에 때맞춰 총리가 파트와를 규탄하는 성명서를 발표하자 이란 정권의 기관지 〈카이한〉은 분노를 감추지 못했다. "『악마의 시』를 쓴 자는 문자 그대로 허파에 바람구멍이 뚫릴 것이다." 어차피 이판사판이었다. 루슈디가 일부러 판을 키웠지만 이란인들은 여전히 굴복하지 않고 버텼다. 이젠 되돌아갈 수도 없었다. 판을 더 키워야 했다.

클래리사가 연락했다. 가슴에 혹이 생겼는데 "악성일 가능성이 80퍼센트"란다. 엿새 뒤에 종양을 떼어내고 다시 일주일 뒤에 결과가 나온다고 했다. 떨리는 목소리였지만 꿋꿋한 태도가 그녀다웠다. 그러나 루슈디는 큰 충격을 받았다. 몇 분 후 그녀에게 전화를 걸어 비보험 치료든 뭐든 비용을 전담하겠다고 말했다. 유방을 송두리째 잘라내지 않고 치료하는 방안에 대해서도 대화를 나눴다. 나이젤라와 토머시나에게 정보를 얻어 클래리사에게 알려주었다. 가이 종합병원의 수준 높은 유방암 병동과 펜티먼이라는 전문의에 대한 이야기였다. 〈선데이 타임스 매거진〉에 실린 유방암 특집 기사에도 펜티먼이라는 이름이 다시 등장했다. 루슈디는 생각했다. 기필코 이겨내야 해. 클래리사가 무슨 죄를 지었다고. 틀림없이 이겨낼 거야. 루슈디와 엘리자베스는 무슨 일이든 도와주고 싶었다. 그러나 죽을병과 싸울 때는 누구나 혼자다. 그리고 자파르도 그 싸움을 지켜봐야 했다. 자파르는 벌써 4년째 아빠를 걱정하며 살았다. 그런데 화살은 엉뚱한 쪽에서 날아왔다. 안전하다고 믿었던 엄마가 위험해졌다. 루슈디는 자파르의 앞날을 대비해줘야 했다. 혹시 엄마를 잃더라도 구김살 없이 살 수 있게 하는 방법이 뭘까? 자파르도 이 은신처에서 함께 살아야 할 텐데, 그때

학교는, 친구들은, "현실세계"에서의 삶은 어떻게 해야 좋을까? 그렇게 무서운 상실의 상처를 무엇으로 치유해야 할까?

엘리자베스에게 이런 말을 했다. 인생의 태반은 햇빛을 향해 나아가는 과정이라고. 그러다가 간신히 5분쯤 햇빛을 보고 나면 다시 어둠 속으로 끌려내려가 죽을 수밖에 없다고. 그 말을 하는 순간 루슈디는 『무어의 마지막 한숨』에 등장하는 아브라함의 어머니 플로리 조고이비가 그렇게 말하는 장면을 떠올렸다. 문학적 상상력이란 이토록 파렴치한 것일까? 그렇다. 상상력은 절제할 줄 모른다.

경호원 딕 빌링턴에게 클래리사가 암에 걸렸을지도 모른다고 했더니 딕은 이렇게 말했다. "아, 여자들은 왜 걸핏하면 병에 걸리는지 모르겠네요."

사민이 클래리사와 긴 대화를 나눴는데 주로 행복했던 시절을 회상하더란다. 클래리사는 여전히 꿋꿋했지만 "불행이라면 충분히 겪은 줄 알았다"고 말하기도 했다. 클래리사의 병을 계기로 사민은 자신의 죽음에 대해서도 생각하게 되었다. 혹시 자신과 아이들 아빠가 죽는다면 딸들을 오빠가 맡아주겠느냐고 물었다.

루슈디는 그야 당연한 일이지만 알다시피 자신도 목숨이 위태로운 상황이니 다른 대비책도 마련해두라고 말했다.

바트 종합병원—성 바르톨로뮤 종합병원—에서 검사결과가 나왔는데 상황이 몹시 심각했다. 클래리사의 병은 침습성 유방암이었는데, 발견했을 때는 이미 18개월쯤 진행된 상태였다. 대대적인 수술이 필요했다. "십중팔구" 암세포가 림프계까지 퍼졌을 터였다. 혈액검사도 하고 폐, 간, 골수 등도 검사해봐야 했다. 클래리사는 애써 침착한 음성으로 말했지만 루슈디는 그녀의 말 속에 감춰진 공포를 감지했다. 그녀는 자파르가 힘껏 안아주더라며 가까스로 울음을 삼켰다. 유방절제술을 받아야 한다는 사실까지는 엄청난 정신력으로 받아들였지만 만약 간과 골수에서도 문제가 발견되면 어떻게 해야 좋을지 모르겠다고 했다. 죽음이 불가피한 상황이라면 어떻게 대처해야 할까?

루슈디는 나이젤라에게 연락해보았다. 그녀는 새로운 간암 치료법을 시도하여 좋은 성과를 거둔 남자를 안다고 했다. 지푸라기라도 잡아봐야겠지만 그래봤자 지푸라기는 지푸라기였다.

자파르가 와서 하룻밤을 보냈다. 아이는 감정을 억눌렀다. 아이의 엄마도 역경이 닥칠 때마다 똑같은 반응을 보였었다. "엄마는 좀 어때?" "괜찮아요." 그러는 아이를 앉혀놓고 겁을 주기보다는 스스로 서서히 상황에 적응하도록 내버려두는 편이 나았다. 클래리사가 "암"이라는 말을 처음 꺼냈을 때 자파르는 이렇게 말했다. "그 말은 벌써 했잖아요." 그러나 그녀는 그런 말을 한 적이 없었다.

새로운 검사결과가 나왔다. 클래리사의 혈관, 폐, 간, 뼈에는 암세포가 전혀 없었다. 그러나 "지독한 암"이라고 했다. 유방절제술이 불가피하고 림프절도 열 개나 제거해야 한다고 했다. 그녀는 다른 의사의 소견을 듣고 싶어했다. 루슈디도 원하는 일이었다. 비용은 그가 전담하기로 했다. 클래리사는 해머스미스 종합병원의 명망 높은 종양학자 시코라를 찾아갔는데, 그 사람은 유방절제술이 불필요하다고 판단했다. 종양만 제거한 후 화학요법과 방사선요법을 병행하면 해결될 거라고 했다. 유방을 보존할 수 있다는 말을 듣고 클래리사는 굉장히 기뻐했다. 그녀처럼 아름다운 여자에게 그 아름다움을 훼손시키는 일은 감당하기 어려운 비극이었다. 이윽고 그녀는 종양절제술을 집도할 의사를 만나게 되었다. 린이라는 남자였는데 막상 만나보니 능구렁이 같은 자였다. 몹시 느끼한 목소리로 그가 물었다. 부인, 부인, 이 수술을 왜 그렇게 싫어하십니까? 그는 종양학과장 시코라의 말을 정면으로 부정하면서 유방절제술을 해야 한다고 주장하여 클래리사가 겨우 되찾은 용기를 도로 무너뜨렸다. 게다가 이렇게 되면 굳이 해머스미스 종합병원으로 옮길 이유가 없었다. 클래리사는 바트 종합병원에서 상담해준 일을 고마워했고 의사들도 그쪽이 더 마음에 들었기 때문이다. 그녀는 겁에 질려 히스테리에 가까운 상태로 이틀을 보낸 후 다시 시코라와 대화를 나눴다. 그는 자기가 권했던 방법대로 치료하면 되니까 안심하라고 말했다. 클래리사는 비로소 마음을 가라앉히고 자파르와 함께 프랑스에서 자전거를 타며 일주일간 휴가를 즐겼다.

사민이 뉴욕 외과 의사인 친구 키슈에게 들은 말을 전해주었다. 그런 침습성 암은 어설프게 건드리지 말고 곧바로 유방절제술을 받으라고 했단다. 그러나 클래리사는 이미 유방절제술을 피할 방안이 있다는 말에 크나큰 용기를 얻은 터였다. 그녀에게 어떤 조언을 해야 좋을지 판단하기 힘들었다. 그녀도 그의 조언을 원하지 않았다.

변호사 버니 사이먼스가 연락했다. 이혼 가假판결이 떨어졌으니 이제 몇 주만 더 기다리면 확정판결을 받아 메리앤과의 이혼을 매듭짓게 된다고 했다. 아, 그렇구나. 이혼 절차가 덜 끝났구나.

베르나르앙리 레비의 전갈을 받았다. 희소식이었다. 루슈디가 스위스에서 굉장히 중요한 문학상을 받게 되었단다. 제네바 도서전의 콜레트 상이었다. 도서전 개막식 때 이 상을 받으려면 다음주에 스위스로 건너가야 했다. 그러나 작가를 달갑잖은 손님으로 규정한 스위스 정부는 체류 기간 동안 경찰의 보호를 기대하지 말라고 못을 박았다. 루슈디는 한낱 명예욕 때문에 국민을 위험에 빠뜨리지 말라고 했던 그린업 씨의 말을 떠올렸다. 이번에는 그린업과 같은 주장을 내세운 스위스 사람들이 승리했다. 명예욕이 설 자리는 없었다. 스위스 국민의 생명도 안전할 것이다. 루슈디가 할 수 있는 일은 제네바 도서전의 시상식장에 전화 한 통을 거는 정도가 고작이었다. 베르나르앙리 레비는 심사위원단이 만장일치로 수상자를 결정했다고 발표했다. 심사위원장 에드몽드 샤를루 여사는 "편견에 맞서 싸운 콜레트*의 정신"에 입각한 결정이었다고 발표했다. 그러나 콜레트의 상속인들은 심사결과에 노발대발했다. "콜레트의 정신"을 근거로 살만 루슈디를 선정했다는 샤를루 여사의 말에 동의할 수 없었던 모양이다. 그들은 향후 콜레트라는 이름을 사용하지 못하게 하는 방법으로 화풀이를 했다. 그리하여 루슈디는 콜레트 상의 마지막 수상자가 되었다.

이웃집에 사는 버티 조엘이라는 참견쟁이 노인을 상대해야 했다. 어느 날 조엘 노인이 대문 초인종을 누르더니 인터폰으로 누구든 "15분 이내에" 자기 집으로 오라고 했다. 하필 그때 엘리자베스가 외출중이라 경호팀 중 한 명이 건너갈 수밖에 없었다. 다들 긴장했다. 앤턴 씨의 비밀 신분이 들통 났을까? 실은 두 집 사이로 지나가는 하수관이 막혀버린 것뿐이었다. 경호팀의 새 팀장 프랭크 비숍은 나이도 많은 편이고 말투도 점잖고 성격도 쾌활한 사내였다. 말리번 크리켓 클럽의 회원으로 크리켓광이기도 했다. 알고 보니 버티 조엘도 그 클럽 회원이었고 프랭크의 아버지와도 잘 아는 사이였다. 크리켓에 얽힌 인맥이 모든 의혹을 씻어주었다. 버티 조엘이 말했다. "인부들이 그 집을 철판으로 뒤덮는 중이라고 하기에 난 또 무슨 마피아 나부랭이가 들어오나 했지 뭔가." 프랭크는 웃음을 터뜨리며 조엘을 안심시켰다. 프랭크가 돌아와서 방금 일어난 일을 이야기하자 다들 안도하다못해 미친듯이 기뻐했다. 프랭크가 말했다. "잘됐어요, 조. 정말 잘된 일이에요."

아찔한 순간은 한두 번이 아니었다. 어떤 날은 전동식 대문이 고장나서 닫히지 않을 때 시인 필립 라킨과 똑같이 생긴 남자가 어슬렁어슬렁 들어와 앞마당을 둘러보았다. 또 어떤 날은 한 남자가 사다리를 들고 도로변에 나타나 산울타리 너머로 집 사진을 찍으려 했다. 알고 보니 주택 압류 실

---

* 프랑스 소설가 시도니가브리엘 콜레트(1873~1954).

태에 대한 신문 기사를 쓰려고 취재중이었다. 또 어떤 날은 모터바이크를 탄 남자가 나타났고 길 건너에는 "거동이 수상쩍은" 남자 세 명이 탄 볼보 승용차가 있었다. 그런 일이 생길 때마다 루슈디는 생각했다. 이번엔 정말 암살단일지도 모른다. 곧 죽게 될지도 모른다. 그러나 번번이 괜한 걱정이었다. 집은 "발각"되지 않았다.

버니 사이먼스가 갑자기 세상을 떠났다. 착하고 요긴한 버니는 영국 좌파 한 세대 전체를 대변하는 변호사였고 한없이 현명하고 따뜻한 사람이었다. 루슈디에게도 소중한 협력자였던 그는 무슬림의 소송을 물리치도록 도와주었고 하울리와 해밍턴이 경호를 중단하려 할 때도 함께 싸워주었다. 버니는 겨우 쉰두 살이었다. 그날은 마드리드에서 열린 회의에 참석중이었는데, 저녁식사를 마치고 위층에 올라갔을 때 극심한 심장마비가 오는 바람에 카펫 위로 쓰러지고 말았다. 맛있는 식사였고 신속한 최후였다. 그나마 다행스러운 일이었다. 런던 전역에서 사람들이 연락을 주고받으며 슬퍼했다. 루슈디는 로버트 매크럼, 캐럴라인 미셸, 멜빈 브래그와 대화를 나눴다. 로버트와 통화할 때 이런 말을 했다. "정말 충격적인 일이야. 버니한테 연락하고 싶더군. 이번 일도 해결해달라고."

신문 부고란에서 동년배들의 이름을 보게 되기는 아직 이르건만 이튿날 버니의 이름이 그곳에 실렸다. 앤절라는 이미 이승을 하직했고 클래리사도 곧 그럴까봐 걱정스러운 상황이었다. 에드워드 사이드는 만성림프구백혈병에 걸리고 기타 메타도 암에 걸려 수술을 받았다. 날갯소리, 퍼덕이는 날갯소리. 정작 죽을 사람은 루슈디인데 주변 사람들만 자꾸 쓰러져갔다.

6월 초에 클래리사가 다시 예비수술을 받게 되었을 때 엘리자베스가 해머스미스 종합병원까지 데려다주었다. 결과는 희망적이었다. 그날 집도한 린 씨는 "암세포는 못 봤다"고 말했다. 다행히 일찍 발견한 것이 맞다면 클래리사는 무사할 터였다. 그녀는 희소식이라고 확신했다. 방사선치료만 받으면 남은 암세포도 깨끗이 사라질 테고 림프절 중에서도 "아주 작은 하나만" 감염되었으니 화학치료는 필요 없으리라 믿었다. 루슈디는 미심쩍다고 생각했지만 아무 말도 하지 않았다.

에드워드 사이드는 백혈구 수치가 높아져 곧 화학치료를 받아야 한다고 말했다. "그래도 나야 뭐 기적의 사나이니까." 담당 의사 칸티 라이는 롱아일랜드 출신의 인도 혈통으로 만성림프구백혈병에 대해 "책까지 쓴 사람"이었다. 이 질병의 특징을 밝혀낸 업적 때문에 병의 진행 과정을 "라이 단계"라고 부를 정도였다. 그래서 병세가 심각해지기 전에는 건강염려증 환자 같던 에드워드도 씩씩한 용사로 돌변했고 최고 수준의 의사와 함께 병과 싸우는 데 총력을 기울였다. 에드워드는 이렇게 말했다. "자네도 기적의 사나이지. 우린 둘 다 죽을 목숨인데 이렇게 멀쩡히 살아 있으니까." 현상금을 내걸었던 아야톨라 사네이의 인터뷰 기사를 〈뉴욕 타임스〉에서 읽었다는 말도 했다. "자네가 지옥에서 불타는 장면을 그린 만화를 벽에 붙여놨더군. 그 인간이 이런 말을 했더라고. 루슈디가 죽으면 낙원으로 가는 길이 한결 편해질 것이다." 에드워드는 '손 큰 사람'의 그 말을 웃음거리로 여기는지 통쾌한 폭소를 터뜨리며 두 팔을 내둘렀다.

마흔여섯번째 생일날 루슈디는 친구들을 집으로 불러 저녁식사를 했다. 그때쯤에는 특수부가 승인한 명단이 따로 있었다. 루슈디의 절친한 친구들 중에서도 특수부 요원들이 지난 몇 년 사이에 잘 알게 된 사람들. 입이 무겁고 믿음직스럽다는 사실을 이미 확인한 사람들의 명단이었다. 빌 뷰퍼드는 맛좋은 코트뒤론 한 병을 가져오고 길런은 퓔리니몽라셰를 가져왔다. 폴린 멜빌은 해먹을, 나이젤라는 아주 멋진 파란색 리넨 셔츠를 선물했다. 존 다이아몬드는 빨간불을 무시하고 달려오던 버스가 시속 40마일로 그가 탄 운전석을 들이받았는데도 운좋게 살아남았다. 다행히 문짝이 잘 버텨준 덕분이었다.

앤토니아 프레이저와 해럴드 핀터 부부는 해럴드의 한정판 시집을 가져왔다. (해럴드에게 팩스 번호를 가르쳐주면 이따금씩 자기 시를 보내주는데, 그때마다 가급적 빨리 칭찬해줘야 뒤탈이 없다. 예컨대 영국의 위대한 크리켓 타자의 이름을 딴 「렌 허턴」이라는 시가 있었다. 전성기 때의 렌 허턴을 보았네 / 먼 옛날 / 먼 옛날. 그게 전부였다. 해럴드의 절친한 친구이며 동료 극작가인 사이먼 그레이가 그 시에 대해 아무 말도 하지 않자 해럴드가 전화를 걸어 투덜거렸다. 사이먼은 이렇게 대답했다. "미안해, 해럴드. 아직 다 읽지 못해서 그랬어." 핀터 씨는 그 말을 농담으로 여기지 않았다.)

유명한 알제리 작가 타하르 자우트가 머리에 총탄을 맞고 사망했다. 지난 1년 사이에 이집트의 파라그 푸다와 터키의 우르 뭄주에 이어 또다시 중요한 지식인이 살해당했다. 루슈디는 그들의 죽음에 서구 언론의 이목을 끌어보려 했지만 다들 별 관심이 없었다. 루슈디 자신에 대한 캠페인에도 별 진전이 없는 듯했다. 크리스토퍼 히친스가 워싱턴 주재 영국 대사 로빈 렌윅 경에게 들은 말로는 아무리 빨라도 가을 전에 클린턴을 만나기는 어렵다고 했다. 프랜시스와 카멜은 자주 다퉜고 둘 다 루슈디에게도 시비를 걸었다. 루슈디가 절망에 가까운 감정을 표출하면서 제발 잘 좀 하자고 부탁하자 비로소 상황이 호전되었다.

다시 프랑스 파리로 건너가 세계문화학회 모임에서 강연을 했다. 루브르박물관 중앙전시실은 금박과 프레스코화가 가득하고 작가들이 우글거렸다. 엘리 위젤, 월레 소잉카, 야샤르 케말, 아도니스, 이스마일 카다레, 신시아 오직…… 그리고 움베르토 에코. 그때는 루슈디가 에코의 소설 『푸코의 진자』에 대해 평생을 통틀어 최악의 혹평을 쓴 직후였다. 에코가 성큼성큼 다가왔는데 행동이 대단히 점잖았다. 그는 두 팔을 벌리며 이렇게 외쳤다. "루슈디! 얼간이 에코가 여기 있소!" 그때부터 아주 친해졌다.

(나중에는 마리오 바르가스 요사도 합세하여 문단 3인조를 형성했는데, 에코는 이 만남에 "삼총사"라는 호칭을 붙였다. "다들 적으로 만났다가 친구가 됐으니까." 일찍이 마리오는 살만의 좌파 성향이 지나치다고 비판했다. 움베르토는 마리오의 우파 성향을 비판했고 살만은 움베르토의 작품을 비판했다. 그러나 서로를 만난 다음부터는 매우 친하게 지냈다. 삼총사는 파리, 런던, 뉴욕 등지에서 좋은 성과를 거뒀다.)

그날은 보안 상태가 터무니없이 철저했다. RAID 특공대의 강요에 못 이겨 루브르박물관마저 문을 닫았다. 기관총을 든 사람들이 사방에 즐비했다. 루슈디는 창문 근처에도 갈 수 없었다. 그리고 점심시간에 작가들이 식사를 하려고 I. M. 페이의 유리 피라미드 쪽으로 걸어갈 때도 루슈디는 RAID의 차를 타고 가야 했다. 학회가 열린 건물에서 피라미드까지 이동 거리는 100미터에도 못 미쳤다. 미러선글라스를 끼고 중화기로 무장한 사람들이 사격 자세를 취하면서 차를 둘러싸고 걸음을 옮겼다. 정말 어처구니없는 순간이었다. 당혹스러웠다.

저녁 무렵 경호팀이 내무장관 샤를 파스쿠아의 지시사항을 전달했다. 비용이 너무 많이 들기 때문에 루슈디를 프랑스 국내에 재워줄 수 없다는 통보였다. 루슈디는 베르나르앙리 레비, 베르나르 쿠슈네르와 크리스틴 오크렌트 부부, 자크 랑의 딸 카롤린 등이 자택에 묵으라고 했으니 돈은 한푼도 안 든다고 반박했다. 그래도 누군가 선생님을 노린다는 정보가 들어왔으니 안전을 보장할 수 없습니다. 거짓말이었다. 영국 특수부도 그 말을 믿지 않았다. 프랭크 비숍이 말했다. "그런 정보가 있었다면 우리한테 알려줬을 텐데 아무 말도 없었거든요." 카롤린 랑은 이렇게 말했다. "RAID의 지시를 거부하시겠다면 우리도 다 같이 루브르에 남을게요. 침대랑 와인도 가져오고, 친구들도 부르고요." 재미있고 감동적인 발상이지만 사양했다. "그런 짓을 했다가는 두 번 다시 프랑스에 들어올 수 없을 거야." 크리스토퍼 맬러비 대사는 루슈디를 대사관에 재워줄 수 없다고 했다. 그런데 그때 영국 사람인지 프랑스 사람인지 누군가가 영국항공을 설득하여 런던행 비행기를 타게 해주었다. 그리하여 4년 만에 처음으로 영국항공 비행기에 탑승했다. 승무원이나 승객들과도 아무런 마찰이 없었고 오히려 많은 사람이 다가와 우정과 지지와 호의를 표시했다. 그러나 비행이 끝난 후 영국항공은 프랑스측의 압력 때문에 "현지에서 내린 결정일 뿐"이라면서 "다시는 그런 일이 없도록" 조치했다고 밝혔다.

U2가 'Zooropa' 발매 기념으로 대규모 순회공연을 시작했다. 웸블리 스타디움 공연을 앞두고 보노가 전화를 걸어 혹시 무대에 서보지 않겠느냐고 물었다. U2는 루슈디를 지지한다는 의사표시를 하고 싶어했는데 이번이 절호의 기회라고 생각했다. 놀랍게도 특수부 쪽에서도 반대하지 않았다. 이슬람 암살자들이 U2 공연을 관람하진 않으리라 판단했을지도 모르지만 그냥 공연을 보고 싶었는지도 모른다. 아무튼 루슈디는 자파르와 엘리자베스도 데려갔고 공연 전반부는 스타디움 관람석에서 구경했다. 이윽고 무대 뒤로 가려고 자리에서 일어날 때 자파르가 말했다. "아빠…… 노래는 하지 마." 애당초 노래를 부를 생각도 없었고 U2가 시켜줄 리도 만무했지만 십대 아들을 놀려주려고 이렇게 대답했다. "못할 것도 없지. 저 아일랜드 밴드가 반주 하나는 잘해줄 테고, 이렇게 관중이 8만 명이나 모였고, 그러니까…… 어디 한 곡조 뽑아볼까." 자파르는 안절부절못했다. "뭘 몰라서 그러는데, 아빠가 노래를 부르면 나 그냥 콱 죽어버릴래."

무대 뒤로 가보니 보노는 '맥피스토'* 분장을 하고 있었다. 금색 정장을 입고 얼굴은 하얗게 칠하고 빨간 벨벳으로 만든 작은 뿔을 달았다. 두 사

---

* 보노가 중세 서양의 파우스트 전설에 나오는 악마 메피스토펠레스의 이름을 따서 만든 무대용 캐릭터.

람이 주고받을 짤막한 대화에 대해 잠시 의논했다. 보노가 휴대폰으로 루슈디에게 전화를 거는 시늉을 하고 "통화" 도중에 루슈디가 등장하기로 했다. 이윽고 무대 위에 섰을 때 루슈디는 8만 명의 환호를 받는 기분이 어떤지를 비로소 알게 되었다. 일반적인 낭독회는—심지어 토론토의 펜클럽 자선 파티 같은 대규모 행사도 마찬가지다—청중이 그렇게 많지 않다. 여자들이 애인의 어깨 위에 올라앉는 일도 없고 무대 위에서 객석으로 몸을 던지는 사람도 없다. 제아무리 대단한 문학 행사도 디제이 옆에서 슈퍼모델 한두 명이 춤을 추는 정도가 고작이다. 그러나 이번 행사는 훨씬 더 컸다.

그날의 경험은 나중에 『그녀가 밟은 땅_The Ground Beneath Her Feet_』을 집필할 때도 유익했다. 무대 위에서 눈부신 조명을 받을 때, 어둠 속에서 아우성치는 괴물이 전혀 보이지 않을 때, 어떤 기분이 드는지 알게 되었기 때문이다. 곳곳에 널린 전선에 걸려 넘어지지 않도록 신경을 곤두세워야 했다. 공연이 끝난 후 안톤 코르베인이 사진을 찍어주면서 루슈디와 보노에게 안경을 서로 바꿔보라고 했다. 작가 루슈디는 보노의 '플라이'* 곡면 선글라스를 끼고 잠시 멋쟁이가 되어보았고, 록 스타 보노는 루슈디의 멋대가리 없는 글쟁이 안경을 끼고 다정하게 마주보았다. 두 세계의 차이를 시각적으로 보여주는 사진이었다. 루슈디를 도와주려는 U2의 너그러운 배려 덕분에 잠시나마 두 세계가 한자리에서 만났다.

며칠 후 보노가 전화를 걸어 작사가로서 더 성장하고 싶다고 말했다. 록 그룹에서 작사가는 분위기를 전달하는 통로 같은 존재에 불과하다. 밥 딜런처럼 포크 음악의 전통에서 출발한 사람이라면 경우가 다르지만 록음악에서 곡을 이끌어가는 것은 가사가 아니라 연주이기 때문이다. 그러나 보노는 변하고 싶어했다. 글을 어떻게 써야 하는지 찬찬히 설명해줘요. 보노는

---

* U2의 음반 'Achtung Baby'에 실린 곡의 제목이자 무대용 캐릭터.

새로운 사람들, 다른 사람들을 만나고 싶어했다. 본인은 그냥 멋있는 가사 한 줄을 원한다고 했지만 사실은 마음의 양식을 갈구하는 듯했다. 보노는 프랑스 남부에 있는 자기 집을 빌려주겠다고 했다. 우정의 표시였다.

친구들에게 루슈디는 종종 자신이 흥미진진한 인생이라는 저주에 걸렸다고 말했다. 때로는 인생이 형편없는 소설 같다는 생각이 들었다. 형편없는 소설의 특징 중에서도 최악의 특징은 줄거리와는 아무 상관도 없는 주요 등장인물이 불쑥 튀어나와 이야기의 흐름을 끊어버리고 상황을 좌지우지하려 드는 경우다. 5월 27일은 4년 후 루슈디의 둘째 아들 밀란이 태어나면서 그 날짜에 대한 소유권을 영원히 거머쥐었지만 1993년 그날은 전혀 다른 인물이 등장했다. 터키 작가이며 언론인이며 선동가인 아지즈 네신이었다.

딱 한 번 네신을 만난 적이 있었다. 7년 전에 이 터키 작가가 곤경에 빠졌을 때였다. 당시 터키 정부가 네신의 여권을 압수한다고 통보했을 때 해럴드 핀터가 항의 계획을 세우느라 캠던 힐 스퀘어에 있는 자기 집에 작가들을 불러모았다. 나중에 루슈디는 『악마의 시』를 쓴 작가도 그때 기꺼이 항의서에 서명했다는 사실을 네신이 기억하는지 궁금했다. 아마도 잊었으리라. 1993년 5월 27일, 루슈디는 네신이 편집장으로 근무하는 좌익계 신문 〈아이든륵〉이 터키 정부의 출판 금지 조치를 무시하고 『악마의 시』 발췌문을 게재했다는 소식을 들었다. 작가에게 미리 허락을 받거나 터키어 번역문을 보내주지도 않고(출판하기 전에 번역문의 품질과 정확성을 검토해볼 기회를 주는 것이 일반적 관행이다) 제멋대로 벌인 일이었다. 발췌문이 실린 기사의 제목은 다음과 같았다. '살만 루슈디: 사상가인가 사기꾼인가?' 그다음에도 며칠에 걸쳐 이런저런 발췌문을 실었는데, 이 발췌문에 대한 논평으로 미루어 네신은 루슈디를 "사기꾼"으로 여기는 것이 분명했다. 와일리 에이전시는 네신에게 편지를 보냈다. 이유 여하를 막론하고 저작권 침해는 저작권 침해라고 지적하면서 네신 자신의 말처럼 작가들의 권리를 위해 오랫동안 투쟁한 사람이라면 그런 권리를 침해하는 아야톨라 호메이니에게 반대해야 옳지 않겠느냐고 물었다. 네신의 대응은 몹시 신경질적이었다. 에이전시의 편지를 신문에 싣고 이런 말을 덧붙였다. "살만 루슈디의 신념이 무엇이든 나와 무슨 상관인가?" 그리고 앞으로도 계속 발췌문을 게재할 예정이라면서 혹시 루슈디가 반대한다면 "우리를 고소해도 좋다"고 말했다.

〈아이든륵〉은 고난을 겪었다. 직원들이 체포되고 배포가 중단되고 신문이 압수되었다. 이스탄불 모스크의 한 성직자가 신문사에 대한 성전을 선포했다. 정교분리 원칙을 준수하는 터키 정부는 신문 배포를 허용해야 한다고 발표했지만 논란은 계속되고 분위기는 여전히 험악했다.

루슈디는 자신과 작품이 또 남의 일에 휘말려 볼모가 되었다고 생각했다. 루슈디의 친구인 터키 작가 무라트 벨게는 비록 네신이 "유치한 짓"을 한 것은 사실이지만 네신을 공격하는 세력이 승리하도록 내버려둘 수는 없다고 했다. 무엇보다 괴로운 것은 루슈디 자신도 확고한 세속주의자인데 터키 세속주의자들에게 그런 푸대접을 받았다는 사실이었다. 세속주의 집단에 분열이 생기면 세속주의의 적들만 기뻐할 터였다. 그 적들은 〈아이든륵〉의 발췌문에 발 빠르게 반응하여 극단적인 폭력을 휘둘렀다.

7월 초에 네신은 아나톨리아 지방의 시바스 시에서 열리는 세속주의자 회의에 참석했다(아나톨리아는 터키에서 극단주의 이슬람 신도가 제일 많은 곳이다). 참석자들은 피르 술탄 압달—16세기에 신성모독죄로 돌에 맞아 죽은 현지 시인이다—을 기리는 조각상을 제막했다. 그리고 네신이 그 자리에서 연설할 때 자기가 무신론자임을 밝히고 쿠란을 비판했다는 소문이 돌았다. 사실일 수도 있고 아닐 수도 있다. 어쨌든 그날 밤 참석자 전원이 투숙한 마디막 호텔을 극단주의자들이 둘러싸고 구호를 외치며 위협하다가 결국 호텔에 불을 질렀다. 작가, 만화가, 배우, 무용가 등 서른일곱 명이 불길에 휩싸여 목숨을 잃었다. 아지즈 네신은 미처 그를 알아보지 못한 소방관들에게 구조되어 무사히 탈출했다. 그러나 곧 네신의 정체를 알아차린 그들은 몰매를 때리기 시작했고 어느 현지 정치인은 이렇게 외쳤다. "우리가 정말 죽여야 할 놈은 바로 저 악마다!"

세계 언론은 이 끔찍한 시바스 학살 사건을 "루슈디 폭동"이라고 불렀다. 루슈디는 텔레비전에 출연하여 살인자들을 규탄하고 영국 〈옵서버〉와 미국 〈뉴욕 타임스〉에 글을 실어 분노를 터뜨렸다. 그런 폭동에 그의 이름이 붙다니 못내 억울했지만 정작 중요한 문제는 따로 있었다. 파라그 푸다, 우르 뭄주, 타하르 자우트, 그리고 시바스 사망자들의 죽음은 『악마의 시』에 대한 공격이 단발적 사건이 아니라는 명백한 증거였다. 이슬람은 세계 각국에서 그렇게 자유사상을 가진 사람들을 공격했다. 루슈디는 모든 능력을 동원하여 터키 정부의, 당시 도쿄에서 개최된 G7 회담의, 더 나아가 전 세계의 행동을 촉구했다. 그런데 다른 언론사도 아니고 〈네이션〉이 루슈디에게 맹공격을 가했다. 그가 터키 세속주의자들에게 "앙심 가득한 독설"을 퍼부었다는 비난이었다(앙심 가득한 독설이라면 그 기사를 쓴 알렉산더 코번이야말로 오늘날의 거장으로 손꼽을 만하다). 그러나 그 일도 중요한 문제는 아니었다. 루슈디는 그의 작품을 도용하고 모욕한 아지즈 네신과 영원히 화해할 수 없겠지만 폭력 앞에서는 기꺼이 터키 세속주의자들의 편에 섰고 네신도 예외로 여기지 않았다.

당연한 일이지만 이란 국회와 언론은 시바스의 살인자들을 두둔했다. 이 세상은 그런 곳이다. 암살자들에게 갈채를 보내고 오히려 말로 먹고사는 (때로는 말 때문에 죽어가는) 사람들을 비난한다.

독일의 "잠입 취재 전문기자"로 유명한 귄터 발라프가—엄청난 성공작

『가장 낮은 곳에서 가장 보잘것없이』에서 터키 출신의 이주노동자를 화자로 내세워 독일의 인종차별주의자들뿐만 아니라 독일 정부까지 이주노동자들을 냉대하는 비참한 실상을 백일하에 폭로한 사람이다—시바스 참사에 경악하여 루슈디에게 연락을 취했다. 발라프는 네신과 루슈디가 하루빨리 "오해"를 풀어야 한다고 말했다. 당시 네신은 수차례의 인터뷰를 통하여 루슈디와 그의 형편없는 책『악마의 시』를 거듭 비난했는데, 발라프는 스웨덴 일간지 〈다겐스 뉘헤테르〉의 편집자 아네 류트와 함께 네신을 말리느라 안간힘을 쓰고 있었다. 발라프는 이렇게 물었다. "내가 네신을 설득해서 우리집으로 불러들일 테니까 그때 자네도 와서 이 문제를 해결하는 게 어떻겠나?" 루슈디는 네신이 어떤 마음가짐으로 만남에 응하느냐가 관건이라고 대답했다. "지금까지 나를 모욕하고 멸시했던 사람이오. 나도 그 자리에 참석하긴 좀 껄끄럽소." 그러자 발라프가 말했다. "이 문제는 나한테 맡겨주시게. 그쪽에서 긍정적인 태도를 약속한다면 자네도 그래주겠나?" "그럽시다."

루슈디는 비긴 힐 비행장에서 쾰른으로 날아갔다. 발라프의 집에 도착하자 위대한 언론인과 아내가 떠들썩하고 명랑하고 따뜻하게 반겨주었다. 발라프는 당장 탁구 시합부터 하자고 졸랐다. 알고 보니 탁구 실력도 대단해서 승리를 독차지하다시피 했다. 아지즈 네신은 탁구대 근처에도 오지 않았다. 작지만 다부진 체격에 머리는 은발이었는데, 그날의 태도는 그의 심경을 고스란히 드러냈다. 네신은 지난 사건으로 큰 충격을 받았고 그날 만난 사람들에 대해서도 불만이 많았다. 그래서 혼자 구석자리에 앉아 상념에 빠져들었다. 아무래도 조짐이 안 좋았다. 발라프의 통역을 통하여 정식으로 첫 대화를 나눌 때도 네신은 〈아이든륵〉 기사에서처럼 경멸 섞인 말투로 일관했다. 자신은 터키의 광신적 세태와 투쟁하는 중이니 루슈디의 투쟁 따위는 안중에도 없다고 했다. 그러자 발라프는 두 사람의 투쟁이 결국 동일한 싸움이라고 설명했다. 우르 품주가 살해된 이후 터키에서는 이런 말이 나돈다. "살만 루슈디를 비난하던 자들이 이번에는 뭄주를 살해했다." 두 사람의 투쟁은 곧 세속주의와 종교 사이의 싸움이고 둘 중 누구라도 패배한다면 모두의 패배일 수밖에 없다. 발라프는 이렇게 덧붙였다. "살만은 예전에도 선생님을 지지했고 지금도 기회가 있을 때마다 시바스에 대해 발언합니다. 그러니 이젠 선생님도 살만을 지지해주셔야죠." 기나긴 하루였다. 네신은 자존심 때문에 차마 화해를 청하지 못하는 듯했다. 그러려면 우선 고집을 꺾고 자신이 무례했다는 사실을 인정해야 하기 때문이었다. 그러나 발라프는 언짢은 결말은 절대로 용납하지 않을 기세였고 네신은 중얼거리고 툴툴거리면서도 결국 손을 내밀었다. 짤막한 악수, 더 짤막한 포옹. 그다음에는 사진을 찍었는데 모두 표정이 어정쩡했다. 이윽고 발라프가 외쳤다. "됐습니다! 이젠 다 친구가 된 겁니다!" 그러더니 모두를 이끌고 라인 강에 가서 모터보트를 탔다.

발라프의 동료들이 그날의 만남을 처음부터 끝까지 촬영하여 기사로 엮어냈다. 네신과 루슈디가 나란히 서서 종교적 광신을 비판하고 서구 세계의 미온적 태도를 질타하는 내용이었다. 그리하여 적어도 공개적으로는 불화가 해소된 셈이었다. 그러나 루슈디가 아지즈 네신과 다시 접촉할 일은 없었다. 네신은 2년 후 심장마비로 세상을 떠났다.

해럴드 핀터 선배에게

엘리자베스, 나, 그리고 경호팀한테 선배가 연출한 매멧의 〈올리아나〉를 보여주고 연극이 끝난 다음엔 그릴 생캉탱에서 저녁식사까지 사줘서 고마웠어요. 그 연극에 대해 내가 몇 가지 아쉬움을 표시한 건 잘못이었는지도 모르지만 선배의 연출 솜씨에 대해서는 더러 칭찬도 해드린 듯싶은데 말이죠. 어쨌든 그날 곧바로 앤토니아에게 관심을 돌려 그녀가 집필중인 화약음모사건에 대한 이야기를 꺼낸 건 확실히 내가 잘못했어요.

(솔직히 난 요즘 뭔가를 파괴하는 사람들한테 관심이 많거든요.) 그때 곁눈으로 선배를 봤는데 양쪽 귀에서 수증기가 솟구치고 금방이라도 원자로가 터져버릴 것 같더군요. 저러다가 정말 핵폭발 나겠다싶더라니까요. 사태를 수습하려고 얼른 이렇게 말했죠. "참, 해럴드 선배, 이번 〈올리아나〉 연출이 정말 끝내주게 천재적이었다는 말을 내가 아직 안 했나요?" 선배는 이를 번뜩이며 쓴웃음을 지었어요. "그래, 아닌 게 아니라 아직 안 했지." "해럴드 선배, 이번 〈올리아나〉 연출은 정말 끝내주게 천재적이었어요." "이제야 마음에 드는 소리를 하는구먼." 그렇게 핵폭발의 재앙을 모면했죠. 난 오래전부터 "핀터 도리깨질"을 한 번도 안 당했다는 사실에 자부심을 느꼈어요. 그 기록이 깨지지 않아서 얼마나 다행스러운지 몰라요.

프라하에 가서 바츨라프 하벨 대통령을 만났다. 하벨은 루슈디를 아주 따뜻하게 맞아주었다. 드디어 만났구려! 하벨이 공개적으로 호감을 표시하는 바람에 그의 정적이며 우파인 바츨라프 클라우스 총리는 루슈디와의 만남을 "기피"하게 되었고, "사적인" 만남이라서 자신은 미리 알지도 못했다고(체코 경찰이 손님용으로 클라우스의 차 한 대를 빌렸는데도) 딱 잡아뗐다. 클라우스는 이번 일로 체코와 이란의 관계가 "손상"되지 않기를 바랄 뿐이라고 말했다.

루슈디는 산티아고데콤포스텔라에서 열리는 국제펜클럽 회의에 참석했고—이베리아 사람들은 까다롭게 굴지 않았다—최근 찰스 왕세자가 루슈디를 비난했다는 언론 보도에 대한 질문을 받았다. 루슈디는 대답 대신에 일주일 전 이언 매큐언이 작품 출간 일로 스페인을 방문했을 때 그곳 기자들에게 했던 말을 인용했다. "루슈디보다 찰스 왕세자를 보호하는 비용이 훨씬 더 많이 들지만 왕세자는 흥미진진한 글을 쓴 적이 없죠." 이윽고 런던으로 돌아와보니 감히 왕위 계승자에 대해 농담을 했다는 이유로

〈데일리 메일〉이 루슈디를 반역자 다루듯 헐뜯었다. 칼럼니스트 메리 케니는 이렇게 단언했다. "루슈디는 국민의 돈으로 얻은 자유를 남용하고 있다." 닷새 후 『한밤의 아이들』이 '부커 오브 부커스' 특별상 수상작으로 선정되었다는 발표가 났다. 부커 상 제정 후 25년 동안의 수상작 가운데 최고의 작품으로 뽑힌 것이다. 그러나 이 영예를 만끽한 시간은 단 하루였다. 곧 상황이 뒤집히고 다시 끔찍한 일이 일어났기 때문이다.

빌리암 뉘고르는 프랑크푸르트 도서전에 참가한 후 오슬로에 돌아온 다음날 아침에 출근하려다가 자동차 뒷바퀴 하나가 터져버린 것을 발견했다. 그는 몰랐지만 이 타이어는 차 뒤쪽의 수풀 속에 몸을 숨긴 암살자가 일부러 찢어놓은 것이었다. 암살자는 빌리암이 트렁크에서 예비 타이어를 꺼내려고 자기 쪽으로 다가올 테고 일단 그곳까지 오기만 하면 손쉬운 표적이 되리라 예상했다. 그러나 빌리암은 대형 출판사 대표였고 몸소 타이어를 교체할 생각 따위는 하지 않았다. 그는 곧 휴대폰을 꺼내 자동차 정비사를 불렀다. 암살자는 결단을 내려야 했다. 은신처를 벗어나 모습을 드러내고 표적을 명중시키기 좋은 곳으로 이동하느냐, 아니면 비록 표적의 위치는 기대에 어긋났지만 그냥 제자리에서 쏴버리느냐. 암살자는 후자를 선택했다. 빌리암은 세 발을 맞고 땅에 쓰러졌다. 열세 살 먹은 아이들 몇 명이 "가무잡잡하고 피부가 안 좋은" 남자가 달아나는 장면을 목격했지만 암살자는 잡히지 않았다.

체력이 부실한 사람이었다면 십중팔구 목숨을 잃었겠지만 스키 선수 출신인 빌리암은 여전히 건강한 신체 덕분에 살아남았다. 더욱더 놀라운 것은 빌리암이 중환자실을 떠날 때쯤에는 의사들이 완쾌를 점칠 정도였다는 사실이다. 그들은 빌리암의 몸을 관통한 총탄 세 발의 탄도가 조금만 달랐다면 틀림없이 죽거나 반신불수가 되었을 거라고 말했다. 빌리암 뉘고르는 위대한 출판인일 뿐만 아니라 행운아였다.

빌리암이 총격을 당했다는 소식을 듣는 순간 루슈디는 자신을 노리던 흉탄을 친구가 대신 맞았다는 사실을 깨달았다. 1년 전에 아스케하우그 출판사 가든파티가 열리던 날 빌리암이 얼마나 자랑스러워했는지도 생각났다. 그날 빌리암은 줄곧 루슈디의 어깨 위에 손을 얹은 채 눈이 휘둥그레진 사람들 사이를 비집고 다니며 이런저런 소설가, 오페라 가수, 재계의 거물, 정치인을 소개해주었다. 빌리암은 이렇게 말했다. 한바탕 자유를 과시해보세. 그런 짓을 한 죄로 죽음의 문턱에 들어서고 말았다. 그러나 터진 타이어를 스스로 바꾸려 하지 않은 덕분에, 그리고 탄도의 기적 덕분에 목숨을 건졌다. 그리고 어느 날, 중상을 입은 출판인이 잠시나마 전화통화를 할 수 있을 만큼 회복되었다. 아스케하우그 출판사 동료 할프단 프레이호브가 카멜에게 연락했다. 빌리암이 살만과 통화하고 싶어 안달이니 병원으로 연락해달라는 전갈이었다. 물론이죠. 남자 간호사가 전화를 받더니 빌리암의 목소리가 몹시 가냘프다고 귀띔했다. 이윽고 빌리암이 전화를 바꿨는데, 미리 귀띔을 들었는데도 깜짝 놀랄 만큼 힘없는 목소리였다. 숨이 차서 계속 헐떡거렸다. 평소에는 흠잡을 데 없이 유창한 영어를 구사하던 사람이 그날은 한마디 한마디가 고통스러운 듯 더듬거렸다.

처음에는 총에 맞았다는 사실조차 깨닫지 못했다고 한다. 경찰이 도착할 때까지 의식이 말짱해서 아들의 전화번호를 불러주기도 했다. "고래고래 비명을 지르면서 작은 언덕 아래로 데굴데굴 굴렀지. 그렇게 범인의 시야를 벗어난 덕분에 살아났다고 믿네." 빌리암은 숨을 몰아쉬며 말을 이었다. 오랫동안 병원 신세를 져야겠지만 완치될 가능성이 높다고 했다. "내장은 하나도 안 다쳤거든." 그러더니 이렇게 덧붙였다. "자네한테 꼭 해줄 말이 있는데, 내가 『악마의 시』를 출간했고 루슈디 사건 관련자라는 사실을 정말 자랑스럽게 생각한다네. 범인이 잡히지 않으면 나도 자네처럼 살아야겠지." 정말 미안해요, 빌리암. 이게 다 나 때문에 생긴 일이라고 생각하니

도저히…… 그 순간 빌리암이 사과를 가로막고 힘없이 말했다. "그러지 말게. 자네가 할 소리가 아니지." 그래도 내가 어떻게…… "살만, 나도 성인일세. 『악마의 시』 출간을 결정할 때부터 위험한 짓인 줄 뻔히 알면서도 모험을 한 거야. 자네 잘못이 아니야. 총 쏜 놈 잘못이지." 그건 그렇지만…… "하나 더 말해줄까. 방금 대량으로 증쇄를 찍으라고 지시했다네." 헤밍웨이가 말했듯이 용기란 핍박 속에서도 품위를 지키려는 마음가짐이다. 진정한 용기는 숭고한 신념에서 나온다. 총탄 따위는 신념과 용기를 무너뜨리지 못한다. 그건 그렇고, 빌리암을 쏜 총탄은 큼직한 44구경 소프트포인트였다. 반드시 죽이려 했다는 뜻이다.

뉘고르 총격 사건으로 스칸디나비아 언론이 발칵 뒤집혔다. 노르웨이 출판협회는 이란에 대한 노르웨이 정부의 대응책을 캐물었다. 반정부 조직 무자혜딘에할크 즉 PMOI('이란인민무자혜딘')로 전향한 전직 이란 대사는 4개월 전에 이미 빌리암 암살 계획을 노르웨이 경찰에 알렸다고 폭로했다.

북유럽 각국 정부는 격분했지만 사람들은 총격 사건 때문에 겁을 먹었다. 네덜란드 문화부가 루슈디를 암스테르담으로 초청하려 했던 계획을 철회했고 네덜란드항공도 마찬가지였다. 유럽평의회도 몇 달 전에 합의했던 회견 일정을 취소해버렸다. 가비 글레이크만이—스웨덴 국내의 "루슈디 수호운동"을 이끌었지만 카멜 베드퍼드와는 줄곧 사이가 안 좋았다—경찰의 보호를 받게 되었다. 영국에서는 인신공격이 이어졌다. 〈이브닝 스탠더드〉는 한 기사에서 루슈디가 "잘난 체"하는 "정신병자"이며 사람들의 관심을 끄느라 바쁘다고 비웃으면서 그렇게 한심한 인간에게는 눈곱만큼도 관심을 기울일 필요가 없다고 빈정거렸다. 런던 LBC 라디오는 영국 국민을 대상으로 여론조사를 시작했다. "루슈디를 계속 먹여 살려야 하는가?" 〈텔레그래프〉에 메리앤 위긴스 인터뷰 기사가 실렸는데, 그녀는 전 남편을 가리켜 "음울하고 어리석고 비겁하고 우쭐거리고 우스꽝스럽고 도덕관념이 부실한 사람"이라고 말했다. 영국출판협회의 클라이브 브래들리는 영국 펭귄 출판사의 트레버 글로버가 빌리암에 대한 성명서 발표를 방해한다고 털어놓았다. 루슈디는 글로버에게 전화를 걸었다. 글로버는 그런 적이 없다고 잡아떼다가 나중에는 "가벼운 대화였을 뿐"이라면서 이렇게 말했다. "어쨌든 다들 전보다 더 걱정하는 판국인데 굳이 공개적으로까지 소란을 피울 필요가 있겠소?" 그러나 결국 글로버는 브래들리에게 연락하여 펭귄 출판사의 거부권 행사를 취소하겠다고 했다.

오랜만에 협박편지 한 통을 받았다. "알라께서 삼라만상을 굽어보시니 네가 죽을 날도 멀지 않았다." 발신자는 "맨체스터 사회주의노동자당 및 인종차별반대연맹 소속" D. 알리라는 서명을 남겼다. 그는 이들 단체의 회원들이 모든 공항을 감시하는 중이고 모든 지역에 ─"리버풀, 브래드퍼드, 햄프스테드, 켄징턴 등등"─사람을 심어두었다면서 "우리가 일하기에는 캄캄한 겨울밤이 더욱더 좋으니 네놈은 곧 이란으로 끌려올 것"이라고 말했다.

어느 날 저녁 이저벨 폰세카의 아파트에서 마틴 에이미스, 제임스 펜턴, 대릴 핑크니 등을 만났다가 마틴의 이야기를 듣고 우울해졌다. 조지 스타이너는 루슈디가 "한바탕 말썽을 일으키려고 작정한 사람"이라고 생각하며 마틴의 아버지 킹즐리 에이미스도 이런 말을 했다고 한다. "말썽을 일으키려고 작정한 사람은 말썽이 생겨도 불평하지 말아야지." 그리고 앨 앨버레즈*는 루슈디가 "세계에서 제일 유명한 작가가 되고 싶어서 그런 짓을 했다"고 말했단다. 저메인 그리어는 루슈디를 "과대망상증 환자"로 여겼고, 존 르카레는 "머저리"라고 불렀고, 지빌레 베드퍼드**와 한때 마틴의 계모였던 엘리자베스 제인 하워드***는 루슈디가 "돈벌이 때문에 그랬다"고

---

* 영국 작가(1929~).
** 독일 태생의 영국 작가(1911~2006).
*** 영국 소설가(1923~2014).

생각한단다. 친구들은 그런 주장을 비웃었지만 모임이 끝날 무렵 루슈디
는 몹시 낙심했고, 엘리자베스의 사랑 말고는 어디서도 위안을 얻지 못했
다. 일기장에 이제 결혼할 때가 되었다고 썼다. 그녀보다 나를 더 사랑하
는 사람, 더 용감한 사람, 더 다정한 사람, 더 헌신적인 사람이 어디 있으
랴? 그녀는 몸과 마음을 송두리째 내게 주었다. 나도 그래야 한다. 집에 돌
아온 후 루슈디는 엘리자베스와 함께 비숍스 애비뉴 9번지에서 보낸 첫해
를 자축하며 사랑이 가득한 밤을 보냈고 비로소 마음이 풀어졌다.

목조 서재에 혼자 웅크리고 있을 때는 마치 베케트의 등장인물처럼 비
웃음이 가득한 공허 속에서 길을 잃고 헤매는 듯한 기분이었다. 마치 절망
과 싸우는 디디와 고고처럼. 아니, 그들과는 정반대였다. 그들은 고도가
나타나기를 바랐지만 루슈디는 두려워하는 일이 영원히 일어나지 않기를
바랐다. 거의 날마다 어깨가 축 처질 일이 생겼고 그때마다 의식적으로 다
시 쫙 펴야 했다. 과식을 하고, 담배를 끊고, 씩씩거리고, 허공을 향해 말
다툼을 하고, 관자놀이를 문지르고, 그러면서 끊임없이 생각했다. 불을 지
르듯 생각했다. 마치 생각으로 모든 불행을 태워 없애려는 듯이. 거의 날
마다 절망과 싸웠다. 패배할 때도 많았지만 영원한 패배는 아니었다. 조제
사라마구가 이런 말을 했다. "우리 내면에 이름 없는 무엇이 있다. 그 무엇
이 우리의 본질이다."* 루슈디의 내면에 있는 그 이름 없는 무엇이 매번 그
를 구해주었다. 그는 이를 악물고 머리를 흔들어 생각을 털어내면서 자신
에게 정신 차리라고 명령했다.

빌리암 뉘고르가 다시 걷기 시작했다. 할프단 프레이호브는 빌리암이
이사를 결심했다고 말했다. "수풀 때문에 위험해서, 한밤중에 정원에서
오줌 누기가 불편해서." 여러 사람이 나서서 보안이 철저한 아파트를 찾
는 중이었다. 암살자는 발견되지 않았다. 빌리암은 "화를 낼 상대가 없다"

---

* 『눈먼 자들의 도시』에서 인용.

고 투덜거렸다. 그래도 점점 회복되는 추세였다. 『악마의 시』를 출간한 덴마크 출판사의 요하네스 리스는 덴마크 국내 상황은 평온하다면서 "마누라도 태평한 성격이라 다행"이라고 말했다. 위험하기는 찻길을 건널 때도 마찬가지 아니냐고 했다. 그 말을 듣고 루슈디는 진정한 용기 앞에서 다시 부끄러움을 느꼈다. 요하네스는 이렇게 덧붙였다. "우리가 사는 이 세상에서 그렇게 역겨운 일이 계속 벌어진다는 사실에 화가 치밀어요."

스트라스부르에서 이른바 "국제문인의회International Parliament of Writers" 창립 모임이 열렸을 때 루슈디는 명칭에 대해 약간의 우려를 표시했다. 참가자들은 선출된 사람들이 아니었기 때문이다. 그러나 프랑스인들은 프랑스어 "파를르망parlement"이 원래 토론장이라는 뜻이었다면서 대수롭지 않게 여겼다. 이슬람교도의 테러 행위를 규탄하는 성명서 초안을 작성할 때 루슈디는 자신뿐만 아니라 타하르 자우트, 파라그 푸다, 아지즈 네신, 우르품주, 그리고 최근 궁지에 몰린 방글라데시 작가 타슬리마 나스린에 대해서도 함께 언급해야 옳다고 주장했다. 수전 손택이 성큼성큼 다가와 루슈디를 얼싸안더니 루슈디야말로 무슬림 극단주의자들이 억압하려 하는 중요한 세속주의 문화를 대표하는 "위대한 작가"라고 유창한 프랑스어로 열변을 토했다. 스트라스부르 시장 카트린 트로트만은 명예시민권을 주겠다고 했다. 유럽평의회의 카트린 라뤼미에르*는 유럽평의회도 루슈디를 도와주려 한다고 말했다. 그날 저녁 해외 작가들을 위한 파티가 열렸을 때 자칭 "엘렌 카피"라는 이란 여자가 말을 걸었다. 굉장히 성미가 급한 그녀는 왜 무자헤딘에할크와 협력하지 않느냐고 다짜고짜 나무랐다. "죄송한 말씀이지만 솔직히 좀 실망했어요, 살만 루슈디 선생님. 참된 친구가 누구

---

* 프랑스 급진사회당 정치인(1935~).

인지는 아셔야죠." 이튿날 그녀는 언론 발표를 통하여 자기가 PMOI를 대표하여 "루슈디 수호위원회" 프랑스 지부에 가입했으며 테헤란 주재 프랑스대사관과 에어프랑스 지사에 수류탄이 날아든 사건도 그 일 때문이라고 주장했다. (그러나 진짜 이유는 프랑스 정부가 PMOI 지도자 마리암 라자비를 숨겨주었기 때문이고 "루슈디 사건"과는 무관했다.)

작은 빨간색 소파에 루슈디, 수전 손택, 그리고 최근에 노벨상을 받은 토니 모리슨이 나란히 앉았다. 그때 수전이 외쳤다. "아, 내가 세상에서 제일 유명한 두 작가 사이에 앉아보다니!" 루슈디와 토니는 수전이 스톡홀름으로 가게 될 날도 멀지 않았다고 장담했다. 수전은 루슈디에게 요즘은 어떤 작품을 쓰느냐고 물었다. 루슈디가 무엇보다 고민하던 문제였다. 파트와 반대운동을 벌이느라 작가로서의 본분을 포기하다시피 했기 때문이다. 정치 문제에 휘말린 부작용이었다. 항공사들, 장관들, 페타 치즈 따위로 머리가 복잡해서 소설을 생각할 겨를이 없었다. 작품이 지지부진할 수밖에 없었다. 남들은 내 활약을 칭찬하지만 실상은 내 가치를 스스로 떨어뜨리는 짓이 아닐까? 나 자신도 세상도 실망하지 않을까? 이러다가 문학적 재능마저 잃어버리고 결국 "루슈디 사건"의 중심인물이라는 무의미하고 평면적인 모습만 남지 않을까? 지금까지 살만에서 루슈디를 거쳐 조지프 앤턴으로 변모했지만 이젠 아무것도 아닌 존재가 되어가는지도 모른다. 내가 기를 쓰고 가려 하는 그곳은 아무도 없는 텅 빈 공간이겠지.

수전에게 대답했다. "내년에는 집 안에 틀어박혀 글만 쓰기로 맹세했어요."

정상에 오르려면—즉 대통령을 만나려면—다방면에서 동시에 접근해야 한다. 루슈디 자신도 클린턴이라는 산을 오르려고 노력했지만 루슈디 수호위원회, 아티클19, 펜 아메리칸센터, 그리고 영국 정부를 대표하여 워싱턴 주재 영국 대사까지 나섰다. 이 만남을 추진한 사람들 중에는 휴먼 라이츠워치의 아리에 나이어, 미국출판협회의 닉 벨리오테스, 프리덤 포럼의 스콧 암스트롱도 있었다. 그 밖에도 크리스토퍼 히친스는 백악관 인맥을 동원하여 만남을 성사시키려 했다. 크리스토퍼는 빌 클린턴을 별로 좋아하지 않았지만 대통령의 측근인 조지 스테퍼노펄러스 보좌관과 친한 사이라서 여러 차례 그 이야기를 꺼냈다. 클린턴의 측근들은 파트와가 미국과는 무관한 일이라고 말하는 사람들과 스테퍼노펄러스처럼 대통령이 올바른 일을 하기 바라는 사람들로 양분된 양상을 보였다.

　루슈디가 런던으로 돌아온 후 이틀이 지났을 때 워싱턴에서 "청신호"가 켜졌다. 닉 벨리오테스가 처음에 들은 말에 의하면, 대통령은 참석할 수 없다고 했단다. 회견 자리에는 국가안보 보좌관 앤서니 레이크가 참석하고 고어 부통령이 "잠깐 들를 예정"이었다. 그로브너 광장에 있는 미국대사관의 연락책 래리 로빈슨도 루슈디가 레이크와 고어를 만나게 되었다고 확인해주었다. "문에서 문까지" 경호를 받게 된다는 말도 들었다. 즉 비행기에서 내릴 때부터 매사추세츠 공과대학에 도착할 때까지(그곳에서 명예교수직을 받게 되었기 때문인데, 이 소식을 전해준 사람은 『아인슈타인의 꿈』을 발표한 MIT 교수 앨런 라이트먼이었다), MIT에서 워싱턴 D. C.까지, 그리고 워싱턴에 머무는 동안, 이윽고 미국 땅을 떠날 때까지. 이틀 후 프랜시스가 새로운 연락을 받았다. 고어는 극동으로 건너갈 예정이고 레이크도 참석할 수 없으니 국무장관 워런 크리스토퍼와 "레이크 바로 아래"를 만나게 된다고 했다. 워런 크리스토퍼를 만날 곳은 트리티 룸이고 사진기자들도 참관할 예정이었다. 크리스토퍼 히친스는 아무래도 클린턴이 "발뺌"을 하려는 듯싶다며 걱정했다. 그날 저녁에 계획이 또 바뀌었다. 루슈디가 만날 사람은 앤서니 레이크, 워런 크리스토퍼, 그리고 국무부 민주주의·인권·노동 담당 차관보 존 섀틱이라고 했다. 대통령 참석 여부는 "미정"이었다. 회견 날짜가 하필 추수감사절 전날이라 대통령은 몹시 바뻴 터였다. 백악관 전통에 따라 칠면조 한 마리에게 특별사면령을 내려야 한다. 일개 소설가까지 도와줄 시간은 없을 것이다.

JFK 공항에 도착해보니 차량 세 대로 조용히 움직인다던 약속을 깨고 여덟 대가 대기중이었다. 그래도 밤 경위에 비하면 이번 경호 책임자 짐 탠디가 훨씬 나았다. 말투도 상냥하고 자세도 협조적이었다. 키 크고 깡마른 사내였는데 콧수염을 길렀고 눈이 큼직하고 표정은 자못 심각했다. 첫 행선지는 앤드루의 아파트였다. 루슈디가 도착하자 경찰은 거주자들조차 엘리베이터를 못 타게 하며 호들갑을 떨었다. 루슈디는 생각했다. 인기를 얻긴 글렀군. 파키스탄 외교관 렌 박사로 신분을 위장했지만 아무도 속지 않았다.

앤드루의 아파트에 들어가자 친구들이 반갑게 맞아주었다. 노먼 메일러가 행운을 빌어주었고 노리스 메일러는 이렇게 말했다. "혹시 빌을 만나게 되면 내 안부 좀 전해줘요." 젊은 시절 그녀는 빌 클린턴이 아칸소 주지사로 출마했을 때 선거본부에서 일했다고 했다. "그때는 많이 친했죠." 루슈디는 깍듯이 대답했다. 알았어요. 전할게요. 그러자 그녀가 우아하게 손을 들더니 마거릿 대처 못잖을 만큼 다정하게 루슈디의 팔을 어루만졌다. "아니, 말귀를 못 알아들으시네. 많이 친했다니까요." 아하. 그러셨군요. 알았어요, 노리스. 그렇다면 반드시 안부를 전해야겠네요.

폴 오스터와 시리 후스트베트 부부도 만났다. 둘 다 대단히 곰살궂게 굴었다. 그날을 계기로 루슈디와 절친한 친구가 되었다. 돈 드릴로도 그 자리에 있었다. 그는 "길고 어수선한 책"을 쓰는 중이라고 했다. 제목은 『지하세계Underworld』였다. 루슈디가 말했다. "지하세계라면 나도 좀 알죠." 폴과 돈은 파트와에 대한 전단을 찍어 1994년 2월 14일 미국에서 판매되는 모든 책에 한 장씩 넣어 배포하려 했다. 그러나 제작비가 2만 달러도 넘게 든다니 비현실적인 계획이었다. 피터 케리가 들어오더니 평소처럼 천연덕스럽게 농담을 던졌다. "어이, 살만, 신수가 컴컴하네." MIT에 갈 때 루슈디의 "바람잡이" 노릇을 맡기로 한 수전 손택은 이 작전에 기대감을 표시했다. 데이비드 리프는 보스니아 사태 때문에 몹시 슬퍼했다. 애니 리버비츠는 보스니아에 갔을 때 찍은 사진에 대해 잠시 이야기했지만 수전 손택 앞이라서 자기 생각을 솔직히 털어놓지 못했다. 서니 메타와 기타 메타 부부도 도착했는데 기타는 병약하고 기진맥진해 보였다. 그러나 그들 부부는 기타의 암을 다 치료하고 이제 회복중이라고 말했다. 루슈디는 그들의 말이 사실이기를 바랐다. 그때 앤드루가 불쑥 말했다. "아, 이런, 깜박 잊고 에드워드 사이드를 안 불렀네." 크나큰 실수였다. 에드워드는 틀림없이 언짢아할 테니까.

엘리자베스와 루슈디가 앤드루의 아파트에서 자고 일어나보니 도로변에 검은색 리무진 여러 대가 늘어서고 눈에 확 띄는 파란색 대형 승합차도 출동했다. 폭발물 처리반. 이윽고 매사추세츠 주 콩코드를 향해 출발했다. 거기서는 앨런 라이트먼과 진 라이트먼 부부에게 신세를 졌다. 앨런의 안내로 월든 호수 주변을 산책했는데, 소로의 오두막이 있던 곳에 이르렀을 때 루슈디는 만약 이번 여행에 대한 글을 쓰게 된다면 '통나무집에서 백악관까지'라는 제목을 붙이겠다고 말했다. 오두막은 콩코드 시내에서 너무 가까워 실망스러웠다. 소로가 맥주를 마시고 싶었다면 금방 걸어갈 만한 거리였기 때문이다. 대자연 속의 은둔지는 결코 아니었다.

이튿날 아침에 루슈디는 보스턴의 한 호텔로 향했고 엘리자베스는 진 라이트먼과 함께 보스턴 시내 관광을 하러 나갔다. 앤드루와 루슈디는 친구들에게 전화를 걸어 그 사이에 상황이 어떻게 변했는지, 혹시 개선 방안은 없는지 확인해보았다. 프랜시스와 카멜이 스콧 암스트롱과 사이가 안 좋다는 사실이 분명해졌다. 크리스토퍼 히친스가 암스트롱을 두둔해보았지만 소용없었다고 한다. 히치는 지금 백악관에서는 스테퍼노펄러스와 섀턱이 루슈디를 위해 대통령을 설득하는 중이지만 확실한 결과는 아직 모른다고 덧붙였다. 미국 공무원 톰 로버트슨이 연락했다. 회견 일정이 반시간 늦춰져 오전 11시 30분에서 정오로 바뀌었다고 한다. 이건 또 무슨 뜻일까? 특별한 의미가 있는 변화일까? 나중에 스콧과 히치는 조지 스테퍼노펄러스 등이 대통령 일정 담당자를 만난 직후에 생긴 변화라고 했는데…… 그렇다면…… 혹시 모른다. 어쨌든 행운을 빌어보는 수밖에.

그날 오후에는 앤드루 와일리와 함께 앤드루가 어릴 때 살았던 집을 구경했다. 새 주인은 함박웃음이 돋보이는 낸시라는 오십대 여자였는데 차량 행렬을 보고 이렇게 말했다. "밖에 있는 저 떨거지는 다 뭐예요?" 그러다가 "아!" 하고 탄성을 지르더니 루슈디의 얼굴이 낯익다면서 혹시 그 사람 맞느냐고 물었다. 처음에는 이렇게 대답했다. "아쉽지만 아닙니다." 그러자 낸시가 말했다. "'다행히'라고 하셔야죠. 그 사람 인생은 꽤나 고달프잖아요?" 그런데 그녀는 루슈디의 책을 모조리 소장했고, 그래서 그는 결국 사실대로 털어놓았고, 그러자 그녀는 감격하여 책마다 서명을 부탁했다. 이 집은 앤드루에게 많은 추억을 불러일으켰다. 30년 전과 그대로인 곳이 많았기 때문이다. 위층 벽지도 여전하고, 앤드루가 서재 나무 책장에 새겨놓은 머리글자 AW도 여전하고, 어느 방문 모서리에는 꼬마 앤디 와일리의 이름과 키가 90센티미터 높이에 적혀 있었다.

저녁때는 MIT에 가서 사팔눈이 몹시 심한 교무처장에게 식사 대접을 받았다. 이윽고 행사 시간이 다가왔다. 루슈디는 명예학위조차 받아본 적이 없는데 이렇게 대뜸 명예교수직을 받게 되어 적잖이 들뜬 상태였다. MIT는 명예학위를 남발하지 않는다고 들었는데, 명예교수직을 수여한 경우는 역사상 단 한 번이었다고 한다. 그 사람은 바로 윈스턴 처칠이었다. 루슈디는 내심 이렇게 중얼거렸다. "그런 사람과 같은 자리에 서게 되다니, 글쟁이가 꽤 출세했구나, 루슈디." 이 행사를 홍보할 때는 수전 손택을 전면에 내세운 터였다. 이윽고 연단에 선 수전은 청중을 바라보면서 자기는 이름을 미리 밝힐 수 없는 다른 작가를 소개하려고 왔을 뿐이라고 말했다. 그러더니 루슈디에 대해 이야기하고 작품을 설명했는데, 루슈디에게는 그녀의 애정 넘치는 소개말이 교수직보다 더 소중했다. 계단식 강당의 작은 쪽문으로 마침내 루슈디가 입장했다. 짤막한 연설을 하고 나서 『한밤의 아이들』과 단편 「크리스토퍼 콜럼버스와 스페인의 이사벨라 여왕, 관계를 맺다」의 일부를 낭독했다. 행사가 끝나자마자 루슈디와 엘리자베스는 부리나케 그곳을 빠져나와 워싱턴행 심야 비행기를 타야 했다. 자정이 조금 지나 히친스의 아파트에 도착했을 때는 둘 다 적잖이 피곤했다. 그때 히치와 캐럴의 딸 로라 앤토니아를 처음 만났는데, 로라는 즉석에서 루슈디에게 "안 대부님"*이 되어달라고 청했다. 루슈디는 당장 승낙했다. 루슈디와 마틴 에이미스 같은 무신론자를 후견인으로 삼았으니 꼬마 아가씨의 앞날을 짐작하고도 남았다. 루슈디는 목이 아팠고 날카로운 이 때문에 혀를 다친 상태였다. 클린턴에 대한 소식은 여전히 불확실했다. 히치는 카멜을 싫어한다고 고백하면서 그녀가 너무 서툴러 일을 다 망친다고 말했다. 일단 잠부터 자고 나서 아침에 상황을 바로잡기로 했다.

아침부터 친구들이 싸움을 벌였다. 먼저 스콧 암스트롱이 찾아와 백악관측의 답변을 전해주었다. 클린턴도 고어도 루슈디를 만날 수 없다고 했다. 스콧이 들은 말은 이랬다. "시도는 좋았지만 안 됩니다." 알고 보니 카멜이 아리에 나이어 등을 동원하여 전화 캠페인을 벌이다가 "역효과"를 빚은 모양이었다. 이윽고 카멜과 프랜시스가 도착하자 긴장감이 일시에 폭발해버렸다. 다들 고함을 지르며 서로 비난하고 반박했다. 프랜시스는 오히려 스콧이 일을 그르쳤다고 주장했다. 마침내 루슈디가 휴전을 선포했다. "우린 지금 해야 할 일이 있고 내겐 당신들 도움이 절실하단 말이

---

* ungodparent. 대부는 기독교 신앙을 전제한 명칭이므로 루슈디의 무신론을 고려한 우스갯소리.

오." 스콧의 주선으로 백악관 회견이 끝난 다음에 내셔널프레스클럽에서 기자회견을 하게 되었다. 적어도 한 가지 성과는 거둔 셈이다. 그러나 곧 싸움이 재개되었다. 백악관에 갈 때 누구를 데려가야 할까? 루슈디가 데려갈 수 있는 인원은 두 명뿐이었다. 다시 언성이 높아지고 분위기가 후끈 달아올랐다. 내가 누구누구한테 연락했단 말예요. 난 이런저런 일을 해냈단 말입니다. 앤드루는 금방 경쟁을 포기했고 크리스토퍼는 한 일이 없어 따라나설 염치도 없다고 했지만 비정부기구 쪽 사람들은 막무가내였다.

이번에도 루슈디가 논쟁을 매듭지었다. "엘리자베스를 데려가겠소. 프랜시스도 같이 가줬으면 좋겠고." 토라져 시무룩한 얼굴들이 크리스토퍼의 아파트 구석구석으로 흩어지거나 아예 밖으로 나가버렸다. 어쨌든 싸움은 끝났다.

펜실베이니아 애비뉴 1600번지*로 데려다줄 차량 행렬이 기다리고 있었다. 세 사람은 경호팀이 지정해준 차에 오른 후 긴장감을 못 이겨 낄낄거리느라 몸을 가누지 못했다. 만약 클린턴이 칠면조 톰을 사면해주느라 끝내 회견 장소에 나오지 못한다면 내일 신문에 어떤 기사가 실릴까? 루슈디는 즉석에서 기사 제목을 지어냈다. "클린턴, 칠면조를 사면하다. 루슈디, 닭 쫓던 개가 되다." 하 하 하 하 하 하 하 하 하! 이윽고 "외교관 출입구"라고 불리는 옆문에 도착하여 백악관 구내로 들어섰다. 그리 크지도 않은 이 하얀 저택이 세계 정치라는 거대하고 비열한 난장판의 종착점이다. 이곳 어느 타원형 방에 몸집이 크고 얼굴이 발그레한 남자가 들어앉아 보좌관들이 지껄이는 불확실한 말만 듣고 이쪽이든 저쪽이든 최종 결정을 내려버린다.

정오 무렵 일행은 좁다란 계단을 올라 그리 넓지 않은 앤서니 레이크의 집무실로 들어갔다. 도중에 마주친 보좌관들이 왠지 들뜬 표정으로 미소

---

* 백악관 주소.

를 지었다. 루슈디는 국가안보 보좌관에게 드디어 백악관에 오게 되어 기쁘다고 말했다. 레이크가 눈을 반짝이며 대답했다. "글쎄요, 잠시 후엔 더 기뻐하시겠는데요." 대통령이 만나주겠다고 했구나! 오후 12시 15분에 옛 행정부 청사로 건너가면 클린턴 대통령을 만날 수 있단다. 프랜시스가 자기도 따라가야 한다면서 바삐 재잘거리더니 결국 레이크를 설득하고 말았다. 결국 가엾은 엘리자베스만 혼자 남게 되었다. 레이크의 집무실로 통하는 대기실에 루슈디의 서명을 기다리는 책이 잔뜩 쌓여 있었다. 한창 서명을 하고 있을 때 워런 크리스토퍼가 나타났다. 엘리자베스는 남아서 국무장관을 상대하기로 하고 레이크와 루슈디는 대통령이 있는 곳으로 걸어갔다. 레이크가 말했다. "벌써 몇 년 전에 이랬어야 했는데 말입니다." 주황색 원형 천장 밑으로 이어진 복도에서 클린턴을 발견했다. 조지 스테퍼노 필러스도 함께 서서 활짝 웃었고 여자 보좌관 두 명도 즐거운 표정이었다. 빌 클린턴은 루슈디가 예상한 모습보다 몸집도 크고 안색도 더 붉었는데, 태도는 상냥했지만 대뜸 본론으로 들어갔다. "내가 뭘 해드리면 됩니까?" 미국 대통령은 그렇게 물었다. 한 해 동안 정치적 활동을 해본 덕분에 거뜬히 대답했다. 루슈디는 이미 알고 있었다. 남에게 부탁을 하는 입장일 때는 반드시 자기가 무엇을 원하는지 알아야 하고 반드시 상대가 들어줄 수 있는 부탁을 해야 한다.

"대통령님, 제가 오늘 백악관을 나서면 프레스클럽으로 가야 합니다. 대통령님이 무슨 말씀을 하셨는지 알아내려고 수많은 기자들이 기다립니다. 그 사람들한테 이렇게 대답하고 싶습니다. 이란의 파트와에 대한 반대 운동에 미국도 동참하고 세계 각국의 진보적 발언을 지지하기로 했다고." 그러자 클린턴이 고개를 끄덕이며 빙그레 웃었다. "예, 그렇게 말씀하세요, 그게 사실이니까요." 탄원자는 승리감과 더불어 심장이 가볍게 두근거리는 것을 느끼며 내심 생각했다. 이것으로 회견이 끝나는구나. 그때 대통령이 다시 입을 열었다. "우리한테 공통의 친구가 있죠? 빌 스타이런, 노먼 메일러. 그분들이 자꾸 선생 얘기를 하면서 저를 들볶더군요. 그리고 노먼의 부인 노리스는 제가 첫 유세를 할 때 선거본부에서 일했어요. 그때 많이 친해졌죠."

탄원자는 대통령에게 만나주셔서 고맙다는 인사를 하고 이번 만남이 상징적으로 대단히 중요하다고 말했다. 클린턴은 이렇게 대답했다. "맞습니다. 이 만남은 전 세계에 보내는 메시지예요. 미국은 언론 출판의 자유를 수호할 뿐만 아니라 수정 제1조에 언급된 여러 권리가 전 세계로 퍼져나가길 바란다는 의사표시죠." 사진은 찍지 않았다. 의사표시도 좋지만 뭐든 지나치면 곤란하니까. 그러나 그 만남은 분명히 있었다. 엄연한 사실이다.

앤서니 레이크의 집무실로 돌아가는 길에 프랜시스 더수자가 얼빠진 사람처럼 싱글벙글 웃는 것을 보았다. "프랜시스, 왜 그렇게 얼빠진 사람처럼 싱글벙글 웃어요?" 그러자 그녀는 깊은 상념에 빠진 듯 나른하고 몽롱한 목소리로 이렇게 되물었다. "대통령이 내 손을 좀 오래 잡고 있지 않았어?"

그들이 들어갔을 때 워런 크리스토퍼는 그새 엘리자베스에게 적잖이 반해버린 뒤였다. 크리스토퍼와 레이크는 "파트와야말로 미국의 대이란 현안 중 최우선 과제"라는 말에 즉각 동의했다. 이란을 고립시키고 싶어하기는 그들도 루슈디 못지않았다. 그리고 그들도 차관 동결에 찬성하고 이미 추진하는 중이었다. 이 만남은 한 시간가량 계속되었고, 히친스의 아파트로 돌아갈 때쯤에는 탄원자 일행 모두가 성공의 기쁨에 흠뻑 취했다. 크리스토퍼 히친스는 클린턴과의 만남을 강력히 추진했던 스테퍼노펄러스도 몹시 기뻐하더라고 말했다. 만남이 성사되자마자 히치에게 전화를 걸어 이렇게 말했다고 한다. "독수리가 착륙했소."

기자회견은—추수감사절 전날인데도 기자들이 70명이나 모였으니 스콧 암스트롱이 걱정했던 것보다 훨씬 나은 결과였다—순조로웠다. 히치의 친구인 〈가디언〉 기자 마틴 워커도 "완벽한" 기자회견이었다고 말했다. 그다음은 노력의 결실을 거둘 차례였다. 데이비드 프로스트*와 단독 인터뷰를 하게 되었다. 인터뷰가 끝난 후 프로스트는 뛸듯이 기뻐했다. 대단하십니다, 짜릿했어요, 끝내주네요, 굉장해요 등등. 그러더니 크리스마스가 오기 전에 기필코 런던에서 다시 만나 진하게 한잔 마셔보자고 했다.

경호 책임자 짐 탠디가 찬물을 끼얹었다. 수상쩍은 중동계 남자가 건물 주변을 배회하더란다. 남자는 잠시 전화통화를 하더니 다른 남자 세 명과 함께 차를 타고 떠나버렸다. 탠디가 물었다. "그냥 이 집에 계시겠습니까, 아니면 다른 곳으로 모실까요?" 루슈디가 대답했다. "그냥 여기 있겠습니다." 그러나 최종 결정은 크리스토퍼와 캐럴의 몫이었다. 그들이 말했다. "그냥 여기 있어."

영국 대사가 환영회를 열어주었다. 잉글랜드 상류층 말씨를 쓰는 어맨다라는 여자가 대사관 출입구 앞에서 일행을 맞이했는데, 이 건물이 미국에 하나뿐인 러티언스 경의 작품이라고 설명하면서 이렇게 덧붙였다. "물론 뉴델리에는 아주 많지요…… 혹시 인도에 가보셨나요?" 루슈디는 그녀의 실언을 눈감아주었다. 렌윅 대사 내외는 매우 친절했다. 로빈 경의 아내 아니는 프랑스인이었는데 엘리자베스를 보자마자 반해버렸다. 그렇게 엘리자베스는 워싱턴에서 많은 사람의 마음을 사로잡았다. "정말 따뜻하고 솔직하고 얌전한 아가씨예요. 왠지 오래전부터 잘 아는 사람처럼 친근감이 느껴져요. 아주 특별한 아가씨예요." 서니 메타가 와서 기타는 별일 없다고 말했다. 케이 그레이엄 여사도 왔지만 이번에도 좀처럼 입을 열지 않았다.

추수감사절은 한없이 인심 좋은 히친스 내외와 함께 보냈다. 앤드루 코번과 레슬리 코번 부부가—둘 다 영국 언론인이고 다큐멘터리 제작자다—대단히 총명한 아홉 살짜리 딸 올리비아를 데리고 찾아왔다. 그날

---

* 세계 저명인사들과의 대담 방송으로 유명한 영국 언론인(1939~2013).

『하룬과 이야기 바다』를 좋아하는 이유를 거침없이 조목조목 이야기하던 올리비아는 곱게 자라 나중에 영화배우 올리비아 와일드가 되었다. 그 자리에는 빨강머리 십대 소년도 있었는데, 올리비아보다 몇 살 위였지만 말솜씨는 한참 아래였다. 자기는 작가가 되고 싶었는데 이제 생각이 바뀌었다고 했다. "선생님이 어떤 일을 당했는지 보세요."

클린턴과의 만남은 세계 각지에서 1면 기사로 다뤘고 보도 내용도 한결같이 긍정적이었다. 다만 영국 언론은 클린턴 회견의 의미를 깎아내리려 하는 듯했고, 누구나 예상했던 근본주의자들의 반응을 보도하느라 많은 잉크를 낭비했다. 그럴 줄 알았다.

추수감사절이 지난 후 클린턴이 동요하는 기미를 보였다. "겨우 2~3분쯤 만났습니다. 주위에서 말리는 사람도 여럿 있었죠. 다들 오해하지 마시기 바랍니다. 누구한테 불쾌감을 줄 생각은 없었거든요. 언론 출판의 자유를 옹호하고 싶었을 뿐이죠. 옳은 일을 했다고 생각합니다." 그렇게 물러터진 발언을 거듭했다. 테러에 맞서는 '자유세계의 영도자'답지 않았다. 〈뉴욕 타임스〉도 그렇게 생각했는지 '얼버무리지 맙시다'라는 제목으로 사설을 실었다. 옳은 일을 했으면 공연히 변명을 늘어놓지 말고 소신껏 행동하라는 권고였다. (그러나 그 소신은 대통령보다 조지 스테퍼노펄러스와 앤서니 레이크의 소신이 아니었을까?) CNN의 〈크로스파이어Crossfire〉에 출연한 크리스토퍼 히친스는 버럭버럭 소리치는 무슬림과 진행자 팻 뷰캐넌을 동시에 상대해야 했다. 그들은 루슈디가 "추잡한" 작품을 쓰는 "포르노 작가"라면서 그런 자를 왜 만났느냐고 대통령을 비난했다. 그 프로그램을 보고 우울해졌다. 한밤중에 히치에게 전화를 걸었다가 공동 진행자 마이클 킨즐리의 말을 전해 들었다. 킨즐리는 그날의 승부가 상대편의 "완패"였다면서 이번에 쟁점을 다시 "표면화"한 것은 잘한 일이라고 했다. 그리고 레이크와 스테퍼노펄러스 같은 사람들과 안보 문제를 우려하는 보좌관들이 막후에서 싸우는 중이지만 클린턴의 입장은 "아직 그대로"라고 했단다. 크리스토퍼 자신도 현명한 조언을 해주었다. "세상에 공짜는 없어. 자네가 점수를 딸 때마다 상대는 자네에 대한 케케묵은 비판까지 들춰내서 다시 공격하기 마련일세. 그렇지만 그건 상대를 쓰러뜨릴 기회이기도 하지. 그리고 내가 보기엔 요즘 상대편이 적극적으로 나서서 싸우길 점점 꺼리는 듯싶더군. 그러니 클린턴이 횡설수설하지 않았다면 〈타임스〉 사설도 없었을 테지. 결과적으로 자네를 지지하는 사람들의 사기가 많이 올랐어. 게다가 클린턴이 성명을 발표했고 워런 크리스토퍼나 앤서니 레이크 같은 사람도 만나봤잖나. 그건 아무도 빼앗을 수 없는 성과였어. 그러니까 기운 좀 내!"

크리스토퍼 히친스는 곧 앤드루와 함께 미국 현지에서 루슈디를 도와주는 가장 헌신적인 친구이자 우군이 되었다. 며칠 후 히치가 전화를 걸었다. 국무부의 존 섀턱이 미국 내의 반응을 "촉진"시키기 위한 비공식 모임을 만들자고 했단다. 구성원은 섀턱 자신, 히치, 프리덤 포럼의 스콧 암스트롱, 어쩌면 앤드루 와일리까지. 히치는 어느 리셉션에서 조지 스테퍼노펄러스 보좌관을 만났을 때의 이야기도 들려주었다. 스테퍼노펄러스가 남들이 다 듣는 자리에서 단호하게 말하더란다. "우린 지난번 성명 내용을 고수합니다. 우리가 그걸 취소하려 했다고 오해하지 않으셨으면 좋겠네요." 일주일 후 히치가 팩스를 보냈는데—아, 팩스의 전성시대가 벌써 아득하구나!—대테러 조직의 신임 수장 로버트 겔버드 특사와 "굉장히" 좋은 만남을 가졌다는 내용이었다. 겔버드는 G7의 이런저런 포럼에 참석하여 파트와 문제를 거론했지만 일본이 좀 "소극적"이라고 했다. 그리고—아니나 다를까—영국도 마찬가지였다. 겔버드는 연방항공국의 신임 보안 책임자 플린 제독과 "절친한 사이"라면서 항공사 문제를 의논해보겠다고 약속했다. 크리스토퍼는 클린턴이 누군가에게 했다는 말도 전해주었다.

『악마의 시』 작가를 만났을 때 더 오래 이야기를 나누고 싶었지만 루슈디가 "굉장히 바빠서" 아쉬웠다고 하더란다. 히치는 우스꽝스러운 일이라고 생각했지만 클린턴이 그 만남을 기쁘게 여긴다는 증거라고 했다. 앤서니 레이크는 그날의 회견이 자신에게는 한 해를 통틀어 최고의 순간이었다고 여러 사람에게 말하고 다닌다. 히치는 스콧 암스트롱도 큰 도움을 준다고 말했다. 그러나 프랜시스와 카멜에 대해서는 히치도 루슈디도 실망을 감추지 못했다. 걱정스러운 일이었다. 아니나 다를까, 그들 때문에 곧 위기가 닥쳤다.

〈가디언〉이 워싱턴에서의 모험에 대해 보도했다. 이 기사에서 스콧 암스트롱과 크리스토퍼 히친스는 프랜시스와 카멜이 루슈디 사건에 보탬이 되는지 잘 모르겠다고 말했다. 프랜시스가 전화를 걸어 극도의 분노를 드러내며 호통을 쳤다. "미국에 갔을 때도 당신은 아티클19의 명성에 똥칠을 했어. 당신이 묵인하지 않았다면 암스트롱이나 히친스가 그런 말을 할 리가 없잖아." 루슈디는 그런 기사가 나온다는 사실조차 몰랐다고 해명했지만 프랜시스는 막무가내였다. "보나마나 당신이 시킨 일이겠지." 그러면서 루슈디가 저지른 일 때문에 맥아더 재단이 아티클19에 꼭 필요한 자금 지원을 중단할지도 모른다고 했다. 루슈디는 심호흡을 하고 나서 〈가디언〉에 프랜시스와 카멜을 두둔하는 편지를 보내고 릭 맥아더에게 전화를 걸어 밀담을 나눴다. 맥아더가 차근차근 설명했다. 그동안 프랜시스에게 필요한 예산의 절반을 지원했다. 각 단체가 "자금원을 다양화할 때까지만" 지원하는 것이 재단 방침이다. 그 말은 미국에서 세간의 이목을 끌었어야 했다는 뜻이다. 아티클19가 "세계에서 제일 중요한 인권 관련 사건"에서 주도적인 역할을 하고도 주목을 받지 못한 것은 프랜시스의 잘못이다. 루슈디는 계속 릭 맥아더를 설득하여 결국 당분간은 자금 지원을 중단하지 않겠다는 대답을 받아냈다.

그러나 수화기를 내려놓을 때쯤에는 루슈디 자신도 몹시 화가 난 상태였다. 최근 프랜시스를 백악관까지 데려다주었고 그 이후에도 기자회견을 할 때마다 아티클19의 업적을 찬양했다. 그런데도 부당한 비난을 들어 억울했다. 곧 카멜 베드퍼드의 팩스가 날아들어—"사리사욕에 눈먼 자들이 입힌 피해를 복구할 수 없다면 우리가 이 일을 계속해봤자 무슨 의미가 있겠어요?"—상황을 더욱 악화시켰다. 루슈디는 프랜시스와 카멜의 비난에 대한 자신의 생각과 그 이유를 적어 팩스로 보내주었다. 릭 맥아더와 나눈 밀담이나 그 결과에 대해서는 아무 말도 하지 않았다. 며칠 후 카멜은 태도를 바꿔 몇 장의 팩스로 화해를 청했지만 프랜시스는 막사 안에 틀어박힌 아킬레우스처럼 앵돌아져 감감무소식이었다. 그녀의 비난을 들었을 때 받은 충격도 고스란히 남았다.

스페인의 전설적인 문학 에이전트로 막강한 권력을 휘두르는 카르멘 발셀스가 바르셀로나에서 앤드루 와일리에게 전화를 걸었다. 위대한 가브리엘 가르시아 마르케스가 "루슈디 선생의 삶을 소설화"하는 중이란다. "그렇게 유명한 작가가 처음부터 끝까지 집필할 예정"이라는 말도 덧붙였다. 이 일을 어떻게 받아들여야 좋을지 난감했다. 기뻐해야 할까? 그러나 조금도 기쁘지 않았다. 이젠 "소설화"되어 남의 소설에 등장하는 신세가 되었나? 만약 입장이 바뀌었다면 루슈디는 다른 작가의 인생에 대해 함부로 이야기할 권리는 누구에게도 없다고 생각했을 것이다. 그러나 어쩌면 그의 인생은 이미 모두의 공유재산이 되어버렸는지도 모른다. 게다가 그 책의 출간을 막으려 한다면 신문에 어떤 기사가 실릴지 불 보듯 뻔하다. 루슈디, 마르케스를 검열하다. 그런데 "소설화"라는 말은 정확히 무슨 뜻일까? 가르시아 마르케스가 가령 광신적인 기독교도에게 밉보인 어느 라틴아메리카 작가에 대한 이야기로 재창조하려 한다면 행운을 빌어줄 수도 있다. 그러나 남의 인생 이야기를 제멋대로 주무를 생각이라면 불쾌감을 느낄 수밖에 없다. 루슈디는 앤드루에게 부탁하여 그런 우려의 마음을 전달했고 발셀스는 오랫동안 침묵을 지키다가 마르케스 선생의 책은 루슈디 선생에 대한 내용이 아니라는 메시지를 보내왔다. 그렇다면 이 괴이한 일은 다 무엇이었을까?

가브리엘 가르시아 마르케스는 카르멘 발셀스가 언급한 "소설화"는커녕 그 비슷한 작품도 발표하지 않았다. 그러나 발셀스 사건은 루슈디가 자초한 상처에 소금을 문질렀다. 가르시아 마르케스가 루슈디에 대한 소설이나 비소설을 쓰려 했든 아니든 간에 루슈디 자신은 1년 내내―아니, 훨씬 더 오랫동안―소설이라고는 한 글자도 못 썼기 때문이다. 그에게 글쓰기는 언제나 삶의 중심이었건만 지금은 밖에서 일어나는 일들이 안으로 파고들어 그가 늘 작품을 위해 비워두던 공간을 차지해버렸다. 타하르 자우트에 대한 영화를 소개하는 텔레비전 프로그램을 녹화했다. 〈뉴욕 타임스〉 신디케이트*가 전 세계로 배포할 월간 칼럼을 써달라고 해서 앤드루에게 수락하겠다고 말했다.

크리스마스가 다가왔다. 너무 피곤했다. 한 해 동안 정치적으로 많은 성과를 거뒀지만 이제 침체기였다. 미래에 대해, 임신에 대해, 앞으로의 생활에 대해 엘리자베스와 이야기를 나눴다. 그녀가 경찰의 보호 없이는 도저히 안전하게 살 수 없다고 생각한다는 사실을 알게 되었다. 그는 거미줄 한복판에서 엘리자베스를 만났고 그녀가 믿는 현실은 그 거미줄뿐이었다. 어느 날 경호팀이 철수하면 두려움을 못 이겨 그녀마저 떠나버리지 않을까? 그런 걱정은 아직 지평선에 걸린 작은 구름 같았다. 저 구름이 자라서 언젠가 하늘을 뒤덮게 될까?

토머시나 로슨이 겨우 서른두 살 나이에 세상을 떠나버렸다. 클래리사는 화학치료를 받는 중이었다. 프랭크 자파도 죽었다. 그 기사를 보는 순

---

*신디케이트는 해설·분석 기사 등을 중소 신문사나 방송국에 공급하는 일종의 통신사.

간 과거의 기억이 엄습하여 뜻밖의 격정을 불러일으켰다. 클래리사와 데이트를 시작할 무렵 그녀와 함께 로열 앨버트 홀에서 열리는 마더스 오브 인벤션 공연을 보러 갔을 때였다. 반짝이는 보라색 셔츠를 입은 만취한 흑인 남자가 공연 도중에 무대 위로 올라가서 자기도 함께 연주하게 해달라고 졸랐다. 자파는 당황하지 않았다. "좋습니다. 어떤 악기를 원하시죠?" 보라색 셔츠가 트럼펫에 대해 뭐라고 중얼거리자 자파가 크게 외쳤다. "이분한테 트럼펫 좀 갖다드려!" 보라색 셔츠가 뿡뿡거리며 엉터리 연주를 시작했다. 자파는 몇 소절 들어보다가 혼잣말을 하듯이 말했다. "흠, 트럼펫에는 어떤 반주가 어울릴까. 그래, 그거야! 앨버트 홀이 자랑하는 웅장한 파이프오르간!" 그러자 마더스 멤버 한 명이 오르간 연주석으로 올라가더니 음량을 최대로 높여놓고 〈Louie Louie〉를 연주했다. 보라색 셔츠가 뿡뿡거리는 소리는 아예 들리지도 않았다. 행복했던 시절의 즐거운 추억이다. 그런데 이제 자파는 죽고 클래리사는 죽음과 싸우는 중이다. (그나마 직장은 잃지 않았다. 루슈디가 A.P. 와트 에이전시 경영진에게 전화를 걸었기 때문이다. 암과 싸우는 중인데다 살만 루슈디의 아들을 낳은 여자를 내쫓으면 모양새가 얼마나 나쁘겠냐고 했다. 루슈디의 부탁을 받은 길런 에이킨과 리즈 콜더도 전화를 걸었고, 결국 에이전시측이 생각을 바꿨다. 클래리사는 이 결정에 루슈디가 관련되었다는 사실을 알지 못했다.) 크리스마스에 클래리사를 초대했다. 그녀는 자파르도 데려왔는데 웃는 모습조차 기운이 없고 쫓기는 듯한 표정이었지만 그날 하루는 즐거워 보였다.

루슈디가 머릿속으로 상상의 편지를 쓰듯이 남들도 루슈디에게 편지를 보냈다. 아랍 및 무슬림 문인 백 명이 각자 자신의 언어로 언론 출판의 자유를 옹호하는 글을 써서 프랑스어로 공동 출판한 수필집『루슈디를 위하여 *Pour Rushdie*』. 이 문인들은 루슈디의 말을 대부분 이해했고, 루슈디의 책이 탄생한 바로 그 세계에서 태어난 사람들이었고, 볼테르가 그랬듯이 그들은 루슈디의 말이 마음에 안 드는 경우에도 그 말을 할 권리를 지켜주려 했다. 이 책의 편집자들은 이렇게 말했다. 루슈디의 예언적 몸짓이 세계만방의 상상력을 불러일으켰다. 그다음에는 아랍 세계의 크고 작은 목소리가 꼬리를 물었다. 시리아 시인 아도니스: 진리는 칼도 아니고/ 칼을 쥔 손도 아니라네. 알제리의 모하메드 아르쿤: 모든 무슬림이 『악마의 시』를 읽을 수 있게 되면 좋겠다. 계시라는 인식 형태를 더욱 현대적으로 성찰할 수 있을 테니까. 알제리의 라바 벨람리: 루슈디 사건을 통하여 이슬람교는 (…) 진지한 고찰을 무사히 받아넘길 능력이 전혀 없다는 사실을 만천하에 극명히 드러내고 말았다. 터키의 페티 벤슬라마: 이 책에서 살만 루슈디는 단숨에 끝까지 가버렸다. 마치 자기가 속한 전통 속에서는 지금까지 결코 존재할 수 없었던 여러 작가들의 모습을 혼자서 다 보여주겠다는 듯이. 모로코의 조르 벤 참시: 우리는 무슬림에게 상상의 세계를 다시 열어준 루슈디에게 정말 고마워해야 한다. 알제리의 아시아 제바르: 이 위대한 작가는 (…) 영원히 알몸이고 혼자일 수밖에 없다. 그는 무슬림 '여성'의 처지를 몸소 겪어본 최초의 '남성'이다. (그리고 (…) 무슬림 여성의 관점으로 글을 쓸 수 있었던 최초의 남성이기도 하다.) 이란의 카림 가심: 루슈디는 우리 이웃이다. 팔레스타인의 에밀 하비비: 우리가 살만 루슈디를 구하지 못한다면—제발 그런 일은 없기를!—문명세계 전체가 부끄러워해야 한다. 알제리의 모하메드 하르비: 루슈디를 통하여 우리는 문화와 예술에서 자유라는 쾌락원칙으로 표현되는 불경스러움이야말로 우리의 과거와 현재를 톺아보는 유익한 방법이라는 사실을 깨닫는다. 시리아의 자밀 하트말: 나는 잔인한 이슬람교도보다 살만 루슈디가 좋다. 이집트의 소날라 이브라힘: 모름지기 양심이 있는 사람이라면 곤경에 빠진 이 위대한 작가를 도와야 옳다. 프랑스 태생의 모로코 작가 살림 자이: 오늘날 진실로 자유로운 사람은 살만 루슈디 한 사람뿐이다. (…) 그는 미래의 도서관, 자유의 도서관을 지키는 아담이다. 레바논의 엘리

아스 쿠리: 우리는 루슈디에게 그가 우리의 고독을 상징하며 그의 이야기가 곧 우리의 이야기라는 사실을 고백해야 한다. 튀니지의 압둘와하브 메데브: 루슈디, 당신은 아무도 쓰지 못한 작품을 썼습니다. (…) 나는 당신을 규탄하기는커녕 이슬람의 이름으로 축하 인사를 건넵니다. 그리고 알제리 태생의 프랑스인 사미 나이르: 살만 루슈디의 작품은 반드시 읽어야 한다.

루슈디는 백 명의 목소리를 향해 소리 없이 대답했다. 감사합니다, 형제자매 여러분. 그대들의 용기와 이해심이 고마울 뿐입니다. 모두 새해 복 많이 받으세요.

7

똥거름 한 트럭

A Truckload of Dung

1994
–
1995

지독히 비통한 순간에 그는 생각했다. 내가 아직 죽지 않은 것이 제일 큰 문제라고. 내가 죽으면 내 경호 비용이나, 내가 특별 대우를 이렇게 오래 받을 만한지를 놓고 영국에서 야단법석을 떨지 않아도 될 텐데. 비행기를 탈 권리를 위해 싸우거나, 신체의 자유를 조금 늘리려고 경찰 간부들과 다툴 일도 없을 텐데. 어머니, 누이들, 아들의 안전을 걱정하지 않아도 될 텐데. 더이상 정치인들하고 이야기할 필요도 없을 텐데(이게 정말 큰 이점이다). 인도에서 추방당한 것에 더이상 상처받지도 않을 텐데. 스트레스 지수도 현저히 떨어질 텐데.

그는 벌써 죽었어야 했다. 누가 봐도 당사자인 그는 납득하지 못한 게 분명했지만. 그거야말로 모두가 기사로 내기 위해 목을 빼고 기다리는 헤드라인이었다. 부고는 이미 쓰여 있었다. 비극이든 심지어 희비극喜悲劇이든 등장인물은 초안을 고쳐 쓸 입장이 아니다. 그런데 그는 살아 있길 고집했고, 더 나아가 의견을 내고 변론을 하고, 자신이 가해자가 아니라 피해자라고 믿고, 자신의 일에 매진하길 고집했으며, 또한 (사람들이 그런 만용을 믿어줄지 모르겠지만) 자신의 인생을 조금씩, 고통스럽더라도 한 걸음씩 되찾길 고집했다. "금발에 가슴이 크고 태즈메이니아*에 사는 건 뭘까? 살만 루슈디!"라는 농담이 유행했다. 일종의 증인보호 프로그램 같은 것에 동의하고 가짜 이름으로 어딘가에서 시간을 때우며 살아간다면, 그것도 썩 나쁘진 않으리라. 하지만 조지프 앤턴 씨는 끝내 살만 루슈디로 돌아가길 원했다. 솔직히 예의 없는 짓이었다. 루슈디의 이야기는 성공담으로 끝나지 않을 테고, 즐거움이 들어설 자리라곤 보이지 않았다. 죽으면 표현의 자유를 위해 순교한 자로서 합당한 존경을 받을 텐데. 살아 있으니 무지근하고 불쾌한 골칫거리였다.

방 안에 혼자 남아 이건 작업중인 작가에게 익숙한 고독일 뿐이라고 마음을 다잡고, 아래층에서 카드를 치는 무장 경호원들과 허락 없이는 현관문을 열고 걸어나갈 수 없는 처지를 잊으려 노력할 때, 저도 모르게 그런 비통함에 빠져들었다. 하지만 다행히 그때마다 마음속에서 무언가가 깨어나 그렇게 추레하고 나약한 패배를 거부하는 듯 보였다. 그는 자신이 만든 가장 중요한 수칙들을 잊지 말자고 스스로를 타일렀다. 경호원들, 정치인들, 성직자들이 묘사하는 현실을 인정하지 말자. 대신 내 판단과 본능이 타당하다는 믿음을 고수하자. 부활이나, 최소한 회생을 향해 전진하자. 나 자신으로 다시 태어나, 내 삶을 살자. 이것이 목표였다. 만일 내가 "휴가를 즐기는 사망자"라면, 자, 사망자도 탐색에 나서지 않는가. 고대 이집트인들에게 죽음은 탐색이고 부활을 향한 여행이었다. 나 역시 「사자의 서」에서 빠져나와 "밝은 생명의 책"을 향해 여행하리라.

그리고 생명, 죽음을 이기는 생명의 힘, 앞길에 즐비한 나쁜 힘들을 물리치겠다는 의지를 천명하는 방법으로 이 세상에 새 생명을 하나 보태는

---

* 오스트레일리아 동남쪽에 있는 섬으로 17세기에 영국의 유형식민지(流刑植民地)로 이용되었다.

것보다 더 훌륭한 방법이 있을까? 갑자기 각오가 섰다. 그는 엘리자베스에게 동의한다고 말했다. 아이를 갖기로 노력하겠다고. 경호 문제, 단순염색체전위 등 모든 문제가 그대로였지만, 개의치 않기로 했다. 새로 태어날 생명은 저만의 인생 수칙을 만들 테고, 제가 필요로 하는 것을 요구할 것이다. 그래! 둘째를 낳고 싶었다. 어쨌거나 엘리자베스가 어머니가 못 되게 막는 건 옳지 못하다. 그들은 3년 반을 함께했고, 그녀는 그를 온 마음으로 사랑하고 참아주었다. 이제 아기를 원하는 사람은 그녀 혼자가 아니다. 그래, 해보자, 라고 말하자 그녀는 저녁 내내 미소 띤 얼굴로 그를 껴안고 입을 맞췄다. 그들은 저녁식사에 티냐넬로 한 병을 곁들여 자축하며 둘의 첫 '데이트'를 추억했다. 그날 리즈 콜더의 집에서 저녁을 먹은 후 그녀가 먼저 "꼬리를 쳤다"며 그는 항상 놀리곤 했다. "반대예요." 그녀의 견해는 이러했다. "당신이 나한테 수작을 걸었죠." 그로부터 3년 반의 기이한 세월이 흐른 지금, 그들은 둘만의 집에서 근사한 식사를 마치고 훌륭한 토스카나산 레드와인을 거의 바닥까지 비웠다. 그가 말했다. "한번 더 꼬리를 쳐보는 건 어때?"

1994년은 퇴짜로 시작되었다. 〈뉴욕 타임스〉 신디케이트가 칼럼 청탁을 취소했다. 그전에 프랑스 쪽 편집국이 직원과 사무실에 위험이 닥칠 수 있다며 불평했었다. 처음에는 사주들이 그 결정을 알고 있었는지, 혹은 승인을 했는지 불확실했다. 며칠 안 지나 상황은 분명해졌는데, 설즈버거 일가도 알고 있었고, 취소는 확정적이었다. 뉴욕 쪽 편집국장 글로리아 B. 앤더슨은 유감을 표했지만 힘이 없었다. 그녀가 앤드루에게 말하길, 처음에는 순전히 상업적인 이유로 그 제안을 했지만 그후 루슈디의 책을 읽기 시작했고 이제는 팬이 되었단다. 좋은 일이었지만 도움이 되진 않았다. 글로리아가 다시 전화하기까지는 4년 넘게 걸렸다.

공작석은 최고로 멋진 경호팀이었다. A 부대의 다른 대원들은 공작석 작전을 "영예로운 임무"라 불렀다. 공작석의 베테랑인 밥 메이저와 스탠리 돌은 겸손하게 피식 웃고 넘겼지만 분명 사실이었다. 요원들은 공작석 팀이 가장 위험하면서도 가장 중요한 일을 하고 있다고 생각했다. 다른 팀들은 "그저" 정치인을 보호했다. 공작석은 하나의 '원칙'을 방어했다. 경찰관들은 이 점을 분명히 이해했다. 애석하게도 국가가 더 헷갈려했다. 런던 하원에는 신변 보호 비용에 대해 질문하려고 벼르는 보수당 의원이 두 명 있었다. 보수적인 의원들은 대부분 그의 신변 보호를 돈 낭비로 보고 경호를 끝내고 싶어했다. 루슈디도 마찬가지였다. 그만 끝내자고 말하고 싶었다. 루슈디보다 더 간절히, 일상의 삶으로 돌아가길 바라는 사람은 없었다. 하지만 공작석 작전의 새 담당자인 딕 우드는 이란 정보부가 표적을 찾기 위해 "그 어느 때보다 열심히 작전을 펼치고 있다"고 했다. 라프산자니가 오래전에 살인을 승인했으니, 암살자들은 허가를 구할 필요도 없었다. 파트와는 여전히 암살자들의 첫째가는 관심사였다. 얼마 후, MI5의 수장 스텔라 리밍턴이 BBC의 연례 프로인 리처드 딤블비 강연에서 "작가 살만 루슈디를 추적, 살해하려는 단호한 노력이 계속되고 있을 가능성이 있다"고 말했다.

다시 특수부에서 파티가 열렸다. 엘리자베스는 존 메이저에게서 호의를 끌어내려 노력했지만 총리는 관심을 보이지 않았고, 사민이 즐겨 쓰는 표현 중 하나를 인용하자면, "거들어주지 않았다". 기분이 상한 그녀는 "난 당신에게 도움이 안 된 거 같아요"라고 말했다. 물론 터무니없는 말이었다. 실제로 메이저는 프랜시스 더수자에게 2월 14일에 성명을 발표하겠다고 약속했다. 그건 어쨌든 그날 저녁의 수확이었다. 그리고 내무부 장관 마이클 하워드도 친절했다. 파티 중간에 경호원들은 특수부의 사무실들을 한 바퀴 둘러볼 기회를 주었다. "전화응대실"을 구경했는데, 당직 경관이 "괴짜 명부"를 보여주며 한 괴짜가 걸어온 상스러운 전화에 응대할 기회를 주었다. 런던이 훤히 내려다보이는 19층의 공문서 보관실도 구경했다. 두 사람은 절대 펼쳐볼 수 없는 기밀문서들이나 IRA의 최근 암호를 모아놓은 책도 있었다. 익명의 전화가 그 암호를 사용한다면 진짜 폭탄을 예고한다는 의미였다. 전산화가 이루어졌는데도 여전히 그렇게 많은 정보가 작은 문서 상자에 보관되고 있다니 흥미로웠다.

파티가 끝난 후 경호팀은 그와 엘리자베스가 한잔할 수 있게 인기 있는 경찰 와인바 '익스체인지'로 데려가주었다. 루슈디는 그들 모두와 아주 가까워졌음을 실감했다. 저녁이 끝날 즈음 경호팀은 그에게, "꽤 서열이 높은 불량배"가 시내에 있다고 경고했고, "숨김없이 털어놓고 싶다"면서 며칠 동안은 "특별히 주의할" 필요가 있다고 말했다. 다시 일주일 후, 그 "불량배"가 다른 불량배들에게 그를 죽이는 법을 조목조목 설명해주어, 잠들어 있는 불량배 기질을 깨우고 있다는 얘길 들었다. 그렇다면 이제 여러 명의 불량배가, 보통 불량배들이 정신을 바짝 차렸을 때 하는 짓을 하려고 그를 열심히 찾아다니는 상황이었다.

파트와 5주년이 다가오고 있었다. 프랜시스에게 전화를 걸어 화해를 하고, 카멜과도 화해했지만, 그때만큼은 수호운동에 대한 이야기를 꺼내고 싶지 않았다. 올해 친구들은 마음의 짐을 덜어주려 최선을 다했다. 줄리언 반스는 〈뉴요커〉에 재치와 성실한 조사가 돋보이는 멋진 글을 썼다. 그를 알고 그를 좋아하는 사람으로서 현재 벌어지고 있는 일을 분석한 글이었다. 크리스토퍼 히친스는 〈런던 리뷰 오브 북스〉에 글을 썼고, 존 다이아몬드는 인신공격을 해대는 타블로이드 신문들의 행태에 반격하는 글을 한 타블로이드 신문에, 즉 그들의 안마당에 올렸다. 극작가 로널드 하우드는 그를 대신하여 유엔 사무총장 부트로스 부트로스갈리를 만났다. "부-부는 아주 호의적이었네." 로니가 말했다. "영국이 인도나 일본하고 비공식 채널로 접촉을 시도해본 적 있는지 묻더군. 이란이 그들한테 관심이 있다면서 말이야." 루슈디는 답을 몰랐지만, 없을 거라고 생각했다. "자기가 힘써주기를 영국이 원한다면, 더글러스 허드가 공식적으로 협조를 요청하면 된다고 하더군." 지금까지 왜 그런 요청을 하지 않았는지 의아했다.

한편 5주년이 다가오자 유럽 전역에서 동정적인 언론 보도가 이어졌다. 영국 밖에서 루슈디는 호감 가고 재미있고 용감하고 재능 있고 존경받을 만한 사람이었다. 위대한 윌리엄 클라인*이 루슈디의 사진을 찍었다. 촬영이 끝난 후 클라인은 캐럴라인 미셸에게 얼마나 즐거웠는지 이야기했다. "아주 유쾌하고 재밌는 친구야." 그래서 루슈디는 캐럴라인에게 이렇게 말했다. "몇 명씩 묶어서 전 세계 모든 사람을 만날 수 있다면 이 모든 증오와 경멸을 끝낼 수 있을 텐데. 좋은 수가 있어. 나하고 하메네이하고 라프산자니 셋이서 조촐하게 둘러앉아 저녁식사를 하는 거야." 캐럴라인이 대꾸했다. "당장 알아볼게요."

스트라스부르에 있는 국제문인의회가 그를 의장으로 선출하고서 창립 선언문 비슷한 걸 써달라고 했다. 그는 이렇게 썼다. "우리[작가]는 광부이자 보석 세공인이고, 진실을 말하는 자이면서 거짓을 말하는 자이고, 어릿광대이면서 지휘관이고, 잡종이면서 사생아고, 부모이면서 연인이고, 건축가이면서 파괴자다. 우리는 여러 나라의 국민이다. 눈에 보이는 현실과 일상생활로 이루어진 유한하고 국경이 있는 나라에, 정신의 합중국에, 천상과 지옥에 있는 욕망의 국가들에, 속박 없는 언어의 공화국에 동시에

---

* 미국 태생의 프랑스 사진작가(1928~).

속해 있다. 이 모두를 합치면 그 어떤 세계적인 강대국이 지배하는 땅보다 훨씬 큰 영토가 된다. 하지만 그 강대국을 막아내는 데는 아주 약해 보일 수 있다. 창의적인 정신이 크고 작은 권력자들에게 적으로 취급당하는 일이 너무도 빈번하다. 권력자들은 우리가 세계를 묘사할 때 그들의 보다 단순하고 편협한 견해와 다투거나 그 기초를 잠식하는 그림을 그린다는 이유로 우리의 힘에 분개한다. 최고의 문학은 살아남을 테지만, 미래가 검열자의 사슬에서 문학을 해방시켜줄 때까지 기다리고만 있어서는 안 된다."

문인의회는 국제난민도시네트워크를 설립하는 위대한 업적을 이루었다. 이 네트워크는 그후 15년에 걸쳐 류블랴나에서부터 암스테르담, 바르셀로나, 라스베이거스를 경유해 멕시코시티에 이르기까지 36개 도시를 포함하는 규모로 성장했다. 국가는 종종 이런저런 이유로, 박해받는 작가들에게 피난처를 제공하지 않았다. 가령 외무장관들은 곤경에 처한 중국 작가를 받아들이면 무역 거래가 틀어질까 걱정했다. 하지만 도시 차원에서는 시장들이 자발적으로 피난처를 제공하더라도 불리할 게 없었다. 위협에 처한 작가들에게 2년 동안 작은 거처와 기초 생계비를 제공하는 건 큰 부담이 아니었다. 루슈디는 창립에 기여했다는 사실에 자부심을 느꼈다. 문인의회가 발송한 편지들에 적힌 그의 서명이 중요했음은 의심의 여지가 없었다. 도움이 필요한 다른 작가들을 위해 자신의 이름을 보낼 수 있어 기뻤다. 그의 이름은 이미 그렇게 기이하고 어두운 빛깔의 명성을 지니고 있었다.

2월 14일 그의 "선언문"이 〈인디펜던트〉에 실렸다. 그 신문은 지금까지 이슬람에 유화적인 편이었기 때문에 그의 글을 부정적으로 이용하지 않을까 걱정했는데, 아니나 다를까였다. 밸런타인데이에 눈을 떠보니 그의 글은 이 기념일에 관한 기사와 함께 3면에 실려 있는 반면, 야스민 알리바이브라운의 터무니없는 글은 논평란 전체를 차지하고 있었다. 파트와가 긍정적이고 좋은 결과를 많이 이끌어낸 덕분에 영국의 무슬림 사회가 정체성과 제 목소리를 찾았다는 내용이었다. 그녀는 이렇게 썼다. "1989년 2월 14일 운명적인 그 일이 없었다면 세상은 여전히 청바지를 입고 맥도날드 햄버거를 먹을 불가침권을 향해 거침없이 질주하고 있을 것이다." 그는 생각했다. 이슬람의 가치와 서양의 가치에 관해 새로운 논쟁을 촉발하다니 호메이니는 얼마나 훌륭한가. 그 정도라면 작가 한두 명을 햄버거 패티로 만들어버릴 만했다.

"기념일 축하하네!" 이 특별한 날에 친구들이 전화를 걸어 축하해주는 것이 블랙코미디 같은 전통이 되어버렸다. 엘리자베스는 자신의 얼굴과 프리다 칼로의 얼굴을 공들여 짜맞춘 밸런타인 카드를 주었다. 파키스탄에 있는 하니프 쿠레이시는 카라치에 사시는 어머니에게 5주년을 맞은 아들의 편지를 전해주겠다고 했다. 카롤린 랑이 파리에서 전화를 주었다. 무슈 루슈디가 프랑스에 왔을 때 지인들의 집은 물론이고 호텔에서도 며칠씩 묵을 수 있도록 터프가이 내무장관 샤를 파스쿠아를 설득하는 데 성공했다고 했다. (파스쿠아는 후에 앙골라와 불법으로 무기를 거래한 죄로 집행유예 1년을 선고받았다. 벨기에 외무장관 빌리 클라스는 뇌물수수로 유죄를 선고받았다. 정치의 세계란 그렇다. 그에 비해 금전적 이득을 위한 부패의 죄상이 드러난 소설가는 거의 없다.)

지난 2년간의 수호운동이 세계 지도자들의 선언 형태로 결실을 맺었다. 이번에 존 메이저는 강한 어조로 성명을 냈다. 우리는 인도 정부를 향해 명확히 요구합니다. 그들이 국제사회의 모든 나라와 충실하고 우호적인 관계를 유지하려면 반드시 (…) 해야 합니다. 야당 지도자 존 스미스는 이렇게 말했다. 전적으로 규탄합니다. (…) 묵과할 수 없는 일입니다. (…) 인도 정부에 요구하는 바입니다. 노르웨이 문화부 장관 오세 클레벨란도 말했다. 우리는 (…) 저지하기 위한 노력을 강화할 것입니다. (…) 우리는 파트와를 철회할 것을 요구합니다.

아일랜드의 딕 스프링은 용납할 수 없는 심각한 인권침해라고 말했고, 캐나다 외무장관 앙드레 우엘레트는 루슈디가 생존해 있다는 사실이 이 세계에 자유가 있음을 보여주는 희망이라고 말했다.

이날 '오스터-드릴로' 리플릿이 50만 부 배포되었다(결국은 이 일을 위해 모금을 했다). 『루슈디를 위하여Pour Rushdie』가 미국에서 『For Rushdie』로 발행되었다. 프랜시스와 카멜이 마이클 풋, 줄리언 반스 등을 이끌고 이란대사관으로 가서 항의서한을 전달했지만 기자를 끌어들이는 데는 실패했다. 카멜은 또한 BBC 라디오에서 파트와가 루슈디의 가족과 친구들에게까지 확대되었다고 말했다. 이 말은 루슈디의 아주 가까운 사람들을 잠재적으로 위험에 빠뜨릴 수 있는, 서투르고 부정확한 실언이었다. 이 말이 뉴스에 나온 후 1분 만에 클래리사가 전화를 걸어 어떻게 된 일이냐고 물었다. 다음으로 존 다이아몬드가 전화를 걸어왔다. 그날이 다가도록 정정보도를 내달라고 BBC를 설득하느라 진땀을 흘렸다.

『악마의 시』 페이퍼백을 영국에서 인쇄 배포할 수 있도록 애써온 길런이 마침내 성공을 알려왔다. 배본사인 센트럴 북스는 문학을 담당하는 트로이카 북스를 거느리고 있었는데, 이 일을 맡은 빌 노리스 사장은 즐거워하고 흥분했을 뿐, 전혀 두려워하지 않았다. 노리스는 센트럴이 반파시즘 문학을 보급하고 있어 항상 위협을 받는다고 말했다. 사옥은 이미 보안이 철저했다. 하지만 그들의 관심사는 스캔들이 아니라 그 책을 홍보하는 데 있었다. 그는 심호흡을 하고 나서 좋다고 말했다. 이 일을 하자. 그 악당들에 맞서자.

한동안 문학이라는 나라에 거주하지 않았다는 생각에 정신이 번쩍 들었다. 『하룬과 이야기 바다』를 끝낸 지 거의 4년이 흘렀다. 그동안 글쓰기는 지지부진했고, 그는 무엇에도 집중하거나 전념하지 못하고 공황에 빠져들고 있었다. 지금까지 공황이 그를 일 속으로 내몰곤 했으니 좋은 상황일 수도 있지만, 이번 건 일생일대 가장 기나긴 글쓰기 장벽—그래, 그는 이 용어를 쓰곤 했다—이었다. 겁이 났고, 어떻게든 돌파해야겠다고 생각했다. 3월에 성패가 갈릴 것이었다. 영국 랜덤하우스의 담당 편집자 프랜시스 코디가 "사람들이 위기를 헤쳐나갈 수 있게 도와줄 작은 이야기책은 어떻습니까"라고 제안했다. 그게 복귀하는 길이 될지도 몰랐다. 문제는 쓰는 것인데, 그는 쓰고 있지 않았다. 정말로. 한 자도.

그는 작가란 무엇인가 기억을 되살리려 노력했다. 평생 지녀온 습관들을 되찾겠노라 다짐했다. 마음속의 탐구, 기다림, 이야기에 대한 확신. 허구세계의 몸통을 어떻게 가를지, 어디에서 그 안으로 들어갈지, 어떤 여정으로 통과할지, 어떻게 빠져나올지 등을 더디게든 빠르게든 결국 찾아내는 것. 깊은 우물이나 시간의 구멍 속으로 추락하는 듯한 마법 같은 집중의 순간. 아주 드물게 마주치는 무아경을 찾아 원고 속으로 빠져들기. 그리고 힘겨운 자기비판, 자신의 문장들에 대한 가혹한 심문, 헤밍웨이가 헛소리 탐지기라 불렀던 것 사용하기. 재능과 이해력의 한계에 부딪힌 순간의 좌절감. "세계를 조금만 더 열어."* 그래, 그는 벨로의 개였다.

이상한 뉴스가 떴다. 2년 전 오스트리아 정부가 수여하는 유럽문학상 수상자로 루슈디가 선정되었지만 오스트리아 정부가 발표를 하지 않았다는 사실이 드러났다. 오스트리아 매체에서 규탄의 목소리가 터져나왔다. 오스트리아 문화부 장관 루돌프 숄텐은 당시 자신이 안이했다고 인정했고, 루슈디 박사에게 전화통화를 요청했다. 루슈디 박사가 전화를 걸자 장관은 친절히 응대하고 사과했다. 실수였고, 곧 전부 바로잡겠노라고. "비

---

* 솔 벨로의 『학장의 12월』에서 개가 하는 말.

밀스러운" 오스트리아 문학상의 수수께끼가 온 유럽에 보도되었다. 영국 언론에서는 단 한 곳도 그 소식을 언급할 가치가 있다고 보지 않았다. 그러나 훌륭하신 〈인디펜던트〉는 "공개적으로" 살겠다는 타슬리마 나스린의 용기 있는 결정(그녀는 하루종일 경비가 삼엄한 아파트를 벗어나지 못했고 야음을 틈타 검게 선팅된 차를 타고 외출을 감행했다)과 계속 "숨어 지내기"를 바라는 『악마의 시』의 소심한 저자(간혹 경찰의 제지에 반항하고 자신의 자유를 위해 싸우기도 했고, 비판을 무릅쓰고 백주대낮에 공공장소를 찾기도 했건만)를 대비한 기사를 게재했다.

유령 암살자들이 활개치는 어둠의 세계에서 이란의 외무장관 알리 악바르 벨라야티는 파트와를 거둬들이는 것은 불가능하다고 말했다. 더구나 벨라야티가 빈에서 그런 말을 했으니, 경찰은 그 말이 떨어지기 무섭게 파트와의 핵심 표적에게, 빈에 가서 상을 받으려는 계획은 "너무 위험하다"고 말했다. 너무 많은 사람에게 알려져 있었다. 딕 우드는 빈행은 어리석은 처신이라는 게 외무부의 공식 견해라고 말했다. 그들은 "모종의 계획이 진행되고 있는 걸로 안다"면서도 최종 결정은 그에게 떠넘겼다. 그는 두렵다고 피하고 싶지도 않고, 유령들에게서 도망치고 싶지도 않았다. 그렇게 말했더니 딕은 사적인 자리에서 자기도 같은 생각이라고 말했다. "암살을 준비하려면 시간이 필요한데, 사실 그들에겐 시간이 충분하지 않습니다."

빈에서 루돌프 숄텐과 그의 아내이자 의사인 크리스티네가 오랜 친구처럼 반갑게 맞아주었다. 독일 경호팀장은 이슬람문화센터에서 벌어지는 "어떤 활동들"이 의심스럽다고, 그래서 유감이지만 자유를 제한할 수밖에 없노라고 말했다. 거리를 활보할 순 없었지만, 대신 부르크 극장의 지붕에서 도시를 구경했다. 극장의 예술감독 클라우스 파이만은 몸집이 크고 자유분방한 사람이었는데, 조만간 다시 와서 그 극장에서 행사를 하라며 초대했다. 그들을 태운 차가 빈의 숲으로 들어갔다. 아름답고 어둡고 깊어, 마치 로버트 프로스트의 저 유명한 "환각적인" 시에 묘사된 숲 같았다. 차

밖으로 나가는 것이 허락되지 않아서 더 환각처럼 느껴졌다. 저녁식사 후 엘리자베스는 숄텐의 안가에 남았지만, 그는 헬리콥터를 타고 빈 외곽에 있는 오스트리아 특수부로 날아가 그곳에서 밤을 보내야 했다. 자기 전까지 몇 마일을 더 가야 한다.* 숄텐의 아파트 건물을 염탐하던 남자가 있어 추적해보니 이란이 아닌 이라크대사관으로 돌아갔다. 이라크에 본부가 있는 PMOI에서 파견된 듯했다. (사담 후세인은 자신의 적 호메이니와 적대 관계에 있는 이들에게 얼마든지 안전한 피난처를 제공했다.) 이튿날 오스트리아 경찰은 밀집대형으로 그를 에워싼 채 시상식장으로 데려갔다. 경찰 헬기들이 상공에서 윙윙거렸다. 하지만 아무 일 없이 무사히 끝났다. 상을 받고 집으로 돌아왔다.

런던으로 돌아온 날 밤 늦게 미국 대테러 조직의 수장 로버트 겔버드와 대화를 나눴다. 겔버드는 루슈디를 표적으로 한 이란인들의 지속적인 "노력"에 관하여 "불길하고 구체적인" 정보를 갖고 있다고 했다. "그들이 막다른 골목에 이르렀다는 증거이기도 하지만, 선생이 알아두셔야 할 새로운 정보라서 말입니다." 빌어먹을 소설을 끝내, 살만. 그는 생각했다. 남은 시간이 별로 없을지 몰라. 〈옵서버〉는 루슈디 사건 때문에 라프산자니와 하메네이 사이에 불화가 있었다는 기사를 내보냈다. 라프산자니는 현상금을 내건 사네이의 세력 기반인 '15 호르다드재단'을 해체하고, 암살단 활용을 금지하려 했다. 하지만 하메네이는 두 안을 모두 가로막고 파트와를 되풀이했다. 아무것도 변하지 않았다.

노르웨이 작가연맹은 스타방에르에서 열릴 연례회의에 그를 귀빈으로 초대할 예정이라고 발표했다. 그 즉시 노르웨이 무슬림협회의 회장 이브라힘 일디즈는 만일 루슈디가 스타방에르에 온다면 암살하겠다고 말했다. "내 손에 무기가 있고 기회가 온다면, 그자를 그냥 보내지 않겠다."

---

* 로버트 프로스트의 시 「눈 내리는 밤 숲가에 멈춰 서서」의 한 구절.

푼돈을 넣어두는 책상 서랍에서 돈이 조금씩 사라지고 있었다. 무장 경찰관 네 명이 있는 집에서! 어떻게 생각해야 할지 알 수 없었다. 그런데 클래리사가 전화를 걸어 자파르의 계좌에 너무 많은 잔액과 지출 내역이 찍혀 있다고 했다. 자파르는 같은 학교 친구가 (그 아이의 이름은 끝내 말하지 않았다) "절대 손대서는 안 되는 물건을 집에서 갖고 나와 팔았"고 그 돈을 자기 통장에 대신 보관해달라고 했다고 엄마에게 말했다. 분명 거짓말이었다. 자파르는 또한 클래리사에게, "아빠하고 입출금 내역을 전부 확인했"다고 말했다. 이것도 거짓말이었다.

부모는 엄한 벌을 내리기로 결정했다. 계좌는 폐쇄하여 돈을 한푼도 꺼낼 수 없게 했고, 사실을 말할 때까지 용돈도 주지 않기로 했다. 반시간이 지나자—경제제재가 효과 없다고 누가 그랬던가?—자파르는 자백했다. 아빠의 책상 서랍에서 돈을 훔쳤다. 아이가 갖고 싶어했던 소형 요트가 생각보다 훨씬 비싼, 즉 150파운드가 아닌 250파운드였고, 요트를 띄우는 데 필요한 장비에도 돈이 들어갔다. 그 돈을 모으려면 평생 걸릴 텐데 그 요트가 정말 갖고 싶었다. 아이는 아주 심한 벌을 받았다. 텔레비전 시청은 절대 금지고, 은행 계좌는 폐쇄되며, 매달 50파운드의 용돈에서 30파운드씩 갚아야 하고, 요트값을 정직하게 갚을 때까진 요트를 사용할 수 없었다(미러 사에서 나온 요트였는데, 부모도 모르게 벌써 구입한 후였다). 클래리사와 그는 이 사건으로 자파르가 충격을 받고 다시 정직해지기를 바랐다. 부모가 자기를 완전히 신뢰하고 있었고, 이제 잃어버린 신뢰를 노력으로 회복해야 한다는 것을 아이는 알아야 했다. 그러면서도 부모의 사랑, 그 무조건적인 사랑을 의심해서는 안 되었다. 자파르는 겁먹었고 부끄러워했다. 아이는 순순히 벌을 받아들였다.

닷새 후 엘리자베스가 제일 소중히 여기는 팔찌가 사라졌다. 어머니에게서 물려받은 금장식 팔찌로, 상자에 넣고 다시 큰 상자에 넣어 옷장 깊숙이 보관하던 것이었다. 다른 건 그대로였다. 그는 잘 찾아보라고 했지만, 그녀는 이미 자파르가 훔쳤다고 결론을 내린 듯했다. 그녀는 건성으로 뒤졌고 팔찌는 나오지 않았다. 그러고는 자기 방에서 자고 있는 자파르를 깨워서 물어봐야 한다고 우겼다. 그는 먼저 온 집 안을 샅샅이 뒤져보라고 간청했지만, 그녀는 이미 다 뒤져보았는데도 나오지 않았다고 했다. 결국 아이를 깨워 추궁할 수밖에 없었다. 하지만 핏줄을 타고 흐르는 모든 본능은 아들이 이런 짓을 할 리 만무하다고 말했다. 그조차 엘리자베스가 보석을 어디에 보관하는지 몰랐으니 도무지 이해할 수 없는 일이었다. 자파르는 몹시 화를 내면서 자신은 아무 짓도 하지 않았다고 주장했다. 한밤중에 아이가 우울하고 비참한 심정으로 뜬눈으로 침대에 누워 있을 때, 엘리자베스가 팔찌를 찾았다. 그것은 항상 있던 자리에 있었다.

이제 아들 앞에서 그가 부끄럽게 되었다. 그리고 그와 엘리자베스 사이에 내려앉은 그늘도 금방 옅어지지 않았다.

로니와 나타샤 하우드의 집을 방문했다. 하우드 부부의 결혼 35주년이었다. 영국 교도소감찰국장, 잘 웃고 안색이 붉은 신사, IRA가 살해하겠다고 공언했었던 인물 스티븐 튜밈 판사가 "경호팀"에 대해, 그리고 30년이나 살던 집을 특수부 때문에 떠나게 되었을 때 어떤 심정이었는지에 대해 이야기했다. 그의 아내 위니프리드는 신경쇠약에 걸렸다고 했다. 그녀는 경찰의 호위를 받으며 집에 가서 필요한 물건을 가져오곤 했는데, 잘 정돈된 침대를 보고 다시는 그 위에서 잠을 잘 수 없다고 생각하면 시체를 보고 온 기분이 들었다고 했다. 판사 부부는 둘 다 슬픔에 잠겼었는데, 가장 안 좋은 건 그 상황이 언제 끝날지 알 수 없었다는 것이었다. 튜밈 판사는 말했다. "무기징역수하고 똑같소. 여왕 폐하께서 원하시는 만큼* 묶여 있는 사람은 언제까지 붙들려 있을지 알 수가 없지. 이것도 종신형이거나, 뭐 거의 그런 거요." 스티븐과 위니프리드는 리젠트 공원 근처의 올버니 스트리트에 있는 병영에서 묵어야 했었다. 루슈디와 엘리자베스가 거의 쓰레기처럼 버려질 뻔했던 곳이었다. 대신 루슈디에겐 제공되지 않은 것들이 스티븐에겐 제공되었다. 국가에서 스티븐의 집을 매입하는 데 동의한 것이다. 그 선량한 판사의 표현을 빌리자면 "보호를 받고 있는 사람의 집을 구입할 만큼 멍청한 사람은 찾기 힘들기" 때문이라나. "전 찾았어요." 루슈디가 응수하자 로니 하우드가 짓궂은 웃음을 날리며 말했다. "그렇지. 나의 발행인 로버트 매크럼 말이지."

튜밈은 기막힌 재담가였다. 그가 어느 교도소를 방문했을 때 악명 높은 연쇄살인범 데니스 닐슨을 만났는데 닐슨이 단둘이 이야기하고 싶다고 해서 "약간 오싹했었다"고 했다. "하지만 단지 자기가 얼마나 박식해졌는지 과시하고 싶어하더군." 닐슨이 붙잡힌 건 인간의 살과 내장이 하수구를 막은 탓이었는데, 적어도 열댓 명의 성인 남자와 소년을 살해하고 그 시체와 섹스를 했다. 튜밈은 닐슨이 "아주 섬뜩하다"고 느꼈는데, 그럴 만했다. 튜밈과 루슈디는 몇몇 같은 경호원의 보호를 받기도 해서 그들을 놓고 한동안 험담을 주고받았다. "몰래 바람을 피울 수 있는 완벽한 직업이에요." 튜밈도 이 말에 동의했다. "내가 어딜 가고 있는지 말해줄 수 없어, 내 사랑, 언제 돌아올지도. 알지, 모두 일급비밀이야. 그자들은 다들 바람을 피우지. 당연한 거야. 우리도 똑같이 할걸." 그가 두 집 살림을 하는 경호원 이야기를 했더니 판사가 충분히 이해한다는 표정으로 이렇게 말했다. "매력이 넘치는 남자들 아닌가?"

튜밈은 북아일랜드 롱케시에 있는 메이즈 교도소─IRA 요원인 보비 샌

---

* at Her Majesty's pleasure. 공직에 무기한으로 임명되거나, 무기한 수감되는 것을 가리키는 관용구.

즈가 "H 블록"*의 처우에 항의해 단식투쟁을 하다 사망한 곳이다—소장으로부터 IRA의 암살 명부에서 지워졌다는 이야기를 들었다. 튜밈은 마침내 안전하다고 느끼게 되었다. 살생부에 올랐다가 빠져나왔으니까. 튜밈은 이렇게 말했다. "정보기관 사람들은 사실 아는 게 많지 않아. 하지만 내가 집에 남아 있었다면 총에 맞았을 거야. 난 창가에 앉아 강을 내려다보는 습관이 있거든. 강 바로 건너편에 잡목림이 약간 있는데 저격수한텐 안성맞춤이야. 목 내놓은 오리 신세가 될 뻔했지. 경호원들은 이러더군. 마당으로 나가실 땐 항상 잡목림에 저격수가 있는지 의심하십시오. 하지만 이젠 괜찮아."

이튿날 로니는 판사가 이젠 그 시절을 돌아보며 농담을 한다고 말했다. 하지만 판사와 그의 가족에게는 정말 끔찍했던 시기였다. 튜밈의 딸들 중 하나는 무장한 남자들이 집 안 가득 있는 게 싫은 나머지, 방마다 금연을 비롯한 경고문들을 종이에 적어 붙여놓았다. 무엇보다 사생활과 자연스러운 일상이 사라졌는데 좀처럼 해소하기 어려운 문제였다. 루슈디는 자신이 겪고 있는 모든 일을 겪어본 사람과 이야기를 나누고 그런 이야기가 해피엔딩으로 끝날 수 있다는 말을 들으니 참으로 좋았다. 엘리자베스와 위니프리드 튜밈은 방탄차의 문이 정말 무겁다며 서로에게 불만을 토로했다. 그런 잡담을 함께할 수 있는 사람은 많지 않을 것이다. 판사는 말했다. "이런 일을 겪으면 경찰을 훨씬 더 좋아하게 되지. 그리고 개자식들은 훨씬 더 싫어하게 되고. 내 경우엔 IRA였고, 자네가 상대하는 개자식들은 또다른 놈들이지. 무슬림 전부는 아니겠지만."

앤턴 씨는 공작석 작전에 임하는 경찰의 태도에서 모종의 변화를 감지

---

* 메이즈 교도소의 별명. 위에서 보면 H 모양인 건물들이 늘어서 있는 데서 비롯됐다.

했다. 필요할 때 자파르와 클래리사의 집을 "은밀히 감시할" 수 있는 시스템이 계획되었다. 버마 로드는 완전히 보호권 밖이어서 항상 걱정되었기 때문에 그는 이 변화가 기뻤다. 딕 우드는 그가 외출하거나 심지어 영화를 보러 갈 때도 "팀원을 교체해야" 할지 모른다고 말했다. 비숍스 애비뉴 집에 머무는 사람들의 얼굴이 너무 노출되는 게 좋지 않다고 여겼기 때문이다. 반면에 경호 대상을 대하는 경찰의 태도는 나아지고 있었다. 경호원 토니 던블레인이 솔직히 털어놓았다. "개인적으로 전, 특수부가 이란인들이 할 일을 대신하듯 선생님을 가둬놓아선 안 된다고 생각합니다." 곧바로 선임인 딕 우드도 그 말에 동의했다. "제가 보기에 선생님은 3년 넘게 사고뭉치 아이 취급을 당했어요." 그린업 씨가 고집했던 규제들 중 다수가 불필요한 것들이었다. 그는 말했다. 글쎄 잘 모르겠소. 그린업이 날 싫어한다는 이유로 3년이 넘는 내 인생이 필요 이상으로 힘들어졌지. 1인치의 공간을 늘리기 위해 매번 싸워야 했소. 딕은 이렇게 대답했다. "어떻게 그걸 견뎌냈는지 참 대단하십니다. 우리 같으면 아무도 못했을 거예요."

헬렌 해밍턴도 부드러워졌고, 공작석 작전의 경호 대상이 더 나은 생활을 할 수 있도록 언제든 도와주려 했다. 어쩌면 그와 세계 지도자들과의 그 모든 만남이 그녀의 태도에 변화의 바람을 불어넣었는지 모른다. 또 어쩌면 그의 주장이 결국 조금은 먹혀들어갔는지도 모르고. 굳이 물어보진 않았다.

1982년에 케랄라 주의 코친에 있는 오래된 유대교 회당을 방문한 적이 있었다. 회당은 중국에서 가져온 푸른 세라믹 타일(광둥산으로 모든 타일이 서로 다릅니다라고 안내문에 적혀 있었다)로 장식된 작은 보배 같은 곳이었다. 거의 절멸된 케랄라 유대인 사회의 이야기가 상상력을 사로잡았다. 그는 자그마한 회당 관리인에게 다가갔다. 재키 코헨이라는 멋진 남인도식 이름을 가진 노신사였다. 그는 관리인에게 질문을 퍼부었다.

몇 분이 지나자 코헨 씨는 인내심을 잃었다. "왜 그리 많이 물어보는 거야?" 늙은 관리인이 불만스레 물었다. "전 작가입니다. 이곳에 대해 뭔가를 쓸 수 있을까 해서요." 재키 코헨은 됐다며 앙상한 팔을 휘둘렀다. "그럴 필요 없어." 그의 말은 아주 조금 거만했다. "우린 벌써 전단지를 만들었다구."

케랄라 여행 내내 일기를 썼는데 작가적 본능이 그 일기를 낭비하지 말라고 일러주었다. 이제 세인트피터스 스트리트 집에서 가져온 그 일기가 글쓰기로 돌아갈 길을 보여주었다. 매일 일기를 찬찬히 들여다보았다. 코친 항의 아름다움, "말라바르의 검은 황금"을 보관하던 후추 창고들, 바스쿠 다가마가 묻힌 교회의 천장에 설치된 거대한 수동식 부채들이 떠올랐다. 마음속으로 유대인 지구의 거리를 걷고 있자니 『무어의 마지막 한숨』의 한 단락이, 코친에 관한 단락이 생생하게 떠오르기 시작했다. 오로라 조고이비와 그녀의 아들 "무어" 모라이스가 자신들의 세계로 그를 인도했다.

악몽은 길고 문학은 되찾기 어려웠다. 빌리암 뉘고르와 그 몸에 난 총알구멍들, 발길질 당하고 칼에 찔린 에토레 카프리올로, 엘리베이터 안 피웅덩이에 죽어 널브러진 이가라시 히토시에 대해 매일같이 생각했다. 철면피 작가 루슈디뿐만 아니라 책의 세계─문학 자체─까지도 비방과 총격과 발길질과 칼부림과 살해와 비난을 함께 받았다. 그러나 책의 진정한 생명력은 폭력적인 이 세계와는 본질적으로 달랐고, 그 속에서 그가 사랑하는 화법을 다시 찾아냈다. 그는 자신의 터무니없는 현실에서 벗어나 오로라와 그녀의 매력, 그녀의 넘치는 자유분방함, 권태와 욕망에 관한 그녀의 회화적인 명상 속으로 빠져들었고, 잔치에 찾아온 굶주린 사람처럼 게걸스럽게 그녀를 삼켰다.

레닌이 부족한 시간 때문에 자기와 비슷하게 생긴 사람들을 고용해 소련을 여행하며 연설을 하게 했다는 이야기를 읽은 적이 있었다. 공산주의가 인기 있는 케랄라에서 현지의 레닌주의자들이 인도인 레닌을 몇 명 고용해 똑같은 일을 하게 한다면 재미있겠다는 생각이 들었다. 너무 길쭉한 레닌, 너무 작달막한 레닌, 너무 뚱뚱한 레닌, 너무 깡마른 레닌, 너무 절름거리는 레닌, 너무 머리숱이 없는 레닌, 그리고 이 빠진 레닌 들이 그의 소설 속으로 행진해 들어왔고, 그들과 함께 경쾌함과 생기도 들어왔다. 어쩌면, 결국 좋은 책이 나올지도 몰랐다. 『무어의 마지막 한숨』은 『악마의 시』이후 첫 성인용 장편소설이 될 것이다. 반응이 어떤가에 많은 것이 걸려 있었다. 하지만 그런 생각은 떨쳐버리려 노력했다.

『하룬과 이야기 바다』를 쓰던 때보다 생활은 자유로웠지만, 강렬하게 집중하는 재능을 되살리기는 더 어려워진 듯했다. 자파르에게 한 약속을 지켜야 한다는 의무감이 『하룬』을 밀어붙여, 끊임없는 이사와 불확실한 나날들을 이겨나가게 했었다. 이제는 안정된 집과 글을 쓸 쾌적한 방이 생겼는데도 마음이 어수선했다. 예전의 일상적 습관으로 자신을 몰아넣었다. 아침에 눈뜨면 곧장 책상 앞으로 갔다. 샤워를 하거나 옷을 갈아입지 않은 채, 때로는 이도 닦지 않은 채 파자마 차림으로 무조건 책상 앞에 앉은 다음 하루의 일을 시작했다. 헤밍웨이는 말했다. "글을 쓰는 기술은 엉덩이를 의자에 붙이는 기술이다." 그는 자신에게 명령했다. 앉아. 일어나지 마. 그러자 서서히, 서서히 예전의 능력이 돌아왔다. 세계가 사라지고 시간이 멈추었다. 아직 나타나지 않은 연인에게 완전한 헌신의 증거를 요구하는 사람들처럼, 아직 쓰이지 않은 책들이 자신들을 발견해주길 기다리고 있는 저 깊은 곳을 향해 행복하게 추락했다. 그는 다시 작가가 되었다.

장편을 쓰지 않을 때는 예전의 단편들을 수정하고, 『이스트, 웨스트』라 명해놓은 단편집에 실을 새 이야기들을 생각했다. 그가 보기에 제목의 쉼표는 그 자신을 상징했다. 그는 '동양' 이야기 세 편과 '서양' 이야기 세 편을 완성했고, 지금은 단편집의 마지막 부가 될 문화의 교차에 관한 이야기 세 편을 작업하고 있었다. 「체코브와 줄루」는 간디 여사가 암살당할 즈음 〈스타트렉〉 때문에 망상에 사로잡힌 인도 외교관들에 관한 이야기인데, 인도고등판무관 사무실에 있는 살만 하이다르와의 우정 덕분에 쓸 만한 이야깃거리를 얻었다. 「천체의 음악」은 케임브리지 동문인 가까운 친구 제이미 웨브의 자살에 기초한 실화에 가까운 이야기다. 제이미는 불가사의한 주제들로 글을 쓰다 극심한 정신분열증에 빠져 결국 권총으로 자살했다. 그리고 가장 긴 이야기인 「코터」는 아직 쓰는 중이다. 1960년대 중반 봄베이에서 켄징턴으로 이사할 때 그의 부모는 당시 막 두 살이 된 막내딸을 봐줄 유모로 망갈로르 출신의 나이든 하녀 메리 메네제스를 데려왔다. 하지만 메리는 심한 향수병에 걸렸고 돌아가고 싶은 갈망에 애가 끓었다. 그녀는 실제로 심장병을 앓기 시작했고 결국 인도로 돌아갔다. 인도로 돌아가자마자 심장병은 씻은듯이 사라졌고 다시는 찾아오지 않았다. 그녀는 백 살이 넘게 건강하게 살았다. 상심이 깊으면 실제로 죽음에 이를 수 있다는 생각은 글로 쓸 만했다. 그는 메리의 이야기에, 언젠가 오길 비 앤드 매더 광고사에서 만났던 동유럽 출신의 수위 이야기를 합쳤다. 그 노인은 영어를 거의 몰랐고 뇌졸중 후유증으로 고생하고 있었지만, 체스 실력 하나는 막강해서 대적할 자가 거의 없었다. 그의 단편소설 속에서 그 말 못하는 체스 실력자와 향수병에 걸린 하녀는 사랑에 빠졌다.

경찰이 그와 엘리자베스에게 특별 대우를 선사했다. 런던경찰청 내에 있는 전설적인 범죄박물관을 구경시켜주었다. 보통 일반인에게는 공개하지 않는 곳이었다. 박물관은 실내 온도가 아주 낮아 안으로 들어서자 온몸이 와들와들 떨렸다. 큐레이터 존 로스는 살인에 직접 쓰인 흉기와 실제 범죄와 관련된 그 밖의 물건 등 이곳의 기이한 소장품을 감독하는 사람이었는데, 사람을 죽일 수 있는 권한이 영국 경찰에게도 허용되길 바란다고 말했다. 이 죽음의 도구들과 오랫동안 가깝게 지내다보니 생각이 그런 쪽으로 흐른 듯했다. 범죄박물관에는 우산 모양의 총, 곤봉 모양의 총, 총알이 나가는 칼 등 위장 무기가 많았다. 범죄소설과 첩보영화에 나오는 공상적인 무기들이 테이블 위에 놓여 있었고, 그렇게 전시된 무기 하나하나가 다 사람을 죽인 것들이었다. "이곳에서 젊은 경찰관들을 훈련시킵니다." 로스 씨가 말했다. "보시다시피 모든 물건이 총일 수 있다는 걸 정확히 이해하게 되죠." 영국에서 마지막으로 교수형을 당한 여성 루스 엘리스가 애인 데이비드 블레이클리를 죽일 때 사용했던 총도 있었다. 1940년 웨스트민스터의 캑스턴 홀에서 시크교도 우담 싱이 21년 전인 1919년 4월 13일 암리차르 대학살 때 총탄에 쓰러진 인도인들의 복수를 하려고 펀자브 주의 전 총독대리 마이클 오드와이어를 살해한 총도 있었다. 연쇄살인범 존 레지널드 크리스티가 런던 서부의 릴링턴 플레이스 10번지에서 희생자들을 끓이고 살을 발라냈던 조리 기구와 욕조도 있었다. 그리고 하인리히 힘러*의 데스마스크도 있었다.

데니스 닐슨은 경찰로 잠깐 복무한 적 있었지만 동성애자인 게 탄로나 1년 만에 쫓겨났다고 로스 씨가 말했다. "이젠 그럴 수 없어요, 그렇죠?" 로스 씨는 이렇게 말하며 깊은 생각에 잠겼다. "허, 아무렴, 그러면 안 되지요."

팔꿈치에서 절단된 팔 두 개가 피클 병에 담겨 있었다. 독일에서 도망다니다가 총에 맞아 죽은 어느 영국 살인자의 것이었다. 런던경찰청이 공식적으로 신원을 확인하고 사건을 종결하기 위해 지문을 보내달라고 요청하자 독일 경찰은 지문 대신 살인자의 두 팔을 보냈다. "당신들이 지문을 뜨

---

* 독일 정치가(1900~1945). 나치 친위대장과 게슈타포 장관을 지냈고 연합군에 붙잡히자 자살했다.

시오." 로스 씨가 독일식 억양으로 말했다. "옛날 독일식 유머감각이 엿보이는 일화죠." 그런데 루슈디는 사람들이 죽이려 하는 사람이고, 그래서 특별 대우로 살인의 세계로 초빙되지 않았는가. 그는 생각했다. 옛날 영국식 유머감각이 엿보이는군. 허, 아무렴.

그날 밤 범죄박물관의 이미지들이 생생하게 상상의 세계를 떠도는 동안, 그는 존 윌시, 멜빈 브래그, D. J. 인라이트, 로나 세이지와 함께 로열 코트 극장에서 열린 앤서니 버지스 추모 낭독회에 참석했다. 그는 『시계태엽 오렌지』에서 앨릭스와 그의 갱단이 『시계태엽 오렌지』라는 책의 저자를 공격하는 대목을 낭독했다. 그는 버지스가 "극단적 폭력"이라 명한 것 (작가에 대한 폭력도 포함된다)에 대해, 테러의 매력에 대해, 길을 잃고 절망에 빠진 젊은이들이 테러를 통해 힘과 우월감을 느끼는 현상에 대해 수없이 생각했었다. 버지스는 그 책을 위해 러시아어와 비속어를 섞은 어휘들을 창안했다. 그 어휘들은 그런 유의 폭력을 정의하고 찬양하고, 폭력에 대응하는 힘까지 마비시켰고, 그 결과 폭력에 대한 미화를 가리키는 훌륭한 은유가 되었다. 『시계태엽 오렌지』를 읽으면 『악마의 시』의 적들이 더 잘 이해되었다.

「코터」를 끝냈고, 그렇게 해서 『이스트, 웨스트』라는 단편집이 완성되었다. 『무어의 마지막 한숨』의 1부인 약 4만 단어 분량의 '가족의 분열'도 끝냈다. 마침내 장벽을 돌파했다. 그는 꿈속으로 깊이 들어갔다. 이번에는 코친이 아니었다. 마음의 눈으로 유년의 도시를 보았다. 그가 가명을 썼듯, 제 이름을 버리고 다른 이름으로 불려야 했던 곳. 『한밤의 아이들』은 봄베이에 관한 소설이었다. 이번 책은 더 어둡고, 더 부패하고, 더 폭력적인 장소를, 유년의 눈이 아니라 편견에 물든 성년의 시선으로 그릴 작정이었다. 뭄바이에 관한 소설이었다.

조상의 재산을 되찾기 위해 인도에서 법정 싸움을 시작했다. 심라힐스의 솔란에 있는 할아버지의 여름 별장을 히마찰프라데시 주 정부가 불법으로 압류하고 있었다. 이 소식이 런던에 당도하자 〈데일리 메일〉은 만일 그가 솔란에 가서 살길 원한다면 이동 경비는 국민의 기부금으로 댈 수 있다는 내용의 사설을 실었다. 그를 계속 보호하는 것보다 비용이 훨씬 적게 들기 때문이란다. 만일 영국에 이민 온 다른 인도인에게 살던 곳으로 돌아가라고 말한다면 인종차별이라 비난받을 테지만, 이 특별한 이민자에게는 멋대로 말해도 아무 지장이 없었다.

6월 말에는 빌리암 뉘고르를 만나기 위해 노르웨이로 건너갔다. 부상에서 무사히, 그러나 느리게 회복중인 빌리암이 그를 꼭 껴안았다. 7월에는 사면초가에 몰린 방글라데시 작가 타슬리마 나스린에게 보내는 일련의 공개 편지 중 첫 편지를 베를린의 일간지 〈디 타게스차이퉁〉에 실었다. 마리오 바르가스 요사, 밀란 쿤데라, 체스와프 미워시, 그리고 여러 작가가 그의 뒤를 이었다. 8월 7일 파트와가 2천 일을 채웠다. 8월 9일 타슬리마 나스린이 스웨덴 펜클럽의 가비 글레이크만의 도움으로 스톡홀름에 도착했고, 스웨덴 정부로부터 은신처를 제공받았다. 9일 후 그녀는 쿠르트 투홀스키 상을 받았다. 이제 그녀는 안전했다. 추방당하여 모국어, 조국, 문화를 박탈당했지만 살아 있었다. 그는 『악마의 시』에 이렇게 썼었다. "망명이란 화려한 귀환을 꿈꾸는 것이다." 호메이니를 닮은 이맘의 망명생활을 묘사하면서 썼던 이 구절이 부메랑처럼 되돌아와 루슈디를, 그리고 이제 타슬리마를 묘사하고 있었다. 그는 인도로 돌아갈 수 없었고, 타슬리마는 방글라데시로 돌아갈 수 없었다. 그저 꿈만 꿀 수 있었다.

천천히, 신중하게, 몇 주간의 도피를 준비했다. 엘리자베스와 자파르와 함께 야간열차를 타고 스코틀랜드에 갔다. 전날 도착한 경호차들이 마중을 나왔다. 오반 근처의 작은 사유지인 에리스카 섬에 조용한 호텔이 있었다. 그곳에서 일주일 동안 보통 사람들이 휴가철에 하는 것처럼 섬을 산책하고 스키트사격*을 하고 미니 골프를 치며 휴가를 보냈는데, 이루 말할 수 없이 사치스럽게 느껴졌다. 아이오나 섬도 방문했는데 거기서 고대 스코틀랜드 왕들이 잠든 묘지―맥베스도 묻혀 있었다―에서 갓 쌓아올린 무덤 하나를 보았다. 아직 축축한 흙 속에는 최근에 세상을 떠난 노동당 대표 존 스미스가 묻혀 있었다. 그는 스미스를 한 번 만난 적이 있었고 존경심도 품고 있었다. 무덤 앞에 서서 묵념을 올렸다.

스코틀랜드 이후부터는 진짜 도피가 기다리고 있었다. 엘리자베스와 자파르는 런던에서 뉴욕으로 날아갔고, 그는 또다시 먼길을 돌아가야 했다. 먼저 오슬로로 날아갔고, 잠시 대기한 후, 스칸디나비아항공 비행기를 타고 JFK 공항으로 날아가 쏟아지는 빗속에 착륙했다. 미국 당국은 그에게 비행기에서 내리지 말고 있으라고 미리 언질을 주었는데, 다른 승객이 모두 내리자 관계자들이 탑승해 입국 수속을 진행했다. 비행기에서 내린 그는 차에 실린 후 비행장을 벗어나 앤드루 와일리를 만나기로 한 장소로 갔다. 앤드루의 차를 타는 순간 보안의 세계가 물러가고 자유가 밀려왔다. 경호 따윈 전혀 없었고, 제안이나 요구 같은 것도 전혀 없었다. 항구에 서 있는 여신상의 약속은 온전히 지켜졌다.

자유! 자유다! 몸이 100파운드나 가벼워진 느낌이었고, 콧노래가 절로 나왔다. 자파르와 엘리자베스는 앤드루의 집에서 기다리고 있었다. 그날 저녁에 들른 폴 오스터와 시리 후스트베트, 수전 손택과 데이비드 리프는 사슬에서 풀려난 그를 보고 믿을 수 없어하며 대단히 기뻐했다. 그는 엘리

---

* 점토로 만든 원반을 투사기로 쏘아올려 총으로 쏘아 깨뜨리는 클레이사격의 일종.

자베스와 자파르를 헬리콥터에 태우고 앤드루와 함께 도시를 한 바퀴 돌았다. 엘리자베스와 앤드루는 겁에 질려 내내 비명을 질렀다—앤드루는 크게, 엘리자베스는 조용히. 비행을 마친 후에는 허츠 렌터카 회사에서 차를 빌렸다. 허츠의 금발 여직원 데비가 그의 이름을 컴퓨터에 입력하는 동안 그 동그란 핑크빛 얼굴에는 그를 알아본 기색은 전혀 없었다. 이제 그들은 그들만의 링컨 타운카를 갖게 되었다! 장난감 가게의 열쇠를 손에 쥔 아이가 된 기분이었다. 랜덤하우스의 에럴 맥도널드 그리고 제이 매키너니*와 함께 식사를 하러 나갔다. 모든 게 더없이 짜릿했다. 윌리 넬슨이 왔다! 매슈 모딘도!** 레스토랑 지배인 얼굴이 걱정스러워 보였지만 대수롭지 않았다. 열다섯 살이 된 자파르는 그 어느 때보다 어른스러웠다. 제이가 남자로 대하며 여자 이야기를 하자 아주 좋아했다. 아이는 싱글거리며 잠자리에 들었고, 아침에도 싱글거리며 일어났다.

마이클 허와 밸러리 허 부부와 지내기 위해 캐저노비아로 갈 예정이었다. 허 부부에게서 아주 자세한 설명을 들었지만 출발 전에 다시 확인하려고 마이클에게 전화를 걸었다. "딱 하나 자신 없는 게, 뉴욕 시를 어떻게 빠져나가야 하나라네." 마이클은 완벽한 희극적 타이밍에 점잔을 빼며 말했다. "그럴 걸세, 살만. 많은 사람들이 그 방법을 알아내려고 오래전부터 고심했지."

매 순간이 선물이었다. 주간州間 고속도로를 달리는 것이 마치 올버니 은하성단과 스케넥터디 성운을 지나 시러큐스 성좌로 향하는 우주여행처럼 느껴졌다.*** 치터냉고에서 한숨 돌린 후 오즈테마파크로 들어섰다. 노란색 벽돌 길, 엠 아줌마네 커피숍. 굉장했다. 속도를 높여 캐저노비아에 도착했다. 마이클은 도수 높은 작은 안경 뒤에서 눈을 깜박이며 예의 한쪽 입꼬

---

* 미국 작가(1955~).

** 윌리 넬슨은 미국 컨트리 가수이자 작가(1933~). 매슈 모딘은 미국 영화배우(1959~).

*** 올버니, 스케넥터디, 시러큐스 모두 뉴욕 주의 도시.

리만 올리는 야릇한 미소를 지어 보였고, 밸러리는 행복하고 건강해 보였다. 그곳은 짐과 짐의 세계였다. 딸들도 집에 있었고, 파블로라는 이름의 웰시코기 녀석은 다가와 그의 무릎에 머리를 얹더니 움직일 생각을 안 했다. 널찍한 목조 주택 뒤로 황무지에 둘러싸인 연못이 있었다. 이지러지기 시작한 커다란 달 아래 밤 산책을 했다. 아침에는 연못에서 죽은 사슴을 보았다.

작가인 토바이어스 울프의 통나무집이 있는 핑거 레이크로 가는 길에 "스캐니애틀러스"*의 발음을 배웠다. 그들은 간이 식당에서 끼니를 해결한 뒤 부두 끝까지 걸어갔다. 행동은 정상이었지만 기분은 비정상이었고, 너무 기뻐서 머리가 핑 돌 지경이었다. 저녁에는 서점에 들렀는데, 사람들이 곧바로 그를 알아보았다. 마이클은 불안해했지만 아무도 법석을 떨지 않았고 그는 마이클을 안심시켰다. "내일이면 난 이 서점에서 먼 곳에 있을걸세." 일요일에 그들은 허 부부의 집에 머물렀는데, 점심때 토비 울프가 식사를 하러 왔다. 그와 마이클은 베트남 이야기를 주고받았다.

버몬트에 있는 존 어빙의 집까지는 차로 약 세 시간 거리였다. 주 경계선 근처에서 점심을 먹었다. 식당 주인은 루시디라는 이름의 알제리 사람이라 당연히 그를 보고 크게 흥분했다. "루슈디 씨! 저와 성이 비슷해요! 전 항상 선생님으로 오해받습니다! 그럼 이렇게 말하죠. 아니, 아니요, 내가 훨씬 더 잘 생겼소!" (후에 다시 미국을 방문했을 때 뉴욕의 미드타운**에 있는 '해리 치프리아니'의 이집트인 지배인도 비슷한 대사를 열정적으로 읊어댔다. "루슈디 선생님! 저는 선생님을 좋아합니다! 그 책, 선생님의 책 말입니다. 그걸 읽었어요! 루슈디 선생님, 선생님이 쓰신 그 책을 정

---

* 핑거 레이크는 뉴욕 주 북부에 있는, 손가락처럼 길쭉한 형태의 호수군(湖水群). 스키니애틀러스(Skaneateles)는 핑거 레이크의 호수들 중 하나로, 북아메리카 원주민 이로쿼이족 언어로 '긴 호수'라는 뜻.

** 도심지와 외곽의 중간 지대.

말 좋아합니다! 저는 이집트에서 왔어요! 이집트! 이집트에선 그 책이 금서가 됐어요! 선생님 책 말이에요! 완전히 금지됐어요! 하지만 다들 읽었어요!")

존 어빙과 재닛 어빙 부부는 도싯 북부의 언덕 중턱에 일자 형태의 집을 짓고 살았다. 존이 말했다. "건축가와 상의할 때 그저 네모난 냅킨을 한 줄로 늘어놓고서, 그 중 몇 장을 이렇게 비스듬히 놓았지. 그러곤 이렇게 지어달라니까 해주더군." 한쪽 벽에 〈뉴욕 타임스〉 베스트셀러 목록이 액자에 담겨 걸려 있었는데, 존의 책 위로 단 하나 남은 자리에 『악마의 시』가 있었다. 다른 베스트셀러 목록들도 액자에 담겨 걸려 있었는데, 모두 존이 1위였다. 그 지역 작가들이 저녁식사를 하러 왔고, 큰 소리와 논쟁과 술이 오갔다. 맨 처음 존을 만났을 때 만용을 부려 이렇게 물었던 기억이 났다. "당신 책에 나오는 그 곰들은 다 뭡니까? 당신 인생에 곰이 중요했나요?" 그때 존은 아니라고 대답했는데, 어쨌든 이제는—『뉴햄프셔 호텔 The Hotel New Hampshire』 이후지만—곰을 정리했다. 그는 바리시니코프의 발레에 관한 책을 쓰고 있다고 덧붙였다. 그런데 딱 하나 문제가 있었다. "무슨 문젠데?" "바리시니코프가 곰 의상을 안 좋아해."

그들은 주州 축제에 갔고, 눈대중으로 돼지 무게를 맞혀보려 했지만 실패했다. 그가 멋진 돼지야, 하고 말하자 엘리자베스가 응수했다. 눈부셔.* 이 모든 게 도저히 현실 같지 않다는 걸 깨닫고 두 사람은 서로를 마주보았다. 이틀 후에는 엘리자베스와 자파르를 링컨 타운카에 태우고 뉴런던**으로 달려가 페리를 타고 롱아일랜드의 노스포크***에 있는 오리엔트포인트로 향했다. 배가 뉴런던을 떠날 때 거대한 눈먼 고래처럼 생긴 검은 핵잠수함이 항구로 들어오고 있었다. 그날 밤 워터 밀에 있는 앤드루의 집에 도착

---

*둘 다 『샬롯의 거미줄』에 나오는 말.
** 미국 코네티컷 주의 항구도시.
*** 롱아일랜드 섬의 포크처럼 갈라진 두 갈래 중 북쪽.

했다. 아주 단순한 일에서도 희열에 가까운 감정을 느꼈다. 자파르와 함께 말을 타고 앤드루의 연못을 돌았는데 이제 십대가 된 아들이 그렇게 즐거워하는 모습은 거의 처음이었다. 자파르는 롤러브레이드를 타고 나뭇잎이 우거진 좁은 길을 달렸고, 그는 자전거를 타고 뒤따라갔다. 두 가족은 해변에 도착했다. 앤드루의 딸 에리카와 자파르는 식당에서 체비 체이스*의 사인을 받았다. 엘리자베스는 사우샘프턴에서 여름 원피스를 몇 벌 샀다. 그러고 나자 마법의 주문이 깨지고 집에 갈 시간이 찾아왔다. 엘리자베스와 자파르는 루슈디에게는 허락되지 않은 여러 항공편 중 하나를 타고 돌아갔다. 그는 오슬로로 날아가 환승했다. 다시 한번 이런 여행을 훨씬 더 길게 하리라. 그는 다짐했다. 미국은 그 소중한 며칠간 그에게 자유를 돌려주었다. 그보다 더 기분 좋은 마약은 없었다. 여느 중독자처럼 루슈디도 즉시 더 많은 양을 원했다.

외무부의 새 연락책은 앤드루 그린이라는 이름의 아랍 전문가였다. 그린이 만나자고 제안했을 때 그와 프랜시스는 거부하는 쪽으로 합의했다. 그린에게 새로운 논의거리가 없었기 때문이다. "살만 선생이 많이 우울하신가요?" 그린이 프랜시스에게 물었다. "안 만나겠다는 건 분석적인 겁니까, 감정적인 겁니까?" 아니, 나는 우울하지 않소, 그린 씨, 단지 이리저리 끌려다니는 데 지쳤다오.

프랜시스는 클라우스 킨켈에게 편지를 써 보냈다. 순번제인 유럽연합 의장직을 현재 수행하고 있는 사람이었다. 킨켈은 완고한 답장을 보내왔다. 아니요, 안 됩니다, 안 돼요. 유럽의회 인권위원회의 새 의장이 독일의 보수적인 기독교민주연합 소속이라는 것도 나쁜 소식이었다. 때로 독일인

---

* 미국 코미디언이자 영화배우(1943~).

들은 유럽에서 활동하는 이란 첩보원 같았다. 그들이 또다시 빗자루를 꺼내들고 루슈디를 카펫 밑으로 쓸어넣고 있었다.

아홉 개의 단편은 호평을 받았다. 일요판 〈인디펜던트〉의 마이클 딥딘은 아무리 많은 연설이나 성명을 합쳐도 이 책 한 권이 루슈디에게 더 유익하고 더 많은 친구를 만들어줄 것이라고 썼는데, 옳은 말 같았다. 그러자 〈가디언〉에서 캣 스티븐스가—유수프 이슬람이—욕조 속의 방귀처럼 불쑥 튀어나와, 루슈디는 책을 회수하고 "회개해야" 한다고 계속 요구하면서 파트와에 대한 자신의 지지는 십계명과 맥을 같이한다고 주장했다. (몇 년 후, 그는 절대 그런 말을 한 적이 없고 살인 행위를 요구한 바도 없으며, 그가 믿는 종교의 "율법"을 근거로 살인을 정당화한 적도 없고 텔레비전에서나 신문 지상에서 무식하고 흉포하고 하찮은 생각을 내뿜은 적도 없다는 듯 시치미를 떼었다. 아무도 진실을 기억하지 않는 시대에 살고 있음을 알았던 것이다. 거듭 부인하면 과거의 진실을 지우고 새로운 진실을 확립할 수 있는 시대였다.)

딕 우드의 새로운 파트너인 랩 코널리는 격하고 날카롭고 약간 위험하기도 한 성격의 붉은 머리 남자로, 여가 시간에 탈식민주의 문학 학위 과정을 밟고 있었다. 어느 날 〈가디언〉에 앨런 옌토브, 멜빈 브래그, 이언 매큐언, 마틴 에이미스, 리처드와 루시 로저스 부부, 그리고 리버 카페를 앤턴 씨와 선으로 연결시킨 "네트워크 구축"이라는 만화가 실린 것을 보고 몹시 놀란 코널리가 전화를 걸었다. "그 사람들 모두 선생님 댁을 드나들고 있어요. 경호 기밀이 누설됐을지도 모릅니다." 루슈디는 런던의 매체들이 오래전부터 누가 그의 친구인지 알고 있었으니 전혀 새로운 정보가 아니라고 지적했다. 잠시 후 코널리는 그런 만화가 나오긴 했지만 친구들이 그의 집을 계속 방문해도 될 것 같다고 인정했다. 그는 가끔 인식의 덫에 걸려 있다는 느낌을 받았다. 굴에서 나와 자신을 조금 더 드러내면 신문은 그가 이제 위험하지 않다고 결론짓고 그런 기사를 내보내고, 그래서 이따금(〈가디언〉에 실린 만화처럼) 공작석 작전의 경호 대상에게 위험이 증가한 듯한 인상을 경찰에게 심어주었다. 그러면 다시 굴속으로 떠밀려 들어가야 했다. 어쨌든 이번에는 랩 코널리가 침착함을 잃지 않았다. "전 선생님이 어딜 가시든 막고 싶진 않습니다."

난데없이 메리앤한테서 짧은 편지가 날아왔다. 길런이 팩스로 보내주었다. "오늘밤 본의 아니게 당신 얼굴을 똑바로 마주했어. 내가 그렇게 해냈다는 게 기뻐. 거기엔 한때 내가 알았던 당신, 상냥하고 친절하고 정직한 당신이 사랑의 신에 대해 논하고 있었어. 이제 우리가 함께한 기억은 묻어두면 좋겠어. 부탁할게." 레터헤드가 인쇄된 종이였고 서명은 없었다. 그는 그의 사진들만 돌려주면 기꺼이 무기를 거두겠다고 써 보냈다. 그녀는 답하지 않았다.

집에서는 경호원 네 명과 동거하는 탓에 사소하게 짜증스러운 일이 많았다. 길거리에서 십대 두 명이 집을 노려보자, 경찰은 즉시 자파르가 학교 친구에게 집의 위치를 알려준 거라고 결론지었다. (자파르는 그러지 않았고, 그 소년들은 하이게이트 중등학교에 다니지도 않았다.) 점점 더 많은 전자 경비 설비가 집 안에 들어와 서로 충돌했다. 경보기를 설치하면 경찰 무전이 작동하지 않고, 경찰이 무전을 사용하면 경보기가 먹통이 됐다. 경찰이 마당 경계를 따라 "외곽선" 경보 시스템을 설치한 후로는 다람쥐가 지나가거나 나뭇잎이 떨어질 때마다 경보가 울렸다. "가끔은 키스톤의 순경들*한테 둘러싸여 있는 것 같아." 이렇게 말하자 엘리자베스는 억지로 미소를 지어 보였다. 고대하던 임신이 되지 않아서였다. 둘의 침실에 감도는 긴장감은 임신에 전혀 도움되지 않았다.

〈런던 리뷰 오브 북스〉의 파티가 끝난 후 엘리자베스와 그는 히치, 캐럴, 마틴과 이저벨과 함께 저녁을 먹었다. 이날따라 마틴의 목소리가 유난

---

* 20세기 초에 인기를 끌었던 코믹영화 '키스톤 캅스' 시리즈의 주인공들.

히 강했다. "천만에, 도스토옙스키는 쓰레기야.""천만에, 베케트가 완전 쓰레기야." 와인과 위스키를 너무 많이 마신 탓에 그는 친구와 격하게 논쟁하기 시작했다. 두 사람의 목소리가 높아지자 이저벨이 말리려 했다. 그의 입에서 이런 말이 튀어나왔다. "저리 꺼져, 이저벨." 부지중에 나온 말이었고, 술 때문이었다. 곧바로 마틴이 역정을 냈다. "내 여자친구한테 그렇게 말하다니. 사과하게." 그가 대꾸했다. "내가 자네보다 두 배나 오래 이저벨을 알아왔어. 이저벨은 아무렇지 않아. 기분 나빠, 이저벨?" 이저벨이 말했다. "전혀. 괜찮아." 하지만 마틴은 이미 집요해져 있었다. "사과하게."

"안 하면 어쩔 텐가? 어쩔 거지, 마틴? 안 하면, 밖으로 나갈까?" 이저벨과 엘리자베스가 이 멍청한 짓을 끝내려고 끼어들었지만, 크리스토퍼가 말렸다. "그냥 내버려둬." 그가 말했다. "좋아, 사과하지. 이저벨, 미안해. 자, 마틴, 이제 자네가 나한테 할 일이 남았어.""그게 뭐지?""앞으로 죽을 때까지 나한테 말 걸지 마."

다음날 기분이 끔찍했다. 마틴에게 전화를 걸어 싸움의 잔재를 털어내고, 살다보면 그럴 수도 있고 그 때문에 우정이 흔들리진 않는다는 걸 확인한 후에야 기분이 나아졌다. 그는 마틴에게, 그의 내면에 억눌린 아우성이 산처럼 쌓여 있었는데 간밤에 그 한 조각이 엉뚱한 때에 엉뚱한 데서 튀어나왔다고 이야기했다.

11월에는 문인의회 모임을 위해 스트라스부르로 갔다. RAID 특공대는 그를 보호하기 위해 레제콩타드 호텔의 맨 위층 전체를 점유했다. 그들은 긴장하고 있었다. 샤푸르 바흐티아르의 살해범들이 재판을 받고 있는데다, 회의 주제가 알제리 이슬람주의자들인 이슬람구국전선FIS 및 무장이슬람그룹GIA으로 인한 긴박한 정세이기 때문이었다. 그리고 그가 그 도시에 와 있다는 사실이 긴장을 더욱 고조시켰다.

자크 데리다를 만났다. 보이지 않는 윈드 머신*에 끊임없이 머리를 휘날리며 세상을 헤쳐나가는 〈매직 크리스천The Magic Christian〉**의 피터 셀러스를 연상시켰다. 데리다하고는 어떤 문제에서도 의견이 일치하지 않으리란 걸 금방 깨달았다. 알제리 이야기를 할 때 그는 이슬람의 현재, 즉 실재하는 이슬람은 그 이름으로 행해진 범죄를 면제받을 수 없다고 주장했다. 데리다는 반대했다. "이슬람의 분노"는 이슬람이 아니라 서양의 악행으로 일어난 것이다. 이데올로기는 그것과 아무 상관 없다. 그건 권력의 문제다.

RAID는 매시간 점점 더 초조해했다. 그들은 작가들이 모인 오페라극장에 폭파 위협이 있다고 발표했다. 의심스러운 양철통이 있어서 통제 폭파를 실시했다. 알고 보니 소화기였다. 귄터 발라프가 연설을 할 때 폭발음이 들려 그를 잠시 불안하게 했다. 그는 간염을 앓고 있었고, 스트라스부르에서 "여러분과 함께하기 위해" 특별한 노력을 기울인 참이었다.

그날 밤 아르테 방송에 출연한 루슈디는 프루스트 설문***에 답해야 했다. 좋아하는 단어는? "코미디." 가장 싫어하는 단어는? "종교."

돌아오는 비행기에 아주 젊은 독일인 여자가 있었는데, 그가 에어프랑스에 오를 때 히스테리를 일으키더니 새하얗게 질린 채 울면서 비행기에서 내렸다. 기내를 진정시키는 안내 방송이 나왔다. 그 승객이 떠난 것은 건강이 안 좋아서였다. 그후 겁쟁이 영국인 한 명이 일어나더니 이렇게 떠들었다. "아, 이런, 우리 모두 건강이 안 좋아요. 난 정말 안 좋네요. 모두 내립시다." 그와 그 아내, 그러니까 머리를 금발로 염색하고 크게 부풀린데다 강청색 샤넬 정장을 입고 금장신구를 주렁주렁 걸친 여자가 이집트에서 이스라엘 백성을 탈출시키는 모세 부부처럼 비행기에서 내렸다. 다

---

* 촬영장에서 바람을 일으키는 기계.

** 영국 코믹영화(1969년).

*** 마르셀 프루스트가 학창 시절 친구들과 주고받은 질문과 답변에서 기원한 것으로, 19세기 파리 살롱가에서 유행했던 질문지.

행히 아무도 그뒤를 따르지 않았다. 에어프랑스는 앞으로도 루슈디를 탑승시키기로 했다.

아야톨라 자나티가 테헤란에서 선언했다. 파트와는 "이슬람의 원수들의 목에 꽂혀 있으며 그자가 죽을 때까지 거두어들일 수 없다".

클래리사의 건강이 좋아지고 있었다. 그녀는 크리스마스에 자파르를 데리고 있겠다고 고집했다. 루슈디와 엘리자베스는 그레이엄과 캔디스의 집으로 갔고, 저녁에는 질 크레이기와 마이클 풋을 만나러 갔다. 마이클은 말할 수 없는 어떤 이유로 입원해 있었는데, 별일 아닌 척하려고 무척 애를 썼다. 결국 탈장이라고 질이 고백했다. 마이클이 계속 토하고 음식을 먹지 못하자 암일까봐 걱정했는데 탈장이라니 아주 다행이었다. "모든 장기가 정상이래." 질은 이렇게 말했지만, 풋의 나이에 수술은 당연히 큰 타격이었다. "저이는 자기가 없어지면 내가 어떻게 해야 하는지 계속 말하지만, 난 귀담아듣지 않아." 질은 최대한 무미건조하게 말했다. (당시에는 풋이 질보다 11년이나 더 오래 살 거라고는 아무도 짐작 못했다.)

마이클이 선물을 주었다. 엘리자베스는 해즐릿의 『시인들의 생애 *Lives of the Poets*』 2판을, 루슈디는 『영국 희극작가에 관한 강연 *Lectures on the English Comic Writers*』 초판을 받았다. 마이클과 질은 두 사람을 큰 사랑으로 품어주었다. 그는 생각했다. '만일 내가 부모를 선택할 수 있었다면, 이분들보다 더 훌륭한 부모를 상상할 수 있을까?'

그의 어머니는 건강하고 안전하게 멀리 떨어져 계셨고, 일흔여덟이었다. 어머니가 그리웠다.

사랑하는 어머니

또 한 해가 지친 다리를 이끌고 사라져가지만, 우린 아직 무사하다고 말씀드릴 수 있어 행복합니다. 다리 얘기가 나왔으니 말인데, 관절염은 어떠세요? 제가 럭비에 있을 때 어머니가 보낸 편지들은 항상 이런 물음으로 시작했었죠. "뚱뚱하니, 말랐니?" 말랐다는 건 학교가 어머니의 아들을 제대로 먹이지 않는다는 뜻이었죠. 뚱뚱한 건 좋은 일이었고요. 전 지금 살이 빠지고 있지만, 오히려 기뻐해주시면 좋겠어요. 보통 마른 게 더 좋잖아요. 학창 시절 편지를 보낼 땐 항상 내가 얼마나 불행한지 감추려고 노력했어요. 그게 제 첫번째 소설들이었죠, 그 편지들 말예요. "크리켓에서 24점을 올렸어요." "아주 즐겁게 지내고 있어요." "전 건강하고 행복해요." 제가 얼마나 비참했는지 아셨을 때 어머니는 당연히 기겁하셨지만, 그땐 이미 대학 진학을 앞두고 있었죠. 벌써 39년 전 일이네요. 우린 항상 나쁜 소식은 서로에게 말하지 않았어요. 어머니도 그러셨죠. 어머니는 사민한테 모든 걸 말하고 나서 이렇게 말하죠. "살만한텐 아무 말 마라. 알면 상심할 거야." 우린 참 대단한 모자지간이에요. 어쨌거나 제가 사는 집은 경찰이 쓰는 말투로 "안정적"이에요. 이웃의 주의를 전혀 끌지 않아요. 별문제 없을 것 같아요. 이 고치 안에 있으면 때론 평온한 느낌이 들고, 일도 할 수 있어요. 글은 잘 써지고, 마지막 문장이 보이는 듯해요. 책이 잘 써질 땐 삶의 다른 문제들은 다 견딜 만하다고 느껴져요. 이런 이상한 생활 속에서도 말예요. 올해를 결산해봤어요. '적자' 항목으로, "지발성" 천식이 생겼는데 담배를 끊은 후 우주로부터 받은 작은 선물이에요. 어쨌든 이제 다시는 담배를 못 피우게 됐어요. 연기를 들이마시는게 아예 불가능하거든요. "지발성" 천식은 대개 경미하지만 치료가 안 돼요. 제가 옛날에 쓴 광고 캠페인 문구를 살짝 고쳐 말하면, incurabubble 인 거예요.* 어머니가 항상 저희한테 말씀하셨듯이 "고칠 수 없는 병이라면 참는 수밖에 없"겠죠. 다음은 '흑자' 항목들이에요. 노동당의 새 대표

토니 블레어가 줄리언 반스와의 인터뷰에서 멋진 말들을 했어요. "난 그를 무조건 백 프로 지지합니다. (…) 이런 일은 결코 방관해선 안 됩니다." 무조건 백 프로란 말이 참 좋아요, 안 그래요, 어머니? 총리가 되더라도 그 퍼센티지가 떨어지지 않기를 바라자고요. 유럽의 무슬림도 갈수록 저처럼 파트와에 넌더리를 내고 있어요. 네덜란드 무슬림과 프랑스 무슬림은 파트와에 반대하고 나섰고요. 프랑스 무슬림은 사실상 표현의 자유와 양심의 자유를 지지했어요! 물론 영국에는 아직도 사크라니와 시디키, 브래드퍼드의 어릿광대들이 있고, 그래서 웃기는 일이 많이 일어나요. 쿠웨이트에서는 이맘 한 명이 "불경한" 바비 인형을 금지하길 원하죠. 그 보잘것없는 바비 인형이 나와 똑같은 이유로 유죄가 될 수 있다고 누가 생각이나 했을까요? 한 이집트 잡지는 『악마의 시』의 일부를 나기브 마푸즈의 금지된 작품과 나란히 싣고서, 종교 당국으로부터 이집트에서 읽을 수 있는 것과 없는 것을 판정할 권한을 빼앗아야 한다고 요구했어요. 이집트의 무프티[**] 탄타위도 파트와에 반대하고 나섰어요. 그리고 모로코의 하산 왕은 카사블랑카에서 열린 이슬람협력기구 회의의 개회사에서, 사람들을 이단자로 선고하거나 그들을 겨냥해 파트와나 지하드를 선포할 권리는 누구에게도 없다고 말했어요. 좋은 징조라고 생각해요. 시간이 흐르니 근본적인 것들이 지켜지는 것 같아요. 건강하세요. 빨리 절 보러 오셔야죠. 사랑합니다, 어머니.

아, 추신: 타슬리마라는 여자가 스웨덴에서 가비 G.에게 큰 골칫거리가 되고 있어요. 가비를 공공연히 비난하고(대체 왜?), 자긴 가비를 전혀 좋게 생각하지 않는다고 말하고 다녀요. 미안한 말이지만, 그 여잔 애물

---

[*] '불치성인'이라는 의미의 'incurable'에 '거품'이라는 의미의 'bubble'을 합성한 말. 에어로 초콜릿은 '-able'로 끝나는 각종 형용사 뒤에 'bubble'을 합성한 카피로 광고 캠페인을 진행했다.
[**] 이슬람 율법 전문가 중 최고위직. 파트와를 공포할 권한이 있다.

단지예요. 유럽 전역에서 그 여자를 옹호했던 사람들이 등을 돌리고 있어요. 가비는 그 여자를 위험에서 구출하기 위해 누구보다 많은 일을 했는데 참 안됐어요. 물에 빠진 놈 건져놓으니까 내 봇짐 내라 한다더니, 딱 그 짝이에요.

새해 복 많이 받으세요!

전 건강하고 행복하게 지내고 있어요.

장편소설을 끝냈다. 살라딘 참차가 아라비아 해가 내다보이는 창가를 떠난 이래 7년이 흘렀다. 하룬 칼리파의 어머니 소라야가 다시 노래를 부르기 시작한 이래 5년이 흘렀다. 이 두 결말은 글을 쓰는 도중에 찾아내야 했었다. 하지만 『무어의 마지막 한숨』의 결말은 거의 처음부터 알고 있었다. 무어 조고이비가 그 자신을 위해 쓴 진혼곡이다. 나는 이 무덤 위에 드러누워, 편히 쉬라는 이 글귀 아래 머리를 두고, 힘든 일이 있을 때마다 잠들어버리는 우리 집안의 오랜 전통에 따라 스르르 눈을 감으리라. 더 좋은 시절이 오면 새로운 모습으로 기뻐하며 깨어나길 바라면서. 음악의 마지막 음들을 아는 것은, 책의 모든 화살이—서사, 주제, 희극적 요소, 상징적 요소가—날아가 꽂힐 표적을 미리 아는 것은 도움이 되었다. 책장 밖의 세상에서 만족스러운 결말이란 좀처럼 답을 내리기 어려운 문제다. 인간의 삶은 거의 항상 볼품이 없고 이따금 유의미할 뿐이다. 내용이 형식을 압도하고 무엇과 언제가 어떻게와 왜를 압도하기 때문에 세상은 늘 꼴사나울 수밖에 없다. 그러나 시간이 흐를수록 그는 아무도 안 믿는 결말을 보여주겠다고 굳게 다짐했다. 나 자신과 내가 사랑하는 사람들이 위험과 안전에 대한 담론을 벗어나 마음놓고 살 수 있는 미래를 만들어보리라. 그날이 오면 "위험"은 다시금 창조적 대담성을 가리키는 말이 되고 "안전"은 사랑으로 둘러싸였을 때의 기분을 뜻하게 되리라.

이 시대의 모든 글을 한낱 부산물로 여기는 주류 문학 담론에 따르면 그는 항상 탈post 무엇무엇이었다. 탈식민주의적, 탈모더니즘적, 탈세속적, 탈지성주의적, 탈문학적 등등. 이제 그는 이 고리타분한 목록에 새로운 범주를 추가하고 싶었다. 식민지 시대와 모더니즘뿐만 아니라 파트와도 극복하고 싶었다. 그는 회복reclamation이라는 것에 관심이 있었다. 인도의 유산을 회복해보고자 『한밤의 아이들』을 쓰기 이전부터 그랬다. 사실 그는 봄베이 출신이었고, 그 초거대도시는 바다를 메운reclaimed 땅 위에 지은 것이 아니었던가? 이제 다시 한번 잃어버린 터전을 회복하러 나설 것이다. 완성한 장편을 출간할 테고, 책의 세계에서 그의 자리를 회복할 것이다. 또한 미국에서 보낼 여름을 계획하고, 경찰과 협상을 벌여 자유를 조금씩 늘리고, 그렇지, 정치적 압력에 대해, 수호운동에 대해서도 계속 생각할 것이다. 하지만 정치적 해결을 기다릴 시간은 없다. 손닿는 곳에 있는 자유의 파편들을 움켜잡고, 자신을 위해 쓰기로 결심한 행복한 결말을 향해 가볍게 한 걸음씩 내디딜 필요가 있었다.

앤드루는 전화로 『무어』에 대해 이야기하다 감동하여 눈물을 흘릴 뻔했다. 내색은 덜 했지만 길런 역시 감동했다. 벌써부터 결말을 더 다듬어야 하고 마지막 부분의 악인 바스쿠 미란다가 미진하다는 생각이 들기 시작했지만, 그들의 흥분이 귀로 전해져 행복했다. 엘리자베스도 책을 다 읽고는 "E. J. W.에게"라는 헌사에 기뻐하고 넘쳐나는 찬사와 예리한 몇몇 신문 서평에 흡족해했다. 하지만 책의 마지막 대목에 등장하는 일본 여자 아오이 우에, 이름이 모음 일색인 그 여자에게서 자신의 모습이 조금 엿보인다고 생각했다. 또한 무어 조고이비가 정신병자였던 전 애인 우마와 아오이를 비교한 것이—조고이비는 아오이를 가리켜 "더 착한 여자, 그러나 내가 덜 사랑하는 여자"라고 말한다—실은 메리앤과 엘리자베스 자신을 비교한 것이라고 오해하기도 했다. 그는 전혀 그렇지 않다고, 그 작품 속에서 그녀의 모습을 찾고 싶다면 글을 봐야 한다고, 거기에 밴 따스함과 애정을 봐야 한다고 한 시간이나 그녀를 설득해야 했다. 그가 그런 글을 쓸 수 있게 된 건 그녀와 함께 있어서였으니, 그것이야말로 책에 담긴 그녀의 진정한 흔적이라고.

그는 진실을 말했다. 그럼에도 그렇게 말할 때 자신이 그 소설을 축소해버렸다고 느꼈다. 또다시 작품과 그 모티브들을 억지로 설명해야 했기 때문이다. 탈고의 기쁨은 살짝 흐려졌고, 사람들이 그 책을 암호화된 그의 인생 이야기로 읽을 수도 있다는 걱정이 들기 시작했다.

그날 저녁 그들은 노팅 힐에 있는 줄리 식당에서 그레이엄 스위프트와 캐릴 필립스를 만났다. 이번에 경호팀과 함께 나온 딕 우드는 자정이 되자 늦게까지 남아 있는 게 탐탁지 않았는지, 운전하는 사람들이 피곤해한다며 그만 일어나라는 쪽지를 보내왔다. 전에도 빌리 코널리의 생일 파티에서 이런 적이 있었지만, 이번에는 공작석의 경호 대상 루슈디가 딕을 향해 다른 요인들에게는 사람을 어린애 취급하는 그런 쪽지를 보내진 않았을 거라고, 성인이면 가끔은 한밤중까지 만찬을 할 수 있다고 지적하는 통에 거친 언쟁이 일어났다. 딕은 어조를 바꿔 그 쪽지를 보낸 진짜 이유는 웨이터가 수상쩍은 전화를 걸어 속삭이고 있었기 때문이라고 말했다. 그 식당의 단골인 캐즈 필립스가 수사를 편 후, 그 웨이터는 여자친구와 통화한 것이라고 보고했다. 하지만 경호팀 중 아무도, 심지어 딕의 파트너인 랩도 딕의 웨이터 핑계를 믿지 않았다. "아, 전화하고 아무 상관 없다는 걸 우린 다 알고 있어요." 랩이 웃으며 말했다. "딕이 피곤했던 거죠, 그게 다예요." 랩이 "팀 전체를 대신하여 단체 사과"를 건넸고, 다시는 그런 일이 없을 거라고 약속했다. 하지만 갈수록 "정상적인" 사회생활이 무너지고 있다는 암담한 느낌이 들었다. 따지고 보면 딕은 경찰이 그를 너무 가혹하게 대해왔고, 행동의 자유를 불필요하게 제한했다고 말한 사람이 아니던가.

헬렌 해밍턴이 상황을 바로잡기 위해 그를 만나러 왔고, 하루 뒤에는 딕도 찾아와서 이렇게 말문을 열었다. "선생님의 사과를 기대하진 않습니다."이로써 문제는 더욱 악화되었다. 하지만 이 자리에서 두 사람은 "융통성"이 더 필요하다는 데 합의했다. 딕은 공작석 팀을 떠난 토니 던블레인의 완고한 규칙을 탓했다. "이제 토니가 떠났으니 경호원들이 보다 고분고분하다고 느끼실 겁니다."하지만 그 당시 앤턴 씨는 던블레인을 좋아했고 항상 도움이 된다고 생각했다.

협박 편지 두 통을 받았다. 하나는 수달 사진 위에 말풍선을 그리고 그 안에 그런 더러운 짓을 하다니*라고 써넣은 편지였고, 다른 하나는 파트와를 축하하며—곧 보자—이슬람 지하드라고 적힌 인사 카드였다. 같은 날 런던 대학 SOAS**에서 이란에 관한 세미나가 열렸다. 이란 대리공사 안사리가 지지자로 참석한 가운데 보수당 내 "반反루슈디"집단의 피터 템플모리스가 연단에 나아가, 루슈디 씨는 이 모든 사태의 책임을 지고 이제부터 침묵을 지켜야 한다고 말한 후, "침묵은 금"이기 때문이라고 덧붙였다. 2개 국어를 이용한 말장난이었다. 이란에서 『악마의 시』의 저자는 때때로 "황금 인간"이라 불렸는데, 이 말은 페르시아어에서 관용적으로 부정직한 사람, 즉 사기꾼을 뜻했다. 같은 날 프랜시스가 전화를 걸어, 1994년에 아티클19는 수호운동에 6만 파운드를 썼지만 올해는 자금을 3만 파운드밖에 모으지 못했고 그래서 수호운동의 활동이 절반으로 줄어들 거라고 했다.

올해도 A 부대 파티가 열렸다. 공작석 경호팀은 그의 새 장편을 확고하게 자신들의 책으로 여기는데다 그 책이 "반드시"부커 상을 받아야 한다고 굳게 믿고 있었다. 그는 감동해서 경호팀에게 말했다. "좋소. 심사위원단과 접촉해서 꽤 많은 중무장한 남자들이 심사 결과에 강한 관심을 갖고 있다고 알리겠소."파티가 끝난 후 엘리자베스와 함께 아이비에서 저

---

* YOU SHOULDN'T "OTTER"DONE IT. 'have'가 들어갈 자리에 '수달' 혹은 '동성애자'를 가리키는 'otter'를 넣은 것.

** School of Oriental and African Studies. 동아시아, 서아시아, 아프리카와 관련된 연구를 하는 칼리지.

녁식사를 하는 것이 허락되었다. (경호팀은 문 근처 다른 테이블에 앉아 여느 손님처럼 사람들을 구경했다.) 그녀에게 몹시 감격적이라고, 『하룬과 이야기 바다』 때보다 『무어의 마지막 한숨』을 완성한 지금 훨씬 더 어둠의 힘을 물리친 것처럼 느껴진다고 말했다. 그들이 그를 죽일 순 있어도 무릎 꿇게 할 순 없었다. 그는 침묵을 받아들이지 않았다. 멈추지 않았다.

식당 밖에 파파라치들이 있었다. 다들 엘리자베스가 누군지 알았다. 하지만 밖으로 나왔을 때 그가 "저는 찍어도 되지만 이 사람은 안 됩니다, 부탁합니다"라고 말하자, 모두 그 청을 들어주었다.

클래리사는 다시 건강해졌다. 처음으로 "완치"라는 말이 들려왔다. 오랜만에 자파르의 얼굴에 환한 미소가 번졌다. 클래리사는 새로운 일을 하고 싶어하기도 했다. 영국 문화예술위원회의 문학 담당관은 그가 신청해보라고 권한 자리였다. 면접관인 마이클 홀로이드에게 전화를 걸어 열심히 그녀를 홍보했다. 마이클은 나이가 걸림돌이 될지도 모르겠다고 말했다. 문화예술위원회에서 보다 젊은 사람을 선호할 수도 있었다. 그는 말했다. 클래리사는 겨우 마흔여섯 살이에요, 마이클. 그리고 그 일에 완벽한 적임자예요. 클래리사는 면접을 봤고 좋은 인상을 심어주었다. 그리고 며칠 뒤 그 자리를 차지했다.

『무어의 마지막 한숨』은 매일 새로운 친구들을 만들어주었다. 프랑스의 담당 편집자 이반 나보코프는 파리에서 열렬한 편지를 보내왔다. 서니 메타는 그답게 통화하기 힘들었는데, 아직 그 책을 읽지 않고 있었다. 서니의 조수가 앤드루에게 말했다. "맞아요. 그 책 때문에 걱정하고 계세요." "뭄바이의 축"이라 불리는 봄베이의 한 정당을 묘사한 부분 때문에, 즉 폭력적인 시브세나당을 풍자적으로 묘사한 부분 때문에 서니가 공포심을 느끼고는 『하룬』 때 그랬던 것처럼 랜덤하우스가 계약을 포기할지도 모른다는 악몽 같은 시나리오가 떠올랐다. 길고 불안한 날들이 흘렀다. 그사이에 "전화해주길 바란다"는 서니의 메시지를 받고 전화했지만 그 위인과는 통화가 불가능하다는 말만 되풀이해 들었다. 마침내 두 사람이 이야기를 나누었을 때 서니는 그 책이 마음에 든다고 말했다. 이번에는 계약이 깨지는 순간이 오지 않았다. 또 하나의 작은 전진이었다.

그런 뒤 보다 큰 걸음을 내디뎠다. 런던경찰청과 설왕설래한 끝에, 랩 코널리에게서 『무어의 마지막 한숨』이 출판될 때 공개적인 낭독회와 사인회가 허락될 것이라는 말을 들었다. 행사 6일 전부터 광고를 할 수 있지만 금요일만은 피하여 무슬림 쪽 반대자들이 금요 예배를 이용해 사람들을 동원하는 일은 없게 해달라고 했다. 랩은 말했다. "토요일에 발표하고 그 다음주 목요일에 행사를 연다면 동의하겠습니다." 획기적인 발전이었다. 그의 편집자 프랜시스 코디와 홍보를 담당한 캐럴라인 미셸은 몹시 감격했다.

예상치 못한 퇴보의 순간이 닥쳤다. 클래리사는 나날이 건강해지고 새 직업에 흥분했다. 자파르의 학업도 제 어머니의 건강과 더불어 향상되고 자신감도 매주 올라가고 있었다. 그런데 3월 중순에 클래리사가 전화를 걸어, 돈이 더 필요하다는 생각을 하게 되었고 그런 조언도 받았다고 말했다. (이혼할 때 그는 자금이 부족해 합의를 깔끔하게 마무리하지 못했고, 10년 동안 생활비에 양육비를 더해 지불하고 있었다.) 그녀는 변호사가 개입되었음을 인정하면서, 변호사들은 어마어마한 돈을 받을 수 있다고 충고했지만 15만 파운드에 합의하겠다고 말했다. 그는 말했다. "알았어. 당신이 이겼어. 15만 파운드. 알겠어." 큰돈이었지만 그건 중요하지 않았다. 적의도 사랑처럼 예기치 않은 방향에서 날아온다. 그녀가 병중에 있는 동안 그토록 보살펴주었고, 보이지 않는 데서 그녀를 위해 A. P. 와트 에이전시와 문화예술위원회에도 그토록 애썼는데, 그 모든 세월이 흐른 후 이제 와서 그녀가 그를 괴롭힐 줄이야. (공평하게 말하자면, 그녀는 그가 그런 전화를 걸었는지 몰랐다.) 부모 사이에 갑자기 찾아든 긴장을 자파르에게 감추기는 어려웠다. 아이는 크게 걱정하며 무슨 일인지 알아야겠다고 주장했다. 이제 곧 열여섯 살이었고, 매서운 눈으로 양쪽 부모를 지켜보고 있었다. 그런 아이에게 진실을 감추기란 불가능했다.

이란 외무부 차관 마흐무드 바에지는 이란이 살해 명령을 수행할 암살자를 보내는 일은 절대 없을 거라고 덴마크에서 약속해놓고, 다음날 파리에서는 그 명령이 "집행될 필요"가 있다고 단언하는 식으로 모순된 말을 늘어놓았다. 유럽연합이 이란의 인권 실태와 테러 지원, 파트와 문제 해결을 위해 1992년에 시작한 "비판적 대화" 정책은 결국 완전히 실패한 것으로 드러났다. 충분히 비판적이지도 않았고, 이란이 관심을 보이지 않은 탓에 대화도 단절되고 말았다.

바에지가 파리에서 그 발언을 한 후 영국 정부가 한 일은 없었다. 아무것도. 다른 나라들은 항의했지만 영국은 쥐죽은듯 조용했다. 그는 바에지의 일구이언에 며칠 동안 분개하다 방안을 하나 떠올렸다. 프랜시스 더수자에게 이런 제안을 했다. 만일 바에지가 덴마크에서 한 발언을 일종의 "정전" 선언으로 받아들인다면, 프랑스가 이란을 압박하여 파리에서 한 후속 발언을 부인하게 하고 파트와를 집행 않겠다고 공식 약속한 것으로 인정하게 할 수 있고, 그러면 외교 관계가 정식 대사급으로 승격될 때까지 그 약속은 일정 기간 동안 유럽연합의 면밀한 감시를 받아야 하고 등등. "프랑스 발안"이라는 생각에 프랜시스는 흥분했다. 그녀는 최근 더글러스 호그를 만난 자리에서, 경호를 계속하는 것 외에는 할 수 있는 게 없으며 하메네이가 결정권을 쥐고 있으니 이란의 테러는 계속될 것이라는 말을 듣고 침울했던 참이었다. 호그는 프랜시스에게, 8개월 전에 이란으로부터 영국에서는 파트와를 집행하지 않을 것이라는 말을 들었지만, 그 사실은

"아무 의미가 없기" 때문에 언급할 필요를 전혀 못 느꼈다고 말했다. 그래서 영국 정부의 정책은 여느 때처럼 무기력했다. 프랜시스는 프랑스의 조력자들을 부추겨보겠노라며 자크 랑과 베르나르앙리 레비에게 연락했다. 그들은 계획을 세우기 시작했다. 루슈디도 심지어 자크 데리다에게 전화했다. 데리다는 그가 프랑스 의원들과 사진을 찍어야 한다면서 이렇게 경고했다. "자네가 만나는 사람이 누구든 정치적으로 해석될 테니, 몇몇 사람은 조심하는 게 좋을 거야." 베르나르앙리 레비를 암시한 말이었는데, 베르나르가 프랑스에서 불화를 일으키는 인사인 것은 의심의 여지가 없다. 하지만 베르나르는 그를 굳건히 지지해왔으므로, 그토록 충직한 친구와 의절하고 싶지는 않았다.

1995년 3월 19일 그는 유로스타를 타고 파리에 갔다. 도착 즉시 RAID 특공대에 파묻혀 그를 지지하는 선언에 서명한 프랑스 무슬림들의 모임으로 끌려갔다. 이튿날은 미테랑을 제외한, 프랑스의 주요 정치인을 모두 만났다. 조만간 대통령에 당선될 자크 시라크는 눈이 킬러처럼 냉혹했고, 큰 키에 어정어정 걷는데도 신체적으로 편안해 보였다. 에두아르 발라뒤르 총리는 작은 입이 합죽한데다 허리를 꼿꼿이 세운 자세 때문에 프랑스 사람들이 "우산을 삼킨 거야il a avaléson parapluie"라고 말하곤 했다. 알랭 쥐페 외무장관은 기민하고 영리하고 머리가 벗어진 작은 남자로, (공금을 유용한 탓에) 유죄 선고를 받은 그 시대 일련의 정치인 대열에 후일 합류했다. 사회당의 리오넬 조스팽은 칼비노의 『존재하지 않는 기사』 같은 느낌, 즉 헐렁한 옷 안의 빈 공간 같은 느낌을 풍겼다. 프랜시스와 그가 "정전 계획"을 제의하자 모두 찬성했다. 쥐페는 그 제의를 유럽연합 외무장관 회의에 의제로 올리겠다고 장담했고, 발라뒤르는 "그들의" 발안을 발표하는 기자회견을 열었으며, 시라크는 더글러스 허드와 이야기했는데 허드도 "찬성"하더라고 말했다. 루슈디도 직접 프랑스 하원의사당에서 기자회견을 가졌고, 무언가 변화가 시작됐는지도 모른다는 믿음을 안고 집으로 갔다. 더글러스 호그한테서 며칠 안에 만나길 원한다는 전갈이 왔다. 그는 일기에 썼다. "호그는 아마 이렇게 말할 것이다. 영국 정부가 '프랑스 발 안'을 따르면 보수당 하원의원들이 경호를 그만하라며 엄청난 압력을 가 할 거라고. 프랑스 발안이 성공한다면 나는 원하는 바를 아주 명확히 밝히 고, 프랑스인들에게 납득시킨 '정전'과 '감시'라는 말을 영국 정부도 수용 하게 해야 한다. 그리고 호그는 영국항공의 탑승 거부 문제를 해결하기로 약속해야 한다." 랩 코널리는 이렇게 말했다. "호그는 이럴걸요. 위협이 여전히 극심하니 프랑스 발안은 소용없다고요." 그는 생각했다. 글쎄, 그건 두고 볼 일이지.

그동안 외무부가 보여준 무기력과 적의의 역사를 늘어놓기 위해 단단히 준비하고 절대 호락호락 넘어가지 않겠다는 각오로 호그를 만나러 갔다. 루슈디와 루슈디의 소설은 두 외무장관, 하우와 허드에게 공격당한 바 있 었다. 그후로 몇 년 동안 어떤 외교관이나 정치인도 그를 만날 생각을 하 지 않았다. 그후에도 똑같이 불만족스러운 비밀의 시대가 이어졌고 슬레 이터 및 고어부스와의 "부인할 수 있는" 만남이 이루어졌다. 그는 다른 나 라의 정부에서 압력을 이끌어내 영국인들을 "깨워야" 했고, 심지어 그런 뒤에도 영국의 지원은 건성이었다. 존 메이저는 그와 만난 일을 절대 사진 으로 못 찍게 했고, "대중의 관심을 불러일으킬 캠페인"을 약속했지만 전 혀 실현되지 않았다. 호그는 제 입으로 영국의 유일한 정책은 이란의 "정 권 교체"를 기다리는 것이라고 밝혔지만 그렇게 될 가능성은 없었다. 루슈 디는 이렇게 묻곤 했다. 그가 외국으로 나갈 때 실제로는 전혀 비용이 발 생하지 않는데도 영국 국민에게 "높은 비용"이 부담된다는 말을 누가 매 체에 흘리는 건가? 왜 비용 운운하는 거짓말이 수정되거나 취소되지 않고 계속되는 것인가?

더글러스 호그는 호의적으로 들어주었다. "프랑스 발안"과 "정전안"에 "동조"할 계획이라면서 이렇게 덧붙였다. "여전히 선생의 신변에 위험이 존재한다고 말씀드릴 수밖에 없군요. 이란인들이 아직도 선생을 적극적으로 찾고 있단 말입니다. 그런데 우리가 이 노선으로 나아가면, 프랑스와 독일이 이란과 관계를 개선할 테고, 결국 영국 정부도 그렇게 하겠죠. 정치적 압력이 사라지는 겁니다. 그리고 나는 선생께 좀 건방진 편지 한 통을 보내야 할 겁니다. 그래야 나중에 선생한테 이런 위험을 미리 경고하지 않았느냐 말할 수 있을 테니 말입니다."

나중이라. 루슈디가 살해된 후에라는 뜻이었다.

호그는 말했다. "우린 그 외교 서한의 표현들을 개선하려 노력중입니다. 선생의 동료들, 그러니까 파트와 때문에 위협받는 사람들을 모두 포함시켜야죠. 번역가, 출판인, 서점 들 모두 말입니다. 그리고 우리는 발라뒤르가 이 서한을 라프산자니한테 직접 보내 가능하다면 라프산자니의 서명까지 받아내길 원합니다. 서명인이 높은 사람일수록 실제로 추적이 멈출 가능성이 높아질 테니까."

그날 밤 루슈디는 일기장에 이렇게 썼다. "내가 내 무덤을 파고 있는 건 아닐까?"

미국대사관의 연락책 래리 로빈슨이 카멜 베드퍼드에게 전화해서 무슨 일이 벌어지고 있는 거냐고 물었다. 로빈슨은 걱정스러워했다. "이란인들을 믿어선 안 됩니다. 우리 전략 전체가 좌초될지도 모릅니다." 카멜은 거침없이 응수했다. "그쪽이 우릴 위해 뭘 했는데요? 전략이라는 게 있긴 있어요? 정말 있다면 그게 뭔지 말해주고 안을 내놓으세요. 유럽연합을 통해 협상을 하게 된다면 우린 받아들일 겁니다. 지금까지 6년 반 동안 아무도 우리를 위해 손가락 하나 까딱하지 않았으니까요." 그러자 래리 로빈슨이 말했다. "다시 연락드리겠습니다."

4월 10일은 유럽연합 외무장관 회의가 열리는 중차대한 날이었다. 호그의 보좌관 앤디 애슈크로프트한테서 연락이 왔다. 허드와 메이저 둘 다 "합류"했으며 영국 정부도 프랑스 발안을 정책으로 채택했다고 했다. 앤턴 씨는 이란인들이 약속을 지키는지 확인하는 감시 기간이 필요하다고 강조했다. 애슈크로프트는 이렇게 대답했다. "당연히 그래야죠." 전화를 끊은 후 루슈디는 〈타임스〉 편집장 피터 스토서드와, 〈가디언〉 편집장 앨런 러스브리저에게 연락해 앞으로의 상황을 기대하라고 말했다. 그리고 래리 로빈슨에게도 전화를 걸어 이렇게 말했다. "이번 일은 파트와 철회의 대안이 아니오. 유럽과 미국에 한정된 '파트와 무효 구역'을 만들자는 것도 아니고. 그야말로 국경을 초월한 협정인 거요." 로빈슨은 이치에 맞는 우려를 표시했다. "이란에게 빠져나갈 구멍을 열어줄 수도 있습니다." 하지만 루슈디는 아직 워싱턴으로부터 아무 말도 듣지 못했고 미국 정부의 저울추가 "찬반" 중 어느 쪽으로 기울었는지 알지 못했다. 현상금 사냥꾼의 위험은 줄었지만 이란 정권의 위협은 여전하다고 느껴졌다.

그는 래리에게 말했다. "글쎄, 이건 모험이오. 하지만 안 그런 일이 어디 있겠소?"

〈가디언〉의 리처드 노턴테일러와 대화를 나누었다. 이미 초안이 나와 있었고 유럽연합은 이란의 서명을 요구할 예정이었다. 그 속에는 파트와를 실행에 옮기지 않는다는 확실한 보장이 담길 테고, 장차 파트와를 철회하는 데 밑거름이 될 터였다.

앤디 애슈크로프트가 외무장관 회의가 잘 끝났다고 전해주었다. 루슈디의 "동료들"에 대한 조항이 추가되지는 않았지만, 프랑스의 동의하에 외무장관 3인이 이란측과 구두로 논의할 예정이었다. 그는 이 사실을 언론에 알리고 중요한 사항들을 강조할 필요가 있다는 견해에 동의했다.

어렵사리 세간의 주목을 받았다. 그 이야기가 모든 일간지의 1면을 장식했다. 〈타임스〉는 후속 기사를 내고 싶어했다. 영국 정부는 왜 지금까지 이런 생각을 전혀 못했을까? 그가 직접 이 방안을 떠올렸고, 영국 외무부가 손 놓고 있는 사이에 그 방안을 프랑스인들에게 납득시켰다는 사실을 세상 사람들도 알게 되었다. 그는 생각했다. 그래, 이거야.

테헤란 라디오방송에서 성명이 나왔다. 이란 정부는 파트와를 집행하겠다고 말한 적이 없는데 유럽연합이 비집행을 공식적으로 보장하라고 요구하는 것은 이치에 맞지 않다. 거지반 보장한다는 말로 들렸다. 그런 뒤 4월 19일 오전 10시 30분(런던 시각) 테헤란에서 3인의 대사(프랑스, 독일, 스페인)와 영국 대리공사 제프리 제임스가 이란 외무부에 유럽연합의 요구사항을 제출했다.

외교 서한이 전달되었고, 통신사들은 즉시 뉴스를 내보냈다. 이란의 사법부 수장 야즈디는 그 발안을 비웃었고, 현상금을 내건 사네이는 "그래봤자 파트와를 더 빨리 집행하도록 보장할 뿐"이라고 말했다. 사네이가 옳을 수도 있었다. 하지만 〈가디언〉의 해외부에 있는 리처드 노턴테일러는, 라프산자니가 인도 방문을 마칠 무렵 기자회견장에서 이란은 파트와를 집행하지 않을 거라 말했다고 전해주었다.

자파르는 무슨 일인지 알고 싶어했다. 설명을 듣고는 "잘하셨어요, 훌륭해요"라고 말했다. 아들의 눈에서 희망이 빛나자 아버지는 생각했다. 외교 서한에 서명을 받으면 그 내용이 반드시 관철되도록 노력하마.

"프랑스 발안"은 이란 교단의 미로 같은 창자를 지나가면서 그 불가해한 유기체의 수수께끼 같은 과정에 따라 느릿하게 소화되고 있었다. 가끔 긍정적이거나 부정적인 모종의 선언이 튀어나오면, 장에 찬 가스라고 그는 생각했다. 냄새는 심했지만 요점은 아니었다. 요란하고 충격적인 소문 하나도—이란 정보부의 수뇌가 국제 테러리즘에 이란 정권이 연루되었다는 사실을 입증할 수 있는 문서를 가지고 망명했다—머리가 여럿 달린 이 종교적 가르강튀아*의 위장에서 올라와 여러 개의 모순된 입들 중 하나로 잠깐 분출되는 트림에 불과했다. (놀라운 일도 아니지만 이 소문은 거짓으로 드러났다. 가스만 있고 알맹이는 없었다.) 구체적이고 공식적인 반응은 저 좋을 때 흘러나올 테지.

한편 크리스티네와 문화부 장관 루돌프 숄텐의 초대에 응하여 다시 엘리자베스와 오스트리아로 건너가 며칠을 보내기로 했다. 이 오스트리아인 부부와는 빠르게 친해지고 있었는데, 그들은 그와 엘리자베스가 단 며칠이라도 "새장 밖에서" 지내기를 바랐다. 하지만 두 사람이 오스트리아에 도착한 날 그 집안에 비극이 닥쳤다.

그날 아침 루돌프의 아버지가 차에 치여 사망한 것이다. "우린 떠나는 게 좋겠소." 루슈디는 즉시 말했지만 루돌프가 붙잡았다. "여기 있어주면 도움이 될 거요." 크리스티네도 말했다. "정말이에요, 여기 있어주면 좋겠어요." 다시 한번 타인에게서 품위와 강인함을 배운 순간이었다.

그들은 숄텐의 가까운 친구 안드레 ("프란치") 헬러의 집에서 저녁식사를 했다. 예술적인 분위기로 충만한 집이었다. 헬러는 박학다식한 작가이자, 배우, 음악가, 프로듀서였고, 특히 전 세계를 돌아다니며 예술극장에서 눈부신 행사들을 기획하고 비범한 설치미술을 고안하는 창작자였다. 헬러는 이틀 후 헬덴플라츠에서 열려고 기획중인 대규모 집회, 페스트 퓌어 프라이하이트(자유 축제)로 흥분해 있었다. 헬덴플라츠는 1938년 아돌프 히틀러가 독일의 오스트리아 병합을 발표한 곳이다. 그곳에서 반나치 집회를 연다면 헬덴플라츠에서 나치의 흔적을 지우는, 회복의 행위를 펼치는 셈이고, 그렇게 해서 현재 고개를 들고 있는 신나치즘에 일격을 가할 수 있었다. 오스트리아에는 항상 나치즘의 저류가 흘렀고, 최근에는 외르크 하이더가 이끄는 신나치 우파가 인기를 모으고 있었다. 적이 강하다는 것을 알게 된 오스트리아 좌파는 더 진취적이고 열정적으로 대응하기

---

* 프랑스 작가 라블레의 『가르강튀아와 팡타그뤼엘』에 나오는 거인 왕.

시작했다. "여기 머물러요." 프란치 헬러가 불쑥 말했다. "축제에 참석해야 해요. 선생이 그 무대에서 자유를 주제로 연설을 하면 아주 의미 있을 겁니다." 다른 나라 일에 끼어드는 게 옳은 일인지 확신이 서지 않아 처음에는 망설였지만, 헬러는 완강했다. 그래서 영어로 짤막한 글을 휘갈겨 썼고, 루돌프와 프란치가 독일어로 번역한 연설문을 앵무새처럼 반복해서 연습했다.

헬덴플라츠 집회 당일, 하늘이 갈라지고 빈에 홍수가 덮쳤다. 헬덴플라츠에 하느님이 있다면 아마 외르크 하이더 같은 신나치주의자일 거란 생각이 들었다. 혹은 하이더가 바그너에 준하는 어떤 방식으로 북유럽 날씨의 신인 프레이르에게 접근해 세상을 멸망시킬 라그나뢰크 폭우를 내려달라고 오페라풍 기도를 올렸는지도 몰랐다.* 프란치 헬러는 몹시 걱정했다. 군중이 적으면 하이더와 추종자들에게 선전거리가 될 테니 재앙이나 마찬가지였다. 그러나 괜한 걱정이었다. 오전이 지나자 광장에 사람들이 모여들기 시작했다. 대개 젊은 사람들이었고, 비닐을 뒤집어쓰거나 급조한 우산을 들고서는, 하필 이런 날 들이닥친 계절풍에 태연히 몸을 맡겼다. 5천이 넘는 군중이 잔혹한 역사를 지닌 광장을 보다 나은 미래에 대한 소망으로 가득 채웠다. 그날 밤의 주역은 무대 위에서 연주를 하고 연설을 한 사람들이 아니었다. 흠뻑 젖었지만 밝게 빛나던 위풍당당한 군중이야말로 진정한 주인공이었다. 그가 몇 문장을 독일어로 말하자 비에 젖은 군중이 갈채를 보냈다. 그의 경호팀장인 볼프강 바흘러도 매우 기뻐했다. "이게 바로 하이더를 무찌르는 방법이지." 그가 의기양양하게 소리쳤다.

국경 너머 프랑크푸르트 도서전에서는 저명한 이슬람학자 안네마리 쉼멜이 독일출판인협회가 주는 평화상을 받은 후, 『악마의 시』 작가에게 내

---

* 라그나뢰크는 북유럽 신화에 나오는 세계 종말의 날로, 여기에 영감을 받은 바그너가 오페라 〈니벨룽겐의 반지〉의 4부 '신들의 황혼'을 작곡했다.

린 파트와를 열렬히 지지한다고 말했다. 수많은 사람들이 경악했다. 쉼멜은 전에도 이 책을 비난했었다. 소란이 일자 쉼멜은 "캣 스티븐스식 변명"으로 자긴 그런 말을 한 적 없다고 발뺌했다. 하지만 많은 사람이 기꺼이 그 말을 들었다고 증언하겠노라고 언론에 말하자 한동안은 사과하고 싶다고 말하더니 결국 나중에는 사과를 거부했다. 훌륭한 학자이며 일흔셋의 귀부인임엔 틀림없지만, 캣 스티븐스 멍청이당의 당원인 것 또한 틀림없었다.

  아티클19는 덴마크로 날아가 총리와 외무장관을 만날 일정을 잡았다. 그런 만남이 다 무슨 소용인가라는 생각이 꿈틀댔지만 일정에 따랐다. 온화하게 말하고 친절하고 절조가 있는 요하네스 리스가 그의 덴마크 출판사 대표로 동행했고, 빌리암 뉘고르도 오슬로에서 내려왔다. 코펜하겐 거리를 걷는 것이 허락되었고, 밤에는 놀랍게도 티볼리 놀이공원에도 갈 수 있었다. 그들은 행복하고 태평하게 몇 분 동안 범퍼카를 몰면서 어린아이처럼 소리를 지르고 서로에게 돌진했다. 범퍼카를 타고 티볼리 트랙에서 광란의 질주를 벌이는 빌리암과 요하네스를 보면서 생각했다. 요 몇 년간 인간 본성의 최악의 측면을 알게 되었지만, 또 한편으로는 인간 본성의 가장 훌륭한 면, 용기, 도의, 이타심, 결의, 명예에 대해서도 배웠다. 결국 기억하고 싶은 건 후자다. 나는 인간이 할 수 있는 한에서 최고로 예의바르고 품위 있게 행동하는 사람들의 한가운데에 있다. 또한 이들 말고도 내가 알지 못하고 아마 끝내 알지 못할 테지만 나의 범퍼카 친구들처럼 어둠의 지배를 허락하지 않겠다고 결의한 사람들로 가득한 더 큰 이야기의 중심에 있는 것이다.
  돌연 "프랑스 발안"이 활기를 띠었다. 질 크레이기가 몹시 흥분한 상태로 전화를 걸어, 모든 라디오방송에서 "이란이 한발 물러섰다"는 뉴스가 나왔다고 했다. 그날 저녁에는 누구를 통해서도 확인을 할 수 없었지만,

질의 흥분은 전염성이 있었다. 그리고 이튿날 아침 그 이야기가 모든 신문을 장식했다. 이 이야기로 〈텔레그래프〉에 1면 톱기사를 쓴 아밋 로이는 프랜시스 더수자에게, 이란 대리공사 골람레자 안사리와 세 시간이나 함께 있었는데 그 자리에서 "믿기 힘든 말"을 들었다고 했다. 우리는 절대 파트와를 집행하지 않을 것이고, 현상금도 철회할 것이다. 루슈디는 흥분하지 않았다. 그간 기대했다 실망한 적이 너무 많았다. 하지만 자파르는 감격했고, "정말 신나요"라고 계속 말하는 통에 아버지로서 가슴이 뭉클했고 눈물이 핑 돌았다. 매체가 소란을 떠는 가운데 부부는 나란히 앉아 아이의 영어 교재인 『광란의 무리를 떠나서』를 보면서 아이의 GCSE* 준비를 도왔다. 그들은 하메네이와 라프산자니 대신 배시버 에버딘, 윌리엄 볼드우드, 게이브리얼 오크**에 관해 얘기했다.

프랜시스는 영국 기자 다섯 명이 포함된 서양 기자단이 이란 정부의 초청을 받아 테헤란으로 떠났다는 말을 들었다. 모종의 발표가 임박한 듯했다. 그는 프랜시스에게 말했다. "기뻐하긴 일러요. 그 살찐 물라가 아직 입을 열지 않았잖아요." 하지만 이튿날 아침 〈타임스〉에 큰 기사가 실렸다. 그러나 냉정을 잃지 않았다. 그는 일기장에 이렇게 썼다. "나는 현실을 안다. 언제쯤 경찰 없이 살 수 있을까? 언제쯤 항공사들이 나를 탑승시켜주고, RAID식의 히스테리 없이도 다른 나라 방문을 허락받을 수 있을까? 언제쯤 한 개인으로 돌아갈 수 있을까? 당분간은 아니리라. 물라들보다 사람들의 두려움 때문에 생긴 '2차 파트와'를 극복하기가 더 어렵다." 그럼에도 저도 모르게 이렇게 묻고 있었다. 내가 이 엿 같은 산을 옮기다니 정말일까?

호그의 집무실에서 앤디 애슈크로프트가 전화를 걸어왔다. 언론의 난리

---

* 중등교육 과정을 제대로 이수했는지 평가하는 영국의 국가검정시험.
** 토머스 하디의 소설 『광란의 무리를 떠나서』의 등장인물들.

법석에 외무부는 "어안이 벙벙하다"고 했다. "이란이 유화책에 착수한 것 같습니다." 공식적인 대응은 다음달에도 나오지 않으리라는 게 애슈크로프트의 생각이었다. 이란과 유럽연합의 "비판적 대화" 회의는 6월 22일로 잡혀 있었다. 그날 외교 서한에 대한 공식적인 답변을 들으리라 기대하고 있었다.

5월 30일 유럽연합 외무장관 회의가 끝난 후 덴마크 정부는 이란이 "프랑스의 유럽연합 의장국 임기가 끝나기 전에 그 외교 서한에 대해 만족스러운 답을 내놓으리라 확신한다"고 말했다. 프랑스가 강하게 압박하고 있었고, 이란은 그 문제를 진지하게 고려하면서 그 대가로 몇 가지 양보를 요구하고 있었지만, 유럽연합은 굳건했다. 그는 일기장에 썼다. "그날이 온다. 그날이 오고 있다."

피터 템플모리스가 BBC 라디오4에서 말했다. "루슈디는 한동안 입을 열지 않고 자제해왔습니다. 그래서 상황 개선이 가능해진 겁니다." 하지만 로버트 피스크가 이란 외무장관 벨라야티를 인터뷰한 내용은 파트와를 취소할 수 없다는 둥, 현상금 제시는 "표현의 자유"라는 둥 케케묵은 쓰레기로 가득했고, 그뿐이었다. 트림과 가스 분출. 진실은 기다려야만 했다.

『무어의 마지막 한숨』 출판이 가까워질수록 경찰이 두려움을 드러냈다. 햄프스테드의 워터스톤 서점에서 낭독회를 열 예정이었는데, 이제 와서 런던경찰청은 홍보 행사를 열어도 된다는 합의를 어기려 했다. 헬렌 해밍턴은 경무관이 "안절부절못하고" 있고, 그 지역의 "정복들"은 더 안절부절못할 거라고 말했다. 그녀는 경찰이 행사를 "과잉 단속"하지 않을까 걱정하면서도, 공공질서 "전문가들"이 히즙 웃타리르라는 단체의 폭력 시위를 우려하고 있다고 했다. 그 단체는 "양복을 입고 휴대폰으로 얘기하고" 신속 대응 공격을 조직적으로 실행할 만큼 영리하고 민첩하다고 했다. 랍 코널리는 직접 찾아와서 "선생님을 못마땅하게 생각하며 낭독회가 잘못되기를 바라는 사람들이 경찰 내부에 있습니다"라고 말했다. 오스트레일리아 북투어 계획 때문에 캐세이퍼시픽항공과 상의하던 중 새로운 소식을 들었다는 말도 했다. 항공사 경영자 회의에서 영국항공이 "탑승 금지 정책에서 전향"하려 한다며 다른 항공사들에게도 함께하자고 권했다는 것이다.

『무어의 마지막 한숨』의 발행일이 다가오면서 그와 런던경찰청 고위 간부들 사이의 실랑이가 전면전에 돌입했고, 그 여파로 공작석 팀이 난처해졌다. 랩 코널리한테서 전화가 왔다. 하울리 경무관이 자리를 비웠는데 그 사이 다른 간부인 모스 총경이 "안절부절못하는" 그 구역 담당 경무관 스키티의 편을 들면서 루슈디를 못마땅하게 여기고 있다고 했다. 경찰은 공개 낭독회를 허락한 합의에서 발을 빼려 했는데, 코널리는 선생님이기 때문에 라고 말했다. 마거릿 대처도 북투어를 하는데, 대처의 모든 행사에는 자동으로 최대한의 경찰력이 투입되었다. 예전에 그린업이 하던 대사대로, 대처는 국가에 봉사한 인물이지만 루슈디 선생은 말썽꾸러기이기 때문에 지원을 받을 자격이 없어서였다. 그의 문제를 가장 많이 처리하는 경찰들, 코널리, 딕 우드, (다리가 부러져 집에서 쉬고 있는) 헬렌 해밍턴은 모두 그의 편이었지만, 상관들이 완강했다. 모스는 "그가 그 서점에 간다면 혼자 가게 될 것"이라고 말했다. 랩 코널리는 주말이 지나야 하울리가 돌아온다고 말한 후 이렇게 덧붙였다. "이건 비밀이지만, 하울리 경무관님께 면담을 요청했습니다. 경무관님이 저를 지지해주지 않는다면 경호팀에서 물러날 생각이에요. 그렇게 되면 아마 정복으로 돌아가겠죠." 이 짧은 말에 가슴이 찢어졌다.

프랜시스 코디와 캐럴라인 미셸에게 상황을 이야기하자 두 사람은 망연자실했다. 경찰의 약속만 믿고 출간 행사를 계획했는데 이제 와서, 마지막 순간에 약속을 어기다니. 그는 프랜시스 더수자에게도 말했다. "벼랑 끝에 서 있는 기분이에요. 더이상 이런 일을 참지 않을 거예요." 어쩔 수 없이 경호를 받고 있긴 하지만, 이렇게 독단적이고 야박한 대우를 참을 순 없었다. 이런 일방적인 결정이 승인된다면 공식적으로 전쟁에 돌입할 작정이었다. 타블로이드 신문들이 그를 물어뜯겠지만, 그자들은 이러나저러나 물어뜯었다. 영국 국민들의 결정에 맡기리라.

그와 실랑이중인 경찰들은 그가 평생 가치 있는 일은 전혀 하지 않았다고 여겼다. 하지만 런던경찰청에 있는 모든 사람이 그렇게 생각하진 않는 듯했다. 딕 우드의 이야기로는, 지금까지 등장한 경찰 중 최고위직인 데이비드 베네스 치안감은 햄프스테드 낭독회에 "청신호"를 켰고 "법석을 떠는 사람들에게 침착할 것을 주문하곤 했다"고 했다. 랩 코널리는 집에 있었고, 자신이 최후통첩을 내밀 때 실직할 경우에 대해 곰곰이 생각하는 것 같았다. 하지만 결국 최후통첩은 없었다. 월요일에 하울리는 행사를 취소하라고 코널리에게 명령했고, 코널리는 서점에 전화를 걸어 그 명령을 수행하면서도 출판사나 저자 본인에겐 알리지 않았다.

더이상 대화를 통해 이길 수 있는 싸움이 아니었다. 핵융합반응 직전과 같았다. 런던경찰청에 다음날 아침에 면담을 하자고 요구했고, 랜덤하우스측 대표로 프랜시스 코디와 캐럴라인 미셸을 데려갔다. 경찰이 출판사의 계획에 막대한 차질을 빚었음을 지적하기 위해서였다. 공작석 팀 경호원들이 면구한 낯빛으로 기다리고 있었다. 헬렌 해밍턴은 부러진 다리를 끌고 집에서 왔고, 딕 우드와 랩 코널리도 왔는데 다들 괴로운 기색이 역력한 얼굴이었다. 그들 모두 상관에게 맞서 싸웠지만, 상관은 그런 불복종에 익숙하지 않았기에 결과는 별로 아름답지 않았다. 모두 고위직 경찰인데도 하울리는 "그들에게 고함을 쳤다". 지휘관의 결정은 "절대적"이라고 말하는 헬렌의 얼굴은 짧게 친 머리 아래로 석고처럼 굳은 채 어두웠다. 회의는 끝났다.

이 대목에서 그는 계산된 전략하에 의도적으로 버럭 화를 내며 소리치기 시작했다. 이 사무실에는 현재 벌어지고 있는 상황에 책임이 있는 사람이 없다는 것을. 오히려 이들은 그를 위해 경력상의 손해를 감수해왔다는 것을 알았다. 하지만 이들을 통과하지 못하면 패배할 것이고, 그는 패배하지 않기로 결심했다. 그래서 매정하게, 이게 유일한 기회라 생각하고 미친 듯이 화를 냈다. 그는 헬렌에게 소리질렀다. 당신이 그 결정을 뒤집을 수 없다면, 빌어먹을, 그럴 수 있는 사람과 단둘이 만나게 해주는 게 좋을 거요. 랜덤하우스와 나는 몇 달 전에 경찰이 가능하다고 정한 기준을 정확히 따르며 준비해왔는데, 이렇게 마지막 순간에 고압적으로 나오다니 이 무슨 빌어먹을 행패요? 정말 어이가 없군. 지금 당장 면담을 못하면 최대한 시끄럽게 최대한 공격적으로 세상에 폭로하겠소. 그러니 면담을 하게 해주시오. 헬렌 당신이든 누구든. 혹은 빌어먹을 다른 누구든. 5분 후 그는 한 사무실에서 존 하울리 경무관과 단둘이 만났다.

헬렌에게 불같았다면, 이젠 얼음이 될 작정이었다. 하울리가 최대한 냉담한 눈으로 그를 노려봤지만, 그는 더 냉담하게 대응했다. 경찰이 먼저 입을 열었다. "선생님이 이목을 끌기로 노선을 틀었기 때문에," 하울리는 이렇게 말했는데, 그 외교 서한 이야기였다. "언론은 낭독회 이야기를 메인 뉴스로 다룰 게 분명합니다." 그러면 무슬림들이 서점 앞으로 몰려와 아우성을 칠 것이다. "행사를 허락할 수 없습니다." 루슈디는 목소리를 낮게 깔고 응수했다. "그 결정은 받아들일 수 없습니다. 난 공공질서 운운하는 당신의 주장을 믿지 않아요. 당신은 이중잣대를 들이대고 있어요. 오늘 자 〈타임스〉에는 이란에 해빙기가 찾아올지도 모른다는 기사와 대처의 출간 행사 광고가 같은 면에 실렸습니다. 당신들이 그 행사를 경호하고 있지요. 게다가 베네스 씨는 바로 어제 행사를 허락했기 때문에, 워터스톤과 랜덤하우스 사람들은 무슨 일이 벌어지고 있는지 알고 있고, 그래서 내가 가만히 있어도 세상에 알려지게 될 겁니다. 그리고 분명히 말씀드리는데, 저는 절대 가만히 있지 않을 겁니다. 경찰이 그 결정을 바꾸지 않는다면, 나는 기자회견을 열고 모든 주요 신문사, 라디오방송, 텔레비전방송과 인터뷰를 해서 경찰을 공격할 겁니다. 지금까지 난 그저 경찰에 고마워하는 것 말고는 아무것도 하지 않았습니다. 하지만 이젠 태도를 바꿀 수 있고 그럴 작정입니다."

"그렇게 하신다면 이미지가 아주 나빠지실 텐데요." 하울리가 말했다.

"그럴지도 모르지요." 그가 응수했다. "하지만 어떨까요? 경찰도 똑같이 이미지가 나빠질 겁니다. 자, 선택하세요. 행사를 진행시키면 어느 쪽도 이미지가 나빠질 일은 없을 겁니다. 행사를 금지하면 양쪽 다 그렇게 됩니다. 선택하십시오."

하울리는 어둡고 경직된 목소리로 말했다. "말씀하신 내용은 생각해보겠습니다. 오늘 안에 알려드리죠."

앤디 애슈크로프트가 오후 1시에 전화했다. G7이 수호운동에 합류했고, 이란에 파트와 철회를 요청하기로 동의했다고 했다. 유럽연합은 라프산자니가 서명을 하고 프랑스의 외교 서한에 담긴 모든 요구사항이 관철되도록 강하게 밀어붙이고 있었다. 그는 애슈크로프트에게 말했다. "유럽에서 파트와가 사라지는 것에 만족해선 안 됩니다. 이란은 발표 후에 추가로, 서양의 무슬림들에게 현지법을 준수하라고 명령해야 합니다." 애슈크로프트는 "꽤 낙관적으로 본다"고 말했다. 그는 이 외무부 보좌관에게 이렇게 말했다. "내가 특수부와 싸우고 있는데 보좌관께서 조금 힘을 써준다면 좋겠습니다. 현시점에서 특수부와 공개적으로 다투는 건 모양새가 좋지 않으니까요." 애슈크로프트가 웃으며 말했다. "제가 뭘 할 수 있는지 알아보겠습니다."

두 시간 반 후 딕 우드가 전화를 걸어, 하울리가 물러섰다고 말했다. 낭독회는 이틀 후였다. 행사일 아침까지는 광고할 수 없다. 이게 타협안이었다.

그는 받아들였다.

워터스톤의 좌석은 점심시간 무렵 매진되었다. 햄프스테드 지점장 폴 배글리가 말했다. "계획했던 대로 월요일에 광고를 냈다고 상상해보세요. 수천 부가 팔렸을 겁니다." 햄프스테드 하이 스트리트는 정복 경찰관들로 꽉 찼고, 시위자는 한 명도 눈에 띄지 않았다. 턱수염을 기른 신사나 현수막, 정의감에 찬 분노의 표현 따윈 전혀 없었다. 깨끗했다. 양복과 휴대폰, 히즙 웃타리르에 속한 "천 명의 폭력적 광신도"는 어디 있는가? 여기, 이곳엔 없었다. 거리에 쫙 깔린 경찰만 없다면 완전히 평범한 문학 행사처럼 보였을 것이다.

물론, 평범하지 않았다. 사전에 발표하고 여는 공개적인 낭독회는 거의 7년 만이었다. 『악마의 시』 이후로 성인 독자를 위해 쓴 첫 장편을 발표하는 날이었다. 후에 워터스톤 사람들은 캐럴라인 미셸에게, 그때껏 들어본 낭독회 중 최고였다고 말했다. 기분좋은 평이었다. 낭독자 본인에게는 기적처럼 느껴졌다. 그토록 오랜 시간이 흐른 후 다시 청중과 한자리에 있게 되다니. 그들의 웃음소리를 듣는 건, 그들의 감동을 느끼는 건 특별했다. 그는 소설의 첫머리와, 레닌들에 관한 부분 조금과, "모국 인도" 단락을 읽었다. 낭독회가 끝난 후 수백 권의 책이 행복해하는 독자들의 손에 들려 런던의 밤거리로 쏟아져나갔다. 시위자라곤 코빼기도 보이지 않았다.

그는 루비콘 강을 건넜다. 되돌아가는 일은 있을 수 없다. 낭독회에 온 케임브리지 지점의 워터스톤 직원들도 행사를 하고 싶어했다. 이번에는 이틀 전부터 광고할 수 있었다. 딕 우드는 "사무실의 모두가 엄청 기뻐했다"고 말했다. 거기에 하울리 경무관이 포함되었는지 궁금했다. 처음에는 하루, 다음에는 이틀, 그다음에는 더 길게. 한 발 두 발 그의 진짜 인생으로 돌아가고 있었다. 조지프 앤턴과 이별하고 그의 진짜 이름을 향해.

그는 런던경찰청의 거물들에게 굽히지 않고 그를 위해 싸워준 경찰들에게 샴페인을 보냈다.

"프랑스 발안"을 둘러싼 소란이 하루하루 커져갔다. 〈인디펜던트〉는 이란혁명수비대의 암살 조직 중 유럽에서 활동하는 일당의 우두머리가 공격 중단 명령이 떨어진 데에 불만을 토로하는 편지를 하메네이에게 보냈다고 보도했다. 작은 실마리였다. 실제로 공격 중단 지시가 내려졌고, 하메네이도 자제 방침에 반대하지 않는지도 몰랐다. 다음으로 〈다겐스 뉘헤테르〉의 아네 류트는 스톡홀름에서 가진 "매우 흥미로운" 만남을 보도했다. 다른 스웨덴 기자들과 함께 이란 장관 라리자니를 만났는데, 라리자니가 의외의 발언을 했다고 했다. 이란이 "심리적으로 태도를 바꾸고" 싶기 때문에 "살만 루슈디의 작품에 감탄하고 있음"을 강조하는 기사를 써주면 좋겠다고 했다나. 훨씬 더 놀라운 발언도 있었다. 라리자니는 공개해도 좋다는 전제로 파트와는 이란의 최대 이익과 일치하지 않기 때문에 집행될 필요가 없다는 발언도 했다. 라리자니는 루슈디의 죽음을 빈번히 요구했던 인물이었다. 하지만 현상금을 내건 사네이에 대해서는 요지부동이었다. 그 문제에 대해서는 이란 정부가 할 수 있는 일이 없다며 발을 뺐다. 그때 재치 있는 생각이 떠올랐다. 루슈디 씨가 이란의 법으로 사네이를 고소하면 어떨까? 오, 아주 좋아werry good, 그는 잠시 디킨스식 모음으로 뛰어들었다.* 아주 아주 좋아werry werry good.

바람이 소용돌이치고 있었다. 실마리들이 사방으로 날아다녔다. 그 바람 속에 해답이 날아다니고 있다 해도, 그게 뭔지는 알 수 없었다.

엘리자베스는 임신할 기미가 안 보여 속상해했다. 그러더니 그에게 "정

---

* 'very'를 'werry'라고 말하는 것은 19세기 영국 사투리. 디킨스의 작품에 이 말투를 쓰는 인물들이 종종 나온다.

액 검사"를 받아보라고 말했다. 둘 사이에 긴장이 생겨났다. 둘 다 근심에 휩싸였다.

캐럴라인 미셸이 말했다. "맞아요. 언론의 흥분이 아주 고조된 상태예요. 이걸 선생님에게 유리하게 이용할 수 있어요." 그는 외교관, 비밀공작원, 테러범과 보복 테러범의 어두운 세계에 영원히 붙잡혀 있고 싶지 않았다. 세상에 대한 자신만의 묘사를 포기하고 지금 모습을 받아들인다면 영영 빠져나가지 못할 것이다. 이제 곧 전개될 상황을 어떻게 생각해야 할지, 그리고 어떻게 대응해야 할지 헤아려보았다. 외줄타기 같을 수도 있었다. 스웨덴 외교관 얀 엘리아손은 언론의 긍정적인 반응이 필요하다고 했었다. 그 말이 옳다면, 상황이 나아졌다고 볼 수는 있지만 끝난 것은 아니었다. 이건 끝의 시작일 뿐, 끝이 아니고, 정전일 뿐 아직 항구적 평화가 아니었다. 아야톨라 메시키니가 어떤 파트와도 폐기될 수 있고, 실제로 많은 파트와가 폐기되었다고 말한 적이 있다. 그리 옛날 일도 아니다. 그 말을 언급해야 할까? 아니, 이란의 아야톨라들이 과거에 이란인들에게 했던 말을 인용한다고 해서 이란인들이 감격하진 않을 것이다.

외무부의 앤드루 그린이 연락해 앞으로의 계획을 간단히 설명해주었다. 이란의 문서는 "이란의 공식 견해를 대변할 권한을 바에지 차관에게 부여했다고 밝히는 벨라야티의 서한" 형식이 될 텐데, 그 견해는 벨라야티의 편지 속에 언급되지 않고 "첨부"될 것이며, 이란 언론에도 공표될 것이다. 그가 보기에 받아들일 만한가, 아닌가? 그린은 대답을 원했다. 외무부는 충분하지 않다고 생각하는 듯이 들렸다. 어쨌든 라프산자니의 서명과는 거리가 멀었으니까.

미국대사관의 래리 로빈슨이 연락했다. 유럽인들은 승인을 밀어붙이고 있지만 미국과 영국은 승인하고 싶어하지 않는다는 게 느껴졌다. 이란이

"부인할 수 있는 암살"을 계획하고 있는 게 아닌지 걱정되었다. (엘리자베스도 그가 어렵게 쟁취한 낭독회 중 어느 한 자리에서 살해당할지 모른다고 걱정했지만, 랩 코널리는 "나쁜 놈들"이 그런 걸 계획하고 있지 않다는 말을 "첩보원들"한테서 들었다고 했다.)

어떻게 해야 하나? 정말 알 수 없었다. 도대체 어떻게 해야 하지?

언론은 파트와 사건이 끝날 것처럼 떠들어대지만 이게 끝이 아닐 수도 있다. 그러면 그는 세상의 관심에서 멀어진 채 위험 속에 그대로 남겨질 것이다. 반대로, 죽자 사자 덤벼서 이 상황을 더 진전시킨다면 언론을 이용해 이 위협을 정말로 끝낼 수 있는 분위기를 조성할 수도 있다.

외교 서한에 대한 이란의 응답을 유럽연합이 받아들이지 않는다면 이란은 유럽연합이 보여주는 빈약한 신뢰와 까다로움을 따져 물으며 서구가 파트와 문제를 해결하고 싶어하지 않는 게 아니냐고 말할지도 모른다. 그를 단지 더 큰 게임의 졸로 이용하고 있는 게 아니냐고 말이다. 어쩌면 그런 신세인지도 모른다. 미국 정부는 물론이고 영국 정부도 어느 정도는 정치적 나사로 이란을 조이길 원했다. 그 과정에서 파트와가 그들에게 유용하다는 건 불을 보듯 뻔했다. 그렇다고 그가 이란의 답을 이대로 받아들인다면, 수호운동은 김이 샐 테고, 파트와 현상수배는 그대로 남을 것이다. 그의 키보다 높은 구덩이에 빠진 느낌이었다.

이란의 응답이 나온 날은 케임브리지 낭독회가 열린 날이기도 했다. 이틀간의 광고로 엄청난 청중이 모여들었다. 당연히 서점은 긴장했다. 정문으로 들어가면 행사가 취소될 테니 뒷문으로 들어가라는 말을 들었다. 하지만 그는 정문으로 들어갔고, 이번에도 시위 조짐은 전무했다. 영국아시아인공동체의 예술가들 및 기자들과 대화를 나눈 후로 그의 본능은 영국 무슬림의 항의가 오래전에 열의를 잃었다고 말하고 있었다. 그런 국면은 지나갔다.

오후 12시 45분에 충격적이고 예상치 못한 뉴스가 나왔다. 이란 외무차관 바에지가 이란 통신사인 IRNA를 통해, 이란은 유럽의 외교 서한을 거부하며 프랑스 발안은 무효라고 말했다. 그날 아침만 해도 이란은 바에지의 문서는 유럽연합의 모든 요구를 충족시킬 것이라고 언론에 알렸는데, 지금은 어떤 보장도 문서화되지 않았고 앞으로도 마찬가지일 것이라고 이야기하고 있었다.

갑자기 왜?

테헤란에서 무슨 일이 벌어졌는지 알기는 불가능했다. 누군가가 싸움에서 지고 다른 누군가가 이겼다는 것 외에는.

엘리자베스는 눈물을 터뜨렸다. 그는 기이하리만치 침착했다. 반격을 하려면 계획되어 있던 기자회견을 이용해야 했다. 이란은 테러에 관여하지 않겠다고 말하기를 거부함으로써 충분히 테러를 저지를 수 있음을 드러냈습니다. 이 발안이 좌절된 순간 이란은 세계의 이목이 쏟아지는 훤한 곳에 벌거벗은 채 노출되었습니다. 이것이 그가 가능한 한 시끄럽게 떠들어야 할 말이었다.

이상하게도 자신의 신변은 걱정되지 않았다. 다만 그를 사랑하는 사람들에게 어떻게 말할지, 자파르에게 이 실망스러운 소식을 어떻게 전할지, 사민에게 무슨 말을 해야 할지 막막했다. 울고 있는 엘리자베스에게 어떻게 힘을 줘야 할지, 어디에서 희망을 찾아야 할지 알 수 없었다. 모든 희망이 사라져버린 것 같았다. 하지만 그는 베케트가 말한 그 막강한 '이름 붙일 수 없는 것'으로부터 주도권을 빼앗아 계속 나아가야 했고, 그럴 작정이었다. 계속 나아갈 수 없다. 계속 나아가리라.*

---

* 사뮈엘 베케트의 『이름 붙일 수 없는 것 *The Unnamable*』의 마지막 문장.

물론 삶은 계속되었다. 한 가지는 그 어느 때보다 분명해졌다. 자유는 얻을 수 있는 곳에서 찾아야 한다는 것. "공식적인" 끝은 더이상 가능해 보이지 않았지만, 미국은 한번 더 여름휴가를 보내라고 그에게 손짓했다. 미국 경찰이 그의 경호에 무관심해도 괜찮았다. 실은 그게 진짜 이점이었다. 그해에는 엘리자베스와 자파르와 함께 25일간 행복한 여름휴가를 보내며 미국의 자유를 만끽할 수 있었다. 자파르와 엘리자베스는 직항편으로 떠났고, 그는 오스트리아항공에 있는 루돌프 숄텐의 친구들 도움으로 빈을 거쳐 JFK 공항으로 갔다. 아주 멀리 돌아가는 길이었지만 상관없었다. 그는 미국에 있었다! 앤드루도 있었다! 깁슨 해변에서 멋진 9일을 보내기 위해 곧장 워터 밀로 차를 몰았다. 너무 간단해서—그리고 영국에서의 격리된 삶과 확연히 달라서—눈물이 났다. 워터 밀을 떠난 후에는 차와 페리를 타고 마서스 비니어드로 갔고, 그곳에 사는 도리스 록하트 사치*의 손님으로 칠마크 저택에서 8일간 머물렀다. 그 여행에서 제일 큰 추억거리는 윌리엄 스타이런의 성기였다. 엘리자베스와 함께 비니어드 헤이븐에 거주하는 스타이런 부부를 방문했을 때, 그 위대한 작가는 팬티도 없이 카키색 반바지만 입고서 다리를 쩍 벌린 채 현관에 앉아 그의 보물을 관대하게 숨김없이 전시하고 있었다. 『냇 터너의 고백 The Confessions of Nat Turner』과 『소피의 선택』의 저자에 관해 원래 알고 싶었던 것 이상의 성과였지만, 정보는 다 유용하다는 생각에 나중에 쓸 수 있도록 지체 없이 갈무리했다.

그후 어빙 부부의 집에서 사흘, 허 부부의 집에서 사흘, 파크 애비뉴에 있는 앤드루의 집에서 사흘을 더 묵었다. 자파르는 휴가 마지막 날 밤 GCSE 결과를 받았고, 정말 다행히 좋은 성적이 나왔다. 이후 몇 년 동안 그는 해마다 미국 여행이 배출구가 되어주지 않았다면 그 시절을 어떻게

---

* 유명한 미술품 수집가 찰스 사치의 첫번째 부인으로 널리 알려진 예술 분야 언론인.

견뎠을까 하는 생각을 종종 했다. 미국에서는 총으로 무장한 사람들 없이, 정상적인 일을 하러 다니는 정상적인 문학인인 척할 수 있었고, 그게 그리 어렵게 느껴지지 않았다. 그런 날이 온다면, 자유를 향한 가장 빠른 탈출구가 미국일 거라는 확신이 들었다. 엘리자베스에게 이 말을 하자 눈살을 찌푸리며 짜증을 냈다.

프랑스 발안이 좌절된 후 내려앉은 어둠 속으로 돌연 한줄기 빛이 흘러 들었다. 루프트한자가 여론의 압력에 항복했다. 루프트한자 부부, CEO 위르겐 베버와 그 부인을 만나 점심식사를 했다. 인사치레였는지 몰라도 베버 부인은 그의 열혈 팬이라고 말했다. 그리고 물론, 그녀의 남편은 그를 태울 수 있어 기쁘다고 말했다. 자랑스럽다고 했다. 이렇게 쉽고 간단한 일을. 그들은 6년 넘게 거절한 후에 ─ 젠장! ─ 루슈디가 언제든 자기네 비행기를 탄다면 참으로 좋겠다고 말했다. 그리고 대단히 존경심을 표했다. 그는 "감사합니다"라고 말했고, 모두가 무척 즐거운 표정을 지었다. 물론 사인해야 할 책도 많았다.

『무어의 마지막 한숨』에 관한 다큐멘터리를 제작중인 BBC가 그의 친구인 인도 화가 부펜 카카르에게 그의 초상화를 의뢰했다. 『무어』는 화가와 그림에 관한 소설이었고, 그 세대의 재능 있는 인도 화가들 ─ 그중에서도 특히 부펜 ─ 과의 우정이 그 소설을 써야겠다고 생각하게 된 계기였다. 1980년대 초에 처음 만난 두 사람은 즉시 서로에게서 자신의 모습을 보았고 곧 친구가 되었다. 처음 만나고 얼마 안 지나 루슈디는 런던의 카스민 노들러 갤러리에서 열린 부펜의 전시회에 찾아갔다. 호주머니에는 방금 〈애틀랜틱 먼슬리〉에 소설을 넘겨주고 받은 수표가 들어 있었다. 전시회

에서 그는 부펜의 〈이등 열차칸Second Class Railway Compartment〉과 사랑에
빠졌고, 가격표에 적힌 숫자가 주머니에 있는 수표의 액수와 정확히 일치
한다는 걸 발견하고는(당시에는 인도 그림이 싼 편이었다) 행복한 마음으
로 자신의 소설을 친구의 그림으로 바꿨다. 그 그림은 지금까지도 가장 아
끼는 물건 중 하나로 남아 있다. 현대의 인도 화가는 서양의 영향에서 벗
어나기 어려웠다(이전 세대 중 M. F. 후사인의 유명한 말馬들은 피카소의
〈게르니카〉에서 바로 튀어나왔고, 그 밖의 여러 거장들—수자, 라자, 가
이톤데—도 그가 보기에는 모더니즘과 서양의 추상미술 사조들에 지나치
게 영향받은 듯했다). 민속적이지 않으면서 흉내내기도 아닌 인도 고유의
화법을 발견하기란 쉽지 않았지만, 부펜은 인도의 거리 예술, 영화 포스
터, 가게 전면의 그림, 인도 회화의 조형적이고 서사적인 전통에 눈을 돌
렸고, 그 시각적 환경으로부터 특이성, 독창성, 재치가 충만한 작품을 창
조하여 새로운 도전에 성공한 1세대 화가가 되었다.

　『무어의 마지막 한숨』의 골간에는 다른 그림 밑에 감춰진 그림, 다른 세
계 밑에 감춰진 세계를 가리키는 '덧쓰기palimpsest'*라는 개념이 놓여 있었
다. 루슈디가 태어나기 전 부모님은 아기가 태어나면 사용하게 될 방을 동
화와 만화 속 동물들로 꾸며달라고 봄베이의 젊은 화가를 고용했고, 가난
한 화가 크리셴 칸나가 그 의뢰를 수락했다. 크리셴은 뱃속에 살만을 가진
아름답고 젊은 어머니 네긴의 초상화도 그렸지만, 아니스는 그 그림을 좋
아하지 않았고 구입하지 않았다. 크리셴은 거절당한 그림을 친구인 후사
인의 작업실에 보관했는데, 어느 날 후사인이 그 위에 자신의 그림을 그렸
고, 누군가에게 팔았다. 그러니 봄베이 어딘가에는 크리셴이 그린 네긴 루
슈디의 초상화가 후사인의 그림 밑에 숨어 있었다. 물론 크리셴은 그의 세
대를 대표하는 거장으로 성장했다. "후사인은 자신의 그림들이 전부 어디

---

* 원래 'palimpsest'는 쓰여 있던 글을 지우고 그 위에 다시 글을 쓴 양피지를 뜻하는 말.

로 갔는지 알면서도 입을 열지 않는 거야"라고 크리센은 말했다. BBC가 후사인의 입을 열려고 해보았지만 노인은 지팡이로 바닥을 두드리며 분개했고 그 이야기는 진실이 아니라고 주장했다. "물론 진실이네." 크리센이 말했다. "그는 자네가 어머니 초상화를 찾으려고 자기 그림을 훼손할까봐 걱정하는 거야." 결국 루슈디는 그 초상화가 발견되는 것보다 행방불명인 상태가 상상력을 더 강하게 자극한다는 생각에 이르렀다. 행방불명일 때 그 그림은 아름다운 신비지만, 발견되고 나면 아니스 루슈디의 예술적 판단이 옳았고 당시 풋내기 화가였던 크리센이 좋은 작품을 그리지 못했다고 판명될 수 있었다. 그는 탐문을 중단했다.

켄징턴의 에드워즈 스퀘어에 있는 한 아틀리에에서 부펜이 그의 초상화를 그리는 동안 그는 사라진 그림 이야기를 했다. 부펜은 아주 재미있다는 듯 킥킥 웃으며 계속 그림을 그렸다. 인도 왕실 초상화의 전통에 따라 옆모습을 그리고 있었고, 루슈디는 훌륭한 인도 귀족처럼 속이 비치는 셔츠를 입고 있었는데, 부펜의 그림 속에서 그 셔츠는 유난히 순면보다는 나일론에 더 가까워 보였다. 처음에 부펜은 목탄을 들고 한 번에, 쉽고 능숙하게 실물과 아주 똑같이 옆모습 윤곽을 그렸다. 이 목탄 실선 위에 그린 그림은 어떤 측면에선 모델보다는 소설의 주인공 무어 조고이비와 더 비슷했다. "둘을 동시에 그린 걸세." 부펜은 말했다. "자넬 무어로, 무어를 자네로 그렸지." 이렇게 이 초상화 밑에도 보이지 않는 초상화가 있었다.

완성된 초상화는 후에 영국 국립초상화미술관이 소장했고, 부펜은 그곳에 작품을 걸게 된 최초의 인도 화가가 되었다. 부펜은 2003년 8월 8일, 네긴 루슈디와 같은 날에 세상을 떠났다. 어떤 의미가 있는지는 알 수 없지만 그런 우연에서 벗어날 수는 없었다. 그는 같은 날 친구와 어머니를 잃었다. 어쨌든 그것만으로도 큰 의미였다.

책은 출간되었고, 그는 행동반경을 계속 넓혀나갔다. 지금까지 사전에 예고하고 참석한 모임 중 가장 규모가 큰 〈타임스〉의 작가포럼에 참여하기 위해 센트럴 홀 웨스트민스터로 갔다. 마틴 에이미스, 페이 웰던, 멜빈 브래그와 동행했다. 『무어의 마지막 한숨』의 한 구절을 낭독한 후 청중에게 그의 "작은 외출 파티"에 와주어 감사하다고 말했다. 당연히 보안 조치가 취해졌고 방탄차를 타고 뒷문으로 드나들어야 하기는 했지만, 어쨌든 그가 쓴 책을 발표하고 있었다. 더구나 시위 같은 건 전혀 없었다. 런던경찰청의 높은 양반들도 마침내 긴장을 풀기 시작했다.

그는 대단히 야심찬 일을 계획하고 있었다. 남아메리카 출판사들이 12월에 칠레, 멕시코, 아르헨티나에 와달라고 요청했다. 그는 해낼 수 있다고 믿고 뒤이어 뉴질랜드와 오스트레일리아도 방문하기로 결정했다. 엄청난 여정인 만큼 잘 해내리라 굳게 다짐했다. 여러 항공사에 문의를 해야 했지만 이제 루프트한자뿐 아니라 이베리아항공, 에어프랑스, 오스트리아항공, 스칸디나비아항공도 그의 편이어서 뜻을 관철하기가 더 수월했다. 조금씩 경로가 그려졌고, 승인을 요청하고 받아내는 과정도 순조로웠다. 카를로스 푸엔테스와 함께 런던 주재 멕시코 대사 안드레스 로젠탈을 만나서 멕시코 여행 일정을 정리하는 데 도움을 받았다. 드디어 거짓말처럼 계획이 확정되었다. 가도 된다는 허가가 떨어졌다. 꿈만 같았다.

『무어의 마지막 한숨』의 노르웨이 출간을 위해 오슬로로 갔다. 오슬로대학교 강당에서 에드바르 뭉크의 벽화에 둘러싸인 채 낭독을 했다. 영국 밖에서 사전 예고로 열린 최초의 낭독회였다. 그와 빌리암 뉘고르는 그들이 크게 한발 내디뎠다고 느꼈다. 압제자들에 대한 우리의 승리네, 우린 함께 해냈어. 빌리암이 말했다. 빌리암은 아직 총상의 고통이 약간 남아 있어 거동이 조금 느렸지만 활기만은 넘쳐흘렀다. 그날 밤 오로라가 오슬로의 하늘을 가득 메워 사람들을 경이감에 빠뜨렸다. 오슬로는 너무 남쪽에 있는 데다 10월에는 때가 일러 오로라를 보기 힘든데도, 그날 오로라가 나타났다. 빌리암은 그 초록 오로라가 "자네의 오로라를 찬미하기 위해" 왔다고 말했다. 『무어의 마지막 한숨』의 여주인공 이름이 오로라 조고이비였다. 마치 그녀가 하늘에 나타나, 이 끝에서 저 끝까지 호를 이루고 잔물결처럼 일렁이는 거대한 초록 커튼 사이 어딘가에서 춤을 추고 있는 것 같았다. 오슬로에 있는 모든 사람들이 친구들에게 전화를 걸어, 밖으로 나가봐, 하늘을 봐, 엄청나라고 말했다. 한 시간 남짓 하늘을 뒤덮은 오로라는 더 좋은 시절이 오리라는 징조 같았다.

세인트피터스 스트리트 41번지 집에서 로버트 매크럼이 뇌졸중을 일으켰다. 세라 라이얼과 결혼한 지 꼭 두 달째였는데, 세라가 집에 없는 사이에 거의 죽을 뻔했다. 목숨은 건졌지만 팔 하나가 마비되었고, 한 번에 두 걸음밖에 걷지 못했다. 장기적으로는 얼마나 더 나빠질지 알 수 없었지만 조금씩 차도가 있었고, 로버트와 세라는 이를 희망의 징조로 굳게 믿었다. 또다른 세인트피터스 스트리트의 저주였다.

그는 로버트와 세라를 만나려고, 또 조금은 그 저주에 대해 사과하고 싶어서 크리스토퍼 히친스와 함께 갔다. 옛집에 돌아가니 기분이 이상했다. 그 집에서 살 때 그가 말을 하기 시작하면 환기장치가 말썽을 부렸었다. 그와 히치가 병상의 친구와 이야기를 하는 동안에도 별별 귀신들이 방 안팎으로 휙휙 날아다녔다. 두 사람은 오래 머물지 않았다. 로버트는 쉬어야 했다.

그 시절에 대한 기억의 스냅사진 속에서 경찰은 종종 부재했다. 밀란 쿤데라의 『웃음과 망각의 책』 초반부에 나오는 공산당 지도자 클레멘티스처럼 역사의 사진들에서 지워졌다. 그 시절을 어떻게든 견디기 위해 그는 자신이 항상 보안 체계에 둘러싸여 있고 보안상의 문제들이 그의 일상을 거머쥐고 있다는 사실을 잊기 위해 노력했다. 그는 일상에서 박탈당한 소소한 일들을 잊었다. 집 앞마당에서 우편물이나 아침 신문을 집어올 수 없었다. 주방에서 파자마 차림으로 맞부딪치면 번번이 당황스러웠다. 가명 조는 갈수록 싫어졌다. (그 자신의 집에서 그를 본명으로 부르면 안 될 이유가 과연 있었을까?) 그리고 즉흥성의 완전한 상실. 산책하러 가고 싶은데, 부탁하네. 알았어요, 조, 준비할 테니 한 시간만 줘요. 한 시간 뒤에는 산책하러 가고 싶은 마음이 사라질 거야. 그리고 밖에 나갈 때면 경찰은 항상 그를 "교체 지점"으로 데려가 한 차에서 다른 차로, 즉 집과 연관된 차에서 공개 석상과 연관된 차로 갈아타게 했다. 앞으로 평생 동안 이 교체 지점들, 너틀리 테라스, 파크 빌리지 이스트를 싫어할 것 같았다. 그곳들을 지나칠 때마다 마음이 움찔할 것 같았다. 당시 그는 그 장소들을 경험하지 않으려고 노력했다. 황급히 차를 갈아타는 그 사람의 몸에서 자신을 분리시켰고, 목적지에 도착했을 때는 경호팀에 대해 생각하지 않으려 했다. 친구들을 만날 때도 자연스럽게 행동했다.

친구들은 정반대였다. 경호가 아주 생소하고 특별했던데다 긴장감마저 준 탓에 거의 그것만 기억했다. 친구들에게 그 당시의 기억을 물으면 경찰에 대한 이야기가 나왔다. 우리집 유모한테 수작을 걸던 그 경찰 기억나나? 정말 잘생긴 남자가 둘 있었는데 기억나? 다들 그 두 사람한테 반했었는데? 친구들은 창문을 가린 커튼과 굳게 잠긴 뒷마당 문을 기억했다. 심지어 친구들의 눈에 그는 조연이었고, 경찰이 주연이었다. 하지만 그가 그 시절을 돌이켜볼 때면 경찰은 자주 거기 없었다. 물론 있었지만, 그의 기억은 없다고 판정을 내렸다.

이 작은 심리적 요술이 통하지 않을 때도 있었다. 남아메리카 여행에 관한 기억의 스냅사진들에서는 칠레 경찰이 프레임 한가운데를 차지했다. 무섭고 잊을 수 없고 시끄럽게.

칠레에 관한 스냅사진. 칠레 경찰은 두 종류다. 정복을 입은 카라비네로스와 사복을 입은 폴리시아 데 인베스티가시오네스. 엘리자베스와 함께 비행기를 타고 산티아고로 날아가는 동안, 이 두 거대 기관은 그를 입국시키느냐 마느냐를 놓고 다툼을 벌였다. 그는 어느 도서전에서 연설하기로 되어 있었지만, 무덥고 바람도 없고 쨍한 날 비행기에서 내리자마자 정복 경찰이 그들을 에워싸더니 활주로 옆 어딘가에 있는 숨막히는 창고로 데려갔고, 가는 동안 내내 두 사람을 완전히 둘러싸고 스페인어로 소리를 질러댔다. 그들은 여권을 빼앗겼다. 영어 사용자가 나서서 통역해주지도 않았다. 그가 무슨 일이냐고 물어보자, 돌아온 건 고함소리와, 입다물고 얌전히 있으라고 명령하는 단호한 손짓뿐이었다. 땀에 흥건히 젖은 채 그는 생각했다. 남아메리카에 잘 왔네, 잘 왔어.

아우구스토 피노체트는 1993년에 대통령직에서 물러났지만 여전히 군의 총사령관이었다. 이 족장이 가을을 맞았음에도* 그의 오랜 권력과 영향력을 의심하는 사람은 없었다. 피노체트하 칠레에서 치안 당국의 힘은 전능했다. 다만 이번 경우 두 경찰 기구가 개싸움을 하고 있었고 그는 뼈다귀였다. 리샤르트 카푸시친스키는 『황제The Emperor』에서, 하일레 셀라시에**의 두 정보부가 완전히 독립된 채 존재하면서 서로 염탐하는 것을 주업으로 삼고 있는 상황을 묘사했다. 또한 별로 즐거운 이야기는 아니지만, 이곳이 최근까지도 실종과 의문사가 다반사였던 나라라는 것도 생각났다. 혹시 루슈디 일행도 이미 "실종당한" 것은 아닐까?

대략 두 시간쯤 창고에 갇혀 있은 후 호텔이라 불리는 어느 경찰 시설로 옮겨졌다. 호텔은 아니었다. 안에서는 방문이 열리지 않았고, 무장 경비병들이 문 앞을 지켰다. 그는 여권을 돌려달라, 출판사 사람들에게 전화를

---

* 독재자의 죽음을 소재로 한 가브리엘 가르시아 마르케스의 소설 『족장의 가을』에 대한 언급.
** 에티오피아의 황제(1892~1975).

걸어달라, 영국대사관과 이야기해야겠다, 라고 거듭 요구했다. 경비병들은 어깨만 으쓱거릴 뿐이었다. 그들은 영어를 할 줄 몰랐다. 몇 시간이 더 재깍재깍 흘러갔다. 먹거나 마실 게 전혀 없었다.

납치범들은 갈수록 부주의해졌다. 방문은 열려 있고 "호텔"은 정복을 입은 사람들로 북적였지만 문 앞에 경비는 없었다. 그는 심호흡을 하고서 엘리자베스에게 말했다. "뭐라도 해봐야겠어." 그는 선글라스를 끼고 방에서 걸어나간 뒤 현관을 향해 계단을 내려갔다.

아무도 그가 뭘 하고 있는지 알아채지 못했다. 두 층을 내려가니 계단에서 사람들이 그를 둘러싸고 엉터리 영어로 소리를 지르며 손짓 발짓을 했지만 계속 걸어갔다. 너 무엇 한다? 어디 간다? 가능하지 않다. 안내대 앞에 이르니 땅딸 머리에 미러선글라스를 낀 남자들이 그를 에워쌌다. 총을 가진 사람들이라는 걸 알아보았지만 그는 이미 그런 데 익숙했다. 너 어디 간다? 멈추라. 너 멈추라. 그는 최대한 상냥하게 미소를 지었다. "산책하러 가는 거요." 현관을 가리키고 손가락으로 걷는 동작을 해보이며 말했다. "산티아고는 처음이오. 정말 아름답구려. 잠시 걷고 싶단 생각이 들었소." 카라비네로스들은 어찌할 바를 몰랐다. 위협을 하고 소리를 질러대면서도 그의 몸에 손대지는 않았다. 그는 계속 걸었다. 현관을 나왔고 두 발이 보도를 밟았고, 정말 어떻게 해야 할지 아무 생각도 안 났지만, 왼쪽으로 돌아 계속 행진했다. "선생님, 즉시 멈춰주십시오, 부탁합니다." 마법처럼 통역사가 나타났다. "드디어 모자에서 토끼가 튀어나오셨군." 그가 계속 미소를 지으며 걸음을 멈추지 않고 말했다. "선생님, 왜 이러십니까? 제발, 안 됩니다." 그는 더욱 환하게 미소를 지어 보이며 말했다. "가서 전하시오. 지금 내가 범죄를 저지르고 있는 거라면 나를 체포해서 감옥에 넣으라고. 그게 아니라면 2분 내에 영국 대사와 통화를 하고 싶소." 2분 후 그는 대사관과 이야기하고 있었다. 수화기 너머에서 대사관 직원이 말했다. "아, 정말 다행입니다. 하루종일 선생님께 무슨 일이 생긴 건지 알아내려고 백방으로 노력했습니다. 완전히 사라지셨더군요."

몇 분 후 대사관에서 나온 직원이 경찰 시설에 도착했다. 외교관이 그렇게 반갑기는 처음이었다. "선생님은 어떤 설전이 오가고 있었는지 전혀 모르시겠지요." 외교관이 말했다. "이들이 선생님 비행기에 기수를 돌려 회항하라고 명령할 뻔했어요." 이제 국제 외교 라인이 가동되었기 때문에 엘리자베스와 루슈디는 진짜 호텔에 가는 것을 허락받았다. 호텔에서 칠레 작가 대표단을 만났는데, 그중에 1985년에 소설 『네루다의 우편배달부』를 쓴 안토니오 스카르메타가 있었다. 이 소설이 〈일 포스티노〉라는 영화로 만들어진 참이었다. 스카르메타는 너그러운 마음씨를 가진 거구의 남자로, 두 팔을 활짝 펴 그를 맞이하고 사과의 말을 홍수처럼 쏟아냈다. 부끄러운 일이오. 우리 칠레 사람들의 수치요. 이렇게 무사히 오셨으니, 앞으론 모든 게 나아지도록 하겠소.

할 수 없는 일이 있었고 할 수 있는 일이 있었다. 도서전에 가기로 한 약속을 지키기엔 이미 늦었다. 하지만 이튿날 작은 극장에서 작가, 예술가, 언론인의 모임이 열릴 예정이었고, 그곳에서 연설을 하는 것이 허락되었다. 그후 엘리자베스와 함께 콘차이토로 회사 소유의 포도원과 산티아고 남쪽의 아름다운 대목장을 방문해 칠레의 진정한 환대를 맛보았다. 모두 멋진 경험이었지만, 그 즐거운 스냅사진들은 희미해지고 사라졌다. 카라비네로스의 그늘 속으로 잠시 "실종당했던" 순간의 사진들은 희미해지지 않았다. 조만간 다시 칠레를 방문하고 싶다는 생각은 들지 않았다.

아르헨티나에 관한 스냅사진. 1970년대 중반에 런던에서 열린 호르헤 루이스 보르헤스의 강연에 간 적이 있었다. 연단 위의 보르헤스는 프랑스 코미디언 페르낭델의 우울해 보이는 라틴아메리카판이었고, 이 위대한 작가 곁엔 일본인처럼 생긴 젊고 아름다운 여성이 있었다. '저 여잔 누구지?' 하고 생각했던 기억이 있다. 그리고 오랜 세월이 흐른 지금 보르헤스와 사별한 그 전설적인 여인 마리아 고다마가 그들을 향해 걸어와 부에노스아이레스에 온 것을 환영해주었다. 머리가 얼룩말 갈기 같은 마리아와 그녀의 이름을 딴 레스토랑에서 점심을 먹었다. 식사를 마친 후 마리아는 '호르헤 루이스 보르헤스 국제 재단'으로 안내해주었다. 재단은 보르헤스의 옛 집이 아니라 그 옆집에 있었다. 실제로 보르헤스가 살았던 집의 주인이 집을 팔고 싶어하지 않아서였다. 재단 건물은 "진짜" 집의 거울상 형태였다. 보르헤스가 거울상으로 기려지다니 꽤 어울렸다. 건물 2층에는 작가의 작업실을 그대로 재현한 방이 있었다. 소박한 테이블과 수직 등받이 의자가 있고 한쪽 구석에 침대가 놓인 검소하고 폭이 좁은 수도사의 방이었다. 그 층의 나머지 공간에는 책이 가득했다. 보르헤스를 만나는 행운을 누려보지 못했다면, 그의 서재를 만나는 게 차선이다. 여러 언어가 모인 책꽂이에는 작가가 사랑한 스티븐슨, 체스터턴, 포의 책들은 물론이고, 인류의 언어들 중 절반은 될 수많은 언어로 쓰인 책들이 있었다. 보르헤스와 앤서니 버지스가 만났던 이야기가 떠올랐다. 버지스가 아르헨티나의 거장에게 이렇게 말했다. 선생님과 저는 이름이 같군요.* 두 사람은 주위에서 듣고 있는 귀들이 이해하지 못할 공통의 언어를 물색했고, 앵글로색슨어로 합의를 보고서 베어울프**의 언어로 즐겁게 재잘거렸다.

백과사전으로 가득찬 방도 있었다. 세상 만물에 관한 이 백과사전의 책장들에서, 잘못된 항목이 기재된 그 유명한 앵글로아메리칸백과사전, 즉 "브리태니커백과사전 1902년판을 그대로 찍어낸, 그러나 좀 조악한 판"이 태어났다. 보르헤스의 위대한 픽시온*** 「틀뢴, 우크바르, 오르비스 테르티우스」에서, 가상의 두 인물 '보르헤스'와 '비오이 카사레스'는 앵글로아

---

* 보르헤스(Borges)와 버지스(Burgess)의 철자가 비슷한 것에 대한 언급.

** 앵글로색슨어로 쓰인 영국의 영웅 서사시 중에서 현존하는 가장 오래된 작품. 8세기 무렵 문자로 정착되었다.

*** ficción. 보르헤스의 단편집 『픽션들』의 원제 'ficciones'의 단수형. 「틀뢴, 우크바르, 오르비스 테르티우스」가 이 책에 수록되어 있다.

메리칸백과사전 제46권에서 우크바르라는 땅에 관한 항목을 발견하고, 그 매혹적인 틀뢴백과사전도 발견한다.

이 신비한 책들과 하루종일 시간을 보낼 수도 있었지만 그에게 주어진 시간은 한 시간밖에 없었다. 떠날 때 마리아가 엘리자베스에게 귀한 선물을 주었다. 보르헤스에게서 받은 최초의 선물 중 하나인 "사막의 장미"라는 돌을 건네며 말했다. 두 분도 우리만큼 행복했으면 좋겠어요.

그는 마리아에게 물었다. "기억하실는지 모르겠습니다만, 보르헤스 선생님이 구스타보 토를리첸이란 사진작가의 아르헨티나 사진집 서문으로 에세이를 쓰셨었죠?"

마리아가 말했다. "맞아요. 그 에세이에서 그이는 팜파스를 사진에 담는 건 불가능하다고 했죠."

"끝없이 펼쳐진 팜파스." 그가 말했다. "보르헤스 선생님의 팜파스는 공간이 아니라 시간으로 이루어져 있죠. 거기가 바로 우리가 사는 곳입니다."

부에노스아이레스에서도 경호가 있었지만 견딜 만했고, 지워버릴 수 있었다. 아르헨티나 경찰들은 칠레 경찰의 광기를 뉴스로 접한 탓에 그보다 좋은 모습을 보이길 원했고, 그래서 약간의 숨쉴 틈을 주었다. 덕분에『무어의 마지막 한숨』관련 일들을 할 수 있었고 심지어 관광할 시간도 낼 수 있었다. 에바 페론이 잠들어 있는 레콜레타 공동묘지의 가족묘를 방문했다. 로이드 웨버를 연상케 하는 묘표가 행인들에게 그녀를 위해 울지 말라고 명했다. 노 메 요레스.* 그는 무언으로 말했다. 그래요, 그렇다면, 울지 않으리다. 당신 뜻대로, 페론 여사.

아르헨티나의 외무장관·기도 디 텔라로부터 만나자는 요청이 왔다. 동행한 영국대사관 직원이, 마돈나가 주연할 앨런 파커 감독의 영화〈에비타〉가

---

* '울지 마'라는 의미의 스페인어. 에바 페론의 삶을 토대로 한 뮤지컬〈에비타〉의 대표곡이〈나를 위해 울지 마요 아르헨티나(Don't Cry For Me Argentina)〉이고 이 곡의 작곡가가 앤드루 로이드 웨버이다.

카사 로사다*에서 촬영하길 바랐지만 거절당했다고 귀띔했다. "선생님께서 한마디 해주시면 도움이 될 겁니다. 대화하시는 중에 그 문제를 살짝 건드려주시기만 해도요." 외교관이 속삭이듯 말했다. 그는 그렇게 했다. 디 텔라 씨는 파트와에 대해 물은 다음 이제 관습이 된(그리고 대체로 공허한) 지지 소음을 늘어놓았다. 그는 외무장관에게 그 영화 문제에 대해 어떻게 생각하느냐고 물었다. 디 텔라는 뭘 어쩌겠느냐는 듯한 몸짓을 했다. "선생께서도 아시다시피 카사 로사다는 정부 청사입니다. 촬영을 허락하기는 어렵습니다."

"하지만 엄청난 예산이 잡혀 있는 영화입니다. 그들은 어떻게든 만들겠지요. 만일 카사 로사다에서 촬영하는 걸 허락하지 않으신다면 다른 건물을 찾을 겁니다. 아마, 글쎄요…… 우루과이에서?"

디 텔라의 표정이 굳어졌다. "우루과이라고요?"

"그렇죠. 아마도, 우루과이가 되겠죠."

"좋습니다." 디 텔라가 말했다. "잠깐만 실례하겠습니다. 전화를 걸 일이 있어서요."

이 대화가 끝난 직후 〈에비타〉 제작진은 카사 로사다에서 촬영해도 좋다는 허락을 받았다. 영화가 나왔을 때, 마돈나가 촬영 허가를 얻기 위해 아르헨티나 대통령에게 직접 로비를 했다는 글을 읽었다. 어쩌면 그게 결정적이었는지도 모른다. 하지만 어쩌면 우루과이도 한몫했을지도 모른다.

멕시코와 관련된 스냅사진. 물론, 도처에 경찰이 깔려 있었다. 물론, 어렵사리 그의 책을 출간했고 표현의 자유에 대해 이야기했고 피에 젖은 아즈텍족의 유물, 코요아칸에 있는 프리다 칼로와 디에고 리베라의 집, 암살자 메르카데르가 트로츠키의 두개골에 아이스픽을 찔렀던 방을 보았다. 물론, 카를로스 푸엔테스와 함께 과달라하라 도서전에 참여할 수 있었고, 도

---

* 아르헨티나 정부 청사이자 대통령 집무실이 있는 곳.

서전에서 연설한 다른 작가들과 함께 헬리콥터를 타고 푸른 용설란이 자라는 언덕 위를 지나 테킬라 시의 한 유서 깊은 테킬라 농장으로 가서 점심도 먹었다. 그곳에는 마리아치 악단*도 있었고, 모두들 트레스 헤네라시오네스 테킬라를 너무 많이 마셨고, 두통을 비롯한 흔한 숙취로 고생했다. 물론, 테킬라 시 방문은 나중에 『그녀가 밟은 땅』 초반부의 한 장면을 구상하는 데 도움이 되었다. 그 소설에서 이 작은 도시는 지진으로 흔들리고, 술통에 금이 가서 테킬라가 물처럼 거리를 흐른다. 테킬라 시를 떠난 후 그와 엘리자베스는 카를로스와 실비아 푸엔테스 부부와 함께 '파스쿠알리토스'라 불리는 놀라운 집에 초대를 받았다. 팔라파 지붕**을 인 오두막들이 실제로 하나의 군도를 이루고서 태평양을 굽어보았는데, 현대 건축을 다룬 화려한 책들에 자주 등장하는 집이었다. 그리고 물론, 그는 멕시코가 대단히 좋았다. 하지만 이 모든 것은 부수적이었다.

진짜는 이것이었다. 하루는 멕시코시티에서 저녁 무렵 카를로스 푸엔테스가 말했다. "가브리엘 가르시아 마르케스를 못 만나봤다니 미칠 노릇이군. 그 친구가 지금 쿠바에 있는 게 유감 천만이네. 전 세계 작가 중 자네하고 가보 둘은 꼭 만나야 할 사람들이니까." 푸엔테스는 자리에서 일어나 밖으로 나가더니 몇 분 후 돌아와서는 이렇게 말했다. "자네가 반드시 통화해야 할 사람이 있네."

가르시아 마르케스는 영어를 못한다고 주장했지만 실은 아주 잘 알아들었다. 루슈디로 말하자면, 스페인어로 말하는 건 형편없지만, 속어가 많지 않고 너무 빠르지만 않으면 무슨 말을 하는지 얼마간 이해했다. 두 사람이 공통으로 아는 유일한 언어는 프랑스어였고, 그래서 일단 대화를 시도했다. 다만 가르시아 마르케스는—도저히 "가보"라고 생각할 순 없었다—

---

* 화려한 의상을 입고 현악기와 트럼펫 등을 연주하는 멕시코 특유의 악단.
** 마른 야자나무 잎을 엮은 멕시코의 초가지붕.

끊임없이 스페인어로 끌려들어갔고, 루슈디는 본의 아니게 많은 영어가 자신의 입에서 나오고 있는 걸 들었다. 하지만 이상하게도, 두 사람의 긴 대화와 관련된 기억의 스냅사진에 따르면 언어 문제는 전혀 없었다. 그들은 그저 따뜻하고 다정하고 유창하게, 서로의 책에 관한 말들과 그들을 낳은 세계들에 관한 이야기를 주고받았다. 루슈디는 라틴아메리카의 삶에서 남아시아의 경험과 일치하는 면을 많이 보았다고 말했다. 두 세계 모두 식민 지배의 역사가 길었고, 종교가 흥했고 영향력이 있으며 종종 억압적이고, 군인과 민간인이 권력을 두고 다투고, 빈부격차가 극단적으로 심하고 두 극단 사이에 많은 부패가 존재한다. 라틴아메리카 문학이 동양에서 그렇게 준비된 독자를 만난 것은 놀라운 일이 아니라고 루슈디는 말했다. 그러자 가보는—"가보"라니! 가족끼리 쓰는 허물없는 별명으로 신을 부르는 듯하여 송구스러웠다—남아메리카 작가들의 글은 동양의 불가사의한 이야기들로부터 큰 영향을 받았다고 말했다. 그러니 두 사람에겐 큰 공통점이 있었다. 그런 뒤 가르시아 마르케스는 그가 생전 들어본 적 없는 큰 칭찬을 해주었다. 스페인어권 밖에 있는 모든 작가 중, 내가 항상 따라가려고 애쓰는 두 작가가 J. M. 쿳시와 자네라네. 이 문장 하나만으로도 그 여행 전체가 보람 있었다.

그는 전화를 끊은 후에야 가르시아 마르케스가 파트와에 대해, 또는 그에게 강제된 현재의 삶에 대해 한마디도 묻지 않았음을 깨달았다. 작가 대 작가로서 책에 대해서만 이야기했다. 그 또한 크나큰 찬사였다.

사건 발생 이전, 시간의 붕괴를 담은 스냅사진. 멕시코에서 부에노스아이레스로, 다시 티에라델푸에고로 갔다가, 칠레 해안을 따라 올라가서 뉴질랜드로 갔다. 날짜변경선을 넘을 때 그의 뇌가 포기를 선언했다. 지금 시간이 지난주 화요일 4시 30분이라고 말했어도 그 말을 믿을 지경이었다. 날짜변경선이 너무 혼란스러웠고, 시간이 상한 빵처럼 손아귀에서 부서져내렸다. 시간에 대해 누가 무슨 말을 하더라도 물론이야, 당연하지, 안 될 게 뭐겠나, 라고 말하게 될 것 같았다. 날짜변경선은 시간이 허구임을, 실재하지 않는 무엇임을 드러냈다. 어떤 일이든 일어날 수 있고, 날짜들이 저 내키는 대로 거꾸로 흐를 수 있고, 망가진 영사기에서 한 타래의 필름이 바닥으로 미친듯이 풀려나오듯 인간의 삶도 걷잡을 수 없이 풀려버릴 수 있다는 생각이 들었다. 시간은 스타카토 음 같은, 무작위하고 무의미한 일련의 단절된 순간들인지도 몰랐다. 자포자기한 시간이 두 손 들어 항복하곤 자멸해버릴 수도 있었다. 순차성에 대한 이 갑작스러운 혼란 때문에 머리가 빙빙 돌고 실신할 지경이었다. 의식이 돌아왔을 때는 뉴질랜드에 있었고 영어권으로 돌아와 있었다. 그게 위안이 되었다. 하지만 더 큰 혼란이 그를 기다리고 있었다. 모두를 전멸시킬 천사가 날갯짓하고 있었지만 그는 듣지 못했다. 그의 머리 위, 저 위에서 천사의 두 날개가 조금씩 내려오고 있었다.

사건 직전 며칠의 스냅사진. 뉴질랜드와 오스트레일리아의 경호는 보다 분별 있고 덜 강제적이고 좀더 받아들이기 쉬웠다. 하지만 미처 알지 못한 것이 있었다. 차를 몰고 루아페후 산을 지나 북섬을 횡단할 때, 몇 달 전부터 분화하고 있던 그 산에서 연기 기둥이 무섭게 솟아 하늘을 가로질렀다. 하지만 그것이 어떤 징후나 전조라는 생각은 들지 않았다. 오스트레일리아에서 그들은 시드니 근처 블루 산맥에 있는 '행복한 명함'이라는 재치 있는 이름*의 목장에서 줄리 클라크와 리처드 네빌의 손님으로 주말을 보냈다. 네빌은 멋진 포스트히피**이자 〈오즈Oz〉의 전 편집자였고, 그 유명한 '오즈 스쿨키즈 호'***에 대한 외설 재판의 세 피고인 중 한 명이었으며, 『히피 히피 셰이크Hippie Hippie Shake』라는 독창적인 회고록에서 1960년대의

---

* 'Happy Daze'. '행복한 나날'을 뜻하는 'happy days'와 발음이 같다.
** 히피의 기본 신념인 평화, 자유주의, 환경보호, 다문화주의, 자유연애 등을 지지하면서도 히피처럼 살지 않는 신세대 히피.
*** 영국 잡지 〈오즈〉의 제28호. 학생이 그린 만화 등이 외설적이라는 이유로 재판을 받았다.

대항문화 연대기를 저술한 작가였다. 그 더없이 행복한 구역에서는(그들은 나무 위에 지어진 집에서 잤다) 평화와 사랑 외에 다른 것은 생각할 겨를이 없었다. 앞으로 이틀 후 죽음에 그 어느 때보다 가까이 다가가리라고는 짐작조차 못했다. 위협 속에서 살아온 그 오랜 나날 중에서도 가장 치명적인 순간이 다가오고 있었다.

당일의 스냅사진. 일정을 모두 소화한 후에도 그곳에 남아 양지에서 크리스마스를 보내기로 결정했다. 경찰은 루슈디가 그 나라에 있다는 걸 아무도 모를 테니 경호를 받지 않고 지내도 된다고 동의했다. 소설가 로드니 홀은 시드니에서 남쪽으로 네 시간 운전하면 당도하는 뉴사우스웨일스 주 버마구이의 아름답고 한적한 바닷가 저택에 살았다. 로드니 홀이 두 사람을 초대하며, 버마구이에서 크리스마스를 보내면 완전히 비밀이 보장되는 데다 목가적이기까지 할 거라고 안심시켰다. 학기를 마친 자파르가 런던에서 비행기를 타고 날아와 시드니에서 합류했다. 열여섯 살 반이 된 자파르는 이제 키가 크고 어깨가 떡 벌어진 청년이었고, 스스로도 남다른 신체적 자신감을 지니고 있었다. 경찰이 철수하고 그들만 호젓하게 남겨진 날 아침, 본다이 해변 근처의 한 식당에서 축하 커피를 마시는데 아랍인처럼 보이는 남자가 이상한 눈초리로 쳐다보더니 인도에 멈춰 선 후 손짓을 섞어가며 긴급하게 통화를 했다. 자파르가 일어나더니 "나가서 잠깐 얘기하고 올게요"라고 말했다. 아버지는 아들의 보호를 받고 있다는 느낌이 낯설면서도 기분 좋았지만, 아들에게 굳이 그럴 필요 없다고 말했다. 전화를 건 남자는 결국 그들과 무관한 사람이었다. 그들은 빌려둔 홀덴 세단이 주차된 곳으로 향했고 남쪽으로 긴 드라이브를 시작했다.

엘리자베스가 가져온 호머의 『일리아드』 오디오북 카세트를 틀었다. 프린시스 고속도로를 따라 뉴사우스웨일스의 남부를 누비며 D. H. 로런스가 『캥거루Kangaroo』를 썼던 울런공 교외에 위치한 서롤을 지나 해안에 이를 때까지, 디저리두* 음악 같은 오스트레일리아 지명들이 고대 그리스와

트로이의 호전적이고 비극적인 고유명사와 대위법을 이루었다. 제링공, 아가멤논, 나우라, 프리아모스, 이피게네이아, 토머롱, 클리타임네스트라, 완단디언, 제라완갈라, 헥토르, 야테야타, 먼데이옹, 안드로마케, 아킬레우스. 자파르는 포도줏빛의 풍요로운 바다가 들려주는 고대의 이야기에 취해 뒷좌석에 대자로 누워 깊이 잠들었다.

여정의 절반에 이르렀을 때 작은 도시 밀턴에 도착했다. 이미 두 시간이나 운전한 그는 그때 차를 세우고 엘리자베스에게 운전을 맡겨야 했는지도 모른다. 하지만 아니, 괜찮아, 계속 운전해도 즐거워, 라며 운전대를 놓지 않았다. 카세트테이프가 끝이 났고, 한순간—한순간의 반의반 순간—그의 눈길이 꺼냄 버튼을 향해 깜박 내려갔다. 그리고 순식간에 아주 많은 일들이 일어났다. 날짜변경선을 통과한 후로 줄곧 의심스럽던 시간이 그 순간에는 속도를 늦추고 거의 정지하는 듯했다. 엄청나게 큰 컨테이너 트럭이 샛길에서 튀어나와 크게 좌회전을 했다. 그는 나중에도 계속 트럭 운전실이 흰색 차선을 넘었다고 말했지만, 엘리자베스는 그가 오른쪽으로 살짝 틀었다고 기억했다.** 이유야 어쨌든 갑자기 귀를 찢는 거대한 소리가 났다. 쇳덩이와 쇳덩이가 부딪치는 무시무시한 죽음의 소리였다. 컨테이너 차 운전실이 홀덴의 운전석 문을 강타하여 안쪽으로 찌그러뜨렸다. 느릿느릿 흘러가는 시간이 급격히 더 느려졌고 그는 긴 시간 동안, 아마 20초, 혹은 한 시간 동안 컨테이너 차를 향해 끌려가는 듯한 착각에 빠졌다. 컨테이너 차가 마침내 그들을 놓아주었을 때 홀덴은 옆으로 미끄러지며 아스팔트를 가로질러 풀이 무성한 도로변으로 향했다. 도로 경계를 넘어서자마자 가지를 넓게 뻗은 우람한 나무 한 그루가 그들을 향해 달려들었다. 그리고 운전대와 씨름하던 어느 순간, 느리게 움직이고 있던 마음속에 이

---

* 기다란 피리같이 생긴, 오스트레일리아 원주민의 목관 악기.
** 오스트레일리아에서는 왼쪽 차선으로 운행한다.

런 생각이 느리게 떠올랐다. 저 나무를 피하지 못할 거야, 저 나무를 들이받겠구나, 아, 다가온다, 저 나무에 처박힐 거야, 저기 처박힐 거야…… 지금이다. 엘리자베스를 보니 눈을 부릅뜨고 입을 떡 벌리고, 작은 말풍선 같은 하얀 입김을 내뿜고 있었고, 몸이 안전벨트 밖으로 튀어나갈 듯 앞으로 쏠려 있었다. 그 순간 그는 그녀의 생명이 몸에서 빠져나가는 것을 보게 될까 두려웠고, 그의 목소리가 아닌 목소리로 여보, 괜찮아? 하고 소리쳤다. 그녀의 대답을 듣지 못하면 남은 일생을 어찌해야 할까.

자파르가 잠에서 깨어났다. "무슨 일이에요?" 아들이 잠에서 덜 깬 목소리로 물었다. "왜 그래요?" 아, 그래, 자파르, 이제 곧 저 나무가 차 한가운데로 들어올 거야, 그런 일이 벌어질 것 같구나.

세 사람 모두 살았다. 열에 아홉은 전원 사망할 사고였지만, 이번이 그 하나의 예외였고, 심지어 뼈 하나 부러진 사람 없었다. 차가 컨테이너 차 밑에 끼여 끌려갈 수도 있었고, 그랬다면 모두 목숨을 잃었을 테지만, 대신 바퀴 하나만 튕겨나갔다. 뒷좌석에서 자고 있던 아들 옆에는 로드니한테 줄 선물로 가져가던 와인 상자가 열린 채 바닥에 놓여 있었는데, 차가 나무를 들이받을 때 와인 병들이 미사일처럼 앞쪽으로 발사되어 앞유리를 강타했다. 만일 그 병들에 엘리자베스나 그가 맞았다면 두개골이 부서졌을 게 분명했다. 하지만 미사일들은 표적을 못 맞히고 두 사람의 어깨 위로 날아갔다. 엘리자베스와 자파르는 긁힌 자국 하나 없이 스스로 차에서 빠져나왔다. 루슈디에게는 행운이 조금 덜 따랐다. 운전석 문이 찌그러져 밖에서 열어야 했고, 옷 밖으로 드러나 있던 오른팔과 샌들을 신은 오른발 몇 군데에 심한 타박상과 깊은 자상을 입었다. 그 팔의 한 부분이 계란처럼 부풀어올랐다. 골절 증세 같았다. 선량한 밀턴 사람들이 구조를 위해 달려왔다. 부축을 받고 나온 그는 아무 말도 못하고 안도와 충격에 넋을 잃고 풀밭에 주저앉았다.

행운이 한번 더 찾아왔다. 마침 인근에 밀턴 올라둘라 병원이라는 작은 의료 시설이 있어 구급차가 빨리 올 수 있었다. 흰옷을 입은 사람들이 달려오더니 눈을 동그랗게 뜨고 멈춰 섰다. "실례지만, 혹시 살만 루슈디 씨 아니세요?" 그 순간만큼은 아니고 싶었다. 그냥 치료를 받고 있는 익명의 사람이고 싶었다. 하지만 그랬다, 그는 루슈디였다. "정말요? 지금 이런 부탁을 드리면 힘드시겠지만 사인 한 장만 해주실 수 있을까요?" 그는 생각했다. 사인 한 장 해줘. 구급차와 함께 온 사람이야.

경찰이 왔고, 컨테이너 차 운전자를 조사하러 갔다. 그 운전자는 여전히 머리를 긁적이며 컨테이너 차 운전석에 앉아 있었다. 컨테이너 차는 아무 일 없었던 양 멀쩡했다. 홀덴은 그 거대한 괴물에 박살이 났건만 괴물은 긁힌 자국 하나 보이지 않았다. 하지만 컨테이너 차 운전자는 경찰에게 호되게 당하고 있었다. 경찰들도 풀밭 위에 멍하니 앉아 있는 부상자가 살만 루슈디라는 것을 알아챘고, 그래서 컨테이너 차 운전자에게 물었다. 종교가 뭡니까? 운전자는 어리둥절해했다. "내 종교가 대체 무슨 상관이오?" 어서 말하세요, 무슬림입니까? 이슬람교도? 이-란-인? 아야톨라 추종자 아니에요? 뭐라고 하더라, 그 파트소인가 뭔가를 집행하려 한 거요? 불쌍한 운전자는 혼란에 빠진 머리를 가로저었다. 자기 차에 치인 남자가 누군지 그는 몰랐다. 운전자는 단지 이 차를 몰았을 뿐, 파트소 같은 것은 몰랐다. 결국 경찰도 운전자의 말을 믿고 보내주었다.

트럭 컨테이너에는 신선한 거름이 가득 들어 있었다. 그는 다소 흥분해서 자파르와 엘리자베스에게 말했다. "그 말은 우리가 똥을 실은 트럭에 깔려 죽을 뻔했다는 거야? 산더미 같은 분뇨에 깔려 죽을 뻔한 거야?" 그랬다. 사실이었다. 7년 가까이 암살 전문가들을 잘도 피해 다녔건만, 그와 그의 사랑하는 가족은 거대한 똥사태에 파묻혀 종말을 고할 뻔했다.

병원에서 일련의 정밀검사를 받은 결과 모두 정상이었다. 그의 팔은 부러지지 않았고 심한 타박상을 입은 게 전부였다. 로드니 홀에게 전화를 걸자 홀은 즉시 차를 몰고 데리러 오겠다고 했다. 하지만 그래서는 두 시간 이내에 그곳을 벗어날 수 없었다. 어느새 기자들이 우르르 몰려와 있었다. 병원 직원들은 원내에서 누가 치료를 받고 있는지 혹은 받고 있지 않은지에 대해 입을 꾹 다문 채 기자들을 저지하는 임무를 훌륭히 수행했다. 하지만 언론은 직원들이 아는 것을 이미 알고 있는지라 자리를 뜨지 않았다. 의사들과 간호사들은 루슈디 일행에게 "원하신다면 친구분이 오실 때까지 여기 계셔도 됩니다"라고 말했다. 그래서 그들은 응급병동에 머무르며 기다렸고, 마치 서로가 여전히 곁에 있는지 확인하려는 듯 서로를 자세히 살펴보았다.

로드니가 근심 가득한 얼굴로 다급하게 뛰어와서는 말했다. 기자들이 아직 밖에 있는데, 어떻게 하지? 저들 앞으로 지나가면서 마음껏 사진 찍게 놔둬야 하나? "아뇨." 그가 로드니에게 대꾸했다. "첫째, 팔을 붕대에 건 이런 몰골로 찍힌 사진이 내일 모든 신문에 실리는 건 싫습니다. 그리고 두번째로, 제가 선생님 차를 타고 떠나면 저들이 머지않아 제가 어디 머물고 있는지 알아낼 테고 그러면 크리스마스가 엉망이 됩니다."

"엘리자베스와 자파르는 내가 데려갈 수 있네." 로드니가 제안했다. "여기서 남쪽으로 2마일 떨어진 곳에서 만나세. 자파르와 엘리자베스가 어떻게 생겼는지는 아무도 모르니, 주의를 끌지 않고 느긋하게 걸어나가면 될 거야."

그들을 치료하고 있던 친절한 젊은 의사 존슨이 제안을 해왔다. "직원 주차장에 제 차가 있습니다. 거기엔 취재진이 없습니다. 선생님께서 친구분들과 만날 곳까지 제가 태워드리죠."

그가 말했다. "그렇게 친절한 말씀을 주시다니. 정말 그래주시겠소?"

닥터 존슨이 말했다. "농담하십니까? 이건 밀턴에서 일어난 모든 일 중 제일 짜릿한 사건입니다."

로드니의 집은 작은 갑岬 위에 있었고 집 옆으로는 유칼립투스 숲에 둘러싸인 인적 드문 해변이 길게 뻗어 있었다. 로드니의 장담대로 은밀하고 목가적이었다. 환대와 보살핌, 와인과 저녁식사가 그들을 맞았다. 소리 내어 책을 읽고 산책을 하고 잠을 자는 동안 교통사고의 충격은 서서히 가라앉았다. 크리스마스 당일, 오전에는 태즈먼 해에서 수영을 했고, 저녁에는 잔디가 깔린 야외에서 크리스마스 만찬을 즐겼다. 그는 말없이 앉아 엘리자베스와 자파르를 바라보며 생각했다. 우리는 아직 여기 있어. 잘 봐. 우리 셋 다 아직 살아 있어.

8

/

오전 씨와 오후 씨

Mr Morning and Mr Afternoon

1996
-
1998

주제는 항상 변한다. 이 말을 그는 무수히 되뇌었다. 우리가 사는 세계는 갈수록 빨라지고, 주제도 그 어느 때보다 빠르게 변하고 있다. 하지만 7년이 사라졌다. 인생의 황금기인 사십대의 7년이. 아들의 소중한 어린 시절 7년은 다시 돌려받을 수도 없다. 그런데도 주제는 변하지 않았다. 이 상황이 단지 인생의 한 국면으로 끝나지 않을 수도 있었다. 남은 생이 전부 지금과 같을지도 몰랐다. 그럴 순 없었다.

온 식구가 억눌려 있었다. 자파르는 경호 때문에 불만이 가득하고—친구 두어 명 집에 데려오는 것도 안 돼요?—학업이 부진했다. 클래리사는 문화예술위원회에서 두각을 나타내고, 전국의 소규모 잡지들을 돕는 수호성인 같은 존재가 되어 모두에게 사랑받고 있었다. 그녀가 자기에게 맞는 자리를 찾은 것 같아 루슈디도 기뻤지만, 돈 문제로 다툰 이후로 그들의 관계는 금이 가고 말았다. 적대적이진 않았지만 더이상 친밀하지도 않았다. 슬프고 좋지 않은 일이었다. 엘리자베스는 임신이 되지 않아서 자주 기분이 가라앉았다. 그녀는 산부인과 의사를 찾아갔고 자신이 다양한 체내 요인으로 임신이 어렵다는 것을 알게 되었다. 단순염색체전위 외에도 극복할 문제가 하나 늘었다. 혹 아기가 태어난다면 경호 문제까지 불거질 터였다. 그녀는 일단 경호 문제에 대해서는 마음을 닫고 무시했다.

새해가 시작되었다. 캐럴라인 미셸이 전화를 걸어, 영국에서 『무어의 마지막 한숨』하드커버 판매가 이미 20만 부에 근접했다고 말했다. 그러나 인도에서는 장벽에 부딪혔다. 봄베이에서 시브세나당이 소설 속에서 자신들이 "뭄바이의 축"으로 묘사된 데에 이의를 제기했다. 소설의 등장인물 하나가 바퀴 달린 박제 애완견에게 그 나라 초대 총리 이름을 붙여 자와할랄이라 부르는 것을 재미있어하지 않는 사람들도 있었다. 인도 분리 독립을 다룬 유명한 소설 『아그 카 다르야(불의 강)』를 쓴 예순여덟의 우르두어 소설가 쿠라툴라인 하이더는, 그런 식의 문학적 박제야말로 그 책의 저자가 "절대 용서받지 못할 자"임을 입증한다고 선언했다. "논쟁"의 결과, 인도 정부는 표현의 자유에 촉각을 곤두세우는 오랜 전통에 따라, 얄팍한 핑계를 내세워 책을 세관에서 가로막았다. 루슈디는 인도에서 유능하기로는 손꼽히는데다 상냥한 말투와 높은 도의심까지 겸비한 그의 인도인 변호사 비자이 샹카다스에게 전화를 걸었다. 비자이는 만일 인도의 출판 단체들을 설득해 그 책의 인도 쪽 출판사 루파를 돕게 할 수 있다면, 신속히 "소명 명령"을 청구하는 재판을 열어 정부에 금수를 풀도록 강제할 수 있다고 말했다. 루파의 사장 라잔 메흐라는 결의가 뚜렷하지 않았다. 처음에는 정부에 도전하면 그 여파로 사업상 불이익을 당하지 않을까 염려하여 소극적으로 반응했다. 하지만 비자이의 도움으로 결심을 굳히고서 결국 "해야 할 일"을 했다. 재판이 열린 날 정부가 물러섰다. 이제 장벽은 사라졌고 『무어의 마지막 한숨』은 인도로 들어가 아무 문제 없이 자유롭게 출간되었다. 그 소설이 해금된 것은 델리 도서전에서 엄청난 사건이자 "위대한 승리"로 회자되었다. 그는 비자이에게 감사했다. 그러나 『악마의 시』는 인도에서 여전히 금서였고, 작가도 같은 신세였다.

인도에 있는 또다른 두통거리는 심라 힐스의 외진 곳, 솔란에 있는 작은 집이었다. 그가 본 적도 없는 친할아버지 무함마드 딘 칼리키 델라비는 오래전 델리의 무더위를 피할 여름 별장으로 그 집을 구입했다. 작은 땅 위에 돌로 지은 방 여섯 칸짜리 시골집이었지만, 산을 향해 전망이 탁 트인 곳에 있었다. 할아버지는 이 집을 외아들 아니스에게 물려주었고, 아니스 루슈디는 죽기 전 자신의 외아들에게 증여했다. 히마찰프라데시 주 정부는 인도를 떠나 파키스탄에 정착한 사람의 재산을 압류하는 피난민 재산법에 따라 그 집을 강제 수용했다. 하지만 루슈디는 파키스탄에 정착한 것이 아니었으므로 주 정부는 그 집을 불법으로 점거하고 있었다. 비자이 샹카다스는 이 소송에서도 그를 대신해 싸우고 있었다. 비자이의 노력으로 아니스의 소유권은 되찾았지만, 루슈디의 상속권은 아직 인정받지 못했다. 히마찰 정부는 "살만 루슈디에게 호의적인 모습을 보이고 싶지 않다"고 퉁명스럽게 말했다.

비자이의 팀이 부지런히 조사해 숨겨진 문서를 찾아내고 재판에서 승리하기까지는 또 한 해가 흘러야 했다. 히마찰 정부의 고위 공무원이 선서를 한 다음, 살만 루슈디가 파키스탄 시민이 되었다고 거짓 진술한 문서였다. 그러나 살만 루슈디는 인도와 영국 외에 어떤 나라의 시민권도 가져본 적 없었다. 위증은 징역형을 피할 수 없는 중범죄라, 비자이 샹카다스가 그 위증 진술서를 입수했다는 걸 알고부터 주 정부는 갑자기 태도를 바꿔 아주 협조적으로 나왔다. 1997년 4월 그 집은 다시 그의 명의로 등재되었다. 무단 정주하고 있던 정부 관리는 그 집을 적정 상태로 되돌린 후 퇴거했고, 비자이는 모든 열쇠를 수거했다.

『무어의 마지막 한숨』에 대한 논평 중 가장 마음에 든 것은 해금된 그 책을 읽고 연락해온 인도 친구들에게서 나왔다. 친구들은 어떻게 인도를 방문하지 않고서 그렇게 쓸 수 있었느냐고 물었다. "몰래 숨어들어왔지? 아냐?" 친구들은 넌지시 떠보았다. "조용히 들어와서 다 보고 듣고 한 거야. 그러지 않고서야 어떻게 그 모든 걸 알 수 있지?" 그의 얼굴에 절로 환한 미소가 번졌다. 자신의 "망명 소설"이 인도의 현실과 단절된 외국인의 책으로 읽히지 않을까 하는 게 가장 걱정했던 일이었으니까. 어딜 가든 소말리아를 가슴에 품고 다니는 누르딘 파라가 떠올랐고, 어딜 가든 품고 다니는 자신만의 인도에서 이 책을 길어낸 것이 자랑스러웠다.

새 장편은 그의 삶에 매우 호의적인 관심을 이끌어냈고, 무엇보다 그가 오랜 탈선에도 절뚝발이가 되지 않았음을 확인시켜주었다. 미국의 북투어는 소규모였지만 비용이 많이 들었다. 소형 비행기를 빌려야 했다. 미국 경찰이 경호가 필요하다고 강력히 주장하는 바람에 제롬 H. 글레이즈브룩이라는 베테랑이 이끄는 사설 경호업체를 고용해야 했다. 그와 주최측도 비용을 분담했지만, 관대하게도 서니 메타가 경비의 대부분을 해결해주었다. 서니는 투어에 동행했고, 호사로운 파티를 마이애미와(여기에 온 사람은 모두 스릴러 작가처럼 보였다. 칼 하이어슨*에게 마이애미가 어떤 곳인지 말해달라고 부탁하자, 하이어슨은 숨을 깊이 들이쉬더니 두 시간 동안 플로리다의 정치적 술수를 주제로 속성 강의를 한 뒤에야 말을 멈췄다) 샌프란시스코에서(여기 손님 중에는 체스와프 미워시, 로빈 윌리엄스, 제리 브라운, 린다 론스태드, 앤절라 데이비스**가 있었다) 열었다. 손님들에게 작가의 정체나 파티 장소를 마지막까지 비밀로 했기 때문에 파티는 약간 은밀한 분위기를 풍겼다. 경호원들은 마이애미와 샌프란시스코의 최고 멋쟁이들이 현상금을 받아 용돈에 보탤 생각을 한다고 의심하는지 그들의 몸을 샅샅이 수색했다.

---

* 미국 언론인이자 소설가(1953~).
** 제리 브라운은 미국 정치인, 린다 론스태드는 미국 가수, 앤절라 데이비스는 미국 좌파 활동가.

서니와 루슈디는 키웨스트에서 함께 주말을 보내기까지 했다. 이때 합류한 기타 메타는 건강해 보였고, 쾌활하고 수다스러웠던 예전의 모습으로 돌아와 있었다. 루슈디는 이 특별하고 값비싼 북투어를, 서니가 『하룬과 이야기 바다』 때의 일에 대해 말없이 사과하는 방식이라 생각하고 기꺼이 지난 일들을 기억 저편으로 흘려보냈다. 런던에 돌아온 다음날 『무어의 마지막 한숨』이 영국도서상, 일명 "니비"*의 "올해의 저자" 상을 안겨주었다. (니비의 "올해의 책"은 델리아 스미스에게 돌아갔다. 수상 연설에서 그녀는 특이하게도 자신을 3인칭으로 지칭했다. "델리아 스미스의 책에 상을 주신 여러분께 감사드립니다.") 루슈디의 수상이 발표되자 커다란 박수갈채가 울려퍼졌다. 그는 속으로 다짐했다. 내 편에 서주는 영국도 있다는 것을 죽어도 잊지 않으리. 각종 신문에서 지속적으로 인신공격을 하는 바람에 그는 그 모두를 묶어 〈모욕일보〉라 부를 지경이었다. 그의 편도 있다는 사실을 잊기 쉬웠지만 그건 옳지 않았다.

비숍스 애비뉴의 집으로 돌아왔지만 경찰과의 동거에 다시 적응하기란 쉽지 않았다. 그들은 밤에 문을 잠근 뒤 아침이 되어도 자물쇠를 열지 않았다. 강박적으로 커튼을 친 뒤 다시 걷는 법도 없었다. 그들이 앉은 의자는 체중 때문에 부서졌고, 현관 입구의 마룻바닥은 무거운 발길 아래 금이 갔다. 파트와 7주년이 다가왔다. 영국 신문 가운데 동정하거나 이해하는 기사를 내보낸 곳은 단 한 곳도 없었다. 파트와는 이제 전혀 쓸모없어 보이는 낡고 지루한 이야기였고, 기삿거리가 아니었다. 그는 〈타임스〉에 글을 기고해, 파트와는 잔존하지만 그 목적을 달성하지 못했다고 주장했다. 책도 굴복하지 않았고, 작가도 굴복하지 않았다. 잠시 파트와가 낳은 두려

---

* 수상자에게 펜촉(nib) 모양 트로피를 증정해서 생긴 별명.

움과 자기 검열의 시대에 대해 생각해보았다. 옥스퍼드 대학 출판부는 "너무 민감하다"는 이유로 영어 교재에 『한밤의 아이들』 발췌문을 싣기를 거부했고, 이집트 사법부는 『한 남자의 결여된 정신 *A Distance in a Man's Mind*』이라는 장편소설을 쓴 작가 알라 하미드에게(그 책의 출판사 및 인쇄소에도) 사회의 안녕과 민족 화합에 위협이 된다고 판결하고 8년 형을 선고했으며, 서구의 출판사들은 이슬람에 비판적이라고 여겨지는 글은 전부 피하겠다고 공공연히 말했다. 그는 자신의 기고문을 믿지 않았다. 몇 가지 작은 성공을 거두긴 했지만 진정한 승리는 까마득했다.

엘리자베스와 미국에 관해 대화해보려고 계속 시도했다. 미국에 가면 경찰 네 명과 동거하거나, 영국에 기여하는 것도 없으면서 막대한 비용만 발생시킨다는 비난에 계속 시달릴 필요가 없을 것이다. 지난 2년간 여름에만 잠깐 맛본 자유를 앞으로는 훨씬 더 많이 누릴 수 있다. 이 주제를 꺼낼 때마다 엘리자베스는 얼굴을 찌푸리며 대화를 거부했다. 그녀가 자유를 두려워하거나 적어도 그와 함께 자유로워지는 것을 두려워하는 게 아닐까 하는 생각이 들기 시작했다. 비눗방울 같은 보호막 밖으로 걸어나가자고 우기면 마지못해 따라나서긴 할 테지만, 그녀는 그 안에서만 안전하다고 느꼈다. 그는 처음으로 (그 자신에게도 충격이었는데) 그녀가 없는 삶을 상상해보기 시작했다. 『무어의 마지막 한숨』 프랑스어판 출간을 위해 파리로 건너갔고, 둘 사이의 긴장은 가라앉지 않았다.

파리에 도착하니 아니나 다를까 RAID 신사들께서 예의 그 경호 방식을 보여주었다. 그들은 생쉴피스 성당 근처에 있는 드 라베이 호텔 앞의 도로를 완전히 폐쇄했다. 그가 공공장소에 가는 것도 허락하지 않았다. 경찰은 출판사에 이렇게 말했다. "그게 싫으면 오지 말라고 하시오." 하지만 좋은 소식도 있었다. 그의 책이 큰 환영을 받으면서 움베르토 에코의 신작 및 『호스 위스퍼러 *The Horse Whisperer*』와 함께 베스트셀러의 선두를 다투고 있었다. 외무부 장관 에르베 드 샤레트, 문화부 장관 필리프 두스트블라지와

정치적인 면담도 했다. 베르나르앙리 레비의 집에서 예전에 로브그리예의
『질투 *La Jalousie*』를 대단히 감탄하며 읽은 적이 있었다. 〈지난해 마리앙바드
에서〉의 시나리오를 쓴 영화계의 원로이자 누보로망 작가인 알랭 로브그리
예를 만났다. 로브그리예는 그해 말 캄보디아에서 장루이 트랭티냥과 베르
나르앙리 레비의 아내 아리엘 돔발을 주연으로 한 영화를 제작할 계획이었
다. 트랭티냥은 캄보디아 정글에 추락한 뒤 정글 마을에서 "아주 사악한 치
료사"에게 치료를 받는 동안 정신착란을 일으켜 아리엘의 환상을 보는 비
행사 역을 연기할 예정이었다. 로브그리예는 열정적으로 말했다. 그 불길
한 치료사 역으로는 자네가 완벽하네. 살만. 12월에 캄보디아에서 2주만
보내시게! 필리프 두스트블라지가 전부 준비해놓을 거야! (그 자리에 있
던 두스트블라지는 쾌히 승낙한다는 뜻으로 고개를 끄덕였고, RAID의 과
잉대응도 사과했다. "다음에 방문하실 땐 경호원 두 명만 붙이겠습니다.")
루슈디가 대본 좀 볼 수 있느냐고 묻자, 로브그리예는 곧바로 고개를 끄덕
였다. 그럼, 물론이고, 물론이고말고, 그런데 꼭 그 역을 맡아줘야 하네!
그럼 환상적일 거야! 그 치료사는 자네가 딱이야!

하지만 대본은 오지 않았고, 영화도 제작되지 않았다.

파리에서 또다른 일도 있었다. 어느 날 오후 자크 랑의 딸, 카롤린 랑이
인사 차 드 라베이 호텔에 들렀다. 카롤린의 미모, 와인, 엘리자베스와의
문제 때문에 두 사람은 잠시 연인이 되었지만, 곧바로 다시는 그러지 말고
친구로 남기로 약속했다. 카롤린과 몇 시간을 보낸 후 그는 베르나르 피보
의 〈부용 드 퀼튀르 *Bouillon de Culture*〉라는 생방송에 출연했다. 아무래도
외도가 남긴 격한 감정 때문에 방송에서 자신을 제대로 변호하지 못한 듯
했다.

앤드루 와일리와 길런이 갈 데까지 가서는 절연하기로 결정했다. 앤드

루가 집으로 찾아왔다. 몹시 기분이 상한 듯했다. 화가 난 것 같기도 했지만, 슬픔의 타격이 제일 큰 듯했다. "이젠 분명히 알겠어." 앤드루는 슬픔과 분노가 뒤섞인 목소리로 말했다. "길런은 내 파트너였던 적이 없어. 길런의 파트너는 브라이언 스톤이야." 브라이언은 두 사람의 친구이자 애거사 크리스티의 유산을 관리하는 에이전트였다. "런던 에이전시에 있는 명판에는 여전히 '에이킨 앤드 스톤'이라고 적혀 있어." 앤드루가 씁쓸히 말했다. 그들은 돈 문제로 싸우기도 했지만, 사업 방향에 대한 견해차 때문에 싸우기도 했다. 앤드루는 늘 원대한 꿈을 꾸며 사업을 확장하려 했고, 길런은 주의깊고 재정적으로도 늘 신중했다. 그건 유쾌한 이별이 아니었다. 대부분의 이혼처럼 추한 절연이었다. 앤드루는 연인에게 차인 것처럼 모욕감과 절망에 사로잡혔다.

두 에이전트의 결별은 루슈디에게도 몹시 괴로운 일이었다. 길런과 앤드루는 지난 수 년 동안 기둥 같은 존재였고, 그는 두 사람을 절대적으로 신뢰했다. 두 사람 모두 이슬람의 공격 앞에서 한순간도 움츠러들지 않았고, 그들의 용기에 많은 출판인들이 부끄러움을 느끼고 더 큰 용기를 내곤 했다. 둘 중 한 사람이 없는 상황은 상상도 할 수 없었지만, 이젠 어느 한쪽을 선택해야 했다. 길런이 친절하게도 다음날 전화를 걸어 고민을 덜어주었다. "이보시게, 자넨 당연히 앤드루한테 가야 하네. 원래 그 친구가 자네의 에이전트였고, 나한테 자네를 소개해줬지. 당연히 자넨 앤드루와 함께 있어야 하네. 누가 봐도 그게 옳아."

많은 일을 함께 겪었고, 많은 일을 함께해왔다. 그들의 유대는 보통의 저자와 에이전트가 맺는 관계보다 훨씬 깊었다. 그들은 절친한 친구가 되었다. 하지만 이제 길런을 잃을 수밖에 없었다. 이런 날이 오리라곤 상상조차 못했고, 길런과 앤드루가 영원히 그의 에이전트일 거라고 늘 생각했었다. 그는 길런에게 말했다. "알겠어요. 고마워요. 하지만 우리 사이에 변한 건 아무것도 없다고 생각해요."

"조만간 점심이나 하세." 길런이 말했다. 그게 끝이었다.

　유럽연합의 순번제 의장직을 맡은 이탈리아가 모종의 서한을 수용하라고 가입국들을 설득하고 있었다. 유럽연합과 이란이 공동으로 서명할 그 서한은, 이란은 파트와를 실행하지 않을 것이라고 짧게 선언하는 대가로 파트와는 영원히 유효하다고 인정하는 내용이었다. 프랜시스 더수자가 정보통에게 들은 바로는, 유럽연합의 외무장관 3인방이 테러에 대해 논의하기 위해 테헤란에 갈 예정인데, 이 서한에 동의가 없으면—루슈디의 동의가 없으면, 이라는 의미라고 프랜시스는 부연했다—파트와 문제는 꺼내지도 않을 것이라고 했다. 영국 정부는 버티고 있었지만, 고립을 걱정하고 있었다. 그는 프랜시스에게 정보통들에게 전하라고 말했다. 유럽연합이 치외법권에 해당하는 살인 명령의 효력을 인정하는 꼴을 보려고 7년 동안 싸운 것은 아니라고, 백만 년이 지나도 그런 선언문에는 동의하지 않을 작정이었다. "망할 놈들, 사리만 좇는 개자식들." 도의도 모르는 그 비열한 짓에 절대 협력하지 않을 생각이었다.
　"이탈리아 서한"은 결코 조인되거나 전달되지 않았다.

　그는 랜덤하우스의 게일 리벅에게 『악마의 시』 페이퍼백 발간을 맡아주면 좋겠다고 말했다. 게일은 알베르토 비탈레는 이제 "수용할" 것처럼 보이지만, 자신은 안전 문제를 확인하고 싶다고 말했다. 루슈디는 게일에게 그리고 캐럴라인 미셸에게, 『악마의 시』 번역판 페이퍼백을 발간한 유럽의 모든 출판사, 센트럴 북스, 조합을 결성해 펴낸 페이퍼백의 영국 배본사들에 보안 기준 같은 게 있다면 받아보고 헬렌 해밍턴과 딕 우드와 랩 코널리를 만나 경찰의 견해를 들어보면 어떻겠느냐고 제안했다. 그는 생각했다. 조금씩 조금씩. 우린 해낼 거야. 하지만 고통스러우리만치 느릴 테지.

엘리자베스가 어머니를 잃은 후 길러준 사촌언니 캐럴 닙이 만성림프구백혈병으로 고통받고 있다는 연락이 왔다. 에드워드 사이드가 뉴욕에서 싸우고 있는 바로 그 병이었다. 엘리자베스는 어쩔 줄을 몰랐다. 그녀에게 캐럴은 가장 가까운 혈육이었다. 루슈디 역시 대단히 슬펐다. 캐럴은 상냥하고 친절한 여자였다. 루슈디가 엘리자베스에게 말했다. "그건 싸워볼 만한 암이오. 캐럴이 싸울 수 있도록 도와줍시다. 롱아일랜드에 있는 에드워드의 의사 칸티 라이한테 상담을 받아보라고 해요."

죽음은 선인과 악인을 가리지 않고 찾아왔다. 캐럴의 투병 소식을 들은지 2주 후, 그는 애도할 수 없는 부고 하나를 들었다. 악의로 똘똘 뭉친 늙은 난쟁이 도깨비 칼림 시디키가 생애 마지막 협박을 내뱉고는, 남아프리카공화국 프리토리아에서 열린 어느 회의에 참석했다가 심장마비로 사망했다. 최근에 혈관 우회로 조성술을 받았다는 사실이 밝혀졌는데, 보다 현명한 사람이었다면 조용한 삶을 선택했을 때에 시디키는 계속 소리치고 난리를 피웠다. 그러니 제명을 재촉한 셈이었다. 선한 사람한텐 그런 일이 일어날 리 없지. 그는 그렇게 생각했지만 공식적인 논평은 하지 않았다.

마이클 풋은 아주 신이 나서 연락했다. "무슬림의 신이 누구지? 그들의 하느님 말일세, 그자를 뭐라 부르나?" 알라예요, 마이클. "아, 그래, 알라, 맞아, 그거지. 그 신은 분명 늙은 시디키의 편은 아니군, 응? 그렇지?" 어서 오라, 시디키 박사, 네 시간은 끝났노라.

캐럴을 보기 위해 더비셔에 다녀온 엘리자베스는 시디키가 영원히 퇴장했다는 소식을 듣고 기뻐했다. 또한 새 소설 『그녀가 밟은 땅』의 방금 완성된 20쪽 분량의 개요를 읽고 아주 좋아해주었다. 두 사람 사이의 심연이 순식간에 닫히고 잊혔다. 그리고 이튿날—세상은 그가 오래 행복한 꼴을 보지 못했다—그는 첩보본부로 불려가 정말 무시무시한 소식을 들었다.

강변에 서 있는 커다란 모래색 요새가 가까워오자 마음이 편치 않았다.

아무리 크리스마스트리로 장식해놓아도 마찬가지였다. 그곳에 와서 힘이 난 적은 한 번도 없었다. 오늘은 정체불명의 회의실에서 '오후'와 '오전', 즉 P—— M—— 씨와 A—— M—— 씨를 만났다. 오후 씨는 중동 대테러 부서의 수뇌였고, 오전 씨는 이란 부서 소속이었다. 랩 코널리와 딕 우드도 "청취인 자격"으로 와 있었다. AM이 말했다. "정보기관들이 현재 아는 바로는, 이란이, 그러니까 최고지도자 하메네이와 정보부 장관 팔라히안을 말하는 겁니다만, 선생님을 찾아서 암살하려는 장기 계획을 가동했습니다. 그들은 많은 시간과 돈을 쏟을 준비가 되었습니다. 계획은 이미 2년 전에 세워진 듯한데, 우리가 그 존재를 확인한 건 불과 몇 달 전입니다." PM이 말했다. "선생님에게 이 사실을 알리는 게 저희 임무입니다. 그래서 오늘은 실명으로 선생님을 만나고 있는 겁니다."

오전 씨와 오후 씨에게 나쁜 소식을 듣는 동안, 집이 적들에게 발각되었다는 말이 언제쯤 나올지 잔뜩 긴장하며 귀를 기울였다. 하지만 그렇지는 않았다. 집의 위치가 알려진다면 그건 대단히 걱정스러운 일이라고 오전 씨가 말했다. 그렇게 되면 적어도 평생 경찰의 보호를 받으셔야 합니다.

그는 자파르, 엘리자베스, 사민, 카라치에 계신 어머니가 걱정스럽다고 토로했다. 오후 씨가 말했다. "선생님 가족이나 친구를 표적으로 삼았다는 증거는 전혀 없습니다. 선생님에게 접근하는 루트로도 말입니다. 그래도 선생님은 여전히 1번 표적입니다."

오전 씨는 이렇게 말했다. "이란은 나중에 부인할 여지를 만들어두는 것을 최우선으로 생각합니다. 최근 몇 년 동안 공격을 실행한 후 쏟아진 정치적 공세 때문이죠." 샤푸르 바흐티아르, 그리고 '미코노스의 암살'. "아마 이란 요원을 보내지 않을 겁니다." 뒤이어 오후 씨가 그에게 위안을 주려고 이렇게 말했다. "하지만 외교행낭을 통해 무기를 보내거나 사람을 잠입시킬 수 있는 단계에 이르려면 앞으로 몇 달, 심지어 몇 년은 더 걸릴 겁니다."

바흐티아르에게 가한 장기적 공격, 그것이야말로 그가 두려워하는 최

악의 상황이었다. 오전 씨와 오후 씨는 이란과 정치적으로 문제를 풀어나
갈 경우 그 음모에 어떤 영향을 미칠지 알지 못했다. 그들은 이란 외무부
가 그 계획의 존재를 모를 수도 있다고 여겼다. "이란 정보부 내에서도 극
소수만 알고 있습니다." 오전 씨가 말했다. "그 계획이 무산되기를 바라는
사람이 이란 정보부에도 있는 듯하지만 팔라히안과 하메네이는 파트와를
실행하기로 결심한 듯하고, 아마 라프산자니도 알고 있을 겁니다." 오후
씨가 말했다.

좋은 소식도 있었다. 그의 소재는 발각되지 않았고, 오전 씨와 오후 씨
가 보기에 "지역사회 전반"으로부터의 위협은 말끔히 사라졌다고 했다.
"그리고 이제부터 우린 저들의 음모를 분쇄하기 위해 우리가 가진 최상급
역량을 발휘할 겁니다. 적진 깊숙이 엄청난 강철 주먹을 먹일 겁니다. 다
시는 그런 음모를 꾸미지 못하도록 아주 강력한 정치적 타격을 입힐 겁니
다." 오전 씨가 깍듯한 예의 밑으로 번득이는 칼날을 내비치며 말했다.

그는 생각했다. 아마 내 기분을 풀어주려 하는 말이겠지만 나쁘진 않군. 특히
주먹 얘기는 맘에 들어.

좀더 넓은 세상에서는 파트와의 자취가 희미해지고 있었다. 더이상 신
문에 파트와가 오르내리지 않았다. 그는 친구를 만나고 가끔 식당에서 식
사를 하고 여러 나라를 돌며 새 책을 홍보하는 등 여기저기에 모습을 드러
냈다. 대부분의 사람들 눈에 위협은 분명 사라진 듯 보였고, 많은 논객들
이 보기에 경호가 계속되는 건 그가 고집을 부려서인 것 같았다. 필요해서
가 아니라 그가 터무니없는 자기중심주의를 채우기 위해 고집을 부려서.
그리고 바로 이 순간, 그나마 존재하던 실오라기 같은 대중의 동정심이 바
람에 날려가려는 이 순간에, 그는 위험이 그 어느 때보다 크고 그의 목숨
을 노리는 공격이 지금까지 확인된 어떤 것보다 심각하다는 말을 듣고 있
었다. 그렇다고 사람들한테 이런 상황을 말할 수도 없었다. 오전 씨와 오
후 씨는 그 점을 분명히 못박았다.

앤드루가 그를 위해 롱아일랜드에 셋집을 알아보았다. 브리지햄프턴을 내려다보는 언덕들 사이로 난 거리 리틀 노약 패스에 세워진 아주 외딴 집이었다. 엘리자베스 명의로 빌리고 두 달간 사용할 예정이었다. 그는 말했다. 그래, 앞으로 나아가는 거야. 조금씩 자유를 되찾는 계획을 밀어붙이기로 결심했다. 크리스마스트리가 서 있던 요새에서 들었던 말은 못 들은 척하기로 결심했다. 유일한 대안은 죄수 신세로 되돌아가는 것뿐인데, 그럴 각오가 안 되어 있었다. 그래, 부탁하네, 앤드루. 계약하자고. 며칠 후 랩 코널리가 새로운 사실을 알려주었다. 오전 씨와 오후 씨가 이제, 영국 내의 경호가 너무 철저하다고 판단한 암살자들이 해외여행 때 암살을 시도할 것이라 믿고 있다는 것이었다. 그런데 그는 경호 없이 롱아일랜드에서 두 달을 보낼 계획을 세우고 있었고, 엘리자베스와 자파르를 데려갈 작정이었다. 다시 한번 그 홀덴을 운전하고 있는 듯한 기분이었다. 가장 사랑하는 사람들을 옆에 태우고서 분뇨차에 부딪혀 나무로 곧장 돌진하는 느낌. 엘리자베스에게 상황을 알려주었지만 그래도 가고 싶어했다. 그렇다면, 젠장 해보자고, 그리고 저들이 그럴 수 없다는 걸 입증하자고.

바르셀로나로 건너가 연설을 했고, 미국으로 날아가 바드 대학 학위수여식에서 연설을 했다. 그를 죽이려는 사람은 아무도 없었다. 그렇지만 이란의 왕정 시절에 교육부 장관을 지내고 프랑스로 망명한 후 파리 교외의 크레테유에서 조용히 살던 이란의 반체제 인사 레자 마즈루만이 죽은 채 발견되었다. 머리에 두 발, 가슴에 한 발을 맞고.『무어의 마지막 한숨』이 출간되었을 때 잠시 환해졌던 세상이 다시 어둠에 잠겼다. 그는 상상력을 발휘해 자신의 이야기를 행복하게 끝내려고 계속 노력했지만, 도무지 그런 결말이 떠오르지 않았다. 그런 건 없을지도 몰랐다. 머리에 두 발, 가슴에 한 발. 이런 결말이 될 수도 있었다.

엘리자베스의 불임 때문에 두 사람 사이의 긴장이 다시 고조되었다. 빨리 임신이 되지 않으면 체외수정 시술을 해보자고 그녀는 주장했다. 그의 염색체 문제 때문에 성공률이 크게 떨어지더라도 상관없다고 했다. 임신을 하면, 철저히 보호받고 있는 그녀의 익명성이 사라질 수 있었고, 비숍스 애비뉴에 산다는 사실이 널리 알려질 수 있었다. 그렇게 되면 그 집은 군대 주둔지가 되고 말 것이다. 그런 것을 차치하더라도 그들이 어쩔 수 없이 거주하는 이 악몽 속에서 어떻게 아이를 키운단 말인가? 그 아이는 어떤 삶을 살게 될까? 하지만 엘리자베스에게는 이 모든 논리적 주장을 제압하는 강한 욕구가 있었고, 그에게는 인간다운 삶을 영위해야 한다는 결심이 있었다. 그래서 두 사람은 계속 전진하고 계속 노력하고 필요하다면 어떤 일도 마다하지 않을 작정이었다.

비자이 샹카다스가 인도에서 전화로 희망적인 소식을 전해주었다. 인도의 새 정부 외무부 장관 인데르 구지랄이 그의 인도 방문을 다시 허가하는 데 찬성하고 있으며, 내무부 장관도 동의하고 있다고 했다. 긴 망명이 곧 끝날 가능성이 보였다.

앤드루가 『그녀가 밟은 땅』의 개요를 여러 곳에 돌렸는데, 출판사들 반응이 호의적이었다. 하지만 『악마의 시』 페이퍼백을 장기적으로 출간하는 문제가 아직 해결되지 않았기 때문에 앤드루는 영어권 출판사들과의 계약 조건에 『악마의 시』 페이퍼백 출간 조항을 넣고 싶어했다. 이미 다른 나라들에서는 페이퍼백이 나오고 있었다. 미국에서 조합을 결성해 펴낸 페이퍼백을 영국에서도 구할 수 있기는 했지만, 그건 기본적으로 자가 출판 형태라서 장기적인 해결책으론 미흡했다. 영국 랜덤하우스의 게일 리벅은 페이퍼백을 빈티지*에서 재발행하는 데 동의하는 쪽으로 마음이 기울고 있었지만, 미국 랜덤하우스의 사장 알베르토 비탈레는 그럴 마음이 없었다. 어쩌면 홀츠브링크가 해답일 수도 있다고 앤드루가 제안했다. 홀츠브링크 출판그룹의 독일 계열사인 킨들러 출판사는 이미 수월하게 독일어판 페이퍼백을 출간했고, 미국 계열사인 헨리 홀트도 대담한 출판인 미하엘 나우만의 지휘로 같은 일을 할 준비가 되어 있었다. 앤드루에게 영국에서는 랜덤하우스와 계속 일하고 싶다고 말했더니, 앤드루도 같은 결론에 도달했다고 했다. 그렇게 그들은 "한마음"이 되었다.

마지막 빙하기가 끝날 무렵 롱아일랜드에서 퇴각하던 빙하가 종퇴석을 남겨놓은 자리에 생겨난, 숲이 울창한 언덕에서 엘리자베스와 함께 그해 여름을 보냈다. 낮고 널찍한 하얀 집의 주인은 밀턴 그로보와 퍼트리샤 그로보 부부였다. 원론적으로 루슈디는 존재하지 않는 사람이었고, 엘리자베스 혼자 "글을 쓰고 친구들을 만나면서" 여름을 보내려고 온 것으로 되어 있었기 때문에, 처음에 그는 주인 부부를 만날 수 없었다. 나중에 상황을 알게 된 그로보 부부는 그에게 여름 피난처를 제공했다는 사실에 진심으로 기뻐했다. 〈네이션〉에서 일하는 딸을 둔 부부는 훌륭하고 도덕적이고 자유주의적인 사람들이었고, 그를 도울 수 있어 뿌듯하다고 말했다. 노부부에게 들키기 전부터 그는 최악의 위험이라고는 라임병**이 고작일 것 같은 그곳에서 행복을 느끼고 있었다. 친한 친구들에게 어디 머물고 있는지 알리고, 햄프턴스***의 "소란"과 멀찍이 떨어져 지내고, 해질녘엔 해변을 걸었다. 미국에 오면 늘 그랬듯 이번에도 그는 진정한 자아가 서서히 되살

---

* 랜덤하우스에서 하드커버로 나온 작품들의 페이퍼백을 주로 내는 계열사.
** 진드기에 물려 걸리게 되는 세균성 감염증.
*** 롱아일랜드의 유명한 휴양지들이 몰려 있는 해안 지역.

아남을 느꼈다. 새로운 소설을 쓰기 시작했다. 들판과 숲에 둘러싸인 그로 보 씨네 집은 알고 보니 글을 쓰기에 완벽한 장소였다. 긴 소설이 될 것 같 다는 생각과 함께 새 작품의 윤곽이 서서히 잡히기 시작했다. 엘리자베스 는 훌륭한 정원사 기질을 발휘해 그로보 부부의 화초를 돌보며 행복한 시 간을 보냈다. 자파르는 친어머니와 함께 그리스에 다녀온 다음 합류했는 데, 그곳을 아주 좋아했다. 한동안 평범한 가족이 되어 바닷가에서 여름을 보낼 수 있었다. 가게에서 쇼핑도 하고 식당에서 식사도 했으며, 간혹 그 를 알아보는 사람들이 있었지만 사생활을 침해하지 않을 정도로 생각이 깊었다. 어느 날 저녁 앤드루 와일리와 캐미 와일리가 저녁식사를 하기 위 해 그들을 닉 앤드 토니 식당으로 데리고 갔다. 미술가 에릭 피슬이 앤드 루에게 인사를 하러 다가왔다가 테이블 옆에 멈춰 서더니 그를 보고 이렇 게 물었다. "선생이 여기 함께 있다니, 우리 전부 무서워해야 합니까?" 그 순간 이 말밖에 생각나지 않았다. "글쎄요, 그럴 필요는 없습니다. 어쨌든 곧 떠날 거니까." 피슬의 말에는 전혀 악의가 없고 단지 농담이라는 것을 잘 알았지만, 비현실적인 실생활의 공기막 밖으로 탈출한 이 특별한 휴식기 에 그 공기막이 여전히 그대로 존재하면서 그가 돌아오기를 기다리고 있 다는 사실을 상기하고 싶진 않았다.

9월 초에 런던으로 돌아왔고, 그 직후 엘리자베스의 가장 절실한 소원 이 이루어졌다. 임신을 했다. 그는 즉시 최악의 상황을 걱정하기 시작했 다. 만일 잘못된 염색체가 하나만 선택된다면 태아는 형성되지 못할 테고 그녀는 아주 이른 시기에, 아마 다음 월경주기 말이면 유산할 것이다. 하 지만 엘리자베스는 행복해하며 만사가 순조로울 것이라고 확신했다. 그녀 의 본능이 옳았다. 조기 유산은 없었고, 곧 건강하게 살아 있는 아기를 초 음파 사진으로 볼 수 있었다.

"아들이 태어날 거야." 그가 말했다.

"그래요, 아들이 태어날 거예요." 그녀가 말했다.

마치 온 세상이 노래를 부르는 듯했다.

『무어의 마지막 한숨』이 오스트리아 소설가 크리스토프 란스마이어의 소설 『모르부스 키타하라Morbus Kitahara』와 공동으로, 유럽연합의 아리스테이온 문학상을 수상했다. 하지만 덴마크 정부는 1996년 11월 14일 코펜하겐의 시상식에 그가 참석하는 것을 보안상의 이유로 불허했다. 덴마크 정부는 그의 생명을 노리는 "구체적 위협"을 감지했다고 주장했지만, 특수부는 전혀 모르는 일이라고, 만일 그런 위협이 있다면 덴마크가 자신들에게 알려줬어야 한다고 말했다. 그렇다면 그건 핑계였다. 여느 때처럼 굴욕감부터 느꼈지만, 곧 분노가 밀려왔고, 이번에는 참지 않겠노라고 결정했다. 아티클19를 통해 성명을 발표했다. "유럽연합의 '문화 수도'인 코펜하겐이 다름 아닌 유럽연합의 문학상 수상자에게 시상식 참석을 불허한다는 건 수치스러운 일이다. 이는 이란의 파트와와 같은 위협에 직면했을 때 우리가 취해야 할 태도와 정반대되는 비겁한 결정이다. 그런 위협이 결코 재발하지 않길 바란다면, 그런 위협이 아무 위력도 없다고 입증하는 것이 중요하다." 여야를 가리지 않고 모든 덴마크 정치인들이 정부의 결정을 공격했고, 덴마크 정부는 두 손 들고 항복했다. 11월 13일 그는 덴마크로 날아갔다. 아컨 현대미술관에 마련된 시상식장은 무장 경찰에 포위되어 정치범 수용소처럼 보였는데, 단 하나 차이가 있다면 수감자 전원이 야회복을 차려입었다는 점이었다.

식이 끝난 후 그의 발행인인 요한네스 리스가 몇몇 친구들과 함께 코펜하겐의 멋진 바에 가서 한잔하자고 제안했다. 바에 있을 때 "크리스마스 맥주"가 도착했다. 빨간 산타 모자를 쓴 남자들이 전통적으로 겨울에 즐겨 마셔온 에일 맥주를 상자째 들고 들어왔다. 그는 맨 처음 도착한 상자에서 맥주 한 병을 받았고, 산타 모자도 받아 머리에 썼다. 누군가 사진을 찍었다. 덴마크에 들이기에 너무 위험하다고 여겨졌던 사람이 여느 사람과 똑같이 평범한 술집에 앉아 파티 모자를 쓴 채 맥주를 마시고 있는 모습이 사진에 담겼다. 위협에 굴하지 않는 이 도전적인 사진이 이튿날 아침 모든 신문의 1면을 장식하자 덴마크 정부는 거의 실각할 지경에 이르렀다. 덴마크 총리 포울 뉘루프 라스무센은 입국을 막았던 것에 대해 공식적으로 사과해야 했다. 루슈디는 라스무센과 만났고, 총리는 그의 작은 승리를 축하했다. "전 싸우기로 결정했을 뿐입니다." 패배를 인정한 총리에게 이렇게 말하자, 라스무센은 부끄러워하는 낯빛으로 말했다. "그래요. 그리고 아주 잘 싸우셨습니다."

다른 문제들을 생각하고 싶었다. 나이가 쉰이 되고 두번째로 아버지가 될 해를 맞이하는 지금 그는, 비행기 좌석 때문에 싸우고 신문에 실린 비방에 화를 내고 경찰들과 한집에서 잠을 자고 정치인들에게 로비를 하고 오전 씨와 오후 씨 같은 요원에게서 암살 이야기를 듣는 데에 신물이 나 있었다. 그의 머릿속에서는 새 작품이 살아 움직였고 엘리자베스의 자궁에서는 새 생명이 꿈틀거렸다. 새 작품을 위해 릴케를 읽고 글루크*를 듣고 흐릿한 비디오테이프로 위대한 브라질 영화 〈흑인 오르페우Orfeu Negro〉를 보았고, 힌두 신화에서 살짝 변형된 오르페우스 이야기를 발견하고 기쁨에 젖었다. 시바가 한순간 분노에 휩싸여 살해한 사랑의 신 카마는 아내라티의 간절한 탄원으로 되살아나는데, 이는 꼭 에우리디케가 오르페우스를 구하는 격이었다. 삼각형 하나가 마음의 눈앞에서 천천히 회전했다. 삼각형의 세 꼭짓점은 예술, 사랑, 죽음이었다. 예술이 사랑으로부터 힘을 얻

---

* 크리스토프 빌발트 글루크. 독일의 작곡가(1714~1787). 오페라를 새로운 양식으로 개혁했고 작품에 〈오르페우스와 에우리디케〉 등이 있다.

으면 죽음을 초월할 수 있을까? 혹은 예술과 상관없이 죽음은 불가피하게 사랑을 소멸시킬까? 혹은 예술은 사랑과 죽음을 깊이 고찰하여 그 둘보다 더 위대해질 수 있을까? 오르페우스 신화에서는 음악과 시가 하나였으므로, 그는 가수들과 작사가들에게 열중했다. 그러나 일상을 완전히 제쳐둘 수는 없었다. 그들을 만나기 위해 오고 있는 아이에게 어떤 삶을 마련해줄 수 있을지 끊임없이 고민했다. 아이는 텅 빈 무無의 공간에서 이 세계로 들어와 무엇을 보게 될까? 헬렌 해밍턴과 그 밑의 대원들이 아이의 모든 행적을 추적할까? 말도 안 되는 일이었지만, 그런 생각이 드는 것은 어쩔 수 없었다. 상상 속에서는 하늘 높이 날기를 원했지만, 발목에는 납덩이가 채워져 있었다. 나는 호두 껍데기 속에 갇혀 있다 해도 스스로를 무한한 공간의 제왕으로 생각할 수 있다네, 라고 햄릿은 말했지만, 특수부와 살아보지 않았으니 그런 말이 나오는 것이다. 만일 당신이 경찰 네 명과 호두 껍데기 속에 갇혀 잠을 잔다면, 확신하건대, 오 덴마크 왕자여, 당신도 꿈자리가 사나울 것이오.

1997년 8월 인도 독립 50주년이 다가왔고, 그날을 기념해 출간할 인도 문학 선집을 편집해달라는 요청을 받았다. 엘리자베스에게 도움을 청했다. 꼭 삶의 고난이 아니어도 두 사람이 함께할 수 있고 함께 고민할 수 있는 일이 있으면 좋을 듯싶었다.

경찰과 경호 방식을 변경하는 문제를 상의했다. 아기를 위한 방이 필요했고, 어쩌면 숙식하며 일해줄 유모를 구해야 할지도 몰랐다. 더는 경찰 넷을 재워줄 수 없었다. 게다가 경찰이 다 잠을 자고 있으면 그게 다 무슨 소용이겠는가? 이번 한 번만은 경찰청이 그의 생각을 수용했다. 더이상 그의 주거지에서 경찰이 잠을 자지 않기로 합의되었다. 낮에는 주간조가 경호를 하고, 밤에는 두 명의 야간조가 "경찰 거실"에서 근무하며 감시 비디오 화면들을 체크하기로 했다. 이렇게 조정하면 그에게 마침내 "전담 팀"이 생긴다고 했다. 다른 팀에서 온 비상 근무자들이 아니라 전담 요원들이 근무한다면 그의 생활은 단순해질 수 있었다. 새로운 방식은 1997년 1월 초에 자리를 잡았는데, 그는 모든 경호원이 뚱하고 기분이 언짢다는 것을 알아차렸다. 아, 초과근무 수당 때문이군.

공작석 작전과 같은 "기밀 경호"를 맡아 하루 24시간 경호 대상과 생활할 때 돌아오는 큰 이익 중 하나는 엄청난 초과근무 수당이다. "공개" 경호를 하게 되면 밤에는 경호팀이 귀가하고 정복 경찰이 경호 대상의 주거지를 지키게 된다. 그래서 갑자기 경호팀의 야근 수당이 사라져버린 것이다. 조, 솔직히, 기분이 썩 좋진 않아요, 라고 그들이 말해도 놀라운 일이 아니었고, 런던경찰청 간부들이 그의 제안에 그렇게 빨리 동의한 것도 놀라운 일이 아니었다. 그 덕분에 큰돈을 절약하게 되었으니 말이다.

바로 다음 주말에 "전담 팀으로 인한 특별한 편의"는 허구임을 알게 되었다. 이언 매큐언의 집에 초대를 받아 옥스퍼드에 가려 했으나, 갑자기 해밍턴의 부관인 딕 스타크가—그의 자만에 슬슬 짜증이 나던 참이었다—운전할 사람이 없다고 했고, 주말 내내 집 안에 갇혀 지낼 신세가 되고 말았다. 엘리자베스가 병원에 가야 한다면 "틀림없이" 방법을 찾아내겠지만 지금으로서는 "인력이 부족"하다고 했다. "주말에는 늘 더 불편할 것"이며, 토요일이나 일요일로 "병력 이동"을 원한다면 화요일까지 미리 말해야 했다. 옥스퍼드 나들이는 "썩 크지 않은 일에 큰 인력"이 드는 것 같다고 딕은 말했다.

그는 자신의 입장을 이해시키려 노력했다. 이제는 경찰 셋이 하루종일 그의 집을 지키기 때문에 친구 집에서 저녁식사를 하는 등 개인적인 일로 외출하려 할 때 운전수 한 명만 더 구하면 된다. 그게 그렇게 어려운가? 하지만 늘 그래왔듯 런던경찰청은 최소한으로 도우려는 의지뿐이었다. 그는 생각했다. 총선이 다가오고 있군. 노동당이 승리하면 좀더 친절한 사람들이 고위직에 앉을 거야. 우선은 인간다운 생활을 할 수 있도록 도와준다는 보장을 받아야 했다. 외출도 경찰 기분에 따라 결정되는 수감생활은 받아들일 수 없었다.

그러는 사이 엘리자베스는 비밀 엄수에 집착하고 있었다. 그녀는 아기가 태어날 때까지 아주 가까운 사람들 외에는 누구에게도 임신 사실을 알리고 싶어하지 않았다. 그는 어떻게 계속 비밀을 지켜야 할지 막막했다. 그의 가족에게는 터놓고 이야기하며 살고 싶었다. 그래서 그녀에게 결혼 이야기까지 꺼냈지만, 그가 이혼시 재산 분할에 대한 혼전합의서를 언급하자 대화는 싸움이 되었다. 게다가 그가 미국에서 사는 게 더 편하다고 하자 싸움은 격해졌다. 그는 자신들이 미쳐가고 있다고 생각했다. 감옥에 갇혀 제정신이 아니었다. 서로 사랑하는 두 사람이 경찰과 정부와 이란이 가하는 스트레스에 짓눌려 으스러지고 있었다.

〈모욕일보〉는 추남이 더 세심하기 때문에 예쁜 여자와 잘 지낸다는, 독일 심리학자의 주장을 여성 면에 실었다. 그러면서 "이건 분명 살만 루슈디의 은신처에서 환영받을 만한 정보"라고 추정했다.

그의 입장에 공감하고 지지해주는 하원의원들을 모아 그룹을 만들고, 리처드 로저스 같은 호의적인 상원의원 두어 명을 포함시키는 문제를 프랜시스 더수자에게 상의했다. (주거지를 드러낼 수 없기 때문에 그에게는 지역구 의원이 없었다.) 프랜시스는 좋은 생각이라고 말했다. 일주일 후 노동당 예술 담당 대변인 마크 피셔가 그를 국회의사당으로 초대했다. 노동당의 외교 담당 대변인이자 노동당 집권시 외무부 장관으로 점쳐지는 로빈 쿡의 보좌관 데렉 패치트와 한잔할 수 있는 자리도 만들어주었다. 루슈디의 이야기를 들으며 점점 분노한 패치트는 이렇게 말했다. "약속드리죠. 우리가 정권을 잡으면 반드시 이 문제를 최우선으로 해결하겠습니다." 마크 역시 그의 일을 절대 잊지 않고 챙기겠다고 약속했다. 자리를 뜰 때 그는 자신을 책망하며 생각했다. 왜 지금까지 국회의원과 결연을 맺는 방안을 생각 못했을까?

경찰 간부들에게 심통이 난 채 A 부대의 파티에 갔고, 예의를 벗어나지 않는 선에서 최대한 빨리 자리를 떴다. 그러고 나서 허락을 받고 캐럴라인 미셸, 수전 손택과 레스토랑에서 저녁식사를 했다. 아기 이야기를 꺼내자, 수전은 결혼할 예정이냐고 물었다. 그는 말을 더듬었다. 음, 이대로도 좋아요, 요즘 결혼 안 하는 사람도 많은걸요. "그애하고 결혼해, 날강도 같으니!" 수전이 소리쳤다. "그앤 우연히 자네한테 찾아온 최고의 선물이야!" 캐럴라인도 동의했다. "맞아요! 뭘 기다리는 거죠?" 엘리자베스는 그가 어떻게 대답했는지에 관심이 많은 듯했다. 집에 돌아오자마자 그는 주방으로 가서는 레인지에 몸을 기대고 서서 얼굴을 찡그리며 이렇게 말했다. "그럼 결혼하는 편이 좋겠군요, 했지." 이튿날 아침 그가 일어나자마자 엘리자베스가 물었다. "어젯밤 무슨 짓을 했는지 기억나요?" 자신이 기분이 좋다는 걸 깨닫고 그는 깜짝 놀랐다. 위긴스와의 재앙을 겪은 후 두 번 다시는 위험을 무릅쓰고 결혼하지 않으리라 다짐했었다. 그러나 다시 한번, 노랫말처럼, 운명에 몸을 맡기고 사랑을 붙잡으러 가고 있었다.

엘리자베스는 임신한 몸으로 결혼식을 올리고 싶어하지 않았다. 그래서 아기가 태어난 후 미국에서 여름을 보낼 때 식을 올리게 될 것 같았다. 몇 주 전 그들은 리처드 에어로부터 일종의 크리스마스 선물로 국립극장에서 열리는 〈아가씨와 건달들〉 공연 초대를 받았고 경찰은 가도 좋다고 허락했다. 이제 엘리자베스는 몇 달 동안 "그 유명한 피앙세" 애들레이드 역을 할 수 있다. 그가 이 농담을 하자마자 엘리자베스는 곧바로 감기에 걸리고 말았다.*

BBC 방송이 『한밤의 아이들』을 5부작 미니시리즈로 각색하려 했는데,

---

* 〈아가씨와 건달들〉에서 애들레이드는 14년째 결혼을 미루는 남자친구 때문에 속을 태우고, 그래서 자신이 고질적인 감기를 앓는다고 한탄한다.

대본이 문제가 되었다. 작가 켄 테일러는 폴 스콧의 소설 『왕관 속의 보석 The Jewel in the Crown』을 아주 훌륭히 각색한 적이 있었지만, 그 작품과 아주 다른 『한밤의 아이들』은 더 어려운 과제였다. 앨런 옌토브가 연락했다. "이 드라마가 완성되길 원한다면, 안타까운 얘기지만 자네가 참여해야겠네." 드라마 프로듀서인 케빈 로더는 켄 테일러에게 이 나쁜 소식을 전하겠다고 약속하고서는 전하지 않았고, 켄은 사실을 알고 나서 당연히 화를 냈다. 그럼에도 새 대본은 완성되었고, 감독 트리스트럼 파월은 BBC2의 관리자 마크 톰프슨이 새 대본에 크게 기뻐하여 이젠 "드라마 제작을 백 프로 후원"하고 있다고 그에게 말했다. 거기까진 좋았다. 하지만 이 계획이 머지않아 직면할 진짜 문제는 BBC 내부에 있지 않았다.

랩 코널리가 찾아왔는데 그를 회유하려는 듯했다. 코널리는 노동당 하원의원들이 런던경찰청에 압력을 가하고 있음을 부인했지만, 그럴 가능성이 농후했다. 코널리가 말했다. "다시는 매큐언 씨 방문 문제 같은 일을 겪지는 않으실 겁니다."

파트와 7주년이 된 그주에 오전 씨와 오후 씨에게 들었던 "극비" 정보가 모든 신문에 실렸다. 〈가디언〉은 그의 주위로 "보안이 강화되었다"고 보도했지만 사실이 아니었다. 다만 "MI5가 구체적인 위협을 알고 있기 때문"이라는 구절은 사실이었다. 그사이 사네이가 현상금을 50만 달러 더 올렸다. 〈타임스〉는 이 사실을 톱기사로 다루고, 사설에서 유럽연합이 이란에 대해 더 강경한 새 방침을 채택하도록 영국이 주도해야 한다고 주장했다. 그도 글을 써서 전 세계에 발표했다. CNN, BBC와의 인터뷰에서는 이른바 "주요 인사"가—마거릿 대처나 루퍼트 머독, 제프리 아처가—이런 공격을 받았다면 지구 공동체가 8년 동안이나 무력하게 우는소리나 하며 수수방관하지는 않았을 거라고 말했다. 그리고 이렇게 해결책이 부재하는 현실이야말로 세간의 믿음이 반영된 것이라고, 어떤 사람들의 생명이—예를 들어 골치 아픈 작가들의 생명이—다른 사람들의 생명에 비해 무가치하다는 믿음이 반영된 것이라고 덧붙였다.

그러나 이란보다 자파르가 더 걱정스러웠다. 자파르는 운전면허 시험을 통과하고 작은 차를 받았지만 어른이 되기엔 한참 멀어 보였다. 운전의 짜릿함이 아이의 거친 행동을 부추겼다. 에비 돌턴이라는 여자아이가 있었고, 자파르는 무단결석을 했다. 아이는 수행평가를 통과하기 위해 전 학급이 영어 특강을 들어야 한다며 아침 일찍 집을 나섰다. 얼마나 능숙한 거짓말쟁이가 되었는지! 이건 파트와의 후유증이었고, 장기적 후유증이라면 견디기 힘들 것 같았다. 어떤 여자아이가 클래리사인 척 학교에 전화를 걸어 자파르가 병원 진료 때문에 늦게 등교할 것이라고 말했다. 수상쩍게 여긴 학교에서 클래리사에게 전화를 걸었고, 즉시 거짓말임이 들통 났다. 클래리사는 에비의 모친 메흐라에게 이야기했고, 그 훌륭한 인도 여성은 당연히 큰 충격을 받았다.

자파르는 점심시간에야 학교에 나타났고 곤경에 처했다. 부모가 외출금지령을 내렸고, 차도 꽤 오랫동안 사용하지 못하게 되었다. 아들의 안전을 걱정하는 아버지가 공포에 빠지리란 것을 알면서도 그렇게 간단히 사라졌었다는 건 자파르가 얼마나 엇나가고 있는지를 보여주는 징표였다. 항상 착하고 생각이 깊은 아이였지만, 지금은 십대 소년이었다.

그는 자파르와 단둘이 밖에 나가 저녁을 먹었고, 효과가 있었다. 정기적으로 그럴 필요가 있었는데 그것을 이제야 깨닫다니 어리석었다. 자파르는 곧 태어날 동생이 걱정이라고 말했다. 늦둥이잖아요, 아빠. 그리고 크면서 아주 이상한 생활을 하게 되겠죠, 저처럼 말이에요. 자파르는 에비를 비숍스 애비뉴의 집으로 몹시 데려오고 싶어했다. 결국 2주 후 비탄에 잠겼다. 둘 다 절반은 인도인이어서 자파르가 아주 가깝게 느꼈던 에비가 그를 버리고 그의 가장 친한 친구인 톰에게 가버린 것이다. "하지만 전 누구에게든 몇 시간 이상 화를 낼 수가 없어요." 자파르의 말에 가슴이 저렸다. 자파르는 두 사람 모두와 친구로 남기 위해 노력했다(그리고 성공했다. 에비와 톰은 자파르의 절친한 친구로 남았다). 하지만 그 상황은 아이의 마음을 괴롭히고 성적에 심각한 영향을 미쳤다. 자파르는 악착같이 공부해야 했다. A레벨*이 코앞이었다.

2주 후 자파르는 다시 차를 몰아도 된다고 허락받았고, 그러자마자 사고를 냈다. 오전 9시 15분에 자파르한테서 전화가 왔다. 사고가 난 곳은 비숍스 애비뉴에서 그리 멀지 않은 위닝턴 로드였지만, 죄수나 다름없는 루슈디는 여느 아버지들처럼 현장으로 달려가 아들이 무사한지 확인하는 것도 허락되지 않았다. 엘리자베스가 자파르를 찾으러 간 동안 루슈디는 자신의 감옥에서 초조하게 기다려야 했다. 운이 좋았다. 코피가 나고 입술이 찢어졌지만, 목 부상이나 골절 같은 것은 없었다. 사고는 자파르의 잘못이었다. 우회전하려고 깜빡이를 켠 차를 추월하려 했고, 그 차와 부딪힌 뒤 어느 집 정원 담장을 부수었다. 관할 경찰은 사람을 죽일 수도 있었고 이 정도면 난폭 운전으로 기소될지도 모른다고 자파르에게 말했다(결국 기소는 면했다). 그러는 사이 비숍스 애비뉴의 집에서 경호원들은 그 아버지를 위로하기 위해 이런 말을 하고 있었다. "저런, 너무 빨리 달렸네요. 그앤 언제 터질지 모르는 폭탄이었잖아요."

그는 클래리사에게 전화를 걸었고, 그녀가 학교에 전화를 걸었다. 그는 충격을 받은 아들에게 전화를 걸어 사랑과 위로를 전하려 애썼고, 이번 사고를 교훈으로 삼아 앞으로는 모범적으로 운전하라는 등 흔한 말들을 늘어놓았다. 자파르가 침울하게 말했다. "학교에 갈 때쯤엔 전교에 소문이 나 있을 거예요. 어떤 녀석들이 차를 몰고 지나가면서 나를 봤거든요." 주말에는 자파르도 반성하고 있었고 자신이 무너뜨린 정원 담장의 안주인에

---

* 영국의 대학수학능력시험.

게 정중한 편지를 써서 보냈다. 담장 수리비는 물론 아버지 몫이었다.

　A레벨 모의시험 결과가 나왔고, 이 중요한 예행연습에서 자파르의 성적
은 아주 저조했다. 영어에서 C가 둘, D가 하나였다. 그는 자파르에게 불
같이 화를 냈다. "지금 당장 뭐든 하지 않으면 어떤 대학에도 못 들어갈 거
다. 들어갈 텐 하수구밖에 없어."

　인도 선집이 완성되었다. 그가 서문을 썼는데, 정치적으로 부적절한 내
용 때문에 인도에서 논란을 일으킬 수 있었다. 인도 작가들의 글 가운데
현재 가장 흥미로운 글이 영어로 쓰인 글들이라는 주장 때문이었다. 일전
에 그는 이것이 과연 사실일까 궁금해하면서 아니타와 키란*과 하룻저녁
을 보냈었다. 그들은 영어로 번역할 현대 힌디어 작품을 찾았지만, 번역할
가치가 있는 작품을 하나도 발견하지 못했다고 했다. 물론 니르말 베르마,
마하스베타 데비와 같은 몇몇 작가가 있고 남부에서는 O. V. 비자얀과 아
난타 무르티가 포함될 수도 있다고 말하는 사람도 있었지만, 전체적으로
인도 바샤**로 쓰인 문학이 풍요로운 시기는 아니었다. 그러니 어쩌면 그의
주장이 타당할지도 모르고 적어도 쟁점으로 삼을 가치는 있었지만, 아무
래도 공격을 면하긴 어려울 듯했고, 실제로 그러했다.

　엘리자베스와 그가 선집을 넘기고 이틀 후, 경찰이 사람을 죽일 뻔한 일
이 일어났다.

　서재에서 『그녀가 밟은 땅』을 집필하고 있는데, 아래층에서 엄청나게

---

* 아니타 데사이와 키란 데사이. 유명한 인도의 모녀 작가.
** '언어'라는 뜻의 힌디어.

큰 소리가 울렸다. 내려가보니 현관 입구에 경호팀 전원이 모여 있었다. 하나같이 충격을 받은 얼굴에, 당연한 말이지만 죄지은 표정이었다. 현재의 경호팀에서 가장 친절한 편인, 회색 머리에 언변이 좋은 키다리 마이크 메릴이 실수로 자신의 총을 발사한 것이다. 탄창에 총알 하나가 들어 있는 걸 인지하지 못한 채 총기 청소를 하다 벌어진 일이었다. 총알은 경찰 거실을 가로질러 닫힌 문에 구멍을 내고 현관홀을 뒤흔들며 지나간 다음 맞은편 벽을 엉망으로 만들었다. 그때 거기 아무도 없었던 것은 순전히 운이었다. 특수부의 승인 아래 집 안 청소를 해주는 베릴 부인은(알고 보니 딕 스타크의 애인이었다. 물론 딕 스타크도 기혼자였다) 쉬는 날이어서 그곳에 없었다. 엘리자베스는 외출중이었고 자파르는 학교에 있었다. 그래서 모두 무사했다. 하지만 그 사고는 그에게 변화를 일으켰다. 엘리자베스나 자파르가 지나가고 있었다면 어쩔 뻔했는가? 몇 달 후면 이 집에 아기가 올 텐데, 집 안에 총알이 날아다니고 있다니. 친구들도 그를 만나러 오곤 하는데. 이런 사고는 언제든 일어날 수 있었다. 그는 언성을 높였다. "그 총들, 내 집에서 전부 치우시오."

마이크는 수치스러워하며 거듭 사과했다. 그는 경호팀에서 하차했고 다시는 나타나지 않았다. 그건 손실이었다. 새 경호요원 중 한 명인 마크 에드워드가 안심시킨답시고 이렇게 말했다. "앞으로 청소와 점검은 절대로 실내 문 쪽이 아니라, 먼 벽을 향한 채 하겠습니다. 이번 일은 규칙 위반이었습니다." 그는 이렇게 대꾸했다. 오, 그럼 다음번엔 건물 벽에 구멍을 내고 이웃집 사람을 죽이시려고? 고맙지만 됐소. 그는 경호팀을 무척 신뢰했기 때문에 그런 실수가 일어나리라곤 꿈에도 생각 못했었다. 하지만 일어나고 말았고 잃어버린 신뢰는 쉽게 회복되지 않을 듯했다. 그는 말했다. "이것 하나는 분명히 해두겠소. 더이상 내 집 안에 무장한 사람을 둘 수 없소." 당시 런던경찰청에서 루슈디 사건은 프랭크 암스트롱 경감이 맡고 있었다(그는 후에 토니 블레어의 대인 경호를 맡았고, 그런 다음 "작전실을 책임지는" 임시 치안감이 되었다. 이는 런던경찰청의 차기 청장이란 뜻이었다). 암스트롱과의 면담은 한 달 뒤로 잡혔다. 그는 면목없어하는 경호팀에게 이렇게 말했다. "그렇게 오래 기다릴 순 없소. 당장 만나고 싶소."

그는 랩 코널리에게 연락했고, 공식적인 보고서 작성을 위해 랩이 집으로 왔다. 그는 마이크나 다른 경호원에 대해 불평하고자 하는 것이 아니라고, 그 사건 때문에 새로운 경각심이 생긴 것뿐이라고 말했다. 총기는 이집에서 사라져야 하고, 이 조치는 즉시 실행되어야만 했다. 랩은 이 집이발각될 경우 벌어질 일에 관한 통상적인 대사를 되풀이했다. "정복 경찰의삼엄한 작전"이 펼쳐지고 모든 거리의 통행이 차단될 것이고, "모두가 근무를 거부할" 테니 경호가 아예 사라질 수도 있었다. 그리고 랩은 이렇게덧붙였다. "처음부터 다른 사람이 담당해 적절한 판단을 내렸다면, 선생님은 은신할 필요가 전혀 없었을 테고 지금 완전히 다른 상황에 계셨을 겁니다." 흠, 그 말을 들으니 기분이 상당히 나아졌다. 경찰은 늘 이런 식이었으니까. 그가 이것을 원하면 경찰은 저것은 하지 않았다. 그가 저것을 원하면 경찰은 이것에 대해 강경해졌다. 아, 그리고 이 모든 게 처음부터 제대로 됐더라면 지금 아무 문제 없을 텐데, 하지만 이미 잘못되었기 때문에이젠 바로 잡을 수가 없다.

그는 충격에서 헤어나오지 못했다. 집에서 총이 발사되었다. 곧 엘리자베스가 돌아온다. 그녀가 오기 전에 진정해야 제대로 설명할 수 있었다. 둘 다 히스테리에 빠지는 것은 아무 도움이 안 되었다. 침착해야 했다.

프랭크 암스트롱 경감은 눈썹이 짙고 건장하고, 명령하는 데 익숙한 사람이었다. 경감은 직업상 단련된 유쾌한 미소를 띤 채 랩, 딕 스타크와 함께 찾아왔다.

프랭크 암스트롱은 뭔가를 걱정하고 있었다. 앤턴 씨의 친구인 로니 하우드가 루슈디 경호에 대해 얘기하자고 오랜 친구인 내무부 장관 마이클 하워드에게 만남을 청했던 것이다. 경감이 물었다. "무슨 이야기를 하려는 걸까요?" 루슈디는 이렇게 대답했다. "제가 조금이라도 존엄성을 지키며 살게 도와주려는 것이겠죠. 그래서 말씀드리는데, 이 집이 노출되면 벌어질 상황에 대비해 전략이 있어야 합니다. 이건 작전상의 결정일 뿐 아니라 정치적 결정이어야 하지요. 저는 모두가 이 문제에 초점을 맞추고 충분히 생각하길 바랍니다. 이게 바로 제가 노동당 지도부에게 해온 말이고, 로니가 마이클 하워드 장관께 하려는 말이지요."

모든 일이 정치적이었다. 암스트롱 경감은 그가 정계에 "연줄"이 있다는 것을 알고서 협조적으로 나왔고, 심지어 경의를 보였다. 주거지에서 무장 요원을 철수시켜달라는 그의 요구에 특수부도 공감한다고 말했다. 그리고 이런 제안을 했다. 선생께서 은퇴를 앞둔 특수부 경찰이나 운전수 한 명을 고용하실 수 있다면—그간 알게 된 경찰 중에서도 좋습니다—저희는 이 집에서 철수하고 선생의 사적인 활동에 대해서는 그 사람에게 전부 맡길 수 있습니다. 저희는 공공장소에 가실 때에만 경호를 하겠습니다.

좋았어! 그는 생각했다. 제발 그렇게 해주십시오. 암스트롱이 말했다. "좋습니다. 저희도 준비 작업에 들어가겠습니다."

루슈디는 프랭크 비숍에게 이야기했다. 크리켓광인데다 비밀 이야기를 좋아해서 "귓속말"로 불리는 프랭크, 엘리자베스와 루슈디가 가장 친하게 지냈던 친절한 경호원. 프랭크는 은퇴하기 직전이어서 이 새로운 일에 귀를 "쫑긋" 세웠다. "종마" 데니스도 은퇴를 앞두고 있어, 프랭크가 몸이 아프거나 휴가를 떠날 때 특별 수당을 받고 대체 요원으로 일할 수 있었다. 프랭크는 "마누라하고 상의해봐야 해요"라고 말했다. 지당한 말씀.

프랜시스 더수자가 "MI6에 있는 친구"에게서 이런 말을 들었다고 했다.

MI6의 비밀요원들이 엘리자베스의 임신 사실을 알고 있고, 그래서 "최대 3년 이내에 이 문제를 해결"해야 한다고 생각하고 있다고. 그들의 아기가 정책을 만들고 있다고 생각하니 미소가 절로 나왔다. 프랜시스의 친구는 이런 말도 했다. MI6가 외무부에 이란의 테러리즘이 "사우디, 나이지리아, 그 밖의 어느 나라보다 10배나 위험하다"는 증거를 보여주었고, 그 결과 영국 정부는 이제 이란에게 친절해봐야 소용없고 "비판적 대화"는 부질없는 정책이며 이란에 대한 모든 투자와 교역을 중단해야 한다는 견해에 동의하고 있다고. 프랑스와 독일이 걸리적거리는 장애물이지만, 이 새로운 "강경 노선"으로 "2년 정도 지나면 물라들도 무릎을 꿇게 될" 거라고 MI6는 믿고 있었다. 그는 생각했다. 내 눈으로 보기 전에는 믿지 않겠어.

그 거대한 까마귀, 죽음의 천사가 쉴새없이 날갯짓을 하며 다가오고 있었다. 앤드루가 전화를 걸어, 앨런 긴즈버그가 간암에 걸렸고 수술이 불가능해 한 달밖에 못 산다고 알려왔다. 훨씬 더 나쁜 소식도 있었다. 나이젤라에게서 전화가 왔다. 존 다이아몬드가 구강암이라고 했다. 의사들은 안심시키기 위해 노력했다. "체내에 피부암이 생긴 거나 마찬가지"고 방사선 요법을 받으면 "나을 수 있다"고. 의사들은 7년 전에도 숀 코너리를 성공적으로 치료했다. "정말 불안해요." 나이젤라의 목소리에서 슬픔이 묻어났다.

불안은 그가 잘 아는 감정이었다.

이저벨 폰세카가 엘리자베스에게 이스트 햄프턴에 있는 어머니의 정원을 결혼식 장소로 쓰라고 말했다. 분홍색 라일락이 눈부시게 만발해 있고 그뒤로 자주색과 흰색의 코스모스가 하늘거리는 아름다운 곳이라고 했다. 듣자하니 완벽했다. 하지만 며칠 후 엘리자베스는 사람들이 늘 그러듯, 그가 없을 때 그의 일기를 읽었고 파리에서 그와 카롤린 랑 사이에 있었던 일을 알게 되었다. 다른 모든 연인들이 그래왔듯 고통스러운 대화를 나누었는데, 비참함과 불안을 느낀 쪽은 엘리자베스였고, 그건 그의 잘못이었다.

두 사람은 그후 이틀 동안 대화를 했고, 엘리자베스는 천천히, 몇 번의 좌절을 겪은 다음 원래의 자리로 돌아올 힘을 그러모으기 시작했다. 그녀는 말했다. "예전엔 당신한테 아주 자신 있었어요. 아무것도 우리 사이에 끼어들 수 없다고 느꼈어요." 또 한번은 이렇게 말했다. "더이상은 우리 관계에 문제가 생기지 않았으면 해요. 안 그러면 난 아마 명대로 못 살 거예요." 그리고 한참 후에는 이렇게 말했다. "나한테 결혼이 정말 중요해졌어요. 그러면 당신이 바람을 피우지 않을 테니까요." "그러니까 당신 말은, 우리 둘의 결혼 말이지?" "그래요."

엘리자베스는 그가 바람피우는 꿈을 꾸었고, 그는 유기농 슈퍼마켓에서 메리앤을 만나 그의 물건을 돌려달라고 부탁하는 꿈을 꿨다. "어림없어요." 메리앤은 이렇게 말한 뒤 카트를 밀며 멀어져갔다.

충격, 고통, 눈물, 분노의 감정들이 차례로 밀려왔고, 그런 뒤 잠잠해졌다. 출산이 불과 한 달밖에 남지 않았다. 그녀는 과거보다 미래가 더 중요하다고 판단했다. 그를 용서했고, 그게 안 된다면 최소한 잊기로 했다.

"당신 어머니가 기억력대신 갖고 있었던 게 뭐라고 했죠? 당신 아버지를 참을 수 있게 도와준 거 말예요."

"망각력."

"나도 그게 하나 필요해요."

총선을 앞두고 전화 조사가 실시되었다. 한 미심쩍은 여론조사를 제외하고는 노동당이 20퍼센트 격차를 유지하며 줄곧 보수당을 앞섰다. 길고 암울했던 보수당 시대가 저물자 흥분이 감돌았다. 블레어가 승리하기 며칠 전 자파르는 A레벨 시험을 치르기 시작했고 부모는 검지 위에 중지를 포개 행운을 빌었다. 랩 코널리는 이제 대처 여사를 지키기 위해 떠나야 한다며 폴 토퍼가 후임으로 들어올 거라고 밝혔다. 폴은 영리하고 상냥한 데다 매사에 열심이고 랩보다 조금 덜 예민한 사람 같았다. 한편 유럽연합은 파트와에 대해 확약을 받아낼 생각은 하지도 않은 채 이란에 다시 각국 대사를 보내겠다고 제안했다. 이란은 항상 그랬듯 더 냉소적이고 기술적인 외교술을 구사했다. 자국의 대사들은 보내지 않았고, 독일 특사의 입국을 아무런 이유 없이 "당분간" 금지했다. 그는 생각을 정치에서 다른 쪽으로 돌렸고, BBC 〈한밤의 아이들〉의 1차 대본 리딩 자리에 참석하고는 큰 힘을 얻었다.

기자들이 출산 소식의 냄새를 맡고 있었고, 다수는 아기가 이미 태어났다고 확신했다. 〈이브닝 스탠더드〉 기자는 마틴 에이미스에게 전화했다. "아직 아기를 본 적 없으십니까?" 루슈디는 비밀을 지키라는 요구가 어처구니없다고 생각했지만, 엘리자베스는 이 문제에 관해선 경찰과 의견을 같이했다. 그사이 마음에 드는 이름이 떠올랐다. "밀란." 쿤데라처럼. 좋군. 그 이름은 인도 어원을 갖고 있기도 했다. '섞다' '어우러지다' '혼합하다'라는 뜻의 동사 '밀라나milana'에서 파생되었으므로 '밀란'에는 '어우러지기' '하나되기' '통합'이라는 의미도 있었다. 영국과 인도가 결합해 태어난 아이의 이름으로 나쁘지 않았다.

마침내 선거일이 왔고, 다들 아기 일은 잊어버렸다. 그는 집에 있었고, 주소를 대지 못하면 등록을 할 수 없기 때문에 투표는 포기해야 했다. 심지어 노숙자들도 투표할 수 있도록 특별 면제를 받았다는 기사를 신문에서 보았지만, 그에게는 그런 것도 주어지지 않았다. 그는 분한 생각을 치워버리고 친구들의 총선 기념 파티에 갔다. 멜빈 브래그와 마이클 풋이 다시 한번 파티를 열었고, 이번에는 용두사미로 끔찍하게 끝나지 않을 것 같았다. 변호사인 헬레나 케네디와 외과 의사인 남편 이언 허치슨도 총선 기념 파티를 열고 있었다. 결과가 나왔다. 블레어와 "신노동당"의 압승이었다. 사람들은 기쁨을 감추지 못했다. 파티의 손님들은 지하철 안에서 모르는 사람들끼리 즐겁게 대화를 나눴다는 둥—다른 곳도 아닌 영국에서!—택시 기사들이 불쑥 노래를 부르더라는 둥의 이야기를 늘어놓았다. 머리 위의 하늘은 다시 청명하여라.* 낙천주의가 되살아나고 있었다. 무한한 가능성이 열리는 것 같았다. 그간 절실했던 복지 개혁이 이루어질 것이고, 대처 집권기에 민간에 매각해 줄어든 공공주택 보유량을 만회하기 위해 50억 파운드의 자금이 신규 공영주택에 쓰일 것이며, 유럽인권조약이 마침내 영국법에 통합될 것이다. 선거 전에 블레어가 예술에 무관심하다는 소문이 돌았고 블레어 자신도 경제학 서적과 정치인의 자서전만 읽는다고 인정했기 때문에, 몇 달 전 어느 예술 분야 시상식에서 루슈디는 블레어에게 예술이 영국 사회에 주는 가치를 인식하고 예술이 "국가의 상상력"임을 이해해야 한다고 주문했다. 그 자리에 참석했던 블레어는 '그' 상상력으로 영국을 일깨우는 것이 신노동당의 임무라고 답했는데, 오늘밤 승리의 휘광 아래에서 그 대답은 얼버무림으로 보이지 않았다. 오늘밤은 축하를 위한 시간이었다. 현실은 아침까지 미뤄둘 수 있었다. 몇 년 후 버락 오바마가 미국 대통령에 당선된 밤에도 그는 똑같은 감정을 느꼈다.

이틀 후면 파트와 3천 일이었다. 엘리자베스는 유난히 아름다웠고, 출산 예정일은 코앞으로 다가왔다. 클래리사의 차에 도둑이 들었다. 서류가방과 함께 모든 신용카드를 훔쳐갔고 자파르의 선글라스도 가져갔는데 도둑도 그 선글라스를 보자마자 반했던 모양이었다. 그리고 그날 밤 그들은 〈옵서버〉가 '블리딩 하트 크립트' 연회장에서 토니 블레어를 위해 개최한 축하 파티에 참석했다. 〈옵서버〉의 윌 허턴은 이 회합을 "안수례按手禮"라 불렀다. 파티에서 새 블레어 내각은 루슈디를 환영하고 친구처럼 대했다. 고든

---

* 1932년 프랭크 루스벨트가 대통령 선거운동에 사용해 널리 알려진 〈Happy Days Are Here Again〉의 노랫말.

브라운, 피터 맨덜슨, 마거릿 베킷, 테사라는 이름의 동명이인 여성 둘, 블랙스톤과 조웰, 리처드와 루시 로저스가 있었고, 닐 키넉과 글레니스 부부도 있었다. 닐이 그를 바짝 끌어당기더니 이렇게 속삭였다. "이제 이 작자들한테 정치를 맡겨야 하는군." 물론, 그렇고말고. "그의" 편이 다시 권력을 잡았다. 마거릿 대처는 이렇게 말하길 좋아했었지. 기뻐하십시오.

축하 파티에 가던 중, 딕 스타크가 편지를 건넸다. 모든 계획을 "재고" 하라고 요청하는 프랭크 암스트롱의 편지였다. 암스트롱은 아기의 존재가 공개되는 것이 탐탁지 않았고, 결혼을 좋은 생각이라고 여기지 않았다. 엘리자베스의 이름이 책에 공동 편집자로 오르는 것도 못마땅해했다. 루슈디의 인생에 수치스러운 면이 있다면 경찰에게 이런 말을 들어야 한다는 것이었다. 그는 절제된 답변을 암스트롱에게 보냈다. 경찰의 전략은 인간적이어야 하고 예의를 지켜야 한다고.

CNN의 〈리즈 칸과의 질의응답〉에 출연한 것은 실수였다. 질문은 시종일관 적대적이었다. 테헤란에서는 "자신이 무슨 짓을 하고 있는지 아느냐"라는 질문을 백만번째 보내왔다. 스위스의 한 남자는 "영국 국민과 대처와 여왕을 모욕하고서 어떻게 영국에서 살 수 있느냐?"라고 물었고, 사우디아라비아에서 한 여자는 전화를 걸어 "당신은 주목받을 자격이 없어요. 우리 모두 하느님이 어떤 분인지 아니까요"라고 말한 뒤 거듭 물었다. "도대체 당신이 그 책으로 얻은 게 뭐죠? 뭘 얻었죠?" 그는 이 모든 질문에 가볍게, 기분좋게 대답하려고 노력했다. 그게 그의 운명이었다. 적의에 미소로 맞서는 것.

전화가 울렸다. 〈데일리 익스프레스〉의 한 여자가 말했다. "축하 인사가 끊이질 않는다고 들었어요. 동거인께서 곧 아기를 낳으신다면서요." 〈선데이 타임스〉에서는 팩스가 왔다. "자녀를 보셨다는 말을 들었습니다! 축하합니다! 괄목할 만한 진전입니다! 물론 우린 보안을 위해 산모나 아이의 이름을 밝히지 않을 겁니다. 하지만 (a)어떻게 부모가 될 각오를 하실 수 있었습니까? (b)이제 경호가 더 강화되는 겁니까?" 아기의 존재를 비밀로 하고 싶어한 암스트롱의 바람은 결국 터무니없는 것이었다. 루슈디는 엘리자베스도 출산을 비밀로 해야 한다고 생각하지 않길 바랐다. 빌어먹을, 그냥 공개하는 게 나아. 차라리 그러면 이야깃거리가 안 될 거야. 그들이 뭔가 감추고 있다고 생각될 때 언론은 더 안달했다. 이튿날 〈익스프레스〉는 엘리자베스의 이름은 생략하고 기사를 내보냈다. 뭐 어때? 그는 생각했다. 세상에 공개되니 기뻤고, 기사도 완전히 유쾌하고 호의적이었다. 비밀이 하나 줄었다. 좋았어. 하지만 엘리자베스는 화를 냈고 스트레스 지수가 올라갔다. 그들은 서로의 문장을 이해하지 못하고 서로의 억양을 오해하고 시시한 일로 말다툼을 했다. 새벽 4시에 눈을 떠보니 엘리자베스가 울고 있었다. 그녀는 캐럴의 건강을 걱정했다. 신문에 자신의 이름이 실리지 않을까 경계했다. 그리고 그가 바람피운 일 때문에 슬펐다. 그녀에게는 모든 것이 걱정스럽기만 했다.

때마침 헬렌 해밍턴이 나타나 귀에 익숙한 노래를 다시 불러댔다. 헬렌은 이 집이 발각되면 경호 비용이 세 배로 뛸 것이라고 말했다. "하지만 제반 상황을 고려한 결과, 어차피 선생님께서 요구하신 일이고, 이제 번복될 수 없다는 걸 잘 아실 테니, 저희는 경호팀을 없애겠다는 선생님의 계획을 따를 준비를 끝냈습니다. 프랭크 비숍을 경호원으로 선택하신 것도 이미 승인되었어요." 여기까지는 꽤 건설적이었다. 하지만 다음 순간부터 이야기는 부정적인 방향으로 선회했다. "엘리자베스 씨의 이름이 선집에 나오는 건 바람직하지 않아요. 솔직히 말씀드리자면, 저흰 겁이 납니다. 지금이라도 바꿀 순 없나요? 잉크로 지워버릴 순 없나요?" 공개적인 스캔들을 원한다면 바로 그 방법으로 만들어낼 수 있다고 그는 대꾸했다. "그녀를 미행할지 모릅니다." 새로 들어온 폴 토퍼가 말했다. "그녀가 선생님과 한집에 살고 있다는 얘길 듣는다면, 한두 명만 풀어도 1~2주 만에 선생님을 찾아낼 수 있습니다." 루슈디는 평정을 지키기 위해 노력했다. 그리고 말했다. 처음 경호가 시작되었을 때 아내가 있었다고. 그녀의 이름을 모르는 사람이 없었고 그녀의 사진이 모든 신문의 1면에 실리기도 했다고. 하지만 그녀는 그의 여러 도피처를 자유롭게 드나들었고 경찰은 그걸 문제로 보지 않았다고. 그런데 지금 이름이 널리 알려진 것도 아니고 사진이 나간 적도 없는 약혼녀를 문제로 삼는 건 이치에 맞지 않는다고.

뒤이어 그는 자신의 심정을 토로했다. "내가 요구하는 건, 한 영국 가족이 자연스럽게 살면서 아이를 키울 수 있게 허락해달라는 것뿐이오." 그리고 이렇게 덧붙였다. "당신들은 사람들에게 본모습 그대로 살지 말라고 요구할 수 없고, 하는 일을 그만두라고 요구할 수도 없소. 당신들은 엘리자베스가 자신의 책에 자기 이름을 넣지 않기를 바랄 수 없단 말이오. 또한 우리 아이가 태어나고 자라고 친구를 사귀고 학교에 갈 것이라는 사실을 인정해야 하오. 그 아인 인간다운 삶을 살 거요."

헬렌이 말했다. "그 모든 걸 내무부의 최고위층에서 논의하고 있습니다."

1997년 5월 24일 이란 대통령 선거에서 "공인된 후보" 알리 악바르 나테크누리가 "온건파"이자 "개혁파"인 모하마드 하타미에게 완패했다. CNN에 나온 이란의 젊은 여성들은 사상의 자유와 자녀를 위한 보다 나은 미래를 요구했다. 그들은 무엇을 얻게 될까? 그는 무엇을 얻게 될까? 이란과 영국의 새 정치인들이 마침내 이 문제를 해결할까? 하타미는 자신을 고르바초프와 같은 인물로 규정하는 듯했지만, 기성 제도를 유지하면서 개혁을 이끌어낼 수 있을까? 글라스노스트와 페레스트로이카가 보여주었듯이, 그건 거의 불가능했다. 하타미를 보면서 흥분하기는 어려웠다. 그간 헛된 기대에 실망한 적이 너무 많았다.

5월 27일 화요일, 엘리자베스는 오후 4시에 산부인과 의사 스미스 선생을 만나러 갔다. 그녀가 집에 돌아온 직후인 저녁 6시 15분경, 급속도로 진통이 시작되었다. 그는 경호팀에 경보를 발하고 일주일 전부터 잘 꾸려서 침실에 준비해두었던 가방을 낚아챈 뒤 차에 올라 패딩턴에 있는 세인트메리 병원의 린도 병동으로 갔다. 구석진 곳에 있는 407호 병실을 배정받았는데, 다이애나 전 왕세자비가 두 아기를 출산한 곳이라고 했다. 출산은 빠르게 진행되었다. 엘리자베스는 약물 처방 없이 아이를 낳고 싶어했고, 평소의 결심을 유지하며 잘 해내고 있었지만, 역시나 힘든지 그녀답지 않게 짜증을 부렸다. 진통 중간에 등을 주무르라고 그에게 명령하더니 막상 주무르려 하자 자기 몸에 손도 못 대게 하며 그를 안 보이는 데로 쫓아냈다. 한번은 어이없게도 아일린이라는 조산사에게 이렇게 소리쳤다. "당신 향수 때문에 속이 메슥거려요. 구역질나요!" 아일린은 불평 한마디 없이, 몸을 씻고 옷을 갈아입기 위해 아주 상냥한 얼굴로 나갔다.

시계를 본 순간 갑자기 이런 생각이 들었다. 아기는 자정에 태어날 거야. 하지만 아기는 8분 일찍 태어났다. 자정에서 8분 이른 시각에 밀란 루카 웨스트 루슈디는 7파운드 9온스 무게에, 엄청나게 큰 손과 발을 갖고, 머리카락이 다 난 채로 태어났다. 분만은 시작부터 끝까지 5시간 30분밖에 걸리지 않았다. 세상에 나오길 원했던 아이는 이제 미끈거리는 몸으로 회색빛이 도는 긴 탯줄을 목과 어깨에 느슨하게 감은 채 어머니의 배 위에 누워 있었다. 아이의 아버지는 셔츠를 벗고 아이를 가슴에 안았다.

그는 아들에게 말했다. 잘 왔어, 밀란. 여기가 바로 세상이란다. 기쁨과 공포로 가득한 곳이지. 세상이 널 기다리고 있어. 이곳에서 행복하렴. 행운을 빈다. 넌 우리의 새로운 사랑이야.

엘리자베스는 캐럴에게 전화했고, 루슈디는 자파르에게 전화했다. 이튿날, 세상에서 첫날을 맞은 밀란은 형과, "특별한 삼촌들" 앨런 옌토브(BBC의 스케줄을 취소하고 병원에 왔다)와 마틴 에이미스의 방문을 받았다. 에이미스와 함께 이저벨도 왔다. 두 사람의 딸 퍼낸다, 마틴의 아들 제이컵도 다 같이. 화창한 날이었다.

특수부 경찰들도 흥분했다. "우리의 첫번째 아기예요"라고 그들은 말했다. 지금까지 그들의 경호 밑에서 부모가 된 사람은 아무도 없었다. 그건 밀란이 얻은 최초의 "첫번째"였다. 밀란은 A 부대의 아기였다.

빌 뷰퍼드를 도와 〈뉴요커〉의 '인도 특집'을 편집했다. 빌은 인도 작가들을 모아 특별한 단체 사진을 찍을 계획이었다. 이즐링턴의 한 스튜디오에 도착해보니, 비크람 세스, 비크람 찬드라, 아니타 데사이, 키란 데사이, 아룬다티 로이, 아르다시르 바킬, 로힌턴 미스트리, 아미트 초두리, 아미타브 고시, 그리고 로메시 구네세케라(어쩌다 스리랑카 작가가 거기 포함되었는지 아무도 몰랐지만, 오, 어쨌든 그는 좋은 사람이고 좋은 작가였다)가 있었다. 사진작가는 맥스 바두쿨이었지만, 바두쿨에게도 쉬운 사진이 아니었다. 나중에 빌이 쓴 대로였다. "바두쿨은 산만한 무리를 프레임 안으로 몰아넣으려고 진땀을 흘려야 했다. 결과물이 확실한 증거다. 소리 없는 혼란이라는 주제가 수많은 사진 속에서 변주되고 있다. 수줍은 표정, 호기심 어린 표정, 들뜬 표정 들이 담겨 있다." 아미트 초두리가 로힌턴의 책에 대해 쓴 서평을 두고 파르시교도에 대한 견해가 너무 전형적이라고 로힌턴 미스트리(부드럽게)와 아르다시르 바킬(귀에 거슬리게)이 비난하기는 했지만, 대체로 거기 모인 작가들이 꽤 온화했다고 루슈디는 기억했다. 촬영을 마친 후에는 블레어와 브라운이 전설의 지도부 협정*을 맺은 현장, 어퍼 스트리트의 그래니타 레스토랑에서 점심식사를 했다. 열한

---

* 1994년 여름 노동당의 고든 브라운과 토니 블레어가 맺은 비공식 협정. 브라운이 총리직에 오를 기회를 양보하는 대가로 블레어 집권시 상당한 실권을 보장받기로 했다고 알려졌다. 두 사람은 협정 사실을 오랫동안 부인했다.

명의 작가 중 아미트 한 명만 제외하고 모두 참석했다. 후에 아미트는 빌에게 이렇게 말했다. "난 그 무리에 속해 있지 않다고 느꼈어요. 나와 같은 부류가 아니었어요." 몇 년 후 아미타바 쿠마르와 인터뷰를 하면서 아룬다티 로이도 자신이 그들과 같은 부류가 아니었다고 말했다. 그녀는 그날의 기억이 떠오르면 혼자 재미있어한다고 쿠마르에게 말했다. "모두가 서로에게 약간 비타협적이었다고 생각해요. 목소리를 낮춰 자기 주장을 내세우고 부루퉁해하고 투덜거렸죠. 예의를 차리고 있었지만 위태로웠어요. 다들 약간 불편해했어요. (⋯) 어쨌든 전, 그 사진 속에 있는 사람들 중에 자신이 옆 사람과 같은 '무리'에 속한다고 느낀 사람은 아무도 없을 거라고 생각해요." 루슈디는 아룬다티 로이가 아주 상냥했고 그곳에서 다른 사람들과 어울리며 행복해했다고 기억했다. 하지만 아마도 착각이었던 모양이었다.

그 촬영을 하고 며칠 후 『작은 것들의 신』 출간 기념회에 갔다. 그 작가와의 만남이 즐거웠고, 그녀가 중요한 순간을 기쁘게 축하하도록 돕고 싶어서였다. 만나고 보니 일전과는 달리 그녀의 분위기가 얼음장 같았다. 그날 아침 그녀의 소설에 대해 존 업다이크가 쓴 서평이 〈뉴요커〉에 실렸다. 대단히 긍정적인 서평이었는데, 10점 만점에 10점은 아니어도 8.5는 되었다. 어쨌든, 중요한 첫 장편소설에 대해서 미국의 대문호로부터 완벽한 서평을 받은 것이다. 루슈디는 그녀에게 물었다. "그거 보셨소? 아주 기뻤겠군요." 그러자 로이 양은 어깨를 살짝 으쓱하더니 이렇게 말했다. "네, 봤어요. 그래서요?" 그런 반응은 의외였고, 어떤 면에서는 인상적이었다. 하지만 그는 이렇게 말했다. "그러지 마시오. 아룬다티, 너무 차갑구려. 당신에게 멋진 일이 일어나고 있소. 첫 장편이 굉장한 성공을 거두고 있잖소. 최초의 성공과 같은 경험은 다시 오지 않는다오. 그러니 즐기구려. 그렇게 차갑게 있지 말고." 그러자 그녀는 그의 눈을 쏘아보았다. "전 원래 차가워요." 그녀는 이렇게 말하고 돌아서 가버렸다.

발행인 스튜어트 프로핏은 열성적으로 작가를 소개했지만 정작 작가는 지루하고 우울하게 작품을 낭독했다. 뇌졸중에서 행복하게 회복중이던 로버트 매크럼이 이렇게 속삭였다. "10점 만점에 5점이야." 집으로 돌아오는 차에서 경호원 폴 토퍼는 말했다. "출판사의 연설을 들은 후에는 그 책을 사야겠다고 생각했는데, 그 여자가 낭독한 후에는 그 생각이 싹 사라졌어요."

엘리자베스와 밀란이 병원에서 집으로 돌아왔다. 캐럴라인 미셸은 "선생님의 또다른 아기"라며 『인도 현대문학 걸작선 *Vintage Book of Indian Writing*』(후에 미국에서는 『미러워크 *Mirrorwork*』로 출간되었다)의 최종본을 들고 찾아왔다. 경호의 보호막 밖으로 밀란의 탄생 소식이 알려지고 있었다. 〈이브닝 스탠더드〉는 밀란의 이름을 넣어 기사를 실었다. 경찰은 엘리자베스의 이름이 신문에 나올까 걱정했고, 그런 사태를 막기 위해 열심히 노력하고 있었다. 한동안은 그녀의 이름이 나오지 않았다. 첩보 요새로 다시 안내되었는데, 오전 씨와 오후 씨도 엘리자베스와 밀란을 걱정하고 있었다. 그래도 그들은 "구체적 위협"은 "분쇄"되었다고 말했다. 자세한 설명은 그걸로 끝이었다. 엄청난 강철 주먹을 먹일 것이라던 말이 기억났고, 그게 효과가 있었기를 바랐다. 그렇다면 더이상 암살 걱정은 안 해도 되는 겁니까? "그런 말은 아닙니다." 오후 씨가 고개를 저었다. "아직도 우려할 만한 확실한 이유들이 있습니다." 오전 씨가 거들었다. 그 이유라는 게 어떤 건지 말해줄 순 없습니까? "안 됩니다." 오후 씨가 대답했다. 알겠습니다, 안 된다는 말씀이군요. "그렇습니다." 오전 씨가 말했다. "하지만 선생님이 덴마크에 갔을 때 우리가 알게 된 구체적 위협이 제거되었습니다." 오후 씨가 말했다. 아, 코펜하겐에 실제로 구체적인 위협이 있었다는 말이군요? "있었습니다." 오후 씨가 말했다. 그렇다면 왜 나한테 말해주지 않았습니까? "정보원 보호 때문이었습니다." 오전 씨가 말했다. "선생님이 잘 아는 언론에 이야기를 흘리실 가능성을 차단해야 했습니다." 그를 보호하느냐 정보원을 보호하느냐의 선택을 놓고 첩보원들은 정보원을 선택한 것이었다.

한편 〈모욕일보〉는 밀란의 출생으로 국민이 추가 부담하게 될 비용에 대한 기사를 준비하고 있었다. (그런 비용 증가는 전혀 없었다.) 그는 '아기 루슈디, 납세자들에게 막대한 비용을 물리다'라는 기사가 나올까봐 마음을 단단히 먹었다. 하지만 전혀 다른 기사가 나왔다. '루슈디, BBC에 높은 몸값을 부르다.' 언뜻 보면 그가 터무니없는 액수를 요구하여 〈한밤의 아이들〉 제작 계획에 해를 끼치고 있는 듯했다. 인용된 액수는 그가 받는 돈의 두 배가 넘었다. 변호사들에게 그 〈모욕일보〉를 추궁해달라고 요청했고, 몇 주 후 그 경영자들은 항복하고 신문에 사과 성명을 냈다.

말리번 등록소로 가서 아이의 출생 신고를 마치고 오자마자, 엘리자베스의 감정의 둑이 허물어져버렸다. 아이의 성이 웨스트와 루슈디를 하이픈으로 연결한 웨스트-루슈디가 아니라 그냥 루슈디였기 때문이다. 불과 하루 전만 해도 그녀는 아이 이름이 밀란 루슈디라고 사람들에게 말하면 얼마나 멋지겠느냐고 했다. 그래서 그는 완전히 방심했다. 그들은 아이의 성을 무엇으로 할 것인지에 대해 여러 번 상의했고, 몇 달 전에 합의를 보았다. 그런데 이제 와서 그녀는 "당신이 좋아하지 않을 것 같아" 진심을 억눌렀다고 말했다. 아무리 달래도 그녀는 그날 하루종일 계속 슬퍼하고 괴로워했다. 다음날인 13일의 금요일에도 그녀는 여전히 화내고 비통해하고 걸핏하면 그를 힐난했다. 그는 일기장에 이렇게 썼다. "우리에게 주어진 커다란 행복을 우리 스스로 걷어차다니 참 잘하는 짓이로군." 그는 충격받았고, 기분이 상하다 못해 비참했다. 그렇게 분별 있던 여자가 감정적으로 완전히 붕괴될 수 있다는 건, 겉으로 보이는 것보다 훨씬 더 큰 문제를 안고 있음을 암시했다. 거의 히스테리 상태인 지금의 엘리자베스는 그가 7년 동안 알아온 그 여자가 아니었다. 그간 억눌러온 온갖 불안, 두려움, 걱정이 밖으로 터져나오고 있는 듯했다. 누락된 하이픈은 맥거핀*, 즉 그녀가 숨겨온 진짜 감정에 대한 이야기를 해방하기 위한 구실에 지나지 않았다.

그녀는 신경 압박을 느꼈고 돌연 큰 고통을 호소했다. 그가 병원에 가자고 아무리 애원해도 들은 체 만 체 하더니 결국 너무 고통스러워 움직이지도 못하게 됐다. 둘 사이의 관계에 금이 가는 소리가 들렸다. 그는 몹시 격하게 말했다. "당신이 통증에 어떻게 대처하는지 알겠군. 다른 사람이 도와주겠다고 하면 입 다물고 눈앞에서 꺼지라고 말하는 거지." 그녀도 사납게 소리치며 응수했다. "내가 분만 때 그랬다고 지금 비난하는 거예요?" 그는 생각했다. 오, 안 돼, 안 돼. 안 돼, 이래서는 안 돼. 그 어느 때보다 가까워져야 할 때에 심각한 불화가 싹트고 있었다.

아버지의 날에 카드를 받았다. 열여덟 살인 자파르가 제 손의 가장자리를 따라 그리고, 그 안에 18일 된 밀란의 손을 그린 이 카드는 그가 가장 아끼는 물건 중 하나가 되었다. 엘리자베스와 그는 싸움을 멈추고 화해했다.

자파르는 어느덧 열여덟 살이었다. 루슈디는 일기장에 이렇게 썼다. "그 녀석에게 느끼는 나의 자부심은 비할 데가 없다. 그 아이는 훌륭하고 정직하고 용감한 젊은이로 성장했다. 제일 기본 덕목인 친절함은 타고난데다, 점잖음과 차분함도 온전히 갖추었다. 그애에겐 인생에 필요한 진정한 재능이 있다. 밀란이 태어났을 때도 흔쾌히 반겼고, 진심에서 우러난 애정을 보였다. 그애가 나를 믿고 내밀한 감정을 털어놓을 정도로 우리는 사이가 좋은데, 나는 아버지와 이런 관계를 맺지 못했다. 자파르가 과연 대학에 들어갈 수 있을까? 그애의 운명은 그애 손에 달려 있다. 하지만 적어도 그애는 정말로 사랑받고 있다는 걸 항상 알고 있었고, 지금도 알고

---

* 소설이나 영화에서, 어떤 사실이나 사건을 매우 중요한 것처럼 꾸며 독자나 관객의 주의를 엉뚱한 곳으로 돌리는 속임수.

있다. 이제 다 큰 내 아들."

생일을 맞아 아침에 찾아온 아들에게, 생일선물로 카 라디오와 손수 쓴 편지를 건넸다. 편지에는 아들을, 아들의 용기와 품위를 자랑스럽게 여기는 아버지의 마음이 담겨 있었다. 편지를 읽은 아들이 감동해서 말했다. "이거 정말 멋진데요."

아무리 쓰고 말하고 다투고 싸워도 아무것도 변하지 않았다. 하지만 정부가 변했다. 그는 이제 외무부 장관이 된 로빈 쿡의 보좌관 데릭 패치트와 멋진 회합을 가졌다. 과거 보수당 집권기와 분위기가 사뭇 달랐다. "우린 이 문제를 강하게 밀어붙일 겁니다." 패치트가 약속했다. 인도 입국 금지 문제도, 영국항공 문제도 도움을 주겠노라고, 전반적으로 도움을 주겠노라고 말했다. 갑자기 정부가 그의 편인 듯한 기분이 들었다. 이 상황이 얼마나 큰 차이를 만들어낼지는 어느 누구도 장담할 수 없었다. 이란의 새 정권에서는 희망적인 소리가 들리지 않았다. 새로운 "온건파" 대통령 하타미로부터 생일 축하 인사가 날아왔다. "살만 루슈디는 곧 죽을 것이다."

로리 앤더슨*이 연락해 불에 관한 글이 있느냐고 물었다. 전쟁고아재단을 설립하는 데 필요한 자금을 모으기 위해 야회 공연을 준비하고 있는데 불을 찍은 굉장한 비디오가 있어 어울리는 글을 찾고 있다고 했다. 그는 『악마의 시』 가운데 '런던 화재' 장면에서 몇 문장을 발췌했다. 브라이언 이노를 설득해 배경음악까지 녹음한 로리는 그가 낭독하는 동안 무대 옆 작은 책상에서 영상에 맞춰 테이프를 틀 예정이었다. 예행연습을 할 시간이 전혀 없었기 때문에 곧바로 무대에 올라 타오르는 화염 앞에서 낭독을 시작했고, 로리는 이노의 음악을 틀었다. 배경음악은 예고도 없이 커지

---

* 전위 예술가. 루 리드의 아내(1947~).

거나 작아졌고, 그 바람에 그는 서핑을 하거나 스케이트보드를 무모하게 타는 사람처럼 아슬아슬하게 그 소리의 파도를 타며 목소리를 높이거나 낮추었다. 한 번도 해본 적 없는 즐거운 경험이었다. 자파르는 멀리사라는 여자애를 데려왔는데, 처음으로 아빠의 낭독을 들은 후 이렇게 말했다. "두 번 정도 더듬으셨어요. 그리고 너무 많이 돌아다니세요. 산만해요." 하지만 전체적으로는 마음에 든 눈치였다.

앤토니아 프레이저와 해럴드 핀터의 집에서 저녁을 먹었다. 해럴드는 밀란을 오랫동안 무릎 위에 안고 있었다. 결국 엘리자베스에게 밀란을 넘겨주며 이렇게 말했다. "아이가 크면 해럴드 삼촌이 꼭 안고 귀여워했다고 말해주게나."

영국항공의 사장 로버트 에일링이 자파르의 학교에 와서 연설을 했다. 자파르는 아빠의 탑승을 거부하는 항공사의 정책에 대해 에일링에게 이의를 제기했다. 후일 영국항공이 마침내 탑승 거부 정책을 바꾸었을 때 에일링은 그날 자파르의 이의 제기에 대단히 감동했다고 말했다. 항공사 사장의 마음을 누그러뜨린 건 자파르였다.

미국에서의 여름! 밀란이 비행기를 탈 수 있을 정도로 크자마자, 해마다 여름이면 누리던 자유를 위해 여행을 했는데…… 이번에는 영국 비행기를 타고 직항으로 셋이 함께 날아갔다! 버진애틀랜틱항공이 루슈디를 태우는 데 동의하고 직항 노선으로 미국까지 실어주었다. 이제는 우호적인 항공편을 잡기 위해 오슬로, 빈, 파리까지 갈 필요가 없었다. 감옥의 담장에서 벽돌 하나가 떨어져나갔다.

그로보 부부에게 빌린 집은 아늑했고, 그들은 친구들에게 에워싸였다. 마틴과 이저벨이 이스트 햄프턴에 있었고, 이언 매큐언과 애널레나 매커피는 새그 하버에 집 한 채를 빌렸다. 그 외에 많은 좋은 사람들이 찾아왔다. 그와 엘리자베스에겐 갓난아기가 있었고, 결혼식도 올릴 예정이었다. 이 휴가는 그들에게 활력소이자, 나머지 나날을 견디도록 힘을 주는 시간이었다. 나무 위에는 새가 있고 숲속에는 사슴이 있고 바다는 따뜻하고 두 달 된 밀란은 더할 나위 없이 귀여웠다. 밀란은 방긋거렸다가 짓궂은 표정을 지었다가 했다. 아이는 경이로움 그 자체였다. 한 가지만 빼고 모든 게 완벽했다. 미국에 도착한 지 4일 후 트리스트럼 파월한테서 연락을 받았다. BBC가 인도에서 〈한밤의 아이들〉을 촬영하려 했지만 인도 정부가 허락하지 않는다는 소식이었다. 인도 정부의 성명은 이랬다. "어떤 식으로든 그 작가를 승인했다는 오해를 피하는 것이 신중한 자세다." 이 성명이 가슴에 비문처럼 새겨졌다. 트리스트럼이 정중하게 말했다. "프로듀서 크리스 홀이 촬영 장소를 알아보기 위해 스리랑카로 가고 있습니다. 방송국 사람들도 지금까지 얼마나 공이 들어갔는지, 대본이 얼마나 훌륭한지 다들 알고 있어요. 그래서 어떻게든 이 기획을 지키고 싶습니다." 하지만 루슈디는 가슴이 아팠다. 그의 위대한 사랑 인도가 어떤 식으로든 그를 승인하고 싶지 않다며 문전박대를 했다. 그가 인도에게 쓴 사랑의 편지 『한밤의 아이들』은 그 나라 어디에서도 화면에 담기에 부적당하다고 했다. 이번 여름에 그는 『그녀가 밟은 땅』을 쓸 예정이었다. 어디에도 소속감을 느끼지 못하는 사람들, 고향이 아니라 떠남을 꿈꾸는 사람들에 대한 소설이었다. 그가 지금 느끼는 감정들, 두려움, 단절되고 배척당하는 느낌이 이 작품의 연료가 될 것이었다.

영국 언론이 이 소식을 보도했지만 그는 더이상 관심을 두지 않았다. 주위에 친구들이 있었고, 새 책을 쓰고 있었고, 7년 동안 사랑한 여자와 곧 결혼할 예정이었다. 빌 뷰퍼드가 여자친구인 메리 존슨과 함께 와서 잠시 머물렀다. 테네시 출신인 메리 존슨은 베티 붑*을 쏙 빼닮은 발랄한 아가씨였다. 와일리 부부와 마틴과 이저벨이 모인 날, 빌은 제법 그럴듯하게 거대한 바비큐를 요리했다. 결혼 전 마지막 데이트를 위해 새그 하버에 있는 아메리칸 호텔에 엘리자베스를 데려갔다. 아방가르드 감독인 로버트 윌슨이 제작중인 새 작품의 리허설에 초대받았다. 감독의 작품 설명을 30분 넘게 들었지만, 감상평 한 줄을 원하는 이 위대한 예술가의 말을 한마디도 못 알아들었음을 인정할 수밖에 없었다. 로버트 매크럼이 찾아와 하룻밤 머물렀다. 엘리자베스는 '로브스 앤드 피시즈'와 상담하고는 이 터무니없이 비싼 식품점에서 결혼식에 쓸 음식과 술을 예약했다. 둘이 함께 이스트 햄프턴 타운 청사에 가서 혼인증명서를 발급받았다. 그도 새 정장을 구입했다. 자파르가 런던에서 전화로 굉장한 소식을 전했다. A레벨 시험 결과가 엑서터 대학교에 들어갈 정도로 좋게 나왔다고 했다. 행복해서, 그리고 결혼 준비로 바빠서 인도가 준 상처를 덜 느낄 수 있었다.

그런데 인도가 다시 한번 퇴짜를 놓았다. 1997년 8월 15일 맨해튼의 인도영사관에서 대규모로 열리는 인도 독립 50주년 기념식에 빌 뷰퍼드가 초청받았다. 빌이 루슈디 씨도 맨해튼에 있다고 말하자 영사관 사람들은 방울뱀을 만난 양 뒤로 물러섰다. 한 여자가 빌에게 전화해 더듬거리며 설명했다. "그분의 모든 여건을 고려해볼 때…… 저희 생각에는…… 그분에게도 별 도움이 안 될 테고…… 아주 큰 행사인데다…… 대대적으로 홍보해서…… 총영사님이 안 된다고…… 우리에게 도움이 되지 않는다고……" 인도 독립 50주년에, 살림 시나이의 생일에, 살림을 지어낸 신데렐라 작가는 무도회에 갈 수 없었다. 그는 인도의 공권력이 무슨 짓을 하든 조국과 민족을 향한 자신의 사랑만은 온전히 지키기로 다짐했다. 인도

---

* 1930년대에 인기를 끌었던 미국 만화 캐릭터.

의 공권력이 조국 땅을 다시는 못 밟게 하더라도.

다시 좋은 일들 속으로 피신했다. 시내에서 며칠을 머물며 티파니에서 엘리자베스에게 줄 결혼 선물을 골랐고, 선집 『미러워크』를 위해 몇 군데와 인터뷰를 했으며, 데이비드 번이 부르는 〈Psycho Killer〉를 듣기 위해 로즈랜드 클럽에 갔고, 폴 오스터와 시리 후스트베트 부부와 저녁을 먹었다. 폴은 〈다리 위의 룰루〉의 시나리오를 쓰면서 그 영화의 감독까지 맡았는데, 하비 카이텔을 심문하는 사악한 수사관 역을 그가 맡아주길 원했다. ("아주 사악한 치료사" 역을 제안한 로브그리예에 이어, 이번에는 사악한 수사관이라니. 이런 게 바로 배역이 고정된다는 건가?) 자파르가 미국으로 와서 마중을 나갔다. 아들과 함께 38도의 무더위 속에 버스를 타고 브리지햄프턴으로 돌아왔는데, 리틀 노약 패스에 도착하니 엘리자베스가 의심과 불신에 휩싸여 있었다. 뉴욕엔 무슨 볼일이 있어서 갔었느냐? 누굴 만났느냐? 잠깐의 외도로 생긴 상처가 아직 남아 있었다. 그녀에게 사랑한다고 말하는 것 외에 뭘 어떻게 해야 좋을지 알 수 없었다. 갑자기 결혼 생활이 두려워졌다. 하지만 5분 후 그녀는 불안을 털어버리고서 괜찮다고 말했다.

그는 이언 매큐언과 함께 저녁으로 먹을 포장 음식을 사러 태국 식당에 갔다. 친다 식당의 태국 여성이 말했다. "그 사람하고 닮으셨네요, 그 책 쓴 그 사람 말이에요." 그는 시인했다. 맞아요, 내가 그 사람입니다. 그러자 그녀가 이렇게 말했다. "오 맞았네요. 저 그 책 일것써요. 그 책 조아해요. 그뒤에 다른 책도 쓰셨지만 아직 못 일것써요. 전화로 주문하셨을 때 소고기를 주문하길래 우린 빌리 조엘*일지 모른다고 생각했어요. 하지만 아니에요, 빌리 조엘, 그 사람은 항상 화요일에 와요." 식사 도중에 마틴이 어느 날 불현듯 솔 벨로를 찾아갔던 이야기를 했다. 마틴이 부러웠다. 동

---

* 미국 가수(1949~).

시대의 가장 위대한 미국 작가와 가까이 있다니. 하지만 그에게는 당장 더 중대한 일이 있었다. 나흘 후면 결혼식이었고, 세상의 종말이, 적어도 아널드 슈워제네거가 말한 세상의 종말이 목전에 있었다. 결혼식 다음날인 1997년 8월 29일은 〈터미네이터 2〉에서 "심판의 날", 즉 기계들이 슈퍼컴퓨터 스카이넷의 지도 아래 인류를 핵으로 말살시킬 대재앙을 시작하는 날이었다. 세계 역사의 마지막 날에 결혼하는 것이다.

날씨는 더할 나위 없이 화창했고 코스모스 꽃밭은 하늘만큼 눈부셨다. 친구들이 이저벨의 고향집으로 모여드는 동안 그는 판사를 데려왔다. 폴과 시리와 어린 소피 오스터, 빌과 메리, 마틴과 이저벨과 두 아들들과 마틴의 딸 딜라일라 실과 이저벨의 자매 키나, 이언과 애널레나와 두 아들, 앤드루와 캐미와 딸 에리카 와일리, 히치와 캐럴과 딸 로라 앤토니아 블루 히친스, 그리고 그들이 발딛고 있는 정원을 빌려준 이저벨의 어머니 베티 폰세카와 베티의 남편 딕 코뉴엘, 시리의 팔에 안겨 있는 밀란, 자파르, 그리고 머리에 장미와 백합을 꽂은 엘리자베스. 모두가 둥글게 원을 이루고 섰다. 시 낭송이 있었다. 빌은 흔히 읽는 셰익스피어의 소네트를 읽었고, 폴은 특이하지만 사려 깊게 윌리엄 칼로스 윌리엄스의 「담쟁이덩굴 화관 *The Ivy Crown*」을 읽었다. 생의 후반부에 찾아온 사랑을 노래한 시였다.

> 우리 나이에 상상력은
>   시시한 현실 너머로
>   우리를 고양시켜
> 가시보다 장미꽃을
>   앞세우게 하네.
>   물론
> 사랑은 잔인하고
>   이기적이며

아둔하기 짝이 없는데
적어도 그 빛에 눈멀어버린
젊은 사랑은 으레 그렇지.
그러나 우리는 나이가 들어
나는 사랑하고
그대는 사랑받으며
지금껏
어떻게든
의지의 힘으로
사랑을 지켜냈으니
이 귀한 보물을
자나깨나
간직하리라.
우리 의지가 그러하거늘
우리 사랑에
또 무슨 난관이 있으랴.

그날 밤 그와 엘리자베스는 지난 7년간의 기적 같은 행복을 자축했다. 두 사람은 허리케인의 한가운데에서 서로를 발견했고, 서로에게 꼭 매달렸다. 태풍이 두려워서가 아니라 그 발견이 기뻐서였다. 그녀의 미소가 그의 낮을 눈부시게 비추고 그녀의 사랑이 그의 밤을 환히 밝혔다. 그녀의 용기와 보살핌은 그에게 힘을 주었다. 결혼식 날 밤 그녀와 모든 친구 앞에서 고백했다. 먼저 꼬리 친 건 당연히 그녀가 아니라 그였다고. (7년 동안 오리발을 내밀던 그가 끝내 이 사실을 인정하자 그녀는 깜짝 놀라며 웃음을 터뜨렸다.) 그리고 이튿날 세상은 끝나기는커녕 더 생기로워지고 더 새로워졌으며, 모든 난관을 이겨냈다. 그 시인은 말했다. 우리 목숨은 유한

하지만/ 목숨이 유한하므로/ 오히려 운명에 도전하기도 하지.

> 사랑이란 본래
> 잔인한 일이지만,
> 우리는 함께 살아가기 위해,
> 의지의 힘으로
> 변화를 일으키나니.

세상이 계속된 그날 이번엔 이언과 애널레나가 이스트 햄프턴 타운 청사에서 결혼식을 올렸다. 해변에서 파티를 열 계획이었지만, 날씨가 도와주지 않아 모두 리틀 노약 패스로 가서 오후 내내 저녁까지 피로연을 즐겼다. 날이 개자, 집 뒤의 들판에서 미국식이 아닌 엉터리 야구를 했다. 그런 뒤 그와 이언은 다시 태국 음식을 사 오기 위해 친다 식당으로 갔고, 이번에도 그는 빌리 조엘이 아니었다.

영국 신문들은 그의 결혼 소식을 즉시 입수했고—식이 끝나자마자 이스트 햄프턴 타운 청사 직원들이 정보를 누설했다—거의 모든 신문이 기사에 엘리자베스의 이름을 내보냈다. 결국 그녀도 알려지고 말았다. 그녀는 잠시 크게 동요했지만 천성대로 단호하고 낙천적으로 회복하고 적응했다. 그로 말하자면 해방감이 들었다. "숨기는" 게 아주 피곤했으니까.

그날 밤 깁슨 해변에서 바비큐를 즐긴 후 존 애버던의 집에 가 있을 때 데이비드 리프한테서 전화가 왔다. 다이애나 전 왕세자비가 파리에서 교통사고로 크게 다쳤고 연인인 도디 파예드가 사망했다고 했다. 모든 방송사가 그 사건을 보도했지만 다이애나의 상태에 대한 실질적인 내용은 전혀 없었다. 잠시 후 잠자리에 들며 엘리자베스에게 말했다. "살아 있다면 그렇다고 말할 텐데. 어떤 상태인지 언급하지 않는 건 죽었기 때문이겠지." 이튿날 아침 〈뉴욕 타임스〉 1면 기사가 그 사실을 확인해주었고 엘리자베스는 눈물을 훔쳤다. 하루종일 쉬지 않고 뉴스가 흘러나왔다. 파파라치들이 오토바이를 타고 그녀를 쫓았다. 자동차는 맹렬하게 질주했고 술취한 운전사는 시속 120마일까지 속도를 올렸다. 그는 생각했다. 그 불쌍한 여인은 지독히 운이 없군. 행복한 새 출발이 가능해지자마자 불행한 결말이 날아들다니. 하지만 사진에 찍히지 않으려다 죽는 건 어리석다. 리츠 호텔 계단에 잠시 멈춰 서서 파파라치들의 카메라에 찍혀주었다면 추적당하지 않았을 테고 그렇게 미친 속도로 도망치다 콘크리트 지하차도에서 죽는 일은 없었을 것이다. 참으로 덧없는 죽음이었다.

사랑, 죽음, 자동차라는 이 치명적인 조합에 J. G. 밸러드의 위대한 소설 『크래시』가 떠올랐다. 이번 일은 어쩌면 우리 모두에게 책임이 있는지도 모른다. 그녀의 이미지에 대한 우리의 굶주림이 그녀를 살해한 것이다. 그녀가 눈을 감기 전에 마지막으로 본 건 부서진 차창 유리 너머로 다가오는 카메라의 남근 같은 주둥이들이었을 테지. 찰칵, 찰칵. 〈뉴요커〉로부터 이 사건에 대한 글을 청탁받고 이런 생각을 써 보냈더니, 영국의 〈모욕일보〉는 마치 그녀를 추적하던 파파라치들의 사진을 비싼 값에 기꺼이 구입한 적 없다는 듯이, 자신들은 고결하게도 사고 현장 사진을 보도하지 않았다는 듯이, 그의 글을 품위 없는 "악마의 소견"으로 매도했다.

밀턴 그로보와 퍼트리샤 그로보는 이제 전부 다 알고 있었다. 지역신문에서 결혼 기사를 읽은 후부터였다. 노부부는 대단히 기뻐하고 "자랑스러워"했으며, 앞으로도 오랫동안 집을 빌려주고 싶다며 즐거워했다. 퍼트리샤는 케네디의 아이들을 돌본 유모였기 때문에 "신중함이 몸에 뱄다"고 했다. 밀턴은 여든에 가까웠고 매우 쇠약했다. 그로보 부부는 그 집을 루슈디 부부에게 파는 것도 고려해볼 수 있다고 말했다.

런던으로 돌아오고 며칠 후 만토바 문학제에 참석하기 위해 이탈리아로 날아갔는데, 아무도 현지 경찰에게 그의 방문 허가를 받아놓지 않은 듯했다. 경찰은 그를 호텔에 묶어두고 행사 참석을 허락하지 않았다. 결국 다른 작가들을 의장대처럼 이끌고 칠레에서 썼던 책략을 다시 사용했다. 그는 거리로 걸어나갔고, 경찰서로 끌려가 "대기실"에 몇 시간 동안 붙잡혀 있었다. 결국 시장과 경찰서장은 세간의 비난을 피하기 위해 그가 그 도시에 체류하며 볼일을 보는 것을 허락했다. 미국에서 몇 주 동안 평범한 삶을 누린 후 다시 유럽의 소심함에 맞닥뜨리자 힘이 쑥 빠졌다.

노동당 출신 내무장관 잭 스트로는 이슬람 유권자들의 환심을 사려고 혈안이 된 인물이었다. 그는 낡고 진부하고 폐지되어 마땅한 신성모독법을 영국국교회 이외의 다른 종교들로 확대 적용하고, 그럼으로써 무엇보다 『악마의 시』를 다시 기소하고 금서로 만들 새로운 법안의 입법을 예고했다. 루슈디는 권력을 잡은 "친구들의 정부"는 여기까지군, 하고 생각했다. 스트로의 시도는 결국 실패로 끝나지만, 블레어 정부는 이후 몇 년 동안 종교에 대한—예를 들어 이슬람에 대한—비판을 불법화하기 위해 여러 방안을 모색했다. 어느 날 루슈디는 이에 항의하려고 로언 앳킨슨*을 대동하고 내무부를 찾아갔다("미스터 빈 정가政街에 가다"). 카메라 밖에서는 조용히 말하고 생각이 깊은 사람인 로언은 정체불명의 사람들과 차관보에게 풍자에 대해 어떻게 생각하느냐고 질문했다. 물론 그들 모두 로언의 팬이었고 로언에게서 사랑받기를 원했으므로 이렇게 말했다. 아, 코미디 말이죠, 우리도 좋아합니다. 풍자라, 전혀 문제될 것이 없지요. 로언은 침

---

* 영국의 인기 코믹영화 '미스터 빈' 시리즈의 주인공 배우(1955~).

울하게 고개를 끄덕인 후, 최근 텔레비전 단막극에 넣은 어떤 장면을 설명했다. 금요 예배를 위해서인 듯 무릎을 꿇고 앉은 테헤란 무슬림들의 모습과 함께 "이들은 지금 아야톨라의 콘택트렌즈를 열심히 찾고 있다"라는 해설이 나갔다고 말했다. 그리고 그것이 새 법에 저촉되지 않는지, 자신이 감옥에 가게 되는 건지 물었다. 그들은 이렇게 대답했다. 아, 네, 괜찮을 겁니다. 완전히 괜찮아요, 전혀 문제없습니다. 로언은 다시 물었다. 흠, 하지만 그 말을 어떻게 믿을 수 있죠? 그들이 대꾸했다. 간단합니다. 대본을 정부 기관에 제출하고 승인을 받으면 됩니다. 물론 승인이 날 겁니다. 그럼 믿으실 수 있을 겁니다. 로언이 부드럽게 물었다. "왜 그래도 안심이 안 될까요?" 이 끔찍한 법안이 최종 표결을 위해 하원에 상정되던 날, 노동당 원내 총무들은 이 법안에 대한 반발이 너무 거세 자신들이 질 거라 믿고서 토니 블레어에게 표결에 들어갈 때까지 남아 있을 필요가 없다고 말했다. 그래서 총리는 귀가했고 법안은 한 표 차이로 부결되었다. 만일 총리가 남았다면 표결은 동률이 되었을 테고 의장도 억지로 정부 쪽에 표를 던졌을 테니 그 법안은 이 나라의 법이 되었을 것이다. 참으로 아슬아슬했다.

삶은 잔걸음을 치며 앞으로 나아갔다. 특수부의 수뇌 배리 모스가 찾아왔다. 루슈디가 프랭크 비숍과 비숍의 대체 요원으로 데니스 르 슈발리에를 고용하고 경찰은 비숍스 애비뉴의 집에서 완전히 철수하는 타협안이 승인되었다고 했다. 1998년 1월 1일부터 그의 집은 온전히 그만의 공간이 되고, 프랭크의 도움을 받아 모든 "사적인 이동"은 혼자 할 수 있게 되었다. 어깨를 천근만근 짓누르던 짐이 사라진 느낌이었다. 그와 엘리자베스 그리고 밀란은 영국에서 처음으로 사생활을 누릴 수 있게 되었다.

프랜시스 더수자한테서 전화가 왔다. 공포스러웠던 이란 정보부 장관 팔라히안이 물러나고 "자유주의적이고 실용주의적인 편"으로 인식되는 나자프아바디라는 사람이 임명되었다고 했다. 글쎄, 두고 봐야죠, 라고 그는 대꾸했다.

조합에서 펴낸 『악마의 시』 페이퍼백을 영국 랜덤하우스가 즉시 창고로 가져가서, 크리스마스 즈음으로 예상되는 재발행 시기에 빈티지의 판권을 붙여 내보내는 데 게일 리벅이 동의했다. 이는 사실 매우 큰 진전이었다. 영국에서 그 책의 지위가 마침내 "정상화"되는 것이다. 출간 후 9년 동안 학수고대해온 일이었다.

아룬다티 로이 양이 예상대로—그녀는 유력한 후보였다—부커 상을 받았다. 이튿날 그녀는 〈타임스〉에, 루슈디의 소설은 단순히 "이국적"이기만 하지만 자신의 소설은 진실하다고 말했다. 흥미로웠지만, 대응하지 않기로 했다. 그런데 독일에서도 그녀가 현지 기자에게 거의 똑같은 말을 했다는 뉴스가 나왔다. 그녀의 에이전트인 데이비드 고드윈에게 전화했다. 인도 출신의 두 부커 상 수상자가 공개적으로 서로를 물어뜯는 건 누가 봐도 좋지 않을 것이라고 말했다. 그리고 그가 『작은 것들의 신』을 어떻게 생각하는지 아직 공개적으로 말한 적은 없지만 그녀가 싸움을 원한다면 그 소원을 확실히 들어주겠노라고 말했다. 아니오, 아닙니다. 데이비드가 말했다. 기자가 그녀의 말을 잘못 인용한 게 분명합니다. 곧이어 로이 양이 똑같은 주장이 담긴 해명을 전해왔다. 그냥 내버려두자, 라고 생각하고 넘어갔다.

귄터 그라스의 일흔번째 생일을 맞아 함부르크의 탈리아 극장이 그라스의 삶과 작품을 기리는 큰 행사를 계획했다. 루슈디는 새로 사귄 절친한 친구 루프트한자를 타고 함부르크로 날아갔고, 나딘 고디머와 독일의 거의 모든 주요 작가들과 함께 행사에 참석했다. 공식 행사가 끝난 후 음악과 춤이 펼쳐졌는데, 알고 보니 그라스는 대단한 춤꾼이었다. 행사 후 파티에 온 모든 젊은 여자들이 그라스의 손을 잡고 빙글빙글 돌고 싶어했고, 그라스는 밤이 새도록 지칠 줄 모르고 왈츠, 가보트, 폴카, 폭스트롯을 추었다. 그 덕분에 그 위대한 인물을 부러워할 이유가 두 가지가 되었다. 항상 그라스의 미술 재능이 부러웠으니까. 하루의 글쓰기를 마친 후 화실로 건너가 같은 주제를 가지고 완전히 다른 형식으로 작업하다니 얼마나 자유로운가! 자기 책의 표지를 직접 디자인하다니 얼마나 대단한가! 그라스가 쥐, 두꺼비, 넙치, 뱀장어, 양철북을 든 소년을 표현한 청동상과 에칭은 아름다운 작품이었다. 그런데 이제는 춤 솜씨도 감탄스러웠다. 정말 대단했다.

스리랑카 당국은 BBC의 〈한밤의 아이들〉 제작에 긍정적이었다. 다만, BBC 프로듀서 중 한 명인 루스 칼렙의 말로는, 루슈디가 촬영에 참가하지 않는 걸 조건으로 내세운다고 했다. 그는 말했다. 알았소, 그렇게 인기 있다니 좋은 일이지. 그리고 며칠 후 트리스트럼이 스리랑카에서 팩스를 보냈다. "지금 제 손에 허가 서류가 있습니다." 그 순간은 행복했다. 하지만 결국 그 기쁨도 오랫동안 반복되어온 헛된 기대의 재판이었다.

밀란이 말을 하기 시작했는데 "하! 하! 하"라고 마디마디에 힘을 줬다. 부모가 응답하면 아이는 신이 나서 다시 말했다. 이게 밀란의 첫 말—웃음 자체가 아니라, 웃음을 표현하는 말—일까? 아이는 말을 하고 싶어 못 견뎌하는 듯했다. 물론 아직은 너무 어렸다.

엘리자베스는 캐럴의 집에서 며칠 묵을 예정이었다. 그들은 결혼식 이후 아주 여러 달 동안 잠자리를 하지 않았다. "피곤해요." 그녀는 이렇게 말해놓고 새벽 2시까지 앉아 앨범에 결혼사진을 정리했다. 하지만 두 사람 사이는 좋았다. 대체로는 매우 좋았다. 그리고 잠자리 문제도 곧 좋아졌다. 사랑이란 본래 잔인한 일이지만, 우리는 함께 살아가기 위해, 의지의 힘으로 변화를 일으키나니.

지나온 삶의 기록을 들춰보니, 행복한 순간보다 불쾌함에 대해 적기가 더 쉽고, 다정한 말보다 다툼을 기록하기가 더 쉽다는 게 보였다. 사실 수

년간 엘리자베스와 그는 거의 항상 편하고 다정하게 지냈다. 하지만 결혼하고 얼마 지나지 않아 그 편안함과 행복이 줄어들고 갈라진 틈들이 보이기 시작했다. 후일 그는 이렇게 썼다. "결혼생활의 문제는 우기에 편평한 지붕에 고이는 빗물과 같다. 머리 위에 그런 게 있다는 걸 깨닫지 못하는 사이 빗물은 점점 무거워지고, 마침내 어느 날 요란한 소리와 함께 지붕 전체가 머리 위로 무너져내린다."

플로라 버츠퍼드라는 여자는 스리랑카 콜롬보의 BBC 특파원이었는데, 프로듀서 크리스 홀의 견해에 따르면 정작 "우리를 골탕 먹이는 건" 그 여자의 장난질이었다. 때때로 언론인들은 사태가 나빠지길 바라는 것 같았다. 모든 일이 순조롭다는 헤드라인은 눈길을 끌지 못하기 때문이었다. BBC의 직원으로서 BBC의 중요한 제작을 위해 흔쾌히 시끄러운 일을 만들어내는 그녀의 태도는 놀라웠다. 아니 정확히는 허탈했다. 그녀는 인용할 적대적인 말을 얻기 위해 작정을 하고 스리랑카 무슬림 국회의원들에게 전화를 걸었고, 결국 하나를 건졌다. 그 하나로 충분했다. 〈가디언〉에 보낸 글에서 버츠퍼드는 이렇게 시작했다. "현지 무슬림의 분노를 자극할 위험을 무릅쓰고 BBC는 살만 루슈디의 『한밤의 아이들』을 5부작 시리즈로 제작해 물의를 일으키려 하고 있으며, 스리랑카 당국은 지난주에 촬영 계획을 승인했다." 그런 뒤 그녀가 공들여 발굴한 국회의원이 영광의 순간을 맞았다. "스리랑카의 무슬림 정치인 중 적어도 한 명은 이 제작 계획을 중단시키기 위해 최선을 다하고 있으며, 국회에서 문제를 제기하고 있다. 야당 국회의원인 A. H. M. 아즈와르는 이렇게 말했다. '살만 루슈디는 논란의 여지가 많은 인물입니다. 그자는 신성한 예언자를 더럽히고 비방했는데, 이는 용서할 수 없는 짓입니다. 전 세계 무슬림이 그자의 이름을 입에 담기조차 싫어해요. 인도가 그 드라마 촬영을 막은 데에는 분명한 이유가 있을 겁니다. 이곳 여론도 격해지고 있으니 예의주시해야 합니다.'"

파장은 빠르게 퍼져갔다. 인도에서는 인도 당국의 촬영 거부를 수치라고 일컬은 칼럼이 여러 편 나왔지만, 이란 외무부는 테헤란 주재 스리랑카 대사를 소환해 항의했다. 크리스 홀에겐 찬드리카 반다라나이케 쿠마라퉁가 대통령이 직접 쓴 촬영 허가증이 있었고, 대통령은 약속을 지킬 듯 보였다. 하지만 스리랑카의 무슬림 국회의원들이 결정을 번복하라고 요구했다. 이슬람 진영은 독살스러운 공격을 퍼부었다. 스리랑카 언론을 통해 『한밤의 아이들』의 작가에게 그는 또다시 비겁한 민족의 배신자가 되었고 『한밤의 아이들』은 그의 민족을 모욕하고 조롱한 책이 되었다. 한 차관보가 촬영 허가가 취소되었다고 발표했지만, 윗선에서는 이를 부인했다. 외무부 차관은 "진행하라"고 했다. 국방부 차관은 "군의 최대 지원"을 보장했다. 하지만 저기압의 기류가 불기 시작했다. 스리랑카 외무부와 영화제작위원회는 촬영이 허락되었다고 거듭 확인해주었지만, 왠지 모르게 재앙의 냄새가 풍겼다. 크리스 홀의 말로는, BBC 제작 사무실에서 현지 지식인들과 거나한 모임을 가졌는데 다들 협조적이었다고 했다. 스리랑카 언론도 거의 한결같이 제작을 지지했다. 그러나 파국이 임박한 듯한 느낌이 가시지 않았다. 일주일 후 촬영 허가는 아무 설명 없이 취소되었다. 대통령이 서면으로 허가를 내준 지 정확히 6주 만이었다. 스리랑카 정부는 정치적으로 까다로운 문제인 지방분권 관련 법안을 통과시키려 하고 있었고, 그래서 소수 무슬림 국회의원의 지지가 필요했다. 막후에서는 이란과 사우디아라비아가 스리랑카 노동자들을 추방하겠다고 위협하고 있었다.

인도에서나 스리랑카에서 제작에 반대하는 공개적인 외침은 없었다. 하지만 두 나라에서 모두 제작이 무산되었다. 누군가에게 아주 세게 얻어맞은 기분이었다. "쓰러지면 안 돼"라고 생각했지만, 결국 꺾이고 말았다.

크리스 홀은 플로라 버츠퍼드의 기사가 불을 지폈다고 계속 확신했고, 이렇게 말했다. "BBC는 선생님께 도움이 안 되네요." 쿠마라퉁가 대통령은 그에게 개인적으로 사과 서신을 보냈다. "저는 『한밤의 아이들』을 읽었고, 그 책을 매우 좋아합니다. 그래서 영상으로 제작되는 걸 보고 싶었습니다. 하지만 가치 있는 대의보다 정치적 고려가 더 중요해지는 순간이 간혹 있습니다. 사람들이 이성적인 사고를 되찾고, 인생의 진실하고 심오한 가치가 우위를 점하는 시대가 스리랑카에도 곧 오기를 희망합니다. 그때 우리는 다시 '세렌디브'*에 걸맞은 나라가 될 것입니다." 1999년에 그녀는 타밀 반군의 암살 기도를 이기고 살아남았지만, 한쪽 눈의 시력을 잃고 말았다.

〈한밤의 아이들〉의 극화 과정이 해피엔드를 맞기 시작한 건, 11년 후였다. 2008년 가을 『피렌체의 여마법사』 출간을 위해 토론토에 갔는데, 홍보를 하던 중 짬을 내어 영화감독인 친구 디파 메타와 저녁식사를 했다. 디파가 이런 말을 했다. "내가 정말 영화로 찍고 싶은 선배 책은 『한밤의 아이들』이에요. 판권이 누구한테 있어요?" 그가 대답했다. "마침 나한테 있어." "그럼 내가 해도 돼요?" "그럼." 그는 이렇게 대답하고 1달러를 받고 그녀에게 영화 판권을 넘겼다. 그후 2년 동안 그들은 힘을 합쳐 돈을 모으고 영화 대본을 썼다. 그가 BBC를 위해 썼던 대본은 이제 보니 어색하고 딱딱해서 극으로 제작되지 않은 것이 오히려 기뻤다. 새 대본은 영화에 잘 어울리는 것 같았고, 이 영화를 보는 디파의 직관은 그와 매우 비슷했다. 2011년 1월 〈한밤의 아이들〉은 이제 텔레비전 시리즈가 아니라 장편영화로 태어나기 위해 인도와 스리랑카로 돌아갔다. 마침내 영화가 완성되었다. 콜롬보에서 촬영이 끝난 날 그는 저주가 풀린 듯한 느낌에 사로잡혔다. 또 하나의 산을 넘은 것이다.

---

* 스리랑카의 고대국가 명.

682　8장 1996~1998

촬영 중간에 이란이 또다시 제작을 중단시키려 했다. 테헤란에서 스리랑카 대사가 이란 외무부로 불려가 그 영화의 제작에 대한 이란의 불편한 심기를 전해 들었다. 이틀 만에 또다시 촬영 허가가 취소되었다. 이번에도 대통령의 허가 서한이 있었지만, 그는 이번 대통령도 압력에 무너지지 않을까 걱정했다. 하지만 달랐다. 대통령은 디파에게 "걱정 말고 영화를 끝내라"고 말했다.

영화는 완성되었고, 2012년 개봉을 앞두고 있다. 이 건조한 문장 아래 얼마나 격한 감정들이 솟구치고 있는지. 그는 생각했다. 페르 아르두아 아드 아스트라.* 그 일은 그렇게 마무리되었다.

『악마의 시』에 대한 공격이 시작된 초기에 그에게 반대하는 목소리를 냈던 몇몇 작가 중 한 명인 존 르카레가 1997년 11월 중순 〈가디언〉에 글 하나를 썼다. 〈뉴욕 타임스 북리뷰〉에서 노먼 러시가 자신을 "반유대주의적 붓으로" 부당하게 "문지르고 더럽혔다"고 불평하면서 "정치적 올바름을 짓누르는 모든 억압"은 매카시즘으로 역행하는 것과 같다고 주장하는 글이었다.

루슈디는 물론 감정을 잘 숨겨야 하는 처지였지만, 차마 한마디 응수하지 않을 수 없었다. 그는 〈가디언〉에 편지를 써 보냈다. "르카레가 과거에 동료 작가를 비방하는 운동에 그렇게 선뜻 참여하지 않았다면 그의 말에 더 쉽게 공감했을 것이다. 1989년, 『악마의 시』에 대한 이슬람의 공격이 가장 거셌던 그때에 르카레는 꽤 젠체하며 이슬람과 힘을 합쳐 나를 공격했다. 이제 그가, 적어도 그 자신이 보기에는 피격을 당하는 입장이므로, 사상경찰의 본성을 좀더 잘 이해하게 되었다고 인정한다면 그나마 품위를

---

* Per ardua ad astra. '역경을 헤치고 별을 향하여'라는 의미의 라틴어.

유지할 것이다."

르카레는 와락 달려들어 미끼를 물었다. "루슈디는 자신에게 유리한 방식으로 진실을 이해한다. 나는 그에 대한 공격에 가담한 적이 없다. 또한 그가 무고하다고 공언하는 쉬운 길을 택하지도 않았다. 인생이나 자연에는 위대한 종교를 모욕하고도 벌을 받지 않고 넘어갈 수 있는 법은 없다는 것이 나의 입장이었다. 나는 표현의 자유를 규정하는 절대적 기준은 어느 사회에도 없다고 썼고, 관용은 모든 종교와 문화에 동시에, 동일한 형태로 찾아오지 않으며, 기독교 사회 역시 아주 최근까지는 자유의 한계를 종교적인 기준에 의거해 규정했다고 썼다. 루슈디의 작품이 페이퍼백으로 더 널리 보급되는 문제에 관해서는, 루슈디가 받을 저작권 사용료보다는 우편실에서 양손이 날아갈지도 모를 펭귄 출판사의 젊은 여직원이 더 걱정된다고 썼으며 지금도 다시 그렇게 쓸 수 있다. 그 무렵에는 이미 원하는 사람은 누구나 그 책을 쉽게 구할 수 있었다. 나의 목적은 루슈디에 대한 박해를 정당화하는 것이 아니었으며, 여느 점잖은 사람들처럼 나도 그런 박해를 심히 유감으로 여긴다. 나의 취지는 그를 지지하는 진영의 안전한 울타리 안에서 흘러나오고 있는 것보다 덜 거만하고, 덜 식민주의적이고, 덜 독선적으로 이야기하자는 것이었다."

이쯤 되자 〈가디언〉은 이 싸움을 즐기면서 양쪽의 편지를 1면에 싣기 시작했다. 이튿날 르카레에 대한 그의 답변이 실렸다. "존 르카레는 (…) 나에 대한 공격에 가담하지 않았다고 주장하면서 '인생이나 자연에는 위대한 종교를 모욕하고도 벌을 받지 않고 넘어갈 수 있는 법은 없다'고 말한다. 이 고상한 공식을 대충만 살펴보아도 다음과 같은 사실이 드러난다. (1) 그의 말은 『악마의 시』는 '모욕'에 지나지 않는다는 환원주의적이고 예술에 대한 이해도 없는 이슬람 근본주의의 사고방식을 따르고 있으며, (2) 환원주의적이고 예술에 대한 이해도 없는 이슬람 근본주의자들에게 불쾌함을 주는 사람은 누구든 안전하게 살 권리를 잃는다고 암시하고 있다. (…) 그는 나의 저작권 사용료보다 출판사 직원의 안위가 더 큰 걱정이라고 말한다. 하지만 나의 출판권을 누구보다 열정적으로 지지하고 옹호해주는 집단은 수많은 서점 직원들과 더불어, 약 30개국에서 일하는 이 사람들, 나의 소설을 출판한 사람들이다. 그들이 큰 용기를 보이며 자유를 지지해온 마당에 르카레가 그들을 검열의 옹호 수단으로 이용하는 것은 비열한 짓이다. 표현의 자유는 절대적이지 않다는 존 르카레의 말은 옳다. 우리는 자유를 위해 싸운 만큼 자유를 누리고, 지키지 못하면 자유를 잃는다. 조지 스마일리*는 그 점을 알고 있다고 나는 늘 생각해왔다. 조지 스마일리를 창조해낸 사람은 잊은 듯하지만."

이 시점에 크리스토퍼 히친스가 자진하여 소란에 뛰어들었다. 히친스의 편지는 이 첩보물 작가를 몰아붙여 중풍을 유발할 만한 것이었다. "귀사의 지면에서 보이는 존 르카레의 행동은 자기 모자 안에 용변을 보고 나서 급히 그 출렁이는 모자를 머리 위에 쓰는 사람과 다를 바 없다"라고 히치 특유의 절제된 어법으로 말했다. "그는 아야톨라들에게도 감정이 있다는 이유를 들이대면서 현상금을 이용한 공개적인 살인 교사에 대해서는 완곡한 말로 얼버무려버렸다. 이제 그는 자신의 최대 관심사가 우편실에서 일하는 여직원들의 안전이었다고 말한다. 덤으로 그 여직원들의 안전을 루슈디의 저작권 사용료와 멋대로 대비시킨다. 그렇다면 우리는 이 말을, 『악마의 시』가 버려진 외양간에서 집필되고 발간되어 무료로 배포되었다면 그도 전혀 반대하지 않았으리라는 뜻으로 해석해도 되는가? 표현의 자유를 옹호하려면 무소득과 위험도 감수해야 한다고 믿는 사람이라면 어쨌든 그런 방식에 만족할 것이다. 공교롭게도 8년 동안 파트와를 무시하고 일하다 우편실에서 상해를 입은 여직원은 한 명도 없다. 그리고 북미의 소심한 서점 체인들이 잠시 '보안상'이라는 미심쩍은 이유로 『악마의 시』를 회

---

* 존 르카레의 작품 속에서 영국 첩보원으로 등장하는 주인공.

수했을 때 항의의 목소리를 높이고 자발적으로 유리 진열대 옆에 서서 모든 책을 구입하고 음미할 독자의 권리를 지지한 사람들은 그 서점들의 직원 노조였다. 르카레가 보기에 그들은 '안전'해서 그런 결단을 내릴 수 있었던 것이고 그 결단은 어느 위대한 종교에 대한 모욕인 것이다! 혹 이렇게 그의 모자에 담긴, 아니 그의 머릿속에 담긴 내용물을 폭로하는 사람도 무사할 수 없는 것일까?"

이튿날은 르카레의 차례였다. "어제 살만 루슈디와 크리스토퍼 히친스의 편지를 읽은 사람은 당연히, 표현의 자유라는 위대한 대의가 누구의 손아귀에 들어갔는가 자문해보았을 것이다. 루슈디의 왕좌에서든 히친스의 하수구에서든 나오는 메시지는 동일하다. '우리의 대의는 절대적이며, 어떤 이의나 제약을 허용하지 않는다. 그걸 의문시하는 사람은 누구나 기본적으로 무지하고, 젠체하고, 읽고 쓰는 능력이 부족한 비인非人이다.' 루슈디는 내 언어를 비웃고, 앵글로-이스라엘 협회에서 호응을 얻었던 나의 사려 깊은 연설을 쓰레기 취급하고, 〈가디언〉은 그걸 그대로 인쇄해도 문제가 없다고 생각했다. 히친스는 나를 제 오줌을 제 머리 위에 들이붓는 어릿광대로 묘사했다. 두 광포한 아야톨라가 이보다 더 훌륭한 일을 할 수 있을까? 하지만 그들의 우정이 언제까지 지속될까? 히친스가 루슈디의 자기신성화를 그렇게 오래 견뎌내다니 놀라운 따름이다. 내가 이해하는 한 루슈디는 자신이 위대한 종교를 모욕했다는 사실을 부인하지 않는다. 그 대신 내가 환원주의적이고 예술에 대한 이해도 없는 이슬람 근본주의의 사고방식을 따른다고—말머리를 돌리기 위해 그가 사용한 터무니없는 말에 주목하라—비난한다. 나는 내가 그렇게 영리한 줄 몰랐다. 내가 아는 건, 루슈디가 누구나 다 아는 적을 공격했고 그 적이 그들답게 행동하자 '반칙'이라고 소리쳤다는 것이다. 그가 감당해야 했던 고통은 끔찍하지만 그것이 그를 순교자로 만들지는 않으며, 그의 간절한 바람과 달리, 그 자신의 몰락에 스스로 얼마나 일조했는지에 관한 그 모든 논란을 일소해주지도 않는다."

루슈디는 생각했다. 칼을 뽑았으니 끝을 봐야지. "내가 [르카레가] 젠체한다고 말한 건 사실이지만, 그 상황에서는 오히려 온건한 표현이라고 생각했다. '무지하다'와 '읽고 쓰는 능력이 부족하다'는 표현은 그가 솜씨 좋게 자신의 머리에 딱 맞게 써온 던스캡*이다. (…) 스스로를 호평하는 르카레의 습관('호응을 얻었던' '나의 사려 깊은')은 아무도 그런 평을 써주지 않아서 개발된 것일 게 분명하다. (…) 나는 『악마의 시』에 대한 나의 수많은 상설詳說을 다시 반복할 의향이 전혀 없으며, 지금도 그 소설을 대단히 자랑스럽게 생각한다. 르카레 씨, 그건 소설이지 우롱이 아닙니다. 당신도 소설이 뭔지는 알 겁니다, 안 그렇습니까, 존?"

아, 그리고 기타 등등. 르카레는 영국의 모든 중등학교에서 "표현의 자유를 가장한 문화적 편협성"의 사례로 그의 편지들을 학생들에게 읽혀야 한다고 말했다. 싸움을 끝내고 싶었지만 누구나 다 아는 적을 공격했고 그 적이 그들답게 행동하자 '반칙'이라고 소리쳤다는 주장은 그냥 지나칠 수 없었다. "우리의 햄프스테드의 영웅은 이란, 알제리, 이집트, 터키 등지에서 종교의 지배를 벗어난 사회를 위해, 다시 말해 위대한 세계종교의 억압으로부터 자유를 지키기 위해 이슬람교와 싸우고 있는 수많은 작가, 언론인, 지식인에게도 아마 똑같은 말을 할 것이다. 나는 이 힘든 시기에 그들이 처한 참상에 세간의 관심이 가도록 노력해왔다. 그중 아주 훌륭한 몇 사람은—파라그 푸다, 타하르 자우트, 우르 뭄주는—몸을 사리지 않고 '누구나 다 아는 적을 공격했다'는 이유로 살해당했다. (…) 폭파범과 암살자는 물론이고 성직자와 율법학자가 생각의 경계를 정하기에 가장 적합한 사람이라고는 도저히 생각되지 않는다."

르카레는 침묵했다. 하지만 이번에는 르카레의 친구인 윌리엄 쇼크로스

---

* 학업이 부진한 아이에게 벌로 씌우던 원추형 종이 모자.

가 링으로 뛰어들었다. "루슈디의 주장은 무도하고 (…) 승리지상주의자 특유의 독선의 냄새를 풍긴다." 몹시 난감한 상황이 되었다. 쇼크로스는 퇴임을 앞두기는 했지만 아티클19의 의장이었다. 그래서 아티클19는 쇼크로스의 주장과 거리를 두는 편지를 써야 했다. 〈가디언〉은 여기서 상황을 종료하고 싶어하지 않았고, 편집장 앨런 러스브리저가 전화해 쇼크로스의 편지에 대응하길 원하느냐고 물었다. "르카레가 친구들을 시켜 대리로 우는소리를 내게 한다면 그건 그쪽 사정이오. 난 할말을 다 했소."

몇몇 기자는 오래전 루슈디가 『러시아 하우스』를 안 좋게 평가하는 서평을 써서 르카레가 적의를 품었다고 보았다. 하지만 그는 이 일로 갑자기 슬픔에 잠겼다. 『팅커, 테일러, 솔저, 스파이』와 『추운 나라에서 돌아온 스파이』의 작가 르카레를 오랫동안 존경해왔기 때문이다. 좀더 행복했던 시절에는 니카라과연대캠페인을 위해 한 무대에 동지로 서기도 했었다. 화해의 손길을 내밀면 르카레가 긍정적으로 응답하지 않을까 하는 생각이 들었다. 하지만 폴린 멜빌이 르카레의 누이인 샬럿 콘월과 북부 런던의 어느 거리에서 우연히 마주쳤는데 보자마자 샬럿이 분노를 터뜨렸다고 했다. "뭐죠! 당신 친구란 작자는!" 어쩌면 콘월 진영*은 아직 평화 제의를 받아들이기에 감정의 수위가 너무 높을지도 몰랐다. 어쨌든 그 싸움이 후회스러웠고, 논쟁의 "승자"는 없는 것 같았다. 둘 다 패배자였다.

이 일이 터진 후 얼마 지나지 않아 그는 첩보본부의 초대로 정보기관장들이 모인 자리에서 연설을 했다. MI5의 경외할 만한 인물이자, 버티 우스터의 고모 달리아와 엘리자베스 여왕을 반반 섞어놓은 것 같아서 일라이자 매닝엄불러라는 이름이 딱 어울리는 여자**가 르카레에 대해 분노

---

* 존 르카레의 본명은 데이비드 존 무어 콘월이다.

** 일라이자는 엘리자베스의 애칭이고, 매닝엄불러(Manningham-Buller)처럼 하이픈으로 연결된 성은 영국에서 상류층이 쓰는 경우가 많다. 버티 우스터와 달리아 고모는 우드하우스의 소설 속 등장인물들로, 고상한 상류층이지만 어딘가 모자라 보이게 그려진다.

를 터뜨렸다. "그 작가는 무슨 생각으로 그런대요?" 그녀가 다그치듯 물었다. "전혀 이해가 안 된대요? 완전히 바보예요?" 그는 일라이자에게 이렇게 물었다. "하지만 그도 과거에 여기서 일했던 사람 아닙니까?" 일라이자 매닝엄불러는 실제로 콧방귀를 뀔 줄 아는 드물고 귀한 여자였다. "하!" 그녀는 우드하우스의 소설에서 튀어나온 달리아 고모처럼 콧방귀를 뀌었다. "어디 구석진 부서에서 5분쯤 일했을 테죠. 웬걸요, 오늘밤 선생님과 얘기하고 있는 이 사람들 수준에는 절대 못 올라갔어요. 그리고 이 말도 해야겠는데, 이번 사건 이후에는 앞으로도 어림없을 거예요."

그로부터 11년이 지난 2008년, 존 르카레의 인터뷰에서 오래전의 그 사소한 언쟁에 대해 언급한 글을 읽었다. "어쩌면 내가 틀렸는지도 모릅니다. 틀렸다면, 그럴 만한 이유가 있었겠지요."

『그녀가 밟은 땅』을 200쪽 가까이 썼을 무렵, 그를 영화 〈다리 위의 룰루〉에 출연시키고 싶어했던 폴 오스터의 희망이 꺾이고 말았다. 전미트럭운전자조합이 ―"덩치 크고 억세기로 소문난 트럭 운전자들이 그러리라고 누가 상상이나 했겠는가?"라고 폴은 애석해했다― 루슈디 씨와 영화를 찍는 건 너무 무섭다고 선언했다. 물론 그들이 원하는 건 더 많은 돈, 위험수당이었지만, 저예산 영화라 여력이 전혀 없었다. 폴과 제작자 피터 뉴먼은 어떻게든 해보려고 열심히 싸웠지만, 결국에는 패배를 인정할 수밖에 없었다. 폴은 이렇게 말했다. "같이할 수 없다는 걸 깨달은 날, 혼자 방 안에 들어가 울었네."

그 배역은 곧바로 윌럼 더포에게 돌아갔다. 못해도 으쓱한 일이었다.

에드워드 사이드의 연설을 듣기 위해 〈런던 리뷰 오브 북스〉 본사에 갔다. 아사드라는 이름의 젊은 남자가 다가오더니, 1989년에 자신이 코번트리에 있는 이슬람협회의 지도자였고 『악마의 시』에 반대하는 시위의 "중서부 지역 주최자"였다고 고백했다. "하지만 걱정 마세요." 아사드는 부끄러운 낯빛으로 툭 내뱉었다. "이젠 무신론자예요." 그렇다면 일보 진전하셨구려, 그가 말했다. 하지만 젊은이는 더 할말이 있는 듯했다. "그리고 최근에요." 하더니 아사드는 이렇게 소리쳤다. "선생님 책을 읽었는데, 왜 그렇게 난리를 쳤는지 모르겠더라구요!" 그는 이렇게 대꾸했다. "잘됐구려. 하지만 책을 읽지 않은 당신이 그 난리를 조직했다는 걸 지적하고 싶군요." 공자가 말했다고 전해지는 중국 속담이 떠올랐다. 강가에 오랫동안 앉아 있으면 원수의 시체가 떠오를 것이다.

생후 7개월에 들어선 밀란은 누구에게나 미소를 짓고, 쉴새없이 옹알거리고, 초롱초롱하고, 착하고, 아름다웠다. 크리스마스 일주일 전 밀란은 기기 시작했다. 경찰은 감시 장비를 떼어내 밖으로 옮기고 있었다. 새해 첫날부터 프랭크 비숍이 와서 일할 예정이었고, 몇 주의 "과도기"가 지나면 집을 독차지할 수 있었다. 그래서 그와 엘리자베스는 1년 동안 수많은 실망을 겪었음에도 한 해가 잘 마무리되고 있다고 느꼈다.

새해가 시작되었다. 루슈디 사건도 결말로 들어섰다. 지난 9년 동안 각기 다른 많은 이름으로 각기 다른 많은 장소에서 그와 동거했던 네 명의 경찰을 새해 벽두에 떠나보내고 마지막으로 문을 닫은 순간, 파트와 이전의 삶이 종말을 고했던 그 옛날 론즈데일 스퀘어의 집에서 윌 윌슨과 윌 윌튼이 제안했던 24시간 경호의 시대가 막을 내린 순간, 그는 자문했다. 나와 내 가족을 위해 자유를 되찾고 있는 걸까? 혹시 온 식구의 사형 집행

명령서에 서명하고 있는 건 아닐까? 나는 천하에 없는 무책임한 사람인가, 아니면 경찰이 없는 곳에서 진정한 사생활을 재건하고 싶어하는, 본능에 충실한 현실주의자인가? 답은 훗날 돌이켜보아야만 알 수 있다. 10년 또는 20년 후에는 내 본능이 옳았는지 틀렸는지 알게 될 것이다. 인생은 앞을 향해 나아가지만 평가는 그 반대다.

그렇게 결말이 시작되던 새해 벽두에, 한 치 앞도 알 수 없는 상황에서, 아기는 보통 아기들이 전념하는 일, 즉 태어나 처음으로 혼자 허리를 곧추세우고 똑바로 앉는 일, 아기침대 안에서 몸을 끌어올려 두 발로 서려다 실패하고 다시 시도하는 일, 그러다 어느 날 갑자기 기어다니기를 중단하고 호모에렉투스가 되고, 더 나아가 호모사피엔스로 변신하는 일에 전념하고 있었다. 그리고 아기의 형은 대학생활을 1년 미루고 경찰에 체포될 수도 있는 멕시코로 모험을 떠나 물위를 뛰노는 고래떼를 구경하고 탁스코에서는 높은 폭포 아래 웅덩이에서 헤엄을 치고 아카풀코에서 횃불을 든 다이버가 절벽 아래로 뛰어내리는 것을 구경하고 부코우스키와 케루악을 읽고 어머니를 만나 함께 치첸이트사와 오악사카를 탐방하고 너무 오랫동안 연락을 주지 않아 아버지에게—항상 최악의 상황을 걱정해야만 했고, 9년 전 아무리 전화해도 아무도 받지 않고 경찰은 집을 헷갈려서 현관문이 열려 있다고 했던 그날 이후로 늘 아들의 안전을 말없이 걱정하던 아버지에게—걱정을 끼치고 있었다. 열여덟 살이 된 아들이 여행에서 돌아와 초인종을 눌렀는데도 너무 호리호리하고 너무 검게 타고 너무 잘생겨서 비디오폰 화면에 비친 얼굴을 알아보지 못하고 감탄하며 누구지? 하고 외친 후에야 그 젊은 신이 자기 아들임을 깨달을 날이 다가오고 있었다. 대단히 비일상적인 생활 속에서도 계속되었던, 그리고 계속되어야 했던 그 일상 속에서 마침내 그날이 왔다. 1998년 1월 26일 월요일, 그날 그들은 집에서 그들끼리만 잠을 잤다. 그들을 에워싼 고요, 보안 장비의 철수, 잠이 든 커다란 경찰들의 부재를 무서워하는 대신 연신 미소를 지으며 잠자리에 들었다. 그리고 죽은 사람처럼, 아니, 죽은 사람이 아니라 행복하고 홀가분한 산 사람처럼 잠이 들었다. 그런 뒤 새벽 3시 45분, 그는 잠에서 깼고 차마 잠들지 못했다.

  하지만 세상의 불친절은 꿈쩍도 하지 않았다. 한 인도 관리가 "루슈디가 가까운 미래에 인도를 방문할 수 있게 되리라는 건 의심의 여지가 없다"고 말했다. 사랑하는 나라에 발을 들이면 정치적 위기가 발생할 수 있는 곳이 그가 살아온 세상이었다. 한스 크리스티안 안데르센의 동화 『눈의 여왕』에서 악마의 거울의 차가운 파편이 눈과 심장에 박혀버린 소년 카이가 생각났다. 루슈디는 자신의 슬픔이 그 파편처럼 박혀 자신의 성격이 변하지나 않을까, 이 세상을 증오가 가득한 곳으로 보면서 사람들을 경멸하고 혐오하게 되지는 않을까 두려웠다. 때때로 그런 사람을 만났다. 친구 나이젤라의 생일 파티에서 그녀의 남편 존에게 새로운 종양이 생겼고 징후가 나쁜 듯하다는 견딜 수 없는 소식을 접하고 간신히 받아들인 순간, 어느 기자와 대면했다. 12년이 지났는데도 차마 이름을 적을 수 없는 그 기자는 와인을 너무 많이 마신 탓인지 아주 극단적인 말로 욕을 해댔고 결국 참을 수가 없어 나이젤라의 파티장에서 나와야 했다. 그후 며칠 동안은 제정신이 아니었다. 글을 쓸 수도 없고, 어떤 남자가 불쑥 나타나 욕을 퍼부을 것 같아 다른 방에 들어갈 수도 없었다. 모든 약속을 취소하고 집에 틀어박혀 심장에 박힌 차가운 거울 파편만 느꼈다. 기자인 친구 존 스노와 프랜시스 휜은 그 기자가 자신들에게도 아주 비슷한 말로 욕을 한 적 있다고 말했다. 불행은 나누면 반으로 준다는 말도 있듯이 그 이야기를 들으니 기운이 났다. 하지만 그후로도 일주일 동안은 일을 하지 못했다.
  그가 소설에 평행세계, 허구가 현실인 반면 그 허구를 창조한 이들은 존재하지 않는 세계라는 착상을 도입한 것은, 어쩌면 어쩔 수 없이 몸담고 살아야 하는 이 세계에 대한 신뢰를 잃어버리고 있었던 탓인지도 모른다. 그 평행세계에서는 앨릭잰더 포트노이*는 실재하는 반면 필립 로스는 존재하지 않고, 돈키호테는 살다 갔지만 세르반테스는 산 적이 없고, 쌍둥이 중 엘비스 프레슬리는 죽고 제시 프레슬리가 살아남았고, 루 리드가 여자이고 로리 앤더슨이 남자였다. 그 소설을 쓰는 동안에는 상상의 세계에 거주하는 것이 실재하는 세계에서 사는 비루한 일보다 어쩐지 더 고상하게 여겨졌다. 하지만 그 길에는 돈키호테의 광기가 놓여 있었다. 그는 지금까지 한순간도 소설을 도피처로 생각하지 않았다. 이제 와서 현실도피성 문학을 믿기 시작할 수는 없었다. 그보다는 충돌하는 세계들, 동일한 시공간을 놓고 다투는 현실들에 대해 쓰고 싶었다. 지금은 『악마의 시』에서 오토 콘이 말한 것처럼 양립할 수 없는 현실들이 빈번히 충돌하는 시대였다. 이스라엘과 팔레스타인이 대표적인 예였다. 또한 그가 점잖고 존경할 만한 사람이자 훌륭한 작가인 현실이 사악한 피조물이자 무가치한 글쟁이인 현실과 충돌했다. 두 현실이 공존할 수 있는지는 분명치 않았다. 어쩌면 둘 중 하나가 다른 하나를 밀어낼지 몰랐.

필러스에서 A 부대 파티가 열린 날 밤, 올해는 토니 블레어가 왔고 루슈디도 경찰의 경호하에 참석했다. 그는 총리와 이야기를 나누며 열심히 자신의 입장을 전하려 했지만, 블레어는 우호적으로 들어주되 어중간한 태도를 보였다. 그런 일이 있은 후 프랜시스 휜이 큰 호의를 베풀었다. 〈가디언〉에 글을 기고하여, 루슈디 문제에 대한 블레어의 소극성, 작가의 편에 서서 지지하는 모습을 보여주지 않으려는 태도를 공격한 것이다. 거의 즉시 셔리 블레어의 오른팔 피오나 밀러에게서 전화가 왔다. 그녀는 정중히 사과하며 파트와 9주년에 체커스**에서 만찬을 하자며 그와 엘리자베스

---

* 필립 로스의 소설 『포트노이의 불평』의 주인공.
** 영국 총리의 별장.

를 초대했다. 물론, 밀란을 데려와도 괜찮다고, 가족과 친구들을 위한 비공식적인 자리가 될 것이라고 했다. 밀란은 초대받은 것을 기념하기 위해 손을 흔드는 법을 익혔다.

친애하는 블레어 씨

만찬에 초대해주셨던 것에 감사드립니다. 그리고 체커스에 초대해주셨던 것도! 그곳을 둘러볼 수 있게 해주셨던 데에 감사드립니다. 넬슨의 일기, 크롬웰의 데스마스크—저는 원래 역사학도였던 터라 그 모든 것이 좋았습니다. 엘리자베스는 정원을 좋아해서 너도밤나무 등을 보고 기뻐했습니다. 제 눈에는 나무는 모두 "나무"고 꽃은 모두 "꽃"입니다만, 그래도 네, 저도 꽃과 나무를 좋아합니다. 또한 가구들이 살짝 빛바래고 얼핏 고풍스러우면서도 요란하지 않아, 시골 저택 느낌을 낸 호텔처럼 보이지 않고 정말로 사람 사는 집처럼 보여서 좋았습니다. 직원들이 손님보다 훨씬 더 산뜻하게 입은 점도 좋았습니다. 장담하건대 마거릿 대처는 연회 때 결코 청바지를 입지 않았을 겁니다.

당신이 노동당 대표가 되고 얼마 되지 않아 제프리 로버트슨의 집에서 열린 만찬 석상에서 당신과 셰리 부인을 만났던 기억이 납니다. 세상에, 정말 긴장하고 있더군요! 그래서 저는 이렇게 생각했습니다. 여기 이 사람은 자신이 차기 선거를 날려버리면 당 전체가 틀림없이 하수구 속으로 사라질 거라 믿고 있구나. 반면에 부인께선 자연스럽고 자신감 있어 보이고 세련된데다 폭넓은 예술적 관심을 겸비한 성공한 여왕자문변호사였습니다. (당신이 극장에 가거나 오락용 독서를 하는 일이 없다고 인정한 바로 그 밤이었죠.) 그런데 자리가 사람을 얼마나 바꿔놓는지요! 체커스에서 당신의 웃음은 거의 자연스러웠고, 몸짓도 편안해 보였으며, 전반적으로 안정적인 모습이었습니다. 반면에 부인께선 신경이 쇠약해지신 듯하더군요. 집을 구경시켜주는 동안—"이곳은 잘 아시겠지만 그 유명한 롱룸*이고, 자 여기 한번 둘러보세요. 이곳은 그 유명한 무엇무엇이고, 저 벽에 걸린 건 그 유명한 무엇무엇이에요"—부인은 앞으로 5년 혹은 10년 동안 훌륭한 아내이자 체커스의 안주인 역을 해내기는커녕 목을 맬 것만 같은 인상이었습니다. 꼭 두 분이 배역을 맞바꾼 것 같았지요. 아주 흥미로웠습니다.

그리고 식사하는 동안 당신 가족은 유쾌했고, 고든 브라운과 아내 세라, 앨러스터 캠벨과 피오나와의 만남도 참으로 즐거웠습니다. 그리고 캐머런 매킨토시! 믹 허크널! 이름은 모르겠지만 믹의 섹시한 여자친구! 정말 부족한 게 없었습니다. 우리에게는 대단히 위로가 된 자리였습니다. 진실을 말하자면, 그날 엘리자베스와 저는 해마다 이란에서 날아오는 축하 메시지들을 속으로 삼키며 다소 힘든 하루를 보냈거든요. 현상금을 내건 사네이는 "만인이 미국을 증오하기 때문에" 미국에서 저를 죽이면 보너스를 준다고 제안했습니다. 또한 모르테자 모크타다이 검사장은 "그자의 피를 흩뿌리는 일은 의무다"라고 선언했고, 테헤란 국영 라디오방송은 "그자의 무가치한 목숨을 파괴하는 사람은 이란에 새로운 생명을 불어넣을 것"이라고 말했습니다. 약간 당황스럽지요, 안 그렇습니까? 이제 제 기분이 왜 다소 울적했는지 이해하시리라 믿습니다.

하지만 저는 로빈 쿡과 데릭 패치트가 진심으로 좋아지고 있습니다. 외무부 장관이 파트와의 종결을 요구하고 있고 파트와 철회에 관하여 이란에 대화를 요구한다는 소식을 들었던 건 그 달갑잖은 기념일에 대단히 큰 의미가 있었지요. 그렇지 않았던 외무장관들도 있었습니다…… 과거는 길게 논하지 않는 게 최선이지요. 다만 새로운 책임자들과 종교의 광신에 맞서 싸웠던 그들의 의지에 얼마나 감사했는지 말하고 싶었습니다.

---

* 허레이쇼 넬슨의 일기와 올리버 크롬웰과 관련된 수집품들이 소장된 것으로 유명한 방.

아, 그런데 듣자 하니 신앙심이 매우 깊으시다고 하더군요, 당신과 부인 두 분 다 말입니다. 그 사실을 숨기는 것을 멋지게 해내시다니 축하드립니다.

만찬에서 인상적이었던 순간 하나가 기억납니다. 실은 둘이었죠. 당신이 밀란을 무릎 위에 앉혀놓고 얼렀던 기억이 납니다. 친절하셨지요. 그런 뒤, 제 기억으로는 당신이 자유에 관해 말하기 시작했지요. 저는, 내 관심사로군, 하고 생각하며 믹 허크널의 섹시한 여자친구와 이야기하다 말고 당신 말에 귀기울였습니다. 그런데 개인의 자유를 이야기하듯 시장의 자유를 이야기하고 있더군요. 순간 제 귀가 의심스러웠습니다. 당신이 노동당의 총리였기 때문입니다. 안 그런가요? 그러니 분명 제가 잘못 이해했던 게지요. 아니면 그게 신노동당의 사고였거나요. 자유=시장의 자유. 새로운 개념인가요? 어쨌든 상당히 놀라웠습니다.

그런 뒤 우린 떠날 준비를 했고 직원들은 밀란을 다정하게 쓰다듬으면서 그 집에서 어린아이들을 보니 참으로 좋다고 했습니다. 총리들은 대개 나이가 많기 때문에 장성한 자녀들만 있기 마련인데, 어린 블레어들의 작은 발들이 아장아장 걸어다니니 집 안에 활기가 돌았던 겁니다. 엘리자베스와 저는 그래서 좋았고, 또 현관에서 커다란 곰 인형을 봐서 좋았습니다. 어느 외국의 원수, 아마 '가장 어두운 페루'*의 대통령이 준 선물이겠죠? 제가 "이름이 뭡니까?" 하고 물었더니 부인께서 아직 이름을 붙여주지 않았다고 했습니다. 그래서 1초도 생각하지 않고 즉시 "토니 베어라고 부르세요"라고 했지요. 썩 재치 있는 말은 아니었다는 걸 저도 인정합니다만, 적어도 재빠르기는 했으니, 작은 미소라도 이끌어낼 자격이 있지 않았는지요? 그런데 아니더군요. 당신은 굳은 얼굴로 "아니, 좋은 이름은

---

* 마이클 본드의 동화 '패딩턴' 시리즈에서 갈색 곰 패딩턴의 고향이 '페루의 가장 깊고 어두운 숲'이다.

아닌 것 같습니다"라고 하셨습니다. 그래서 저는, 이런, 총리께선 유머감각이 없으시네, 라고 생각하며 그곳을 떠났지요.

하지만 괜찮습니다. 당신의 정부는 제 편이었고, 그러니 귀에 거슬리는 작은 불협화음 정도는 무시할 수 있었습니다. 집권 후반기에 귀에 거슬리는 소리가 더 커지고 더 시끄러워져서 도저히 신경쓰지 않을 수 없었을 때에도 저는 항상 당신을 좋아했고, 당신을 미워하기 시작한 수많은 사람들과 똑같이 당신을 미워할 수는 없었습니다. 당신이, 혹은 최소한 당신의 쿡 씨와 패치트 씨가 진심을 다해 제 삶을 더 나은 방향으로 변화시켜주고 있었기 때문입니다. 그리고 결국 그들은 성공했습니다. 그게 이라크 침공을 상쇄하진 못할 테지만, 저의 개인적인 저울에서는 묵직합니다. 그건 확실합니다.

멋진 저녁을 허락해주셨던 데에 다시 한번 감사드립니다.

체커스 만찬이 있은 다음날—만찬 뉴스가 나간 날—이란은 파트와를 철회하라는 로빈 쿡의 요구에 "놀랐다"고 발표했다. "파트와는 만년 동안 지속될 것"이라는 이란의 성명을 듣고 생각했다. 이런, 내가 만년을 산다면, 그것만도 어디냐.

그다음날 외무부의 대사 대기실에서 그와 로빈 쿡은 취재진과 사진기자들 앞에 나란히 섰다. 로빈은 강경하고 비타협적인 소견을 여러 번 밝히며 이란의 하타미 정부를 향해 한번 더 크고 분명한 메시지를 보냈다. 건물을 나설 때 경호요원 키스 윌리엄스가 속삭였다. "이제야 선생님을 제대로 대접하는군요."

영국 정부의 강경한 새 입장이 어느 정도 효과를 내는 듯했다.

아일랜드 전 대통령이자 유엔의 새 인권위원인 메리 로빈슨이 테헤란에서 고위 관리들을 만났다. 회견 후 그녀는 이란이 파트와의 실행을 "전혀 지지하지 않는다"고 발표했다. 유엔 이란특별보고관은 "파트와 문제에서 약간의 진전이 가능할 수도 있다"는 말을 들었다. 또한 이탈리아 외무장관 람베르토 디니는 이란 외무장관 카말 하라지를 만나, 이란은 "현존하는 정치 문제들을 해결하기 위해 유럽에 협조할 완벽한 준비가 되어 있다"는 말을 들었다.

이제 그들만의 보금자리를 갖게 되었다. 경찰의 침실 중 하나는 밀란의 방이 되었고, 가구가 닳고 닳은 "경찰 거실"은 놀이방으로 쓸 수 있었으며, 여분의 침실도 둘이나 생겼다. "이 집이 발각되면 엄청난 문제가 발생할 것"이란 말을 자주 들었지만, 진실은 이러했다. 그 집은 결코 발각되지 않았다. 그 집은 끝까지 알려지지 않았고, 결코 신문에 나오지 않았으며, 보안상 문젯거리가 된 적도 없었고, 보안 장비 구입이나 인건비 때문에 "어마어마한" 돈을 잡아먹을 뻔한 적도 없었다. 그런 일은 일어나지 않았고, 그는 보통 사람들의 선량함 덕분이라고 믿었다. 그 집에서 일한 건축업자들은 그곳이 누구의 집인지 알고 있었을 것이다. "조지프 앤턴" 어쩌고 하는 말을 믿지 않은 게 확실했다. 경찰이 철수하고 프랭크가 일을 시작한 후 얼마 되지 않아 차고 문에 문제가 생겼다. 수상쩍을 정도로 무거운 나무문이었는데, 안에 강철판이 들었고 그 무게 때문에 개폐장치에 종종 장애가 발생했다. 문을 설치한 회사에서 파견 나온 기술자가 일을 하던 중 프랭크에게 수다스럽게 말했다. "여기 누구 집이었는지 아세요? 루슈디 씨의 집이었어요. 불쌍한 사람." 그렇게 사람들은 누가 알아서는 "안 되는지" 알고 있었다. 아무도 수군거리지 않았고, 아무도 신문사에 찾아가지 않았다. 모두가 상황의 심각성을 알고 있었다. 아무도 말하지 않았다.

9년 만에 처음으로 그의 "공개적인" 모험(식당에서 외식하기, 햄프스테드 히스 공원에서 산책하기, 가끔 영화 보기, 낭독회나 사인회나 강연 등

빈번한 문학 행사 참석하기)을 경호해주는 "전담 팀"이 생겼다. 런던의 문학계를 설레게 하는 잘생긴 두 녀석 밥 로와 버니 린지가 그렇지 않은 찰스 리처즈, 키스 윌리엄스와 교대로 근무했다. 그리고 "뭐 그냥 운전사"들인 러셀과 나이절, 이언과 폴이 교대로 근무했다. 이 경찰들은 다른 작전들과 무관하게 오로지 공작석 작전을 위해 일한다는 의미로만 "전담" 팀이 아니었다. 그들은 그의 대의에 헌신하고 완전히 한편에 서서 함께 싸울 준비가 되어 있었다. "저희 모두 선생님의 인내를 존경합니다. 진심으로요." 밥이 말했다. 그들은 루슈디가 풍족한 생활을 누리지 말아야 할 이유가 전혀 없고, 그럴 수 있게 만드는 것이 자신들의 일이라는 관점을 갖고 있었다. 영국항공이 그의 탑승을 계속 거부해 다른 항공사들이 용기를 내지 못하자, 주저하는 몇몇 항공사의 보안 책임자를 만나 영국항공을 본받지 말라고 설득하기도 했다. 그들은 그의 삶이 나아지길 바랐고, 기꺼이 도움을 주려 했다. 그는 단 한순간도 그들의 호의와 지원을 잊거나 가벼이 여긴 적이 없었다.

그들은 주의를 게을리하지 않았다. 런던경찰청에서 공작석 작전을 관리하는 폴 토퍼는 첩보 보고서들이 "움직임"이 있음을 내비치고 있다고 말했다. 마음을 놓을 때가 아니었다.

슬픈 소식이 있었다. 동료들 사이에서 "람보"로 불리던 경찰 필 피트가 퇴행성 척추 질환으로 어쩔 수 없이 은퇴하게 되었는데 휠체어 신세를 질 수도 있다고 했다. 이 크고 튼튼하고 강인하고 활동적인 사람들 중 한 명이 쓰러졌다는 소식은 약간 충격이었다. 이 사람들은 경호 전문가였다. 다른 사람을 무사히 지켜주는 것이 일이었다. 그들은 쓰러지면 안 되었다. 그건 어불성설이었다.

엘리자베스는 곧바로 아이를 더 갖고 싶어했다. 그는 가슴이 철렁했다.

밀란은 아주 큰 선물이고 아주 큰 기쁨이었지만, 유전자의 룰렛은 그만 돌리고 싶었다. 이미 아름다운 두 아들이 있고, 그걸로 충분했다. 하지만 엘리자베스는 무언가를 간절히 원할 때면 "황소고집"이라는 말이 어울릴 정도로 단호한 여자였다. 거부하면 혹시 그녀를 잃을까, 그리고 밀란도 함께 잃을까 두려웠다. 그에게 필요한 것은 셋째 아이가 아니었다. 자유였다. 그 필요는 영원히 채워지지 않을 것 같았다.

이번에는 금방 임신했다. 아직 밀란에게 젖을 물리고 있는 중이었다. 하지만 운이 없었다. 임신을 확인한 지 2주 만에 염색체의 비극으로 조기 유산을 했다.

유산 후 엘리자베스는 그에게 등을 돌리고 오로지 어린 밀란에게만 몰두했다. 유모로 특수부 경찰관의 딸인 수전을 구했지만 엘리자베스가 거부했다. "하루에 한두 시간 일할 사람이면 충분해요. 아이 돌보는 걸 약간만 도와줄 사람요."

그들의 생활은 완전히 분리되었다. 그녀는 그와 한차를 타는 것마저 거부했고, 아기와 함께 별도의 차로 이동했다. 낮 시간에는 거의 그녀를 볼 수 없었다. 크고 텅 빈 집에서 그는 자신의 삶도 갈수록 텅 비어가고 있다는 느낌에 사로잡혔다. 때때로 그들은 밤 10시쯤 함께 오믈렛을 먹었는데, 그런 뒤 그녀는 "너무 피곤해서 눈이 감긴다"고 했지만, 그는 너무 말짱해서 눈이 감기지 않았다. 그녀는 그와 어디에도 가고 싶어하지 않았고, 아무것도 함께 하고 싶어하지 않았으며, 저녁 시간도 함께 보내고 싶어하지 않았다. 그런데도 그가 혼자 외출하겠다고 넌지시 말하면 화를 냈다. 그래서 아기로 인한 수감생활이 계속되었다. "아이를 둘 더 낳고 싶어요." 그녀는 쌀쌀맞게 말했다. 그보다 썩 긴 대화는 오가지 않았다.

친구들도 두 사람이 멀어지고 있다는 것을 알아채기 시작했다. "그녀는 선생님한테 눈길조차 주지 않아요." 캐럴라인 미셸이 걱정하며 말했다. "선생님을 만지지도 않고요. 무슨 일 있어요?" 하지만 그는 무슨 일인지 말하고 싶지 않았다.

　밀란이 걷기 시작했다. 생후 10개월 반이었다.

　랜덤하우스가 『악마의 시』 페이퍼백을 물류 창고에 들였고, 그 즉시 영국 신문들이 전력을 다해 선동에 나섰다. 〈가디언〉은 자극적인 1면 기사를 통해 랜덤하우스의 결정이 문제를 "부활"시킬 수 있다고 암시했고, 문제는 즉시 부활했다. 〈이브닝 스탠더드〉는 랜덤하우스가 경찰의 조언도 구하지 않고 일을 벌였다는 기사를 싣겠다고 위협했다. 딕 스타크가 그들에게 전화해 그건 부정확하다고 말하자 그 신문사는 랜덤하우스가 경찰의 충고에도 불구하고 책을 출간했다고 쓰겠다고 위협했다. 딕 스타크가 크리스마스트리 요새에 있는 사람들과 상황을 점검했다. "극미한" 위험만 존재한다는 답이 나오자 게일 리벅은 안심했다. 앤드루와 길런과 그는 지금까지 5년 동안 조합을 통해 페이퍼백을 펴냈고, 그래서 물류 창고 입고라는 이 변화는 뉴스거리가 아니었다. 전 유럽과 캐나다는 물론이고 심지어 미국에서도 페이퍼백 출간이 "정상화"되었고, 미국에서는 헨리 홀트의 임프린트 아울 북스가 아무 문제 없이 배급을 해왔다. 그러나 영국의 상황은 적대적인 기사가 몇 건만 나와도 크게 달라질 수 있었다. 랜덤하우스와 특수부는 〈스탠더드〉를 안심시키기 위해 열심히 노력했고, 결국 그 기사는 실리지 않았다. 대신 중립적이고 신중하고 대단히 분별 있는 기사가 〈텔레그래프〉에 실렸다. 위험은 가라앉았다. 하지만 랜덤하우스는 우편실에 폭발물 탐지기를 들이고 직원들에게 경고했다. 임원진은 언론이 이슬람의 반응을 부추기지 않을까 여전히 걱정했다. 그러나 그들은 높은 명성에 걸맞게 증쇄와 빈티지 판 발행을 계속 준비했다. 사이먼 매스터는 이렇게 말했다. "최악의 자충수는 꽁무니를 빼거나 미루는 겁니다. 주말을 잘 보내고 나서 인쇄할 거예요." 러시아에서 『악마의 시』 출판인들이 현지 무슬림에게 위협받고 있었다. 걱정스러웠다. 하지만 결국 영국에서는 아무 일도 일어나지 않았고, 오랜 기다림 끝에 『악마의 시』 페이퍼백 출간은 빈티지에 넘어갔고 정상적인 판매가 재개되었다. 조합은 해체되었다.

작지만 좋은 일이 몇 가지 더 있었다. 글로리아 B. 앤더슨이 그에게 신디케이트 칼럼을 맡기려다 상관들의 반대로 포기한 후 4년 만에 〈뉴욕 타임스〉 신디케이트 부서로 돌아왔다. 그녀는 이번에는 모두가 그의 글이 실리기를 학수고대하고 있다고 말했다. 원한을 품는다고 득이 되는 건 없었다. 다른 데도 아닌 〈뉴욕 타임스〉가 매달 전 세계에 그를 알릴 수 있는 연단을 주려 하고 있었다. 게다가 그 고료로 "귓속말" 프랭크와 청소부 베릴 부인, 그리고 미래의 유모에게 월급을 줄 수 있을 것이다.

창백하고 꼬챙이처럼 마른 여섯 살 난 조카 미슈카가 음치들 천지인 가문에서 놀라운 음악적 재능을 드러냈다. 퍼셀 음악학교와 메뉴인 음악학교가 미슈카를 놓고 다투었다. 사민은 퍼셀을 선택했다. 미슈카는 음악 영재일 뿐 아니라 학업에서도 같은 또래보다 몇 년 앞서 있었는데, 학생들에게 양질의 교양 교육을 제공한다는 점에서 퍼셀이 나아 보였다. 메뉴인은 외길을 고집하는 음악적 온실이었다. 미슈카의 특별한 조숙함에는 대가가 따랐다. 또래 집단에 비해서는 너무 영리하고 학업 수준이 비슷한 아이들에 비해서는 너무 어렸기 때문에 지금처럼 앞으로도 외로운 유년을 보낼 것 같았다. 하지만 미슈카는 퍼셀이냐 메뉴인이냐로 갈등하는 부모에게 펀치를 날렸다. 어린 나이에도 그녀가 원하는 것은 단 하나, 음악을 위한 삶이었다. 어느 날 차 안에서 부모가 두 학교의 장단점을 놓고 언쟁을 벌일 때 어린 미슈카가 뒷좌석에서 불쑥 소리쳤다. "내가 결정하면 안 돼요?"

퍼셀 음악학교는 미슈카처럼 특별한 재능을 지닌 아이가 입학하다니 영광이라고 사민에게 말했다. 그러나 9월이 되어야 수업을 들을 수 있었다. 최소한 그 나이가 되어야 입학이 가능했기 때문이다. 미슈카는 학교 역사상 전액 장학금으로 입학하는 최연소 학생이었다. 대단한 경사였다! 가문에 밝은 샛별이 떠오르고 있으니, 그 별이 스스로 빛을 발할 때까지 보호하고 인도해야 했다.

부다페스트 문학대상을 받기 위해 체코로 향했다. 부다페스트 시장 가보르 뎀스키는 소비에트 시절 지하 출판물을 만든 주요 출판인이었다. 사무실에서 뎀스키는 유리문 장식장을 활짝 열어 과거에는 불법이었으나 이제는 자신의 가장 큰 자부심의 상징이 된 소중한 책들을 보여주었다. 허더즈필드*에서 공수해온 간이 인쇄기로 제작한 책들이었다. 그들은 인쇄기가 엉뚱한 사람의 손에 들어가지 않도록 밤마다 이 아파트에서 저 아파트로 몰래 옮겼고, 그 기계가 몹시 중요했던 나머지 대화중에 절대 언급하지 않고 대신 여자 이름을 사용했다. 뎀스키는 이렇게 말했다. "공산주의와 싸울 때 허더즈필드는 중요한 지역이었다오." 그들은 관용 모터보트를 타고 빠른 속도로 다뉴브 강을 오르내리기도 했다. 문학대상은 상패 자체가 놀라웠다. 글씨가 새겨진 작은 철제함이었는데 뚜껑을 열어보니 빳빳한 미국 달러 신권이 가득 들어 있었다. 매우 유용했다.

자파르는 피렌체에서 이탈리아를 경험하며 아주 행복하게 지내고 있었다. 새로운 아가씨들이 그의 인생에 들어왔는데, 오페라 가수와 관계가 깨진 건 "갑자기 그애를 볼 때 엄마가 떠오르기 시작해서"였다고 했다. 이제는 키가 크고 몇 살 연상인 금발 아가씨 에비가 가장 친한 친구였다. 자파르는 에비의 가족인 돌턴 내외와 너무 친해진 나머지, 때때로 자기 부모에게 질투에 가까운 감정을 불러일으켰다. 하지만 자파르는 신나게 즐겼고 시에나, 피사, 피에솔레를 유람할 계획을 세웠다. 유년기를 평탄치 않게

---

* 영국 잉글랜드 북부 웨스트요크셔 주에 있는 공업도시.

보낸 자파르가 이렇게 훌륭한 젊은이로 성장하다니 굉장한 일이었다. 자파르는 자신감에 가득차 양날개를 활짝 펴고 있었다.

해럴드 핀터와 앤토니아 프레이저가 저녁식사를 함께하기 위해 비숍스 애비뉴로 왔다. 로버트 매크럼이 아내 세라 라이얼과 함께 여느 때보다 조금 늦게, 얼굴에 온화한 미소를 머금은 채 나타났다. 〈옵서버〉와 사소한 정치 논쟁을 벌였던 해럴드는 로버트가 〈옵서버〉에서 일하고, 미국 신문이라서 미운 〈뉴욕 타임스〉에서 세라가 일한다는 사실을 알게 되자, 특유의 대단히 시끄럽고 대단히 장황하고 대단히 재미없는 "핀터 도리깨질"을 개시했다.

해럴드 선배에게

알겠지만 선배를 존경해왔어요. 선배와의 우정이 내게는 더없이 소중하다는 것도, 부디, 알 거라 믿어요. 하지만 간밤의 사건을 덮어둔 채 넘어갈 순 없어요. 로버트 그 친구는 뇌졸중과 용감히 싸우고 있는 훌륭한 사람인데, 예전처럼 자유롭게 말하거나 주장을 펴지 못해요. 그래서 선배가 맹공을 퍼붓자 애처로운 침묵 속으로 퇴각했죠. 세라는 내가 아주 좋아하는 사람인데, 그 자리에서 거의 눈물을 흘릴 것 같은 얼굴이었어요. 더구나 〈뉴욕 타임스〉로 구현되는 미국의 시오니즘-제국주의를 수호하고 있다는 지적에는 아연실색하더군요. 엘리자베스와 나는 우리의 환대가 무시당하고 저녁이 엉망이 됐다고 느꼈어요. 선배의 압승이었죠. 나는 이 모든 것이 대단히 유감스럽다고 말하지 않을 수 없어요. 매번 이런 일이 벌어지고 있으니 선배의 친구로서 **더이상 그러지 않기**를 부탁드려요. 쿠바에 대해, 동티모르에 대해, 그리고 수많은 문제에 대해 선배는 틀린 말보다 옳은 말을 훨씬 더 많이 하지만, 선배의 장광설은―아마도 선배를 분노케 하는 죄악들을 남들이 인식하지 못한다고 느낄 때 나오는 것 같아요—지루하기 이를 데 없어요. 선배가 우리 모두에게 사과해야 한다고 생각해요.

깊은 애정을 담아, 살만

살만에게

자네의 편지를 읽자니 매우 고통스럽네만, 그런 편지를 써준 것에 감사하네. 진정한 친구로서 편지를 써주었더군. 자네 말은 틀림없는 진실이고, 그 진실은 쓰디쓰군. 어떤 말로도 내 행동을 정당화할 수 없고, 변명할 수도 없네. 혹시 들어준다면 이것만 말하겠네. 내 생각에도 내 말은 위협적이고 지루하네. 그런데 그건 마치 무도병*, 열병, 모순과 모욕을 향해 끔찍하고 구역질나게—그리고 술에 취해—추락하는 것과 같다네. 한숨이 절로 나오는군. 자네의 편지가 냉수 한잔처럼 정신을 번쩍 들게 했다네. 철이 들기에 아직 늦지는 않았다고 믿어야겠지. 자네와 엘리자베스에게 진심으로 사과하네. 나는 자네 두 사람을 대단히 좋아한다네. 매크럼 부부에게는 이미 편지를 써 보냈네.

애정을 담아, 해럴드

해럴드 선배에게

답신 고마워요. 우리도 선배를 무척 깊이 사랑해요. 지난 일일랑 그만 잊어버리자구요.

살만

---

* 몸의 근육이 저절로 심하게 움직여, 마치 춤을 추는 듯한 모습이 되는 신경병.

밀란이 첫돌을 맞이한 다음날, 리틀 노약 패스의 집에서 석 달을 보내기 위해 미국으로 날아갔다. 석 달! 가장 긴 자유를 누려볼 기회였다. 존 애버던의 집에서 다이애나의 사망 소식을 들었던 날로부터 1년이 지났다. 그녀의 죽음을 애도하는 전 지구적 현상과 엄청난 헌화 물결 등등의 일이 있었고, 지금 그는 자신이 지어낸 상상의 오르무스와 비나*와 함께 브리지햄프턴으로 돌아왔다. 발밑에서 땅이 갈라져 비나는 지구 속으로 삼켜졌고 다이애나처럼 전 지구적 현상으로 변했다. 소설은 결말을 향해 나아가고 있었다. '그녀의 발밑에서'라는 장을 마친 후 '비나 디비나'라는 장을 쓰고 있었다. 당연히 다이애나의 죽음에 영향을 받았으므로, 그녀의 사망 소식을 들었던 장소에서 비나의 마지막에 대해 쓰는 것이 옳은 것 같았다. 오르무스를 위한 노래, 오르무스가 비나를 위해 쓴 노래, 잃어버린 사랑에 대한 그의 오르페우스적 송가를 썼다. 내가 숭배하던 것이 나의 사랑을 훔쳐 갔구나, 그녀가 밟은 땅. 그리고 그는 이 결말이 안 나는 책의 결말을 향해, 존 레넌의 죽음과 유사한 결말을 향해 분발했다.

몇 달 후 원고가 완성되었다. 수정하고 다듬고 인쇄해서, 사람들에게 돌려 읽게 했다. 독립된 계단이 있어 여름 내내 그의 둥지가 된 작은 서재에서 소설을 끝낸 날, 한 가지 다짐을 했다. 『그녀가 밟은 땅』은 『악마의 시』와 『한밤의 아이들』과 함께 그의 소설 가운데 세 손가락 안에 꼽을 정도로 긴 책이었다. 그는 스스로에게 말했다. "다시는 25만 단어의 괴물을 만들지 않겠다. 더 짧은 책을, 더 자주 내겠다." 그후 10여 년 동안 그 약속을 지켰고, 2000년부터 2009년 사이에 짧은 작품 두 편과 중간 길이 두 편을 썼다. 그후 회고록을 시작했고, 어느새 끊었던 술을 다시 마시고 있었다.

모니카의 여름이었고, 클린턴 대통령이 탄핵의 위기를 넘길 수 있을지 불확실했다. 블랙코미디 같은 끔찍한 농담들이 떠돌았다.

---

*『그녀가 밟은 땅』의 두 등장인물.

옷에 묻은 얼룩으로는 신원을 정확히 밝힐 수 없어. 아칸소 출신은 죄다 동일한 DNA를 갖고 있으니까.

앙리 드 몽테를랑은 "행복은 흰색으로 쓰여 있어서 종이 위에 드러나지 않는다"라고 썼다. 그해 여름, 행복은 언덕과 숲 한가운데서 푸른 들판에 둘러싸인 낮고 하얀 집이었다. 행복은 늦은 오후 엘리자베스와 두 아들과 함께 해변을 걸을 때 하늘에서 낮게 기울어가는 태양과 수평선에 일렁이는 아지랑이였다. 행복은 브리지햄프턴 코먼스 근처의 복사점으로 가서 소설의 복사본이 나오기를 기다리는 시간이었다. 가게를 보는 여자는 "나중에 오셔도 돼요"라고 말했지만 그는 기다렸다. 행복은 새그 하버의 아메리칸 호텔에서 엘리자베스와 결혼 1주년을 기념하며 즐긴 저녁식사였다. 행복은 돈 드릴로와 함께 양키 스타디움에서, 비록 패하긴 했지만, 양키스와 에인절스의 경기를 본 나들이였다. 그리고 행복은 헨리 홀트 출판사의 새로운 담당 편집자 미하엘 나우만이 누구에게도 밝히기 민망한 언어로 『그녀가 밟은 땅』을 격찬하며 써 보낸 편지였다. 하지만 편지가 도착한 지 고작 6일 만에 미하엘 나우만은 독일 문화부 장관직을 맡아 헨리 홀트를 떠났다. 그는 생각했다. 오, 이런. 어쨌든 참으로 멋진 편지였다.

런던에 있는 나이젤라에게서 전화가 왔다. 존의 암이 확실히 재발했다. 혀의 상당 부분을 제거해야만 했다. 그가 만난 사람 중 그 누구보다 표현력이 좋고 기지가 넘치고 재미있고 달변이던 존 다이아몬드가 말하는 능력을 잃게 되었다. 슬프고 불행한 일이었다.

그리고 수전 손택도 암에 걸렸다.

런던으로 돌아왔다. 늘 그랬지만, 굳게 닫힌 문 안으로 걸어들어가는 기분이었다. 국립극장이 제작한 〈하룬과 이야기 바다〉가 리허설중이었지만 경찰은 개막일 밤에 참석하는 건 너무 위험하다고 말했다. "선생님이 관람하리란 걸 적이 예측할 수 있기 때문에" 막대한 비용이 들어가는 대규모 작전이 불가피하다고 했다. 돌아오자마자 전쟁을 치르게 되었다. 첩보원들의 크리스마스트리 요새로 인도되었고 오전 씨와 오후 씨에게서, 아니오, 구체적인 활동의 증거는 전혀 없습니다, 하지만 네, 위협수준은 여전히 높습니다, 라는 말을 들었다. 1998년 9월 22일 헬렌 해밍턴의 후임인 밥 블레이크를 만나 상황을 정리했다. 블레이크는 〈하룬〉의 개막 공연에 참석하려는 그의 바람은 자연스러우며 그에 따르는 위험은 사실 그리 높지 않다고 인정했다.

영국항공의 사장 로버트 에일링이 마침내 면담을 수락했다. 에일링은 자파르와 만났던 일에 대해 그리고 자신이 얼마나 감동했었는지에 대해 이야기했다. 굳게 닫혀 있던 문에 틈이 생겼다. 오랜만에 버마 로드에 있는 클래리사의 집을 찾았다. 자파르가 곧 엑서터에서 시작하게 될 대학생활을 축하하기 위해 파티를 열고 있었다. 에일링이 한 말을 전해 들은 자파르는 아버지에게 도움이 된 것에 기뻐했다. 그리고 바로 그날 저녁 텔레비전, 라디오, 전화가 한꺼번에 미쳐 날뛰었다.

CNN의 보도가 가장 빨랐다. 이란의 하타미 대통령이 암살 위협이 "끝났다"고 선언했다. 그후 밤새 전화가 이어졌다. 크리스티안 아만푸어*는 "그 일이 일어나고 있는 게 분명"하다고, 곧 더 큰 일이 벌어질 것이라는 하타미의 오프더레코드 발언이 들어와 있다고, 그 일에 관하여 하타미와 하메네이가 "합의"에 이르렀다고 그에게 말했다. 밤 9시 30분, 새로이 "그를 담당하게 된" 외무부 직원 닐 크럼프턴이 전화해, 이튿날 아침 10시 30분에 만나자고 했다. 닐 크럼프턴은 이렇게 말했다. "분명 뭔가 일이 벌어지고 있어요. 아마 좋은 소식일 겁니다. 이마를 맞대고 함께 논의했으면 좋겠습니다."

---

* 영국 태생 미국 방송인(1958~).

외무부에 도착하니 흥분된 분위기가 그대로 느껴졌다. 그는 말했다. "좋습니다. 하지만 파트와와 현상금에 대한 명확한 언급을 들어야 합니다. 파트와가 끝났다는 성명을 영국 정부가 확실히 끌어내야 합니다. 그러지 않으면 이란에 면죄부를 주고 강경파나 헤즈볼라가 부인할 수 있는 여지를 주게 됩니다. 만일 일이 잘 풀리면, 블레어 총리께서 그 소식을 발표해야 합니다. 저쪽에서는 국가원수가 말하고 있으니, 우리도 그래야 합니다." 뉴욕에서 열린 유엔총회에 참석한 영국과 이란 대표들이 그날 오후에 만나 그 문제를 논의했다. 두 외무부 장관, 로빈 쿡과 카말 하라지는 다음 날 아침에 만날 예정이었다. 이란은 정말 협상을 원하는 것 같았다.

로빈 쿡이 24일 오전 9시에─뉴욕에서는 새벽 4시였다!─전화해, 일이 그의 생각대로 풀릴 수도 있다고 말했다. "우린 확실한 보장을 받을 겁니다. 하지만 파트와가 공식적으로 취소되지는 않을 것 같습니다. 그들 말로는 호메이니가 죽었기 때문에 불가능하다는군요. 이란에서 강경파의 활동은 전무한 듯해요. 이건 우리가 얻어낼 수 있는 최상의 결과입니다. 그들에게 들었던 표현 중 가장 확실하고 말이죠." 진퇴양난이었다. 현상금과 파트와는 그대로 유지되지만 이란 정부는 누구에게도 살인 위협을 실행하도록 "장려하거나 허락하지 않겠다"면서 손을 터는 형국이었다. 〈인디펜던트〉의 로버트 피스크는 파트와가 더는 이란의 관심사가 아니라고 말했다. 사실일까? 가장 희망적인 시나리오에 따르면 쿡의 말대로였다. 이란은 진지하게 약속하고 있고 진심으로 이 문제를 과거지사로 돌리고 매듭짓기를 원하고 있다. 영국 정부는 그 제안을 받아들여 이란의 말에 권위를 부여할 것이다. 이 협상을 배신하면 양국 모두 한심해 보일 것이다. 그의 생명을 노리는 위협은 항상 이란의 정보부 MOIS에서 나왔었다. 정말로 그들이 "물러선다면" 아마 오후 씨와 오전 씨가 확인할 수 있을 것이다. 그리고 명확하고 공개적인 합의가 이루어지면 모든 사람이 그 이야기가 끝났음을 실감할 것이다. "명목상"의 변화가 "사실상"의 변화로 이어질 것이다.

그리고 최악의 시나리오대로라면, 강경파는 계속 그를 살해하려 할 테고 경호가 사라진 뒤에 결국 목적을 달성할 것이다.

그날 오후 4시, 이즐링턴에 있는 아티클19의 사무실에서 프랜시스 더수자와 카멜 베드퍼드를 만났다. 세 사람 모두 근심이 가득했다. 협상안은 부적절하게 들리고 제시된 조건도 불충분했지만, 부정적으로 반응하면 그는 훼방꾼으로 묘사될 수 있었고, 긍정적으로 반응하면 수호운동이 모든 협상력을 잃을 판이었다. 그는 프랜시스와 카멜에게 말했다. 유일한 희망은 이 협상을 토대로 양국 정부 사이에 신뢰가 쌓이는 것이라고.

오후 5시 20분, 세 사람은 외무부로 가 데릭 패치트를 만났다. 그는 점잖고 솔직한 패치트에게 항상 호감을 느꼈는데, 그런 패치트가 지금 그의 두 눈을 응시하며 이렇게 말했다. "이 협상은 진짜입니다. 이란은 진심을 보이고 있고, 모든 부처가 동의했습니다. 부탁드리건대 영국 정부를 믿으십시오. 여기 외무부의 닐 크럼프턴과 그의 동료들이 지난 몇 달간 최대한 강경하게 협상을 벌였다는 걸 아셨으면 합니다. 그들 모두 이란이 진지하다고 확신하고 있습니다." 그는 패치트에게 물었다. "그걸 내가 왜 믿어야 합니까? 그들이 아무것도 취소하지 않고 있는데, 왜 이 모든 게 헛소리라고 결론짓지 말아야 하는 거죠?" 그러자 패치트가 대꾸했다. "그건 말입니다. 이란에서는 아무도 루슈디 사건을 놓고 헛소리를 하지 않기 때문이죠. 이 정치인들은 그들의 목을 걸고 있습니다. 최고위층의 지지를 확신하지 않는다면 이렇게 나올 리가 없어요." 유엔총회를 끝내고 막 테헤란으로 돌아간 하타미는 총회에서 "살만 루슈디 문제는 완전히 끝났다"고 선언했고, 공항에서 하메네이의 특별 대리인에게 환영과 포옹을 받았다. 의미심장한 신호였다.

그는 얼마 전 오전 씨와 오후 씨로부터 받은 보안 브리핑에 대해 물었다. 브리핑에서는 그의 목숨을 노리는 위협이 전혀 줄어들지 않았다고 했었다. "뒤처진 정보입니다." 패치트가 말했다. 레바논의 헤즈볼라에 대해 묻자, 패치트는 "그들은 연루되어 있지 않습니다"라고 말했다. 그는 계속 질문을 던졌고, 불현듯 가슴 한 곳이 뚫리며 벅찬 감정이 솟구쳤다. "좋습니다." 그는 말했다. "그렇다면야 만세를 불러야지요. 고마워요. 여러분 모두 진심으로 고맙습니다." 눈물이 솟구치고 감정이 벅차올라 말문이 막혔다. 프랜시스와 카멜을 껴안았다. 텔레비전이 켜져 있었는데, 〈스카이 뉴스〉가 생중계를 하는 가운데 뉴욕에서 쿡과 하라지가 나란히 앉아 파트 와 종식을 선언하고 있었다. 그는 외무부에 있는 패치트의 사무실에 앉아 영국 정부가 그의 목숨을 구하기 위해 최선을 다하는 모습을 지켜보았다. 데릭 패치트와 함께 밖으로 나가자 카메라들이 기다리고 있었다. 그는 그 앞에 서서 "다 끝난 것 같습니다"라고 말했다. 젊고 아름다운 여성이 마이 크를 내밀며 물었다. "이 일이 선생님께 어떤 의미입니까? 모든 걸 의미하 지요." 그는 간신히 눈물을 참으며 말했다. "자유를 의미합니다."

차에 오른 뒤, 뉴욕에 있는 로빈 쿡에게서 전화가 왔다. 그는 쿡에게도 고마움을 표했다. 경찰도 감격했다. 밥 로는 이렇게 말했다. "정말 신납니 다. 역사적인 순간이에요."

엘리자베스는 그 소식을 선뜻 믿지 못했지만 점차 기쁨에 물들어갔다. 대학 시절부터 알아온 그녀의 오랜 친구 마틴 배시가 마침 집에 함께 있었 고, 폴린 멜빌이 서둘러 달려왔기 때문에 부부는 각자 가장 가까운 사람을 한 명씩 곁에 둘 수 있었고, 그래서 좋았다. 자파르도 집에 있었는데, 아들 이 그렇게 감격하는 모습은 처음 보았다. 전화가 끝없이 오고갔다. 수많은 친구들, 그의 안녕을 바라는 많은 사람들. 빌리암 뉘고르에게서 전화가 왔 다. 그 어떤 전화보다 중요한 전화였다. 앤드루는 눈물을 흘렸다. 길런에게도 전화해 고마움을 표했다. 그리고 클래리사에게 전화해, 그 기나긴 힘든 시기에 자파르를 보살펴줘서 고맙다고 말했다. 친구들이 차례차례 전화했다. 그는 생각했다. 환희의 의식이야. 이날이 오리라고는 결코 예상하지 못했다. 그런데 왔다. 승리한 것이다. 단지 그의 목숨만이 아니라 중요한 어떤 것을 위한 승리였다. 중요한 것들을 쟁취하기 위한 투쟁이었고, 그들 모두가 함께 승리했다.

크리스티안 아만푸어에게 전화해 소감을 전했다. 다른 언론들은 모두 이튿날의 기자회견을 기다려야 했다.

만일 동화 속이었다면, 잠자리에 들었다 깨어났을 때 자유인이 되어 있었을 것이고, 하늘의 먹구름은 깨끗이 사라져 있었을 것이며, 아내와 아이들과 함께 영원히 행복하게 살았을 것이다.

그러나 그가 사는 곳은 동화 속 세상이 아니었다.

어떤 사람들에겐 오늘이 멋진 날이 아닐 수 있습니다. 특히 『악마의 시』를 일본어로 번역한 후 살해당한 이가라시 히토시 교수의 가족들이 생각납니다. 칼에 찔렸지만 다행히 회복한 이탈리아 번역가 에토레 카프리올로 박사도 생각납니다. 등에 여러 발의 총탄을 맞았지만 감사하게도 완전히 회복한 노르웨이 출판인 빌리암 뉘고르도 생각납니다. 모두 무서운 사건, 끔찍한 사건이었음을 우리 모두 잊지 않았으면 합니다. 또한 시위 중에 사망한 분들, 특히 인도 아대륙에서 시위중 사망한 모든 분들에 대하여 깊은 슬픔을 느낍니다. 많은 경우 그분들은 자신이 무엇에 반대하는지, 왜 시위를 하는지조차 몰랐다는 사실이 밝혀졌으니, 얼마나 충격적이고 끔찍한 헛된 죽음인지요. 저는 다른 모든 사건과 똑같이 그 일에 대해서도 안타까운 마음을 금할 수 없습니다.

우리가 이곳에 있는 이유는 한 나라의 정부가 다른 나라의 시민들에게

가하는 테러 위협이 끝났음을 인정하기 위해서입니다. 우리가 이 싸움을 해낼 수 있었던 이유, 전 세계에서 수많은 사람들이 수호위원회를 창설했던 이유, 이 문제가 계속 쟁점화될 수 있었던 이유는 단지 누군가의 생명이 위험에 처해 있어서가 아니었습니다(이 세계는 목숨이 위태로운 사람들로 가득하니까요). 이루 말할 수 없이 중요한 것들이 이 싸움에 달려 있었기 때문입니다. 소설의 기법, 더 나아가 상상의 자유, 그리고 표현의 자유라는 그 무엇보다 중요한 문제, 그리고 자신의 나라에서 두려움 없이 거리를 활보할 수 있는 인간의 권리가 그것입니다. 정치에 문외한인 수많은 사람들이 유능한 정치가가 되어 이 싸움에 참여했던 것은, 단지 저 자신을 위한, 제 알량한 몸뚱이 하나를 구하기 위한 싸움이 가치 있기 때문이 아니라, 이 싸움이 우리가 세상에서 가장 소중히 여기는 많은 것들을 상징하기 때문이었습니다.

저는 지금 이 순간, 자유로운 사회의 위대한 원칙 중 하나를 마침내 지켜냈다는 진지하고 엄숙한 만족 외에는 그 무엇도 느낄 수 없습니다.

이 싸움에 도움을 준 모든 분께 감사드리고 싶습니다. 프랜시스, 카멜, 아티클19, 그리고 미국, 스칸디나비아, 프랑스, 독일을 비롯한 여러 나라의 수호위원회는 이 싸움에 불가결한 존재들이었습니다. 이 싸움은 보통 사람들의 것이었습니다. 마지막에 정치 협상이 이 행복한 결과를 이끌어냈습니다. 그러나 이 투쟁이 성공한 것은 평범한 독자들, 작가들, 서점인들, 출판인들, 번역가들, 시민들 덕분입니다. 오늘은 저의 날일 뿐 아니라 우리 모두의 날입니다. 저는 테러리즘과 안보와 특수부의 경호와 그 비용이 얼마인지 등의 문제를 떠나서, 우리가 수호하고자 노력해온 근본적인 가치가 엄연히 존재했음을, 그것을 수호할 기회를 누린 것이 영광이었음을 알아야 한다고 생각합니다.

아티클19의 본사에 모인 기자들 앞에서 그는 메모 없이 즉흥으로 연설했고, 엘리자베스와 자파르의 사랑과 지지에도 감사를 표했다. 사진기자들은 그가 혼자, "자유인"으로 이즐링턴의 어퍼 스트리트를 걷는 모습을 촬영했고, 그는 수줍어하며 미덥지 못하게 주먹을 들어 보였다. 그날은 인터뷰의 날이었다. 하루를 무사히 보냈다고 생각하며 집에 돌아와보니, 그를 사회적 골칫거리이자 심술보로 묘사한 〈이브닝 스탠더드〉의 사설이 기다리고 있었다. BBC와 ITV 뉴스의 지배적인 논조는 "사과가 없다"였다. 이것이 그날의 사건을 바라보는 영국 언론의 견해였다. 이 사회적 골칫거리이자 심술보는 모든 일이 끝났는데도 자신의 그 지독한 책에 대해 사과하기를 거부했다.

일요일에 자파르와 함께 엑서터 대학에 갔다. 엘리자베스와 클래리사도 동행했다. 로페즈 홀의 기숙사 방에 들어갈 때 자파르는 침통한 표정을 지으며 힘들어했다. 자파르에게 위로와 용기를 주려 했지만 곧 떠나야 할 시간이 왔다. 클래리사에게 특히 힘든 순간이었다. "이제 아이한텐 우리가 필요 없어." 그녀는 이렇게 말하며 눈물을 감추려고 고개를 숙였다. 그는 이렇게 말했다. "아니, 필요해. 아이는 아무데도 안 가. 자파르는 우릴 사랑하고 우리 곁에 있을 거야. 지금은 단지 성장하는 중인 거지."

그날 늦게 런던에 돌아와보니 "사과가 없다"는 영국 방송사의 표현이 이란에서는 "모욕적인 발언을 했다"로 번역되고 있었다. 이란의 차기 대사인 무하마디가 다시 파트와를 언급했고, 이란 신문들은 루슈디를 살해하라고 요구하면서 표적이 안전하다고 느낄 때 살해하기가 더 쉬울 것이라고 떠들어댔다. 나는 팔아넘겨진 것일까? 그는 의아했다. 그러면서 생각했다. 암살 위험에 더 노출된다 하더라도 경호의 족쇄는 계속 차지 않으리라.

이틀 후 정보기관을 대표하는 오전 씨와 오후 씨, 외무부를 대표하는 마이클 액스워디라는 사람, 그리고 루슈디가 참석한 회의가 첩보본부에서 열렸다. 두렵게도 오후 씨와 오전 씨 둘 다, 이란혁명수비대(이슬람 혁명의 무자비한 "수호자"인 공포의 파스다란)나 레바논 헤즈볼라의 암살 대리자들로부터 그의 안전을 보장할 수 없기 때문에 2급인 위협수준을 하향 조정할 수 없다고 했다. 이는 그가 데릭 패치트에게 특별히 확인하여 확실한 답변을 받아낸 문제들이었다. 패치트는 심지어 정보기관의 정보는 뒤처졌다고 말했었다. 런던경찰청과 마찬가지로 정보기관도 외무부의 성급한 타협에 분노하고 있었다. 그들이 이란의 입장을 확인하려면 최소한 크리스마스 때까지는 시간이 필요하다고, 그나마 좋은 결과가 나오리라는 보장도 전혀 없다고 했다.

그 순간 루슈디는 마이클 액스워디에게 소리를 지르기 시작했고 액스워디는 땀을 흘리며 몸을 떨기 시작했다. 나한테 거짓말했군. 그가 소리를 질렀다. 눈 하나 깜짝 않고 거짓말을 하다니, 외무부는 한 입으로 두말하는 개자식들하고 사기꾼들 집합소야. 액스워디는 전화를 걸기 위해 방을 나갔고, 잠시 후 칭찬할 만한 자제력을 보이며, 로빈 쿡이 다음날 정확히 11시 40분에 그에게 전화할 것이라고 말했다.

그후 런던경찰청에서 열린 회의에서 많은 경찰이 그의 분노에 공감했다. 첩보본부 회의에 동석했던 특수부 경찰 리처드 본스는 뒤편에 조용히 앉아 있다가 이렇게 말했다. "선생님은 지독한 대우를 받고 있습니다. 선생님 분석대로입니다. 필요하시다면 제가 증언하겠습니다." 경찰은 상황이 명백해질 때까지 예전처럼 경호를 계속해야 한다고 한목소리로 말했다. 그런데 마음이 진정되자 문득, 이번 협상으로 인한 최초의 충격이 가라앉고 나면 이란의 상황이 안정될지 모른다는 생각이 들었다. 아직까지 고위급 물라들이 협상을 비난하진 않고 있다. 어쩌면 시간을 갖고 기다릴 필요가 있을지도 모른다. 크리스마스 무렵에는 정말 자유의 몸이 될지도 모른다.

이튿날 오전에 로빈 쿡이 전화해, 이 문제를 확실히 해결하는 것이 정부의 방침이라고 재차 강조했다. 그는 이렇게 말했다. "장관님께 제공된 보안 분석은 실망스럽기 그지없더군요. 그래서 주말까지 SIS의 해석을 요청해놨습니다." 쿡은 크리스마스까지는 긍정적인 결과가 나올 수 있고 나와야 한다는 그의 의견에 동의했다. 3개월 후였다.

오전 씨와 오후 씨가 상황을 긍정적으로 보기까지는 3년이 넘게 걸렸다.

쿡-하라지 선언에 대한 반발이 갈수록 심해졌다. 이란 국회의원의 절반이 파트와의 실행을 요구하는 청원서에 서명했다. "급진 학생들"이라는 정체불명의 새 단체는 그의 목에 19만 파운드의 현상금을 내걸었다. (나중에 보니 이건 오류였다. 정확한 액수는 1만 9천 파운드였다.) 사네이가 운영하는 호르다드 보냐드(호르다드 재단)는 현상금을 30만 달러 가까이 더 올렸다. 영국이 이란 대리공사 안사리를 외부무로 소환해 항의하자, 안사리는 영국 언론의 보도 그리고 영국의 장관들 및 루슈디의 성명을 비난하면서, "그로 인해 테헤란의 외무부가 큰 압력을 받고 있다. 그 뉴스가 그렇게 큰 파장을 가져올 줄은 아무도 예상 못했다"고 말했다. 하지만 뉴욕 협약에 대한 이란의 입장은 견고하다고 재확인했다. 그것이 무슨 의미가 있는지는 모르겠지만.

클래리사가 걱정했다. "무슬림처럼 생긴 남자" 두 명이 집으로 찾아와 이름을 대며 자파르를 찾았다. 물론 자파르는 엑서터에 있었다. 아마 자파르가 선거인명부에 새로 올랐기 때문일 거라고 그녀는 생각했다.

영국항공에서 그와의 연락을 담당하며 적극적으로 "그의 편"에 서주는 간부 앨런 에번스가 전화해, 영국항공은 "변화중"이며 "상대적으로 사소한" 문제 몇 가지가 해결되고 나면 긍정적인 결정이 내려질 거라고 말했다. "몇 주만 기다려주십시오." 에번스의 말대로였다. 몇 주 후, 국 적기 탑승을 거부당한 지 9년 반 만에 다시 영국항공이 그를 손님으로 맞았다.

연극 〈하룬과 이야기 바다〉가 개막했다. 작품에 걸맞은 마술적인 분위 기를 최소 비용으로 연출해낸 비범한 작품이었다. 바다는 실크 스카프를 부풀려 연출하고, 모든 배우가 연기를 하면서 작은 마술을 펼쳐 보였으며, 하룬이 모든 이야기들의 원천을 발견하는 절정의 순간에는 횃불 하나가 관객들의 얼굴을 비추어 바로 관객이 그 소중한 원천임을 나타냈다. 하울 리 경무관이 그토록 안달했던 햄프스테드의 사인회 때와 마찬가지로 이번 에도 시위나 위험한 일은 전혀 발생하지 않았다. 그저 극장에 나들이를 가 서 즐거웠던 밤이었다.

타자로 친 『그녀가 밟은 땅』 원고를 보노에게 보내 의견을 구하면서 음 악산업과 관련된 곳에서 수정이 필요한 실수가 눈에 띄면 지적해달라고 부탁했다. 결과는 완전히 예상 밖이었다. 보노에게서 전화가 왔다. 『그녀 가 밟은 땅』의 본문에서 가사를 뽑아 "두 편의 곡"을 썼다고 했다. "하나 는 정말 아름다워요. 책 속의 타이틀곡에서 태어난 노래예요. 우리가 만든 노래 중 손에 꼽을 만한 곡입니다." 루슈디는 씩 웃었다. 소설에도 타이틀 곡이 있는 줄은 몰랐다고. 하지만 어느 노래를 말하는지 알겠다고 대답했 다. 일생 동안 그녀를 숭배했네/ 그녀의 황금 같은 목소리, 그녀의 고동치는 아 름다움을. 보노는 더블린으로 와서 직접 연주를 들어보라고 권했다. 이 소 설의 주제는 가상 세계와 실재 세계 사이에 놓인 투과성 있는 경계선인데, 소설에 담긴 가상의 노래 중 하나가 경계를 넘어 실재하는 노래가 되고 있 었다. 몇 주 후 그는 아일랜드로 갔다. 위클로 주 애너모에 있는 폴 맥기 니스*의 집에 당도하자 보노가 자신의 차로 데려가 차 안에서 데모 시디를

---

* 당시 U2의 매니저.

틀어주었다. 보노의 차에 설치된 것 같은 카오디오는 한 번도 본 적 없었다. 엄청난 음향 설비였다. 보노는 그 곡을 세 번 틀었고, 루슈디는 듣자마자 바로 그 노래가 좋아졌다. 머릿속으로 상상했던 것과는 완전히 다른 곡이었지만 뇌리에 남는 발라드였다. U2는 뇌리에 남는 발라드에 일가견이 있었다. 그가 마음에 든다고 말했는데도 보노는 거짓말이 아님을 확인하기 위해 그 노래를 계속해서 틀었다. 마침내 확신이 선 보노가 말했다. "안으로 들어가서 모두에게 들려줘야겠어요."

인도가 그의 입국 금지령을 풀 예정이라고 발표했다. 이 소식은 BBC의 〈6시 뉴스〉에 나왔다. 비자이 샹카다스는 의기양양했다. "이제 곧 비자를 발급받게 될 거야." 그 소식을 들었을 때 처음에는 기쁨보다 슬픔이 더 컸다. 그는 일기장에 이렇게 썼다. "인도에 가면서 행복하지 않으리라고는 한 번도 생각해본 적 없는데, 실은 지금 그러하다. 거의 두려울 정도다. 그래도 나는 갈 것이다. 갈 권리를 되찾기 위해 갈 것이다. 나의 두 아들을 위해 그 끈을 유지해야 한다. 그래야 내가 사랑하는 곳이자 아이들의 일부를 이루는 곳인 인도를 아이들에게 보여줄 수 있다." 물론 그의 입국을 허락하려는 세력은 힌두교 민족주의 세력인 인도인민당(BJP) 정부였기 때문에 그에게 비자를 발급하는 것은 반무슬림 행위라는 말을 피할 수 없었지만, 그는 자신을 위해 축조된 악마 역을 맡기를 거부했다. 오랜 추방과 출간 금지에도 그는 자신이 태어난 나라를 여전히 사랑했다. 또한 인도를 영감의 가장 깊은 원천으로 삼고 있는 작가였다. 5년짜리 비자를 발급해준다면 기꺼이 받을 예정이었다.

처음에 우울했던 마음도 어느덧 희미해졌다. 줄리언 반스가 개최한 자선 낭독회에 참여한 작가들과 저녁을 먹는 자리에서는, 인도로 돌아갈 수 있게 된 것에 대해 들떠서 신나게 이야기했다. 루이 드 베르니에르가 흥분과 행복에 젖은 동료에게 절대 인도에 가지 말라고 훈계하는 역할을 자청했다. 루슈디가 인도에 나타나는 것이 인도 무슬림에게는 다시 한번 심한 모욕이 된다는 이유에서였다. 그런 뒤 드 베르니에르는 힌두교도-무슬림 정치의 역사에 대하여, 평생 그 주제로 창작과 학문 활동을 해온 작가에게 짧은 강의를 펼쳤다. 2차대전 당시 이탈리아군이 케팔로니아 섬을 침략했을 때 그리스 공산주의자들이 보여준 저항의 역사를 왜곡하여 악명을 산 소설*의 저자보다 그 주제에 대해 더 많이 아는 작가에게 말이다. 난생처음 다른 소설가의 코에 주먹을 먹일 절호의 기회구나 싶었다. 그때 파티의 또다른 손님인 헬렌 필딩이 그의 눈에서 불꽃이 이는 것을 보고는 벌떡 일어나더니 최대한 쾌활하게 미소를 지으며 말했다. "정말! 즐거운 밤이었어요. 정말 즐거웠어요. 전 그만 가볼게요!" 그녀의 커다란 목소리가 그 자리를 살렸다. 그도 먼저 일어나야겠다고 작별 인사를 했다. 그 덕에 드 베르니에르 씨의 독선적인 코도 무사히 붙어 있게 되었다.

데릭 패치트와 은밀히 만났다. 패치트는 또다시 절 믿으세요, 라고 말했다. 이란에서 흘러나오는 정보는 모두 한결같이 긍정적이었다. 모든 당이 협약에 서명했고, 모든 암살자에게 공격 중단 명령이 내려졌다. 사네이는 어디로 튈지 알 수 없었지만, 그래 봤자 돈이 없었다. "모든 사안을 끝까지 해결할 겁니다. 이제 냉정을 유지하는 게 중요합니다." 패치트는 그 협약을 "영국 외교의 승리"라고 일컬은 자신의 성명이 이란에서 문제가 되었다고 말했다. "선생님 표현을 따르면 '자유를 의미'하는데 말입니다."

어려운 요청을 받았다. 입을 다물어라. 그러면 아무리 성난 목소리도 점차 가라앉고, 파트와는 차츰 희미해질 것이다.

한편 테헤란에서는 헤즈볼라 학생 1천 명이 항의 행진을 벌이면서, 루슈디와 출판인들을 공격할 준비가 되어 있고 자기들의 몸에 폭탄을 묶을

---

* 루이 드 베르니에르가 쓴 『코렐리의 만돌린』을 가리킨다.

각오도 되어 있다고 밝혔다. 테러리스트들의 낡은 비가悲歌였다.

하원의사당에서 로빈 쿡을 만났다. 쿡은 하메네이와 국정조정위원회 전원이 "뉴욕 협약에 서명했다"는 확인을 받아놓은 상태라고 했다. 그렇다면 그 결과는 당연히 모든 암살자의 철수였다. MOIS와 레바논의 헤즈볼라에 대해서는 확신한다고 했다. 그들의 암살자들은 이미 물러난 상태였다. 혁명수비대에 관해서라면, "무소식이 희소식"인데, 그 구역에서는 공격의 움직임이 없다, 고 했다. "이란에서 나오는 어느 누구도 선생을 공격하지 않게 하겠다는 보장을 이란 정부로부터 받았습니다. 자기들 위신이 달린 문제라는 걸 그들도 알고 있습니다." 쿡과 하라지는 공식 석상에서 "어깨를 나란히" 했다. 그 상징적 의미는 대단히 무거웠고, 전 세계의 모든 이슬람 국가가 그 모습을 텔레비전방송에 내보냈다. "솔직히 말해서, 만에 하나라도 선생이 살해되면 그들의 신용이 붕괴되고 마는 겁니다." 쿡은 또 이렇게 말했다. "우리 입장에선 아직 끝난 일이 아닙니다. 계속 압박할 예정이고, 더 많은 결과를 기대하고 있습니다."

그런 뒤 영국 외무장관은 대답하기 어려운 질문을 던졌다. "나를 적대하는 수호운동이 왜 필요한 겁니까?" 로빈 쿡은 의아해했다. "난 언제든 선생을 만날 준비가 되어 있고, 정기적으로 브리핑도 할 예정입니다. 난 선생을 위해 싸우고 있습니다."

그는 이렇게 대답했다. "많은 사람들이 장관님이 날 팔아넘겼다고, 불리한 협약이 유리한 협약인 것처럼 보도되고 있다고, 내가 상업적, 지정학적 동기에 밀려 찬밥 신세가 되고 있다고 생각하지요. 그 때문입니다."

"아하." 쿡이 경멸조로 말했다. "날 피터 맨덜슨의 꼭두각시로 본다는 거군요." (맨덜슨은 무역산업부 장관이었다.) "절대 그렇지 않습니다." 쿡은 이렇게 말한 뒤 데릭 패치트와 똑같은 말을 했다. "선생은 나를 믿으셔야 합니다."

그는 한참 동안 침묵했고, 쿡은 결정을 재촉하지 않았다. 사기를 치고 있는 건 아닐까? 그는 자문했다. 마이클 액스워디에게 사기치지 말라고 고함을 지른 게 불과 며칠 전이었다. 하지만 데릭 패치트와 로빈 쿡은 그가 좋아하고, 지난 10년 동안 그 누구보다 더 열심히 그를 위해 싸워준 정치인이었다. 그들이 지금 그에게 믿어달라고 인내해달라고 무엇보다 한동안 침묵해달라고 청하고 있었다. "선생이 호르다드 재단을 공격하면 그게 거기서 큰 뉴스가 될 거예요. 그러면 이란 정부가 여론을 거스르려 할 때마다 선생에게 조종당하는 것처럼 보이게 될 겁니다."

그는 고민에 고민을 거듭했다. 수호운동이 출범한 것은 정부들의 나태함과 싸우기 위해서였다. 이제 정부가 그의 편에 서서 열심히 일하겠다고 약속하고 있었다. 어쩌면 이건 새로운 국면일 수 있었다. 정부와 싸우는 대신 협력하는 것.

"좋습니다. 그렇게 하지요." 그가 말했다.

아티클19로 가서 더수자에게 수호운동을 해산해달라고 요청했다. 카멜 베드퍼드는 오슬로에서 수호위원회들의 대표들을 만나고 있었다. 카멜에게 전화해 그의 결정을 말하자 그녀는 그 결정의 책임을 프랜시스에게 돌리며 분노를 터뜨렸다. "외무부가 프랜시스한테 한자리 주려고 점찍어두고 있어요! 프랜시스에겐 이걸 끝내는 게 이득이죠!" 프랜시스와 카멜의 관계는 이미 틀어져 있었다. 그는 자신이 올바른 결정을 내렸다고 확신하게 되었다.

그렇게 루슈디 수호운동은 막을 내렸다. 그는 일기장에 이렇게 적었다. "희망을 갖자. 나는 당연한 결정을 내렸다. 어찌되든 내가 내린 결정이다. 어느 누구도 탓할 수 없다."

이란의 촌부들, 루슈디 현상금을 내걸다. 카스피 해 인근에 있는 이란의 한 마을에서 주민들이 살만 루슈디를 살해하는 사람에게 새로운 현상금과 함께 땅, 집, 카펫을 주겠다고 밝혔다. "키야파이 마을은 4500평방미터의 농지, 1500평방미터의 과수원, 주택 한 채와 카펫 열 장을 보상금으로 제공할 것"이라고 마을의 관리는 말했다. 주민 2천 명은 또한 기부금을 모으기 위해 은행 계좌를 개설했다.

침착함을 유지하고 침묵을 지키고 인내하기가 항상 쉽지는 않았다.

프렌치TV*에서 방송될 『그녀가 밟은 땅』에 관한 영상을 찍기 위해 뉴욕에 갔다. 갑자기 세상이 활짝 열렸다. 혼자 시내를 걸어다녀도 위험하게 느껴지지 않았다. 런던에서는 항상 영국 정보기관의 경고에 묶여 있었지만, 뉴욕에서는 삶이 그의 수중에 있었다. 이곳에서는 무엇이 분별 있고 무엇이 위험한지 스스로 결정할 수 있었다. 영국이 그에게 자유를 돌려줄 때가 되었다고 동의하기 전부터 미국에서는 자유를 누릴 수 있었다. 자유는 주어지는 것이 아니라 거머쥐는 것이다. 그는 그렇게 알고 있었다. 그렇다면 아는 대로 행동해야 했다.

빌 뷰퍼드가 〈화성 침공〉에 나오는 화성인 머리를 뒤집어쓰고서 업타운의 어딘가에서 열리는 핼러윈 파티에 그를 데려갔다. 그는 카피에를 두른 채 한 손에는 아기 딸랑이를 들고 다른 한 손에는 딱딱한 롤빵을 들었다. "셰이크, 래틀 앤드 롤"**이었다.

---

* BBC의 프랑스어 채널.
** 'Shake, Rattle and Roll'. '흔들고 달그락거리고 굴린다'라는 의미로, 주사위 도박에서 컵 안에 주사위를 넣고 굴리는 것을 묘사한 표현이지만, 1950년대에 히트한 로큰롤 노래 제목으로 더 유명하다. 아랍인 남성들의 두건인 '카피에'를 쓴 것은 아랍 세계에서 지도자들의 호칭에 쓰이는 셰이크(Sheik)를 연상시키기 위해서다. 'rattle'은 '아기 딸랑이'를 의미하기도 한다.

런던에 돌아오니 잔 모로*의 일흔번째 생일이 기다리고 있었다. 프랑스 대사관저에서 열린 축하 오찬에 초대받았다. 그가 앉은 자리는, 일흔의 나이가 무색하게 여전히 매혹적이고 심지어 섹시하기까지 한 모로와 위대한 발레리나 실비 기엠 사이였다. 기엠은 연극 〈하룬〉을 보고 싶어했다. 알고 보니 모로는 대단한 이야기꾼이었다. 대사관 기관원이 한자리에 앉아 쉬운 질문으로 그녀의 이야기를 매끄럽게 유도하는 일을 맡았다. "자, 우리 프랑스의 위대한 영화감독인 프랑수아 트뤼포를 어떻게 만나셨는지 얘기해주세요." 그러자 모로가 말문을 터뜨렸다. "아, 프랑수아, 다들 아시죠? 칸에서 만났어요. 그때 난 루이랑 있었죠―" "그분도 우리 프랑스의 위대한 영화감독입니다. 루이 말……" "맞아요, 루이요, 우린 '팔레 뒤 시네마'에 있었어요. 그런데 프랑수아, 그이가 다가와 루이한테 인사를 하더군요. 그리고 나서 한동안 두 사람이 같이 걸었고, 나는 뒤에서 다른 남자하고 걸었어요. 그런데 잠시 후 프랑수아가 내 곁에서 걷고 있더군요. 그이가 내 얼굴을 똑바로 쳐다보지 않아서 아주 이상했어요. 그이는 계속 땅바닥만 쳐다보았고 이따금 빠르게 고개를 든 후 다시 바닥을 내려다봤죠. 그러다 마침내 날 보고 말하더군요. '당신 전화번호를 알 수 있을까요?'" 기관원이 말했다. "그래서 번호를 주셨지요." 이번에는 루슈디가 질문하는 일을 넘겨받아, 루이스 부뉴엘**과 〈어느 하녀의 일기〉를 찍을 때 어땠는지 물었다. "아, 돈 루이스." 모로가 애연가 특유의 깊고 거친 목소리로 말했다. "난 그를 사랑했어요. 어느 날 그에게 말했죠. '아, 돈 루이스, 내가 당신 딸이라면 얼마나 좋을까요!' 그러자 이러더군요. '아니오, 내 사랑, 당신은 그런 걸 원해서는 안 되오. 당신이 내 딸이라면 난 당신을 가둬놓을 테고 그럼 당신은 영화에 나오지 못할 테니까!'"

---

* 프랑스 영화배우이자 감독(1928~). 영화 〈쥘과 짐〉 등에 출연했다.
** 스페인 영화감독(1900~1983).

"전 선생님이 〈쥘과 짐〉에서 부른 그 노래를 옛날부터 좋아했습니다."
샤토 베슈벨을 홀짝거리는 동안 그가 모로에게 말했다. "〈Le Tourbillon〉
말입니다. 그건 원래 있던 노래인가요, 아니면 그 영화를 위해 만든 건가
요?" 그러자 모로가 말했다. "아니에요. 그건 나를 위해 만든 노래예요.
옛 애인이 만들어줬어요, 아시죠? 나하고 헤어진 후 그 노래를 썼어요. 나
중에 프랑수아가 나한테 노래를 부르면 좋겠다고 하길래 그 노래를 추천
했더니 좋다고 하더군요." 그래서 그는 물었다. "그러면 말입니다. 이제
는 아주 유명한 영화 장면이 되었잖습니까. 선생님께 그 노래는 지금도 옛
애인이 선생님을 위해 쓴 노래인가요, 아니면 '〈쥘과 짐〉 속의 노래'인가
요?" "오." 모로가 어깨를 으쓱하며 대답했다. "이젠 영화 속 노래예요."

관저를 떠나기 전. 프랑스 대사가 한쪽으로 끌어당기더니 그가 문화예
술공로훈장 중 가장 높은 등급인 코망되르를 받게 되었다고 알려주었다.
무한한 영광이었다. 결정은 몇 년 전에 났지만 지난 정부가 그냥 깔고 앉
아 있었다고 대사는 말했다. 하지만 이제는 이곳 대사관저에서 그를 위해
파티를 열고 메달과 리본을 수여할 예정이었다. 멋지네요, 그는 말했다.
하지만 며칠이 지나자 말이 바뀌기 시작했다. 초대장 발송을 담당한 여성
은 "파리에서 승인이 나길 기다리고 있기" 때문에 아직은 "대기중"이라고
말했다. 그런 뒤 이상하게도 대사와 문화 담당 주재관 올리비에 푸아브르
다르보르 모두 연락이 되지 않았다. 며칠 신중히 기다린 끝에 자크 랑에게
전화를 걸었더니, 열흘 후 이란 대통령이 프랑스를 방문할 예정이라서 프
랑스 외무부가 시간을 끌고 있다고 했다. 랑이 전화 몇 통을 하자 효과가
나타났다. 올리비에한테서 전화가 왔다. 무슈 랑께서 직접 오셔서 수여식
을 주재하실 수 있는 날을 잡아주실 수 있을까요? 그는 대답했다. 그러죠,
물론입니다.

자파르가 파티를 열었는데 아버지도 와주길 원했다. 경호팀은 그를 나이트클럽 안으로 밀어넣은 뒤 그런 클럽에서 일어나기 마련인 일들에 무심해지려 애썼다. 그는 록그룹 블러의 데이먼 알반과 앨릭스 제임스와 동석하게 되었다. 두 사람은 그가 U2와 공동 작업한 이야기를 알고 있었고 자신들도 그와 노래를 녹음하고 싶다고 했다. 갑자기 작사가로 팔리고 있었다. 앨릭스는 압생트 한 병을 거의 다 마신 탓에 약간 분별을 잃은 듯했다. "끝내주게 좋은 생각이 있어요. 제가 가사를 쓰고 선생님이 곡을 쓰는 거예요." 앨릭스가 말했다. 하지만 앨릭스, 난 곡을 쓸 줄 모르고 악기도 다룰 줄 모른다네. 그가 부드럽게 말했다. 그러자 앨릭스가 이렇게 말했다. "별거 아네요. 제가 기타 치는 법을 가르쳐드릴게요. 30분이면 돼요. 별거 아니라니까요. 그런 다음 선생님이 곡을 쓰고 제가 가사를 쓰는 거죠. 기가 막히게 멋있을 거예요." 블러와의 공동 작업은 이루어지지 않았다.

런던경찰청으로 가서, 현재 A 부대의 대장인 밥 블레이크를 만나 미래에 대해 논의했다. 해가 바뀌면 새 소설이 출간될 텐데, 이런저런 행사를 광고하면서 자유롭게 책을 홍보할 수 있어야 한다고 그는 주장했다. 그런 일에는 경험이 쌓였으니 별문제 없을 거라고 자신했다. 또한 그는 경호 인력을 대폭 줄이길 원했다. 항공사들은 여전히 그가 경호팀과 함께 탑승하는 걸 더 좋아했고, 행사 주최측도 경찰이 관여하는 것에 고마워했지만, 그 외에는 그와 프랭크가 대부분의 일을 처리할 수 있었다. 블레이크가 제안을 전부 흔쾌히 받아들이는 것 같아 흥미로웠다. 아직 통보받은 것은 없지만 위협수준이 변하고 있다는 암시였다. 블레이크가 말했다. "좋습니다. 뭘 할 수 있는지 보도록 하죠." 하지만 인도가 걱정이었다. 그가 1월이나 2월 초에 인도에 가면 이란인에게 공격당할 위험이 있다는 게 오전 씨와 오후 씨의 견해였다. 그들이 그런 걱정을 하는 근거에 대해 알 수는 없을까? "안 됩니다." "어쨌든 그때 인도에 갈 계획은 없습니다." 그가 이렇게 말하자 경찰은 눈에 띄게 안도했다.

하원의사당에 있는 외무장관실에 도착하니 MI5 국장 스티븐 랜더가 로빈 쿡과 함께 기다리고 있었다. 쿡이 나쁜 소식을 전했다. 기밀 보고서가 들어왔는데, 이란 최고국가안보수호위원회SNSC—쿡이 이 이름을 입에 올리기만 해도 랜더의 표정이 못마땅해졌지만 쿡은 아랑곳 않고 계속 그 이름을 말했다—회의에서 하타미와 하라지가 강경파 달래기에 실패했다고 했다. 하메네이는 혁명수비대나 헤즈볼라를 철수시킬 수 있는 "자리"에 있지 않았다. 따라서 생명의 위험은 잔존했다. 쿡은 "본인"과 외무부가 문제 해결에 전념하고 있고 인도가 걱정스럽기는 하지만 그 외에는 공격이 계획되고 있다는 증거는 전무하다고 말했다. 서양의 어느 나라에서도 공격 가능성은 매우 희박하다고 랜더가 말했다. 매우 희박한 가능성은 별로 위안이 안 됐지만, 그가 얻을 수 있는 것은 그뿐이었다. 쿡이 말했다. "우리가 SNSC 회의에 대해 알고 있다는 걸 하라지에게 알렸더니 꽤 놀라더군요. 하라지는 협상이 여전히 진행중이라고 애써 강조했습니다. 자신과 하타미의 위신이 걸려 있다는 걸 아는 겁니다."

인내하라.

한 번도 완전했던 적은 없었지만, 이건 받아들이기 힘든 수준이었다. 그럼에도 그는 결심을 거두지 않았다. 자신의 삶을 반드시 되찾아야 했다. "불완전 요인"이 좀더 견딜 만한 수준으로 떨어지기를 마냥 기다릴 수는 없었다. 엘리자베스에게 미국 이야기를 꺼냈지만 귀담아듣지 않았다. 그녀는 이저벨 폰세카의 말만 들었다. "미국은 위험한 나라라서 다들 총을 소지해." 뉴욕을 향한 그의 열망에 대해 그녀는 날이 갈수록 반감을 보였다. 두 사람 사이에 깔쭉깔쭉하게 터지거나 찢어진 데가 점점 커지는 것이 때로는 눈에 보이는 듯했다. 마치 이 세계가 한 장의 종이로 이루어져 있고 그들이 각자 종이의 반대면에 서서 서로 멀어지고 있는 것 같기도 했다. 삶이 명령을 내리면 살아 있는 자들은 복종 외에는 선택의 여지가 없으므로, 아무리 오래 서로 사랑했더라도 조만간 각자 다른 지면에서 따로 이야기를 이어나가는 것이 불가피해 보이기도 했다. 그에게 가장 중요한 것은 자유였고 그녀에게 가장 중요한 것은 모성이었다. 경찰의 보호가 없는 미국 생활이 위험하고 무책임하게 느껴지는 건 분명 그녀가 한 아이의 엄마이기 때문이었다. 영국인 엄마로서 아들이 미국인으로 크는 것을 원하지 않기 때문이었고, 미국을 거의 몰랐기 때문이었으며, 그녀의 미국이 브리지햄프턴보다 썩 크지 않기 때문이었다. 그녀는 고립되고 외로울 수도 있는 뉴욕 생활을 두려워했다. 그는 그 모든 두려움과 의심을 이해했지만 그의 욕망은 명령이나 다름없었고 자신이 언젠가는 명령을 실행하리라는 것을 알았다.

때로는 사랑만으로는 부족하다.

어머니의 여든두번째 생일이었다. 어머니에게 전화해 1999년에 새 책이 나올 예정이라고 말하자 어머니는 우르두어로 이렇게 말씀하셨다. 이스 다파 코이 아치히 시 키타브 리크나. "이번엔 점잖은 책을 쓰거라."

9

천년왕국의 환상

His Millenarian Illusion

1999
–
2000

때로는 사랑만으로는 부족하다. 남편을 잃고 몇 년 후 네긴 루슈디는 첫 남편이 아직 살아 있다는 것을, 그녀가 아주 어리고 조흐라 부트라고 불렸던 시절에 사랑했던 잘생긴 젊은이가 아직 살아 있다는 것을 알게 되었다. 중매결혼이 아니라 진정한 "연애결혼"이었고, 사랑이 식어서 헤어진 것도 아니었다. 그는 아이를 낳을 수 없었고, 그녀에게 모성은 일종의 명령과 같았기 때문이었다. 한 남자에 대한 사랑을 아직 태어나지도 않은 자식들에 대한 사랑과 맞바꾼 슬픔이 너무 깊었던 나머지, 오랫동안 그의 이름을 입 밖에 내지 않았고, 그녀의 자식들은 태어나서 성장하는 동안 그의 존재조차 몰랐다. 그러던 어느 날 어머니가 장녀인 사민에게 불쑥 그 이름을 꺼냈다. "그 사람 이름은 샤길이었어." 어머니는 마치 불륜이라도 고백한 것처럼 얼굴을 붉히고 눈물을 흘렸다. 아들에게는 단 한 번도 그 남자 얘기를 꺼내지 않았고, 그의 직업이 무엇인지, 어느 도시에서 가정을 꾸렸는지 한마디도 하지 않았다. 그는 유령, 잃어버린 사랑의 환영이었고, 어머니는 남편에 대한, 당신 자식들의 아버지에 대한 정절을 지키며 말없이 그 유령의 출몰을 견디었다.

　아니스 루슈디가 죽은 후 네긴은 오빠 마흐무드에게서, 샤길이 아직 살아 있고 결혼하지 않았으며 여전히 그녀를 사랑하고 다시 만나고 싶어한다는 말을 들었다. 자식들은 연락해보라고 어머니를 응원했다. 이제 이 옛 연인들 사이를 가로막는 건 아무것도 없었다. 모성의 의무도 분명 장애물이 아니었다. 죽은 아니스를 배신하는 행위라는 부조리한 감정이 그녀의 앞길을 막는 것도 말이 안 되었다. 옛사랑을 되살려 여생을 환하게 밝힐 기회가 왔으니 평생—그녀는 아니스가 죽은 후 16년을 더 살다 갔다—혼자 외롭게 살 필요가 없었다. 하지만 자식들이 이런 이야기를 하자 어머니는 소녀처럼 반항적인 미소를 살짝 지으며 고개를 흔들었다. 파트와 시절 동안 어머니는 몇 차례 런던을 방문해 사민의 집에 머물렀고, 그도 사정이 허락할 때마다 어머니를 보러 갔다. 어머니의 첫 남편 샤길에 대해서는 여전히 이름밖에 몰랐다. 어머니는 샤길이 재미있는 남자였는지 진중한 남자였는지, 어떤 음식을 좋아했는지, 노래를 부를 줄 아는지, 엄격한 오빠 마흐무드처럼 키가 컸는지 아니면 아니스처럼 작았는지 같은 이야기를 하고 싶어하지 않았다. 그녀의 아들은 『한밤의 아이들』에서, 첫 남편과의 사이에서 자식을 낳지 못한 한 여인에 대해 썼었는데, 시인이자 정치인인 그 슬픈 사내 '나디르 칸'은 작가가 상상만으로 빚은 존재였다. 생물학적인 문제를 제외하면 나디르 칸에게는 샤길의 흔적이 조금도 없었다. 하지만 지금 그 실제 인물이 어머니에게 편지를 보내고 있었고, 어머니는 어리석은 소녀처럼 미소를 짓고 있거나, 그러지 않을 때에는 입을 굳게 다물고 머리를 단호히 가로저으며 그 얘기를 꺼내는 것을 거부했다.

　가브리엘 가르시아 마르케스의 위대한 소설 『콜레라 시대의 사랑』에 나오는 연인들 페르미나 다사와 플로렌티노 아리사는 아주 젊었을 때 헤어졌다가 인생의 황혼기에 재결합한다. 네긴 루슈디도 바로 그런 황혼의 사랑을 목전에 두고 있었는데 자식들이 아무리 권해도 거부했다. 이유는 결코 말해주지 않았다. 이러한 거절에도 문학적 선례가 있었다. 이디스 워튼의 『순수의 시대』에서 말년의 뉴랜드 아처는 장성한 아들과 함께 프랑스의 어느 작은 광장에 도착해 옛사랑 올렌스카 백작부인이 사는 아파트의 차일 쳐진 발코니 아래까지 가지만, 그 오랜 세월을 허비하고서도 그녀를 만나기 위해 계단을 오르지 못하고 얼어붙은 듯 주저앉고 만다. 어쩌면 늙어버린 자신을 그녀에게 보여주고 싶지 않았는지도 모른다. 어쩌면 늙어버린 그녀를 보고 싶지 않았는지도 모르고. 어쩌면 용기가 없어 붙잡지 못했던 존재에 대한 기억에 압도되었는지도 모른다. 어쩌면 그 존재를 너무 깊이 파묻어서 다시 꺼낼 수 없게 되었는지 모르고, 그래서 올렌스카 백작부인을 만났을 때 옛날의 그 감정을 느끼지 못할까 두려워서 견딜 수 없었는지도 모른다.

그는 자기도 모르게 불쑥 중얼거렸다. "내겐 저 위보다 여기가 더 현실적이야." 그 현실감의 마지막 그림자마저 흐려질까봐 앉은 자리에서 꼼짝도 못하는 동안 시간은 자꾸자꾸 흘러갔다.

네긴 루슈디는 두 책 다 읽지 않았지만, 읽었더라도 페르미나와 플로렌티노의 행복한 재결합을 믿지 않았을 것이다. 더 정확히 말하면, 어머니의 내면에 있는 무언가가 그런 결말을 믿도록 허락하지 않았을 것이다. 뉴랜드 아처가 얼어붙었던 것처럼 어머니도 얼어붙었고, 지난간 세월이 어머니를 주저앉혔으며, 비록 그의 이름이 나올 때마다 온 얼굴에 사랑의 감정이 번졌지만 어머니는 감정에 솔직하게 행동할 수가 없었다. 그와의 재결합보다는 그의 빈자리가 어머니에게는 더 현실적이었다. 그래서 결코 그에게 답장하지 않았고, 결코 전화하지 않았으며, 끝내 그를 만나지 않았다. 남편과 사별한 여인으로, 자식들의 어머니로 살다 갔으며, 당신의 이야기를 위해 마지막 장을 새로 쓰려 하지도 않았거니와, 쓸 수도 없었다. 때로는 사랑만으로는 부족하다.

아니스 루슈디도 네긴을 만나기 전에 결혼한 적이 있었다. 그들의 신분과 장소와 시대를 감안할 때 두 사람 모두 재혼이라는 것은 좀 특이한 경우였다. 아니스의 첫 아내에 대해 자식들이 들은 이야기라고는, 성미가 고약하고 남편과 하루종일 다투었다는 것이 전부였다. (자식들이 보기에는 아버지의 성미도 고약하기는 마찬가지였지만.) 자식들은 크나큰 비극 한 가지도 알고 있었다. 아니스와 첫 아내 사이에는 딸이 하나 있었다. 자식들은 그 이복형제의 이름은 듣지 못했다. 어느 날 밤 전처가 전화를 걸어 아이가 심하게 아파서 죽을지도 모른다고 말했지만 아니스는 그녀가 거짓말하고 있다고, 그를 다시 만나려는 계략으로 이야기를 꾸며냈다고 생각했다. 그래서 전처의 말을 무시했고, 결국 어린 딸은 눈을 감았다. 딸이 죽었다는 소식에 아니스는 서둘러 전처의 집으로 달려가 눈물을 흘리며 대문을 두드렸지만 그녀는 문을 열어주지 않았다.

아니스와 네긴의 결혼생활은 아들인 그에겐 항상 수수께끼 같았다. 하루가 다르게 커가던 자식들 눈에 부모의 삶은 불행해 보였다. 남편의 누적된 불만이 위스키 냄새를 풍기는 분노로 표출되는 밤이면 어머니는 자식들의 방패막이가 되어주어야 했다. 철이 든 후 사민과 살만은 부모를 만날 때마다 그 불행의 여파를 겪어야 하는 상황을 피해보려고 여러 번 이혼을 권했다. 아니스와 네긴은 자식들의 충고를 받아들이지 않았다. 그 힘겨운 밤들의 저류에는 두 사람이 "사랑"이라고 생각한 무언가가 있었고, 둘 다 그걸 믿었으니 그런 것이 존재했는지도 모른다. 타인들의 친밀함 속에 깊이 숨은 수수께끼, 무미건조한 관계 속에 깊이 숨은 사랑의 불가해한 잔존, 이것이 그가 부모의 삶에서 배운 가르침이었다.

어디 그뿐일까? 만일 부모가 진즉 이혼을 했는데 그후로도 각자의 "애정"생활이 계속 불행했다면, 그 자식은 자라는 동안 사랑이 영원하지 않다고 믿게 될 것이고, 노래나 영화에서 말하는 것보다 사랑이 더 어둡고 더 가혹하고 덜 편안하고 덜 위로가 되는 감정이라고 믿게 될 것이다. 이게 진실이라면, 몇 번이나 이혼한 그는 두 아들에게 어떤 교훈을 주고 있는 것인가? 일전에 한 친구는, 진짜 비극은 불행한 결혼생활을 지속하는 것이지 이혼이 아니라고 했다. 하지만 두 아들의 어머니들, 그를 누구보다 사랑했던 두 여인에게 준 고통은 좀처럼 마음에서 지워지지 않았다. 나쁜 본보기를 보였다고 부모님을 탓할 순 없었다. 그 자신이 행한 일이고 그의 책임이었다. 삶이 그에게 어떤 상처를 주었든 그는 클래리사와 엘리자베스에게 더 큰 상처를 주었다. 그녀들을 사랑했지만, 그의 사랑은 충분히 강하지 않았다.

그는 여동생들을 사랑했고 한때는 형제들 모두가 서로를 사랑했지만, 이제는 대부분의 형제들이 서로 소원해지고 말았다. 사민과 그는 언제나 친밀했다. 어렸을 때 그는 착한 애였고 사민은 말괄량이였다. 그는 부모에게 혼나지 않도록 사민을 구해주었고, 사민은 그를 대신해 아이들을 때려주었다. 한번은 사민에게 두들겨맞은 아이의 아버지인 모한 마탄이 그들의 윈저 빌라에 찾아와 아니스에게 따졌다. "당신 딸이 우리 아들을 두들겨팼소!" 그가 화를 내며 소리치자 아니스는 웃음을 터뜨렸다. "나라면 동네 사람들이 다 나와 듣기 전에 목소리를 낮추겠소."

그와 사민의 유대는 전혀 약해지지 않았다. 하지만 점차 여동생 부노가—실제 이름은 네비드지만 가족들 사이에서는 항상 부노였다—그들을 원망하고 있음을 알게 되었다. 부노는 그보다는 다섯 살, 사민보다는 네 살 어렸는데, 유년기에 부노는 사이좋은 오빠와 언니한테서 따돌림당하는 존재였다. 결국 부노는 그와 사민과 부모와 격하게 싸운 뒤 멀리 캘리포니아로 떠나버렸다. 그는 종종 "잃어버린 누이"의 아픔에 공감했지만, 부노가 그의 삶으로 난폭하게 뛰어들 때마다 흠칫 물러나곤 했다. 한때 부노는 정신이상자처럼 그와 사민이 자신을 속여 자기 몫의 유산을 가로챘다고 확신하고서 그 만행을 만천하에 폭로하고 비난하겠다고 협박했다. 변호사를 통해 그녀에게 경고할 수밖에 없었고, 그후로 그들은 오랫동안 연락하지 않았다. 굴줌이란 이름으로 알려져 있는 막내 나빌라는 대단한 미인에다 재능 있는 건축공학자였지만, 언제부턴가 눈에 띄게 정신적으로 불안정해지더니 일, 결혼생활, 가족 관계, 그리고 마지막에는 자기 인생까지 파탄 내고 말았다. 나빌라는 씹는담배를 시작했고 처방받은 약들을 남용했으며 자신의 아름다움이 산더미 같은 지방 속에 파묻힐 때까지 계속 먹어댔다. 결국에는 침대에서 숨진 채 발견되어 모두를 충격에 빠뜨렸다. 형제 중 가장 어린 나빌라는 그렇게 가장 먼저 세상을 떠났다.

그의 가족은 대체로 사랑만으로는 부족했다.

브래드퍼드 분서 사건 10주년에 이어 파트와 10주년이 찾아왔다. 10년이라니! 어찌나 신나는 일이 많았는지 세월이 쏜살같이 흘러갔군. 그리고 늘 그러던 사람들이 늘 하던 소리를 떠들어대고 있었다. 〈인디펜던트〉가 "훌륭한" 사상가라고 묘사한 샤비르 악타르 씨는 이제 자신들이 "배척당한다"고 느끼는 일이 없기 때문에 『악마의 시』를 태우지 않을 것이라고 말했다. (그후 수년에 걸쳐, 가장 적대적이었던 일부 인사들을 포함하여 많은 영국 무슬림이 그 소설에 대한 반대운동은 실수였다고 넌지시 밝혔다. 일부는 반대운동이 작가를 더 유명하게 해주고 그 책의 판매를 끌어올렸기 때문에 작전상 실수였다는 의미로 그렇게 말했지만, 다른 이들은 표현의 자유를 옹호하는 것이 얼마나 중요한지 알게 되었다고 말하기까지 했다.) 밸런타인데이에 테헤란에서 이란혁명수비대는 파트와를 "실행할 것"이라 말했고, 현상금을 내건 사네이는 그를 "격멸"할 계획이 여전히 진행중이라고 확언했다. 하지만 가두시위나, 모스크 집회, 고위급 아야톨라의 피비린내 나는 설교 따위는 없었다. 그날은 우려했던 것보다 더 조용히 지나갔다.

더 많은 자유를 확보하기 위해 계속 경찰을 압박했다. 이제는 그의 돈으로 프랭크 비숍이 고용돼 있으니, 당연히 경찰의 임무가 많이 줄고 비용도 크게 절감되지 않았는가? 그는 이제 "위협"과 "위험"의 차이를 충분히 이해하여, 사적인 파티나 식당, 극장, 영화관에 미리 알리지 않고 나타나면 위험은 거의 제로라는 것을 알게 되었다. 경호팀 전체가 움직일 이유가 전혀 없었다. 프랭크 한 명으로 충분했다. 하지만 경찰은 경호 인력을 축소하기를 꺼렸다. 그들은 일단 여름에 그가 롱아일랜드에서 휴가를 보내고 돌아올 때까지는 예전과 같이 지내달라고 했고, 그는 마지못해 동의했다.

1999년의 첫 감격은 인도 비자 발급과 함께 찾아왔다. 마지막 순간에 인디아 하우스*의 비자 담당관이 6개월짜리 관광용 비자밖에 받을 수 없다고 말하는 통에, 비자이 샹카다스가 인디아 하우스를 찾아가서 고등판무관 라릿 만싱을 만났고, 마침 런던에 와 있던 인도 외무장관도 만났다. 그들은 "옳은 일을 하기"로 합의하고서 인도 태생이면 누구나 받을 자격이 있는 5년짜리 비자를 발급해주었다. 또한 그가 인도 안에서 인도 경찰의 경호를 받을 권리가 있다는 점에도 동의했다.

그 즉시 인도 무슬림이 "분노"하기 시작했다. 델리에 있는 모스크 '주마 마스지드'에서 성질 사나운 늙은 이맘 부하리(10년 전 "엉뚱한 살만"을 규탄했던 인물이다)가 금요 예배에 모인 신도 3천 명 앞에서 비자 발급 결정을 격하게 비난했다. 그리고 루슈디 씨의 방문을 막기 위해서라면 "죽음도 불사할 것"이라고 말했다. 이틀 후 〈테헤란 타임스〉는 그가 암살당할 곳은 인도라고 예언했다. "신께서는 필시 이 후안무치한 인간이 태어난 곳에서 종말을 맞도록 정해놓으셨다." 인도에서 인민당 소속이 아닌 지도자 가운데 유일하게 비자 발급을 지지한 사람은 마르크스주의인도공산당 서기장이었다. 국민회의당의 마니 샹커 아이야르는 자기네 당이 『악마의 시』와 그 작가에게 금지 처분을 내린 것은 "아주 옳은" 일이었다고, 만일

---

* 런던의 올드위치 거리에 있는 건물. 인도고등판무관 사무소가 있다.

인도인민당이 비자 발급에 동의한다면 "그 결과를 책임져야" 할 것이라고 말했다. 그러고 나서 이상하게도, 만일 루슈디 씨가 인도에 온다면 "손님이니 마땅히 환영해야 한다"고 덧붙였다. 이맘 부하리는 무슬림이라면 누구나 "헌법에 준하여 살인에 반대할 터"이지만 만일 어느 독실한 무슬림이 그 신성모독자를 죽이기로 결심한다면 모든 무슬림의 지지를 받을 것이라고 말했다. 작가 기타 하리하란은 훈계조에 이념적이고 짜증나는 이메일을 잇달아 보냈다. 인도 여행은 분노가 식을 때까지 기다려야 하는 게 명백했다.

보노의 사무실에서 테리사가 전화했다. "여보세요, 살만? 댁의 노래 가사, 거 뭐더라, 〈그녀가 밟은 땅〉의 사본 갖고 있나요?" 글쎄, 있을 거요. 물론 그에겐 사본이 있었다. "그럼 지금 당장 팩스로 보내주시겠어요? 스튜디오로요. 이제 곧 보컬을 녹음해야 하는데 보노가 그걸 잃어버렸거든요." 그래요, 보내드리리다. 지금 당장. 알았소.

그후 한동안 질병과 의사가, 그리고 죽음의 천사의 날갯짓이 몰려왔다. 엘리자베스의 사촌 캐럴 닙과 그 남편 브라이언이 며칠 묵어가기 위해 비숍스 애비뉴에 왔다. 늦은 밤 그는 화학요법으로 벗어진 캐럴의 머리를 처음 보았다. 그 모습을 보자마자 그의 의지와 상관 없이, 로알드 달의 『마녀를 잡아라』에서 마녀들이 속세의 복장인, "인간으로 보이게 하는" 옷을 벗는 장면이 떠올랐다. 캐럴을 아주 좋아했기 때문에 자신의 그런 반응에 화가 났다. 아무리 좋게 이야기해도 창피한 일이었다. 캐럴은 미국에서 칸티라이에게 진찰을 받은 후 계속 그의 치료를 받고 있었지만 에드워드 사이드만큼 효과가 나타나지 않았고 예후가 좋지 않았다. "그래도 이것저것 좀 더 시도해보려고." 그녀는 결연히, 쾌활하게 말했다.

아이리스 머독이 세상을 떠났다. 그녀의 마지막 소설 『잭슨의 딜레마 *Jackson's Dilemma*』가 출간되고 얼마 안 지났을 무렵 문화예술위원회가 그녀에게 경의를 표하기 위해 오찬을 열었는데 그때 그도 참석했었다. 한창 그 책에 혹평이 쏟아지던 시기였다. 아이리스는 침울해 보였고 이제 글을 그만 써야 할 것 같다고 했다. 그는 아이리스에게 말했다. "악평 몇 개 때문에 그러시면 안 되죠. 선생님은 아이리스 머독이에요." 아이리스가 슬픈 목소리로 말했다. "그래, 하지만 가끔 사람들이 우리 글을 더이상 안 좋아하게 되고 우리는 영감이 고갈되는 일이 일어나지. 그러면 그만 쓸 때가 된 건지 몰라." 불과 몇 달도 지나지 않아 아이리스는 알츠하이머 진단을 받았다.

그리고 데릭 패치트가 세상을 떠났다. 술집에서 급성 심장마비를 일으켰고, 그 길로 끝이었다. 파트와 문제를 해결하기 위해 누구보다 열심히, 결연히 일해준 사람이었다. 불과 쉰네 살이었다.

안검하수증 때문에 고생이었다. 눈꺼풀이 제대로 올라가지 않고 처지는 증상이 계속 악화되었는데, 특히 오른쪽 눈꺼풀이 심했고 그 때문에 시력까지 나빠지기 시작했다. 수술을 받지 않으면 두 눈을 아예 못 뜨는 날이 올 수도 있었다. 슬리피 라비프*처럼 축 처진 눈은 그의 악랄함에 대한 은유로 자주 이용되었지만, 결국 의학적인 문제였다.

안검하수증 수술의 1인자는 리처드 콜린 씨였다. 킹 에드워드 7세 병원에서 수술을 받기로 예약했다. 콜린 씨는 "왕족은 전부 여기로 수술을 받으러 온다"고 했지만, 수술실에 들어가기 직전에 "수간호사"라는 사람이

---

* 미국의 록 가수(1935~).

보안을 이유로 그를 환자로 받지 않으려 한다는 말이 들려왔다. 경호팀이 찾아가 다행히 그녀를 진정시킬 수 있었고, 수술은 예정대로 진행되었다. 그런 식으로 사람들의 두려움에 휘둘리는 건 늘 괴롭고 뺨이라도 맞는 기분이었지만 결코 뺨 때리기로 응수할 수는 없었다. 수술하기 전날 클래리사한테서 전화가 왔다. 자파르가 대학을 중퇴하기로 결심했다고 했다. 자파르는 대학을 싫어했다. "거지 소굴 같은 곳"이라고 했다. 자파르는 런던에 있는 나이트클럽 하나를 관리하게 되었다. 공연 홍보 일을 하고 싶어 했고, 친구와 힘을 합쳐 웸블리 스타디움에 공연을 올릴 수 있다고 생각했다. 그게 자파르가 원하는 삶이었다. 은행에서 돈을 너무 많이 찾아 쓰기도 해서, 그 문제도 해결해야 했다. 두 사람은 클래리사의 말대로 "몽상의 나라"에 살고 있는 아들이 매우 걱정스러웠고, 공통의 근심이 두 사람을 다시 가까워지게 했다. 지금 자파르에게는 강하게 결속된 부모가 필요했다. 부모의 설득에 자파르는 웸블리 공연에 대한 생각을 접었지만, 행복해 보이지는 않았다.

　수술이 끝난 후 의식이 돌아왔을 때 두 눈은 붕대로 칭칭 감겨 있었다. 사람을 불러도 아무 기척이 없었다. "누구 없습니까?" 두 번 세 번 불렀지만 아무런 대답이 없었다. 그곳이 어딘지 몰랐고, 앞이 안 보였고, 그에게 말을 거는 사람도 없었다. 어쩌면 일이 크게 잘못되었는지도 몰랐다. 어딘가로 납치당했는지도 몰랐다. 어쩌면 지옥의 대기실에서 악마가 찾으러 올 때까지 기다리고 있는지도 몰랐다. 저기요, 이보시오, 누구 없소. 묵묵부답. 내 목소리가 안 들립니까? 들리지 않는 모양이었다. 여기 아무도 없소? 거기 아무도 없소? 누가 있는지도 모르지만 아무 대답이 없었다. (말 그대로) 눈앞이 캄캄한 공포가 몇 분, 아니 몇 주쯤 흐른 뒤 간호사의 목소리가 들렸다. 네, 여기 있어요, 죄송해요, 엘리자베스 씨는 방금 자러 집으로 갔어요, 새벽 3시예요, 제가 화장실에 잠깐 다녀와서요. 그는 생각했다. 타이밍 한번 기가 막히는군. 하필 간호사가 볼일 보러 간 사이에 깨어나다니.

아침에 붕대를 풀었다. 다시 한번 기이한 순간. 눈꺼풀이 뇌의 명령에 제대로 반응하지 않고 따로따로 미친듯이 실룩였다. 얼마 후 경련이 멎었고, 집도의의 실수로 장님이 되는 일 같은 건 없었다. 사람들이 거울을 가져다주었고, 그는 눈을 크게 떴다. 오른쪽 눈이 조금 더 큰 듯했다. 콜린 씨가 말했다. "됐습니다. 일주일 더 지켜보고요, 좀더 교정하게 될지도 모릅니다."

새 눈꺼풀은 슬프지만 명랑하게 행동하려고 마음먹은 자리에서 첫선을 보였다. 나이젤라 로슨과 존 다이아몬드의 10주년을 축하하기 위해 루시와 리처드 로저스 부부네 집에서 파티가 열렸다. 존의 건강은 나쁜 정도가 아니었다. 더이상 수술을 받는 것은 무의미했고, 화학요법으로 치료를 받으면 시간을 조금 벌 수는 있겠지만 그게 다였다. 자신의 생애를 기리기 위해 모인 친구들 앞에서 존은 손으로 글씨를 쓰면 그 즉시 높고 하얀 벽에 그 글이 영사되는 방법을 이용해 "답사答辭"를 했다. 그 답사에 모두가 배꼽을 쥐고 웃었다.

한편 새 눈꺼풀은 효과 만점이었다. 새 안경을 끼었나? 아주 건강해 보여! 선탠했나? 아주…… 행복해 보여요! 얼마 후 그 이야기가 언론에 들어가자 〈선데이 타임스〉는 수년 동안 그를 보아온 자신들의 시선에 대해 사죄하다시피 하는 기사를 내보냈다. "냉담하고 거만하고 불량해 보이는 깡패 같은 눈길"이 단지 눈꺼풀 질환 때문이었음을 갑자기 이해했던 것이다. 그 기사는 그가 "생기를 되찾고 다시 태어난" 것처럼 보인다며 이렇게 썼다. "사람의 눈이란 게 얼마나 기만적인지."

그 무렵에 찍은 사진을 보면 약간 실성한 사람처럼 보인다. 노려보는 것 같은 오른쪽 눈을 리처드 콜린에게 교정받기로 되어 있었지만, 그전에 토리노에 가서 명예박사 학위를 받아야 했다. 여행은 순조로웠다. 이번에 만난 이탈리아 경찰은 만토바에서 만난 경찰과는 딴판으로 친절하고 싹싹했고, 전혀 방해가 되지 않았다. 함께 학위를 받은 존 보이머 3세는 UCLA의 구강암 의사였는데, 혀를 뺨에 꿰매는 기술과 같은 구강암 치료의 신기술에 대하여 아주 소름끼치는 연설을 했다. 보이머의 연설을 들으며 생각했다. '그 모든 치료법도 내 친구를 구하지는 못했소.'

같은 날 우연히 이란의 하타미 대통령이 로마를 방문했다. 언론은 흥분하여 그 동시성을 크게 보도했다. 아니나 다를까, 하타미는 그 일을 우연의 일치로 넘기지 않았고, 유럽이 그 소설가를 두둔한다고 "강하게 비난했다". 하타미는 이렇게 말했다. "루슈디에 대한 지지는 문명 간의 전쟁을 지지하는 것이다. 10억이 넘는 무슬림의 신성한 의무를 모욕한 사람을 유럽 국가들이 찬양하고 있다니 매우 유감스럽다." 하타미는 문명의 충돌을 원하지 않는다고 하면서도 마음에 들지 않는 것은 "전쟁"으로 규정하고, "테러에 반대"한다고 말하면서도 파트와 같은 폭력 행위를 테러가 아닌 정의로 규정하여 면죄부를 주는 사람이었다. 이것이 영국 정부가 그에게 믿으라고 요구하는 "온건한" 사람의 말이었다.

『그녀가 밟은 땅』의 출간일이 가까워졌는데 미국 북투어가 문제였다. 이제 유럽 항공사들은 대부분 그를 환영했지만 미국 항공사들은 여전히 요지부동이었다. 뉴욕까지는 갈 수 있었고 에어캐나다를 이용해 태평양 연안에도 갈 수 있었지만, 그 밖의 지역으로 이동하려면 전용기를 빌려야 했다. 그러면 제리 글레이즈브룩 쪽에 경호 비용이 추가되었다. 2주 일정 투어를 위해서 어떻게든 12만 5천 달러를 마련해야 했지만, 출판사가 준비한 돈은 약 4만 달러에 불과했다. 앤드루 와일리, 제리 글레이즈브룩과 상의했다. 그들은 입씨름 끝에 경호 비용을 1만 달러 정도 깎았고, 행사 개최지들에서도 연설 사례금에 경호 비용을 더하여 총 3만 5천 달러를 후원받기로 했다. 〈뉴요커〉가 그 책을 인용한 대가로 지급하고 있는 저작권료와 〈뉴욕 타임스〉 신디케이트에 칼럼을 써서 번 지난 3~4개월의 수입을 털어넣으면 비용 전액을 감당할 수 있었다. 약 8만 달러가 손해였지만, 투어를 성사시키기로 결심하고 앤드루에게 동의를 구했다. 영국에서 나온 서평들은 대체로 매우 긍정적이었다. 미국 발간에 차질이 생기는 것을 원하지 않았다.

비평가들의 말을 일일이 되새기는 것은 무의미한 일이다. 그 책을 좋아하거나 좋아하지 않거나 둘 중 하나였으니까. 하지만 제임스 우드의 이상한 비평은 간단하게나마 언급할 만하다. 영국에서는 제일 처음 〈가디언〉이 신간 미리보기 지면에 그 책의 발췌문을 실었는데, 『그녀가 밟은 땅』에 대한 우드 씨의 서평도 이 신문에 실렸다. 근사한 서평이었다. "그의 장대한 새 소설은 (…) 독창적이고 얽히고설킨 (…) 무시할 수 없는 업적이며 (…) 이 뛰어난 소설은 (…) 기운차고 경쾌하고 익살스러우며, 창의적인 즐거움을 선사하는데, 『한밤의 아이들』 이후 발표한 작품 중 그런 자유로운 즐거움이 가장 풍부한 소설이다. 나는 이 소설이 당연히 루슈디의 책 중 가장 인기 있을 것이라 추측한다." 그는 생각했다. 이거 원, 감사하오, 제임스. 그러나 그 소설이 미국에서 출간되었을 때, 우드 씨는 가혹한 비평을 내놓았다. 〈뉴 리퍼블릭〉에 서평을 썼는데, 〈가디언〉의 글을 수정한 그 서평에서는 "당연히"가 칭찬에서 삭제되었다. 이제 그 책은 "포스트모더니즘의 전형적인 실패작"으로 돌변했고, 이 "유혹적인 음담패설이 발 디딜 땅은 없었다". 이 두 편의 서평은 7주 간격으로 발표되었다. 비평가가 돈줄을 쥔 사람의 문학적 편향에 따라 한 입으로 두말을 했다면 뭔가 해명할 게 있지 않을까?

인터뷰를 위해 뉴욕으로 날아갔는데, 도착하자마자 몸 상태가 극도로 나빠졌다. 빡빡한 일정을 소화하기 위해 최선을 다했지만 끝내 고열로 의사를 찾아야 했다. 의사는 폐렴에 가까운 심한 흉부 감염이라고, 하루만 더 방치했다면 틀림없이 입원 치료를 받아야 했을 거라고 말했다. 강력한 항생제를 맞고서 어렵사리 모든 인터뷰를 마쳤다. 일을 마치고 나자 몸살 기는 있었지만 한결 나아졌다. 티나 브라운*의 집에서 열린 파티에 갔다가 우연히 몇몇 사람들과 어울리게 되었다. 마틴 에이미스, 마틴 스코세이지, 데이비드 보위와 이만, 해리슨 포드와 칼리스타 플록하트, 제리 사인펠드였다. 사인펠드는 걱정스러운 표정으로 이렇게 물었다. "루슈디 씨, 우리 프로에서 당신을 소재로 했던 에피소드를 혹시 보셨는지요?" 크레이머가 한증탕에서 "살만 루슈디"를 봤다고 주장하고, 그런 뒤 제리와 함께 "살 배스"란 이름의 그 남자에게 다가가 그 이름이─나 원 참─새먼의 암호일 수 있다고 생각하며 심문하는 에피소드였다.** 사인펠드 씨에게 그 에피소드를 아주 재미있게 보았다고 안심시키자, 그 코미디언은 안도하는 빛이 역력했다.

여덟 개 도시를 도는 미국 북투어는 차분히 마무리되었다. 다만, 로스앤젤레스에서 열린 대규모 박람회 북엑스포아메리카BEA만은 예외적으로 그의 입장을 거부했다. 그러나 로스앤젤레스에 있는 동안 플레이보이 맨션***에 초대를 받았으니, 그 주인은 BEA 조직위원회보다 더 용감한 게 분명했다. 그로브/애틀랜틱의 발행인 모건 엔트리킨이 휴 헤프너의 책 『성의 세기: 〈플레이보이〉 성혁명의 역사』를 펴낸 덕분에 그 저택에서 문학인들을 위한 파티를 열 수 있었다. 책벌레들이 당당히 홈비 힐스 저택으로 몰려와, 헤프너 왕국의 잔디밭에 준비된 천막 아래서 뜨뜻한 샴페인을 마시며 흥

---

* 영국 태생의 미국 언론인(1953~). 〈배너티 페어〉 〈뉴요커〉 등에서 일했다.
** 제리 사인펠드는 미국의 코미디언으로, 그가 주인공으로 나오는 〈사인펠드〉는 미국의 인기 있는 시트콤. 크레이머는 주인공의 이웃으로 나오는 인물. '배스(Bass)'는 '농어'를 뜻하고, '살만(Salman)'과 철자가 비슷한 '새먼(Salmon)'은 '연어'를 의미하기도 해서, 두 단어의 의미적 연관성 때문에 암호라고 주장하는 것.
*** 잡지 〈플레이보이〉의 창간인 휴 헤프너의 호화로운 저택.

분했고, 극도로 지루해진 버니걸들은 경멸적인 시선으로 그들을 바라보았다. 파티 중반 무렵, 모건이 환상적인 몸매와 눈부신 미소를 지닌 젊은 금발 여성을 데리고 그에게 껑충껑충 달려왔다. 그 여성은 '올해의 플레이메이트'로 뽑힌 헤더 코저였다. 매우 어린 이 아가씨는 실망스럽게도 예의를 깍듯이 지키며 끝끝내 그를 선생님이라 불렀다. "죄송해요, 선생님, 선생님 책을 읽어본 적이 없어서요. 솔직히 책을 별로 안 읽는답니다, 선생님. 책을 읽으면 피곤하고 졸리거든요." 그는 맞장구쳤다. 맞아요, 맞아요, 나도 자주 그래요. 그러자 그녀는 이렇게 덧붙였다. "하지만 선생님, 어떤 책은요, 특히 〈보그〉 같은 책은 유행을 따라잡기 위해 꼭 읽어야 해요."

런던으로 돌아왔고, 눈꺼풀이 괜찮아 보일 때까지 교정을 받았다. 그리고 밀란의 두 돌 생일, 자파르의 스무번째 생일, 그의 쉰두번째 생일을 축하했다. 그의 생일에는 사민과 사민의 두 딸도 저녁식사에 왔고, 폴린 멜빌과 제인 웰즐리도 참석했다. 며칠 후 자파르를 데리고 윔블던 센터코트에 갔고 준결승전에서 샘프러스가 헨먼을 이기는 것을 보았다. 경찰들만 없다면 평범한 삶이라고 느껴질 정도였다. 묵은 구름은 서서히 걷히고 있었지만, 한편으로는 새로운 구름이 피어오르고 있었다. 그는 일기장에 썼다. "뉴욕에서 사는 문제 때문에 E와의 사이에 생긴 깊은 골이 결혼생활을 위협하고 있다. 빠져나갈 길이 보이지 않는다. 우린 떨어져 지내야 한다. 나는 맨해튼의 아파트에서, 그녀는 런던에서. 하지만 이렇게 사랑스럽고 예쁜 아기와 이별하는 것을 어떻게 참는단 말인가?"

7월 중순부터 9주 동안 브리지햄프턴의 그로보 씨네 집에서 지냈다. 그가 천년왕국의 환상에 굴복한 건 바로 이때였다.

새천년이 오면 그리스도가 재림할 것이라고 믿지 않아도, 천 년에 단 한 번 오는 그런 날에는 큰 변화가 시작될지 모른다고, 떠오르는 새천년에는 삶이―전 세계의 상황뿐 아니라, 그 속에 존재하는 개인들의 삶도―더 나아질 것이라고 믿는 낭만적이고 "밀레니엄"적인 생각에 빠져들 수 있었다. 뭐, 누구나 희망을 품을 순 있지. 그는 생각했다.

그를 압도하여 삶을 뒤바꿔놓을 그 밀레니엄적인 환상은 1999년 8월 초, 여성의 형상을 하고 그 하고많은 장소 중에서도 리버티 섬*에서 모습을 드러냈다. 그녀를 자유의 여신상 아래에서 만나다니 정말 우스웠다. 소설 속이었다면 그런 상징적인 장면이 불편할 정도로 부담스러웠을 것이다. 하지만 현실에서 인생은 때때로 그냥 받아들일 수밖에 없게끔 그렇게 정곡을 찔러들어오기도 한다. 그의 실제 삶에서 티나 브라운과 하비 와인스타인은 그들의 단명한 잡지 〈토크〉의 발행을 기념하기 위해 리버티 섬에서 호화 파티를 열었고, 폭죽이 밤하늘을 물들였으며, 메이시 그레이가 안녕이라 말하려 했는데 목이 메고, 발길을 돌리려 했는데 넘어지고 말았네라고 노래했고, 축하객 명단에는 마돈나부터 루슈디 자신까지 수많은 이름이 올라 있었다. 그날 밤 마돈나를 만나지는 못했다. 혹 만났다면, 텔레비전 프로듀서 한 사람이 그 위대한 여성에게 『그녀가 밟은 땅』에 대한 추천사를 받고 싶어 그 책을 한 부 보냈을 때—비록 가공의 인물이기는 하지만 어쨌든 그 책의 주인공은 영향력 있는 여성 록 스타다—그녀의 비서인 카레스가 회신한 내용에 대해 물어봤을지도 모른다. 카레스는 이렇게 말했다. "아, 아니에요. 마돈나는 그 책을 읽지 않았어요. 갈기갈기 찢어버렸죠."(몇 년 후 〈배너티 페어〉가 주최한 오스카 시상식 파티에서 제이디 스미스와 함께 마돈나를 만났지만, 그녀는 런던 마블 아치 인근의 부동산 시세 이야기만 계속했다. 무엇보다 그 자신이 책을 찢은 일에 관한 이야기를 꺼낼 마음이 들지 않았다. 이탈리아 종마처럼 훤칠하고 멋있게 생긴 젊은 이가 귓속말로 치코니** 여사에게 수작을 거는 장면을 제이디와 함께 지켜보면서 웃음을 참느라 진땀을 흘렸기 때문이다. 그 종마는 마돈나에게 바

---

* 미국 뉴욕 항 입구에 있는 작은 섬으로 자유의 여신상이 서 있다.

** 마돈나의 성.

짝 다가서며 이렇게 물었다. "당신도 이탈리아 혈통이죠? 한눈에 알았어요……")

엘리자베스는 밀란과 브리지햄프턴에 머물렀고, 그는 자파르와 마틴, 이저벨과 함께 차를 몰고 시내로 나갔다. 리버티 섬의 나무들에는 홍등이 걸려 있었고, 앞바다에서 시원한 여름 바람이 불어왔다. 아는 사람은 한 명도 없었고, 날이 어두워지자 누가 누구인지 잘 보이지도 않았지만 그래도 괜찮았다. 그런데 거대한 여신상 아래, 홍등 밑에서 파드마 락슈미와 마주쳤다. 보자마자 전에 어디선가, 혹은 사진으로 한 번 본 적이 있다는 생각이 들었다. 그 자신도 실린 적 있는 어느 이탈리아 잡지에서였다. 그녀의 사진을 보고는 "이런 여자를 실제로 만났다간 파멸의 구렁텅이에 빠지겠군" 하고 생각했던 게 기억났다. 그러나 그 순간 그는 이렇게 말하고 있었다. "이탈리아에서 텔레비전 쇼를 진행하다가 미국으로 돌아와 배우 생활을 하는 그 아름다운 인도 여성분이군요." 그 환상은 그가 자신을 안다는 것이 믿기지 않는 듯했고, 그래서 자신이 짐작하는 그 사람이 맞는지 의심하면서 그의 성명을 처음부터 끝까지 말하게 했다. 그런 뒤 분위기가 부드러워졌다. 고작 몇 분밖에 대화를 나누지 못했지만 그 와중에 그들은 전화번호를 주고받았다. 이튿날 전화를 걸었더니 통화중이었는데, 바로 그 순간 그녀도 그에게 전화를 걸고 있었기 때문이었다. 그는 멕시코 만 옆에 차를 세우고 앉아 있었는데, 반짝이는 수면을 스치고 불어오는 바람에서 향긋한 파멸의 냄새가 났다.

그는 기혼자였다. 아내와 두 살 된 아들이 집에서 기다리고 있었다. 그리고 그가 처한 상황이 달랐다면 그도 명백한 진실을 깨달았을 것이다. 그의 모든 열망을 구현한 것처럼 보이는, 즉 피와 살을 가진 자유의 여신처럼 보이는 그 환영이 신기루라는 것을. 그녀가 실재한다고 믿고서 뛰어든다면 그 자신에게 화를 부르고 아내에게 부당한 고통을 안기고, 그 환상에게도 일방적인 부담을 지우리라는 것을. 그 환상의 실체는, 그의 뿌리 깊은 욕망을 채워주는 것과는 완전히 거리가 먼, 원대한 야심과 은밀한 계획을 품은 인도 태생의 미국인이었으니까.

그녀는 이름이 특이했는데, 어머니가 이혼하면서 원래는 하나였던 이름을 둘로 쪼갠 탓이었다. (비록 그녀의 "탐 브람", 즉 타밀족 브라만인 친족은 대부분 마드라스에 살고 있었지만) 그녀는 델리에서 태어났고 그때는 이름이 파드마락슈미 바이댜나단이었다. 하지만 한 살 때 아버지 바이댜나단이 그녀와 어머니 비자야락슈미를 버렸다. 비자야락슈미는 즉시 전남편의 이름을 버리고 자신의 이름과 딸의 이름을 둘로 쪼갰다. 곧이어 인도를 떠나 뉴욕에 있는 슬론케터링 암센터의 상급 간호사가 되었고, 후에 로스앤젤레스로 건너가 재혼했다. 파드마는 거의 서른 살 때까지 아버지를 만나지 않았다.

이번에도 편부모 슬하에서 자란 여자였다. 그의 연애 패턴이 계속 되풀이되고 있었다.

"당신은 환상을 보고는 그걸 붙잡겠다고 가족을 파괴했어요." 후에 엘리자베스는 이렇게 말했는데 그 말이 옳았다. 자유의 환영은 오아시스처럼 보이는 신기루였다. 그의 과거인 인도와 그가 꿈꾸는 미래인 미국이 그녀에게서 보이는 듯했다. 삶을 엉망으로 만드는 위험 경고들과 걱정으로부터 쉽게 벗어나지 못하는 엘리자베스와 달리, 파드마는 자유로웠다. 그에게 파드마는, 그 모든 것을 벗어나 새롭게 시작하는 꿈―신세계로 이주하는 아메리칸드림―이었다. 그녀는 태양보다 눈부시게 아름다웠지만, 메이플라워호의 환상이 그 아름다움보다 더 매혹적이었다.

집에 돌아오자 또다시 대판 싸움이 벌어졌다. 늘 같은 문제였다. 바로 아이를 더 갖자는 엘리자베스의 요구와 그의 거부가 충돌한데다. 미국에서 자유롭게 살기를 바라는, 반쯤 실현된 그의 꿈이 가세하자 전쟁터나 다름없었다. 엘리자베스는 그의 꿈을 두려워했고, 그 꿈은 일주일 후 그를 뉴욕 시로 끌고 갔다. 마크 호텔의 스위트룸에서 파드마는 이렇게 말했다.

"내 안에는 나쁜 내가 있어요. 그애가 밖으로 나올 때 자기가 원하는 것만 갖고 가요." 이 경고에도 그는 아내가 있는 부부침실로 돌아가지 않았다. 그 환상은 현실이 아무리 증거를 들이밀어도 깨지지 않을 만큼 강력했으니까. 파드마는 그가 꿈꾸는 여자가 되어줄 수 없었다. 나중에야 알게 되었는데, 그에 대한 그녀의 감정은 진짜였지만 간헐적이었다. 자주 감정을 지워버릴 정도로 그녀는 야심가였다. 그들은 삶이라 할 수 있는 어떤 것을 공유했지만―첫 만남부터 최후 결별까지 8년, 짧지 않은 세월이었다―그가 엘리자베스의 마음을 아프게 했던 것처럼 파드마는 그의 마음을 아프게 했다. 당연한 귀결이었다. 결국 파드마는 엘리자베스의 가장 멋진 복수였다.

단 하룻밤이었다. 파드마는 로스앤젤레스로 돌아갔고, 그는 우선 리틀 노약 패스로 갔다가 런던으로 돌아갔다. 80쪽 분량으로 책 개요를 쓰고 있었고, 소설 네 편의 시나리오와 에세이 한 권을 작업중이었는데, 선불금이 넉넉히 들어와서 맨해튼에 집을 살 수 있었으면 했다. 엘리자베스와의 관계는 계속 험악했다. 그래도 친구들을 만나러 다녔고, 리에주에 가서 명예박사 학위를 받았으며, 귄터 그라스가 마침내 노벨상을 받아 기뻐했다. 부커 상 최종 후보 명단에 오르지 못했는데도(많은 찬사를 받은 비크람 세스와 로디 도일도 오르지 못했다) 별로 신경쓰지 않을 수 있었던 것은 밤 늦게 웨스트 할리우드에 있는 파드마의 아파트로 전화를 걸어 그녀와 통화하며 오랜만에 기분좋은 상태였기 때문이었다. 그후『그녀가 밟은 땅』의 프랑스어판 출간을 위해 파리로 갔고, 그곳에서 파드마를 만나 죄의식에 이따금 움찔하면서도 일주일 동안 쾌락에 탐닉했다.

자파르는 엑서터 대학으로 돌아가지 않았다. 하지만 이 문제가 부모에게 어떤 감정을 불러일으켰든 갑자기 아무래도 상관없어지고 말았다. 클래리사가 늑골 부위의 심한 감염으로 폐에 1리터 이상 물이 차서 입원했기 때문이었다. 그녀는 얼마 전부터 주치의에게 극심한 불편을 호소했는데, 의사는 아무런 검사도 하지 않고 다 스트레스 때문이라고 말했다. 그녀는 오진한 의사를 고소하고 싶어했지만, 그 성난 어조 뒤에는 두려움이 일렁이고 있었다. 암 완치 선고를 받은 지 거의 5년이 되었고 대개 5년이 지나면 안심해도 되었지만, 그녀는 그 끔찍한 병이 재발한 건 아닌지 몹시 두려워했다. 그녀가 전화해 이렇게 말했다. "자파르한테는 아무 말도 안 했어. 하지만 폐나 뼈에 2차 암이 생겼을지 몰라. 다음주에 엑스레이를 찍기로 했는데, 검은 부분이 나오면 그건 아마 수술이 불가능할 거야." 목소리는 떨리고 갈라졌지만 그녀는 이내 안정을 되찾았다. 그녀는 강인한 사람이었지만, 주말이 지난 뒤에 그녀 대신 그녀의 동생 팀이 전화해 암이 재발했다고 알려주었다. 폐에서 뽑아낸 물에 암세포가 있다고 했다. "자파르한테는 직접 말하실 거죠?" 그래, 그래야지.

아들에게 해야 했던 말 가운데 가장 어려운 말이었다. 자파르는 예상 못하고 있었거나 그럴 가능성을 아예 염두에 두지 않았는지, 큰 충격에 빠졌다. 여러 면에서 자파르는 아버지보다 어머니와 더 비슷했다. 어머니의 내향적 기질, 초록색 눈, 그리고 모험심까지 빼닮아서, 그들 모자는 사륜구동차를 몰고 웨일스의 산악 지역을 돌아다니고, 휴가중에는 프랑스에서 몇 주간 사이클링을 즐겼다. 아버지의 삶이 위기에 처했을 때 어머니는 매일 자파르의 곁을 지키며 아이가 어린 시절을 잘 지나도록, 미치지 않고 성장할 수 있도록 도왔다. 혹 자파르가 부모 중 한쪽을 잃는다면 그녀는 아니어야 했다.

그는 일기장에 이렇게 썼다. "아, 사랑하는 아들아, 네가 대면할 고통이 얼마나 클지." 엑스레이상으로 암은 뼈까지 퍼져 있었는데, 이 이야기를 자파르에게 전하는 것도 아버지의 몫이었다. 청년의 눈에 눈물이 차올랐다. 그리고 갑자기 몸이 떨려와 잠깐 안겨야 했다. 의사들은 치료가 효과를 보이면 몇 년 정도 더 살 수 있을지도 모른다고 했다. 루슈디는 이 말을 믿지 않았고, 아들에게 가혹한 확률을 말해주기로 결정했다. "자파르, 내가 아는 한 암이라는 건, 일단 생기면 아주 빠르게 진행되는 거야." 그는 자신의 아버지를, 끝내 아버지를 앗아간 골수종의 진행 속도를 떠올렸다. "네, 하지만 몇 달은 더 사는 거죠, 그렇죠?" 자파르가 애타게 동의를 구하며 물었다. 그는 머리를 흔들며 말했다. "몇 주나 며칠밖에 안 남았을까봐 걱정이구나." 자파르가 얼굴을 세게 얻어맞은 듯한 표정으로 말했다. "아." 그리고 다시 말했다. "아."

클래리사는 해머스미스 병원에 입원했고, 빠르게 병세가 악화되었다. 의사들이 폐에서도 암을 발견했다고 팀이 전해주었다. 그녀는 숨을 쉬기 위해 산소마스크를 썼고, 고형식을 먹지 못했다. 무서운 속도로 상태가 나빠졌다. 해머스미스 의사들도 어쩔 줄을 몰라했다.

폐에 물이 차는 문제가 해결되기 전에는 수술을 하거나 화학요법을 시작할 수 없었고, 그녀는 그렇게 계속 약해지고 있었다.

그녀가 정말로 죽어가고 있다는 것을 그는 깨달았다. 그녀는 순식간에 시들고 있었다.

자파르는 해머스미스의 선임 전문의 왁스먼 씨에게 전화했다. 왁스먼은 전화로 이야기하는 것은 부적절하다며, 병원으로 찾아오면 이야기해주겠다고 말했다. 자파르는 "좋은 소식은 아니겠군요" 하고 말했는데, 옳은 말이었다. 그런 뒤 자파르는 클래리사의 주치의를 찾아갔고, 그 주치의는 "두 차례 중대한 실수"를 했다고 인정했다. 그녀가 처음 가슴 통증을 호소했을 때 진지하게 여기지 않았고, 그녀가 재차 통증을 호소했는데도 판단을 재고하지 않았다. 주치의는 이렇게 말했다. "흉부 통증의 85퍼센트는 스트레스가 원인입니다. 나는 통계를 따랐을 뿐입니다." 또한 두 달 전쯤 클래리사는 유방암 검진을 받았는데 결과가 깨끗했다. 하지만 암은 유방에서 재발하지 않았다. 6월 혹은 7월 초부터 그녀가 고통을 호소했는데도 의사는 아무것도 하지 않았다고 자파르는 말했다. 그래놓고 이 무신경한 인간은 죽어가는 여자의 아들에게 멍청하고 잔인하게 말했다. "아시다시피 그녀는 전에 아주 심각한 암에 걸렸었는데, 그 사실을 인정하지 않는 것 같더군요. 이제 며칠 안 남았겠네요."

"그 개자식을 가만두지 않을 테다." 그는 일기장에 썼다. "가만두지 않겠어."

1999년 11월 2일 화요일 오후, 그는 자파르와 함께 클래리사의 침상 곁으로 갔다. 그녀는 수척하고 누렇고 아주 약했으며, 몹시 두려워했다. 어딘가에 수표를 보내야 한다며 간신히 서명을 했다. 몹시 꺼려하긴 했지만 결국엔 유언장에도 서명을 했다. 왁스먼은 화학요법이 유일한 기회이므로 즉시 시작해야 한다면서 성공 확률이 60퍼센트라고 말했다. 신빙성 있게 들리지 않았다. 자파르의 얼굴이 절망으로 어두워졌다. 아버지로서 최대한 긍정적인 어조를 유지하려 했지만 소용없었다.

이튿날 아침 왁스먼은 클래리사가 며칠밖에 살지 못할 거라고 말했다. 화학요법을 시작했지만 치료 반응이 좋지 않아서 어쩔 수 없이 중단했다. 손쓸 방도가 전혀 없었다. "있어요." 자파르가 밤새 인터넷을 뒤져 기적의 약을 찾아냈다. 왁스먼은 자파르에게 부드러운 어조로, 어찌됐든 너무 늦었다고 말했다.

"인터넷." 당시만 해도 사람들이 한창 사용법을 배우던 말이었다. 누군가에게서 "구글"이라는 단어를 처음 들은 것도 바로 그해였다. 그 무렵 이 새로운 전자공학의 지평선이, 솔 벨로의 작품 속 인물 오기가 인간의 모험을 발견했던 "눈길 닿는 곳까지 사방으로 뻗어 있는 미지의 땅"이 펼쳐지고 있었다. 만일 이 "구글"이 1989년에 존재했다면, 루슈디에 대한 공격은 훨씬 더 빠르고 널리 퍼져나가서 그는 지푸라기 하나 잡지 못했을 것이다. 정보의 시대가 열리기 전에 공격당하다니 운이 좋았다. 하지만 오늘 죽어가고 있는 사람은 그가 아니었다.

의사들이 24시간도 채 남지 않았다고 일러주었다. 그녀의 곁에 앉아 그녀의 손과 자파르의 손을 잡았고, 자파르는 그녀의 다른 손과 그의 손을 잡았다. 팀과 아내 앨리슨 그리고 클래리사의 친한 친구인 로잰과 애브릴이 와 있었다. 어느 순간 그녀가 그저 잠든 것이라기에는 너무 나빠 보이는 상태가 되었고, 자파르가 그를 끌어당기며 물었다. "마지막에는 아주 빨리 진행된다고 그러셨죠, 이게 그거예요? 엄마 얼굴에서 생명이 전부 빠져나간 것처럼 보여요." 그는 그래, 아마 그럴 거야, 라고 생각하며 작별 인사를 하러 그녀에게 다가갔다. 허리를 굽혀 그녀의 머리에 세 번 입을 맞췄다. 그러자 펑 하고 마법처럼 그녀가 눈을 뜨고 벌떡 일어나 앉았다. 그는 생각했다. 와, 대단한 키스로군. 그녀는 고개를 돌려 그의 얼굴을 똑바로 마주보며 두려움이 가득한 눈빛으로 물었다. "내가 죽고 있는 거 아니지, 그렇지?" 그는 거짓말을 했다. "아니야. 당신은 그냥 쉬고 있는 거야." 그후 평생 그때 거짓말을 한 게 옳았는지 되새겼다. 만일 그 자신이 죽어가는 순간이었다면 진실을 듣고 싶어했을 테지만, 그는 그녀의 눈에서 공포를 보았고 도저히 진실을 말해줄 수가 없었다. 한동안 그녀가 기운을 차린 듯해서 또 한번 지독한 실수를 저질렀다. 몇 시간 눈 좀 붙이고 오려고 자파르를 데리고 집으로 갔다. 하지만 그들이 잠을 자는 동안 클래리사는 다시 쇠약해졌고, 오르페우스 같은 사랑의 힘으로도 다시 데려올 수 없는 곳으로 가버렸다. 이번에 그녀는 의식을 되찾지 못했다. 밤 12시 50분에 전화벨이 울리고 팀의 목소리를 들었을 때 그는 자신의 어리석음을 깨달았다. 덩치 큰 청년으로 훌쩍 커버린 자파르가 병원으로 가는 내내 그의 팔에 안겨 눈물을 흘렸다. 경찰은 그들을 싣고 해머스미스로 바람처럼 달렸다.

클래리사가 죽었다. 그녀가 죽었다. 팀과 로잰이 그녀의 마지막을 지켰다. 시신은 어느 병실에 눕혀진 채 커튼에 가려져 있었다. 입은 마치 말을 하려는 것처럼 약간 벌어져 있었고, 살갗은 차가웠지만 완전히 식은 것은 아니었다. 자파르는 그 곁에 있지 못했다. "저건 우리 엄마가 아니야."

이렇게 말하고는 병실에서 나가버렸고 다시는 죽은 엄마를 쳐다보지 않았다. 오히려 그는 그녀 곁을 떠날 수가 없었다. 그는 밤새 그녀 곁에 앉아 이야기를 했다. 그들의 긴 사랑에 대하여, 아들을 낳아줘서 고마운 마음을. 그리고 힘겨웠던 오랜 세월 동안 아들을 따뜻이 보살펴준 것에도 다시금 고맙다고 말했다. 헤어져 지낸 세월이 한꺼번에 허물어진 듯했고, 그 모든 것이 영원히 사라진 그 순간 그는 다시 한번 과거의 자아를, 옛사랑을 생생하게 느꼈다. 비탄에 젖어 주체할 수 없이 흐느꼈고, 많은 일들을 후회했다.

자파르가 클래리사를 닮아 슬픔을 마음속에 가둬버리지 않을까 걱정됐다. 하지만 아들은 어머니와 함께했던 모든 것, 자전거 타기, 휴가지에서 요트를 탄 일, 멕시코 여행 등을 추억하며 며칠 동안 계속 이야기했다. 자파르는 놀라울 정도로 성숙하고 용감했다. 아버지는 일기장에 이렇게 썼다. "아들이 자랑스럽다. 내 사랑으로 그 아이를 보듬으리라."

1999년 11월 13일 토요일 오후 클래리사는 골더스 그린 화장장으로 향했다. 영구차를 따라가는 동안 슬픔이 극에 달했다. 클래리사의 마지막 여행이 시작되자 모친 라비니아는 완전히 무너졌고, 그는 오열하는 라비니아를 부축했다. 그들은 클래리사의 런던, 그들이 함께 살고 헤어졌던 런던의 하이버리, 하이게이트, 햄프스테드를 지나갔다. 아, 아, 그는 속으로 울부짖었다. 화장장에는 2백여 명이 그녀를 기다리고 있었고, 모두 얼굴에 슬픔이 가득했다. 그는 관 옆에 서서 그들의 첫 만남에 대해, 어느 자선 행사에서 그녀가 무대 위로 올라가 마마 캐스 엘리엇*에게 차를 건네는 모습을 처음 보았던 순간에 대해, 친구 코니 카터와 피터 헤이즐스미스가 둘을 소개시켜주기 위해 저녁식사에 초대했던 일에 대해, 그녀에게 받아들여질 때까지 2년 동안 기다린 일에 대해 이야기했다. "나는 즉시, 그녀는 느

---

* 마마스 앤드 파파스라는 그룹으로 활동한 미국 가수(1941~1974).

리게 사랑에 빠졌습니다." 그리고 그들의 가장 소중한 보물인 아들이 6월 어느 일요일에 어떻게 태어났는지에 대해서도 이야기했다. 출산 후 조산사가 젊은 산모를 씻기고 옷을 입히기 위해 그의 등을 떠미는 바람에 그는 일요일의 텅 빈 거리를 하릴없이 돌아다니며 꽃을 구경하고 신문팔이에게 〈선데이 익스프레스〉 한 부를 사면서 10파운드를 주고는 "잔돈은 괜찮아요. 방금 아들이 생겼거든요"라고 말했었다. 우리는 너와 관련된 일에서는 의견이 갈린 적이 한 번도 없단다, 자파르. 이제 그녀는 네 안에 살고 있어. 네 얼굴을 들여다보면 그녀의 눈이 보이는구나.

그후 몇 달은 자파르에게 아마 최악의 시기였을 것이다. 어머니의 상중이었을 뿐 아니라 버마 로드의 집이 팔려 새로운 집을 찾아야 했기 때문이다. 또한 엑서터를 그만두고 홍보하던 2인조 DJ '패츠 앤드 스몰'의 순회공연이 실패로 끝났고, 동업자였던 토니가 큰 빚을 떠넘기고 사라졌다. 그는 아들을 보석으로 꺼내기 위해 꽤 많은 돈을 썼다. 그래서 그애는 잠시, 어머니도 일도 집도 자신감도 희망도 전부 잃어버렸다고 느꼈는데, 때마침 아버지는 엘리자베스와 헤어지고 미국으로 건너갈 예정이라고 말하고 있었다. 그것 참, 멋지네요.

그로부터 12년 남짓이 흘렀다. 자파르는 그때 선택한 그 길이 자신에게 얼마나 잘 맞는지 꾸준히 입증하고 있다. 성공을 향해 놀라울 정도로 열심히 일하며 엔터테인먼트, 홍보, 이벤트 사업에서 탄탄한 경력을 쌓고 모두에게 사랑과 존경을 받고 있다. 이제 사람들은 더이상 자파르를 두고 "살만의 아들"이라 말하지 않는다. 대신 그애의 아버지를 "자파르의 아버지"라고 말한다.

쉰두 살의 나에게

정말인가? 큰 아들은 어머니를 잃은 슬픔에, 미래에 대한 실존적 두려움에 빠져 절망하고 있고, 작은 아들은 이제 겨우 두 살인데, 아버지란 작자가 뉴욕에서 아파트나 구하러 다니고, 로스앤젤레스에서는 핼러윈에 포카혼타스처럼 차려입은 자네의 몽상, 자네의 몰락을 쫓아다니고 있단 말인가? 그런 인간이었던 건가? 맙소사, 자네가 철이 들어 내가 되었다니 기쁘기 그지없네.

예순다섯의 내가

예순다섯의 나에게
철이 들긴 들었소?
쉰둘의 내가

파드마가 말했다. "우린 같은 부류예요. 우린 같은 것들을 원해요." 그는 그녀를 뉴욕의 친구들에게 소개하고, 그녀는 그를 자기 친구들에게 소개하기 시작했다. 그녀와 함께 뉴욕에 있는 동안 그는 신세계에서의 새로운 삶, 그녀와 함께하는 삶이 그가 진정으로 원하는 것임을 알게 되었다. 하지만 도저히 떨칠 수 없는 물음이 하나 있었다. 나 자신의 행복을 쫓기 위해 나는 얼마나 잔인해질 수 있을까?

다른 물음도 있었다. 사람들이 내게 집을 팔지 못할 정도로 내 머리 위에 떠 있는 구름이 그렇게 무서울까? 그가 생각하기에 그 구름은 흩어지고 있었지만, 다른 사람들의 생각은 다른 문제였다. 마음에 드는 아파트가 트라이베카와 첼시에 있었지만 건물주들이 기겁을 하며 그가 들어온다면 아무도 그 건물에서 살려 하지 않을 거라고 말하는 바람에 거래가 무산되었다. 부동산 중개업자들은 건물주의 말에도 일리가 있다고 말했다. 그는 그런 장벽들을 극복하기로 굳게 결심했다.

파드마를 보기 위해 로스앤젤레스로 날아갔고, 그날 밤 그녀가 무슨 영문인지 싸움을 걸어왔다. 부적절한 시기에 부적절한 대륙의 부적절한 도시에서 부적절한 여자와 부적절한 장소에 있다는 것을 그보다 더 명확하게 깨우쳐줄 수는 없었다. 그녀의 아파트를 나와 벨에어 호텔에 방을 잡았다. 그리고 예정보다 빨리 런던행 비행기를 예약한 뒤 파드마에게 전화해, 마법의 주문이 깨지고 정신이 돌아왔으니 아내에게 돌아가겠노라고 말했다.

엘리자베스에게 전화해 계획이 바뀌었다고 말했지만, 채 몇 시간도 지나지 않아 파드마가 문 앞에 찾아와 용서를 빌었다. 그주가 끝날 무렵 파드마는 다시 그를 휘어잡았다.

그때는 물론이고 그 이후에도, 다른 무엇보다 이 몇 달간의 흔들림이 엘리자베스에게 큰 고통을 주었다는 건 불을 보듯 뻔하다. 그는 안녕이라 말하려 했지만 목이 메었고, 발길을 돌리려 했지만 넘어졌다. 그리고 그렇게 오락가락 흔들리는 동안 엘리자베스를 더욱더 아프게 했다. 그가 런던에 돌아가면, 그의 환상은 욕망을 자극하는 이메일을 보냈다. 좀 기다려줘요. 내가 바라는 건 오직 당신을 기쁘게 해주는 것이에요. 당신을 죽도록 행복하게 해줄 날이 오길 기다리고 있어요.

한편 크리스마스를 며칠 앞두고 비숍스 애비뉴 집에 도둑이 들었다.

청소부 베릴이 도착해보니 앞문이 활짝 열려 있고 그들의 여행가방 하나와 자파르의 연장통이 앞마당에 떡하니 놓여 있었다. 1층 실내의 문이 모두 열려 있는 것도 이상했다. 그들은 밤이 되면 문을 잠그는 습관이 있었다. 2층에서 움직이는 소리가 들리는 것 같아 큰 소리로 불러봤는데 아무런 대답이 없자 베릴은 두려움을 느끼고 집 안에 들어가지 않기로 결정했다. 그녀는 프랭크 비숍에게 전화를 걸었고, 프랭크 비숍은 루슈디의 휴대폰으로 전화를 걸었지만 그가 취침중이라 음성 메시지로 연결되었다. 프랭크는 집 전화로 다시 걸어 엘리자베스를 깨웠고, 그녀는 그에게 "빨리 일어나요"라고 소리쳤다. 2층의 창문들도 열려 있었고, 블라인드와 커튼도 마찬가지였다. 그는 서둘러 집 안을 둘러보기 시작했다. 그리고 곤히 자는 자파르를 깨웠다. 활짝 열린 창문이 하나 더 있었다. 그의 서재에서 프랑스로부터 받은 문화예술공로훈장과 카메라가 사라졌다. 그의 노트북, 여권, 비디오카메라는 그대로 있었다. 시계와 약간의 미국 화폐도 사라졌지만 현금과 나란히 있던 아메리칸익스프레스 카드는 그대로 있었다. 엘리자베스의 귀중품은 하나도 사라지지 않았고, 다이아몬드 반지도 눈에 잘 띄는 자리에 그대로 있었다. 자파르의 스테레오가 사라졌고, 거실에 있던 몇몇 장식품, 화이트메탈로 만든 가네샤 상, 1970년대 초 인도에서 구입한 상아 세공품, 은제 함, 결혼 전 클래리사의 할머니 메이 주얼에게서 받은 채식이 화려한 작은 팔각형 쿠란도 사라졌다. 그리고 부엌에서는 나무통에 담겨 있던 나이프나 수저 등이 통째로 사라졌다.

부부침실의 창문이 활짝 열려 있었다. 건물 외벽을 타고 들어온 솜씨 좋은 도둑이었다. 도둑은 침실 창문으로 들어와 아무도 깨우지 않고 바닥에 진흙투성이 발자국만 남겼다. 생각해보니 소름이 끼쳤다. 낯선 남자가 그들 바로 곁을 기어갔는데 셋 중 아무도 눈을 뜨지 않았다. 도둑은 자신이 침입한 곳이 누구의 집인지, 훔친 메달이 누구의 것인지 알았을까? 침대에서 자고 있는 사람이 누군지 알아보았을까? 그 자신이 위험하단 걸 알고 있었을까? 만일 예전처럼 그 집에 경찰이 있었다면 그 도둑은 필시 총에 맞아 죽었을 것이다.

모두 무사했다. 그게 중요했다. 하지만 그 집이 발각됐다면? 프랭크 비숍이 도착하고 베릴이 집 안으로 들어오고 런던경찰청에서 상황 파악을 위해 달려왔다. 크리스마스 좀도둑일 가능성이 매우 높은데, 그렇다면 그 도둑이 이 집의 위치를 이슬람 테러리스트나 언론사에 알릴 가능성은 극히 낮았다. 그러니 안심하고 낙관적으로 생각하세요. 아무렴. 그들도 그럴 작정이었다.

엘리자베스는 밀란을 데리고 캐럴을 보러 갔고, 그는 혼자 남아 고통스러운 자기성찰에 몰두했다. 새천년을 축하하는 행사들이 다가오고 있는데, 그는 고뇌에 빠져 있었다. 아, 그리고 이란에서는 "강경론자들" 5백 명이 그를 살해할 돈을 모으기 위해 저마다 콩팥을 팔기로 서약했다는 보도가 나왔다. 차라리 그러면 모든 문제가 해결될지 몰랐다. 망설이는 사형집행인의 도끼를 가리키며 월터 롤리 경이 말한 것처럼, 그것이야말로 가장 확실한 만병통치약이었다.

조지프 헬러가 세상을 떠났고, 위대한 유머도 함께 사라졌다. 질 크레이기가 세상을 떴고, 아름다운 온정도 함께 떠났다.

광고계의 베테랑인 매슈 프로이드와 그의 약혼녀이자 루퍼트 머독의 딸인 엘리자베스한테서 새해 전야에 밀레니엄 돔에 초대받았다. 그는 엘리자베스, 자파르, 마틴, 이저벨을 데리고 갔고, 새로 들어온 유모 수전은 집에 남아 밀란을 돌봤다. 돔에서 토니 블레어가 다가와 매슈, 엘리자베스와 악수를 하고 그와도 악수를 했다. 〈Auld Lang Syne〉*을 부를 시간이 되자 여왕은 블레어의 손을 잡아야 했는데 여왕의 표정에 싫은 기색이 스쳐지나갔다. 옛 친구들을 어찌 잊고 다시 생각하지 않을 수 있을까. 모두가 노래했고, 자정이 되자 교회 종소리가 영국 전역에 울려퍼졌다. Y2K 버그가 기술 대란을 일으키지도 않았고, 테러 공격도 없었다. 새 시대가 열렸고, 아무것도 달라지지 않았다. 당장에는 어떤 마법도 일어나지 않았다. 장엄한 것이든 잔학무도한 것이든 변화는 인간만이 일으킬 수 있다. 인간의 운명은 스스로의 손에 달려 있다.

---

* 한국에서 〈석별의 정〉으로 번안된 스코틀랜드 민요. 여러 영어권 나라에서 새해 전야에 이 노래를 부른다.

새천년에게

어찌되었든 자넨 가짜네. 0001년 앞에 기원후 0년이 있었다면 몰라도, 1999년에서 2000년으로 넘어가는 것을 새천년이라고 할 순 없네. 2천 년이란 2천번째 해가 끝날 때 완성되지 그 첫날에 완성되는 게 아니네. 이 종소리와 폭죽과 야외 파티는 모두 한 해 빨리 벌인 것이지. 진정한 변화의 순간은 아직 당도하지 않았네. 그리고 이 모든 걸 아는 체하며 미래에서 이 글을 쓰고 있는 지금, 나는 절대적인 권위를 가지고 자네에게 다음과 같이 말할 수 있네. 자네 가짜 새천년으로부터 한 해가 지난 후, 2000년 11월의 미국 대선과 그 결과로 인한 2001년 9월의 그 유명한 사건이 일어났을 때야말로 진정한 변화의 시기였음을 말이네.

20일 밤, 엘리자베스가 밀란을 데리고 밀란의 "할머니"를 보러 가고 나서 꼬박 2주가 흘렀을 때, 캐럴 닙이 엘리자베스와 여러 사람들에게 편지를 남기고 자살을 시도했다. 캐럴은 병원의 치료를 전혀 못 믿겠다며 "그만 끝내고" 싶다고 말했다. 하지만 모르핀 양이 부족해 성공하지 못했다. 남편 브라이언이 그녀가 의식을 되찾도록 했고, 그녀는 그러지 않았으면 좋았을 거라 말했지만, 어쨌든 깨어났다. 그 상태에서는 아주 작은 감염이라도 치명적이었기 때문에 격리병실로 옮겨졌다. 백혈구 수치가 2로 떨어졌고(12가 나와야 했다), 적혈구 수치도 매우 낮았다. 화학요법은 몹시 파괴적이었다. 브라이언은 에드워드 사이드의 의사 칸티 라이에게 전화했다. 라이는, 그렇다, 미국에는 다른 치료법들도 있다, 하지만 그녀가 지금 받고 있는 보살핌보다 더 낫다고 단언할 수는 없다고 말했다. 엘리자베스는 캐럴의 자살 시도에 큰 충격을 받았다. "언닌 나한테 반석 같은 존재예요." 그리고 이렇게 덧붙였다. "하지만 어떤 면에선 어머니를 잃은 후론 항상 내가 나의 반석이었죠." 그가 위로하기 위해 포옹하자 그녀는 말했다. "당신은 여전히……" 하지만 채 말을 끝맺지 못하고 그에게서 떨어지더니 밖으로 나갔다. 가슴이 미어졌다.

엘리자베스의 생일이 왔다. 그녀와 자파르, 그녀의 오랜 친구 다섯 명과 함께 아이비 식당에서 저녁을 먹었다. 집에 돌아왔을 때 그녀는 그를 마주 보며 앞으로 어떻게 할 건지 알아야겠다고 따졌다. 그는 아기를 더 갖고 싶어한 그녀의 욕망과 뉴욕으로 가고 싶어한 그의 욕망이 충돌하여 파멸에 이르게 되었다고 이야기하고, 처음으로 "이혼"이라는 말을 꺼냈다.

파국은 진부했다. 결혼을 끝내려 한 쪽은 서서히 빠져나간 반면, 끝내기를 원하지 않은 쪽은 비통한 사랑과 복수심에 불타는 분노 사이에서 갈팡질팡했다. 좋았던 모습을 기억하고 관대하게 이해하는 방법을 찾는 날도 있었지만, 갈수록 드물어졌다. 결국 변호사가 등장했고, 그러고 나자 양쪽 모두 화를 냈다. 결혼을 끝내려 한 쪽은 더이상 죄의식을 느끼지 않았다. 자전거로 출퇴근하고 말단 편집자로 일하고 누군가의 다락방에 세 들어 살 때 내 삶에 들어와놓고는 이제 갑부가 되어 떠나려 하는군. 끝내기를 원하지 않은 쪽은 절대 하지 않겠다고 맹세했던 모든 일을 하고, 끝내려 한 쪽이 아들을 만나는 것마저 어렵게 만들었다. 절대 용서하지 않을 거야. 당신은 아이의 인생을 망가뜨렸어. 당신이 어떻게 되든 상관없어. 내 머릿속엔 아이 생각밖에 없어. 그들은 이 문제를 법원으로 가져갔고, 판사는 아이를 위해 그들 스스로 이 문제를 해결할 의무가 있으니 법정에 오지 않는 것이 좋겠다고 말했다. 이건 그들의 본모습이 아니었다. 나중에 본모습이 나오기는 했지만, 그건 욕설과 탐욕과 파괴가 난무한 뒤였고, 이혼을 당하는 쪽이 뉴욕에서 그 환상을 정면으로 마주하고서는 그녀 입에서 나오리라고 상상조차 못한 어휘를 퍼부은 뒤였으며, 그들이 아들을 공유하는 방식에 합의한 뒤였다. 미래의 어느 시점에 전쟁이 끝나고 고통이 가라앉기 시작한 후부터 그들은 본모습을 되찾았다. 한때는 서로 좋아했다는 것을, 둘 사이가 어떻든 아이에게 좋은 부모가 될 필요가 있다는 것을 기억해냈다. 그후로 정중함이라는 작은 도깨비가 다시 찾아들었다. 이윽고 그들은 성인답게 문제를 논의했다. 여전히 충돌했고, 사실 아주 많이 충돌했고, 때로는 화를 내기도 했지만. 그래도 그럭저럭 이야기를 나누고 만나기도 했고, 서로에게 돌아가기보다 자기 자신으로 돌아가는 길을 찾으면서, 때로는 심지어 미소를 짓기도 했다.

그리고 훨씬 더 오래 걸리긴 했지만 결국 그들은 우정을 되찾았다. 이때부터 다시 가족처럼 지내며 서로의 집에서 식사도 하고 저녁에 외식도 하고 아들들과 함께 영화도 보고, 심지어 프랑스에서, 인도에서, 그리고 당연히 미국에서도 함께 휴가를 보냈다. 깨지고 짓밟히고 다시 깨졌고, 결코 쉽지 않았으며 공격적인 순간도 없지 않았다. 하지만 이혼이 왜곡시킨 두 사람의 본래 모습이 SF 영화 속 철갑, 혹은 난폭한 괴수영화 속 보디수트를 서서히 뚫고 나와 다시 재건해낸 자랑스러운 관계였다.

그렇게 되기까지 10년이 걸렸다. 그 사이 그의 환상이 그의 가슴에 비수를 꽂고는 사라지는 사건이 있었다. 사악한 서쪽 마녀처럼 초록색 연기를 남기고서*가 아니라, 늙은 스크루지 맥덕의 전용기를 타고서 디즈멀 다운스** 같은 세계로, 불행과 현찰이 그득한 맥덕의 은밀한 세계로 사라져버렸다. 그녀는 8년 동안 평균 일주일에 한 번씩 그에게 너무 늙었다고 말해놓고는, 결국 2백 살이나 더 많은 오리를 따라갔다. 새와 벌과 담배나무가 즐비한 '커다란 얼음사탕 산'***에서 영원히 살면서 무한한 권리를 누릴 수

---

* 『오즈의 마법사』에 대한 언급.

** 스크루지 맥덕은 디즈니 만화영화에 나오는 갑부이고, '디즈멀 다운스'는 만화영화에서 맥덕의 성이 있는 것으로 설정된 스코틀랜드의 지명.

*** 〈Big Rock Candy Mountain〉이라는 노래에 대한 언급. 부랑자가 자신이 꿈꾸는 낙원을 묘사하는 내용의 노래.

있기를 바라는 그녀에게 스크루지 맥덕이 그 은밀한 이상향으로 가는 마법의 문을 열어준 건지도 모른다. 혹은 미국 덕버그*에 있는 은밀한 아방궁의 은밀한 방에는 금화가 가득찬 수영장이 있어서, 스크루지 삼촌이 즐겨 그러듯 마음을 달래주는 그 넘실대는 돈에 다이빙을 한 후 몇 시간씩 수영할 수 있어서였는지도 모르고. 그러니 그자가 덕 체니와 절친한 사이고, 존 맥덕(친척은 아니다)이 버락 오바마를 물리치고 나면 그자를 미국 대사로 임명할 수 있다고 한 게 무슨 대수겠는가?** 그자의 은밀한 성의 지하실에는 '리츠 호텔만한 다이아몬드'***가 있는데! 그뿐인가. 오래전 그자가 아직 새끼 오리였던 시절 대략 일흔번째 여름을 보내던 쥐라기의 어느 해에 벤처기업에 투자해 대성공을 거두고는 구입해둔 덕 마운틴의 동굴에서는 그자가 길들인 티라노사우루스가 충성스러운 벨로키랍토르들의 보좌를 받으며 전설의 용이 깔고 앉은 엄청난 보물을 약탈자들로부터 지키고 있었다. 그러니 웬만해서는 떠나는 그녀를 붙잡을 수 없었다.

그녀가 거짓의 세계로 사라지자 현실이 돌아왔다. 그렇다고 엘리자베스와 재혼하지는 않았다. 다시 연인이 되는 것 또한 너무 비현실적이었다. 하지만 더 좋은 부모, 최고의 친구가 될 수 있었고, 그들의 진정한 인격은 싸움 속에서가 아니라 화해의 과정에서 드러났다.

2000년에 그 해묵은 이야기, 파트와는 가끔씩만 수면 위로 떠올랐다. 맨해튼에서 셋집을 둘러본 후 배로 스트리트에 서 있는데 휴대폰으로 영국 외무장관의 전화가 왔다. 그는 생각했다. 거 참 신기하지. 난 경호도 없이

---

* 만화영화에서 스크루지 맥덕과 도널드 덕 등이 사는 가상의 도시.
** 공화당 출신의 미국 부통령 딕 체니와, 2008년 대선 때 버락 오바마와 경쟁한 공화당 후보 존 매케인에 대한 풍자적 언급.
*** F. 스콧 피츠제럴드의 단편 제목.

여기 서서 아무 문제 없이 일상적인 일을 보고 있는데 로빈 쿡은 나한테 전화해서는, 자신이 상대하는 이란의 카라지가 이란의 모든 국민이 그 협상을 지지할 거라고 약속했다는 둥, 그런데 영국 정보기관이 아직 확신하지 못한다는 둥, 카라지의 말에 따르면 콩팥을 판다는 남자들 이야기는 사실이 아니라는 둥 하는 이야기를 늘어놓다니. 이미 그는 영국 정부나 이란이 청신호를 켜든 말든 아예 신경을 꺼버렸다. 대신 여기 뉴욕의 보도 위에서 자신의 손으로 자유를 쌓아올리고 있었다. 살 집만 구해지면 정말로, 정말로 큰 도움이 될 텐데.

아르마니 매장 맞은편의 65번가와 매디슨 애비뉴가 교차하는 지점에 있는 아파트를 하나 골랐다. 천장이 충분히 높지 않고 집도 썩 아름답지 않았지만, 예산에 맞았고 주인도 그에게 팔 마음이 있었다. 조합주택이어서 조합 이사회의 승인을 받아야 했는데, 매도인은 자기가 이사장이니 아무 문제 없을 것이라고 장담했다. 하지만 어퍼 이스트 사이드에 있는 주택조합의 이사장이라고 해도 자기 평판에 대해서는 전혀 모를 수 있다는 사실을 곧 알게 되었다. 면접을 보는 동안 이사회가 입주 후보자에게 보여준 적의는 그 후보자의 머리 위에 드리운 먹구름만으로는 설명되지 않을 정도로 강했기 때문이다. 그가 어느 호화로운 아파트의 문을 두드렸더니, 얼굴 근육이 움직이지 않을 정도로 화장이 짙어 마치 그리스비극 등장인물의 가면을 쓴 듯한 여자들이 모여 있었다. 여신들은 거실 바닥에 깔린 푹신하고 새하얀 카펫을 더럽히지 말라며 신발을 벗으라고 명령했다. 그후에 진행된 면접은 너무 형식적이어서 두 가지 가능성밖에 없었다. 이 가면을 쓴 여신들은 이미 승인을 결정했거나, 아니면 거부하기로 한 것이다. 면접이 끝났을 때 그가 결정을 빨리 내려주면 감사하겠다고 말하자, 그 대단하신 여자들 중에서도 최고로 대단하신 분이 도도하게 어깨를 으쓱하면서 〈오레스테이아〉* 출연배우처럼 무표정한 얼굴로 때가 되면 결정이 날 것이

* 고대 그리스의 비극시인 아이스킬로스가 지은 비극 3부작.

라고 말했다. 그리고 이렇게 덧붙였다. "뉴욕은 아주 험한 도시예요, 루슈디 씨. 왜 그런지 아시리라 믿어요." 그는 이렇게 말하고 싶었다. "모릅니다만? 솔직히 잘 모르겠소, 소포클레스 여사, 설명 좀 해주시겠소?" 하지만 그는 그녀의 말뜻을 알고 있었다. "안 돼요. 보톡스에 지방 흡입에 갈비뼈 제거에 장세척까지 한 이 몸이 죽어 땅에 묻히는 한이 있어도 안 돼요. 앞으로 백만 년이 지나도, 절대로."

그후 수년간 가끔 그는 대단히 감사한 마음에 그 부인의 이름이 기억나기를 바랐다. 그때 그가 이사회를 통과했다면 마음에 들지도 않은 그 아파트를 꼼짝없이 구입했을 테니 말이다. 그는 거절당했고, 바로 그날 오후 새집을 발견했다. 때로는 운명을 믿지 않기가 어려웠다.

U2의 노래, 아니 "그의" 노래가 라디오에서 흘러나왔다. DJ들은 그 노래를 좋아하는 것 같았다. 파드마는 그에게 이렇게 말했다. "영화에서 비나 압사라 역은 내가 맡아야 해요. 그 역에는 내가 딱이에요. 완벽해요." 그녀 덕분에 얼마나 행복한지! 얼마나 살아 있다는 실감이 드는지! "하지만 당신은 가수가 아니잖아." 이 말에 그녀는 버럭 화를 냈다. "보컬 레슨을 받고 있어요. 코치 말로는 정말 가능성이 있대요." 그 소설의 영화 판권은 멋진 해적처럼 생긴 포르투갈 제작자 파울루 브랑쿠의 손에 들어갔다. 라울 루이스가 감독을 맡을 예정이었다. 그는 브랑쿠를 만나 파드마를 여자 주인공으로 추천했다. 브랑쿠는 "물론이죠. 완벽할 거예요"라고 말했다. 당시만 해도 그는 제작자의 언어를 몰랐다. 브랑쿠가 사실은 "물론 불가능합니다"라고 말하는 것임을 알아채지 못했다.

〈빌리 엘리엇〉으로 호평을 받으며 오스카 후보에도 오른 각본가 리 홀과 런던에서 점심을 먹었다. 홀은 『그녀가 밟은 땅』을 대단히 좋아했고 직접 각색하기를 간절히 바랐다. 루이스는 홀을 만나보는 것조차 거부했다. 그때부터 영화 제작은 급속히 내리막길을 걷기 시작했다. 루이스는 아르헨티나 각본가 산티아고 아미고레나를 고용했다. 이 각본가는 스페인어 사용자인데도 프랑스어로 각본을 썼고, 그 각본이 다시 영어로 번역되었다. 이 키메라의 초고, 이 푸시미풀유* 같은 각본은 예상대로 끔찍했다. 배우 중 한 명은 이런 대사를 읊어야 했다. "인생은 카펫이고, 우리는 꿈속에서만 그 전체 무늬를 볼 수 있어." 이 대사는 그나마 나은 편이었다. 그가 항의하자 브랑쿠는 아미고레나와 함께 수정본을 만들어보면 어떻겠느냐고 제의했다. 그래서 파리로 날아가 산티아고를 만났다. 사람 좋은 산티아고는 그의 모국어로는 훌륭한 작가였다. 하지만 함께 논의를 하고 난 뒤에도 아미고레나가 보내온 두번째 원고는 초고와 마찬가지로 모호하고 불가사의했다. 그는 한숨을 쉬고 브랑쿠에게 직접 각색하고 싶다고 말했다. 그가 직접 쓴 각본을 브랑쿠에게 보냈지만 라울 루이스가 아예 읽지도 않으려 한다는 말을 들었다. "아예 읽지도 않는단 말이오? 왜죠?" 그가 전화로 묻자 브랑쿠는 이렇게 대답했다. "선생님이 이해해주셔야 합니다. 여긴 라울 루이스의 세계거든요." 그는 이렇게 말했다. "아, 난 여기가 내 소설의 세계인 줄 알았소." 며칠 지나지 않아 제작 계획은 완전히 무산되었고, 비나 압사라를 연기하겠다는 파드마의 꿈은 피어보지도 못하고 물거품이 되었다.

"뉴욕은 아주 험한 도시예요, 루슈디 씨." 어느 날 아침 눈을 떠보니 〈포스트〉 1면에 파드마의 사진이 대문짝만하게 실려 있었다. 그 옆에 삽입된 조그만 그의 사진 밑에는 2인치 크기의 글씨로 헤드라인이 찍혀 있었다. '목숨과도 바꿀 수 없는.'

그리고 다음날 같은 신문에, 그의 얼굴이 저격용 소총의 조준경 안에 잡

---

* 아동문학가 휴 로프팅의 『닥터 돌리틀 아프리카에 가다』에 나오는 머리가 둘인 가상의 희귀 동물.

한 만화가 실렸다. 캡션은 이랬다. "걱정 마, 파드마. 그 미친 이란인들이 뉴욕까지 날 쫓아오진 않을 거야." 그리고 몇 주 후 이번에도 〈포스트〉에 그들 둘이 맨해튼의 거리를 걷는 사진이 실렸고, 헤드라인은 '목숨이 아깝지 않은'이었다. 이 기사는 전 세계로 퍼져나갔다. 런던의 한 신문사 주필은, 루슈디가 뉴욕에서 활개치고 사는 것은 "영국을 비웃는" 짓이기 때문에 그의 저작권 소득은 압류되어 마땅하다고 요구하는 편지들이 신문사로 홍수처럼 쏟아져들어오고 있다고 주장했다.

파드마는 겁에 질렸다. 전 세계 모든 신문에 그녀의 사진이 나오자 위기감을 느꼈다. 앤드루 와일리의 사무실에서 뉴욕시경 정보과 경찰들을 만났다. 그들은 의외로 그를 안심시켜주었다. 어떤 면에서는 〈포스트〉가 그에게 좋은 일을 한 셈이라고 말했다. 그가 뉴욕에 온 것을 〈포스트〉가 시끄럽게 알렸으니, 만일 그들이 감시중인 "나쁜 녀석들" 중 한 명이라도 관심이 있었다면 즉시 행동했을 것이라고 했다. 하지만 포스의 혼란*은 전혀 없었다. 온 세상이 고요했다. 뉴욕시경은 말했다. "현재로서는 선생님에게 관심 있는 자가 없는 것 같습니다. 그러니 선생님 계획에는 아무 문제가 없습니다."

그 계획의 방침 중 하나는 의도적으로 공공연히 모습을 드러내는 것이었다. "도피생활"은 이제 사양이었다. 발타자르, 다실바노, 노부 같은 식당에서 식사를 하고, 영화 촬영장과 출판기념회장에 가고, 늦은 밤 활기가 넘치는 곳, 누구나 파드마를 알아보는 붐바 같은 곳에서 신나게 즐기는 모습을 보여줄 작정이었다. 그런 파티광으로 돌변한 것을 두고 혹자는 분명 야유를 퍼부을지도 몰랐다. 하지만 더이상 두려워할 필요가 없다고, 상황이 변하고 있다고, 괜찮다고 세상에 증명하기 위해 그가 생각해낼 수 있는

---

* '포스(the Force)'는 영화 〈스타워즈〉에서 우주의 근원을 이루는 보이지 않는 힘. 파드마가 이 영화의 주요 인물인 파드메와 이름이 비슷한 데서 착안한 농담.

방법은 그것뿐이었다. 무서워하지 않고 공개적으로 살고, 그런 삶이 널리 알려져야만 그를 따라다니는 공포의 분위기를 줄일 수 있었다. 여전히 잔재한 이란의 위협보다 그런 분위기가 더 큰 장벽이었다. 파드마는 대단히 훌륭하게도 그가 그런 삶을 누려야 한다는 생각에 동의했다. 자주 변덕을 부리고 무례한 "모델 행각"*을 일삼는데다 걸핏하면 그에게 차갑게 굴기는 했지만. 마드라스 시의 베산트 나가르에 사는 조부 K. C. 크리슈나무르티—"K. C. K."—가 언론 인터뷰에서 손녀딸의 인생에 그 루슈디가 들어와 "소름이 끼친다"고 말했는데도 그녀는 기꺼이 루슈디 곁에서 공개 행보를 함께했다.

(파드마와 삶을 함께하는 동안 그는 마드라스에 사는 그녀의 친척들을 몇 차례 방문했다. K. C. K.는 곧 사랑하는 손녀가 행복하다고 하는데 어찌 말리겠느냐며 두 사람의 교제를 반대하는 마음을 접었다. 결국 "그 루슈디"는 파드마의 가족이야말로 그녀를 이루는 가장 훌륭한 부분이라고 생각하게 되었다. 그들은 그가 그토록 신뢰하고 싶어한 인도를 보여주는 존재들이었다. 그는 특히 파드마 모친의 아주 어린 여동생 닐라와 가까워졌는데, 닐라는 파드마의 이모라기보다는 언니 같아서 그로서는 마치 새로운 누이가 생긴 것 같았다. 마드라스에서 본 파드마의 가족은 명랑하고 분별 있는 사람들이라 그들과 있을 때 파드마는 좀더 소박하고 덜 가식적인, 완전히 다른 사람이 되었다. 그녀의 눈부신 아름다움에 마드라스의 소박함이 더해지자 더없이 사랑스러웠다. 때때로 그는 생각했다. 이 작은 베산트 나가르의 세계처럼 그녀가 안전하다고 느낄 수 있는 가정을 꾸린다면 그녀도 더이상 젠체하지 않고 자신의 훌륭한 본모습에 만족하리라. 그럴 수만 있다면 분명 우리는 행복할 수 있으리라. 하지만 인생이 그들 앞

---

* model behavior. 원래 '모범적인 언행'이라는 뜻이지만 여기서는 모델들의 도도한 행동들을 가리킨다.

에 예비해놓은 길은 그렇지 않았다.)

〈오레스테이아〉가 런던의 국립극장에서 상연되고 있고 언론의 불쾌한 보도가 끝없이 이어지자(그리고 파트와 선포일에는 언제나 그랬듯 이란에서 "널 죽여버릴 거야"라는 소음이 들려와, 그가 하고 있는 일이 과연 현명한 일인지 천번째 의심하게 만들었다), 루슈디는 자신도 분노의 여신들*에게, 이슬람 광신주의와 언론 비판과 버림받아 화가 난 아내라는 분노의 세 여신들에게 평생 괴롭힘을 당하지 않을까 걱정되었다. 언젠가는 오레스테스처럼 그도 저주를 풀고, 현대판 아테네 여신의 정의에 따라 무죄 판결을 받고 여생을 평화롭게 살 수 있을까?

『분노』라는 소설을 쓰고 있었다. 네덜란드 도서주간의 "선물"로 배포될 소설을 써달라고 청탁받았는데, 네덜란드인이 아닌 작가로서는 그가 최초였기 때문에 무척 명예로운 일이었다. 해마다 네덜란드 도서주간이 되면 서점에서 책을 사는 모든 사람이 "선물"을 받았는데, 수십만 부가 배포되었다. 대개는 짧은 책이었지만 『분노』는 장편소설로 불어나고 있었다. 그의 삶에서 어떠한 일이 일어나든 소설은 그로부터 계속 쏟아져나왔고, 계속 쓰이기를 고집했으며, 그가 두려움을 느낄 정도로 절박하게 존재하려 했다. 원래는 다른 소설을—나중에 『광대 샬리마르』가 된 책을—쓰고 있었지만 『분노』가 난폭하게 밀치고 들어와 『샬리마르』를 잠시 책상 밖으로 밀어냈다.

그는 맨해튼이 스스로 황금시대를—"이 도시에는 돈이 들끓었다"라고 그는 썼다—누리고 있다고 믿던 무렵에 왔지만 그런 "절정의 순간"이 오

---

* Furies. 그리스신화에 나오는 세 명의 복수의 여신들. 〈오레스테이아〉에서 주인공 오레스테스는 어머니를 죽인 죄로 복수의 여신들에게 쫓기게 된다.

래가지 않는다는 걸 알고 있었다. 이 생각이 그 책을 탄생시켰다. 그는 자신이 살고 있는 현재의 순간을 포착하는 창조적 위험을 감수하기로 결심했다. 과거의 관점을 버리고, 현재에 코를 바짝 들이대고서 지금 벌어지고 있는 현실을 실시간으로 종이에 적고 싶었다. 그는 생각했다. 제대로 해낸다면 동시대의 독자들은, 특히 뉴욕의 독자들은 그래, 이렇게 살고 있지라고 만족스럽게 중얼거리며 인식의 쾌감을 경험할 것이다. 아직 어려서 이 시대를 살아보지 못한 미래의 독자들은 그 책을 통해 과거의 순간을 생생하게 경험하고 그래, 이랬던 게 틀림없어, 이렇게 살았던 거야라고 말하게 될 것이다. 그가 제대로 해내지 못한다면…… 뭐, 실패할 위험을 무릅쓰지 않는다면 성공할 기회도 없는 법이다. 예술은 언제나 모험이고, 언제나 희박한 가능성 속에서 만들어지며, 항상 예술가를 의문에 빠뜨린다. 그는 예술의 그런 점이 좋았다.

그 자신과 비슷하면서도 비슷하지 않게 창조된 남자가 뉴욕을 활보하고 있었다. 나이가 같다는 점에서, 그리고 인도 태생에 영국에서 산 적이 있고 이혼 경력이 있으며 뉴욕에 처음 왔다는 점에서 그와 같았다. 그는 이 도시에 대하여 뉴욕 토박이처럼 쓸 수 없고 쓰려 하지도 않는다는 점을 강조하려 했다. 새로운 색깔의 뉴욕 이야기, 도착의 이야기를 쓰고자 했다. 일부러 주인공 말릭 솔랑카를 아노미 상태에 있는 불평쟁이로 묘사해, 말릭과 그 창조자를 구분했다. 솔랑카가 구원을 찾아 들어온 이 도시에 대해 다소 부루퉁하고 불쾌하게 반응하는 것은 의도된 희극적 모순이었다. 솔랑카는 자기가 원하는 것을 비판하고, 자신을 이 도시로 불러들인 것들에 대해 투덜거렸다. 그리고 '분노'는 말릭 솔랑카의 머리통을 잡아뜯으려고 뒤쫓아오는 괴물이 아니라, 그가 가장 두려워하는 자신의 일면이었다.

『악마의 시』의 살라딘 참차도 반反자아 또는 역逆자아를 창조하려는 시도였다. 그런데도 두 경우 모두 많은 사람들이 주인공을 작가의 단순한 자화상으로 읽다니 영문을 모를 일이었다. 작가가 일부러 자신과 다르게 창조한 그 주인공들을 말이다. 하지만 스티븐 디덜러스는 조이스가 아니고, 허조그는 벨로가 아니고, 주커먼은 로스가 아니고, 마르셀은 프루스트가 아니다. 늘 황소에게 다가서야 하는 투우사처럼 작가들은 자신의 삶을 가지고 복잡한 게임을 벌이지만, 대개는 작가 자신보다 창작물이 더 흥미롭기 마련이다. 물론 사람들도 이 점을 알고 있다. 하지만 알고 있는 것을 잊어버릴 수도 있는 것이다. 오해가 풀리기까지 세월의 흐름에 맡기는 수밖에 없었다.

『그녀가 밟은 땅』이 영연방 작가상 최고의 책 부문에서 "유라시아 지역상" 수상작으로 발표되었다. 전 지역을 통합한 전체상은 4월 뉴델리의 시상식에서 발표될 예정이었다. 그는 참석하기로 결정했다. 자파르를 데리고 갈 작정이었다. 때때로 분노하기도 했던 그 오랜 상실의 세월 끝에 이제 인도를 되찾는 것이다. (물론 인도에서는 여전히 『악마의 시』가 금서였다.)

런던을 떠나기 전 비자이 샹카다스에게서 전화가 왔다. 그의 귀국이 임박하자 델리 경찰이 극도로 초조해하고 있다고 했다. 비행기에서 안 들키게 할 순 없습니까? 벗어진 머리가 너무 눈에 띕니다. 모자를 쓰는 건 어떨까요? 눈도 알아보기 쉬울 것 같은데 선글라스를 끼는 건 어떨까요? 턱수염도 감추는 게 좋겠네요. 스카프를 두르는 건? 너무 덥다구요? 아, 하지만 면으로 된 스카프도 있으니…… 비자이는 조심스럽게 말했다. "살만, 여긴 긴장이 고조되고 있네. 나도 몹시 불안해."

어떤 일이 기다리고 있을지 알 수 없었다. 환영받을까, 문전박대를 당할까? 알 길은 하나뿐이었다.

델리에 도착해 비행기에서 내리는 순간 그는 땅에, 아니 정확히는 승강용 통로에 깔린 파란 카펫에 입을 맞추고 싶은 충동을 느꼈다. 하지만 경호원 무리의 번득이는 눈길 아래에서 그러기는 너무 창피했다. 뜨거운 공기가 그와 자파르를 포옹하듯 끌어안았다. 비좁은 흰색 힌두스탄 앰배서더에 올라탔다. 에어컨이 작동하지 않았다. 인도에 돌아온 것이다.

사방에서 인도가 달려들었다. 칠리 바퀴벌레 트랩 사세요! 헬로 미네랄워터를 마셔요! 과속은 짜릿하지만 목숨을 앗아갑니다! 표지판들이 아우성쳤다. 새로운 종류의 메시지도 있었다. 입학은 오라클 8i와 함께. 졸업은 역시 자바와 함께. 그리고 기나긴 보호무역주의가 끝났다는 증거로, 코카콜라가 돌아와 맹위를 떨치고 있었다. 그가 마지막으로 인도에 머물렀을 때 코카콜라는 금지 상품이었고, 지독하게 맛없는 인도산 모조품, 캄파콜라와 섬즈업이 시장을 양분했었다. 이제는 빨간 코카콜라 광고판이 거의 100야드에 한 번꼴로 보였다. 코카콜라의 최신 광고문이 힌디어를 음역한 로마자로 적혀 있었다. 조 차호 호 자이Jo Chaho Ho Jaaye. 문자 그대로 번역하면 "모든 소원이 이루어집니다". 행운을 예고하는 말로 믿기로 했다.

도로를 막고 있는 백만 대의 트럭 뒤에는 경적을 울려주세요라고 적혀 있었다.* 다른 트럭, 승용차, 자전거, 스쿠터, 택시, 오토릭샤 들이 모두 그 문구에 열렬히 응답하며, 인도 길거리 교향악단의 열정적인 연주로 루슈디 부자의 방문을 환영했다. 먼저 가세요! 죄송, 바이바이! 친절하시군요!

자파르에게 인도 전통 의상을 입히는 것은 불가능했다. 루슈디는 도착하자마자 시원하고 낙낙한 쿠르타와 파자마로 갈아입었지만, 자파르는 "내 스타일이 아니에요"라며 티셔츠, 카고바지, 스니커즈 같은 런던 젊은 이들의 차림을 고집했다. (여행이 끝나갈 무렵에 하얀 파자마를 입긴 했지만 쿠르타만은 끝내 거부했다. 그래도 장족의 발전이었다.)

붉은 요새** 앞에는 야간 조명쇼를 광고하는 간판들이 있었다. 돌연 자파르가 이렇게 말했다. "엄마가 계셨다면, 저걸 보러 가자고 우겼을 거예요."

---

* 인도의 트럭, 버스 등 상용차들은 흔히 차 뒤에 이 문구를 적어두고, 추월을 원하는 뒤차는 경적을 울린다.
** 무굴제국 시대에 지어진 역사적 건축물.

그는 생각했다. 그래. 그랬겠지. 그는 아들에게 말했다. "오래전에 엄마도 여기 왔었단다." 1974년 그들이 여행할 때 클래리사가 이런저런 것들을 어떻게 생각했는지, 여기는 고요하고 저기는 왁자지껄한 이곳을 얼마나 좋아했는지 자파르에게 이야기했다. 그렇게 여행에 새로운 차원이 더해졌다.

첫 입국이 가장 고생스러울 터였다. 처음만 잘 극복하면 이후에는 쉽게 풀릴 것이다. 두번째 귀국? '루슈디가 다시 왔다'는 흥미로운 뉴스가 아니다. 세번째 귀국도—어, 또 왔다—거의 뉴스가 되지 않을 것이다. "정상"으로 돌아가는 길고 힘겨운 여정에서 습관화와 지루함은 유용한 무기였다. 그는 인도를 지루하게 만들어 굴복시키기로 작정했다.

경호원들은 폭도들이 등장하는 악몽 같은 시나리오를 머릿속에 그렸다. 무슬림이 많이 거주하는 올드델리에서, 특히 일반인이 그를 알아보는 "실례"를 범할 때마다 그들은 안절부절못했다. "선생님, 노출되었습니다! 노출이 발생했습니다! 사람들이 선생님 이름을 말했습니다. 선생님! 이름이 나왔습니다! 선생님, 제발, 모자 좀!"

영국 관료들은 그와 거리를 유지했다. 인도 주재 영국문화원장 콜린 퍼처드는 문화원 강당에서 기자회견을 하는 걸 허락하지 않았다. 영국고등판무관 롭 영 경은 이미 외무부로부터 그를 가까이하지 말라는 지시를 받았다. 그는 자신이 왜 인도에 왔는지를 상기하며 그런 일에 신경쓰지 않으려 노력했다. 영연방 작가상은 구실에 불과했다. 자파르와 이렇게 여행하는 것이야말로 진정한 승리였다. 인도 그 자체가 상이었다.

그들은 자이푸르, 파테푸르 시크리, 아그라, 솔란으로 자동차 여행을 계속했다. 그가 기억하던 것보다 더 많은, 아주 많은 트럭이 빵빵거리며 위험하게 달렸고, 종종 역주행하며 그들을 향해 돌진했다. 몇 마일마다 정면충돌한 사고 현장이 나타났다.

보렴, 자파르, 저건 한 이름높은 무슬림 성인의 사원이란다. 모든 트럭 운전사가, 심지어 힌두교도들도 차를 세우고 행운을 빈단다. 그런 뒤 운전사들은 차로 돌아가 자신의 목숨을 거는 것은 물론이고 우리 목숨까지 위협하며 무섭게 달리는 거지. 저걸 보렴, 자파르, 저건 사람을 실은 경운기란다. 선거철이면 모든 마을의 사르판치, 즉 촌장한테 명령이 떨어진단다. 정치인들의 집회에 저렇게 한 차 가득 사람을 동원하라고 말이지. 소냐 간디는 마을마다 경운기 열 대를 채우라 한다는구나. 요즘 사람들은 정치인이라면 지긋지긋하게 생각해서 아무도 제 발로 집회에 나가지 않는단다. 저길 보렴, 들판에 늘어선 저 벽돌 가마의 굴뚝에서 나오는 연기가 환경을 오염시키고 있구나.

도시 바깥의 공기는 깨끗하지는 않았지만 그래도 오염이 덜했다. 12월과 2월 사이의 봄베이는 스모그 때문에 오전 11시 이전에는 비행기 이착륙이 불가능할 정도로 오염이 심했으니까.

대략 100야드에 한 번씩 'STD-ISD-PCO'라고 적힌 표지판이 나타났다. PCO는 공중전화소였는데, 이제 누구라도 그 작은 부스에 들어가 인도는 물론이고 세계 어디로든 전화를 걸 수 있었다. 나올 때 요금만 지불하면 되었다. 인도 최초의 통신 혁명이었다. 몇 년 후에는 두번째 혁명이 일어나 인도인들이 수억 대의 휴대전화로 전에 없이 서로 연락하고 세계와 접촉하게 되었다.

자파르는 거의 스물한 살이었다. 장성한 아들과 솔란에, 되찾은 별장에 가보게 되다니 감정이 북받쳤다. 언젠가 별장은 자파르와 어린 밀란의 것이 되리라. 그리고 그 집의 네번째 세대가 되리라. 그의 가족은 서로 멀리 떨어져 살았으므로, 대를 이어 내려온 이 작은 땅이 더욱 의미심장했다.

공기가 맑아졌고, 키 큰 침엽수들이 가파른 산비탈에서 기울어져 있었다. 해가 지자, 가장 아래쪽에 자리한 산간 피서지 마을들이 황혼에 잠긴 채 그들 머리 위에서 불을 밝히고 있는 게 보였다. 그들은 협궤 열차가 천천히 그림처럼 심라를 향해 지나가기를 기다렸다. 저녁을 먹으려고 솔란 근처의 한 다바(간이식당)에 들르자 주인이 루슈디가 왔다며 기뻐했다.

어떤 사람은 사인을 해달라며 달려왔다. 경호팀장 아크시 쿠마르는 걱정하며 얼굴을 찡그렸지만 그는 무시했다. 열두 살 때 이후 처음으로 솔란에 왔는데도 여전히 고향처럼 느껴졌다.

아니스 빌라에 도착했을 땐 날이 어두웠다. 별장까지는 도로에서 계단을 122개나 걸어내려가야 했다. 끝까지 내려가면 작은 문이 있었고, 그 집을 되찾아준 비자이가 문 앞에서 정중하게 반겨주었다. 관리인인 고빈드람이 달려오더니 그들의 발에 닿을 정도로 깊이 머리를 숙이는 통에 자파르가 깜짝 놀랐다. 청명한 하늘에 별들이 가득했다. 그는 혼자 집 뒤 정원으로 갔다. 혼자만의 시간이 필요했다.

새벽 5시, 힌두 사원에서 확성기를 타고 흘러나오는 음악 소리와 기도 소리에 잠이 깼다. 옷을 입고 여명 속에서 집을 한 바퀴 돌아보았다. 높다란 분홍색 지붕과 모퉁이에 작은 탑이 있는 그 집은 기억하던 것보다 더 아름다웠고, 비자이가 보내준 사진보다도 아름다웠으며, 산을 향해 탁 트인 전망에는 숨이 멎을 듯했다. 어찌됐든 그의 소유이지만 낯설게 느껴지는 그 집을 둘러보자니 아주 이상한 기분이 들었다.

부지를 천천히 배회하고, 마당에 서 있는 크고 오래된 소나무 그늘에 앉아 쉬고, 비자이가 만든 특제 스크램블드에그를 먹으며 하루를 보냈다. 뜻 깊은 여행이었다. 자파르의 표정만 봐도 그렇다는 것을 알 수 있었다.

그가 인도에 있다는 소문이 파다했다. 이미 두 군데 이슬람 단체가 일을 벌이겠다고 단언한 터였다. 솔란의 히마니 식당에서 저녁을 먹는데, 매콤한 인도식 중국요리에 얼굴을 파묻고 있었음에도 휴일을 맞아 가족과 함께 온 두르다샨 방송사의 기자 아그니호트리가 그를 알아보았다. 잠시 후 그 지역의 한 신문사 기자가 와서는 친근하게 몇 가지 질문을 했다. 전혀 예상 못했던 일은 아니었지만, 이 우연한 사건 때문에 경찰의 신경과민이 또다시 최고조에 이르렀고 급기야 큰 소란으로 분출되었다. 아니스 빌라로 돌아왔을 때 쿨비르 크리샨이라는 델리 경찰관이 비자이의 휴대폰으로 전화했다. 이 전화로 비자이는 평정심을 잃었다. 그들이 오랜 세월 우정을 쌓아온 이래 그런 모습은 처음이었다. 비자이는 거의 덜덜 떨면서 이렇게 말했다. "그 기자들을 식당으로 불렀다고 우릴 비난하는군. 이 사람 말로는 우리가 신사답게 행동하지 않았고, 약속도 지키지 않았대. 이 표현을 믿을지 모르겠지만 '주제넘게 굴었다'는데. 마지막에 이 작자는 '내일쯤 델리에서 폭동이 일어날 테고 우리가 군중을 향해 발포하면 사망자가 발생할 텐데, 그 피는 당신들 책임이오'라고 말했네."

소름이 끼쳤다. 여러 사람의 목숨이 걸린 상황이었다. 델리 경찰이 아주 과격해져서 인명 살상도 감수할 태세라면, 너무 늦기 전에 중단시켜야 했다. 자세한 정황을 따질 겨를이 없었다. 자파르가 어리둥절해하며 지켜보는 가운데 애꿎은 아크시 쿠마르(아무 죄도 없는 점잖은 사람)에게 화를 냈다. 당장 쿨비르 크리샨한테 연락해 비자이에게 직접 사과하라 하라고, 내일 유혈 진압 계획이 전혀 없다고 보장하라고 요구했다. 그러지 않으면 밤새 차를 몰고 뉴델리로 달려가 바지파이 총리의 집무실 앞에서 아침까지 기다렸다가 총리와 직접 담판을 짓겠다고 말했다. 이런 식으로 어느 정도 분통을 터트리고 나자 쿨비르한테서 전화가 왔다. 쿨비르는 "오해"가 있었다며 내일 총격이나 살상은 전혀 없을 것이라고 약속했다. 그리고 잊을 수 없는 말로 사태를 마무리 지었다. "제가 맥락을 벗어난 소리를 했다면 진심으로 사과드리겠습니다."

그 표현이 너무 어처구니없어 웃음을 터뜨리고 전화를 끊었다. 하지만 잠이 오지 않았다. 앞으로 이틀 동안 어떤 상황이 벌어지느냐에 따라 인도 여행의 의미가 달라질 수도 있었다. 경찰의 불안이 과도한 것이길 바랐고 또 그렇게 믿었지만, 확신할 수는 없었다. 델리는 그들의 도시였고, 그는 립 밴 윙클이었다.

이튿날 12시 30분에 델리로 돌아와 R. S. 굽타와 밀담을 나누었다. 델리 시 전체의 치안을 담당한 이 특별 경무관은 침착하고 설득력 있는 사람이었다. 굽타는 어두운 전망을 내놨다. 쇼아이브 이크발이라는 무슬림 정치인이 루슈디와 루슈디의 입국을 허용한 인도 정부에 항의시위를 벌이기 위해 주마 마스지드의 금요 정오 예배에서 이맘 부하리에게 도움을 청했다고 했다. 대규모 집회로 발전해 도시를 마비시킬 수도 있었다. 굽타가 말했다. "그들과 협상을 벌이고 있습니다. 머릿수를 줄이고, 행사를 평화롭게 마치도록 말입니다. 성공할 것 같습니다." 그는 팽팽한 긴장 속에서 두 시간 동안 기다렸다. 그동안 영내에 사실상 감금되어 있었는데―"선생님, 이동은 안 됩니다, 부탁합니다"―결국 희소식이 당도했다. 2백 명이 채 안 되는 인원이 가두행진을 했고―인도에서 시위 규모가 2백 명이면 0보다 적은 수다―별 탈 없이 끝났다. 악몽 같은 시나리오는 현실로 나타나지 않았다. 굽타 씨는 말했다. "우리가 잘 처리해서 다행입니다."

　실제로는 어떤 일이 벌어졌을까? 보안 담당자들의 견해는 언제나 인상적이고 종종 설득력이 있지만, 사실 반쪽짜리 진실이다. 발뺌의 여지를 두는 것은 전 세계 모든 보안 부대의 특징이다. 대규모 시위가 일어났다면 그들은 이렇게 말했을 것이다. "그것 봐라, 우리가 걱정한 건 다 이유가 있었다." 하지만 그런 시위는 벌어지지 않았다. 그러자 "우리가 미리 예측한 데다 능력이 있었기 때문에 사고를 예방할 수 있었다"고 말했다. 그럴지도 모르지. 그는 생각했다. 하지만 아닐 수도 있었다. 인도의 대다수 무슬림에게 『악마의 시』를 둘러싼 논쟁은 과거지사라서 그 정치인과 이맘이 노력하긴 했지만(둘 다 피비린내 나는 연설을 했다) 구태여 가두행진에 나서려는 사람이 없었던 것인지도 몰랐다. 아, 어떤 소설가가 저녁 먹으러 시내에 나왔다고? 이름이 뭔데? 루슈디? 그래서 뭐 어쨌다고? 이것이 인도 신문들이 거의 하나같이, 그날의 사건을 분석하며 드러낸 견해였다. 그들은 소규모 시위를 언급했지만, 주동자들의 은밀한 정치적 의도도 함께 지적했다.

예고된 재난은—폭동, 살상은—일어나지 않았다. 그 대신 자파르와 그에게 특별한 일이 일어났다. 몹시 감격적인 사건이었다. 그 도시에서 터진 것은 폭력이 아니라 환희였다.

저녁 7시 45분에 그와 자파르는 오베로이 호텔의 영연방 작가상 시상식장으로 걸어들어갔다. 그 순간부터 인도를 떠날 때까지 축하가 끊이지 않았다. 그들을 에워싼 기자들과 사진기자들의 얼굴에는 전혀 언론인답지 않은 미소가 피어올랐다. 취재진의 포위를 뚫고 친구들이 몰려와 포옹을 해주었다. 최근에 위중한 심장병에서 회복한 배우 로샨 세스가 그를 껴안으며 말했다. "우릴 봐. 이야, 둘 다 죽었어야 할 목숨인데 아직 튼튼하게 살아 있군그래." 저명한 칼럼니스트이자 봄베이에 살던 옛 시절부터 그의 가족과 친하게 지냈던 아미타 말리크는 처음에는 자파르를 경호원으로 착각했다(자파르는 대단히 기뻐했다). 말리크는 아니스 루슈디의 기지와 기민하고 재치 있는 대화 능력을 칭찬하고, 아주 옛날에 너무 어려서 죽은, 네긴이 사랑한 형제 하미드 이야기를 하는 등 그의 가족사를 술술 회상했다. 재능 있는 젊은 작가들이—라지 카말 자, 나미타 고칼레, 쇼나 싱 볼드윈이—다가와 자신들의 글에 대해 그가 써준 논평이 뜻깊었다며 감사를 표했다. 영어로 쓰인 인도문학의 대모나 다름없는 소설가 나얀타라 사갈은 그의 손을 꼭 잡으며 속삭였다. "고국에 돌아온 걸 환영해요." 자파르는 텔레비전에 나갈 인터뷰를 하는 동안 이곳에 있어 행복하다고 감격해서 말했다. 가슴이 벅차올랐다. 솔직히 그런 상황은 감히 기대도 못했다. 경찰의 두려움에 전염되어 있었고, 실망에 빠지지 않으려고 자신을 다 잡기에 급급했다. 그런데 이제 방어벽이 무너지고 행복이 열대의 아침해처럼 빠르고 환하고 뜨겁게 솟아올랐다. 그는 다시 인도의 품에 안겼다. 간절한 소원이 실현되는 귀한 순간이었다.

영연방 작가상 전체상은 그가 아닌 J. M. 쿳시에게 돌아갔다. 그러나 이날은 시상식이라기보다 그의 환영 파티 같았다. '루슈디 귀국. 오직 기쁨만

이, 기쁨만이 가득.' 〈인디언 익스프레스〉의 과도할 정도로 애정이 넘치는 1면 헤드라인이 입증하듯, 그 파티의 분위기가 언론으로 흘러들어가 소수의 부정적인 목소리를 삼켜버렸다. 언론과 인터뷰할 때면 그는 해묵은 상처를 끄집어내지 않도록 조심했고, 예나 지금이나 자신은 결코 인도 무슬림의 적이 아니라고 말했다. 그가 인도에 온 것은 끊어진 고리를 회복하기 위해서라고, 말하자면 새로운 장章을 열기 위해서라고 강조했다. 〈아시안 에이지〉가 이에 호응했다. "이제 다음 페이지로 넘어가자." 그 밖에도 〈아웃룩〉은 인도가 "『악마의 시』를 가장 먼저 금지하고 작가에게 박해와 고통을 안겨준 일을 얼마간 바로잡았다"며 기쁨을 표했다. 〈파이오니어〉는 인도가 다시 한번 "민주적 가치와 자유로운 표현의 권리"를 지지했다며 만족감을 나타냈다. 이 신문은 또한 덜 고상한 어조로, 그가 "이 도시의 세련된 사교계 여성들을 키득거리는 여학생으로 둔갑시키고" 남편들에게 "여보, 〔그 사람 때문에〕 발리우드의 멋진 남자들은 다시 학교로 돌아가야 할 것 같아요"라고 말하게 했다고 유쾌한 농담을 던졌다. 〈타임스 오브 인디아〉의 딜립 파드가온카르의 글이 가장 감동적이었다. "그는 인도와, 인도는 그와 화해했다. (…) 그가 겪은 어떤 숭고한 경험 덕분에 우리가 계속 그의 이야기들에 매료되는 게 틀림없다. 그는 자신의 심장이 늘 뛰고 있던 곳으로 돌아왔다. 고향으로 돌아온 것이다." 〈힌두스탄 타임스〉에는 '금지령을 재고하라'라는 제목의 사설이 실렸다. 이러한 정서가 언론매체 전반에 퍼져나갔다. 〈타임스 오브 인디아〉에 의견을 밝힌 여러 지식인 중 한 이슬람학자는 금서 해제를 지지했다. 인터넷 매체의 공개 여론조사에서는 오랜 시간이 흐른 지금 인도에서 『악마의 시』가 자유롭게 출판되는 것을 허락해야 하느냐는 질문에 75퍼센트 대 25퍼센트로 찬성 여론이 앞섰다.

비자이가 그를 위해 송별 파티를 열었다. 배우인 두 이모 우즈라 부트와 조흐라 세갈 자매가 왔고, 조흐라 이모의 딸인 사촌 키란 세갈도 함께 왔다.

키란은 인도에서 손꼽히는 예인이자 인도 전통 무용 오디시를 가르치는 학교의 교사였다. 날카로운 혀와 장난기 어린 눈을 지닌 그들은 그의 가문에서 괴짜로 통했다. 우즈라와 조흐라 이모들은 인도 연극계에서 영향력 있는 여성들이었고, 키란은 모든 남자들이 한번쯤은 마음에 품었을 정도로 매력적인 여자였다. 조흐라와 키란 모녀는 1960년대에 햄프스테드의 한 아파트에서 살았다. 럭비에 다니던 시절 그는 가끔 그 아파트의 빈방에서 휴일을 보냈다. 옆방이 키란의 방이었는데 방문에 경고 표시로 커다란 해골과 X 자 뼈 그림이 붙어 있었다. 비자이 샹카다스와 로샨 세스도 같은 시기에 같은 빈방에 머문 적이 있었다. 세 소년은 동경의 눈빛으로 그 해골과 뼈를 바라보았지만 아무도 그걸 통과하진 못했다.

"네가 춤추는 걸 본 지도 오래되었군." 그가 키란에게 말했다.

그녀는 이렇게 말했다. "빨리 돌아와. 그러면 춤을 출게."

옛날 옛적, 밀란이라는 소년과 아버지가 마법의 강 옆에 살았습니다. 사람이 그 강이 시작되는 곳을 향해 거슬러올라가면, 위로 올라갈수록 젊어졌어요. 아래쪽으로 내려가면 그만큼 늙었고요. 그 강의 여러 샛강 중 하나를 따라 옆으로 가면, 조심해요! 완전히 다른 사람으로 변할 수도 있거든요. 밀란과 아버지는 작은 배를 타고 아래쪽으로 여행을 했고, 밀란은 점점 어른이 되었어요. 하지만 아버지가 얼마나 늙었는지 보았을 때 밀란은 더이상 어른이 되고 싶지 않았어요. 다시 아이가 되고 싶었답니다. 그래서 그들은 집으로 돌아갔고, 밀란은 다시 아이가 되었고, 아버지도 다시 원래대로 돌아왔어요. 밀란은 어머니에게 이 이야기를 했지만, 어머니는 믿지 않았어요. 어머니는 마법의 강이 그냥 평범한 강이라고 생각했어요. 그 강이 어디서 시작하는지, 어디로 흘러가는지, 배를 타고 이동하는 사람에게 어떤 일이 벌어지는지에는 관심이 없었어요. 하지만 그 이야기는 사실이었어요. 밀란과 아버지는 그게 사실이란 걸 알고 있었죠. 중요한 건 그거였어요. 끝.

"아빠, 난 아빠가 좋아. 아빠가 재워주면 잠이 잘 와요."

런던에 있을 때는 여전히 비숍스 애비뉴에서 생활했다. 경찰이 비우고 떠난 침실 중 하나에서 잠을 잤지만, 더는 변화를 피할 수 없었다. 엘리자베스는 "이제 그만 이 문제를 끝내고 싶어. 당신과 사는 게 지긋지긋해"라고 했다가 또 이렇게 말하기도 했다. "당신이 원한다면 우린 이 문제를 쉽게 해결할 수 있어요." 그들은 싸웠고, 그러다가 그녀가 그를 붙잡고 싶어 했고, 그러다 또 싸웠다. 끔찍한 나날이었다. 당신이 뭘 잘했다고 큰소리야. 당신이 만든 상황이니 결과도 감수해. 그리고 또 어떤 날에는 이랬다. 아직도 당신을 사랑해요. 이 감정을 어떻게 해야 할지 모르겠어요. 하지만 훗날 그와 엘리자베스는 인도 고아 주의 어느 해변을 함께 걷기도 하고 프랑스에서 '세잔의 길'을 산책하기도 하고, 그녀가 뉴욕으로 건너와 그의 집에 머물며 모티샤 애덤스처럼 차려입고는(밀란은 마이클 잭슨, 그는 토니 소프라노) 다 함께 핼러윈을 즐기러 빌리지에 가기도 한다.*

밀란이 세 살 생일을 맞고 열흘째 되던 날 캐럴 닙이 세상을 떠났다. 밀란은 결코 캐럴을 잊지 못했다. 밀란의 유일한 "진짜" 할머니는 멀리 있었고 아무리 권해도 비행기를 타지 않으려 했기 때문에 밀란은 한 번도 할머니를 보지 못했다. 밀란에게는 캐럴이 할머니나 다름없었는데 이제 그녀를 잃고 말았다. 죽음을 이해하기에는 너무 어린 나이였다.

헬렌 필딩**한테서 전화가 왔다. "여보세요, 살만. 바보짓 한번 해볼래

---

* 모티샤 애덤스는 미국 텔레비전 드라마이자 영화인 〈애덤스 패밀리〉의 등장인물. 토니 소프라노는 미국 텔레비전 드라마 〈소프라노스〉의 주인공 마피아. 빌리지는 그리니치빌리지의 약칭으로 이곳에서 대규모 핼러윈 퍼레이드가 열린다.

**『브리짓 존스의 일기』의 저자(1958~).

요?" 영화 〈브리짓 존스의 일기〉가 제작되고 있었는데 헬렌은 그가 출판기념회 장면에 출연하길 원했다. 브리짓이 한 작가에게 화장실이 어디냐고 묻는 장면이었다. "좋아." 그가 말했다. "하지 뭐." 그에게 연기는 긁을 수 없는 가려움증 같은 것이었다. 학창 시절에 그는 (곱사등에 울 스타킹으로 여장을 하고서) 뒤렌마트의 〈물리학자들〉에서 정신과 의사 프로일라인 마틸데 폰 찬트를 연기했다.* 케임브리지에서는 학부생 공연 때 베르톨트 브레히트의 〈제3제국의 공포와 참상〉에서 겁먹은 판사를, 외젠 이오네스코의 〈미래는 달걀 속에 있다〉에서는 생명을 얻은 동상을, 벤 존슨의 〈연금술사〉에서는 잘 속아넘어가는 에피큐어 마먼 경의 의심 많은 동행 퍼티낵스 설리를 연기하는 등 몇 번 눈에 띄지 않는 역을 맡았었다. 케임브리지를 졸업한 후에는 오벌 하우스 극장을 거쳤다. 그는 때때로 빌 뷰퍼드와 함께 1년쯤 멀리 달아나, 중서부에 있는 어느 무명의 여름 레퍼토리극단에 가입해 바보스러운 코미디와 선정적인 멜로드라마에서 즐겁게 연기하는 꿈을 꾸었다. 하지만 이젠 불가능한 이야기였다. 이틀간 〈브리짓 존스의 일기〉에서 웃음거리가 되는 것으로 만족해야 했다.

출판기념회 장면 촬영은 이틀이 걸렸다. 러네이 젤위거는 카메라 밖에서도 영국식 발음을 고수해서, 젤위거라는 여배우가 아니라 브리짓 존스를 만나고 있는 듯한 기이한 느낌을 받았다. 콜린 퍼스는 재미있고 친절했다. "전 선생님이 이 일을 형편없이 못하길 은근히 바랐습니다. 전 책을 못 쓰니까요." 휴 그랜트는 그에게 키스를 했다. 그와 휴가 오랫동안 헤어져 있던 친구로 만나 인사를 하는 장면이 있었는데, 촬영중에 휴가 "이 장면에서 선생님께 키스를 해도 될까요?"라고 묻더니, 정말로 그의 깜짝 놀란 입에다 쪽 소리가 나게 엄청난 키스를 해버렸다. 그 장면은 결국 최종본에

---

* 프리드리히 뒤렌마트(1921~1990)는 부조리극으로 명성을 떨친 스위스의 극작가로. 그의 대표작인 「물리학자들」은 정신병원에 갇힌 세 명의 물리학자를 중심으로 전개되는 이야기.

들어가지 못했다. 그의 첫 키스신인데다 상대가 휴 그랜트였는데 편집실 휴지통에 버려지다니! (그 밖에 그에게 키스를 한 남자로는 영화감독 아벨 페라라가 유일했는데, 어느 날 페라라는 뉴욕의 한 나이트클럽에서 그를 끌어안고 말랑말랑한 혀를 밀어넣었다. 다행히 그때는 촬영중인 카메라 같은 건 없었다.)

살만 루슈디라는 인물을 다른 사람이 쓴 대사로 연기하는 일은 예상보다 어려웠다. 실제로 출판기념회에 갔는데 경험이 없는 홍보 담당 여직원이 서툴고 어수룩하게 군다면 그는 본능적으로 친절하게 대할 것이다. 그래서 그렇게 연기하려 했지만, 그러면 전혀 재미가 없었다. 그가 거만하게 연기할수록 브리짓이 당황하는 모습이 더 우스워졌다. 제프리 아처도 출판기념회 장면에 나왔는데 대사가 한 줄도 없다며 짜증을 냈다. 아처는 제작자들을 붙들고 늘어졌다. "힘들게 여기까지 왔잖소. 최소한 한두 줄 정도는 써줘야 하오." 그들은 그 청을 들어주지 않았다. 리처드 커티스의 대본이었으므로 별수 없었다. 루슈디 자신도 당연히 "살만 루슈디"의 대사를 더 넣으려 해봤지만 완성된 영화에서는 모두 잘리고 배경음으로 희미하게 들리는 몇 마디만 살아남았다. 어떤 사람이 그에게 그의 책들이 얼마나 자전적이냐고 물었고, 그는 이렇게 대답했다. "글쎄요, 그런 질문은 난생처음 받아봐서요."

이제는 뉴욕에 집이 생겼고, 그 비좁은 곳에서 환상은 현실로 변하고 있었다. 그녀는 대단히 자기도취적인 말을 태연히 내뱉었다. 그럴 때마다 그는 양손으로 머리를 감싸쥐어야 할지 박수를 쳐야 할지 알 수 없었다. 이를테면, 그 번들번들한 패션잡지 같은 데서 인도 영화배우 아이슈와리아 라이가 가장 아름다운 인도 여성으로 선정되면, 파드마는 사람들이 많은 데서도 "이건 정말 말도 안 돼"라고 큰 소리로 말했다. 파드마의 기분은 예측하기 어려웠고 극과 극을 달렸다. 루슈디에 대해서는 몸을 사렸다. "지금으로선 이렇게 여름을 보내려고요. 그다음에는 두고 봐야죠." 그녀에게선 찬바람과 따뜻한 바람이 번갈아 불었고, 그는 따뜻한 바람으로 찬바람이 상쇄될 수 있는 건지 의심하기 시작했다. 그녀는 며칠씩 우울해하며 등을 돌리다가도 어느 날 아침에는 환한 햇살이 쏟아질 듯한 얼굴을 하고 있기도 했다. 그의 일기는 의혹으로 채워졌다. "이기심이 가장 두드러진 특징인 이 여자와 얼마나 오래 버틸 수 있을까?" 어느 날 밤, 티격태격하며 저녁을 먹은 후 워싱턴 스퀘어 공원에 앉아 있을 때, 그는 그녀에게 "이대로는 힘들어"라고 말했다. 그후 며칠 동안 그녀는 더없이 상냥하게 굴었고 그는 자신이 왜 그런 말을 했는지 까맣게 잊었다. 그의 여자 친구들 몇 명이 파드마를 만나보았는데 대부분 호의적인 반응을 보였다. 그러나 친구들의 반응을 들려줬더니 그녀는 성격에 대한 칭찬보다 완벽한 가슴에 대한 칭찬을 더 좋아했다. 프랑스 〈플레이보이〉가 그녀의 누드 사진을 찾아내 그중 한 장을 표지에 실으며 그의 "피앙세"라고 일컬었다. 그녀는 그 말에 신경쓰지 않았고 사진이 실린 것도 개의치 않았다. 단지 그 대가를 받길 원했고 그래서 그는 그녀를 위해 프랑스 변호사를 고용해야 했다. 내가 이젠 이런 짓까지 하는구나. 그는 당혹감에 휩싸여 생각했다. 애인이 알몸으로 〈플레이보이〉 표지에 실렸는데 초상권 사용료 협상이나 하고 있다니.

파드마의 모친이 결혼생활의 위기로 울면서 전화했다. 그녀는 남편, 즉 파드마의 계부에게서 벗어나길 원했다. 그는 즉시 말했다. "물론 그러셔야지. 이쪽으로 오셔서 우리와 함께 사셔야 해." 후일 파드마는 말했다. "바로 그날 난, 내가 당신을 사랑한다는 걸 알았어요. 당신은 조금도 망설이지 않고 우리 엄마를 돌보자고 했어요." 그랬다. 그들은 서로 사랑했다. 수년간 그는 그것을 멋진 연애, 굉장한 열정이라고 생각했고, 그녀도 그렇게 생각하리라 믿었다. 그랬다. 그 관계는 불안정했고, 파국이 예정되어 있었다. 하지만 일이 벌어지는 동안에는 환상이라는 생각이 들지 않았다. 그의 눈에는 현실로 보였다.

뉴욕에 놀러온 자파르가 그녀를 만났다. 자파르는 그녀가 좋긴 하지만, 아버지 세대라기보다는 자기 또래에 더 가까워 기분이 이상하다면서 "지식인과 모델이라니, 별난 조합"이라고 말했다. 하지만 그녀는 "아주 멋진 사람"이고 그래서 "이게 아빠가 원하는 인생이라면 저는 찬성이에요"라고 말했다. 모든 사람이 느낀 것처럼, 자파르도 경호에서 해방된 뉴욕에서의 삶이 아버지에게 중요하고 그걸 버리고 돌아가기란 불가능하다는 것을 분명히 알고 있었다.

그해 여름 그는 리틀 노약 패스에 가고 싶지 않았다. 그런데 조지프 헬러와 사별한 부인 밸러리가 이스트 햄프턴과 애머겐셋의 경계에 있는 스킴햄프턴 로드 변의 집을 빌려주겠다고 제안했다. 밸러리는 이탈리아로 오라는 초대를 받았고 휴식이 필요했다. "아직 짐을 정리하지 않았어. 벽장 안에는 조의 옷이 그대로 있지. 그러니 아는 사람이 집을 좀 봐주면 좋겠어." 조지프 헬러의 책상에서 글을 쓴다고 생각하니 즉시 가슴이 뛰고 이상하리만치 야릇한 기분이 들었다. 밸러리는 이렇게 덧붙였다. "셔츠가 당신한테 맞을 거야. 마음에 드는 게 있으면 마음대로 입어." 아뇨. 그는 생각했다. 그렇게까지 할 순 없지요. 어쨌든 감사해요.

파드마가 머라이어 케리의 영화에 섭외돼 토론토에서 촬영중이었기 때문에 그는 많은 시간 혼자 있었다. 여름이 끝날 즈음에 『분노』를 탈고했다. 뉴욕으로 돌아와, 그가 새로운 인생을 함께해보려 노력중인 여자에게 그 원고를 주었을 때 그녀는 자신을 닮은 인물에 대해 몇 마디 했을 뿐 그 외에는 아무 말도 없었다. 그는 스스로를 타일렀다. 괜찮아. 세상에 완벽한 여자는 없어. 그는 타이핑한 원고를 치운 뒤 그녀와 저녁 산책을 나갔다. 그날 새벽 문득 이런 생각이 들었다. "나는 사실 즐겁게 살고 있어." 그는 일기장에 썼다. "사람들이여, 나도 이제 삶의 즐거움을 누릴 수 있다오."

특별한 소식이 왔다. 영국 정보기관들이 마침내 위협수준을 낮췄다. 그는 더이상 2급이 아니었다. 이제는 고작 3급이었고, 정상적인 삶을 향해 크게 한 걸음 내디딘 것이었다. 그들은 계속 순조롭게 풀린다면 대략 6개월 후에는 4급으로 낮아질 것이라고 말했다. 4급인 사람은 특수부의 경호를 받지 않기 때문에 그런 날이 오면 그들도 그에게서 손을 뗄 수 있었다. 그는 말했다. "진즉부터 지나치게 소심했던 거 아닙니까? 미국에 있을 땐 혼자 택시도 부르고 지하철도 타고 당구장에도 가고 공원으로 소풍도 가는데, 런던에서는 다시 방탄차를 타야 하니." 그러자 그들은 말했다. 이게 우리가 일하는 방식입니다. 천천히 안정적으로. 우리는 아주 오랫동안 이 일을 해왔는데 이제 와서 선생님 일에서 실수하고 싶진 않습니다.

3급이라! 이 소식을 들으니 그의 본능이 옳았다는 생각이 들었다. 그는 자신의 삶을 되찾을 수 있다는 것을 모두에게 보여주려 애써왔는데, 친구들 중에는 그가 어리석게 군다고 생각하는 사람도 있었다. 이저벨 폰세카는 걱정이 담긴 장문의 이메일을 보내왔다. "정신 차리고" 경호원을 고용하지 않는다면 "그 명백한 일"이 "불가피"해질 것이라고 말했다. 하지만 이제 아주 천천히, 마냥 기뻐하기에는 너무 천천히, 그를 옭아맸던 안전망에서 풀려나고 있었다. 여기서 멈추지 말고, 그가 옳다는 것을, 그리고 비관론자들이 틀렸다는 것을 입증해야 한다. 잃어버린 자유를 되찾을 작정이었다. 4급이 그렇게 빨리 오지는 않을 것이다.

이 소식에 이어 곧바로, 놀라운 승인 하나가 더 떨어졌다. 그의 결혼생활에 대해 논의한 특수부가, 조만간 그가 가족과 함께 살던 집에서 이사하기를 바랄지도 모른다는 것을, 그럴 필요가 상당하다는 것을 이해한다고 알려왔다. 런던경찰청 수뇌부는 오전 씨, 오후 씨와 논의한 끝에, 그가 새

주소에서 6개월 동안 "공개" 경호를 받아도 된다는 데 동의했다. 그후 위협수준 평가에 부정적인 변화가 발생하지 않는다면 그들은 그의 목숨이 더이상 위험하지 않음을 인정하고 경호를 중단할 수 있었다. 마침내 여기까지 온 것이다. 결승선이 보이기 시작했다.

여러 여자 친구들이 두 사람의 만남에 호의적이었지만(모두는 아니었다. 우연히 식당에서 마주친 평론가 허마이어니 리는 애정 어린 농담으로 볼 수만은 없는 투로 "나쁜 자식"이라고 말했다), 밀란에 대한 걱정을 떨칠 수가 없었다. 그리고 얼마 후 환상 뒤에 숨어 있던 현실의 여인이 또 한바탕 미친듯이 굴어서 난데없이 싸움이 벌어지자, 저도 모르게 이런 생각이 들었다. 돌아가야겠어, 밀란을 위해서라도 돌아가야 해. 그는 엘리자베스에게 그럴 가능성을 언급하는 멍청한 실수를 저질렀고, 엘리자베스는 그의 상황은 안중에도 없이 자신의 고통만 생각해—충분히 그럴 만했다—적대적으로 대응했다. 그는 두 번, 세 번 시도했다. 하지만 큰 상처를 받고 경계심을 품은 엘리자베스는 선뜻 그를 받아주지 못했다. 그러는 사이 뉴욕에서는 그를 사로잡은 아리따운 여자가 가지 말라고 애원했다. 마지막에는 그가 하는 말이 전부 옳고 그의 비판이 전부 정당하다고 인정하면서 그들 관계가 원만해지면 좋겠다고, 그럴 수 있게 노력하겠다고 말했다. 그는 그 말을 믿었다. 믿을 수밖에 없었다. 그에게 그녀는 미래의 희망이었고, 그는 그것을 포기할 수 없었다. 그렇게 해서 다시 한번 엘리자베스에게 등을 돌렸다. 가장 잔인했고 가장 나약했던 마지막 흔들림이었다. 자신이 저지른 짓이 혐오스러웠다.

변호사들이 전쟁에 돌입했다. 리즈 콜더의 아파트에서 엘리자베스와 함께 양고기와 한련 샐러드를 먹은 후로 10년이 흘렀다. 자유의 여신상 밑에서 벼락을 맞은 후로는 1년이 흘렀다.

처음 두 번의 시도가 틀어진 후, 다시 말해 보안 문제로 벌벌 떠는 두 명의 아파트 주인을 겪은 후 그는, 가수이자 〈요셉 어메이징〉의 주인공 역할로 인기 있었던 제이슨 도너번이 노팅 힐에 소유한 작은 집을 1년간 빌리기로 했다. 이 소식이 나가자 〈모욕일보〉는 예상대로, 이 남자는 "영국을 싫어하면서도" 더이상 "숨어 살기" 싫어 문 앞에 하루종일 정복 경찰을 세워두려 한다고 분개했다. 뻔뻔스럽기도 하시군, 루슈디 선생. 〈모욕일보〉는 그에게 말했다. 엘리자베스는 밀란을 새집에 보내고 싶어하지 않았다. 안전하지 않다고 했다. 그때마다 그는 몹시 상심했다. 그녀는 말했다. "당신은 주위 사람들의 인생을 망가뜨리면서 살아가는 이기적인 사람이에요. 도대체 누군가를 행복하게 해준 적 있어요? 어쩜 그렇게 이기적으로 살 수 있죠?" 그는 대꾸할 말이 없었다. 그럼에도 결국 밀란은 그의 집에 와서 머물다 가게 되었다. 그리고 결국 밀란은 그와 친밀하고 사랑이 넘치는 관계를 맺고 유지했으며, 대단히 성숙하고 침착하고 심지가 굳고 다정다감한 보기 드문 젊은이로 성장했다. 결국 밀란은 삶이 망가지지도 않았고, 분명 행복하고 너그러운 사람이 되었다. 그래, 결국에는, 결국에는 그랬다. 하지만 애석하게도 결과 이전에는 과정이 있었다.

미국 태생의 국제적인 출판인 조지프 앤턴 씨가 슬퍼하는 이 한 명 없이 저세상으로 떠난 날, 인도 태생의 소설가 살만 루슈디는 기나긴 지하생활을 끝내고 지상으로 나와, 노팅 힐의 펨브리지 뮤즈에 한시적으로나마 거처를 마련했다. 함께 축하해주는 이 한 명 없었지만 루슈디 씨는 혼자서나마 그 순간을 축하했다.

10

핼시언 호텔에서

At the Halcyon Hotel

2001
–
2002

파드마와 함께하는 삶이 시작되기 전까지 루슈디가 로스앤젤레스에 대해 알던 것이라고는 온갖 환상이 태어나는 곳이라는 정도의 일반적인 상식이 고작이었다. 오랫동안 그는 20세기 폭스 영화사의 로고를 실존 건물로 믿었고, MGM의 사자가 포효하는 게 아니라 하품을 하는 중이라는 사실을 몰랐고, 패러마운트 로고에 그려진 산이 어느 산맥에 있는지 알고 싶어했다. 다시 말해서 대부분의 영화광처럼 곧이곧대로 믿었다. 할리우드 못지않게 중요한 영화의 도시에서 자랐으니 마땅히 영화계에 대해 잘 알아야 했건만, 그리고 영화산업의 선전술, 허영심, 잔인성, 속임수 따위를 폭로하고 비웃어야 했건만, 그는 차이니즈 극장 앞의 콘크리트에 찍힌 발자국 같은 꾐수까지 무엇이든 좋아했다. 그는 펠리니*와 부뉴엘뿐만 아니라 존 포드와 하워드 호크스와 에롤 플린, 그리고 〈7인의 신부〉와 〈원탁의 기사〉와 〈스카라무슈〉 등이 로런스 스턴이나 제임스 조이스 못지않게 자

---

* 이탈리아 영화감독 페데리코 펠리니(1920~1993).

신의 상상력에 크나큰 영향을 미쳤다는 사실을 잘 알았다. 선셋 불러바드, 콜드워터 캐니언, 말리부 콜로니 같은 도로명만 들어도 맥박이 빨라졌다. 로스앤젤레스는 너새니얼 웨스트가 『메뚜기의 날』을 집필할 때 살던 곳이며 짐 모리슨이 도어스 초창기 때 살던 곳이었다. 그러나 루슈디도 아주 촌뜨기는 아니었다. 샌타모니카에 사는 니카라과 친구 히오콘다 벨리*가 그에게 다른 LA, 더 세련되고 더 정치적인 LA를 보여주었고, 미래의 시장 안토니오 비야라고사의 선거 유세를 거들던 또 한 명의 친구 록새나 타이넌도 마찬가지였다. 어느 날 비벌리 불러바드와 라시에네가 불러바드 사이의 렉솔 약국에서 영문학자 재커리 리더와 우연히 마주쳤는데, 리더는 올더스 헉슬리가 바로 여기서 처음으로 메스칼린을 삼켰다면서 약국의 유리 미닫이문을 가리켰다. "그러니까 저게 바로 '인식의 문'**이지."

파드마의 직계가족은(어머니는 두어 달 별거하다가 파드마의 의붓아버지 곁으로 돌아간 뒤였다) 몹시 평판이 안 좋은 웨스트 코비나에 살았고 그녀는 라푸엔테 고등학교에 다녔는데, 너무 위험한 동네라서 날마다 학교가 끝나면 집에 도착할 때까지 한 번도 쉬지 않고 뛰었다고 한다. 그래서 루슈디는 로스앤젤레스의 그런 일면도 알게 되었다. 할리우드에 살면서도 그는 몰락한 시나리오 작가를 다룬 F. 스콧 피츠제럴드의 '팻 하비 이야기'***에 담긴 슬픔을 잊지 않았고, 내면의 잔혹성 때문인지 시엘로 드라이브****에 가서 샤론 테이트의 유령을 찾아보기도 했다. 아직도 방금 출옥한 죄수 같은 기분이었으므로 이 도시에서 많은 사람들이 싫어하는 운전도 그에게는 각별한 즐거움이었다. 여러 해 동안 손수 운전할 기회가 없었

---

* 니카라과 소설가, 시인(1948~).

** The doors of perception. 올더스 헉슬리가 환각제 메스칼린 복용 경험을 서술한 책 제목. 록그룹 도어스의 이름도 이 제목에서 따왔다.

*** 피츠제럴드가 1940년 1월부터 1941년 5월까지 〈에스콰이어〉에 발표한 단편소설 연작.

**** 희대의 살인마 찰스 맨슨 일당이 만삭의 여배우 샤론 테이트와 친구들을 잔인하게 살해한 곳.

던 그는 차 한 대를 빌려 몇 시간이나 몰고 다니며 길을 익히고, 미로 같은 협곡들을 돌아보고, 퍼시픽 코스트 하이웨이도 타보고, 밀리언 달러 호텔에도 가보고, 간선도로가 막힐 때는 비포장도로도 달려보고, 아무튼 길바닥에서 꼼짝 못해도 마냥 행복해서 포인터 시스터스의 옛 노래 〈Fire〉를 흥얼거리기도 했다. (나는 당신 차를 타고/ 당신은 라디오를 켜고……) 그가 이 노래를 기억하는 까닭은 젊은 카피라이터였던 시절 클레롤 사의 '나이스 앤 이지Nice 'n Easy' 광고를 만들기 위해 이곳에 왔을 당시 히트곡이었기 때문이다. 그때 그는 베벌리 힐스 경찰 두 명의 호위를 받으며 로스앤젤레스 시내를 돌아다녔는데, 그들은 미러선글라스를 끼고 자기들이 스타스키와 허치*라고 착각했다. ("제가 차량 통행을 막아볼까요? 정말 괜찮으세요? 아주 간단한 일인데 말이죠!") 이제 경찰은 따라다니지 않았고, 뉴욕에 있는 집을 수리하는 동안 그는 웨스트 할리우드의 베벌리 불러바드와 멜로즈 애비뉴 사이의 킹스 로드에 있는 아파트에서 아름다운 여인과 함께 살았고, 하루하루의 삶이 더없이 즐거웠다.

아파트가 좁아서 베벌리 힐스에 있는 도서관에서 일할 때가 많았지만 다행히 그를 알아보는 사람은 없었다. 향토사를 좋아하는 그는 로스앤젤레스의 과거 속으로 뛰어들어 이 도시의 지명에 남아 있는 천사들이 바로, 아시시의 성 프란체스코가 처음에 세운 아주 조그마한 성당 포르치운콜라의 천사들을 가리킨다는 사실을 알아냈고, 수천 년 전이나 수백 년 전, 어쩌면 바로 지난주까지 이 도시의 땅굴에 살았다는 전설의 도마뱀 인간들에 대해서도 알게 되었다. 잠깐 동안이었지만 G. 워런 슈펠트에 대한 소설을 쓰고 싶었다. 슈펠트는 1934년 일종의 진동식 탐지기를 발명하여 중앙도서관 지하실에서부터 멀리 다저 스타디움까지 이어지는 땅굴을 실제로 발견했는데, 그런 대발견을 하고 나서 미처 남들에게 보여주기도 전에 위

---

* 1970년대 동명 텔레비전 시리즈의 두 주인공.

대한 슈펠트는 불가사의하게 홀연히 사라져버렸다! 두 번 다시 나타나지 않았다! 아니, 도대체 어디로 갔을까! 흠, 다시 생각해보니 G. 워런에 대한 소설은 별로 좋은 생각이 아닐지도 몰라.

할리우드는 대도시에 포함된 작은 동네였고, 루슈디처럼 새로운 사람이 들어오면 5분 이내로 화제의 주인공이 되기 마련이었다. 영화감독 마이클 만이 그를 저녁식사에 초대했고, 두 사람은 멕시코 국경지대를 다룰 영화 프로젝트에 대해 의논했다. 인기 배우 윌 스미스가 무하마드 알리에게 "알리 셔플"을 직접 배운 이야기를 들려주었다. 프로듀서 브라이언 그레이저가 사무실로 초대하더니 루슈디 자신의 삶에 대한 영화 시나리오를 써보지 않겠느냐고 물었다. 그보다 몇 년 전 크리스토퍼 히친스에게 들은 이야기인데, 밀로시 포르만 감독도 루슈디에 대한 영화를 만들면 자기가 이미 만든 언론의 자유에 대한 영화 〈래리 플린트〉와 좋은 짝이 되겠다고 하더란다. 그러나 그런 영화는 별로 내키지 않았고 이번에도 마찬가지였다. 그는 그레이저에게 혹시 자신에 대한 이야기를 하고 싶어지면 책으로 먼저 내겠다고 말했다. (할리우드에서는 일로 엮이지 않고 지내는 것이 더 좋기도 했다. 뭐랄까, 그게 더 근사하니까. 시나리오 계약서에 서명하는 순간부터 한낱 고용인 신세로 전락할 테니까.)

그는 크리스토퍼 히친스와 크리스토퍼의 열성팬인 배우 워런 비티와 함께 베벌리 힐스 호텔에서 점심식사를 했다. 워런 비티가 말했다. "이런 얘기를 해도 될지 모르겠지만, 언젠가 '미스터 차우'에서 식사하다가 만났을 때 선생과 함께 오신 숙녀분이 너무 아름다워 하마터면 기절할 뻔했소." 그 시절에는 그녀를 철저히 믿었으므로 루슈디는 이렇게 대답했다. "제가 연락해보죠. 합석할지도 모르니까요." 그러자 비티가 말했다. "지금 워런 비티와 함께 있는데 숙녀분이 너무 아름다워 기절할 뻔했다고 하더라 전해주시오." 전화를 걸었을 때 그녀는 차 안에서 안달하고 있었다. (그녀는 운전을 싫어했다.) "지금 워런 비티 씨랑 식사중인데, 당신이 너무 아름다워 기절할 뻔했다고 하시네." 그러자 그녀가 말했다. "집어치워요. 농담 들어줄 시간 없어요."

그러나 사실을 납득시키자 그녀도 결국 그 자리에 합석했는데, 일부러 자신을 조금도 꾸미지 않고 운동복 바지와 탱크톱 차림으로 나타났지만 여전히 워런 비티가 기절할 만큼 아름다웠다. 만인의 연인이 말했다. "앞으로 5분 동안은 내가 이 숙녀분 앞에서 바보처럼 굴더라도 양해해주시오. 그러고 나서 다시 점심을 먹읍시다." 루슈디는 아네트 베닝*이 있어 천만다행이라고 생각했다. 안 그랬다면…… 아니, 그런 이야기는 그만두자. 그들은 다시 점심을 먹었고 그 일은 그것으로 끝났으니까.

할리우드에서 그와 제일 가까운 친구는 두뇌가 명석하고 직언을 잘하는 캐리 피셔**였는데, 그녀는 파드마를 신뢰하지 않았다. 캐리가 파티를 열어 맥 라이언을 만나게 해주었다. 그와 더 잘 어울리는 여자라고 믿었기 때문인데, 자꾸 똑같은 말을 (세 번이나) 되풀이하긴 했지만—"사람들은 선생님을 너무너무 오해했어요!"—그도 그녀가 마음에 쏙 들었다. 그런데 화제가 정신생활에 대한 문제로 넘어갔을 때 맥이 인도의 여러 아슈람을 자주 찾았으며 스와미 묵타난다와 구루마이를 존경한다고 말했다.*** 그 말이 걸림돌이었다. 특히 그가 종교산업에 회의적인 견해를 밝히면서 기타 메타의 『카르마 콜라*Karma Cola*』****를 읽어보면 유익하겠다고 말하는 바람에 사태가 더욱더 악화되었다. "왜 그렇게 냉소적이세요?" 그녀는 진심으로 대답을 듣고 싶다는 듯이 물었고, 그는 인도에서 성장한 사람이라면 누구나 그런 자들이 사기꾼이라는 결론을 내리기 마련이라고 말했다. "네, 물론 가짜도 많죠. 하지만 얼마든지 구별할 수 있잖아요?" 그럴듯한 말이었지

---

* 미국 영화배우. 워런 비티의 아내(1958~).

** 미국 영화배우, 소설가(1956~).

*** 아슈람은 힌두교 승원(僧院)이고 스와미 묵타난다와 구루마이 둘 다 힌두교 구루.

**** 서구인들의 동양 애호 풍조와 동양사상의 상업화 현상을 비판한 논픽션(1979).

만 그는 딱하다는 듯이 고개를 가로저었다. "아뇨. 난 못해요." 그들의 대화는 그것으로 끝나버렸다.

웨스트 할리우드와 펨브리지 뮤즈 사이를 오가는 일은 가혹하기 짝이 없었고, 이혼소송은 차마 말할 수 없을 만큼 추악해졌는데, 어린 아들에 대한 면접교섭권 문제가 가장 큰 골칫거리로 떠올라 그를 미치도록 괴롭혔고, 뉴욕 집은 생각보다 상태가 더 나빠서 수리 비용이 점점 더 늘어났고, 파드마는 감정 변화가 너무 잦아 둘 사이가 연이틀만 순탄해도 행복하다고 여길 정도였고, 그는 시차로 고생하는 와중에 이 모든 문제를 감당해야 했다. 그러던 어느 날 LA에서 그는 벌써 몇 년째 걱정했던 소식을 들었다. 존 다이아몬드가 죽었다. 그는 두 손에 얼굴을 묻고 울어버렸다. 그를 사랑한다는 여인이 무슨 일이냐고 묻더니 그의 대답을 듣고 말했다. "그렇게 슬퍼하니 안타깝지만 시간이 가면 다 잊게 돼요." 그런 순간에는 단 2초도 그녀 곁에 머물고 싶지 않았다.

그러나 머물렀다. 그 이후에도 6년 동안이나 그녀 곁을 떠나지 못했다. 그녀와 이혼한 후 환상에서 깨어난 눈으로 그 시절을 돌이켜보았을 때 그는 자신의 그런 행동을 온전히 이해할 수 없었다. 고집 때문이었을 수도 있고, 파경까지 감수하면서 매달렸던 관계를 끝내기 싫었을 수도 있고, 비록 신기루에 불과할지라도 그녀와의 행복한 미래에 대한 꿈에서 깨어나기 싫었을 수도 있다. 아니, 어쩌면 그녀가 너무 매혹적이라서 못 떠났는지도 모른다.

그러나 그 시절에는 더욱더 간단한 답이 있었다. 그가 그녀 곁을 떠나지 못한 까닭은 그녀를 사랑하기 때문이었다. 서로를 사랑하기 때문이었다. 두 사람이 사랑에 빠졌기 때문이었다.

그 몇 해 동안 잠시나마 몇 번이나 갈라섰는데, 그가 먼저 그녀 곁을 떠날 때도 많았다. 그러나 결국 그녀에게 청혼했고, 결혼한 지 얼마 지나지도 않았을 때 떠나버린 사람은 그녀 쪽이었다. 그녀가 가버린 후, 결혼식 때 반지를 건네주었던 밀란이 물었다. "아빠, 그렇게 아름다웠던 날이 어떻게 아무 의미도 없을 수가 있어?" 그는 대답하지 못했다. 그의 심정도 마찬가지였다.

물론 행복한 순간도 없지 않았다. 그들은 함께 가정을 이루었고, 어느 부부 못지않게 기쁜 마음으로 집을 꾸미고 가구를 사들였다. "순수한 마음과 사랑으로 당신과 가정을 이뤘어요." 여러 해가 지나서 다시 대화를 나누게 되었을 때 그녀가 말했고, 그 역시 그 말을 믿었다. 두 사람 사이에는 사랑과 열정이 있었고, 좋은 시절은 정말 최고였다. 암스테르담에 함께 가서 네덜란드어판 『분노』의 출판기념회에 참석했을 때 그녀는 큰 인기를 끌었다. 누구나 그녀의 아름다움에 넋을 잃었고, 국내 뉴스는 그녀가 공항에 도착하는 장면에 맞춰 샤를 아즈나부르가 부르는 〈Isn't She Lovely(사랑스럽지 않나요)〉를 틀어주었고, 비평가 네 명이 침을 흘리며 그녀의 놀라운 매력에 대한 공개 토론을 벌이기도 했다. 그래서 그녀는 행복해했고, 그에게도 다정하고 완벽한 애인이 되어주었다. 그러나 반대로 우울하고 비참한 날도 있었고 그런 날이 점점 더 잦아졌다. 그는 그녀가 그에게 경쟁심을 느끼며 그가 그녀의 빛을 가린다고 생각한다는 사실을 서서히 깨달았다. 그녀는 뒷전으로 밀려나기를 싫어했다. 결별의 날이 멀지 않던 어느 날 그녀가 말했다. "오늘은 따라오지 마요." 그의 친구 디파 메타가 상을 받는 영화상 시상식에 두 사람이 함께 초대를 받았을 때였다. "당신이 있으면 다들 당신한테만 말을 걸잖아요." 그는 그녀에게, 어떤 날은 유부녀처럼 살고 어떤 날은 미혼녀처럼 산다는 게 말이 되느냐고 따졌다. "나는 당신 곁에 설 때마다 늘 자랑스러워했는데 당신은 그렇지 않다니 슬픈 일이군." 그러나 그녀는 이미 그의 그늘에서 벗어나 홀로 서기로 마음먹었고 결국 그렇게 하고 말았다.

이른바 '가속화 시대'에는 신문 칼럼 한 꼭지를 쓸 때도 이틀의 여유조차 없었다. 〈뉴욕 타임스〉 신디케이트를 위한 월간 칼럼을 쓰는 날은 일어나자마자 신문을 읽고 사람들의 가장 큰 관심사를 선별하여 늦어도 오후 5시까지 천 단어를 써야 했다. 마감 시간에 쫓기는 언론매체의 글쓰기는 소설가의 작업과는 전혀 다른 방식이라 요령을 익히기까지 꽤 오랜 시간이 걸렸다. 그러나 어떤 시점부터는 이처럼 신속하게 생각을 정리해야 하는 작업에서 쾌감을 느낄 정도였다. 각계 전문가가 모여 세계 여론을 이끌어가는 소수의 칼럼니스트 집단에 발을 들여놓은 것도 명예로운 일이었다. 어떤 의견을 내놓는다는 것, 특히 그런 칼럼에서 "효과적인" 의견, 즉 단호하고 설득력 있는 의견을 내놓는다는 것이 얼마나 어려운 일인지는 이미 알고 있었다. 그는 매달 한 번씩 단호한 의견을 내놓는 것조차 힘에 겨워 쩔쩔맸고, 그래서 매주 두 번씩 그런 의견을 발표하기도 하는 동료들, 즉 토머스 프리드먼, 모린 다우드, 찰스 크라우트해머* 등에게 경외감마저 느꼈다. 이제 3년째로 접어든 루슈디도 이미 반미주의, 찰턴 헤스턴**과 전미총기협회, 카슈미르, 북아일랜드, 코소보, 캔자스 주의 진화론 교육에 대한 반대 논란, 외르크 하이더, 엘리안 곤살레스***, 피지 등에 대한 글을 썼다. 그래서 단호한 의견을 제시할 만한 소재가 떨어져간다싶어 〈뉴욕 타임스〉 신디케이트의 글로리아 B. 앤더슨에게 칼럼을 그만둘 때가 임박한 듯하다고 귀띔했다. 그녀는 열심히 그를 설득했다. 그가 쓴 몇몇 칼럼이 아주 인상적이었다고 했다. 2000년 벽두에 "새 시대의 특징적 갈등은 테러와 보안의 싸움일 것"이라고 쓰셨는데 그런 문제에 대해서라면 발언할

---

* 모두 퓰리처상을 받은 칼럼니스트들.

** 미국 영화배우(1924~2008). 전미총기협회 회장을 맡아 총기 소지 권리를 적극 옹호했다.

*** 2000년 불법 입국중 어머니를 잃고 바다에서 구조된 쿠바 소년(1993년생). 불법 이민과 양육권 문제를 둘러싸고 당시 미국과 쿠바에 각각 거주하던 외가와 친가, 양국 정부와 국민 등이 논쟁을 벌였으나 결국 쿠바로 송환되었다.

자격이 충분하지 않으냐고 했다. 그녀 자신도 믿듯이 정말 그 말이 옳다면 "기삿거리는 얼마든지 생길 테고 다들 선생님의 생각을 궁금해할 것"이라고 했다.

글로리아가 그날 예측한 기삿거리의 변화가 얼마나 갑작스럽고 놀라운 형태로 나타날지는 그녀도 모르고 루슈디도 몰랐다. 교실 창밖에서 운동장으로 날아드는 날개 달린 폭풍을 내다보는 아이는 아무도 없었다. 루슈디도 모르고 글로리아도 몰랐지만 그때 이미 운동장 정글짐에는 까마귀떼가 몰려들고 공격의 순간이 임박한 터였다.

그의 관심은 다른 곳에 있었다. 영국에서 신작 소설 출간을 앞두고 있었기 때문이다. 표지에는 엠파이어스테이트빌딩을 찍은 흑백사진이 실렸는데 빌딩 바로 위에는 가장자리에 빛을 머금은 조그마한 먹구름이 떠 있었다. 분노에 대한 책이었지만 목전에 닥친 분노의 정체에 대해서는 그 자신도 짐작조차 하지 못했다.

이 작품에 대한 반응은 『그리머스』이후 최악이었다. 평론가 한두 명은 이 소설을 좋아했고 공감과 이해를 표시하는 글을 썼다. 그러나 영국의 다른 평론가들은 얄팍한 가면을 쓴 자서전으로 여겼고, 작가와 "매혹적인 새 연인"의 사진을 함께 실은 서평도 한두 개가 아니었다. 물론 괴로운 일이었다. 그러나 이 경험은 그에게 또하나의 자유를 주었다. 그는 늘 호평을 기대했고 때로는 지나칠 정도로 집착했다. 그런데 이제는 그런 바람도 사랑받고 싶은 소망이라는 덫의 또다른 모습이라는 사실을 깨달았다. 몇 년 전에도 그런 올가미에 큰 낭패를 당하지 않았던가. 새 책에 대해 남들이 뭐라고 말하든 간에 그는 여전히 그 책이 자랑스러웠고, 그런 평가를 받는 까닭을 알면서도 자신의 선택에는 정당한 예술적 이유가 있다고 믿었다. 그래서 그는 돌연히 악평을 무시해버릴 수 있게 되었다. 소설가라면 누구나 그렇듯이 자신의 작품이 좋은 평가를 받기를 바라는 마음은 아직도 변함없었다. 소설가라면 누구나 그렇듯이 루슈디도 매번 정신적, 언어적, 형식적, 정서적 여행을 했다. 책은 그 여행에서 얻은 메시지였다. 그는 독자들도 자신과 함께 여행하며 즐거워하기를 바랐다. 그러나 이제 그는 깨달았다. 어느 시점에선가 독자들이 그가 걸어간 길을 따라오지 않는다면 물론 아쉬운 일이지만 그로서는 그 길을 선택할 수밖에 없었다. 그는 평론가들에게 소리 없이 말했다. 나와 함께 걷지 않겠다니 안타깝구려. 그래도 나는 이 길을 가겠소.

콜로라도 주 텔류라이드에 갔을 때 그는 너무 빨리 걷지 않도록, 너무 급하게 계단을 오르지 않도록, 술을 너무 많이 마시지 않도록 조심했다. 천식을 앓는 그에게는 공기가 너무 희박했기 때문이다. 그러나 그곳은 산 상의 낙원이었다. 공기가 희박하기는 다른 에덴도 마찬가지겠지만 놋 땅 서쪽 어딘가에 있다는 그곳*, 뱀과 사과 따위가 사람을 함정에 빠뜨리는 그곳에서는 여기처럼 좋은 영화를 많이 볼 수 없으리라 확신했다.

텔류라이드 영화제 큐레이터로 일하는 톰 러디와 빌 펜스는 해마다 명예 큐레이터를 초청했는데 2001년은 루슈디 차례였다. 그는 자신에게 "특별한" 의미가 있는 영화만 골라 짤막한 상영 목록을 작성했는데, 선정된 작품은 보석이 즐비한 황금성에 살던 전생에 관한 꿈을 꾸는 한 소년을 그린 사티아지트 라이 감독의 〈황금성The Golden Fortress〉, 사람들의 가장 간절한 소망을 실현시키는 막강한 정신력을 가진 행성을 묘사한 안드레이 타르콥스키 감독의 〈솔라리스〉, 그리고 무성영화 시대의 걸작이며 전제정치와 자유, 인간과 기계에 대한 음산한 서사시, 조르조 모로더의 전자음악을 드디어 벗어던지고** 새로 복원된 프리츠 랑 감독의 〈메트로폴리스〉였다.

---

* "가인이 여호와의 앞을 떠나 에덴 동편 놋 땅에 거하였더니"(창세기 4:16).

** 1927년에 발표된 〈메트로폴리스〉에 1984년 이탈리아 작곡가 조르조 모로더 등이 사운드트랙을 더하고 화면에 색을 입힌 편집본을 말한다.

때는 노동절 주말이었고 그에게는 『분노』의 미국 출간을 앞둔 마지막 자유 시간이었다. 로스앤젤레스에서 파드마를 만나 함께 콜로라도로 날아 갔다. 그녀의 서른한번째 생일이기도 했던 9월 1일, 그들은 산중에서 영화도 보고, 부치와 선댄스*가 처음으로 은행을 털었던 이 마을의 소박한 거리를 거닐기도 했다. 또 여기서는 베르너 헤어초크와 커피를 마시고, 저기서는 페이 더너웨이와 한담을 나눴다.** 텔류라이드에서는 아무도 서두르거나 상품을 강매하려 들지 않았고 모든 사람과 쉽게 친해질 수 있었다. 영화계의 척척박사 레너드 몰틴과 로저 이버트,*** 다큐멘터리 제작자 켄 번스, 그 밖에도 수많은 영화계 소식통이 한자리에서 견문을 나누고 농담을 주고받았다. 텔류라이드에 모인 사람들은 한결같이 톰 러디가 모르는 사람은 지구상에 없다고 입을 모았다. 이 행사의 주최자이며 사회자이기도 했던 위대한 러디는 모든 일을 유쾌하게 진행했다. 텔류라이드는 즐거운 곳이었다. 스키 리프트를 타고 산을 올라 척 존스 극장까지 가려면 우선 '토깽이 예약'****부터 해야 했다.

두 사람이 관람한 영화는 조금 지나치게 달착지근한 판타지 요소를 도입한 프랑스 히트작 〈아멜리에〉, 총알이 빗발치는 참호 속으로 무대를 옮긴 〈고도를 기다리며〉를 연상시키는 다니스 타노비치 감독의 보스니아 영화 〈노 맨스 랜드〉, 그리고 마이클 길모어가 살인자였던 형 게리에 대해 집필한 책을 바탕으로 HBO가 제작비를 대고 아그니에슈카 홀란트 감독이 장인의 솜씨를 보여준 〈내 심장을 향해 쏴라〉였다. 그들은 날마다 영화 세 편을 보면서 더러 졸기도 했다. 쉬는 시간과 영화 상영이 다 끝난 다음

---

* 영화 〈내일을 향해 쏴라〉(1969)의 두 주인공.

** 각각 독일 영화감독과 미국 영화배우.

*** 둘 다 미국 영화평론가.

**** Wabbit Weservation. 텔류라이드 시내에서 멀리 떨어진 척 존스 극장의 예약 시스템 명칭. '토끼 금렵구역'으로 해석할 수도 있는 'Rabbit Reservation'을 장난스럽게 표기했다.

에는 파티가 열렸다. 그들은 9월 3일에 산을 내려왔는데, 그로부터 여드레째 되던 날 그들은 에덴에서 보낸 며칠을 떠올리며 그들뿐만 아니라 전 세계가 낙원에서 쫓겨났다는 사실을 절감했다.

미국판 『분노』의 공식 발행일은 2001년 9월 11일이었다. 바로 그날, 원래는 뉴욕의 당대 모습을 묘사한 풍자소설이었던 작품이 일련의 사건을 통하여 역사소설로 탈바꿈했다. 작가가 묘사한 도시는 이미 온데간데없었다. 도시의 황금기는 지극히 갑작스럽고 충격적인 방식으로 끝나버렸다. 도시의 예전 모습을 기억하는 사람들은 이 소설을 읽으면서 지은이가 의도하지 않은 감정을 느꼈다. 과거에 대한 동경이었다. 개리 트루도의 만화 〈둔즈베리〉에서 한 등장인물이 씁쓸하게 말했다. "난 말이야, 9월 10일이 정말 그리워." 루슈디는 자신의 소설에도 똑같은 일이 벌어졌음을 깨달았다. 9월 11일에 벌어진 사건 때문에 『분노』는 그 전날을 묘사한 소설로 변해버렸다. 보석이 즐비했던 황금성은 이제 잃어버린 과거에 대한 꿈에 지나지 않았다.

2001년 9월 10일, 그는 뉴욕이 아니라 텍사스 주 휴스턴에 있었다. 5일 유니언 스퀘어의 반스 앤드 노블에서 낭독회를 마친 후 보스턴으로 날아갔고, 6일과 7일은 그곳 시내를 돌며 북투어를 했다. 8일 아침, 저 죽음의 비행기들보다 겨우 사흘 먼저 로건 공항을 출발하여 이틀 동안 시카고에 머물렀다. 그리고 10일 밤에는 휴스턴의 앨리 극장이 만원사례를 이루었고―그를 초청한 낭독회 기획 단체 '인프린트'의 리치 레비는 9백 명이 입장하고 2백 명이 헛걸음하고 돌아갔다고 말해주었다―바깥에서도 뜻밖의 일이 생겼다. 그의 출현에 항의하는 이슬람교인들이 소규모 시위를 벌였는데 아마도 2백 명쯤 모인 듯했다. 과거가 되풀이되는 듯한 기분이었다. 그리고 이튿날 아침에 그는 수염을 기르고 플래카드를 들었던 시위대를 떠올리면서 그들이 하고많은 날 중에 하필이면 바로 그날을 골라잡아 극단주의자의 면모와 편협한 신앙심을 드러낸 일을 후회하지 않을까 생각했다.

그가 막 눈을 떴을 때 어느 라디오 기자가 호텔방으로 전화를 걸었다. 미니애폴리스행 비행기를 타기 전에 방송국과 통화하기로 했지만 그러기에는 너무 이른 시각이었다. 기자의 목소리가 귓속으로 파고들었다. "죄송하지만 약속은 취소해야겠습니다. 뉴욕에서 일어난 사건을 취재하는 데 총력을 기울여야 해서요." 그는 미국인들처럼 아침에 일어나자마자 텔레비전부터 켜는 버릇을 들이지 못했다. "뉴욕에서 무슨 일이 일어났소?" 잠시 침묵이 흐르더니 기자가 말했다. "지금 텔레비전을 켜보세요." 그는 리모컨을 집어들었고, 채 1분도 지나기 전에 두번째 비행기를 보았다.

그는 자리에 앉지 못했다. 옳지 않은 짓이라는 생각이 들었기 때문이다. 리모컨을 손에 쥐고 텔레비전 앞에 우두커니 서 있는 그의 머릿속에 5만이라는 숫자가 자꾸 떠올랐다. 쌍둥이 빌딩에 근무하는 사람이 5만 명이었다. 사망자 수는 차마 상상할 수도 없었다. 뉴욕 시에서 보낸 첫 밤, '세계의 창'을 찾았던 일이 떠올랐다. 쌍둥이 빌딩 사이에서 고공 줄타기를 했던 필리프 프티에 대한 폴 오스터의 이야기도 기억났다. 그러나 그런 생각 말고는 그저 멍하니 서서 타오르는 빌딩들을 지켜볼 뿐이었다. 그러다가 남쪽 빌딩이 무너지는 순간, 눈을 의심하고 괴로워하면서 전 세계 수천수만 명과 동시에 소리쳤다. "사라졌어! 영영 사라져버렸어!"

하늘에서 새들이 울부짖었다.

어찌해야 좋을지 몰라 일단 공항으로 출발했지만 중간쯤 갔을 때 전국에 비행 금지 조치가 내려졌으니 발길을 돌리라는 라디오방송을 들었다. 포시즌스 호텔로 돌아왔지만 이젠 방도 없고 로비는 똑같은 처지에 놓인 사람들로 북적거렸다. 그는 구석에 있는 안락의자를 발견하고 이리저리 전화를 걸었다. 인프린트의 리치 레비가 구조에 나섰다. 그는 D. C.에서 오도가도 못하게 된 시인 에드 허시와 그 아내 재닛에게 연락했고, 그들은 개에게 먹이를 주기만 한다면 뮤지엄 디스트릭트의 메닐 컬렉션 근처에 있는 집을 빌려주겠다고 했다. 그날 같은 날, 광기가 세계를 뒤덮은 날, 글쟁이의 집에서 홀로 책들에 둘러싸여 지성의 세계를 거니는 것은 적잖은 위안이었다.

죽은 사람들 가운데 그가 아는 사람은 없었지만 수천 명이 죽었다. 피터 케리의 아내 앨리슨 서머스는 첫번째 비행기가 충돌했을 때 북쪽 빌딩 밑의 현금인출기 앞에 있었지만 살아남았다. 허드슨 스트리트에 있던 캐릴 필립스도 그 장면을 보았고 프린스 스트리트에 있던 로버트 휴스도 보았다. 등교 첫날을 맞이하여 난생처음 혼자서 지하철을 탄 여고생 소피 오스터는 머리 위에서 참사가 벌어지는 순간 쌍둥이 빌딩 밑으로 지나갔다. 9월 12일은 공포와 슬픔의 두번째 날이었다. 아름다운 우리 도시가 저렇게 파괴됐구나. 눈물을 흘리며 그런 생각을 하던 그는 벌써 이 도시에 얼마나 깊은 애정을 갖게 되었는지를 문득 깨달았다. 그는 허시 부부의 집을 나서서 로스코 채플 쪽으로 걸어갔다. 비록 무신론자였지만 그 순간은 그곳에 가고 싶었다. 다른 사람들도 있었다. 많지는 않았지만 다들 침통한 분위기였다. 대화를 나누는 사람은 한 명도 없었다. 할말이 아무것도 없었다. 모두가 홀로 슬픔에 젖어 있었다.

당연한 일이지만 북투어는 취소되었다. 책에 관심을 가질 사람은 아무도 없었다. 사건 이후의 주말에 팔린 책은 성경과 쿠란, 그리고 알카에다와 탈레반에 대한 책뿐이었다. 텔레비전에 나온 심리학자는 9·11 때 가족과 떨어져 있었던 뉴요커들이 사랑하는 사람들 곁으로 돌아가서 무사한 모습을 보여줘야 한다고 말했다. 전화 연락만으로는 부족하다. 눈으로 직접 보게 해줘야 한다. 루슈디는 생각했다. 그래, 나도 런던에 가야겠구나. 그러나 아직은 불가능했다. 이윽고 비행 금지 조치가 풀리고 공항이 하나둘씩 문을 열었다. 휴스턴 공항이 개방된 후 로스앤젤레스 공항도 개방되었지만 뉴욕에 있는 공항들은 여전히 폐쇄되고 해외여행도 중단된 상태였다. 며칠 더 기다릴 수밖에 없었다.

그는 로스앤젤레스에 있는 파드마에게 전화를 걸어 그녀를 만나러 간다고 말했다. 파드마는 란제리 촬영을 하는 중이라고 말했다.

공격 후 열흘째 되던 날, 런던으로 떠나기 전에 LA에서 보내는 마지막 밤, 그는 에릭 아이들과 타냐 아이들의 집에서 스티브 마틴과 개리 셴들링*을 비롯한 여러 사람과 함께 저녁을 먹었다. 미국 전역을 통틀어 가장 웃기는 남자가 적어도 세 명은 둘러앉았건만 우스갯소리는 좀처럼 듣기 힘들었다. 마침내 개리 셴들링이 입을 열었는데 목소리와 거동이 매맞은 개처럼 처량했다. "정말 끔찍한 일이야. 다들 이번에 누군가를 잃은 것 같더라고. 하다못해 누군가를 잃은 사람을 알거나…… 사실은 나도 테러범 몇 놈은 아는데……" 블랙코미디 중에서도 으뜸가는 블랙코미디. 최초의 9·11 농담이었다. 터져나온 웃음이 모두의 슬픔을 조금은 덜어주었지만 루슈디는 가까운 시일 내에 셴들링이 이 농담을 무대 위에서 써먹는 일은 없으리라 짐작했다.

〈타임〉의 미술평론가 로버트 휴스는 루슈디와 통화하면서, 그날 소호 상공을 날아가는 비행기들을 보고 나서 충격에 빠져 이리저리 배회했다고 말했다. 그러다가 집으로 돌아가는 길에 한 빵집에 들렀는데 모든 진열대가 깨끗이 비었더란다. 식빵 한 덩어리나 베이글 한 개도 남지 않고 텅 비어버린 빵집에 서 있던 늙은 주인이 두 팔을 벌리며 말했다. "날마다 이랬으면 좋겠네요."

---

* 에릭 아이들, 스티브 마틴, 개리 셴들링 모두 코미디언.

런던에 도착했다. 결혼 문제 따위는 이제 하찮아 보였다. 일시적으로나마 누그러진 엘리자베스가 밀란에게 펨브리지 뮤즈에서 자도 좋다고 허락했다. 그는 아들을 유아원에서 데려오고, 저녁을 먹이고, 머리를 감기고, 침대에 눕히고, 아들이 자는 모습을 내려다보며 한 시간 동안 서 있었다. 밀란은 돌아온 아빠를 오래도록 힘껏 부둥켜안았고, 자파르도 평소에 비하면 훨씬 더 감정을 드러내는 행동을 보였다. 역시 그 심리학자의 말이 옳았다. 두 아들은 아빠가 그날 뉴욕 시 근처에도 안 갔다는 사실, 따라서 당연히 무사하다는 사실을 이미 알고 있었지만, 적어도 두뇌에서 "지식"을 담당하는 부분은 그 사실을 이해했지만, 그 증거를 눈으로 확인하기 전에는 안심할 수 없었다.

프랑스의 〈누벨 옵세르바퇴르〉와 런던의 〈가디언〉은 그의 소설을 가리켜 선견지명을 보여준 작품이라고 썼다. 심지어 예언적이라는 말까지 나왔다. 루슈디는 어느 기자에게 본인은 결코 예언자가 아니라고 말했다. 일찍이 예언자들 때문에 한바탕 시련을 겪은 마당에 그런 역할을 떠맡기는 싫다고 했다. 다만 그 책이 그토록 절박했던 이유, 그렇게 지금 당장 써달라고 졸라대는 듯했던 이유가 궁금하긴 하다고 했다. 그리고 등장인물의 마음속과 뉴욕 상공에서 맴돌던 분노의 여신들은 어디서 나타났을까?

어떤 글이든 써달라는 요청을 받았지만—과연 기삿거리가 쇄도했지만—공격이 지나간 후 두 주 동안 아무것도 쓰지 못했다. 처음에 떠오른 단편적인 생각들은 모두 쓸모없어 보였다. 모든 사람이 그 참사를 목격했는데 굳이 이런저런 감정을 느끼라고 일러줄 필요가 있을까. 이윽고 생각이 서서히 정리되었다. 그는 이렇게 썼다. "근본주의자들이 무너뜨리려 하는 것은 건물만이 아니다. 몇 가지만 예를 들자면 그런 자들은 언론의 자유, 다당제 정치체계, 성년보통선거권, 정부의 책임, 유대인, 동성애자, 여성인권, 다원론, 세속주의, 미니스커트, 춤, 수염을 깎은 턱, 진화론, 섹스 등을 혐오한다. (…) 근본주의자들은 우리가 아무것도 믿지 않는다고 믿는다. 그들의 세계관에 의하면 그들에게는 절대적 확신이 있고 우리는 향락과 방탕에 빠져 허우적거릴 뿐이다. 그들의 생각이 틀렸음을 입증하려면 우리부터 그들의 생각이 틀렸음을 알아야 한다. 우리는 우선 무엇이 중요한지에 대해 동의해야 한다. 공공장소에서의 입맞춤, 베이컨 샌드위치, 논쟁, 첨단 패션, 문학, 관용, 물, 세계 자원의 공평한 분배, 영화, 음악, 사상의 자유, 아름다움, 사랑. 그것이 우리의 무기다. 우리는 전쟁을 통해서가 아니라 두려움 없이 삶의 방식을 선택함으로써 그들을 꺾어야 한다. 테러리즘을 패배시키는 방법? 두려워하지 말자. 공포에 사로잡힌 채 살지 말자. 아무리 무서워도."

(이 글을 쓰고 있을 때 미국연방항공국이 자국 항공사들에게 그를 탑승시키지 말라고 지시했다는 소식이 언론에 유출되었다. 영국항공과 유럽 항공사들은 평정을 유지했지만 나라 전체가 공황 상태에 빠져버린 미국에서는 또다시 여행이 까다로운 문제가 돼버렸다. 섭섭한 마음도 없지 않았다. '그래, 지난번엔 테러범들을 비행기에 태워주더니 이번엔 테러에 반대하는 소설가에게 비행 금지 조치를 내리는구나. 미국의 안전을 지킬 계획이 겨우 그거란 말이지.' 사태가 진정 국면으로 접어들자 연방항공국도 진정되어 비행 제한을 풀어주었고, 그 즉시 그의 골칫거리도 해결되었다. 그러나 미국 항공사 두 곳은 그 이후에도 10년 동안이나 그를 탑승시키지 않았다.)

프랑스어판 『분노』의 출간에 맞춰 프랑스로 건너갔다. 이제 막 새로 태어난 세계에서 이 소설은 이미 사라져버린 옛 세계에서 영어로 출간되었을 때보다 훨씬 더 좋은 반응을 얻었다. 이윽고 런던으로 돌아온 그가 저녁 초대를 받고 한 친구의 아파트에 갔을 때 역시 손님으로 온 프라우디라는 남자가 "미국이 자초한 일이라느니/ 미국은 당해도 싸다느니" 하면서 이미 지겹도록 들어본 주장을 되풀이했다. 루슈디는 강력히 항의했다.

지금 그런 영국식 반미주의를 입 밖에 내는 것은 죄 없이 죽어간 사람들을 모독하는 무례한 짓이라고. 그러자 프라우디 씨는 극도의 공격성을 드러내며 이렇게 대꾸했다. "우리가 선생 같은 사람까지 지켜주지 않았소?" 마치 그것으로 자신의 주장이 입증되었다는 듯이. 그 이후 이어진 논쟁에서 두 사람은 주먹다짐 직전까지 갔다.

　루슈디가 새로 쓴 칼럼은 이렇게 끝을 맺었다. "테러리즘을 종식시키기 위해서는 이슬람 세계도 현대의 근간이 되는 세속주의와 인도주의의 원칙을 받아들여야 한다. 그러지 않는 한 그들 나라의 자유는 헛된 꿈에 지나지 않는다." 그 당시만 하더라도 이런 의견은 아무리 좋게 보아도 몽상에 불과하고 나쁘게 말하자면 이슬람식 세계관의 회복력을 인정하지 못하는 진보주의자의 헛소리라고 생각하는 사람이 많았다. 그러나 10년 후 튀니지, 이집트, 리비아, 시리아 등 아랍 세계의 젊은이들이 바로 그 원칙에 따라 사회개혁을 시도했다. 그들은 종교가 아니라 일자리와 자유를 원했다. 그들이 과연 원하는 것을 얻어낼지는 불확실하지만 그들이 무엇을 원하는지는 전 세계가 확실히 알게 되었다.

　뉴욕의 가을은 아름다웠지만 도시는 아직도 원래의 모습을 되찾지 못했다. 거리에서 마주치는 얼굴마다 두려움이 가득했다. 큰 소음만 들리면 다시 찾아온 파멸의 전주곡으로 여겨졌다. 모든 대화가 추도사였고 모든 모임이 장례식 같았다. 이윽고 서서히 활기가 되살아났다. 어느 날은 폭파 협박을 받았다는 보고 때문에 브루클린브리지를 폐쇄했는데, 사람들은 겁에 질리기는커녕 통행금지 조치에 분개했다. 내 앞길 막지 마!* 루슈디가 사랑하는 뉴욕은 그런 곳이었다. 도시는 차츰 옛 모습을 되찾아갔다. 14번가

---

* I'm-walking-here. 영화 〈미드나잇 카우보이〉(1969)에 나오는 더스틴 호프먼의 유명한 대사.

이남에는 통행 제한 구역이 남아 있었지만 점점 줄어드는 추세였다. 자유의 여신상은 아직도 관광객을 받지 않았지만 언젠가는 개방될 터였다. 땅에 뻥 뚫린 무시무시한 구덩이와 하늘에 뻥 뚫린 우울한 빈자리도 여전했고 지하에는 아직도 불길이 남아 있었지만 이제는 그런 아픔마저 견딜 만했다. 결국은 삶이 죽음을 이겨낼 것이다. 예전과 똑같지는 않겠지만 그런대로 괜찮을 것이다. 그해 추수감사절은 폴, 시리, 소피 오스터의 집에서 보냈다. 피터 케리와 앨리슨 서머스도 있었다. 다들 소피와 앨리슨이 살아남았다는 사실에, 그리고 이 세상의 온갖 좋은 것들, 그 어느 때보다 소중해진 모든 것들에 감사했다.

그의 하찮은 싸움에 대한 이야기도 어느덧 결말이 가까워졌다. 서막은 지나갔고 이제 세상은 메인이벤트를 극복하느라 고심했다. 그 자신이 겪은 모든 일과 이 도시에 자행된 엄청난 만행을 생각하면 그런 짓을 저지르는 종교와 신자들에 대한 증오심에 사로잡히기 쉬웠다. 몇 주, 몇 달에 걸쳐 사건의 여파가 계속되는 동안 조금이라도 아랍인과 비슷해 보이는 사람들은 이런저런 반감을 경험했다. 젊은 남자들은 나를 탓하지 마세요, 힌두교인입니다, 라고 적힌 티셔츠를 입었다. 무슬림 이름을 가진 택시 운전사들은 승객들의 울분을 피하기 위해 택시에 국기를 달거나 애국심을 표현한 스티커를 붙였다. 그러나 이 도시는 분노의 측면에서도 대체로 자제력을 보여주었다. 소수의 잘못 때문에 다수를 죄인으로 모는 일은 없었다. 그도 분노에 굴복하지 않았다. 분노에 사로잡히는 것은 우리를 성나게 한 자들의 노예가 되는 일, 그들에게 너무 큰 권력을 쥐여주는 일이다. 분노는 이성을 무너뜨린다. 광기를 극복할 방법을 찾기 위해서라도 지금은 그 어느 때보다도 이성을 굳건히 지켜야 하는 시기다.

그는 인간의 본성을, 그리고 인간의 권리와 윤리와 자유의 보편성을 믿기로 했다. 신앙인들의 무리가 내뱉는 독설의 밑바탕에 깔린 상대주의의 오류(우리는 너희와 다르니까 너희를 증오한다)에 대항하기로 했다. 서구 세

계에도 그런 생각을 가진 사람들이 있는데 그중에는 좌파도 많아서 실망
스러웠다. 소설이라는 예술이 드러내는 것이 있다면 인간의 본성이 모든
문화, 모든 지역, 모든 시대를 통틀어 변하지 않는다는 사실, 그리고 2천
여 년 전에 헤라클레이토스가 말했듯이 한 인간의 '에토스ethos' 즉 이 세
상에서의 존재방식이 곧 '다이몬daimon' 즉 그의 삶을 형성해가는 지도적
원리라는 사실이다. 이런 생각을 더 간결하고 더 익숙한 표현으로 바꾸면,
성격이 곧 운명이다. 그러나 '그라운드 제로'* 상공에 죽음의 연기가 치솟
는 동안, 그리고 성격에 따라 운명이 결정되지 않고 느닷없이 비명횡사한
남녀노소 수천 명의 죽음이 모든 사람의 마음속에 생생히 남아 있는 동안
은 그렇게 믿기 힘들었다. 그들이 부지런한 일꾼이든, 마음씨 넓은 친구이
든, 다정한 부모이든, 대단한 낭만파이든 상관없었다. 그 비행기들은 이들
의 에토스 따위에는 관심도 갖지 않았다. 그렇다, 이제 테러리즘이 운명일
수도 있고 전쟁이 운명일 수도 있다. 이제 우리의 삶은 온전히 우리의 것
이라고 말할 수 없게 되었다. 그래도 우리의 고귀한 본성만은 지켜내야 한
다. 그런 참사를 겪었으니 더욱더 그렇다. 개개인의 책임을 강조하는 것도
중요하다. 살인자들은 범죄에 대한 윤리적 책임을 져야 한다. 미국에 대한
적대감이나 신념 따위는 핑계가 될 수 없다. 그러나 이데올로기가 어마어
마하게 팽창한 시대일수록 인간적 척도를 잊지 말고 본질적 인간성을 고
수해야 한다. 말하자면 전쟁터에서도 사랑을 나눠야 한다.

　어떤 소설을 읽어봐도 분명히 알 수 있듯이 인간의 자아는 늘 한결같지
않고 계속 변해간다. 하나가 아니라 여럿이다. 복합적이고 분열적이고 모
순적이다. 부모 앞에서의 나와 자식 앞에서의 나는 다른 사람이고, 직장에
서의 자아와 연인으로서의 자아도 서로 다르고, 그때그때 기분에 따라 자
신이 잘났거나 못났다고 생각할 수도 있고, 마음이 언짢을 수도 있다. 스

---

* 핵무기가 폭발한 지점을 뜻하는 군사 용어. 여기서는 세계무역센터가 있던 자리를 가리킨다.

포츠 팬이 될 때도 있고, 보수주의자, 겁쟁이, 혹은 멋쟁이가 될 때도 있다. 모든 작가와 독자가 알고 있듯이 인간의 정체성은 그 폭이 좁지 않고 꽤 넓은 편인데, 인간성이 이렇게 광범위하기 때문에 독자들은 수많은 등장인물에게서 자신과의 공통점을 발견하고 그들과 동일시한다. 보바리 부인, 레오폴드 블룸, 아우렐리아노 부엔디아 대령, 라스콜니코프, 회색 마법사 간달프, 오스카 마체라트, 마키오카 자매, 콘티넨털 탐정, 엠즈워스 백작, 미스 마플, 나무 위의 남작,* 심지어 커트 보니것의 『타이탄의 미녀』에 나오는 트랄파마도어 행성의 로봇 우편배달부 살로까지. 독자와 작가가 이렇게 폭넓은 개성에 대한 인식을 책갈피 바깥의 세계로 확장시키면 다른 사람들과의 공통점도 발견하게 된다. 우리는 서로 다른 축구팀을 응원하면서도 투표 성향은 같을 수 있다. 서로 다른 정당에 표를 던지지만 자녀 교육의 최선책에 대해서는 동의할 수 있다. 교육 방식에 대한 의견은 달라도 어둠을 무서워하기는 마찬가지일 수 있다. 두려워하는 것은 다르지만 좋아하는 음악은 똑같을 수도 있다. 서로의 음악 취향을 경멸하면서도 동일한 신을 섬길 수 있다. 종교 문제에 대한 생각은 크게 엇갈려도 같은 축구팀을 좋아할 수 있다.

　문학은 옛날부터 그 사실을 알고 있었다. 문학은 우주를 조금 더 열어보려고 노력한다. 인류가 인식하고 이해할 수 있는 세계의 총량을 조금이라도 증가시켜 결국 인간의 가능성을 확대하려고 노력한다. 위대한 문학은 이미 알려진 세계의 변경까지 나아가 언어, 형식, 잠재력의 한계를 확장함으로써 세계가 전보다 더 크고 더 넓게 느껴지도록 한다. 그러나 이 시대는 사람들을 압박하여 스스로를 더 좁게 정의하고 자신을 한 가지로만 규

---

* 차례대로 플로베르의 『보바리 부인』, 제임스 조이스의 『율리시스』, 마르케스의 『백 년 동안의 고독』, 도스토옙스키의 『죄와 벌』, 톨킨의 『반지의 제왕』, 귄터 그라스의 『양철북』, 다니자키 준이치로의 『세설』, 그다음 세 명은 각각 대실 해밋, P. G. 우드하우스, 애거사 크리스티의 여러 작품. '나무 위의 남작'은 이탈로 칼비노의 동명 소설에 등장한다.

정하라고 부추긴다. 세르비아인, 크로아티아인, 이스라엘인, 팔레스타인인, 힌두교인, 무슬림, 기독교인, 바하이교인, 유대인. 그러나 정체성이 좁아지면 좁아질수록 갈등이 생길 가능성은 점점 커진다. 인간성에 대한 문학적 시각은 자신과는 다른 사람들에게도 이해와 공감과 동료의식을 지니라고 권하는데, 세상은 모든 사람을 자꾸 반대쪽으로, 즉 아집과 편협, 집단이기주의, 광신, 전쟁 쪽으로 내몬다. 우주가 더 넓어지기를 원하지 않는 사람도 꽤 많다. 아니, 그들은 오히려 우주가 훨씬 더 좁아지기를 바란다. 그래서 변경으로 나아가 한계에 도전하는 예술가들은 종종 막강한 저항에 부딪히기 마련이다. 그래도 그들은 자기가 해야 할 일을 할 뿐이다. 설령 자신의 안락을, 때로는 목숨을 대가로 치르더라도.

　시인 오비디우스는 아우구스투스 황제의 명령에 따라 흑해 연안의 오지 마을 토미스로 추방되었다. 남은 생애 동안 로마로 돌아가게 해달라고 애원했으나 끝내 허락을 받지 못했다. 그래서 오비디우스의 생명은 시들어갔다. 그러나 오비디우스의 시는 로마제국보다 오래 살아남았다. 시인 만델스탐은 스탈린의 강제노동수용소에서 숨을 거뒀지만 만델스탐의 시는 소련보다 오래 살아남았다. 시인 로르카는 스페인 총통 프랑코 휘하의 팔랑헤당* 암살자들에게 살해당했지만 로르카의 시는 프랑코의 독재정권보다 오래 살아남았다. 예술은 그렇게 강하지만 예술가는 약하다. 어쩌면 예술은 스스로를 지켜내는지도 모른다. 그러나 예술가에게는 옹호자들이 필요하다. 루슈디에게 도움이 절실할 때 동료 예술가들이 그를 지켜주었다. 그래서 그는 이제부터 도움이 필요한 다른 사람들에게도 똑같은 일을 해주려고 마음먹었다. 한계에 대항한 사람들, 경계를 넘어간 사람들, 그렇다, 불경죄를 지은 사람들까지. 요컨대 모래밭에 금을 그어놓고 이 선을 넘지 말라고 명령하는 권력자들이나 성직자들에게 순순히 굴복하지 않았

---

* 스페인의 파시스트 정당(1933~1975).

던 모든 예술가를 도와주리라.

그는 예일 대학교에서 태너 강좌*를 진행했다. 강의 제목은 "이 선을 넘어라"**였다.

『악마의 시』를 둘러싼 싸움이 승리로 끝날지 패배로 끝날지는 아직 판단하기 힘들다. 이 책은 제압당하지 않았고 작가도 마찬가지지만 이미 죽은 사람들이 되살아날 수는 없고, 공포 분위기가 조성되어 그와 같은 책을 출판하기는 더욱 힘들어졌다. 아니, 그런 책은 아예 쓰지도 못하게 되었는지도 모른다. 다른 종교들도 곧 이슬람교를 본보기로 삼았다. 인도에서는 힌두 극단주의자들이 영화와 영화배우, 심지어 학술서적까지 공격했다.

예를 들면 인기 영화배우 샤루크 칸은 인도 크리켓 선수권대회에 파키스탄 선수들도 포함시키자고 말했다는 이유만으로 격렬한 시위의 표적이 되었고, 제임스 레인이 마라타왕국의 전사왕戰士王 시바지의 전기를 발표했을 때, 지금도 이 왕을 숭상하는 사람들은 "불쾌하다"는 이유로 레인이 자료 조사를 했던 푸네***의 학술도서관을 습격하여 세상에 하나뿐인 고문서와 유물 다수를 파괴해버렸다. 영국에서는 시크교도가 자기들의 마음에 안 드는 희곡『불명예Behzti』****를 집필한 시크교인 극작가를 공격했다. 이슬람의 폭력도 계속되었다. 덴마크에서는 급진파 무장단체 알샤바브와 관계가 있는 소말리아 남자가 도끼와 칼을 지니고 당시 오후스에 살던 만화가 쿠트 베스터고어의 집에 침입했는데, 이른바 "덴마크 만평"*****을 발표하여 이슬람 극단주의자들의 분노를 산 탓이었다. 미국에서 "덴마크 만평 사

---

* 영국과 미국의 여러 대학이 공동 운영하는 인문 강좌.

** Step Across This Line. 루슈디가 2002년 2월에 진행한 이 강연의 내용은 2002년 출간된 동명 산문집에 수록되었다.

*** 인도 마하라슈트라 주의 도시.

**** 시크교 사원에서 강간과 학대, 살인이 일어나는 내용이 들어 있다.

***** 2005년 베스터고어가 덴마크 일간지에 기고한 만평. 예언자 무함마드가 폭탄 모양 터번을 쓰고 있는 모습을 그렸다.

건"을 다룬 책을 출간한 예일 대학교 출판부는 두려움 때문에 문제의 만평을 수록하지 못했다. 영국에서는 예언자 무함마드의 아내들 중 최연소자에 대한 책을 출간한 출판업자의 집에 우편 폭탄이 배달되었다. 위협과 공포의 시대가 끝났다고 공언하게 되기까지는 앞으로도 기나긴 투쟁이 필요할 것이다.

2001년이 저물어갈 무렵, 로열 셰익스피어 극단이 『한밤의 아이들』을 각색한 연극을 가지고 미국으로 건너오기로 했다. 그들은 미시간 주 앤아버에 들렀다가 뉴욕 할렘의 아폴로 극장에서도 공연할 예정이었다. 뉴욕 공연 중 하루는 연극이 끝난 후 무대 위에서 작가와의 만남 시간도 있었다. 아폴로 극장의 무대 위에 서보다니, 꿈에도 상상 못한 일이었다. 『광대 샬리마르』 집필 작업도 계속했다. 그것이 그의 참모습이었다. 이야기를 들려주는 사람, 온갖 형상을 만들어내는 사람, 무에서 유를 창조하는 사람. 이제 비평과 논쟁의 세계를 떠나 자신이 가장 사랑하는 일에 다시 전념하는 것이 현명할 터였다. 젊은 시절부터 그의 마음과 정신과 영혼을 사로잡았던 예술의 세계, '긴가민가'의 세계, '옛날옛날 한 옛날에 이러쿵저러쿵'의 세계로 돌아가 상상의 바다에서 진실을 찾는 여행을 다시 시작해야 했다.

디킨스처럼 미래의 일을 미리 이야기하자면 루슈디는 조카딸 미슈카의 음악적 재능이 활짝 꽃피는 것을 보았고, 조카딸 마야가 어린아이들을 가르치는 삶에 뛰어들어 만족스러워하는 것도 보았고, 다른 조카딸, 소원해진 여동생 부노의 딸 미나의 결혼식도 보았다. 자파르가 보람 있는 일을 하며 행복하게 사는 것도 보고 밀란이 형처럼 훌륭한 청년으로 성장해가는 것도 보았다. 그리고 엘리자베스와 루슈디는 다시 사이가 좋아졌다. 빌 뷰퍼드는 이혼한 후 재혼하여 더 행복하게 살면서 요리에 대한 책을 집필하여 성공을 거두었다. 나이젤라 로손도 요리책을 내서 굉장한 성공을 거두고 미술품 수집가 찰스 사치와 결혼했다. 프랜시스 더수자는 남작이 되고* 2011년 영국 상원의장이 되었다. 빌리암 뉘고르는 은퇴하고 아들 마츠가 아스케하우그 출판사의 사장 자리를 물려받았다. 메리앤 위긴스는 서던 캘리포니아 대학에서 문학을 가르쳤다. 제임스 펜턴과 대릴 핑크니는 롱 리스 목장을 떠나 뉴욕으로 이사했다. 폴린 멜빌은 하이버리 힐의 자택에서 흉악한 침입자의 습격을 받았지만 간신히 빠져나와 창문으로 탈출했다. 침입자는 붙잡혀 감옥에 들어갔다. 인생은 계속되었다. 모든 일이 그럭저럭 순조로웠다. 암담했던 1989년 밸런타인데이 때 상상했던 것보다는 훨씬 잘 풀린 셈이다.

좋은 일만 생기지는 않았다. 2005년 8월에 로빈 쿡이 스코틀랜드 고지의 어느 산에서 심장마비를 일으켜 목숨을 잃었다.

그런데 그의 환상은, '자유의 환상'은 어떻게 되었을까? 아카데미 시상식이 열리던 2002년 3월 24일, 그는 파드마와 함께 할리우드에서 열린 '배너티 페어' 디너파티에 참석했다. 그들이 모턴 레스토랑에 도착했을 때 그녀는 고래고래 소리치는 사진기자들이 만들어낸 인간장벽 앞에서 포즈를 취해주고 빙그르르 돌기도 하면서 눈부신 젊음과 아름다움을 마음껏 뽐냈는데, 그녀의 얼굴에 떠오른 표정을 본 순간 그는 문득 이런 생각을 했다. 섹스를 하는구나. 한꺼번에 수백 명의 남자들과 섹스를 즐기는구나. 손끝 하나 닿지도 않았는데 저러다니, 현실 속의 그 어떤 남자도 상대가 안 되겠구나. 그렇다, 그는 결국 그녀를 잃고 말았다. 그러나 망상은 하루빨리 털어버리고 세상이 현실임을 인식하며 살아가는 편이 나았다. 어떤 여자도 그가 원하는 세상을 만들어줄 수는 없었다. 그 일은 그의 몫이었다.

---

* 2004년 더수자는 세습되지 않는 종신귀족의 작위를 받았다.

오스카 시상식이 끝나고 이틀 후 그는 런던으로 날아갔고, 비행기에서 내렸을 때 닉 코티지를 만났다. 고풍스러운 콧수염을 기른 이 상냥한 특수부 요원은 상관 밥 세이트가—그 역시 코밑에 키치너 경*처럼 멋진 수염을 길렀다—다음날 아침에 만나러 올 것이라는 말을 전해주었다. 닉이 알쏭달쏭한 말을 덧붙였다. "저라면 내일 오후에 좋은 계획을 세워둘 텐데 말이죠." 그 말이 무슨 뜻인지는 설명해주지 않고 비밀경찰답게 아리송한 미소를 지을 뿐이었다.

루슈디는 홀랜드 파크에 있는 핼시언 호텔로 향했다. 이 세련된 분홍색 건물에 스위트룸 하나를 잡아두었기 때문이다. 펨브리지 뮤즈에 있는 집은 1년 계약이 끝나 제이슨 도너번에게 돌려주었다. 아카데미 시상식 때문에 LA로 가기 전에 노팅 힐의 콜빌 뮤즈에 있는 집을 찾아놓았는데, 급격한 성장을 거듭하는 젊은 디자이너 앨리스 템펄리의 의상실이 바로 길 건너에 있었다. 새집은 두 주쯤 지나야 입주할 수 있어 이삿짐은 창고에 보관해두었고, 그때까지 지낼 곳을 마련하느라 핼시언에 방을 잡았지만 우선 이틀만 예약했다. 그다음날부터 밀란의 부활절 방학이 시작되니까 두 아들과 함께 프랑스에서 일주일을 보낼 계획이었다. 그들은 차를 몰고 부르고뉴의 쿠르투앵에 가서 친구들을 만나보고 돌아오는 길에 파리와 유로디즈니를 구경하기로 했다.

2002년 3월 27일 오전 10시 정각에 밥 세이트와 닉 코티지가 핼시언 호텔로 루슈디를 찾아왔다. "자, 그럼 조⋯⋯" 세이트가 말문을 열다가 얼른 정정했다. "아니, 살만, 아시다시피 우리는 정보기관 의견에 따라 지금까지 경호 임무를 유지했습니다. 그쪽에서 선생님 신변에 대한 위협수준

---

* 영국 군인(1850~1916). 1차대전 당시 군복 차림으로 등장했던 모병 포스터로 유명하다.

을 더 낮게 평가하기 전엔 어쩔 수 없었죠."

그는 이렇게 대답했다. "이건 좀 이상한 일이오, 밥. 미국에서는 벌써 몇 년째 평범한 시민처럼 행동했는데 영국에 돌아오기만 하면 다들 계속 경호를 받으라고……"

"그렇다면 기뻐하실 만한 일입니다. 위협수준을 하향 조정했거든요. 사실은 아주 파격적으로 낮췄어요. 이번에 새로 평가된 위협수준에 해당하는 분들에겐 일반적으로 경호원을 붙이지 않습니다."

그의 심장이 두근거리기 시작했지만 겉으로는 평정을 유지하려고 노력했다. "알겠소. 그럼 이제 경호팀도 철수하겠군."

밥 세이트가 대답했다. "그렇게 해도 괜찮은지 직접 말씀하실 기회를 드리고 싶었습니다. 지금까지 요구하신 내용을 보아하니 선생님도 이런 결과를 원하시는 거죠?"

"그렇소. 그리고 경호팀 철수도 찬성이오."

그러자 닉 코티지가 말했다. "선생님이 편하실 때 런던경찰청에서 파티를 열어드리고 싶습니다. 지금까지 선생님을 경호했던 친구들을 최대한 모아보겠습니다. 경호 임무를 이렇게 오래 계속하는 경우도 드물고 다들 결과에 대한 자부심이 대단하거든요. 선생님이 지금까지 견뎌내신 온갖 일에 대해서도 높이 평가하는 분위기예요. 경호팀 요원 중에도 선생님만큼 잘 버틸 자신이 없다고 말하는 친구가 많습니다. 그러니까 선생님만 찬성하신다면 축하의 자리를 마련하는 것도 좋겠죠."

"기꺼이 찬성하고말고." 그의 얼굴에 홍조가 떠올랐다.

닉이 말을 이었다. "가까운 친구분들도 함께 모시고 싶습니다. 지금까지 큰 도움을 주신 분들 말입니다."

이윽고 할말이 다 끝났다. 그가 물었다. "그럼 이제 어떻게 되는 거요? 우리가 뭘 하면 되지?" 그러자 밥과 닉이 자리에서 일어났다. 밥 세이트가 손을 내밀었다. "영광이었습니다. 조. 아니, 살만." 닉은 이렇게 말했다.

"정말 잘됐습니다, 선생님." 그는 그들과 악수를 나누었고, 그들은 곧 돌아서서 떠났다. 그것이 끝이었다. 그의 인생에 뛰어든 지 13년도 넘은 경찰이 비로소 발길을 돌려 떠나갔다. 너무 갑작스러운 일이라 그는 큰 소리로 너털웃음을 터뜨렸다.

머지않아 특수부 파티가 열렸다. 그 자리에 참석한 경찰관 중에는 랩 코널리도 있었는데, 경호팀에 있을 때 시작한 탈식민주의 문학 학위과정을 다 마쳤다고 했다. "드릴 게 있습니다." 랩은 연극 무대의 악역처럼 속닥거리며 루슈디의 손에 작은 쇠붙이를 쥐여주었다. "이게 뭔가?" "총알입니다." 과연 그랬다. 가엾은 마이크 메릴이 비숍스 애비뉴에 있는 집에서 총기 소제를 하다가 실수로 발사했던 바로 그 총알이었다. 랩이 말했다. "그 일은 정말 아슬아슬했습니다. 기념품으로 간직하고 싶어하실 것 같아서 가져왔어요."

그는 핼시언 호텔 문간에 서서 경찰이 탄 재규어들이 떠나가는 광경을 지켜보았다. 문득 할 일이 생각났다. 웨스트본 그로브의 부동산 중개업자를 만나 콜빌 뮤즈에 있는 집의 임대계약서에 서명하고 그 집을 한번 더 둘러봐야 했다. '그래, 됐다. 이젠 가자.' 그렇게 생각하며 핼시언 호텔을 나선 그는 홀랜드 파크 애비뉴에서 손을 번쩍 들어 지나가는 택시를 불렀다.

감사의 말

이 자서전이 탄생하기까지 도움과 조언을 아끼지 않은 모든 분에게 감사의 마음을 전하고 싶다. 에머리 대학교의 MARBL 기록보관소 임직원들이 지난 몇 년 동안 내 자료를 일일이 정리하고 목록을 작성하는 작업을 해주지 않았다면 그 무질서한 자료를 가지고 이번 프로젝트를 진행할 엄두조차 못 냈을 것이다. 그들 덕분에 이 책을 집필하는 일이 가능했다. 한없이 요긴한 언론 검색을 맡아준 버네사 맹코에게, 내 초고에 논평을 달아준 랜덤하우스 출판사의 편집자 루이즈 데니스, 댄 프랭클린, 윌 머피, 수전 카밀에게, 그들과 더불어 이 책을 제일 먼저 읽고 유익한 답변을 들려준 앤드루 와일리, 사민 루슈디, 엘리자베스 웨스트, 에이미 멀린스, 테린 사이먼, 하난 알샤이크, 빌 뷰퍼드, 이언 매큐언, 폴린 멜빌, 레지 네이들슨, 민 카트리나 리스코프스키, 프란체스코 클레멘테, 디파 메타, 크리스토퍼 히친스에게도 감사한다. 몇몇 신문과 잡지, 특히 〈뉴요커〉와 〈뉴욕 타임스〉에 감사한다. 에번 헌터가 집필한 앨프리드 히치콕의 영화 〈새〉 대본을 인용하도록 허락해준 유니버설 스튜디오, 미샤 글레니가 번역한 미

하일 불가코프의 『거장과 마르가리타』에서 한 대목을 인용하도록 허락해
준 하빌 세커 출판사, 윌리엄 칼로스 윌리엄스의 「담쟁이덩굴 화관」에서
일부를 인용하도록 허락해준 뉴 디렉션스 출판사, 수필집 『루슈디를 위하
여』에서 인용하도록 허락해준 조지 브래질러, 『루슈디 파일 *The Rushdie File*』
의 편집자 리사 아피냐네이지와 사라 마이틀런드, 『허구, 사실, 그리고 파
트와 *Fiction, Fact, and the Fatwa*』의 편집자 카멜 베드퍼드, 그 밖에도 이 책
전체에 걸쳐 본인의 생각이나 의견이 인용된 여러 논평자에게 두루 감사
한다.

　일부 인명은 가명이다. 대부분은 나를 담당했던 경호팀 요원들의 이름
인데, 이 자리를 빌려 드디어 그들 모두에게 아주 특별한 감사의 마음을
전하고 싶다. 런던경찰청 특수부 A 부대 경찰관들과 영국 정보국 요원들
의 노력이 없었다면 나는 이 책은 물론이고 그 어떤 책도 집필하지 못했을
것이다.

S. R.

지은이 **살만 루슈디**

1947년 6월 19일 인도에서 태어났다. 1975년 첫 장편소설『그리머스』를 발표했고, 1981년 두번째 장편소설『한밤의 아이들』로 부커 상을 수상했다. 1988년『악마의 시』를 출간했고, 이 작품이 이슬람을 모독했다는 이유로 이란 지도자 호메이니에 의해 암살 표적으로 지목됐다. 긴 도피생활 속에서도 꾸준히 작품을 발표해 전 세계 유수의 문학상을 수상했고, 2000년 미국으로 이주해『분노』『광대 샬리마르』『피렌체의 여마법사』등을 발표했다.

옮긴이 **김진준**

연세대학교 사회학과 및 영문과를 거쳐 마이애미 대학원에서 영문학을 전공했다.『분노』로 제2회 유영번역상을 수상했고,『악마의 시』『한밤의 아이들』『롤리타』『총, 균, 쇠』등을 번역했다.

옮긴이 **김한영**

서울대 미학과를 졸업하고 서울예대에서 문예창작을 공부했다. 현재 전문번역가로 활동중이다. 옮긴책으로는『영혼의 미술관』『나는 공산주의자와 결혼했다』『나라 없는 사람』『신의 축복이 있기를, 로즈워터 씨』등이 있다. 제45회 한국백상출판문화 번역상을 수상했다.

문학동네 세계문학

조지프 앤턴

1판 1쇄 2015년 2월 13일 | 1판 2쇄 2016년 2월 3일

지은이 살만 루슈디 | 옮긴이 김진준 김한영 | 펴낸이 염현숙
책임편집 여승주 | 편집 김경미 | 독자모니터 유부만두
디자인 고은이 이원경 | 저작권 한문숙 박혜연 김지영
마케팅 정민호 이미진 정진아 전효선 | 홍보 김희숙 김상만 한수진 이천희
제작 강신은 김동욱 임현식 | 제작처 한영문화사(인쇄) 경일제책(제본)

펴낸곳 (주)문학동네
출판등록 1993년 10월 22일 제406-2003-000045호
주소 10881 경기도 파주시 회동길 210
전자우편 editor@munhak.com | 대표전화 031) 955-8888 | 팩스 031) 955-8855
문의전화 031) 955-1927(마케팅) 031) 955-1917(편집)
문학동네카페 http://cafe.naver.com/mhdn | 트위터 @munhakdongne

ISBN 978-89-546-3492-2 03840

www.munhak.com